BIBLIOTHÈQUE
HISTORIQUE
DE LA FRANCE.

BIBLIOTHÈQUE HISTORIQUE DE LA FRANCE,

CONTENANT

Le Catalogue des Ouvrages, imprimés & manuscrits, qui traitent de l'Histoire de ce Royaume, ou qui y ont rapport ;

AVEC DES NOTES CRITIQUES ET HISTORIQUES :

Par feu JACQUES LELONG, Prêtre de l'Oratoire, Bibliothécaire de la Maison de Paris.

NOUVELLE ÉDITION

Revue, corrigée & considérablement augmentée

Par M. FEVRET DE FONTETTE, Conseiller au Parlement de Dijon.

TOME TROISIÈME.

A PARIS,

De l'Imprimerie de JEAN-THOMAS HERISSANT, Imprimeur ordinaire du Roi, Maison & Cabinet de SA MAJESTÉ.

M. DCC. LXXI.

AVEC APPROBATION ET PRIVILÉGE DU ROI.

MÉMOIRES HISTORIQUES

SUR PLUSIEURS

HISTORIENS MODERNES

DE FRANCE.

MÉMOIRES HISTORIQUES
SUR PLUSIEURS
HISTORIENS MODERNES
DE FRANCE.

Ces Mémoires sont placés à la fin de ce [Volume,] parceque leur longueur auroit trop interrompu la suite des Articles [qui ont rapport à ces Mémoires, soit dans ce Volume, soit dans le précédent.] M. Larroque avoit écrit la Vie de *Mézeray*; il me l'a communiquée; j'en ai tiré, avec sa permission, ce qui pouvoit servir à caractériser ce fameux Historien, & à le faire connoître. J'ai joint à ces Extraits quelques Faits, & des Jugemens pris d'ailleurs; c'est ce qui compose le Mémoire qui le concerne. Depuis j'en ai fait de semblables sur *du Haillan, Belleforest, de Serres* & *Dupleix*, qui ont écrit avant Mézeray l'Histoire générale de France. A ces cinq Mémoires, j'en ai ajouté un pareil nombre sur André *du Chesne*, MM. *de Sainte-Marthe*, le Père *Labbe*, MM. *le Laboureur* & MM. *Godefroy*, qui ont rendu leur nom célèbre, non-seulement par leurs propres Ouvrages, mais aussi en donnant au Public un grand nombre de nos Historiens anciens & modernes. Comme on n'avoit pas jusqu'à présent fait honneur à leur mémoire, en publiant leur Vie, ou du moins quelque Eloge historique, excepté Scévole de Sainte-Marthe; c'est pour suppléer en quelque manière à ce défaut, que j'ai dressé ces Mémoires. J'en ai ajouté enfin deux autres, l'un sur *Varillas*, & l'autre sur *Courtilz*, Auteurs fameux par la singularité de leur composition, dans laquelle ils ont eu plus en vue d'amuser & réjouir leurs Lecteurs que de les instruire.

☞ On a cru devoir ajouter à ces douze Mémoires de la première Edition, trente-deux autres Vies de nos principaux Historiens. A l'exception de quelques-unes, elles sont tirées, extraites ou traduites des Mémoires du Père Niceron, des Journaux & autres Ouvrages où elles se trouvent, & que nous indiquons : il eût été difficile de donner quelque chose de mieux à cet égard. Ces quarante-quatre Vies réunies seront rangées par ordre alphabétique, qui est le plus avantageux pour la commodité de la recherche. Cependant pour faire voir d'un coup d'œil toutes celles que l'on trouvera ici, nous en allons donner une Liste disposée selon l'ordre chronologique de la mort de ces Historiens, & nous y ajouterons les Nombres qui ont rapport à l'ordre alphabétique. Celles que le Père le Long avoit données, sont précédées d'une étoile.]

Jean Sire de Joinville, mort vers 1307.	XXIV.	✻ MM. de Sainte-Marthe, 1555-1725.	XXXV.
Jean Froissart, m. vers 1400.	XVII.	✻ Philippe Labbe, 1667.	XXV.
Robert Gaguin, 1501.	XVIII.	✻ MM. le Laboureur, 1675, &c.	XXVI.
Philippe de Commines, 1509.	X.	✻ MM. Godefroy, 1649-1681.	XX.
François Guichardin, 1540.	XXII.	Charles le Cointe, 1681.	IX.
✻ François de Belleforest, 1583.	IV.	✻ Fr. Eud. de Mézeray, 1683.	XXXII.
Nicolas Vignier, 1596.	XLIV.	Géraud de Cordemoy, 1684.	XI.
Pierre Pithou, 1596.	XXXIII.	Ch. du Fr. du Cange, 1688.	VII.
✻ Jean de Serres, 1598.	XXXVIII.	Adrien de Valois, 1692.	XL.
L. de V. de la Popelinière, 1608.	XXXIV.	Louis Aubéry, 1694.	II.
✻ Bern. de G. du Haillan, 1610.	XXIII.	✻ Antoine Varillas, 1696.	XLI.
Papire Masson, 1611.	XXIX.	Cl. Fr. Ménestrier, 1705.	XXXI.
Jacq. Auguste de Thou, 1617.	XXXIX.	Jean Mabillon, 1707.	XXVII.
Pierre Matthieu, 1621.	XXX.	✻ Gatien de Courtilz, 1712.	XII.
Jean Savaron, 1622.	XXXVI.	Etienne Baluze, 1718.	III.
Théodore-Agrippa d'Aubigné, 1630.	I.	François de Camps, 1723.	VI.
Henri-Catherine Davila, 1631.	XIV.	Gabriel Daniel, 1728.	XIII.
✻ André du Chesne, 1640. ⎱ [& Martin Bouquet, 1754.] ⎰	VIII.	[& Henri Griffet, 1771.] ⎱ Louis le Gendre, 1733.	XIX.
Claude Bernard, 1640.	V.	Joachim le Grand, 1733.	XXI.
Claude Malingre, v. 1650.	XXVIII.	Denis-Fr. Secousse, 1754.	XXXVII.
Pierre Dupuy, 1651.	XVI.	Paul-Fr. Velly, 1759.	XLII.
✻ Scipion Dupleix, 1661.	XV.	Claude Villaret, 1766.	XLIII.

Tome III.

I.
*THÉODORE-AGRIPPA D'AUBIGNÉ.

ON a débité bien des fables au sujet de la légitimité de sa naissance. Les uns ont avancé qu'il étoit fils naturel de Henri IV. sans faire réflexion qu'il auroit été âgé de trois ans plus que son père. Les autres l'ont fait fils de Jeanne d'Albret, Reine de Navarre, & d'un Gentilhomme avec qui elle avoit contracté un mariage de conscience. Ces contes grossiers sont détruits, par ce que d'Aubigné lui-même rapporte de son père. Il se nommoit Jean d'Aubigné, Gentilhomme de Poitou, qui avoit épousé Catherine de l'Estang. C'est de ce mariage que naquit au Château de Saint-Maury, près Pons en Saintonge, le 8 Février 1550, Théodore, qui fut surnommé Agrippa, *quasi œgrè partus*, parceque sa mère mourut en accouchant de lui.

Son père s'étant remarié, fut obligé, pour complaire à la seconde femme, de l'éloigner de la maison paternelle, & de confier son éducation à des Précepteurs, qui l'élevèrent avec beaucoup plus de soin qu'on n'élevoit d'ordinaire en ces temps-là les enfans de qualité. A sept ans il lisoit déja fort bien en Hébreu, en Grec & en Latin.

Sur la fin de l'année 1558, son père l'amena à Paris, & le mit entre les mains de Matthieu Beroalde, avec lequel il fut obligé de s'enfuir, à cause des recherches qu'on faisoit contre les Huguenots, & de gagner Orléans, où il fut attaqué de la peste. Son père, qui y commandoit sous M. de Saint-Cyr, étoit alors en Guyenne. A son retour il trouva son fils rétabli, mais qui se donnoit à la débauche. Pour l'en punir, il le mortifia d'une façon à laquelle le jeune d'Aubigné fut si sensible, qu'il en tomba dangereusement malade ; & après sa guérison, il alla se jetter aux genoux de son père pour lui demander pardon.

En 1562, ayant perdu son père, qui mourut à Amboise d'une blessure qu'il avoit reçue au Siège d'Orléans, d'Aubigné fut envoyé à Genève, où on le remit au Collège ; cela lui déplût & le dégoûta si fort, qu'il résolut d'en sortir deux ans après, à l'insçu de ses parens, & d'aller à Lyon reprendre l'étude des Mathématiques, dont il avoit déja fait un cours à Orléans.

Le défaut d'argent l'obligea de quitter Lyon, & de retourner en 1567 en Saintonge, chez son Curateur, qui le voyant obstiné à ne plus étudier, & à suivre le parti des Armes, le tint chez lui comme en prison. D'Aubigné trouva le moyen d'échapper l'année suivante, en descendant la nuit par la fenêtre, en chemise & les pieds nuds ; il alla jusqu'à Jonsac, où quelques Capitaines le firent habiller, & lui donnèrent des armes. De Jonsac il se rendit à Saintes, d'où M. de Mirebeau voulut le renvoyer chez lui ; mais d'Aubigné s'y opposa fortement. Depuis ce temps il se trouva à diverses Actions, dans lesquelles il donna des preuves certaines de son courage, ayant été, comme il le dit lui-même, *54 ans Soldat, & Capitaine 50*.

Aussi-tôt après la Paix de la Rochelle, en 1573, d'Aubigné s'attacha au Roi de Navarre, à qui il rendit plusieurs services essentiels, soit à la guerre, soit dans les Négociations dont il le chargea. Ce fut lui qui, en 1576, par un discours plein de force & de zèle, persuada à ce Prince de se sauver de la Cour de Henri III. où on le laissoit languir dans un honteux repos. D'Aubigné le conduisit à Alençon, à Saumur, & de là en Guyenne. Il le suivit depuis dans toutes ses Expéditions, & exposa souvent sa vie, jusqu'à risquer de la perdre sur un échaffaud

pour son service. S'il n'en fut pas récompensé comme il le méritoit, il ne dut l'attribuer qu'à la trop grande liberté qu'il avoit prise de dire à Henri IV. tout ce qu'il pensoit, & à l'inclination qu'il avoit de médire impitoyablement de tous ceux qu'il n'aimoit pas. Après avoir essuyé long-temps les froideurs de la Cour, il s'en retira pour se livrer tout entier à l'étude ; & c'est particulièrement en qualité d'Auteur que je parle ici de lui.

Il le fut de très-bonne heure ; car il n'avoit pas encore huit ans, qu'il traduisit de Grec en François le *Criton de Platon*, sous la promesse que son père lui fit, que cette Traduction seroit imprimée avec son Portrait à la tête : ce qui ne fut pas exécuté. On ne doit pas la regretter, si elle étoit aussi mauvaise que les *Vers funèbres* qu'il composa sur la mort d'Etienne Jodelle, & qu'il fit imprimer in-4. à Paris, en 1574.

Quelque temps après il fit la Tragédie de *Circé*; elle ne fut point représentée alors, parceque la Reine-Mère ne le voulut pas, à cause des dépenses qu'il auroit fallu faire ; mais elle le fut dans la suite, aux frais du Roi Henri III. lors des Noces du Duc de Joyeuse. Il nous apprend lui-même, dans son Histoire, qu'il étoit bien en Cour, « ayant, dit-il, » (*col.* 771) accès aux Grands pour son sçavoir en » choses agréables, mêmement le Roi (Henri III.) » l'ayant fait de son Académie. C'étoit (ajoute-t-il) » une Assemblée qu'il faisoit deux fois la semaine en » son Cabinet, pour ouïr les plus doctes qu'il pouvoit, & même quelques Dames qui avoient étudié, » sur un Problesme toujours proposé par celui qui » avoit le mieux fait à la dernière dispute ».

Pendant les Guerres de 1577, d'Aubigné étant malade à Castel-Jaloux, composa les *Tragiques*. Ce Poëme, d'une ordonnance assez bizarre, mais rempli de traits fort beaux & fort poëtiques, est divisé en sept Livres, dans lesquels il dépeint de la manière la plus vive & d'un style fort obscur, les maux qu'on fit souffrir aux Prétendus Réformés, & les malheurs auxquels la France se vit exposée sous l'administration de Catherine de Médicis & de ses enfans. M. le Duchat prétend qu'il parut seulement en 1616 ; mais si l'on en croit l'Auteur même, qui en parle sous l'année 1595 de son Histoire, comme d'un Ouvrage déja publié, & qui avoit beaucoup de vogue, il faut que ce soit avant le meurtre de Henri III. puisque son successeur l'avoit lû plusieurs fois, n'étant encore que Roi de Navarre. Mais cet Ouvrage étoit-il imprimé, ou en Manuscrit ? C'est ce qu'il n'est pas possible de décider. Ce Livre est fort rare, quoiqu'il y en ait trois Editions connues. La première est imprimée au Désert, vraisemblablement à Maillé, en 1616, in-4. La seconde, in-8. de 333 pages, sans nom de lieu de l'impression, & sans date, mais sûrement imprimée au même endroit que l'in-4. est préférable par les Corrections & les Additions qui s'y trouvent. La troisième est de Genève, chez les Héritiers de la Veuve Pierre de la Rovière, en 1623, in-8. On a prétendu, mal-à-propos, que ce Livre avoit été condamné au feu ; cette anecdote n'étant appuyée sur aucun écrit du temps, on ne doit pas s'y arrêter.

Le chagrin que d'Aubigné avoit conçu de se voir méprisé à la Cour, lui fit entreprendre un Ecrit satyrique contre ceux qu'il y voyoit mieux traités que lui. C'est la fameuse *Confession Catholique de Sancy*, dans laquelle il tourne cruellement en ridicule ce Seigneur, & plusieurs autres, comme le

Cardinal du Perron, qu'il désigne sous le nom de *Monsieur le Convertisseur*, Monsieur de Rosny (connu depuis sous le nom de Sully;) il n'épargne pas même le Roi Henri IV. Ces circonstances me portent à croire que cet Ouvrage fut composé vers l'an 1600. Les traits satyriques dont il est plein, les allusions, les faits intéressans qu'on y trouve sur notre Histoire, l'ont fait regarder comme une Pièce délicate & bien pensée, mais obscure. Pour l'éclaircir, M. le Duchat a enrichi de Notes l'Edition qu'il en donna en 1693, & il les augmenta beaucoup dans celle de 1699. Il y a eu plusieurs autres Editions depuis.

C'est probablement vers le même temps que d'Aubigné fit paroître son *Baron de Fœneste*, qui ne vaut pas à beaucoup près sa Confession de Sancy. Ce Dialogue, où l'Auteur s'exprime d'une manière au moins aussi violente que dans la Pièce précédente, est encore plus obscur; & malgré les Remarques qu'on y a ajoutées pour l'éclaircir, il reste un grand nombre de faits que l'on ne peut deviner. On prétend que c'est le Duc d'Epernon que l'Auteur avoit en vue dans cette Satyre; mais tout ce qu'il en dit est si éloigné du caractère de ce Courtisan, qu'il n'est pas possible de l'y reconnoître. J'aime mieux croire qu'il en veut en général aux vices & aux débauches des Cours de Henri III. & de Henri IV. & qu'il a composé son Baron de Fœneste, que pour y débiter à son aise tous les contes qu'il en sçavoit. Cet Ouvrage ne parut d'abord que par Parties, & le premier Livre fut imprimé à Maillé, en 1617; les trois autres le furent successivement, & tout l'Ouvrage ne fut complet que dans l'Edition de 1630, au Désert, c'est-à-dire, à Genève.

En 1616 d'Aubigné commença de faire imprimer à Maillé son *Histoire universelle*. Les deux premiers Volumes parurent en 1618 : il ne faut point s'arrêter à la date de 1616, qui se trouve à la tête du premier, puisqu'on a eu soin de marquer expressément à la fin, qu'il ne fut achevé qu'au mois de Mars de l'année que je cite. Cette Histoire, qui est fort mal écrite, & d'un style guindé & obscur, attira de fâcheuses affaires à son Auteur. L'esprit satyrique qui y règne contre l'Etat & contre l'honneur de nos Rois & des Princes, révolta. Le Conseil du Roi fit mettre la troisième Partie, qui n'étoit encore qu'en Manuscrit, entre les mains de Personnes sçavantes, pour être examinée. Ils la trouvèrent aussi mauvaise & aussi mordante que les deux premières ; en conséquence on lui refusa un Privilège. Il ne laissa pas de faire imprimer en 1620 cette troisième Partie, malgré les défenses du Conseil: cela fit condamner toute son Histoire à être brûlée par la main du bourreau, à Paris, dans la Place de Cambray. Cette Histoire entière s'étend depuis 1550 jusqu'en 1601; elle fut réimprimée à Genève en 1626, avec beaucoup de changemens & d'additions. Il y a cependant des faits dans la première Edition qu'on ne trouve point dans la seconde ; & il faut les avoir toutes deux pour avoir l'Ouvrage bien complet. D'Aubigné fit encore imprimer à Maillé, en la même année 1620, une *Lettre* sur quelques Histoires de France, & sur la sienne : in 8.

Indépendamment de la flétrissure qu'il reçut à Paris, d'Aubigné fut encore obligé de quitter la France, & de se retirer sans délai à Genève, pour éviter un châtiment peut-être plus rude. Il y fut reçu fort honorablement, & y composa quelques autres Ouvrages, qui n'ont vu le jour qu'après sa mort. La plupart ont été recueillis en un Volume *in-8*. imprimé à Genève, en 1630, chez Pierre Aubert, sous ce titre : *Petites Œuvres mêlées du Sieur d'Aubigné*. Ce Volume est divisé en quatre Parties, & contient diverses Pièces, presque toutes de piété, les unes en Vers, les autres en Prose.

Un autre Ouvrage plus considérable qu'il laissa, fut son *Histoire secrette*, imprimée pour la première fois en Hollande, sous le titre de Cologne, en 1729, & plusieurs fois depuis. Il y raconte à ses enfans tout ce qui lui étoit arrivé dans le cours de sa vie, jusque vers sa mort, arrivée le 29 Avril 1630, à Genève. Il avoit alors 80 ans, & il fut enterré dans le Cloître de l'Eglise de Saint Pierre, la principale de Genève, où l'on voit son Epitaphe qu'il avoit fait lui-même quelque temps auparavant. D'Aubigné avoit été marié deux fois : la première en 1580, à Suzanne de Lezay, qu'il épousa le 6 Juin, & dont il portoit le deuil au Siège de la Fère, en 1596; & la seconde après sa retraite à Genève, en 1620, avec une Veuve de la Maison de Burlamachi de Luques.

II.

LOUIS AUBERY.

Extrait des Mémoires de M. Ancillon: Amsterdam, 1709, pag. 357.

LOUIS AUBERY étoit Avocat au Parlement de Paris & aux Conseils du Roi : mais il n'en a pas fait les fonctions ; il préféra l'étude à l'occupation tumultueuse des affaires. Il étoit extraordinairement laborieux & il s'est attaché à ses Livres avec une assiduité merveilleuse jusqu'à l'âge de soixante & dix-neuf ans.

Le long temps qu'il a donné à l'étude de l'Histoire & à la composition de plusieurs Ouvrages, lui a mérité un rang honorable parmi les Ecrivains du Siècle passé. Il fut conduit dans ses études par les avis d'un frère beaucoup plus âgé que lui, Ecclésiastique, d'une piété exemplaire, qui fut successivement Chanoine de Saint-Jacques de l'Hôpital, du Saint-Sépulchre & de la Sainte-Chapelle de Paris.

Quand il eut appris le Latin & le Grec, qu'il eut achevé son Cours de Philosophie, & pris quelque teinture du Droit, il s'appliqua à l'Histoire ; & étant encore fort jeune il eut dessein de traduire l'Histoire des Cardinaux, par Ciaconius; mais depuis, trouvant plus d'avantage à écrire de son chef qu'à s'assujettir aux pensées d'autrui, il entreprit de composer une Histoire générale des Cardinaux, & il y travailla sans relâche, de sorte que dès le mois de Janvier de l'année 1642, il eut l'honneur d'en dédier le premier tome in-4.º au Cardinal de Richelieu, & de le lui présenter. Il commence au Pontificat de Léon IX. qui vivoit au onzième siècle. Les années suivantes, il en publia quatre autres volumes, & il dédia au Cardinal Mazarin, qui, en reconnoissance, lui donna une pension de 400 livres, dont il a joui plus de cinquante ans.

Il fut aidé dans ce travail par quantité de Relations, d'Oraisons funèbres, de Généalogies, & d'autres pièces imprimées & manuscrites que M. Naudé lui fournit par ordre du Cardinal Mazarin, outre celles que lui communiquoit M. Dupuy dans le cabinet duquel il se trouvoit tous les jours, avec quantité d'hommes célèbres par leurs dignités & par leur érudition. Il étudia alors l'Italien, l'Espagnol & l'Anglois ; & il se mit en état de lire les livres écrits en ces trois langues.

En l'année 1649, il mit au jour un Traité historique de la prééminence des Rois de France & de leur préséance sur l'Empereur & sur le Roi d'Espagne ; il le dédia à M. le Chancelier Seguier.

En l'année 1654, Aubery donna au public l'Histoire du Cardinal de Joyeuse, avec la Généalogie de cette Maison, & un Recueil de Lettres écrites de Rome au Roi Henri III. par ce Cardinal.

En 1660, il mit au jour le plus considérable de ses Ouvrages ; c'est l'Histoire du Cardinal de Richelieu, in-fol. qui contient les principaux événemens du Règne passé. Elle est accompagnée de deux autres Volumes de Titres, de Lettres, de Dépêches, d'Instructions & de Mémoires qui servent de preuves. Antoine Bertier, Libraire à Paris, qui les imprima, avoit recueilli ces Pièces avec un grand soin, mais il représenta à la Reine-Mère, qu'il n'osoit les publier, « sans une autorité & une protection » particulière de Sa Majesté, parce qu'il y avoit » plusieurs personnes qui s'étoient bien remis en » Cour, dont la conduite passée n'ayant pas été » bien régulière & étant marquée fort désavanta- » geusement pour eux dans ces Mémoires, ne man- » queroient pas de lui susciter des affaires fâcheuses : » *Allez*, lui dit la Reine, *travaillez sans crainte à faire » tant de honte au vice, qu'il ne reste que la vertu en » France* ». Je ferai dans la suite quelques observations sur cet Ouvrage.

Aubery fit, sept ans après, un Livre qui traitoit des justes prétentions du Roi sur l'Empire, & le dédia à Sa Majesté. Il y répéta beaucoup de choses qu'il avoit déja avancées dans son Traité de la prééminence des Rois de France, & les appuya de quelques nouveaux faits & de quelques nouveaux raisonnemens.

Ce Livre donna de l'ombrage à tous les Princes d'Allemagne, que le premier avoit déja ému & chagriné. Ils crurent que le Roi pensoit à troubler leur repos, à envahir leurs Etats & à les rendre ou ses sujets ou ses vassaux. Ils s'allarmèrent donc de ce Livre comme s'il eût été l'avant-coureur de leur ruine ; & il arriva que cet Ouvrage, fait uniquement dans la vue d'élever le Roi au-dessus de toutes les autres Puissances, ouvrit les yeux à tous les Potentats de l'Europe, & leur fit prendre des engagemens fort opposés aux intérêts de la France.

Les Auteurs se mirent d'abord sur les rangs. Le célèbre Henri Kipping, connu dans la République des Lettres par son excellent Ouvrage des Antiquités Romaines, que M. Baudelot de Dairval a réfuté un peu trop durement dans son Livre de l'utilité des Voyages ; connu encore par un autre Ouvrage excellent de sa façon, qui a pour titre : *Nova Methodus Juris publici* ; fit imprimer à Brême, en l'année 1668, une Réfutation solide de l'Ouvrage d'Aubery sous ce titre : « Notæ & animad- » versiones in axiomata politica Gallicana, quæ » Dn. Aubery Galliæ Regis Consiliarius & Advo- » catus Parlamenti Parisiensis, evulgavit de justis » prætentionibus Regis super Imperium, & Præro- » gativa ejusdem, *in-12.* » Il a renversé par cet Ouvrage & détruit toutes les maximes de notre Aubery, & par conséquent les prétentions qu'elles établissoient ou qu'elles appuyoient. Le fameux Louis Dumay, Chevalier, Sieur des Salettes, Conseiller de Sa Majesté le Roi de France, & de S. A. S. Monseigneur le Duc de Wirtemberg, célèbre dans la République des Lettres par divers Traités qu'il a donnés en François, par ces Avis judicieux, écrits en Italien, & qui accompagnent & embellissent les Observations politiques que Trajan Bocalini nous a données sur Tacite, par l'Etat de l'Empire que plusieurs regardent comme l'ouvrage le plus parfait que l'on ait en ce genre, par la Science des Princes, ou Considérations politiques sur les Coups d'Etat de Gabriel Naudé, par son Prudent Voyageur, contenant la description politique de tous les Etats du monde ; ce Dumay, dis-je, François d'origine, & établi en Allemagne, homme très-équitable, qui honoroit extraordinairement le Roi de France, sous la domination duquel il étoit né, & qui lui souhaitoit tout le bonheur imaginable quoiqu'il fût hors de sa patrie, comme il le dit lui-même dans l'Epitre dédicatoire de son Etat de l'Empire, adressée à M. de Lyonne, Ministre & Secrétaire d'Etat ; mais qui étoit bien intentionné pour l'Empire dans le sein duquel il avoit trouvé un établissement honnête & avantageux, indigné contre notre Aubery & irrité de ce qu'en voulant pousser trop loin les caresses qu'il faisoit au Roi, il lui attiroit une foule d'ennemis, fit en homme désintéressé cet excellent Traité, qui a pour titre : « L'Avocat condamné, » & les Parties mises hors de procès par Arrêt du » Parnasse ; ou la France & l'Allemagne également » défendues par la solide réfutation du Traité que » le sieur Aubery a fait des prétentions du Roi sur » l'Empire. » Dumay dédia cet Ouvrage au Roi de France même, & lui représenta de la manière du monde la plus forte, que les obligations qu'il avoit à Sa Majesté & à l'Empire, étant également enracinées dans son ame, l'avoient aussi également contraint à mettre la main à la plume pour réfuter le sieur Aubery, & pour faire voir que si d'un côté son ouvrage est injurieux à l'Allemagne, de l'autre il est très-dommageable à la France.

Ce Traité de Dumay est un des plus doctes & des plus curieux qu'il ait mis au jour ; il y paroit habile dans l'Histoire & dans le Droit public. * La force de ses raisonnemens lui fait honneur, & il y montre une si grande équité & un si grand désintéressement, qu'il est difficile de n'être pas persuadé qu'il aime également la France & l'Allemagne, & de faire voir ces deux grands Etats en bonne intelligence, & leurs Princes amis & confédérés, & que son but est d'y contribuer par son Ouvrage. Le dessein en est donc très-juste ; & on pourroit dire qu'il l'auroit exécuté d'une manière très-louable, s'il avoit écrit avec un peu plus de modération, & s'il n'avoit pas traité son adversaire avec trop de mépris, le considérant toujours comme un flatteur ignorant, pernicieux & dangereux tout ensemble.

Il parut dans le même temps trois autres Ouvrages sur le même sujet. « 1°. Liberras Aquilæ triumphans, » sive de jure quod in Imperium Legi Galliarum » nullum competit, &c. à Nicolao Martini, in » Acad. Kel. politic. Profess. *Francofurti*, 1668. » 2°. Dissertatio de Libertate omnimodâ, cui inserta » est destructio prætentionum Auberianarum, quas » injussu Regis Christianissimi scriptas fuisse dedu- » citur ; sumptibus Joh. Crameri Bibliopolæ Nori- » bergensis, anno 1668. 3°. Chimæra Gallicana, » continens Axiomata politica Imperii Gallicani » deducta ex Tractatu, Des justes prétentions du » Roi sur l'Empire, par le sieur Aubery, Avocat » au Parlement & aux Conseils du Roi, imprimé » avec Privilège du Roi, à Paris, chez Antoine » Bertier, 1667, &c. » C'est un Livret de 48 pages *in-12.* dans lequel est le Précis du Livre d'Aubery est réduit en maximes, afin d'en faire voir l'absurdité par la seule proposition qui en est faite. Mais comme le Traité de Kipping & celui de Dumay ont fait plus de bruit que ces trois derniers,

---

* Cet Ouvrage, de M. Dumai, est omis dans l'Article que Prosper Marchand a donné de lui dans son Dictionnaire. Il s'est aussi trompé, en assurant très-certainement que son *Etat de l'Empire* en François n'est pas une Traduction : il n'y a qu'à voir l'Epitre dédicatoire du Sieur d'Alexis, Traducteur : *Paris*, de Luynes, 1759, *in-12.*

par cette raison je me suis étendu à en faire connoître le mérite & les Auteurs. Je ne dirai rien de ces trois derniers ; les curieux pourront les consulter, s'ils ne sont pas satisfaits de ce qu'ils auront vu dans les deux autres après qu'ils les auront lus.

Les Princes ne se contentèrent pas de ces Réfutations, ils portèrent leurs plaintes à la Cour, & en firent une affaire grave & importante. Pour les appaiser & pour dissiper leur crainte, le Conseil du Roi jugea à propos de donner ordre qu'on conduisît l'Auteur, Aubery, à la Bastille. Il est vrai que comme ce n'étoit que par politique & pour la forme qu'on l'y envoyoit, il y fut bien traité, visité par les personnes les plus distinguées du Royaume, & mis bientôt après en liberté.

En l'année 1673, il donna au public un Traité de la Dignité du Cardinal, & en expliqua le sujet dans l'Epître dédicatoire qu'il adressa à M. le Duc Mazarin. Il y dit, qu'ayant entrepris fort jeune l'Histoire générale des Cardinaux, & que n'ayant pû alors mettre une Préface à la tête pour informer son Lecteur du mérite de son dessein, il s'étoit résolu de le faire dans ce petit volume à part.

Cinq ans après, il fit imprimer un Traité de la Régale, qu'il avoit composé quelques années auparavant pour M. l'Avocat Général de Lamoignon, auquel il le dédia. La première Partie traite de l'ancienne institution des Evêques, à l'occasion de quoi il parle de la Pragmatique-Sanction & du Concordat. La seconde est de l'origine & des progrès de la Régale. La troisième, de la Soumission uniforme de toutes les Provinces à ce droit ; & la quatrième, de l'extension de la Régale aux Abbayes.

Le dernier Ouvrage dont il ait fait présent au public, est l'Histoire du Cardinal Mazarin, tirée pour la plus grande partie des Registres du Parlement de Paris, sur lesquels il avoit travaillé longtemps avec feu M. le Premier Président de Lamoignon, & dont il s'étoit encore avantageusement servi depuis la mort de cet illustre Magistrat, pour fixer une grande quantité d'événemens de l'Histoire de France, & pour rétablir des dates dans lesquelles les meilleurs Auteurs s'étoient trompés. Il étoit prêt de communiquer au public ce qu'il avoit recueilli de ces monumens authentiques des choses passées, & nous en aurions bientôt joui si la mort ne nous l'avoit envié & enlevé. On s'étoit flatté que nous verrions ce curieux Recueil, lorsque ses héritiers auroient eu le loisir de choisir entre un nombre presque infini de papiers écrits de sa main, les Ouvrages qui seroient en état de paroître. Personne ne s'étonnera qu'il ait laissé tant de Manuscrits, quand on sçaura que le temps lui étoit extrêmement précieux, & qu'il en ménageoit jusqu'aux moindres momens.

Aubery se levoit tous les jours à cinq heures, & travailloit toute la matinée, à l'exception du temps nécessaire pour faire ses dévotions. Il continuoit sans relâche l'après-dîner, jusqu'à six heures, qu'il alloit autrefois dans le Cabinet de M. Dupuy, & ensuite dans ceux de M. de Thou & de M. de Villevault. Toutes les fois qu'il vouloit se délasser dans ses études sérieuses, il lisoit quelques pages des Remarques de Vaugelas, & se perfectionnoit dans la Langue Françoise. Il ne faisoit presque aucune visite, & en recevoit encore moins qu'il n'en faisoit.

Ayant ainsi mené une vie longue & uniforme, il en fut enfin privé à Paris, par un accident imprévu. Un soir, comme il s'en retournoit chez lui, au commencement du mois de Décembre de l'année 1694, il tomba sur le Pont S. Michel, & fut tellement ébranlé par la pesanteur de sa chûte, qu'il ne put jamais se relever. Il languit près de deux mois dans le lit, sans se faire pourtant aucun remède, n'y étant pas accoutumé, & n'ayant eu aucun besoin de Médecin depuis plus de cinquante ans. Après avoir pratiqué tous les devoirs de la Religion Romaine dont il faisoit profession, & dont il avoit toujours observé religieusement les préceptes, il expira doucement le 29 Janvier, à sept heures du soir, âgé de 78 ans, 8 mois & 11 jours.

III.

VIE DE MONSIEUR BALUZE,

Ecrite par lui-même en Latin, & traduite en François dans le Mercure de Juillet 1719.

QUOIQUE je ne me connoisse pas un assez grand mérite pour pouvoir me flatter que la Postérité puisse desirer de sçavoir d'où je suis, & qui je suis ; néanmoins, plusieurs Ecrivains du premier ordre ayant fait de moi une mention très-honorable dans leurs sçavans Ecrits, il pourroit arriver que, comme nous recherchons aujourd'hui avec beaucoup de soin les principales actions des grands hommes qui ont acquis dans les Siècles passés quelque réputation par leur science & leur érudition, il pourroit arriver, dis-je, que ceux qui liront les Ecrits publiés dans ce Siècle, m'y voyant citer avec éloge, souhaiteroient de connoître plus à fond un homme dont la réputation étoit si bien établie de son temps parmi les Gens de Lettres. C'est donc en vue d'épargner ces recherches laborieuses à nos Neveux, que j'ai pris le dessein d'écrire moi-même en peu de mots, les plus considérables événemens de ma vie, qui sont ceux qui m'ont donné la naissance, par quels Maîtres, & de quelle manière j'ai été élevé ; par quels secours je suis enfin parvenu à cette réputation dont je jouis depuis plusieurs années.

Je suis né à Tulle, Ville du Limosin, dans la première Aquitaine, l'an 1630, le 13 de Novembre, d'une des plus illustres & anciennes Familles de la Province. J'eus pour père Jean-Charles Baluze, très-sçavant Jurisconsulte, & pour mère Catherine Teyssier, femme d'une conduite irréprochable, & d'une piété exemplaire : sa réputation est tellement établie dans la Province, que je ne crains pas de lui rendre ici, en peu de mots, la justice qu'elle mérite.

L'année de ma naissance sera à jamais remarquable par la peste & la famine qui régnèrent en France. La première rendit les Villes entièrement désertes ; les habitans les abandonnoient dans l'espérance de se mettre à couvert de cet horrible fléau. Je fus donc transporté, peu après ma naissance, à la Maison de Campagne de mon Père, & pour surcroît de malheur, le lait de ma Nourrice s'étant tari, par la tristesse qu'elle conçut de la mort de son mari & de ses enfans, & n'étant pas facile d'en trouver une autre, ni sûr d'en changer ; je passai le reste de mon enfance dans un état de langueur, qui faisoit appréhender pour la suite.

Je commençai mes études en ma Patrie, & fis mes humanités au Collège des RR. PP. Jésuites de Tulle. J'en partis le 2 Janvier de l'année 1646, pour me rendre à Toulouse, où je demeurai huit ans pensionnaire au Collège de S. Martial. Je fis mon cours de Philosophie sous le R. P. Jean Ferrier, de la Compagnie de Jesus, qui professoit avec l'estime & l'applaudissement du Public, & que son mérite fit choisir depuis pour gouverner la conscience du feu Roi Louis XIV. de glorieuse mémoire. J'étudiai ensuite en Droit civil, pour me conformer à la volonté de mon Père ; mais m'appercevant du peu de progrès que je faisois en cette étude, je crus devoir m'appliquer aux Sciences, particulièrement à l'Histoire, & sur-tout à celle de l'Eglise, & à la connoissance de la Discipline ou du Droit Canon. J'acquis par cette voie, si j'ose le dire, une assez belle réputation, quoique je fusse encore dans la première jeunesse ; & je fus chéri & estimé dès-lors de tous les Professeurs qui avoient plus de réputation dans Toulouse, particulièrement de Pierre Caseneuve, de Jean de Samblançai, de Pierre Poussines, d'Antoine Dadin d'Hauteserre & de Bernard de Medon. J'étois très-jeune alors ; & cependant, pour me servir de l'expression de Pline, ils m'honoroient presque comme leur égal. L'illustre Charles de Montchal, pour lors Archevêque de Toulouse, me destinoit une place honorable entre les plus familiers, lorsqu'il partit en 1651 pour Carcassone, dont il ne devoit plus revenir ; & il donna ordre qu'en son absence, sa Bibliothèque me fût toujours ouverte.

Je fis imprimer l'année suivante à Toulouse, mon *Anti-Frison*; j'intitulai ainsi ce petit Ouvrage, parce que j'y découvris plusieurs des erreurs que Pierre Frison avoit laissé échapper dans sa *Gallia Purpurata*, ou son Histoire des Cardinaux François. Ce fut le premier de tous mes Ouvrages.

Je ne crois pas devoir passer ici sous silence, que l'estime & la réputation que j'avois acquise auprès des Sçavans, engagea, peu de temps après la publication de cet Ouvrage, un de mes amis, homme de poids & d'autorité dans la Province de Languedoc, à me proposer de m'attacher à quelqu'un des Evêques de ce Pays, afin que je puisse plus facilement continuer mes études. Il me dit qu'il étoit ami particulier de Claude de Rebé, Archevêque de Narbonne, homme d'un cœur & d'un esprit excellent, très-puissant & très-estimé à la Cour, & qu'il obtiendroit aisément de lui qu'il me reçût dans sa maison. Je consultai mes amis avant de prendre mon parti : quelques-uns me le conseillèrent ; d'autres m'en dissuadèrent. Dans cette incertitude, je consultai M. Poussines, qui me fit réponse qu'étant du Diocèse de Narbonne, & ayant en plusieurs marques de la bienveillance de son Archevêque, il ne pouvoit ni penser, ni rien dire de désavantageux pour ce Prélat, qu'il le reconnoissoit ; qu'il sçauroit mon dessein, & qu'il connoîtroit les progrès que j'avois déja fait en toute sorte de sciences. Je me rendis aux conseils de M. Poussines, & je connus visiblement par la suite, que je suivois en cela les desseins de la providence de Dieu sur moi.

En effet, le 31 Mai 1656. M. de Marca, dont je n'avois pas l'honneur d'être connu, m'invita par des Lettres pleines de sentimens, d'estime & de tendresse, à me rendre chez lui à Paris, afin, m'écrivoit-il, (car pourquoi ne me feroit-il pas permis de rapporter ses propres paroles?) afin, dis-je, que nous puissions conférer ensemble, & nous communiquer mutuellement nos études. Je reçus sa Lettre à Tulle, où j'étois revenu en 1654, pour rétablir ma santé que j'avois fort altérée à Toulouse, par ma trop grande & trop continuelle application à l'étude. Je partis de Tulle pour Paris, le 12 de Juin, & vins descendre le 27 du même mois chez M. de Marca. Je ne le quittai presque pas depuis un seul instant, jusqu'au moment fatal que j'en fus séparé par sa mort, qui arriva en 1662. J'ai écrit assez au long dans l'Histoire de sa vie, les marques honorables que j'ai reçues de son amitié, les jugemens avantageux & l'estime qu'il faisoit de moi ; enfin, combien sa libéralité, ses belles connoissances, son profond sçavoir & ses conseils m'ont fait faire de progrès dans les Sciences, & de quelle utilité ils m'ont été dans mes études.

Après sa mort, plusieurs de Nosseigneurs les Archevêques & Evêques, m'ayant offert leur maison & leur amitié, je préférai Monseigneur l'Archevêque d'Auch, Henri de la Mothe-Houdancour ; mais ses études ne se trouvant avoir aucun rapport avec les miennes, ce sçavant Prélat ayant consacré tout son temps à celle de la Théologie Scholastique, je pris congé de lui peu de temps après, & me trouvai ainsi entièrement libre & maître de moi-même.

Telle étoit ma situation, lorsqu'en 1667, l'incomparable M. Colbert, Surintendant des Finances, cet illustre protecteur des beaux Arts, qui honoroit d'une protection particulière les Lettres & tous les Sçavans, me fit l'honneur, quoique je ne fusse connu de lui que de réputation, de m'appeler auprès de lui pour avoir soin de la magnifique Bibliothèque qu'il venoit de faire bâtir dans le plus bel endroit de son Hôtel. Je la remplis d'une infinité d'excellens Livres, particulièrement des Manuscrits qui furent recherchés avec des soins & des dépenses immenses, tant en Europe, qu'en Asie & en Afrique. Ces Livres, dont les Sçavans avoient liberté de se servir par la libéralité généreuse de ce grand homme & de ses enfans, ont été longtemps conservés dans le même lieu ; mais je crois devoir avertir qu'ils ont été ensuite transportés dans une maison qui appartient aux RR. PP. de la Doctrine Chrétienne, où ils sont encore consultés de tous les Sçavans, sous le bon plaisir de M. le Comte de Seignelay, très-digne petit-fils du grand Colbert. Après la mort de cet illustre & généreux Mécène, (continue M. Baluze,) qui par cette bonté & cette générosité qui lui étoit propre, m'honoroit d'une bienveillance toute particulière, je continuai d'avoir le soin de cette Bibliothèque par ordre de MM. ses enfans. Mais enfin me trouvant avancé en âge, & ayant par conséquent besoin de repos, je me retirai en 1700. dans une très-belle maison, hors des murs de Paris, proche du Collège des Ecossois, à qui cette maison appartient.

En 1702, sur la fin de Mai, je fus attaqué d'une maladie très-aigue & très-périlleuse, pendant laquelle je fus tourmenté pendant neuf jours de hoquets perpétuels, très-violents, qui firent craindre à la plupart des Médecins pour ma vie. Je me trouvai néanmoins hors de danger le jour de la Fête de la Pentecôte, & ma santé se rétablit en peu de temps dans son premier état.

Mais à la fin d'Avril 1704, je retombai dans une très-longue & très-dangereuse maladie. Elle commença par une fièvre tierce très-violente ; à la tierce succéda une double-tierce, qui dégénéra enfin en continue. Ces diverses fièvres m'agitèrent pendant quatre mois, au bout desquels je recouvrai ma santé.

Tel étoit alors l'état de mes affaires, lorsqu'en 1707, le 19 d'Avril, la mort m'enleva un de mes plus intimes amis, Jean Gallois, Abbé de la Cores, homme d'une très-profonde érudition en tout genre de Littérature. Le Roi l'avoit créé Principal ou Inspecteur du Collège Royal, dans la vue d'en rétablir l'ordre & la discipline. Aussi-tôt après la mort de ce généreux ami, j'eus l'honneur d'être nommé par Sa Majesté pour remplir cette place : ainsi les deux personnes que M. Colbert avoit choisies entre tous les Sçavans, pour se délasser dans leurs entretiens, de la fatigue des affaires de la France, dont il soutenoit seul tout le poids, se trouvèrent l'une & l'autre appellées par le Roi, pour être les premiers Inspecteurs de ce fameux Collège.

J'avois éprouvé jusqu'alors une fortune assez favorable ; elle me devint contraire à la quatre-vingtième année de mon âge. Voici en peu de mots, le sujet de ma disgrace. L'Eminentissime Cardinal de Bouillon, (Emmanuel-Théodose,) qui m'honoroit depuis long-temps de son amitié, me demanda avec beaucoup d'instance que j'écrivisse l'Histoire Généalogique de la Maison d'Auvergne, dont la Maison de la Tour fait une Branche. Je m'appliquai à ce travail avec tout le soin & l'exactitude possible pendant plusieurs années, & j'eus sur-tout à cœur de n'y rien insérer que de vrai & de bien prouvé. L'Ouvrage étant achevé, je le fis imprimer en 1708, & le rendis public l'année suivante. La publication de cet Ouvrage ne souffrit aucune contradiction jusqu'en 1710. que le Cardinal de Bouillon sortit du Royaume, après y avoir souffert un exil de dix ans. Sa fuite aigrit Sa Majesté contre lui, & l'on m'accusa auprès d'Elle à cause de l'amitié qui étoit entre cet illustre malheureux & moi.

On dit donc au Roi que j'avois inféré dans l'Histoire généalogique de la Maison d'Auvergne des pièces qui avoient été jugées fausses dans un Procès qui n'avoit aucun rapport à la matière que je traitois, & dont je ne m'étois pû servir, ne les ayant jamais vues. Ce récit, sans fondement, irrita Sa Majesté contre moi, foible roseau agité du vent ; & je sentis tout le poids de sa colère. Mon Ouvrage fut condamné & flétri par un Arrêt de Nosseigneurs du Parlement énoncé en termes très-injurieux pour la Maison de Bouillon & pour moi. Je fus peu après envoyé en exil, & dépouillé de presque tous mes biens & tous mes emplois, sans que personne osât entreprendre la défense de mon innocence, ou que je pusse me défendre moi-même. Je partis donc de Paris pour Rouen, & de Rouen je me rendis à Blois, pour obéir aux ordres du Roi.

M. Baluze finit ici l'Histoire de sa Vie.
Ce qui suit a été ajouté par M. Martin, Libraire, qui a publié le Catalogue de la Bibliothèque de Baluze, à la tête duquel cette Vie a été imprimée en Latin.

De Blois, M. Baluze alla à Tours, puis à Orléans, où il demeura jusqu'à la fin de l'année 1713. que Sa Majesté ayant connu son innocence, lui rendit ses bonnes graces, & lui permit de revenir à Paris, où il fut reçu avec une joie indicible de ses amis, au milieu des applaudissemens & des acclamations de tous les Gens de Lettres, & de plusieurs personnes de distinction. Il n'y fut pas plutôt arrivé, qu'il songea à profiter de sa chère Bibliothèque dont il avoit été privé pendant plusieurs années, & reprit ses études, qu'il n'avoit pas entièrement abandonnées pendant son exil, comme il paroît par les Tomes VI & VII. de ses Mélanges, dont le premier fut publié durant son séjour à Tours. On trouve dans l'un & dans l'autre, des morceaux précieux qui font comme les dépouilles Littéraires qu'il avoit remportées des Bibliothèques qu'il avoit eu occasion de visiter dans son exil.

La triste situation où il s'étoit trouvé ne lui avoit pas fait perdre de vue le dessein qu'il avoit formé, de procurer une nouvelle Edition des Œuvres de S. Cyprien. Au contraire, profitant de son loisir, il se mit de toutes ses forces à l'ouvrage, compara & collationna une infinité de Manuscrits avec les différentes Editions de ce fameux Père de l'Eglise ;

il en corrigea & rétablit entièrement le texte, & l'expliqua par de nouvelles Notes. A peine avoit-il mis la dernière main à cet Ouvrage, que S. A. R. Monseigneur le Régent, qui honoroit M. Baluze d'une estime toute particulière jusqu'à lui accorder de longues & fréquentes audiences, ordonna que cette nouvelle Collection des Ouvrages de Saint Cyprien, & les autres Manuscrits de M. Baluze qui n'avoient point encore été donnés au public, seroient imprimés aux frais de l'Imprimerie Royale.

M. Baluze, pour obéir aux ordres de ce grand Prince, amateur des Lettres & protecteur des Sçavans, fit imprimer l'Histoire de la Ville de Tulle qu'il avoit écrite pour être un gage de son amour & de sa gratitude envers sa Patrie. Cette Histoire parut en 1717. Il mit aussi-tôt après les Œuvres de S. Cyprien sous la presse ; & travailla avec toute l'application dont il étoit capable, à rendre cette Edition la plus correcte & la plus parfaite qui eût encore paru.

Cet Ouvrage, qui est sans contredit le plus considérable de tous les monumens que ce sçavant homme a publiés pour l'utilité de la République Chrétienne, étoit sur le point de paroître, lorsque la mort nous l'enleva le 28 Juillet 1718, en la quatre-vingt-huitième année de son âge. Les Sçavans regretteront à jamais ce grand homme, dont on peut dire à plus juste titre que T. Ann. Milon ne le disoit de lui-même, (comme le rapporte Cicéron) que la gloire de son nom est déja répandue dans toute la terre, & qu'elle passera jusqu'à la postérité la plus reculée.

Catalogue des Ouvrages de M. Baluze.

1. L'Anti-Frison, ou Remarques critiques sur l'Histoire des Cardinaux François, de Pierre Frison de Toulouse : 1652, *in*-8. en Latin.

2. Dissertation, où l'on recherche en quel Siècle vivoit Saint Sardot, Evêque de Limoges : *Tulle*, 1655, *in*-8. (en Latin.)

3. Dissertation sur les Saints Clair, Laud, Usard, Baumade, dont les Reliques reposent dans l'Eglise Cathédrale de Tulle, &c. *Tulle*, 1656, *in*-8. (en Latin.)

4. Autre Dissertation, *de Episcopatu Egarinsi* : *in*-8.

5. Les Œuvres de Salvien, Prêtre de Marseille, & de Vincent de Lérins, avec des Notes, &c. *Paris*, Muguet, 1663, 1669 & 1684, *in*-8. (en Latin.)

6. Lettre de M. Baluze, alors Chanoine de Reims, à M. de Sorbières, touchant la vie, les actions, les mœurs & les Ecrits de Pierre de Marca, Archevêque de Paris, &c. *Paris*, Muguet, 1663, *in*-8. (en Latin.)

7. La Concorde du Sacerdoce & de l'Empire, ou Traité des Libertés de l'Eglise Gallicane, par M. de Marca, avec la Vie de l'Auteur, des Prolégomènes, &c. par M. Baluze : *Paris*, Muguet, 1663, *in*-fol. 2 tom. (en Latin.)
La même, avec de nouvelles Additions, &c. 1669. *Ibid*. = La même, avec de nouvelles Corrections & Additions : 1704. *Ibid*. = La même, avec plusieurs Dissertations de M. de Marca : *Francfort*, (Leipsick,) Fritsch, 1708.

8. Œuvres de Loup Servat, Prêtre, Abbé de Fertières, de l'Ordre de Saint Benoît, avec des Notes, &c. *Paris*, Muguet, 1664, *in*-8. (en Lat.) = Nouvelle Edition, revue & augmentée : *Anvers*, (Leipsick,) Gleditsch, 1710, *in*-8.

9. Œuvres de S. Agobard, Archevêque de Lyon, avec les Lettres & Opuscules de Leidrade & d'Amulon, aussi Archevêques de Lyon, avec des Notes, &c. *Paris*, Muguet, 1666, *in*-8. 2 vol. (en Latin.)

10. Les Conciles de l'Eglise de Narbonne, avec des Notes, &c. *Paris, Muguet, 1668, in-8.* (en Lat.)

11. Quatorze Homélies de Saint Césaire, Evêque d'Arles, avec des Notes, &c. *Paris, Muguet, 1669, in-8.* (en Latin.)

12. Trois Dissertations de Pierre de Marca, Archevêque de Paris. La première, sur le Décret du Pape Vigile, pour la confirmation du Ve Concile : La seconde, sur la Primatie de Lyon & les Droits des Primats : La troisième, sur le temps auquel la Foi a été reçue dans les Gaules ; avec des Notes, &c. *Paris, Muguet, 1669, in 8.* (en Lat.)

13. Lettre de M. Baluze, à M. l'Evêque de Tulle, touchant les Dissertations que M. Faget a fait imprimer sous le nom de feu M. de Marca : *Paris, 1668, in-4.* (Brochure.)

14. Les deux Livres de Reginon, Abbé de Prum, de la Discipline de l'Eglise & de la Religion Chrétienne, &c. avec une Préface, &c. *Paris, Muguet, 1671, in-8.* (en Latin.)

15. Les deux Livres des Dialogues d'Antoine Augustin, Archevêque de Tarragone, de la Correction de Gratien, avec des Notes & une (savante) Préface, &c. *Paris, Muguet, 1672, in-8.* (en Lat.)

16. Vie de Pierre du Chastel, ou Chastelain, Evêque de Mâcon, par Pierre Galland, avec des Notes, &c. *Paris, Muguet, 1674, in 8.* (en Latin.) & les Trépas, Obsèques & Enterrement du Roi François I. (en François.)

17. Les Capitulaires des Rois de France, &c. avec les Formules de Marculfe, &c. avec des Notes : *Paris, Muguet, 1677, in-fol.* 2 vol. (en Latin.)

18. Le Livre de la Persécution, ou des morts des Persécuteurs, par Luc. Cæcilius Firm. Lactance, avec des Notes, &c. *Paris, Muguet, 1679, in-8.* (en Latin.)

19. Mélanges, ou Recueil de Pièces, avec des Préfaces : *Paris, Muguet, 1677, 1679, 1680, 1683, 1700, & Gab. Martin, 1713, 1715, in-8.* 7 vol. (tous Latins, excepté la dernière Pièce du VIIe Volume, qui contient les Instructions & Dépêches de l'Ambassade envoyée à Rome, par le Roi Charles VIII. en l'année 1484.)

20. Opuscules de Pierre de Marca, Archevêque de Paris, avec une Préface : *Paris, Muguet, 1681, in-8.* (en Latin.)

21. Les Lettres du Pape Innocent III. &c. *Paris, Muguet, 1682, in fol.* 2 vol. (en Latin.)

22. La Vie du Bienheureux Etienne, Abbé d'Obazine, en Limousin : *Paris, Muguet, 1683,* (en Lat.)

23. Nouvelle Collection des Conciles, ou Supplément de la Collection du Père Labbe, Tome I. (où se trouvent plusieurs Conciles ou Actes appartenans aux Conciles tenus depuis l'an 125, jusqu'en 554, &c.) *Paris, Muguet, 1683, in-fol.* (en Latin.)

24. Les Œuvres de Marius Mercator, avec des Notes & une Préface : *Paris, Muguet, 1684, in-8.* (en Latin.)

25. Lettre d'Etienne Baluze, à Emeric Bigot, écrite l'an 1686, touchant la Vie & les Actions de J. B. Cotelier : *Paris, in-fol.* (en Latin.)

26. Lettre d'Etienne Baluze, à Eusèbe Renaudot, touchant la Vie & les Ecrits de Charles du Fresne, Sieur du Cange : *Paris, 1688, in-12.* (en Latin.)

27. Marca Hispanica, ou les Limites de l'Espagne, c'est-à-dire, Description historique & géographique de la Catalogne, du Roussillon & des Pays circonvoisins ; par Pierre de Marca, Archevêque de Paris, &c. avec un IVe Livre ajouté par Etienne Baluze, &c. *Paris, Muguet, 1688, in-fol.* (en Latin.)

28. La Vie des Papes qui ont tenu leur Siège à Avignon, depuis l'an 1305, jusqu'à l'année 1394, &c. avec des Notes, une Préface & les Portraits ou Médailles des Papes, en taille-douce : *Paris, Muguet, 1693, in-4.* 2 vol. (en Latin.)

29. Histoire & Extrait d'un Manuscrit de la Bibliothèque de Messire Achilles de Harlay, Premier Président du Parlement de Paris, dans lequel sont contenus les Actes authentiques de ce qui s'est passé dans les Etats assemblés, en 1380 & 1381, à Medina del Campo, sous le Roi Jean (Roi de Castille,) pour connoître qui des deux Compétiteurs au Souverain Pontificat étoit le véritable & légitime Successeur de S. Pierre : *in fol.* (en Lat.)

30. Lettre de M. Baluze, écrite en 1697, pour servir de réponse à divers Ecrits qu'on a semés dans Paris & à la Cour, contre quelques anciens Titres qui prouvent que Messieurs de Bouillon d'aujourd'hui, descendent en ligne directe & masculine des anciens Ducs de Guyenne & Comtes d'Auvergne ; avec le Procès-Verbal contenant l'Examen fait en 1695, par M. Baluze & les RR. PP. Dom Jean Mabillon, & Dom Thierry Ruinart, Religieux Bénédictins, de deux anciens Cartulaires & de l'Obituaire de l'Eglise de S. Julien de Brioude, en Auvergne, & de quelques anciens Titres, pour faire voir que Géraud de la Tour, premier du nom, descend en droite ligne d'Acfred, premier du nom, Duc de Guyenne & Comte d'Auvergne : *Paris, Théodore Muguet, 1698, in-fol.*

31. Table généalogique de la Maison d'Auvergne, depuis le temps de Charles-le-Chauve, Empereur & Roi de France, jusqu'à présent, dressée sur plusieurs Titres & Documens dignes de foi, par M. Baluze : *Paris, André Cramoisy, 1704,* Placard en 4 feuilles.

32. Histoire généalogique de la Maison d'Auvergne, justifiée par Chartes, Titres, Histoires anciennes & autres Preuves authentiques, avec une Préface très-ample & très-curieuse, qui traite de la grandeur de cette Maison, de ses Armoiries & marques d'honneur ; par M. Baluze : Ouvrage enrichi de figures & vignettes gravées en taille-douce, par les plus habiles Maîtres, le Clerc, Simonneau, Audran & autres, & divisé en deux Tomes, dont le premier contient l'Histoire, après laquelle on trouve la Harangue de M. le Premier Président de Lamoignon, à l'ouverture du Parlement, en 1675, contenant l'Eloge de M. de Turenne ; un autre Eloge de ce Prince, tiré des Œuvres de M. de Saint-Evremont, & un Fragment du même Auteur, touchant le service que M. de Turenne rendit à Gien ; & le second Volume contient les Preuves. (Chaque Volume a sa Table particulière :) *Paris, de l'Imprimerie de la Veuve François Muguet, chez Antoine Dezallier, 1708, in-fol.* 2 vol.

33. Histoire de la Ville de Tulle, &c. avec quelques Estampes en taille-douce : *Paris, de l'Imprimerie Royale, 1717, in-4.* (en Latin.)

34. Les Œuvres de Saint-Cyprien, corrigées sur les Manuscrits, avec les Leçons & Variantes, des Notes, des Dissertations, les Préfaces & les Tables nécessaires : [*Paris, de l'Imprimerie Royale, 1726, in-fol.* en Latin.]

☞ Cette Edition n'étoit que commencée, lorsque M. Baluze mourut. Dom Prudent Maran l'a achevée, & a ajouté une savante Préface, historique & critique : il a aussi corrigé les Notes qui en avoient besoin.]

M. Baluze avoit amassé une Bibliothèque composée de 10799 volumes imprimés, dont plusieurs ont été corrigés & collationnés sur les Manuscrits; & d'autres se trouvent enrichis de Notes critiques & Observations insérées aux marges, soit par M. Baluze, soit par d'autres Sçavans. Il a laissé de plus 957 Manuscrits & près de 500 Actes ou Diplômes, dont plusieurs sont Originaux; enfin sept armoires remplies de différens Manuscrits modernes, dont la plupart sont des Ouvrages de M. Baluze, non encore imprimés. Tous ces Manuscrits ont été achetés par Sa Majesté pour enrichir sa Bibliothèque, la plus belle de l'Europe. A l'égard des Imprimés, ils ont été vendus en détail dans la maison du défunt, rue de Tournon, vis-à-vis l'Hôtel Térat, conformément à la volonté du défunt, qui l'a ainsi ordonné par un Codicille particulier; afin que tous les Curieux, dit-il, en puissent avoir leur part, y ayant une très-grande quantité de Livres rares, difficiles à trouver, que les Gens de Lettres seront bien aises d'avoir occasion d'acquérir.

IV.

*FRANÇOIS DE BELLEFOREST.

(*Par le Père le Long.*)

Si le grand nombre de travaux Littéraires contribuoit toujours au mérite de celui qui en a fait part au Public, on ne pourroit refuser à François de Belleforest l'honneur d'avoir été un des plus laborieux & un des plus infatigables Auteurs de son temps; car dans l'espace de moins de trente années, il a publié plus de cinquante Ouvrages sur divers sujets. C'est ce qui a fait dire à du Haillan (dans la Préface de son Histoire de France) que « Belleforest avoit des moules auxquels avec grande » promptitude il jettoit les Livres nouveaux ».

Il étoit né au mois de Septembre de l'année 1530, proche de Samaten, petite ville du pays de Comminge, dans la Guyenne. Son père mourut lorsqu'il n'avoit que sept ou huit ans. Sa mère, qui se trouvoit sans biens, fit par ses travaux tout son possible pour l'entretenir quelques années dans les Écoles. Il fut pendant quelque tems nourri chez la Reine de Navarre, sœur du Roi François I. d'où il se rendit à Bourdeaux. Il y étudia sous Buchanan, Elie Vinet, Salignac, Gelida & quelques autres sçavans Hommes. Etant allé à Toulouse pour s'y appliquer au Droit, son génie le porta à tout autre chose; car il s'amusa à faire des Vers. Après six ou sept années de séjour en cette Ville, il vint à Paris, où il écouta les leçons des Professeurs, lia d'étroites habitudes avec plusieurs Sçavans, sur-tout avec Antoine du Verdier, qui rapporte toutes ces particularités; il s'insinua même dans la connoissance de plusieurs personnes de qualité. Il y passa enfin le reste de ses jours dans une fortune très-médiocre.

Si les Libraires n'eussent acheté les fréquentes productions de son esprit, il eut souvent manqué de pain; mais, continue du Verdier, avec la bénédiction de Dieu répandue sur les Ouvrages de ses mains, il entretint sa famille à force de faire des Livres. On ne s'étonnera plus après cela, de ce qu'il en a fait un si grand nombre, & de ce qu'il a traité tant de diverses matières qui passoient ses forces. Car il se trouvoit dans la nécessité de satisfaire aux Libraires, à qui il donnoit tantôt un Ouvrage de sa façon, tantôt une Traduction d'un Livre Latin, d'un Italien, ou d'un Espagnol.

On peut voir les titres de ses Livres dans les Bibliothèques Françoises de la Croix du Maine & d'Antoine du Verdier. Les principaux sont, = L'Histoire des neuf Rois de France qui ont porté le nom de Charles; = les Annotations & Observations sur les Livres de saint Augustin de la Cité de Dieu; = l'Histoire Universelle du Monde; = les Chroniques de Nicole Gilles, augmentées; = la Cosmographie Universelle; = les Harangues Militaires; = les Histoires tragiques, tirées la plupart de l'Italien de Bandel; = enfin l'Histoire générale de France.

Il fit voir par tous ces Ouvrages qu'il étoit homme de grande lecture, & d'une grande assiduité au travail; aussi fut-il en quelque estime sous les Règnes de Charles IX. & de Henri III.

René de Lusinge, dans son Traité de la manière de lire l'Histoire; dit que « Belleforest n'ignoroit » rien de ce que la belle Antiquité a laissé de con» fus, dont il a éclairci les Passages avec soin & en » bon langage. » Mais la Popelinière en parle d'une autre façon dans son Histoire des Histoires, publiée en 1599. « Il n'y a langue ni science (dit-il) que » Thevet & Belleforest n'ayent profanée. Ils ont » barbouillé l'Histoire particulière, générale & » universelle, à leur fantaisie; ils ont mal interprété » un grand nombre de Passages, corrompant & » falsifiant les matières, & supposant une infinité de » choses qu'ils s'étoient ridiculement imaginées. » Ainsi Belleforest ne conserva pas long-temps la réputation qu'il s'étoit faite par le grand nombre & la diversité de ses Ouvrages.

Le plus considérable est sans doute les Annales & Histoire générale de France. On y voit plusieurs choses rares, qu'on auroit peine à trouver ailleurs; il les avoit tirées d'anciennes Chroniques, dont il fait une compilation assez mal arrangée, & où il joint des choses fort inutiles. Au reste ces Annales sont si mal écrites & d'un style si obscur & si diffus, que la lecture en est très-ennuyeuse: il y a mêlé la fable avec les vérités de l'Histoire, confirmant ce qu'il dit de chaque Roi de la première Race, par des Vers tirés de la Franciade de Ronsard. Il paroit bien qu'il ne faisoit ces sortes de ramas que pour remplir ses Livres; & c'est avec raison qu'on le fait passer pour un de ces Auteurs qui enflent leurs Ouvrages pour en tirer plus de profit. On verra dans le Mémoire [qui concerne] du Haillan [ci-après, Article XXII.] ce que [cet Historiographe] pensoit de l'Histoire de France de Belleforest. Il y a lieu de croire, que pour les derniers temps, il a ramassé de même, avec peu de choix, ce qu'il a trouvé dans les Livres qui lui sont tombés entre les mains, & qu'ainsi il n'est pas plus exact dans l'Histoire moderne que dans l'ancienne.

La Croix du Maine a pris la Chronique de Nicole Gilles, augmentée par Belleforest, & imprimée par Buon en 1573, pour la première Édition des Annales de Belleforest; la même faute se trouve dans le Catalogue de la Bibliothèque d'Emery Bigot. Les dates de l'Epître dédicatoire, de la Préface, & du Privilège du Roi pour ses Annales, sont toutes de 1579. Belleforest est mort le premier jour de Janvier de l'année 1583, âgé de cinquante-trois ans; il a été enterré dans l'Eglise des Cordeliers à Paris, comme il l'avoit ordonné dans son Testament.

V.
CHARLES BERNARD.
Extrait du Père Niceron, tom. XXVIII.

CET Historiographe naquit à Paris le 25 Décembre 1571, d'un père habitué depuis long-temps dans cette Ville, mais dont les ancêtres avoient demeuré les uns en Champagne, & les autres en Bourgogne, où ils avoient rempli les premières places de la Judicature.

Les troubles qui s'élevèrent en France dans sa jeunesse, n'empêchèrent point ses parens de le faire étudier. Après avoir appris la langue Latine, il voulut sçavoir l'Espagnol, & il se rendit habile dans l'Histoire, la Géographie & la Chronologie.

Le Président Jeannin, qui l'aimoit, commença à le produire à la Cour, & lui procura la charge de Lecteur ordinaire de la Chambre du Roi, quelque temps après que Louis XIII. fut devenu majeur. Ce Prince ayant conçu de l'affection pour Bernard, ne se contenta pas de l'employer en cette qualité, il lui confia aussi en différentes conjonctures quelques Négociations difficiles & importantes.

Pierre Matthieu étant mort en 1621, sa charge d'Historiographe de France, fut donnée à Charles Bernard par un Brevet du 15 Octobre de cette année. Ce Brevet lui donne le titre de Conseiller d'Etat, qu'il a toujours pris depuis.

Vers sa soixante-cinquième année il fut attaqué d'une paralysie universelle, qui l'empêcha d'achever l'Histoire du Roi Louis XIII. qu'il avoit bien avancée. Ce fut alors qu'il se démit de sa charge d'Historiographe de France, en faveur de Charles Sorel son neveu.

Il vécut encore quatre ans depuis, & mourut le 25 Juin 1640, dans sa soixante-neuvième année.

Catalogue de ses Ouvrages.

1. Discours sur la Jonction des mers: 1613, *in*-4. (On y trouve des avis fort utiles pour le Commerce.)

2. Discours sur l'état des Finances: *Paris*, 1614, *in*-4.

3. Histoire des Guerres de Louis XIII. contre les Religionnaires rébelles: *Paris*, 1633, *in-fol.*

Sorel, neveu de l'Auteur, dit dans sa Bibliothèque Françoise, *page* 356, qu'on ne tira que deux ou trois douzaines d'exemplaires de ce Livre pour le faire voir au Roi & à ses Ministres. Il a été réimprimé, puisqu'il se trouve en entier dans l'Histoire que le même Auteur a composée du Règne de Louis XIII. Le même Sorel, dans la vie de son oncle, réduit le nombre des exemplaires à douze, & dit que « quelque Ministre peut-être donna son » exemplaire à quelque Historien, qui en sçut faire » son profit, ayant trouvé sa matière toute prête, » qu'il n'a eu qu'à la ranger à sa mode, accom- » modant le tout à l'avantage de ceux qu'il a voulu » obliger », c'est-à-dire, du Cardinal de Richelieu. On ne peut douter que ce ne soit de Dupleix, dont Sorel a voulu parler ici.

4. Carte générale de la Maison de Bourbon; par Charles Bernard: *Paris*, 1634, *in-fol.*

Cette Carte a été continuée par Charles Sorel, qui avoue, *page* 413 de sa Bibliothèque Françoise, qu'il y a changé & ajouté ce qu'il a jugé à propos. Son Edition a pour titre : « Généalogie de la Maison » Royale de Bourbon, avec les Portraits & Eloges » des Princes qui en font sortis, & les Remarques » historiques de leurs illustres actions, depuis Saint » Louis jusqu'à Louis XIII. *Paris*, 1646, *in-fol.* 2 vol.

5. Histoire du Roi Louis XIII, composée par M. Charles Bernard : *Paris*, 1646, *in-fol.*

L'Auteur n'a pu conduire cette Histoire que jusqu'à l'an 1635. Charles Sorel prit soin de l'achever, & de la pousser jusqu'à la mort du Roi Louis XIII. en 1643. Il a mis à la tête la vie de Bernard, & un Discours de la Charge d'Historiographe de France, tiré des Mémoires de cet Historien.

« Charles Bernard, selon M. l'Abbé le Gendre, » avoit aussi peu de style que de goût. Il ramasse » avec soin des bagatelles ; il donne trop de louan- » ges ; il fait de fréquentes digressions, & de trop » amples descriptions d'ouvrages d'Architecture ; » il joint à tout cela des réflexions fort communes. » Tous ces défauts rendent son Ouvrage ennuyeux. » Il décrit bien cependant le détail des batailles, » & il rapporte des particularités intéressantes, » sur-tout plusieurs intrigues de la Cour, dont il » devoit être bien instruit, ayant passé la meilleure » partie de sa vie auprès de Louis XIII. »

6. Lettre d'Etat à la Reine-Mère, Marie de Médicis.

Je ne sçais quand a paru cette Lettre, non plus que l'Ouvrage suivant.

7. Cléobule ou l'Homme d'Etat.

Sorel, qui parle de ces deux Pièces dans la Vie de Bernard, ajoute « qu'il en a fait encore quelques » autres, imprimées séparément, qui contiennent » des instructions très-utiles, mais qui ne sont pas » de fort longue étendue.

VI.

L'ABBÉ DE CAMPS.

Extrait de la Bibliothèque Françoise de du Sauzet, tom. III. part. I. art. VIII.

FRANÇOIS DE CAMPS, Abbé de Notre-Dame de Signy, Ordre de Cîteaux, Diocèse de Reims, mourut à Paris le 15 Août 1723, âgé de 81 ans. Il (naquit à Amiens & il) entra fort jeune chez M. de Serroni, premier Archevêque d'Alby, dont quelques Auteurs l'ont même fait parent. Les bonnes dispositions que l'on reconnut en lui, le rendirent cher à ce Prélat, qui le fit élever avec soin dans les Lettres. M. de Camps répondit si bien à l'attente de son bienfaiteur, que celui-ci le choisit dans la suite pour son Grand-Vicaire, & qu'il lui procura même l'Evêché de Pamiers, (en 1685.) Mais plusieurs raisons, qui lui ont fait honneur, ayant empêché qu'il n'obtînt des Bulles, on le dédommagea en lui conférant l'Abbaye de Signy (en 1693, & celle de S. Marcel en 1713.)

M. de Camps s'étoit déjà acquis dès-lors une grande réputation par sa belle Dissertation sur une Médaille d'Antonin Caracalla, publiée à Paris en 1677. « Les curieux de Rome & de France se sont » donné beaucoup de peine à l'expliquer, & ils ont » été partagés dans leur jugement sur la vérité & » sur la singularité des jeux qui y sont représentés, » dit alors M. l'Abbé de la Roque, dans le Journal des Sçavans du 29 Décembre 1677, en donnant l'Extrait de cet Ouvrage. « M. l'Abbé de Camps, » continue le Journaliste, habile en la connoissance » des Médailles, au-delà de ce que son âge & ses » grandes occupations semblent le permettre, croit » que ce sont des jeux de Funambules, ou danseurs » de corde ; & là dessus il propose ses conjectures » pleines de beaucoup d'esprit & d'une érudition » fort profonde. »

Le succès de cet Ouvrage anima tellement M. l'Abbé de Camps, qu'il se livra tout entier à l'étude des Médailles. Il en fit un amas curieux, aussi considérable par le nombre que par la rareté des pièces qui le composoient. Mais afin que sa Collection pût être utile au Public, il engagea M. Vaillant à publier les plus importantes avec de bonnes Explications ; ce qui produisit le Livre intitulé. *Selectiora Numismata in ære maximi moduli*, &c. publié à Paris en 1693. *in* 4. L'Avertissement que l'habile Antiquaire mit à la tête de cet Ouvrage, contient une idée exacte des richesses que M. l'Abbé de Camps avoit amassées en ce genre. « Nummos » veteres, (dit-il) ex omni materia omnique mo- » dulo summâ curâ multisque sumptibus collegit » undique, multis abhinc annis, illustr. Abbas de » Camps, tam prospero successu, ut rei nummariæ » studiosis omnibus, Principibus etiam non paucis, » opulentior in ea re tandem evaserit. Hi siquidem » nummos habent permultos ; ille verò numismata » maximi moduli mole, cælaturâ, raritate, eximia, » in quibus Imperatorum seriem, si paucos excipias, » cernere licet, ut & res ab eis præclarè gestas & » quidquid in Historiâ Romanâ legitur augustius. Ab » amicis sæpe invitatus, ut quæ privatæ studens rem » utilitati tum voluptati sibi comparaverat, in publi- » cum commodum transferret ; annuit comiter votis » amicorum, ipse tamen diversis negotiorum gene- » ribus implicatus ea in ære priùs, prout extant in » ipsis exemplaribus, accuratè incisa, explicanda » mihi postmodum tradidit ». Cette vaste & belle Collection de Médailles est passée dans le Cabinet de [feu] M. le Maréchal d'Estrées.

M. l'Abbé de Camps ne se borna point à cette étude ; il s'attacha encore, avec une application infatigable, qui n'a cessé qu'à sa mort, arrivée à Paris en 1723, à tout ce qui pouvoit concerner l'Histoire de France & le Droit Public du Royaume. Les ténèbres répandues dans la plupart des faits de l'ancien temps & du moyen âge, le firent remonter jusqu'aux sources. Il alla puiser dans les Chartes & les vieux Monumens, ce qu'il ne trouvoit pas clairement développé dans les Historiens. Il nous apprend lui-même que le Baron d'Auteuil, M. Vion d'Hérouval, François du Chesne, Jean du Bouchet, MM. Bouteroue & du Cange, le Père Lacarry, Jésuite, le P. le Cointe de l'Oratoire, & le P. Dom Mabillon, furent en cela ses premiers Maîtres, & que ce fut de ces grands Hommes qu'il apprit à connoître la nécessité d'avoir recours aux anciens Manuscrits, & autres Monumens de notre Histoire, pour la bien posséder.

☞ Le grand nombre de Dissertations qu'il a publiées, & d'Ouvrages qu'il a laissés en manuscrit, & qui se trouvent répandus dans cette Bibliothèque historique, lui assurent une des premières places parmi les plus célèbres de nos Historiens.]

VII.

MONSIEUR DU CANGE.

Extrait du Journal des Sçavans, 1688, &c.

CHARLES DU FRESNE DU CANGE naquit à Amiens, le 18 Décembre 1610. Son père se nommoit Louis du Fresne, Ecuyer, Seigneur de Frédeval, Conseiller & Prévôt Royal de Beauquesne, & sa mère Hélène de Rély, issue d'une Maison noble. Louis du Fresne étoit fils de Michel, aussi Prévôt de Beauquesne, & pourvu de cette Charge en 1575.

De cinq frères qu'eut M. du Cange, l'aîné, nommé Adrien, succéda à son père en la Charge de Prévôt de Beauquesne, & l'a laissée à Louis, Sieur de Frédeval son fils aîné, qui a été deux fois premier Echevin d'Amiens. Le second des frères de M. du Cange, nommé Jean, fit avec honneur la profession d'Avocat au Parlement de Paris, commença le Journal des Audiences, qui a été continué avec succès, & laissa un Commentaire sur la Coutume d'Amiens. Deux autres, Michel & François, entrèrent jeunes dans la Compagnie des Jésuites, & s'y rendirent recommandables par leur capacité leurs emplois. Le premier enseigna la Théologie positive, & fut long-temps Principal à la Flèche ; l'autre réussit à la Prédication, & fut Recteur d'Arras.

Monsieur du Cange reçut au Baptême le nom de Charles, & prit dans le Collège des Jésuites d'Amiens la première teinture de la Piété & des Lettres. Il étudia en Droit dans l'Université d'Orléans, & prêta serment d'Avocat au Parlement de Paris, le 11 Août 1631. Il fréquenta quelque temps le Barreau, sans dessein de s'y attacher.

Quand il fut de retour à Amiens, il se porta, par le seul penchant de son naturel, à la lecture de toutes sortes de Livres d'Humanités, de Philosophie, de Droit, de Médecine, de Théologie & d'Histoire.

Il étudia l'Histoire Sacrée & la Profane, l'ancienne & la moderne, la Grecque & la Romaine, celle de ce Royaume & des Pays étrangers, les générales & les particulières. Dès sa jeunesse, pour soulager sa mémoire, il fit une Carte généalogique des Rois de France. Peut-être fut-il le seul, non-seulement de la France, mais même de l'Europe, qui eût lu absolument tous les Ecrivains de l'Histoire Byzantine en leur Langue originale.

Ce ne fut, ni par un vain desir de sçavoir, ni par aucune pensée de fortune, qu'il s'engagea de la sorte dans l'étude, mais par l'obligation où il croyoit être de se procurer une occupation agréable & honnête. Aussi, disoit-il quelquefois à ses amis, qu'il n'étudioit que pour son plaisir ; qu'il ne chantoit que pour les Muses & pour soi-même.

Une aussi grande application à la lecture ne le détourna pas des devoirs de la vie Civile. Il se maria le 19 Juillet 1638, & épousa Damoiselle Catherine du Bos, fille de Philippe du Bos, Ecuyer, Seigneur de Drancourt, Conseiller du Roi & Trésorier de France en la Généralité d'Amiens. Il a vécu avec elle plus de cinquante ans dans une parfaite intelligence.

Sept ans après, il traita d'une Charge de Trésorier de France en la même Généralité, & y fut reçu le 10 Juin 1645. Assidu aux fonctions de sa Charge, & attentif aux affaires de sa Famille, il ne laissa pas de demeurer fort attaché à l'étude, & d'y donner tout le temps qui lui auroit pu rester.

Quand il se fut rempli l'esprit de ces belles connoissances, qui font le trésor des Sçavans, il commença à les communiquer au Public, & consacra les prémices de sa plume à l'honneur de la France, par son Histoire de Constantinople sous les Empereurs François, qui fut imprimée au Louvre, & qu'il dédia au Roi

Huit ans après il publia, en faveur de la Ville de sa naissance, un Traité historique du Chef de Saint Jean-Baptiste.

En l'année 1668, qui fut celle où il quitta Amiens, pour se venir établir à Paris, il mit au jour l'Histoire de S. Louis, enrichie de nouvelles Observations & de Dissertations historiques, & dédiée aussi à Sa Majesté.

A peine deux autres années s'étoient écoulées, qu'il donna au Public un gros Volume, de l'Imprimerie Royale, sur l'*Histoire Byzantine*, contenant le Texte & la Version de Cinname, des Notes, tant sur Cinname que sur Nicephore Brienne, & sur Anne Comnène, avec la Description de l'Eglise de Sainte Sophie, par Paul le Silenciaire.

Sa résidence, dans la Capitale du Royaume, accrut sa réputation, lui donna lieu de contracter amitié avec les plus habiles en chaque Science, & d'être connu du Roi, des Princes & des plus Grands du Royaume.

Ceux qui lièrent une habitude plus étroite avec lui, l'estimèrent pour l'étendue & pour la diversité de son érudition, qui leur étoit souvent d'un grand secours : mais ils l'admirèrent sur toutes choses pour la douceur de son naturel, l'un des plus traitables & des plus commodes qui fût jamais, pour ses manières-honnêtes & civiles, qui faisoient qu'il parloit toujours modestement de soi ; qu'il ne s'élevoit jamais au dessus des autres, & que dans le temps même qu'il leur donnoit les plus grandes preuves de sa suffisance, en expliquant leurs difficultés & en dissipant leurs doutes, il ne prenoit point un ton affirmatif, mais proposoit son sentiment comme une simple conjecture, plutôt que comme une décision, reconnoissant qu'il ignoroit beaucoup de choses & qu'il se trompoit souvent.

Quelque temps après qu'il se fut établi à Paris, on proposa à un Ministre, dont le vaste esprit embrassoit toute sorte de desseins, d'assembler les Ecrivains qui avoient travaillé en divers temps sur l'Histoire de France, & d'en former un Corps. Le Ministre agréa la proposition, & jugeant M. du Cange plus capable que nul autre de l'exécuter, il lui fit mettre pour cet effet entre les mains un grand nombre de Mémoires & de Pièces manuscrites.

Il y travailla sans relâche, & composa une Préface de plus d'une main de papier, qui contenoit le nom des Auteurs, le caractère de leur esprit & de leurs Ouvrages, le temps où ils avoient fleuri, & l'ordre selon lequel ils devoient être placés.

Quand son Projet eut été vu, celui qui lui parloit de la part du Ministre, lui rapporta qu'il n'avoit pas été approuvé, & qu'il en falloit faire un autre. Alors M. du Cange, persuadé que s'il avoit suivi les ordres qu'on lui donnoit, il auroit gâté tout l'Ouvrage, répondit franchement, que puisque son travail n'étoit pas assez heureux pour plaire à ceux qui avoient l'autorité, il leur conseilloit de chercher les plus habiles du Royaume pour les y employer ; & que quand ils les auroient trouvés, ils s'en reposassent tout-à-fait sur eux. A l'heure même il renvoya les Mémoires, quoiqu'il prévît bien que sa liberté nuiroit à ses intérêts ; mais il aima mieux les sacrifier, que de travailler, par une complaisance servile, sur un plan qui auroit fait tort à sa réputation, & n'auroit point fait d'honneur à la France.

Délivré de la sorte du soin de cet immense Recueil, qui l'auroit occupé pendant plusieurs années, il songea sérieusement à mettre la dernière main à son Glossaire de la basse Latinité, qui étoit demandé avec impatience de toute l'Europe.

Il demeura deux ans sous la Presse, & en sortit avec un applaudissement général de tous les Sçavans. Il fut suivi de près par un autre Volume, servant à illustrer l'Histoire Byzantine, & contenant deux Parties, dont l'une comprend la Généalogie historique des Empereurs de Constantinople, & l'autre une Description exacte de l'état où cette Ville s'est trouvée sous ces Empereurs.

Il n'y avoit pas long-temps que cet Ouvrage avoit commencé à voir le jour, lorsque M. du Cange s'appliqua à composer un Glossaire Grec, rempli de recherches d'autant plus curieuses & plus rares, que la plupart sont appuyées sur des Pièces manuscrites, dont à peine le titre étoit connu.

Les deux Glossaires ont donné lieu à M. de la Monnoye, qui excelle également dans la Poësie Latine & dans la Françoise, de composer cette Epigramme, qui mérite d'être conservée.

Ausonios postquam, Graiosque, effusa per agros,
Barbaries Romam pressit utramque diu,
Cangius hanc vinclis qui tandem & carcere franget,
Res mira ! è Gallis ecce Camillus adest.

Au même temps que l'on imprimoit son Glossaire Grec, il prenoit soin d'une nouvelle Edition de Zonare, en deux gros Volumes, & l'enrichissoit de ses Notes. Incontinent après, il fut chargé de celle de la Chronique d'Alexandrie. Il commençoit ses

Remarques sur l'Histoire de Grégoras, lorsqu'il se sentit attaqué, au mois de Juin 1688, d'une maladie qui le retint au lit quinze jours. Jusqu'alors il avoit joui d'une santé, qui, depuis 55 ans, n'avoit pas été troublée par la moindre indisposition. Vers le milieu de Septembre, il retomba dans la même maladie, dont n'espérant pas de guérir, il regarda la mort d'un œil aussi tranquille qu'en pleine santé, & s'y prépara avec une entière connoissance & une parfaite liberté d'esprit. Il demanda les Sacremens de l'Eglise; il les reçut avec des marques d'une piété éclairée & solide; & consumé enfin par la longueur & la violence de son mal, il expira le 23 d'Octobre, entre six & sept heures du soir.

Il laissa quatre enfans, deux fils, dont l'aîné étoit Trésorier de France en la Généralité de Poitiers, & deux filles. La tendresse qu'il a toujours eue pour eux, & qu'il a redoublée aux derniers momens de sa vie, étoit égale à la joie que lui donnoient les excellentes qualités qu'ils avoient apportées en naissant, & qu'il avoit cultivées par une bonne éducation. Les libéralités dont le Roi reconnoissoit son mérite & ses services, se sont répandues jusques sur sa Famille, qui, depuis sa mort, a reçu sur le fonds des Bâtimens une gratification de deux mille livres, en considération des peines qu'il avoit prises pour l'Edition de la Chronique d'Alexandrie.

Ouvrages de M. du Cange, indiqués dans un Mémoire historique sur sa Personne & sur ses Ouvrages, qui a paru en 1749.

I.

OUVRAGES IMPRIMÉS.

1. Histoire de l'Empire de Constantinople sous les Empereurs François, divisée en deux parties. La première contient la conquête de la Ville de Constantinople par les François & les Vénitiens, écrite par Geoffroy de Ville-Hardouin, Maréchal de Champagne & de Romanie, illustrée d'Observations historiques; avec la suite de cette Histoire, tirée de celle de Philippes Mouskes, manuscrite, jusqu'en l'an 1240. La seconde partie est une Histoire générale de ce que les François & les Latins ont fait de plus mémorable dans l'Empire de Constantinople, jusqu'à la Prise de cette Ville par les Turcs, avec les Preuves tirées du Trésor des Chartes du Roi, par Charles du Fresne, sieur du Cange, &c. *Paris*, de l'Imprimerie Royale, 1657, *in-fol.* avec fig.

C'est par cet Ouvrage que M. du Cange fit son entrée dans la République des Lettres, à l'âge de 47 ans. Il a toujours travaillé depuis à le perfectionner, & il en a préparé une seconde Edition, dont on parlera dans l'Article des Manuscrits.

2. Traité historique du Chef de S. Jean-Baptiste; contenant une discussion exacte de ce que les Auteurs anciens & modernes en ont écrit, & en particulier de ses trois Inventions, avec quelques Traités Grecs sur le même sujet, tirés des Manuscrits de la Bibliothèque du Roi: *Paris*, Cramoisy, 1665, *in-4.*

3. Histoire de Saint Louis, IXe. du nom, Roi de France, écrite par Jean, Sire de Joinville, Sénéchal de Champagne, enrichie de nouvelles Observations & Dissertations historiques, avec les Etablissemens de S. Louis & le Conseil de Pierre de Fontaines, & plusieurs autres Pièces concernant ce Règne, tirées des Manuscrits: *Paris*, Mabre-Cramoisy, 1668, *in-fol.*

4. Joannis Cinnami Imperatorii Grammatici Historiarum Libri VI. seu de rebus gestis à Joanne & Manuele Comnenis Impp. C. P. Accedunt Caroli du Fresne D. du Cange, &c. in Nicephori Bryennii Cæsaris, Annæ Comnenæ Cæsarissæ & ejusdem Cinnami Historiam Comnenicam Notæ historicæ & philologicæ. His adjungitur Pauli Silentiarii Descriptio Ædis sanctæ Sophiæ, ex mss. Cod. *Parisiis*, è Typog. Regia, 1670, *in-fol.*

5. Glossarium ad Scriptores mediæ & infimæ Latinitatis, in quo Latina vocabula novatæ significationis aut usus rarioris, barbara & exotica explicantur, complures ævi medii ritus, mores, Legum, Consuetudinum municipalium & Jurisprudentiæ recentioris formulæ & obsoletæ voces, utriusque Ordinis dignitates & officia, & quamplurima alia observatione digna enucleantur, illustrantur, &c. Accedit Dissertatio de Impp. Constantinopolitanorum nummis. (Operi etiam præfigitur elegantissima Præfatio, de causis corruptæ Latinitatis.) *Parisiis*, Billaine; 1678, *in-fol.* 3 vol. Francofurti ad Mænum, 1679, *in-fol.* 3 vol. Idem, à PP. Benedictinis auctum: *Parisiis*, Osmont, 1733, &c. *in-fol.* 6 vol. & Supplementum: *Parisiis*, 1766, *in-fol.* 4 vol. (vel 2.)

6. Cyrilli, Philoxeni, aliorumque veterum Glossaria Latino-Græca & Græco-Latina, à Carolo Labbæo collecta & in duplicem Alphabeticum ordinem redacta; cum variis emendationibus (Caroli du Fresne D. du Cange) ex mss. Codd. petitis virorumque doctorum Castigationibus & Conjectaneis: quibus accedunt Glossæ aliquot aliæ Latino-Græcæ ex iisdem Codd. mss. quæ nunc primùm prodeunt: *Parisiis*, Billaine, 1679, *in-fol.*

7. Historia Byzantina, duplici Commentario illustrata: prior Familias & Stemmata Imperatorum Constantinopolitanorum, cum eorumdem Augustorum Numismatibus & aliquot Iconibus; præterea Familias Dalmaticas & Turcicas complectitur: altera, Descriptionem urbis Constantinopolitanæ, qualis extitit sub Impp. Christianis: *Parisiis*, Billaine, 1680, *in-fol.*

8. Lettre du sieur N... (Charles du Fresne, Sieur du Cange,) Conseiller du Roi, &c. à son ami M. Antoine Wion d'Hérouval, très-renommé entre les Sçavans, au sujet des Libelles qui de temps en temps se publient en Flandres, contre les RR. PP. Henschenius & Papebrock, Jésuites: (*Paris*) 1682, *in-4.* Anvers, 1683, *in-4.*

9. Joannis Zonaræ Annales: Car. du Fresne D. du Cange, Wolfianam Editionem cum Scriptis Codd. contulit, Latinam versionem recensuit, Annales notis illustravit: *Parisiis*, è Typog. Reg. 1686, *in-fol.* 2 vol.

10. Glossarium ad Scriptores mediæ & infimæ Græcitatis, in quo Græca vocabula novatæ significationis aut usus rarioris, barbara & exotica, Ecclesiastica, Liturgica, Tactica, Nomica, Iatrica, Botanica, Chymica explicantur, &c. Accedit Appendix ad Glossarium mediæ & infimæ Latinitatis, in quo complura vocabula ex Glossario mediæ & infimæ Græcitatis illustrantur & enucleantur: *Lugduni*, Anisson, 1688, *in-fol.* 2 vol.

11. Paschalion, seu Chronicon Paschale, à Mundo condito ad annum vigesimum Heraclii Imperatoris, cum Præfatione ad Paschalium apud Græcos, &c. & Notis historicis ad idem Chronicon: *Parisiis*, è Typog. Reg. 1688, *in-fol.*

C'est pendant l'impression de ce dernier Ouvrage que M. du Cange mourut, après avoir consacré sa vie & ses travaux à l'utilité publique.

12. Il préparoit encore alors l'Edition de Nicephore Grégoras, avec une Addition de six Livres tirés de la Bibliothèque du Roi, & une Histoire des François qui ont possédé la Morée dans les

derniers Siècles ; écrite en Grec Barbare, tirée de la même Bibliothèque ; le tout avec des Observations, pour être imprimé au Louvre.

Peu de jours avant sa mort, M. du Cange engagea M. Boivin à se charger de ce dernier Ouvrage : ce qu'il fit, quant au Grégoras seulement, qui parut imprimé au Louvre en 1702, avec les Notes de M. du Cange, qui furent communiquées après sa mort par Philippe du Fresne son fils, comme M. Boivin le dit lui-même dans sa Préface, qui est toute à l'honneur de M. du Cange.

13. Dessein & Projet de l'Histoire de Picardie. Il a été imprimé dans le Journal des Sçavans, en 1749.

II.

OUVRAGES MANUSCRITS de M. du Cange, qui sont en la Bibliothèque du Roi.

1. Projet pour une Collection générale des Historiens de France, présenté à M. de Louvois en 1676, *in fol.*

Le P. le Long a fait imprimer la Préface ou l'Abrégé de ce Projet, dans l'Article suivant, où il est parlé de la Collection d'André du Chesne.

2. Carte Généalogique des Rois & Maison de France, depuis Pharamond, dressée en 1633, & dessinée sur vélin.

3. Description Historique & Géographique de la France ancienne & moderne, c'est-à-dire, de tous les Pays compris dans l'ancienne Gaule entre le Rhin, les Alpes, les Pyrénées & les deux Mers : Neuf Porte-feuilles *in-fol.* petit format.

4. Description Historique & Géographique des Pays-Bas : *in-fol.*

5. Extrait de la description des Pays-Bas, de J. Petit, *in-4.*

6. Un Volume *in-fol.* intitulé *Gallia*, que l'on peut considérer comme la Table générale des sources, où M. du Cange devoit puiser pour sa Description des Gaules dont nous venons de parler.

7. Recherches tendantes à une Suite des Grands Officiers de la Couronne, des Gouverneurs des Provinces, &c. *in-fol.* 5 vol.

8. Recherches sur les Baillis & Sénéchaux de différentes Villes & Provinces, rangées par ordre Alphabétique : *in-fol.*

9. Nobiliaire de France, ou Mémoires pour servir à l'Histoire des Grands Fiefs de France, avec le Supplément : Quatre Porte-feuilles *in fol.*

10. Catalogues Historiques, contenant les Dépouillemens par noms, de grand nombre de Rouleaux & Titres originaux, la plupart tirés de la Chambre des Comptes depuis 1200, jusqu'en 1515. *in-fol.*

11. Les Familles d'Outremer, ou l'Histoire des Principautés & des Royaumes de Hiérusalem, de Chypre & d'Arménie, avec les Familles qui les ont possédés ; ensemble, les Familles Normandes, ou la Généalogie des Rois de Sicile, des Comtes d'Averse & des Princes de Capoue, & de la Maison de Grentemesnil, avec le Catalogue des Seigneurs Normands qui se trouvèrent aux premières Conquêtes de la Pouille & de la Sicile, & des Seigneurs Normands & François qui ont servi dans les Armées des Empereurs de Constantinople : *in-fol.*

12. Histoire de l'Empire de Constantinople sous les Empereurs François, divisée en deux parties, &c.

(Voyez ci-devant le Catalogue des Ouvrages imprimés, Art. 1.) Seconde Edition, revue, corrigée & prodigieusement augmentée : *in fol.*

13. Traité du droit des Armoiries, de leur origine & de leur usage : Ouvrage divisé en quatre Livres : Porte-feuille *in-fol.*

14. Recueil de Blason : *in-fol.* 2 vol. dont le premier contient entr'autres choses beaucoup de Recherches sur les anciennes Familles Françoises transplantées en Angleterre. Il y a encore dans ce Recueil le Plan déjà bien avancé d'un Armorial général.

15. Recueil de mille à onze cens Corrections, Remarques ou Additions sur les Chroniques d'Enguerran de Monstrelet, de l'Edition de Guillaume Chaudière, en 1572 : petit *in-fol.*

Histoire de Picardie.

16. Dessein & Projet de l'Histoire de la Picardie : petit *in-fol.* On a dit ci-devant, num. 13, qu'il avoit été imprimé en 1749.

17. Histoire de l'état de la Ville d'Amiens & de ses Comtes, avec une suite des Baillis d'Amiens & de leurs Lieutenans ; ensemble, l'Histoire des Comtes de Montreuil & de Ponthieu, divisée en trois Livres, avec une suite des Vicomtes d'Abbeville, des Seigneurs de S. Valery, l'Histoire de la Ville de Calais, &c. *in-fol.*

18. Recueil de près de 300 Pièces, non encore imprimées, toutes copiées sur les Originaux, de la main de M. du Cange : Porte-feuille *in-fol.* pour servir de Preuves à l'Article précédent.

19. Histoire des Evêques d'Amiens jusqu'en 1354 ; Porte-feuille *in-4.*

20. Un Exemplaire *in-4.* des Antiquités d'Amiens, par Adrien de la Morlière, chargé de Notes & Remarques de la main de M. du Cange.

21. Projet très-avancé d'une Description Historique & Géographique de la Picardie ; ensemble, un Projet très-avancé d'un Nobiliaire de Picardie : vol. *in-4.* petit format.

22. A. B. C. D. E. 5 vol. *in-fol.* contenant les Dépouillemens & Extraits de grand nombre de Cartulaires, Titres originaux, & autres Monumens de la Province de Picardie. On a imprimé dans le Journal des Sçavans de 1749, pag. 779 & suiv. la table des deux premiers Volumes ; & par ceux-là on peut juger des trois autres, en observant que ceux-ci sont encore plus forts.

23. R. autre Recueil *in-fol.* de plus de 1200 pages, d'un caractère très-menu & serré, contenant une Suite ou Table générale de toutes les lectures de M. du Cange. Il y a en tête une Table Alphabétique des Auteurs qui sont extraits dans ce Volume. Les pages y sont pour l'ordinaire divisées en trois colonnes, en tête desquelles on lit le Titre de l'Ouvrage auquel on renvoye par pages à chaque mot. La première Colomne présente les Noms de Familles ; la seconde, les Matières ; & la troisième, les Noms de Lieux. M. du Cange a eu soin de barrer les mots, à mesure qu'il en a fait emploi dans ses Ouvrages, mais on peut néanmoins les lire.

Ouvrages étrangers à notre Histoire, ou qui n'y ont pas un rapport direct.

24. Familles Germaniques, au nombre de... & toutes des plus illustres par leur antiquité, avec les rolles qu'elles ont joué dans le monde : Porte-feuille *in-fol.*

25. Dissertations projettées & très-avancées sur toutes sortes de Matières, Histoire, Jurisprudence, Littérature, &c. rangées par ordre Alphabétique : *in-fol.* 2 vol.

26. Recueil sur les anciens Oracles pris séparément, intitulé : *De Oraculis*, & contenant 71 Chapitres : *in-fol.*

27. Recueil de grand nombre de Lettres écrites à M. du Cange par plusieurs Sçavans & Personnes élevées en dignité : Porte-feuille *in-fol.*

Les Volumes manuscrits, tant grands que petits, sont au nombre de 47.

Parmi les Manuscrits dont on vient de donner la Liste, il y a onze Volumes (La Notice en est imprimée, Journal des Sçavans, Décembre 1749, Vol. I.) qui avoient été acquis par le Baron de Hohendorf pour le compte du Prince Eugène, & qui avec ses autres Livres étoient passés dans la Bibliothèque Impériale. C'est principalement par les soins & par l'entremise de M. le Chancelier d'Aguesseau, qu'a été entamée en 1752 une Négociation au nom du Roi, pour obtenir au moins la communication de cette portion des Manuscrits de M. du Cange. M. le Marquis de Stainville, (connu depuis sous le nom de M. le Duc de Choiseul,) voulut bien en écrire à la Cour de Vienne, & reçut en réponse ce qui suit : « Leurs » Majestés Impériales qui sont charmées de toutes » les occasions qui se peuvent présenter d'obliger » la Cour où vous êtes, ont donné ordre que les » Manuscrits du célèbre du Cange fussent envoyés » incessamment. La caisse est préparée, ils doivent » partir, &c ». Cette conduite de la Cour de Vienne est au-dessus des éloges que nous en pourrions faire, quoiqu'on puisse la regarder comme une conséquence naturelle de ses principes.

C'est d'après l'examen de ces Manuscrits, qu'on a eu lieu de juger que M. du Cange paroissant avoir eu toute sa vie pour objet de travail la majesté du nom François & la gloire de la Nation, il étoit nécessaire qu'il eût un plan formé. Partant de ce principe, & plaçant tous ses Ouvrages sous différentes époques, dont on a entrevu les indications, on a eu la satisfaction de voir que le plus grand nombre s'y trouve employé, tant imprimés que manuscrits. Il y a encore des morceaux achevés, & de grandes recherches pour une Histoire générale de la Province de Picardie, qui étoit la patrie de M. du Cange, & sur laquelle il a dû nécessairement avoir des matériaux plus abondans, parceque ses premières études s'y sont faites ; & quoiqu'absolument parlant, il se trouve beaucoup de choses indépendantes de ces deux Histoires, on voit pourtant qu'elles n'y sont pas étrangères, & que l'amas n'en a fait que chemin faisant, & sans se détourner du vrai point de vue.

L'idée donc la plus abrégée & la plus sensible qu'on puisse donner du plan général de M. du Cange pour l'Histoire de France, est de le regarder comme un Terrier historique du Royaume, dont trois parties font le tout essentiel ; sçavoir, la Géographie ou la Description des Lieux ; une Suite de Dissertations divisée en sept époques, avant les Romains, sous les Romains, première & seconde Race de nos Rois ; troisième Race jusqu'à S. Louis, les Croisades ; & enfin le Règne de S. Louis, tige de la Maison régnante ; toutes lesquelles Dissertations, au nombre de plus de cent, servent à expliquer les usages, les mœurs, & en général ce qu'il y a de plus important à connoître sur les différens âges où elles sont employées. Le troisième Article est le Nobiliaire dont le Projet seul est immense : il contient l'Histoire de tous les Grands Fiefs & des Familles qui les ont successivement possédés jusqu'à leur extinction, & jusqu'à ce que ces Fiefs ayent été réunis à la Couronne, ou à des Souverainetés adjacentes. On ne comprendra jamais l'utilité de ce Nobiliaire, que la Table n'en soit achevée. On pourroit démontrer que, généralement parlant, elle intéresse toutes les grandes Maisons de l'Europe.

VIII.

*ANDRÉ DU CHESNE,

[& MARTIN BOUQUET.]

Le célèbre André du Chesne est avec justice nommé par les Sçavans, le Père de l'Histoire de France ; ce qui m'engage à rapporter ici son Eloge, extrait de celui qu'a fait son fils François du Chesne, en 1653, & qui m'a été communiqué par M. Godefroy, fils aîné de Denys Godefroy l'Historiographe. Il contient une suite chronologique de ses Ouvrages.

André du Chesne naquit à l'Isle-Bouchard en Touraine, au mois de Mai 1584, le quatrième des enfans mâles de Tanneguy du Chesne, Ecuyer, Seigneur de la Sansoniere.

Son nom a été diversement rendu en Latin. Il s'est nommé lui-même Quernæus, Quercetanus, Duchenius ; d'autres l'ont appellé Querceus, à Quercu, Chesneus, Chesnius.

Il n'a pris dans ses Histoires autre qualité que celle de Géographe du Roi, excepté dans celle de la Maison de Béthune, imprimée en 1639, où il s'est qualifié d'Historiographe du Roi.

Quoiqu'il soit plus renommé par ses Ouvrages que par sa naissance, sa Famille n'a pas laissé de produire des gens distingués dans l'Epée & dans la Robe.

Il fut mis aux études à Loudun ; & après y avoir achevé sa Rhétorique, il vint à Paris, & fit son cours de Philosophie au Collège de Boncourt, sous Jules-César Boulanger, grand Philosophe de ce temps-là, & l'un des meilleurs Historiens.

Le coup d'essai de du Chesne fut un Volume *in-douze* imprimé en 1602, qu'il dédia à son Maître, sous ce titre : *Andreæ Quernæi Egregiorum seu Electarum Lectionum & Antiquitatum Liber*. La même année il en dédia un autre à M. de Cérisy, Archevêque de Tours, intitulé : *Januariæ Kalendæ, seu de Solemnitate anni tam Ethnicâ quàm Christianâ brevis Tractatus* ; avec un Poëme Latin : *Gryphus de Ternario numero*.

En 1605, il composa pour une Demoiselle, qu'il épousa en 1608, « les Figures mystiques du riche & » précieux Cabinet des Dames, où sont représen- » tées au vif, tant les beautés, parures & pompes » du corps féminin, que les perfections, ornemens » & atours spirituels de l'âme ». Il le dédia à M. de Beaulieu Ruzé, Secrétaire d'Etat.

Il entreprit à vingt-trois ans une « Traduction » des Satyres de Juvenal », & la fit imprimer avec des Notes en 1607. Ce Livre est fort rare.

En 1608, il travailla aux « Antiquités & Recherches de la grandeur & Majesté des Rois de France », qu'il publia en 1609, & les dédia au Roi Louis XIII. pour lors encore Dauphin.

En 1610, il composa le Poëme du « Chandelier de Justice », qu'il présenta au Chancelier de Sillery. Il fit aussi un « Discours panégyrique sur les Cérémonies & Magnificences du Sacre & Couronnement de la Reine Marie de Médicis »; avec un « Traité de la sainte Ampoule & des Fleurs-de-Lys, » qu'il présenta à cette Princesse à l'occasion de son Sacre. L'Assassinat du Roi qui suivit cette Cérémonie, est cause que ces deux Ouvrages se sont perdus. Il donna la même année un Discours funèbre, intitulé : « Les Titres d'heur & de vertu du feu très-Chrétien Roi Henri IV. » & les « Antiquités & Recherches des Villes & Châteaux de France », qui font le dessein d'un plus grand Ouvrage. Ils ont été imprimés plusieurs fois.

En 1611, il traduisit & abrégea du Latin les « Controverses & Recherches Magiques de Martin Delrio », Jésuite »; imprimées in-octavo, à Paris, cette année là.

Il travailla en 1612 & en 1613 à son « Histoire d'Angleterre »; il en donna la première Edition en 1614. La même année il publia, conjointement avec le Père Martin Marrier, Religieux de saint Martin-des-Champs, un Recueil d'Ouvrages des Religieux de l'Abbaye & de l'Ordre de Cluny, sous ce titre : *Bibliotheca Cluniacensis*; & fit une seconde Edition de ses Antiquités & Recherches des Villes de France.

Il donna en 1615 « l'Histoire des Papes », qui fut réimprimée en 1645 ; mais comme cette dernière Edition étoit pleine de fautes, François du Chesne [son fils] en donna une troisième en 1653, revue, corrigée, augmentée & illustrée de Portraits.

En 1616, il publia les « Œuvres de Pierre Abeillard », avec une Préface & des Notes, qu'on trouve rarement ensemble.

En 1617, il prit le soin de l'Edition, 1°. de l'Histoire de la Maison de Luxembourg, composée dès l'an 1574 par Nicolas Vignier, continuée par du Chesne jusqu'en 1557, à laquelle il ajouta quelques Pièces sur le même sujet. 2°. Des Œuvres d'Alain Chartier, Secrétaire des Rois Charles VI. & Charles VII. 3°. de celles d'Alcuin, sous ce titre : *Beati Flacci Alcuini Abbatis, Caroli Magni Regis & Imperatoris Magistri, Opera quæ hactenùs reperiri potuerunt*.

Il entreprit la même année deux grands Ouvrages :

Le premier est une « Description géographique de la France », en plusieurs Volumes. L'impression de cet Ouvrage, dont il avoit publié une feuille, qui fut alors distribuée, a été commencée en Hollande ; mais elle n'a pas été continuée.

Le second est sa Collection des Historiens François, sous ce titre : *Historiæ Francorum Scriptores coætanei, ab ipsius Gentis origine, ad nostra usque tempora*. Il parle de ce projet au commencement de la Préface de son Recueil des Historiens de Normandie. Pierre Pithou & Marquard Freher lui en avoient donné l'idée, & il l'entreprit par l'ordre du Roi Louis XIII. qui le gratifia lors d'une pension de deux mille quatre cens livres, dont il a joui jusqu'à son décès, & d'un Brevet de son Géographe & Historiographe ordinaire. Pour se disposer à l'exécution de ce dessein, il publia en 1618 sa « Bibliothèque des Auteurs qui ont écrit l'Histoire & Topographie de la France ».

Il fut aidé par Claude Fabry de Peiresc, comme le rapporte dans sa Vie Pierre Gassendi, sous l'année 1618, où il dit que ce Sçavant se chargea de faire des recherches dans les Bibliothèques particulières, comme dans celles des Eglises & des Monastères, afin de communiquer ses Recherches à André du Chesne.

En 1619, il mit au jour « l'Histoire des Rois, Ducs & Comtes de Bourgogne »; une nouvelle Edition des « Lettres d'Etienne Pasquier, & *Historiæ Normannorum Scriptores antiqui* » : c'est le premier Volume qu'il a donné de sa Collection des Historiens François. Il le dédia au Parlement de Normandie.

En 1620, il publia « l'Histoire généalogique de la Maison de Chastillon-sur-Marne », & celle « de la Maison de Rais de Breil », qui se trouve avec le Factum du Procès entre le Sieur de Saint-Laurent & Guy de Breil, Seigneur du Plessis de Rais.

L'Edition de sa Description géographique de France ne se continuant point en Hollande, il la donna en abrégé l'an 1622, à Paris, sous ce titre : « Antiquités & Recherches des Villes, Châteaux & Places remarquables de la France selon l'ordre & le Ressort des Parlemens ». Il y a eu nombre d'Editions de cet Abrégé ; celle de 1647 a été augmentée par le fils de l'Auteur [François du Chesne.]

En 1621, André du Chesne fit imprimer son « Histoire généalogique de la Maison de Montmorency » qu'il dédia à M. le Prince de Condé. C'est un chef-d'œuvre en ce genre.

Il publia en 1626 celle « de la Maison de Vergy » qu'il dédia à la Noblesse Françoise.

En 1627, il fit une nouvelle Edition de sa « Bibliothèque des Auteurs, qui ont écrit l'Histoire & Topographie de la France », augmentée de deux cens Auteurs, qui ne sont pas dans la première Edition.

Il donna en 1629 le second Volume de l'Histoire de Bourgogne, sous ce titre : « Histoire généalogique des Ducs de Bourgogne de la Maison de France » qu'il dédia au Roi.

En 1631, il donna encore deux autres « Histoires généalogiques », la première, « des Maisons de Guines, Ardres, Gand & Coucy »: la seconde, « des Maisons de Dreux, Bar-le-Duc, Luxembourg, Limbourg, le Plessis-Richelieu, Broyes & Château-Vilain ». On a reproché à du Chesne d'avoir composé la Généalogie de du Plessis-Richelieu, pour faire descendre de Louis le Gros, par femmes, le Cardinal de ce nom. L'Abbé le Laboureur l'a fort bien justifié là-dessus, à la page 300 du second tome de ses Additions aux Mémoires de Castelnau ; on y renvoie le Lecteur. On peut dire qu'il a fait les Généalogies des principales Maisons de France, sans avoir donné lieu de se plaindre d'avoir rien dit contre la vérité.

Son « Histoire d'Angleterre » parut pour la seconde fois en 1634, fort augmentée. Il fit aussi imprimer la même année, « l'Histoire généalogique de la Maison des Chateigniers », & donna en 1639 celle « de la Maison de Béthune. »

Je me suis réservé à parler de suite de son grand Recueil des Historiens François. Il en donna le plan pour la première fois en 1633, sous ce titre : *Series Auctorum omnium, qui de Francorum Historia & de Rebus Francicis scripserunt, ab exordio Regni Franciæ ad nostra usque tempora*. Il fut réimprimé avec de grandes augmentations deux ans après, & François du Chesne en a donné une troisième Edition en 1663, un peu plus ample que la précédente.

Ce dessein est le plus vaste & le plus magnifique que l'on eût entrepris jusqu'alors pour la gloire des François & pour l'éclaircissement de notre Histoire.

Il en donna en 1636 les deux premiers Volumes : le troisième & le quatrième étoient sous la Presse, lorsqu'il fut écrasé d'une charrette, le 30 Mai 1640, allant à sa Maison de Campagne, à Verrières. Il étoit dans la force de son âge, & se promettoit encore d'enrichir le Public de son travail & de ses découvertes.

François du Chesne, son fils unique, acheva les deux derniers Volumes, qui ont paru en 1641, &

sur plusieurs Historiens de France. xvij

il a donné le cinquième en 1649. Il n'a reçu aucun secours dans la continuation de ce dessein ; la pension qui lui fut accordée après le décès de son père, lui fut même retranchée trois ans après. Ainsi, c'est tout ce que nous avons de ce Corps d'Histoire, en y joignant les Historiens de Normandie.

Ce Recueil devoit être distribué en deux Parties. La première, destinée à l'Histoire générale de France, devoit avoir quatorze Volumes, dont cinq sont imprimés ; sçavoir, le premier, qui contient quelques Notices des Gaules, & quelques Traités sur l'Origine des François, & ensuite tous les Auteurs qui ont traité de la première Race de nos Rois. Le second & le troisième comprennent les Historiens de la seconde Race ; le quatrième, ceux de la troisième Race, depuis Hugues-Capet jusqu'à Philippe-Auguste ; le cinquième, depuis Philippe-Auguste jusqu'à Philippe-le-Bel.

Le sixième devoit comprendre quelques Auteurs qui ont écrit depuis Hugues-Capet & Robert, jusqu'au même Philippe-le-Bel ; le septième, les Auteurs qui ont écrit jusqu'à Charles VI. le huitième, ceux qui ont écrit les Histoires de Charles VI. & de Charles VII. le neuvième, les Histoires de Louis XI. de Charles VIII. & de Louis XII. le dixième, les Historiens de François I. & de Henri II. le onzième & le douzième, les Auteurs qui ont écrit nos Histoires par ordre chronologique ; le treizième & le quatorzième, les Auteurs qui ont écrit des Histoires entières de France, & jusqu'à leur temps.

La seconde Partie de ce grand Corps devoit regarder les Histoires particulières des Provinces, des Villes, des Ducs, des Comtes, des Eglises & des Monastères, laquelle auroit été divisée selon les Provinces, & auroit été comprise en dix Volumes. Le premier devoit contenir les Histoires de la première Province Lyonnoise ; le second, de la Sénonoise ; le troisième, de celle de Rouen ou de la Normandie ; le quatrième, de celle de Tours ; le cinquième, de la Bretagne ; le sixième, de l'Aquitaine & de la Gaule Narbonnoise ; le septième, des Ducs d'Aquitaine, des Comtes d'Angoulême & d'autres ; le huitième, de la première Province Belgique, ou de celle de Trèves ; le neuvième, de la seconde Belgique ou de celle de Reims : enfin, le dixième devoit contenir un Recueil des Chartes & des Titres qui peuvent servir à illustrer l'Histoire de France.

Feu M. Colbert acheta, vers l'an 1676, de François du Chesne, les Mémoires que son père, André du Chesne, avoit recueillis. Les vues étendues que ce grand Ministre avoit pour les Sciences, l'engagèrent à assembler chez lui plusieurs Sçavans, pour délibérer des moyens de rendre parfait un Ouvrage si utile & si glorieux à la France. Charles le Cointe, Prêtre de l'Oratoire ; Charles du Fresne du Cange, Antoine Wion d'Hérouval, Adrien de Valois, Jean Gallois, & Estienne Baluze, dont je tiens ce récit, composèrent cette Assemblée. M. du Cange, qui avoit dressé un nouveau Projet, proposa de refondre l'Ouvrage entier de du Chesne ; parceque depuis sa mort on avoit découvert un grand nombre de Pièces qui méritoient d'avoir place dans ce qui étoit déja imprimé. L'avis contraire fut de le continuer, mais sur le plan qu'en donnoit M. du Cange. Il ne put s'y conformer, & soutint son sentiment avec tant de fermeté, qu'il [courut le risque d'encourir] la disgrace du Ministre *. Cette diversité de sentimens empêcha l'effet des bonnes intentions de M. Colbert.

Après sa mort, Charles-Maurice le Tellier, Archevêque de Reims, excita le Marquis de Louvois son frère, à suivre ce Projet. Il proposa, pour l'exécuter, Dom Jean Mabillon : mais ce sçavant Bénédictin s'en excusa ; & le Prélat lui-même n'y pensa plus, lorsqu'il apprit que la plupart des Pièces qui devoient entrer dans ce Recueil, étoient en un lieu (dans la Bibliothèque de M. de Seignelay,) dont il ne pouvoit pas disposer.

Monsieur le Chancelier d'Aguesseau assembla chez lui, dans le même dessein, au mois de Juin 1717, un grand nombre de Personnes choisies, pour conférer avec elles sur les moyens de perfectionner & d'exécuter ce vaste & glorieux Projet. Il fut résolu dans cette assemblée qu'on formeroit deux Compagnies, dont l'une travailleroit à une Edition nouvelle du Recueil de du Chesne, qui seroit augmentée de Pièces découvertes depuis la mort de ce célèbre Historien ; qu'on y joindroit une Histoire diplomatique, des Sommaires chronologiques, des Eclaircissemens & des Critiques, avec de bonnes Tables ; & que l'autre Compagnie seroit chargée de la continuation, dans laquelle entreroient, non-seulement les Auteurs Latins contemporains, mais aussi les François & même les Italiens. Je rapporte à la fin de cet Article deux Mémoires, l'un de M. du Cange, [avec des Remarques de M. l'Abbé Gallois ;] & l'autre de M. l'Abbé des Thuilleries, faits en différens temps, mais qui peuvent beaucoup servir à perfectionner ce grand Projet. Il est fort à souhaiter, pour l'honneur & l'utilité du Royaume, qu'on lève incessamment les obstacles qui empêchent l'exécution d'un dessein si utile.

☞ On ajoutera à la fin de cet Article, comment il a été exécuté depuis l'an 1738, par Dom Martin BOUQUET, Bénédictin, & par ses Confrères.]

Depuis la mort d'André du Chesne, on a découvert une si grande quantité de Manuscrits concernant l'Histoire de France, qu'au lieu de vingt-quatre Volumes, à peine quarante suffiroient-ils pour contenir les anciens, & ceux qui ont été découverts depuis. J'en indique dans cette Bibliothèque un nombre fort considérable, qui doivent y trouver place, & qui ne sont point marqués dans les diverses Editions du Plan de du Chesne.

Au reste, tant d'Ouvrages qu'il a publiés ne sont qu'une partie du fruit de ses travaux, pendant le cours de trente-huit années ; il en avoit encore plus à donner qu'il n'en avoit publiés. Les principaux sont :

I. Un « Traité sur l'origine de Charles-Magne ». François du Chesne son fils, a prétendu que cet Ouvrage lui a été soustrait par du Boucher, qui l'a fait imprimer en 1646, sous le titre « d'Origine de » la seconde & troisième Race de nos Rois », en y ajoutant du sien dans quelques titres des mots qui n'y sont point, pour les rapporter à l'idée qu'il en vouloit donner ; de quoi il a été accusé & pleinement convaincu par le Duc d'Espernon, dans son Traité intitulé : « De la véritable Origine de la » Maison de France ».

II. Les « Histoires généalogiques des Maisons de » la Tremoille, d'Alsace, de Maillé-Brezé, de la » Rochefoucault, (dont il avoit donné l'essai en » 1622,) de Rohan, de Rochechouart, de Saint-» Simon, de Lévi-Ventadour, de Pompadour, de » Bouthillier-de-Senlis, de Gaucourt en Picardie, » de Rouville, de Polignac & quantité d'autres ». Celle de Bouthillier-de-Senlis a été achevée, & se conserve dans plusieurs Cabinets.

III. « L'Histoire des Cardinaux François, avec leurs Armes & Généalogies ». Son fils en a donné une partie en 1660. André du Chesne l'avoit entreprise par ordre du Cardinal de Richelieu, qui l'appelloit toujours son bon voisin, à cause de la proximité du lieu de leur naissance.

---

*☞ Le P. le Long disoit que M. du Cange avoit été privé de sa pension pendant plusieurs années ; mais M. l'Abbé Belley, dans la Notice qu'il a donnée des Manuscrits de ce Sçavant, (au Journ. des Sç. 1749, Décembre,) réfute cette erreur. M. du Cange n'a eu de pension du Roi qu'en 1686, & il a joui jusqu'à sa mort, arrivée deux ans après.]

Tome III. c

IV. « Les Epîtres & Gestes des Papes, depuis » Innocent III. jusqu'à Grégoire XI. » Il y en [avoit] un Recueil en trois Volumes in-fol. dans la Bibliothèque de M. Colbert, [& il est aujourd'hui dans celle du Roi.]

V. « Les Vies des Saints de France ». Elles ont été depuis publiées pour la plus grande partie par les soins de Nicolas Camusat, des Bollandistes, du Père Labbe & du Père Mabillon.

VI. « Les anciennes Coutumes locales du Royau- » me ». Je n'en ai rien trouvé dans ses Papiers.

VII. « L'Histoire des Grands Officiers de la Cou- » ronne ». Celle des Chanceliers & Gardes des Sceaux a paru en 1681, par les soins de son fils.

VIII. « La Chronique d'Albéric, Moine des trois » Fontaines ». M. Leibnitz l'a donnée dans son Recueil, intitulé : *Accessiones Historicæ*, imprimé à Hanover, en 1698.

IX. « L'Histoire des Ministres d'Etat, depuis le » Règne de Robert ». C'est peut-être la même que Charles Combault, Baron d'Auteuil, a publiée en 1642 ; car elle approche fort de l'ordre & du style de du Chesne.

X. Un « Discours du Royaume de Lorraine, où » il est montré que c'est un ancien Fief de la Couron- » ne de France, & que la Souveraineté en appartient » au Roi ». Cette Pièce se trouve dans le Volume 123 des Manuscrits de M. Dupuy.

XI. « Mémoires historiques & politiques de l'His- » toire de France, avec l'Histoire des Guerres, » entre François I. & l'Empereur Charles Quint ».

L'Hermite de Soliers (ou Souliers,) dans ses Additions à l'*Histoire généalogique de Touraine*, pag. 540, rapporte encore les Ouvrages suivans :

I. « Histoire de la Ville de Reims ». Il y en a plusieurs Mémoires dans ses Manuscrits, qui [étoient] dans la Bibliothèque de M. Colbert, [aujourd'hui dans celle du Roi.]

II. « La Vie de Gaston de Foix, grand Capitaine » sous Louis XII. » M. Baluze en [avoit] une manuscrite, composée par un nommé LE SEUR, qui avoit été son Domestique. [Elle se trouve aujourd'hui dans la Bibliothèque du Roi.]

III. « L'Histoire de France tirée des Auteurs con- » temporains », qu'il avoit publiés, & qu'il devoit encore donner. Ce seroit la meilleure & la plus certaine qu'on pourroit avoir.

IV « La Vie de l'Abbé Suger ; par Guillaume, » Moine de Saint-Denis ». François du Chesne l'a fait imprimer en Latin, en 1648. Le Baron d'Auteuil l'a insérée toute entière dans son *Histoire des Ministres d'Etat*, pag. 276, & Jean Baudouin en a publié une Traduction Françoise de sa façon, en 1640.

V. « La Descente Royale de M. le Prince de » Condé, en deux Tables généalogiques, qui font » voir que toutes les Princesses dont son Aïeule étoit » issue, descendoient de la Maison de Montmorency, » depuis Béatrix de Bourbon, femme de Robert » de France, Comte de Clermont, fils du Roi-Saint » Louis, jusqu'à Charlotte de Montmorency, mère » de M. le Prince ».

Enfin, il s'est trouvé après sa mort plus de cent Volumes in-fol. qui contiennent des Recueils de Pièces, des Extraits de Titres, ou des Observations, Remarques & Généalogies, &c. écrits de sa main, dont cinquante-huit sont dans la Bibliothèque du Roi ; vingt [étoient] dans celle de M. Baluze, & le reste dans celle de M. Colbert. [Ces deux derniers Articles sont également aujourd'hui dans la Bibliothèque du Roi.] On trouve dans ces Manuscrits une partie des Mémoires dont André du Chesne s'est servi pour les Ouvrages qu'il a publiés, & pour ceux dont il vouloit encore enrichir le Public.

Mémoire sur le Projet d'un nouveau Recueil des Historiens de France, qui sert de Préface au Plan de Charles du Fresne du Cange.

I. L'HISTOIRE de France peut être considérée en deux manières : Premièrement, pour une suite & une déduction historique de tout ce qui s'est fait de plus considérable dans le Royaume & ailleurs, par les François, sous les Règnes de chaque Roi, & selon l'ordre des temps, qui est ce qu'on appelle généralement l'Histoire de France.

En second lieu, on peut attribuer ce nom à un Recueil des Auteurs anciens ou contemporains, qui ont donné au Public ce qui s'est passé de leur temps, ou qui même ont entrepris d'écrire les Histoires générales & particulières de la France ; ou enfin qui ont fait divers Ouvrages, desquels on peut tirer des lumières pour en former une nouvelle.

Il faut avouer que jusqu'à présent, celles qui ont paru en corps, sans blesser la réputation des grands Hommes qui les ont entreprises, n'ont pas satisfait universellement un chacun, soit parcequ'elles n'ont pas été écrites avec toute l'exactitude requise, ou parcequ'elles n'ont été dressées que sur des Mémoires communs & triviaux, ou parcequ'on ne s'est pas donné la peine d'aller consulter les Originaux & les Auteurs qui pouvoient fournir la matière d'un si noble dessein ; ou enfin, parceque la plupart de ces mêmes Auteurs n'avoient pas encore vu le jour, & que les Pièces les plus curieuses, & qui contiennent les circonstances les plus rares, sont demeurées cachées & ensevelies dans les Bibliothèques & dans les Archives, tant du Roi que des Parlemens, des Chambres des Comptes, des Eglises Cathédrales, & des Monastères.

De sorte que pour réussir avec sûreté dans ce genre d'écrire, il semble qu'il est à propos de faire ce que font ceux qui veulent élever un bâtiment, qui avant toutes choses, font les amas nécessaires des matériaux qui le doivent composer ; & ainsi, avant que de travailler à former une Histoire de France, qui soit accompagnée de toutes ses proportions, de ses ajustemens & des circonstances nécessaires pour la mettre dans sa perfection, il faut amasser dans un corps tout ce qu'il y a d'Auteurs anciens qui ont entrepris de traiter nos Histoires, qui en ont touché quelque chose de remarquable, & qui ont dressé des Histoires particulières des Provinces, des Villes & des Eglises de la France, afin qu'on en puisse tirer des lumières pour en illustrer & enrichir une générale.

II. Ce dessein a été reconnu utile & nécessaire par de graves Personnages qui nous ont précédés, & entr'autres par M. Pithou, qui au Siècle passé ramassa plusieurs de nos Historiens, tant imprimés que manuscrits, dont il forma des petits corps de deux ou trois Volumes, qu'il mit au jour en divers temps. Ce fut en quelque façon à son exemple, que les Allemans, les Anglois & les Espagnols dressèrent pareillement le Plan de semblables Recueils pour leurs Histoires, qui font aujourd'hui le principal ornement des Bibliothèques dans ce genre de Lettres.

„M. du Chesne, à qui la France & les Personnes de Littérature auront éternellement de l'obligation pour avoir mis notre Histoire en son jour, entreprit premièrement de dresser une Bibliothèque, c'est-à-dire, un Recueil des titres des Livres de ceux qui l'ont écrite en général ou en particulier, ou qui l'ont retouchée. Il la divisa en deux Parties, dont la première contient les Auteurs qui ont écrit l'Histoire générale de France, & l'autre comprend les Auteurs qui ont écrit l'Histoire particulière de chaque Roi, l'autre comprend les Auteurs qui ont écrit les Histoires des Provinces, des Villes, des Eglises &

sur plusieurs Historiens de France.

des Monastères, ayant rangé cette seconde Partie par l'ordre des Provinces, ou plutôt des Métropoles, afin que chacun pût voir en un seul aspect, tout ce qui s'est fait & écrit en divers temps sur ces matières.

III. Il entreprit ensuite un dessein plus noble & plus illustre, qui fût de dresser & de faire imprimer un corps de toutes nos Histoires, tant générales que particulières, qui ont de l'antiquité. Avant que d'en venir à l'exécution, il en dressa à deux diverses fois des Plans qu'il fit imprimer & distribuer, tant dans la France que dans les Pays Etrangers, pour en tirer les lumières qui lui étoient nécessaires pour le rendre complet & achevé. Son premier Plan n'étoit que de douze Volumes; mais le second, par ses nouvelles découvertes, alla jusqu'à vingt-quatre. (Si M. du Cange eût comparé ces deux Plans, il n'y auroit pas trouvé une si grande différence, les Additions du second Plan n'étant pas aussi considérables qu'il semble le dire ici.)

Voici l'ordre en abrégé qu'il a donné à ce dernier, dont il a fait imprimer les trois premiers Volumes, étant mort avant l'impression du quatrième & du cinquième, que son fils a publiés.

(On omet ici cet ordre, parcequ'il a été rapporté ci-dessus,) [Tome II. *pag.* 75, N.º 15982.] *

C'est le projet de M. du Chesne, tel qu'il l'a fait imprimer en 1635, qui assurément étoit grand pour un particulier; mais il semble qu'avec le temps, son dessein ne fut pas de s'y attacher précisément, ayant changé l'ordre & la suite des Auteurs dans les Volumes qu'il a imprimés, y en ayant même qu'il n'a pas mis tout-à-fait dans leur rang, à cause qu'ils lui sont tombés entre les mains depuis l'impression des deux premiers Volumes; mais il sera aisé de les mettre dans leur place naturelle, lorsqu'on dressera un Plan en détail de tous les Ecrivains supposés, & auxquels on ne doit ajouter aucune créance. On pourroit aussi, & même on devroit retrancher des digressions inutiles qu'il fait sur l'état de l'Eglise, lorsqu'elles ne touchent pas les Gaules, afin de se renfermer à ce qui appartient seulement à notre Histoire; ce qui dépend de la prudence de l'Editeur.

IX. L'autre partie pourroit être composée de l'Histoire de Jules-César, non-seulement de ce qui regarde la Guerre des Romains contre les Gaulois, mais encore du reste de ses Ouvrages, pour ne pas démembrer cet Auteur; avec la Traduction Grecque de Planudes & tous les Commentateurs de l'Edition de Jungerman, qui est assez rare, auxquels on en ajouteroit quelques autres que Jungerman n'avoit pas vus, & quelques Traités qui serviroient à illustrer cette partie: comme encore les deux Cartes géographiques de l'ancienne Gaule de M. Sanson, quelques Planches des Médailles Romaines, qui ont le mot de Gaule dans leurs revers, & les anciennes Inscriptions tant imprimées que non imprimées, qui font aussi mention, ou de divers Lieux, ou des Peuples des Gaules, Car d'y vouloir placer généralement toutes les Inscriptions qui sont ou qui ont été trouvées dans les Gaules; cela iroit trop loin & seroit capable de composer un Volume à part. On pourroit aussi y joindre quelques petits Traités qui ont été faits des mœurs & des manières de vivre des anciens Gaulois, si ce Volume le permettoit.

Ce Volume pourroit encore être enrichi de quelques Planches des anciens Monumens & des Ouvrages des Romains, qui restent dans la France; comme des Aqueducs de Metz, du Pont du Gard, de Saintes, de Poitiers, de Brioude, de Ponforme près de Narbonne; des Arcs triomphaux de Trèves, de Besançon, d'Orange, de Reims; des Amphithéâtres de Nismes, de Bourdeaux, de Doué, de Saintes, de Metz, de Poitiers, d'Arles, d'Orange, de Périgueux, de Dinan & du Temple de la Fortune; du Capitole de Nismes, du Palais Tutèle à Bourdeaux, de la Tour d'Ordre, & de semblables Antiquités, en y mettant une description au dos de chaque Planche; si ce n'est qu'on voulût réserver toutes ces Pièces pour une Description entière des Gaules ou de la France, avec les Plans des Villes, étant encore une chose qui manque pour l'honneur de notre Nation, ne s'étant encore trouvé personne qui ait entrepris un si illustre dessein, pour lequel il y a de la dépense à faire, outre beaucoup d'étude.

L'Histoire des Guerres saintes, faites en différens temps par nos François, appartient trop à la nôtre, pour ne lui pas faire trouver place dans une si vaste & si glorieuse entreprise. M. Bongars, Résident en Allemagne, en a donné en 1611 deux Volumes, qui se relient ordinairement en un seul fort épais, où il a ramassé tous les Auteurs qui l'ont écrite. Ce Volume a été assez rare autrefois; mais il l'est moins à présent; & c'est ce qui a probablement porté M. du Chesne, outre la dépense de l'impression, à ne pas comprendre dans son dessein; mais de se contenter de donner quelques-uns des anciens Auteurs, augmentés & corrigés sur les Manuscrits, avec d'autres du même sujet qui n'avoient pas vu le jour, les ayant placés à la fin du quatrième Volume.

X. Mais il semble qu'on pourroit faire entrer dans le grand dessein qu'on entreprend, généralement tous les Auteurs qui ont écrit des Guerres saintes, & qu'on peut revoir & augmenter sur les Manuscrits; auxquels on en pourroit ajouter d'autres, qui n'ont pas été encore imprimés, avec plusieurs Epîtres ou Lettres tant des Seigneurs que des Papes ou Cardinaux, qui concernent l'Histoire de ces mêmes Guerres; quoiqu'il y ait lieu de douter si on y devroit joindre les Lettres des Papes Innocent III. Honorius III. & quelques-uns de leurs Successeurs, parcequ'elles sont partie de leurs Ouvrages & de leurs Registres.

Et comme toutes ces Guerres se sont passées entre les Latins ou les François, les Grecs & les Sarrazins, que nous avons ce qui regarde les Latins, & que l'Histoire Byzantine nous fournit ce que les Grecs en ont dit de leur part, dont on pourroit même donner les Extraits, ou du moins en indiquer les lieux; il ne reste que de sçavoir ce que les Sarrazins en ont écrit à leur égard, pour avoir toute cette Histoire achevée & complette. A l'effet de quoi on pourroit faire traduire en Latin quelques Auteurs Arabes, qui sont dans la Bibliothèque du Roi, qui traitent de ce sujet, & entre autres Muhamed-Al-Churchi, qui a fait la Guerre des Sarazins contre les Francs; la Vie de Sala-Heddin ou Saladin, qui a repris la Palestine sur eux; l'Histoire de la Terre-Sainte d'Abu-Albunez, d'Almusi & autres semblables, en y retranchant ce qui ne nous regarde pas, si la manière d'écrire de ces Auteurs en mérite la dépense & peut donner de nouvelles lumières à cette partie de notre Histoire.

XI. Pour relever encore la dignité de ce grand dessein, il semble qu'il seroit à propos de faire un Recueil général de toutes les Chartres de nos Rois de la première & de la seconde Race indifféremment, quoique même elles ne contiennent rien d'historique; comme aussi de la troisième jusqu'au Règne de Louis le Gros, qu'on peut tirer tant des Cartulaires que des Auteurs imprimés, en excluant toutefois celles qui sont ou paroissent fausses, comme il y en a beaucoup de celles de la première Race qu'il importe de bien examiner avant que de les donner.

---

* ☞ Le P. le Long, pour abréger, a retranché ici quelques Nombres: on en trouve les sujets, dans les *Remarques*, qui suivront.]

Tome III.

A l'égard des autres Chartres de nos Rois qui ont régné depuis Louis le Gros, on pourroit donner seulement les plus considérables & les plus historiques, comme celles qui regardent les Fondations des Monastères, les Contrats de Mariage tant des Rois que des Princes du Sang; les Traités de Paix, de Trèves & d'Alliances, les Donations, les Acquisitions, les Réunions à la Couronne, les Appanages, les Testamens des Rois, des Reines & des Princes du Sang, & autres semblables Pièces que l'on digéreroit suivant l'ordre des Règnes, des temps, des années & des mois, & que l'on pourroit tirer du Trésor des Chartres du Roi, des Cartulaires & des Livres imprimés, en y mêlant même les Titres écrits en François, pour ne rien laisser qui puisse enrichir cette partie de notre Histoire, qui est une recherche à laquelle il seroit à propos de travailler incessamment, parcequ'il faut prendre l'occasion des Cartulaires qui se présentent, laquelle souvent s'échappe.

XII. On pourroit encore composer un dernier Volume de Tables généalogiques, les plus exactes que l'on pourra, des Maisons Royales, de toutes les illustres Familles de France, tant anciennes que modernes, qui entrent dans l'Histoire, & dont la connoissance est absolument nécessaire; avec de légères remarques des Mariages, des Naissances & des Morts, sans s'arrêter trop scrupuleusement aux Branches qui sont demeurées dans l'obscurité, pour lesquelles on renvoiroit aux Auteurs qui en ont traité. Ces Tables ne devroient pas être dans des feuilles entières, mais dans des pages à peu près de la manière qu'on en voit dans le Cinnamus du Louvre. Ce Volume de Tables sera d'une grande utilité, parceque l'on ne peut démêler l'Histoire sans ce secours, & le peu de connoissance qu'en ont eu ceux qui l'ont traitée, les a fait tomber dans de grandes erreurs; & ceux qui les lisent, n'y peuvent avoir de satisfaction sans cette connoissance. Aussi ceux qui ont dressé le corps des Historiens d'Espagne, n'ont pas oublié cette partie de l'Histoire. On pourroit même inférer à la fin de ce Volume, des Indices généalogiques des Rois & des Princes avec lesquels la France a eu des Alliances, & qui se trouvent énoncés dans notre Histoire.

XIII. Enfin ce qui pourroit enrichir tous ces Volumes, seroient les Figures de nos Rois, des Reines & des Princes du Sang, qu'on placeroit au commencement de chaque Volume qui contiendra leur Histoire, & au commencement des Auteurs qui la traitent; lesquelles Figures on tireroit des Originaux, comme de celles qui sont aux Eglises bâties de leur temps, de leurs Tombeaux qui se voyent en divers endroits de la France, & de celles qui sont dans les vieux Manuscrits, & qu'on peut présumer avoir été faits du temps qu'ils vivoient. Cette dépense ne sçauroit être que glorieuse pour la France, puisqu'elle nous conserveroit des Monumens si précieux, qui feroient non-seulement revivre les véritables Portraits de nos Princes, mais nous représenteroient encore leurs habits & les principales marques de leur dignité; étant d'ailleurs constant que ces sortes de Figures placées à propos dans les Livres, les enrichissent extraordinairement.

XIV. Pour conclusion, on pourroit faire à la fin de chaque Volume trois Tables exactes; la première, des Personnes; la seconde, des Lieux; & la troisième, des choses les plus remarquables qui y sont contenues; on y en pourroit même joindre une quatrième des mots barbares.

M. du Cange envoya à M. l'Abbé Gallois cette Préface de son Projet, avec le Projet même, composé des Pièces de M. du Chesne, & de celles dont il avoit eu connoissance, afin qu'il en remarquât la différence, particulièrement à l'égard de l'Histoire des Provinces. Il le pria de l'examiner & de lui faire sçavoir le sentiment de M. Colbert & le sien, avant qu'il continuât de le mettre en Latin. Les Auteurs Arabes qu'il cite, ne sont point dans M. d'Herbelot.)

Remarques de M. l'Abbé Gallois, sur le Projet de l'Histoire de France, dressé par M. du Cange.

(Les chiffres suivants marquent les endroits du Mémoire précédent sur lesquels M. Gallois a fait des Remarques.)

IV. Si l'on doit comprendre, dans le Recueil que l'on propose de faire, les Extraits des Auteurs qui ont traité en passant quelques circonstances de l'Histoire de France?

Il semble que cela se doit faire, comme l'a fait M. du Chesne, pour les temps où l'Histoire est stérile, comme pour la première & la seconde Race, & pour le commencement de la troisième. Mais depuis saint Louis notre Histoire est assez riche, sans emprunter des traits d'ailleurs.

Je crois que l'on peut encore faire de la distinction entre les grands Ouvrages, comme sont l'Histoire de Matthieu Paris, & les Ouvrages qui sont composés de Pièces détachées, comme le Registre des Lettres de saint Grégoire. A l'égard des premiers Ouvrages, il me semble que l'on doit être plus réservé, parceque les Extraits que l'on en fait, sont des Pièces démembrées, qui perdent une partie de leur beauté, quand elles sont séparées de leurs corps; mais pour les Lettres & les autres Pièces, qui sont d'elles-mêmes un corps à part, j'estime qu'on ne doit point faire difficulté de les donner séparées.

Mais après tout on ne doit donner que le moins que l'on pourra de ces Extraits, & seulement lorsque les choses qu'ils contiennent sont très-considérables, parceque ces Pièces imparfaites ne contentent qu'à demi le Lecteur; il faut seulement les citer dans leur lieu, afin qu'on puisse y avoir recours.

V. Jusqu'à quel Règne il faut pousser ce Recueil?

Il faut commencer à faire un Recueil jusqu'à l'an 1324 où à commencé Froissart; car depuis ce temps-là on a une assez bonne suite d'Histoires imprimées & amples. Ce n'est pas qu'il en faille demeurer là; mais quand cela sera fait, on pourra donner, comme l'on a commencé de faire, deux Volumes séparés, qui contiendront les Auteurs qui ont écrit l'Histoire de chaque Roi; & quoique ces Volumes soient séparés, néanmoins comme ils seront imprimés en même Volume & en même caractère que les autres, ils ne laisseront pas de faire partie de ce Recueil; de même que les deux Volumes de Pachymère, quoiqu'ils ayent été donnés séparément, ne laissent pas de faire partie du Recueil de l'Histoire Byzantine.

Le dessein de donner une nouvelle Edition de l'Histoire de Froissart, de celle de Monstrelet, de celle de Baucaire, & de celle de M. de Thou, est très-bon; il demande un homme tout entier, & se peut faire séparément, lorsque le reste du Recueil proposé sera fait.

VI. En quelle Langue on doit donner les Histoires comprises dans ce Recueil; si ce sera en Latin ou en François?

M. du Chesne, pour garder l'uniformité, s'étoit proposé de donner en Latin tous les Auteurs qu'il devoit comprendre dans son Recueil; au moins il avoit résolu de donner en cette Langue les Abrégés que Sleidan a faits en Latin des Histoires de Froissard & de Comines.

Je ne vois pas de bonnes raisons pour cela; &

il me semble que l'on doit donner les Ouvrages dans la Langue en laquelle ils ont été composés par leurs Auteurs. Car pour ce qui est de l'uniformité, il est vrai qu'on la doit garder dans toute la suite d'un même Ouvrage ; mais dans les Recueils qui sont composés de Pièces détachées, la diversité des Langues n'est point un défaut ; & quand même c'en seroit un, il est assez récompensé par la beauté & la naïveté de l'expression, que l'on ne sçauroit conserver dans les traductions.

Ce que l'on pourroit faire, ce seroit de donner à part pour les Etrangers des Traductions Latines des Ouvrages François, après qu'ils auroient été imprimés premièrement en François dans ce Recueil.

VII. Si l'on doit comprendre dans ce Recueil les Histoires de Michel Ritius, de Robert Gaguin, de Paul Emile, d'Arnoul Feron & de Papire Masson?

Il me semble qu'elles ne doivent pas être omises. Car celle de Gaguin contient plusieurs remarques considérables, particulièrement des Règnes de Charles VIII. & de Louis XII, lesquelles ne se trouvent point ailleurs, & que cet Auteur sçavoit d'original, ayant eu beaucoup de part aux affaires de ce temps-là. Celle de Paul Emile est fort estimée par les Etrangers ; témoin le jugement avantageux qu'en ont fait Erasme & Lipse sur-tout, qui met cet Auteur en parallèle avec les meilleurs Historiens de l'Antiquité. Celle d'Arnoul Feron contient aussi plusieurs choses très-remarquables, & doit être estimée comme ayant été écrite par un Auteur qui a vécu au temps que se sont passées la plupart des choses qu'il rapporte. Celle de Masson est pleine de Remarques curieuses. Celle de Ritius est à la vérité la moindre de toutes ; néanmoins je crois qu'on ne la doit pas omettre, parce qu'elle n'est pas longue, & qu'il faut faire honneur aux Etrangers qui se sont appliqués à écrire notre Histoire.

VIII. Que l'on peut ajouter plusieurs Pièces au Recueil qu'a fait M. du Chesne.

Toutes nos Histoires sont du nombre de celles, qui, bien qu'elles entrent dans le dessein de ce Recueil, se peuvent imprimer à loisir en un Volume à part.

C'est en cela principalement, ce me semble, que doit consister ce dessein. C'est pourquoi je desirerois que l'on travaillât incessamment à faire un Catalogue de toutes les Pièces que l'on peut ajouter à ce Recueil, & que l'on fît une recherche exacte de tout ce qu'il peut y avoir sur ce sujet dans la Bibliothèque du Roi, dans celle de Monseigneur Colbert, & dans toutes les autres, comme aussi dans le Trésor des Chartres, dans la Chambre des Comptes & ailleurs.

Lorsque ce Catalogue sera ébauché, je serois d'avis qu'on le fît imprimer, & qu'on en envoyât par tout des Exemplaires, comme a fait M. du Chesne, pour inviter les Sçavans à contribuer ce qu'ils auroient de particulier concernant ce dessein.

IX. Que l'on pourroit ajouter à ce dessein un Volume de l'Histoire des Gaules, contenant des Extraits de tout ce que les Auteurs Grecs & Latins en ont écrit, & même faire traduire en Latin le Livre des Antiquités de France, fait par Dupleix.

Un Auteur Allemand a fait en ce siècle trois ou quatre gros Volumes in-folio d'Extraits semblables concernant les Antiquités d'Allemagne ; mais il me semble que l'on n'en a pas fait beaucoup de cas, quoique ces Extraits soient assez bien choisis, & qu'il y ait même de bonnes Notes ajoutées. On pourroit néanmoins se servir de ce travail, qui contient beaucoup de choses communes à la France & à l'Allemagne, & l'augmenter de ce qui y peut manquer. Mais il me semble que cela ne se doit entreprendre qu'après que le Recueil des Historiens qui ont écrit de la première & de la seconde Race & du commencement de la troisième, sera achevé.

Pour ce qui est du Livre des Antiquités de France, fait par Dupleix ; il me semble qu'il seroit aussi-bien de le donner en François qu'en Latin, après qu'on l'auroit corrigé, revu & augmenté. Mais il est bon de faire réflexion que le dessein principal de ce Recueil n'est pas de composer une nouvelle Histoire de France, comme a remarqué M. du Cange au commencement de son Mémoire, mais seulement de compiler les Historiens qui en ont déjà écrit. Ce que l'on propose en cet Article de faire un Traité des Antiquités Gauloises, appartient au dessein de faire une nouvelle Histoire, & n'est pas compris dans la compilation que l'on propose de faire.

X. Que l'on pourroit ajouter à ces Antiquités Gauloises quelques Médailles Romaines qui ont le mot de Gaules dans leur revers, les anciennes Inscriptions qui font mention de divers Lieux ou Peuples des Gaules, & les Planches de divers Monumens anciens qui restent dans les Villes de Poitiers, Narbonne, Trèves, Besançon, &c.

Les Médailles pourront entrer dans un autre dessein, dont je parlerai ci-après. Pour les Inscriptions & les restes des anciens Edifices, ce seroit, ce me semble, un dessein digne du Roi, d'envoyer d'habiles Dessinateurs dans toutes les Villes de France, pour dessiner les Antiquités qui s'y trouvent. Mais c'est un Ouvrage à part, qui ne regarde point directement notre Recueil. Toutes les Antiquités de Besançon ont été exactement décrites par Chifflet, & celles de Trèves par le Père Brouwer ; de manière qu'il ne reste plus rien à faire pour ces deux Villes.

XI. Que l'on peut faire entrer dans ce dessein généralement tous les Auteurs qui ont écrit des Guerres saintes.

Il seroit bon d'y comprendre l'Histoire des Guerres saintes faites par les François : mais d'y faire entrer généralement toutes les Guerres saintes, même celles qui ont été faites par les autres Peuples, & auxquels les François n'auroient point de part, ce ne seroit pas mon sentiment ; car on ne se propose ici que de compiler les Historiens qui ont écrit de l'Histoire des François.

XII. Si l'on doit mettre dans ce Recueil les Lettres des Papes Innocent III. Honoré III. & de leurs Successeurs?

D'y mettre toutes les Epîtres, ce seroit une chose trop éloignée du dessein que l'on se propose ; mais je crois que l'on y doit mettre les Lettres qui regardent particulièrement l'Histoire de France.

XIII Qu'il faudroit inférer dans ce Recueil toutes les Chartres de nos Rois de la première & de la seconde Race, & celles de la troisième Race jusqu'à Louis le Gros ; & à l'égard de ceux qui ont régné depuis Louis le Gros, donner seulement leurs Chartres qui concernent l'Histoire?

Ce dessein est très-bon. J'ajouterai, que comme il y a des Auteurs qui ont écrit en Arabe & même en Hébreu, non-seulement des Guerres saintes, mais encore du reste de l'Histoire des François ; il seroit bon de les faire traduire en Latin, & d'inférer dans ce Recueil, non-seulement la Traduction Latine, mais encore les Textes originaux.

Voilà à quoi, il me semble, que l'on doit principalement s'attacher. C'est pourquoi il faudroit, comme je l'ai déja dit, faire incessamment un Catalogue de toutes les Chartres que l'on a présentement, & qui ne sont point dans le Recueil de M. du Chesne, & faire ensuite une recherche exacte de toutes les autres qui se pourront trouver en différens endroits.

XIV. Composer un Volume de Tables généalogiques?

Ce travail seroit très-utile ; mais il est toujours bon de remarquer que le dessein de ce Recueil n'est pas de rien composer de nouveau, mais seulement de compiler les Ouvrages déja faits. De plus, Messieurs de Sainte-Marthe ont fait la plus grande partie de ce que l'on peut desirer sur ce sujet; & l'on pourroit faire entrer dans ce Recueil les deux Volumes qu'ils ont composés de la Généalogie de nos Rois, après y avoir ajouté & corrigé ce que l'on jugera nécessaire.

XV. Ajouter à ce Recueil les Figures de nos Rois, Reines, Princes & Princesses du Sang, tirées sur les originaux?

Cela serviroit beaucoup à orner l'Ouvrage, & il seroit bon d'y faire travailler les plus habiles de nos Peintres & Graveurs.

A tout ce qui a été dit dans le Mémoire de M du Cange, l'on peut ajouter: 1°. Qu'il seroit bon d'augmenter & de continuer le Recueil des Médailles & des Monnoies anciennes de France, qui a été commencé par M. Bouteroue, & par l'Auteur du Livre intitulé, *La France Métallique*, qui n'est pas si exact que celui de M. Bouteroue. Ce Recueil seroit une des plus précieuses Pièces de notre Histoire.

2°. Une Description de la France avec des Cartes Topographiques, où seroient représentés non-seulement les anciens Edifices, mais encore les modernes. Merian, Graveur de Francfort, en a fait un beau Livre; mais on peut faire quelque chose de plus achevé.

3°. Une Histoire naturelle de France, de même que les Anglois ont fait depuis peu une Histoire naturelle d'Angleterre, & une autre d'Irlande. On comprendroit dans cette Histoire tout ce que la nature produit d'utile & de curieux dans chaque Province, les Plantes, les Eaux minérales, les Métaux, les Pierres & les Marbres, &c. Cela contribueroit beaucoup à faire valoir quantité de choses que l'on ne fait pas assez connoître, & que l'on va quelquefois chercher bien loin, faute de sçavoir qu'elles naissent dans notre Pays; outre que les Etrangers ayant une connoissance plus parfaite de ce qui se trouve dans le Royaume, l'y viendroient chercher & en feroient commerce. Les Anglois ont fait de cela une des principales maximes de leur Politique qui leur a très-bien réussi.

Plan général du Recueil des Historiens de France, dressé par M. du Cange.

(Ce Plan est en Latin, parce que le Recueil des Historiens ne contient que les Auteurs qui ont écrit dans cette Langue.)

1. Geographica, seu quæ Descriptionem Galliæ spectant.

2. Gallica, seu Rerum Gallicarum Scriptores, vel qui de veterum Gallorum Historiâ, Moribus, Legibus, Institutis, Linguâ, Commentarios ediderunt, prætereà qui veteris Galliæ Descriptionem elaborarunt.

3. Francica, seu qui de Francorum veterum origine, primis sedibus & eorum in Gallias adventu scripserunt.

4. Scriptores qui generalem Francorum Historiam aggressi sunt.

5. Scriptores coævi ab adventu Francorum in Gallias usque ad Pipini Regis tempora.

6. Secundæ Regum Franciæ stirpis primordia, origines & stemmata.

7. Historiæ ejusdem Regum Franciæ stirpis Scriptores coævi.

8. Historiæ tertiæ Francorum stirpis Scriptores coævi & veteres.

9. Rerum à Francis in Italia sub altera Regum Franciæ stirpe gestarum Scriptores.

10. Rerum à Francis & Normannis in Italia & Sicilia sub tertia Regum Franciæ stirpe gestarum Scriptores coævi.

11. Rerum à Francis in Oriente & in sacris Expeditionibus gestarum Scriptores coævi, seu Regni Francorum Hierosolymitanorum Historia à variis sed illius ævi Scriptoribus litteris commendata, editis, aut ad libros veteres emendatis.

12. Rerum à Francis in Imperio Constantinopolitano gestarum Scriptores coævi.

13. Rerum à Francis contra Albigenses gestarum Scriptores coævi.

14. Rerum Gallicarum & Francicarum Scriptores qui vel annorum serie, vel ratione chronologica, vel more & stylo historico observatis, Historias suas ad tertiam Regum stirpem deduxerunt.

15. Galliæ & Franciæ Provinciarum Historiæ Scriptores coævi, ordine Provinciarum alphabetico, scilicet: I. Aquitanicarum. II. Arvernensium. III. Batavicarum seu Hollandarum. IV. Bituricensium. V. Brabanticarum. VI. Britannicarum seu Aremoricarum. VII. Burgundicarum, scilicet Burgundiæ Ducatûs & Comitatûs. VIII. Comitatûs Campaniæ. IX. Delphinatûs seu Viennensis Provinciæ. X. Flandrensis & Atrebatensis Comitatuum. XI. Hannoniensium, & Helveticarum. XII. Lemovicensium. XIV. Leodiensium. XV. Lugdunensium. XVI. 1. Rerum Normannicarum Scriptores veteres & coævi, seu qui de Rebus à Normannis Ducibus, vel in Normanniâ gestis scripserunt. 2. Rerum Normannicarum Scriptores qui Ecclesiarum ortus & incrementa litteris mandarunt. XVII. Rerum Occitanorum Scriptores. XVIII. Parisiensium & Carnotensium. XIX. Picardicæ Provinciæ. XX. Pictaviensium. XXI. Provincialium. XXII. Senonensium, Autissiodorensium & Nivernensium. XXIII. Trevirensium, Metensium, Virdunensium & Tullensium. XXIV. Turonensium, Andegavensium & Cenomanensium. XXV. Rerum Vasconicarum Scriptores.

16. Epistolæ historicæ quæ ad Francorum Historiam illustrandam conducunt.

Epistolæ variæ quæ ad illustrandam alterius Franciæ stirpis Historiam spectant.

Epistolæ historicæ de Rebus Francicis Summorum Pontificum, à Leone I, ad Zachariam.

Epistolæ variæ de Rebus à Francis in Italia & Sicilia gestis.

Epistolæ veteres, Tabulæ, aliaque Monumenta de Rebus à Francis in Expeditionibus Bellisque Hierosolymitanis gestis, secundùm temporum rationem digesta.

Catalogus Principum, Prælatorum, Militum cæterorumque Virorum Nobilium qui variis subinde temporibus in Expeditionibus & Bellis Hierosolymitanis vel militarunt, vel operam navaverunt; Auctorum, apud quos eorum habetur mentio, locis indicatis, additis etiam Notis aliquot genealogicis.

17. Epitaphia Regum Franciæ, vel Principum stirpis regiæ quæ Franciæ Historiæ illustrandæ conducunt.

18. Genealogica, seu Stemmata Regum Francorum & præcipuarum Regni Franciæ Familiarum.

19. Vitæ & Elogia Virorum ex Gallia bellicâ laude illustrium.

20. Vitæ & Elogia Virorum ex Gallia qui publicatis Litterarum Monumentis claruerunt.

21. Diplomata Regum Franciæ I. II. & III. stirpis,

quæ ad Ludovicum VI. Francorum Regem partim ex Manuscriptis, partim ex editis eruta, & ad res Francicas illustrandas necessaria.

22. Regum Franciæ à Ludovico VI. usque ad Henricum IV. & aliorum Diplomata historica, & quæ ad Francorum historiam illustrandam spectant.

23. Catalogus Scriptorum editorum utriusque Linguæ de Rebus Francicis & de Provinciarum, Civitatum, Ecclesiarum & Monasteriorum Antiquitatibus Commentarios ediderunt, longe auctior editio.

24. Index chronologicus Rerum omnium quæ in singulis Voluminibus continentur.

Mémoire de M. l'Abbé des Thuilleries, touchant le nouveau Recueil des Actes de l'Histoire des François, auquel Monseigneur le Chancelier d'Aguesseau a dessein de faire travailler; dressé au mois de Décembre 1717.

(M. des Thuilleries n'avoit point vu le Mémoire précédent de M. du Cange.)

Monseigneur le Chancelier ne pouvoit mieux témoigner combien il aime la gloire des François & celle de leurs Rois, que par la résolution qu'il a prise de procurer au Public une nouvelle Collection des Actes de leur Histoire, celle qu'on en a, n'étant rien moins que parfaite; & heureusement il est encore d'un âge à voir l'exécution de ce grand dessein, quelque vaste qu'il soit *.

Puisqu'on souhaite que je marque aussi quel seroit mon sentiment sur la forme & l'étendue qu'on doit donner à ce Recueil, je le fais par obéissance, quoique peut-être ne dirai-je rien, que les personnes si éclairées qui se sont trouvées aux Assemblées tenues sur ce sujet, n'aient déja observé.

I. Comme les François ne détruisirent pas les Gaulois en devenant maîtres de leur Pays, & qu'ils se mêlèrent seulement avec eux, on ne sçauroit se dispenser de faire aussi connoître ces autres Peuples, qui, dans les temps de leur vigueur, avoient de leur côté pris Rome même, & porté leurs armes jusques dans l'Asie.

C'est ce qui fera le premier Volume de la nouvelle Collection, lequel manque à celle de du Chesne. L'on mettra à la tête, outre les vieilles Notices des Gaules, qui différeront entre elles, les Descriptions que Strabon, Ptolémée & les autres anciens Géographes, en ont faites, & ce qu'on en trouve dans l'Itinéraire d'Antonin, dans celui de Bourdeaux, & dans la Table de Peutinger. On fera graver cette Table telle qu'elle est; & il seroit bon de dresser aussi des Cartes selon les principales de ces Descriptions & de ces Itinéraires, afin qu'on les comparât plus facilement.

On s'éclaircira des difficultés au bas des pages, qui est sur quoi les Géographes modernes ont déja beaucoup travaillé; & on tirera encore bien du secours des Dissertations que des Sçavans ont faites pour quelques lieux particuliers. On expliquera aussi les noms des lieux mentionnés dans ce que ce premier Volume contiendra d'historique; mais ce sera seulement dans une Table, pour n'être point obligé de répéter; enfin, on fera sur toutes ces Observations une Carte nouvelle des Gaules, celles qu'on a vues jusqu'ici n'étant point encore assez exactes. Cette partie est de droit réservée à Monsieur de l'Isle.

II. L'autre Partie comprendra tout ce qu'on trouve dans les Auteurs Grecs & Latins, même dans les Poëtes touchant les Gaulois, jusqu'à la venue des François, & ce qui regarde les Colonies Grecques & Romaines qui s'étoient établies parmi eux; récolte qui ne laissera pas d'être abondante depuis César, l'oppresseur de leur liberté & leur incomparable Historien.

On représentera en différentes Planches ce qui reste des anciens Monumens de leur temps, comme les Amphithéâtres, les Aqueducs, les Arcs de triomphe, les Bains, les Obélisques, les Tombeaux, les Statues, les Médailles, les Pierres gravées & autres pareilles Antiquités; & on n'y omettra pas les Piliers du Château de Tutele qu'on voyoit à Bourdeaux, avant que le feu Roi les eût fait abattre, lesquels on a déja gravés plusieurs fois: les Inscriptions doivent pareillement y trouver place. Que s'il est parlé de ces Monumens dans le Texte historique, on renvoyera de ce Texte aux Figures, qui seront pour cela numérotées; & on mettra sous les Figures les pages du Texte, où il en sera fait mention, afin qu'on trouve l'un & l'autre avec une égale facilité.

Il faut observer qu'on ne comprendra point dans ce Volume ce qui regarde l'établissement de la Religion Chrétienne dans les Gaules, parceque cela fait partie de l'Histoire Ecclésiastique de chaque Province, qu'il n'est pas à propos de diviser.

III. On l'accompagnera de cinq Tables, & les Volumes suivans le seront de six & de sept; sur quoi je vais dès à présent dire ma pensée.

La première Table contiendra les titres de toutes les Pièces & Fragmens que chaque Volume renfermera, & doit être placée à la tête. Quand il sera nécessaire, on y joindra des jugemens courts de l'estime qu'on en devra faire: si ce sont des Chroniques, on marquera l'année où elles commencent & celle où elles finissent; & lorsqu'elles seront de plusieurs Auteurs, les années où chaque Auteur aura commencé & fini; ce qu'on fera même, quand on n'en donnera que des Fragmens. On avertira aussi quand on les aura collationnées avec des Manuscrits, en quel lieu les Manuscrits seront, & la Collection où les Chroniques, dont on n'imprimera que des Fragmens, se trouveront entières. Par-là on se verra dispensé de bien des Avertissemens qu'on seroit obligé de mettre devant chaque Pièce; & on connoîtra tout d'un coup le mérite du Volume. Les autres Tables seront mises à la fin.

La seconde sera Chronologique, pour donner une idée suivie des principaux faits qui seront rapportés dans le Volume, & dont on mettra des Sommaires à côté du Texte, avec les dates, quand il y en aura, afin de la composer plus aisément. Elle servira de plus de Concordance pour les faits qui se trouveront en différens Actes d'un même Volume, parcequ'on en indiquera les pages.

On est, dit-on, convenu dans les Assemblées, de se proposer une Chronologie fixe pour le Règne des Rois, afin de garder l'uniformité, & c'est ce qui est très-sensé. On en établira une aussi exacte qu'on pourra dans cette Table chronologique, & en suivant toujours l'année Julienne, qui commence au premier Janvier. On s'en servira aussi fort bien à l'égard des Chroniques qui sont rédigées seulement selon les années des Règnes des Princes, & pour les titres des Actes qui ne sont datés que de ces mêmes années, ou de celles du Pontificat des Papes & des Evêques, en mettant à côté les véritables années de Jesus-Christ, qui y répondront; car c'est ce qui sera toujours d'un grand soulagement. Mais pour les Chroniques faites sur ces années de Jesus-Christ, ce seroit une continuelle occasion de méprise aux Imprimeurs, si chaque fois qu'il y a faute, il falloit pour les corriger mettre à côté

---

*☞ Il a vu en effet la publication de sept gros Volumes *in-fol.* & le huitième étoit fort avancé.]

d'autres années de Jesus-Christ ; il suffira dans ces rencontres d'avertir le Lecteur de ces fautes, soit par des Notes, si elles sont sans suite, soit par des Avis mis à la tête des Chroniques, si elles sont continues.

La troisième Table sera pour tous les noms de Lieu rapportés dans le Texte. L'on y joindra les noms François aux Latins, quand ils seront connus ; & si leur situation est douteuse, on tâchera de l'éclaircir, dès le premier Volume où ils se rencontreront, afin d'y renvoyer des autres Volumes où ils se trouveront aussi.

La quatrième Table, qu'on placeroit fort bien la dernière, contiendra les mots barbares ou très-anciens, les François comme les Latins, & on en donnera la signification, en suivant la même règle que pour les noms de Lieu. Le Recueil étant imprimé, peut-être jugera-t-on utile d'en tirer cette Table avec la précédente, & de les donner séparément, afin que celle-là en soit le Dictionnaire géographique, & celle-ci le Glossaire.

La cinquième Table sera composée de plusieurs autres, parcequ'elle répétentera dans de petites Tables les Généalogies des Princes & des autres Grands, telles qu'elles seront prouvées dans les Actes du Volume, sur quoi on a de bons modéles de la main de du Chesne, à la fin des Historiens Normands : on les rangera selon l'ordre alphabétique. L'Histoire des Gaulois ne fournit point de matière pour celle-là.

La sixième Table sera pour les surnoms, les Sceaux & les Armes qui seront dans les Actes ; elle ne commencera à être d'usage que pour les Actes de la fin du dixième Siècle, où l'on rencontre les premiers surnoms. On trouve à la vérité des Sceaux bien plus anciens ; mais ils sont ou de Souverains ou d'Evêques, avec lesquels ils auront place dans la Table des Matières. Pour les Sceaux des Particuliers, ils ne doivent pas être séparés de leurs surnoms. Je les distingue d'avec leurs Armes, parceque les Sceaux sont quelquefois sans Armes, & que les Armes ne se tirent pas seulement des Sceaux. Les surnoms qui entreront dans la Table des Généalogies, ne laisseront pas de tenir encore rang dans celle-ci, pour renvoyer le Lecteur aux lieux où il les trouvera dans cette autre Table. On leur joindra les noms propres des Personnes, afin de les trouver plus facilement ; & même on s'attachera à les faire imprimer tous en lettre italique dans le corps des Actes, sur quoi plusieurs Auteurs sont fort exacts ; car sans cela il est très-ennuyeux de les chercher dans des pages *in-folio*.

Enfin, la septième & dernière Table sera celle des Matières, qu'on aura d'autant plus de liberté de rendre ample, qu'elle sera déchargée de tout ce que les autres Tables contiendront ; & comme on pourra être obligé d'y renvoyer souvent de celle-ci, il sera nécessaire de continuer le chiffre des pages du Volume dans ces Tables, jusqu'à la derniére exclusivement.

IV. Pour venir aux Actes de l'Histoire des François, on sera si surchargé de matières, qu'on se verra obligé de distinguer les Actes de l'Histoire générale de ceux de l'Histoire particulière, quoiqu'on ne le puisse faire avec une entière précision, les faits étant très-souvent communs à l'une & à l'autre Histoire. On mettra seulement parmi les Actes de l'Histoire générale, comme on dit qu'on en est convenu dans les Assemblées, ceux qui seront plus généraux que particuliers ; & parmi les Actes de l'Histoire particulière, ceux qui seront plus particuliers que généraux. Ainsi les personnes qui voudront travailler à quelque Histoire que ce soit, sur ces Actes, seront dans la nécessité de prendre dans les uns & dans les autres ce qui appartiendra à leur sujet ; mais c'est ce qui ne leur coûtera pas beaucoup, si les Tables sont aussi parfaites qu'elles doivent l'être, parcequ'elles les dispenseront de lire pour cela tout le Recueil. Et de plus, pour diminuer encore leur peine à cet égard, il n'y aura qu'à dresser une Table de toutes les parties du Recueil, quand il sera achevé, & marquer sur chacune, non-seulement les Volumes des autres parties, où il se trouvera des faits qui y conviendront, mais aussi le temps auquel ces faits auront rapport. Ainsi, par exemple, sur la partie de l'Histoire générale, qu'on divisera par Règnes dans cette Table, on indiquera sur chaque Règne les Volumes des parties de l'Histoire particulière qu'il faudra consulter.

Du Chesne n'avoit pas eu d'abord là dessus une idée assez juste, ayant imprimé parmi les Historiens Normands, des Piéces qu'il a encore données parmi les Historiens François. Les Actes de l'Histoire générale & particulière ne doivent faire qu'un Corps & servir de Supplément les uns aux autres.

V. La même raison, qui ne permet pas de donner plusieurs fois les mêmes Piéces, engage également à ne pas admettre dans le Recueil, selon toute leur étendue, beaucoup de Chroniques, où l'on ne fait que répéter ce qui se trouve en d'autres Chroniques plus anciennes ; car jamais on n'oblige plus sensiblement ceux qui s'appliquent à l'étude de l'Histoire, qu'en ménageant leur loisir, & rien n'est plus fatiguant que de lire quelquefois des journées entières sans trouver aucun nouveau fait. Tout ce qu'on rencontre dans les Chroniques plus récentes, c'est d'ordinaire quelques légères différences ; ainsi c'est seulement ces différences qu'il faut insérer dans le Recueil.

Quand elles se réduiront à peu de chose, il suffira de les mettre dans des Notes, sous les anciennes Chroniques. L'*Historia Epitomata*, par exemple, n'étant que l'Abrégé de l'Histoire de Grégoire de Tours, on doit se contenter d'en mettre les différences parmi les Notes dont le Père Ruinart a enrichi la dernière Edition de cette Histoire. Mais lorsque ces différences seront plus importantes & en plus grand nombre, ou quand elles seront des Auteurs des Continuations des anciennes Chroniques, on les donnera séparément en forme d'Extraits & dans leurs propres termes, avec ces Continuations. C'est-là en particulier ce qu'on fera pour les Annales de Metz, la Chronique de Reginon & autres, comme par rapport aux Annales de saint Bertin, qui sont un peu plus anciennes, mais qu'elles continuent. Et même, afin qu'on fasse plus d'attention à ces différences, on y renvoyera le Lecteur de chaque endroit des anciennes Chroniques auxquelles elles se rapporteront.

VI. On dira peut-être que par-là on perdra un avantage considérable, en ce qu'on ne verra plus dans combien de Chroniques les mêmes faits se rencontrent, ce qui sert à en mieux établir la vérité : mais c'est ne rien perdre au fond ; car toute la force des Chroniques qui s'accordent entre elles, ne vient que de la première d'où elles ont été tirées ; ce qui ne s'est point fait avec discernement. Ce qu'on doit chercher, est de sçavoir si les faits d'une Chronique ne sont point contredits ; & c'est ce qu'on reconnoîtra sans peine, en jettant les yeux sur les différences des autres Chroniques. Alors l'Editeur marquera dans une Note, laquelle des Chroniques sera préférable en cette occasion, & la raison de cette préférence.

D'ailleurs on ne doit nullement s'embarrasser de n'avoir pas les Chroniques entières dans le Recueil dont il s'agit, la plupart étant déja imprimées de cette manière dans d'autres Recueils, puisque les Sçavans pourront les consulter quand ils le jugeront nécessaire. On ne prétend pas donner une nouvelle Edition d'Auteurs, mais rassembler seulement les preuves de l'Histoire des François, auxquelles tout ce qu'on retranchera, n'ajouteroit rien. C'est pour cette raison que du Chesne a mis tant de

Fragmens

Fragmens dans sa Collection, & s'il lui a été permis de mutiler de la sorte les Piéces qu'il donnoit, quand il le jugeoit à propos; pourquoi n'auroit-on pas la liberté de traiter aussi de la même manière celles qu'il auroit laissé entières, lorsqu'on trouvera qu'elles le méritent?

Tout ce qu'on doit donc demander à cet égard, c'est qu'on agisse en cela avec une grande prudence, parcequ'il vaut encore mieux laisser des choses superflues dans un Recueil, que d'en retrancher d'utiles. On aime mieux aussi d'ordinaire avoir un Ouvrage d'importance entier, quand on gagne peu dans ce qu'on en ôte, que de l'avoir seulement tronqué; ce qui aura lieu pour la Chronique de Frédegaire: on sera toujours plus aise de l'avoir entière dans le Recueil, que si on en supprimoit ce qu'elle a de commun avec l'Histoire de Grégoire de Tours, que cet ancien a continuée, qui se réduit à environ deux pages.

VII. Il faut encore observer qu'il se trouvera bien des Chroniques qu'on ne pourra restraindre à leurs simples differences, sans les gâter absolument; car c'est ce qui n'est facile que pour celles où l'on a suivi exactement l'ordre des temps. Qu'on retranche dans ces dernières tant d'années qu'on voudra, on y fera seulement des vuides semblables à ceux qui se trouvent déja en d'autres Chroniques; mais il n'en est pas de même de celles où, sans s'attacher aux temps, l'on n'a narré les faits que selon qu'ils se sont présentés à l'esprit, ou qu'on leur a trouvé plus de liaison. Telle est l'Histoire des Normands par Orderic Vital, où l'on ne reconnoîtroit plus rien, si l'on en ôtoit ce qui est aussi dans celles de Dudon & de Guillaume de Jumiéges, qui l'ont précédé. Ce qu'il est bon d'en retrancher, ce sont les deux premiers Livres, en conservant quelques petits endroits qui concernent la France; parceque le reste ne regarde que l'Histoire de l'Eglise Universelle.

VIII. On n'en usera pas autrement pour les Chroniques non encore imprimées qu'on insérera dans le Recueil, si l'on en trouve qui le méritent, que pour celles qu'on possede déja. On n'en mettra que ce qui conviendra, & si on avoit quelque exception à faire, ce ne devroit être qu'en faveur de Piéces d'un si bon goût, qu'elles seroient dignes de voir le jour en leur entier, de sorte qu'on seroit blâmable de ne pas profiter de l'occasion d'en faire le présent au Public; mais on ne sera pas apparemment en cette peine, tant de semblables Ouvrages sont rares!

IX. Au reste, j'ai vu plusieurs Sçavans souhaiter, qu'au moins on réimprimât le du Chesne tel qu'il est, sans aucun égard à toutes les raisons ci-dessus, & cela à cause qu'il a été cité une infinité de fois, & qu'on n'en pourroit plus vérifier les citations, après les retranchemens qu'on feroit dans ces citations. Mais cet inconvénient est trop léger pour empêcher par cette seule consideration de garder l'uniformité dans un tel Recueil. On seroit toujours dans la nécessité de changer l'ordre de cette autre Collection, quand même il ne faudroit rien retrancher; parcequ'on ne pourroit se dispenser d'y inférer de nouvelles Chroniques, & d'ôter de place des Piéces qui ne sont point dans leur lieu, pour suivre l'ordre des temps. Ainsi il ne doit plus du tout être question de cet ancien Recueil.

D'ailleurs il ne manquera point de devenir assez commun, quand le nouveau aura paru, par le peu d'estime qu'on en fera alors; ainsi il ne sera jamais fort difficile d'en vérifier les citations. Il n'est point assurément digne de celui qui l'avoit entrepris, qu'on pourroit à bon titre appeller le Père de l'Histoire de France. Il a été imprimé sans être accompagné de Préfaces convenables, ni d'aucunes Notes critiques, quoique tout en eût besoin. Enfin comme l'Auteur n'avoit point crû devoir se rendre esclave

de Pithou & des autres Hommes illustres qui avoient assemblé avant lui les Actes de la même Histoire; on n'est point non plus obligé de devenir le sien, en donnant encore après lui une nouvelle Collection.

De plus, du Chesne a eu quelquefois des raisons de mettre de certaines Piéces, qui ne subsisteront point à l'égard du nouveau Recueil. N'ayant, par exemple, point ramassé tous les endroits des anciens Auteurs, où il est parlé des François avant leur établissement dans les Gaules, il a mis en la place des Traités de Vignier & de Cluvier touchant l'Origine des François & leur première demeure, où une grande partie de ces passages se rencontre. Mais la Collection que M. Bulteau en a faite, & qui se trouve dans la dernière Edition des Œuvres de Grégoire de Tours, étant nécessairement dans le nouveau Recueil, on n'y doit plus admettre ces Traités; & s'il y a des difficultés sur la première demeure des François, il suffira de les éclaircir comme les autres dans la Table Géographique. Encore une fois, le nouveau Recueil ne sera que pour donner les preuves de l'Histoire de ces Peuples; ce que ceux qui travailleront à le former, ne devront point perdre de vue, afin de rejetter tout ce qui ne sera point partie de ces Preuves, & principalement quand ce seront seulement des Ouvrages d'Auteurs modernes.

X. Quoique du Chesne ne soit pas à blâmer d'avoir coupé plusieurs de ses Chroniques selon les differens Régnes auxquels elles conviennent, afin de rendre son Recueil plus commode; cependant il sera encore mieux de les imprimer de suite, pour en pouvoir juger plus sûrement. Dès qu'on sçait les bornes des Régnes, il est toujours facile de trouver dans les Chroniques ce qui appartient à chacun; & c'est ce qu'on apprendra sans peine, non seulement par les Tables Chronologiques, où les Régnes des Rois seront distingués exactement, mais encore par les noms de ces Princes, qu'on aura soin de mettre au haut des pages des Chroniques, selon que les faits seront arrivés de leur temps. On fera aussi la même chose à l'égard des Ducs & des Comtes souverains des Provinces dans les Recueils des Chroniques des mêmes Provinces, pendant qu'elles auront été dans leur dépendance.

XI. On ne pourra trop rechercher les anciens Manuscrits des Chroniques, pour tâcher de les purger des interpolations qui s'y sont faites soit par les Continuateurs, soit par les Copistes; mais on conservera pourtant toujours leurs Additions, soit dans des Notes, soit en les joignant aux Continuations, quand il y en aura, soit enfin en les imprimant d'un caractère différent de celui du Texte, pour les faire distinguer.

L'Histoire de Guillaume de Jumiéges auroit surtout besoin d'un semblable travail, son Continuateur ayant tellement confondu ses Additions avec cette Histoire, qu'on la lui attribueroit toute volontiers, si Orderic n'avoit pas marqué que son Auteur ne l'avoit poussée que jusqu'à la Conquête d'Angleterre par Guillaume le Bâtard, arrivée en 1066; tout ce qui est postérieur à cette date, n'est pas apparemment de lui.

On réservera pour la fin de chaque Volume les Capitulaires & Ordonnances des Rois, leurs Diplômes, les Bulles des Papes, les Chartres & les Lettres historiques, qu'on rangera aussi selon l'ordre des temps. Mais si l'on y prend bien garde, on trouvera que toutes ces Piéces, hors les premières, appartiendront au Recueil des Histoires particulières, & qu'il y en aura peu pour celui de l'Histoire générale.

XII. On ne doit pas moins s'attacher à illustrer les Actes de l'Histoire des François, soit générale, soit particulière, par des Figures des Monumens qui restent de leur temps, que ceux de l'Histoire des Gaulois, quelque groſſiers qu'ils puiſſent être. Je ne penſe pas qu'on ait encore des Bâtimens du temps des Rois de la premiére Race : car à l'égard du grand Portail de l'Egliſe de ſaint Germain des Prés, que les Péres Mabillon & Ruinart ont fait graver comme étant indubitablement l'ouvrage de ces Rois, il y a de grandes raiſons pour n'en faire honneur qu'aux premiers Rois de la ſeconde Race ; & il en eſt de même du Tombeau d'une Reine qu'on voit dans la même Abbaye, qu'ils ont fait auſſi graver comme étant celui de la fameuſe Frédegonde, il pourroit bien encore être ſeulement d'une autre Reine fort poſtérieure. Mais du moins on a de ces Princes un Cachet, des Sceaux, des Monnoies & des Armes, qui ſeront propres à nous apprendre leurs maniéres à cet égard.

A meſure qu'on approchera des meilleurs temps, on ne gravera de ces Monumens que ceux qui ſeront plus inſtructifs. Mais afin d'être plus en état de choiſir, on doit prier ceux qui ont de ces ſortes de curioſités, de vouloir bien en donner avis, parceque ſouvent on ne ſçait pas où elles ſont, & qu'elles peuvent néanmoins ſervir beaucoup à l'Hiſtoire. M. le Blanc, par exemple, dit dans ſon Traité des Monnoies de France, pag. 13, que le Pére Lacarry, Jéſuite, l'avoit aſſuré, qu'il avoit eu plus de trois mois entre les mains, étant à Montpellier, une Médaille de Faramond. Si elle étoit effectivement ancienne, comme ce Pére, qui étoit bon connoiſſeur, le ſuppoſoit, que faudroit-il de plus pour diſſiper le doute où les Savans ſont ſur l'exiſtence de ce Prince ? Car quoiqu'il ne fût pas pour cela certain qu'il auroit été pére de Clodion, il le ſeroit pourtant toujours qu'il auroit régné vers ce temps-là, & peut-être n'auroit-il régné que ſur quelques Villes, comme les Rois que Clovis fit mourir.

XIII. Les Cartes ſeront de même auſſi néceſſaires aux Actes de l'Hiſtoire des François, qu'à ceux de l'Hiſtoire des Gaulois. Il ſera beſoin de deux au premier volume ; l'une pour les Pays que les François habitoient avant que de venir dans les Gaules ; & l'autre, pour tous les Etats que les Rois de la premiére Race ont poſſédés. On en fera une troiſième pour repréſenter les Etats des Rois de la ſeconde Race ; & enfin une quatriéme pour les Etats des Rois de la Race préſente. Cette derniére ſera en François, quoiqu'une partie des Actes de cette Race ſoit encore en Latin, parcequ'on n'aura qu'à recourir à la Carte des Etats de la ſeconde Race, pour voir la ſituation des Lieux exprimés en cette Langue.

On ne mettra non plus que des Cartes Françoiſes au-devant des Actes de l'Hiſtoire des Provinces, puiſqu'il n'y aura auſſi qu'à conſulter les Cartes Latines de l'Hiſtoire générale, ſur les noms de Lieu Latins qui s'y trouveront. C'eſt celle de l'Hiſtoire de la ſeconde Race, qui ſera auſſi pour cela le plus d'uſage, comme étant la plus étendue. Il faudra avoir les noms de Lieu Latins de tout le Recueil avant que de la dreſſer ; il ne ſera néanmoins pas néceſſaire de les y mettre tous : car c'eſt ce qui iroit à l'infini. On s'attachera principalement à y marquer ceux qui différent davantage des noms François que les Lieux portent aujourd'hui, & qu'on auroit pour cette raiſon plus de peine à trouver. A l'égard de ceux qui ne ſont proprement que les noms François latiniſés, il ſuffira qu'on les puiſſe trouver dans les Cartes Françoiſes.

XIV. C'eſt avec raiſon qu'on a réſolu de donner ſéparément les Actes des Guerres des Croiſades, quoiqu'elles entrent d'elles-mêmes dans l'Hiſtoire générale de la Nation qui les entreprit avec la protection de ſes Rois, & dans leſquelles trois d'entre eux ont commandé en perſonne. Il ſuffit pour cela qu'on y ait conquis des Pays, qu'il s'y ſoit formé des Etats indépendans du Royaume, & qu'il en faille ſuivre l'Hiſtoire juſqu'à leur extinction. Ces Actes étant tous Latins, la Carte qu'on mettra au-devant, ne pourra auſſi être que Latine.

Comme l'Hiſtoire générale des Chevaliers de l'Hôpital de ſaint Jean de Jéruſalem, appellés communément de Malte, ſe trouvera néceſſairement confondue avec celle des Croiſades, où leur Ordre prit naiſſance, & qu'ils continuent encore aujourd'hui ces Guerres ſaintes ſelon leurs forces, je croirois qu'il conviendroit bien de donner auſſi dans cette partie du Recueil le reſte des Actes qui les regardent, d'autant plus que les François ſont comme les Fondateurs de cet Ordre, & qu'ils en ont toujours été la plus noble portion. Il en eſt de même de l'Ordre des Chevaliers du Temple de Jéruſalem, dont ils ont eu tous les biens ; & afin qu'on eût enſemble l'Hiſtoire particuliére des uns & des autres, on mettroit en Appendice les Fondations de toutes les Commanderies qu'ils ont en France, avec la Suite des Commandeurs qui les ont eues, autant qu'on les pourra découvrir ; ce que l'on fera auſſi à l'égard des Commanderies des autres Pays, mais bien plus en abrégé. Par là cette partie ira à deux gros Volumes, ainſi le Recueil pour l'Hiſtoire des Provinces en ſera moins chargé.

XV. Ce que je viens d'obſerver pour les Conquêtes des François dans le Levant, aura également lieu pour celles des Normands en Italie, qui ſe firent vers le même temps. Les Actes en doivent pareillement être recueillis à part, puiſque ces Conquêtes ne faiſoient point non plus corps avec la Normandie. Il ſera aiſé de les raſſembler de cette maniére, tant pour la domination des Princes Normands en ce Pays, que pour celle des Princes de la Maiſon Royale d'Anjou, qui régnérent après eux ; & le deſſein de du Cheſne étoit de les donner.

XVI. Pour les Actes des Conquêtes des Normands en Angleterre, ils ne ſçauroient être ſéparés de leur Hiſtoire générale, puiſque tandis qu'ils en ſont reſtés maîtres, on n'y voit que les mêmes Souverains, & les mêmes Seigneurs qu'en Normandie. Auſſi les Ecrivains des deux Nations confondent-ils toujours l'Hiſtoire de l'un & de l'autre Pays pour ce temps-là. Qu'on liſe Orderic Vital, qui écrivoit en Normandie, & Guillaume de Malmesbury, qui écrivoit en Angleterre, on verra qu'ils ſont ſans ceſſe réciproquement obligés de paſſer & de repaſſer la Manche pour ſuivre leurs Princes. Près de la moitié des Chartres du *Monaſticon Anglicanum* ſont de Seigneurs Normands, & leurs Généalogies ſont le principal fonds du Baronnage du même Royaume.

Cette portion du Recueil ira bien à quatre Volumes, quoiqu'elle ne doive comprendre ni les Actes des Différends entre les Rois de France & d'Angleterre, qui appartiennent au Recueil de l'Hiſtoire générale des François, ni ceux qui regardent l'Anjou, la Touraine, le Maine, le Poitou & la Guienne, que les Monarques Anglois, Ducs de Normandie, ont auſſi poſſédés, qui ſeront pareillement joints aux Actes de ces Provinces. Il faudra deux Cartes pour cette partie à cauſe de l'Angleterre.

XVII. Monſeigneur le Chancelier a bien ſuivi le ſentiment du Public, en donnant pour partage dans l'entrepriſe préſente, aux RR. PP. Bénédictins de la Congrégation de Saint Maur, le Recueil des Actes Latins de l'Hiſtoire générale, juſqu'à Philippe le Hardy. Mais ce n'eſt pas aſſez ; car il eſt encore plus néceſſaire de les charger du Recueil des Actes de l'Hiſtoire particuliére, autrement des Provinces, étant les ſeuls qui en puiſſent venir à bout. La plûpart des Piéces qui y doivent entrer, ſont dans leurs Archives, où ils ne laiſſeroient aucunes autres perſonnes libres ; & ils ont de plus un grand nombre de jeunes gens laborieux, qui ne demandent pas mieux que d'être appliqués à de pareilles Recherches, pour leſquelles ils ſont déja tout formés. C'eſt par le moyen que le R. P. de Sainte-Marthe

sur plusieurs Historiens de France.

se voit en état de donner une nouvelle Edition du *Gallia Christiana*, & qu'on a une nouvelle Histoire de Bretagne, avec les Preuves. Ils travaillent actuellement à ramasser les Actes de celle de Languedoc, & ils sont aussi dans le même dessein pour celle de Normandie.

XVIII. Cependant comme il y aura peut-être bien des lieux dont on ne voudra pas non plus leur ouvrir les Archives, & où l'on ne manquera point de Personnes capables de connoître les Pièces qui conviendront au Recueil entier; on ne pourra mieux faire que de les prier de les ramasser elles-mêmes, ce qui sera d'ailleurs d'un grand secours pour ces Religieux. C'est-là en particulier ce qu'on peut attendre des Chanoines Réguliers de Sainte-Geneviève & de Prémontré.

Je dis que ceux qui recueilleront les Actes de l'Histoire des Provinces, ne doivent négliger aucunes des Pièces qui conviendront au Recueil général ; mais ce n'est néanmoins que pour les Pièces manuscrites, qu'on ne trouveroit peut-être pas ailleurs. Car à l'égard de tout ce qui est imprimé, il faut supposer qu'il n'en échappera rien à ceux qui entreprendront les autres Parties du Recueil.

XIX. Sans doute que le dessein de Monseigneur le Chancelier n'est pas de faire aussi recueillir les Actes de l'Histoire des Eglises de France. Mais on peut cependant dire, qu'il n'en coûtera guère plus à ramasser le tout ensemble, tant il y a de liaison entre l'Histoire Civile & l'Histoire Ecclésiastique d'un Pays. On trouve toujours l'une & l'autre confondues dans les anciennes Chroniques & dans les Chartres; les mêmes Titres, qui font connoître les Evêques & les Abbés, les Fondations & les augmentations des Eglises, donnent également la connoissance des Rois, des Princes, des Seigneurs Fondateurs & Bienfaiteurs de ces Eglises. Et que de Grands seroient demeurés dans l'oubli, sans les Vies des Saints, qu'ils ont ou persécutés ou protégés, dans lesquelles leur mémoire s'est seulement conservée ! C'est ce qui obligeroit toujours à en donner beaucoup d'Extraits.

De plus, l'on a déja bien de l'avance là-dessus : la plupart des Actes des Saints de France sont imprimés avec des Notes de plusieurs sçavans Hommes ; l'on a fait de grands amas de Titres pour la nouvelle Edition du *Gallia Christiana* ; & tout cela étant joint avec ce qui se trouvera nécessairement mêlé dans les Actes de l'Histoire Civile, il n'y aura pas beaucoup d'autres Actes à recueillir. Enfin, on ne les feroit imprimer que lorsqu'on en auroit la commodité ; mais il seroit toujours beau qu'ils fissent corps avec ceux de l'autre sorte d'Histoire, & qu'on ne vît dans toute cette grande Collection aucune Pièce répétée.

Pour ce qui est des Actes de l'Histoire générale de l'Eglise de France, rien n'oblige à les rassembler dès-à-présent, n'ayant que peu de choses communes avec l'Histoire Civile ; & cependant il seroit toujours à souhaiter que ceux qui voudront y travailler suivissent aussi ce même Plan.

XX. Il y aura beaucoup de Sceaux à faire graver, d'autant plus qu'ils périssent de jour en jour, par la caducité de leur matière ; mais il sera néanmoins bon d'en faire choix. Peu de ceux des Roturiers mériteront cette dépense, ne représentant d'ordinaire que quelques fleurs ou palmes sans écussons, & sans avoir rien de fixe pour la distinction des Familles. Et même à l'égard des Sceaux des Nobles, des Ecclésiastiques & des Communautés, dont la connoissance est fort utile, on doit seulement graver ceux qui auront des ornemens singuliers ; car quand ils contiendront simplement des Armes ou des Figures de Saints, toujours très-aisées à imaginer, il suffira de marquer au bas des Actes, quels seront ces Saints ou ces Armes. On suivra la même règle pour les Contre-Scels. Ceux des anciens Evêques,

Tome III.

font communément assez curieux, parcequ'ils y mettoient leurs Symboles & leurs Devises ; mais leurs Sceaux le sont bien moins, à cause de leur uniformité, y étant tous représentés, ou debout ou assis, en habits pontificaux, & la main levée comme pour bénir le Peuple. Ainsi on se contentera d'en graver quelques-uns de chaque sorte, pour faire connoître la forme de ceux qu'on ne gravera pas.

La même raison de fragilité doit pareillement faire dessiner tout ce qu'il y a de curieux pour l'Histoire dans les anciens vitraux des Eglises. C'étoit-là une des passions de M. de Gaignières ; & sans doute qu'on aura trouvé dans ses Porte-feuilles bien des crayons de ces sortes de peintures. | Ils sont aujourd'hui dans la Bibliothèque du Roi.]

XXI. J'ai oublié d'observer sur ce qu'on dit avoir été arrêté, qu'on ne poursuivra le Recueil que jusqu'à la mort du Roi François I. à cause de la multitude infinie d'Actes qu'on a depuis ce temps-là ; que c'est ce qui aura seulement lieu pour l'Histoire générale, puisque les Actes de l'Histoire particulière, dignes de la curiosité du Public, sont au contraire assez rares pour les derniers temps ; les Provinces ne fournissant que très-peu d'évenemens remarquables depuis leur réunion à la Couronne, qui commença avec le treizième Siècle, & qui s'acheva avec le quinzième ; car rien ne doit empêcher de donner tout ce qui méritera d'être imprimé jusqu'à présent, & on ne sçauroit trop profiter de l'occasion.

Pour remplir les vuides des Recueils des Provinces, on y pourra mettre les Concessions des Privilèges de chaque Pays, les Erections des Cours supérieures qui y auront été établies ; celle des Généralités ; la Suite des Premiers Présidens de ces Compagnies, des Intendans, des Grands-Sénéchaux, des Baillifs ; enfin, des Gouverneurs généraux & particuliers, ce qui feroit au moins connoître tous ceux sous la conduite de qui les Provinces auroient été depuis leur réunion.

Il y auroit aussi un moyen de dédommager, en quelque sorte, le Public des Actes qu'on ne recueilleroit point pour l'Histoire générale depuis François I. ce seroit de donner un Catalogue exact de ces Actes, & continuer dessus la Table Chronologique, jusqu'à la mort de Louis le Grand ; en quoi la Chronique de du Tillet pourroit servir de modèle, on n'auroit qu'à la faire beaucoup plus ample, & à y ajouter les citations des Auteurs d'où chaque fait seroit tiré.

XXII. Voilà donc à-peu-près tout ce que je crois qui devroit entrer dans le Recueil dont Monseigneur le Chancelier se rend le Protecteur, afin qu'il pût être digne de lui & de la Nation, à la gloire de laquelle il le veut consacrer ; & quelle seroit aussi la forme qu'on y pourroit donner. J'avoue qu'il paroîtra d'une prodigieuse étendue ; mais qu'importe ! Pourvu que l'idée en soit bonne, on sera toujours libre de ne l'exécuter que selon qu'on le pourra. Le dessein de faire imprimer tous les Auteurs de l'Histoire Byzantine, ne devoit pas certainement avoir plus d'agrément pour des François, que celui de publier tout ce qui regarde leur propre Histoire, & néanmoins ils en ont déja donné vingt-sept Volumes *in-folio*, assez gros. Ainsi pourquoi ne pas espérer qu'ils se porteront avec encore plus d'ardeur à cette entreprise-ci, où ils découvriront tant de choses qui leur feront plaisir ?

XXIII. Il y aura même un grand avantage pour ceux qui voudront composer l'Histoire des Provinces ou des Diocèses, si on recueille ainsi les Actes de l'Histoire de toute la France, d'une manière uniforme ; car ils n'auront plus besoin d'en faire imprimer les Preuves, ni ne manqueront plus de Libraires pour mettre au jour leurs Ouvrages, comme il leur arrive ordinairement ; parceque les Libraires du Recueil s'en chargeront aussi volontiers, pourvu qu'ils les y

d 2

puissent joindre. Que si l'on découvre de nouveaux Actes de ces Provinces qui méritent l'impression, on les ajoutera à ces Histoires pour supplément.

XXIV. Au reste, quelque immense que soit ce Plan, il y manque pourtant un Ouvrage, qui iroit encore au moins à deux Volumes ; sçavoir, une Notice générale de la France, qui non-seulement contiendroit les noms François & Latins des Provinces, des Pays, des Forêts, des Rivières, des Villes, des Bourgs, des Paroisses & des Hameaux un peu considérables ; mais qui marqueroit aussi en peu de mots la situation de ces Lieux, leur antiquité, les Jurisdictions dont ils dépendent, les saints Patrons des Eglises, les Bénéfices, ceux qui en sont Présentateurs ; enfin, les Domaines anciens & nouveaux de la Couronne, & les Seigneurs des grandes Terres, autant qu'ils sont connus.

Il est manifeste qu'un pareil détail seroit d'un continuel usage pour bien entendre les Pièces du Recueil, & s'y garantir d'une infinité de méprises, qui seront toujours inévitables aux plus habiles, sans un tel secours, à cause de la conformité des noms. D'ailleurs il aura aussi son agrément ; & chacun sçait, par exemple, combien est intéressante pour les Anglois la Suite des Possesseurs des Terres titrées de leur Pays, qu'on trouve dans la Description de la Grande-Bretagne de Cambden, qui est si estimée, où ils voyent presque toutes les anciennes Familles des Normands qui les avoient subjugués, périr les unes après les autres, & en leur place s'en élever de nouvelles, qui éprouvent aussi de jour en jour la même destinée. La Notice à cet égard donneroit bien un autre spectacle aux François.

XXV. On mettroit au-devant les quatre principales Divisions du Royaume : la première, selon les Provinces Ecclésiastiques, par Archevêchés & Evêchés, avec le nombre des Paroisses de chaque Diocèse ; la seconde, selon les Gouvernemens & leurs Subdivisions ; la troisième, selon les Parlemens, par les Jurisdictions qui en ressortissent immédiatement, avec le nombre des Paroisses de chacune ; & la quatrième, selon les Généralités, par Elections, &c. Il faut sçavoir que ce sont les Gouvernemens ou les Jurisdictions qui bornent le Royaume, & non pas les Diocèses, y ayant des Evêchés de France qui s'étendent dans des Etats voisins, & des Evêchés des Etats voisins qui s'étendent dans la France.

Quoiqu'il conviendroit fort d'accompagner aussi cette Notice de plusieurs Tables, pour ce qui n'y seroit pas selon l'ordre alphabétique ; cependant comme elles grossiroient trop l'Ouvrage qu'on convertiroit aisément tout en Table, on peut n'y mettre que celle des surnoms, de laquelle on auroit souvent besoin pour les Généalogies ; mais d'autre part, afin d'achever de donner une idée de la France, telle qu'elle seroit connue par la Notice, je croirois qu'on devroit ajouter aux Divisions ci-dessus, des dénombremens de ses autres moindres parties.

Ainsi, on remarqueroit encore combien elle a de Villes & de Bourgs, en distinguant les Villes fortes & les Ports de Mer ; combien de Duchés, de Principautés, de Marquisats, de Comtés, de Vicomtés & de Baronies ; combien d'Universités, de Collèges particuliers, de Séminaires & de Maisons d'Ecclésiastiques Séculiers unis en Congrégation, selon leurs différens Instituts ; combien d'Abbayes & d'autres Maisons Religieuses des deux Sexes, selon chaque Ordre ; combien de Prieurés simples, de Commanderies, de Léproseries & d'Hôpitaux ; enfin, par rapport à la Justice, combien avec le Conseil d'Etat, de Parlemens, de Chambres des Comptes, de Cours des Aides, de Cours des Monnoies & de Présidiaux, outre le Grand-Conseil & la Connétablie ou Jurisdiction des Maréchaux de France, qui font des Tribunaux uniques. C'est-là ce qui ne demanderoit pas beaucoup de discours.

Au surplus, la Table Géographique du Recueil étant un Ouvrage de même nature que la Notice, en ce qu'elle contiendroit ; afin d'y éviter les redites, on ne s'attacheroit dans la Table qu'à expliquer la situation des Lieux douteux, & on n'en diroit rien du tout dans la Notice, qui seroit entièrement réservée pour la Description des Lieux bien connus.

XXVI. On dira sans doute qu'il sera bien difficile de trouver des personnes capables de dresser une semblable Notice de chaque Pays, puisqu'il faut en avoir vu les anciens Titres, & je l'avoue ; mais je ne prétends pas aussi que ce soit là l'Ouvrage d'un ou de deux Particuliers du Pays ; je suppose au contraire que chacun voudra bien contribuer à le perfectionner, en fournissant son petit Mémoire de ce qu'il en sçaura.

Il n'y a presque point de Monastères, ni d'Eglises Cathédrales ou Collégiales, dont les Procureurs & les Syndics ne sachent par qui & quand les biens y ont été aumônés, & quels sont les noms Latins de ces Lieux dans leurs Titres, ni presque point de Curés qui n'ayent eu la même curiosité pour leurs Bénéfices, mécontens qu'ils sont d'en partager les fruits avec ces Eglises ; ni presque point de Seigneurs de Terres nobles, qui n'ayent tâché de connoîtres leurs Prédécesseurs, du moins avec l'aide de leurs Gens d'Affaires, & comment ces Terres leur sont venues. Ainsi, il faut seulement chercher à mettre toutes ces Personnes en œuvre, soit en les en priant dans le Projet du Recueil qu'on doit imprimer pour l'exposer à la censure publique, & corriger les défauts qu'on y pourra découvrir, soit en écrivant exprès aux Evêques & aux Intendans, qui seront d'autant plus propres à les faire agir, qu'ils ont souvent besoin d'eux.

Il sera même bon d'ajouter au Projet, des Mémoires de quelques Lieux particuliers, pour leur servir de modèle, afin qu'ils ne mettent point d'inutilités dans ceux qu'ils donneront ; & tout ce qui sera fait en conséquence, on l'envoyera à Monseigneur le Chancelier, par les mêmes Evêques & Intendans.

Ce seroit dans ces Mémoires que les Particuliers marqueroient aussi les anciens Monumens des Gaulois & des François dont ils auroient connoissance, tant par rapport à leurs Bâtimens, que pour leurs Tombeaux, Inscriptions, Portraits, Sceaux, Monnoies & autres choses dont j'ai parlé plus haut, num. XII.

XXVII. Avant que de finir, il me reste encore deux Remarques à faire : la première est du sujet du titre qu'on donnera au Recueil, & qui pour l'uniformité doit convenir à chaque Partie, de manière qu'il n'y ait qu'à le déterminer par la matière des Volumes, & par les années qu'ils comprendront.

Je ne sçais si l'on en trouvera un plus simple & plus général que celui d'*Actes de l'Histoire*, dont je me suis servi dans ce Mémoire : on l'exprimeroit en Latin pour les Volumes qui seroient composés de Pièces Latines. Ainsi, on mettroit au Volume des Gaulois : *Acta Historica veterum Gallorum ab anno tali ad annum talem* ; & de même à ceux des François en général.

On mettroit aux Volumes des Croisades : *Acta Historiæ Francorum in Palæstina, Syria, Cypro, Romania aliisque Provinciis ab ipsis Bello sacro partis, ab anno,* &c. *quibus etiam adjecta sunt Acta Historiæ Ordinis Militum Templi Jerosolymitani, ab anno,* &c. *nec-non Ordinis Militum Hospitalis sancti Joannis-Baptistæ ejusdem Urbis, ab anno,* &c. Et aux Volumes des Provinces de France : *Acta Historiæ Burgundionum,* ou *Aquitanorum,* &c. *ab anno,* &c.

A l'égard des Actes des Normands, qui seront divisés en deux Parties, à cause de leurs Conquêtes, on mettroit aux Volumes de la première Partie, qui comprendra aussi les Actes de leur Domination en Angleterre, par la raison que j'en ai donnée, num. XVII. *Acta Historiæ Normannorum in Francia, ab anno,* &c. *nec-non in Anglia, ab anno,* &c. Et à ceux de l'autre Partie, qui contiendra leurs Conquêtes d'Italie, & les Exploits des Comtes & Ducs d'Anjou du Sang Royal de France, qui y régnérent ensuite : *Acta Historiæ Normannorum in utraque Sicilia, ab anno,* &c. *nec-non Principum Andegavensium Regii Sanguinis Francorum, qui post eos ibidem regnaverunt, ab anno,* &c.

XXVIII. Ma seconde Remarque est touchant les Reviseurs du Recueil, qui doivent non-seulement être capables d'appercevoir tout ce qui s'y pourroit glisser contre les intérêts de la Religion & de l'Etat, qui est ce qu'on demande simplement dans des Censeurs Royaux; mais être encore de bons Critiques sur l'Histoire dont il s'agit, afin qu'ils puissent faire régner dans tout ce Recueil une même exactitude & une entière uniformité. Il faut par cette raison qu'ils soient de la Compagnie des Auteurs qui y travailleront, & qu'ils assistent aux Conférences qu'on a résolu que ceux-ci tiendront sur les difficultés que chacun pourra trouver dans l'exécution de son entreprise, pour profiter de ce dont on y conviendra.

A la vérité ces Conférences serviront aussi beaucoup à maintenir cette exactitude & cette uniformité dans le Recueil ; mais elles ne suffiroient pas encore sans les Reviseurs ; car il n'y auroit que les Auteurs qui y proposeroient leurs peines, au lieu que les Reviseurs y exposeront aussi les leurs. De plus lisant tout le Recueil, & étant obligés d'avoir toujours présentes les Règles qui y auront été établies, ils s'appercevront bien plus aisément que d'autres quand on s'en sera écarté ; & cette lecture pourra même leur donner, sur certains faits, des lumières plus étendues que celles des Auteurs qui n'en jugeront que par les Actes qui leur seront tombés en partage.

Cependant il ne seroit pas juste non plus que le sentiment des Reviseurs prévalût de droit sur ceux des Auteurs : au contraire, on doit présumer que ces derniers, s'ils ne se rendent pas, sont les mieux instruits, comme ayant étudié plus à fonds les faits dont il s'agira. Ainsi les difficultés seront alors rapportées de part & d'autre aux Conférences ; & si on n'y convient point encore, on mettra les deux sentimens dans les Notes, pour en laisser le jugement au Public, & éviter tout air de domination. Mais il ne faudra pas abuser de cette liberté, qui ne doit être que pour les faits importans.

Les Reviseurs ne pouvant avoir si-tôt de l'occupation du côté des Auteurs, ou ils s'appliqueront en attendant à ramasser avec eux les Piéces du Recueil, & à les ranger selon les temps & les différentes divisions qu'on en doit faire, ce qui les rendra encore plus habiles pour leur emploi ; ou ils composeront la Notice Françoise & Latine, ce qui ne demande aucune suite, parceque quelque Article qu'on en fasse, pourvu qu'il soit bien, il sera toujours aisé de le placer, quand le tout sera achevé, l'ordre qu'on y suivra étant alphabétique.

☞ *Addition, contenant deux Mémoires adressés à M. le Chancelier, en* 1718, *& le Récit de ce qui est arrivé au sujet de la nouvelle Collection des Historiens de France, commencée par D. Martin* BOUQUET, *& dont nous avons actuellement les* XI. *premiers Volumes, in-fol.*

LEs Sçavans ont cru que le P. le Long avoit bien fait de nous donner les Mémoires de M. du Cange, & autres que l'on vient de voir. Nous avons donc pensé devoir ajouter ici deux autres Mémoires, faits à-peu-près dans le même temps que celui de M. l'Abbé des Thuilleries. Nous en avons eu communication par les RR. PP. Bénédictins de la Congrégation de S. Maur, & en particulier par Dom François Clément, qui travaille actuellement à la Suite de la Nouvelle Collection, dont les deux premiers Volumes ont paru en 1738. On rendra compte ensuite du retard que cet important Ouvrage a souffert depuis 1718, & l'on donnera un Abrégé de la Vie de D. Martin BOUQUET, qui a publié les huit premiers Volumes.]

Observations de M. l'Abbé le Grand.

DEPUIS que le sçavant & judicieux Pierre Pithou eut commencé à ramasser nos Historiens, son exemple fut suivi par nos Voisins. Bientôt les Allemands, les Anglois, & d'autres Peuples donnérent des Recueils de leurs Historiens. On s'appliqua particulièrement au commencement du dernier Siècle à ces sortes de Recherches & de Recueils. Goldast, Reineccius, Pistorius, Meibomius, Freherus, & autres Allemands nous ont donné diverses Collections. Canisius a ramassé aussi beaucoup d'Histoires, de Relations & de Chroniques, qu'on n'avoit pas, ou qu'on avoit mal. Les Savil, les Selden, les Marsham, ont fait la même chose en Angleterre. Comme il nous est donné de commencer beaucoup de choses, & d'en achever peu, il semble que nous ayons été pendant assez long-temps dans une profonde léthargie ; & jusqu'au célébre André du Chesne, on n'avoit pas songé en France à profiter de l'exemple que nous avoit donné notre sçavant Pithou.

On a fait des dépenses immenses pour l'impression de l'Histoire Byzantine, & la nôtre est absolument demeurée en arrière. Le grand Ouvrage ou Recueil de M. du Chesne n'a point été continué ; & quoique depuis sa mort on ait déterré beaucoup de Piéces, qui pouvoient augmenter & perfectionner ce qu'il avoit donné, tout cela est encore dispersé dans différens Recueils, comme sont le Spicilége, les Miscellanea, les Analecta, la Bibliothèque & les Mélanges du Père Labbe, &c.

Ce n'est pas qu'on ait manqué d'excellens Ouvriers. Un Ministre même d'un génie supérieur, a tâché de réveiller nos Sçavans : il les a assemblés chez lui ; il a assisté à leurs Conférences ; on a dressé des Plans ; & tout cela, par je ne sçai quelle fatalité qui ne nous est que trop ordinaire, en est demeuré là.

Je ne sçai si cela n'est point arrivé parceque ces Plans étoient trop vastes, & ne pouvoient s'exécuter pendant la vie d'un homme seul ; & que chacun voulant être premier Auteur, n'aime pas à achever les Ouvrages que les autres ont commencé, & passer seulement pour Continuateur.

Il me souvient d'avoir oui dire à quelques-uns de ceux qui se sont trouvés à ces (anciennes) Assemblées qu'on tenues chez M. Colbert, qu'on délibéra si on se contenteroit de continuer la Collection de du Chesne, ou si on refondroit tout l'Ouvrage. Comme on connut que plus le dessein étoit grand & vaste, plus il étoit agréable au Ministre, on fut d'avis de refondre tout l'Ouvrage de du Chesne, & de faire un Recueil qui fût digne de la grandeur du Roi. C'est ainsi qu'on me parla. On ne devoit épargner ni soin ni dépense, & M. du Cange fournit un Plan qui devoit contenir un grand nombre de Volumes. On le communiqua à M. l'Abbé Gallois ; celui-ci y fit quelques Observations : elles ne plurent pas toutes à M. du Cange ; il se dépita, & le dessein échoua.

Une des premières difficultés fut de sçavoir, si dans ce Recueil on donneroit beaucoup d'Extraits. M. l'Abbé Gallois croyoit que quand c'étoient des Lettres & des Diplômes, ou d'autres Piéces détachées, on pouvoit les donner séparément ; mais que pour des passages d'une Histoire entière, ou d'un grand Discours, comme ces passages perdoient beaucoup de leur grace étant détachés, il vouloit qu'on s'en abstînt.

M. Gallois me permettra de remarquer après lui, que jusqu'à Grégoire de Tours, à Frédegaire & Fortunat, nous avons peu d'Auteurs qu'on doive donner tout entiers ; & que cependant depuis Vopiscus, qui le premier a parlé des François, jusqu'à Grégoire de Tours, il y a beaucoup d'Ecrivains qui en font mention, & qu'on ne doit point donner entiers. On ne donnera pas, par exemple, tout Ammian-Marcellin, toute la Chronique d'Idace, toute celle du Comte Marcellin, tout Procope, tout Agathias. C'est donc une nécessité de donner des Extraits ; & je tiens que l'on doit rechercher & lire avec soin tous les Ecrivains de quelque nature qu'ils soient, qui ont parlé des François ; sans omettre même les Panégyristes des Empereurs, qui pour faire leur cour à leurs Souverains, ont souvent très-maltraité nos premiers Chefs, soit Ducs, soit Rois.

Je trouverois plus de difficulté sur les Vies particulières des premiers Saints de France, qui souvent sont remplies de beaucoup de choses inutiles à l'objet dont il est question. Cependant ces Saints sont François, & leurs Vies doivent faire partie de notre Histoire. La Vie de Saint Germain d'Auxerre, écrite par son Diacre, qui fait une si grande mention de sainte Geneviève, la donnera t-on entière, ou en donnera-t-on seulement des Extraits ? Il en est ainsi de celles de S. Wast, de S. Severin, de S. Remy, & d'une infinité d'autres.

Si on donne ces Vies entières, on fera bien des Volumes. D'un autre côté, si on ne les donne pas, ce qui regarde notre première Race sera bien mince, & se réduira à quelques Extraits, à quelques Diplômes, à quelques Lettres en petit nombre, à Grégoire de Tours, à Frédegaire, & à Fortunat. Il y aura beaucoup à travailler sur ce dernier ; car nous n'avons d'Editions completes, que celle de Broverus, Jésuite, qui demanderoit une seconde main. On pourroit donc choisir entre les Vies de plusieurs Saints qui ont vécu pendant la première Race, celles qui donneroient plus d'éclaircissement à l'Histoire, & comme il y a plusieurs Vies de Rois, de Reines, de Princes, de Ducs, d'Evêques, d'Abbés illustres, on choisiroit particulièrement celles-là qu'on imprimeroit entières, & on donneroit des Extraits des autres, selon qu'on jugeroit à propos.

M. du Cange auroit désiré qu'on eût imprimé plusieurs Traités concernant l'origine des François, comme Vignier, Pontanus, &c. avec la Notice des Gaules, &c. Il me semble qu'il vouloit encore qu'on donnât les Commentaires de César, & même tout ce qu'on a fait dessus, comme l'Ouvrage de Dupleix sur l'Histoire des Gaules, avant l'entrée des François. Ceci grossiroit beaucoup l'Ouvrage. Si cependant on suivoit cette idée, il me semble qu'on pourroit tirer de tous les Géographes anciens, comme Strabon, Pline, Ptolémée, des Notices de l'Empire Romain, comme aussi des Historiens Grecs & Latins, tout ce qui regarde les Gaules, en faire un Volume sous le titre de *Prolegomena ad Historiam Gallicam & Francicam*.

Quant à César, les Anglois en viennent de donner une Edition qu'on prise trop. On pourroit réimprimer cet Auteur avec de plus beaux caractères, sur de plus beau papier, & y mettre des plans plus vrais & mieux gravés que ceux des Anglois.

Pour Dupleix, il faut laisser la peine aux Etrangers de le traduire ; & je tiens qu'on doit donner tous les Auteurs tels qu'ils sont, en leur Langue naturelle, si ce n'est peut-être nos vieux Historiens François, comme Philippe Mouskes, la Branche au Lignage de Guiar, qu'on donneroit tels qu'ils sont, sans rien changer au Texte ; mais il faudroit mettre à côté la Traduction Françoise, ainsi que M. du Cange a fait pour Ville-Hardouin.

Supposé qu'on veuille suivre le Plan de M. du Cange, il est tout dressé ; il faut seulement y ajouter les Pièces qu'il a omises, ou parcequ'il n'en a pas eu connoissance, ou parcequ'on les a découvertes depuis sa mort. Mais il ne faut pas se contenter de lire tous les Recueils qu'on peut avoir, tels que les Bollandus, les Siècles Bénédictins, les Mélanges & la Bibliothèque du Père Labbe, les Conciles du Père Sirmond, les Histoires particulières des Monastères, des Provinces, Pays & Villes, les Généalogies des grandes Maisons ; il faut encore écrire de tous côtés, pour inviter les Sçavans qui sont dans les Provinces, à communiquer ce qu'ils ont.

Je pense qu'on trouvera peu de chose pour la première Race ; mais à mesure qu'on avancera, la récolte sera plus grande. Quant à la première & à la seconde Race, il me semble qu'il seroit très-à-propos de dresser quelques Cartes de Géographie pour une plus grande clarté. Il y en auroit trois ou quatre à la tête de Grégoire de Tours, sçavoir : une qui représenteroit les Gaules sous le commencement de Clovis, possédées par les Romains, les Gots, les Bourguignons & les François. On pourroit encore marquer les Pays qui avoient été possédés par d'autres Peuples, comme les Alains, les Saxons & autres ; une seconde Carte pour le Partage des Enfans de Clovis, qui feroit voir en quel état ce premier Roi Chrétien a laissé ce Royaume ; une troisième, pour le Partage des Enfans de Clotaire ; une quatrième, pour la fin du Règne de Clotaire Second. On mettroit au commencement des Historiens de la seconde Race une Carte de l'Empire de Charlemagne. Il y en a une très-bien gravée, publiée par Bertius. J'en ajouterois une pour le Partage fait entre les Enfans de Louis le Débonnaire ; une autre, du Royaume, tel que Charles le Chauve l'a laissé à son fils.

Après avoir marqué ce que je croirois qu'on pourroit faire en suivant le plan dressé par M. du Cange, j'ajouterai ce qui me semble de plus aisé à faire présentement, & par où on devroit commencer. Cette idée ne détruit point celle de M. du Cange, qu'on pourra toujours exécuter sans que l'un porte aucun préjudice à l'autre.

Je voudrois donc qu'on songeât à continuer le Recueil de M. du Chesne, & qu'on le fît par Règne. Comme les deux derniers Volumes ont été donnés par son fils, qui n'avoit pas le génie & les connoissances du père, je refondrois entièrement ces deux derniers Volumes. On pourroit commencer par Philippe-Auguste, ou même par Louis le Gros.

Les Religieux de Barbeaux ont autrefois travaillé sur la Vie de Louis le Jeune : elle est en François & d'un style assez sec. On pourroit sçavoir d'eux quels Recueils ils auroient faits pour cela, & voir si on pourroit s'en servir.

Quant à Philippe-Auguste, on ne manquera pas de matières, si on y met l'Histoire des Albigeois, & celle de Louis son fils, qui n'a régné que trois ans. On a le Registre Bleu qui contient plusieurs Actes de ces Princes. L'Original est entre les mains de M. Roullié du Coudray, & l'on en a des Copies. Il y a deux Registres de Philippe-Auguste, dans la Bibliothèque de M. Colbert. Il y en a un aussi dans le Trésor des Chartres ; on trouvera dans le même lieu, & à Montpellier, beaucoup d'Actes touchant les Albigeois. M. d'Hérouval a eu un très-grand Registre touchant ce qui regardoit uniquement les Albigeois ; il avoit été écrit par un des premiers Chapelains ou Chanoines de la Sainte Chapelle, par ordre de S. Louis. Si ce Registre n'est pas dans le Trésor des Chartres, il se pourra trouver dans les Manuscrits de feu M. de Harlay ; car c'étoit de feu M. le Premier Président de Harlay que M. d'Hérouval l'avoit eu.

On m'a dit que M. le Nain avoit tous les Recueils sur lesquels on avoit composé la Vie de S. Louis. Il y a encore un Manuscrit de la Vie de ce Prince à la Bibliothèque du Roi ; ce Manuscrit est d'un Cordelier, son Confesseur. On m'a dit aussi que M. Angrand, de la Chambre des Comptes, avoit une espèce d'Histoire ou de Chronique des Rois Louis VIII, S. Louis & Philippe le Hardi, dressée sur les Titres, par feu M. d'Hérouval.

Il faudra examiner si on donnera le Ville-Hardouin avec Philippe-Auguste, puisque ce n'est pas seulement pour donner la Vie de nos Rois, c'est généralement pour toute l'Histoire de France qu'on travaille. En cas qu'on donne le Ville-Hardouin, mon sentiment seroit de le donner seulement avec la Traduction de M. du Cange, mais sans ses Remarques ; & si on y faisoit quelques Notes, elles seroient courtes, & seulement dans les endroits qu'on croiroit nécessaires éclaircir. On en useroit ainsi pour tout ce qu'on donneroit.

Lorsqu'on en sera au Règne de Philippe le Bel, le Trésor des Chartres fournit beaucoup, & les Chambres des Comptes & les Parlemens donnent abondamment dans les temps suivans, particulièrement depuis le Roi Jean. On sçait par expérience, qu'on ne doit pas négliger les Comptes de la Chambre, sur-tout ceux de toutes Finances, & des Maisons des Rois & des Princes , d'où l'on peut tirer des lumières infinies.

On avoit donné des ordres pour dresser des Inventaires des Titres qui sont dans les Chambres des Comptes du Royaume : cela a été en partie exécuté. J'ai vu un Inventaire des Titres de Provence & de ceux de Montpellier. M. du Fourny avoit copié de sa main celui de la Chambre des Comptes de Dole, qui contenoit trois petits Volumes, d'une écriture fort menue. Il seroit très-nécessaire de faire travailler aux Inventaires des Parlemens, & de toutes les Chambres des Comptes, particulièrement de celles du Dauphiné & de Bourgogne, &c. Ceux qu'on employeroit à ce travail, pourroient s'informer s'il y a quelques Bibliothèques, quelques Cabinets de Curieux dans les Provinces , & voir ce qu'on en pourroit tirer ; s'il n'y a personne qui ait travaillé, ou qui ait eu dessein de travailler sur l'Histoire du Pays, & si on a fait quelques collections pour ce travail.

On pourroit , en allant à Lille, passer jusqu'à Anvers, & voir ce qu'on pourroit tirer des Jésuites qui continuent le Recueil de Bollandus, pour les Vies des Saints. On pourroit sçavoir d'eux ce que sont devenus les papiers d'Aubert le Mire, de Doresmieux, & beaucoup de Manuscrits indiqués dans la Bibliothèque de Valère-André, & dans celle de Nicolas Sanderus. En Provence, on chercheroit ce que sont devenus tous les papiers de M. de Peyresck. On visitera Toulouse, les Archives de l'Hôtel de Ville ; & lorsqu'on sera dans le Languedoc & dans la Guienne, on tâchera d'avoir toutes les nouvelles possibles des Maisons de Foix, d'Armagnac, d'Albret. En Poitou, on verra s'il n'y reste plus rien de M. de Besly ; en Anjou & en Touraine, de M. Petrineau, qui avoit dessein de nous donner l'Histoire d'Anjou ; de M. Carreau, qui avoit beaucoup ramassé pour l'Histoire de Touraine. On en useroit de même dans chaque Province. On ne négligeroit rien pour tirer tout ce qu'on pourroit de tous les lieux où on croiroit trouver quelque chose : Cathédrales, Abbayes, Communautés , Cabinets de Curieux, &c.

Tous les Inventaires dressés, on les mettroit dans un lieu où chacun pourroit y avoir recours, & on les examineroit avant de travailler, afin de voir les Pièces dont on croiroit avoir besoin, & de les faire copier , si on le jugeoit à propos.

Je ne voudrois pas que ceux qui seront chargés de l'exécution du travail qu'on se propose, c'est-à-dire, de donner tout ce qui peut servir pour l'Histoire du Règne d'un de nos Rois, formassent leur Plan qu'après avoir examiné tous ces Inventaires ; & je serois d'avis que leur Plan fait, ils en donnassent communication à tous ceux qu'on croiroit capables de donner conseil.

Je ne sçais pas pourquoi M. du Cange a dit , que quand on est arrivé au temps dont Froissard a écrit, on peut s'en tenir à lui. Je suis dans un sentiment bien opposé : car outre que cet Auteur est très-partial pour les Anglois, que c'est par leur ordre qu'il a travaillé , & que nous apprenons du Moine de S. Denys, qui a écrit la Vie de Charles VI, que Froissard envoyoit ses cahiers en Angleterre avant que de les rendre publics ; nous devons être en garde contre un Ecrivain si partial.

J'ai vu il y a plusieurs années un Projet écrit à la main , que les Religieux de sainte Geneviève répandoient, comme s'ils avoient eu envie de ramasser ce qui concerne les enfans de Philippe le Bel. Ils marquoient les Pièces qu'ils avoient ; elles n'étoient pas en fort grand nombre. On peut s'informer ce qu'ils font là-dessus.

On trouvera plusieurs Chroniques de ce Siècle-là dans la Bibliothèque de M. Colbert. J'ai vu quelques Manuscrits du Règne de Philippe de Valois, dans la Bibliothèque du Collège des Pères de l'Oratoire de Troyes. M. du Fourny avoit travaillé sur l'Histoire du Roi Charles V, & avoit ramassé quelques Histoires du temps, qui faisoient un petit in-folio : il est entre les mains de ses héritiers, qui ont promis de le communiquer. Il y avoit une Vie de ce Prince, qui est dans la Bibliothèque de M. le Duc, & qui finit à l'année 1378, qui est celle de la mort de la Reine Jeanne de Bourbon.

Après avoir donné le Froissard , il faudra travailler sur le Monstrelet, qui a besoin d'une bonne main. Il n'y a guères eu d'Auteur plus maltraité que celui-là , par les Additions qu'on y a faites. Heureusement il y en a beaucoup de Manuscrits ; il y en a un à la Bibliothèque du Roi, qui commence à l'année 1444, & finit vers 1471 ; & il n'a point été imprimé. M. l'Abbé d'Estrées en a un pareil qu'il a apporté d'Espagne.

Les Ducs de Bourgogne ont eu tant de part à tout ce qui s'est passé en France , tant que cette Maison a subsisté, qu'on ne peut se dispenser de joindre leur Histoire à celle de nos Rois. On a beaucoup d'Auteurs qui ont écrit de leurs Vies, & qui n'ont point été imprimés. Un des plus considérables est Georges Chastellain, dont on a une partie avec de grandes lacunes, en deux Volumes in-folio, qui sont à la Bibliothèque du Roi. Il y a chez M. le Président de Ménars, une Vie particulière de Charles , Duc de Bourgogne. On trouvera aussi l'Histoire de ses Batailles, in-4. à la Bibliothèque du Roi. On en trouvera davantage dans les Bibliothèques de Flandres, & particulièrement en celle de Vienne. Je ne sçai si on pourra avoir communication de ce que Lambécius a marqué qu'on conserve en cette Bibliothèque. Ce que je dis de la Maison de Bourgogne se doit entendre des deux Maisons d'Anjou, sur-tout de la dernière : ainsi des autres Maisons de nos Princes du Sang.

M. du Chesne s'étoit beaucoup servi des Manuscrits de M. Pétau, & il en indique plusieurs qu'il n'a pas publiés. Malheureusement la plupart de ces Manuscrits ont été vendus à la Reine de Suède, & aujourd'hui ils sont à Rome, dans la Bibliothèque Vaticane. On doit trouver dans d'autres Bibliothèques de cette même Ville d'autres Manuscrits, dont il faut tâcher d'avoir communication. Je ne sçai si cela sera bien aisé : les uns disent qu'oui, les autres disent le contraire ; du moins ne doit-on épargner ni soins ni peine, pour ramasser tout ce qui peut servir à un si grand dessein.

Le sentiment de M. du Cange est, que quand on

sera un peu avancé dans la troisième Race, on doit donner l'Histoire par Règne, & je pense de même. Je me suis fixé à Philippe-Auguste ; on pourroit commencer plutôt, mais comme les matériaux ne sont pas encore ramassés, & que je ne vois pas ce qu'on pourra trouver sur les Règnes précédens, je m'en tiens à mon époque , en attendant qu'on ait un peu plus de lumières sur les Règnes qui ont précédé.

On dit que les Carmes-Déchaussés de Clermont en Auvergne, ont une Histoire manuscrite de Charles le Simple, qui n'a jamais été imprimée ; que les Minimes de Lyon ont les premières Chroniques écrites à saint Denys en vieux langage François. On a dans la Bibliothèque du Roi, une Vie de Louis le Jeune, écrite du temps, par René Massé, en Vers François ; il faudra la donner avec une Version à côté.

Pour venir à l'exécution de cette grande Collection, on pourroit commencer, comme je l'ai marqué, par la Vie de Philippe-Auguste. Ce Volume seroit intitulé : *Gesta & Acta Philippi-Augusti, Regis Francorum*. On donneroit d'abord Rigordus, & Guillelmus Britto ; enfin tout ce que du Chesne a donné : on le reverroit sur les Manuscrits. On donneroit ensuite les Chroniques qui finissent en ce temps-là, comme Robertus de Monte, la Chronique d'Anchin, les Fragmens de la Chronique d'Auxerre, de celle de Sénone, où il y a une Relation assez circonstanciée de la Bataille de Bovines, les Chroniques d'André & de Trevet, qui contiennent une grande partie de la Vie du fils de Philippe-Auguste. On trouve dans le premier & le septième tome des *Miscellanea* de M. Baluze, beaucoup de Pièces concernant Ingbrurge & son Divorce. Il y a dans le second tome des Analectes du Père Mabillon un grand Éloge de Philippe-Auguste.

Ajoutez à cela tout ce qu'on tirera des Lettres d'Etienne de Tournay, dont plusieurs n'ont point encore été imprimées, du Pape Innocent III, des Extraits de la Vie de Saladin sur la Croisade de Philippe-Auguste, de Richard Premier, Roi d'Angleterre, du Recueil de Rymer & des Historiens d'Angleterre & d'Allemagne, enfin des Bibliothèques de Flandre ; les Guerres des Vaudois & des Albigeois, ce qu'on pourra tirer des Chartulaires de Champagne, & particulièrement du Manuscrit intitulé : *Principum*, du Registre Bleu : les deux Registres qui sont dans la Bibliothèque de M. Colbert, & celui qui est dans le Trésor des Chartres, doivent fournir beaucoup de matière ; & je crois que sur le plan que je me formerois, on pourroit donner deux justes Volumes sur l'Histoire de ce Prince & de celle du Roi Louis VIII. son fils.

Je voudrois qu'à la tête de chaque Vie, on mît une Préface touchant l'esprit & les mœurs du Siècle, & qu'on donnât un état de la Cour. Cela sera aisé pour les Règnes suivans, M. du Fourny y ayant beaucoup travaillé par ordre de feu M. Colbert, & l'on a son travail ; qu'on expliquât de quelle manière on rendoit la Justice ; comment se faisoient les levées, soit d'hommes, soit d'argent ; à quoi se pouvoient monter les Revenus du Roi ; quel étoit le cours de la Monnoie. Si on avoit des Monnoies & des Médailles, il faudroit les donner.

On pourroit encore s'attacher aux affaires principales arrivées sous le Règne dont on donneroit l'Histoire ; par exemple, le Sacre de Philippe-Auguste où se trouvèrent les Pairs, seroit une occasion de traiter, non-seulement du Sacre, mais aussi des Pairs ; & d'examiner si les Ducs de Bourgogne, de Normandie, d'Aquitaine, les Comtes de Champagne, ont pris la qualité de Pairs ; l'origine des Pairies Ecclésiastiques, & le temps qu'elles ont commencé.

Quoique Louis le Gros ait établi le premier les Communes, Philippe-Auguste en fit un si grand nombre, qu'on pourroit encore y traiter cette matière. La mort d'Artus, la confiscation des grands Fiefs que Jean, Roi d'Angleterre, possédoit en France ; le passage de Louis VIII. fils de Philippe-Auguste ; son Couronnement ; le Procès pour le Comté de Champagne terminé par Philippe-Auguste, & plusieurs autres grandes matières nous mettroient au fait des affaires plus que nous n'y sommes. Sans cela, quelque Recueil que l'on fasse, on sera toujours assez peu instruit. La plupart de nos Historiens & de nos Chroniqueurs se contentent de raconter simplement les faits, souvent très-succintement ; de sorte que si aux Historiens qu'on ramassera, on ne joint des Pièces & de bonnes & grandes Préfaces, tout ce qu'on fera sera très-imparfait.

J'ai parcouru le Manuscrit de Bernard de Kosergio, cotté autrefois sur le Catalogue de la Bibliothèque du Roi 1309, & présentement 9796. Il y a plusieurs Traités historiques pour le Règne de Charles VII, & entr'autres, un pour prouver qu'on doit prendre le parti du Roi contre le Dauphin. Il est parlé dans un autre, d'une Assemblée d'Etats convoquée à Bourges, où les Députés se rendirent ; & néanmoins cette Assemblée ne se tint point. Je me suis informé des Mémoires manuscrits sur lesquels on a écrit la Vie de S. Louis : ils ne sont point chez M. le Nain.

Il y a dans la Bibliothèque de M. Colbert, outre les deux Registres (de Philippe Auguste) que j'ai marqués, & qui sont cottés 2669 & 2670, quelques autres Manuscrits pour le Règne de ce Roi, comme *Gesta Philippi-Augusti*, cotté 290, *De feudis Normanniæ*, cotté 1423, *Albigensium hereticorum Historia*, cotté 634. Si on pouvoit parcourir avec un peu de soin les Catalogues seulement des Bibliothèques qui sont à Paris, je suis persuadé qu'on découvriroit des richesses immenses.

Mémoire de M. *** sur le Projet de la nouvelle Edition des Historiens de France.

(Nous n'avons pu découvrir de qui est ce Mémoire, trouvé dans les Porte-feuilles des Bénédictins ; mais comme il renferme quelques considérations intéressantes, nous avons cru devoir le mettre ici.)

Vitæ summa brevis spem nos vetat
Inchoare longam. HORAT. I. Od. 4.

Il faudroit avoir oublié combien la vie est courte, pour oser se promettre de voir l'exécution des vastes desseins sur l'Histoire de France, qui sont compris dans les Projets différens d'André du Chesne, de M. du Cange, de l'Abbé Gallois, de M. l'Abbé le Grand, &c. De plus de trente Volumes que le fameux André du Chesne se proposoit de donner au Public, il n'en a pu, après vingt ans de travail, donner que cinq ; encore le cinquième n'a-t-il pas reçu la dernière main de lui. On sçait le peu qu'a donné M. du Cange. On n'a rien de M. l'Abbé Gallois, & M. l'Abbé le Grand qui travaille depuis plus de vingt ans sur l'Histoire d'un seul de nos Rois [Louis XI.] ne s'avance point d'en faire part au Public.

Heureuse fécondité que celle des Faiseurs de Romans, & de ceux qui écrivent sur la Morale, la Théologie Scholastique, & les matières abstraites de la Métaphysique ! Ils ont dans leur propre cerveau un fond inépuisable, dont ils tirent sans peine des Volumes nombreux ; au lieu que l'Historien, assujetti à l'exacte vérité des faits, ne peut faire un seul pas sans scrupule, & sans être obligé à chaque moment d'ajuster ses expressions avec les Epoques de la Chronologie & les témoignages de ses garants.

On dira qu'il ne s'agit point maintenant de faire une

sur plusieurs Historiens de France.

une Histoire. Il est vrai, mais c'est encore pis : il en faut fournir les matériaux, & de quelle multitude n'est-on point accablé ? Avec cela on ne doit point les donner secs & sans ordre. Il y faut du choix, de l'arrangement, des Préfaces, des Notes, des Eclaircissemens, des Dissertations, des Traités. Où est l'homme assez universel dans ses connoissances, assez infatigable dans le travail, assez à l'épreuve du dégoût & de l'ennui, assez sûr d'une santé entière & d'une longue vie pour oser sans frayeur présenter ses épaules à un si lourd fardeau ?

On se flatte sans doute d'établir une Société qui se chargera de ce travail ; & en effet ce seroit le moyen de la conduire à sa fin, s'il s'en pouvoit former une qui fût en même-temps & laborieuse & immortelle. Mais où la prendre cette Société ? Pour peu que nous fassions attention au génie François, il faudra convenir que toute Société pareille qui sera immortelle, ne sera point laborieuse, & que toute Société laborieuse se dissipera bientôt, & tombera du moins dans le relâchement & dans l'inaction.

Nous avons en France trois Sociétés de Sçavans & de Gens de Lettres, honorées des bienfaits & de la protection du Prince, dont la première a pris *l'Immortalité* pour Devise : qu'a-t-elle produit depuis plus de cinquante ans qu'elle tient ses Séances ? De quels fruits l'Académie des Inscriptions & des Antiquités a-t-elle payé l'attente & les libéralités du Roi ? La seule Académie des Sciences a répondu avec un peu plus de dignité à ce que le Public se promettoit d'elle ; mais les Etrangers qu'on y a fait entrer n'ont-ils pas autant contribué à son éclat, que les François mêmes ?

En un mot, on convient que rien n'est au-dessus de la portée d'esprit des François ; qu'ils inventent heureusement ; qu'ils entreprennent avec hardiesse, & qu'ils poussent leur première pointe avec activité. Mais on éprouve aussi qu'ils se relâchent avec la même facilité qu'ils entreprennent ; & tout le Royaume est plein d'Ouvrages commencés, qui ne seront jamais achevés, soit qu'on regarde les Ouvrages matériels, soit qu'on regarde les Ouvrages d'esprit.

Ce n'est pas encore tout qu'une Société, déja si difficile à trouver, telle qu'il la faudroit pour s'en promettre un succès heureux : il faut aussi un Patron qui ait en même temps, & du goût pour l'inspirer aux autres, & du discernement pour diriger leur travail, & de l'autorité pour les soutenir, & des récompenses pour les animer. Il ne seroit peut-être pas si difficile de trouver le Patron, que de former la Société. Nous en avons un exemple dans le sujet même qui nous occupe.

Feu M. Colbert avoit toutes les qualités & toutes les dispositions qu'on pouvoit souhaiter dans un Protecteur des Belles-Lettres, un goût délicat pour le bon & le vrai, des idées vastes, un génie élevé, une libéralité sans bornes, une ardeur infinie pour la gloire du Roi & l'éclat du nom François. Avec tout cela il n'a pu concilier les esprits, ni gagner sur eux de former cette harmonie nécessaire à l'exécution du dessein qu'il avoit formé, de donner un Corps entier & complet des Historiens de France.

On ne peut trop louer les Jésuites de Flandre, d'avoir soutenu avec tant de persévérance & de courage, pendant le cours de près de soixante ans, le dessein formé par Rosweide, & d'avoir toujours substitué de nouveaux Ouvriers à la place de ceux que la mort leur a ravis. C'est le génie de cette Société, de ne point se départir de ce qu'elle a une fois entrepris ; & l'autorité souveraine d'un Général absolu, constant dans ses projets, a toujours des moyens infaillibles pour fixer l'inconstance des Particuliers, & trouver dans l'obéissance qu'ils lui doivent, un remède assuré contre la légèreté & le dégoût.

⸉ Elle l'a bien fait depuis.

Tome III.

Nous voulons bien supposer qu'il ne seroit pas impossible de former dans le sein de la France, une Compagnie d'Hommes aussi laborieux & aussi perséverans que l'ont été les Bollandistes de Flandre ; & il ne nous reste sur ce pied-là qu'à dire notre sentiment sur les Plans différens dont nous avons parlé au commencement de ce Mémoire.

La première difficulté regarde les Prolégomènes, c'est-à-dire, la Géographie, la Notice des Gaules, &c. On perd ordinairement le temps à ces sortes d'échaffaudages ; on jette tout son feu, & l'on use toute sa patience dans ces Préliminaires ; & quand on est arrivé au Corps de l'Ouvrage, on est obligé, par lassitude, à céder la plume à d'autres. Outre cela, voudroit-on s'en tenir à la Géographie Ancienne ? La Moderne n'a-t-elle rien qui mérite toute notre attention ? Si l'on donne dans la Géographie Moderne, il faudra faire de nouvelles Cartes, & quelles dépenses ! quelle longueur ! On y voudra ajouter le Théâtre des Villes, les Vues & les Plans des Lieux les plus remarquables, les Dessins des Monumens anciens & nouveaux. Il n'y a qu'un Roi qui puisse entreprendre un pareil travail.

Une autre difficulté, qui fit échouer l'Ouvrage sous feu M. Colbert, parceque M. du Cange, qui avoit avancé l'affirmative, se rebuta de la contradiction qu'y apporta M. Gallois, est de sçavoir, si dans le Recueil que l'on fera des Historiens François, on doit mettre des Extraits des Auteurs qui n'ont traité qu'en passant de quelques faits qui entrent dans cette Histoire ; & si l'on doit traduire en Latin les Auteurs qui ont écrit en François, comme Froissard, l'Auteur de l'Histoire préliminaire qui est à la tête de celle de Dupleix, &c.

S'il nous est permis de dire notre sentiment sur les deux parties de cette question, il nous semble qu'on doit se ranger du côté de M. Gallois. On doit laisser les Auteurs dans leur Langue naturelle ; & quant aux Extraits, ils sont assez inutiles, si les Auteurs dont on les voudroit tirer sont déja imprimés, & assez communs pour être sous la main quand on en aura affaire. Il doit suffire ce semble de les indiquer dans les Notes que l'on fera sur les endroits où ces Auteurs pourront donner quelque éclaircissement.

Une question, d'une plus grande importance, est de sçavoir si l'on refondra l'Ouvrage de du Chesne, ou si on le laissera tel qu'il est. Il faut convenir qu'il y a bien des Additions à faire, sur-tout dans le dernier Volume, qui a été donné par le fils, beaucoup moins habile que le père. Mais c'est pourtant une grande avance que ces cinq Volumes, & il est à craindre que le temps qu'on mettroit à les refondre & à les remanier, ne rejettât trop loin en arrière, ceux qui voudroient entreprendre la continuation.

Il manque à M. de Larrey quelques parties de celles qui font un excellent Historien ; mais cela n'empêche pas qu'il n'ait pris son parti en habile homme, quand il a commencé son Histoire par le centre, au lieu de s'amuser à la circonférence & aux préliminaires. Il semble, & c'est le sentiment de M. l'Abbé le Grand, qu'on devroit en user de même dans l'exécution du dessein que l'on propose.

Il faudroit commencer par les Règnes qui nous sont les plus connus dans la Troisième Race ; par exemple, celui de Philippe-Auguste, & continuer, si l'on juge à propos, jusqu'à la fin de celui de Henri IV. Cela n'empêcheroit pas qu'on ne ramassât en chemin faisant, tout ce qui pourroit augmenter, enrichir & réformer le Recueil de du Chesne, ce qui se pourroit donner par Supplément.

On n'est point de l'avis de M. du Cange, au sujet des Lettres, Testamens, Contrats de Mariage, Traités, &c. qu'il voudroit qu'on donnât à part. Il faut donner tout de suite sur chaque Règne, ce qui est d'un même Roi, & suivre l'ordre des dates. Il faut aussi considérer que ce n'est pas uniquement

xxxiij

e

l'Histoire des Rois que l'on veut compiler, mais l'Histoire des Règnes; & par conséquent on doit faire entrer dans le Recueil tous les Auteurs qui ont écrit l'Histoire des Princes qui ont fait quelque figure dans l'Etat, comme des Ducs de Bourgogne, de Bourbon, &c.

Il y a plus de difficulté au sujet des Auteurs qui n'ont traité que l'Histoire des Provinces, & des Chroniques, si étendues qu'elles comprennent l'Histoire de plusieurs Règnes. Il n'y auroit point d'inconvénient de suivre là-dessus le Plan de M. du Cange, & d'en faire un Recueil à part.

En se bornant d'abord à ce que l'on vient de dire, on ne laisseroit pas d'avoir un travail immense, qui demandera & bien des années, & un grand nombre d'Ouvriers. Car outre les Auteurs contemporains qui sont nombreux, comme on le verra aisément par le Catalogue qu'en a dressé André du Chesne, par celui qu'a recueilli M. du Cange, par le Recueil du P. le Long qui paroîtra bientôt, & par les recherches qu'on pourra faire dans les Bibliothèques & dans les Cabinets des Curieux; les Archives du Roi, des Chambres des Comptes, des Parlemens, & des Etats des Provinces, fourniront une matière si abondante, qu'elle accablera par sa richesse les Ouvriers les plus laborieux.

On ne sçait point assez les trésors & les lumières que fournissent les Comptes, non-seulement de toutes Finances, mais encore ceux des Guerres & tous les autres qui sont en dépôt dans les Chambres des Comptes. L'expérience nous a appris que c'est là principalement où se trouve le détail le plus curieux de ce qui fait la matière de l'Histoire; mais il faut apporter de la patience & de l'assiduité dans la recherche; car la matière ne s'y trouve pas toujours tout d'un coup sous la main, & il faut souvent battre bien du Pays avant que d'avoir rencontré de quoi se satisfaire.

Il y a une si grande moisson à faire dans la visite des Titres & des Archives, qu'il ne paroît pas qu'on puisse se dispenser de distribuer des Ouvriers dans les Provinces. Car, outre les sources que nous avons déjà indiquées, combien de Nécrologes & de Cartulaires à examiner, à copier, à extraire? Combien d'Originaux égarés à rechercher?

Au reste, quoique les Gens de Lettres aiment la liberté, il est bon cependant de les empêcher d'en abuser; & ils ne devroient pas trouver mauvais, s'ils ont véritablement envie de s'appliquer sérieusement, que leurs Mécènes eussent quelques Inspecteurs pour veiller sur le travail & s'en faire rendre compte de temps en temps. On voit assez de gens, qui, à l'abri d'une qualité d'Historiographe de France, ont tiré & tirent encore des pensions assez considérables, sans que cette qualité paroisse justifiée par aucun Ouvrage sorti de leur main.

On sçait qu'il est de la gloire des Rois d'avoir beaucoup d'Officiers inutiles, & qu'ils peuvent dire comme ce Cardinal de la Maison de Médicis, dont le Pape son oncle vouloit retrancher le train prodigieux: « Je n'ai pas besoin d'eux; mais je ne puis » pourtant m'en passer, parcequ'ils ont besoin de » moi. » Mais il ne s'agit pas ici de vains titres & de qualités sans exercice, il est question d'agir, & d'agir avec affection & promptitude. *Vidisti virum velocem in opere suo? Coram Regibus stabit, nec erit ante ignobiles.* Proverb. XXII. 29.

Récit de ce qui est arrivé au sujet de l'exécution du nouveau Recueil des Historiens de France, par D. Martin BOUQUET & autres Bénédictins.

On s'occupa sérieusement en 1717 & années suivantes de cette belle entreprise, & le Ministère eut la pensée de charger de son exécution les Bénédictins de la Congrégation de S. Maur. Pour faire connoître à ceux qui peuvent l'ignorer, comment cela est enfin arrivé, nous ne pouvons mieux faire que de recueillir ici ce que l'on trouve à ce sujet, en différens endroits de la nouvelle Histoire Littéraire de cette Congrégation, composée par D. René-Prosper Tassin, si connu par la Diplomatique écrite en François: *in*-4. 6 v. Nous y ajouterons peu de chose.

Le projet d'une nouvelle Collection des Historiens des Gaules & de la France, abandonné du temps de MM. Colbert & de Louvois, fut repris sur la fin du dernier Siècle par M. le Tellier, Archevêque de Reims & Bibliothécaire du Roi. Il jetta les yeux sur D. Jean Mabillon, pour être le Directeur de cette entreprise; mais ce saint & sçavant Religieux refusa de se charger de cet emploi dont il se croyoit incapable, quoique tout le monde le jugeât très-propre à le bien remplir. Personne n'osa accepter ensuite une fonction que D. Mabillon avoit cru au-dessus de ses forces.

En 1717. M. le Chancelier d'Aguesseau fut excité à s'y intéresser par D. Maur Audren, qui s'étoit donné tous les soins possibles pour rassembler les Monumens qui concernent l'Histoire de Bretagne, que son disciple D. Louis-Alexis Lobineau a publiée. En conséquence le sçavant Magistrat fit chez lui une Assemblée de plusieurs Sçavans, & tous furent d'avis de recommencer la Collection de du Chesne & de la continuer. Les plus connus de ces Sçavans étoient M. Baluze, l'Abbé Renaudot, M. de Laurière, l'Abbé Couet, le P. le Long, &c. Dom Edmond Martène fut chargé de dresser le Plan de l'Ouvrage; son travail fut lu & applaudi dans une autre Assemblée, & M. le Chancelier lui donna le soin de la nouvelle Edition. Mais, après quelques légers commencemens, ce grand projet fut interrompu par les changemens qui arrivèrent dans le Ministère.

Les choses furent reprises en 1720, & le Père le Long fut chargé de cet important Ouvrage; mais sa mort arrivée en 1721 causa encore une interruption. Dans ces circonstances, Dom Denys de Sainte-Marthe, qui travailloit depuis plusieurs années à l'Histoire des Archevêchés & Evêchés de France, & à celle des Abbayes qui y sont comprises, fit agréer au Ministre que la Congrégation de S. Maur se saisit du projet de la Collection des Ecrivains de l'Histoire générale, projet qui paroissoit comme entièrement abandonné. Denys de Sainte-Marthe étoit alors Supérieur Général de la Congrégation, & dés l'année 1723 il jetta les yeux sur Dom MARTIN BOUQUET, pour exécuter l'entreprise désirée depuis si long-temps.

Ce Religieux étoit né à Amiens, le 6 Août 1685, & il avoit fait Profession chez les Bénédictins en 1706. Ses Supérieurs voyant son goût décidé pour la Littérature, lui confièrent d'abord le soin de la Bibliothèque de S. Germain des Prés, & l'associèrent ensuite aux travaux de Dom Bernard de Montfaucon. Il concourut avec zèle à l'impression de plusieurs Ouvrages de ce sçavant maître, qu'il avoit aidé dans ses recherches, &c. (Nous ne doutons point qu'il n'ait eu part à la suite du grand Recueil des Antiquités & à celui des Monumens de la Monarchie de France, où se trouvent rassemblés les principales Antiquités Romaines dans les Gaules & celles des anciens François, toutes représentées en Figures, avec leurs Explications; ce qui devoit faire partie de la nouvelle Collection, selon l'idée de plusieurs des Mémoires que l'on vient de lire.)

Quoi qu'il en soit, Dom Martin Bouquet, après ses travaux avec le sçavant Père de Montfaucon, entreprit seul une nouvelle Edition de l'Historien des Juifs, Flavius Joseph. Il en collationna les Manuscrits, s'appliqua à rétablir les textes de cet Auteur, & son ouvrage étoit déjà fort avancé, lorsqu'il fut prévenu par un Sçavant de Hollande, (M. d'Havercamp.) D. Bouquet ne voulant pas que son travail demeurât inutile, envoya généreusement toutes ses recherches à l'Editeur Hollandois, qui en a fait usage.

On ne pouvoit choisir un meilleur Sujet pour exécuter le Plan de la grande Collection des Historiens des Gaules & de France, que D. Bouquet. Cependant M. le Chancelier jugea convenable d'assembler encore de temps en temps nombre de Sçavans capables de donner des vues utiles pour une entreprise si importante. De ce nombre étoient MM. Lancelot, Lebeuf, Secousse & Gibert, qui sont morts, & MM. de Foncemagne & de Sainte-Palaye. Il y eut ensuite, pendant le cours de l'Ouvrage, d'autres Assemblées chez M. d'Argenson, & chez M. le Chancelier de Lamoignon, ou M. de Malesherbes son fils. Tout y fut examiné & réglé. Le Plan de M. de Foncemagne, qui passe pour sçavoir si parfaitement l'Histoire de France, y fut adopté presque en entier ; & M. de Sainte-Palaye parla tellement en faveur des anciennes Chroniques de Saint Denys, dont on ne faisoit guères de cas depuis long-temps, qu'il fut résolu de les mettre dans le nouveau Recueil ; on peut voir ses raisons dans le Tome XV. des Mémoires de l'Académie des Inscriptions & Belles-Lettres, *pag.* 580 & *suiv.*

Le laborieux Père Bouquet s'étoit livré avec tant d'ardeur au travail, qu'au bout de cinq ou six ans, c'est-à-dire, en 1729, il se trouva presque en état de donner six Volumes. « Malheureusement (dit » l'*Histoire Littéraire, &c. pag.* 695.) il fut enveloppé » dans la tempête qui fit sortir de S. Germain des » Prés huit Religieux recommandables par leur zèle » & leurs travaux, & il fut relégué dans l'Abbaye de » S. Jean de Laon. Les allarmes des Libraires (& des » Sçavans) ayant pénétré jusqu'à la Cour, M. le » Chancelier d'Aguesseau, M. Chauvelin, alors » Garde des Sceaux, M. le Maréchal de Noailles, » & M. le Comte d'Argenson, s'intéressèrent pour » Dom Bouquet (& son Ouvrage;) & ils obtinrent » son rappel en 1735. »

« Il revint d'abord dans le Monastère d'Argenteuil, où il étoit plus à portée des secours nécessaires pour son Ouvrage ; ensuite à Paris, dans la » Maison des Blancs-Manteaux, où il fut fixé par » ordre du Roi. Ce fut-là qu'il donna huit Volumes » les uns après les autres, sous ce titre: *Rerum Gallicarum & Francicarum Scriptores* ; (& en François ,) » *Recueil des Historiens des Gaules & de la France:* » Paris, aux dépens des Libraires associés, 1738-» 1752.

« Cette grande Collection est dédiée au Roi. Elle » commence par des Extraits de ce que les Auteurs » Grecs & Romains ont écrit concernant les Gau-» les. Chaque Volume est orné d'une Préface historique & critique, Latine & Françoise, & d'une » Table Chronologique d'une très-grande utilité. » Cette Table contient les Annales Gauloises & » Françoises, c'est-à-dire, que l'on y trouve rassemblés par ordre des temps les principaux faits » épars çà & là dans le Volume, (avec le renvoi » aux endroits où on les trouve détaillés.) Dom » Bouquet a mis encore à la fin de chaque Tome, » quatre autres Tables faites avec beaucoup de soin » & d'intelligence. La première contient les Noms » Latins des Villes & des Peuples ; la seconde, » les Noms François des Villes, &c. avec les Noms » Latins ; la troisième, les Noms des Personnes ; & » la quatrième, les Matières. Dom Bouquet a eu » soin de marquer à la marge du Texte les années » auxquelles se sont passées les choses qui y sont » énoncées. Le Recueil en lui-même est enrichi de » quantité d'Ouvrages & de Pièces qui n'avoient » jamais été imprimées. L'Editeur n'a pas oublié » d'éclaircir par des Notes, les endroits obscurs ou » difficiles ; & les (Ouvrages de) Dom Mabillon » (sont) venus souvent à son secours. »

Nous ne nous étendrons point ici sur ce que contient chaque Volume, puisque nous en avons donné ci-devant une idée abrégée, Tome II. *pag.* 76, N°. 15984. Nous nous contenterons d'observer, qu'au Frontispice du Tome VIII. qui fut le dernier que D. Martin Bouquet ait publié, il prend le titre d' « Honoraire de l'Académie des Sciences, Belles-» Lettres & Arts d'Amiens : » titre qui lui avoit été déféré par MM. les Académiciens ses Compatriotes. L'impression du Tome IX. étoit déjà bien avancée « lorsqu'il fut attaqué d'une maladie très-dou-» loureuse , qu'il souffrit avec un courage, une » patience & une piété admirables. Le Médecin » n'ayant pu réussir, par les saignées du bras & du » pied , à guérir l'inflammation du bas ventre , le » malade ne pensa plus qu'à se préparer à paroître » devant Dieu. Il demanda les derniers Sacremens, » qu'il reçut avec une foi vive & une profonde humilité.... Enfin, il mourut après quatre jours de » maladie, le 6 Avril 1754 dans le Monastère des » Blancs-Manteaux, où il demeuroit depuis 19 ans. »

« Dom Martin Bouquet étoit un vrai Religieux. (A l'exemple des Mabillon , des Martène , des Montfaucon, &c.) « jamais ses études ne prirent » sur les obligations de son état. Jamais il ne fit » usage de la pension qu'on lui avoit accordée sur le » Trésor Royal, sans en demander la permission à » ses Supérieurs. Sa physionomie heureuse , sa candeur, son commerce facile, ses manières simples » & unies, & sa droiture autant que ses grands talens, lui avoient concilié l'estime & l'amitié de » plusieurs Personnes de distinction. Les Sçavans » François & Etrangers venoient le voir, & plusieurs ont profité de ses lumières. Il avoit rendu » tous les services dont il étoit capable à l'Académie d'Amiens , & cette sçavante Compagnie a » consacré un bel Eloge à sa mémoire. »

Son Ouvrage fut continué par DD. Jean-Baptiste & Charles Haudiquier frères , par D. Etienne Housseau, D. Germain Poirier & D. Jacques Précieux. Ces deux derniers, qui ont publié en 1767 le XI*e* Volume des Historiens de France, (lequel finit à la mort de Henri I. petit-fils de Hugues-Capet, en 1060.) ayant abandonné la Congrégation de Saint Maur en 1769, le Père Général leur a substitué Dom François Clément avec quelques-uns de ses Confrères, pour continuer la Collection des Historiens de France. Dom Clément est avantageusement connu par divers Ouvrages , & entr'autres par la seconde Edition de l'*Art de vérifier les Dates*]

IX.

CHARLES LE COINTE.

Cet Historien naquit à Troyes en Champagne, le 4 Novembre de l'an 1611, d'une très-honnête famille. Quoiqu'il eût plusieurs frères, il fut le seul que son Père fit élever dans l'étude des Lettres: les heureuses dispositions qu'il fit paroître pour y réussir dès ses plus tendres années, furent cause de cette préférence. Il apprit les premiers principes de la Grammaire dans sa patrie, & fut ensuite poursuivre ses études à Reims. La vivacité de son génie, la solidité de son jugement, la fidélité de sa mémoire lui acquirent l'estime de ses maîtres, dans le temps que sa douceur, sa politesse & son heureux naturel le faisoient admirer de ses Condisciples. Henry de Lorraine, Duc de Guise, qui étudioit dans le même Collège, voulut se l'attacher; mais la Providence en disposa autrement; elle le préserva par-là de mille dangers, auxquels il auroit été exposé, s'il eût suivi la fortune de ce Prince.

Dieu, qui le destinoit à un genre de vie plus tranquille, lui inspira d'entrer dans l'Oratoire. Il y fut reçu par le Cardinal de Bérulle, l'an 1629. Il avoit l'honneur de servir la Messe à ce pieux Cardinal, lorsqu'il expira à l'Autel, [dans l'Eglise des Pères de l'Oratoire de saint Honoré à Paris.]

Il fut d'abord envoyé à Vendôme pour y enseigner la Grammaire & les Humanités; ensuite il professa la Rhétorique pendant sept ans à Nantes, à Angers & à Condom. Dans cette dernière Ville, Scipion Dupleix, connu dans la République des Lettres par plusieurs Ouvrages, lui fit offrir son amitié & sa Bibliothèque; ce qui forma entr'eux une étroite liaison, jusqu'à ce que Dupleix s'étant avisé de faire de la peine au Père Bertault de l'Oratoire, qu'il vouloit contraindre de mettre à la tête d'un de ses Ouvrages, au lieu de *Florus Francicus*, Abrégé de Dupleix, le P. le Cointe lui déclara sans façon, que nonobstant leur amitié, il se croyoit obligé par honneur à prendre le parti de son Confrère, & que s'il ne se désistoit de ses prétentions, il donneroit au Public des Remarques sur leurs Ouvrages pour en faire voir la différence. Dupleix en eut peur & se tût ; mais depuis ce temps-là il craignit plus le P. le Cointe qu'il ne l'aima.

Le Père le Cointe étant à Bergerac au mois de Septembre 1638, y reçut une Lettre qui lui apprenoit la naissance de Louis XIV. Il fit part de cette nouvelle à son hôte, qui fut sur le champ la porter aux Magistrats de la Ville. Ceux-ci vinrent visiter en cérémonie le P. le Cointe, pour apprendre de sa bouche la vérité d'une nouvelle qui faisoit la joie de tout le Royaume; & il les satisfit. Ils le prièrent ensuite de venir avec eux à l'Hôtel-de-Ville, & de prendre part à leurs Fêtes, qui durèrent plusieurs jours : il ne put se refuser à leurs empressemens.

Pendant qu'il enseignoit les Humanités & la Rhétorique, il sçut trouver du temps pour s'appliquer à l'étude de la Géographie, de la Chronologie & de l'Histoire, sur-tout de celle de France. Il joignit à cette étude celle de la Politique & des Intérêts des Princes, & devint un des plus habiles hommes de son Siècle.

Le Père Bourgoin étoit alors Général de l'Oratoire. Il n'avoit de l'estime que pour ceux qui s'appliquoient ou à la Théologie, ou à la Prédication, & étoit au contraire prévenu contre ceux qui donnoient du côté de l'Histoire. Cette prévention alloit si loin, s'il en faut croire Richard Simon, que lorsqu'il vouloit désigner un ignorant, il disoit : C'est un Historien. Il regarda le P. le Cointe comme un homme inutile à sa Congrégation ; & pour se débarrasser de lui, il l'envoya, non à Juilly, comme le dit Simon, mais à Vendôme, enseigner l'Histoire aux Pensionnaires. Six mois après, M. Servien, nommé Plénipotentiaire à Munster, fut lui demander un Prêtre de l'Oratoire, pour être Chapelain & Confesseur de Madame Servien. Le P. Bourgoin jetta aussi-tôt les yeux sur le P. le Cointe. Celui-ci y consentit avec plaisir, & partit avec M. Servien le 20 du mois d'Octobre de l'an 1643.

Ce Plénipotentiaire s'entretenoit souvent dans la route avec un Gentilhomme des différens intérêts des Princes & des principales matières qu'on devoit traiter à Munster. Le P. le Cointe se mêloit quelquefois dans leur conversation. Comme M. Servien n'étoit pas prévenu de son sçavoir, il ne faisoit pas beaucoup d'attention à lui; ce qui ne rebutoit pas cependant le P. le Cointe. La conversation roulant un jour sur un point important, il prit la liberté de demander à M. le Plénipotentiaire, s'il avoit certaines Pièces qui étoient absolument nécessaires pour cette affaire. M. Servien lui avoua qu'il ne les avoit pas, mais qu'il les enverroit chercher à Paris. Je vous en épargnerai la peine, lui répliqua le P. le Cointe ; car je les ai apportées aussi-bien que plusieurs autres qui pourront vous être d'une très-grande utilité.

Depuis ce temps-là M. Servien le regarda autrement qu'il n'avoit fait jusqu'alors. Il goûta sa conversation, la rechercha même, trouva dans ce Père une très-grande connoissance de l'Histoire de France, & profita de ses lumières dans les affaires les plus difficiles & les plus importantes. Son mérite fut bientôt connu à Munster, & les autres Plénipotentiaires en firent un si grand cas, qu'ils voulurent avoir des Conférences avec lui : il arrivoit même quelquefois qu'après avoir bien disputé sur certains points, ils s'en remettoient à sa décision. Ce fut lui qui travailla aux Préliminaires de la Paix, qui fournit les Mémoires nécessaires pour ce fameux Traité, si avantageux à la France, & qui lui servira toujours de modèle pour tous les autres.

Après un séjour de trois ans à Munster, le P. le Cointe en partit avant la conclusion de la Paix, & se rendit à Paris. On le renvoya à Vendôme. Le Duc de Mercœur, qui y étoit, trouva tant d'agrément dans sa conversation, qu'il voulut l'avoir souvent à sa table. Il prenoit un plaisir singulier à l'entendre discourir sur les intérêts des Princes, & sur les raisons qu'ils avoient de souhaiter la Paix ou la Guerre. Instruit à fond de ces matières, & par ses études, & par ses réflexions, & par ce qu'il avoit appris à Munster, il assaisonnoit sa conversation de mille détails curieux & intéressans.

Parmi les Pensionnaires à qui il montroit l'Histoire, étoit le jeune Pommereu, fils du premier Président du Grand-Conseil : ce jeune homme promettoit infiniment. Le P. le Cointe en eut un soin si particulier, que son père, plein d'estime & de reconnoissance, demanda au Père Général de le faire venir à Paris, & il consentit qu'il vînt demeurer au Séminaire de saint Magloire.

Depuis long-temps le P. le Cointe avoit formé le dessein d'écrire les Annales Ecclésiastiques de France. Il avoit expliqué son projet au Nonce à Munster; il en avoit ramassé les matériaux : enfin il y mit la dernière main à saint Magloire.

Dans le temps qu'il travailloit à ce grand Ouvrage, on fit connoître son mérite au Cardinal Mazarin, & les grands services qu'il avoit rendus à Munster. Le Cardinal lui envoya 1500 livres, & lui fit dire qu'il en recevroit autant tous les ans pour le récompenser de ce qu'il avoit fait pour l'Etat. Il lui tint parole; il eut même soin de marquer dans son Testament, qu'on lui payât cette pension exactement; & ses intentions furent suivies.

On l'appella en 1661 à la Maison de saint Honoré, & on lui confia le soin de la Bibliothèque. M. Colbert parla de lui au Roi si avantageusement, que Sa Majesté lui accorda une pension de 1000 livres, & ce Ministre lui en donna de plus de 600 livres, ce qui l'attacha entièrement à M. Colbert, à qui il fut très-utile, lui fournissant de temps en temps d'excellens Mémoires sur les affaires les plus importantes. M. de Louvois l'employa aussi dans les occasions.

Je ne dois pas taire ici un fait que j'ai appris d'une personne digne de foi, à qui le P. le Cointe l'avoit raconté lui-même. Lorsque l'Histoire Ecclésiastique de M. Godeau, Evêque de Vence, commençoit à paroître, le P. le Cointe se trouva chez un Libraire avec quelques Sçavans. M. Godeau y étoit aussi : il avoit eu soin de cacher toutes les marques de sa dignité, qui auroient pû le faire connoître. La conversation ne roula que sur cette nouvelle Histoire; & suivant la coutume assez ordinaire aux Sçavans, on en parla avec beaucoup de liberté. Le P. le Cointe convint qu'il y avoit des choses excellentes dans cet Ouvrage, qu'on ne pouvoit rien lire de plus judicieux que ses réflexions; mais il ajouta, qu'il auroit souhaité plus d'exactitude dans les faits & dans les dates, & plus de critique. Il fit ensuite remarquer quelques endroits qui l'avoient le plus frappé. M. Godeau l'écoutoit attentivement sans dire mot. Après le départ de ce Père, il eut grand soin de sçavoir son nom & sa demeure. Le même jour il se rendit à l'Oratoire, & se fit annoncer. On peut s'imaginer quelle fut la surprise du P. le Cointe lorsqu'il le vit; il lui fit des excuses de son indiscrétion. Le Prélat le remercia au contraire de sa sincérité, le pria de continuer ce qu'il avoit commencé le matin, & lui fit cette prière avec tant d'instance, qu'il ne put lui refuser sa demande. Ils lurent ensemble cette Histoire, sur laquelle le Père le Cointe fit d'amples remarques. L'illustre Prélat, après l'en avoir remercié, en profita dans une nouvelle Edition, & depuis ce temps il honora le Père le Cointe de son amitié.

Son sçavoir lui acquit aussi l'estime du Président Amelot, & du Président de Pommereu, qui, pour jouir de sa conversation, l'emmenoit le plus souvent qu'il pouvoit à sa campagne. Le Duc de la Trémouille en faisoit aussi un très-grand cas, & entretenoit même un commerce de Lettres avec lui à Munster & à Paris. M. Colbert avoit pour lui une affection toute particulière, aussi-bien que M. le Chancelier Seguier & M. de Harlay, Archevêque de Paris. Fabio Chigi, Nonce à Munster, passoit avec lui toutes les semaines une après-dînée entière. Devenu Pape, sous le nom d'Alexandre VII, il l'honora de plusieurs de ses Lettres. Prévenu de son rare mérite, Louis XIV. lui témoignoit aussi beaucoup de bonté; il lui a fait l'honneur de lui dire quelquefois qu'il le regardoit comme un homme entièrement à lui. Plusieurs Sçavans ont fait son éloge dès son vivant, entr'autres, Dom Luc d'Achery, Dom Mabillon, Henschenius, Baluze, le Cardinal Bona, &c.

On n'a guères vu de Sçavans plus poli & plus affable : on étoit toujours sûr, quand on alloit le voir, d'obtenir sur le champ ce qu'on lui demandoit ; il prêtoit facilement ses Livres, & communiquoit ses lumières avec une politesse & une bonté qui charmoient. Son unique plaisir étoit de s'entretenir familièrement avec ses amis; rien n'étoit & plus poli, & plus agréable que sa conversation. Tout le temps qu'il ne consacroit pas à la prière étoit employé à l'étude, aux nuits près; car il étoit prévenu qu'il n'y avoit rien de plus contraire à l'étude & de plus préjudiciable à la santé, que les études nocturnes.

Il ne sortoit presque jamais : si cela lui arrivoit quelquefois, c'étoit ou pour rendre service à quelqu'un, ou pour visiter quelque Sçavant, ou pour consulter quelques Manuscrits, jamais pour se délasser. Il suivit exactement cette manière de vivre, & jouit toujours d'une parfaite santé, à ses deux dernières années près. Alors, sentant son corps défaillir tous les jours, & ayant besoin de respirer un bon air, il sortoit très-souvent. Voyant que sa dernière heure approchoit, il s'y prépara sérieusement par la réception des Sacremens. Son Supérieur qui les lui administra, l'ayant exhorté à demander pardon à ceux qu'il pouvoit avoir offensés, il lui répondit : « Si j'ai offensé quelqu'un, ce que » je ne crois pas avoir jamais fait de propos déli- » béré, je lui demande très-humblement pardon. » J'ai toujours regardé ceux qui composent l'Ora- » toire, comme mes Frères, & respecté la Congré- » gation comme ma mère. » Il fit son Testament, partagea son bien en quatre parties égales, dont une fut pour la Maison de saint Honoré, étant juste, dit-il, que, puisqu'il avoit du bien, il en donnât à la maison qui l'avoit nourri si long-temps. Il légua ses Ecrits & ses Livres au Père Gérard du Bois, son intime ami, & le compagnon de ses études depuis plus de vingt-cinq ans, à condition qu'après sa mort le tout retourneroit à la Bibliothèque de l'Oratoire. Il mourut ensuite le 18 du mois de Janvier de l'an 1681, âgé de 70 ans, dont il en avoit passé 52 dans la Congrégation. Sa taille étoit au-dessus de la médiocre, son visage gai, son front large, ses yeux bleus, son nez long.

Passons à ses Ouvrages.

Annales Ecclesiastici Francorum. Elles ont été imprimées au Louvre, par ordre du Roi : elles sont divisées en 8 Volumes *in-fol.* Le Père le Cointe en a donné sept en différens temps ; le I. a paru l'an 1665 ; le II. en 1666 ; le III. en 1668 ; le IV. en 1670 ; le V. en 1673 ; le VI. en 1676 ; le VII. en 1679. On y trouve sept Epîtres dédicatoires au Roi, qui sont sept excellens Panégyriques. Le Père Gérard du Bois prit soin du VIII. après la mort du P. le Cointe ; il parut l'an 1683. A l'exemple du P. le Cointe, il le dédia aussi au Roi. Dans la Préface qu'il a mise à la tête de l'Ouvrage, il a fait l'éloge de ce sçavant Annaliste : nous y avons puisé la plus grande partie des faits que nous avons rapportés. M. Bosquet, qui est mort Evêque de Montpellier, ayant entrepris d'écrire l'origine des Eglises de France, le P. le Cointe crut ne devoir plus traiter cette matière après ce sçavant homme. C'est pourquoi il ne commença ses Annales qu'avec la Monarchie Françoise ; il fixe le règne de Pharamond à l'an 417. On trouve dans cet Ouvrage, l'Histoire de l'Eglise de France, depuis cette année jusqu'à l'an 845, de sorte que ces huit Volumes ne comprennent guères plus que l'Histoire de 400 ans. Il l'auroit poussé plus loin, s'il eût vécu davantage. On ne sera pas surpris de la longueur de ces Annales, si l'on fait attention à la multitude d'Actes qu'il a rapportés, ou en entier, ou pour le moins en partie : Conciles, Synodes, Fondations d'Eglises, de Monastères, Vies de Rois, d'Evêques, d'Abbés, &c. Lettres, Chartes ; enfin Dissertations qu'il a été obligé de parsemer dans ses Annales, soit pour rejetter des Pièces, soit pour les approuver, soit enfin pour en faire remarquer les endroits essentiels. Bien loin de trouver à redire à sa prolixité, on sera contraint de la louer, lorsqu'on considérera qu'il a épuisé les matières qu'il a traitées.

Cet Ouvrage est d'un travail immense, & il contient bien des recherches singulières. Sa Chronologie en bien des endroits est différente de celle des autres Auteurs. Comme ces Annales sont composées des paroles mêmes des anciens Historiens, le style n'en est pas uniforme & fort agréable ; mais en revanche le P. le Cointe y fait paroître beaucoup de discernement & de sagacité ; car rien n'est plus sensé & plus judicieux que sa critique.

Les Annales du P. le Cointe l'engagèrent dans des disputes avec quelques Sçavans, & les Pièces qu'il fit à ce sujet, ont été publiées dans plusieurs de ses Volumes. C'est ce que l'on va détailler.

Dom d'Achery & Dom Mabillon ne purent digérer qu'il n'eût fixé l'époque de l'union des Moines de S. Colomban avec ceux de S. Benoît, qu'au commencement du huitième Siècle. Dès-là il s'en-suivoit que les Bénédictins devoient rayer du nombre des Saints de leur Ordre plusieurs de ceux qu'ils avoient mis dans leur premier Volume. Ils prirent la plume pour réparer leur honneur, & firent imprimer une Pièce contre le P. le Cointe dans la Préface de leur second Siècle. Le P. le Cointe y répondit : on trouve sa Réponse dans le Volume IV de ses Annales. La Réplique à sa Réponse est à la tête de la seconde partie du Troisième Siècle Bénédictin. Peu de temps après, Dom Philippe Bastide, dans un long Traité sur la Propagation de son Ordre, intitulé : *Dissertatio de antiqua Ordinis sancti Benedicti intra Gallias propagatione*, 1672, attaqua de nouveau le P. le Cointe. Celui-ci, persuadé qu'il avoit suffisamment répondu à ses deux premiers adversaires, ne s'attacha qu'à réfuter ce troisième, & fit imprimer sa Réponse dans le Volume V. de ses Annales. Dom Bastide répliqua par un Ouvrage qu'il fit imprimer aussi dans le Troisième Siècle des Actes de S. Benoît, sous ce titre : *De Ordinis Sancti Benedicti Gallicana propagatione Liber unus ; in quo Benedictinæ Regulæ per Gallias omnes progressus Sæculis septimo, octavo & nono explicantur*. Le Père le Cointe ne poussa pas plus loin une dispute qu'il avoit assez éclaircie. Il étoit plus équitable envers les Bénédictins qu'Henschenius & que Papebrock, qui prétendent que la jonction des deux Ordres n'a été faite qu'au commencement du Neuvième Siècle, après le Concile d'Aix-la-Chapelle, c'est-à-dire, l'an 817. Au reste cette dispute n'eut rien d'amer de part & d'autre : il est inouï que le P. le Cointe se soit jamais servi d'aucun terme injurieux contre qui que ce soit qui l'ait attaqué.

Il eut un autre démêlé avec le P. François Chifflet, Jésuite. Leur dispute roula sur le Règne de Dagobert. Les anciens Auteurs ne lui donnent que seize ans de règne ; s'il s'agissoit de sçavoir comment on devoit les compter, si c'étoit depuis que Clotaire II. lui avoit donné le Royaume, ou depuis la mort de son père. C'est dequoi l'on ne conviennent point ; car les uns font mourir Dagobert l'an 638, les autres six ans après, l'an 644 ; de sorte que la dispute roule sur ces six années. Le sentiment commun qui est suivi par les PP. Sirmond & Petau, & par le plus grand nombre, est celui qui compte les seize années depuis la mort de Clotaire. Mais Adrien de Valois, ayant examiné plus mûrement cette époque, a embrassé le sentiment contraire. Le P. le Cointe l'a suivi, & appuyé ce sentiment par de nouvelles preuves. Henschenius, d'Achery & Mabillon ont fait la même chose. Le P. Chifflet composa sur cette matière une longue Dissertation contre le P. le Cointe. M. de Harlay, Archevêque de Paris, instruit de cette dispute, les manda tous les deux, & voulut être leur Juge. Il les fit assembler chez lui au mois de Février 1675, & écouta leurs raisons : il avoit avec lui le P. de la Chaize, Confesseur du Roi, & le P. de Saillant, Supérieur de la Maison de l'Oratoire de Paris, nommé à l'Évêché de Tréguier. Tout se passa de part & d'autre avec beaucoup de politesse. Les deux Combattans se firent admirer par la fidélité de leur mémoire, & par l'exposition de leurs preuves ; sur-tout le Père le Cointe, cet habile critique, se fondoit particulièrement sur le témoignage de Frédegaire & de Jonas, Auteurs Contemporains. Le P. Chifflet faisoit tous ses efforts pour éluder des témoignages si décisifs. M. l'Archevêque de Paris se déclara pour le Père le Cointe ; mais le P. Chifflet ne voulut pas se rendre, & fit au contraire paroître, après la mort du P. le Cointe, une Dissertation contre lui, dans laquelle il ne dit mot de cette Conférence. On trouve dans le Tome III. des Annales de Dom Mabillon, de sçavantes Dissertations qui contiennent des preuves très-solides contre le sentiment du P. Chifflet, & en faveur de celui du P. le Cointe.

Le P. Julien Loriot, Prêtre de l'Oratoire, a abrégé les *Annales* du P. le Cointe, & les a continuées. Son Ouvrage est encore Manuscrit dans la Bibliothèque des Prêtres de l'Oratoire de Paris, en 3 vol. *in*-4. sous ce titre : *Histoire Ecclésiastique depuis le Baptême de Clovis jusques à l'an 1643*. Cet Ouvrage est approuvé par M. Pirot, Censeur Royal ; cependant on ne sçait ce qui en a empêché l'impression.

La question du véritable Auteur de l'Imitation de Jesus-Christ, s'étant réveillée entre les Chanoines Réguliers & les Bénédictins, ceux-ci produisirent de nouveaux Titres en faveur de Jean Gersen. M. de Harlay, Archevêque de Paris, voulant que la querelle se terminât à l'amiable, nomma quelques Sçavans Critiques pour examiner ces Pièces & en porter leur jugement, & c'est ce qui valut au public une Attestation donnée le 15 Août 1671. par le P. le Cointe, par MM. Faure, d'Hérouval, de Valois, Baluze, Cotelier & du Cange. Ils ne décidèrent rien sur l'Auteur de l'Imitation, mais sur la vérité des Pièces produites.

Les Ouvrages Manuscrits du P. le Cointe sont :

1. Mémoires pour servir à l'Histoire de Marseille & de la Provence. Le P. le Cointe les avoit divisés en quatre Parties ; mais il n'en a composé que deux. Il les avoit entrepris à la prière du Vénérable J. B. Gault, Prêtre de l'Oratoire & Evêque de Marseille ; mais la mort précipitée de ce saint Prélat (dont le Clergé de France a demandé la canonisation) & qui arriva au mois de Mai de l'an 1643, après six mois d'Episcopat, empêcha le P. le Cointe de les continuer. Il écrivit le 23 Septembre de la même année une Lettre à M. de Ruffi, Historien de Marseille, où il lui donne le plan de ses quatre Mémoires. Les deux qu'il a composés, sont actuellement dans la Bibliothèque des Prêtres de l'Oratoire de Marseille. Dans le premier, il parle de la Ville de Marseille & des Peuples voisins, avant qu'ils obéissent aux Romains, & depuis qu'ils eurent été subjugués, jusqu'à la destruction de l'Empire dans les Provinces d'Occident. Il contient 102 pages *in*-4. Le second finit au Onzième Siècle : on y voit tout ce qui s'est passé en Provence avant qu'il y eût des Comtes héréditaires. Il a 287 pages. Il traite d'abord de l'ancien état de la Provence sous les Bourguignons & les Visigots, sous les Rois de France issus de Clovis & de Pepin, sous les Rois d'Arles issus de Bozon, sous les Rois d'Italie, enfin sous les Rois Bourguignons se disant Rois d'Arles, & sous les Empereurs qui se qualifièrent Hauts Souverains de Provence, sans aucune propriété. Le Père le Cointe a donné les Généalogies de tous ces Rois. Il devoit parler dans le troisième Mémoire de l'Etat de la Provence sous les Comtes, & donner dans le quatrième, l'Histoire Ecclésiastique de ce Pays.

2. Journal de son Voyage à Munster. Ce Manuscrit est dans la Bibliothèque des Prêtres de l'Oratoire de Paris. On y trouve des Extraits de tous les Mémoires que produisoient, tant les Ministres

Etrangers que les nôtres, & des dépêches que ceux-ci envoyoient à la Cour: son Journal ne contient presque autre chose. On y voit tous les incidens que les Espagnols firent naître, pour empêcher la conclusion des Préliminaires, la peine qu'on eut de convenir des premiers Articles qu'on traiteroit, la division qui survint entre M. Servien & M. d'Avaux, & l'arrivée du Duc de Longueville pour les réunir, &c.

3. Traité succinct des vraies maximes d'aucuns Princes de l'Europe. Le Père le Long n'a pas oublié ce Manuscrit dans sa Bibliothèque historique de France ; mais il ne nous dit pas où il se trouve.*

4. Nouvelle Edition des Œuvres de S. Grégoire de Tours. Le Père le Cointe en avoit examiné avec soin les Manuscrits les plus authentiques ; il en parle amplement dans le Tome I. de ses *Annales*, à l'année 417. Il donne aussi dans le Tome II. à l'année 495, une Critique exacte des six premiers Livres de Grégoire de Tours, qu'il dit avoir été les plus maltraités par Guillaume Parvi, qui a le premier publié son Histoire, & qui l'a donnée fort corrompue : car non-seulement le Père le Cointe prétend qu'on a ajouté à cette Histoire plusieurs choses supposées, mais encore qu'on a changé en plusieurs endroits son style, sous prétexte de le rendre plus élégant.

Dom Thierry Ruinart a répondu aux plaintes du Père le Cointe, dans la Partie III. de la Préface de la belle Edition de S. Grégoire de Tours, qu'il a donnée *in-fol.* à Paris, l'an 1699. Le Père le Cointe auroit mis la dernière main à son Edition, s'il avoit vécu davantage ; il y auroit ajouté des Notes critiques : mais l'Ouvrage n'étant pas achevé, ce qu'il en avoit fait est resté Manuscrit, quoique le P. du Bois nous eût promis de donner cette Edition, que le P. le Cointe avoit revue & corrigée sur onze Manuscrits, & d'y ajouter plusieurs autres Ouvrages de ce Père.

Cette Vie, insérée dans les Mémoires du Père Niceron, tom. *IV.* est (dit-il) de M. B. D. L. [c'est-à-dire de M. (ou du Père Joseph) Bougerel de l'Oratoire. Nous en avons seulement retranché les citations.]

* Bibliothèque historique de la France, (anc. Edit. num. 12216.) [& ci-devant, nouv. Ed. Tome II. N° 29134.]

X.

PHILIPPE DE COMINES.

EN parlant des Historiens modernes de France, on ne peut se dispenser de faire mention de Philippe de Comines, Seigneur d'Argenton, que ses Mémoires sur Louis XI. & Charles VIII. ont fait mettre au niveau des meilleurs Historiens de l'Antiquité, & que l'on a appelé *le Tacite & le Polybe François*. Ce que nous en dirons ici est tiré de divers endroits de la dernière Edition de ses Mémoires, & des Pièces que M. l'Abbé Lenglet a publiées en 1747 : 4 vol. *in-4.* &c.

Philippe de Comines naquit en 1444 ou 1445, au Château de Comines en Flandre, à deux ou trois lieues Nord-Est de Lille. Il étoit fils puisné de Collard ou Nicolas Clite, Seigneur de Comines, de l'une des meilleures Maisons du Pays, alliée aux principales, & illustrée par l'Ordre de la Toison d'Or. Il paroît qu'il fut bien élevé ; mais il n'apprit point la Langue Latine, dont il témoigna plusieurs fois sa douleur dans la suite. Il sçavoit bien le François, l'Allemand, l'Italien & l'Espagnol. Il étoit d'un excellent naturel, & il avoit une mémoire très-heureuse, qu'il travailla toujours à orner par la lecture des Livres anciens qui avoient été traduits en François, sur-tout concernant l'Histoire Romaine. On ne le trouvoit jamais oisif, parcequ'il avoit, dit-on, en singulière recommandation de bien employer son temps. Il eut en partage, après la mort de son père, entr'autres Terres, celle de Ruweschure, dont il portoit le nom lorsqu'il se retira en France : c'est un Village de la Châtellenie de Cassel, en Flandre.

A l'âge d'environ vingt ans, il vint dans la Ville de Lille, à la Cour de Philippe-le-Bon, Duc de Bourgogne ; & il fut mis auprès de Charles, Comte de Charolois, son fils : c'étoit en 1464 ; & c'est par-là qu'il commence ses Mémoires. Il ne les a cependant écrits qu'environ trente ans après, à la sollicitation d'Angelo Cattho, Archevêque de Vienne en Dauphiné. Il étoit à la Bataille de Montlhéry, que Charles, Comte de Charolois, livra en 1465, aux troupes du Roi Louis XI. Ainsi Philippe de Comines a été par-là en état de nous en rapporter les circonstances comme témoin oculaire.

Deux ans après (en 1467) Philippe-le-Bon, Duc de Bourgogne, &c. étant mort, il n'eut plus les mêmes agrémens qu'il avoit eus. Il demeura cependant encore attaché pendant cinq ans au service de son fils & successeur, Charles, surnommé le Hardi & le Téméraire ; & il ne le quitta que lorsque ce Prince, envyré de son bonheur & de sa puissance, ne prit plus conseil de personne, méprisa tout le monde qui l'environnoit, & commença à agir de façon que nombre de Seigneurs de sa Cour jugèrent à propos de l'abandonner.

Dans l'intervalle, en 1468, l'amour de la justice engagea Philippe de Comines, (car il étoit d'une conscience droite & scrupuleuse,) à rendre un service essentiel au Roi Louis XI. Ce Prince étoit venu trouver à Péronne Charles de Bourgogne, qui, contre la bonne foi & sa promesse donnée par écrit, le retint prisonnier. Philippe de Comines calma les emportemens de Charles, & avertit Louis XI. de ses dispositions, en lui conseillant d'en passer absolument par tout ce qu'il exigeroit de lui. Louis XI. reconnut depuis le service important qu'il lui avoit rendu, en lui procurant la liberté. On a encore les Lettres-Patentes où il en fait mention, & j'en parlerai plus bas.

Quant à Comines, qui n'étoit pas moins modeste que véridique, en racontant dans ses Mémoires ce qui se passa alors à Péronne, il ne parle de lui qu'en tierce personne. « Le Roi eut, dit-il, quelque ami » qui l'advertit, l'assurant de n'avoir mal, s'il » accordoit les deux points (que vouloit le Duc » Charles;) mais que s'il faisoit le contraire, il se » mettroit en grand péril, que nul plus grand ne lui » pourroit advenir ». Philippe de Comines accompagna ensuite ces deux Princes à la Guerre de Liège, & fit voir à l'ordinaire son courage ; car il étoit homme de guerre & de Cabinet. On sçait en particulier, qu'il fut envoyé par Charles de Bourgogne, en 1470, au Gouverneur de Calais, pour une Négociation auprès du Roi d'Angleterre.

Charles étant devenu d'une humeur hautaine, inégale, capricieuse & féroce, Comines ne crut pas devoir rester davantage avec lui ; & étant passé en France, il vint offrir ses services à Louis XI. qui les accepta : c'étoit en 1472, au mois de Septembre.

Quelques Modernes ont voulu faire un crime à notre Historien, de ce changement de Maître; mais c'étoit une chose tellement en usage alors, de passer d'une Cour dans l'autre, que Philippe de Comines raconte simplement ce qu'il fit, & ne pense en aucune façon à se justifier sur cela. M. Jean Godefroy l'a fait pour lui dans ses Remarques sur Varillas, qu'il a publiées avec beaucoup d'autres Pièces, dans son Edition des Mémoires de Comines, fondue dans celle de l'Abbé Lenglet. M. Godefroy finit par dire, que l'on ne trouveroit pas même aujourd'hui étrange que l'on passât du service d'un Electeur de l'Empire, à celui de l'Empereur, & que Philippe de Comines avoit la liberté de quitter le service d'un des Vassaux du Roi, pour s'attacher au service du Prince qui étoit leur commun Souverain.

Louis XI. connoissant son mérite & ses talens, le retint toujours auprès de sa Personne, & l'employa dans les affaires les plus importantes, comme pour écrire ses Lettres, l'envoyer en Ambassades, &c. Il vivoit même familièrement avec lui, & Comines nous apprend qu'il mangeoit ordinairement avec ce Prince, & qu'ils couchoient souvent ensemble ; ce qui étoit alors l'usage des Princes à l'égard de leurs plus intimes Favoris. Le Duc de Bourgogne, très-irrité de cette retraite, fit confisquer tous les biens, meubles, &c. de Philippe de Comines ; mais Louis XI. l'en dédommagea par les dons qu'il lui fit. On a mis dans le dernier Volume des Mémoires de Comines, plusieurs Pièces extraites des Registres de la Chambre des Comptes, qui en font foi.

Entr'autres, des Lettres-Patentes du Roi Louis XI. du 18 Octobre 1472, disent que ce Prince « donne » à son amé & féal Conseiller & Chambellan Phi-» lippe de Comines, Chevalier & Seigneur de Ravef-» tures (ou Ruweschure), six mille livres de pension... » lequel a abandonné le Pays de sa nativité, combien » qu'il fût en notre Royaume & en la puissance » d'aucun de nos rebelles, quitté & perdu tous ses » biens, pour nous venir servir, & à présent nous » sert, &c. »

Avec d'autres Lettres du même mois d'Octobre, qui font don à Comines de la Principauté de Talmont & autres Terres, étoient des Lettres closes, portant que c'est pour aucuns singuliers services qu'il fit au Roi, étant à Péronne & au Voyage de Liège, en ces termes : « Lequel par les bons services qu'il » nous fit, fut cause & moyen principal de la salva-» tion de notre Personne ». Dans les Lettres mêmes on lit : « Nostre dit Conseiller & Chambellan, sans » crainte de danger que lui en pouvoit alors venir, » nous advertir de tout ce qu'il pouvoit pour nostre » bien, & tellement s'employa, que par son moyen » & aide nous saillismes hors des mains de nosdits » rebelles & désobéissans, & en plusieurs autres » manières nous a fait & continue de faire plusieurs » grands, louables & recommandables services, & » au dernier a mis & exposé sa vie en avanture pour » nous, & sans crainte du danger de sa personne, » ne d'autre chose quelconque, a abandonné & » perdu tous ses biens, &c.

Par un Extrait des Registres de la Chambre des Comptes, on voit que le Roi Louis XI. donna encore vers le même temps à Comines, « 41 200 livres » en faveur des services qu'il lui a rendus, & pour » l'aider à acheter de M. de Monsoreau, sa Terre » & Seigneurie d'Argenton. » Philippe de Comines étoit alors près d'épouser la fille de ce Seigneur : ainsi ce pouvoit être en Décembre 1473. Car le 27 Janvier suivant, que l'on comptoit encore 1473, (l'année ne commençant alors qu'à Pâques,) Comines épousa Hélène de Jambes, ou de Chambes, fille du Seigneur de Monsoreau.

Son Contrat de Mariage contient aussi l'acquisition de la Terre d'Argenton, dont il porta le nom dans la suite, & que Louis XI. venoit de lui mettre en état d'acquérir. Depuis ce temps, il servit ce Prince avec autant de zèle que de prudence : il lui paroit néanmoins *fort privément*, c'est-à-dire, avec la plus grande liberté. Lorsque le Duc Charles eut été défait à Morat par les Suisses, Comines en vint donner la première nouvelle à Louis XI. qui lui fit un présent, comme il avoit coutume en pareilles occasions : il lui donna ce jour cent marcs d'argent, & quelque temps après il le fit Sénéchal de Poitou, où est la Terre d'Argenton.

Charles ayant été tué, au mois de Janvier 1476, (que nous comptons 1477,) Louis XI. envoya Philippe de Comines pour engager les Villes de la Somme à rentrer sous sa domination, & il s'acquitta fort bien de la commission qui lui avoit été donnée. L'année suivante il fut envoyé dans le Comté de Bourgogne, & ensuite à Florence : en passant par Milan, il y reçut pour le Roi l'hommage de la Ville de Gênes. Il étoit Ambassadeur en Savoie, lorsque Louis XI, en 1481, passant par le voisinage de la Terre d'Argenton, y alla loger, & y fut même malade pendant un mois. Comines fut témoin de toutes les circonstances de la dernière maladie & de la mort de ce Prince, qui décéda en son Château du Plessis, près de Tours, le 30 Août 1483. Louis XI. lui témoigna la plus grande confiance jusqu'à la fin.

Les premières années du Règne du jeune Charles VIII. son fils, Comines fut à la Cour dans une certaine considération : il assista au Couronnement de ce Prince le 30 Mai 1484, parmi les plus grands Seigneurs, & l'on voit, par plusieurs Ordonnances de Charles VIII, qu'il étoit, (sous le nom de Monseigneur d'Argenton,) l'un des principaux du Conseil d'Etat, dont on fait mention à la fin de ces Ordonnances. Mais bientôt Madame de Beaujeu, fille de Louis XI, qui gouvernoit pendant la jeunesse de Charles VIII, s'indisposa contre Philippe de Comines, sur-tout à cause des liaisons qu'il avoit avec le Duc d'Orléans. Ce Prince s'étant retiré en Bretagne, on saisit quelques Lettres que Comines lui écrivoit sur les Nouvelles de la Cour, & l'on fit contre lui plusieurs accusations graves ; car certaines gens avoient conçu de l'envie contre lui, parce-qu'il étoit étranger. Il fut donc mis en prison au mois de Janvier 1486, & il y demeura plus de deux ans. Il dit lui-même, par occasion, qu'il fut huit mois prisonnier à Loches en Touraine, dans une de ces Cages de fer que Louis XI. avoit fait construire ; & qu'il fut vingt mois enfermé à Paris, dans les prisons du Palais, d'où il avoit le plaisir de voir les bateaux qui entroient dans cette Ville chargés de marchandises, ou qui en sortoient.

Madame d'Argenton, sa femme, s'étoit donné tous les mouvemens possibles pour le faire transporter à Paris & mettre son affaire en règle devant le Parlement. Philippe de Comines plaida lui-même sa cause ; il parla pendant deux heures, & rappella les services qu'il avoit rendus à l'Etat, le désintéressement avec lequel il avoit agi, &c. C'est ce que dit Sleidan, à qui l'on attribue une Vie de Comines, qui ne consiste qu'en quelques Remarques mises à la fin d'une Pièce jointe à sa Traduction Latine des Mémoires de Philippe de Comines. Le Parlement le mit en liberté par Arrêt du 24 Mars 1488 ; mais il lui ordonna, à cause de ses Lettres, de rester pendant dix ans dans une de ses Terres, sans en sortir, & de donner au Roi, par forme d'amende, le quart de ses biens. Ce Prince le laissa jouir du tout; & s'étant réconcilié quelque temps après avec le Duc d'Orléans, M. d'Argenton eut une liberté entière. Ce fut alors qu'il lui naquit une fille, qui fut nommée Jeanne.

Il paroît qu'il revint à la Cour de Charles VIII. qui lui donna sa confiance, comme on le voit par la seconde partie (ou les deux derniers Livres) de ses Mémoires, où il est dit qu'il fut l'un des Plénipotentiaires (comme l'on parle maintenant,) au Traité conclu en 1593. avec l'Archiduc Philippe ;

que

que l'année suivante on l'envoya en Ambassade à Venise, &c. Comines parle, dans cette seconde partie de ses Mémoires, des dernières années de Charles VIII, particulièrement de son Expédition d'Italie en 1494, & enfin de la mort de ce bon Prince, arrivée à Amboise le 7 Avril 1498. Il y avoit déjà plusieurs années qu'il avoit commencé à écrire ses Mémoires, à la prière, comme on l'a dit, d'Angelo Cattho, Archevêque de Vienne. Ce Prélat, qui avoit été Médecin & Aumônier de Louis XI, avoit dessein d'écrire en Latin une Histoire de son temps: on ignore s'il en a fait quelque chose. Les Mémoires de Comines lui auroient été fort utiles, étant écrits d'une manière simple, mais instructive, sensée & chrétienne: aussi ont-ils toujours été estimés, & traduits en diverses Langues.

Je mettrai ici une partie de ce qu'en a dit Montagne: *Essais*, Liv. II, chap. 10, Ed. de Bourdeaux, 1580, *pag.* 121. « Vous y trouverez le langage doux » & agréable d'une naïve simplicité, la narration » pure, & en laquelle la bonne-foi de l'Auteur » reluit évidemment, exempte de vanité en parlant » de soi, d'affection & d'envie en parlant d'autrui.... » par-tout de l'autorité & gravité, représentant son » homme de bon lieu & élevé aux grandes affaires. »

La gravité de Philippe de Comines & son éloignement pour l'Expédition d'Italie, dont il connoissoit parfaitement les inconvéniens, fut peut-être cause que Louis XII, qui étoit tout occupé d'y aller, ne lui fit pas grand accueil; & ce bon Chevalier & ancien Ministre, paroît y avoir été un peu sensible. « J'allai, dit-il, vers ce Roi nouveau, de qui j'avois » été aussi privé que nulle autre personne, & pour » lui avois été en tous mes troubles & pertes; toute- » fois pour l'heure ne lui en souvint point fort: » mais sagement entra en possession du Royaume, » car il ne mua rien des pensions pour cette année, » qui avoit encore six mois à durer. Il ôta peu d'Of- » ficiers, & dit qu'il vouloit tenir tout homme en » son entier & estat; & tout cela lui fut bien séant, » & le plustost qu'il put il alla à son Couronnement, » là où je fus.... le 22 Mai 1498 ».... Comme ses Mémoires finissent par cet événement, il paroît que ce fut alors qu'il y mit la dernière main.

Depuis ce temps on ne sçait rien de Philippe de Comines, jusqu'à sa mort arrivée dix ou onze ans après; sinon, qu'il maria le 13 Août 1504. sa fille Jeanne, à René de Brosse, dit de Bretagne, Comte de Penthièvre. Il mourut, âgé de près de 64 ans, le 16 Août 1509, à Argenton, quoique quelques Ecrivains l'ayent fait mourir à Paris. Son corps y fut transporté & enseveli aux (grands) Augustins, sous un tombeau de marbre, dans une petite Chapelle qu'il avoit fait bâtir: elle est derrière la grande Chapelle du S. Esprit, & on ne la voit que quand le Sacristain y donne entrée. On y a mis la figure de Philippe de Comines, faite en bosse deux ans avant sa mort. Les corps de sa femme & de sa fille y sont aussi, avec leurs figures. On y voit encore l'Epitaphe de cette fille nommée Jeanne, qui est morte en 1514. Comme c'est d'elle que viennent par les Femmes, les Princes régnans de Savoie, de France, d'Espagne, de Portugal, on a eu raison de dire que Philippe de Comines avoit l'honneur d'être l'un des Ayeux de plusieurs grandes Maisons de l'Europe.

Nous finirons ce Mémoire en observant, pour achever son portrait, qu'il fut toujours reconnu comme un homme d'une probité à toute épreuve & de mœurs irréprochables. C'étoit d'ailleurs un bel homme & de haute stature, dit Sléidan. Il dictoit en même temps à quatre personnes qui écrivoient sous lui, diverses choses concernantes la République; (& il le faisoit) avec une telle promptitude & facilité, comme s'il n'eût devisé que d'une certaine matière. Il aimoit à converser avec les Etrangers, desirant apprendre d'eux ce qu'il ne sçavoit pas: cependant il n'a presque rien écrit dans ses Mémoires, que ce qu'il a vu.

XI.

MESSIEURS DE CORDEMOY.

Extrait du Père Niceron, tom. XXXVII.

GERAUD DE CORDEMOY, père, naquit à Paris d'une famille noble & ancienne, originaire d'Auvergne. Il s'attacha d'abord au Barreau, & exerça la profession d'Avocat avec succès, quoique sans goût. Un penchant marqué pour la Philosophie l'entraîna malgré lui. Celle de Descartes lui plût, & il plût lui-même par-là à M. Bossuet, Evêque de Meaux, qui avoit la même passion pour ce Philosophe.

Ce Prélat le mit auprès de M. le Dauphin, en qualité de Lecteur; & M. l'Abbé Fléchier, qui fut depuis Evêque de Nismes, eut en même temps une place semblable, dont il fut redevable à M. le Duc de Montausier. Ces deux Ecrivains déja connus l'un & l'autre par leurs Ouvrages, se piquèrent également de faire honneur à leurs Patrons, en travaillant de concert à l'instruction du jeune Prince.

M. Fléchier entreprit, par ordre du Gouverneur, la Vie de l'Empereur Théodose; & Cordemoy fut chargé par le Précepteur d'écrire celle de Charlemagne. Le premier, plus Orateur que Critique, eut bientôt achevé sa tâche. Quant à Cordemoy, comme il apportoit un esprit de Cartésien à ses lectures, & qu'il ne vouloit rien dire que sur de bonnes preuves, il n'alla pas loin dans ses recherches historiques, sans avoir frappé des contradictions, des bévues & des fables, dont les Auteurs qui ont parlé de Charlemagne, sont remplis. Cela l'engagea à remonter plus haut & à examiner les Règnes précédens, en remontant jusqu'à l'origine de la Monarchie. Il se vit insensiblement obligé de travailler à l'Histoire des deux premières Races de nos Rois, qu'il trouva si remplies de difficultés, que cette Histoire n'a pû paroître qu'après sa mort.

Il fut reçu à l'Académie Françoise le 12 Décembre 1675, à la place de Jean Balesdens. Sa mort arriva à Paris le 8 Octobre 1684. Il étoit dans un âge assez avancé. Voici quels ont été ses Ouvrages.

1. Le Discernement du corps & de l'ame; en six Discours. *Paris*, 1666. *in-12.*

2. Discours Physique de la parole. *Paris*, 1668. *in-12.*

3. Lettre à un sçavant Religieux de la Compagnie de Jésus, pour montrer, 1°. que le Système de M. Descartes, & son opinion touchant les bêtes, n'ont rien de dangereux; 2°. que tout ce qu'il a écrit, semble être tiré de la Genèse: *Paris*, 1668. *in-4.*

4. Histoire de France, (en Latin:) *Paris*, *in-fol.* 2 vol. Le Ier. en 1685; & le IIe. en 1689. (Cet Ouvrage étoit imparfait, lorsqu'il mourut; & son fils l'a achevé.)

5. Divers Traités de Métaphysique, d'Histoire & de Politique : *Paris*, 1691. *in*-12.

6. Les Œuvres de feu M. de Cordemoy : *Paris*, 1704. *in*-4. (Ce sont tous les Ouvrages précédens que le fils de l'Auteur a rassemblés en un Volume, à l'exception de l'Histoire de France.)

Ce fils se nommoit Louis-Géraud de Cordemoy : il naquit à Paris le 7 Décembre 1651. Ayant embrassé l'état Ecclésiastique, il se mit sur les bancs de Sorbonne, & s'y fit recevoir Docteur.

Il tourna une partie de ses études vers la Controverse, dans laquelle il se rendit aussi habile, que son père l'avoit été dans la Philosophie. Plein de zèle pour la conversion des hérétiques, il a rapporté à cet objet presque tous ses travaux & toutes ses occupations. Il fit dans ce dessein plusieurs Missions laborieuses dans la Saintonge ; & il a fait à Paris, pendant plusieurs années, des Conférences publiques, où les hérétiques étoient reçus à disputer, & il résolvoit leurs doutes avec solidité. Enfin c'est à ce but que se rapportent presque tous les Ouvrages qui sont sortis de sa plume.

Il fut nommé en 1679 à l'Abbaye de Fenières, Ordre de Citeaux, dans le Diocèse de Clermont en Auvergne. Il est mort à Paris le 7 Février 1722, âgé de 71 ans.

Il publia en 1685. le premier Volume de l'Histoire de France de Géraud de Cordemoy, son père, *in-fol.* & le second en 1689, en suppléant à ce qui y manquoit. C'est lui qui a fait la fin du Règne de Louis V. & ce qui suit de la seconde Race, où finit cette Histoire. Le Roi Louis XIV. lui ordonna de la continuer ; mais cette Suite, qui s'étend depuis Hugues-Capet jusqu'à la mort de Henri I, en 1060, est demeurée Manuscrite.

XII.
*GATIEN DE COURTILZ.

(Par le Père le Long.)

Gatien de Courtilz de Sandras, né à Paris en 1644, a été Capitaine dans le Régiment de Champagne ; il étoit de grande taille & de bonne mine, & avoit de l'esprit, tourné du côté de l'intrigue, comme on le peut juger par ses Ouvrages. Il en avoit fait plusieurs dans le loisir que lui avoit procuré la Paix, faite en 1678, lorsque vers l'année 1683 il passa en Hollande pour les faire imprimer. Il s'y fit connoître sous le nom de Montfort. Par complaisance pour les Libraires, & pour se faire quelque réputation en ce Pays-là, il commença à prendre la plume contre sa Patrie, & composa le Traité, intitulé : « La conduite de la France » depuis la Paix de Nimègue ». Mais son inclination le porta aussi-tôt à le réfuter ; ce qu'il fit l'année suivante. Ces deux Livres sont anonymes, & tous ceux qui de Courtilz a composés, sont ou sans nom d'Auteur, ou sous un nom supposé, imprimés la plus grande partie chez Henry Van-Bulderen, quoique dans le titre de plusieurs on y marque la Ville de Cologne.

Il donna dans la même année 1684, des « Mé- » moires contenant plusieurs événemens arrivés sous » Louis XIV. » & en 1685, « la Conduite de Mars » nécessaire à tous ceux qui font profession des » Armes, &c. » & les « Nouveaux Intérêts des » Princes » : mauvaise copie d'un excellent Original, je veux dire, du Traité de l'Intérêt des Princes, composé autrefois par Henri, Duc de Rohan. Celui-ci est un Politique consommé, qui parle avec connoissance ; & celui-là un Avanturier, qui hazarde quelques réflexions sur le peu qu'il sçait du sujet qu'il traite. C'est le jugement qu'en a porté M. l'Abbé Lenglet.

Il fit encore paroître cette même année 1685, « la » Vie du Vicomte de Turenne », sous le nom de M. du Buisson, Capitaine du Régiment de Verdelin. Mais quoiqu'on l'ait convaincu qu'il n'y avoit point en ce temps-là dans ce Régiment de Capitaine de ce nom, il ne laissa pas de la lui attribuer dans une seconde Edition, qui parut en 1688.

Il se déguisa davantage, lorsqu'en 1686 il donna « la Vie de l'Amiral de Coligny » ; car il y parle comme un Religionnaire, quoiqu'il ait toujours fait profession de la Religion Catholique.

Je ne marquerai point ici les Titres de quatre Pièces remplies d'une satyre très-piquante, où les Dames de la Cour de France sont cruellement traitées, qu'il publia en 1684, 1685 & 1686, parce qu'on ne sçauroit trop abolir la mémoire de ces sortes d'Ecrits. Bayle dit, qu'il ne sçait si on a eu raison ou non de les lui imputer ; mais il avoue, que cet Auteur a mérité par d'autres Ouvrages semblables, qui sont effectivement de lui, d'être soupçonné d'avoir composé ces Pièces.

De Courtilz commença en 1686 à la Haye, un Journal Hebdomadaire, sous le titre de « Mercure » historique & politique », qu'il continua jusqu'en 1688. On lui imposa silence alors ; parcequ'il y faisoit paroître trop de zèle pour la France, dans un Pays qui entroit en guerre avec cette Couronne.

Il fit imprimer en 1687, les « Mémoires de M. le » C. D. R. (c'est-à-dire, de M. le Comte ou le » Chevalier de Rochefort,) contenant ce qui s'est » passé de plus particulier sous le Ministère du Car- » dinal de Richelieu & du Cardinal Mazarin ; avec » plusieurs particularités du Règne de Louis le » Grand ». Ce Livre est le mieux écrit de tous ceux que cet Auteur a composés ; le style en est vif, la narration serrée & enjouée ; il contient même plus de vérités que plusieurs autres. L'Auteur raconte, à la page 22 de ces Mémoires, une Avanture, sous le nom de Courtilz, dont il fait le portrait. On ne l'en croira pas moins l'Auteur, quoiqu'il dise dans sa Préface, que cet Ouvrage lui a été confié par celui qui l'a fait, qui lui a recommandé en mourant de le supprimer. C'est-là un de ces faits supposés, qui servent à donner plus de cours à un Ouvrage.

En 1688, il donna une nouvelle Edition de la Vie du Vicomte de Turenne, où il avoit fait quelques Additions ; il en avoit même changé le style en quelques endroits ; mais pour soutenir la supposition que c'étoit l'Ouvrage de du Buisson, il avance que cet Auteur lui en avoit laissé deux copies, l'une plus ample & plus complette ; que la première Edition avoit été faite sur la plus défectueuse ; & que la seconde exprimoit la copie la plus parfaite.

Il fit paroître en 1689, son « Histoire de la Guerre » de Hollande, depuis l'an 1672 jusqu'en 1677 ». Son zèle pour sa Patrie fit qu'il lui échappa quelques vérités qui déplurent à ceux chez qui il vivoit ; il

sur plusieurs Historiens de France.   xliij

fut donc obligé de quitter ce Pays, & de s'en revenir en France, où il demeura quatre ans. Il y composa plusieurs autres Livres, qui ne pouvant être imprimés en ce Royaume, l'engagèrent à repasser en Hollande, pour les donner au Public. Il y retourna en 1694, & mit sous la presse le « Testament » politique de M. Colbert le Ministre » : autre mauvaise copie de celui du Cardinal de Richelieu, qu'on venoit de mettre au jour. En 1695 il ne fit paroître aucun de ses Ouvrages. En 1696 il y publia une « Histoire galante », fort satyrique. Il recommença en 1698 un nouveau Journal, sous ce titre : « L'Elite » des Nouvelles des Cours de l'Europe ». Il n'y eut que les quatre premiers mois qui furent publiés ; la suite fut supprimée, & même le Libraire condamné au bannissement.

Il fit imprimer la même année 1698, les « Mé- » moires de Jean-Baptiste de la Fontaine, Brigadier » & Inspecteur Général des Armées du Roi, con- » tenant ses Avantures, depuis l'an 1636 jusqu'en » 1697 ». Ces Mémoires ne sçauroient être mieux comparés qu'à ceux du Comte de Rochefort. Ils contiennent les uns & les autres du merveilleux, du fabuleux & de l'historique.

Les « Mémoires de M. d'Artagnan, Capitaine » Lieutenant de la première Compagnie des Mous- » quetaires du Roi, contenant plusieurs choses se- » crètes & particulières arrivées sous le Règne de » Louis le Grand, jusqu'en 1673 », furent imprimés en 1700, à Amsterdam, en trois Volumes in-12. Les « Mémoires du Marquis de Montbrun », fils naturel du Duc de Bellegarde, & les « Mémoires de » Madame de Fresne », en 1701. Les « Entretiens » de M. Colbert avec Bauin » ; « Mémoires du Mar- » quis D. contenant ce qui s'est passé de plus secret » depuis le commencement de la Guerre d'Espagne, » de Flandre & de Bavière » ; & les « Annales de » Paris & de la Cour, pour les années 1697 & » 1698 », dont cet Auteur promettoit une suite qu'il n'a pas donnée. Il débite dans ces Annales beaucoup de choses qui intéressent la réputation de plusieurs personnes de marque.

De retour de Hollande à Paris, en 1702, il y publia les « Mémoires de Wordac, Général des » Armées de l'Empereur, où l'on voit ce qui s'est » passé en Hongrie & ensuite en Flandre, depuis » l'an 1661 jusqu'en 1695 ».

Il fut arrêté par ordre du Roi, soit que ses Annales fussent la vraie cause de sa détention, soit qu'il eût composé quelqu'autre Ouvrage contre une personne puissante qui étoit en place, comme d'autres l'assurent ; & il fut conduit à la Bastille, où il a demeuré pendant neuf années entières. Il fut renfermé les trois premières années dans une étroite prison ; mais ayant obtenu dans la suite un peu plus de liberté, il fit connoissance avec le Duc de Tirconnel, Viceroi d'Irlande, qui lui raconta tout ce qu'il sçavoit de ce qui s'étoit passé sous le Règne de Charles I. Roi d'Angleterre, & sous l'usurpation de Cromwel. Ce fut sur ces récits qu'il composa les « Mémoires du Duc de Tirconnel ». Il fit aussi, dans la Bastille, les « Anecdotes d'Angleterre » ; les « Mémoires pour servir à l'Histoire d'Abraham de » Fabert, Maréchal de France & Gouverneur de » Sedan », les « Mémoires d'un Homme de Guerre, » où sont mêlées quantité de choses curieuses, arri-

» vées pendant qu'il étoit dans le service » ; (ce sont sans doute ses propres Mémoires,) & les « Mé- » moires de M. B. Secrétaire du C. D. R. (c'est-à- » dire, du Cardinal de Richelieu,) dans lesquels on » découvrira la plus fine politique & les Affaires » les plus secrettes qui se sont passées du Règne de » Louis le Juste, sous le Ministère de ce grand Car- » dinal, jusqu'en 1640 ». Ces derniers sont imprimés à Rouen, en 1711, depuis sa sortie de la Bastille. Il ne jouit pas long-temps de sa liberté ; car il mourut à Paris, le 6 Mai 1712, âgé de soixante-huit ans. Il fut enterré à Saint André-des-Arcs sa Paroisse.

Les Manuscrits qu'il a laissés, pourroient faire quarante Volumes in-12. Depuis sa mort il n'a paru que la « Vie du Chevalier de Rohan », qui eut la tête tranchée en 1674, & « l'Histoire du Maréchal » de la Feuillade ».

Pierre Bayle parle ainsi de cet Auteur : Il narre joliment ; il y a du vif & de la clarté dans son style ; son génie est fécond ; il a le don d'écrire avec une facilité extraordinaire. S'il eût employé de si beaux talens à suivre les grands modèles de l'Antiquité, & les Loix de l'Histoire si bien expliquées par les Maîtres en cet Art, il auroit pu devenir un bon Historien. Mais dès qu'un Auteur ne cherche que la propre gloire ou son profit, préférablement à l'utilité de ses Lecteurs, alors c'est un homme dont on doit craindre les supercheries, & à qui l'on ne doit se fier qu'à bonnes enseignes. Comme il veut se faire lire, & qu'il aime à en donner à garder, il parle des choses comme témoin oculaire ; il a tout vu ; il se prête comme un grand Registre d'Anecdotes ; il sème par-tout des Avantures qui puissent surprendre ; il romanise tous les sujets qu'il manie. On ne trouve dans ses prétendus Mémoires aucunes dates des évènemens qu'il y raconte, même des plus remarquables. Il y débite ses fictions sans aucun égard à la Chronologie ; il passe d'une année à une autre sans en avertir son Lecteur, faisant précéder ce qui devroit suivre. C'est là le jugement que Bayle a porté de cet Ecrivain, dans les Chapitres vingt-huitième & vingt-neuvième du Tome I. de sa *Réponse aux Questions d'un Provincial*.

De Courtilz ne pouvoit s'assujettir à aucunes règles dans ses compositions, qu'il tiroit toutes de sa tête & de sa mémoire, sans se servir du secours des Livres. Aussi il paroit qu'il ne s'est jamais gêné, ni pour la matière, ni pour la forme de ses Ouvrages, qui ne sont que des Romans historiques, où le vrai, le faux & le merveilleux sont mêlés ; de quoi l'on ne sçauroit trop avertir les Lecteurs peu instruits, ou qui sont portés à croire trop facilement, parcequ'ils y rencontrent du vrai ou du vraisemblable, ce qui est de plus surprenant & de plus extraordinaire : car comment se fier à un tel Ecrivain, qu'on sçait avoir débité mille & mille choses inventées à plaisir, ou puisées dans des bruits de Ville ? C'est ce qui a fait dire à Bayle, dans une Note de son Dictionnaire critique, sous le nom de Schomberg, que cet Auteur, dont il n'a jamais marqué le nom, quoiqu'il ait rapporté presque tous les Ouvrages qui lui sont attribués, a de l'esprit, mais qu'on ne vit jamais un tel emballeur de toutes sortes de contes, ni un tel compilateur de toutes sortes de rapsodies satyriques, qu'on peut apprendre dans les Auberges & dans les Armées.

XIII.
GABRIEL DANIEL.

Extrait de l'Avertissement de la dernière Edition de son Histoire de France, publiée en 1755, par le Père GRIFFET.

LE Père Gabriel DANIEL, Historiographe de France, naquit à Rouen, le 8 Février 1649, & à l'âge de dix-huit ans il entra au Noviciat des Jésuites à Paris, le 12 Septembre 1667. On l'envoya ensuite régenter en divers endroits. Il étoit Professeur de Philosophie à Rennes, lorsqu'il y prononça ses derniers vœux, en 1683. Il fut regardé par-tout comme un excellent Maître, qui sçavoit mettre les questions les plus difficiles à la portée des esprits les moins pénétrans.

Il commença à se faire connoître au Public en 1690, par un Ouvrage philosophique, intitulé : « Voyage du Monde de Descartes ». Puis, étant venu régenter la Théologie à Rouen, il commença à publier des Ecrits Théologiques : « Lettre sur une » ancienne Hérésie renouvellée (& autres) ». Appellé, en 1694, à la Maison Professe des Jésuites de Paris, où il a fini ses jours, il publia les « Entretiens » de Cléandre & d'Eudoxe (ou la) Réponse aux » Lettres Provinciales »... Il s'en faut beaucoup qu'il ait égalé dans cet Ouvrage la finesse & les agrémens de Pascal.

Les différens Ecrits de controverse que le Père Daniel donnoit de temps en temps au Public, ne l'empêchoient pas de travailler à une Histoire générale de la Monarchie Françoise. Il se préparoit depuis long-temps à ce grand Ouvrage, par la lecture de nos anciens Historiens, & il le commença au plus tard en 1692, aussi-tôt qu'il fut arrivé à Paris, dans le Collège de Clermont. Il regardoit Clovis comme le premier fondateur de notre Monarchie, & il annonça au Public ce nouveau Systême, dans la première des deux Dissertations qu'il fit imprimer en 1696, avec ce titre : « Deux Dissertations » Préliminaires d'une nouvelle Histoire de Fran-» ce, depuis le commencement de la Monarchie ». Il soutenoit dans la seconde, que la Déposition du Roi Childéric, père de Clovis, ainsi que l'Election du Comte Gillès, Général de l'armée Romaine, pour être mis à sa place sur le Trône des François, devoit être regardée comme une fable.

Il fit imprimer, la même année, un « Premier » Volume de l'Histoire de France, qui ne contient » que les Règnes de Clovis & de ses Enfans, suivis » de quelques Notes & de huit Dissertations », dont les deux premières sont celles dont on vient de parler. La troisième est de l'antiquité de la Loi Salique : il y réfute l'opinion hardie & insoutenable du Sieur du Haillan, qui prétendoit que cette Loi avoit été inventée par Philippe le Long. Il explique dans la quatrième, quelques Médailles ou Monnoies de Théodebert I. Roi de la France Austrasienne, petit-fils du grand Clovis ; & il y réfute les Explications données par plusieurs Antiquaires, au mot de Conob, qui se trouve dans l'Exergue des Médailles du bas Empire. Il explique dans la cinquième, quelques Médailles de Childébert & de Clotaire I. Il examine dans la sixième, si la grande Bretagne a donné son nom à la Province de France, que nous appellons aujourd'hui la Bretagne, ou si celle-ci l'a donné au Royaume que nous nommons la Grande Bretagne. Il tâche de prouver dans la septième, que la petite Bretagne ne fut jamais gouvernée par des Rois, après que les François se furent établis dans les Gaules, mais seulement par des Ducs & par des Comtes ; & il traite de fabuleux tout ce qu'on lit des anciens Rois de Bretagne dans l'Histoire d'Argentré. Il se propose à la fin de cette Dissertation quelques objections, auxquelles il fait des réponses qui ne paroissent pas être sans réplique. Enfin, il examine dans la huitième, si c'est Childéric I. qui a fait bâtir la Cathédrale de Paris.

Il paroit que son premier dessein étoit de donner successivement les Volumes de l'Histoire de France, à mesure qu'ils seroient composés, à l'exemple de M. Fleury, Auteur de l'Histoire Ecclésiastique ; mais il changea de sentiment. Ce premier Volume ne fut suivi d'aucun autre ; & il prit la résolution de ne plus faire imprimer séparément aucune partie de son Histoire, & d'attendre pour en donner la suite, qu'elle fût entièrement achevée. Son travail étoit souvent interrompu par des controverses Théologiques... (Le P. Griffet les indique ; & ceux qui en sont curieux, peuvent avoir recours à son Avertissement.)

L'Histoire de France du P. Daniel parut en 1713, imprimée à Paris, en trois Volumes *in fol.* Elle fut dédiée & présentée au feu Roi Louis XIV. qui récompensa l'Auteur la même année, d'une pension de deux mille livres, avec un Brevet qui lui donnoit la qualité d'Historiographe de France.

A peine cette Histoire fut-elle imprimée, que le P. Daniel recommença ses combats de Controverses... Cependant le Père Daniel ne perdoit pas de vue l'Histoire de France ; il travailloit à une Histoire particulière de la Milice Françoise. Il en avoit annoncé le plan & le dessein, dans le Journal de Trévoux du mois de Septembre 1719, par un Ecrit intitulé : « Plan d'un nouvel Ouvrage sur l'Histoire » de France, entrepris par le Père Daniel, & sur » lequel il demande quelques lumières, soit aux » Familles qui y peuvent prendre quelque intérêt, » soit aux personnes qui peuvent l'aider de leurs » connoissances sur quelques matières qu'il traite » dans cet Ouvrage. » Le projet fut exécuté : cette Histoire parut en 1721, en deux Tomes *in-4*. sous ce titre : « Histoire de la Milice Françoise, & des » changemens qui y sont arrivés depuis l'établisse-» ment de la Monarchie dans les Gaules, jusqu'à la » fin du Règne de Louis le Grand. »

On trouva beaucoup d'érudition & de recherches sçavantes dans le premier Volume, & trop peu d'exactitude dans le second ; défaut que l'on doit attribuer à ceux qui fournirent des Mémoires à l'Auteur sur le dernier Etat de la Milice Françoise, ou si l'on veut, à la trop grande facilité qu'il eut à les admettre sur la foi de ceux qui lui en garantissoient la vérité.

Quand il eut composé cet Ouvrage, il ne songea plus qu'à préparer une seconde Edition de sa grande Histoire, & à en faire l'Abrégé. Il résolut d'y ajouter un Journal des Règnes de Louis XIII. & de Louis XIV, & il s'occupoit uniquement de ce travail, lorsque le Cardinal du Bois lui écrivit en 1722, comme à un homme sçavant & profond dans notre Histoire, pour le prier de lui envoyer des Mémoires instructifs sur les Parlemens du Royaume, & sur les droits & prérogatives attachées à la qualité de principal Ministre. Il le chargeoit d'examiner en particulier, si le Cardinal de Richelieu qui avoit possédé avant lui cette grande dignité, étoit dans l'usage de travailler toujours seul avec le Roi, & s'il étoit toujours présent lorsque les autres Ministres ou Secrétaires d'Etat venoient prendre les ordres de Sa Majesté. On voit assez l'intérêt qu'avoit alors le Cardinal du Bois à l'éclaircissement de ces deux questions.

Le Père Daniel se mit aussi-tôt à composer les Mémoires qu'on lui demandoit. On ignore s'il les finit : on a seulement trouvé parmi ses papiers, quelques Fragmens très - imparfaits de celui qui regardoit les Parlemens du Royaume. Mais ce que l'on sçait certainement, c'est qu'au moment qu'il cachetoit un Paquet adressé au Cardinal du Bois, il fut frappé d'une attaque d'apoplexie, qui le réduisit à l'extrémité. Il en guérit cependant, & il se trouva encore en état de continuer ses travaux. Il en eut une seconde l'année suivante , qui le mit encore en danger, quoiqu'elle fût moins considérable que la première. On le guérit encore , & il eut même assez de force en 1724, pour faire imprimer son Abrégé de l'Histoire de France , en 9 tomes *in*-12. & un Recueil de ses Ecrits polémiques, en 3 tomes *in*-4. intitulé : « Recueil de divers » Ouvrages Philosophiques, Théologiques , Histo- » riques, Apologétiques & de Critique ».

Il enrichit le premier Tome de ce Recueil de quelques Ouvrages qui n'avoient point encore paru. On auroit pû ajouter à ce Recueil quelques Pièces détachées que le P. Daniel avoit fait imprimer en différens temps, dans les Journaux de Trévoux, & entr'autres en 1700, au mois de Juillet, une « Lettre » touchant l'Explication d'une Médaille de Gra- » tien. » En 1706, au mois d'Août , « l'Explication » de deux Médailles faites sous un Charles , Roi de » France ». En 1707, au mois d'Avril , une « Dis- » sertation sur d'anciens Bas - reliefs, trouvés dans » l'Eglise Cathédrale de Paris, & l'Explication d'un » Anneau d'or trouvé proche de Bourges ».

Les travaux du Père Daniel avoient tellement altéré sa santé, qu'il eut , en 1725, une troisième attaque d'apoplexie, qui lui causa une Paralysie sur la langue ; il ne pouvoit plus articuler ses mots , & il perdit insensiblement toutes ses forces. Il passa trois années entières dans ce triste état, sans pouvoir marcher ni se soutenir. Il fallut aussi renoncer à l'étude : son esprit s'affoiblit, & devint absolument incapable d'une attention suivie. Il lui restoit cependant assez de connoissance pour marquer de temps en temps, par des signes, les grands sentimens de Religion & de piété dont il fut toujours pénétré. Il reçut les derniers Sacremens de l'Eglise le 23 Juin 1728, & il expira le même jour, âgé de 79 ans.

☞ Le Père Henri GRIFFET, son Confrère , a publié une « Nouvelle Edition de l'Histoire de Fran- » ce du P. Daniel (revue &c) augmentée de Notes & » de Dissertations, de l'Histoire du Règne de Louis » XIII. & du Journal de celui de Louis XIV. *Paris,* » 1755-1760 » , *in*-4. 17 vol. Il a aussi donné un » Traité des différentes sortes de preuves qui servent » à établir la vérité de l'Histoire : *Liége,* 1769 ». *in*-12. Ouvrage où il y a beaucoup de choses sur l'Histoire de France. Cet Auteur est mort à Bruxelles, le 22 Février 1771.]

XIV.
HENRI-CATHERIN DAVILA.

Extrait de la Préface du Tome I. de l'Histoire de DAVILA, traduite par l'Abbé Mallet : 1757, 3 vol. in-4.

HENRI-CATHERIN DAVILA, naquit à Sacco, ancien Château du Territoire de Padoue, le 30 Octobre 1576, d'Antoine II. Davila, Connétable de Chypre, & de Florence Sinclitico, fille de Jacques, Comte de Rochas, l'un des plus grands Seigneurs de Chypre. Il étoit le cadet de six fils qui naquirent de ce mariage.

On lui donna au Baptême les noms de Henri-Catherin, en l'honneur de Henri III. Roi de France, & de Catherine de Médicis, en reconnoissance des bienfaits que le Connétable de Chypre avoit reçus de cette Princesse, pendant son séjour en France, & pour l'engager, ainsi que le Roi son fils, à en répandre de nouveaux sur cet enfant , qui avoit l'honneur de porter leurs noms. Dans cet espoir, Antoine repassa en France en 1583, & il y amena son fils Henri - Catherin , qui n'avoit pas encore atteint sa septième année.

Le jeune Davila fut élevé dans le Château de Villers, en Normandie, appartenant à Jean d'Hémery , son beau-frère. C'est ce qu'on peut inférer de ces paroles qu'on lit au commencement de son Histoire : « Les disgraces de la fortune m'ont con- » duit dans le coeur de la France dès ma plus tendre » jeunesse ; le long séjour que j'y ai fait m'a procuré » l'avantage d'être témoin oculaire des ressorts les » plus cachés, & des circonstances les plus remar- » quables des mouvemens qui l'ont agitée ». Ce témoignage, joint à la certitude qu'on a d'ailleurs , du séjour constant que Davila fit en France jusqu'à l'âge de vingt-trois ans, suffit pour réfuter l'erreur de Papadopoli, qui prétend que Davila étudia dans l'Université de Padoue, jusqu'à ce qu'il perdit son père & sa mère. Dans quel temps auroit-il donc vécu en France, s'il eût passé les premières années de sa jeunesse en Italie ?

On ignore les détails de son éducation. A en juger cependant par sa manière d'écrire, & par les traits d'érudition qu'il sème quelquefois dans son Ouvrage, il est plus que probable qu'elle ne fut point négligée. M. Zéno croit qu'il possédoit les Langues Grecque & Latine, & qu'il avoit des connoissances assez profondes de l'Antiquité & de la Philosophie. Je suis persuadé qu'il avoit beaucoup lu Tacite & Tite-Live. Il approche fort de la manière du premier, par la profondeur de ses réflexions ; & de celle du second, par la chaleur & la netteté de sa narration.

On conjecture , par quelques endroits de son Livre IX. qu'après avoir commencé ses premières études au Château de Villers, il vint les achever à Paris, vers l'an 1588 ; mais ces Textes n'articulent rien de précis à cet égard. Le premier porte : « qu'aux derniers Etats de Blois, en 1588, il étoit » présent à la Harangue que prononça Henri III. » à l'ouverture de cette Assemblée, qu'il l'entendit » de fort près , & qu'il peut attester qu'elle fut im- » primée mot pour mot, telle qu'elle avoit été » prononcée, malgré les efforts que firent les Li- » gueurs, pour obliger le Roi à en retrancher les » morceaux ou des réflexions qui leur déplaisoient ».

Dans le Livre X. à l'occasion de Jacques Clément,

il s'exprime ainsi : « Je me souviens de l'avoir vu & » entendu plusieurs fois, & d'avoir remarqué que » les autres Religieux en faisoient leur jouet, dans » les visites fréquentes que je faisois, pendant le » séjour de la Cour à Paris, à Frère Etienne de » Lusignan, Evêque de Limisso, & Religieux du » même Ordre ». On peut bien en conclure que, vers l'année 1587, Davila, qui avoit alors onze ans, entra Page chez le Roi sur la fin de la Reine-Mère; mais les troubles du temps & l'agitation de la Cour, qui fut obligée de s'enfuir de Paris, au mois de Mai 1588, ne permirent pas à ce jeune Gentilhomme de faire un long séjour dans la Capitale, ni ne lui laissèrent le loisir de se livrer à l'étude.

Il entra dans le service à l'âge de dix-huit ans, en qualité de Volontaire, & s'attacha au parti de Henri IV. En 1594, au mois d'Avril, le Duc de Montpensier, Gouverneur de Normandie pour le Roi, forma le Siège de Honfleur, occupé par les Ligueurs. Davila s'y trouva, & eut un cheval tué sous lui, dans une Action assez chaude, qu'il décrit au Livre XIV. de son Histoire. Il servit la même année au Siège de Laon, & fut du détachement commandé par le Maréchal de Biron, & destiné à enlever un Convoi que les Espagnols avoient fait partir de la Fère, pour l'introduire dans la Place assiégée. L'Escorte se défendit vigoureusement; & la Cavalerie Françoise, sous les ordres du Comte de Torigni, fut obligée de mettre pied à terre, pour faire un dernier effort. Davila, en voulant sauter sur un des chariots du Convoi, se démit un pied, & courut risque d'en demeurer estropié le reste de ses jours. Néanmoins il guérit de cet accident, & en 1597 il se trouva au fameux Siège d'Amiens, formé par Henri IV. en personne. Dans une vigoureuse sortie que fit la Garnison Espagnole, le 17 de Juillet, Davila reçut un coup de pertuisanne au genouil droit. C'est tout ce qu'il nous a appris lui-même de ses avantures dans la profession des Armes, pendant le séjour qu'il fit en France.

Le Connétable, Antoine Davila son père, le rappella auprès de lui. Il obéit; mais un accident des plus tristes empoisonna bientôt la joie que lui causoit cette réunion. Soit frénésie, soit quelque autre accident, son père déja âgé, tomba d'un endroit fort élevé, se fracassa le corps, & ne survécut que deux heures à sa chûte. Louis son fils se rendit incontinent de France dans l'Etat de Venise, & prit le titre de Connétable de Chypre, ce qui fait présumer que François son aîné, étoit déja mort sans postérité. Il entra au service de la République en 1603, en qualité de Commandant de deux cens chevaux qu'il s'offrit de lever: proposition qui fut agréée par le Sénat, avec des témoignages honorables pour l'expérience militaire que Louis Davila avoit acquise dans les Guerres de France.

On ne peut assurer quelles furent les occupations de Henri Davila, pendant les cinq premières années de son séjour en Italie. Peut-être dans cet intervalle perfectionna-t-il, dans l'Université de Padoue, les connoissances qu'il avoit commencé à acquérir en France, comme le conjecture le Pere Nicéron, (tom. XXXIX.) Quoi qu'il en soit, étant à Parme au mois d'Août, où il fréquentoit l'Académie des Innominati, une dispute Littéraire qu'il eut avec Thomas Stigliani, l'un de ces génies présomptueux, qui regardent, ou traitent avec mépris, tous ceux qui n'ont pas la complaisance de penser comme eux, dégénéra en une querelle sérieuse. Davila ayant rencontré son Adversaire, ils mirent l'épée à la main, en présence de Flavio Querenghi & de deux amis communs, qui s'efforcèrent en vain de les séparer. Davila blessa d'abord Stigliani au bras droit, & d'un second coup, lui enfonça son épée sous la mammelle droite avec tant de roideur, qu'il le perça de part en part. Il avoit lui-même reçu à la jambe gauche une blessure qui le faisoit boiter. Il se retira sans songer à emporter son épée, qu'il laissa dans le corps de son ennemi. Les deux Champions écrivirent, chacun de leur côté, à Odoard Farnése, Duc de Parme, qui interposa son autorité pour assoupir cette affaire. Elle attira pourtant à Stigliani la disgrace de ce Prince, pendant quelque temps; mais elle dura peu, puisque sur la fin de la même année, les Académiciens Innominati l'élurent pour leur Prince ou Président. Ces particularités sont tirées de quelques Lettres imprimées de Stigliani. Celle de Davila au Duc de Parme ne s'est point conservée; ce qui nous prive des éclaircissemens qu'on pourroit desirer sur le sujet de cette querelle, & nous empêche de décider qui des deux avoit tort.

Davila passa de Parme à Venise, cette même année 1606. Les fameux Démêlés qui s'étoient alors élevés entre cette Puissance & le Pape Paul V, au sujet de l'Immunité des Clercs, sembloient annoncer une guerre prochaine. La République levoit des Troupes de toutes parts, & cherchoit à s'attacher de braves Officiers. Plein de zèle pour sa Patrie, Davila s'offrit de lever trois cens hommes d'Infanterie étrangère. Le Sénat accepta ses offres, & par une Délibération du 27 Octobre 1606, il lui assigna par année trois cens Ducats d'appointemens, qui furent depuis augmentés à différentes reprises, jusqu'à la somme de neuf cens.

Dès-lors Davila consacra ses jours & ses talens pour la guerre, au service de la République. En 1615, le Sénat le nomma Gouverneur de Candie, dans l'Ile de Candie. L'année suivante il fut rappellé en Italie, & chargé de défendre les confins de Cadore, de Feltre & de Belluno, contre les Autrichiens, qui avoient porté la guerre dans le Frioul. Le Sénat reconnut les services qu'il avoit rendus en cette occasion, en lui accordant une pension de cent cinquante Ducats, dont ses deux fils devoient jouir après sa mort. La Guerre du Frioul finit en 1619. Les Turcs menaçoient pour lors les Etats de la République, & sur-tout la Dalmatie. Davila fut chargé en 1620 de la défense de Cataro, Place importante, & qui est la clef de cette Province. De ce Gouvernement il passa à celui de différentes Villes & Forteresses dans la Lombardie, & s'acquitta de tous ces emplois avec tant d'intelligence & de zèle, que la République crut devoir lui accorder des distinctions singulières. Ainsi en 1622, le Sénat ordonna par un Décret, qu'en considération des services que Davila avoit rendus, tant dans la guerre du Frioul, qu'en Dalmatie, & en dernier lieu dans la Lombardie, & pour récompense de sa bravoure & de son expérience dans l'Art militaire, toutes les fois qu'il se trouveroit au Sénat, il seroit placé auprès du Doge, comme l'avoient été ses Ancêtres, lorsqu'ils étoient Connétables du Royaume de Chypre.

L'année suivante, Davila repassa en Dalmatie, en qualité de Gouverneur de Zara, avec sa femme & ses enfans. Depuis son retour de France, il avoit épousé Orsola ou Orsetta degli Ascuffi, qu'on croit issue d'une Famille Noble de l'Isle de Tine, dans l'Archipel. Rappellé en Italie, il eut divers Gouvernemens en Terre-ferme, & sur-tout celui de Brescia. Depuis 1618, jusques vers la fin de 1630, il fut occupé sans relâche à lever & à exercer huit mille hommes d'Infanterie, postés sur les Frontières de la République, que la guerre allumée dans le Mont-ferrat & dans le Mantouan, obligeoit de prendre des sûretés pour ses Etats au-delà du Mincio. Il n'épargna ni soins ni dépenses pour visiter exactement, & fortifier les postes les plus exposés. C'est le témoignage que lui rendit le Sénat le 2 de Février 1629.

Cet homme qui avoit évité la mort dans tant de combats, la rencontra d'une manière bien tragique, en pleine paix, & dans le sein de sa Patrie. Louis Giorgio, Général des Troupes Vénitiennes en Terre-ferme, lui ayant ordonné de se rendre à Crême, pour défendre cette Place, & y commander les Milices, il se mit en chemin avec ses équipages & sa Famille. Il s'arrêta au Bourg de Saint-Michel, dans la campagne de Véronne. Les ordres avoient été expédiés aux Villes & Communautés qui se trouveroient sur son passage, de lui fournir les voitures nécessaires pour transporter son bagage. Un habitant de Saint-Michel, nommé le Turc, homme violent & féroce, refusa d'obéir à ces ordres, & entrant avec fureur dans l'hôtellerie où Davila étoit sur le point de se mettre à table, avec sa femme & ses enfans, sans égard aux raisons de l'Officier Général, il lui tira un coup de pistolet, qui l'étendit mort sur la place. D'autres scélérats qui l'accompagnoient, ayant aussi tiré, blessèrent quelques personnes & tuèrent le Chapelain de Davila. Le Turc étant rentré dans la chambre quelques momens après, à dessein d'achever Davila, qu'il ne croyoit pas encore mort, Jean-Antoine Davila, fils aîné de Henri-Catherin, vengea la mort de son père, en perçant l'Assassin d'un coup d'épée. Ses Complices furent arrêtés, & conduits à Véronne, où ils furent punis de mort.

Davila fut inhumé dans l'Eglise de la Madona di Campagna, dans le Bourg de S. Michel, sans aucune Epitaphe ou Inscription à sa louange. On ignore le mois & le jour de sa mort ; mais il paroît qu'elle a dû arriver avant le mois de Juillet de l'an 1631, quoique Papadopoli ait reculée à l'année suivante. Cafforro, dans son Ouvrage intitulé : *Synthema vetustatis*, s'est encore trompé plus grossièrement, en la plaçant vers l'année 1610. Davila mourut âgé d'environ 55 ans, étant né, comme nous l'avons dit, à la fin d'Octobre 1576.

La République de Venise, sensible à sa perte, récompensa ses services, en accordant une pension à sa Veuve, qui étoit chargée de neuf enfans, quatre garçons & cinq filles. Les garçons se signalèrent dans la profession des Armes ; quelques-unes des filles furent Religieuses : on ignore le sort des autres. Des garçons, le puîné seul, nommé Jean-Etienne, eut postérité. Elle s'éteignit dans la personne de son fils, qui porta, comme son ayeul, le nom de Henri-Catherin, ainsi qu'il paroît par un arbre Généalogique que M. Zéno a joint à ses Mémoires historiques sur la Famille de Davila.

Passant à son Ouvrage, qui lui a mérité à juste titre une si grande réputation, il reste à examiner en quel temps il a commencé à écrire l'Histoire de nos Guerres Civiles, & quand il l'a finie ; sur quels Mémoires il a travaillé, & quelles sont les différentes Editions qu'on a faites du Texte, & des Traductions qui en ont paru en diverses Langues.

I. Davila, qui peut-être dès sa première jeunesse se sentit du goût pour écrire l'Histoire de nos Troubles, d'une partie desquels il fut témoin oculaire, put bien recueillir en France des Mémoires, & ramasser des matériaux pour l'écrire, sur-tout depuis l'année 1588, qu'il vint à la Cour de Henri III. jusqu'à ce qu'il sortît du Royaume en 1599 : mais il paroît certain qu'il ne mit la main à l'œuvre que plusieurs années après son arrivée en Italie. C'est ce qu'insinuent assez évidemment ces paroles du Préambule de son premier Livre. «Parvenu à un » âge mûr, pouvois-je choisir un sujet plus inté- » ressant & mieux employer mon loisir, qu'à décrire » l'origine, le progrès & l'enchaînement de ces » Troubles ». Il avoit cherché fortune jusqu'au moment où il entra au service des Vénitiens, en 1606 : il avoit pour lors trente ans ; c'est l'âge mûr de l'homme. Les emplois militaires qui l'occupèrent jusqu'à sa mort, durent, à la vérité, lui prendre beaucoup de temps ; mais ils lui laissèrent du loisir & des intervalles de repos, que tous les gens de guerre n'emploient pas aussi utilement.

En supposant qu'il commença pour lors à rédiger ses Mémoires, & à mettre en œuvre ses matériaux, il aura consacré vingt-quatre ans à écrire & à polir son Ouvrage. Il eut la satisfaction de le voir imprimé quelques mois avant sa mort ; puisque son Epître dédicatoire, adressée au Seigneur Dominique Molino, noble Vénitien, est datée de Brescia, le premier Février 1630, & que le Libraire Thomas Baglioni, qui donna la première Edition de cette Histoire, dans un Avertissement, demande grace aux Lecteurs pour les fautes d'impression qui y fourmillent, parceque l'Auteur, alors extrêmement occupé en Lombardie pour le service de la République, n'avoit pu veiller à la correction des Epreuves. Un Ouvrage, qui étoit le fruit de tant d'années, ne pouvoit manquer de faire un grand nom à son Auteur.

II. Les sources dans lesquelles a puisé Davila, sont-elles pures ? A-t-il travaillé sur des Mémoires authentiques ? Il se contente de dire en général, dans le Préambule que nous avons déja cité : «J'a- » vouerai que la première prise d'armes arrivée en » 1560, est antérieure à ma naissance, & qu'ainsi je » n'ai pu me trouver au commencement des Guerres » civiles ; mais j'ai tiré des lumières de ceux qui » étoient alors à la tête des Affaires, & la connois- » sance parfaite & particulière que j'ai de tout ce » qui s'est passé depuis, m'a fait aisément remonter » aux sources les plus reculées ». Il est vrai qu'il cite rarement des témoins ou des Actes publics, tels que des Lettres de Ministres, des Dépêches d'Ambassadeurs, & d'autres pareils Monumens. Aussi faut-il convenir que sur cet article, quelques Auteurs lui ont fait trop d'honneur, tandis que d'autres ont suspecté sa fidélité.

Les premiers se sont imaginé que Davila avoit été entièrement dans les bonnes graces de Catherine de Médicis, qui, non contente de l'élever à plusieurs Postes considérables, lui avoit révélé les ressorts les plus secrets de la politique qu'elle avoit mise en œuvre dans ces temps critiques & orageux. Tel a été entr'autres Marin le Roi de Gomberville, de l'Académie Françoise, qui assure, «qu'en lisant » Davila, il a connu qu'il avoit eu de bons Mé- » moires, & qu'il s'en est servi avec bien de l'art & » du jugement ; mais que pour le secret des Affaires, » il n'en a sçu que ce que Catherine de Médicis lui » en avoit communiqué ». Une lecture réfléchie de Davila eût suffi pour détromper M. de Gomberville sur cette dernière prétention.

Catherine de Médicis mourut le 5 Janvier 1589. Davila n'avoit alors que douze ans & quelques mois. Quelle apparence qu'une Reine fort âgée, eût la complaisance de révéler le secret des Affaires à un enfant ? On peut assurer avec plus de vérité, que quelques années après il put tirer des lumières de sa sœur, Madame de Villers, qui avoit été long-temps attachée à cette Princesse ; & que depuis son retour en Italie, Louis Davila, qui avoit passé vingt-huit ans, tant au service de Catherine que dans le Royaume, lui fournit des Mémoires sûrs concernant les causes secrettes des Evénemens qu'il décrit.

D'un autre côté, M. de Fénelon, dans sa *Lettre sur l'Eloquence*, pag. 383, a porté un jugement assez défavorable à la politique de notre Historien. Voici comme s'explique cet illustre Ecrivain : «Davila » se fait lire avec plaisir ; mais il parle comme s'il » étoit entré dans les Conseils les plus secrets. Un » seul homme ne peut jamais avoir eu la confiance » de tous les Partis opposés. De plus, chaque homme » avoit quelque secret, qu'il n'avoit garde de con- » fier à celui qui a écrit l'Histoire. On ne sçait la » vérité que par morceaux. L'Historien qui veut » m'apprendre ce que je vois qu'il ne peut pas savoir, » me fait douter sur les faits mêmes qu'il sçait ».

J'ai cru devoir d'autant moins supprimer ce jugement, quoique sévère à l'excès, qu'on ne manque pas de raisons pour le réfuter. 1.° Comme le remarque M. Zéno : cette critique est vague, & tombe également sur tous les Historiens ; elle tend à enlever toute créance à leur témoignage, sur-tout s'ils ont vécu long-temps après les faits qu'ils décrivent. * Davila est né dans le cours de nos Guerres civiles ; il a été témoin des Evénemens qu'il raconte sous Henri III. & Henri IV. Il est vrai qu'il a pu ignorer bien des secrets ; mais il est également certain qu'il a été à portée d'en pénétrer beaucoup plus qu'un Ecrivain moins voisin de ce temps-là.

2.° Ce qui constate la véracité de notre Historien, c'est la conformité de sa narration avec plusieurs Pièces originales du temps. Dom Joseph Pellicer de Tovar, Historiographe de Sa Majesté Catholique, dans l'approbation qu'il donna le 12 de Novembre 1648, à une Traduction Espagnole du Davila, certifie qu'il a entre les mains des Mémoires & Dépêches des Ambassadeurs & Ministres d'Espagne & de Venise, qui résidoient en France dans le temps de ces Guerres, & qui renferment exactement les mêmes faits que raconte Davila ; qu'il a comparé ces Pièces avec l'Histoire de l'Auteur Italien, & qu'il n'y a pas remarqué la plus légère différence ; ce qui, ajoute-t-il, a mérité à Catherin un applaudissement universel dans toute l'Europe. Baudouin, qui nous a donné la Traduction des Négociations d'Hippolyte d'Est, Cardinal de Ferrare & Légat en France, vers le commencement de nos Guerres civiles, sous le Pontificat de Pie IV. y a joint des Notes pour faire remarquer la conformité qui règne entre plusieurs points importans des Dépêches du Cardinal, & divers endroits de l'Histoire de Davila. Cette double conformité suppose un Ecrivain qui n'a pas politiqué sans fondement.

3.° Quant aux Evènemens dans lesquels ont influé les Ambassadeurs de Venise auprès de Charles IX. de Henri III. & de Henri IV. quelles lumières notre Historien, attaché au service de la République, & en relation avec les principaux Membres du Sénat, n'a-t-il pas tirées de ces Ministres eux-mêmes, ou de leurs parens, avec lesquels il a vécu ? Ces raisons convaincront aisément tout Lecteur impartial de la fidélité des Mémoires sur lesquels Davila a travaillé.

Pour ce qui concerne les autres secours dont il s'est aidé, plusieurs Ouvrages historiques avoient paru avant que Davila songeât à écrire son Histoire ; quelques-uns mêmes avant qu'il fût né. Tels sont entr'autres les Mémoires de Condé, imprimés pour la première fois en 1565, les Mémoires d'Etat, sous le Règne de Charles IX. qui parurent à Middelbourg en 1576 ; & enfin l'Histoire du Président de Thou, qui fut imprimée successivement par Parties, depuis 1604 jusqu'en 1618, & qui parut enfin complette à Genève en 1620. Il est clair que Davila a puisé dans ces sources, & même dans cette foule d'Ecrits & de Mémoires dont on peut voir le Catalogue dans la Bibliothèque historique du Père le Long.

III. Une Histoire écrite par un témoin oculaire, & composée sur des titres aussi authentiques, ne pouvoit manquer d'être reçue du Public, avec cette avidité qu'il a toujours pour les Ouvrages excellens. Si les Editions coup sur coup réitérées, si les Traductions en différentes Langues sont de sûrs garans de la fortune d'un Livre, il en est peu qui en ayent fait une aussi rapide & aussi brillante que l'Ouvrage de Davila. Si l'on en croit un de ses Panégyristes, il a été imprimé deux cens fois, & il s'en vendit jusqu'à quinze mille exemplaires en une seule année **. Nous n'adoptons point ces exagérations : les grands hommes n'ont besoin que de la vérité pour être ce qu'ils doivent être.

Ce qu'il y a de certain, c'est que depuis 1630 jusqu'en 1642, les Libraires de Venise en donnèrent quatre Editions in-4°. Quant à celles de France, la première fut faite à Lyon, aussi in-4°. en 1641. On en donna aussi une à Rouen, petit in-fol. en 1646. Il en parut une autre plus magnifique en 1644. C'est celle de l'Imprimerie Royale, faite en deux volumes in-fol. par ordre de Louis XIII, qui crut devoir ce bienfait à la mémoire d'un Auteur qui avoit toujours parlé avec une extrême bienséance de la Maison de Bourbon, & rendu la plus exacte justice aux vertus éclatantes de Henri IV ; même avant qu'il montât sur le Trône de France, & lorsqu'il étoit encore engagé dans l'erreur. Ce Livre, pour l'exécution duquel on n'avoit rien négligé, fait encore aujourd'hui les délices des Curieux, & l'ornement des plus fameuses Bibliothèques.

On en connoît de plus, dans le Siècle dernier, trois Editions de Venise in-4°. données en 1662, 1670 & 1676. Il a encore été imprimé à Bologne & dans plusieurs autres Villes d'Italie. Enfin, M. Apostolo-Zeno en a donné une très-belle Edition à Venise, en 1733, en deux volumes in-fol. Le titre promettoit des Observations critiques d'un Anonyme, à la fin de l'Ouvrage : on les a omises, sous prétexte que ce qu'elles contiennent de principal se trouve dans les notes marginales de Baudouin ; ce qui n'est rien moins qu'exact, comme nous le prouverons dans un moment. On vient d'en donner depuis peu en Angleterre, une nouvelle Edition en deux vol. in-4°.

A peine l'Ouvrage de Davila paroissoit-il en France, que Jean Baudouin de l'Académie Françoise, & natif de Pradelle en Vivarais, en donna une Traduction Françoise en 1642. On prétend que le Cardinal de Richelieu en fut si content, qu'il promit à Baudouin une pension de 1200 écus ; récompense dont il fut privé par la mort du Cardinal, arrivée sur la fin de la même année. Cette Edition fut suivie d'une seconde en 1644, & d'une troisième en 1647, revue & corrigée en plusieurs endroits. Ces trois Editions sont de Paris, & en deux volumes in-fol. Elles ont été suivies de deux autres, faites dans la même Ville, l'une in-4°. en 1657, & l'autre qui comprend 4 volumes in-12. en 1666.

M. Pelisson, dans son Histoire de l'Académie Françoise, appelle la Traduction de Jean Baudouin, son chef-d'œuvre. Mais le langage commence à en être aujourd'hui suranné : le style en est lâche, diffus ; on a peine à en soutenir la lecture. M. l'Abbé Mallet nous a donné, en 1757, une nouvelle Traduction Françoise de Davila, (dans un style plus récent &) accompagnée de notes critiques & historiques. Cette Traduction qui est estimée, a été imprimée à Paris, sous le nom d'Amsterdam, 1757, en trois volumes in-4°. M. Mallet convient dans sa Préface, qu'il s'est servi, & qu'il a tiré de grands secours, d'une autre Traduction qu'avoit commencée M. Grosley de Troyes, qui a bien voulu la lui communiquer.

Les Espagnols ont aussi une Traduction de Davila, que le P. Basile Varen de Soto, Provincial des Clercs Réguliers Mineurs de la Province d'Espagne, donna à Madrid en 1651. Ce Traducteur ajoute à la narration de Davila, cinq Livres qui contiennent la suite des Guerres civiles de France, jusqu'en 1630. On en fit une seconde Edition en 1659. Enfin, Jean-Baptiste Verdussen, Libraire d'Anvers, en donna une beaucoup plus belle in-folio, & ornée de figures, en 1686.

---

* Mem. istorisch. della Famigl. Davila, pag. 24.
** Papadopoli, Hist. Gymn. Patav. tom. II. pag. 127.

Les Anglois ont fait le même honneur à notre Historien. Guillaume Aylesbury en a traduit une partie, qui finit à l'année 1572. Elle a été imprimée à Londres, *in-fol.* en 1647; & Charles Cotterel ou Cotteral en a donné une Traduction complette, qui parut à Londres, aussi *in-fol.* en 1666.

Enfin, pour mettre encore cette Histoire à la portée d'un plus grand nombre de Lecteurs, l'Abbé Cornazzani, Secrétaire du Connétable Colonne, étoit sur le point d'en faire imprimer à Rome une Version Latine, en 1733, lorsque M. Zéno donnoit à Venise la dernière Edition du Texte Italien. Cet empressement des Sçavans, à faire connoître notre Historien, décide irrévocablement de son mérite. C'est un Eloge supérieur à tous les Panégyriques.

X V.

*SCIPION DUPLEIX.

(*Par le Père le Long.*)

Scipion Dupleix naquit en 1569, à Condom, d'où étoit sa mére. Son père, qui s'appelloit Guy Dupleix, fut employé par le Maréchal de Montluc, pour secourir Casteljaloux : (Commentaires de Montluc, Livre septième, fol. 228.) Dupleix perdit fort jeune ses parens, qui étant attaqués d'une maladie populaire, appellée coqueluche, furent empoisonnés, à ce qu'on prétend dans la Famille, par un Garçon Apothicaire de la nouvelle Religion, en haine des cruautés que le Maréchal de Montluc & ses Troupes, avoient exercées contre les Religionnaires.

Il fut élevé dès sa plus tendre jeunesse dans les Sciences & les Lettres, qu'il cultiva toujours depuis. C'étoit un Auteur infatigable, qui pendant plus de cinquante ans, comme il l'assure lui-même, (*pag.* 4 de son Traité de la Langue Françoise,) a donné des Ouvrages au Public. Il commença à se faire connoître en 1607, par un Cours de Philosophie en François. Il s'en fit plusieurs Editions ; il en dédia une à Antoine de Bourbon, Comte de Moret, fils légitimé du Roi Henri XIII. dont il étoit le Précepteur. Il a écrit en François avec beaucoup de netteté sur toutes les parties de la Philosophie d'Aristote, quoique par elle-même elle soit peu propre à être mise dans cette Langue.

Il étoit venu à Paris dès l'an 1605, avec la Reine Marguerite, qui le fit depuis Maître des Requêtes de son Hôtel. On lui reproche avec raison, qu'après en avoir fait son Héroine, dès qu'elle fut morte il en parla avec aussi peu de respect que de reconnoissance. C'étoit avoir mal profité de tant d'étude sur la Philosophie, & démentir l'air austère qui paroissoit sur son visage, & qu'une longue barbe, que Dupleix porta toujours, rendoit encore plus grave.

Le premier Ouvrage historique qu'il publia , [& c'est le meilleur,] a été ses « Mémoires des Gaules, » depuis le Déluge jusqu'à l'Etablissement de la » Monarchie Françoise ». Ils parurent en 1619. Il fut dès-lors honoré du titre d'Historiographe de France. Il les mit ensuite au-devant de son « His- » toire de France », dont le premier Volume fut imprimé en 1621 ; le second en 1624 ; le troisième en 1630 ; & le quatrième en 1635. Il fit une Continuation de son Histoire, d'abord jusqu'en 1643, & la poussa depuis jusqu'en 1645. Il avoit publié, dès 1625, les Observations qu'il avoit faites sur l'Inventaire de l'Histoire de France, composé par Jean de Serres, & qu'il intitula : « Inventaire des » erreurs, fables & déguisemens remarquables en » l'Inventaire de Jean de Serres ». Ce Livre fut assez bien reçu du Public.

Dupleix est net & méthodique dans sa narration ; elle n'a pas néanmoins beaucoup de grace, parce-que le style n'en est pas agréable. Il divise son Histoire en Chapitres, & ses Chapitres en Articles : division peu convenable à l'Histoire, dont la suite ne doit point être interrompue. Il a donné à son Histoire un mérite qu'on connoissoit peu avant lui, de citer en marge les Auteurs qui lui ont fourni les faits qu'il rapporte; ce n'est pas qu'il soit toujours juste, ni qu'il ait lu tous les Auteurs qu'il cite. Il a même trop négligé les Antiquités de Fauchet, où il auroit pu s'instruire de plusieurs circonstances, que Fauchet avoit puisées dans de bonnes sources.

Pour ce qui regarde les Historiens publiés par du Chesne, dont le premier Tome ne parut qu'en 1635, il n'a pu s'en servir ; car il y avoit alors douze ans qu'il avoit achevé l'Histoire de la seconde Race de nos Rois. Mais il a sans doute consulté les Auteurs qu'ont donné Pierre Pithou & Marquard Freher. A l'égard des deux premières Races, il en donne mieux l'Histoire que tous ceux qui l'ont précédé, excepté Fauchet. Pour la troisième, on lui doit cette justice, qu'aucun Auteur né l'avoit si bien & si amplement écrite dans une Histoire générale, quoiqu'il soit tombé dans plusieurs fautes. Tout ce qu'il a publié jusqu'au Règne de Henri IV. lui avoit attiré des applaudissemens ; mais quoique dans l'Histoire de Louis XIII. il donnât de grands éloges à ceux qui étoient en faveur, comme il rabaissa aussi ceux qui étoient dans la disgrace, il se fit des ennemis. Et n'ayant pas ménagé les Historiens qui ont écrit avant lui, on lui rendit peut-être plus justement ce qu'il leur avoit reproché. Il s'attira, par sa trop grande liberté à blâmer, deux terribles Adversaires.

L'un fut le Maréchal de Bassompierre, qui le convainquit d'ignorance & de mauvaise foi dans les Remarques qu'il eut le loisir de faire pendant qu'il fut détenu à la Bastille, sur les Vies des Rois Henri IV. & Louis XIII. Ces Remarques coururent fort long-temps manuscrites ; on y fit des Additions, comme l'Auteur nous en avertit dans ses Mémoires. Il s'y trouve tant d'injures, que quelques personnes ont douté qu'elles fussent de ce Maréchal. Bayle, qui l'en reconnoît Auteur, dit (dans sa Lettre XVII.e *pag.* 75 du Recueil de ses Lettres) qu'il y relève les fautes de son Adversaire, d'une manière qui sent l'étourdi. Mais pour avoir un Exemplaire plus fidèle de ses Remarques, il faut avoir recours aux premières Copies manuscrites, plutôt qu'à l'Imprimé, qui parut à Paris, en 1665.

L'autre Critique a été Saint-Germain de Morgues, qui publia en 1636, un Traité contre lui, sous ce titre : « Lumières pour l'Histoire de France, & pour » faire voir les calomnies & autres défauts de Scipion » Dupleix », donné sous diverses formes.

Cet Historien se trouva plus embarrassé à répondre au Maréchal de Bassompierre, qu'à l'Abbé de Saint-Germain, par le rang & le mérite de ce premier Adversaire, & à cause des fautes de Chronologie & d'Histoire dont il fut convaincu. Les reproches de la vénalité de sa plume sont bien fondés, & il s'en défend mal. Il est certain qu'il a écrit comme l'a voulu le Cardinal de Richelieu, & souvent sur ses Mémoires. Ce grand Politique, attentif aux

Tome III.

petites choses comme aux grandes, eut la patience de lire, avant l'impression, les deux derniers Règnes de l'Histoire de Dupleix, & même d'en revoir les épreuves à Ruel, ne jugeant pas à propos que sous son Ministère on écrivît des choses qui ne convainssent pas au temps. C'est ce qui a donné lieu à l'Auteur de l'Apologie du Maréchal d'Ornano, imprimée avec les Mémoires d'un Favori de M. le Duc d'Orléans, d'appeller (*pag.* 152) l'Histoire du Règne de Louis XIII. l'Histoire des Fourberies du Cardinal de Richelieu.

Dupleix, afin de s'affranchir des égards dus à M. de Bassompierre, suppose que les Remarques ne sont point de lui, mais qu'elles sont d'une main moins habile. La Réponse qu'il y fit, en 1637, est intitulée: « Philotime, ou Examen des Notes d'A-» ristarque sur les Vies de Henri IV. & Louis XIII. »
Il garda moins de mesure avec l'Abbé de Saint-Germain, comme il paroît par le Livre qu'il publia contre lui, en 1647, à Condom, sous ce titre: « Réponse à Saint-Germain, ou les Lumières de » M. de Morgues, pour l'Histoire de France, » éteintes ».

Ces deux Adversaires ne furent pas les seuls Ecrivains de ce temps-là qui attaquèrent Dupleix. David Ancillon (dans son Mélange critique de Littérature, Article XLVII.) après avoir dit qu'il n'est point du tout fidèle dans son Histoire, ajoute, qu'un Minime de Paris a travaillé à réfuter les faussetés qui y sont: [l'Ouvrage n'a pas paru.] L'Auteur de l'Apologie du Maréchal d'Ornano, (*pag.* 184 & *suiv.*) lance aussi contre lui quelques traits fort vifs.

La basse flatterie pour le Cardinal de Richelieu, lorsqu'il étoit vivant, est manifeste dans cet Historien. Car ayant continué l'Histoire de France, depuis que ce Cardinal fut mort, comme la crainte ni l'espérance ne l'obligeoient plus à rien céler, il en a parlé avec plus de liberté qu'il n'avoit fait auparavant. Il assura même Sorel, qui le connoissoit particulièrement, & qui le rapporte (*pag.* 379 de la Bibliothèque Françoise,) que s'il en faisoit réimprimer la première Partie, il y changeroit beaucoup de choses, & qu'il continueroit aussi l'Histoire jusqu'au temps où il se trouvoit, ayant une plus grande franchise du monde; mais son âge fort avancé (continue Sorel,) ne lui permet pas de s'occuper à ce travail.

Il semble que Dupleix n'ait écrit l'Histoire de France que pour contredire du Haillan & de Serres; celui-ci Religionnaire, & l'autre favorable à ce parti. Mais l'on voit par l'aventure de la mort de ses parens, qu'il avoit plus d'une raison pour se déclarer aussi vivement qu'il le fait en toutes occasions, contre ceux de la Religion Prétendue-Réformée.

Il avoit eu dessein, pour rendre son Histoire plus complette, d'écrire celle des Princes François qui avoient régné à Constantinople; il ne paroît pas qu'il l'ait exécuté.

Il dédia en 1644. au Roi Louis XIII. ses Corrections sur Despautère, intitulées: « Obscuriores & » rudiores Joannis Despauterii Versus in Gramma-» tica Lingua, in dilucidiores & elegantiores com-» mutati. »

Il donna en 1651. un Traité de Grammaire, qui a pour titre: «De la Langue Françoise dans sa pureté, » & discussion des Remarques de Vaugelas. »

On a encore de lui la « Généalogie de la Maison » d'Estrades, » publiée en 1655. & une « Histoire » Romaine, depuis la Fondation de Rome jusqu'à » l'an de Jesus-Christ 1630, » en trois Volumes *in-fol.* imprimée à Paris en 1638, chez Sonnius. Elle est écrite avec aussi peu d'élégance que tout ce qui est sorti de la plume de cet Auteur: il y cite en marge les garans de ce qu'il avance. [M. Michault parle encore de quelques autres Ouvrages, qui n'ont point rapport à l'Histoire de France: c'est dans le Tome XLIII. du P. Niceron, où il a fait des additions à la Vie de Dupleix, donnée par ce Barnabite, dans son Tome II. d'après le P. le Long.]

Dupleix n'a pas été le seul de sa famille qui se soit fait connoître par des Ouvrages. Il avoit un frère aîné, qui portoit comme lui le nom de Scipion, & qui étoit Lieutenant Particulier de Condom. Cet aîné avoit publié dès l'année 1602, [*Paris*, *in-4*. & 1611. *in-8.*] les « Loix Militaires touchant le Duel. »
La conformité des noms auroit pu faire attribuer cet Ouvrage à l'Historien; mais on trouve dans ce Volume un Sonnet de lui, à la gloire de son frère aîné, qu'il loue, comme Auteur de ce Livre. Il y a aussi quatre Vers Latins de François Dupleix son autre frère, qui donna à Paris, en 1615, « Partitio-» nes Juris methodicas heroïco versu conscriptas. »

Dupleix, las de courir après la fortune, sans la trouver, se retira dans sa patrie avec un Brevet d'Historiographe, & honoré du titre de Conseiller d'Etat, dont il prétendoit avoir exercé la Charge. Mais cette qualité, qui s'obtenoit alors plus aisément qu'aujourd'hui, ne lui put acquérir aucun rang dans Condom, où les Juges ne voulurent jamais lui céder le pas. Ce refus vint de ce qu'ils l'accusoient d'avoir conseillé le démembrement de leur Présidial en faveur de celui de Nérac, érigé depuis l'autre. La présomption étoit pour eux; car il est certain, comme on l'a appris de personnes dignes de foi, que la Cour avoit donné à vendre, au profit de Dupleix, les trois premières Charges du nouveau Présidial.

La cause de sa mort est assez singulière pour être marquée ici sur la foi de David Ancillon, Ministre de Metz. Pour mieux entendre ce qu'il en dit, il est à propos de rapporter ce que Dupleix écrit lui-même d'un Ouvrage qu'il avoit composé sur les Libertés de l'Eglise Gallicane. Il en parle dans son Histoire de France, sous l'année 1639. « En ce » temps-là, (dit-il,) il courut un bruit, que Sa Ma-» jesté vouloit créer un Patriarche en France. Quoi-» que ce bruit fût sans fondement, à tout évène-» ment on se munissoit des moyens que la France » est en possession d'opposer aux entreprises de la » Cour de Rome, comme les Maximes du Royaume » ou Libertés de l'Eglise Gallicane. »

Il ajoute que « sur ces entrefaites il arriva à Paris, » & qu'après avoir été caressé extraordinairement » par le Cardinal de Richelieu, ce Ministre le pria » (ce sont ses termes) de faire un Extrait de toutes » les querelles & différends qui ont été entre les » Papes & les Rois de France, ce qu'il fit en quatre » jours; qu'il en fit autant, des querelles entre les » Papes & les Rois d'Espagne, un troisième Recueil » touchant les bienfaits des Rois Très-Chrétiens » envers le Saint Siège; un quatrième, des querelles » des Papes avec les Empereurs d'Allemagne; & un » cinquième touchant les obligations de l'Espagne » envers la France. » Il finit en disant qu'il n'a encore rien publié de tout cela. C'est en 1648, lorsqu'il obtint le Privilège pour imprimer la Continuation de l'Histoire de Louis XIII.

Après avoir achevé cette Histoire, il s'appliqua sans doute à travailler sur les Libertés de l'Eglise Gallicane. Plusieurs des Recueils dont je viens de parler, purent lui faire naître ce dessein, & faire même partie de son travail sur cette matière. Il dit qu'il s'y appliqua pendant quinze ans. La manière dont il s'explique sur ce sujet, dans son Histoire de France (sous l'année 1614, nombres 29, 30 & 31.) fait connoître qu'il n'étoit pas propre à y réussir: c'est ce que confirme Ancillon, Article XLVII. de son Mélange de critique & de littérature, en ces termes: « M. de Saint-Jure, très-honnête homme » & très-considéré à Metz, m'a dit sçavoir d'original, » que Dupleix mourut de déplaisir, incontinent après » que M. le Chancelier (Seguier) eut fait brûler en » sa présence les Ouvrages qu'il avoit faits durant

» quinze ans touchant les Libertés de l'Eglise Gal-
» licane, pour l'impression desquels il demandoit un
» Privilège. » Ce qu'ajoute Ancillon, dans le même
Article, que le Livre de Dupleix, intitulé : « Liberté
de la Langue Françoise, » eut le même sort que le
précédent, n'est point vrai ; puisqu'il a été imprimé
en 1651, comme je l'ai marqué ci-dessus.

Dupleix mourut à Condom, au mois de Mars
1661, âgé de 92 ans, comme on l'a sçu d'une Lettre
écrite de cette Ville. Ainsi Moréri s'est trompé lorsqu'il dit qu'il avoit vécu quatre-vingt-dix-huit ans.
Le Père Colin, Prêtre de l'Oratoire, Rhétoricien
de Condom, fit son Oraison funèbre. Je tiens plusieurs traits & plusieurs circonstances, tant de ce
Discours, que de celui fait sur Mezeray par M. Daniel de Larroque, qui a bien voulu me communiquer les Mémoires qu'il avoit dressés sur ces deux
Historiens.

XVI.

PIERRE DUPUY.

Extrait de sa Vie, composée en Latin par M. Rigault, & insérée au tom. VII. de l'Histoire Latine de M. de Thou, Edit. de Londres, 1733, in-fol.

Pierre Dupuy, troisième fils de Claude Dupuy, Conseiller au Parlement de Paris, & de Claudine Sanguin, fille de Jacques de Livry, naquit à Agen le 27 Novembre 1582. Il fut élevé par son père avec un soin extrême, & donna dès son enfance des preuves certaines de son amour pour les Sciences & pour les Belles-Lettres.

Il s'adonna d'abord à l'étude du Droit, & fut reçu Avocat. Son peu de fortune qui ne lui permettoit pas d'aspirer à la place qu'avoit occupée son père, sa santé & son inclination l'obligèrent ensuite à quitter le Barreau où il se distinguoit déja, pour s'appliquer à la Politique & à l'Histoire.

Les progrès qu'il y fit lui donnèrent bientôt une grande réputation, & lui méritèrent l'estime & l'amitié des personnes les plus éclairées de son siècle. M. Molé, Procureur Général du Parlement de Paris, l'engagea de travailler à l'Inventaire du Trésor des Chartes, & lui obtint en conséquence, de M. de Sillery, Chancelier de France, une pension, qui fut dans la suite augmentée par M. Seguier.

Débarrassé par là de tous soucis, & content de son sort, Pierre Dupuy ne pensa plus qu'à feuilleter les anciens Registres, à rechercher les Titres publics, & à cultiver les amis qu'il s'étoit faits. Parmi ceux-ci, il distingua toujours le célèbre M. de Thou, qui lui recommanda en mourant sa Famille, & lui fit promettre de veiller à l'éducation de ses enfans. Il s'acquitta si bien de ses promesses, que conjointement avec M. Thumery de Boissise, leur Tuteur, il leur tint lieu de père. Pour rendre moins sensible aux Sçavans la perte de ce grand homme, il vint demeurer dans sa maison, & continua dans sa Bibliothèque ces Conférences réglées qui y avoient été tenues jusqu'alors, & auxquelles les plus habiles gens prenoient plaisir d'assister.

Sur ces entrefaites, il fit un Voyage en Hollande, avec M. de Boissise, son intime ami, que le Roi y envoyoit à l'occasion des troubles qui s'étoient élevés dans ce Pays sur la Religion. Tandis que M. de Boissise travailloit à les appaiser, M. Dupuy fit connoissance & se lia d'amitié avec tous les Sçavans des Pays-Bas, d'où il ne revint qu'en 1619, quelque temps avant la mort de Barneveldt.

En 1621, il partit par ordre du Roi pour se rendre à Troyes, & pour tirer des papiers de la succession du célèbre François Pithou, qui venoit d'y mourir, les Titres & Mémoires qui s'y trouveroient concernant les Droits de la Couronne sur les Pays limitrophes. M. Dupuy y travailla avec son assiduité ordinaire, en fit un Inventaire raisonné, & envoya à Paris à M. le Procureur Général tout ce qu'il reconnut avoir rapport à l'objet de sa Mission.

A peine ce travail étoit-il fini, qu'on le renvoya à Merccœur en Auvergne, pour chercher dans les Archives de cette Ville, les Titres concernant les Droits du Roi sur le Comté d'Auvergne & la Baronnie de la Tour, pour lesquels il y avoit contestation. Infatigable dans ses recherches, M. Dupuy les examina tous, & rapporta au Trésor des Chartes ceux qu'il crût être les plus authentiques & les plus convenables à son but.

Son application & son mérite reconnu, déterminèrent encore la Cour, deux ou trois années après, à l'employer avec MM. le Bret & de Lorme, pour justifier les Droits du Roi sur la Flandre, sur les Duchés de Bourgogne, de Bar & de Bouillon, & sur les Trois Evêchés. Ses Collègues firent tomber tout le poids de cette Commission sur lui ; & il fournit quantité de Titres, pour prouver l'usurpation du Duc de Lorraine, & les justes prétentions de la France.

Ce fut le dernier Voyage qu'il fit ; & rendu à lui-même, il partageoit son temps entre ses Livres & ses Amis, lorsqu'on jetta les yeux sur lui, environ l'année 1635, pour succéder à Nicolas Rigault, Garde de la Bibliothèque du Roi, qui s'étoit démis de cet emploi pour aller exercer une Charge de Conseiller au Parlement de Metz, à laquelle il avoit été nommé lors de la création de ce Parlement, en 1633. La nouvelle place de M. Dupuy lui fournit matière à d'autres recherches qui furent si heureuses, qu'il augmenta cette riche Bibliothèque d'un très-grand nombre de Livres, tant imprimés que Manuscrits ; sans compter les siens qu'il donna, & qui montoient à plus de neuf mille Volumes imprimés, & plus de mille Manuscrits.

Depuis son retour à Paris, il songea à mettre à profit les matériaux immenses qu'il avoit amassés, & voulut en faire part à ses Concitoyens. Les Pièces rares & importantes qu'il vit dans ses différentes opérations, lui acquirent une si grande connoissance de tout ce qui concerne notre Histoire, que peu de personnes y ont fait d'aussi curieuses découvertes, & que sans lui, il y en auroit peut-être beaucoup qui seroient encore ignorées aujourd'hui.

Cette envie d'être utile à son Pays, fut une des raisons qui l'engagèrent d'écrire en François tout ce qu'il donna au Public, ne croyant pas qu'un François dût le faire dans une autre Langue que la sienne, parce qu'en écrivant en Latin, on se mettoit hors de portée d'être entendu de ceux de ses Compatriotes qui ne le sçavoient pas.

Dans les différens Traités dont il a enrichi notre Histoire, il est assez difficile de dire ce qu'on doit le plus admirer, ou la vaste & profonde érudition de l'Auteur, ou son amour pour sa patrie ; ils tendent presque tous à lui faire honneur, à en relever les droits & les avantages. Ce qui surprend encore, c'est qu'ayant commencé fort tard, il ait pu en composer une si grande quantité.

(Il paroît inutile de faire ici le Catalogue de tous ces Ouvrages, parceque M. Dupuy n'en ayant point composé qui n'ayent trait à notre Histoire, il ne seroit qu'une répétition très-longue de ce qu'on trouvera rapporté en différens endroits de cette Bibliothèque historique, & que l'on ne manquera pas de particulariser dans la Table des Auteurs.)

Ce grand homme mourut à Paris, d'une dissenterie, le 14 Décembre 1651, après une fièvre lente qui lui dura sept mois. Il étoit âgé de 69 ans, & il fut enterré à Saint Cosme sa Paroisse. La mort ne lui ayant pas laissé le temps de faire imprimer tous ses Ouvrages, une partie le fut ensuite par les soins de Jacques Dupuy son frère, le constant & fidèle compagnon de ses travaux & de ses recherches.

Pierre Dupuy passa toute sa vie dans le célibat, aimé & recherché de tout ce qu'il y avoit de Sçavans dans la France & dans les Pays étrangers. Son humeur douce & obligeante le portoit à s'intéresser pour tous les Gens de Lettres qui travailloient, & à leur communiquer ce qu'il y avoit de plus curieux dans le vaste Recueil de Mémoires & de Titres qu'il avoit ramassés pendant plus de cinquante années. Il avoit un discernement admirable pour les Affaires; & le Cardinal de Richelieu, qui lui faisoit une pension, se plaisoit à l'entretenir & à le consulter sur les Affaires les plus épineuses qu'il décidoit à merveilles. Vif & enjoué, il aimoit la raillerie, pourvu qu'elle n'eût rien de satyrique. On ne finiroit pas, si on vouloit détailler toutes les qualités de son cœur & de son esprit, sa modestie, sa piété, dont il donna tant de preuves dans le cours de sa vie, & particulièrement dans la maladie dont il mourut.

XVII.
JEAN FROISSART.

Extrait d'un Mémoire de M. de Sainte-Palaye, au tom. X. du Recueil de l'Académie des Inscriptions & Belles-Lettres.

JEAN FROISSART, Prêtre, Chanoine & Trésorier de l'Eglise Collégiale de Chimay, Historien & Poëte, naquit à Valenciennes, Ville du Haynaut, vers l'an 1337. Cette date, qui paroît contredite par un seul passage de sa Chronique, est constatée par un grand nombre d'autres, & de sa Chronique même que de ses Poësies manuscrites. Quelque attention qu'il ait eue à nous apprendre les plus petites circonstances de sa vie, il ne dit rien de son extraction. On peut seulement conjecturer d'un passage de ses Poësies, que son père, qui s'appelloit Thomas, étoit Peintre d'Armoiries. Nous trouvons dans son Histoire, un Froissart Meullier, jeune Ecuyer du Haynaut, qui signala sa valeur à l'assaut du Château de Fighières en Espagne, que les Anglois & les Gascons attaquèrent en 1381. Son Pays & son nom donnent lieu de penser que notre Historien pouvoit bien être son parent, & comme lui, d'une Famille noble. Froissart est qualifié Chevalier à la tête d'un Manuscrit de l'Abbaye de S. Germain-des-Prés; mais comme il n'a ce titre dans aucun autre Manuscrit, quoique nous en ayons de plus anciens & de plus authentiques, il est vraisemblable que le Copiste le lui aura donné de sa propre autorité.

Son enfance annonça ce qu'il devoit être un jour. Il montra de bonne heure cet esprit vif & inquiet, qui, pendant le cours de sa vie, ne lui permit pas de demeurer long-temps attaché aux mêmes occupations & aux mêmes lieux. Les différens jeux propres à cet âge, dont il nous fait un tableau également curieux & amusant, entretenoient en lui un fond de dissipation naturelle, qui exerça souvent dans le temps de ses premières études, la patience & la sévérité de ses Maîtres. Il aimoit la chasse, la musique, les assemblées, les fêtes, les danses, la parure, la bonne chère, le vin, les femmes; & ces goûts, qui se développèrent presque tous dès l'âge de douze ans, s'étant fortifiés par l'habitude, se conservèrent même dans sa vieillesse, & peut-être ne le quittèrent jamais. L'esprit & le cœur de Froissart n'étoient point encore assez occupés; mais son amour pour l'Histoire remplit un vuide que l'amour des plaisirs y laissoit, & devint pour lui une source intarissable d'amusemens. Il ne faisoit que sortir de l'école, il avoit à peine vingt ans, lorsqu'à la prière de son cher Seigneur & Maître Messire Robert de Namur, Chevalier Seigneur de Beaufort, il entreprit d'écrire l'Histoire des Guerres de son temps, particulièrement de celles qui suivirent la Bataille de Poitiers. Quatre ans après, étant allé en Angleterre, il en présenta une partie à la Reine Philippe de Haynaut, femme d'Edouard III. Quelque jeune qu'il fût alors, il avoit déjà fait des Voyages dans les Provinces les plus reculées de la France. L'objet de celui qu'il fit en Angleterre, étoit de s'arracher au trouble d'une passion qui le tourmentoit depuis long-temps. Elle s'alluma dans son cœur presque dès son enfance, dura dix années, & les étincelles s'en réveillèrent encore dans un âge plus avancé, malgré sa tête chenue, & ses cheveux blancs.

De toutes les particularités de la vie de Froissart, pendant son séjour en Angleterre, nous sçavons seulement qu'il assista aux adieux que le Roi & la Reine firent en 1361 au Prince de Galles leur fils, & à la Princesse sa femme, qui alloient prendre possession du Gouvernement d'Aquitaine, qu'il étoit entre Elten & Westminster, en l'année 1363, au passage du Roi Jean, qui retournoit en Angleterre. On trouve dans ses Poësies une Pastourelle, qui semble ne pouvoir convenir qu'à cet événement. A l'égard des Voyages qu'il fit, étant au service de la Reine, il employa six mois à celui d'Ecosse, qu'il appelle *Sauvage*. Il voyageoit à cheval, ayant sa malle derrière lui, & suivi d'un Lévrier. Le Roi d'Ecosse & plusieurs Seigneurs dont il nous a conservé les noms, le traitèrent si bien, qu'il auroit souhaité d'y aller encore une fois. Guillaume, Comte de Douglas, le logea pendant quinze jours dans son Château d'Alquest, à cinq lieues d'Edimbourg. Nous ignorons la date de ce Voyage, & d'un autre qu'il fit dans la Nort-Galles, que je crois du même temps. Il étoit en France, à Melun sur Seine, vers le 20 d'Avril 1366. Peut-être des raisons particulières l'avoient conduit par cette route à Bourdeaux, où on le voit à la Toussaints de la même année, lorsque la Princesse de Galles accoucha d'un fils, qui fut depuis le Roi Richard II.

Le Prince de Galles étant parti peu de jours après pour la Guerre d'Espagne, & s'étant rendu à Auch, où il demeura quelque temps; Froissart l'y accompagna, & comptoit de le suivre dans tout le cours

sur plusieurs Historiens de France. liij

de cette grande Expédition. Mais le Prince ne lui permit pas d'aller plus loin ; à peine étoit-il arrivé, qu'il le renvoya auprès de la Reine sa mère. Froissart ne dut pas faire un long séjour en Angleterre, puisqu'il se trouva l'année suivante dans plusieurs Cours d'Italie. Ce fut la même année, c'est-à-dire en 1368, que Lyonel, Duc de Clarence, fils du Roi d'Angleterre, alla épouser Ioland, fille de Galeas II. Duc de Milan ; le mariage fut célébré le 25 d'Avril, & Lyonel mourut le 17 d'Octobre suivant. Froissart, qui vraisemblablement étoit de sa suite, assista à la magnifique réception que lui fit à son retour Amédée, Comte de Savoye, surnommé le Comte Verd. Il décrit les Fêtes qui furent données à cette occasion, durant trois jours ; il n'oublie pas de dire qu'on y dansa un Virelay de sa composition. De la Cour de Savoye il retourna à Milan, où le même Comte Amédée lui donna une bonne cottehardie de vingt Florins d'or, puis à Boulogne & à Ferrare, où il reçut encore quarante Ducats de la part du Roi de Chypre ; & enfin à Rome. Au lieu de l'équipage simple avec lequel nous l'avons vu voyager en Ecosse, il marchoit en homme d'importance, avec un roussin & une haquenée.

Ce fut à-peu-près dans ce temps que Froissart fit une perte dont rien ne put le dédommager ; Philippe de Haynault, Reine d'Angleterre, qui l'avoit comblé de biens, mourut en 1369. Il composa un Lay sur ce triste évènement, dont il ne fut cependant pas témoin ; puisqu'il dit ailleurs qu'en 1395, il y avoit 27 ans qu'il n'avoit vu l'Angleterre. Si l'on en croit plusieurs Auteurs, il écrivit la Vie de la Reine Philippe ; mais cette opinion n'est fondée sur aucune preuve.

Indépendamment de l'emploi de Clerc de la Chambre de la Reine d'Angleterre que Froissart avoit eu, il avoit été de l'Hôtel d'Edouard III. son mari, & même de celui de Jean, Roi de France. Comme il se trouve encore plusieurs Princes & Seigneurs de l'Hôtel desquels il dit avoir été, ou qu'il appelle ses *Seigneurs* & *ses Maîtres*, il est bon d'observer, que par ces façons de parler, il ne désigne pas seulement les Princes & Seigneurs à qui il avoit été attaché comme Domestique, mais encore tous ceux qui lui avoient fait des présens ou des gratifications, ou qui l'ayant reçu dans leurs Cours, ou dans leurs Châteaux, lui avoient donné ce qu'on appelle aujourd'hui *Bouche-à-Cour*.

Froissart ayant perdu la Reine Philippe, sa bienfaitrice, au lieu de retourner en Angleterre, alla dans son Pays, où il fut pourvu de la Cure de Lestines. De tout ce qu'il fit dans l'exercice de son Ministère, il ne nous apprend autre chose, sinon que les Taverniers de Lestines eurent 500 livres de son argent dans le peu de temps qu'il fut leur Curé. On lit dans un Journal manuscrit de l'Evêque de Chartres, Chancelier du Duc d'Anjou, que suivant des Lettres scellées du 12 Décembre 1381 ; ce Prince fit arrêter « cinquante-six Quayers de la Chronique » de Jehan Froissart, Recteur de l'Eglise Parrochiale » de Lescines, » que l'Historien envoyoit pour être enluminés, & ensuite portés au Roi d'Angleterre, ennemi de la France.

Froissart s'attacha depuis à Venceslas de Luxembourg, Duc de Brabant, peut-être en qualité de Secrétaire, suivant l'usage dans lequel étoient les Princes & les Seigneurs, d'avoir des Clercs qui faisoient leurs affaires, qui écrivoient pour eux, ou qui les amusoient par leur sçavoir & par leur esprit. Venceslas avoit du goût pour la Poësie : il fit faire un Recueil de ses Chansons, de ses Rondeaux & de ses Virelais par Froissart, qui joignant quelques-unes de ses Pièces à celles du Prince, en forma une espèce de Roman, sous le titre de « Méliador, ou du Che- » valier au Soleil d'or ; » mais le Duc ne vécut pas assez long-temps pour voir la fin de l'Ouvrage, étant mort en 1384. Presqu'aussi-tôt Froissart trouva un nouveau Protecteur : il fut fait Clerc de Guy Comte de Blois, & il ne tarda pas à signaler sa reconnoissance pour son nouveau Protecteur, par une Pastourelle sur les Fiançailles de Louis, Comte de Dunois, fils de Guy, avec Marie, fille du Duc de Berry. Deux ans après, le Mariage s'étant fait à Bourges, il le célébra par une espèce d'Epithalame assez ingénieuse pour le temps, intitulée « Le Tem- » ple d'honneur. »

Il passa les années 1385, 1386 & 1387, tantôt dans le Blaisois, tantôt dans la Touraine ; mais le Comte de Blois l'ayant engagé à reprendre la suite de l'Histoire qu'il avoit interrompue, il résolut en 1388. de profiter de la Paix qui venoit de se conclure, pour aller à la Cour de Gaston-Phœbus, Comte de Foix & Vicomte de Béarn, s'instruire à fond de ce qui regardoit les Pays étrangers & les Provinces du Royaume les plus éloignées, où il sçavoit qu'un grand nombre de Guerriers se signaloient tous les jours par de merveilleux faits d'armes. Son âge & sa santé lui permettoient encore de soutenir de longues fatigues ; sa mémoire étoit assez bonne pour retenir tout ce qu'il entendroit dire, & son jugement assez sain pour se conduire dans l'usage qu'il en devoit faire.

Il partit avec des Lettres de recommandation du Comte de Blois pour Gaston-Phœbus, & prit sa route par Avignon. Une de ses Pastourelles nous apprend qu'il séjourna dans les environs d'une Abbaye située entre Lunel & Montpellier, & qu'il s'y fit aimer d'une jeune personne qui pleura son départ. Il dit dans la même Pièce, qu'il menoit au Comte de Foix quatre lévriers pour lui en faire présent. Gaston aimoit passionnément le déduit des chiens ; il en avoit toujours plus de seize cens, & il nous reste de ce Prince un Traité de la Chasse, que l'on conserve Manuscrit dans plusieurs Bibliothèques, & qui a été imprimé en 1520. Froissart alla de Carcassonne à Pamiers, dont il fait une agréable description, & s'y arrêta trois jours. En attendant, le hazard lui fit rencontrer quelqu'un avec qui il pût passer en Béarn. Il fut assez heureux pour trouver un Chevalier du Comté de Foix, qui revenoit d'Avignon, & ils marchèrent de compagnie. Messire Espaing du Lyon (c'est le nom du Chevalier) étoit un homme de grande distinction ; il avoit eu des commandemens considérables, & il fut employé toute sa vie dans des Négociations aussi délicates qu'importantes. Après une marche de six jours, ils arrivèrent à Ortès : cette Ville, une des plus considérables du Béarn, étoit le séjour ordinaire de Gaston, Comte de Foix & Vicomte de Béarn, surnommé Phœbus, à cause de sa beauté.

Le Comte de Foix ayant été informé par Messire Espaing du Lyon, de l'arrivée de Froissart, qui étoit déja connu à la Cour d'Ortès par les deux premiers Volumes de sa Chronique, l'envoya chercher chez un de ses Ecuyers qui le logeoit, & le voyant venir de loin, lui dit d'un air riant, & en bon françois, qu'il le connoissoit bien quoiqu'il ne l'eût jamais vu, mais qu'il avoit bien ouï parler de lui, & il le retint de son Hôtel. Cette expression, comme on l'a déja dit, ne signifie pas que Froissart eut un logement dans le Château, car on voit le contraire par la suite, mais seulement qu'il fut défrayé aux dépens du Comte pendant l'hyver qu'il passa auprès de lui.

Son occupation la plus ordinaire pendant ce temps, étoit d'amuser Gaston après son souper, par la lecture du Roman de Méliador qu'il avoit apporté. Tous les soirs il se rendoit au Château à l'heure de minuit, qui étoit celle où le Comte se mettoit à table ; personne n'eût osé interrompre le lecteur, Gaston lui-même qui l'écoutoit avec une attention infinie, ne l'interrompoit que pour lui faire des questions sur cet Ouvrage ; & jamais il ne le renvoyoit qu'il ne lui eût fait vuider auparavant tout ce qui étoit resté du vin de sa bouche. Quelquefois

Mémoires Historiques

ce Prince prenoit plaisir à l'instruire des particularités des Guerres dans lesquelles il s'étoit distingué. Froissart ne tira pas moins de lumières de ses fréquens entretiens avec les Ecuyers & les Chevaliers qu'il trouva rassemblés à Ortès, sur-tout avec les Chevaliers d'Arragon & d'Angleterre, de l'Hôtel du Duc de Lancastre, qui faisoit alors sa résidence à Bourdeaux. Ils lui racontèrent ce qu'ils sçavoient des Batailles des Rois Jean de Castille & Denys de Portugal, & de leurs Alliés. Entre les autres, le fameux Bastot de Maulion, en lui faisant l'Histoire de sa vie, lui faisoit presque celle de toutes les Guerres arrivées dans les différentes Provinces de France & même en Espagne, depuis la Bataille de Poitiers, où il avoit commencé à porter les armes.

Après un assez long séjour à la Cour d'Ortès, Froissart songeoit à s'en retourner : il fut retenu par Gaston, qui lui fit espérer une occasion prochaine de voyager en bonne compagnie. Le Mariage de la Comtesse de Boulogne, parente du Comte, ayant été conclu avec le Duc de Berry, la jeune Epouse fut conduite d'Ortès à Morlas, où les équipages du Duc son mari l'attendoient. Il partit à sa suite, après avoir reçu des marques de la libéralité de Gaston, qui le pressa instamment de revenir le voir. Il accompagna la Princesse à Avignon, & dans le reste de la route qu'elle fit à travers le Lyonnois, la Bresse, le Forés & le Bourbonnois, jusqu'à Riom en Auvergne.

Froissart avoit été présent à toutes les fêtes qui furent données au Mariage du Duc de Berry, célébré la nuit de la Pentecôte à Riom en Auvergne. Il composa une Pastourelle pour le lendemain des Noces. Ensuite, s'étant mis en voyage avec le Seigneur de la Rivière, il se rendit à Paris. Son activité naturelle, & sur-tout la passion de s'instruire dont il étoit sans cesse occupé, ne lui permirent pas d'y demeurer long-temps. Nous l'avons vu en six mois passer du Blaisois à Avignon, ensuite dans le Comté de Foix, d'où il revint encore à Avignon, & traversa l'Auvergne pour aller à Paris. On le voit, en moins de deux ans, successivement dans le Cambresis, dans le Haynaut, dans la Hollande, dans la Picardie, une seconde fois à Paris, dans le fond du Languedoc, puis encore à Paris & à Valenciennes; de-là à Bruges, à l'Ecluse, dans la Zélande, enfin dans son Pays. Il accompagne dans le Cambresis le Seigneur de Coucy au château de Crevecœur, que le Roi venoit de lui donner : il lui raconte ce qu'il avoit vu, & apprend de lui différentes circonstances des Négociations entre la France & l'Angleterre. Après avoir donné quinze jours à sa patrie, il passe un mois en Hollande auprès du Comte de Blois, l'entretenant de ses Voyages. Il va s'instruire par lui-même du détail des Négociations de la Paix qui se traitoit à Lélinghen. Il assiste à la magnifique Entrée que la Reine Isabelle de Bavière fit dans Paris. L'exactitude avec laquelle il parle du Cérémonial observé entre le Pape & le Roi Charles VI. à Avignon, semble prouver qu'il avoit assisté à leur Entrevue, d'autant plus qu'il est certain que Charles VI. étant allé d'Avignon à Toulouse recevoir l'hommage du Comte de Foix, Froissart s'y trouva, & entendit leur conversation. Il ne se passoit rien de nouveau, comme on le voit, dont Froissart ne voulût être témoin : Fêtes, Tournois, Conférences pour la Paix, Entrevues des Princes & leurs Entrées, rien n'échappoit à sa curiosité.

Il paroit qu'au commencement de 1390, il retourna dans son Pays, & qu'il ne songeoit qu'à reprendre la suite de son Histoire, pour la continuer sur les Instructions qu'il avoit amassées de tous côtés avec tant de peines & de fatigues : mais celles qu'il avoit eues au sujet de la Guerre d'Espagne, ne le satisfaisoient pas encore : il lui survint quelque scrupule de n'avoir entendu qu'une des deux Parties, c'est-à-dire, les Gascons & les Espagnols qui avoient tenu pour le Roi de Castille. Il étoit du devoir d'un Ecrivain exact & judicieux, de sçavoir aussi ce qu'en disoient les Portugais. Sur l'avis qu'on lui donna qu'il pourroit en trouver à Bruges un grand nombre, il s'y rendit. Il fut servi au-delà de ses espérances; & l'enthousiasme avec lequel il en parle, peint l'ardeur avec laquelle il desiroit de tout approfondir. A son arrivée il apprit qu'un Chevalier Portugais, vaillant homme & sage, & du Conseil du Roi de Portugal, nommé Jean-Ferrand Portelet, étoit depuis peu à Middelbourg en Zélande. Portelet, qui alloit alors en Prusse à la Guerre contre les Infidèles, s'étoit trouvé à toutes les Affaires de Portugal. Aussi tôt Froissart se met en marche avec un Portugais, ami du Chevalier, va à l'Ecluse, s'embarque & arrive à Middelbourg, où son Compagnon de voyage le présente à Portelet. Ce Chevalier gracieux, aimable & acointable, lui raconta, pendant les six jours qu'ils passèrent ensemble, tout ce qui s'étoit fait en Portugal & en Espagne, depuis la mort du Roi Ferrand, jusqu'à son départ de Portugal. Froissart, aussi content des récits de Portelet que de sa politesse, prit congé de lui, & revint dans sa Patrie, où réunissant toutes les connoissances qu'il avoit acquises dans ses différens Voyages, il en composa un nouveau Livre, qui fait le troisième de son Histoire.

On ne sçauroit déterminer la durée du séjour que Froissart fit dans le Haynaut ; on sçait seulement qu'il étoit à Paris en 1392, lorsque le Connétable de Clisson fut assassiné par Pierre de Craon, & à Abbeville, sur la fin de la même année, ou au commencement de la suivante, pendant les Conférences qui se tenoient entre les Plénipotentiaires de France & d'Angleterre, lesquelles opérèrent enfin une Trève de quatre ans.

Dès l'année 1378, Froissart avoit obtenu du Pape Clément VII. l'Expectative d'un Canonicat de Lille. On voit, dans le Recueil de ses Poésies, qui fut achevé en 1393, & dans une Préface qui se trouve dans plusieurs Manuscrits, à la tête du quatrième Volume de son Histoire, composé vers le même temps ; qu'il se qualifioit Chanoine de Lille. Mais Clément VII. étant mort en 1394, il abandonna la poursuite de son Expectative, & commença à ne prendre que la qualité de Chanoine & Tréforier de l'Eglise Collégiale de Chimay, qu'il devoit probablement à l'amitié dont le Comte de Blois l'honoroit ; car la Seigneurie de Chimay faisoit partie de la Succession que ce Comte avoit recueillie en 1381, par la mort de Jean de Châtillon, Comte de Blois, le dernier de ses frères.

Il y avoit vingt-sept ans que Froissart étoit parti d'Angleterre, lorsqu'à l'occasion de la Trève, qui se fit entre les François & les Anglois, il y retourna en 1395, muni de Lettres de recommandation pour le Roi & pour ses Oncles. De Douvres, où il débarqua, il alla à S. Thomas de Cantorbéry, fit son offrande sur le Tombeau du Saint ; & par respect pour la mémoire du Prince de Galles, que de qui il avoit été fort connu, il visita son magnifique Mausolée. Là il vit le jeune Roi Richard, qui étoit venu rendre graces à Dieu des succès de sa dernière Campagne en Irlande. Mais, malgré la bonne volonté du Seigneur de Persy, Sénéchal d'Anlgeterre, qui avoit promis de procurer à Froissart une Audience du Roi, il ne put parvenir à lui être présenté, & fut obligé de suivre ce Prince dans les différens lieux qu'il parcourut jusqu'à son arrivée à Ledos. Ce ne fut pas un temps perdu pour l'Historien ; les Anglois étoient encore pleins de leur Expédition en Irlande ; il se fit raconter, & leurs exploits, & les choses merveilleuses qu'ils y avoient vues. Enfin, étant à Ledos, il remit au Duc d'Yorck les Lettres du Comte de Haynaut & du Comte d'Ostervant. « Maître Jean, lui dit le » Duc, tenez-vous toujours de lez nous & nos gens, » nous vous ferons tout amour & courtoisie ; nous y

» sommes tenus pour l'amour du temps passé & de
» nostre Dame de mère à qui vous fûtes ; nous en
» avons bien la souvenance ». Ensuite il l'introduisit
dans la Chambre du Roi, qui le reçut avec des
marques de bonté très-distinguées. Richard prit les
Lettres dont il étoit chargé ; lui dit, après les avoir
lues, que s'il avoit été de l'Hôtel de son Ayeul &
de Madame son Ayeule, encore étoit-il de l'Hôtel
d'Angleterre.

Cependant Froissart ne put encore présenter au
Roi le Roman de Méliador, qu'il lui avoit apporté ;
& Persy lui conseilla d'attendre une circonstance
plus favorable. Deux objets importans occupoient
alors Richard tout entier : d'une part, le projet de
son Mariage avec Isabelle de France ; de l'autre,
l'opposition des Peuples de l'Aquitaine, à la donation qu'il avoit faite de cette Province au Duc
d'Yorck son Oncle. Les Prélats & les Barons d'Angleterre ayant été convoqués à Elten, pour délibérer sur ces deux Affaires, Froissart suivit la Cour.
Il écrivoit chaque jour ce qu'il apprenoit des Nouvelles du temps, dans ses conversations avec les
Seigneurs Anglois ; & Richard de Servy, qui étoit
du Conseil étroit du Roi, lui confioit exactement
les résolutions que l'on y prenoit, le priant seulement de les tenir secrettes jusqu'à ce qu'elles fussent
divulguées.

Enfin, le Dimanche qui suivit la tenue de ce
Conseil, le Duc d'Yorck, Richard de Servy, &
Thomas de Persy, trouvant le Roi moins occupé,
lui parlèrent du Roman que Froissart lui avoit apporté. Ce Prince demanda à le voir : « Si le vit en
» sa Chambre, dit l'Historien ; car tout pourveu je
» l'avoie, & lui mis sur son lict ; & lors l'ouvrit &
» regarda dedans, & lui plut très-grandement, &
» plaire bien lui devoit ; car il étoit enluminé, escrit
» & historié, & couvert de vermeil veloux, à dix
» cloux d'argent dorés d'or, & rose d'or ou milieu,
» à deux gros fermaux dorés & richement ouvrés,
» ou milieu rosier d'or. Adonc (continue Froissart)
» demanda le Roi de quoy il traitoit, & je lui dy
» d'amour. De ceste responce fut tout resjouï, &
» regarda dedans le Livre en plusieurs lieux, & y
» lisit ; car moult bien parloit & lisoit François, &
» puis le fit prendre par un sien Chevalier qui se
» nommoit Messire Richard Credon, & porter en
» sa Chambre de retraict, dont il me fit bonne
» chère ».

Henri Castede, Ecuyer Anglois, qui avoit été
présent à cet Entretien, & qui sçavoit d'ailleurs
que Froissart écrivoit l'Histoire, l'aborda, en lui
demandant s'il étoit informé des détails de la Conquête que le Roi d'Angleterre venoit de faire en
Irlande. Comme Froissart, pour l'engager à parler,
feignit de les ignorer, l'Ecuyer se fit un plaisir de
les lui raconter. Tout ce que l'Historien entendoit,
entr'autres le récit du repas que le Roi d'Angleterre donna aux quatre Rois qu'il vénoit de subjuguer, excitoit en lui de nouveaux regrets de n'être
pas venu en Angleterre un an plutôt, ainsi qu'il s'y
préparoit, lorsque la nouvelle de la mort de la Reine
Anne rompit son dessein. Il n'auroit pas manqué de
passer en Irlande, pour voir tout par lui-même ; car
il avoit un intérêt particulier de recueillir les moindres circonstances de cette Expédition, dont il
vouloit faire part à ses Seigneurs, le Duc de Bavière
& son fils, qui avoient sur la Frise les mêmes prétentions que le Roi d'Angleterre sur l'Irlande.

Après trois mois de séjour en Angleterre, Froissart prit congé du Roi. Ce Prince, qu'il avoit suivi
dans tous ses Voyages aux environs de Londres,
lui fit donner, pour dernier témoignage de son
affection, cent Nobles dans un gobelet d'argent
doré, pesant deux marcs.

La triste catastrophe de Richard, arrivée en 1399,
est rapportée à la fin du Volume III. de Froissart ;
qui s'acquitte de ce qu'il devoit à la mémoire de ce
Prince, par la manière touchante dont il déplore
ses malheurs.

La mort de Gui, Comte de Blois, suivit de près
le retour de Froissart dans son Pays. Il la place dans
sa Chronique sous l'année 1397. Il avoit alors
soixante ans, & il vécut encore quatre ans au moins,
puisqu'il raconte quelques Evènemens de 1400. Si
l'on en croyoit Bodin & la Popelinière, il auroit
vécu jusqu'en 1420. Mais ces deux Ecrivains ont
sans doute été trompés par ces mots qui commencent le dernier Chapitre du dernier Livre de son
Histoire : *En l'an de grace mille quatre cent ung moins*;
au lieu de lire *ung*, ainsi qu'il est dans plusieurs Manuscrits & dans les Editions Gothiques, ils auront lu
vingt. (On peut voir encore ce qui est dit ci-devant,
de Froissart, Tome II. de cette Bibliothèque,
N.° 17100.)

Au reste, il n'est pas possible de décider précisément en quelle année il est mort. Il paroît seulement que ce fut au mois d'Octobre, puisque son
Obit est indiqué pour ce mois, dans l'Obituaire de
l'Eglise Collégiale de Sainte Monegonde de Chimay.
Selon une ancienne Tradition du Pays, il fut enterré dans la Chapelle de sainte Anne de cette
Collégiale, & il est en effet très-probable qu'il vint
finir ses jours dans son Chapitre.

(L'Histoire, ou la Chronique de Froissart, commence en l'année 1326, & va jusqu'en 1400.
Enguerran de Monstrelet l'a continuée jusqu'en
1467, peu après le commencement de celle de
Philippe de Comines, qui finit la sienne en 1498.
On peut voir ce qu'on a dit ci-devant de Monstrelet, au Tome II. de cette Bibliothèque,
pag. 95, N.° 17295.)

XVIII.
ROBERT GAGUIN.

Extrait de sa Vie, par M. Michault, insérée au Tome XLIII. des Mémoires du Père Niceron.

Robert Gaguin, étoit natif de Calline, petit Bourg qui confine l'Artois, sur la Rivière de Lys. Ferreol Locry, qui, dans sa Chronique des Pays-Bas, fixe ainsi le lieu de la naissance de Gaguin, doit en être cru préférablement à plusieurs Historiens & Bibliographes, qui ont beaucoup varié sur ce point. Guichardin, & après lui Aubert le Mire, Sanderus, Guillaume Gazet, Dom Pierre de Saint-Romuald, &c. ont écrit qu'il étoit de Douay. Trithème, qui l'appelle Rupert, le croyoit François; & André Thevet, dit qu'il étoit originaire d'un petit Village auprès d'Arras.

Il étudia à Provins, & quoique fort jeune, prit l'habit de l'Ordre de la Trinité dans un Couvent de l'Artois. Swertius & Vossius ne sont point d'accord entre eux sur la Maison où Gaguin reçut l'habit Religieux. Bullart, dans son Académie des Sciences & des Arts, tom. I, pag. 138, dit que ce fut dans le Couvent de Préanoin, près du Château de la Motte-au-Bois, Diocèse de Saint-Omer, que Gaguin fit ses premiers vœux.

Ayant été envoyé à Paris pour achever ses études, dans le Collège des Mathurins, il y professa en 1463 la Rhétorique d'une manière distinguée. Guillaume Tardif eut avec lui une Chaire dans l'Université; & c'est sous ces deux Professeurs qu'étudia pendant quelque temps le fameux Jean Reuchlin. Gaguin reçut ensuite le bonnet de Docteur ès Droits, & fut nommé peu après Professeur en Droit-Canon : il en prend le titre à la tête de quelques-unes de ses Lettres & de ses Harangues. Il donna dans la suite de si beaux témoignages de sa sagesse dans la direction des Couvens de Verberie, de Tours & de Paris, que le P. Raoul du Vivier, Général de l'Ordre, le choisit pour son Vicaire, & le nomma en cette qualité à la Visite de quelques Provinces dedans & dehors le Royaume.

En 1473, il fut élu Général de son Ordre, après la mort du P. Raoul, & il a été le XXe qui ait possédé cette Dignité. MM. de Sainte-Marthe se trompent en assurant qu'il a occupé cette Place pendant 34 ans : on ne peut accorder ce fait avec la date qu'ils donnent à sa mort, comme on le verra dans la suite.

Sa science & son mérite le firent connoître si avantageusement de Charles VIII. & de Louis XII, qu'on lui confia la Garde de la Bibliothèque Royale. Aubert le Mire ajoute, que Louis XII, qui étoit curieux & aimoit ardemment les Lettres, fit donner à Gaguin des sommes considérables, pour acheter des Livres rares & orner la Bibliothèque du Roi, des Ouvrages les plus précieux.

Cependant Gabriel Naudé, dans son Addition à l'Histoire de Louis XI, prétend que Gaguin n'eut point la Garde de cette Bibliothèque sous le règne de Louis XII, comme le Mire l'a dit : 1°. parceque Gaguin mourut au commencement de ce règne ; 2°. parcequ'il est difficile de croire que Gaguin eût conservé ce poste, quelqu'honorable qu'il fût, ayant déja été employé par Charles VIII. à plusieurs Ambassades importantes, & ayant été fait long-temps auparavant Général des Mathurins, Charges éminentes & bien plus relevées que ne l'étoit alors celle de Bibliothécaire ; 3°. Naudé remarque que la Bibliothèque de Louis XII, étant à Blois, il n'y avoit pas d'apparence que Gaguin, qui étoit Général de

son Ordre, eût voulut résider en cette Ville. Le Père Louis Jacob, dans son Traité des Bibliothèques, attribue à une faute de chiffre l'erreur d'Aubert le Mire, & croit que dans le passage dont il s'agit, c'est l'Imprimeur qui s'est trompé en mettant Louis XII. pour Louis XI.

La vie de Gaguin n'a pas toujours été fort tranquille. Il fut employé à diverses Ambassades, en Italie, en Allemagne & en Angleterre. Tous ces Voyages, dont on trouve la Carte dans ses Lettres, altérèrent beaucoup sa santé, & interrompirent fréquemment le cours de ses études. Il mourut à Paris le 22 Mai 1501, & son corps fut inhumé dans l'Eglise des Mathurins, devant le grand Autel.

Quelques travaux que l'on fut obligé de faire dans cette Eglise 49 ans après, donnèrent occasion de découvrir sa sépulture en 1550, & l'on trouva le corps de Gaguin presque tout entier, & d'une fraîcheur qui étonna ceux qui en furent témoins. Jacques Bourgeois, Provincial de son Ordre en Flandre, qui étoit alors à Paris, demanda le chef de Gaguin, & l'emporta précieusement à son Couvent de Douay. Il y fit faire aussi-tôt, dans la Bibliothèque, une niche où il plaça cette tête, avec des barreaux de fer au-devant. Il mit au bas deux Distiques Latins, où il fait parler Gaguin sur l'incertitude & la briéveté de la vie.

Catalogue des Ouvrages de Gaguin.

1. « Compendium super Francorum Gestis, à » Pharamundo usque ad annum 1491. *Parisiis*, Andr. » Bocard. 1497, *in*-4. » L'Auteur donna en 1495 cet Abrégé de l'Histoire à l'Imprimeur, qui ne l'acheva que deux ans après. Cette première Edition contient seulement X. Livres, & n'embrasse que 1200 ans. « Idem Compendium, ab Autore novissimè amplia- » tum, usque ad annum 1499. & diligenter emen- » datum : *Parisiis*, Durand Gerlier, 1500 & 1504. » *in-fol.* = Ibid. 1507, 1511 & 1514, *in*-8. (Puis sous ce titre : « Annales Rerum Gallicarum, seu Com- » pendium usque ad annum 1499, cum Supplemento » Huberti Vellei, Senatorii Advocati, usque ad » annum 1520 : *Parisiis*, Viard. 1521. *in*-4. » = Ibid. 1522 & 1528, *in*-4. = *Lugduni*, Ofmont, 1524. *in-fol.*

Dans ces dernières Editions, Gaguin a porté ses Annales jusqu'à Louis XII, & l'Auteur du Supplément les a continuées dans la dernière Edition jusqu'à François I. Cette Edition est ornée de plusieurs Pièces dont il est bon de parler ici : 1°. d'une Lettre de Gaguin, du 31 Octobre 1495, à Pierre de Bur son ami, Chanoine d'Amiens ; elle sert d'Epître dédicatoire & de Préface aux Annales de Gaguin ; 2°. un Avis au Lecteur, sur la seconde Edition ; 3°. une Lettre d'Erasme à Gaguin, où ce sçavant ami fait un éloge magnifique de l'Historien & de son Ouvrage ; 4°. une Préface de Benoît Monterat, sur la Livre de Gaguin ; 5°. une Lettre d'Hubert Velleius à François Poncher, Evêque de Paris ; la Devise de Velleius étoit : *Velle jus, gloria mea :* 6°. Différentes Pièces en Vers sur cette Histoire de France, par Faust Andrelini, Corneille Girard, Chanoine Régulier, Jodocus Badius Ascensius, Louis Bolognini de Boulogne, & par Gaguin lui-même. On a supprimé dans cette Edition une Lettre

de

sur plusieurs Historiens de France.

de Corneille Girard, qui se trouve dans celle de 1528.

Autres Editions de l'Histoire de Gaguin : *Lugduni*, 1550, *in-fol*. *Parisiis*, 1554, *in-fol.* cum Supplemento ad Henricum II : *Francofurti*, Wechel, 1577. *in-fol*. = *Parisiis*, 1578. *in-fol*. & *Duaci*, 1586, *in* 8. cum Appendice Jacobi *Bourgesii* ejusdem Ordinis. Ce Jacques Bourgeois, Auteur de cette Addition, est le même que l'on a dit ci-devant avoir apporté à Douay la tête de Gaguin.

Quelques Auteurs ont traduit en François ces Annales, ou s'en sont servis pour d'autres Ouvrages sur la même matière. Nous croyons en devoir parler ici.

1°. La Chronique Martiniane, contenant la Chronique de Martin Polonois, avec les Additions de plusieurs Chroniques, Ververon, Castel & Gaguin, jusqu'à l'an 1503, le tout translaté du Latin, par Sébastien Mamerot : *Paris*, Antoine Vérard, *in-fol.* en Lettres Gothiques : l'année n'est pas marquée; mais ce doit être 1504.

2°. Les grandes Chroniques de France, faites par le commandement du Roi Charles VIII, continuées jusqu'en 1513, avec la Chronique de Frère Robert Gaguin, contenue en la Chronique Martiniane, avec figures : *Paris*, 1514, *in-fol*. 3 vol. Ces Ouvrages imprimés en caractères Gothiques, sont appellés communément, *les grandes Chroniques de Saint Denys*, parcequ'elles ont été recueillies ou compilées par les Religieux de cette Abbaye. Selon l'Abbé Lenglet, cette Edition & celles de 1476 & 1493 sont assez rares & recherchées des Curieux. Il y a bien de la fable dans les premiers temps de cette Histoire; mais elle est considérée pour les derniers Siècles.

3°. Les Chroniques de France, par Robert Gaguin, traduites en François, & continuées jusqu'en 1514 par Pierre DESREY : *Paris*, Regnault, *in-fol*. sans date. Cette version est rare. L'Abbé Lenglet ajoute que l'Ouvrage peut servir pour l'Histoire de Louis XI, Charles VIII & Louis XII. C'est cependant un Livre de pure curiosité. = Le même, *Paris*, 1538, *in*-4.

4°. Les Chroniques des excellens faits & vertueux gestes des Très-Chrétiens Rois, jusqu'à François I, traduites du Latin de Robert Gaguin : *Paris*, Poncet, 1515, petit *in-fol*.

5°. La Mer des Chroniques & Miroir historial de France, traduit du Latin de Robert Gaguin : *Paris*, 1530, *in-fol*.

« II. Chronique ou Histoire faite & composée » par le R. P. en Dieu Turpin, Archevêque de » Reims, l'un des Pairs de France, contenant les » prouesses & faits d'armes advenus en son temps, » du Roi Charlemagne & de son neveu Roland » traduite du Latin en François, par Robert Gaguin, » par ordre du Roi Charles VIII : » *Paris*, Regnaud Chaudière, 1527, *in*-4. en lettres Gothiques. = *Lyon*, 1583, *in*-8. L'Abbé Lenglet a rangé ce Livre parmi les Romans; voici comme il en parle dans sa Méthode pour étudier l'Histoire : « C'est » de cet Auteur fabuleux, qui a, dit-on, vécu à la » fin du onzième Siècle, que sont sorties les idées » de tous les Romans de Chevalerie de Charlema- » gne, de Roland & des Pairs de France. L'Arche- » vêque, à qui on l'attribue, étoit mort l'an 778, » long-temps avant [toutes les Expéditions de] » Charlemagne, [qui sont historiées dans ce Ro- » man ».]

Au reste, il paroît que ce ne fut que par obéissance pour son Prince, que Gaguin s'appliqua à cette Traduction : il avoit assez de critique pour reconnoître ces fables. C'est ce qu'on voit dans une

Tome III.

de ses Lettres à Charles Saccus, à qui il mande qu'il a lu un Manuscrit concernant les grandes actions de Charlemagne, mais que les faits qu'on y raconte n'ont rien de conforme avec les bonnes Histoires. Il avoit cependant trop de respect pour plusieurs de nos anciens Historiens; & il en transcrit dans ses Annales des fables qui s'y étoient introduites. [Il y en a même qui lui sont attribuées, telle que l'érection prétendue du Royaume d'Yvetot : car c'est le plus ancien Auteur qui en ait parlé. Il n'y a cependant pas d'apparence qu'il l'ait inventée.]

« III. Rob. Gaguini, Epistolæ & Orationes : » *Parisiis*, Durand. Gerlier, petit *in*-16. » Gothiq. de 88 feuilles. On y trouve 87 Lettres. La dernière est datée du premier Octobre 1497. = Eadem : *Parisiis*, 1497, petit *in*-4. *Ibid.* And. Bocard, 1498, *in*-4. Gothiq. Bocard a été l'un des plus habiles Imprimeurs de son temps. Le Frontispice de cette Edition est orné d'une vignette qui représente les Armes de France, celles de Paris & de l'Université, avec ces Vers François dans la bordure du cartouche :

> Honneur au Roi & à la Court,
> Salut à l'Université,
> Dont nostre bien procède & sourt,
> Dieu gard de Paris la Cité.

Les Lettres de Gaguin sont très-rares & assez curieuses; mais l'Edition de 1498 contient beaucoup de Pièces qui la rendent plus précieuse que celle de Gerlier, qui d'ailleurs fourmille de fautes. 1.° Epistolæ : on trouve deux Lettres de plus dans cette Edition. 2.° Orationes : on a IX. Harangues de Gaguin. Le Père de Launai, (fils de Richard de Launai, Libraire,) Ministre & Supérieur du Couvent des Mathurins de Paris, en entreprit une nouvelle Edition à la fin du Siècle dernier, avec des Sommaires, & augmentée de plusieurs autres Epitres & Oraisons qui n'avoient point encore paru, & qu'il a tirées des Manuscrits mêmes de Gaguin.

IV. « Plusieurs Poësies », imprimées en partie avec les Lettres & Harangues.

V. « Les Commentaires de Jules-César, transla» tés par Robert Gaguin & Etienne de la Laigne, » dit Beauvais : *Paris*, le Bret, 1541, *in*-8. 2 vol.» = Les mêmes, revus par Ant. Dumoulin, Masconnois : *Lyon*, Jean de Tournes, 1545, *in*-8. 1555, *in*-16. 2 vol. [De Laigle avoit traduit les Commentaires de la Guerre Civile : *Paris*, Arnoult & Charles Langelier, 1539, *in*-16. & ce qu'a traduit Gaguin. *Ibid.* 1538. Gaguin y prend le titre de Docteur en Décret. Les Epigrammes placées à la fin, sont singulières.] Le Père Labbe, dans sa Nouvelle Bibliothèque des Manuscrits, cite cette Traduction aux Supplémens 8 & 9, & il en marque une Edition sous ce titre seulement : « Les Commentaires de » César, mis en François par Robert Gaguin, Mi» nistre Général des Mathurins : 1488, *in-fol.* » Gaguin n'a jamais traduit que les huit Livres de la Guerre des Gaules. Antoine Dumoulin se vante d'avoir travaillé sa nouvelle Traduction avec tant de soins & de succès, qu'elle efface presqu'entièrement celle de Gaguin, dont il attribue néanmoins poliment les fautes aux Correcteurs & aux Imprimeurs.

VI. [François] Swertius, [dans ses *Athenæ Belgicæ*,] dit, que Gaguin avoit composé une « Chro» nique de son Ordre », qui est restée Manuscrite; la Traduction d'un Ouvrage de Jean Pic de la Mirandole, sur les Afflictions, un Poëme François, intitulé : « La Royne du bon repos, ou le Passetems » d'oisiveté », qu'il composa en Angleterre, l'an 1498. Le Père de Montfaucon cite, *pag.* 1109 de sa *Bibliothèque des Manuscrits*, un Dictionnaire Latin, dédié à Louis XI. & Gaguin lui-même parle, dans sa Lettre XXXV. d'une Edition de Lucain, à laquelle il paroît avoir eu quelque part.

Nous ne pouvons mieux finir cet Article, qu'en rapportant ce qu'a pensé de cet Historien l'Abbé le Gendre, Historien lui-même de France. Il en parle, & dans ses Jugemens qui accompagnent son Histoire générale, & dans la Vie qu'il a donnée du fameux Cardinal d'Amboise, premier Ministre du Roi Louis XII. 1.° « Robert Gaguin (dit-il, *pag.* 93 des Jugemens) a écrit d'un style coulant & en Latin pur, une Histoire de France, depuis le commencement de la Monarchie, jusqu'en 1499. Cette Histoire fait plaisir à lire ; elle n'est ni longue ni courte. L'Auteur narre agréablement ; il n'omet rien de remarquable, & parle sans déguisement des choses memes de son temps. Il dit plus ouvertement que n'ont fait les autres Historiens, les foiblesses, les bizarreries & les cruautés de Louis XI. [dont il a été témoin. Mais] une chose reprochée à Gaguin, & chose insupportable dans un si bel esprit, [ami intime d'Erasme,] c'est qu'il ait mis dans son Histoire, non point comme de petits contes qui auroient couru parmi le Peuple, mais comme des vérités constantes, presque toutes les fables qui sont dans nos vieux Auteurs ».

2.° Le même Abbé le Gendre, dans sa Vie du Cardinal d'Amboise, qu'il a publiée après son Histoire de France & ses Jugemens sur ceux qui en ont écrit, fait l'éloge suivant de Robert Gaguin. « Il y avoit [dit-il,] à la Cour de Louis XII. deux Flamans devenus François par les biens qu'ils y avoient reçus, & par les Etablissemens qu'on leur avoit donnés en France, qui avoient été employés, qui méritoient de l'être, & qui avoient réussi en des manèges difficiles. Ces deux Flamans étoient Philippe de Comines & Robert Gaguin. Ce dernier avoit étudié peu en Théologie, beaucoup en Droit, & étoit monté par dégrés au Général de son Ordre. Ce Religieux, né bel esprit, se sentant une forte envie de se produire à la Cour, & des dispositions à s'y faire considérer, s'étoit défait de bonne heure de cet air rustre & revêche que l'on contracte d'ordinaire dans les disputes de l'Ecole : mauvaise habitude, qui rend peu propre aux Affaires les Sçavans de profession, quand ils ont principalement, comme il arrive quelquefois, plus de lecture que de bon sens. Ce Général des Mathurins, étoit un Sçavant poli, également docte & habile, qui fut chargé plus d'une fois de Négociations importantes ».

« Le Cardinal d'Amboise voyoit souvent Gaguin & Philippe de Comines, & ce ne fut pas sans fruit ; car le commerce qu'il eut avec ces deux habiles Politiques, lui donna une connoissance aussi exacte que détaillée du dedans & du dehors du Royaume, forma en lui cette prudence universelle, qui est si nécessaire dans l'administration des Affaires publiques. Ainsi, par leurs instructions, il devint en fort peu de temps, un des hommes les plus propres à en faire un premier Ministre ».

☞ Si PAUL EMILE, sçavant Véronois, que Louis XII. amena d'Italie en France, & qu'il fit Chanoine de l'Eglise Cathédrale de Paris, où il est mort en 1529, fut 30 ans à écrire son Histoire générale de France ; il la commença comme Gaguin finissoit la sienne. « C'est le premier (dit l'Abbé le Gendre) qui ait débrouillé le cahos de notre vieille Histoire, & qui ait défriché ces champs incultes. Il y a beaucoup de bon dans son Ouvrage, écrit en Latin pur & élégant, mais d'un style si laconique, qu'il en est quelquefois obscur... diffus en certains endroits, comme quand il parle des Croisades, partial pour sa Nation, ennuyeux dans ses Harangues... Son Histoire commence à Pharamond & finit en 1488. Il ne l'a pas publiée lui-même, & il a laissé son Ouvrage imparfait ».]

XIX.

LOUIS LE GENDRE.

CET Historien, qui est mort Chanoine & Sous-Chantre de l'Eglise Métropolitaine de Paris, & Abbé de Notre-Dame de Clairefontaine, naquit à Rouen, de parens pauvres, en 1655. Moins ils étoient en état de seconder les heureuses dispositions qu'il paroissoit avoir pour les Sciences, plus il s'appliqua lui-même à profiter des moyens qui s'offrirent. Sa piété, sa modestie & son amour pour l'étude, lui procurèrent des Protecteurs, & entr'autres M. de Harlay, alors Archevêque de Rouen, & qui est mort Archevêque de Paris en 1695.

M. le Gendre, comme il l'a déclaré lui-même, dut à ce Prélat la meilleure partie de son éducation, & il fut depuis constamment honoré de son amitié & de sa confiance. Plein de reconnoissance pour les bontés de son Bienfaiteur, qui, en 1690, l'avoit nommé à un Canonicat de Notre-Dame de Paris, il publia deux Eloges (ou Panégyriques) de ce Prélat, l'un en 1695, l'autre en 1696, in-4. & deux ans après il donna (aussi *in-4*.) l'Histoire détaillée de M. de Harlay, écrite d'un style également noble & coulant. Quoiqu'on sente bien en la lisant, que l'Auteur a écrit pour louer son Héros (dit l'Abbé Goujet,) cependant il est aisé de voir aussi qu'il ne dissimule pas quelques-uns de ses défauts, & que ses louanges sont quelquefois tempérées par une sincérité dont on doit lui sçavoir gré.

Cependant l'Abbé le Gendre étoit occupé depuis long-temps d'un Ouvrage beaucoup plus considérable & plus utile : c'étoit une nouvelle Histoire générale de France. Il s'essaya d'abord sur celle de Louis XIV. jusqu'en 1691, & ce premier Ouvrage parut sous ce titre : « Essai du Règne de Louis le Grand », en 1697, in-4. C'est un Ouvrage où les louanges sont répandues à pleines mains, & qui doit être bien plutôt considéré comme l'essai d'un Panégyrique que d'une Histoire, dit l'Abbé Lenglet. Cela n'empêcha pas qu'en moins de dix-huit mois, il parut quatre Editions de cet Ouvrage, que l'Auteur avoit eu l'honneur de présenter à sa Majesté, sur la fin de Décembre 1697. On en a fait encore une Edition en 1701.

Notre Historien, encouragé par l'accueil favorable que le Public fit à cet Essai, s'appliqua avec une nouvelle ardeur à son grand Ouvrage. Pour faire quelque chose d'exact & de nouveau, il recourut aux sources, & lut avec soin les Auteurs contemporains qui ont écrit en chaque Siècle l'Histoire de France. En 1700, l'Abbé le Gendre publia 3 Volumes *in-12*. qui contiennent l'Histoire des Règnes des deux premières Races de nos Rois ; & il donna en 1712 un Volume, aussi *in-12*. sur les « Mœurs & Coutumes des François dans les différens temps de la Monarchie ». Lorsqu'il eut fini l'Histoire de la Troisième Race, il revit ce qu'il avoit déja publié, y ajouta quelques Traités particuliers, & publia en 1718 son « Histoire de France » en entier : 2 ou 3 Volumes *in-fol.* & 8 *in-12*. Je dis 2 ou 3 Volumes *in-fol.* parceque les Libraires ont varié sur la diſtribution des Parties qui les compoſent.

L'Abbé le Gendre avoit cru y devoir mettre à part, 1.° le Traité des Mœurs & Coutumes des François : 2.° une Généalogie raiſonnée de la Maiſon Royale : 3.° un Traité des Grands Officiers de la Couronne : 4.° une Liſte des Hiſtoriens de France, avec des Remarques, où il repréſente leur génie, leurs diſpoſitions, leurs talens. Tout cet Ouvrage eſt un des Abrégés les plus exacts de notre Hiſtoire, écrit avec goût. L'Auteur s'eſt ſur-tout appliqué à peindre le caractère de nos Rois, & des principaux Perſonnages qui ont illuſtré leurs règnes.

On ne ſçait ſi l'Abbé le Gendre prit part aux Ecrits que la Conſtitution *Unigenitus* occaſionna : on connoît ſeulement ſon Oppoſition à l'Appel interjetté par le Chapitre de Notre-Dame de Paris. Pendant ces conteſtations, il eſt certain qu'il travailloit au détail d'une portion de l'Hiſtoire de France; ſçavoir, « l'Hiſtoire du Cardinal d'Am-» boiſe, Archevêque de Rouen, & Miniſtre d'Etat, » ſous le Règne de Louis XII. » Cet Ouvrage, que l'on eſtime, parut pour la première fois à Paris, en 1724, *in*-4. & il fut réimprimé l'année ſuivante à Rouen, en 2 vol. *in*-12. L'Auteur y a joint un Parallèle des Cardinaux célèbres qui ont gouverné l'Etat. Les Journaliſtes de Trévoux ayant fait quelque critique de cet Ouvrage, l'Abbé le Gendre y répondit par une petite Brochure *in*-8. qui a pour titre : « Réflexions ſur les Mémoires de Trévoux, » mois de Juillet 1726, &c. »

Agé de près de 70 ans, il ne voulut enſuite s'occuper que de la prière & des penſées de l'éternité. Ce fut dans ces diſpoſitions qu'il mourut, le premier Février 1733, dans ſa ſoixante & dix-huitième année. Il avoit fait un Teſtament pour fonder une Académie à Rouen, & pour quelques autres fondations qui n'ont point eu lieu, comme il l'avoit déſigné ; mais l'autorité du Parlement leur donna un objet plus utile. M. Joly de Fleury, Procureur Général, de concert avec l'Abbé Piat, Recteur de l'Univerſité de Paris, propoſa au Parlement d'attribuer la ſomme dont il étoit queſtion, à l'Univerſité, pour une diſtribution ſolemnelle de Prix, qui ſe feroit tous les ans aux Elèves choiſis dans ſes dix Collèges. Cela fut ainſi décidé par un Arrêt du 8 Mars 1746. La première diſtribution ſe fit l'année ſuivante, au mois d'Août, dans la grande Salle des Ecoles extérieures de Sorbonne. Cette cérémonie ſe renouvelle tous les ans avec pompe : le Parlement l'honore de ſa préſence, & M. le Premier Préſident donne le premier Prix, en embraſſant celui qui l'a remporté. Cette Fondation a été enſuite augmentée par M. Coffin, Principal du Collège de Beauvais, & par M. Collot, Chanoine de Notre-Dame, & ancien Profeſſeur de l'Univerſité.

XX.

*MESSIEURS GODEFROY.

(Par le Père le Long.)

THEODORE & DENYS GODEFROY, père & fils, Hiſtoriographes de France, ont aſſez mérité du Public, pour parler de leurs Emplois, & donner la Suite chronologique de leurs Ouvrages.

Théodore étoit fils aîné du célèbre Juriſconſulte Denys Godefroy, dont les Ouvrages ſur la Juriſprudence ſervent depuis un Siècle entier à former les plus grands Magiſtrats. Entre ſes Ouvrages, celui qui eſt intitulé : « Statuta Galliæ juxta Francorum, » Burgundionum, Gothorum & Anglorum in ea » dominantium, &c. » fut imprimé l'an 1611, à Francfort. Son « Traité Latin touchant la Nobleſſe », l'avoit été à Spire l'année précédente.

Quoiqu'il ſoit né à Genève le 17 Juillet 1580, il eſt néanmoins réputé François ; car ſon ayeul Léon Godefroy, étoit Conſeiller au Châtelet de Paris. Denys ſon père avoit été baptiſé dans cette Ville capitale, en 1549, & y avoit pris alliance avec Denyſe de Saint-Yon, d'une ancienne Famille de cette Ville ; ainſi ſa naiſſance à Genève eſt une ſuite de la retraite de ſes père & mère hors du Royaume, dans un temps où ceux qui aimoient leur malheur, ou l'amour de la nouveauté, engageoient dans les nouvelles opinions, n'y trouvoient point d'aſyle ni de ſûreté.

Il commença ſes études à Genève, & les continua à Strasbourg, où ſon père avoit été appellé pour remplir la première Chaire de Droit & d'Hiſtoire. Dès qu'il les eut finies, il ſe ſépara de ſes parens, & vint à Paris en 1602, où il ſe réunit à la Religion de ſes Ancêtres.

Sa grande application à l'Hiſtoire lui fit faire des progrès conſidérables dans cette ſcience, dont il ne fit pas ſi-tôt part au Public. Le premier Ouvrage qu'il fit imprimer à Paris, en 1610, fut un « Traité de » l'Origine des Rois de Portugal » ; il fut réimprimé en 1612.

En 1613, il donna les « Mémoires de Préſéance » des Rois de France ſur ceux d'Eſpagne » ; & le Roi Louis XIII. le gratifia d'une penſion de ſix cens livres, par Brevet du 26 Avril.

Il fit imprimer en 1614, les « Entrevues de » Charles IV. Empereur & Roi de Bohême, de ſon » fils Venceſlas, Roi des Romains, & de Charles V. » Roi de France, en 1378, à Paris ; & de Louis XII. » Roi de France, & de Ferdinand, Roi d'Aragon » ; avec des « Mémoires touchant la Dignité des Rois » de France, l'Hiſtoire de Charles VI. de Juvenal » des Urſins, avec des Notes & Preuves ; & l'Ori-» gine de la Maiſon de Portugal, pour la troiſième » fois ».

Il publia en 1615, « l'Hiſtoire de Louis XII. de » Claude de Seyſſel, avec des Notes & Preuves ». Il fut nommé la même année, par Arrêt du Conſeil, du 21 Mai, avec Pierre Dupuy ſon parent, pour travailler ſous le Procureur Général du Roi, à l'Inventaire du Tréſor des Chartes. Il leur fut réglé à chacun ſix cens livres d'appointement pour ce travail.

En 1616, il donna la quatrième Edition de l'Origine des Rois de Portugal, & la « première Edition » de l'Hiſtoire du Chevalier Bayard ».

En 1617, il fit imprimer « l'Hiſtoire de Charles VI. » par Guillaume de Jaligny, avec des Notes & des » Preuves ». Sa penſion de ſix cens livres lui fut augmentée cette année juſqu'à douze cens livres, par Brevet du 17 Avril.

En 1618, il donna une ſeconde Edition des Mémoires de la Préſéance des Rois de France ſur ceux d'Eſpagne : & en 1619, la ſeconde Edition de l'Hiſtoire du Chevalier Bayard, & « le Cérémonial de » France », [*in*-4.]

En 1620, il publia « l'Hiſtoire du Roi Louis XII » par Jean d'Auton, avec des Notes & des Preuves » » & celle de Jean le Maingre, dit Boucicaut, Ma-» réchal de France ».

En 1622, il mit au jour une autre « Hiſtoire de

» Louis XII. écrite par Jean de Saint-Gelais, avec
» des Notes & des Preuves : & celle d'Artus III.
» Duc de Bretagne, Connétable de France ».

En 1624, il fit imprimer pour la cinquième fois l'Origine des Rois de Portugal ; & deux autres Traités, l'un « de la véritable Origine de la Maison » d'Autriche ; & l'autre, de celle de Lorraine ».

Il avoit fait la découverte de la première dans les Actes de l'Abbaye de Mure en Suisse. Il prouve qu'elle descend de Werner III. Comte de Hasbourg, par Itte de Thierstein, ou d'Homberg sa mère, fille de Werner I. Comte de Hasbourg : opinion qui depuis a été suivie de tous les Historiens & Généalogistes ; avec cette seule différence, que quelques-uns font Werner III. fils de Werner II. quoiqu'il ne fût pas son cousin-germain maternel.

Il réfute dans son second Traité, l'opinion de ceux qui font descendre la Maison de Lorraine en ligne directe masculine de l'Empereur Charlemagne ; & il prouve qu'elle descend de Gérard d'Alsace : ce qui a été suivi par les meilleurs & les plus fidèles Historiens & Généalogistes.

Il vouloit donner une seconde Edition beaucoup plus ample de ces deux Généalogies. Elles sont restées manuscrites entre les mains de ses Héritiers.

Il rendit public en 1627, « l'Ordre & les Céré-
» monies du double Mariage conclu en 1615 , entre
» la France & l'Espagne ; & l'Origine des Comtes
» & Ducs de Bar, avec leur Généalogie ».

Le Roi l'honora en 1632 du Titre de l'un de ses Historiographes, aux gages de trois mille six cens livres, dont il fit expédier un Brevet & des Lettres, les 28 Février & 4 Mai de cette année.

Il le pourvut aussi en 1634 de l'Office de Conseiller au Conseil Souverain de Nancy, & le commit la même année pour faire l'Inventaire des Titres de Lorraine, dont il fit apporter les plus importans à Paris, en 1635.

Il fut l'année suivante envoyé à Cologne, à l'occasion de l'Assemblée pour la Paix, où le Cardinal de Lyon devoit se trouver pour la France. Son Instruction est du 6 Décembre 1636.

Cette Assemblée ayant été transférée à Munster, il y fut envoyé en 1643, avec une Instruction particulière, datée du 26 Septembre, pour servir près des Plénipotentiaires pour la Paix générale ; & le Roi l'honora en même temps de la dignité de Conseiller en ses Conseils d'Etat & Privé, par Lettres du 9 Octobre de la même année.

On a conservé long-temps dans la Bibliothèque de M. le Chancelier Seguier, les Mémoires qu'il fit sur ce sujet, pendant son séjour à Munster, où la Paix fut conclue entre la France & l'Empire, le 30 Octobre 1648 ; après quoi il resta en cette Ville pour le service du Roi, & il y mourut le 5 d'Octobre 1649, dans sa soixante-sixième année.

Dans le Recueil des Opuscules de Loisel, se trouve la « Vie de Guillaume Marescot, Conseiller » d'Etat, mort en 1646 », qui est de la composition de notre Historiographe.

Il avoit recueilli quatre Volumes in-fol. des « Lits » de Justice, depuis l'an 1364 jusqu'en 1627 », & il a fait, en six Volumes in-fol. une « Table alphabé-
» tique des Registres du Parlement, depuis l'an
» 1378 jusqu'en 1627 ».

On avertit que le « Traité des Droits du Roi », qui a paru en 1655 in-fol. sous le nom de M. Dupuy, est de Théodore Godefroy. Tous les Sçavans en conviennent, & ses Enfans en ont les Mémoires originaux écrits de sa main, qui serviront un jour à en donner une nouvelle Edition, beaucoup augmentée. La Copie des mêmes Mémoires est encore dans la Bibliothèque du Roi, avec les lettres T. G. qui sont la marque ordinaire qu'il mettoit à ses Ouvrages.

JACQUES GODEFROY, frère puisné de Théodore, naquit à Genève en 1587. Il s'est distingué, à l'exemple de Denys Godefroy son père, dans la Jurisprudence. Il a commenté le Code Théodosien, qui a été imprimé à Paris, en six vol. in-fol. en 1660. Il se trouve dans le sixième Tome deux Chroniques, par rapport à ce Code ; l'une qui regarde l'Empire ; & l'autre les Gaules, depuis l'an 312 jusqu'à l'an 412. Il a publié à Genève un Traité qui a pour titre : *Diatriba de Jure præcedentiæ* ; & en 1643, l'Histoire Ecclésiastique de Philostorge, en Grec & en Latin , avec de longues & sçavantes Dissertations. Jacob Spon s'est beaucoup servi dans son Histoire de Genève, des trois Volumes in-4. dé Mémoires que Jacques Godefroy, qui avoit été cinq fois Syndic de cette Ville, en a laissé. Il y est mort en 1652, âgé de soixante-cinq ans.

DENYS GODEFROY, fils de Théodore, est né à Paris, le 24 Août 1615. Il a profité des Mémoires de son père, & il s'est appliqué, comme lui, à la connoissance de notre Histoire. Le Roi Louis XIII. lui accorda, par Lettres du 27 Mai 1640, le titre d'Historiographe, aux gages de trois mille six cens livres, pour en jouir en survivance de son père.

Il a donné de nouveau en 1649, « le Cérémonial
» de France », en deux Volumes [in-fol.] Il devoit être suivi de trois autres , qui n'ont point paru, & dont ses Enfans ont les Mémoires.

Il fit imprimer la même année au Louvre, les « Mémoires de Philippe de Comines, avec des Notes » & des Preuves ». Il y a joint la Généalogie de cet Auteur. On recherche fort cette Edition, & on la rechercheroit encore davantage, s'il n'en avoit été fait plusieurs autres en trois Volumes in-8. par Jean Godefroy, l'un de ses Enfans, qui y a joint en 1713 , un quatrième Volume en forme de Supplément , où se trouvent ses Remarques sur l'Histoire de Louis XI. donnée par Varillas, qui ne font pas beaucoup d'honneur à cet Historien : on les [a] réimprimés en cinq Volumes, [en 1723, & en 1747, dans l'Ed. de Paris (4 vol. in-4.) donnée par l'Abbé Lenglet, où toutes les recherches de MM. Godefroy, à ce sujet, sont comprises.]

Le Roi lui donna encore par Brevet & Lettres-Patentes, du 20 & 30 Mars 1650, une pension de deux mille livres, à prendre sur les Pays & Sénéchaussée de Quercy.

Il fit en 1652, le Traité intitulé : « Mémoires & » Instructions pour servir dans les Négociations & » Affaires qui concernent les Droits du Roi », imprimés d'abord en 1665 , & depuis plusieurs fois. Il y a travaillé par l'ordre de M. le Chancelier Seguier, qu'on en a cru l'Auteur, parcequ'ils le font trouvés en manuscrit dans sa Bibliothèque. Ce n'est que l'Abrégé de celui des Droits du Roi, publié sous le nom de Pierre Dupuy.

Il a donné en 1653, « l'Histoire de Charles VI. » par Jean Juvenal des Ursins, Pierre de Fenin & » Gérard de Thieulaines ».

En 1658, celle « des Connétables, Chanceliers,
» Maréchaux , Amiraux, Grands-Maîtres & autres » Officiers de la Couronne & de la Maison du Roi ».
• En 1661, celle « du Roi Charles VII. par Jean » Chartier, Jacques Bouvier, Matthieu de Coucy
» & autres ; avec l'Eloge de Jean , Comte de
» Dunois , & plusieurs Pièces qui concernent sa
» Maison ».

Son « Histoire du Roi Charles VIII. par Guillau-
» me de Jaligny, André de la Vigne, Pierre Desrey,
» Jean Bouchet, George Flore, Daniel Scheidner
» & autres », que l'on imprima en partie de son vivant, n'a été achevée qu'en 1684, après son décès, par les soins de Denys Godefroy son fils aîné.

Ces quatre derniers Volumes, avec les Mémoires de Philippe de Comines, sont imprimés au Louvre, in-fol. L'Editeur y a joint des Notes & des Preuves fort amples, sur-tout aux Mémoires de Comines.

Il fut envoyé à Lille en 1668, pour la recherche & garde des Titres & Archives de la Chambre des Comptes: sa Commission est du 2 Décembre. Il en eut une pareille en 1678, pour l'Inventaire des Titres du Château de Gand; laquelle finie, il revint à Lille, où il est mort le 9 Juin 1681, dans sa soixante-sixième année, & a été enterré dans le chœur de S. Estienne sa Paroisse.

Il avoit dessein de donner une suite d'Historiens François, contemporains, en la Langue qu'ils ont écrit, à commencer en 1285, au Règne de Philippe-le-Bel, où André du Chesne a fini son Recueil. Il devoit y joindre des Notes & des Preuves dans le même ordre qu'il a observé pour les quatre Règnes qu'il a publiés, & qui font une suite de six-vingt ans. Il avoit de quoi remplir ce dessein : d'autres occupations l'en ont empêché.

☞ M. Godefroy, qui réside actuellement à Lille, & qui est un digne héritier de ses Ayeux, m'ayant fait la grace de m'envoyer un Mémoire sur l'Ouvrage des Droits du Roi, que l'on vient de voir, que le Père le Long attribuoit absolument à Théodore Godefroy : j'ai cru devoir mettre ici ce Mémoire.

Dessein d'une nouvelle Edition des Droits du Roi sur plusieurs Etats & Seigneuries possédées par des Princes Etrangers, & sur différentes Provinces & Villes du Royaume.

Cet Ouvrage imprimé en 1655, sous le nom de M. Dupuy, n'est pas de lui seul; c'est aussi le fruit du travail & des recherches de Théodore Godefroy; ce qui se prouve par une Lettre originale du 27 Octobre 1631, signée P. Dupuy & T. Godefroy, écrite à M. le Cardinal de Richelieu, par laquelle ils lui rendent compte de ce travail qu'ils avoient entrepris par ses ordres : (elle se trouvera ci-après.)

Le Public fait même la justice à Théodore Godefroy de le lui donner presqu'entier. En effet, tous les Traités qui le composent se trouvent tels qu'il les a faits avec leurs ratures & corrections, écrits de sa main, ou de celle de Denys Godefroy son petit-fils; & ils sont manuscrits en la Bibliothèque du Roi, avec la note *par* T. G. qu'il mettoit de sa main à tous ses Ouvrages; ce qui fait présumer qu'il y a la meilleure part.

La parenté, l'étroite liaison d'amitié & la conformité de travail des Sieurs Dupuy & Godefroy, les engageoit à se communiquer leurs recherches & leurs découvertes sur notre Histoire : cet Ouvrage convenoit mieux au sieur Godefroy, qu'à M. Dupuy. Cependant comme il s'est trouvé tout entier parmi ses Manuscrits, c'est ce qui l'a fait donner sous son nom seul après son décès.

Il auroit été plus exact & plus complet, s'il eût été donné sur les propres Mémoires de Théodore Godefroy; le Public y auroit profité d'un grand nombre d'additions & de corrections, qui paroissent très-nécessaires, & de quelques Traités qui n'ont point encore paru.

C'est ce qui engage le sieur Godefroy son petit-fils, à proposer d'en donner une nouvelle Edition, & d'y joindre ses propres recherches qui rendront cet Ouvrage plus ample & plus considérable. On ne change rien à l'ordre dans lequel il a déja été donné, & il contiendra deux Parties.

Dans la première, on établira les Droits du Roi sur les Etats dont il n'est point en possession, & sur ceux qui ont été acquis & réunis à la Couronne depuis un Siècle; dans la seconde, on traitera des mêmes Droits sur différentes Provinces & Villes du Royaume. On trouvera dans la première plusieurs Traités qui ne sont point dans l'Edition de 1655; celui de l'Empire de l'Allemagne en est un : on y parle de son établissement, de son étendue & de sa succession dans la race de Charlemagne, le tout historiquement, sans entrer en discussion des Droits de la France à cet égard. Il y aura dans la seconde Partie, plusieurs Articles & Traités qui ne sont point aussi dans l'Edition de 1655 ; ensorte que chacune de ces deux Parties composera un volume *in-fol.* de juste grosseur.

On pourra y joindre trois autres Ouvrages qui n'ont point encore paru : 1°. des Apanages des Enfans de France ; 2°. des Régences ; 3°. du Douaire des Reines, ou les donner séparément si la grosseur des Volumes ne permet pas de les y faire entrer. Les Preuves viendront ensuite ; elles fourniront aisément jusqu'à trois ou quatre Volumes, si l'on trouve des Libraires disposés à se charger des frais de l'impression.

Ce Recueil contient plus de 400 Traités différens. Quoiqu'on ne change rien à son premier ordre, le grand nombre d'Additions & de Corrections que l'on y fait, le feront paroitre un Ouvrage nouveau.

Le principe que l'on s'est fait de ne rien avancer sans bonnes & solides preuves, demande une grande application, & des recherches très-exactes, pour mettre, s'il se peut, un Ouvrage de cette importance hors de toute atteinte.

Le sieur Godefroy n'a d'abord eu d'autres vues que de contenter sa seule curiosité dans ses recherches ; il les a poussées assez loin pour les croire utiles au public : une ou deux années au plus le mettront en état de satisfaire à ce qu'il lui doit à cet égard.

Copie de la Lettre des Sieurs Dupuy & Godefroy, à M. le Cardinal de Richelieu, au sujet de leur travail sur les Droits du Roi.

MONSEIGNEUR, Nous avons exécuté pour la plûpart le commandement qu'il vous a plû nous faire touchant les Traités des Droits du Roi sur quelques Royaumes & Principautés voisines, & les Réponses aux prétentions des Princes voisins sur aucunes Provinces de cet Etat. Il vous a plû, Monseigneur, de recevoir favorablement les premiers Traités que nous vous avons envoyés de la Navarre, de Gênes, d'Arragon, de Naples & de Sicile. Il en reste beaucoup d'autres qui sont faits, comme ceux de Flandres & d'Artois, de Bourgogne, de Provence, de Bretagne, d'Anjou, d'Avignon, de Mâcon, Auxerre & Bar-sur-Seine, d'Auxonne, toutes les Prétentions d'Angleterre sur nous, & de nous sur eux. Nous vous envoyerons, Monseigneur, ces Traités quand il vous plaira nous le commander. L'ordre qu'il vous avoit plû donner à M. Desroches de nous faire recevoir quatre mille livres pour l'année 1630 a manqué. Nous n'avons depuis osé presser, ni nous présenter devant vous, ni le reste de notre Ouvrage, jusqu'à nouvel ordre, que nous attendons de vous, Monseigneur, priant Dieu qu'il vous conserve pour le bien de cet Etat, vous assurant, Monseigneur, que nous ne manquerons jamais à la fidélité que nous vous devons, & au service que nous sommes obligés de vous rendre en qualité, Monseigneur, de vos très-humbles, très-affectionnés & très-obligés serviteurs. *Signé*, P. Dupuy & T. Godefroy. *Copie sur l'Original, Signé*, Godefroy.

XXI.

JOACHIM LE GRAND.

Extrait de son Eloge, par Joseph BOUGEREL, Prêtre de l'Oratoire.

JOACHIM LE GRAND naquit à Saint-Lo, au Diocèse de Coûtances en Normandie, le 6 de Février de l'an 1653, de Gilles le Grand & de Marie Violet. Après ses premières études, il alla à Caen étudier la Philosophie sous le célèbre Pierre Cally. Il eut pour condisciple Pierre-François de la Tour, qui a été dans la suite Général de l'Oratoire. L'amitié qu'ils contractèrent alors, n'a eu d'autres bornes que leurs vies. *

A l'exemple de son ami, il entra dans l'Oratoire en 1671, & pendant qu'il y demeura, il y étudia les Belles-Lettres & la Théologie. Il en sortit en 1676, se rendit à Paris, où il fréquenta assidûment le Père le Cointe qui travailloit aux Annales Ecclésiastiques de France. Ce sçavant homme, trouvant dans l'Abbé le Grand une mémoire sûre, un jugement exquis, une sagacité merveilleuse pour la discussion des faits, & un grand amour de la vérité & du travail, qualités & talens propres pour réussir dans l'Histoire, n'hésita pas à lui persuader de s'y appliquer entièrement. Il fit plus, il voulut lui-même être son guide dans une carrière si vaste & si difficile. Avec un tel secours il acquit une grande connoissance des anciens Titres & des Chartes; connoissance qu'il perfectionna beaucoup dans la Bibliothèque du Roi, par la liberté que M. Thévenot, qui en avoit la Garde, lui donna d'en consulter les Manuscrits.

Au mois de Janvier 1681, il perdit le Père le Cointe: vivement pénétré de reconnoissance pour les services qu'il lui avoit rendus, il fit son Eloge. Il donna aussi celui de Michel de Marolles, Abbé de Villeloin; ils furent insérés dans le Journal des Sçavans; le premier, au mois de Février; l'autre, au mois d'Avril de la même année.

L'éducation du Marquis de Vins & celle du Duc d'Estrées, dont l'Abbé le Grand fut chargé successivement, ne dérangèrent rien dans le plan de ses études. Il continua de s'appliquer à l'Histoire & à la Critique.

L'Histoire de la Réformation d'Angleterre composée par le Docteur Burnet, mort Evêque de Salisbury, ayant paru en François en 1683, l'Abbé le Grand l'examina avec soin, & fit part de ses Observations à M. Thévenot.

Le Docteur Burnet qui vint à Paris en 1685, informé du jugement que l'Abbé le Grand portoit de son Histoire, pria M. Thévenot de lui ménager une Conférence avec notre Abbé, ce qui ne fut pas difficile; elle se tint à la Bibliothèque du Roi, en présence de MM. Thévenot & Auzout.

Comme par cette Conférence il paroissoit que le Docteur Burnet ne s'étoit mépris que faute de Mémoires, l'Abbé le Grand lui offrit tous ceux qu'il avoit entre ses mains, s'il vouloit corriger son Ouvrage & y travailler. Le Docteur Anglois s'excusa de le faire sur ce que ses Mémoires étoient en Angleterre. On admira l'érudition, la mémoire & la présence d'esprit de ces deux Sçavans.

Cette affaire parut alors terminée; mais le Docteur Burnet ayant publié une nouvelle Edition de son Ouvrage en 1686, à Amsterdam, en 4 vol. avec un Discours apologétique de la Réformation, où il combloit l'Abbé le Grand de louanges, mais sembloit le prendre en garantie de son Ouvrage; l'Abbé, malgré la répugnance qu'il avoit à se produire en public, crut qu'il ne lui étoit pas permis de garder le silence, sans trahir ce qu'il devoit à la vérité, à sa Religion & à son honneur. Et comme le Docteur Anglois n'avoit pas accepté l'offre qu'il lui avoit faite, il crut devoir donner au Public les Pièces qu'il avoit citées dans la Conférence. Son Ouvrage parut sous ce titre: « Histoire du Divorce de Henri » VIII. Roi d'Angleterre, & de Catherine d'Arra- » gon: la Défense de Sanderus & la Réfutation des » deux premiers Livres de l'Histoire de la Réforma- » tion de M. Burnet, & les Preuves: *Paris*, chez » Martin & Boudot, 1688, *in*-12. 3 vol. » Ce n'est qu'un tissu de Lettres originales, que l'Abbé le Grand a jointes ensemble. Il ne s'agit pas seulement de quelques endroits particuliers de l'Histoire de la Réformation, comme il semble le dire dans le titre, mais de l'Ouvrage entier. Car quoiqu'il n'ait donné que l'Histoire du Divorce, & qu'il semble se restraindre à la Réfutation des deux premiers Livres, il en examine cependant tous les points essentiels. Il a dédié cette Histoire à M. Thévenot.

Le Docteur Burnet écrivit aussi au même une Lettre, où il fait une courte Critique de l'Histoire du Divorce de Henri VIII. Il ne parle pas de l'Abbé le Grand d'une manière convenable. Celui-ci se contenta de publier de nouveau la même année 1688. cette Lettre, avec un Avertissement qu'il mit à la tête, & quelques Remarques qu'il ajouta au bas des pages.

L'année suivante, le Docteur Burnet mit au jour une Critique de l'Histoire des Variations des Eglises Protestantes, publiée par M. Bossuet: Cet Ouvrage du Docteur parut à Londres, en Anglois, *in*-4. & en François, à Amsterdam, *in*-12. L'Abbé le Grand lui adressa sur ce sujet trois « Lettres; la première, » sur les Variations; la seconde, sur la Réformation; » la troisième enfin, sur l'Histoire du Divorce. » Il mit à la tête une longue Préface, contenant des Observations sçavantes & judicieuses sur l'Histoire des Eglises Réformées, que Basnage venoit de publier. Le tout parut à Paris, *in*-12, l'an 1691.

Les nouvelles occupations dont l'Abbé le Grand fut chargé, terminèrent cette guerre littéraire, dans laquelle le Docteur Burnet mettoit bien de l'aigreur.

M. l'Abbé d'Estrées nommé Ambassadeur en Portugal, au mois de Février 1692, choisit l'Abbé le Grand pour Secrétaire de l'Ambassade. Il se rendit à Lisbonne, vers le mois d'Avril. Comme les Négociations n'étoient pas vives entre la France & le Portugal, l'Abbé le Grand profita de son loisir, & ramassa des Mémoires ou Relations des vastes Pays que les Portugais appellent leurs Conquêtes, & qui peut-être nous seroient encore inconnus, s'ils ne nous en avoient pas ouvert le chemin.

Il demeura en Portugal jusques vers le mois d'Août 1697. De retour en France, il conçut le dessein d'écrire la Vie de Louis XI, dont nous parlerons plus bas. Il fit l'année suivante 1698 un

---

* ☞ Pierre-François d'Arerez de la Tour fut élu Général de la Congrégation de l'Oratoire en 1696, & il est mort dans cette Place le 13 Février 1733, près de 3 mois avant l'Abbé le Grand.]

Voyage en Bourgogne & en Dauphiné, pour ramasser des Mémoires nécessaires à cette Histoire. Ce grand dessein ne l'empêcha pas de composer & de publier de temps en temps d'autres Ouvrages.

Il fit imprimer en 1701, à Trévoux, *in*-12, « l'Histoire de l'Isle de Ceylan, du Capitaine Jean de » Ribeyro, » qu'il traduisit du Portugais : il avoit trouvée à Lisbonne chez Don Jean-Louis d'Acunha. Il ne se borna pas à une simple traduction, il augmenta cette Histoire de plusieurs Chapitres sous le nom d'Additions, qu'il tira de plusieurs Manuscrits, que lui communiquèrent le Marquis de Fontes, le Comte d'Ericeyra & plusieurs autres.

M. l'Abbé d'Estrées étant parti à la fin de 1702 pour l'Espagne, l'Abbé le Grand l'y suivit. Il y fit les fonctions de Secrétaire de l'Ambassade sous le Cardinal d'Estrées jusqu'à la fin de 1703. L'Abbé d'Estrées ayant pris la place de son oncle, l'Abbé le Grand continua sous celui-ci les mêmes fonctions. Ils accompagnèrent en 1704 le Roi d'Espagne aux frontières de Portugal, & revinrent encore cette année en France.

A peine l'Abbé le Grand y fut-il arrivé, que les Ducs & Pairs de France le choisirent pour leur Secrétaire général ; emploi qui n'avoit point été rempli depuis la mort de l'Abbé le Laboureur, arrivée en 1675. Sa Commission est datée du 5 Décembre 1704.

Il avoit donné trop de preuves de ses talens dans les Ambassades de Portugal & d'Espagne, de ses connoissances dans l'Histoire & dans le Droit public, & de la justesse & de la solidité de ses vues dans les différentes occasions qui s'étoient présentées, pour n'être pas employé dans les Affaires étrangères. Aussi M. le Marquis de Torcy, Ministre d'Etat, l'attacha à ce travail dès l'année 1705, & ne cessa de lui donner dans la suite des marques particulières de son estime. Il n'y eut point d'Affaires de conséquence, pendant les dix années qui s'écoulèrent jusqu'à la mort de Louis XIV. auxquelles l'Abbé le Grand n'ait eu part, & sur lesquelles il n'ait écrit. Il a paru dans le Public plusieurs Mémoires qu'on sçait certainement être de lui, quoiqu'il n'y ait pas mis son nom ; & ces Mémoires ne sont pas les moins intéressans & les moins solides de ceux qu'on jugea à propos de publier. Voici les titres de quelques-uns.

« Mémoire touchant la Succession à la Couronne » d'Espagne, (prétendue traduction de l'Espagnol.) » = Réflexions sur la Lettre à un Milord, sur la né- » cessité & la justice de l'entière restitution de la » Monarchie d'Espagne ; avec des Extraits divers » Auteurs servans de Preuves au Mémoire, le tout » imprimé en 1711, *in*-8. = Discours sur ce qui s'est » passé dans l'Empire, au sujet de la Succession d'Es- » pagne : 1711, *in*-4. = L'Allemagne menacée d'être » bientôt réduite en Monarchie absolue, 1711, *in*-4. » = Lettre de M. D.... à M. le Docteur M... tou- » chant le Royaume de Bohême : » *in*-4.

Les autres Ouvrages sur ces matières, qui n'ont point été imprimés, concernent les Assemblées des Etats Généraux, les Régences, l'habileté à succéder à la Couronne, & toutes les grandes questions que les Evénemens du dedans & du dehors du Royaume lui ont donné lieu d'examiner pendant le cours de trente ans.

M. le Chancelier d'Aguesseau, qui faisoit un cas tout particulier de l'Abbé le Grand, se reposa sur lui en partie de l'exécution du dessein qu'il forma en 1717 de faire travailler à une Collection générale des Historiens de France. Plusieurs sçavans hommes donnèrent alors des projets ; mais on peut assurer que si l'Ouvrage avoit eu lieu alors, les Mémoires de l'Abbé le Grand auroient été suivis préférablement à tous les autres. * Ce Magistrat l'avoit aussi nommé pour être un des Censeurs Royaux ; mais l'Abbé le Grand n'en fit pas long-temps les fonctions, parceque cette occupation lui enlevoit presque tout le loisir qu'il destinoit à ses propres Ouvrages.

Il fut plus agréablement flatté lorsqu'il fut choisi en 1720 pour travailler à l'Inventaire du Trésor des Chartes. Ce travail se lioit naturellement avec ses études ; aussi s'y livra-t-il avec toute l'application & tout le zèle possibles : ce qui ne l'empêcha pas de trouver du temps pour mettre la dernière main à son « Histoire de Louis XI. » son Ouvrage favori. Cette Histoire est divisée en vingt-six livres. Il s'étoit déterminé en 1727 à la donner au Public. Ce fut dans cette vue qu'il la présenta à l'examen ; mais des raisons particulières le firent changer de résolution en 1728, & l'Ouvrage, tout approuvé, est resté Manuscrit.

Il publia en cette année même 1728 deux autres Ouvrages également solides, quoique dans un genre différent. Le premier est une Histoire intitulée : « Relation historique d'Abissinie, du R. P. Jérôme » Lobo, de la Compagnie de Jésus, traduite du Por- » tugais en François, continuée & augmentée de » plusieurs Dissertations, Lettres & Mémoires : *Paris*, » chez la Veuve d'Antoine-Urbain Coustelier & » Jacques Guérin, par M. l'Abbé le Grand, Prieur » de Neuville-les-Dames, & de Prevessin : *in*-4. » C'est la première fois qu'on trouve son nom à la tête de ses Ouvrages.

Le second Ouvrage a pour titre : « De la succes- » sion à la Couronne de France pour les Agnats, » (c'est à dire, pour la succession masculine directe ;) » avec un Mémoire touchant la succession à la Cou- » ronne d'Espagne : *Paris*, Martin & Guérin, 1728, » *in*-12. Ce dernier Mémoire avoit déjà paru en 1711.

Comme l'Abbé le Grand commençoit à sentir les infirmités de la vieillesse, il ne songeoit plus qu'à passer tranquillement les jours que le Seigneur lui réservoit encore. Depuis long-temps il demeuroit une partie de l'année à Savigny, avec M. le Marquis & Madame la Marquise de Vins, auxquels il étoit particulièrement attaché, depuis qu'il avoit eu soin de l'éducation de leur fils unique.

M. le Marquis de Vins étant mort le 9 Février 1732, l'Abbé le Grand, qui connoissoit toutes ses grandes qualités, & qui étoit bien instruit des circonstances de sa vie, fit imprimer dans le Mercure du mois de Mars, son Eloge. Il ne lui survécut pas long-temps ; un accident d'apoplexie, dont il avoit été attaqué, avoit été pour lui un avertissement de sa mort prochaine. Le dépôt s'étoit jetté sur le côté gauche, & l'empêchoit de marcher librement. Il fut attaqué une seconde fois le 30 d'Avril 1733, & mourut le lendemain 1er Mai à Paris, chez MM. de Clairambault, Généalogistes des Ordres du Roi, ses anciens amis, qu'il a faits ses Exécuteurs testamentaires. Il étoit âgé de 80 ans, trois mois & sept jours. Il fut enterré simplement & sans cérémonie dans le Cimetière de S. Joseph, Paroisse de S. Eustache, ainsi qu'il l'avoit ordonné.

Il avoit fait son Testament le 5 de Mars 1732, & un Codicille le 20 du même mois. Après avoir fait divers legs pieux à différentes Eglises & aux pauvres, il dispose du reste de ses biens en faveur de ses héritiers naturels, & fait sa légatrice universelle Dame Marie le Grand, sa sœur, Veuve d'Hervé le Prevôt, Ecuyer, Seigneur de Rousseville : & à son défaut, Jacques-Eléonor le Prevôt, Ecuyer, Seigneur de Rousseville, son fils unique.

L'Abbé le Grand étoit un homme plein d'honneur, de probité & de Religion, & des plus habiles du Royaume sur le Droit public, d'une vaste érudition, d'une sagacité admirable. Quelqu'embrouillée que fût une Affaire, il en saisissoit les difficultés, & son esprit pénétrant & fécond lui suggéroit des expé-

* ☞ On en a vu un, ci-devant, *pag*. xxix.]

diens pour les franchir. Rien de plus judicieux que sa conduite, rien de plus instructif que sa conversation. Comme il sçavoit beaucoup, & qu'il avoit beaucoup voyagé, sa mémoire lui fournissoit à propos sur toutes sortes de sujets des faits curieux & intéressans. Aussi la droiture de son cœur, la solidité de son jugement, & la sagesse de sa conduite lui avoient-elles acquis l'estime, l'amitié & même la confiance d'un grand nombre de personnes les plus distinguées, soit par leur naissance, soit par leurs emplois, soit par leur mérite.

XXII.
FRANÇOIS GUICHARDIN.

Extrait de la Préface de la Traduction de Guichardin, publiée par M. Gargeon : Londres, (Paris,) 1738, in-4. 3 vol. & du Tome XVII. du P. Niceron.

FRANÇOIS GUICHARDIN, en Italien Guicciardini, naquit à Florence le 6 Mars 1482. Il étoit le troisième fils de Pierre Guichardin, connu par ses Ambassades vers l'Empereur Maximilien I. & Leon X. Sa mère étoit Simone de Gianfligliazzi.

Sa famille, qui subsiste encore à Florence, est une des plus anciennes & des plus nobles de cette Capitale de la Toscane. Simon Tuccio Guicciardini fut élu Gonfalonier de Justice en 1302, environ vingt ans après la création de ce premier Magistrat, que la crainte de l'oppression faisoit renouveller tous les deux mois. On vit souvent la postérité de Simon remplir ce poste éminent d'une manière distinguée; & l'ayeul de notre Historien y rendit sur-tout son nom recommandable par une profonde capacité dans les Affaires, qu'il sçut allier à la science des Armes. Ce Magistrat guerrier défit en 1478, sur les bords du Lac de Pérouse, les troupes du Pape Sixte IV. liguée contre la République de Florence avec Ferdinand I. Roi de Naples ; & il remporta huit ans après une grande victoire sur les Génois, près de la Ville de Serzane, qui étoit l'objet de la Guerre.

François Guichardin son petit-fils, répondit avec ardeur aux soins qu'on prit de son éducation. Il avoit à peine vingt-trois ans, qu'on le choisit pour enseigner la Jurisprudence, dans un temps où les Chaires d'Italie étoient occupées par les plus grands Jurisconsultes ; mais il renonça bientôt à cette occupation ; &, sans abandonner l'étude des Loix, il voulut briller au Barreau. Guichardin se distingua d'abord dans cette nouvelle carrière, & il y acquit en peu de temps une très-grande réputation. On conçut une si haute idée de son génie & de ses talens, que la République crût qu'un homme si habile & si éloquent ne devoit pas être borné à la défense du droit des particuliers. Il fut donc jugé digne d'être employé dans les affaires de l'Etat ; & quoiqu'il n'eût pas encore atteint l'âge prescrit par les Loix, on lui confia le soin de ménager les intérêts de sa patrie auprès de Ferdinand V. Roi de Castille & d'Arragon. Le jeune Ambassadeur donna des preuves d'une rare capacité dans cet emploi, que la situation présente de la République, & du reste de l'Italie rendoit très-délicat. Il sçut s'en acquitter au gré de ses Concitoyens, & gagner en même-temps les bonnes graces & la confiance de Ferdinand.

Au retour de cette Ambassade, qui dura deux ans, le Pape Léon X. lui donna le Gouvernement de Modène & de Reggio, & le revêtit quelque temps après de la charge de Commissaire général de ses troupes en Lombardie, mais avec plus de pouvoir qu'on n'en a ordinairement dans cette place : car il lui subordonna le Marquis de Mantoue, Capitaine général des troupes de l'Eglise. Guichardin conserva encore le Gouvernement des deux Villes dont on vient de parler, durant le Pontificat d'Adrien VI. & fut très-avant dans la faveur du Pape Clément VII. qui lui confia des emplois difficiles & importans.

Personne n'osoit depuis long-temps se charger du Gouvernement de la Romagne ; tout étoit en armes dans cette Province : les Guelfes & les Gibelins s'y faisoient la guerre avec toute la fureur qu'inspire l'esprit de faction. Outre cela, des troupes de bandits la remplissoient de meurtres & de brigandages : enfin le peuple, naturellement fier & belliqueux, n'y avoit que du mépris pour la domination des Papes. Mais on n'y eut pas plutôt appris que Guichardin en avoit été nommé Gouverneur, que les plus déterminés se hâtèrent de poser les armes ; tant on redoutoit la supériorité de son esprit & sa sévérité. Il punit du dernier supplice tous les chefs de parti, afin d'extirper jusqu'à la racine du mal. Ayant ainsi rendu le calme à la Romagne, il voulut mériter l'affection des peuples, par le soin qu'il prit d'augmenter & d'embellir les édifices publics en différentes Villes.

Pendant qu'il s'occupoit à maintenir la tranquillité dans cette Province, Clément VII. qui venoit de se liguer avec la Cour de France, le rappella, pour lui donner la conduite de ses troupes, sous le titre de Lieutenant général du S. Siège. Guichardin, qui durant l'interrègne & avant l'Election d'Adrien, avoit acquis beaucoup de gloire à la défense de la Ville de Parme assiégée par les François, fit voir encore dans ce nouvel emploi, que le génie n'est pas toujours borné à un seul objet, & que le sçavoir, l'éloquence & la politique peuvent s'allier aux talens militaires. En effet, il sçut joindre à la prudence d'un sage Capitaine, toute l'intrépidité du plus hardi soldat. Ce fut cette rare valeur qui lui procura l'honneur de commander l'élite de l'Infanterie Italienne, après la mort de Jean de Médicis. Ces troupes, que cet habile Capitaine avoit formées, crurent qu'il n'y avoit personne plus digne de le remplacer que Guichardin : elles ont été connues depuis sous le nom de Bandes noires, à cause des Drapeaux noirs qu'elles prirent pour marquer leur regret de la perte de Jean de Médicis.

Il sembloit que Guichardin fût destiné à remettre le calme dans les Etats du S. Siège, & à y faire respecter l'autorité du Souverain. La Ville de Bologne étoit partagée en différentes factions, qui avoient à leur tête les plus considérables de la Noblesse. Les Pépoli, fiers d'un grand nombre de partisans, affectoient hautement l'indépendance. Clément VII. voulant sur-tout abaisser l'orgueil de cette Maison, & faire rentrer le Magistrat des Quarante dans les bornes du devoir, donna cette Commission à Guichardin, qui rétablit bientôt l'ordre de ce nouveau Gouvernement. Le Pape étant venu à mourir sur ces entrefaites, Bologne n'éprouva aucun des troubles, que la mort des Souverains Pontifes a occasionnés tant de fois dans les Etats du S. Siège. Le Gouverneur se montra si ferme dans cette conjoncture, que personne n'osa remuer ; il reprit ensuite le chemin de sa patrie avec autant d'assurance,

que

que s'il n'eût eu rien à craindre du ressentiment de la Noblesse.

Paul III. successeur de Clément VII. auroit bien voulu retenir à son service un homme qui pouvoit lui être d'une grande utilité; mais ni les offres, ni les promesses de ce Pape, ne purent vaincre la résolution que Guichardin avoit formée de vivre enfin pour lui-même, & il ne balança pas à préférer l'étude & le repos, au tumulte des affaires & à l'éclat des grands emplois.

Ce fut dans sa retraite, à la fin de 1534, qu'il reprit le grand Ouvrage qu'il avoit commencé par le conseil de Jacques Nardi, avec qui il étoit lié de la plus étroite amitié. Son premier dessein avoit été d'écrire des Commentaires à l'exemple de Jules-César; il avoit joué, comme on l'a vu, d'assez grands rôles dans le monde, pour y penser. Sa Négociation à la Cour d'Aragon, dans un temps où toute l'Europe étoit divisée; la part qu'il eut aux Conseils secrets de Léon X. & à la guerre de Lombardie en qualité de Commissaire de l'Armée du S. Siège, où tout rouloit sur sa vigilance & sur son habileté; le Siège de Parme soutenu avec vigueur, le détail de la conduite qu'il tint dans ses divers Gouvernemens, dans la Romagne, à Bologne, & à la tête des Troupes de Clément VII. enfin ses liaisons avec la plûpart des Souverains d'Italie, qui consultoient son expérience, & avec tout ce qu'il y avoit d'hommes illustres de ce Pays-là, auroient rendu ses Mémoires curieux & intéressans, sur-tout pour les Politiques. Mais Nardi lui ayant représenté, que par-là il exciteroit infailliblement l'envie, il n'eut pas de peine à lui persuader de faire un plus prudent usage de ses talens.

Quoique Guichardin se fût consacré, pour ainsi dire, tout entier à l'Histoire, il ne laissa pas de rendre encore de grands services à sa Patrie. L'un des plus considérables fut de modérer par ses conseils, l'ambition & la prodigalité d'Alexandre de Médicis, Duc de Florence. Alexandre, qui le regardoit comme son père, se reposa sur lui du soin de régler ses intérêts avec Charles-Quint, à l'entrevue de Naples. Guichardin répondit parfaitement à sa confiance, & sçut rendre l'Empereur favorable à ses desseins.

Après la fin tragique de ce jeune Prince, qui, comme l'on sçait, fut assassiné par la perfidie de Laurent de Médicis son plus proche parent, le Cardinal Cibo assembla les principaux de Florence, pour déterminer la forme qu'on donneroit à l'Etat dans une si pressante conjoncture : le parti sur lequel on insista davantage en ce Conseil, tendoit à rétablir le Gouvernement Républicain. Mais Guichardin, éclairé sur les véritables intérêts de sa Patrie, ne fut pas d'avis de lui rendre une dangereuse liberté.

Tout le Conseil, frappé de ses raisons, se détermina sur le champ en faveur de la Monarchie, plus favorable en effet à la paix intérieure des Etats, que toute autre forme de Gouvernement. Cosme de Médicis fut donc unanimement élû Souverain de Florence. Guichardin avoit traité quelques jours auparavant, du mariage d'une de ses filles avec ce Prince. Une conjoncture si délicate auroit pû le faire soupçonner d'ambition ; mais sa probité étoit trop connue, pour qu'on ne rendît pas justice à son désintéressement. Ceux mêmes qui blâmoient son attachement pour la Maison de Médicis, étoient obligés d'avouer qu'il n'avoit contribué à sa grandeur que par la nécessité des conjonctures, & dans la seule vûe du bien public. Ce zélé citoyen ne survécut pas long-temps à un service de cette importance : il mourut sans postérité masculine, en 1540, au mois de Mai, à l'âge de 58 ans, généralement regretté dans sa Patrie. Il avoit épousé en 1505 Marie Salviati, noble Florentine, qui lui donna sept filles, dont trois furent mariées dans les plus grandes Maisons de Florence ; les autres moururent avant leur père. Guichardin voulut être inhumé modestement, comme il avoit vécu ; il défendit expressément, qu'on lui fît une Oraison funèbre. Son corps fut donc porté sans beaucoup de pompe à Sainte Félicité, & mis dans le Tombeau de ses Ancêtres, qui avoient fait bâtir cette Eglise.

Nous avons deux Vies de cet Historien ; l'une assez étendue, par Remy de Florence, Religieux Dominicain ; & l'autre, plus courte, par François Sansovino. Tous deux étoient ses contemporains, tous deux Editeurs de son Histoire. C'est de là qu'on a tiré la plûpart des faits qu'on vient d'exposer. Ces deux Auteurs s'accordent à donner une grande idée de Guichardin. Il avoit l'esprit vif, élevé, solide ; une mémoire vaste & sûre ; le don flatteur de la persuasion, & le talent des sages conseils. Il aima sincèrement le bien public, auquel il se fit un devoir de rapporter toutes ses actions. Souvent obligé de rendre la justice civile & criminelle, il s'acquitta toujours de cette fonction délicate avec l'intégrité la plus ferme, & avec une extrême sévérité. Son extérieur se ressentoit un peu de cette austérité, qu'il tempéroit néanmoins par un air affable & ouvert. Il avoit tant d'empire sur lui-même, que dans le plus grand feu de la colère, à laquelle il avoit un penchant naturel, il ne laissoit rien échapper qui marquât la moindre altération. S'il fut digne par son esprit de l'estime de ses contemporains, il la mérita encore davantage par les qualités du cœur ; aux talens de l'Ecrivain, du Négociateur, du Guerrier, il sçut toujours unir le caractère de l'honnête homme, & les vertus [dit-on] du Chrétien.

Son Histoire d'Italie, qui commence à l'année 1494, & va jusqu'à 1532, a rapport à l'Histoire de France, parcequ'il y est parlé en détail des Expéditions de Charles VIII. de Louis XII. & de François I. Elle a mérité les éloges de la plûpart des Sçavans : aussi est-elle écrite avec beaucoup de jugement, de politesse & de sincérité. Ses plus grands ennemis tombent d'accord, qu'il ne se peut rien voir de plus achevé que les cinq premiers Livres : mais ils prétendent, peut-être sans fondement, qu'ils ont été corrigés par un sçavant homme qui étoit de ses amis ; & ils ajoutent que les autres Livres, que ce Sçavant n'a pas revus, sont bien éloignés de la perfection qu'on admire dans les premiers. Quoi qu'il en soit, il est constant que Guichardin mérite de tenir son rang parmi les meilleurs Historiens modernes ; mais de le comparer aux plus excellens Historiens de l'Antiquité, comme ont fait quelques Auteurs, c'est outrer les choses ; car on ne peut disconvenir, qu'il n'y ait dans son Ouvrage des défauts considérables.

Il est vrai qu'il est ordinairement sincère & exempt de passions ; mais il perd ces qualités essentielles à un Historien, lorsqu'il s'agit de François-Marie, Duc d'Urbin, dont il a dissimulé les belles actions, & dont il a tâché de décrier la conduite & d'obscurcir la gloire, pour se venger, à ce qu'on prétend, de quelques paroles désobligeantes que ce Prince lui avoit dites dans un Conseil de guerre. Sa partialité est sur-tout visible, quand il parle de la France ; il rapporte froidement & comme malgré lui les victoires & les avantages les plus signalés des François, pendant qu'il raconte avec soin & même avec complaisance leurs plus petites disgraces, par exemple, la perte de quelques bagages au passage d'une Rivière.

D'ailleurs il est trop diffus, & il s'amuse souvent à décrire au long des choses qui n'en valoient pas la peine : c'est ce que l'on remarque sur-tout dans la description des Guerres de Pise. Ce défaut a donné occasion à la plaisanterie de Boccalini, qui dans ses *Ragguali di Parnasso*, feint qu'un Bourgeois de Lacédémone ayant dit en trois mots ce qu'il pouvoit dire en deux (ce qui est un crime capital dans cette

Ville, où l'on épargne avec plus de soin les paroles, que les avares ne font leur argent,) il fut condamné à lire une fois la Guerre de Pise , écrite par Guichardin: que ce criminel lut avec une fueur mortelle quelques pages de cette Histoire ; mais que la peine que lui causa la prolixité de ce Récit, fut si grande, qu'il courut se jetter aux pieds des Juges, & les pria de l'envoyer aux Galères, de l'enfermer entre quatre murailles, ou même de le faire écorcher tout vif, plutôt que de l'obliger à la lecture fatigante de ces discours sans fin, de ces Conseils si ennuyeux, & des froides Harangues qu'on y fait pour des sujets fort minces, comme sur la prise d'un Colombier.

Ces Harangues diffuses, qui reviennent à tout moment, sont en effet écrites pour la plûpart d'un style languissant, & n'ont pas toujours assez de rapport au sujet dont il s'agit dans l'Histoire. Il y en a cependant qui ont leur mérite, & l'on remarque que les meilleures sont celles que fit Gaston de Foix, au camp de Ravenne, & celle que le Duc d'Albe prononça devant Charles-Quint, pour l'empêcher de mettre en liberté François I.

☞ Nous croyons devoir ajouter ici une Observation faite par le célèbre Michel de Montagne, dans ses *Essais*, Liv. II. chap. 10, vers la fin. Après avoir loué Guichardin, & critiqué ses digressions, & ses longues & fréquentes Harangues : « J'ai remarqué, » dit-il, que de tant d'ames & effets qu'il juge, de » tant de mouvemens & conseils, il n'en rapporte » jamais un seul à la vertu, religion & conscience, » comme si ces parties-là étoient du tout éteintes au » monde ; & de toutes les actions, pour belles par » apparence qu'elles soient d'elles-mêmes, il en re- » jette la cause à quelque occasion vicieuse ou à » quelque profit. Il est impossible d'imaginer que » parmi cet infini nombre d'actions, de quoi il juge, » il n'y en ait eu quelqu'une produite par la voye » de la raison : nulle corruption ne peut avoir saisi » les hommes si universellement que quelqu'un n'é- » chappe de la contagion. Cela me fait craindre » qu'il y aye un peu du vice de son goût, & que » cela soit advenu de ce qu'il aye estimé d'autruy » selon soi. »]

XXIII.

*BERNARD DE GIRARD,

SEIGNEUR DU HAILLAN.

(Par le Père le Long.)

LE Sieur DU HAILLAN (Bernard de Girard,) qui fut Historiographe de France & premier Généalogiste de l'Ordre du Saint-Esprit, naquit à Bourdeaux vers l'an 1537. Il étoit d'une noble & ancienne famille, fils de Louis de Girard, qui fut plus de quarante-cinq ans Lieutenant Général en l'Amirauté de Guienne. Bernard, après avoir fait ses études à Bourdeaux, étant âgé de vingt ans, vint à la Cour ; car dans une de ses Préfaces, écrite en 1584, il dit qu'il y a vingt neuf ans qu'il est Courtisan ; & il remercie M. de Noailles, dans une de ses Lettres, écrite l'an 1557, de la Pension dont lui & ses frères le gratifioient. Dupleix, (page 10. de son Inventaire des Erreurs de Jean du Serres) remarque que du Haillan quitta sa première Religion , qui étoit la Calvinienne, pour être reçu plus favorablement à la Cour du Roi Très-Chrétien.

Il s'y fit connoître quelques années après, en qualité de Poëte, lorsqu'il publia en 1559, à Paris, un Poëme, intitulé : « L'Union des Princes pour le » Mariage de Philippe, Roi d'Espagne, & d'Eliza- » beth de France, » (fait le 2 Avril de cette année,) & encore de Philibert-Emmanuel, Duc de Savoye, & de Marguerite de France. Il donna la même année un autre Poëme, qui a pour titre : « Le Tombeau » du Roi très Chrétien Henri II. de ce nom, » (mort le 29 Juin.) Et un Ouvrage Latin : « Regum Gallo- » rum Icones à Faramundo usque ad Franciscum II. » Item, Ducum Lotharingiæ à Carolo I. usque ad » Carolum III. Versibus Latinis expressi ; Auctore » Bernardo GIRARDO ».

Il s'appliqua dans la suite à traduire en François quelques Ouvrages Latins. Son « Traité des Devoirs » de l'Homme, recueilli en forme d'Epitome des » Œuvres de Cicéron » (sur-tout de celui des Offices,) parut en 1560. Il publia la même année à Paris, « l'Histoire Romaine d'Eutropius, traduite en Fran- » çois ». Huit ans après il fit imprimer sa « Traduc- » tion des Vies de Grands Capitaines, composées » par Æmilius Probus ».

Ces Ouvrages furent suivis de ceux qu'il donna sur l'Histoire de France. Il publia le premier en 1570, sous ce titre : « De l'état & succès des Affaires » de France », dont la seconde Partie est un Sommaire de notre Histoire. Il dédia ce Livre, alors fort petit, au Duc d'Anjou, qui le fit Secrétaire de ses Finances. Deux ans après, « il l'habilla plus au » long (pour me servir de ses termes,) c'est-à-dire, » que l'ayant beaucoup augmenté, il le publia & » le dédia, par le commandement de son Maître, » au Roi Charles IX. Ce Traité eut, dit-il, si grand » cours, que dans l'espace de dix ans, il fut imprimé » jusqu'à dix fois, en différentes formes & caractè- » res ». Il le retoucha en 1584, sur les Mémoires de Jean du Tillet ; l'augmenta encore en 1594, & dédia cette Edition au Roi Henri IV. La dernière révision de cet Ouvrage fut faite en 1609 ; il a été encore imprimé en 1613. Il contient un détail exact & curieux de tout ce qui regarde le Gouvernement du Royaume.

Le Roi Charles IX. ayant vu ce Traité imprimé, & les deux premiers Livres de son Histoire de France, qui n'étoient qu'en manuscrit, lui commanda d'écrire en François l'Histoire des Rois ses Prédécesseurs. Pour l'encourager à entreprendre ce travail, il lui donna en 1571, l'Etat d'Historiographe de France, comme du Haillan le dit au commencement de la Préface de son Histoire. Ce fut à la recommandation du Duc d'Anjou, à qui, par reconnoissance, il dédia cette année-là « l'Histoire Sommaire des » Comtes & Ducs d'Anjou ». Pour commencer à s'acquitter de l'obligation qu'il avoit contractée envers le Roi, il lui dédia un Discours, intitulé : « Promesse & dessein de l'Histoire de France ». Il fit aussi paroitre en 1574, avant son Histoire, un autre « Discours sur les causes de la cherté du pain, » qui est aujourd'hui en France, & sur les moyens » d'y remédier ».

Du Haillan ne donna qu'en 1576 son « Histoire » de France, (qui s'étend) depuis Pharamond jusqu'à » la mort de Charles VII. » On n'avoit pas encore vu de corps de notre Histoire en Langue Françoise;

sur plusieurs Historiens de France.

les Chroniques de Saint-Denis & celles de Nicole Gilles rapportent à la vérité par années les événemens arrivés dans ce Royaume; mais elles le font d'une manière si sèche, qu'on n'y trouve ni les causes des entreprises, ni les succès & les dénouemens des Affaires. Il dédia cette Histoire au Roi Henri III. qui non-seulement lui confirma l'Etat d'Historiographe de France, dont son frère l'avoit gratifié, mais même il y ajouta une pension. Il ne fut cependant nommé Généalogiste de l'Ordre du Saint-Esprit, qu'en 1595, comme il paroît par les Lettres de création de cet Office, du 9 Janvier de cette année.

Bayle approuve fort les raisons qui portèrent du Haillan à terminer son Histoire de France au décès de Charles VII. « Il fit (dit-il) connoître par-là, » qu'il entendoit les devoirs d'un Historien ». Il ajoute dans son Dictionnaire critique, Note E. sous le nom de du Haillan, cette réflexion, « qu'on » s'expose à une fâcheuse alternative, quand on » travaille à l'Histoire des Monarques qui sont morts » depuis peu de temps ; il faut dissimuler la vérité, » ou irriter les personnes de qui l'on a tout à crain-» dre. Le premier de ces inconvéniens choque » l'honneur & la conscience de l'Historien ; l'autre » choque sa prudence. Il vaut donc mieux ne rien » dire. Voilà une des raisons de du Haillan, par » rapport aux Règnes qui ont suivi celui de Louis XII. » Une autre raison générale, qui est de grand » poids, & qu'il donne à entendre, c'est que l'on » avoit déja des Histoires particulières de tous les » Règnes postérieurs à Charles VII. & que selon » l'opinion commune, il étoit presque impossible » d'égaler les Ecrivains qui avoient fait quelques-» uns de ces Ouvrages ».

La réflexion de Bayle, sur ceux qui écrivent l'Histoire des Rois morts depuis peu, est excellente, mais mal placée ; car outre qu'il y avoit un temps considérable que les Rois Louis XI. Charles VIII. & Louis XII. étoient morts, lorsque du Haillan publia son Histoire, c'est qu'elle devient inutile, par rapport à cet Auteur, dès qu'on rapporte aussi-tôt, qu'il avoit changé de résolution, & qu'il vouloit continuer son Histoire. Mais Bayle content de sa réflexion, n'a pas voulu la laisser échapper, au hazard de ne l'avoir pas mise à sa place.

En effet, du Haillan promit, dans une Epître dédicatoire de 1584, au Roi Henri IV. de continuer son Ouvrage jusqu'à son temps : il s'engagea même à publier son Histoire, s'il vouloit bien qu'elle fût vue. Il y avoit dix ans qu'il avoit appris son changement à ses Lecteurs ; car dans une Préface de 1594, il dit, que quoiqu'il eût déclaré qu'il ne vouloit pas écrire l'Histoire de Louis XI. parceque Philippe de Comines l'avoit écrite, il avoit cependant depuis changé d'avis : « J'ai commencé (dit-il) celle » de ce Roi, & veux faire celle de Charles VIII. & » de Louis XII. J'écrirai aussi quelque jour celle de » François I. » Toutes ces promesses furent vaines, si ce n'est à l'égard de l'Histoire de Louis XI. qu'on a trouvée après sa mort parmi ses Papiers, & qui se conserve entre les Manuscrits de M. le Chancelier Seguier. Les Libraires, qui joignirent à son Histoire générale de France une Continuation jusqu'à la fin de l'année 1615, portée dans la suite jusqu'à 1627, la prirent de Paul Emile, de Philippe de Comines, d'Arnoul du Féron, du Sieur du Bellay & d'autres.

« Du Haillan eut le courage (dit Bayle au même » endroit) de réfuter plusieurs traditions qu'un zèle » indiscret pour la gloire de la Nation, avoit fo-» mentées, & de parler librement sur des matières » délicates » : Voici comme du Haillan s'en explique dans son Epître au Roi : « Je n'ai point voulu faire » le flatteur ni le courtisan, ains l'Historien véri-» table........ J'ai voulu peindre les traits les plus » difformes aussi-bien que les plus beaux, & parler » hardiment & librement de tout, avec une hardiesse

Tome III.

» non accoutumée, comme j'ai fait en mon Œuvre » de l'Etat & succès des Affaires de France, & que » j'ai pareillement de nouveau corrigé & beaucoup » augmenté de nouvelles & curieuses Recherches, » auquel j'ai dit plusieurs choses que devant moi » aucun n'avoit voulu ni osé dire, & que possible » on n'avoit point sçues. Car tant audit Œuvre » de l'Etat, qu'en celui-ci, j'ai impugné plusieurs » points qui sont de la commune opinion des hom-» mes, comme la venue de Pharamond ès Gaules, » l'Institution de la Loi Salique, qu'on lui attribue ; » la création des Pairs de France attribuée à Charle-» Magne, & autres points particuliers ». On peut voir au même endroit comment cet Auteur se justifie sur ce qu'il a dit de la Loi Salique.

Il marque fort en détail dans sa Préface de 1584, les travaux qu'il a supportés, & les secours qu'il s'est procurés pour venir à bout de son entreprise. « Quant à la disposition, à la méthode, à l'ordre » & au style, (il déclare) qu'il ne doit rien qu'à lui » seul, ayant mis la dernière main à son Ouvrage sans » l'aide de personne ». Il dit dans sa même Préface, « qu'il a commencé à y travailler à la trente-cin-» quième année de son âge (c'est-à-dire en 1570,) » & qu'il l'a achevée la trente-huitième, en trois » hyvers ». Cependant on lit dans l'Epître dédicatoire, qu'il a fait son Ouvrage en quatre hyvers, & qu'il y a employé peu de jours de l'été. Il ajoute qu'il est le premier qui a écrit l'Histoire de France, & (peut-être) le seul qui l'ait fait en bel ordre & beau langage. En effet, c'est de tous les Auteurs de son temps celui qui a écrit le plus agréablement, & dont le style est plus coulant. Il avoit du feu & de la hardiesse. Il a composé notre Histoire avec plus de méthode qu'elle ne l'avoit été auparavant. « Il a même voulu (dit Sorel, pag. 373 de sa Biblio-» thèque Françoise,) imiter l'élégance des meilleurs » Historiens ; mais pour avoir moins de peine, il a » presque traduit de mot à mot toutes les Harangues » de Paul Emile, & il l'a encore suivi dans ses nar-» rations ».

Comme tous les Ouvrages qu'il avoit publiés jusqu'alors, avoient subi l'examen de la critique, il ne douta point que son Histoire n'eût le même sort. C'est pourquoi il fit le fier par avance, & dans une de ses Préfaces, qui est de l'an 1580, il témoigna son chagrin contre ses Censeurs. « Je ne suis » pas (dit-il) de ces hardis & ignorans Ecrivains, » qui enfantent tous les jours des Livres, & qui en » font de grosses forests ; (il fait allusion à l'Histoire de France que Belleforest avoit composée en deux gros Volumes in-fol. & venoit de publier en 1579,) » & qui par leurs études obscures esquelles ils ne » voyent pas la lumière des affaires du monde, par-» lent & écrivent hardiment à tort & à travers des » Affaires d'Etat de ce temps, & ne vivent que de » la vente de leurs présomptueux Ecrits. Aussi tels » Ecrivains les verront mourir devant eux, & assis-» teront honteusement à leurs funérailles ». Pour lui il assure « qu'il a appris, par la communication des » Affaires qu'il a vues près de Sa Majesté, l'espace » de douze ans, avant que Henri III. fût Roi, & en » plusieurs Affaires qu'il a maniées & vues pour le » service des Rois ses Prédécesseurs & par les siens, » dehors & dedans le Royaume, comme il faut » parler & écrire des Rois, & de leurs Affaires ».

On ne peut cependant nier que la critique n'ait trouvé quelque prise sur du Haillan ; car Sorel lui reproche avec fondement, d'avoir donné un commencement fabuleux à notre Histoire, & que Sorel dit de son invention. On l'accuse encore d'avoir tenu des discours trop libres de quelques Ecclésiastiques ; il est accusé, s'il l'a fait pour montrer qu'il étoit bon serviteur du Roi, & pour soutenir son autorité. Il s'est déclaré souvent & très-vivement contre les Parisiens, qu'il traite de Rébelles dans son Traité de l'Etat & succès des Affaires de France. Il étale trop

i 2

ses travaux & le débit de ses Livres, leurs diverses Editions, Traductions, &c. La manière dont il parle de lui-même ne paroît pas assez désintéressée, ni par rapport à la gloire, ni par rapport à sa fortune ; car il se plaint souvent de ce qu'il n'a pas été récompensé comme il le souhaitoit.

Après avoir dit au Roi, dans son Epitre dédicatoire de 1584, « qu'il est le premier qui ait écrit » l'Histoire de ses Ancêtres, (il ajoute aussi-tôt :) » qu'entre ses Serviteurs, il est des premiers & des » plus anciens, & toutefois qu'il est le seul & le » dernier à pourvoir, & non le dernier en mérite ; » qu'il a travaillé plus pour le Public que pour lui, » non-seulement en faisant des Livres, mais aussi » des Voyages en des Pays étrangers ». En effet, il avoit suivi, en qualité de Secrétaire, François de Noailles, Evêque d'Acqs, dans ses Ambassades d'Angleterre, en 1556, & de Venise, en 1558. Il fait aussi paroître avec bien de la vivacité son ressentiment contre le Roi Henri III. de ce qu'il ne l'avoit pas même remercié lorsqu'il eut l'honneur de lui présenter son Histoire de France ; « quoique ce » fût (dit-il dans sa Lettre écrite au Maréchal de » Biron, le 12 Mai 1602, qui se trouve pag. 856 du second tome des Mémoires du Duc de Nevers,) » le plus beau présent de Livre qui lui fût jamais » fait. Il voyoit (ajoute-t-il,) il lisoit & récompen- » soit bien de petites œuvres, pleines de vilainies, » qu'on lui présentoit ; il donnoit des Abbayes & » de grands biens à leurs Auteurs, & ne fit cas de » ce qui servoit à la gloire des siens & à la sienne ».

Du Haillan publia encore en 1578, « un Recueil » d'Avis sur les Affaires d'Etat, tiré de Plutarque » ; & une seconde Edition de son Histoire, revue, augmentée & enrichie de plusieurs curieuses recherches. Il mourut à Paris, le 23 Novembre 1610, âgé de soixante-seize ans, & fut enterré dans l'Eglise de Saint Eustache.

XXIV.
JEAN SIRE DE JOINVILLE.

JEAN, Sire DE JOINVILLE, étoit fils de Siméon, Sire de Joinville, Sénéchal de Champagne, & de Béatrix de Bourgogne, sa seconde femme, fille d'Etienne II. Comte de Bourgogne & d'Auxonne, & de Béatrix, Comtesse de Châlon.

La date de sa naissance est fort incertaine : les uns, d'après M. du Cange, la placent en l'année 1220, les autres en 1228 ou 1229, suivant le sentiment de M. de la Bastie. Je prendrai un milieu entre ces deux dates, & je la fixerai, avec M. Lévêque de la Ravaliere, environ le commencement de l'année 1224. L'Ouvrage que Joinville nous a laissé prouve que dans sa jeunesse, on lui inspira quelque amour pour les Sciences, & il y a apparence qu'il fut élevé avec soin. Attaché fort jeune à la Cour de Thibaud, Roi de Navarre & Comte de Champagne, qui cultivoit la Poësie & la Musique, Joinville prit le même goût ; & il s'amusoit après les repas, comme il le dit lui-même, à chanter avec ses compagnons des chansons les unes après les autres.

Ses père & mère pensèrent de fort bonne heure à le marier, & jettèrent les yeux sur Alix, fille de Henri, Comte de Grandpré. Ce Mariage fut arrêté au mois de Juin 1231, & la célébration en fut remise au temps où Joinville pourroit le consommer.

Cependant Siméon de Joinville étant mort en 1233, son fils, devenu libre, & se sentant peu d'inclination pour un engagement qui n'avoit été fait que par politique, & pour assoupir les divisions qui troubloient les deux familles, pensa à le rompre, & à épouser la fille du Comte de Bar. Ennemi pour lors de ce dernier, le Comte de Champagne ne voulut point consentir à ce Mariage, & fit promettre à Joinville qu'il ne s'allieroit jamais avec lui. Joinville en fit le serment, & donna ses Lettres le premier de Mai 1239, par lesquelles il consentit que, s'il y manquoit, le Comte pût saisir les Fiefs qu'il tenoit de lui.

Nonobstant cette assurance, le Comte de Champagne pressa Joinville de se marier avec Alix de Grandpré, & ses Nôces se firent dans le mois de Juillet de la même année 1239. Il pouvoit avoir alors 15 ou 16 ans. En 1241 il fit les fonctions de Sénéchal à la table du Comte de Champagne dans la Ville de Saumur, où le Roi donnoit une Fête solemnelle ; mais sa grande jeunesse l'empêcha de se trouver l'année suivante à la Bataille de Taillebourg, parceque, dit-il, *alors je n'avois encore vêtu nul haubert* ; & que suivant les Etablissemens de S. Louis, (Partie Iere, chap. 71) *Gentilhom n'a aage de soi combattre devant que il ait XXI ans.*

Il fit ses premières armes trois ans après, dans le Mâconnois, où les Allemans avoient fait une irruption. Joinville y fut mené avec son frère Geoffroy, par Joceran de Brancion leur cousin. Les ennemis avoient déja forcé l'Abbaye de Clugny, quand Brancion tomba sur eux avec sa troupe, en tua plusieurs, & contraignit les autres de se retirer en désordre.

Sur ces entrefaites S. Louis ayant pris la Croix, & ayant fait vœu de passer en la Terre-Sainte, Joinville résolut de l'y accompagner. Comme il prévit que cette Expédition seroit dangereuse & de longue durée, il voulut mettre ordre à ses affaires domestiques ; & pour payer ses dettes & se mettre en équipage, il fut contraint d'engager une partie de ses Terres, de sorte qu'il lui restoit à peine 1200 livres de rente. Il déclara à ses amis & à ses voisins ; qu'il avoit convoqués exprés dans son Château, que s'il y en avoit aucun à qui il eût fait tort, il étoit prêt de le réparer.

Après plusieurs autres actes de justice & de dévotion, il partit vers la fin du mois de Juillet 1248 avec Jean d'Aspremont, son parent, & neuf autres Chevaliers, pour se rendre à Marseille, où ils s'embarquèrent vers la fin du mois d'Août. La navigation fut d'abord heureuse ; mais les vents contraires les obligèrent ensuite de relâcher en Chypre, où ils trouvèrent le Roi S. Louis qui y étoit arrivé quelque temps auparavant. C'est dans cette Isle que le Roi, ayant pris Joinville à son service, commença de l'honorer de sa familiarité, & de le consulter dans toutes ses entreprises.

La Flote ayant mis à la voile au mois de Mai suivant, on prit la route de l'Egypte pour débarquer à la vûe de Damiette. Joinville fut un des premiers qui y aborda malgré la résistance des Sarrasins. Je n'entrerai pas dans le détail de cette Expédition qu'on peut lire dans l'Histoire que nous en a laissée Joinville lui-même ; où l'on verra que par-tout il montra un courage héroïque, digne de sa naissance, & un attachement sans égal pour la Personne & pour la gloire du Roi.

Il y avoit déja six ans que ce grand Prince avoit quitté ses Etats, lorsqu'on lui apporta la nouvelle de la mort de la Reine Blanche sa mère. Cette nouvelle, le mauvais succès des armes des Croisés, & le peu d'espérance d'en avoir de meilleurs, le déterminèrent à revenir en France. Il s'embarqua donc à Prolémaïde, ou Acre, avec la Reine sa femme, & Joinville qu'il prit sur son vaisseau, le 24 Avril 1254; & après une navigation périlleuse d'environ trois mois, il arriva à Hières en Provence, où il ne vouloit d'abord point débarquer, parceque cette Ville n'étoit pas de son domaine. Joinville obtint enfin qu'il y prendroit terre, & le suivit jusqu'à la Ville de Beaucaire, où il quitta ce Prince pour se rendre par le Dauphiné & la Bourgogne à son Château de Joinville.

Il y trouva sa mère & ses trois frères qui l'attendoient, & qui s'empressèrent à lui donner des marques de la joie qu'ils ressentoient de le revoir après une si longue absence. Le silence que l'on garde sur sa femme, fait conjecturer que cette Dame étoit déja morte, & que ce souvenir dût empêcher Joinville de goûter tout le plaisir qu'il auroit eû, si son épouse eût été vivante. Le séjour qu'il fit dans ses Terres ne fut pas long. Dès le mois d'Octobre, il se rendit à Soissons auprès du Roi, qui le reçut avec une bonté qui attira à Joinville la jalousie des Courtisans. Son crédit néanmoins ne fut pas inutile au Roi de Navarre, Comte de Champagne. La mère de ce Prince & toute sa Cour desiroient qu'il épousât Isabelle, fille de S. Louis, & ils chargèrent Joinville de lui en parler. Il se présenta de grandes difficultés. Le Roi de Navarre avoit un grand procès avec le Duc de Bretagne ; Joinville tâcha de les accorder, & les ayant fait transiger ensemble, à l'avantage du premier, le Mariage fut conclu & les Nôces célébrées à Melun au mois de Mai 1255. Sensible à ce service, le Roi de Navarre témoigna sa reconnoissance à Joinville au mois de Janvier 1258, en lui faisant don, tant pour lui, que pour ses héritiers, de tout le droit qu'il avoit au Village de Germay, pour en jouir en accroissement de Fief, à la charge de l'hommage.

Le revenu de Joinville augmenta encore par le décès de sa mère, arrivé en 1260, & par le second Mariage qu'il contracta environ la même année, avec Alix, fille & unique héritière de Gaulthier de Resnel, dont il réunit la Baronnie à sa Seigneurie de Joinville. A l'exception de quelques actes particuliers, on ne voit rien de bien intéressant dans sa Vie, jusqu'au mois de Mars 1269, que le Roi le manda à Paris avec les autres Barons, pour leur déclarer le dessein qu'il avoit d'entreprendre un second Voyage dans la Terre Sainte. Ni les sollicitations pressantes de ce Prince, ni celles du Roi de Navarre, ne furent capables d'ébranler Joinville. Il refusa constamment de se croiser avec eux, persuadé, par une certaine vision qu'il prétendoit avoir eue, que cette entreprise seroit très-malheureuse. Il revint donc à son Château de Joinville.

Les deux Rois étant morts à cette Croisade, Joinville fut fait Gouverneur de la Champagne, lorsque Philippe le Hardi alla en Arragon en 1283 pour s'opposer aux desseins de Pierre III. sur la Navarre. Il assista en cette qualité pendant plusieurs années aux Grands-Jours tenus à Troyes, pour juger les procès des particuliers, & y présida. C'est dans cet intervalle qu'il maria ses fils & ses filles, & qu'il perdit sa seconde femme Alix de Resnel. M. Lévêque de la Ravalière place cette mort environ l'an 1280, & M. du Cange dit positivement, que cette Dame mourut en 1288. Je crois ce dernier sentiment préférable, puisque l'accord fait entre le Sire de Joinville & Jean son fils, au sujet de la Terre de Resnel, qui lui étoit échue par le décès de sa mère, est daté de cette année.

En l'année 1300, Joinville fut nommé par Philippe le Bel, pour conduire en Allemagne sa sœur qu'il venoit de marier avec le Duc d'Autriche ; & l'année suivante il fut du Voyage que le Roi & la Reine firent en Flandre, où il étoit le seul des grands Officiers de leur suite qui eût un Ecuyer.

Il reçut ordre en 1303 de s'assembler avec la Noblesse de Champagne, à Lagny, pour la guerre contre les Flamans, & il s'y rendit avec son neveu Gauthier de Vaucouleurs. M. du Cange parle d'une autre Convocation pour le 5 du mois d'Août de la même année à Arras, où Joinville se trouva. Il se peut faire que Lagny fut le rendez-vous de la Noblesse de Champagne, & Arras celui de la Noblesse de tout le Royaume.

Il y a grande apparence que ce fut au retour de cette Campagne, que la Reine pria Joinville d'écrire la Vie de S. Louis. Cette Reine étoit Jeanne de Navarre, femme de Philippe le Bel, laquelle étant morte peu de temps après, & avant que l'Ouvrage fût achevé, il le présenta à Louis X. son fils aîné, environ l'an 1309. Cette date, qui s'est trouvée sur le Manuscrit original découvert depuis environ vingt ans, lève toutes les incertitudes & les contrariétés que M. du Cange avoit remarquées dans la Préface de cette Histoire. On peut consulter cette Bibliothèque (au Tome II. page 155,) pour les différentes Editions qui en ont été faites. Elle est écrite d'un style simple & naïf, & contient des faits très-intéressans, & d'autant plus curieux & plus sûrs qu'ils sont rapportés par un homme qui en avoit été le fidèle témoin.

Il sembloit que Joinville n'avoit plus qu'à jouir tranquillement d'un repos qu'il avoit si bien mérité, lorsque, mécontent de la Cour de Philippe le Bel, où regnoient le luxe & la dépense, il entra dans la Ligue qui se fit contre ce Prince sur la fin de son Règne, & que sa mort éteignit dans sa naissance.

Agé de plus de quatre-vingt-onze ans, Joinville se sentit encore assez de force pour monter à cheval, & se rendit à Arras en 1315, sur le mandement du Roi Louis X. qui avoit déclaré la guerre aux Flamans. C'est la dernière circonstance que l'on connoisse de sa vie. Il est vraisemblable qu'il mourut environ l'an 1317; car dès cette année, Anceau son fils étoit en possession de la Terre de Joinville, & de la charge de Sénéchal de Champagne.

Jean, Sire de Joinville, étoit grand & robuste ; il avoit la tête extraordinairement grosse. La vie réglée qu'il mena, soutenue d'un exercice continuel, le fit arriver à un âge où aucun de ses Ancêtres n'étoit parvenu. Il avoit l'esprit vif & l'humeur enjouée, mais impatiente & colère; beaucoup de fermeté, de noblesse & d'élévation dans les sentimens. Il fut tel enfin, qu'à quelques défauts près, inséparables de l'humanité, on doit le regarder comme un des plus grands hommes de son Siècle.

XXV.
*PHILIPPE LABBE.
(Par le Père le Long.)

PHILIPPE LABBE, né à Bourges le 10 Juillet 1607, entra chez les Jésuites en 1623, & y enseigna les Humanités & la Philosophie. De Bourges il vint au Collège de Paris, où il professa cinq ans la Théologie morale. Il y mourut le 25 de Mars 1667, dans sa soixantième année.

Il avoit une mémoire prodigieuse & une érudition très-variée. Il étoit d'un travail infatigable ; il en a donné des preuves par le grand nombre d'Ouvrages qu'il a publiés. Entre les Projets qu'il forma, il y en a trois considérables, dont aucun n'a été achevé de son vivant.

Le premier est « l'Alliance chronologique de » l'Histoire Sacrée avec la Profane ». C'est celui sans doute qui lui a coûté plus de temps & de travail. Dès l'année 1638, il en donna le Plan, & l'Ouvrage devoit être en douze Volumes in-12. fous ce titre : « Concordia sacræ & prophanæ Chronologiæ, an- » norum 5691, ab Orbe condito ad annum Christi » 1628, per secula Mundana, Romana, Christiana » & septem Mundi ætates. Æra Christiana Concor- » diæ chronologicæ Pars altera ».

Il renversa cet ordre dans l'exécution; car il distribua en deux Parties son Ouvrage, qu'il a intitulé : *Concordia chronologica:* la première Partie est appellée *Pars Technica;* la seconde, *Pars Historica.* Il a partagé encore en trois la première Partie ; il met d'abord l'Histoire de l'Eglise, ensuite celle de la République Romaine jusqu'à Jesus-Christ ; & enfin celle du Monde, depuis Adam jusqu'à l'établissement de la Ville de Rome, sous ces titres : 1. « Historiæ » Christianæ Concordia per singulos Christi Domini » annos, ab anno 1. ad 1600, hujusce seculi annum » postremum breviter deducta ac temporum certif- » simis characteribus stabilita ». Ceci a été achevé en 1654. « 2. Chronici Technici Pars altera, ab » Olympiadum instauratione ac Romanæ Urbis con- » ditu ad primum Christi annum. 3. Historiæ Roma- » næ Concordia per singulos ab orbe condito annos » usque ad Olympiadum instaurationem breviter » deducta ac temporum characteribus stabilita, & » Ariadne Chronologica Labyrinthos temporum » interrogatiunculis & responsis facillimâ methodo » explicans ».

La seconde Partie appellée « Pars Historica seu » temporum Compendium, digestum in secula Mun- » dana, Romana, Christiana », est aussi subdivisée en trois, sous ces titres: « Chronologiæ historicæ » Pars prima, secula Mundana XXXIII. breviter » repræsentans, ab Orbis conditu ad Romæ Palilia » per annos ter mille trecentos. Pars altera, secula » Romana septem cum dimidio breviter repræsen- » tans, ab Urbe condita ad Christi æram vulgarem » per annos septingentos quinquaginta tres. Pars » tertia, secula Christiana septemdecim breviter re- » præsentans, ab anno primo vulgaris æræ Chris- » tianæ ad nostra usque tempora ». Au cinquième Siècle on trouve ce nouveau titre : « Incipiunt Fran- » corum Regum Annales accuratissimi, ab anno 420, » ad annum 1600, cum Breviario seculi decimi sep- » timi ».

Cet Ouvrage est en cinq Volumes *in-folio*. Les quatre premiers furent imprimés au Louvre, en 1656. Le quatrième finit en l'an 1200 de Jesus-Christ, où s'étoit terminé le travail du Père Labbe, qui fut interrompu par un autre Projet. Le Père Philippe Briet, Jésuite, le continua depuis l'année 1201 jusqu'en 1600, & y ajouta un Abrégé du dix-septième Siècle ; c'est ce que contient le cinquième Volume, qui ne fut imprimé qu'en 1670, après la mort de ces deux Auteurs. [Le sçavant Abbé de Longuerue faisoit un très-grand cas de cet Ouvrage, comme on le voit dans le *Longueruana , tom I. pag.* 19.]

Le second Projet du Père Labbe consiste dans un Recueil d'anciennes Pièces qu'il vouloit rendre publiques. Dans cette vue, il fit imprimer à Paris, en 1643, son Plan, sous ce titre : « Nova Biblio- » theca Manuscriptorum Librorum, seu Specimen » antiquarum Lectionum, in quatuor Partes distri- » butum: 1. Historicam & Chronicam; 2. Biblicam » & Theologicam ; 3. Episcopalicam & Diplomati- » cam; 4. Technicam & Philologicam cum Coronide » Poëtica complectens ». La première Partie devoit contenir 5 Volumes *in-folio*. Mais de tout ce grand Recueil, il n'y a que les deux premiers Tomes de la première Partie qui aient été imprimés, & qui parurent en 1657, sous ce titre : « Novæ Bibliothecæ » Manuscriptorum Librorum, Tomus I. Historias, » Chronica, Sanctorum Sanctarumque Vitas, & » similia Antiquitatis præsertim Francicæ Monu- » menta repræsentans. Tomus II. in quo rerum Aqui- » tanicarum , præsertim Bituricensium, uberrima » Collectio ».

Il devoit renfermer dans le troisième & quatrième Volume de la première Partie, plusieurs Chroniques & Histoires qui entroient dans la suite du Recueil des Historiens de France de du Chesne ; & dans le cinquième Volume toutes les Poësies historiques, excepté celles qui se trouvent dans ce même Recueil & dans ceux de Surius, de Bollandus & d'autres.

La seconde & troisième Partie de cette Bibliothèque devoit contenir les Livres qui concernent l'Ecriture Sainte, la Théologie & les Recueils de Lettres & de Chartes ou Actes publics.

Un nouveau Dessein que forma le Père Labbe, l'empêcha d'exécuter le précédent. Il résolut de donner une nouvelle Edition des Conciles de France, sur celle que le Père Sirmond avoit publiée en 1629, qu'il avoit retouchée & augmentée. Le Père Labbe y devoit joindre les Conciles, depuis l'an 987, où en étoit resté le Père Sirmond. Il avoit imprimé en 1646 une Histoire succincte & exacte des Conciles de France, avec les Preuves & les dates. Mais ce dessein fut considérablement augmenté, lorsqu'il entreprit une nouvelle Edition de tous les Conciles généraux, Provinciaux & Diocésains, avec les Vies & les Lettres des Papes. Il en donna le Plan en 1661, dans un Livre intitulé : « Conciliorum Generalium, Provincialium, Diœ- » cesanorum , cum Vitis Epistolisque Romanorum » Pontificum, historica Synopsis : amplissimæ Col- » lectionis, quæ singulari studio XIV. aut XV. tomis » paratur, prima Delineatio ».

Il consacra le reste de ses jours à ce travail, & lorsqu'il mourut, les huit premiers Tomes étoient imprimés, avec les commencemens du neuvième & du dixième, tout le douze & les trois suivans, & les trois Volumes de l'Apparat. Gabriel Cossart, Jésuite, acheva les Volumes commencés, partagea le onzième en deux, & y mit des Notes semblables à celles que le Père Labbe avoit mises dans les autres Tomes. Cette Collection des Conciles fut publiée en 1672, en dix-sept Vol. *in-folio*; & quoiqu'elle n'ait pas été achevée par le Père Labbe, elle porte son nom avec justice, puisqu'il y a eu la meilleure part.

Il seroit inutile de mettre ici les titres de tous les Ouvrages de cet Auteur: il en a publié lui-même deux fois le Catalogue, en 1656 & en 1662. Il suffira de faire connoître ceux qui ont quelque rapport à notre Histoire.

Il donna en Latin « l'Eloge funèbre de Charles » de Crequi, Duc de Lesdiguières, mort en 1638, & « l'Hagiologium Franco-Galliæ, excerptum ex » veteri Martyrologio Abbatiæ sancti Laurentii Bi-» turicensis », qui fut imprimé en 1643.

En 1644, il publia à Moulins, le Livre intitulé: « Pharus Galliæ antiquæ », tiré des anciens Géographes. Comme il y attaquoit les Notes que Nicolas Sanson avoit faites sur la Carte des Gaules du temps de César; il fut critiqué à son tour; & Sanson [prétendit] trouver dans les deux premières lettres de l'alphabet de quoi le convaincre de bien de fautes, & même de l'avoir souvent copié. * Le Père Labbe retoucha cet Ouvrage, & il avoit dessein d'en donner une nouvelle Edition, avec ce titre: « Pharus antiquæ Galliæ omnibus suis radiis emi-» cans; sive Tractatus absolutissimus de Populis, » Fluminibus, Montibus, Urbibus, Oppidisque Gal-» lorum, citatis integré ac fideliter veterum Scrip-» torum, qui Clodovei ætatem præcesserunt testi-» moniis ac discussis rejectisque recentiorum Geo-» graphorum opinationibus ». Il détacha l'année suivante une feuille volante de cet Ouvrage, sous ce titre: « Courte Notice de l'ancienne Gaule, tirée du Pharus, &c. »

En 1646, il fit imprimer pour la première fois sa « Géographie Royale », qui a eu depuis plusieurs Éditions. On y trouve un Tableau des Villes & des Provinces de France, qui fut augmenté en 1662 de plusieurs Pièces. Son « Abrégé historique » des Conciles de France » parut cette même année 1646; & le « Prodrome de la Géographie Ecclé-» siastique », dont la seconde Partie regarde l'Eglise de France.

En 1647, il mit au jour l'Histoire de Berry, abrégée dans le « Panégyrique de la Ville de Bour-» ges, avec un Recueil d'anciens Actes »; & « un Dis-» cours historique sur le Mariage d'Ansbert, Sénateur » Romain, & de Blitilde, fille de Clotaire I. » Il y combat le sentiment de Chantereau le Fèvre.

En 1648, il donna au Public « deux Pouillés, le » Royal, ou des Bénéfices qui sont à la nomination » du Roi; & celui de l'Archevêché de Bourges & » de ses Suffragans ». Et en 1649, les« Tableaux généa-» logiques de la Maison de France, & des six Pairs » Laïques du Royaume ». Trois ans après il en donna une seconde Edition augmentée.

En 1651, parut sous son nom, le titre d'un Livre qui promettoit beaucoup; le voici: « Mélange » curieux de Pièces rares, anciennes & inestimables, » pour servir à l'Histoire Ecclésiastique & Civile, » principalement du Royaume de France, tirées du » Trésor des Chartres & de la Bibliothéque du Roi, » des Registres du Parlement & de la Chambre des » Comptes, des Chroniques & des Histoires manus-» crites, &c. » Ce Dessein ne s'exécuta pas comme l'Auteur l'avoit projetté; il en inféra néanmoins une partie dans les deux Volumes (*in-*4.) de son « Abrégé » Royal de l'Alliance chronologique de l'Histoire » sacrée & profane », imprimé cette année - là. Il joignit dans le premier, le Lignage d'Outremer, & les Assises du Royaume de Hiérusalem. Cet Abrégé Royal, corrigé & augmenté, a été publié en 1664.

J'ai marqué ci-dessus que sa Concorde chronologique, dont la troisième Partie contient les Annales de France, avoit été imprimée dès l'an 1656, & que les deux premiers Volumes de sa nouvelle Bibliothéque des Manuscrits, le furent l'année suivante.

En 1660, il mit à la fin du premier Volume de sa « Dissertation sur les Auteurs Ecclésiastiques », un Discours, où il traite de l'Histoire d'Aimoin, Moine de Fleury-sur-Loire, & de sa Continuation faite par un Moine de Saint Germain-des-Prez.

Il donna en 1661, son « Chronologue François », qui ne porte ce titre, que parcequ'il est écrit en Langue vulgaire; car il ne contient qu'un Abrégé de l'Histoire universelle.

Le dernier Ouvrage qu'il a publié, est un petit Volume de « l'Histoire de France, réduite en Abrégé » chronologique ». Il parut au commencement de l'année 1667.

Il a laissé en manuscrit « l'Histoire générale des » Archevêques & des Evêques de France, en quinze » Livres ». C'est sans doute le même Ouvrage, intitulé: « Francia Christiana ad temporum amussim » diligenter exarata, sive Catalogi Præsulum Pro-» vinciarum Galliæ quâ Francia est », dont il avoit achevé une bonne partie dès 1642, lorsqu'il demeuroit dans le Collège de Bourges.

Ceux qui voudront connoître ses autres Ouvrages, pourront consulter les Catalogues qu'il en a publiés.

---

* ☞ L'Abbé le Clerc, Sulpicien de Lyon, (connu par plusieurs Ouvrages de critique, & qui est mort en 1736,) a fait l'Apologie du P. Labbe sur cet Article, comme sur plusieurs autres, à la fin de son Traité du Plagiat, qui est encore Manuscrit. L'Abbé d'Artigny a parlé avantageusement de cet Ouvrage, dans ses Mémoires, *tom. V. pag.* 388 *& suiv,* & 420 *& suiv.*]

XXVI.
*MESSIEURS LE LABOUREUR.
(*Par le Père le Long.*)

Jean le Laboureur, né à Montmorency en 1623, étoit iſſu des Baillifs du Duché de Montmorency, depuis trois générations, & frère de Louis le Laboureur, qui a auſſi occupé ce poſte. A peine avoit-il dix-neuf ans, qu'il ſe fit connoître par le « Recueil des Tombeaux des Perſonnes illuſ- » tres, dont les Sépultures ſont dans l'Egliſe des » Céleſtins de Paris, avec leurs Eloges, Généalo- » gies, Armes & Deviſes, » qui fut imprimé *in*-4. [à Paris] en 1642, & l'année ſuivante *in-fol*. Comme il acquit dans la ſuite de nouvelles connoiſſances dans l'Hiſtoire générale & dans celle des Familles nobles, il regarda ce premier eſſai comme une production à laquelle il n'avoit pas donné le temps de mûrir; & il en étoit ſi peu content, qu'il l'auroit volontiers déſavoué.

En 1644, il étoit à la Cour en qualité de Gentilhomme ſervant de ſa Majeſté, lorſqu'il fut choiſi pour accompagner la Maréchale de Guébriant, nommée Ambaſſadrice extraordinaire de France, pour la conduite de la Princeſſe Marie de Gonzague, Ducheſſe de Nevers, fille du feu Duc de Mantoue, laquelle alloit en Pologne pour y épouſer le Roi Ladiſlas IV. Le Laboureur fit ce Voyage avec la Reine, & accompagna la Maréchale dans ſon retour. Il avoue à la fin de la Relation de ce Voyage, qu'il fit imprimer à ſes dépens en 1647: [*Paris*, *in*-4.] que le Voyage fut d'un an, & qu'il en écrivit la Relation en moins de cinq mois. Quoiqu'elle ait coûté ſi peu de temps à l'Auteur, elle eſt remplie de tant de choſes curieuſes & agréables, qu'elle lui fit beaucoup d'honneur.

Le Laboureur de retour en France, prit le parti de l'Egliſe, & fut fait Aumônier du Roi. On lui donna le Prieuré de Juvigné, & c'eſt ſous ce titre qu'il eſt le plus connu. Il entreprit alors, par le conſeil de Pierre Dupuy, Conſeiller d'Etat, Garde de la Bibliothèque du Roi, de traduire de Latin en François l'Hiſtoire de Charles VI. compoſée par un Auteur contemporain. Cette Verſion étoit fort difficile, à cauſe de la latinité de cet Anonyme, qui eſt ſi rude & ſi peu régulière, qu'il n'auroit pû, dit-il, la traduire s'il n'eût été fort inſtruit des Affaires de ce Règne. Il en fit donc d'abord une Traduction littérale, & après l'avoir bien examinée, il la travailla de nouveau. Il déclare dans ſa Préface, qu'il s'eſt rendu plus ſujet à l'eſprit qu'aux paroles de ſon Hiſtorien, & il proteſte en même-temps, qu'il ne lui a prêté que des termes pour ſes penſées, afin de le faire parler à la mode. Il dit de plus, qu'il n'a rien ajouté du ſien que les ſommaires des chapitres.

Ce travail fut achevé en 1656. Il en différa néanmoins la publication, pour mettre au jour cette année-là « l'Hiſtoire du Maréchal de Guébriant. » Les liaiſons qu'il forma avec la Maréchale de ce nom, pendant ſon Voyage de Pologne, lui firent naître ſans doute la penſée d'écrire une Hiſtoire ſi chargée de grands évènemens, & qui comprend tout ce qui s'eſt paſſé en Allemagne dans la Guerre des Couronnes de France & de Suède, & des Etats alliés contre la Maiſon d'Autriche. Il l'a compoſée ſur les Manuſcrits de celui dont il écrit la Vie, ſur les Inſtructions de la Cour, ſur les Lettres du Roi & des Miniſtres, & autres Pièces d'Etat. Il y a joint l'Hiſtoire généalogique de la Maiſon des Budes, & de pluſieurs autres Familles de Bretagne qui en ſont iſſues.

L'impreſſion de l'Hiſtoire de Charles VI. qui ne parut qu'en 1663, *Paris*, 2 vol. *in-fol*. fut encore différée par l'entrepriſe qu'il fit de donner une nouvelle Edition des « Mémoires de Michel de Caſtel- » nau, Seigneur de Mauviſſiere, » qu'il regardoit comme l'Auteur le plus véritable des Modernes, & qui s'étoit le mieux acquitté du deſſein qu'il avoit de donner une connoiſſance exacte des Affaires de France, depuis l'an 1559 juſqu'en 1570. Il ſe borna à ce terme, afin de n'être pas obligé de parler de la ſaint Barthelemy, dont il déſapprouvoit fort l'exécution. On tient cependant par tradition dans ſa Famille, que ce Seigneur auroit continué ce beau travail juſqu'à la mort du Roi Henri III. ſi à ſon retour d'Angleterre, où il l'avoit compoſé, il eût trouvé la France plus paiſible, & s'il n'eût pas été obligé de demeurer auprès de ce Roi & de Henri IV. ſon Succeſſeur, pour les ſervir contre la Ligue.

Le Laboureur déclare dans ſa Préface, que c'eſt pour ſuppléer à ce qu'on deſiroit dans ces Mémoires, qu'il a entrepris une « nouvelle Edition, augmen- » tée de pluſieurs Commentaires manuſcrits de Let- » tres, d'Inſtructions, & autres Pièces ſecretes » originales. » Il ajoute, qu'il n'a choiſi cet Abrégé, qu'à deſſein de donner, ſous le nom de Commentaires & d'Additions, la vérité en original des trois Règnes fort embrouillés de François II. Charles IX. & Henri III. & de la Régence de Catherine de Médicis. Il y a joint les Eloges des Rois, des Princes & des Perſonnes illuſtres, tirés la plûpart des Mémoires de Pierre de Bourdeille, Abbé de Brantoſme, qui juſqu'alors n'étoient qu'en manuſcrits dans les Cabinets de quelques Curieux; & il aſſure, qu'il les a employés d'une manière qui ſert beaucoup à l'intelligence de l'Hiſtoire. Il a auſſi inſéré quantité de Généalogies des Maiſons les plus illuſtres, qui ſont ſouvent utiles pour en connoître les véritables intérêts.

Il avoue enfin, qu'ayant entrepris ce travail à la prière de Jacques, Marquis de Caſtelnau, Maréchal de France, petit-fils de Michel de Caſtelnau; ce Maréchal, à qui il l'a dédiée, l'a tant preſſé de ſeconder le deſſein qu'il avoit de rétablir la gloire de ſon Ayeul, dans le temps qu'il travailloit à l'étabiſſement de la ſienne, qu'il lui a fait compoſer & conclure cet Ouvrage en moins de deux ans, en comptant le temps même qu'il a donné à l'impreſſion. Cependant ce Maréchal n'eut pas la ſatisfaction de le voir achevé, étant mort le 15 Juillet 1659, & cette Edition n'ayant fini qu'avec cette année. Elle fut publiée en deux Volumes *in-folio* l'année ſuivante. On trouve au commencement du premier Volume, l'Abrégé de la Vie de Michel de Caſtelnau, l'Hiſtoire généalogique de ſa Maiſon; & à la fin du ſecond, les Généalogies de pluſieurs Maiſons alliées, les unes & les autres compoſées par notre Hiſtoriographe. Comme cette Edition devient fort rare, & qu'elle contient d'excellentes choſes, elle mériteroit bien d'être renouvellée. [Elle a été réimprimée en 1731 : *Bruxelles*, *in-fol*. 3 vol.]

Quelques-uns prétendent que les deux derniers Tomes des Mémoires de Sully ont été imprimés à Paris en 1662, par les ſoins de Jean le Laboureur; les deux premiers l'ayant été à Rouen ſous des noms ſuppoſés de Libraires. Quoi qu'il en ſoit, il publia au commencement de l'année ſuivante, « l'Hiſtoire

du

» du Roi Charles VI, écrite par les ordres & sur les
» Mémoires & les Avis de Guy de Monceaux & de
» Philippe de Villette, Abbés de saint Denys, par
» un Auteur contemporain, Religieux de ce Monas-
» tère. » La Traduction Françoise qu'en avoit fait
notre Historiographe, devoit être illustrée de plusieurs Commentaires, tirés de tous les Originaux de
ce Règne ; cependant on ne trouve au-devant de
cette Histoire, que des Mémoires en forme d'Instructions, & l'Histoire particulière de quatre Princes, Gouverneurs du Royaume pendant la Minorité de Charles VI. Il n'a marqué nulle part pourquoi il n'a pas joint ces Commentaires, quoique
promis dans le titre, qui devoient contenir deux
Volumes, dont le Plan se trouve dans l'Introduction de l'Auteur. A juger de ces Commentaires par
ceux qu'il a publiés sur les Mémoires de Castelnau,
on ne sçauroit trop les regretter, puisqu'il dit qu'il
y faisoit entrer une bonne partie d'un travail de plus
de vingt années en lectures & en Recueils de Manuscrits.

L'Histoire de l'Anonyme finit en l'an 1415 ; pour
suppléer à la suite de ce Règne, M. le Laboureur
y a joint l'Histoire du même Roi, composée par Jean
le Fèvre, dit de Saint-Remi, Roi d'Armes de Philippe
Duc de Bourgogne, Comte de Flandre, &c. depuis
1408 jusqu'à sa mort, en 1422 ; mais il passe légèrement sur les premières années, & ne commence
qu'en 1411, à s'étendre un peu davantage : ainsi il
sert de Supplément à l'Histoire précédente. Le Laboureur marque dans un Avis, qui est à la fin de ce
Volume, que quoique l'Auteur l'ait continuée jusqu'en 1435, il ne la donne pas néanmoins toute
entière, parcequ'il en garde la suite pour un autre
dessein, où elle trouvera, continue-t-il, d'autant
mieux sa place, qu'il y a quantité de choses singulières qui lui donneront lieu d'ajouter diverses Pièces
curieuses pour continuer ses Illustrations.

C'étoit un nouvel engagement que cet Auteur
contractoit envers le Public, dont il n'a pas depuis
dégagé sa parole ; car quoiqu'il ait encore vécu plus
de douze ans, il ne l'a plus enrichi de ses productions.

Le Roi, pour le récompenser de ses travaux,
tout Ecclésiastique qu'il étoit, le fit en 1664, par
une grace spéciale, Commandeur de l'Ordre de
saint Michel. Il mourut au mois de Juin 1675, dans
sa cinquante-troisième année. M. Clairembault,
Généalogiste de l'Ordre du Saint-Esprit, qui par
son conseil s'est engagé dans les Recherches généalogiques des Familles, a eu ses dépouilles littéraires.

Le Père Ménestrier a publié en 1682 [*Paris ,
in-fol.*] les « Tableaux généalogiques, ou les seize
» Quartiers des Rois de France, depuis saint Louis
» jusqu'à présent, & des Princes & Princesses vivan-
» tes. » Le Laboureur y eut sans doute ajouté les
Preuves, s'il eût mis au jour son Ouvrage. Il en
vouloit faire un semblable de tous les Princes de
l'Europe. Nous avons encore de lui un « Traité sur
» l'Origine des Armoiries, » imprimé à Paris en 1684,
[*in-folio.*] & son « Histoire de la Pairie » étoit en
original dans le Cabinet de M. de Gaignières, qui a
fait don de ce Cabinet à sa Majesté. [Elle a été
imprimée *in-16* ; *Londres*, (*Rouen*,) 1745, sous le
nom de M. D. B.]

Pour faire mieux connoître l'Abbé le Laboureur,
je copierai ici ce qu'il dit de lui-même, dans un
Mémoire écrit en 1667, de sa main, qui [étoit] dans
la Bibliothèque de feu M. Baluze, & qui étoit
adressé à M. de Carcavy. Il y dit « qu'il a étudié
» notre Histoire sur les Titres & Mémoires du
» temps, & particulièrement sur ce qui lui a été
» communiqué depuis plus de 20 ans, par M. Wion
» d'Hérouval, dont il a fait un prodigieux nombre
» de Volumes écrits de sa main, qui lui fournissent
» des preuves originales pour l'Histoire générale
» de la Monarchie, & pour les vérités de toutes
» les Familles de France, tant anciennes que mo-
» dernes ».

Jean le Laboureur n'est pas le seul de sa famille
qui se soit distingué parmi les gens de Lettres.

LOUIS, son frere aîné, Bailli de Montmorency, a
fait aussi quelques Poësies. Il publia en 1647, les Conquêtes du Duc d'Anguien, en plusieurs Poëmes :
[*Paris, in-4.*] en 1664, le Poëme de Charlemagne ;
[*Paris, in-4. & in-8.*] En 1669, les Avantages de la
Langue Françoise sur la Latine, [*in-12.*] & la même
année, les Promenades de Saint-Germain ; [*Paris,
in-12.*] Il mourut à Montmorency le 21 Juin 1679.

Dom *Claude* le Laboureur, leur oncle, ancien
Prévôt de l'Abbaye de l'Isle-Barbe-lès-Lyon, s'est
aussi fait connoître par quelques Ouvrages qu'il a
publiés. Il donna en 1643 ; [*Lyon, in-8.*] des Notes &
Corrections sur le Bréviaire de Lyon, qui furent
critiquées par Besian Arroy, Théologal de cette
Eglise, dans l'Apologie de l'Eglise de Lyon, qui
parut l'année suivante. Ce Prévôt résigna son Bénéfice, pour se mettre à couvert des persécutions
du Chapitre de l'Eglise de Lyon, dont il avoit
parlé assez indiscretement, en présentant son Ouvrage au Cardinal Archevêque de Lyon. Il forma
depuis le dessein de travailler sur les Mémoires qu'il
avoit tirés de son Abbaye. Il en composa trois volumes, qui ont paru sous ce titre : « Les Mazures de
» l'Isle-Barbe-lès-Lyon, ou Recueil histori. de tout
» ce qu'y s'y est passé de plus remarquable ; avec le
» Catalogue de ses Abbés Réguliers & Séculiers, » en
deux parties ; la première, imprimée en 1665 ;
[*Paris, in-4.*] & la seconde, en 1681. Il en donna
l'année d'après une suite, contenant les Généalogies & Preuves de ceux qui ont été reçus dans cette
Abbaye. Besian Arroy qui avoit déja écrit contre
lui, semble avoir encore composé une petite Histoire de cette Abbaye, pour le critiquer ; il la publia en 1668. On a enfin de Claude le Laboureur,
un « Traité de l'Origine des Armes, » contre le
Pere Ménestrier ; & « l'Histoire généalogique de
la Maison de Sainte-Colombe, » imprimée en 1673.
[*Lyon, in-8.*]

XXVII.
JEAN MABILLON.
Extrait de l'Histoire de l'Académie Royale des Inscript. & Belles Lettres, pag. 355 ; où est son Eloge, par M. DE BOZE.

DOM JEAN MABILLON naquit le 23 Novembre 1632, à Saint-Pierremont, lieu situé sur les Frontières de Champagne, à une égale distance de Mouzon & de la Chartreuse du Mont-Dieu.

Ses Parens l'envoyèrent de bonne heure au Collège de l'Université de Reims, pour y faire ses études; & ils apprirent avec plaisir que la justesse & la vivacité de son esprit le rendoient cher à ses Maîtres. Ces qualités, jointes à beaucoup de modestie & de piété, lui firent avoir une place dans le Séminaire de l'Eglise Métropolitaine, où l'on élève des jeunes gens que l'on veut attacher au service du Diocèse. Il y demeura trois ans, & n'en sortit que pour se consacrer à Dieu par des vœux solemnels, dans l'Abbaye des Bénédictins de Saint Remy, où la Réforme étoit déja établie. Il y prit l'habit en 1653, & fit Profession au mois de Septembre de l'année suivante.

On le regarda d'abord comme un sujet propre à remplir les plus hautes espérances de son Ordre. Ses talens & sa ferveur en étoient de bons garans; mais de violens maux de tête, qu'aucun remède ne pouvoit dompter, changèrent tout-à-coup la destination du jeune Profès. Il devint incapable du moindre travail ; & né pour faire d'importantes découvertes dans tous les genres de Littérature, il se trouva presque réduit à n'oser penser. Il fallut suspendre ses études, & lui interdire tout ce qui demandoit quelque application.

Ses Supérieurs embarrassés, l'envoyèrent à un Monastère de la campagne, appellé Nogent-sous-Coucy ; & il n'y fut chargé que des fonctions où l'esprit semble avoir le moins de part. Du Monastère de Nogent, il passa à celui de Corbie. Là, un Prieur touché de son état, n'oublia rien de ce qui pouvoit rétablir sa santé ; & persuadé qu'un peu d'exercice & de dissipation y contribueroit plus qu'une vie entièrement désoccupée, il le fit nommer Dépositaire, & ensuite Cellerier : Offices considérables par rapport aux grandes dépendances de l'Abbaye de Corbie.

Les discussions d'intérêt attachées à de tels postes, furent seules capables de rebuter un homme dont la patience étoit la première vertu. Elles augmentèrent son goût pour la retraite, & la nature fit en même temps un effort pour le rendre aux Lettres. Il ne fut cependant déchargé qu'avec peine d'un emploi dont il ne laissoit pas de se bien acquitter, malgré toute sa répugnance. On l'envoya à Saint-Denys, & il y passa une année entière à montrer le Trésor de l'Abbaye, & les Tombeaux de nos Rois.

Dom Luc d'Achery, un des sçavans hommes de l'Ordre, travailloit alors à ce Recueil de Pièces choisies que nous avons sous le titre de *Spicilège*. Il demanda quelqu'un qui pût l'aider dans ses recherches. On jetta les yeux sur Dom Mabillon, qui le servit très-utilement ; & qui, par ce premier essai, fit juger qu'il iroit plus loin que ceux qui le mettoient en œuvre.

Une nouvelle matière s'offrit bientôt. La Congrégation de Saint Maur avoit formé le dessein de donner de nouvelles Editions des Ouvrages des Pères, revus sur les Manuscrits, dont les Bibliothèques de l'Ordre de saint Benoît, comme les plus anciennes, sont aussi les plus fournies. Dom Mabillon fut chargé de travailler sur S. Bernard. Il en prépara l'Edition avec une diligence extrême, & ce fut le succès qui rendit la promptitude remarquable.

En effet, il ne se contenta pas de diviser les Œuvres de S. Bernard par la nature des matières, de les sous-diviser entr'elles par l'ordre de la chronologie, & de corriger dans le Texte un grand nombre de fautes échappées à l'exactitude de tous ceux qui l'avoient précédé ; il sépara, avec une merveilleuse sagacité, les Pièces véritables de celles qui étoient fausses ou suspectes ; il en produisit qui n'avoient pas encore vu le jour, & les éclaircit toutes par de sçavantes Notes. Il y joignit des Tables historiques très-détaillées ; & ce qui seul peut passer pour un grand Ouvrage, il traita à fond, dans les Préfaces de chaque Tome, les points les plus obscurs & les plus curieux de la vie de saint Bernard, de ses Ecrits, ou de l'Histoire de son Siècle.

Ce Père de l'Eglise, que l'ordre des temps a fait appeller le dernier des Pères, fut le premier que donnèrent les Religieux de la Congrégation de saint Maur. On l'imprima dans la même année (1667,) en 2 vol. *in-fol.* & en 9 vol. *in-8*.

Le soin de pareilles Editions ne pouvoit être en de meilleures mains : mais un Ouvrage qui intéressoit plus particulièrement tout l'Ordre de saint Benoît, demandoit les soins de Dom Mabillon. C'étoit l'Histoire même de cet Ordre : les Vies d'un grand nombre de Saints en faisoient la plus grande partie ; & ce fut aussi par-là que Dom Mabillon crut devoir commencer. Dès l'année 1668, il en publia le premier Volume sous ce titre : *Acta Sanctorum Ordinis Sancti Benedicti in Seculorum classes distributa*. Il en a fait imprimer successivement neuf Volumes *in-fol.* [depuis 1669 jusqu'en 1701.] Le dixième est le seul [qu'il se proposoit] de donner.

On ne considérera pas à l'avenir les Vies des Saints, même des saints Solitaires, comme des Livres qui ne servent tout au plus qu'à exciter la piété, & à ranimer la foi des fidèles. A cette utilité particulière, Dom Mabillon a sçu joindre de nouveaux avantages. La Chronologie rétablie, l'Histoire restituée, les différens usages des temps découverts & expliqués ; les points les plus importans de la Discipline Ecclésiastique éclaircis & fixés, sont de ce nombre, & tel est le sujet ordinaire des Notes & des Préfaces du sçavant Auteur de cette Collection.

Entre les questions délicates qu'il a été obligé d'y traiter, celle de l'usage du Pain azyme pour la célébration de la Messe, l'engagea dans une discussion qu'il n'avoit pas prévue. M. le Cardinal Bona, dont il avoit refuté le sentiment, sans le sçavoir, le pria d'examiner encore cette matière, & lui marqua même l'ordre dans lequel il souhaitoit qu'elle fût traitée. Dom Mabillon lui adressa sur ce sujet une Dissertation [en 1674, *in-8*.] où il établit par de nouvelles preuves l'usage du Pain azyme dans l'Eglise Latine, avant le Schisme de Photius. L'Epître dédicatoire de cette Pièce, est d'une politesse que l'on ne trouve qu'avec surprise dans des Sçavans de profession. Le fond de l'Ouvrage découvre un Auteur incapable de sacrifier la simple image de la vérité à toutes les bienséances du monde.

Nous devons encore aux recherches de Dom Mabillon sur l'Histoire de l'Ordre de S. Benoît, quatre Volumes imprimés en différens temps, [*in*-8. depuis 1675 jusqu'en 1685,] sous le titre de *Vetera Analecta*. Ce sont autant de Recueils de Pièces singulières & inconnues. Les unes regardent nos Mystères, & ce que nous avons de plus sacré dans la Religion : les autres sont de rares Monumens de l'Antiquité, Fragmens de Conciles & de Chroniques, Fondations d'Eglises & de Monastères, Lettres d'Empereurs, de Rois, de Papes & d'Evêques, Inscriptions, Actes, Formules, Ordonnances, &c.

Ce fut l'examen de tant de Pièces originales, joint à celui d'un grand nombre de Chartes & d'anciens Titres qui produisit le Livre fameux de la *Diplomatique*, [*in-fol.* 1681,] où cet habile Critique entreprit de soumettre à des règles & de réduire à des principes, un art dont on n'avoit eu jusqu'alors que des idées très-confuses: entreprise nouvelle & hardie, mais si heureusement exécutée, qu'on la crut du premier coup poussée à la perfection.

Personne n'ignore que c'est dans cet Ouvrage que l'on donne les moyens de distinguer les véritables Titres d'avec ceux qu'une industrieuse avidité a pu supposer. Le papier d'Egypte, l'écorce & les autres matières sur lesquelles on écrivoit, y sont examinées ; la conformation des caractères y est discutée. Le style & le goût des différens Siècles, les manières de dater, l'usage des Souscriptions & des Sceaux, rien n'échappe aux remarques de l'Auteur ; & son génie paroît jusques dans le choix des Pièces qui servent de preuves à son système. Elles ont toutes quelques circonstances intéressantes, qui se dérobent à la sécheresse de la matière.

Dom Mabillon, déja connu des Gens de Lettres par quantité de bons Livres, le fut presque de tout le monde par sa Diplomatique. Le sçavant Père Papebrock, Jésuite d'Anvers, qui, peu de temps auparavant avoit essayé d'en donner des règles [dans ses Prolégomènes, au Tome II. des Vies des Saints du mois d'Avril,] en fit presque aussi-tôt une espèce de rétractation publique, [par une Lettre qu'il écrivit à D. Mabillon, en 1683,] & depuis on a vu peu de questions graves en ce genre, sur lesquelles le Parlement de Paris, & d'autres Cours supérieures du Royaume, n'ayent consulté le nouvel Œdipe.

M. Colbert, à qui le Livre de la Diplomatique fut adressé, connoissoit d'avance la bonté de l'Ouvrage. Il avoit souvent employé Dom Mabillon dans des affaires importantes, où il s'agissoit de décider sur les anciens Titres ; & il n'avoit jamais pu lui faire accepter aucune gratification. Le Ministre, peu accoutumé aux refus, crut alors que son désintéressement ne seroit pas à l'épreuve d'une forte pension ; & il voulut lui faire mettre sur l'Etat ; mais l'humble Religieux répondit toujours que rien ne lui manquoit dans sa Congrégation, & qu'il ne méritoit pas l'honneur qu'on vouloit lui faire.

A quelque temps de là, [en 1683,] il fut envoyé en Allemagne par ordre du Roi, pour y rechercher dans les Archives & dans les Bibliothèques des anciennes Abbayes, ce qu'il y auroit de curieux & de plus propre à enrichir l'Histoire de l'Eglise en général, ou celle de France en particulier. Ce Voyage ne fut que d'environ cinq mois, & il est bon de le dire, pour ne pas laisser dans l'erreur ceux qui en auront jugé par le nombre des découvertes qu'il y a faites dans cette espèce de course Littéraire. Le quatrième Tome de ses Analectes est plein des Pièces curieuses, qu'il tira pour lors de la poudre des Bibliothèques. L'ample Chronique de Trithème, publiée depuis en 2 vol. *in-fol.* [en 1690,] par les Moines de Saint-Gal, est encore, de ce nombre, & bien d'autres Pièces qu'il s'est contenté d'indiquer, ou qu'il réservoit à de bonnes occasions.

A son retour en France, Dom Mabillon trouva un grand changement dans le Ministère ; mais il n'y avoit rien de changé pour lui. M. l'Archevêque de Reims, qui, après la mort de M. Colbert, avoit été chargé de ce qui regardoit la Littérature, lui donna des marques particulières de son estime ; & Dom Mabillon les justifia bientôt par le genre de sa reconnoissance. Il adressa à ce Prélat [en 1685,] un docte « Traité de la Liturgie Gallicane » : [*in*-4.] C'étoit encore un fruit de son Voyage d'Allemagne, & ce n'en étoit pas le moindre.

On ne doutoit pas que les François n'eussent eu jusqu'au temps de Charlemagne, une Liturgie qui leur étoit propre, puisque ce Prince, à qui le Pape Adrien envoya le Sacramentaire de S. Grégoire, ordonne dans ses Capitulaires, que désormais on célébrera la Messe suivant la forme prescrite par le Rituel Romain. Mais cette Ordonnance de Charlemagne fut si exactement observée, que les Peuples oublièrent en peu de temps qu'il y eût eu une autre Liturgie ; & que les plus habiles ignorèrent dans la suite en quoi elle consistoit. Dom Mabillon trouva dans l'Abbaye de Luxeuil un Lectionnaire dont on se servoit en France il y a plus de mille ans, pour lire à la Messe les Prophéties, les Epîtres & les Evangiles. Il jugea dans le moment de l'importance de sa découverte, & ayant ensuite conféré le Manuscrit avec divers Fragmens de S. Hilaire, Evêque de Poitiers, de Sidonius Apollinaris, Evêque de Clermont, de S. Césaire d'Arles, de S. Grégoire de Tours & de quelques autres Auteurs qui vivoient avant Charlemagne, il restitua, à la gloire de la Nation, ce premier Monument de la piété de nos Pères.

M. l'Archevêque de Reims crut que le bien des Lettres demandoit que Dom Mabillon parcourût les Bibliothèques d'Italie, comme il avoit fait celles d'Allemagne ; & en ayant parlé au Roi, Sa Majesté voulut qu'il fît ce Voyage, comme envoyé de sa part, pour chercher des Livres & des Mémoires. Il partit le mois d'Avril 1685, & revint au mois de Juillet de l'année suivante, chargé d'une ample moisson. Il mit à la Bibliothèque du Roi plus de trois mille Volumes de Livres rares, tant imprimés que manuscrits. Il publia ensuite, [en 1687,] sous le titre de *Museum Italicum*, deux gros Volumes *in-*4. des Pièces qu'il avoit découvertes. On trouve une description de son Voyage dans le premier Tome de cet Ouvrage ; mais son exactitude ne s'étend pas jusqu'à rapporter tous les honneurs que lui rendirent les Scavans & les Personnes de la première qualité. Si Dom Mabillon avoit un esprit propre à toutes les Sciences, il avoit une modestie supérieure à tous les succès. On sçait seulement, comme un fait public, que pendant son séjour à Rome, la Congrégation de l'Indice le consulta, & s'en tint à son avis sur le Livre de Vossius touchant les Septante, où cet Auteur traite de l'universalité du Déluge.

Après avoir ainsi rendu compte au Public de son Voyage d'Italie, il donna une seconde Edition de S. Bernard, augmentée de près de 50 Epîtres, accompagnée de nouvelles Dissertations préliminaires, & chargée de nouvelles Remarques : [1690, *in-fol.* 2 vol.]

Il étoit à peine sorti de ce travail, que ses Supérieurs & d'illustres amis l'engagèrent à s'expliquer sur une Question fameuse, qui partageoit les esprits. Il s'agissoit de sçavoir s'il étoit permis aux Moines de s'appliquer à l'étude, ou si cette application leur étoit interdite par la régularité de leur état. M. l'Abbé de la Trappe venoit de se déclarer pour ce dernier sentiment; & le suffrage de ce fameux Solitaire en imposoit presque aux deux Partis, quand Dom Mabillon publia [en 1691, *in-*4.] son *Traité des Etudes Monastiques*. Il en employe une partie à prouver la nécessité de l'Etude pour les Religieux, par l'exemple des Basiles, des Chrysostomes, des Jérômes, des Augustins, des Grégoires, par l'autorité des Conciles, par le sentiment uniforme des Pères, & par la pratique constante des plus anciens Monastères. Dans le reste de l'Ouvrage, il détermine les Etudes propres aux Solitaires, & leur prescrit la manière d'étudier : méthode qu'il avoit apparemment suivie, & que les connoisseurs trouvèrent si excellente, que le Traité des Etudes Monastiques fut aussi-tôt imprimé dans les Pays étrangers, & traduit en plusieurs Langues.

La dispute cependant n'en devint que plus vive & plus animée. M. l'Abbé de la Trappe répondit, avec un art qui décèloit le fruit de ses études, & la Réponse fut suivie d'une Réplique, à laquelle Dom Mabillon se contenta de donner le titre de *Reflexions*, [1692, in-4.] Le Public attentif reconnut alors que ces grands hommes n'étoient pas fort éloignés. L'un n'en vouloit qu'à l'abus des vaines connoissances ; l'autre n'écrivoit qu'en faveur des bonnes études. Ainsi les deux partis se réunirent sans peine, & leurs chefs, qui s'étoient toujours estimés, s'aimèrent tendrement.

Dès que cette contestation eut pris fin, les Supérieurs de Dom Mabillon souhaitèrent qu'il écrivît les « Annales générales de l'Ordre de S. Benoît », dont il avoit donné presque tous les Actes des Saints. Son âge avancé & sa santé affoiblie par de longs travaux, ne furent pas des raisons assez fortes pour l'en dispenser, parcequ'il étoit difficile de trouver un Ecrivain plus propre à soutenir cette entreprise, plus exact, plus diligent, qui fût plus clair ou plus châtié dans son style, qui eût plus de choix & d'arrangement.

On a déja imprimé [depuis 1703] plusieurs Volumes *in-fol.* de ces Annales, qui comprennent l'Histoire générale de l'Ordre, pendant près de six Siècles, c'est-à-dire, depuis la naissance de S. Benoît, jusqu'à l'an de Jesus-Christ 1066.

On y voit avec autant de plaisir que d'édification, une société que la solitude grossit, & que les persécutions rendent florissante. On s'intéresse en apprenant que les habitans des premiers Monastères, préfèrent insensiblement la règle de cette nouvelle société, à celles que d'autres Saints leur avoient prescrites. On y admire les desseins de la Providence, qui permet que les biens & les honneurs de la terre, aillent chercher ces Solitaires jusques dans le fond de leurs déserts, pour les donner en spectacle à tout le monde Chrétien. Enfin, on y remarque avec surprise, que les relâchemens même, dont l'Ordre n'a pû se garantir pendant le cours de tant de Siècles, n'ont servi qu'à en affermir la sainteté, en donnant lieu à de ferventes réformes, qui ont toujours fait revivre avec plus de vigueur le premier esprit de l'Institution.

Le Lecteur n'est cependant pas borné à ce simple récit de l'Origine & des progrès de l'Ordre ; toute l'Histoire Ecclésiastique des mêmes temps s'y trouve dans le dernier détail, & y paroît amenée par des liaisons intimes.

Le quatrième Tome de ces Annales ne parut que sur la fin de l'année dernière ; * mais l'Edition seroit plus avancée, si Dom Mabillon n'avoit été obligé d'en interrompre le cours, pour publier un Supplément à son Traité de la Diplomatique, qu'une approbation générale, & une possession de plus de vingt années, n'avoient pû soustraire aux droits éternels de la Critique. Cependant le cinquième Tome est achevé, & il manque peu de choses au sixième, [le Tome cinquième s'étend de 1066 à 1116, & a paru en 1713; le sixième de 1116 à 1157; ce dernier a été imprimé en 1739;] Dom Mabillon ayant poussé son travail jusqu'au temps de Saint Bernard, comme il l'avoit toujours souhaité. Son attachement pour ce Père de l'Eglise étoit extrême : charmé de l'élévation de son génie, de la pureté de ses mœurs, & de la sainteté de sa doctrine, il méditoit continuellement sur sa vie & sur ses Ouvrages, soit en Religieux, soit en homme de Lettres, & il en a laissé une troisième Edition toute prête.

Jusqu'ici l'ordre & la liaison des matières m'ont empêché de faire mention de plusieurs autres Ouvrages que Dom Mabillon a donnés en différens temps. Ils paroîtront petits, si on les compare avec ceux dont on vient de parler ; mais ils seront toujours grands, toujours estimables, si l'on n'en juge que par eux-mêmes.

Telles sont, par exemple, les Remarques qu'il publia en 1677, [1 vol. *in-12.*] contre l'opinion de ceux qui soutiennent que Thomas à Kempis est l'Auteur du Livre de l'Imitation de Jesus-Christ. Il y a peu d'Ouvrages dont l'Auteur soit moins connu & plus contesté. On avoit d'abord cru qu'il étoit de S. Bernard ; mais comme il y est parlé de Saint François, qui vivoit 80 ans après lui, ce sentiment n'a pu subsister. Ceux qui l'attribuoient au célèbre Gerson, Chancelier de l'Université de Paris, n'avoient pas pris garde que l'Auteur de l'Imitation se donne plus d'une fois la qualité de Moine, & que Gerson ne le fut jamais. Thomas à Kempis, Chanoine Régulier de S. Augustin, & Jean Gersen, Abbé de l'Ordre de S. Benoît, étoient les seuls qui eussent conservé leurs droits sur cet Ouvrage ; & il y avoit long-temps que leurs Confrères étoient aux mains pour la préférence.

Le Père Delfau, de la Congrégation de S. Maur, avoit fait une Dissertation en faveur de Jean Gersen, & ce n'avoit été qu'après la mort de ce bon Religieux que l'on avoit vu paroître pour Thomas à Kempis une Réponse vive, & presque personnelle. Cette circonstance toucha Dom Mabillon : il écrivit, rétablit en peu de mots l'état de la question, & fortifia les anciennes preuves du Père Delfau par l'autorité de douze Manuscrits, dont il donna une notice exacte.

En 1687, Dom Mabillon fut obligé d'écrire sur une matière bien différente, quoiqu'il eût encore l'honneur de sa Congrégation à défendre, & les mêmes adversaires à combattre. Il s'agissoit de la Préséance aux Etats de Bourgogne, entre les Bénédictins & les Chanoines Réguliers. Il donna sur ce sujet, [en 1687, *in-4.*] deux Mémoires, que l'on prendra moins pour des *Factums*, que pour de sçavantes Dissertations, où l'on traite de la prééminence & de l'antiquité des deux Ordres. Le Religieux devenu Jurisconsulte profond, parle toujours en Historien délicat. Les Bénédictins d'Allemagne, ayant été depuis obligés d'entrer dans une semblable contestation avec les Chanoines Réguliers, se sont contentés de faire imprimer ces Mémoires traduits en Latin. Ce que Dom Mabillon a écrit sur l'Institut de Remiremont, aura le même sort, toutes les fois qu'il s'agira de discuter l'origine des Chanoinesses Régulières.

En 1689, il publia un Traité exprès, [en un vol. *in-12.*] pour réfuter la nouvelle Explication que quelques Commentateurs donnoient aux mots de *Messe* & de *Communion*, qui se trouvent dans la Règle de S. Benoît. Ce Traité parut sans nom d'Auteur : il n'étoit presque plus nécessaire que Dom Mabillon se nommât ; les Sçavans ne pouvoient s'y méprendre.

La Lettre Latine d'Eusèbe à Théophile, sur le Culte des Saints inconnus, ne manqua pas aussi d'être attribuée à Dom Mabillon, dès qu'elle fut publique, [en 1698, *in-4.*] & quand il voulut se découvrir lui-même dans une seconde Edition [en 1705, *in-12.*] il n'y avoit personne qui ne l'eût déja reconnu à ce caractère de piété qui fait le sujet de la

---

*M. de Boze disoit cela en 1708.

Lettre. C'est une piété exacte & sincère, mais qui ne veut rien de hazardé dans son objet. Le même esprit règne jusques dans ce qu'il a été obligé d'écrire en faveur de la sainte Larme de Vendôme; quoique le vulgaire trompé par les apparences, semble en avoir pris une idée toute différente : [Lettre à M. l'Evêque de Blois, 1700, in-12.]

Pour ne rien oublier, je devrois parler des Livres de S. Bernard, *de la Considération*, que Dom Mabillon fit imprimer [en 1701, in-8.] pour le Pape [Clément XI.] au commencement de son Pontificat; des *Exemples de la mort Chrétienne*, qu'il adressa peu de temps après à la Reine d'Angleterre, [en 1702, in-12.] de quantité d'Epîtres & de Préfaces, que de judicieux Auteurs l'avoient prié de mettre à la tête de leurs Ouvrages, comme pour en assurer la destinée ; & d'un nombre presqu'infini de Lettres écrites à ceux qui le consultoient sur les points les plus difficiles de leurs études.

Quelle énumération ne ferois-je point encore, si à cette Liste des Ouvrages de Dom Mabillon, je voulois ajouter ceux qui lui doivent leur commencement, leur forme ou leur perfection, & ceux qui lui ont été adressés par des Auteurs de la première réputation ? Mais le sçavant Religieux [Dom Ruinart,] qu'il avoit depuis long-temps associé à ses travaux, & qui est aujourd'hui le dépositaire de ses papiers, peut seul rendre un compte fidèle de tant de choses. Il donnera la Vie de son cher Maître, car c'est ainsi qu'il l'appelle, & s'il veut la joindre au Xe Volume des Actes des Saints de son Ordre, qui est prêt à paroître, le Public la trouvera sans doute fort à sa place.*

Lorsqu'il plût au Roi d'augmenter l'Académie des Inscriptions, D. Mabillon y fut nommé entre les Académiciens honoraires, & il fallut d'abord prendre des mesures pour vaincre sa délicatesse sur cette distinction ; mais personne dans la suite ne fut plus attaché aux intérêts, & , si on l'ose dire, à la gloire de cette Compagnie. Une de nos premières Assemblées publiques fut célèbre par la Dissertation qu'il donna sur les anciennes Sépultures de nos Rois. Il se trouvoit souvent aux Assemblées particulières, & c'étoit autant de jours de fêtes pour l'Académie. Sa présence y inspiroit une noble émulation, & chacun avoit les yeux attachés sur cet homme simple, qui ne les levoit presque jamais. Nous eûmes encore le plaisir de le voir peu de jours avant qu'il tombât malade de la maladie qui nous l'a enlevé.

Il fut attaqué d'une suppression d'urine sur le chemin de Chelles, où il alloit par complaisance pour un de ses amis. On le secourut avec empressement ; mais comme on ne connoissoit pas assez son mal, on le rendit incurable par la manière dont on le traita, & il fallut au bout de quelque temps le rapporter à Paris. La maladie y augmenta de jour en jour ; la force d'esprit & la patience du malade sembloient augmenter à proportion. Enfin, après avoir souffert pendant plus de trois semaines tout ce que la nature du mal, & des opérations qui y ont rapport, peuvent faire imaginer de plus douloureux, il mourut en paix dans l'Abbaye de S. Germain des Prés, le 27 du mois de Décembre 1707, âgé de 75 ans, un mois & quatre jours.

☞ Nous avions dessein de mettre ici un Catalogue des Ouvrages de Dom Mabillon ; mais celui qui se trouve *pages 220-269*, de l'Histoire Littéraire de la Congrégation de S. Maur : (*Paris*, 1770, *in-*4.) est le plus entier qui ait paru ; il est d'ailleurs accompagné de Remarques : on peut le consulter. Les Ouvrages de Dom Mabillon sont au nombre de 43. Les principaux sont indiqués dans l'Eloge que l'on vient de lire.]

* ☞ La Vie Latine de D. Mabillon, qui se voit après la Préface de ce Volume, publié en 1713, est de Dom René Massuet. Il y parle aussi de D. Thierry Ruinart, mort le 29 Septembre 1709. Celui-ci avoit publié, au commencement de la même année, un Abrégé de la Vie de Dom Mabillon, son cher Maître ; elle est en François, & c'est un Volume *in-*12. L'Histoire de France doit à Dom Ruinart la meilleure Edition que l'on ait de nos premiers Historiens, Grégoire de Tours & Frédégaire, avec ses Continuateurs, accompagnée de Notes, &c. *Paris,* 1699, *in-fol.*]

XXVIII.

CLAUDE MALINGRE.

Extrait du P. Niceron, Tome XXXIV.

CLAUDE MALINGRE, Sieur de Saint-Lazare, né à Sens, ne nous est connu que par ses Ouvrages.

Il a beaucoup travaillé à l'Histoire de France ; mais faute de génie, il l'a fait avec peu de succès. [Il n'écrit pas assez bien pour qu'on prenne plaisir à le lire, & il a été quelquefois trop flatteur.]

Le premier de ses Ouvrages, où il prit le nom de Saint-Lazare, est son Histoire Romaine, qui parut en 1630 : Après avoir porté long-temps la qualité d'Historiographe, il eut enfin celle d'Historiographe de France, vers l'an 1639, & il la mit depuis à la tête de ses Ouvrages.

On ignore le temps précis de sa mort ; mais on ne peut douter qu'elle ne soit arrivée entre l'année 1646, qu'il donna le Journal de Louis XIII. qui est le dernier Ouvrage qu'il ait publié lui-même, & l'année 1655, que parut son Histoire posthume.

Catalogue de ses Ouvrages.

1. De la gloire & magnificence des Anciens : *Paris*, 1612, *in-*8.

2. Traité de la Loi Salique, Armes & Blasons de France, retirés des anciennes Chartes, Pancartes, Chroniques & Annales de France ; par Claude Malingre, Historiographe : *Paris*, 1614, *in-*8.

3. Entrée du Roi Louis XIII. en la Ville d'Orléans, avec l'Ordre & les Cérémonies observées en icelle : *Paris*, 1614, *in-*8.

4. Histoire générale des Etats assemblés à Paris en 1614 : *Paris*, 1616, *in-*8.

5. Histoire de Louis XIII. & des actions mémorables arrivées tant en France qu'ès Pays étrangers, durant la Régence de la Royne sa mère, & depuis sa Majorité : *Paris*, 1616, *in-*4.

6. Histoire chronologique de plusieurs grands Capitaines, Princes, Seigneurs, Magistrats, Officiers de la Couronne, & autres hommes illustres, qui ont paru en France, sous le Règne de Louis XI. & les suivans, jusqu'au Règne de Louis XIII. *Paris*, 1617, *in-*8.

7. Intrigues & Guerres Civiles de France, en 1620, 1621 & 1622 : *Paris*, 1622, *in-*8. 2. v. = Les mêmes, *Id*, sous cet autre titre : Hist. de la Rébellion exé-

cutée en France, par les Rébelles de la Religion Prétendue-réformée, depuis le rétablissement de la foi Catholique en Béarn, en l'an 1610, jusqu'à l'année 1622. *Paris*, 1623, *in*-8. 2. vol.=Les mêmes, sous cet autre titre : Histoire générale des derniers Troubles de France, sous Louis XIII. *Paris*, 1623, *in*-8. 2 vol.

8. Histoire de la naissance, progrès & décadence de l'Hérésie de ce Siècle, contenant l'Histoire du Luthéranisme & Calvinisme, jusqu'à présent, par Florimond de Rémond ; avec une Suite, contenant tout ce qui s'est passé en Europe, au sujet de l'Hérésie depuis 60 ans jusqu'aujourd'hui ; par C. M. H. S. (Claude Malingre, Historiographe, Sénonois ;) ensemble un Traité des Athées, Déistes, Illuminés d'Espagne, & nouveaux prétendus invisibles, dits de la Rosecroix ; par Malingre : *Rouen*, 1618. *Paris*, 1624, *in*-4. 3 Volumes.

9. Nouveau Mercure François-Allemand, troisième Tome de l'Histoire de notre temps, ou Suite de l'Histoire des Guerres contre les Rébelles de France, ès années 1623, &c. *Paris*, 1624, *in*-8.

10. Quatrième Tome de l'Histoire de notre temps, ès années 1623-1624 & 1625. *Paris*, 1625, *in*-8.

11. Suite de l'Histoire de la Rébellion pendant les années 1625, 1626, 1627, 1628 & 1629 : *Paris*, 1629, *in*-8. (C'est un cinquième Volume.)

12. Mémoires de François de Boyvin, Baron du Villars, des Guerres faites en Piémont, Montferrat, & Milanois, par le Maréchal de Brissac, pour le Roi Henry II. depuis 1550, jusqu'en 1561, avec une Continuation jusqu'en 1629. Par C. M. (Claude Malingre.) *Paris*, 1630, *in*-8. 2 volumes.

13. Histoire de l'Italie, ou la Description de ses Singularités, par François & André Schottus, traduite (du Latin) par Claude Malingre : *Paris*, 1627, *in*-8.

14. Histoire Romaine, Tome second, ou Suite du premier, par le R. P. en Dieu, N. Coëffeteau, contenant ce qui s'est passé de mémorable dans les Empires d'Occident & d'Orient, depuis Constantin le Grand, jusques à Charlemagne ; illustrée de Devises & Symboles des Empereurs, avec leurs explications, & d'une Briève Chronologie à la fin de chaque Article : le tout recueilli des anciens monumens de l'Histoire Grecque & Latine, des Auteurs contemporains, qui ont fleuri sous les Empereurs ; par C. M. S. dit de S. Lazare : *Paris*, 1630, *in*-fol.

15. Histoire des Dignités honoraires de France, & Erections de plusieurs Maisons nobles en Duchés, Comtés, Pairies, Marquisats & Baronnies, par les Rois de France, leurs vérifications aux Parlemens & Chambres des Comptes ; ensemble, un Traité de la prééminence de nos Rois : *Paris*, 1635, *in*-8.

16. Remarques d'Histoire, ou Description Chronologique des choses mémorables, arrivées tant en France qu'ès Pays Etrangers, depuis l'an 1610, jusqu'en 1637 : *Paris*, 1638, *in*-8. Les mêmes continuées jusqu'en 1639 : *Paris*, 1639, *in*-8.

17. Histoire générale des Guerres & mouvemens arrivés en divers Etats du monde, sous le Règne de Louis XIII. *Paris*, 1638, *in*-8. 2 vol. La même, continuée jusqu'en 1642 : *Rouen*, 1647, *in*-8. 4 volumes.

18. Le Trésor des Histoires de France, ou le Catalogue des Rois & des Reines de France, réduit par titres & lieux communs, par Gilles CORROZET ; augmenté de plusieurs Recherches curieuses, avec l'Histoire des Rois de France, & leurs Portraits ; par C. M. H. de Fr. *Paris*, 1639, *in*-8.

19. Antiquités de la Ville de Paris : *Paris*, 1640, *in*-fol.

20. Les Annales de la Ville de Paris, depuis sa fondation jusqu'en 1640 ; le tout par ordre des années & des Règnes de nos Rois : *Paris*, 1640, *in*-fol.

21. Le Journal de Louis XIII. ou l'Histoire journalière du Règne de Louis XIII. contenant ce qui s'est passé de plus remarquable depuis l'an 1610, jusqu'à sa mort, continué sous le Règne suivant jusqu'en 1646 ; par S. M. C. *Paris*, 1646, *in*-8. 2 volumes.

22. Histoire de notre temps, sous Louis XIV. commencée par Claude Malingre, & continuée par le Sieur du Verdier, Historiographe de France : *Paris*, 1655, *in*-8.

23. C'est enfin Malingre qui a publié les quatre derniers Volumes du Mercure François.

XXIX.

PAPIRE MASSON.

Extrait du P. Niceron, Tome V.

PAPIRE MASSON, naquit le 6 Mai 1544, à S. Germain-Laval, Bourg du Forez, de Noël Masson, riche Marchand de ce lieu, & d'Antoinette Girinet ; il reçut au Baptême le nom de Jean, qu'il changea dans la suite en celui de Papire, pour se distinguer de son frère, Chanoine & Archidiacre de Bayeux, qui avoit le même nom de Jean, ou pour quelqu'autre raison.

Il perdit son père dès sa première jeunesse. Sa mère, qui se remaria quelque temps après, ne perdit pas pour cela, comme il n'arrive que trop souvent, la tendresse & l'amour qu'elle devoit à ses enfans du premier lit. Elle en prit au contraire un soin particulier.

Dès que Papire eut atteint l'âge de huit ans, elle l'envoya à Lyon, & confia le soin de son éducation à son frère Philibert Girinet, Chanoine de S. Etienne. Celui-ci l'envoya aussi-tôt étudier à Villefranche, sous Pierre Godefroy de Troyes, qui y enseignoit avec réputation.

Lorsqu'il fut un peu plus âgé, il le mit au Collège des Jésuites de Billon en Auvergne ; il y continua ses études pendant quatre ans, & y fit son cours de Philosophie avec beaucoup de succès. Son oncle le rappella ensuite à Lyon, dans le dessein de l'envoyer à Toulouse étudier en Droit ; mais les troubles qui s'élevèrent alors en France au sujet de la Religion, l'empêcherent de l'exécuter. M. Perrault se trompe, lorsqu'il dit dans ses Eloges, qu'il y alla.

Papire Masson, arrêté de ce côté-là, retourna à Billon, où il avoit laissé son frère, & recommença

sur plusieurs Historiens de France. lxxix

à s'appliquer aux Belles-Lettres & à la Philosophie. Il se trouva dans ce temps-là à Billon, un de ses Compatriotes, nommé Antoine Challon, qui y étudioit avec un de ses frères. La ressemblance de leurs études & de leurs goûts, forma bientôt entr'eux une liaison étroite. La piété qui les animoit tous les deux, leur fit prendre d'un commun accord la résolution d'entrer dans la Compagnie de Jésus.

Ils entreprirent pour cela le voyage de Rome, où ils prirent l'habit. Papire Masson fit dans cette ville l'Oraison funèbre d'un Cardinal, en présence des autres Cardinaux, & d'un nombre infini d'auditeurs, avec de grands applaudissemens.

Après quelque séjour à Rome les deux amis allèrent à Naples, où Masson enseigna deux ans dans le Collège des Jésuites. Ils revinrent ensuite ensemble en France, où Challon sortit de la Société; il entra depuis dans les Ordres, & fut Grand-Vicaire de trois Archevêques de Lyon.

Mais Masson demeura encore quelque temps dans la Société. Il enseigna quelques mois dans le Collège de Tournon en Vivarez; & vint ensuite à Paris, où il professa dans le Collège de Clermont, d'abord les Humanités, & ensuite la Philosophie.

La réputation qu'il s'acquit alors, ne fut pas capable de le retenir plus long-temps dans la Société; il suivit l'exemple de son ami, il en sortit, & alla enseigner au Collège du Plessis. Dans la Harangue qu'il fit à l'ouverture de ses Leçons, il rendit raison de sa sortie avec tant d'honnêteté & de modération, que non-seulement les auditeurs, mais les Péres même qu'il avoit quittés, en furent très-satisfaits, n'ayant blessé par aucune parole l'honneur & la réputation de la Compagnie, quoiqu'en ce temps-là plusieurs autres en faisant la même démarche, se fussent emportés en des invectives scandaleuses, dit M. de Thou, en faisant en abrégé son éloge.

Lassé du travail des Classes, Masson les quitta à l'âge de 26 ans, dans le dessein de tendre à quelque chose de plus relevé. Le Mariage de Charles IX, Roi de France, avec Elisabeth, fille de l'Empereur Maximilien, s'étant célébré le 26 Novembre 1570, à Mezières sur la Meuse, Papire Masson qui y étoit allé, à la suite d'une personne de considération, fit une description fort éloquente de cette Cérémonie, qui lui attira l'estime & l'amitié des Sçavans, & lui inspira le courage d'entreprendre des Ouvrages plus considérables.

Il résolut à son retour de s'appliquer au Droit, & alla dans ce dessein à Angers étudier sous le fameux François Baudouin, qu'il avoit connu particulièrement à Paris ; & après deux années d'étude en cette science, il revint à Paris, où Philippe Hurault de Chiverny, Chancelier du Duc d'Anjou, qui aimoit fort les Sciences & les Gens de Lettres, & qui se formoit une riche Bibliothèque, le prit chez lui, & lui donna le soin de sa Bibliothèque. Papire Masson demeura dix ans dans cet emploi, qui lui fut d'une grande utilité pour se perfectionner dans la connoissance de l'Histoire & des Livres.

En 1576, il se fit recevoir Avocat au Parlement; mais il ne plaida jamais qu'une cause, qu'il gagna avec un applaudissement universel, & qui fut même trouvée de si grande importance, que l'Arrêt en fut prononcé en Robes rouges.

Il ne quitta pas pour cela entièrement le Barreau & la pratique ; car il fut Référendaire en la Chancellerie, & Substitut du Procureur Général du Parlement de Paris, charges qu'il n'acheta point, mais qui furent données à son mérite.

Lorsque les troubles de la France eurent été appaisés, il songea à se marier, & épousa Denyse Godard, sœur d'un Conseiller au Parlement, avec laquelle il a vécu dans une grande union pendant 34 ans ; mais dont il n'a laissé aucun enfant.

Il étoit d'une humeur gaie & aisée, sincère & généreux au-delà de sa fortune, donnant son temps & sa peine pour le service des grands Seigneurs, sans en attendre d'autre récompense que le plaisir de leur rendre service.

Les infirmités de la vieillesse commencèrent à l'attaquer par les jambes, qui lui manquèrent quelque temps avant sa mort. Une fièvre lente qui le tourmenta pendant près de cinq ans, le mina insensiblement, & le conduisit enfin au tombeau. Il mourut le 9 Janvier 1611, âgé de 67 ans. Il fut enterré aux Carmes-Billettes, avec cette Epitaphe, qu'il s'étoit faite lui-même.

Si Sepulchra sunt domus mortuorum, Papirius Massonus, Annalium Scriptor, in hac domo quiescit, de quo alii fortasse aliquid, ipse de se nihil, nisi quòd olim qui hæc legerit, illum vidisse cupiet.

Catalogue de ses Ouvrages.

1. Entier discours des choses qui se sont passées à la Réception de la Reine & Mariage du Roi : *Paris*, 1570, in-8. *Lyon*, 1571, in-8. (C'est cet Ouvrage qui commença à lui donner un nom. Le Père le Long en relève cependant une faute. (Bibl. Hist. de la France.) Masson dit que l'Archevêque de Trèves qui conduisoit la Reine, précéda le Duc d'Anjou, circonstance qui est contredite par les Mémoires du Chancelier de Chiverny.)

2. De Statu Andegavensis Academiæ, Oratio Panegyrica, dicta anno 1571 : *Parisiis*, 1571, in-8.

3. Elogium Francisci Balduini, Jurisconsulti, Atrebatensis, cum Epitaphio ; Papirio Massono & aliis auctoribus: *Parisiis*, 1573, in-4. (Cet Eloge a été inséré dans les Eloges de Masson, tom. II. pag. 255.)

4. Historia vitæ Caroli IX. Francorum Regis: 1577, in-8. (Cette Histoire se trouve aussi dans le premier tome des Eloges de Masson.)

5. Annalium Libri IV. quibus res gestæ Francorum explicantur à Clodione ad Francisci I. obitum : *Parisiis*, 1577, in-4. Editio secunda, à Pharamundo ad Henricum II. *Parisiis*, 1598, in-4. (Masson a composé cet Ouvrage en Latin & en François ; mais il n'a pas été publié en cette dernière Langue. Il s'est servi dans le titre, du nom d'Annales quoiqu'il ne se soit pas astreint à rapporter à chaque année ce qui s'y est fait. Il y a inséré plusieurs bonnes remarques ; il est assez exact, mais il n'est pas assez profond ; c'est pour cela qu'on le lit peu. Dans sa première Edition, il n'a pas parlé de Pharamond, parceque Grégoire de Tours n'en fait pas mention. C'est ainsi qu'en parlent l'Abbé Lenglet, & après lui le Père le Long.)

6. Vita Claudii & Francisci, primorum Guisiæ Ducum : *Parisiis*, 1577, in-8. (Cette vie est aussi insérée dans le premier Tome des Eloges de Masson.)

7. Elogium Renati Biragæ S. R. E. Cardinalis & Cancellarii Franciæ : *Parisiis*, 1583, in-4. (Elle a été depuis insérée dans le Tome II. des Eloges de Masson.)

8. Consolatio ad Philippum Chevernium, Franciæ Cancellarium, super obitu Annæ Thuanæ uxoris: *Parisiis*, 1584, in-4.

9. Vitæ trium Etruriæ Principum, Dantis-Aligherii, Francisci Petrarchæ, & Joh. Boccatii : *Parisiis*, 1587, in-8. (aussi insérées dans les Eloges de Masson.)

10. Justinianei Cæsares, quorum nomina & Constitutiones Justinianus in Codicem retulit : *Parisiis*, 1588. (Aussi insérés dans le premier Volume des Eloges.)

11. Elogium Joannis Aurati Poëtæ Latini : *Parisiis*, 1588, in-8. (inséré dans le Tome II. des Eloges.)

12. Vita inclyti Principis Joannis Engolifmæ & Petracoriorum Comitis à Regia ftirpe Francorum : *Parisiis*, 1588, *in*-8. (Cette Vie, qu'on trouve auffi dans le Tome I. des Eloges, a été traduite en François par Jean du Port, fieur de Rofières, & imprimée à Angoulême, 1589 & 1602, *in*-4. & à Paris, 1613, *in*-8.)

13. Vita Jacobi Cujatii, Jurifconfulti : *Parifiis*, 1590, *in*-4. (Cette Vie fe trouve encore à la tête des Œuvres pofthumes de Cujas : *Paris*, 1617, *in-fol*. & dans le Tome II. des Eloges de Maffon.)

14. Petri Pithœi, Jurifconfulti, Elogium : *Parifiis*, 1597, *in*-4.) & dans le Tome II. des Eloges.)

15. Annæi Anglurii, cognomento Givrii, nobiliffimi fortiffimique Equitis, Elogium : *Parifiis*, 1594, *in*-4. (& dans le Tome I. des Eloges.)

16. Chriftophori & Augufti Thuanorum Elogium : *Parifiis*, 1595, *in*-4. (Il eft auffi dans le Tome II. des Eloges.)

17. Vita Lucii Titii, apud Jurifconfultos celeberrimi viri, ex Pandectarum Libris recens edita : *Lugduni*, 1597, *in*-8. (& dans le Tome I. des Eloges.)

18. Caroli Borbonii, S. R. E. Cardinalis Elogium : *Parifiis*, 1599, *in*-4. (& dans le Tome I. des Elog.)

19. Notitia Epifcopatuum Galliæ, quâ Francia eft : *Parifiis*, 1606, *in*-8. Editio fecunda auctior : *Parifiis*, 1610, *in*-8. Cette Notice a été inférée dans le Recueil des Hiftoriens de France, donnée par du Chefne, Tome I. pag. 45.

20. Renati Chopini Vita : *Parifiis*, 1609, *in*-8. (& dans le Tome I. des Eloges.)

21. Relatio Ceremoniarum Baptifmi Ludovici Delphini, primogeniti Henrici Magni : *Parifiis*, 1606, *in*-8.

22. Tumulus & Elogia Claudii Puteani, Senatoris Parifienfis : auctore Pap. Maffono & Jofepho Scaligero : *Parifiis*, 1607, *in*-4.

23. Pomponii Bellevrii, Cancellarii magni Franciæ, Elogium : *Parifiis*, 1607, *in*-4. (& dans le Tome II. des Eloges.)

24. Arverni Municipii Defcriptio, è Bibliotheca Papirii Maffoni, edita à Joanne fratre : *Parifiis*, 1611, *in*-4.

25. Elogium Henrici Joyofæ, Ordinis Capucinorum : *Parifiis*, 1611, *in*-8. (& dans les Eloges, Tome I.)

26. Gerberti Remorum & Ravennatum Archiepifcopi, pofteà Sylveftri II. Papæ, Joannis Sarisberienfis, & Stephani Tornacenfis Epiftolæ ; necnon Stephani X. Nicolai II. & Alexandri II. ad Gervafium Remenfem Archiepifcopum, Epiftolæ. Edente Papirio Maffono. *Parifiis*, 1611, *in*-4. (Le Pere du Moulinet, Chanoine Régulier de fainte Geneviève, a donné une nouvelle Edition des Lettres d'Etienne de Tournay, revue & augmentée de 60 nouvelles Lettres : fon Edition a paru à Paris, en 1679, *in*-8.)

27. Defcriptio Fluminum Galliæ, quâ Francia eft : *Parifiis*, 1618, & 1678, *in*-8. Eadem, cum Notis Antonii Michaelis Baudrand : *Parifiis*, 1685, *in*-12. (Cet Ouvrage eft affez eftimé. Cependant M. de Valois le trouvoit confus & peu exact. On en a fait une Traduction Françoife ; mais qui n'a pas été imprimée.)

☞ Peut-être l'Ouvrage que le Sieur Coulon a donné fur le même fujet en cette Langue, en 1644, & qui eft plus ample à certains égards que celui de Maffon, a-t-il empêché de paroître la traduction dont on vient de parler.]

28. Hiftoria Calamitatum Galliæ, quas fub aliquot Principibus Chriftianis invita pertulit à Conftantino Cæfare ufque ad Majorianum, qui vicit in Atrebatibus Clodionem Regem Francorum, Pharamundi fuccefforem. Opus Papirii Maffoni, fed pofthumum & variis adhuc in locis imperfectum, recens ex Autographo Joan. Bapt. Maffoni fratris ipfius evulgatum (Cet Ouvrage fe trouve dans le Tome I des Hiftoriens de France de Duchefne, *pag*. 32.)

29. Elogia Sereniff. Ducum Sabaudiæ, à Joan. Bapt. Maffono fratre edita : *Parifiis*, 1619, *in*-8. (Il eft auffi dans le Tome I. des Eloges.)

30. Tumulus Margaritæ Valefiæ, Taurinenfium Dominæ, à Joan. Bapt. Maffono editus. *Parifiis*, 1619, *in*-8. (& dans le Tome I. des Eloges.)

31. Joan. Papirii Maffoni Elogiorum Pars I. quæ Imperatorum, Ducum, aliorumque infignium Heroum virtute maximè bellicâ illuftrium, vitam complectitur. Pars II. quæ vitam eorum complectitur, qui ampliffimarum dignitatum titulis, vel eruditionis laude & publicatis litterarum monumentis claruerunt. E Mufæo Joannis Balefdens in Sen. & Regiâ Advocati : *Parifiis*, *in*-8. 1638, 2 vol. (Balefdens n'a pas mis dans ce Recueil tous les Eloges de Papire Maffon, qui étoient au nombre de cinquante ; & il y en a même inféré qui ne font pas de lui. Ainfi la Vie de Calvin, qui fe trouve à la page 407, du Tome II, n'eft point de lui, quoiqu'elle fe foit trouvée après fa mort entre fes papiers ; mais de Jacques Gillot, Confeiller-Clerc au Parlement de Paris, mort en 1619. De même l'Eloge de Simon Piètre, qui eft à la page 377 du même Volume, eft de Guy Patin, felon M. Colomiez.).

32. Elogium Michaelis Marefcotti, Doctoris Medici Parifienfis. Cet Eloge eft imprimé à la page 596, des Opufcules de Loyfel ; *Paris*, 1652, *in*-4. (Il n'eft point dans le Recueil des Eloges de Maffon.)

33. Gefta Collationis Carthaginenfis, inter Catholicos & Donatiftas. *Parifiis*, 1589, *in*-8. (C'eft Papire Maffon qui a donné le premier au Public les Actes de cette Conférence, qui ont paru enfuite avec les Corrections de Pierre Pithou : *Paris*, 1631, *in*-8. Mais comme ces Editions & celles qui ont été faites deffus étoient fort peu correctes, M. Baluze les a collationnées de nouveau avec les Manufcrits, & a donné ces actes bien plus corrects dans fa nouvelle Collection des Conciles.)

34. Servati Lupi Epiftolæ : *Parifiis*, 1588, *in*-8. (C'eft Papire Maffon qui a donné le premier ces Lettres ; mais fon Edition eft pleine de fautes. M. Baluze en a donné une bien meilleure en 1664, *in*-8.)

35. Agobardi Epifcopi Lugdunenfis Opera : *Parifiis*, 1605, *in*-8. (Papire Maffon qui a donné le premier ces Ouvrages au Public, en trouva par hazard le Manufcrit. Il étoit à Lyon chez un Relieur qui alloit le déchirer pour s'en fervir à couvrir des Livres. Il le prit auffi-tôt de fes mains, & l'acheta. On l'a accufé d'infidélité dans cette Edition, & l'on dit qu'il a pris la liberté d'y changer plufieurs chofes, comme il a été facile de le reconnoître par le Manufcrit même dont il s'eft fervi, & qui eft dans la Bibliothèque du Roi. M. Baluze en a donné une nouvelle Edition plus exacte & plus conforme à l'Original.)

36. Libri VI. de Epifcopis Urbis, feu Romanis Pontificibus : *Parifiis*, 1586, *in*-4. (Le Cardinal Baronius qui eftimoit les Ouvrages de Papire Maffon, lui écrivit un jour qu'il n'y trouvoit rien à redire, excepté quelques endroits dans celui-ci ; mais Maffon ne voulut rien y changer, s'en rapportant fur cela à la poftérité, qu'il en laiffoit juge. M. Perrault, dans l'Eloge de Papire Maffon, a fait une plaifante faute en traduifant ce trait de la Vie Latine de ce Sçavant, écrite par Jacq. Augufte de Thou. Il a rendu ces mots, *de Epifcopis Urbis*, par ceux-ci, *des Evêques de Paris*.)

XXX.
PIERRE MATTHIEU.
Extrait du Tome XXVI. du P. Niceron.

PIERRE MATTHIEU, naquit vers l'an 1564, dans quelque endroit de la Franche-Comté, dont on ignore le nom. Moréri dit que c'étoit sur les frontières, sans spécifier de quel côté. Jean Impériali particularise plus les choses, lorsqu'il marque que c'étoit dans un lieu de la frontière de cette Province, qui est près de Montbéliard, & dans le Diocèse de Basle, [à Porentru, le 10 Déc. 1563.]

Tout ce qu'on peut dire de sûr là-dessus, c'est qu'il étoit de Franche-Comté, puisqu'il prend lui-même la qualité de *Sequanus*, dans quelques-uns de ses Ouvrages Latins. Ainsi le P. le Long, qui, dans sa Bibliothèque historique de France, le dit *Forésien*, Mornac qui prétend qu'il étoit de Lyon, & le Père Alexandre de Lyon Récollet, qui dans la Vie de la Mère Matthieu, sa fille, le fait natif de Dijon, se sont tous trompés.

Le même Récollet ajoute, que le père de Matthieu étoit noble, & Porte-manteau du Roi Henri IV. Mais il n'est pas trop sûr de s'en rapporter à cet Auteur, qui a débité plusieurs faussetés, en voulant illustrer le père de celle dont il écrivoit la Vie. Il se peut faire que Pierre Matthieu l'ait dit ainsi à ses enfans & à la famille de sa femme ; mais l'affectation avec laquelle il semble avoir caché le lieu précis de sa naissance, ou n'en parle en aucun endroit, donne lieu de soupçonner, qu'il y avoit quelque chose dans son extraction dont il avoit honte, & qu'il étoit bien-aise qu'on ne pût approfondir. Aussi Moréri, dit-il, qu'il sortoit d'une famille obscure ; & Impériali, parlant plus nettement, assure-t-il, que son père étoit tisserand, & gagnoit sa vie à ce métier.

Quoi qu'il en soit, il suppléa par son esprit à ce qui pouvoit lui manquer du côté de la naissance. Il fit ses études d'Humanités, après lesquelles il se tourna du côté du Droit, qu'il apprit à Valence. Ce fut dans cette Ville qu'il fut reçu Docteur en cette Faculté, vers l'an 1586, & il y fit, suivant la coûtume de ce temps-là, une Leçon qu'il donna au Public l'année 1588, comme je le dirai plus bas.

Il alla ensuite à Lyon, où il suivit le Barreau ; c'est pour cela qu'il a pris à la tête de quelques-uns de ses Ouvrages, la qualité d'Avocat au Présidial de Lyon. Cette Profession & la Poësie Françoise, à laquelle il s'étoit adonné de bonne heure, l'occupèrent pendant quelques années.

La Ville de Lyon s'étant soumise l'an 1593 au Roi Henri IV, il fut un des Députés qu'elle envoya vers ce Prince, pour l'assurer de sa fidélité ; & ce fut probablement vers ce temps-là qu'il commença à s'appliquer particulièrement à l'Histoire. Moréri, qui fait entendre que l'Histoire fut sa première occupation, après qu'il eut fait des progrès dans les Belles-Lettres, s'est visiblement trompé. On peut trouver des difficultés dans ce qu'il ajoûte, qu'il voulut écrire celle d'Alexandre Farnèse, Prince de Parme, qu'il alla saluer dans les Pays-Bas ; mais qu'obligé de se retirer, il revint en France, où il écrivit les choses mémorables arrivées, tant en ce Royaume qu'ailleurs pendant sept années de paix, sous le Règne de Henri le Grand. Supposé qu'il ait fait un voyage en Flandres, & qu'il ait offert sa plume au Prince de Parme, ce n'a pû être en 1592, puisque ce Prince est mort cette année. Or dire que revenu en France, il y composa son Histoire des choses mémorables, c'est faire entendre qu'il y travailla aussi-tôt après son retour, & commettre par conséquent une faute grossière ; puisque les sept années de paix dont il s'y agit, commencent à celle de Vervins en 1598, & finissent en 1604, & qu'ainsi il n'a pû y travailler que plus de douze ans après la mort du Prince de Parme. J'ajoûte que le voyage de Matthieu me paroît fort douteux ; car il n'avoit jusques-là écrit aucune Histoire, & n'étoit point connu sous la qualité d'Historien. Comment donc auroit-il osé aller offrir sa plume au Prince de Parme, & se flatter qu'elle pût être acceptée ? C'est une chose qui ne paroît guères probable.

Il se maria en 1600, & épousa une Demoiselle nommée Louise de Crochère, fille d'un Gentilhomme Florentin, dont la mère étoit nièce du Pape Clément VIII. Elle n'avoit que 13 ans, & ils eurent de leur mariage deux fils & deux filles. Nous apprenons ces particularités de la Vie de la Mère Matthieu.

Il s'étoit fait connoître au Roi Henri IV. dès l'an 1595, lorsque ce Prince avoit fait son entrée à Lyon, à l'occasion de l'appareil de sa Réception, dont il avoit été chargé par la Ville ; & ce Prince lui avoit ordonné dès-lors d'écrire son Histoire. Il lui accorda au mois de Septembre 1598, un Privilège pour l'impression de ses Ouvrages, & lui fit ressentir dans la suite des effets de sa libéralité.

Je ne sçai quand Matthieu eut la qualité d'Historiographe du Roi. Sorel, dans sa Bibliothèque Françoise, dit qu'il eut cette Charge après la mort de du Haillan, arrivée l'an 1610 ; mais cela n'est pas exactement vrai, puisque Matthieu en prend lui-même la qualité dans l'Epître dédicatoire de son Histoire de France, imprimée en 1606. Il se peut faire cependant, qu'il n'en ait touché les gages qu'après la mort de du Haillan, quoiqu'il en ait eu le titre plusieurs années auparavant.

L'Auteur de la Vie de la Mère Matthieu dit que Henri IV. le fit Conseiller au Conseil-Privé, & qu'il lui confia l'instruction du Dauphin, dont il fut Précepteur : mais tout cela est faux. Cet Auteur a apparemment voulu donner du relief au père de celle dont il écrivoit l'Histoire, en amplifiant la qualité de Conseiller-Historiographe qu'il y avoit, & quelques petites leçons sur l'Histoire qu'il aura pû donner quelquefois au Dauphin. Il est certain en effet que Matthieu étoit fort bien venu en Cour, & que Henri IV. s'entretenoit assez familièrement avec lui, & ne dédaignoit pas l'instruire de divers faits, ou de différentes particularités de faits, qui devoient entrer dans l'Histoire de son Règne.

Le Roi Louis XIII. ne lui témoigna pas moins de bonne volonté que son père. Matthieu le suivit même dans ses Conquêtes, pour les écrire plus exactement. Il étoit avec ce Prince au Siège de Montauban, & il y fut attaqué de la maladie qui régnoit dans son camp. S'étant fait transporter à Toulouse, pour s'y faire soigner, il y mourut peu de temps après, le 12 Octobre 1621, âgé de [58] ans.

Catalogue des Ouvrages de Pierre Matthieu.

1. Ludovici Lopez Instructorium conscientiæ, auctum à Petro Matthæo Jurisconsulto Sequano ; cujus

accessit Lectio de Judicum in ferendis sententiis vero & necessario officio, habita in alma Delphinatûs Academia: *Lugduni*, 1588 & 1592, *in-8*. 2 vol.

2. Petri de Bollo Œconomia Canonica, seu Sacrorum Catholicæ Christi familiæ Ministrorum officio, & conservanda ubique Majorum Ecclesiastica disciplina, in tres classes digesta ; exornata luculentissimis variarum Lectionum annotationibus, operâ P. Matthæi: *Lugduni*, 1588, *in-4*.

3. Summa Constitutionum Summorum Pontificum, & rerum in Ecclesia Romana gestarum, à Gregorio IX. usque ad Sixtum V. *Lugduni*, 1588, *in-4*.

4. Recueil de Poësies: *Lyon*, 1589, *in-12*. où il y a trois Tragédies, *Vasthi*, *Aman* & *Clytemnestre*, le tout en grands Vers. (Matthieu s'étoit adonné de bonne heure à la Poësie, & il en composa quelques Pièces dès l'âge de 15 ans.)

5. La Guisiade, Tragédie nouvelle, en laquelle au vrai & sans passion, est représenté le Massacre du Duc de Guise, troisième Edition, revue & augmentée, par Pierre Matthieu, Docteur ès Droits, Avocat à Lyon: *Lyon*, 1589, *in-8*.

6. Stances sur l'heureuse publication de la Paix & de la sainte Union, (c'est-à-dire de la Ligue,) jurée à Lyon, en Mars 1589: *in-8*. de 10 pag.

7. Tablettes de la vie & de la mort, ou Centuries de Quatrains. (Je ne sçai quand Matthieu a publié la première Centurie ; il donna la seconde en 1610, d'abord après la mort du Roi Henri IV. On les a imprimées ensemble à Lyon, en 1611, en Tablettes, c'est-à-dire, en un petit Livret, relié en long, n'ayant qu'un Quatrain à chaque page. La troisième Centurie ne fut imprimée qu'après la mort de Matthieu, par les soins de Jean-Baptiste Matthieu son fils.)

8. Continuatio corporis Juris Canonici, seu Septimus Decretalium & Constitutionum Apostolicarum post Sextum, Clementinas, & Extravagantes continens : *Francofurti ad Mœnum*, 1590, *in-8*.

9. Discours véritable & sans passion sur la Prise des armes, & changemens advenus en la Ville de Lyon, pour la conservation d'icelle, le 18 Septembre 1593 : *Lyon*, 1593, *in-8*.

10. Histoire des derniers Troubles de France, sous les Règnes de Henri III. & Henri IV. depuis les premiers mouvemens de la Ligue (en 1576) jusqu'à la clôture des Etats de Blois, en 1589, en quatre Livres : *Lyon*, 1594, *in-8*.

11. Les deux plus grandes, plus célèbres & plus mémorables Réjouissances de la Ville de Lyon: la première, pour l'Entrée du Roi Henri IV. à Lyon, en 1595 ; & la seconde, pour la Paix de Vervins, en 1598.

12. Histoire véritable des Guerres, entre les deux Maisons de France & d'Espagne, durant les Règnes des Rois François I. Henri II. François II. Charles IX. Henri III. & Henri IV. (c'est-à-dire depuis l'an 1515) jusqu'à la Paix de Vervins, en 1598, avec la Généalogie de la Royale Maison de Bourbon : *Rouen*, 1599, *in-8*.

13. L'Entrée de la Reine Marie de Médicis à Lyon, le 3 Septembre 1600 : *Lyon*, 1600, *in-8*.

14. Histoire de France & des choses mémorables advenuës ès Provinces Etrangères, durant sept années de Paix, du Règne de Henri IV. depuis 1598 jusqu'en 1604 : *Paris*, 1606, *in-8*. 2 vol.

15. Histoire de Louis XI. & des choses mémorables advenues en Europe, durant les 22 années de son Règne, enrichie de plusieurs Observations & Commentaires : *Paris*, 1610, *in-fol*.

16. Histoire de la mort déplorable du Roi Henri le Grand ; ensemble, un Poëme, un Panégyrique & une Oraison funèbre, dressés à sa mémoire: *Paris*, 1611, *in-fol*.

17. Etats & Offices de la Maison & Couronne de France, recherchés dans les Manuscrits de Saint-Denys, de S. Germain & de S. Victor: *Paris*, 1611, *in-8*.

18. Remarques d'Etat & d'Histoire sur la vie & les services de M. de Villeroy: *Lyon*, 1618, *in-12*.

19. Histoire de Saint Louis: 1618, *in-8*.

20. Ælius Sejanus, Histoire Romaine, recueillie de divers Auteurs, nouvelle Edition, augmentée de l'Histoire des prospérités malheureuses d'une femme Cathénoise, Grande-Sénéchalle de Naples, & des Remarq. d'Etat & d'Hist. sur la vie & les services de M. de Villeroy: *Rouen*, 1618, *in-12*.

21. Alliances de France & de Savoye : *Paris*, 1623, *in-4*.

22. Histoire de France, sous les Règnes de François I. Henri II. François II. Charles IX. Henri III. Henri IV. & Louis XIII. & des choses les plus mémorables advenues depuis cent ans : *Paris*, 1631, *in-fol*. 2 vol.

XXXI.
CLAUDE-FRANÇOIS MÉNESTRIER.
Extrait du Tome I. du Père Niceron.

Claude-François Ménestrier naquit à Lyon, le 10 Mars 1631. Il apporta en naissant des dispositions très-heureuses pour la vertu & pour les Sciences, qui furent cultivées par de bons maîtres. Dès l'âge de 15 ans, il fut admis au Noviciat des Jésuites ; après qu'il eut achevé son cours de Philosophie, on l'occupa, selon la coutume, à enseigner d'abord les Humanités, & ensuite la Rhétorique, qu'il professa à Chambéry, à Vienne & à Grenoble.

Pendant les sept années qu'il fut occupé à cet exercice, il joignit à l'étude des Langues Grecque & Latine, & à la lecture des anciens Auteurs, tout ce qui pouvoit perfectionner ses connoissances dans les Belles-Lettres ; l'étude de l'Histoire, du Blazon, des Devises, des Médailles, des Inscriptions, des Décorations, &c.

Etant retourné à Lyon pour étudier en Théologie, il y fit une épreuve de sa mémoire, en présence de la Reine Christine de Suède, qui lui attira l'estime & l'admiration de cette Princesse. Elle passoit par cette Ville en allant à Rome, & ayant fait aux Jésuites l'honneur d'aller voir leur Collége, comme on parloit de diverses personnes distinguées par leur mémoire, le Père Ménestrier fut cité, & la Reine, afin de se convaincre par elle-même de ce qu'on disoit de lui, fit prononcer & écrire trois cens mots les plus bizarres & les plus extraordinaires qu'on pût s'imaginer ; il les répéta tous d'abord, dans l'ordre qu'ils avoient été écrits, & ensuite dans tel ordre & tel arrangement qu'on voulut lui proposer.

Quelque temps après, le Roi étant à Lyon, & les Jésuites voulant faire représenter devant lui une Piéce, le P. Ménestrier, qui fut chargé de ce soin, eut la gloire de la réussir, & toute la Cour admira l'invention du Ballet & la beauté des Décorations.

Ces amusemens ne l'empêchoient pas de donner toute son application à l'étude de la Théologie & de la Langue Hébraïque ; & il y réussit si bien, qu'à la fin des quatre années que les Jésuites ont coutume d'y employer, le Père de Saint-Rigaud, qui avoit été son Régent, le choisit pour lui servir de second dans les Disputes qu'il se disposoit à soutenir contre les Protestans à Die, où ils venoient de convoquer un célébre Synode ; & le jeune Théologien répondit parfaitement aux espérances qu'on avoit conçues de lui.

Le P. Ménestrier, après avoir fait, suivant la coutume des Jésuites, une troisième année de Noviciat, pour se disposer à la Profession solemnelle de ses derniers Vœux, professa la Rhétorique à Lyon, & se donna ensuite à la prédication. Il commença à prêcher à Paris, l'an 1670 ; & depuis ce temps-là, il l'a fait constamment pendant plus de 25 ans ; profitant néanmoins de ses momens de loisir pour travailler à des Ouvrages de Littérature & d'Histoire.

Pendant les dernières années de sa vie, ne pouvant plus vaquer aussi assiduement qu'il l'avoit fait, au ministère de la prédication, il s'appliqua entièrement à écrire. Il est mort à Paris le 21 Janvier 1705, âgé de soixante-quatorze ans, après plusieurs mois de langueur.

☞ Les Ouvrages du Père Ménestrier, qui ont presque tous trait à l'Histoire de France, sont au nombre de plus de quatre-vingts ; mais la plupart sont des Brochures. Nous avons indiqué, dans notre *Bibliothèque Historique*, les plus considérables de ces Ouvrages, tels que son Histoire du Règne de Louis le Grand par les Médailles, Emblêmes, Devises, &c. publiée en 1693, *in-fol.* ses Histoires de la Ville de Lyon, ses Traités du Blason & de la Noblesse, &c. Les Brochures regardent des Décorations, des Ballets, des Carrousels, &c. pour lesquels il paroit avoir eu beaucoup de goût. Si l'on veut voir la Liste de tous ces Ouvrages, on la trouvera, *pag.* 72 ou 75 *& suiv.* du Tome I. des *Mémoires du P. Niceron.*]

XXXII.
*FRANÇOIS EUDES,
SIEUR DE MÉZERAY.
(Par le Père le Long.)

François Eudes de Mézeray, Historiographe de France, est né en 1610, au Village de Rye, dans la Vicomté d'Argentan, au Diocèse de Séez en basse Normandie. Isaac Eudes son père, Chirurgien de Profession, eut de son mariage avec Anne [ou Marthe] Corbin, du Village de Rye, trois enfans qui se distinguèrent dans les divers états qu'ils embrassèrent, son père ayant eu le bonheur de rendre quelques services à Henri IV. durant les Troubles de la Ligue, en obtint une Patente qui lui donnoit la liberté de faire entrer, sans payer aucun droit, certaines marchandises dans quelques Villes de Normandie ; & que comme il avoit de l'industrie, il profita de telle sorte de cette grace, qu'il se trouva en état de donner une bonne éducation à ses enfans. Il les envoya en l'Université de Caen, qui étoit alors fameuse, pour y faire leurs Etudes. *

François Eudes, son second fils, qui a rendu célébre le nom de Mézeray, qu'il prit d'un [Hameau

---

* [Tout ce commencement, qui étoit fautif dans la première Edit. du P. le Long, a été corrigé par lui-même dans son Exemplaire, comme nous le donnons. Il a fait aussi quelques légers changemens par la suite.]

voisin du Village de Rye, s'attacha fort à la lecture des anciens Auteurs, & acquit dès-lors une grande difposition pour écrire l'Histoire. Jean Eudes qui étoit l'aîné, fe fit connoître fous le nom du Père Eudes dans plufieurs Ouvrages de piété qu'il a publiés ; & encore plus par la Congrégation de Jéfus & de Marie, qu'il a établie en plufieurs Villes de Normandie, après être forti de celle de l'Oratoire, où il avoit fait un féjour de 20 années : il étoit né en 1601, & il eft mort en 1680. Le troifième, Charles Eudes, qui a été marié, & a fait la profeffion de Chirurgien dans fon Pays, a laiffé deux garçons & une fille, dont le mari, appellé Azor Corbin, a écrit la Vie de Mézeray. Elle [étoit] entre les mains de fon fils, qui [étoit] Procureur au Parlement de Rouen.

Mézeray avoit fait de bonnes études ; mais il ne fe fentoit aucun goût ni pour l'Eglife, ni pour la Jurifprudence, ni pour la Médecine : M. de Vauquelin des Yveteaux, dont la femme étoit marraine de Mézeray, lui fit donner dans l'armée l'emploi de Capitaine pointeur. Il ne le garda pas long-temps ; car s'étant trouvé à une Thèfe de Philofophie où il difputa avec applaudiffement, le Cardinal de Richelieu qui y étoit préfent, lui fit dire de le venir trouver ; & après les queftions néceffaires pour fçavoir qui il étoit & ce qu'il faifoit, il lui dit que fon emploi ne convenoit pas à un homme qui fçavoit quelque chofe', qu'il reftât à Paris, & qu'il auroit foin de lui : en effet, dès le lendemain il lui envoya 500 écus d'or dans une bourfe. Cette Eminence le recommanda en mourant au Chancelier Seguier, chez lequel il demeura jufqu'à la mort de ce grand Magiftrat, arrivée en 1672.

Ce fut à l'âge de 26 ou 27 ans, vers l'an 1636, que Mézeray entreprit une nouvelle Hiftoire de France ; mais foit qu'il l'ait compofée fur fes propres Mémoires, foit (comme quelques-uns l'ont prétendu) fur ceux de Jean Baudouin, de l'Académie Françoife, fon ami ; l'Hiftoire de la première Race eft fi défectueufe, qu'Antoine Bruneau (page 403, de fon Supplément fur l'Hiftoire des vingt-quatre Académies de France,) ne fait pas grand tort à la réputation de Mézeray, d'attribuer même tout le premier Volume de cette Hiftoire à Jean Baudouin. Mais il dit (ce qui ne peut pas être vrai,) que celui-ci mourut avant que de l'avoir achevé ; que Mézeray y mit la dernière main ; qu'il y ajouta les deux autres Volumes, & les fit tous imprimer fous fon nom. Baudouin a bien pû fournir quelques Mémoires à Mézeray ; mais il paroît qu'il abandonna le deffein d'écrire l'Hiftoire de France pour s'appliquer à la traduction de l'Hiftoire des Guerres civiles de France, compofée par Davila, qu'il publia en 1644. Pour le premier Volume de l'Hiftoire de France, il parut en 1643, & le fecond en 1646. Ainfi la mort de Baudouin, qui n'eft arrivée qu'en 1650, ne l'empêcha point d'achever ce premier Volume, s'il eft vrai qu'il y ait eu quelque part : Mézeray ne lui en donne qu'une bien petite ; car il ne lui attribue dans fa Préface que les Vers qui font au bas des Portraits des Rois & des Reines.

Perfuadé que bien des Lecteurs fentent peu la différence qu'il y a entre un Hiftorien exact & celui qui ne l'eft pas, il crut qu'en ornant fon Hiftoire des Portraits de nos Rois, & des Médailles frappées en leur honneur, les Vers qui font au bas, & les Devifes, (ce qui fait voir prefque d'un coup d'œil, les qualités de l'efprit & du corps des perfonnes illuftres qui en font le fujet,) il crut, dis-je, que ces ornemens donneroient à fon Hiftoire un air de nouveauté, qui pourroit plaire. Il employa donc les Portraits & les Médailles frappés aux dépens de Remi Capitain, qui avoit pris beaucoup de foin pour les ramaffer, & que les avoit fait graver par Jacques de Bie, célèbre Chalcographe. Ils avoient déja été publiés en 1636, dans le Livre des Vrais Portraits des Rois & des Reines de France, & dans la France Métallique. Quelques-uns même ont prétendu, que pour les faire valoir davantage, on avoit engagé Mézeray à compofer fon Hiftoire, pour y fervir d'explication. Quoi qu'il en foit, ces Portraits & ces Médailles, la plûpart fuppofés, fur-tout les anciens, plûrent infiniment au Public, qui reçut ce premier Volume avec applaudiffement.

Mézeray jugeant, par ce commencement du fuccès que fon travail auroit dans la fuite, le continua avec ardeur. Il donna en 1646, le fecond Volume, qui contient l'Hiftoire depuis le Règne de Charles VII. jufqu'à la fin de celui de Charles IX. & en 1651, le troifième Tome, où fe trouve le Règne de Henri III. & partie de celui de Henri IV. jufqu'à la Paix de Vervins, en 1598. Il avoit deffein de continuer l'Hiftoire jufqu'en 1665, comme il le témoigne dans l'Expofé qu'il fit alors pour obtenir un nouveau Privilège.

Il ne retarda l'impreffion du troifième Tome, que parcequ'il fit, en 1649, une Continuation de l'Hiftoire des Turcs, compofée par Chalcondyle, & traduite par Vigénère ; continuée d'abord jufqu'en 1612, par Thomas Artus, & enfuite jufqu'en 1649, par Mézeray. Elle fut publiée en 1650, avec la Traduction du Latin des Annales des Turcs de Leunclavius jufqu'en 1587, & il y ajouta, dans une troifième Edition, un Sommaire Chronologique des principaux événemens de cet Empire jufqu'en 1662.

Mézeray convient dans la Préface de fon Hiftoire de France, qu'il lui eft échappé des fautes confidérables : d'autres auffi les ont remarquées ; ainfi fon Hiftoire n'eut point une approbation univerfelle, & l'on ne doit point être furpris du jugement qu'en porte Coftar, fi connu par fon Démêlé avec Girac au fujet des Œuvres de Voiture. Ce jugement fe trouve dans un Mémoire manufcrit confervé dans la Bibliothèque de faint Magloire, parmi les Manufcrits de Meffieurs de Sainte-Marthe, & a été dreffé en l'année 1655. « Le premier » Tome, (dit-il,) n'eft pas fort bien ; le fecond, » n'eft pas mauvais ; mais le troifième eft excellent ; » car outre qu'il eft mieux écrit que les autres, » c'eft que M. Dupuy y a beaucoup contribué par » fes Mémoires ; que dans les deux précédens, » & fur-tout dans le premier, il y a une infinité » de fautes. »

L'Abbé le Laboureur dans un Mémoire écrit de fa main, en 1667, dit que « Mézeray fait imprimer » un nouvel Abrégé (de l'Hiftoire de France,) qui » fera plus exact, & où il corrigera lui-même les » fautes qu'il avoit faites. Il paroiffoit fort mal in-» formé en plufieurs endroits, & il y en a où il » fembloit qu'il l'avoit voulu. Il n'a bien étudié » l'Hiftoire que long-temps depuis l'avoir écrite, » & s'étant contenté de paraphrafer nos anciens » Auteurs, (des Hiftoires générales de France,) il » étoit tombé dans toutes leurs fautes, dont il fe rele-» vera dans la feconde Edition qu'il nous promet ».

Notre Hiftoriographe en effet touché des reproches que les Sçavans lui avoient faits fur fon peu d'exactitude, avoit formé le deffein de corriger fon Hiftoire ; & il employa dix années à la revoir & à la remettre dans l'état où elle eft dans la feconde Edition. Il avoit fini ce travail en 1665, comme il paroît par le nouveau Privilège qu'il obtint en ce temps-là pour cette Edition, fur ce qu'il avoit expofé « qu'il l'avoit revûe avec beaucoup de foin & de » travail, & l'avoit corrigée & augmentée, en forte » que c'eft plutôt (dit-il) un Ouvrage nouveau, » qu'une réimpreffion de fon Hiftoire, à laquelle il » a ajouté beaucoup de chofes néceffaires fur l'O-» rigine des François, (qui comprend les trois pre-» miers Livres.) L'Hiftoire Eccléfiaftiq. de France,» (ou plutôt le cinquième Livre, qui contient l'état de la Religion Chrétienne & la conduite de l'Eglife

dans les Gaules, jufqu'au Règne de Clovis;) « no-
» tamment une augmentation d'un quatrième Tome,
» qui doit contenir l'Hiftoire, depuis la Paix de Ver-
» vins jufqu'à maintenant; » c'eft-à-dire jufqu'en
1665. Cette partie n'a point été exécutée ; car on
n'a trouvé parmi fes papiers qu'une fuite d'Hiftoire, depuis l'an 1600, jufqu'en 1619, qui n'eft
qu'ébauchée.

Au refte, ces deux Editions font bien différentes
l'une de l'autre dans les deux premiers Tomes ; car
le premier de l'Edition de 1643, finit au Règne de
Charles VI. & le fecond de l'année 1646, va jufqu'au Règne de Charles IX. au lieu que le Tome
premier de 1665, ne contient l'Hiftoire que des
deux premières Races, & le fecond fe termine au
Règne de Henri II. ainfi dans cette Edition l'Hiftoire de la première Race a été fort augmentée,
& la Chronologie en a été entièrement réformée.
Le Traité de l'Origine des François, qui eft bien
travaillé & qui eft rempli de beaucoup de recherches curieufes, a été placé au-devant de cette Hiftoire. L'Auteur a fait aufli quelques changemens &
quelques augmentations dans l'Hiftoire de la feconde Race. A l'égard de l'Hiftoire de la troifième
Race contenue dans le fecond Tome, il y a peu de
changemens. Il n'y en a que dans la première page
du troifième Tome, qui comprend les Règnes des
Enfans de Henri II. & celui du Roi Henri IV. car
les douze dernières années de ce Règne, depuis la
page 1220, font tirées de fon Abrégé chronologique ; aufli l'impreffion de ce dernier Tome n'a
été achevée qu'après fa mort. Les Tables font enfin
beaucoup plus amples dans cette dernière Edition
que dans la précédente.

M. le Chancelier Seguier, qui avoit conçu de
l'eftime pour Mézeray, lui donna une penfion & un
Brevet d'Hiftoriographe de France. Le Roi le gratifia encore d'une autre penfion, & le Cardinal voulut fe l'attacher, en lui en donnant une troifième ;
aufli il lui fut fort dévoué. Quelques-uns croyent,
mais fans fondement, que Mézeray eft Auteur de
plufieurs pièces très-vives & fort contraires au Gouvernement, publiées en 1652, fous le nom de Sandricourt : l'anagramme forcé de François Eudes, qui
s'y rencontre, eft prefque toute leur preuve : mais
outre que le ftyle de ces Pièces eft bien meilleur que
celui de Mézeray, c'eft que l'Auteur fait connoître
en plufieurs endroits qu'il fçavoit le Grec & qu'il
profeffoit la Médecine, ce qui ne convient nullement à notre Hiftoriographe, quoique d'ailleurs
il y ait des tours & des fentimens affez conformes
à fon génie ; car felon le Mémoire de Coftar, Mézeray a été un grand Frondeur, tant qu'il y eut
une Fronde.

Il avoit obtenu, le 27 Février 1665, un Privilège
pour une nouvelle Edition de fon Hiftoire. Comme
la première n'avoit pas eu un prompt débit, il ne
put alors trouver de Libraires qui vouluffent en
entreprendre une feconde : cela l'obligea d'abréger
fon Ouvrage ; il fit dans cet Abrégé quelques changemens, y ajoutant les évènemens confidérables
des Royaumes étrangers, & un Précis de l'Hiftoire
Eccléfiaftique, qu'il mit à la fin de chaque Siècle ;
fi en donne des idées fort juftes. Aufli étoit-il redevable fur ce fujet à Meffieurs de Launoy & Dirois,
perfonnages illuftres par leur fcience & leur probité, qui lui en fournirent des Mémoires. On reconnoît dans le Difcours de l'établiffement des
Eglifes de France, qu'il y fuit par-tout les fentimens
du premier de ces Docteurs.

Son Abrégé chronologique, [Paris, 3 vol. in-4.]
fut achevé d'imprimer pour la première fois, le 10
Février 1668. il reçut encore plus d'applaudiffement
que fa grande Hiftoire. Comme il le donna fur le
nouveau Privilège qui lui avoit accordé trois ans
auparavant, il ne paffa point par les mains des Ré-
vifeurs. Ainfi il eut plus de liberté de dire ce qu'il

penfoit, principalement au fujet des Gens d'Affaires,
qu'il n'aimoit pas, & contre lefquels il avoit compofé un Ouvrage, fous le titre de l'Hiftoire de la
Maltôte. Les précautions que les Libraires avoient
prifes d'obtenir, au nom de l'Auteur, un Privilège
du Vice-Légat d'Avignon, & un autre des Etats de
Hollande & de Weftfrife, aufli-tôt que leur Edition
fut achevée, la firent enlever en très-peu de temps ;
ce qui l'a rendue fort rare, & la fait encore rechercher des Curieux. Elle a été depuis copiée plufieurs
fois dans les Editions de Hollande. M. Colbert inftruit des libertés que Mézeray avoit prifes, fe plaignit de cet Hiftoriographe, & lui retrancha une
partie de la penfion dont le Roi l'avoit gratifié. Cette
difgrace fut caufe qu'il ôta dans la feconde Edition,
qui parut en 1673, plufieurs de ces traits hardis,
qui avoient mécontenté le Miniftre. Mais n'y ayant
pas fait tous les changemens qu'on avoit fouhaité de
lui, le refte de fa penfion lui fut retranché. Le chagrin qu'il en reffentit, lui fit abandonner la continuation de fa grande Hiftoire, quoiqu'il eût promis
de la pouffer jufqu'à fon temps.

On lui reproche deux défauts, fon peu d'exactitude dans fes récits, & fon ftyle dur, inégal & très-
peu travaillé. Il difoit ordinairement, pour fe juftifier en quelque façon du premier, que l'exactitude
que fes amis demandoient de lui, ne feroit connue
que d'un petit nombre de Gens de Lettres, & que
la gloire qui lui en pourroit revenir, n'étoit pas
comparable à la peine que lui coûteroit le travail
qu'il auroit en la rendant plus exacte. Aufli n'a-t-il
fait fouvent que copier nos Auteurs modernes ; &
fi l'on examine les fources où il a puifé, on y reconnoîtra jufqu'aux fautes des Auteurs qu'il a fuivis ;
c'eft ce qui l'a mis hors d'état de citer en marge les
garans de ce qu'il avance, & de fuivre en cela
l'exemple de Vignier & Dupleix. S'il fe rencontre
avec les anciens, ce n'eft pas qu'il les ait confultés ; car
il s'eft vanté devant M. du Cange, qu'il ne les avoit
jamais lus, & ce fçavant homme femble l'avouer
dans le Plan qui a été ci-devant rapporté ; mais c'eft
qu'il a profité, fur-tout dans la dernière Edition, du
travail de ceux qui avoient écrit depuis avec plus de
foin l'Hiftoire de France.

Un Ecrivain qui auroit lu, du moins ceux du moyen
âge, n'auroit pas dit comme Mézeray (page 162,
du fecond Tome de fa grande Hiftoire, feconde
Edition,) « que les François donnèrent au Roi Phi-
» lippe II. le nom de Conquérant, que Paul Emile
» a rendu en Latin par celui d'Auguftus, qui a fem-
» blé fi beau, que tous ceux qui ont écrit depuis,
» l'ont retenu & ont prefque oublié l'autre. » Il
femble que Mézeray n'ait pas lu Gaguin, qui a écrit
quelques années avant Paul Emile, & qui rapporte
dans fa Chronique les raifons qui firent donner à
Philippe le furnom d'Augufte. Il n'a pas lu certainement l'Hiftorien de ce Prince ; car dans le titre de
fon Hiftoire, & dès la première ligne de fon Prologue, il y eft appellé Augufte.

Son ftyle n'eft pas mauvais, au jugement de Chapelain, quoiqu'il eût pu le rendre plus naturel &
plus foutenu. Il eft affez mâle, mais fouvent dur &
inégal, rempli quelquefois d'expreffions trop tri-
viales. Ménage affure qu'il n'a pas de phrafe, &
qu'on auroit peine à choifir plus mal. L'Auteur de la
Critique de fon Hiftoire, l'attaque plus fur fon ftyle
que fur fes faits hiftoriques.

Mézeray, par fon affiduité aux Affemblées de l'A-
cadémie Françoife, depuis qu'il avoit fuccédé à
Voiture, en 1649, avoit mérité de remplir la place
de Valentin Conrart, Secrétaire perpétuel de cette
Académie, mais n'eft-il pas furprenant qu'il ait tiré
fi peu d'utilité du long & fréquent commerce qu'il
a eu avec tant d'habiles gens dans notre Langue ? On
ne remarque point cependant en lifant fon Abrégé
Chronologique, qu'il publia plus de vingt années
après fon entrée dans l'Académie, qu'il foit mieux

écrit que ce qu'on avoit vu de lui auparavant. Son style n'eſt ni plus châtié ni plus noble ; ſes penſées n'ont ni plus d'élévation ni plus de grace ; ce ſont toujours les mêmes talens, élocution aiſée, quelquefois louche, narration ſimple & nette, termes propres à ſignifier ce qu'il veut dire ; mais on y voit peu de choix, & rien qui marque du progrès.

Il faut avouer cependant que ſi ſa pareſſe a diminué le mérite de ſes Ouvrages ; il a ſçu d'ailleurs l'art de leur donner du relief par cet air de ſincérité & de franchiſe qu'il y a répandu. La manière vive & ſenſible dont ce caractère y eſt marqué, touche agréablement le Lecteur, & le prévient en faveur de l'Hiſtorien. Ce qui a fait dire à M. Amelot de la Houſſaye, (dans une de ſes Notes ſur Tacite,) que Mézeray a donné une Hiſtoire ſincère à la France, & a laiſſé dans ſes écrits une aſſez vive image de l'ancienne liberté. Chapelain appréhende qu'il ne l'ait pouſſée trop loin ; ce qui lui a fait dire dans un Mémoire manuſcrit, conſervé avec celui de Coſtar, « qu'il eſt à craindre que cet Hiſtorien, à force de » vouloir ſe montrer libre dans ſes jugemens & dans » les partis qu'il épouſe facilement, ne panche vers » le ſatyrique, & ne faſſe tort aux particuliers en vou- » lant inſtruire le public. »

Quoiqu'il ſemble qu'il n'y ait point d'Hiſtorien qui ait plus à cœur de défendre les Droits de l'Egliſe & de l'Etat, Bayle cependant dit (dans ſon Dictionnaire hiſtorique & critique, Note C. ſous le nom du Roi Henri III.) qu'il eſt « de tous les Hiſtoriens celui » qui favoriſe le plus les Peuples contre la Cour. » On peut dire au contraire du nouvel Hiſtorien, [le P. Daniel,] qu'il favoriſe plus les Princes contre le Peuple. Vous ſçavez (dit encore Bayle au Tome III. de ſa Réponſe aux Queſt. d'un Provincial, pag. 609,) que Mézeray ſe faiſoit un plaiſir de remarquer tout ce qu'il trouvoit d'injuſte & même d'ignominieux dans la conduite de la France.

Il avoit l'eſprit vif, préſent, enjoué, mais point aſſez doux. Sa ſincérité n'eût mérité que des louanges, s'il eût ſçu la contenir dans ſes juſtes bornes. Chapelain dans le même Mémoire, ſe plaint de ce « qu'il ne paroit pas toujours équitable envers les » Puiſſances, & qu'il s'érige de lui-même en Juge » ſévère des deſſeins & des actions des Grands, ſans » ſonger s'il a aſſez de lumière pour cela. » Il ajoute : » qu'il avoit aſſez de fond & de pénétration pour » bien faire, s'il n'eût pas tant préſumé de lui-même, » & s'il eût été plus docile. » Il aimoit fort à contredire, ce qui lui donnoit un beau champ pour briller dans la converſation ; mais il aſſaiſonnoit ſa raillerie d'un ſel trop piquant, & en faiſoit ſouvent l'inſtrument de ſa vengeance. Il avoit pourtant un fond d'équité naturel, dont il ne ſe départoit que quand il étoit emporté par la violence de ſon humeur critique.

Quelques-uns lui attribuent l'Hiſtoire de Henri le Grand, publiée ſous le nom de M. de Perefixe, lors Evêque de Rodez, & Précepteur du Roi Louis XIV. Il y a une ſi grande différence entre le ſtyle de cet Ouvrage, & celui des Hiſtoires de Mézeray ; & les mêmes faits y ſont ſi diverſement rapportés, qu'il faut ne les avoir pas lus pour croire qu'ils viennent d'une même main. Cet Evêque auroit de plus pouſſé ſon déguiſement trop loin, s'il n'en étoit pas le véritable Auteur ; car il marque dans l'Epître dédicatoire au Cardinal Mazarin, & il le répète dans ſa Préface : « qu'il a compoſé, par ordre du Roi, un » Sommaire de l'Hiſtoire de France, dont il a dé- » taché l'Hiſtoire de Henri IV. comme la partie la » plus propre pour inſtruire le Roi dont on lui avoit » confié l'éducation. » En effet, ce n'eſt qu'un Sommaire de l'Hiſtoire de Henri IV.

[On attribue encore à Mézeray, « l'Hiſtoire de » la mère & du fils, c'eſt-à-dire de Marie de Mé- » dicis & de Louis XIII. depuis 1610, juſqu'en 1619, » parcequ'elle a été trouvée écrite de ſa main dans ſes papiers. Mais outre que le ſtyle eſt bien différent du ſien, les détails & les maximes que cette Hiſtoire contient décèlent manifeſtement le Cardinal de Richelieu : on a trouvé depuis ſon Original, qui eſt conſervé au Dépôt des Affaires Etrangères.

Dans les Approbations du Parnaſſe, miſes au-devant des Œuvres poëtiques de Maitre Adam, Menuiſier de Nevers, (imprimées en 1644, in-4.) pag. 86, il y a deux Stances Latines de Mézeray, qui s'étoit appliqué à la Poëſie dans ſa jeuneſſe, & dont M. des Yveteaux l'avoit dégoûté, en l'engageant à s'appliquer à l'Hiſtoire & à la Politique.

On a publié en 1753, (Amſterdam, Bernard, 2 petits volumes in-12.) « Mémoires hiſtoriques & » critiques ſur divers points de l'Hiſtoire de France, » & pluſieurs autres ſujets curieux, par Mézeray ». Ils portent dans le Manuſcrit original, le titre de « Dictionnaire de la France ; » car l'Ouvrage eſt par ordre alphabétique, & il y a apparence que Mézeray comptoit en faire peu à peu un grand Ouvrage. On l'y reconnoît tout entier, & ce Livre eſt curieux & ſçavant.]

Il y avoit huit années entières qu'on avoit commencé la ſeconde Edition de la grande Hiſtoire de Mézeray, & l'on étoit au commencement du Règne de François II. c'eſt-à dire, au troiſième Volume, lorſqu'il mourut le 10 de Juillet 1683, âgé de ſoixante & treize ans : il fut enterré dans le Cémetière des ſaints Innocens. On ne trouva après ſa mort qu'un crayon de la Vie de Marie de Médicis & de Louis XIII. depuis l'an 1600, juſqu'en 1619. [Il y a apparence qu'il s'agit ici de l'Hiſtoire de la mère & du fils, fauſſement attribuée à Mézeray, & dont nous avons parlé plus haut.] Pour l'Hiſtoire de la Maltôte, le Sieur le Faucheur, ſon Exécuteur teſtamentaire, la jetta au feu, de peur (dit-il, lorſqu'on lui en fit des reproches,) que cette Hiſtoire n'empêchât l'exécution du Teſtament du défunt, fait en ſa faveur. Je tiens une bonne partie des circonſtances rapportées dans cette Vie de Mézeray, compoſée par M. Larroque, qui les avoit appriſes de M. du Hamel, Prieur de ſaint Lambert, & de M. Touret, anciens amis de Mézeray, & qui l'avoient connu très-particulièrement.

[Cette Vie a été imprimée in-12. à Amſterdam, en 1726.

Ajoutons ce que l'Abbé le Gendre a dit de Mézeray, dans ſes Jugemens, page 33. « C'eſt celui » de nos Hiſtoriens qu'on lit le plus volontiers : [ce » qui étoit vrai avant la nouvelle Hiſtoire de l'Abbé » Velly.] En vain quelques Critiques, habiles d'ail- » leurs & fort connoiſſeurs en Hiſtoire, tâchent-ils » de le décrier [Mézeray ;] il a ſon mérite, témoin » cette ſincérité hardie, qui fait tant de plaiſir quand » on aime la vérité. On a beau dire qu'il ne plaît, » que parcequ'il mord les Gens d'affaires : agréable » hameçon pour la plupart du monde, qui ſe dé- » dommage de ſes maux, en haïſſant & déchirant » ceux qu'il croit en être la cauſe. En vain, dit-on, » qu'il écrit mal : dès que ſon Hiſtoire plaît, il faut » qu'il y ait du bon, & plus de bon que de mau- » vais. Quoiqu'il lui arrive aſſez ſouvent de s'expri- » mer en termes bas, il y a quelquefois dans ces » expreſſions même une force & une énergie, qui » vaut bien la délicateſſe des Ecrivains les plus polis. » Cette Hiſtoire ſeroit plus exacte, & dans les faits » & dans les dates, ſi au lieu de la compoſer ſur » celles de Nicole Gilles, de Paul Emile, de du » Haillan, (comme je l'ai ouï-dire du Préſident » Couſin, à qui Mézeray l'avoit avoué,) ſi, dis-je, » il avoit été aux ſources. L'Abrégé eſt plus eſtimé » que l'Hiſtoire ».

XXXIII.
PIERRE PITHOU.
Extrait du Tome V. du P. Niceron.

Pierre Pithou, étoit d'une Famille noble originaire de Vire, en basse Normandie, qu'on fait remonter jusqu'à un Guillaume Pithou, Gentilhomme de cette Ville, qui est nommé entre ceux qui se croisèrent pour la Terre-Sainte, en 1190. Un cadet de cette Famille vint dans la suite s'établir en Champagne, & c'est de lui qu'est descendu Pierre Pithou. Il naquit à Troyes le 1 Novembre 1539.

Son goût pour les Belles-Lettres se déclara de bonne heure. Il fit ses premières études à Troyes, où la vivacité & la pénétration de son esprit le fit bientôt devancer tous ses compagnons d'Etude. Il vint ensuite à Paris, & étudia au Collège de Boncourt, sous Pierre Galland & Adrien Turnèbe.

Quand il eut achevé ses Humanités, son père l'envoya à Bourges étudier en Droit, lui recommandant de ne point s'attacher aux Commentateurs, mais d'aller aux sources mêmes. Comme il étoit habile Jurisconsulte, il connoissoit l'avantage de cette méthode; son fils la suivit, & fit bientôt par ce moyen, & par les instructions du fameux Cujas, des progrès extraordinaires.

Dès l'âge de 17 ans, il parloit déja sans préparation sur les questions les plus difficiles du Droit; son maître même ne se faisoit pas un déshonneur d'apprendre de lui, & d'enseigner publiquement ce qu'il tenoit de son écolier. Ce qui a donné occasion au beau mot de Nicolas le Fevre: *Cujacius discipulo præripuit ne primus Jurisconsultus esset : ille præceptori, ne solus :* « Cujas a enlevé à son disciple l'honneur d'ê-
» tre le premier Jurisconsulte; mais son disciple l'a
» empêché d'être le seul. »

Cujas étant passé à Valence, Pithou l'y suivit, & continua jusqu'en 1560, à profiter de ses instructions. Il vint alors à Paris, & commença à l'âge de 21 ans à fréquenter le Barreau. Il choisit le Parlement de Paris comme le lieu où il pouvoit trouver le plus d'occasions de s'instruire. Il s'y rendit pour cela assidu, sans y avoir cependant plaidé qu'une seule cause, qu'il gagna. Toute son étude étoit d'observer les usages du Barreau, & de ramasser sous certains lieux communs les décisions du Parlement, les Ordonnances anciennes & nouvelles des Rois, les Coutumes particulières des Provinces & des Villes; enfin tout ce qui peut avoir du rapport à la Jurisprudence.

A l'âge de 24 ans, il produisit le premier fruit de ses études, qui mérita l'approbation de Turnèbe, de Lipse, & des autres Sçavans : il est intitulé « Adver-
» saria subseciva », c'est-à-dire, Remarques détachées faites aux heures de loisir.

Peu de temps après on lui donna une Charge de Substitut du Procureur Général ; & Henri III. voulant établir une Chambre de Justice en Guyenne, il en fut fait Procureur Général, dignité qu'il n'auroit point acceptée, si Antoine Loysel, son intime ami, n'en eût été aussi Avocat Général. C'est dans cet emploi que M. Pithou eut occasion de faire paroitre son sçavoir, son habileté & son exactitude. Il tâchoit de faire tout par lui-même, & n'employoit de Substitut que dans les circonstances où il ne pouvoit être présent. Il s'acquitta même, en l'absence de Loysel, de la charge d'Avocat Général, & s'en acquitta si bien, que quoiqu'il n'eût plaidé qu'une fois, il sembloit qu'il n'eût jamais fait autre chose.

Après avoir brillé dans un emploi si honorable, il redevint simple particulier, s'étant démis aussi de sa charge de Substitut, qui commençoit alors à être vénale, quoiqu'on voulût la lui laisser gratis.

Le loisir qu'il acquit par là, lui servit à se rendre si célèbre au Barreau, que dans les affaires les plus importantes il étoit consulté, non-seulement par tout ce qu'il y a de plus grand en France, mais encore par des Princes étrangers.

Paris étant devenu alors la capitale de la Ligue, & le Roi en ayant été chassé, Pithou, l'homme le moins séditieux & le plus attaché à son Prince, resta au milieu de la sédition, retenu par sa femme, ses enfans & sa Bibliothéque. Le Massacre de la saint-Barthélemi vint interrompre le cours de ses travaux, qu'il avoit toujours continués jusques là. Comme il s'étoit laissé séduire au Calvinisme, il s'en fallut peu qu'il ne lui coûtât la vie à cette terrible journée. Les Huguenots qui logeoient dans la même maison que lui, furent tous tués ; mais il eut le bonheur de se sauver chez un Avocat nommé le Fevre, & ensuite chez son ami Loysel. Là il s'appliqua à examiner la Religion qu'il professoit ; & en ayant reconnu les erreurs, il l'abjura de bonne foi, & se réconcilia à l'Eglise.

Il fit ensuite un petit Voyage en Angleterre, avec le Duc de Montmorency ; au retour duquel il fut fait Bailli de Tonnerre ; & ce petit Bourg, dit M. Boivin, dans sa Vie, eut souvent le bonheur de jouir des décisions & des Ordonnances d'un homme, que la première Cour du monde se seroit fait un honneur d'avoir pour Premier Président.

Sans perdre par son séjour à Paris pendant les malheureux temps de la Ligue, l'estime de son Roi, il y fut révéré par le parti qu'il détestoit. Il ne s'y occupoit pas que de l'étude, avec son ami Nicolas le Fevre, qui lui aidoit à copier & à conférer les Anciens Exemplaires des Conciles, afin d'en comparer la doctrine avec celle de l'Ecriture sainte. A cette étude il joignit encore celle des Mathématiques, quoiqu'il fut âgé alors de 50 ans.

Ce travail ne l'occupoit pas tellement qu'il ne s'occupât aussi du bien de l'Etat, & qu'il ne cherchât les moyens de réconcilier le Roi Henri IV. avec l'Eglise. Pour cet effet, admis dans les Conseils qui se tenoient à Paris, il faisoit tous ses efforts pour rompre les desseins des plus factieux, en les opposant les uns aux autres ; & s'étant acquis par les charmes de sa conversation la familiarité du Cardinal Cajetan, il contribua beaucoup à faciliter au Roi l'absolution du Pape.

Quand ce Prince fut rentré à Paris, les avis furent partagés dans le Conseil, pour sçavoir s'il falloit aussi-tôt rétablir le Parlement, ou attendre les Membres de cet illustre Corps qui étoient à Tours. L'avis de M. Pithou fut qu'il ne falloit pas différer, & il fut suivi. Pour le mettre en exécution, il fut fait par commission Procureur général, & Loysel Avocat Général. En huit jours tout fut réglé par leurs soins, & les Conseillers revenus de Tours, trouvèrent à leur arrivée les choses sur le même pied où elles étoient avant qu'ils eussent quitté Paris.

La paix étant rétablie dans les principales Villes du Royaume, le Roi n'avoit pas cependant encore réussi à faire la sienne avec le S. Siège ; ce qui engagea Pithou à publier un Recueil de toutes les

Pièces qui pouvoient avoir rapport à cette importante Affaire. Il y prend Dieu à témoin dans sa Préface, qu'il n'avoit rien plus en horreur que la dissention & le schisme, & qu'il soupiroit après la paix & l'unité de la foi, qui est le fruit de la charité mutuelle, la sœur de la justice, & la mère de tous les biens.

Une maladie contagieuse qui affligea Paris en 1596, l'obligea à s'en retirer ; & il alla avec sa famille en Champagne. Là, étant tombé malade dans une de ses maisons de campagne, il se fit transporter à Nogent-sur-Seine, pour avoir plus facilement du secours ; mais son mal y augmenta si considérablement, qu'il y mourut en 1596, le 1 Novembre, jour de sa naissance. Il étoit âgé de cinquante-sept ans. Malgré la précaution qu'il avoit prise de sortir de Paris pour éviter le mauvais air, il sembloit qu'il eût prévu sa mort, puisqu'il dit en arrivant en Champagne, qu'il venoit mourir dans son petit nid, *in nidulo meo*, & qu'il ne passeroit pas l'âge de son père, qui étoit mort à 57 ans.

Son corps fut porté à Troyes, & enterré dans l'Eglise des Cordeliers avec beaucoup de pompe. Etienne Pasquier, dit que le Maire & les Echevins lui firent un honneur qu'ils n'avoient jamais fait à aucune personne privée ; c'est qu'ils envoyèrent à son Convoi, une certaine quantité de torches marquées aux Armes de la Ville.

Il avoit épousé en 1579, Catherine de Palluau, fille d'un Conseiller au Parlement de Paris, dont il eut quatre fils morts jeunes, & deux filles, Louise mariée au Sieur de Montigny, & Marie mariée à M. Leschassier, & aïeule de M. Pelletier, Contrôleur des Finances & Ministre d'Etat.

Il avoit amassé une Bibliothèque nombreuse, & riche en Manuscrits. La crainte qu'elle ne fût dissipée après sa mort, lui avoit fait ordonner qu'elle fût conservée entière, ou du moins vendue à une seule personne, qui en connût le mérite : mais cette précaution a été inutile ; elle a été dispersée de côté & d'autre.

Tous les Sçavans se sont accordés à faire l'Eloge de P. Pithou. En effet, sa candeur, sa modestie, son sçavoir, lui avoient gagné l'estime & l'affection de tout le monde. Malgré la sévérité & la gravité répandues dans l'air de son visage, il étoit doux & affable dans le commerce de la vie, & d'une humeur gaye, quoiqu'il parlât peu.

Quatre [ou cinq] Auteurs ont publié sa Vie ; sçavoir, Josias Mercier, Papire Masson, Loysel & M. Boivin : les deux premiers en Latin, & en style diffus de Panégyrique, ne disant que peu de choses ; le troisième en François, & gardant mieux la forme de l'Histoire, mais l'interrompant par de fréquentes digressions ; le dernier a pris de celui-ci la suite des faits, & il les raconte d'une manière concise, avec un Latin pur & étudié.

☞ Long-temps depuis, (c'est-à-dire, en 1756,) M. Grosley de Troyes, a publié une cinquième Vie de Pithou, imprimée à Paris en 2 vol. *in*-12. qui contient aussi des Mémoires sur la Famille de tous les Pithou.

Le sçavant Pierre Pithou a donné beaucoup d'Ouvrages ; mais nous ne ferons mention ici que de ceux qui concernent l'Histoire de France. C'est lui qui le premier a conçu le dessein de faire un Corps des anciens Historiens. Il commença à en donner douze, en un Volume imprimé à Paris, en 1588, *in fol.* sous ce titre : « Annales & Historiæ Franco-» rum ab anno 708, ad annum 990 ,'Scriptores » Coætanei XII. » = En 1596, il en parut un second Volume à Francfort, intitulé : « Historiæ Franco-» rum ab anno Christi 900, ad annum 1285, Scrip-» tores veteres XI. » = En 1572, il avoit donné des « Mémoires sur les Comtes de Champagne & de » Brie » . *Paris, in*-4. = En 1588 : « Caroli Magni, » Ludovici Pii, & Caroli Calvi Capitula » : *Parisiis, in*-8. = En 1593, « Raisons par lesquelles il est prouvé » que les Evêques de France ont pu de droit donner » l'Absolution à Henri de Bourbon, Roi de France » & de Navarre, de l'Excommunication par lui en-» courue, même pour un cas réservé au S. Siège » Apostolique : traduit de l'Italien » , *in*-8. On dit communément que Pierre Pithou, pour se mieux déguiser, a supposé que cet Ecrit avoit été d'abord fait en Italien ; mais peut-être avoit-il composé au moins le commencement en cette Langue. Quoi qu'il en soit, cet Ecrit fut aussi imprimé en Latin la même année 1594 ; & l'on en fit une seconde Edition à Paris, en 1595, sous ce titre : « De la juste » & canonique Absolution de Henri IV. » *in*-8. = En 1594, « Traité abrégé des Libertés de l'Eglise » Gallicane », *in*-12. qui a été réimprimé plusieurs fois depuis ; & « *Ecclesiæ Gallicanæ in Schismate » status, ex Actis publicis* » : *Parisiis*, 1594, *in*-8. C'est un Recueil, Latin & François, qui est composé de 30 Pièces, depuis l'an 1408 jusqu'en 1551. Bouchel l'a mis au Titre XXII. du Liv. IV. des Décrets de l'Eglise de France, & il se trouve encore entre les Œuvres mêlées de Pithou. Enfin, il a été inséré dans le grand Recueil des Preuves des Libertés ; mais il y est augmenté & composé de 55 Pièces.

Pierre Pithou eut encore part au « Catholicon » d'Espagne », plus connu sous le nom de *Satyre Ménippée* ; on lui attribue principalement la Harangue de M. d'Aubray, qui en est une partie des plus intéressantes. Nous ne parlons point ici de ses autres Ouvrages, sur le Droit, sur quelques matières Ecclésiastiques & sur les Belles-Lettres. Tous sont au nombre de 42, & l'on en peut voir la Liste dans les *Mémoires* du P. Niceron, *pag.* 54 du Tome V.

XXXIV.
LE SIEUR DE LA POPELINIÈRE.
Extrait du Père Niceron, Tome XXXIX.

LANCELOT de Voësin, ou du Voisin, Sieur de la Popelinière, ne nous est guères connu que par ses Ouvrages. La Croix du Maine nous apprend qu'il étoit né dans la Guyenne.

Il fut d'abord destiné aux Lettres; mais ayant perdu son père, & peu après le seul frère qu'il eût, il prit à son exemple le parti des armes. Il les porta long-temps dans les Guêres Civiles, pour le parti des Huguenots, dont il suivoit la créance; & l'Histoire marque qu'en 1574, il s'empara de Tonnay-Boutonne, petite Ville de Saintonge.

Le service ne l'empêcha pas de cultiver les Lettres, & de composer divers Ouvrages. Il paroît avoir aimé particulièrement l'Histoire; & tout ce que nous avons de lui se rapporte là. Mais en voulant s'y ménager entre les Catholiques & les Huguenots, il mécontenta les uns & les autres; & il pensa lui en coûter la vie, ayant reçu à la Rochelle un coup d'épée au travers du corps, pour quelques vérités qui lui étoient échapées en faveur des Catholiques.

Il embrassa la Religion Catholique sur la fin de sa vie, & mourut à Paris en 1608, de nécessité & de misère, comme nous l'apprennent des Mémoires de M. de l'Etoile.

Il avoit épousé Marie Bobineau, veuve de Martin Prévost, Ecuyer, qui lui avoit laissé une rente pour laquelle il eut un Procès; c'est ce que l'on apprend d'un Factum composé en faveur de cette femme.

Catalogue de ses Ouvrages.

1. Les entreprises & ruses de guerre, & des fautes qui par fois surviennent ès progrès & exécution d'icelles; ou le vrai portrait d'un parfait Général d'armées: le tout divisé en cinq livres, avec les Sommaires sur chacune entreprise, traduit de l'Italien de Bernardin Roque de Plaisance: *Paris*, Chesneau, 1571, *in-4*.

2. La vraie & entière Histoire des Troubles & choses mémorables, avenues tant en France qu'en Flandre & Pays circonvoisins, depuis l'an 1562, comprise en XIV. Livres, les trois premiers & derniers desquels sont nouveaux, les autres revus, enrichis & augmentés de plusieurs choses notables, avec les considérations sur les Guerres Civiles des François: *Cologne*, 1571, *in-8*.

3. L'Histoire de France enrichie des plus notables occurrences survenues ès Provinces de l'Europe & Pays voisins, soit en paix, soit en guerre, tant pour le fait Séculier qu'Ecclésiastique; depuis l'an 1550, jusques à ces temps: de l'Imprimerie d'Abraham H. 1581, *in-fol*. [Le nom de la Ville n'y est point; mais on sçait que cette Histoire a été imprimée à la Rochelle, par Abraham Hautin.]

4. Les trois Mondes: *Paris*, Pierre l'Huillier, 1582, *in-4*.

5. L'Amiral de France, & par occasion de celui des autres Nations, tant vieilles que nouvelles: *Paris*, 1584, *in-4*. 92 feuillets.

6. L'Histoire des Histoires, avec l'idée de l'Histoire accomplie: puis, le Dessein de l'Histoire nouvelle des François; & pour Avant-jeu, la Réfutation de la descente des fugitifs de Troye aux Palus Méotides, Italie, Germanie, Gaules & autres Pays, pour y dresser les plus beaux Etats qui soient en Europe, & entr'autres le Royaume des François: *Paris*, 1599, *in-8*.

7. Histoire de la Conquête des Pays de Bresse & de Savoye, par le Roi T. C. *Paris*, 1601, *in-8*.

XXXV.
*MESSIEURS DE SAINTE-MARTHE.
(Par le Père le Long.)

LE nom de SAINTE-MARTHE est si connu des Sçavans, qu'il seroit inutile de faire ici mention de ceux de cette Famille qui se sont distingués dans les Lettres, si je ne croyois faire plaisir aux Lecteurs, en mettant devant leurs yeux les Ouvrages qu'ils ont composés, sur-tout ceux qui concernent l'Histoire de France.*

CHARLES DE SAINTE-MARTHE, Lieutenant Criminel d'Alençon, naquit en 1512. Il étoit le second fils de Gaucher de Sainte-Marthe, Médecin de François I. & qui fut renommé entre les Sçavans de son temps. La Reine Marguerite de Navarre & la Duchesse de Vendôme, Françoise d'Alençon, l'honorèrent de leur bienveillance, & l'employèrent dans d'importantes Affaires. La première le fit Maître des Requêtes de son Hôtel, & la seconde lui donna la Charge de Lieutenant Criminel d'Alençon. Ces deux Princesses étant mortes en 1550, il en témoigna publiquement sa douleur par deux Oraisons funèbres qu'il fit alors imprimer. Il a aussi composé des Poëmes Latins & François, & une Paraphrase Latine de quelques Pseaumes de David. Il mourut en 1555, âgé de 43 ans.

GAUCHER, dit Scévole, de Sainte-Marthe, fils aîné de Louis, Seigneur de Neuilly, Procureur du Roi au Siège de Loudun, neveu de Charles, dont je viens de parler, naquit à Loudun, le 2 Février

---

* ☞ M. Dreux du Radier a donné, *pag.* 82 & *suiv.* de sa *Bibliothèque historiq. du Poitou*, l'Histoire de tous les Sçavans du nom de Sainte-Marthe; elle est très-ample, & tient presque tout le Volume.]

1536. Il aima les Lettres dès sa plus tendre jeunesse, & y fit des progrès considérables. Il sçavoit la Langue Latine, la Grecque & l'Hébraïque. Il étoit Orateur, Jurisconsulte, Poëte & Historien; bon ami, zélé pour sa Patrie & fidèle à son Prince. Il eut sous les Règnes de Henri III. & de Henri IV. des Emplois dignes de sa probité, qu'il soutint avec réputation. Il venoit de publier, en 1579, ses Œuvres Françoises, lorsqu'on le fit Maire & Capitaine de Poitiers. Il fut ensuite Trésorier de France dans la Généralité de cette Ville.

Il acquit dans toutes les Charges & Commissions où il fut employé, une grande connoissance des Affaires d'Etat, de celles de Finances & de Police, & beaucoup de lumières dans l'Histoire, sur-tout dans celle de France, dont il traça quelques Mémoires. Sa constance parut aux Etats de Blois, en 1588, & depuis en 1597, en l'Assemblée des Notables, qui se tint à Rouen. Il signala son zèle pour le rétablissement de la Religion, en la Commission qui lui fut donnée en 1589, dans le Poitou & ailleurs, avec Michel Hurault de l'Hospital, lors Chancelier de Navarre. Son intégrité se fit connoître dans les fonctions d'Intendant des Finances, qu'il exerça en 1593 & en 1594, dans l'Armée de Bretagne, commandée par le Duc de Montpensier. La réduction de Poitiers, qui se remit la même année sous l'obéissance du Roi Henri IV. fut un des plus signalés services qu'il lui rendit. La Ville de Loudun, qu'il sauva en 1587, de la ruine dont elle étoit menacée par l'Amiral de Joyeuse, le considère encore comme le Père de la Patrie, & lui en a conservé le surnom. Il y mourut le 29 de Mars 1623, âgé de 87 ans & un mois.

Plusieurs personnes célébrèrent sa mémoire par des Vers & par des Oraisons funèbres, qui sont imprimées. Jean Antoine de Baïf, Joseph Scaliger, Juste Lipse, Isaac Casaubon, Jean Dorat, Jacques-Auguste de Thou, Jean Douza, Nicolas Rapin, Estienne Pasquier, & un grand nombre d'autres Sçavans parlent de lui avec éloge. L'Histoire de sa Vie, qui se trouve dans le Recueil de ses Ouvrages, a été composée par Gabriel-Michel de la Rochemaillet, & traduite en Latin par Jean-Vigile le Maître. Elle a trouvé place parmi les Vies choisies que Jean Batz fit imprimer à Londres, en 1682. Mais ses Ouvrages l'ont encore plus fait connoître que ses belles actions & ses emplois.

Le plus considérable est celui qu'il publia, pour la première fois, à Poitiers, en 1598, sous ce titre: « Gallorum Doctrinâ illustrium, qui nostrâ Patrum- » que memoriâ floruerunt, Elogia ». Il l'augmenta depuis jusqu'en 1612, dans les diverses Editions qui furent données au Public. Il en parut en 1644, une Traduction Françoise, faite par Guillaume Colletet. Gaucher avoit déja fait imprimer à Poitiers, en 1593, en forme d'Eloge: « La Louange de Poitiers ». Tous ses autres Ouvrages comprennent ses Poësies Latines & Françoises. Ils ont été tous recueillis en 1630, & il y en a eu depuis plusieurs autres Editions. Son « Poëme de l'éducation des Enfans », passe pour un chef-d'œuvre.

ABEL DE SAINTE-MARTHE, Seigneur d'Estrepied, Avocat au Parlement, puis Conseiller d'Etat, naquit à Loudun, vers l'an 1570. Il étoit fils aîné de Scévole. A l'imitation de son père, il s'adonna à la Poësie Latine & Françoise, & y réussit. Ses Ouvrages ont été imprimés à Poitiers, en 1633, & depuis avec ceux de son père, en 1643. Il fut souvent employé à travailler, par ordre du Roi Louis XIII. pour les Affaires d'Etat & pour la défense des droits de la Couronne; & Sa Majesté fut si satisfaite de son travail, qu'elle lui donna, en 1621, des pensions & une place de Conseiller en son Conseil d'Etat. Il fut honoré en 1627, de la Charge de Garde de la Bibliothèque du Roi, laquelle étoit à Fontainebleau. Il eut ensuite diverses Commissions importantes.

Il donna plusieurs « Relations » Latines sur divers Evènemens qui arrivèrent de son temps. En 1625, « Expeditio Valtelinæa, auspiciis Ludovici Justi sus- » cepta ». En 1629, « Expeditio Rupellana, armis » Ludovici Justi Regis confecta », dont Jean Baudouin publia la Traduction, sous ce titre: « His- » toire de la Rébellion des Rochellois, & de leur » réduction à l'obéissance du Roi ». Et ensuite, « Ex- » peditio Belgica & Atrebatensis, auspiciis Ludovici » Justi, annis 1639 & 1640, confecta; = Expeditio- » nes tres Italicæ ; = Consultatio de Jure Coronæ » Galliæ ; = Elogia illustrium Galliæ Familiarum ». Toutes ces Pièces se trouvent dans le Recueil de ses Ouvrages, publié à Poitiers en 1645. Les autres ne sont que des Poësies Latines & Françoises. Abel mourut à Poitiers en 1652, âgé de quatre-vingt-deux ans.

On a encore plusieurs Plaidoyers, qu'il prononça à l'âge de vingt-trois & vingt-quatre ans, devant le Parlement, lors transféré à Tours, à cause des Guerres de la Ligue. Ils ont été donnés au Public en 1693, avec ceux de Nicolas Corberon, par Abel de Sainte-Marthe, Seigneur de Corbeville, & gendre de Corberon, Conseiller en la Cour des Aides, Garde de la Bibliothèque Royale de Fontainebleau; & qui a mis à la fin de ce Volume, son Discours au Roi sur le rétablissement de cette Bibliothèque, qu'il eut l'honneur de présenter à Sa Majesté, en 1668. Il décéda le 30 Novembre 1706, âgé de soixante-seize ans, étant Doyen des Conseillers de la Cour des Aides.

SCÉVOLE & LOUIS DE SAINTE-MARTHE, frères jumeaux & fils puisnés du célèbre Scévole, naquirent à Loudun, le 20 Décembre 1571. Scévole étoit Sieur de Meré-sur-Indre, & Louis, Sieur de Grelay, Prieur de Clannay : tous deux Conseillers du Roi & Historiographes de France. Ces deux frères, très-semblables de corps & d'esprit, ont passé leur vie ensemble dans une parfaite union, occupés aux mêmes travaux. Scévole mourut le 7 Septembre 1650, & Louis le 29 Avril 1656. Ils ont été mis dans le même Tombeau, sous les Charniers de l'Eglise de Saint Séverin à Paris, où se voit leur Epitaphe.

M. le Président de Thou reconnoît dans son Testament, du 17 Juillet 1616, qu'il avoit été beaucoup aidé de ces Messieurs, dans la composition de son Histoire de France.

Ils n'avoient que vingt-six ans, lorsqu'ils commencèrent « l'Histoire généalogique de la Maison » de France, qui fut publiée en 1619, en deux Volumes in-4. Cette Edition ne contenoit alors que l'Histoire généalogique de la troisième Race de nos Rois. Ils l'augmentèrent depuis de l'Histoire généalogique des deux Races précédentes, & y ajoutèrent les illustres Familles sorties des Reines & des Princesses du Sang de France. La seconde Edition parut en 1628, en deux Volumes in-fol. Ils donnèrent en 1647, une troisième Edition fort augmentée, mais qui n'a pas été complette; car elle devoit contenir trois Volumes. Cependant cette dernière Edition est plus ample que la précédente dans ce qui est imprimé; mais la descente des Familles sorties des Princesses du Sang, qui devoit composer le troisième, n'a pas été imprimée. PIERRE GAUCHER, dit Scévole, de Sainte-Marthe, dont on parlera plus bas, & qui étoit fils de celui qui passe pour l'aîné de ces frères jumeaux, a fait des Additions à cette Histoire, qui n'ont pas encore paru.

En 1626, ils firent imprimer « l'Histoire généa- » logique de la Maison de Beauvau »; & ils avoient fort avancé leur Ouvrage, intitulé: Gallia Christiana, lorsqu'ils furent surpris de la mort. Pierre-Abel & Nicolas, fils de Scévole, l'un des Auteurs, & neveux de Louis son frère, ajoutèrent ce qui manquoit à cet Ouvrage, le publièrent à Paris l'an 1656, & le présentèrent au Clergé de France, sous ce titre: « Gallia Christiana, quâ Series Archiepiscoporum, » Episcoporum & Abbatum Franciæ Vicinarumque » ditionum, ab Origine Ecclesiarum ad nostra tem- » pora, per quatuor Tomos deducitur Opus au- » ctum »; les trois tomes sont distribués en quatre Volumes. L'Edition d'un pareil Ouvrage, publiée par Claude Robert, sous le même titre, en 1626, n'étoit qu'en un Volume.

Outre ces Ouvrages des deux frères jumeaux, qui ont été imprimés, on conserve dans la Bibliothèque de saint Magloire à Paris, dix Volumes de Généalogies des Maisons de France, selon l'ordre Alphabétique, l'Histoire généalogique de la Maison d'Aspremont, & celle de la Maison de la Trémouille.

PIERRE-SCÉVOLE DE SAINTE-MARTHE, Maître-d'Hôtel du Roi, Historiographe de France, fils aîné de Scévole, Sieur de Meré-sur-Indre, a soutenu la réputation d'homme de Lettres, que ceux de sa Famille s'étoient acquise. Il commença à se produire en qualité d'Auteur, l'an 1649, quand il publia la Table généalogique de la Maison de France. Ayant abrégé un Manuscrit qui contenoit l'Histoire généalogique de la Maison de la Trémouille, composée sur les Mémoires de son père & de son oncle, il le fit imprimer en 1668.

En 1670, il donna « l'Etat des Cours de l'Europe, » & particulièrement de la France », en trois Volumes in-12. qu'il augmenta d'un quatrième dans l'Edition de 1680. Il fit paroître en 1673, un « Traité » historique des Armes de France & de Navarre, & » de leur Origine »; & en 1685, « l'Europe vivante, » ou l'Etat des Rois & Princes Souverains & autres » Personnes de marque, vivans en 1685 », in-12. Le dernier Ouvrage qu'il a donné, & auquel il n'a point mis son nom, contient des « Remarques sur l'His- » toire de France du Père Jourdan, Jésuite, & sur » la Critique du Duc d'Espernon, touchant l'Ori- » gine de la Maison de France ».

Il mourut le 9 Août 1690. Il a laissé plusieurs Ouvrages manuscrits, qui se conservent aussi dans la Bibliothèque de saint Magloire ; sçavoir, « deux » Volumes d'Additions à l'Histoire généalogique de » la Maison de France ; un Traité historique des » Gouverneurs & Lieutenans Généraux des Provin- » ces de France, en deux Volumes », in-fol. (son Plan avoit plus d'étendue, comme il paroît par le titre de cet Ouvrage, qui devoit contenir l'Histoire des Gouverneurs de toute l'Europe :) « un Traité » de l'Origine des Maisons Souveraines, de leurs » Armes & de leurs Titres ». Il a encore fait sur le Plan du Gallia Christiana, sept Volumes de l'*Orbis Christianus*, dont *Hispania Catholica seu de Episcopis Hispaniæ* fait partie. Enfin, la « Généalogie de la » Maison de Navarre & des Maisons qui ont possédé » cette Couronne », en quatre Volumes *in-fol*.

ABEL-LOUIS DE SAINTE-MARTHE, second fils du Sieur de Meré-sur-Indre, s'est moins distingué par ses Ouvrages que par sa capacité dans la Théologie, & par sa régularité dans tous les Emplois qu'il a eus dans la Congrégation de l'Oratoire, dont il fut élu Supérieur Général, le 3 Octobre 1672. Il s'en démit le 14 de Septembre 1696, & se retira dans la Maison de Saint-Paul aux Bois, qui est dans le Diocèse de Soissons. Le 7 Avril 1697, jour de Pâques, après avoir fait tout l'Office de ce jour, il mourut subitement, âgé de soixante-dix-sept ans. On n'a de lui qu'un Poëme Latin, qui se trouve quelquefois avec le premier Tome du Gallia Christiana ; il l'a intitulé : « Sanctorum Galliæ Regum » & Principum Sylva historica, ad Ludovicum XIV. » Il fit paroître par cette Pièce, qu'il auroit pu se distinguer dans la Poësie, aussi-bien que ses Ancêtres, s'il n'avoit pas préféré des occupations sérieuses à ces sortes d'amusemens.

NICOLAS - CHARLES DE SAINTE - MARTHE, étoit le cadet des enfans de Scévole, Sieur de Meré-sur-Indre. Il fut Prieur de Claunay, & Aumônier du Roi. Il n'a donné au Public aucun Ouvrage ; il a cependant composé une « Histoire des Evêques » de Châlon-sur-Saône », par l'ordre de Jacques de Nuchese, Evêque de cette Ville. Elle est manuscrite dans la Bibliothèque du Roi. Il est mort en 1662.

DENYS DE SAINTE-MARTHE, Religieux Bénédictin de la Congrégation de saint Maur, [qui a été trois fois] Prieur de l'Abbaye de saint Denys, [& Supérieur Général en 1720,] est de la même Famille ; car il est fils de François de Sainte-Marthe, Seigneur de Chandoiseau, qui étoit fils de Jacques, Seigneur de Chandoiseau, chef de cette branche, & cadet de Louis de Sainte - Marthe, Seigneur de Neuilly.

[Il avoit un oncle, fils du premier François, lequel fut Prêtre & Directeur de l'Abbaye de Port-Royal. On a de lui divers Ouvrages de piété, & d'autres, où il prend la défense de personnes calomniées. Il est mort le 11 Octobre 1690, à Corbeville, sur la Paroisse d'Orsai, Château de sa Famille, où il avoit passé onze ans dans la retraite & les bonnes œuvres. C'étoit un homme très-sçavant & très-humble.]

[Mais pour revenir à Dom Denys de Sainte-Marthe,] il suivit les traces des Personnes sçavantes de sa Famille, en publiant aussi plusieurs Ouvrages. En 1685, il donna un « Traité de la Confession » contre les erreurs des Calvinistes ». En 1688, une « Réponse aux Plaintes des Protestans, touchant la » prétendue Persécution de la France ». En 1689, des « Entretiens touchant l'entreprise du Prince » d'Orange sur l'Angleterre ». En 1694, la « Vie de » Cassiodore, Abbé de Viviers, Chancelier & pre- » mier Ministre de Théodoric le Grand ». En 1697, la « Vie de saint Grégoire le Grand », qui fut suivie d'une « nouvelle Edition des Ouvrages de ce saint » Pape », qu'il publia en 1705.

Il a fait paroître en 1717, le premier Tome [d'une nouvelle Edition] du *Gallia Christiana* ; le second Volume s'imprime.[*] Il a travaillé long-temps à cet Ouvrage, par ordre du Clergé, [qui y fut engagé par M. le Cardinal de Noailles.] Il est considérablement augmenté, corrigé dans une infinité d'endroits, enrichi de quantité de nouveaux Titres, & mis dans un nouvel ordre ; car dans l'Edition précédente, on avoit mis d'abord tous les Archevêchés, ensuite les Evêchés, & enfin les Abbayes, chacun dans sa classe, par ordre alphabétique. Mais dans la nouvelle Edition, qui sera de huit ou neuf Volumes *in-fol*. Denys de Sainte-Marthe dispose tout l'Ouvrage par Métropoles, & il place sous chacune les Evêchés qui en dépendent, & sous chaque Diocèse les Abbayes qui y sont situées ; de sorte que l'on a ensemble toute l'Histoire de la même Métropole.

☞ Dom Denys de Sainte-Marthe est mort Général de la Congrégation de saint Maur, le 30 Mars 1725, regretté de tout le monde. On peut voir sa Vie pag. 445-469, de l'*Histoire Littér. de la Congrégation de S. Maur : Paris*, 1770, *in-4*. On y indique plusieurs Ouvrages de Denys de Sainte-Marthe, dont le Père le Long n'a point parlé.]

---

[*] Depuis que le Père le Long écrivoit ceci, ce Volume a paru en 1720. Dom Denys de Sainte-Marthe venoit de publier le troisième, lorsqu'il mourut en 1725. Ses Confrères Bénédictins ont continué son Ouvrage jusqu'au douzième, & ils travaillent à la suite.

XXXVI.
JEAN SAVARON.
Extrait du P. Niceron, Tome XVII.

JEAN SAVARON naquit à Clermont en Auvergne, d'une des plus honorables Familles de cette Ville.

Après avoir fait ses études de Droit, il fut pourvu d'une charge de Conseiller au Présidial de Riom ; mais il ne la garda que peu de temps, & la quitta pour prendre celle de Conseiller à la Cour des Aides, établie alors à Montferrand. Il se trouvoit par ce changement plus près de sa Ville natale, Montferrand n'étant qu'à un quart de lieue de Clermont ; & il se procuroit plus de temps pour s'appliquer aux recherches curieuses de l'Antiquité, pour lesquelles il avoit beaucoup d'attrait ; ce furent là les raisons qui l'y déterminèrent.

La charge de Président & de Lieutenant général en la Sénéchaussée & siège Présidial de Clermont, étant ensuite venue à vaquer par la mort d'Antoine Dalmas, ses amis l'engagèrent à l'acheter. Comme il étoit déja connu & qu'il étoit en relation avec plusieurs sçavans Magistrats, Messieurs de Harlay, Servin, Avocat général, & de Seaux, Conseiller d'Etat, le recommandèrent si fortement à M. de Sully, Surintendant des Finances, qu'il eut en pur don, la moitié du prix auquel cette charge avoit été fixée au Conseil.

Son attachement à l'étude n'eut rien à souffrir de la situation où il se trouva alors ; car il se fit une règle de ne s'appliquer qu'aux affaires de quelque conséquence, laissant les autres à juger aux Conseillers du siège à la tête duquel il étoit.

Ayant été Député du Tiers Etat de la Province d'Auvergne, aux Etats Généraux qui se tinrent à Paris en 1614, il y fit paroître beaucoup de fermeté & de jugement. Il fut un de ceux que la Chambre du Tiers-Etat choisit pour examiner les Cahiers de la Noblesse, & pour parler à leur Chambre de la part de celle du Tiers-Etat ; & il s'acquita de ce dernier emploi avec tant de liberté, qu'il se fit des affaires avec la Noblesse, qui le menaça de s'en venger ; mais la Chambre du Tiers-Etat ayant pris son parti, on fit des plaintes au Roi, qui approuva la conduite de Savaron, & lui donna des gardes pour le mettre à couvert de toute insulte.

Il fut aussi employé plusieurs fois par le Tiers-Etat pour répondre sur le champ, & sans être préparé, aux propositions du Clergé & de la Noblesse ; ce qu'il fit toujours avec éloquence & avec force.

On le vit ensuite plaider au Parlement de Paris, pour les droits honorifiques des Magistrats de son Présidial, à qui le Chapitre de la Cathédrale de Clermont refusoit d'accorder la séance qu'ils avoient coutume de prendre dans le chœur de leur Eglise, réservant cet honneur à lui seul, chef de la Compagnie. Il parla alors avec tant de force, & dit des choses si curieuses & si recherchées, que dix heures étant venues à sonner au milieu de son Plaidoyer, le premier Président de Verdun se leva, & demanda à Messieurs du Parlement, s'ils n'étoient pas d'avis qu'il achevât, ce qui lui fut permis : honneur qui n'avoit jamais été accordé qu'aux Gens du Roi.

Le Baron de Canilhac, Sénéchal de Clermont, étant mort en 1622, Savaron quoiqu'incommodé, voulut faire son Eloge à la prise de possession de Beaufort-Canilhac son frère, que le Roi avoit commis pour exercer cette charge jusqu'à la majorité du fils du défunt ; & il s'y échauffa si fort qu'il fut obligé de se mettre au lit en sortant de là, & qu'il en mourut huit jours après, cette année 1622.

« Savaron avoit beaucoup de lecture, d'érudition » & de jugement. Il écrit purement en Latin, & » parle d'une manière éloquente en François ; mais » d'un style qui paroît à présent fort barbare. C'est le jugement que M. de Pin fait de cet Auteur. Scaliger a remarqué, (Scaligeriana secunda) qu'il » étoit fort habile dans l'intelligence des Auteurs de » la basse Latinité.

Catalogue de ses Ouvrages.

1. Sidonii Apollinaris Opera, cum notis : *Parisiis*, 1608, *in-8*. Secunda Editio, multis partibus auctior & emendatior : *Parisiis*, 1609, *in-4*. (Le Commentaire de Savaron est rempli d'une variété surprenante de citations de toutes sortes d'Auteurs, ce qui est une preuve de sa vaste lecture, & de sa profonde érudition. On l'a accusé de l'avoir dérobé au P. Sirmond, Jésuite, qui a composé un Commentaire sur le même Auteur ; mais plusieurs Sçavans ont déchargé Savaron de cette accusation.

2. Cornelius Nepos, cum Castigationibus & Notis : *Parisiis*, 1602, *in-16*.

3. Traité des Confrairies : *Paris*, 1604, *in-8*.

4. Origines de Clermont, Ville Capitale d'Auvergne, par Jean Savaron, Seigneur de Villars, &c. *Clermont*, 1607, *in-8*. = Les mêmes, augmentées de Remarques, Notes & Recherches curieuses des choses advenues avant & après la première Edition ; ensemble, des Généalogies de l'ancienne & illustre Maison de Sénecterre & autres, justifiées par Chartes, Titres, Privilèges des Rois & autres Preuves authentiques, par Pierre Durand, Conseiller du Roi, Visiteur général des Gabelles, en la Cour des Aides de Clermont-Ferrand : *Paris*, 1662, *in-fol*. (Cette Edition n'est pas commune. Durand y a fait un Eloge de Savaron, qui est à la page 255.)

5. De Sanctis, Ecclesiis & Monasteriis Claromontii, incerto Auctore, Sæculi X. edente cum Notis, Joan. Savarone : *Parisiis*, 1608, *in-8*. (Pierre Durand a inséré cet Ouvrage dans son Edition des Origines de Clermont, par Savaron, à la page 341.)

6. Traité contre les Masques : *Paris*, 1608, *in-8*. troisième Edition, augmentée : *Ibid.* 1611, *in-8*.

7. Traité contre les Duels, avec l'Edit de Philippe-le-Bel, de l'an 1306 : *Paris*, 1610 & 1614, *in-8*. (Cet Ouvrage contient des Recherches curieuses.)

8. Traité de l'Epée Françoise : *Paris*, 1610, *in-8*. (Ce Livre tend à relever la valeur des Rois de France.)

9. Sancti Augustini Homilia de Kalendis Januarii, & Sorbonæ decretalis Epistola contra festum Fatuorum ; edente cum Notis Joanne Savarone : *Parisiis*, 1611, *in-8*.

10. Que les Lettres sont l'ornement des Rois & de l'Etat. (On ne connoît de ce Livre que ce qu'en a dit M. de l'Etoile, dans ses Mémoires pour

l'Histoire de France; sçavoir, que le 21 Septembre 1611, J. Perier lui donna ce Traité de son impression, fait par M. Savaron.)

11. Traité de la Souveraineté du Roi & de son Royaume, aux Députés de la Noblesse : *Paris*, 1615, *in-8*. (Ce Traité est fait pour prouver que le Roi ne tient sa Couronne que de Dieu seul; que le temporel de son Royaume n'est sujet à aucune Puissance spirituelle & temporelle; & que ses Sujets ne peuvent être dispensés du serment de fidélité & d'obéissance.

12. Second Traité de la Souveraineté du Roi & de son Royaume, au Roi Louis XIII. *Paris*, 1615, *in-8*. (Cet Ouvrage fut attaqué par un Anonyme, dans un Examen du Traité de la Souveraineté du Roi, de Jean Savaron : *Paris*, 1615, *in-8*. & Savaron le défendit par le suivant.)

13. Les Errreurs & Impostures de l'Examen du Traité de la Souveraineté du Roi : *Paris*, 1616, *in-8*, mais on y opposa la Censure de la Réplique de Jean Savaron, sur l'Examen fait de son Traité de la Souveraineté du Roi, par Jean le Cocq : *Paris*, 1617, *in-4*.

14. De la Souveraineté du Roi, & que Sa Majesté ne la peut soumettre à qui que ce soit, ni aliéner son Domaine à perpétuité, avec les Preuves (contre un Auteur inconnu :) *Paris*, 1620, *in-8*.

15. Chronologie des Etats-Généraux, où le Tiers-Etat est compris, depuis l'an 1615 jusqu'en 4221 *Paris*, 1615, *in-8*. (Le but principal de ce Traité, est de montrer que depuis la fondation de la Monarchie jusqu'à Louis XIII, le Tiers-Etat a toujours été convoqué par les Rois aux Etats-Généraux, & qu'il y a eu entrée, séance & voix. L'ordre de l'Auteur est d'aller en rétrogradant.

16. De la Sainteté du Roi Louis, dict Clovis, avec les Preuves & les autorités, & un Abrégé de sa Vie. (Il fut d'abord imprimé avec les Annales de Belleforest : *Paris*, 1621, *in fol*. = Ensuite à part : *Paris*, 1622, *in-4*. Cet Ouvrage est fort court.)

Savaron avoit commencé des Notes & des Remarques sur S. Grégoire de Tours, & sur les Capitulaires de Charlemagne ; mais la mort l'a empêché de les finir.

On trouve indiqué dans la Bibliothèque de M. Bachelier, Doyen de Reims, un Manuscrit *in-4*. où Savaron traite cette question : S'il est permis aux Chrétiens de danser.

XXXVII.
ÉLOGE DE M. SECOUSSE.

Par M. DE VILLEVAULT, inséré dans le Tome IX. du Recueil des Ordonnances des Rois de France : Impr. Royale, 1755, *in-fol.*

DENYS-FRANÇOIS SECOUSSE, naquit à Paris le 8 Janvier 1691, d'une famille originaire du Berry. Son Trisayeul, Notaire & Maire de Saint-Aignan, eut l'honneur de servir à table Henri IV. lorsque ce grand Prince passa par cette Ville. Ce Notaire laissa deux fils ; l'un, Secrétaire du Duc de Bellegarde & Gouverneur des Pages de la grande Ecurie du Roi, a formé en Languedoc une Branche qui a donné un Conseiller au Parlement de Toulouse ; il n'en reste qu'un enfant. L'autre vint s'établir à Paris, où il acheta une charge de Procureur au Parlement. Cette charge fut transmise à son fils qui devint père de Jean Léonard Secousse, Avocat, & de François-Robert, Curé de Saint-Eustache. Ces deux frères s'acquirent une grande considération, chacun dans son état. Jean-Léonard, marié en 1690 à Demoiselle le Mire, en eut deux fils ; l'aîné fut Denys-François, qui fait le sujet de cet Eloge ; le cadet, Jean-François-Robert, embrassa l'état Ecclésiastique. La Cure de Saint-Eustache qu'il remplit avec tant de distinction, lui fut résignée par son oncle. [Son âge & ses infirmités viennent de la lui faire résigner au Curé de Saint-Martin, en 1771.]

On regarda avec raison comme un prodige de l'enfance, que Denys-François Secousse eût, à l'âge de six ans, copié par goût, de sa main, presque tout le Télémaque. Pendant ses cours d'Humanités & de Philosophie, qu'il fit au Collège de Beauvais, sous des Professeurs habiles, entr'autres sous l'illustre M. Rollin, il fallut modérer cette ardeur insatiable d'apprendre, qui, poussée trop loin, pouvoit lui devenir funeste. Tout ce qu'on emploie d'ordinaire pour exciter les jeunes gens, on s'en servoit pour le retenir : il avoit besoin de frein, & non d'aiguillon : caractère d'esprit que Quintilien desire le plus dans un Elève. C'est presque toujours ce qui annonce l'homme de mérite ; la nature le commence ; le temps & l'étude l'achèvent.

Les jours n'étoient pas assez longs au gré du jeune Secousse ; il lisoit la nuit à l'aide d'une lanterne sourde pour se cacher de ses maîtres ; & comme son application étoit ordinairement à ce degré de force que rien ne peut distraire, le feu, dans une de ces parties nocturnes, prit à son lit ; il ne s'en apperçut que lorsqu'il se sentit presque suffoqué par la flamme & par la fumée. Les vestiges le trahirent malheureusement : le lendemain on réprima ce goût trop violent, & l'on eut soin que sa vie & sa santé également fortes dans ces veilles laborieuses, fussent à l'abri de pareils dangers. Mais privé de la ressource qu'il avoit imaginée, il eut recours à d'autres expédiens, contre lesquels on prit des précautions nouvelles, aussi inutiles que les premières.

L'état de nos pères décide assez souvent le nôtre. M. Secousse, fils d'un Avocat célèbre, étoit destiné au Barreau : il étudioit l'Histoire par goût ; il s'occupa du Droit par déférence. Il partagea son esprit & son temps entre ces deux genres, & parcourut sa double carrière avec un succès presque égal. En 1710, il fut reçu dans le Corps honorable qui n'a d'autre occupation que de défendre la fortune & la vie des citoyens, d'autres armes que le génie & l'éloquence, d'autre éclat que celui dont il brille par lui-même.

Le premier Plaidoyer de M. Secousse, donna de son cœur une idée aussi avantageuse que de son esprit. La Cause étoit intéressante ; il s'agissoit de décider si l'Avocat peut exiger des honoraires : notre Orateur soutint la négative : la gloire accompagnoit du moins son opinion, & la générosité combattoit pour lui. On s'apperçut qu'il s'étoit peint dans le portrait d'une ame noble & désintéressée : il perdit sa Cause ; mais il gagna l'estime & les suffrages des Juges mêmes qui le condamnèrent.

Peu de temps après cet heureux essai, il eut à

pleurer presque à la fois son père & sa mère. Sa passion pour l'Histoire, qu'il n'avoit modérée que par égard pour eux, reprit alors ses droits. Il s'y livra tout entier, & n'oublia rien de ce qui pouvoit lui en faciliter la plus profonde connoissance; il fit même des études superflues, eu égard au genre d'occupations qu'il embrassa bientôt.

Le champ de l'Histoire est vaste ; il falloit se borner, & choisir dans ce grand tout, dont chaque partie est encore si considérable. M. Secousse se détermina pour l'Histoire de France. La Langue d'Homère & d'Hérodote, qu'il avoit sçue au Collège, & qu'il s'étoit donné la peine d'étudier de nouveau, lui devint alors tout-à-fait inutile. Aussi, disoit-il, qu'il avoit appris & oublié le Grec deux fois; mais la Langue Italienne dans laquelle il se rendit très-habile, lui fut d'un grand secours. La plupart de nos Historiens avoient négligé des sources abondantes, mais écartées, où ils auroient puisé de véritables richesses. Un grand nombre de Pièces originales, que récèlent les Dépôts publics, offroient une ample moisson de faits ignorés ou mal connus, dont l'utilité se trouvoit perdue pour la France.

M. Secousse osa pénétrer dans ces lieux redoutables, où règne, s'il m'est permis de parler ainsi, une sçavante horreur, & dont l'abord seul est effrayant. Il fouilla ces mines profondes & presque inaccessibles, qui renferment tant de trésors Littéraires : il les réunit à ceux qu'il avoit rassemblés d'ailleurs, tant sur l'Histoire générale de la Monarchie, que sur les détails les plus particuliers de chaque Règne. A force de soins & de dépenses, il parvint à se faire le Cabinet le plus complet en ce genre ; & ce qui est plus rare & plus estimable encore, c'est que son esprit possédoit tout ce que renfermoit son Cabinet.

Une érudition si grande, & sur-tout si utile à la Patrie, attira sur lui les yeux de l'Académie des Inscriptions & Belles-Lettres : il fut admis dans cet illustre Corps en 1723. L'Académie d'Amiens, jalouse de se l'associer aussi, le reçut en 1749. Il accepta, dans ces deux occasions, un honneur qu'il n'avoit pas même pensé à solliciter. Il laisse à ces Sociétés célèbres, le soin de faire connoître les excellens Mémoires dont il a souvent enrichi leurs Recueils. Je me borne à parler des Livres qu'il a publiés séparément, & particulièrement de celui qui l'a occupé les dernières années de sa vie.

M. de Laurière, ce fameux Jurisconsulte, ce sçavant Avocat au Parlement de Paris, dont nous avons plusieurs Ouvrages estimés, avoit commencé par ordre du Roi, le Recueil des Ordonnances du Royaume, [ou des Rois de la troisième Race.] Le premier Volume in-fol. qu'il fit paroître, réunit tous les suffrages ; mais l'Auteur étant mort en 1728, le Public se vit privé d'une suite qu'il attendoit avec impatience. Il fut question de chercher, pour remplacer M. de Laurière, un successeur digne de lui. M. le Chancelier d'Aguesseau le trouva dans M. Secousse. Il sçavoit que le docte Académicien joignoit à la science du Droit, un autre genre de connoissances, non moins essentielles pour la perfection de ce travail. Si le choix de M. d'Aguesseau fut universellement applaudi, il fut pleinement justifié par la publication du second Volume, dont les matériaux étoient déjà disposés par l'illustre défunt. Le Continuateur n'eut à y ajouter que des Tables, une Préface, & l'Eloge de son prédécesseur. Six Volumes qu'il fit paroître depuis successivement, tous enrichis de sçavantes Préfaces, avec des Notes non moins curieuses qu'importantes, achevèrent de confirmer & de remplir les espérances du Public. Le Journal des Sçavans, Juge si compétent dans ces matières, a témoigné, pour le mérite du Continuateur, une juste admiration.* Il me conviendroit peu de parler après de tels Oracles : je me contenterai de dire, que M. Secousse, dans cet Ouvrage, a montré l'homme le plus laborieux, le sçavant le mieux instruit, l'Ecrivain le plus exact, le Critique le plus habile.

M. Secousse, toujours occupé de l'Histoire, fit paroître en 1742, les Mémoires de Condé, 5 vol. in-4. On voit avec quel empressement ce Livre fut reçu du Public.

En 1746, il fut nommé par le Roi, conjointement avec MM. de Foncemagne & de Sainte-Palaye, pour dresser une Table chronologique de toutes les Chartes, Diplômes, &c. concernant la France, & qui se trouvent dans les Livres imprimés. Comme M. Secousse avoit pour ce travail les plus grandes ressources dans la Collection immense & choisie qui formoit sa Bibliothèque, la Direction du Projet lui fut déférée par ses illustres Collègues. Il avoit avancé l'Ouvrage : les talens & le zèle de M. de Sainte-Palaye, qui s'est chargé de le finir, répondent du succès : l'exécution entre ses mains, ne peut être que prompte & heureuse.**

M. Secousse fut encore préposé, dans la même année 1746, pour l'Examen des Pièces conservées dans les Dépôts de différentes Villes des Pays-Bas, nouvellement conquises. Les dépouillemens des Regîtres de tous ces Dépôts, furent faits par ordre du Roi. M. Desnans, Conseiller au Parlement de Besançon, Commissaire de Sa Majesté en cette partie, envoyoit à M. le Garde des Sceaux, pour lors Contrôleur général, des états que ce Ministre communiquoit à M. Secousse, pour avoir son avis sur ce qu'il falloit réclamer ou copier. Une partie de ces Pièces devoit appartenir à la France, en exécution de divers Traités. Il falloit tirer des Copies authentiques de celles qui concernoient des Affaires communes entre la France & les autres Puissances. Quelle somme de lumières, de discernement & de sagacité cette opération pénible & délicate ne demandoit-elle pas ! Mais il ne falloit pas moins de probité, & M. Secousse avoit tout : ce travail fut fini au commencement de 1748.

On ne croiroit pas que M. Secousse pouvoit encore trouver quelques heures de relâche, pour les donner à d'autres Ouvrages; il sçavoit cependant en trouver ; & l'on a publié depuis sa mort, en 2 vol. in-4. imprimés en 1758, les « Mémoires de » Charles II. Roi de Navarre, dit le Mauvais ». Mais ces travaux particuliers ne prenoient rien sur le principal objet dont il étoit comptable au Public; & le neuvième Volume du Recueil des Ordonnances [que M. de Villevault, Conseiller à la Cour des Aides, chargé par le Roi de la Continuation de ce Recueil, a donné au Public en 1755,] est encore entièrement de la composition de M. Secousse.

Si M. Secousse avoit un esprit qui suffisoit à tout, il s'en falloit bien que sa santé le secondât. Sa vue s'affoiblit insensiblement, au point que dans les dernières années de sa vie, il fut obligé de renoncer à lire, genre de supplice bien cruel pour un homme qui ne connoissoit d'autre plaisir, d'autre félicité. Les ressources de l'art furent vainement épuisées : sa vue s'éteignit tout-à-fait ; il ne survécut pas long-temps à cette perte. Privé de la lumière du jour, & sur-tout de la lecture, il ne se compta plus au nombre des vivans, & se regarda comme une ombre errante déjà dans la région de la mort. Le trépas n'étoit pour lui que le passage d'un tombeau dans un autre ; & les ténèbres dont l'environnoient, ne faisoient que le changer en une nuit éternelle.

Il fut attaqué le 4 Mars 1754, d'une maladie aigue,

---

* Voyez le *Journal des Sçavans*, mois de *Juin* & d'*Octobre*, 1751.
** ☞ Cette Table importante, a été achevée par M. de Brequigny, qui en a publié le Tome I. in-fol. en 1769.]

qui termina ses jours, le 15 du même mois, à l'âge de 63 ans accomplis. Il a été sincèrement regretté de sa Famille, du Public & de tous les Gens de Lettres, qui lui étoient attachés par l'estime, par l'amitié & par la reconnoissance ; car il en est peu de ceux qui l'ont connu, à qui il n'ait rendu des services pour leurs propres Ouvrages.

Son objet, en réunissant dans son Cabinet tant de Monumens rares & précieux, n'avoit jamais été la gloire frivole de les posséder, & d'en jouir seul. Il étoit exempt de cette ridicule vanité, qui ne veut rien communiquer, qui ne sçait pas même se servir de ses avantages : espèce d'avarice plus sordide que celle de l'or. M. Secousse pensoit avec trop de noblesse, il étoit trop bon Citoyen, pour ne pas offrir de lui-même ses richesses Littéraires : il en faisoit part avec un empressement, une affabilité dont on trouve bien peu d'exemples. Ses propres découvertes sembloient être de même que ses Livres, le bien commun des gens de Lettres. Son Cabinet, qu'on pouvoit appeler le magazin de l'Histoire, étoit ouvert à tout le monde.

En qualité de Censeur Royal, il étoit chargé de l'examen de la plûpart des Ouvrages relatifs à l'Histoire de France ; & c'est encore un de ces travaux pénibles & rebutans, qu'on ne comprend pas qu'il pût allier avec ses autres occupations. C'étoit pour lui une occasion sans cesse renaissante, de prodiguer ses lumières aux Auteurs dont les Manuscrits lui étoient confiés. Par une générosité d'une autre espèce, il ne voulut jamais demander la pension attachée à la fonction de Censeur, & qu'il avoit si bien méritée. Il aimoit mieux laisser jouir de ce secours, ceux à qui la médiocrité de leur fortune, le rendoit nécessaire. C'est ainsi qu'il confirmoit souvent ce que nous avons dit, que, lorsqu'il plaida la Cause du désintéressement, ce n'étoit pas son esprit seul qui l'avoit défendue.

Il a soutenu jusqu'à la fin de sa vie, le caractère de douceur, de modération & de tranquillité d'ame qu'on admiroit en lui, & le zèle patriotique qui l'avoit toujours animé. Son dernier soupir a été pour les progrès de la Littérature & de l'Histoire. Il a fait un Testament, par lequel il lègue à la Bibliothéque du Roi, les Extraits qu'il avoit faits de différens Dépôts relativement à l'Histoire générale & particulière du Royaume. C'est ainsi que veillant à la conservation des Manuscrits précieux qu'il avoit rassemblés, sa prudence les remet dans un lieu sûr & sacré, où tous les Gens de Lettres, par la protection que le Roi leur accorde, pourront les aller consulter. A l'égard de ses Livres, il a voulu qu'on les vendît en détail, afin qu'ils fussent plus dispersés pour l'utilité commune, & que chacun pût se réserver, ceux qui conviendroient à l'objet particulier de ses études. Utile aux Sçavans pendant sa vie, il les sert encore après sa mort. Des attentions si marquées, suffiroient seules pour rendre la mémoire de M. Secousse respectable & chère, à ceux-mêmes qui ne le connoîtroient que par de si sages dispositions.

XXXVIII.
*JEAN DE SERRES.
(Par le Père le Long.)

JEAN DE SERRES s'est fait connoître, tant par plusieurs Ouvrages anonymes, que par quantité d'autres qu'il a publiés sous son nom & sous le nom Latin de *Joannes Serranus*. Il naquit dans le Vivarais vers le milieu du seizième Siècle, si l'on en croit Frisius dans sa Bibliothèque de Gesner. Ménage, page 143, de ses Remarques sur la Vie de Pierre Ayrault, marque la Ville de Montpellier pour le lieu de sa naissance. Guy Allard, dans sa Bibliothéque de Dauphiné, page 204, dit qu'il étoit du Bas-Dauphiné, & qu'il a été Ministre de la Religion Prétendue-Réformée à Montelimart ; & Pierre Cayet écrit, qu'il l'a été à Orange. Ses parens l'envoyèrent étudier à Lausanne, sous Jacques Randon & François Béraud ; il s'y lia d'une étroite amitié avec Jean Guillaume Stuck, qui se rendit depuis célèbre à Zurich. Il fit quelque progrès dans les Langues Grecque & Latine, s'attacha à la Philosophie d'Aristote & de Platon ; & de retour en France il se donna à la Théologie, parce qu'il se destinoit au Ministère.

Il commença à se produire en 1570, comme il le dit dans la Préface de son Histoire de France, écrite l'an 1596, dont je rapporte un Fragment à cause de son style figuré. « Il y a (dit-il,) vingt-six » ans ou environ qu'on me poussa fort jeune sur le » Théâtre, pour y faire voir l'Histoire de nos mal- » heurs. Le desir des Nations étrangères enfanta » ce dessein, curieuses de sçavoir le particulier récit » de ces Tragédies, à raison de quoi je présentai » ce coup d'essai en Latin, pour être entendu des » Etrangers. Je le tenois pour avorton, & tenois » sa mort à fort petite perte ; le succès néanmoins » en a été plus grand que mon projet ; car ayant été » caressé du Public outre son mérite, il s'est telle- » ment accru, que d'un Livre en voilà quinze, & » même refaits par diverses impressions, & à mesure » que l'enfant s'est augmenté, aussi son père a eu » diverses commodités de lui faire du bien ».

Il indique par là un Commentaire, intitulé : « De Statu Religionis & Reipublicæ in Francia, » divisé en cinq parties, dont chacune contient trois Livres ; la première imprimée en 1570, la seconde, en 1571, la troisième & la quatrième, en 1575, il n'est point marqué en quel lieu elles sont imprimées ; la cinquième l'est à Leyde en 1580. On trouve dans l'Edition de 1577, des quatre premières, le Symbole de Serres qui étoit : *Etiam veni, Domine Jesu*, qui prouve que ces Mémoires sont de lui, contre le sentiment de Lipenius (in Bibliotheca Philosophica) qui les donne à Jean Eobanus Hessus ; de Frideric Gesler (apud Placcium de Anonymis, num. 1114,) qui les attribue à François Hotman ; de Henri Sponde (ad annum 1556. Annalium Ecclesiasticorum, num. VIII.) qui en fait Auteur Théodore de Beze : & enfin de Clessius (in Elencho Auctorum) qui veut qu'ils soient de Pierre de la Place : opinion qui paroîtroit le mieux fondée, si l'on avoit égard à la seule ressemblance du titre de cet Ouvrage & du Commentaire du Président de la Place, « de la Religion & » de la République » : mais celui-ci, qui est divisé en sept Livres, commence au 5 de Février 1556, & finit à l'assemblée de Poissy, en 1561, outre qu'il est écrit en François. Pour l'autre, il est en Latin, & il est partagé en quinze Livres, dont le commencement est au 4 de Septembre 1557, & la fin au 14 Mai 1576. La preuve la plus certaine que cet Ouvrage est de Jean de Serres, c'est l'aveu qu'il en fait dans une de ses Lettres à Vulcanius, (Centurie deuxième des Lettres choisies, écrites par les Flamans, num. 54, page 780, de l'Edition de Leyde, en 1617,) dans laquelle il l'assure, qu'il continue ses Commentaires Latins sur l'Etat de la Religion & de la République.

De Serres fit encore paroître dans l'année 1570, ses « Mémoires de la troisième Guerre civile, & des » troubles de France, depuis le 23 Mars 1568, jus- » qu'au 4 Mai 1569 », qui sont imprimés à la fin des Mémoires de l'Etat de France sous Charles IX. Je ne trouve point d'autre preuve qu'il en est l'Auteur, comme aussi de la Vie Latine de l'Amiral de Coligny, que son nom écrit de la main de Pierre Dupuy, sur les Exemplaires qui lui appartenoient, & qu'il a laissés à la Bibliothèque du Roi ; & cette preuve me paroît convainquante.

Il se réfugia à Lausanne, en 1573, après la saint-Barthélemi, & donna in-12. en 1575, chez Henri Etienne, sous le nom de Joannes Serranus, & avec son Symbole, sa « Paraphrase Greque de quelques » Pseaumes, avec les troisième & quatrième parties » de ses Commentaires Latins ».

Jean Decker (de Scriptis Adespotis, cap. XI) lui attribue deux Ouvrages, qui parurent aussi en 1575 ; l'un est, Le Discours merveilleux de la Vie de Catherine de Médicis, que Patin croit être de Théodore de Beze ; & Maimbourg, d'Henry Estienne. L'autre Ouvrage est la Vie Latine de l'Amiral de Coligny, dont M. de la Monnoye fait Auteur François Hotman, père de Jean Hotman, Sieur de Villiers.

De Serres entreprit sur la fin de la même année un travail fort au-dessus de ses forces ; c'est la Traduction Latine des Œuvres de Platon, qui fut imprimée en 1577, avec le Texte Grec & ses Notes, chez Henri Estienne, à Genève, & non pas à Paris, comme le marquent plusieurs Catalogues. Il s'en déclare l'Auteur dans un de ses Ouvrages de Controverse, imprimé à Nismes en 1586. Cette Version est moins fidelle que celle de Marsile Ficin.*

Il avoit fait dès 1576, un Livre plein d'injures contre le Traité de la République de Jean Bodin, qui lui fit une Réponse assez vive, sous le nom déguisé de Jean Herpin ; il dit même dans une Lettre Latine, écrite le 13 Mars 1583, imprimée au-devant de cette Apologie, que de Serres avoit été sévèrement puni pour avoir publié contre lui un Livre plein d'injures : en effet il fut mis en prison pour cela, par l'ordre du Roi Henri III.

☞ Ceci n'est pas exact : c'est Michel de la Serre, qui est l'Auteur de l'Ouvrage contre Bodin, & non Jean de Serres. Voyez les Jugemens de Baillet, Ed. in-4. tom. III. pag. 70.]

Frisius, dans son Edition de la Bibliothèque de Gesner, marque aussi entre les Ouvrages de Jean de Serres, un « Commentaire Latin sur l'Ecclésiaste ; » Auctore Joanne SERRANO : Genevæ, 1580, in-8. » Et Draudius, dans sa Bibliothèque Classique, y met le « Syllabus Annalium Galliæ à Pharamundo ad » Henricum IV. Joannis Serrani operâ & labore ins- » tructus ; Francofurti, 1612, in-4.

Il s'éleva en 1582, un Démêlé de Controverse entre les Jésuites de Tournon & les Ministres de Nismes, sur une Thèse que Jean Hay, Jésuite Ecossois, Professeur de Tournon, y envoya. De Serres, qui étoit alors un des Ministres de Nismes, fut chargé d'y répondre ; il publia quatre Ecrits, qu'il nomme Anti-Jésuites. Les deux premiers, au nom de l'Université de Nismes, sous ces titres : « Responsio » & Expostulatio », les deux autres, sous le nom de Joannes Serranus, avec le Symbole : *Etiam veni, Domine Jesu*, dont il s'étoit déja servi. Il les a publiés séparément dans un Recueil, intitulé : « Doc- » trinæ Jesuiticæ præcipua capita : Rupellæ, en six » volumes, in-8.

On a encore de lui deux autres Ouvrages ; l'un, De l'Immortalité de l'Ame, imprimé à Lyon en 1596; & l'autre, De l'Usage de l'Immortalité de l'Ame, imprimé à Rouen en 1597.

Mais le plus considérable de ses Ouvrages est son Inventaire de l'Histoire de France, depuis Faramond jusqu'au Règne de Charles VII, imprimé en 1597, & continué en différens temps, jusqu'en 1643, par Jean de Montliard & autres. On peut voir ce que Sorel en dit dans sa Bibliothèque Françoise, page 375 de la seconde Edition. Il est difficile de croire que de Serres ait été, comme il le dit, chercher la vérité dans les sources, lorsqu'on voit qu'il s'est contenté d'abréger les grandes Chroniques de France ; qu'il semble n'avoir écrit que pour élever son parti aux dépens de l'Eglise Catholique ; qu'il ne garde aucune mesure à l'égard de nos Rois & des Papes ; & qu'il sent plus le Prédicant que l'Historien. C'est ce que Dupleix a remarqué dans l'Inventaire qu'il a donné de ses erreurs & déguisemens ; & cela est confirmé par René de Lusinge, *pag.* 64 de sa « Manière de lire l'Histoire », & par beaucoup d'autres.

De Serres est d'ailleurs peu éclairé dans la Chronologie, qu'il nomme la *Torche de la vérité*, & encore moins dans les Généalogies. L'Histoire des deux premières Races de nos Rois est écrite d'une manière confuse & pitoyable. On y voit des faits contraires à ceux que rapporte Grégoire de Tours, le premier de nos Historiens. Il semble avoir pris pour guide, dans la Vie de Charlemagne, le faux Turpin, duquel il a tiré ce qu'il dit de la Bataille de Roncevaux ; il n'est pas mieux instruit de la vie de Louis le Débonnaire, & des autres Rois qui l'ont suivi.

Il entre dans des détails si circonstanciés de faits singuliers, que l'on seroit tenté de le croire, si l'on trouvoit dans des anciens Historiens, quelque légère trace de ce qu'il en rapporte. Tel est celui du Mariage de Philippe I. avec la Reine Berthe, & des amours de ce Roi avec Bertrade, femme du Comte d'Anjou ; ce qui a fait dire à Pasquier, l'un des Interlocuteurs du Dialogue des Avocats, dans les Opuscules de Loisel, *pag.* 465, « Qu'il ne sçait où » de Serres a pris le conte qu'il en fait ; car il n'y a » personne de ceux qui ont écrit de ce divorce, & » qui sont en grand nombre, qui disent ce qui est » raconté par de Serres; & néanmoins (ajoute-t-il) » j'ai été assez curieux de faire recherche de tout » ce qui s'est passé de singulier en France, & n'ai » que cette action tant remarquable, si elle eût été » véritable, ne me seroit point échappée sans que » je l'eusse relevée ; ce qui me fait croire qu'il y a » beaucoup de choses dans cet Inventaire, qu'il ne » faut croire que sous bénéfice d'Inventaire ».

L'Historien d'Aubigné prétend que de Serres a fait cet Inventaire pour se faire payer de dix mille écus qu'il disoit avoir avancés pour le service du Roi Henri IV. & c'est ce que de Serres semble indiquer dans sa Préface, où il dit avoir été employé dans de grandes Affaires, dedans & dehors le Royaume.

Quant au style sur lequel de Serres demande quartier, il n'en mérite aucun. N'auroit-il pas mieux fait d'écrire naturellement, que de se servir, comme il le fait, de figures outrées, de métaphores conti-

---

* ☞ Nous ajouterons ici, que l'on voit par les Notes ou Argumens de Jean de Serres (*Serranus,*) qu'il avoit des vues assez étendues, témoin celle qui se lit à la tête du Dialogue de Platon, appellé *Critias*. Il y dit, au sujet de la fameuse Isle Atlantide, que l'on ne sçait où loger : *Ex Mosaicæ Historiæ regulâ omnis hæc Narratio expendenda est*. Ce mot a été pour un habile homme de notre temps, un trait lumineux & assez puissant pour lui faire enfanter l'Ecrit si modestement intitulé : « Essai historique & critique sur les Atlantiques, dans lequel on se propose de faire voir la conformité qu'il y a entre » l'Histoire de ce Peuple & celle des Hébreux ; par François-Charles Baer, Aumônier de la Chapelle Royale de Suède » à Paris, Professeur dans l'Université de Strasbourg, &c. » *Paris*, Lambert, 1762, *in-8*.]

nuelles,

nuelles, d'expressions basses & fades, & de sots proverbes. Cela n'a pas empêché que son Inventaire n'ait été imprimé plusieurs fois, & qu'il n'ait été traduit en Latin & en Anglois ; pendant qu'il n'y a eu que deux Editions de la grande Histoire de Mézeray, & quatre ou cinq de celle de du Haillan. Une des raisons qu'en donne Sorel, *pag.* 375 & 376 de la seconde Edition de sa *Biblioth. Franç.* ne fait honneur, ni à l'Ouvrage, ni à ceux qui l'achètent.

De Serres a fait aussi un « Recueil des choses mé- » morables advenues en France, depuis 1547 », imprimé d'abord à Lyon, en 1595, finissant à la mort de Henri III. & continué dans une seconde Edition jusqu'en 1596. Il est nommé, par rapport à cette Edition : « l'Histoire des cinq Rois » ; en effet il contient l'Histoire de Henri II. de ses trois Enfans, & partie de celle de Henri IV. Il devoit le joindre à son Inventaire, pour le rendre complet. L'Auteur garde peu de mesures dans cet Ouvrage, & il donne lieu à Jean le Laboureur de dire (dans ses Additions aux Mémoires de Castelnau, *Liv. III. Chap. XIII.*) qu'il passoit pour le plus passionné & le moins fidèle des Ecrivains Huguenots. C'est sans doute de cet Ouvrage dont parle de Serres lui-même, à la fin de la Préface de son Inventaire. Cela semble confirmé par ce récit de Pierre Cayet, au Tome I. de sa Chronologie Novennaire, *pag.* 224*, après avoir rapporté ce que les Huguenors avoient écrit de la mort du Roi Henri III. « Ces paroles » (dit-il) sont couchées dans l'Adjonction faite à » l'Inventaire de l'Histoire de France, par Montliard. » Le Livre du Recueil des cinq Rois, imprimé à » Genève, assure le même presque en semblables ter- » mes ». Il ajoute, « qu* Montliard en a tiré ce qu'il » en dit ; que le Procureur Général le fit retrancher » dans les Editions suivantes ; mais que les mêmes » paroles ont été remises dans une Edition posté- » rieure de Genève ». Certainement ce Recueil doit être attribué plutôt à Jean de Serres qu'à François Horman, qui étoit mort en 1590, ou à Théodore de Beze, qui, en l'année 1596, où finit cette Histoire, avoit soixante-dix-sept ans, âge peu propre pour un Ouvrage aussi animé qu'est celui-là, & qui convient mieux à de Serres qu'aux deux autres, suivant Antoine Teissier, (dans les Hommes illustres de M. de Thou, en parlant de Théodore de Beze.)

Le dernier Ouvrage dont il reste à parler, est celui que de Serres entreprit pour concilier les deux Religions. Il parut en 1597, sous ce titre : « De fide » Catholica, sive de Principiis Religionis Christianæ » communi omnium Christianorum consensu semper » & ubique ratis. Joannes Serranus sacrosanctæ » Scripturæ, Patrum orthodoxorum, sacrorum Con- » ciliorum & Canonum monumentis, cæterisque » Ecclesiæ Catholicæ Commentariis, hoc opus sum- » mâ fide & curâ recensuit, certo quidem veritatis » illustrandæ, concordiæque promovendæ instituto. » At ut se totum, sic hanc operam suam, sancto illius » Catholicæ judicio reverenter submittit : *Parisiis,* » Mettayer, 1597, cum Privilegio Regis, *in-fol.* » Il fut réimprimé *in*-8, à Paris, dix ans après, sous le même titre, mais avec celui-ci au haut des pages : « Apparatus ad Fidem Catholicam », & avec son Symbole : *Etiam veni, Domine Jesu.* On a rapporté le titre entier de ce Livre, quoiqu'un peu long, parcequ'il en fait connoître le dessein.

Ce projet n'eut point de suite, il ne contenta aucun des Partis. D'Aubigné dit, (tome III. de son Histoire, chapitre onzième,) que de Serres fut l'un des quatre Ministres de la Religion Prétendue-Réformée, qui avoua à Henri IV. qu'on pouvoit se sauver dans la Religion Romaine. On trouve dans un Catalogue manuscrit des Livres de Jean Pinguenet, Chanoine de Reims, que les Ministres de Languedoc & Beze ne purent le détourner du dessein de cet Ouvrage ; que l'Auteur fut empoisonné, & qu'il mourut en 1598, âgé de cinquante ans. Pierre Cayet marque (Tome III. de sa Chronologie Novennaire, *pag.* 547,) que de Serres, Ministre à Orange, a senti les pointes des autres Ministres, pour avoir fait imprimer ce dernier Livre, & que sa mort subite ne fut pas sans soupçon de méchanceté. Malingre rapporte, *pag.* 501 du Livre VIII. de la *Décadence de l'Hérésie,* que de Serres & sa femme furent arrêtés sur le point qu'il étoit de se déclarer Catholique. On lit dans l'Histoire de Genève, de Jacob Spon, *pag.* 129 du Tome II. que sur la fin de 1598, mourut à Genève Jean de Serres, qui s'y étoit retiré après avoir fait l'Histoire de France, & qu'il fut enterré le même jour que sa femme, & mis dans le même tombeau.

Pierre Bayle, qui avoit un talent si particulier pour découvrir les Anecdotes qui concernent les Gens de Lettres, se seroit éclairci de tous ces faits qu'il paroissoit rechercher dans sa quatre-vingt-septième Lettre, s'il avoit consulté les Ouvrages attribués à cet Auteur, ou qui portent son nom. George Konig en fait, dans sa Bibliothèque ancienne & nouvelle, trois personnes, qui sont Joannes Serranus, Joannes Serrarius & Joannes Serræus. Il partage ses Ouvrages sous ces différens noms, qui conviennent cependant à la même personne.

☞ On trouve dans le Dictionn. de Marchand, un Article fort curieux sur Jean de Serres. Il avoit un frère nommé Olivier de Serres, Sieur de Pradel, en Vivarais.]

XXXIX.

JACQUES-AUGUSTE DE THOU.

Extrait du P. Niceron, Tome IX.

JACQUES-AUGUSTE DE THOU, qui étoit d'une Maison très-illustre dans la Robe, naquit à Paris le 9 Octobre 1553, de Christophe de Thou, qui fut depuis premier Président du Parlement de Paris, & de Jacqueline Tulleu.

On eut bien de la peine à l'élever ; on ne le nourrit pendant deux ans que de lait, parcequ'il avoit pour toute sorte de bouillie une aversion invincible qu'il a toujours eue depuis. Pour le sevrer, on se servit d'une certaine pâte faite avec de la mie de pain, de la farine de froment séchée au four, & de l'huile d'olive, qui est en usage en Italie ; ce qui le rendit si délicat & si maigre, que jusqu'à l'âge de cinq ans on désespéra de sa vie. Mais il commença alors à se mieux porter, & à prendre de l'embonpoint.

Sa délicatesse fut cause qu'on eut plus d'attention à sa santé, qu'à cultiver les talens de son esprit, qui promettoit déja beaucoup. Son enfance ne fut pas cependant oisive : naturellement ennemi de la paresse, il méprisa les amusemens des enfans de son âge, & s'appliqua de lui-même à la Peinture, pour laquelle il avoit beaucoup de goût & de disposition. Lorsqu'il eut dix ans, on commença à le faire étudier, & on le mit au Collège de Bourgogne. Mais à peine y eut-il été un an, qu'une fièvre violente qui l'attaqua, obligea à le remener chez son père. Il fut long-temps défespéré & abandonné des Médecins ; mais il en revint, & après avoir été six mois à se remettre, il continua ses études sous Henri de Monantheuil, Jean Martin, Michel Marescot & Pierre Duval, qui tous pratiquèrent depuis la Médecine à Paris, avec une grande réputation.

M. de Thou avoit plus d'inclination pour les Sciences, que de force & de mémoire pour les apprendre ; aussi profita-t-il davantage par une assiduité modérée, mais également soutenue, & par le commerce des Gens de Lettres, que par un grand travail. La foiblesse de son tempérament ne lui permettoit pas de forte application ; d'ailleurs le peu de contrainte où il avoit été élevé dès son enfance, l'accoutuma à une liberté qu'il conserva dans toutes les actions de sa vie, & principalement dans ses études.

Cinq ans après sa sortie des Classes, il alla entendre Denys Lambin & Jean Pellerin, Professeurs en Langue Grecque au Collège Royal. Sur la fin de l'an 1570, il alla à Orléans étudier en Droit, & employa l'année suivante à prendre les Leçons de Jean Robert, de Guillaume Fournier & d'Antoine le Conte. Pendant cette étude, la lecture qu'il fit des Ouvrages de Cujas, lui inspira tant d'estime pour lui, qu'il quitta Orléans, pour l'aller trouver en Dauphiné. En y allant, il s'arrêta six mois à Bourges, pour écouter Hugues Doneau & François Hotman, Professeurs en Droit. Il alla ensuite à Valence, où Cujas enseignoit. Ce fut là qu'il fit amitié avec le sçavant Joseph Scaliger, qui y étoit allé exprès pour voir Cujas ; amitié qu'il a toujours cultivée avec beaucoup de soin.

Son père, qui ne vouloit pas qu'il fût si long-temps éloigné de lui, le rappella un an après qu'il fut parti pour Valence, & il se rendit à Paris quelque temps avant la funeste journée de la Saint-Barthélemi. Comme il étoit destiné à l'Etat Ecclésiastique, il alla demeurer chez Nicolas de Thou son oncle, Conseiller au Parlement & Chanoine de Notre-Dame, dans le Cloitre de cette Eglise ; & son oncle ayant été peu de temps après fait Evêque de Chartres, lui donna son Canonicat. Il demeura quatorze ans de suite dans ce lieu, où il commença sa Bibliothèque, qui fut dans la suite si nombreuse.

En 1573, M. de Thou partit avec Paul de Foix, qui alloit en Italie de la part du Roi, & il en visita les principales Villes, liant par-tout commerce avec ce qu'il pouvoit y trouver de Sçavans. De retour à Paris, il s'appliqua pendant quatre ans à la lecture, qui ne lui fut pas cependant si utile, que la conversation des Sçavans qu'il voyoit avec assiduité.

Sur la fin de l'an 1576, le Duc d'Alencon & le Roi de Navarre (qui fut depuis Henri IV) s'étant sauvés de la Cour, on craignit des brouilleries. On dépêcha M. de Thou au Maréchal de Montmorency, avec des ordres secrets de se servir de son crédit pour les prévenir. Il y réussit, & les suspendit pour quelque temps.

Il fit ensuite par occasion un Voyage dans les Pays-Bas, dont il vit une partie. Peu après son retour, son frère aîné tomba malade, & mourut au bout de dix-neuf mois de langueur, pour avoir couru en 24 heures depuis Poitiers jusqu'à Longjumeau. Pendant cette maladie, c'est-à-dire en 1578, M. de Thou fut reçu Conseiller-Clerc au Parlement ; charge qu'il n'accepta qu'avec peine, à cause de son goût pour l'étude, & pour les douceurs d'une vie privée, mais dont il remplit les devoirs avec beaucoup d'exactitude.

Il accompagna, en 1579, son frère aîné, qui étoit toujours languissant, aux eaux de Plombières en Lorraine ; & il profita de cette occasion pour visiter les Pays voisins. Revenu à Paris, la peste l'obligea, en 1580, de se retirer en Touraine, d'où il alla voir la Normandie & la Bretagne. Dès que la peste fut cessée, il retourna à Paris auprès de son père, qui n'avoit point quitté cette ville ; mais il n'y resta pas long-temps, ayant été alors député, avec d'autres Conseillers du Parlement, pour rendre la Justice en Guyenne.

Ce fut dans ce temps-là qu'il prit la résolution de quitter l'Etat Ecclésiastique, auquel il avoit été destiné, & de se rendre aux sollicitations de ses oncles, qui vouloient qu'il se mariât.

Il demeura en Guyenne, où sa Compagnie l'employa dans tout ce qui se trouva d'honorable, jusqu'en 1582, que le premier Président obtint du Roi qu'il revînt à Paris ; mais comme il prit un grand détour, il n'y arriva que le jour de l'Enterrement de son père. Pour se consoler de n'avoir pas reçu ses derniers soupirs, il travailla à lui faire ériger un Mausolée dans l'Eglise de S. André-des-Arcs, & à lui faire composer des Eloges par les plus beaux esprits du Siècle.

S'étant ensuite défait de ses Bénéfices, il fut pourvu, le 10 Avril 1584, d'une Charge de Maître des Requêtes. Il se remit alors de nouveau à l'étude, & prit chez lui Maurice Bressieu, Professeur Royal de Mathématiques, avec lequel il s'appliqua, cette année & la suivante, à la lecture du Grec d'*Euclide*, avec les Notes de *Proclus*.

L'amitié que le Cardinal de Vendôme avoit conçue pour lui, l'engagea à faire quelque séjour à la Cour ; mais cette amitié s'étant refroidie, il se retira d'un lieu qui lui déplaisoit, pour se livrer entièrement à la composition de son Histoire, qu'il avoit commencée deux ans auparavant.

Il eut, en 1586, la survivance de la Charge de Président à Mortier, que possédoit Augustin de Thou son oncle, & se maria l'année suivante avec Marie de Barbanson, après s'être fait délier par l'Official de Paris, de tous les engagemens qu'il avoit pris dans l'Etat Ecclésiastique ; car il avoit reçu les quatre Ordres mineurs.

Il perdit, au commencement de l'année 1588, sa mère, qui mourut à l'âge de soixante-dix ans. Cette année, féconde en troubles, qui causèrent beaucoup de maux par toute la France, lui donna bien de l'exercice. Voyant que l'esprit de la Ligue avoit gagné Paris, & avoit obligé Henri III. à quitter cette Ville, il suivit ce Prince, & alla par son ordre en Normandie, pour sonder les sentimens des Gouverneurs & des Magistrats, pour les instruire de ce qui s'étoit passé, les confirmer dans leur devoir, & leur faire connoître le dessein que le Roi avoit d'assembler les Etats Généraux. Lorsqu'il fut de retour auprès du Roi Henri III. ce Prince, pour récompenser ses services, le fit Conseiller d'Etat, & il en prêta le serment le 26 Août de cette année.

Pendant la tenue des Etats à Blois, il revint à Paris, où il fut en danger de perdre la vie ; car la nouvelle de la mort du Duc de Guise y étant arrivée, le peuple se souleva, & tous ceux qui étoient attachés au Roi furent obligés de se cacher : M. de Thou en fit de même, & trouva ensuite le moyen de sortir de Paris, déguisé en soldat, avec sa femme habillée en simple Bourgeoise.

Il se rendit à Blois auprès du Roi, qui, étant passé à Tours, résolut d'y établir un Parlement, pour l'opposer à celui de la Ligue. M. de Thou fut proposé pour en être le premier Président ; mais il refusa constamment cette dignité, & la fit tomber sur M. d'Espesses.

La proposition que M. de Schomberg lui fit de l'accompagner en Allemagne, où il alloit de la part du Roi, pour lever des troupes & pour tirer quelque secours des Princes Allemans, plût davantage à M. de Thou ; il l'accepta même avec plaisir. Comme ils passèrent par l'Italie, il étoit à Venise, lorsqu'il apprit la triste mort du Roi Henri III. Cette nouvelle lui fit prendre la résolution de revenir en France. Il se rendit donc, après avoir couru plusieurs dangers, à Châteaudun, auprès du Roi Henri IV. qui le reçut

sur plusieurs Historiens de France.

fort obligeamment. Il lui rendit un compte exact de tout ce qu'il avoit traité pendant son Voyage, & demeura depuis fidèlement attaché à son service.

Il fut dans la suite employé à plusieurs Négociations importantes, & le Roi fit connoître la confiance qu'il avoit en lui, en l'envoyant auprès du Cardinal de Vendôme & du Comte de Soissons son frère, avec ordre de ne les point quitter, parcequ'ils avoient auprès d'eux des personnes qui leur débitoient des nouvelles contraires à ses intérêts ; ce Prince étant bien sûr, que tant que M. de Thou seroit auprès d'eux, ils ne se laisseroient pas séduire par ces esprits dangereux.

Après la Bataille d'Ivry, que le Roi Henri IV. gagna en 1590, M. de Thou l'alla saluer, & en obtint la permission d'aller voir à Senlis sa femme, qu'il n'avoit pas vue depuis un an. Les différents Voyages qu'il fit pendant des chaleurs excessives, pour engager son beau-frère, le Chancelier de Chiverni, à se rendre auprès du Roi, lui causèrent une fièvre violente, qui l'attaqua dans le Château de Nantouillet, dont le Roi lui avoit confié la garde, avec une bonne garnison.

Après la levée du Siège de Paris, on rappella cette garnison, & M. de Thou se retira à Senlis avec sa femme. Là, il résolut de s'aller établir à Tours, avec ce qu'il avoit pu sauver du pillage de la Fère, où il avoit fait transporter quelque temps auparavant une partie de ses meubles, & où il avoit perdu considérablement. Comme ils alloient à Méru, sur le soir, un Parti de la Garnison de Beauvais lui enleva ces restes, & fit prisonnière Madame de Thou avec tout son équipage. Le mari ne pouvoit se résoudre à abandonner une femme qui lui étoit très-chère ; mais ses domestiques lui ayant représenté que l'aigreur qui régnoit entre les deux Partis, devoit lui faire craindre quelque chose de plus fâcheux que la prison, il se sauva sur un cheval vigoureux, & gagna Chaumont en Vexin, suivi seulement de deux valets.

Jean de Chaumont-Guitri, son intime ami, qui commandoit dans le Château, envoya sur le champ un Trompette à Beauvais, réclamer cette Dame & tout ce qu'on lui avoit enlevé. Comme il ne put rien obtenir, on dépêcha à Gisors où étoit le Roi. M. de Biron écrivit aussi-tôt à Sesseval, qui commandoit à Beauvais, & il renvoya Madame de Thou avec tous ses gens & son équipage.

Le Roi donna en ce temps-là, à M. de Thou, la Charge de sa Bibliothèque : cette Charge étoit vacante par la mort de Jacques Amyot, qui la possédoit.

Il fut attaqué en 1592, dans un Voyage qu'il fit de Chartres à Tours, d'une maladie dangereuse, qui lui vint d'un séjour de quatre mois qu'il avoit fait au camp devant Rouen, où l'air corrompu par la longueur du Siège, avoit causé la peste. En effet, au bout de trois jours, on apperçut autour de ses reins, ces espèces de charbons, qui sont les marques certaines de cette maladie ; & l'on désespéra absolument de sa guérison. Il fut cependant guéri par l'infusion d'une pierre de Bézoar dans de l'eau cordiale.

Charles de Lorraine, Duc de Guise, ayant fait en 1594, sa paix avec le Roi, M. de Thou & M. de Béthune furent choisis pour régler les conditions de son Traité. Comme M. de Thou avoit été nommé à l'Ambassade de Venise, il fut chargé l'année suivante, de recevoir les Ambassadeurs de cette République, qui vinrent alors à Paris, & de leur tenir compagnie pendant le séjour qu'ils y feroient.

Il eut la même année le chagrin de perdre Augustin de Thou son oncle, Président à Mortier. Il y avoit déja long-temps qu'il avoit été reçu en survivance de sa Charge, & il en prit alors possession.

Le Roi ayant alors donné un Edit en faveur des Protestans, M. de Thou le fit enregistrer sans modification ; mais comme le Procureur Général s'y étoit opposé, les Protestans obligèrent le Roi de leur en accorder un autre l'année suivante 1596. Ils prirent le temps que ce Prince étoit occupé au Siège de la Fère, pour lui présenter une Requête sur ce sujet.

M. de Thou fut nommé pour traiter avec eux des Articles qu'ils proposoient ; mais comme il prévoyoit que cette Négociation lui attireroit quelque mécontentement de la part de Rome, & peut-être la disgrace de la Cour, par les intrigues de ses envieux, il fit tant que Messieurs de Vic & Calignon furent chargés à sa place de cette Commission, & qu'il eut seulement ordre d'aller avec M. de Schomberg à Tours, pour traiter de la paix avec les Députés du Duc de Mercœur. Après quelques jours employés à cette Négociation, ils se rendirent à Angers, où M. de Thou apprit la mort de Pierre Pithou, dont il fut fi affligé, qu'il fut prêt à déchirer son Histoire, n'ayant plus alors personne qui pût le diriger dans sa composition, comme avoit fait jusques-là ce grand homme.

Tout l'hyver s'étant passé inutilement à traiter avec le Duc de Mercœur, & MM. de Vic & Calignon n'ayant pas mieux réussi auprès des Protestans, on leur joignit M. de Schomberg & M. de Thou, qui ne pût en éviter de s'engager dans cette affaire, & qui en demeura même dans la suite seul chargé avec M. Calignon.

Après bien des délais & des pratiques secrettes de la part des Protestans, qui cherchoient à profiter de la situation des affaires du Roi, l'Edit de Nantes fut enfin signé au mois d'Avril 1598. M. de Thou étoit d'avis qu'il fût aussi-tôt enregistré ; mais le Légat en obtint la surséance, & le Duc de Bouillon se chargea d'empêcher que les Protestans ne le prissent en mauvaise part. Ainsi cette affaire fut remise à l'année suivante, & après plusieurs difficultés, l'Edit fut enregistré au commencement du Carême.

L'an 1601, M. de Thou perdit Marie de Barbanson sa femme, dont il n'avoit point eu d'enfans, & il immortalisa sa douleur par une Elègie qu'il fit sur sa mort. Il se remaria depuis à Gasparde de la Châtre, fille de Gaspard de la Châtre, Comte de Nancel, Capitaine des Gardes du Corps, dont il eut trois fils & trois filles. Les fils sont : 1°. François-Auguste de Thou, qui eut la tête tranchée à Lyon, en 1642. 2°. Jacques-Auguste de Thou, Président en une Chambre des Enquêtes, puis Ambassadeur du Roi en Hollande. 3°. Achilles-Auguste de Thou, Conseiller au Parlement de Bretagne.

Pendant la Régence de la Reine Marie de Médicis, M. de Thou fut un des Directeurs Généraux des Finances, avec M. de Châteauneuf & le Président Jeannin : ensuite il fut employé en différentes Négociations auprès des Princes mécontens, qui s'étoient retirés de la Cour. Il fut aussi en 1616, Député par le Roi Louis XIII. à la Conférence de Loudun, avec MM. le Maréchal de Brissac, de Villeroi, de Vic & de Pontchartrain.

Il mourut le 17 Mai de l'année suivante 1617, âgé de 64 ans, & il fut enterré dans la Chapelle de sa Famille, à S. André des Arcs.

M. de Thou s'est acquis une gloire immortelle par son *Histoire*, *qui est écrite avec une exactitude & une fidélité qui n'a guères d'exemple. Il n'a pas moins excellé dans la Poësie que dans l'Histoire. Les Ouvrages que l'on a de lui en ce genre sont :

Metaphrasis Poëtica librorum Sacrorum aliquot : *Turonibus*, 1588, *in-8.* = Eadem, sous ce titre : Poëmata sacra : *Turonibus*, 1592, *in-8.* & *Parisiis*, 1599. *in-8.*

---

* ☞ *Voyez tout ce qui est dit de cette Histoire, Tome II. pag. 375 & suiv.*

(Les Livres paraphrafés en Vers par M. de Thou, font ceux de Job, de l'Ecclésiaste, des Lamentations de Jérémie, & de fix petits Prophètes. Une partie de ces Poëfies facrées, a été réimprimée avec la Paraphrafe de *Rittershufius* fur les douze petits Prophètes : *Ambergæ*, 1604, *in*-8.

De Re accipitraria : *Parifiis*, 1584, *in*-4. (Voffius loue beaucoup ce Poëme, & dit que les Vers en font fort élégans. Borrichius témoigne auffi que cet Ouvrage a fait mettre l'Auteur au rang des meilleurs Poëtes de fon Siècle. M. de Thou n'en avoit fait d'abord que deux chants, qu'il fit imprimer à Bordeaux en 1582, à la perfuafion d'Elie Vinet, Directeur du Collége de cette Ville ; il y ajouta depuis un troifième Chant, qui traite des remèdes propres pour la guérifon des Oifeaux qu'on dreffe à la Volerie. François de Lorme, fameux Médecin de Poitiers, lui fut d'un grand fecours pour fçavoir au jufte les noms des remèdes & des fimples qui devoient entrer dans fon Poëme.)

Crambe, Viola, Lilium, Phlogis, Terpfinoe : *Parifiis*, 1611, *in*-4. & *in-fol. Parifiis*, Rob. Stephanus. (Ce font des Poëmes fur ces différentes chofes.)

On a encore, de M. de Thou :

Papirii Maffoni Vita, (à la tête des Eloges de Papire Maffon.)

Thuana, five Excerpta ex ore J. A. Thuani per FF. PP. (fratres Puteanos :) *Genevæ*, 1669, *in*-8. & *Coloniæ*, 1694, *in*-2. (Il n'y a rien dans ce Recueil, qui joint enfuite au Perroniana, qui réponde à la réputation de celui dont il porte le nom.)

X L.

ADRIEN DE VALOIS.

Extrait du Valefiana : *Paris*, 1694, *in*-12.

Adrien de Valois naquit le 14 Janvier 1607. Charles de Valois fon père, iffu d'une noble Famille de Baffe-Normandie, l'envoya étudier au Collége de Clermont, où les Jéfuites recommençoient alors à enfeigner.

Quand il eut achevé fes Claffes, il s'appliqua fortement à la lecture des bons Auteurs, des Poëtes Grecs & Latins, des Orateurs & des Hiftoriens ; à quoi il fut puiffamment excité par la compagnie & par l'exemple de Henri de Valois, l'un de fes frères, & par les confeils des Pères Sirmond & Pétau, & de MM. Bignon, Rigault, Florent, du Bofquet & du Puy, qu'il confultoit fouvent fur fes difficultés & fes doutes.

Il fit fa principale étude de notre Hiftoire, employant plufieurs années à en rechercher les plus certains Monumens, tant manufcrits qu'imprimés ; & à réfoudre les difficultés qui s'y trouvent. Sa longue perfévérance dans ce pénible travail, jointe à la parfaite connoiffance qu'il avoit acquife de la Langue Latine, & à l'excellent ftyle qu'il s'étoit formé par un continuel exercice, le mit en état d'entreprendre un Ouvrage plus régulier & plus accompli que tout ce qui avoit paru jufqu'alors fur ce fujet.

En 1646, il mit au jour le premier Tome, où il éclaircit la partie la plus obfcure de notre Hiftoire, découvre l'origine des anciens François, & raconte leurs exploits depuis l'Empire de Valérien, jufqu'à la mort du vieux Clotaire.

Les règles qu'il s'y prefcrit ne pouvoient être plus sûres, ni les principes qu'il y établit plus folides. C'eft de ne rien avancer fans autorité ; de préférer les anciens aux modernes ; & le plus grand nombre au plus petit. Quand le texte des Auteurs lui a paru altéré par l'ignorance des Copiftes, il l'a reftitué au défaut de meilleurs exemplaires, par des conjectures fort heureufes, & toujours fondées fur la Géographie, ou fur la Chronologie. Il a pris beaucoup de peine pour rapporter chaque Evénement au temps & au lieu où il étoit arrivé, & pour marquer les années & les Confuls.

Pour rendre ce premier Tome intelligible, il a mis à la tête une Table Chronologique des Actions mémorables faites par les François, depuis l'Empire de Valérien, jufqu'à la vingt-cinquième année de celui de Juftinien, avec une Notice des Provinces & des Villes des Gaulois.

Ayant travaillé fans relâche à la fuite de cette Hiftoire, il en publia le fecond & le troifième Tome en 1658. Le fecond contient ce qui s'eft paffé depuis la mort du vieux Clotaire, jufqu'au règne du Jeune. Pour en faire un récit exact, il étudia à fond Grégoire de Tours, prefque le feul Hiftorien de ces temps-là ; & fans vouloir s'arrêter à l'Edition de M. du Chefne, quoique la meilleure jufqu'alors, il eut recours à plufieurs Manufcrits, qu'il conféra avec les Livres imprimés. Quand il y trouva des fautes manifeftes, qui venoient moins de l'ignorance des Copiftes que de la négligence de l'Auteur, qui rapportoit diverfement la même fait en plufieurs endroits, ou qui renverfoit l'ordre des temps & des chofes, il ne fit point difficulté de l'abandonner. Il rapporte dans fa Préface plufieurs exemples de ces fautes échappées à Grégoire de Tours, & les raifons qu'il a eues de ne le pas fuivre. Il apporta la même exactitude à confulter les Manufcrits de Frédégaire, & des Annales de Mets.

A la fin du troifième Tome, qui contient ce qui s'eft paffé depuis le Règne du jeune Clotaire, jufqu'à la dépofition de Childeric, il mit une Differtation *de Bafilicis*, qu'il avoit compofée à l'occafion que je vais dire.

Etant chez M. le Fèvre-Chantereau, qui tenoit un jour de chaque femaine une Affemblée de fes amis, pour s'entretenir avec eux d'Hiftoire & de Sciences, quelques-uns lui demandèrent pourquoi en parlant de l'Eglife ou de la Bafilique de S. Vincent, élevée par la libéralité de Childebert, il lui avoit donné le nom de Monaftère, vu que Grégoire de Tours & Frédégaire ne le lui donnent jamais ; mais feulement celui d'Eglife & de Bafilique. M. de Valois pour fatisfaire à leur demande, compofa la Differtation dont je parle, où il entreprit de montrer que cette Eglife avoit été un Monaftère dès fon commencement ; & fe fervit pour le prouver de l'Acte de fa fondation.

M. de Launoi, Docteur en Théologie de la Maifon de Navarre, qui fe trouvoit fouvent à cette Affemblée, ayant compofé un petit Ecrit contre cette Differtation, M. de Valois y répondit en 1660. Dans cette Réplique, après avoir foutenu tout ce qu'il avoit avancé touchant l'Eglife de S. Vincent, il voulut encore faire voir qu'il y avoit toujours eu des Moines dans celle de S. Denys. Il joignit à fa défenfe, un Traité hiftorique des anciennes Eglifes de Paris, dans lequel il réfuta plufieurs endroits

sur plusieurs Historiens de France. cj

d'un autre Traité de M. de Launoi, sous le même titre. Dans la même année, il fût honoré, de même que M. (Henri) de Valois son frère (aîné), de Lettres d'Historiographe du Roi, portant une pension de 1200 livres par an.

En 1663, il fit imprimer *in-*8. deux Poëmes, dont l'un lui avoit été donné manuscrit, par (le sçavant) M. Heinsius, (Grand Pensionnaire de Hollande,) & l'autre par M. d'Hérouval, Auditeur des Comptes. Le premier est un Panégyrique de l'Empereur Bérenger ; & le second est une espèce de Satyre composée par Adalbéron, Evêque de Laon, contre les vices des Religieux & des Courtisans, & adressée au Roi Robert. M. de Valois illustra ces deux Poëmes par des Commentaires tirés de nos meilleurs Auteurs. Sur le premier, il s'étendit à montrer quelle étoit la Famille de Bérenger, ses ancêtres & ses exploits avant son avénement à l'Empire. Sur le second, il avança quantité de choses singulières, qui rehaussent extrêmement en général l'autorité des Rois de France, & en particulier les vertus personnelles du Roi Robert.

Ayant reçu en 1664, une gratification du Roi, il en témoigna sa reconnoissance à Sa Majesté par un *Discours* où il la loue en termes magnifiques, d'avoir non-seulement rendu par sa clémence la paix à l'Europe ; mais encore d'avoir rétabli par sa libéralité les Sciences & les Beaux-Arts.

Vers la fin de la même année, il fut privé de la compagnie de son frère, qui quitta la maison paternelle pour se marier. Quelques années après il suivit son exemple, en épousant une personne de vertu, avec laquelle il a toujours vécu dans une parfaite intelligence, & de laquelle il a eu deux enfans : un fils qui, dans le cours de ses études à très-bien répondu aux soins & aux intentions d'un père aussi éclairé & aussi habile, & une fille morte en bas âge.

En 1666, ayant été consulté sur un fragment de Pétrone trouvé à Trau en Dalmatie, il répondit par un petit Traité adressé à M. Wagensel, & déclara ouvertement, que c'étoit une production dont la supposition paroissoit à chaque page. Ses preuves sont, qu'au lieu que Pétrone n'employe que des mots autorisés par l'usage, l'Auteur du Fragment en employe d'inconnus & de barbares, comme *Saplutus, lupatria, matus, absinax*. Il en employe encore de nouveaux, & qui n'étoient pas inventés du temps de Pétrone, comme *Expudorata*. Il change le genre des noms, faisant *Cœsus* & *Balneus* masculins. Il se sert de mauvaises phrases, comme *Planctus est optimé*, pour dire : Il a été beaucoup pleuré. *Oneravi Vinum*, au lieu d'*Oneravi naves Vino*.

Passant des mots aux choses, M. de Valois y montre des fautes encore plus grossières, & qui rendent le Fragment plus indigne de Pétrone. Dans cette Dissertation, il se déclare pour l'avis de M. (Henri) de Valois son frère, qui croyoit que Pétrone étoit Gaulois, & qu'il avoit vécu depuis le Règne de Néron. Pour prouver qu'il étoit Gaulois, il cite trois Vers de Sidonius ; & pour prouver qu'il a vécu non sous Néron, mais sous les Antonins, il cite Macrobe, qui le joint à Apulée qui vivoit avant l'Empire de Sévère.

M. Statilée qui avoit trouvé le Fragment, répondit à la Dissertation de M. de Valois, & à celle de M. Wagensel.

En 1675, M. de Valois donna au Public sa *Notice des Gaules*, qui doit être considérée comme un des plus précieux fruits de ses veilles. En lisant les Auteurs qui touchent quelque partie de notre Histoire, il avoit très-exactement remarqué ce qu'ils disoient des Pays, des Montagnes, des Forêts, des Fleuves, des Isles, des Ports, des Villes, des Monastères, des Evêchés, de leur fondation, de leurs limites ; & c'est des Recueils qu'il en avoit faits, qu'il composa cette Notice par l'ordre de l'Alphabeth, où il n'avance rien qu'il n'appuie sur les Monumens les plus certains de l'Antiquité.

La Préface qui est à la tête, contient ce que les Géographes, & les Historiens Grecs & Latins, & les autres meilleurs Ecrivains nous ont laissé de la situation des Gaules, de la division de ses Provinces, & des changemens qui y sont survenus en différens temps. Il s'étonne que Ptolémée n'ait pas décrit les Gaules avec le même soin que les autres Provinces de l'Empire, & il montre beaucoup de fautes qui lui sont échappées.

Au mois de Mai de l'année 1676, il perdit Henri de Valois son frère, avec lequel il avoit toujours été aussi étroitement uni par la société de leurs études, que par les liens de la nature. Il composa son Eloge, où il fit un portrait fidèle de son esprit & de ses mœurs, & un récit exact de ses études & de ses Ouvrages.

Le premier dont il parle, est un Extrait de Polybe, de Denys d'Halicarnasse, & de quelques autres anciens Auteurs, touchant la vertu & le vice : c'est un des 53 Extraits faits autrefois par ordre de l'Empereur Constantin Porphyrogenète, (mort à Constantinople en 960.) M. de Valois l'aîné l'eut de M. Peyresk, qui l'avoit acheté d'un marchand de Marseille ; il le traduisit de Grec en Latin, & y joignit ses remarques. Des 53 Extraits de Constantin Porphyrogenète, il ne reste que celui-ci, qui traite comme on vient de le dire, *de la Vertu & du Vice* ; & un autre intitulé : *des Ambassades*, qui a été donné une seconde fois au Public en Grec & en Latin, dans le tome I. de l'Histoire Byzantine de l'Imprimerie Royale, & dont j'ai donné depuis une Traduction en notre Langue dans le tome III. de mon Histoire de Constantinople.*

Les autres Ouvrages de M. de Valois l'aîné, sont Ammien Marcellin, avec des observations toutes différentes de celles de Lindenbrogius ; la nouvelle Traduction (Latine) d'Eusèbe, de Socrate ; de Sozomene, de Théodoret, d'Evagre & de Philostorge ; avec des Notes & des Dissertations fort sçavantes : outre quelques Pièces, dont les unes ont été imprimées, comme les Eloges du Père Sirmond, du Père Pétau, & de M. Dupuy ; & les autres ne l'ont pas encore été, comme la Traduction de quelques Oraisons de Libanius.

En 1681, (notre) M. de Valois dont je fais l'Eloge, prit le soin d'une seconde Edition d'Ammien Marcellin, à laquelle il ajouta des Notes posthumes de M. de Valois son frère, celles de Lindenbrogius, de nouvelles qu'il avoit lui-même composées, des Corrections faites sur un Manuscrit de la Bibliothèque de M. Colbert ; & une Dissertation sur l'Hebdome, de laquelle je donnai un Extrait fort ample dans le Journal du 2 Février de l'année 1688.

En 1684, il donna au Public deux petits Ouvrages, l'un contre le Père Chifflet Jésuite ; & l'autre contre un Religieux Bénédictin, dont il déguise un peu le nom.** Dans le premier de ces Ouvrages, il défend une découverte qu'il avoit faite autrefois touchant les 16 années du Règne de Dagobert ; & qui consiste à faire voir que ces années doivent être comptées, non du jour de la mort de Clotaire, mais

---

* ☞ Il paroit par cet endroit, & par la citation du *Journal des Sçavans*, qui est faite plus bas, que Louis Cousin, Président de la Cour des Monnoies, connu par plusieurs excellentes Traductions d'Historiens anciens, est l'Auteur de cet Eloge historique de M. de Valois.]

** ☞ C'est Dom Michel Germain. *Voyez* ce qui en est dit, ci-devant, Tome I. N.° 434.

de la 39ᵉ année de fon Règne : ce qu'il fait en juſtifiant par le témoignage de Frédégaire ce qui s'eſt paſſé en chacune de ces années-là. Dans le ſecond Ouvrage, il défend pluſieurs endroits de ſa Notice des Gaules.

Depuis ce temps-là, il ne fit plus rien imprimer, quoiqu'il eût des Ouvrages prêts à être mis ſous la preſſe, & entr'autres un Recueil de Poëſies, un Commentaire ſur les Satyres de Juvenal, des Lettres ſur divers ſujets, & des Remarques ſur Florus, & ſur d'autres Auteurs. Il ſe contenta de jouir d'un profond repos, d'une parfaite ſanté, & d'une heureuſe vieilleſſe, ſortant rarement, & ne voyant que ſes amis particuliers, qui le viſitoient quelquefois, & ne manquoient jamais de profiter de ſes lumières.

Vers le commencement de cette année (1692,) il eut une indiſpoſition qui commença par un ſaignement de nez, & continua par un rhumatiſme. Elle n'auroit rien eu de dangereux dans un âge moins avancé ; mais ayant duré le reſte de l'hyver, & juſqu'à l'été, & ayant été augmentée par de légers accès de fièvre, & ſecondée par le nombre des années, elle le réduiſit à l'extrêmité.

Il ſe prépara à la mort par tous les devoirs de la piété Chrétienne, & expira doucement le ſecond du préſent mois de Juillet 1692, à 4 heures après midi, âgé de 85 ans.

Catalogue des Ouvrages d'Adrien de Valois.

1. Recueil de Vers Latins & François, contre le Profeſſeur Mommor : *Paris*, 1643, *in*-4. Sous un nom emprunté.

2. Hadriani Valeſii, Rerum Francicarum, uſque ad Chlotharii Senioris mortem, Libri VIII : *Luteciæ Pariſiorum*, ſumtibus Sebaſtiani Cramoiſy & Gabrielis Cramoiſy, 1646, *in-fol.*

3. Hadr. Valeſii, Diſceptatio de Baſilicis quas primi Francorum Reges condiderunt, an ab origine Monachos habuerint. *Pariſiis*, ex Officina Cramoſiana, 1658, *in-8.*

4. Hadr. Valeſii, Rerum Francicarum, à Chlotharii Senioris morte ad Chlotharii Junioris Monarchiam, Tomus II. *Luteciæ Pariſ.* ſumtibus Sebaſtiani Cramoiſy, 1658, *in-fol.*

5. Hadr. Valeſii Rerum Francicarum, à Chlotharii Minoris Monarchiâ ad Childerici deſtitutionem, Tomus III. *Luteciæ Pariſ.* ſumtibus Sebaſtiani Cramoiſy, 1658, *in-fol.*

6. Hadr. Valeſii Diſceptationis de Baſilicis Defenſio adversùs Johannis Launoii Theologi Pariſienſis de eâ judicium : *Pariſiis*, apud Johannem du Puis, 1660, *in-8.*

7. Carmen Panegyricum de Laudibus Berengarii Aug. & Adalberonis Epiſcopi Laudunenſis, ad Robertum Regem Francorum, Carmen ; ab Hadriano Valeſio, Hiſtoriographo Regio è veteribus Codicibus eruta, & Notis illuſtrata : *Pariſiis*, ſumtibus Johannis du Puis, 1663, *in-8.*

8. Hadr. Valeſii, Oratio de Laudibus Ludovici Adeodati Regis Chriſtianiſſimi : Quòd ejus munificentiâ Litteræ ſunt reſtitutæ : *Pariſiis*, 1664, *in*-4.

9. Hadr. Valeſii, Hiſtoriographi Regii, & Joannis Chriſtophori Wagenſeſii, de cenâ Trimalcionis, nuper ſub Petronii nomine vulgatâ, Diſſertationes : *Luteciæ Pariſiorum*, è Typographiâ Edmundi Martini, 1666, *in-8.*

10. Hadr. Valeſii, Hiſtoriographi Regii, Notitia Galliarum ordine litterarum digeſta, &c. *Pariſiis*, apud Fredericum Leonard, 1675, *in-fol.*

11. Hadr. Valeſii, Hiſtoriographi Regii, de Vita Henrici Valeſii, Hiſtoriographi Regii, Liber : *Pariſiis*, 1677, *in*-12.

12. Ammiani Marcellini, Rerum geſtarum, qui de XXXI. ſuperſunt Libri XVIII. ope Mſſ. Codicum emendati, ab Henrico Valeſio, &c. Editio poſterior, cui Hadrianus Valeſius, Hiſtoriographus Regius, frater, Lindenbrogii Juriſc. ampliores in eumdem Hiſtoricum Obſervationes adjecit, & beneficio Codicis Colbertini Ammianum multis in locis emendavit, notiſque explicuit, &c. *Pariſiis*, ex Officina Antonii Dezallier, 1681, *in-fol.*

13. Hadriani Valeſii, Hiſtoriographi Regii, Obſervationis de annis Dagoberti I. Francorum Regis, defenſio : Ejuſdem, Notitiæ Galliarum Defenſio : *Luteciæ Pariſiorum*, apud Thomam Moëtte, 1684, *in-8.*

XLI.
*ANTOINE VARILLAS.
(Par le Père le Long.)

DE tous les Auteurs, qui ont écrit l'Histoire de France, il n'y en a aucun dont la réputation ait plus varié que celle d'ANTOINE VARILLAS. Il naquit en 1624, à Gueret, Capitale de la haute Marche, d'un père de même nom, qui étoit Procureur au Présidial de cette Ville, & de Françoise Couturier. Après y avoir achevé ses études, il fut chargé de l'éducation du fils de M. de Sève, Lieutenant Général de Lyon, & ensuite du Marquis de Caraman, de la Province de Bretagne. A son arrivée à Paris, il fut admis dans la Maison de M. Amelot de Biseuil, en qualité d'homme de Lettres; & ce fut sous ce titre qu'il eut accès dans le Cabinet de Messieurs Dupuy, alors le rendez-vous des Sçavans.

Il dit dans une de ses Préfaces, que depuis l'an 1648. jusqu'en 1652, il eut l'honneur d'être l'Historiographe de Gaston de France, Duc d'Orléans. En 1655, il fut introduit dans la Bibliothèque du Roi par Jacques Dupuy, Abbé de saint Sauveur, qui en avoit alors la direction, depuis la mort de Pierre Dupuy, son frère aîné, arrivée en 1651. Il ne lui survéquit pas long-temps ; car il mourut en 1656, & eut pour successeur dans son emploi, Nicolas Colbert, Evêque de Luçon en 1661, puis d'Auxerre, à qui Varillas se fit connoître par sa grande assiduité à se trouver dans cette Bibliothèque, pour y travailler. M. Colbert, son frère aîné, depuis Ministre d'Etat, l'avoit chargé de lui trouver un homme capable de collationner les Manuscrits de M. de Brienne, dont il avoit une copie, avec les Originaux qui sont dans la Bibliothèque du Roi. L'Abbé Colbert proposa Varillas, qui en cette considération fut gratifié d'une pension de douze cens livres, & il eut pour adjoint dans ce pénible travail, l'Abbé de Saint-Réal. Mais soit que Varillas n'eût point de disposition pour cette sorte d'ouvrage, soit qu'il n'y travaillât qu'avec négligence, il lui échappa bien des fautes.

Ainsi il fut remercié en 1662, & se retira de la Bibliothèque du Roi, où il avoit alors placée dans l'enceinte du Couvent des Cordeliers, & alla demeurer dans la Communauté de S. Côme, où il a passé le reste de ses jours. On lui conserva sa pension, dont il fut privé en 1670, parce qu'on prévint alors contre lui le Ministre. Elle lui fut rendue en 1694. Mais il n'en jouit que deux ans, Plusieurs Seigneurs François & étrangers lui en ayant offert, il les a toujours refusées, excepté celle du Clergé de France, que François de Harlay, Archevêque de Paris, lui fit donner. Il a vécu en Philosophe, fort simple dans ses habits & ses meubles, fort par économie; car il étoit à son aise. Il aima sur toutes choses la liberté, qu'il goûtoit dans sa retraite de saint Côme, où il mourut le 9 Juin 1696, âgé de soixante-douze ans ; son corps fut porté aux Carmelites du Fauxbourg Saint-Jacques, où l'on voit son Epitaphe. Il fit dans son testament plusieurs legs pieux, dont il y en a un qui a servi en partie à fonder le Collège que les Barnabites ont à Gueret.

A l'égard de ses Ouvrages, ils ne regardent que l'Histoire moderne de France & d'Espagne, & celle des Hérésies des derniers siècles.

Son Histoire de France comprend en quinze Volumes in-4. une suite de cent soixante & seize ans, sous neuf divers Règnes. Il l'a commencée à la naissance de Louis XI. en 1423, & l'a terminée à la mort de Henri III. en 1589. Lorsqu'il la mit sous presse, il ne garda pas l'ordre des temps ; car il donna en 1683, l'Histoire de Charles IX. comme la plus intéressante à cause des Guerres de Religion dont elle est remplie ; il revint à celle de François I. puis à celle de Louis XII. ensuite aux Histoires de Louis XI. & de Charles VIII. Il donna après, celles de Henri II. & de François II. & finit par celle de Henri III.

Pendant qu'on imprimoit son Histoire de France, il fit aussi travailler à l'impression de celle des Hérésies, sous ce titre : « Histoire des Révolutions arrivées » dans l'Europe, en matière de Religion, depuis l'an » 1374, jusqu'à la mort du Comte de Montrose, » exécuté en Angleterre en 1650 », ce qui devoit remplir quatre-vingt-quinze Livres. Il n'en a publié que les trente-quatre premiers, qui finissent à l'année 1569, en six Volumes in-4. Les deux premiers parurent en 1686, les deux suivans en 1687, & les deux derniers en 1689. On ne trouve dans tous ces Ouvrages qu'une seule Approbation de M. Coquelin, Chancelier de l'Eglise de Paris, qui devoit plaire à l'Auteur, s'il aimoit les louanges.

Il fit paroître le commencement de son Histoire d'Espagne, en 1688, en trois Volumes in-12. à Amsterdam, sous ce titre : « La Politique de Ferdi- » nand le Catholique ». Dès 1658, il avoit donné celle de Charle-Quint, sous ce titre général : « La » Politique de la Maison d'Autriche ; » ce qui ne convient qu'au Discours préliminaire, qui contient la moitié du Volume. Ce même Ouvrage, que Gaston de France avoit fait composer, fut imprimé la même année en Hollande, sous le nom supposé de Bonair, auquel le Libraire ajouta un Traité du Couronnement & de l'Election de l'Empereur & du Roi des Romains.

Il publia, sous le même nom de Bonair, en 1678, une Brochure in-12. intitulée : « Factum pour la » Généalogie de la Maison d'Estrées, & de la gloire » qu'elle a tirée de son Alliance avec les Princes de » Vendôme ». Il a pris le nom de Bonair, d'une Maison qui étoit à M. de Pompone, auprès duquel il s'étoit alors retiré.

En 1682, il parut à Lyon deux Volumes in-12. qui avoient pour titre: « Histoire de Wiclef, de » Jean Hus & de Jérôme de Prague, ou l'Histoire » du Wicléfianisme ». L'Auteur du Journal des Sçavans rendant compte de cet Ouvrage au Public, l'attribua à Varillas, qui le désavoua ; il déclara même à M. le Chancelier le Tellier, que quoique cette Histoire contînt bien des faits qui se trouvent dans son Histoire des Hérésies, on y en avoit ajouté ou changé un si grand nombre, qu'il ne pouvoit la reconnoître pour son Ouvrage. Sur la Requête qu'il présenta au Conseil, intervint un Arrêt qui en ordonne la suppression. Mais les Critiques ne se sont point rendus à cette raison ; ils soutiennent toujours qu'il y a tant de conformité de style & de génie entre cette Histoire & les prétendues Additions, qu'ils ne peuvent croire qu'elles soient d'un autre. Ils ajoutent même, que pour se tirer d'affaire au sujet du reproche qu'on lui a fait, qu'il se trouvoit des contradictions dans ces deux Histoires, il a désavoué la seconde, qui paroît contenir le premier & le second Livre de l'Histoire des Hérésies.

Varillas fit imprimer en 1684, avec son nom : « La

» Pratique de l'éducation des Princes, ou l'Histoire
» de Guillaume de Croy, Seigneur de Chièvre ».
La même année on publia auſſi ſous ſon nom, à la
Haye, « l'Hiſtoire du Roi François I. » en deux
Volumes in-12. mais il la déſavoua, parceque c'étoit, dit-il, une Hiſtoire défigurée & fort
tronquée. Il parut un autre in-12. l'année ſuivante,
dans la même Ville, qui contenoit la « Minorité de
» S. Louis, le commencement de la Vie de Louis XI.
» juſqu'à la première année de ſon Règne, & l'Hiſ-
» toire de Henri II. juſqu'en 1554 ». Il les déſavoua
comme les précédens, ſe plaignant qu'on les lui
avoit volés, & qu'ils avoient été fort mal imprimés.
Il fit la même plainte à l'occaſion des « Anecdotes
» de Florence, ou l'Hiſtoire ſecrette de la Maiſon
» de Médicis », qui parut à Amſterdam cette année-là.

A peine les premiers Volumes de l'Hiſtoire de
l'Héréſie furent-ils expoſés en vente, qu'ils furent
attaqués par des Critiques. Le Docteur Burnet,
depuis Evêque de Salisbéri (en Angleterre,) publia
en 1687, une Critique du Livre IX. dans lequel
Varillas traite de l'Origine du Schiſme d'Anglererre.
Sa Réponſe à cette Critique parut la même année.
Burnet fit une autre Critique du premier & du ſecond Livre des Héréſies, où il prit la défenſe de
ſon premier Ouvrage. Ces Ecrits, traduits en François, furent imprimés à Amſterdam, en 1688. On
avoit vu l'année précédente, les nouvelles Accu-
ſations contre M. Varillas, ou Remarques critiques
contre une partie de ſon premier Livre de l'Hiſtoire de l'Héréſie, par M. Larroque. Le Fragment
d'une Lettre de M. d'Hozier, rapporté au commencement de ce Volume, fit une terrible révolution
dans les eſprits, qui ne ſe trouvèrent plus depuis ſi
diſpoſés à croire cet Hiſtoriographe ſur ſa parole.

Ce ſont là les Ouvrages que cet Auteur a publiés;
mais il en a donné pluſieurs autres à ſes Légataires,
croyant leur laiſſer une riche ſucceſſion, dont juſqu'à préſent ils n'ont tiré aucune utilité.

Le premier eſt « l'Hiſtoire du Règne de S. Louis».
Elle étoit fort au gré de l'Auteur, qui l'avoit travaillée avec ſoin; elle pourroit remplir 2 vol. in-4.

Le ſecond : « la Suite de l'Hiſtoire des Héréſies,
» depuis l'an 1569 juſqu'en 1650 », qui compoſe-
roit deux fois autant de Volumes qu'il y en a d'imprimés. L'Hiſtoire du Socinianiſme eſt bien déduite
dans le quarante-cinquième Livre.

Le troiſième : « de la Politique d'Eſpagne »,
dont la première & la ſeconde Partie contiennent
le Règne de Charle-Quint ; & les deux autres ceux
de Philippe II. & de Philippe III, avec le Cabinet
de la Maiſon d'Autriche, qui va juſqu'en 1630. Il
y a de quoi faire trois Volumes in-4.

Le quatrième : « Pluſieurs petits Ouvrages déta-
» chés ſur divers Evènemens arrivés pendant les
» Règnes de Henri IV. & de Louis XIII. » dont on
peut faire trois Volumes in-12.

Ces Manuſcrits, qui appartiennent aux Légataires
de Varillas, dont l'un [étoit] Procureur du Roi à
Gueret, [étoient] en dépôt chez de Gas du Cluſeau,
Marchand de Tapiſſeries, dans la rue de la Huchette
à Paris, où je les ai vus.

Varillas avoit ſans doute de grandes avances pour
réuſſir dans l'Hiſtoire moderne; ſon ſtyle eſt aiſé,
quoiqu'il ne ſoit pas tout-à-fait correct ni aſſez ſerré.
Il ſçavoit faire uſage des découvertes que les lectures lui fourniſſoient en abondance. Il rappelle une
infinité d'évènemens ſinguliers, qu'il enchaſſe avec
agrément dans ſes Hiſtoires, & il y promet bien des
Anecdotes, & en débite même un grand nombre.
Quoiqu'il n'eût pas l'uſage du monde, qu'il ne fréquentoit pas, il a ſçu néanmoins, s'il en faut croire
M. Ménage, attraper le goût du Public, aſſez juſte
& ſans tâtonner.

La profeſſion d'être ſincère, comme il le témoigne
en pluſieurs endroits, avoit prévenu bien des perſonnes en ſa faveur. Il paſſoit pour un homme qui
avoit découvert un nombre preſque infini de ſecrets
hiſtoriques, & pénétré quantité d'intrigues du Cabinet. On étoit porté à le croire, à cauſe des grands
& nombreux Recueils de Manuſcrits dont il parloit
dans ſes Préfaces, où il fait connoître en même temps
qu'il en avoit eu communication ; comme ceux de
la Bibliothèque du Roi, pluſieurs Titres les plus
conſidérables du Tréſor des Chartes & de la Chambre des Comptes ; les fameuſes Collections de Meſſieurs Dupuy, des Comtes de Brienne & de Béthune,
de M. le Premier Préſident de Lamoignon, de M. de
Ménars, & quantité d'autres. On ne ſçait pourquoi
il a diſtingué cette dernière Collection de celle de
Meſſieurs Dupuy, puiſque c'eſt la même.

Tous ces avantages lui avoient acquis une grande
réputation. On le liſoit avec empreſſement ; on ſe
l'arrachoit des mains, lorſque ſes Hiſtoires n'étoient
qu'en manuſcrits. Le Libraire eut un aſſez prompt
débit de ſes Hiſtoires de France, quoiqu'il en eût
fait preſque en même temps deux Editions, en des
formes différentes. Enfin l'Auteur, dans l'eſpace de
dix années, avoit mis au jour vingt-quatre Volumes
in-4. & quelques-uns in 12. Cette réputation n'a pas
duré long-temps: les Critiques qui parurent ſur
quelques endroits de ſes Hiſtoires, la firent bientôt
tomber. On connut, par les reproches qu'on lui
fit ſur ſa bonne foi, qu'on ne pouvoit le croire ſur ſa
parole, & que ſes Hiſtoires anecdotes qu'il donnoit pour certaines, étoient ſi ſecrettes, qu'elles
n'étoient pas même ſçues de ceux qui ſelon lui y
avoient quelque part.

On lut depuis ſes Hiſtoires avec d'autres yeux :
on découvrit auſſi-tôt qu'il y mêle adroitement le
vrai avec le faux, qu'il les appuie de beaucoup de
menſonges par des citations affectées de Titres,
d'Inſtructions, de Lettres, de Mémoires & de Relations controuvés ; de ſorte qu'il ne peut plus
faire illuſion qu'à ceux qui ne ſe défient pas de ſes
imaginations.

Il ſe condamne lui-même, en voulant ſe juſtifier,
de ce qu'il raconte diverſement les mêmes faits dans
différens Ouvrages. Il avoue que dans les uns, il
s'eſt ſervi des Mémoires de la Bibliothèque du Roi,
qu'il regarde comme les plus ſûrs ; & que dans les
autres, il a ſuivi des Mémoires qui lui ont été communiqués d'ailleurs, qu'il n'oſe préférer aux précédens. Il rapporte néanmoins ce que diſent les uns
& les autres, quelque oppoſés qu'ils ſoient dans leur
récit, pour ſatisfaire, dit-il, à la curioſité de ſes Lecteurs. Comme ſi de deux manières de raconter le
même fait, il n'y en avoit pas une de préférable
à l'autre, lorſqu'elle eſt appuyée ſur des Actes plus
ſincères.

Il eſt tombé dans un nombre infini de fautes de
Chronologie, ce qui n'eſt qu'une ſuite de la méthode qu'il a ſuivie en compoſant ſes Hiſtoires. Elle
a quelque choſe de ſi ſingulier, qu'elle mérite qu'on
en faſſe mention : on y découvrira ſon peu d'exactitude. Varillas avoit lu dans ſa jeuneſſe un ſi grand
nombre de Livres manuſcrits dont l'écriture étoit difficile à lire, qu'il en avoit perdu la vue ; mais à force
de remèdes, on la lui rétablit ; néanmoins il l'avoit ſi
tendre, qu'il ne pouvoit lire qu'au grand jour: ainſi
dès que le Soleil baiſſoit, il fermoit ſes Livres &
s'abandonnoit à la compoſition de ſes Ouvrages. Il
ne travailloit alors que de mémoire, & quelque
ſûre que fût la ſienne, il étoit impoſſible qu'elle lui
repréſentât fidèlement les divers évènemens dont il
pouvoit avoir beſoin, avec toutes leurs circonſtances, & encore moins les dates des temps où ils
étoient arrivés. Cependant dès le lendemain, ſans
nouvelle confrontation, il dictoit à celui qui vouloit
bien écrire ſous lui, ce qu'il avoit ainſi digéré en lui-
même : quelle exactitude peut-on eſpérer d'un
Auteur qui ſe met ſi peu en peine de vérifier ce qu'il
avance?

Comme

Comme il avoit deſſein de plaire à ſes Lecteurs plutôt que de les inſtruire ; il leur met devant les yeux de beaux portraits & aſſez travaillés, où il caractériſe ſes perſonnages, comme s'il avoit vécu le plus intimement avec eux ; il rend raiſon de leurs démarches, comme s'il avoit été de leurs conſeils. Souvent il tranſporte exprès, ou par mépriſe, des faits éloignés, & les rapproche par le dénouement des intrigues qu'il raconte. Il avance & ſuppoſe avec aſſurance, en bien des endroits, des choſes qui n'ont tout au plus que de la vraiſemblance. La politique qui règne dans tous ſes Ouvrages, eſt outrée. Il tourne tout à ſa manière, en y ajoutant des rafinemens de politique, quantité d'expreſſions exagérées, & des particularités fort incertaines.

Il devoit avouer ingénument, comme le dit un de ſes Critiques, que ſon deſſein n'étoit pas d'écrire de véritables Hiſtoires, mais d'amuſer le monde par une eſpèce de Romans & de Pièces capables d'émouvoir les paſſions, & d'embellir les Hiſtoires connues par des circonſtances touchantes.

Il n'eſt donc pas ſurprenant que l'on regarde aujourd'hui Varillas comme un Auteur d'Hiſtoires Romaneſque. Un de ſes Critiques a pouſſé la choſe plus loin au commencement de ſes Remarques ſur ſon Hiſtoire de Louis XI. « Entre ceux (dit-il,) qui » ſe ſont diſtingués par ces ſortes d'Ouvrages, Va- » rillas eſt un des plus fameux ». Il avoit déja dit dans la Préface du même volume , que la plus grande partie des Mémoires cités par cet Auteur, n'avoient jamais exiſté ; & que Varillas en ajoutant des incidens Romaneſques, à ce qu'il y a de véritable dans ſes Hiſtoires, ne ſe faiſoit pas un ſcrupule de les appuyer de citations forgées , dont on voit des preuves dans les Remarques qu'il publie. « Si quel- » qu'un trouve mauvais (continue ce Cenſeur) que » l'on critique les Ouvrages d'un homme mort & » qui ne peut plus ſe juſtifier, on pourra lui ré- » pondre, que l'on n'a d'autre vûe que d'éclaircir » la vérité ; qu'au reſte Varillas a été heureux de » n'avoir pas été de ſon vivant recherché ſur ce » point , puiſqu'on auroit pû lui faire ſon Procès » , & que la moindre peine à laquelle il auroit dû » être condamné, auroit été de demander publi- » quement pardon de ſes fauſſes citations ; ainſi » qu'on y a condamné autrefois François de Roſiè- » res , pour avoir avancé pluſieurs fauſſetés dans » ſon Hiſtoire de la Maiſon de Lorraine ».

Il achève de le caractériſer, page 406. de ſes Remarques, en faiſant connoître juſqu'à quel point il étoit entêté de ſes propres Ouvrages. « Il a eu » (dit-il) la témérité de menacer le Roi, dans l'E- » pître dédicatoire de ſon Hiſtoire de Henri III. » que ſi on ne lui payoit pas ſa penſion, quarante- » cinq ou cinquante Volumes qu'il avoit prêts à » mettre en lumière, couroient riſque de pourrir dans » la pouſſière. » (C'eſt en effet le ſort auquel ſont expoſés ſes Manuſcrits ; car aucun de ceux qu'il a laiſſés , depuis ſon dernier Ouvrage imprimé, n'a vu le jour.) « Mais quelle perte pour le Public , » (ajoute ce Critique,) ſi l'on étoit perſuadé que » ces Ouvrages prônés avoient autant de ſolidité & » de vérité que d'agrément » !

Tant de Remarques & de Critiques ſur les Hiſtoires de Varillas, les ont entièrement décréditées ; c'eſt ce que méritent ceux qui veulent en impoſer au Public.

XLII.
PAUL-FRANÇOIS VELLY.

L'ABBÉ VELLY, naquit à Crugny en Champagne, à quatre lieues de Reims, le 9 Avril 1709. Son père âgé de près de 80 ans, a eu l'intelligence ſingulière de mener de front 5 ou 6 Profeſſions, qui occuperoient chacune ſon homme. Il fut tour à tour, Médecin, Chirurgien, Apothicaire, Notaire, Huiſſier & Juge.

Son fils étudia chez les Jéſuites de Reims, avec cet éclat & cette facilité qui annoncent un eſprit ſupérieur. Sa Rhétorique finie, il entra dans la Société, au mois d'Octobre 1726. Il y vécut 14 ans, & la quitta au mois de Décembre 1740, mais ſans ceſſer pour cela de lui être attaché.

Il eſt certain qu'après une année d'abſence, l'Abbé Velly revint à Paris, & prit une place de Précepteur au Collège de Louis le Grand. Dégoûté de ſes nouvelles entraves, il ſongea à tirer parti de ſes connoiſſances Littéraires, & ſa plume ne fut pas moins pour lui un amuſement qu'une reſſource. Né avec le goût du travail, & pourvu des lumières qu'il avoit puiſées dans la Compagnie des Jéſuites, où il avoit paſſé les belles années de ſa jeuneſſe, il mit bientôt au jour le Procès ſans fin, ou Jones Bulh, morceau ſatyrique tiré de l'Anglois de Swift, ſur la Guerre terminée par la Paix d'Utrecht. Ce fut là ſa première production. Se ſentant enſuite des diſpoſitions pour l'Hiſtoire, il entreprit un Ouvrage d'une toute autre importance. Il penſa que l'Hiſtoire de France n'avoit pas été enviſagée ſous les aſpects les plus utiles, & que le côté des Mœurs, des Uſages, des Loix, des Coutumes , n'avoit ſeulement pas été effleuré par nos Ecrivains. Cette découverte l'anima ; il mit la main à l'œuvre, & publia ſes deux premiers Volumes de l'*Hiſtoire de France*, 1755, *in*-12. Ils eurent un ſuccès prodigieux. On ne doit pas s'en étonner ; l'Auteur y débrouille, aux yeux de tout le monde, le cahos des commencemens de notre Monarchie.

Déja huit Volumes étoient ſous les yeux du Public ſatisfait, l'Abbé Velly travailloit pour mettre la ſuite au jour, lorſqu'une mort ſubite l'enleva de ce monde, le 4 Septembre 1759, âgé d'environ 48 ans. Il s'étoit trop lié à une ſanté robuſte, & n'avoit pas écouté aſſez ſes amis, qui avertis par le rougefoncé de ſon viſage, lui conſeilloient ſouvent de ſe faire tirer du ſang.

L'Abbé Velly étoit le plus gai de tous les hommes, franc, ſincère, bon ami, réglé dans ſa conduite, rempli de grands principes de Religion, Auteur d'un excellent Livre. Voilà bien des titres pour être regretté.

XLIII.
NICOLAS VIGNIER.
Extrait du P. Niceron, Tome XLII.

Nicolas Vignier naquit en 1530, à Bar sur Seine, de Gui Vignier, Avocat du Roi, & d'Edmonde de Hors, tous deux de Familles nobles & anciennes. Il fit une partie de ses études à Paris, & s'appliqua à la Jurisprudence, conformément à la volonté de son père, & à la Médecine, suivant son goût particulier. Ayant embrassé de bonne heure les erreurs du Calvinisme, il se vit obligé de se retirer en Allemagne, pour éviter les disgraces qu'elles pouvoient lui attirer.

Se trouvant là sans biens, il se mit à pratiquer la Médecine, qui lui paroissoit plus lucrative & plus aisée pour lui que la Jurisprudence, dans laquelle il étoit plus versé, mais dont la connoissance lui devenoit inutile, faute de posséder la Langue du Pays. Il exerça toujours depuis la Médecine avec réputation & avec succès; & il fut même appellé, en qualité de Médecin, à la Cour de quelques Princes d'Allemagne.

Cette Profession ne l'occupa pas cependant tout entier; il se donna à la composition de quelques Ouvrages. Ayant entrepris sa Bibliothèque Historiale, il fut obligé de lire les Saints Pères & l'Histoire de l'Eglise: cette lecture lui fit ouvrir les yeux sur la vérité de la Religion Catholique, qu'il avoit abandonnée. Résolu alors de rentrer dans le sein de l'Eglise, il repassa en France, pour le faire en toute liberté; mais sa femme attachée à l'erreur, refusa de l'y suivre, & demeura en Allemagne.

Le Roi Henri III. qui voulut le voir à son retour, l'honora de la qualité de Médecin, & de celle d'Historiographe de France, & lui fit expédier au Camp, devant Pontoise, un Brevet de Conseiller d'Etat, le 29 Juin 1589.

Il mourut à Paris, le 13 Mars 1596, après avoir reçu tous ses Sacremens; & il fut enterré à Saint Etienne-du-Mont sa Paroisse. Il étoit alors âgé de soixante-six ans.

Quelques-uns prétendent qu'il fut toujours Calviniste, du moins dans le cœur, parcequ'il se trouve dans son Histoire de l'Eglise plusieurs choses contre les Papes, & même contre l'Eglise Catholique; mais ces choses peuvent y avoir été insérées par ses fils, qui publièrent cet Ouvrage après sa mort, comme Jérôme Vignier, son petit-fils, l'a assuré plusieurs fois. [Ce Jérôme Vignier, connu par plusieurs Ouvrages, embrassa la Religion Catholique, & mourut Prêtre de l'Oratoire, en 1661.]

Nicolas Vignier laissa deux fils; l'un se nommoit comme lui, Nicolas Vignier, [qui fut père de Jérôme;] & l'autre, qui se nommoit Jean Vignier, mourut sans enfans.

Catalogue des Ouvrages de Vignier.

1. Rerum Burgundionum Chronicon, in quo etiam Rerum Gallicarum tempora accuratè demonstrantur; ex Bibliotheca Historica Nicolai Vignerii: *Basileæ*, 1575, *in*-4. (Cette Chronique s'étend depuis l'an 408 jusqu'en 1482.)
2. Sommaire de l'Histoire des François, recueillie des plus anciens Auteurs de l'ancienneté, & dirigée selon le vrai ordre des temps, en quatre Livres; extraits de la Bibliothèque Historiale de Nicolas Vignier. Plus, un Traité de l'Origine, Etat & Demeure des anciens François: *Paris*, 1579, *in-fol.*
3. De la Noblesse, Ancienneté, Remarques & Mérites d'honneur de la troisième Maison de France: *Paris*, Abel Langelier, 1587, *in-*8.
4. Les Fastes des anciens Hébreux, Grecs & Romains; & un Traité de l'An & des Mois: *Paris*, 1588, *in*-4.
5. La Bibliothèque Historiale, contenant la Disposition & Concordance des temps, des Histoires & des Historiographes; ensemble, l'Etat des principales & plus renommées Monarchies, selon leur ordre & succession: *Paris*, Abel Langelier, 1588, *in-fol.* 3 vol.
6. La Bibliothèque Historiale, Tome IV. non encore imprimée, avec les Additions & Corrections aux trois précédens Volumes; le tout tiré des Manuscrits de l'Auteur: *Paris*, 1650, *in-fol.* (La Vie [de Nicolas Vignier, qui s'y trouve,] a été composée par Guillaume Colletet.)
7. Recueil de l'Histoire de l'Eglise, depuis le Baptême de Notre Seigneur Jésus-Christ jusqu'à ce temps: *Leyde*, 1601, *in-fol.*
8. Raisons & Causes de préséance entre la France & l'Espagne, proposées par un nommé Augustin Cranato, Romain, pour l'Espagne, & traduites d'Italien en François; ensemble, les Réponses & Défenses pour la France, à chacune d'icelles: *Paris*, 1608, *in*-8.
9. Histoire de la Maison de Luxembourg, où sont plusieurs occurrences & affaires, tant d'Afrique & Asie que d'Europe: *Paris*, 1617, *in*-8.
10. Traité de l'ancien Etat de la Petite Bretagne, & du Droit de la Couronne de France sur icelle, contre les faussetés & calomnies des deux Histoires de Bretagne, composées par le Sieur d'Argentré: *Paris*, 1619, *in*-4.

XLIV.
CLAUDE VILLARET.

Cet Hiſtorien, mort à Paris dans le mois de Février 1766, étoit né dans cette Ville, d'une Famille honnête. Ses parens l'avoient deſtiné au Barreau; ſon goût naturel pour les Belles-Lettres lui rendit l'étude des Loix pénible & difficile. Il obéit; mais il ne put s'empêcher, malgré l'auſtérité de la Profeſſion à laquelle il ſe préparoit, de donner au Public un Roman qui ſe ſentoit de la gêne où il étoit en le compoſant. Dès qu'il fut libre, il s'abandonna au goût qui le dominoit; il ſe ſentoit un attrait invincible pour la Poëſie, & il ſe crut Poëte.

De tous les genres de Poëſie, le genre Dramatique eſt celui qui promet aux jeunes Poëtes la carrière la plus glorieuſe. M. Villaret tourna ſes vues de ce côté; mais plus ſage qu'ils ne le ſont communément, il n'oſa pas ſe préſenter ſeul dans le cirque. Il s'aſſocia avec M. Dancourt, depuis Fermier-général, & avec M. Bret, dont le talent pour le genre Comique commençoit à percer. Ils firent enſemble, pour le Théâtre François, une Comédie qui eut le ſort de preſque tous les Ouvrages faits en ſociété. M. Villaret ne fut pas découragé : il alloit tenter de nouveaux eſſais, mais le dérangement des affaires de ſa famille l'obligea d'y renoncer. Avec le talent de la Poëſie, il avoit celui de la déclamation. Il voulut le faire ſervir à ſa fortune; né avec les ſentimens les plus honnêtes, il eut bien des combats à eſſuyer avant que d'embraſſer une Profeſſion qui n'eſt pas exempte en France d'une ſorte d'ignominie. Envain l'exemple de nos voiſins (les Italiens) ſembloit-il le juſtifier, il eût préféré l'indigence & les préjugés ſans remords; mais la paſſion qu'il conçut pour une jeune Actrice, en laquelle il trouva de grandes diſpoſitions pour la déclamation, le détermina à ſe faire Comédien. Il ne réuſſit que trop dans ce nouvel état; ſes ſuccès en Province & à la Cour, lui donnèrent une célébrité dont il rougit. Il quitta le Théâtre en 1756; il y avoit cultivé les Lettres, & ſon goût en s'épurant, lui avoit fait découvrir ſon véritable talent.

L'art d'écrire l'Hiſtoire a plus de rapport qu'on ne penſe avec la Poëſie dramatique. Le Poëte ne met à la vérité ſous les yeux du ſpectateur, qu'un ſeul évènement, qu'il eſt encore obligé de reſſerrer dans les bornes très-étroites; mais comme l'Hiſtorien, il eſt obligé d'entrer dans tous les détails de la politique, de diſcuter des intérêts, de faire parler ſes acteurs conformément à leur caractère, à leurs paſſions, à leur génie. L'Horace de Corneille eſt celui de Tite-Live, le Néron de Racine eſt celui de Tacite. Je ſçais qu'on a dit de l'un, qu'il avoit peint les hommes tels qu'ils devroient être; & de l'autre, qu'il les avoit peints tels qu'ils ſont. Diſtinction frivole; un Poëte Tragique ne rendra jamais bien les hommes tels qu'ils devroient être, que lorſqu'il repréſentera ſes principaux perſonnages tels qu'ils ont été. En un mot, le héros de la Tragédie ne peut jamais être que le héros de l'Hiſtoire; & même dans les ſujets feints, ce ſeroit une faute impardonnable, ſi les mœurs des perſonnages étoient différentes de celles des Pays où ſe paſſe la Scène. M. Villaret eſt une preuve que ces deux genres ne différent entr'eux que par le plan & la diction. Son Hiſtoire offre la même profondeur de vues & la même vérité dans tous les ſentimens. Comme dans la bonne Tragédie, la morale, dans ſon Hiſtoire, eſt fondue dans l'action, & les maximes en ſont bannies lorſqu'elles ne réſultent pas naturellement des faits.

M. Villaret, après ſon retour à Paris, entreprit de continuer l'Hiſtoire de notre Monarchie, que la mort de l'Abbé Velly faiſoit déſeſpérer de voir finir. On craignoit du moins qu'elle ne fût mal continuée, & c'eſt aſſez le ſort des Ouvrages qui demeurent imparfaits. Mais lorſque les premiers Volumes de la Continuation eurent paru, la plus grande partie des Lecteurs crut qu'ils étoient du même Hiſtorien (l'Abbé Velly,) & que M. Villaret n'en étoit que l'Editeur. Les Libraires qui avoient entrepris l'Edition, triplèrent le prix des honoraires qu'ils lui avoient promis. On créa pour lui exprès, une Place de Secrétaire général des Ducs & Pairs, & la France ſe félicitoit enfin d'avoir un Hiſtorien également éloigné de la ſécherſſe de Mézeray & de la ſtérile abondance de Daniel. On convient cependant avec les perſonnes d'un goût ſévère, que M. Villaret s'eſt un peu trop livré à l'eſprit de ſyſtême, dans quelques parties de ſon Hiſtoire; & que ſon ſtyle eſt moins exempt de déclamation que celui de ſon Prédéceſſeur.

M. Villaret ſe livroit tout entier aux recherches & à la compoſition de ſon Ouvrage. Il étoit parvenu aux temps les plus féconds en Evènemens, à ces Epoques fatales, & peut-être néceſſaires dans la deſtinée des Etats, où l'ordre politique, pour établir les Gouvernemens ſur une baze fixe & permanente, ébranle leur équilibre par des ſecouſſes violentes, qui, s'appaiſant enſuite peu-à-peu, font naître le calme, l'abondance & les arts, du ſein des troubles & de la deſtruction. Il en étoit au dix-ſeptième Volume, lorſqu'une mort preſque ſoudaine l'enleva à la République des Lettres, au mois de Février 1766. Il avoit une rétention d'urine qui l'obligeoit ſouvent à ſe faire ſonder. Malheureuſement un jour, preſſé par la douleur, il voulut faire lui-même cette opération; ſoit que l'inſtrument dont il ſe ſervit ne fût point propre à cet uſage, ſoit qu'il ne la fit pas avec aſſez d'adreſſe, il ſe bleſſa. L'inflammation fit des progrès rapides, & trois jours après toutes les reſſources de l'art devinrent inutiles.

M. l'Abbé Garnier, de l'Académie des Inſcript. & Bell. Lettr. & Profeſſeur Royal, s'eſt chargé de continuer la nouvelle Hiſtoire de France. Le Public attendoit avec empreſſement cette ſeconde Continuation, lorſqu'en 1767 il en parut 2 Volumes, qui ſont les XVII. & XVIII. Ce dernier, & partie du premier, ſont de M. l'Abbé Garnier. En 1768, les Volumes XIX. & XX. ont été publiés; & en 1771, les Tomes XXI. & XXII. qui finit à la mort de Louis XII. arrivée en 1514. Tous ces Volumes ſont imprimés à Paris, & ſe vendent chez Saillant & Deſaint. Les mêmes Libraires ont donné en 1770, une Edition in-4. de cette Hiſtoire, en 11 Volumes. On voit dans le premier, une belle Epître de M. l'Abbé Garnier, ſuivie d'un *Avant-Propos* du même Auteur, ſur l'Hiſtoire de France, ſes premiers Ecrivains, &c. 28 pages in-4.

Fin du Troiſième Volume.

AVERTISSEMENT
DE L'ÉDITEUR.

Quoique l'on fe fût propofé de réparer dans le Tome IV. & dernier de cet Ouvrage, les méprifes qui pouvoient fe rencontrer dans les premiers Volumes, il eft deux Corrections que nous croyons devoir mettre ici dès-à-préfent, parcequ'elles intéreffent une matière importante, dans laquelle nous ne fçaurions faire connoître trop-tôt la pureté de nos principes.

Tome II. pag. 544, N.° 23427.

Recueil de Maximes véritables pour l'Inftitution du Roi, &c.

On a donné de cet Ouvrage une idée trop favorable. « Parmi des » chofes curieufes, (comme dit l'Abbé Lenglet,) il en contient de trop » hardies & qui fentent le Frondeur ». La haine de l'Auteur pour le Cardinal Mazarin, avoit dégénéré en haine pour l'autorité; il hazarda des Maximes féditieufes, & qui méritoient la flétriffure que le Châtelet fit éprouver à fon Livre.

Tome II. pag. 772, N.° 27183.

On nous a obfervé que le P. le Long avoit prêté à Claude de Seyffel des fentimens qui n'étoient pas les fiens; que cet Auteur n'avoit point prétendu que le Gouvernement de France fût mixte, encore moins que le Roi fût dans la dépendance, ou dans une efpèce de dépendance des Parlemens, pour l'Adminiftration de fon Royaume. En effet, dans un Gouvernement mixte, ceux qui ont l'autorité l'exercent de leur chef, & le droit dont ils jouiffent leur appartient, indépendamment de la volonté du Prince. Rien de femblable n'a jamais été en France.

Ce qui aura trompé le P. le Long, ce font deux mots qui fe trouvent *pag.* 14 de la Monarchie de Seyffel, *Ed.* de 1540, & *fol.* x. de 1519; où on lit que « les Rois de France ont toujours été fubjets aux Parlemens ». Mais cet Auteur s'explique auffi-tôt, & dit une chofe dont on voit tous les jours des exemples. Voici fes propres termes:

« Les Rois y ont, quant à la Juftice diftributive, toujours été fubjets » (aux Parlemens,) tellement que l'on a juftice & raifon à l'encontre » d'iceulx auffi-bien qu'à l'encontre des fubjets, ès matières civiles. Et » entre les parties privées, leur auctorité ne peut préjudicier au droit » d'aultruy; ains font leurs lettres & refcrits fubjectz au jugement def- » dictz Parlemens en tel cas »

*AVERTISSEMENT, &c.

Quant à ce troisième Volume, dont la publication n'a été retardée que pour y donner plus de perfection, nous n'avons pas cru devoir morceler ce qui concerne l'Histoire Littéraire de la France, qui est la dernière portion de l'Ouvrage du P. le Long. Elle est conservée en entier pour le commencement du quatrième Volume, où doit se trouver ensuite tout ce que M. de Fontette a promis dans sa Préface. Mais comme celui-ci auroit été moins fort que les précédens, dont j'ai pris soin, & que plusieurs personnes n'auroient pas manqué de s'en plaindre, j'ai cru devoir y joindre, à la fin, en caractères différens, & comme par Appendice, les *Mémoires sur* plusieurs *Historiens modernes de France*, augmentés d'un grand nombre de Vies. C'est un morceau comme isolé, que le P. le Long avoit mis à la fin de tout son Ouvrage; mais qui a rapport à nos deux premiers Volumes.

Je ne doute point que M. FEVRET DE FONTETTE n'eût approuvé ce changement, puisqu'il avoit en moi une entière confiance, comme il l'a marqué dans sa Préface. D'ailleurs, il m'écrivoit quelques jours avant la grande maladie dont il est mort le 16 Février dernier *, qu'il soupçonnoit que ce Volume pourroit être moins gros que les précédens, dès que l'Histoire Littéraire n'y pouvoit tenir en entier, qu'il y avoit de l'inconvénient à la morceler, &c. J'aurois bien voulu mettre ici son Eloge historique; mais je n'ai pu encore avoir de Mémoires à ce sujet, sans doute, parceque l'Académie de Dijon, dont il étoit l'un des plus anciens & des plus illustres Membres, a résolu qu'on fît son Eloge dans sa première Assemblée publique, & par conséquent les Mémoires lui sont réservés. Ainsi nous ne pourrons nous acquitter de notre devoir, qu'à la tête du quatrième & dernier Volume.

* Il étoit né le 14 Avril 1710, & se nommoit *Charles - Marie*. Charles Fevret, Auteur du sçavant Traité de l'Abus, *in-fol*. 2 vol. étoit son Trisayeul.

J'ai demandé avec instance aux Sçavans, dans l'Avertissement du second Tome, de vouloir bien nous faire parvenir leurs Remarques sur les fautes qui nous sont échappées & sur les Articles omis. Plusieurs de ces Sçavans nous ont déjà envoyé des remarques importantes sur les deux premiers Volumes. Ils me permettront de les solliciter de nouveau, de vouloir bien continuer leur zèle pour ce troisième Tome; & je supplie instamment les autres qui ne nous ont encore rien envoyé, de s'appliquer un peu à un Ouvrage dont l'utilité est incontestable, & que le Public a intérêt de voir dans la plus grande perfection.

C'est pour y parvenir, que j'ai imaginé de communiquer tout ce qui concerne l'Histoire Littéraire de la France, aussi-tôt que l'Impression en sera faite, à plusieurs Sçavans de Paris & des Provinces, afin qu'ils nous fassent part de leurs Observations. Par ce moyen, elles pourront être mises dans le Supplément, & employées dans les Tables, que l'on n'imprimera qu'en dernier lieu, quoique ces deux Morceaux doivent composer la Partie II. du Tome IV. C'est de quoi j'ai cru devoir avertir ici, afin que ceux que nous ne connoissons pas disposés à nous aider à ce sujet, veuillent bien se faire connoître.

TABLE

DES CHAPITRES ET ARTICLES

Contenus dans ce troisième Volume de la Bibliothèque Historique de la France.

SUITE DU LIVRE TROISIÈME,

& de l'Histoire Politique de France.

CHAPITRE VI.

Recueil des Actes publics, Chartres, Traités & autres Pièces politiques qui concernent l'Histoire de France, *pag.* 1

Article I. Traités de Paix, de Trève, de Neutralité, de Confédération, d'Alliance & de Commerce. 2

§. I. Recueils généraux de ces Traités. *Ibid.*

§. II. Recueils de Traités entre plusieurs Princes avec la France, rangés selon l'ordre de la date du dernier Traité. 4

§. III. Recueils des Traités entre la France & un autre Etat Souverain, rangés selon l'ordre des Traités du Recueil publié par Léonard. 6

Traités entre les Rois & les Empereurs d'Allemagne. *ibid.*
Traités avec les Etats d'Allemagne. 8
Traités avec les Villes Anséatiques. *ibid.*
Traités avec les Etats de Flandres. 9
Traités avec les Ducs de Lorraine. *ibid.*
Traités avec les Suisses & les Grisons. 10
Traités avec les Ducs de Savoye. 11
Traités avec les autres Princes d'Italie. 12
Traités avec les Rois d'Espagne & de Portugal. 13
Traités avec les Rois d'Angleterre. 15
Traités avec les Etats-Généraux des Pays-Bas. 18
Traités avec les Couronnes du Nord. 19
Traités avec les Empereurs des Turcs, & les Etats de Barbarie. *ibid.*

Article II. Recueils des Actes publics & des Chartres. 20

§. I. Traités sur la Diplomatique. *ibid.*

§. II. Registres des Chartres du Roi, & Cartulaires des Rois de France. 23

§. III. Registres des Rois de France. 24

§. IV. Cartulaires ou Recueils de Titres des Provinces & des Eglises de France, conservés dans diverses Bibliothèques du Royaume. 26

Article III. Lettres historiques, Mémoires d'Etat, [Pièces politiques,] Dépêches, Ambassades, Négociations, Entrevues, Conférences, & autres Recueils de Pièces servant à l'Histoire de France. 33

§. I. Lettres historiques [& autres Pièces] écrites sous la première & la seconde Race des Rois de France. *ibid.*

§. II. Lettres historiques [& autres Pièces,] jusqu'au Règne de Philippe *le-Bel*, [ou IV.] 35

§. III. Lettres historiques, Mémoires d'Etat, Dépêches, Ambassades, &c... jusqu'à la fin du Règne de François I. 38

§. IV. Lettres historiques, Mémoires, Dépêches, &c.... jusqu'à la mort de Henri III. 50

§. V. Lettres historiques & autres Recueils de Pièces du Règne de Henri IV. 66

§. VI. Lettres historiques, Mémoires d'Etat, & Recueils de Pièces du Règne de Louis XIII. 77

§. VII. Lettres historiques, Dépêches, Négociations, & autres Recueils du Règne de Louis XIV. 96

§. VIII. Lettres historiques, Mémoires d'Etat, Dépêches, Ambassades, &c. du Règne de Louis XV. 123

CHAPITRE VII.

Traités & Histoires des Offices de France. 127

Article I. Traités des Offices & Dignités du Royaume en général, [de la Pairie & des Pairs.] *Ibid.*

TABLE DES CHAPITRES, &c.

Article II. Histoires des Grands - Officiers de la Couronne. 136

§. I. Traités généraux concernant ces Officiers. ibid.

§. II. Recueils de Vies des Princes & Seigneurs de la Cour de France, Ministres & Hommes Illustres dans les Emplois Militaires & autres. 137

§. III. Traités & Histoires des Maires du Palais. 143

§. IV. Histoires des Grands Sénéchaux de France. ibid.

§. V. Histoires des Connétables. 144

§. VI. Histoires des Chanceliers & Gardes des Sceaux de France. 148

§. VII. Histoires des Maréchaux de France. 153

§. VIII. Histoires des Amiraux. 162

§. IX. Histoires des Généraux des Galères de France. 166

§. X. Histoire des Grands-Maîtres des Arbalestriers. ibid.

§. XI. Histoires des Grands-Maîtres d'Artillerie de France. 167

§. XII. Histoires des Porte-Oriflammes. ibid.

§. XII . Histoires des Colonels Généraux de l'Infanterie Françoise. 168

§. XIV. Histoires des Officiers de Guerre qui ne sont point parvenus jusqu'aux premières Charge de la Couronne. 169

§. XV. Traités concernant la Guerre & la Milice Françoise. 184

Article III. Histoires des Grands-Officiers de la Maison du Roi. 191

§. I. Histoires des Grands-Aumôniers de France. ibid.

§. II. Histoires des Grands-Maîtres de la Maison du Roi. 195

§. III. Histoires des Grands-Chambriers de France. 197

§. IV. Histoires des Grands-Chambellans. 198

§. V. Histoires des Grands-Ecuyers. 199

§. VI. Histoires des Grands-Bouteillers. ibid.

§. VII. Histoires des Grands-Pannetiers 200

§. VIII. Histoires des Grands-Veneurs. ibid.

§. IX. Histoires des Grands-Fauconniers. ibid.

§. X. Histoires des Grands-Louvetiers. ibid.

§. XI. Histoires des Grands-Queux. ibid.

§. XII. Histoires des Grands-Maîtres des Eaux & Forêts. 201

§. XIII. Traités des Officiers Commensaux de la Maison du Roi [& des Princes.] ibid.

Article IV. Traités des Conseils du Roi [& Histoires des Ministres.] 202

§. Traités généraux des Conseils. ibid.

§. II. Des Ministres d'Etat & des Surintendants des Finances. 204

§. III. Histoires des Secrétaires d'Etat, & des Ambassadeurs. 219

§. IV. Des Conseillers d'Etat, & des Maîtres des Requêtes. 224

§. V. Traités concernant le Grand-Conseil. 227

Article V. Histoires & Traités des grandes Magistratures de France, qui concernent la Justice. 229

§. I. Traités des grandes Magistratures en général. ibid.

§. II. Traités & Histoires de la grande Chancellerie. 230

§. III. Traités & Histoires des Parlemens de France. 231

 I. Traités généraux des Parlemens, [& Devoirs des Magistrats.] ibid.

 II. Histoires particulières des Cours de Parlemens de France, [& quelques Vies de leurs Magistrats.] 234

  §. 1. Du Parlement de Paris, rendu sédentaire en 1334. ibid.

  §. 2. Du Parlement de Toulouse. 241

  §. 3. Du Parlement de Dijon, ou de Bourgogne. 243

  §. 4. Du Parlement de Bretagne, ou de Rennes. 247

  §. 5. Du Parlement de Bourdeaux. 248

  §. 6. Du Parlement de Dauphiné, ou de Grenoble. 249

  §. 7. Du Parlement de Normandie, ou de Rouen. 250

  §. 8. Du Parlement de Provence, ou d'Aix. 252

  §. 9. Du Parlement de Navarre, ou de Pau. 253

  §. 10. Du Parlement de Metz. ibid.

  §. 11. Du Parlement de Franche-Comté, ou de Besançon. ibid.

  §. 12. Du Parlement de Flandre, ou de Douay. 254

  §. 13. Du Conseil Souverain de Roussillon, ou de Perpignan. ibid.

  §. 14. Du Conseil Souverain d'Alsace, ou de Colmar. ibid.

  §. 15. Du Parlement de Dombes. ibid.

  §. 16. De la Cour Souveraine de Lorraine, ou de Nancy. 255

 III. Registres secrets du Conseil du Parlement de Paris, [& Pièces relatives.] ibid.

 IV. Remontrances des Parlemens, & autres Cours Souveraines. 259

 V. Procès-criminels de lèze-Majesté [& autres] jugés au Parlement de Paris, [dans les autres Parlemens, &c.] 277

§. IV. Histoires des Chambres des Comptes de France, [& Vies de quelques-uns de leurs Officiers.] 287

§. V. Histoires des Cours des Aydes & Elections, [avec les Vies de quelques-uns de leurs Officiers.] 293

§. VI. Histoires & Traités [des Monnoies, Poids & Mesures;] des Cours des Monnoies de France, [& Vies de quelques-uns de leurs Officiers.] 294

§. VII. Traités des Prévôts de l'Hôtel, des Trésoriers de France, de la Connétablie & Maréchaussée, [du Châtelet de Paris & des Bailliages ou des Jurisdictions inférieures.] 302

LIVRE QUATRIÈME.
Histoire Civile de France.

Avant-Propos. pag. 309

CHAPITRE I.
Histoires Civiles des Provinces de France. *ibid.*

SECTION PREMIÈRE. Histoires des douze anciens Gouvernemens. *ib.*

ARTICLE I. Histoires du Gouvernement de Picardie. *pag.* 311. 309 *ibid.*

ARTICLE II. Histoires du Gouvernement de Champagne. 316

ARTICLE III. Histoires du Gouvernement de l'Isle de France, [& de celui de Paris.] 333
  §. I. Traités & Histoires de Paris. *ibid.*
  §. II. Traités, Histoires, Statuts & Réglemens des Corps des Marchands, & des Arts & Métiers de la Ville de Paris. 348
  §. III. Histoires des différentes Villes & autres lieux de l'Isle de France. 356
    Histoires du Valois. 360
    Histoires du Soissonnois. 361
    Histoires du Laonnois. 363
    Histoires du Noyonnois. *ibid.*
    Histoires du Beauvaisis. 364

ARTICLE IV. Histoires du Gouvernement de Normandie, (où se trouvent celles d'Angleterre.) 367

ARTICLE V. Histoires du Gouvernement de Bretagne. 398

ARTICLE VI. Histoires du [grand] Gouvernement général de l'Orléanois. 411
  §. I. Histoires du Maine. *ibid.*
  §. II. Histoires du Perche. 412
  §. III. Histoires de la Beauce. 413
  §. IV. Histoires du Gâtinois. 414
  §. V. Histoire du Nivernois. 415
  §. VI. Histoires de l'Orléanois proprement dit. 416
  §. VII. Histoires du Blésois. 420
  §. VIII. Histoires du Dunois. 421
  §. IX. Histoires de la Touraine. *ibid.*
  §. X. Histoires d'Anjou. 423
  §. XI. Histoires de Poitou. 426
  §. XII. Histoires de l'Aunis. 429
  §. XIII. Histoires de l'Angoumois. 432
  §. XIV. Histoires du Berry. 433

ARTICLE VII. Histoires du Gouvernement, [des Royaumes & du Duché] de Bourgogne. 437

Histoires de la Bresse, du Bugey & du Pays de Gex. 455
Histoires de Dombes. 458
Inventaire sommaire des Manuscrits & Pièces détachées qui se trouvent dans la Bibliothèque de M. Fevret de Fontette, Conseiller au Parlement de Dijon, concernant l'Histoire de la Province de Bourgogne. 460
  1. Histoire ancienne de la Bourgogne & des Ducs, avant la Réunion de cette Province à la Couronne. 461
  2. Histoires de Bourgogne, depuis sa Réunion. 463
  3. Remarques sur la Province de Bourgogne, sur ses Limites, sur ses Productions, son Commerce, ses Privilèges & Intérêts de ses Habitans, ses Collèges. 468
  4. Etats du Duché de Bourgogne : Chambre des Elus desdits Etats, & de leur Administration 469
  5. Pièces concernant le Parlement de Dijon. 470
  6. Chambre des Comptes de Dijon, Trésoriers & Bureau des Finances : autres Tribunaux de la Province de Bourgogne. 471
  7. Procès historiques & singuliers en Bourgogne. 476
  8. Fiefs & Domaine du Roi dans la Province de Bourgogne. 478
  9. Histoires de la Noblesse de Bourgogne, & Généalogies particulières. 480
  10. Ville de Dijon : Histoire Civile, Privilèges, Hôtel-de-Ville & Commerce ; Police, &c. Récits d'Evénemens arrivés à Dijon. 481
  11. Ville de Dijon : Histoire Ecclésiastique, Eglises, Monastères, Hôpitaux, Abbayes de Citeaux & de Notre-Dame de Tart. 485
  12. Autres Villes, Bourgs & Lieux de la Province de Bourgogne, de Bresse, Bugey, Gex ; Eglises, Monastères, &c. rangés par ordre alphabétique. 488

ARTICLE VIII. Histoires de l'ancien Gouvernement Lyonnois. 493
  §. I. Histoires du Lyonnois. *ibid.*
    Histoires du Forez. 499
    Histoires du Beaujolois. *ibid.*
  §. II. Histoires de l'Auvergne. 500
  §. III. Histoires de Bourbonnois. 503
  §. IV. Histoires de la Marche. 504

ARTICLE IX. Histoires du Gouvernement général de Guyenne & Gascogne. *Ibid.*
  §. I. Histoires de la Guyenne propre ou du Bourdelois. 507
  §. II. Histoires de Saintonge. [510
  §. III. Histoires du Périgord. 511
  §. IV. Histoires de l'Agénois. *ibid.*
  §. V. Histoires du Limosin. 512
  §. VI. Histoires du Quercy. 513
  §. VII. Histoires du Rouergue. 514
  §. VIII. Histoires de Gascogne. *ibid.*
  §. IX. Histoires de Béarn & de Navarre. 516

TABLE DES CHAPITRES, &c.

ARTICLE X. Histoires du Gouvernement de Languedoc. 518

 Histoires du Comté de Foix. 537

ARTICLE XI. Histoires du Dauphiné. 538

 Histoires du Marquisat de Saluces. 544

ARTICLE XII. Histoires de Provence, [Histoires d'Avignon & du Comté Vénaissin, & celles d'Orange.] 545

 Histoires d'Orange, ci-devant Principauté. 565

 Histoires d'Avignon & du Comté Vénaissin. 567

SECTION SECONDE. Histoires des Provinces réunies à la Couronne par les derniers Rois. 570

ARTICLE I. Histoires du Roussillon, & du Comté de Barcelonne, qui dépendoit autrefois de la France. *ibid.*

ARTICLE II. Histoires du Comté de Bourgogne, ou de la Franche-Comté. 572

ARTICLE III. Histoires d'Alsace. 586

ARTICLE IV. Histoires de la Province des Trois Evêchés, Metz, Toul & Verdun; & des Pays annexés. 591

ARTICLE V. Histoires de la Lorraine & du Barrois, avec celles de leurs Ducs. 595

ARTICLE VI. Histoires des Pays-Bas François. 604

 §. 1. Histoires de l'Artois. *ibid.*

 §. 2. Histoires de la Flandre Françoise. 607

 §. 3. Histoires du Cambrésis. 609

 §. 4. Histoires du Hainaut François. 611

CHAPITRE II.

Histoires des Pays qui appartenoient à l'ancienne Gaule, & qui ne sont plus du Royaume de France. 614

ARTICLE I. Histoires du Pays des Suisses & de leurs Alliés, l'Evêque de Basle, de la Principauté de Neufchâtel, & de l'Etat de Genève. *ibid.*

ARTICLE II. Histoires des Electorats Ecclésiastiques, Mayence, Cologne, Trèves, des Evêchés de Spire, de Wormes & de Liège, du Palatinat en deçà du Rhin; & des Duchés de Juliers & de Clèves. 621

ARTICLE III. Histoires des Provinces des Pays-Bas. 626

 §. I. Histoires générales. *ibid.*

 (L'Artois *se trouve ci-devant,* pag. 604.)

 §. II. Histoires du Comté de Flandre. 632

 §. III. Histoires du Comté de Hainaut. 639

 §. IV. Histoires du Comté de Namur, & des Duchés de Limbourg & de Luxembourg. 641

 §. V. Histoires du Duché de Brabant, [du Marquisat d'Anvers, de la Seigneurie de Malines, & du haut Quartier de Gueldre.] 643

 §. VI. Histoires des Provinces-Unies. 647

  I. Histoires générales. *ibid.*

  II. Histoires de la Gueldre. 648

  III. Histoires de la Seigneurie d'Utrecht. 649

  IV. Histoires du Comté de Hollande. 650

  V. Histoires du Comté de Zélande. 653

CHAPITRE III.

Histoires des Colonies Françoises [formées en Amérique, en Afrique, & en Asie, avec ce qui regarde la nouvelle possession de l'Isle de Corse.] 654

ARTICLE I. Histoires des Colonies Françoises en Amérique. *Ibid.*

 §. I. Histoires des Colonies Françoises dans l'Amérique Septentrionale. 655

 §. II. Histoires des Colonies Françoises dans les Isles Antilles. 664

 §. III. Histoires des Colonies Françoises dans l'Amérique Méridionale. 666

ARTICLE II. Histoires des Colonies Françoises en Afrique & dans les Indes Orientales. 668

ARTICLE III. Histoires de l'Isle de Corse, sous la Domination Françoise. 671

CHAPITRE IV.

Histoires de la Noblesse de France & de ses Familles illustres. 672

ARTICLE I. Préliminaires de ces Histoires. *Ibid.*

 §. I. Traités de la Noblesse, des Fiefs, du Franc-Alleu, du Ban & Arrière-Ban. *ibid.*

 §. II. Traités des Armoiries & des Blazons des Familles illustres de France. 680

 §. III. Armoriaux ou Recueil des Armoiries des Familles de France. 684

 §. IV. Traités des Hérauts d'Armes, des Duels, des Chevaleries & des Tournois. 689

 §. V. Histoires des Ordres Militaires & de Chevalerie de France. 695

  I. De ces Ordres de Chevalerie en général. *ibid.*

  II. Ordre des Hospitaliers de S. Jean de Jérusalem, dits ensuite de Rhodes, & à présent de Malthe, établi en 1048. 696

  III. Ordre des Templiers, l'an 1118. 700

  IV. Ordre du Mont-Carmel & de S. Lazare. 701

  V. Ordre du S. Esprit de Montpellier. 703

  VI. Ordre de la Toison d'Or, institué en 1429. 704

  VII. Ordre du Croissant, ou d'Anjou, établi en 1448. 706

  VIII. Ordre de Saint-Michel, institué en 1469. 707

  IX. Ordre du Saint-Esprit, établi en 1578. *ibid.*

  X. Ordre de S. Louis, institué en 1693. 711

  XI. Ordre du Mérite Militaire: en 1759. 712

  XII. De quelques Ordres de Chevalerie qui n'ont pas eu de suite. *ibid.*

ARTICLE II. Généalogies des Familles illustres de France. 712

§. I. Recueils des Généalogies de différentes Familles, & Nobiliaires des Provinces & des Chapitres. *ibid.*

§. II. Généalogies particulières de nombre de Familles, & leurs Alliances. 732

Mémoires historiques sur [plusieurs] Historiens modernes de France. 1

Ceux qui sont précédés d'une étoile sont du Père le Long.

I. Théodore Agrippa d'Aubigné, ij
II. Louis Aubery. iij
III. Vie de M. (Etienne) Baluze. v
IV. * François de Belleforest. ix
V. Claude Bernard. x
VI. L'Abbé de Camps. xj
VII. Monsieur (Charles du Fresne) du Cange. *ibid.*
VIII. * André du Chesne, [& Martin Bouquet.] xv
* Mémoire sur le Projet d'un nouveau Recueil des Historiens de France, qui sert de Préface au Plan de M. du Cange. xviij
* Remarques de M. l'Abbé Gallois. xx
* Mémoires de M. l'Abbé des Thuilleries : 1717. xxij
Addition, contenant deux Mémoires adressés à M. le Chancelier (d'Aguesseau) en 1718; (par M. l'Abbé le Grand, & un autre Sçavant;) & le Récit de ce qui est arrivé au sujet de la nouvelle Collection des Historiens de France, commencée par D. Martin *Bouquet*, & dont nous avons actuellement les XI. premiers Volumes *in-fol.* xxix
IX. Charles le Cointe. xxxvj
X. Philippe de Comines. xxxix
XI. Mr de Cordemoy. xlj
XII. * Gatien de Courtilz. xlij
XIII. Gabriel Daniel. xliv
XIV. Henri-Catherin Davila. xlv
XV. * Scipion Dupleix. xlix
XVI. Pierre Dupuy. lj
XVII. Jean Froissart. lij
XVIII. Robert Gaguin. lvj
XIX. Louis le Gendre. lviij
XX. * Mrs Godefroy. lix
XXI. Joachim le Grand. lxij
XXII. François Guichardin. lxiv
XXIII. * Bernard..., du Haillan. lxvj
XXIV. Jean, Sire de Joinville. lxviij
XXV. * Philippe Labbe. lxx
XXVI. * Mrs le Laboureur. lxxij
XXVII. Jean Mabillon. lxxiv
XXVIII. Claude Malingre. lxxvij
XXIX. Papire Masson. lxxviij
XXX. Pierre Matthieu. lxxxj
XXXI. Claude-François Ménestrier. lxxxiij
XXXII. * François Eudes de Mézeray. *ibid.*
XXXIII. Pierre Pithou. lxxxvj
XXXIV. Louis de Voesin de la Popelinière. lxxxix
XXXV. * Mrs de Sainte-Marthe. *ibid.*
XXXVI. Jean Savaron. xcij
XXXVII. Denys-François Secousse. xciij
XXXVIII. * Jean de Serres. xcv
XXXIX. Jacques-Auguste de Thou. xcvij
XL. Adrien de Valois. c
XLI. * Antoine Varillas. ciij
XLII. Paul-François Velly. cv
XLII. Nicolas Vignier. cvj
XLIV. Claude Villaret. cvij

APPROBATION
D U
CENSEUR ROYAL.

J'AI lu par ordre de Monseigneur le Chancelier, le troisième Volume de la *Bibliothèque historique de la France*, revue & augmentée par M. de Fontette. Il m'a paru que rien n'en pouvoit empêcher l'impression. Fait à Paris, ce quatre Mai mil sept cent soixante-douze.

CAPPERONNIER.

Le Privilège du Roi est au Tome I. après la Préface, &c.

BIBLIOTHÈQUE
HISTORIQUE
DE LA FRANCE,

CONTENANT

Le Catalogue de tous les Ouvrages qui traitent de l'Histoire de ce Royaume, ou qui y ont rapport.

SUITE DU LIVRE TROISIÈME,
& de l'Histoire Politique de France.

CHAPITRE SIXIÈME.

Recueils des Actes publics, Chartes, Traités & autres Pièces politiques qui concernent l'Histoire de France.

E Chapitre présente un détail de Monumens précieux, qu'on peut appeller les Preuves des Ouvrages historiques.
 On sçait de quelle importance sont les Traités de Paix, d'Alliance & autres, qui terminent les différends entre les Puissances, & règlent leurs prétentions. Les Chartes ne sont pas moins recherchées, puisque les Sçavans y recueillent diverses circonstances nécessaires que l'on ignoreroit sans le secours de ces Pièces. Les Lettres politiques, les Mémoires d'Etat, d'Ambassades, &c. offrent aussi des Anecdotes d'autant plus sûres, qu'elles viennent de personnes en place, qui ont joué le plus grand rôle dans les Affaires publiques. On y apprend des détails secrets que l'on voit avec le plus grand plaisir; & dont les Historiens judicieux profitent avec soin, pour donner de l'âme à leurs récits, qui ne présenteroient sans cela que des canevas sans intérêt.
 Les trois Articles qui composent ce Chapitre, terminoient le cinquième dans la première Edition du Père le Long; mais il avoit cru devoir en former un Chapitre particulier, dans l'Exemplaire qu'il disposoit pour la nouvelle Edition. Nous l'avons suivi en cela.

Tome III.   A

Liv. III. Histoire Politique de France.

Article Premier.
Traités de Paix, de Trève, de Neutralité, de Confédération, d'Alliance & de Commerce.

§. Premier.
Recueils généraux de ces Traités.

JE ne marque ici que les Recueils de ces Traités, & les Traités particuliers faits depuis l'impression des derniers Recueils. Je place d'abord les Recueils des Traités conclus entre plusieurs Rois & Princes avec la France; ensuite je rapporte ceux qui ont été faits entre la France & un autre État souverain : je suis l'ordre observé par M. Amelot de la Houssaye, dans le Recueil imprimé par Léonard.

29144. ☞ Traités de Confédérations & d'Alliances entre la France & les Princes Etrangers : *Amsterdam*, 1664, *in*-12.]

29145. Prodromus pacificatorius, &c. seu Catalogus chronologicus Tractatuum, &c. in toto orbe Terrarum, ab anno 1400, ad annum 1685 ; auctore Daniele Nesselio, Bibliothecæ Vindobonensis Præfecto : *Viennæ Austriæ*, 1690, *in*-4.

29146. Préliminaires des Traités faits entre les Rois de France & tous les Princes de l'Europe, depuis le Règne de Charles VII. *Paris*, Léonard, 1692 ; *La Haye*, 1692, *in*-12.

Troisième Edition plus ample, publiée sous ce titre : Observations historiques & politiques sur les Traités des Princes.

Cette dernière Edition se trouve dans le premier volume du *Recueil des Traités de Paix*, imprimé par Léonard ; & dans le tom. I. de Moetjens. Nicolas Amelot de la Houssaye, selon le *Journal des Sçavans*, du 7 Janvier 1692, est l'Auteur de ces Préliminaires, qui commencent en 1435. Il est mort en 1706. A la fin de cet Ouvrage, il a joint un Catalogue chronologique de tous les Traités contenus dans le Recueil suivant.

☞ *Voyez* la Biblioth. univ. & histor. tom. XXII. pag. 515 : tom. XXV. pag. 15.]

29147. Recueil des Traités de Paix, de Trève, de Neutralité, de Confédération, d'Alliance & de Commerce faits par les Rois de France avec tous les Princes & Potentats de l'Europe, & autres, depuis près de trois siècles : assemblés, mis en ordre & imprimés par Frédéric Léonard, premier Imprimeur du Roi : *Paris*, Léonard, 1693, *in*-4. 6 vol.

Le Tome I. contient les Observations de Nicolas Amelot de la Houssaye, & les Traités qui ont été faits dans le XVe siècle, sous les Règnes de Charles VII. Louis XI. Charles VIII. & Louis XII. par ordre chronologique, depuis 1435 jusqu'en 1500. Le Tome II. renferme les Traités faits dans le XVIe siècle, sous le Règne de Louis XII. jusqu'à la dixième année de celui du Roi Henri IV. Dans le Tome III. sont les Traités faits dans le XVIIe siècle, sous le reste du Règne de Henri IV. & sous ceux de Louis XIII. & de Louis XIV. jusqu'en 1690, avec l'Empereur & les Etats d'Allemagne, les Villes Anséatiques, la Lorraine, Sedan, Raucourt & Bouillon, distingués par Etats, & chaque Etat par ordre chronologique. Le Tome IV. comprend les Traités faits tant avec les Suisses & Grisons, depuis l'an 1444 jusqu'à présent, qu'avec la Savoye, le Piémont, l'Italie, l'Espagne & le Portugal, pendant le XVIIe siècle, divisés par Etats, & chaque Etat par ordre chronologique. On trouve dans le Tome V. les Traités faits pendant ce siècle avec l'Angleterre, la Hollande, le Danemarck, la Suède, la Moscovie, la Pologne & la Transilvanie ; & ceux qui ont été faits en Asie, en Afrique & en Amérique ; divisés par Etats, & chaque Etat par ordre chronologique. Le Tome VI. & dernier contient les Déclarations de Guerre & les Traités d'Alliances faits entre plusieurs Princes & Etats de l'Empire contre la France, avec plusieurs Actes & Mémoires qui ont servi à faire les Traités de Paix & autres ; & un Recueil de tous les Arrêts de la Chambre Royale établie à Metz, du Parlement de Besançon & du Conseil Souverain d'Alsace, pour la réunion de la dépendance des trois Evêchés. Ce dernier Recueil étoit imprimé dès l'année 1685.

Ces Traités & Actes, que Léonard a ramassés, ont été tirés, du moins ceux qui n'avoient pas encore été imprimés, du Trésor des Chartes, de la Bibliothèque du Roi, de la Chambre des Comptes de Paris, de celle de Lille, de celle de Nantes, du Cabinet de plusieurs Ministres & Secrétaires d'Etat, & de divers Ambassadeurs illustres, &c.

☞ *Voyez* Lenglet, Méth. histor. in-4. tom. IV. pag. 455.

Dans la Bibliothèque de la Ville de Paris, parmi les Manuscrits de MM. Godefroy, on trouve 81 volumes de Traités de Paix, *in-fol.* num. 23-103, & sept autres volumes parmi les Manuscrits qui ne viennent pas de MM. Godefroy, num. 56-61 bis.]

29148. Recueil de Traités de Paix, de Trève, de Neutralité, de Suspension d'Armes, de Confédération, d'Alliance, de Commerce, de Garantie, & d'autres Actes publics, comme Contracts de Mariage, Testamens, Manifestes, Déclarations de Guerre, &c. faits entre les Empereurs, Rois, Républiques, Princes & autres Puissances de l'Europe & des autres Parties du Monde, depuis l'an de Jesus-Christ 536 jusqu'à présent, servant à établir les Droits des Princes & de fondement à l'Histoire ; le tout rédigé par ordre chronologique, & accompagné de Notes, & de Tables chronologiques : *La Haye*, Moetjens, 1700, *in-fol.* 4 vol.

C'est par les soins d'Adrien Moetjens, Libraire de la Haye, que ce Recueil a été publié, & qu'il est cité ci-après sous son nom, pour le distinguer de celui de Léonard, qui entre entièrement dans le Recueil de Moetjens, excepté les Arrêts de la Chambre de Metz, qu'il n'a point imprimés ; mais aussi il y a plusieurs autres Traités qui regardent tous les autres Princes de l'Europe. Comme il s'est glissé bien des fautes dans ces Recueils, pour pouvoir aisément les corriger, je rapporte ci-après beaucoup de Recueils de ces Traités manuscrits, conservés dans diverses Bibliothèques, afin qu'on puisse les consulter.

✻ C'est à Jacques Bernard, (Auteur de la *Continuation des Nouvelles de la République des Lettres*) que l'on est redevable de l'Edition du Recueil de Moetjens : il y a ajouté une Préface, & a traduit quelques-uns des Traités.

☞ *Voyez* Lenglet, Méth. histor. in-4. tom. IV. pag. 455. = Dict. de Chauffepié, Art. Bernard.]

29149. ☞ Corps universel Diplomatique du Droit des Gens, contenant un Recueil

Traités de Paix, de Confédération, &c.

des Traités d'Alliance, de Paix, de Trève, de Neutralité, de Commerce, d'Echange, de Protection & de Garantie ; de toutes les Conventions, Transactions, Pactes, Concordats & autres Contracts qui ont été faits en Europe depuis le Règne de l'Empereur Charlemagne jusqu'à présent ; avec les Capitulations Impériales & Royales, les Sentences arbitrales & souveraines dans les causes importantes, les Déclarations de guerre, les Contracts de Mariage des grands Princes, leurs Testamens, Donations, Renonciations & Protestations ; les Investitures des grands Fiefs, les Erections des grandes Dignités, celles des grandes Compagnies de Commerce, & en général de tous les Titres sous quelque nom qu'on les désigne, qui peuvent servir à fonder, établir ou justifier les Droits & les Intérêts des Princes & Etats de l'Europe ; par M. Dumont, Ecuyer, Conseiller & Historiographe de Sa Majesté Impériale & Catholique : *Amsterdam*, 1726-1731, *in-fol.* 8 vol.

Le Tome I. contient une ample Préface. = Dissertation sur les diverses Cérémonies qu'ont employé les différentes Nations dans les Traités de Paix & d'Alliance. = La Collection de ce Volume pour sa Partie I. commence en 800, & finit en 1313. Ensuite est un Supplément, ou Partie II. depuis 1314 jusqu'en 1358.

Le Tome II. Partie I. s'étend de 1359 à 1413. On trouve à la tête : « Observations historiques & politiques sur les Traités de Paix, par Amelot de la »Houssaye ». = Partie II. 1414-1436.

Le Tome III. Partie I. 1436-1476. = Supplément ou Partie II. 1477-1500.

Le Tome IV. Partie I. 1501-1528. = Partie II. 1529-1559.

Le Tome V. Partie I. 1559-1599. = Partie II. 1600-1630.

Le Tome VI. Partie I. 1631-1650. = Partie II. 1651-1663. = Partie III. 1664-1666.

Le Tome VII. Partie I. 1667-1679. = Partie II. 1680-1700.

Le Tome VIII. Partie I. 1700-1718. = Partie II. 1719-1731.]

29150. ☞ Supplément au grand Corps Diplomatique, dans lequel on trouve le Cérémonial Diplomatique & l'Histoire des anciens Traités : le tout ramassé par les soins (& avec des Notes) de Jean Barbeyrac : *Amsterdam*, 1739, *in-fol.* 5 vol.

L'Histoire des anciens Traités, qui va jusqu'à Charlemagne en 800, est curieuse & intéressante pour l'Histoire ancienne, à cause des Remarques que Barbeyrac a jointes à ces Traités.]

29151. Codex Juris Gentium Diplomatici, in quo Tabulæ authenticæ Actorum publicorum, Tractatuum, aliarumque rerum majoris momenti per Europam gestarum, temporum serie digestæ continentur : quem ex manuscriptis Codicibus edidit G. G. L. *Hanoveræ*, Ammonii, 1693, *in-fol.*

Mantissa Codicis Juris Gentium Diplomatici : *Hanoveræ*, 1700, *in-fol.*

Ces deux Volumes, qui ont été publiés par Guillaume Godefroy Leibnits, depuis Conseiller de l'Empereur, & mort en 1717, contiennent un grand nombre de Traités & de Pièces qui concernent la France, dont plusieurs avoient déjà été publiés.

29152. ☞ Histoire des Traités de Paix & autres Négociations du XVII° siècle, depuis la Paix de Vervins (en 1598,) jusqu'à la Paix de Nimègue (en 1678 ;) où l'on donne l'origine des prétentions anciennes & modernes de toutes les Puissances de l'Europe, & une analyse exacte de leurs Négociations, tant publiques que particulières : *Amsterdam*, 1725, *in-fol.* 2 vol.

Cet Ouvrage s'étend plus sur ce qui regarde la France que sur ce qui regarde les autres Puissances. L'Auteur est M. de Saint-Prez, ou Prest des Yves. Camusat avoit tiré le Manuscrit de la Bibliothèque du Maréchal d'Estrées, pour le donner à imprimer.]

29153. ☞ Mémoires pour servir à l'Histoire du XVIII° siècle, contenant les Négociations, Traités, Résolutions & autres Documens authentiques, concernant les Affaires d'Etat, liés par une narration historique des principaux Evénemens dont ils ont été précédés ou suivis, & particulièrement de ce qui s'est passé à la Haye, qui a toujours été comme le centre de toutes les Négociations ; par M. (Guillaume) Lamberti : *La Haye*, 1724-1734, *in-4.* 12 vol. Seconde Edition : *Amsterdam*, 1735 & *suiv. in-4.* 14 vol.

Ce Recueil renferme un grand nombre de Pièces.

Le Tome I. contient les années 1700 & 1701.
Tome II.   1702 & 1703.
Tome III.   1704 & 1705.
Tome IV.   1706 & 1707.
Tome V.   1708 & 1709.
Tome VI.   1710 & 1711.
Tome VII.   1712.
Tome VIII. 1713 & 1714.
Tome IX.   1715 & 1716.
Tome X.   1717. = Plus, une Table des Matières pour ces dix premiers Volumes. = Enfin, une Suite des Traités depuis 1718 jusqu'en 1731.

Tome XI. contient 1718 & un Supplément pour les années 1696-1701.

Tome XII. Le Supplément aux années 1702 & 1703.

Tome XIII. Le Supplément à l'année 1704.

Tome XIV. Le Supplément aux années 1705, 1706 & 1707.]

29154. ☞ Recueil historique d'Actes, Négociations, Mémoires, & Traités depuis la Paix d'Utrecht jusqu'au second Congrès de Cambray ; par M. Rousset : *La Haye*, 1728-1740-1752, *in-12.* 22 vol.]

29155. ☞ Droit public de l'Europe, fondé sur les Traités (depuis la Paix de Westphalie ;) par M. l'Abbé (Bonnot) de Mably : *Genève*, 1646, *in-8.* 2 vol. Augmenté, 1748, 2 vol. Revu & (plus) augmenté, 1764, *in-8.* 3 vol.

Cette dernière Edition renferme ce qui concerne la Paix conclue à Paris en 1763.]

29156. ☞ Histoire politique du Siècle, où se voit développée la conduite de toutes les Cours d'un Traité à l'autre, depuis la Paix de Westphalie (en 1648) jusqu'à la dernière

Paix d'Aix-la-Chapelle (en 1748) inclusivement ; (par Pierre MAUBERT :) *Londres*, (*Lausanne*,) 1754, *in-*12. 2 vol.

L'Auteur, qui étoit de Rouen, demeuroit alors à Lausanne : il est mort à Altena en 1767.]

29157. ☞ Mſ. Traités, Conventions, &c. entre la France & les autres Puissances de l'Europe, depuis la Paix de Riswick en 1697 ; par M. LE DRAN : *in-*4.

Ce Manuscrit étoit dans la Bibliothèque de M. le Dauphin, mort en 1766, & a passé à M. le Dauphin son fils.]

§. II.

Recueils des Traités entre plusieurs Princes avec la France, rangés selon l'ordre de la date du dernier Traité.

29158. Mſ. TRAITÉS des Empereurs Latins de Constantinople avec les Papes, les Rois de Sicile, les Vénitiens & autres Princes, tant pour l'Empire, le Royaume de Thessalonique, la Principauté d'Achaïe & de la Morée, que pour les Terres de la Maison de Courtenay, baillées en échange des prétentions sur lesdits Royaumes & Principautés : *in-fol.*

Ces Traités sont conservés entre les Manuscrits de M. de Brienne, num. 77, [dans la Bibliothèque du Roi.]

29159. Mſ. Traités de Paix entre les Rois de France, Empereurs & autres Princes ; extraits par le commandement du Roi Charles V. en l'an 1364, des Originaux qui sont dans le Trésor des Chartes du Roi : *in-fol.*

Ils [étoient] conservés dans la Bibliothèque de M. le Chancelier Seguier, num. 102, [aujourd'hui à S. Germain des Prés.]

29160. Traités de Paix & d'Alliance entre Louis XII. & autres Princes, en 1498, 1500, 1508.

Ces Traités sont imprimés avec l'Histoire de ce Roi, par Jean de Saint-Gelais : *Paris*, 1622, *in-*4.

29161. Mſ. Recueil des Traités de Paix, depuis l'an 1316 jusqu'en 1527 : *in-fol.*

Ce Recueil est conservé dans la Bibliothèque de l'Abbaye de Laubes, selon Sanderus, au tom. II. de sa *Bibliothèque des Manuscrits Belgiques,* pag. 126.

29162. Mſ. Traités de Paix entre la France & plusieurs Princes, depuis l'an 1435 jusqu'en 1556 : *in-fol.*

Ces Traités sont conservés dans la Bibliothèque de M. le Chancelier d'Aguesseau.

29163. ☞ Mſ. Recueil de Traités de Paix depuis celui de Bretigny (en 1360) jusqu'en 1559 : *in-fol.* 2 vol.

Il est indiqué au Catalogue de M. Sardière, n. 2075, avec la Note qui suit :

« Les deux Volumes contiennent les dix-huit principaux Traités de Paix qui aient été faits par les Rois » de France avec les Empereurs, Princes de l'Empire, » Rois d'Espagne, d'Angleterre, depuis le Traité de » Bretigny jusqu'à celui de Câteau-Cambrésis. Ils ont » appartenu au Maréchal d'Estrées, & sont écrits vers la » fin du XVIe siècle.]

29164. Mſ. Recueil de divers Traités de Trève & de Paix entre la France & les Etats voisins, depuis l'an 1476 jusqu'en 1579 : *in-fol.*

Ce Recueil [étoit] conservé dans la Bibliothèque de M. Baluze, num. 141, [& est aujourd'hui dans celle de Roi.]

29165. Mſ. Traités faits entre les Rois de France, les Empereurs, les Rois d'Espagne, d'Angleterre, de Dannemarck, d'Ecosse & d'autres Princes Etrangers, depuis 1475 jusqu'en 1598 : *in-fol.*

29166. Mſ. Traités de Paix ou de Trève ; de Guerres civiles & étrangères, depuis l'an 1200 jusqu'en 1600 : *in-fol.*

29167. Mſ. Traités de Paix, depuis Louis XI. jusqu'à Henri IV. en 1601 : *in-fol.*

29168. Mſ. Traités de Paix entre les Rois de France, les Rois d'Espagne & les Ducs de Savoye & autres : *in-fol.*

26169. Mſ. Traités de Paix & de Confédération ou d'Alliance, depuis l'an 1520 jusqu'en 1618 : *in-fol.*

29170. Mſ. Traités avec la Lorraine, la Savoye, Monaco, Catalogne, Portugal, Grisons, Mantoue, &c. depuis 1594 jusqu'en 1642 : *in-fol.*

Ces six Articles précédens [étoient] conservés dans la Bibliothèque de M. le Chancelier Seguier, num. 96, 76, 79, 3, 81 & 112. [Ils doivent se trouver aujourd'hui à S. Germain des Prés.]

29171. Traités de Confédération & d'Alliance entre les Couronnes de France & les Princes des Pays Etrangers, depuis 1629 jusqu'en 1644 : [*en Hollande*,] 1650, *in-*12.

29172. Mſ. Négociations & Traités de Paix & de Trève entre la France, l'Espagne, l'Italie & autres Princes & Etats souverains de l'Europe : *in-fol.* 12 vol.

29173. Mſ. Traités entre la France, l'Angleterre, les Suisses, la Hollande, &c. *in-fol.* 5 vol.

Ces deux derniers Recueils [étoient] conservés dans la Bibliothèque de M. Godefroy, [dont la plus grande partie est aujourd'hui dans celle de la Ville de Paris.]

29174. Mſ. Traités entre les Rois de France & l'Allemagne, la Suède & la Hollande : *in-fol.*

29175. Mſ. Traités entre les Rois de France, l'Angleterre, les Etats-Généraux & le Roi de Suède, depuis l'an 1625 jusqu'en 1647 : *in-fol.*

Ces deux derniers Recueils [étoient] conservés dans la Bibliothèque de M. le Chancelier Seguier, num. 108 & 103, [& sont aujourd'hui à S. Germain des Prés.]

29176. Mſ. Traités entre les Rois de France

Traités de Paix, de Confédération, &c.

& les Princes d'Allemagne, les Etats-Généraux des Pays-Bas, la Principauté de Catalogne, &c. depuis l'an 1631 jusqu'en 1647 : *in-fol.*

Ces Traités [étoient] dans la Bibliothèque de M. Baluze, num. 339, [& font aujourd'hui dans celle du Roi.]

29177. Traités de Confédération & d'Alliance entre les Couronnes de France & les Princes des Pays Etrangers, depuis 1621 jusqu'en 1648 : (*en Hollande,*) [1650, *in*-8.] 1651, *in*-12.

☞ Ce Livre est probablement de Jean-Jacques CHIFFLET.

29178. Pacta, Confœderationes, quorum notitia Historiam Galliæ & Ministerium Cardinalis tum Richelii tum Mazarini plurimùm illustrat, ab anno 1610, ad annum 1650 : *Herbipoli*, 1662, *in*-8.

29179. Mss. Traités de Paix, de Trève, de Confédération ou d'Alliance, depuis 1478 jusqu'en 1654 : *in-fol.*

29180. Mss. Divers Traités & Négociations entre divers Potentats de l'Europe, depuis l'an 1644 jusqu'en 1658 : *in-fol.*

Ces deux Recueils [étoient] dans la Bibliothèque de M. le Chancelier Seguier, num. 82 & 106, [& font aujourd'hui à S. Germain des Prés.]

29181. Actes & Mémoires de la Négociation de la Paix de Munster : *Amsterdam*, 1680, *in*-12. 4 vol.

29182. Theatrum Pacis, hoc est Tractatuum atque Instrumentorum, ab anno 1647, ad annum 1660, [& seq.] usque, in Europa initorum atque conclusorum Collectio : *Norimbergæ*, 1663 & 1684, *in*-4. 2 vol.

Le premier volume de ce Théâtre a été publié dès l'an 1663. Christophle PELLERIUS a augmenté le second jusqu'en 1683.

29183. Recueil des Traités de Paix & de Confédération avec les Couronnes de France, les Princes & Etats Etrangers, depuis l'an 1621 jusqu'en 1664, (avec quelques Pièces servant à l'Histoire) : *Amsterdam*, Van Dyck, 1664, *in*-12.

Le même Recueil augmenté jusqu'en 1667, avec d'autres Pièces servant à l'Histoire : *Amsterdam*, Van-Dyck, 1671, *in*-12.

29184. Recueil des Préliminaires de la Paix, avec les principaux Traités faits devant & après le Congrès de Nimègue : *Cologne*, 1678, *in*-12.

29185. Actes & Mémoires de la Paix de Nimègue, depuis l'an 1674 jusqu'en 1679, avec les Traités conclus avec les Princes & Etats intéressés : *Amsterdam*, Moetjens, 1678, 1679, *in*-12. 4 vol. Seconde Edition : *Amsterdam*, Wolfgang, 1699, *in*-12. 4 vol. Troisième Edition : *La Haye*, Moetjens, 1705, *in*-12. 4 vol.

Les mêmes, traduits en Allemand, par Jean Léonard Sauter : *Léipsick*, 1680, *in*-4.

Ce Recueil, fait par Adrien MOETJENS, contient les Lettres des Ambassadeurs de France, avec celles du Roi & de M. de Pompone jusqu'à la fin de 1677. Toute l'année 1678 & le commencement de 1679 n'y sont pas. La Traduction Allemande ne vaut rien.

29186. ☞ Recueil de tous les Traités modernes conclus entre les Potentats de l'Europe, & de tous les Mémoires qui ont servi à faire la Paix de Nimègue; avec un Recueil des Arrêts de la Chambre Royale établie à Metz, pour la réunion des Dépendances des trois Evêchés : *Paris*, Léonard, 1683, *in*-4.]

29187. Actes & Mémoires des Négociations de la Paix de Risvvick, en 1696, 1697 & 1698, avec les Traités : *La Haye*, Moetjens, 1699, *in*-12. 4 vol.

« Adrien MOETJENS, qui a fait ce Recueil, ne s'est
» pas contenté d'y insérer toutes les Pièces produites ou
» dressées à Risvvick; il a aussi inséré toutes celles qui
» ont été faites ou publiées dans les temps de la Négo-
» ciation, & qui ont rapport aux Affaires qui y ont été
» traitées. Il remonte même plus haut que ce temps-là,
» puisqu'il commence par l'offre de la Médiation faite
» de la part du Roi de Suède, en 1690 ». Jacques Bernard, *Nouvelles de la République des Lettres*, art. VI. Juillet, 1699.

Les mêmes Actes & Mémoires, seconde Edition corrigée & augmentée : *La Haye*, Moetjens, 1707, *in*-12. 5 vol.

« Cette Edition a été augmentée de près de huit
» cens pages ; voici de quelle nature sont ces Additions.
» Le Libraire avoit reçu divers nouveaux Mémoires du
» Baron de Heckeren, Plénipotentiaire de leurs Hautes-
» Puissances, qui commença ses Négociations en Suède.
» On les a insérés ici à leur place. On a mis à la tête des
» Pièces du premier volume, la grande Alliance entre
» l'Empereur & leurs Hautes-Puissances; & dans les
» Tomes II & III. des *Mémoires historiques concernant*
» *la Paix de Risvvick* ». Bernard, *Nouvelles de la République des Lettres*, art. II. Novembre 1708.

☞ *Voyez* Lenglet, *Méth. histor.* *in*-4. tom. IV. pag. 462. – *Répub. des Lettr.* de Bernard, Juillet 1699, & Novembre 1708.]

29188. Tabulæ Pacis inter Imperatorem Leopoldum & Imperii Germanici Status, & Ludovicum XIV. Regem Galliarum Risvvici initæ anno 1697. Ahasveri FRITCHII Notis illustrata : Accessère instrumenta Pacis inter Regem Galliæ, & Confœderatos Reges Hispaniæ & Angliæ, Ordines Hollandiæ & Ducem Sabaudiæ, sancitæ eodem anno : *Rudolstadii*, Urbanius, 1699, *in*-4.

Ces Remarques ne sont pas de grande conséquence ; mais l'Auteur y a inséré des Pièces qui ne se trouvent pas aisément.

29189. ☞ Christfridi WACHTLERI Epistola, ad Christophorum Dietericum Bosium Polonarium Regis Consiliarium, &c. (de Pace Risvvicensi:) *Dresdæ*, Ruger, 1698, *in-fol.*

Voyez les *Actes de Léipsick*, 1698, pag. 169.]

29190. Traité entre le Roi Très-Chrétien, le Roi de la Grande-Bretagne & les Etats-Généraux des Provinces-Unies des Pays-Bas, du 21 Février 1699, vieux ftyle, qui eft le 3 de Mars nouveau ftyle : Sur l'imprimé à Londres, 1700, *in-4.*

Ce Traité concerne le partage de la Succeffion d'Efpagne.

29191. ☞ Traité fait à Lille le 3 Décembre 1699, en exécution de celui de Rifwick : *in-8.*

29192. Recueil de divers Traités de Paix, de Confédération, d'Alliance, de Commerce, &c. faits depuis foixante ans entre les Etats fouverains de l'Europe : *La Haye,* Moetjens, 1707, *in-12.*

29193. Recueil de diverfes Pièces touchant les Préliminaires de la Paix propofée par les Alliés & rejettée par le Roi; [par Jean Donneau DE VIZÉ :] *Paris,* Brunet, 1709, *in-12.*

Ce Recueil fut fupprimé dès qu'il parut.

29194. Nouveau Recueil de Traités d'Alliance, de Paix, de Commerce entre les Rois, Princes & Etats fouverains de l'Europe, depuis la Paix de Munfter jufqu'en 1709; par François DU MONT : *Amfterdam,* 1710, *in-12.* 2 vol.

Cet Auteur eft un Officier François, réfugié en Hollande.

29195. Recueil des principaux Traités faits & conclus depuis le Traité de Weftphalie, en 1648, jufqu'au Traité d'Utrecht en 1714: *Luxembourg,* Chevalier, 1708-1714, *in-12.* 4 vol.

29196. Actes & Mémoires, & autres Pièces authentiques, concernant la Paix d'Utrecht, depuis l'année 1706, jufqu'à préfent : *Utrecht,* Van-Poolfum, 1713-1714, *in-12.* 6 vol.

Seconde Edition augmentée & corrigée : *Utrecht,* 1714-1715, *in-12.* 6 vol.

Il y a au commencement du Tome V. de cette feconde Edition une Relation fort abrégée de la Négociation faite à Utrecht.

☞ *Voyez* le *Journal de Verdun, Août* 1713. = *Bibliothèque Françoife* de du Sauzet, tom. *XXIII. p.175*: tom. *XXV. pag.* 154. = *Lettres férieufes & badines,* tom. *V. pag.* 305. = Lenglet, *Suppl. à la Méth. hiftor. in-4. pag.* 245. = *Mém. de Trévoux, Janvier* 1737.]

29197. Recueil des Traités de Paix & de Commerce qui ont été faits depuis le Traité de Munfter jufqu'à préfent, & particulièrement ceux d'Utrecht & de Raftad, avec les infractions & les guerres qu'elles ont caufées : *London,* 1715, *in-fol.* (en Anglois.)

29198. Traité d'Alliance défenfive entre la France, l'Angleterre & la Hollande, conclu à la Haye, le 4 Janvier 1717 : *Paris,* Fournier, 1717, *in-4.*

29199. * Traité entre le Roi (de France,) l'Empereur & le Roi de la Grande-Bretagne, pour la Pacification de l'Europe, conclu à Londres le 2 d'Août 1718 : *Paris,* Fournier, 1718, *in-4.*

29200. ☞ Mémoires du Comte de Varack : *Rouen,* 1750, *in-12.* 2 vol.

Ces Mémoires regardent principalement le Congrès tenu à Cambray en 1722, & années fuivantes. Ils ont été compofés par M. DE CROIXMARE, Confeiller au Parlement de Rouen, mort vers 1752.]

29201. ☞ Avis du Baron d'Orival au Comte de Varack, fur fes Mémoires : *Cambray,* (*Rouen*) 1751, *in-12.*

C'eft une critique des Mémoires de Varack, par M. l'Abbé SAAS, Chanoine de la Cathédrale de Rouen.]

29202. ☞ Traité de Paix entre le Roi, l'Empereur & l'Empire, conclu à Vienne le 18 Novembre 1738 : *Paris,* 1739, *in-4.*]

29203. ☞ Recueil de Pièces pour fervir à l'Hiftoire de la Paix conclue à Aix-la-Chapelle en 1748, & fur la Paix conclue à Drefde en 1745 : *in-12.*]

29204. ☞ Traité de Paix entre le Roi, le Roi d'Efpagne & le Roi de la Grande-Bretagne, avec l'acceffion du Roi de Portugal en 1763 : *Paris,* Imprimerie Royale, 1763, *in-4.*]

§. III.

Recueils des Traités entre la France & un autre Etat fouverain, rangés felon l'ordre des Traités du Recueil publié par Léonard.

Traités avec les Rois & les Empereurs d'Allemagne.

29205. FŒDERIS Ludovici & Caroli Galliæ Regum, Ludovici Pii filiorum, Caroli Magni nepotum apud Argentoratum, anno 842, percuffi Formulæ, cum Notis Marquardi FREHERI. Acceffit Quæftio, quâ propriâ linguâ prifci Francorum Reges ufi funt : 1611, *in-4.*

Cette Pièce, qui eft un des plus anciens Monumens de la Langue Françoife & de la Langue Germanique, fe trouve auffi au tom. I. de la *Collectio Rerum Germanicarum* de Freher, *pag.* 71.

29206. Conventus inter Ludovicum filium Caroli Calvi Imperatoris, itemque Ludovicum filium Ludovici Regis Germaniæ, facta anno 874.

29207. Pactum Caroli & Ludovici Regum, anno 926.

Ces deux Traités & le précédent font imprimés dans du Chefne, au tom. II. de fon *Recueil des Hiftoriens de France, pag.* 381, 478 & 487, [& dans celui de Dom Bouquet.]

29208. Traité entre le Roi Louis XI. & le Duc d'Autriche, fait à Arras en 1482 : *in-4.* vieille Edition.

29209. ☞ Mf. Traité de Paix fait à Senlis entre le Roi de France, le Roi des Romains & l'Archiduc fon fils; de 20 pages, en parchemin; Extrait collationné.]

Traités de Paix, de Confédération, &c.

☞ Mſ. Traité entre Louis XII. & Philippe, Archiduc d'Autriche, en exécution de celui de Senlis : 6 pages, en Copie.

Ces deux Pièces ſont conſervées dans la Bibliothèque de M. Fevret de Fontette, à Dijon.]

29210. ☞ Mſ. Relation de ce qui ſe traita à Calais en 1521, entre les Députés de l'Empereur Charles-Quint & ceux du Roi François I.

Cette Relation eſt conſervée dans la Bibliothèque du Marquis d'Aubais.]

29211. Mſ. Traités entre François I. & Charles-Quint, Empereur, depuis l'an 1516 juſqu'en 1525 : *in-fol.*

Ces Traités ſont conſervés entre les Manuſcrits de M. Dupuy, num. 174, & dans la Bibliothèque de MM. des Miſſions Etrangères.

29212. Mſ. Traités entre Louis XII. & François I. Rois de France, & l'Empereur Maximilien I. & Charles, lors Prince des Provinces des Pays-Bas, enſuite Empereur, depuis l'an 1501 juſqu'en 1525 : *in-fol.*

Ces Traités ſont conſervés entre les Manuſcrits de M. de Brienne, num. 60, [à la Bibliothèque du Roi;] & dans celle de M. le Chancelier d'Agueſſeau.

29213. ☞ Mſ. Traité de Madrid : 1526, de 47 pages en parchemin ; Extrait original.

Dans la Bibliothèque de M. Fevret de Fontette, à Dijon.]

29214. Mſ. Echange entre le Roi François I. d'une part, & la Ducheſſe de Luxembourg d'autre, au fait de la Rançon de Sa Majeſté, en 1529 : *in-fol.*

Cet Echange eſt conſervé dans la Bibliothèque de M. le Chancelier d'Agueſſeau.

29215. Mſ. Traité de Madrid, le 14 Janvier 1526, & de Cambray, de l'an 1529, entre François I. & l'Empereur Charles-Quint : *in-fol.*

Ce Traité eſt conſervé entre les Manuſcrits de M. de Brienne, num. 62, [dans la Bibliothèque du Roi;] & dans celle de M. le Chancelier d'Agueſſeau.

29216. ☞ Mſ. Traité de Cambray, de 36 pages en parchemin ; Extrait original.

Dans la Bibliothèque de M. Fevret de Fontette, à Dijon.]

29217. ☞ Mſ. Traité de Cambray, en 1529. Couronnement de l'Empereur Charles-Quint en 1530, & Relation de ſon Entrée à Boulogne : 49 pages.

Ce Manuſcrit du temps, eſt dans la Bibliothèque de M. Fevret de Fontette, à Dijon. Il contient pluſieurs choſes ſur la Franche-Comté & ſur l'Eſpagne.]

29218. Mſ. Traités entre les Rois François I. & Henri II. & l'Empereur Charles V. depuis l'an 1537 juſqu'en 1555 : *in-fol.*

Ces Traités ſont conſervés entre les Manuſcrits de M. Dupuy, num. 176.

29219. ☞ Cornelii Scrib. GRAPHEI Deſcriptio Pacis inter Carolum V. & Franciſcum I. ad Aquas-mortuas initæ ; Carmine facta : *Antverpiæ,* 1540, *in-8.*

C'eſt bien peu de choſe que cette Pièce.]

29220. ☞ Mſ. Traité de Creſpy, entre Charles-Quint & François I. 1544 pages de copie.

Dans la Bibliothèque de M. Fevret de Fontette, à Dijon.]

29221. Mſ. Traités entre les Rois François I. & Henri II. & l'Empereur Charles V. & Philippe II. Roi d'Eſpagne, depuis l'an 1547 juſqu'en 1559 : *in-fol.*

Ces Traités ſont entre les Manuſcrits de M. de Brienne, num. 63, [dans la Bibliothèque du Roi.]

29222. Mſ. Traités entre les Empereurs d'Allemagne & les Rois de France, avec pluſieurs Mémoires & Inſtructions touchant les Affaires entre les Empereurs & les Rois de France, depuis l'an 1198 juſqu'en 1631 : *in-fol.*

Ces Traités ſont conſervés entre les Manuſcrits de M. Dupuy, num. 88.

29223. Mſ. Table générale alphabétique des Traités entre la France, les Rois de Caſtille & d'Arragon, les Ducs de Bourgogne & la Maiſon d'Autriche, depuis l'an 1258 juſqu'en 1512 : *in-fol.*

Cette Table [étoit] conſervée dans la Bibliothèque de M. Godefroy.

29224. Mſ. Table des Traités de Paix & de Confédération & Alliance entre Charles VII. & ſes Succeſſeurs juſqu'à François I. d'une part ; & Philippe de Bourgogne & ſes Succeſſeurs juſqu'à Charles-Quint, Empereur, d'autre part : *in fol.*

Cette Table eſt conſervée dans la Bibliothèque de M. le Chancelier d'Agueſſeau.

29225. Mſ. Table des Traités de Paix & de Confédération entre l'Empereur Charles-Quint & Philippe II. Roi d'Eſpagne, d'une part ; les Rois François I. Henri II. & Henri IV. d'autre part ; depuis l'an 1514 juſqu'en 1598 ; par Denys GODEFROY : *in-fol.*

Cette Table [étoit] conſervée dans la Bibliothèque de M. Godefroy, & dans celle de M. le Chancelier Seguier, num. 83.

29226. ☞ Mſ. Traité de Ratiſbonne : 1630. Copie du temps, 9 pages.

Il concerne la Succeſſion de Mantoue.]

29227. ☞ Mſ. Modifications du Traité de Ratiſbonne : 1630. Copie du temps, 6 pages.

Ces deux Pièces ſont dans la Bibliothèque de M. Fevret de Fontette, à Dijon.]

29228. Inſtrumentum Pacis Cæſareo-Gallicæ Oſnabrugi factæ : *Moguntiæ,* 1648, *in-4. Leidæ,* 1648, *in-12.*

Pacificatio Oſnabrugo-Monaſterienſis, operâ Legatorum omnium Germanicè conſcripta & à ſolo Joanne Comite Oxenſtiernio La-

8   Liv. III. *Histoire Politique de France.*

tinè-tranflata. Thulemar, de Aurea Bulla, §. 37.

Tractatus Pacis Monafterii & Ofnabrugi, anno 1648, à Leone ab Aitzema editus: *Leidæ,* 1651, *in-12.*

Traité de Paix fait à Munfter entre l'Empereur & le Roi: *Paris,* 1648, *in-4.*

29229. Recueil de tous les Traités accordés en l'Affemblée générale tenue à Munfter & à Ofnabruck, pour la Paix de la Chrétienté: 1650, *in-12.*

29230. ☞ Acta Pacis Weftphalicæ publica; collectore Joan. Gothefrido DE MEYERN: *Norimbergæ,* 1734, *in-fol.* 6 vol.]

29231. ☞ Mf. Actes de la Paix de Munfter, écrits par une perfonne qui y étoit préfente: *in-fol.*

Ce Manufcrit eft confervé à Paris, dans la Bibliothèque de Sainte-Geneviève.]

29232. ☞ Négociations & Hiftoire du Traité de Weftphalie.

Voyez ci-après, Article des *Lettres hiftoriques, &c.* Année 1648.]

29233. ☞ Divers Traités de Paix conclus & fignés à Munfter & à Ofnabruck, le 24 Octobre 1648, & à Nuremberg, en 1650, avec le Bref du Pape, contenant fa Proteftation contre ces Traités & les Prérogatives d'Aix-la-Chapelle: le tout fervant de Preuves à l'Hiftoire de l'Empire: *La Haye,* 1694, *in-12.*

29234. Mf. Traités de Paix entre la France & la Maifon d'Autriche, depuis Charles VIII. jufqu'en 1660: *in-fol.*

Ces Traités font confervés dans la Bibliothèque de MM. des Miffions Etrangères.

29235. ☞ Traité de Paix entre l'Empereur & la France, conclu à Nimègue, le 5 Février 1679: *Paris,* Léonard, 1679, *in-4.*]

29236. Traité de Paix entre l'Empereur & Louis XIV. conclu à Ratifbonne en 1684: *Paris,* Rondet, 1684, *in-4.*

29237. ☞ Mf. Capitulation de Bonn, faite entre fon Alteffe Electorale de Brandebourg, tant au nom de Sa Majefté Impériale qu'au fien & celui de fes Alliés, nommément Meffieurs les Etats-Généraux des Provinces-Unies, & M. l'Evêque de Munfter d'un côté, & M. d'Asfeld, Maréchal des Camps & Armées du Roi Très-Chrétien, de l'autre; en date du 12 Octobre 1689.

Il y en a une Copie dans la Bibliothèque de M. le Baron de Heifs, Capitaine au Régiment d'Alface.]

29238. ☞ JUSTIASTERII Examen Comitiorum Ratifbonenfium: *Hannoviæ,* 1637, *in-fol.*]

29239. ☞ Acta Comitialia Ratifbonenfia publica; collectore Joh. Gotef. DE MEYERN: *Lipfiæ,* 1738 *in-fol.* 2 vol.]

29240. ☞ Traité de Paix entre l'Empereur, la France & l'Empire, conclu à Ryfwick, le 30 Octobre 1697: *Paris,* Léonard, 1697, *in-4.*]

29241. Traité de Paix entre la France & l'Empereur, conclu à Raftad: *Paris,* Fournier, 1714, *in-4.*

☞ Traité de Vienne, en 1738.

Voyez ci-devant, N.° 29202.]

Traités de Paix avec les Etats d'Allemagne.

29242. ☞ Mf. Confœderationes inter Reges Franciæ & Duces Auftriæ & Reges Bohemiæ: *in-fol.*

Ce Recueil eft indiqué num. 3189 du Catalogue de M. le Blanc.]

29243. Mf. Traités entre les Rois de France & les Electeurs Eccléfiaftiques, depuis l'an 1341 jufqu'en 1631: *in-fol.*

29244. Mf. Traités de Paix entre les Rois de France & les Electeurs Palatins, depuis l'an 1337 jufqu'en 1631: *in-fol.*

Ces deux Recueils font entre les Manufcrits de M. de Brienne, num. 88, [dans la Bibliothèque du Roi.]

29245. Mf. Traités d'Alliance & de Confédération entre les Rois Louis XIII. & Louis XIV. & les Etats d'Allemagne, depuis l'an 1631 jufqu'en 1643: *in fol.*

Ces Traités [étoient] dans la Bibliothèque de M. le Chancelier Seguier, num. 104, [aujourd'hui à S. Germain des Prés.]

29246. ☞ Difcours fur le Traité de Prague fait entre l'Empereur & le Duc de Saxe Weymar, le 30 Mai 1635, &c. Le tout tranflaté du Latin, & augmenté des Articles mêmes du Traité: *Paris,* Cramoify, 1637, *in-8.*

Cet Ouvrage, dont l'Original a été compofé en 1636, a trait aux Intérêts de la France.]

29247. ☞ Mf. Capitulation faite entre fon Alteffe Electorale de Brandebourg & M. de Marognes, commandant les Troupes du Roi à Keifervert, le 26 Juin 1689.

Cette Pièce eft confervée dans la Bibliothèque de M. le Baron de Heifs.]

29248. ☞ Traité de Paix entre la France & le Roi de Pruffe, conclu à Utrecht le 11 Avril 1713: *Paris,* 1713, *in-4. Bordeaux,* 1713, *in-12.*

Il y a eu des Traités d'Alliance en 1741 & 1744.]

29249. ☞ Traité d'Alliance entre la France & la Cour de Vienne, du 1 Mai 1756.]

Traités avec les Villes Anféatiques.

29250. Traités faits de temps en temps entre les Rois de France & les Villes & Cités de la Hanfe Teutonique, contenant les Privilèges à elles accordés, depuis l'an 1483, confirmés en 1655, avec le dernier Traité de la même année.

Ces Traités font imprimés à la pag. 171 du Recueil intitulé: *Mantiffa Codicis Juris Gentium Diplomatici: Hanoveræ,* 1700, *in-fol.*

☞ Parmi les Manufcrits de Godefroy, dans la Bibliothèque

bliothèque de l'Hôtel de Ville de Paris, il y a un volume *in-fol.* de ces Traités, num. 59.]

29251. ☞ Traités de Commerce, Navigation & Marine, entre la France & les Villes Anséatiques, conclu à Paris le 28 Septembre 1716: *Paris,* Colombat, 1717, *in-*4.]

29252. ☞ Traité avec la Ville de Hambourg, en 1769; avec Lettres-Patentes de ratification enregistrées: *Paris,* Simon, *in-*4.]

Traités avec les Etats de Flandres.

29253. ☞ Extrait d'une Lettre de M. MAILLART, au sujet d'*Athies sur Orges,* & du Traité de 1305. *Mercure,* 1741, *Novembre.*

L'Auteur, après avoir fait l'énumération de quelques endroits qui portent le nom d'Athies, se détermine en faveur d'Athies sur Orges, au confluent de cette petite riviére dans la Seine, au Midi de Paris, comme le véritable endroit où fut fait en 1305 le Traité de Paix entre Philippe le Bel & le Comte de Flandres.]

29254. ☞ Mſ. Traité d'Arras, intitulé: Ci-après est contenu par ordre de procès tenus à Arras en la Convention célébrée audit lieu, pour le fait de la Paix du Royaume de France; commençant icelle Convention: Le 15 jour du mois de Juillet, l'an de grace 1435; présidant en Sainte Eglise & en Saint Siège de Rome, Eugène, Pape quart, & séant le saint Concile à Basle : *in-fol.*

Ce Manuscrit du temps est dans la Bibliothéque de M. Fevret de Fontette, Conseiller au Parlement de Dijon.]

29255. ☞ Mſ. Mémoires de la Négociation du Traité d'Arras, avec les Preuves; (par M. Prosper BAUYN, Maître des Comptes à Dijon:) gros *in-fol.*.

Ils sont conservés dans la Bibliothéque de M. Filjean, Conseiller au Parlement de Dijon.

On trouvera plusieurs Pièces sur ce Traité, ci-après aux *Lettres historiques, &c.*]

29256. Mſ. Traité de Péronne & autres Actes entre le Roi Louis XI. & Charles, dernier Duc de Bourgogne, en 1468 : *in-fol.*

Ce Traité est conservé entre les Manuscrits de M. de Brienne, num. 61, [dans la Bibliothèque du Roi.]

29257. ☞ Mſ. Trèves marchandes pour neuf années entre le Roi & le Duc de Bourgogne; à Soleure en 1475, de 10 pages.

Dans la Bibliothèque de M. Fevret de Fontette, à Dijon.]

29258. Mſ. Cartulaire contenant diverses Lettres-Patentes & Traités de Paix entre le Roi Louis XI. & Charles, Duc de Bourgogne, depuis l'an 1462 jusqu'en 1478: *in-fol.*

Ce Cartulaire est dans la Bibliothèque de M. le Président Bouhier, [ou M. de Bourbonne,] à Dijon, A. 38.

29259. Mſ. Traités entre Charles VII. Louis XI. Charles VIII. & Louis XII. d'une part; & de l'autre Philippe le Bon & Charles, *Tome III.*

Ducs de Bourgogne, & Philippe, Archiduc, Seigneur des Provinces des Pays-Bas, depuis l'an 1435 jusqu'en 1498 : *in-fol.*

Ces Traités sont conservés entre les Manuscrits de M. Dupuy, num. 172, & ceux de M. de Brienne, num. 59.

Mſ. Les mêmes Traités, auxquels sont ajoutés ceux d'entre le Roi François I. & l'Empereur Charles-Quint, jusqu'en 1536: *in-fol.*

Ces Traités [étoient] dans la Bibliothéque de M. Foucault, [qui a été distraite, à Paris.]

29260. Mſ. Traités de la France avec la Bourgogne, depuis l'an 1461 jusqu'en 1514 : *in-fol.* 3 vol.

Ils sont conservés dans la Bibliothèque de MM. des Missions Etrangères, à Paris.

29261. Mſ. Traités & Affaires des Rois de France avec les Comtes de Flandres, depuis l'an 1194 jusqu'en 1525 : *in-fol.* 5 vol.

Ces Traités [étoient] dans la Bibliothèque de M. le Chancelier Seguier, num. 109, [& sont aujourd'hui à S. Germain des Prés.]

29262. Mſ. Traités de Paix entre la France, les Ducs de Bourgogne, la Maison d'Autriche, & le Duc de Gueldres, depuis l'an 1414 jusqu'en 1598 : *in fol.*

Ils [étoient] dans la Bibliothèque de M. Pelletier le Ministre, num. 203.

29263. Mſ. Extraits des Traités touchant la Flandres, depuis l'an 1438 jusqu'en 1598 : *in-*4.

Ces Extraits [étoient] conservés dans la Bibliothèque de M. le Chancelier Seguier, num. 110, [aujourd'hui à S. Germain des Prés.]

29264. Mſ. Traités & autres Actes concernant le Brabant, depuis l'an 1204 jusqu'en 1631 : *in-fol.*

29265. Mſ. Traités & autres Actes concernant la Flandres & l'Artois, depuis l'an 1099 jusqu'en 1614 : *in-fol.*

Ces deux derniers Recueils sont conservés entre les Manuscrits de M. de Brienne, num. 95, [dans la Bibliothèque du Roi.]

Traités avec les Ducs de Lorraine.

29266. Mſ. Traités de Paix & d'Alliance des Rois de France avec les Ducs de Lorraine & de Bar, depuis l'an 1301 jusqu'en 1632, & les Aveus & Reconnoissances desdits Ducs à la Couronne de France : *in-fol.*

Ces Traités sont cités dans le Catalogue des Manuscrits de M. le Chancelier Seguier, [aujourd'hui à S. Germain des Prés.]

29267. ☞ Concordats entre les Rois de France & les Ducs de Lorraine : *Nancy,* 1735, *in-*12.]

29268. Mſ. Traité de Paix entre le Roi Louis XIII. & Charles IV. Duc de Lorraine, en 1632, fait à Vic. Autre fait à Iverdun, la

B

même année. Autre fait à Charme, en 1633 : *in-fol.*

Ces Traités [étoient] dans la Bibliothèque de M. l'Evêque de Séez.

29269. ☞ Mſ. Quatre Traités faits entre Sa Majesté & le Duc de Lorraine, réunie à la Couronne de France ; avec les Articles séparés, des dernier Décembre 1631, 6 Janvier 1632, 27 & 26 Juin 1632, 20 Septembre 1633, & 29 Mars 1641 : *in-4.*

Ces Traités, qui sont dans la Bibliothèque de M. Jardel à Braine, font connoître les raisons que le Roi eut alors de s'emparer de la Lorraine.]

29270. ☞ Traité fait entre le Cardinal de Richelieu pour le Roi, & le Duc Charles de Lorraine, avec les Articles secrets passés entr'eux, & la Ratification faite dudit Traité : 1641.

Ce Traité est imprimé dans le *Recueil* de Du Châtelet : *Paris*, 1635, *in-fol.*]

29271. ☞ Dissertation historique & politique sur le Traité fait entre le Roi & le Duc Charles, touchant la Lorraine : 1662, *in-4.*

Je soupçonne qu'elle est d'Antoine AUBERY. *Voyez* Placcius *de Anonymis*, num. 1145.]

29272. Traité entre le Roi de France & son A. R. le Duc de Lorraine, conclu à Paris le 21 Janvier 1718 : *Paris*, Fournier, 1718, *in-4.*

☞ *Voyez* les *Mém. de Trévoux*, 1718, *Avril.*]

== ☞ Traité de Vienne, en 1738.

Voyez ci-devant, N.º 29102. Le Duc François y céde la Lorraine au Roi Stanislas, & après sa mort à la France.]

29273. Mſ. Traités faits par ceux de la Ville de Metz, avec plusieurs Princes leurs voisins, depuis l'an 1325 jusqu'en 1535 : *in-fol.*

Ces Traités sont conservés entre les Manuscrits de M. Dupuy, num. 184.

Traités avec les Suisses & les Grisons.]

29274. Mſ. Traités des Suisses avec la France & Genève : *in-fol.*

Ces Traités [étoient] dans la Bibliothèque de M. le Chancelier Seguier, num. 215, [& sont aujourd'hui à S. Germain des Prés.]

29275. Mſ. Alliances de la Suisse avec la France, depuis l'an 1452 jusqu'en 1650 : *in-fol.*

Ces Alliances sont conservées [parmi les Manuscrits] de M. le Chancelier Seguier, num. 216, [à S. Germain des Prés ; &] dans la Bibliothèque de M. le Chancelier d'Aguesseau. [Elles étoient aussi] dans la Bibliothèque de M. Foucault, [qui a été distraite.]

29276. Mſ. Traités de Paix entre la France & les Suisses : *in-fol.*

Ces Traités [étoient] dans la Bibliothèque de M. le Chancelier Seguier, num. 218, [& sont aujourd'hui à S. Germain des Prés.]

29277. Mſ. Instructions & Mémoires touchant les Affaires de France avec les Suisses en France : *in-fol.*

Ces Instructions sont conservées entre les Manuscrits de M. de Brienne, num. 109, [dans la Bibliot. du Roi.]

29278. ☞ Abrégé & Extrait du Recueil des Lettres-Patentes, Chartes, Edits & Déclarations donnés en faveur des Suisses & leurs Co-Alliés, étant en France au service des Rois, &c. par François BESSON : *Paris*, Baudry, 1671, *in-4.*]

29279. ☞ Harangue & Remontrance au Roi Très-Chrétien, faite par les Ambassadeurs des Grisons : 1627.

Elle est du 24 Avril. Ils remercient le Roi de tout ce qu'il a fait pour les Grisons, & lui représentent les raisons qui les engagent à ne point recevoir le Traité de Monçon, comme étant préjudiciable à leur liberté & à leur souveraineté.

Briève & nécessaire Instruction sur les Articles de Paix accordés à Monçon, en Espagne, le 5 Mai 1626, pour raison des Grisons.

Ces deux Pièces sont imprimées au tom. XIII. du *Mercure François.*]

29280. Mſ. Memoires des Affaires entre la France & les Suisses, depuis l'an 1587 jusqu'en 1624 : *in-fol.*

Ces Mémoires sont conservés entre les Manuscrits de M. Dupuy, num. 398.

29281. Mſ. Traités entre les Rois de France & les Suisses, depuis l'an 1444 jusqu'en 1632 : *in-fol.*

Ces Traités sont entre les Manuscrits de M. Dupuy, num. 399, & ceux de M. de Brienne, num. 108.

29282. Mſ. Traités de la France avec les Suisses & les Grisons : *in-fol.* 5 vol.

Ces Traités [étoient] entre les Manuscrits de M. Godefroy, [& sont aujourd'hui dans la Bibliothèque de la Ville de Paris, num. 54-58.]

29283. Mſ. Lettres, Instructions & Mémoires touchant les Suisses, depuis l'an 1647 jusqu'en 1676 : *in-fol.*

Ce Recueil est conservé dans la Bibliothèque du Roi, entre les Manuscrits de M. Clément.

29284. Mſ. Mélanges de Lettres, Mémoires & Instructions concernant les Affaires de France avec les Grisons, depuis l'an 1550 jusqu'en 1587 : *in-fol.*

Ces Mélanges sont conservés entre les Manuscrits de M. de Brienne, num. 119, [dans la Bibliothèque du Roi.]

29285. Mſ. Alliances, Traités, Mémoires, touchant les Grisons & la Valteline, depuis l'année 1497 jusqu'en 1628 : *in-fol.* 2 vol.

Ce Recueil est conservé entre les Manuscrits de M. de Brienne, num. 116-117, [dans la Bibliothèque du Roi] & dans celle de MM. des Missions Etrangères.

29286. ☞ Mémoires d'Etat, &c. concernant l'Alliance de la France avec les Suisses.

Ils se trouvent à la fin du tom. X. du *Mercure François.*]

29287. ☞ Mémoires du Sieur RICHER, sur l'Alliance du Roi avec MM. des Ligues.

Ils sont imprimés à la fin des *Mélanges historiques* de Nicolas Camusat : *Troyes*, 1619, *in-8.*]

29288. ☞ Proposition faite aux Grisons

par M. le Duc de Rohan, par ordre du Roi, en 1636.

Articles projettés entre les Grisons & les Valtelins, par l'entremise du Duc de Rohan, en Mars 1636.

Ces deux Pièces sont imprimées au tom. III. de ses *Mémoires: Paris*, 1758, *in-12.*]

29289. ☞ Traité fait au nom du Roi Louis XIII. avec les Grisons, par le Duc de Rohan, du 26 Mars 1637.]

29290. ☞ Relation véritable & particulière de ce qui s'est passé en la Valteline, de quelle sorte le Duc de Rohan a traité avec les Grisons, & de ce qui s'est ensuivi en exécution dudit Traité; par le Baron DE LECQUES.

Ces deux Pièces sont imprimées au tom. III. des *Mémoires de Rohan: Paris*, 1758, *in-12.*]

29291. Mf. Pièces concernant les Suisses, les Grisons & la Valteline, depuis l'an 1244 jusqu'en 1640: *in-fol.*

Ces Pièces sont conservées entre les Manuscrits de M. Dupuy, num. 538.

29292. Mf. Mémoires, Actes & Traités de la République de Genève avec la France: *in-fol.*

Ces Mémoires sont conservés entre les Manuscrits de M. de Brienne, num. 120, [dans la Bibliothèque du Roi.]

29293. ☞ Les Privilèges des Suisses; ensemble ceux accordés aux Villes Impériales & Anséatiques, & aux Habitans de Genève, résidans en France; avec un Traité historique & politique des Alliances entre la France & les XIII. Cantons, depuis Charles VII. jusqu'à présent, & des Observations sur la Justice des Suisses: *Paris*, 1731, *in-4.*]

Traités avec les Ducs de Savoye.

29294. Mf. Traités & autres Titres & Actes concernant les Affaires entre les Ducs de Savoye & les Rois de France, depuis l'an 1427 jusqu'en 1525: *in-fol.* 2 vol.

Ces Traités sont entre les Manuscrits de M. de Brienne, num. 80-81, [dans la Bibliothèque du Roi.]

29295. Traité entre le Roi de France & le Duc de Savoye, conclu à Turin l'an 1596: *Paris*, 1597, *in-4.*

29296. Tractatus pacificationum Vervini & Parisiis initi. Item Tractatus permutationum Regno noviter unitarum in vicem Marchionatûs Salusiarum, &c. operâ Petri GRANETII, Jurisconsulti & Sebusiani Præsidis: *Burgi-Sebusianorum*, 1630, *in-4.*

Le même Traité en François: *Bourg-en-Bresse*, 1630, *in-4.*

29297. ☞ Mf. Traité pour le Marquisat de Saluces & l'Echange de la Bresse: 1600. Copie du temps, de 6 pages.]

☞ Mf. Echange du Marquisat de Saluces avec la Bresse, le Bugey, &c. 1601. Copie collationnée de 5 pages.

Il contient l'attribution du ressort de la Bresse, &c. au Parlement de Dijon.]

☞ Mf. Articles de la Paix entre Sa Majesté Très-Chrétienne & le Duc de Savoye: 1601. Copie du temps, de 15 pages.

Ces trois Pièces sont dans la Bibliothèque de M. Fevret de Fontette, à Dijon.]

29298. ☞ Traité de Ligue entre le Roi Louis XIII. la République de Venise & le Duc de Savoye, conclu le 15 Septembre 1625; ensemble, le Traité de Monçon conclu le 5 Mars 1626; avec la Négociation du Sieur du Fargis en Espagne, sur ce sujet.

Ces Pièces sont imprimées dans le tom. I. des *Mémoires* de Silhon: *Paris*, 1662, *in-12.* On y voit le refus que la Cour fit de signer le Traité de Monçon dans les termes que du Fargis l'avoit fait; les différens changemens dans la forme & dans le fonds que l'on jugea à propos d'y faire, & ce qui se passa avec le Duc de Savoye & la République de Venise, qui avoient témoigné leur mécontentement de ce qu'on l'avoit conclu sans les en avertir.]

29299. ☞ Mémoires concernant l'acquisition de Pignerol en 1630. Le Traité de Mirefleur aussi en 1630; celui de Quierasque en 1631, & Pièces à ce sujet.

Ces Mémoires, &c. sont imprimés au tom. I. des *Mémoires* de Silhon: *Paris*, 1662, *in-12.* On y trouve un très-beau Mémoire présenté au Duc de Savoye, par M. Servien, Ambassadeur extraordinaire du Roi, sur les différentes infractions que les Espagnols ont faites aux Traités de Paix, sur leurs vues & la conduite du Duc de Feria. Il contient aussi les raisons qui obligent Sa Majesté Très-Chrétienne à demander Pignerol où telle autre Place pour lui servir de passage, au cas qu'elle soit obligée de porter de nouveau ses armes en Italie, pour la défense de ses Alliés. On conclut en conséquence un Traité à S. Germain en Laye, le 5 Mai 1632.]

29300. ☞ Trois Apologies: 1.° du Traité de Monçon; 2.° de l'Acquisition de Pignerol; 3.° de la Guerre que la République de Venise a faite aux Archiducs de Gratz; par feu M. DE SILHON, Conseiller d'Etat ordinaire: *Paris*, 1669, *in-12.*

Voyez sur le Traité de Monçon, la nouvelle Edition de l'*Histoire* du Père Daniel, tom. XIII. pag. 482. On ne peut présenter les choses avec plus de netteté que l'a fait M. de Silhon. Il détaille fort bien ce qui a précédé la Guerre d'Italie; les intrigues des Espagnols pour avoir le Mantouan & le Montferrat, & les motifs des Alliés pour s'y opposer. Il disculpe sans réplique, le Roi d'avoir fait le Traité de Monçon à leur insçu, puisqu'il fut fait dans des circonstances qu'on ne pouvoit prévoir, & qu'ils avoient obtenu ce qu'ils avoient espéré. Il touche aussi en passant, quelle en fut la suite, & comment les Espagnols profitèrent de ce que le Roi avoit commencé pour la gloire de son Etat. A l'égard de l'acquisition de Pignerol, il fait voir que Sa Majesté n'a pû se dispenser de la faire, tant pour la sûreté de ses Alliés, que pour le soupçon qu'elle devoit naturellement avoir de la mauvaise foi des Espagnols, & de l'inconstance du Duc de Savoye, & que cette politique a été un vrai coup d'Etat.]

29301. Mf. Traités entre la France & la

Liv. III. *Histoire Politique de France.*

Savoye, depuis l'an 1335 jusqu'en 1632: *in-fol.*

29302. Mf. Pièces concernant la Savoye & le Piémont : *in-fol.*

Ces deux Recueils font conservés entre les Manuscrits de M. Dupuy, num. 441 & 538.

29303. ☞ Mf. Lettre de M. le Duc DE SAVOYE au Pape, au sujet de la Paix avec la France; le 6 Juillet 1676.

Il y en a une Copie dans la Bibliothèque de M. le Baron de Heiss, Capitaine au Régiment d'Alsace.]

29304. ☞ Traité de Paix entre la France & la Savoye, conclu à Turin le 29 Août 1696 : *Paris*, Léonard, 1697, *in-4.*]

29305. ☞ Traité de Turin en 1760, sur les Limites de la France & des Etats de la Maison de Savoye: *Paris*, Imprimerie Royale, 1760, *in-4.*]

Traités avec les autres Princes d'Italie.

29306. ☞ Fœdus inter Francos & Venetos, anno 1204. Mense Martio, Indictione VII.

Il est imprimé à la fin des *Réflexions sur la Décrétale d'Innocent III. pour l'Election du Patriarche de Constantinople : Paris*, J. B. Coignard, 1689, (seconde Edit.) *in-8.* par Mr de Fourcroy, qui soutient les Droits du Cardinal de Furstemberg à l'Electorat de Cologne. Ce Traité de 1204. ne se trouve pas en la première Edition de ces *Réflexions*, qui est de 1688, *in-4.*]

29307. ☞ Mf. Pacification des différends entre le Roi de France & les Vénitiens : 1477. Copie de 8 pages.]

29308. ☞ Mf. Traité de Paix entre le Roi & la République de Venise : 1477. Copie de 7 pages.]

29309. ☞ Mf. Transactio inter Ludovicum XI. & Ducem Venetorum : 1478. Copie de 17 pages.

Ces trois Articles sont dans la Bibliothèque de M. Fevret de Fontette, à Dijon.]

29310. Mf. Mémoires de la Paix entre Louis XI. & le Pape Sixte IV. avec la République de Venise, ès années 1478 & 1479 : *in-fol.*

Ces Mémoires [étoient] conservés dans la Bibliothèque de M. le Chancelier Seguier, num. 97, [aujourd'hui à S. Germain des Prés.]

29311. ☞ Mf. Traité de la Ligue entre le Roi, la République de Venise & le Duc de Savoye : 1623. Copie du temps de 9 pages.

Elle est conservée dans la Bibliothèque de M. Fevret de Fontette, à Dijon.]

29312. Mf. Traités entre la République de Venise & les Rois de France, depuis l'an 1477 jusqu'en 1628 : *in-fol.*

Ce Recueil est entre les Manuscrits de M. de Brienne, num. 16, [dans la Bibliothèque du Roi.]

29313. ☞ Convention de la France avec Don Carlos, pour lui assurer le Royaume de Naples : 1735.]

29314. Mf. Traités des Rois de France avec les Papes, les Ducs de Ferrare, les Républiques de Florence, de Sienne, de Luques, & avec le Duc de Milan : *in-fol.*

Ces Traités sont entre les Manuscrits de M. de Brienne, num. 6, [dans la Bibliothèque du Roi.]

29315. ☞ Lettres des Florentins, recherchant l'Alliance & protection du Roi Charles VI. 1396.]

29316. ☞ Traité du Transport fait par les Génois, de la Ville & Seigneurie de Gènes au Roi Charles V.I. & à ses Successeurs : 1396.

Ces Lettres & ce Traité sont imprimés dans les *Mélanges historiques* de Camusat : *Troyes*, 1619, *in-8.* pag. 5.]

29317. Mf. Traités & autres Actes de l'Etat de Gènes & de Savone avec les Rois de France, depuis l'an 1396 jusqu'en 1636 : *in-fol.*

Ce Recueil est conservé entre les Manuscrits de M. Dupuy, num. 454, & entre ceux de M. de Brienne, num. 14.

29318. Mf. Autres, depuis l'an 1392 jusqu'en 1512 : *in-fol.*

Ce Recueil est conservé entre les Manuscrits de M. de Brienne, num. 26.

29319. ☞ Relation de l'Etat de Gènes, avec le Traité de Cession de sa Souveraineté à Charles VI. par M. LE NOBLE de Tenelière, Procureur-Général au Parlement de Metz : *Paris*, Quinet, 1690, *in-12.*]

29320. ☞ Traité conclu à Versailles le 15 Juin 1768, entre Sa Majesté Très-Chrétienne & l'illustre République de Gènes, touchant l'Isle de Corse.

Il est imprimé dans la *Gazette d'Amsterdam*, du 12 Mai 1769. Cette Isle est cédée au Roi comme gage & caution des dépenses qu'il doit faire pour en soumettre les Rébelles. On rappelle au commencement divers Traités précédens sur le même sujet. On peut voir les Relations sur la Corse, indiquées ci-devant, au *Règne de Louis XV.* & celles qui le seront dans notre *Supplément.*]

29321. Mf. Bulles, Titres & Actes concernant le Royaume de Naples & de Sicile : *in-fol.*

Ces Titres sont conservés entre les Manuscrits de M. Dupuy, num. 160.

29322. Mf. Actes, Titres & Mémoires concernant le Royaume de Naples & de Sicile, depuis l'an 1409 jusqu'en 1557 : *in-fol.*

Ce Recueil est entre les Manuscrits de M. de Brienne, num. 14, [dans la Bibliothèque du Roi.]

29323. ☞ Mf. Renouvellement d'Alliance entre Louis XI. & Bonne, Duchesse de Milan, & son fils : 1478. Copie de 11 pages.

Cette Pièce est dans la Bibliothèque de M. Fevret de Fontette, à Dijon.]

29324. Mf. Acte fait par ceux de Milan devant le Cardinal d'Amboise, le 17 Avril

Traités de Paix, de Confédération, &c.

1500, sur le pardon par eux requis à cause de leur Rébellion contre Louis XI. Roi de France, Duc de Milan : *in-fol.*

Ce Manuscrit original est conservé entre ceux de M. Dupuy, num. 628.

29325. ☞ Traité d'Alliance contre les Vénitiens, entre le Pape Jules II. Maximilien I. Empereur, Louis XII. Roi de France, & Ferdinand, Roi d'Arragon ; à Cambray, l'an 1508, le 10 Décembre.

Dans la *Vie du Cardinal d'Amboise*, par le Gendre : (*Rouen*, Machuel, 1726, *in-*12.) tom. *II. pag.* 165.]

29326. ☞ Copie des Lettres de l'Alliance & Amitié d'entre notre Saint Père le Pape, & le Très-Chrétien Roi de France, faite à Boulogne la-grasse ; avec une Messe Papale qui fut célébrée, où le Roi notre Sire servit de Diacre ; envoyées par Madame, à Révérend Père en Dieu, M. l'Archevêque de Rouen : *in-*16. (Gothique, sans nom de Ville, ni d'Imprimeur.)

Cette Lettre est écrite du Pont-Saint-Esprit, le 21 Décembre 1516, par Louïse de Savoye, Régente.]

29327. Lettre de (Charles III.) Duc DE CREQUY, Gouverneur de Paris, & Ambassadeur Extraordinaire du Roi à Rome, écrite au Roi, contenant les raisons qui l'ont obligé de sortir de la Ville de Rome, avec toute sa famille, pour l'attentat commis en sa personne : *Paris*, 1662, *in-*4.

29328. Lettre du Roi (LOUIS XIV.) envoyée au Maréchal d'Aumont, Gouverneur de Paris, sur cet attentat, avec la Relation de tout ce qui s'est passé en cette action : *Paris*, 1662, *in-*4.

29329. Relatione del Successo di Roma; nel Insulto fatto al Duca di Crequy : (1670) *in-*12.

29330. Relation de tout ce qui s'est passé entre le Pape Alexandre VII. & Louis XIV. Roi de France, le 20 Août 1662, traduit de l'Italien : *Cologne*, le Pain, (*en Hollande*,) 1670, *in-*12.

La même Relation, sous ce titre : *Les Risées de Pasquin* : *Cologne*, 1674, *in-*12.

29331. Raconto del accidente occorso in Roma frà la Famiglia del Duca di Crequy, & la militia Corsa, nell'anno 1662 : *in Monte Chiaro*, Vero, 1671, *in-*12.

Cette Relation est de l'Abbé SALVETTI.

29332. Trattato di Pisa trà Papa Alessandro VII. & il Rè Luigi XIV. *in Parigi*, 1664, *in-*4.

Le même Traité en François : *Paris*, 1664, *in-*4.

Le même Traité François est imprimé avec celui de l'*Origine des Cardinaux* : *Cologne*, le Pain, 1670, *in-*12. *pag.* 270.

29333. Mſ. Raccolta di molti Brevi, Lettere,

Discorsi, &c. scritti nel Negotio del Duca di Crequy, nell'anno 1662 : *in-fol.*

Ce Recueil [étoit] conservé dans la Bibliothèque de M. l'Abbé d'Estrées, [& est à S. Germain des Prés.]

== Histoire du Démêlé de la Cour de Rome avec la Cour de France, au sujet des Corses, en 1662.

☞ *Voyez pag.* 573 du Tome II. N.° 23877.]

29334. Mſ. Recueil de Pièces concernant l'affaire des Corses, jusqu'à la fin du Traité fait à Pise, en 1664, avec le Pape : *in-fol.* 2 vol.

Ce Recueil [étoit] conservé dans la Bibliothèque de M. l'Abbé de Louvois, num. 84 & 85.

29335. Traité de la Suspension d'armes en Italie, conclu à Vigevano, en 1696 : *Paris*, Léonard, 1697, *in-*4.

☞ Pour ce qui a suivi en Italie, *voyez* ci-devant les derniers Recueils généraux, & les plus nouveaux Traités.]

29336. ☞ Lettres-Patentes du Roi, du 18 Mars 1769, registrées en Parlement le 6 Juillet, portant ratification d'une Convention conclue entre le Roi & l'Infant d'Espagne, Duc de Parme, pour l'exemption réciproque du Droit d'Aubaine entre les Sujets de Sa Majesté & ceux de ce Prince : *Paris*, Simon, *in-*4.]

Traités avec les Rois d'Espagne & de Portugal.

29337. ☞ Observations sur le Traité de Paix conclu en 1258, entre le Roi S. Louis & Jacques I. Roi d'Arragon.

C'est le sujet de la Note XXXIX. du tom. III. de l'*Hist. du Languedoc* ; par D. VAISSETE, *pag.* 595.]

29338. ☞ Mſ. Traité de Lyon entre les Rois Philippe le Bel & Ferdinand de Castille : 1306. Copie de 3 pages.

Par ce Traité, qui est en Latin, ces deux Princes ratifient celui de Bourges, & promettent de ne point recevoir les bannis de Navarre. Il est conservé dans la Bibliothèque de M. Fevret de Fontette, à Dijon.]

29339. Mſ. Traités entre les Rois de France & les Rois de Castille, depuis l'an 1306 jusqu'en 1455 : *in-fol.*

Voyez ci-après, [N.° 29342.]

29340. ☞ Mſ. Traité de Confédération entre Louis XI. & Jean, Roi d'Arragon, au Camp de Sanneterre, terroir de Mauléon : 1462. Copie de 5 pages.]

29341. Mſ. Transactió Barcinonensis inter Carolum VIII. & Ferdinandum Regem Hispaniæ : 1493. Copie de 15 pages.

Dans ce Traité, le Roussillon & la Cerdagne furent cédés à Ferdinand. Ces deux Articles sont dans la Bibliothèque de M. Fevret de Fontette, à Dijon.]

29342. Mſ. Traités de Paix entre les Rois de France & les Rois de Castille, depuis l'an 1306 jusqu'en 1475 : *in-fol.*

Ces Traités, & ceux [du N.° 29339,] sont conservés entre les Manuscrits de M. Dupuy, num. 578.

Liv. III. *Histoire Politique de France.*

29343. ☞ Mſ. Traité de Marcouſſis, entre Louis XII. Ferdinand & Iſabelle, Rois d'Eſpagne, & Emmanuel, Roi de Portugal: 1498. Copie de 22 pages.

·Dans la Bibliothèque de M. Fevret de Fontette, à Dijon.]

29344. Mſ. Hiſtoire des Traités de Louis XII. ou Recueil fait par le premier Secrétaire & Audiencier du Roi de Caſtille, contenant les Titres, Actes & Traités faits entre le Roi Louis XII. & ledit Roi de Caſtille, depuis l'an 1498 juſqu'en 1507 : *in-fol.*

Ce premier Secrétaire ſe nommoit Philippe Henneton ; ſon Hiſtoire [étoit] conſervée dans la Bibliothèque de M. le Chancelier Seguier, [aujourd'hui à S. Germain des Prés;] dans celle de M. le Chancelier d'Agueſſeau, & dans celle de M. le premier Préſident de Meſme. Ce Traité eſt curieux ; il eſt écrit avec ſincérité.

29345. ☞ Mſ. Le Traité de Blois, entre Louis XII. & le Roi d'Eſpagne : 1505. Copie de 7 pages.]

☞ Mſ. Ratification du Traité de Blois par le Duc de Valois : Copie de 3 pages.]

☞ Mſ. Traité de Blois, entre Louis XII. & Ferdinand, Roi d'Eſpagne, en Latin : Copie de 15 pages.

Ces trois Articles ſont dans la Bibliothèque de M. Fevret de Fontette, à Dijon.]

29346. ☞ Mſ. Table générale & alphabétique des Traités entre la France & les Rois d'Arragon, de Caſtille & d'Eſpagne, depuis 1258 juſqu'en 1513 : *in-fol.*

Cette Table eſt indiquée num. 195 des Manuſcrits au Catalogue de M. Godefroy.]

29347. Mſ. Traités faits entre les Rois de France & les Rois d'Eſpagne, depuis l'an 1258 juſqu'en 1526 : *in-fol.*

Ces Traités ſont conſervés entre les Manuſcrits de M. de Brienne, [dans la Bibliothèque du Roi;] & [ils étoient] dans celle de M. le Chancelier Seguier, n. 90, [aujourd'hui à S. Germain des Prés.]

29348. Mſ. Autre Recueil, depuis l'an 1306 juſqu'en 1544 : *in-fol.*

Ce Recueil eſt conſervé dans la Bibliothèque de MM. des Miſſions Etrangères, à Paris.

29349. Mſ. Autre Recueil, depuis l'an 1278 juſqu'en 1548 : *in-fol.*

29350. Mſ. Autre Recueil, depuis l'an 1432 juſqu'en 1555 : *in-fol.* 3 vol.

Ces deux Recueils ſont entre les Manuſcrits de M. le Chancelier Seguier, num. 85 & 88, [à S. Germain des Prés.]

29351. Mſ. Autre Recueil, depuis l'an 1480 juſqu'en 1555 : *in-fol.*

Ce Recueil [étoit] dans la Bibliothèque de M. l'Evêque de Séez.

29352. Mſ. Autre Recueil, depuis l'an 1293 juſqu'en 1559 : *in-fol.*

Ce Recueil eſt conſervé entre les Manuſcrits de M. Dupuy, num. 179.

29353. Négociations & Traité de Paix fait à Câteau-Cambreſis, entre le Roi de France & le Roi d'Eſpagne, & ce qui s'eſt paſſé en la Négociation de ladite Paix, en 1559. [Enſemble, la Remontrance faite ſur l'injuſte occupation de la Navarre par les Rois d'Eſpagne ; à quoi a été ajoutée l'Inſtruction & Ambaſſade de Jacques Savary de Lancoſme, en Turquie, pour Henri III. en 1585] : Paris, Camuſat, 1637, *in-4.*

C'eſt Jean Camusat, Libraire, qui fit & publia ce Recueil.

29354. ☞ Mſ. Traité du Câteau-Cambreſis, Original en parchemin, avec les Sceaux, de 29 pages.

Il eſt conſervé dans la Bibliothèque de M. Fevret de Fontette, à Dijon.]

29355. ☞ Mſ. Procès-verbal des Limites de France, après la Paix de 1559, dreſſé au Câteau-Cambreſis : *in-fol.*

Il eſt indiqué au Catalogue de M. Secouſſe, n. 1803.]

29356. Mſ. Traité de Neutralité de la Franche-Comté de Bourgogne, en 1562 : *in-fol.*

Ce Traité eſt conſervé dans la Bibliothèque de M. le Chancelier d'Agueſſeau.

29357. ☞ Mſ. Traité de Joinville, par le Roi d'Eſpagne & les Princes de la Ligue : 1584. Copie ancienne de 17 pages.

On y trouve auſſi un Traité d'Alliance entre Henri III. & les Ligues Griſes.

Ces Pièces ſont conſervées à Dijon, dans la Bibliothèque de M. Fevret de Fontette.]

29358. ☞ Mſ. Procès-verbal de la Conférence de Vervins en 1598, mis par écrit par le Secrétaire du Cardinal de Florence, Légat de Clément VIII. à ladite Conférence, traduit de l'Italien : *in-fol.*

Ce Manuſcrit eſt indiqué num. 7176 du Catalogue de M. Barré, *pag.* 830.]

29359. Mſ. Traité de la Paix de Vervins, en 1598 : *in fol.*

Ce Traité eſt conſervé dans la Bibliothèque de MM. des Miſſions Etrangères, à Paris.

29360. Mſ. Table des Traités de Paix entre Henri II. & Henri IV. Rois de France, & Philippe II. Roi d'Eſpagne, juſqu'en 1598.

☞ *Voyez* ci-deſſus, aux Recueils des Traités, [N.° 29225.]

29361. Mſ. Traités entre les Rois de France & d'Eſpagne, depuis l'an 1559 juſqu'en 1599 : *in-fol.*

Ces Traités [étoient] dans la Bibliothèque de M. le Chancelier Seguier, num. 89, [& ſont aujourd'hui à S. Germain des Prés.]

29362. Recueil de Traités de Paix, de Trève, de Neutralité, entre les Couronnes d'Eſpagne & de France, depuis le Traité de Madrid en 1526 juſqu'en 1611 : Anvers, Moret, [1643] 1645, 1650, *in-8.*

Jean-Jacques Chifflet, Médecin du Roi d'Eſpagne, a publié ce Recueil.

☞ Dans un Avis de l'Imprimeur, daté d'Anvers le

3 Mars 1643, il eſt dit que Don Franciſco de Mello, Gouverneur des Pays-Bas, a fait faire ce Recueil pour l'inſtruction des Plénipotentiaires qui étoient à Munſter.]

== Le même, continué juſqu'à la Paix de l'Iſle des Faiſans, l'an 1659 : *Anvers*, 1664; *Amſterdam*, 1664, *in-12*.

29363. Acta pro Pace ſancienda inter Regem Galliæ & Hiſpaniæ : *Pariſiis*, 1649, *in-4*.

29364. ☞ Mſ. Procès-verbaux de ce qui a été traité à Stenay, ſur le ſujet de la Paix entre la France & l'Eſpagne, en 1651 : 8 pages.

Dans la Bibliothèque de M. Fevret de Fontette, à Dijon.]

29365. ☞ Mſ. Traité de Paix exhibé par M. le Duc de Longueville, pour la France, (avant la Paix des Pyrénées en 1659 :) *in-4*.

Ce Traité, qui eſt conſervé dans la Bibliothèque de M. Jardel à Braine, a été ſuivi mot pour mot en pluſieurs Articles, parmi les 124 du Traité des Pyrénées.]

29366. Traité de Paix des Pyrénées entre les Couronnes de France & d'Eſpagne, l'an 1659: *Paris*, de l'Imprimerie Royale, 1660: *in-fol. Ibid.* 1660, *in-4*. & *in-12*.

Le même Traité, en Latin : *Paris*, 1660, *in-fol*.

Le même, en Catalan : *en Barcelona*, 1660, *in-fol*.

Le même, traduit en Italien, par le Comte de Galeazzo Gualdo : *in Bremen*, 1664, *in-12*.

29367. Articles de ce Traité, & de tout ce qui s'eſt fait en conſéquence deſdits Articles : *Paris*, 1659, *in-4*.]

29368. ☞ Remarques ſur l'Article 103 du Traité des Pyrénées, & ſur trois autres Articles du Traité fait entre les Eſpagnols & les Griſons, l'an 1639 : *in-4*.]

29369. Traité de Paix entre les Couronnes de France & d'Eſpagne, conclu à Aix-la-Chapelle, en 1668: *Paris*, Cramoiſy, 1668, *in-4*.

29370. Recueil des Traités de Paix, de Trève & de Neutralité entre les Couronnes d'Eſpagne & de France, avec les Traités de Confédération entre la France & les Pays-Etrangers, depuis l'an 1621 juſqu'en 1672: *Bruxelles*, 1672, *in-12*. 2 vol.

29371. ☞ Traité de Paix entre la France & l'Eſpagne, conclu à Nimègue le 17 Septembre 1678: *Paris*, Léonard, 1678, *in-4*.]

29372. ☞ Infractions de la Maiſon d'Autriche & des Rois d'Eſpagne aux Traités faits avec la France, & les Uſurpations des mêmes Rois en divers endroits. *Mercure*, 1684, Mars.]

29373. Traité entre la France & l'Eſpagne conclu à Ratiſbone : *Paris*, 1684, *in-4*.

29374. ☞ Traité de Paix entre la France & l'Eſpagne, conclu à Ryſwich le 20 Septembre 1697 : *Paris*, Léonard, 1697, *in-4*.]

29375. ☞ Traité conclu à Madrid le 13 Juin 1721, entre l'Eſpagne, la France & la Grande-Bretagne : *Paris*, *in-4*.

Il termine les différends que le Cardinal Alberoni avoit excités; & Philippe V. y confirme tous les privilèges dont les François & les Anglois jouiſſoient dans ſes États.]

29376. ☞ Traité conclu à Séville le 9 Novembre 1729, entre l'Eſpagne, la France & l'Angleterre : *in-4*.

C'eſt au ſujet des Droits de la Cour de Madrid ſur les Duchés de Parme & de Toſcane.]

29377. ☞ Traité d'Amitié & d'Union, ſous le nom de *Pacte de Famille*, conclu entre le Roi de France & le Roi d'Eſpagne, le 15 Août 1761 : *in-4*.]

29378. ☞ Convention paſſée entre la Cour de Madrid & celle de Verſailles, touchant les fonctions des Conſuls & Vice-Conſuls des deux Couronnes : au Pardo, le 13 Mars 1769.

Elle ſe trouve dans la *Gazette d'Amſterdam*, du 4 Juillet 1769.]

Traités avec les Rois d'Angleterre.

29379. ☞ Mſ. Traités, Mémoires & autres Actes de France & d'Angleterre, depuis l'an 1193 juſqu'à l'an 1331 : *in-fol*.

Ce Recueil eſt indiqué num. 3188 du Catalogue de M. le Blanc.]

29380. ☞ Mſ. Traité du Roi S. Louis en 1259, avec le Roi d'Angleterre, pour les terres qu'il poſſédoit en France.

Il ſe trouve dans la Bibliothèque de S. Germain des Prés.]

29381. Mſ. Traité de Bretigny, pour la délivrance du Roi Jean, en 1360 : *in-fol*.

Ce Traité eſt conſervé dans la Bibliothèque du Roi, num. 8424.

29382. ☞ Mſ. Traité de Bretigny, avec toutes les Lettres, Paſſeports & Commiſſions pour la délivrance du Roi Jehan de France, priſonnier des Anglois. = Donation du Pays de Guyenne faite par le Roi Edouard d'Angleterre, au Prince de Galles ſon fils. = Renonciation faite par le Roi de Caſtille du Droit par lui prétendu en Gaſcoigne, au profit du Roi d'Angleterre. = Alliance perpétuelle de ſes Rois. = Traité de la Délivrance du Roi David d'Eſcoce, priſonnier des Anglois : *in-4*.

Ce Recueil en vélin, que l'on croit être de l'an 1366, a appartenu à Claude Faucher, & eſt actuellement entre les mains de M. l'Abbé de Clapeyron, à S. Germain en Laye.]

29383. ☞ Lettre de M. MAILLART, à M. de la Roque, au ſujet de Bretigny, où a été fait le Traité de Paix entre la France & l'Angleterre, le 8 Mai 1360: *Mercure*, 1735, Mai.]

29384. ☞ Mémoire historique concernant le Village de Bretigny sous Montlhery; par M. A. G. B. D. A. A. A. P. (M. Antoine-Gaspard Boucher d'Argis, Avocat au Parlement:) *Mercure*, 1737, *Janvier, pag.* 42-60; avec un Supplément; par M. l'Abbé Lebeuf: *Ibid. Mars, pag.* 472-477.]

29385. ☞ Eclaircissement du Père Texte, sur la véritable situation de Bretigny: *Mercure*; 1746, *Novembre, pag.* 32.

Ces trois Pièces fixent, à n'en pas douter, la situation de ce Bretigny auprès de Châtres en Beauce. On a indiqué, N.° 499, *Tom. I.* une Lettre de 1706, où l'on avoit prétendu que c'étoit un autre Bretigny, près de la Ville de Chartres.]

29386. ☞ Discours sur le Traité de Bretigny; par M. Bonamy: *Mém. de l'Acad. des Inscr. & Bell. Lettr. tom. XVII. p.* 353.

Ce Mémoire, & les deux qui le précédent dans le Recueil de l'Académie, ont presque le même objet. Il s'agit de sçavoir si la Renonciation à la Souveraineté des Provinces cédées par le Roi Jean au Roi Edouard III. a eu son plein & entier effet. Le judicieux Auteur de cette Pièce le nie, avec du Tillet, fondé sur ce que les Lettres de Renonciation qui devoient être changées à un certain jour, n'ayant jamais été données, nos Rois ont conservé leur Souveraineté. On ne peut guères se refuser à l'évidence & à la force des preuves qu'il employe pour constater ce fait. Ce Mémoire mérite une attention particulière, par les détails & les recherches dont il est rempli.]

29387. Mſ. Recueil d'Actes & de Traités entre Jean & Charles V. Rois de France, & les Rois d'Angleterre, depuis l'an 1360 jusqu'en 1366: *in-fol.*

Ce Recueil [étoit] conservé dans la Bibliothèque de l'Eglise de Notre-Dame de Paris, J. O. [& est aujourd'hui dans celle du Roi.]

29388. ☞ Mſ. Guerres & Traités de Paix entre les Rois de France & d'Angleterre, au sujet de la Guyenne & de la Normandie; par de Bercy, Roi d'Armes: *in-fol.*

Ce Recueil est conservé dans la Bibliothèque de Sainte-Geneviève, à Paris.]

29389. ☞ Traité d'Alliance fait entre le Roi Charles VI. & le Prince de Galles, en 1404.

Ce Traité est imprimé dans les *Mélanges historiques* de Camusat: *Trayes*, 1619, *in-8. pag.* 21.]

29390. Mſ. Transacta inter Angliam & Franciam, à temporibus Eduardi III. ad Henricum VIII.

Ces Traités sont conservés [en Angleterre] dans la Bibliothèque du Chevalier Cotton, *Caligula*, D. III. XII. E. I. II. III. IV.

29391. Mſ. Traités entre les Rois de France & les Rois d'Angleterre, depuis l'an 1360 jusqu'en 1452: *in-fol.*

Ces Traités sont conservés entre les Manuscrits de M. Dupuy, num. 316.

29392. ☞ Mſ. Traité fait entre le Roi de France, d'Angleterre & l'Archiduc, par Réthorique, 3 Juillet 1499, en Vers: Ecrit de la main du Jacquet de l'Abbé de S. Bertin (qui est dit avoir écrit aussi la Chasse, &c. de Molinet:) *in-4.*

Cette Pièce est indiquée au Catalogue des Manuscrits du Roi d'Angleterre: *Londres*, 1734, *in-4. p.* 295.]

29393. ☞ Mſ. Trève de Calais en 1521: *in-fol.*

Cette Trève est indiquée au num. 220 des Manuscrits du Catalogue Godefroy.]

29394. ☞ Mſ. Traité entre Madame la Régente & Henri VIII. Roi d'Angleterre: 1525, en Latin: Copie ancienne de 28 pages.

Elle est conservée dans la Bibliothèque de M. Fevret de Fontette, à Dijon.]

29395. Mſ. Inventaire des Traités de Paix, Trèves, Mariages & autres Conventions entre les Rois d'Angleterre & les Rois de France, & autres Princes leurs Sujets, dont les Chartes sont conservées dans la Tour de Londres; avec quelques Traités de Paix, depuis l'an 1093 jusqu'en 1525: *in-fol.*

Cet Inventaire [étoit] conservé dans la Bibliothèque de M. le Chancelier Seguier, num. 100, [aujourd'hui à S. Germain des Prés.]

29396. ☞ Mſ. Traité entre François I. & Henri VIII. Roi d'Angleterre: 1527, en Latin: Copie ancienne de 27 pages.

Autre des mêmes Princes, en 1532, de 6 pages.

Ils sont conservés à Dijon, dans la Bibliothèque de M. Fevret de Fontette.]

29397. ☞ Mſ. Traité de Paix entre les Rois de France & les Rois d'Angleterre, depuis l'an 1395 jusqu'en 1554: *in-fol.*

Ces Traités sont conservés entre les Manuscrits de M. Dupuy, num. 152.

29398. Recueil de Guerres & de Traités de Paix, de Trève, Alliance d'entre les Rois de France & d'Angleterre, depuis Philippe I. Roi de France, jusqu'à Henri II. par Jean du Tillet, Greffier du Parlement: *Paris, Dupuis*, 1588, *in-fol.*

Ce Recueil est [aussi] imprimé avec celui du même Auteur, des *Rois de France: Paris*, 1577, 1588, *in-fol. Ibid.* 1607, 1618, *in-4.*

29399. ☞ Mſ. Traité entre Elisabeth, Reine d'Angleterre, François II. & Marie, Reine d'Ecosse, ensuite de celui de Cambray: 1559, de 7 pages.

Il est conservé à Dijon, dans la Bibliothèque de M. Fevret de Fontette.]

29400. Mſ. Traités faits entre les Rois de France & les Rois d'Angleterre, depuis l'an 1476 jusqu'en 1559: *in-fol.*

Ces Traités sont conservés dans la Bibliothèque de M. le Chancelier d'Aguesseau.

29401. ☞ Mſ. Liste des Seigneurs, Barons & Gentilshommes envoyés en France par Elisabeth, Reine d'Angleterre, pour confirmer

Traités de Paix, de Confédération, &c.

firmer la Ligue entre Charles IX. & ladite Reine, en 1572 : *in-4*.

Cette Liste est indiquée au num. 15228 du Catalogue du Maréchal d'Estrées.]

29402. Mſ.   Autre Recueil, depuis l'an 1177 jusqu'en 1593 : *in-fol.*

Ce Recueil [étoit] conservé dans la Bibliothèque de M. Pelletier le Ministre, num. 207.

29403. ☞ Mſ.   Traité entre les Rois d'Angleterre & de France, pour le Commerce : 1606. Copie ancienne de 7 pages.

Dans la Bibliothèque de M. de Fontette, à Dijon.]

29404. Mſ.   Traités & Alliances faites entre le Roi Henri IV. & Louis XIII. & le Roi d'Angleterre, jusqu'en 1610 : *in-fol.*

Dans la Bibliot. de M. le Chancelier d'Aguesseau.

29405. ☞ Mſ.   Plusieurs Pièces concernant la France & l'Angleterre, jusqu'à l'an 1612 : *in-fol.*

Indiquées num. 3188 du Catalogue de M. le Blanc.]

29406. ☞ Mſ.   Recueil de divers Traités de Paix, d'Alliance & de Confédération, entre les Rois de France & les Rois d'Angleterre, depuis 1448 jusqu'en 1614.

Ce Recueil est indiqué au même Catalogue, n. 3189.]

29407. Mſ.   Transacta inter Angliam & Franciam, ab anno 1538, ad annum 1614.

Ces Traités sont conservés [en Angleterre] dans la Bibliotheque du Chevalier Cotton, *Caligula*, E. IV-IX.

29408. Mſ.   Traités entre les Rois de France & les Rois d'Angleterre, depuis l'an 1193 jusqu'en 1623 : *in-fol.*

Ces Traités sont entre les Manuscrits de M. de Brienne, num. 28-32, [dans la Bibliothèque du Roi.]

29409. Mſ.   Autres Traités des années 1259, 1299, 1572, 1625 : *in-fol.*

Entre les Manuscrits de M. Dupuy, num. 25.

29410.   Fœdera, Conventiones, Litteræ & cujuscumque generis Acta publica inter Reges Angliæ & alios quosvis Imperatores, Reges, Pontifices, Principes & Communitates, ab ineunte seculo duodecimo, videlicet ab anno 1101, ad nostra usque tempora habita aut tractata: ex autographis intra secretiores Archivorum secretiorum Thesaurarias per multa secula reconditis fideliter expressa, in lucem missa de mandato Reginæ; accurante Thoma Rymer, ejusdem serenissimæ Reginæ Historiographo : *Londini*, Burrhill, 1704 & *seq. in-fol.* 15 vol.

Eorumdem tomus XVI. ex schedis ejusdem Thomæ Rymer potissimùm edidit Robertus Sanderson : *Londini*, Churchill, 1715.

Eorumdem tomus XVII. complectens Tabulas alphabet. totiusOperis:*Londini*,1717,*in-fol.*

C'est par l'ordre de la Reine Anne, que Rymer a entrepris ce Recueil, dont on n'a tiré que peu d'Exemplaires. Il comprend un assez grand nombre d'Actes qui concernent la France, & il s'y en trouve assez pour remplir deux bons volumes *in-folio*. Ces Actes publics ont été tirés la plupart de la Tour de Londres. Ils finissent en 1625. Rymer est mort en 1713.

☞ Eorumdem tom. XVIII. XIX. & XX. accurante Rob. Sanderson : *Londini*,1726, & *seq. ann. in-fol.* 3 vol.

Voici ce que cette Edition contient.

Le Tome I. imprimé en 1704, commence en 1101 & finit à la première année du Roi Edouard I. en 1272.

Le Tome II. imprimé en 1705, contient les années 1273 à 1307.

Le Tome III. imprimé en 1706, contient les 16 premières années d'Edouard II.

Le Tome IV. imprimé en 1707, contient le reste des années d'Edouard II. & partie de celles d'Edouard III.

Les Tomes V. & VI. imprimés en 1708, contiennent les années 1338 à 1372.

Les Tomes VII. & VIII. imprimés en 1709, contiennent les Actes d'Edouard III. Richard II. & partie de ceux de Henri V.

Le Tome IX. imprimé en 1709, contient les Actes de Henri V. de 1413 à 1420.

Le Tome X. imprimé en 1710, contient les années 1420 à 1441.

Le Tome XI. imprimé en 1710, contient les années 1441 à 1474.

Le Tome XII. imprimé en 1711, contient les années 1475 à 1485.

Le Tome XIII. imprimé en 1712, contient les Actes des dernières années de Henri VII. & des premières de Henri VIII. jusqu'en 1523.

Le Tome XIV. imprimé en 1712, contient les années 1523 à 1543.

Le Tome XV. imprimé en 1713, contient les années 1544 à 1583.

Le Tome XVI. tiré des papiers de Rymer, & donné par Robert Sanderson en 1715, s'étend jusqu'en 1616.

Le Tome XVII. donné par le même en 1717, s'étend jusqu'en 1625. = On trouve à la fin un *Index* des personnes & des lieux, pour tout l'Ouvrage.

Le Tome XVIII. que Robert Sanderson, qui avoit travaillé long-temps avec Rymer, publia (comme les deux suivans) en 1726 & 1727, par ordre du Roi Georges I. contient les Actes du Roi Charles I. depuis 1625 jusqu'à 1628.

Le Tome XIX. renferme une partie de 1628 à 1635.

Le Tome XX. contient les années 1636 à 1654, qui étoit la sixième année du Gouvernement tyrannique d'Olivier Cromwel.]

☞ Editio secunda, à Georgio Holmes: *Londini*, 1727, *in-fol.* 20 vol.]

☞ Cette importante Collection étant rare & recherchée, Jean Neaulme, Libraire de la Haye, prit le parti d'en donner une nouvelle Edition d'après la précédente, en caractère moins gros.

Fœdera, Conventiones, &c. Editio tertia : *Hagæ-Comitis*,Neaulme,1739-1745: *in-fol.* 10 vol.

Cette dernière Edition est moins belle que les précédentes, mais aussi exacte, plus commode, & augmentée. On y trouve, entr'autres choses, la Traduction de toutes les Pièces écrites en Anglois.]

29411. ☞   Abrégé historique (& critique) de ce qui est contenu dans les Actes publics & imprimés à Londres en 1704, &c. recueillis par Thomas Rymer ; par M. (Paul) Rapin de Thoyras : *Amsterdam*, 1728, *in-4*.

Cet Ouvrage, dont le commencement est de Jean le Clerc, a été inséré d'abord par parties dans ses *Bibliothèques choisie* & *ancienne* : le tout a été ensuite imprimé *in-4*. à la fin de l'*Histoire d'Angleterre* de Thoyras, en 1728, &c. Mais on n'y trouve l'Abrégé que des dix-sept premiers Volumes de Rymer. Dans l'Édition du grand Recueil de Neaulme, dont on vient de parler, en y réimprimant cet Abrégé de Thoyras, (qui est mort en 1725,) on y a joint ce qui concerne les trois derniers Volumes de Rymer.]

29412. ☞ Mſ. Supplément aux Actes de Rymer: *in-fol.* 59 vol.

Ces Manuscrits sont conservés en Angleterre, dans la Bibliothèque Cottonienne. Ce sont ceux dont les titres se trouvent à la fin du Recueil de Rymer, sous le titre de *Syllabus Manuscriptorum*, &c. M. de Bréquigny qui les a vus & examinés, assure qu'ils ne formeroient pas plus de cinq à six Volumes du caractère de l'Édition de Neaulme.]

29413. Mſ. Traités entre les Rois de France & d'Angleterre, depuis l'an 1193 jusqu'en 1626: *in-fol.* 5 vol.

Ces Manuscrits [étoient] conservés dans le Cabinet de M. le Gendre de Darmini.

29414. Mſ. Mélanges comprenant plusieurs Lettres, Titres, Actes & Mémoires concernant les Affaires entre les Rois de France & les Rois d'Angleterre, depuis l'an 1190 jusqu'en 1625: *in-fol.*

29415. Mſ. Mémoires, Actes & Traités concernant les Rois de France & les Rois d'Angleterre, en l'année 1587, & ès années 1627, 1628, 1629 & 1630: *in-fol.*

29416. Mſ. Traités entre les Rois de France & les Rois d'Angleterre, depuis l'an 1444 jusqu'en 1632: *in-fol.*

Ces trois derniers Articles sont entre les Manuscrits de M. de Brienne, num. 35, 52 & 108.

29417. Mſ. Autre Recueil, depuis 1541 jusqu'en 1632: *in-fol.*

Ce Recueil [étoit] conservé dans la Bibliothèque de M. Godefroy.

29418. ☞ Mſ. Articles arrêtés entre la France & l'Angleterre, pour la restitution des choses prises depuis le Traité de Suze: 1632. Copie de 20 pages.

Dans la Bibliothèque de M. de Fontette, à Dijon.]

29419. Mſ. Différens Traités & Affaires d'Angleterre avec les Rois de France, depuis 1259 jusqu'en 1641: *in-fol.* 2 vol.

Ce Recueil est conservé dans la Bibliothèque des Minimes de Paris, num. 85, 86.

29420. Mſ. Traités des Différends avec les Rois d'Angleterre jusqu'en 1644: *in-fol.*

Dans la Bibliothèque de MM. des Missions Etrangères.

29421. Mſ. Traités de Confédération & d'Alliance entre la France & l'Angleterre, & quelques autres Princes, depuis l'an 1572 jusqu'en 1644: *in-fol.*

Ces Traités [étoient] dans la Bibliothèque de M. le Chancelier Seguier, num. 101, [aujourd'hui à S. Germain des Prés.]

29422. Mſ. Traités entre les Rois de France & d'Ecosse, jusqu'en 1599: *in-fol.*

Ces Traités [étoient] conservés à Paris dans le Cabinet de M. le Gendre de Darmini.

29423. Mſ. Traités entre les Rois de France & d'Ecosse, depuis 791-1612: *in-fol.*

Ces Traités sont entre les Manuscrits de M. de Brienne, num. 54, [dans la Bibliothèque du Roi.]

29424. Traité de Paix entre la France & la République d'Angleterre, d'Ecosse & d'Irlande, en 1655.

Ce Traité est imprimé dans le *Recueil des Pièces historiques* : Paris, 1655, *in-12.*

29425. Traité de Paix entre la France & l'Angleterre, conclu à Riswick, en 1697: Paris, Léonard, 1697, *in-4.*]

29426. ☞ Traité entre le Roi, l'Empereur & le Roi de la Grande-Bretagne, conclu à Londres le 2 Août 1718, & autres Pièces: Paris, 1719, *in-4.*]

══ ☞ Traités de 1748 & de 1763.

Voyez ci-devant, N.ºs 29203 & 29204.]

Traités avec les Etats-Généraux des Pays-Bas.

29427. Mſ. Traités entre la France & la Hollande, ou Mémoires de Georges GALLAND: *in-fol.*

29428. Mſ. Traités de Confédération de Henri IV. & Louis XIII. avec les Etats-Généraux des Provinces-Unies, depuis l'an 1596 jusqu'en 1630: *in-fol.*

Ces Traités [étoient] dans la Bibliothèque de M. le Chancelier Seguier, num. 107 & 111, [& sont aujourd'hui à S. Germain des Prés.]

29429. Mſ. Traités de la France avec les Etats-Généraux des Provinces-Unies, depuis l'an 1596 jusqu'en 1637: *in-fol.*

Dans la Bibliothèque de M. le Chancelier d'Aguesseau.

Mſ. Les mêmes, jusqu'en 1641: *in-fol.*

Dans la Bibliothèque de MM. des Missions Etrangères.

29430. ☞ Traités de Paix & de Commerce, Navigation & Marine, entre la France & les Etats-Généraux, &c. conclus à Nimègue le 10 Août 1678: Paris, Léonard, 1678, *in-4.*]

29431. Traité de France entre le Roi Louis XIV. & les Etats Généraux des Provinces-Unies, à la Haye en 1684: Paris, Muguet, 1684, *in-4.*

29432. ☞ Traités de Paix, Commerce, Navigation & Marine, entre la France & les Etats-Généraux, &c. à Riswick le 21 Septembre 1697: Paris, Léonard, 1697, *in-4.*]

29433. ☞ Traités de Paix & de Commerce, Navigation & Marine, entre la France & les Etats-Généraux des Provinces-Unies des Pays-Bas, conclus à Utrecht le 11 Avril 1713: Paris, Fournier, 1713, *in-12.*]

══ ☞ Traité d'Aix-la-Chapelle, en 1748.

Voyez ci-devant, N.° 29203.]

Traités de Paix, de Confédération, &c.

Traités avec les Couronnes du Nord.

29434. Mſ. Lettres, Traités & Actes entre les Rois de France & les Rois de Danemarck, de Norvège & de Suède, depuis l'an 1275 juſqu'en 1633 : *in-fol.*

Ce Recueil eſt entre les Manuſcrits de M. de Brienne, num. 340, [dans la Bibliothèque du Roi.]

29435. Mſ. Traités & Actes avec la Suède, depuis l'an 1542 juſqu'en 1646 : *in-fol.*

Ces Traités ſont conſervés dans la Bibliothèque de MM. des Miſſions Etrangères, à Paris.

29436. ☞ Differtation de M. le Baron Samuel DE PUFFENDORF, ſur les Alliances de la Suède avec la France, depuis 1630, écrite par ordre du Roi Charles XI. en 1680, avec un Avis de quelques Sénateurs, préſenté au même Roi en 1671, touchant le Traité qu'on faiſoit avec les Rois de France & d'Angleterre, contre la Hollande ; en Latin & en François & quelques Notes : *La Haye*, Johnson, 1708 & 1709, *in-8.*]

29437. Acta Gallo-Suecica Monaſterii & Oſnabrugæ, anno 1645, facta : *in-4.*

29438. ☞ Mſ. Traité d'Alliance pour dix ans entre le Roi de France & le Roi de Suède, à Stokholm : 1672. Copie de 12 pag.

Ce Traité eſt conſervé à Dijon, dans la Bibliothèque de M. Fevret de Fontette.]

29439. ☞ Recherches ſur les Alliances & les Intérêts entre la France & la Suède ; par M. ROUSSET : *Amſterdam*, 1745, *in-12.*]

29440. Mſ. Traités & Actes avec la Pologne & la Moſcovie, depuis l'an 1524 juſqu'en 1640 : *in-fol.*

Ces Traités ſont conſervés dans la Bibliothèque de MM. des Miſſions Etrangères, à Paris.

Traités avec les Empereurs des Turcs, & les Etats de Barbarie.

29441. ☞ Articles accordés par le Grand-Seigneur en faveur du Roi & de ſes Sujets, au Sieur de Guerine, Tréſorier de France, ſon Ambaſſadeur en Turquie, pour la liberté & ſûreté du Trafic, Commerce & Paſſage ès Pays & Mers du Levant : *Paris*, 1570, *in-4.*]

29442. ☞ Traité entre le Roi de France & le Grand-Seigneur, en 1515, en faveur des Marchands François, &c. & Confirmation en 1581.]

29443. ☞ Relation des Ambaſſadeurs envoyés par le Grand-Seigneur vers le Roi Henri III. pour convier Sa Majeſté d'aſſiſter en la perſonne de ſon Ambaſſadeur à la Circonciſion de ſon fils aîné, &c.

Ces deux Pièces ſont imprimées au tom. III. du Journal de Henri III. 1744, *in-8.*]

29444 Articles du Traité fait entre le Roi Henri IV. & le Sultan Achmet, Empereur des Turcs, par l'entremiſe de François Savari de Breves, Ambaſſadeur à la Porte ; en Turc & en François : *Paris*, Paulin, 1614, *in-4.*

Les mêmes en François ſont imprimés à la fin de la *Relation des Voyages de M. de Breves* : *Paris*, 1627, *in-4.*

Le medeſimi Articoli tradotti dal Franceſe : *in-4.*

29445. Mſ. Traités entre les Rois de France & le Grand-Seigneur, depuis l'an 1514 juſqu'en 1614 : *in-fol.*

Ces Traités ſont conſervés entre les Manuſcrits de M. de Brienne, num. 78.

29446. Mſ. Autre Recueil, depuis François I. juſqu'en 1635 : *in-fol.*

Ce Recueil [étoit] conſervé dans la Bibliothèque de M. Foucault, [qui a été diſtraite.]

29447. ☞ Les Capitulations ou les nouveaux Traités entre Sa Majeſté Très-Chrétienne Louis XIV. Roi de France & de Navarre, & l'Empereur des Othomans Sultan Mehemed IV. fils de Sultan Ibrahim ; renouvellées pendant le Miniſtère de M. Charles-François Olier, Marquis de Nointel, Ambaſſadeur au Levant, & du Grand-Vizir Ahmed Pacha ; traduites en François par M. Laurens d'Arvieux, Chevalier de l'Ordre Royal de Notre-Dame du Mont-Carmel & de S. Lazare de Jéruſalem. Enſemble les Lettres que le Grand-Seigneur & le Grand-Vizir ont écrites au Roi, en lui envoyant ces Capitulations : *Marſeille*, Brebion, 1676, *in-4.*]

29448. Mſ. Traités entre la France & le Turc, avec pluſieurs autres Pièces concernant cette matière.

Ces Traités [étoient] conſervés dans la Bibliothèque de M. Pelletier le Miniſtre, num. 189.

29449. ☞ Mſ. Mémoires ſur les Traités & Ambaſſades à la Porte, recueillis par le Préſident DUREY de Noinville : *in-fol.* pluſieurs volumes.

Ils ont été achetés à ſa mort (en 1768) par le Roi, pour être mis dans le Dépôt des Affaires Etrangères.]

29450. ☞ Mſ. Articles de la Paix entre le Roi & l'Empereur de Barbarie, Moley el-Qualid : 1631.]

29451. ☞ Mſ. Articles de Paix entre les Rois de France & de Maroc, acceptés par les Habitans de Salé : 1635.

Ces deux Pièces ſont à Dijon, dans la Bibliothèque de M. Fevret de Fontette.]

29452. Articles de la Paix accordée par le Chevalier de Tourville, au nom du Roi, au Bacha, Dey, Divan & Ville d'Alger, en 1684 : *Paris*, Léonard, 1684, *in-4.*

29453. ☞ Articles & conditions de Paix accordés par nous Denys Duſſault, Envoyé Extraordinaire & Plénipotentiaire de très-puiſſant, très-excellent & très-invincible Prince Louis XV. par la grace de Dieu, Empereur de France & Roi de Navarre, aux très-illustres Pacha, Dey, Divan & Milice d'Alger : *Marseille*, Boy, 1720, *in-4*.

M. Dussault est mort à Toulon en 1721 de la peste.]

29454. ☞ Diverses Pièces sur la Turquie & la Barbarie : *in-fol*.

Elles sont conservées dans la Bibliothèque de la Ville de Paris, num. 506.]

Article II.
Recueils des Actes publics & des Chartes.

§. Premier.
Traités sur la Diplomatique.

29455. **De** Diplomaticis, præsertim iis quæ ante nongentos aut mille annos à primis Francorum Regibus signata dicuntur, in quibus erratur eò periculosiùs, quòd hæc sæpè unica ratio sit constituendæ Chronologiæ ; auctore Daniele Papebrochio, è Societate Jesu.

Ce Discours est au commencement de la seconde partie du Traité qu'il a intitulé : *Propylæum Antiquarium circa veri falsique discrimen in vetustis monumentis*, & qui est dans le Tome II. des *Actes des Saints d'Avril*: *Antverpiæ*, 1675, *in-fol*.

☞ Cette Pièce, qui est pleine d'érudition & de critique, est divisée en neuf Articles, dans lesquels le Père Papebrock fait la comparaison de plusieurs Chartes données comme authentiques, & qu'il prouve ne l'être pas, soit par le style, la formule, le seing, l'écriture, soit par les absurdités & les anachronismes qu'elles contiennent. Il établit, en passant, plusieurs Règles, pour distinguer les vraies Chartes d'avec les fausses ; & il soutient qu'il n'y en a point qu'on puisse reconnoître pour authentiques & originales, avant quelques-unes de Dagobert I. & de ses successeurs, lesquelles sont peu communes jusqu'aux Rois de la seconde Race.

C'est cette Dissertation du P. Papebrock qui a donné principalement lieu au Traité suivant du Père Mabillon. Le Père Papebrock y attaque plusieurs Diplômes, Bulles & Chartes d'Eglises de France, entr'autres : *Diploma Monasterii Horreensis Treviris*, faussement attribuée à Dagobert en 646. Il en fait voir la fausseté par la comparaison de plusieurs autres ; & à cette occasion il a donné d'autres Diplômes figurés dans plusieurs Planches, deux sur-tout, l'un intitulé : *Charta Lobiensis*, & l'autre tiré des Preuves de l'*Histoire du Cambrésis*, par le Carpentier, qui sont aussi sous le nom de Dagobert, & plusieurs autres enfin attribués aux Rois Mérovingiens.]

29456.* De Re Diplomatica, Libri sex, in quibus quidquid ad veterum Instrumentorum antiquitatem, materiam, scripturam & stilum ; quidquid ad sigilla, monogrammata, subscriptiones ac notas chronologicas ; quidquid inde ad Antiquariam historiam, Forensemque Disciplinam pertinet, explicatur & illustratur. Accedunt Commentarius de antiquis Regum Francorum Palatiis : veterum scripturarum varia Specimina tabulis LX. comprehensa : nova ducentorum & ampliùs Monumentorum Collectio. Operâ & studio Domni Joannis Mabillon, Pres-

byteri & Monachi Ordinis sancti Benedicti, è Congregatione sancti Mauri : *Parisiis*, Billaine, 1681, *in-fol*.

Iidem Libri sex aucti & emendati ab ipso auctore : *Parisiis*, Robustel, 1709, *in-fol*.

L'Auteur dit dans sa Préface, qu'il a tâché d'expliquer tous les Monumens qu'il a pu trouver de la première & de la seconde Race de nos Rois, & même ceux de la troisième Race jusqu'à S. Louis. Cet Ouvrage est une Réponse modeste & honnête au Traité précédent du Père Papebrock. L'Auteur y a mis beaucoup de Recherches qui regardent l'Histoire de France. Dom Thierry Ruinart son Disciple a fait une nouvelle Préface qui est au-devant de [l'espèce de] seconde Edition [dont il sera question ci-après ;] & il a joint à la fin un Appendice fort considérable du Père Mabillon, qui est mort en 1707.

☞ *Voyez* sur cet Ouvrage Lenglet, *Méth. histor. in-4. tom. II. pag.* 391 & 394 : *tom. IV. pag.* 276. = *Journ. des Sçav. Nov.* 1681 ; *Décemb.* 1704. = *Mém. de Trévoux, Févr.* 1703 ; *Janv.* 1709. = *Biblioth. des Auteurs de la Congrégation de S. Maur, p.* 256. = *Rép. des Lettres, de Bernard, Juillet*, 1708. = *Biblioth. choisie, tom. XX. pag.* 237. = Le P. Niceron, *tom. VII. pag.* 351. = Baillet, *Jug. des Sçav. tom. II. pag.* 265. = *Hist. des Ouvr. des Sçavans, Mai*, 1709. = *Journ. de Léips.* 1682, *pag.* 129 : 1706, *pag.* 358 : 1710, *p.* 273. = *Abrégé de l'Hist. Eccles. de Racine, tom. XIII. in-12. pag.* 238. = *Nouv. Edit. de l'Hist. de France du Père Daniel, tom. II. pag.* 154.

☞ « On croit communément que cette célèbre Diplomatique a été imprimée deux fois ; mais c'est une erreur qui a été occasionnée par le changement des » frontispices que l'on a fait en dernier lieu, à la faveur » de quelques additions peu considérables, que l'on » voulut insérer dans le corps de l'Ouvrage ». C'est une remarque de M. de Bure, dans sa *Bibliographie*, au tom. II, de l'*Histoire, pag.* 377. Il entre ensuite dans un détail par rapport à ces additions, & à l'*Appendix*. Il en conclud, que « pour avoir cet Ouvrage parfaitement » complet, il faut annexer le Supplément de 1704, » [ci-après] aux exemplaires de 1709, contre l'opinion » commune de ceux qui s'imaginent qu'il suffit seule- » ment d'avoir l'Edition qu'ils appellent de 1681, avec » le Supplément de 1704, ou en la place de ces deux » Volumes l'Edition de 1709, dans laquelle ils pensent » que le Supplément a été refondu ».]

29457. De veteribus Regum Francorum Diplomatibus, & arte secernendi antiqua Diplomata vera à falsis, ad Johannem Mabillonium Disceptatio ; auctore Bartholomæo Germon, è Societate Jesu : *Parisiis*, Anisson, 1703, *in-*12.

L'Auteur est mort en 1718.

☞ Cette Dissertation parut vingt-deux ans après le Livre de la Diplomatique du Père Mabillon. Elle est divisée en deux Parties, avec un Supplément. Le Père Germon prétend prouver, que les Règles proposées par son adversaire, ne peuvent être vraies, puisque les originaux d'où il les tire, sont ou faux ou suspects : 1.° par la difficulté qu'il y a eu de les conserver : 2.° par le grand nombre de faussaires qui se sont mêlés d'en fabriquer : 3.° par la barbarie de l'écriture, du style & de l'orthographe. Il examine ensuite en particulier les Chartes que le Père Mabillon a données comme des modèles, & dans lesquelles il trouve assez de motifs pour en soupçonner la fausseté. Le Père Mabillon y répondit dans son *Supplément à la Diplomatique :* 1704.

Voyez Lenglet, *Méth. hist. in-*4. *tom. IV. pag.* 276. = *Journ. des Sçavans, Janv.* 1704 ; *Juin*, 1706 ; *Mai & Août* 1707. = *Mém. de Trévoux, Janv.* 1704 ; *Juin*,

1706; *Août*, 1707. = *Hift. des Ouvr. des Sçav. Janv.* 1706. = *Répub. des Lettres* de Bernard, *Avril, Mai, Septembre, Octobre*, 1707. = *Journal de Leipf.* 1706, pag. 284.]

29458. Mf. Réflexions critiques fur le Livre du Père Germon, contre la Diplomatique du Pere Mabillon; par François DE CAMPS, Abbé de Signi.

Ces Réflexions [étoient] confervées au tom. III. des *Remarques critiques fur quelques Hiftoriens de France*, dans la Bibliothèque de l'Auteur, [& font aujourd'hui dans celle de M. de Beringhen.]

29459. Librorum de Re Diplomatica Supplementum, in quo Archetypa in his Libris propofita, ipfæque Regulæ denuò confirmantur, novifque fpeciminibus & argumentis afferuntur & illuftrantur: operâ & ftudio Joannis MABILLON: *Parifiis*, Robuftel, 1704, *in-fol.*

L'Auteur fe défend ici contre les attaques du Père Germon, fans lui faire une Réponfe en forme. Il parle dans le Chapitre VII. & VIII. de la *Chronologie des Rois de France de la première Race*, depuis Dagobert I. & dans le IX. & X. de celle du Règne de Charlemagne & de Louis le Débonnaire. L'Abbé de Longuerue, qui a auffi examiné la Chronologie de ces Règnes, ne s'accorde pas toujours avec le Père Mabillon.

19460. Mf. Notice du Supplément de la Diplomatique du Père Mabillon; par François DE CAMPS, Abbé de Signi.

Cette Notice [étoit] confervée au tom. I. des *Remarques critiques fur quelques Hiftoriens de France*, dans la Bibliothèque de l'Auteur, [& elle eft aujourd'hui dans celle de M. de Beringhen.]

29461. Bartholomæi GERMONII, è Societate Jefu, Difceptatio fecunda: *Parifiis*, Rigaud, 1706, *in-*12.

☞ C'eft la Réponfe au Supplément du Père Mabillon: elle eft divifée en quatre parties. Le Père Germon apporte de nouvelles preuves ou de nouveaux motifs pour foutenir que tout art doit avoir des Règles affurées, & qu'il eft prefque impoffible d'en donner de pareilles pour diftinguer les vraies Chartes de nos Rois Mérovingiens, d'avec les fauffes. On trouve à la fin un Supplément, dans lequel il prétend montrer, que les Hérétiques ont fouvent altéré les anciens Manufcrits, & que les PP. Bénédictins fe font fervis de ces Manufcrits altérés dans les Editions de S. Hilaire & de S. Auguftin qu'ils ont données.]

29462. ☞ Vindiciæ manufcriptorum Codicum à R. P. Bartholomæo Germon impugnatorum, cum Appendice, in quâ fancti Hilarii quidam loci ab Anonymo obfcurati & depravati illuftrantur & explicantur; auctore D. Petro COUSTANT, Prefbytero & Monacho Ord. S. Benedicti: *Parifiis*, Muguet, 1706, *in-*8.

C'eft une Réponfe au Supplément de la Differtation mentionnée au numéro précédent.]

19463. Ecclefia Parifienfis vindicata, adverfùs Bartholomæi Germonii duas Difceptationes de antiquis Francorum Diplomatibus: *Parifiis*, Muguet, 1706, *in*-12.

Cette Défenfe pour l'Eglife de Paris, a pour Auteur Dom Thierry RUINART, Religieux Bénédictin de la Congrégation de S. Maur, décédé en 1709.

☞ Le titre ne paroît pas trop convenir à cette petite Pièce. Il y eft queftion de la huitième Charte de la Diplomatique, que le Père Mabillon a regardée comme originale, & que le Père Germon croit fauffe. C'eft le Teftament d'un Seigneur nommé Vandemir & de fa femme Erchamberthe, qui du temps du Roi Thierry firent des legs confidérables à diverfes Eglifes du Diocèfe de Paris.

Voyez fur ce Livret la *Bibliothèque des Auteurs de la Congrégation de S. Maur*, par D. le Cerf, *pag.* 440 & *fuiv.*]

29464. Jufti FONTANINI, Forojulienfis, in Romano Archigymnafio publici Eloquentiæ Profefforis, Vindiciæ antiquorum Diplomatum adversùs primam Germonii Difceptationem: *Roma*, Gonzagæ, 1705, *in*·4.

☞ *Voyez* Lenglet, Supplément à la *Méth. hift.* in-4, pag. 246. = *Bibl. Italiq.* tom. VIII. art. 1: tom. XII. art. 3. = *Hift. des Ouvr. des Sçavans*, *Octobre*, 1706. = *Journ. de Leipf.* 1706, *pag.* 422.]

29465. ☞ Dominici LAZZARRINI ex nobilibus de Murro, Epiftola ad amicum Parifienfem, pro Vindiciis antiquorum Diplomatum Jufti Fontanini Forojulienfis: *Roma*, 1706, *in*-12.

Cette Lettre, & la fuivante, n'ont de rapport à la contestation fur la Diplomatique, que par les plaintes qu'elles font fans toucher au fond de la matière. La première fe plaint des Journaliftes de Trévoux, qui n'ont pas rendu affez de juftice à M. Fontanini; & la feconde, des Journaux de Paris & de Hollande.

Le *Journal des Sçavans* parle de ces deux Ouvrages, dans fon XXIVe Journal, qui eft du Lundi 13 *Juin* 1707.]

29466. ☞ M. Antonii GATTI, Jurifconfulti, Epiftola ad virum Clariff. Jacobum Bernardum, pro Vindiciis antiquorum Diplomatum Jufti Fontanini, Forojulienfis: *Amftelodami*, 1707: *in*-12.

Voyez la *République des Lettres* de Bernard, *Mars*, 1707.]

29467. Bartholomæi GERMONII, è Societate Jefu, Difceptatio tertia adversùs Theodorici Ruinart & Jufti Fontanini Vindicias: *Parifiis*, Rigaud, 1707, *in*·12.

☞ Le Père Germon répond dans cette Differtation à toutes les Pièces qui avoient attaqué fes précédentes. Il ajoute ici, contre le Père Ruinart, deux nouveaux motifs de fufpecter la Charte de Vandemir. Dans la première partie, il prétend, contre M. Fontanini, que ce Profeffeur ne l'a point compris; dans la feconde, qu'il ne s'accorde pas avec le Pere Mabillon; & dans la troifième, qu'il n'étoit pas affez inftruit pour entrer en lice dans cette matière. Il répond très-fuccinctement aux Lettres de MM. de Lazzarrini & Gatto. On ne peut refufer à l'Auteur l'érudition & la politeffe.]

29468. ☞ Dominici LAZZARRINI Defenfio in Bartholomæum Germonium: *Venetiis*, 1708, *in*-12.]

29469. Hiftoire des Conteftations fur la Diplomatique, avec l'Analyfe de cet Ouvrage, compofé par le Père Mabillon: *Paris*, de Laune, 1708, *in*-12.

Cette Hiftoire eft attribuée à l'Abbé RAGUET; il s'y déclare pour le P. Germon.

☞ L'Auteur, dans les huit Lettres qui composent son Ouvrage, donne avec autant de netteté que de précision, l'Extrait de celui du P. Mabillon & des Pièces qui l'ont attaqué. Il expose dans tout leur jour les raisons alléguées pour & contre, & peut servir seul à connoître & à juger cette matière. Malgré la neutralité qu'il a affectée, il semble pencher pour le P. Germon.

Gilles-Bernard Raguet, Prieur d'Argenteuil, Auteur de cet Ouvrage, étoit Sulpicien, puis Directeur spirituel de la Compagnie des Indes. Il est mort à Paris le 20 Juin 1748, âgé de 81 ans.]

29470. Mf. Dissertation de Claude du Moulinet, Sieur DES THUILLERIES, au sujet de la Dispute entre le R. P. Germon & le R. P. Mabillon, sur la manière de distinguer les Titres véritables d'avec les Titres faux : *in-*4.

Cette Dissertation [étoit] entre les mains de l'Auteur, [mort en 1728. Il croit que le P. Germon doute souvent trop, & que le P. Mabillon ne doute souvent pas assez.]

29471. Scipionis MARANTÆ, Messanensis, Expostulatio in Bartholomæum Germonium pro antiquis Diplomatibus & Codicibus manuscriptis : *Messanæ,* 1712, *in-*8.

☞ C'est un vrai Libelle, qui n'entre pour rien dans le fond de l'affaire dont il est question. Il est resté, comme il méritoit, sans réplique. L'Auteur y attaque non-seulement le P. Germon, mais les Journalistes de Paris, de Trévoux, de Hollande, l'Abbé Raguet, & tous ceux enfin qui ont soutenu ou dit du bien de son adversaire.]

Il a encore paru pour cette Dispute deux petits Ouvrages d'Auteurs Italiens ; on ne les marque pas ici, parcequ'ils n'ont aucun rapport à l'Histoire de France.

29472. ☞ Bartholomæus GERMON, de veteribus hereticis Ecclesiasticorum Codicum corruptoribus : *Parisiis,* 1713, *in-*8.

Cet Ouvrage, & le suivant, font une suite des disputes des PP. Germon, Mabillon & Coustant, mais n'ont d'ailleurs aucun rapport à l'Histoire de France.]

29473. ☞ Petri COUSTANT, Vindiciæ sanctorum Codicum confirmatæ : *Parisiis,* 1715, *in-*8.]

29474. ☞ Extrait d'une Lettre écrite d'Evreux, sur les Chartes qui ne sont pas datées : *Mercure,* 1723, *Octobre.*]

29475. ☞ Réponse à la Question proposée dans le Mercure du mois d'Août 1723, au sujet des Chartes non datées : *Mercure,* 1723, *Novembre.*]

29476. ☞ Remarques sur la Réponse précédente : *Mercure,* 1724, *Janvier.*

Ces Remarques sont excellentes & très-sçavantes. On y traite de la manière de faire, de signer & de dater les Chartes. L'Auteur croit qu'on doit être fort attentif à ne pas recevoir indistinctement toutes celles qui ne sont pas signées.]

29477. ☞ Lettre écrite aux Auteurs du Mercure, sur une Question de Diplomatique : *Mercure,* 1725, *Octobre.*

Il s'agit de sçavoir à laquelle des deux autorités il faut donner la préférence, à des Chartes revêtues de toutes leurs formalités, mais qui ne s'accordent pas avec l'Histoire ; ou à l'Histoire, qui dit le contraire des Chartes. Cette Question s'éleva au sujet de deux Chartes conservées dans les Archives de l'Abbaye du Mont S. Michel, l'une du Comte de Dunois en 1424, l'autre de Charles VII. de 1443. On propose ici les raisons qui donnent lieu de les croire fausses, & celles qui portent à les croire vraies.]

29478. ☞ Réponse à la Question précédente : *Mercure,* 1725, *Décembre,* Vol. II.

Lettre sur le même sujet : *Ibid.*

L'Auteur de la Réponse, après avoir posé en fait qu'il faut réformer l'Histoire par les Chartes & les Actes publics, tâche de montrer l'authenticité des Chartes en question. C'est aussi le sentiment de l'Auteur de la Lettre. Tous deux font voir, qu'on ne peut soupçonner les propriétaires de ces Titres de les avoir fabriqués pour en tirer un avantage qui n'a subsisté qu'au moment & pour le temps qu'ils furent accordés.]

29479. ☞ Si sous Clovis on mettoit le nom des Consuls dans les Actes publics ; par Charles LE COINTE.

Dans ses *Annal. Eccl. Franc. tom. I. pag.* 278. L'Auteur soutient la négative : 1.° parceque les Rois de France n'étoient pas Sujets de l'Empire Romain : 2.° parceque presque tous les Historiens François ne s'en sont pas servis.]

29480. ☞ De l'ancienne Monnoie du Mans ; & Réflexions sur les Diplômes de Thierry III. & de Louis le Débonnaire ; par Dom LIRON.

Dans ses *Singularités historiques, tom. I. pag.* 145. L'Auteur regarde ces Pièces comme très-suspectes.]

29481. ☞ Alphabetum Tironianum, seu Notas Tironis explicandi methodus ; cum pluribus Ludovici Pii Chartis, quæ Notis iisdem exaratæ sunt & hactenùs ineditæ, ad Historiam & Jurisdictionem cùm Ecclesiasticam tùm civilem spectantibus : labore & studio D. P. CARPENTIER, O. S. B. Præpositi sancti Onesimi Doncheriensis : *Lutetiæ,* Guérin, 1747, *in-fol.*

Ciceron & Tiron son affranchi, ont inventé cette espèce de Notes ou Abréviations, qu'ils ont tirées des Grecs : les caractères en sont Grecs. La plupart des Chartes de Louis le Débonnaire en sont remplies, & cet Ouvrage en contient l'explication. Elles sont au nombre de cinquante-quatre, accompagnées d'une Préface & de Notes. On les a réimprimées depuis dans le *Recueil des Historiens de France, tom. VI. pag.* 633 *& suiv.* M. Carpentier, ci-devant Bénédictin de la Congrégation de S. Maur, est mort en 1767 dans l'Ordre de Cluni.]

29482. ☞ Remarques sur l'importance de bien déchiffrer les anciens Titres, pour y apprendre quelques faits historiques : *Journal de Verdun,* 1752, *Novembre.*]

29483. ☞ Nouveau Traité de Diplomatique, où l'on examine les fondemens de cet Art ; on établit des Règles sur le discernement des Titres, & l'on expose historiquement les caractères des Bulles Pontificales & Diplômes donnés en chaque Siècle : avec des Eclaircissemens sur un nombre considérable de points d'Histoire, de Chronologie, de Critique & de Discipline ; & la Réfutation de diverses accusations intentées contre beaucoup d'Archives célèbres, & sur-tout celles des anciennes Eglises ; par deux Religieux de la Congrégation de Saint-Maur. Enrichi de Notes, de Vignettes & d'environ 100 Planches en taille-douce : *Paris*, Desprez, 1750 & *suiv. in-4.* 6 vol.

Les Auteurs sont Dom Charles-François TOUSTAIN, mort en 1754, & Dom René-Prosper TASSIN.

Voyez le *Journ. des Sçavans, Octob.* 1750; *Mars,* 1751; *Sept.* 1755. = *Mercure, Avril,* 1756. = *Journal de Verdun, Juin,* 1755.]

29484. ☞ Dan. Eberhardi BARINGII Clavis Diplomatica, Specimina veterum Scripturarum tradens, Alphabeta nimirum varia, Medii Ævi compendia scribendi, Notariorum veterum signa perplura, &c. singula tabulis æneis expressa. Præmissa est Bibliotheca Scriptorum rei Diplomaticæ. Iteratâ hâc Editione, sic ab Auctore recognita, emendata ac locupletata, ut novum Opus videri possit : *Hanoveræ*, Foersteri, 1754, *in-4.*

La première Edition, de 1735 est bien moins complette.]

§. II.

Registres des Chartres du Roi, & Cartulaires des Rois de France.

29485. ☞ Du Trésor des Chartres & de la Charge de Trésorier, &c.

Cette Pièce historique est imprimée dans le *Traité des Droits du Roi*, par M. Dupuy, *pag.* 1005 : *Paris*, 1655 ; *Rouen*, 1670, *in-fol.*]

29486. ☞ Mémoire historique sur le Trésor des Chartres & sur son état actuel ; par M. BONAMY, 1758 : *Mém. de l'Acad. des Inscript. & Bell. Lettres, tom.* XXX *pag.* 697.]

29487. Ms. Ancien Inventaire des Chartres du Roi, fait par l'ordre de Louis XI. par Louis LEVET, Conseiller au Grand-Conseil & Trésorier desdites Chartres, en 1482 : *in-fol.*

Cet Inventaire est conservé dans la Bibliothèque du Roi, num. 6765.

29488. Ms. Inventaire des Titres du Trésor des Chartres du Roi : *in-fol.*

Cet Inventaire [étoit] conservé dans la Bibliothèque de M. le Chancelier Seguier, num. 325, [aujourd'hui à S. Germain des Prés. On le trouve encore] dans la Bibliothèque de M. le Chancelier d'Aguesseau ; & dans la Bibliothèque du Roi, entre les Manuscrits de M. de Gaignieres.

29489. Ms. Inventaire du Trésor des Chartres de la Sainte-Chapelle de Paris ; par Auguste GALLAND : *in-fol.*

Cet Inventaire [étoit] dans la Bibliothèque de M. le Chancelier Seguier, num. 324, [aujourd'hui à S. Germain des Prés.]

29490. Ms. Inventaire des Titres & Chartres du Trésor des Chartres du Roi, conservées dans la Sainte-Chapelle de Paris : le tout dressé par Théodore GODEFROY & Pierre DUPUY, en création d'Arrêt du Conseil, du 21 Mars 1615, commencé le premier Juin de la même année, à l'instance de Matthieu Molé (lors) Procureur Général, avec la Table : *in-fol.* 8 vol.

Cet Inventaire est conservé entre les Manuscrits de M. Dupuy, num. 162-169 ; dans la Bibliothèque de M. le Chancelier Seguier, num. 321-322, [aujourd'hui à S. Germain des Prés,] & dans celle de M. le Président de Lamoignon. [Il étoit] en neuf volumes dans celle de M. Colbert, [aujourd'hui dans la Bibliothèque du Roi,] & dans celle de M. le premier Président de Mesme. On le trouve encore en dix volumes, dans la Bibliothèque du Roi, num. 9417-9426.

☞ Dans la Bibliothèque de la Ville de Paris, parmi les Manuscrits de MM. Godefroy, on trouve ce même *Inventaire* en 15 volumes, num. 148-162, & de plus six autres volumes intitulés, *Trésor des Chartres,* n. 163-168.]

29491. ☞ Ms. Table alphabétique des Pièces contenues dans le Cartulaire de Philippe-Auguste : *in-fol.*

Cette Table se trouve indiquée au num. 15032 du Catalogue de M. le Maréchal d'Estrées ; & c'est le Cartulaire même.]

29492. Ms. Table de l'Inventaire des Chartres du Trésor, ou Inventaire général & succint des Chartres du Trésor de la Sainte-Chapelle, depuis Philippe-Auguste jusqu'à Charles IX. ou depuis l'an 1180 jusqu'en 1566 : *in-fol.* 15 vol.

Cette Table [étoit] conservée dans la Bibliothèque de M. l'Abbé de Camps à Paris, [& est aujourd'hui dans celle de M. de Beringhen, en son Château d'Ivri, près de Paris.]

29493. Ms. Table alphabétique du Trésor des Chartres du Roi : *in-fol.*

Cette Table est conservée dans la Bibliothèque de M. le Chancelier d'Aguesseau.

29494. ☞ Ms. Inventaire des Titres, qui, en 1746, ont été achetés pour le Trésor des Chartres, à la vente de la Bibliothèque de M. Godefroy : *in-fol.*

Il se trouve indiqué au Catalogue de M. Secousse, num. 6130.]

29495. ☞ Ms. Inventaire des Chartres de France, Royaumes d'Italie, Espagne, &c. *in-fol.* 7 vol.

Cet Inventaire est indiqué au num. 3202 du Catalogue de M. le Blanc.]

29496. Nova ducentorum & ampliùs Monumentorum Collectio : operâ & studio Joannis MABILLONII.

Cette Collection, qui contient un grand nombre de Chartres de la première & seconde Race de nos Rois, est imprimée avec sa *Diplomatique : Parisiis,* 1681 & 1709, *in-fol.*

29497. ☞ Ms. Pièces du Trésor des Chartres, depuis 1202 jusqu'en 1546 : *in-fol.* 130 vol.

Ce Recueil est indiqué au num. 2146 du Catalogue du Président Bernard.]

☞ ON trouve des Collections de Diplômes, Chartres, &c. dans le *Spicilège* de Dom d'Achery, *tom. III.*

= dans les *Analectes* de Dom Mabillon, *p.* 386, = dans le *Trésor des Anecdotes* de Dom Martenne, *tom.* I. = dans la *Collection des Historiens de France* de Dom Bouquet, *tom. IV. & tom. IX.*]

29498. Mſ. Cartulaires historiques des Rois de France de la troisième Race, ou des Chartres concernant les Règnes de Hugues Capet & les suivans, jusqu'à la fin de celui de Louis XI. & quelques Fragmens d'Historiens qui font mention des Chartres conservées dans les Cartulaires des Eglises ou ailleurs ; avec des Sommaires des Actes à la tête des Chapitres, & ensuite des Notes historiques ; par François DE CAMPS, Abbé de Signi : *in-fol.* 51 vol.

Ces Cartulaires [étoient] dans la Bibliothèque de l'Auteur, [& font aujourd'hui dans celle de M. de Beringhen.] Les trois premiers Règnes sont en deux volumes ; les deux suivans en contiennent trois ; le Règne de Louis VII. a sept volumes, & celui de Philippe-Auguste en a dix. Le Règne de S. Louis est en quatre volumes ; celui de son père & celui de son fils n'ont chacun qu'un seul volume ; & celui de Philippe le Bel en a six. Dans les dix derniers volumes, qui comprennent les Règnes de Philippe V. & les suivans, jusqu'à Louis XI. il n'y a point de Sommaire des Actes, ni de Notes historiques.

Voici l'ordre des Chapitres du Règne de Philippe-Auguste, qui a fourni un plus grand nombre de Chartres : cela servira à faire connoître la disposition des Actes des autres Règnes. Le Cartulaire est divisé en quatorze Chapitres. Le premier contient les Actes qui regardent la personne & la famille de ce Roi ; le second, les Traités de Paix ; le troisième, le Gouvernement des Places & des Provinces, les Ordonnances & les Jugemens ; le quatrième, le Domaine ; le cinquième, la Régale ; le sixième, les Droits, Impôts & Subsides ; le septième, les Donations pieuses ; le huitième, les Donations, Récompenses, Graces & Inféodations ; le neuvième, les Lettres des Grands, des Nobles, des Fiefs, des Services militaires dûs par le Clergé, par les Nobles, par les Villes & Communes ; le dixième, le Droit des Communes & les Priviléges accordés aux Villes ; le onzième, les Actes concernant le Comté de Champagne, & en particulier les Procédures faites à la Cour de ce Roi pendant le Procès d'entre Blanche, Comtesse de Champagne, & Thibaut son fils, d'une part, & Erard de Brienne & Philippe de Champagne sa femme, d'autre part ; le douzième, les Confirmations & Accords passés avec les Comtes particuliers & les Communautés ; le treizième, les Lettres des Rois, Reines, Abbés, Ducs, Comtes, & de plusieurs grands Vassaux du Roi ; le quatorzième, les Enquêtes touchant les Droits des Particuliers.

29499. ☞ Notice des Diplômes, des Chartres, & Actes relatifs à l'Histoire de France, qui se trouvent imprimés dans les Ouvrages de Diplomatique, dans les Historiens & dans les Jurisconsultes, rangés dans l'ordre chronologique ; par M. l'Abbé DE FOY : *Paris,* Imprim. Royale, 1765, *in-fol.*

Ce n'est que le Tome I. & il n'y a pas d'apparence qu'il soit suivi d'aucun autre, l'Ouvrage n'ayant pas été exécuté comme il convenoit.]

29500. ☞ Notices & Inventaires des Titres : *in-*4. 3 vol.

On les trouve dans les Porte-feuilles 806-808 du grand Recueil de M. de Fontanieu, à la Bibliothèque du Roi.]

29501. Mſ. Sigilla, Caracteres & Inscriptiones Diplomatum, quibus usi sunt Imperatores Romani, à Carolo Magno usque ad Ferdinandum III. & ea quibus usi sunt Reges Francorum, ab Hugone Capeto usque ad Ludovicum XIII. collectore Olivario VREDIO, Jurisconsulto.

Valere André, dans sa *Bibliothèque des Ecrivains de Flandres,* cite cet Ouvrage.

29502. ☞ Præcepta Meroveadarum Regum ; auctore Carolo LE COINTE.

Ce Morceau, qui est imprimé *pag.* 274 de ses *Annal. Eccl. Franc.* contient une Dissertation critique & chronologique sur quelques Chartres des Rois de la première Race, qui se trouvent rapportées au tom. II. du Siècle III. des *Annales Bénédictines.*]

29503. ☞ Lettre de M. BOURGEOIS, sur une Chartre de Clovis : *Journal de Verdun,* 1743, *Mars.*

Cette Chartre, qui a pour titre : *Dotatio Ecclesiæ S. Hilarii Pictaviensis per Clodovæum facta,* est prouvée fausse & dressée après coup.]

29504. Mſ. Dates singulières qui se trouvent dans les Chartres qui concernent l'Histoire de France ; recueillies par François DE CAMPS, Abbé de Signi : *in-fol.*

Ce Recueil [qui étoit] dans la Bibliothèque de l'Auteur, [est aujourd'hui dans celle de M. de Beringhen.]

29505. ☞ Mémoire sur la date d'une Chartre du Roi Louis le jeune, dans laquelle on fait aussi connoître deux Chanceliers de France, dont il n'a point été fait mention jusqu'à présent ; par M. Daniel POLLUCHE, d'Orléans : *Mercure,* 1745, *Juillet.*]

§. III.

Registres des Rois de France.

29506. Mſ. REGISTRUM Principum : *in-fol.* 8 vol.

Ce Registre [étoit] dans la Bibliothèque de M. Colbert, [& est aujourd'hui dans celle du Roi.]

29507. Mſ. Registrum Philippi-Augusti : *in-fol.*

Ce Registre est dans la Bibliothèque de M. le Chancelier d'Aguesseau, & [étoit] dans le Cabinet de M. l'Abbé de Vertot. L'Original [étoit] dans la Bibliothèque de M. Rouillé du Coudray, ancien Directeur des Finances, [& est aujourd'hui dans celle du Roi.]

29508. ☞ Mſ. Registres de Philippe-Auguste, (au nombre de 10.)

1. Registrum Veterius.

Première Partie du Registre 34 *bis,* du *Trésor des Chartres.*

2. Registrum Cancellariæ, ad nudos asseres de Quercu.

Seconde Partie du Registre 34 *bis,* du *Trésor des Chartres.*

3. Registrum Curiæ Franciæ, *ou* Senescalliarum.

Ces Sénéchaussées sont Carcassone, Beaucaire, Toulouse, Cahors, Rhodès.

Il y a trois Exemplaires de ce Registre, 1.° à la Bibliothèque

Registres des Rois de France.

bliothèque du Roi, 2.° à la Chambre des Comptes de Paris, 3.° parmi les Archives de la Sénéchaussée de Carcassone, sans qu'on sache lequel des trois doit passer pour l'Original. La première partie du Registre 30 du *Tréfor des Chartres*, porte le même titre; il y en a des copies dans plusieurs Bibliothèques, & en particulier dans celle de S. Victor.

4. Registrum Joannis de Caleto.

Registre 3 du *Tréfor des Chartres*. Ce n'est qu'une copie; l'Original est perdu depuis long-temps.

5. Registrum Grossum velutum.

Seconde Partie du Registre 30 du *Tréfor des Chartres*.

6. Registrum tenue.

Registre 34 du *Tréfor des Chartres*. La dernière Piéce est de l'an 1314.

7. Registrum Herouvallianum.

Ce Registre, donné à M. Rouillé du Coudray, par M. Vion d'Herouval, est à présent à la Bibliothèque du Roi, Mss. 9852. Le Registre 7 du *Tréfor*, (à présent la seconde Partie du 34 *bis*,) sur lequel il paroît avoir été copié en partie, contient encore un plus grand nombre de Piéces.

8. Registrum Guarini, écrit en 1220.

Il est cotté 2669, parmi les Manuscrits de M. Colbert, & est à présent à la Bibliothèque du Roi, 9852 (3). Il manque au *Tréfor*, où il étoit le Registre 27.

9. Registrum Philippi-Augusti.

Bibliothéque du Roi, 8408, (2. 2. B.) autrefois 26 du *Tréfor*.

10. Registrum velutum.

Registre 31 du *Tréfor*.]

29509. ☞ Notice d'un Régistre de Philippe-Auguste, qui est conservé dans la Bibliothèque du Roi, accompagnée de quelques Observations historiques sur les Archives du Palais, qu'on a nommées depuis le Tréfor des Chartres; par M. l'Abbé SALLIER. *Mém. de l'Acad. des Inscript. & Bell. Lettr. tom. XVI. pag.* 165.]

29510. Mss. Registrum Curiæ Franciæ Domini Regis de feudis & negotiis Seneschaliatûs Carcassonæ, Bellicadri & Tholosani, & Caturcensis, & Ruthenensis, ab anno 1214, ad annum 1274 : *in-fol*.

L'Original de ce Registre est conservé dans la Bibliothèque de M. le Président de Lamoignon; & il y en a des Copies dans celle de M. Colbert, num. 2422, 2477, [à la Bibliothèque du Roi,] dans celle de M. le Chancelier Seguier, num. 148, [à S. Germain des Prés,] & dans celle de MM. des Missions Etrangères.

29511. Mss. Registres des Lettres-Patentes de Philippe le Bel, des années 1293, 1294 & 1295 : *in-fol*.

Ce Registre [étoit] conservé dans la Bibliothèque de M. Colbert, num. 4070, & dans celle de M. Baluze, num. 757, [toutes deux aujourd'hui à la Bibliothèque du Roi.]

29512. Mss. Registre du Roi Philippe le Bel, des années 1309, 1310 & 1311 : *in-fol*.

Ce Registre est conservé dans la Bibliothèque [du Roi, parmi les Manuscrits] de M. Colbert, num. 2274.

29513. Mss. Registrum Cartarum Cancellariæ sub Ludovico Hutino, annis 1314 & 1315 : *in-fol*.

Ce Registre [étoit] conservé dans la Bibliothèque de M. le premier Président de Harlay, [aujourd'hui à S. Germain des Prés.]

Tome III.

29514. Mss. Registre depuis S. Louis jusqu'à Philippe de Valois : *in-fol*.

Ce Registre [étoit] conservé dans la Bibliothèque de M. Colbert, num. 2275, & dans celle de M. Baluze, num. 643, [toutes deux aujourd'hui à la Bibliothèque du Roi.]

29515. Mss. Registre des Lettres-Patentes du Roi Jean & du Maréchal D'ANDREHAM, écrites l'an 1353 : *in-fol*.

Ce Registre [ci-devant] dans la Bibliothèque de M. Baluze, num. 71, [est dans celle du Roi.] Arnoul, Sieur d'Andreham, est mort en 1370.]

29516. Mss. Formularium Litterarum Regiarum, tempore Caroli V. Francorum Regis : *in-fol*.

Ce Registre [étoit] conservé dans la Bibliothèque de M. Colbert, num. 1137, [& est dans celle du Roi.]

29517. ☞ Formulaire ou Protocole pour les Notaires ou Secrétaires du Roi, en 1470.

Il est imprimé dans les *Mélanges de Nicolas Camufat, pag.* 45 : *Troyes*, 1619, *in-8.*]

29518. Mss. Registrum Præsentationum & Jurisdictionis Superioris Regni Franciæ, nuper per serenissimum & potentissimum Dominum Carolum illustrissimi Regis Francorum Delphinum Viennensem, &c. in toto suo Regno locum tenentem, certis, justis & legitimis causis latius in quibusdam Litteris super hæc confectis, contentis in Civitate Pictaviensi teneri ordinatæ : *in-fol*.

Ce Registre, en original, est conservé dans la Bibliothèque de M. le Chancelier d'Aguesseau. Charles, Dauphin de Viennois, est Charles VII. Roi de France.

29519. Mss. Recueil de Lettres-Patentes du temps du Roi Charles VII. *in-fol*.

29520. Mss. Autre Recueil de diverses Lettres & Concessions du même temps : *in-fol*.

29521. Mss. Autre Recueil de Lettres Royaux & autres du même temps : *in-fol*.

Ces trois derniers Registres [étoient] dans la Bibliothèque de M. Colbert, num. 1724, 4967 & 3238, [& sont aujourd'hui en celle du Roi.]

29522. Mss. Registre du Chancelier Pierre D'ORIOLLES, de plusieurs Lettres tant patentes que closes, touchant les Faits du Roi, depuis Janvier 1474 jusqu'en 1480: *in-fol*.

Ce Registre [étoit] conservé dans la Bibliothèque de M. de Caumartin, [mort Evêque de Blois en 1733.]

29523. Mss. Recueil de diverses Lettres Patentes de nos Rois, depuis l'an 1368 jusqu'en 1501 : *in-fol*.

Ce Recueil est conservé entre les Manuscrits de M. Dupuy, num. 634.

29524. Mss. Registre de diverses Lettres-Patentes expédiées en Chancellerie sous le Règne de Louis XII. sur divers sujets : *in-fol*.

Ce Registre [étoit] conservé dans la Bibliothèque de M. le premier Président de Mesme.

29525. ☞ Mf. Registre du Secrétariat d'Etat sous les Règnes de Henri III. & de Henri IV. avec des Formulaires de Lettres depuis 1588 jusqu'en 1594 : *in-4*.

Ce Manuscrit du temps même, est conservé dans la Bibliothèque du Roi, parmi ceux de M. Lancelot.]

29526. Mf. Registre contenant plusieurs Lettres-Patentes & autres Expéditions de Henri, Fils & Frère du Roi, Duc d'Anjou : *in-fol*.

Ce Registre du Roi Henri III. lorsqu'il n'étoit que Duc d'Anjou, est entre les Manuscrits de M. Dupuy, num. 621.

§. IV.

Cartulaires ou Recueils de Titres des Provinces & des Eglises de France, conservés dans diverses Bibliothèques du Royaume.

☞ LE mot *Chartre*, dit Ménage dans ses *Observations sur la Langue Françoise*, vient de *Charta*; & ainsi selon l'étymologie, il faudroit dire *Charte*. Mais l'usage, plus fort que la raison, veut qu'on dise & qu'on écrive *Chartre*; & le Barreau ne parle pas autrement. D'ailleurs les titres des Manuscrits que nous allons transcrire, ont l'r qui a été ajoutée par nos pères.]

Les Cartulaires contiennent un grand nombre d'Actes, qui servent à établir les principaux faits de l'Histoire, ou à les éclaircir. Il se trouve plusieurs de ces Cartulaires dans les Eglises Cathédrales, dans les Abbayes & les Prieurés où on peut les consulter. Ce seroit un très-pénible travail de les rapporter tous : ainsi l'on ne trouvera ici que ceux qui sont dans les Bibliothèques de Paris, & dans quelques-unes de Province. Il y a aussi quantité de Chartres dans les Histoires, généalogiques des Familles de France, & dans d'autres Recueils. [On a déja indiqué plusieurs de ces Cartulaires, dans le Tome I. parmi les *Histoires des Diocèses & des Abbayes*.]

✤ « Les Cartulaires, (dit l'Auteur de l'*Histoire des » Contestations sur la Diplomatique*, pag. 80,) sont des » Recueils des anciennes Chartres des Eglises, des Mo- » nastères, d'une Famille, dont l'usage n'est pas plus an- » cien que le dixième Siècle, avant lequel on se conten- » toit d'un Registre contenant l'état des Biens. Il y a » des Cartulaires historiques où l'on a joint aux Copies » des anciens Titres, le récit de ce qui y avoit donné » lieu. Ces Cartulaires étoient authentiques, quand un » Notaire, après les avoir vérifiés, les déclaroit con- » formes aux Originaux sur lesquels ils avoient été faits. » Il y a beaucoup de Cartulaires qui ne sont que des » Copies non vérifiées d'anciens Titres, & que l'on peut » appeller des Cartulaires simples. Les Cartulaires histo- » riques peuvent se vérifier par l'Histoire : les authen- » tiques sont munis de l'autorité publique; il n'est pas » aisé de s'assurer de la vérité des Cartulaires simples ».

29527. Mf. Cartophylacium veterum Chartarum Bibliothecæ Joannis BESLY, Regis Advocati Fonteniaci, usque ad annum 1180 : *in-fol*.

Ce Cartulaire est conservé dans la Bibliothèque de M. le Chancelier d'Aguesseau.

29528. Mf. Cartularium vetus pertinens ad Regnum Franciæ : *in-fol*. 2 vol.

Ce Cartulaire est conservé dans la Bibliothèque du Vatican, entre les Manuscrits de la Reine Christine, num. 1620.

29529. Mf. Registrum Chartarum, anni 1343 : *in-fol*.

Ce Registre est conservé dans la Bibliothèque du Roi, entre les Manuscrits de M. de Gaignieres.

29530. Mf. Mélanges d'anciens Titres, depuis l'an 1088 jusqu'en 1349 : *in-fol*.

Ces Mélanges sont conservés entre les Manuscrits de M. Dupuy, num. 134.

29531. Mf. Extraits de divers Cartulaires servans à l'Histoire : *in-fol*.

Ces Extraits [étoient] conservés dans la Bibliothèque de M. le Chancelier Seguier, num. 484, [& sont aujourd'hui à S. Germain des Prés.]

29532. Mf. Anciens Titres, depuis l'an 500 de Jesus-Christ jusqu'en 1554 : *in-fol*. 2 vol.

29533. Mf. Anciens Titres, depuis l'an 801 jusqu'en 1549 : *in-fol*.

29534. Mf. Recueil de Titres anciens, depuis l'an 994 jusqu'en 1586 : *in-fol*.

Ces trois derniers Recueils sont conservés entre les Manuscrits de M. Dupuy, num. 222-223, 499 & 620.

29535. Mf. Recueil de Titres & Actes, depuis Hugues-Capet jusqu'en 1644 : *in-fol*. 6 vol.

Les deux premiers & les trois derniers Tomes [étoient] à Aix, dans la Bibliothèque de M. Thomassin Mazaugues, entre les Manuscrits de M. de Peiresc, num. 57; & le troisième, dans celle de M. Gauffridi, Avocat-Général du Parlement de Provence.

29536. Mf. Extraits des Registres des Chartres de la Chambre des Comptes, depuis l'an 1623 jusqu'en 1656 : *in-fol*.

Ces Extraits sont conservés dans la Bibliothèque de M. le Chancelier d'Aguesseau.

29537. * Extraits de plusieurs anciens Titres, tant d'Abbayes & Chapitres, que de Communautés, avec les sceaux & figures; recueillis en conséquence d'une Lettre de cachet accordée à M. ROUSSEVILLE, par Louis XIV. *in-4*. 5 vol.

Ce Recueil [étoit] chez M. Rousseville, à Amiens.

29538. Mf. Titres, Sceaux, Armes, Tombeaux, Portraits, concernant les Archevêques & Evêques de France; par ordre alphabétique : *in-fol*. en treize Porte-feuilles.

Ce Recueil est conservé dans la Bibliothèque du Roi, entre les Manuscrits de M. de Gaignieres.

☞ Les N.os jusqu'au 29615, sont aussi dans la Bibliothèque du Roi.]

29539. Mf. Titres originaux avec les Sceaux, concernant les Archevêques & Evêques de France, rangés par ordre alphabétique : 14 Paquets non-reliés.

29540. Mf. Titres, Sceaux originaux & dessinés, & Monumens contenant plusieurs Archevêques & Evêques de France : 18 Porte-feuilles.

29541. Mf. Pièces concernant l'Archevê-

Cartulaires, ou Recueils de Titres.

ché d'Arles; compilées par Charles DE GAI-GNIERES, en 1647 : *in-fol.*

29542. Mſ. Titres concernant l'Evêché de Châlons : *in-fol.*

29543. Mſ. Titres tirés de l'Evêché de Chartres : *in-fol.*

29544. Mſ. Titres, Sceaux du Chapitre de Chartres : *in-fol.*

29545. Mſ. Titres & Extraits des Cartulaires concernant l'Evêché de Dol : *in•fol.*

29546. Mſ. Titres, Sceaux, &c. tirés de l'Evêché de Grenoble : *in-fol.*

29547. Mſ. Cartulaire de l'Evêché de Langres, Copie : *in-fol.*

29548. Mſ. Cartulaire de l'Eglise de Meaux : *in fol.*

29549. Mſ. Cartulaire de l'Eglise de Paris, Copie : *in-fol.*

29550. Mſ. Titres concernant l'Archevêché de Paris : *in-fol.*

29551. Mſ. Titres des Regiſtres de Notre-Dame de Paris : *in-fol.*

29552. Mſ. Titres, Extraits & Armes concernant diverſes Abbayes de France : *in-fol.* 2 vol.

29553. Mſ. Titres originaux, Copies, Extraits, Armes & Tombeaux concernant pluſieurs Abbés, Abbeſſes & Prieurs de France : *in-fol.* 13 vol. ou boëtes.

29554. Mſ. Titres concernant pluſieurs Abbés & Abbeſſes de France : *in-fol.* 16 vol. non reliés, ou paquets.

29555. Mſ. Titres originaux ſcellés, concernant les Prieurs des Alleurs, les Prieurs de Clerteveſſel & de Hautebruière, les Prieurs au Mont-aux-Malades, & les Prieurs de Poiſſy : *in-fol.* 5 vol. non reliés.

29556. Mſ. Titres des Egliſes & Abbayes de Bretagne : *in-fol.*

29557. Mſ. Titres originaux, Copies & Extraits des Abbayes & Prieurés du Limouſin : *in-fol.* 3 vol.

29558. Mſ. Copies & Extraits de Titres concernant l'Abbaye de Barbeaux : *in-fol.*

29559. Mſ. Pièces concernant la Maiſon des Blancs-Manteaux à Paris : *in-fol.*

29560. Mſ. Copies & Extraits de Titres avec quelques Sceaux, concernant l'Abbaye de Bonneval en Beauce : *in-fol.*

29561. Mſ. Copies & Extraits de Titres concernant l'Abbaye de Bourgueil : *in-fol.*

29562. Mſ. Titres & Extraits de Titres de l'Abbaye de Chambon : *in-fol.*

29563. Mſ. Copies & Extraits de Titres de l'Abbaye de Champagne : *in-fol.*

Tome III.

29564. Mſ. Titres originaux, avec les Sceaux de Notre-Dame de Clery : *in-fol.*

29565. Mſ. Copies & Extraits des Titres de l'Abbaye de la Couture : *in-fol.*

29566. Mſ. Copies & Extraits du Cartulaire de l'Abbaye de Dalon : *in-fol.*

29567. Mſ. Copies & Extraits des Titres, Sceaux de l'Abbaye des Eſchalis : *in-fol.*

29568. Mſ. Porte-feuille contenant pluſieurs Pièces concernant la même Abbaye : *in fol.*

29569. Mſ. Copies de Titres extraits, Sceaux avec une Bulle originale de l'Abbaye de Fontaine-Daniel : *in-fol.*

29570. Mſ. Copies & Extraits de Titres, Sceaux de l'Abbaye de Fontevrauld, avec quelques Originaux : *in-fol.* 2 vol.

29571. Mſ. Copies & Extraits de Titres avec les Sceaux de l'Abbaye de Froidmont : *in-fol.*

29572. Mſ. Copies & Extraits de Titres, Sceaux tirés de l'Abbaye du Jars : *in-fol.*

29573. Mſ. Copies & Extraits de Titres de l'Abbaye de Jouy : *in-fol.*

29574. Mſ. Titres & Extraits de Titres de l'Abbaye de Jumiége : *in-fol.*

29575. Mſ. Titres & Extraits de Titres de l'Abbaye de Longpons : *in-fol.*

29576. Mſ. Copies & Extraits de Titres, Sceaux de l'Abbaye de Marmoutier : *in-fol.*

29577. Mſ. Copies & Extraits de Titres & Sceaux, avec quelques Originaux de l'Abbaye de Noaillé : *in-fol.*

29578. Mſ. Copies & Extraits de Titres, Sceaux & Tombeaux de l'Abbaye d'Orcamp : *in-fol.*

29579. Mſ. Copies & Extraits de Titres & Sceaux de l'Abbaye de Perſeigne : *in-fol.*

29580. Mſ. Copies & Extraits de Titres & Sceaux de l'Abbaye de Preuilly : *in-fol.*

29581. Mſ. Copies & Extraits de Titres & Sceaux de l'Abbaye de Royaumont : *in-fol.*

29582. Mſ. Extraits des Titres, avec des Sceaux deſſinés, concernant l'Abbaye de Filles de Saint-Amand de Rouen, Ordre de S. Benoît : *in-fol.*

29583. Mſ. Copies & Extraits des Titres de l'Abbaye de S. Aubin d'Angers : *in-fol.*

29584. Mſ. Titres originaux de la Sainte-Chapelle de Paris : *in fol.*

29585. Mſ. Copies & Extraits des Titres de l'Abbaye de S. Cyprien : *in-fol.*

29586. Mſ. Copies, Titres, Sceaux & Tombeaux de l'Abbaye de S. Denys : *in -fol.*

29587. Mſ. Titres, Sceaux, &c. de l'Abbaye de S. Eſtienne, de la Trinité de Caën & d'Ardenne : *in-fol.*

29588. Mf. Copies & Extraits de Titres de l'Abbaye de S. Georges de Bocherville, proche de Rouen : *in-fol.*

29589. Mf. Copies & Extraits de l'Abbaye de S. Jean-en-Vallée, Diocèse de Chartres : *in-fol.*

29590. Mf. Copies & Extraits de Titres de l'Abbaye de S. Jouin : *in-fol.*

29591. Mf. Titres & Extraits des Titres de l'Abbaye de S. Ived de Braine : *in-fol.*

29592. Mf. Titres & Extraits de Titres de l'Abbaye de S. Julien de Tours : *in-fol.*

29593. Mf. Titres & Extraits des Titres de l'Abbaye de S. Léon de Touars : *in-fol.*

29594. Mf. Cartulaire de S. Magloire, Copie : *in-fol.*

29595. Mf. Cartulaire de l'Abbaye de Saint-Maur-les-Fossés, Copie : *in-fol.*

29596. ☞ Mf. Cartulaire de l'Eglise de S. Maurice de Vienne, extrait des Cartulaires de S. André de Vienne, des Dauphins de Viennois, & du Prieuré de Parcal : *in-fol.*

29597. Mf. Copies & Extraits de Titres, Sceaux de l'Abbaye de S. Mefmin : *in-fol.*

29598. ☞ Mémoire touchant les Chartres de l'Abbaye de S. Mefmin, où l'on examine si l'on doit ajouter foi à ces Chartres ; (par Nicolas TOINARD :) *in-4.* 54 pages.

Ce Mémoire eſt très-curieux & intéreſſant.]

29599. Mf. Copies, Extraits de Titres, Sceaux & quelques Originaux de l'Abbaye du Mont-Saint-Michel : *in-fol.*

29600. Mf. Copies & Extraits de Titres de l'Abbaye de S. Ouen de Rouen : *in-fol.*

29601. Mf. Copies & Extraits de Titres avec Sceaux de l'Abbaye de S. Père-en-Vallée, Diocèse de Chartres : *in-fol.*

29602. Mf. Copies & Extraits de Titres de l'Abbaye de S. Serge : *in fol.*

29603. Mf. Copies & Extraits de Titres de l'Abbaye de S. Vandrille : *in-fol.*

29604. Mf. Cartulaire de l'Abbaye de Saint-Vincent du Mans : *in-fol.*

29605. Mf. Extraits des Titres de la même Abbaye : *in-fol.*

29606. Mf. Copies & Extraits des Titres de l'Abbaye de la Trinité de Vendôme : *in-fol.*

29607. Mf. Copies & Extraits de Titres de l'Abbaye du Val : *in-fol.*

29608. Mf. Copies & Extraits de Titres de l'Abbaye de Vauluifant : *in-fol.*

29609. Mf. Copies & Extraits de Titres de l'Abbaye de la Vieuville : *in-fol.*

29610. Mf. Copies & Extraits des Titres de l'Abbaye de Vigeois : *in-fol.*

29611. Mf. Cartulaires concernant plufieurs Titres d'Anjou, depuis l'an 1273 : *in-fol.*

29612. Mf. Titres originaux des Rois d'Angleterre & des Seigneurs Anglois étant en France, par ordre alphabétique : *in-fol.* 4 vol. non reliés.

29613. Mf. Pièces hiſtoriques entre lefquelles il y a des Originaux de différens Règnes : *in-fol.* 13 vol.

29614. Mf. Titres originaux & hiſtoriques : *in-fol.* 2 vol.

29615. Mf. Titres anciens originaux: *in-fol.* 2 vol.

Tous les Titres & Cartulaires rapportés depuis le [N.° 29539] jufqu'à celui-ci, [à l'exception du *Mémoire*, &c. N.° 29598,] font dans la Bibliothèque du Roi, entre les Manufcrits de M. de Gaignieres. On les a placés ici de ſuite, pour éviter les répétitions du lieu où ils font conſervés.

29616. Mf. Cartularium Abbatiæ Accincti in Burgundiâ : *in-12.*

Ce Cartulaire de l'Abbaye d'Accy, en Franchecomté, étoit] dans la Bibliothèque de M. Foucault, [qui a été diſtraite.]

29617. Mf. Cartularium Monaſterii Arremarenſis : *in-fol.*

Ce Cartulaire [étoit] conſervé dans la Bibliothèque de M. Colbert, num. 2439, [& eſt dans celle du Roi.]

29618. Mf. Collectio Litterarum, Chartarum, Tractatuum, aliorumque inſtrumentorum tumultuariâ, ut videtur, operâ tranſcriptorum de rebus ad Ducatum Aquitaniæ & Vaſconiam ſpectantibus ſub temporibus Henrici III. & Eduardorum I. & II. Regum Angliæ.

Cette Collection eſt conſervée [à Londres] dans la Bibliothèque du Chevalier Cotton, *Julius*, E. I.

29619. ☞ Mf. Les Privilèges donnés par Géraud, Comte d'Armanhac, &c. aux Nobles & Habitans du Pays, le pénultième jour d'Avril 1276, &c. *in-4.*

Ce Manuſcrit, d'ancienne écriture, eſt dans la Bibliothèque de la Ville de Paris, num. 234.]

29620. Mf. Avenionenſis Palatii & Comitatûs Venaſſini Chartarum Inventarium.

Cet Inventaire eſt conſervé dans la Bibliothèque du Vatican, num. 5302.

29621. * Chartularium Monaſterii Belliloceníis : *in-fol.*

Ce Cartulaire, de l'Abbaye de Beaulieu, Diocèſe de Limoges, eſt conſervé dans celle de S. Jacques de Provins.

29622. Mf. Cartulare Abbatiæ ſancti Benigni Divionenſis.

Ce Cartulaire eſt conſervé à Dijon, dans la Bibliothèque de M. le Préſident Bouhier, A. 23.

29623. Mf. Aliud Cartulare ejuſdem Abbatiæ ex ipſis autographis tranſcriptum.

Ce Cartulaire eſt conſervé dans la même Bibliothèque, A. 63.

Cartulaires, ou Recueils de Titres.

29624. Mſ. Chartulare ſancti Petri Bleſenſis.

Ce Cartulaire eſt conſervé dans la même Bibliothèque, A. 65.

29625. ☞ Mſ. Inventaire des Titres de Bourgogne : *in-fol.*

Dans la Bibliothèque de la Ville de Paris, parmi les Manuſcrits de MM. Godefroy, num. 172.]

== Titres & Chartres concernant l'Hiſtoire de Bourgogne, recueillis par Eſtienne PÉRARD, Doyen de la Chambre des Comptes de Dijon.

Voyez ci-après, à l'*Hiſtoire de Bourgogne.*

29626. Mſ. Cartulaire des Titres & Chartres du Comté de Bourgogne.

Ce Cartulaire eſt conſervé dans la Bibliothèque de M. le Préſident Bouhier, D. 17.

29627. ☞ Mſ. Inventaire fait en 1662 ; par Etienne DAGAY, des Papiers du Gouvernement du Comté de Bourgogne, retrouvés au Château de Gray.

Ce Manuſcrit est entre les mains de M. Deſnans, Chanoine de Beſançon.]

29628. ☞ Mſ. Extraits tirés (par M. DESNANS, Conſeiller au Parlement de Beſançon,) de la Chambre des Comptes de Bruxelles, des Dépôts de l'Audience & du Secrétariat de la Guerre & de l'Etat : *in-4.* 20 vol.

Ce ſont des Extraits de toutes les Chartres concernant le Comté de Flandres, depuis Baudouin III. Souverain de ce Pays en 959. On y trouve l'indication de pluſieurs Traités paſſés entre les Comtes de Flandres & différens Princes, tout ce qui concerne l'adminiſtration de leur Domaine, & leur produit ; les démembremens qui en ont été faits depuis 1306, & en général la Notice de tous les Placards, Ordonnances, Réglemens, Décrets, Actes, Traités, Priviléges des Souverains des Pays-Bas, &c. depuis Philippe le Bon, Duc & Comte de Bourgogne & de Flandres , juſqu'aux Conquêtes de Louis XIV. & de Louis XV.

Ce Dépouillement a été fait par M. Deſnans, dans le temps des Conquêtes de Louis XV. & avant la Paix d'Aix-la Chapelle de 1748. Il eſt conſervé dans la Bibliothèque de M. d'Agueſſeau, & M. Deſnans en avoit gardé une Copie, qui eſt entre les mains de ſon fils, Chanoine à Beſançon. On en trouvera un détail plus circonſtancié, dans ce Volume , à la fin de l'*Hiſtoire du Comté de Bourgogne.*]

29629. Mſ. Cartulare oppidi Bruxellenſis & ſanctæ Gudilæ.

Ce Cartulaire [étoit] conſervé dans la Bibliothèque de M. Colbert, num. 720, [& eſt aujourd'hui dans celle du Roi.]

29630. Mſ. Cartulare Abbatiæ Bruxeriæ in Diœceſi Æduenſi.

Ce Cartulaire eſt conſervé dans la Bibliothèque de M. le Préſident Bouhier, B. 32.

29631. Mſ. Cartulare Eccleſiæ Cabillonenſis, de mandato Joannis Germani de Divione, Epiſcopi Cabillonenſis.

Ce Cartulaire eſt conſervé dans la même Bibliothèque, A. 49.

29632. Mſ. Cartulare Comitum Campaniæ, continens Privilegia, facta & res geſtas, ab anno 1200, ad annum 1230: *in-fol.*

Ce Cartulaire eſt conſervé dans la même Bibliothèque.

29633. Mſ. Cartularium Campaniæ, ab anno 1199 : *in-fol.*

Ce Cartulaire eſt conſervé dans la Bibliothèque du Roi, num. 8353.

29634. Mſ. Cartularium Campaniæ, quod vocatur Liber Principum.

Ce Cartulaire eſt conſervé dans la Chambre des Comptes de Paris. Du Bouchet en a rapporté un Extrait à la *pag.* 16 de l'*Hiſtoire généalogique de Courtenay.*

29635. Mſ. Regiſtrum Chartarum Comitum Campaniæ, ab anno 1100, ad annum 1227.

Ce Cartulaire eſt cité dans le Catalogue de M. de Thou, *pag.* 420, [& eſt à la Bibliothèque du Roi, parmi les Manuſcrits de M. Colbert.]

29636. Mſ. Table de divers Cartulaires de Champagne & de Brie : *in-fol.*

Cette Table eſt conſervée entre les Manuſcrits de M. Dupuy, num. 229. Elle contient les Titres des Piéces qui ſont dans les trois Cartulaires précédens.

29637. ☞ Mſ. Cartulaire de l'Abbaye de Chaalis, rédigé en 1394 : *in-4.*

Ce Cartulaire, en vélin, qui eſt indiqué num. 48 des Manuſcrits du Catalogue de M. Godefroy, eſt actuellement entre les mains des Religieux de Chaalis, Diocèſe de Senlis.]

29638. Mſ. Cartulare antiquum Monaſterii Cluniacenſis.

Ce Cartulaire eſt conſervé dans la Bibliothèque de M. le Préſident Bouhier, D. 29.

29639. Mſ. Cartulare ejuſdem Monaſterii : *in-4.*

Ce Cartulaire [étoit] conſervé dans la Bibliothèque de M. de Caumartin, [mort Evêque de Blois en 1733.]

29640. Mſ. Cartulare vetus ejuſdem Monaſterii.

Ce Cartulaire [étoit] conſervé dans la Bibliothèque de M. Colbert, num. 725, & dans celle de M. Baluze, num. 51, [toutes deux réunies dans celle du Roi.]

29641. ☞ Mſ. Cartulaire ou Recueil des Chartres & Lettres concernant la Ville & Commune de Dijon, tant en Latin qu'en François, avec la Traduction ſommaire de celles qui ſont en Latin : *in-fol.*

Ce Cartulaire eſt dans la Bibliothèque de M. de Beaucouſin, Avocat à Paris. Il commence par la Chartre du Don de la Commune de Dijon , fait par Hugues, Duc de Bourgogne, en l'an 1187. A la ſuite de cette première Chartre, ſe trouvent des Statuts & Coutumes de la Commune de Soiſſons , ſans date. Toutes les autres Piéces ſont relatives à la Ville de Dijon ; les Priviléges accordés par ſes Ducs & par ſes Rois ; ſes Statuts municipaux ; ſes Accords avec différens Corps & Particuliers ; Réglemens de Police, pour Arts & Métiers, Maladreries, Garniſons, Arrêts, &c. Il y a environ quatre-vingt Titres ou Piéces. L'écriture eſt de la fin du XVe Siècle, ou du commencement du XVIe, à l'exception des quinze derniers feuillets, qui contiennent dix Titres, dont l'écriture eſt plus moderne, & du commencement du dernier Siècle. Ce Volume paroît avoir appartenu à un Sieur Deschamps, dont la signature se trouve au bas de la Table qui est à la tête du Volume, avec la date de 1640.]

29642. Ms. Cartulare Capellæ Ducis Burgundiæ Divione fundatæ.

29643. Ms. Cartulare Domûs sancti Spiritûs de Divione.

Ces deux Cartulaires sont conservés dans la Bibliothèque de M. le Président Bouhier, A. 59.

29644. ☞ Ms. Cartulaire général du Dauphiné, depuis l'an 485 jusqu'en 1719 : *in*-4. 12 vol.

Ce Manuscrit est dans la Bibliothèque du Roi. Les deux derniers Volumes sont des Mémoires concernant le Dauphiné, pour servir d'explication aux Actes les plus importans du Cartulaire de cette Province; par M. DE FONTANIEU.]

29645. Ms. Cartulare Engolismensis Episcopi, Carolo Pulchro Francorum Rege exaratum.

Ce Cartulaire [étoit] conservé dans la Bibliothèque de M. le premier Président de Harlay.

29646. Ms. Cartulare Monasterii Flaviniacensis.

Ce Cartulaire est conservé dans la Bibliothèque de M. le Président Bouhier, C. 112.

29647. Ms. Cartulaire de Forez, où est l'Echange du Comté de Lyon, avec le Chapitre & l'Evêque : *in-fol.*

Ce Cartulaire est conservé dans la Bibliothèque de M. le Chancelier d'Aguesseau.

29648. Ms. Cartulare antiquum de variis Galliæ Ecclesiis aliisque Negotiis.

Ce Cartulaire est dans la Bibliothèque du Vatican, entre les Manuscrits de la Reine Christine, num. 266.

29649. Ms. Polipticus seu Cartularium Monasterii Fuscianensis, vulgò Foysin, Diœcesis Laudunensis, Ordinis Cisterciensis : *in*-8.

Ce Cartulaire [étoit] conservé dans la Bibliothèque de l'Eglise de Notre-Dame de Paris, H. 2, [& est aujourd'hui en celle du Roi.]

29650. ☞ Ms. Cartulaire de l'Eglise de Genève : *in-fol.*

Ce Manuscrit a appartenu à Samuel Guichenon, ainsi qu'il paroît par une Note écrite & signée de lui. Il est actuellement dans la Bibliothèque de M. Fevret de Fontette, Conseiller au Parlement de Dijon.]

29651. ☞ Ms. Inventaire du Marquisat de Givry en Champagne : *in-fol.*

Il est dans la Bibliothèque de la Ville de Paris, num. 440.]

29652. Ms. Cartularium Abbatiæ Gorziensis exscriptum ex originali : *in-fol.*

Ce Cartulaire [étoit] dans la Bibliothèque de M. Foucault, [qui a été distraite.]

29653. ☞ Ms. Titres du Fief Graindor : *in*-4.

Il est dans la Bibliothèque de la Ville de Paris, num. 235.]

29654. Ms. Cartularium Gratianopolitanum, sancti Hugonis Episcopi dictum, ejus ætate scriptum.

Ce Cartulaire [étoit] conservé dans la Bibliothèque de M. le premier Président de Harlay, [aujourd'hui à S. Germain des Prés ; [& dans celle de M. de Caumartin, [mort Evêque de Blois en 1733.]

29655. Ms. Cartularium aliud Gratianopolitanum.

Cet Exemplaire, écrit il y a six cens ans, [étoit] conservé dans la Bibliothèque de M. le premier Président de Harlay, [aujourd'hui à S. Germain des Prés.]

29656. Ms. Cartularium Januense, in quo continentur Acta inter Reges Franciæ & Duces Mediolani, ab anno 1463, ad annum 1500.

Ce Cartulaire est conservé dans la Bibliothèque de M. le Président Bouhier, A. 20.

29657. Ms. Cartularium Monasterii sancti Joannis Angeliacensis : *in-fol.*

Ce Cartulaire est conservé dans la Bibliothèque de M. Baluze, num. 174.

29658. Ms. Cartularium Monasterii sancti Joannis de Jardo propè Melodunum : *in-fol.*

Ce Cartulaire [étoit] conservé dans la Bibliothèque de M. Colbert, num. 325, [aujourd'hui dans celle du Roi.]

29659. Ms. Cartularium Abbatiæ Joïacensis (de Joui) ordinis Cisterciensis, Diœcesis Senonensis : *in*-8.

Ce Cartulaire [étoit] conservé à Paris, dans la Bibliothèque de M. Bouthillier, ancien Evêque de Troyes.]

29660. Ms. Transcrit de l'ancienne Chartre de Joinville, en 1325 : *in*-4.

Ce Manuscrit [étoit] conservé dans la Bibliothèque de M. de Caumartin, [mort Evêque de Blois en 1733.]

29661. ☞ Ms. Cartulaire pour la Ville de Laon & environs : *in-fol.*

Ce Cartulaire est dans la Bibliothèque de M. de Beaucousin, Avocat à Paris. Il est d'une écriture qui paroît de la fin du XVe Siècle, & il contient copies d'un grand nombre d'anciennes Chartres, tant Latines que Françoises, du XIIIe Siècle & des suivans, pour la Ville de Laon & pour des Villes ou Bourgs voisins. Ce sont des Ordonnances de nos Rois, portant affranchissemens, érections des Communes, Réglemens pour les Justices desdits Lieux ; des Erections de la Prevôté de Laon & autres Jurisdictions ; des Jugemens pour fixer les Droits de l'Evêque & du Chapitre dans la Ville de Laon ; des Réglemens faits aux Assises du Bailly de Vermandois, pour les Siéges Royaux du Laonnois ; des Statuts pour les Métiers, pour la Police, les Monnoyes, &c.]

29662. ☞ Ms. Inventaire des Titres de la Chambre des Comptes de Lille : *in-fol.*

Dans la Bibliothèque de la Ville de Paris, parmi les Manuscrits de MM. Godefroy, num. 189.]

29663. ☞ Ms. Extraits tirés (par M. DESNANS, Conseiller au Parlement de Besançon,) de la Chambre des Comptes de Lille : *in*-4. 5 vol.

On y trouve différens Traités de Paix, de Mariages, Dons, Fondations, Légitimations, Annoblissemens, depuis 1385, époque de l'établissement de cette Chambre ; & quelques Titres concernant le Comté de Bour-

Cartulaires, ou Recueils de Titres. 31

gogne, enregiſtrés lors de la réunion de la Chambre des Comptes de Dole à celle de Lille.

Ce Recueil eſt conſervé dans la Bibliothèque de M. d'Agueſſeau, & il y en a une Copie entre les mains de M. Deſmans, fils, Chanoine de Beſançon. On en trouvera un détail plus circonſtancié dans le Volume, à la fin de l'*Hiſtoire du Comté de Bourgogne*.]

29664. Mſ. Cartulaire en patois Gaſcon, qui commence par un Calendrier, ſuivi des Actes des Anglois en Guyenne, concernant les Franchiſes du Château de Limoges : *in-*4.

Ce Cartulaire eſt conſervé dans la Bibliothèque du Roi, entre les Manuſcrits de M. de Gaignieres.

29665. Mſ. Cartularium Epiſcopatûs Lingonenſis, juſſu Joannis Epiſcopi Lugdunenſis, anno 1329, in ordinem redactum.

Ce Cartulaire eſt conſervé dans la Bibliothèque de M. le Préſident Bouhier, B. 1.

29666. Mſ. Cartulaire de l'Abbaye de Longuay, Diocèſe de Langres.

Ce Cartulaire eſt conſervé dans la Bibliothèque du Roi, entre les Manuſcrits de M. du Cheſne, num. 14.

29667. ☞ Mſ. Tréſor des Chartres de Lorraine : *in-fol.* 9 vol.

Dans la Bibliothèque de la Ville de Paris, parmi les Manuſcrits de MM. Godefroy, num. 197-205. Il y a encore un Volume *in-folio* ſur le même ſujet, parmi les Manuſcrits de la même Bibliothèque, num. 430.]

29668. ☞ Mſ. Chartres concernant S. Lucien de Beauvais : *in-*12.

Dans la même Bibliothèque, num. 131.]

29669. Mſ. Chartæ Eccleſiæ Lugdunenſis : *in-fol.*

Ces Chartres [étoient] dans la Bibliothèque de M. Colbert, num. 726, [aujourd'hui dans celle du Roi.]

29670. Mſ. Cartulaire de Lyon : *in-fol.* 2 vol.

Ce Cartulaire eſt conſervé à Lyon, dans la Bibliothèque de M. Laurent Planelli, de la Valette.

29671. ☞ Mſ. Cartulaire de la Maiſon-Dieu Pontoiſe : *in-*4.

Ce Manuſcrit original ſur velin, écrit vers l'an 1300, eſt à la Bibliothèque du Roi, & vient de M. Lancelot.]

29672. ☞ Mſ. Cartularium Eccleſiæ Meldenſis : *in-fol.*

Ce Manuſcrit, ſur vélin, écrit vers l'an 1300, eſt dans la même Bibliothèque du Roi, & vient également de M. Lancelot.]

29673. ☞ Mſ. Inventaire des Titres de l'Evêché de Metz : *in-fol.*

Dans la Bibliothèque de la Ville de Paris, parmi les Manuſcrits de MM. Godefroy, num. 196.]

29674. ☞ Mſ. Cartulaire de la Ville de Montbard : *in-*4. 2 vol.

Il eſt conſervé chez M. d'Aubenton, Maire de cette Ville.]

29675. Mſ. Cartularium Majoris Monaſterii Turonenſis : *in-fol.*

Ce Cartulaire [étoit] dans la Bibliothèque de M. Colbert, num. 1797, [& eſt aujourd'hui dans celle du Roi.]

29676. Mſ. Table de l'Inventaire des Actes des Archives du Diocèſe de Montpellier ; par le Sieur Joffre, en 1687 & 1688 : *in-fol.*

Cette Table [étoit] dans la Bibliothèque de M. Colbert de Croiſſy, Evêque de Montpellier, [mort, en 1738.]

29677. Mſ. Cartularium Montis ſancti Joannis in Burgundia.

Ce Cartulaire [étoit] dans la Bibliothèque de M. de Caumartin, [mort Evêque de Blois en 1733.]

29678. Mſ. Cartularium Montis ſancti Martini.

Ce Cartulaire [étoit] dans la Bibliothèque de M. Colbert, num. 861, [& eſt aujourd'hui dans celle du Roi.]

29679. Mſ. Regiſtre des Archives de l'Hôtel de Ville de Narbonne, contenant le Teſtament de Charlemagne : *in fol.*

Ce Regiſtre eſt conſervé dans la même Bibliothèque.

29680. Mſ. Regiſtre du Chapitre de Notre-Dame de Paris, ès années 1543, 1544 & 1545.

Ce Regiſtre eſt conſervé dans la Bibliothèque de M. le Chancelier d'Agueſſeau.

29681. Mſ. Cartulaire de Normandie, particulièrement de la Ville de Rouen, depuis l'an 1262 juſqu'en 1558 : *in-fol.*

Ce Cartulaire [étoit] conſervé à Paris dans la Bibliothèque de M. l'Abbé de Vertot.

29682. ☞ Mſ. Cartulaire (en velin) du Prieuré de Novy, en 1551 ; fait par un Religieux Sacriſtain du Monaſtère.

Cet Ouvrage renferme bien des Chartres très-exactes & très-diligemment copiées ſur les Originaux, qui ſe conſervent encore dans le Chartrier du Monaſtère.]

29683. ☞ Mſ. Inventaire des Bulles concernant les Pays-Bas, fait à Lille par Denys Godefroy : *in-fol.*

Ce Manuſcrit, en Original, eſt indiqué au Catalogue de M. de Cangé, pag. 441, & doit être à la Bibliothèque du Roi.]

29684. Mſ. Cartulare Monaſterii Patriciacenſis.

Ce Cartulaire eſt conſervé dans la Bibliothèque du Préſident Bouhier, C. 74.

29685. Mſ. Cartulare Comitum Pictavienſium & Engoliſmenſium. Item plures Chartæ ad Fundationes diverſorum locorum pertinentes & ad Hiſtoriam.

Ce Cartulaire eſt conſervé dans la même Bibliothèque, A. 49.

29686. Mſ. Cartularium Monaſterii Pontiniacenſis : *in-fol.*

Ce Cartulaire [étoit] dans la Bibliothèque de M. Colbert, num. 233, [& eſt aujourd'hui dans celle du Roi.]

29687. Mſ. Cartularium Raymundi VII. Comitis Toloſani : *in-fol.*

Ce Cartulaire [étoit] dans la Bibliothèque de M. Colbert, num. 1061, & dans celle de M. Baluze, num. 364.

☞ Les deux Exemplaires par conſéquent ſont aujourd'hui à la Bibliothèque du Roi. Il y en a un troisième dans celle de M. d'Aguesseau, intitulé : « Cartulaire écrit sur la fin du XIIe Siècle, contenant divers » Titres des Villes de Toulouse, Albi, &c.]

29688. Mf. Cartularium Monasterii Rothonensis.

29689. Mf. Cartularium Monasterii de Sacro-portu, sive de Barbellis : *in-fol.*

Ces deux Recueils [étoient] dans la Bibliothèque de M. Colbert, entre les Manuscrits de du Chesne ; [ils sont aujourd'hui dans la Bibliothèque du Roi.]

29690. Mf. Cartulare Abbatiæ sancti Benigni Divionensis.

Aliud Cartulare ejusdem Abbatiæ : *in-fol.*

Ces deux Cartulaires [sont] conservés dans la Bibliothèque de M. le Président Bouhier, à Dijon, A. 3, & 63.

29691. ☞ Mf. Copie authentique de l'ancien Cartulaire de l'Eglise de S. Cloud : *in-fol.* sur papier timbré.

Ce Manuscrit, indiqué *pag.* 345 du Catalogue de M. de Cangé, est à présent dans la Bibliothèque du Roi.]

29692. Mf. Cartulare Monasterii sancti Dionysii in Francia : *in-fol.*

Ce Cartulaire [étoit] dans la Bibliothèque de M. Colbert, num. 1980, [& est dans celle du Roi.]

29693. Mf. Cartulare ejusdem Monasterii : *in-fol.*

29694. Mf. Tabularium sancti Dionysii Verziacensis.

Ce deux Cartulaires sont conservés à Dijon dans la Bibliothèque de M. le Président Bouhier, A. 7. B. 22.

29695. Mf. Cartularium Ecclesiæ sancti Judoci supra Mare : *in-fol.*

Ce Cartulaire est dans la Bibliothèque de S. Magloire, entre les Manuscrits de MM. de Sainte-Marthe.

29696. Mf. Cartulaire de S. Magloire : *in-fol.*

Ce Cartulaire est conservé dans la Bibliothèque du Roi, num. 9852.

29697. Mf. Varia de Monasterio sancti Maglorii congesta : *in-fol.*

Ce Recueil est dans la Bibliothèque du Vatican, entre les Manuscrits de la Reine Christine, num. 173.

29698. Mf. Varia Diplomata & Instrumenta pro eodem Monasterio.

Ces Pièces [étoient] dans la Bibliothèque de M. le premier Président de Harlay ; [& sont à S. Germain des Prés.]

29699. Mf. Cartularium Ecclesiæ sancti Mamentis Cathedralis Lingonensis.

29700. Mf. Cartularium Prioratûs sancti Marcelli Martyris in Suburbio Cabillonensi.

Ces deux Cartulaires sont conservés dans la Bibliothèque de M. le Président Bouhier, A. 60.

29701. Mf. Cartulaire du Monastère de Saint Marcel-lès-Châlon ; fait par Pierre NATUREL, Grand-Vicaire de Châlon-sur-Saone.

Cet Auteur ou Collecteur est mort en 1575. Son Recueil est conservé à Dijon dans la Bibliothèque de M. de la Mare.

29702. Mf. Tabularium S. Martini Æduensis.

Ce Recueil est conservé dans la même Bibliothèque.

29703. Mf. Chartæ & Diplomata Regum & aliorum, Monasterium sancti Martini Turonensis spectantia.

Ce Recueil [étoit] dans la Bibliothèque de M. Colbert, entre les Manuscrits de M. du Chesne ; [il est aujourd'hui en celle du Roi.]

29704. Mf. Cartulatium sancti Mauricii, Viennensis.

Ce Cartulaire [étoit] en copie dans la Bibliothèque de M. de Caumartin, [mort Evêque de Blois en 1733.]

29705. Mf. Cartularium Ecclesiæ sancti Mederici, Parisiensis.

Ce Cartulaire est dans la Bibliothèque du Vatican, entre les Manuscrits de la Reine Christine, num. 728.

29706. Mf. Cartularium sancti Nicasii de Melanto.

Ce Cartulaire [étoit] dans la Bibliothèque de M. le premier Président de Harlay ; [aujourd'hui à S. Germain des Prés.

29707. * Mf. Cartularium sancti Petri Blesensis : *in-fol.*

Il est conservé à Dijon dans la Bibliothèque de M. le Président Bouhier, A. 65.

29708. Mf. Cartularium sancti Remigii Remensis, & sancti Orioli : *in-fol.*

Ce Cartulaire [étoit] dans la Bibliothèque de M. Colbert, entre les Manuscrits de M. du Chesne ; [il est aujourd'hui dans celle du Roi.]

29709. Mf. Cartularium sancti Stephani Divionensis.

29710. Mf. Cartularium Ecclesiæ Cathedralis sancti Vincentii Cabillonensis.

29711. Mf. Cartularium sancti Vincentii Matisconensis, qui Liber Incalculator dicitur, cujus originale ab Hæreticis fuit direptum.

Ces trois derniers Cartulaires sont conservés dans la Bibliothèque de M. le Président Bouhier, A. 64, C. 97, &c.

29712. Mf. Cartulaire de l'Eglise de Saulieu : *in-8.*

Il est conservé à Dijon, dans la Bibliothèque de M. de la Mare.

29713. Mf. Cartularium sancti Vincentii in Nemore.

Ce Cartulaire est conservé dans la Bibliothèque de S. Magloire, entre les Manuscrits de MM. de Sainte-Marthe.

29714. Mf. Chartres concernant les Evêché, Comté, Ville & Fauxbourgs de Toul, Abbayes de S. Ebres & de S. Mansuy : *in-fol.*

Ce Recueil [étoit] conservé à Paris dans la Bibliothèque de M. l'Abbé de Camps, [& est aujourd'hui dans celle de M. de Beringhen.]

29715. Bibliotheca Sebusiana, seu variarum Chartarum,

Chartarum, Diplomatum, Fundationum, Privilegiorum, Donationum & Immunitatum à fummis Pontificibus, Imperatoribus, Regibus, &c. conceffarum Ecclefiis, Monafteriis & aliis Locis & Perfonis Mifcellæ Centuriæ duæ : ex Archivis Regiis, Tabulariis & Codicibus manufcriptis collectæ, Notifque illuftratæ à Samuele GUICHENON : *Lugduni*, Barbier, 1660, *in-4.*

C'eft un Recueil des Actes & Titres les plus curieux de la Province de Breffe & de Bugey, tirés des Cartulaires.

☞ Cette Collection étant devenue rare, Hoffmann l'a fait réimprimer au Tome I. de fon Livre intitulé : *Nova Scriptorum ac Monumentorum rariffimorum Collectio* : *Lipfiæ*, 1731, *in-4.* & il y a joint la Vie de Guichenon.]

29716. Mſ. Cartularium Monafterii Sigiftrenfis & Abbatiæ fanctæ Mariæ, fanctique Sequani, in Comitatu Alfenfi.

Ce Cartulaire eft confervé dans la Bibliothèque de M. le Préfident Bouhier, A. 62.

29717. ☞ Mſ. Inventaire des Titres de la Terre de Tancarville : *in-fol.*

Il eſt à la Bibliothèque du Roi, & vient de M. Lancelot.]

29718. ☞ Mſ. Cartulaire de Saint-Ymer, en Auge : *in-12.* 2 vol.

Dans la Bibliothèque de la Ville de Paris, num, 128 & 129.]

══ Mſ. Cartulaire écrit fur la fin du douzième fiècle, contenant divers Titres des Villes & Pays de Touloufe, Albi, Agen, Cahors, Rhodez, Aufch & Avignon : *in-fol.*

Ce Cartulaire eft confervé dans la Bibliothèque de M. le Chancelier d'Agueffeau, & c'eft le même que *Cartulare Raymundi VII.* [ci-deſſus, N.° 19687.]

29719. Mſ. Recueil de diverfes Chartres données par différens Comtes de Touloufe, depuis l'an 1141 juſqu'en 1210 : *in-4.*

Ce Recueil (étoit) confervé dans la Bibliothèque de M. le Baron d'Hoendorff, [& eft aujourd'hui dans celle de l'Empereur.]

29720. ☞ Mſ. Extraits tirés (par M. DESNANS, Confeiller au Parlement de Befançon,) des Archives de Tournay, Luxembourg, Ypres, Gand, Bruges, Gueldres, Mons & Namur, (parmi lefquels fe trouve un Inventaire des Titres de la Nobleffe de Lotraine) : *in-4.* 15 vol.

Ce Recueil eft confervé dans la Bibliothèque de M. d'Agueffeau, & il y en a une Copie entre les mains de M. Defnans fils, Chanoine de Befançon. On en trouvera un détail plus circonſtancié dans ce Volume à la fin de l'*Hiſtoire du Comté de Bourgogne*.]

29721. Mſ. Cartularium Trenorcienfis Ecclefiæ : *in-fol.*

Ce Cartulaire [étoit] confervé dans la Bibliothèque de M. Colbert, num. 3804, [& eft aujourd'hui dans celle du Roi.]

29722. Mſ. Cartularium Abbatiæ Trinitatis Cadomenfis : *in-4.*

Ce Cartulaire [étoit] dans la Bibliothèque de M. Foucault, [qui a été diftraite.]

29723. Mſ. Cartularium fancti Vitoni Virdunenfis : *in-fol.*

Il eft confervé à Dijon, dans la Bibl. de M. de la Mare.

☞ *Voyez* encore fur divers *Cartulaires* le Catalogue qui eft à la tête de l'*Hiſt. du Diocèſe de Paris*, par l'Abbé Lebeuf. = *Caract. des Ouvr. hiſtor.* par le P. Meneſtrier, *pag.* 135.]

ARTICLE III.

Lettres hiſtoriques, Mémoires d'Etat, [Pièces politiques,] Dépêches, Ambaſſades, Négociations, Entrevues, Conférences, & autres Recueils de Pièces ſervant à l'Hiſtoire de France.

JE rapporte dans cet Article un grand nombre de Lettres de Négociations, patcequ'elles fervent non-feulement à former des Politiques; mais auffi à ceux qui veulent écrire l'Hiftoire, ou s'en inftruire. Ils y apprendront bien des Faits particuliers & plufieurs Intrigues du Cabinet, qu'ils chercheroient inutilement ailleurs. J'aurois pû mettre de fuite toutes les Lettres hiftoriques; après ces Lettres, les Ambaffades, les Négociations, les Dépêches, & enfin les Recueils de Pièces avec les Mémoires d'Etat, qui ne font la plupart que de ces fortes de Recueils : mais il entre dans ces dernières Collections beaucoup de Lettres hiftoriques, que l'on ne peut détacher, fans s'expofer à un fort long & fort ennuyeux détail. Ainfi j'ai rangé par ordre chronologique, plaçant les Recueils fuivant la date de la dernière des Pièces dont ils font compofés ; & j'en ai fait différentes Sections, à caufe de leur grand nombre.

☞ Nous ajoutons ici le numéro fuivant, qui forme un Recueil confidérable, qu'il ne nous eft pas poffible de particularifer : cette indication fuffira pour y faire faire attention au befoin.]

29724. ☞ Mſ. Négociations, Traités de Paix, &c. *in-fol.* 87 vol.

Ces Recueils de Pièces, qui étoient dans la Bibliothèque de MM. Godefroy, font aujourd'hui dans celle de la Ville de Paris. Il y a encore plufieurs Porte-feuilles contenant nombre de Lettres hiftoriques & de Mélanges, non arrangés.]

§. PREMIER.

Lettres hiſtoriques [& autres Pièces] écrites ſous la première & la ſeconde Race des Rois de France.

29725. SOLLII Apollinaris SIDONII, Epiſcopi Arvernorum, Epiſtolæ : *Mediolani*, 1498, *in-8.*

Ces Lettres font auffi imprimées dans fes *Œuvres*, avec le *Commentaire* de Jean-Baptifte Pius : *Baſileæ*, 1542, *in-4.* Les mêmes *Œuvres* retouchées par Elie Vinet : *Lugduni*, 1552, *in-8.* Les mêmes *Œuvres* avec les *Notes* de Jean Woweren & Pierre Colvius : *Lugduni*, 1598 ; *Pariſiis*, 1599, *in-8.* Les mêmes *Œuvres*, avec le *Commentaire* de Jean Savaron : *Pariſiis*, [1609] *in-4.* avec les *Notes* de Vower : *Hanoviæ*, 1617, *in-8.* Les mêmes *Œuvres*, avec les *Notes* de Jacques Sirmond : *Pariſiis*, 1614, *in-8.* & avec les *Notes* plus amples du même : *Pariſiis*, 1652, *in-4.* & dans le *Recueil des Œuvres* du Père Sirmond, tom. II. *Pariſiis*, 1696, *in-fol.* enfin dans les *Bibliothèques des Pères.* Sidoine Apollinaire a parlé de diverfes chofes mémorables, tant pour le fait des François, que pour les Goths, les

E

Gaulois, les Bourguignons & autres. Il est mort en 482.

☞ *Voyez* Lenglet, *Méth. histor. in-4. tom. IV. pag. 51. = Hist. des Hist. pag. 426.*]

29726. CLODOVEI Regis Francorum, Epistola ad Episcopos post Bellum Gothicum scripta de captivis ipsorum arbitrio relaxandis.

Cette Lettre est imprimée dans le *Recueil* de du Chesne, au tom. I. de son *Recueil des Historiens de France, pag. 836*, & à la fin des *Œuvres de Grégoire de Tours : Parisiis, 1699, in-fol.* Le Roi Clovis est mort en 511.

29727. Alcimi AVITI, Viennensis Episcopi, Epistolæ : studio Jacobi Sirmondi, Societatis Jesu : *Parisiis, 1643, in-8.*

Ces mêmes Lettres sont aussi imprimées dans les *Œuvres* du P. Sirmond, *tom. II. Parisiis, 1696, in-fol.* Avit est mort en 525.

☞ *Voyez* Lenglet, *Méth. histor. in-4. tom. IV. pag. 51.*]

29728. THEODORICI Regis Italiæ Epistolæ XXII. ad Chlodoveum Regem Francorum & alios.

Ces Lettres sont imprimées dans du Chesne, au tom. I. de sa *Collection des Historiens de France, p. 837*, [& dans celle de D. Bouquet, *tom. IV. pag. 1.*]

Théodoric est mort en 526.

29729. Epistolæ Francicæ REMIGII, Episcopi Remensis, ad Chlodoveum Regem & alios. Item aliorum Regum, Reginarum, Episcoporum, Abbatum, Ducum & variarum hujus ævi Personarum illustrium, necnon aliorum vicissim ad alios : nunc primùm editæ è vetustissimo Codice Nazariano.

Ces Lettres sont imprimées dans Freher, au tom. I. de son *Recueil des Historiens de France, pag. 182*, & plus correctement au tom. I. de celui de du Chesne, *pag. 847*, & dans l'*Appendix* de Grégoire de Tours, *pag. 1326* de l'Edition de 1699.

Saint Remi est mort en 530.

29730. Venantii FORTUNATI, Episcopi Pictaviensis, Epistolæ : studio Christophori Brouweri, Societatis Jesu : *Moguntiæ, 1603, 1616, [1630] in-4.*

Cet Evêque étoit encore en vie l'an 600 de Jesus-Christ.

☞ *Voyez* Lenglet, *Méth. histor. in-4. tom. IV. pag. 51.*]

29731. ☞ Ejusdem Carmina historica.

Dans la Collection de D. Bouquet, *tom. II. p. 472.*]

29732. GREGORII Magni Papæ I. Epistolæ ad Reges Francorum, Reginas & alios illustres in Gallia.

Ces Lettres sont imprimées avec les *Œuvres* de ce saint Pape, & en particulier dans du Chesne, au tom. I. de sa *Collection des Historiens de France, pag. 889*, [& dans celle de D. Bouquet, *tom. IV. pag. 12.*]

Saint Grégoire le Grand est mort en 604.

29733. DESIDERII, Cadurcensis Episcopi, Epistolæ ad diversos ; item ad eundem Responsa.

Ces Lettres sont imprimées dans le même Volume de du Chesne, *pag. 875*, [& dans la Collection de D. Bouquet, tom. IV. *pag. 36.*] Elles contiennent bien des choses qui regardent la France. Cet Evêque est mort en 660.

☞ On trouve dans le Volume indiqué de D. Bouquet, plusieurs autres Lettres historiques de différens Ecrivains du temps de la première Race.]

29734. BONIFACII, Archiepiscopi Moguntini, Epistolæ historicæ, quæ ad Historiam Regum secundæ Stirpis pertinent.

Ces Lettres sont imprimées avec toutes celles de ce Saint, par les soins de Nicolas Serrarius, Jésuite : *Moguntiæ, 1605, in-4.* & en particulier dans du Chesne, au tom. II. de sa *Collection des Historiens de France, pag. 664*, [& dans celle de D. Bouquet, *tom. V. p. 483.*]

Cet Evêque est mort en 754.

29735. Epistolæ tres historicæ, quarum tertia CATULPHI ad Carolum Magnum Regem.

Ces trois Lettres sont imprimées dans le Volume précédent de du Chesne, *pag. 666.*

29736. ☞ Diploma CAROLI MAGNI quo Ecclesiam Onoldisbacensem à Gumberto ejus Fundatore ipsi traditam in tutelam accipit, &c. studio Jac. Frid. Georgii Arnoldi : 1730, *in-4.*]

29737. Albini Flacci ALCUINI, Abbatis, Caroli Magni Magistri, Epistolæ, quæ ad Historiam secundæ Stirpis quoquo modo spectant.

Ces Lettres sont imprimées avec toutes ses autres Lettres, dans le *Recueil de ses Œuvres*, par les soins d'André du Chesne : *Parisiis, 1617, in-fol.* & séparément dans du Chesne, au tom. II. de sa *Collection des Historiens de France, pag. 668*, [comme dans celle de D. Bouquet, *tom. V. pag. 604.*] Alcuin est mort en 790.

☞ *Voyez* Lenglet, *Méth. histor. in-4. tom. IV. pag. 55.* = *Journ. de Léips. 1684, pag. 174 : 1686, pag. 19.*]

29738. Codex Carolinus, seu volumen Epistolarum quas Romani Pontifices GREGORIUS III. STEPHANUS III. [vel II.] ZACHARIAS I. PAULUS I. STEPHANUS IV. [vel III.] ADRIANUS I. & CONSTANTINUS miserunt ad Principes & Reges Francorum Carolum Martellum, Pipinum & Carolum Magnum, olim curâ ipsius collectum, nunc editum à Jacobo Gretsero, è Societate Jesu : *Ingolstadii, 1613, in-4.*

Ce même Recueil, qui commence en 740 & finit en l'année 791 qu'il fut fait, est aussi imprimé dans du Chesne, au tom. III. de sa *Collection des Historiens de France, pag. 703.* Constantin étoit Anti-pape.

☞ Dans la Collection de D. Bouquet, le *Codex Carolinus* est au tom. V. *pag. 485.* Mais nous observerons, avec le sçavant Editeur, que dans ce Code l'ordre des Lettres est renversé, & qu'on les a imprimées comme il faut. On a donné au *tom. IV.* les Lettres de Grégoire III. & de Zacharie I. Les autres sont au *tom. V.*]

29739. ☞ Leonis III. Papæ Epistola ad Carolum Magnum Imperatorem, & Capitulare Caroli Magni de Villis suis : ex editione & cum Notis Hermanni CONRINGII : *Helmstadii*, Mullerus, 1655, *in-4.*]

Lettres historiques, Mémoires, Négociations, &c. 35

29740. ☞ Caroli Magni Epistolæ.

Ces Lettres se trouvent dans la *Collection* de Dom Bouquet, *tom. I. pag.* 620. Elles vont depuis 774 jusqu'en 811.]

29741. Frotharii, Episcopi Tullensis, Epistolæ, quæ ad Historiam secundæ Stirpis pertinent.

29742. Eginhardi, Abbatis, Epistolæ, quæ ad eandem Historiam pertinent.

Ces Lettres de Frothaire, mort en 837, & d'Eginhart, mort en 849, sont aussi imprimées dans le Tome I. de du Chesne, *pag.* 712 & 695, [& dans la Collection de D. Bouquet.]

29743. Lupi Servati, Abbatis Ferrariensis, Epistolæ quæ ad Historiam eandem pertinent.

Ces Lettres sont imprimées avec toutes celles du même Auteur, par les soins de Papire Masson : *Parisiis*, 1588, *in-*8. & plus correctement par les soins d'Estienne Baluze : *Parisiis*, 1664, *in-*8. *Antverpiæ*, [*Lipsiæ,*] 1710, *in-*8. & séparément dans du Chesne, au tom. I. de la *Collection des Historiens de France, pag.* 726, [comme dans celle de D. Bouquet.] Loup de Ferrières est mort après l'an 861.

☞ *Voyez* Lenglet, *Méth. histor. in-*4. *tom. IV. pag.* 55.]

29744. ☞ Ludovici Pii Epistolæ, cum Epistolis ad ipsum scriptis.

Ces Lettres se trouvent dans la Collection de Dom Bouquet, tom. VI. *pag.* 333.]

29745. Herici, Monachi sancti Germani Autissiodorensis, Epistola ad Carolum Calvum, quâ multiplex erga optimarum artium ac disciplinarum studia fomentum commendat.

29746. Hincmari, Archiepiscopi Remorum, Epistola ad Ludovicum II. quâ suum illi de adeundâ pacificâ Regni administratione consilium suppeditat.

Ces deux Lettres sont imprimées dans du Chesne, au tom. II. de son *Recueil des Historiens de France*, *pga.* 470 & 475. Héric est mort en 880, & Hincmar en 885.

29747. ☞ Epistolæ Sergii II. Papæ, & Variorum ad Historiam Caroli Calvi.

Elles se trouvent dans la Collection de D. Bouquet, tom. VII. *pag.* 383.]

29748. ☞ Miscellanea Epistolarum, Diplomatum, &c.

Ce Recueil, qui commence en 300, & finit en 1520, est imprimé dans le *Spicilège* de Dom Luc d'Achery, *tom. III. pag.* 297.]

29749. ☞ Miscellanea Epistolarum, Diplomatum, &c.

Ce Recueil est *pag.* 386 des *Analecta* de D. Mabillon : *in fol.*]

29750. ☞ Regum & Principum, aliorumque Virorum illustrium, Epistolæ & Diplomata multa, &c.

Ce Recueil, qui commence en 508, & finit en 1504, se trouve au tom. I. du *Thesaurus Anecdotorum* de Dom Martenne. On en trouve un autre dans la *Collectio Veterum Scriptorum* du même, *tom. I.* Celui-ci s'étend depuis 528 jusqu'en 1590.]

Tome III.

29751. ☞ Epistolæ, Excerpta ex Conciliis, Leges, Formulæ, Constitutiones, & Diplomata ad Regum Francorum primæ & secundæ Stirpis Historiam.

Ce Recueil est imprimé au tom. IV. de la *Collection des Historiens de France* de D. Bouquet, & *t. IX. p.* 157 & *suiv.*]

§. II.

Lettres historiques écrites sous la troisième Race des Rois de France, [& *autres Pièces,*] *jusqu'au Règne de Philippe le Bel,* (ou IV.)

29752. * Ms. Remarques sur les Rois de la troisième Race, sur la Pragmatique-Sanction, la Servitude, les Dixmes, la Régale, la Puissance Ecclésiastique, les Offices devenus vénales : *in-fol.*

Ces Remarques de Henri, Comte de Boulainvilliers, sont conservées dans la Bibliothèque de M. Joli de Fleuri, Procureur-Général au Parlement de Paris, num. 736.

29753. Hugonis Capeti, Regis Francorum, ad Joannem Papam, Epistola duplex.

Ces Lettres sont imprimées dans du Chesne, au tom. IV. de la *Collection des Historiens de France*, *pag.* 107 & 113. Ce Roi est mort en 996.

29754. Gerberti, Remorum primò, deinde Ravennatis Archiepiscopi, ac tandem Summi Pontificis, Silvestri II. nomine, Epistolæ, quæ ad Historiam secundæ [& tertiæ] Stirpis pertinent.

Ces Lettres sont imprimées avec les autres du même Auteur, par les soins de Papire Masson : *Parisiis*, 1611, & séparément dans du Chesne, au tom. II. de sa *Collection des Historiens de France, pag.* 789.

Aliæ ejusdem Epistolæ nunc primùm editæ.

Elles se trouvent dans du Chesne, au même tom. II. de sa *Collection des Historiens de France*, *pag.* 828. Ce Pape est mort en 1003.

☞ Toutes ces Lettres sont dans la *Collection des Historiens des Gaules*, par Dom Bouquet, *tom. IX. pag.* 271, & *tom. X. pag.* 387.]

29755. Abbonis, Floriacensis Monachi, Epistolæ.

Ces Lettres sont imprimées avec l'ancien *Code de l'Eglise Romaine* : *Parisiis*, 1687, *in-fol.* Ce Moine est mort en 1004.

29756. ☞ Epistolæ ad Historiam Hugonis Capeti & Roberti, filii ejus, spectantes.

Ces Lettres se trouvent au tom. X. de la *Collection des Historiens de France* de D. Bouquet, *pag.* 387-513. Elles ont été écrites par Gerbert & par les Papes Jean XV. Gregoire V. & Benoist VIII. par Abbon, Abbé de Fleury, Fulbert, Evêque de Chartres, Guillaume V. Comte de Poitou & Duc d'Aquitaine, Hildegaire & plusieurs autres.]

29757. ☞ Diplomata Regis Hugonis Capeti.

Ces Pièces se trouvent au même tom. X. *pag.* 343, avec une Dissertation, en forme d'Avertissement, à la tête.]

E 2

29758. ☞ Diplomata ROBERTI Regis.

Dans le même Volume, pag. 565, avec une Dissertation à la tête.]

29759. Epistolæ historicæ Summorum Pontificum, Episcoporum, Ducum, Comitum, & aliorum, quæ res Francicas spectant, à Roberto Rege ad Ludovicum VI.

Ce Recueil, qui commence en 927, & finit en 1108, est imprimé dans du Chesne, au tom. IV. de sa *Collection des Historiens de France*, pag. 969.

29760. FULBERTI, Episcopi Carnotensis, Epistolæ, quæ ad Historiam Francicam pertinent sub Roberto Rege.

Ces Lettres sont imprimées dans le *Recueil des Lettres* du même Auteur, avec les Notes de Charles de Villiers : *Parisiis*, 1608, *in-8*. & séparément dans du Chesne, au tom. IV. de sa *Collection des Historiens de France*, pag. 172. Cet Evêque est mort en 1028.

29761. ☞ Epistolæ ad Historiam Henrici I. pertinentes.

Elles sont imprimées au tom. X. de la *Collection des Historiens de France* de D. Bouquet, pag. 491-503. Ce sont les Lettres des Papes LEON IX. ETIENNE IX. & NICOLAS II. de FULBERT, Evêque de Chartres, THEODUIN, Evêque de Liège, GERVAIS, Archevêque de Reims, & autres.]

29762. ☞ Diplomata RODULPHI III. Regis Burgundiæ, & ERMENGARDIS, CONRADI II. Imperatoris, HENRICI I. Francorum Regis, ROBERTI I. Burgundiæ Ducis.

Ces Pièces sont au tom. XI. de la même Collection, pag. 541-615.]

29763. Epistolæ STEPHANI X. NICOLAI II. ALEXANDRI II. Pontificum Romanorum, ad Gervasium Remensem Archiepiscopum.

Ces Lettres ont été d'abord imprimées avec celles de Gerbert, par les soins de Papire Masson : *Parisiis*, 1611, *in-4*. & ensuite séparément dans du Chesne, au tom. IV. de sa *Collection des Historiens de France*, pag. 198. Cet Archevêque est mort en 1067.

29764. GREGORII VII. Papæ, Epistolæ historicæ, quæ ad res Gallicas pertinent, ab anno 1074.

Ces Lettres sont imprimées dans le Volume précédent de du Chesne, p. 207. Ce Pape est mort en 1084.

29765. LANFRANCI, Prioris Monasterii Beccensis, deinde Archiepiscopi Cantuariensis, Epistolæ.

Ces Lettres de Lanfranc, mort en 1089, sont imprimées avec ses *Œuvres : Parisiis*, 1641, *in-fol*.

29766. ANSELMI, Beccensis Abbatis, deinde Archiepiscopi Cantuariensis, Epistolæ.

Ces Lettres sont imprimées avec ses *Œuvres : Colonia*, 1610 ; *Parisiis*, 1675, *in-fol*. Cet Archevêque est mort en 1109.

29767. IVONIS, Carnotensis Episcopi, Epistolæ historicæ, quæ ad res Gallicas pertinent, sub Philippo I. & Ludovico Grosso, Regibus.

Ces Lettres sont imprimées avec les autres Lettres du même Auteur, & les Notes de François Juret : *Parisiis*, [1584, *in-4*.] 1610; *in-8*. & avec les *Œuvres* d'Ives de Chartres : *Parisiis*, 1647, *in-fol*. & séparément dans du Chesne, au tom. IV. de sa *Collection des Historiens de France*, pag. 217. Cet Evêque est mort en 1115.

☞ L'Edition de 1647 des *Œuvres* d'Ives de Chartres, a été donnée par les soins de Jean Fronteau, Chanoine Régulier (en Latin FRONTO.) On a ajouté quelques Notes de Souchet, à celles de Juret.]

29768. ☞ Joan. Bapt. SOUCHET, Carnotensis Ecclesiæ Canonici, veritatis defensio in Joan. Frontonem Canonicum Regularem (de editione Yvonis Carnotensis) : *Carnuti*, Cottereau, 1651, *in-12*.]

29769. GOFFRIDI, Abbatis Vindocinensis, Epistolæ, studio Jacobi Sirmundi, Societatis Jesu : *Parisiis*, 1610, *in-8*.

Les mêmes Lettres sont imprimées dans le *Recueil des Œuvres* du Père Sirmond, au tom. III. *Parisiis*, 1696, *in-fol*. Goffrid, Abbé de Vendôme, vivoit encore en 1129.

29770. HILDEBERTI, Episcopi Cenomanensis, Epistolæ historicæ, quæ ad res Gallicas pertinent sub Philippo I.

Ces Lettres sont imprimées dans le volume précédent de du Chesne, pag. 248, & avec toutes les Œuvres du même Auteur : *Parisiis*, 1708, *in-fol*.

☞ Hildebert, Evêque du Mans, & ensuite Archevêque de Tours, est mort en 1132. Le Père Beaugendre, Bénédictin, a donné ses Œuvres au Public, à l'exception de trois Pièces que M. Baluze a publiées dans le Tome VII. de ses *Miscellanea*.]

29771. Epistolæ historicæ à Regibus, Principibus, Prælatis, Abbatibus, Ducibus, Comitibus ac aliis Orbis Christiani Viris illustribus, de rebus præcipuè statum Regni Francorum concernentibus, ad Regem Francorum Ludovicum Juniorem.

Ces Lettres, qui furent écrites vers l'an 1150, sont imprimées dans du Chesne, au tom. V. de sa *Collection des Historiens de France*, pag. 272.

29772. SUGERII, Abbatis sancti Dionysii, Epistolæ ad Eugenium Papam, Regem Ludovicum VII. & alios Franciæ Majores, ipsorumque ad eundem, dum Regnum administraret, de gravioribus Negociis conscriptæ.

Ces Lettres sont imprimées dans du Chesne, au tom. IV. p. 491. Suger est mort en 1153. Du Chesne cite dans son *Plan des Historiens de France*, pag. 79, des Lettres de l'Abbé Suger écrites à diverses personnes, & des Lettres de diverses personnes écrites à cet Abbé, qui étoient dans la Bibliothèque de M. le Chancelier Seguier, [aujourd'hui à S. Germain des Prés.]

29773. Epistolæ historicæ PETRI, Prioris sancti Joannis Senonensis ; sancti BERNARDI, Abbatis Clarevallensis ; & PETRI Venerabilis, Abbatis Cluniacensis, quæ ad res Ludovici Grossi & Ludovici Junioris, Regum, illustrandas pertinent.

Ces Lettres sont imprimées dans le tom. IV. de du Chesne, pag. 445. Celles de S. Bernard & de Pierre, Abbé de Cluni, sont aussi imprimées avec leurs Œuvres. Saint Bernard est mort en 1153, l'Abbé de Cluni en 1156, & le Prieur de Saint-Jean de Sens en 1173.

29774. Epistolarum DLXIX. volumen, quas

Lettres historiques, Mémoires, Négociations, &c. 37

Pontifices Romani, Imperatores, Reges, &c. ad Ludovicum VII. Franciæ Regem, & alios de rebus statum Regni Franciæ concernentibus scripserunt.

29775. Aliæ Epistolæ historicæ undecim.

29776. JOANNIS Sarisberiensis, Episcopi Carnotensis, Epistolæ historicæ, quæ ad res Ludovici VII. illustrandas pertinent.

Les Lettres marquées dans ces trois derniers Articles sont imprimées dans du Chesne, au tom. IV. de son *Recueil des Historiens de France*, *pag.* 557, 762, & 453. Jean de Salisbery est mort en 1180. Il s'appelloit Jean Petit, selon l'Abbé Ménage, *pag.* 307 de son *Histoire de Sablé*.

29777. ARNULPHI, Episcopi Lexoviensis, Epistolæ : *Parisiis*, 1585, *in*-8. 1611, *in*-4.

Aliæ ejusdem Epistolæ.

Ces Lettres sont imprimées dans Dom Luc d'Achery, au tom. II. de son *Spicilège*, *pag.* 482. Il y en a aussi quelques-unes dans le Tome XIII.

Cet Evêque est mort en 1184.

29778. PETRI, Abbatis Cellensis, Epistolæ de rebus Ludovici VII.

Ces Lettres sont imprimées avec toutes les autres du même Auteur, & les Notes du Père Sirmond : *Parisiis*, 1613, *in*-8. [& par un Bénédictin de la Congrégation de S. Maur : *Parisiis*, 1671, *in*-4. Celles que l'on vient d'indiquer ont été données] séparément dans du Chesne, au tom. IV. de sa *Collection des Historiens de France*, *pag.* 462. Cet Evêque est mort Evêque de Chartres en 1187.

29779. STEPHANI, Tornacensis Episcopi, Epistolæ, ab anno 1159, ad annum 1196.

Ces Lettres [ont été] imprimées avec celles de Gerbert, par les soins de Papire Masson : *Parisiis*, 1611, *in*-4. Les Lettres d'Estienne de Tournay ont aussi été publiées avec des Notes, par Claude du Moulinet, Chanoine Régulier de la Congrégation de France : *Parisiis*, 1679, *in*-8. Cet Evêque est mort en 1200.

29780. PETRI Blesensis, Bathoniensis in Anglia Archidiaconi, Epistolæ tres, in quibus de rebus Ludovici Francorum Regis.

Ces Lettres sont imprimées dans du Chesne, tom. IV. de son *Recueil des Historiens de France*, *pag.* 462, & dans le *Recueil de ses Œuvres* : [*Moguntiæ*, 1600, *in*-4.] *Parisiis*, 1667, *in*-fol.

Pierre de Blois est mort en 1200.

29781. TRAIMUNDI, Monachi Clarevallensis, Epistolæ historicæ, quas nomine Ludovici VII. Regis, Petri & Henrici, Abbatum Clarevallensium & aliorum conscripsit.

Ces Lettres sont imprimées dans le tome IV. de du Chesne, *pag.* 477.

29782. INNOCENTII III. Papæ, Epistolæ, & aliorum super Negocio Terræ sanctæ.

Ces Lettres, écrites vers l'an 1200, sont imprimées dans du Chesne, au tom. IV. *pag.* 792, & avec toutes les autres du même Auteur, par les soins de François Bosquet : *Tolosæ*, 1635, *in*-fol. & plus amplement par les soins d'Estienne Baluze : *Parisiis*, 1682, *in*-fol. 2 vol.

29783. Epistola BLANCHÆ Reginæ, ad Comitissam Campaniæ, de Bello inter Christianos, anno 1202.

Cette Lettre est imprimée dans du Chesne, au tom. V. de sa *Collection*, *pag.* 462.

29784. GERVASII Cestriensis, Episcopi Sagiensis, Epistolæ, studio Roberti Gaillen, Ordinis Præmonstratensis : *Montibus Hannoniæ*, 1662, *in*-4.

Cet Evêque est mort en 1228.

☞ *Voyez* Lenglet, *Méth. histor. in*-4. *tom. IV. pag.* 59, [& dans le Recueil du Père Hugo, intitulé : *Sacræ antiquitatis monumenta*, *tom. I.*]

29785. Recueil de Pièces non encore imprimées, concernant le Règne de Saint Louis.

Ce Recueil est imprimé ensuite de l'*Histoire de saint Louis*, par Joinville, avec les Notes de Claude Menard : *Paris*, 1617, *in*-4.

29786. Recueil de Pièces concernant le même Règne.

Ce Recueil est imprimé ensuite de la même Histoire, avec les Observations de Charles du Fresne du Cange : *Paris*, 1668, *in*-fol.

29787. ☞ URBANI IV. Papæ, Epistolæ LXI. omnes ferè ex Mss. Illustriss. Episcopi Montispessulani.

Ces Lettres sont imprimées dans le *Thesaurus Anecdotorum* de D. Martenne, *tom. II. pag.* 1. Elles sont depuis l'an 1261 jusqu'en 1264.]

29788. Mss. Regestrum plurium Litterarum ALPHONSI, Comitis Pictaviensis & Tholosæ, ab anno 1263, ad annum 1266 : *in*-4.

Ce Recueil [étoit] conservé dans la Bibliothèque de M. Godefroy.

29789. HONORII III. GREGORII IX. INNOCENTII IV. ALEXANDRI IV. URBANI IV. & MARTINI IV. Epistolæ ad Principes & Reges Francorum super Negocio Regni Siciliæ.

Ces Lettres sont imprimées dans du Chesne, tom. V. de sa *Collection des Historiens de France*, *pag.* 851.

29790. ☞ CLEMENTIS Papæ IV. Epistolæ ex pluribus Codicibus Mss.

Ces Lettres, qui s'étendent depuis 1265 jusqu'en 1268, sont imprimées dans le *Thesaurus anecdotorum* de D. Martenne, *tom. II. pag.* 97. On trouve p. 1812, quatre autres Lettres du Pape Clément IV. qu'il faut y ajouter.]

29791. Chartæ plures Regum Franciæ, Ducum Normanniæ, & aliorum.

Ce Recueil est imprimé dans du Chesne, *pag.* 1082 de sa *Collection des Historiens de Normandie* : *Parisiis*, 1611, *in*-fol.

☞ *Nota.* On trouvera dans le Paragraphe qui suit, un Recueil (Manuscrit) de Lettres & autres Pièces sur les Rois du Paragraphe qui finit ici, jusqu'à Charles VIII. lequel Recueil est conservé dans la Bibliothèque de la Ville de Paris, num. 254 des Manuscrits de MM. Godefroy.]

§. III.

Lettres historiques, Mémoires d'Etat, Dépêches, Ambassades, Négociations, Entrevues, Conférences, &c. depuis le commencement du Règne de Philippe le Bel (ou IV.) jusqu'à la fin de celui de François I.

29792. Recueil de Pièces concernant le Différend du Pape Boniface VIII. avec Philippe le Bel.

Ce Recueil est imprimé ensuite de l'*Histoire de ce Différend*, par Pierre Dupuy : *Paris*, 1655, *in-fol.* & de celle de M. Baillet : *Ibid.* 1717, *in-*12.

29793. Martini Sanuti, Patricii Veneti, Epistolæ.

Ces Lettres sont imprimées dans le *Gesta Dei per Francos*, de Bongars : *Hanoviæ*, 1611, *in-fol.* Sanudo a fleuri en 1320.

29794. ☞ Registrum Litterarum Apostolicarum, tam patentium quàm clausarum, Innocentii Papæ IV. quæ per ejus Cameram transierunt, anno sui Pontificatûs nono, editarum & compilatarum per Magistrum Zenobium : 1361.

Ces Lettres sont imprimées dans le *Thesaurus anecdotorum*, de D. Martenne, *tom. II. pag.* 843.]

29795. Ms. Recueil de diverses Pièces concernant l'Histoire de France, depuis l'an 1364 jusqu'en 1375.

Ce Recueil [étoit] dans la Bibliothèque de M. de Caumartin, [mort Evêque de Blois en 1733.]

29796. Entrevue de Charles IV. Empereur, & de son fils Venceslas, Roi des Romains, avec Charles V. Roi de France, à Paris l'an 1378, publié par Théodore Godefroy : *Paris*, Chevalier, 1612, *in-*4.

29797. Ms. Registre de plusieurs Lettres, Actes & Mémoires concernant les Affaires de France pendant les Règnes du Roi Jean, de Charles V. & de Charles VI. *in-fol.*

Ce Registre est conservé dans la Bibliothèque du Roi, num. 8354.

29798. ☞ Ms. Maximes Royales concernant le gouvernement des Princes, dialogisées entre le Roi Charles VI. & un nommé Salmon. = Les Demandes & Dicts du même Roi Charles, avec les Réponses du même Salmon. = Lettres particulières du même Roi Charles, écrites audit Salmon. = Les Lamentations dudit Salmon, sur les choses merveilleuses à lui advenues en son Pélerinage, contenant un Récit des choses & cas mémorables advenus sous le Règne du Roi Charles VI. depuis l'an 1394, avec les Négociations secretes dont ledit Salmon fut chargé vis-à-vis de Richard de Bordeaux, Roi d'Angleterre. = Le Voyage du même Salmon à Rome, où il fut envoyé vers le Pape Alexandre V. par ordre du même Roi Charles VI. *in-fol.*

Ce Manuscrit sur velin, est de l'an 1409, bien conservé & décoré de jolies miniatures. Il étoit dans la curieuse Bibliothèque de M. Gaignat, num. 3042 du Catalogue imprimé. Il est aujourd'hui dans celle de M. le Duc de la Vallière.]

29799. Ms. Voyage de Nicolas du Bosc, Evêque de Bayeux, Garde des Sceaux de France, pour négocier la Paix entre les Couronnes de France & d'Angleterre, près d'Ardres.

Ce Voyage, fait en 1381, [& que le P. le Long indiquoit comme Manuscrit, a été publié par] Dom Edmond Martenne, Religieux Bénédictin de la Congrégation de S. Maur, [à la fin du tom. II. de son *Voyage Littéraire : Paris*, 1724, *in-*4.]

29800. ☞ Lettres des Florentins recherchant l'alliance & la protection du Roi Charles VI.

Elles sont imprimées dans les *Mélanges* de Camusat, p. 2 : *Troyes*, 1619, 1644, *in-*8. Elles ont rapport à l'Histoire de ce Règne, depuis 1396 jusqu'en 1404.]

29801. Collectio Auctorum veterum, quorum facta est mentio in Notis Stephani Baluzii, Tutelensis, ad Vitas Paparum Avenionensium, ab anno 1235, ad annum 1408.

Ce Recueil est imprimé au tom. II. des *Vies des Papes d'Avignon : Parisiis*, 1697, *in-*4.

29802. ☞ Litteræ & Acta nonnulla, &c.

Ces Pièces, imprimées au *Spicilège* de Dom Luc d'Achery, *tom. I. pag.* 763, servent à l'Histoire de Charles VI. jusqu'en 1409.]

29803. Ms. Epistolæ Joannis Ducis Bituricensis, Caroli Ducis Andegavensis, Joannis Ducis Borbonii & Philippi Virtutum Comitis ad Sigismundum, Regem Romanorum, anno 1412 : *in-fol.*

Ces Lettres sont dans la Bibliothèque de S. Victor, num. 85.

29804. Ms. Mémoires pour servir à l'Histoire de Charles VI. *in-fol.*

Ces Mémoires sont conservés entre les Manuscrits de M. Dupuy, num. 275.

29805. Recueil de Pièces servant à l'Histoire de Charles VI. publiées par (Guillaume) Besse : *Paris*, 1660, *in-*4.

La plupart de ces Pièces avoient déja été imprimées. [Elles regardent principalement le Languedoc.]

29806. ☞ Epistolæ selectæ Joannis de Monsterolio, Præpositi Insulensis ex duobus manuscriptis Codicibus, uno Reginæ Sueciæ, altero D. Chauvelin, in supremo Parisiensi Senatu Præsidis.

Ces Lettres sont imprimées dans la *Collectio veterum Scriptorum* de D. Martenne, *tom. II. pag.* 1311. Jean de Monstreuil, Prévôt de Lille, fut tué par les partisans du Duc de Bourgogne, à Paris, l'an 1418. Il étoit attaché au parti du Duc d'Orléans, & avoit été Secrétaire de Charles VI. Ses Lettres sont très-utiles pour l'Histoire de son temps.]

Lettres hiſtoriques, Mémoires, Négociations, &c. 39

29807. Mſ. Relation de ce qui s'eſt paſſé à la Convention d'Arras, en 1435, où fut conclu le Traité de Paix entre les Rois Charles VII. & Philippe, Duc de Bourgogne : *in-fol.*

Cette Relation [étoit] conſervée dans la Bibliothèque de M. Baluze, num. 642, [& eſt aujourd'hui dans celle du Roi.]

29808. Journal de la Paix d'Arras faite dans l'Abbaye royale de S. Vaaſt d'Atras, entre le Roi Charles VII. & Philippe le Bon, Duc de Bourgogne ; recüeilli par Antoine DE LA TAVERNE, Religieux & Grand-Prevôt de ladite Abbaye, mis en lumière, & enrichi d'Annotations par Jean Collart, de l'Ordre de S. Jean de Jéruſalem : *Paris*, 1651, *in*-12.

Il y a des choſes curieuſes dans ces Annotations, outre les Pièces qui regardent cette Paix, faite l'an 1435, & ceux qui y ont travaillé.

29809. Mſ. Mémoire de la Négociation du Traité d'Arras, avec les preuves ; par Proſper BAUYN, Conſeiller, Maître des Comtes de Dijon.

Ce Mémoire eſt conſervé à Dijon, entre les mains des Héritiers de l'Auteur. C'eſt ce que dit M. de la Mare, pag. 11 de ſon *Plan des Hiſtoriens de Bourgogne*.

29810. Mſ. Diſcours ſur ce Traité.

Ce Diſcours eſt conſervé à Dijon dans la Bibliothèque de M. le Préſident Bouhier.

29811. Mſ. Conſidérations ſur les Traités de Paix faits entre la France & l'Eſpagne pour le ſujet de la Maiſon de Bourgogne : *in-fol.*

Pierre DUPUY eſt l'Auteur de ces *Conſidérations ſur le Traité d'Arras*, de 1435, & ſur celui de Péronne, de 1468. Ces Conſidérations [étoient] conſervées dans la Bibliothèque de M. le Chancelier Seguier, num. 118, [& ſont aujourd'hui à S. Germain des Prés.]

29812. Nicolai DE CLEMANGIIS, Archidiaconi Baiocenſis, Epiſtolæ.

Ces Lettres ſont imprimées avec ſes Œuvres, par les ſoins de Jacques Lydius : *Leide*, 1613, *in*-4. Cette Edition eſt pleine de fautes : elle pourroit être augmentée par les Manuſcrits qui ſont dans pluſieurs Bibliothèques. Nicolas de Clémangis eſt mort en 1440.

29813. Mſ. Relation de l'Ambaſſade de Louis de Bourbon, Comte de Vendôme; Jean Juvenal des Urſins, Archevêque de Reims; Guy, Comte de Laval; Bertrand de Beauveau, Seigneur de Precigny; Guillaume Couſinot, Seigneur de Monſtreuil, Maître des Requêtes ; & Eſtienne Chevalier, Secrétaire du Roi, envoyés en Angleterre pour traiter la Paix, au mois de Juillet 1445 : *in-fol.*

Cette Relation [étoit] conſervée dans la Bibliothèque de M. Baluze, num. 22, [& eſt aujourd'hui dans celle du Roi.]

29814. ☞ Mſ. Rapport de Jean Juvenal DES URSINS, Evêque & Duc de Laon, au Roi Charles VII. de ce qu'il avoit extrait aux Chartres du Roi, touchant l'Accord à faire entre le Roi de France & le Roi d'Angleterre, avec l'Acte de renonciation faite par le Roi d'Angleterre au profit du Roi, de ce qu'il prétendoit en Normandie, Anjou, Touraine, le Maine, Poitou & autres Terres du Royaume : *in-fol.*

Ce Manuſcrit en papier, eſt d'une écriture du XVe Siècle, & bien conſervé. Il eſt indiqué num. 4663 du Catalogue de M. le Duc de la Vallière.]

29815. ☞ Acta varia de Schiſmate Pontificum Avenionenſium, &c.

Ces Pièces ſont imprimées dans le *Theſaurus anecdotorum* de Dom Martenne, tom. II. pag. 1073. Elles s'étendent depuis l'an 1378 juſqu'en 1448.]

29816. Mſ. Collection de divers Titres anciens ſervant à l'Hiſtoire, depuis le Roi Dagobert juſqu'à Louis XI. *in-fol.*

Cette Collection eſt conſervée entre les Manuſcrits de M. Dupuy, num. 1.

29817. Mſ. Mémoires pour l'Hiſtoire de France, depuis le Règne de Philippe de Valois juſqu'à celui de Louis XI. *in-fol.* 5 vol.

Ces Mémoires ſont conſervés dans la Bibliothéque du Roi, num. 8427-8432. Ce ſont des Manuſcrits de M. le Comte de Béthune.

29818. Mſ. Diverſes Lettres originales touchant la Guerre du bien public, du temps de Louis XI. en 1465 : *in-fol.*

Ces Lettres ſont conſervées entre les Manuſcrits de M. Dupuy, num. 596.

29819. Mſ. Lettres, Mémoires & Traités concernant la même Guerre entrepriſe par Charles de France, Duc de Guyenne, & pluſieurs autres Princes & grands Seigneurs, contre le Roi Louis XI. ſous prétexte du bien public, l'an 1464 & 1465 : *in-fol.*

Ces Lettres, &c. ſont conſervées entre les Manuſcrits de M. Dupuy, num. 539, & ceux de M. de Brienne, num. 98, & dans la Bibliothèque des Minimes de Paris, num. 102.

29820. Mſ. Lettres originales de Charles, Comte DE CHAROLOIS, fils du Duc de Bourgogne, écrites ès années 1465 & 1466 : *in-fol.*

Ces Lettres ſont conſervées entre les Manuſcrits de M. Dupuy, num. 762. Il y en a pluſieurs dans la Chambre des Comptes de Dijon, n. 265 du Porte-feuille 4.

29821. Mſ. Diverſes Pièces & Remontrances de Jean Juvenal DES URSINS, depuis l'an 1433 juſqu'en 1468 : *in-fol.*

Ces diverſes Pièces ſont conſervées dans la Bibliothèque de M. le Chancelier d'Agueſſeau.

29822. Mſ. Relation de l'Ambaſſade de Guillaume Couſinot, Seigneur de Monſtreuil, Chambellan du Roi, vers le Pape Paul II. touchant le Procès du Cardinal Balue, Evêque d'Angers, & de Guillaume Haraucourt, Evêque de Verdun, accuſés de crime de lèze-Majeſté, en 1470 : *in-fol.*

Cette Relation [étoit] conſervée dans la Bibliothèque de M. Baluze, num. 22, [aujourd'hui dans celle

Liv. III. *Histoire Politique de France.*

du Roi. Elle étoit aussi] num. 169 de la Bibliothèque de M. Colbert de Croissy, Evêque de Montpellier, [mort en 1738.]

29823. Ms. Registre du Règne de Louis XI. commencé l'an 1474 : *in-fol.*

Ce Registre [étoit] conservé dans la Bibliothèque de M. Baluze, num. 41, [& est aujourd'hui dans celle du Roi.]

29824. Recueil de diverses Pièces concernant la Négociation de Noyon, du 9 Février 1475.

Ce Recueil est conservé à Dijon dans la Bibliothèque de M. Philibert de la Mare, *pag.* 16 de son *Plan des Historiens de Bourgogne.*

29825. Ms. Recueil de Pièces pour le Règne de Louis XI. jusqu'en 1477 : *in-fol.*

29826. Ms. Recueil de Pièces, depuis l'an 1460 jusqu'en 1478 : *in-fol.*

Ces deux Recueils sont conservés entre les Manuscrits de M. Dupuy, num. 762 & 751.

29827. Ms. Mémoires de France sous Louis XI. *in-fol.*

Ces Mémoires sont conservés dans la Bibliothèque du Vatican, entre les Manuscrits de la Reine Christine, num. 734.

29828. Relation & Actes de la Négociation faite par les Ambassadeurs de Louis XI. pour traiter de la Paix entre le Pape Sixte IV. & le Roi de Naples, d'une part; & la République de Venise, les Ducs de Milan & de Ferrare, & la République de Florence, d'autre part, ès années 1478 & 1479.

✳ Cette Relation est conservée en Original [à S. Germain des Prés] entre les Manuscrits de M. le Chancelier Seguier, num. 52 & 987. Elle renferme beaucoup d'anecdotes & de choses intéressantes pour les Libertés de l'Eglise Gallicane. On y trouve la Relation d'une Assemblée des Grands & Prélats de France, tenue à Orléans en 1478.

☞ Elle a été imprimée dans le Tome III. de l'Edition de Philippe de Comines, donnée par l'Abbé Lenglet en 1747, *in-4.* 4 vol.]

29829. Ms. Registre contenant diverses Instructions d'Ambassade, Trève, Alliance, Traités de Paix, tant avec les Rois d'Angleterre, d'Arragon, de Castille, de Sicile, qu'avec les Ducs de Bretagne, de Bourgogne, d'Autriche, de Venise, Cantons de la haute & basse Allemagne, Communauté de la Ville de Florence & autres Princes, depuis l'an 1470 jusqu'en 1480 : *in-fol.*

Ce Registre est conservé à Dijon dans la Bibliothèque de M. le Président Bouhier, B. 39.

29830. Ms. Lettres politiques & secretes du Roi Louis XI. à plusieurs Seigneurs & Ministres de son Etat, avec les Réponses : *in-fol.*

Ces Lettres sont conservées à Dijon, dans la Bibliothèque de M. de la Mare, comme il le dit *pag.* 18 de son *Plan des Historiens de Bourgogne.*

☞ Il y en a une Copie aussi à Dijon, dans la Bibliothèque de M. Fevret de Fontette, Conseiller au Parlement de Dijon.]

29831. Ms. Lettres du Roi Louis XI. à Pierre d'Orioles Chancelier de France; avec les Lettres du même Pierre d'Orioles : *in-fol.*

Ces Lettres sont conservées dans la Bibliothèque du Roi, num. 8432.

━ Le Cabinet de Louis XI. contenant plusieurs fragmens de Lettres, &c.

☞ *Voyez* ci-devant, *tom.* II. N.° 17736.]

29832. Ms. Lettres originales des Règnes de Charles VI. de Charles VII. & de Louis XI. *in-fol.*

29833. Ms. Lettres originales de différens Règnes, depuis l'an 1393, & particulièrement du Règne de Louis XI. *in-fol.*

29834. Ms. Lettres originales du Règne de Louis XI. *in-fol.* 6 vol.

29835. Ms. Lettres originales & Minutes du Règne de Louis XI. *in-fol.* 17 vol.

Les quatre Manuscrits précédens sont conservés dans la Bibliothèque du Roi, entre les Manuscrits de M. de Gaignières.

29836. Ms. Recueil de Pièces concernant l'Histoire de France, depuis l'an 1088 jusqu'en 1482 : *in-fol.*

Ce Recueil [étoit] conservé dans la Bibliothèque de M. le premier Président de Mesme.

29837. Ms. Mémoires du Règne de Louis XI. *in-fol.* 25 vol.

Ces Mémoires sont conservés dans la Bibliothèque du Roi, num. 8432-8456. Ce sont des Manuscrits de M. le Comte de Béthune.

29838. Ms. Recueil de Titres & Actes, depuis Philippe-Auguste jusqu'au Règne de Charles VIII. *in-fol.*

Ce Recueil est conservé entre les Manuscrits de M. Dupuy, num. 657.

29839. Instructions & Dépêches de l'Ambassade envoyée en Cour de Rome par le Roi Charles VIII. en 1484.

Ces Pièces sont imprimées dans Baluze, au tom. VII. de ses *Miscellanea*, *pag.* 563.

29840. Ms. Recueil de Pièces concernant le Règne de Louis XI. & de Charles VIII. depuis l'an 1476 jusqu'en 1492 : *in-fol.*

Ce Recueil est conservé entre les Manuscrits de M. Dupuy, num. 84, & dans la Bibliothèque de M. le premier Président de Mesme.

29841. Legatio Henrici VII. Angliæ Regis, ad Maximilianum Regem Romanorum & Imperii Ordines in Comitiis Confluentiæ ad Rhenum propter Negotia Gallica habitis, anno 1492.

Cette Ambassade est imprimée dans Goldast, partie vingtième de ses *Politiques de l'Empire*, *pag.* 850 : *Francofurti*, 1614, *in-fol.*

29842. Ms. Lettres originales du Règne de Louis XI. & de Charles VIII. *in-fol.* 2 vol.

29843. Ms. Lettres Italiennes du Règne de Charles VIII. *in-fol.*

Ces deux Recueils de Lettres sont conservés dans
la

Lettres historiques, Mémoires, Négociations, &c. 1495.

la Bibliothèque du Roi, entre les Manuscrits de M. de Gaignières.

29844. ☞ Epistolæ Galliæ Regis CAROLI VIII. & Electoris Palatini ad annum 1495.

Ces Lettres se trouvent dans le Recueil de Ludewig, intitulé : *Reliquiæ Manuscriptorum omnis ævi*, &c. tom. VI. *Francofurti & Lipsiæ*, 1720-1737, *in*-8. 11 vol.]

29845. Mf. Mémoires du Règne de Charles VIII. *in-fol.* 6 vol.

Ces Mémoires sont conservés dans la Bibliothèque du Roi, num. 8457-8464. Ce sont des Manuscrits de M. le Comte de Béthune.

29846. Mf. Recueil de Pièces concernant le Règne de Charles VIII.

Ce Recueil est imprimé dans l'*Histoire du Roi Charles VIII.* publiée par Godefroy : *Paris*, 1661, *in-fol.*

29847. Mf. Diverses Pièces historiques du quinzième siècle, concernant la France : *in-fol.*

Ce Recueil [étoit] conservé dans la Bibliothèque de l'Eglise de Notre-Dame de Paris, I. 11. [& est aujourd'hui dans celle du Roi.]

29848. ☞ Mf. Lettres & Pièces sur les Règnes des Rois, depuis Philippe I. jusqu'à Charles VIII. *in-fol.*

Ce Recueil, ou Porte-feuille, est conservé parmi les Manuscrits de MM. Godefroy, dans la Bibliothèque de la Ville de Paris. Il y a beaucoup plus de Pièces sur le Règne de Charles VIII. que sur les autres. La plupart sont originales, avec les signatures des Rois Charles VII. Louis XI. & Charles VIII. Il s'y trouve aussi plusieurs Bulles ou Brefs des Papes en original.]

29849. Roberti GAGUINI, Ordinis SS. Trinitatis Ministri Generalis, Epistolæ : *Parisiis*, 1521, *in*-4 & *in*-16.

Cet Auteur est mort en 1501.

☞ Roberti GAGUINI Epistolæ, Orationes ; de Conceptione B. Virginis Epigrammata, &c. *Parisiis*, Gesterus, 1494, *in*-4. = Durandi Gesleri impensis, 1498, *in*-4. per Magistrum Andream Bocard.

Voyez Lenglet, *Méth. hist. in*-4. tom. *IV. pag.* 70. = Le P. Niceron, tom. *XLIII. pag.* 25. = *Menagiana*, tom. II. *pag.* 239.]

29850. Mf. Recueil de plusieurs Lettres de Pierre DE CLERMONT, Lieutenant pour le Roi en Languedoc, à Guillaume de Montmorency : *in-fol.*

Ce Recueil est conservé dans la Bibliothèque du Roi, n. 8589, 8598, 8599. Pierre, Duc de Bourbon, Comte de Clermont, est mort en 1503, & Guillaume de Montmorency en 1531.

Mf. Recueil de Lettres du même au Roi & à M. de Montmorency : *in-fol.*

Ce Recueil [étoit] conservé dans la Bibliothèque de M. Colbert, [& est aujourd'hui dans celle du Roi.]

29851. Sermones convivales pro Imperio Germanico contra Gallorum obtrectationes ; auctore Conrado PEUTINGERO : *Argentina*, 1506, *in-fol.*

Ces mêmes Discours, faits en 1504, sont imprimés dans Goldast, partie vingtième des *Ordonnances politiques de l'Empire*, p. 824 : *Francofurti*, 1614, *in-fol.* Peutinger est mort en 1547.

29852. Mf. Recueil des Affaires de France, depuis l'an 1159 jusqu'en 1507 : *in-fol.*

Ce Recueil [étoit] conservé dans la Bibliothèque de M. Baluze, num. 466, [& est aujourd'hui dans celle du Roi.]

29853. Entrevue de Louis XII. Roi de France, & de Ferdinand, Roi d'Arragon, à Savone en 1567, tirée de l'Histoire de Jean D'AUTON, publiée par Théodore Godefroy : *Paris*, 1615, *in*-4.

29854. Acta inter Maximilianum Imperatorem, & Regem Franciæ Ludovicum XII. coram Julio Papa, anno 1507.

Ces Actes sont imprimés dans Goldast, partie vingtième des *Ordonnances politiques de l'Empire, pag.* 860: *Francofurti*, 1614, *in-fol.*

29855. Guillelmi BRIÇONNETI, Episcopi Lodovensis, pro Ludovico XII. Francorum Rege, adversùs calumniatorem coram Julio II. Pontifice Maximo, anno 1508. Romæ habita Apologia : *Lugduni*, 1508 ; *Parisiis*, Rocæ, *in*-4.

Guillaume Briçonnet est mort Evêque de Meaux en 1533, [le 24 Janvier ; ainsi c'étoit en 1534 selon notre façon de compter. Alors on commençoit l'année à Pâques.]

Ce Discours est encore imprimé à la suite de l'*Histoire généalogique de la Maison des Briçonnets*, par Guy Bretonneau : *Paris*, Daumalle, 1620, *in*-4.

29856. Mf. Remontrance au Pape sur la calomnie faite contre le Roi Louis XII. par le Roi des Romains.

Cette Remontrance est conservée dans la Bibliothèque du Roi, num. 1126, selon le P. Labbe, *pag.* 326 de sa nouvelle *Bibliothèque des Manuscrits* : *Parisiis*, 1653, *in*-4.

29857. Mf. Lettres originales de plusieurs Grands, écrites du Règne de Louis XII. touchant les Affaires d'Etat : *in-fol.*

Ces Lettres sont conservées entre les Manuscrits de M. Dupuy, num. 161, & il y en [avoit] Copie dans la Bibliothèque de M. le Chancelier Seguier, num. 133, [aujourd'hui à S. Germain des Prés.]

29858. Mf. Lettres originales de plusieurs Cardinaux & autres Grands du même temps, sur le même sujet : *in-fol.*

Ces Lettres sont conservées entre les Manuscrits de M. Dupuy, num. 162.

29859. Mf. Lettres du Cardinal Georges D'AMBOISE à Florimont Robertet, Baron d'Alluyne, Secrétaire d'Etat & des Finances : *in-fol.*

Ces Lettres du Cardinal d'Amboise, mort en 1510, [étoient] dans la Bibliothèque de M. Colbert, [& sont aujourd'hui dans celle du Roi.]

29860. Mf. Lettres originales du même Georges D'AMBOISE & de M. DE CHAUMONT son neveu : *in-fol.*

Les Lettres de ce Cardinal & de Charles d'Amboise, Seigneur de Chaumont, son neveu, Grand-Maître, Maséchal & Amiral de France, mort en 1511, sont conservées dans la même Bibliothèque.

29861. Mſ. Processus verbalis super Legatione & Gestis apud potentissimos Scotiæ, Daniæ, Norvegiæ, Sclavoniæ & Gothorum Reges; per Petrum CORDIER, Decretorum Doctorem & Christianissimi Francorum Regis Ludovici XII. ad præfatos Reges Oratorem.

Ce Manuscrit est cité entre ceux d'André du Chesne, dans son *Plan des Historiens de France*, *pag.* 111.

29862. ☞ Oratio Philippica ad excitandos contra Galliam Britannos, sanctiori Anglorum Concilio exhibita, anno à Christo nato 1514; auctore MATHEO Cardinali SEDUNENSI, qui Gallorum ungues non resecandos sed penitus evellendos esse voluit, cum Diatribâ præliminari & AnnotationibusJoan. TOLANDI. Accedit ejusdem Tolandi Dissertatio inscripta, Gallus aretalogus : *Amstelodami*, ex Officinâ Westenianâ, 1709, *in*-12.]

29863. Caroli BOVILLI, Samarobrini, Epistolæ aliquot historicæ : *Parisiis*, 1514, *in*-4.

Les Lettres de cet Auteur, qui fleurissoit alors, sont curieuses & peu communes.

☞ De la manière dont le P. le Long a énoncé cet Article, on croiroit que ces Lettres ont été imprimées à part, & plusieurs Littérateurs y ont été trompés. Elles ne se trouvent qu'avec le *Commentarius in primordiale Evangelium Joannis*, publié par Boville : *Parisiis*, in ædib. Ascensianis, 1514, *in*-4.

Voyez sur ces Lettres la *Bibliot. de Clément*, tom. V. *p.* 153. = Lenglet, *Méth. hist.* in-4. tom. *IV. pag.* 70.]

29864. Guillelmi DE MARA, utriusque Juris Doctoris, Epistolæ & Carmina : *Parisiis*, 1514, *in*-4.

☞ Guillaume de Mara étoit aussi Chanoine & Trésorier de l'Eglise de Coûtances. On a de lui *Chimera*, en vers Latins, avec un Commentaire de Vatel, imprimé chez Ascensius, *in*-4. L'Epître dédicatoire de Mara est à Jean de Ganey, Chancelier de France, datée de Caën en 1510.

Voyez Lenglet, *Méth. hist.* in-4. tom. *IV. pag.* 70.]

29865. Joannis RAULINI, Artium & Theologiæ Professoris, Epistolarum illustrium Virorum titulis splendicantium, Opus eximium : *Parisiis*, Parvi, 1521, *in*-4.

Ce Recueil de Lettres rares & curieuses a été fait par Raulin, mort en 1514.

29866. Lettres du Roi LOUIS XII. & du Cardinal D'AMBOISE, avec plusieurs Lettres, Mémoires, Instructions, écrites depuis l'an 1504 jusqu'en 1514 : *Bruxelles*, Foppens, 1712, *in*-12. 4 vol.

Jean Godefroy, Procureur du Roi au Bureau des Finances de Lille, fils de Denys Godefroy, a publié ce *Recueil de Lettres*, qui en contient peu de Louis XII. & du Cardinal d'Amboise.

☞ Jean Godefroy étoit aussi Directeur de la Chambre des Comptes de Lille. Il est mort le 23 Février 1732.

Les Originaux de ces Lettres subsistent encore, avec beaucoup d'autres qui pourroient leur servir de suite. Outre celles qu'on indique dans le titre, on en trouve dans ce Recueil plusieurs de l'Empereur Maximilien I. de Marguerite d'Auttiche, de Henri VIII. Roi d'Angleterre, du Pape & de plusieurs de leurs Ministres. Elles servent toutes à faire connoître les différens intérêts de ces Princes au commencement du XVIe Siècle, & à éclaircir plusieurs faits de l'Histoire de ce temps, qui, sans ce secours, seroient ou ignorés ou très-obscurs. De plus, elles font voir à découvert le naturel & le caractère des Princes, qu'on ne peut mieux saisir que dans leurs Lettres; qui étant l'expression de leur cœur & de leurs sentimens, les peignent d'après nature.

On peut consulter l'*Histoire critiq. de la Répub. des Lettres*, tom. *IV. pag.* 326. = Lenglet, *Méth. hist.* in-4. tom. V. *p.* 68. = *Journ. des Sçav. Mai*, 1713. = *Mém. de Trévoux*, Décemb. 1713.]

29867. Divers Extraits servant à l'Histoire de Charles VIII. & de Louis XII. tirés de Symphorien CHAMPIER : *Paris*, 1517, *in*-4.

29868. Mſ. Mémoires du Règne de Louis XII. *in-fol.* 11 vol.

Ces Mémoires sont conservés dans la Bibliothèque du Roi, n. 8462-8473. Ce sont des Manuscrits du Comte de Béthune.

29869. Lettre missive de FRANÇOIS I. concernant le passage des Monts, la prise de Prosper Colomne, le Traité de Paix, la défaite des Suisses & la confédération de Léon X. en 1515 : *in*-8.

29870. ☞ Mſ. Lettres & Instructions envoyées à M. de la Guiche par François I. pour traiter tant avec le Pape qu'avec le Roi d'Angleterre : 1515. Copie de 15 pages.

Ce Manuscrit est conservé à Dijon, dans la Bibliothèque de M. Fevret de Fontette.]

29871. Mſ. Recueil d'anciens Titres, depuis l'an 1235 jusqu'en 1516 : *in-fol.*

Ce Recueil [étoit] conservé dans la Bibliothèque de M. le premier Président de Mesme.

29872. Mſ. Lettres & Mémoires concernant l'Etat de Gênes & les Affaires d'Italie sous les Règnes de Louis XII. & de François I. depuis l'an 1510 jusqu'en 1518 : *in-fol.*

Ces Lettres sont marquées dans le Catalogue des Manuscrits de M. le Chancelier Seguier, [qui sont aujourd'hui à S. Germain des Prés.]

29873. Francisci I. Regis Francorum, Legatio ad Principes Electores Francofurdiam missa pro suffragiis ad Imperium conciliandis, anno 1519.

Cette Ambassade est imprimée dans Freher, *pag.* 140 du tom. III. de sa *Collection des Historiens d'Allemagne* : *Hanoviæ*, 1611, *in-fol.*

29874. Mſ. Lettres de l'Amiral BONNIVET, Ambassadeur Extraordinaire en Angleterre, en 1519 : *in-fol.* 2 vol.

Ces Lettres de Guillaume Gouffier, Sieur de Bonnivet, tué en 1524, sont conservées dans la Bibliothèque du Roi, num. 8552, 8553.

29875. Lettres (de Gaspard I.) DE COLIGNY, Maréchal de France, écrites au Roi François I. & à Florimont Robertet, Secrétaire d'Etat, en 1521.

Ces Lettres sont imprimées dans du Bouchet, entre les *Preuves de l'Histoire de la Maison de Coligny*: Paris, 1662, in-fol. Gaspard I. est mort en 1522.

29876. Ms. Actes de la Conférence de Calais, entre les Ambassadeurs du Pape, de l'Empereur, du Roi de France & du Roi d'Angleterre, en 1521 : *in-fol.*

Ces Actes sont conservés entre les Manuscrits de M. Dupuy, num. 305, & ceux de M. de Brienne, n. 360, dans la Bibliothèque du Roi, num. 8478. Varillas dit que Jean de Selve, premier Président du Parlement de Paris, qui s'y trouva en qualité de principal Ambassadeur du Roi François I. en avoit ramassé les Actes avec une exactitude qui a peu de semblable entre les Ecrivains du seizième siècle.

29877. Ms. Histoire de la Conférence de Calais; par Nicolas MANDE : *in-fol.*

Cette Histoire est conservée dans la Bibliothèque du Roi, num. 9726. C'est une Traduction du Dialogue composé en Latin des choses traitées dans dix Conférences tenues cette année-là à Calais.

29878. Ms. Relation de ce qui s'est passé à Calais, en 1521 : *in-fol.*

Cette Relation est conservée entre les Manuscrits de M. de Brienne, num. 67, [dans la Bibliothèque du Roi,] & dans celle de MM. des Missions Etrangères.

29879. Ms. Lettres écrites au sujet de la Conférence de Calais : *in-fol.*

Ces Lettres sont conservées dans la Bibliothèque du Roi, num. 8491.

29880. ☞ Ms. Recueil de Pièces concernant la Conférence de Calais, tenue en 1521, avec l'Ambassade de M. de Châtillon en Angleterre pour François I. en 1537 : *in-fol.*

Ce Recueil est indiqué au num. 15134 du Catalogue du Maréchal d'Estrées.]

29881. Ms. Recueil des principaux Traités, Instructions & autres matières appartenantes à l'Etat de France ; par Jean BOURDEL, Secrétaire du feu Légat du Prat, Chancelier de France; auquel est l'Histoire des sept premières années du Roi François I. jusqu'au 5 Décembre 1521 : *in-fol.*

Ce Recueil [étoit] conservé dans la Bibliothèque de M. le premier Président de Mesme.]

29882. * Ms. Lettres de Charles Duc D'ALENÇON, & du Maréchal DE CHASTILLON, au Roi François I. *in-fol.*

Ces Lettres sont conservées dans la Bibliothèque du Roi, num. 8500. Charles d'Alençon est mort en 1525, & Gaspard I. de Coligny, Sieur de Chastillon, l'étoit dès 1522.

29883. Ms. Lettres du Cardinal DE TOURNON & (d'Anne) DE MONTMORENCY, au Roi François I. en 1525 : *in-fol.*

Ces Lettres sont conservées dans la Bibliothèque du Roi, num. 8520. Elles sont écrites d'un style plus serré que celles du Cardinal du Bellay. François de Tournon est mort en 1562.

29884. Ms. Recueil de Lettres de l'Amiral DE BRION, écrites en 1525 : *in-fol.* 2 vol.

Ces Lettres de Philippe de Chabot, Comte de Charni, Amiral de Brion, mort en 1543, sont conservées dans la Bibliothèque du Roi, num. 8591, 8592.

29885. Ms. Négociations de Jean DE SELVE, premier Président du Parlement de Paris, pour la délivrance de François I. *in-fol.*

Cette Négociation, qui se fit en 1525, [étoit] conservée dans la Bibliothèque de M. Colbert, num. 5053, [& est aujourd'hui dans celle du Roi.]

29886. Ms. Conférence de Calais, en 1521, & de Tolede en 1525 : *in-fol.*

Ces deux Conférences [étoient] dans la Bibliothèque de M. Foucault, [qui a été distraite.]

29887. Ms. Discours de la Légation de François DE TOURNON, Archevêque d'Ambrun, & de Jean DE SELVE, premier Président du Parlement de Paris, pour la délivrance de François I.

Ce Discours est conservé dans la Bibliothèque de M. le Chancelier d'Aguesseau, & [étoit] num. 753 de celle de M. Baluze, [dont les Manuscrits sont passés dans la Bibliothèque du Roi.]

29888. Ms. Exemplaire original de ce qui s'est passé en Espagne dans la Négociation faite par François, Cardinal DE TOURNON, Archevêque d'Ambrun, & de Jean DE SELVE, premier Président du Parlement de Paris, pour la délivrance du Roi François I. *in-fol.*

Cet Exemplaire est conservé dans la Bibliothèque du Roi, num. 9723.

29889. Ms. Lettres, Mémoires & autres Actes sur la prise de François I. & de ce qui se passa dans sa prison en 1525. Conférence tenue entre ses Députés & ceux de l'Empereur à Madrid, pour sa délivrance : *in-fol.* 2 vol.

Ce Recueil est conservé [à la Bibliothèque du Roi,] entre les Manuscrits de M. de Brienne, num. 71, 72, dans la Bibliothèque de M. le Chancelier Seguier, num. 48, [à S. Germain des Prés;] & dans celle du Roi, entre les Manuscrits de M. de Gaignières.

29890. Ms. Recueil chronologique de Lettres, Actes, Délibérations, Mesures, &c. commençant à l'Emprisonnement du Roi François I. à Pavie, jusqu'après le Traité de Madrid : *in-fol.*

Ce Recueil [étoit] conservé dans la Bibliothèque de M. Pelletier de Sousy.

29891. ☞ Ms. Conférence de Madrid pour la délivrance de François I. prisonnier en Espagne ; avec la Conférence de Palence pour la délivrance des Enfans de France, donnés en ôtage pour la rançon de François I. *in-fol.*

Cette Conférence est indiquée num. 3192 du Catalogue de M. le Blanc.]

29892. Ms. Mémoires concernant les Affaires d'entre l'Empereur Charle-Quint & le Roi François I. depuis le commencement

Liv. III. Histoire Politique de France.

de la Guerre entre ces deux Puissances jusqu'à la délivrance de François I. *in-fol.*

Ces Mémoires [étoient] dans la Bibliothèque de M. le Chancelier Seguier, num. 669, [& sont aujourd'hui à S. Germain des Prés.]

29893. Pro Carolo V. Imperatore Apologetici Libri duo, Epistolæ, &c. *Antverpiæ*, 1525, *in-8*.

29894. Epistola FRANCISCI Regis Gallorum ad Electores, cæterosque Romani Imperii Status apud Spiram congregatos, anno 1526, cum Responsione CAROLI V. Imperatoris.

Ces Lettres sont imprimées dans Goldast, *pag.* 894 des *Ordonnances politiques de l'Empire : Francofurti*, 1614, *in-fol.*

29895. Apologia Madriciæ Conventionis inter Carolum Imperatorem & Regem Gallum dissuasoria, per Gallum edita : *Parisiis*, 1526, *in-4*.

La même est aussi imprimée dans le volume précédent de Goldast, *pag.* 865.

29896. Apologiæ cujusdam Madriciæ Conventionis dissuasoriæ Refutatio, anno 1526: *Moguntiæ*, 1527, *in-4*.

La même Réfutation est imprimée dans le Livre précédent de Goldast, *pag.* 868, & dans Freher, au tom. III. de sa *Collection des Historiens d'Allemagne, pag.* 295.

Apologia Madricianæ Conventionis, cum Apologia Refutatoria : *Romæ*, 1527, *in-4*.

29897. Epistolæ duæ, altera CLEMENTIS VII. Papæ ad Carolum V. & altera CAROLI V. Responsoria, anno 1527, & pro Carolo V. ad Epistolam Francisci I. Galliarum Regis ad Imperii Principes transmissam, necnon ad Apologiam Madricianæ Conventionis dissuasoriam Responsio : *Antverpiæ*, 1527, *in-8*.

La Réponse pour Charles V. à la Lettre de François I. & la Réponse à l'Apologie, sont imprimées avec des Notes dans Goldast, *pag.* 863 & 867 des *Ordonnances politiques de l'Empire.*

29898. Pro Imperatore Carolo V. ad ea quæ per Oratores Romani Pontificis Clementis VII. ac Francisci Regis Francorum & Venetorum ad generalem Pacem componendam nuper proposita fuerunt, Responsio.

Cette Réponse est imprimée dans le volume précédent, *pag.* 896.

29899. Oratio ad Proceres Germaniæ in Conventu Ratisbonensi habita per Legatum Regni Franciæ, anno 1527.

Ce Discours est imprimé dans Goldast, partie vingtième des *Ordonnances politiques de l'Empire, p.* 898.

29900. Ms. Recueil de Pièces touchant les Démêlés de l'Empereur Charles-Quint & François I. en 1526 & 1527 : *in-fol.*

Ce Recueil [étoit] conservé dans la Bibliothèque de M. le premier Président de Mesme.

29901. Ms. Recueil de Pièces, depuis l'an 1227 jusqu'en 1527, dressé par Estienne LE BLANC : *in-fol.*

Ce Recueil [étoit] dans la même Bibliothèque.

29902. Ms. Négociations en Italie & en Angleterre, en 1527 : *in-fol.*

Ces Négociations sont conservées dans la Bibliothèque du Roi, entre les Manuscrits de M. de Gaignières.

29903. Ms. Lettres de Jean Cardinal DU BELLAY, en 1527 : *in-fol.*

Ces Lettres du Cardinal du Bellay, alors Evêque de Bayonne, & mort en 1560 Evêque de Paris, [étoient] dans la Bibliothèque de M. Colbert, [& sont aujourd'hui dans celle du Roi.]

29904. Ms. Lettres du même étant Ambassadeur en Angleterre, en 1528 : *in-fol.* 5 vol.

Ces Lettres sont conservées dans la Bibliothèque du Roi, num. 6801-6805.

29905. Ms. Lettres du Marquis DE SALUSSES, écrites à Anne de Montmorency, Grand-Maître de France : *in-fol.*

Ces Lettres de Michel Antoine XII. Marquis de Salusses, mort en 1528, écrites à Anne de Montmorency, fait Grand-Maître de France en 1526, sont conservées dans la Bibliothèque du Roi, num. 8523.

29906. Ms. Ambassade du Vicomte DE TURENNE, & du Président de Provence à Rome, en 1528 : *in-fol.* 2 vol.

François de la Tour d'Auvergne, Vicomte de Turenne, Lieutenant-Général de l'Isle de France, est mort en 1532. Son Ambassade est conservée dans la Bibliothèque du Roi, entre les Manuscrits de M. de Gaignières.

29907. Ms. Lettres touchant les Affaires de Rome, depuis 1527.

Ces Lettres sont imprimées dans les *Mélanges historiques* de Camusat.

29908. Ms. Etat des Voyages & Négociations DE GUYENNE, Roi d'Armes de François I. avec le Cartel de défi envoyé à Charles-Quint, en 1528.

Ce Manuscrit [étoit] conservé dans le Cabinet de M. de Mandajors, Associé vétéran de l'Académie Royale des Inscriptions & Belles-Lettres.

29909. Ms. Négociations entre l'Empereur Charles-Quint & le Roi François I. en faveur des Héritiers de Charles, Duc de Bourbon, Connétable de France : *in-fol.*

Ce Connétable fut tué en 1527, & ces Négociations se tinrent en 1529. Elles [étoient] dans la Bibliothèque de M. le Chancelier Seguier, num. 48², [aujourd'hui à S. Germain des Prés], dans la Bibliothèque du Roi, selon le P. Labbe, *pag.* 286 de sa nouvelle *Bibliothèque des Manuscrits: Paris*, 1653, *in-4*.

29910. Ms. Conférence de Madrid, avec un Traité entre François I. & Charles V. conclu par l'Archiduc d'Autriche & Madame d'Angoulesme, en 1529 : *in-fol.*

Cette Conférence [étoit] parmi les Manuscrits de M. le Chancelier Seguier, num. 48², [aujourd'hui à S. Germain des Prés.]

29911. Ms. Conférence de Cambray entre l'Empereur & le Roi de France, en 1529. L'Entrevue du Roi & de l'Empereur à Aiguemorte : *in-fol.*

Cette Conférence [étoit] dans la Bibliothèque de M. Foucault, [qui a été distraite.]

29912. ☞ Mſ. Antonii ARLERII, Nemauſenſis, Epiſtolæ à Bartholomæo Bleamannenſi e Chartis neglectis ſelectæ : M. D. XXIX. *in-fol.*

Ce Manuſcrit eſt conſervé à Montpellier, chez M. Bonet, Chantre de l'Egliſe Cathédrale. Antoine Arlier avoit été premier Conſul de Niſmes en 1535. Il fut député à Paris la même année, pour préſenter au Roi François I. la figure d'argent en relief de l'Amphithéâtre de Niſmes que la Ville lui offrit. Il fut enſuite Lieutenant du Sénéchal de Provence, au Siége d'Arles, & Conſeiller au Parlement de Turin. On conjecture qu'il eſt mort vers la fin de l'an 1545. Guiran, dans ſon *Explicatio duorum vetuſtorum Numiſmatum Nemauſenſium*, rapporte *pag.* 42 des Lettres-Patentes de François I. où il eſt parlé avec éloge d'Antoine Arlier.]

29913. Mſ. Lettres de M. DE LA POMMERAYE, employé en Flandres, en 1529 & 1530 : *in-fol.*

Ces Lettres ſont conſervées dans la Bibliothèque du Roi, num. 8619.

29914. Mſ. Lettres & Négociations du Chancelier DU PRAT, en 1531 : *in-fol.*

Ces Lettres d'Antoine du Prat, Chancelier de France, mort en 1535, [étoient] dans la Bibliothèque de M. Godefroy.

Mſ. Lettres du même : *in-fol.*

Ces Lettres ſont conſervées dans la Bibliothèque du Roi, num. 8556.

29915. Mſ. Lettres écrites par les Rois LOUIS XI, CHARLES VIII, LOUIS XII, FRANÇOIS I. Madame Marguerite, Ducheſſe d'ALENÇON, (Pierre II.) Duc DE BOURBONNOIS, le Duc Antoine DE LORRAINE, le Comte & la Comteſſe DE MONTPENSIER, Charles, Comte DE VENDOSME, le Duc D'ALBANIE, (Jean Stuart) & autres, à (Antoine) de la Fayette, Gouverneur de Boulogne : *in-fol.*

Ce Recueil eſt conſervé dans la Bibliothèque du Roi, num. 8430, 8470.

Ce Gouverneur eſt mort en 1531.

29916. Mſ. Lettres originales du Roi FRANÇOIS I; d'Odet de FOIX, Seigneur DE LAUTREC, de Robert STUART, Maréchal de France ; de M. DU BIEZ, depuis Maréchal de France ; de M. DE BREZÉ, Grand-Sénéchal de Normandie ; & d'Anne DE MONTMORENCY, Grand-Maître de France : *in-fol.*

Ces Lettres originales [étoient] dans la Bibliothèque de M. le Baron d'Hoendorff, [& ſont aujourd'hui dans celle de l'Empereur.]

29917. Mſ. Recueil des Lettres [de Claude] DE GUISE, & de (Jean Stuart) Duc D'ALBANIE : *in-fol.*

Ce Recueil eſt conſervé dans la Bibliothèque du Roi, num. 8600.

29918. Mſ. Relatione di Marino GIUSTINIANI, Ambaſciatore Veneto preſſo il Rè di Francia, nell'anno 1530 : *in-fol.*

Cette Relation eſt conſervée entre les Manuſcrits de M. Dupuy, num. 696.

== Mſ. Mémoires de Louiſe DE SAVOYE, Ducheſſe d'Angoulesme, mère de François I. *in-4.*

☞ On les a déja indiqués ci-devant, (*tom. II.*) aux *Généalogies des Princes*, N.° 25492.]

== Journal de la même.

☞ Voyez au même endroit, N.° 25493. « Ce Journal, qui finit en 1522, a été diſtribué par M. l'Abbé » Lambert, dans un ordre plus exact, parmi les Pièces » juſtificatives qui terminent le Tome VI. de ſon Edi» tion des Mémoires de Martin & Guillaume du Bel» lai-Lengey ». *Journal des Sçavans, Mai*, 1754.

« La Princeſſe y rend compte, jour par jour, de ce » qui eſt arrivé de plus remarquable à la Cour de France » pendant près de cinquante ans », *Année Littéraire, tom. II. pag.* 241.

La Ducheſſe d'Angouleſme eſt morte le 22 Septembre 1531.]

29919. Lettres & Inſtructions du Roi FRANÇOIS I. à ſes Ambaſſadeurs, avec les Mémoires & Lettres deſdits Ambaſſadeurs pour Affaires & Trèves avec Henri VIII. Roi d'Angleterre, en 1531.

Ces Lettres ſont imprimées dans les *Mélanges hiſtoriques* de Camuſat : *Troyes*, 1619, *in-8.*

29920. ☞ Mſ. Conférences de Sainte-Menehould, en l'an 1531, entre les Députés de Henri II. Roi de France, & Charles II. Duc de Lorraine : *in-fol.*

J'ai vu ce Manuſcrit, & j'en ai pris le titre ; je ne puis me rappeller en quel endroit je l'ai vu.]

29921. Mſ. Lettres de Lazare DE BAIF, Ambaſſadeur à Veniſe, en 1531 & 1532 : *in-fol.*

Ces Lettres ſont conſervées entre les Manuſcrits de M. Dupuy, num. 265, & parmi ceux de M. Colbert, num. 2113, [dans la Bibliothèque du Roi.]

De Baif eſt mort en 1545.

Pluſieurs Lettres du même.

Ces Lettres ſont imprimées dans le *Mélange hiſtorique* de Camuſat.

29922. Mſ. Lettres de M. DE VELY, Maître des Requêtes, Ambaſſadeur de France vers l'Empereur, en 1532 : *in-fol.*

Ces Lettres ſont conſervées entre les Manuſcrits de M. Dupuy, num. 165.

Claude Dodieu, Sieur de Vely, eſt mort Evêque de Rennes, en 1558.

Pluſieurs Lettres du même.

Ces Lettres ſont imprimées dans le *Mélange hiſtorique* de Camuſat.

29923. Mſ. Dépêches de (François) DE DINTEVILLE, Evêque d'Auxerre, Ambaſſadeur de François I. à Rome, écrites depuis le mois d'Août 1531, juſqu'en Février 1533 : *in-fol.*

Ces Dépêches ſont conſervées entre les Manuſcrits de M. Dupuy, num. 160 ; & parmi ceux de M. le Chancelier Seguier, num. 147, [à S. Germain des Prés.]

Cet Evêque eſt mort en 1554.

*29924. ☞ Mſ. Lettres miſſives depuis le 22 Février 1527 juſqu'en 1567, & Dépêches de l'Ambaſſadeur de France à Veniſe, au Roi, à M. le Grand-Maître, à M. de Villandry & autres Miniſtres, touchant les Affaires d'Italie & la Délivrance de Meſſigneurs les Dauphin & Duc d'Orléans, depuis le 16 Août 1529 jusqu'au 11 Septembre 1530 : *in-fol.*

Mſ. Suite des Dépêches de l'Ambaſſadeur de France à Veniſe, touchant les Affaires d'Italie, depuis le 23 Septembre 1530 juſqu'au 17 Décembre 1533 : *in-fol.* 2 vol.

Ces deux Articles ſont indiqués num. 1966 & 1967 du Catalogue de M. Bernard.]

29925. Mſ. Lettres originales de FRANÇOIS I. Roi de France, & autres Grands, des années 1531, 1532, 1533. Lettres des Cardinaux (Gabriel) DE GRAMONT, (François) DE TOURNON, de (Jean) DU BELLAY & de Pompone TRIVULCE, écrites à l'Evêque d'Auxerre, Ambaſſadeur pour le Roi à Rome : *in-fol.*

Ce Recueil eſt conſervé entre les Manuſcrits de M. Dupuy, num. 726.

29926. ☞ Mſ. Voyage de Fez : 1533. Original de 16 pages.

Il contient le récit du Voyage du Sieur de Piton, Député par le Roi à Fez.

Il eſt conſervé à Dijon, dans la Bibliothèque de M. Fevret de Fontette.]

29927. Deſiderii ERASMI, Roterodami, & aliorum, ad Franciſcum I. Galliæ Regem, Epiſtolæ hiſtoricæ.

Ces Lettres ſont imprimées avec ſes autres Lettres, dont il y a pluſieurs Editions, [& avec ſes Œuvres.] Eraſme eſt mort en 1536.

29928. Lettres de François RABELAIS, écrites en 1535, pendant ſon Voyage d'Italie, au Cardinal du Bellay & à d'autres; avec des Obſervations de MM. de Sainte-Marthe : *Paris*, de Sercy, 1652, *in-8. Bruxelles*, 1710, *in-12*.

☞ Ces Lettres ſont au nombre de XVI; fort courtes pour la plupart, écrites en 1535 & 1536, par Rabelais, qui étoit pour lors à Rome, à Godefroy d'Eſtiſſac, Evêque de Maillezais. Elles ne contiennent preſque rien qui ſoit relatif aux Affaires de France. Les Obſervations de MM. de Sainte-Marthe, & de M. Godefroy, qui a donné la nouvelle Edition, ſont beaucoup plus étendues, & contiennent bien des choſes curieuſes & intéreſſantes pour l'Hiſtoire, parmi leſquelles il y en a quelques-unes d'utiles à celle de France. Il y en a beaucoup concernant les Hommes illuſtres dont il eſt fait mention dans ces Lettres, & quelques Généalogies.

Voyez le P. Niceron, tom. *XXXII.* p. 379. = *Journ. hiſtor. Juin*, 1752. = Lenglet, *Méth. hiſt. in-4. tom. IV.* pag. 73 : *Supplément* du même, *in-4. p.* 182. = *Obſerv. ſur les Critiques modernes, Lettre* 361.]

On remarque par ces Lettres de Rabelais de Chinon, qui eſt mort Curé de Meudon en 1553, qu'il étoit homme de Négociations. Quoique ſes Lettres ſoient aſſez bonnes, les Notes qui les accompagnent ſont encore meilleures.

29929. Mſ. Lettres de Robert DE LA MARK II° du nom, Duc de Bouillon, & de Robert STUART, Maréchal de France : *in-fol.*

De la Marck eſt mort en 1535, & Stuart en 1543. Leurs Lettres ſont conſervées dans la Bibliothèque du Roi, num. 8572.

29930. Mſ. Lettres de Jean DU BELLAY, Evêque de Limoges, Ambaſſadeur en Angleterre & à Rome, depuis l'an 1528 juſqu'en 1535 : *in-fol.*

Ces Lettres [étoient] dans la Bibliothèque de M. Colbert, num. 1183, [& ſont aujourd'hui dans celle du Roi.]

Cet Ambaſſadeur eſt mort Evêque de Paris & Cardinal, en 1560.

29931. Stephani DOLETI, Liber de Legationibus Joannis Langiaci, Epiſcopi Lemovicenſis.

Ces Lettres ſont imprimées avec le Traité de Dolet; intitulé : *De Officio Legati : Lugduni*, 1541, *in-4.*

Dolet fut brulé en 1546, [à cauſe de ſes impiétés.]

29932. Mſ. Lettres de Jean DU BELLAY, Ambaſſadeur à Ferrare, écrites en 1535. Lettres du Grand Maître (Anne) DE MONTMORENCY au Cardinal du Bellay. Lettres de FRANÇOIS I. au même Cardinal, en 1535 & 1536. Lettres de (Georges) DE SELVE, Evêque de Lavaur, Ambaſſadeur à Veniſe, en 1535 & 1536. Lettres (d'Antoine DE CASTELNAU,) Evêque de Tarbe, Ambaſſadeur en Angleterre, en 1536 : *in-fol.*

Ce Recueil eſt conſervé entre les Manuſcrits de M. Dupuy, num. 265.

Anne de Montmorency eſt mort Connétable de France en 1567. Georges de Selve eſt mort en 1541.

29933. Mſ. Originaux des Lettres & Mémoires du Cardinal DU BELLAY : *in-fol.*

Mſ. Originaux des Lettres du même, à Anne de Montmorency : *in-fol.*

Ces deux Manuſcrits ſont conſervés à Dijon, dans la Bibliothèque de M. de la Mare.

29934. Mſ. Originaux de Lettres de (Jean) Cardinal DU BELLAY, de Guillaume DU BELLAY, Sieur de Langey, & de Martin DU BELLAY, Frères : *in-fol.*

Ces Lettres ſont conſervées entre les Manuſcrits de M. Dupuy, num. 269. Guillaume du Bellay eſt mort en 1543, Martin en 1559, & Jean en 1560. « Ce Cardi-
» nal s'explique d'une manière plus étendue que ſes
» frères; mais il déplore trop ſon malheur, & montre
» évidemment qu'on ne peut plus ſe paſſer de Négo-
» ciations lorſqu'une fois on s'en eſt mêlé. Il rend dans
» ſes Lettres un compte exact de tout ce qui ſe paſſoit
» à Rome dans le ſacré Collége, dont il importoit que
» la France fût informée, & on y lit force particularités
» qui ne ſont point ailleurs. » Vatillas, dans ſa Préface de l'*Hiſtoire de Charles IX.*

29935. Mſ. Lettres de Guillaume, Martin & René DU BELLAY, Evêque du Mans : *in-4.*

Ces Lettres [étoient] dans la Bibliothèque de M. le Chancelier Seguier, num. 156; [& ſont aujourd'hui à S. Germain des Prés.]

René du Bellay, neveu des deux autres, eſt mort en 1546.

29936. Mſ. Relatione di Marino GIUSTINIANI ritornato Ambaſciatore dal Rè di Francia, nell'anno 1535.

☞ Ci-devant, *tom. II. N.°* 17561.]

29937. Mſ. Relatione di Franceſco GIUSTINIANI, dell'anno 1535 : *in-fol.*

Cette Relation [étoit] dans la Bibliothèque de M. le

Lettres historiques, Mémoires, Négociations, &c. 1536.

Chancelier Seguier, [& est aujourd'hui à S. Germain des Prés.]

29938. Mf. Dépêches de l'Evêque de Mâcon, (Charles HEMARD, Cardinal DENNONVILLE,) en 1536, écrites pendant son Ambassade à Rome à Anne de Montmorency, Grand-Maître & Maréchal de France : *in-fol.*

Ces Dépêches [étoient] conservées dans la Bibliothèque de M. Baluze, num. 513, [& sont aujourd'hui dans celle du Roi.]

Le Cardinal Dennonville est mort en 1540.

✳ « On trouve douze ou treize Lettres de ce Cardinal, au tom. I. des *Mémoires d'Etat* de Guillaume Ribier : [*Blois*, 1646, *in-fol.*] lesquelles ont été écrites au Roi François I. & au Connétable de Montmorency : elles font voir la pénétration de son esprit & sa grande capacité dans les Affaires ». Dom Liron, dans sa *Bibliothèque du Pays Chartrain*, pag. 140.

29939. Mf. Recueil de Lettres originales écrites à Anne de Montmorency, Grand-Maître de France & autres : *in-fol.*

Ces Lettres sont conservées dans la même Bibliothèque, num. 469.

29940. ✳ Protesti de Imperatore Carlo V. contra il Ré Christianissimo : 1536, *in-8.*

29941. Recueil d'aucunes Lettres & Ecritures par lesquelles se comprend la vérité des choses passées entre l'Empereur Charles-Quint & le Roi François I. *Anvers*, 1536, *in-4.*

29942. ☞ Double d'une Lettre escrite par ung serviteur du Roi Très-Chrétien, à ung Secrétaire Allemand son ami, en réponse à sa demande sur les querelles & différends d'entre l'Empereur & ledit Seigneur Roi : *Paris*, 1536, *in-8.*]

29943. Exemplaria Litterarum quibus Christianissimus Rex Gallorum Franciscus I. ab Adversariorum maledictis defenditur & controversiarum inter ipsum & Carolum V. Imperatorem caussæ explicantur : *Parisiis*, R. Stephani, 1537, *in-4.* & *in-8.*

Ces douze Lettres sont curieuses ; elles furent composées en 1534, 1535, 1536 & 1537, pour les opposer aux Ecrits que l'Empereur Charles V. avoit fait imprimer à Anvers en 1536, contre François I. Elles sont aussi imprimées dans Freher, au tom. III. de sa Collection des Historiens d'Allemagne, pag. 295, & dans Goldast de ses Notes, partie vingtième des *Ordonnances politiques de l'Empire*, pag. 903, sous ce titre : *Francisci I. Regis Francorum Actitata per Legatos & Literas cum Imperii Principibus & Ordinibus, atque etiam separatim cum fœderatis Smalkaldicis in diversis Comitiis & aliter, ab anno* 1534, *ad annum* 1537.

☞ Il y a une Traduction Françoise de ces Lettres. C'est un Recueil de quelques Lettres de François I. Manifestes & Apologies, pour réfuter tout ce qu'on avançoit contre son honneur, de la part de l'Empereur. On y fait voir quelle a été sa conduite, & avec quelle attention il a recherché l'amitié de l'Empereur ; mais qu'il n'a trouvé dans ce Prince que mauvaise foi & envie de le tromper. Ce qu'il y a de mieux, est la Lettre apologétique d'un de ses sujets, qui est bien faite & fort détaillée, au sujet de l'Affaire de Milan.

Voyez Lenglet, *Méth. hist. in-4. tom. IV. pag.* 671.

Il y a à la suite de ces Lettres une Table Généalogique, pour établir les Droits du Roi de France sur les Etats contestés, principalement pour le Milanès.]

29944. Mf. Apologie du Roi François I. contre les calomnies semées contre lui en Allemagne en faveur de l'Empereur Charles V.

Cette Apologie est conservée dans la Bibliothèque du Roi, num. 2299, selon le Père Labbe, *pag.* 307 de sa *Nouvelle Bibliothèque des Manuscrits : Paris*, 1653. *in-4.*

29945. Mf. Plaidoyers & Harangues de Jacques CAPPEL, Procureur-Général du Parlement de Paris, contre Charles d'Autriche : *in-fol.*

Ces Plaidoyers sont conservés dans la Bibliothèque de MM. des Missions Etrangères.

Cet Auteur est mort en 1540.

29946. Mf. Negotio di Liga & Pace trà Carlo V. & D. Francesco Ré di Franci, di M. ARDINGELLO, Nuntio in Francia, nell' anno 1536 : *in-fol.*

Cette Négociation est conservée entre les Manuscrits de M. Dupuy, num. 750.

29947. ☞ Mf. Lettres & Instructions pour le Sieur de la Valpelle, envoyé par François I. vers le Duc de Virtemberg.

Ce Manuscrit est conservé à Dijon, dans la Bibliothèque de M. Fevret de Fontette.]

29948. Mf. Lettres originales de Charles HEMARD, Cardinal Dennonville, Ambassadeur à Rome, en 1536, écrites au Cardinal du Bellay & au Chancelier du Bourg, ès années 1535, 1536 & 1537 : *in-fol.*

Ces Lettres sont conservées entre les Manuscrits de M. Dupuy, num. 294.

29949. Mf. Lettres de FRANÇOIS I. à Monsieur d'Orléans son fils, en 1537. Lettres de (Claude) LE BRETON, Secrétaire des Finances, en 1536 & 1537. Lettres de Nicolas REINCE, Résident à Rome, en 1534, 1535, 1536 & 1537 : *in-fol.*

Ces Lettres sont conservées entre les Manuscrits de M. Dupuy, num. 265.

Claude le Breton, Sieur de Villandri, est mort en 1556. Nicolas Reince, Parisien, étoit Secrétaire du Cardinal du Bellay.

29950. Mf. Lettres de Nicolas REINCE, en 1534 jusqu'en 1537 : *in-fol.*

Ces Lettres sont conservées dans la Bibliothèque du Roi, num. 8509, 8534.

29951. Mf. Négociations de M. DE CHASTILLON, Ambassadeur du Roi en Angleterre, en 1537 : *in-fol.*

Gaspard II. Comte de Coligny, Amiral de France, a été tué en 1572. Ses Négociations en Angleterre sont conservées entre les Manuscrits de M. de Brienne, num. 360, [à la Bibliothèque du Roi] & parmi ceux de M. le Chancelier Seguier, num. 32, [à S. Germain des Prés.]

29952. Mf. Lettres du même, écrites au Roi, à M. Bochetel, à M. le Connétable, & à d'autres, depuis l'an 1537 jusqu'en 1538 : *in-fol.*

Ces Lettres sont conservées dans la Bibliothèque du Roi, num. 8480.

29953. Mſ. Lettres (de Jean) DE MONT-LUC, écrites à Rome, en 1538 : *in-fol.*

Ces Lettres ſont conſervées entre les Manuſcrits de M. Dupuy, num. 265.

Voyez la Remarque qui eſt après ſa *Harangue*, &c. au commencement du *Règne de Henri III.* ci-devant, *tom. II. pag.* 271.] Jean de Montluc eſt mort Evêque de Valence en 1579.

29954. Mſ. Lettres du Roi FRANÇOIS I. & du Connétable DE MONTMORENCY, écrites en l'année 1538, à M. Helyon, Ambaſſadeur du Roi près de la Reine de Hongrie, Régente des Pays-Bas : *in-fol.*

Ces Lettres [étoient] dans la Bibliothèque de M. Baluze, num. 422, [& ſont aujourd'hui dans celle du Roi.]

29955. Mſ. Ambaſſade de M. DE MARILLAC en Angleterre : *in-fol.*

Ces Dépêches [étoient] dans la Bibliothèque de M. Colbert, [& ſont dans celle du Roi.] Charles de Marillac eſt mort Archevêque de Vienne en 1560.

29956. Mſ. Regiſtres & Dépêches du même, en 1539 : *in-fol.*

Ce Regiſtre eſt conſervé dans la Bibliothèque du Roi, num. 8481.

29957. Mſ. Lettres de M. DE GYÉ, Envoyé à Rome par le Roi, en 1539, avec quelques Lettres de M. DE GRIGNAN, & du Protonotaire Jean DE MONTLUC : *in-fol.*

M. de Gyé s'appelloit François de Rohan, & de Grignan s'appelloit Louis Adhemar de Monteil ; celui-ci fut Gouverneur & Capitaine de Marſeille, & Lieutenant Général pour le Roi en Provence. Jean de Montluc eſt mort Evêque de Valence. Leurs Lettres [étoient] dans la Bibliothèque de M. Baluze, num. 423, [& ſont aujourd'hui dans celle du Roi.]

29958. Mſ. Recueil de Pièces concernant les Affaires de France, depuis l'an 1308 juſqu'en 1540 : *in-fol.*

Ce Recueil eſt conſervé dans la Bibliothèque du Roi, num. 467.

29959. Mſ. Lettres du Connétable DE MONTMORENCY & du Secrétaire d'Etat à divers Particuliers, depuis l'an 1538 juſqu'en 1540 : *in-fol.*

Ces Lettres ſont conſervées dans la Bibliothèque de M. le Préſident de Lamoignon.

29960. Mſ. Négociations des Ambaſſadeurs de l'Empereur Charles-Quint & de François I. pour le bien de la Paix, à Marly près de Calais, en 1540 : *in-fol.*

Ces Négociations ſont conſervées dans la Bibliothèque du Roi, num. 8482.

29961. ☞ Mémoires du Sieur RICHER, Ambaſſadeur pour les Rois Très-Chrétiens, François I. & Henri II. en Suède & Dannemarck : 1541-1546.

Ces Mémoires ſont imprimés dans le *Mélange hiſtorique* de Camuſat.]

29962. ☞ Mémoire trouvé entre les Liaſſes du Sieur Richer, contenant aucunes choſes notables qui ne ſe rencontrent ès Hiſtoires du temps : 1542.

Ce Mémoire eſt auſſi imprimé dans le même Recueil de Camuſat.]

29963. Mſ. Lettres originales de Guillaume PELISSIER, Evêque de Maguelonne (ou de Montpellier,) écrites pendant ſon Ambaſſade de Veniſe, depuis le premier Juillet 1540 juſqu'au 13 de Septembre 1541.

Ces Lettres, qui contiennent des faits curieux & anecdotes pour l'Hiſtoire de ce temps-là, [étoient] n. 101 de la Bibliothèque de M. Colbert de Croiſſy, Evêque de Montpellier, [mort en 1738.]

29964. * Mſ. Lettres du même Guillaume PELISSIER, écrites pendant ſon Ambaſſade de Veniſe, en 1541 & 1542 : *in-fol.*

Ces Lettres ſont conſervées dans le Château d'Aubais, près de Niſmes, dans la Bibliothèque de M. le Marquis d'Aubais.

☞ M. Peliſſier eſt mort en 1568. M. de Thou & autres ont fait l'éloge de ce ſçavant Prélat.]

29965. PAULI III. Pont. Max. ad Carolum V. Imperatorem, Epiſtola hortatoria ad pacem ; ipſius CAROLI, tum ad eam, tum ad alias Concilii convocatorias ; FRANCISCI, Francorum Regis, adversùs ipſius Caroli calumnias, Epiſtola Apologetica, ad Paulum III. ſcripta : (*Pariſiis*, Rob. Stephani,) 1542, *in-8.*

Les mêmes Lettres en François : *Paris*, [Robert-Eſtienne,] 1543, *in-4.* [& *in-8.*]

La Lettre Apologétique de François I. a été écrite ſous le nom de ce Roi, par le Cardinal DU BELLAY.

29966. Exemplum Reſponſionis Chriſtianiſſimi Galliarum Regis ad Orationem, quâ Cæſar in eum Romæ invectus eſt, latinitate donatum.

Cette Réponſe eſt imprimée dans Goldaſt, pag. 947 des *Ordonnances politiques de l'Empire* : *Francofurti*, 1614, *in-fol:*

29967. Mſ. Divers Mémoires & Inſtructions, depuis l'an 1529 juſqu'en 1543 : *in-fol.*

Ces Mémoires [étoient] conſervés dans la Bibliothèque de M. le Préſident de Lamoignon.

29968. Joannis Cardinalis BELLAII, Epiſcopi Pariſienſis ; Franciſci OLIVARII, in Senatu Pariſienſi Præſidentis ; & Africani MALLEII, Ballivi Divionenſis, Franciſci I. Legatorum, Orationes duæ de ſententia Chriſtianiſſimi Regis ad ſereniſſimos ſacri Imperii Ordines Spiræ Conventum agentes, anno 1544, necnon pro eodem Rege Defenſio, adversùs Jacobi Omphalii maledicta, Latinè & Gallicè: *Pariſiis*, Rob. Stephani, 1544, *in-4.*

Le premier Diſcours eſt auſſi imprimé dans Goldaſt, partie vingtième des *Ordonnances politiques de l'Empire*, *pag.* 951 : *Francofurti*, 1614, *in-fol.* Africain de Mailly, Gentilhomme Picard, étoit Ambaſſadeur pour le Roi François I. à Spire, en Allemagne.

29969. * Défenſe du Roi contre les calomnies de Jacques Omphalius, Juriſconſulte, (traduite du Latin de Jean du Bellay, par Pierre

Lettres historiques, Mémoires, Négociations, &c. 1544. 49

Pierre Bunel, Jurisconsulte:) *Paris*, Rob. Estienne, 1544, Ch. Estienne, 1554, *in-*4.

29970. * Oraison pour le Roi, aux Estats tenus à Spire en 1544 : *Paris*, 1544, *in-*8.

29971. Lettres d'un Serviteur du Roi, (Guillaume DU BELLAY,) touchant les querelles & le différend entre le Roi & l'Empereur : [*in*-4. sans date, &c. *Paris*, Sertenas, 1546, *in*-4.] *Lyon*, 1546, *in-*12.

29972. ☞ Réponse à une Epître envoyée de Spire : *in-*4.]

29973. ☞ Oraison écrite aux Etats du Saint Empire assemblés à Spire : 1544, *in-*4.]

29974. Mf. Mémoires envoyés en Allemagne pour la justification du Roi sur les calomnies de ses ennemis.

Ces Mémoires sont conservés dans la Bibliothèque de M. le Chancelier d'Aguesseau.

29975. Epitres familières du Traverseur des voies périlleuses sous Louis XII. & François I. *Poitiers*, 1545, *in-fol.*

Jean BOUCHET, Procureur à Poitiers, est l'Auteur de ces Lettres, qui contiennent des choses peu communes concernant les Règnes de ces deux Princes.

☞ *Voyez* sur cet Auteur, le P. Niceron, *t. XXVII.* pag. 16. = Le Gendre, *tam. II.* p. 58. = Lenglet, *Méth. hist.* in-4. tom. *IV.* pag. 69.]

29976. Mf. Lettres & Mémoires du Règne de François I. depuis l'an 1519 jusqu'en 1545 : *in-fol.*

Ces Lettres sont conservées entre les Manuscrits de M. Dupuy, num. 486.

29977. Mf. Mémoires pour les Ambassadeurs de France à Constantinople, y compris 1545 : *in-fol.*

Ces Mémoires sont conservés dans la Bibliothèque du Roi, entre les Manuscrits de M. de Gaignières.

29978. Mf. Recueil de Pièces, depuis l'an 1503 jusqu'en 1546 : *in-fol.*

Ce Recueil [étoit] conservé dans la Bibliothèque de M. le premier Préfident de Mesme.

29979. Mf. Voyage de M. d'Aramont à Constantinople, en l'année 1546, écrit par Jean CHESNEAU, son Secrétaire : *in-fol.*

Ce Voyage [étoit] dans la Bibliothèque de M. Baluze, num. 94, [& est aujourd'hui dans celle du Roi.]

29980. Mf. Instructions données à (Christophle) Richer, Ambassadeur en Danemarck, en 1546, & sa Négociation : *in-fol.*

Cette Négociation [étoit] dans la Bibliothèque de M. le Chancelier Seguier, num. 72, [& est aujourd'hui à S. Germain des Prés.] Cet Ambassadeur est, selon Varillas, le premier qui ait négocié dans les formes de la part de la France avec les Puissances du Nord.
Il est mort en 1552.

29981. Mémoires divers touchant les différends entre les Maisons de Guise & de Chastillon, &c. composés par (Christophle) RICHER, Ambassadeur de François I. & de Henri II. en Suède & en Danemarck; publiés par Nicolas Camusat : *Troyes*, 1625, *in-*8.

29982. Mf. Ambassade du Sieur DU MORTIER à Venise, en 1546 : *in-fol.*

Cette Ambassade d'André Guillard, Sieur du Mortier, depuis Conseiller d'Etat, [étoit] dans la Bibliothèque de M. Colbert, [& est aujourd'hui dans celle du Roi.]

29983. Mf. Instructions & Mémoires, depuis l'an 1538 jusqu'en 1547 : *in-fol.*

Ces Mémoires [étoient] dans la Bibliothèque de M. le Préfident de Lamoignon.

29984. Mf. Registre des Dépêches des Lettres de Louis XII. & de François I. *in-fol.*

29985. Mf. Registre du temps de François I. *in-fol.*

Ces deux Registres [étoient] dans la Bibliothèque de M. Colbert, num. 1884, 1928, 1949, [& sont aujourd'hui dans celle du Roi.]

29986. ☞ Mf. Lettres du Règne des Rois LOUIS XII. & FRANÇOIS I. depuis 1501, jusqu'en 1547, avec les Dépêches de M. DE MORVILLIERS, Ambassadeur à Venise : *in-fol.*

Elles sont indiquées num. 1952 du Catalogue de M. Bernard.]

29987. Mf. Lettres originales du Règne de François I. *in fol.*

Ces Lettres sont conservées dans la Bibliothèque du Roi, entre les Manuscrits de M. de Gaignières.

29988. Mf. Recueil de plusieurs Lettres de FRANÇOIS I. *in-fol.* 4 vol.

Ce Recueil est conservé dans la Bibliothèque du Roi, num. 8580-8582, 8586.

29989. ☞ Mf. Lettres & Mémoires du Règne de François I. depuis 1514 jusqu'en 1565 : *in-fol.* 15 vol.]

29990. ☞ Mf. Lettres du Règne du Roi François I. depuis le 24 Juillet 1521 jusqu'en 1552 : *in-fol.* 5 vol.

Ces deux Articles sont indiqués num. 1954 & 1955 du Catalogue de M. Bernard.]

29991. Mf. Lettres originales de plusieurs Princes, Cardinaux & autres Grands, écrites du Règne de François I. touchant les Affaires d'Etat : *in-fol.* 2 vol.

Ces Lettres sont conservées entre les Manuscrits de M. Dupuy, num. 263, 264, & des Copies dans la Bibliothèque de M. le premier Préfident de Mesme.

29992. Mf. Lettres écrites au Roi François I. par plusieurs Ministres Ambassadeurs de Sa Majesté : *in-*4.

Ces Lettres [étoient] dans la Bibliothèque de M. le Chancelier Seguier, num. 148, [& sont aujourd'hui à S. Germain des Prés.]

29993. Mf. Lettres originales écrites à François I. par différens Princes & Potentats : *in-fol.*

Ces Lettres sont conservées dans la même Bibliothèque, num. 152.

Tome III. G

29994. Mf. Recueil de Pièces concernant les Règnes de Louis XII. & de François I. *in-fol.*

Ce Recueil est conservé entre les Manuscrits de M. Dupuy, num. 85.

29995. Mf. Traités, Accords, Négociations, Protestations, Ratifications, Vérifications, Plaidoyers, Condamnations & autres Actes entre le Roi François I. & l'Empereur Charles-Quint, depuis la prison du Roi, en 1525, jusqu'à sa mort en 1547 : *in-fol.*

Ce Recueil est conservé dans la Bibliothèque de saint Magloire, entre les Manuscrits de MM. de Sainte-Marthe.

29996. ☞ Mf. Ambassade de M. DE SAINT-MAURIS, Seigneur de Montbarrey : *in-fol.*

Ce Manuscrit est conservé dans la Bibliothèque de S. Vincent de Besançon. Il renferme plusieurs particularités sur le Traité de Crépy & la Conférence de Cambray, le Pour-parler de paix entre la France & l'Angleterre, touchant la restitution de Boulogne, les Protestations de la Princesse de Navarre contre ses fiançailles avec le Duc de Clèves, &c.]

29997. Mf. Mémoires du Règne de François I. *in-fol.* 160 vol.

Ces Mémoires sont conservés dans la Bibliothèque du Roi, num. 8471-8631. Ce sont des Manuscrits de M. le Comte de Béthune.

29998. Mf. Autre Recueil sous le Règne de François I. *in-fol.* 80 vol.

Ce Recueil [étoit] conservé dans la Bibliothèque de M. le Président de Lamoignon.

29999. ☞ Lettres originales des Règnes de Louis XII. & de François I.

Dans un Porte-feuille des Mss. de MM. Godefroy, conservés dans la Bibliothèque de la Ville de Paris, num. 255.]

30000. ☞ Mf. Collection de Lettres écrites au Roi François I. & à d'autres Rois & Princes, copiées sur les Originales par le Sieur de Briancourt : *in-fol.*

Ce Manuscrit étoit dans la Bibliothèque de Monseigneur le Dauphin, mort en 1766, & a passé à Monseigneur le Dauphin son fils.]

§. IV.

Lettres historiques, Mémoires d'Etat, Dépêches, Ambassades, Négociations, Conférences & autres Recueils de Pièces, depuis le Règne de Henri II. & sous ceux de ses Enfans jusqu'à la mort de Henri III.

30001. Mf. REGISTRE des Lettres écrites aux Rois François I. & Henri II. par (André Guillard) Sieur DU MORTIER, Ambassadeur de leurs Majestés auprès du Pape Paul III. en 1546 & 1547 : *in-4.*

Ce Registre [étoit] conservé dans la Bibliothèque de M. l'Abbé d'Estrées, [& est aujourd'hui à S. Germain des Prés.]

30002. Mf. Dépêches du même, en 1546 1547 : *in-fol.* 2 vol.

Ces Dépêches sont conservées dans la Bibliothèque du Roi, num. 8383, 8384.

30003. Mf. Négociations de (Charles de Lorraine) Cardinal DE GUISE, auprès du Pape Paul III. en 1547 : *in-fol.*

Ces Négociations [étoient] dans la Bibliothèque de M. le premier Président de Mesme.

30004. Mf. Extrait de l'Ambassade de M. DE SELVE en Angleterre, en 1547 & 1548: *in-fol.*

Cet Extrait de l'Ambassade d'Odet de Selve, Président au Grand-Conseil, [étoit] dans la Bibliothèque de M. le Chancelier Seguier, num. 3, [& est aujourd'hui à S. Germain des Prés.]

30005. ★ Relation de l'Ambassade de Gabriel d'Aramont à Constantinople, de la part du Roi Henri II. *in-fol.*

Elle [étoit] conservée dans la Bibliothèque de M. de Lamoignon.

30006. Mf. Négociations de M. DE LA SALUDIE en Angleterre, ès années 1546, 1547 & 1549 : *in-fol.* 3 vol.

Ces Négociations de Briançon, Seigneur de la Saludie, [étoient] dans la Bibliothèque de M. le premier Président de Mesme.

30007. Mf. Lettres de Marguerite, Duchesse D'ALENÇON, Reine de Navarre, Sœur du Roi François I. *in-fol.* 3 vol.

Ces Lettres sont conservées dans la Bibliothèque du Roi, num. 8549-8551.

Cette Reine est morte en 1549.

30008. ☞ Mf. Harangue des Ambassadeurs François aux Anglois devant Boulogne, avec quelques Lettres du Roi d'Angleterre : 1549.

C'est un Manuscrit du temps, qui est conservé à Dijon, dans la Bibliothèque de M. Fevret de Fontette.]

30009. ☞ Lettre au Roi Henri II. écrite par le Sieur RICHER, étant lors à Basle par commandement de Sa Majesté, en 1548 & 1549.

Cette Lettre est imprimée dans les *Mélanges historiques* de Camusat : *Troyes, 1619, in-8.*]

30010. Mf. Registre des Négociations de Charles DE MARILLAC, Archevêque de Vienne, Envoyé vers l'Empereur à Bruxelles, en 1548 & 1549 : *in-fol.* 2 vol.

Ce Registre est conservé dans la Bibliothèque du Roi, num. 8625, 8626.

30011. Mf. Négociations du même, lors Ambassadeur en Allemagne, en 1550 : *in-fol.*

Ces Négociations sont conservées [dans la même Bibliothèque] entre les Manuscrits de M. de Brienne, num. 89.

30012. Mf. Ambassades du même : *in-fol.* 3 vol.

Ces Ambassades [étoient] dans la Bibliothèque de M. Colbert, [& sont aujourd'hui dans celle du Roi.]

Lettres historiques, Mémoires, Négociations, &c. 1549. 51

30013. Mſ. Lettres tant du Roi Henri II. que d'autres Seigneurs, écrites en 1549 & 1550, à M. de Marillac, [envoyé vers l'Empereur Charles-Quint, à la Diete d'Ausbourg;] avec les Réponſes écrites dans le temps de ſon Ambaſſade: *in-fol.*

Ces Lettres ſont conſervées dans la Bibliothèque de M. le Chancelier d'Agueſſeau.

30014. Mſ. Recueil de pluſieurs Lettres d'Antoine de Bourbon, Duc de Vendôme, écrites à Jean d'Humières: *in-fol.*

Ce Duc de Vendôme, Roi de Navarre, père du Roi Henri IV. eſt mort en 1562; & Jean d'Humières, Gouverneur pour le Roi en Piémont, eſt mort en 1550.

30015. Mſ. Conférences tenues à Sainte-Ménehould, en 1551, entre les Députés de Henri II. & de Charles II. Duc de Lorraine: *in-fol.*

Ces Conférences [étoient] dans la Bibliothèque de M. le Chancelier Seguier, num. 49, [aujourd'hui à S. Germain des Prés.]

30016. Mſ. Lettres de Henri II. & du Connétable de Montmorency à M. de Nevers: *in-fol.*

Ces Lettres ſont conſervées dans la Bibliothèque du Roi, num. 8689.

30017. Mſ. Recueil de pluſieurs Lettres du Connétable de Montmorency & de l'Amiral de Chastillon à M. de Nevers, en 1552: *in-fol.*

Ce Recueil eſt conſervé dans la Bibliothèque du Roi, num. 8555.

30018. Mſ. Recueil de Lettres de l'Amiral de Chastillon à M. de Nevers: *in fol.*

Ce Recueil eſt conſervé dans la Bibliothèque du Roi, num. 8663.

30019. Mſ. Recueil de pluſieurs Lettres du Connétable de Montmorency & de pluſieurs autres: *in-fol.*

Ce Recueil [étoit] dans la Bibliothèque de M. le Préſident de Lamoignon.

30020. Mſ. Lettres originales d'Anne de Montmorency à ſes Enfans & à d'autres de ſa Famille: *in-fol.*

Ces Lettres [étoient] dans la Bibliothèque de M. Baluze, num. 470, [& ſont aujourd'hui dans celle du Roi.]

30021. Mſ. Lettres originales concernant le Siége de Metz, en 1552: *in-fol.*

Ces Lettres ſont conſervées dans la Bibliothèque du Roi, entre les Manuſcrits de M. de Gaignieres.

30022. Mſ. Regiſtre contenant pluſieurs Inſtructions, Lettres & Mémoires de la Négociation faite à Metz avec les Députés d'Allemagne, par le Cardinal Robert de Lenoncourt, Evêque de Metz, de Robert de la Vieilleville & de Charles de Marillac, en 1553: *in-fol.*

Ce Regiſtre eſt conſervé dans la Bibliothèque du Roi, num. 8627.

30023. ☞ Epiſtolæ arcanæ XXXIII. pleræ-*Tome III.*

que Gallico idiomate ab Henrico II. Galliæ rege, ad Miniſtros & amicos ſuos, & ab his viciſſim ad Regem anno 1548 & 1553 datæ, quibus præſertim ea quæ ad fœdus Mauritii Saxoniæ Electoris cum Gallis, ejuſdemque mortem & res paulò poſt in Germaniâ geſtas ſpectant, deſcribuntur.

Ces Lettres ſe trouvent imprimées dans le Recueil de Menkenius, *Scriptor. rer. Germanic.* t. II. p. 1391.]

30024. Mſ. Ambaſſade d'Antoine de Noailles, Gentilhomme ordinaire de la Chambre du Roi, Chambellan des Enfans de France, en Angleterre, l'an 1553: *in-fol.*

Antoine de Noailles eſt mort Lieutenant de Roi en Guyenne & Gouverneur de Bourdeaux, en 1562. Son Ambaſſade eſt conſervée dans la Bibliothèque de M. le Duc de Noailles.

30025. Relation de cette Ambaſſade; par René Auber de Vertot, de l'Académie Royale des Inſcriptions.

☞ Elle a été imprimée (avec celle de François de Noailles, ci-après, N.º 30053) ſous ce titre:

Ambaſſade de MM. de Noailles en Angleterre; par l'Abbé de Vertot, (depuis 1552 juſqu'en 1556:) *Paris*, 1763, *in-12.* 5 vol.]

30026. Mſ. Dépêches du Sieur de Lansac, Chambellan ordinaire du Roi, écrites depuis le mois d'Avril 1553, qu'il a commencé ſa Légation, juſqu'au mois de Mars ſuivant: *in-fol.*

Ces Dépêches de Louis de Saint-Gelais, Sieur de Lanſac, mort fort âgé en 1622, [étoient] dans la Bibliothèque de M. le premier Préſident de Meſme.

30027. Mſ. Négociations de Bassefontaine en Suiſſe, en 1554 & ailleurs: *in fol.* 2 vol.

Ces Négociations ſont conſervées dans la Bibliothèque du Roi, entre les Manuſcrits de M. de Gaignières.

30028. Mſ. Regiſtre du Secrétaire de (Charles) Cardinal de Lorraine, des années 1553 & 1554: *in-fol.*

Ce Regiſtre [étoit] dans la Bibliothèque de M. Baluze, num. 199, [& eſt aujourd'hui dans celle du Roi.]

30029. Mſ. Lettres Italiennes & Françoiſes écrites au Maréchal de Briſſac, Gouverneur & Lieutenant-Général de Piémont, en 1554.

Ces Lettres ſont citées dans le Catalogue de la Bibliothèque de M. de Thou, *pag.* 500.

Charles de Coſſé, Comte de Briſſac, eſt mort Maréchal de France en 1565.

30030. Mſ. Négociations du Sieur de Brissac en Italie: *in fol.*

« Les Dépêches de ce Maréchal ſont pleines de bon
» ſens & écrites d'une manière noble & dégagée, ſur
» tout lorſqu'il rend raiſon de ſa conduite. On n'en
» ſçauroit attribuer le ſtyle à François Boivin, Baron de
» Villars, ſon Secrétaire, qui n'en approche pas dans les
» Mémoires qu'il a laiſſés de la vie de ſon Maître. On ne
» trouve point de Capitaine de ſon ſiècle, qui parle ſi
» modeſtement de ſoi ». Varillas, dans ſa Préface de l'*Hiſt. de Charles IX.* Ces Négociations ſont conſervées dans la Bibliothèque du Roi, num. 232 des Manuſcrits de M. Bigot.

30031. Mſ. Négociations à Veniſe ſous Hen-

G 2

ri II. depuis le 9 Septembre 1550 jusqu'au 14 Juin 1554 : *in-fol.* 2 vol.

Ces Négociations [étoient] dans la Bibliothèque de M. le premier Préfident de Mefme.

30032. Mf. Procès-verbal de la Conférence tenue à Marck, près Ardres, en 1555, entre les Députés de l'Empereur Charles V. & ceux du Roi Henri II. pour terminer les différends qui étoient entr'eux de plufieurs Royaumes & Seigneuries; rédigé par écrit par Jean DE MORVILLIERS, Evêque d'Orléans, l'un des Députés : *in-fol.*

Cet Evêque eſt mort en 1577.

Son Procès-verbal eſt confervé entre les Manufcrits de M. Dupuy, num. 112, entre ceux de M. de Brienne, num. 68, [dans la Bibliothèque du Roi,] & parmi les Manufcrits de M. le Chancelier Seguier, num. 49, [à S. Germain des Prés.]

30033. Mf. Diverfes Lettres & Négociations, & autres Dépêches d'Etat de Jean DE MORVILLIERS, Evêque d'Orléans, Garde des Sceaux : *in-fol.*

Ces Lettres [étoient] dans la Bibliothèque de M. le Chancelier Seguier, num. 121, [& font aujourd'hui à S. Germain des Prés.] « Il y a toujours du bon fens, » (dit Varillas, Préface de l'*Hiſtoire de Charles IX.*) » dans les Dépêches de Morvilliers; il ſeroit à fouhaiter » que les digreſſions trop fréquentes en fuſſent bannies.

30034. Mf. Regiſtre des Expéditions faites par Coſme CLAUSSE, Sieur de Marchaumont, Secrétaire des Finances du Roi, depuis l'an 1550 juſqu'en 1555 : *in-fol.*

Ce Regiſtre [étoit] dans la Bibliothèque de M. Baluze, num. 191, [& eſt aujourd'hui dans celle du Roi.] Ce Secrétaire d'Etat eſt mort en 1557.

30035. Mémoires du Chancelier DE L'HOSPITAL, contenant pluſieurs Traités de Paix, Appanages, Mariages, Neutralités, Reconnoiſſances, Foi & Hommages, & autres Droits de Souveraineté : *Cologne*, 1672, *in-12.*

Ces Mémoires de Michel de l'Hôpital, ne contiennent qu'un ſimple Catalogue de ces Actes faits depuis l'an 1551 juſqu'en 1556. Il eſt mort en 1573.

☞ *Voyez* le P. Niceron, *tom. XXXI. pag.* 235.

Ces Mémoires font en Manufcrit, datés de 1560, dans la Bibliothèque de la Ville de Paris, *in-fol.* n. 456, & il y a à la fuite divers Mémoires fur la réunion des Duchés & Comtés à la Couronne, & fur les Droits du Roi touchant la Catalogne, le Rouſſillon & le Royaume d'Arragon.]

30036. Mf. Lettres, Inſtructions & Mémoires du Cardinal (Charles) CARAFFE, touchant la Ligue traitée entre Paul IV. & le Roi Henri II. en 1555 & 1556: *in-fol.*

Ces Lettres font conſervées entre les Manufcrits de M. Dupuy, num. 697. Ce Cardinal eſt mort en 1561.

30037. Mf. Lettres originales écrites à Claude le Breton, Seigneur de Villandri, Secrétaire des Finances, ès années 1546, 1554, 1556 : *in-fol.*

Ces Lettres font conſervées dans la Bibliothèque du Roi, entre les Manufcrits de M. de Gaignières.

30038. Mf. Négociations à Rome (de François de Lorraine) Duc DE GUISE, en 1556: *in-fol.*

Ces Négociations du Duc de Guiſe, qui fut tué en 1563, [étoient] dans la Bibliothèque de M. le premier Préfident de Mefme.

30039. ☞ Mf. Lettres de différens Seigneurs & autres, écrites à MM. de Guiſe, depuis 1547 juſqu'à 1556 : *in-fol.*

Ces Lettres font indiquées num. 1960 du Catalogue de M. Bernard.]

30040. Mf. Lettres originales de Charles, Cardinal DE GUISE, écrites pendant ſon Voyage d'Italie, en 1556 & 1557 : *in-fol.*

Ces Lettres font conſervées dans la Bibliothèque du Roi, entre les Manufcrits de M. de Gaignières.

30041. Mf. Ragionamenti d'un Ambaſciatore di Francia in Venetia contra quelli che biaſiano il Rè di Francia, per haver Ambaſciatore in Conſtantinopoli. Diſcorſo del medefimo alla Republica contra l'ambitione del Imperatore Carlo V. *in-fol.*

Ces Raifonnemens & ces Diſcours [étoient] dans la Bibliothèque de M. Baluze, num. 8, [& font aujourd'hui dans celle du Roi.]

30042. Mf. Recueil de Pièces, depuis l'an 1551 juſqu'en 1557 : *in-fol.*

30043. Mf. Autre, depuis l'an 1528 juſqu'en 1557 : *in-fol.*

Ces deux Recueils [étoient] dans la Bibliothèque de M. le premier Préfident de Mefme.

30044. Mf. Ambaſſade de Jean-Paul DE SELVE, Evêque de Saint-Flour, à Rome en 1557 : *in-fol.*

Cette Ambaſſade eſt conſervée dans la Bibliothèque de M. le Chancelier d'Agueſſeau.

30045. ☞ Mf. Minute du Mémoire reſponſif de la Dépêche portée par le Sieur de Saint-Julien.

Ce Manuſcrit eſt dans la Bibliothèque de S. Germain des Prés. C'eſt une Réponſe faite par l'Ambaſſadeur de France à Rome, à deux Mémoires dont le Roi avoit chargé le Protonotaire de S. Julien fur pluſieurs Affaires générales, au mois de Novembre 1557.]

30046. Mf. Recueil de diverfes Lettres originales fur les Affaires de France, écrites par différentes perſonnes, depuis l'an 1552 juſqu'en 1557, venant de Pierre Bourdin, Procureur-Général du Parlement de Paris : *in-fol.* 13 vol.

Ce Recueil [étoit] dans la Bibliothèque de M. de Caumartin, [mort Evêque de Blois en 1733.]

30047. Mf. Lettres originales de Claude de Lorraine, Duc DE GUISE, depuis l'an 1548 juſqu'en 1558 : *in-fol.* 2 vol.

30048. Mf. Lettres de Charles, Cardinal DE LORRAINE, ou écrites à lui en 1557 & 1558 : *in-fol.*

30049. Mf. Lettres originales du Capitaine POULLAIN, depuis l'an 1550 juſqu'en 1558 : *in-fol.*

Lettres historiques, Mémoires, Négociations, &c. 1558.   53

30050. Mf. Lettres originales des Parlemens au Roi Henri II. & autres : *in-fol.*

30051. Mf. Lettres originales du Règne de Henri II. depuis l'an 1549 jusqu'en 1558 : *in-fol.*

30052. Mf. Lettres originales DE FERRANT de Launoy, écrites en 1557 & 1558 : *in-fol.*

Ces six Manuscrits précédens sont conservés dans la Bibliothèque du Roi, entre ceux de M. de Gaignières.

30053. Mf. Négociations de François DE NOAILLES, Evêque d'Acqs, en Angleterre, en 1556, & à Venise en 1558, avec la Relation de Réné Auber DE VERTOT : *in-fol.*

Ces Négociations sont conservées dans la Bibliothèque de M. le Duc de Noailles.

☞ La Relation de l'Abbé de Vertot a été imprimée avec une autre, comme on l'a observé ci-devant, N.° 30025.]

30054. Mf. Dépêches de la Négociation de la Paix conclue à Castel Cambresis, entre les Rois Henri II. & Philippe II. où est comprise la Reine d'Angleterre, en 1558 : *in-fol.*

Ces Dépêches sont conservées dans la Bibliothèque de M. le Chancelier d'Aguesseau.

30055. Mf. Lettres originales du Roi HENRI II. & d'ISABELLE, Reine de Hongrie, à M. de la Vigne, Ambassadeur de France à la Porte, en 1557 & 1558 : *in-fol.*

Ces Lettres sont conservées dans la Bibliothèque de M. de la Mare, Conseiller au Parlement de Dijon.

30056. Mf. Ambassade à Rome, en 1558, du Cardinal DE LA BOURDAISIERE : *in-fol.*

Cette Ambassade [étoit] dans la Bibliothèque de M. Colbert, [& est aujourd'hui dans celle du Roi.] Philibert Babou de la Bourdaisiere est mort Evêque d'Angoulême en 1570.

30057. Mf. Mémoires des Affaires de France sur la fin du Règne de Henri II. en 1557 & 1558 : *in-fol.*

Ces Mémoires sont conservés entre les Manuscrits de M. Dupuy, num. 561.

30058. Mf. Recueil de Piéces, depuis l'an 1504 jusqu'en 1559 : *in-fol.*

Ce Recueil [étoit] dans la Bibliothèque de M. le premier Président de Mesme.

30059. Mémoires servant à l'Histoire de France, depuis l'an 1482 jusqu'en 1559 : (imprimé) *in-8.*

30060. Mf. Lettres originales de François, Cardinal DE TOURNON & autres, en 1550, 1557 & 1559 : *in-fol.*

Ces Lettres, & les sept Articles suivans, sont dans la Bibliothèque du Roi, entre ceux de M. de Gaignières.

30061. Mf. Lettres originales de Georges, Cardinal D'ARMAGNAC, de 1540, 1554, 1555, 1556, 1557 & 1559 : *in-fol.*

30062. Mf. Lettres originales de Jean, Cardinal DU BELLAY, depuis l'an 1549 jusqu'en 1559 : *in-fol.* 3 vol.

30063. Mf. Lettres originales & Copies de Jean, Cardinal DU BELLAY, de Guillaume & Martin DU BELLAY, des Règnes de François I & de Henri II. *in-fol.*

30064. Mf. Lettres originales, depuis l'an 1531 jusqu'en 1559 : *in-fol.*

30065. Mf. Lettres du Duc DE NEVERS, des Seigneurs des Maisons de Luxembourg & de la Marck, du Règne de Henri II. *in-fol.*

30066. Mf. Lettres de plusieurs Seigneurs sous le Règne de Henri II. *in-fol.*

30067. Mf. Lettres de plusieurs Princes & Cardinaux de la Maison de Lorraine, écrites du Règne de Henri II. & depuis : *in-fol.*

30068. Mf. Registre d'un Secrétaire d'Etat du temps des Rois François I. & Henri II. contenant diverses Provisions d'Offices, de Gouvernemens Généraux d'Armées, &c. *in-fol.*

Ce Registre est conservé entre les Manuscrits de M. Dupuy, num. 773.

30069. Mf. Négociations du Seigneur DE BOURDILLON & de Charles DE MARILLAC, en divers endroits d'Allemagne, en 1558 & 1559 : *in-fol.*

Imbert de la Platière, Seigneur de Bourdillon, est mort Maréchal de France en 1567, & Charles de Marillac est mort Archevêque de Vienne en 1560. Leurs Négociations sont conservées dans la Bibliothèque du Roi, num. 8628.

30070. Mf. Ambassade à Venise & en Allemagne, en 1559, de Bernardin DE BOCHETEL, Evêque de Rennes : *in-fol.*

Son Ambassade [étoit] dans la Bibliothèque de M. Colbert, [& est aujourd'hui dans celle du Roi.] Cet Evêque est mort vers l'an 1570.

30071. Instruction au même sur le sujet de cette Ambassade.

Cette Instruction est imprimée dans le Laboureur, au tom. I. des *Mémoires de Castelnau*, Chap. *VIII.* Paris, 1659, *in-fol.*

30072. Mf. Négociations de la Paix traitée à Sercam, depuis conclue à Castel-Cambresis, en 1559, entre le Roi Henri II. & Philippe II. *in-fol.*

Ces Négociations sont conservées entre les Manuscrits de M. Dupuy, num. 177, & ceux de M. de Brienne, num. 69, & dans la Bibliothèque du Roi, entre ceux de M. de Gaignières.

30073. ☞ Mf. Conférence de Mare, près Ardres, entre les Députés de l'Empereur & ceux du Roi Henri II. au sujet de la Paix conclue à Câteau-Cambresis, avec diverses Piéces & Extraits pour l'intelligence de ce Traité : *in-fol.*

Cette Conférence est indiquée num. 3193 du Catalogue de M. le Blanc.]

30074. Mf. Registre des Dépêches de Henri II. *in-fol.*

Ce Registre [étoit] dans la Bibliothèque de M. Colbert, num. 2113, [& est aujourd'hui dans celle du Roi.]

Liv. III. Histoire Politique de France.

30075. Mſ. Dépêches du Cardinal Charles de Lorraine, Député par le Roi Henri II. contenant ce qui s'est passé depuis Octobre 1558, jusqu'au Traité fait le 3 Avril 1559, avec le Traité & les Pièces qui le concernent : *in-fol.*

Ces Dépêches sont conservées dans la Bibliothèque du Roi, n. 9739. « Ce Cardinal a de l'élégance & de la » force ; il écrit en homme de qualité ; il est maître de » sa matière & s'en joue quelquefois à son gré. Il paroît » capable de toutes sortes d'Affaires, & se démêle agréa-» blement de celles de Finance & de Théologie ». Varillas, Préface de l'*Histoire de Charles IX.*

30076. Mſ. Lettres d'Etat, depuis l'an 1493 jusqu'en 1559. Originaux : *in-fol.* 33 vol.

30077. Mſ. Lettres d'Etat, depuis le 21 Avril 1549 jusqu'au 4 Mars 1559. Originaux : *in-fol.* 29 vol.

30078. Mſ. Minutes des Lettres de François I. & de Henri II. & des Secrétaires d'Etat, à divers particuliers, depuis l'an 1539 jusqu'en 1559 : *in-fol.*

30079. Mſ. Lettres de Turquie, depuis l'an 1547 jusqu'en 1559 : *in-fol.*

30080. Mſ. Instructions, Mémoires & Réponses, depuis l'an 1521 jusqu'en 1559 : *in-fol.*

Ces cinq Manuscrits [étoient] dans la Bibliothèque de M. le Président de Lamoignon.

30081. Mſ. Responsum S. Cæsareæ Majestatis, Ordinumque Imperii Gallicis Legatis datum in Comitiis Augustanis cum ipsorum Legatorum Replica, anno 1559.

Cette Réponse est imprimée dans Goldast, partie vingtième des *Ordonnances politiques de l'Empire : Francofurti,* 1614, *in-fol.*

30082. Mſ. Mémoires d'Etat, des Affaires & Histoire de France sous la fin du Règne de Henri II. depuis l'an 1555 : *in-fol.*

Ces Mémoires [étoient] dans la Bibliothèque de M. le premier Président de Mesme.

30083. Mſ. Registre des Expéditions faites par Guillaume Bochetel, Secrétaire des Finances du Roi, depuis l'an 1545 jusqu'en 1559 : *in-fol.*

Ce Registre [étoit] conservé dans la Bibliothèque de M. Baluze, num. 190, [& est aujourd'hui dans celle du Roi.]

30084. Mſ. Mémoires du Règne de Henri II. *in-fol.*

Ces Mémoires sont conservés dans la Bibliothèque de M. le Prince de Condé.

30085. Mſ. Mémoires sous le même Règne : *in-fol.* 55 vol.

Ces Mémoires sont conservés dans la Bibliothèque du Roi, num. 8625-8679. Ce sont des Manuscrits de M. le Comte de Béthune.

30086. Mſ. Lettres & Mémoires d'Etat, depuis l'an 1538 jusqu'en 1560 : *in-fol.*

Ce Recueil est conservé dans la Bibliothèque de Saint-Magloire, entre les Manuscrits de MM. de Sainte-Marthe.

30087. ☞ Mſ. Lettres & Mémoires du Règne de Henri II. depuis 1547 jusqu'en 1563 : *in-fol.* 4 vol.

Ce Recueil est indiqué num. 1968 du Catalogue de M. Bernard.]

30088. Mſ. Conférence tenue à S. Jean de Morienne, en 1560 : *in-fol.*

Cette Conférence [étoit] dans la Bibliothèque de M. le Chancelier Seguier, num. 47, [& est aujourd'hui à S. Germain des Prés.]

30089. Lettres & Mémoires d'Etat des Rois, Princes, Ambassadeurs & autres Ministres, sous les Règnes de François I. Henri II. & François II. [contenant les intelligences de ces Rois avec les Princes de l'Europe, contre les menées de Charles V. principalement à Constantinople auprès du Grand-Seigneur, en Angleterre avec Henri VIII. en Allemagne avec les Princes de l'Empire, en Italie avec le Pape & les Vénitiens ; & dans l'Italie seule, les intrigues de quatre Conclaves, & le pouvoir qu'y avoient nos Rois, avec diverses pratiques sur Naples, Gènes & Sienne, les causes de la guerre de Parme, & autres particularités inconnues dans nos Histoires.] Ouvrage composé de Pièces originales, (la plupart en Chiffres,) Négociations & Instructions à nos Ambassadeurs, & même de Minutes de nos Rois ; rangées selon l'ordre des temps, & formant comme un Corps d'Histoire ; par Messire Guillaume Ribier, Conseiller d'Etat : *Blois,* [1646, *Paris,*] 1666, *in-fol.* 2 vol.

☞ Le Tome I. commence en 1537 & finit à la mort de François I. en 1547.

Le Tome II. commence avec Henri II. en 1547, & finit avant la mort de François II. en 1560.

Ce Recueil a été donné au public par Michel Belot, neveu de M. Ribier. On trouve dans le Tome I. plusieurs remarques, tant sur quelques Personnes illustres du temps, & les Généalogies de leurs Familles, que sur différentes autres Affaires relatives à quelques Lettres ou Pièces de ce Recueil. Il est vrai qu'il s'y est glissé des fautes ; mais elles sont de peu d'importance, & n'empêchent pas cette Collection d'être d'autant plus estimable, qu'elle contient un grand nombre de Pièces d'un temps auquel notre Histoire n'en est pas encore bien pourvue, toutes tirées des Minutes & Originaux, & chacune précédée d'un Sommaire ou Précis.

Guillaume Ribier, Seigneur de Villeneuve, est mort Conseiller d'Etat, en 1663. « Il y a une infinité de bel-» les remarques à faire dans ces Mémoires ; mais l'His-» toire y est très-confuse, & écrite d'une manière peu » agréable. La plupart des Notes de Ribier ne regar-» dent que les Généalogies des personnes dont il est » parlé dans ces Mémoires, & le blason de leurs Armes ; » & comme cet Ouvrage est posthume, il s'y est glissé » beaucoup de fautes très-grossières ». *Journal des Sçavans du* 29 *Mars* 1666. Sotuel, Jésuite, marque dans la Bibliothèque des Ecrivains de sa Compagnie, que la Préface & les Notes de ce Recueil sont de Michel Nyon, Jésuite.

☞ *Voyez* Lenglet, *Méth. histor. in-*4. *tom. II. pag.* 277 : *tom. IV. pag.* 76. = *Journ. des Sçavans, du* 29 *Mars* 1666.]

30090. Mſ. Lettres & Mémoires d'Etat : *in-fol.*

C'est l'abrégé des Mémoires précédens. Il [étoit]

Lettres historiques, Mémoires, Négociations, &c. 1560.

*dans la Bibliothèque de M. le Chancelier Seguier, num. 124, [& est aujourd'hui à S. Germain des Prés.]

30091. Mſ. Lettres, Instructions d'Ambassadeurs & Mémoires pour l'Histoire de France, ès années 1558, 1559, 1560.

Ce Recueil est cité dans le Catalogue de la Bibliothèque de M. de Thou, pag. 468.

30092. Mſ. Recueil de diverses Lettres du Roi (FRANÇOIS II.) de M. DE GUISE & d'autres Personnes notables, depuis l'an 1558 jusqu'en 1560 : in-fol.

Ce Recueil est indiqué dans le Catalogue des Manuscrits de M. le Chancelier Seguier, [à S. Germain des Prés.]

30093. Mſ. Missives écrites à François II. par tous les Potentats de la Terre : in-fol.

Ces Lettres sont indiquées dans le même Catalogue.

30094. Mſ. Mémoires du Règne de François II. in-fol. 3 vol.

Ces Mémoires sont conservés dans la Bibliothèque du Roi, num. 8674-8676.

30095. Mſ. Mémoires de l'Evêque de Limoges, Ambassadeur en Espagne, en 1561 : in-fol.

Ces Mémoires sont conservés entre les Manuscrits de M. Dupuy, num. 86, & parmi ceux de M. Baluze, num. 94, [à la Bibliothèque du Roi.]

Sébastien DE L'AUBESPINE est mort Evêque de Limoges en 1582.

30096. Mſ. Mémoires des Dépêches [d'André Guillard, Sieur] DE L'ISLE, Ambassadeur du Roi Très-Chrétien à Rome, en 1561 : in-fol.

Ces Mémoires [étoient] dans la Bibliothèque de M. Baluze, num. 222, [& sont aujourd'hui dans celle du Roi.]

30097. Mſ. Instructions baillées par le Roi à M. de l'Isle, allant en Ambassade à Rome, en 1561 : in-fol.

Ces Instructions sont indiquées dans le Catalogue des Manuscrits de M. le Chancelier Seguier, [à S. Germain des Prés.]

30098. * Instruction à M. le Prince de Condé, allant en Guyenne, pour les Affaires de la Religion : en Décembre 1561.

Elle [étoit] conservée dans la [même] Bibliothèque, Registre 5 des Lettres originales.

30099. Mſ. Lettere del Cardinal de Ferrara de' i Negotii della sua Legatione di Francia sotto Pio IV. nell'anno 1562 : in-4.

Ces Lettres [étoient] dans la même Bibliothèque, num. 151.

Les mêmes Lettres traduites en François par Jean Baudouin, & publiées sous ce titre : » Négociations & Lettres d'Affaires Ecclésiastiques & Politiques, écrites au Pape » Pie IV. & au Cardinal (Charles) Borromée, en 1561 & 1562 ; par Hippolyte » D'ESTE, Cardinal, Légat en France, au » commencement des Guerres civiles » : Paris, Buon, 1650, in-4.

Traduction du Manuscrit Italien (faite par Jean Baudouin) avec des Annotations marginales, dont les principales font voir la conformité de ces Mémoires avec l'Histoire de H. C. Davila.

Le Cardinal de Ferrare est mort en 1586. Ses Lettres sont écrites depuis le mois de Novembre 1561, jusqu'au mois d'Août 1562. Elles traitent particulièrement des Affaires de France. « Ces Lettres, selon la critique » de Wicquefort, sont mal traduites, & ne méritoient » pas de l'être.

☞ Négociations, ou Lettres d'Affaires Ecclésiastiques & Politiques écrites au Pape Pie IV. & au Cardinal Borromée, par Hippolyte d'Est, Cardinal de Ferrare, Légat en France au commencement des Guerres civiles : Traduction du Manuscrit Italien, (avec des Annotations en marge qui marquent la grande conformité de ces Mémoires, avec l'Histoire de Davila ; ensemble un Discours préliminaire de l'Election de Pie IV. traduit du même Manuscrit Italien, une Liste des Cardinaux présens à cette Election, & de ceux créés par le même Pape ; plus, le Décret du Concile de Trente touchant les Images, & les Harangues prononcées en Latin en la dernière Session du même Concile, par le P. Jérôme Ragason, Evêque de Nazianze, & Coadjuteur de Famagouste. Le tout traduit en François, & donné au Public par Jean Baudouin : Paris, 1658, in-4.

Ces Lettres regardent les années 1561 & 1562. Elles sont estimées, & contiennent un grand nombre de faits curieux, qu'on ne trouve pas ailleurs, sur-tout plusieurs résolutions du Conseil & autres Affaires, tant générales que particulières, qui regardent la naissance des Troubles.

Voyez l'Esprit de la Ligue, tom. I. pag. xxxj.]

30100. Les Articles des Instructions des Ambassadeurs du Prince de Condé vers l'Empereur, Electeurs, Princes & Etats de l'Empire, à la Journée de Francfort, du mois de Novembre 1562 : [imprimés sans nom de lieu,] 1562, in-8.

30101. Relation Italienne de Michel Suriano, Vénitien, touchant son Ambassade de France, en 1562, sous Charles IX.

Cette Relation Italienne est imprimée à la fin du Traité d'Antoine Aubery, de la Prééminence de nos Rois : Paris, 1650, in-4.

30102. ☞ Mſ. Productions & Ecritures des Députés du Roi, & du Duc de Savoye, sur leurs demandes & prétentions réciproques ; lesdits Députés assemblés à Lyon en 1561 & 1562, pour l'exécution du Traité fait à Câteau Cambresis en 1552, avec l'Avis des Députés.

Ce Manuscrit est dans la Bibliothèque de S. Germain des Prés.]

30103. Actes du Concile de Trente, en 1562 & 1563, pris sur les Originaux : 1607, in-12.

Les mêmes, sous ce titre: « Instructions & » Missives des Rois de France & de leurs » Ambassadeurs au Concile de Trente: » 1608, in-8.

Les mêmes, pris sur les Originaux, & augmentés: *Paris*, 1615: *in-4*.

☞ C'est un Recueil de plusieurs Pièces importantes qui ont rapport au Concile de Trente, depuis le projet de son Indiction en 1533, jusqu'à sa fin en 1563. Elles ne sont pas toutes aussi curieuses les unes que les autres, mais on peut dire qu'il n'y en a aucune qui ne serve à faire connoître quelque point de l'Histoire de ce Concile. Les principales sont celles qui traitent des Usages, des Droits & des Libertés de notre Eglise Gallicane, & des Privilèges de nos Rois. On y voit le courage inébranlable de leurs Ambassadeurs & autres Ministres à les soutenir, & l'opiniâtreté de la Cour de Rome à y donner atteinte. On trouve à la fin de l'Edition de 1615 un Extrait du Procès-verbal de la Chambre Ecclésiastique des Etats-Généraux tenus à Paris en 1614 & 1615, concernant la publication & la réception du Concile en France, & la Réponse qui y fut faite, *qu'on ne pouvoit, quant à présent, toucher à cet Article*.

Voyez ci-devant, au tom. I. pag. 515, N.º 7498.]

Selon M. Lenglet du Fresnoy, les trois Éditions ont été procurées par les soins de Jacques GILLOT, Conseiller-Clerc du Parlement de Paris, Doyen de Langres & Chanoine de la Sainte-Chapelle. Colomiés marque dans sa *Bibliothèque choisie*, que cette dernière Edition est de ce Chanoine; mais l'Auteur des *Remarques sur la Confession de Foi de Sancy*, pag. 244, de l'Edition de 1699, l'attribue au Sieur de Brécourt, Gentilhomme Normand.

Le même Recueil, quatrième Edition, revue & augmentée d'un grand nombre d'Actes & de Lettres tirées des Mémoires de M. D. *Paris*, Cramoisy, 1654, *in-4*.

Cette Edition, qui est la plus ample & la meilleure, a été tirée des *Mémoires* de Pierre Dupuy, & publiée par Jacques Dupuy son frère, Prieur de S. Sauveur.

« Jacques BOURDIN, Secrétaire d'Etat, travailla tou- » jours avec tant de jugement & de politesse, que le » Roi lui confia tout le soin des affaires du Concile de » Trente. Il dressa presque seul tous les Mémoires & » toutes les Instructions qui y furent envoyées, & sou- » tint les Négociations qui se firent de la part du Roi » dans cette célèbre Assemblée, avec une vigueur & » une majesté dignes de la grandeur de cette Couronne ». Fauvelet du Toc, *pag.* 103, de l'*Histoire des Secrétaires d'Etat*.

30104. Mf. Ambassade du Sieur D'ORBAIS, en 1562 & 1563 : *in-fol*.

Cette Ambassade est conservée dans la Bibliothèque des Minimes de Paris, num. 95.

30105. Mf. Négociations du Cardinal DE LA BOURDAISIERE, Evêque d'Angoulême, à Rome, depuis l'an 1558 jusqu'en 1564: *in-fol*. 2 vol.

Ces Négociations sont conservées dans la Bibliothèque du Roi, num. 8629, 8630.

☞ On en trouve aussi un Exemplaire (1. vol. *in-fol*.) indiqué au num. 3194, du Catalogue de M. le Blanc. Cette Ambassade s'étend du 28 Mai 1558 jusqu'au 19 Décembre 1564.]

30106. ☞ Mémoires du Cardinal DE LA BOURDAISIERE : *in-fol*.

Ils sont à Reims, dans la Bibliothèque de la Cathédrale, H. 11. Ils commencent : *Juillet* 1560 *du premier.... & finissent* : *in Roma alli* 8 *Novemb.* 1560. Peut-être n'est-ce qu'une partie des *Négociations* qui précédent.]

30107. ☞ Lettres de M. PERRENOT DE CHANTONAY, Ambassadeur d'Espagne en France, écrites depuis 1560 jusqu'en 1564.

Ces Lettres sont imprimées au tom. II. de la nouvelle Edition des *Mémoires de Condé* : *Londres*, (*Paris*,) 1743, *in-4*. Ce Recueil, qui est assez étendu, contient bien des faits intéressans. Thomas Perrenot de Chantonay, frère du fameux Cardinal de Granvelle, étoit Ambassadeur d'Espagne en France, pendant les quatre premières années du Règne de Charles IX. Il écrivoit régulièrement pendant ce temps, ce qui se passoit en France, aux Ministres de Philippe II. à Madrid & dans les Pays-Bas. Ce sont ces Lettres qui forment ce Recueil. Il s'étend depuis le 4 Mars 1560 jusqu'au 17 Janvier 1564. Antoine Sarron, Secrétaire de son Ambassade, qui a ramassé ces Lettres, en a ajouté quelques-unes des siennes, écrites depuis le 4 Février jusqu'au 16 Juin 1564.]

30108. Mf. Dépêches (d'Ebrard,) Marquis DE SAINT-SULPICE, Ambassadeur pour le Roi en Espagne, ès années 1563 & 1564: *in-fol*.

Ces Dépêches sont conservées entre les Manuscrits de M. Dupuy, num. 523, ceux de M. de Brienne, num. 70, & [ceux] de M. Baluze, num. 91, [dans la Bibliothèque du Roi].

Ce Marquis fut tué en 1581.

30109. Mf. Lettres du même au Roi Charles IX. & à la Reine Catherine de Médicis, depuis l'an 1562 jusqu'en 1565 : *in-fol*. 3 vol.

Ces Lettres sont conservées dans la Bibliothèque du Roi, num. 9746-9748.

30110. (Cinquante) Lettres anecdotes écrites au Cardinal (Charles) Borromée; par PROSPER, Evêque de Chisame, Nonce du Pape Pie IV. auprès de la Reine Catherine de Médicis, dans le temps des fameuses Ligues qui ont troublé la France, depuis l'an 1561 jusqu'en 1565, (en Italien & en François) mises au jour par Jean Aymond.

Ces Lettres sont imprimées avec le Recueil des *Synodes Nationaux des Eglises Prétendues-Réformées de France* : *Rotterdam*, 1710, *in-4*. Prosper de Sainte-Croix, Evêque de Chisame en Candie, fut envoyé Nonce en France en 1562, par le Pape Pie IV. auprès de la Reine Catherine de Médicis. Il obtint, à la recommandation de cette Princesse, le Chapeau de Cardinal, & l'Archevêché d'Arles. Il est mort en 1589.

30111. Mf. Mémoires, Instructions missives & Dépêches faites par M. BOURDIN, Secrétaire d'Etat, depuis l'an 1553 jusqu'en 1566, pour les Affaires d'Allemagne : *in-fol*.

Ces Dépêches de Jacques Bourdin, mort en 1567, [étoient] conservées à Paris dans le Cabinet de M. le Gendre de Darmini.]

30112. Mf. Ambassades de (Sébastien) DE L'AUBESPINE, Evêque de Limoges, du Marquis DE SAINT-SULPICE & du Baron DE FORQUEVAULX, en Espagne, depuis l'an 1563 jusqu'en 1566 : *in-fol*.

Ces Ambassades sont conservées dans la Bibliothèque des Minimes de Paris, num. 92.

30113.

Lettres historiques, Mémoires, Négociations, &c. 1561.

30113. Mſ. Dépêches du Baron DE FOR-QUEVAULX : *in-fol.*

Ces Dépêches de Raymond DE ROVER, dit DE PAVIE, Seigneur & Baron de Forquevaulx, mort Gouverneur de Narbonne en 1574, ſont conſervées entre les Manuſcrits de M. Dupuy, num. 523, entre ceux de M. de Brienne, num. 70, & ceux de M. Baluze, num. 91, [dans la Bibliothèque du Roi. Il y en a quelques-unes d'imprimées à la fin du Recueil de Camuſat, ci-après, N.° 30197.]

30114. Mſ. Lettres du Sieur DE PETREMOL au Roi, à la Reine & aux Ambaſſadeurs, pendant ſon Agence à la Porte, depuis le 2 Juillet 1561 juſqu'en Novembre 1566 : *in-fol.*

Ces Lettres d'Antoine de Petremol, Seigneur de la Norroye, mort en 1604, ſont conſervées entre les Manuſcrits de M. Dupuy, num. 130. Ils [étoient auſſi] dans la Bibliothèque de M. le Chancelier Seguier, n. 43, [& ſont aujourd'hui à S. Germain des Prés.]

30115. ☞ Extrait du Regiſtre des Lettres écrites par M. DE PETREMOL, durant ſa Charge d'Agent à la Porte du Grand-Seigneur, depuis le 10 Juillet 1561, juſqu'au mois de Novembre 1566 : *Troyes*, 1625, *in-8.*

Cet Extrait eſt ordinairement joint aux *Mélanges hiſtoriques* de Camuſat ; mais il ne ſe trouve pas dans les Exemplaires débités & reliés depuis 1619.]

30116. Mſ. Lettres écrites tant aux Rois que par les Rois, Princes & autres perſonnes conſidérables ſur diverſes matières, depuis l'an 1558 juſqu'en 1566 : *in-fol.* 12 vol.

Ces Lettres [étoient] dans la Bibliothèque de M. le Chancelier Seguier, num. 153, [& ſont aujourd'hui à S. Germain des Prés.]

30117. Mſ. Lettres, Négociations, Dépêches d'Etat : *in-fol.*

Ce Recueil eſt conſervé dans la même Bibliothèque, num. 121.

30118. Mſ. Recueil de Lettres de Catherine DE MEDICIS, Reine-Mère du Roi Charles IX. au Connétable de Montmorency : *in-fol.*

Ces Lettres ſont conſervées dans la Bibliothèque du Roi, num. 8693.
Ce Connétable eſt mort en 1567.

Mſ. Lettres de la même à ce Connétable : *in-fol.* 5 vol.

Ces Lettres ſont conſervées dans la même Bibliothèque, num. 8710-8714.

30119. Mſ. Regiſtre des Expéditions de Henri II. & de Charles IX. depuis l'an 1552 juſqu'en 1567 : *in-fol.*

Ce Regiſtre [étoit] conſervé dans la Bibliothèque de M. Baluze, num. 102, [& eſt aujourd'hui dans celle du Roi.]

30120. ☞ Lettres écrites & envoyées au Roi & à ſon Conſeil ; par Claude DU BOURG : *Paris*, 1567, *in-8.*]

30121. Mſ. Relatione di Gio. CORRERO ritornato Ambaſciatore dal Rè Chriſtianiſſimo, nell'anno 1568 : *in-fol.* & *in-8.*

Cette Relation eſt conſervée dans la Bibliothèque de MM. des Miſſions Etrangères.

30122. ☞ Mſ. Lettres & Mémoires des Sieurs BOCHETEL, Evêque de Rennes, DE LUS, DE LANSAC, DE VIRAIL, DE PASQUIERS, & du Sieur DE CASTELNAU, envoyé en Allemagne par le Roi, tant pour y faire des levées pour Sa Majeſté, que pour empêcher celles des Huguenots, au Roi, à la Reine, au Duc d'Anjou, & au Sieur de l'Aubeſpine, Secrétaire d'Etat, & d'eux auxdits Sieurs, depuis Octobre 1567 juſqu'en Mars 1568.

Ces Pièces ſont conſervées dans la Bibliothèque de S. Germain des Prés.]

30123. ☞ Mſ. Lettres des Sieurs SEREY DURESEU, & Baron de Férals, employés pour le ſervice du Roi dans les Pays-Bas, au Roi, à la Reine, & au Duc d'Anjou, & d'eux auxdits Sieurs, depuis 1566 juſqu'en 1569.

Dans la même Bibliothèque.]

30124. Mſ. Ambaſſade du Cardinal DE RAMBOUILLET à Rome, en 1568 : *in-fol.*

Cette Ambaſſade de Charles d'Angennes de Rambouillet, Evêque du Mans, mort en 1587, [étoit] conſervée dans la Bibliothèque de M. Colbert, [& eſt aujourd'hui dans celle du Roi.]

30125. ☞ Mſ. Dépêches de l'Ambaſſade de M. le Cardinal DE RAMBOUILLET à Rome, depuis le 19 Juillet 1568, juſqu'au 28 Août 1570 : *in-fol.* 2 vol.

Elles ſont indiquées au num. 1974 du Catalogue de M. Bernard.]

30126. Mſ. Lettres originales, écrites depuis l'an 1531 juſqu'en 1569 : *in-fol.*

Ces Lettres ſont conſervées dans la Bibliothèque du Roi, entre les Manuſcrits de M. de Gaignières.

30127. ☞ Mſ. Lettres du Comte Scipion DE FIESQUE, envoyé vers l'Empereur pour le Mariage de Sa Majeſté avec Eliſabeth d'Autriche, fille dudit Empereur, au Roi, à la Reine, & d'eux audit Sieur, depuis 1567 juſqu'en Novembre 1569.

Elles ſont dans la Bibliothèque de S. Germain des Prés.]

30128. Mſ. Ambaſſade de M. DE CHANTONAY, Ambaſſadeur de Philippe II. Roi d'Eſpagne, auprès de Maximilien II. *in-fol.* 9 vol.

Cette Ambaſſade de Thomas Perrenot de Chantonay s'eſt faite en 1570. Elle eſt conſervée à Beſançon dans la Bibliothèque de l'Abbaye de S. Vincent.

☞ Il y a quelques Pièces ſur l'Hiſtoire de France ; mais le principal concerne l'Allemagne, & l'on y trouve pluſieurs Pièces en original. On a indiqué ci-devant, N.° 30107, les Lettres de Chantonay, ſur ſon Ambaſſade en France, de 1560.]

30129. Mſ. Additions aux Mémoires de Michel de Caſtelnau ; par Jean LE LABOUREUR : *Paris*, 1659, *in-fol.* 2 vol.

Ces Additions contiennent un grand nombre de Pièces ſervant à l'éclairciſſement de ces Mémoires.

30130. Mſ. Regiſtre concernant pluſieurs Lettres-Patentes & autres Expéditions de Monſeigneur HENRI, fils & frère du Roi,

Tome III. H

Duc d'Anjou, toutes sortes de Provisions de Charges de sa Maison, Réglemens de son Conseil & de sa Maison, &c. *in-fol.*

Ce Registre est conservé entre les Manuscrits de M. Dupuy, num. 621.

30131. Ms. Lettres du Baron DE FORQUEVAULX, Ambassadeur du Roi en Espagne, sur le Mariage d'Elisabeth d'Autriche, seconde fille de Maximilien II. Empereur, avec le Roi Charles IX. depuis l'an 1568 jusqu'en 1570 : *in-fol.*

Ce Manuscrit est conservé dans la Bibliothèque de M. le Chancelier d'Aguesseau.

30132. Ms. Relatione di Giovan CORRERO ritornato Ambasciatore dalla corte Christianissima, dopo le Guerre civili, dall'anno 1570 : *in-fol.*

Cette Relation est conservée entre les Manuscrits de M. Dupuy, num. 769, & dans la Bibliothèque du Roi, num. 10088, *pag.* 147.

30133. Ms. Diverse Relationi di Francia: la prima comincia come segue : Relatione di Francia del Signor Giovan SORANO ritornato Ambasciatore dalla quella Corona per la Republica de Venetia. L'ultima e Relatione intitolata : Commentarii di Francia, dall'anno 1556, fino all'anno 1571, di Monsignor TERRACINA : *in-*4. 2 vol.

Ces Négociations [étoient] dans la Bibliothèque de M. de Caumartin, [mort en 1733.] Cet Evêque de Terracine se nommoit François BELTRAMINO.

30134. Ms. Lettres écrites au Roi Charles IX. & à la Reine, ès années 1568, 1569, 1570 & 1571; par l'Ambassadeur de Rome: *in-fol.*

On croit que cet Ambassadeur étoit Henri CLUTIN, Sieur d'Oisel & de Ville-Parisis, mort à Rome en 1571. Ces Lettres [étoient] dans la Bibliothèque de M. l'Abbé d'Estrées, [& sont aujourd'hui à S. Germain des Prés.]

30135. Ms. Recueil de Pièces concernant les Guerres civiles, depuis l'an 1567 jusqu'en 1571 : *in-fol.*

Ce Recueil [étoit] conservé à Paris dans le Cabinet de M. le Gendre de Darinini.

30136. ☞ Copie des Lettres du Roi & du Sieur de Lansac, au Seigneur de Pardaillan, Gouverneur de Blaye; avec la Réponse par lui faite à Sa Majesté & audit Sieur de Lansac : *Angoulesme*, de Minieres, 1570, *in-*8.]

30137. ☞ Ms. Lettres du Baron DE FERALS, Ambassadeur en Flandres, au Roi, à la Reine, au Duc d'Anjou, & au Sieur de Villeroy, Secrétaire d'Etat, & d'eux audit Sieur, depuis Janvier 1570 jusqu'en Mars 1571.

Elles sont conservées dans la Bibliothèque de S. Germain des Prés.]

30138. Ms. Mémoires touchant l'Angleterre & la Suisse, ou Sommaire de la Négociation faite en Angleterre, l'an 1571 ; par François DE MONTMORENCY, par Paul DE FOIX, & par DE LA MOTHE-FÉNELON : *in-fol.*

Ces Mémoires ont été écrits par Bertrand de Salignac de la Mothe-Fénelon mort en 1599. Ils [étoient] dans la Bibliothèque de M. le Chancelier Seguier, num. 71, [& sont aujourd'hui à S. Germain des Prés.] François de Montmorency est mort Maréchal de France en 1579, & Paul de Foix, Archevêque de Narbonne, en 1584. Ces Mémoires ne sont pas différens du Discours sommaire de ces trois Seigneurs, particulièrement de ce qu'ils ont traité du fait du Mariage du Duc d'Alençon, frère unique du Roi Henri III. avec la Reine Elisabeth d'Angleterre, imprimé au tom. I. des *Mémoires de Castelnau*, *pag.* 677 : *Paris*, 1659, *in-fol.*

☞ Le Père le Long ne faisoit que soupçonner cette ressemblance ; mais M. Secousse l'assure comme un fait certain. *Mém. de l'Acad. des Inscript. & Bell. Lettres*, tom. XVII. *pag.* 648, à la Note.]

30139. Négociations (de Bertrand de Salignac) DE LA MOTHE-FÉNELON & de Michel (de Castelnau,) Sieur DE MAUVISSIERE en Angleterre : *in-fol.*

Ces Négociations [étoient en Manuscrit] dans la Bibliothèque de M. le Chancelier Seguier, num. 53, [& sont à S. Germain des Prés.] Elles sont très-belles & très-curieuses. On y trouve les Lettres écrites au nom du Roi Charles IX. & de sa mère, avec les Réponses. On y traite de deux Affaires des plus délicates qui aient jamais été, par rapport à la Reine Elisabeth, de la liberté de Marie Stuart, Reine d'Ecosse, & de la Journée de la S. Barthelemi, qu'il s'agissoit d'excuser dans cette Cour.

☞ Il y a 101 Lettres, qui sont imprimées parmi les nouvelles Additions des *Mémoires de Castelnau*, Edition de Bruxelles, 1731, tom. III. *Voyez* la Note de la page 100 de l'*Histoire de M. de Fénelon*, Archevêque de Cambray : *la Haye*, 1747, *in-*12. & le Mémoire de M. Secousse cité au numéro précédent.]

30140. ☞ Dépêches de M. de la Mothe-Fénelon. = Instruction au Sieur de Mauvissiere.

Elles se trouvent dans les *Mémoires* de Castelnau, tom. III. Edit. de 1731.]

30141. ☞ Instruction du Roi Charles IX. envoyée en Allemagne au sujet de la Saint-Barthelemi : 1572.

La peine que prend ce Prince pour justifier cette mauvaise action, est tout-à-fait inutile : on sçavoit assez dans le temps qu'en penser, & personne ne se laissa abuser par les prétextes frivoles qu'on faisoit débiter dans les Cours Etrangères.

Cette Pièce & les trois suivantes, sont imprimées au tom. I. du *Journal de Henri III.* 1744, *in-*8.]

30142. ☞ Lettre du Roi Charles IX. à M. de Schomberg, sur la mort de l'Amiral de Coligny : 1572.]

30143. ☞ Lettre du Sieur de Schomberg au Roi Charles IX. au sujet de la Saint-Barthelemi : 1572.]

30144. ☞ Lettre de M. de Schomberg à MM. de Limoges & Brulard, sur l'indignation des Allemands, à cause de la Saint-Barthelemi : 1572.]

30145. Ms. Lettres de (Gaspar, Amiral) DE COLIGNY, (d'Odet) DE CHASTILLON, & de (Charles, Marquis) D'ANDELOT, écrites du

Lettres historiques, Mémoires, Négociations, &c. 1571.

Règne de François II. & de Charles IX. *in-fol.*

Ces Lettres sont conservées dans la Bibliothèque du Roi, entre les Manuscrits de M. de Gaignieres.

30146. Mf. Ambassade de François DE NOAILLES, Evêque d'Acqs, à Constantinople, en 1571 & 1572 : *in-fol.*

Cette Ambassade est conservée entre les Manuscrits de M. Dupuy, num. 521, entre ceux de M. de Brienne, num. 79, dans la Bibliothèque du Roi, num. 8677, entre les Manuscrits de M. de Gaignieres, & dans la Bibliothèque [de S. Germain des Prés, entre les Manuscrits] de M. le Chancelier Seguier, num. 44.

Mf. La même Ambassade, avec la Relation de René d'Auber DE VERTOT, de l'Académie Royale des Inscriptions : *in-fol.*

Cet Exemplaire est conservé dans la Bibliothèque de M. le Duc de Noailles.

30147. ☞ Mf. Ambassades de M. de Bellievre, Ambassadeur auprès des Ligues Suisses, depuis 1564 jusqu'en 1571 : *in-fol.* 12 vol.

Elles sont conservées dans la Bibliothèque de S. Germain des Prés.]

30148. Mf. Lettres concernant la Négociation du Maréchal DE SCHOMBERG, écrites au Roi en 1572.

Ces Lettres de Gaspard de Schomberg, Comte de Nanteuil, mort en 1599, sont citées dans le Catalogue de la Bibliothèque de M. de Thou, *pag.* 518.

30149. ☞ Mf. Négociations de M. DE SCHOMBERG en Allemagne, depuis 1571 jusqu'en 1580 : *in-fol.*

Elles sont indiquées num. 1983 du Catalogue de M. Bernard.]

30150. Mf. Lettere & Negociatione del Cardinal (Fulvio) ORSINI, quando ando Legato in Francia, nell'anno 1572.

Ces Négociations [étoient] conservées dans la Bibliothèque de M. Pelletier de Ministre, num. 213.

30151. Mf. Ambassades en Suisse de Pompone DE BELLIEVRE, de l'an 1572 & suivantes : *in-fol.*

Ces Ambassades de Pompone de Bellievre, mort Chancelier de France en 1607, sont conservées dans la Bibliothèque de MM. des Missions Etrangères.

30152. Mf. Lettres écrites à Henri II. à François II. à Charles IX. à la Reine Catherine de Médicis; par Gaspard DE SAULX. Minutes originales : *in-fol.*

Ces Lettres de Gaspard de Saulx, Comte de Tavanes, mort Maréchal de France en 1573, sont conservées à Dijon, dans la Bibliothèque de M. de la Mare.

☞ Ces Lettres ont passé de la Bibliothèque de Philibert de la Mare, dans celle du Roi, ainsi que tous les Articles qui suivent.

1. Lettres écrites par Gaspard de Saulx de Tavanes, à plusieurs personnes de qualité : gros *in-fol.* Original.

2. Lettres écrites à Gaspard de Saulx, par plusieurs Princes, François II. Charles IX. Catherine de Médicis, des Cardinaux, &c. = Lettres écrites à Gaspard de Saulx, par Guillaume de Saulx, Seigneur de Villefrancon : petit *in-fol.*

Tome III.

3. Recueil de diverses Pièces concernant le Démêlé entre M. Gaspard de Saulx & MM. Recours & Popon, Conseillers au Parlement, Commissaires du Roi pour l'exécution de l'Edit de pacification du 15 Décembre 1573 : *in-fol.*

4. Déclaration du Roi, Ordonnances & Requêtes de ceux de la Religion Prétendue-Réformée, trouvées chez M. Gaspard de Saulx : *in-fol.*

5. Autres Lettres écrites à Gaspard de Saulx, par des Princes, &c. *in-fol.*

6. Lettres de plusieurs Maréchaux de France, écrites au même : *in-fol.*

On peut consulter la *Bibliothèque des Auteurs de Bourgogne*, par l'Abbé Papillon, Article *Gaspard de Saulx* : à celui de *Guillaume de Saulx*, on trouve quelques Lettres qui lui ont été écrites.]

30153. Mf. Conférence de l'an 1573, sur la propriété féodale de Beaurin ; par Simon MARION, Avocat-Général : *in-fol.*

Cette Conférence [étoit] dans la Bibliothèque de M. le Chancelier Seguier, num. 47, [& est aujourd'hui à S. Germain des Prés.]

30154. Mf. Ambassade de M. DU FERRIER à Venise, [depuis] 1573 [jusqu'en 1582 :] *in-fol.* 3 vol.

Cette Ambassade d'Arnaud du Ferrier, mort en 1585, [étoit] conservée dans la Bibliothèque de M. Colbert, & dans celle de M. Baluze, num. 36, [les deux Exemplaires sont aujourd'hui à la Bibliothèque du Roi.]

30155. Mf. Diverses Dépêches du Roi CHARLES IX. à ses Ambassadeurs & autres étant en Italie, ès années 1571, 1572 & 1573 : *in-fol.*

Ces Dépêches sont conservées entre les Manuscrits de M. de Brienne, num. 70, [dans la même Bibliothèque.]

30156. Mf. Recueil de Pièces, depuis l'an 1515 jusqu'en 1573 : *in-fol.*

Ce Recueil est conservé entre les Manuscrits de M. Dupuy, num. 745.

30157. Mf. Recueil de diverses Pièces touchant l'Election de Henri de Valois, Roi de Pologne, en 1573 : *in-fol.*

Ce Recueil [étoit] conservé dans la Bibliothèque de M. Godefroy & dans celle de M. Baluze, num. 686.

30158. ☞ Mf. Mémoire de plusieurs choses concernant la Pologne, pour servir d'instruction au Roi allant audit Pays : 1574.

Ce Mémoire est dans la Bibliothèque de S. Germain des Prés.]

30159. Mf. Ambassade de Gilles DE NOAILLES, Evêque d'Acqs, en Pologne, l'an 1573, avec la Relation de cette Ambassade par René d'Auber DE VERTOT, de l'Académie Royale des Inscriptions : *in-fol.*

Cette Ambassade de Gilles de Noailles, mort en 1600, est conservée dans la Bibliothèque de M. le Duc de Noailles.

30160. Mf. Ambassade du même à Constantinople, 1574 : *in-fol.*

Cette Ambassade est conservée dans la Bibliothèque de M. le Duc de Noailles; elle est aussi entre les Manuscrits de M. Dupuy, num. 521, entre ceux de M. de

Brienne, n. 79, dans la Bibliothèque du Roi, n. 8678, & dans celle de M. le Chancelier Seguier, num. 44, [à S. Germain des Prés.]

30161. ☞ Mſ. Lettres & Mémoires des Sieurs DE LA FONTAINE, GODART & DE BELLIEVRE de Hautefort, Ambaſſadeurs en Suiſſe ; au Roi & au Sieur de Morvilliers, & à des Particuliers, & d'eux auxdits Sieurs, depuis Mai 1532 jusqu'en Décembre 1574.

Ces Pièces ſont conſervées dans la Bibliothèque de S. Germain des Prés.]

30162. ☞ Mſ. Lettres & Négociations de MONTDOUCET, Envoyé du Roi Charles IX. aux Pays-Bas, en 1572, 1573 & 1574 : *in-fol.*

Ces Lettres ſont conſervées à la Bibliothèque de la Cathédrale de Reims, num. H. 13.]

== Mémoire d'Etat ſous le Règne de Charles IX. depuis l'an 1570 jusqu'en 1574.

Voyez ci-devant, [N.° 18244.]

30163. Mſ. Regiſtre du, temps des Rois Louis XII. François I. Henri II. & Charles IX. *in-fol.*

Ce Regiſtre [étoit] dans la Bibliothèque de M. Colbert, num. 2115, [& eſt aujourd'hui dans celle du Roi.]

30164. Mſ. Lettres originales des Règnes de Henri II. François II. & Charles IX. *in-fol.*

30165. Mſ. Lettres de Blaiſe DE MONTLUC, Maréchal de France, & de Jean DE MONTLUC, Evêque de Valence, écrites ſous les Règnes de Henri II. François II. & Charles IX. *in fol.*

Ces deux Manuſcrits ſont conſervés dans la Bibliothèque du Roi, entre les Manuſcrits de M. de Gaignières.

30166. Mſ. Lettres écrites à Gaſpard de Saulx, Comte de Tavanes, Maréchal de France, par les Rois FRANÇOIS II. CHARLES IX. & Catherine DE MEDICIS, & quelques Lettres écrites par le Roi HENRI III. à Guillaume de Saulx, fils de Gaſpard. Originaux : *in-fol.*

Ces Lettres [étoient] dans la Bibliothèque de M. de la Mare, Conſeiller au Parlement de Dijon. [Elles ſont dans celle du Roi. *Voyez* ci-devant, N.° 30152.]

30167. Mſ. Diverſes Négociations & autres Dépêches d'Etat ſous Henri II. François II. & Charles IX. *in-fol.*

Ces Négociations ſont citées dans le Catalogue des Manuſcrits de M. le Chancelier Seguier, [qui ſont aujourd'hui à S. Germain des Prés.]

30168. Mſ. Recueil de diverſes Pièces ſervant à l'Hiſtoire des Règnes de François I. Henri II. François II. & Charles IX. par DU FAULTRAY : *in-fol.* 2 vol.

Ce Recueil eſt cité au même endroit. La ſuite de ce Recueil eſt rapportée ci-après, N.° 30213.

30169. Mſ. Regiſtres divers des Expéditions du Roi Charles IX. *in-fol.*

Ces Regiſtres [étoient] dans la Bibliothèque de M. Baluze, num. 193, 194, 155, 197, [& ſont aujourd'hui dans celle du Roi.]

30170. Mſ. Recueils des Lettres du Roi CHARLES IX. & de Catherine DE MEDICIS : *in-fol.*

Ces Recueils ſont conſervés dans la Bibliothèque du Roi, num. 8686, 8700, 8711, 8763, 8764.

30171. Mſ. Recueil de Lettres de CHARLES IX. au Maréchal de Damville : *in-fol.* 3 vol.

Ce Maréchal, Henri I. de Montmorency, eſt mort en 1614. Les Lettres que Charles IX. lui a écrites ſont conſervées dans la Bibliothèque du Roi, num. 8754-8756.

30172. Mſ. Recueil de Pièces concernant l'Hiſtoire de Henri II. François II. & Charles IX. *in-fol.*

Ce Recueil eſt conſervé entre les Manuſcrits de M. Dupuy, num. 86, & [étoit] dans la Bibliothèque de M. le premier Préſident de Meſme.

30173. Mſ. Mémoires du Règne de Charles IX. *in-fol.* 100 vol.

Ces Mémoires ſont conſervés dans la Bibliothèque du Roi, num. 8681-8781. Ce ſont des Manuſcrits de M. le Comte de Béthune.

30174. Mſ. Les dernières Lettres écrites par le Chancelier DE L'HOSPITAL, peu avant ſon décès, au Roi Henri III. & à la Reine-Mère : *in-fol.*

Ces Lettres de Michel de l'Hoſpital, mort en 1573, [étoient] dans la Bibliothèque de M. Baluze, num. 509, [& ſont aujourd'hui dans celle du Roi.]

30175. Mſ. Lettres du Roi Henri III. à M. de Pibrac, Préſident à Mortier, & à M. de Bellegarde, Maréchal de France : *in-fol.*

Guy du Faur, Sieur de Pibrac, eſt mort en 1584, & Roger de Bellegarde en 1579. Les Lettres que le Roi Henri III. leur a écrites, [étoient] dans la Bibliothèque de M. Colbert, [& ſont aujourd'hui dans celle du Roi.]

30176. Mſ. Lettres de la Reine MARGUERITE (de Valois,) avec la Réponſe (de Guy du Faur,) Sieur DE PIBRAC : *in-fol.*

Ces Lettres ſont conſervées entre les Manuſcrits de M. Dupuy, num. 60.

☞ M. l'Abbé d'Artigny les a données *pag.* 364 du tom. II. de ſes *Mémoires* : (*Paris*,) Debure, 1749, *in*-12.]

30177. Harangue & Lettres de Jacques FAYE, Sieur d'Eſpeiſſe, Conſeiller au Parlement, envoyé par Henri III. aux Etats de Pologne tenus à Stenzic, en 1575, avec pluſieurs autres Lettres ſur cette Négociation.

☞ La Harangue fut prononcée à Stenzic, où ſe tenoient les Etats, après le départ du Roi Henri III. D'Eſpeiſſe mania les eſprits avec tant d'adreſſe, qu'il ſeroit venu à bout de conſerver la Couronne de Pologne au Roi, ſi ce Prince eût été moins négligent, ou s'il eût payé de bonnes paroles ſes Sujets de Pologne.]

Ces Lettres & la Harangue de Jacques Faye, mort Préſident à Mortier en 1590, ſont imprimées dans un *Recueil de diverſes Pièces ſervant à l'Hiſtoire*, p. 145 : *Paris*, 1635, *in*-8.

30178. ☞ Mſ. Lettres originales des Républiques de Venise, Gènes, Lucques, ou de leurs Doges, au Roi, à la Reine, au Duc d'Anjou, depuis 1570 jusqu'en 1576.

Elles sont conservées à S. Germain des Prés.]

30179. Mémoires de l'Avocat DAVID, touchant l'exclusion des Descendans de Hugues-Capet, & la restitution de la Couronne aux Guises, descendans de Charlemagne.

Ces Mémoires sont imprimés à la fin du *Journal des choses mémorables advenues durant le Règne de Henri III.* pag. 76 : 1621, *in-8*. Loisel parle ainsi de Jean David, qui mourut en 1576, à la page 528 de son *Dialogue des Avocats*. « Ce David étoit d'ailleurs fort » factieux & turbulent; car ce fut lui qui apporta de » Rome les premiers Mémoires de la Ligue, dont on » a tant parlé, & qui ont produit & produiront tant de » maux à la France ».

Le P. Daniel, au tom. III. de son *Histoire de France*, pag. 1129, raconte la chose ainsi : « Ces Mémoires » avoient été portés (par un Avocat au Parlement de » Paris, qui mourut en revenant en France,) à Rome, » au Cardinal Pellevé, qui fut toujours un des plus » zélés Ligueurs : les Calvinistes les firent beaucoup » valoir. Ils furent depuis communiqués à Philippe II. » & une Copie en fut envoyée au Roi Henri III. par » Jean de Vivonne, (Marquis de Pisani) alors Ambassadeur en Espagne. Mais on n'en fit pas cas. On vit » bien par les extravagances que cet Ecrit contenoit, » que ni le Duc de Guise, ni aucun homme de bon sens » n'en étoient les Auteurs, & que c'étoient apparemment les visions de l'Avocat même, homme de petit » esprit, & enragé contre les Huguenots, dont il » avoit été maltraité ».

☞ Summa Legationis Guisianæ ad Pontificem Maximum, deprehensa nuper inter Chartas (Joannis) David, Parisiensis Advocati, è Gallico in Latinum conversa : 1577, *in-8*.

C'est la Traduction Latine des mêmes Mémoires.]

30180. ☞ Relacion de los servicios que hizo alos Reyes Don Felipe II. y III. Don Alonso de Soto-Mayor, por Francisco Caro DE TORRES : *Madrid*, 1620, *in-4*.

On trouve dans cet Ouvrage le récit des premières Négociations des Ligueurs avec les Espagnols.]

30181. Avis donnés par écrit au Roi (Henri III.) par la Reine sa mère, les Princes & autres Seigneurs, & par les principaux de son Conseil : S'il étoit expédient pour le bien de l'Etat de faire la guerre à ceux de la Religion Prétendue - Réformée, ou de traiter avec eux, en Janvier 1577.

Ces Avis, au nombre de dix-sept, sont imprimés au tom. I. des *Mémoires du Duc de Nevers*, pag. 181 & 227, sur le Manuscrit de M. Dupuy, num. 24.

30182. ☞ La Charge du Sieur de Villequier, comme il l'a baillée par écrit à Monseigneur le Duc Casimir, & la Réponse : 1577, *in-12*.]

30183. ☞ Réponse de M. le Lantgrave de Hesse au Sieur de Villequier, Ambassadeur de Sa Majesté, le 18 Mars 1577 : (*Paris*,) 1577, *in-12*.]

30184. ☞ Apologia Gallicarum Ecclesiarum simplex & vera adversùs ea quæ nuper Villequerius, Regis Legatus Germaniæ Principibus exposuit : 1577, *in-12*.]

30185. ☞ Dépêches du Roi, depuis 1572 jusqu'en 1578.

Elles sont imprimées au tom. III. des *Mémoires de Castelnau*, Edition de 1731, pag. 265]

30186. ☞ Mss. Lettres des Sieurs DE GRANDRYE, GRAND-CHAMP, de l'Evêque d'Acqs, Ambassadeur à Constantinople, & de la Turquie, & DE NOAILLES, faisant les Affaires du Roi ; à la Reine & au Duc d'Anjou, & d'eux auxdits Sieurs; depuis Mars 1569 jusqu'en Mai 1577.

Ces Lettres sont conservées dans la Bibliothèque de S. Germain des Prés.]

30187. Mss. Offre de la Souveraineté des Pays-Bas au Roi Henri III. par les Députés de Flandres ; avec d'autres Pièces à ce sujet: *in-fol*.

Ce Recueil est conservé dans la Bibliothèque de MM. des Missions Etrangères.

30188. Mss. Liber Legationum Joannis (Sarli) ZAMOCZIENSIS, Capitanei Cancellarii Regis Gerentis Polonici, ab anno 1578, ad annum 1579 : *in-fol*.

Cette Ambassade [étoit] dans la Bibliothèque de M. le Chancelier Seguier, num. 41, [& est aujourd'hui à S. Germain des Prés.]

30189. Mss. Divers Avis & Lettres, depuis l'an 1557 jusqu'en 1579 : *in-fol*.

Ce Recueil est conservé dans la Bibliothèque du Roi, entre les Manuscrits de M. de Gaignières.

30190. Mss. Conférence de Saint - André-aux-Bois, en 1579 : *in-fol*.

Cette Conférence est conservée dans la Bibliothèque de M. Foucault.

30191. ☞ Mss. Lettres & Mémoires du Sieur de HAUTE-FORT, Ambassadeur en Suisse, au Roi, au Sieur de Morvilliers & autres, & d'eux audit Sieur, depuis Janvier 1575 jusqu'en Juin 1579.

Elles sont conservées dans la Bibliothèque de S. Germain des Prés.]

30192. Mss. Ambassade de M. D'ABAIN de la Rochepozay à Rome, depuis l'an 1576 jusqu'en 1580 : *in-fol*. 2 vol.

Cette Ambassade de Louis de Chateignier, Seigneur d'Abain, mort en 1595, est conservée entre les Manuscrits de M. Dupuy, num. 250 & 251, & [étoit] dans la Bibliothèque de M. le Chancelier Seguier, num. 11, [aujourd'hui à S. Germain des Prés.]

30193. Mss. Lettres du Roi HENRI III. & de Catherine DE MÉDICIS, au Sieur d'Abain de la Rochepozay, leur Ambassadeur à Rome ; avec les Réponses dudit Sieur D'ABAIN, depuis l'an 1576 jusqu'en 1580 : *in-fol*.

Ces Lettres sont conservées entre les Manuscrits de M. Dupuy, num. 325.

30194. Mss. Lettres originales de HENRI III. au Sieur d'Abain, depuis l'an 1576 jusqu'en 1578 : *in-fol*.

Ces Lettres sont conservées dans la Bibliothèque de

S. Magloire, entre les Manuscrits de MM. de Sainte-Marthe.

30195. Mſ. Négociations de François, Seigneur D'O & de Maillebois, & de Pierre Seguier, en Normandie en 1580 : *in-fol.*

Ces Négociations du Seigneur d'O, mort Surintendant des Finances en 1594, & de Pierre Seguier, mort en 1602 Préſident à Mortier, [étoient] conſervées dans la Bibliothèque de M. le Chancelier Seguier, num. 69, [& ſont aujourd'hui à S. Germain des Prés.]

30196. Mſ. Recueil de Pièces, depuis l'an 1230 juſqu'en 1580 : *in-fol.*

Ce Recueil eſt conſervé entre les Manuſcrits de M. Dupuy, num. 655.

30197. Mélanges hiſtoriques, ou Recueil de pluſieurs Actes, Lettres & autres Mémoires ſervant à l'Hiſtoire, depuis l'an 1390 juſqu'en 1580, mis en lumière par Nicolas Camusat, Chanoine de Troyes : *Troyes*, 1619, 1644, *in-8.*

Ce Recueil [imprimé d'abord en petits caractères & enſuite en gros,] contient des Pièces curieuſes. Le titre porte juſqu'en 1580; cependant à la page 217 & à la précédente, il y a des Pièces datées de 1594. Les *Mémoires* de Mergey paroiſſent avoir été ajoutés après coup. L'Auteur de ce Recueil eſt mort en 1655.

☞ Avant les Mémoires de Mergey eſt un *Recueil Sommaire* de ce qui s'eſt paſſé dans la Chambre Eccléſiaſtique des Etats de Blois en 1576, dreſſé par Guillaume De Taix, (ci-devant, N.° 6838.) Je ne ſçai ſi ces deux Ouvrages ſe trouvent dans tous les Exemplaires de ce Recueil; mais les deux ſuivans, qui n'ont été imprimés qu'en 1625, ſelon leurs titres, ne ſe trouvent que rarement & ſeulement dans les Exemplaires vendus ou reliés depuis : ces derniers Ouvrages, ſont : 1. *Extrait d'un Regiſtre de Lettres écrites par M. Petremol, Agent à la Porte,* &c. (ci-devant, N.° 30115.) 2. *Mémoires du Sieur Richer, Ambaſſadeur en Suède,* &c. ci-devant, N.° 29981.)

On peut voir ſur ce Recueil de Camuſat, le P. Niceron, *tom. XXX. pag.* 221. = Le Gendre, *tom. II. pag.* 77. = Lenglet, *Méth. hiſt. in-4. tom. IV. pag.* 61 & 98. = *L'Eſprit de la Ligue, tom. I. pag.* xliv.]

30198. Mſ. Recueil de Pièces, depuis l'an 1574 juſqu'en 1581, intitulé : Livre dans lequel ont été tranſcrites pluſieurs choſes notables (concernant l'Hiſtoire de ce temps-là, & particulièrement de la Vie du Maréchal de Damville;) par moi (Marion,) gardées & conſervées pendant que j'ai été Secrétaire de M. le Duc de Montmorency, auparavant Maréchal de Damville : *in-fol.* 2 vol.

Ce Recueil [étoit] num. 105 & 106 de la Bibliothèque de M. Colbert de Croiſſy, Evêque de Montpellier, [mort en 1738.]

30199. ☞ Lettres de Nicolas de Neufville, Seigneur De Villeroy, Miniſtre & Secrétaire d'Etat, écrites à Jacques de Matignon, Maréchal de France, depuis l'année 1581 juſqu'en l'année 1596 : *Montelimart*, 1749, *in-12.*

Ces Lettres ont été copiées ſur les Manuſcrits originaux. L'Editeur dit qu'il ſe trouve encore un très-grand nombre de Lettres originales de Catherine de Médicis, de Henri III. & de Henri IV. écrites au même Maréchal, parmi les Manuſcrits dont on a tiré celles-ci, & qu'on pourra les donner un jour au Public.]

30200. ☞ Arcana ſæculi decimi ſexti, Huberti Langueti, Legati, &c. *Halæ Hermundurorum*, 1699, *in-4.*

Ce ſont des Lettres d'un ſçavant Négociateur, qui eſt mort en 1581. On y trouve bien des choſes concernant les Affaires de France.]

30201. L'Ambaſſadeur parfait, ou Négociations touchant le Mariage de la Reine Eliſabeth, contenues dans les Lettres de François Walsingham ſon Réſident en France; avec les Réponſes & les Inſtructions de Guillaume Cecil Burleigh, Robert, Comte De Leicestre, de Thomas Smith, & autres, depuis l'an 1570 juſqu'en 1581, imprimées ſur les Originaux, par les ſoins du Chevalier Dudley Digges : *London*, 1655, *in-fol.* (en Angloiſ).

Les mêmes, traduites en François, & publiées ſous ce titre : Mémoires & Inſtructions pour les Ambaſſadeurs, ou Lettres & Négociations de François Walsingham, Miniſtre & Secrétaire d'Etat ſous Eliſabeth, Reine d'Angleterre; [avec les Maximes politiques de ce Miniſtre, & des Remarques ſur la Vie des principaux Miniſtres & Favoris de cette Princeſſe : le tout traduit de l'Angloiſ par Louis Bouleſteys de la Contie : *Amſterdam,* Gallet, 1700, *in-4.* Seconde Edition : *Amſterdam*, 1718, *in-12.* 4 vol.

Le Tome I. contient les Remarques ſur la Vie des Miniſtres & Favoris d'Eliſabeth, & les Lettres de Walſingham, des années 1570 & 1571.

Le Tome II. les Lettres de 1571 & de 1572.

Le Tome III. la ſuite de l'année 1572 & l'année 1573.

Le Tome IV. la ſuite de 1573 & l'année 1581. = Les Maximes politiques de Walſingham.

Les Lettres de cet habile Négociateur, qu'on peut comparer au Cardinal d'Oſſat, regardent la plupart ſon Ambaſſade en France, & en particulier ſes Négociations touchant le Mariage de la Reine Eliſabeth d'Angleterre avec le Duc d'Alençon. Il y fait voir deux qualités fort rares, la candeur & l'adreſſe à négocier. Un grand nombre de Lettres de cet Ambaſſadeur, avec les Réponſes de la Reine Eliſabeth ſur ſon Mariage, ſe trouvent auſſi dans le tom. I. des *Mémoires du Duc de Nevers.*

☞ *Voyez* Lenglet, *Méth. hiſtor. in-4. tom. IV. pag.* 87.]

30202. ☞ Mſ. Regiſtre des Lettres & Dépêches du Roi à M. de Mandelot, Gouverneur de Lyon, depuis l'an 1568 juſqu'en 1581; avec les Lettres dudit Sieur De Mandelot au Roi, Princes & Miniſtres, depuis 1569 juſqu'en 1576 : *in-fol.*

Ce Regiſtre ſe trouve parmi ceux de M. Lancelot, dans la Bibliothèque du Roi. Il eſt auſſi indiqué n. 3195 du Catalogue de M. le Blanc.]

30203. Mſ. Lettres originales écrites depuis l'an 1538 juſqu'en 1582 : *in-fol.*

Ces Lettres ſont conſervées dans la Bibliothèque du Roi, entre les Manuſcrits de M. de Gaignières.

30204. Lettres écrites au Roi Henri III. par

Lettres historiques, Mémoires, Négociations, &c. 1581. 63

Paul DE FOIX, Archevêque de Tolose, son Ambassadeur à Rome, pendant les années 1581 & 1582 : *Paris*, 1628, *in-4*.

Ces Lettres de Paul de Foix, font voir qu'il étoit un grand homme d'Etat ; il est plus concis que le Cardinal d'Ossat, qui fut depuis son Secrétaire. Il écrit en homme de grand sens & de qualité. Ses Lettres sont remplies de belles choses ; ce ne sont pas néanmoins nos meilleures Négociations. Elles ont été données au public par Auger de Mauléon, Sieur de Granier, qui a été de l'Académie Françoise.

☞ Le style de ces Lettres est si conforme à celui du Cardinal d'Ossat, qu'on a voulu faire croire qu'elles avoient été faites par cet habile homme, qui étoit Secrétaire de M. de Foix. Elles sont très-utiles pour éclaircir les faits qui y ont rapport. M. de Foix étoit né en 1528, & est mort en 1584.

Voyez Lenglet *Méth. hist. in-4. tom. IV. pag. 89.* = *Pour & contre, tom. XII. pag. 350.*]

30205. ☞ Ms. Lettres de Paul DE FOIX, Ambassadeur à Rome, au Roi, à la Reine, & aux Secrétaires d'Etat, & d'eux à lui, depuis Octobre 1573 jusqu'en Juin 1574, & depuis Décembre 1579 jusqu'en Novembre 1581, & depuis Janvier 1582 jusqu'en Mai 1584 : *in-fol.* 2 vol.

Ces Lettres sont conservées dans la Bibliothèque de S. Germain des Prés.]

30206. ☞ Ms. Ambassade du Sieur DE VIVONNE DE SAINT-GOARD, en Espagne, depuis Janvier 1572 jusqu'en Décembre 1582 : *in-fol.* 5 vol.

Ce Manuscrit est conservé dans la Bibliothèque de S. Germain des Prés.]

30207. ☞ Ms. Négociations de M. le Prince DE CONDÉ, & autres Seigneurs du parti de ceux de la Religion Prétendue-Réformée, avec les Princes Protestans d'Allemagne, depuis 1570 jusqu'en 1583 : *in-fol.*]

30208. ☞ Ms. Négociations de Flandres pour M. le Duc d'Alençon, fils de France ; depuis le 13 Janvier 1578 jusqu'au 25 Mars 1583 : *in-fol.* 3 vol.

Ces deux Articles sont indiqués aux num. 1985 & 1986 du Catalogue de M. Bernard.]

30209. Instructions & Lettres de Négociations de Jacques DE GERMIGNY, Baron de Germoles, Maître d'Hôtel ordinaire du Roi, & son Ambassadeur à la Porte, depuis l'an 1579 jusqu'en 1584.

Ces Négociations sont imprimées *pag.* 468 du tom. II. de l'*Illustre Orbandale* : *Lyon*, 1660, *in-4*.

Cet Ambassadeur est mort en 1587.

☞ Le Père Jacob, *pag.* 39 de ses *Ecrivains de Châlon*, dit que M. de Germigny a fait des Mémoires sur l'Histoire de son temps, qui étoient conservés chez Louis Blondeau, Avocat à Châlon.]

30210. ☞ Ms. Lettres du Sieur DE GERMIGNY, Ambassadeur à Constantinople, au Roi & au Sieur de Villeroy, Secrétaire d'Etat, & d'eux audit Sieur, depuis Décembre 1579 jusqu'en Juillet 1584.

Ces Lettres sont conservées dans la Bibliothèque de S. Germain des Prés.]

30211. ☞ Ms. Ambassades de M. DE CASTELNAU en Angleterre, depuis le 27 Décembre 1579, jusqu'au 12 Décembre 1584 : *in-fol.*

Ce Manuscrit est indiqué au num. 1987 du Catalogue de M. Bernard.]

30212. Ms. Recueil de Lettres de plusieurs personnes, depuis l'an 1571 jusqu'en 1584 : *in-fol.*

Ce Recueil [étoit] conservé dans la Bibliothèque de M. Baluze, num. 797, [& est aujourd'hui dans celle du Roi.]

30213. * Ms. Recueil de Pièces, depuis l'an 1574 jusqu'en 1585 ; par DU FAULTRAY : *in-fol.*

Il [étoit] dans la Bibliothèque de M. Baluze, n. 954, [& est aujourd'hui dans celle du Roi.]

30214. Ambassade pour le Roi Henri III. en Turquie, l'an 1585 ; (par Jacques Savari) DE LANCOSME.

Cette Ambassade est dans le Recueil de Pièces que Jean Camusat, Libraire, a donné au Public : *Paris,* 1637, *in 4*.

30215. ☞ Recueil de plusieurs Pièces des Sieurs DE PIBRAC & D'ESPEISSES, Présidens, & DE BELLIEVRE, Chancelier de France, non encore imprimées : *Paris*, 1635, *in-8.*

Ce Recueil s'étend depuis 1574 jusqu'à 1585.]

30216. Augerii Gisleni BUSBEQUII, Cæsaris apud Regem Gallorum Legati, Epistolarum Legationis Gallicæ Libri duo : ex Bibliotheca Joannis-Baptistæ Houwaert, Jurisconsulti, Patricii Bruxellensis : *Lovanii,* 1630 ; *Bruxellæ,* 1632, *in-4. Lugduni-Batavorum,* 1633, *in-16.* [*Amstelodami,* Elzevier, 1660, *in-24. Lipsiæ, in-12.*]

Les mêmes sont [aussi] imprimées avec ses Ouvrages, *Oxonii,* 1660, *in-12.* Cet Ambassadeur est mort en 1592. On lit beaucoup de choses qui regardent la France dans son Ambassade de ce Royaume, depuis l'an 1581 jusqu'en 1586, sur-tout l'Expédition du Duc d'Alençon aux Pays-Bas. Ces Lettres sont d'excellens Mémoires, dans lesquels Busbec découvre la France, telle qu'elle étoit sous Henri III. On ne trouve point ailleurs tant de faits historiques exprimés en si peu de mots. Nous n'avons guères de meilleures Relations que celles-ci, qui peuvent servir aux Ambassadeurs de modèle pour écrire à leurs Maîtres ce qui se passe dans les Cours où ils résident.

☞ Les trois premières Parties de ce Livre ne regardent pas l'Histoire de France.

La quatrième Partie contient : *Ejusdem Busbequii, Cæsaris apud Regem Gallorum Legati, Epistolæ ad Rudolphum II. Imperatorem.* Ces Lettres servent à l'Histoire de Henri III. & s'étendent depuis l'an 1582 jusqu'à la fin de 1585.

Cette dernière Partie a été imprimée séparément, sous ce titre : *Legatio Gallica,* 1632, *in-4*.

Busbec naquit en Flandres, à Commines, l'an 1512, & est mort en 1592. L'Empereur l'envoya en France pour détourner le Roi d'entrer en Flandres, & de donner du secours au Duc d'Alençon. On trouve dans ses Lettres, qui sont bien écrites & estimées, un précis de tout ce qui s'est passé à ce sujet, & de quelques autres affaires, en France. Le Père Niceron a donné la Vie de Busbec, *tom. XXII. pag. 350.*]

Liv. III. Histoire Politique de France.

30217. ☞ La Vie & les Lettres d'Augier de Ghislen, Seigneur de Busbec, Ambassadeur de l'Empereur Rodolphe II. auprès de Henri III. Roi de France, écrites à l'Empereur son Maître : traduites de l'Original Latin.

Dans la *Continuation des Mémoires de Littérature* du Père Des-Molets, *tom. XI. part. 2.* Il y a cinquante-trois Lettres. Cette Traduction est de l'Abbé Bechet, Chanoine d'Uzès, mort en 1722.]

☞ Les Lettres de Busbec, &c. traduites avec des Notes historiques & généalogiques, par l'Abbé de Foix, Chanoine de l'Eglise de Meaux : *Paris*, d'Houri, 1748, *in-12.* 3 vol.

Voyez sur ce Livre, *Mercure*, 1748, *Septembre.* On peut encore consulter sur les Lettres de Busbec, *Mélanges* de Vigneul-Marville, *tom. I. pag. 62.* = Lenglet, *Méth. hist. in-4. tom. IV. p. 87.* = *Bibl. Harley. tom. II. pag. 518.* = Le P. Niceron, *tom. XXII. p. 560.* = *L'Esprit de la Ligue*, *tom. I. pag. xxxij.*]

30218. ☞ Ms. Remontrance des Princes d'Allemagne, faite (en 1586) au Roi, (au sujet d'un Edit de pacification,) & la Réponse du Roi. = Prière de l'Ambassadeur de France au Pape, de ne pas aider le Duc de Savoye dans son entreprise contre Genève.

Ce Manuscrit, Copie du temps, est à Dijon, dans la Bibliothèque de M. Fevret de Fontette.]

30219. Ms. Registre des Lettres au Roi ; par (Jean de Vivonne) Marquis DE PISANI, son Ambassadeur près le Pape, Août 1586 : *in-fol.*

Ce Registre est conservé dans la Bibliothèque de M. le Chancelier d'Aguesseau.

30220. ☞ Ms. Lettres & Dépêches de M. le Duc DE GUISE au Roi, depuis le 24 Septembre 1586 jusqu'au 15 Octobre 1587 : *in-fol.*

Ce Manuscrit est indiqué num. 1995 du Catalogue de M. Bernard.]

30221. Ms. Minutes des Lettres écrites à diverses personnes ; par le Duc D'ESPERNON, ès années 1585, 1586, 1587 : *in-fol.*

Ces Minutes de Jean-Louis de Nogaret & de la Valette, Duc d'Espernon, mort en 1642, [étoient] dans la Bibliothèque de M. Baluze, num. 96, [& sont aujourd'hui dans celle du Roi.]

30222. Lettres du même, écrites au Roi Henri III. & à MM. de Bellievre & de Villeroy, & autres, ès années 1586 & 1587, avec quelques Réponses du Roi HENRI III. auxdites Lettres.

Ces Lettres sont imprimées *pag. 1 & suiv.* des *Mémoires du Duc d'Espernon*, [ci-après, N.° 30275.]

30223. Discours de ce qui s'est passé aux Etats Provinciaux de Normandie, en 1587 ; par Edmond PANIGROLLE : *Paris*, des Planches, 1588, *in-8.*

30224. Ms. Ambassade de (Paul Hurault, Sieur DE) MAISSÉ, à Venise, depuis le 20 Novembre 1580, jusqu'en 1587 ; avec les Mémoires servant à cette Ambassade, depuis l'an 1582 jusqu'en 1588 : *in-fol.* 4 vol.

Cette Ambassade est conservée dans la Bibliothèque des Minimes de Paris, num. 88-91, & en trois volumes dans celle de l'Abbaye de S. Victor lès-Paris.

30225. ☞ Ms. Lettres écrites au Roi par son Ambassadeur à Venise, touchant les Affaires d'Italie : 1583-1587.

Ces Lettres, en copie de 54 pages, sont à Dijon dans la Bibliothèque de M. Fevret de Fontette.]

30226. Ms. Négociation de Pomponne DE BELLIEVRE, en Angleterre, en 1586 & 1587 : *in-fol.*

Ces Négociations [étoient] dans la Bibliothèque de M. le premier Président de Mesme.

30227. ☞ Ms. Dépêches concernant les Pays-Bas & l'Angleterre, depuis le 6 Septembre 1569 jusqu'en 1587 : *in-fol.*

Ce Manuscrit est indiqué num. 1993 du Catalogue de M. Bernard.]

30228. ☞ Ms. Lettres de M. DE VIVONNE DE SAINT-GOARD, Ambassadeur à Rome, au Roi, à M. de Villeroy, & d'eux audit Sieur, depuis Mai 1584 jusqu'en Décembre 1587.

Elles sont conservées dans la Bibliothèque de S. Germain des Prés.]

30229. Ms. Lettres du temps de François I. Henri II & Henri III. depuis l'an 1524 jusqu'en 1588 : *in-fol.*

Ces Lettres sont conservées entre les Manuscrits de M. Dupuy, num. 44.

30230. Ms. Recueil de plusieurs Lettres originales, concernant l'Histoire de France, depuis l'an 1529 jusqu'en 1588 : *in-fol.*

Ce Recueil [étoit] conservé dans la Bibliothèque de M. Baluze, num. 146, [& est aujourd'hui dans celle du Roi.]

30231. Ms. Dépêches & Instructions faites par (Claude) PINART, Secrétaire d'Etat sous Charles IX. & Henri III. envoyées aux Ambassadeurs du Roi, depuis l'an 1572 jusqu'en 1588 : *in-fol.* 7 vol.

Ces Lettres sont conservées dans la Bibliothèque du Roi, num. 8806-8813.

Ce Secrétaire d'Etat est mort en 1605.

30232. Ms. Lettres écrites de Rome au Roi Henri III. par (François) Card. DE JOYEUSE, Protecteur des Affaires de France en la Cour de Rome, depuis le mois d'Août 1587 jusqu'au mois d'Avril 1588 : *in-fol.*

Ces Lettres sont conservées entre les Manuscrits de M. Dupuy, num. 374, entre ceux de M. de Brienne, num. 7, dans la Bibliothèque de M. le Chancelier Seguier, num. 145, [aujourd'hui à S. Germain des Prési] & dans celle de MM. des Missions Etrangères. Aubery n'a donné à la fin de la Vie du Cardinal de Joyeuse, mort en 1614, que des Extraits de ses Lettres.

30233. ☞ Ms. Lettres du Cardinal DE JOYEUSE, sur le Conclave de Léon XI. & sur le Différend de la République de Venise, & autres Pièces : *in-fol.*

Ce Manuscrit est indiqué num. 1023 du Catalogue de M. Pelletier.]

Lettres historiques, Mémoires, Négociations, &c. 1587.

30234. Mf. Lettres du Roi HENRI III. au Cardinal de Joyeuse & au Marquis de Pisani, son Ambassadeur à Rome ; avec les Réponses de ce Cardinal, (François) DE JOYEUSE, & du Marquis DE PISANI, où il est traité, entr'autres choses, du Marquisat de Salusses : *in-fol.*

Ces Lettres sont conservées entre les Manuscrits de M. Dupuy, num. 29, dans la Bibliothèque de M. le Chancelier Seguier, num. 130, [aujourd'hui à S. Germain des Prés,] & dans celle de M. Colbert, [aujourd'hui à la Bibliothèque du Roi.] Aubery a aussi donné à la fin de la Vie du Cardinal de Joyeuse, des Extraits de l'Ambassade de Jean de Vivonne, Marquis de Pisani, qui est mort en 1599.

30235. Mf. Ambassade (de Nicolas Brulart) DE SILLERY, en Suisse, en 1587 & 1588 : *in-fol.*

Cette Ambassade est conservée dans la Bibliothèque des Minimes de Paris, num. 95.

30236. Mf. Négociations de Jacques SEGUR, Baron de Pardaillan, pour le Roi de Navarre avec les Princes d'Allemagne, ès années 1584, 1585, 1587, 1588 : *in-fol.* 4 vol.

Ces Négociations sont citées dans le Catalogue de la Bibliothèque de M. de Thou, pag. 515.
Il y a eu quelque chose d'imprimé du commencement de ces Négociations, que j'ai rapporté sous le titre d'*Incendium Calvinisticum*, ci-devant, [N.° 18449.]

30237. ☞ Mf. Lettres des Sieurs BOIVIN DU VILLARS, DE REVOL & DUVAL DE STORS, employés pour le Roi auprès du Duc de Savoye ; au Roi, à la Reine, au Duc d'Anjou, & au Sieur de Villeroy, Secrétaire d'Etat, & d'eux auxdits Sieurs, depuis Août 1569 jusqu'en Février 1588.

Elles sont conservées dans la Bibliothèque de S. Germain des Prés.]

30238. Mf. Recueil de Pièces de l'année 1588 : *in-fol.*

Ce Recueil [étoit] conservé dans la Bibliothèque de M. le premier Président de Mesme.

30239. Mf. Lettres originales (de Henri de Lorraine) Duc DE GUISE, à sa femme, pendant le Règne de Henri III. *in-fol.*

Ce Manuscrit est conservé dans la Bibliothèque du Roi, entre ceux de M. de Gaignières.

30240. Mf. Recueil de Lettres de (Louis) Cardinal DE GUISE, à Monsieur & Madame de Nemours : *in-fol.*

Ce Recueil est conservé dans la Bibliothèque du Roi, num. 8744.

30241. Instruction à M. de Sanci (Nicolas de Harlay,) allant en Suisse de la part du Roi Henri III. l'an 1589.

☞ Dans cette Instruction, qui commence la seconde partie des *Mémoires du Duc d'Espernon*, (indiqués ci-après,) le Roi ordonne à M. de Sanci de se disculper auprès des Cantons Suisses de la mort des Guises, à laquelle il ne s'est porté que par nécessité & pour sauver l'État & sa Personne. Il doit leur représenter encore le dommage qu'ils peuvent recevoir par le grand nombre d'alliances qu'ils contractent, & tâcher de faire une bonne levée d'hommes. M. de Sanci réussit bien dans ce dernier point ; il amena dix mille hommes, qui furent inutiles à Henri III. mais qui servirent beaucoup à son successeur Henri IV. qui eût été fort embarrassé sans ce secours.]

30242. ☞ Lettres du Roi Henri III. à MM. de la Valette, de Pontcarré, de Sainte-Marie, & quelques Seigneurs de Provence : en 1589.]

30243. Instruction à Claude d'Angennes, Evêque du Mans, allant de la part du Roi Henri III. vers le Pape Sixte V. en 1589, (au sujet de la mort du Cardinal de Guise.)

☞ Il devoit insister sur la nécessité où les Guises ont mis le Roi d'en venir à cette extrémité, par leur insolence, & les brigues qu'ils faisoient contre son Etat & sa Personne. Cette Pièce & la suivante sont assez curieuses.]

30244. Lettre du même au Roi Henri III. par laquelle il lui rend raison de sa Négociation suivant l'Instruction susdite.

☞ Cette Lettre est du 15 Mars 1589. Elle fait le détail de tout ce qui se passa aux Audiences qu'il eut du Pape, au sujet de l'Absolution demandée par le Roi, & que le Pape refusa.]
Ces quatre Ecrits sont imprimés aux pages 527, 568, 623, des *Mémoires du Duc d'Espernon* : Paris, 1626, *in*-4.

30245. ☞ Deux Instructions données par le Roi, au Sieur Alphonse d'Ornano, après la mort de M. de Guise, tué à Blois en 1588.]

30246. ☞ Mémoire baillé par le Roi à M. de Maisse, allant trouver de sa part M. le Duc de Ferrare : 1589.

Ces deux Pièces sont imprimées au tom. III. du *Journal de Henri III*. 1744, *in*-8. Ce sont des espèces d'Apologies où le Roi rend compte de sa conduite, & comment il a été forcé d'en venir à cette extrémité, pour prévenir les mauvais desseins des Guises contre sa Personne & son Etat.]

30247. Mf. Lettres secrettes écrites de la propre main de HENRI IV. alors Roi de Navarre, des Princes & Princesses du Sang ; au Duc de Montpensier pendant les Guerres civiles sous Henri III. avec une Requête présentée au Roi de la part des Princes du Sang : *in-fol.*

Ces Lettres originales [étoient] conservées dans la Bibliothèque de M. le Baron d'Hoendorff, [& sont aujourd'hui dans celle de l'Empereur.]

30248. Mf. Instructions, Lettres & autres Mémoires (d'Isaïe) DE LA CLIELLE BROCHARD, envoyé par le Roi en Italie, en 1589.

Mf. Instruction envoyée au Sieur de Barradat, envoyé par le Roi en Allemagne, en 1589.

Réponse des Princes Allemans, & autres Pièces sur cette matière.

Tous ces Ecrits sont cités dans le Catalogue des Manuscrits de M. de Thou, pag. 474. Les Lettres du Roi HENRI III. au Sieur de la Clielle, [étoient] conservées dans la Bibliothèque de M. le Baron d'Hoendorff, [& sont aujourd'hui dans celle de l'Empereur.]

30249. ☞ Lettres d'André DE BOURDEILLE

aux Rois Charles IX. & Henri III. comme à la Reine Catherine de Médicis leur mère; avec leurs Réponses.

Elles sont imprimées dans le tom. XIV. des Œuvres de Brantôme, Ed. de *la Haye*, (*Rouen*) 1743, *in*-12. 15 vol.]

30250. Mſ. Instructions & Négociations de M. DE FRESNE-FORGET, envoyé par le Roi Henri III. en Espagne, en 1589 : *in-fol.*

Ces Négociations de Jean de Fresne-Forget, mort Président à Mortier en 1611, sont conservées entre les Manuscrits de M. de Brienne, num. 67, [dans la Bibliothèque du Roi.]

30251. Mſ. Lettres de M. DE FRESNE-FORGET, Secrétaire d'Etat, en 1589 & autres : *in-*4.

Ces Lettres de Pierre de Fresne-Forget, mort en 1610, [étoient] conservées dans la Bibliothèque de M. le Chancelier Seguier, num. 155, [& sont aujourd'hui à S. Germain des Prés.]

30252. Mſ. Recueil de Pièces, depuis l'an 1573 jusqu'en 1589 : *in-fol.*

Ce Recueil est conservé entre les Manuscrits de M. Dupuy, num. 87, & dans la Bibliothèque de M. le premier Président de Mesme.

30253. Mſ. Négociations diverses sous Charles IX. & Henri III. depuis l'an 1571 jusqu'en 1589 : *in-fol.*

Ces Négociations sont conservées dans la Bibliothèque des Minimes de Paris, num. 103.

30254. ☞ Mſ. Affaires de Rome, depuis le 13 Avril 1558 jusqu'au 15 Mars 1589 : *in-fol.* 5 vol.

Ces Manuscrits sont dans la Bibliothèque de S. Germain des Prés.]

30255. ☞ Mſ. Lettres & Papiers des Ambassades de Simon RENARD : *in-fol.* 5 vol.

On les conserve dans la Bibliothèque de S. Vincent de Besançon. Ce qu'il y a de plus remarquable, ce sont les Instructions données à M. Renard pour ses Ambassades ; plusieurs Lettres de Charles V. de Maximilien, Roi de Bohême, de la Reine de Bohême au Roi Henri III. du Cardinal de Granvelle, du Connétable de Montmorency, &c. Comme M. Renard avoit été envoyé en Ambassade vers le Roi de France, ces Mémoires contiennent bien des Anecdotes concernant l'Histoire du Règne de Henri III.]

30256. Mſ. Lettres originales & Copies de l'an 1557 & 1559, de Jean-Paul DE SELVE, & (du Cardinal DE LA BOURDAISIERE,) Evêque d'Angoulême, & de quelques autres, jusqu'en 1589 : *in-fol.*

Ce Recueil est conservé dans la Bibliothèque du Roi, entre les Manuscrits de M. de Gaignières.

30257. Mſ. Mémoires pour l'Histoire de la Ligue, en 1589; par POICTEVIN, Président de Provins : *in-fol.*

Ces Mémoires sont conservés entre les Manuscrits de M. Dupuy, num. 87.

30258. Mſ. Recueil de Lettres originales & autres Pièces du temps de la Reine Catherine de Médicis : *in-fol.*

Ce Recueil [étoit] dans la Bibliothèque de M. Baluze, num. 471, [& est aujourd'hui dans celle du Roi.]

30259. Mſ. Recueil de Lettres de Catherine DE MEDICIS : *in-fol.*

Ce Recueil est conservé dans la Bibliothèque du Roi, num. 8795, 9697, dans celle de M. Colbert, [qui a été jointe à la précédente,] & dans celle de M. le Prince de Condé.

30260. Mſ. Regiſtre des Expéditions de Lettres de HENRI III. *in-fol.*

Ce Regiſtre [étoit] dans la Bibliothèque de M. Baluze, num. 61, [& est aujourd'hui dans celle du Roi.]

30261. Mſ. Recueil de Pièces originales pour servir à l'Histoire des Règnes de François I. Henri II. François II. Charles IX. & Henri III. *in-fol.*

Ce Recueil est conservé dans la même Bibliothèque.

30262. ☞ Mſ. Recueil de Lettres & Pièces, la plupart originales, des mêmes Règnes : *in-fol.* 7 Porte-feuilles.

Ils sont conservés parmi les Manuscrits de MM. Godefroy, dans la Bibliothèque de la Ville de Paris, n. 155-261.]

30263. Mſ. Lettres originales des Règnes de François I. & suivans, jusqu'au Règne de Henri III. *in-fol.*

Dans la Bibliothèque du Roi, entre les Manuscrits de M. de Gaignières.

30264. Mſ. Recueil de Pièces originales servant à l'Histoire, depuis l'an 1541 jusqu'au Règne de Henri IV. *in-fol.*

Ce Recueil [étoit] dans la Bibliothèque de M. le Chancelier Seguier, num. 624, [& est aujourd'hui à S. Germain des Prés.]

30265. Mſ. Mémoires des Règnes de Charles IX. & de Henri III. *in-fol.*

Ces Mémoires sont conservés dans la même Bibliothèque, num. 629.

30266. Mſ. Mémoires du Règne de Henri III. *in-fol.* 153 vol.

Ces Mémoires sont conservés dans la même Bibliothèque du Roi, num. 8777-8928. Ce sont des Manuscrits de M. le Comte de Béthune.

Louis du Faur, Sieur de Grateins, Chancelier de Henri, Roi de Navarre, & son Ambassadeur auprès des Princes Protestans d'Allemagne, a fait tous les Traités de Paix entre ledit Roi & Henri III. tous imprimés & signés de sa main ; comme Guy du Faur, Sieur de Pibrac son frère, Président au Parlement de Toulouse, & Ambassadeur du Roi Henri III. a fait ceux de son Maître. Qui croiroit que ces deux frères ayent toujours conservé leur amitié, sans jamais trahir leur parti ? L'Histoire en le disant, s'en étonne.

§. V.

Lettres historiques, Mémoires d'Etat, Dépêches, Ambassades, Négociations, & autres Recueils de Pièces du Règne de Henri IV.

30267. Mſ. LETTRES originales de plusieurs Seigneurs sous les Règnes de Henri II. & les suivans, jusques sous celui de Henri IV. *in-fol.*

30268. Mſ. Lettres originales des Seigneurs de DENNEVILLE & de DES CHENETS, depuis le Règne de Henri II. & les ſuivans, juſques ſous celui de Henri IV. *in-fol.*

Ces deux Manuſcrits ſont conſervés dans la Bibliothèque du Roi, entre les Manuſcrits de M. de Gaignières.

30269. Mſ. Lettres des Rois Henri III. & Henri IV. & autres, écrites depuis l'an 1584 juſqu'en 1590, à M. Rouillé, Seigneur de Chavigny, Capitaine de cent hommes d'armes : *in-fol.*

Ces Lettres [étoient] dans la Bibliothèque de M. Bouthillier, ancien Evêque de Troyes, E. 3.

30270. ☞ Inſtruction au Sieur de Freſne, Envoyé en Eſpagne.

Cette Inſtruction & la ſuivante ſont imprimées au tom. III. des *Mémoires d'Etat* à la ſuite de ceux de *Villeroy : 1624, in-8.*]

30271. Mſ. Mémoires du dernier Voyage que Gaſpard de Schomberg a fait pour le Roi en Allemagne & chez les Princes d'Italie, en 1589, 1590 & 1591.

Mſ. Inſtruction au Sieur de la Clielle - Brochart allant en Italie, en 1591, avec la Relation de ſa Négociation.

Ces deux Ecrits ſont cités dans le Catalogue des Manuſcrits de M. de Thou, *pag.* 474.

30272. ☞ Dépêche baillée à M. le Vicomte de Turenne pour aller en Angleterre, Pays-Bas & Allemagne, pour traiter avec la Royne & Princes de la levée d'une armée pour venir en France au ſecours de Sa Majeſté.

Cette Pièce eſt imprimée au tom. II. des *Mémoires d'Etat*, à la ſuite de ceux de *Villeroy : 1624, in-8.*]

30273. ☞ Lettres du Roi à pluſieurs Potentats, Princes & autres Seigneurs, auparavant ſa converſion à la Religion Catholique.

Elles ſont imprimées au tom. III. des mêmes Mémoires.]

30274. Mſ. Mélanges hiſtoriques, ou Recueil de Pièces touchant la Ligue, ès années 1589, 1590 & 1591 : *in-fol.*

Ces Mélanges ſont conſervés entre les Manuſcrits de M. Dupuy, num. 317.

30275. Recueil de Mémoires & d'Inſtructions ſervant à l'Hiſtoire de France : *Paris, Bouillerot, 1626, in-4.*

On appelle ce Recueil : Les *Mémoires du Duc d'Eſpernon*, parceque ſes Lettres en occupent la première & la principale partie ; ils commencent en 1586, & finiſſent en 1591. Ils contiennent auſſi les Pièces ſuivantes : « Lettre écrite par les Princes, Officiers de la Couronne, & autres Seigneurs Catholiques, au Pape Grégoire XIV. ſur ſon avénement au ſaint Siège, & portant Obédience : *pag.* 671. = « Inſtruction de M. de Luxembourg allant à Rome, en 1591, de la part des Princes, Officiers de la Couronne, & autres Seigneurs Catholiques, par la permiſſion du Roi Henri IV. *pag.* 677. = « Lettre au Pape ſur le ſujet de ladite Inſtruction : *pag.* 705.

☞ Ces trois Pièces regardent l'avénement de Henri IV. au Trône. Elles contiennent les raiſons qui ont porté ces Seigneurs à le reconnoître, & à lui prêter ſerment de fidélité malgré la différence de Religion ; ce qu'ils n'ont pu refuſer, vu le droit inconteſtable que Sa Majeſté avoit à la Couronne ; qu'ils y étoient engagés par honneur, & pour venger la mort du feu Roi : que ceux qui entretiennent la diviſion, ne le font que pour des intérêts particuliers, & ſans aucun égard à la conſervation de la Religion, qui ne fait que leur ſervir de prétexte ; qu'il eſt à préſumer que le Roi ouvrira les yeux à la vérité, mais qu'on ne doit pas l'y forcer.

Jean-Louis de la Valette, Duc d'Eſpernon, étoit Favori du Roi Henri III. Le Recueil de ſes Mémoires eſt diviſé en deux Parties. La première contient des Inſtructions, Pouvoirs, Commiſſions, Lettres, & autres Actes touchant les Affaires de Provence, dont ce Duc fut fait Gouverneur par Lettres du 14 Juin 1586, après la mort de M. le Grand-Prieur. Celles pour lui ſervir de l'Amirauté du Levant, dont il fut auſſi pourvu, ſont des mêmes jour & date.

Voyez ſur ſes Mémoires, Lenglet, *Méth. hiſt. in-*4. *tom. IV. p.* 97. = *L'Eſprit de la Ligue*, tom. I. *p.* xx.]

30276. ☞ Conclave de Grégoire XIV. traduit avec les Lettres des Princes de France, à lui préſentées, par le Duc de Luxembourg : *Chaalons, 1591, in-12.*]

30277. Mſ. Inſtructions, Harangues & Lettres de pluſieurs Ambaſſadeurs François envoyés en Suiſſe. Réſultats de pluſieurs Journées ou Diétes tenues par les Suiſſes pour les Affaires de France, avec ceux de cette Nation, depuis l'an 1529 juſqu'en 1592 : *in-fol.*

Ce Recueil eſt conſervé entre les Manuſcrits de M. de Brienne, num. 110, [dans la Bibliothèque du Roi.]

30278. Mſ. Minutes & Enregiſtrement des Lettres d'un Secrétaire d'Etat, pendant les années 1590, 1591 & 1592 : *in-fol.*

Ce Regiſtre eſt conſervé dans la Bibliothèque du Roi, entre les Manuſcrits de M. de Gaignières.

30279. Mſ. Recueil de Lettres de diverſes perſonnes, depuis l'an 1524 juſqu'en 1592 : *in-fol.*

Ce Recueil eſt conſervé entre les Manuſcrits de M. Dupuy, num. 44, & dans la Bibliothèque de M. le premier Préſident de Meſme.

30280 Mſ. Ambaſſade de Henri UNTONS, de la part de la Reine Eliſabeth d'Angleterre auprès du Roi de France, ou Journal qui contient ſes Commiſſions, Inſtructions, Négociations, Lettres, depuis le 13 Juillet 1591 juſqu'au 12 Juin 1592 : (en Anglois).

Cette Ambaſſade eſt conſervée à Oxford, dans la Bibliothèque de Bodley, num. 3498.

30281. Mſ. Recueil de Traités, Lettres, Mémoires, & autres Pièces concernant l'Hiſtoire de France, depuis l'an 1228 juſqu'en 1593 : *in-fol.*

Ce Recueil [étoit] dans la Bibliothèque de M. Pelletier le Miniſtre, num. 162.

30282. Mſ. Recueil de Pièces, depuis l'an 1586 juſqu'en 1593 : *in-fol.*

Autre, depuis l'an 1588 juſqu'en 1593 : *in-fol.*

Autre, depuis l'an 1589 jusqu'en 1593 : *in-fol.*

Ces trois Volumes [étoient] dans la Bibliothèque de M. le premier Président de Mesme.

30283. Mf. Recueil de Pièces originales de ceux de la Ligue, même des Extraits des Regiftres du Parlement. Diverfes Pièces des Etats, tenus à Paris en 1593 : *in-fol.*

Ce Recueil [étoit] dans la Bibliothèque de M. Baluze, num. 473, [& eft aujourd'hui dans celle du Roi.]

30284. Mf. Recueil de Lettres de Claude DE LA CHASTRE, Maréchal de France, au Duc de Nevers : *in-fol.*

Ce Recueil eft confervé dans la Bibliothèque du Roi, num. 8922.

30285. Mf. Recueil de ce qui s'eft paffé aux Affaires générales des Suiffes, Genève & Savoye, & autres lieux, où M. DE SILLERY, Confeiller d'Etat du Roi & fon Ambaffadeur en Suiffe, a été employé pour le fervice de Sa Majefté, depuis l'an 1587 jufqu'en 1593 : *in-fol.*

Ce Recueil de Lettres de Nicolas Brulart, Seigneur de Sillery, mort Chancelier de France en 1624, eft confervé entre les Manufcrits de M. Dupuy, num. 522, entre ceux de M. de Brienne, num. 112, [dans la Bibliothèque du Roi,] & dans celle de MM. des Miffions Etrangères. [Il eft auffi indiqué num. 3196 du Catalogue de M. le Blanc.]

30286. ☞ Mf. Ambaffade du Sieur DE LONGLÉE en Efpagne, depuis le mois d'Avril 1583 jufqu'en Août 1593 : *in-fol.* 2 vol.

Dans la Bibliothèque de S. Germain des Prés.

30287. Mf. Lettres & Dépêches de Paul Hurault, Sieur DE MAISSE, Ambaffadeur du Roi à Venife ; avec les Répliques, depuis l'an 1589 jufqu'en 1593 : *in-fol.* 3 vol.

Ces Lettres font confervées entre les Manufcrits de M. de Brienne, num. 11-13, [dans la Bibliothèque du Roi ;] [elles étoient dans celle] de M. Foucault, [qui a été diftraite.]

30288. Mf. Inftructions au Sieur (Ifaïe) de la Clielle-Brochard, allant de la part du Roi vers le Grand Duc de Tofcane ; avec les Mémoires de la Négociation dudit DE LA CLIELLE BROCHARD.

Ces Pièces font citées dans le Catalogue des Manufcrits de M. de Thou, *pag.* 476.

30289. Lettres du Roi HENRI IV. au Duc de Nevers, depuis le premier Août 1589 jufqu'en 1593.

Ces Lettres font imprimées au tom. II. des *Mémoires du Duc de Nevers, pag.* 207 : *Paris, 1665, in-fol.*

☞ Ces Lettres font curieufes, & contiennent un grand nombre de faits qui regardent l'Hiftoire de ce temps.]

30290. ☞ Réponfes de M. le Duc DE NEVERS aux Lettres du Roi Henri le Grand.

Ces Lettres font dans les mêmes Mémoires.]

30291. ☞ Mf. Regiftre des Dépêches d'Etat, en 1592 & 1593 : *in-fol.*

Il eft confervé dans la Bibliothèque de la Ville de Paris, num. 237.]

30292. Mf. Lettres originales de l'an 1594 : *in-fol.*

Ces Lettres font confervées dans la Bibliothèque de MM. des Miffions Etrangères.

30293. ☞ Mf. Lettres des Sieurs de MONDOUCET, de REFUGE & BLATIER, employés pour le Service du Roi ès Pays-Bas, au Roi, à la Reine, au Duc d'Anjou & au Sieur de Villeroy, & d'eux auxdits Sieurs, depuis Juin 1571 jufqu'en Mai 1594.

Elles font dans la Bibliothèque de S. Germain des Prés.]

30294. Mf. Diverfes Inftructions, Dépêches & Expéditions fur les Affaires importantes ; par Louis DE REVOL, Secrétaire d'Etat fous Henri III. & Henri IV. *in-fol.*

Les Dépêches de ce Secrétaire d'Etat [étoient] dans la Bibliothèque de M. de Caumartin, [mort Evêque de Blois en 1733, & dans celle de M. le Préfident Bernard, en 3 vol. *in-*4.]

Mf. Mémoires & Dépêches du même : *in-fol.*

Ces Mémoires [étoient] dans la Bibliothèque de M. le Chancelier Seguier, num. 207, [& font aujourd'hui à S. Germain des Prés.]

Dépêches du même.

Ces Dépêches font imprimées dans le Recueil publié par Jean de Lannel : *Paris, 1623, in-*4.

30295. Mf. Recueil de Délibérations, Arrêts, Actes & Mémoires tirés des Regiftres du Parlement, de ce qui fe paffa à Paris durant la Ligue, depuis l'an 1588 jufqu'en 1594 : *in-fol.* 2 vol.

30296. Mf. Recueil de Pièces des années 1593 & 1594 : *in-fol.*

30297. Mf. Mémoires de la Ligue, contenant un fort grand nombre de Pièces originales, depuis le 29 Juillet 1576 jufqu'en Octobre 1595 : *in-fol.* 22 vol.

Ces trois Manufcrits [étoient] dans la Bibliothèque de M. le premier Préfident de Mefme.

30298. ☞ Mf. Inftructions à MM. de la Fin & de Challeffes, allant l'un au Lyonnois, Auvergne & Languedoc, & l'autre en Italie, auprès du Duc de Tofcane, après la converfion du Roi Henri IV. tirées des Manufcrits de feu M. DE REVOL, Secrétaire d'Etat.

Ce Manufcrit eft dans la Bibliothèque de S. Vincent de Befançon. L'Inftruction à M. de la Fin eft auffi à Dijon, dans la Bibliothèque de M. Fevret de Fontette.]

30299. ☞ Mf. Inftructions au Sieur de ***, s'en allant vers le Duc de Parme, & au Vicomte de Turenne, allant en Ambaffade vers la Reine d'Angleterre & le Duc de Saxe, pour emprunter de l'argent après le Siége de Paris, tirées des Mémoires DE REVOL, Secrétaire d'Etat : 1595.

Copie ancienne, dans la Bibliothèque de M. Fevret de Fontette, Confeiller au Parlement de Dijon.]

Lettres historiques, Mémoires, Négociations, &c. 1595.

30300. Les Mémoires de M. le Duc DE NEVERS, Pair de France, Gouverneur & Lieutenant Général pour les Rois Charles IX. Henri III. & Henri IV. en diverses Provinces de ce Royaume, enrichis de plusieurs Pièces du temps : *Paris*, Jolly, 1665, *in-fol.* 2 vol.

Louis DE GONZAGUES, Duc de Nevers, est mort en 1595. Ces Mémoires, qui sont très-curieux & fort instructifs, ont été publiés par les soins de Marin le Roi, Sieur de Gomberville, mort de l'Académie Françoise en 1674. Ils contiennent non-seulement les Négociations, Remontrances, Discours d'Etat & Lettres du Duc de Nevers ; mais aussi on y a joint une infinité d'autres Pièces qui servent à confirmer ou à éclaircir les choses qui se trouvent douteuses dans ces Mémoires. Ils commencent en 1574 & finissent en 1595, quoique les Pièces ajoutées aillent jusqu'en 1610. Les Pièces de ce Recueil ne regardent que les Guerres civiles de France & les Guerres de Savoye.

☞ *Voyez* la *Bibl. Harley.* tom. II. p. 517. = *Journ. des Sçav.* 1666. = Lenglet, *Méth. histor. in-4.* tom. IV. pag. 97. = *Hist. critiq. des Journ.* pag. 172. = Le Gendre, tom. II. pag. 68. = Le P. Niceron, tom. XXXVIII. pag. 267. = L'*Esprit de la Ligue*, tom. I. pag. xliij.]

30301. ☞ Mémoires d'Etat, à la suite de ceux de M. de Villeroy, concernant la Conférence de 1595, &c. 1623, *in-8.*]

30302. Mf. Négociations d'Antoine DE LOMENIE, Seigneur de la Ville-aux-Clercs, Secrétaire d'Etat du Roi de Navarre, Envoyé par le Roi vers la Reine d'Angleterre, en 1595 : *in-fol.*

Ces Négociations de M. de Loménie, mort en 1615, sont conservées entre les Manuscrits de M. de Brienne, num. 37 , [dans la Bibliothèque du Roi.]

30303. Mf. Lettres originales sur les Affaires d'Etat, depuis l'an 1592 jusqu'en 1596 : *in-fol.*

Ces Lettres sont conservées dans la Bibliothèque de MM. des Missions Etrangères.

30304. ☞ Lettres de Nicolas de Neufville, Seigneur DE VILLEROY, Ministre & Secrétaire d'Etat, écrites à Jacques de Matignon, Maréchal de France, depuis l'année 1581 jusqu'en 1596 : *Montélimart*, 1749, *in-12.*]

30305. Discours de la Négociation de Henri de Bouillon, Maréchal de France, & de [Nicolas de Harlay de] Sancy, Envoyés en Angleterre pour le fait de la Ligue défensive & offensive, contre le Roi d'Espagne, l'an 1596, écrit par Guillaume DU VAIR, Evêque de Lisieux.

Ce Discours de Guillaume du Vair , mort Garde des Sceaux en 1621, est imprimé dans le *Recueil de ses Œuvres*, pag. 1129 : *Paris*, Cramoisy, 1641, *in-fol.*
☞ *Voyez* Lenglet, *Méth. histor. in-4.* tom. IV. pag. 108.]

30306. Mf. Recueil de Pièces, depuis l'an 1584 jusqu'en 1597 : *in-fol.*

Ce Recueil est conservé dans la Bibliothèque de l'Abbaye de Marmoutier.

30307. Obras y Relaciones d'Antonio PERES, Secretario di Philippo secundo : *en Paris*, 1598, *in-4. Ibid. in-8.*

Antonio Peres est mort en 1611.

30308. Jacobi BONGARSII Epistolæ : *Lugduni-Batavorum*, Elzevirii, 1647, *in 12.*

★ Ejusdem Epistolæ : *Argentorati*, 1660, *in-12.*

Cette Edition de Strasbourg ne contient qu'une partie des Lettres de cet Auteur.

Lettres de Jacques DE BONGARS, Ambassadeur pour le Roi (Henri IV.) écrites en diverses Négociations importantes, depuis l'an 1589 jusqu'en 1598, (en Latin & en François :) *Paris*, le Petit, 1668 : *en Hollande*, 1694, *in-12.* 2 vol.

Cette Traduction est de l'Abbé de Brianville.

Les mêmes sous ce titre : Lettres DE BONGARS aux Princes d'Allemagne & à M. Camerarius, en Latin & en François, par M. D. H. nouvelle Edition restituée en plusieurs endroits, & augmentée des Lettres Françoises du même Auteur : [*Paris*, Osmont, 1681, *in-12.* 2 vol.] *La Haye*, Moetjens, 1695, *in-12.* 2 vol.

☞ La première Partie contient les Lettres que ce grand politique écrivit aux Princes, Electeurs & Ministres de l'Empire. La seconde renferme celles qu'il adressa à M. Camerarius, son ami. On y voit par-tout l'honnête homme & l'homme instruit. Son style est pur & correct, & presque digne du siècle d'Auguste.

La dernière Edition Françoise est retouchée pour le style de la Traduction. On y a ajouté de plus divers passages retranchés dans l'Edition de Paris, plusieurs Lettres Françoises qui n'avoient point été imprimées avec les Latines, & une Table des Matières.

Bongars est mort en 1612.]

Quoique cet Auteur ne rejette pas dans ses Lettres tous les termes qui ne sont pas de la belle Latinité, son style ne laisse pas d'être beau, pur, clair, poli & plein d'agrémens naturels. Il règne dans ses Lettres un certain caractère d'honnête homme, qui prévient beaucoup les Lecteurs. Ce fut pour exercer Monseigneur le Dauphin, que l'Abbé de Brianville en fit une Traduction Françoise. Les Lettres Françoises furent imprimées à Paris en 1680, & à la Haye en 1681, sous ce titre : » Le Secrétaire sans fard, ou Recueil de diverses Lettres de Jacques de BONGARS; avec une Instruction à » lui donnée par le Maréchal de Bouillon.

☞ *Voyez* Lenglet, *Méth. histor. in-4.* tom. IV. pag. 108. = *Bibl. Harley*, tom. II. pag. 522. = *Dict. de* Bayle, Art. Bongars, Remarque B.]

30309. Mf. Lettres de François DE LUXEMBOURG, Duc de Piney, Pair de France, écrites au Roi & à M. de Villeroy, Secrétaire d'Etat, pendant son Ambassade à Rome ; avec les Réponses, depuis Mars 1597, jusqu'au mois d'Août 1598 : *in-fol.*

Ces Lettres du Duc de Luxembourg, mort en 1613, sont conservées entre les Manuscrits de M. Dupuy, num. 212, ceux de M. de Brienne, num. 84, & de M. Baluze, num. 514, [dans la Bibliothèque du Roi,] & parmi les Manuscrits de M. le Chancelier Séguier, num. 20, 149, [à S. Germain des Prés.]

30310. ☞ Extrait des Dépêches de l'Ambassade du Duc de Luxembourg à Rome, en 1597 & 1598.]

30311. Mf. Ambassade de Venise de Léon BRULART : *in-fol.* 3 vol.

Mſ. Autre Ambaſſade du même à Veniſe, en 1598, & d'Antoine Seguier, Sieur DE VILLIERS: *in-fol.* 2 vol.

Ces Ambaſſades [étoient] dans la Bibliothèque de M. le Chancelier Seguier, num. 25 & 26, [& ſont aujourd'hui à S. Germain des Prés.] Antoine Seguier eſt mort Avocat-Général du Parlement, en 1613; & Léon Brulart, Doyen des Conſeillers d'Etat, en 1649.

30312. Mſ. Lettres originales écrites au Roi par Pompone DE BELLIEVRE, Conſeiller d'Etat, puis Chancelier de France ; par Guillaume DU VAIR, Préſident de Provence, & par Jean de Thumeri, Sieur DE BOISSISE, Conſeiller d'Etat: *in-fol.*

Ces Lettres ſont conſervées entre les Manuſcrits de M. Dupuy, num. 64.

30313. Mſ. Recueil de pluſieurs Pièces des Règnes de Henri III. & Henri IV. *in-fol.*

Ce Recueil eſt conſervé entre les Manuſcrits de M. Dupuy, num. 770.

== Mémoires de la Ligue, contenant pluſieurs Pièces, depuis l'an 1576 juſqu'en 1598.

Voyez ci-devant, [N.° 19724.]

30314. Mſ. Ambaſſade de Paul Hurault, Sieur DE MAISSE, en Angleterre vers la Reine Eliſabeth, pour la Paix de Vervins, en 1597 & 1598, avec un Journal de tout ce qui s'y eſt paſſé depuis le 24 Novembre 1597 juſqu'au 19 Janvier 1598: *in-fol.*

Cette Ambaſſade [étoit] dans la Bibliothèque de M. Foucault, [qui a été diſtraite,] & [eſt] dans celle des Minimes de Paris, num. 82.

30315. Mſ. Relations Italiennes de la Négociation du Traité fait à Vervins, en 1598: *in-fol.*

Ces Relations ſont conſervées entre les Manuſcrits de M. Dupuy, num. 465.

30316. ☞ Mſ. Négociations du Traité de Vervins, en 1598: *in-fol.* 2 vol.

Ces Manuſcrits ſont conſervés parmi ceux de MM. Godefroy, num. 17 & 18, dans la Bibliothèque de la Ville de Paris. Ils ſe trouvent auſſi indiqués num. 2000 du Catalogue de M. Bernard.]

30317. Mſ. Regiſtre des Inſtructions, Dépêches & Traités concernant la Paix faite à Vervins, entre les Rois de France & d'Eſpagne & le Duc de Savoye, en 1598: *in-fol.*

Ce Regiſtre eſt conſervé dans la Bibliothèque du Roi, num. 8668, 8969, 8970, 8971, 8972, [parmi les Manuſcrits] de M. le Chancelier Seguier, num. 54, [aujourd'hui à S. Germain des Prés,] & dans la Bibliothèque de MM. des Miſſions Etrangères.

30318. Mémoires hiſtoriques concernant la Négociation de Paix traitée à Vervins l'an 1598, entre Henri IV. Roi de France & de Navarre; par (Pompone) DE BELLIEVRE & (Nicolas Brulart, Seigneur) DE SILLERY, Ambaſſadeurs du Roi Très-Chrétien, & Philippe II. Roi d'Eſpagne, par les Sieurs Richardot, Taxis & Verreyken; & Charles-Emmanuel, Duc de Savoye ; par le Marquis de Lullin; avec le Journal contenant la Négociation de cette Paix, depuis le 6 Février 1598 juſqu'au premier Mai: *Paris*, de Sercy, 1660, 1676; *la Haye*, Moetjens, 1690: *in-*12. 2 vol.

Les mêmes Mémoires avec les Traités de Paix, les Ratifications & autres Pièces: *Paris*, 1700, *in-*12. 2 vol. [*La Haye*, 1725, *in-*12. 2 vol.]

Ces Mémoires contiennent, entr'autres choſes, les Négociations de M. de Bellievre & de M. de Sillery. Le Journal a été dreſſé par le Secrétaire du Cardinal de Florence, Légat *à latere* du Pape Clément VIII. à ladite Conférence, traduit de l'Italien, [& tiré du Cabinet de M. Godefroy.] Il ſe trouve auſſi au tom. II. des *Mémoires du Duc de Nevers*, pag. 733. Ces Mémoires, qui ne contiennent que des Pièces inſtructives & juridiques, ſont extraits de ceux de M. de Villeroy, du Pleſſis-Mornay, &c.

☞ Cet Ouvrage contient un Recueil de Pièces, Lettres, Mémoires & Inſtructions écrites au ſujet de la Paix de Vervins.

Les Pièces du Tome I. s'étendent depuis le 18 Janvier 1598 juſqu'au 30 Avril.

Celles du Tome II. depuis le premier Mai 1598 juſqu'au mois d'Août. On trouve à la ſuite:

= Inſtruction donnée à M. le Comte de la Rochepot allant en Eſpagne, en 1600.

= Avis donné au Roi, par le Sieur JEANNIN, avant la Paix de Vervins.

= Avis au Roi, par le même, ſur la réduction du Marquiſat de Saluces, occupé par M. le Duc de Savoye, en 1599.

Voyez ſur ces Mémoires, *Hiſt. des Ouvr. des Sçav. Mai*, 1696. = Lenglet, *Méth. hiſtor. in-*4. tom. *IV. pag.* 109.]

30319. Mſ. Pacis initæ inter Philippum II. Hiſpaniarum & Henricum IV. Galliarum Reges Hiſtoria ; auctore SECUSIO, Siculo, Ordinis Minorum Miniſtro Generali.

Cette Hiſtoire eſt citée par Wading, Cordelier, dans ſa *Bibliothèque des Ecrivains de ſon Ordre.* L'Auteur eſt mort en 1618.

30320. Hiſtoire de la Paix de Vervins, en 1598: *Paris*, 1705, *in-*8.

30321. ☞ Mémoires de la Négociation de la Paix de Vervins; par le Marquis DE LULLIN: *Paris*, 1667, *in-*8. 2 vol.]

30322. Mſ. Notes faites par le Père MACAIRE, Minime, par leſquelles il montre clairement que les Rois d'Eſpagne ont violé & contrevenu au Traité fait à Vervins: *in-fol.*

Ces Notes ſont conſervées dans la Bibliothèque des Minimes de Paris, num. 116.

30323. * Diſcours de la vertu & fortune de la France; par P. BOTON: *Lyon*, 1598, *in-*8.

30324. ☞ Mſ. Dépêches de MM. DE LOMENIE, de SANCY & DE BOISSISE, Ambaſſadeurs en Angleterre, depuis le 5 Octobre 1595 juſqu'au 13 Juin 1599: *in-fol.*]

30325. ☞ Mſ. Dépêches de M. DE BOISSISE, Ambaſſadeur en Angleterre, depuis

Lettres historiques, Mémoires, Négociations, &c. 1599.

le 22 Juin 1599 jusqu'au 16 Novembre 1601 : *in-fol.* 3 vol.

Ces deux Articles sont indiqués num. 2002 & 2003 du Catalogue de M. Bernard.]

30326. Lettres missives, Instructions & Dépêches du Roi Henri IV. à plusieurs Potentats, Princes & Seigneurs, & autres de ses Amis, en 1599.

Ces Lettres sont imprimées à la suite des *Mémoires d'Etat : Paris,* 1628, *in-*8.

30327. ☞ Henrici (IV.) Navarrorum Regis Epistolæ ad Imperatorem Romanorum, ac Reges, Principes, & Respublicas Europæas, quæ Evangelicæ & Catholicæ dicuntur, de Pace Ecclesiasticâ constituendâ & Controversiis sopiendis; cum Responsis: *Ultrajecti,* Rebbius, 1679, *in-*12.]

30328. ☞ Mf. Instructions baillées à M. de Vic, Ambassadeur en Suisse, l'an 1600 : *in-fol.*

Ces Instructions sont indiquées num. 119 des Manuscrits du Catalogue de M. Godefroy.]

30329. ☞ Harangue prononcée par M. le Maréchal DE BOIS-DAUPHIN, en l'Audience que lui donna l'Empereur, vers lequel le Roi l'avoit envoyé; à Prague, le 20 Juillet 1600, avec les Réponses.

Elle est imprimée dans le *Recueil de plusieurs Harangues : Paris,* 1622, *in-*8. Cette Ambassade étoit pour assurer l'Empereur de la bonne amitié que le Roi vouloit conserver avec Sa Majesté Impériale; la féliciter sur ses succès en Hongrie, & lui faire part de son Mariage avec la Princesse Marie de Médicis, & d'autres Affaires.]

30330. ☞ Mf. Lettres de HENRI IV. au Duc de Luxembourg, à l'Evêque de Rennes & à M. de Sillery, ses Ambassadeurs à Rome, sur le fait des Bénéficiers, pendant 1598 & jusqu'en 1600.

Ces Lettres sont conservées dans la Bibliothèque de S. Germain des Prés.]

30331. ☞ Mf. Lettres des Ministres de Florence à M. de Villeroy, & de lui auxdits Ministres, depuis 1589 jusqu'en 1600, & quelques-unes depuis.

Dans la même Bibliothèque.]

30332. Mf. Négociations (d'Antoine Seguier, Sieur) DE VILLIERS, Président à Mortier, faites à Venise en 1590, 1600 & 1601 : *in-fol.* 2 vol.

Ces Négociations [étoient] dans la Bibliothèque de M. le premier Président de Mesme.]

30333. Mf. Lettres originales des années 1600 & 1601 : *in-fol.*

30334. Mf. Lettres originales des Gouverneurs de Provinces au Roi Henri IV. *in-fol.*

Ces deux Recueils de Lettres sont conservés dans la Bibliothèque de MM. des Missions Etrangères.

30335. Mf. Lettres écrites à (Bertrand Girard) du Haillan, sous les Règnes de Henri III. & de Henri IV. *in-fol.*

Ces Lettres sont conservées dans la Bibliothèque du Roi, entre les Manuscrits de M. de Gaignières.

30336. Mf. Diario del Viaggio del Cardinal Aldobrandino, Legato Apostolico à Firenze per il sponsalio della Regina di Francia per la Pace, nell'anno 1600, 1601. Relatione della detta Legatione. Relatione della Legatione del medesimo per componere le differenze sopra il Marchisato di Salluzo : *in-fol.*

Ces Relations sont conservées entre les Manuscrits de M. Dupuy, num. 720, & [étoient] dans la Bibliothèque de M. Baluze, num. 764, 765 & 786, [aujourd'hui dans celle du Roi.]

30337. Mf. Conférences de Saint-André-aux-Bois, en 1579, & de Saint-Riquier, en 1602 : *in-fol.*

Ces Conférences [étoient] dans la Bibliothèque de M. Foucault, [qui a été distraite.]

30338. Mf. Recueil de Pièces, depuis l'an 1561 jusqu'en 1602 : *in-fol.*

Ce Recueil [étoit] dans la Bibliothèque de M. le premier Président de Mesme.]

30339. Mf. Conférences tenues ès années 1601, 1602 & 1603; par M. DE CAUMARTIN & M. MANGOT; avec les Dépêches des Archiducs, en exécution du Traité de Cambray & de Vervins : *in-fol.*

Ces Conférences de Louis le Fevre de Caumartin & de Claude Mangot, Gardes des Sceaux, [étoient] conservées dans la Bibliothèque de M. le Chancelier Seguier, num. 51, [& sont aujourd'hui à S. Germain des Prés.]

30340. Mf. Divers Discours historiques, depuis l'an 1456 jusqu'en 1603 : *in-fol.*

Ces Discours sont conservés dans la Bibliothèque de M. le Chancelier d'Aguesseau.

30341. Mf. Recueil de Pièces contenant les choses plus mémorables advenues pendant les derniers troubles, sous les Règnes de Henri III. & de Henri IV. depuis l'an 1576 jusqu'en 1603 : *in-fol.*

Ce Recueil est conservé dans la Bibliothèque de Sainte-Geneviève, à Paris.

30342. Mf. Lettres des Rois HENRI III. & HENRI IV. depuis l'an 1579 jusqu'en 1603 : *in-fol.*

Ces Lettres [étoient] conservées dans la Bibliothèque de M. l'Evêque de Séez.

30343. ☞ Mf. Lettres du Sieur BRUNAULT, faisant les Affaires du Roi en Espagne, au Roi & au Sieur de Villeroy, Secrétaire d'Etat, & du Roi & du Sieur de Villeroy audit de Brunault, depuis Janvier 1601 jusqu'en Janvier 1603.

Dans la Bibliothèque de S. Germain des Prés.]

30344. Mf. Lettres du Roi HENRI IV. à

M. de Béthune, depuis le 21 Octobre 1602 jusqu'à la fin de 1603: *in-fol.*

Ces Lettres sont conservées dans la Bibliothèque du Roi, num. 8974.

30345. Lettres (d'Arnauld) Cardinal D'OSSAT, Evêque de Bayeux, écrites au Roi Henri IV. & à M. de Villeroy, touchant sa Négociation à Rome, depuis l'an 1594 jusqu'en 1604: *Paris*, Bouillerot, 1624, *in-fol.* & *in-4*. Seconde Edition, revue, augmentée: *Paris*, Bouillerot, 1627, *in-fol.* Troisième Edition, avec quelques additions: *Ibid.* 1637, *in-fol.* & *in-8*. 2 vol. *Ibid.* [Blageart,] 1641, *in-fol.* Rouen, Caillouë, 1646, *in-4*.

Les mêmes Lettres, nouvelle Edition, corrigée sur le Manuscrit original, & notablement augmentée de Lettres écrites depuis l'an 1599, & d'autres Pièces non encore vues, de la Vie de ce Cardinal, avec des Notes historiques & politiques (d'Abraham-Nicolas) AMELOT DE LA HOUSSAYE: *Paris*, Boudot, 1697, *in-4*. 2 vol.

Nouvelle Edition, augmentée de Notes du même, qui ne se trouvent point dans l'Edition de Paris: *Amsterdam*, Humbert, 1707, *in-12*. 5 vol.

Les mêmes, nouvelle Edition, corrigée sur le Manuscrit original, considérablement augmentées & enrichies de nouvelles Notes de M. AMELOT DE LA HOUSSAYE, qui ne se trouvent point dans la dernière Edition de Paris, 1697: *Amsterdam*, 1714, *in-12*. 5 vol.

☞ Les mêmes: *Amsterdam*, (*Paris*,) 1732, *in-12*. 5 vol.

Ces Lettres s'étendent depuis 1584 jusqu'en 1604.

Le Tome I. contient les années 1584=1595.

On trouve à la tête: Vie de M. le Cardinal d'Ossat; par M. AMELOT DE LA HOUSSAYE: = Lettre de M. d'Ossat, Avocat au Parlement de Paris, à M. de la Barrière, Abbé des Feuillans.

Le Tome II. renferme 1596 & 1597.
Le Tome III. 1598 = 1600.
Le Tome IV. 1600 & partie de 1601.
Le Tome V. 1601 = 1604.

On trouve à la fin: Tarquinii GALLUCI, Soc. Jesu, Presbyteri, Oratio in funebre Illustrissimi & Reverendissimi Arnaldi Cardinalis Ossati, habita Romæ, in Ecclesiâ sancti Ludovici, die 18 Martis 1604. = Divers Eloges du Cardinal d'Ossat. = Lettres du Roi & de M. de Villeroy à ce Cardinal.]

Le medesime tradotte da Girolamo Canini: in *Venetia*, 1629, *in-4*.

M. Pelisson marque dans son *Histoire de l'Académie Françoise*, que le public est redevable de ces Lettres à Auger de Mauléon, Seigneur de Granier. D'autres croient qu'elles ont été données par MM. de Sainte-Marthe; & Wicquefort dit, Liv. II. §. 17, de l'*Ambassadeur*, que MM. Dupuy les ont publiées.

✻ Il ajoute: « On voit des preuves de son adresse » en la Négociation qu'il fit avec le Grand Duc de Tos-» cane, pour la restitution de l'Isle d'If; en celle qu'il » fit avec Clément VIII. pour la réconciliation du Roi » Henri IV. avec l'Eglise Romaine; pour la déclaration » de la nullité du Mariage du même Roi avec la Reine » Marguerite de Valois; & pour la dispense du Mariage » de Catherine de Bourbon, sœur de Henri, avec le » Duc de Bar; & pour plusieurs autres Affaires fort importantes & très-difficiles ».

Le Cardinal d'Ossat est mort en 1604.

» Celui qui donna le premier au public ses Lettres, » y changea quelques endroits & en retrancha des Piè-» ces entières, pour ne point offenser des personnes vi-» vantes, dont il redoutoit peut-être le ressentiment ». C'est ce que dit celui qui donna la seconde Edition, au commencement de l'Avis au Lecteur.

» L'Edition, qui parut la même année chez le même » Libraire, répara, en quelque sorte, ce défaut, & ne » peut néanmoins passer que pour imparfaite en com-» paraison de celle dont la République des Lettres est » redevable à M. Amelot de la Houssaye, qui s'est servi » du Manuscrit original, qu'il a eu quatre mois entre » les mains. Avec ce secours, il a corrigé toutes les Edi-» tions précédentes de quantité de fautes d'omission, » & les a augmentées de plusieurs Lettres qui jusqu'ici » avoient été supprimées. Il y en a dix à Henri III. & à » la Reine Catherine de Médicis sa mère; vingt-quatre » à la Reine Louise, Douairière de France. Il y a outre » cela un grand nombre de Pièces considérables, com-» me la Requête présentée à Clément VIII. pour obte-» nir l'Absolution du Roi. Les Notes historiques & po-» litiques que M. Amelot de la Houssaye a composées sur » les endroits les plus importans de ces Lettres, servent » non-seulement à les éclaircir, mais à instruire les » Lecteurs, & des faits historiques, & des maximes de » prudence & de conduite. La Vie du Cardinal d'Ossat » est à la tête de ces dernières Editions ». *Journal des Sçavans*, du 3 Février 1698.

» Les diverses Editions que l'on a faites de ces Lettres, » marquent combien on les a estimées. Quoique les Af-» faires qu'elles contiennent n'intéressent pas tant au-» jourd'hui que lorsqu'elles ont été écrites, les Politi-» ques peuvent en faire grand usage, pour apprendre » la manière dont il faut négocier, sur-tout avec la » Cour de Rome. La dernière Edition de Paris, » donnée par M. Amelot, est la meilleure. Il y a ajouté » des Notes aux premières qu'il avoit faites, & les a » communiquées au Libraire peu avant de mourir. Ces » nouvelles Notes contiennent des faits remarquables, » & en font la cinquième partie: elles règnent dans » tout l'Ouvrage ». Bernard, *République des Lettres*, Article V. Décembre 1707.

» Ces Lettres, (selon M. Teissier, tom. II. des *Additions aux Hommes Illustres de M. de Thou*,) sont » dignes de la lecture & de la méditation continuelles » des Politiques; car elles sont écrites d'un style grave, » & elles sont remplies d'une si grande diversité de ré-» cits & de réflexions judicieuses, qu'elles instruisent en » divertissant ».

☞ M. d'Ossat naquit en 1536, & mourut à Rome en 1604. C'étoit un homme né pour les Négociations. Ses Lettres sont un chef-d'œuvre de Politique: elles sont écrites d'un style naïf & sincère, qui en rend la lecture aussi amusante qu'instructive. On y voit avec plaisir les intrigues de la Cour de Rome de ce temps-là, & le caractère des différentes personnes avec lesquelles il eut à traiter.

Voyez la Républiq. des Lettres de Bernard, Décembre 1707. = *Mélanges* de Vigneul-Marville, tom. II. pag. 19. = *Bibl. Neocori*, tom. II. pag. 211. = Le Gendre, tom. II. pag. 11. = *Journ. de Leips.* 1698, pag. 489. = Lenglet, *Méth. hist. in-4*. tom. IV. pag. 105. = *Bibl. Harley.* tom. II. pag. 522. = Journ. des Sçav. Février 1698, Décemb. 1708. = *Bibliot. choisie*, tom. XVII. pag. 210. = *Journ. de Verdun*, Juin 1709. = Le P. Niceron, tom. XXXIV. p. 38. = *Pour & contre*, tom. XII. pag. 349. = *L'Esprit de la Ligue*, tom. I. pag. xxxvij.]

30346.

30346. Mémoires d'Etat servant à l'Histoire de notre temps, depuis l'an 1567 jusqu'en 1604, sous les Règnes des Rois Charles IX. Henri III. & Henri IV. par M. DE VILLE-ROY, Secrétaire d'Etat sous ces Rois : *Paris*, 1622, *in*-4. *Sedan*, 1622 : *Paris*, 1624, *in*-8.

☞ Nicolas de Neufville, Seigneur de Villeroy, fut fait Secrétaire d'Etat en 1574, & est mort le 12 Novembre 1617, âgé de 74 ans. On prétend qu'il avoit pris le parti de la Ligue, pour avoir été insulté, en présence du Roi, par le Duc d'Espernon. Ses Mémoires, (dont ce n'est ici que la première Partie,) sont remplis de faits importans, & qui viennent de source ; puisque l'Auteur n'y dit rien qu'il n'ait vu, & qui ne lui ait passé par les mains. Cette première Partie commence en 1574, & s'étend jusqu'au 8 Avril 1589, sept mois après qu'il eut été destitué de son Office de Secrétaire d'Etat. Il en reçut la nouvelle dans sa Maison de Villeroy, le 8 Septembre 1588.]

Ses Mémoires ont été publiés par Auger de Mauléon, Sieur de Granier. Ils sont curieux, & contiennent un grand nombre de Pièces qui ne sont pas communes, sur-tout pour le temps de la Ligue, où il étoit à moitié engagé. Cependant, on attendoit de la réputation de ce grand Ministre, quelque chose de mieux écrit. Ils ne contiennent souvent qu'un mot sur les plus grands événemens, au lieu de nous apprendre bien des mystères, comme il y avoit lieu de l'espérer. Au reste, c'est moins un récit de ce qui est arrivé de son temps, qu'une Apologie de sa conduite.

30347. Mémoires d'Etat, recueillis de divers Mémoires ensuite de ceux de M. de Villeroy, deuxième, troisième & quatrième volumes : *Paris*, 1628-1634, *in*-8.

Ces trois volumes ont été donnés au public par du Mesnil Bazire, Avocat au Parlement. Le premier contient la Journée de la Saint-Barthelemi, l'Histoire de la Ligue, les Dépêches de Louis de Révol, Secrétaire d'Etat, & finit au Siège de Paris, en 1590. Dans le second, il y a plusieurs Lettres du Roi Henri IV. avant & après sa Conversion, des Dépêches, des Instructions jusqu'en 1620 ; & le dernier Tome contient la Conférence faite avec les Princes & les Etats Catholiques assemblés à Paris en 1593, & autres Mémoires servant à l'Histoire de Henri II. Charles IX. Henri III. Henri IV. & Louis XIII.

Les mêmes Mémoires de M. DE VILLEROY, avec la suite : *Paris*, 1636, *in*-8. 4 vol. *Ibid*. 1665, *in*-12. 4 vol.

On a ajouté dans cette dernière Edition plusieurs Lettres, des Mémoires, des Instructions & des Traités qui ne sont pas de ce Ministre.

☞ Les mêmes : *Amsterdam*, (*Trévoux*,) 1723, *in*-12. 7 vol.

L'Edition originale de 1622 est toujours recherchée. *Voyez* sur ces Mémoires, Lenglet, *Méth. hist. in*-4. tom. *IV*. pag. 110. = Le Gendre, tom. *II*. pag. 78. = Abrégé de l'*Hist. Eccles.* de Racine, *in*-12. tom. *X*. pag. 174. = L'*Esprit de la Ligue*, tom. *I*. pag. xxxvj. = Bibliographie de Debure, *Hist.* tom. *II*. pag. 116.]

30348. Discours sur l'excellence des Mémoires de M. de Villeroy ; par Maximilien DE BÉTHUNE, Duc de Sully.

Ce Discours, qui est une vraie Critique de ces Mémoires, est imprimé au tom. IV. des *Mémoires du Duc de Sully, pag.* 125 : *Paris*, 1662, *in-fol*.

30349. Ms. Dépêches de M. le Comte DE BÉTHUNE, écrites au Roi, pendant son Ambassade à Rome, depuis le 15 Septembre 1601, jusqu'au 6 Septembre 1604 : *in-fol*. 3 vol.

Ces Dépêches de Philippe, Comte de Béthune, mort en 1649, sont conservées entre ses Manuscrits dans la Bibliothèque du Roi, num. 8981-8983.

Ms. Extrait de cette Ambassade : *in-fol*.

Cet Extrait [étoit] dans la Bibliothèque de M. le Chancelier Seguier, n. 2 ; [& est aujourd'hui à S. Germain des Prés.] « Le Comte de Béthune étoit aussi illustre par ses belles qualités, que par sa naissance. Il n'avoit pas tant d'extérieur, mais beaucoup autant d'esprit & d'adresse que le Duc de Sully son frère, qui le fit entrer dans les Affaires. Dès son Ambassade de Rome, qui fut son premier emploi, il fit paroître tant de capacité, qu'il fut presque toujours employé depuis ce temps-là dans les Négociations ». C'est ce que dit de Wicquefort, Liv. II. de l'*Ambassadeur*, section 7. Le Laboureur marque dans ses *Additions aux Mémoires de Castelnau*, (tom. *II*. pag. 687) que « la Cour de Rome & tous les Etats d'Italie, l'Allemagne & l'Angleterre ont admiré sa prudence & son expérience dans les illustres & importantes Ambassades qui lui ont été confiées par Henri IV. & Louis XIII.

30350. Ms. Lettres de M. DE VILLEROY à M. de Béthune, Ambassadeur à Rome, écrites depuis l'an 1601 jusqu'en 1604 : *in-fol*. 2 vol.

Ces Lettres sont conservées dans la Bibliothèque du Roi, num. 8978 & 8979.

30351. Ms. Dépêches de Philippe, Comte DE BÉTHUNE, à M. de Villeroy, depuis le 9 d'Octobre 1601, jusqu'au 19 Mai 1605 : *in-fol*. 2 vol.

Ces Dépêches sont conservées dans la même Bibliothèque, num. 8985 & 8986 ; [il y en avoit] un Volume dans celle de M. Baluze, num. 90, sous le nom d'Ambassade de : [il est aujourd'hui dans la Bibliothèque du Roi.]

30352. Ms. Registre de diverses Lettres écrites par le même à divers Rois, Reines, Princes & Princesses, Cardinaux & autres Grands, pendant son Ambassade à Rome : *in-fol*.

Ce Registre est conservé dans la Bibliothèque du Roi, num. 8987.

30353. Ms. Recueil très-curieux, depuis l'an 1527 jusqu'en 1605, concernant les Affaires de France : *in-fol*.

Ce Recueil [étoit] dans la Bibliothèque de M. Baluze, num. 255, [& est aujourd'hui dans celle du Roi.]

30354. Ms. Recueil de Pièces concernant l'Histoire de France, depuis l'an 1572 jusqu'en 1605 : *in-fol*. 4 vol.

Ce Recueil est conservé dans la Bibliothèque de M. Joly de Fleury, Procureur-Général du Parlement, num. 1026-1029.]

30355. Ms. Recueil de différentes Pièces servant à l'Histoire de France, depuis l'an 1577 jusqu'en 1605 : *in-fol*.

Ce Recueil [étoit] dans la Bibliothèque de M. de Caumartin, [mort Evêque de Blois en 1733.]

30356. Ms. Journal d'un Ambassadeur d'Angleterre à Paris, depuis le mois de Mai 1603 jusqu'en 1605 : (en Anglois.)

Ce Journal eſt conſervé à Londres dans la Bibliothèque du Chevalier Cotton, Veſpaſianus, F. X.

30357. Mſ. Dépêches de M. DE HARLAY, Comte de Beaumont, Ambaſſadeur en Angleterre, écrites au Roi & à M. de Villeroy, & les Réponſes durant les années 1602, 1603, 1604, 1605 : *in-fol.* 5 vol.

Ces Dépêches de Chriſtophle de Harlay, Comte de Beaumont, mort Gouverneur de la Ville & Duché d'Orléans, en 1615, ſont conſervées, quant aux deux premiers volumes, entre les Manuſcrits de M. Dupuy, num. 327 & 328 ; les cinq volumes [étoient] dans la Bibliothèque de M. le Chancelier Seguier, num. 33, [& ſont aujourd'hui à S. Germain des Prés, où l'on en trouve un Exemplaire en 6 volumes, provenant de M. de Harlay.] Ils ſont en quatre volumes, entre les Manuſcrits de M. de Brienne, 38-41, [à la Bibliothèque du Roi; en huit dans celle de M. Joly de Fleury, Procureur-Général ; & enfin ils ſont indiqués en neuf volumes dans le Catalogue de la Bibliothèque de M. Bernard.]

30358. Mſ. Lettres originales de M. DE BUZENVAL, Ambaſſadeur en Hollande, écrites à M. de Villeroy, depuis l'an 1597 juſqu'en 1605 : *in-fol.* 2 vol.

Ces Lettres de Paul Choart de Buzenval, mort Ambaſſadeur en Hollande en 1607, [étoient] dans la Bibliothèque de M. le Chancelier Seguier, num. 35, [aujourd'hui à S. Germain des Prés;] & en Copies entre les Manuſcrits de M. de Brienne, num. 99 & 100, [à la Bibliothèque du Roi.]

Mſ. Négociations du même en Hollande, depuis l'an 1602 juſqu'en 1606 : *in-fol.*

Ces Négociations ſont conſervées dans la Bibliothèque de M. le Chancelier d'Agueſſeau.

30359. ☞ Mſ. Lettres de la Reine Eliſabeth, depuis 1596 juſqu'en 1605 incluſivement.

Elles ſe trouvent dans la Bibliothèque Britannique, parmi les Manuſcrits de la Bibliothèque Harleyenne, num. 4464. La plupart de ces Lettres regardent la France, (comme l'a obſervé M. de Brequigny,) & ſont en François : ce ne ſont point des originaux, mais des Copies. On a arraché dix feuillets de ce Manuſcrit, qui devoient contenir les Lettres depuis le mois de Septembre 1602, juſqu'au mois de Mai 1603. Ce Recueil a été donné à la Bibliothèque Harleyenne, le 20 Janvier 1712/7, par un Anglois nommé Lawrton, comme il eſt marqué dans une Note à la tête du Manuſcrit.]

30360. Mſ. Lettres originales de pluſieurs Grands & autres employés dans les Affaires d'Etat, écrites au Roi, depuis l'an 1589 juſqu'en 1606 : *in-fol.* 3 vol.

Ces Lettres ſont conſervées entre les Manuſcrits de M. Dupuy, num. 61-63.

30361. Mſ. Lettres originales des années 1604, 1605 & 1606 : *in-fol.*

Ces Lettres ſont conſervées dans la Bibliothèque de MM. des Miſſions Etrangères.

30362. Mſ. Lettres écrites par le Roi HENRI IV. & ſes Miniſtres, à Louis le Fevre de Caumartin, Ambaſſadeur de Sa Majeſté ; & les Réponſes de M. DE CAUMARTIN au Roi & à ſes Miniſtres, depuis le premier Janvier 1607 juſqu'au 2 Avril : *in-fol.*

Ces Lettres [étoient] dans la Bibliothèque de M. de Caumartin, [mort Evêque de Blois en 1733.]

30363. Lettres & Ambaſſades de Philippe CANAYE, Sieur de Freſne, Conſeiller au Grand-Conſeil, Ambaſſadeur du Roi en Allemagne, en Suiſſe, en Italie, depuis le 18 Septembre 1601 juſqu'au 20 Septembre 1607 : *Paris*, Richer, 1635-1636 : *in-fol.* 3 vol.

Les Lettres & Ambaſſades de Philippe Canaye, mort en 1610, ont été miſes au jour par les ſoins de Robert [REGNAUT, Minime de Paris,] qui y a joint un Sommaire de la Vie de cet Ambaſſadeur, & le récit du Procès fait au Maréchal de Biron, compoſé par Jacques DE LA GUESLE, Procureur-Général du Parlement. Ces Mémoires ſont fort bons & très-eſtimables; mais, ſelon M. Lenglet, ils ne ſont utiles qu'à peu de perſonnes. Les deux premiers Volumes ne contiennent que des Affaires communes; mais le troiſième, qui eſt fort curieux, comprend les Négociations faites au ſujet du différend du Pape Paul V. avec les Vénitiens, & d'autres particularités fort ſingulières.

☞ Le Tome I. s'étend depuis le 18 Septembre 1601 juſqu'au dernier Mai 1603. On trouve à la tête une Table alphabétique des noms des perſonnes auxquelles les Lettres de ce volume ſont adreſſées, un Extrait en forme de Table de ce que contient chaque Dépêche, & à la fin le Récit du Procès du Maréchal Duc de Biron, qui eſt une Piéce curieuſe & aſſez étendue.

Le Tome II. s'étend depuis le 2 Juin 1603 juſqu'au 10 Août 1605. On trouve à la tête deux Tables pareilles à celles du Tome précédent.

Le Tome III. où l'on voit bien des choſes curieuſes & intéreſſantes, contient des Lettres depuis le 15 Avril 1606 juſqu'au 21 Septembre 1607, avec des Sommaires à la tête de chacune. Il y eſt particulièrement queſtion du Différend du Pape Paul V. avec la République de Veniſe ; de toute la ſuite de cette Affaire, & des circonſtances du Traité juſqu'à l'accommodement. On trouve à la tête de ce Volume un Avant-Propos ſur les cauſes du Différend entre les Papes Clément VIII. & Paul V. & la République de Veniſe, ès années 1606 & 1607 ; un Inventaire aſſez ample des Traités, Apologies, Conſeils, Réponſes, Lettres & autres Opuſcules faits & publiés tant en faveur du Saint Siège, que de la République de Veniſe, ſur le ſujet des Cenſures de Paul V. contre la République, du 17 Avril 1606 ; & une Table alphabétique des noms des perſonnes auxquelles les Lettres de ce Volume ſont adreſſées.]

De Wicquefort ne paroît pas faire un ſi grand cas de ces Mémoires, au Livre II. de ſon *Ambaſſadeur*. » On voit (dit-il) une partie des Négociations du Car-
» dinal de Joyeuſe dans ſes Lettres, qui font connoître
» que c'étoit un grand homme & un très-adroit & très-
» habile Ambaſſadeur. A l'égard de Freſne-Canaye,
» ceux qui ont publié après ſon décès les Dépêches
» qu'il a faites dans ſon Ambaſſade à Veniſe, n'ont pas
» fait grand honneur à ſa mémoire. Il faut croire qu'il
» avoit du mérite, puiſque le Roi Henri IV. l'avoit
» employé en Allemagne & en Angleterre ; mais com-
» me il ſe trouvoit depuis dans un lieu où il n'y avoit
» rien à négocier, il ne faut pas s'étonner du peu de
» matière qui ſe trouve dans ſes Lettres ; ainſi on ſe
» ſeroit bien paſſé de les donner au public, & de faire
» trois gros volumes, de ce qui pouvoit ſe dire en dix
» ou douze feuilles ».

☞ *Voyez* Lenglet, *Méth. hiſtor. in-4. tom. IV.* pag. 111. = *in notit. Script. Hiſt. Gall. part. 2;* pag. 26. = *Pour & contre, tom. XII. pag. 348.]*

30364. ☞ Mſ. Lettre au Roi, par le Cardinal DU PERRON, sur l'accord entre Sa Sainteté & les Vénitiens.

C'est une Copie d'ancienne écriture, en 11 pages : elle est conservée à Dijon, dans la Bibliothèque de M. Fevret de Fontette.]

30365. ☞ Mſ. Négociation pour la Trève des Pays-Bas, entre le Roi d'Espagne & les Archiducs de Flandres d'une part, & les Etats-Généraux des sept Provinces-Unies, traitée sous l'autorité du feu Roi Henri le Grand, par MM. le Préſident Jeannin, Buzenval & de Ruffy, ſes Ambaſſadeurs : 1607.

Ce Manuscrit est conservé dans la Bibliothèque de S. Germain des Prés.]

30366. ☞ Mſ. Lettres des Sieurs de Buzenval, Jeannin & de Ruffy, Ambaſſadeurs en Hollande, au Roi & au Sieur de Villeroy ; & d'eux auxdits Sieurs, depuis Juin 1594 jusqu'en Juin 1609.

Ces Lettres sont dans la même Bibliothèque.]

30367. Mſ. Lettres d'Antonio PEREZ, Espagnol, écrites au Connétable de Montmorency, depuis l'an 1597 jusqu'en 1608 : in-fol.

Les Lettres de cet Espagnol, mort en 1611, sont conservées dans la Bibliothèque du Roi, num. 9041.

30368. Mſ. Lettres de M. DE BREVES, Ambassadeur à Rome en 1608, avec son Ambassade : in-fol. 4 vol.

Ces Lettres de François Savari de Breves, mort en 1618, [étoient] dans la Bibliothèque de M. Colbert, [& sont aujourd'hui dans celle du Roi.]

30369. Mſ. Recueil de diverses Pièces, depuis l'an 1571 jusqu'en 1609 : in-fol.

Mſ. Autre, depuis l'an 1600 jusqu'en 1609 : in-fol.

Ces Recueils [étoient] conservés dans la Bibliothèque de M. le premier Préſident de Mesme.

30370. ☞ Relation de l'état de la France sous Henri IV. par le Chevalier Georges CAREN, Ambassadeur de la Reine Elisabeth, auprès de ce Prince, depuis 1605 jusqu'en 1609 : (en Anglois).

Cette Relation se trouve avec les Lettres & Négociations du Chevalier Thomas Edmondes : sur quoi l'on peut voir la Bibliothèque raisonnée, tom. XLIII. pag. 314.]

30371. Mſ. Lettres du Roi Henri IV. à la Reine Marie de Médicis ſa femme, depuis l'an 1600 jusqu'en 1609 : in-fol.

Ces Lettres [étoient] dans la Bibliothèque de M. Bouthillier, ancien Evêque de Troyes, E. 3.]

30372. Mſ. Conférence entre les Députés du Roi pour ceux de la Ville de Metz & de M. de Lorraine, touchant plusieurs Droits & Terres contentieuses entre ledit Sieur Duc de Lorraine & ceux de la Ville de Metz, en 1609 : in-fol.

Cette Conférence est conservée entre les Manuscrits de M. Dupuy, num. 188, & ceux de M. de Brienne, num. 127, [dans la Bibliothèque du Roi.]

30373. ☞ Mſ. Instructions au Sieur de Sainte-Catherine, de ce qu'il doit repréſenter au Duc Jean des Deux-Ponts & à la Duchesse ſa mère : 1609.

Elles sont conservées à Dijon dans la Bibliothèque de M. Fevret de Fontette.]

30374. ☞ Négociation faite à Milan avec le feu Prince de Condé en 1609, pour ſon retour en France.]

30375. ☞ Instruction donnée à M. de Boiſſiſe en l'année 1609, allant en Allemagne en la Journée de Hall.]

30376. ☞ Forme d'écrire par le Roi aux Potentats d'Italie & d'Allemagne.

Ces trois Pièces sont imprimées dans le tom. IV. des Mémoires d'Etat, à la ſuite de ceux de Villeroy.]

30377. Mſ. Traités & Ambaſſade en Turquie, depuis l'an 1574 jusqu'en 1610 : in-fol. 2 vol.

Ces Traités [étoient] dans la Bibliothèque de M. le Chancelier Seguier, num. 45, [& ſont aujourd'hui à S. Germain des Prés.]

30378. ☞ Mſ. Lettres du Roi & de pluſieurs Seigneurs à M. le Connétable de Montmorency, depuis 1594 juſqu'en 1610 : in-fol.

30379. ☞ Mſ. Lettres du ROI, des Ducs DE VENTADOUR, DE LA GUICHE, DE SCHOMBERG, & du Maréchal DE BIRON, à M. le Connétable de Montmorency, depuis 1595 jusqu'en 1609 : in-fol. 2 vol.

Ces deux Articles sont indiqués num. 1010 & 1027, du Catalogue de M. Bernard.]

30380. ☞ Mſ Lettres originales de HENRI III. & de HENRI IV. à M. le Maréchal de Souvré : in-fol.

Ce Volume est dans la Bibliothèque de M. le Marquis de Courtenvaux. On y voit aussi deux Lettres originales de Marie DE MEDICIS au même Maréchal de Souvré.]

30381. Mſ. Lettres de M. DE LA BODERIE, écrites au Roi & à M. de Villeroy pendant ſon Ambaſſade en Angleterre, depuis l'an 1606 jusqu'en 1610, avec les Réponses : in-fol. 2 vol.

Ces Lettres d'Antoine le Fevre, Sieur de la Boderie, mort en 1615, ſont conservées entre les Manuscrits de M. de Brienne, num. 42 & 43, dans la Bibliothèque du Roi, num. 9003 & 9004, [& dans celle de S. Victor lès-Paris. Il y en a un Extrait dans celle de S. Germain des Prés.]

30382. ☞ Ambaſſades de M. (Antoine le Fevre) DE LA BODERIE, en Angleterre, ſous le Règne de Henri IV. & la Minorité de Louis XIII. depuis les années 1606 jusqu'en 1611 : (Paris,) 1750, in-12. 5 vol.

L'Editeur, & l'Auteur de la Préface, est Paul-Denys BURTIN, Provençal, mort à Paris en 1755.

Voyez les Mémoires de Trévoux, 1750, Août. M. Arnauld d'Andilly dit, dans ſes Mémoires, (Hambourg, 1734, in-12.) pag. 95, qu'Antoine le Boderie, Seigneur de Pomponne (ſon beau-père,) étoit d'un ſi grand mérite, qu'on n'en voyoit point en

France de plus capable de remplacer M. de Villeroy, s'il fût venu à manquer.]

30383. ☞ Lettres de HENRI IV. Roi de France, & de MM. DE VILLEROY & DE PUISIEUX, à M. Antoine le Fevre de la Boderie, Ambassadeur de France en Angleterre, depuis 1606 jusqu'en 1611 : *Amsterdam*, 1733, *in-*8. 2 vol.]

30384. Mémoires & Négociations du Président JEANNIN, pour la Trêve avec les États-Généraux des Pays-Bas, depuis l'an 1607 jusqu'en 1610, avec ses Œuvres mêlées, contenant plusieurs Avis, Discours politiques, Lettres, &c. *Paris*, le Petit, 1656, *in-fol. Amsterdam*, 1659, *in-*2. 2 vol. *Ibid.* 1695, *in-*12. 4 vol.

Les Mémoires de Pierre Jeannin, premier Président du Parlement de Bourgogne & Ministre d'Etat, mort en 1623, ont été recueillis par Nicolas DE CASTILLE son petit-fils, Abbé de Saint-Bénigne, &c. mort en 1658. Il a fait l'Epître dédicatoire & la Vie du Président Jeannin. Les Exemplaires manuscrits sont plus amples que les imprimés. Ces Négociations sont très-estimées, parcequ'elles sont très-bien raisonnées, & qu'elles ne contiennent pas seulement la Relation de la Trêve de 1610, entre la Hollande & l'Espagne, mais encore des conseils très-prudens sur ce qu'on pouvoit & devoit faire.

» L'Eloge qu'on a mis à la tête de ce Volume, ne
» dit rien d'approchant de ce qui se trouve dans la
» Négociation même. On y voit que le Roi Henri IV.
» & M. de Villeroy y prennent plus de plaisir à suivre
» ses avis qu'ils n'ont de peine à l'instruire de leurs in-
» tentions & à régler sa conduite.... Je ferois volontiers
» (continue Wicquefort au Livre II. de son *Ambassa-*
» *deur*, section 7,) un juste parallèle entre le Cardinal
» d'Ossat & le Président Jeannin ; mais comme je trouve
» en tous les deux des qualités également grandes, un
» profond sçavoir, un esprit extrêmement éclairé, une
» fidélité incomparable, une adresse & une application
» qu'on ne voit point ailleurs ; j'avoue que je ne pour-
» rois rien dire de l'un que la justice ne doive aussi à
» l'autre ».

Guy Patin, dans sa Lettre cent dix-septième, écrite à Charles Spon le 18 Novembre 1656, n'est pas tout-à-fait de l'avis de Wicquefort. » Ce Livre est bon & cu-
» rieux (dit Patin ;) mais à mon avis, il ne vaut pas les
» Lettres du Cardinal d'Ossat. J'y trouve des défauts
» & des retranchemens faits par René de Cerisiers, qui
» a fait imprimer ce Livre par l'autorité des parens,
» qui lui ont commis tous les Manuscrits ».

☞ *Voyez* Lenglet, *Méth. histor. in-*4. *tom. IV. pag.* 111. = *Biblioth. des Auteurs de Bourgogne, tom. I. pag.* 335. = Le Gendre, *tom. II. pag.* 87. = *Lettr. de Guy Patin à Spon, tom. II. pag.* 209. = *Pour & Contre, tom. XII. pag.* 349.]

30385. ☞ Mss. Mémoire de ce que l'Abbé d'Aumale a traité avec M. le Prince de Condé à Milan, en 1610: *in-fol.*

Ce Mémoire est indiqué num. 3190 du Catalogue de M. le Blanc.]

30386. Mss. Registre de diverses Expéditions sous les Règnes de Henri III. & de Henri IV. *in-fol.*

Ce Registre [étoit] dans la Bibliothèque de M. de Caumartin, [mort Evêque de Blois en 1733.]

30387. Mss. Mémoires du Règne de Henri IV. depuis le mois d'Août 1589 jusqu'en 1610 : *in-fol.* 2 vol.

Ces Mémoires sont conservés entre les Manuscrits de M. Dupuy, num. 88 & 89.

30388. ☞ Mss. Lettres de M. le Marquis DE BOUGY de Callonges : *in-*4.

Ces Lettres sont relatives aux Guerres de la Religion pendant le Règne de Henri IV. Elles sont conservées dans le Cabinet de M. le Marquis de Belesta de Gardouch à Toulouse.]

30389. Mss. Recueil de diverses Pièces, Lettres & Réglemens pour le Royaume de France, sous le Règne du Roi Henri IV. *in-fol.*

Ce Recueil [étoit] dans la Bibliothèque de M. Baluze, num. 132, [& est aujourd'hui dans celle du Roi.]

30390. Mss. Registre des Expéditions du Règne de Henri IV. *in-fol.*

Ce Registre est conservé dans la même Bibliothèque, num. 674.

30391. Mémoires des Sages & Royales Œconomies d'Etat, Domestiques, Politiques & Militaires de Henri-le-Grand, l'Exemplaire des Rois, le Prince des Vertus, des Armes & des Loix, & le Père en effet des Peuples [François] ; & des Servitudes utiles, Obéissances convenables & Administrations loyales de Maximilien DE BÉTHUNE (DE SULLY), l'un des plus confidens, familiers & utiles Soldats & Serviteurs du grand Mars [des] François ; [dédiés à la France, à tous les bons Soldats & à tous Peuples François :] *Amsterdam*, Alethinosgraphe de Cleareti-melée & Graphexecon de Pistariste, *in-fol.* 2 vol. *Rouen*, 1649, *in-fol.* 2 vol. *Amsterdam*, 1651, *in-*12. 4 vol. [& en 1652, jouxte la copie imprimée à *Amsterdam*, *in-*12. 4 vol.] *Paris*, Courbé, 1664, *in-fol.* 2 vol. Tôme troisième & quatrième : *Paris*, Courbé, 1662, *in-fol.* 2 vol.

☞ Ces Mémoires, qui contiennent un Recueil de plusieurs Lettres & Pièces, s'étendent depuis 1570 jusqu'en 1610. Jean LE LABOUREUR a donné l'Edition de Paris 1664, avec une Suite depuis 1610 jusqu'au Siège de la Rochelle, en 1628.

Cette Suite se trouve rapportée au num. 195, *p.* 385, du Catalogue de M. Bellanger, avec des tomes précédens, sous ce titre : » *Les Mémoires des Sa-*
» *ges*, &c..... rédigés par l'ordre du même Seigneur
» sur les Journaux, Recueils, & autres choses écrites
» de sa main, & amplifiées par le Sieur Arnauld, le Gen-
» dre, de la Fond, & autres Secrétaires dudit Seigneur :
» lesdits Mémoires contenant ce qui s'est passé en France
» depuis l'arrivée de M. de Sully à la Cour en 1572,
» jusqu'à la mort du Roi Henri IV. en 1610 ; ensemble
» d'autres Mémoires abrégés depuis ladite mort jusqu'à
» la prise de la Rochelle en 1628 ; ajoutés ensuite de
» ceux de M. de Sully, imprimés en quatre tomes *in-fol.*
» dont les deux premiers contenus en deux volumes,
» qui finissent à la fin de l'année 1605, portent la mat-
» que d'Amsterdam, chez Aléthinosgraphe de Cléareti-
» melée, &c. mais sont imprimés en une Maison parti-
» culière du Duc de Sully, ainsi même qu'il est marqué
» à la fin du premier tome ; & les deux autres tomes
» contenus en un volume sont imprimés à Paris chez
» Augustin Courbé, 1662, le tout en 3 vol.

Les deux premiers volumes des *Mémoires de Sully* ont été imprimés, non à Amsterdam, mais dans le

Château de Sully, en 1638, par un Libraire d'Angers, comme on le voit par des Notes Manuscrites de Pichery, Notaire Royal à Sully, qui a passé le Contrat, & en a reçu un Exemplaire de M. le Duc de Sully, comme il l'a écrit au Frontispice dudit Exemplaire, (intitulé comme ci-dessus) qui est conservé dans la Bibliothèque des Bénédictins à Orléans.]

Ces Mémoires entiers : [*Paris*, 1662, *in*-12. 4 vol.] *Ibid*. 1663, *Rouen*, 1665, *in*-12. 8 vol.

☞ Les mêmes : *Amst*. 1723, *in*-12. pet. 12 vol.
Elle a été faite pour aller avec la petite Edition des *Mémoires de Villeroy* : 7 vol.]

☞ Mémoires de Maximilien DE BÉTHUNE, Duc DE SULLY, principal Ministre de Henri le Grand, mis en ordre avec des Remarques; par M. L. D. L: D. L. (Pierre-Mathurin, Abbé de l'Ecluse des Loges) : *Londres*, (*Paris*, Debure,) 1745, *in*-4. 3 vol. & *in*-12. 8 vol.

Cette Edition ne va que jusqu'en 1611.
On trouve à la fin du dernier Tome. = Livre XXX. où l'on expose le Projet politique appellé communément le Grand Dessein de Henri IV. = Supplément à la Vie du Duc de Sully, depuis sa Retraite.

Cette Edition a été convaincue d'infidélité par les *Observations* indiquées ci-dessous.

On doit remarquer encore, que l'on y a retranché toutes les parties qui concernoient les Œconomies politiques. *Voyez* au reste la *Bibliographie historique*, tom. II. pag. 115.

Dans l'Exemplaire de ces Mémoires *in*-4. appartenant à M. de Boze, (num. 1877 de son Catalogue,) on avoit inséré soixante Portraits de Personnes célèbres, dont il est parlé dans l'Ouvrage : ces Portraits ont été gravés par Odievre.]

Les Mémoires du Duc de Sully, Marquis de Rosny, mort dans la Religion Prétendue-Réformée en 1641, ont été d'abord imprimés dans le Château de Sully, *Maison particulière*, comme le dit la Préface, & Patin dans la Lettre quatre-vingt-dix-neuvième du tom. V. de ses *Lettres*, écrite le 27 Novembre 1649. « Nous » aurons ici bien-tôt de Rouen, en deux volumes » *in-folio*, les Mémoires de M. de Sully, qu'il avoit fait » imprimer de son vivant en sa Maison, & qui n'ont » jamais été vus que très-peu ». Le même, dans sa Lettre trente-quatrième du tome I. « J'ai appris que » cette dernière Edition avoit été châtrée par ordre de » M. le Prince ».

Cet Ouvrage est aussi intitulé [dans quelques Exemplaires] : » Mémoires de ce que nous quatre, qui avons » été employés en diverses Affaires de France, sous » Monseigneur le Duc de Sully, avons pu sçavoir de sa » vie, mœurs, dits, faits, gestes & fortunes, & de ce » que lui-même peut nous avoir appris de ceux de no- » tre valeureux Alcide, le Roi Henri le Grand, depuis » le mois de Mai 1572, qu'il a mis à son service, jus- » qu'au mois de Mai 1610 que le Roi laissa la terre ».

Ces Mémoires sont fort curieux; ils contiennent quantité de secrets du Règne de Henri IV. Ils semblent être faits pour justifier la mémoire de ce Prince. Ils commencent en 1570, & finissent au mois de Mai 1610. Outre les Lettres datées, il y a d'autres Pièces du Duc de Sully, qui a lui-même publié les deux premiers volumes. L'Auteur suppose dans son Epître liminaire, que six de ses Secrétaires ont composé ses Mémoires pas son ordre, soit pour dire avec plus de liberté ce qu'il pensoit, soit pour justifier son style, qui n'est pas toujours uniforme ; il est même peu travaillé, & tout l'ouvrage n'a pas assez d'ordre. Les deux derniers volumes ont été publiés en 1662, par les soins de M. l'Abbé le Laboureur, qui en porte ce jugement au tome II. de ses *Additions aux Mémoires de Castelnau*, Liv. *VII*. p. 687. » Les Mémoires que le Duc de Sully a laissés sous le

» titre d'*Œconomies Royales*, sont tous pleins de té- » moignages de ses services, comme de ses grandes ex- » périences & de la beauté de son esprit, & on y ap- » prend beaucoup de secrets d'Etat. Mais s'il m'est per- » mis d'en donner mon sentiment, je dirai, avec tout » le respect qu'on doit à sa mémoire, qu'il y avoit une » méthode plus fine & plus ordonnée, pour faire valoir » sa conduite & ses conseils, & que si ces sieurs avoient » passé par les mains qui les eussent maniées & arran- » gées avec plus d'art, on lui auroit l'obligation d'une » Histoire accomplie & plus capable de servir au public. » Il s'en faut prendre à ces quatre Secrétaires qui l'em- » barrassent en plusieurs endroits, & qui donnant la » gêne à sa mémoire, font quelquefois violence à sa » modestie ». La première Edition des deux premiers volumes, au jugement de Patin, est la meilleure; car les autres sont tronquées.

☞ *Voyez* Lenglet, Méth. histor. in-4. tom. IV. pag. 111. = Jugem. sur quelques Ouvr. nouv. tom. X. pag. 313. = Journ. de Verdun, Décemb. 1745. = Lettr. de Guy Patin, tom. I. pag. 105. = Mém. de Trévoux, Septemb. Novemb. 1745. = Lenglet, Plan de l'Hist. de France, tom. II. pag. 21. = Le Gendre, tom. II. p. 73. = Bibl. de Clément, tom. III. pag. 256. = Isagoge in notit. Script. Hist. Gall. part. 2, pag. 26. = Diction. de Prosper Marchand, Art. Cath. de Médicis, Rem. B. = L'Esprit de la Ligue, tom. I. pag. xxxix.]

30392. ☞ Ms. Caractère du Livre intitulé : *Mémoires des Sages & Royales Œconomies d'Etat*, &c. par M. LEVESQUE DE LA RAVALIERE. *Mém. de l'Acad. des Inscript. & Bell. Lettr. tom. XXI. pag.* 541.]

30393. ☞ Observations sur la nouvelle Edition des Mémoires de Sully, principalement pour ce qui concerne les Jésuites ; dans lesquelles on rectifie plusieurs faits qui les concernent, sous le Règne de Henri IV. Roi de France, altérés dans cette nouvelle Edition : (*Paris*,) 1747, *in*-12.

Nouvelle Edition, considérablement augmentée : *Amsterdam*, (*Paris*,) 1762, *in*-12.

L'Auteur est Jean-Gabriel Petit DE MONTEMPUIS, ancien Recteur de l'Université de Paris, Chanoine de l'Eglise Cathédrale, mort en 1763.]

30394. Ms. Mémoires sous le Règne de Henri IV. *in-fol*. 211 vol.
Ces Mémoires sont conservés dans la Bibliothèque du Roi, num. 8934-9144. Ce sont des Manuscrits de M. le Comte de Béthune.

30395. ☞ Lettres & Pièces du Règne de Henri IV. dont plusieurs en original : *in-fol*. 4 Porte-feuilles.
Elles sont conservées dans la Bibliothèque de la Ville de Paris, parmi les Manuscrits de MM. Godefroy, num. 262-265.]

§. VI.

Lettres historiques, Mémoires d'Etat, Dépêches, Ambassades, Négociations, & autres Recueils de Pièces du Règne de Louis XIII.

30396. Ms. LETTRES de Charles DE LORRAINE, Duc de Mayenne, & autres à lui écrites des Règnes de Henri IV. & Louis XIII. *in-fol*.

30397. Mf. Lettres écrites à la Duchesse de Guise, ou qui la concernent, des Règnes de Henri IV. & Louis XIII. *in-fol.*

Ces deux Manuscrits sont conservés dans la Bibliothèque du Roi, entre ceux de M. de Gaignières.

30398. Mf. Traités & autres Dépêches d'Etat, depuis l'an 1564 jusqu'en 1611 : *in-fol.*

Ce Recueil [étoit] dans la Bibliothèque de M. le Chancelier Seguier, num. 120, [& est aujourd'hui à S. Germain des Prés.]

30399. Mf. Lettres & Dépêches écrites par Henri IV. ès années 1607, 1608, 1609 & 1610, & par la Reine Mère, Régente en France, depuis l'an 1610 jusqu'en 1611, à M. de Refuge, Ambassadeur de leurs Majestés en Suisse : *in-fol.*

Ce Recueil est conservé dans la Bibliothèque de M. le Chancelier d'Aguesseau.

30400. Mf. Négociations [de Jean de Thumery] de Boissise, Conseiller d'Etat, Ambassadeur Extraordinaire du Roi Henri IV. vers les Princes Protestans d'Allemagne à Hall en Swabe, depuis le mois de Janvier 1610 jusqu'au mois d'Octobre de la même année : *in-fol.*

Ces Négociations sont conservées entre les Manuscrits de M. Dupuy, num. 765.

30401. Mf. Lettres du Roi Henri IV. de (Nicolas Neufville, Seigneur) de Villeroy, & de (Pierre Brulart, Marquis) de Puysieux, à M. (Antoine le Fevre) de la Boderie, Ambassadeur en Angleterre, durant les années 1606, 1607, 1608, 1609, 1610 & 1611 : *in-fol.*

Ces Lettres sont conservées dans la Bibliothèque de M. le Chancelier d'Aguesseau.

☞ Les mêmes : *Amsterdam,* 1733, *in-*8. 2 vol.

On trouve au commencement une Explication des chiffres & noms déguisés.]

══ ☞ Ambassades de M. de la Boderie, en Angleterre, depuis 1606 jusqu'en 1611.

Voyez ci-devant, N.° 30382.]

30402. Mf. Extraits de cette Ambassade : *in-fol.*

Ces Extraits sont conservés dans la Bibliothèque [de S. Germain des Prés, & viennent] de M. l'Abbé d'Estrées.]

30403. Mf. Négociations de (Robert) Marquis de la Vieilleville, de (Lazare) de Selve, Président au Parlement de Metz, & de Jean Villiers-Hotman, Ambassadeur du Roi, pour terminer plusieurs différends survenus entre la Bourgeoisie & le Magistrat de la Ville d'Aix-la-Chapelle, en 1610 & 1611 : *in-fol.*

Ces Négociations sont conservées entre les Manuscrits de M. de Brienne, num. 90, [dans la Bibliothèque du Roi.]

30404. Mf. Lettres du Roi, de la Reine & des Secrétaires d'Etat à Jean Villiers-Hotman, pendant son séjour à Clèves, depuis l'an 1609 jusqu'en 1613 : *in-fol.*

Ces Lettres [étoient] dans la Bibliothèque de M. Baluze, num. 33, [& sont aujourd'hui dans celle du Roi.]

30405. ☞ Instruction baillée au Cardinal de Joyeuse, allant à Rome, en Avril 1611.

Elles se trouvent dans son Histoire.]

30406. ☞ Mf. Ambassade d'Angleterre de M. de Buisseau : *in-fol.*

Ce sont toutes les Lettres de cet Ambassadeur, depuis Janvier 1611 jusqu'en Avril 1612. Elles sont conservées dans la Bibliothèque de S. Germain des Prés.]

30407. ☞ Mf. Instruction donnée par le Roi à M. Ancel, allant en Allemagne, en 1612.

C'est une Copie ancienne, qui est conservée à Dijon, dans la Bibliothèque de M. Fevret de Fontette.]

30408. Mf. Lettres & Mémoires [de Nicolas de Neufville, Seigneur] de Villeroy, Secrétaire d'Etat, depuis l'an 1588 jusqu'en 1614 : *in-fol.*

Ces Lettres sont conservées entre les Manuscrits de M. Dupuy, num. 3, & ceux de M. de Brienne, n. 291. Il y en a d'imprimées jusqu'en 1614.

30409. Mf. Lettres de diverses personnes, écrites à Eustache de Refuge, Conseiller d'Etat, Ambassadeur en Suisse, ès années 1607, 1608, 1609, 1610 & 1611, & en Hollande, 1612, 1613, 1614, avec plusieurs autres Pièces touchant les Ambassades d'Eustache de Refuge, & le Traité de Santen en original : plusieurs volumes *in-folio.*

Ces Pièces [étoient] entre les mains de M. de Refuge son petit-fils, ancien Capitaine aux Gardes, Chevalier de S. Louis.

Mf. Lettres & Dépêches écrites par Henri IV. en 1607, 1608, 1609, 1610; par la Reine-Mère (Marie de Médicis) Régente de France, jusqu'en 1611, à M. de Refuge, Ambassadeur en Suisse : *in-fol.*

Ces Lettres sont conservées dans la Bibliothèque de M. le Chancelier d'Aguesseau.

30410. Mf. Relation de l'Ambassade de M. de Refuge à son retour de Suisse : *in-fol.*

Cette Relation de Rolland, Secrétaire de l'Ambassadeur, est conservée dans la Bibliothèque de MM. des Missions Etrangères, & dans celle de l'Abbaye de Saint Germain des Prés.

☞ Elle est imprimée dans le *Conservateur,* 1760, *Septembre, pag.* 146.]

30411. Recueil de plusieurs Harangues, Remontrances, Discours & Avis d'Affaires d'Etat de quelques Officiers de la Couronne & d'autres grands personnages; fait & publié par Jean de Lannel, Seigneur de Chaintreau & du Chambort : *Paris,* Pacart, 1622, *in-*8. *Ibid.* Chevalier, 1623, *in-*4.

Ce Recueil commence en 1588 & finit en 1619. Le Collecteur dit, qu'il s'est donné beaucoup de peine pour retoucher le style, mais qu'il n'a changé que les paroles, sans altérer en rien les choses.

☞ Il auroit mieux fait de laisser ces Pièces comme

Lettres historiques, Mémoires, Négociations, &c. 1614.

elles étoient. On peut, au reste, voir sur cet Auteur & ses divers Ecrits, le *Dictionnaire* de Prosper Marchand, *tom. II. pag.* 9-12.]

30412. ☞ Lettres de M. (Jean) DE LANNEL : *Paris, du Bray,* 1626, *in-*8.

Ces Lettres sont curieuses pour l'Histoire du temps où vivoit ce Gentilhomme. On y apprend des circonstances de sa vie & le détail des divers ouvrages qu'il a composés.]

30413. Caroli PASCHALII, Legati Regii, Legatio Rhætica, sive Relatio eorum quæ intra decennium in Rhætia acciderunt, ab anno 1602, ad annum 1614 : *Parisiis,* 1620, *in-*8.

» Charles Paschal, qui a formé l'idée de l'Ambassa-
» deur dans un Livre singulier, ne le représentoit pas
» fort bien en son Ambassade auprès des Grisons. La
» Relation fait voir qu'il sçavoit force Grec & Latin ;
» mais son Ambassade fait connoître que c'étoit un Mi-
» nistre fort médiocre ». De Wicquefort, Liv. I. de l'*Ambassadeur*. Charles Paschal est mort Conseiller d'Etat en 1615.

☞ *Voyez* le P. Niceron, *tom. XVII. pag.* 243.]

30414. ☞ Mf. Lettre de M. DE SAINTE-CATHERINE, touchant M. d'Arsens : 1614, 10 pages. Copie du temps.

Elle est conservée à Dijon, dans la Bibliothèque de M. Fevret de Fontette. L'Auteur y rend compte de ce qu'il a fait auprès des Etats-Généraux, pour les empêcher de renvoyer le Sieur d'Arsens en qualité d'Ambassadeur en France.]

30415. Recherches de la France, Livre premier; par Estienne PASQUIER : *Paris,* le Mangnier, 1560, *in-*8. Livre second : *Ibid.* Lyon, 1565, *in-*4. Ces deux premiers Livres : *Ibid.* 1569, *in-*16. *Ibid.* 1581, *in-*12.

Les Recherches de la France, en six Livres; par le même : *Paris,* 1596, *in-fol.*

Cette Edition est augmentée de quatre Livres & de deux Chapitres sur la fin du second Livre.

Les mêmes Recherches en sept Livres : *Paris,* 1607, 1611, 1617, *in-*4.

Cette Edition est augmentée d'un Livre & de plusieurs Chapitres. L'Auteur dit dans la Préface, qu'il y a trente-deux ans passés qu'il a mis en lumière le premier Livre de ses Recherches, & deux ans après, en 1565, le second. Il se trompe dans la date de l'édition du premier Livre, qui a paru en 1560, comme il le reconnoît lui-même page 530 de son Edition de 1607.

Les mêmes Recherches, augmentées de trois Livres & de vingt-trois Chapitres entrelacés en chacun des autres Livres, tirés de la Bibliothèque de l'Auteur : *Paris,* Petit-pas, 1621, *in-fol. Ibid.* 1622, *in-*8. *Ibid.* 1633, 1643, *in-fol.*

Dans ces Editions, l'Ouvrage est divisé en dix Livres, c'est-à-dire qu'il y en a trois nouveaux ajoutés aux six précédens, le cinquième ayant été partagé en deux Livres.

Les mêmes Recherches de la France, divisées en dix Livres : nouvelle Edition augmentée sur les Mémoires de l'Auteur : *Paris,* Orléans, 1665, *in-fol.*

Cette Edition est une des plus amples. Ces Recherches de Pasquier, mort Avocat-Général de la Chambre des Comptes de Paris en 1615, contiennent une infinité de choses curieuses concernant l'Histoire de France, dont j'ai rapporté plusieurs, chacune à l'endroit qui leur convenoit. L'Auteur marque au commencement de son premier Livre, » qu'il croit être le premier François
» qui ait défriché plusieurs anciennetés obscures de la
» France, tant pour la venue des Nations étrangères
» dans les Gaules, que de l'introduction des Parlemens,
» Pairies, Appanages, Maires du Palais, Connétables,
» Chanceliers, Ducs, Comtes, Baillifs, Prévôts. Dans
» le premier Livre, il traite des anciens Gaulois, de la
» venue des François, Goths, Bourguignons, Bretons,
» Normans & Gascons dans les Gaules, & de l'établis-
» sement de la Monarchie Françoise. Dans le II, de la
» commune Police diversement observée selon les temps
» ès choses séculières. Dans le III, de la Discipline de
» l'Eglise & des Libertés de l'Eglise Gallicane. Dans
» le IV, de quelques anciennetés qui concernent tant
» l'Etat du Public que des personnes privées. Dans le V,
» & VI, de quelques notables exemples de notre His-
» toire, mal déduits & ignorés par nos Chroniqueurs.
» Dans le VII, de la Poësie Françoise. Dans le VIII, de
» la Langue Françoise. Dans le IX, des Etudes & de
» l'Etablissement des Universités en France. Dans le X,
» de la Reine Frédegonde & de la Reine Brunehault ».
Je ne remarque que ce qui regarde notre Histoire ; car il y rapporte aussi une infinité d'autres choses curieuses, sur d'autres sujets.

Estienne Pasquier a acquis de la gloire par ses Recherches curieuses de toute l'Histoire ancienne & moderne, sur-tout de celle de France. Au jugement du Père Daniel, sur la fin de la Préface de son *Histoire de France,* il a fait beaucoup de réflexions très-judicieuses sur les Règnes de nos premiers Rois. Il a sçu, en bon critique, démêler le vrai d'avec le faux, dans ce que nos anciens Historiens ont rapporté.

☞ *Voyez* les *Lettres* de Nicolas Pasquier, *pag.* 356. = Lenglet, *Méth. hist. in-*4. *tom. IV. pag.* 286. = *Bibl. Harley. tom. II. pag.* 559. = *Essai de Littér.* 1702, *pag.* 87. = Le Gendre, *tom. II. pag.* 29. = La Croix du Maine, *p.* 79. = *Journ. des Sçav.* Août 1724. = *Nouv. édit. de l'Hist.* du P. Daniel, *tom. I. Préf. pag.* 123.]

30416. Lettres d'Estienne PASQUIER, contenant plusieurs Discours sur les Affaires d'Etat, les Guerres civiles & autres matières : *Paris,* Langelier, 1586, *in-*4. *Avignon,* Brumereau, 1590, *in-*16. *Lyon,* 1597, *in-*8, 3 vol.

Les mêmes, augmentées & mises en lumière par André du Chesne : *Paris,* Petit-pas, 1619, *in-*8. 5 vol.

Cette Edition est la meilleure. Les Lettres d'Estienne Pasquier contiennent une infinité de faits importans qui regardent notre Histoire.

☞ Le Tome I. s'étend depuis 1552 jusqu'en 1587. Le Tome II. depuis 1588 jusqu'en 1613 & 1614.

L'Auteur est mort en 1615, âgé de 87 ans. On trouve dans ce Recueil, qui est extrêmement curieux, plusieurs choses, tant sur l'Histoire du temps, que sur l'Histoire ancienne, la Morale & la Littérature.

Voyez Lenglet, *Méth. hist. in-*4. *tom. IV. p.* 114. = *Bibl. Harley. tom. II. pag.* 518. = *L'Esprit de la Ligue, tom. I. pag.* xxxv.

Toutes les Œuvres d'Estienne & de Nicolas Pasquier son frère, ont été réimprimées en 1724 en 2 vol. *in-fol. Voyez* ci-dessus, Article des *Mélanges,* N.º 15581, & 15584.]

30417. Mf. Lettres du Roi LOUIS XIII. à François Savari de Breves, son Ambassa-

Liv. III. Histoire Politique de France.

deur à Rome, ès années 1611, 1612, 1613 & 1614: *in-fol.* 3 vol.

Ces Lettres sont conservées dans la Bibliothèque du Roi, num. 9286 - 9288. [C'est la suite apparemment de celles qui sont ci-devant, sur l'an 1608.]

30418. Mf. Négociations de François Savari DE BREVES à Rome, depuis l'an 1608, jusqu'en 1615: *in-fol.* 13 vol.

Ces Négociations sont conservées dans la même Bibliothèque, num. 9014 - 9026.

30419. ☞ Relation des Voyages de François Savari, Seigneur de Breves, tant en Grèce, Terre-Sainte & Egypte, qu'à Tunis & à Alger, en 1605 & 1606. Ensemble un Traité fait en 1604, entre Henri IV. Roi de France & l'Empereur des Turcs; avec trois Discours dudit Seigneur DE BREVES; le tout recueilli par J. D. C. (Jacques DU CASTEL :) *Paris*, [1628] 1630, *in-4*.

Le premier des trois Discours de M. de Breves est sur l'utilité de l'Alliance du Roi de France avec le Grand-Seigneur; le second, sur les moyens de ruiner la Monarchie Ottomane; & le troisième, du procédé que le Sieur de Breves a tenu lorsqu'il a remis entre les mains du Roi, en 1618, la personne de M. le Duc d'Anjou son frère, dont il étoit Gouverneur. On trouve aussi dans ce Livre un Récit abrégé des Négociations de M. de Breves à Constantinople & à Rome, depuis l'an 1586 jusqu'en 1614, & de l'Education de M. le Duc d'Anjou, (connu depuis sous le nom de Gaston, Duc d'Orléans,) pendant les années 1615, 1616, 1617 & 1618.

Voyez les *Mémoires* d'Artigny, *tom. IV. pag.* 345, où se trouve un Mémoire historique sur M. de Breves, & ensuite le troisième des Discours dont on vient de parler, & qui a été indiqué au N.° 25600. Le premier l'est N.° 28689.]

30420. ☞ Mf. Lettres d'Espagne: *in-fol.* 7 vol.

Ces Lettres, qui sont conservées dans la Bibliothèque de S. Germain des Prés, sont des Sieurs DE BARRAULT, DESCARTES, DE VAUCELLES, Marquis DE SENECEY & DU FARGIS, envoyés en Espagne; au Roi, à la Reine Régente, & aux Ministres. Il y a aussi toutes les Lettres du Duc DE MAYENNE, Ambassadeur extraordinaire en Espagne, lors du double Mariage en 1615.]

30421. M. Lettres originales de LOUIS XII. de la Reine Catherine DE MÉDICIS, de François, Duc D'ALENÇON, du feu Roi HENRI, de LOUIS XIII. lors Dauphin, & de la Reine Anne D'AUTRICHE: *in-fol.*

Ces Lettres sont conservées entre les Manuscrits de M. Dupuy, num. 568.

30422. Mf. Mémoires pour l'Histoire de France, depuis l'an 1589 jusqu'en 1616: *in-fol.* 2 vol.

Ces Mémoires [étoient] dans la Bibliothèque de M. Colbert, [& sont aujourd'hui dans celle du Roi.]

30423. Mf. Instructions & autres Dépêches d'Etat durant la minorité de Louis XIII. depuis l'an 1610 jusqu'en 1616: *in-fol.*

Ce Recueil [étoit] dans la Bibliothèque de M. le Chancelier Seguier, num. 10, [& est à S. Germain des Prés.]

30424. Mf. Registro delle Lettere della Nuntiatura di Francia del Signor Cardinal Petruccio UBALDINI, Vescovo di Monte Pulciano, dall'anno 1578, sin'all'anno 1616: *in-fol.* 7 vol.

Ce Registre [étoit] dans la Bibliothèque de M. Colbert, num. 3307 - 3313, [aujourd'hui dans celle du Roi] & dans celle de M. l'Abbé d'Estrées, [à S. Germain des Prés.]

30425. ☞ Mf. Vérification des Extraits cottés dans le Mémoire Italien, avec quelques Additions.

Ce sont toutes Lettres écrites de France en Italien, au Cardinal Borghèse, neveu du Pape, & chargé de toutes les Affaires depuis 1608 jusqu'en 1616. Ce Manuscrit est conservé dans la Bibliothèque de S. Germain des Prés.]

30426. Mf. Négociations de M. DE CASTILLE, Ambassadeur en Suisse, écrites depuis l'an 1611 jusqu'en 1616: *in-fol.* 2 vol.

Ces Négociations de Pierre Jeannin de Castille, mort en 1623, sont conservées dans la Bibliothèque du Roi, num. 9212 & 9213.

30427. Mf. Relation de l'Ambassade en Suisse de M. de Castille, en 1616: *in-fol.*

Cette Relation est conservée entre les Manuscrits de M. Dupuy, num. 660.

30428. ☞ Mf. Lettres de M. DE CASTILLE, Ambassadeur en Suisse, à M. de Puysieux, depuis le 28 Décembre 1611 jusqu'au 30 Décembre 1616: *in-fol.* 3 vol.

Elles sont indiquées num. 1013 du Catalogue de M. Bernard.]

30429. Mf. Lettres, Actes & Traités en la Conférence de Loudun, en 1616, entre les Députés du Roi, d'une part; & le Prince de Condé & autres Seigneurs joints à lui, qui avoient pour prétexte le bien public de l'Etat, de l'autre: *in-fol.*

Ce Recueil est conservé entre les Manuscrits de M. Dupuy, num. 450, & ceux de M. de Brienne, n. 202, [dans la Bibliothèque du Roi.]

30430. Mf. Procès-verbal de la Conférence de Loudun: *in-fol.*

Ce Procès-verbal [étoit] dans la Bibliothèque de M. Foucault, [qui a été distraite.]

30431. ☞ Mf. Lettres du Duc DE NEVERS au Roi & Réponses; avec les Actes judiciaires de la saisie féodale des Terres du Marquis de la Vieuville, mouvantes du Duché de Réthelois, &c. 1616, *in-4*.]

30432. ☞ Mf. Pièces touchant l'Affaire de M. le Prince de Condé & de M. le Comte de Soissons, en 1612, 1614 & 1616: *in-fol.*

Ce Recueil est indiqué num. 3190 du Catalogue de M. le Blanc.]

30433. Mf. Mémoires singuliers pour l'Histoire, & autres curiosités du Jour de la Saint-Barthelemy, en 1572, jusqu'en 1617: *in-fol.*

Ces Mémoires sont conservés entre les Manuscrits de M. Dupuy, num. 661.

30434.

Lettres historiques, Mémoires, Négociations, &c. 1617.   81

30434. Mf. Lettres de la Reine Marie DE MÉDICIS, depuis l'an 1601 jusqu'en 1617: *in-fol.* 4 vol.

Ces Lettres [étoient] dans la Bibliothèque de M. Colbert, [& font dans celle du Roi.]

30435. ☞ Inftruction à M. de Schomberg, &c. pour fon Voyage d'Allemagne : 1617.

Elle fe trouve dans les *Mémoires du Cardinal de Richelieu*, par Aubery.]

30436. Mf. Divers Difcours & Lettres d'Etat, depuis l'an 1588 jufqu'en 1618: *in-fol.*

Ce Recueil eft confervé entre les Manufcrits de M. de Brienne, num. 294, [dans la Bibliothèque du Roi.]

30437. Les Ambaffades du Cardinal DU PERRON, Archevêque de Sens, depuis l'an 1590 jufqu'en 1618, avec les plus belles Lettres qu'il a écrites aux Princes, Princeffes & Seigneurs, & celles qui lui ont été adreffées de leur part : *Paris*, Eftienne, 1623, *in-fol. Ibid.* 1633, *in-8.* 2 vol. Quatrième Edition, *ibid.* Henault, 1633, *in-4.*

☞ Ce Cardinal fut envoyé à Rome par Henri IV. pour preffer, avec M. d'Offat, l'Affaire de l'Abfolution du Roi : fur quoi l'on peut voir l'Hiftoire de fa Vie : (*Paris*, Debure, 1768, *in-12.*) Ce Cardinal eft mort en 1618, âgé de 63 ans. Ses Lettres font peu eftimées, & ne répondent point du tout à l'opinion qu'on a de l'efprit de ce Prélat. Le ftyle eft au-deffous du médiocre ; la vanité & l'amour propre qu'on y entrevoit, le déparent encore. On y trouve les Actes concernant l'Abfolution de Henri IV.]

Les Négociations de Jacques Davy, Cardinal du Perron, ont été données au Public par Céfar de Ligny, fon Secrétaire. C'eft un » Livre (édit. Sorbiere, *pag.* 195 » du *Sorberiana*,) duquel le Public eût fouffert la priva- » tion, fans beaucoup de dommage, & l'Auteur n'eût » rien ôté à fa réputation ; car je ne fçache y avoir lu » aucune Lettre qui ne foit d'un efprit médiocre : le » ftyle en eft bas & rampant, & les Affaires n'y font pas » traitées avec grand jugement. Les Lettres du Cardi- » nal d'Offat, confites de fel, feront toujours méprifer » celles-ci ».

» Le Cardinal du Perron fçavoit, [felon que le rap- » porte Wicquefort, *pag.* 25 de fes *Réflexions fur les* » *Mémoires des Ambaffadeurs*,] & il vouloit que l'on » crût qu'il étoit encore plus fçavant qu'il n'étoit : mais » fi l'on compare fes Lettres avec celles du Cardinal » d'Offat, l'on ne trouvera dans les unes que des paro- » les & une grande vanité, & dans les autres un efprit » ferme & folide, & des Affaires importantes pruden- » ment négociées & très-heureufement démêlées ».

☞ *Voyez* encore Lenglet, *Méth. hift. in-4. tom. IV. pag.* 106. = *Sorberiana*, *pag.* 194. = *Pour & contre*, *tom. XII. pag.* 349.]

30438. Mf. Lettres & Dépêches du Comte DES MAREST, Ambaffadeur en Angleterre, avec les Réponfes, depuis le mois de Juillet 1615 jufqu'à la fin de l'année 1618. Plus, les Lettres des Ambaffadeurs audit Sieur, avec fes Réponfes : *in-fol.* 2 vol.

Ces Négociations de Gafpard Dauvet, Comte des Mareft, mort en 1632, font confervées entre les Manufcrits de M. Dupuy, num. 419 & 420, & [étoient] dans la Bibliothèque de M. le Chancelier Seguier, n. 31, [aujourd'hui à S. Germain des Prés.]

30439. ☞ Mf. Ambaffades de M. DE HARLAY DE SANCY, à Conftantinople, de 1612 à 1618 : *in-fol.* 3 vol.

Elles font dans la Bibliothèque de S. Germain des Prés.]

30440. Mf. Lettres du Cardinal DE MARQUEMONT, Archevêque de Lyon, écrites au Roi & à M. de Puyfieux, Secrétaire d'Etat, pendant fon Ambaffade à Rome, depuis le mois de Juin 1617, jufqu'au 17 Avril 1619 : *in-fol.* 2 vol.

Ces Lettres de Denys Simon, Cardinal de Marquemont, mort en 1626, font confervées entre les Manufcrits de M. de Brienne, num. 352 & 353 [dans la Bibliothèque du Roi, & étoient] dans celle de M. l'Abbé de Caumartin, [mort Evêque de Blois en 1733,] & dans celle de M. Godefroy.

30441. Négociations commencées au mois de Mars 1619, avec la Reine Marie de Médicis, mère de Louis XIII. par Philippe, Comte DE BETHUNE, & continuées conjointement avec le Cardinal de la Rochefoucault : *Paris*, Vitré, (1673) *in-fol.*

30442. Mf. Recueil de Pièces fervant à l'Hiftoire de France, depuis l'an 1562 jufques & y compris 1619 : *in-fol.*

Ce Recueil eft confervé dans la Bibliothèque de M. le Chancelier d'Agueffeau.

30443. ☞ Mf. Ambaffade de M. DE LEON à Venife : *in-fol.* 2 vol.

Ce Manufcrit eft à S. Germain des Prés. Le premier Volume contient les Inftructions données à M. de Leon allant en Ambaffade à Venife, après le retour du Sieur de Champigny en 1615, & les Lettres écrites par lui à la Reine Régente & aux Miniftres, jufqu'à la fin de 1615. Le fecond Volume contient fes Lettres depuis 1615 jufqu'en 1620.]

30444. Mf. Ambaffades de MM. CARLA & ANGUS à la Porte du Grand-Seigneur, depuis l'an 1618 jufqu'en 1620 : *in-fol.*

Ces Ambaffades [étoient] dans la Bibliothèque de M. le Chancelier Seguier, num. 41, [& font aujourd'hui à S. Germain des Prés.]

30445. Mf. Inftruction donnée par le Connétable Charles d'Albert, Duc DE LUYNES, à M. de Toiras, en 1620 : *in-fol.*

Cette Inftruction eft confervée dans la Bibliothèque de M. le Chancelier d'Agueffeau.

30446. ☞ Inftruction donnée à MM. les Ducs d'Angoulême, de Béthune & de Préaux, (de Châteauneuf,) Ambaffadeurs Extraordinaires pour Sa Majefté vers l'Empereur, & les Princes & Potentats d'Allemagne, en l'année 1620.

Cette Inftruction eft imprimée au tom. IV. des *Mémoires d'Etat*, à la fuite de ceux de *Villeroy*.]

30447. Relation de la manière dont s'eft fervi l'Ambaffadeur de France, pour faire la Paix dans l'Empire, l'an 1620 : 1624, *in-8.* (en Allemand).

30448. Mf. Négociations du Marquis DE CŒUVRE, faites en Italie en 1619, 1620 & 1621 : *in-fol.*

Ces Négociations de François Hannibal d'Eftrées,

Tome III. L

Marquis de Cœuvre, mort Maréchal de France en 1670, [étoient] dans la Bibliothèque de M. l'Abbé d'Estrées, [& sont à S. Germain des Prés.]

30449. Mſ. Dépêches de M. DE VILLIERS & [de Philippe de Harlay,] Comte DE CESY, Ambaſſadeurs à Veniſe & à Conſtantinople, en 1621 : *in-fol.*

Ces Dépêches sont conservées dans la Bibliothèque de M. le Chancelier d'Aguesseau.

30450. ☞ Mſ. Regiſtres des Lettres & Expéditions de M. Courtin, Sieur DE VILLIERS, Ambaſſadeur près la République de Veniſe, & autres Cours d'Italie : *in-fol.*

On trouve ce Regiſtre dans la Bibliothèque du Roi, & il vient de M. Lancelot.]

30451. Mſ. Mémoires & Lettres originales du Comte DE CESY : *in-fol.*

Ces Mémoires sont conservés dans la Bibliothèque du Roi, entre les Manuscrits de M. de Gaignières.

30452. Mſ. Mémoires & Avis pour les Affaires d'importance, en 1621 : *in-fol.*

Ces Mémoires sont conservés dans la Bibliothèque de M. le Chancelier d'Aguesseau.

30453. ☞ Mſ. Lettres de MM. DE MANDELOT, DE HAUTEFORT, & FLEURY, Ambaſſadeurs en Suiſſe, pour le Renouvellement d'Alliance avec les Cantons; de MM. FLEURAC & HOTEMAN-MORFONTAINE, Ambaſſadeurs ordinaires en Suiſſe; DE LA VIOLETE, chargé de quelques Affaires, & du Sieur DE MONTHOLON, Agent aux Griſons, écrites au Roi & au Secrétaire d'Etat, & d'eux auxdits Sieurs, depuis Janvier 1581 juſqu'en Mai 1621.

Ces Lettres sont conservées dans la Bibliothèque de S. Germain des Prés.]

30454. ☞ Mſ. Lettres, Mémoires & Avis au Roi, depuis le mois de Juin 1610, juſqu'en 1622 : *in-fol.*

Ces Pièces sont indiquées num. 2010 du Catalogue de M. Bernard.]

30455. Mſ. Négociations du Maréchal DE BASSOMPIERRE en Eſpagne, pour le rétabliſſement de la Valteline, en 1621 : *in-fol.*

Ces Négociations de François de Baſſompierre, mort en 1646, sont conservées entre les Manuscrits de M. Dupuy, num. 402. [Elles étoient] dans la Bibliothèque de M. le Chancelier Seguier, num. 56, [aujourd'hui à S. Germain des Prés, & dans la Bibliothèque de la Ville de Paris, num. 63.] Elles sont imprimées avec ses autres Ambaſſades, mais auſſi peu fidélement.

30456. Le Lettere di (Guido) BENTIVOGLIO, ſcritte nel tempo delle ſue Nunciature di Francia : *in Bruſſellas*, 1631; *in Venetia*, 1636, *in-4. in Parigi*, 1645, *in-fol.*

Relatione del medeſimo, in tempo della ſua Nunciatura in Francia, data in luce da Errico Puteano : *in Colonia*, 1630, *in-4. in Bruſſellas*, 1632, *in-8.*

Les mêmes, traduites de l'Italien en François, avec ses Mémoires; par l'Abbé de Vayrac : *Paris*, Cailleau, 1713, *in-12.* 2 vol.

Ce Cardinal eſt mort en 1644. Il parle dans ſa *Relation*, du Mariage de Henri IV. avec Marie de Médicis, de la Légation du Cardinal Aldobrandin en France, & de ce qui s'eſt paſſé entre le Roi de France & le Duc de Savoye, à l'occaſion du Marquiſat de Saluſſes.

» Je ne vois point de Moderne (dit M. l'Abbé le » Gendre dans ſon *Jugement ſur les Hiſtoriens de Fran-* » *ce*,) qui mérite plus que ce Cardinal d'être comparé » aux Hiſtoriens les plus célèbres & les plus accompli » de l'antiquité. Il fait paroître une netteté merveil- » leuſe dans ſes Lettres & dans ſon Hiſtoire; le langage » en eſt pur; le ſtyle aiſé & naturel; les portraits ne » ſont point flatés ».

30457. Recueil de Pièces les plus curieuſes pendant le Règne du Connétable de Luynes juſqu'à ſa mort : 1622, 1624, *in-8.* Troiſième Edition, 1625. Quatrième Edition, augmentée de Pièces les plus rares du temps, 1628, 1632, *in-8.*

Ces Pièces furent faites contre le Gouvernement du Connétable de Luynes, qui avoit ſuccédé en 1617 au Maréchal d'Ancre dans la faveur. [On les a indiquées chacune à part, dans le lieu le plus convenable.]

Le Connétable de Luynes eſt mort en 1622.

30458. Ambaſſade de M. le Duc D'ANGOULÊME, du Comte DE BÉTHUNE & de M. DE CHATEAUNEUF, Envoyés par le Roi Louis XIII. vers l'Empereur Ferdinand II. & les Potentats d'Allemagne, en 1620 & 1621, & les Obſervations dudit Comte de Béthune : le tout donné au Public par Henri, Comte de Béthune, ſon petit-fils : *Paris*, Jolly, 1667, *in-fol.*

Charles de Valois, Duc d'Angoulême, fils naturel de Charles IX. eſt mort en 1650, & Philippe, Comte de Béthune, en 1649. Charles de l'Aubeſpine, Marquis de Châteauneuf, Abbé de Préaux, depuis Garde des Sceaux, eſt mort en 1653.

☞ *Voyez* ci-devant, N.º 30446 l'Inſtruction qui leur fut donnée.]

» Le motif de leur Ambaſſade fut auſſi glorieux à la » France, que le ſuccès fut avantageux à la Maiſon » d'Autriche. Elle ſe fit à cauſe du ſoulèvement de Bo- » hême & de Hongrie. L'on y trouve des traits de per- » ſonnes conſommées : auſſi fut-elle conduite par les » plus grands hommes d'Etat qui fuſſent alors en Fran- » ce, (ſur-tout par le Comte de Béthune, qui en fut » l'ame.) Outre le ſujet principal de cette Négociation, » on y a inſéré quantité de Mémoires d'Etat très-cu- » rieux. On a joint à cette Ambaſſade diverſes Obſerva- » tions & Maximes politiques, qu'on attribue à M. de » Béthune, & qui avoient déjà été imprimées ſous le » titre d'un Conſeiller d'Etat », *Journal des Sçavans*, du 7 Mars 1667.

☞ *Voyez* Lenglet, *Méth. hiſtor. in-4. tom. IV.* pag. 119. = *Pour & Contre, tom. XII.* pag. 349.]

30459. Mſ. Ambaſſade du Commandeur DE SILLERY à Rome, touchant la comprotection, promotion des Cardinaux, reſtitution & déport de la Valteline, en 1622 : *in-fol.*

Cette Ambaſſade de Denys Brulart, Commandeur de Sillery, eſt conservée entre les Manuscrits de M. Dupuy, num. 687 dans la Bibliothèque de M. le Chancelier d'Aguesseau, & dans celle des Minimes de Paris, num. 35.

30460. ☞ Inſtruction au Commandeur de Sillery, allant à Rome, en 1622.

Elle ſe trouve aux *Mémoires du Cardinal de Riche-*

Lettres historiques, Mémoires, Négociations, &c. 1623.

lieu, par Antoine Aubery. Une grande partie de ses Négociations, au moins en abrégé, est imprimée dans cet Ouvrage, *pag.* 156-280, du *tom. I.*]

30461. Lettres de Nicolas PASQUIER, Maître des Requêtes, contenant plusieurs Discours sur les Affaires arrivées en France, sous le Règne de Henri IV. & de Louis XIII. *Paris*, Boutonné, 1623, *in-8.*

☞ Ce Recueil contient un mélange de choses curieuses; mais il s'en faut bien qu'elles valent celles d'Etienne Pasquier son père.
Voyez Lenglet, *Méth. historiq.* in-4. *tom. IV. pag.* 114.]

30462. Tableau historique dans lequel sont contenues quelques Remarques d'Etat, & comment le Roi a fait le Maréchal de Lesdiguières Connétable de France; par François PRADIER DE VIC: *Paris*, Martin, 1623, *in-8.*

30463. Mſ. Divers Avis, Lettres & Propositions faites par le Président (Pierre) JEANNIN, durant les Règnes de Henri IV. & de Louis XIII. depuis l'an 1595 jusqu'en 1623: *in-fol.*

Ce Recueil est conservé dans la Bibliothèque de M. le Chancelier d'Aguesseau.

30464. ☞ Mſ. Lettres des Ducs DE FERRARE, MANTOUE, PARME, URBIN, & Comtes de L'AMIRANDE, au Roi, aux Ministres & autres, depuis 1566 jusqu'en 1623: *in-fol.*

Ce Manuscrit & les sept suivans, sont dans la Bibliothèque de S. Germain des Prés.]

30465. ☞ Mſ. Lettres de Venise, de MM. DE FOIX, DU FERRIER, DE CHAMPIGNY, DE LEON, DE MAISSE, Ambassadeurs à Venise successivement, les uns après les autres; au Roi & aux Ministres, depuis 1572 jusqu'en 1623: *in-fol.* 7 vol.]

30466. ☞ Mſ. Lettres des Sieurs DE LA BODERIE, BRULART, DE BERNY, PREAUX, DE LAUBESPINE & PERICART, faisant les Affaires de France à Bruxelles; au Roi & aux Sieurs de Villeroy & de Puysieux, Secrétaires d'Etat, & d'eux auxdits Sieurs, depuis Février 1600 jusqu'en Octobre 1623: *in-fol.*]

30467. ☞ Mſ. Lettres de Rome, depuis 1603 jusqu'en 1623: *in-fol.* 19 vol.]

30468. ☞ Mſ. De Bruxelles & Pays-Bas, Lettres des Sieur BRULART, DE BERNY, BERRUYER, PREAUX & PERICART, chargés des Affaires de France à Bruxelles; au Roi & aux Ministres, pendant les années 1606 jusqu'en 1623: *in-fol.* 7 vol.]

30469. ☞ Mſ. Lettres des Grand-Duc DE FLORENCE & autres, au Roi, depuis 1607 jusqu'en 1623: *in-fol.*]

30470. ☞ Mſ. Recueil de Lettres concernant les Affaires de France & de Savoye, depuis 1607 jusqu'en 1623: *in-fol.* 7 vol.]

30471. ☞ Mſ. Lettres des Sieurs DE RUSSY & DE REFFUGE, Ambassadeurs, DE FRANCHEMONT, Secrétaire d'Ambassade, & de

DU MAURIER, faisant les Affaires en Hollande; au Roi & aux Sieurs de Villeroy & de Puysieux, Secrétaires, & d'eux auxdits Sieurs, depuis Juillet 1609 jusqu'en Octobre 1623: *in-fol.*

Ce Manuscrit est, comme les précédens, dans la Bibliothèque de S. Germain des Prés.]

30472. Mémoires de Philippe DE MORNAY, Seigneur du Plessis-Marly, Baron de Forest-sur-Sevre, &c. Conseiller d'Etat, Capitaine de cent Hommes d'Armes, Gouverneur de Saumur; contenant divers Discours, Instructions, Lettres & Dépêches par lui écrites aux Roys, Roynes, Princes, &c. depuis l'an 1572 jusqu'en 1599: *La Forest*, (en Poitou,) J. Bureau, 1624, 1625, *in-*4. 2 vol. Le premier Tome réimprimé en 1626.

Tomes troisième & quatrième des mêmes Mémoires, depuis l'an 1600 jusqu'en 1623, avec le Supplément des Pièces omises dans les tomes précédens: *Amsterdam*, Elzevir, 1652, *in-*4. 2 vol.

Les deux premiers Tomes des *Mémoires de du Plessis-Mornay*, mort en 1623, ont été [écrits sur les Mémoires de Charlotte Arbaleste sa femme, par David LIQUES, & Valentin CONRARD, &] mis en lumière par Jean Daillé, qui est mort Ministre de Charenton. Ces Mémoires sont des plus curieux & des plus instructifs, à cause de la part que l'Auteur a eue aux Affaires; c'est ce qui m'a engagé à indiquer en détail plusieurs Pièces qui les composent. Il étoit un des meilleurs Serviteurs du Roi Henri IV. & l'un de ses Favoris.

☞ Du Plessis-Mornay naquit à Buy le 5 Novembre 1549, & fut un grand homme dans son parti; on l'appelloit le Pape des Huguenots. Il sçavoit parfaitement le Latin, le Grec & l'Hébreu; il fut souvent employé par Henri IV auquel il rendoit de grands services; & il réussit presque dans toutes ses Négociations. Ses Lettres sont écrites avec force & sagesse. Lorsque Henri IV. eut changé de Religion, du Plessis-Mornay lui fit de sanglans reproches, & se retira de la Cour. Son érudition a été contredite par plusieurs Sçavans, & entr'autres par M. Huet.
Voyez Ducatiana, *pag.* 117.= Lenglet, *Méth. histor.* in-4. *tom. IV. pag.* 114. = Le Gendre, *tom. II. pag.* 85. = *L'Esprit de la Ligue*, *tom. I. pag.* xxxix.]

30473. ☞ Mſ. Lettres, Mémoires & autres Pièces de Philippe DE MORNAY, ou à lui adressées: *in-fol.* 11 vol.

Ces Manuscrits, dont il paroit qu'il n'y a que la moindre partie employée dans les Mémoires imprimés, sont actuellement dans le Château de Benais en Anjou, & appartiennent à M. de Montmorency, Prince de Robecq, Lieutenant-Général des Armées du Roi, & Grand d'Espagne de la première Classe.],

30474. ☞ Mſ. Lettres des Sieurs DE BUSANVAL, FRANCHEMONT, DE RUSSY, DE REFFUGE & DU MAURIER, au Roi, à la Reine Régente, & aux Ministres; parmi lesquelles il s'en trouve quelques-unes des Etats-Généraux & des Princes d'Orange, depuis 1606 jusques & compris 1624: *in-fol.* 5 vol.

Elles sont conservées dans la Bibliothèque de S. Germain des Prés.]

30475. ☞ Mſ. Lettres de Gênes, tant du Doge, Nobles Génois, que Résidens pour

Tome III. L 2

LIV. III. *Histoire Politique de France.*

les Affaires de France à Gênes ; au Roi & aux Ministres, depuis 1606 jusqu'en 1624 : *in-fol.* 2 vol.

Dans la même Bibliothèque.]

30476. Ms. Journal de la Négociation de Louis GEDOIN, Sieur de Bellan, Gentilhomme ordinaire de la Chambre du Roi, faite à Alep, depuis le 26 Septembre 1623 jusqu'au dit mois 1624 : *in-fol.*

Ce Journal [étoit] dans la Bibliothèque de M. le premier Président de Mesme.]

30477. Ms. Mélange de plusieurs Mémoires, Titres, Propositions & Lettres, concernant les Affaires des Suisses & de la Valteline, pendant l'Ambassade de M. MIRON, depuis l'an 1619, jusqu'en 1624 : *in-fol.*

Ce Recueil de Robert Miron, mort Intendant des Finances en Languedoc en 1641, est conservé entre les Manuscrits de M. de Brienne, num. 103, [dans la Bibliothèque du Roi.]

30478. ☞ Relation & Négociation de Guillaume DE HUGUES, Archevêque d'Embrun, en Angleterre l'an 1624.

Elle se trouve à la fin des *Mémoires* de Deageant : ci-devant, *Règne de Louis XIII.*]

30479. ☞ Ms. Lettres du Comte DE TILLY à M. de Baugy, Ambassadeur de France à Bruxelles : 1625, *in-fol.*

Cette Lettre est citée entre les Pièces du num. 3301 * du Catalogue de M. le Blanc.]

30480. Ms. Négociations du Cardinal BARBERIN, Légat en France, en 1625 : *in-fol.*

Ces Négociations du Cardinal François Barberin, mort en 1679, sont conservées dans la Bibliothèque du Roi, num. 9232, & dans celle de M. le Chancelier Seguier, num. 18, [à S. Germain des Prés.] Elles sont marquées dans le Catalogue imprimé de la Bibliothèque Barberine, sous le nom de Jean SIRMOND, de Clermont, depuis de l'Académie Françoise.]

30481. ☞ Ms. Registre de la Légation du Cardinal Barberin, (en France :) 1625, *in-fol.*

Ce Registre est conservé parmi les Manuscrits de MM. Godefroy, dans la Bibliothèque de la Ville de Paris, num. 45.]

30482. Ms. Sommaire de la Conclusion de la Négociation du Cardinal Barberin, fait par les principaux Ministres d'Etat sur les Affaires de la Valteline : *in-fol.*

Ce Sommaire est conservé dans la Bibliothèque de M. le Chancelier d'Aguesseau.]

30483. Ms. Relation de ce qui s'est passé de plus important en la Négociation du Cardinal Barberin, en 1625 : *in-fol.*

Cette Relation est conservée dans la Bibliothèque du Roi, num. 8939.

30484. ☞ Ms. Relation du Voyage en France du Cardinal Barberin ; par Melchior Mitte, Marquis DE SAINT-CHAMONT : *in-fol.*

Elle est dans la Bibliothèque de la Ville de Paris, num. 77.]

30485. Ms. Journal de l'Ambassadeur PISAURUS, Résident en France pour MM. les Etats-Généraux de Hollande, depuis l'an 1614 jusqu'en 1625 : *in-fol.* 12 vol.

Ce Journal [étoit] dans la Bibliothèque de M. le Chancelier Seguier, num. 38, [dont les Manuscrits ont passé à S. Germain des Prés.]

Ms. Extrait de la Minute du Sieur Pisaurus : *in-fol.* 5 vol.

Cet Extrait est conservé dans la même Bibliothèque, num. 39.

30486. Ms. Ambassade de M. D'EFFIAT en Angleterre, l'an 1625 : *in-fol.*

L'Ambassade d'Antoine Coiffier, Marquis d'Effiat, mort Maréchal de France en 1642, est conservée dans la Bibliothèque de MM. des Missions Etrangères.]

30487. ☞ Ms. Recueil de Lettres écrites depuis le 18 Juillet jusqu'à la fin de Décembre 1624, au Roi Louis XIII. & au Cardinal de Richelieu ; par M. le Marquis D'EFFIAT, Ambassadeur en Angleterre.

Ce sont les brouillons originaux qui sont conservés dans la Bibliothèque de M. Fevret de Fontette, Conseiller au Parlement de Dijon.]

Ms. Lettres du Marquis D'EFFIAT, Ambassadeur du Roi Louis XIII. en Angleterre, pour y négocier le Mariage de Henriette-Marie de France, sœur du Roi, avec Charles I. Roi d'Angleterre, ès années 1624 & 1625, avec les Réponses du Roi LOUIS XIII. & autres Affaires : *in-fol.* 2 vol.

Ces Lettres sont conservées dans la Bibliothèque de S. Magloire, entre les Manuscrits de MM. de Sainte-Marthe.

30488. Ms. Relation de tout ce qui s'est passé en Angleterre à l'occasion de ce Mariage, en 1625 : *in-fol.*

Cette Relation est conservée dans la Bibliothèque de MM. des Missions Etrangères.

30489. ☞ Discours de l'Ambassade extraordinaire du Marquis d'Effiat en Angleterre, sur la recherche faite du Mariage de Madame, sœur du Roi, avec le Prince de la Grande-Bretagne, à présent Roi.

Ce Discours est imprimé au tom. XII. du *Mercure François.*]

30490. Ms. Lettres de (Denys Simon) Cardinal DE MARQUEMONT, étant à Rome pour le service du Roi, écrites à Sa Majesté & à M. de Puysieux, depuis le 20 Novembre 1622 jusqu'au 27 Juillet 1626 : *in-fol.* 2 vol.

Ces Lettres sont conservées entre les Manuscrits de M. de Brienne, num. 355, 356, [dans la Bibliothèque du Roi. Elles sont comme la suite du N.º 30440.]

30491. ☞ Instruction & Lettres de M. de Marquemont, Ambassadeur à Rome, depuis 1617 jusqu'en 1626.

Elles se trouvent dans les *Mémoires du Cardinal de Richelieu*, par Aubery.]

30492. Ms. Minutes, Lettres & Expéditions d'un Secrétaire d'Etat, en 1625 & 1626 : *in-fol.* 2 vol.

Ces Expéditions sont conservées dans la Bibliothèque du Roi, entre les Manuscrits de M. de Gaignières.

Lettres historiques, Mémoires, Négociations, &c. 1626. 85

30493. Mſ. Négociations de M. DE BLAIN-VILLE, Chevalier des Ordres du Roi, premier Gentilhomme de sa Chambre & son Ambaſſadeur extraordinaire en Angleterre, en 1625 & 1626. Originaux : *in fol.*

Ces Négociations de Jean de Vatigniez, Seigneur de Blainville, mort en 1628, sont conservées entre les Manuscrits de M. Dupuy, num. 403, & la Copie entre ceux de M. de Brienne, num. 31, en trois volumes dans la Bibliothèque du Roi, num. 9191-9193, [& elles étoient en 2 vol. dans la Bibliothèque de M. Bernard.]

☞ Ces Négociations & Dépêches sont aussi conservées en original dans la Bibliothèque de M. l'Abbé de Clapeyron, au Château neuf de S. Germain en Laye.]

30494. Mſ. Ambaſſades de MM. le Comte DE TILLIERS, le Marquis D'EFFIAT, M. DE LA VILLE-AUX-CLERCS, de M. le Duc DE CHEVREUSE, du Sieur DE BLAINVILLE & de M. DE BASSOMPIERRE en Angleterre, ès années 1624, 1625 & 1626 : *in-fol.* 8 vol.

Les Ambaſſades de Taneguy le Veneur, Comte de Tilliers ; d'Antoine Coiffier, Marquis d'Effiat ; d'Antoine de Loménie, Seigneur de la Ville-aux-Clercs, Secrétaire d'Etat, mort en 1638 ; de Claude de Lorraine, Duc de Chevreuse ; de Jean de Vatigniez, Seigneur de Blainville ; & de François de Baſſompierre, mort Maréchal de France en 1646, [étoient] conservées dans la Bibliothèque de M. l'Evêque de Séez.

30495. Ambaſſades de (François) Maréchal DE BASSOMPIERRE en Espagne, en 1621, en Suiſſe, en 1625 & 1626, & Négociations du même, Envoyé extraordinaire en Angleterre, en 1626 : *Cologne*, P. Marteau, (*en Hollande*) 1668, *in-12*. 4 vol.

30496. Mſ. Négociations du même en Angleterre : *in-fol.*

Ces Négociations, qui sont plus amples & plus fidèles dans les Manuscrits que dans les Imprimés, sont conservées entre les Manuscrits de M. Dupuy, num. 332. [Elles étoient] dans la Bibliothèque de M. le Chancelier Seguier, num. 57, [aujourd'hui à S. Germain des Prés, & auſſi dans la Bibliothèque de S. Victor.] L'Auteur, qui avoit beaucoup d'esprit, a trouvé le moyen de mêler l'enjouement dans ses Négociations. Toute l'affaire de la Valteline est bien détaillée dans son Ambaſſade en Suiſſe : cependant Wicquefort, au Liv. II. de son *Ambaſſadeur*, dit que ce qu'on a imprimé de ses Ouvrages, fait bien voir que la Négociation n'étoit pas son talent ; mais il avoit d'autres qualités qui le rendoient fort considérable.

☞ *Voyez* Lenglet, *Méth. hiſtor. in-4. tom. IV. pag.* 410.]

30497. ☞ Ecrit donné par le Maréchal de Baſſompierre aux Commiſſaires du Roi de la Grande-Bretagne, sur les Articles dont il avoit à conférer avec eux ; avec la Réponse & la Réplique : 1627.

Ces Pièces sont imprimées dans le tom. XIII. du *Mercure François*. Il avoit été stipulé & accordé dans le Contrat de Mariage du Roi d'Angleterre avec Madame Henriette de France, que cette Princeſſe & toute sa Maison auroient le libre exercice de leur Religion, & que les Catholiques du Royaume auroient plus de liberté. Cet engagement ne fut pas gardé : ce qui donna lieu à plusieurs Ambaſſades, & notamment à celle-ci, & aux demandes que fit le Maréchal de Baſſompierre, que les choses fuſſent remises en l'état qui étoit porté par ledit contrat de Mariage. Les Anglois, dans leur réponse, firent de grandes plaintes contre les Catholi-

ques, & attribuèrent à leur mauvaise conduite tout ce qui étoit arrivé.]

30498. Mſ. Ambaſſade de M. DE SALIGNAC en Turquie, depuis l'an 1604 jusqu'en 1626 : *in-fol.*

Cette Ambaſſade de M. de Salignac, de la Famille de Gontault, [étoit] dans la Bibliothèque de M. le Chancelier Seguier, num. 46, [& eſt aujourd'hui à S. Germain des Prés.]

30499. Mſ. Négociations du Marquis DE CŒUVRE pour les Affaires de la Valteline, en 1624, 1625 & 1626 : *in-fol.* 5 vol.

Ces Négociations de François Hannibal d'Eſtrées, Marquis de Cœuvre, mort Maréchal de France en 1670, sont conservées dans la Bibliothèque du Roi, num. 9204-9208.

30500. Mſ. Affaires de la Valteline, depuis l'an 1623 jusqu'en 1626 : *in-fol.*

Ce Volume est conservé dans la Bibliothèque de MM. des Miſſions Etrangères.

30501. Mſ. Négociations de M. D'ESPESSE, Conſeiller d'Etat, faite en Hollande, depuis le 4 d'Octobre 1624 jusqu'au mois d'Août 1626 : *in-fol.* 6 vol.

Ces Négociations de Charles Faye, Sieur d'Eſpeſſe, mort en 1638, sont conservées dans la Bibliothèque du Roi, num. 9175-9180, & dans celle de M. le Chancelier Seguier, num. 36. [A S. Germain des Prés.]

30502. ☞ Mſ. Lettres de M. DE PUYSIEUX & autres, à M. de Sainte-Catherine, Réſidant en Allemagne, depuis le 27 Juin 1612 jusqu'au 17 Janvier 1626 : *in-fol.* 2 vol.]

30503. ☞ Mſ. Lettres du Roi & de la REINE-MÈRE, à MM. les Ducs de Nevers & de Nemours, depuis le dernier Mars 1614 jusqu'au 10 Octobre 1626 : *in-fol.*

Ces deux Articles sont indiqués num. 1023 & 2016 du Catalogue de M. Bernard.]

30504. Mſ. Mémoires & Lettres originales des Princes Etrangers, Eſpagnols, Italiens, François, depuis l'an 1596 jusqu'en 1626 : *in-fol.*

Ce Recueil est conservé dans la Bibliothèque de MM. des Miſſions Etrangères.

30505. Mſ. Lettres de M. D'ALIGRE, Ambaſſadeur de France à Venise, depuis 1624 jusqu'en 1627 inclusivement.

Ces Lettres [étoient] dans le Cabinet du Père le Pelletier, Chanoine Régulier demeurant à Provins, [en 1720, & doivent être dans le Monastère de S. Jacques de cette Ville. Etienne d'Aligre fut depuis Chancelier de France.]

30506. Mſ. Lettres écrites par M. DE CREQUY, en 1627 : *in-fol.*

Ces Lettres de Charles de Crequy, Maréchal de France, mort en 1638, [étoient] dans la Bibliothèque de M. Colbert, [& sont aujourd'hui dans celle du Roi.]

30507. ☞ Mſ. Ambaſſade de M. de Harlay de Cesy à Constantinople, depuis 1620 jusqu'en 1627 : *in-fol.* 8 vol.

Ce Manuscrit est dans la Bibliothèque de S. Germain des Prés.]

30508. ☞ Mſ. Différentes Pièces, Lettres & Mémoires au ſujet des Affaires du Levant, Malthe, &c. faiſant partie de la même Ambaſſade : *in-fol.* 7 vol.

Elles ſont conſervées au même endroit.]

30509. Mſ. Extrait fort ample des Lettres du Comte DE CESY, Ambaſſadeur pour le Roi Louis XIII. à Conſtantinople, depuis le 7 Janvier 1620 juſqu'à la fin de Décembre 1627 : *in-fol.*

Cet Extrait des Lettres de Philippe de Harlay, Comte de Ceſy, mort en 1652, eſt conſervé entre les Manuſcrits de M. Dupuy, num. 772.

30510. ✻ Regia Legatio Cardinalis Lugdunenſis (Alphonſi-Ludovici de Richelieu,) ad Urbanum VIII. Papam; deſcripta à Gervaſio DE SAINTE-FOY : *Lugduni*, 1638, *in-4*.

30511. Mſ. Recueil de Pièces, concernant la plupart des Affaires de France avec Veniſe, Milan, Florence, Sienne, Piſe & Gênes, depuis l'an 1281 juſqu'en 1628 : *in-fol.*

Ce Recueil eſt conſervé entre les Manuſcrits de M. Dupuy, num. 45.

30512. Recueil de quelques Diſcours politiques ſur les Affaires d'Etat, depuis l'an 1612 juſqu'en 1629 : 1644, *in-8.*

Ces Diſcours de Henri, Duc DE ROHAN, mort en 1638, ſont imprimés avec ſes Mémoires.

30513. La Valteline, ou Mémoires, Diſcours, Traités & Actes de Négociations au ſujet des Troubles & Guerres ſurvenues en la Valteline & au Pays des Griſons, depuis l'an 1620 juſqu'en 1629 : 1631, *in-12.*

Le même Recueil ſous ce titre : Hiſtoire de la Valteline & des Griſons, contenant les Mémoires, Diſcours, Traités, &c. *Genève*, Aubert, 1632, *in-8.*

30514. Mſ. Recueil de Pièces concernant le Règne de Louis XIII. depuis l'an 1610 juſqu'en 1629 : *in-fol.* 3 vol.

Ce Recueil, qui contient des Pièces curieuſes, eſt conſervé entre les Manuſcrits de M. Dupuy, num. 91-93, & dans la Bibliothèque de M. le premier Préſident de Meſme.

30515. Mſ. Lettres de M. DE MARILLAC, Garde des Sceaux, à M. Bouthillier, Secrétaire des Commandemens de la Reine-Mère, depuis le 20 Mars 1622 juſqu'au 10 Juin 1629.

Ces Lettres de Michel de Marillac, mort en 1630, [étoient] conſervées dans la Bibliothèque de M. Bouthillier, ancien Evêque de Troyes : & 5.]

30516. Mſ. Journal des Dépêches de Louis GEDOIN, Sieur de Bellan, à Veniſe, en 1629 : *in-fol.*

Ce Journal [étoit] conſervé dans la Bibliothèque de M. le premier Préſident de Meſme.

30517. ☞ Les Voyages de M. le Haye, Baron de Courmeſvin en Dannemarck, enrichis d'annotations ; par le Sieur P. M. L. *Paris*, 1664, *in-12.*

Il fut envoyé en 1629 en Dannemarck & en Ruſſie, pour procurer le tranſport en France des marchandiſes de l'Orient par la Ruſſie & la mer Baltique.]

30518. Mſ. Négociations de Philippe, Comte DE BÉTHUNE, à Rome, depuis le 25 Avril 1624 juſqu'au 17 Avril 1630 : *in-fol.* 9 vol.

Ces Négociations ſont conſervées dans la Bibliothèque du Roi, num. 9161-9169.

Mſ. Lettres du même, pendant ſon Ambaſſade à Rome, depuis le 29 Mai 1624 juſqu'au 16 Mai 1630 : *in-fol.* 4 vol.

Ces Lettres ſont conſervées dans la même Bibliothèque, num. 9172-9174. Ce ſont des Manuſcrits qu'il a légués à cette Bibliothèque.

Mſ. Lettres du même Ambaſſadeur Extraordinaire du Roi à Rome, écrites à Sa Majeſté pendant ſon Ambaſſade, en 1627, 1628, 1629 & 1630 : *in-fol.*

Ce ſont des Lettres originales, écrites par Philippe MARESCOT, Secrétaire de M. de Béthune, & corrigées de la propre main de cet Ambaſſadeur. Elles [étoient] conſervées dans la Bibliothèque de M. le Baron d'Hoendorff, [& ſont aujourd'hui dans celle de l'Empereur.]

30519. ☞ Mſ. Lettres du Roi HENRI IV. & de LOUIS XIII. à M. le Marquis de Béthune, Ambaſſadeur à Rome, depuis le 10 Octobre 1601 juſqu'au 28 Décembre 1638 : *in-fol.* 7 vol.

Mſ. Lettres de M. de Béthune, Ambaſſadeur à Rome, à M. d'Herbaut, depuis le 19 Mai 1624 juſqu'au 16 Mars 1630 : *in-fol.* 3 vol.

Ces deux Articles ſont indiqués num. 2006 & 2018 du Catalogue de M. Bernard.]

30520. ☞ Mémoires de quelques Diſcours politiques écrits ſur diverſes occurrences des Affaires des Guerres de France, d'Eſpagne & d'Allemagne, depuis 1617 juſqu'en 1630 : 1632, *in-8.*]

30521. Mſ. Négociations de M. DU PLESSIS-BESANÇON, faites en Italie l'an 1630 : *in-fol.*

Ces Négociations de Bernard, Seigneur du Pleſſis-Beſançon, Gouverneur d'Auxonne, [étoient] dans la Bibliothèque de M. Colbert, entre les Manuſcrits du Cardinal Mazarin, [& ſont aujourd'hui dans celle du Roi.]

30522. Mſ. Regiſtres des Dépêches faites ſous (Claude) Bouthillier, Secrétaire d'Etat, & envoyées hors le Royaume, en 1630 : *in-fol.*

Ce Regiſtre [étoit] dans la Bibliothèque de M. Bouthillier, ancien Evêque de Troyes.

30523. Mſ. Recueil de Pièces, depuis l'an 1598 juſqu'en 1631 : *in-fol.*

Ce Recueil [étoit] dans la Bibliothèque de M. le premier Préſident de Meſme.

30524. Mſ. Mélange, depuis l'an 1610 juſqu'en 1631 : *in-fol.*

Ce Mélange eſt conſervé entre les Manuſcrits de M. Dupuy, num. 94.

30525. Mſ. Lettres de M. CEBERET, envoyé à Vienne & à Ratiſbonne, écrites à M. Bou-

Lettres historiques, Mémoires, Négociations, &c. 1631.   87

thillier, depuis le 15 Août 1629 jusqu'au 14 Décembre 1631 : *in-fol.*

Ces Lettres [étoient] dans la Bibliothèque de M. Bouthillier, ancien Evêque de Troyes : Z. 4.

30526. Mſ. Dépêches de (Claude) de Mesme, Comte d'Avaux, Ambassadeur à Venise, ès années 1628, 1629, 1630 & 1631 : *in-fol.*

Ces Dépêches [étoient] conservées dans la Bibliothèque de M. le premier Président de Mesme.

30527. Mſ. Négociations de M. Mointru, Envoyé du Roi à Genève, en 1631 : *in-fol.*

Ces Négociations [étoient] dans la Bibliothèque de M. Colbert, [& sont aujourd'hui dans celle du Roi.]

30528. Mſ. Lettres & Instructions de ce qui s'est passé en l'Affaire de la Reine, mère du Roi, (Marie de Médicis,) depuis le 23 Février 1631, qu'elle fut détenue en la Ville de Compiegne, jusqu'au jour de son évasion du Royaume, le 18 Juillet suivant : *in-fol.*

Ce Recueil est conservé entre les Manuscrits de M. Dupuy, num. 49, ceux de M. de Brienne num. 176, [à la Bibliothèque du Roi,] dans celle de M. le Chancelier Seguier, [ou à S. Germain des Prés, & enfin] dans celle de MM. des Missions Etrangères. Ce volume contient un grand nombre de Lettres du Maréchal d'Estrées au Roi & à M. de la Ville-aux-Clercs ; l'Instruction du Roi audit Maréchal & au Sieur de Saint-Chaumont ; plusieurs Lettres de la Reine-Mère, Marie de Médicis au Roi ; avec les Réponses de Sa Majesté.]

30529. Mſ. Lettres du Roi Louis XIII. à la Reine-Mère, & de la Reine-Mère (Marie de Médicis) au Roi, & à plusieurs Seigneurs & Princes, sur sa sortie de France : *in-fol.*

Ces Lettres [étoient] dans la Bibliothèque de M. le Chancelier Seguier, num. 154, [& sont à S. Germain des Prés.]

30530. ☞ Diverses Pièces, Dépêches, &c. concernant la Retraite de la Reine-Mère, en 1631.

Elles se trouvent dans les *Mémoires du Cardinal de Richelieu*, par Aubery.]

30531. Lettres & autres Pièces touchant les Démêlés de Monsieur, Frère unique du Roi Louis XIII. *Paris*, 1631, *in-8.*

30532. Mſ. Lettres, Arrêts & autres Actes intervenus ensuite de la sortie du Royaume de Gaston, Duc d'Orléans, ès années 1631 & 1632 : *in-fol.*

Ce Recueil est conservé entre les Manuscrits de M. de Brienne, num. 203, [à la Bibliothèque du Roi.]

30533. Mſ. Lettres & autres Mémoires de ce qui s'est passé en l'Affaire de Marie de Médicis, depuis qu'elle est sortie du Royaume : *in-fol.*

Ce Recueil est conservé entre les Manuscrits de M. de Brienne, num. 243, [dans la Bibliothèque du Roi.]

30534. ☞ Mſ. Lettres diverses des intrigues de la Cour, depuis 1551 jusqu'en 1631 : *in-4.*

Elles sont indiquées num. 2029 du Catalogue de M. Bernard.]

30535. Mſ. Mémoires sur les Affaires des Grisons & de la Valteline, contenant ce qui s'est passé en ces dernières Guerres & autres occurrences, depuis l'an 1624 jusqu'en 1631 ; par M. Ardier : *in-fol.*

Ces Mémoires de Paul Ardier, Président en la Chambre des Comptes, sont conservés entre les Manuscrits de M. Dupuy, num. 529.

30536. Recueil de Lettres & Négociations des Affaires de Piémont & de Montferrat, en 1630 & 1631.

Ce Recueil est imprimé à la fin des *Mémoires du Ministère du Cardinal de Richelieu : Paris*, 1649, *in-fol.*

30537. Mſ. Négociations du Traité de Querasque, de Messieurs de Toiras & Servien, en 1631 : *in-fol.*

Ces Négociations [étoient] dans la Bibliothèque de M. le premier Président de Mesme.

30538. ☞ Lettre de M. de Rohan, Ambassadeur extraordinaire en Suisse, écrite à l'Archiduc Léopold, de Coire le 25 Avril 1632 ; avec la Réponse dudit Archiduc : *in-8.*

C'étoit pour prier cet Archiduc de faire cesser les hostilités dans un Pays allié de Sa Majesté.]

30539. Mſ. Recueil de Pièces concernant le Traité de Querasque, en 1631 & 1632 : *in-fol.* 2 vol.

Ce Recueil [étoit] dans la Bibliothèque de M. de Mesme.

30540. ☞ Mſ. Recueil de Lettres, Pièces & Instructions concernant les Affaires de Mantoue ; Casal & le Traité de Querasque, la plupart originales & écrites de la main de M. Priandi, chargé de cette Négociation.

Il est dans la Bibliothèque de M. Fevret de Fontette, Conseiller au Parlement de Dijon.]

30541. ☞ Recueil de quelques Discours politiques, écrits sur diverses occurrences des Affaires & Guerres Etrangères, depuis 1617 jusqu'en 1632 : *S. Gervais*, 1633, *in-4.*]

30542. ☞ Mſ. Instruction au Sieur du Belloy, s'en allant en Languedoc, vers le Duc de Montmorency : *in-fol.*

Cette Instruction est indiquée num. 3190 du Catalogue de M. le Blanc.]

30543. Mſ. Lettres & Relations, depuis l'an 1625 jusqu'en 1632 : *in-fol.*

Ce Recueil est conservé dans la Bibliothèque de MM. des Missions Etrangères.

30544. Mſ. Pouvoirs & autres Dépêches d'Etat, depuis l'an 1537 jusqu'à 1632 : *in-fol.*

Ce Recueil [étoit] dans la Bibliothèque de M. le Chancelier Seguier, num. 11, [& est aujourd'hui à S. Germain des Prés.]

30545. Mſ. Lettres & Dépêches (d'Antoine Coiffier,) Maréchal d'Effiat, écrites de-

Liv. III. Histoire Politique de France.

puis le 30 Juillet 1624 jusqu'au 30 Juillet 1632 : *in-fol.*

Ces Lettres du Maréchal d'Effiat, mort en 1632, [étoient] dans la Bibliothèque de M. Bouthillier, ancien Evêque de Troyes : I. 4.]

30546. Mſ. Traités des Ambassadeurs de Turquie & du Levant, depuis l'an 1528 jusqu'en 1632 : *in-fol.* 6 vol.

Ces Traités [étoient] dans la Bibliothèque de M. l'Evêque de Séez.

30547. Mſ. Négociations de M. GUEFFIER à Rome, en 1632 : *in-fol.* 8 vol.

Ces Négociations [étoient] dans la Bibliothèque de M. Colbert, [& sont dans celle du Roi.]

30548. Mſ. Lettres de M. MARESCOT, écrites à M. de Béthune, en 1632 : *in-fol.* 2 vol.

Ces Lettres de Guillaume Marescot employé dans diverses Négociations sous Henri IV. & Louis XIII. mort en 1643, sont conservées dans la Bibliothèque du Roi, num. 9332, 9333.

30549. Mſ. Négociations de Claude de Mesme, Comte D'AVAUX, à Rome, en 1632 : *in-fol.*

Ces Négociations [étoient] dans la Bibliothèque de M. le premier Président de Mesme.

30550. Mſ. Recueil de Pièces, depuis l'an 1626 jusqu'en 1633 : *in-fol.*

Ce Recueil est conservé entre les Manuscrits de M. Dupuy, num. 640.

30551. Mſ. Recueil de Pièces, depuis l'an 1630 jusqu'en 1633.

Ce Recueil est imprimé à la fin du *Journal du Cardinal de Richelieu.*

30552. Mſ. Lettres de M. DE GURON, envoyé par le Duc de Lorraine, écrites depuis le 15 Avril 1632 jusqu'au 9 Décembre 1633.

Ces Lettres [étoient] dans la Bibliothèque de M. Bouthillier, ancien Evêque de Troyes : T. 5.

30553. Mſ. Relation de Monsieur, dans le temps qu'il étoit en Flandres : *in-fol.*

Cette Relation [étoit] dans la Bibliothèque de M. Foucault, [qui a été vendue & distraite.]

30554. Mſ. Négociations de M. DE CREQUY à Rome, en 1633 : *in-fol.*

Ces Négociations de Charles de Crequy, Maréchal de France, [étoient] dans la Bibliothèque de M. Colbert, [& sont dans celle du Roi.]

30555. Mſ. Recueil des Dépêches de Henri, Duc DE ROHAN, écrites pendant son Ambassade en Suisse, en 1633 : *in-fol.*

Ce Recueil [étoit] dans la Bibliothèque de M. Baluze, num. 494, [& est dans celle du Roi.]

☞ Ce Recueil doit faire au moins partie des *Mémoires & Lettres sur la Guerre de la Valteline,* publiés par M. de Zurlauben en 1758, & rapportés ci-devant, à *l'Histoire de Louis XIII.*]

30556. Mſ. Relation du Voyage de M. de Feuquieres allant en Allemagne de la part du Roi, en 1633 : *in-fol.*

Cette Relation est conservée entre les Manuscrits de M. Dupuy, num. 642, & [étoient] dans la Bibliothèque de M. Fouquet, Secrétaire du Roi.

☞ Elle est imprimée dans les *Mémoires du Cardinal de Richelieu,* donnés par Aubery.]

30557. Mſ. Négociations du Marquis DE FEUQUIERES en Allemagne, en 1633 & 1634 : *in-fol.*

Ces Négociations de Manassé du Pas, Marquis de Feuquières, Gouverneur des Provinces de Metz & de Toul, mort en 1640, sont conservées dans la Bibliothèque du Roi, num. 9211.

30558. ☞ Lettres & Négociations du Marquis de Feuquieres, Ambassadeur du Roi en Allemagne, en 1633 & 1634 : *Amsterdam,* (*Paris,* Desaint,) 1753, *in-*12. 3 vol.

L'objet des Négociations de M. de Feuquières étoit de ramener le courage des Suédois & des Princes de la Ligue Protestante après la mort de Gustave, arrivée en 1632, & de renouveller avec eux l'Alliance de la France contre la Maison d'Autriche.

» Elles développent quelques parties du plan que le
» Cardinal de Richelieu s'étoit formé de renverser la
» supériorité de puissance qui rendit la Maison d'Autri-
» che long-temps si redoutable. On trouve à la tête du
» Livre un morceau historique dans lequel l'Editeur,
» (M. l'Abbé Gabriel-Louis Calabre PERAU) présente
» au Public, & la Vie du Marquis de Feuquières, & le
» Tableau de son Ambassade, formé d'après les Lettres
» & les Instructions qu'il publie. Elles répandent beau-
» coup de jour sur la confédération de la France, de la
» Suède & des Protestans de l'Empire ; & elles appar-
» tiennent bien plus à l'Histoire du Règne de Louis XIII.
» qu'à l'Histoire particulière du Marquis de Feuquiè-
» res ». *Journal des Sçavans,* 1754, *Mai.*

Charles-Hugues le Fevre de S. Marc a donné en 1734 une Edition des *Mémoires du Marquis de Feuquières,* *in-*12. 3 vol. mais ce n'est pas la même chose que ses Négociations, & ils ne traitent que de la Guerre & de l'Art Militaire : il en sera parlé dans la suite.]

== Recueil de Pièces pour servir à l'Histoire, depuis l'an 1626 jusqu'en 1634.

☞ *Voyez* ci-devant, [N.° 21842.]

30559. ☞ Mſ. Diverses Négociations faites en Allemagne ès années 1633 & 1634, & quelques Négociations particulières faites avec le Duc de Weymar de Saxe en 1637, & Dépêches & Instructions à M. de Feuquieres, Ambassadeur en Allemagne : *in-fol.*

Ce Manuscrit est indiqué num. 2033 du Catalogue de M. Bernard.]

30560. ☞ De universi orbis Christiani pace & concordiâ, per Cardinalem Richelium constituendâ ; cum Epistolâ ad eumdem, per T. B. MILLETERIUM : *Parisiis,* 1634, *in-*8.]

30561. Mſ. Ambassades de Turquie, depuis l'an 1528 jusqu'en 1634 : *in-fol.*

Ces Ambassades [étoient] dans la Bibliothèque de M. le Chancelier Seguier, num. 76, [& sont à S. Germain des Prés.]

30562. ☞ Considérations politiques pour entreprendre la Guerre contre l'Espagne, traduites de l'Anglois de François BACON, par Mangars : *Paris,* 1634, *in-*4.]

30563. ☞ Mſ. Procès-verbal des Commissaires du Roi & du Duc de Savoye, pour

Lettres historiques, Mémoires, Négociations, &c. 1634. 89

les limites & évaluation des revenus de Pignerol : 1633 & 1634.

Ce Procès-verbal est conservé dans la Bibliothèque de S. Germain des Prés.]

30564. Mſ. Lettres & Dépêches de M. DE BRASSAC, Ambassadeur à Rome, depuis l'an 1630 jusqu'au 12 Octobre 1634 : in-fol.

Ces Lettres [étoient] conservées dans la Bibliothèque de M. Bouthillier, ancien Evêque de Troyes, Q. 4.

30565. Mſ. Lettres de M. B***, Envoyé en Angleterre, en 1635 : in-fol.

Ces Lettres de M. BEAUTROU [étoient] conservées dans la Bibliothèque de M. Colbert, [& aujourd'hui dans celle du Roi.]

30566. Mſ. Recueil de diverses Lettres, Instructions & autres Mémoires, de l'année 1635, envoyés au Maréchal de Chaſtillon: in-fol.

Ce Recueil est conservé dans la Bibliothèque de M. le Chancelier d'Aguesseau.

30567. Caroli OGERII Ephemerides, sive Iter Danicum, Suecicum & Polonicum, cùm esset in Comitatu Claudii Memmii, Comitis Avauxii, annis 1634 & 1635 : Parisiis, le Petit, 1656, in-8.

François Ogier, frère de l'Auteur, a publié ce Voyage.

30568. ☞ Mſ. Ambassade de M. DE BELLIEVRE, en Italie, l'an 1635.

Ce Manuscrit est dans la Bibliothèque de S. Germain des Prés.]

30569. Mſ. Lettres & Dépêches (d'Emeri, Comte) DE BARRAULT, Ambassadeur en Espagne, depuis le premier Juillet 1629 jusqu'au 30 Janvier 1635.

30570. Mſ. Lettres & Dépêches au Maréchal de la Force, depuis le 29 Décembre 1630 jusqu'au 13 Octobre 1635.

30571. Mſ. Dépêches à (Manassé du Pas, Sieur) de Feuquieres, Ambassadeur près les Princes d'Allemagne, depuis le 11 Décembre 1631 jusqu'au 16 Octobre 1635.

30572. Mſ. Dépêches de M. LANDÉ, Envoyé aux Grisons, depuis l'an 1631 jusqu'au 27 Novembre 1635.

Ces quatre Manuscrits [étoient] dans la Bibliothèque de M. Bouthillier, ancien Evêque de Troyes : le premier, N. 4, le second, P. 5, le troisième, M. 5, le quatrième, Y. 5.

30573. Mſ. Négociations de [François Hannibal] D'ESTRÉES, Maréchal de France, à Rome, en 1636 : in fol.

Ces Négociations sont conservées dans la Bibliothèque du Roi, num. 443.

30574. Mſ. Lettres de (Jean de Saint-Bonnet,) Maréchal DE THOIRAS, (mort en 1636,) écrites depuis le 1 Octobre 1630 jusqu'en 1636.

30575. Mſ. Lettres & Papiers concernant M. le Duc de Puy-Laurens, depuis le 22 Juillet 1632, jusqu'au 16 Juin 1636.

Tome III.

30576. Mſ. Mémoires envoyés par (Hercules Baron) DE CHARNACÉ, contenant des propositions du Traité avec les Etats-Généraux, depuis le 9 Décembre 1625 jusqu'au 8 Août 1636 : in-fol.

Il s'appelloit Hercules Girard de Charnacé. Voy. Ménage, dans la Vie de son père, pag. 265.

30577. Mſ. Lettres & Dépêches (de Charles Sire) DE CREQUY, Maréchal de France, (mort en 1638) écrites depuis le 8 Octobre 1629 jusqu'au 3 Novembre 1636.

30578. Mſ. Lettres de M. DE PUGNY, Ambassadeur en Angleterre, depuis le 18 Mai 1631 jusqu'au 24 Décembre 1636.

Ces cinq Manuscrits [étoient] dans la Bibliothèque de M. Bouthillier, ancien Evêque de Troyes : le premier, N. 6, le second, E. 6, le troisième, B. 5, le quatrième, G. 5, & le cinquième, C. 6.

30579. Mémoires pour servir à l'Histoire, depuis l'an 1596 jusqu'en 1636, tirés du Cabinet de Léon DU CHASTELIER-BARLOT, premier Maréchal de Camp des Armées du Roi : Fontenay, Petit-Jean, 1643, in-4.

Ce Livre est très-mal écrit, & ne marque qu'en un mot les Sièges & les autres occasions où l'Auteur s'est trouvé.

30580. ☞ Justificacion de las acciones de España, manifestacion de las violencias de Francia : in-4.

Cet Ecrit fut publié vers 1635.]

30581. Mſ. Ambassade à Rome de François DE NOAILLES, Lieutenant-Général d'Auvergne, depuis le premier Janvier 1634 jusqu'à la fin de 1636 : in-fol.

Les Dépêches de cet Ambassadeur, mort en 1645, sont conservées dans la Bibliothèque de M. le Duc de Noailles.

30582. ☞ Lettres écrites au Roi Louis XIII. & à ses Ministres ; par le Cardinal de Lyon, (Alphonse DE RICHELIEU,) pendant son Ambassade à Rome, en 1635 & 1636.

Dans le Conservateur du mois de Mai 1755. Ce Cardinal étoit frère du Ministre, Cardinal de Richelieu.]

30583. ☞ Mſ. Ambassade de M. DE SENNETERRE, en Angleterre, ou Recueil de Copies de ses Lettres, pendant les années 1635, 1636 & 1637.

Ces Lettres sont conservées dans la Bibliothèque de S. Germain des Prés.]

30584. ☞ Mſ. Mémoire du Roi à MM. le Cardinal de Lyon & le Comte de Noailles, sur l'ordre que le Pape avoit envoyé au Sieur Mazarin de retourner en Avignon, & autres Pièces : en 1637, in-fol.

Ce Mémoire, &c. est indiqué au num. 15649 du Catalogue de M. d'Estrées.]

30585. ☞ Mſ. Lettres & Mémoires concernant les Affaires de Flandre, Hollande, Espagne & Suisse, depuis 1632 jusqu'en 1637 : in-fol.

Ce Manuscrit est indiqué num. 2036 du Catalogue de M. Bernard.]

M

30586. Mf. Divers Actes & Mémoires ensuite de la retraite de Monsieur Gaston de France, & de M. le Comte de Soissons, en 1636 & 1637 : *in-fol.*

Ce Recueil est conservé entre les Manuscrits de M. de Brienne, num. 358, & [étoit] dans la Bibliothèque de M. de Caumartin, [mort en 1733, Evêque de Blois.]

30587. Mf. Instructions & Dépêches à Léon Brulart, Envoyé vers les Suisses & les Grisons, depuis le 20 Juin 1629 jusqu'au 5 Février 1637.

30588. Mf. Minutes des Lettres [d'Hercules] Baron DE CHARNACÉ, à M. Bouthillier, Surintendant, au Père Joseph, &c. depuis le 2 Janvier 1633 jusqu'au 3 Juillet 1637.

30589. Mf. Lettres du Cardinal DE RICHELIEU à M. de Charnacé, depuis le 22 Avril 1633 jusqu'au 25 Juillet 1637.

30590. Mf. Lettres du Père JOSEPH (du Tremblay,) Capucin, à M. de Charnacé, depuis le 8 Février 1636 jusqu'au 6 Août 1637.

30591. Mf. Lettres (de François Sublet,) Sieur DES NOYERS, Secrétaire d'Etat, à M. de Charnacé, depuis le 8 Février 1636 jusqu'au 6 Août 1637.

30592. Mf. Minutes des Lettres du Baron DE CHARNACÉ, au Cardinal de Richelieu, depuis le 4 Avril 1633 jusqu'au 16 Août 1637.

30593. Mf. Lettres & Dépêches (de Léon Bouthillier, Comte) DE CHAVIGNY, à M. de Charnacé, depuis le 18 Décembre 1629 jusqu'au 26 Août 1637 : *in-fol.* 2 vol.

30594. Mf. Dépêches du Baron DE CHARNACÉ au Roi, à M. Bouthillier & à M. de Chavigny, depuis le premier Octobre 1629 jusqu'au 3 Septembre 1637 : *in-fol.* 2 vol.

Ces huit Recueils de Lettres étoient dans la Bibliothèque de M. Bouthillier, ancien Evêque de Troyes : le premier, Y. 5, le second, & 4, les troisième, quatrième & cinquième, D. 5, le sixième, & 4, le septième, B. 5, C. 5, & le huitième, & 4, A. 5.

30595. Mf. Dépêches de Claude de Mesme, Comte D'AVAUX, faites en Suède, depuis le premier Janvier 1633 jusqu'au 15 Décembre 1637 : *in-fol.* 3 vol.

Ces Dépêches [étoient] dans la Bibliothèque de M. le premier Président de Mesme.

30596. ☞ Mf. Lettres de M. MARESCOT, employé dans diverses Négociations, sous Henri IV. & Louis XIII. depuis le 17 Février 1632 jusqu'au 15 Novembre 1637 : *in-fol.* 4 vol.

Ces Lettres sont indiquées num. 2035 du Catalogue de M. Bernard.]

30597. Mf. Recueil de Lettres écrites au Maréchal de Chastillon par diverses personnes, pendant la Campagne de l'année 1638, depuis le commencement de Janvier jusqu'en Septembre : *in-fol.*

Ce Recueil est conservé dans la Bibliothèque de M. le Chancelier d'Aguesseau.

30598. Mf. Motifs de la France pour la Guerre d'Allemagne, & quelle a été sa conduite ; par Abel SERVIEN : *in-fol.*

Ce Manuscrit est conservé à Paris, dans la Bibliothèque de Sainte-Geneviève.

30599. Mf. Négociations de M. DE SABRAN à Genève, ès années 1629, 1630, 1631, en Italie, 1633, 1634, 1635 & 1636, & en Allemagne, en 1636, 1637 & 1638 : *in-fol.* 5 vol.

Ces Négociations [étoient] dans la Bibliothèque de M. Baluze, num. 53-57, [& sont aujourd'hui dans celle du Roi.]

30600. Mf. Lettres (d'Armand Nompar de Caumont) Maréchal DE LA FORCE, depuis le 7 Août 1630 jusqu'en 1638.

30601. Mf. Lettres & Dépêches du même, depuis le 9 Janvier 1634 jusqu'au mois de Janvier 1638.

30602. Mf. Lettres du Père JOSEPH (du Tremblay,) Capucin, depuis nommé par le Roi au Cardinalat, depuis le 20 Février 1630 jusqu'au 16 Décembre 1638.

Ces trois Volumes de Lettres [étoient] dans la Bibliothèque de M. Bouthillier, ancien Evêque de Troyes : le premier, O. 5, le second, P. 5, & le troisième, C. 4.

30603. ☞ Mf. Mémoires depuis le 3 Janvier 1634, jusqu'au mois de Novembre 1638 : *in-fol.* 3 vol.]

30604. ☞ Mf. Mémoires concernant les Affaires d'Allemagne, depuis 1519 jusqu'en 1638 : *in-fol.*

Ces deux Articles sont indiqués num. 2043 & 2044 du Catalogue de M. Bernard.]

30605. Mf. Ambassade de M. le Bailli DE FOURBIN, Ambassadeur Extraordinaire du Grand-Maître de Malthe, pour féliciter le Roi Louis XIII. & la Reine Anne d'Autriche, sur l'heureuse naissance de M. le Dauphin, & rendre à son Altesse Royale ses premiers devoirs, en 1638 & 1639.

Cette Ambassade est conservée à Dijon dans la Bibliothèque de M. le premier Président Bouhier, B. 60.

30606. Mf. Lettres de (Gaspard Coignet) DE LA THUILLERIE & de (Claude Mallier, Seigneur) DU HOUSSAY, Ambassadeurs de Louis XIII. à Venise, écrites au Maréchal d'Estrées, aussi Ambassadeur du Roi à Rome, depuis le 30 Mars 1637 jusqu'au 19 Mars 1639 ; avec les Réponses du Maréchal D'ESTRÉES : *in-fol.*

Ces Lettres sont conservées entre les Manuscrits de M. Dupuy, num. 768.

30607. ☞ Mf. Conférence de M. DE CHAVIGNY, Secrétaire d'Etat, avec le Nonce Scot, au sujet de ce qui s'est passé à Rome

Lettres historiques, Mémoires, Négociations, &c. 1639. 91

à l'égard du Maréchal d'Estrées, Ambassadeur de France ; avec la Relation de tout ce procédé : 1639, *in-fol.*

Cette Conférence est indiquée entre les Pièces du num. 3301 * du Catalogue de M. le Blanc. On peut voir ce qui est rapporté ci-dessous, N.° 30613.]

30608. Mf. Lettres, Actes & Mémoires touchant le Duc d'Espernon, (Jean-Louis de Nogaret de la Valette) & le Duc de la Valette (Henri, Duc de Candale) son fils ; depuis l'an 1610 jusqu'en 1639 : *in-fol.*

Ces Lettres sont conservées entre les Manuscrits de M. Dupuy, num. 556.

30609. Mf. Ambassade de M. DE CHAVIGNY & de M. D'HEMERY en Savoye, en 1639 : *in-fol.*

Cette Ambassade de Léon le Bouthillier de Chavigny, Secrétaire d'Etat, mort en 1651, & de Michel Particelli, Sieur d'Hemery, Surintendant des Finances, mort en 1650, [étoit] conservée dans la Bibliothèque de M. l'Evêque de Séez.

30610. Mf. Ambassades & Négociations d'Italie ; par M. le Cardinal (Louis) DE LA VALETTE, & MM. DE CHAVIGNY & D'HEMERY, en 1639 : *in-fol.*

Ces Ambassades [étoient] dans la Bibliothèque de M. Colbert de Croissy, Evêque de-Montpellier, [mort en 1738,] & dans celle de M. le Baron d'Hoendorff, [dont les Manuscrits sont passés dans la Bibliothèque de l'Empereur.]

30611. ☞ Instruction à M. d'Hemery, Ambassadeur en Piémont.

Elle est imprimée dans les *Mémoires du Cardinal de Richelieu*, par Aubery.]

30612. Mf. Emplois de Charles de la Porte, Duc DE LA MEILLERAYE, Maréchal de France, Général des Armées du Roi en Picardie, en 1639, contenant diverses Dépêches écrites à lui & par lui, & quelques autres Mémoires concernant la Campagne de cette année-là : *in-fol.*

Ce Manuscrit est conservé dans la Bibliothèque du Roi, num. 9266.

30613. Mf. Différend du Commandeur de Valençay, Ambassadeur de Malthe à Rome, avec le Maréchal d'Estrées, pour la Visite, en 1639. Relation de ce qui s'est passé en l'Affaire des cinq Esclaves sauvés en la Trinité du Mont, en 1639. Relation de la Conférence entre M. de Chavigny & le Nonce du Pape ; faite par ledit (Léon) DE CHAVIGNY. Relation de la même Conférence faite par le Nonce du Pape : *in-fol.*

Ce Recueil est conservé entre les Manuscrits de M. Dupuy, num. 555.

30614. ☞ Mf. Lettres & Dépêches de la Duchesse de Savoye, (CHRISTINE de France) à Louis XIII. & aux Cardinaux de Richelieu, de la Valette, &c. concernant les Affaires & troubles d'Italie & Piémont, l'an 1639 : *in-fol.*

Ces Lettres sont indiquées au num. 15668 du Catalogue de M. d'Estrées.]

Tome III.

30615. ☞ Mf. Diverses Lettres interceptées du temps du Cardinal de Richelieu, en 1634, & autres Pièces & Lettres, depuis 1610 jusqu'en 1639 : *in-fol.*

Ce Recueil est indiqué num. 2045 du Catalogue de M. Bernard.]

30616. Mf. Minutes des Lettres (de Léon Bouthillier, Comte) DE CHAVIGNY, au Cardinal de la Valette, depuis l'an 1635 jusqu'au 8 Septembre 1639.

30617. Mf. Lettres du Cardinal (Louis) DE LA VALETTE, depuis l'an 1633 jusqu'au 15 Septembre 1639 : *in-fol.* 2 vol.

30618. Mf. Diverses Lettres, Dépêches & Papiers concernant ce Cardinal, depuis l'an 1635 jusqu'au 16 Octobre 1639 : *in-fol.*

Ces trois Recueils [étoient] dans la Bibliothèque de M. Bouthillier, ancien Evêque de Troyes : le premier, A. 4. le second, Z. 3, & le troisième, A. 4.

30619. Mf. Divers Traités, Ambassades, Lettres, Instructions qui regardent les Affaires de Turquie, depuis l'an 1528 jusqu'en 1640 : *in-fol.* 5 vol.

Ce Recueil est conservé dans la Bibliothèque des Minimes de Paris, num. 77-81.

30620. ☞ Mf. Pièces concernant les Affaires & le Commerce de Constantinople, des Echelles du Levant, d'Alep, d'Egypte, &c. avec plusieurs de M. DE LA HAYE, Ambassadeur du Roi à la Porte, entre 1620 & 1640 : *in-fol.*

Ce Recueil, ou Porte-feuille, est entre les Manuscrits de MM. Godefroy, num. 529, dans la Bibliothèque de la Ville de Paris.]

30621. ☞ Mf. Quatre Recueils de Voyages à Rome & en Turquie, dont un comprend les Observations faites par le Sieur VILLARD, Secrétaire de M. de la Haye, Ambassadeur de France en Turquie.

Ce Manuscrit est conservé dans l'Abbaye des Chanoines Réguliers de S. Denys à Reims, & est marqué XX.]

30622. Mf. Recueil de Pièces servant à l'Histoire ; composé par André DU CHESNE : *in-fol.* 8 vol.

Le Recueil de du Chesne, mort en 1640, est conservé dans la Bibliothèque du Roi, num. 11-18 des *Mémoires* de du Chesne.

30623. Mf. Lettres, Actes & Mémoires, depuis l'an 1480 jusqu'en 1640 : *in-fol.*

Ce Recueil est conservé entre les Manuscrits de M. Dupuy, num. 549.

30624. Lettres du Cardinal DE RICHELIEU, où l'on voit la politique & le secret de ses plus grandes Négociations : *Cologne*, (*Hollande*,) [& *Lyon*,] 1695 : *Paris*, 1696, *in-*12. [*Paris*, (*Hollande*,) 1696, *in-*12. 2 vol.]

Cette dernière Edition est plus ample que les précédentes, & elle s'étend de 1617 à 1641. Elle contient 286 Lettres, indépendamment de plusieurs Pièces & Mémoires. Les 213 premières Lettres sont rangées de

M 2

suite, & par ordre de date ; les autres sont sans ordre, & la plupart sans date.

Ce Recueil contient bien des choses curieuses, & utiles à l'Histoire de ce temps.

Les Lettres d'Armand-Jean du Plessis, Cardinal de Richelieu, mort en 1642, ont été [la plupart] écrites depuis l'an 1624 jusqu'en 1640.

30625. Mf. Lettres & Dépêches (de Manassé du Pas, Sieur) DE FEUQUIERES, depuis le 26 Mai 1632 jusqu'au 12 Février 1640.

30626. Mf. Dépêches de SAINT-ETIENNE, Envoyé en Bavière, depuis le 30 Septembre 1631 jusqu'au 26 Mai 1640.

30627. Mf. Lettres & Dépêches adressées au Cardinal Alphonse DE RICHELIEU, depuis l'an 1635 jusqu'au 11 Novembre 1640.

30628. Mf. Lettres de (Claude) BUILLON, Surintendant des Finances, (mort en 1640) depuis le 9 Décembre 1632 jusqu'au 11 Décembre 1640.

Ces quatre Recueils [étoient] dans la Bibliothèque de M. Bouthillier, ancien Evêque de Troyes : le premier, M. 5, le second, H. 6, le troisième, N. 3, le quatrième, Y. 4.

30629. Mf. Lettres originales de Marie DE MÉDICIS, de Gaston DE FRANCE & du Comte DE SOISSONS : *in-fol.*

Ces Lettres sont conservées dans la Bibliothèque du Roi, entre les Manuscrits de M. de Gaignières.

30630. Mf. Recueil de diverses Pièces concernant la Bataille de Sédan, le Comte de Soissons, le Duc de Guise, le Duc de Bouillon & autres, touchant la mort de MM. de Cinq-Mars & de Thou : *in-fol.*

Ce Recueil est conservé dans la Bibliothèque des Minimes de Paris, num. 63.

30631. Mf. Divers Mémoires du temps du Cardinal de Richelieu à Messieurs de Chavigny & des Noyers, étant auprès du Roi, après la mort de M. le Grand [ou de Cinq-Mars,] & les Réponses desdits Sieurs.

Ces Pièces sont imprimées à la fin du tom. I. des *Mémoires du Comte de Montresor* : Leyde, 1665, *in-12.*

30632. Mf. Lettres & Papiers de Louis DE BOURBON, Comte DE SOISSONS, depuis l'an 1632 jusqu'en 1641.

30633. Mf. Instructions données, & Lettres écrites au Maréchal D'ESTRÉES, depuis le 20 Décembre 1629 jusqu'au 5 Mai 1641.

30634. Mf. Lettres de M. DE BOURBONNE, Commandant à Montbélyard, depuis le 25 Janvier 1632 jusqu'au 30 Juin 1641.

30635. Mf. Lettres & Dépêches de M. DE BRASSAC, depuis le 2 Octobre 1630 jusqu'au 2 Juillet 1641.

30636. Mf. Cahier des Dépêches de M. DE PUJOLS, pendant son séjour en Espagne, depuis l'an 1637 jusqu'en Juillet 1641.

Ces cinq Recueils [étoient] dans la Bibliothèque de M. Bouthillier, ancien Evêque de Troyes : le premier & le second, K. 5, le troisième, P. 4, le quatrième, Q. 4, le cinquième, D. 6.

30637. Mf. Négociations du Marquis DE CŒUVRE, [depuis Maréchal D'ESTRÉES,] pendant ses Ambassades à Rome & en d'autres endroits d'Italie, depuis l'an 1613 jusqu'en 1641 : *in fol.* 60 vol.

Ces Négociations de François Hannibal d'Estrées, Marquis de Cœuvre, mort Maréchal de France en 1670, sont conservées dans la Bibliothèque du Roi, num. 9144-9203. « Ce Seigneur avoit de très-grandes qualités, qui le firent considérer par le Cardinal » de Richelieu, comme très-capable de servir le Roi, » non-seulement à la tête de ses Armées, mais aussi » dans les Affaires de Négociations les plus épineuses; » & en cette considération, il lui fit donner les Ambassades de Rome, & auprès des Cantons Suisses. Ceux » qui l'ont connu, demeurent d'accord qu'il étoit plus » propre pour la Campagne que pour le Cabinet ». De Wicquefort, Liv. II. de l'*Ambassadeur*, section 7.

30638. ☞ Mf. Ambassade de M. le Maréchal d'Estrées à Rome, en 1637, 1638 & 1639 : *in-fol.* 3 vol.]

30639. ☞ Mf. Lettres de M. le Maréchal d'Estrées, Ambassadeur à Rome en 1640 : *in-fol.*

30640. ☞ Mf. Lettres & Mémoires de M. le Maréchal d'Estrées, depuis 1636 jusqu'en 1640 : *in-fol.*

Ces trois Recueils se trouvent aux num. 15669, 15670 & 15671, du Catalogue de M. le Maréchal d'Estrées. Ils furent retirés pour la famille pendant la vente, en 1740.]

30641. ☞ Mf. Ambassade & Négociation de M. le Maréchal D'ESTRÉES à Rome, depuis le 9 Octobre 1636 jusqu'au 30 Décembre 1637 : *in-fol.* 2 vol.]

30642. ☞ Mf. Lettres de MM. DE SABRAN & BIDAULT, Résidens à Gênes, écrites à M. le Maréchal d'Estrées, Ambassadeur à Rome, depuis 1636 jusqu'en 1639 : *in-fol.*]

30643. ☞ Mf. Dépêches de la Cour envoyées à M. le Maréchal d'Estrées, Ambassadeur extraordinaire à Rome, depuis le 8 Janvier 1637 jusqu'en 1641 : *in-fol.* 2 vol.]

30644. ☞ Mf. Lettres de M. DU HOUSSAY, Ambassadeur à Venise, à M. le Maréchal d'Estrées pendant les années 1638-1641 : *in-fol.*]

30645. ☞ Mf. Lettres de différentes personnes écrites à M. le Marquis de Cœuvres, depuis Maréchal d'Estrées, & du même à plusieurs personnes, pendant ses Ambassades en Italie, depuis 1614 jusqu'en 1642 : *in-fol.* 4 vol.]

30646. ☞ Mf. Lettres de différentes personnes écrites à M. le Maréchal d'Estrées, Ambassadeur à Rome, sur les Affaires de Savoye, Piémont, Mantoue, Montferrat, Parme & Plaisance, depuis le 10 Avril 1636 jusqu'au 2 Mai 1641 : *in-fol.*

Ces six Articles sont indiqués aux num. 2037, 2038,

Lettres historiques, Mémoires, Négociations, &c. 1635.

2039, 2040, 2041, 2042, du Catalogue de M. Bernard.]

30647. Mſ. Mémoires du Maréchal DE CHASTILLON, écrits pendant son emploi dans les Armées du Roi en Champagne & en Lorraine, depuis l'an 1635 jusqu'en 1641: *in-fol.* 9 vol.

Ces Mémoires de Gaspard de Coligny, Maréchal de Chastillon, mort en 1646, sont conservés dans la Bibliothèque du Roi, num. 9256 - 9264.

30648. Mſ. Recueil des Dépêches du même, depuis l'an 1637 jusqu'en 1641 : *in-fol.*

Ce Recueil [étoit] dans la Bibliothèque de M. Colbert, [& est aujourd'hui dans celle du Roi.]

Il y a un grand nombre de Lettres de ce Maréchal, imprimées dans [les Preuves] de l'*Histoire de la Maison de Coligny* : [*Paris*, 1662, *in-fol.*]

30649. Mſ. Lettres des Rois de France, depuis l'an 1471 jusqu'en 1642 : *in-fol.*

Ces Lettres sont conservées entre les Manuscrits de M. Dupuy, num. 590.

30650. Mſ. Lettres (de Jean-Baptiste Budes, Comte) DE GUEBRIANT, Maréchal de France, (mort en 1643,) écrites depuis le 11 Août 1636 jusqu'en 1642 : *in-fol.*

30651. Mſ. Lettres de M. GERBIER, Résident du Roi d'Angleterre à Bruxelles, depuis le 20 Janvier 1633 jusqu'au 22 Mars 1642 : *in-fol.*

30652. Mſ. Lettres de (Claude) BOUTHILLIER, Surintendant des Finances, au Cardinal de Richelieu, depuis le 9 Novembre 1633 jusqu'au 24 Août 1642 : *in-fol.*

30653. Mſ. Lettres du Cardinal DE RICHELIEU à M. Bouthillier, depuis le 12 Juin 1622 jusqu'au 30 Août 1642 : *in-fol.*

30654. Mſ. Lettres & Instructions du Cardinal DE RICHELIEU, & Papiers qui le concernent, depuis le 16 Août 1625 jusqu'au 2 Octobre 1642 : *in-fol.*

30655. Mſ. Mémoires, Instructions & Lettres du Cardinal DE RICHELIEU à la Reine-Mère, au Roi, à Monsieur, depuis le 3 Septembre 1625 jusqu'au 22 Octobre 1642.

30656. Mſ. Lettres du Cardinal de Richelieu à M. DE CHAVIGNY, depuis le 25 Juillet 1632 jusqu'au 25 Octobre 1642 : *in-fol.* 2 vol.

30657. Mſ. Lettres de Bernard DE SAXE-VEYMAR, depuis l'an 1633 jusqu'au 16 Novembre 1642.

30658. Mſ. Lettres & Dépêches de M. BAUTRU, depuis le 7 Octobre 1628 jusqu'au 17 Novembre 1642.

Guillaume Bautru, Comte de Serran, est mort en 1665.

30659. Mſ. Lettres (de Léon Bouthillier, Comte) DE CHAVIGNY, au Cardinal de Richelieu, depuis l'an 1634 jusqu'au 20 Novembre 1642 : *in-fol.*

30660. Mſ. Lettres de (Claude) BOUTHILLIER & de (Léon Bouthillier, Comte) DE CHAVIGNY, son fils, Secrétaire d'Etat, au Roi Louis XIII. depuis l'an 1628 jusqu'en Décembre 1642 : *in-fol.*

30661. Mſ. Lettres de GASTON de France, Duc d'Orléans, au Roi Louis XIII. depuis le 7 Avril 1630 jusqu'au 30 Décembre 1642 : *in-fol.*

Ces douze Manuscrits [étoient] dans la Bibliothèque de M. Bouthillier, ancien Evêque de Troyes : le premier, S. 5, le second, P. 5, les troisième & quatrième, S. 3, les cinquième & sixième, X. 3, le septième, T. 3, le huitième, V. 3, le neuvième, O. 6, le dixième, N. 4, le onzième, G. 3, & le douzième, H. 3.

30662. Mémoires pour l'Histoire du Cardinal de Richelieu, depuis l'an 1616 jusqu'à la fin de 1642, qui contiennent des Lettres, des Instructions & des Mémoires : *Paris*, Bertier, 1660, *in-fol.* Ibid. 1667, *in-12.* 5 vol.

Ces Mémoires furent recueillis avec soin par Antoine AUBERY, qui avoit dessein d'écrire la Vie de ce Cardinal, & qui l'a depuis exécuté. Le Privilège pour le faire imprimer lui en fut expédié ; mais Antoine Bertier, Libraire, avant d'en entreprendre l'impression, représenta à la Reine qu'il n'osoit les publier sans une autorité & une protection particulière de Sa Majesté ; parcequ'il y avoit plusieurs personnes qui s'étoient bien remises en Cour, dont la conduite n'avoit pas été régulière, & étant marqués fort désavantageusement pour eux dans ces Mémoires, ils ne manqueroient pas de lui susciter des affaires fâcheuses. « Allez , (lui dit la » Reine-Mère,) travaillez sans crainte, & faites tant de » honte au vice, qu'il ne reste que la vertu en France ». C'est ce que dit la Caille, *Histoire de l'Imprimerie* : (*Paris*, 1689, *in-4.*) pag. 186, & Bayle le rapporte d'après lui, Article, *Ant. Aubery*. Au reste ce Recueil est curieux en ce qu'il contient plusieurs Lettres, Négociations & Instructions secrettes.

☞ L'Edition *in-12.* est préférable à celle *in-folio*, les caractères en sont tout-à-fait jolis, & égalent presque ceux des Elzévirs.]

30663. ☞ Divers Mémoires du temps du Cardinal de Richelieu, à Messieurs de Chavigny & des Noyers, étant auprès du Roi, après l'arrêt de M. le Grand, & les Réponses desdits Sieurs.

Ce Recueil de Pièces imprimées dans les *Mémoires de Montresor*, tom. I. (*Leyde*, 1665, *in-12.*) regarde l'an 1642, & sur-tout l'Affaire de MM. de Cinq-Mars & de Thou.]

30664. Mſ. Négociations des Préliminaires de Hambourg, par Claude de Mesme, Comte D'AVAUX, depuis le 8 Janvier 1638 jusqu'au 25 Décembre 1642 : *in-fol.* 3 vol.

Ces Négociations [étoient] dans la Bibliothèque de M. le premier Président de Mesme.

30665. Exemplum Litterarum ad Serenissimum Daniæ Regem, à Gallico per Germaniam Legato scriptarum circa tractatum Pacis : *Parisiis*, 1642, *in-fol.* *Amstelodami*, 1642, *in-4.*

Claude de Mesme, Comte D'AVAUX, étoit alors Ambassadeur en Allemagne.

30666. Recueil de diverses Pièces pour la

défense de la Reine, mère du Roi Louis XIII. depuis l'an 1631 jusqu'en 1637 ; par Matthieu DE MORGUES, Sieur DE SAINT-GERMAIN, Conseiller & premier Aumônier de la Reine-Mère: *Anvers*, 1637, *in-fol.*, 1637, *in-12.* 3 vol.

Le même Recueil, avec des Additions de divers Auteurs, jusqu'en 1643: *Anvers*, 1643, *in-fol.* & *in-12.* 2 vol. [*Hollande*,] sur la Copie d'Anvers, 1643, *in-fol.*

Ce Recueil s'étend de 1631 à 1643.]

Les Défenses du Sieur de Saint-Germain, mort en 1670, sont très-curieuses & nécessaires pour connoître à fond l'Histoire & les Démêlés de ce temps là ; aussi les ai-je rapportées ci-devant en détail sous le Règne de Louis XIII. L'Auteur dit dans sa Préface : « Qu'il a » mis en un corps tous les Livres qu'il confesse avoir » faits pour les opposer à celui qui a fait imprimer » *in-fol.* les diverses Pièces pour servir à l'Histoire de » ce temps ». Il veut parler du Recueil de Paul Hay, Sieur du Chastelet, imprimé en 1635 : [*Paris*, *in-fol.* ci-devant, N.° 21841.]

30667. ☞ Négociations commencées en 1619, avec Marie de Médicis, par M. le Comte de Béthune, & continuées conjointement avec M. le Cardinal de la Rochefoucault: *Paris*, 1629, *in-fol.*

Il faut joindre le Livre suivant au Recueil de l'Abbé de S. Germain.

30668. Recueil de Pièces curieuses, ensuite de celles du Sieur de Saint-Germain, contenant plusieurs Pièces pour la défense de la Reine-Mère, & autres Traités d'Etat, depuis l'an 1630 jusqu'en 1643, écrits par divers Auteurs: *Anvers*, 1644, *in-4.* (*Paris*) 1644, *in-fol.*

30669. Actes concernant la Succession de Marie de Médicis, Reine de France, mère du Roi Louis XIII. & de Gaston de France: *Paris*, 1643, *in-4.*

30670. ☞ Pièces concernant la Succession de Marie de Médicis, cédée par le Roi à M. le Duc d'Orléans : 1646, *in-4.*]

30671. Mf. Papiers & Lettres de la Reine Anne d'Autriche, depuis l'an 1616 jusqu'en 1643 : *in-fol.*

30672. Mf. Lettres (d'Urbain Maillé, Duc) DE BREZÉ, Maréchal de France, (mort en 1650,) écrites à M. Bouthillier le père, depuis le 6 Janvier 1628 jusqu'au 24 Juillet 1643 : *in-fol.* 2 vol.

Ces deux Recueils [étoient] dans la Bibliothèque de M. Bouthillier, ancien Evêque de Troyes : le premier, G. 3, & le second, R. 4, S. 4.

30673. Mf. Mémoires du Chancelier [Pierre] SEGUIER, concernant les différends de la France avec la Maison d'Autriche, en 1643: *in-fol.*

Ces Mémoires sont conservés dans la Bibliothèque de MM. des Missions Etrangères.

30674. Mf. Recueil de Pièces, depuis l'an 1379 jusqu'en 1643 : *in-fol.*

Ce Recueil est conservé entre les Manuscrits de M. Dupuy, num. 744.

30675. Mf. Actes & Lettres touchant la Révolte des Croquans en Guyenne, en 1643: *in-fol.*

Ce Recueil [étoit] dans la Bibliothèque de M. de Caumartin, [mort Evêque de Blois en 1733.]

30676. Mf. Recueil de Pièces pour l'Histoire , depuis l'an 1429 jusqu'en 1643: *in-fol.* 3 vol.

Ce Recueil est conservé dans la Bibliothèque de S. Magloire, entre les Manuscrits de MM. de Sainte-Marthe.

30677. Mf. Lettres & Relations concernant le Règne de Louis XIII. en 1642 & 1643: *in-fol.*

Ce Recueil est conservé entre les Manuscrits de M. Dupuy, num. 590.

30678. Mf. Lettres (de François, Comte) DE NOAILLES, Ambassadeur à Rome, (mort en 1645) écrites depuis le premier Juillet 1632 jusqu'en 1643.

30679. Mf. Dépêches de M. LE GRAS, Secrétaire des Commandemens de la Reine, depuis le premier Août 1633 jusqu'au 17 Janvier 1643.

30680. Mf. Lettres du Roi Louis XIII. à la Reine sa mère, depuis le 6 Mai 1626 jusqu'au 12 Mai 1630 ; au Cardinal de Richelieu, depuis le 16 Octobre 1634 jusqu'au 3 Novembre 1642 ; à divers Seigneurs, depuis le 16 Septembre 1632 jusqu'au 22 Novembre 1642 ; & à M. de Chavigny, depuis le 27 Décembre 1642 jusqu'au 20 Janvier 1643 : *in-fol.*

30681. Mf. Lettres (de Nicolas de l'Hôpital, Seigneur) DE VITRY, Maréchal de France, (mort en 1694,) écrites depuis le 11 Avril 1632 jusqu'au 22 Janvier 1643.

30682. Mf. Lettres du Roi Louis XIII. à M. le Duc d'Orléans son frère, depuis Novembre 1629 jusqu'au 25 Janvier 1643 : *in-fol.*

30683. Mf. Lettres du Sieur LOPEZ, depuis le 10 Novembre 1638 jusqu'au 30 Janvier 1643 : *in-fol.*

30684. Mf. Dépêches & Lettres (de François Annibal) D'ESTRÉES, Maréchal de France, (mort en 1670) depuis le 7 Août 1632 jusqu'au 9 Mars 1643 : *in-fol.*

30685. Mf. Lettres de M. LACOURT, Envoyé à Turin, depuis le 3 Février 1637 jusqu'au 16 Avril 1643 : *in-fol.*

30686. Mf. Lettres de (François Sublet, Seigneur) DES NOYERS, Secrétaire d'Etat, depuis le 12 Mai 1632 jusqu'au 21 Avril 1643 : *in-fol.*

Lettres historiques, Mémoires, Négociations, &c. 1639.

30687. Mſ. Lettres de Marguerite DE LORRAINE, Ducheſſe d'Orléans, depuis le 29 Novembre 1637 juſqu'au 8 Mai 1643 : *in-fol.*

Ces dix Recueils de Lettres écrites avant la mort de Louis XIII. [étoient] dans la Bibliothèque de M. Bouthillier, ancien Evêque de Troyes : le premier, A. 6, le ſecond, Y. 5, le troiſième, G. 3, le quatrième, O. 6, le cinquième, H. 3, le ſixième, Z. 5, le ſeptième, K. 5, le huitième, X. 5, le neuvième, B. 6, le dixième, H. 3.

30688. ☞ Mſ. Lettres & autres Pièces, la plupart en original, concernant le Règne de Louis XIII. *in-fol.* 7 Porte-feuilles.

Ils ſont dans la Bibliothèque de la Ville de Paris, parmi les Manuſcrits de MM. Godefroy, num. 266-272.]

30689. ☞ Mſ. Lettres de M. DE BARILLON, depuis le 1 Janvier 1639 juſqu'au 19 Août 1643 : *in-fol.* 4 vol.]

30690. ☞ Mſ. Lettres écrites à M. le Préſident de Barillon, depuis le 1 Janvier 1639 juſqu'au 19 Avril 1643 : *in-fol.* 4 vol.

Ces deux Articles ſont indiqués num. 2052 & 2053 du Catalogue de M. Bernard.]

30691. Mſ. Lettres originales de Roger de SAINT-LARY & de (Thomas) Duc DE BELGARDE, Grand-Ecuyer de France du Règne de Louis XIII. *in-fol.*

30692. Mſ. Regiſtre de tous les Ambaſſadeurs Ordinaires & Extraordinaires envoyés par Henri IV. & Louis XIII. avec leurs Armes enluminées : *in-fol.*

Ces deux volumes ſont conſervés dans la Bibliothèque du Roi, entre les Manuſcrits de M. de Gaignières.

30693. Mſ. Recueil de Pièces de différentes matières, du Règne de Louis XIII. *in-fol.*

Ce Recueil [étoit] conſervé dans la Bibliothèque de M. Baluze, num. 133, [& eſt aujourd'hui dans celle du Roi.

30694. Mſ. Dépêches du Comte DE GUEBRIANT : *in-fol.* 9 vol.

Ces Dépêches de Jean-Baptiſte de Budes, Comte de Guébriant, mort Maréchal de France en 1643, [étoient] dans la Bibliothèque de M. Colbert, [& ſont aujourd'hui dans celle du Roi.]

30695. Mſ. Regiſtre de diverſes Dépêches du temps du Roi Henri IV. & de Louis XIII. *in-fol.*

Ce Regiſtre [étoit] dans la Bibliothèque de M. Baluze, num. 316, [& eſt aujourd'hui dans celle du Roi.]

30696. Mſ. Mémoires des Règnes de Henri IV. & de Louis XIII. *in-fol.*

Ces Mémoires [étoient] dans la Bibliothèque de M. le Chancelier Seguier, num. 609, [& ſont aujourd'hui à S. Germain des Prés.]

30697. Mſ. Mémoires du Règne de Louis XIII. *in-fol.* 197 vol.

Ces Mémoires ſont conſervés dans la Bibliothèque du Roi, num. 9214-9410. Ce ſont des Manuſcrits de M. le Comte de Béthune.

30698. Mſ. Lettres du Chancelier (Pierre) SEGUIER, depuis l'an 1633 juſqu'au 14 Mars 1643 : *in-fol.*

30699. Mſ. Dépêches de M. DE L'ISLE, envoyé par l'Electeur de Saxe, depuis le premier Mars 1631 juſqu'au 9 Juin 1643.

30700. Mſ. Lettres (de Gaſpard, Comte) DE CHASTILLON, Maréchal de France, (mort en 1646) écrites depuis le 13 Janvier 1630 juſqu'au 13 Septembre 1643 : *in-fol.*

30701. Mſ. Inſtructions & Dépêches envoyées à M. le Marquis de Brezé, depuis Maréchal de France, écrites depuis le 5 Janvier 1632 juſqu'au 27 Octobre 1643 : *in-fol.*

30702. Mſ. Lettres (de François) de l'Hôpital, Sieur DU HALLIER, depuis Maréchal de France, (mort en 1650) écrites depuis le 16 Octobre 1628 juſqu'au 17 Novembre 1643 : *in fol.*

30703. Mſ. Lettres de Charles de Valois, Duc D'ANGOULÊME, depuis le 19 Octobre 1633 juſqu'au 20 Décembre 1643 : *in-fol.*

30704. Mſ. Inſtructions & Dépêches de M. D'AVAUGOUR, Envoyé en Allemagne & en Suède, depuis le 18 Juin 1633 juſqu'au 18 Décembre 1643 : *in-fol.*

30705. Mſ. Lettres de Henri de Bourbon, Prince DE CONDÉ, depuis le 20 Août 1620 juſqu'au 29 Décembre 1643 : *in-fol.*

Ces huit Recueils, qui finiſſent à la mort de Louis XIII. [étoient] dans la Bibliothèque de M. Bouthillier, ancien Evêque de Troyes : le premier, L. 6, le ſecond, Z. 5, le troiſième, F. 5, le quatrième, X. 4, le cinquième, T. 5, le ſixième, H. 4, le ſeptième, L. 4, le huitième, L. 3.

30706. ☞ Mémoires d'Etat des Règnes des Rois de France, Henri II. Charles IX. Henri III. Henri IV. & Louis XIII.

Ces Mémoires ſont imprimés au tom. III. des *Mémoires d'Etat*, à la ſuite de ceux *de Villeroy*.]

30707. ☞ Mſ. Inſtructions, Mémoires & Motifs d'Ambaſſades & Négociations faites durant les Règnes de Henri III. Henri IV. & Louis XIII. *in-fol.*

Ce Recueil eſt indiqué num. 3225 du Catalogue de M. le Blanc.]

30708. ☞ Mſ. Lettres, Dépêches & Mémoires depuis le 15 Juillet 1573 juſqu'en 1643 : *in-fol.* 46 vol.

Ils ſont indiqués dans le Catalogue de M. Bernard, depuis le num. 2095 juſqu'au num. 2141.]

30709. ☞ Mſ. Lettres des Sieurs BRASSET, Réſident, CHARNACÉ d'Eſtampes, & DE LA THUILLERIE, Ambaſſadeur en Hollande, au Sieur de Rorté, Employé pour le ſervice du Roi en Allemagne, Suède, Pologne & Dannemark, depuis 1635 juſqu'en 1643.

Elles ſont dans la Bibliothèque de S. Germain des Prés.]

§. VII.

Lettres historiques, Mémoires d'Etat, Dépêches, Ambassades, Négociations, & autres Recueils de Pièces du Règne de Louis XIV.

30710. ☞ Mf. Instructions, Pouvoirs & Patentes des années 1643 & 1644 : *in-fol.* 2 vol.]

30711. ☞ Mf. Dépêches importantes sur la Paix d'Italie, de 1643 & 1644 : *in-fol.*]

30712. ☞ Mf. Lettres & Mémoires concernant l'Italie, depuis 1605 jusqu'en 1643 : *in-fol.*

Ces trois Articles font indiqués aux num. 2051, 2054 & 2055 du Catalogue de M. Bernard.]

30713. ☞ Mf. Mémoire à M. Desmarets, au sujet des Affaires de Mantoue ; par M. Priaudi : 1644.

C'est une Copie du temps, de 15 pages, qui est conservée à Dijon, dans la Bibliothèque de M. Fevret de Fontette.]

30714. ☞ Mf. Instruction au Sieur de Gremonville, Ambassadeur à Venise, s'en allant trouver le Pape, en 1644 : *in-fol.*

Dans la Bibliothèque de la Ville de Paris, num. 64.]

30715. Mf. Ambassade de M. de Saint-Chamont à Rome, en 1644 : *in-fol.*

Cette Ambassade de Melchior Mitte de Miolans, Marquis de Saint-Chamont, mort en 1649, [étoit] dans la Bibliothèque de M. le Chancelier Seguier, num. 22, [& est aujourd'hui à S. Germain des Prés.]

30716. Mf. Ambassades & Mémoires de (Gaspard Coignet) de la Thuillerie, en 1644 & années suivantes : *in-4.*

Ces Ambassades font conservées dans la Bibliothèque de M. le Chancelier d'Aguesseau. Wicquefort, Liv. II. de son *Ambassadeur*, section 7, fait un portrait fort avantageux de ce Ministre.

30717. Mf. Lettres réciproques de MM. de la Thuillerie & Servien, en 1644 : *in-fol.*

Ces Lettres de Gaspard Coignet, Sieur de la Thuillerie, Comte de Courson, mort en 1653, & d'Abel Servien, Ministre & Secrétaire d'Etat, mort en 1659, [étoient] dans la Bibliothèque de M. Colbert, [& font aujourd'hui dans celle du Roi.]

30718. * Mf. Lettres de M. (Jacques) du Perron, Evêque d'Angoulême, (mort en 1646,) écrites depuis le 10 Juillet 1634 jusqu'au 12 Mai 1644.

30719. * Mf. Lettres de M. de la Grange-aux-Ormes, Envoyé en Lorraine & en Allemagne, depuis le 12 Mars 1631 jusqu'au 23 Novembre 1644.

Ces deux Manuscrits [étoient] dans la Bibliothèque de M. Bouthillier, ancien Evêque de Troyes, B. 4, S. 5.

30720. Lettres de (Claude de Mefme, Comte) d'Avaux & (d'Abel) Servien, Ambassadeurs en l'Assemblée de Munster pour la Paix générale : (*Hollande,*) 1650, *in-8.*

Ces Lettres concernent leurs différends dans cette Ambassade, en 1644. On peut voir le portrait & le caractère de ces deux Ambassadeurs, dans Wicquefort, au Liv. II. de son *Ambassadeur*.

30721. Amico-critica Monitio ad Galliæ Legatos Monasterium Westphalorum Pacis tractandæ titulo missos ; auctore Adolpho Sprengero, Ubiorum Consule : *Francofurti, Antverpiæ, Mediolani, Viennæ, Genevæ,* 1644, *in-4.*

Cet Ecrit n'a pas été imprimé dans toutes ces Villes ; mais on a marqué le nom des unes & des autres dans différens Exemplaires. Antoine Bruen ou Brun, Franccomtois, Procureur-Général du Comté de Bourgogne, & Ambassadeur du Roi d'Espagne, est le véritable Auteur de cet Ouvrage, qu'il a publié sous un nom feint, pour n'être pas connu. Comme il a eu beaucoup de part à la Négociation de Munster & à la Conclusion du Traité, j'ai cru devoir rapporter le portrait qu'en fait Wicquefort, Liv. II. de son *Ambassadeur*, section 7.
« Antoine Brun, Procureur-Général au Parlement de
» Dôle, étoit le dernier, mais le plus habile des Pléni-
» potentiaires que le Roi d'Espagne eût à Munster. Il
» avoit plus de connoissance des Affaires des Pays-Bas
» qu'aucun de ses Collégues ; & comme il avoit aussi
» l'humeur plus accommodante, & la conversation plus
» agréable, il étoit aussi plus propre pour la Négocia-
» tion ; de sorte qu'on peut dire, que c'est à lui parti-
» culièrement que le Roi d'Espagne fut obligé de la
» Paix que les Hollandois y firent à l'exclusion de la
» France ».

☞ Ce qu'en dit Bayle, a été rapporté ci-devant, N.° 28734.]

30722. Amico-criticæ Monitionis Litura calamo ducta : 1645, *in-4.*

Cet écrit est attribué à Matthieu de Morgues, Sieur de Saint-Germain, Placcius, n. 1525, dans son *Théâtre des Anonymes*, & Guy Patin, Lettre 83 du tom. IV.

30723. Spongia Franco-Gallicæ Lituræ, à Wilhelmo Rodulpho Gemberlakhio, apud Triboces Consule : *Œnoponti,* 1646, *in-4.*

Antoine Bruen ou Brun s'est encore déguisé sous ce nom, & sous celui de Papenhausen, dans un troisième Ecrit, dont voici le titre : *Oratio libera Wolfgangi Ernesti* a Papenhausen, *Liberi Baronis,* qui parut en ce temps-là.

30724. Bruni Spongia, seu Wolfgango Ernesto à Papenhausen, Libero Germano, Baroni Libero, Germanoque Oratori, id est Antonio Bruno declamatori furioso, Vinculum Hippocratis : *Parisiis,* 1647, *in-4.*

Matthieu de Morgues, Sieur de Saint-Germain, est aussi l'Auteur de cette violente Réponse aux trois Ecrits d'Antoine Brun.

30725. Rodolphi Gemberlakhii, id est Antonii Bruni, Spongia per Franco-Gallum expressa : *in-4.* (sans nom de lieu & d'Imprimeur ni de date).

Cette Pièce paroît imprimée à Paris vers l'an 1647 ; & elle est sûrement de Matthieu de Morgues. C'est peut-être la même que la précédente, quoiqu'il y ait quelque différence dans le titre.)

30726. Pièces des Ambassadeurs de France &

Lettres historiques, Mémoires, Négociations, &c. 1644. 97

& d'Espagne à Munster, les uns contre les autres : *Francfort*, 1644, *in-*4.

30727. Pacificationum Austriaco-Hispano-Gallicarum Historia, ab annis plusquam ducentis repetita, & ad hæc usque tempora continuata ; auctore Georgio BRANDLACHT, Jurisconsulto Westphalo : *Augustæ Vindelicorum*, Prætorius, 1644, *in-*4.

30728. Mss. Hugonis GROTII Epistolæ nondum editæ Historico-politici argumenti, ab anno 1641, ad annum 1644, datæ Parisiis ad Christianam Sueciæ Reginam, & Cancellarium Regni Axelium Oxenstiernam : *in-fol.*

Une copie de ces Lettres, qui sont dans les Archives de Suède, étant tombée entre les mains de Samuel Pufendorf, il avoit dessein de les publier ; mais la mort l'en empêcha. Charles Otton Rechemberg fit mettre ensuite dans le tome XI. de l'*Histoire critique de la République des Lettres, pag.* 328, un Mémoire sur la publication qu'il se proposoit d'en faire. [Nous ne croyons pas qu'elle ait été faite, au moins nous l'ignorons.] Il est parlé dans ces Lettres des intrigues contre le Cardinal de Richelieu, & de l'union des Suédois avec les François avant la Paix de Westphalie.

30729. ☞ Mss. Discours, Mémoires & Advis de M. Claude DE LA CHASTRE, Maréchal de France : *in-fol.*

Ce Recueil est indiqué au num. 15725 du Catalogue de M. d'Estrées.]

30730. Mss. Recueil de Pièces concernant les Règnes des Rois Henri III. Henri IV. Louis XIII. & Louis XIV. depuis l'an 1577 jusqu'en 1645 : *in-fol.*

Ce Recueil est conservé entre les Manuscrits de M. Dupuy, num. 631.

30731. ☞ Mss. Recueil de diverses Pièces, depuis l'an 1258 jusqu'en 1645 : *in fol.*]

30732. ☞ Mss. Autre Recueil, depuis l'an 1530 jusqu'en 1645 : *in-fol.*

Ces deux Recueils [étoient] dans la Bibliothèque de M. Bouthillier, ancien Evêque de Troyes.]

30733. ☞ Mss. Négociations de M. DE SABRAN vers la République de Gênes, depuis 1631 jusqu'en 1645 : *in-fol.* 8 vol.

Elles sont indiquées num. 2056 du Catalogue de M. Bernard.]

30734. Mss. Négociations de M. DE SABRAN, Envoyé par le Roi en Angleterre, en 1644 & 1645 : *in-fol.*

Ces Négociations [étoient] dans la Bibliothèque de M. Baluze, num. 58, [&font aujourd'hui dans celle du Roi.]

30735. Mss. Ambassade de M. DES HAMEAUX à Venise, ès années 1643, 1644 & 1645 : *in-fol.*

Cette Ambassade de Jean Dyel, Sieur des Hameaux, Président en la Cour des Aydes, mort en 1668, [étoit] dans la Bibliothèque de M. le Chancelier Séguier, num. 28, [& est à S. Germain des Prés.]

30736. Mss. Lettres de Roger de SAINT-LARY, & de (Thermes, Duc) DE BELLE-

Tome III.

30736. GARDE, Grand-Ecuyer, depuis le 11 Avril 1629 jusqu'en Janvier 1645 : *in-fol.*

30737. Mss. Lettres & Dépêches (de Gaspard Coignet) DE LA THUILLERIE, Ambassadeur à Venise & en Hollande, depuis le 2 Décembre 1632 jusqu'au 14 Janvier 1645 : *in-fol.*

30738. Mss. Lettres & Dépêches de M. DE SABRAN, Envoyé à Gênes, depuis le 15 Juin 1631 jusqu'au 15 Juin 1645 : *in-fol.*

Ces trois Recueils (étoient) dans la Bibliothèque de M. de Chavigny, ancien Evêque de Troyes : N. 4, M. 6, G. 6. [Le dernier est déjà N.° 30733.]

30739. ☞ Mss. Lettres de M. DE ROTTÉ, Employé par le Roi en Allemagne, Suède, Pologne, &c. depuis 1633, jusqu'en 1645.

Elles sont conservées dans la Bibliothèque de S. Germain des Prés.]

30740. Mss. Lettres & Dépêches de (Pomponne II. du nom, DE) BELLIEVRE, Ambassadeur en Italie & en Angleterre, (mort en 1657,) écrites depuis le 15 Février 1635 jusqu'au 25 Juin 1645 : *in-fol.*

30741. Mss. Lettres (de Claude de Mesme, Comte) D'AVAUX, depuis le 8 Mai 1629 jusqu'au 15 Juillet 1645 : *in-fol.*

30742. Mss. Lettres & Dépêches (de Michel Particelli, Sieur) D'HEMERI, Ambassadeur en Piémont, depuis le 18 Février 1631 jusqu'au 7 Août 1645 : *in fol.*

30743. Mss. Lettres de M. HŒUFFT, Banquier, employé par le Roi en Hollande, depuis le 15 Novembre 1635 jusqu'au 11 Octobre 1645.

Ces quatre Recueils [étoient] dans la Bibliothèque de M. Bouthillier, ancien Evêque de Troyes : le premier, O. 4 ; le second, L. 4 ; le troisième, V. 5 ; & le quatrième, X. 5.

30744. ☞ Mss. Lettres de M. le Comte DE CEZY, Ambassadeur à Constantinople, depuis 1619 jusqu'en 1646 : *in-fol.* 2 vol.

Ces Lettres sont indiquées num. 2058, du Catalogue de M. Bernard.]

30745. Mémoires & Négociations secretes de la Cour de France, touchant la Paix de Munster ; contenant les Lettres, Réponses, Mémoires & Avis secrets envoyés de la part du Roi, du Cardinal Mazarin, & (de Henri-Auguste de Loménie,) Comte de Brienne, Secrétaire d'Etat, aux Plénipotentiaires, afin de leur servir d'instruction pour la Paix générale, avec les Dépêches & Réponses des Plénipotentiaires : *Amsterdam*, Frères Chastelains, 1710, *in-fol.* & *in-*8. 4 vol.

Ce Recueil est composé par N. C. & donné au public par Jean Aymond, ne regarde guères que ce qui s'est passé en 1646. On a mis à la tête, une Préface fort emportée contre la France, & qui est remplie de faussetés.

« On trouve une partie des Négociations des Am-
» bassadeurs de France dans ce *Recueil de Lettres*, qui
» contient les ordres de la Cour à ses Plénipotentiai-

N

» res, & leurs Lettres pendant l'année 1646. On y
» trouve les Dépêches du Duc de Longueville, du
» Comte d'Avaux & du Sieur de Servien ; & les Répon-
» ses du Cardinal Mazarin & du Comte de Brienne, Se-
» crétaire d'Etat ». Le Clerc, tom. XXI. de la *Bibliothèque choisie*, art. 2.

☞ On peut encore voir le *Journal de Verdun, Avril* 1710. = *Mém. de Trévoux, Juillet* 1710.]

30746. Mf. Recueil de diverses Pièces, depuis l'an 1600 jusqu'en 1646 : *in-fol.*

Il [étoit] dans la Bibliothèque de M. Bouthillier, ancien Evêque de Troyes.

30747. Mf. Lettres & Dépêches (de Melchior Mitte de Miolans) DE SAINT-CHA-MONT, Ambassadeur en Allemagne, & à lui écrites, depuis le 7 Mai 1633 jusqu'au premier Janvier 1646 : *in-fol.*

30748. Mf. Lettres (de René II. le Voyer de Paulmi, Comte) D'ARGENSON, (mort en 1651,) écrites depuis le 18 Septembre 1635 jusqu'au 17 Mars 1646 : *in-fol.*

30749. Mf. Lettres & Dépêches de M. DE PUJOLS, Correspondant pour la Négociation d'Espagne, depuis le premier Juin 1636 jusqu'au 8 Avril 1646 : *in-fol.*

30750. Mf. Dépêches de M. DE PENY, Secrétaire de l'Ambassade & Résident en Espagne, depuis le 14 Décembre 1630 jusqu'au 15 Juin 1646 : *in-fol.*

30751. Mf. Lettres de M. DE MEULLES, Résident à Hambourg, depuis le 7 Décembre 1638 jusqu'au 27 Juin 1646 : *in-fol.*

30752. Mf. Lettres de l'Abbé (Louis) DE LA RIVIERE, depuis Evêque de Langres, écrites depuis l'an 1635 jusqu'au 8 Novembre 1646 : *in-fol.*

Ces six Recueils [étoient] dans la Bibliothèque de M. Bouthillier, ancien Evêque de Troyes : le premier, H. 6 ; le second, H. 1 ; le troisième, D. 6 ; le quatrième, C. 6 ; le cinquième, A. 6 ; & le sixième, C. 4.

30753. Expeditio Legatorum Regis Poloniæ ad desponsandam Ludovicam Mariam Gonzagam Cliviam, &c. Serenissimo Vladislao IV. Regi Poloniæ ; auctore Andrea KANON, Roxolano, è Societate Jesu : *Cracoviæ,* 1646, *in-fol.*

30754. Christophori FORNESTERI, Epistola de Negotio Pacis Osnabrugensis : *Montpelgartii,* 1646, *in-*12. [1656, *in-*12.]

☞ Cette dernière Edition est intitulée :

Christoph. FORNESTERI, Epistolæ negotium Pacis Osnabrugo-Monasteriensis concernentes : Accessit ejusdem Epistola de Comitiis Electoralibus, Ratisbonæ habitis.]

30755. ☞ Mf. Dépêches du Roi, des sept derniers mois de l'année 1646 : *in-fol.*

Ce Manuscrit est indiqué num. 2057 du Catalogue de M. Bernard.]

30756. Mf. Ambassade de M. DE GREMON-VILLE à Venise, depuis l'an 1643 jusqu'en 1647 : *in-fol.*

Cette Ambassade de Nicolas Bretel, Sieur de Gremonville, Président au Parlement de Rouen, [étoit] dans la Bibliothèque de M. le Chancelier Seguier, n. 29, [aujourd'hui à S. Germain des Prés,] & est aussi dans la Bibliothèque de MM. des Missions Etrangères.

30757. Mf. Négociations (de Melchior Mitte de Miolans, Marquis) DE SAINT-CHAMONT, (d'Alexandre) BICHI, (mort Cardinal, Evêque de Carpentras en 1657,) & (de Nicolas Bretel, Sieur) DE GREMONVILLE, à Rome : *in-fol.*

Ces Négociations [étoient] dans la Bibliothèque de M. le Chancelier Seguier, num. 463 des Miniatures, [& sont à S. Germain des Prés.]

30758. Mf. Recueil de Pièces, depuis l'an 1287 jusqu'en 1647 : *in-fol.*

Ce Recueil est conservé dans la Bibliothèque de M. Dupuy, num. 646.

30759. Mf. Relation de M. DE LA BARDE, de son Ambassade en Suisse en 1647 : *in-fol.*

Cette Relation de Jean de la Barde, Marquis de Marolles, mort en 1692, est conservée dans la Bibliothèque du Roi, entre les Manuscrits de M. Clément.

30760. ☞ Mf. Lettres des Sieurs DE BRULART, BERNY, GROLIER DE SERVIERES & MARINI, Résidens ; GUEFFIER & MAUGEAN, Employés pour le service du Roi, BETHUNE, Marquis de CŒUVRE, Particelle D'EMERY, & PLESSIS-PRASLIN, Ambassadeur en Savoye, au Roi & aux Secrétaires d'Etat, & d'eux auxdits Sieurs, depuis Mai 1600 jusqu'en Août 1647.

Ces Lettres sont dans la Bibliothèque de S. Germain des Prés.]

30761. Mf. Mémoire de ce qui s'est passé entre le Cardinal Savelli, Archevêque de Salerne, & (François du Val, Marquis) DE FONTENAY-MAREUIL, Ambassadeur de France à Rome, en 1647 : *in-fol.*

Ce Mémoire est conservé entre les Manuscrits de M. Dupuy, num. 660. Ce Différend survint à l'occasion de la Visite que ce Cardinal rendit à l'Ambassadeur d'Espagne avant de la rendre à l'Ambassadeur de France, qui ne voulut point le recevoir lorsque ce Cardinal fut même entré chez lui.

30762. Mf. Lettres du Cardinal MAZARIN, depuis le 9 Avril 1631 jusqu'au 27 Juillet 1647 : *in-fol.* 3 vol.

Ces Lettres sont conservées dans la Bibliothèque de M. Bouthillier, ancien Evêque de Troyes, O. 3, P. 3, Q. 3.

30763. ☞ Mf. Lettere del Cardinale MAZARINI, scritte di Parigi, per tuto l'anno 1647 : *in-fol.* 2 vol.

Ce Manuscrit contient toutes les Lettres Italiennes que le Cardinal Mazarin, Ministre de France, écrivit en Italie pendant l'année 1647. Cette Collection curieuse, est conservée à Avignon dans la Bibliothèque de M. le Marquis de Cambis Villeron.]

30764. Mf. Recueil de Pièces touchant la Négociation de Munster, depuis le 23 Juin

Lettres historiques, Mémoires, Négociations, &c. 1646.

1643 jusqu'au 31 Décembre 1647 : *in-fol.* 3 vol.

30765. Mf. Divers Actes & Mémoires touchant le Traité de la Paix générale à Munster : *in-fol.*

Ces deux Recueils sont conservés entre les Manuscrits de M. Dupuy, num. 682, 737, 738, 739.

30766. Mf. Divers Pouvoirs donnés aux Ambassadeurs des Princes pour le Traité de Munster : *in-fol.*

Cette Collection est entre les Manuscrits de M. Dupuy, num. 683.

30767. Mf. Préliminaires ou Mémoires pour la Paix, écrits par (Denys) GODEFROY, & autres Pièces recueillies au mois d'Août 1646 : *in-fol.*

Ces Mémoires [étoient] dans la Bibliothèque de M. le Chancelier Seguier, num. 75, [& sont dans celle de S. Germain des Prés,] & dans la Bibliothèque des Minimes de Paris, num. 117.

30768. Mf. Lettres de Messieurs les Plénipotentiaires à M. le Comte de Brienne, en 1646 : *in-fol.*

Ces Lettres sont conservées dans la Bibliothèque des Minimes de Paris, num. 118.

30769. Mf. Lettres (de Henri-Auguste de Loménie,) Comte DE BRIENNE, à Messieurs les Plénipotentiaires : *in-fol.*

Ces Lettres sont conservées dans la même Bibliothèque.

30770. Mf. Dépêches de Messieurs (Claude de Mesme, Comte) D'AVAUX, & (Abel) SERVIEN, à M. de Brienne, pour la Négociation de Munster : *in-fol.*

Ces Dépêches [étoient] dans la Bibliothèque de M. Foucault, [qui a été dissipée.]

30771. Mf. Lettres, Actes & Mémoires envoyés ou reçus par M. de Brienne, depuis le mois de Janvier 1644 jusqu'en Décembre 1648. Originaux : *in-fol.* 15 vol.

Ce Recueil [étoit] dans la Bibliothèque de M. le premier Président de Mesme, [& est aujourd'hui dans celle du Roi.]

30772. Mf. Négociations des Traités de Munster & d'Osnabruck, avec les Préliminaires : *in-fol.* 5 vol.

Ces Négociations [étoient] dans la Bibliothèque de M. Godefroy, & en trois volumes dans celle de M. le Chancelier Seguier, num. 62.

☞ *Ce dernier Exemplaire est à S. Germain des Prés, & le premier dans la Bibliothèque de la Ville de Paris, parmi les Manuscrits de Godefroy, num. 19-21 & 66.]*

Les mêmes, avec les Préliminaires & les Appendices, en onze volumes in-fol. conservées [ci-devant] dans la Bibliothèque de M. le Chancelier Seguier, num. 40, [aujourd'hui à S. Germain des Prés;] dans celle de MM. des Missions Etrangères, & en vingt-six volumes in-fol. dans la Bibliothèque de M. Colbert, num. 214, entre les Manuscrits du Cardinal Mazarin, [aujourd'hui à la Bibliothèque du Roi.]

30773. ☞ Mf. Histoire des Guerres & des

Négociations qui précédèrent le Traité de Westphalie, (ou de Munster) sous le Règne de Louis XIII. & le Ministère du Cardinal de Richelieu & du Cardinal Mazarin; composée sur les Mémoires du Comte d'Avaux, Ambassadeur du Roi Très-Chrétien, dans les Cours du Nord, en Allemagne & en Hollande, & Plénipotentiaire au Traité de Munster ; par le Père (Guillaume-Hyacinthe) BOUGEANT, Jésuite : *Paris*, Mariette, 1727, *in*-4.

Voyez Lenglet, Suppl. in-4. p. 165. = Mém. de Trév. Janv. 1718. = Journ. des Sçav. Juillet, 1727. = Mém. d'Artigny, tom. VII. pag. 21.]

30774. ☞ Histoire du Traité de Westphalie, ou des Négociations qui se firent à Munster & à Osnabrug, pour établir la Paix entre toutes les Puissances de l'Europe; composée principalement sur les Mémoires de la Cour & des Plénipotentiaires de France; par le même Père BOUGEANT: *Paris*, 1744, *in*-4. 2 vol. & *in*-12. 4 vol.

Cette excellente Histoire a obtenu tous les suffrages. Journal des Sçavans, Octobre, 1751.

Voyez le Journ. des Sçavans, Mai, Août, Septemb. 1744. = Observ. sur la Litter. mod. tom. I. pag. 190. = Jugement sur quelques Ouvrages nouveaux, tom. III. pag. 145, 163 : tom. IV. pag. 217, 313 : tom. V. p. 121, 193. = Mém. de Trévoux, Avril, Juin, 1744: Janvier, Février, Mai, 1745.]

30775. ☞ Négociations secretes touchant la Paix de Munster & d'Osnabrug, ou Recueil général des Préliminaires, Instructions, Lettres, Mémoires, &c. concernant ces Négociations, depuis leur commencement en 1642 jusqu'à leur conclusion en 1648; avec les Dépêches de M. DE VAUTORTE; & autres Pièces, au sujet du même Traité, jusqu'en 1654 inclusivement. Le tout tiré des Manuscrits les plus authentiques : *La Haye*, Neaulme, 1725 : *in-fol.* 4 vol.

Le Tome I. avec un Avertissement & une Préface historique, s'étend depuis 1642 jusqu'en 1645 inclusivement.

Le Tome II. renferme les Lettres, Mémoires & Instructions secretes de la Cour & des Plénipotentiaires de France pendant les années 1644, 1645.

Le Tome III. contient les Lettres, Mémoires & Instructions secretes de la Cour & des Plénipotentiaires de France, pendant l'année 1646 : de plus, les Négociations secretes de M. DE VAUTORTE, Ambassadeur Plénipotentiaire de Sa Majesté Très-Chrétienne, auprès de la Diète de Ratisbonne, depuis le 10 Novembre 1645 jusqu'au 23 d'Avril 1654.

Le Tome IV. renferme la Négociation d'Osnabrug en 1647, par M. le Comte D'AVAUX, Médiateur entre l'Empereur, l'Empire & le Roi de Suède ; les Lettres, Mémoires & Négociations secretes des Plénipotentiaires de France, envoyées à la Cour pendant l'année 1647 ; différentes Pièces au sujet desdites Négociations, écrites en 1647, 1648 & 1649 ; & un Extrait de divers Ecrits concernant la Rébellion des Portugais, unis dans le Brésil avec la Hollande.

Voyez sur ce Recueil, Lenglet, Méth. histor. in-4. tom. IV. pag. 458, & Supplément in-4. pag. 245. = Mém. de Trévoux, Mai, 1726. = Journal des Sçav. Mai, 1728.]

30776. Mémoires de M. D. touchant les Négociations du Traité de Paix fait à Munster, en 1648 : *Cologne*, 1674; *Grenoble*, 1674, *in-12*.

Ces Mémoires sont de Claude de Mesme, Comte D'AVAUX, Ambassadeur Plénipotentiaire aux Conférences pour la Paix de Westphalie, mort en 1650.

Mémoires de la Négociation de cette Paix.

Voyez ci-devant, aux *Traités de Paix*, [N.° 29181.]

30777. Amandi FLAVIANI, Pacis Augustæ Municipis, de fulmine nuper ex Esquiliis vibrato, ad Reges, Ordines, Principes, Populos Christianos, Commonitorium : *Eleutheropoli*, Typis Christiani Veneti, 1651, *in-4*.

Cet Ecrit a été composé en 1650, par David BLONDEL, Professeur en Histoire à Utrecht, qui a caché son nom sous celui d'Amandus Flavianus. Il l'a fait à l'occasion du Bref du Pape Innocent X. contenant sa Protestation contre le Traité de Paix de Westphalie.

30778. Les Affaires qui sont aujourd'hui entre la Maison de France & la Maison d'Autriche, en 1648 : *Paris*, Quinet, 1662, *in-12*.

☞ Ce petit Traité est curieux, en ce qu'il remet sous les yeux tout ce qui s'étoit passé depuis Charles-Quint, & les raisons des prétentions des deux Partis.

30779. Causa Regum heri & hodie inter se belligerantium Galliæ & Hispaniæ, Sueciæ & Poloniæ, exposita & expensa ad juris & status rationem, Christiano orbi, cum figuris; inscripta à C. F. R. *Francofurti*, Scatini, 1657, *in-4*.

Ces Lettres initiales signifient *Consiliario* FRISCHMAN, *Residente*. En effet cet Ouvrage est attribué par Jean Ulric Meurer, num. 59, de sa *Centurie des Anonymes*, à Jean Frischman, Conseiller de Montbéliard, & Résident de la part du Roi de France en Allemagne.

30780. Leonis AB AITZEMA, Frisii, Doccomensis, Historia Pacis à Fœderatis Belgis, ab anno 1621, ad hoc usque tempus pertractatæ : *Lugduni-Batavorum*, 1654, *in-4*.

Cette même Relation de la Paix de Munster, faite par Aitzema, mort en 1669, est imprimée au tome dernier de son *Histoire des Provinces-Unies* : *La Haye*, 1671, *in-fol*.

30781. Ms. Mémoires du Marquis DE CASTEL-RODRIGO, contenant un Récit de ce qui s'est passé entre la France & l'Espagne dans les Négociations de Paix faites à Munster : *in-fol*.

Ces Mémoires sont conservés dans la Bibliothèque du Roi, num. 9255.

30782. Pacis Germano-Gallo-Sueciæ, Monasterii & Osnabrugæ tractatæ, & anno 1648 perfectæ, Historia, ex ipsis rerum gestarum documentis & Commentariis continuata : *Irenopoli*, 1679; *Gothæ*, 1678, *in-8*.

Dans Placcius, num. 1166 de son *Théâtre des Anonymes*, cette Histoire est attribuée à Tobie PFANNERUS, Secrétaire du Prince de Saxe-Gotha. Elle est écrite d'un style fleuri, mais avec une liberté, qui ressent plus de la Satyre qu'il ne convient à un Historien. Cet Auteur avoit eu communication des Archives de Veymar.

30783. Instrumenta Pacis Cæsareæ Gallico-Sueciæ ; auctore Tobia Olhafen A SCHOLLENBACH, Patricio Norico.

Ce Traité est attribué à cet Auteur par Jean Ulric Meurer, au nombre 32 de sa *Centurie des Anonymes*; il ne marque pas où il a été imprimé.

30784. ☞ Responsio de Statu, quâ ostenditur retardationem pacis Tractatuum penes Regem Galliæ & Reginam Sueciæ residere: *in-fol*.

30785. Arcana Pacis Westphalicæ, seu plenior & ex secretioribus Actis & Congressibus deprompta Relatio historica Romani Imperii Pacificatione Osnabrugo-Monasteriensi ; auctore A. A. *Francofurti*, Knoch, 1698, *in-4*.

Cette Relation est d'un Evêque, qui l'adresse au Nonce Fabio Chigi, depuis Pape, sous le nom d'Alexandre VII.

La même, ainsi intitulée : Adam ADAMI Relatio historica, sive brevis & succincta Narratio eorum quæ in pacificatione Osnabrugo-Monasteriensi ex arcana ratione status inter pacificentes gesta fuere : *Francofurti*, 1707, *in-4*.

30786. Lettres du Comte D'ARLINGTON, Secrétaire d'Etat sous Charles II. Roi de la Grande Bretagne, au Chevalier Guillaume Temple, contenant une Relation des Traités de Munster, de Breda, d'Aix-la-Chapelle & de la Triple Alliance : *Utrecht*, Walter, 1701, *in-12*.

Ce Livre comprend un détail assez curieux des Négociations d'Osnabrug & de Munster.

☞ *Voyez* les *Mém. de Trévoux*, 1708, Mars.]

30787. Isaaci VOLMARI, Liberi Baronis de Rieden, Sacræ Cæsareæ Majestatis Consiliarii intimi, & ad Tractatus Pacis generalis Monasterii & Osnabrugæ, Legati Plenipotentiarii, Diarium seu Protocolum Actorum publicorum instrumenti Pacis Westphalicæ Monasteriensis & Osnabrugensis, ab anno 1643, ad annum 1648.

Ce Journal est imprimé dans Adam Contrecius, au tom. IV. du *Droit public de l'Empire : Francofurti*, 1710, *in-fol*. « Ce Ministre (Volmar, qui est mort en » 1662,) étoit un des plus habiles de l'Assemblée ; il » entendoit parfaitement les intérêts de la Maison d'Au- » triche, & les sçavoit ménager ; de sorte que l'on peut » dire que ce fut l'un de ceux qui y rendirent le plus » de service au parti ». C'est ce que dit Wicquefort, Liv. II. de son *Ambassadeur*, section 7. Volmar rapporte ce qui s'est passé dans cette Assemblée, depuis le mois de Septembre 1643, jusqu'au mois de Janvier 1648.

30788. ☞ Ms. Négociations du Baron DE ROTTÉ : *in-fol*.

Elles sont indiquées au num. 204 des Manuscrits du Catalogue de M. Godefroy.]

30789. Ms. Lettres de M. DE CAUMARTIN, Ambassadeur en Suisse, écrites depuis l'an 1641 jusqu'en 1648 : *in-fol*.

Ces Lettres de Jacques le Fevre, sieur de Caumartin, mort Conseiller d'Etat en 1687, [étoient] dans la Bi-

Lettres historiques, Mémoires, Négociations, &c. 1648.

bliothèque de M. de Caumartin, [mort Evêque de Blois en 1733.]

30790. ☞ Relation du Royaume de France, ou de l'Ambassade de Jean-Baptiste Nani en ce Royaume, au nom de la République de Venise, en 1644 jusqu'en 1648.

Cette Relation, qui est curieuse, se trouve imprimée dans les *Lettere memorabili, Istoriche, Politiche, &c. in Pozzuoli*, 1693, *in-12*. L'Auteur, dont tous les Ouvrages sont estimés, est mort à Venise en 1678.]

30791. Ms. Lettres & Mémoires, depuis François I. jusqu'en 1648 : *in-fol.*

Ces Lettres sont conservées entre les Manuscrits de M. Dupuy, num. 658.

30792. ☞ Ms. Mélange servant à l'Histoire, depuis l'an 1590 jusqu'en 1648 : *in-fol.*

Ce Mélange est conservé dans la Bibliothèque de M. Joly de Fleury, Procureur-Général du Parlement de Paris, num. 847.]

30793. ☞ Ms. Recueil de Pièces originales de toutes les Affaires de France, depuis 1602 jusqu'en 1648 : *in-fol.* plusieurs vol.

Il est conservé « bien précieusement (à Berlin) dans » la Bibliothèque du Roi de Prusse, relié en beau ma- » roquin, aux armes du Cardinal Mazarin. Il étoit par- » mi les Livres, que le Parlement fit vendre. L'Envoyé » de Brandebourg l'acheta.... C'est sur quoi Siri a fait » son Histoire ». *Longueruana, part. 1. pag. 48.*]

30794. Ms. Actes, Mémoires & Relations de la rébellion du Peuple de Naples contre le Roi d'Espagne, depuis l'an 1645 jusqu'en 1648 : *in-fol.*

Ce Recueil est conservé entre les Manuscrits de M. Dupuy, num. 674.

30795. Ms. Lettres du Cardinal DE SOURDIS, Archevêque de Bourdeaux, Commandant la Flotte, depuis l'an 1633 jusqu'en 1648 : *in-fol.*

30796. Ms. Lettres du Cardinal Antoine BARBERIN, depuis l'an 1633 jusqu'au 21 Mars 1648 : *in-fol.*

30797. Ms. Lettres (de Jean Dyel, Sieur) DES HAMEAUX, Ambassadeur à Venise, depuis le 31 Octobre 1639 jusqu'au 15 Novembre 1648 : *in-fol.*

30798. Ms. Lettres (de Louis) DE MARILLAC, Maréchal de France, depuis le 9 Octobre 1628 jusqu'au 15 Novembre 1648 : *in-fol.*

30799. Ms. Lettres & Dépêches (d'Hercules) MELIAND, Président aux Enquêtes, Ambassadeur en Suisse, depuis le 4 Septembre 1635 jusqu'au premier Décembre 1648 : *in-fol.*

Ces cinq Recueils [étoient] dans la Bibliothèque de M. Bouthillier, ancien Evêque de Troyes : le premier, B. 4 ; le second, M. 3 ; le troisième, G. 5 ; le quatrième, & 5 ; le cinquième, A. 6.]

30800. Ms. Négociations à Rome (de Melchior Mitte de Miolans, Marquis) DE SAINT CHAMONT, en 1644, & celle (de Henri ARNAUD,) Abbé de S. Nicolas, en 1648, (depuis Evêque d'Angers :) *in-fol.* 2 vol.

Ces Négociations [étoient] dans la Bibliothèque de M. Colbert, [aujourd'hui dans celle du Roi,] n. 444, 445, entre les Manuscrits de M. le Cardinal Mazarin.]

30801. Ms. Négociations de l'Abbé de saint Nicolas, Envoyé extraordinaire à Rome, depuis l'an 1645 jusqu'en 1648 : *in-4.*

Ces Négociations sont indiquées dans le Catalogue de M. le Chancelier Seguier, *pag. 60.* [Elles ont été imprimées sous le titre suivant.]

☞ Négociations à la Cour de Rome & en différentes Cours d'Italie, de Messire Henri ARNAUD, Abbé de S. Nicolas, depuis Evêque d'Angers, sous le Pontificat du Pape Innocent X. pendant les années 1645-1648, où l'on voit la situation des Affaires de l'Europe, & plusieurs Lettres de Louis XIV. de la Reine Régente, du Cardinal Mazarin & des autres Ministres de la Cour de France : (*Paris*,) 1748, *in-12.* 5 vol.

L'Editeur, Auteur de la Préface & des Notes, est Paul-Denys BURTIN, mort en 1755.]

30802. ☞ Ms. Lettres de M. GUEFFIER, chargé des Affaires du Roi à Rome, écrites à Sa Majesté, depuis le 23 Avril 1645 jusqu'au 22 Novembre 1649 : *in-fol.* 4 vol.]

30803. ☞ Ms. Dépêches de M. GUEFFIER, pendant l'intérim d'une Ambassade à Rome, depuis le 24 Novembre 1632 jusqu'au 28 Juin 1660 : *in-fol.* 9 vol.

Ces deux Articles sont indiqués au num. 2061 & 2083 du Catalogue de M. Bernard.]

30804. Ms. Négociations de (François Gazet) DE VAUTORTE à Nuremberg, en 1649 : *in-fol.*

Ces Négociations de M. de Vautorte, Avocat-Général au Grand-Conseil, [étoient] dans la Bibliothèque de M. Colbert de Croissy, Evêque de Montpellier, [mort en 1740.]

☞ Elles ont été imprimées : voyez ci-devant, N.º 30775.]

30805. ☞ Ms. Ambassade de M. DE GRIGNON en Angleterre, pendant les années 1646, 1647, 1648 & 1649 : *in-fol.* 9 vol.

Elle est dans la Bibliothèque de S. Germain des Prés.]

30806. Ms. Lettres (de Léon Bouthillier, Comte) DE CHAVIGNY, au Cardinal Mazarin, depuis le mois d'Avril 1633 jusqu'en 1649 : *in-fol.*

30807. Ms. Lettres de M. AMONTOT, depuis le 14 Janvier 1634 jusqu'au 3 Août 1649. Instructions & Lettres écrites au même, depuis le 26 Novembre 1633 jusqu'au 23 Janvier 1649 : *in-fol.* 2 vol.

30808. Ms. Dépêches & Lettres (de François Duval, Marquis) DE FONTENAY-MAREUIL, (mort en 1647) écrites depuis le 27

Janvier 1630 jusqu'au 28 Janvier 1649: *in-fol.*

Ces trois Recueils [étoient] dans la Bibliothèque de M. Bouthillier, ancien Evêque de Troyes : le premier, R. 3; le second, E. 4, F. 4; le troisième, N. 5.

30809. ☞ Mſ. Lettres au Roi & aux Miniſtres ; par M. DE CAUMARTIN, Ambaſſadeur en Suiſſe, depuis le premier Janvier 1641 juſqu'au 21 Mars 1647 : *in-fol.* 5 vol.

Elles ſont indiquées num. 1059 du Catalogue de M. Bernard.]

30810. Mſ. Lettres & Dépêches (de François le Fevre, Sieur) DE CAUMARTIN, Ambaſſadeur en Suiſſe, (mort en 1649) depuis le 10 Novembre 1640 juſqu'au 10 Juin 1649 : *in-fol.*

30811. Mſ. Lettres de M. DE VAUBECOURT, Lieutenant de Roi en Champagne, depuis le 10 Novembre 1630 juſqu'au 10 Juin 1649 : *in-fol.*

30812. Mſ. Lettres (de Charlotte-Marguerite) DE MONTMORENCY, Princeſſe de Condé, depuis le 7 Octobre 1628 juſqu'au 15 Juin 1649 : *in-fol.*

30813. Mſ. Lettres (de Jean) de SAINT-ROMAIN, (Réſident à Hambourg) depuis le 20 Mars 1638 juſqu'au 23 Septembre 1649: *in-fol.*

30814. Mſ. Lettres de M. DE FONTRAILLES, depuis le 13 Juillet 1643 juſqu'au 24 Octobre 1649 : *in-fol.*

30815. Mſ. Lettres de Louis DE VALOIS, fils du Comte d'Alais, depuis Comte d'Angoulême, écrites depuis le 28 Juin 1630 juſqu'au 8 Octobre 1649. Lettres du Roi & d'autres, à M. le Comte d'Alais, depuis le 17 Août 1636 juſqu'au 9 Novembre 1649 : *in-fol.*

30816. Mſ. Lettres (d'Urbain Maillé, Duc) DE BREZÉ, à M. de Chavigny, depuis le 17 Décembre 1632 juſqu'au 17 Décembre 1649 : *in-fol.* 2 vol.

30817. Mſ. Lettres (de Louis) Vicomte (depuis Duc) D'ARPAJON, depuis le 3 Juillet 1632 juſqu'au 20 Décembre 1649 : *in-fol.*

Ces huit Recueils [étoient] dans la Bibliothèque de M. Bouthillier, ancien Evêque de Troyes : le premier, Z. 4; le second, N. 6; le troisième, L. 3; le quatrième I. 6; le cinquième, N. 5; le ſixième, I. 4; le ſeptième, T. 4, V. 4; & le huitième, K. 4.]

30818. Mſ. Négociations de M. DE MONTREUIL en Angleterre, depuis l'an 1645 juſqu'en 1650 : *in-fol.*

Ces Négociations de Jean de Montreuil, de Paris, & de l'Académie Françoiſe, mort en 1650, [étoient] conſervées dans la Bibliothèque de M. le Chancelier Seguier, num. 66, [& ſont aujourd'hui à S. Germain des Prés.]

☞ *Voyez* ſur Jean de Montreuil, ce qui eſt rapporté dans les *Mémoires de l'Abbé d'Artigny, tom. V. pag.* 231.]

30819. Mſ. Lettres de M. BUSSI LAMET,

depuis le 15 Janvier 1633 juſqu'au 24 Janvier 1650 : *in-fol.*

30820. Mſ. Lettres de M. DU BOULLAY, depuis le 29 Janvier 1636 juſqu'au 21 Mars 1650 : *in-fol.*

30821. Mſ. Lettres de Meſſieurs BOUTHILLIER & DE CHAVIGNY, Secrétaires d'Etat, à M. Gaſton de France, depuis le 24 Mars 1635 juſqu'en Septembre 1650 : *in-fol.*

Ces trois Recueils [étoient] dans la Bibliothèque de M. Bouthillier, ancien Evêque de Troyes : le premier, Y. 4; le second, P. 4; & le troisième, H. 3.

30822. Mſ. Lettres de Louis de la Valette, Duc D'ESPERNON, depuis le 12 Septembre 1649 juſqu'au 18 Septembre 1650 : *in-fol.*

Elles ſont conſervées dans la Bibliothèque du Roi, entre les Manuſcrits de M. de Gaignières.

30823. Mſ. Dépêches du Cardinal MAZARIN, Miniſtre d'Etat, à M. le Tellier, depuis le 30 Juin 1649 juſqu'au premier Mai 1650, revenant de Bourgogne : *in-fol.*

30824. Mſ. Dépêches (de Michel) LE TELLIER, Secrétaire d'Etat, depuis le 4 Juin 1650 juſqu'au 14 Octobre 1650 : *in-fol.*

30825. Mſ. Dépêches du même au Cardinal Mazarin, depuis le 7 Février 1650 juſqu'au 26 Octobre ſuivant, durant les Voyages de la Cour en Normandie, Bourgogne & Guyenne : *in-fol.*

30826. Mſ. Mémoires & Dépêches du Cardinal MAZARIN, & de (Jean Baptiste) COLBERT, à M. le Tellier, pendant le Voyage de Bourdeaux, en 1650 : *in-fol.*

30827. Mſ. Mémoires & Chiffres de (Michel) LE TELLIER au Cardinal Mazarin & à M. Colbert, durant le Voyage de Bourdeaux, juſqu'à la fin de 1650 : *in-fol.*

Ces cinq Recueils [étoient] dans le Cabinet de M. de Louvois : le premier, num. 44; le ſecond, num. 45; les troisième & quatrième, num. 43, le cinquième, num. 47. [Il y a apparence qu'ils ſont aujourd'hui dans la Bibliothèque du Roi.]

30828. ☞ Mſ. Ambaſſade de M. DE BELLIEVRE en Hollande, l'an 1651, avec quelques autres Pièces de ce qui s'eſt paſſé entre Meſſieurs des Etats & les Ambaſſadeurs d'Angleterre, Portugal & autres, pendant ladite Ambaſſade.

Ces Pièces ſont conſervées dans la Bibliothèque de S. Germain des Prés, & viennent de M. de Harlay.]

30829. ☞ Mſ. Inſtructions & Lettres de la Cour ; enſemble celles des Ambaſſadeurs & Miniſtres du Roi étant aux Pays-Etrangers, & celles de différens Particuliers écrites à M. le Préſident de Bellievre pendant ſon Ambaſſade extraordinaire en Hollande, l'an 1651.

Dans la même Bibliothèque.]

30830. Mſ. Lettres & autres Pièces originales de différens Règnes, particulièrement de

Lettres historiques, Mémoires, Négociations, &c. 1681. 103

ceux de Henri IV. Louis XIII. & Louis XIV. *in-fol.* 78 vol.

Elles sont conservées dans la Bibliothèque du Roi, entre les Manuscrits de M. de Gaignières.

30831. Mélange curieux de plusieurs sujets rares pour servir à l'Histoire de France, Ecclésiastique & Politique, tirés des Trésors des Chartres, de la Bibliothèque du Roi, des Registres du Parlement & de la Chambre des Comptes, des Archives des Eglises Cathédrales & Collégiales, & des Abbayes & Prieurés, de plusieurs Chroniques manuscrites composées par des Auteurs contemporains, & non encore publiées, & des plus riches Cabinets & Bibliothèques les plus estimées de Paris & du Royaume ; avec un Examen chronologique des Chartres de nos Rois de la première Lignée, pour servir de règles à ceux qui s'adonnent à l'Histoire ; par Philippe LABBE, Jésuite : *Paris*, Meturas, 1650, *in-4*.

Ce Titre pompeux a été imprimé, mais ce plan n'a pas été exécuté en toutes ses parties ; il est indiqué sous l'année 1650, dans la Bibliothèque Parisienne du Père Louis-Jacob de Saint-Charles. Une petite partie de ce Mélange curieux est imprimée à la fin du tome II. de l'*Abrégé Royal de l'Alliance chronologique de l'Histoire sacrée & prophane :* [*Paris*, 1664, *in-4*.] L'Examen chronologique des Chartres n'a pas vu le jour. Le même Auteur avoit déjà publié à la fin du tom. I. de son *Abrégé Royal*, &c. [*Paris*, 1651, *in-4*.] un autre Recueil qui faisoit partie de son Plan, & qu'il a intitulé : *Recueil historique de Pièces authentiques, depuis l'an 858 jusqu'en 1589*. Nous avons encore du même Auteur une Collection plus ample que les deux précédentes, & qui faisoit aussi partie de son Plan ; lui a donné ce titre : *Nova Bibliotheca manuscriptorum Librorum , seu Collectio variorum Historiæ Ecclesiasticæ Monumentorum ex manuscriptis Codicibus eruta & edita : Parisiis*, 1657, *in-fol.* 2 vol.

== Recueil de Pièces écrites pour & contre le Cardinal Mazarin, touchant les Guerres de Paris, depuis l'an 1648 jusqu'en 1652.

☞ *Voyez* ci-devant, le *Règne de Louis XIV.* tom. II. pag. 499 & suiv.]

30832. Ms. Recueil de Pièces concernant les Guerres civiles, depuis l'an 1647 jusqu'en 1651 : *in-fol.*

Ce Recueil est conservé entre les Manuscrits de M. Dupuy, num. 754.

30833. Ms. Lettres (de César, Comte de Choiseul) DU PLESSIS-PRASLIN, Ambassadeur, puis Commandant l'Armée du Piémont, Maréchal de France, (mort en 1675) depuis l'an 1632 jusqu'au 20 Janvier 1651 : *in-fol.*

30834. Ms. Lettres (de Barthelemy) D'ELBENE, Lieutenant des Chevaux-Légers de Monsieur, depuis le 2 Juin 1633 jusqu'au 25 Février 1651.

30835. Ms. Lettres du Cardinal François BARBERIN, depuis le 10 Septembre 1630 jusqu'au 6 Mars 1651.

30836. Ms. Lettres de M. MALAYSOYE, Gouverneur de Pignerol, depuis le 9 Janvier 1634 jusqu'au 11 Mars 1651.

30837. Ms. Lettres (de Silvestre) DE MARSILLAC, Evêque de Mende, depuis le 15 Octobre 1628 jusqu'au 3 Avril 1651.

30838. Ms. Lettres de M. GOBELIN, Intendant de l'Armée d'Alsace, depuis le 25 Octobre 1633 jusqu'au 10 Avril 1651.

30839. Ms. Lettres du Cardinal Alphonse DE RICHELIEU, Archevêque d'Aix, puis de Lyon, depuis le 7 Octobre 1622 jusqu'au 13 Avril 1651 : *in-fol.*

30840. Ms. Lettres (de Henri de la Tour, Vicomte) DE TURENNE, (mort en 1675), depuis le 21 Mars 1638 jusqu'au 13 Avril 1651 : *in-fol.*

30841. Ms. Lettres (de Claude, Duc) DE SAINT-SIMON, premier Ecuyer du Roi, (mort en 1693,) écrites depuis le 2 Octobre 1638 jusqu'au 13 Avril 1651 : *in-fol.*

30842. Ms. Lettres de M. BRASSET, depuis Septembre 1633 jusqu'au 19 Avril 1651 : *in-fol.*

30843. Ms. Lettres de M. DE SAINT-AUBIN, Maître de la Poste de Metz, depuis le 8 Décembre 1643 jusqu'au 29 Avril 1651 : *in-fol.*

30844. Ms. Lettres de M. D'AIGUEBONNE, depuis le 9 Août 1634 jusqu'au 20 Juin 1651 : *in-fol.*

30845. Ms. Lettres du Cardinal MAZARIN, ou à lui écrites depuis Mars 1633 jusqu'au 12 Juillet 1651 : *in-fol.*

30846. Ms. Lettres de (Léonard) GOULAS, Secrétaire des Commandemens de Monsieur, depuis le 18 Octobre 1628 jusqu'au 30 Octobre 1651 : *in-fol.*

Ces quatorze Recueils [étoient] dans la Bibliothèque de M. Bouthillier, ancien Evêque de Troyes : le premier, C. 6 ; le second, G. 5 ; le troisième, M. 3 ; le quatrième, & 5 ; le cinquième, B. 4 ; le sixième, P. 5 ; le septième, N. 3 ; le huitième, N. 6 ; le neuvième, K. 6 ; le dixième, O. 1 ; le onzième, G. 6 ; le douzième, D. 4 ; le treizième, R. 3 ; & le quatorzième, Q. 5.]

30847. Ms. Dépêches & Mémoires (de Michel) LE TELLIER, Secrétaire d'Etat, depuis l'an 1644 jusqu'en Juillet 1651 : *in-fol.* 8 vol.

30848. Ms. Dépêches (de Pierre) DE MARCA, Evêque de Conserans, à M. le Tellier, depuis le 20 Mars 1649 jusqu'au 30 Juillet 1651 : *in-fol.* 4 vol.

30849. Ms. Lettres de (Jean-Baptiste) COLBERT, Seigneur de Saint-Pouange & de Villacerf, (mort en 1663) à M. le Tellier, avec les Réponses, durant le Voyage de Poitiers, en 1651 : *in-fol.*

Ces trois Recueils [étoient] dans le Cabinet de M. l'Abbé de Louvois : le premier, num. 35-42 ; le second, num. 55, 56; & le troisième, num. 64. On croit qu'ils sont aujourd'hui dans la Bibliothèque du Roi.]

30850. Motifs de la France pour la Guerre d'Allemagne, & quelle y a été sa conduite.

Cet Ecrit se trouve dans un *Recueil de diverses Pièces curieuses pour servir à l'Histoire : Cologne*, du Chastel, 1655, *in-12.* & à la pag. 402 du *Recueil de plusieurs Pièces servant à l'Histoire moderne : Cologne*, P. Marteau, 1633, *in-12.*

C'est un Manifeste pour la France, dans lequel elle est justifiée du reproche que lui faisoient ses ennemis dans cette Guerre en faveur de la Religion Protestante & au préjudice de la Catholique. On y fait voir le contraire, en montrant que nonobstant la résistance de la France, la Maison d'Autriche a consenti que les Protestans s'emparassent des biens de l'Eglise.

30851. ☞ Mſ. Mélanges sur l'Histoire de France. = Lettres & autres Pièces sur les Troubles, depuis la fin du XVe siècle jusqu'en 1652 : *in-fol.* 7 Porte-feuilles.

Ces Manuscrits sont parmi ceux de MM. Godefroy, dans la Bibliothèque de la Ville de Paris, n. 285-291.]

30852. Mſ. Recueil de Pièces concernant les Affaires publiques & générales, depuis l'an 1628 jusqu'en 1652 : *in-fol.* 5 vol.

30853. Mſ. Lettres de Gaston de France, Duc d'Orléans, à MM. Bouthillier & de Chavigny, depuis le 28 Octobre 1628 jusqu'en 1652 : *in-fol.*

30854. Mſ. Lettres (de Marie Vignerod) de Combalet, (depuis Duchesse d'Aiguillon) nièce du Cardinal de Richelieu, écrites depuis le 29 Août 1632 jusqu'en 1652 : *in-fol.*

30855. Mſ. Lettres (de Louis de Béthune) Comte, (depuis Duc) de Charost, Gouverneur de Stenay & de Calais, depuis le 23 Août 1638 jusqu'au 20 Mars 1652 : *in-fol.*

30856. Mſ. Lettres (d'Abel) Servien, Secrétaire d'Etat & Ambassadeur en Piémont, depuis le 11 Novembre 1629 jusqu'au 23 Mars 1652 : *in-fol.*

30857. Mſ. Instructions & Lettres écrites à M. d'Estrade, allant servir en Hollande, depuis le 31 Décembre 1637 jusqu'au 24 Mars 1652 : *in-fol.* 2 vol.

30858. Mſ. Lettres & Dépêches du Cardinal (Alexandre) Bichi, depuis l'an 1634 jusqu'au 26 Mars 1652 : *in-fol.*

30859. Mſ. Lettres de M. de Croissy, Conseiller au Parlement, depuis l'an 1648 jusqu'au 7 Avril 1652 : *in-fol.*

30860. Mſ. Lettres du Sieur Rabut, Consul à Livourne, depuis le 30 Mai 1632 jusqu'au 22 Avril 1652 : *in-fol.*

30861. Mſ. Lettres de M. de Ruvigny, depuis le 21 Juin 1647 jusqu'au 27 Avril 1652 : *in-fol.*

30862. Mſ. Lettres de (Pierre) Viole, Président aux Enquêtes, depuis le 18 Octobre 1648 jusqu'au 6 Mai 1652 : *in-fol.*

30863. Mſ. Lettres de M. de Montagu, depuis le 29 Novembre 1635 jusqu'au 10 Juin 1652 : *in-fol.*

30864. Mſ. Lettres de M. de la Barde, depuis le 26 Août 1630 jusqu'au 26 Juin 1652 : *in-fol.*

30865. Mſ. Lettres & Dépêches à (Henri Chabot, Duc) de Rohan; & Lettres de ce Duc, (qui est mort en 1655) écrites depuis le 26 Mars 1626 jusqu'au 12 Juillet 1652 : *in-fol.*

30866. Mſ. Lettres (de Henri) de Schomberg, Maréchal de France (mort en 1632) & (de Charles) de Schomberg, (Duc d'Alluin, mort en 1656) écrites depuis le 30 Juin 1624 jusqu'au 12 Juillet 1652 : *in-fol.*

30867. Mſ. Lettres (de Jacques) de Souvré, Commandeur de Saint-Jean de Latran, (mort en 1670) écrites depuis le 7 Août 1639 jusqu'au 14 Août 1652 : *in-fol.*

30868. Mſ. Lettres (de François de Bonne de Crequi, d'Agoust,) Comte de Sault, Duc de Lesdiguières, Gouverneur du Dauphiné; depuis le 27 Janvier 1635 jusqu'au 15 Août 1652 : *in-fol.*

30869. Mſ. Lettres du Maréchal (Antoine) de Gramont, depuis le premier Mai 1631 jusqu'au 26 Août 1652 : *in-fol.*

30870. Mſ. Lettres (d'Abraham) Fabert, Gouverneur de Sedan, depuis Maréchal de France, (mort en 1662) écrites depuis le 21 Octobre 1634 jusqu'au 12 Septembre 1652. = Lettres à M. de Fabert, ou qui le regardent, depuis le 6 Octobre 1634 jusqu'au 26 Avril 1652 : *in-fol.*

30871. Mſ. Lettres (de Henri) de Beringhen, premier Ecuyer du Roi, (mort en 1692) depuis le 9 Janvier 1636 jusqu'au 16 Septembre 1652 : *in-fol.*

30872. Mſ. Lettres de (Robert) Arnaud d'Andilly, (mort en 1674) écrites depuis le mois d'Octobre 1636 jusqu'au 26 Septembre 1652.

Ces vingt-un Recueils [étoient] dans la Bibliothèque de M. Bouthillier, ancien Evêque de Troyes : le premier, A. 1, E. 1; le second, H. 3; le troisième, D. 4; le quatrième, E. 5; le cinquième, M. 6; le sixième, H. 5; le septième, M. 3; le huitième, G. 5; le neuvième, E. 6; le dixième, G. 6; le onzième, C. 6; le douzième, C. 4; le treizième, M. 4; le quatorzième, F. 6; le quinzième, K. 6; le seizième, M. 6; le dix-septième, Y. 6; le dix-huitième, Q. 5; le dix-neuvième, L. 5; le vingtième, O. 4; le vingt-unième, G. 4.

30873. ☞ Lettres de Robert Arnaud d'Andilly : *Paris*, le Gras, 1689, *in-12.*

Il y en a plusieurs Editions de contrefaction, à Lyon & ailleurs. *Voyez* dans les *Mémoires de M. d'Andilly : (Hambourg), 1734, in-12.) Part. III. pag.* 133, ce qui l'a engagé à faire imprimer ce Recueil de Lettres.

30874. Mſ. Lettres du Cardinal Mazarin à M. le Tellier, durant le Voyage de son Eminence

Lettres historiques, Mémoires, Négociations, &c. 1652.

nence en 1651. = Lettres de (Michel) LE TELLIER, Secrétaire d'Etat, à M. le Cardinal Mazarin, durant son séjour à Basle, jusqu'à son retour à Poitiers, en 1651, & au commencement de 1652 : *in-fol.* 2 vol.

30875. Mſ. Mémoires envoyés à M. d'Aligre, pour la Négociation avec son Altesse Royale, avant que le Roi rentrât à Paris, au mois d'Octobre 1652 ; avec le Traité : *in-fol.*

30876. Mſ. Mémoires écrits de Poitiers & de Saumur, ès mois de Décembre 1651, Janvier, Février & Mars 1652 : *in-fol.*

Ces trois Recueils [étoient] dans le Cabinet de M. l'Abbé de Louvois : le premier, num. 46, 47, le second, num. 49, & le troisième, num. 64. [On les croit dans la Bibliothèque du Roi.]

30877. Mſ. Ambassade à Rome de M. DE VALENÇAY, depuis l'an 1647 jusqu'en 1653 : *in-fol.* 8 vol.

Cette Ambassade de Henri de Valençay, Grand Prieur de France, [étoit] conservée dans la Bibliothèque de M. le Chancelier Séguier, num. 24, [aujourd'hui à S. Germain des Prés.]

30878. ☞ Mſ. Lettres des Sieurs DE VIC, BIRON, DE SILLERY, REFUGE & MELIAN, & autres, Ambassadeurs en Suisse, depuis 1600 jusqu'en 1653.

Elles sont conservées dans la Bibliothèque de S. Germain des Prés, provenant de celle de M. de Harlay.]

30879. Mſ. Lettres du Cardinal MAZARIN à M. le Tellier, Secrétaire d'Etat, durant le Voyage de son Eminence à Bouillon & en Champagne, depuis le 22 Août 1652 jusqu'en Janvier 1653 : *in-fol.*

30880. Mſ. Lettres de (Michel) LE TELLIER, au Cardinal Mazarin, durant son Voyage à Bouillon & en Champagne, en 1652 jusqu'en 1653 : *in-fol.*

30881. Mſ. Dépêches & Mémoires de Henri DE GUENEGAUD, Sieur du Plessis, Secrétaire d'Etat, (mort en 1676) écrits depuis le 15 Février 1648 jusqu'au 13 Septembre 1653 : *in-fol.*

Ces trois Recueils [étoient] dans le Cabinet de M. l'Abbé de Louvois : le premier, num. 48, le second, num. 49, & le troisième, num. 34. [On les croit aujourd'hui dans la Bibliothèque du Roi.]

30882. Mſ. Lettres écrites par François BOSQUET, Evêque de Montpellier, à la Cour, pendant son séjour à Rome, en 1653 : *in-fol.*

Ces Lettres originales [étoient] num. 272 de la Bibliothèque de M. Colbert de Croissy, Evêque de Montpellier, [mort en 1738.]

30883. ☞ Mſ. Lettres du Roi au Cardinal de Bichi & au Marquis de Fontenay, Ambassadeur à Rome, & de plusieurs Seigneurs, à M. le Duc d'Espernon, depuis le 28 Juin 1643 jusqu'au 31 Juillet 1653 : *in-fol.*

Elles sont indiquées n. 2065 du Catalogue de M. Bernard.]

30884. Mſ. Négociations de M. DE VAUTORTE en Allemagne, depuis l'an 1645 jusqu'en 1648, avec les Dépêches au Cardinal Mazarin, depuis l'an 1649 jusqu'en 1654 : *in-fol.* 2 vol.

Ces Négociations de François Grozet, Seigneur de Vautorte, Avocat Général au Grand-Conseil, & depuis Conseiller d'Etat, [étoient] dans la Bibliothèque de M. le Chancelier Séguier, num. 61, [& sont aujourd'hui à S. Germain des Prés.

30885. ☞ Mſ. Dépêches de la Cour à MM. de Vautorte, d'Avaugour, & de la Court, Ambassadeurs en Allemagne, & des mêmes à la Cour, depuis le 23 Mars 1649 jusqu'au 4 Mars 1652 : *in-fol.* 6 vol.

Elles sont indiquées num. 2064 du Catalogue de M. Bernard.]

30886. Mſ. Recueil des Affaires de France, depuis l'an 1501 jusqu'en 1654 : *in-fol.*

Ce Recueil est conservé entre les Manuscrits de M. Dupuy, num. 468.

30887. ☞ Mſ. Instructions baillées à plusieurs Ambassadeurs, depuis 1588 jusqu'en 1654 : *in-fol.* 10 vol.

Elles sont indiquées num. 2076 du Catalogue de M. Bernard.]

30888. Mſ. Négociations de Pierre CHANUT, Résident pour le Roi en Suède, ès années 1645, 1646, 1647, 1648 & 1649, & depuis Plénipotentiaire à Lubec, ès années 1650, 1651, 1652 & 1653 : *in-fol.*

Ces Négociations [étoient] dans la Bibliothèque de M. le Chancelier Séguier, num. 68, [& sont aujourd'hui à S. Germain des Prés.]

☞ Il y en a aussi un Exemplaire dans la Bibliothèque de la Ville de Paris, num. 65.]

Mémoires & Négociations de M. CHANUT, depuis l'an 1645 jusqu'en 1655, publiés par (Pierre) Linage de Vaucienne : *Paris*, 1676 ; [*Cologne*, 1677,] *in-*12. 3 vol.

« Chanut étoit un des plus sçavans hommes de son » temps. Il s'exprimoit parfaitement bien en la plûpart » des Langues les plus en usage, tant vivantes que » mortes. Il avoit beaucoup voyagé, & avoit profité » de ses voyages. On peut dire que de tous les Mi- » nistres qui se trouvèrent à Lubec, il n'y eut que » lui qui y fit figure : aussi étoit-il un Ambassadeur de » la première classe. Ses Négociations, toutes estropiées » & défigurées qu'elles sont [imprimées], ne laissent pas » de porter des marques de ce qu'il étoit en effet, quoi- » que celui qui les a publiées & mutilées, lui ait fait » un tort irréparable ». De Wicquefort, Liv. II. de son *Ambassadeur*, section 7.

30889. ☞ Mſ. Lettres & Mémoires de Fabien GARDÉ, Hérault d'armes, depuis 1648 jusqu'en 1654 : *in-fol.*]

30890. ☞ Mſ. Diverses Pièces sur les Affaires de France en 1647 & années suivantes : *in-fol.*

Ces deux Recueils sont conservés dans la Bibliothèque de la Ville de Paris, num. 345 & 346.]

30891. ☞ Mſ. Relations des Affaires publiques, depuis le 5 Avril 1652 jusqu'au 31 Juillet 1655 : *in-fol.* 2 vol.]

30892. ☞ Mſ. Dépêches ſur les Affaires de Rome, depuis le 21 Décembre 1652 que le Cardinal de Retz a été arrêté, juſqu'en Décembre 1655 : *in-fol.* 2 vol.

Ces deux Articles ſont indiqués num. 2077 & 2078 du Catalogue de M. Bernard.]

30893. Mſ. Lettres écrites au Duc d'Eſpernon, depuis l'an 1623 juſqu'en 1655 : *in-fol.* 8 vol.

Mſ. Lettres écrites au même, depuis l'an 1638 juſqu'en 1656 : *in-fol.* 3 vol.

Ces Lettres ſont conſervées dans la Bibliothèque du Roi, entre les Manuſcrits de M. de Gaignières.

30894. Mſ. Lettres (de Louis) DE BOURBON, Duc d'Anguien, depuis Prince de Condé, écrites depuis le 21 Octobre 1639 juſqu'au premier Juillet 1655 : *in-fol.*

Ces Lettres [étoient] dans la Bibliothèque de M. Bouthillier, ancien Evêque de Troyes : L. 3.

☞ On en trouve un Recueil bien plus conſidérable, & de celles écrites à ce Prince, dans la Bibliothèque de Condé.]

30895. ☞ Mſ. Lettres des Rois des Reines, & de différens Seigneurs & autres, depuis 1553 juſqu'en 1656 : *in-fol.*

Ce Recueil eſt indiqué num. 2079 du Catalogue de M. Bernard.]

30896. Mſ. Dépêches & Ambaſſade de M. DE LA BARDE, en Suiſſe, depuis l'an 1645 juſqu'en 1650 : *in-fol.* 2 vol.

Les mêmes, depuis l'an 1645 juſqu'en 1656 : *in-fol.* 3 vol.

Ces Dépêches [étoient] dans la Bibliothèque de M. le Chancelier Seguier, num. 37, 65, [& ſont aujourd'hui à S. Germain des Prés.]

30897. Mſ. Recueil de Lettres écrites de Rome à Nicolas Fouquet, Surintendant des Finances, en 1655 & 1656 : *in-fol.*

Ce Recueil [étoit] dans la Bibliothèque de M. Foucault, [qui a été diſtraite.]

30898. Mſ. Négociations de M. D'ARGENSON à Veniſe, depuis l'an 1651 juſqu'en 1656 : *in-fol.*

Ces Négociations de René le Voyer, Comte d'Argenſon, mort en 1700, [étoient] dans la Bibliothèque de M. le Chancelier Seguier, num. 64, [& ſont aujourd'hui à S. Germain des Prés.]

30899. Mſ. Lettres de M. DE BORDEAUX, Maître des Requêtes & Chancelier de la Reine, & ſon Ambaſſadeur en Angleterre, depuis l'an 1652 juſqu'en 1656 : *in-fol.* 3 vol.

Elles ſont dans la même Bibliothèque, n. 34. Antoine de Bordeaux, Seigneur de Neuville, eſt mort en 1660.

30900. Mſ. Lettres (de Henri de Lorraine) Comte D'HARCOURT (mort en 1666) écrites depuis le 14 Juillet 1636 juſqu'au 20 Octobre 1656 : *in-fol.*

Ces Lettres [étoient] dans la Bibliothèque de M. Bouthillier, ancien Evêque de Troyes : T. 5.

30901. Mſ. Négociations (de Bernard, Seigneur) DU PLESSIS-BESANÇON à VENISE, depuis l'an 1644 juſqu'en 1656 : *in-fol.* 2 vol.

Elles [étoient] dans la Bibliothèque de M. le Chancelier Seguier, num. 67, [& ſont aujourd'hui à S. Germain des Prés.

30902. Mſ. Négociations de Hugues DE LIONNE, Ambaſſadeur extraordinaire en Italie, depuis l'an 1654 juſqu'en 1656 : *in-fol.* 3 vol.

Les Négociations de ce Miniſtre, mort en 1671, [étoient] dans la Bibliothèque de M. Colbert, n. 458-460, entre les Manuſcrits de M. le Cardinal Mazarin, [& ſont aujourd'hui dans la Bibliothèque du Roi.]

30903. ☞ Mémoires, Inſtructions, &c. pour les Négociations & Affaires concernant la France; par M. DE LIONNE : *Paris*, le Febvre, 1689, *in-12.*]

30904. Mſ. Lettres & Minutes (de Henri-Auguſte de Loménie,) Comte DE BRIENNE, Secrétaire d'Etat, depuis l'an 1653 juſqu'en 1656 : *in-fol.* 2 vol.

30905. ☞ Recueil de Lettres qui peuvent ſervir à l'Hiſtoire, & diverſes Poéſies depuis 1631 juſqu'en 1656 : *Rouen*, Maurry, 1657 : *in-8.*]

30906. Mſ. Lettres originales au Duc d'Eſpernon, des Règnes de Henri IV. Louis XIII. & Louis XIV. *in-fol.*

Mſ. Lettres au Duc d'Eſpernon, du Règne de Louis XIV. *in-fol.*

30907. Mſ. Lettres au Duc de Candale, du Règne de Louis XIV. *in-fol.*

30908. Mſ. Lettres originales de M. DE LA VIEILLEVILLE & de M. DE MONTRESOR, du Règne de Louis XIV. *in-fol.*

Ces trois Articles ſont conſervés dans la Bibliothèque du Roi, entre les Manuſcrits de M. de Gaignières.

30909. ☞ Mſ. Lettres écrites à MM. les Ducs d'Aumale, de Guiſe, & d'Eſpernon, depuis le 14 Janvier 1548 juſqu'au 20 Mai 1635 : *in-fol.*

Mſ. Lettres écrites à MM. les Ducs d'Aumale, de Guiſe & d'Eſpernon, depuis le 27 Décembre 1590 juſqu'au 18 Octobre 1657 : *in-fol.*

Ces deux Recueils ſont indiqués num. 1996 & 1997 du Catalogue de M. Bernard.]

30910. Mémoires touchant (François-Auguſte) de Thou, où l'on voit ce qui s'eſt paſſé de plus particulier (en 1657) pendant ſon Ambaſſade de Hollande; par M. D. L. R. *Cologne*,) *Hollande*,) 1710, *in-8.*

Ces Mémoires ſont l'ouvrage d'un homme qui avoit été à François-Auguſte de Thou, ſecond fils de l'Hiſtorien, & qui fait le récit d'une partie de ce qui ſe paſſa dans l'Ambaſſade de ſon Maître en Hollande, vers le milieu du dix-ſeptième ſiècle. Selon les Auteurs des *Mémoires de Trévoux*, Juillet 1712. « Ce n'eſt qu'un » Recueil de pluſieurs Papiers reſtés entre les mains » des Héritiers de ceux qui gouvernoient la Hollande

Lettres historiques, Mémoires, Négociations, &c. 1658.

» pendant cette Ambassade. On y a mêlé ce qu'on a voulu;
» & la bonne foi de l'Editeur n'est pas bien publique ».

☞ Ces Mémoires de l'Ambassade de M. de Thou en Hollande, depuis 1657 jusqu'en 1661, ont été réimprimés à la fin du tome VII. de l'Histoire (en François) de M. de Thou, Edition de Londres, 1733.]

30911. ☞ Mss. Diverses Lettres & Dépêches écrites tant aux Rois qu'à M. de Montmorency, aux Ducs d'Estampes, de Guise, d'Aumale, & au Maréchal de Brissac, depuis le Règne de François I. jusqu'en 1658 : *in-fol.* 8 vol.

Ce Recueil est indiqué num. 2080 du Catalogue de M. Bernard.]

30912. ☞ Mss. Lettres des Empereurs, Princes & Seigneurs d'Allemagne au Roi, aux Ministres & autres personnes; & quelques Lettres de Ministres & Envoyés de France dans les Cours d'Allemagne, depuis 1607 jusqu'en 1658 : *in-fol.* 14 vol.

Ce Recueil est conservé dans la Bibliothèque de S. Germain des Prés, & vient de M. de Harlay.]

30913. Mss. Relation du Voyage de (Guillaume) BLONDEL, Maréchal des Camps & Armées du Roi, fait par ordre de Sa Majesté à la Porte du Grand Seigneur, en 1658.

Cette Relation [étoit] entre les Manuscrits de M. Fouquet, Secrétaire du Roi. L'occasion de ce Voyage fut les mauvais traitemens qui avoient été faits par le Grand-Visir à M. de la Haye, Ambassadeur de France à la Porte.

30914. Négociations de Paix de Messieurs les Electeurs de Mayence & de Cologne, faites à Francfort par leurs Altesses Electorales, entre le Maréchal Duc de Gramont & (Hugues) de Lionne, Ambassadeurs Extraordinaires du Roi de France, & (Gaspard de Bracamonte,) Comte de Pegnaranda, Ambassadeur d'Espagne, en 1658 : *Paris*, Cramoisy, 1658, *in-4.*

Eadem (Latinè) : *Parisiis*, Cramoisy, 1659, *in-4.*

☞ On en trouvera le vrai titre au N.° suivant.]

Les mêmes Négociations, avec des Remarques sur la Reddition de Dunkerque entre les mains des Anglois, & des Extraits des Traités faits à ce sujet : *Paris*, Cramoisy, 1659, *in-12.*

Ces Négociations ont été dressées par Hugues DE LIONNE, Secrétaire d'Etat & Ambassadeur Plénipotentiaire à Francfort, & par le Comte DE PEGNARANDA. Les mêmes Négociations sont encore imprimées dans les *Mémoires du Maréchal de Gramont,* rapportés ci-dessus, num. [23972,] sous le *Règne de Louis XIV.*

30915. ☞ Acta anno 1658, pro Pace sanciendâ agentibus Mareschallo de Gramont, & D. de Lionne Regis Christianissimi extra ordinem & summâ cum potestate Legato, interventu DD. Electorum Moguntini & Coloniensis : *Parisiis*, Cramoisy, 1659, *in-4.*

Ce Recueil contient les Propositions, Réponses, Observations, &c. depuis le mois de Mai jusqu'au 7 Août 1658.]

30916. Le Cardinal Mazarin joué par un Flamand, ou Relation de ce qui s'est passé à Ostende, le 14 Mai 1658 : *Cologne*, P. Marteau, 1658, *in-12.*

Cette Relation concerne la reddition de Dunkerque aux Anglois.

30917. Mss. Négociations de la Paix des Pyrénées, en 1659 : *in-fol.* 3 vol.

Ces Négociations [étoient] dans la Bibliothèque de M. Colbert, num. 260-262, entre les Manuscrits du Cardinal Mazarin, [& sont aujourd'hui dans celle du Roi.]

30918. Mss. Relation des vingt-quatre Conférences tenues pour la Paix, depuis le 13 Avril 1659 jusqu'au 7 Décembre de la même année ; avec la Relation du Voyage & la Réception à Madrid de M. le Maréchal de Gramont, le 22 Octobre 1659 : *in-fol.*

Ces Relations [étoient] dans la Bibliothèque de M. le premier Président de Mesme, [& sont aujourd'hui dans celle du Roi.]

30919. Mss. Mémoires sur la Paix conclue aux Frontières de France & d'Espagne entre les deux Couronnes, en 1659, où l'on voit les Conférences entre les deux premiers Ministres, & les intérêts de tous les Princes ; avec un Journal de tout ce qui s'y est passé de plus remarquable ; l'Entrevue des deux Rois ; les noms des principales Personnes qui y ont assisté, le Traité de Paix, le Contract & les Cérémonies du Mariage de Louis XIV. & de Marie-Thérèse d'Autriche. La Relation & l'Ordre de la marche à l'Entrée de leurs Majestés en la Ville de Paris : *in-4.*

Ce Recueil [étoit] dans la Bibliothèque de M. le Baron d'Hoendorff, [& est aujourd'hui dans celle de l'Empereur.] Ces Mémoires sont fort bien écrits & avec beaucoup d'exactitude. Il paroît par un endroit de ce Livre, que l'Auteur a été un de ceux qui furent nommés comme témoins pour signer le Contract de Mariage du Roi.

30920. Mss. Lettres du Cardinal [Jules] MAZARIN, écrites en 1659 : *in-fol.*

Ces Lettres sont conservées dans la Bibliothèque de M. le Président de Lamoignon.

☞ Elles sont aussi dans la Bibliothèque de la Ville de Paris, num. 68-71 : *in-fol.* 4 vol.]

30921. Lettres du Cardinal MAZARIN, où l'on fait voir le secret des Négociations de la Paix des Pyrénées, & la Relation de la Conférence qu'il y eut avec Dom Louis de Haro, Ministre d'Espagne ; avec d'autres Lettres écrites au Roi, à la Reine & aux Ministres, en 1659, pendant son Voyage : *Paris*, 1690, *in-12.*

Nouvelle Edition, augmentée d'une seconde partie : *Amsterdam*, Westein, 1693, *in-12.* 2 vol.

Ces Lettres ont pour titre dans les Manuscrits : *Négociation secrete des Pyrénées.* Il y en a un grand nombre qui ne sont pas imprimées, & qui sont dans un Re-

Tome III.

cueil de la Bibliotheque du Roi. Ces Lettres sont écrites avec un grand sens & beaucoup de connoissance des affaires; elles font voir le zèle du Cardinal Mazarin, pour la gloire du Roi. Il ne faut que jetter les yeux dessus, pour connoître qu'elles ne sont nullement supposées; car le tour, le style, les choses mêmes, tout y est naturel & sent l'original.

☞ Nouvelle Edition, avec plusieurs Lettres qui n'avoient pas été imprimées; donnée par l'Abbé Léonor Jean Soulas d'Allainval: *Paris*, 1745, *in*-12. 2 vol.

☞ Ces Lettres, qui sont au nombre de 112, s'étendent depuis le 10 Juillet jusqu'au 10 Novembre 1659. La seconde Partie est faite pour servir de Supplément à la première, & l'on trouve dans la Préface de cette seconde Partie, l'ordre dans lequel il faut les lire. La nouvelle Edition est préférable aux autres.

Voyez sur ces Lettres, Lenglet, *Méth. histor. in*-4. tom. *IV. pag.* 149, 459.= *Biblioth.* Harley. tom. *II. pag.* 529.= *Hist. des Ouvr. des Sçav.* 1690, *Octobre.* = *Jugem. sur quelques Ouvrages nouveaux*, tom. *VI. pag.* 216.= *Bibl. univ. & histor.* tom. *XIX. pag.* 520. = *Mém. de Trévoux, Janvier* 1746, *pag.* 100.= *Journ. de Léipsk*. 1691, *pag.* 131 : 1694. *pag.* 381.= *Isag. in notit. Script. Hist. Gall. part.* II. *pag.* 31.]

30922. Ms. Dépêches du Cardinal MAZARIN à M. le Tellier, depuis le 2 Juillet 1659, jour du départ de son Eminence de la Cour, pour la Négociation de la Paix avec l'Espagne, jusqu'au mois de Novembre ensuivant: *in*-fol. 2 vol.

30923. Ms. Dépêches de (Michel) LE TELLIER, Secrétaire d'Etat, au Cardinal Mazarin, depuis le premier Juillet 1659 jusqu'au 18 Novembre ensuivant: *in*-fol.

Ces deux Recueils [étoient] dans le Cabinet de M. l'Abbé de Louvois, num. 50-52. On les croit aujourd'hui dans la Bibliothèque du Roi.]

30924. Lettre écrite au nom d'un Etranger, à M. le Marquis de Crequi, sur la Paix des Pyrénées; de S. Jean-de-Luz, au mois de Novembre 1659.

Cette Lettre de Charles de Saint-Denys DE SAINT-EVREMONT, mort en 1703, est imprimée *pag.* 588, du *Recueil de plusieurs Pièces servant à l'Histoire moderne : Cologne*, Marteau, 1663, *in*-12. *pag.* 197 du Recueil de diverses Pièces curieuses, pour servir à *l'Histoire : Cologne*, du Castel, 1665, *in*-12. dans *l'Histoire de la Paix*, &c. *Cologne*, 1665 & 1667, *in*-12. & dans toutes les Editions des *Œuvres de S. Evremont*.

La même, plus correcte, dans l'Edition de ces Œuvres publiées sur les Manuscrits de l'Auteur.

Sa Lettre indisposa si fort les Ministres, qu'il fut contraint de sortir de France, où il ne rentra plus depuis. La conduite du Cardinal Mazarin y est fort bien développée, & ses vues intéressées y paroissent dans tout leur jour. Le tout est assaisonné d'une ironie fine & délicate, & de plusieurs traits piquans contre ce Cardinal.

☞ On lui reproche la facilité qu'il a eue de faire la Paix dans un temps où il pouvoit abattre la puissance des Espagnols.]

30925. De Pace Teresiana Consultatio, seu de sancienda Pace perpetua inter Christianissimum Imperatorem & Galliarum Regem : *Francofurti*, 1659, *in*-4.

L'Auteur de cette Consultation est Jean FRISCHMAN, Conseiller de Montbelliard, & Résident du Roi en cette Ville.

30926. ☞ Differentiæ inter politicen genuinam ac diabolicam, cum nonnullis Actis publicis & Articulis pacis inter ambas Coronas initæ; ex Gallico in Latinum translatæ, à Joachimo PASTORIO : juxtà exemplar Amstelodami (seu potiùs in Germaniâ,) 1659, *in*-12.]

30927. Discours historique de l'an Jubilaire de la Paix, depuis celle du Câteau-Cambresis, en 1559, jusqu'à celle des Pyrénées, en 1659, avec une Relation de ce qui s'est passé à Toulouse en la publication de la Paix; par Pierre LOUVET, Docteur en Médecine & Historiographe : *Toulouse*, 1660, *in*-8.

30928. Il Trattato della Pace conchiusa trà le due Corone, nell'anno 1659, con quanto ha havuto connessione con la medesima, descritta dal Comte Galeasso GUALDO, Priorato : *in Bremen*, 1663, *in*-12. *in Colonia*, 1669, *in*-8.

Eadem Historia, ex Italico Latinitate donata, Editio tertia auctior.

Cette Traduction Latine est imprimée dans Contreius, au tom. IV. du Corps du Droit public de l'Empire : *Francofurti*, 1710, *in*-4.

La même Histoire, traduite de l'Italien, sous ce titre : Histoire du Traité de la Paix conclue sur la Frontière d'Espagne & de France entre les deux Couronnes ; où l'on voit les Conférences entre les deux premiers Ministres, & les intérêts de tous les Princes; avec un Journal de tout ce qui s'est passé de plus remarquable : *Cologne*, de la Planche : (*Hollande*) 1664 ; *Cologne*, Bruggen, 1665, *in*-12.

La même, [augmentée du Plan de l'Isle de la Conférence,] avec un Recueil de Pièces qui regardent la Lorraine : *Cologne*, de la Place, 1667, *in*-12.

✱ Ce Journal est compris en diverses Lettres écrites de Bayonne, depuis le 20 Juillet 1659 jusqu'au 7 Novembre. L'Auteur dit dans la dernière, qui est écrite de S. Jean-de-Luz, qu'il a été un de ceux qui furent nommés comme témoin pour signer le Contract de Mariage du Roi ; & on croit que c'est M. COURTIN, Maître des Requêtes. Dans ce Recueil se trouve encore le Contract de Mariage du Roi avec l'Infante d'Espagne, & une Lettre de M. DE SAINT-EVREMONT sur la Paix. L'Auteur des Pièces qui regardent la Lorraine, est Henri-Auguste de Loménie, Comte DE BRIENNE, mort en 1666.

☞ On peut voir sur ce Recueil, la *Méth. hist. in*-4. de Lenglet, tom. *IV. pag.* 460.]

M. de Saint-Evremont attaque dans sa Lettre, la facilité qu'a eue le Cardinal Mazarin de faire la Paix, comme on l'a déja observé, N.° 30924. Il glisse même quelque trait contre l'avarice & le peu de lumière de ce Ministre.

On trouve à la fin un Recueil de diverses matières concernant le Duc de Lorraine : cela regarde les années 1661, 1662 & 1663. Ces Pièces sont :

1. Traité fait avec le Duc de Lorraine, le dernier

Lettres historiques, Mémoires, Négociations, &c. 1659. 109

jour de Février 1661, par lequel ses Etats lui sont restitués.

2. Relation faite par un Lorrain, sujet du Duc Charles, sur les divers Mariages proposés au sujet du Prince Charles son neveu, depuis le Traité de la paix faite entre les deux Couronnes. (Rien ne fait mieux connoître la légéreté & l'inconstance de ce Duc, qui voulant tout garder, perdit enfin tout ce qu'il possédoit.)

3. Traité du Duc Charles de Lorraine, avec le Roi Très-Chrétien, du 6 Février 1662, où il céde ses Etats après sa mort à Sa Majesté Très-Chrétienne.

4. Remontrance de M. François, Duc de Lorraine, au Roi Très-Chrétien. (Il y rapporte les raisons qui doivent empêcher Sa Majesté de se prévaloir du Traité de cession que le Duc Charles lui avoit faite de ses Etats).

5. Interpellation de M. le Duc François de Lorraine à son Altesse.

6. Articles du Traité de Marsal fait le 1 Septembre 1663, entre le Roi Très-Chrétien & le Duc Charles de Lorraine.

7. Contract de Mariage du Duc Charles de Lorraine & de Demoiselle Anne-Françoise Pajot.]

30929. ☞ Histoire des Négociations & du Traité de Paix des Pyrénées; par Luc Denans DE COURCHETET, Censeur Royal: *Amsterdam*, (*Paris*,) 1750, *in-2*. 12 vol.

Le Tome I. contient l'Histoire de ce qui a précédé le Traité, & reprend les choses depuis 1635 jusqu'en 1659.

Le Tome II. renferme la Négociation même du Traité, entre le Cardinal Mazarin & Don Louis de Haro; le Traité même, & le Contract de Mariage de Louis XIV. avec l'Infante, en 1659.

Voyez le *Mercure, Janvier*, 1751. = *Lettres* de Clément, *tom. I. pag.* 384.

« Ce morceau d'Histoire est proprement le récit ou »l'exposé des dégrés par lesquels on est parvenu au »Traité des Pyrénées, dont le grand objet fut le Ma- »riage de Louis XIV. avec l'Infante d'Espagne, Marie- »Thérèse. Les motifs qui avoient déterminé les Puis- »sances contractantes à prendre les armes, les événe- »mens de cette Guerre, le commencement & les pro- »grès de la Négociation, les incidens qui la traversè- »rent, le caractère des Négociateurs, l'esprit, les ma- »ximes & les prétentions des deux Cours, enfin les »conventions qui ont réglé les droits respectifs, sont »la matière de cet Ouvrage, un des meilleurs que l'on »puisse lire en ce genre ». *Année Littéraire, tom. IV. Lettre 1.*

Quelques autres Journalistes ont paru au contraire en porter un jugement peu favorable. La Préface de l'Histoire que le même Auteur a faite du Traité de Nimègue, (rapporté ci-après,) est employée à combattre leurs censures. Mais les Journalistes des Sçavans, (Octobre 1754) ne pensent « pas que l'Auteur ait réussi »à dissiper les doutes qu'on avoit élevés sur ces sortes »d'Ouvrages, qui retraçant jusqu'aux moindres parti- »cularités, suit des Expéditions militaires, soit des »Négociations, tombent dans le double inconvénient, »& de répéter ce qui se trouve par-tout, & d'offrir »aux Lecteurs des minuties peu dignes de son atten- »tion ».

30930. Histoire du Traité de Paix conclu à S. Jean-de-Luz, en 1659, entre les deux Couronnes : *Cologne*, Bruggen, 1665, *in-12.*

☞ Cette Histoire est la même que celle indiquée au N.° 30928.]

30931. Historia Pacis inter Galliarum & Hispaniarum Reges; auctore Petro AB AXEN: *Lipsiæ*, 1667, *in-8.*

30932. ☞ Negotiati della Pace frà le Corone, fatti in Francoforte l'anno 1659: *Francoforte*, 1659, *in-4.*]

30933. ☞ Relacion panegyrica de la Jornada de los Señores D. Luis Mendez de Haro y Cardenal Julio de Mazerino à la Conferencia de los Tratados de la Paz; escritta por D. Joseph DE BUTRON y Mexica: *Madrid*, Pablo de Val, 1659, *in-4.*]

30934. Mf. Actes de la Conférence tenue à Ceret en Roussillon, aux mois de Mars & d'Avril en 1660, pour régler les Limites des Royaumes de France & d'Espagne du côté de la Catalogne : *in-fol.*

Cette Conférence [étoit] dans la Bibliothèque de M. Baluze, num. 400, [& est aujourd'hui dans celle du Roi.]

30935. Mf. Ambassade de l'Archevêque d'Ambrun à Venise, ès années 1659 & 1660: *in-fol.*

Cette Ambassade de Georges D'AUBUSSON de la Feuillade, mort Evêque de Metz en 1697, [étoit] dans la Bibliothèque de M. le Chancelier Seguier, num. 30, [& est aujourd'hui à S. Germain des Prés.]

30936. Mf. Traité de Paix de 1659, avec tout ce qui a été fait avant la conclusion d'icelle, & depuis en exécution dudit Traité, depuis le 15 Avril 1659 jusqu'au 10 Novembre 1660 : *in-fol.*

Ce Recueil [étoit] dans le Cabinet de M. l'Abbé de Louvois, num. 74, [& est aujourd'hui dans la Bibliothèque du Roi.]

30937. Mf. Mémoires des Règnes de Louis XIII. & de Louis XIV. *in-fol.*

Ces Mémoires [étoient] dans la Bibliothèque de M. le Chancelier Seguier, num. 610, [& sont aujourd'hui à S. Germain des Prés.]

30938. Mf. Mémoires pour l'Histoire de France, depuis l'an 1628 jusqu'en 1660: *in-fol.* 29 vol.

Ces Mémoires [étoient] dans la Bibliothèque de M. Colbert, num. 112-150, entre les Manuscrits du Cardinal Mazarin, [& sont aujourd'hui dans celle du Roi.]

30939. Mf. Patentes, Ordonnances, Dépêches & autres Expéditions de (Michel) LE TELLIER, Secrétaire d'Etat, depuis le 21 Avril 1643 jusqu'au 30 Décembre 1660: *in-fol.* 28 vol.

Ce Recueil [étoit] dans le Cabinet de M. l'Abbé de Louvois, num. 1-28, [& est aujourd'hui dans la Bibliothèque du Roi.]

30940. ☞ Mf. Dépêches, Lettres & Mémoires de M. LE TELLIER, Secrétaire d'Etat, ou à lui adressés : *in-fol.* 72 vol.

Ces Manuscrits sont indiqués au Catalogue de M. Bernard, depuis le num. 1060, jusqu'au num. 1075.

En voici les titres particuliers :

1. Mf. Dépêches importantes de M. le Tellier, année 1643 : *in fol.*

2. Dépêches de la Cour à M. le Tellier, durant son Intendance en Piémont, depuis le 15 Septembre 1640, jusqu'au 11 Avril 1643 : *in-fol.*

3. Lettres de M. DE MARCA à M. le Tellier, depuis le 20 Mars 1644 jusqu'au 30 Juillet 1651 : *in-fol.* 8 vol.

4. Dépêches de M. le Tellier, depuis le 3 Novembre 1640 jusqu'au 7 Septembre 1654 : *in-fol.* 22 vol.

5. Mémoires & Lettres écrites à M. le Tellier, depuis le mois de Mai 1647 jusqu'au 20 Octobre 1654 : *in-fol.* 2 vol.

6. Dépêches de M. le Tellier à M. le Cardinal Mazarin, depuis le 7 Février 1658 jusqu'au 31 Décembre 1652 : *in-fol.* 5 vol.

7. Dépêches du Cardinal MAZARIN à M. le Tellier, depuis le 30 Juin 1649 jusqu'au 16 Septembre 1659 : *in-fol.* 10 vol.

8. Dépêches de M. le Tellier à M. le Chancelier (Seguier,) depuis le 3 Avril 1654 jusqu'au 6 Novembre 1656 : *in-fol.* 2 vol.

9. Dépêches du Département de M. le Tellier, depuis le 2 Juin 1645 jusqu'au 30 Décembre 1660 : *in-fol.* 20 vol.

10. Dépêches de M. le Tellier à MM. les Généraux, pendant le Siège d'Arras en 1654, & sur la violence de l'Ambassadeur d'Espagne en 1661 : *in-fol.*

30941. Mf. Mémoires du Règne de Louis XIV. *in-fol.* 20 vol.

Ces Mémoires sont conservés dans la Bibliothèque du Roi, num. 9350-9369. Ce sont des Manuscrits du Comte de Béthune.

30942. Mf. Dépêches de Henri-Auguste de Loménie, Comte DE BRIENNE, aux Ambassadeurs, depuis l'an 1643 jusqu'en 1661, tant Minutes qu'Originales : *in-fol.* 18 vol.

Mf. Lettres originales écrites par le même, avec des Minutes d'Expéditions : *in-fol.* 2 vol.

Mf. Minutes du même, d'Expéditions de différentes années du Règne de Louis XIV. *in-fol.* 2 vol.

Ces Lettres & Dépêches sont conservées dans la Bibliothèque du Roi, entre les Manuscrits de M. de Gaignières.

Mf. Lettres du même, écrites en 1661 : *in-fol.* 3 vol.

Ces Lettres [étoient] dans la Bibliothèque de M. Colbert, [& sont aujourd'hui dans celle du Roi.]

30943. Mf. Lettres du Cardinal (Jules) MAZARIN, depuis l'an 1631 jusqu'en 1661 : *in-fol.* 3 vol.

Ces Lettres [étoient] dans la Bibliothèque de M. Colbert de Croissy, Evêque de Montpellier, [mort en 1738.]

30944. Mf. Relatione della Ambasceria straordinaria di Battista NANI alla Corte di Francia, in occasione della Pace, seguita trà le due Corone per implorare socorso contrò il Turco, nell'anno 1661 : *in-4.*

Cette Relation Italienne est conservée dans la Bibliothèque de Sainte-Geneviève.

Relation de la seconde Ambassade en France de Baptiste NANI, de la part de la République de Venise, en 1661 : *in-12.*

Cette Relation est imprimée.

30945. ☞ Recueil de diverses Pièces curieuses pour servir à l'Histoire : *Cologne,* du Castel ; *Leyde,* Elzevier, 1664, *in-12.*

La dernière Edition est la plus belle.]

30946. ☞ Mf. Instructions & Négociations du Chevalier (Jacques) DE JANT, à la Cour de Portugal : *in-fol.*

Le Manuscrit original est conservé à Dijon, dans la Bibliothèque de M. le Président Bouhier. On peut voir sur ces Négociations & sur M. de Jant, qui étoit à Dijon, la *Bibliothèque des Auteurs de Bourgogne,* p. 334.]

30947. Mf. Instruction à Jean de la Barde, Marquis de Marolles, s'en retournant en Suisse en 1661. Ambassadeur Extraordinaire de Sa Majesté. Instruction à M. de la Feuillade, Archevêque d'Ambrun, allant Ambassadeur Extraordinaire en Espagne, en 1661. Instruction au Sieur de Gravel, Conseiller d'Etat, retournant Résident à Francfort pour le service de Sa Majesté, le 5 Août 1661 : *in-fol.*

Ces Instructions sont conservées dans la Bibliothèque du Roi, entre les Manuscrits de M. Clément.

30948. Les Mémoires du Chevalier (Hugues) DE TERLON, où il rend compte de ses Négociations en Suède, depuis l'an 1656 jusqu'en 1661 : *Paris,* 1681, *in-12.* 2 vol.

30949. ☞ Mf. Mémoires, Instructions & Dépêches du Roi à ses Ministres au-dehors, ordonnées par Sa Majesté au Sieur de Lionne, pendant les années 1661 & 1662 : *in-fol.* 3 vol.

Ces Manuscrits sont conservés dans la Bibliothèque de la Ville de Paris, num. 73-75.]

30950. ☞ Mf. Ambassades & Négociations du Comte D'ESTRADES en Angleterre, depuis 1637 jusqu'au Traité de l'achapt de Dunkerque en 1662 : *in-fol.*

Elles sont indiquées num. 2092 du Catalogue de M. Pelletier.]

30951. ☀ Ambassades & Négociations de M. le Comte d'Estrades, en Italie, en Angleterre & en Hollande depuis l'an 1637 jusqu'en 1662, (ou) Nouvelles Lettres du Comte, &c. *Amsterdam,* Bernard, 1718, *in-12.* 2 vol.

Geoffroy, Comte d'Estrades, est mort en 1686.

☞ *Voyez* encore sur ces Ambassades réimprimées en 1719 & 1743, avec une suite, ci-après, N.° 30979.]

30952. Mf. Instructions à M. le Duc de Créqui s'en allant à Rome Ambassadeur Ordinaire de Sa Majesté, du 31 Avril 1662. Instruction à (Geoffroy,) Comte d'Estrades, allant Ambassadeur Extraordinaire en Hollande, du 7 Juin 1662. Instruction à (Pierre) de Bonzy, Evêque de Béziers, (depuis Archevêque de Toulouse, ensuite de Narbonne & Cardinal,) s'en allant Ambassadeur à Venise, du 30 Août 1662 : *in-fol.*

Ces Instructions sont conservées dans la Bibliothèque du Roi, entre les Manuscrits de M. Clément.

30953. Mf. Lettres du Roi Louis XIV. & (de Henri-Auguste) Comte DE BRIENNE, pendant l'année 1662, & les trois premiers mois de 1663 : *in-fol.* 2 vol.

Ces Lettres [étoient] conservées dans la Bibliothèque de M. Colbert de Croissy, Evêque de Montpellier, [mort en 1738] num. 159-160.

30954. ☞ Mf. Registre des Minutes de 1663, du temps de M. DE LIONNE, Secrétaire d'Etat : *in-fol.*

Il est conservé dans la Bibliothèque de la Ville de Paris, num. 72.]

30955. ☞ Mf. Recueil des Actes & Mémoires concernant le changement arrivé en Lorraine, fait en conséquence du second Testament de René II. & ce qui s'est ensuivi jusqu'en 1663 : *in-fol.*

Ce Recueil est conservé à S. Germain des Prés, & vient de M. de Harlay.]

30956. Mf. Recueil de Pièces concernant l'Affaire des Corses, depuis l'an 1662 jusqu'en 1664.

Ce Recueil est conservé dans la Bibliothèque du Roi, entre les Manuscrits de M. Clément.

30957. ☞ Mf. Paix du Pape, en 1662, 1663 & 1664 : *in-fol.* 3 vol.

Ce Manuscrit est indiqué num. 2089 du Catalogue de M. Bernard.]

30958. Mf. Lettres du Roi Louis XIV. depuis le 15 Mai 1646 jusqu'au 3 Juin 1664 : *in-fol.*

Ces Lettres [étoient] dans la Bibliothèque de M. Bouthillier, ancien Evêque de Troyes : G. 3.

30959. ☞ Recueil historique, contenant diverses Pièces curieuses de ce temps : *Cologne*, Vandyck, 1666, *in-12.*

Toutes les Pièces de ce Recueil sont amusantes & curieuses. Il y en a plusieurs qui n'ont aucune relation aux Affaires de France, & quelques-unes n'y ont rapport qu'indirectement.

30960. Mf. Traité sommaire fait au sujet de la Légation du Cardinal Chigi, venu en France en exécution du Traité de Pise : *in-4.*

Ce Traité est conservé dans la Bibliothèque de S. Germain des Prés.

30961. Relation de la conduite présente de la Cour de France, adressée par un Seigneur Romain de la suite du Cardinal Chigi, & traduite de l'Italien ; de Paris ce 25 Novembre 1664 : *Leyde*, 1665, *in-12.*

Cette Relation est signée S. V. N. V.

Nouvelle Edition revue & corrigée par l'Auteur : *Cologne*, Neelson, 1665, *in-12.*

30962. ☞ Mf. Lettres de Louis XIV. depuis Décembre 1662 jusqu'en Avril 1664 : *in-4.*

Elles sont conservées dans la Bibliothèque de la Ville de Paris, num. 225.]

30963. Mf. Recueil pour l'Histoire de France, jusqu'en 1665 : *in-fol.* 6 vol.

Ce Recueil [étoit] dans la Bibliothèque de M. Colbert, [& est aujourd'hui dans celle du Roi.]

30964. ☞ Lettre d'un Ambassadeur de France à Constantinople, au Roi Louis XIV. (en 1665) contenant une Relation de son Ambassade.

Cette Relation curieuse est imprimée tom. IV. de la *Continuation des Mémoires de Littérature* du P. Desmolets. Elle fait bien connoître les dispositions de la Porte à l'égard de la France. Elle est de M. DE LA HAYE-VENTELET, le fils, depuis Envoyé Extraordinaire en Bavière, & Ambassadeur à Venise.]

30965. Mf. Instruction au Chevalier de Terlon, Ambassadeur de Sa Majesté vers les Rois du Nord ; avec les Négociations de cet Ambassadeur, (Hugues DE TERLON,) depuis l'an 1662 jusqu'en 1665.

Mf. Extrait de la Négociation du Duc DE CHAULNES, (Charles D'ALBERT D'AILLY,) faite à Rome touchant la restitution de Castro, du 22 Mars 1665.

Mf. Instruction à Simon Arnauld d'Andilly, Seigneur de Pomponne, allant Ambassadeur en Suède, du 20 Décembre 1665, avec plusieurs Pièces touchant la Négociation du Sieur DE POMPONNE.

Ce Ministre a fait paroître une capacité extraordinaire dans les diverses Ambassades où il a été employé.

Mf. Diverses Instructions au Sieur d'Aubeville, s'en allant dans plusieurs Etats d'Italie, depuis l'an 1662 jusqu'en 1666.

Toutes ces Pièces sont conservées dans la Bibliothèque du Roi, entre les Manuscrits de M. Clément.

30966. ☞ Relation des Voyages faits à Tunis par ordre du Roi Louis XIV. par le Sieur DE BRICARD.

Elle est imprimée dans le *Recueil historique de plusieurs Pièces* : *Cologne*, Vandyck, 1666, *in-12.*]

30967. Mf. Plusieurs Pièces concernant la Négociation de (Robert) DE GRAVEL, Conseiller d'Etat ; avec des Mémoires & Lettres concernant l'Empereur & les Electeurs, depuis l'an 1661 jusqu'en 1667.

Ce Recueil est conservé dans la Bibliothèque du Roi, entre les Manuscrits de M. Clément.

30968. Recueil de Pièces Latines, dont voici le détail. I. Scriptum Directorio Imperii in Comitiis Ratisbonensibus nomine Christianissimi Galliarum Regis à Domino Plenipotentiario (Roberto) DE GRAVEL, die 25 Maii 1667, exhibitum. II. Refutatio Scripti Gallici contra securitatem Circuli Burgundici. III. Replica ad prætensam Replicationem : (eodem auctore Roberto DE GRAVEL.) IV. Responsio ad Replicam. V. Vetetis ex parte Galliæ dilutio Scripti à Delegatis Burgundicis, 4 Augusti 1667. Imperii Directorio exhibiti : (eodem auctore.) VI. Ulterioris ex parte Galliæ contra Memoriale Burgundicum dilutionis editæ Refutatio : (*in Germania,*) 1667, *in-*4.

30969. ☞ Le Conclave de Clément IX. *Cologne,* 1667.

C'est un Récit très-abrégé de la part qu'eurent MM. de Lionne & de Chaulnes, pour lors Ambassadeurs à Rome, à l'Election du Cardinal Rospigliosi, & de la façon dont ils s'y prirent pour la faire réussir.]

30970. Mſ. Négociation ou projet de la Conquête du Comté de Bourgogne, depuis le 11 Décembre 1667 jusqu'au 25 Janvier 1668 : *in-*4.

Cette Négociation, qui fut ménagée par Louis de Bourbon, Prince de Condé, [étoit] dans la Bibliothèque de M. le premier Président de Mesme, [& est aujourd'hui dans celle du Roi.]

☞ Dans les nouvelles Vies du Prince de Condé, par M. Désormeaux & par M. Turpin, on trouve des Lettres du Prince à ce sujet.]

30971. Mſ. Lettres & autres Pièces sur la Conquête de Franche-Comté, en 1667 & 1668 : *in-fol.*

Ce Recueil est conservé dans la Bibliothèque du Roi, entre les Manuscrits de M. de Gaignières.

30972. Discorso sopra la Legata trà il Papa e il Rè Catolico contra la Francia ; da BONELLI, Nuncio in Ispagna : *in Colonia,* 1668, *in-*12.

30973. Mſ. Instruction au Président de Saint-André, s'en allant Ambassadeur à Venise, du 4 Octobre 1668.

Cette Instruction est conservée dans la Bibliothèque du Roi, entre les Manuscrits de M. Clément.]

30974. ☞ Mémoires de Hugues DE LIONNE, envoyés de Paris au Roi en 1667, & à lui renvoyés ensuite avec les apostilles de M. le Tellier; interceptés par ceux de la Garnison de Lille, (le Sieur Heron, Courier du Cabinet, les portant de l'armée à Paris;) & donnés au Public, avec le Traité de Ligue offensive & défensive entre la France & le Portugal, conclu en 1667. Ensemble des Remarques sur le procédé de la France touchant la Négociation de la Paix en 1667 & 1668 ; une Conférence sur les intérêts de l'Etat présent de l'Angleterre, touchant les desseins de la France ; & une Lettre touchant l'état présent de la Négociation de la Paix entre la France & l'Espagne, avec les Articles de ladite Paix conclue à Aix-la-Chapelle en 1668 : (*Hollande,*) 1668, *in-*12.]

Ces Mémoires sont aussi imprimés depuis la page 47 d'un *Recueil de Pièces pour servir à l'Histoire,* &c. *Cologne,* 1668, *in-*12.

☞ Non-Seulement ces Mémoires ont été imprimés en Hollande, en 1668 ; mais ils le sont avec des Remarques d'un Anonyme, qui pourroit bien être François DE L'ISOLA.]

30975. Remarques sur le procédé de la France touchant la Négociation de la Paix : (*en Hollande,*) 1668, *in-*12.

30976. ☞ Mémoires de M. FREMONT D'ABLANCOURT, Envoyé de France en Portugal, contenant l'Histoire de Portugal depuis le Traité des Pyrénées de 1659 jusqu'en 1668, avec les Révolutions arrivées pendant ce temps à la Cour de Lisbonne, un détail des Batailles & Sièges sous le Duc de Schomberg, & le Traité de Paix entre l'Espagne & le Portugal, & celui de la Ligue, entre le Roi Très-Chrétien & Sa Majesté Portugaise : *Amsterdam,* 1701, *in-*12.

30977. Les fausses Démarches de la France sur la Négociation de la Paix ; avec des Remarques : 1668, *in-*12.

Cette Négociation se faisoit à Aix-la-Chapelle.

== Lettres de Milord, Comte D'ARLINGTON, Secrétaire d'Etat sous Charles II. Roi de la Grande-Bretagne, au Chevalier Guillaume Temple, contenant une Relation exacte des Traités de Munster, de Breda & d'Aix-la-Chapelle.

Voyez ci-devant, [N.° 30786.]

30978. * Mémoires & Instructions touchant les Négociations de la Paix entre la France & l'Angleterre, en 1668 & 1669 : *in-*12.

Remarques sur lesdits Mémoires : *in-*12.

30979. Lettres, Mémoires & Négociations de M. le Comte D'ESTRADES, Ambassadeur de Sa Majesté Très-Chrétienne, auprès des Etats-Généraux des Provinces-Unies des Pays-Bas, pendant les années 1663, 1664, jusques & y compris l'année 1668 : *Bruxelles,* Henri le Jeune : (*Amsterdam,* Louis de Lorme,) 1709, *in-*12. 5 vol.

Ces Lettres de Godefroy, Comte d'Estrades, mort Maréchal de France en 1686, ont été publiées par Jean-Aymond d'une manière fort défectueuse ; & elles sont tronquées. Ce n'est qu'un ramas de simples Fragmens, comme le rapporte l'Auteur de l'Ecrit suivant, *pag.* 48.

☞ Les mêmes, seconde Edition plus complette : *la Haye,* de Hondt, 1719, *in-*12. 6 vol.

Elle contient non-seulement plusieurs Lettres qui n'étoient pas dans la précédante, mais encore un Volume intitulé : « Négociations du Comte d'Estrades en » Hollande, Angleterre, Savoye, &c. depuis 1637 jus- » qu'en 1662 ». C'est le Recueil indiqué ci-devant, N.° 30951.]

Les mêmes : *Londres,* 1743, *in-*12. 9 vol.

Cette dernière Edition, outre tout ce qui est dans la seconde, renferme plusieurs autres morceaux, & de plus trois Volumes de Lettres du Comte d'Estrades & de MM. Colbert & d'Avaux, concernant la Paix de Nimègue, que Moetjens avoit fait imprimer en 1710 à la Haye, & dont il sera question ci-après.

On peut voir sur ces Mémoires & sur le Comte d'Estrades, un Article très-ample *pag.* 235 du tom. I. du *Dictionnaire* de Prosper Marchand. On y trouve un Extrait & un détail de ce que contient la dernière Edition ; & Marchand prétend que les plaintes du Père le Long sur la première ne sont pas fondées.

On

Lettres historiques, Mémoires, Négociations, &c. 1668.

On a fait une Traduction Hollandoise des Lettres & Négociations du Comte d'Estrades : *Utrecht,* Nerman & Jean Basseling : 1756, *in-12.*]

« L'Original de ces Négociations (dit l'Auteur des
» Remarques publiées sur la première Edition) contient
» 22 volumes *in-fol.* dont le moindre est de neuf
» cens pages. (Cet Original est entre les mains du Mar-
» quis d'Estrades, petit-fils du Maréchal.) L'Instruction
» qui fut donnée au Comte d'Estrades auparavant son
» départ, se trouve dans l'Original ; (mais elle manque
» dans cette Edition.) Elle est admirable & digne de la
» réputation de M. de Lionne, qui la dressa. De plus de
» cinq cens Lettres, toutes de la main de M. d'Estrades,
» on n'en trouve pas seulement une dans l'Edition de
» Bruxelles, non plus que celles que M. de Van-Beuning
» écrivoit à M. de Lionne, qui sont en plus grand nom-
» bre dans l'Original. On en a aussi retranché toutes
» celles que M. de Wicquefort écrivoit au même. De
» toutes les Dépêches, il n'y en a pas trente d'entières,
» toutes les autres sont tronquées & défigurées par les
» fautes tant du Copiste que de l'Imprimeur ».

☞ Prosper Marchand, *pag.* 140 de son Diction-
naire, prétend répondre à ces reproches. On peut voir,
au reste, sur les Négociations du Comte d'Estrades,
Lenglet, *Méth. hist. in-4. tom. IV. pag.* 46. = *Bibl.
ancienne & moderne, tom. X. pag.* 455. = *Répub. des
Lettres de Bernard, Janvier & Juillet* 1710. = *Bibliot.
raisonnée, tom. XXX. pag.* 443 : *tom. XXXI. pag.* 105.
= *Journ. de Verdun, Mars,* 1719. = *Mém. de Trévoux,
Mars,* 1720. = *Nouv. Bibl. Octobre,* 1742. = *Pour &
Contre, tom. XII. pag.* 350. = *Siècle de Louis XIV.*]

30980. Remarques générales sur un Livre, qui a pour titre : Lettres, Mémoires & Négociations de M. le Comte d'Estrades : (*Paris,*) 1709, *in-12.*

30981. Mſ. Regiſtre des Lettres miſſives écrites ou reçues pendant le temps de l'Ambaſſade de (Charles) Colbert, Marquis de Croissy, à Aix-la-Chapelle, (en 1668) depuis le premier Avril juſqu'au 25 Mai suivant : *in-fol.*

Ce Registre [étoit] dans la Bibliothèque de M. Colbert de Croissy, Evêque de Montpellier, [mort en 1738.]

30982. Mſ. Mémoires des années 1667, 1668 & 1669 : *in-4.*

Ces Mémoires sont conservés dans la Bibliothèque de M. le Chancelier d'Aguesseau.

30983. Mſ. Lettres écrites au Roi Louis XIV. & aux Ministres, par (Charles) Colbert, Marquis de Croissy, Ambassadeur en Angleterre, depuis le 20 Août 1668 jusqu'en Novembre 1669 : *in-fol.*

Ces Lettres [étoient] dans la Bibliothèque de M. Colbert de Croissy, Evêque de Montpellier.

30984. Mſ. Inſtruction donnée à (Pierre) de Bonzy, Evêque de Béziers, nommé à l'Archevêché de Toulouſe, (depuis Archevêque de Narbonne & Cardinal,) s'en allant Ambaſſadeur Extraordinaire en Eſpagne, du 22 Décembre 1669.

Cette Instruction est conservée dans la Bibliothèque du Roi, entre les Manuscrits de M. Clément.

30985. ☞ Lettres & Négociations entre M. Jean de Witt & les Plénipotentiaires des Provinces-Unies des Pays-Bas, aux Cours de France, d'Angleterre, de Suède, de Danemarck, de Pologne, &c. depuis 1652 juſqu'en 1669 inclusivement : *Amſterdam,* 1725, *in-12.* 5 vol.]

30986. Mſ. Recueil de Lettres que Monſieur (Gaſton Jean-Baptiſte) Duc d'Orléans,) la Reine Marie-Thérèſe d'Autriche, (Anne-Marie Louiſe d'Orléans, Ducheſſe) de Montpensier, (Pierre) Seguier, Chancelier de France, Eſtienne d'Aligre & Michel le Tellier, auſſi Chanceliers de France, MM. les Secrétaires d'Etat, & autres Perſonnes, ont écrites à M. Dugué-Bagnols, depuis l'an 1659 juſqu'en 1670 : *in-fol.*

Ce Recueil [étoit] dans la Bibliothèque de M. Foucault, [qui a été distraite.]

30987. ☞ Cenſure ou Diſcours politique touchant les prétendans à la Couronne de Pologne : *Cologne,* Marteau, 1670, *in-12.*

30988. Lettres de M. Mouliere, Résident de Sa Majesté Très Chrétienne en Suiſſe, écrites à MM. du Canton de Fribourg, & aux Etats-Généraux des treize Cantons, avec les Réponſes d'un Conſeiller du Magiſtrat de Fribourg : *Genève,* Bordelier, 1670, *in-12.*

☞ C'eſt au ſujet des levées qui ſe faiſoient pour mettre dans les places appartenantes au Roi d'Eſpagne.]

30989. ☞ Mſ. Dépêches, Lettres & Inſtructions données en 1671 : *in-fol.*

Ce Recueil est indiqué num. 15842 du Catalogue du Maréchal d'Estrées.]

30990. Mſ. Inſtruction donnée au Marquis de Villars, Lieutenant-Général, s'en allant Ambaſſadeur Extraordinaire en Eſpagne, du 20 Octobre 1671. Extrait de la Négociation du Commandeur de Gremonville à Vienne, en 1671. Négociations de Simon Arnauld d'Andilly, Seigneur de Pompone en Suède, en 1671. Diverſes Lettres du Roi Louis XIV. au Pape & à pluſieurs Cardinaux, depuis le 16 Mars 1666 juſqu'au 14 Décembre 1671. Mémoire du Roi au Duc d'Eſtrées ſon Ambaſſadeur à Rome, du 26 Janvier 1672. Inſtruction à M. de Pompone, du 9 Juin 1672. Inſtruction au Marquis de Feuquières, Lieutenant-Général des Armées du Roi, s'en allant Ambaſſadeur Extraordinaire de Sa Majeſté en Suède, du 7 Octobre 1672.

Toutes ces Pièces sont conservées dans la Bibliothèque du Roi, entre les Manuscrits de M. Clément.

30991. Remarques sur le Discours du Commandeur de Gremonville, fait au Conſeil d'Etat de Sa Majeſté Impériale : *la Haye,* Leers, 1673, *in-12.*

Le Discours de ce Commandeur est au-devant de ces Remarques.

30992. *Tractatus Historico-politici, Acta-*

que publica, ab anno 1618, ad annum 1672.

Ces Actes sont imprimés au tom. VI. de l'*Histoire universelle* de Brachelius, continuée par Breuver jusqu'en 1672 : *Colonia*, 1672, *in*-8.

30993. ☞ Ms. Procès-Verbal des Conférences tenues à Lille en 1672, entre MM. Courtin, Barillon & le Pelletier, & MM. de Bergeick, Houynes & de Papes, sur les Limites, en exécution du Traité d'Aix-la-Chapelle : *in-fol.*

Ce Manuscrit est indiqué num. 2104 du Catalogue de M. le Pelletier.]

30994. Lettres & autres Pièces curieuses sur les Affaires du temps : *Amsterdam,* (*Paris,* Cramoisy,) 1672, *in*-12.

Ce Recueil contient un Mémoire & plusieurs Lettres écrites depuis le 26 Novembre 1671 jusqu'au 6 Janvier 1672, par François DE LISOLA & M. DE CAMPRICHT, aux États-Généraux de Hollande, avec des Remarques.

Le dénouement des intrigues du temps, par la Réponse au Livret intitulé : *Lettres & autres Pièces curieuses,* fait par le S. J. P. P. B. [*Liège,*] 1672, *in*-12.

Le Baron DE LISOLA est l'Auteur de cet Écrit.

☞ C'est le même Livre que celui qui vient d'être indiqué sous le titre de *Lettres,* &c. mais avec un premier Frontispice différent.]

30995. ☞ Lettres choisies de feu M. Guy PATIN, &c. dans lesquelles sont contenues plusieurs particularités historiques sur la vie & la mort des Sçavans de ce siècle, sur leurs Écrits & plusieurs autres choses curieuses depuis l'an 1645 jusqu'à 1672, augmentées de plus de 300 Lettres dans cette dernière Édition : *Cologne,* 1692, *in*-12. 3 vol.

Elles sont la plupart écrites à MM. Spon, & Falconet, Médecin de Lyon.

Nouveau Recueil de Lettres choisies de Guy PATIN, écrites à MM. Belin, père & fils, Médecins à Troyes, de 1630 à 1664 : *Roterdam,* 1695, 2 tom. en 1 vol. *in*-12.

Nouvelles Lettres de Guy Patin, tirées du Cabinet de M. Charles Spon, contenant l'Histoire du temps, & des particularités sur la vie & les écrits des Sçavans de son siècle ; (par M. Mahudel :) *Amsterdam,* 1718, &c. *in*-12. 5 vol.

Ils s'étendent de 1630 à 1672.

30996. ☞ L'Esprit de Guy Patin, tiré de ses Conversations, de son Cabinet, de ses Lettres & de ses autres Ouvrages, avec son Portrait historique : *Amsterdam,* (*Rouen,*) 1713, *in*-12.

On l'attribue à Antoine LANCELOT, Inspecteur du Collége Royal, & de l'Académie des Belles-Lettres.

Voyez sur ce Livre, *Ducatiana,* pag. 52.= *Siècle de Louis XIV.*= *Mém.* d'Artigny, tom. *VII.* pag. 4.]

30997. Mémoires de Raynaud D'EST, Cardinal, Protecteur & Directeur des Affaires de France à Rome, depuis l'an 1657 jusqu'en 1673, en deux parties : *Cologne,* Demen, 1677, *in*-12.

Ces Mémoires ont été écrits par un des Secrétaires de ce Cardinal, qui avoit été à son service pendant seize ans.

☞ Ce sont des Lettres respectives de ce Cardinal, des Ministres, & d'autres personnes au sujet des Affaires de France qui se négocioient à Rome : elles ont été rédigées & mises en forme de Mémoires. On y voit quel étoit le génie & la disposition de la Cour de Rome pour celle de France, & la suite des différentes Affaires qui s'y traitèrent pendant ce temps. La principale fut celle du Duc de Créqui, en 1664, au sujet des Sbires & des Corses par qui il fut insulté. Il y en avoit eu une presque pareille en 1660, entre les gens de M. le Cardinal & cette soldatesque.]

30998. Les dernières Conférences tenues à Cologne pour la Paix, en 1673 : *Paris,* 1673, *in*-4.

30999. La Sauce au Verjus : *Hambourg,* (*Bruxelles,*) 1674, *in*-12.

☞ Cet Écrit est attribué au Baron DE LISOLA.]

31000. Réfutation d'un Libelle adressé à M. le Prince d'Osnabrug, sur une Lettre qu'on suppose faussement lui avoir été écrite, & avoir été publiée par M. Verjus : 1674, *in*-12.

L'Auteur de cette Réfutation, [M. VERJUS, Comte de Crecy,] la commence ainsi : « M. Lisola est l'Auteur » du Libelle qui a pour titre : *La Sauce au Verjus.* Cette Réfutation est du 14 Janvier 1674. Les deux Écrits sont fort vifs, & les deux combattans ne se ménagent pas beaucoup. « Je pense, (dit M. Bayle,) qu'il » n'y a personne qui ait écrit contre le Baron de Lisola » d'une manière plus ingénieuse & plus piquante que » M. Verjus, Comte de Crecy ; c'étoit pour repous- » ser de grosses injures ». *Dictionnaire* de Bayle, Art. *Lisola.*

31001. ☞ Raisons politiques touchant la Guerre d'Allemagne, des années 1673, 1674 & 1675, où les Allemands n'ont pas moins épuisé leurs artifices ordinaires que leurs forces dans la Guerre présente ; (seconde Édition, augmentée de) *La Sauce au Verjus,* (par le Baron de Lisola :) *Strasbourg,* 1675, *in*-12.

Dans la *Sauce au Verjus,* M. de Lisola répondoit à tout ce que M. de Verjus, Ambassadeur de France, avoit avancé contre les vues de l'Empereur, qu'il assuroit vouloir la Guerre pour opprimer la Liberté des Princes d'Allemagne, & que le Roi son maître ne souhaitoit rien tant que la paix, puisque pour y parvenir il offroit plusieurs expédiens faciles, simples, naturels, justes & raisonnables.]

31002. ☞ Recueil de Pièces nouvelles de ce temps, contenant la Réponse de M. de Verjus au Libelle précédent, & quelques Écrits sur l'enlèvement du Prince de Furstemberg : 1674, *in*-12.]

31003. ☞ Détention de Guillaume, Prince de Furstemberg, nécessaire pour maintenir l'autorité de l'Empereur, la tranquilité de l'Empire, & pour procurer une paix juste,

Lettres historiques, Mémoires, Négociations, &c. 1675.   115

utile & nécessaire ; trad. du Latin : 1675, *in-12.*

Cette Piéce fut faite par les Impériaux, pour justifier l'emprisonnement de ce Prince contre les plaintes de la France.]

31004. Mémoires pour servir à l'Histoire du temps : *Anvers*, 1676, *in-12.*

Ils concernent la Paix générale.

31005. Mémoires pour servir à la Paix générale de Cologne : 1676, *in-12.*

Ce sont peut-être les mêmes que les précédens.

31006. ☞ La Déclaration juste, ou Discours sur la Guerre déclarée à la France ; par M. le Comte DE MONTEREY, l'an 1673 : *Villefranche*, 1678, *in-12.*]

31007. Mss. Mémoires de Lettres touchant la Savoye, depuis l'an 1670 jusqu'en 1676. Instruction au Sieur Verjus, Secrétaire du Cabinet de Sa Majesté, allant de sa part à Strasbourg, du 22 Septembre 1676. Instruction à M. l'Abbé de Gravel, Envoyé de Sa Majesté à Strasbourg, du 14 Avril 1676 : *in-fol.*

Ces Mémoires & Instructions sont conservés dans la Bibliothèque du Roi, entre les Manuscrits de M. Clément.

31008. Mémoires politiques pour servir à l'intelligence de la Paix de Riswick ; par François DU MONT : *La Haye*, Honoré, 1689, *in-12.* 4 vol.

Ces Mémoires, publiés par François du Mont, autrefois Officier dans les Troupes de France, depuis réfugié en Hollande, sont curieux & instructifs. Ils contiennent un abrégé de ce qui s'est passé de plus considérable dans les Affaires, depuis la Paix de Munster jusqu'à la fin de l'année 1676, avec un Abrégé des Négociations de Cologne, en 1673 & 1674. L'Auteur devoit poursser, selon son projet, jusqu'à la Paix de Riswick, dont il devoit faire l'Histoire ; ce qu'il n'a pas exécuté.

☞ *Voyez* le *Journ. des Sçavans*, *Décemb.* 1699. = *Bibl. Harley. tom. II. pag.* 531. = Lenglet, *Méth. historiq. in-4. tom. II. pag.* 191 : *tom. IV. pag.* 461. = *Républ. des Lettres* de Bernard, *Août*, 1699.]

31009. Mss. Lettres du Roi LOUIS XIV. & de la Reine-Mère, (ANNE D'AUTRICHE), écrites à M. le Premier Président de Lamoignon, depuis l'an 1655 jusqu'en 1677 : *in-fol.*

Ces Lettres [étoient] dans la Bibliothèque de M. le Président de Lamoignon.

31010. ☞ Mss. Lettres de LOUIS XIV. depuis le 9 Mars 1661 jusqu'au 5 Décembre 1678 : *in-4.* 7 vol.

Elles sont indiquées num. 2090 du Catalogue de M. Bernard.]

31011. ☞ Lettres de LOUIS XIV. aux Princes de l'Europe, à ses Généraux, ses Ministres, &c. recueillies par M. ROZE, Secrétaire du Cabinet ; avec des Remarques historiques par M. MORELLY : *Paris* & *Francfort*, 1755, *in-12.* 2 vol.

Elles s'étendent depuis 1661, à la mort du Cardinal Mazarin, jusqu'à la fin de 1678.

On peut voir à ce sujet l'*Année Littéraire*, *tom. V. pag.* 236. Il y en avoit un Manuscrit en 5 volumes *in-4.* num. 15861, du Catalogue du Maréchal d'Estrées, allant jusqu'en 1679, après la Paix de Nimègue.]

31012. ☞ Dépêche écrite par feu M. DE LOUVOIS à feu M. le Maréchal d'Humières, vers le premier de Février 1678.

Elle est imprimée dans le *Recueil* K. *in-12.* Il y est question des préparatifs pour le Siège de Gand. Ce Morceau est très-bien détaillé.]

31013. Mémoires de (François) DE BONREPOS, Ambassadeur du Roi auprès des Couronnes du Nord : *Amsterdam*, 1677, *in-12.*

31014. Mss. Négociations de la Paix de Nimègue : *in-fol.* 6 vol.

Ces Négociations [étoient] dans la Bibliothèque de M. Colbert, [& sont aujourd'hui dans celle du Roi.]

31015. Lettres & Négociations de (Godefroy) Comte D'ESTRADES, de (Charles) COLBERT, Marquis DE CROISSY, & de (Jean-Antoine de Mesme,) Comte D'AVAUX, Plénipotentiaires de France pour la Paix de Nimègue, pendant les Conférences, en 1676 & 1677 : *la Haye*, Moetjens, 1710, *in-12.* 3 vol.

== Mémoires pour la Paix de Nimègue, depuis l'an 1674 jusqu'en 1679.

Voyez ci-devant, aux *Traités de Paix*, [N.° 29185.]

31016. ☞ Motifs pour la Paix générale : *Liège*, 1678, *in-12.*]

31017. Mss. Journal de la Négociation de Nimègue, ou Extraits des Dépêches, depuis Janvier 1678 jusqu'en Juillet 1679 : *in-fol.* 2 vol.

Ce Journal [étoit] dans la Bibliothèque de M. Colbert de Croissy, Evêque de Montpellier, dont le père avoit été Plénipotentiaire & Ambassadeur pour cette Paix.

31018. ☞ Mss. Lettres & Négociations touchant la Paix de Nimègue, depuis 1676 jusqu'en 1679 : *in-fol.* 4 vol.

Ce Manuscrit est indiqué au num. 3101 du Catalogue de M. le Blanc.]

31019. Mémoires du Chevalier (Guillaume) TEMPLE, Plénipotentiaire de Charles II. Roi de la Grande-Bretagne : *la Haye*, Moetjens, 1706, *in-12.*

Ce Roi étoit Médiateur de la Paix. Selon Jacques Bernard, il faut lire ces Mémoires avec précaution & discernement.

☞ *Voyez* le *Journal de Leipsick*, 1693, *pag.* 32. = Lenglet, *Méth. hist. in-4. tom. III. pag.* 79, 422 : *tom. IV. pag.* 153. = Le P. Niceron, *tom. XIII. p.* 169. = *Hist. des Ouvr. des Sçav. Févr.* 1691. = *Bibliot. univ. & histor. tom. XXII. pag.* 323. = *Républ. des Lettres* de Bernard, *Octobre*, 1699, & *Nov.* 1700.]

31020. Lettres du Chevalier TEMPLE & autres Ministres d'Etat, publiées par Jonathan Swift : *la Haye*, 1693, 1709, *in-12.*

31021. Lettres du Comte D'ARLINGTON au Chevalier Temple : *Utrecht*, 1701, *in-12.*

Tome III.   P 2

31022. Histoire de la Négociation de la Paix de Nimègue, depuis l'an 1676 jusqu'en 1679; par le Sieur DE SAINT-DISDIER : *Paris*, Barbin, 1680; *Cologne*, 1680; *la Haye*, 1697, *in-12*. 2 vol.

Alexandre-Toussaint de Limojon, Sieur de Saint-Disdier, d'Avignon, étoit Secrétaire du Comte d'Avaux, pendant ses Ambassades. Il est mort en 1692.

La même Histoire, traduite en Anglois par D. Neusman; avec des Remarques sur les intérêts de l'Europe : *London*, 1680, *in-fol*.

31023. ☞ Histoire du Traité de Paix de Nimègue, suivie d'une Dissertation sur les Droits de Marie-Thérèse d'Autriche, Reine de France, & des Pièces Justificatives, (par Luc Denans DE COURCHETET :) *Amsterdam*, (*Paris*,) 1754, *in-12*. 2 vol.

Cette Histoire s'étend depuis 1667 ju qu'en 1679. « C'est une suite de l'Histoire des Négociations du » Traité des Pyrénées, que l'Auteur a aussi publiée » (ci-devant, N.º 30929.) Le Recueil de Pièces par le-» quel il finit celle-ci contient outre le Traité de Paix » général conclu à Nimègue, onze autres Traités de » Paix particulieres de Puissance à Puissance, & quelques » Articles séparés. On y laisse ignorer le caractère des » Négociateurs, leurs passions, leurs talens, la part que » chacun d'eux ont à la confiance de son Maître, & à la » consommation du Traité. La première Partie contient » le détail des Expéditions Militaires, qui ont influé sur » le Traité de Nimègue; la seconde, le détail des Né-» gociations entamées, suivies & terminées à Nimègue; » la troisième, de très-bonnes réflexions sur ces Négo-» ciations. Elles ont assuré à la France la possession de » la Franche-Comté, ainsi que des Villes de Valencien-» nes, Condé, Bouchain, Cambray, Aire, Saint-Omer, » Ypres, Varvick, Varneton, Poperingue, Bailleul, » Cassel, Menin, Bavay, Maubeuge, Charlemont & » Fribourg. L'Auteur ne cite point ses garants; mais il » assure qu'il a travaillé sur les Dépêches de nos Am-» bassadeurs, & qui lui ont été communiquées ». *Journal des Sçavans, du mois d'Octobre* 1754.

Voyez encore l'*Année Littéraire*, 1754, *tom*. IV. pag. 102. = *Mercure*, 1754, *Juin*. = *Mém. de Trévoux*, 1754, *Décembre*.]

31024. Templum Pacis & paciscentium Leges Imperii fundamentales & in primis Instrumenta Pacis Westphalicæ, Noviomagicæ & Armistitii Ratisbonensis, cum asteriscis seu auctuariis clarissimorum juris publici & privati, politicæ, prudentiæ & historiæ Scriptorum junctim proponens & exhibens; auctore D. G. *Francofurti*, 1688, *in-8*.

Jacques OTTON, Comte Palatin, Sénateur de la République d'Ulm, est l'Auteur de cet Ouvrage.

31025. Annotationes ad instrumenta Pacis Westphalicæ & Noviomagicæ loco Legum Imperii fundamentalium hactenùs à paciscentibus erecta & approbata : *Lipsiæ*, 1697, *in-8*.

Asverus FRITSCH est l'Auteur de ces courtes Remarques.

31026. Pacificatio Noviomagensis Cæsareo-Gallica antehac à nemine illustrata, cum Observationibus historico-politico-juridicis ex Actis publicis & diversorum Statuum Archivis adornata; in quibus ostenditur argu- mentum cujuscumque articuli, occasio controversiarum inter Belligerantes enixarum, ipsarum progressus, pacificationis tractatus, conclusa, quidve post Pacem promulgatam in quovis negocio actum, & in quo statu hodie sit positum; auctore Adamo CONTREIO.

Cet Ouvrage est imprimé tom. I. part. 1 & 2, de son Corps du Droit public de l'Empire : *Francofurti*, 1707, *in-fol*. La plus grande partie de cet Ouvrage est en Allemand.

31027. Ms. Rétablissement de la France dans son ancien éclat par les Traités de Paix de Munster, des Pyrénées, d'Aix-la-Chapelle & de Nimègue : *in-4*.

Cet Ecrit [étoit] conservé dans la Bibliothèque de M. le Comte de Pontchartrain.

31028. La France politique, ou ses desseins exécutés ou à exécuter sur le Plan des passés, projettés en pleine Paix contre l'Espagne, les Pays-Bas & ailleurs, tirés de ses Mémoires, Ambassades, Négociations & Traités : *Charleville*, 1678, *in-12*.

31029. Christianissimus Christianizandus, ou le Moyen de réduire la France à un état plus Chrétien pour le bien de l'Europe, (en François & en Allemand : 1678, *in-4*.

31030. ☞ Ms. Mémoires de M. DE LA CROIX, Secrétaire de l'Ambassade de Constantinople, du temps de M. de Nointel, (environ 1677 & 1678 :) *in-fol*. 2 vol.

Ils sont parmi les Manuscrits de M. Colbert, n. 5275 & 5276, [à la Bibliothèque du Roi.]

31031. Ms. Leteras originales escrittas & recevidas; por Don Juan Alonso DE LANZINA, desde el año 1676, hasta el año 1678 : *in-fol*.

Ces Lettres, qui concernent les révolutions de Messine, [étoient] dans la Bibliothèque de M. Baluze, num. 120, [& sont aujourd'hui dans celle du Roi.]

31032. ☞ Ms. Copie de plusieurs Lettres de l'Electeur de Trèves, à M. de Barbezieux, datée de l'an 1678.]

31033. ☞ Ms. Mémoire écrit par M. DE LOUVOIS à M. le Maréchal d'Humières, au sujet du Siége de Gand; de S. Germain-en-Laye, le 4 Février 1678.

Ces deux Articles sont dans la Bibliothèque de M. le Baron de Heiss, Capitaine au Régiment d'Alsace.]

31034. Ms. Relation de l'Etat de Messine & de ses derniers mouvemens, en 1679.

Instructions au Marquis de Villars allant Ambassadeur en Espagne, du 30 Avril 1679, avec l'Extrait de ses Dépêches, depuis le 22 Juin 1679.

Instruction au Sieur de Guilleragues allant Ambassadeur du Roi à Constantinople, du 10 de Juin 1679 : *in-fol*.

Ces Pièces sont conservées dans la Bibliothèque du Roi, entre les Manuscrits de M. Clément.

31035. Négociation de la Paix & Armistice

de Saint-Sauveur en Poitou, & sa mort; par François Racine DE VILLEGOMBLAIN.

Ce Voyage est imprimé à la fin du tom. II. des *Mémoires* de Villegomblain : *Paris*, 1688, *in*-12.

31964. ☞ Mémoires du Marquis DE LANGALLERY, Lieutenant-Général des Armées de France, & Général Feldt Maréchal Lieutenant au Civil de l'Empereur Charles VI. Histoire intéressante, où se trouvent un grand nombre d'Anecdotes qui concernent Madame de Maintenon, MM. de Catinat, de Vendôme, Victor-Amédée, Duc de Savoye, ensuite Roi de Sardaigne, le Prince Eugène, Auguste I. Roi de Pologne, la Porte-Ottomanne, & quantité d'autres peu connues; écrits par lui-même, dans sa prison à Vienne en Autriche : *la Haye*, 1743, *in*-12.

Le Marquis de Langallery naquit en 1656. Ses Mémoires commencent en 1674, & finissent à sa mort en 1717. Un nommé Mulher, son Valet de Chambre, y a ajouté les derniers momens de sa vie. C'est M. Gautier de Faget qui en est l'Editeur. On ne peut rien dire de plus que ce qui en est détaillé dans le titre, si ce n'est que l'Auteur fut un grand inconstant & un grand fanatique. Sur la fin de ses jours, il se donna toute la gloire de la levée du Siége de Turin, & il date de cette époque l'envie qu'il prétend que lui porta le Prince Eugène. Il dit aussi avoir été persécuté par Madame de Maintenon.]

31965. ☞ Manifeste de Philippe de Gentil, Marquis de Langallerie, ci-devant Lieutenant-Général des Armées du Roi, écrit par lui-même en 1706 : *Cologne*, 1707, *in*-4.]

31966. Le Tableau de l'Homme fort : Panégyrique sur la Vie & le Trépas de (Charles d'Andrault,) Comte de Langeron, Maréchal des Camps & Armées du Roi; par Jean D'ANJOU, Jésuite : *Paris & Nevers*, Fruré, 1645, *in*-4.

31967. ☞ L'Ordre funèbre triomphant, & Pompe pitoyable tenue à l'Enterrement de feu M. le Comte de Laval, Amiral de Bretagne, & Lieutenant de Roi, &c. *Angers*, Baudouin, 1531, *in*-4.]

31968. ☞ Eclogue sur la mort de l'admirable Laval : 1568, *in*-8.]

31969. Oraison funèbre de François (de Bonne de Créqui,) Duc de Lesdiguières, Pair de France, Gouverneur & Lieutenant-Général de Dauphiné; par Laurent-Barthelemi DE BRASSAC, Docteur en Théologie, Aumônier du Roi : *Grenoble*, 1677, *in*-12.

== Mémoires & Vie de Claude de Letouf, Baron de Sirot, Lieutenant-Général des Armées du Roi, jusqu'en 1650.

Voyez ci-devant, [Tome II. N.° 23052.]

31970. ☞ Lettre sur un Article des Mémoires du Père d'Avrigny, concernant le Baron de Sirot : *Année Littéraire*, 1758, com. V. pag. 285.]

Tome III.

31971. ☞ Vie de Messire Joachim de Lyonne, premier Ecuyer de la grande Ecurie du Roi, mort le 31 Mars 1716.

Voyez le *Journal de Verdun*, 1717, Mars.]

31972. Eloge d'Ambroise de Loré, Seigneur d'Ivri, Manceau.

Cet Officier signala son courage par plusieurs beaux Exploits qu'il fit contre les Anglois, sous le Règne de Charles VII. Son Eloge est imprimé avec les *Portraits des Hommes illustres de la Province du Maine : au Mans*, 1666, *in*-4.

== ☞ Discours funèbre de François de Lorraine, Prince de Joinville.

Voyez ci-après, [N.° 31985.]

31973. ☞ Le Portrait de la félicité de très-illustre, très-haut & très-puissant Prince, Monseigneur Nicolas de Lorraine, Prince du Saint-Empire, Duc de Mercœur, &c. déduit par deux bandes de Nymphes, l'une de Meuse, l'autre de Velle; par N.G.D.V.R. *Reims*, 1574.

Le Poëte s'adressant aux Nymphes de la Meuse & de la Velle, les invite à chanter les vertus & les belles qualités de ce Prince & de sa famille : elles s'y prêtent de bon cœur. Celles de la Meuse en font un grand étalage, & celles de la Velle chantent les perfections de la Princesse son Epouse. Il n'y a d'historique dans cette Pièce que le détail de la Famille.]

31974. ☞ Discours contenant les dernières paroles de M. le Chevalier de Lorraine, à l'agonie; par S.D.M. d'Orléans : *Paris*, Champenois, 1614, *in*-8.

C'est François-Alexandre Paris, fils posthume de Henri I. de Lorraine, Duc de Guise : il étoit Lieutenant-Général en Provence, & il fut tué d'un éclat de canon au Château de Baux, le 1 Juin 1614.]

31975. ☞ Lettre de consolation à MM. de Guise, sur la mort de feu M. le Chevalier; par D. P. (DU PESCHIER :) *Paris*, Brunet, 1614, *in*-8.]

31976. ☞ Lettre de consolation à Madame la Duchesse Douairière de Guise, sur la mort du même Chevalier son fils; par le Sieur PELLETIER : *Paris*, Huby, 1614, *in*-8.]

31977. ☞ Consolation à Madame la Princesse de Conti, sur la mort du même Chevalier son frère; par Nicolas COEFFETEAU : *Paris*, Cramoisy, 1614, *in*-8.]

31978. ☞ Lettre de consolation à la même Princesse, sur le même sujet; par François DE MALHERBE : *Paris*, de Bray, 1614, *in*-8.]

31979. ☞ Lettre consolatoire à la même Princesse; par Cl. BIET : *Paris*, Marette, 1614, *in*-8.]

31980. ☞ Le Tombeau de feu M. le Chevalier de Guise; par le Sieur DU PESCHIER : *Paris*, Brunet, 1614, *in*-8.]

31981. ☞ Prosopopée de la Ville de Paris, qui s'offre pour le Tombeau de M. le Chevalier de Guise, en Vers; par N. D. B. (Nicolas DE BOURBON:) *Paris*, Champenois, 1614, *in*-8.]

31982. ☞ Les Regrets du Trépas du même François-Al. Paris de Lorraine, Chevalier de Guise, mort à Baux le 1 Juin 1614; par P. DU BLANC, Aumônier du Roi : *Paris*, Chevalier, *in*-8.]

31983. ☞ Oraison funèbre aux Obsèques de très-haut & très-illustre Prince Monseigneur François-Al. Paris de Lorraine de Guise, Chevalier de S. Jean de Jérusalem, &c. prononcée en l'Eglise Métropolitaine de la Ville d'Arles, le 14 Septembre 1614; par Fr. DE CLARET, Archidiacre de ladite Eglise : *Avignon*, 1614, *in*-4.]

31984. ☞ Harangue faite au Parlement de Provence le 28 Octobre 1616, pour la présentation des Lettres de survivance au Gouvernement dudit Pays, pour Messire François de Lorraine, Prince de Joinville; par Scipion DU PEIRIER, Avocat audit Parlement : *Paris*, 1616, *in*-12.

Ce Prince de Joinville, qui étoit né en 1612, est mort à Florence en 1639, sans avoir été marié.]

31985. ☞ Discours funèbre sur la mort de François de Lorraine, Prince de Joinville; par le Père JOSEPH de Morlaix, Capucin: *Paris*, Thierry, 1640, *in*-4.]

31986. ☞ Mf. La Déploration du Trépas de Loys de Luxembourg : *in fol.*

Ce Manuscrit est conservé dans la Bibliothèque du Roi, num. 7665. Ce Seigneur étoit fils du Connétable Louis de Luxembourg, décapité à Paris en 1475.]

31987. Brief Discours de la vie & de la mort de Charles & Sébastien de Luxembourg, frères, Comtes de Martigues, Gouverneurs de Bretagne; & des Guerres où ils se sont trouvés; recueilli des Mémoires de Hugues GASSION, leur Domestique : *Nantes*, des Marests, 1590, *in*-4.

Charles fut tué en 1553, & Sébastien mourut en 1569.

31988. ☞ Chant funèbre sur la Mort & Trépas de très-haut & illustre Seigneur, M. Sébastien de Luxembourg, Comte de Martigues, Gouverneur, &c. par François DE BELLEFOREST, Commingeois : *Paris*, Hulpeau, 1569, *in*-8.]

31989. Discours de la vie & mort du Sieur Mandelot, Gouverneur de Lyon : *Lyon*, Pillehotte, 1588, *in*-8.

31990. Mf. Vie & Eloge de Claude de Marolles, Capitaine des Cent-Suisses de la Garde du Roi, sous Henri IV. avec une ample Généalogie de sa Famille & de ses Alliances; par Michel DE MAROLLES, son fils, Abbé de Villeloin.

L'Auteur dit qu'il composa cette Vie l'an 1634. C'est à la *pag.* 5 du Catalogue de ses Ouvrages, qui se trouve à la fin du tom. II. de sa Version de l'Enéïde, en Vers François.

31991. Il Comte Francesco Martinengo, nelle Guerre della Provenza, e in altre attioni militari; dal Antonio LUPIS : *in Bergamo*, 1668, *in*-4.

31992. Discours funèbre sur la mort d'Odet de Matignon, Lieutenant-Général pour le Roi en sa Province de Normandie; par Nicolas LE ROY, Curé de Barneville : *Paris*, du Pré, 1596, *in*-8.

31993. Eloge de Henri de Matignon, Chevalier, Comte de Torigny, Lieutenant-Général de la Basse-Normandie; par Agneau DE PRÉFONTAINE, Lieutenant Général & Particulier de Marine : 1658, *in*-8.

Henri de Matignon est mort en 1682.

31994. Mf. Abrégé des Gestes de Louis de Brezé, Comte de Maulevrier, Grand-Sénéchal de Normandie : *in fol.*

Cet Abrégé est conservé dans la Bibliothèque du Roi, entre les Manuscrits de M. Bigot, num. 212.

31995. Oraison funèbre de Philippe-Emmanuel de Lorraine, Duc de Mercœur, Pair de France, Gouverneur de Bretagne, [prononcée à Notre-Dame de Paris le 27 Avril 1602;] par (Saint) François DE SALES, [Coadjuteur & ensuite Evêque de Genève:] *Paris*, Thierry, 1612, *in*-8.

Ce Saint est mort en 1622, & le Duc de Mercœur [le 19 Février 1602.]

31996. Elogium ejusdem ; auctore Papirio MASSONO.

Cet Eloge est imprimé tom. I. *pag.* 450, du Recueil des *Eloges* du même Auteur, publié par Jean Balesdens : [*Parisiis*, 1638, *in*-8]

31997. Vie du même; par G.G.D.M. Protonotaire Apostolique : *Cologne*, 1689, 1691, *in*-12.

Cette Vie est écrite d'un mauvais style.

☞ Elle est attribuée au Sieur Brulé DE MONTPLAINCHANT. On trouve à la fin l'Oraison funèbre du Duc de Mercœur, par S. François de Sales.

Le Duc de Mercœur naquit le 9 Septembre 1558, de Nicolas de Lorraine & de Jeanne de Savoye la seconde femme. L'Auteur de cette Vie montre son Héros sous deux points de vue : le premier, dans ce qu'il fit en France ; le second, dans ce qu'il fit en Hongrie contre les Turcs. Elle est divisée en cinq Livres. Les deux premiers, qui regardent l'Histoire de France, sont intéressans par les fréquens Portraits que l'Auteur y fait de différentes personnes ; par les Descriptions des Pays, Provinces & Villes dont il parle ; par les Généalogies des Princes & autres Seigneurs qui ont quelque liaison avec son Histoire.]

== ☞ Mémoires Militaires du Sieur DE MERGEY, &c. depuis 1554 jusqu'en 1613.

Ils sont imprimés à la fin des *Mélanges* de Nicolas Camusat; & on les a déja indiqués ci-devant, Tome II. N.° 18216.]

31998. ☞ Mf. Eloge de M. le Marquis du Mesnil, Lieutenant-Général des Armées du Roi, mort le 1 Mars 1764; par M. DE

GRANDFONTAINE, Secrétaire de l'Académie de Besançon.

Il est conservé dans les Registres de cette Académie. Il y a plusieurs choses curieuses pour l'Histoire des dernieres Guerres, & des Négociations avec le Roi de Prusse.]

31999. Eloge de Claude Berbier du Metz, Lieutenant-Général des Armées du Roi, (mort en 1690;) par Charles PERRAULT, de l'Académie Françoise.

Cet Eloge est imprimé *pag.* 41 du tom. II. de ses *Hommes illustres* : *Paris*, 1701, *in-fol.*

32000. Eloge funèbre du Comte de Montal, Lieutenant-Général des Armées du Roi, Gouverneur de Charleroi; par LE CLERC, Prêtre: *Paris*, Lambin, 1699, *in-4.*

32001. Oraison funèbre de Charles de Sainte-Maure, Duc de Montausier, Gouverneur de Normandie ; par (Laurent) JUILLARD DU JARRY : *Paris*, 1690, *in-4.*

32002. * Autre, prononcée dans l'Eglise des Carmélites du Fauxbourg S. Jacques, le 11 Août 1690; par Esprit FLÉCHIER, nommé à l'Evêché de Nîmes.

32003. * Autre ; par Elie COURAND, Jacobin: *Angoulesme*, 1690, *in-4.*

32004. * Autre, prononcée à Paris, en l'Eglise de S. Germain de l'Auxerrois, le 19 Août 1590; par Antoine ANSELME, Abbé de S. Sever : *Paris*, 1690, *in-4.*

32005. ☞ Tumulus ejusdem, à Petro DANETIO : *in-4.*]

32006. ☞ Vie de M. (Charles de Sainte-Maure,) Duc de Montausier, Pair de France, Gouverneur de Monseigneur le Dauphin, écrite sur les Mémoires de Madame la Duchesse d'Uzès sa fille ; par N *** (Nicolas PETIT, Jésuite:) *Paris*, 1729, 2 tom. en 1 vol. *in-12.*

On trouve à la fin, la Guirlande de Julie, pour Madenoiselle de Rambouillet, Julie-Lucine d'Angennes, depuis Duchesse de Montausier.

M. de Montausier naquit en 1610, & est mort en 1690. Sa Vie sert à l'Histoire depuis 1628 jusqu'en 1690 : elle est bien écrite. L'Auteur l'a divisée en deux Parties. La première contient les actions de ce grand homme, jusqu'au choix qui en fit le Roi pour être Gouverneur de Monseigneur le Dauphin, aïeul de Louis XV. La seconde renferme tout ce qui se passa dans cet important Emploi, jusqu'à sa mort. M. de Montausier étoit second fils de Léon de Sainte-Maure, Baron de Montausier, & de Marguerite de Châteaubriant ; l'une & l'autre Maisons illustres de Bretagne & de Touraine. Au reste, cette Vie sent beaucoup le Panégyrique, & paroît une réfutation indirecte de ce que la malignité avoit inspiré contre la conduite de M. le Duc de Montausier.]

32007. Vie de Charles du Puy, Seigneur de Montbrun ; par Guy ALLARD.

Ce Chef des Rébelles, dans le Dauphiné, fut décapité en 1575. Sa Vie est imprimée dans le volume des trois *Illustres de Dauphiné* : *Grenoble*, 1675, *in-12.*

32008. Discours sur la mort & exécution de

Officiers de Guerre. 179

Gabriel de Lorge , Comte de Montgommery, par Arrêt de la Cour, pour la conspiration par lui commise : *Paris*, Buffet, 1574, *in-8.*

Le Comte de Montgommery, qui avoit blessé mortellement [à la tête] le Roi Henri II. dans un [Tournois, en 1559,] fut dans la suite décapité pour crime de Rébellion, en 1574.]

32009. ☞ Tumulus Gabrielis Mongommerii ; auctore Leodegario A QUERCU (du Chesne,) Professore Regio: *Parisiis*, Buon, 1574, *in-4.*]

32010. ☞ Eloge historique de M. le Marquis de Montcalm. *Mercure*, 1760, Janvier, *pag.* 203.

Cet Officier est mort après avoir vaillamment combattu contre les Anglois, au Canada, dans la dernière Guerre.]

32011. ☞ Epitaphe de M. de Montcalm. *Mercure*, 1761, Juillet, *pag.* 1-12.

L'Article qui porte ce titre renferme, 1.º une Lettre écrite par M. de Bougainville le jeune, Colonel d'Infanterie, à l'Académie des Inscriptions & Belles-Lettres de Paris, pour lui demander une Inscription qui pût être placée à Québec sur la Tombe de M. de Montcalm ; 2.º l'Epitaphe composée par cette illustre Compagnie ; 3.º une autre Lettre de M. de Bougainville à M. Pitt, Ministre Anglois, en lui envoyant ce Monument ; 4.º enfin, la Réponse de ce Ministre, qui approuve l'Epitaphe, & envoye l'agrément du Roi d'Angleterre pour la placer.]

32012. ☞ Vie de Simon, Comte de Montfort, Général des Armées de France, (contre les Albigeois,) sous le Règne de Philippe-Auguste ; par M. D'AUVIGNY.

Dans ses *Vies des Hommes illustres de France*, t. VII. *pag.* 104. Simon de Montfort est mort en 1207.]

32013. ☞ Eloge historique de M. le Marquis de Montmirail, (Charles-François César le Tellier,) Brigadier des Armées du Roi, &c. Honoraire de l'Académie des Sciences de Paris ; par M. Jacques-Philibert Roussselot DE SURGY, Censeur Royal.

A la tête du tom. X. des *Mélanges curieux & intéressans* : *Paris*, Lacombe, 1766. M. de Montmirail est mort le 13 Décembre 1764, âgé de 30 ans. *Voyez* le Journ. des Sçav. 1767, Juillet.]

32014. ☞ Mss. Eloge de M. le Marquis de Montrichard, Membre de l'Académie de Besançon, mort en 1768 ; par M. DROZ, Conseiller au Parlement de Besançon, & Secrétaire perpétuel de ladite Académie.

Il est conservé dans les Registres de cette Académie.]

32015. De Obitu Guillelmi Montismorentii, Domini Franciæ, Proto-Baronis ; Martini THEODORICI, Bellovacensis, Somnium : *in-8.*

Guillaume de Montmotency est mort en 1531.

32016. Oraison funèbre du Chevalier de Montrevel, commandant le Régiment de Cavalerie de la Reine ; par Gaspard VIALIER, Docteur en Théologie : *Bourg-en-Bresse*, 1658, *in-4.*

32017. ☞ Le Royal Mausolée, ou Recueil des Epitaphes faites en l'honneur de Jean Morel, Gouverneur de Henri d'Angoulême, Grand-Prieur de France, (& père de la fameuse Camille Morel;) par Jean MARQUIS : *in-4*.

Jean Marquis étoit né à Coindrieu. Sa Famille étoit originaire de Vienne en Dauphiné, & y étoit en réputation dès l'an 1290. Il étoit Principal du Collége d'Autun à Paris en 1583. Il exerça la Médecine à Lyon, & ensuite à Vienne, où il mourut le 4 Mai 1625, âgé de 72 ans. C'est lui qui a continué la Chronologie de Génébrard jusqu'en 1609.]

32018. ☞ Oraison funèbre de M. le Duc de Mortemar ; par M. MURET : *Marseille*, 1688, *in-4*.]

32019. ☞ Oraison funèbre du Marquis de Navailles, Brigadier de l'Armée du Roi en Catalogne ; par René HODELER, Cordelier : *Nyort*, Faultré, 1679, *in-4*.

Ce jeune Seigneur, aussi recommandable par ses grands talens que par ses rares vertus & son éminente piété, est mort cette même année 1679, au Château de Nyort, à l'âge de 23 ans. Il étoit fils unique du Maréchal de Navailles, (Philippe de Montault,) mort en 1684.]

32020. Eloge de Jacques de Savoye, Duc de Nemours & de Génevois, Capitaine de cent Hommes d'Armes d'Ordonnance de France, Gouverneur du Lyonnois, &c. par Pierre de Bourdeille, Seigneur DE BRANTOSME.

Jacques de Savoye, Duc de Nemours, est mort en 1585. Son Eloge est imprimé *pag*. 1 du tom. III. des *Capitaines François* : *Leyde*, 1666, *in-12*.

32021. Vie du même ; par Samuel GUICHENON.

32022. Vie de Charles-Emmanuel de Savoye, Duc de Nemours & de Génevois, Gouverneur du Lyonnois, &c. par le même.

Ces deux Vies sont imprimées *pag*. 1055 & 1061, de son *Histoire généalogique de la Maison Royale de Savoye* : *Lyon*, 1660. Ce dernier Duc de Nemours, fils du précédent, est mort en 1595.

32023. ☞ Oraison funèbre de Monseigneur Charles de Savoye, Duc de Nemours ; par Jacques MICHALAN, son Aumônier & Confesseur : *Lyon*, 1602, *in-12*.]

32024. ☞ Panégyrique funèbre de Louis de Savoye, Duc de Nemours ; prononcé à Nemours, par M. l'Abbé HEDELIN : *Paris*, 1641, *in-4*.]

32025. Oraison funèbre de Louis de Gonzague, Duc de Nivernois & de Rhetelois, Gouverneur ès Pays de Brie & de Champagne ; par Arnaud SORBIN, Evêque d'Evreux, *Paris*, Chaudière, 1596, *in-8*.

Le Duc de Nevers est mort en 1595.

32026. Vita de Lodoico Gonzaga, Duca di Nevers, & del'Eleonora, Duchezza di Mantoua : scritta da Antonio POSSEVINO, Giesuita.

Cette Vie est imprimée dans le volume que cet Auteur a intitulé : *Il Soldato Christiano* : *in Mantoua*, 1604, *in-4*.

32027. Oraison funèbre de François de Gonzague de Clèves, Duc de Rhetelois & de Mayenne, Gouverneur & Lieutenant-Général du Nivernois, (mort en 1622;) par François RAPINE, Bénédictin : *Nevers*, 1622, *in-12*.

32028. ☞ Discours funèbre fait aux Obsèques de M. le Duc de Rhetelois ; par Denys LATRECEY : *Troyes*, Chevillot, 1613, *in-8*.]

32029. ★ Panégyrique funèbre de Charles de Gonzague de Clèves I. du nom, Duc de Mantoue, de Nevers & de Rhetel, (mort en 1637;) par M. DU CHESNE, Professeur en Théologie : *Paris*, Targa, 1638, *in-4*.]

32030. ☞ Observations sur Guillaume de Nogaret ; par Dom VAISSETE.

C'est le sujet de la Note XI. du *tom. IV.* de l'*Histoire générale du Languedoc* : *in-fol*.]

== Vie de François de la Noue ; par Moïse AMYRAULT.

Voyez ci-devant, [Tome II. N.° 19330.]

32031. Discours de la vie & de la mort de François Marquis d'O, Gouverneur de Paris & de l'Isle de France ; par DU JON : *Paris*, 1594, *in-8*.

32032. ☞ Vie du même ; par M. D'AUVIGNY.

Dans ses *Vies des Hommes illustres de France*, *tom.II. pag*. 436.]

32033. ☞ Abrégé de la Vie de M. d'Origny.

On le trouve dans la Préface de l'Ouvrage de M. d'Origny, son père, intitulé : *Egypte ancienne* : *Paris*, 1762, *in-12*. 2 vol.]

32034. Abrégé de la Vie de François, Comte de Pagan.

Cet Abrégé est imprimé au-devant de son *Traité des Fortifications* : *Paris*, 1680, *in-12*. Cet habile Ingénieur est mort en 1665.

32035. Eloge historique du même ; par Charles PERRAULT, de l'Académie Françoise.

Cet Eloge est imprimé *pag*. 27 du tom. II. de ses *Hommes illustres* : *Paris*, 1701, *in-fol*.

32036. ☞ Vie de Raymond de Pavie, Baron de Forquevals (ou Fourquevaux,) mort Gouverneur de Narbonne en 1574; par François DE FORQUEVALS, son fils.

Elle se trouve parmi les *Vies de plusieurs grands Capitaines François*, qu'il a données au Public : *Paris*, 1643, *in-4*.]

32037. ☞ Eloge historique du même ; par M. l'Abbé Jacques DESTRÉES.

Il est imprimé au second Registre de l'*Armorial général* de M. d'Hozier, Article *Beccarie de Pavie de Fourquevaux*, *pag*. 7.]

== Mémoires du Sieur de Pontis, Officier des Armées du Roi, jusqu'en 1652.

Voyez ci-devant, [Tome II. N.° 23738.]

32038. Mémoires de Jacques de Chastenet, Seigneur DE PUYSEGUR, Lieutenant-Général des Armées du Roi, contenant ce qui s'est passé depuis l'an 1617 jusqu'en 1658, avec les Instructions militaires du même ; donnés au public par François du Chesne, Historiographe du Roi : *Paris,* Morel, 1690, [*Amsterdam,* 1690,] *in-12.* 2 vol.

☞ Les mêmes : *Paris,* Jombert, 1747, *in-8.* 2 vol.]

Ces Mémoires semblent avoir été composés plus pour tracer un portrait de Puysegur, que pour faire l'Histoire d'une partie du siècle courant. Ils sont cependant curieux & bien écrits. L'Auteur y rapporte ce qu'il a fait ou vu dans les Guerres où il s'est trouvé. Il est d'autant plus croyable, que sa franchise, à ce qu'il dit, l'a empêché de parvenir au faîte des honneurs.

☞ *Voyez* la *Méth. hist. in-4.* de Lenglet, *tom. IV.* pag. 147, 166. = *Journ. des Sçav.* Juin, 1690. = *Bibl. univ. & hist. tom. XVII.* pag. 547. = Le Gendre, *tom. II.* pag. 56. = *Journ. de Leips.* 1691, pag. 479.]

32039. Eloge historique d'Abraham du Quesne, Lieutenant-Général des Armées du Roi ; par Charles PERRAULT, de l'Académie Françoise.

Cet Eloge de M. du Quesne, mort en 1688, est imprimé pag. 88 du tom. II. de ses *Hommes illustres* : *Paris,* 1701, *in-fol.*

32040. ☞ Autre Eloge. *Journal des Sçavans,* 1722, Décembre, & 1723, Avril.]

32041. ☞ Eloge du même ; par M. Pierre MARQUEZ, Professeur d'Eloquence au Collège Royal de Toulouse : 1761, *in-8.*]

32042. ☞ Eloge historique du même ; par M. Charles Dagues DE CLAIRFONTAINE, de l'Académie Royale d'Angers. *Mercure,* 1763, Janvier.]

32043. Lettres (de César Phœbus) D'ALBERT, Maréchal de France, sur la mort du Marquis de Rabat : *Bourdeaux,* 1672, *in-12.*

Ce Maréchal de France est mort en 1678.

32044. Tableau de la vie & de la mort de Charles de Rambures, Comte de Courtenay, Maréchal des Camps & Armées du Roi ; par Robert DE SAINT-GILLES, de l'Ordre des Minimes : *Abbeville,* 1671, *in-4.*

32045. ☞ Mémoires du Chevalier DE RAVANNE, Page du Duc d'Orléans, & Mousquetaire : *Liége,* 1740 & 1741, *in-12.* 2 vol. *Londres,* 1751, 3 tomes en 2 vol. *in-12.*

Ces Mémoires peuvent servir à l'Histoire de M. le Régent & de la Régence. Cependant ils ont tout l'air d'un Roman, & le sont en effet. Peut-être que l'Auteur, qui se dit avoir été ami de l'Abbé Prevost, sur lequel il débite quelques anecdotes vers la fin de ses Mémoires, qu'il dit avoir travaillé sous lui, en avoir emprunté ce goût de Romans. Outre les Avantures particulières, on y trouve plusieurs détails sur les Amours du Duc d'Orléans jusqu'à sa Régence. L'Auteur se donne comme initié à ses mystères, & l'un de ceux que ce Prince admettoit à ses parties nocturnes. Il fait un tableau affreux des mœurs & du caractère de l'Abbé Dubois ; mais peut-on tabler sur le témoignage d'un homme qui paroit n'écrire que pour avoir du pain ?]

32046. ☞ Eloge historique de Bernard Renau ; par M. DE FONTENELLE, Secrétaire de l'Académie Royale des Sciences.

Dans l'*Histoire* de cette Académie, année 1719, pag. 101, & dans les *Œuvres* de Fontenelle.]

32047. ☞ Lettres choisies de M. (Henri-François, Comte) DE LA RIVIÈRE, gendre de M. le Comte de Bussy-Rabutin, avec un Abrégé de sa vie & la Relation du Procès qu'il a eu avec son Epouse & son Beau-père ; (donnés par M. Jean-Bernard MICHAULT, Avocat à Dijon :) *Paris,* 1751, Debure, 2 tomes en 1 vol. *in-12.*]

M. de la Rivière est mort âgé de 94 ans, en 1783, à Paris, dans la Maison de l'Institution de l'Oratoire, où il s'étoit retiré. Ses Lettres contiennent plusieurs Anecdotes Littéraires, & bien des faits personnels. Ce qu'on y trouve sur l'Auteur & sur son Procès avec M. de Bussy-Rabutin, au sujet de son Mariage avec Madame de Coligny, est fort curieux. Les traits qu'il rapporte sont frappans, quoiqu'un peu trempés dans le fiel.]

32048. ☞ Lettres de M. DE LA RIVIERE à M. l'Abbé de Saint-Vivant, au R. P. Dom Basile Dattois, Vicaire de la Chartreuse de Paris ; à M. l'Abbé Papillon, & autres : *in-4.*

Ces Lettres, en original, sont conservées à Dijon, dans la Bibliothèque de M. Fevret de Fontette. Elles s'étendent de 1717 à 1737. Une partie a été imprimée dans le Recueil précédent ; l'autre n'a pas été donnée au Public.]

32049. ☞ Ordre tenu par le Sieur Pelisson, en la conduite du Corps de défunt Monseigneur le Duc de Rohan, depuis Kunigfeld jusqu'à Genève, & les Cérémonies observées au Dépôt dudit Corps : *Paris,* 1638, *in-12.*]

32050. Oratio quâ Henrico Duci Rohannico, Franciæ Pari, parentatum fuit ; auctore Theodoro TRONCHIN : *Genevæ,* 1638, *in-4.*

La même Oraison, traduite en François : *Genève,* 1638, *in-4.*

Le Duc de Rohan est mort en 1638, & Tronchin en 1657.

== Histoire de Henri, Duc de Rohan ; par FAUVELET DU TOC.

Voyez ci-devant, [Tome II. N.° 21943.]

☞ On peut voir encore, pour la Vie du Duc de Rohan, ses Mémoires ; = la Préface qui est à la tête de son *Parfait Capitaine,* = celle des Mémoires des Guerres de la Valteline, donnés par M. de Zurlauben en 1758.]

32051. ☞ Histoire de Tancrède de Rohan, avec quelques autres Pièces, &c. *Liége,* 1767, *in-12.*

Tancrède étoit né le 18 Décembre 1630, & il est mort le 1 Février 1649, réputé fils de Henri, Duc de Rohan.]

32052. ☞ Le Prince infortuné, ou l'His-

:toire du Chevalier de Rohan, (décapité en 1674;) où l'on trouve diverses particularités de la Cour & des Affaires de ce temps-là ; (par Gatien Sandras DE COURTILS:) *Amsterdam*, (*Rouen*,) 1713, *in*-12.

On sçait assez que les Histoires de ce trop fertile Auteur, sont des Romans.]

32053. Histoire du Marquis de Saint-André Montbrun, Capitaine général des Armées du Roi, & Général des Armées de Terre de la République de Venise, (mort en 1673 :) *Paris*, Barbin, 1698, *in*-12.

Le Privilège accordé pour l'impression de cette Histoire, désigne l'Auteur par ces lettres J. M. qu'on dit se nommer MARESCHAL.

☞ Le véritable Auteur de cette Histoire est l'Abbé Joseph MERVESIN, d'Apt, Auteur de l'*Histoire de la Poësie Françoise*.]

32054. * Oraison funèbre de Jean, Comte de Saint-Aoust, Maréchal des Camps & Armées du Roi, & Lieutenant Général en la Province de Berry; par Hyacinthe CHAPIGNON, Jacobin : *Bourges*, 1658, *in*-4.

32055. * Harangue funèbre sur la mort de M. Georges de Saint-Belin, Chevalier de l'Ordre du Roi, Seigneur de Bielles, Mandres, &c. par Thomas LE PAIGE, Jacobin: Saint-Nicolas, François, 1629, *in*-12.]

32056. ☞ Eloge funèbre de haut & puissant Seigneur, Messire J. A. Mitte de Chevrières, Marquis de Saint-Chamond; par le P. ARCHANGE de Lyon, Capucin : *Lyon*, 1586, *in*-4.]

32057. Les dernières paroles de M. de Saint-Chamond, décédé en 1649; avec un fidéle Récit des belles actions de sa Vie ; par DE FIGUIERE : *Paris*, Besoigne, 1649, *in*-4.

Melchior Mitte de Chevrières , Comte de Saint-Chamond, est mort Général des Armées du Roi, & son Ministre d'Etat.

32058. Mémoires de la Vie de Charles de Saint-Denys, Sieur de Saint-Evremont, Maréchal des Camps & Armées du Roi, avant sa retraite ; contenant diverses avantures, qui peuvent servir d'instruction à ceux qui vivent dans le grand monde : *Paris*, 1696, *in*-12. 2 vol.

M. de Saint-Evremont s'étoit retiré dès l'an 1661 en Hollande, & ensuite en Angleterre, où il est mort en 1703.

32059. Vie du même; par [Pierre] DES MAISEAUX : *Amsterdam*, 1-11, [1739] *in*-12.

☞ L'Auteur est mort à Londres en 1745.]

Cette Vie est [aussi] imprimée au-devant des *Œuvres* de Saint-Evremont : *Cologne*, (*Utrecht*) 1708 : *Amsterdam*, 1709, *in*-12. 1711, *in*-4. Et la même retouchée en plusieurs endroits par l'Auteur, est à la tête de ses *Œuvres* : *Londres*, (*Paris*,) 1711, [& *Amsterdam*, 1726,] *in*-12.

☞ Cette Vie est étendue & pleine de choses curieuses & intéressantes. Il y en a encore deux Editions. La première : *Londres*, 1705 ; & l'autre : *Amsterdam*, 1706. Mais celle de 1726 est la plus exacte, ayant été retouchée par l'Auteur en plusieurs endroits.]

32060. ☞ Histoire de la Vie & des Ouvrages de M. de Saint-Evremont; par le P. Jean-Pierre NICERON.

Dans ses *Mémoires*, &c. tom. VII. pag. 157.]

32061. ☞ Histoire du Marquis de Saint-Mégrin; par M. l'Abbé Jacques DESTRÉES: *Paris*, 1752, *in*-12.]

32062. ☞ Récit véritable de tout ce qui s'est passé depuis que le Sieur (François de Jussac) de Saint-Preuil, (Maréchal des Camps & Armées du Roi, Gouverneur d'Arras) fut arrêté, jusqu'à sa mort (en 1641.)

Cette Relation se trouve parmi les Pièces qui sont à la fin du Journal de M. le Cardinal de Richelieu : 1665, *in*-12. 2 vol.]

32063. Histoire plaisante & chronique du petit Jean de Saintré, & de la jeune Dame des belles Cousines, sans autres noms nommer ; avec un extrait des Chroniques de Flandres ; (par Ant. DE LA SALLE :) *Paris*, 1513, *in*-fol. Ibid. le Noir, [1523] *in*-4. Ibid. Trepperel, 1528, *in*-8. Ibid. Bonfons, 1553, *in*-4.

☞ Les mêmes, avec des Notes ; par M. GUEULLETTE : *Paris*, Morel, 1724, *in*-12. 3 vol.]

Jean de Saintré a été Page du Roi Jean, depuis Sénéchal d'Anjou & du Maine. La jeune Dame s'appelloit Jeanne d'Evreux, fille de Charles le Mauvais, Roi de Navarre, femme de Jean V. Comte de Montfort, Duc de Bretagne, & puis de Henri IV. Roi d'Angleterre. Antoine de la Salle, Secrétaire du Duc de Calabre & de Lorraine , & de René, Roi de Sicile, écrivoit ce Livre en 1459, à Geneppe, en Brabant, environ cent ans après les choses dont il parle. Chorrier & Allard attribuent cet Ouvrage à Claude de Ponnat, qui étoit Chanoine de Gap en 1520. Ce qui ne peut convenir avec la date de la composition de cet Ouvrage. De la Salle est nommé Acteur à la fin de ce Volume , qui est partie Histoire , partie Roman. L'Auteur n'y a pas même gardé toute la vraisemblance ; car il fait trouver à un Tournois, dont il fait le récit, des Seigneurs qui étoient morts cent ans auparavant. Ce Livre (étoit avant la nouvelle impression] rare & recherché, quoiqu'il ne contienne de curieux que des Blazons & des Noms de quelques Seigneurs de ce temps-là.

☞ *Voyez* le Journal des Sçavans, 1724, Juillet: = *Ducatiana*, pag. 34.]

32064. ☞ La Vie d'Estienne I. Comte de Sancerre ; avec des Eclaircissemens sur un Acte nécessaire à la preuve des faits ; par M. LEVÊQUE DE LA RAVALIERE. *Mém. de l'Académ. des Inscript. & Belles-Lettres, tom. XXVI.* pag. 680.]

32065. ☞ Vie du Comte Louis de Sales, frère de S. François de Sales ; par le Père Claude BUFFIER : *Paris*, 1708, 1737, *in*-12.

La même, traduite en Italien ; par le Marquis Jean-Joseph ORSI : *Bologne*, 1711, 1713; *Padoue*, 1720, *in*-4.]

32066. Discours sur la mort de (François d'Agoult,) Comte de Saulx; par Estienne

Officiers de Guerre. 183

VALENCIER, son Secrétaire : *Paris*, 1568, in-8.

== ☞ Pièces sur les Marquis de Senecey, (Beaufremont.)

Voyez ci-devant, N.° 31860 & *suiv.*]

32067. Abrégé de la Vie de Maurice Eugène de Savoye, Comte de Soissons, Duc de Calabre, Général des Suisses & des Grisons en France, Gouverneur de Champagne & de Brie, Lieutenant-Général des Armées du Roi ; par le S. DE M. *Paris*, Girard, 1680, [1677] *in-12.*

Le Comte de Soissons, de la Maison de Savoye, est mort en 1673. Le Privilège accordé pour l'impression de cette Vie, nomme l'Auteur DE MONTFALCON, Secrétaire de ce Comte.

32068. Eloge historique de Jacques Solleysel, Ecuyer du Roi dans la grande Ecurie; par Charles PERRAULT, de l'Académie Françoise.

Cet Eloge de Solleysel, mort en 1680, est imprimé *pag.* 46 du tom. II. des *Hommes illustres* : *Paris*, 1701, *in-fol.*

32069. ☞ Eloge de Louis (Rabuit) Comte de Souches, (né à la Rochelle en 1608, & mort en 1682.)

Il se trouve au tom. II. de l'*Histoire de la Rochelle*, de M. Arcère, *pag.* 390 & 445.]

32070. ☞ Mſ. Eloge historique de M. le Duc de Tallard, Gouverneur de Franche-Comté, Fondateur & Protecteur de l'Académie de Besançon ; par feu M. le Baron DE COURBOUZON, Président du Parlement, & Secrétaire perpétuel de l'Académie de Besançon.

Dans les Registres de cette Académie.]

32071. ☞ Mémoires de Don Francisco de Terradeil, Capitaine au Régiment de Royal Roussillon, contenant ce qui lui est arrivé depuis 1654 jusqu'à la Paix de Nimègue, (en 1678) rédigés par le Sieur B. *Maubeuge*, 1705, *in-12.*]

32072. ☞ Mémoires de Henri-Charles de la Trémoille, Prince de Tarente : *Liége*, 1767, *in-12.*

Ces Mémoires sont précédés d'une Préface historique sur les Ancêtres de Henri-Charles, & suivis de Notes historiques & critiques. Henri-Charles naquit le 17 Décembre 1620, de Henri, Duc de la Trémoille, & de Marie de la Tour d'Auvergne : il est mort le 14 Septembre 1672. Ses Mémoires peuvent servir à l'*Histoire générale de France*, depuis 1643 jusqu'à 1670.]

32073. ☞ Oraison funèbre de très-haut, &c. Messire Cosme-Alphonse de Valbello, Chevalier ; par J. B. ROUX : *Aix*, 1735, *in-4.*]

32074. ☞ Eloge historique de François-Florent de Vallière ; par M. DE FOUCHY, Secrétaire de l'Académie Royale des Sciences.

Dans l'*Hist.* de cette Académie, année 1759, *p.* 249.]

32075. ☞ Discours funèbre aux honneurs de Messire Anne de Levy, Duc de Ventadour, Lieutenant-Général en Languedoc, par un Père de la Compagnie de Jésus : *Tulle*, 1623, *in-8.*]

32076. Le bon destin de la Franche-Comté, conservée par la prudence & la valeur du Sieur de Vergy, ou Eloge funèbre de Cleriadur de Vergy, Lieutenant Général de Bourgogne ; par Nicolas MALPAS : *Lyon*, Cayne, 1632, *in-4.*

Cleriadur de Vergy est le dernier de cette illustre Maison.

32077. La Vie & la Mort du Marquis de Ville, en 1648 : *Paris*, 1648, *in-4.*

32078. Histoire de Geoffroy de Villehardouin, Maréchal de Champagne & de Romanie ; par Blaise DE VIGENERE : *Paris*, 1584, *in-4.*

Villehardouin florissoit en 1207, & Vigenere est mort en 1599.

32079. Eloge du même ; par Charles du Fresne, Sieur DU CANGE.

Cet Eloge est imprimé avec son *Histoire de la Conquête de Constantinople*, par les soins de Charles du Fresne du Cange : *Paris*, 1657, *in-fol.*

32080. Vie de Philippe de Villiers, de l'Isle-Adam, dernier Grand-Maître de Rhodes ; par André THEVET.

Cette Vie de Philippe de Villiers, de l'Isle-Adam, mort en 1534, est imprimée au Chapitre L. de ses *Vies des Hommes illustres* : *Paris*, 1575, *in-fol.*

32081. ☞ L'Esclavage du brave Chevalier François de Vintimille, des Comtes de Marseille & Olioule, à présent Commandeur du Planté & Cadillan ; où l'on peut voir plusieurs Rencontres de guerre, dignes de remarque ; par Henri DU LISDEM : *Lyon*, Morillon, 1608, *in-12.*]

32082. Mſ. Vie de Louis de Virail, Sieur de Virail & de Valée, Capitaine & Gouverneur de Sisteron, écrite avant l'an 1600 ; par Artus BERAUD, Avocat de Sisteron.

Cette Vie est à la tête des *Commentaires* de Scipion de Virail son fils, sur les Guerres civiles de Provence, qui [étoient] à Marseille entre les mains de M. Louis-Antoine de Ruffi.

32083. Eloge historique d'Honoré d'Urfé, Chevalier de Malthe ; par Charles PERRAULT, de l'Académie Françoise.

Cet Eloge d'Honoré d'Urfé, qui n'étoit plus de cet Ordre quand il est mort en 1625, est imprimé *pag.* 39 du tom. II. de ses *Hommes illustres* : *Paris*, 1701, *in-fol.*

32084. ☞ Dissertation de M. (Pierre-Daniel) HUET, sur Honoré d'Urfé.

C'est la XIIe des *Dissertations* publiées par l'Abbé Tilladet : *Paris*, 1712, *in-12.*]

32085. ☞ Examen de la Dissertation (précédente ;) par M. l'Abbé D'ARTIGNY.

Au tom. V. de ses *Mémoires*, *pag.* 1. On y prouve

184   Liv. III. *Histoire Politique de France.*

que l'Aſtrée n'eſt qu'un Roman, qu'il ne faut point chercher l'Hiſtoire d'Honoré d'Urfé. On la trouve au vrai dans cet Exemen, qui renferme auſſi diverſes particularités ſur les ancêtres de M. d'Urfé.]

32086. ☞ Hiſtoire de la Vie & des Ouvrages du même ; par le P. NICERON.

Dans ſes *Mémoires, &c.* tom. VI. p. 217, & tom. X. part. I. pag. 167, & part. II. pag. 198. Cette Hiſtoire eſt en partie réformée dans l'Article précédent, le Père Niceron ayant copié M. Huet.]

32087. ☞ Luctus Cabilonis in Obitu illuſtriſſ. Ludovici Chalon du Blé, Marchionis d'Uxelles, urbis Cabilon. Gubernatoris deſignati; auctore Cl. PERRY, è Soc. Jeſu : *Cabilone*, 1658, *in-4.*]

32088. ☞ Eloge hiſtorique de Louis du Blé, Marquis d'Uxelles, Gouverneur de Challon-ſur-Saone ; par (Gérard) GUERIN, de l'Ordre des Minimes : *Challon*, Ailſet, 1661, *in-4.*

Cet Eloge eſt auſſi imprimé au tom. II. de l'*Illuſtre Orbandale*, ou l'*Hiſtoire de la Ville de Challon* : Lyon, 1662, *in-4.*

32089. ☞ Réponſe faite dans l'Egliſe des Carmélites, à celui qui préſenta le Corps de feu M. le Duc d'Uzès, tué d'un coup de canon à la Bataille de Nervinde, le 29 Juillet 1693 : *in-4.*]

32090. ☞ Eloge funèbre des Officiers qui ſont morts dans la Guerre de 1741.

Dans les *Œuvres* de M. DE VOLTAIRE, *Edit*. de 1756, tom. V.]

32091. ☞ Mémoire hiſtorique de la Vie d'un Fantaſſin de vingt-cinq ans de ſervice : 1711, *in-12.*]

§. XV.

Traités concernant la Guerre & la Milice Françoiſe.

32092. Mſ. HISTOIRE de la Guerre & de la Levée des Troupes & des Vaiſſeaux, pour les Armées de Terre & de Mer, depuis le commencement de la Monarchie juſqu'à préſent ; avec les Lettres de convocation du Ban & de l'Arriere-Ban, & les Rôles des Montres & Revues, contenant les noms des Grands & autres Nobles qui y ont aſſiſté ; par François DE CAMPS, Abbé de Signi : *in-fol.* 4 vol.

Cette Hiſtoire [étoit] conſervée dans la Bibliothèque de l'Auteur, [mort en 1723]. Elle eſt aujourd'hui dans celle de M. de Beringhen. L'Abbé de Camps a fait auſſi une Diſſertation de la Garde de nos Rois, & de ſon ancienneté.

☞ Son Hiſtoire de la Guerre, &c. eſt pleine de recherches ſçavantes & curieuſes ſur les François, & leur amour pour la Guerre, ſur la manière dont ils l'ont faite, comment & par qui ils y ont été conduits, depuis leur Etabliſſement. Il y en a une petite partie imprimée, en forme de Diſſertation, qui ne concerne que les deux premières Races, dans le *Mercure*, 1719, Octobre : c'eſt la Préface & le Sommaire de ſon Hiſtoire.]

32093. ☞ Hiſtoire de la Milice Françoiſe, & des changemens qui s'y ſont faits, depuis l'établiſſement de la Monarchie dans les Gaules juſqu'à notre temps ; par Gabriel DANIEL, Jéſuite : *Paris*, 1718, *in-4.* 2 vol.

La même, nouvelle Edition : *Paris*, 1727, *in-4.*

On trouve à la fin du Tome II. pag. 616, Liv. XIV. l'Hiſtoire de la Milice Françoiſe ſur la Mer, depuis l'établiſſement de la Monarchie.

La Préface contient le Plan & la diſtribution de tout l'Ouvrage.

L'Hiſtoire de la Milice, ſous la première Race, peut être utile pour les Préliminaires de l'Hiſtoire de France; & ſous la ſeconde Race, de même. Mais il y faut joindre l'Article du *Mercure* de 1719, que nous venons d'indiquer au N.° précédent. L'Abbé de Camps cru devoir le publier à l'occaſion de l'Ouvrage du Père Daniel.

Les deux premiers Livres contiennent l'Hiſtoire de la Milice ſous la première & la ſeconde Race, les Armées, les Sièges, & la façon de donner des Batailles ſous ces deux Races : ils ont peu d'étendue. Le troiſième Livre contient l'Hiſtoire de la Milice Françoiſe ſous la troiſième Race, juſqu'à Charles VII. excluſivement, & l'inſtitution de la Milice des Communes ſous Philippe I. Le Père Daniel y parle auſſi des Dignités & fonctions du Sénéchal, du Connétable, du Capitaine-Général, du Grand-Maître des Arbaleſtriers, & du Porte-Oriflamme. Le Livre IV. commence à Charles VII. qui abattant la Milice en aboliſſant celle des Communes, pour y ſubſtituer les Compagnies d'Ordonnances, qui furent de 100 Hommes d'Armes, au nombre de quinze, compoſant la Cavalerie ; & les Francs-Archers, qui compoſoient l'Infanterie, étoient au nombre de 16000, diviſés en quatre Compagnies de 4000 chacune. Ces dernières furent anéanties par Louis XI. qui y ſubſtitua des Suiſſes & de l'Infanterie Françoiſe à la ſolde, diviſée par Bandes : ce qui ſubſiſta ſous Charles VIII. & Louis XII. Ces Princes ſe ſervirent auſſi de Lanſquenets ou d'Infanterie Allemande. Ce ne fut qu'en 1534 que François I. inſtitua des Légions d'Infanterie Françoiſe.

Il en établit ſept, compoſées chacune de ſix mille hommes. Il y avoit ſix Capitaines, dont l'un étoit Colonel : ils avoient chacun mille hommes à commander. Cette Milice ne ſubſiſta que quelques années. On en revint à l'ancien uſage des Bandes de trois & quatre cens hommes, qui étoient des Compagnies ſéparées ſous un Capitaine. Le Père Daniel parle enſuite de la Charge de Colonel-Général de l'Infanterie, inſtituée par François I. ſupprimée en 1661, par Louis XIV. Dans ces quatre premiers Livres, il eſt auſſi queſtion des différentes Armes & de Charges Militaires, qui ne ſubſiſtent plus à préſent.

Le Livre V. traite de l'arrangement des Troupes, de leur manière de combattre, de leurs campemens, & de la Diſcipline Militaire. Le Livre VI. parle des Armes offenſives & défenſives, avant & depuis l'invention des Armes-à-feu ; des Etendards, Trompettes, Timbales, &c. Le Livre VII. traite de la manière de faire les Sièges, & de tout ce qui y a rapport, Machines, Mines, Bombes, Feux-d'artifices, &c. Le Livre VIII. de la manière de défendre les Places, & de leurs diverſes eſpèces de fortifications. Ces quatre Livres, ſur-tout les deux derniers, ne contiennent pas un détail auſſi circonſtancié que le reſte de l'Ouvrage ; mais l'Auteur s'en eſt cru diſpenſé, n'étant pas homme du métier, & ne voulant traiter ſon ſujet qu'hiſtoriquement.

☞ On peut voir ſur ce Livre la *Méth. hiſtor. in-4.* de Lenglet, *tom. IV.* pag. 286. = Bibl. Harley. *tom. II.* pag. 560. = Journ. des Sçav. Novembre 1718, Janvier 1719, Février & Mars 1722. = Journ. hiſtor. Févr. 1719. = *Mém.*

Guerre & Milice Françoise.   185

= *Mém. de Trévoux*, Sept. 1714, Avril, Juin 1722.
= *Nouv. Littér. tom. IX. pag.* 51. = *Journal de Léips.* 1725, *pag.* 394. = *Mém. histor. & critiq.* 1722, *tom. I. pag.* 43. = *Daniel, Hist. de France, nouvelle édition, tom. I. avertiss. pag.* 30. = *Bibliographie*, Debure, *Histoire, num.* 5458.]

== Les mémorables Journées des François.

== Les Batailles des François.

Voyez ci-devant, Tome II. *pag.* 57 & 58.

☞ On peut voir encore, *ibid. pag.* 836, ce qui est indiqué sur l'Histoire de la Marine.]

32094. ☞ Chronologie historique Militaire; par M. PINARD : *Paris*, Cl. J. B. Hérissant, 1760 & *suiv. in*-4. 9 vol.]

32095. ☞ Carte générale de la Monarchie Françoise, concernant l'Histoire du Militaire ancien & moderne, depuis son origine jusqu'au 15 Février 1730, divisée en vingt Tables ou Feuilles, enrichies de Tailles-douces; par M. LE MAU DE LA JAISSE : *Paris*, 1733, grand *in-fol.*

L'Auteur a donné depuis quelques Supplémens, jusqu'en 1733.]

32096. ☞ Septième Abrégé de la Carte générale du Militaire de France, sur terre & sur mer, jusqu'en Décembre 1740, divisé en trois parties, avec la suite du Journal historique des Fastes du Règne de LOUIS XV. & les augmentations Militaires, &c. compris le nouveau Calendrier de la Paix pour l'an de Grâce 1741, présenté au Roi par LE MAU DE LA JAISSE, de l'Ordre Royal de S. Lazare, ancien Officier de la Maison d'Orléans : *Paris*, 1741, *in*-8.

Ce Livre fut défendu, & c'est le dernier qui fut donné. Il avoit commencé à être publié chaque année depuis 1734 jusqu'en 1741. Il a été repris par les Sieurs de Montandre, en 1758, sous le titre suivant :]

32097. ☞ Etat Militaire de France, pour l'année 1759, contenant l'état actuel des Troupes, les Uniformes, & les noms des principaux Officiers de chaque Corps, les Gouverneurs des Provinces, & les Etats-Majors des Places; avec le Précis des Ordonnances de l'année 1758, concernant le Militaire; par M. DE MONTANDRE DE LONGCHAMPS, ci-devant Lieutenant au Régiment de Poitou, & le Chevalier DE MONTANDRE, ci-devant Capitaine de Grenadiers au même Régiment : *Paris*, 1759, *in*-12.

Il avoit déjà été imprimé en 1758; mais cette Edition a été corrigée, augmentée & revue au Bureau de la Guerre, par ordre de M. le Maréchal de Belle-Isle, Ministre.

Voyez l'*Année Littéraire*, 1759, *tom. I. Lettre III.* Cet Etat Militaire paroît, en un volume, tous les ans. Il y en a dix de 1758 à 1768, & un volume de Table pour les dix années.]

32098. ☞ Maximes de la Guerre; par André DE BOURDEILLE, frère aîné de Pierre, Seigneur de Brantôme.

Ces Maximes sont imprimées au t. XIII. des *Œuvres de Brantôme* : *la Haye*, 1743, *in*-12. 15 vol.]

Tome III.

32099. L'Art Militaire parfait de France; par François-Gabriel-Marie DE POL : *Paris*, Promé, 1648, *in-fol.*

32100. L'Art de la Guerre & la manière dont on la fait à présent, où l'on voit les fonctions de tous les Officiers de Cavalerie, d'Infanterie, d'Artillerie & des Vivres, depuis le Général d'Armée jusqu'au simple Soldat; dédié au Roi : *Paris*, Michallet, 1677, [Cramoisy, 1678, Michallet, 1692,] *in*-12.

L'Epître dédicatoire est signée par Louis DE GAYA, Officier dans les Troupes, qui rapporte les usages surtout de la France.

☞ L'Edition de 1678 porte au titre le nom de l'Auteur.]

32101. ☞ Mf. Traité de la Guerre; par le Maréchal DE BIRON : *in-fol.*]

32102. ☞ Mf. Le Général d'Armée : *in-fol.*

Ces deux Traités sont indiqués au num. 8712 & 8713, du Catalogue de M. d'Estrées.]

32103. ☞ La France Guerrière, ou moyens assurés pour trouver aisément, & avec très-grande facilité, autant & plus de Gens de Guerre que le Roi n'en désirera soudoyer & entretenir, sans augmentation de solde ni d'appointemens; par Jean DROUET DE ROMPCROISSANT : *Paris*, Brunet, (vers 1642) *in*-4.]

32104. ☞ Mf. Discours de l'Art Militaire, fait par le Connétable DE LESDIGUIERES : *in-fol.*

Ce Discours est indiqué entre les Pièces du n. 3301*, du Catalogue de M. le Blanc.]

32105. ☞ Traité de l'Art de la Guerre; & de la manière dont on devroit la faire aujourd'hui.

Il est imprimé dans la Partie II. du Traité des *Intérêts des Princes*, 1695, *in*-12. *pag.* 164.]

32106. ☞ Mf. Suite des Observations sur l'Art de faire la Guerre, qui contient le récit des Actions les plus éclatantes du Règne de Louis XIV. & l'attaque des Places : *in-fol.*

Ces Observations sont indiquées num. 3171 du Catalogue de M. le Blanc.

Voyez sur le même sujet, ci-devant, Tome II. N.° 24500. *Hist. Milit. de Louis XIV. & suiv.*]

32107. ☞ Instructions Militaires; par M. DE PUYSEGUR.

On les trouve à la fin du tom. II. de ses *Mémoires*, ci-devant, N.° 32038.]

32108. ☞ L'Art de la Guerre, rédigé d'après les Mémoires de M. le Maréchal de Puysegur; par M. le Marquis DE PUYSEGUR : 1748, *in-fol.* 2 vol.]

32109. ☞ Extrait de la première Partie du Traité de l'Art de la Guerre de M. de Puysegur; par M. Jean-Victor, Baron DE TRAVERS DORTENSTEIN, Brigadier des Armées du Roi, Capitaine au Régiment des Gardes Suisses : 1755, *in*-12.]

A a

32110. ☞ Esprit du Chevalier FOLARD, tiré de ses Commentaires sur l'Histoire de Polybe; par main de Maître, (FRÉDERIC III. Roi de Prusse.) Ouvrage utile aux Officiers. Nouvelle Edition corrigée & plus ample des deux tiers que toutes celles qui ont paru jusqu'à présent; avec 24 Plans ou Figures nécessaires pour l'intelligence de cet Abrégé: *Berlin*, Voss; & *Lyon*, Bruyssét, 1761, *in*-8.

Cet Ouvrage avoit déja été imprimé plusieurs fois en Allemagne & en France, mais beaucoup moins ample & peu correctement.]

32111. ☞ Maximes & Instructions sur l'Art Militaire; par M. DE QUINCY.

Dans son *Histoire Militaire de Louis-le-Grand*: ci-devant, Tome II. N.° 24500.]

32112. ☞ Mémoires sur la Guerre, écrits par M. (Antoine de Pas,) Marquis DE FEUQUIERES, Lieutenant-Général des Armées du Roi, pour l'instruction de son fils: (*Paris*,) 1735, *in*-12. 3 vol.

C'est la seconde Edition. L'Ouvrage est divisé en trois Parties. La première contient les Maximes à suivre dans les différentes opérations de l'Art Militaire. La seconde & la troisième, qui sont historiques en grande partie, montrent l'application des Exemples aux Maximes.]

☞ Les mêmes, sous le titre de Mémoires de M. le Marquis DE FEUQUIERES, Lieutenant-Général des Armées du Roi, contenant ses Maximes sur la Guerre, & l'application des Exemples aux Maximes: Nouvelle Edition, revue & corrigée sur l'Original, augmentée de plusieurs Additions considérables; ensemble, d'une Vie de l'Auteur donnée par M. le Comte DE FEUQUIERES son frère, & enrichie de Plans & de Cartes: *Londres*, (*Paris*,) du Noyer, 1736, *in*-4. & *in*-12. 4 vol.

Cette Edition a été donnée par Charles-Hugues le Fevre de Saint-Marc. La Préface est de l'Abbé le Mascrier. La Vie de M. de Feuquieres, faite sur les Mémoires fournis par son frère, est de M. Gillet de Moyvre, Avocat au Parlement de Paris. Les Editions antérieures, & entr'autres celle de 1735, en 3 volumes *in*-12. sont incomplettes & fautives. L'Edition *in*-4. de 1736 devient rare.]

32113. ☞ Mémoires sur la Guerre, où l'on a rassemblé les Maximes les plus nécessaires dans les Opérations de l'Art Militaire: *Amsterdam*, 1730, *in*-12.]

32114. ☞ Mémoires sur la Guerre, tirés des Originaux de M. de T***, avec des Mémoires concernant les Hôpitaux Militaires: *Paris*, 1738, *in*-12. 2 vol.]

32115. ☞ Essai sur l'Art de la Guerre; par M. Lancelot, Comte DE TURPIN DE CRISSÉ, Maréchal de Camp, Inspecteur-Général de Cavalerie & Dragons, de l'Académie de Berlin & de Nancy: 1754, *in*-4. 2 vol.

Le même, traduit en Anglois, par M. Otway: *Londres*, 1761, *in*-4. 2 vol.]

32116. ☞ Essai sur la Science de la Guerre; par M. Jean-Baptiste-Joseph de Sahuguet d'Amarzit, Baron D'ESPAGNAC, Brigadier des Armées du Roi, &c. 1751, *in*-8. 3 vol.]

32117. ☞ Essai sur les grandes Opérations de la Guerre; par le même: 1755, *in*-8. 4 vol.]

32118. ☞ Pensées Philosophiques sur la Science de la Guerre; Analogies, Combinaisons, Portraits, Tableaux: *Berlin*, 1755, *in*-12. 2 vol.

« L'Auteur s'est fixé au Siècle de Louis XIV. avant » lequel l'Art de la Guerre n'étoit pas monté, selon lui, » au dégré de perfection qu'il a acquis sous ce Règne». *Journal des Sçavans*, 1756, Septembre.]

32119. ☞ Mémoires sur l'Art de la Guerre; de Maurice, Comte DE SAXE, &c. Maréchal-Général des Armées de Sa Majesté Très-Chrétienne, nouvelle Edition, conforme à l'Original, & augmentée du Traité des Légions, ainsi que de quelques Lettres de cet illustre Capitaine, sur les Opérations Militaires, (avec beaucoup de Plans à la fin:) *Dresde*, (*Paris*,) 1757, *in*-8.

Autre Edition: *in*-4. 2 vol.

Il y a une Edition, *la Haye*, Gosse, 1756, *in-fol*. qui est fort belle, pour les planches, le papier & les caractères. On y a joint un *Supplément*, contenant des Additions & Corrections, qui rend cette Edition aussi complette que celle de Paris en 2 vol. *in*-4. Celle-ci est la troisième, imprimée en cette forme pour la commodité des Officiers, & considérablement augmentée sur les deux autres. La première Edition de 1756 a été donnée au Public par M. de Donneville, Capitaine Ingénieur.]

☞ On peut encore consulter, par rapport à l'Art Militaire de France, = les Œuvres de Fauchet, *pag*. 520, de la Milice & Armes, = le Parfait Capitaine du Duc de Rohan, = la tierce Partie du Rosier historial, intitulée: *Le Rosier des Guerres*, = les Discours politiques & militaires du Sieur de la Noue, = les Mémoires de Tavannes, & la Table qui est à la fin.]

32120. Ms. Observations Militaires (de François d'Espinay) DE SAINT-LUC, Grand-Maître de l'Artillerie de France: *in-fol*.

Ces Observations de M. de Saint-Luc, tué en 1597, sont conservées entre les Manuscrits de M. Dupuy, num. 109.

☞ Elles sont aussi dans la Bibliothèque du Roi, num. 7112.]

32121. ☞ Discours de l'Art Militaire; par M. le Maréchal DE LESDIGUIERES: *in-fol*.

Ce Discours est conservé dans la Bibliothèque du Roi, num. 7113.]

32122. ☞ Ms. Maximes pour le maniement de la Guerre; par Armand de Gontaud DE BIRON, Maréchal de France: *in-fol*.]

32123. ☞ Ms. Le Général d'Armées; par le Chevalier DE LA VALLIERE: *in-fol*.

Ces deux Manuscrits sont conservés dans la Bibliothèque du Roi, num. 7114 & 7116.]

Guerre & Milice Françoise.

32124. ☞ Mſ. Diſcours de l'Artillerie ; par VASSELIEU, dit NICOLAY : *in-fol.*

Ce Diſcours eſt conſervé dans la Bibliothèque du Roi, num. 6994.]

32125. ☞ Mſ. Traité des Machines, Inſtrumens & Munitions de Guerre : *in-*4.

Ce Traité eſt conſervé dans la même Bibliothèque, num. 7941².]

32126. ☞ Mſ. L'Art Militaire de Vegece, traduit par Jehan DE MEHUN : *in-*4.

Ce Manuſcrit eſt conſervé dans la même Bibliothèque, num. 7941.]

32127. Traité de la Juſtice Militaire de France ; par Guillaume JOLY, Lieutenant-Général de la Connétablie & Maréchauſſée de France : *Paris*, Langelier, 1598, *in-*8.

Cet Auteur eſt mort en 1613.

32128. La Milice Françoiſe, réduite à l'ancien ordre & diſcipline militaire ; par Loys DE MONTGOMMERY, Seigneur de Courboufon : *Rouen*, Calles, 1602, *in-*8.

☞ Cet Ouvrage curieux & plein de recherches, eſt rare.]

32129. ☞ Diſcours pour le rétabliſſement de la Milice de France, contenant les fonctions depuis le ſimple Soldat juſqu'à celles du Général d'Armée, & les exercices tant de l'Infanterie que de la Cavalerie ; la forme de ranger les Armées en Bataille dans une raſe campagne, & lieux montueux ; pour reconnoître la capacité des Ingénieurs en la théorie de la Fortification, Caſtramétation, Feux-d'Artifices & choſes dépendantes de la défenſive & offenſive de Guerre ; la manière de bien établir la Navigation Françoiſe par les Armées Navales & le Commerce, & autres voies & moyens ordinaires pour mettre la Milice de France à ſon période ; dédié à Sa Majeſté par René LE NORMANT, Ecuyer, Sieur de la Falaiſe en Normandie : *Rouen*, 1632, *in-*4.

Ce Livre, dont le titre annonce aſſez le plan, eſt rempli de réflexions aſſez bonnes, ſoutenues par des exemples tirés de l'Hiſtoire ancienne & de la moderne, & particulièrement du Prince Maurice de Naſſau. Entre pluſieurs abus, l'Auteur remarque qu'il n'y a rien de plus nuiſible à la Diſcipline Militaire, que les logemens des Soldats chez les Artiſans & le Laboureur : il voudroit qu'on rétablît l'ancienne Caſtramétation.]

32130. ☞ La nouvelle Milice, à haut & puiſſant Prince Charles de Lorraine, Duc de Mayenne, Pair & Lieutenant-Général de l'Etat & Couronne de France : *Paris*, Thyerry, 1590, *in-*8.

L'Auteur de cette Pièce ſe nomme DE PICAINE. Il y fait voir l'inutilité de la Cavalerie ; & que pour vaincre, il ne faut que de l'Artillerie & de l'Infanterie, dont on pourroit faire des Légions, & les repartir ſur chaque Province. Il trace enſuite le plan pour la rendre invincible, & les moyens de rétablir la Diſcipline Militaire.]

32131. ☞ Avis ſur une Milice Françoiſe.

Cet Avis eſt imprimé *pag.* 884 du tom. II. des *Mémoires* de Du Pleſſis MORNAY : 1624, *in* 4. L'Auteur

Tome III.

ſoutient qu'il faut abſolument dans un Etat une Milice réglée ; c'eſt ce qui en fait la force, & ce à quoi on n'a pas aſſez pourvu. Que peut-on eſpérer, (dit-il) de Soldats étrangers, mercenaires, & levés à la hâte ? Mornay trace un projet qui peut fournir au Roi, au moindre ſignal, vingt mille hommes de pied, en tirant de chaque Election une Compagnie, ce qui feroit dans chaque Généralité un Régiment : il ſeroit formé au maniement des armes & à la diſcipline militaire par des Officiers nommés par Sa Majeſté. Il entre dans le détail de leurs armes & de leur dépenſe en route. Il forme la Cavalerie de Gentilshommes, qui ſerviroient trois mois par années ; & il aſſigne la dépenſe de l'Artillerie ſur une année de revenu des Bénéfices vacans à la nomination du Roi.]

32132. ☞ Diſcipline Militaire de Guillaume DU BELLAY, Seigneur de Langey : *Lyon*, 1592, *in-*8.]

32133. ☞ Les Travaux de Mars, ou l'Art de la Guerre, réduit par principes ; par Allain MANESSON-MALLET : Ouvrage enrichi de plus de 400 Planches gravées en taille-douce : *Paris*, Thierry, 1685, *in-*8. 3 vol.]

32134. ☞ L'Art Militaire François, contenant l'exercice & le maniement des Armes, tant des Officiers que des Soldats, repréſenté en figures, avec un Abrégé de l'Exercice comme il ſe fait aujourd'hui ; *Paris*, Giffart, (*Hollande*,) 1697, *in-*8.]

32135. ☞ Inſtitutions Militaires pour la France, ou le Vegèce François : Fragmens Militaires ou ſuite du Vegèce François ; par M. (Charles-Léopold) ANDREU DE BILISTEIN : 1762, 2 parties *in-*8.]

32136. ☞ L'Exercice Militaire de l'Infanterie Françoiſe, avec l'Alphabet de l'Art Militaire, l'Ordre de la Cavalerie, &c. par DE LA REYNIERE MAUDUIT : *Paris*, Rocolet, 1637, *in-*8.]

32137. ☞ L'Ecole de Mars, ou Mémoires inſtructifs ſur toutes les parties qui compoſent le Corps Militaire François ; avec leurs origines & les différentes manœuvres auxquelles elles ſont employées ; par M. DE GUIGNARD, Chevalier de S. Louis, & Lieutenant-Colonel du Régiment d'Infanterie du Thil : *Paris*, Simart, 1725, *in-*4. 2 vol. avec figures.]

32138. ☞ L'Etabliſſement de l'Ecole Royale Militaire, Poëme ; par M. DE MARMONTEL : *Paris*, 1751, *in-*8.]

32139. ☞ Lettre d'un Lieutenant-Colonel, ſur l'Ecole Militaire ; (par M. PARIS DE MEYZIEU :) *Paris*, 1753, *in-*12.]

32140. ☞ Réflexions du Comte D.... ſur l'Etabliſſement de l'Ecole Militaire ; (par M. DESPIÉ :) 1756, *in-*12.]

32141. ☞ Lettre & Mémoires ſur l'Ecole Royale Militaire ; par M. PARIS DE MEYZIEU : *Paris*, 1755, *in-*8.

Ils ont été inſérés dans le *Dictionnaire Encyclopédique*.]

32142. ☞ Recueil d'Edits & Réglemens,

concernant l'Hôtel de l'Ecole Royale Militaire : *Paris*, le Mercier, 1762, *in*-12.]

32143. ☞ Réglement concernant les Officiers de l'Etat Major & de l'Ecole Royale Militaire : *Paris*, veuve Quillau, 1760, *in*-16.]

32144. ☞ Traité des Evolutions Militaires; par M. DE BOMBELLES : *Paris*, 1754, *in* 8.]

32145. ☞ Traité général des Subsistances Militaires; par M. DUPRÉ D'AULNAY : *Paris*, 1744, *in*-4. 2 vol.]

32146. ☞ De l'Attaque & de la Défense des Places; par M. (Sébastien le Prestre) DE VAUBAN : *la Haye*, de Hondt, 1737, *in*-4.]

☞ Mémoire pour servir d'instruction dans la conduite des Siéges & dans la défense des Places; par M. DE VAUBAN : *Leyde*, Verbeck, 1740, *in*-4.]

32147. ☞ Traité de la Défense des Places, Ouvrage original de M. le Maréchal DE VAUBAN : *Paris*, Jombert, 1769, *in* 8.

Cet Ouvrage paroît ici pour la première fois dans son intégrité. Ce qu'on en avoit donné précédemment n'en étoit, dans la vérité, que des Fragmens informes. L'Edition que l'on vient d'indiquer est faite sur un Manuscrit complet de M. de Vauban, que l'on a eu de M. de Belidor. *Voyez* sur ce Traité le *Journal de Verdun*, Janvier 1770, pag. 33-36.]

32148. ☞ Discours des Villes, &c. assaillies & prises par la force de l'Artillerie, sous Henri II. & Charles IX. &c. *Paris*, 1568, *in*-8.]

32149. ☞ L'Arsenal de la Milice Françoise; par Jacques DE FUMÉE : *Paris*, 1608, *in*-8.]

32150. ☞ Mémoires d'Artillerie; par M. SURIREY DE S. REMY : *Paris*, 1707; *la Haye*, 1741, 2 vol. *in*-4. avec fig. en taille-douce.]

32151. ☞ Théorie nouvelle du Mécanisme de l'Artillerie; par M. DU LACQ : *Paris*, 1741, *in*-4.]

32152. ☞ Le Bombardier François, ou nouvelle méthode de jetter les Bombes; par M. DE BELIDOR : *Paris*, Imprimerie Royale, 1731, *in*-4.]

32153. ☞ Tableau historique & chronologique du Corps Royal de l'Artillerie; par M. Auguste Jean-François de la Broue, Baron DE VAREILLES SOMMIERES, Officier d'Artillerie : 1762, *in*-16.]

32154. ☞ Traité de l'Attaque des Places; par Guillaume LE BLOND, Maître de Mathématiques des Enfans de France : *Paris*, 1762, *in*-8.]

32155. ☞ La Fortification de Campagne théorique & pratique, ou Traité de la Science de la construction, de la défense & de l'attaque des Retranchemens; par M. CAGNOT, ancien Ingénieur : *Paris*, Jombert, 1769, *in*-12.]

32156. ☞ La Charge du Maréchal des Logis; par David DE SOLEMNE : *la Haye*, 1632, *in-fol.*]

32157. ☞ Le parfait Ayde de Camp, où l'on traite de ce que doit sçavoir tout jeune Militaire; avec des Notes sur différens Ouvrages de campagne, & sur les Plans des principaux Camps des Guerres de 1740 & & 1756, &c. Ouvrage enrichi de 55 Planches; par le Sieur LE ROUGE : *Paris*, 1760, *in*-4. oblong.]

32158. Justice Militaire : *Paris*, Osmont, *in*-12.

32159. ☞ Le Munitionaire des Armées de France, qui enseigne à fournir les Vivres aux Troupes, avec toute l'économie possible; par le Sieur NODOT; avec des Réflexions pour les Ministres, & des Observations pour les Officiers Généraux; la maniere ancienne dont on faisoit les Vivres en France, avec les Edits de création des Charges de Surintendant, Trésorier, Commissaires, &c. *Paris*, Cusson & Wit, (Hollande,) 1697, *in*-8.]

32160. Réglemens & Ordonnances du Roi pour les Gens de Guerre, depuis l'an 1651 jusqu'en 1686 : *Paris*, Léonard, 1691, *in*-12. 15 vol.

32161. Le Code Militaire, ou Compilation des Réglemens & Ordonnances de Louis XIV. faits pour les Gens de Guerre, depuis l'an 1651 jusqu'à présent; par le Chevalier DE SPARRE, Lieutenant-Colonel & Major du Régiment d'Infanterie Allemande de Sparre : *Paris*, de Luyne, 1708, *in*-12.

Le même, sous ce titre : Ordonnances Militaires de Louis XIV. nouvelle Edition corrigée & augmentée par l'Auteur : *la Haye*, 1710, *in*-12.

» On assure que ce Livre a passé par les mains de » tout ce qu'il y a en France d'Officiers de distinction, » qui l'ont lû & examiné. Ce n'est ni l'Ouvrage ni les » réflexions d'une seule personne ». Jacques Bernard, *Nouvelles de la République des Lettres*, Juillet 1710.

32162. ☞ Code Militaire, ou Compilation des Ordonnances des Rois de France, concernant les Gens de Guerre; par le Sieur DE BRIQUET : *Paris*, Imprimerie Royale, 1728, *in*-12. 3 vol.

Le même : 1734, *in*-12. 5 vol.

Voyez Lenglet, tom. *IV*. pag. 286.]

32163. Ordonnances Militaires du Roi Louis XIV. réduites en pratique, & appliquées au détail du Service; par N. MICHEL, Major du Régiment de Rochefort : *Paris*, Delespine, 1714, *in*-12.

Ce Volume est un Abrégé du Recueil précédent indiqué au N.° 32160.]

32164. ☞ Essai sur la Cavalerie ; par Charles-Louis d'Hautville des Amourettes, Lieutenant-Colonel des Grenadiers Royaux : *Paris, 1756, in-4.*]

32165. ☞ Commentaires sur la Cavalerie ; par M. de Boussanelle, Capitaine au Régiment de Cavalerie de Saint-Aignan, de l'Académie de Béfiers : *Paris*, Guillin, 1758, *in-12.*

Dans la Partie I. l'Auteur rapporte tout ce que le Chevalier Follard a écrit au défavantage de la Cavalerie, & y joint fes réflexions. Dans la IIe, il fait un court détail de toutes les actions mémorables décidées par la Cavalerie Françoife depuis la Bataille de Soiffons, fous Clovis I, en 481, jufqu'au Combat de Denain en 1712. On en peut voir l'Extrait dans l'*Année Littéraire*, 1758, *tom. VII. Lettre II.*]

32166. ☞ Fonctions du Capitaine de Cavalerie, & les principales de fes Officiers fubalternes ; par de Birac : (*Hollande,*) 1675, *in-12.*]

32167. ☞ Inftitutions de Cavalerie & de Dragons ; par M. de la Porterie : *Paris*, Guillin, 1754, *in-*8. avec fig.]

32168. ☞ Mſ. Traité des ordres & exercices particuliers & généraux de la Cavalerie, & quelques obfervations pour leurs ordres de combattre, de marcher & de loger ; par H. de Billon, Ecuyer, Sieur de la Prugne, Lieutenant de M. de Chapes : *in-fol.*

Ce Traité eſt conſervé dans la Bibliothèque du Roi, num. 7453.]

32169. ☞ Inſtruction ſur le Service que les Régimens de Cavalerie devront faire dans les Camps qui s'aſſembleront dans la préſente année, du 29 Juin 1753 : *Paris*, Imprimerie Royale, *in-*4. de 59 pages.]

32170. ☞ Inſtruction ſur l'Exercice de l'Infanterie : *Ibid. in-*4. de 68 pages.]

32171. ☞ Autre, ſur l'Exercice de l'Infanterie : *in-*4. de 59 pages.]

32172. ☞ Ordonnance du Roi ſur l'Exercice de la Cavalerie : 1755, *in-12.*]

32173. ☞ Ordonnance du Roi ſur l'Exercice de l'Infanterie. 1755, *in-12.*]

32174. ☞ Mſ. Le Fantaſſin réformé, contenant ce qui doit être particulièrement obſervé dans l'Infanterie ; par B. Madaillan : 1661, *in-fol.*

Ce Manuſcrit eſt indiqué num. 3173 du Catalogue de M. le Blanc.]

32175. ☞ Les Fonctions de tous les Officiers de l'Infanterie ; par M. de Lamont : *Paris*, 1668, *in-12.*]

32176. ☞ Mémoires pour le Service journalier de l'Infanterie ; par de Bombelles : *Paris*, Muguet, 1719, *in-12.* 2 vol.]

32177. ☞ Eſſai ſur la Tactique de l'Infanterie ; par M. Bigot, Vicomte de Morogues, Capitaine des Vaiſſeaux du Roi, Chef de Brigade du Corps Royal de l'Artillerie, de l'Académie de Marine, & Correſpondant de celle des Sciences : *Paris, 1761, in-*4.

== Tactique Navale, du même : *Paris*, 1763, *in-*4.]

32178. ☞ Ordonnances concernant l'Infanterie Françoiſe ; par le Sieur Rochefort : *Lauſanne*, 1754, *in-12.* 2 vol.]

32179. ☞ L'Art Militaire François pour l'Infanterie, contenant l'Exercice & le maniement des Armes, &c. Dédié à M. le Maréchal de Boufflers ; par P. Giffart, Graveur : *Paris*, Giffart, 1696, *in-*8. 1 vol. *fig.*]

32180. ☞ L'Exercice de l'Infanterie Françoiſe ordonné par le Roi, le 6 Mai 1755 ; deſſiné d'après nature dans toutes ſes poſitions, & gravé ; par M. Baudouin, Colonel d'Infanterie, Lieutenant des Grenadiers au Régiment des Gardes Françoiſes : *Paris*, 1757, *in fol.* en 63 Planches.

Cette Edition eſt magnifique ; mais comme l'Auteur n'en avoit fait tirer qu'un certain nombre d'Exemplaires pour les diſtribuer au Roi, aux Miniſtres, &c. on en a donné une ſeconde Edition en petit : *Paris*, Feſſard, Graveur, 1759.]

32181. ☞ Traité des Légions ; par M. Antoine de Ricouart, Comte d'Herouville de Claye, Lieutenant-Général des Armées du Roi, & Inſpecteur Général d'Infanterie : *Paris*, 1753, *in-12.*]

32182. ☞ Eſſai ſur l'Infanterie Françoiſe ; par M. Jean-Baptiſte Lutton Durival, Greffier en chef des Conſeils du Roi, Commiſſaire des Guerres en Lorraine : 1760, *in-12.*]

32183. ☞ Réponſe d'un Major d'Infanterie à un Intendant de Province : *in-12.*

Cette Lettre contient l'Apologie d'un projet de M. le Maréchal de Belle-Iſle, ſur un nouvel arrangement & une nouvelle conſtitution de l'Infanterie Françoiſe.]

32184. ☞ L'Anti-Légionaire François, ou le Conſervateur des Conſtitutions de l'Infanterie ; par M. (Charles-Louis) d'Authville, (Lieutenant-Colonel des Grenadiers Royaux:) 1762, *in-12.*]

32185. ☞ Eſſais hiſtoriques ſur les Régimens d'Infanterie, Cavalerie & Dragons ; par M. Rouſſel : *Paris*, Guillin, 1765, *in-12.*]

32186. ☞ Mſ. Avis à M. de Louvois, ſur les levées des Soldats & ſur le méchant ſervice de la plupart des Inſpecteurs & Commandans des Places.

Ce Manuſcrit eſt conſervé à Dijon, dans la Bibliothèque de M. Fevret de Fontette.]

32187. ☞ Mſ. Titres originaux des Capitaines des Francs-Archers, depuis l'an 1451 : *in-fol.*

32188. Mſ. Titres originaux concernant

l'ancienne Gendarmerie & Hommes d'Armes : *in-fol.* 2 vol.

32189. ☞ Recherches historiques sur l'ancienne Gendarmerie Françoise ; par M. D'ALÈS DE CORBEC, Académicien Honoraire de l'Académie d'Angers : *Avignon*, 1759, *in-*12. *Paris*, Desaint, 1760, *in-*12. de 134 pages.

Deux questions sur lesquelles l'Auteur prend la négative, font l'objet & la matière de cette Brochure. 1.° Pour être censé Gentilhomme de nom & d'Armes du temps de Louis XII. ou avant ce Règne, suffisoit-il de faire profession des Armes, ou de desservir un Fief ? 2.° Sous le même Règne & sous celui de Charles VII. suffisoit-il, pour servir dans la Gendarmerie, d'avoir pour père un homme qui eût porté les Armes ou desservi un Fief ?]

32190. ☞ Les Edits & Ordonnances des Rois François I. Henri II. Charles IX. Henri III. Henri IV. & Louis XIII. sur les privilèges & exemptions des Trésoriers & Payeurs de la Gendarmerie de France : *Paris*, Robinot, 1611, *in-*8.]

32191. Mſ. Titres originaux concernant les Officiers de Marine, depuis l'an 1375 : *in-fol.*

Ces Manuscrits sont conservés dans la Bibliothèque du Roi, entre ceux de M. de Gaignières.

32192. ☞ De la Garde des Rois de France & son ancienneté ; par M. l'Abbé François DE CAMPS : *Mercure*, 1719, *Juillet*, *pag.* 1, & *Août*, *pag.* 1.

Ces Remarques sont aussi imprimées au tom. XV. des *Amusemens du cœur & de l'esprit*, par M. Prétot.

M. l'Abbé de Camps prétend que n'est ni le Roi Gontran, ni Philippe-Auguste, ni le Roi Jean, qui les premiers ont eu des Gardes, mais que ces Officiers sont aussi anciens que les Monarques François.]

32193. ☞ Dissertation sur la Maison Militaire des Rois de France ; par M. BENETON DE PEYRENS : *Mercure*, 1743, *Mai*.

L'Auteur y fait voir, contre le Père Daniel & l'Abbé de Camps, que cette Garde n'a pas été si nombreuse que ces Ecrivains l'ont prétendu : il en marque les différentes époques, & les changemens qui s'y sont faits, jusqu'à ce qu'elle ait été réduite en un seul Corps sous Louis XIV.]

32194. ☞ Abrégé chronologique & historique de l'origine, du progrès & de l'état de la Maison du Roi, & de toutes les Troupes de France ; par Simon Lamoral LE PIPPRE de Neufville : *Liége*, 1734, *in*-4. 3 vol. avec fig.]

32195. ☞ Nouveau Recueil des Troupes qui forment la Garde & la Maison du Roi, avec la date de leur création, le nombre d'hommes dont chaque Corps est composé, leur uniforme & leurs armes, dessiné d'après nature ; par EISEN. Dédié & présenté au Roi : 1757, *in-fol.* grand papier.

Ce Recueil est composé de 14 Estampes, y compris le Frontispice.]

32196. ☞ L'Origine & les Progrès des Gardes du Corps : Poëme, par M. MAU-GER, Garde du Corps : *Paris*, Lottin, 1745 ; *in-*12.]

32197. ☞ Mémoire sur le différend des Gardes du Corps, des Gens-d'Armes & Chevaux-Légers : 1724, *in-fol.*

Ce Recueil est indiqué *num.* 2158 du Catalogue de M. Pelletier, & num. 3676 de celui de M. Secousse.]

32198. ☞ Hôtel des deux Compagnies des Mousquetaires ; par M. DE SAINT-FOIX. *Mercure*, *Février*, 1763, *pag.* 6.

Voyez aussi ses *Essais hist. sur Paris*, 1766, tom. II. *pag.* 304-332.]

32199. ☞ L'Exercice des Mousquetaires du Roi, figuré en 320 Planches ; par Alexandre MARSOLIER, Sieur de Ville-Dombe : *Paris*, 1661, *in-fol.* gr. papier.]

32200. Réglemens pour le Régiment des Gardes-Françoises ; par (François) d'Aubusson DE LA FEUILLADE, Maréchal de France : *Versailles*, 1692, *in-*12.

Ce Maréchal de France est mort en 1691.

32201. ☞ Réglement pour le Régiment des Gardes-Françoises : *Paris*, Impr. Royale, 1728, *in-*12.]

32202. ☞ Instruction pour le Corps des Carabiniers ; par M. l'Abbé DE RUPT, ancien Aumônier des Carabiniers : *Paris*, 1767, *in-*8.]

32203. ☞ Histoire Militaire des Suisses au service de la France, avec les Pièces justificatives ; par M. (Béat-Fidèle-Antoine-Jean-Dominique) Baron DE ZUR-LAUBEN, Brigadier des Armées du Roi, Capitaine au Régiment des Gardes-Suisses de Sa Majesté, & Honoraire Etranger de l'Académie Royale des Inscriptions & Belles-Lettres : *Paris*, 1751, 1752 & 1753, *in-*12. 8 vol.

Le Tome I. contient :

Constitution du Corps Helvétique. = Précis de l'Histoire Helvétique, depuis l'origine de la République jusqu'en 1514. = Enumeration des Alliances entre la France & le Corps Helvétique. = Colonels-Généraux des Suisses & Grisons. = Création du Régiment des Gardes-Suisses, Colonels, Lieutenans-Colonels, & Majors de ce Corps. = Lieutenans-Généraux, Maréchaux de Camp, Brigadiers, Inspecteurs, Commandeurs de l'Ordre de S. Louis, qui ont été Capitaines du Régiment des Gardes-Suisses. = Régiment levés ou possédés par des Capitaines aux Gardes-Suisses. = Compagnie générale des Suisses & Grisons. = Origine des Compagnies qui forment actuellement le Régiment des Gardes-Suisses. = Preuves.

Tome II. = Prérogatives du Régiment des Gardes-Suisses, & son état actuel. = Enumeration des Compagnies du Régiment des Gardes-Suisses qui ont été réformés en différens temps. = Batailles, Combats & Siéges où le Régiment des Gardes-Suisses s'est trouvé depuis sa création. = Preuves.

Tome III. Lieutenans-Généraux, Maréchaux de Camp, Brigadiers, Inspecteurs, Commandeurs de l'Ordre de S. Louis, qui ont servi ou servent en France dans les autres Troupes Suisses & Etrangères. = Etat des Régimens Suisses qui servent actuellement en France. = Batailles, Combats & Siéges où les Régimens Suisses & Grisons, qui servent actuellement en France , se sont trouvés. = Histoire de la Compagnie des cent Gardes-Suisses ordinaires du Corps du Roi. = Preuves.

Tome IV. = Analyse de la Paix perpétuelle & des Alliances de 1663 & 1715. = Histoire Militaire des Suisses au service du Roi Louis XI. &c. jusqu'à Charles IX. = Preuves.

Tome V. Histoire Militaire des Suisses sous Henri III. & Henri IV. jusqu'à la Bataille d'Ivry. = Preuves.

Tome VI. Histoire, &c. sous Henri IV. depuis la Bataille d'Ivry, & sous Louis XIII. = Preuves.

Tome VII. Histoire, &c. sous Louis XIV.

Tome VIII. Histoire, &c. sous Louis XV. jusqu'à l'an 1752. = Preuves des Tomes VII & VIII. = Additions & Corrections pour les six premiers Volumes.

On peut voir sur cet Ouvrage, le Journ. de Verdun, Juillet 1749. = Mém. de Trév. Mai & Juin 1753 & Mars 1754. = Mercure, Janvier 1754. = Journ. des Sçavans, Août, Novembre 1751.]

32204. ☞ Code Militaire des Suisses ; par M. le Baron DE ZUR-LAUBEN : *Paris*, 1764, *in*-12. 4 vol.]

32205. ☞ Discours sommaire de la création de la Compagnie des Cent-Suisses ordinaires du Roi, de ses Officiers, &c. par François WILLING, dit Belslou : *Paris*, Langlois, 1676, *in*-4.

32206. ☞ Entretiens & Examen sur la création & information de la Compagnie des cent Gardes-Suisses ; par Frantz ZUVELING, dit François BESSON : 1672, *in*-4.

[Ce pourroit être le même, & une première Edition du précédent, où les noms sont mal écrits.]

32207. ☞ Recueil des troubles du Régiment Suisse de Bettens : *in*-8.]

32208. ☞ Histoire chronologique du Régiment d'Infanterie du Maine ; avec un Abrégé des Siéges, Batailles & Actions où il s'est trouvé depuis sa Création jusqu'à la Paix de Baden : imprimée par ordre de M. le Duc du Maine ; par le Chevalier DE CLAPIERS-COLONGUE, Capitaine de ce Régiment : *Trévoux*, 1716, *in*-12.

☞ *Voyez* le *Journ. de Verdun*, *Décemb.* 1716.]

32209. ☞ Mss. Annales du Régiment de Bresse, depuis 1684 jusques & compris 1754 : (*la Rochelle,*) 1755, *in*-12.

L'Auteur est M. Joly DE MEZEROY, de Metz, ci-devant Lieutenant-Colonel au Régiment de Bresse.]

32210. ☞ Essais historiques sur (divers) Régimens d'Infanterie, Cavalerie & Dragons ; par M. l'Abbé DE NEUVILLE, continués par M. DE ROUSSEL : *Paris*, Guillyn, 1765 & *suiv. in*-12.

On en a déja dix Volumes, & il en paroît chaque année. On y trouve un Journal historique de chaque Régiment.]

32211. ☞ Recueil des Troupes Légères de France ; par CHEREAU.]

32212. ☞ Considérations sur l'emploi des Troupes Etrangères en France ; par M. DE BUSNEL, Conseiller-Procureur du Roi à Philippeville.

Elles sont imprimées dans le *Mercure de Mai* 1759.]

32213. Mss. Pouvoirs des Gouverneurs, des Lieutenans d'Armées & des Provinces, & autres Dépêches d'Etat : *in-fol.*

Ce Recueil [étoit] dans la Bibliothèque de M. le Chancelier Seguier, num. 126, [& est aujourd'hui à S. Germain des Prés.]

32214. Mss. Pouvoirs & Provisions des Gouverneurs & Lieutenans-Généraux de Provinces, rangés par ordre alphabétique des Provinces : *in-fol.* 13 vol.

Ce Recueil est conservé dans la Bibliothèque du Roi, entre les Manuscrits de M. de Gaignières.

32215. Mss. Recueil de Pouvoirs donnés à des Officiers d'Armées, par les Rois de France, depuis l'an 1539 jusqu'en 1557 : *in-fol.*

Il est aussi dans la Bibliothèque du Roi, num. 8632.

32216. ☞ Ordonnance du Roi concernant les Gouverneurs & Lieutenans-Généraux des Provinces, les Gouverneurs & Etats Majors des Places & le service dans lesdites Places ; du 25 Juin 1750 : *Paris*, Imprimerie Royale, *in*-4. de 118 pages.]

32217. ☞ Mss. Diverses Pièces sur la Guerre : *in*-4.

C'est ce qui est contenu dans les Porte-feuilles 699-704 du grand Recueil de M. de Fontanieu, à la Bibliothèque du Roi.]

ARTICLE III.

Histoires des grands Officiers de la Maison du Roi.

§. PREMIER.

Histoires des Grands - Aumôniers de France.

32218. ☞ DE la différence qu'il y a entre les Offices de la Couronne & les grands Officiers de la Maison du Roi ; par M. PIGANIOL DE LA FORCE.

Cette Pièce est l'Article II. du Chapitre III. (ou IV, de son *Introduction à la Description de la France* : *Paris*, le Gras, 1752, *tom. I. pag.* 140. On trouve, au reste, tout ce qui concerne ces deux sortes d'Officiers, traité dans ce Chapitre avec autant de précision que d'exactitude.]

32219. Le Grand-Aumônier de France ; par Sébastien ROUILLARD, Avocat en Parlement : *Paris*, Douceur, 1607, *in*-8.

Ce Livre contient des Recherches sur l'origine & les Privilèges de cette Charge.

☞ *Voyez* la *Méth. hist.* de Lenglet, *in*-4. *tom. IV. pag.* 273.]

32220. Mss. Mémoire touchant la Charge de Grand-Aumônier de France, & des divers Titres attribués à cette Charge.

Ce Mémoire [étoit] conservé au Volume 189 des Manuscrits de M. Colbert de Croissy, Evêque de Montpellier, [mort en 1738.]

32221. ☞ Lettre ou Dissertation sur les Grands-Aumôniers du Roi ; par M. (Charles-Joseph) Thomé ; Chanoine de Meaux. *Journal de Verdun*, 1759, *Octobre*, *p.* 277.]

32222. Nomenclatura Magnorum Franciæ Eleemosynariorum ; per Petrum Frizon, Doctorem Theologum.

[Ce Catalogue est imprimé dans son Histoire des Cardinaux François, intitulée : *Gallia Purpurata : Parisiis*, 1638, *in-fol.*

32223. ☞ Ms. Traité des Grands-Aumôniers de France ; par M. Frizon.

[Il est conservé dans la Bibliothèque du Chapitre de Reims. On en parle dans l'Avertissement du tom. II. de l'*Histoire de la Chapelle du Roi*, par l'Abbé Archon, ci-après. Cet Auteur dit avoir tiré quelques secours de ce Manuscrit.]

32224. ☞ Ms. Recueil concernant la Grande-Aumônerie de France : *in-fol.*

[Ce Recueil est à la Bibliothèque de la Cathédrale de Reims, num. H. 4. Ce pourroit être le même que le précédent.]

32225. Les Grands-Aumôniers, en une feuille gravée ; par Jacques Chevillard, Généalogiste du Roi : *Paris, chez l'Auteur, in-fol.*

32226. Catalogue des Grands-Aumôniers de France jusqu'en 1647 ; par MM. de Sainte-Marthe.

Ce Catalogue est imprimé au Chapitre XII. de leur *Histoire généalogique de la Maison de France, p.* 991.

Autre jusqu'en 1712, avec leurs Généalogies ; par le P. Anselme, & Honoré Caille du Fourny.

Ce Catalogue est imprimé au Chapitre XI. de l'*Histoire des grands Officiers, pag.* 1129.

☞ Autre plus complet ; par le Père Simplicien.

Dans la dernière Édition du même Ouvrage, t. VIII. 1733, *pag.* 223-308.]

32227. ☞ Majores Franciæ Eleemosynarii, (à sancto Germano, Sæc. VI. ad Card. de Rohan, ann. 1713, &c.)

Dans le tom. VII. du *Gallia Christiana* des Bénédictins, *pag.* 220-239.]

32228. ☞ Ms. Traité historique de la Charge de Grand-Aumônier de France ; par Jean Bertet.

[Le Père Bougerel, dans ses *Mém. des Hommes illustres de Provence* : (*Paris*, 1752, *in*-12.) *pag.* 213, parle de cet Ouvrage comme l'ayant vu. Il en fait une courte analyse, & dit qu'il est suivi d'un autre Traité sur la Chapelle des Ducs de Bourgogne, fondée à Dijon en 1172, &c. Il ne marque pas en quel endroit ce Manuscrit est conservé.]

32229. L'Histoire Ecclésiastique de la Cour, ou Antiquités & Recherches de la Chapelle ou Oratoire du Roi de France, depuis Clovis I. jusqu'à notre temps ; par Guillaume du Peyrat, Aumônier du Roi : *Paris, Sara*, 1645, *in-fol.*

Cet Auteur est mort cette année 1645.

32230. Histoire Ecclésiastique de la Chapelle des Rois de France, sous les trois Races de nos Rois jusqu'au Règne de Louis XIV. par Louis Archon, de Riom, Chapelain de Sa Majesté, & Sacristain de la Chapelle de Versailles ; [& Licentié de Sorbonne :] *Paris*, 1704 & 1711, *in*-4. 2 vol.

☞ Le Tome I. ou la première Partie contient l'Histoire de la Chapelle des Rois de la première & de la seconde Race. = Le Tome II. celle des Rois de la troisième Race jusqu'à Louis le Grand exclusivement ; avec une suite des Grands-Aumôniers, Premiers-Aumôniers, Confesseurs & principaux Officiers de la Chapelle.

Cet Ouvrage devoit avoir trois Volumes, selon l'Avertissement qui est à la tête du premier ; mais l'Auteur en est resté au second. Le troisième devoit contenir l'Histoire de la Chapelle Royale sous Louis XIV, & plusieurs autres choses qui ont rapport à ce qui s'est passé sous les Rois de la troisième Race ; avec les Bulles des Papes & les Privilèges accordés par nos Rois à leurs Ecclésiastiques, qui sont annoncés dans le titre du second Volume, & qui probablement devoient se trouver à la fin de l'Ouvrage, par forme de Preuves.]

« On peut dire en général de cet Ouvrage, que ce » n'est pas une simple Liste des Officiers de la Chapelle » de nos Rois ; mais une Histoire édifiante de leur piété, » & un récit historique de leurs vertus, de leur libéra- » lité & de leur mort ». *Mémoires de Trévoux*, art. C. Juillet 1712.

☞ *Voyez* le *Mercure*, *Février* 1704. = Lenglet, *Méth. histor. in*-4. tom. IV. pag. 170. = *Journal des Sçavans*, *Avril* 1704, & *Mars* 1712. = *Mémoires de Trévoux*, *Avril* 1704, & *Juillet* 1711.

M. Oroux travaille à une nouvelle Édition de l'Ouvrage de M. Archon.]

32231. Ms. Remarques critiques sur cette Histoire ; par François de Camps, Abbé de Signy.

[Ces Remarques [étoient] conservées au premier Volume de ses *Remarques critiques sur quelques Historiens de France*, dans sa Bibliothèque, [& sont aujourd'hui dans celle de M. de Beringhen.]

☞ M. l'Abbé Lebeuf les cite dans une Lettre en réponse aux Remarques du Père Texte, Dominicain, (*Mercure de Septembre* 1748,) pour prouver que Amyot étoit à la Cour dans le temps de la Saint-Barthélemi. La Réponse de M. l'Abbé Lebeuf est *Mercure, Décembre*, tom. II. 1748.]

32232. ☞ Lettre d'un Docteur au sujet d'une décision de M. de Sainte-Beuve, touchant les Charges de la Chapelle du Roi: *in*-12.]

32233. Description de la Chapelle du Château de Versailles : *Paris*, 1711, *in*-12.

32234. Établissement, Prérogatives & Fonctions de la Charge de Maître ordinaire de la Chapelle du Roi : *in*-4.

※ Cette Charge ne regarde que les fonctions spirituelles des Chapelains. Nicolas Mazure, Curé de S. Paul, & Grand-Maître ordinaire de la Chapelle du Roi, est l'Auteur de cette Brochure.

☞ Il y dit que les Rois devroient toujours, à l'imitation des Empereurs de Constantinople, avoir quelqu'un des premiers Curés de Paris pour officier dans leur Cour.]

32235. ☞ Ms. Mémoires sur quelques-uns des Confesseurs des Rois de France, depuis S. Louis jusqu'à Louis XIII. par le Père

(Claude)

Histoires des Grands-Aumôniers de France.

(Claude) DU MOLINET, Chanoine-Régulier de Sainte-Geneviève.

Il est parlé de ce Manuscrit dans l'Avertissement du second Volume de l'Histoire de la Chapelle, par l'Abbé Archon.]

32236. Vita Petri de Alliaco, Episcopi Podiensis, deinde Archiepiscopi Cameracensis, S. R. E. Cardinalis ; auctore Hermanno VONDER-HART, Germano.

Ce Cardinal est mort en 1425. Sa Vie est imprimée à la pag. 450 du *Recueil des Actes du Concile de Constance*, part. 8 : *Francofurti*, 1700, *in-fol.*

32237. Alia Vita ejusdem.

Cette Vie est imprimée à la *pag.* 37 du *tom.* I. des *Œuvres* de Gerson : *Antverpiæ*, (*Amstelodami*,) 1706, *in-fol.*

32238. * Histoire du même (Pierre d'Ailly;) par Pierre BAYLE.

Dans son *Dictionnaire*.]

32239. Eloge historique de Jean, Cardinal de la Balue, Evêque d'Angers ; par Henri ALBI, Jésuite.

Ce Cardinal est mort en 1499. Son Eloge est imprimé *pag.* 147 des *Eloges des Cardinaux François* : *Paris*, 1644, *in-4.*

32240. ☞ Vie de Jean de la Balue, Evêque d'Evreux & ensuite d'Angers, Cardinal, [Grand-Aumônier, &] principal Ministre d'Etat sous le Règne de Louis XI. par M. D'AUVIGNY.

Dans ses *Vies des Hommes illustres de France*, *tom.* I. *pag.* 310 : *Amsterdam & Paris*, le Gras, 1739, *in-12.* Balue est mort, selon l'Auteur, en 1491.]

32241. ☞ Observations sur le Cardinal Balue ; par le P. GRIFFET.

Dans le *tom.* VII. de son Edition de l'*Histoire de France* du Père Daniel, *pag.* 675. C'est un abrégé critique de son Histoire, où l'on commence par observer qu'il ne paroît pas qu'on doive le nommer *la Ballue*, comme l'on fait ordinairement.]

32242. ☞ Ms. Processus Ballue.

C'est une Satyre en Vers contre ce Cardinal, qui étoit parmi les Manuscrits de M. Foucault, selon les *Mémoires de Littérature* de M. Galland, *tom.* II. *p.* 743.]

32243. Vita Petri Castellani, Episcopi Tutelensis, deinde Matisconensis, tandem Aurelianensis ; auctore Petro GALLANDIO, Ariensi, Ecclesiæ Parisiensis Canonico ; cum Notis Stephani Baluzii, Tutelensis : *Parisiis*, Muguet, 1674, *in-8.*

Pierre du Chastel est mort en 1552, & Pierre Galland en 1559. Cette Vie est très-belle & bien écrite ; elle contient plusieurs faits qu'on ne trouve point ailleurs.

☞ Cette Vie est très-intéressante pour l'Histoire de la Littérature sous François I. L'Abbé Archon, dans son *Histoire de la Chapelle des Rois de France*, *tom.* II. *pag.* 526 & 533, prétend que du Chastel n'a point été Grand-Aumônier, mais seulement Aumônier du Roi.

Voyez sur cette Vie, la *Méth. hist.* de Lenglet, *in-4.* *tom.* IV. *pag.* 230. = *Biblioth. Harley. tom.* II. *p.* 533.]

32244. Vie de Pierre du Chastel, par Pierre BAYLE.

Cette Vie est imprimée dans son *Dictionnaire*.

32245. Vie de Jacques Amyot, Evêque d'Auxerre, extraite par Sébastien ROULLIARD, d'une Vie écrite en Latin par lui-même.

Cet Abrégé de la Vie de ce Grand-Aumônier, mort en 1593, est imprimé à la *pag.* 605 des *Antiquités de Melun*, par Roulliard : *Paris*, 1628, *in-4.* « J'ai vu & » lu (dit Roulliard,) une Vie d'Amyot, écrite par lui- » même en Langue Latine, & vu un parachévement » fait en François par un sien Secrétaire, nommé Ar- » naud (ou Renaud) MARTIN, mort Chanoine d'Au- » xerre ; mais sans liaison & sans suite, ains par forme » de mémorial : si c'est chose qui puisse contenter la » curiosité du Lecteur, je lui en ferai un discours tissu » & un abrégé sommaire.

32246. * Histoire du même ; par Pierre BAYLE.

Dans son *Dictionnaire* : il l'a tirée de la précédente, mais il y a ajouté ses réflexions critiques.

32247. Vita ejusdem, subitâ oratione, anno 1612, à Federico MORELLO, Regiorum Professorum Decano latinè exarata, ex iis excerpta, quæ Reginaldus Martinus, Secretarius ejusdem, Gallicâ scripserat de Vita optimi sui Patroni.

Cette Vie est imprimée dans Labbe, au *tom.* I. de sa *Nouvelle Bibliothèque des Manuscrits*, *pag.* 521.

32248. Eloge du même ; par Hilarion DE COSTE.

Cet Eloge est imprimé dans son *Recueil des Eloges des Personnes illustres* : *Paris*, 1624, *in-fol.*

32249. ☞ Histoire de la Vie & des Ouvrages de Jacques Amyot, Evêque d'Auxerre, & Grand-Aumônier de France.

Dans les *Mémoires* de NICERON, *tom.* IV. *p.* 45-57.]

32250. ☞ Vie du même ; par l'Abbé Jean LEBEUF.

Dans ses *Mémoires concernant l'Histoire d'Auxerre* : *Paris*, 1743, *in-4.* *tom.* I.]

32251. ☞ Remarques du Père TEXTE, sur Amyot. *Mercure*, 1748, Septembre.]

32252. ☞ Réponse de M. l'Abbé LEBEUF, aux Remarques précédentes, pour prouver qu'Amyot étoit à la Cour dans le tems de la Saint-Barthélemy. *Mercure*, 1748, Décembre, Vol. II.

== Discours funèbre sur la mort de Jacques Davy du Perron, Cardinal, Archevêque de Sens.

Voyez ci-devant, *tom.* I. *pag.* 651, N.° 16009, &c.

32253. ☞ Vie du Cardinal du Perron ; par M. DE BURIGNY : *Paris*, Debure, 1768, *in-12.*]

32254. Récit véritable de tout ce qui s'est passé pendant la maladie & la mort de François, Cardinal de la Rochefoucault, Evêque de Clermont, ensuite de Senlis ; par Nazare ANROUX, Ministre des Mathurins du Couvent de Saint-Michel de Pontoise: *Paris*, de Bresche, 1645, *in-*8.

Ce Cardinal est mort en 1645.

32255. Laudatio funebris ejusdem: auctore Nicolao NAU, è Societate Jesu: *Parisiis*, 1645, *in-*8.

32256. Oraison funèbre du même; par André CATILLON, Jésuite: *Paris*, 1645, *in-*4.

32257. ☞ Le saint Aumônier, Discours panégyrique & moral, des vertus de feu Monseigneur le Cardinal de la Rochefoucault; par le P. Pierre LE MOINE, Jésuite: *Paris*, 1645, *in-*8.]

32258. ☞ Piissimis ac sanctissimis Manibus Illustrissimi & Eminentissimi Cardinalis Francisci de la Rochefoucault, S. R. E. P. hoc amoris sui qualecumque monumentum P. F. D. Seminarii Sanctæ Genovefæ Nanterrianæ Canon. Regular. erigebat: *Parisiis*, Quesnel, 1645, *in-*4.

Ce Poëme a des Notes en marge. Le Cardinal de la Rochefoucault étoit Abbé de Sainte-Geneviève, où se voit son Tombeau.

Ejusdem Funus, per unûm è Can. Reg. Sem. Sylvan: *Parisiis*, 1646, *in-*4.]

32259. Rerum ab eodem gestarum Excerpta: auctore Petro ROVERIO, è Societate Jesu.

Ces Extraits sont imprimés dans son *Histoire de l'Abbaye de Monstier Saint-Jean*: *Parisiis*, 1637, *in-*4.

32260. De Vita & rebus gestis ejusdem; eodem auctore: *Parisiis*, 1645, *in-*8.

32261. Vie du même; par (Michel Martin) DE LA MORINIERE, Chanoine Régulier de la Congrégation de France: *Paris*, 1646, *in-*4.

Cet Auteur est mort en 1654.

☞ Il a fait aussi une Oraison funèbre du même Cardinal de la Rochefoucault: 1646.]

══ Vie du même; par (Gilbert Saulnier,) Sieur DU VERDIER.

Voyez ci-devant, [Tome I. *pag.* 535, N.° 7768.]

══ Vita Alphonsi Ludovici Plessæi Richelii Cardinalis, Archiepiscopi Lugdunensis; auctore M. D. P. (Michel DE PURE.)

Voyez [même Tome, *pag.* 597, N.° 8954.]

32262. Relation de l'Entrée de Pierre du Camboût de Coislin, Evêque d'Orléans, dans cette Ville; par DE SAINTE-MARIE: *Paris*, 1666, *in-*12.

C'est plutôt une Historiette ou un Roman, qu'une Relation.

32263. Oraison funèbre du même Cardinal; par (Luc) LE COCQ; Curé de Saint-Germain d'Orléans: *Orléans*, Borde, 1706, *in-*4.

32264. Autre; par (Jacques) ALEAUME; Chantre, Chanoine & Official de l'Eglise d'Orléans: *Paris*, 1706, *in-*4.

☞ Cet Eloge renferme plus de faits & de circonstances historiques que les autres.]

32265. ☞ Autre du même; par M. LE Roy, Chanoine de S. Agnan: *Orléans*, Borde, 1706, *in-*4.]

32266. Autre; par Guillaume DE FLACOURT, Curé de S. Eloy à Orléans: *Orléans*, 1706, *in-*4.

☞ Cet Eloge fut prononcé dans l'Hôpital général d'Orléans, dont M. le Cardinal de Coislin peut être regardé comme le principal Fondateur.]

32267. Autre; par N. DU CHEMIN, Chanoine Régulier:) *Orléans*, 1706, *in-*4.

32268. Autre; par un Père Minime, (C. L. CLAIREAU:) *Orléans*, Borde, 1706, *in-*4.

32269. ☞ Affaire du Cardinal de Bouillon, & Pièces à son sujet.

Ces morceaux se trouvent *pag.* 154 de l'*Histoire de la détention du Cardinal de Retz*, 1755, *in-*12. & à la fin de la *Tradition des faits*, &c. 1753, *in-*12. *Voyez* encore un Mémoire de M. d'Aguesseau, indiqué ci-devant, N.° 7448, tom. I. *pag.* 511.]

32270. ☞ Apologie du Cardinal de Bouillon: *Cologne*, (*Amsterdam*,) 1706, *in-*12.

On la trouve encore dans le Recueil de Pièces intitulé, *C*. Elle est écrite d'un style assez coulant, & est bien détaillée. Elle contient les raisons que ce Cardinal eut de ne pas déférer aux ordres du Roi, qui lui commandoit de sortir de Rome. *Voyez* le *Journal de Verdun, Mai*, 1706. On a soupçonné que cette Apologie pouvoit avoir été dressée par l'Abbé de Choisy, qui avoit d'étroites liaisons avec le Cardinal de Bouillon.]

32271. ☞ Arrêt du Conseil contre le Cardinal de Bouillon, du 11 Septembre 1700. Lettre de ce Cardinal à M. de Rosny, écrite de Sedan le 16 Mars 1704. Lettre du même au Roi, écrite le 22 Mai 1710.

Ces Pièces se trouvent dans le *Recueil* D. *in-*12.]

32272. ☞ Recueil de Lettres écrites depuis le 14 Juin 1709 jusqu'au 24 Mai 1710, concernant le Cardinal de Bouillon: *in-*4.]

32273. ☞ Abrégé de la Vie de Toussaint de Forbin de Janson, Evêque de Beauvais, Cardinal & Grand-Aumônier.

Dans le *Dictionnaire de Moréri*, 1759. Ce Prélat est mort en 1713.]

32274. ☞ Eloge d'Armand-Gaston-Maximilien de Rohan, Evêque de Strasbourg & Cardinal; par Pierre DE BOUGAINVILLE, Secrétaire de l'Académie des Inscriptions & Belles-Lettres.

Il se trouve dans l'*Hist.* de cette Académie, *t.* XXIII. *pag.* 314. Le Cardinal de Rohan est mort en 1749.]

32275. ☞ Lettre d'un Curé du Diocèse de Rouen à un de ses amis, laquelle renferme des Observations sur le Mandement du Chapitre de l'Eglise Métropolitaine, qui ordonne des prières pour le repos de l'ame de feu M. le Cardinal (Nicolas) de Saulx-Tavannes, Archevêque de Rouen (& Grand-Aumônier.)

Elle compose la seconde Partie des *Anecdotes Ecclésiastiques*, &c. (*Rouen*,) 1760, *in-*12. *pag.* 63-91. Il est aussi question de ce Prélat *pag.* 47 & *suiv.* Le tout paroît très-satyrique.]

§. II.

Histoires des Grands-Maîtres de la Maison du Roi.

32276. CATALOGUE des Grands-Maîtres de la Maison du Roi, jusqu'en 1647; par MM. DE SAINTE-MARTHE.

Ce Catalogue est imprimé au Chapitre XI. de leur *Histoire généalogique de la Maison de France, p.* 989.

Autre jusqu'en 1658, avec leurs Armes & Blazons, & autres Pièces ; par Denys GODEFROY.

Ce Catalogue est imprimé dans son *Histoire des grands Officiers*.

Autre jusqu'en 1712, avec leurs Généalogies ; [par le P. ANSELME, Augustin Déchaussé, &] par Honoré CAILLE DU FOURNY.

Ce Catalogue est imprimé au Chapitre XII. de l'*Histoire des grands Officiers, pag.* 1167.

☞ Autre plus étendu, & jusqu'en 1733.

Dans le tom. VIII. de la dernière Edition de l'Ouvrage précédent, *pag.* 309-392.]

32277. Grands-Maîtres de la Maison du Roi, en une feuille gravée; par Jacques CHEVILLARD: *Paris, chez l'Auteur, in-fol.* Placard.

32278. ☞ Observations du Père GRIFFET, sur Jean le Mercier, Seigneur de Noviant, Grand-Maître de France, sous Charles VI.

Elles sont imprimées *pag.* 606, du tom. VI. de son Edition de l'*Hist. de France* du Père Daniel.]

32279. ☞ Observations sur Jean de Montagu, Grand-Maître & Surintendant des Finances, sous Charles VI. par le même.

Dans le même Volume, *pag.* 612.]

32280. Mf. Mémoires de la Vie d'Antoine de Chabannes, Comte de Dammartin, Favori des Rois Charles VII. & Louis XI. extraits des Titres & Généalogie de sa Maison. *in-fol.*

Ces Mémoires sont conservés dans la Bibliothèque du Roi, num. 8437, *pag.* 81. Antoine de Chabannes est mort en 1488.

32281. Les Vies de Jacques & Antoine de Chabannes; par DU PLESSIS, Gentilhomme Bourguignon : *Paris*, 1617, *in-8.*

Jacques de Chabannes, I. de ce nom, est mort en 1453 ; & Antoine, en 1488.

32282. ☞ Observations sur Antoine de Chabannes, Comte de Dammartin, Grand-Maître; par le P. GRIFFET.

Dans le tom. VII. de son Edition de l'*Histoire de France* du P. Daniel, *pag.* 694.]

32283. Vie de Jacques de Chabannes, II. du nom, Sieur de la Palice; par André THEVET.

Cette Vie du Sieur de la Palice, mort en 1525, est imprimée au Chapitre XLI. du tom. II. de ses *Hommes illustres : Paris*, 1575, *in-fol.*

32284. Vie de René Légitimé de Savoye, Comte de Villars, de Tende, &c. Gouverneur & Grand-Sénéchal de Provence; par Samuël GUICHENON.

Ce Grand-Maître de France est mort en 1524. Sa Vie est imprimée à la *pag.* 1099 de l'*Histoire généalogique de la Maison Royale de Savoye : Lyon*, 1660, *in-fol.*

32285. Vita Claudii & Francisci, primorum Guisiæ Ducum : auctore Papirio MASSONO : *Parisiis*, 1577, *in-*4. 1614, *in-*8.

32286. ☞ Joan. Francisci DE CHANLECY, Series egregiorum facinorum in Galliâ præstitorum à Principibus Lotharingiæ, à Frederico, anno 1259. Accedunt laudes Claudii primi Ducis Guisiæ, &c. *Parisiis*, 1623, *in-*12.]

32287. ☞ Vie de Claude de Lorraine, Duc de Guise & d'Aumale, Prince de Joinville, &c. sous Louis XII. & François I. par M. D'AUVIGNY.

Dans ses *Vies*, &c. tom. X. *pag.* 263-321. Claude de Lorraine, premier Duc de Guise, est le Chef de la Branche de Lorraine établie en France, sous les noms de Guise, d'Aumale, de Mayenne, d'Elbœuf.]

32288. ☞ Le très-excellent Enterrement de très-haut & très-illustre Prince Claude de Lorraine, Duc de Guise, &c. par Edmond DU BOULLAI, Roi d'Armes de Lorraine : *Paris*, 1550, *in-*8.]

32289. Recueil des derniers propos que dit & tint feu François de Lorraine, Duc de Guise, Lieutenant-Général pour le Roi, [prononcés par lui avant son trépas, à Madame la Duchesse sa femme, Monsieur son fils, &c.] *Paris*, [Kerver, & *Troyes*, Tourneau,] 1563, *in-*8.

☞ Ce Recueil se trouve aussi imprimé à la fin de l'Ouvrage rapporté ci-après, N.° 32311.]

Eadem Latinè reddita per Joannem Veterem, Doctorem Sorbonicum : *Parisiis*, Julliare, 1563, *in-*8.

32290. ☞ Relation de la blessure & de la mort du Duc de Guise, & Lettre de l'Evêque de Riez au Roi, contenant les actions & propos de M. de Guise, depuis sa blessure jusqu'à son trépas. = In Obitum Francisci Lotharingi Ducis Guysii Epitaphia.]

L'Ecrit [ou la Lettre] de Lancelot DE CARLE, Evêque de Riez, fut imprimé par ordre de la Cour, pour y détruire ce qu'il avoit avancé dans le Recueil précédent contre la Duchesse de Guise, à l'occasion de la blessure que Poltrot avoit faite au Duc François de Guise, dont il mourut le 26 Février 1563.

☞ Le P. le Long ne s'explique pas assez dans cette Note. Ce qui avoit blessé la Duchesse de Guise, dans le Recueil de Lancelot de Carle, étoit le Discours qu'il rapportoit de son mari. « Il la prioit de lui pardonner » s'il n'avoit pas été loyal mari, comme il lui pardonnoit » le semblable ». C'est ce que Beze dit aussi dans son *Histoire Ecclésiastique des Eglises Réformées*, Liv. VI. & Bayle, dans son *Dictionnaire critique*, 3e Edition, *pag.* 1355. Les Paroles précédentes furent adoucies dans la seconde Edition indiquée ici, qui n'a que cette différence avec la Relation précédente. Au reste, on peut voir la *Méth. hist.* de Lenglet, *in-*4. *tom. IV. p.*161.

Ces Pièces, qui se trouvent dans le tom. IV. des *Mémoires de Condé : Londres,* (Paris,) 1743, *in-*4. sont encore ailleurs. L'Editeur de ces Mémoires (M. Secousse,) a ajouté des Notes qui ne se trouvent que là, & entr'autres une Remarque sur les différentes Editions de ces Pièces, & sur les changements qu'on a faits au Discours que tint au lit de la mort le Duc de Guise à la Duchesse sa femme. Cette Remarque se trouve corrigée à la fin de ce Tome IV. *pag.* 696. sur les nouvelles découvertes qu'a faites depuis l'Editeur.]

32291. ☞ Le saint & pitoyable Discours comme ce bon Prince, François de Lorraine, Duc de Guise, se disposa à recevoir le Saint Sacrement de l'Autel & l'Extrême-Onction, & des regrets & Complaintes que firent les Capitaines & Soudars après qu'il fut décédé.

Cette Relation, qui est extrêmement courte, est faite, ainsi que les précédentes, à l'honneur du Duc de Guise. Elle se trouve aussi dans les *Mém. de Condé*.

Elles avoient été imprimées dans le temps *à Troyes*, chez François Trumeau, avec privilège : *in*-12. & en lettres Gothiques.]

32292. ☞ De cæde Francisci Lothareni Guisii Ducis Magni, lugubre Carmen : *Parisiis,* 1563, *in*-8.

Cette Pièce, ainsi que la précédente, est en Vers. Celles qui suivent sont en Prose, & toujours à la louange du Duc de Guise. La Harangue faite à Rome, par ordre du Pape Pie IV. à ce sujet, est un assez bon morceau.]

32293. ☞ Lettres consolatoires de Sa Majesté Impériale sur la mort de M. de Guise, envoyées d'Insprugg à Trente, à Monseigneur le R R. Cardinal de Lorraine; avec les Lettres consolatoires de Monseigneur le Révérendissime Cardinal de Lorraine, envoyées à Madame la Douairière de Guise sa mère : *Paris,* 1563, *in*-8.]

32294. ☞ Copie des Lettres que M. le Révérendissime Cardinal de Lorraine a envoyées à Madame de Guise, sa belle-sœur, sur le trépas de feu son frère François de Lorraine, Lieutenant-Général pour le Roi, & Grand-Maître de France; ensemble quelques petits Œuvres moraux sur le temps présent : 1563, *in*-8.]

32295. ☞ Diverses Pièces tant Latines que Françoises, sur la mort de François de Lorraine, Duc de Guise: *Paris,* Richard, 1563, *in*-4.]

32296. ☞ Epicedium in præmaturam, immeritam, & omnibus sæculis deplorandam mortem Francisci à Lotharingiâ Guisiani Ducis, adjectis aliquot ex iis quæ non ita pridem scripsit Episcopus Regiensis : ex Scholiis Caroli Gadranii Canonici Divionensis : *Divione,* 1564, *in*-4.]

32297. ☞ Nic. QUERCULI, Turtronensis Rhemi Epicedion, super funere Francisci Lotharingi : *Parisiis,* 1563, *in*-8.]

32298. ✱ Oratio funebris ejusdem; auctore Juliano POGIO.

La même, traduite en François; par Jean de Foigny : *Reims,* de Foigny, 1563, *in*-8.

32299. Autre du même ; par Jacques LE HONGRE, Jacobin : *Paris,* 1563, *in*-8.

32300. ☞ Oratio & Ode in Obitum Ducis Guisiani; (auctore Claudio ROILLETO, Belnensi:) *Parisiis,* 1563, *in*-4.]

32301. ☞ Sermon funèbre fait à Nancy aux Obsèques & Funérailles de feu Monseigneur François de Lorraine, Duc de Guise, en l'Eglise des Cordeliers, par l'ordonnance de S. A. & de Monseigneur le Duc présent; par Bernard DOMINICI, de l'Ordre de la Sainte-Trinité & Rédemption des Captifs; avec la Harangue de très-noble & très-vertueuse Dame, Madame Marie de Stuard, Reine d'Ecosse, Douairière de France, faite en l'Assemblée des Etats de son Royaume, tenus au mois de Mai dernier passé: *Reims,* 1563, *in*-8.]

32302. ☞ L'Ordre de la Pompe funèbre du même, passant par Paris : *Paris,* 1563, *in*-8.]

32303. ☞ Le même, avec la Généalogie de la Maison de Lorraine : 1563, *in*-8.]

32304. ☞ Regret sur le décès de François de Lorraine, Duc de Guise : *in*-8.]

32305. ☞ Complainte de France sur le Trépas du même : *in*-8.]

32306. ☞ Mémoire lamentable sur le Trépas du même, avec propos mémorables de ce bon Prince, sur l'heure de son Trépas : *in*-8.]

32307. ☞ Le *De profundis* chanté par la France, à la mort du même : 1563, *in*-8.]

32308. Ms. Les Gestes de M. de Guise jusqu'à la prise de Thionville, en 1558 : *in-fol.*

Ces Gestes [étoient] conservés dans la Bibliothèque de M. Foucault, [qui a été dispersée.]

32309. Eloge du même ; par Pierre de Bourdeille, Seigneur DE BRANTOSME.

Cet Eloge est imprimé *pag.* 29 du tom. III. de ses *Capitaines François:* Leyde, 1666, *in*-12. [&c. enfin] au tom. IV. des Additions aux *Mémoires de Castelnau,* par le Laboureur.

32310. Vie & Trépas du même; par Jacques LE HONGRE, Jacobin : *Paris,* 1563, *in*-8.

✻ L'Auteur est mort en 1585.

32311. Caroli Lotharingiæ Cardinalis, & Francisci Ducis Guisii, Literæ & Arma in funebri Oratione habita Nancii à Nicolao BOCHERIO, Theologo Doctore : *Parisiis,* Morelli, 1577, *in*-4.

Le même Discours, publié sous ce titre : La Conjonction des Lettres de Charles, Cardinal de Lorraine, & de François, Duc de Guise, frères; traduit en François par Jacques Tigeou, Angevin, Chancelier & Chanoine de Metz : *Reims,* 1579, *in*-4.

On trouve dans ce Discours des particularités qui

Histoires des Grands-Chambriers & des Grands-Chambellans. 197

peuvent servir à l'Histoire de Charles, Cardinal de Lorraine.

32312. Vie de François de Lorraine, Duc de Guise : *Paris*, 1681, *in-12.*

La même, traduite en Anglois : *London*, 1681, *in-12.*

Cette Vie, qui est très-bien écrite, a été composée par Jean-Baptiste du Trousset DE VALINCOURT, Historiographe du Roi, de l'Académie Françoise, Secrétaire général de la Marine. Le même Auteur avoit fait la Vie du Connétable de Bourbon : il avoit dessein d'écrire celles des grands Hommes de France, comme il le témoigne dans une de ses Lettres, écrite en 1683, à M. du Cange.

☞ Il est mort en 1730, âgé de 77 ans.

Voyez sur la Vie précédente, la *Méth. histor. in-4.* de Lenglet, tom. *IV.* pag. 161. = Le Père Niceron, tom. *XXIV.* pag. 253. = *Eloge des Académiciens*, pag. 333.]

32313. ☞ Vie de François, Duc de Guise, sous François I. Henri II. François II. & Charles IX. par M. D'AUVIGNY.

Dans ses *Vies des Hommes illustres de France*, t. X. pag. 322. François de Guise fut assassiné au Siége d'Orléans, par Poltrot, en 1563.]

== Relation de la mort de Henri de Lorraine, Duc de Guise, tué [à Blois] en 1588.

Voyez ci-devant, [Tom. II. pag. 304, N.° 18805.]

32314. ☞ Ms. Mémoires pour servir à l'Histoire du Duc de Guise, tué à Blois par ordre du Roi Henri III. le 23 de Décembre 1588, (ramassés par Jean-Bénigne Lucotte DU TILLOT, Gentilhomme ordinaire de Monseigneur le Duc de Berry. = Mémoires pour servir à l'Histoire de M. de Biron, (Charles de Gontaut, Duc & Pair, & Maréchal de France, Gouverneur de Bourgogne, décapité le dernier Juillet 1602,) recueillis par le même : *Piron scripsit & delineavit*, 1727, *in-4.*

Ce magnifique Manuscrit est conservé à Dijon, dans la Bibliothèque de M. Fevret de Fontette. C'est l'Original de M. du Tillot, écrit & mis au net sous ses yeux par le Sieur Piron, qui avoit l'une des plus belles mains qui ait jamais existé. Ces Mémoires sont remplis de Portraits, Figures, &c. faites à la plume & avec beaucoup d'élégance. M. du Tillot y a ramassé quelques morceaux que je n'ai vus nulle part, entr'autres l'Information faite au Parlement de Paris, à la Requête de la Duchesse de Guise, sur l'Assassinat du Duc de Guise & de son Frère le Cardinal de Guise. L'Estampe qui représente cet Assassinat est avec quatre Sixains au bas. On peut voir sur ce Manuscrit & sur M. du Tillot, la *Bibliothèque des Auteurs de Bourgogne* de l'Abbé Papillon, à l'Article *Lucotte*.]

32315. Histoire du Duc de Lorraine, dit *le Balafré : Paris*, Barbin, 1694, [1696] *in-12.* en Hollande, 1695.

☞ Il y a eu une seconde Edition augmentée : *Paris*, 1696, *in-12.*]

Cette Histoire Romanesque a été faite par DE BRIE, Poëte.

32316. La véritable Histoire du Duc de Guise, extraite de M. de Thou, d'Aubigné, & du Journal de Henri III. *London*, 1683, *in-4.* en Anglois.

32317. ☞ Vie de Henri (de Lorraine, I. du nom,) Duc de Guise, Général des Armées du Roi, & Gouverneur de Champagne & de Brie, autrement appellé *Guise le Balafré*, (mort en 1588, tué à Blois;) par l'Abbé PÉRAU : 1749.

Elle occupe le Tome XVII. entier des *Vies des Hommes illustres de France*, commencées en 1739; par M. d'Auvigny.]

== Oraison funèbre de Charles de Bourbon, Comte de Soissons, mort en 1612.

☞ *Voyez* ci-devant, Tom. II. N.° 25861.]

== Oraison funèbre de Louis de Bourbon, Comte de Soissons, mort en 1641.

☞ *Voyez* ci-devant, N.° 25864.]

== Oraisons funèbres de Henri II. de Bourbon, Prince de Condé, mort en 1646.

☞ *Voyez* ci-devant, N.° 25809 *& suiv.*]

32318. Vie de Thomas-François de Savoye, Prince de Carignan, &c. Général des Armées de Sa Majesté en Italie ; par Samuël GUICHENON.

Ce Grand-Maître de France est mort en 1656. Sa Vie est imprimée à la pag. 1035 de l'*Histoire généalogique de la Maison Royale de Savoye : Lyon*, 1660, *in-fol.*

32319. Il Colosso : Historia panegirica del Principe Thomaso di Savoia ; per Antonio-Agostino CORRETTO, Dottore della Lege : *in Torino*, 1663, *in-4.*

== Oraisons funèbres d'Armand de Bourbon, Prince de Conti, mort en 1666.

☞ *Voyez* ci-devant, N.° 25852 *& suiv.*]

== Oraisons funèbres de Louis de Bourbon, Prince de Condé, mort en 1686.

Voyez ci-devant, N.° 25832 *& suiv.*]

== Oraisons funèbres de Henri-Jules de Bourbon, Prince de Condé, mort en 1709.

Voyez ci-devant, N.° 25839 *& suiv.*]

§. III.

Histoires des Grands-Chambriers de France.

32320. CATALOGUE des Grands-Chambriers; par MM. DE SAINTE-MARTHE.

Ce Catalogue est imprimé au Chapitre XIII. de leur *Histoire généalogique de la Maison de France*, p. 996.

Autre, avec leurs Généalogies ; par [le Père ANSELME, & par] Honoré CAILLE DU FOURNY.

Ce Catalogue est imprimé au Chap. XIII. de l'*Histoire des grands Officiers*, pag. 1215.

☞ Autre, plus complet, dans la dernière Edition de l'Ouvrage précédent ; par le P. SIMPLICIEN, *tom. VIII.* pag. 393.]

== Histoire de Louis I. Duc de Bourbon, mort en 1341.

☞ *Voyez* ci-devant, Tome I. N.° 25569.]

== Histoire de Louis II. Duc de Bourbon, mort en 1410.

☞ *Voyez* ci-devant, N.° 25570.]

§. IV.

Histoires des Grands-Chambellans de France.

32321. LE Grand-Chambellan de France, où il est traité des Honneurs, Droits & Pouvoirs de cet Office; par Pierre BARDIN: *Paris*, du Val, 1633, *in-fol.*

Bardin est mort de l'Académie Françoise en 1637.

32322. Discours du Chambellan de France; par (M. Charles de Combault, Baron) D'AUTEUIL.

Ce Discours est imprimé *pag.* 445 de son *Histoire des Ministres d'Etat: Paris*, 1642, *in-fol.*

32323. Catalogue des Grands-Chambellans; par MM. DE SAINTE-MARTHE.

Ce Catalogue est imprimé au Chapitre XIV. de leur *Histoire généalogique de la Maison de France, p.* 999.

Autre, avec leurs Généalogies; par [le Père ANSELME, &] par Honoré CAILLE DU FOURNY.

Ce Catalogue est imprimé au Chapitre XIV. de l'*Histoire des Grands Officiers, pag.* 237.

☞ Autre, plus complet; par le Père SIMPLICIEN.

Dans la dernière Edition de l'Ouvrage précédent, tom. VIII. *pag.* 437.]

32324. Eloge de Pierre de Villebeon, Chambellan de France; par (Charles de Combault, Baron) D'AUTEUIL.

Cet Eloge est imprimé à la *pag.* 433 de son *Histoire des Ministres d'Etat: Paris*, 1642, *in fol.*

32325. ☞ Vie de Pierre de Villebeon, Chambellan & principal Ministre sous Louis IX. (mort dans la Croisade de Tunis, en 1270;) par M. D'AUVIGNY.

Elle est imprimée parmi les *Vies des Hommes illustres de France*, tom. I. *pag.* 115: *Amsterdam & Paris*, le Gras, 1739, *in-12.*]

32326. Histoire de Pierre de Brosse.

Cette Histoire de Pierre de Brosse, Favori de Philippe III. Roi de France, & condamné à mort en 1276, est imprimée dans l'*Histoire des Favoris: Leyde*, 1660, *in-12.*

32327. ☞ Vie de Pierre la Brosse, Chambellan & Ministre d'Etat sous le Règne de Philippe le Hardi; par M. D'AUVIGNY.

Elle est imprimée tom. I. de ses *Vies des Hommes illustres de France, pag.* 130.]

32328. Vie d'Enguerrant de Marigny, Seigneur de Couci & Comte de Longueville.

Cette Vie d'Enguerrant de Marigny, condamné à mort en 1315, est imprimée dans l'*Histoire des Favoris: Leyde*, 1660, *in-12.*

32329. Eloge du même; (par M. Charles de Combault, Baron) D'AUTEUIL.

Cet Eloge est imprimé *pag.* 502 de son *Histoire des Ministres d'Etat: Paris*, 1642, *in-fol.*

32330. ☞ Vie d'Enguerrand de Marigny, Comte de Longueville, Chambellan & principal Ministre sous Philippe le Bel; par M. D'AUVIGNY.

Elle est imprimée *p.* 136 du tom. I. de ses *Vies des Hommes illustres de France*. Ce Ministre fut exécuté en 1315; mais sa mémoire fut ensuite réhabilitée.]

32331. Ms. Vie de Louis de Montjoye, Chambellan du Roi Charles le Sage: *in-fol.*

Cette Vie est conservée dans la Bibliothèque du Roi, entre les Manuscrits de du Chesne, Volume II. *p.* 303.

32332. ☞ Mémoire de M. le Baron DE ZUR-LAUBEN, sur Arnaut de Cervole, dit l'Archiprêtre, Chevalier, Chambellan du Roi de France Charles V. Capitaine général des Routiers, Compère & Conseiller de Philippe Duc de Bourgogne.

Il se trouve au tom. II. de la *Bibliothèque Militaire*, &c. par M. de Zur-Lauben; & dans les *Mém. de l'Académie des Inscriptions & Belles-Lettres*, tom. XXV. *pag.* 153. Arnaut de Cervole est mort en 1366.]

32333. ☞ Vie de Georges de la Trémouille, Chambellan & Ministre d'Etat, sous le Règne de Charles VII. par M. D'AUVIGNY.

Dans le tom. I. de ses *Vies des Hommes illustres de France, pag.* 217. La Trémouille est mort en 1446.]

32334. ☞ Observations sur Antoine de Châteauneuf, Seigneur du Lau, Grand-Chambellan; par le P. GRIFFET.

Dans le tom. VII. de son Edition de l'*Histoire de France* du Père Daniel, *pag.* 692.]

== Eloge de Jean d'Orléans, Comte de Dunois, mort en 1470.

Voyez ci-devant, [Tome II. N.° 25543.]

== Histoire de Jean de Bourbon, Prince de Carency, mort en 1478.

Voyez [au même Tome, *pag.* 697, N.° 25871.]

== Discours funèbre de Henri de Lorraine, Duc de Mayenne, mort en 1621; par Rolland BOURDON, Religieux Augustin: *Tolose*, 1621, *in-12.*

== Vie de Charles, Duc de Mayenne; par l'Abbé PÉRAU.

Voyez ci-devant, aux *Amiraux*, N.° 31785.

☞ « Henri de Lorraine son fils, appellé d'abord
» *Duc d'Eguillon*, & qui, après la mort de son père (en
» 1611,) prit le nom de *Duc de Mayenne*, hérita de
» sa Charge de Grand-Chambellan, & mourut au Siège
» de Montauban, en 1621, âgé de 43 ans, sans laisser
» de postérité ». C'est la remarque de l'Abbé Pérau, à
la fin de la Vie de son père.]

§. V.

Histoires des Grands-Ecuyers de France.

32335. Catalogue des Grands-Ecuyers jusqu'en 1647 ; par MM. DE SAINTE-MARTHE.

Ce Catalogue est imprimé au Chapitre XV. de leur *Histoire généalogique de la Maison de France*, p. 1002.

Autre, jusqu'en 1712, avec leurs Généalogies ; par [le Père ANSELME & par] Honoré CAILLE DU FOURNY.

Ce Catalogue est imprimé au Chapitre XV. de l'*Histoire des Grands Officiers*, pag. 1171.

☞ Autre, plus complet ; par le Père SIMPLICIEN.

Dans la dernière Edition du même Ouvrage, t. VIII. pag. 463.]

32336. Eloge de César-Auguste de Bellegarde, Baron de Thermes ; par Pierre DHOGES, Maire de Challon : *Dijon*, 1621, *in-4.*

32337. ☞ Regrets sur son Trépas ; par le même : *Challon*, 1621, *in-8.*]

32338. ☞ Discours fait au Parlement sur la présentation des Lettres d'érection du Duché de Bellegarde ; (par Jean GUILLAUME, Avocat ;) avec les Arrêts sur icelles : *Dijon*, 1621, *in-4.*]

32339. ☞ La Bellegarde, Recueil de Vers faits à la louange de César-Auguste de Bellegarde, Baron de Thermes, tué au Siége de Clerac le 23 Juillet 1621 : *in-4.*

C'est Jean-François SERAND qui est Auteur de ce Recueil.]

32340. ☞ Oraison funèbre sur le Trépas de Monseigneur de Thermes, prononcée aux Jésuites le 28 Août 1621 ; par Fr. J. PETRINY, Carme : *Dijon*, Guyot, 1621, *in-8.*]

32341. ☞ Discours sur le Trépas de Monseigneur de Thermes ; par M. DUMAY, à M. de Bellegarde : *Dijon*, 1621, *in-8.*]

32342. * Mausolée dressé à la mémoire de César-Auguste de Bellegarde, Seigneur & Baron de Thermes, &c. Conseiller d'Etat, Chevalier des Ordres du Roi, Gouverneur des Ville & Château de Dijon, Maréchal de Camp, & Grand-Ecuyer de France ; par Nicolas DE CHEVANES, Autunois, Avocat en Parlement : *Lyon*, 1621, *in-4.*

32343. * Epître de Nestor à Léodamie, sur la mort de Protésilas : *Dijon*, Guyot, 1621, *in-4.*

L'Auteur, dans l'Epître Dédicatoire, ne met que les lettres initiales de son nom C. B. M. Elles signifient Claude-Barthélemy MORISOT. C'est une Pièce allégorique [en grande partie,] sur la mort de M. (Louis) de Thermes, fils de M. de Bellegarde.

L'Allégorie finit pag. 39.

Il y a ensuite une Consolation à M. de Bellegarde, sur la mort de M. de Thermes, par le même Auteur.]

32344. * ΔΙΗΓΗΜΑΤΙΟΝ & ΠΟΙΗ super nupero morbo viri illustris Rogerii, Nobilium Antistitis, magnique Franciæ Hipparchæ, ac in Burgundiâ Proregis : *in-8.* (sans date ni nom d'Imprimeur.)

Cette Pièce est de M. DUJON, Conseiller du Roi, & Trésorier de sa Cavalerie légère.]

32345. Discours funèbre de Roger de Bellegarde ; avec la Relation de ce qui s'est fait à ses Obsèques, [en l'Eglise des RR. PP. Jésuites de Dijon ;] par Jean GRISET, Jésuite : *Dijon*, Palliot, 1647, *in-4.*

Roger de Saint-Lary & de Thermes, Duc de Bellegarde, est mort en 1646.

32346. Panégyrique du Comte d'Harcourt, après la prise de l'Isle de Sainte-Marguerite & de Saint-Honorat ; par Jean DE MEAUX, Avocat : *Aix*, 1637, *in-fol.*

Henri de Lorraine, Comte d'Harcourt, est mort en 1666.

32347. ☞ Panégyrique à Messire Henri de Lorraine, Comte d'Harcourt, de ses Victoires d'Italie : *Paris*, 1643, *in-4.*]

32348. Le Héros François, ou l'Idée d'un grand Capitaine ; par (René) DE CERISIERS, Aumônier de M. le Duc d'Orléans : *Paris*, Camusat, 1645, *in-4.*

El Heroe Francese o la idea d'un grand Capitan ; por Gaspar de Salas, traducido del Renato DE CERISIERS : *en Barcelona*, 1646, *in-4.*

C'est l'Eloge du Comte d'Harcourt, [alors] Gouverneur de Catalogne pour le Roi de France.

32349. Eloge du même ; par Charles PERRAULT, de l'Académie Françoise.

Cet Eloge est imprimé à la pag. 23 du tom. II. de ses *Vies des Hommes illustres* : *Paris*, 1701, *in-fol.*

32350. Ms. Mémoires du même ; par Nicolas FARET, de l'Académie Françoise.

Faret est mort en 1646. Ces Mémoires sont cités dans l'Edition de 1712 de Moréri.

32351. ☞ Ms. Lettre du Comte D'HARCOURT, au Cardinal Mazarin.

Cette Lettre est de 15 pages. La Copie est conservée à Dijon, dans la Bibliothèque de M. Fevret de Fontette. M. d'Harcourt y détaille ses services, & le peu de récompense qu'il en a eue.]

32352. ☞ Ms. Dépense de l'Ecurie du Roi pour l'an 1595. Original de 46 pages.

Il est à Dijon, dans la Bibliothèque de M. Fevret de Fontette.]

§. VI.

Histoires des Grands-Bouteilliers de France.

32353. Catalogue des Grands-Bouteilliers ; par MM. DE SAINTE-MARTHE.

Ce Catalogue est imprimé au Chapitre XVI. de l'*Histoire généalogique de la Maison de France*, p. 1003.

Autre, avec leurs Généalogies; par [le Père ANSELME & par] Honoré CAILLE DU FOURNY.

Ce Catalogue est imprimé au Chapitre XVI. de l'Histoire des Grands Officiers, pag. 1303.

☞ Autre, plus complet; par le Père SIMPLICIEN.

Dans la dernière Edition de l'Ouvrage précédent, tom. VIII. pag. 513.]

§. VII.

Histoires des Grands-Pannetiers de France.

32354. CATALOGUE des Grands Pannetiers; par MM. DE SAINTE-MARTHE.

Ce Catalogue est imprimé au Chapitre XVII. de leur Histoire généalogique de la Maison de France, p. 1006.

Autre, avec leurs Généalogies; par [le Père ANSELME & par] Honoré CAILLE DU FOURNY.

Ce Catalogue est imprimé au Chap. XVII. de l'Histoire des Grands Officiers, pag. 1379.

☞ Autre, plus complet; par le Père SIMPLICIEN.

Dans la dernière Edition de l'Ouvrage précédent, tom. VIII. pag. 603.]

§. VIII.

Histoires des Grands-Veneurs de France.

32355. CATALOGUE des Grands-Veneurs par MM. DE SAINTE-MARTHE.

Ce Catalogue est imprimé au Chapitre XVIII. de leur Histoire généalogique de la Maison de France, pag. 1008.

Autre, avec leurs Généalogies; par [le Père ANSELME, & par] Honoré CAILLE DU FOURNY.

Ce Catalogue est imprimé au Chapitre XVIII. de l'Histoire des Grands Officiers, pag. 1441.

☞ Autre, plus complet; par le Père SIMPLICIEN.

Dans la dernière Edition de l'Ouvrage précédent, tom. VIII. pag. 683.]

32356. L'Enterrement de Claude de Lorraine, Duc de Guise; par Edmond DU BOULLAY, Roi d'Armes: *Paris*, 1550, [1620] *in-8*.

32357. Oraison funèbre du même; par Claude GUILLAUD, Chanoine & Théologal d'Autun: *Paris*, Dallier, 1550, *in-8*.

32358. Autre; par Pierre DORÉ, de l'Ordre des Frères Prêcheurs: *Paris*, 1550, *in-8*.

32359. ☞ L'Arrest des trois Esprits, sur le Trépas de Claude de Lorraine, Duc de Guise; par Nicole BERGEDÉ, de Vezelay;

avec un Cantique sur la Paix, & l'Epitaphe de Christophe de Digny, Seigneur de Rizaulcourt: *Paris*, Groulleau, 1563, *in-8*.]

== Vita Claudii & Francisci, primorum Guisiæ Ducum; auctore Papirio MASSONO.

Voyez ci-devant, [N.° 32285.]

32360. ☞ Les Tombeaux & Discours des faits & déplorable mort de très-débonnaire & magnanime Prince Claude de Lorraine, Duc d'Aumale, Pair & Grand-Veneur de France, &c. ouis ès Guerres Civiles mûes depuis l'an 1562 jusqu'à présent; par Jean HELOIS, de Beauvoisis: *Paris*, Dupté, 1573, *in-8*.]

§. IX.

Histoires des Grands-Fauconniers de France.

32361. CATALOGUE des Grands-Fauconniers; par MM. DE SAINTE-MARTHE.

Ce Catalogue est imprimé au Chapitre XIX. de leur Histoire généalogique de la Maison de France, p. 1009.

Autre, avec leurs Généalogies; par [le Père ANSELME & par] Honoré CAILLE DU FOURNY.

Ce Catalogue est imprimé au Chapitre XIX. de l'Histoire des Grands Officiers, pag. 1497.

☞ Autre, plus complet; par le Père SIMPLICIEN.

Dans la dernière Edition de l'Ouvrage précédent, tom. VIII. pag. 743.]

§. X.

Histoires des Grands-Louvetiers de France.

32362. CATALOGUE des Grands-Louvetiers, avec leurs Généalogies; par [le Père ANSELME & par] Honoré CAILLE DU FOURNY.

Ce Catalogue est imprimé au Chapitre XX. de l'Histoire des Grands Officiers, pag. 1501.

☞ Autre, plus complet; par le Père SIMPLICIEN.

Dans la dernière Edition de l'Ouvrage précédent, tom. VIII. pag. 781.]

§. XI.

Histoires des Grands-Queux de France.

32363. CATALOGUE des Grands-Queux; par MM. DE SAINTE-MARTHE.

Ce Catalogue est imprimé au Chapitre XX. de leur Histoire généalogique de la Maison de France, p. 1010.

Autre, avec leurs Généalogies; par [le Père ANSELME & par] Honoré CAILLE DU FOURNY.

Ce Catalogue est imprimé au Chapitre XXI. de l'Histoire des Grands Officiers, pag. 1543.

Autre;

Histoires des Grands-Maîtres des Eaux & Forêts, &c.

☞ Autre, plus complet ; par le Père Simplicien.

Dans la dernière Edition de l'Ouvrage précédent, tom. VIII. pag. 825.]

§. XII.
Histoires des Grands-Maîtres des Eaux & Forêts.

32364. Catalogue des Grands-Maîtres des Eaux & Forêts ; par MM. de Sainte-Marthe.

Ce Catalogue est imprimé au Chapitre XXI. de leur *Histoire généalogique de la Maison de France, p. 1011*.

Autre, avec leurs Généalogies ; par [le Père Anselme & par] Honoré Caille du Fourny.

Ce Catalogue est imprimé au Chapitre XXII. de *l'Histoire des Grands-Officiers*, pag. 1555.

☞ Autre, plus complet ; par le Père Simplicien.

Dans la dernière Edition de l'Ouvrage précédent, tom. VIII. pag. 841.]

32365. Mf. Départemens des Eaux & Forêts de France, avec des Plans : *in-8*. oblong. 17 vol.

Le Tome premier contient le Département de Paris ; le second, celui de Valois, Senlis & Soissons ; le troisième, celui de Picardie, Artois & Flandre ; le quatrième, de Haynault & du Pays d'Entre-Sembre, Meuse & Entre-Meuse ; le cinquième, de Champagne & de Luxembourg ; le sixième, celui de Lorraine & de Barrois ; le septième, des Duché & Comté de Bourgogne, Bresse & Alsace ; le huitième, d'Auvergne, Lyonnois, Forez, Beaujollois, Dauphiné & Provence ; le neuvième, de Toulouse ; le dixième, de Gascogne ; le onzième, de Poitou, Aunis, Angoumois, Limosin, Saintonge, la Marche, Bourbonnois & Nivernois ; le douzième, de Touraine, Anjou & le Maine ; le treizième, du Duché de Bretagne ; le quatorzième, de la Généralité de Rouen ; le quinzième, de Caën & d'Alençon ; le seizième, de Blois & de Berry ; le dix-septième, Prix des Ventes.

32366. Mf. Table générale sur les Départemens des Grandes-Maîtrises des Eaux & Forêts de France, fixées par l'Edit du mois de Février 1689 : *in-fol.*

32367. Mf. Table générale de ces Départemens, faite en 1693, intitulée : *L'Etat des Forêts du Roi : in-8.*

Ces Manuscrits, concernant les Eaux & Forêts, sont conservés dans la Bibliothèque de M. le Comte de Pontchartrain.

32368. ☞ Du grand Voyer de France : *Paris, in-8.*]

§. XIII.
Traités des Officiers Commensaux de la Maison du Roi, [& des Princes.]

32369. Mf. Etat des Maisons des Rois & Reines de France : *in-fol.*

Tome III.

32370. Mf. Etats des Officiers de la Maison du Roi : Originaux : *in-fol.*

32371. Mf. Etat des Maisons des Enfans de France : *in-fol.*

Ces trois Manuscrits sont conservés dans la Bibliothèque du Roi, entre ceux de M. de Gaignières.

32372. ☞ Etat & nombre des Officiers qui doivent être à la Cour du Roi & en toute Maison de Prince du sang Royal, lesquels doivent servir selon l'ordre qui s'en suit : 1400.

Cet Etat est imprimé dans les *Mélanges historiques* de Camusat : *Troyes, 1619, in-8.*]

32373. ☞ Les Etats des Maisons & Officiers des Ducs de Bourgogne de la dernière Race, enrichis de Notes historiques très-intéressantes pour un grand nombre de Familles illustres.

Ils sont imprimés dans les *Mémoires pour servir à l'Histoire de France & de Bourgogne : Paris, 1729, in-4.*]

32374. Mf. Registre concernant les Etats & Rôles des Offices de la Maison du Roi François I. en 1530 & 1531 : *in-fol.*

Ce Registre [étoit] dans le Cabinet de M. de Mandajors, de l'Académie des Belles-Lettres, [mort en 1747.]

32375. Mf. Etat de la Maison du Roi Henri III. & Réglemens pour les Offices de sa Maison : *in-fol.*

Cet Etat est conservé dans la Bibliothèque de M. le Chancelier d'Aguesseau.

32376. ☞ Mf. Maisons du Roi, de la Reine & des Princes, &c.

Ce Manuscrit est conservé parmi les Pièces de Henri III. & Charles IX. num. 317, de la Bibliothèque de l'Hôtel de Ville de Paris.]

32377. Mf. Réglemens de la Maison du Roi & des principaux Officiers servant en icelle & autres, depuis l'an 1585 jusqu'en 1616 : *in-fol.*

Ce Recueil est conservé entre les Manuscrits de M. Dupuy, num. 218.

32378. Mf. Autre Recueil, depuis l'an 1585 jusqu'en 1626 : *in-fol.*

Ce Recueil est conservé [dans la Bibliothèque du Roi] entre les Manuscrits de M. de Brienne, n. 256.

32379. Mf. Réglemens des Maisons & Conseils des Rois & autres Officiers : *in-fol.* 2 vol.

Ces Réglemens sont conservés dans la Bibliothèque du Roi, entre les Manuscrits de M. de Gaignières.

32380. ☞ Mf. Réglemens de la Maison du Roi & des principaux Officiers.

Ces Manuscrits sont dans la Bibliothèque de la Ville de Paris, num. 511 & 512.]

32381. ☞ Mf. De la Maison du Roi, de la Reine & des Enfans de France. Privilèges des Officiers, Réglemens de leurs fonctions, &c. *in-4.*

C'est ce qui se trouve dans les Porte-feuilles 589-594

Cc

du grand Recueil de M. de Fontanieu, à la Bibliothèque du Roi.]

32382. Origine des deux Compagnies de Gentilshommes ordinaires de la Maison du Roi, ordonnés pour la garde du Corps du Roi : *Paris*, [Hacqueville,] 1614, 1683; *in-8*.

32383. Mſ. Rôle des cent Gentilshommes de la Maison du Roi, depuis l'an 1471 : *in-fol*. 2 vol.

Ce Rôle est conservé dans la Bibliothèque du Roi, entre les Manuscrits de M. de Gaignières.

32384. Extraits des Officiers Commensaux de la Maison du Roi, de la Reine Régente, du Duc d'Orléans & du Prince de Condé : *Paris*, 1644, *in-fol*.

32385. ☞ Extrait des Officiers de la Maison du Roi & de celle de la Reine, qui sont employés pour leurs gages & comptes rendus à la Chambre : *Paris*, Rocolet, 1644, *in-fol*.]

32386. Les Privilèges anciens & nouveaux des Officiers Domestiques & Commensaux de la Maison du Roi, &c. *Paris*, 1620, *in-8*.

32387. Privilèges des Officiers de la Maison du Roi, donnés au Public par Jean Pinsson de la Martinière : *Paris*, 1645, *in-8*.

32388. Code des Privilèges, ou Recueil des Edits, Ordonnances & Déclarations des Rois, intervenus sur les Privilèges des Officiers Domestiques & Commensaux de la Maison du Roi, de la Reine, des Enfans de France & autres, depuis l'an 1318 jusqu'en 1646; avec des Notes & Observations de Louis de Vreyin, Président & Lieutenant-Général à Chaulny : *Paris*, Rocolet, 1646, *in-8*.

32389. ☞ Etat des Officiers & Commensaux du Roi, de la Reine & des Princes; (par M. de Lingendes : *Paris*, Guignard, 1651, *in-12*.]

32390. Etat des Officiers Domestiques & Commensaux des Maisons du Roi, de la Reine Régente, &c. avec un Abrégé de leurs Privilèges; par Jean Pinsson de la Martinière : *Paris*, [1645] 1649, 1650, *in-12*. Ibid. 1652, *in-8*.

Le même; ensemble, l'ordre & réglement qui doit être tenu & observé en la Maison de Sa Majesté, tiré des Mémoires de M. de Saintot, Maître des Cérémonies : *Paris*, [1651] 1660, *in-8*.

32391. ☞ Mſ. Etat de la Maison de la Reine en 1663 : *in-fol*.

Cet Etat est indiqué num. 2213 du Catalogue de M. Bernard.]

32392. ☞ Mſ. Abrégé des Etats de la Maison de la Reine, & des attributs à chacun des Officiers en particulier : 1676, *in-8*.

Ce Manuscrit est dans la Bibliothèque du Roi, parmi ceux de M. de Cangé.]

32393. ☞ Mſ. Etat & Menu général de la dépense ordinaire de M. le Dauphin, en 1711 : *in-8*.

Ce Manuscrit est indiqué pag. 309 du Catalogue de M. de Cangé.]

32394. ☞ Code des Commensaux de la Maison du Roi : *Paris*, veuve Saugrain, 1720, *in-12*.]

32395. Edits pour les Privilèges des Officiers de la Maison du Roi : *Paris*, 1660, *in-8*.

32396. ☞ Requête au Roi, par les Officiers de sa Chambre & de sa Garderobe, concernant les Privilèges de leurs Charges: (*Paris*,) 1768, *in-fol*.]

32397. ☞ Justice de la Maison du Roi : *Paris*, 1651, *in-4*.]

32398. Histoire des principaux Commensaux de la Maison du Roi; par Jean de Longueil.

Cette Histoire est imprimée avec celle des *Officiers de la Couronne* : *Paris*, 1656, *in-8*. On trouve dans le Livre intitulé : L'*Etat de la France*, dont il y a diverses Editions, la Liste des Officiers de la Maison du Roi jusqu'à présent.]

32399. * Discours funèbre sur la mort de Philippe de Miremont, Chevalier, Gentilhomme ordinaire de la Chambre du Roi; par Pierre Roussel, Prieur de S. Loup de la Chapelle-sur-Yonne : *Reims*, Pottier, 1668, *in-4*.]

Article IV.

Traités des Conseils du Roi, [& Histoires des Ministres.]

§. Premier.

Traités généraux des Conseils du Roi.

32400. ☞ Des Conseils du Roi, & autres; par M. (Ant. Gaspar) Boucher d'Argis, Avocat au Parlement de Paris.

Dans l'*Encyclopédie*.]

32401. Mſ. Recueil des Conseils du Roi, de l'Origine & Réglemens d'iceux, tirés de l'Antiquité, de l'Histoire, & des Registres du Parlement & du Conseil : *in-fol*.

Ce Recueil [étoit] conservé dans la Bibliothèque de M. de Caumartin, [Evêque de Blois,] & dans celle de M. Colbert de Croissy, Evêque de Montpellier, [qui sont morts, le premier en 1733, & le second en 1738, Leurs Bibliothèques ont été ensuite distraites.]

32402. ☞ Gabrielis Audini Celtodicarchia, seu origo Curiarum Secreti Consistorii, Parlamenti, & Magni Consilii; in III. Poemata historica : *Parisiis*, 1621, *in-4*.]

32403. Mſ. Recueil de diverses Pièces concernant les Conseils du Roi, les Personnes dont les Rois les ont composés, & les Ré-

Traités des Conseils du Roi.

glemens d'iceux ; par Nicolas LE FEVRE DE LEZEAU, Conseiller d'Etat.

Le Fevre de Lezeau est mort en 1680. Son Recueil [étoit] conservé dans la Bibliothèque de M. le Chancelier Seguier, num. 383, [aujourd'hui à S. Germain des Prés ;] & *in-fol.* dans celle de MM. des Missions Etrangères.

32404. Mſ. Du Conseil du Roi, des Personnes desquelles les Rois ont composé leur Conseil, & qui ont Entrée, Séance & Voix en icelui ; par (André le Fevre) D'ORMESSON, Conseiller d'Etat : *in-fol.*

Le Fevre d'Ormesson est mort en 1665. Son Traité [étoit] conservé dans la Bibliothèque de M. l'Evêque de Séez ; & [se trouve encore] dans celle de M. le Chancelier d'Aguesseau.

32405. Traité des Officiers qui composent le Conseil d'Etat du Roi ; par François DU CHESNE, Avocat au Conseil & Historiographe de France.

Ce Traité est imprimé avec le nouveau style du Conseil d'Etat & Privé du Roi : *Paris,* 1662, *in-4.*

32406. ☞ Mſ. Des Personnes desquelles les Rois composent leurs Conseils ; des Chanceliers ; des Gardes des Sceaux ; des Surintendans des Finances ; des Lettres-Patentes ; des Intendans des Finances ; par le Père CAUSSIN, &c. *in-fol.*]

32407. ☞ Mſ. Mémoires pour servir à un Dictionnaire des Conseils du Roi : *in-4.*

Ces deux Articles sont indiqués num. 2210 & 2231, du Catalogue de M. Bernard.]

32408. Question s'il doit y avoir un premier Ministre dans le Conseil du Roi ; Raison d'Etat & de Politique très-importante à décider pour le bien du Souverain, & le repos de la Patrie : *Paris,* 1649, *in-4.*

32409. L'Ordre que le Roi (Henri IV.) veut désormais être gardé dans son Conseil : *in-8.*

32410. ☞ Discours sur la Polysynodie, où l'on démontre que la pluralité des Conseils est la forme du Ministère la plus avantageuse pour un Roi & pour son Royaume ; (par Charles-Irénée Castel DE SAINT-PIERRE, de l'Académie Françoise :) *Londres,* Tonson, (*Paris,*) 1718, *in-4.*

Cet Ouvrage fit exclure l'Abbé de Saint-Pierre de l'Académie. Cette Compagnie se fâcha de ce que l'Auteur censuroit la conduite de Louis XIV. mais le Duc d'Orléans, alors Régent, qui avoit adopté le Livre & le Systême de M. de Saint-Pierre, défendit de nommer à sa place, & elle ne fut remplie qu'après sa mort en 1743, par M. de Maupertuy. M. de Fontenelle avoit été le seul qui n'avoit pas donné sa voix pour l'exclusion.]

32411. Etat du Conseil du Roi ; Liste des Personnes qui le composent, & celle des Maîtres des Requêtes : *Paris,* 1659, *in-4.*

32412. Histoire du Conseil du Roi, depuis le commencement de la Monarchie jusqu'au Règne de Louis le-Grand, par rapport à sa Jurisdiction ; avec un Recueil d'Arrêts de ce Tribunal, pour en connoître la

Tome III.

Jurisprudence, & servir de préjugés sur différentes matières ; par (René) GUILLARD, Avocat au Conseil du Roi : *Paris,* Coustelier, 1718, *in-4.*

Ce Livre est divisé en deux parties : dans la première, l'Auteur se propose de découvrir l'origine du Conseil du Roi, d'en marquer l'autorité, la dignité & les fonctions ; & dans la seconde, de faire connoître les Maximes & la Jurisprudence de ce Tribunal. Il prétend que la Jurisdiction du Conseil du Roi n'a point d'autres bornes que l'étendue de son Empire. Il traite des Officiers du Conseil, du Chancelier, du Garde des Sceaux, des Conseillers d'Etat, des Maîtres des Requêtes & des Avocats.

☞ *Voyez* sur cet Ouvrage, *Journal des Sçavans, Mai* 1718. = *Journal de Verdun, Juillet & Août* 1718. = *Mémoires de Trévoux, Mai* 1718, *Janvier* 1719. = *Journal de Léipſ.* 1719, *pag.* 473.]

32413. ☞ Histoire du Conseil & des Maîtres des Requêtes de l'Hôtel du Roi, depuis le commencement de la Monarchie Françoise jusqu'à présent ; par M. DE NOINVILLE, 1753. *Hist. de l' Acad. des Inscript. & Bell. Lettr. tom. XXVII. pag.* 190.]

32414. Mſ. Réglemens des Conseils d'Etat du Roi, depuis l'an 1560 jusqu'en 1626 : *in-fol.*

Ces Réglemens sont conservés entre les Manuscrits de M. Dupuy, num. 128.

32415. Mſ. Réglemens du Conseil d'Etat, des Secrétaires d'Etat & des Finances, depuis l'an 1546 jusqu'en 1631 : *in-fol.*

Ces Réglemens sont conservés [dans la Bibliothèque du Roi,] entre les Manuscrits de M. de Brienne, num. 157.

32416. Mſ. Registre des Conseils d'Etat, de l'année 1484, du Règne de Charles VIII. *in-fol.*

Ce Registre est conservé entre les Manuscrits de M. Dupuy, num. 297, & ceux de M. de Brienne, num. 296.

32417. Mſ. Registre des Dépêches du Conseil d'Etat du Roi François I. ès années 1525 & 1527 : *in-fol.*

32418. Mſ. Autre Registre du Conseil d'Etat : *in-fol.*

Ces deux Volumes [étoient] dans la Bibliothèque de M. Colbert, num. 5403, [& sont aujourd'hui dans celle du Roi.]

32419. Mſ. Registre du Conseil privé du Roi, des années 1570, 1571, 1572 : *in-fol.*

Ce Registre [étoit] dans la Bibliothèque de M. Baluze, num. 196, [& est aujourd'hui dans celle du Roi.]

32420. Mſ. Registres du Conseil d'Etat & des Finances, depuis l'an 1563 jusqu'en 1636 : *in-fol.* 62 vol.

Ces Registres [étoient] dans la Bibliothèque de M. le Chancelier Seguier, n. 446, [& doivent être à S. Germain des Prés.]

32421. Mſ. Divers Extraits des Registres

des Conseils d'Etat du Roi, de l'année 1674 & suivantes : *in-fol.*

Ces Extraits [étoient] dans la Bibliothèque de M. de Caumartin, [Evêque de Blois, mort en 1733.]

§. II.

Des Ministres d'Etat, & des Surintendans des Finances.

32422. * **R**ÉSOLUTIONS politiques, ou Maximes d'Etat ; par Jean DE MARNIX, Baron de Potes : *Rouen*, 1620, *in-*8.

Ce Livre regarde particulièrement la France.

32423. Le Ministre d'Etat, ou le véritable usage de la Politique moderne ; par (Jean) DE SILHON : *Paris*, 1631, *in-*4. *Ibid.* 1642, *in-*8.

☞ Dernière Edition : *Hollande*, 1648, *in-*12. 2 vol.

M. de Silhon, dans les deux premiers Livres, examine les différentes parties que doit avoir un habile Ministre, quelle doit être sa conduite, ses talens & ses vertus, & les défauts qu'il doit éviter. Il fait souvent l'application de ses maximes au Cardinal de Richelieu, & il les tire presque toutes de la conduite de ce Ministre, & des différentes situations où il s'est trouvé. Dans le troisième Livre, il fait quelques réflexions sur les principales choses que le Roi a faites depuis la descente des Anglois en l'Isle-de-Ré. Les trois autres Livres de la seconde Partie traitent de la Guerre, des causes qui doivent la faire entreprendre, & de la Justice qu'on y doit observer, soit qu'un Prince défende sa réputation ou ses Etats, soit ceux de ses Alliés. L'Auteur attaque la Maison d'Autriche & ses vues ambitieuses, en faisant l'apologie des raisons qui ont engagé la France à tourner ses armes contre elle.]

De Silhon est mort de l'Académie Françoise en 1666. Son Traité est écrit d'un style éloquent & agréable : il est accommodé aux matières qui y sont traitées.

☞ *Voyez* à son sujet la *Méth. hist.* de l'Abbé Lenglet, *in-*4. *tom. II. pag.* 40-466, & *tom. III. pag.* 52.]

Il medesimo tradotto da Mutio Ziccata : *in Venetia*, 1639, *in-*4.

32424. Le bon Ministre d'Etat : *Paris*, Guillery, 1649, *in-*4.

32425. Considérations politiques sur les coups d'Etat : *Rome*, (*Paris*,) 1639 & 1647, *in-*12. (*en Hollande*,) 1667, *in-*12.

Ce Livre, qui fut d'abord imprimé sans nom d'Auteur, & dont on ne tira que douze Exemplaires, est de Gabriel NAUDÉ. Il fit cet Ouvrage par le commandement de M. d'Emeri, Intendant des Finances. *Patiniana, pag.* 111.

« J'ai appris du Père Jacob, (dit Colomiez dans ses » *Opuscules*,) que ce Livre étoit de Gabriel NAUDÉ, » qui le fit par le commandement de M. d'Emeri, Su- » rintendant des Finances, & non pas par celui du Car- » dinal de Bagny, qui étoit mort, à qui il parle néan- » moins de temps en temps dans l'Ouvrage, pour le » mieux cacher.

☞ *Voyez* encore le Père Niceron, *tom. IX. p.* 91. = Lenglet, *Méth. hist. in-*4. *tom. II. pag.* 466, & *III. pag.* 51.]

32426. Science des Princes, ou Considérations politiques sur les coups d'Etat ; par Gabriel NAUDÉ, Parisien, avec les Réflexions Historiques, Morales, Chrétiennes & Politiques, de L. D. M. C. S. D. S. E. D. M. (Louis DU MAY, & selon d'autres M. SPANHEIM,) qui admire ce qu'elles ont de subtil, éclaircit ce qu'elles ont d'obscur, rejette ce qu'elles ont de mauvais, & les considère toujours & par-tout avec indifférence & sans aucune passion : 1673, *in-*8. Nouvelle Edition : 1752, *in-*12. 2 vol.

Ce sont ici les meilleures Editions de ce Traité. L'Ouvrage est divisé en cinq Chapitres. Le premier contient les raisons qui l'ont fait entreprendre ; le second donne la définition & la division des Coups d'Etat ; le troisième traite des précautions qu'on doit y apporter ; le quatrième, de la manière de les entreprendre ; & le cinquième, du choix que les Princes doivent faire de leurs Ministres. L'Auteur des Réflexions qui y sont jointes, tombe d'accord en plusieurs endroits avec M. Naudé de la nécessité des Coups d'Etat, mais blâme toujours, & avec raison, ceux où il faut employer la cruauté. Il y a des Morceaux extrêmement curieux dans cet Ouvrage, sur-tout dans les Réflexions ou Notes du Sieur du May. Il se donnoit les qualités de Seigneur de Salettes, Chevalier de l'Ordre de S. Michel, Conseiller-Secrétaire du Sérénissime Electeur de Mayence, & de Conseiller du Duc de Virtemberg. Il étoit réellement Professeur en langue Françoise dans le Collège de Tubinge. On peut voir sur cet Auteur & sur ses Ouvrages, le *Dictionnaire* de Prosper Marchand, au mot *May*, où il relève une partie des fautes qu'il a faites dans ses Notes sur l'Ouvrage de Naudé, & où il dit qu'un hardi Plagiaire a fait réimprimer le Traité de Naudé, sous le titre suivant :

Réflexions historiques & politiques sur les moyens dont les plus grands Princes & habiles Ministres se sont servis pour gouverner & augmenter leurs Etats, &c. *Leyde*, 1739, *in-*12.

On n'a changé au Texte de Naudé que quelques mots, & quelques tours de phrases.]

32427. ☞ Les sentimens illustres de quelques grands Hommes & très-prudens Ministres, concernant les Maximes qui ont servi au rétablissement de la fortune & des affaires de la France : *Paris*, (*Cologne*,) 1686, *in-*12.

C'est un Recueil de plusieurs Harangues & Remontrances des plus belles, faites par Gens en place ou autres, aux Rois Louis XIII. & Louis XIV. à la suite desquelles se trouvent sept Discours du Sieur DE SILHON. Le tout a pour objet de montrer quel est le devoir d'un Souverain, & celui d'un Ministre. Ce Livre n'est pas commun.]

32428. ☞ Fragment de l'Examen du Prince de Machiavel, où il est traité des Confidens, Ministres, & Conseillers particuliers du Prince ; ensemble, de la fortune des Favoris : *Paris*, 1622, *in-*12.]

32429. La Politique de France ; par Monsieur P. H. Marquis de C. *Cologne*, 1669, *in-*12.

Le même Livre, revu, corrigé & augmenté d'une partie ; par le Sieur D'ORMEGRIGNY : *Paris*, 1677, *in-*12.

On a imprimé à Amsterdam, ou plutôt à Lyon, ce même Ouvrage, sous le titre de *Troisième volume du Testament politique du Cardinal de Richelieu.* Ce Livre a été publié par Jean Melancton ou de Chambrun,

Ministre d'Orange. L'Addition de la seconde Edition, est de Pierre DU MOULIN le fils, qui, selon M. Baillet, s'est déguisé sous le nom d'Ormegtigny.

✱ « Le Marquis DU CHASTELET, (Paul HAY, fils du Conseiller d'Etat de même nom,) Gentilhomme Breton, est l'Auteur de l'Ouvrage, où il y a, (dit Larrey,) un Chapitre entier pour appuyer le dessein » d'exterminer les Huguenots. Il eut la hardiesse de » dédier son Livre au Roi & de lui présenter; mais son » zèle fut tout autrement récompensé qu'il ne l'espéroit. » Il fut mis à la Bastille, [où il demeura quinze jours.] » J'aime mieux attribuer sa punition à la justice du Roi, » qu'à sa politique, comme font ceux qui disent qu'il ne » châtia ce téméraire Ecrivain, que parcequ'il se mê- » loit de donner des instructions au Souverain, & de » pénétrer dans les secrets de l'Etat ». *Hist. de Louis XIV*.

☞ Parmi un grand nombre d'excellentes Maximes & de vues politiques sur tout ce qui regarde la Monarchie Françoise, qui peuvent en relever la gloire ou remédier à bien des abus, il y en a plusieurs d'inutiles & d'impraticables: l'Auteur a sur-tout parlé des Puissances voisines dans des termes qui ne leur conviendroient pas à présent.]

32430. Mf. Abrégé de Politique pour la France; par GARNISON : *in-4*.

Mf. Traité de Politique ; par le même.

Ce second Ouvrage est plus ample que le premier; l'un & l'autre sont conservés dans la Bibliothèque de M. le Comte de Pontchartrain.

32431. Testament politique d'Armand (Jean) du Plessis, Cardinal DE RICHELIEU, Pair & Grand-Amiral de France, premier Ministre du Conseil d'Etat sous le Règne de Louis XIII. &c. *Amsterdam*, Desbordes, 1688, *in-12*. 2 vol.

Sixième Edition, revue, corrigée & augmentée d'Observations historiques: *Amsterdam*, Schelte, 1709, *in-12*. 2 vol.

El mismo traducido en lengua Castellana : *en Madrid*, 1696, *in-4*.

☞ Le même Testament politique, avec ceux du Duc de Lorraine, de M. Colbert, & de M. de Louvois : *Amsterdam*, Chastelain, 1749, *in-12*. 3 vol.

Les trois derniers Testamens politiques, du Duc de Lorraine, de M. Colbert & de M. de Louvois, sont supposés.]

☞ Le même Testament politique du Cardinal DE RICHELIEU, plus correct, avec la Lettre de M. DE FONCEMAGNE, (pour en justifier l'authenticité :) *Paris*, le Breton, 1764, *in-8.*]

« Quoiqu'on ne puisse être trop circonspect pour ne » point se laisser prévenir en faveur des ouvrages de » cette nature, ce seroit néanmoins faire tort au Public » de s'imaginer qu'il peut méconnoître le Testament » politique du Cardinal de Richelieu ; car il est comme » impossible, après l'avoir lu, de n'y pas appercevoir » les caractères de l'esprit de ce grand homme : l'élévation » & la beauté de son génie, jointe à la noblesse » des expressions, s'y rencontrent presque par-tout. » Certains détails qu'on y trouve, ne sont que de bons » Mémoires qu'il y a insérés. Les matières y sont traitées » avec tant de solidité, que l'on voit bien que l'Auteur » les connoissoit par une profonde méditation, » soutenue d'une expérience consommée ; de sorte que » l'on peut dire qu'il étoit seul capable de les mettre au » jour ».

Cet Ouvrage paroît avoir été fait à diverses reprises. Dans le premier Chapitre, le récit des actions de Louis XIII, est conduit jusqu'en 1638, en d'autres endroits, il semble écrit en 1635, parce qu'on n'y donne au Roi que 25 ans de Règne. Comme il n'y est point parlé d'un événement aussi considérable que celui de la naissance de Louis XIV. on doit croire qu'il a été composé auparavant. C'est, selon M. l'Abbé d'Aiguillon, un Abrégé bien fait du Règne de Louis XIII. & un excellent Traité de la manière de gouverner un grand Etat.

La première Edition a été faite sur une Copie que l'Editeur croyoit au moins de trente ans, & qui étoit écrite de deux mains, avec beaucoup de précipitation, sans rature, mais ayant beaucoup de fautes. Le Cardinal, selon la tradition qui s'en est conservée, en ayant fait faire deux copies, en présenta une au Roi, & l'autre il la confia à sa nièce, la Duchesse d'Aiguillon, qui en mourant en 1675, la laissa à Madame du Vigean sa Confidente : celle-ci la communiqua à un de ses amis, entre les mains duquel elle disparut ; mais à quelques années delà, sans doute après la mort de Madame du Vigean, elle fut mise en lumière. On tient toutes ces circonstances d'une Personne de probité, qui avoit eu communication de cette dernière copie, avant qu'elle disparut.

Quand ces circonstances ne seroient pas aussi certaines qu'on les croit, le moyen de douter que ce Testament politique ne soit de celui dont il porte le nom ! il contient bien des choses qui ne pouvoient être sçues que de ce Cardinal. M. Amelot de la Houssaye le lui attribue dans sa traduction de Tacite ; c'est aussi le sentiment de la Bruyère, comme il le marque dans la Harangue qu'il prononça devant l'Académie Françoise, lorsqu'il y fut reçu.

C'est en vain que D. Bonaventure d'Argonne, Chartreux de Gaillon, qui s'est caché sous le nom de Vigneul-Marville, au tom. I. de ses *Mélanges de critique & de littérature*, *p*. 174, dit que ce Testament est supposé par un Homme d'esprit, qui l'a revêtu d'un nom illustre pour lui donner du credit dans le Public. Le caractère du Cardinal y est trop bien marqué, pour ne l'y pas reconnoître ; & quand il seroit vrai qu'on ne trouva après sa mort que des Traités de Controverses, n'auroit-il pas pu mettre un Ouvrage si délicat en mains sûres, comme on vient de le rapporter ?

Antoine Auberi, qui a fait la Vie de ce Cardinal, n'y fait point mention du Testament politique ; & il paroît n'en avoir eu connoissance que lorsqu'il fut rendu public. Il l'a cru [ensuite] supposé, c'est ce qu'il avance dans le Chapitre II. du Livre VIII. de l'*Histoire du Cardinal Mazarin* ; mais son discours ne contient que des déclamations. La seule réflexion, qui pourroit être de quelque considération, est celle qu'il fait à l'occasion de la signature d'une Lettre au Roi, qui est au devant de ce Testament, & qui est signée Armand du Plessis, contre l'usage qu'avoit ce grand Ministre, dont on ne trouve de signature que de ces deux manières : l'Evêque de Luçon, ou le Cardinal de Richelieu. Mais outre que cet Ouvrage a été imprimé sur une copie pleine de fautes, peut-on, sur une preuve aussi foible, diminuer l'autorité d'une pièce qui paroît si originale. Quoi qu'il en soit, ce Livre, par rapport au Gouvernement, est sçavant & profond ; & s'il n'étoit pas de ce Cardinal, dont il est très-digne, il est certainement d'un très-grand politique.

32432. ☞ Suite du Chapitre premier du Testament politique du Cardinal de Richelieu, intitulé : *Succincte Narration de toutes les grandes actions du Roi, jusqu'à la paix*; prise sur une Copie manuscrite ; corrigée en divers endroits de la propre main du Cardinal DE RICHELIEU ; qui se trouve à la Bibliothèque du Roi, parmi les Manuscrits de Colbert, num. 2, dans un Volume intitulé:

Affaires de France, tom. II. On a marqué en lettres italiques les corrections écrites de la main du Cardinal.

Ce Morceau curieux a été publié pour la première fois dans la dernière Edition de l'*Histoire de France* du Père Daniel, & donnée par le Père Griffet, tom. XV. pag. 586. Il commence où le Chapitre I, du N.° précédent finit, & contient l'Histoire des années 1639, 1640 & 1641. M. de Voltaire, dans son Examen du (prétendu) Testament politique du Cardinal Albéroni, attribue le Testament du Cardinal de Richelieu à l'Abbé de Bourzeis : mais toutes ses conjectures à ce sujet se trouvent détruites par le Manuscrit que l'on vient d'indiquer. On peut voir le *Dictionnaire* de Prosper Marchand, Article *Lannel*, où il réfute l'opinion de M. de Voltaire.

Voyez encore Lenglet, *Méth. histor. in-4.* tom. *IV. pag.* 125. = *Hist. des Ouvr. des Sçavans*, Janv. 1688. = *Eloges de quelques Auteurs François*, pag. 305. = *Menagiana*, tom. II. pag. 47. = *Mél. de Vigneul-Marville*, tom. I. p. 200. = *Le Gendre*, tom. II. p. 11. = *Préface des Lettres du Card. de Richelieu.* = *Nouv. Edit. de l'Histoire du* Père Daniel, *tom. XIII. Préface, pag.* 10. = *Bibl. hist. de Poitou*, tom. III. pag. 382.]

32433. ☞ Testament politique d'Armand du Plessis, Cardinal Duc de Richelieu, &c. troisième Partie, indépendante des deux premières : *Amsterdam*, H. Desbordes, 1689, *in-12.* 323 pages.

Cette prétendue Partie n'a rien de commun avec les deux autres, que le titre & le fond des matières qui ont assez d'analogie : elle pouvoit fournir un nouveau sujet de division à ceux qui ont disputé sur l'authenticité de l'autre Ouvrage, publié l'année précédente chez le même Libraire.]

32434. ☞ Raisons de croire que le Livre intitulé : *Testament politique du Cardinal de Richelieu*, (en deux Parties,) est un Ouvrage supposé : *Œuvres* DE VOLTAIRE, *Edition de* 1756, *tom. IV. Chap.* 47.

Il prétend que cet Ouvrage est plein d'absurdités & très-méprisable.]

32435. ☞ Réfutation du sentiment de M. de Voltaire, sur le Testament politique du Cardinal de Richelieu ; par M. (Léon MESNARD, Conseiller au Présidial de Nismes, de l'Académie Royale des Inscriptions & Belles-Lettres :) 1750, *in-12.*]

32436. ☞ Lettre sur le Testament politique du Cardinal de Richelieu ; (par M. Laurent-Etienne DE FONCEMAGNE, de l'Académie Françoise, & de celle des Inscriptions :) *Paris*, 1750, *in-12.*

La même, augmentée : *Paris*, le Breton, 1764, *in-8*.

Cette Lettre a été publiée pour justifier l'authenticité du Testament, à la prière de la Famille de Richelieu, contre les objections de M. de Voltaire. Comme il les a ensuite multipliées, on en a donné une nouvelle Edition presque augmentée du double. M. de Voltaire a prétendu y répondre dans ses *Doutes nouveaux*, en répétant les mêmes objections, & ne disant rien sur quantité de faits allégués par M. de Foncemagne.]

32437. ☞ Observations critiques du Père BERTHIER, sur ce que M. de Voltaire a dit dans ses *Mensonges imprimés*, Chap. III. au sujet du Testament politique du Cardinal de Richelieu. *Mémoires de Trévoux*, 1750, *Mai*, *pag.* 1138-1145.]

32438. ☞ Doutes nouveaux sur le Testament attribué au Cardinal de Richelieu ; par M. DE VOLTAIRE : *Genève*, (*Paris*, du Chesne,) 1765, *in-8.*]

32439. ☞ Arbitrage entre M. de Voltaire & M. de Foncemagne : (1765,) *in-8.*]

32440. ☞ Lettre (écrite de Dijon) touchant les nouveaux Ecrits sur le véritable Auteur du Testament politique du Cardinal de Richelieu. *Mém. de Trévoux*, 1765, *Mars*, *pag.* 650.

En finissant cet Article de ce fameux Testament, nous ne pouvons nous empêcher de transcrire ici quelques Observations tirées de la Lettre de M. de Foncemagne, seconde Edition, *pag.* 10, &c. « Il seroit bien singulier » que la Nièce & le Secrétaire du Cardinal se trouvas- » sent avoir été les seuls dépositaires du Testament po- » litique, si ce Testament n'étoit pas de lui ». Les Exemplaires qu'ils possédoient ont été les premiers connus : le second, en 1662, par le don que l'Abbé Des-Roches en fit à la Bibliothèque de Sorbonne, & le premier par le don qu'en fit en 1675, la Duchesse d'Aiguillon, à Mademoiselle du Vigean, & que l'on croit avoir passé par M. de Guenegaud à M. de Trudaine. La seconde Duchesse d'Aiguillon en envoya un autre Exemplaire en 1705, au Bureau des Affaires Etrangères, avec les Papiers qu'elle avoit du Cardinal de Richelieu, concernant le Ministère.]

32441. ☞ Ms. Observations sur le Testament politique du Cardinal de Richelieu, ou Apologie des Ducs d'Epernon & de la Valette : *in-4*.

Ce Manuscrit original de M. PELISSON, est indiqué num. 5471 du Catalogue de M. Lancelot.]

32442. ☞ Testament politique du Cardinal Mazarin : 1707, *in-12*.

Ce Libelle a été composé en Italien, & traduit.]

32443. Histoire de sept Ministres d'Etat sous les Rois de la première Race, publiée sous ce titre : Les grands Ressorts des Guerres civiles en France : (*Paris*,) 1652, *in-4*.

32444. Histoire des Ministres d'Etat qui ont fleuri sous les Rois de la troisième Lignée ; avec le Sommaire des Règnes auxquels ils ont vécu ; le tout justifié par les Chroniques des Auteurs contemporains, Chartres d'Eglise, Lettres & Mémoires d'Affaires d'Etat, Registres anciens & autres bonnes Pièces : *Paris*, de Sommaville, 1642, *in-fol. Ibid.* 1667, *in-12.* 2 vol.

Cet Ouvrage devoit remplir trois volumes *in-fol.* Charles de Combault, Baron D'AUTEUIL, qui en est l'Auteur, n'a publié que le tome premier, qui contient l'Histoire de dix-huit Ministres d'Etat, depuis Eudes, en 887, jusqu'à Charles-le-Bel en 1327. Il y a mis au-devant des Traités préliminaires, & on a inséré cinq autres Traités dans la suite de l'Ouvrage. Dans le tome second, il devoit rapporter les Eloges des Ministres d'Etat jusqu'à la mort de Henri III. & dans le tome troisième, les Eloges de ceux qui ont été dans le Ministère sous Henri IV. & Louis XIII. Cet Auteur est mort en 1670, âgé de quatre-vingt-deux ans.

Histoires des Ministres d'Etat, & Surintendans des Finances. 207

☞ Ces dix-huit Ministres d'Etat, dont on a les Vies dans cet Ouvrage, sont :

1. Anscheric, Evêque de Paris, & Grand-Chancelier, sous le Roi Eudes.
2. Ebles ou Eblon de Poitiers, Abbé de S. Denys, & Grand-Chancelier, sous Eudes.
3. Seulphe, Archevêque de Reims, Légat du S. Siége, sous Robert & Raoul.
4. Bouchard, Comte de Melun, Vendôme, &c. sous Hugues-Capet.
5. Eudes, Comte de Chartres, de Champagne, &c. sous le Roi Robert.
6. Geoffroy, dit Martel, Comte d'Anjou, &c. sous Henri I.
7. Guy de Montlhéry, dit de Rochefort, Sénéchal, sous Philippe I.
8. Anseau de Garlande, Evêque de Beauvais, Chancelier & Sénéchal, sous Louis-le-Gros.
9. Etienne de Garlande, Evêque de Beauvais, Chancelier & Sénéchal, sous Louis-le-Gros.
10. Suger, Abbé de S. Denys, & Régent, sous Louis-le-Jeune.
11. Robert Clément, Seigneur du Mez, Régent, sous Philippe-Auguste.
12. Gilles Clément, son frère, sous le même Roi.
13. Guillaume de Blois, ou de Champagne, dit aux Blanches mains, Cardinal & Légat, Régent, sous le même.
14. Frère Guérin, Chevalier de Saint-Jean de Jérusalem, Evêque de Senlis, Chancelier, sous Louis VIII.
15. Pierre de Villebéon, Chambellan, sous S. Louis.
16. Matthieu de Vendôme, Abbé de S. Denys, Régent, sous Philippe-le-Hardi.
17. Enguerrand de Marigny, Chambellan, sous Philippe-le-Bel.
18. Gaucher, Seigneur de Châtillon, Comte de Porcean, Connétable, sous Louis X. Philippe-le-Long, Charles-le-Bel, & Jean I.

On trouve dans cet Ouvrage les Portraits de ces Ministres d'Etat.

Il y a de plus un Discours sur les Ministres d'Etat. = Un Parallèle des trois Races. = Un Discours sur la Chappe ou Manteau de S. Martin, ancien Etendart des Armées de nos Rois, & de celles des Comtes d'Anjou. = Autre sur l'ancien Dapifer ou Sénéchal de France. = Autre sur le Connétable & Maréchal de France. = Autre sur le Chancelier. = Autre sur le Chambellan.

Voyez Lenglet, *Méth. hist. in-4. tom. IV. pag.* 155.]

32445. ☞ Remarque historique sur Parthénius, Ministre du Roi Théodebert; par un Religieux Bénédictin. *Journal de Verdun*, 1759, *Juin, pag.* 439.]

== Vie de Bouchard, Comte de Melun, Ministre d'Etat sous Hugues-Capet & Robert.

Voyez ci-devant, [Tome I. N.° 12647.]

■= Histoire de l'Administration de l'Abbé Suger, Grand-Ministre sous les Rois Louis-le-Gros & Louis-le-Jeune.

Voyez ci-devant, [Tome I. N.° 12430 *& suiv.*]

32446. Histoire de Guillaume de Champagne, Archevêque de Reims, premier Ministre d'Etat de France.

Cette Histoire de ce Ministre, mort en 1202, est imprimée *pag.* 165 de l'*Histoire des Cardinaux François*, par du Chesne : *Paris*, 1660, *in-fol.*

32447. Histoire du même ; par (Charles Combault, Baron) d'Auteuil.

Cette Histoire est imprimée à la *pag.* 165 de celle des Ministres d'Etat.

== Vie de Matthieu de Vendôme, Ministre d'Etat, sous Philippe - le - Hardy ; par le même.

Voyez ci-devant, [Tome I. N.° 12442.]

32448. ☞ Vie de Jean de la Grange, dit le Cardinal d'Amiens, premier Ministre sous le Règne de Charles V. (mort en 1402;) par M. d'Auvigny.

Dans ses *Vies des Hommes illustres de France, tom. I. pag.* 196.]

32449. ☞ Vie de Jean de Montagu, Surintendant des Finances, sous le Règne de Charles VI. par M. d'Auvigny.

Dans ses *Vies des Hommes illustres de France, tom. I. pag.* 205. On fit le procès à Jean de Montagu en 1409 ; mais sa mémoire fut ensuite réhabilitée.]

32450. Histoire de Jacques Cœur, Seigneur de Saint-Fargeau, Surintendant des Finances sous Charles VII. par Pierre Borel, Docteur en Médecine.

Cette Histoire est imprimée *pag.* 272 de son *Trésor des Antiquités Gauloises* : *Paris*, Courbé, 1655, *in-4*.

32451. Remarques de Denys Godefroy, sur la Vie de Jacques Cœur.

Ces Remarques sont imprimées *pag.* 859 de celles sur la Vie de Charles VII. *Paris*, 1663, *in-fol.*

32452. ☞ Mémoire sur les dernières années de la Vie de Jacques Cœur, par M. Bonamy. *Mém. de l'Acad. des Inscriptions & Belles-Lettres, tom. XX. pag.* 509.]

32453. ☞ Mémoire sur les suites du Procès de Jacques Cœur ; par le même. *Ibid. pag.* 535.]

32454. ☞ Vie de Jacques Cœur, Surintendant des Finances, sous le Règne de Charles VII. par M. d'Auvigny.

Dans ses *Vies des Hommes illustres de France, tom. I. pag.* 266 : *Amsterdam & Paris*, le Gras, 1739, *in-12.*]

32455. ☞ Observations sur Jacques Cœur, ou abrégé de son Procès ; par le P. Griffet.

Dans le tom. VII. de son Edition de l'*Histoire de France* du Père Daniel, *pag.* 354.]

32456. ☞ Vie de Pierre des Essars, Surintendant des Finances ; par M. d'Auvigny.

Dans ses *Vies des Hommes illustres, tom. I. p.* 213.]

== ☞ Vie du Cardinal Balue.

Voyez ci-dev. aux Gr. Aumôniers, N.° 32240 & *s*.]

32457. ☞ Vie de Guillaume Briçonnet, Evêque de S. Malo, puis de Nismes, ensuite Archevêque de Reims, puis de Narbonne, Cardinal, & Ministre sous le Règne de Charles VIII. par M. d'Auvigny.

Dans ses *Vies des Hommes illustres de France, tom. I. pag.* 355 : *Amsterdam & Paris*, le Gras, 1739, *in-12*, Guillaume Briçonnet est mort en 1514.]

32458. Vie du Cardinal d'Amboise, Ministre d'Etat sous Louis XII. ensuite de laquelle sont traités quelques points sur les Affaires présentes ; par le Sieur DE MONTAGNES : *Paris*, [Richer,] 1631, *in-*8.

Cette Vie du Cardinal d'Amboise, mort en 1510, est aussi imprimée dans le *Recueil* de du Chastelet, *pag*. 403 : *Paris*, 1635, *in-fol*. Jean SIRMOND, né à Riom, de l'Académie Françoise, est l'Auteur de cet Ouvrage, selon M. Pelisson, dans son Histoire de cette Académie.

« De tous ceux qui depuis deux cens ans ont écrit
» l'Histoire du Cardinal d'Amboise, aucun ne semble
» avoir assez représenté son véritable caractère. Il en
» avoit pourtant un si particulier, que l'on aura de la
» peine à le trouver dans les autres Ministres d'Etat des
» derniers siècles. Il consistoit en ce qu'il avoit établi sa
» propre grandeur sur le fondement de celle de son
» Maître ». C'est le sentiment de Varillas, dans sa Préface de la *Pratique de l'éducation des Princes*. Il ajoute quelques pages après : « Il n'est pas hors de propos de
» marquer en passant, que l'Auteur des *Eclaircissemens*
» *sur la conduite du Cardinal d'Amboise*, n'est point
» assez indifférent pour un Historien. Il affoiblit autant
» qu'il peut les belles actions qu'il examine, & l'on a
» cru ce s'étoit dans la pensée d'élever la réputation
» du Ministre de Louis XIII. sur les ruines de celle du
» Ministre de Louis XII. Si cela est, sa malignité n'est
» pas excusable ; & il avoit assez de quoi louer le Cardinal de Richelieu, sans que ce fût aux dépens du
» Cardinal d'Amboise ».

La réflexion de Varillas est bien fondée : car M. Pelisson avoue que l'Auteur de la *Vie du Cardinal d'Amboise* n'a eu pour but de parler du Cardinal d'Amboise & d'autres de sa condition qui ont été renommés dans le Ministère, que pour en venir au Cardinal de Richelieu, dont il prend la défense contre ceux qui blâmoient son administration.

☞ Le but de l'Auteur , en donnant la Vie de ce Cardinal, qui a eu toute l'estime & l'autorité de Louis XII. a été de montrer qu'il n'est pas étrange que le Cardinal de Richelieu, si supérieur en tout au premier, ait mérité la même faveur de son maître. Il donne ensuite un court détail des troubles d'alors, & de la sortie de Monsieur, dont les suites n'ont pas été assez prévues par ses conseils.]

32459. Histoire de l'Administration du Cardinal d'Amboise, Grand-Ministre d'Etat en France, où se lisent les effets de la sagesse politique ; ensemble, les félicités de la France sous un bon Gouvernement ; par Michel BAUDIER, Gentilhomme de la [Maison du Roi,] Historiographe de France : *Paris*, Rocolet, 1634, *in*-4.

Cette Histoire est beaucoup plus estimée que la précédente.

☞ *Voyez* les *Historiens* de le Gendre, *t. II. p*.73.]

32460. ☞ Vie du Cardinal d'Amboise, premier Ministre de Louis XII. avec un Parallèle des Cardinaux célèbres qui ont gouverné des Etats ; par Louis LE GENDRE, Sous-Chantre & Chanoine de l'Eglise de Paris : *Rouen*, Machuel, 1724 & 1726, *in*-12. 2 vol. *in*-4.

Le Tome I. *in*-12. contient la Vie de ce Cardinal. Il naquit en 1460, & mourut en 1510.

Le Tome II. contient des Réflexions sur sa Vie & son administration, un Parallèle de ce Ministre avec les Cardinaux Ximenès, Volsey, Richelieu & Mazarin ; avec un Recueil de Pièces concernant cette Histoire, dont quelques-unes sont assez curieuses, & que nous indiquons en leur place. Cette Vie est assez bien écrite. Les Journalistes de Trévoux en ayant parlé assez mal, l'Auteur leur fit en 1726 une Réponse sur le même ton.

Voyez la *Méth. histor. in*-4. de Lenglet, tom. *IV. pag*. 70 & 159. = *Mém. de Trévoux*, Mars & Juillet 1726. = *Journ. des Sçavans*, *Févr*. 1726. = *Journ. de Leips*. 1728, *pag*. 245.]

32461. ☞ Vie de Georges d'Amboise, Archevêque de Rouen, Cardinal & premier Ministre sous Louis XII. par M. D'AUVIGNY.

Dans ses *Vies des Hommes illustres de France*, *t*. II. *pag*. 1-98.]

32462. ☞ Histoire du Cardinal Georges d'Amboise.

Dans le *Dictionnaire* de Jacques-Georges DE CHAUFEPIÉ. Ce n'est guères que l'abrégé de l'Histoire composée par l'Abbé le Gendre.]

32463. ☞ Vie de Jean de Beaune, Baron de Samblançai, Surintendant des Finances sous François I. par M. D'AUVIGNY.

Dans ses *Vies des Hommes illustres de France*, *t. II. pag*. 99-120. On fit le procès à ce Surintendant, & il fut mis à mort en 1527 ; mais sa mémoire fut dans la suite réhabilitée.]

32464. ☞ Histoire du Cardinal de Tournon, Ministre de France sous quatre de nos Rois ; par le Père Charles DE FLEURY, Jésuite : *Paris*, d'Houry, 1728, *in*-8. & *in*-4.

Voyez Lenglet, Supplément à la *Méth. histor. in*-4 ; *pag*. 161. = *Journ. de Verdun*, *Décembre* 1728.= *Mém. de Trévoux*, Mars 1729. = *Journ. des Sçavans*, Févr. 1729. = *Mercure*, Octobre 1728.]

== ☞ Vie de François de Tournon ; Archevêque d'Embrun, puis de Lyon, Cardinal & Ministre d'Etat sous Henri II. François II. & Charles IX.

Voyez ci-devant, *Archevêques de Lyon*, N.° 8946 & *suiv*. [Tome I. *pag*. 597.]

== ☞ Vie de Charles de Lorraine, Archevêque de Reims, Cardinal & premier Ministre d'Etat, sous François II. & Charles IX.

Voyez ci-dev. *Archevêques de Reims*, N. 9572 & *s*. [Tome I. *pag*. 628.] M. d'Auvigny a donné ces deux Vies *pag*. 141 & 259, du tom. I. de ses *Vies des Hommes illustres de France : Amsterdam* & *Paris*, le Gras, 1739, *in*-4.]

== ☞ Vie & Eloges du Duc de Sully.

Voyez ci-devant, aux *Grands-Maîtres de l'Artillerie*, N.° 31810 & *suiv*.]

== ☞ Vie de François d'O, Surintendant des Finances.

Voyez ci-dev. aux *Officiers de Guerre*, N.° 32031.]

32465. Discours apologétique de (Pierre) JEANNIN, Président du Parlement de Bourgogne , Surintendant des Finances, de sa conduite durant les troubles de la Ligue, & depuis sous les Règnes de Henri IV. & de Louis (XIII.) à présent régnant, en 1622.

Le Président Jeannin est mort en 1623. Son Discours est

est imprimé *pag.* 644 du *Recueil de ses Négociations* : *Paris*, 1656, *in-fol.*

32466. Vie du même, en forme d'Eloge : *Dijon*, Guillot, 1623, *in*-4.

Cette Vie a été écrite par Pierre Saumaise, Seigneur de Chazan, Conseiller au Parlement de Dijon, mort en 1650. Elle a été aussi, je crois, imprimée sous le titre d'*Eloge*, au-devant des *Négociations* du Président Jeannin.

☞ La Vie du Président Jeannin, qui est à la tête de ses *Négociations*, est de Nicolas DE CASTELLE son petit-fils, Editeur du Recueil de ces Négociations. L'Eloge dont il s'agit ici, est en effet de Pierre Saumaise.]

32467. * Discours véritable de la vie & de la mort du Président Jeannin : *Paris*, Rousset, 1623, *in*-8.

32468. Eloge du même ; par Claude THIROUX, Conseiller du Roi en la Ville d'Autun.

Cet Eloge est imprimé *pag.* 66 des *Recherches & Antiquités d'Autun*, composées par Munier, & publiées par Claude Thiroux : *Dijon*, 1660, *in*-4. Claude Thiroux est mort en 1687. L'Eloge qu'il a fait de ce grand Négociateur, (Pierre Jeannin,) ne contient rien d'approchant de ce qui se trouve dans ses Négociations.

32469. Eloge du même ; par Charles PERRAULT, de l'Académie Françoise.

Cet Eloge est imprimé *pag.* 33 du tom. I. de ses *Hommes illustres : Paris*, 1699, *in-fol.*

32470. ☞ Eloge du Président Jeannin. *Mercure François* 1623, & *Choix des Mercures, tom. XXII. pag.* 11.]

32471. ☞ Eloge du Président Jeannin, Discours lû aux Séances publiques de l'Académie des Sciences, Arts & Belles-Lettres de Dijon, des 12 Août 1764, & 15 Décembre 1765 ; par M. GUYTON DE MORVEAU, Avocat-Général en Parlement, Académicien honoraire : *Paris*, P. G. Simon, 1766, *in*-8.]

32472. Discours fait par Nicolas DE HARLAY, Conseiller d'Etat, sur l'occurrence de ses Affaires : *Paris, in*-4.

Ce Discours de Nicolas de Harlay de Sancy, qui a été Surintendant des Finances, Colonel-Général des Suisses, & qui est mort en 1629, paroît composé sous le Règne de Louis XIII. pour justifier la conduite de l'Auteur, qui y fait entrer bien des particularités qui regardent les Affaires publiques sous les Règnes de Henri III. & de Henri IV. Dans les *Mémoires de Villeroy*, on a inséré plusieurs de ses Remontrances à la Reine Marie de Médicis, où il fait un fidel récit de ses avantures. C'est contre lui que d'Aubigné a publié un violente Satyre, sous le titre de *Confession de Foi de Sancy*, qui a été imprimée plusieurs fois sans qu'on y ait marqué le nom de l'Auteur.

☞ Le Discours, dont il est ici question, se trouve tom. III. des *Mémoires de Villeroy, pag.* 168. On peut voir sur Nicolas de Harlay-Sancy, la Note sur le Vers 102 du Chant VIII. de la *Henriade*.

Ce Discours s'étend depuis le mois de Février 1589, jusqu'au temps que M. de Sancy fut disgracié par rapport à la Duchesse de Beaufort, dont il empêchoit le Mariage avec le Roi Henri IV. Il y raconte tout ce qu'il a fait pour le service de Sa Majesté, dans différentes affaires où il a employé son bien & celui de ses amis, & dont il n'a pu recouvrer, (dit-il) les intérêts, ce qui a dé-

Tome III.

rangé extrêmement sa fortune. Il supplie le Roi de vouloir lui faire justice, & de le mettre en état de laisser à sa Famille de quoi vivre & continuer ses services à Sa Majesté & à l'Etat. Ce Discours est plein de sagesse & de modération. Il faut convenir que Henri IV. étoit en partie redevable du trône à ce Seigneur, qui lui avoit ménagé, à ses frais, le secours des Suisses après la mort de Henri III.

32473. ☞ Confession Catholique du Sieur de Sancy ; (par Théodore Agrippa D'AUBIGNÉ;) avec les Notes de MM. LE DUCHAT & GODEFROY.

Cette Edition, qui est la plus complette, se trouve tom. IV. du *Journal de Henri III. en* 1744, *in*-8.

Nicolas de Harlay, Sieur de Sancy, changea plusieurs fois de Religion, pour s'accommoder au temps & à la fortune. Il ne faut pas croire que ce soit là le motif qui ait engagé l'Auteur de cette fine & délicate Satyre, à le déchirer aussi cruellement qu'il l'est dans cette Pièce. On connoît trop l'humeur caustique de l'Auteur, qui n'épargnoit aucune personne, quelque distinguée qu'elle fût, ce qui n'a pas peu contribué à l'éloigner des Charges & des récompenses. Il paroît que cette Pièce a été faite à plusieurs reprises. Elle est divisée en deux Livres : les faits particuliers qui y sont répandus, & qui, quelquefois, ne sont qu'indiqués, la rendent mystérieuse. Les Notes de MM. LE DUCHAT & GODEFROY viennent au secours. L'enjouement & le naturel qui y règnent, l'ont fait rechercher de tous les curieux, l'ironie se soutient bien. On n'est pas étonné qu'un Huguenot lance nombre de traits contre la doctrine & la discipline de l'Eglise Romaine : ce sont des contes surannés, & dont tout le monde connoît le ridicule & méprise la fausseté.

Voyez sur cette Pièce, *Journal de Henri III. tom. II. pag.* 27 & 33, *tom. V. pag.* 41. = *Mém. de Maintenon, tom. I. pag.* 41. = *Dictionnaire* de Marchand, Art. d'*Aubigné*, Rem. R.]

32474. ☞ Différences remarquées entre l'Imprimé de la Confession de Sancy, de cette nouvelle Edition, & le Manuscrit, *in*-4. num. 7892 de la Bibliothèque de Sa Majesté, parmi ceux de Béthune.

Ces Observations sont imprimées dans le tom. V. du même *Journal de Henri III*.]

32475. ☞ Vie de Concini, Marquis d'Ancre, Maréchal de France & premier Ministre sous la Régence de Marie de Médicis, (mère de Louis XIII.) par M. D'AUVIGNY.

Dans ses *Vies des Hommes illustres de France, t. III. pag.* 389.

Voyez encore ci-devant, Tome II. N.os 10577 &*s.*]

== ☞ Vie de Charles d'Albert, Duc de Luynes, premier Ministre sous Louis XIII. & diverses Pièces à son sujet.

Voyez ci-dev. aux Connétables, N.º 31449 & *suiv.*]

32476. Vita Eminentissimi Cardinalis Armandi Joannis Plessæi Richelii : vitæ & fortunæ exordia, ab anno reparatæ salutis, 1585, ad annum 1619, A.M.D.P. *Parisiis*, Lesselin, 1656, *in*-12.

Ces Lettres initiales signifient : *Auctore Michaele* DE PURE. Cet Abbé avoit publié trois ans auparavant la Vie du Cardinal de Lyon, frère du Cardinal de Richelieu.]

32477. Elogium Cardinalis Richelii in nova Ciaconii de Vitis Pontificum Romanorum

D d

& Cardinalium quam brevi Romæ pollicetur, Editione suo loco addendum: *Parisiis*, 1629, *in-*8.

L'Auteur de cet Eloge est un Chevalier de l'Ordre du Roi, nommé Claude DE VALLES, qui étoit de Chartres, mais qui demeuroit à Lyon. L'Edition de Ciaconius parut en 1630.

32478. ☞ Epistola SAXI-BELLII de Cardinali Richelio, ad Pazæum amicum nobilem Romanum: *Parisiis*, Jacquin, 1627, *in-*8.

C'est un Eloge du Cardinal de Richelieu & de sa Famille.]

3247-9. Vita Armandi Joannis Cardinalis Richelii : auctore Remigio DU' FERRON : *Aureliæ*, 1626, *in-*8.

Ce Libelle satyrique fut fait pour l'opposer au *Catholique d'Etat* de du Ferrier.

☞ On peut consulter à ce sujet, *Isagoge in notit. Script. Hist. Gall. part. II. pag.* 41.]

32480. Lettre DE PIMANDRE à Théopompe, publiée ci-devant sous le titre de Lettre déchiffrée : *Paris*, 1627, 1631, *in-*8.

Cette Lettre de Jean SIRMOND, qui se déguise ici sous le nom de Pimandre, a été écrite contre le Libelle précédent. Elle se trouve aussi *pag.* 14. du *Recueil* de du Chastelet : *Paris*, 1635. *in-fol.*

Voyez la Note après le N.° [21422, Tome II. *pag.* 450.]

== Journal du Cardinal de Richelieu, des années 1631 & 1632.

Voyez ci-devant. [Tome II. *pag.* 466, N.° 21616.]

== Mémoires du Ministère du Cardinal de Richelieu, jusqu'en 1632.

☞ *Voyez* ci devant, Tome II. p. 470, N.° 21781. C'est moins une Histoire qu'un ennuyeux Panegyrique.]

32481. Elogio della Vita del Principe Armando Giovanni du Plessis de Richelieu ; per Hercole PICOLOMINI : *in Venetia*, 1637, *in-fol.*

32482. ☞ Lettre au Cardinal de Richelieu, contenant la Relation de l'élection de sa personne pour Abbé de Cîteaux ; (par Jacques LE BELIN :) *Dijon*, Palliot, 1635, *in-*4.]

== Mémoires du Cardinal de Richelieu.

Voyez ci-devant, [Tome II. *pag.* 486, N.° 22089.]

== Ministerium Cardinalis Richelii.

Voyez ci-devant, [Tome II. *pag.* 486, N.° 22090.]

32483. ☞ Ms. Recueil de Pièces touchant le Cardinal de Richelieu : *in*-4.

Il est conservé à Dijon, dans la Bibliothèque de M. Fevret de Fontette, & il contient les Pièces suivantes:

1. Abrégé de la Vie du Cardinal de Richelieu.

Cette Pièce, quoique courte, fait assez bien connoître l'humeur, les inclinations, les vertus & les vices de cette Eminence.

2. Abrégé de la Vie d'Alphonse de Richelieu son frère, surnommé le Cardinal de Lyon, mort en 1653.

3. Les Amours du Cardinal & de Madame de Combalet.

C'est un misérable Libelle contre le Cardinal & sa Nièce ; il est rempli de faussetés & de calomnies contre l'honneur de la Reine-Mère.

4. Lettres du Cardinal de Richelieu à M. de la Meilleraye, en 1639.

Elles contiennent plusieurs faits Militaires de la campagne de 1639, & du Siège de Hesdin, que M. de la Meilleraye attaquoit. Elles font encore voir combien le Cardinal aimoit & favorisoit ce Seigneur.]

32484. * Histoire des Amours de Grégoire VII. du Cardinal de Richelieu, de la Princesse de Condé, & de la Marquise d'Urfé ; (par Mademoiselle DURAND:] 1700, *in-*12.

« Quoique l'Auteur fasse mention de *Roman* aux » premières lignes de la Préface, il ne laisse pas d'assu- » rer qu'il n'y a rien de fabuleux dans ces *Historiettes*, » & qu'elles auroient pu être beaucoup plus étendues, » s'il avoit voulu se servir du secours de l'invention. » C'est-là le comble de la hardiesse, & l'on s'en peut » appercevoir aujourd'hui facilement par la lecture du » Livre ; mais qui peut répondre que ce ne sera pas une » chose malaisée dans les siècles à venir?... Sçavons-nous » ce qui arrivera dans le dix-huitième & le vingtième » siècle ? Un retour peut-être de l'ignorance & de la » barbarie, & puis une nouvelle résurrection des Belles- » Lettres. Mille & mille bons Ouvrages périront peut- » être, pendant que celui-ci se conservera. Il sera peut- » être déterré par un curieux, & passera pour des Anec- » dotes inestimables, monument certain de la véritable » Histoire du Cardinal de Richelieu, &c. » *Bayle, Dictionnaire*, Art. *Grégoire VII.* Note T.]

32485. ☞ Scriptorum Galliæ maledicentiæ & adulationes impiæ : prima Pars continet maledicentias in præcipuos Europæ Principes, eorumque Ministros : secunda, blasphemias in Deum, Angelos, & Summum Ecclesiæ Pontificem : tertia, impias & sacrilegas Cardinalis Richelii Laudes, cum magno Regis regnique Galliæ dedecore : 1635, *in-*4.

Ce sont des Extraits tirés de quatre Poëmes imprimés en 1634 & 1635, à l'honneur du Cardinal de Richelieu, & rapportés ci-devant, au *Règne de Louis XIII.* sçavoir, *Palma Regiæ*, &c. *Epinicia Musarum* ; le *Parnasse Royal*, &c. & le *Sacrifice des Muses*. On y trouve aussi deux Epigrammes retournées contre le Cardinal de Richelieu ; & il y a des Avis à la tête & à la fin, assez emportés contre ce Ministre.]

Entre un grand nombre de Libelles publiés contre ce Cardinal, un des plus singuliers est intitulé : *Rabbi Benoni Visiones & Doctrina* : 1635. Cette vive Satyre est écrite en style prophétique. On la trouve dans le *Recueil de Pièces curieuses* : 1644, *in-*4. Les Libelles qui lui ont donné le plus de chagrin sont les trois suivans : *La Cordonnière de Loudun*, [ou *Lettre de la Cordonnière*, qui est dans le *Recueil de Pièces curieuses* : 1644, *in-*4.] Ce premier Libelle, qui a été fait contre lui, est attribué au Marquis DE SORET : d'autres, comme Patin, dans sa XII.e Lettre à Charles Spon, en font Auteur Urbain GRANDIER. Ménage dit même que ce Livre fut la cause de sa mort ; mais il ajoute, qu'il a ouï dire à M. Bouliaud, qu'il n'y avoit point de preuve qu'il en fut le Livre, lequel étoit indigne de lui, tant il étoit mal fait : *Menagiana*, au tom. IV. *pag.* 44 & 45. Le second Libelle est intitulé : *La Saint-Fiacre*, ou l'*Enlévement des Reliques de S. Fiacre*. C'est une Satyre de six-vingt Vers, faite à l'occasion du transport de ces Reliques à Paris, lorsque le Cardinal de Richelieu fut fort tourmenté des hémorroïdes. Elle est conservée avec la suivante, dans un Volume de la Bibliothèque des Minimes de Paris, num. 62, lequel contient plusieurs Pièces pour & contre ce Cardinal, & qui commence par

Histoires des Ministres d'Etat, & Surintendans des Finances. 211

une, intitulée : *Theologia Gallica*, ou *l'Apothéose du Cardinal de Richelieu*. Le troisième Libelle a pour titre : *Le Tableau du Gouvernement présent*, ou *Eloge de son Eminence* ; Satyre de mille Vers, appellée pour cette raison : *La Milliade*. Elle est attribuée par les uns à Charles Beyz, Auteur d'un Poëme sur les triomphes de Louis XIII. & de plusieurs autres Pièces de Vers de ce temps-là ; & par d'autres, à Michel Favereau, Conseiller en la Cour des Aydes, qui écrivit contre pour se mieux cacher. Voyez *Patiniana*, pag. 77. Il mourut en 1638. Elle a été imprimée d'abord à *Anvers*, 1637, *in-8*. Nouvelle Edition, revue, corrigée & augmentée : *Paris*, ce 29 Mars 1649, *in-4*. Elle fut faite en 1636. C'est un Ecrit fort emporté. Le Cardinal de Richelieu n'y est point ménagé, non plus que le Père Joseph, le Chancelier Seguier, le premier Président le Jay, des Noyers, de Chavigny, Bullion, &c.

« C'est ce dernier Libelle qui a fait le plus de peine au Cardinal, & qu'il a porté avec le plus d'impatience. On y voit tous les déportemens de ceux de la Cour attachés aux intérêts de ce Cardinal ; ils y sont décrits au naïf. Dans le temps qu'il parut, le Ministre fit emprisonner le Sieur Beyz, bon Poëte, qu'il croyoit en être l'Auteur, comme en effet il l'étoit. Il fit assembler tous les célèbres Poëtes de son temps pour connoître le style de l'Auteur de cette Pièce, lequel, par prévoyance, l'avoit changé d'espace en espace ; en sorte qu'il ne pût être reconnu. De Beyz fut cinq ou six mois à la Bastille, d'où il sortit, à cause qu'on trouva dans ses papiers deux cens Vers de la composition, qui contredisoient cette Pièce ; ce qui le sauva, après toutefois beaucoup de variation de la part du Cardinal sur ce sujet. La vérité de ce fait a été avouée par ledit de Beyz en mourant, au commencement de l'année 1668, à un sien ami, qui me l'a redit ». C'est ainsi que s'exprime l'Auteur du *Portrait du Cardinal de Richelieu*, écrit en 1669, qui est conservé manuscrit dans le Cabinet de M. le Président Rolland.

32486. Mémoires de M. DE MONTCHAL, Archevêque de Toulouse, contenant des particularités de la Vie & du Ministère du Cardinal de Richelieu : *Rotterdam*, Fritsch, 1718, *in-12*. 2 vol.

Ces Mémoires ne contiennent qu'une partie du *Journal de l'Assemblée générale du Clergé tenue à Mantes en 1641*, indiqué ci-devant, N.° 6878, [Tome I.]

☞ Ces Mémoires commencent en 1624, & finissent en 1641. Ils traitent sur-tout de cette Assemblée du Clergé, à laquelle le Roi demandoit six millions de livres. On en offrit d'abord quatre, mais la Cour persista dans sa demande. Ce fut alors que M. de Montchal montra toute sa fermeté à s'opposer aux volontés du Cardinal de Richelieu, & pour soutenir les droits du Clergé, qu'il croyoit blessés en cette occasion. Enfin, n'ayant pu être gagné, il eut ordre de sortir de Mantes, & de se retirer en son Archevêché, où il est mort en 1651. On voit par ce qu'il dit dans ses Mémoires qu'il n'aimoit pas le Cardinal, qu'il accuse d'avoir visé au Patriarchat du Royaume. On y trouve un détail des plus circonstanciés, de ce qui se passa entre les Traitans & l'Assemblée, pour la perception des six millions que le Roi demandoit au lieu des amortissemens créés par Edit du 18 Avril 1639, & plusieurs autres particularités dont l'Auteur paroît bien informé. Sa conduite & celle de quelques autres Députés ne fit qu'indisposer la Cour contre le Clergé, qui fut enfin obligé de céder à l'avarice des Traitans.

Voyez l'Extrait que donne de ces Mémoires le *Journal* connu sous le nom de *l'Europe Sçavante*, Novembre 1718. On y trouve des corrections importantes tirées d'un Manuscrit beaucoup plus exact que celui dont on s'étoit servi pour l'impression de cet Ouvrage. On peut aussi consulter la *Méth. hist. in-4*. de Lenglet, tom. *IV*. pag. 129, & le *Supplément*, p. 164. = *Nouv. Littér.* tom. *VIII*. pag. 235. = *Journ. de Léips.* 1718, pag. 451.]

32487. Journal de tout ce qui s'est fait & passé à la maladie & à la mort du Cardinal de Richelieu, & les dernières paroles qu'il a proférées ; par F. S. *Paris*, 1642, [& 1643] *in-4*.

LEON de S. Jean, Carme Réformé des Billettes, est l'Auteur de ce Journal.

32488. ☞ Panégyrique au Cardinal de Richelieu, sur le sujet du Philosophe indifférent : *Paris*, 1641, *in-4*.]

32489. ☞ Portrait de Scipion l'Africain ; ou l'Image de la Gloire & de la Vertu, représentée dans celle du C. de Richelieu, par PUGET DE LA SERRE : *Bourdeaux*, 1642, *in-fol*.]

32490. ☞ Richelias : Poema philosophicum, heroicum, quo Armandi Joan. Plessiaci, Cardinalis, Ducis de Richelieu, gloria ex universæ Encyclopediæ miraculis, variis novisque plurimis ex ipso Cœlo phænomenis describitur magnificè, accurente Lazaro MEYSSONNIER, Philosophiæ & Medicinæ Doctore : *in-4*. 36 pages.]

32491. ☞ Testament de M. le Cardinal Duc de Richelieu.

Il est dans le *Recueil de Pièces* de du Chastelet.]

32492. ☞ Lettre au Marquis de Fontenay-Mareuil, sur le Testament du Cardinal de Richelieu : *Paris*, 1650, *in-4*.]

32493. ☞ Ms. Relation (en Vers burlesques) de ce qui se passa à l'Audience du Parlement sur la validité du Testament du Cardinal de Richelieu.

Cette Pièce est conservée à Dijon, dans la Bibliothèque de M. le Président de Bourbonne, n. E. 186.]

32494. ☞ Les Cendres glorieuses ou Pyramide de M. le Card. de Richelieu, avec trois Epitaphes ; par J. D. S. Sieur DE RODOLPHE, A. D. M. *Paris*, Musier, 1643, *in-4*.]

32495. Oraison funèbre du Cardinal de Richelieu, contenant son origine : *Paris*, 1643, *in-4*.

☞ C'est apparemment la même que la suivante.]

☞ Oraison funèbre du Card. de Richelieu, contenant l'origine de son illustre Maison, le progrès des armes de Sa Majesté pendant 20 ans qu'il a exercé la Charge de Chef du Conseil & Ministre d'Etat : *Paris*, Beauplet, 1643, *in-4*.]

32496. Oraison funèbre du même, contenant l'Observation de sa vie, &c. [prononcée à Pontoise ;] par F. V. Ecclésiastique : *Paris*, Beauplet, 1643, *in-4*.

Cet Ecclésiastique, [disoit le Père le Long dans son *Supplément*,] ne seroit-il point Felix Via'art, depuis Evêque de Cahalons-sur-Marne ?

☞ Cela ne se peut, puisqu'il s'agit d'un Ouvrage de 1643, & que Felix Vialart étoit dès-lors Evêque depuis quelques années.]

32497. Discours funèbre [à la mémoire de

M. le Cardinal de Richelieu, prononcé dans le Parquet de l'Audience du Siège de Marseille;] par (Pierre-Antoine (Mascaron, Avocat au Parlement de Provence: *Marseille*, 1643, *in* 4.

☞ L'Auteur étoit le père du célèbre Mascaron, Prêtre de l'Oratoire, mort Evêque d'Agen en 1703.]

32498. Le Mausolée du Cardinal, ou Eloge funèbre du Cardinal de Richelieu, contenant sa naissance, sa vie, sa mort & sa sépulture ; par Chantouniere de Cremaille: *Paris*, Passé, 1643; *Lyon*, 1643, *in*-4.

32499. ☞ Apologie Cardinale, ou Discours contre les plumes satyriques de ce temps, qui montre leur perfidie, leur lâcheté, leur ingratitude, leur envie, leur témérité, leur extravagance ; par un Gentilhomme d'Artois: *Paris*, 1643, *in*-4.]

32500. Mſ. Fragment de l'Histoire du Cardinal de Richelieu: *in-fol*.

Ce Fragment [étoit] dans la Bibliothèque de M. le Chancelier Seguier, num. 613, [aujourd'hui à S. Germain des Prés.]

32501. Mſ. Observations Politiques & Militaires sur la vie & sur les services du Cardinal de Richelieu: *in-fol*.

Ces Observations sont conservées dans la Bibliothèque du Roi, num. 9348, & parmi les Manuscrits de M. Baluze, [qui y ont été réunis,] num. 239.

32502. Mſ. Journal du Cardinal de Richelieu; par Achille de Harlay de Sancy, Evêque de Saint Malo: *in-fol*.

Cet Evêque, qui est mort en 1646, avoit été Prêtre de l'Oratoire au retour de son Ambassade de Constantinople, en 1618. Son Journal [étoit] conservé dans la Bibliothèque de M. le premier Président de Harlay.

32503. El politico Christiano, o Discorso politico de la Vida y acciones del Cardinal de Richelieu ; por Emmanuel Fernandez de Villareal: *en Pampelona*, 1642, *in*-8.

Le Politique Chrétien, ou Discours politique sur les actions principales de la Vie du Cardinal de Richelieu, traduit de l'Espagnol par Chantouniere de Cremaille : *Paris*, Quinet, 1643, *in*-4.

☞ C'est un Panégyrique de la Famille & des actions du Cardinal de Richelieu. On trouve à la tête sa Généalogie, & ensuite un récit succinct de différens événemens de son Ministère, avec des réflexions politiques assez sensées sur chacun.]

De Villareal, qui en est l'Auteur, étoit Consul de la Nation Portugaise à Rouen. Il avoit fait imprimer en 1641, à Barcelone, la Généalogie du Cardinal en Espagnol. Il fut brûlé à Lisbone, ayant été convaincu d'être Juif.

32504. Mſ. Vita Cardinalis Richelii ; auctore de Rhedinger, Equite Silesio: *in-fol*.

Cet Auteur a vécu plusieurs années à Paris, même du vivant de ce Cardinal. Son Histoire est conservée dans la Bibliothèque de Sainte-Elisabeth de Breslaw.

☞ Il faut voir sur cette Vie les *Acta Lipsiensia*, 1720, *pag*. 199.

32505. ☞ Joan. Armandi Plessæi Richelii S. R. E. Cardinalis Eminentissimi, Franciæ Ducis potentissimi, & Regis Christ. Ludov. XIII. Ministri famosissimi, Vitæ Synopsis, inscribenda tumulo : 1643.

C'est un Abrégé satyrique de la Vie & du Portrait du Cardinal de Richelieu, & peut-être la même Pièce que la suivante. Elle est imprimée au tom. II. du *Recueil* de l'Abbé de S. Germain : *Anvers*, 1643, *in*-4.]

32506. Abrégé de la Vie du Cardinal de Richelieu : *Paris*, 1643, *in*-4.

Cet Abrégé est attribué à Matthieu de Morgues, Sieur de Saint-Germain, le plus grand Adversaire, entre les Ecrivains de ce temps-là, qu'eut le Cardinal de Richelieu.

32507. ☞ Histoire du Ministère du Cardinal Richelieu : *Paris*, 1649, *in-fol*.]

32508. Vie du même; par (Gilbert Saulnier,) Sieur du Verdier.

Cette Vie est imprimée avec l'*Histoire des Cardinaux illustres* : *Paris*, 1653, *in*-4.

32509. Mſ. Vie du même ; par Jacques Lescot, Evêque de Chartres.

Cet Evêque est mort en 1656. Il avoit été Confesseur de ce Cardinal. Sa Vie étoit conservée dans le Cabinet de la Duchesse d'Aiguillon, selon M. de la Mare, *pag*. 28, de la troisième partie de ses Mémoires Manuscrits.]

32510. Mſ. Histoire du Cardinal de Richelieu ; par Pierre le Moine, Jésuite.

☞ On ne sçait ce qu'est devenue cette Histoire, dont Patin parloit en ces termes :]

« On va commencer [en 1667] l'impression de
» l'Histoire du Cardinal de Richelieu, faite par le R.P.
» le Moine, Jésuite, sur les Mémoires du Cardinal, qui
» lui ont été fournis par Madame d'Esguillon, nièce du-
» dit Cardinal : c'est le premier Tome que l'on com-
» mence ; il y en aura deux *in-fol*. Dieu sçait comment
» cette Histoire sera plâtrée, tant de la part de l'Ecri-
» vain, qui m'est suspect, que de celle du Héros, qui
» véritablement a été un homme d'esprit, grand & re-
» levé, mais emporté & passionné au dernier point ; de
» la fortune duquel la France se seroit bien passée ».
C'est ce qu'écrivoit Guy Patin, dans sa quatre-cent-soi-
xantième Lettre, qui est dans le tom. III. de ses Lettres.
Mais dans celle du 22 Février 1669, qui est la qua-
tre-cent-quatre-vingt-cinquième du tom. III. il dit :
« Que Madame d'Esguillon, nièce du Cardinal de Ri-
» chelieu, faisoit travailler sur ses Mémoires un Jésuite,
» nommé le Père le Moine, pour prouver à la postérité
» le crédit que ce Favori avoit sur l'esprit du Roi. Le
» premier Tome étoit sous la presse, qui eût été bien-
» tôt suivi du second ; mais on a changé d'avis, & on
» a tout-à-fait quitté la besogne ».

Le même Patin, dans sa Lettre du septième Septembre 1671, marque que « le Père le Moine, Historien
» du Cardinal de Richelieu, aux dépens & aux gages
» de Madame d'Esguillon, qui lui faisoit une pension
» annuelle de quinze cens livres, étoit mort le 22 Août,
» âgé de soixante-neuf ans.

32511. Vita ejusdem Cardinalis ; auctore Ludovico Donio d'Attichi, ex Ordine Minimorum.

Cette Vie est imprimée au tom. II. de l'Ouvrage que cet Auteur a intitulé : *Flores Historiæ Cardinalium* : *Parisiis*, 1660, *in-fol*. Elle contient plusieurs choses dites avec assez de hardiesse contre ce Cardinal.

32512. Histoire du Cardinal de Richelieu;

Histoires des Secrétaires d'Etat, & Surintendans des Finances. 213

par (Antoine) AUBERY, Avocat au Parlement & au Conseil : *Paris*, Bertier, 1660, *in-fol. Cologne*, 1666, *in-*12. 2 vol.

Cette Histoire, selon M. Lenglet, n'est pas estimée, quoiqu'elle soit faite sur de bons Mémoires, parceque Aubery a voulu faire du Cardinal un trop honnête homme, & qu'il ne le fait pas assez politique. Le Privilège accorde à Aubery la permission de faire imprimer l'Histoire du Cardinal, Duc de Richelieu, avec plusieurs Mémoires, Lettres, Dépêches, Instructions, Ambassades, Relations & autres Pièces non encore imprimées. Ce Recueil fut fait par les soins d'Aubery, & imprimé en 1660, par Antoine Bertier, en deux volumes *in-fol.* indiqués ci-devant, parmi les *Lettr. hist.* N.° 30662.]

« Madame la Duchesse d'Esguillon fait imprimer » l'Histoire de son Oncle, le Cardinal de Richelieu, écrite » sur les Mémoires qu'elle a fournis, par M. Aubery ; » mais elle est déja méprisée, étant trop suspecte pour » le lieu d'où elle vient, & pour le mauvais style de » son chétif Ecrivain ». C'est ainsi que Guy Patin parle de cette Histoire, dans sa cent trente-sixième Lettre à Charles Spon.

☞ On trouve à la fin de cette Histoire, le Testament du Cardinal, & la Donation qu'il fit au Roi de l'Hôtel dit depuis le Palais Royal.

Voyez sur cet Ouvrage le Père Niceron, *tom. XIII. pag. 309.* = Le Gendre, *tom. II. pag. 9.*]

32513. Mf. Portrait du Cardinal de Richelieu, contenant ses bonnes & mauvaises qualités, fini en 1669 : *in-fol.*

Ce Portrait est divisé en deux parties, dont la dernière est beaucoup plus ample que l'autre, soit que l'Auteur, qui étoit ami particulier de l'Abbé de Saint-Germain, qu'il cite souvent, ait trouvé plus de plaisir à dire du mal que du bien du Cardinal, soit que ce Cardinal ait fourni plus de matière pour l'un que pour l'autre. Ce Manuscrit vient de la Bibliothèque de l'Abbé de Saint-Germain ; mais on connoît au style dur & peu correct, qu'il n'est pas de sa composition. L'Auteur y rapporte plusieurs faits singuliers, entre lesquels il s'en trouve quelques-uns qui sont faux. Il [étoit] conservé dans le Cabinet de M. le Président Rolland.

32514. * Roberti KEUCHENII Comparatio Cardinalium Richelii & Mazarini.

Dans un Ouvrage intitulé : *Antoninus Pius*, &c. *Amstelodami*, à Waefberge, 1667, *in-*12.

32515. Tableau des Cardinaux de Richelieu & Mazarin, & de M. Colbert : *Cologne*, 1694, *in-*12.

32516. ☞ Le Tableau de la Vie & du Gouvernement de MM. les Cardinaux de Richelieu & Mazarin, & de M. Colbert, représenté en diverses satyres & poésies ingénieuses, avec un Recueil d'Epigrammes sur la vie & la mort de M. Fouquet, & sur diverses choses qui se sont passées à Paris en ce temps-là : *Cologne*, Pierre Marteau, 1693, *in-*12.

Ce Recueil contient cinq Parties. La première regarde le Cardinal de Richelieu ; la seconde, le Cardinal Mazarin ; la troisième, M. Colbert ; la quatrième, M. Fouquet ; la cinquieme regarde plusieurs choses qui se sont passées à Paris dans le temps du gouvernement de Richelieu, Mazarin, Colbert, &c. On trouve à la tête de cette dernière Partie, *Paris ridicule*, Poëme du sieur PETIT, Avocat, qui fut brûlé en Grève, pour plusieurs Sonnets satyriques, particulièrement contre l'honneur de la sainte Vierge.

Le tout consiste en Pièces de Vers, & satyriques pour la plus grande partie : il y en a quelques-unes de bonnes, parmi beaucoup de mauvaises : il s'est glissé un grand nombre de fautes dans l'impression. Ce Recueil s'étend de 1642 à 1683. On y trouve la Satyre intitulée : *Milliade*, Pièce en Vers contre le Cardinal de Richelieu, & dont on a parlé ici *pag.* 211, & ci-devant, (Tome II.) N.° 22095.]

32517. ☞ Mf. Recueil de Pièces concernant le Tableau du Cardinal de Richelieu : *in-*4.

Il est indiqué num. 2046 du Catalogue de M. Bernard.]

39518. Eloge historique du même ; par Charles PERRAULT, de l'Académie Françoise.

Cet Eloge est imprimé à la *pag. 1.* du tom. I. de ses *Hommes illustres : Paris*, 1699, *in-fol.*

32519. La Vie du Cardinal de Richelieu ; par Jean LE CLERC, (Ministre & Professeur en Philosophie & en Hébreu, parmi les Arminiens :) *Cologne*, (*Amsterdam*, Huguetan,) 1694, 1696, *in-*12. 2 vol. Troisième Edition, revue & augmentée par l'Auteur : *Amsterdam*, Compagnie, 1714, *in-*12. [Nouvelle Edition, revue & augmentée de Pièces curieuses, &c. *Amsterdam*, (*Paris*,) 1753, *in-*12. 5 vol.]

L'Auteur a publié les deux premières Editions sans son nom, il n'a mis qu'à la troisième. Il blâme trop le Cardinal de Richelieu.

☞ *Voyez* sur cette Vie, *Journal des Sçav. Juillet* 1714. = Le P. Niceron, *tom. XL. pag. 321.* = *Diction.* de Chaufepié, Art. *le Clerc*, Rem. N. = *Méth. hist. in-*4. de Lenglet, *tom. II. pag. 183, & tom. IV. pag. 125.* = *Bibl. ancienne & moderne*, *tom. I. pag. 221.* = *Hist. des Ouvr. des Sçavans, Avril* 1695. = *Journ. de Léipf.* 1695, *pag. 268.*]

32520. Parallèle du Cardinal Ximenès, premier Ministre d'Espagne, & du Cardinal de Richelieu ; par (René) RICHARD : *Trévoux*, 1704, *in-*12.

Cet Auteur, né à Saumur, [étoit] Chanoine de Sainte-Opportune à Paris. [Il est mort en 1727.] « On assure » que ce qui a déplu dans ce Parallèle, est que l'Auteur » y représente le Cardinal de Richelieu comme un vrai » scélérat. On m'a mandé qu'il a été censuré par un » Ministre. Il est vrai que notre Abbé ne ménage pas » beaucoup ce Cardinal, & que s'il fait l'éloge de ses » vertus politiques, il loue peu ses vertus morales ». Bernard, *Nouvelles de la République des Lettres*, art. 6, Septembre 1705.

☞ *Voyez* encore *Préf. du Parallèle des Cardinaux de Richelieu & Mazarin.* = *Mercure de Nov. & Décemb.* 1704. = *Journal de Léipf.* 1706, *pag. 85.* = Lenglet, *Méth. hist. in-*4. *tom. IV. pag. 126, & le Supplément, pag. 164.* = *Journ. des Sçavans, Décemb.* 1704. = *Mém. de Trévoux, Janvier* 1705.]

32521. Mf. Critique de ce Parallèle ; par François DE CAMPS, Abbé de Signy.

Cette critique [étoit] dans le Volume des *Remarques critiques de l'Auteur sur quelques Historiens de France*, [aujourd'hui dans la Bibliothèque de M. de Betinghen.]

32522. ☞ Lettre à M. de Vizé, (Auteur du *Mercure*,) servant d'Apologie au Parallèle : 1705, *in-*12.]

32523. Histoire anecdote du Cardinal de Richelieu.

Cette Histoire est intitulée le *Véritable Père Joseph*: *Paris*, 1704, *in*-12. Elle est de l'Abbé RICHARD.

32524. Le Parallèle du Cardinal de Richelieu & du Cardinal Mazarin, contenant les anecdotes de leurs Vies & de leur Ministère; par le même Auteur: *Paris*, Estienne, 1716, *in*-12.

L'Approbateur de ce Livre a pris soin de nous faire entendre qu'il ne voudroit pas se rendre garant de tous les faits qu'on y avance & des événemens qu'on y décrit. Il y a dans les *Nouvelles Littéraires* des mois de Juillet & Août 1716, imprimées chez du Sauzet, à *la Haye*, quatre Lettres critiques contre cet Ouvrage.

☞ Ce Parallèle est précédé d'un *Avis au Lecteur*, fort singulier; dans lequel l'Auteur s'occupe principalement à déclamer contre l'ingratitude d'un sien Neveu & Résignataire.

L'Ouvrage contient différentes Anecdotes & particularités du Ministère de ces deux Cardinaux. L'Auteur en a choisi cent de chacun pour les comparer. Il conclud par donner ouvertement la préférence au Cardinal de Richelieu. Aux *pag.* 269 & *suiv.* il parle un peu librement sur la Constitution & en faveur du Cardinal de Noailles & des Prélats qui lui étoient unis.

On trouve ensuite à la fin du Livre, un Dialogue assez hardi contre les deux Cardinaux, que l'Auteur dit avoir été composé par M. de Fénélon, Archevêque de Cambray, & être devenu assez rare.

Ce Livre, quoiqu'imprimé avec Privilège, donné le 8 Octobre 1715, & qui se trouve à la fin, fut supprimé depuis par un Arrêt du Conseil. Dans le Catalogue de M. Secousse, num. 2112, on indique cet Arrêt.

Voyez sur l'Ouvrage, *Républ. des Lettres* de Bernard, *Juillet* 1716. = *Nouv. Littér. tom. IV. pag.* 25, 39, 105, 123. = *Journ. des Sçav. Avril* 1716. = *Journ. de Verdun, Août* 1716.]

32525. ☞ Coup d'Etat des Cardinaux de Richelieu & Mazarin, ou Réflexions historiques & politiques sur leurs Ministères; par l'Abbé RICHARD : *Paris*, (Hollande,) 1723, *in*-12.]

32526. Abrégé de la Vie du Cardinal de Richelieu, ou idée de son Ministère; par Louis DU FOUR DE LONGUERUE, Abbé du Jars.

Cet Abrégé [étoit] conservé en [Manuscrit,] à Paris dans la Bibliothèque de M. l'Abbé Béraud.

☞ Il a été imprimé *pag.* 1-42 d'un *Recueil de Pièces intéressantes,* &c. *Genève,* (*Paris,* le Jay,) 1769, *in*-12.]

== Anecdotes du Ministère du Cardinal de Richelieu, tirées du Vittorio Siri.

Voyez ci-dev. [Tome II. *pag.* 491, N.º 21165.]

32527. ☞ L'Etat des Lys avant la perte d'un grand support, ou les grands sujets qu'a la France de regretter son Richelieu; à Monseigneur le Cardinal Mazarin: *Lyon*, 1643, *in*-4.]

32528. ☞ Ministerium Cardinalis Mazarini, cum Observationibus politicis, ab anno 1643, usque 1652, necnon Pacta & Confœderationes quorum Notitia Historiam Galliæ & Ministerium Cardinalis Richelii & Mazarini plurimùm illustrat, ab anno 1610, ad annum 1650 : (*in Germaniâ,*) *in*-8.]

32529. ☞ Le Trésor des Epitaphes pour & contre le Cardinal, avec la Farce de ce Cardinal aux Enfers : *in*-4.]

32530. ☞ Dialogue du Cardinal de Richelieu, voulant entrer en Paradis, & sa Descente aux Enfers; Tragicomédie:*in*-4.]

32531. ☞ Vie du Cardinal de Richelieu, premier Ministre sous Louis XIII. par M. D'AUVIGNY.

Dans ses *Vies des Hommes illustres de France,* t. *IV. pag.* 1-575.]

32532. ☞ Réflexions désintéressées sur le Cardinal de Richelieu ; par l'Abbé D'ARTIGNY.

Dans ses *Mémoires,* &c. tom. *VI. Paris,* Debure, *pag.* 224.]

32533. ☞ Eloge ou Panégyrique de Claude de Mesme, Comte d'Avaux, Surintendant des Finances, Plénipotentiaire à la Paix de Munster; par François OGIER : *Paris*, de Villac, 1652, *in*-4.

Cet Eloge du Comte d'Avaux, mort en 1650, est aussi imprimé en 1656 au tom. I. des *Actions politiques* de François Ogier, mort en 1670.

32534. Claudii Memmii d'Avauxii Elogium & Funus ; à Francisco VAVASSEUR, è Societate Jesu : *Parisiis*, 1651, *in*-4.

Cet Eloge est aussi imprimé dans les Œuvres du même Auteur : *Amsterdam*, 1709, *in* fol.

32535. Ms. Panégyrique sur la vie & sur la mort du même : *in*-4.

Cette Pièce [étoit] dans la Bibliothèque de M. le Chancelier Séguier, [aujourd'hui à S. Germain des Prés.]

32536. ☞ Oraison funèbre prononcée dans l'Eglise de Larné, Paroisse de Chavigny, au Service de Léon Bouthillier, Comte de Chavigny, Ministre d'Etat ; par le P. Yves BODIN, Augustin : *Saumur*, 1652, *in*-4.]

32537. Oraison funèbre d'Abel Servien ; Ministre d'Etat, Surintendant des Finances, Plénipotentiaire à la Paix de Munster; par Charles COTIN, Abbé de Montfroncel, de l'Académie Françoise : *Paris*, 1698, *in*-4.

Ce Ministre est mort en 1659, & l'Auteur en 1682.

32538. ☞ Oraison funèbre du même, prononcée en l'Eglise de S. Eustache, le 24 Mars 1659; par Jacques BIROAT : *Paris*, 1659, *in*-4.]

32539. Recherches curieuses sur quelques qualités & actions héroïques du Cardinal Mazarin ; par Thomas BONET, Bénédictin : *Paris*, 1645, *in*-8.

== Eclaircissement sur quelques difficultés touchant le Ministère du Cardinal Mazarin, première partie; par (Jean) DE SILHON.

Voyez ci-devant, [Tome II. *pag.* 550, N.º 23118.]

L'Auteur promettoit à la *pag.* 276 une seconde partie qui n'a pas vu le jour.

32540. Raccolta di diverse Memorie per il-

Histoires des Ministres d'État, & Surintendans des Finances. 215

crivere la Vita del Cardinal Giulio Mazarini in fino alla sua restitutione, nell'anno 1652, dal Abbate Elpidio BENEDETTI : *in Lione*, Vanert, *in-4*.

Cet Abbé est mort en 1680. « Ayant sçu qu'il couroit un Livre qui diffamoit étrangement le Cardinal » Mazarin, il publia en Italien ce Recueil de divers » Mémoires, qu'il crut propre à réfuter cette Satyre. Il » l'augmenta peu à peu, & l'accompagna de Réflexions » politiques ». Bayle, sous le nom d'*Elpidio Benedetti*, dans son *Dictionnaire historique & critique*.

32541. ☞ Le Ministère (du Cardinal Mazarin,) victorieux de l'Envie ; par M. DUFAUR, Prédicateur du Roi : *Paris*, Cramoisy, 1653, *in-4*.]

32542. Historia del Ministerio del Cardinal Mazarini ; di Galeazzo GUALDO, Priorato, fin all'anno 1653 : *in Colonia*, 1669, *in-12*. 3 vol.

La même, en François : *Paris*, ou *Cologne*, 1669 ; *Amsterdam*, 1671, *in-12*. 3 vol.

☞ Cette Histoire est assez bien écrite. L'Auteur conduit succinctement son Héros depuis sa naissance jusqu'à son entrée dans le Ministère. Il détaille davantage les troubles qui en furent les suites, les qualités des personnages qui y eurent part, & la manière adroite dont le Cardinal sçut en profiter pour se mettre au-dessus de ses ennemis. On ne peut lui refuser d'avoir été un grand homme d'Etat ; & le Traité des Pyrénées, chef-d'œuvre de politique, en est la preuve.

Voyez sur ce Livre la *Méth. hist. in-4*. de Lenglet, tom. *IV*. pag. 145. = Le Père Niceron, tom. *XXXIV*. pag. 10.]

32543. Mf. Vie du Cardinal Mazarini jusqu'en 1654, dédiée à Gaston de France : *in-4*.

Cette Vie [étoit] dans la Bibliothèque de M. Foucault, [qui a été distraite.] « Il est ici venu d'Italie un » Manuscrit, qui contient la Vie de ce Cardinal, qui » étoit toute autre que ce que l'on en a dit jusqu'à pré- » sent », dit Patin, dans sa Lettre CXVI. du Tome V. de ses *Lettres*, *p*. 37. [On ne sçait de quelle Vie il a voulu parler.]

32544. ☞ Mf. Breve Raccolta di diverse notice per scrivere historiamente la Vita del Cardinale Mazarini : *in-fol*.]

32545. ☞ Mf. Il Colosso Mazarino, o vero Panegyrici di questo Cardinale : *in-fol*.

Ces deux Manuscrits sont dans la Bibliothèque du Roi, & viennent de M. Lancelot.]

32546. ☞ Templum Famæ, Cardinali Mazarino ; Carmen heroicum : *Parisiis*, 1657, *in-fol*.]

32547. Elogium Cardinalis Julii Mazarini Apologeticum, seu Historiæ Gallo-Mazarinæ Compendium ; auctore Nicolao CHARPY de Sainte-Croix : secunda Editio : *Parisiis*, è Typographia Regia, 1658, *in-4*.

Cet Eloge est écrit en Vers avec des Notes marginales.

32548. Mf. Della Vita del Cardinale Giulio Mazarini, fin all'anno 1657 : *in-fol*.

Cette Vie [étoit] dans la Bibliothèque de M. Baluze, num. 687 & 796, & est aujourd'hui dans celle du Roi. Elle étoit aussi dans la Bibliothèque de M. Colbert de Croissy, Evêque de Montpellier, [mort en 1740.]

32549. Specimen Iconis historicæ Cardinalis Mazarini ; auctore Francisco BOSQUETO, Episcopo Monspeliensi : *Parisiis*, 1660, *in-4*.

32550. ☞ Mf. Les Testament & Codicile du Cardinal Mazarini, en 1661 : *in-4*.

Ce Manuscrit est indiqué *pag*. 399 du Catalogue de M. Bellanger.]

32551. Pompe funebre, nell'Essequie celebrate in Roma al Cardinal Mazarini : descritte dal Abbate Elpidio BENEDETTI : *in Roma*, 1661, *in-fol*.

32552. Julii Mazarini Elogium (Latinè, Gallicè, Hispanicè & Italicè :) *in Roma*, 1661, *in-fol*.

32553. Vita e conditioni del Cardinal Mazarini, del Comte GUALDO, Priorato : *in Colonia*, 1662, *in-4*.

La même, traduite en François : jouxte la Copie de Cologne, 1662, *in-4*.

La même, traduite en Allemand : *Francfort*, 1665, *in-12*.

La même, traduite en Anglois : *London*, 1669, *in-12*.

Cette Vie est meilleure que celle d'Aubery, [rapportée ci-après.] On y voit les principaux événemens qui sont arrivés au Cardinal Mazarin, depuis son entrée dans le Gouvernement jusqu'à sa mort.

32554. Pompe funèbre, ou Eloge du même, avec un Poëme héroïque de Vincent DU VAL, Visiteur-Général des Traites Foraines, avec le Portrait du Cardinal en taille-douce : *Paris*, Martin, 1664, *in-fol*.

32555. ☞ Mf. Vita del Eminentiss. Cardinale Giulio Mazzarini, d'incerto Auctore : *in-4*.

Cette Vie est conservée à Rome, dans la Bibliothèque Chigi, num. 1285.]

32556. ☞ Mf. Vita del Cardinale Mazzarini, Romano di Rione di Trevi : (*c'est un quartier de Rome :*) *in-fol*.

Cette Vie est conservée à Naples, dans la Bibliothèque du Roi des deux Siciles.]

32557. Histoire du même ; par Jean CALVERT : *London*, 1670, *in-12*. 2 vol. (en Anglois.)

☞ Cette Collection a été faite par M. l'Abbé Ménage.]

32558. Ejusdem Elogia à celebrioribus hujus sæculi Auctoribus, Gallicâ, Italicâ & Latinâ Linguâ conscripta, ex mandato illustrissimi Domini Joannis-Baptistæ Colbert : *Parisiis*, è Typographia Regia, 1666, *in-fol*.

32559. ☞ Mf. Epigrammes Latines & Vers

François, à la louange du Cardinal Mazarin : *in-*4.

Ce Manuscrit est conservé dans la Bibliothèque du Roi, num. 8068.]

32560. Histoire du Cardinal Mazarin, depuis sa naissance jusqu'à sa mort, tirée pour la plus grande partie des Registres du Parlement de Paris ; par (Antoine) AUBERI, Avocat au Conseil : *Paris*, Thierry, 1688, *in-*12. 2 vol. *Amsterdam*, Leers, 1695, *in-*12. 2 vol.

☞ Nouvelle Edition: *Amsterdam*, le Cène, (*Paris*,) 1751, *in-*12. 4 vol.

Cette Vie, qui commence en 1602, & finit en 1661, est fardée & peu exacte ; mais comme elle a été faite sur les Registres du Parlement, dont plusieurs ont disparu depuis, il y a bien des détails qu'on ne trouve point ailleurs.

☞ *Voyez* le Père Niceron, *tom. XIII. pag.* 314. = Lenglet, *Méth. hist. in-*4. *tom, IV. p.* 149. = *Journ. des Sçavans*, *Août* 1695. = *Hist. des Ouvr. des Sçav. Octobre* 1695. = *Parrhasiana*, *tom. I. pag.* 201. = *Siècle de Louis XIV.*]

32561. Vie du même : *Leyde*, 1699, *in-*12. (en Flamand.)

== Le Parallèle du même, avec le Cardinal de Richelieu.

Voyez ci-devant, [N.º 32524.]

32562. Abrégé de la Vie du même, ou Idée de son Ministère ; par Louis DU FOUR DE LONGUERUE, Abbé du Jars.

Cet Abrégé [étoit] conservé [en Manuscrit] à Paris, dans la Bibliothèque de l'Abbé Béraud, son ami.

☞ Il a été imprimé *pag.* 43-96, d'un *Recueil de Pièces intéressantes*, &c. du sçavant Abbé : *Amsterdam*, (*Paris*, le Jay,) 1769, *in-*12.]

32563. ☞ Vie du Cardinal Mazarin, premier Ministre sous Louis XIV. par M. D'AUVIGNY.

Dans ses *Vies des Hommes illustres de France*, *tom. V. pag.* 1-248.]

32564. ☞ Breviarium politicorum, secundùm rubricas Mazarinicas : *Parisiis*, Joan. le Petit, 1695, *in-*24.

Ce Livre est un Recueil de Maximes & de Préceptes fort détaillés pour guider un Prince, un Ministre ou un Homme d'État, dans la conduite qu'il doit tenir relativement à ses vues & à ses intérêts, soit avec ses supérieurs, soit avec ses amis, soit avec ceux auxquels il a affaire journellement : *Simula, dissimula ; nulli crede ; omnia lauda ; nosce teipsum, nosce alios.* C'est sur ces principes généraux que sont appuyées la plupart de ces Maximes qui conduisent à une fine politique, à une parfaite dissimulation, & à une fausseté complette. Si ces Préceptes sont utiles à ceux pour lesquels ils sont faits, on peut assurer qu'ils sont très-contraires aux principes ordinaires de l'honnête homme.

On voit par le titre & par la Préface, que l'Auteur impute toutes ces Maximes au Cardinal Mazarin, & qu'il prétend que non-seulement il les pratiquoit, mais encore qu'il en avoit imbu le Roi Louis XIV. avant de laisser entre ses mains le timon du Gouvernement. Au reste ce Livre est assez curieux, & n'est pas mal fait dans son espèce diabolique.]

32565. ☞ Ms. Registre des Délibérations du Conseil du Cardinal Mazarin, depuis 1654 jusqu'en 1659 : *in-fol.* 2 vol.

Ce Manuscrit est indiqué num. 2082 du Catalogue de M. Bernard.]

32566. ☞ Ms. L'Ombra del Sign. Card. Mazzarini, apparsa a Ré di Francia avvertendolo dell' esterminio della sua Corona : *in-*8.

Cet Ecrit est conservé à Rome, dans la Bibliothèque Chigi, num. 1176.]

32567. Oraison funèbre du Comte de Brienne, Ministre & Secrétaire d'Etat ; par Jean-François SENAULT, Général de la Congrégation de l'Oratoire : *Paris*, le Petit, 1667, *in-*4.

Henri-Auguste de Loménie, Comte de Brienne, est mort en 1666, & le Père Senault en 1672.

32568. Abrégé de la Vie de Hugues de Lionne, Ministre d'Etat.

✻ Cette Vie avoit été imprimée parmi les Ouvrages de M. de Saint-Evremont : (*Paris*, 1687, *pag.* 316 du tom. VII.) Mais comme elle n'est point de lui, M. Desmaizeaux l'a ôtée de l'Edition de ses *Œuvres*, qu'il a publiée (en 1726) sur ses Manuscrits, & néanmoins, pour la conserver, il l'a mise tom. II. de son *Mélange curieux* des meilleures Pièces attribuées à M. de Saint-Evremont : *Amsterdam*, Mortier, 1706, *in-*12. M. de Lionne est mort en 1671.

32569. ☞ Vie de Hugues de Lionne, Ministre & Secrétaire d'Etat, sous Louis XIV. par M. D'AUVIGNY.

Dans ses *Vies des Hommes illustres de France*, *tom. V. pag.* 457.]

32570. ☞ Observation sur M. de Brienne ; (à qui M. de Lionne succéda.) *Ibid. p.* 477.]

32571. ☞ Oraison funèbre de M. de Lionne, prononcée en l'Eglise de S. Roch ; par M. DE FROMENTIÈRE, le 8 Octobre 1671 : *in-*4.]

32572. ☞ Vie de Michel le Tellier, Chancelier de France, Ministre d'Etat, sous Louis XIII. par M. D'AUVIGNY.

Voyez ci-devant, aux *Chanceliers*, [N.ᶜˢ 31545 & *s.*]

32573. ☞ Lettre sur M. Fouquet. *Mercure*, 1754, *Août.*]

32574. ☞ Vie de Nicolas Fouquet, Procureur-Général du Parlement, Surintendant des Finances & Ministre d'Etat, (mort en 1680;) par M. D'AUVIGNY.

Dans ses *Vies des Hommes illustres de France*, *tom. V. pag.* 398-427.]

32575. Ms. Recueil de plusieurs Pièces curieuses concernant M. Fouquet & autres, écrites ès années 1660, 1661, 1662, 1663 : *in-fol.* 2 vol.

Ce Recueil est conservé dans la Bibliothèque de M. le Chancelier d'Aguesseau.]

32576. Recueil des Défenses du même : (*Paris*,) *in-*4. en plusieurs volumes.

Les mêmes : (en Hollande,) 1665 - 1668 ; *in-*12. 15 vol.

Ces Défenses peuvent être regardées comme de fort bons

Histoires des Ministres d'Etat, & Surintendans des Finances. 217

bons Mémoires d'Etat ; ils sont écrits la plupart avec une netteté admirable. Ils peuvent être très-utiles à tous ceux qui veulent entendre les Finances du Royaume. On en attribue une bonne partie à Paul PELISSON FONTANIER, depuis Maître des Requêtes, sur tout celle-ci : *Discours au Roi par un de ses fidéles Sujets*, ou *première Défense de M. Fouquet* : *Paris, in-4*.

32577. ☞ Mf. Projet de M. Fouquet : *in-4*.

Ce Manuscrit est conservé dans la Bibliothèque de M. Jardel, à Braine. M. Fouquet ayant prévu sa disgrace, y ordonne tout ce qu'il faudra faire dès qu'elle arrivera, sans perdre de temps. Il commence par un Portrait du Cardinal Mazarin, qui n'est pas flatté.]

32578. ☞ Lettre à M***, pour désabuser touchant la prétendue soustraction des Papiers de M. Fouquet : 1663, *in-4*.]

32579. ☞ Réponse de M. Fouquet à la Réplique de M. Talon : *Paris, in-4*.]

32580. ☞ Inventaire des Pièces présentées par Nicolas Fouquet, à la Chambre de Justice : *Paris, in-4*.]

32581. ☞ Lettre à M. B. C. d'Angers pour faire souvenir M. Fouquet du respect qu'il doit au Roi, & qu'il a perdu dans ses Ecrits : 1663, *in-4*.]

32582. ☞ L'Homme de conscience, au Roi, sur le sujet de plusieurs Libelles mis au jour pour la justification de M. Fouquet : (*Paris,*) *in-4*.

Cette Pièce contient un détail curieux des violences & des injustices que l'on prétend avoir été commises par M. Fouquet & ses frères, contre différentes personnes qui sont toutes nommées.]

32583. ☞ Advis sur les principaux points contenus dans les Libelles exposés au Public pour la justification de M. Fouquet ; addressés aux Auteurs : (*Paris,*) *in-4*.

Cet Ecrit est fort vif contre M. Fouquet.]

32584. ☞ Plainte pour M. l'Abbé Lucas, par un de ses amis ; touchant la persécution que lui ont ci-devant faite MM. Fouquet : *in-4*.

Cet Ecrit n'est pas moins vif que le précédent.]

32585. ☞ Mémoires de Charles PERRAULT, de l'Académie Françoise, &c. contenant beaucoup de particularités & d'anecdotes intéressantes du Ministère de M. Colbert : *Avignon*, 1759, *in-12*.

M. Perrault, mort en 1703, adressa ces Mémoires à ses enfans : ou y lit sur-tout des particularités sur les Bâtimens du Louvre, sur le Cavalier Bernin, qui devoit être chargé de le bâtir, sur les Lettres Provinciales de M. Pascal, sur M. Arnauld le Docteur, sur l'Académie Françoise, & sur les Ouvrages mêmes de M. Perrault. C'est M. PATTE, Architecte, qui a publié ces Mémoires, & qui y a joint des Notes.]

== ☞ L'Ombre du grand Colbert, le Louvre, & la Ville de Paris : Dialogue; (par M. DE LA FONT DE S. YENNE, de Lyon:) *la Haye*, (*Paris,*) 1749, *in-12*.

On en a déja fait mention au *Règne de Louis XIV*.]

Tome III.

== Testament politique de Jean-Baptiste Colbert, Ministre d'Etat, mort en 1683.

== Vie du même.

Voyez ci-devant, [Tome II. pag. 590, N.ᵒˢ 24182 & suiv.]

32586. Eloge historique du même ; par Charles PERRAULT, de l'Académie Françoise.

Cet Eloge est imprimé pag. 37 du tom. I. de ses *Hommes illustres* : *Paris*, 1699, *in-fol*.

32587. * Eloge funèbre du même; par Paul TALLEMANT : *Paris*, 1697, *in-4*.

32588. ☞ Mf. Mémoires de Colbert.

Ils étoient dans la Bibliothèque de M. Chauvelin, Intendant des Finances, & sont aujourd'hui à S. Germain des Prés.]

32589. ☞ Vie du même ; par M. D'AUVIGNY.

Dans ses *Vies des Hommes illustres de France*, t. IV. pag. 249.]

32590. ☞ Vie de Jean-Baptiste (Colbert, Marquis) de Seignelai, Ministre & Secrétaire d'Etat, (mort en 1690;) par M. D'AUVIGNY.

Dans ses *Vies des Hommes illustres de France*, t. VI. pag. 181-270.]

32591. ☞ Eloge du même ; par M. D'AUTREPE : *Genève*, (& *Paris,*) 1768, *in-8*.]

== Testament politique du Marquis de Louvois, Ministre d'Etat, mort en 1691.

Voyez ci-devant, [Tom. II. pag. 596, N.ᵒ 24303.]

32592. ☞ Vie de François-Michel (le Tellier, Marquis) de Louvois, Ministre & Secrétaire d'Etat, (mort en 1691;) par M. D'AUVIGNY.

Dans ses *Vies des Hommes illustres de France*, t. VI. pag. 1-173.]

32593. ☞ Mémoire ou Essai pour servir à l'Histoire de M. le Tellier, Marquis de Louvois, Ministre sous le Règne de Louis XIV. *Amsterdam*, 1740, *in-8*.]

32594. ☞ Vie de Simon (Arnaud d'Andilly,) Marquis de Pomponne, Ministre & Secrétaire d'Etat, (mort en 1699;) par le même.

Dans le Tome VI. de ses *Vies*, &c. pag. 271-285.]

32595. ☞ Vie de Louis-François-Marie (le Tellier, Marquis) de Barbésieux, Ministre & Secrétaire d'Etat, (mort en 1701;) par le même.

Dans le même Volume, pag. 174-180.]

32596. Claudii Peleterii, Regni Administri, Vita : accurante Joanne BOIVIN, Bibliothecæ Regiæ Custode : *Parisiis*, Jouenne, 1716, *in-4*.

Ce Ministre est mort en 1711.

32597. ☞ Vie de Michel Chamillard, Ministre & Secrétaire d'Etat pour la Guerre,

E e

sous Louis XIV. (mort en 1721;) par M. D'AUVIGNY.

Dans ses *Vies des Hommes illustres de France*, t. *VI. pag.* 288.]

32598. ☞ Mémoires de la Vie & du caractère du grand M. Law; par un Gentilhomme Ecossois: *London*, 1721, *in-*8. (en Anglois.)

32599. ☞ Mss. Anecdotes de l'élévation de l'Abbé du Bois aux premières dignités de l'Eglise & de l'Etat: *in-*4. 3 vol.

Etoit dans la Bibl. Chauvelin, N.° 1671, & a passé à celle de S. Germain des Prés.]

32600. ☞ Eloge historique de M. le Cardinal de Fleury; par François-Joseph BATAILLE: *Strasbourg*, 1737, *in-*8.

Cet Eloge, comme on le voit par la date, a été fait du vivant de ce Cardinal.]

== ☞ Lettres & Négociations de M. Van-Hoey, Ambassadeur des Etats-Généraux à la Cour de France, pour servir à l'Histoire de la Vie du Cardinal de Fleury: *Londres*, 1743, *in-*8.

Voyez ci-devant, N.° 31159. Cela regarde une partie de son Ministère, depuis 1741 jusqu'en 1743.]

32601. ☞ Oraison funèbre de S. E. Monseigneur le Cardinal de Fleury, Ministre d'Etat, &c. prononcée au Service fait par ordre du Roi dans l'Eglise de Paris, le 25 Mai 1743; par le R. P. (Charles Frey) DE NEUVILLE, de la Compagnie de Jesus: *Paris*, Coignard, 1743, *in-*4.]

32602. ☞ Lettre sur l'Oraison funèbre du Cardinal de Fleury; (par M. FRERON:) *in-*4. de 16 pages.]

32603. ☞ Réfutation d'un Ecrit intitulé: Lettre sur l'Oraison funèbre du Cardinal de Fleury, ou Défense du Père de Neuville, adressée à Madame la Marquise de B... *in-*4. Troisième Edition, revue, &c. sur le Manuscrit de l'Auteur.]

32604. ☞ Lettre à M. le Marquis d'A.... au sujet de la même Oraison funèbre : *in-*4. de 2 pages.]

32605. ☞ Réflexions d'un jeune Etudiant en Droit, sur la Lettre précédente : *in-*4. aussi de 2 pages.]

32606. ☞ Lettre sur les derniers Discours prononcés à l'Académie Françoise.]

32607. ☞ Mss. Pièces critiques en Prose & en Vers, sur le Cardinal de Fleury.

On reproche, dans ces différentes Pièces, au Père de Neuville, de n'être point Orateur, de répandre à pleines mains des traits brillans sur ses tableaux, & de s'épuiser à les charger; mais que c'est toujours le même objet qu'il présente, & qu'il retourne sans cesse; qu'il n'a point ces grandes idées, ce pathétique qui frappe & qui enlève; que son style est sans aménité & sans harmonie, & que souvent ses phrases sont louches & vicieuses.]

32608. ☞ Parodie de la même Oraison funèbre du Card. de Fleury : *in-*4.

Elle a été attribuée à M. CREBILLON fils.]

32609. ☞ Oraison funèbre du même, prononcée au Service fait par ordre de l'Université de Caen, le 11 Juin 1743; par M. VICAIRE, Curé de S. Pierre, &c. *Caen*, 1743, *in-*4.]

32610. ☞ Eloge historique du même; par M. DE MAIRAN, Secrétaire de l'Académie des Sciences. *Histoire* de cette Académie, 1743, *pag.* 175, *in-*4. & dans le *Recueil des Eloges*, par M. de Mairan, *in-*12. 1747, *pag.* 258.]

32611. ☞ Eloge historique du même; par M. FRERET, Secrétaire de l'Académie des Inscriptions & Belles Lettres. *Mém.* de cette Académie, *tom. XVI. pag.* 356.]

32612. ☞ Parallèle du Ministère du Cardinal de Richelieu & du Cardinal de Fleury; (par François MORENAS, Historiographe d'Avignon:) *Avignon*, 1743, *in-*12.]

32613. ☞ Lettre sur les quatre Modèles exposés au Salon du Louvre, pour le Mausolée du Cardinal de Fleury; (par Charles-Etienne PESSELIER:) *in-*4.

L'Auteur est mort en 1763. Le Mausolée du Cardinal a été exécuté à S. Louis du Louvre, par M. le Moine.]

32614. ☞ Eloge de Jean-Baptiste Colbert de Torcy, ancien Ministre d'Etat, mort en 1746; par M. DE FOUCHY, Secrétaire de l'Académie des Sciences. *Histoire* de cette Académie, 1746, *pag.* 123, & dans le *Recueil des Eloges*, par M. de Fouchy, *in-*12. 1761, *pag.* 13.]

32615. ☞ Eloge de Jean-Jacques Amelot; par le même. *Hist. de l'Acad. des Sciences*, 1749, *pag.* 188, & dans le *Recueil in-*12. *pag.* 79.]

32616. ☞ Eloge de Jean Moreau de Séchelles, Ministre d'Etat; par le même. *Ibid.* 1760, *pag.* 195.]

32617. ☞ Eloge d'Ant. Louis Rouillé; par le même. *Hist. de l'Ac. des Sciences*, *p.* 182.]

== ☞ Testament politique, Codicile & Vie du Maréchal Duc de Belle-Isle.

Voyez ci-devant, Tome II. *pag.* 625, N.°* 24781: 24783.]

32618. ☞ Vie abrégée du même.

Dans la *Galerie Françoise* : *Paris*, Hérissant fils, 1771, avec fig.]

== ☞ Oraisons funèbres du même, &c.

Voyez ci-devant, *pag.* 154, N.° 31582 *& suiv.*]

32619. ☞ Eloge de M. le Comte d'Argenson, lu en Novembre 1764, à la rentrée de l'Académie Royale des Inscriptions & Belles-Lettres; par M. Charles LE BEAU, Secrétaire: *Paris*, Pancoucke, 1765, *in-*8.

Il est aussi imprimé *in-*4. dans l'*Hist.* de cette Académie.]

32620. ☞ Vie du même.

Dans la *Galerie Françoise* : *Paris*, Hérissant fils, 1771, avec fig.]

32621. ☞ Vie de M. Paris de Montmartel.

Nous croyons pouvoir placer ici cette Vie, qui est imprimée dans la *Galerie Françoise*. MM. Paris ont rendu de grands services à l'Etat dans la partie des Finances.]

32622. ☞ Du Surintendant des Finances, & du Contrôleur-Général; par M. Boucher d'Argis.

Ces deux Articles sont imprimés dans l'*Encyclopédie*.]

§. III.

Histoires des Secrétaires d'Etat & des Ambassadeurs.

☞ On en peut voir parmi les Ministres, plusieurs Histoires de Secretaires d'Etat.]

32623. ☞ Mf. Traité des Secrétaires d'Etat de l'Empire Romain, des Rois de France, & de l'Empire Ottoman; par Guillaume du Peyrat.

Ce Manuscrit est conservé à Dijon, dans la Bibliothèque de M. Fevret de Fontette.]

32624. Mf. Mémoires de l'Etablissement des Secrétaires d'Etat par Henri II. en 1547, des Clercs, Notaires & Secrétaires du Roi.

Ces Mémoires sont conservés *in-4*. dans la Bibliothèque de MM. des Missions Etrangères, & *in-fol*. dans celle de M. le Chancelier d'Aguesseau.

32625. ☞ Mf. Mémoires de l'établissement des Secrétaires d'Etat, avec leurs Blazons : *in-fol.*

Ces Mémoires sont dans la Bibliothèque du Roi, parmi les Manuscrits de M. de Cangé.]

32626. Traités concernant les Charges & Fonctions de Secrétaires d'Etat, de Surintendans & Contrôleurs des Finances, des Intendans des Finances & de tout ce qui concerne les Tailles; par Claude de Beaune.

Ces Traités sont avec celui qui traite de la Chambre des Comptes : *Paris, 1647, in-8.*

32627. ☞ Mf. Réglemens entre le Contrôleur Général des Finances & le Secrétaire d'Etat ayant le Département de la Marine, & entre le Secrétaire d'Etat ayant le Département des Affaires Etrangères : *in-4.*

Ces Réglemens sont indiqués num. 4090, du Catalogue de M. le Maréchal d'Estrées.]

32628. Histoire des Secrétaires d'Etat, contenant l'origine & le progrès de leurs Charges, avec les Eloges, Armes, Blazons, & Généalogies de ceux qui les ont possédées; par (Antoine) Fauvelet du Toc : *Paris, de Sercy, 1668, in-4.*

C'est l'Histoire depuis l'an 1547 jusqu'en 1657.

32629. ☞ De l'origine & du progrès des Charges des Secrétaires d'Etat; par Briquet : *Paris, 1747, in-12.*]

32630. * Legatus, seu de Legatione, Legatorumque privilegiis: *Parisiis, 1579, in-8.*

☞ Il y a apparence que c'est la même chose que le Livre suivant.]

Tome III.

32631. Legatus, Opus Caroli Paschalii, Regis in sacro Consistorio Consiliarii & apud Rhætos Legati : *Rothomagi, 1598, in-8.*

Altera Editio non paucis locupletata : *Parisiis*, Perier, 1613, *in-4. Amstelodami*, Elzevirii, 1643, *in-12.*

Charles Paschal est mort en 1625.

32632. De l'Ambassadeur : *Paris, 1602, in-8.*

Le même Livre, sous ce titre : De la Charge & Dignité de l'Ambassadeur : *Paris, 1603, in-8.*

Ce Livre composé par Jean Hotman, Sieur de Villiers, fils de François Hotman, est aussi imprimé dans la *Bibliothèque du Droit François* de Laurent Bouchel : *Paris, 1667, in-fol.* tom. I. sous le nom *Ambassadeur*.

Le même : *Dusseldorp, 1613, in-16.*

Le même; quatrième Edition, augmentée ou en meilleur ordre, avec un Extrait de l'Anticolazon.

Cette Edition se trouve dans celle des *Opuscules Françoises* des Hotmans : *Paris, 1616, 1627, in-8.*

☞ Ce petit Ouvrage est rempli d'excellentes maximes sur la différence & le choix des Ambassadeurs, sur leurs bonnes qualités, & la manière dont ils doivent se comporter dans les Cours Etrangères, sur leurs franchises & privilèges, sur ceux de leurs Domestiques, & généralement sur tout ce qui les concerne, & ce qu'ils doivent faire depuis leur départ jusqu'à leur retour.]

32633. Notes sur un petit Livre, premièrement intitulé : L'*Ambassadeur* ; & depuis : *De la Charge & Dignité de l'Ambassadeur;* par de Colazon, Gentilhomme Breton : *Paris*, Colombel, 1604, *in-8.*

☞ On peut voir les corrections de M. de la Monnoye, sur les *Jugemens des Sçavans* de Baillet, pour cet Article, tom. II. des *Satyres personnelles*.]

32634. L'Anticolazon : *in-8.*

Ce Livre contient la Réfutation des Notes précédentes; & est de Jean Hotman, Sieur de Villiers.

« Tout petit que fut le premier Ouvrage de Villiers-
» Hotman, il mit la division dans les esprits, & excita
» la jalousie de ceux qui estimoient Paschal, & qui
» croyoient qu'on ne pouvoit rien dire de nouveau
» après lui sur un même sujet. Colazon parut donc inté-
» ressé plus que les autres dans la réputation de Paschal,
» ce qui lui en fit prendre la défense. Mais rien ne fut
» plus sensible à Villiers-Hotman, que le crime de pla-
» giaire, comme si son Traité de l'Ambassadeur étoit
» un latin pur de celui de Paschal. Ce fut pour répon-
» dre à cette accusation, qu'il composa l'Anticolazon ».
Baillet, pag. 122 du tom. II. des *Satyres personnelles*: *in-12.*

32635. Mémoires touchant les Ambassadeurs & les Ministres publics ; par L. M. P. Cologne, P. Marteau, 1670, 1676, *in-12.*

Ces lettres initiales signifient le *Ministre Prisonnier*, c'est-à-dire, Abraham de Wicquefort, qui étoit alors en prison en Hollande, quoiqu'il fît les fonctions de Ministre du Marquis de Brandebourg.

Les mêmes augmentées : *la Haye, 1677, in-8.*

Les mêmes sont imprimées avec son *Traité de l'Ambassadeur*; seconde Edition, [ci-après.]

32636. Réflexions sur les Mémoires touchant les Ambassadeurs : *in-12*.

Ces Réflexions d'un Flamand, nommé GAILLARD, sont peu de chose au jugement de Bayle.

32637. L'Ambassadeur & ses Fonctions; par (Abraham) DE WICQUEFORT, Conseiller d'Etat du Duc de Brunswic : *la Haye*, Steucker, 1681, *in-4*. 2 vol. Seconde Edition, augmentée des deux Ecrits précédens, &c. *Cologne*, P. Marteau, 1690, *in-4*. 2 vol.

Le même Ouvrage, traduit en Allemand; par Jean-Léonard Sauter : *Lipsiæ*, 1682, *in 4*.

Le même, traduit en Anglois; par Digby : *London*, 1716, *in-fol.*

Bayle dit dans sa Lettre XXI. que ce Livre est bon & curieux. On n'a rien changé dans la seconde Edition; on l'a seulement augmentée de quelques autres Traités. Ce Livre est assez agréable & même utile, lorsqu'il est lu avec discernement : au reste l'Auteur n'y a pas gardé assez d'ordre; il confond souvent les faits avec le droit : ses exemples ne sont pas toujours assez justes, & il se contredit quelquefois.

☞ *Voyez* à son sujet les *Mémoires* du P. Niceron, tom. *XXXVIII*. pag. 100. = *La Science du Gouvernement* de Réal, *in-4*. tom. *VIII*. pag. 563.]

32638. Mf. Recueil de diverses Pièces touchant le rang des Ambassadeurs de France aux Traités de paix : *in fol.*

Ce Recueil [étoit] dans la Bibliothèque de M. Bouthillier, ancien Evêque de Troyes.

32639. Mf. Traité de l'Administration des Ambassadeurs ou Agens des Traités, & de l'ordre qu'il convient tenir en ce qui concerne l'entretènement & la manutention des Etats : *in-fol.*

32640. Mf. Instructions générales des Ambassades faites en Cour de Rome vers le Saint Père, Cardinaux & autres Princes & Potentats d'Italie, de la part des Rois de France; avec des Remarques & Observations.

Ces deux Manuscrits sont dans la Bibliothèque de M. le Chancelier d'Aguesseau.

32641. ☞ Mf. Des Ambassadeurs ou de la Charge d'un Ambassadeur : *in-fol.*

Ce Manuscrit étoit dans la Bibliothèque de M. le Chancelier Seguier, & doit être à S. Germain des Prés.]

32642. ☞ Mf. Etat du Train, Livrée, Equipage & Dépense d'un Ambassadeur à Rome, qu'il convient faire pour trois ans.]

32643. ☞ Mf. Avis aux Ambassadeurs.

Ces deux Manuscrits sont à Dijon, dans la Bibliothèque de M. Fevret de Fontette.]

32644. Mf. Instructions générales des Ambassadeurs traitant de tout ce qui se doit observer & négocier.

Dans la Bibliothèque de M. le Chancelier d'Aguesseau.

32645. ☞ Mf. Instruction générale des Ambassadeurs, traitant de tout ce qui se doit observer & négocier, & des circonstances les plus notables qui dépendent de cette Charge : *in fol.*

Cette Instruction est indiquée num. 3225 du Catalogue de M. le Blanc, & pourroit être la même que la précédente.]

32646. ☞ Mf. Sommaires d'aucuns Mémoires généraux que l'on peut donner aux Ambassadeurs & autres qui négocient ès Pays Etrangers : *in-fol.*

Ce Manuscrit est indiqué num. 2214 du Catalogue de M. Bernard.]

32647. De la manière de négocier avec les Souverains, de l'utilité des Négociations, du choix des Ambassadeurs, & des qualités nécessaires pour réussir dans ces Emplois; par (François) DE CALLIERE, Secrétaire du Cabinet de Sa Majesté, Ambassadeur Extraordinaire & Plénipotentiaire pour les Traités de Paix conclus à Riswick, & l'un des Quarante de l'Académie Françoise : *Paris*, Brunet, 1716; *Amsterdam*, 1716, *in-12*.

Cet Auteur est mort en 1717.

☞ Son Livre a été traduit en Anglois & en Italien.

Le même, nouvelle Edition, augmentée considérablement (par l'Editeur :) *Londres*, 1750, *in-12*. 2 vol.

La seconde Partie, qui est toute de l'Editeur, n'approche en rien de la première. On peut voir sur l'une & l'autre, le tom. VIII. de la *Science du Gouvernement*, pag. 369 & *suiv*. où M. de Réal relève cependant quelques erreurs dans M. de Callière, principalement sur le titre de nos Rois : *Rex Francorum*.

32648. ☞ Discours sur l'Art de négocier; (par M. PECQUET :) *Paris*, Nyon, 1737, *in-12*. de 168 pages, & 58 de Préface.

Voyez le *Journal de Verdun*, 1737, *Septembre*, = le Traité de la *Science du Gouvernement* de Réal, t. *VIII*. pag. 398, où l'on fait voir que ce Livre n'est qu'une esquisse très-foible.]

32649. ☞ Des principes des Négociations; par M. MABLY : 1757, *in-12*.]

32650. ☞ Le Ministre public dans les Cours Etrangères, ses Fonctions & ses Prérogatives; par le Sieur J. DE LA VARRAZ DE FRANQUENAY : *Paris*, Ganeau, 1731, *in-12*.

M. de Réal dit que ce Livre ne mérite pas d'être lu : *Science du Gouvernement*, tom. *VIII*. p. 394 & 399.]

32651. ☞ Des Ambassades, des trois Ordres des Ministres publics, de leurs Priviléges; des Instructions, Lettres de créance, réception, rang, fonctions, &c. des Ambassadeurs; par M. DE RÉAL.

Ce sont les sujets d'un grand Chapitre du tom. V. de la *Science du Gouvernement* : (*Paris*, 1764, *in-4*.) pag. 21-340.]

32652. Mf. Instructions d'Ambassadeurs, depuis l'an 1470 jusqu'en 1479 : *in-fol.*

Ces Instructions [étoient] dans la Bibliothèque de M. Baluze, num. 25, [& sont aujourd'hui dans celle du Roi.]

32653. Mf. Instructions & Mémoires pour Ambassadeurs & Agens, depuis l'an 1541 jusqu'en 1548 : *in fol.*

Ces Instructions [étoient] conservées dans la Bibliothèque de M. le Président de Lamoignon.

Histoires des Secrétaires d'Etat, & des Ambassadeurs.

32654. Mſ. Instructions données à divers Ambaſſadeurs, depuis l'an 1314 juſqu'en 1549 : *in-fol.*

Ces Inſtructions [étoient] dans la Bibliothèque de M. Baluze, num. 163, [& ſont aujourd'hui dans celle du Roi.]

32655. Mſ. Instructions aux Ambaſſadeurs, depuis l'an 1335 juſqu'en 1598 : *in-fol.* 2 vol.

Ces Inſtructions ſont conſervées dans la Bibliothèque des Minimes de Paris, num. 72 & 73, & [étoient] dans celle de M. Foucault, [qui a été diſtraite.]

32656. Mſ. Instructions données par le Roi Henri IV. à pluſieurs Ambaſſadeurs en Angleterre, en Hollande & à Conſtantinople, depuis l'an 1590 juſqu'en 1603 : *in-fol.*

Ces Inſtructions [étoient] conſervées à Paris, dans le Cabinet de M. le Gendre de Darmini.

32657. Mſ. Instructions des Ambaſſadeurs, depuis l'an 1599 juſqu'en 1604 : *in-fol.*

Ces Inſtructions ſont conſervées entre les Manuſcrits de M. Dupuy, num. 287.

32658. Mſ. Instructions données à des Ambaſſadeurs par les Rois de France, depuis l'an 1601 juſqu'en 1607 : *in-fol.*

Ces Inſtructions ſont conſervées dans la Bibliothèque du Roi, num. 8964.

32659. Mſ. Instructions d'Ambaſſadeurs, depuis l'an 1515 juſqu'en 1608 : *in-fol.* 2 vol.

Ces Inſtructions ſont conſervées entre les Manuſcrits de M. Dupuy, num. 43-44.

32660. Mſ. Instructions données à des Ambaſſadeurs, depuis l'an 1600 juſqu'en 1610 : *in-fol.*

Ces Inſtructions ſont conſervées dans la Bibliothèque du Roi, num. 8965.

32661. Mſ. Instructions données aux Ambaſſadeurs ſous les Règnes de Henri III. & Henri IV. *in-fol.*

Ces Inſtructions [étoient] dans la Bibliothèque de M. Baluze, num. 509, [& ſont aujourd'hui dans celle du Roi.]

32662. Mſ. Instructions baillées par le Roi de France à pluſieurs Ambaſſadeurs, tant Ordinaires qu'Extraordinaires, envoyés en Allemagne, Suiſſe & aux Griſons, depuis l'an 1567 juſqu'en 1610 : *in-fol.* 3 vol.

Ces Inſtructions [étoient] dans la Bibliothèque de M. Colbert de Croiſſy, Evêque de Montpellier, [mort en 1738.]

32663. Mſ. Instructions pour les Ambaſſadeurs, depuis l'an 1535 juſqu'en 1611 : *in-fol.*

Ces Inſtructions ſont conſervées entre les Manuſcrits de M. Dupuy, num. 121.

32664. Mſ. Instructions baillées par les Rois de France à divers Ambaſſadeurs, depuis l'an 1568 juſqu'en 1611 : *in-fol.*

Ces Inſtructions ſont conſervées entre les Manuſcrits de M. de Brienne, num. 288, [dans la Bibliothèque du Roi.]

32665. Mſ. Instructions pour les Ambaſſadeurs, depuis l'an 1571 juſqu'en 1611 : *in-fol.*

Ces Inſtructions ſont conſervées entre les Manuſcrits de M. de Brienne, num. 289, & dans la Bibliothèque de MM. des Miſſions Etrangères.

32666. Mſ. Instructions & Dépêches d'Etat durant la Minorité de Louis XIII. depuis l'an 1610 juſqu'en 1616 : *in-fol.*

Ces Inſtructions [étoient] dans la Bibliothèque de M. le Chancelier Seguier, num. 10, [& ſont aujourd'hui dans celle de S. Germain des Prés.]

32667. Mſ. Instructions à divers Ambaſſadeurs, depuis l'an 1567 juſqu'en 1617 : *in-fol.*

Ces Inſtructions ſont conſervées entre les Manuſcrits de M. de Brienne, num. 292, & dans la Bibliothèque de MM. des Miſſions Etrangères.

32668. Mſ. Instructions à divers Ambaſſadeurs, depuis l'an 1572 juſqu'en 1617 : *in-fol.*

Ces Inſtructions ſont conſervées entre les Manuſcrits de M. Dupuy, num. 584.

32669. Mſ. Instructions données aux Ambaſſadeurs, depuis l'an 1610 juſqu'en 1622 : *in-fol.*

Ces Inſtructions [étoient] conſervées dans la Bibliothèque de M. Baluze, num. 149, [& ſont aujourd'hui dans celle du Roi.]

32670. Mſ. Instructions d'Ambaſſadeurs, depuis l'an 1590 juſqu'en 1626 : *in-fol.*

Ces Inſtructions ſont conſervées entre les Manuſcrits de M. de Brienne, num. 290, [dans la Bibliothèque du Roi.]

32671. Mſ. Instructions générales pour les Ambaſſadeurs, & quelques particuliers, depuis l'an 1545 juſqu'en 1626 : *in-fol.*

Ces Inſtructions ſont conſervées dans la Bibliothèque de MM. des Miſſions Etrangères.

32672. Mſ. Instructions d'Ambaſſadeurs, depuis l'an 1515 juſqu'en 1530 : *in-fol.*

32673. Mſ. Mémoires & Instructions de divers Ambaſſadeurs, depuis l'an 1530 juſqu'en 1630 : *in-fol.*

Ces deux derniers Recueils ſont conſervés dans la Bibliothèque de M. le Chancelier d'Agueſſeau.

C'eſt pour entrer dans les vues de M. de Wicquefort, que j'ai rapporté ici tous ces Recueils d'inſtructions à divers Ambaſſadeurs. « Le Public ſeroit bien » obligé, (dit-il dans le Livre I. de ſon *Ambaſſadeur*,) » à celui qui lui donneroit un Recueil d'Inſtructions, » du moins des plus importantes, dont on voit des Ex- » traits dans l'Hiſtoire. Il y a des Curieux qui les ont » ramaſſées avec ſoin ; car encore qu'on n'y trouve pas » toujours les véritables cauſes des mouvemens, *elles » ne laiſſent pas de ſervir beaucoup à former le juge-* » ment & à donner de beaux préceptes à la prudence » politique ». Il eſt enſuite, comme des Pièces très-excellentes, les deux Inſtructions de la Reine Eliſabeth à François de Walſingham, celle de Henri IV. au Duc de Nevers, deux autres de ce Roi au Préſident Jeannin, celles qu'on donna à MM. d'Avaux & Servien, celle du Cardinal Mazarin au Marquis de Fontenay-Mareuil.

☞ Outre les deux Recueils généraux indiqués ici

par le Père le Long, il s'en trouve encore beaucoup d'autres, avec des Mémoires particuliers, dans l'Article des *Lettres historiques, Négociations*, &c. qui est au commencement de ce Volume.]

32674. ☞ Mss. Mémoires des Ambassadeurs Ordinaires & Extraordinaires, Résidens, Gentilshommes envoyés en France, depuis le 20 Février 1634 jusqu'au mois de Mai 1639: *in-fol.*

Ces Mémoires sont conservés dans la Bibliothèque du Roi, num. 9552.

32675. ☞ Mss. Mémoires des Ambassadeurs, Nonces, Résidens ou Gentilshommes venus en France de la part du Pape, de l'Empereur, des Rois, Princes & Républiques, depuis le 20 Février 1634 jusqu'en Mai 1639; avec les Mémoires baillés à M. de Berlise, touchant la Charge d'Introducteur des Ambassadeurs, où est remarquée la différence d'entre les Charges de Grand-Maître de France, Grand-Maître des Cérémonies & de Conducteur des Ambassadeurs: *in-fol.*

Ces Mémoires sont indiqués num. 3225, du Catalogue de M. le Blanc. C'est peut-être le même que le précédent, dont le titre est moins étendu.]

32676. ☞ Mss. Mémoires sur le rang & la séance des Ambassadeurs de France, au-dessus de ceux des autres Rois: *in-4.*

Ce Mémoire est conservé dans la Bibliothèque du Roi, parmi les Manuscrits de M. de Cangé.]

32677. Vie de Guillaume du Bellay, Ambassadeur de François I. en Angleterre; par Pierre BAYLE.

Cette Vie de Guillaume du Bellay, mort en 1543, est imprimée dans le *Dictionnaire historique & critique* de Bayle.

32678. ☞ Eloges historiques de Guillaume, de Martin & de Jean du Bellay.

Ils se trouvent à la tête du tom. I. des *Mémoires de du Bellay*, donnés par l'Abbé LAMBERT: *Paris*, 1753, *in-12.* 7 vol.]

32679. Vie de Michel de Castelnau, Seigneur de la Mauvissiere, Conseiller d'Etat de plusieurs Rois, Ambassadeur en Angleterre; par Jean LE LABOUREUR, Prieur de Juvigné.

Cette Vie de Michel de Castelnau, mort en 1592, est imprimée dans l'Edition de ses *Mémoires*, publiée par le Laboureur: [*Paris*, 1659, *Bruxelles*, 1731, *in-fol.*]

32680. Mss. Vie de Caïus de Virail, Sieur de Virail & de la Vallée, Conseiller du Roi, jadis Ambassadeur pour le Roi auprès des Princes de Germanie, Valet-de-Chambre ordinaire de Sa Majesté, Gouverneur de Sisteron, écrite l'an 1600; par Artus BERTAUD, Avocat à Sisteron.

Cette Vie, qui est à la tête des Mémoires de Scipion de Virail son fils, sur les Mouvemens de Provence, [étoit] conservée à Marseille, dans le Cabinet de M. Louis-Antoine de Ruffi.

== Vie du Cardinal d'Ossat, Ambassadeur à Rome, (mort en 1604,) & Abrégé de ses Négociations.

Voyez ci-devant, [Tome I. pag. 643, N.° 9910.]

32681. ★ Oraison funèbre de François de Luxembourg, Duc de Piney; par Pierre DANTE: *Troyes*, 1613, *in-8.*

Ce Duc avoit été trois fois en Ambassade à Rome.

32682. Sommaire de la Vie de Philippe Canaye, Sieur de Fresne, Conseiller d'Etat, Ambassadeur à Venise, mort en 1610.

Ce Sommaire est imprimé au commencement du tom. I. de ses *Ambassades*: *Paris*, 1635, *in-fol.*

32683. ☞ Vie de Florimond Robertet, Secrétaire d'Etat & des Finances sous Charles VIII. Louis XII. & François I. & de quelques autres Secrétaires d'Etat de ce temps-là; par M. D'AUVIGNY.

Dans ses *Vies des Hommes illustres de France*, tom. I. pag. 424, & tom. II. pag. 463. On y trouve le peu que l'on sçait de plusieurs Secrétaires d'Etat, jusqu'au temps du Roi Henri IV.]

32684. Mss. Apologie faite par M. DE VILLEROY, des raisons qui l'obligèrent de prendre le parti de la Ligue; où se trouvent beaucoup de choses particulières qui peuvent servir à éclaircir l'Histoire de ce temps-là: *in-fol.*

Cette Apologie est conservée dans la Bibliothèque du Roi, num. 8932, & dans celle de M. le Chancelier Seguier, num. 468, [aujourd'hui à S. Germain des Prés.] C'est sans doute la même Apologie qui [étoit] conservée au volume 190 des Manuscrits de M. Colbert de Croissy, Evêque de Montpellier, sous ce titre: « Discours de M. de Villeroy, par lequel il se justifie d'avoir quitté le Roi & pris l'Union des Catholiques, du 18 Avril 1589 ».

Nicolas de Villeroy a été Secrétaire d'Etat, depuis l'an 1567 jusqu'à sa mort en 1617.

32685. Mss. Lettre de M. DE VILLEROY à M. du Vair, sur le sujet d'un Livre intitulé: *La Satyre Menippée*, Août 1594; avec la Réponse de M. DU VAIR à ladite Lettre.

Cette Lettre, avec la Réponse, [étoit] au même volume 190, dans la Bibliothèque de M. Colbert, Evêque de Montpellier, [mort en 1738.]

32686. Oraison funèbre de Nicolas de Neuville, Seigneur de Villeroy, Secrétaire d'Etat sous le Règne de quatre Rois; par Pierre COTON, Jésuite: *Paris*, Huré, 1618, *in-8.*

32687. ☞ Eloge funèbre du même, prononcée en l'Eglise de Magny; par Claude DE MORENNE, Evêque de Séez.

Elle est imprimée dans un Recueil intitulé: *Tombeaux funèbres de M. de Morenne*: *Paris*, 1605, *in-8.*]

32688. ★ Oratio in funere ejusdem; auctore Francisco MONERIO: *Romæ*, 1618, *in-8.*

32689. Remarques d'Etat & d'Histoire sur la vie & les services de M. de Villeroy; par Pierre MATTHIEU: *Lyon*, 1618; *Rouen*, 1619, *in-12.*

Eædem Considerationes politicæ è Gallico ver-

Histoires des Secrétaires d'Etat, & des Ambassadeurs. 223

fx ; per Joachimum ab Hertemberg Pastorium : *Ienæ*, Nisius, 1664, *in-4*.

Il medesimo Trattato dal Francese : *in Venetia*, & *in Milano*, 1618, *in-16*.

El mismo traducido dal Francés, por Pedro Vander-Haumen Gomez y Leon : *en Madrid*, 1624, *in-8*.

Le même, traduit en Flamand : *Amsterdam*, 1660, *in-12*.

Le même, traduit en Anglois, par Thomas H. *London*, 1638, *in-4*.

☞ On les trouve encore *pag.* 406-451 de l'*Histoire du Gâtinois*, par Morin : *Paris*, 1630, *in-4*.

M. de Villeroy servit cinq Rois, & travailla dans le Ministère durant cinquante-six ans. Il en a vécu soixante & quatorze, & est mort à Rouen, le 12 Novembre 1617. L'Auteur de ces Remarques a mêlé, selon sa coutume, dans cette espèce d'Eloge, tant de réflexions morales & politiques, tant de digressions, que quoique cet Ouvrage soit assez court, elles en contiennent plus des deux tiers.]

32690. Discours sur la mort de M. de Villeroy : *Paris*, 1617, *in-8*.

32691. ☞ Vie de Nicolas de Neuville de Villeroy, Secrétaire d'Etat sous les Rois Charles IX. Henri III. Henri IV. & Louis XIII. (mort en 1617;) par M. D'AUVIGNY.

Dans ses *Vies des Hommes illustres de France*, t. III. *pag.* 540.]

32692. Eloge historique de Paul Phelipeaux de Pontchartrain, Secrétaire d'Etat ; par Charles PERRAULT, de l'Académie Françoise.

Cet Eloge de Paul Phelipeaux, mort en 1621, est imprimé à la *pag.* 35 du tom. I. des *Hommes illustres* de Perrault : *Paris*, 1699, *in-fol*.

32693. ☞ Vie de Paul Phelipeaux de Pontchartrain, Secrétaire d'Etat sous Henri IV. & Louis XIII. (mort en 1621;) par M. D'AUVIGNY.

Dans ses *Vies des Hommes illustres de France*, t. III. *pag.* 557.]

32694. ☞ Vie de Louis Potier de Gesvres, Secrétaire d'Etat sous Henri III. Henri IV. Louis XIII. (mort en 1630;) par M. D'AUVIGNY.

Dans ses *Vies des Hommes illustres de France*, t. III. *pag.* 552.]

32695. ☞ Vie de François (Sublet, Seigneur) des Noyers, Secrétaire d'Etat sous Louis XIII. & Louis XIV. (mort en 1645;) par le même.

Dans ses *Vies des Hommes illustres de France*, t. V. *pag.* 427.]

32696. ☞ Παραινεσις ad Musas, in Laudes nobilissimi, illustrissimi & numquam satis laudandi Viri, Domini des Noyers, Baronis d'Angu, Sacri Consistorii Comitis, &c. *Parisiis*, Sara, 1641, *in-4*.

Cette Pièce de Vers à la louange de M. des Noyers, alors retiré de la Cour, & que sa Vie ne nous fait pas voir *au-dessus de tout Eloge*, vient apparemment des Jésuites, dont il étoit grand ami, & à qui il avoit fait bâtir la Maison de S. Louis de la rue S. Antoine, en mettant un Impôt sur la Ville de Paris.]

32697. ☞ Mémoire historique pour M. de Breves, Ambassadeur à la Porte & à Rome, depuis Gouverneur de Monsieur, Frère de Louis XIII.

Il est imprimé *pag.* 345 du tom. IV. des *Mémoires* de l'Abbé d'Artigny : *Paris*, Debure, 1749, &c. *in-12*. 7 vol.]

32698. Ms. Mémoires servant à la Vie de Denys Poillot, Procureur au Parlement de Dijon, depuis Président au Parlement de Paris, Ambassadeur en Angleterre ; avec les Lettres de son Ambassade.

Cette Vie est conservée à Dijon, dans la Bibliothèque de M. de la Mare.

32699. Mémoire concernant la Vie & les Ouvrages de Benjamin Aubery, Conseiller d'Etat, Ambassadeur du Roi Louis XIII. en Hollande ; par Charles ANCILLON.

Ce Mémoire de la Vie de Benjamin Aubery, mort en 1636, est imprimé avec d'autres du même Ancillon : *Berlin*, 1709, *in-12*.

32700. ☞ Vie du Marquis de Feuquières, &c. mort en 1640; (par Ch. Hugues LE FEBVRE DE S. MARC.)

Elle se trouve à la tête du tom. I. de ses *Négociations : Paris*, 1753, *in-12*. 3 vol.]

32701. Oraison funèbre de Charles de Neuville, Seigneur d'Halincourt, Gouverneur de la Ville de Lyon, Ambassadeur du Roi à Rome : par Gaspar VIALIER, Prêtre : *Lyon*, 1642, *in-4*.

Cet Ambassadeur est mort en 1642.

32702. Autre du même ; par Paul DE GARRA, Tolosain, de l'Ordre des Frères Prêcheurs : *Lyon*, 1642, *in-4*.

32703. Autre du même ; par Pierre SEGUIN, Avocat ès Cours de Lyon : *Lyon*, Candy, 1642, *in-4*.

32704. Elogium Renati de Voyer d'Argenson, Consistoriani Comitis, in Italia pro Rege Christianissimo Legati, nuper apud Venetos defuncti : seriem memorabilium ejus, dum viveret, & circumstantias Christianæ mortis complectens.

Pompa funebris ejusdem.

Triumphus sui, seu Oratio in funere ejusdem.

Ces trois Pièces sont imprimées dans le Livre intitulé : *Elogia illustrium Virorum hujus sæculi : auctore Claudio* DE VOYER DE PAULMY, *Presbytero : Augustoriti-Pictonum*, 1651, *in-8*.

32705. Le Mausolée de la Politique & de la Justice, dressé à la mémoire des deux Frères illustres, M. le Comte d'Avaux & M. le Président de Mesme : *Paris*, Passé, 1651, *in-4*.

Le Comte d'Avaux, Ambassadeur & Plénipotentiaire à Munster, & avec lui le Président de Mesme, sont morts en 1650, à un mois l'un de l'autre.]

32706. Mémoires de la Vie de François

d'Usson, (Sieur de Bonrepos,) Ambassadeur de France en Danemarck: *Amsterdam*, 1671 [& 1677,] *in-12*.

☞ Cet Ouvrage, qui est du Sieur DE LA TROUSSIERE, peut servir à l'*Histoire générale du Royaume*, depuis 1625 jusqu'en 1629, & c'est ce qui a fait mettre dans le titre de la seconde Edition, « qu'on y voit tout » ce qui s'est passé de plus considérable pendant les der- » niers troubles de France, au sujet de la Religion ».

32707. Eloge historique de François Hannibal, Duc d'Estrées, Gouverneur de l'Isle de France, Ambassadeur Extraordinaire à Rome ; par Jacques CHASSEBRAS, Sieur de Cremailles : *Paris*, de la Caille, 1687, *in-4*.

Cet Ambassadeur est mort en 1687.

32708. Mf. Mémoires de M. DE GOURVILLE, employé dans quelques Négociations auprès du Duc d'Hanover ; écrits par lui-même : *in-fol.*

Ces Mémoires ont été composés en 1702, l'Auteur étant âgé de soixante-dix-huit ans. Ils ne se ressentent pourtant point de ce grand âge ; le style en est vif & aisé. Ils commencent en 1625, & finissent en 1685 ; ils contiennent beaucoup de faits curieux. On trouve à la fin le caractère de tous les Ministres, depuis le Cardinal Mazarin, qui est le premier, jusqu'à M. Colbert de Croissy, Secrétaire d'Etat. Ces Mémoires sont conservés à Paris dans le Cabinet de plusieurs Curieux.

32709. ☞ Mémoire pour la Vie de François Pidou de S. Olon, Envoyé extraordinaire du Roi à Genes & auprès de la Reine Douairière d'Espagne, & Ambassadeur à Maroc, auprès de Moulla Ismael ; par M. DREUX DU RADIER. *Journal de Verdun*, 1754, *Décembre, pag. 427-439*.

La Négociation de M. DE S. OLON à Maroc, se voit dans l'*Etat présent de l'Empire de Maroc : Paris*, Brunet, 1694. *in-12*.]

32710. ☞ Mémoire pour un Ambassadeur, contre une Actrice de l'Opéra.

Il est imprimé dans le *Recueil E. in-12*. Il s'agit de M. le Bailli de Mesme, contre la Prévôt.]

§. IV.

Des Conseillers d'Etat & des Maîtres des Requêtes.

32711. ☞ Des Conseils & Cours du Roi sous Hugues Capet, Robert & Henri I.

C'est le sujet de l'Article IV. de la seconde Partie de la *Préface du tom. XI. de la Collection des Historiens de France*, par les Bénédictins, *pag. cl*.]

32712. Le Conseiller d'Etat, ou Recueil des plus générales Considérations servant au maniement des Affaires : *Paris*, Ribier, 1633, *in-4. Amsterdam*, 1641, *in-12*.

Le même, sous ce titre : Le Conseiller d'Etat, ou Recueil général de la Politique moderne : *Paris*, 1665, *in-12*.

Le même, sous ce titre : *Observations politiques*.

Ce Traité, qui est de Philippe, Comte DE BÉTHUNE, mort en 1665, est aussi imprimé à la fin du volume de l'Ambassade de M. le Duc d'Angoulême, du Comte de Béthune, & de l'Abbé de Châteauneuf : *Paris*, 1667, *in-fol*.

32713. Joannis FILLEAU, Tractatus singularis de Comitibus Consistorianis, ad Tit. X. Lib. III. Codicis : *Parisiis*, Alliot, 1631, *in-4*.

Cet Auteur est mort en 1682.

32714. * Mf. Mémoires pour la Vie de Philippe de Maizières, Chancelier de Chypre, depuis Conseiller d'Etat de Charles V. Roi de France, (& mort en 1405 ;) par Bonaventure BAUDUY, Célestin : *in fol*.

Dans la Bibliothèque des Célestins de Paris.]

32715. ☞ Mémoire sur la Vie du même ; par M. l'Abbé (Jean) LEBEUF.

Notice des Ouvrages du même ; par le même Abbé.

Ces deux Mémoires sont imprimés parmi ceux de l'*Académie des Inscriptions & Belles-Lettres, tom. XVI. pag. 219, & tom. XVII. pag. 491*.]

32716. ☞ Mémoires concernant la contestation d'entre les Sieurs de Villayer & Poncet, au sujet du Doyenné du Conseil (d'Etat en 1708 :) *in-fol*.]

32717. ☞ Requête de M. DE LA REYNIE, contre M. l'Archevêque de Reims, pour la Place de Doyen du Conseil d'Etat : *in-fol*.]

32718. * Oratione funebre nella morte di Mattheo Roverio, Consiglier di Stato di Sua Maestà Christianissima, e Vicesenescallo nel Marchesato di Saluzzo, scritta da Hieronymo CAPELLA del Ordine di San Dominico : *in Carmagnola*, 1585, *in-4*.

32719. ☞ Apologie de Maître André Maillard, Conseiller du Roi & Maître des Requêtes ordinaires de Sa Majesté : 1588.

Ce Discours est imprimé dans le *Recueil d'Excellens & libres Discours sur l'état présent de la France : 1606, in-12*.

Il étoit accusé d'avoir tué deux de ses Domestiques, soupçonnés d'avoir souillé son lit, d'avoir fait assassiner le Seigneur de Gif & son serviteur, d'avoir exposé sa fille dudit Seigneur, & d'être Catholique Royal. Cette Apologie est adressée à M. le Chancelier.]

32720. Vie de Henri DE MESME, Seigneur de Roissy, Maître des Requêtes, Conseiller d'Etat, Chancelier de Navarre, écrite par lui-même : *in fol*.

Cette Vie de Henri de Mesme, mort en 1596, est conservée *in-fol*. [en Manuscrit,] entre ceux de M. Dupuy, num. 48, dans la Bibliothèque de M. le Chancelier Seguier, num. 562, dans celle de MM. des Missions Etrangères, & *in-4*. dans celle de M. le premier Président de Mesme.

☞ Elle a été imprimée dans le *Conservateur*, 1760, Octobre, *pag. 73*. M. Rollin avoit déjà publié, (*Traité des Etudes, tom. I. Liv. I. Chap. II. Art. I.*) la partie où Henri de Mesme rend compte de ses études. L'éloge que M. Rollin a joint à ce Morceau, peut-être appliqué à la Vie entière : elle est écrite avec cette simple naïveté qui ne convient qu'à la vertu & à la vérité. Elle est adressée à Jean-Jacques de Mesme, fils de Henri.]

32721. ☞ Histoire de la Vie & des Ouvrages

Histoires des Conseillers d'Etat, & Maîtres des Requêtes. 225

ges de François d'Amboise, (Conseiller d'Etat.)

Dans les *Mémoires* du Père Niceron, tom. *XXXIII*. pag. 339-346. François d'Amboise est mort vers l'an 1620. Bayle lui a donné un Article dans son *Dictionnaire*.]

== Vie de Philippe de Mornay, Sieur du Plessis, Conseiller d'Etat, Gouverneur de Saumur, mort en 1623.

Voyez ci-devant, [Tome II. pag. 390, N.° 5941.]

32722. Vie du même.

Cette Vie se trouve avec celles des anciens Seigneurs de la Maison de Mornay ; composées par René DE MORNAY DE LA VILLETERTRE : *Paris*, 1689, *in*-4. C'est une des Vies des plus amples & des plus belles qui soient dans ce Volume. L'Auteur est persuadé que cette Vie abrégée servira de contrepoison contre la Vie précédente, composée par un Protestant.

32723. ☞ Histoire de la Vie & des Ouvrages de Charles Paschal, (Conseiller d'Etat.)

Dans les *Mémoires* de Niceron, tom. *XVII*. p. 238-244. Paschal est mort en 1625.]

32724. Le Tableau de l'Homme juste, sur la Vie de François de Montholon, Conseiller d'Etat, représentée en forme d'Oraison funèbre ; par Jacques BROUSSE, Docteur en Théologie de la Faculté de Navarre : *Paris*, Feugé, 1628, *in*-8.

Ce Conseiller d'Etat est mort en 1626.

32725. ☞ Oraison funèbre de Jacques de Maillé-Brezé, Conseiller d'Etat ; par le Père LEZIN de Sainte-Scholastique, Carme : *Paris*, Cotereau, 1642, *in*-8.

32726. ☞ Histoire de la Vie & des Ouvrages de Paul Hay du Chastelet, Conseiller d'Etat ; par le Père NICERON.

Dans ses *Mémoires*, &c. tom. *XXXVIII*. pag. 165. On peut voir encore ce qui en est dit dans l'*Histoire de l'Académie Françoise*, par M. Pelisson. M. du Chastelet est mort en 1636.]

32727. Vie de Guillaume Marescot, Conseiller d'Etat ; par Théodore GODEFROY.

Cette Vie de Guillaume Marescot, mort en 1646, est imprimée à la *pag*. 601 des *Opuscules* de Loisel : *Paris*, 1652, *in*-4.

32728. Oraison funèbre de Jacques Talon, Conseiller d'Etat ; par Jean MARTIN, Prêtre, Curé d'Ouzouer-sur-Trezée : *Paris*, 1649, *in*-4.

32729. Oratio in honorario funere quo Parisiensis Studiorum Universitas parentavit illustrissimo Viro, Audomaro Talæo, in Sanctiori Consilio Comiti Consistoriano : habita à Petro LALLEMANT, Baccalaureo Theologiæ & Cardinalitio Eloquentiæ Professore : *Parisiis*, Variquet, 1653, *in*-4.

Omer Talon est mort en 1653, & Pierre Lallemant est mort Chanoine Régulier [de Sainte-Geneviève] en 1679.

32730. Abrégé de la Vie de Guillaume Ribier, Conseiller d'Etat ; par Michel BELOT, son neveu.

Ce Conseiller d'Etat est mort en 1663. L'abrégé de sa Vie est imprimé au commencement du tom. I. de ses *Lettres & Mémoires* : *Blois*, 1666, *in*-fol.

32731. Antonii Barillonii, Domini Morangii, Comitis Consistoriani, Ærarii Gallici Directoris, Laudatio funebris ; auctore Jacobo DE LŒUVRE, Constantiensi : *Parisiis*, 1672, *in*-fol.

32732. ☞ Varia Opuscula ad memoriam Antonii Barillon de Morangis : *Cadomi*, 1686, *in*-8.

Ce sont des Pièces en Vers Latins & François, & quelques-unes en Prose, composées par divers Auteurs à sa louange.]

32733. Histoire de François de la Mothe le Vayer, Conseiller d'Etat ordinaire, Précepteur de M. le Duc d'Orléans ; par Pierre BAYLE.

Cette Histoire de la Mothe le Vayer, mort en 1672, est imprimée dans le *Dictionnaire historique & critique*.

32734. Eloge du même ; par Charles PERRAULT, de l'Académie Françoise.

Cet Eloge est imprimé dans le tom. II. de ses *Eloges des Hommes illustres* : *Paris*, 1701, *in*-fol. pag. 59.

32735. ☞ Histoire de la Vie & des Ouvrages du même ; par le Père NICERON.

Dans ses *Mémoires*, &c. tom. *XIX*. pag. 121-136.]

32736. Lettre de Robert ARNAULD D'ANDILLY, Conseiller d'Etat, à M. de Morave, premier Président au Parlement de Toulouse, contre quelques endroits de l'Histoire du Président de Gramont, du 30 Décembre : 1643, *in*-8.

32737. Lettre de Gabriel BARTHELEMI de Gramont, Président du Parlement de Toulouse, à Philarque, pour répondre aux plaintes de M. d'Andilly, contre quelques endroits de son Histoire, du 20 Mars 1644. *in*-4.

32738. Eloge historique de Robert Arnauld d'Andilly, Conseiller d'Etat.

Cet Eloge de M. d'Andilly, mort en 1674, est imprimé au-devant de son *Histoire de l'Ancien Testament* : *Paris*, le Petit, 1675, *in*-4.

32739. Eloge de Robert Arnauld d'Andilly.

Cet Eloge est imprimé au dix-neuvième *Journal des Sçavans* de 1685.

32740. Eloge historique du même ; par Charles PERRAULT, de l'Académie Françoise.

Cet Eloge est imprimé à la pag. 55 du tom. I. de ses *Hommes illustres* : *Paris*, 1699, *in*-fol.

== ☞ Mémoires de sa Vie, écrits par lui-même, pour ses Enfans.

Voyez ci-devant, [Tome II. pag., 576 N.° 23916.]

Tome III. F f

32741. Oraison funèbre de Gaspard Fieubet, Conseiller d'Etat; par Antoine Anselme, Abbé de S. Sever-Cap : *Paris*, Josse, 1695, *in-*4.

32742. ☞ Mſ. Mémoires sur la Vie de M. Fouçault, (Conseiller d'Etat,) & les principales affaires auxquelles il a eu part; composés par lui-même.

Ces Mémoires, écrits de la main de l'Auteur, ont été déposés à la Bibliothèque du Roi, par M. de Boze, à qui il les avoit remis. M. Foucault, Intendant de Caen, de l'Académie des Belles-Lettres, est mort en 1721, âgé de 80 ans.]

32743. ☞ Mſ. Oraison funèbre de Messire Cardin le Bret, Conseiller d'Etat, premier Président, Intendant & Commandant pour le Roi en Provence; prononcée en l'Eglise Métropolitaine (d'Arles,) le 16 Décembre 1734; par le P. Folard, Jésuite : *Arles*, 1734, *in-*4.]

32744. ☞ Eloge de Henri-François-de-Paule d'Aguesseau, Conseiller d'Etat, mort en 1765.

C'étoit le fils aîné de M. le Chancelier d'Aguesseau, & son Eloge se trouve dans l'Avertissement du Tome V. des *Œuvres* de cet illustre Chef de la Magistrature : *Paris*, 1767, *in-*4.]

32745. ☞ Vie de Pierre Gilbert de Voisins, Conseiller d'Etat, mort en 1769.

Elle se trouve dans la *Galerie Françoise* : *Paris*, Hérissant, fils 1770, *in-*4.]

32746. Mſ. Titres originaux concernant les Maîtres des Requêtes : *in-fol.*

Ces Titres sont conservés dans la Bibliothèque du Roi, entre les Manuscrits de M. de Gaignières.

32747. L'Histoire des Maîtres des Requêtes, avec leurs Généalogies, depuis l'an 1260 jusqu'en 1575 ; par François Blanchard : *Paris*, le Gras, 1670, *in-fol.*

La même Histoire, avec des Additions manuscrites : *in-fol.*

Cet Exemplaire est conservé dans la Bibliothèque du Roi, entre les Manuscrits de M. de Gaignières.

☞ Feu M. le Président Durey de Noinville, de l'Académie des Belles-Lettres, se proposoit de donner une nouvelle Edition de ce Livre en sept ou huit volumes *in-*4. *Journal de Verdun*, 1753, *Août*.]

32748. ☞ Mſ. Histoire généalogique des Maîtres des Requêtes; depuis 1575 jusqu'en 1722 : *in-fol.* 3 vol.

Cette Histoire est indiquée num. 2230 du Catalogue de M. Bernard.]

32749. ☞ Mſ. Remontrances des Maîtres des Requêtes, faites au Roi, en 1664 : *in-fol.*

Ces Remontrances sont indiquées au num. 16707 du Catalogue de M. d'Estrées.]

32750. De la Jurisdiction des Maîtres des Requêtes : *Paris*, 1649, *in-*4.

32751. * Mémoire des Maîtres des Requêtes, sur leur droit exclusif d'être nommés seuls aux Intendances, avec l'Inventaire des Preuves.

Ce Mémoire, qui est entre les mains de MM. les Maîtres des Requêtes, a été fait en 1716.]

32752. ☞ Mémoire sur la Vie & les Ouvrages de Raoul de Presles, (Maître des Requêtes sous Charles V.) par (Antoine) Lancelot. *Mém. de l'Acad. des Inscript. & Belles-Lettres*, tom. XIII. pag. 607.]

32753. ☞ Supplément au Mémoire de M. Lancelot, sur les Ouvrages de Raoul de Presles ; par M. l'Abbé (Jean) Lebeuf. *Ibid.* tom. XXI. pag. 203.]

== * Abrégé de la Vie de Guillaume Cousinot, Maître des Requêtes.

Voyez ci-devant, [Tome II. pag. 196, N.° 17302.]

32754. Guillelmi Budæi, Parisiensis, Libellorum Supplicum Magistri, Vita ; per Ludovicum Regium : *Parisiis*, Roigny, 1540 ; *Ibid.* Morel, 1577, *in-*4.

Ce Maître des Requêtes est mort en 1540, & Louis le Roy en 1573. Cette Vie est écrite d'un style si pur & si élégant, que dès-lors l'Auteur fut regardé comme un des plus célèbres Ecrivains de son siècle. Cette même Vie est aussi imprimée entre les *Opuscules* de Louis le Roy : *Parisiis*, 1571, *in-*4. dans le *Recueil des Vies choisies des Hommes illustres*, publiées par Jean Bats: *Londini*, 1682, *in-*4. [& dans les *Vies des Jurisconsultes*, avec les Notes de Frid. Jacq. Leicker : *Lipsiæ*, 1686, *in-*8.]

32755. Vie du même ; par Pierre Bayle.

Dans son *Dictionnaire historique & critique*.

32756. ☞ Mémoires pour la Vie du même ; par Jean Boivin.

Elle est imprimée tom. V. des *Mém. de l'Acad. des Inscriptions & Belles-Lettres*, pag. 350.]

32757. ☞ Histoire de la Vie & des Ouvrages du même ; par le P. Niceron.

Dans ses *Mémoires*, &c. tom. *VIII*. pag. 371-389.]

32758. ☞ Ludovici Regii Epistola de Francisco Connano, Consiliario, Supplicumque Libellorum in Prætorio Magistro.

Cet Eloge de Connan, célèbre Jurisconsulte, fut adressé en forme de Lettre au Chancelier François Olivier, par Louis le Roy, & fut imprimé d'abord dans le *Recueil de ses Lettres* : *Paris*, 1559, & *Basle*, 1561, à la tête des *Commentaires* de Connan sur le Droit Civil; & enfin en 1577, à la fin de la *Vie de Budée*, par le Roy : *in-*4. dont on vient de parler.]

32759. Sommaire de la Vie de Jacques Ménage, Seigneur de Cagny, Maître des Requêtes ; par Gilles Menage, Doyen de Saint-Pierre d'Angers.

Ce Sommaire de la Vie de Jacques Ménage, mort en 1551, est imprimé à la pag. 294 des *Remarques de l'Auteur sur la Vie de Pierre Ayrault* : *Paris*, 1675, *in-*4.

32760. Eloge de Paul Pelisson Fontanier, Maître des Requêtes, de l'Académie Françoise, & son Historien.

Cet Eloge de M. Pelisson, mort en 1693, est de Noel Bosquillon, de l'Académie de Soissons, il est imprimé dans le dix-septième *Journal des Sçavans* de 1693.

32761. Eloge historique du même ; par Charles PERRAULT, de l'Académie Françoise.

Cet Eloge est imprimé tom. I. de ses *Hommes illustres : Paris*, 1699, *in-fol.*

32762. Lettres écrites par Jacques-Bénigne BOSSUET, Evêque de Meaux; par Armand-Jean LE BOUTHILLIER DE RANCEY, Abbé de la Trappe; & par M***, pour servir de Réfutation aux bruits que les Religionnaires ont répandus touchant la mort de M. Pelisson : *Toulouse*, 1693, *in-4*.

Simon DE LA LOUBERE, de l'Académie Françoise, Auteur de la troisième Lettre, a donné ce Recueil au public.

32763. ☞ Histoire de la Vie & des Ouvrages du même ; par le P. NICERON.

Dans ses *Mémoires*, &c. tom. *II. pag.* 379, & tom. *X. part.* 1, *pag.* 103, & *part.* 2, *pag.* 118.]

32764. Vie de M. Pelisson ; par Pierre BAYLE.

Dans son *Dictionnaire historique & critique*.

32765. ☞ Divers Avis adressés à M. Pelisson, &c. sur le bien qu'il peut procurer étant bien voulu du Roi & de toute la Cour : 1677, *in-*12. de 122 pages.]

32766. ☞ Remarques de D. Jean LIRON, sur Michel Bégon, Maître des Requêtes & Intendant de la Rochelle.

Dans les *Singularités historiques*, tom. I. (*Paris*,) Didot, 1734, *in-*12.) *pag.* 409-413. M. Begon est mort à Rochefort en 1710, universellement regretté, sur-tout des Gens de Lettres.]

32767. ☞ Mss. Eloge de M. Feydeau de Brou, Intendant de Rouen ; par M. DU BOULLAY.

Cet Eloge, fait dans l'Académie de Rouen le 2 Juillet 1761, est conservée dans ses Registres.]

32768. ☞ Des Intendans de Justice ; par M. BOUCHER D'ARGIS.

Dans l'*Encyclopédie*.]

§. V.

Traités concernant le Grand-Conseil.

CETTE Compagnie formoit autrefois, à ce qu'on prétend, le Conseil de nos Rois; & ce n'est que depuis peu de temps qu'on lui a donné un premier Président; le Chancelier de France en étoit auparavant le Chef. La singularité de son Etablissement, & des Causes qui lui sont commises, jointes à ce que cette Cour Souveraine n'est point, comme les autres, dans l'enceinte du Palais, me l'a fait placer ici comme une suite des Conseils du Roi.

32769. De l'Etablissement du Grand-Conseil & de sa Jurisdiction ; par Estienne PASQUIER.

Ce Discours est imprimé au Chapitre VI. du Livre II. de ses *Recherches de la France*.

Tome III.

32770. Tractatus celebris de auctoritate & præeminentia Magni Consilii & Parlamentorum Regni Franciæ ; per Joannem MONTAIGNE, Jurisperitum ; cum Additionibus Joannis BOERII : *Parisiis*, 1509, 1512, *in*-8. *Ibid.* 1542, 1558, *in*-4.

Jean Boïer est mort en 1539. Ce même Traité est aussi imprimé à la *pag.* 264 du tom. XVI. du grand Recueil des Traités de Droit, intitulé : *Tractatus Tractatuum : Venetiis*, 1584, *in-fol.* Montaigne donne la préférence au Grand-Conseil ; mais elle lui est contestée par le Parlement, & même par la Chambre des Comptes de Paris ; ce qui fait que les Officiers du Grand-Conseil ne se trouvent point aux Cérémonies publiques.

32771. * Le vrai Style du Grand-Conseil, où il est parlé de son origine, grandeur, autorité, de ses privilèges, &c. par Lazare DU CROT : *Paris*, Bessin, 1637, *in*-4.

32772. ☞ Du Grand-Conseil ; par M. BOUCHER D'ARGIS, Avocat au Parlement de Paris.

Dans l'*Encyclopédie*.]

32773. ☞ Mss. Registres du Grand-Conseil : *in-fol.* 7 vol.

Ce Recueil vient de M. Lancelot, & est conservé dans la Bibliothèque du Roi.]

32774. ☞ Registre du Grand-Conseil, depuis le dernier Octobre 1483 jusqu'au 28 Juillet 1625.

Ce Registre est conservé dans la Bibliothèque de S. Germain des Prés.]

32775. Mss. Extraits & Titres originaux concernant le Grand-Conseil : *in-fol.*

Ce Recueil est conservé dans la Bibliothèque du Roi, entre les Manuscrits de M. de Gaignières.]

☞ *Voyez* pour ce qui concerne le rétablissement du Grand-Conseil en 1768, les Remontrances des Parlemens rapportées ci-après.]

32776. ☞ Privilèges des Officiers du Grand-Conseil : *in*-4.]

32777. Discours funèbre de Jean Amelot de Gournay, ancien Président au Grand-Conseil ; par Gervais BIGEON : *Paris*, 1649, *in*-8.

32778. Eloge de Guy Breslay, Président au Grand-Conseil ; par Jacques MENAGE.

Cet Eloge est imprimé dans ses *Remarques sur la Vie de Pierre Ayrault : Paris*, 1675, *in-fol.*

32779. ☞ Mss. Mémoires de M. Joly, Baron de Blaisy, second Président du Grand-Conseil, mort à Dijon le 3 Juin 1725, âgé de 76 ans : *in-fol.*

Ces Mémoires sont conservés dans la Bibliothèque de M. Fevret de Fontette. M. Joly de Blaisy étoit fils de Georges Joly, Baron de Blaisy, & d'Elisabeth Bernardon. Georges Joly étoit Président au Parlement de Bourgogne, & sa Vie a été indiquée par le P. le Long, ci-après, au Parlement de Dijon.]

32780. ☞ Eloge de M. de Verthamont, premier Président du Grand-Conseil.

Il se trouve à la tête du Catalogue de sa Bibliothèque,

qu'il a donnée au Grand-Conseil, imprimé à Paris en 1739 : *in*-8.]

32781. ☞ **Pièces au sujet du premier Démêlé entre le Grand-Conseil & les Parlemens, en 1755 & 1756.**

Ces Pièces sont les suivantes :

1. Précis du Différend entre les Parlemens (de Paris) & le Grand-Conseil : *in*-4. (1755,) 4 pages. (On peut voir aussi à ce sujet la Feuille des *Nouv. Eccl.* du 27 Août 1756, & celle du 14 Août, *pag.* 135.)

2. Extrait des Registres du Grand-Conseil du Roi, du 30 Août 1755 : *in*-4. 2 pages.

3. Arrêt de la Cour du Parlement (de Paris,) du 2 Octobre 1755 : *in*-4. 3 pages.

4. Déclaration du Roi, concernant l'exécution dans l'étendue du Royaume, des Arrêts, Ordonnances & Mandemens rendus par le Grand-Conseil; donnée le 10 Octobre 1755 : *in*-4. 4 pages.

5. Arrêté du Parlement (de Paris,) du 16 Octobre, = de Rouen, du 25 Octobre, des 12 & 18 Novembre, = du Parlement de Provence, du 30 Octobre; & Extrait des Registres du même, du 30 Novembre, = du Parlement de Toulouse, du 5 Novembre, = du Parlement de Metz, du 8 Novembre. = Autres Arrêtés & Arrêts de divers Parlemens, entr'autres de Bordeaux, Dijon, & Rennes : *in*-4.

6. Arrêt du Conseil d'Etat, du 8 Novembre 1755 : *in*-4.

7. Lettre de M*** , contenant ce qui s'est passé au Parlement de Besançon, concernant la Déclaration du Roi du 10 Octobre : *in*-4. 2 pages.

8. Arrêts, Arrêtés & Remontrances du Parlement (de Paris,) au Roi, au sujet des Entreprises du Grand-Conseil, du 27 Novembre 1755, & autres Pièces relatives : 1755, *in*-4. (16 pages pour les Arrêts, &c. 42 pour les Remontrances.) = Le même Recueil, *in*-12. (Supprimé par Arrêt du Parlement, du 2 Décembre.)

9. Réflexions d'un Avocat sur les Remontrances du Parlement, du 27 Novembre : *in*-12. I. Partie, 148 pages, II. Partie, 145 pages. (Cet Ecrit, plein de malignité, a été brûlé par Arrêt du Parlement de Paris, du 27 Août 1756, sur la Dénonciation du Bâtonier des Avocats; & par Arrêt de Rouen, du 3 Septembre.)

10. Lettre dans laquelle on examine s'il est vrai que la Doctrine de l'Etat, contenue dans les dernières Remontrances du Parlement, porte aucune atteinte à l'autorité souveraine du Roi, & à son caractère sacré de seul Législateur dans son Royaume : *in*-4. 20 pages.

11. Arrêt du Conseil, du 30 Décembre 1755 : *in*-4. 2 pages.

12. Réponse du Roi (aux Remontrances, le 23 Janvier 1756.) = Arrêts & Arrêtés (jusqu'au 14 Mars:) *in*-12. 48 pages.

13. Arrêté du Parlement, du 27 Janvier 1756 : *in*-4. 1 page.

14. Arrêt du Grand-Conseil, du 31 Janvier : *in*-4. 4 pages.

15. Notes sur le (précédent) Arrêt : *in*-4. 6 pages.

16. Arrêt du Parlement (de Paris,) qui supprime les Notes (précédentes :) *in*-4.

17. Question nouvelle : Le Grand-Conseil a-t-il quelque supériorité sur les Bailliages & Sénéchaussées du Ressort du Parlement, même à raison des Affaires qui sont attribuées au Grand-Conseil : *in*-4. 5 pages. (Ce n'est qu'un Recueil de cinq Arrêts du Conseil, depuis 1730, qui ont préjugé l'affaire contre le Grand-Conseil.)

18. Deux Lettres de M. de *** à M. de *** sur les Entreprises du Grand-Conseil : *in*-4. 31 pages.

19. Arrêt du Grand-Conseil, du 14 Février 1756.

20. Réclamation présentée au Roi le 20 Février 1756, par M. le Duc d'Orléans, au nom des Princes & des Pairs, & Mémoire sur le refus fait par Sa Majesté de recevoir la Réclamation : *in*-8. 16 pages. (C'est le sujet de la défense qui leur avoit été faite par Sa Majesté de se rendre à l'invitation qu'ils avoient reçue d'aller prendre séance au Parlement.)

21. Arrêtés du Parlement (de Paris) en Février & Mars 1756. = Réponse du Roi du 27 Février. = Représentations du Parlement, du 11 Mars : *in*-4. 8 pages.

22. Arrêt du Grand-Conseil, du 10 Mars 1756 : *in*-4. 3 pages.

23. Arrêté du Parlement (de Paris) du 13 Mars; = Discours du premier Président au Roi, du 14 Mars, & Réponse du Roi : *in*-4. 2 pages.

24. Vœux authentiques de toute la Nation sur le Grand-Conseil, que M. d'All.... (Angran d'Alleray, Procureur-Général du Grand-Conseil,) ignore ou feint d'ignorer : *in*-4. 6 pages. (Ce sont quelques Articles des Etats-Généraux d'Orléans & de Blois, en 1560, 1576, &c.)

25. Lettre à M. Angran d'Alleray, Procureur-Général du Grand-Conseil : *in*-12. 8 pages.

26. Lettre à M. le Procureur-Général & à MM. les Conseillers du Grand-Conseil; par l'Auteur des Lettres de M. de *** à M. de ***, brûlées par inadvertence le 10 Mars 1756 : *in*-4. 18 pages.

27. Arrêt du Parlement, portant suppression de cinq différens Ecrits; du 23 Mars 1756 : *in*-4. 4 pages.

28. Discours de M. SEGUIER, Avocat-Général, sur la mort de M. Joly de Fleury, & sur sa Mission auprès du Roi; (avec son Discours à Sa Majesté, au sujet de l'Affaire du Grand-Conseil :) *in*-4. 8 pages.

29. Arrêt de Règlement de la Cour de Parlement (de Paris;) du 6 Avril 1756 : *in*-4. 3 pages.

30. Arrêtés & Arrêt de la Cour de Parlement (de Paris,) du 6 Avril 1756 : *in*-4. 4 pages. (Il y en a eu deux Editions, dont la première a été supprimée comme fautive. On peut la reconnoître à ceci : *ligne* 2 on y lit : *Elle s'est renfermée*, &c. ce qui n'est point dans la bonne Edition.)

31. Arrêt du Parlement (de Paris,) qui supprime un Imprimé intitulé : *Arrêtés*, &c. du 7 Avril 1756 : *in*-4.

32. Arrêt du Grand-Conseil, du 11 Mai 1756 : *in*-4.

33. Arrêt du Parlement (de Paris,) qui condamne à être brûlé l'Ecrit intitulé : *Réflexions*, &c. (ci-dessus, num. 9,) du 27 Août 1756, 4 pages. (On y trouve un Discours de Me Estienne Pons, Bâtonier des Avocats.)

34. Arrêt du Parlement de Toulouse, du 5 Novembre 1755, & Remontrances sur la même Déclaration, datées du 19 Décembre 1755. = Arrêt du 14 Janvier 1756 : *in*-4.

35. Arrêt du même Parlement, pour ne déplacer aucune Minute; du 12 Avril 1756 : *in*-4.

36. Arrêt de Règlement du même, du 7 Juillet 1756 : *in*-4.

37. Remontrances du Parlement de Metz, au Roi, sur la Déclaration du 10 Octobre 1755, (au sujet du Grand-Conseil;) datées du 18 Mars 1756 : *in*-4. 8 pages.

38. Arrêts du Parlement de Grenoble, des 6, 21 & 27 Février 1756 : *in*-4. 4 pages.

39. Arrêté du même, du 24 Mars 1756.

40. Déclaration du 10 Octobre 1755. = Déclaration de François I. de 1544. = Divers Arrêtés du Parlement de Dauphiné, (ou de Grenoble,) depuis Novembre 1755, jusqu'au 24 Mars 1756. = Remontrances dudit Parlement, du 10 Avril 1756 : *in*-4. 24 pages.

Histoires des Grandes Magistratures. 229

41. Remontrances du Parlement de Provence, (ou d'Aix,) au Roi, au sujet des entreprises du Grand-Conseil : *in-*12. 48 pages.

42. Arrêt du Parlement (de Bordeaux,) du 21 Janvier 1756 : *in*-4.

43. Arrêtés du Parlement de Bordeaux, au sujet des Remontrances qui doivent être faites au Roi, & (lesdites) Remontrances, du 12 Mars 1756 : *in*-4. 8 pages.

44. Arrêté du Parlement de Bordeaux, du 15 Novembre 1756 : *in*-4. 1 page.

45. Remontrances du Parlement de Rouen, du 12 Février 1756 : *in*-4. 8 pages.

46. Arrêt du même Parlement, du 8 Mars 1756, qui casse & annulle l'enregistrement fait au Bailliage de Coutances, de la Déclaration du 10 Octobre envoyée par le Grand-Conseil : *in*-4. 4 pages.

47. Extrait des Registres du Parlement de Normandie, du 8 Mai 1756. = Lettres de créance de M. de Luxembourg, &c. *in*-4. 4 pages.

48. Remontrances du Parlement de Rouen, du 26 Juin 1756 : *in*-12. 83 pages.

49. Lettres closes, adressées au Parlement de Normandie, contenant la Réponse du Roi ; & Extrait des Registres dudit Parlement, du 4 Août 1756 : *in*-4. 4 pages.

50. Arrêt du même Parlement, au sujet de l'enregistrement de la Déclaration fait par le Bailliage d'Alençon : *in*-4.]

32782. ☞ Pièces sur le second Démêlé entre le Grand-Conseil & les Parlemens, en 1768.

Ces Pièces sont les suivantes :

1. Edit de Janvier 1768, portant Réglement pour la police & discipline du Grand-Conseil : *in*-4.

2. Arrêté du Parlement (de Paris,) du 15 Janvier, au sujet de l'Edit précédent : *in*-12. 4 pages.

3. Remontrances du Parlement (de Paris,) du 19 Mars 1768 : *in*-4. 22 pages. (Elles ont aussi été imprimées *in*-12. 65 pages.)

4. Ms. Représentations du Grand-Conseil, en Mars 1668 : *in*-4.

5. Deux Arrêts du Parlement (de Paris,) du 7 Mai : *in*-4.

6. Arrêt du Conseil, du 19 Mai 1768, qui casse les deux précédens, & Réponse aux Remontrances du 19 Mars.

7. Recueil de Pièces sur l'Affaire du Grand-Conseil, (depuis le 7 Mai 1768 jusqu'au 8 Juillet suivant, contenant des Arrêts, Arrêtés & Représentations du Parlement :) *in*-12. 36 pages.)

8. Arrêt du Conseil d'Etat, du 13 Juin 1768, contre un Arrêté du Parlement (de Paris,) du 20 Mai : *in*-4.

9. Lettres-Patentes qui modifient l'Edit de Janvier ; données le 19 Juin 1768 : *in*-4.

10. Arrêt du Conseil d'Etat, du 24 Août 1768, contre le Recueil de Pièces (ci-dessus :) Placard.

11. Arrêté du Parlement de Dijon, du 27 Février 1768, au sujet du même Edit : *in*-12. 9 pages.

12. Arrêt du Parlement de Grenoble, du 30 Avril 1768, sur le même Edit : *in*-12. 9 pages.

13. Arrêté du Parlement de Rouen, du 20 Mai : *in*-12. 10 pages.

14. Arrêt du Parlement de Toulouse, du 4 Juillet 1768 : *in*-12. 64 pages.

15. Représentations du Parlement de Paris, du 7 Juillet : *in*-12. (Elles sont imprimées *pag.* 18-29, du Recueil suivant.)

16. Recueil de Pièces concernant l'Affaire du Grand-Conseil : *in*-12. 36 pages. (Il contient le détail de ce qui s'est passé au Parlement de Paris, depuis le 7 Mai 1768, jusqu'au 8 Juillet suivant.)

17. Recueil intéressant sur les entreprises du Grand-Conseil, (contenant des Arrêts & Remontrances du Conseil d'Alsace, du 18 Septembre & 2 Décembre 1769 :) *in*-12. 46 pages.

18. Lettre de M. le Chancelier au Conseil de Colmar (ou d'Alsace,) & autres Pièces de Février & Mars 1770, sur le Grand-Conseil : *in*-12. 12 pages.]

ARTICLE V.

Histoires [& Traités] des grandes Magistratures de France, qui concernent la Justice.

§. PREMIER.

Traités des grandes Magistratures en général.

32783. LES Prérogatives de la Robe sur l'Epée ; par François BERTAULD, Seigneur de Freauville, Conseiller au Parlement de Paris : *Paris*, le Fevre, 1701, *in*-12.

Nota. On peut consulter sur les grandes Magistratures de France, qui concernent la Justice, les Traités rapportés ci-dessus, [N.os 31182-31199.]

32784. * Ms. De l'Ordre judiciaire & des Magistrats François sous la première & la seconde Race ; par Christophe BALTHAZAR, Avocat du Roi au Bailliage d'Auxerre.

Ce Traité est cité dans le Mémoire sur les Ouvrages de l'Auteur, conservé dans la Bibliothèque de M. le Chancelier Seguier, num. 113.

32785. ☞ Advis au Roi, pour faire entrer la Noblesse & Gens de Mérite aux Charges, &c. *in*-8.]

32786. Ms. Des Conseils d'Etat, des Parlemens de France, fors celui de Paris, Chambres des Comptes, Grand-Conseil, Cours des Aydes & Cours des Monnoies : *in-fol.*

Ce Manuscrit [étoit] dans la Bibliothèque de M. de Caumartin, [mort Evêque de Blois en 1733.]

32787. ☞ Ms. Institution du Parlement, du Conseil, de la Chambre des Comptes, Cours des Aydes & autres Jurisdictions : *in-fol.*

Ce Manuscrit est indiqué num. 219*, *pag.* 438, du Catalogue de M. Bellanger.]

32788. ☞ Diverses Pièces sur les Parlemens, Chambres des Comptes, Cours des Aydes, Cours des Monnoies & autres Compagnies supérieures : *in-fol.* 3 vol.

Ils sont conservés dans la Bibliothèque de la Ville de Paris, num. 181-183.]

32789. Les Mémoires de Pierre DE MIRAULMONT, Lieutenant-Général en la Prevôté de l'Hôtel & Grande-Prevôté de France, sur l'origine & institution des Cours souveraines & Justices Royales étant dans l'Enclos du Palais, avec la suite des premiers Présidens de chaque Cour, jusqu'en 1584: *Paris*, Langelier, 1584, *in*-8.

Les mêmes: *Paris*, de la Tour, 1612, *in*-8.

Cette Edition est la plus ample.

☞ L'Auteur après avoir dit très-briévement, que le Parlement, tel qu'il est à présent, a succédé à ces anciens Parlemens ou Etats-Généraux que nos Rois assembloient, pour, de concert avec leurs Sujets, délibérer sur toutes les Affaires de la Nation, & rendre la Justice, traite de l'établissement du Parlement de Paris & de ses Officiers, comme de toutes les autres Jurisdictions qui y ont rapport. On trouve à la fin un Chapitre sur le Royaume de la Bazoche, ou la Jurisdiction des Clercs du Palais. Il y a des recherches curieuses dans cet Ouvrage.]

32790. ☞ Etat actuel des Cours Souveraines de France; par M. Guillaume PONCET DE LA GRAVE, Avocat & Procureur-Général, au Siège de l'Amirauté: *Paris*, 1769, *in*-12.]

32791. Traité de diverses Jurisdictions de France, des Evocations, Réglemens de Juges, Privilèges de Jurisdictions, &c. par Charles CHAPPUZEAU, Avocat au Conseil-Privé du Roi: *Paris*, 1617, *in*-4. [*Ibid.* Thiboust, 1618, *in*-8.] *Ibid.* [Boutonne,] 1620, *in*-8. *Lyon*, 1666, *in*-12.

32792. ☞ Des Offices de Judicature de France; par Charles-Emmanuel BORJON: *Paris*, Michalet, 1682, *in*-12.]

32793. ☞ Ms. Diverses Pièces sur les Jurisdictions de France: *in*-4.

C'est ce qui est contenu dans les Porte-feuilles 687-696, du grand Recueil de M. de Fontanieu, à la Bibliothèque du Roi.]

32794. ☞ Histoire des Loix & des Tribunaux de Justice de la Monarchie Françoise; (par Joseph BARRE, Chanoine Régulier de Sainte-Geneviève, Chancelier de l'Université de Paris:) 1755, *in*-4.

Ce n'a été qu'un Projet que l'Auteur n'a pu remplir, étant mort peu après.]

32795. ☞ Réponse de LE NOBLE, à l'obligation de Péricard, touchant les Privilèges des Officiers supérieurs de ne pouvoir être jugés par l'inférieur: *in*-12.]

32796. ☞ Ms. Dissertation sur le remplacement par élection de l'Office de Chancelier & de toutes les Magistratures du Parlement; par Gaspard-Moyse DE FONTANIEU, Conseiller d'Etat ordinaire: *in-fol.*

Ce Manuscrit est dans la Bibliothèque du Roi.]

32797. ☞ Des Evocations; par M. (Ant. Gaspard) BOUCHER D'ARGIS.

Dans l'*Encyclopédie*.]

32798. ☞ Des différens Tribunaux, appellés *Chambres*, avec un surnom particulier; par le même.

Dans le même Ouvrage.]

§. II.

Traités & Histoires de la Grande-Chancellerie.

32799. TRAITÉ des Chancelleries, avec un Recueil des Chanceliers, &c. par Pierre DE MIRAULMONT, Lieutenant-Général en la Prevôté de l'Hôtel, & Grande-Prevôté de France: *Paris*, 1610, 1612, *in*-8.

Ce Traité exact & succinct contient des Recherches historiques sur l'état ancien & présent de la Chancellerie de France & de ses Officiers, y compris les Secrétaires du Roi.

☞ *Voyez* sur cet Ouvrage la *Méth. hist.* de Lenglet, *in*-4. tom. *IV*. pag. 268. = Le Gendre, tom. *II*. pag. 88.]

32800. Livre des Officiers de Chancellerie; par Estienne GIRARD, Avocat en Parlement; avec les Additions de JOLY.

Ce Livre est le second des trois *Offices de France*, publiés par cet Auteur: *Paris*, Richer, 1638, *in-fol.* Ce n'est qu'un Recueil d'Edits, Déclarations & Réglemens touchant ces Officiers.

32801. Ms. Pièces & Mémoires concernant la Chancellerie de France: *in-fol.*

Ce Recueil [étoit] dans la Bibliothèque de M. l'Abbé de Camps, [& est dans celle de M. de Beringhen.]

32802. ☞ Ms. Traité concernant les Affaires qui regardent les Finances & la Chancellerie de France: *in-fol.*

Ce Manuscrit est indiqué *pag.* 438 du Catalogue de M. Bellanger.]

32803. ☞ Des Chanceliers & des Chancelleries de France; par M. (Ant. Gaspar) BOUCHER D'ARGIS.

Dans l'*Encyclopédie*. On traite dans ces deux Articles de toutes les diverses espèces de Chancelleries & de Chanceliers.]

32804. Traité de l'Origine & Préséances des Audienciers & Contrôleurs de Chancellerie, contre les Secrétaires du Roi: *Bourdeaux*, 1653, *in*-4.

32805. Histoire chronologique de la Grande-Chancellerie de France, contenant son Origine, l'Etat des Officiers, leurs Noms, leurs Fonctions, Privilèges, Prérogatives, Droits & Réglemens; par (Abraham) TESSEREAU, Secrétaire du Roi: *Caen*, 1676; *Paris*, 1708, *in-fol.*

Continuation de cette Histoire, depuis l'an 1676; par le même & par les premiers Syndics des Secrétaires du Roi jusqu'à présent: *Paris*, Emery, 1706, *in fol.*

Le premier Tome commence avec la Monarchie & finit en 1676, Tessereau est mort en 1691. René LE CONTE, Syndic des Secrétaires du Roi, a continué l'Ouvrage jusqu'en 1705; il est mort en 1710. Cette Histoire est remplie de Recherches très-curieuses. L'Auteur y prouve ce qu'il avance par des Chartres, Edits & Arrêts. C'est une Histoire exacte des Chanceliers, des

Secrétaires du Roi & des autres Officiers qui composent aujourd'hui la grande Chancellerie.

☞ *Voyez* la *Méth. hist.* de Lenglet, *in-*4. *tom. IV. pag.* 268. = *Journal des Sçavans*, Juillet, 1676. = Le Gendre, *tom. II. pag.* 4. = *Histoire de la Rochelle*, par M. Arcère, *tom. II. pag.* 399.]

32806. Mſ. Titres originaux concernant les Secrétaires du Roi : *in-fol*: 3 paquets.

Ces Titres font conſervés dans la Bibliothèque du Roi, entre les Manuſcrits de M. de Gaignières.

32807. ☞ Mſ. Recueil des Statuts & Privilèges des Secrétaires du Roi, ſur vélin & en lettres Gothiques, avec miniatures : *in-*4.

Mſ. Autre Recueil des mêmes, ſur vélin & en lettres Gothiques : *in-*4.

Ce ſont les num. 3191 & 3192 du Catalogue de M. Gaignat.]

32808. ☞ Mſ. Recueil concernant les Chartes des créations du Collège des Notaires & Secrétaires du Roi & Maiſon de France ; Privilèges, Dons & Octrois faits à icelui Collège : *in-*4

Ce Manuſcrit, avec miniatures, eſt indiqué *pag.* 437 du Catalogue de M. Bellanger.]

32809. ☞ Mſ. Privilèges des Clercs, Notaires & Secrétaires du Roi & de la Maiſon de France, en 1486 & 1540. Extrait collationné, de 50 pages.

Ce Manuſcrit eſt à Dijon, dans la Bibliothèque de M. Fevret de Fontette.]

32810. Recueil de Privilèges anciens & nouveaux des Secrétaires du Roi : *Paris*, 1661, *in-*4.

32811. ☞ Office de S. Jean pour les Secrétaires du Roi, avec la Meſſe de S. Louis. = Extrait de la Chartre de Louis XI. de 1492. = Extrait du Réglement fait lors de l'union des cinq Collèges des Secrétaires du Roi en un ſeul Corps, en 1672 : *Paris*, 1704, *in-*12.]

32812. ☞ Déclaration du Roi portant Réglement général pour tous les Officiers de la Grande-Chancellerie & de toutes les Chancelleries du Royaume, avec le Tarif des Droits du Sceau, (1672 :) *Paris*, le Petit, 1672, *in-*12.]

32813. Traité ſommaire des Affaires d'Etat commiſes à aucuns des Secrétaires du Roi ; avec un Recueil de quelques perſonnes célèbres honorées du titre de Secrétaires du Roi ; [par le Sieur DE MALEVAULT : imprimé en 1627, *in-*8.]

32814. ☞ Edits & Déclarations concernant les ſurvivances attribuées aux Charges de Secrétaires du Roi : *Paris*, 1666, *in-*4.]

32815. ☞ Formulaire du Protocole pour les Notaires & Secrétaires du Roi, Maiſon & Couronne de France.

Ce Formulaire eſt imprimé dans les *Mélanges hiſtoriques* de Camuſat : *Troyes*, 1619, *in-*8.]

32816. ☞ Le Fort inexpugnable de l'honneur du Sexe féminin ; par François DE BILLON, Secrétaire : *Paris*, Dallyer, 1555, *in-*4.

Depuis la *pag.* 227 juſqu'à la fin, il eſt parlé des Secrétaires de Dieu & des Secrétaires du Roi.]

32817. ☞ Tarif des Droits du Sceau, avec les Edits & Déclarations de 1704, 1697 & 1691 : *Paris*, veuve Rondet, 1704, *in-*4.]

32818. ☞ Recueil des Edits, Ordonnances, Déclarations & Arrêts concernant le Collège des 120 Secrétaires du Roi & des Finances : 1637, *in-*4.

32819. ☞ Panégyrique ou Remontrance par les Magiſtrats en la Sénéchauſſée & Siège Préſidial de Tholoſe, contre les Notaires & Secrétaires du Roi en la Chancellerie de ladite Ville ; par Pierre BELOY, Conſeiller audit Siège : *Paris*, Malot, 1582, *in-*4.]

32820. ☞ Recueil des Titres, Arrêts & Réglemens faits pour les Charges des Huiſſiers ordinaires du Roi en la grande Chancellerie de France, & les raiſons ſommaires, moyens & défenſes qu'ils ont contre les prétentions des Gardes-Meubles, Huiſſiers du Conſeil : *Paris*, Charmot, 1661, *in-*4.]

32821. ☞ Privilèges des Secrétaires du Roi de la Chancellerie de Bretagne, recueillis par DOUART : *Rennes*, 1655, *in-fol*.

§. III.

Traités & Histoires des Parlemens de France.

I. Traités généraux des Parlemens, [& Devoirs des Magistrats.]

32822. DISSERTATIO de variis Tribunalium generibus, Judiciorumque, ſeu de diverſis Juriſdicendi rationibus apud Francos, à prima gentis origine : auctore Gerardo DU BOIS, Congregationis Oratorii Presbytero.

Cette Diſſertation eſt imprimée au Chapitre III. du Liv. XVII. de ſon *Histoire de l'Eglise de Paris*, *tom. II*. *Paris*, 1710, *in-fol*.

« Il faut diſtinguer, (dit feu M. de Fénélon, Archevêque de Cambray, *pag.* 133 de ſes *Réflexions ſur la Grammaire*,) les Parlemens de la ſeconde Race, qui étoient les Aſſemblées de la Nation, d'avec les divers Parlemens établis par les Rois de la troiſième Race dans les Provinces, pour juger des Procès des Particuliers ».

32823. Mſ. Recherches touchant la Juſtice Royale durant les trois Races, ou de la véritable origine du Parlement : *in-fol*.

Ces Recherches [étoient] dans la Bibliothèque de M. le Chancelier Seguier, num. 443, [aujourd'hui à S. Germain des Prés.]

32824. Mſ. Recueil de Pièces concernant les Paréages & Aſſociations des Rois dans la Juſtice temporelle des Archevêchés & Evêchés, & autres Bénéfices, depuis Philippe Auguſte; par François DE CAMPS, Abbé de Signi : *in-fol.*

Ce Recueil [étoit] dans la Bibliothèque de l'Auteur, [& eſt aujourd'hui dans celle de M. de Beringhen.]

32825. Mſ. De l'Origine des Etats & des Parlemens de France, du Domaine & du Revenu du Royaume, depuis Charles VIII. juſqu'en 1587 : *in-fol.*

Ce Volume [étoit] dans la Bibliothèque de M. le Chancelier Seguier, num. 607, des Miniatures, [aujourd'hui à S. Germain des Prés.]

32826. ☞ Mſ. Origine des Parlemens de France, & des Etats-Généraux : *in-4.* 2 vol.

Ce Manuſcrit eſt indiqué num. 2150 du Catalogue de M. Bernard, & ce pourroit bien être les Lettres du Comte de Boulainvilliers, ci-dev. Tome II. N.° 27159.]

32827. ☞ Mſ. De l'établiſſement & du pouvoir des Parlemens du Royaume; par le Comte (Henri) DE BOULAINVILLIERS : *in-4.* 2 vol.

Ce Manuſcrit eſt indiqué *pag.* 517, du Catalogue de la Bibliothèque de Rambouillet; & ce pourroit bien être auſſi ſes *Lettres.*]

32828. ☞ Mſ. La vraie origine des Parlemens, Conſeils, & autres Cours Souveraines du Royaume de France; par M. Pierre DU PUY.

Ce Manuſcrit eſt à Dijon, dans la Bibliothèque de M. Fevret de Fontette.]

32829. ☞ Mſ. Factum concernant la Juſtice & les Parlemens.

Dans la même Bibliothèque.]

32830. Mſ. Origines & Créations des dix Parlemens de France : *in-fol.*

Ces Origines ſont [à la Bibliothèque du Roi,] entre les Manuſcrits de M. de Brienne, num. 248.

☞ On conſerve auſſi un pareil Manuſcrit dans la Bibliothèque de la Ville de Paris, num. 86.]

32831. Mſ. Recueil de Pièces concernant l'Erection des dix Parlemens de France & des Cours des Aydes : *in-fol.*

Ce Recueil [étoit] dans la Bibliothèque de M. le premier Préſident de Meſme.

32832. ☞ Mſ. Traité des Parlemens de France, de leur établiſſement & pouvoir : *in-fol.*

Dans la Bibliothèque de la Ville de Paris, num. 87.]

32833. Mſ. Hiſtoria chronologica Parlamentorum.

Cette Hiſtoire [étoit] entre les mains de Dom Martenne, Bénédictin, [& eſt à S. Germain des Prés.]

32834. De prima Senatuum origine & Magiſtratibus : auctore Juliano TABOETIO, Juriſconſulto.

Ce Diſcours eſt imprimé avec ſes *Ephémérides hiſtoriques* : Lugduni, Pagani, 1559, *in-4.*

32835. * Diſcurſus de Parlamentis Galliæ, imprimis Pariſienſi : *in-4.*

32836. Des Parlemens de France, du Parlement ambulatoire, du Parlement établi dans Paris, & autres de ce Royaume; par Eſtienne PASQUIER.

Ces Diſcours ſont imprimés dans les Chapitres II. III. & IV. du Livre II. de ſes *Recherches de la France.*

☞ Dans la Critique de cet Ouvrage, par François Garaſſe, Jéſuite, (ſous le nom de *Recherches des Recherches,*) Liv. II. Chap. II. III. & IV. il y a diverſes Remarques ſur les Parlemens.]

== De l'Origine & de l'Etabliſſement des Parlemens; par Pierre DE MIRAULMONT.

Voyez ci-devant, [N.° 32789.]

☞ On peut voir encore ſur l'*Inſtitution du Parlement,* ci-devant, N.° 32786 *& ſuiv.*]

32837. ☞ Arrêt du Parlement, qui ordonne que le Mémoire touchant l'origine & l'autorité du Parlement de France, appellé *Judicium Francorum,* ſera lacéré & brûlé; du 13 Août 1732 : *in-4.*]

32838. ☞ Recherches hiſtoriques ſur les Cours qui exerçoient la Juſtice ſouveraine de nos Rois ſous la première & la ſeconde Race, & au commencement de la troiſième; par M. GIBERT, (& Pièces ſervant de Preuves.) *Mém. de l'Acad. des Inſcriptions & Belles-Lettres, tom. XXX. pag. 587.*]

32839. Les Ouvertures du Parlement; par Louis D'ORLÉANS, Avocat-Général : *Paris,* 1607, *in-4.*

Cet Ouvrage de Louis d'Orléans, mort en 1619, contient un Traité des Parlemens.

☞ L'Auteur après avoir dit que les Rois ſont obligés de rendre la juſtice à leurs Sujets, parle du Parlement, des affaires qui s'y traitoient, du temps auquel il s'ouvroit; des habits & autres ornemens des Rois lorſqu'ils le tenoient; du temps auquel il fut fait ſédentaire, des habits & autres choſes concernant les Préſidens. Il y a mêlé beaucoup d'érudition qu'on pourroit retrancher, & qui rendroit ſon Ouvrage plus court.]

☞ Autre Edition ſous ce titre : Ouvertures des Parlemens faites par les Rois de France tenans leurs Lits de Juſtice; revues & augmentées de beaucoup : *Paris,* des Rues, 1612, *in-4.*]

32840. ☞ Le Tréſor des Harangues & des Remontrances faites aux Ouvertures du Parlement; (par Laurent GILBAUT :) *Paris,* Babin, 1660, *in-4.*]

32841. Treize Livres des Parlemens de France, eſquels ſont amplement traités de leur Origine & Inſtitution, & des Préſidens, Conſeillers, Gens du Roi, &c. enſemble de leur Rang, Séance, Gages, Privilèges, Réglemens, Mercuriales; par Bernard DE LA ROCHEFLAVIN, Conſeiller d'Etat : *Bordeaux,* Millanges, 1617, *in-fol. Genève,* 1621, *in-4.*

Cet Ouvrage eſt beau & curieux, au jugement de Patin, Lettre 124, écrite à Charles Spon.

Voyez cette Lettre, *tom. II. pag. 223.* = *Méth. hiſt.* de Lenglet, *in-4. tom. IV. pag. 269.*

☞ Le titre de Conſeiller d'Etat de M. de la Rocheflavin

flavin n'étoit qu'un titre d'honneur, & il étoit Président aux Requêtes du Palais du Parlement de Toulouse.

« Cet Ouvrage est fort estimé ; on en trouve peu communément des Exemplaires. Les Curieux cherchent sur-tout ceux qui sont en grand papier ; mais comme il n'en a été tiré qu'un très-petit nombre, ils sont actuellement devenus fort rares. L'Edition in-folio est la seule que l'on considère ; on fait peu de cas des autres, qui ont été imprimées dans un format in-4. On rapporte que le Parlement de Toulouse, mécontent de ce Livre, en arrêta le débit peu de temps après qu'il eut paru, par un Arrêt qu'il rendit contre l'Auteur & son Ouvrage ; mais on ignore le motif qui le fit agir en cette occasion avec tant de sévérité ». *Bibliographie* de De Bure, *Hist.* num. 5450. L'Arrêt dit qu'il contient plusieurs faits faux, &c. *Hist. de Toulouse*, par M. Raynal : 1760, *in-4. p. 360.*]

32842. Mf. Arrêt du Parlement de Toulouse contre l'Auteur du Livre précédent.

Cet Arrêt est conservé entre les Manuscrits de M. Dupuy, num. 17, *pag.* 29.

32843. ☞ Parlement, dans le *Dictionnaire Encyclopédique*.

Cet Article est très-étendu, & curieux.]

32844. ☞ Lettres historiques sur les fonctions essentielles du Parlement, sur le droit des Pairs, & sur les Loix fondamentales du Royaume ; (par M. Louis-Adrien LE PAIGE, Avocat au Parlement de Paris, & Bailli du Temple:) *Amsterdam*, (*Paris*,) 1753 & 1754, *in-12.* 2 vol.

Cet Ouvrage a été fait à l'occasion du différend entre le Clergé & le Parlement, arrivé en 1753. L'Auteur avoit promis une suite qu'il n'a pas donnée.

Son but est de prouver que le Parlement, par une succession qui n'a jamais souffert d'interruption, est le même qui subsistoit sous Philippe-le-Bel, sous S. Louis, sous Philippe-Auguste, sous le Roi Robert & ses prédécesseurs, sous Charlemagne & sous tous les Rois de la seconde Race, sous Clovis & ceux de la première ; le même enfin que celui dont parloit Tacite il y a 1600 ans, du temps des premiers Germains, & dont on ne trouve l'origine que dans celle même de la Nation.]

32845. ☞ Recueil de Pièces importantes sur les Droits du Parlement & de la Pairie : 1764, *in-12.* 21 pages.

Ce petit Recueil fut publié à l'occasion de l'Affaire de M. le Duc de Fitz-James avec le Parlement de Toulouse, dont l'Arrêt contre ce Duc avoit été cassé par Arrêt du Parlement de Paris, le 30 Décembre 1763.]

32846. ☞ Réflexions sur les Arrêtés du Parlement de Paris, des 29 Mai & 7 Juin 1764, & sur le Discours d'un de Messieurs : *Amsterdam*, 1764, *in-8.* 31 pages.

Il s'agit dans ces Réflexions, comme dans la Dissertation qui suit, des Pièces du Recueil précédent.]

32847. ☞ Dissertation sur l'origine & les fonctions essentielles du Parlement, sur la Pairie & le Droit des Pairs, & sur les Loix fondamentales de la Monarchie Françoise ; (par M. Michel DE CANTALAUZE DE LA GARDE, Conseiller au Parlement de Toulouse:) *Amsterdam*, (*Toulouse*,) 1764, *in-8.* 134 pages. Suite, &c. 70 pages.]

32848. ☞ Arrêt du Parlement de Rouen, du 19 Août 1765, sur les Droits essentiels du Parlement & de ses Membres, & pour le maintien des Droits & Prérogatives de la Pairie : *Rouen*, Lallement, 1765, *in-4.* & (*Paris*,) *in-12.* 15 pages.

Cet Arrêt fut donné à l'occasion d'un Arrêt du Parlement de Paris, du 26 Avril 1765, au sujet du Parlement de Toulouse.]

32849. Mf. Dignités des Chanceliers, Présidens & autres Officiers du Parlement : *in-fol.*

Ce Volume [étoit] dans la Bibliothèque de M. le Chancelier Seguier, num. 246, [& est aujourd'hui à S. Germain des Prés.]

32850. Mf. Mémoire sur l'autorité du Parlement.

Ce Mémoire est la cinquième Pièce du dix-septième Volume des Manuscrits de M. Dupuy.

32851. Mf. Discours sur l'autorité des Parlemens & du Conseil-Privé.

Ce Discours [étoit] au Volume cent quatre-vingt-neuvième des Manuscrits de M. Colbert de Croilly, Evêque de Montpellier, [mort en 1738.]

== Importantes vérités pour les Parlemens, Protecteurs de l'Etat, tirées des anciennes Ordonnances.

Voyez ci-devant, [Tome II. *pag.* 517, N.° 22812.]

== ☞ Remontrances présentées au Roi par Nosseigneurs du Parlement, le 21 Mai 1615, concernant en partie l'autorité des Parlemens & l'usage des Remontrances : 1615, *in-8.*

Voyez déja ci-devant, [*Ibid.* N.° 20311.]

32852. ☞ Harangue de M. DE MARILLAC, à MM. du Parlement de Paris, &c. (concernant l'autorité des Parlemens.

Elle se trouve au *Mercure François*, tom. II. part. 2, *pag.* 7.]

32853. Mf. Arrêts concernant le Parlement, depuis l'an 1291 jusqu'en 1626 : *in-fol.* 2 vol.

Ce Recueil est conservé entre les Manuscrits de M. de Brienne, num. 253, 254, [dans la Bibliothèque du Roi.]

32854. Mf. Arrêts de la Cour du Parlement de Paris, & divers Extraits tirés des Registres de ladite Cour, concernant l'Autorité & Droits de ladite Cour, & autres matières, depuis l'an 1344 jusqu'en 1630 : *in-fol.* 2 vol.

Ce Recueil est conservé entre les Manuscrits de M. Dupuy, num. 215 & 216.

32855. Mf. Preuve du Droit des Evêques pour l'Assemblée des Chambres du Parlement : *in-fol.*

Cette Preuve est conservée dans la Bibliothèque de M. le Chancelier d'Aguesseau.

32856. Mf. Cours des Parlemens, leur Jurisdiction : *in-fol.*

Ce Volume [étoit] dans la Bibliothèque de M. le Chancelier Seguier, num. 295, [& est aujourd'hui à S. Germain des Prés.]

Liv. III. *Histoire Politique de France.*

32857. Traité des Parlemens & Officiers d'iceux ; par Estienne GIRARD, Avocat.

Ce Traité est imprimé au premier Livre des *Offices de France* : *Paris*, 1647, *in-fol.* C'est un Recueil d'Edits & Ordonnances de nos Rois, avec des Arrêts des Compagnies souveraines.

32858. Joannis LIMNÆI, de Comitiis & Parlamentis Franciæ Liber.

Ce Livre fait le septième de sa *Notice du Royaume de France* : *Argentorati*, 1655, *in-4*.

32859. Traité des Parlemens & Etats-Généraux de France ; par Pierre PICAULT, de la Rochelle : *Cologne*, 1679, *in-12*.

Il y a des Annotations à la fin de ce Volume.

32860. ☞ Des divers Parlemens ; par M. BOUCHER D'ARGIS, Avocat.

Dans l'*Encyclopédie*.]

32861. ☞ Mss. Mémoires touchant les Parlemens de Paris, Toulouse, Rouen, Dijon & Metz : *in-fol.*

Ces Mémoires sont indiqués num. 3241 du Catalogue de M. le Blanc.]

32862. ☞ Maximes tirées des Ordonnances, suivant l'ordre du Code Henry, où l'on traite de l'autorité & Jurisdiction des Cours de Parlemens, de ses Officiers, &c. par M. le Chancelier D'AGUESSEAU, (alors jeune.)

Cet Ouvrage est imprimé à la fin du tom. V. de ses *Œuvres* : *Paris*, 1767, *in-4*. *pag.* 571-638. On observe *pag.* xxv. de l'Avertissement de ce Volume, que plusieurs Déclarations postérieures à ce Précis des Ordonnances, ont dérogé à quelques-unes des dispositions qui y sont rapportées, ou les ont modifiées.

32863. ☞ Dissertation concernant le Privilège de MM. les Présidens, Conseillers & autres Officiers des Parlemens pour l'exemption des péages, & en particulier sur les Officiers du Parlement de Dombes; (par un Conseiller au Parlement de Dombes, dans un Procès qu'il avoit en 1718.)

Cette Dissertation se trouve dans le *Recueil des Plaidoyers* de Gilet, *tom. I. Lyon*, *in-4*.]

32864. Augustissimo Galliarum Senatui, Panegyricus dictus in Regio Ludovici Magni Collegio Societatis Jesu, à Jacobo DE LA BAUNE, ejusdem Societatis Sacerdote, Professore Rhetorices : *Parisiis*, Martin, 1685, *in-4*.

« Ce Panégyrique mérite d'être estimé de tous ceux » qui sçavent écrire poliment ; la Latinité en est pure, » nette, élégante ; les pensées sont naturelles, éle- » vées, &c. ». Bayle, *Nouvelles de la République des Lettres*, Art. 5, Août, 1685.

32865. ☞ Eloge historique du Parlement, traduit du Père Jacques de la Baune, Jésuite, prononcé au Collège de Louis-le-Grand, au mois d'Octobre 1684, avec des Notes & une Suite généalogique & historique des premiers Présidens, depuis Hugues de Coucy jusqu'à M. de Maupeou ; par M. DREUX DU RADIER : *Paris*, 1753, *in-4*. & *in-12*.

Voyez le *Journal de Verdun*, 1753, *Novembre*, *pag.* 337.]

32866. ☞ Explication de l'appareil pour la Harangue prononcée en l'honneur du Parlement de Paris : *Paris*, Martin, 1685, *in-4*.]

32867. ☞ Turnella, ad Christ. Thuanum Curiæ Paris. Præsidem maximum. (Carmen à Jacobo BUGÆO (Bouju,) in supremo Senatu Præside :) *Andegavi*, Trimallæus, 1578, *in-4*.

L'Auteur de ce Poëme sur la Tournelle, mourut à Angers peu de temps avant sa publication. On la doit à P. Ærodius, à qui le fils de Bouju l'avoit remis.]

32868. ☞ Antonii MORNACI, Parisiensis Jurisconsulti, Feriæ Forenses & Elogia illustrium Togatorum Galliæ, ab anno 1500 : *Parisiis*, Buon, 1619, *in-8*.

Cet Auteur est mort en 1619.

☞ Ces Eloges poétiques d'Antoine Mornac ne regardent pas les seuls Parlemens, mais en général les Gens de Lettres, puisqu'outre qu'il y parle des Avocats, des Professeurs en Droit, il y fait aussi l'éloge des illustres Médecins, Poëtes, &c. & même de quelques Femmes, comme de la sienne. Du reste ses Poësies ont été imprimées plusieurs fois *in-fol.* & entr'autres *Paris*, Sommaville, 1654, à la suite des Commentaires du même Auteur sur les quatre premiers Livres du Code.]

32869. ☞ Mss. Togati Heroes : Poema Jacobi GUIJONII Æduensis : 1594, 8 paginarum.

Ce Manuscrit Original est à Dijon, dans la Bibliothèque de M. Fevret de Fontette. L'Abbé Papillon n'en a pas fait mention dans sa *Bibliothèque des Auteurs de Bourgogne*.]

32870. ☞ Traité des Avocats & Procureurs-Généraux les plus illustres.

Cette Pièce se trouve aux *Mémoires historiques de* Mézeray, *pag.* 26.]

32871. ☞ Instructions sur les Etudes propres à former un Magistrat ; par M. le Chancelier D'AGUESSEAU.

Elles sont imprimées tom. I. de ses *Œuvres* : *Paris*, 1759, *in-4*.]

II. *Histoires [particulières] des Cours des Parlemens de France, [avec quelques-uns de leurs Magistrats.]*

§. I. *Du Parlement de Paris, rendu sédentaire en* 1334.

32872. ☞ Du temps où le Parlement de Paris a commencé à être sédentaire.

C'est l'Observation IV. du Règne de Philippe-le-Bel, par le Père GRIFFET, dans son Edition de l'*Histoire de France* du Père Daniel, *tom. V. pag.* 204.]

32873. ☞ Mss. Etablissement du Parlement de Paris : *in-4*.

Ce Manuscrit est dans la Bibliothèque du Roi, pro-

Du Parlement de Paris.

venant de M. de Fontanieu. Peut-être est-ce le même Ouvrage que le suivant.]

32874. ☞ Mſ. Etabliſſement du Parlement de Paris; par le Comte DE BOULAINVILLIERS : *in-4*.

Ce Manuſcrit eſt indiqué *pag.* 517 du Catalogue de la Bibliothèque de Rambouillet.]

32875. ☞ Hiſtoire du Parlement : *Genève*, 1769, *in-8*.

Cet Ouvrage a été attribué à M. DE VOLTAIRE ; mais il l'a déſavoué. Il eſt curieux, quoiqu'il y ait des fautes.]

32876. Le Parlement de Paris, en trois feuilles gravées ; par Jacques CHEVILLARD, Généalogiſte du Roi : *Paris*, chez l'Auteur, *in-fol*.

32877. Traité hiſtorique du Parlement de Paris ; par Pierre DUPUY.

Ce Traité eſt imprimé avec celui de la *Majorité des Rois & autres : Paris*, 1655, *in-4*.

== De la nature & qualité du Parlement de Paris.

Voyez ci-devant, [Tome II. *pag.* 555, N.° 23617.]

32878. ☞ De l'origine du Parlement de Paris.

Cette Pièce eſt imprimée dans le Livre intitulé : *Les Ouvertures des Parlemens*, par Louis d'Orléans : ci-devant, N.° 32839.]

32879. ☞ Mſ. Porte-feuille contenant un Traité ſur l'établiſſement du Parlement de Paris : *in-fol*.]

32880. ☞ Mſ. Recueil général de ce qui concerne la Cour du Parlement de Paris, contenu aux Regiſtres des Ordonnances vérifiées en icelle, avec la cotte du Regiſtre, &c. *in-fol*. 2 vol.

32881. ☞ Mſ. Lettres, Arrêts, Actes & Mémoires concernant le Parlement de Paris : *in-fol*. 5 vol. (manque le tome 4).

Ces trois Recueils ſont indiqués aux num. 3238, 3239 & 3240, du Catalogue de M. le Blanc.]

32882. Mſ. Lettres originales des Rois de France & Princes du Sang, écrites au Parlement de Paris : *in-fol*.

Ces Lettres [étoient] conſervées dans la Bibliothèque de M. le Préſident de Lamoignon.

32883. Mſ. Recueil de Pièces concernant le Parlement de Paris & ſes Conſeillers, depuis l'an 1270 : *in-fol*.

Mſ. Autre Recueil concernant le Parlement de Paris : *in-fol*. 3 vol.

Ces Manuſcrits ſont conſervés dans la Bibliothèque du Roi, entre ceux de M. de Gaignières.

32884. ☞ Mſ. Remarques de M. DE BELLIEVRE, ſur ce qui s'eſt paſſé au Parlement depuis 1607 juſqu'en 1622 : *in-fol*.

Elles ſont conſervées dans la Bibliothèque de S. Germain des Prés.]

32885. ☞ Hiſtoire abrégée du Parlement durant les Troubles du commencement du Règne de Louis XIV. 1755, *in-12*.

Cet Ouvrage eſt de M. Louis-Adrien LE PAIGE, Avocat au Parlement & Bailli du Temple.]

32886. Mſ. Harangues & Remontrances des Chanceliers de France à la Cour du Parlement, depuis l'an 1514 juſqu'en 1625 : *in-fol*.

Ce Recueil [étoit] dans la Bibliothèque de M. l'Abbé de Caumartin, [mort Evêque de Blois en 1733.]

☞ Il y a un Recueil Manuſcrit *in-fol*. de ces Harangues, &c. dans la Bibliothèque de l'Hôtel de Ville de Paris, num. 180.]

32887. ☞ Mercuriales, Harangues, Diſcours, Complimens, &c. depuis 1523 juſqu'en 1658 : *in-fol*. 12 vol.

Ce Recueil eſt conſervé dans la Bibliothèque de S. Germain des Prés.]

32888. ☞ Mſ. Diſcours de Rentrée & Mercuriales prononcées au Parlement ; par M. PORTAIL, Avocat-Général, en 1698, 1701, 1704, 1705 & 1706 : *in-4*.

Ce Recueil eſt indiqué num. 2203 du Catalogue de M. Bernard.]

32889. ☞ Mſ. Viſites & Réceptions des Grands-Seigneurs au Parlement : *in-fol*.

Ce Recueil eſt indiqué num. 3236 du Catalogue de M. le Blanc.]

32890. ☞ Mſ. Arrêt d'Accommodement du Parlement de Paris, avec la Chambre des Comptes ; par François I. 1520.

Cette Pièce, Copie du temps, ſe trouve à Dijon, dans la Bibliothèque de M. Fevret de Fontette.

Voyez ci-après, §. V. de l'*Inventaire* ou de ſon Recueil de Pièces détachées ſur la *Bourgogne*, qui eſt à la fin des *Hiſtoires* de cette Province.]

== ☞ Pièces ſur deux Démélés du Parlement avec le Grand-Conſeil, en 1755 & 1768.

Voyez ci-devant, N.os 32781 & 32782.]

== ☞ Pièces concernant un Démélé entre la Chambre des Comptes & le Parlement, en 1769.

Voyez ci-après, §. IV. *Hiſtoires des Chambres des Comptes*.

32891. Mſ. Hiſtoria primorum Præſidum Parlamenti Pariſienſis : Auctore Sebaſtiano ROLLIARDO : *in-fol*.

Cette Hiſtoire [étoit] dans la Bibliothèque de M. Colbert, num. 3441, [& eſt aujourd'hui dans celle du Roi.] C'eſt la ſeconde partie de ſon *Hiſtoire du Parlement de Paris*. La première contient tout ce qui s'y eſt paſſé depuis le commencement de la Monarchie, juſqu'au temps de l'Auteur, qui eſt mort en 1639. Il y a plus de dix mille Arrêts. Rouillard a été douze ans entiers à compoſer cette Hiſtoire.

J'en ai trouvé une Note au commencement du Catalogue de ſes Ouvrages, dreſſé peu après ſa mort, & qui m'a été communiqué par M. Pinſſon, Avocat au Parlement.

32892. Eloges de tous les premiers Préſidens du Parlement de Paris, depuis qu'il a été rendu sédentaire jusqu'à présent : leurs Généalogies, Armes & Blazons; par Jean-Baptiste DE L'HERMITE-SOULIERS, & François BLANCHARD: *Paris*, Besoigne, 1645, *in-fol.*

32893. Suite des premiers Présidens du Parlement de Paris, (depuis l'année 1334 jusqu'à présent;) avec leurs Armes & Blazons, & l'état présent du Parlement.

Cette Suite est imprimée avec l'Explication de l'Appareil pour la Harangue du Père de la Baune, Jésuite, [ci-devant, N.° 32866.]

32894. Le premier Président du Parlement de France; par Julien PELEUS, Avocat en Parlement: *Paris*, 1611, *in-4.*

32895. P. Fausti ANDRELINI Foroliviensis: illustris Poetæ Laureati Regiique, ac Canonici Bajocensis, Deploratio de morte Petri Coardi primi Præsidis Parisiensis Senatûs, (sine anni & loci indicio :) *in-4.*

☞ Je ne connoît pas de Pierre Coardi, premier Président, ni même Président. C'est probablement Pierre Courthardy, dont il est parlé au N.° suivant.]

32896. ☞ Remarques sur Pierre de Courthardy, premier Président du Parlement de Paris, (mort en 1505;) par Dom Jean LIRON.

Dans ses *Singularités historiques*, pag. 275-283, du tom. I. Paris, 1734, *in-12.*]

32897. Eloge de Pierre Lizet, Abbé de Saint-Victor, premier Président du Parlement de Paris; par Hilarion DE COSTE, Minime.

Cet Eloge de Pierre Lizet, mort en 1554, est imprimé pag. 227 de ses *Eloges des Hommes illustres*: Paris, 1624, *in-fol.*

32898. ☞ Epistola Magistri Benedicti PASSAVANTII responsiva Petro Lizeto, &c.

C'est une Pièce satyrique qui fut faite par Théodore DE BEZE, l'an 1552, en stile macaronique.

Voyez les *Mém. de Littérature* de Salengre, *tom. II.*]

32899. ☞ Extrait d'un Ouvrage intitulé: Epistola Magistri Benedicti Passavantii, responsiva ad commissionem sibi datam à venerabili D. Petro Lizeto, nuper Curiæ Parisiensis Præsidente, nunc verò Abbate sancti Victoris prope muros, adjunctis quibusdam pertinentiis.

Voyez les *Mém. de Littérature* de Salengre, *tom. I.* Le Cardinal de Lorraine ayant eu le crédit de faire quitter à M. Lizet la Charge de premier Président, dont il étoit revêtu, le Roi lui fit donner l'Abbaye de S. Victor. Le Président, dans son loisir, écrivit contre les Calvinistes; & c'est pour y répondre que Beze lui adressa cette Lettre, où il tourne en ridicule le Président & son Ouvrage, d'une façon burlesque & vive, ne croyant pas qu'il dût être réfuté autrement. On peut recourir à cet Extrait, pour être informé plus au long de tout ce qui se passa à ce sujet.]

32900. ☞ Complainte de Pierre Lizet, sur le trépas de feu son né. =Epitaphe, &c.

Voyez les mêmes *Mémoires*, *tom. II.*]

32901. Oraison funèbre de Christophle de Thou; par Jean PREVOST, Archiprêtre de S. Severin : *Paris*, 1583, *in-4.*

Ce premier Président est mort en 1582.

32902. Laudatio funebris ejusdem: *Parisiis*, Richer, 1583, *in-4.*

☞ L'Auteur de cette Oraison Latine est nommé dans le titre : *Alexander* POGŒSÆUS, *Regiæ Burgundorum Doctor classicus*; & il y a ajouté à la fin beaucoup de Vers à l'honneur de Christophle de Thou.

On trouve dans ce Livre encore deux Oraisons funebres : la première *Ægidii* BRULARTII, *Petri filii*; la seconde, *Pauli* D ANGUECHINI.

32903. ☞ Viri amplis. Christophori Thuani Tumulus, &c. *Lutetiæ*, Patisson, 1583, *in-4.*]

32904. Vie du même Christophle de Thou; par Estienne PASQUIER.

Cette Vie est imprimée dans la Lettre X. du Liv. VII. de ses *Lettres*: Paris, Sonnius, 1619, *in-8.* pag. 423.

32905. Christophori & Augusti Thuanorum Præsidum Elogia : Papirio MASSONO Auctore : *Parisiis*, Morelli, [1595,] 1615, *in-4.*

Les mêmes Eloges sont imprimés dans le *Recueil* de Balesdens, tom. II. pag. 304 & 312.

32906. Discours sur la vie, actions & mort d'Achilles de Harlay, (premier Président;) par Jacques DE LA VALLÉE, Aumônier du Roi, jadis Domestique de la Maison dudit Seigneur de Harlay: *Paris*, 1616, *in-8.*

Achilles de Harlay est mort en 1616.

32907. ☞ Universitatis Parisiensis Lachrymæ; per Jo. RUAULT, Rectorem suum, Tumulo D. Achilli Harlæi, Principis Senatûs, effusæ : *Parisiis*, Stephanus, 1616, *in-4.* 50 pages.

C'est le même Ruault qui a écrit sur le Royaume d'Yvetot. *Voyez* ci-après, aux *Hist. de Normandie.*]

32908. Eloge historique du même ; par Charles PERRAULT, de l'Académie Françoise.

Cet Eloge est imprimé pag. 51 du tom. II. de ses *Hommes illustres*: Paris, 1701, *in-fol.*

32909. ☞ Discours à Messire Nicolas de Verdun, Chevalier, premier Président en la Cour de Parlement : *Paris*, Metayer, 1611, *in-8.*]

32910. ☞ Diogenes Gallicus, sive de inventione hominis Diogeniani varia Poemata, (Latina & Gallica;) ad illustrissimum virum D. Nicolaum Verdunum, Equitem, in sacro Regis Consistorio Consil. Senatûs Franciæ Principem, ac Domini Fratris unici Regis Christianiss. Cancellarium : *Parisiis*, Langlois, 1624, *in-4.*]

32911. Oratio funebris Nicolai Verduni; à Joanne GRANGIERO: *Parisiis*, 1627, *in-8.*

32912. Oraison funèbre du même; par Thomas LE PAIGE, Jacobin : *Paris*, Alliot, 1627, *in-8.*

Du Parlement de Paris.

32913. Autre du même; par DE CHAMBONNE: *Paris*, 1627, *in*-8.

32914. La vie & la mort du même: *Paris*, Bessin, 1627, *in*-8.

32915. Ejusdem Elogium historicum: *Parisiis*, 1627, *in*-8.

Elogium ejusdem; à Rodolpho BOTEREIO.

Il est imprimé dans un Recueil de trois Eloges commençant par *Ludovici Servini*, &c. *Parisiis*, 1626, 1627, *in*-8. ci-après, N.° 32977.

32916. Oratio funebris in morte Nicolai le Jay; à Petro PELLEBRAT, Burdigalensi: *Parisiis*, Libert, 1641, *in*·4.

Nicolas le Jay est mort en 1640.

32917. Oraison funèbre de Pomponne de Bellièvre: *Paris*, 1657, *in*-4.

Ce premier Président est mort en 1657.

☞ Le Père le Long attribuoit cette Oraison funèbre à Pierre Fenoillet, Evêque de Montpellier, qui a fait celle du Chancelier de Bellièvre. Ce Prélat étoit mort en 1652, selon le *Gallia Christiana*.

32918. ☞ Pomponio de Bellievre Parentalia & justa Exequialia: *Parisiis*, 1657, *in*-4.]

32919. Eloge funèbre du même; par un Chanoine Régulier de l'Ordre de S. Augustin: *Paris*, 1657, *in*-4.

Pierre LALLEMANT est l'Auteur de cet Eloge.

32920. * Autre du même; par Claude MARTIN, Bénédictin de la Congrégation de S. Maur: *Paris*, Savreux, 1657, *in*-4.

32921. Autre du même; par René LE BOSSU, Jésuite: 1657, *in* 4.

32922. Autre du même; par Olivier PATRU, Avocat au Parlement.

Cet Eloge composé par Patru, mort en 1681, est imprimé à la *pag.* 724 de ses *Œuvres diverses*: *Paris*, 1681, *in*-8.

32923. Eloge historique du même; par Charles PERRAULT, de l'Académie Françoise.

Cet Eloge est imprimé *pag.* 53 du tom. II. de ses *Hommes illustres*: *Paris*, 1701, *in-fol.*

32924. Oraison funèbre de Guillaume de Lamoignon; par Esprit FLÉCHIER, (depuis Evêque de Nismes:) *Paris*, 1679, *in*-4.

Guillaume de Lamoignon est mort en 1677.

32925. Oratio funebris in ejusdem obitum; à Bernardo COLON, Eloquentiæ Professore Marchiano: *Parisiis*, 1679, *in*-4.

☞ Ce Discours a été prononcé aux Mathurins.]

32926. Eloge historique du même; par Charles PERRAULT, de l'Académie Françoise.

Cet Eloge est imprimé *pag.* 39 du tom. I. de ses *Hommes illustres*: *Paris*, 1699, *in-fol.*

32927. Ms. Suite des Officiers du Parlement de Paris: *in-fol.* 2 vol.

Ce Manuscrit est conservé dans la Bibliothèque du Roi, entre ceux de M. de Gaignières.

32928. Les Présidens à Mortier du Parlement de Paris, leurs Emplois, Charges, Qualités, Armes, Blazons & Généalogies, depuis l'an 1331 jusqu'à présent. De plus, le Catalogue de tous les Conseillers du Parlement, selon l'ordre de leur Réception, avec le Blazon de leurs Armes, & des Remarques touchant leur Famille; par François BLANCHARD: *Paris*, Besoigne, 1647, *in-fol.*

※ « Le petit Traité des premiers Présidens, qui fut » donné au Public, il y a deux ans, ayant été assez bien » reçu, bien que la facilité de celui à qui j'avois confié » mes Mémoires, & qui l'a fait imprimer sous son nom, » conjointement avec le mien, y eût altéré plusieurs » choses & inséré quelques Généalogies mal justifiées; » j'ai cru être obligé de continuer le même dessein, & » de donner les autres Présidens de la Grand'Chambre, » que nous appellons Présidens à Mortier ». Blanchard, *pag.* 1. de sa *Préface*.

☞ « Cet Ouvrage est assez rare quand il est complet, » c'est-à-dire, quand la partie qui regarde les Maîtres » des Requêtes se trouve comprise dans le Volume ». *Bibliothèque*, &c. de de Bure, *Hist. tom. II. p.* 173.]

32929. Eloge funèbre de Guy du Faur, Sieur de Pibrac, Président à Mortier; par Pierre PAIN ET VIN, Augustin, Docteur en Théologie: *Paris*, 1584, *in*-8.

32930. ☞ Eloge du même.

Il se trouve dans les *Mémoires* d'Artigny, *tom. I. Art.* 48.]

32931. Vidi Fabri Pibraci Vita: scriptore Carolo PASCALIO: *Parisiis*, Columbel, 1584, *in*-12.

Cette Vie est aussi imprimée dans le *Recueil des Vies choisies*, par Bauchius: *Uratislaviæ*, 1711, *in*-8.

La même, traduite en François, par Guy du Faur, Seigneur de Hermay, *Paris*, du Val, 1617, *in*-12.

Du Faur, Sieur de Pibrac, est mort en 1584, & Pascal en 1625. « L'Histoire de la Vie qu'il en a écrite est » remplie d'avantures surprenantes, & qui semblent te- » nir du Roman, quoique très-véritables ». La Faille, *pag.* 385 du tom. II. de son *Histoire de Toulouse*.

☞ *Voyez* la *Méth. hist.* de Lenglet, *in* 4. *tom. IV. pag.* 269', & l'*Hist. de Toulouse*, par M. Raynal: *Toulouse*, 1759, *in*-4. *pag.* 344.]

32932. Apologie de M. DE PIBRAC.

Cette Apologie, qui a été faite pour répondre aux mécontentemens de la Reine de Navarre, se trouve *pag.* 99 d'un *Recueil de Pièces*: *Paris*, 1635, *in*-12.

32933. ☞ Remarques sur Guy Faur, Sieur de Pibrac, avec son Apologie, au sujet des Plaintes de la Reine Marguerite, dont il étoit Chancelier.

Dans les *Mémoires de l'Abbé d'Artigny*, *tom. II. pag.* 358-447: *Paris*, Debure, 1749, *in*-12.]

32934. ☞ Histoire de la Vie & des Ouvrages du même; par le P. NICERON.

Dans ses *Mémoires*, &c. *tom. XXXIV. pag.* 245.]

32935. ☞ Si Guy du Faur, Sieur de Pibrac, fut amoureux de Marguerite de Valois, Reine de Navarre.

C'est la *Note VIII*. du tom. V. de l'*Hist. du Languedoc*, par D. VAISSETTE, *pag.* 643.]

32936. ☞ Mémoire sur la Vie de M. de Pibrac, avec les Pièces justificatives, ses Lettres amoureuses & ses Quatrains ; (par feu M. de LEPINE DE GRAINVILLE, Conseiller au Parlement de Paris, (augmentée par M. l'Abbé SEPHER :) *Amsterdam*, (*Paris*,) 1758 & 1761, *in-12*.]

32937. Elogium Augustini Thuani, Præsidis Parisiensis; auctore Papirio MASSONO.

L'Eloge de ce Président à Mortier, mort en 1595, est dans le *Recueil des Eloges de Masson*, publié par Balesdens, *tom. II. pag.* 312.

32938. ☞ J. Gasp. GEVARTII Lacrymæ ad Tumulum J. Aug. Thuani, cum interpretatione Gallica : *Parisiis*, 1618, *in-4*.]

32939. Jacobi-Augusti Thuani, in Senatu Parisiensi Præsidis, de Vita sua Commentariorum Libri sex : *Aureliæ Allobrogum*, 1620, 1626 ; *Francofurti*, 1621, *in-fol*.

Ces six Livres sont joints à son *Histoire de France*, dans les Editions de ces années-là. On trouve dans un Manuscrit de la Bibliothèque du Roi, num. 9604, en lisant la Préface de cet Ouvrage, qu'il a été composé par Pierre DUPUY, sur les Mémoires de M. de Thou, qui est mort en 1617. Ces Mémoires commencent en 1553, & finissent en 1601.

Ms. Les mêmes Mémoires, traduits en François : *in-fol*.

Ces Mémoires [étoient] dans la Bibliothèque de M. le Chancelier Seguier, num. 562, [aujourd'hui à S. Germain des Prés.]

32940. ☞ Mémoires de la Vie de Jacques-Auguste de Thou, Conseiller d'Etat & Président à Mortier au Parlement de Paris, (depuis sa naissance en 1553, jusqu'en 1601.) Ouvrage mêlé de Prose & de Vers ; avec la Traduction de la Préface qui est au-devant de sa grande Histoire, première Edition : le tout traduit du Latin en François : *Rotterdam*, (Rouen,) 1711, *in-4*.]

Mémoires [&c. de la même Traduction,] avec des Portraits : *Amsterdam*, (*Rouen*,) 1714, *in-12*.

M. d'Ifs, qui se nommoit Costard, Seigneur d'Ifs, (demeurant près de Caen,) a traduit les Vers Latins de M. de Thou en Vers François : la Prose a été traduite par Jacques-Georges le Petit, Secrétaire du Roi honoraire. *Voyez* à ce sujet une Lettre insérée dans le *Mercure de France*, Août 1738.

L'Auteur composa ces Mémoires pour répondre au Livre du Père de Machault, contre son Histoire. (*Voyez* ci-devant, tom. II. *pag.* 379.) Il y fait son Apologie, dans le Livre V. & dans son Poëme à la postérité. Ces Mémoires contiennent un détail circonstancié de toutes ses actions. On y voit, avec plaisir, un grand nombre de faits intéressans qui servent à éclaircir plusieurs points de l'Histoire de France, & sur-tout à faire connoître les Personnes les plus illustres dans l'Epée, dans la Robe & dans la République Littéraire, avec lesquelles M. de Thou eut de grandes liaisons. Il est mort le 7 Mai 1617. L'Original Latin de ces Mémoires se trouve encore imprimé dans l'Edition de l'Histoire de M. de Thou : *Londres*, 1733, *tom. VII*.]

32941. ☞ Extrait d'une Lettre écrite de Caen ; (par M. D'IFS,) le 24 Mai 1737, au sujet des Ouvrages de M. de Thou. *Merc.* 1737, *Juin*, II. vol.]

32942. ☞ Extrait d'une Lettre de M. LE PETIT, Lieutenant-Général de Nemours, au sujet de la Traduction des Mémoires de M. de Thou. *Ibid.* Septembre, 1737.]

32943. ☞ Seconde Lettre de M. D'IFS, sur le même sujet. *Mercure*, 1738, *Janvier*.]

32944. ☞ Réponse de M. LE PETIT. *Ibid.* 1738, Avril.]

32945. ☞ Histoire de la Vie & des Ouvrages de Jacques-Auguste de Thou ; par le Père NICERON.

Dans ses *Mémoires*, &c. *tom. IX. pag.* 309.]

32946. Eloge de Jacques le Coigneux, Président à Mortier ; par René DE CERISIERS.

Cet Eloge est imprimé dans son Epître dédicatoire de sa *Version de la Cité de Dieu par S. Augustin* : *Paris*, 1655, *in-fol*.

32947. Eloge de Chrétien-François de Lamoignon, Président à Mortier.

L'Eloge de ce Président, mort en 1709, est imprimé dans les *Mémoires de Trévoux, Art. LIII. Avril* 1710.

32948. ☞ Eloge du même.

Dans le *Journal des Sçavans*, 1710, *Octobre*.]

32949. Eloge du même ; par Claude GROS DE BOZE, Secrétaire de l'Académie Royale des Inscriptions.

Cet Eloge est imprimé *pag.* 380 du tom. I. des *Mémoires de cette Académie*, *in-4*. [& dans l'*Hist. in-12*.]

32950. Discours sur la mort de Barnabé Brisson, Président au Parlement de Paris, publié par sa Veuve. Ensemble les Arrêts donnés à l'encontre des Assassinateurs : *Paris*, Richer, 1591, *in-8*.

Brisson fut tué en 1591. Sa Veuve se nommoit Denise Richer de Vigny.

32951. Eloge funèbre du même ; par Claude DE MORENNE : *Paris*, 1591, *in-8*.

32952. Vita ejusdem : Auctore Federico LEICKERO.

Cette Vie est imprimée dans son *Recueil des Vies des neuf Jurisconsultes* : *Lipsiæ*, 1686, *in-8*.

32953. Vita, Obitus & Elogia ejusdem : curâ Henrici HAFNII, Jurisconsulti.

Cette Vie est imprimée au-devant de l'Ouvrage de Brisson, intitulé : *Selecta ex Jure : Helmstadii*, 1663, *in-4*.

32954. ☞ Histoire de la Vie & des Ouvrages de Barnabé Brisson : par le P. NICERON.

Dans les *Mémoires* de Niceron, *tom. IX. pag.* 197-308. Le Président Brisson fut pendu par les Ligueurs en 1591.]

32955. Lettres de Jacques GILLOT, Conseiller au Parlement, à M. (Abel) de Sainte-Marthe, contenant plusieurs particularités de la Vie de Jacques Faye, Sieur d'Espesse ; Président au Parlement de Paris.

Cette Lettre est imprimée *pag.* 665 des *Opuscules* de Loisel : *Paris*, 1652, *in-4*. Le Président est mort en 1590, & le Conseiller Gillot en 1619.

32956. Les dernières actions & paroles de (Jean-François) de Barillon, Président au Parlement de Paris, décédé à Pignerol, le 31 Mars 1644 ; par Antoine RIVIERE, Vicaire-Général des Augustins à Pignerol : *Turin*, 1645, *in-*8.

32957. ☞ Eloge historique du Président de Maisons, (René de Longueil ;) par M. DE FONTENELLE.

Dans les *Mémoires de l'Académie Royale des Sciences, Année* 1731, *in*-4. & dans les *Œuvres* de Fontenelle *in*-12.]

32958. ☞ Mf. Catalogue des Conseillers au Parlement de Paris depuis 1270 jusqu'en 1649 : *in-fol.*

Ce Manuscrit est dans la Bibliothèque du Roi, provenant de M. de Fontanieu.]

32959. ☞ Anonymi, Vita Christophori Longolii.

Elle est au-devant du *Recueil* des Ouvrages de Longueil : *Parisiis*, Badius, 1533, *in*-8.]

32960. ☞ Adriani PULIÆI in supremâ Curiâ Advocati, Oratio funebris in obitum Guil. Aborti, Senatoris, qui obiit anno 1560 : *Parisiis*, Wechel, 1560, *in*-4.]

32961. ☞ Histoire de la Vie & des Ouvrages de Jean Picot, Conseiller-Clerc au Parlement de Paris ; par le P. NICERON.

Dans ses *Mémoires*, &c. tom. XXXIV. p. 157-159. M. Picot est mort en 1565.]

32962. * La Légende de M. Jean Poisle, Conseiller en la Cour du Parlement de Paris, contenant quelques Discours de sa vie, actions & déportement en son estat, & les moyens qu'il a tenus pour s'enrichir : Mémoire donné en 1576 pour en faire part aux Etats de Blois : 1576, *in*-8.

Ce Conseiller fut jugé le 19 Mai 1582 à faire amende honorable, privé de son Etat, & déclaré incapable de tenir Office Royal de Judicature, comme il est rapporté au long dans les *Mémoires de l'Etoile*, tom. I. p. 140 & 141.

☞ Il y a encore sur cette affaire deux Pièces : 1.° *Factum pour Me Jean Poisle* : 2.° *Avertissement & Discours des chefs d'accusation*, &c. (avec) *Réponse à un Factum*, &c.]

32963. Tumulus & Elogia Claudii Puteani, Senatoris Parisiensis : *Parisiis*, 1607, *in*-4.

Ce Conseiller est mort en 1594.

☞ Je ne sçais pourquoi le Père le Long attribuoit ce Livre à Pappyre Masson & à Joseph Scaliger : il n'en est pas dit un mot dans le Livre, où l'on ne trouve même rien de la façon du premier. A l'égard de Scaliger, il y a des Vers de lui, comme de beaucoup d'autres ; mais il ne paroît pas avoir plus de part qu'eux à ce Recueil de Pièces faites en l'honneur de Claude Dupuy, que je crois avoir été recueillies par ses deux fils. J'en ai vu un Exemplaire où il est écrit de la main de François Juret : *Ex Dono Puteanorum Fratrum*. Ce Recueil a été réimprimé en 1652, avec celui qui fut fait sur la mort du fameux Pierre Dupuy son fils.]

32964. Henrici du Bouchet, Domini de Bournonville, Senatoris Parisiensis, Memoria, Elogia, epicidiis & Oratione celebrata : Auctore Eustachio BROUETTE DE BLEMUR, Canonico Regulari sancti Victoris & Bibliothecæ Custode ; & ejusdem Testamentum : *Parisiis*, Cramoisy, 1654, *in*-4.

Cette Oraison funèbre, & les Pièces qui l'accompagnent, furent une marque de reconnoissance que MM. de Saint-Victor voulurent donner publiquement à ce Conseiller, de ce qu'il leur avoit légué sa Bibliothèque.

32965. ☞ Memoria Henrici du Bouchet celebrata, cum ejusdem testamento : *Parisiis*, 1654, *in*-4.]

32966. ☞ Vie de M. Denys de Sallo, Conseiller au Parlement, & premier Auteur du Journal des Sçavans ; par François-Denys CAMUSAT.

Dans son *Histoire critique des Journaux*, par François-Denys CAMUSAT, tom. I. pag. 6 & 52 : *Amsterdam*, 1734, *in*-12. Denys de Sallo est mort en 1669.]

32967. ☞ Histoire de la Vie & des Ouvrages de Denys de Sallo, Sieur de la Coudraye ; par le P. NICERON.

Dans ses *Mémoires*, &c. tom. IX. pag. 272-281.]

== Vie de Charles de Saveuse, Conseiller Clerc en la Grand'Chambre, (mort en 1670;) par JEAN MARIE DE VERNON.

Voyez ci-devant [Tome I. *pag.* 717, N.° 11746.]

32968. ☞ Mort de M. (Antoine-Yves) Goguet, Conseiller au Parlement ; par M. FRERON.

Dans l'*Année Littéraire*, 1758, tom. IV. *pag.* 278.]

32969. ☞ Eloge du même.

Dans le *Journal des Sçavans*, 1758, Août.].

32970. Liste des Avocats du Roi du Parlement, depuis l'an 1329 jusqu'en 1626.

Cette Liste est *pag.* 98 du tom. I. de la *Bibliothèque du Droit François*, de Bouchel : *Paris*, 1667, *in-fol.*

32971. La Vie de Baptiste du Mesnil, Avocat du Roi au Parlement de Paris ; par Antoine LOISEL, Avocat au Parlement.

Cette Vie est imprimée dans les *Opuscules* de Loisel : *Paris*, 1652, *in*-4. Du Mesnil est mort en 1569.

32972. ☞ Eloge de M. (Louis) Servin, Avocat-Général. *Journal de Verdun*, 1755, Juin.]

32973. Discours sur les mœurs & humeurs de M. (Louis) Servin : 1617, *in*-12.

C'est une Pièce satyrique contre cet Avocat du Roi ; elle est signée d'A. D. S.

32974. ☞ Le Banquet des Sages dressé au Logis & aux dépens de Me Louis Servin ; par le Sieur Charles DE LESPINOEIL, Gentilhomme Picard : 1617, *in*-8. 64 pages.

C'est encore un Ecrit satyrique, fait par le P. GARASSE, Jésuite. Ses Confrères en vouloient beaucoup à M. Servin, & ils le font bien voir toutes les fois qu'ils ont occasion de parler de lui. Ayant été Avocat-Général sous Henri III. Henri IV. & Louis XIII. il a témoigné fortement son zèle pour nos Rois & pour la conservation des bons principes, dans les temps difficiles où il se trouva. Il est faux qu'il mourut aux pieds du Roi, en parlant contre les Jésuites, en 1626 ; ce fut en parlant sur la vérification de quelques Edits Bursaux.]

32975. ☞ Conclusions de M. Servin; 1626, *in-*8.

C'est une fiction, où après un Dialogue de M. Servin avec le Père Cotton, qui se rencontrent tous deux après leur mort, on fait achever à M. Servin les conclusions que sa mort subite au Parlement interrompit lorsqu'il les prononçoit.]

32976. Ludovici Servini, Nicolai Verduni primi Præsidis, & Hieronymi Haquevillæi Elogia : ex Rodolpho BOTEREIO : *Parisiis,* 1626, 1627, *in-*8.

32977. ☞ La Justice en deuil de la mort de M. Servin : *Paris*, Bessin, 1626, *in-*8.]

32978. ☞ Le Tombeau de M. Servin; par D. P. L. C. *Paris*, Bessin, 1626, *in-*8.]

32979. ☞ Oracio funebris in laudem Ludovici Servini; à Joanne GRANGERIO, in Collegio Regio : *Parisiis*, Libert, 1626, *in-*4.]

32980. ☞ Ludovici Servini Elogium : *Parisiis*, Bessin, 1626, *in-*8.]

32981. Joannis FRONTONIS, Canonici Regularis Congregationis Gallicanæ, Academiæ Parisiensis Cancellarii, Epistola Consolatoria ad Bignonios Fratres, de morte Patris : *Parisiis*, 1656, *in-*4.

32982. Elogia & Lacrymæ in obitum Hieronymi Bignonii, Advocati Consistoriani ; à Joanne Alberto PORTNERO.

Cet Eloge de Jérôme Bignon, mort en 1656, est imprimé au-devant des *Formules de Marculfe,* réimprimées à Strasbourg : *Argentorati,* 1656, *in-*4.

32983. Elogium seu Breviarium Vitæ ejusdem. Joannis Alberti PORTNERI, Civitatis Ratispurgensis Consiliarii, Poema seu ominæum Somnium in ejusdem luctuoso funere ad clarissimos Fratres Bignonios : tum varia Elogia à Viris doctissimis in ejus obitum tumulumque : *Parisiis*, Cramoisy, 1657, *in-*4.

Il y a à la page 101, entre les Eloges, l'Oraison funèbre composée par le Père FRONTEAU, Chanoine Régulier de Sainte-Geneviève.

☞ Il paroît que l'Abbé Perau, qui a donné la Vie de Bignon, dont on va parler, n'a pas connu cet Ouvrage.]

32984. ☞ Histoire de la Vie & des Ouvrages de Jérôme Bignon ; par le P. NICERON.

Dans ses *Mémoires,* &c. tom. *XXIII.* pag. 148.]

32985. ☞ Vie de Jérôme Bignon, Avocat-Général & Conseiller d'Etat; par M. l'Abbé (Gabriel-Louis Calabre) PÉRAU, Licentié de la Maison & Société de Sorbonne : *Paris*, 1757, 2 parties en 1 vol. *in-*12.

Voyez le *Journal des Sçavans,* 1757, *Juin.*]

32986. ☞ Eloge de M. (Jean) le Nain; Avocat-Général; par M. D'AGUESSEAU, (alors l'un des Avocats-Généraux, en 1709.)

Il est imprimé tom. II. pag. 140 du Recueil *in-*8. de ses *Discours* : *Amsterdam,* (*Paris,* 1756,) & dans ses *Œuvres, in-*4. tom. I. pag. 161 : (*Paris,* 1759.) Il est encore parlé de ce Magistrat, tom. *III.* pag. 7, 464 & 485.]

32987. Le Tombeau de Gilles Bourdin, Seigneur d'Assy, Procureur-Général au Parlement de Paris, en plusieurs langues: *Paris,* 1570, *in-*4.

Gilles Bourdin est mort en 1570.

32988. ☞ Eloge Latin, en style lapidaire, de M. Joly de Fleury, Procureur-Général; par M. l'Abbé DINOUART, avec l'Epitaphe du même Magistrat. *Journal de Verdun,* 1760, *Février, pag.* 125.]

32989. ☞ Vie du même Magistrat.

Elle est imprimée dans la *Galerie Françoise* : *Paris,* Hérissant & Lalain, 1771, *in-*4.]

32990. ☞ Ms. Portrait du Parlement.

C'est un morceau curieux, qui fait connoître Chambre par Chambre tous les Membres de ce Corps, durant le temps de la minorité de Louis XIV. *in-*4.

Ce Manuscrit est dans la Bibliothèque de M. Jardel à Braine. Ce pourroit bien être la même chose que l'Ecrit suivant.]

32991. ☞ Ms. Caractères de tous les Officiers du Parlement de Paris vers 1660.

Cette Pièce, (dont il y a une copie dans la Bibliothèque de M. Fevret de Fontette, à Dijon,) est attribuée à M. FOUQUET, alors Surintendant des Finances & Procureur-Général au Parlement. Il l'avoit fait, dit-on, pour le Cardinal Mazarin, qui vouloit connoître à fond le génie & l'humeur de chacun des Membres de cette Compagnie.]

32992. ☞ Mémoire pour les Substituts de M. le Procureur-Général, (sur leurs Droits:) 1757, *in-*4.

Cet Ecrit est très-solide : il est de M. DUDERÉ DE GRAVILLE, Substitut.]

32993. ☞ Recueil des Edits, Arrêts, &c. concernant les Substituts de M. le Procureur-Général : *Paris*, 1660, *in-*4.]

32994. Recueil d'Edits, Déclarations, Lettres-Patentes du Roi, Arrêts de Réglemens & autres Pièces concernant les Offices de Conseillers du Roi & Substituts du Procureur-Général : *Paris*, 1659, *in-*4.

32995. Vita Papirii Massoni ; à Jacobo-Augusto THUANO conscripta.

Cette Vie de Papire Masson, mort en 1611, est au tom. I. du *Recueil de ses Eloges,* publié par Jean Ballesdens : *Parisiis,* 1656, *in-*8.

32996. Eloge historique de Papire Masson; Substitut du Procureur-Général ; par Charles PERRAULT, de l'Académie Françoise.

Cet Eloge est imprimé *pag.* 47 du tom. I. de ses *Hommes illustres* : *Paris,* 1698, *in-fol.*

32997. ☞ Histoire de la Vie & des Ouvrages du même ; par le Père NICERON.

Dans ses *Mémoires,* &c. tom. *V.* pag. 182.]

32998. ☞ Mémoire pour Me Richard; Greffier en chef Criminel au Parlement; par M[e] (Ant. Gaspard) BOUCHER D'ARGIS, Avocat : *Paris*, le Breton, 1764, *in-*4. de 57 pages.

On y traite de l'origine, des fonctions & du rang des Notaires

Du Parlement de Toulouse.

Notaires Secrétaires du Roi au Parlement, des Greffiers en chef Civil & Criminel, & du Greffier des Présentations.]

32999. ☞ Mémoire en réponse pour Mᵉ Coupry du Pré, Greffier des Présentations; par Mᵉ PETIGNY, Avocat: *Paris*, d'Houry, 1764, *in-*4.]

33000. ☞ Discussion sur le Jour de S. Martin, & sur la Messe qui se célèbre à la Rentrée du Parlement le lendemain de la Saint-Martin, dite la *Messe Rouge*; par M. DREUX DU RADIER. *Journal de Verdun*, 1762, *Janvier, pag.* 58.]

33001. ☞ Histoire abrégée de l'Ordre des Avocats; (par Ant. Gasp. BOUCHER D'ARGIS.)
Cette Histoire est en tête des Règles pour former un Avocat, de l'Edition de 1753: (*Paris, Durand, in--*12.) qui a été donnée par M. Boucher d'Argis.]

33002. ☞ Mſ. Liste des Avocats au Parlement de Paris, depuis son institution; par Guillaume BLANCHARD, Avocat au Parlement.
Cette Liste, qui est par ordre chronologique, & accompagnée de Notes historiques, remonte jusques vers le milieu du XIIIᵉ siècle, & finit en 1723. L'Original est à la Bibliothèque des Avocats, parmi les Manuscrits légués par M. Prévost, ancien Bâtonnier de l'Ordre. M. Boucher d'Argis, Avocat, en a une copie dans son Cabinet, à laquelle il a joint une Table alphabétique générale des noms que M. Blanchart n'avoit point achevée.]

33003. ☞ Mémoire historique concernant la Communauté des Avocats & Procureurs du Parlement de Paris; (par M. BOUCHER D'ARGIS.) *Mercure,* 1741, *Janvier, pag.* 26, & *Variétés historiques, tom. III. pag.* 69.]

33004. ☞ Toga Parisina, Cl. Font. AUGVER: *Parisiis*, du Bray, 1606, *in-*16.
C'est un Eloge des Avocats & de leur profession.]

33005. ☞ Arrêts & Réglemens concernant les fonctions des Procureurs tiers-référendaires du Parlement de Paris: *Paris*, le Fevre, 1694, *in-*4.]

33006. ☞ Mémoire sur la Question, *Si une Femme peut faire les fonctions d'Avocat*; par M. DREUX DU RADIER. *Journal de Verdun*, 1755, *Juillet, pag.* 39.]

33007. ☞ Lettre à l'Auteur du Journal; par M. BOTTU, Avocat à Lassay, au sujet de la Question précédente. *Ibid.* 1755, *Décembre, pag.* 428.]

33008. ☞ Lettre (de M. BOUCHER D'ARGIS,) sur les Cérémonies qui se font le 7 Décembre dans la Chapelle de S. Nicolas du Palais de Paris. *Mercure*, 1738, Vol. II. *pag.* 2795, & dans les *Variétés historiques, tom. III. pag.* 38.]

33009. ☞ Recueil des Statuts, Ordonnances, Réglemens, Antiquités, Prérogatives & Prééminences du Royaume de la Bazoche; ensemble plusieurs Arrêts donnés pour l'établissement & conservation de sa Juridiction: nouvelle Edition augmentée de plusieurs Arrêts: *Paris*, Besoigne, 1654, *in-*8.
Cette Juridiction fut établie pour les Clercs du Palais, peu de temps après que Philippe-le-Bel eut rendu le Parlement sédentaire. Elle a ses Officiers & plusieurs Priviléges qui sont rapportés dans cet Ouvrage & le suivant.]

33010. ☞ Mémoire historique sur le Royaume de la Bazoche; (par M. BOUCHER D'ARGIS.) *Mercure*, 1738, *Juin*, Vol. II. *p.* 1437, & *Variétés historiques, tom. III. pag.* 27.]

33011. ☞ L'Excellence du mot de Clerc; Noblesse & antiquité des Clercs; par le Sieur GASTIER: *Paris*, 1631, *in-*8.]

☞ ON trouvera dans les Sections suivantes, les *Registres & Remontrances* du Parlement de Paris.]

§. 2. *Du Parlement de Toulouse, érigé en* 1303, [*& rendu stable à Toulouse par Edit de Charles VII. du* 11 *Octobre* 1443.]

33012. Nicolai BERTRANDI, Cæsarei & Pontificii Juris Professoris, Opusculum de Parlamenti Tholosani erectione & institutione, atque illius roboratione sive confirmatione.
Cet Opuscule est imprimé au *folio* 61 *verso* du Livre intitulé: *Opus de Gestis Tholosanorum: Tholosa*, 1515, *in-fol.*

33013. Mſ. Institution du Parlement de Tolose, de l'an 1303. Ensuite le rétablissement du même en 1444 jusqu'en 1590: *in-fol.*
Ce Manuscrit [étoit] dans la Bibliothèque de M. le Président de Lamoignon.

33014. ☞ Déclaration du Roi servant de Réglement sur la Juridiction du Parlement de Toulouse, & sur celle de la Cour des Comptes, Aydes & Finances de Toulouse, & autres Tribunaux & Sièges de Languedoc du 20 Janvier 1736: *Paris*, Imprimerie Royale, 1736, *in-*4.]

33015. Historia Parlamenti Tolosani, ab anno 1283, ad annum 1449: Auctore Guillelmo BARDIN, ejusdem Curiæ Senatore: *in-*4.
☞ Cette Histoire (que le Père le Long indiquoit comme Manuscrite,) est imprimée tom. IV. de l'*Histoire de Languedoc*, de DD. de Vic & Vaissete, à la tête des Preuves, sous ce titre: *Chronique de Bardin,* &c.]

33016. ☞ Epoque de la première institution du Parlement de Toulouse, & de son prétendu rétablissement en 1304.
Ce sont les *Notes I. & XII.* du *tom. IV.* de l'*Hist. de Languedoc*, par DD. DE VIC & VAISSETE.]

33017. ☞ Observations sur son rétablissement sous Charles VII. de son ancien ressort, & de l'origine de la Cour des Aydes de cette Province.
C'est la *Note XXXIV.* de ce même Volume.]

33018. Mſ. Historia chronologica Parlamentorum Occitaniæ & diversorum Conventuum trium Ordinum dictæ Provinciæ ut & aliarum rerum memorabilium in ea

Tome III. H h

Provincia gestarum, scripta per eundem, anno circiter 1460 : *in-fol.*

Cette Histoire chronologique [étoit] dans la Bibliothèque de M. Colbert, num. 1551, [& est aujourd'hui dans celle du Roi.]

« L'Auteur, qui étoit Conseiller d'Eglise, vivoit » sous le Règne de Charles VII. Il assure avoir composé » sa Chronique de faits qu'il avoit tirés de divers Mé- » moires & Titres authentiques, & des choses aussi qui » s'étoient passées de son temps, & dont il avoit été le » témoin oculaire. Cette Chronique, à qui il donne le » titre d'Histoire, commence en 1031, & finit en 1454. » Elle est écrite en un Latin assez simple, mais beau- » coup plus pur que le Latin ordinaire des Auteurs de » ce temps-là ». La Faille, dans la Préface du tom. I. de son *Histoire de Toulouse.*]

33019. Mſ. Titres originaux du Parlement de Toulouse : 13 vol. *in-fol.* dont il y en a douze de Pièces originales, & le treizième ne contient que des Copies.

33020. Mſ. Titres originaux concernant les premiers Présidens de ce Parlement : *in-fol.*

Ces Titres sont conservés dans la Bibliothèque du Roi, entre les Manuscrits de M. de Gaignières.

33021. ☞ Titres du Parlement de Toulouse pour la Jurisdiction contentieuse du Domaine : 1754, *in-fol.*]

33022. ☞ Résumé des Mémoires du Parlement de Toulouse, (contre la Chambre des Comptes de Montpellier,) concernant la Jurisdiction contentieuse du Domaine : 1761, *in-4.* 218 pages.

C'est au sujet d'une Contestation entre cette Chambre & ce Parlement, qui soutient que la Comptabilité est la seule matière dont cette Chambre doit s'occuper.]

== Recueil d'Edits, Arrêts, &c. concernant les Trésoriers de France, &c. 1760, *in-4.*

On le trouvera ci-après indiqué plus au long, §. VII. Il fut fait sur une contestation, qui avoit commencé en 1755, entre le Bureau des Trésoriers de France de Toulouse & ce Parlement, qui avoit ordonné que les Appels de leurs Jugemens ne pourroient être portés qu'audit Parlement.]

33023. ☞ Extrait des Registres du Parlement de Toulouse, (ou Arrêt du 22 Juin 1761, suivi d'un Recueil de Pièces, au sujet d'une Entreprise de la Cour des Aydes de Montpellier :) *in-12.* 143 pages.

On y trouve un long Réquisitoire du Procureur-Général, sur ce qui concerne l'origine & les droits de la Cour des Comptes, des Aydes & des Finances de Montpellier. Il faut aussi voir à ce sujet 1.° les *Remontrances* que cette Cour fit au Roi en cette occasion, le 25 Février 1761, *contre les entreprises du Parlement de Toulouse* : *in-12.* 136 pages, y compris les Pièces justificatives : 2.° les Remontrances de la même Cour, au sujet de l'Arrêt du Conseil du 14 Mars 1760 : *in-12.* 46 pages : elles sont datées du même jour que les précédentes.]

33024. Mſ. Inventaire des Registres du Parlement de Toulouse : *in-fol.* 2 vol.

Cet Inventaire [étoit] dans la Bibliothèque de M. Baluze, num. 172 & 173.

☞ Ces Registres, qui sont aujourd'hui dans la Bibliothèque du Roi, ne commencent qu'en 1444.

33025. ☞ Mſ. Table des Registres du Parlement de Toulouse : *in-fol.*

Cette Table est indiquée num. 3242 du Catalogue de M. le Blanc.]

33026. ☞ La Vie de Jean-Etienne Duranti, premier Président du Parlement de Toulouse, & son Apologie.

Dans les *Mémoires* (du Sieur MARTEL,) *sur divers genres de Littérature & d'Histoire* : *Paris,* 1722, *in-12.*]

33027. * Narratio fidelis de morte D. D. Joan. Steph. Duranti, Senatûs Tolosani Principis, & Jacobi Dalfisii, Patroni Regii, anno 1589 : *Parisiis,* Mamarellus, 1600, *in-12.*

L'Auteur de cette Relation est Antoine DU MAY, premier Médecin de la Reine Marguerite, suivant qu'il est marqué par une main très-ancienne, dans un Exemplaire conservé à Dijon, dans la Bibliothèque de M. le Président Bouhier.]

33028. ☞ Epoque & circonstances de la mort tragique de Jean-Etienne Duranti, premier Président du Parlement de Toulouse, &c.

C'est la *Note IX.* du tom. V. de l'*Histoire du Languedoc,* pat DD. DE VIC & VAISSETE.]

33029. ☞ Eloge de Gaspard de Fieubet, premier Président de Toulouse.

Il se trouve à la tête des *Annales de Toulouse* de la Faille : 1687, *in-fol.* M. de Fieubet est mort le 8 Novembre 1686, âgé de 64 ans.]

33030. Vita Joannis Bertrandi, Præsidis Tolosani : Auctore Francisco BERTRANDO, Joannis filio.

Cette Vie est au commencement du Livre de François Bertrand, intitulé : *De Vitis Jurisperitorum : Tolosæ,* 1617 ; *Lugduni-Batavorum,* 1675, *in-4.* [& dans les *Vit. Jurisc. cum Notis* de Leicker : *Lipsiæ,* 1686, *in-8.*] Jean Bertrand est mort en 1594.

33031. Vita Joannis Corasii, Senatoris Tolosani : Auctore Jacobo CORASIO ejus abnepote : *Montalbani,* 1673, *in-4.*

Ce Conseiller fut tué en 1572.

33032. ☞ Histoire de la Vie & des Ouvrages du même ; par le P. NICERON.

Dans ses *Mémoires,* &c. tom. *XIII.* p. 1, & tom. *XX.* pag. 58.]

33033. Oraison funèbre de François de Clari, Conseiller du Parlement de Tolose ; par Pierre D'HOGES. (depuis Maire de la Ville de Châlon-sur-Saone :) *Tolose,* 1617, *in-8.*

== De Vita Arnaldi Boreti, Senatoris Tolosani, Libri quatuor ; Auctore Petro POSSINO, è Societate Jesu : *Parisiis,* Camusat, 1639, *in-8.*

Ce Conseiller est mort en 1624.

☞ Cette Vie, (que l'on a déja indiquée parmi les *Vies des personnes de piété,* tom. *I.* p. 316, N.° 4742,) est dédiée au Parlement de Toulouse. Arnauld de Boret est mort en odeur de sainteté, le 22 Avril 1624, à l'âge de 65 ans. On trouve aussi dans sa Vie celle de sa femme, Marie de Costa, connue depuis sous le nom de la Mère *Marie de Jesus.*]

Du Parlement de Dijon.

33034. ☞ Histoire de la Vie & des Ouvrages de Guillaume de Catel, Conseiller au Parlement de Toulouse; par le P. NICERON.

Dans ses *Mémoires*, &c. tom. *XXV*. pag. 1. On trouve aussi son Eloge à la tête de son *Histoire de Languedoc* : 1687, *in-fol.* Il est mort en 1626.]

33035. Eloge historique de M. (Pierre) de Fermat, Conseiller au Parlement de Toulouse; par Charles PERRAULT, de l'Académie Françoise.

L'Eloge de ce célèbre Mathématicien, mort en 1665, est imprimé dans le *Journal des Sçavans* de 1665.

33036. ☞ Remarques sur le même ; par François-Denys CAMUSAT.

Dans son *Histoire critique des Journaux*, pag. 185 : *Amsterdam*, 1734, *in-*12.]

33037. ☞ Mémoire historique de ce qui s'est passé au Parlement de Toulouse, au sujet des nouveaux usages que M. Bastard , (premier Président,) y veut introduire : (1763,) *in-*12. 16 pages. = Extrait des Registres du Parlement de Toulouse, du 15 Décembre (1763,) au matin : *in-*12. 7 pages.

On trouve une *Mercuriale* faite à M. Bastard, le 12 Décembre 1763, à la fin d'une Brochure de 36 pages *in-*12. qui est intitulée : « Seconde Suite du Journal de » ce qui s'est passé au Parlement de Toulouse, &c. 1764.]

— ☞ Pièces sur l'Affaire du Parlement de Toulouse , avec M. le Duc de Filtz-James.

Voyez ci-après, §. IV. aux *Remontrances.*]

§. 3. *Du Parlement de Dijon, érigé en* 1354; [*par les Ducs de Bourgogne.*]

☞ Les Lettres d'érection du Parlement de Dijon, comme Parlement de France, sont du Roi Louis XI. en 1476, le 18 Mars, *vieux style.*]

33038. Le Parlement de Bourgogne, son origine, son établissement & son progrès; avec les Noms, Qualités, Armes & Blazons des Présidens, Conseillers & Procureurs Généraux, & Greffiers, qui y ont été jusqu'à présent; par Pierre PALLIOT, Parisien, Historiographe du Roi, & Généalogiste de Bourgogne : *Dijon*, Palliot, 1649, *in-fol.*

Cet Auteur, qui étoit aussi Imprimeur, est mort en 1698, âgé de 89 ans. C'étoit un homme exact, laborieux & infatigable ; il imprimoit lui-même ses Ouvrages ; il a gravé de sa propre main le grand nombre des planches de Blazon dont ils sont remplis.

33039. ☞ Continuation de l'Histoire du Parlement de Bourgogne, depuis l'année 1649 jusqu'en 1733, contenant les noms, surnoms, qualités, armes & blazons des Présidens, Chevaliers, Conseillers, Avocats & Procureurs-Généraux & Greffiers [qui y ont été reçus dans cet intervalle ; par le Sieur François PETITOT, avec un précis des Edits & Déclarations du Roi, portant création de Charges en ce Parlement ; & des Réglemens de la Cour ; (par Antoine Jehannin ARVISET, Conseiller audit Parlement :) *Dijon*, de Fay, 1733, *in-fol.*

Voyez la *Méth. histor.* de Lenglet, *in-*4. *tom. IV. Tome III.*

pag. 220. = *Journal des Sçavans , Août* 1734. = *Bibl. des Auteurs de Bourgogne*, tom. *II*. pag. 148.]

33040. ☞ Ms. Seconde Continuation de cette Histoire, depuis l'année 1733 jusqu'à présent.

Il s'en trouve différens Exemplaires dans plusieurs Cabinets de Dijon : il y en a un dans la Bibliothèque de M. Fevret de Fontette, avec les Armoiries enluminées.]

33041. ☞ Ms. Registres du Conseil secret du Parlement de Dijon, jusqu'en Mars 1679 : *in-fol.* 10 vol.

Ms. Table générale, chronologique & alphabétique des Registres précédens : *in-fol.* 3 vol.

Ces deux Articles sont indiqués num. 2173 & 2174 du Catalogue de M. Bernard.]

33042. ☞ Ms. Registres des Délibérations du Parlement de Dijon, depuis 1525 jusqu'à présent, en plusieurs volumes *in-fol.*

Ce Recueil, qui est le plus complet que l'on connoisse, est conservé dans la Bibliothèque de M. le Président Bouhier, à présent possédée par M. le Président de Bourbonne son petit-fils.]

33043. ☞ Ms. Registres des Délibérations du Parlement de Dijon, depuis 1525 jusqu'à présent, distribués par ordre des matières, avec la Table : 9 gros Porte-feuilles *in-fol.*

Dans la Bibliothèque de M. Fevret de Fontette, à Dijon.]

33044. ☞ Ms. Mémoires & Observations des choses plus mémorables, & Arrêts de la Cour de Parlement de Dijon, faits selon l'ordre des temps, pour servir selon la nécessité & occurrence, depuis 1476 jusqu'en 1600. Manuscrit ancien de 198 pages *in-fol.*]

33045. ☞ Ms. Recueil des Délibérations du Parlement de Dijon, commencé en 1509, & fini en 1555 : de 47 pages *in-fol.*

Les Registres qui sont dans les Archives du Parlement ne commencent qu'en 1524 ou 1525. Les Registres antérieurs sont perdus, & ce Morceau, ainsi que le précédent, sert à les remplacer.]

33046. ☞ Ms. Extrait des Registres du Parlement, de tout ce qui s'est passé pendant la Ligue, depuis le 31 Décembre 1588 jusqu'au 29 Juillet 1594 : *in-fol.*]

33047. ☞ Ms. Registre particulier des Délibérations des Officiers du Parlement de Dijon, qui pendant la Ligue se retirèrent d'abord à Flavigny, & ensuite à Sémur, depuis la Saint-Martin 1591 jusqu'à la fin du mois de Juin 1595 : *in-fol.*]

33048. ☞ Ms. Tables des Registres des Edits & Déclarations vérifiées au Parlement de Dijon. Lettres Patentes, &c. y enregistrées depuis 1476 jusqu'à présent : *in-fol.*]

33049. ☞ Ms. Registres des Délibérations de la Chambre de la Tournelle du Parlement de Dijon, créée au mois de Novembre 1536, depuis le 8 Janvier 1537, jusqu'au 13 Juillet 1737. Arrêts criminels, Pratiques

Hh 2

Liv. III. *Histoire Politique de France.*

de Tournelle, &c. 4 gros Porte-feuilles *in-fol.*]

33050. ☞ Mſ. Inventaire des principales Piéces renfermées dans les tiroirs du Cabinet de la Grand'Chambre du Parlement de Dijon, dreſſés par Commiſſaires de la Cour en 1740, 1741 & 1742. = Procès-verbal de l'état des Greffes Civil & Criminel dreſſés par MM. de Vormes & Jeannin Arviſet, les 30 Juin 1730 & jours ſuivans : *in-fol.*

Les ſept numéros précédens ſont à Dijon, dans la Bibliothèque de M. Fevret de Fontette.]

33051. ☞ Mſ. Recueil de Piéces concernant le Parlement de Dijon, ſes démêlés intérieurs, & avec les autres Cours & Juriſdictions de la Province de Bourgogne, les Princes, Miniſtres, &c. depuis 1476 juſqu'en 1744, au nombre de plus de 1000 Piéces, preſque toutes originales, en 8 gros Porte-feuilles : *in-fol.*

Elles ſont conſervées auſſi dans la Bibliothèque de M. Fevret de Fontette, & viennent en partie de Philibert de la Mare. Le détail des principales ſe trouvera ci-après, à la fin des *Hiſtoires de Bourgogne*, §. V. de l'*Inventaire ſommaire*, &c.]

33052. ☞ Mſ. Recueil de diverſes Piéces concernant le Démêlé entre Gaſpard de Saulx & MM. de Récourt & Popon, Conſeillers au Parlement de Dijon, Commiſſaires députés du Roi pour l'exécution de l'Edit de Pacification du 15 Décembre 1563, par ledit Maclou Popon : *in-fol.*

Voyez la Bibliothèque des Auteurs de Bourgogne, part. II. pag. 165.]

33053. Mſ. Mémoires de ce qui s'eſt paſſé au Parlement de Dijon, depuis le [10 Novembre 1574, juſqu'au 26 Décembre 1578,] par Gabriel [Brennot,] Conſeiller au Parlement de Dijon : *in-*4.

Mſ. Autres Mémoires, depuis le mois de Janvier 1594 juſqu'au 30 Juin 1595 : *in-*4.

Mſ. Autres, depuis le premier Juillet 1595 juſqu'au 3 Juillet [1602:] *in-*4.

Les [premiers] Mémoires originaux [étoient] à Dijon, dans la Bibliothèque de Philibert de la Mare, Conſeiller de ce Parlement, [& ſont aujourd'hui dans celle du Roi. Le ſecond Volume eſt en original à Dijon, dans la Bibliothèque de M. Fevret de Fontette, qui a une Copie exacte du premier & du troiſième Volume. Ce dernier étoit en original dans la Bibliothèque de M. de la Mare. Il y avoit une Copie des trois] dans celle du Collège des Jéſuites de Dijon, où le Tome II. eſt plus ample.]

33054. ☞ Mſ. Journal de ce qui s'eſt paſſé au Parlement de Dijon depuis le commencement de Janvier 1598 juſqu'à la fin de Mars 1601 ; par Jean de Poligny, Conſeiller au Parlement de Dijon.

Ce Journal eſt conſervé à Dijon, dans la Bibliothèque de M. le Préſident Bouhier, ou de M. de Bourbonne.]

33055. ☞ Mſ. Hiſtoire ſecrete du Parlement de Dijon, depuis 1650 juſqu'en 1655 ;

(par Claude Malteste, Conſeiller au Parlement de Dijon.)

L'Original eſt chez M. Malteſte, Conſeiller actuel de ce Parlement.]

33056. ☞ Mſ. Anecdotes du Parlement de Dijon, depuis le 1 Janvier 1652 juſqu'en Avril 1658 ; par le même.

Ce Manuſcrit eſt dans la Bibliothèque de M. Fevret de Fontette.]

33057. ☞ Mſ. Journal de ce qui s'eſt paſſé au ſujet de l'interdiction du Parlement de Dijon, aux années 1658 & 1659 : *in-fol.*]

33058. ☞ Mſ. Journal des principales choſes qui ſe ſont paſſées au Parlement de Dijon, depuis le 15 Février 1658 juſqu'au 12 Mai 1665 : *in-*4.

Ces deux Journaux ſont de Georges Joly, Préſident au Parlement de Dijon. Ils étoient chez M. Joly de Blaiſy, Conſeiller au même Parlement. Le premier eſt encore dans la Bibliothèque de M. le Préſident Bouhier, aujourd'hui de M. de Bourbonne.]

☞ On trouvera encore un Recueil concernant le Parlement de Dijon, ci-après, à la fin des *Hiſtoires de la Bourgogne*, num. V.]

33059. ☞ Mſ. Piéces (imprimées) ſur la Conteſtation du Parlement de Bourgogne avec les Elus Généraux : en 1762, *in-*12.

Ces Piéces ſont les ſuivantes :

1. Mémoire ſur les Démêlés du Parlement de Dijon avec les Elus Généraux de la Province de Bourgogne, où, par le récit exact des faits & quelques légères obſervations, on voit quels ſont les objets de la Conteſtation préſente : (1762,) *in-*12. 34 pages. (A la page 28 eſt une *Lettre dudit Parlement au Roi*, du 8 Janvier 1762.)

2. Remontrances du Parlement de Dijon, au Roi, du 17 Mars 1762, *in-*12. 106 pages.

3. Arrêt du même Parlement, du 7 Juin 1762, qui condamne un *Mémoire pour les Elus Généraux des Etats de Bourgogne*, avec le Compte rendu par les Commiſſaires : *Dijon*, *in-*4. (& *Paris*,) *in-*12. 59 pag.

4. Nouvelles Remontrances du même, du 7 Juillet 1762.

5. Réponſe du Roi, aux précédentes Remontrances, par Lettre de M. le Chancelier, en 1763. Elle eſt imprimée pag. 6 d'un petit Recueil commençant par *Arrêté du Parlement ſéant à Dijon*, du 8 Janvier 1762 : (*in-*12. 16 pages.)

6. Remontrances de la Cour des Aydes (de Paris,) du 23 Juillet 1763, (ſur l'Affaire du Sieur Varenne, Greffier des Elus Généraux de Bourgogne :) *in-*12. 55 pages.]

33060. ☞ Diſcours & Harangues prononcées au Parlement de Dijon, depuis l'an 1615 juſqu'en 1625 ; par Pierre de Xaintonge, Avocat-Général : *Paris*, 1625, *in-*8.

On y trouve pag. 329, *La Bourgogne Françoiſe*, Diſcours d'une aſſez grande étendue, prononcé le 16 Novembre 1620.]

33061. ☞ Harangue funèbre de Denys Brulart, premier Préſident au Parlement de Bourgogne ; par Claude Besson, Cordelier : *Paris*, Martin, 1611, *in-*8.]

33062. Oraiſon funèbre de Jean-Baptiſte le

Goux de la Berchère, premier Président du Parlement de Bourgogne; par Jérôme VIGNIER, Prêtre de l'Oratoire : *Dijon*, Guiot, 1632, *in-4*.

Cet Auteur est mort en 1661.

33063. ☞ Eloge funèbre de Pierre le Goux de la Berchère, premier Président de Bourgogne, puis de Dauphiné, prononcé à son Service en l'Eglise de Sainte-Claire de Grenoble; par F. M. M. Religieux de l'Observance de S. François : *Grenoble*, 1654, *in-4*.]

33064. ☞ Ms. Mémoires pour servir à l'Histoire de Pierre le Goux de la Berchère, premier Président au Parlement de Dijon : *in-4*.

Ils sont conservés dans la Bibliothèque de M. le Président Bouhier, aujourd'hui de M. de Bourbonne, à Dijon.]

33065. ☞ Petri le Goux de la Berchere, Elogium; auctore Cl. Bartholom. MORISOTO.

Il se trouve à la fin de la Centurie II. de ses *Epîtres* : *Divione*, Chavances, 1656, *in-4*.]

Ejusdem Vitæ Fragmentum, scriptore Philiberto DE LA MARE, Senatore Divionensi.

Ce Fragment est conservé dans la Bibliothèque de l'Auteur, qui en a parlé *pag*. 69 de son *Plan des Historiens de Bourgogne*.

☞ Bayle, *pag*. 196 du tom. I. de son *Dictionnaire*, parle d'une Vie de Pierre de la Berchère, donnée au Public par Moyse Amirault en 1648; mais il y a apparence qu'il y est question d'un autre que du Président.]

33066. Discours adressé au Parlement de Bourgogne, au sujet de la Réception de Jean Bouchu en la Charge de premier Président au Parlement; par Pierre BRIANDET, Avocat : *Dijon*, Guiot, 1644, *in-4*.

Cet Avocat est mort en 1644.

33067. ☞ Joannis Bouchu, Principis Senatûs Divionensis, Elogium; auctore Claudio Bartholomæo MORISOTO.

Cet Eloge est imprimé à la fin de la seconde Centurie de ses *Epîtres* : *Divione*, Chavances, 1656, *in-4*.]

33068. Oraison funèbre de Nicolas Brulart, premier Président du Parlement de Dijon, par Archange CENAMY, Définiteur des Capucins de la Province de Dijon : *Lyon*, Amaulry, 1693, *in-4*.

33069. Vie de Jean Bégat, Président au Parlement de Dijon.

Ce Président est mort en 1572. Sa Vie, composée par Jean BOUHIER, Président au même Parlement, est imprimée au-devant de la *Coutume de Bourgogne* : *Dijon*, de Fay, 1717, *in-4*.

33070. ☞ Elogium Jo. Bapt. Agni Begatii Præsidis & Jo. Depringles.

Cette Vie est à la tête de la *Coutume de Bourgogne*, édition de 1652, 1662 & 1717, *in-4*. Elle est du Père Louis JACOB, Carme; & le numéro précédent n'en est que la traduction.]

33071. ☞ Histoire de la Vie & des Ouvrages de Jean Bégat; par le P. NICERON.

Dans ses *Mémoires*, &c. tom. *VI*. *pag*. 166-182.]

== Eloge de Pierre Jeannin, Président au Parlement de Bourgogne.

Voyez ci-devant, [N.° 32466-32471.] Jeannin n'a point été premier Président, comme le P. le Long le marquoit.]

33072. Le Triomphe de la Charité, ou Discours funèbre à la mémoire de Pierre Odebert, Président aux Requêtes du Palais; par NICOLAS DE DIJON, Capucin : *Dijon*, Grangier, 1662, *in-4*.

33073. ☞ Panegyris Illustrissimi Petri Odebert, Libellorum supplicum Præsidis; auctore Claudio PERRY, è Soc. Jesu, (Ode :) *Divione*, Palliot, 1651, *in-fol*.]

33074. Abrégé de la Vie de Georges Joly, Baron de Blaisy, Président au Parlement de Bourgogne : *Paris*, 1678, *in-4*.

Georges Joly est mort en 1678. L'Abrégé de sa Vie a été fait par [Antoine] JOLY, son fils, Président au Grand-Conseil.

33075. ☞ Eloge d'André (c'est Antide) de Migieux, Président au Parlement de Dijon.

Il est imprimé dans les *Mémoires Littéraires* de la Haye, tom. VII.]

33076. ☞ Commentarius de Vita & Scriptis Joannis Buherii; auctore Francisco OUDIN : 1746, *in-4*.

Le Père Oudin, Jésuite, né à Vignory, Diocèse de Langres, le premier Novembre 1673, est mort le 28 Avril 1752. M. le Président Bouhier, avec qui l'Auteur étoit très-lié, est mort le 17 Mars 1746.]

33077. ☞ Macluti Poponii Monumentum, à Musis Burgundicis erectum, cum Elogiis VINTIMILLII & GUIONII : *Parisiis*, Morel, 1580, *in-8*.

Ce Conseiller se nommoit Maclou Popon : il est mort en 1578.]

33078. ☞ Histoire de la Vie & des Ouvrages de Jean Vetus, Conseiller au Parlement de Bourgogne; par le P. NICERON.

Dans ses *Mémoires*, &c. tom. *XXXIV*. *pag*. 394. Ce Conseiller est mort vers 1580.]

33079. * Vita Michaelis Riccii, Senatûs Neapolitani Præsidis, & anteà in Divionensi Senatoris; auctore Carolo DE LELLIS.

Cette Vie est imprimée à la tête des *Opera historica*, de Mich. Ricci : *Neapoli*, Longi, 1645, *in-4*.

33080. Ms. Instruction générale de toutes les Affaires dans lesquelles il a plu à Dieu d'exercer Pierre SAUMAISE, Seigneur de Chazans, Conseiller au Parlement de Bourgogne.

Cette Instruction, écrite de la main de Pierre Saumaise, est conservée dans le Cabinet d'un Avocat de Dijon. L'Auteur n'aura pas oublié l'amende-honorable que lui fit Philippe Giroux, Président de ce Parlement, & à laquelle il fut condamné par Arrêt du Parlement, exécuté le 8 Mai 1643. Cette Histoire est rapportée d'une manière fort enveloppée dans le Roman intitulé *Amalazonthe : Paris*, Robinot, 1645, *in-*8. 2 vol. qui sont attribués à René de Cerisiers, Aumônier du Roi.

33081. ☞ Recueil de Pièces imprimées & manuscrites, concernant le Procès du Président Giroux, & de la Dame Baillet & complices : 1636 - 1653. Porte-feuille *in-fol.*

Il est conservé à Dijon, dans la Bibliothèque de M. Fevret de Fontette. On y trouve les Pieces suivantes :

1. Instruction pour M. Pierre de Saumaise-Chazans, Conseiller au Parlement de Bourgogne, évoquant & instigant contre Me Philippe Giroux, accusé de plusieurs crimes, & soi-disant Président en ladite Cour, à Nosseigneurs du Parlement de Rennes, où il a plu au Roi renvoyer l'accusation. (Imprimé de 38 pages.)

2. Factum du Procès des Sieurs Giroux & Chazans, sur le rapt attenté à la personne d'Hilaire Moreau, âgée de 9 ans & sept semaines pour lors, ou de la supposition prétendue dudit rapt, pour le Président Giroux, contre ledit Sieur de Chazans. (Imprimé de 101 pages.)

3. Relation au vrai du Procès criminel fait au Président Giroux, ou Factum & Extrait des charges pour ledit Sieur Président Giroux. (Imprimé de 132 pages.)

4. Bref Inventaire des principales charges des deux Procès criminels joints pour être jugés ensemble, étant à présent sur le Bureau des Chambres assemblées du Parlement de Bourgogne ; contre M. le Président Giroux & complices, le premier à la poursuite de M. de Saumaise-Chazans, joint à M. le Procureur-Général ; le second à la poursuite dudit Sieur Procureur-Général seul. (Imprimé de 95 pages.)

5. Supplément du Bref-Inventaire, pour le Sieur de Chazans. (Imprimé de 8 pages.)

6. Ms. Original de l'Extrait dressé par M. Millier, l'un des Rapporteurs dudit Président Giroux, des charges des deux Procès ; ensemble de celui contre le Sieur Lazare Rodot, Médecin à Avalon : en 90 pages fort minutées & fort chargées.

7. Ms. Deux Extraits de l'Arrêt rendu au Parlement de Dijon, les Chambres assemblées, du 8 Mai 1643, contre ledit Président Giroux, qui le condamne à avoir la tête coupée, &c. de 22 pages.

8. Quatrième Partie des preuves de l'assassinat nocturne de feu M. le Président Baillet & de Philibert Baudot son valet de chambre, &c. contre le Sieur Delisle, prisonnier, accusé de tous lesdits crimes, & restant à juger avec aucuns de ses complices, en exécution de l'Arrêt du 8 Mai 1643. (Imprimé de 54 pages.)

9. Factum du Procès fait à Me Pierre Bouvot, Substitut de M. le Procureur-Général, à l'instigation & poursuite de Demoiselle Jeanne Burgat, veuve de M. le Conseiller Baillet, & de M. de Saumaise, pour ledit Bouvot. (Imprimé de 40 pages.)

10. Convictions de Madame Marie Fyot, Dame du Coudray, veuve du Président Baillet, condamnée à mort par contumace au Parlement de Dijon, toutes les Chambres assemblées, le 8 d'Août 1646, en exécution de l'Arrêt du 8 Mai 1643, contre le feu Président Giroux, & autres Arrêts postérieurs contre trente-deux de leurs complices, condamnés à mort, & autres peines capitales, audit Parlement, composé de ces deux puissantes Maisons, & réduit à 14 Juges. Ladite Dame fugitive, restituée maintenant contre sa contumace, par Arrêt du Conseil du 13 Mai 1653, à la charge de se mettre en état au Parlement de Paris, où elle a été renvoyée. Le tout à la poursuite du Sieur de Saumaise-Chazans, Conseiller, partie intéressée & forcée pour la défense de son honneur, de sa vie & de ses enfans, le Sieur de Nanteuil ayant été assassiné deux fois, & le Chevalier de la Tour tué entre ses bras. (Imprimé de 41 pages.)

11. Réponse aux dernières productions de la Dame du Coudray, ci-devant Présidente Baillet. (Imprimé de 11 pages.)

12. Ms. Table des Convictions de Dame Marie Fyot, Présidente Baillet, condamnée par contumace : 1646, en 11 pages.

13. Ms. Extrait de la Déposition de Nicole Silvestre ; de 9 pages.

14. Ms. Extrait du Recolement de Michelle Coquer ; de 4 pages.

15. Ms. Extrait des Interrogatoires faits à M. Giroux ; de 48 pages.

16. Ms. Extraits du Procès-verbal des Interrogatoires d'office de M. Giroux ; de 13 pages.

17. Ms. Extrait des Articles des Interrogats & Réponses de M. Giroux, touchant Madame Baillet ; de 5 pages.

18. Ms. Extrait du Recolement de Claude Lucia, dit *Champagne*, & ses Confrontations au Président Giroux ; de 60 pages.

19. Ms. Extrait d'Arrêt, qui ordonne une ampliation d'Information ; de 3 pages.

20. Ms. Extrait d'une Missive de M. Catin, Conseiller, au Président Giroux ; d'une page.

21. Ms. Extrait d'une Lettre de Marie Fyot à M. Giroux ; de 2 pages.

22. Ms. Lettre de la même, au même ; une page.

23. Ms. Extrait des Procès-verbaux de Confrontations faites par les Sieurs Millier & Jacquot, au Président Giroux ; de 28 pages.

24. Instruction sur le Procès-criminel fait à M. Giroux : Imprimé de 20 pages, Original produit au Procès, rayé & biffé, en vertu d'Arrêt du 29 Août 1639.

25. Ms. Extrait des Dépositions des Témoins touchant la Dame Baillet : de 76 pages.

26. Ms. Interrogatoire de Léonor Cordier, Domestique du Sieur Giroux : de 18 pages.

Tous les Articles ci-dessus, depuis le num. 12. sont des Extraits tirés de la procédure, originaux du temps & écrits de la main du Greffier. Les Minutes de ce Procès ne se trouvent plus dans le Greffe du Parlement de Dijon ; elles ont été soustraites par gens de la famille du Président Giroux.

M. Baluze avoit un Recueil de Pièces à ce sujet, num. 796 de ses Manuscrits, qui doit être dans la Bibliothèque du Roi.

33082. ☞ Ms. Extrait sommaire du Registre secret & particulier des Délibérations de MM. les Juges du Procès de M. le Président Giroux, ensemble l'Arrêt & son exécution.

Dans la Bibliothèque de M. Fevret de Fontette, ainsi que l'article suivant.]

33083. ☞ Ms. Relation de la mort de M. le Président Giroux. = Clef du Roman de l'illustre Amalazonthe.]

33084. ☞ L'illustre Amalazonthe ; par le Sieur DES FONTAINES, (l'Abbé DE CERIZIERS:) *Paris*, Robinot, 1645, *in-*12. 2 vol.

On trouve dans la première Partie, depuis la *pag.* 453 jusqu'à la fin, & dans la seconde Partie, depuis la *pag.* 3 jusqu'à la *pag.* 90, & depuis la *pag.* 257 jusqu'à la *pag.* 335, l'Histoire du Procès du Président Giroux, déguisé sous le nom de Rufinius.]

33085. Ms. Vita Philippi Lantini, Senatoris Divionensis ; scriptore Philiberto DE LA MARE, Senatore Divionensi.

33086. Ms. Abrégé de la Vie de Jacques,

Comte de Vintimille, Conseiller au Parlement de Dijon; avec un Discours de la Race des Vintimilles, Paléologues & Lascaris; par le même Philibert DE LA MARE.

33087. Mſ. De Vita & Scriptis Caroli Fevreti, Juriſconſulti & Senatoris Divionenſis, Commentarius; à Jacobo-Augusto CHEVANEO, Juriſconſulto Divionenſi, ex illius Adverſariis eductus.

Ces trois Manuscrits sont conservés dans la Bibliothèque de Philibert de la Mare, à Dijon, selon ce qui en est dit pag. 69 & 70 de son *Plan des Hiſtoriens de Bourgogne*. Fevret est mort en [1661,] de la Mare en 1687, & Chevane en 1690.

☞ Le Père le Long ne devoit pas placer ici la Vie de Charles Fevret, laquelle auroit dû être renvoyée à l'Article des Vies des Jurisconsultes; parceque Charles Fevret, Auteur du fameux *Traité de l'Abus*, est mort Avocat. Il est vrai que le Roi Louis XIII. lui donna en 1630 une Charge de Conseiller au Parlement de Dijon de nouvelle création, & que M. d'Effiat, pour lors Intendant des Finances, lui dit de la part de Sa Majesté qu'il exerçât cette Charge, dont il venoit d'être gratifié; mais Charles Fevret ne put se résoudre à quitter la Profession d'Avocat, de laquelle il s'aquittoit avec beaucoup d'honneur & de succès. Il étoit fils de Jacques Fevret, reçu Conseiller au Parlement de Dijon en 1575. Charles Fevret est mort en 1661, âgé de 79 ans, & non en 1668, comme le marquoit le Père le Long, ainsi qu'il se voit sur son Mausolée érigé dans l'Eglise de Saint-Jean-Baptiste de la Ville de Dijon.]

33088. ☞ Caroli FEVRETI Carmen, de Vita ſua.

33089. ☞ Vie du même, composée par M. l'Abbé Papillon, Chanoine de la Chapelle aux Riches de la Ville de Dijon.

Ces deux Pièces se trouvent en plusieurs endroits, comme au tom. II. des *Mém. de Littér.* du Père Des-Molets, & à la tête de la dernière Édition du *Traité de l'Abus*, par Charles Fevret: Lyon, 1736, *in-fol.* 2 vol.

33090. ☞ Histoire de la Vie & des Ouvrages du même; par le P. NICERON.

Dans ses *Mémoires*, &c. tom. II. p. 289, & tom. X. part. 2, pag. 117. On peut encore voir le *Dictionnaire* de Bayle.]

33091. ☞ Mſ. Discours Panégyrique en faveur de Charles Fevret, de 176 pages.

Il est conservé dans la Bibliothèque de M. Fevret de Fontette.]

33092. Eloge de Jean-Baptiste Lantin, Conseiller au Parlement de Dijon; par Pierre LE GOUX, Conseiller au même Parlement.

Lantin est mort en 1695, & le Goux en 1702. Cet Eloge est imprimé dans le dix-septième *Journal des Sçavans* de l'année 1695.

33093. ☞ Lettre de Jean-Bénigne MILLETOT, à M. le Chancelier Séguier, pour le prier de lui accorder une dispense d'âge pour remplir une Charge de Conseiller au Parlement de Dijon : *in-4.* 20 pages.

Elle est du petit-fils de Bénigne Milletot, Auteur du *Traité du Délit commun*. Jean Bénigne est mort en 1712.]

33094. ☞ Eloge de M. Pouffier, Doyen du Parlement de Dijon, (Fondateur de l'Académie de cette Ville;) lu à l'Assemblée publique de l'Académie de Dijon; (par M. LANTIN,) le 18 Août 1754. Imprimé de 16 pages.]

§. 4. *Du Parlement de Bretagne*, [ou de Rennes,] érigé en 1451, par les Ducs de Bretagne.

33095. Liste de tous les Officiers du Parlement de Bretagne, depuis son érection en 1554 par le Roi Henri II. jusqu'en 1691 : *in-12.*

☞ Les Lettres d'érection sont du mois de Mars 1553, *vieux ſtyle.*]

33096. Catalogue de tous les Officiers de ce Parlement, depuis son établissement jusqu'à présent.

Ce Catalogue est dans le tom. III. de l'*Histoire de Bretagne*, par le P. Lobineau, Bénédictin.]

33097. ☞ Edits concernant le Parlement de Bretagne. = Liste des Officiers de ce Parlement, depuis son érection en 1554 : *Rennes*, 1725, *in-12.*]

33098. Mſ. Titres concernant le Parlement de Bretagne : *in-fol.*

Ce Recueil est conservé dans la Bibliothèque du Roi, entre les Manuscrits de M. de Gaignières.

33099. Mſ. Recueil des Parlemens de Bretagne, tenus sous les Ducs Pierre & François II. depuis l'an 1451.

Copie garantie par deux Notaires, & citée dans des *Mémoires* manuscrits du R. P. Lobineau.

33100. ☞ Mſ. Extrait des Registres secrets du Parlement de Bretagne, depuis 1555 jusqu'en 1592 : *in-fol.*

Cet Extrait se trouve indiqué num. 16201 du Catalogue de M. le Maréchal d'Estrées.]

33101. Mſ. Extraits des Registres secrets du Parlement de Bretagne, concernant ce qui s'est passé depuis le 2 Août 1554, qu'il fut établi (par le Roi Henri II.) jusqu'au 6 Juillet 1687, avec la Table : *in-fol.* 8 vol.

33102. Mſ. Table de vingt-cinq Registres, où sont écrites les Lettres vérifiées au Parlement de Bretagne, depuis le 2 Août 1554 jusqu'au 10 Juillet 1687 : *in-fol.*

Ces Extraits & cette Table des Registres du Parlement de Bretagne, [étoient] dans la Bibliothèque de M. le Comte de Pontchartrain.

33103. ☞ Mſ. Autre Exemplaire, en vingt & un Volumes : *in-fol.*

Il est dans la Bibliothèque de M. Joly de Fleury, Procureur-Général du Parlement de Paris, num. 712-732.]

33104. ☞ Mſ. Table des Registres de la Chambre du Conseil du Parlement de Bretagne : *in-fol.*

Cette Table est indiquée num. 16206 du Catalogue de M. le Maréchal d'Estrées.]

33105. ☞ Arrêt de la Cour du Parlement de Bretagne, contre ceux qui faussement usurpent le nom & titre de Parlement en la Ville de Nantes : *Rennes*, Michel Lageroys, 1590, *in-*8. de 15 pages.

33106. ☞ Recueil du Placet, Ecrits, Actes & Pièces présentées au Roi par les Lieutenans de Roi en Bretagne, au sujet de la contestation du pas, de la prefléance, & du rang hors du Palais, qui leur est faite par les Sieurs premier Président & autres Présidens à Mortier de la même Province : *in-fol.*

Il y a plusieurs autres Pièces pour & contre dans cette Affaire.]

33107. Oraison funèbre de Henri de Bourneuf, Marquis de Cucé, premier Président de Bretagne; [par Fr. LE MAISTRE, Jacobin :] *Rennes*, 1661, *in-fol.*

33108. ☞ Panégyrique funèbre du même, prononcé en la Cérémonie de l'Anniversaire du même, dans l'Eglise des Capucins de Rennes, le 14 Octobre 1661 ; par le Père FRANÇOIS DE LANNION, Capucin : *in-*4.]

33109. * Harangue funèbre du Président de Bourblanc; par Nicolas CHERRUAU: *Nantes*, 1639, *in-*4.

== Vie de Pierre Queriolet, Conseiller au Parlement de Rennes; par DOMINIQUE de Sainte Catherine.

Voyez ci-devant, [Tome I. *pag.* 714, N.° 11377.]

— ☞ Pièces sur les Affaires du Parlement de Bretagne, depuis 1765 jusqu'en 1770.

Voyez ci-après, aux *Remontrances* & à la fin des *Hist. de Bretagne.*]

§. 5. *Du Parlement de Bourdeaux, érigé en* 1451, [*ou plutôt en* 1462.]

33110. ☞ Mſ. Registres secrets de la Cour du Parlement de Bourdeaux, en trente gros Volumes, *in-fol.*

Ce rare & précieux Recueil est conservé dans la Bibliothèque de M. le Président de Verthamon d'Amblay, à Bourdeaux.]

33111. ☞ Mſ. Anciens Registres secrets du même Parlement : *in-fol.* 6 vol.

Ces Registres sont conservés dans la Bibliothèque de M. de Baritault père, Conseiller en la Grand'Chambre du Parlement de Bordeaux.]

33112. ☞ Astræa redux, sive Senatus Aquitanus Burdigalæ restitutus, Gratulatio heroïca; auctore Leonardo FRIZON, è Soc. Jesu: *Burdigalæ*, Millangius, 1690, *in-*4.]

33113. ☞ Ad Illustrissimum virum Dionysium d'Aulede, Senatûs Principem, Lyrica soteria : *Burdigalæ*, Simon Boe, 1690, *in-*12.

Ce petit Ouvrage, composé par Léonard FRIZON, se trouve aussi à la suite de son *Astræa redux*, dont on vient de parler.]

33114. ☞ Recueil de Remontrances faites par la Cour du Parlement de Bourdeaux, & des Lettres qui lui ont été adressées par leurs Majestés, avec les réponses à icelles : *in-*4.

Ce Recueil est conservé dans le Cabinet de M. d'Esbiey, Fiscal de la Prévôté Royale de Born, à S. Julien en Guyenne. Les principales Remontrances qu'il contient sont du Règne de Henri III. Henri IV & Louis XIII. On y trouve aussi grand nombre de Pièces qui ont rapport à l'Histoire de la Province de Guyenne.]

33115. Mſ. Extraits des Registres du Parlement de Bourdeaux, en plusieurs volumes, *in-fol.*

Ces Registres, [qui étoient] dans la Bibliothèque de M. Colbert, [sont aujourd'hui dans celle du Roi.]

33116. ☞ Mſ. Titres originaux du Parlement de Bourdeaux : quatre Paquets.

Ces Titres sont conservés dans la Bibliothèque du Roi, entre les Manuscrits de M. de Gaignières.

33117. ☞ Mſ. Porte-feuille où sont contenus des Mémoires sur le Parlement de Bourdeaux : *in-fol.*

Ces Mémoires sont indiqués num. 3243 du Catalogue de M. le Blanc.]

33118. ☞ Mſ. Registres du Conseil secret du Parlement de Bourdeaux, depuis le 20 Juin 1451 jusqu'en 1658 : *in-fol.* 16 vol.]

33119. ☞ Mſ. Extrait des Registres du Parlement de Bourdeaux : *in-fol.* 4 vol.]

33120. ☞ Mſ. Lettres-Patentes qui regardent le Parlement de Bourdeaux : *in-fol.*

Ces trois Articles sont indiqués num. 2175, 2176 & 2177 du Catalogue de M. Bernard.]

— ☞ Affaires du Parlement de Bourdeaux, en 1756 & 1763.

Voyez ci-après, aux *Remontrances.*]

33121. ☞ Arrêt du Parlement de Bourdeaux, du 18 Août 1762, concernant l'Exemption Bourgeoise de MM. de la Cour : *in-*4.

Cet Arrêt a été réimprimé à Paris, *in-*12. après celui qui concerne la Mission à Clérac, ci-devant desservie par les Jésuites.]

33122. ☞ Recueil des Mémoires du Parlement de Bourdeaux, contre la Cour des Aydes de cette Ville ; par M. BEL : *in-fol.*]

33123. Oraison funèbre d'André de Nesmond, premier Président du Parlement de Bourdeaux ; par François GARASSE, Jésuite.

Ce Président est mort en 1616. Son Oraison funèbre est imprimée avec ses *Remontrances* : Lyon, 1656, *in-*4.

33124. ☞ Vita Nicolai Boerii, celebris Jurisconsulti, in Senatu Burdigalensi Præsidis ; auctore Joanne ALESMIO.

La Vie de Nicolas Boïer, mort en 1539, est au-devant des *Décisions* du même : *Lugduni*, 1593, *in-fol.* [& *Francofurti*, 1574.] & dans le Recueil de Leicker, intitulé : *De Vitis Jurisconsultorum* : [Lipsiæ, 1686, *in-*8.]

33125. ☞ Histoire de la Vie & des Ouvrages du même ; par le P. NICERON.

Dans ses *Mémoires*, &c. tom. XLIII. *pag.* 54.]

33126.

Des Parlemens de Bourdeaux & de Grenoble.

33126. ☞ Marci Antonii Gourguei, in supremo Burdigal. Senatu Principis, Parentalia, in Collegio Burdigal. Soc. Jesu celebrata; productore Leonardo ALAMAY, ejusdem Soc. *Burdigalæ*, de la Court, 1629, *in-4.*]

33127. ☞ In obitu Joannis de Gourgue, in supremo Aquitaniæ Senatu Præsidis amplissimi, ad illustrissimos filios Jacobum Armandum Lemovicensis, Provinciæ Præfectum, Jacobum Josephum Vazatensem Episcopum, & Joannem Michaelem in eodem supremo Aquitaniæ Senatu Præsidem infulatum, consolatio heroica; auctore Joanne PERIGAUD, è Soc. Jesu : *in-fol.*

M. le Président de Gourgue, dont le Père Perigaud fait ici l'éloge, est un descendant du premier Président de ce nom, mort en 1628, dont le corps fut inhumé chez les grandes Carmélites de Bordeaux, qui lui ont fait élever dans leur Eglise un Mausolée en marbre noir & blanc, assez bien exécuté.]

33128. Discours sur la Vie d'Estienne de la Boëtie, Conseiller au Parlement de Bourdeaux; par Michel DE MONTAIGNE, Chevalier des Ordres du Roi : *Paris*, Morel, 1572, *in-8.*

De Montagne (ou Montaigne) est mort en 1592.

33129. Ms. Mémoires pour la Vie d'Estienne de la Boëtie; recueillis par Philibert DE LA MARE, Conseiller au Parlement de Dijon.

Ces Mémoires sont conservés à Dijon, dans la Bibliothèque de M. de la Mare.

33130. Sommaire de la Vie de Michel de Montaigne, Chevalier des Ordres du Roi, Conseiller au Parlement de Bourdeaux.

Ce Sommaire est imprimé à la tête de ses *Essais* : *Paris*, 1611, *in-fol.* & *in-8.* Il rapporte lui-même, dans ses *Essais*, diverses circonstances de sa Vie.]

33131. ☞ Vie de Michel de Montaigne, par M. le Président Bouhier: *Londres*, 1741, *in-4.*

Cette Vie se trouve aussi à la tête de l'édition des *Essais de Montagne : Londres*, ou plutôt *Trévoux*, 1739, en 6 volumes *in-12.* & dans un *Recueil d'Eloges de quelques Auteurs François : Dijon*, 1741, *in-8.*]

33132. ☞ Mort de Charles de Secondat, Baron de Montesquieu ; par M. FRÉRON.

Dans l'*Année Littéraire*, 1755, tom. *I.* pag. 278-287 & 359.]

33133. ☞ Eloge historique de M. de Montesquieu ; par M. le Chevalier DE SOLIGNAC ; *Nancy*, 1756, *in-4.*

On en trouve l'Extrait dans l'*Année Littéraire*, 1756, tom. *VI.* pag. 107.]

33134. ☞ Eloge de M. le Président de Montesquieu; par M. D'ALEMBERT.

A la tête du tom. V. de l'*Encyclopédie*, & dans le Recueil des *Mélanges* de M. d'Alembert, *tom. II.* M. Fréron a fait des Remarques critiques sur cet Eloge : *Année Littéraire*, 1756, *tom. I.* pag. 101.]

33135. ☞ Eloge de M. de Montesquieu; par M. DE MAUPERTUIS : 1755, *in-8.*]

33136. ☞ Eloge de M. le Président de Montesquieu, en Vers; par M. LE FEVRE : 1755, *in-12.*]

33137. ☞ Discours prononcé le 25 Août 1763; par M.......... Conseiller au Parlement de Bordeaux, Directeur de l'Académie, à l'Assemblée publique de l'Académie Royale des Belles-Lettres, Sciences & Arts de Bourdeaux : *Mercure*, 1765, *Juillet*, pag. 119-124.

L'objet de ce Discours étoit de faire élever à M. de Montesquieu un Buste de marbre dans la Salle des Séances publiques, à côté de Descartes & de Montaigne. L'Académie à la fin de l'Assemblée a délibéré & arrêté, d'une voix unanime, l'érection de ce Buste.]

— ☞ Affaire du Parlement de Bordeaux, depuis 1752 jusqu'en 1756. = Autre en 1763. *Voyez* ci-dessous, IV. aux *Remontrances*.]

§. 6. *Du Parlement* [*de Dauphiné, ou*] *de Grenoble, érigé en* 1453.

33138. Ms. Histoire du Conseil Delphinal, ou du Parlement de Grenoble; par Guy ALLARD, Président en l'Election de Grenoble.

Cette Histoire [étoit] entre les mains de l'Auteur, [qui est mort en 1715.]

33139. Les Présidens uniques & premiers Présidens du Conseil Delphinal, ou du Parlement de Dauphiné ; par le même : *Grenoble*, 1695, *in-12.*

☞ *Voyez* le *Journal des Sçav.* 1695, *Décembre*.]

33140. Ms. Titres originaux concernant le Parlement de Grenoble : 2 paquets.

Ces Titres sont conservés dans la Bibliothèque du Roi, entre les Manuscrits de M. de Gaignières.

33141. Défense du Parlement de Dauphiné contre le Tiers-Etat : *Paris*, 1602, *in-4.*

33142. ☞ Recueil d'Edits, Déclarations, Arrêts, Réglemens & Concordats, concernant la Jurisdiction, les Privilèges, les Exemptions de Nosseigneurs du Parlement de Dauphiné, imprimé par les ordres de Nosdits Seigneurs : *Grenoble*, 1704, *in-fol.*]

33143. ☞ Ms. Arrêt du Conseil d'Etat, pour MM. du Parlement de Grenoble, contre MM. de la Chambre des Comptes.

L'Extrait collationné, en 34 pages, est à Dijon, dans la Bibliothèque de M. Fevret de Fontette.]

33144. ☞ Ms. Mémoires pour établir la Jurisdiction du Parlement & de la Chambre des Comptes du Dauphiné, sur la Principauté d'Orange, contre le Parlement de Provence.

Remontrances du Parlement de Provence pour établir la Jurisdiction sur la Ville de Gap & sur la Principauté d'Orange.]

Edit de 1714, qui met la Principauté d'Orange dans le Gouvernement & dans le Ressort du Dauphiné : *in-fol.*

Ces Pièces sont indiquées au num. 5936 du Catalogue de M. Secousse.]

33145. ☞ Recueil des Edits & Déclarations du Roi, Lettres-Patentes & Ordonnances de Sa Majesté, Arrêts & Réglemens de ses Conseils & du Parlement de Grenoble, concernant en général & en particulier la Province de Dauphiné : *Grenoble*, Giroud, 1720 & *ann. suiv. in*-4. 24 vol.

Il commence à l'Ordonnance d'Abbeville, du 9 Avril 1540. L'Ouvrage se continue.]

33146. ☞ Recueil d'Edits, Déclarations, Arrêts, Réglemens & Concordats contenant la Jurisdiction, les Privilèges & les Exemptions de Nosseigneurs du Parlement de Dauphiné : *Grenoble*, Giroud, 1755, *in-fol.*]

33147. Discours funèbre de Jean de Bellievre, Sieur de Hautefort, premier Président de Grenoble ; par Pierre MACICAUT : *Lyon*, Rigaud, 1684, *in*-8.

Il fut élevé à cette Dignité en 1584.

33148. * Oraison funèbre du même ; par Mathurin GAUTHIER, Jacobin : *in*-8.

— Eloges funèbres, &c. de Pierre le Goux de la Berchère, premier Président du Parlement du Dauphiné, & auparavant de celui de Dijon.

☞ *Voyez* ci-devant, N.ºs 33061-33065.]

33149. ☞ Laur. Crozat, Ejulatio Academica in obitu Petri le Goux de la Berchere, Principis Senatûs Gratianopolitani : *Gratianopoli*, Fremon, 1654, *in*-8.]

33150. La Vie de Claude Expilly, Président à Mortier au Parlement de Grenoble ; par Antoine BONIEL de Cathillon, Dauphinois, son neveu, Avocat-Général en la Chambre des Comptes de Dauphiné : *Grenoble*, Charuys, 1660, *in*-4.

Claude Expilly est mort en 1636, & Antoine Boniel en 1679.

33151. * Claudii Expilii Elogium ; auctore Philippo TOMASINO.

☞ Cet Eloge se trouve avec son Portrait, dans le *Recueil des Eloges Latins* de Tomasini, *tom. II. p*. 79: *Patavii*, 1644, *in*-4. L'Auteur l'a dédié à Gasparde Expilly, fille unique du défunt, qui étoit son ami.

L'Histoire du même Expilly, comme Poëte François, se trouve au tom. XV. de la *Bibliothèque Françoise* de l'Abbé Goujet.]

33152. Histoire de la Vie de Soffroy Calignon, Président au Parlement de Grenoble, Chancelier du Roi de Navarre ; par Guy ALLARD.

Cette Vie est une des Vies des trois *Hommes illustres du Dauphiné : Grenoble*, 1675, *in*-12.

Calignon est mort en 1606.

☞ Cette Vie se trouve aussi imprimée au tom. VII. de l'Edition Latine de l'*Histoire* de M. de Thou : *Londini*, 1733, *in-fol.*]

33153. ☞ Vie de J. P. de Valbonnays : 1732, *in*-12.

Voyez à la fin de cette Bibliothèque, les *Mémoires sur les Historiens*.]

33154. De Petri Boissati, Equitis, Comitis Palatini Vita, Libri duo ; auctore Nicolao CHORIER : *Gratianopoli*, Provensal, 1680, *in*-12.

Pierre Boissat, Vice-Bailli de Vienne, est mort en 1662.

33155. ☞ Histoire de la Vie & des Ouvrages du même ; par le P. NICERON.

Dans ses *Mémoires*, &c. tom. XIII. pag. 382.]

33156. ☞ Eloge du même.

Il se trouve aux *Mémoires* de l'Abbé d'Artigny ; tom. II. pag. 1-18.]

— ☞ Affaire du Parlement de Dauphiné ; en 1760. = Autre en 1763 & 1764.

Voyez ci-dessous, IV. aux *Remontrances*.]

§. 7. *Du Parlement de Normandie,* [ou de Rouen,] *érigé en* 1499.

33157. Ms. Titres originaux concernant le Parlement de Normandie : 7 paquets.

Ces Titres sont conservés dans la Bibliothèque du Roi, entre les Manuscrits de M. de Gaignières.

33158. ☞ Eclaircissemens donnés par M. MAILLART, au sujet de l'Echiquier de Normandie. *Mercure*, 1740, Décembre, Vol. II.]

☞ Extrait d'une Lettre de l'Auteur de la Description géographique & historique de la Haute Normandie, (D. Toussaints DU PLESSIS, à M. Maillart. *Mercure*, 1741, Février.]

☞ Observations sur les Eclaircissemens de M. Maillart, &c. *Ibid*. Mars.

Il s'agit dans ces trois Pièces de sçavoir si l'Echiquier, (ou ancienne Cour de Justice) de Normandie a eu le dernier ressort avant l'an 1499. M. MAILLART prétend que c'est à cette époque qu'il faut se fixer. Dom du Plessis & l'Auteur des Observations soutiennent, au contraire, que le Tribunal a toujours & de toute antiquité jugé souverainement, sauf en certain cas l'Appel au Roi, comme il se pratiquoit dans toute la France.]

33159. * Echiquiers tenus à Rouen, depuis l'an 1317 jusqu'à l'an 1499. Noms des Présidens & autres Juges qui y ont été députés, & les choses les plus remarquables qui s'y sont passées.

Parlement de Rouen ou Echiquier fait perpétuel.

Premiers Présidens du Parlement de Rouen, depuis son institution, & leurs Armoiries.

Catalogue des autres Présidens de ce Parlement, depuis 1499, avec leurs Armoiries.

Premiers Avocats-Généraux de ce Parlement, depuis 1499.

Procureurs-Généraux de ce Parlement, depuis 1499.

Toutes ces Listes sont rapportées par François FARIN, tom. I. de son *Histoire de la Ville de Rouen, depuis* la pag. 151-214 : *Rouen*, 1710, *in*-12.]

Des Parlemens de Rouen & d'Aix. 251

33160. ☞ De l'Echiquier; par M. BOUCHER D'ARGIS.
Dans l'*Encyclopédie*.]

33161. ☞ Observations (du même,) sur les Eclaircissemens donnés par M. Maillart, au sujet de l'Echiquier de Normandie. *Mercure*, 1741, *Mars, pag.* 433.]

33162. ☞ Mf. Dissertation sur l'Origine de l'Echiquier de Normandie, qui a remporté le Prix à l'Académie de Rouen; par M. TOUSTAIN DE RICHEBOURG, Lieutenant des Maréchaux de France.
Elle est conservée dans les Registres de l'Académie.]

33163. Mf. Extraits des Registres du Parlement de Normandie, depuis sa Création en 1499 jusqu'en 1643 : *in-fol.*
Ces Extraits [étoient] dans la Bibliothèque de M. le Chancelier Seguier, num. 296, [& sont aujourd'hui à S. Germain des Prés.]

33164. ☞ Mf. Registres du Conseil secret du Parlement de Normandie, depuis 1499 jusqu'en 1653, avec un Traité de l'Echiquier du Parlement de Normandie : 28 vol. *in-fol.*]

33165. ☞ Mf. Table alphabétique des Registres du Parlement de Normandie : *in-fol.*
Ces deux Articles sont indiqués aux num. 2171 & 2172 du Catalogue de M. Bernard.]

33166. ☞ Mf. Recueil d'Arrêts & de ce qui s'est passé au Parlement de Rouen, depuis l'an 1635 : *in-fol.*
Il est indiqué au num. 640 du Catalogue de M. de Pontcarré.]

33167. * Ordonnances, Edits & Déclarations concernant l'autorité, la jurisdiction & compétence de la Cour de Normandie; ensemble plusieurs Arrêts & Réglemens, tant du Conseil que de ladite Cour: *Rouen*, 1692, *in-12.*

33168. ☞ Recueil des Edits, Déclarations, Lettres-Patentes, Arrêts & Réglemens du Roi, registrés en la Cour de Parlement de Normandie, depuis 1643 jusqu'en (1754:) *Rouen*, Lallemant, 1755, *in-4.* 8 vol.]

33169. ☞ Mf. Virorum omnium Consularium, ab instituto Rothomagensi Senatu, hactenùs ordine promotorum, Libri quatuor; auctore Baptistâ CANDELARIO : *in-fol.*
Ce Manuscrit est indiqué au num. 689 du Catalogue de M. de Pontcarré.]

33170. ☞ Registres secrets de la Chambre de l'Edit de Rouen, depuis 1599 jusqu'en 1634: *in-fol.*
Dans la Bibliothèque de la Ville de Paris.]

33171. ☞ Interdiction du Parlement de Rouen : *Rouen*, 1640, *in-4.*]

33172. Claudii Grulartii, in supremo Normanniæ Senatu Præsidis, obitus; [Oratio Joan. ROENNI:] *Paris.* [Jacquin,] 1608, *in-8.*]

33173. * Oraison funèbre de Jean-Maximilien de Limoges, Président en la Chambre des Requêtes du Parlement de Rouen; par Artus LE MARCHAND, Jacobin: *Rouen*, 1606, *in-8.*

33174. ☞ Panégyrique de M. Pellot; par G. LESPENDRY : *Rouen*, 1676, *in-12.*]

33175. ☞ Mf. Histoire de la Vie & des Ouvrages de Jean-Laurent le Cerf de la Vieville de Freneuse, Garde des Sceaux du Parlement de Rouen ; par le P. NICERON.
Dans ses *Mémoires, tom. II. pag.* 49-53. M. de Freneuse est mort en 1707.]

33176. ☞ Eloge du même; par Dom LE CERF DE LA VIEVILLE, Bénédictin. *Mercure*, 1726, *Avril.*]

— ☞ Affaire du Parlement de Rouen, en 1756.= Autre, en 1759 & 1760.= Autre, en 1763 & 1764.
Voyez ci-dessous, IV. aux *Remontrances.*]

§. 8. *Du Parlement de Provence,* [ou d'*Aix*] érigé en 1501 [& 1502.]

33177. ☞ Mf. Histoire du Parlement de Provence, depuis son institution (en 1502) jusqu'en l'année 1715 ; (par M. ESMIVY, Seigneur DE MOISSAC, Conseiller au même Parlement:) *in-fol.*
L'Original est entre les mains des héritiers de l'Auteur. Il y en a plusieurs copies à Aix.]

33178. ☞ Mf. Mémoires touchant le Parlement de Provence : *in-fol.*
Ils sont indiqués num. 2178 du Catalogue de M. Bernard.]

33179. Discours fait par les Députés du Parlement de Provence dans le Parlement de Paris: *Paris*, 1649, *in-4.*
Ce Discours a été fait au sujet du Sémestre établi en ce temps-là dans le Parlement d'Aix, ou de Provence.

33180. Relation de ce qui s'est fait à Aix en Provence, depuis l'enlèvement du Roi, & en l'Affaire du Parlement: *Paris*, 1649, *in-4.*
Cette Affaire regarde le Sémestre.

33181. Lettre d'un Gentilhomme d'Aix sur le même sujet: *Paris*, 1649, *in-4.*
Le Comte d'Alais, Gouverneur de Provence, & le Sieur Gauffredy, Président du nouveau Sémestre, sont fort maltraités dans toutes ces Pièces.

33182. Lettre de PIERRE de Provence à la Reine, en forme d'Avis sur ce qui s'est passé en son Pays : *Paris*, 1649, *in-4.*
Cette Lettre est écrite en faveur du Parlement d'Aix, contre le nouveau Sémestre.

33183. Très-humble Remontrance du Parlement de Provence au Sémestre de Janvier, au Roi & à la Reine Régente : *in-fol.*
Ce Sémestre demande son rétablissement contre les anciens Officiers du Parlement.

33184. Lettre écrite à M. de Saint-Chamond, sur le sujet du Sémestre & des mouvemens de Provence, servant de Réponse aux calomnies publiées contre le Président Gauffridy; de Marseille le 18 Juillet 1649 : *in-4.*

33185. Très-humble Remontrance des Evêques, Ecclésiastiques, Gentilshommes, Officiers, Consuls des Villes, Communautés & Particuliers de Provence, au Roi & à la Reine Régente : *Paris*, 1651, *in*-4.

Cette Requête a été présentée au sujet du Parlement de Provence. Il y a dans le Livre V. de l'*Histoire d'Aix*, publiée par Jean Scholastique Pitton, plusieurs Pièces curieuses sur ce Sémestre : [*Aix*, 1666, *in-fol.*]

33186. Harangue faite au Roi & à la Reine Régente ; par le Sieur GIRAU, Officier de Sa Majesté, pour la réforme du Parlement de Provence : *Paris*, 1651, *in*-4.

C'est un Ecrit outré & violent contre le Parlement en faveur du Comte d'Alais, au sujet des troubles du Sémestre. On y répond aux Remontrances du Parlement, contre le Comte d'Alais, de 1650, dressées par le Président Jacques Galifet.

☞ *Voyez* ci-devant, Tome II. p. 550, N.° 23132.]

33187. ☞ Remontrances faites au Roi, étant à Lyon, par les Députés du Parlement de Provence ; prononcées par M. D'OPPEDE, premier Président au Parlement : *in*-4. (sans frontispice).]

33188. ☞ Remontrance du Parlement de Provence pour la réunion de la Vallée de Barcelonette à son ressort : *in-fol.*]

33189. ☞ Recueil des Titres & Pièces touchant l'Annexe, qui prouvent l'ancienneté de ce Droit, dont on a toujours usé en Provence, soit avant ou après l'Institution du Parlement ; (par M. Esminy, Sieur DE MOISSAC, Conseiller au Parlement de Provence :] *Aix*, Senez, 1727, *in-fol.* de 74 pages.

Ce Recueil a été réimprimé à *Paris*, *in*-12.....]

33190. ☞ Liasse de Mémoires sur le différend entre le Parlement, la Chambre des Comptes & la Cour des Aydes de Provence : *in-fol.*

Ce Recueil est indiqué au num. 2214 du Catalogue de M. Pelletier.]

33191. Mss. Mémoires de la Vie de Barthélemi de Chasseneuz, premier Président du Parlement de Provence ; [par Philibert DE LA MARE.]

Les Mémoires de la Vie de Chasseneuz, mort en 1544, sont conservés à Dijon, dans la Bibliothéque de M. de la Mare, & il en parle *pag.* 69 de son *Plan des Historiens de Bourgogne*. C'est peu de chose que ces Mémoires, au jugement de l'Auteur qui suit.

33192. Vie du même ; par Jean BOUHIER, Président au Parlement de Dijon.

Cette Vie, qui est pleine de recherches curieuses, est imprimée au-devant de la nouvelle Edition de la *Coutume de Bourgogne* : *Dijon*, de Fay, 1717, *in*-4.

33193. ☞ Histoire de la Vie & des Ouvrages du même ; par le P. NICERON.

Dans ses *Mémoires*, &c. tom. III. *p*. 365, & tom. X. *Part. I. pag.* 123, & *Part. II. pag.* 135.]

== ☞ Oraison funèbre de Messire Cardin le Bret, premier Président, &c.

Voyez ci-dev. aux *Conseillers d'Etat*, N.° 32743.]

33194. Les Emplois (de Jacques) DE GAUFRIDY, Président à Mortier, (lorsque le Parlement de Provence fut érigé en Sémestre :) *Aix*, 1687, *in*-12.

Ce Livre fut imprimé après la mort de cet Auteur, qui arriva en 1684. C'est une élévation continuelle à Dieu, qu'il prend pour témoin de la droiture de ses actions & de la sincérité de ses intentions. Il y rend compte des affaires de son temps, de ses Députations & Négociations en Cour, de ses actions pour le bien & la liberté de la patrie, des traverses & des maux qu'il a soufferts à ce sujet. L'Ouvrage est assez bien écrit, à quelques vieux mots près.

☞ C'est une espèce de justification de la conduite de l'Auteur dans les différentes places qu'il avoit remplies. Il étoit une des créatures du Comte d'Alais, dont cependant il n'approuve pas toujours la conduite. On a de lui une Histoire manuscrite de Provence, depuis 1628 jusqu'en 1660. On en parlera dans les *Histoires des Provinces*.]

33195. Tumulus Ludovici Chenæi, Equitis, in supremo Aquensium Senatu Præsidis æquissimi ; auctore Spiritu GARNERIO, Aquensi, Legum studioso : *Aquis-Sextiis*, 1613, *in*-8.

33196. ✶ Gabrielis NAUDÆI, Epistola ad Petrum Gassendum, de Obitu Nicolai Fabricii Peirescii : *Romæ*, 1638, *in*-4.

Cette Lettre est aussi imprimée avec la Vie de Peiresc par Gassendi, ci-après.

33197. Laudatio funebris Claudii Fabri Peirescii, Senatoris Aquensis ; à Joanne-Jacobo BURCARDO, Parisino : *Venetiis*, 1638 ; *Aquis-Sextiis*, 1639, *in*-4.

Claude Fabri de Peiresc est mort en 1636. Son Oraison funèbre fut prononcée à Rome cette année-là par Jean-Jacques Bouchard, Parisien. Elle est aussi imprimée à la fin du Livre suivant.

33198. Vita ejusdem ; per Petrum GASSENDUM, Ecclesiæ Diensis Præpositum : *Parisiis*, Cramoisy, 1641, *in*-4. *Hagæ-Comitis*, Vlacq, 1651, *in*-12.

Eadem, cum auctuario Petri BORELLI : *Hagæ-Com.* 1655, *in*-4. *Quedlemburgi*, 1708, *in*-12.

Cette même Vie est imprimée dans le tom. V. des Œuvres de Gassendi : *Lugduni*, 1658, *in-fol.* Elle est très-bien écrite, & par un Auteur qui avoit vécu long-temps & familièrement avec ce sçavant homme. Il l'acheva à Die le 17 Février 1639. Elle a été traduite en François par François Baudot, Maître de la Chambre des Comptes de Dijon, en 1711 ; mais cette Traduction n'a pas été publiée.

33199. ☞ In clarissimum virum Nicolaum Claudium Fabricium de Peyresc, Senatorem Aquensem Epicedion ; auctore Balthazare DE VIAS : *Massiliæ*, 1642, & *Paris.* 1643, *in*-4.

C'est un Poëme de 4 à 500 vers, & l'un des meilleurs Ouvrages de l'Auteur, qui est mort en 1667.

Voyez les *Mémoires des Hommes illustres de Provence*, du P. Bougerel, de l'Oratoire : *Paris*, 1752, *in*-12. *pag*. 186.]

33200. Eloge historique du même ; par Charles PERRAULT, de l'Académie Françoise.

Cet Eloge est imprimé à la *pag*. 45 du tom. I. de ses *Hommes illustres* : *Paris*, 1698, *in-fol.*

33201. ☞ Vie de Nic. Claude Peireic, Conseiller au Parlement de Provence ; où l'on trouve quantité de choses curieuses concernant la Physique, l'Histoire & l'Antiquité ; par M. REQUIER: *Paris*, Musier, 1770, *in-*12.

C'est principalement d'après l'Ouvrage de Gassendi que M. Riquier a composé le sien.
Voyez le *Journal de Verdun*, 1770, *Sept. pag.* 193.]

33202. Eloge de François Gaufridy, Conseiller au Parlement de Provence ; par Jean-Henri DE LOMBARD, Sieur de Gourdon, ancien Président au Sénat de Nice.

Cet Eloge est à la tête de l'*Hist. de Provence*, par Jean-François Gaufridy, mort en 1689 : *Aix*, 1694, *in-fol.*
☞ M. Lombard, Lieutenant-Général au Siège de Grasse, est mort en 1720.]

33203. ☞ Mémoires contre M. de Michaelis, ci-devant Conseiller au Parlement de Provence : (*Aix*,) 1709, *in-*4.

Le second, qui traite de l'usage des Mercuriales, ou Jugemens contre les Membres de ce Parlement, a été réimprimé *in-*12. (à *Paris*,) à l'occasion de l'Arrêt du Parlement d'Aix, du 17 Mai 1763, rendu contre MM. d'Eguilles, de Montvallon, &c.]

33203.* ☞ Mſ. Histoire du Parlement de Provence, depuis son Institution en 1501, jusqu'à la mort de Louis XIV. *in fol.*

Ce Manuscrit, de 652 pages, est conservé à Avignon, dans la Bibliothèque de M. de Cambis-Velleron, n. 93, selon son Catalogue raisonné : *Avignon*, 1770, *in-*4. *pag.* 454.]

§. 9. *Du Parlement de Navarre,* [*ou de Pau*,] *érigé en* 1626.

33204. ☞ Remontrance faite en 1626, à la première ouverture du Parlement de Navarre, séant à Pau, sur le sujet de l'union de la Chancellerie de Navarre au Conseil Souverain de Béarn : *in-*8.]

33205. ☞ Edit du Roi, du mois d'Avril 1668, portant réglement sur les différends entre le Parlement de Pau, le Clergé de Béarn & les Sujets de Sa Majesté de la Religion Prétendue-Réformée : *in-*4.]

33206. ☞ Etat des Pays qui ressortissent au Parlement de Pau, pour les affaires domaniales & féodales, comme ayant été du Domaine de Navarre, lesquels Pays sont d'ailleurs du ressort des Parlemens de Bourdeaux & de Toulouse.

On trouve cet Etat dans la dernière Edition de la *Méthode pour étudier la Géographie*, par l'Abbé Lenglet, revue & augmentée : (*Paris*, Tilliard, 1768, 10 vol.) *pag.* 582, *du tom. V.*]

§. 10. *Du Parlement de Metz*, *érigé en* 1633.

33207. ☞ Relation de l'établissement & première ouverture du Parlement de Metz : *Metz*, 1633, *in-*4.

33208. ☞ Gravamina de Tribunalium Gallicorum, Metensis & Bisacensis molitionibus in Ducatum Bipontinum : *in-*4.]

33209. ☞ Oraison funèbre de Thomas de Bragelogne, premier Président du Parlement de Metz [prononcée en l'Eglise Cathédrale de Metz le 18 Mars 1681 ;] par Guillaume D'AUBENTON, Jésuite : *Metz*, Colignon, 1681, *in-*4.]

33210. Eloge de Nicolas Rigaud, Doyen du Parlement de Metz, Garde de la Bibliothèque du Roi ; par RIGAUD, son neveu : *in-fol.*

Nicolas Rigaud est mort en 1653.

33211. Eloge historique du même ; par Charles PERRAULT, de l'Académie Françoise.

Cet Eloge est imprimé à la *pag.* 63 du tom. de ses *Hommes illustres* : *Paris*, 1701, *in-fol.*

33212. ☞ Histoire de la Vie & des Ouvrages du même ; par le P. NICERON.

Dans ses *Mémoires*, &c. *tom. XXI. pag.* 56-69.]

— ☞ Des dernières disgraces du Parlement de Pau, en 1764, &c.

Voyez ci-après, IV. aux Remontrances.]

§. 11. *Du Parlement de Franche-Comté, ou de Besançon, érigé en* 1674 *à Dole, & en* 1676 *à Besançon.*

33213. ☞ Mſ. Dissertation sur l'Institution primitive du Parlement de Franche-Comté ; par M. le Président DE COURBOUZON, Secrétaire perpétuel de l'Académie de Besançon.

Dans les Registres de cette Académie.]

33214. ☞ Réglement donné par le Roi en 1690, pour le Parlement de Besançon : *Besançon*, 1694, *in-*12.]

33215. ☞ Recueil des Edits & Déclarations du Roi, Arrêts & Réglemens du Parlement de Besançon, publiés & enregistrés depuis 1674 : *Besançon*, Rochet, 1742 *& suiv. in-fol.* 6 vol.

Le Tome VI. finit en 1739.]

33216. ☞ Mſ. Les Registres du Parlement de Franche-Comté, mis au net & rangés par ordre de matières, par les Commissaires du Parlement nommés en 1732 ; sçavoir, MM. ROEUSE, DE COURBOUZON, D'AUXON, MAIRE & D'ESNANS.

Les anciens Registres étoient divisés en deux Parties ; la première contenant les anciennes Délibérations & plusieurs Pièces concernant l'autorité, les droits & prérogatives du Parlement, dans 15 volumes, sans suite ni cotes de feuillets ; la seconde, en 18 volumes d'Actes importans, depuis l'an 1573. La plupart d'écriture difficile à lire & sans répertoire général. La nouvelle Collection mise au net par lesdits Commissaires, & à laquelle M. d'Esnans a eu la plus grande part, contient 12 volumes. Les deux premiers concernent les droits, autorité & prérogatives du Parlement. = Les Remontrances depuis la Conquête de 1674 : 3 vol. = Ce qui a trait à la Noblesse & à l'état des personnes : 2 vol. = La Correspondance avec la Cour : 4 vol. = Le Répertoire général des 18 volumes d'Actes importans : 1 vol.

Je ne parle pas des Registres des Bulles qui sont enregistrées au Parlement, depuis 1580, qui sont en huit volumes. = Les Edits & Réglemens publiés depuis 1573 jusqu'à la Conquête : 5 vol. = Ceux publiés depuis, & l'Inventaire des Titres de l'Archevêché : en 1 gros vol.]

33217. ☞ Panégyrique de M. Jean-Jacques Bonvalot, Chevalier Président du Comté de Bourgogne ; par Philippe ALIX : *Besançon, 1667, in-4.*]

33218. ☞ Mſ. Eloge hiſtorique de Guy Arménie, Préſident du Parlement des deux Bourgognes ; par M. l'Abbé GUILLAUME, de l'Académie de Beſançon.

Cet Eloge eſt conſervé dans les Regiſtres de cette Académie, auſſi-bien que les ſept qui ſuivent.]

33219. ☞ Mſ. Mémoire pour ſervir à l'Hiſtoire de Mercurin de Gattinare, premier Préſident du Parlement de Dole, enſuite Cardinal & Chancelier de Charles-Quint ; par M. le Préſident DE COURBOUZON, Secrétaire de l'Académie de Beſançon.]

33220. ☞ Mſ. Mémoires pour ſervir à l'Hiſtoire d'Antoine, Baron de Brun, Procureur-Général du Parlement de Dole, Plénipotentiaire de la Cour d'Eſpagne à la Paix de Munſter, & Ambaſſadeur en Hollande, première Partie ; par M. BINETRUY DE GRAND-FONTAINE, Secrétaire perpétuel de l'Académie de Beſançon.]

33221. ☞ Mſ. Vie du Préſident Philippe, Plénipotentiaire à la Diéte de Ratisbonne en 1667, & Envoyé de la Cour d'Eſpagne en Suiſſe ; par M. le Préſident DE COURBOUZON, Secrét. de l'Acad. de Beſançon.]

33222. ☞ Mſ. Mémoires de Meſſire Claude-Ambroiſe Philippe, Chevalier, Préſident au Parlement de Beſançon : *in-fol.* 2 vol.

Cet Ouvrage eſt tout-à-la-fois, la Vie de l'Auteur & l'Hiſtoire de quelques faits arrivés de ſon temps en Franche-Comté. Il eſt mort en 1697, âgé de 83 ans.]

33223. ☞ Mſ. Eloge hiſtorique de M. de Quinſſonas, premier Préſident du Parlement de Beſançon, & l'un des quatre Directeurs-nés de l'Académie ; par le même.]

33224. ☞ Mſ. Eloge hiſtorique de M. Bietrix de Pelouſcy, Conſeiller au Parlement de Franche-Comté ; par le même.]

33225. ☞ Mſ. Eloge hiſtorique de M. le Préſident de Courbouzon, Secrétaire perpétuel de l'Académie de Beſançon ; par M. BINETRUY DE GRANDFONTAINE, Secrétaire de la même Académie.]

33226. ☞ Mſ. Eloge de M. François Hélie de Courchetet, Seigneur d'Eſnans, Conſeiller au Parlement de Beſançon, Membre de l'Académie de cette Ville, &c. mort en 1766 ; par M. DROZ, Conſeiller au Parlement de Beſançon, Secrétaire perpétuel.]

— ☞ Pièces ſur l'Affaire du Parlement de Beſançon, depuis 1759 juſqu'en 1761. = Autre, en 1763 & 1764.

Voyez ci-deſſous, IV, aux *Remontrances*.]

§. 12. *Du Parlement* [*de Flandre*,] *érigé en* 1688, *à Tournay, & transféré à Douay en* 1713.

33227. Hiſtoire du Parlement de Tournay, contenant l'établiſſement & le progrès de ce Tribunal ; par Matthieu PINAULT, Seigneur des Jaunaux, Préſident à Mortier audit Parlement : *Valencienne*, Henri, 1701, *in-4.*

☞ *Voyez* le Journal des Sçavans, 1703, *Mars.* = *Mém.* de Trévoux, 1703, Février.]

33228. ☞ Recueil des Edits, Déclarations, Arrêts & Réglemens qui ſont propres & particuliers aux Provinces du reſſort du Parlement de Flandre ; par M. VERNIMEN : *Douay*, 1720, *in-4.*]

§. 13. *Du Conſeil Souverain de Rouſſillon,* [*ou de Perpignan.*]

33229. ☞ Diſſertation ſur la Juriſdiction univerſelle du Conſeil Souverain de Rouſſillon ; par M. l'Abbé XAUPI.

Elle ſe trouve à la fin de ſes *Recherches ſur la Nobleſſe des Citoyens de Perpignan, &c. Paris,* 1763, *in-*12.]

§. 14. *Du Conſeil Souverain d'Alſace, érigé d'abord à Enſisheim en* 1674, *& transféré enſuite à Colmar.*

33230. ☞ Mſ. Mémoires concernant l'établiſſement d'une Chambre Souveraine en Alſace : *in-fol.*

Ces Mémoires, qui viennent de M. Lancelot, ſe trouvent dans la Bibliothèque du Roi.]

33231. ☞ Recueil d'Ordonnances du Roi & Réglemens du Conſeil Souverain d'Alſace, depuis ſa création juſqu'à préſent : *Colmar*, Decker, 1738, *in-fol.*

Ce Recueil va depuis 1657 juſqu'en 1737.]

§. 15. *Du Parlement de Dombes.*

☞ Lorſque le Roi acquit en 1762 cette Principauté, enclavée dans la Breſſe, Sa Majeſté jugea à propos de conſerver ce Parlement, & de le mettre au nombre de ceux de France.]

33232. ☞ Du Parlement de Dombes ; par M. BOUCHER D'ARGIS, Avocat.

C'eſt un Article de l'*Encyclopédie.* On peut voir auſſi ce qui en eſt dit dans l'Article de *Dombes*, pag. 324 du tom. IV. du *Dictionnaire* de MORÉRI, édition de 1759. *Voyez* encore ci-après, à la fin des *Hiſtoires de Bourgogne.*]

33233. ☞ Mſ. Lettre d'un Conſeiller au Parlement de Paris, concernant l'enregiſtrement des Lettres-Patentes accordées par le Roi aux Officiers du Parlement de Dombes : 1683.

Cette Lettre eſt dans la Bibliothèque de M. Fevret de Fontette, à Dijon.]

§. 16. *De la Cour Souveraine de Nancy, ou de Lorraine.*

33234. ☞ Mémoires pour la Cour Souveraine de Lorraine, contre le Parlement de Metz; par M. Charles-Nicolas COSTER, Avocat & Négotiant à Nancy: 1766, *in-4.*]

33235. ☞ Vie de Jean-Léonard Bourcier de Montureux; par Jean-Louis BOURCIER de Montureux son fils, Procureur-Général à la Cour Souveraine de Nancy: 1740, *in-12.*

L'Auteur étoit né à Luxembourg le 12 Mai 1687, & il est mort le 14 Mars 1751.]

— ☞ Affaire de la Cour de Nancy, en 1758. *Voyez* ci-dessous, IV. aux *Remontrances.*]

III. *Registres secrets du Conseil du Parlement de Paris,* [& *Pièces relatives.*]

Les Registres du Parlement, depuis 1229, sous saint Louis, jusqu'à la mort de Louis XIII. en 1643, sont en cinquante-trois volumes; le premier, coté A. est intitulé: *Ordinationes antiquæ*; il contient les Ordonnances, depuis le mois d'Août 1229 jusqu'au 7 Novembre 1415. Le second, coté B. appelé le *Volume croisé*, contient les Ordonnances, depuis le 13 Juillet 1342 jusqu'au 25 Janvier 1421; le surplus de ce Volume est rempli des Ordonnances de Henri IV. Roi d'Angleterre, se disant Roi de France. Le troisième, coté C. est intitulé: *Liber Accordorum*; il contient les Ordonnances du Parlement, transféré à Poitiers, depuis 1418 jusqu'au 9 Avril 1434. Le quatrième, coté D. est intitulé: *Ordinationes Barbinæ*; il contient la suite des Ordonnances du Roi d'Angleterre, jusqu'au 16 Mars 1435, & ensuite celles de Charles VII. jusqu'au 22 Juillet 1461, & ensuite sont les premières Ordonnances faites par Louis XI. Ces quatre premiers Volumes sont suivis de trois Volumes des Ordonnances de ce Roi, cotés E. F. G. d'un de Charles VIII. coté H. d'un de Louis XII. coté I. de cinq de François I. cotés K. L. M. N. O. de sept de Henri II. cotés P. Q. R. S. T. V. X. d'un de François II. coté Y. de huit de Charles IX. cotés Z. AA. BB. CC. DD. EE. FF. GG. de huit de Henri III. cotés HH. II. KK. LL. MM. NN. OO. PP. d'un des Ordonnances de Henri III. & de Henri IV. le Parlement séant à Tours, coté QQ. de six de Henri IV. cotés RR. SS. TT. VV. XX. YY. de huit de Louis XIII. cotés ZZ. AAA. BBB. CCC. DDD. EEE. FFF. & GGG. Les autres sont les Ordonnances de Louis XIV. Il se trouve dans ces Volumes des Pièces très-curieuses, non-seulement pour le Droit & la Jurisprudence de France, mais aussi pour l'Histoire de ce Royaume & les Droits du Roi. Ceci est extrait de M. Blanchard.

Les Registres suivans ne sont que des Extraits de ce qui regarde les Affaires publiques; je les ai séparés des Histoires de ce Parlement, afin de ne point trop interrompre la suite de celles des Parlemens, & parceque ces Registres étoient en assez grand nombre pour en former une Section.

33236. Ms. Registre du Parlement de Paris, intitulé, *Olim*, depuis l'an 1254 jusqu'en 1173 : *in-fol.*

Ms. Traduction Françoise de ce Registre: *in-fol.*

Ms. Extrait de ce Registre : *in-fol.*

Ces trois Volumes [étoient] dans la Bibliothèque de M. le Chancelier Seguier, num. 250 & 252. [Ils sont aujourd'hui à S. Germain des Prés.]

Ms. Registre du Parlement, dit, *Olim*, depuis l'an 1110 jusqu'en 1318 : *in-fol.*

Ms. Autre; recueilli par M. Pithou : *in-fol.*

Ces deux Volumes sont conservés dans la Bibliothèque de M. le Chancelier d'Aguesseau.

33237. Ms. Les Jugés du Parlement, ou Registre appelé *Olim*, depuis l'an 1254 jusqu'en 1317 : *in-fol.* 3 vol.

Ce Registre [étoit] dans la Bibliothèque de M. le Président de Lamoignon. [Il est aussi indiqué num. 3228 du Catalogue de M. le Blanc.]

33238. Ms. Registre du Parlement, depuis l'an 1319 jusqu'en 1351 : *in-fol.*

Ms. Abrégé des Registres du Parlement, depuis l'an 1274 jusqu'en 1372 : *in-fol.*

Ms. Registre du Parlement, depuis l'an 1364 jusqu'en 1390 : *in-fol.*

Ces trois Volumes [étoient] dans la Bibliothèque de M. le Chancelier Seguier, num. 263, 269, 266, [& sont à S. Germain des Prés.]

33239. Ms. Extraits des Registres du Parlement, depuis l'an 1312 jusqu'en 1394 : *in-fol.*

Ces Extraits sont conservés dans la Bibliothèque de M. le Chancelier d'Aguesseau.

33240. Ms. Extraits notables des plus anciens Registres du Parlement, écrits par P. *in-fol.*

Ces Extraits sont conservés entre les Manuscrits de M. Dupuy, num. 234.

33241. Ms. Registre du Parlement, depuis l'an 1337 jusqu'en 1415 : *in-fol.*

Ce Registre [étoit] dans la Bibliothèque de M. le Chancelier Seguier, num. 87, [& est à S. Germain des Prés.]

33242. Ms. Extraits des Registres du Parlement, depuis 1414 jusqu'en 1428 : *in-fol.*

Ces Extraits sont conservés dans la Bibliothèque de M. le Chancelier d'Aguesseau.

33243. Ms. Extraits des Registres du Parlement, depuis 1364 jusqu'en 1433 : *in-fol.*

Ces Extraits [étoient] dans la Bibliothèque de M. le Chancelier Seguier, num. 255.

33244. Ms. Registre du Parlement séant à Poitiers, depuis le 20 Décembre 1418 jusqu'en 1436 : *in-fol.*

Ce Registre est conservé parmi les Manuscrits de la Bibliothèque de M. le Chancelier Seguier, num. 270, & dans celle de M. le Chancelier d'Aguesseau.

33245. Ms. Registre du Parlement du temps des Anglois, depuis Novembre 1428 jusqu'en Avril 1436, ou Registre du Conseil du Parlement qui ne se trouve point parmi les autres, ayant été emporté en Angleterre, lorsque les Anglois furent chassés de Paris par les gens de Charles VII. Jouxte la copie qui se trouve à Londres : *in-fol.*

Ce Registre est conservé dans la Bibliothèque de [S. Germain des Prés, parmi les Manuscrits de] M. le Chancelier Seguier, num. 297, dans celle de M. le Chancelier d'Aguesseau, [& à S. Victor.]

Liv. III. *Histoire Politique de France.*

33246. ☞ Mſ. Extraits des Regiſtres XX. & XXI. commençant au mois de Novembre 1462, juſqu'au mois de Septembre 1469, leſquels Regiſtres ſont perdus : *in-fol.*

Ces Regiſtres ſont indiqués num. 3233 du Catalogue de M. le Blanc.]

33247. Mſ. Regiſtre du Parlement, depuis l'an 1377 juſqu'en 1477 : *in-fol.*

Ce Regiſtre [étoit] dans la Bibliothèque de M. le Chancelier Seguier, num. 301, [& eſt à S. Germain des Prés.]

33248. Mſ. Extraits des Regiſtres du Parlement, depuis l'an 1402 juſqu'en 1487 : *in-fol.*

Ces Extraits ſont conſervés entre les Manuſcrits de M. Dupuy, num. 300.

33249. Regiſtre du Parlement, depuis l'an 1414 juſqu'en 1496 : *in-fol.* 3 vol.

Ce Regiſtre [étoit] dans la Bibliothèque de M. le Chancelier Seguier, num. 266, [& eſt à S. Germain des Prés.]

33250. Mſ. Extraits de pluſieurs Regiſtres perdus du Conſeil du Parlement de Paris, depuis l'an 1400 juſqu'en 1507, pris ſur des Extraits qui ſont à la Bibliothèque du Roi, faits & rédigés par le Préſident Briſſon, depuis l'an 1395 juſqu'en 1558 : *in-fol.*

Ces Extraits ſont conſervés dans la Bibliothèque de M. le Chancelier d'Agueſſeau.

33251. Mſ. Regiſtres du Conſeil du Parlement, depuis l'an 1364 juſqu'en 1525 : *in-fol.* 7 vol.

Mſ. Extraits de ces mêmes Regiſtres : *in-fol.*

Ces Volumes [étoient] dans la Bibliothèque de M. le Chancelier Seguier, num. 260 & 300. [Ils ſont aujourd'hui à S. Germain des Prés.]

33252. ☞ Mſ. Regiſtre du Conſeil ſecret du Parlement, depuis 1364 juſqu'en 1498 : *in-fol.*

Autre, depuis 1364 juſqu'en 1522 : *in-fol.*

Ces Manuſcrits (avec 5 Porte-feuilles,) ſont conſervés dans la Bibliothèque de la Ville, parmi les Manuſcrits de M. Godefroy, num. 173-179.]

33253. Mſ. Regiſtres perdus du Parlement, depuis l'an 1505 juſqu'en 1537 : *in-fol.*

Ce Volume eſt conſervé dans la Bibliothèque de M. le Chancelier d'Agueſſeau.

33254. ☞ Regiſtres du Parlement, depuis l'an 1514 juſqu'en 1549.

Autres, depuis 1524 juſqu'en 1540.

Ces deux Volumes *in-fol.* ſont dans la Bibliothèque de la Ville de Paris, num. 413 & 414.]

33255. ☞ Mſ. Extraits des Regiſtres ſecrets du Parlement de Paris, commençant en 1531 & finiſſant en 1545 : *in-fol.* 3 vol.

Ces Regiſtres ſont indiqués num. 3234 du Catalogue de M. le Blanc.]

33256. Mſ. Regiſtre du Parlement, depuis Novembre 1514 juſqu'en 1547 : *in-fol.*

Ce Regiſtre eſt conſervé entre les Manuſcrits de M. Dupuy, num. 83.

33257. Mſ. Extraits des Regiſtres du Parlement, depuis l'an 1364 juſqu'en 1556 : *in-fol.*

Ces Extraits [étoient] dans la Bibliothèque de M. le Préſident de Lamoignon.

33258. Mſ. Omiſſions des Regiſtres du Parlement, depuis l'an 1391 juſqu'en 1556 : *in-fol.* 2 vol.

Ces Omiſſions ſont conſervées dans la Bibliothèque de M. le Chancelier d'Agueſſeau.

33259. Mſ. Regiſtre du Parlement, depuis l'an 1492 juſqu'en 1556 : *in-fol.*

Ce Regiſtre [étoit] dans la Bibliothèque de M. le premier Préſident de Meſme.

33260. Mſ. Regiſtre du Parlement, depuis l'an 1550 juſqu'en 1556 : *in-fol.*

Ce Regiſtre [étoit] dans la Bibliothèque de M. Pelletier de Souſy.

33261. Mſ. Extraits de divers Regiſtres du Parlement, depuis l'an 1363 juſqu'en 1560, non-continués, mais amples depuis l'an 1557 : *in fol.*

Ces Extraits ſont conſervés entre les Manuſcrits de M. Dupuy, num. 132.

33262. Mſ. Extraits particuliers de cent quatre-vingt-ſix volumes des Regiſtres du Conſeil du Parlement, depuis le 12 Novembre 1364 juſqu'au 31 Mars 1575 : *in-fol.*

Ces Extraits [étoient] dans la Bibliothèque de M. de Caumartin, [mort Evêque de Blois en 1733.]

33263. Mſ. Etabliſſement du Parlement en la Ville de Tours par le Roi Henri III. en 1589 ; avec pluſieurs circonſtances arrivées en conſéquence durant les Guerres de Paris : *in-fol.*

Ce Volume eſt conſervé dans la Bibliothèque du Roi, num. 9566.

33264. Mſ. Arrêts donnés au Parlement de Tours, concernant les Affaires publiques, depuis l'an 1589 juſqu'en 1593 : *in-fol.*

Ce Recueil eſt conſervé [dans la Bibliothèque du Roi,] entre les Manuſcrits de M. de Brienne, num. 110.

33265. Mſ. Regiſtres du Parlement de Tours, depuis le mois de Mai 1589 juſqu'au 7 Avril 1594 : *in-fol.* 3 vol.

Ces Regiſtres [étoient] dans la Bibliothèque de M. de Lamoignon, & dans celle de M. le Chancelier Seguier, num. 261, [aujourd'hui à S. Germain des Prés.]

33266. Mſ. Regiſtre du Parlement ſéant à Tours & à Châlons, depuis le 6 Juin 1591 juſqu'au 5 Avril 1594. Extraits des Regiſtres du Parlement ſéant à Châlons, depuis le 11 Novembre 1589 juſqu'au 28 Juin 1591 : *in-fol.*

Ce Volume [étoit] dans la Bibliothèque de M. le Préſident de Lamoignon.

33267. Mſ. Regiſtre du Parlement de Tours & de Châlons : *in-fol.*

Ce Regiſtre [étoit] dans la Bibliothèque de M. le Chancelier

Regiſtres du Parlement de Paris. 257

Chancelier Seguier, num. 270, [& eſt aujourd'hui à S. Germain des Prés.]

33268. Mſ. Additions aux Regiſtres du Conſeil du Parlement de Paris, depuis le mois de Février 1479 juſqu'en Avril 1590 : *in-fol.*

Ce Volume [étoit] dans la Bibliothèque de M. de Caumartin, [mort Evêque de Blois en 1733.]

33269. Mſ. Extraits des Regiſtres du Parlement, depuis l'an 1575 juſqu'en 1625 : *in-fol.*

Ces Extraits [étoient] dans la même Bibliothèque.

33270. Mſ. Extraits des Regiſtres du Parlement, depuis l'an 1364 juſqu'en 1627 : *in-fol.* 31 vol.

Ces Extraits ſont conſervés dans la Bibliothèque de M. le Chancelier d'Agueſſeau.

33271. Mſ. Extraits des Regiſtres du Parlement, depuis l'an 1400 juſqu'en 1627 : *in-fol.* 6 vol.

Ces Extraits [étoient] dans la Bibliothèque de M. le Chancelier Seguier, num. 254, [& ſont aujourd'hui à S. Germain des Prés.]

33272. Mſ. Extraits des Regiſtres du Parlement, depuis l'an 1344 juſqu'en 1630 : *in-fol.*

Ce Volume eſt conſervé entre les Manuſcrits de M. Dupuy, num. 215.

33273. Mſ. Extraits des Regiſtres du Parlement, depuis l'an 1479 juſqu'en 1631 : *in-fol.* 3 vol.

Ces Extraits ſont conſervés [dans la Bibliothèque du Roi, entre les Manuſcrits de M. de Brienne, num. 152-254.

33274. Mſ. Extraits des Regiſtres du Parlement, depuis l'an 1594 juſqu'en 1635 : *in-fol.*

Ces Extraits [étoient] dans la Bibliothèque de M. Pelletier le Miniſtre, num. 132.

33275. Mſ. Regiſtres du Parlement, depuis l'an 1550 juſqu'en 1637 : *in-fol.* 10 vol.

Ces Regiſtres ſont conſervés dans la Bibliothèque du Roi, num. 9391-9400.

33276. Mſ. Recueil des Délibérations du Parlement, depuis Novembre 1632 juſqu'en Novembre 1637 : *in-fol.*

Ce Recueil eſt conſervé entre les Manuſcrits de M. Dupuy, num. 735, & [il étoit auſſi] dans la Bibliothèque de M. l'Abbé de Caumartin.

33277. Mſ. Mémoires du Parlement, depuis Novembre 1628 juſqu'en Janvier 1639 : *in-fol.* 2 vol.

Ces Mémoires ſont conſervés dans la Bibliothèque de M. le Chancelier d'Agueſſeau.

33278. Mſ. Regiſtres du Parlement, depuis l'an 1634 juſqu'en 1643 : *in-fol.*

Ces Regiſtres [étoient] dans la Bibliothèque de M. le Chancelier Seguier, num. 257, [& ſont à S. Germain des Prés.]

33279. ☞ Mſ. Regiſtres du Parlement de Paris, depuis l'an 1364 juſqu'en 1646 : *in-fol.* 25 vol.

Ce Recueil eſt indiqué num. 3229 du Catalogue de M. le Blanc. Il y manquoit 2 vol. comprenant depuis 1598 juſqu'en 1612, & depuis 1633 juſqu'en 1636.]

33280. Mſ. Regiſtre du Parlement, depuis le 9 Décembre 1648 juſqu'au dernier Mars 1649 : *in-fol.*

Ce Regiſtre eſt conſervé entre les Manuſcrits de M. Dupuy, num. 725.

33281. Mſ. Extraits des Regiſtres du Parlement, depuis l'an 1643 juſqu'en 1651 : *in-fol.* 2 vol.

33282. Mſ. Aſſemblées du Parlement, en 1650, 1651 & 1652, ſur le ſujet des troubles : *in-fol.* 2 vol.

33283. Mſ. Regiſtres du Parlement, concernant les Affaires de Paris, depuis l'an 1648 juſqu'en 1652 : *in-fol.* 5 vol.

Ces trois derniers Articles [étoient] dans la Bibliothèque de M. le Chancelier Seguier, num. 258, 304 & 358, [& ils ſont dans celle de S. Germain des Prés.]

33284. Mſ. Regiſtre du Parlement transféré à Pontoiſe, juſqu'au 31 Octobre 1652 : *in-fol.*

Ce Regiſtre eſt conſervé dans la même Bibliothèque, num. 362, & [étoit] dans celle de M. Foucault, [qui a été vendue après ſa mort.]

33285. Mſ. Regiſtres du Parlement, depuis le mois de Novembre 1364 juſqu'au 25 d'Octobre 1655 : *in-fol.* 38 vol.

Ces Regiſtres [étoient] dans la Bibliothèque de M. l'Abbé d'Eſtrées, [qui a été réunie à celle de S. Germain des Prés.]

33286. ☞ Mſ. Regiſtres du Parlement de Paris, depuis 1651 juſqu'en 1657, avec un Supplément pour l'année 1652, contenant des différences de ce qui eſt porté dans ce Recueil : *in-fol.* 3 vol.

Ces Regiſtres ſont indiqués num. 3230 du Catalogue de M. le Blanc.]

33287. Mſ. Regiſtres du Parlement, depuis l'an 1364 juſqu'en 1664, avec les Additions : *in-fol.* 30 vol.

Ces Regiſtres [étoient] dans la Bibliothèque de M. Colbert, & [ont paſſé dans celle de M. le Roi.] Ils étoient en quarante-huit volumes *in-fol.* dans celle de M. Foucault, [qui a été vendue.]

33288. Mſ. Regiſtres du Parlement, depuis l'an 1364 juſqu'en 1669 : *in-fol.* 70 vol.

Ces Regiſtres [étoient] dans la Bibliothèque de M. de Caumartin, [mort Evêque de Blois en 1733.]

33289. ☞ Mſ. Divers Recueils ſur le Parlement de Paris : *in-fol.* 118 vol.

Ils ſont conſervés dans la Bibliothèque de la Ville de Paris, num. 88-205. On y remarque entr'autres une copie du « Regiſtre du Conſeil du Parlement, depuis » 1254 juſqu'en 1660, avec une Table des Matières » : num. 120-194.]

33290. ☞ Mſ. Regiſtres du Parlement, depuis 1254 juſqu'en 1672 : *in-fol.* 159 vol.

Tome III. K k

Registres du Conseil secret du Parlement, de 1672 à 1699 : *in-fol.* 6 vol.

Table alphabétique des Registres : *in-fol.* 2 vol.

Extraits des Registres du Parlement en forme de Table : *in-fol.* 15 vol.

Audiences du Parlement, depuis 1395 jusqu'en 1418 : *in-fol.* 2 vol.

Registre du Parlement séant à Poitiers, de 1418 à 1436 : *in-fol.*

Registre du Parlement séant à Tours, de 1589 à 1594 : *in-fol.* 4 vol.

Registre du Parlement de Chaalons, de 1590 à 1594 : *in-fol.*

Registre du Parlement de Pontoise, en 1652 : *in-fol.*

Registres du Criminel, de 1312 à 1622 : *in-fol.* 8 vol.

Répertoires, Tables, Extraits, Registres des Ordonnances, Bulles, &c. depuis 1290 jusqu'en 1670 : *in fol.* 50 vol.

Ce Recueil, qui compose près de 250 Volumes vient de la Bibliothèque de M. Chauvelin, Garde des Sceaux, & provenoit, pour la plus grande partie, de M. de Harlay, qui l'avoit substitué à l'Abbaye de S. Germain des Prés, ainsi que tous ses autres Manuscrits. Depuis la mort de M. Chauvelin, arrivée en 1762, la partie de M. de Harlay a passé dans la Bibliothèque de S. Germain des Prés ; & la partie qui avoit été acquise ou formée par M. Chauvelin, a été par lui donnée à M. de Lalourcé, Avocat au Parlement de Paris, qui est mort en 1767, & dont la Bibliothèque a été dispersée.]

33291. MS. Registres du Parlement, depuis l'an 1364 jusqu'en 1703 : *in-fol.* 130 vol.

Ce Recueil, qui [étoit] dans la Bibliothèque de M. le Président de Lamoignon, & celui de M. le Nain, sont des plus complets ; il y manque néanmoins bien des années par intervalle.

33292. ☞ MS. Extraits des Registres du Parlement de Paris, depuis 1364 jusqu'en 1525. = Autres Extraits concernant les faits qui peuvent servir à l'Histoire générale du Royaume : *in-4.*

C'est ce qui est contenu dans les Porte-feuilles 802 & 803 du grand Recueil de M. de Fontanieu, à la Bibliothèque du Roi.]

33293. ☞ MS. Extrait des Registres du Parlement de Paris : *in-fol.* 4 vol.

Il est conservé dans la Bibliothèque de M. le Marquis d'Aubais. Le premier Volume commence à la S. Martin 1514, & finit au 12 Octobre 1524. Le second & le troisième contiennent depuis le 12 Novembre 1524 jusqu'au 3 Septembre 1535, & le quatrième depuis le 12 Novembre 1535 jusqu'au 21 Mars 1547.]

33294. ☞ MS. Extrait des Registres du Parlement de Paris : *in-fol.*

Ce Volume, qui est dans la même Bibliothèque, commence en Novembre 1550, & finit en Juin 1556.]

33295. ☞ MS. Copies de divers Registres du Parlement de Paris, & des Tables : *in-fol.* 232 vol.

Elles sont indiquées au Catalogue de M. Bernard, num. 2153-2161, sous les Articles suivans :

1. Registres du Conseil du Parlement de Paris, appellés *Olim*, & depuis 1364 jusqu'en 1565 : *in-fol.* 68 tomes en 101 vol.

2. Registres du Conseil secret du Parlement, depuis le 12 Novembre 1663 jusqu'au mois de Juin 1724 : *in-fol.* 87 vol.

3. Table des Matières contenues dans les Registres du Parlement de Paris : *in-fol.* 17 vol.

4. Table abrégée des Registres du Parlement : *in-fol.* 3 vol.

5. Deux Sous-Tables alphabétiques des Registres du Conseil du Parlement, depuis 1254 jusqu'en 1660 : *in-fol.*

6. Table des Matières des Registres du Parlement, Domaine du Roi : *in fol.*

7. Table alphabétique des Registres du Parlement, selon ceux de M. le Nain : *in-fol.* 4 vol.

8. Table raisonnée des Registres du Parlement de Paris, rédigée par Titres, Chapitres & Paragraphes, selon l'ordre alphabétique des temps & des matières, depuis 1254 : *in-fol.* 12 vol.

9. Registres criminels du Parlement de Paris, depuis 1312 jusqu'en 1387 : *in-fol.* 6 vol.]

33296. MS. Table alphabétique des Registres du Parlement de Paris, depuis l'an 1364 jusqu'en 1627 ; par Théodore GODEFROY : *in-fol.* 3 vol.

Cette Table est conservée entre les Manuscrits de M. Dupuy, num. 57-59, & dans la Bibliothèque [de S. Germain des Prés, parmi les Manuscrits] de M. le Chancelier Seguier, num. 258 & 268. [Elle étoit] en quatre volumes *in-fol.* dans celle de M. l'Abbé de Caumartin, & est en 6 vol. *in-fol.* dans celle de M. le Chancelier d'Aguesseau.

33297. MS. Table alphabétique des Registres du Parlement ; par D'AUBIGNÉ : *in-fol.* 2 vol.

33298. MS. Table alphabétique des Registres du Parlement ; par BOBOLENE : *in-fol.* 2 vol.

Ces deux dernières Tables [étoient] dans la Bibliothèque de M. le Chancelier Seguier, num. 271 & 292, [& sont aujourd'hui à S. Germain des Prés.]

33299. ☞ MS. Table raisonnée des Registres du Parlement, depuis 1254 jusqu'à environ 1660, selon l'ordre des temps & des matières : *in-fol.* 6 vol.

Cette Table est indiquée au num. 16716 du Catalogue de M. le Maréchal d'Estrées.]

33300. MS. Inventaire des Registres du Parlement, cotés A. B. C. D. *in-fol.*

33301. MS. Inventaire des Registres du Parlement, cotés 1. 2. 3. 4. 5. *in-fol.*

Ces deux Articles [étoient] dans la Bibliothèque de M. le Président de Lamoignon.

33302. ☞ MS. Différens Inventaires & Répertoires des Registres du Parlement, & de la Chambre des Comptes : *in-fol.*

Ils sont dans la Bibliothèque du Roi, & viennent de M. Lancelot.]

33303. Mſ. Regiſtre de la Tournelle Criminelle, depuis l'an 1312 juſqu'en 1558: *in-fol.* 5 vol.

Ils [étoient] dans la Biblioth. de M. de Lamoignon.

33304. ☞ Mſ. Autre Regiſtre de la Tournelle Criminelle, depuis l'an 1334 juſqu'en 1621 : *in-fol.* 5 vol.

Il eſt indiqué num. 3231 du Catalogue de M. le Blanc, avec la remarque que le premier & le quatrième volume manquoient.]

IV. Remontrances des Parlemens & autres Cours Souveraines.

== ☞ Remontrances faites au Roi Louis XI. par ſa Cour de Parlement, ſur les Libertés de l'Egliſe Gallicane, l'an 1461 : *in-4.* [vieille Edition :] *Paris*, Dallier, 1561, *in-*8.

On les a déja indiquées au Tome I. N°. 6978, *p.*469, où l'on peut voir les Notes qu'on y a jointes, & les Recueils où ces Remontrances ſe trouvent encore.]

33305. Mſ. Regiſtre des Remontrances faites au Roi, par le Parlement de Paris, ſur diverſes matieres; depuis l'an 1539 juſqu'en 1568 : *in-fol.*

Ce Regiſtre eſt dans la Biblioth. de M. d'Agueſſeau.

33306. Mſ. Soixante & onze Remontrances ſur diverſes matieres de conſéquence, deliberées être faites aux Rois, & délivrées aux Députés du Parlement, allans trouver leurs Majeſtés; depuis 1539 juſqu'en 1581 : *in-fol.*

Ce Recueil eſt conſervé [dans la Bibliothèque du Roi,] entre les Manuſcrits de M. Dupuy, num. 727, & [il étoit] dans la Bibliothèque de M. de Caumartin, [mort Evêque de Blois en 1733.]

☞ Il y en a un pareil dans la Bibliothèque de MM. les Avocats, à Paris.

Les Remontrances de 1561 & 1565, ſur les Edits de Janvier, ont été imprimées dans leur temps, *in-*8.]

33307. Mſ. Remontrances du Parlement [de Paris] au Roi, depuis l'an 1524 juſqu'en 1614: *in-fol.*

Ce Recueil eſt conſervé entre les Manuſcrits de M. Dupuy, num. 185, [dans la Bibliothèque du Roi.]

33308. ☞ Mſ. Remontrances faites aux Rois de France, depuis 1539 juſqu'à préſent : *in-4.* 4 vol.

Mſ. Recueil des Remontrances du Parlement & autres Cours Souveraines, au Roi, pendant la Régence, (ou au commencement du Règne de Louis XV.) *in-4.*

Mſ. Remontrances du Parlement au Roi, le 17 Avril 1710, & autres Pièces : *in fol.*

Ces trois Articles ſont indiqués num. 2200, 2201 2202 du Catalogue de M. Bernard.]

33309. ☞ Diſcours ou Remontrance de M. le premier Préſident (Achilles I. de Harlay,) fait au Roi (Henri III) ſéant au Parlement de Paris, en 1586, (ſur la vénalité des Charges, la néceſſité de la vérification, &c.)

Ce Diſcours ſe trouve au moins en abrégé dans le *Tome III.*

Sommaire des Harangues faites en Parlement le 15 Juin 1586, à la publication de 26 Edits, Recueil dreſſé par M. du Vair, depuis Garde des Sceaux, qui eſt imprimé avec ſes *Œuvres*, *pag.* 140, de l'Edition *in-4. Paris*, 1618.]

33310. ☞ Remontrances (verbales) du Parlement de Paris, ou Diſcours du premier Préſident, (Achilles I. de Harlay,) au Roi (Henri IV.) ſur le rappel des Jéſuites, du 24 Décembre 1603 : *Paris*, 1610, *in-*8.

Il a été imprimé pluſieurs fois *in-*4 & *in-*12. & dernièrement, d'après les Regiſtres du Parlement, avec ce qui a précédé & ſuivi, dans le tom. II. des *Annales de la Société*, &c. *pag.* 26. Dans le tom. *IV*. des *Mém. de Villeroy*, on en trouve un Extrait ſous le titre de *Harangue*, &c. avec une fauſſe *Réponſe* de Henri IV. On peut voir ſur cela l'*Hiſtoire* de M. de Thou, Liv. 132, & tom. XIV. de la Traduction Françoiſe, *pag.* 298 & *ſuiv.*]

== ☞ Remontrances de la Cour de Parlement de Provence, au Roi (Louis XIII.) ſur la pourſuite faite au Conſeil de Sa Majeſté; par M. l'Archevêque d'Aix, en 1614.

Ces Remontrances, (précédées de la Délibération qui y donna lieu, & dreſſées par M. du Vair, alors premier Préſident de cette Cour, & depuis Garde des Sceaux,) ſont imprimées *pag.* 409-425, de la II. Partie de l'*Apologie de tous les Jugemens rendus par les Tribunaux ſeculiers en France, contre le Schiſme: En France*, 1752, *in-*12.]

== ☞ Remontrances du Parlement (de Paris,) du 22 Mai 1615.

Il en a été parlé ci-devant, Tome II. *pag.* 401, N°. 20311.]

☞ Dans le *Journal* (*in-*4.) *de ce qui s'eſt paſſé au Parlement*, 1648, 1652, (indiqué Tome II. N°. 23741,) on trouve pluſieurs Remontrances ſur les Impôts, &c.]

33311. ☞ Diſcours de M. le premier Préſident (Achilles III.) de Harlay au Roi (Louis XIV.) du 7 Mars 1691, au ſujet du Bref d'Alexandre VIII. du 4 Août 1690, contre les IV. Articles de l'Aſſemblée du Clergé de France de 1682.

Ce Diſcours eſt imprimé à la fin de l'Ecrit intitulé: *Tradition des faits*, &c. 1753, *pag.* 112 de l'*in-*4. & 351 de l'*in-*12.

☞ Louis XIV. avoit ôté au Parlement, par ſa Déclaration du 24 Février 1673, le droit de faire des Remontrances avant l'enregiſtrement : Louis XV. le lui a rendu par ſa Déclaration du 15 Septembre 1715. On trouve ces Déclarations dans le Recueil de M. Jouſſe : (*Paris*, Debure, 1757, *in-*12. 3 vol.) & dans d'autres Recueils.]

33312. ☞ Repréſentations du Parlement de Rennes, au ſujet de la caſſation des Etats de Bretagne, en Décembre 1717.

Je ne ſçais ſi elles ont été imprimées; mais dans le *Journal hiſtorique du Règne de Louis XV. Paris*, Prault, 1766, *pag.* 15 & 16, on dit que ces Remontrances furent faites « pour juſtifier la conduite des » Etats, & faire connoître que leur caſſation étoit une » infraction au Traité fait avec la Province, lorſqu'elle » s'eſt donnée au Roi : infraction qu'elle n'avoit point » eu intention de mériter. (On ajoute qu') enfin M. le » Régent ſe laiſſa toucher, & permit aux Etats de s'aſ-» ſembler l'année ſuivante ».]

33313. ☞ Recueil des Remontrances faites au Roi en 1718, (au sujet des Monnoies) par ses Cours Souveraines; avec la Réponse de Sa Majesté, & Arrêt du 12 Août 1718; *in*-4. 42 pages.]

33314. ☞ Relation abrégée du Lit de Justice du 26 Août 1718; avec le Discours du premier Président (Jean-Ant. DE MESMES,) au Roi, sur l'enlèvement de quatre Magistrats. = Remontrances du Parlement de Bretagne, sur le même sujet, &c. *in*-8. 36 pages.

Ces dernières Remontrances se trouvent aussi séparément *in*-8. Le *Journal de Louis XV*. p. 18, dit qu'après le Lit de Justice, le Parlement (de Paris) fit le 27 Août, contre tout ce qui s'y étoit passé, des protestations en forme sur ses Registres, & que le 28 le Président de Blamont & deux Conseillers furent envoyés en exil, mais que le Parlement obtint leur liberté trois mois après.]

33315. ☞ Remontrances du Parlement de Paris sur l'Edit qui fixe les Rentes au denier cinquante, du 17 Avril 1720 : *in*-4.

On publia une *Lettre en Réponse* (à ces) *Remontrances* : la Haye, (Paris,) *in*-4. 20 pages.]

33316. ☞ Remontrances arrêtées au Parlement (de Paris), & dressées en présence des Princes du Sang & de plusieurs Pairs de France, (le 1 Mars 1721,) à l'occasion d'un Arrêt du Conseil, par lequel le Roi avoit évoqué à sa Personne l'Affaire criminelle de M. le Duc de la Force, (avec quelques autres Pièces:) *in*-4. 15 pag. & *in*-12. 24 pages.

Le Roi renvoya, par une Déclaration, l'Affaire au Parlement : *Journal historique de Louis XV. pag.* 45.]

33317. ☞ Ms. Remontrances du Parlement de Bretagne, en 1725, sur l'Edit du 5 Juin, qui établit le Cinquantième pendant douze années.

Ces Remontrances sont conservées dans la Bibliothèque de M. le Paige, Bailli du Temple, à Paris. L'Edit dont il est ici question, fut enregistré le 8 Juin 1725 dans un Lit de Justice, au Parlement de Paris; mais l'année suivante le Roi Louis XV. ayant commencé à gouverner par lui-même, sans Ministre, cet Edit fut révoqué le 21 Juin 1726, & ce fut le premier Acte de son Administration: *Journal historique de Louis XV. pag.* 76.]

33318. ☞ Relation de ce qui s'est passé au Parlement de Paris, au sujet de la Déclaration du 24 Mars 1730, (sur les Affaires de l'Eglise,) registrée au Lit de Justice le 3 Avril : *in*-4. 10 pages. = Arrêtés de MM. du Parlement à ce sujet, (avec Procès-verbal:) *in*-4. 12 pages.

On trouvera encore le détail de cette Affaire & ses suites, (avec toutes les Pièces des Parlemens sur les refus des Sacremens, &c. jusqu'en 1756,) dans le grand *Recueil* de M. l'Abbé Nivelle, (indiqué ci-devant, N.° 5654,) Tom. III. ou IV. *pag.* 338 & *suiv.*]

33319. ☞ Relation de ce qui s'est fait au Parlement de Rouen, par rapport à la même Déclaration de 1730, & Remontrances du 17 Mai : *in*-4. 4 pages.]

33320. ☞ Remontrances du Parlement de Rennes, du 16 Mai, (sur le même sujet :) *in*-4. 4 pages.]

33321. ☞ Remontrances du Parlement de Toulouse, du 11 Septembre 1730, sur l'évocation de l'Affaire du Sieur le Noir, (& autres :) *in*-4. 4 pages.]

33322. ☞ Arrêté & Remontrances du Parlement de Paris, du 9 Janvier 1731, (sur les Evocations, & sur la Déclaration du 24 Mars.) = Réponse de M. le Chancelier. = Arrêté du 19 Janvier : *in*-4. 15 pages.

Dans le *Journal de Louis XV. pag.* 112, on dit que « le Roi y ayant égard, envoie aux Evêques de France, » le 22 Juillet, une Lettre circulaire, par laquelle il les » exhorte à ne point donner à la Bulle (*Unigenitus*) la » dénomination de règle de foi.]

33323. ☞ Lettre du Parlement de Bordeaux au Roi, en forme de Remontrances, du 21 Avril 1731, au sujet des Mandemens de MM. les Evêques d'Agen & de Limoges: *in*-4. 6 pages.

Elle a été imprimée à la suite de l'Ecrit précédent.]

33324. ☞ Remontrances du Parlement de Paris, du 24 Juillet 1731, au sujet d'un Arrêt du Conseil du 6 Juillet, concernant M. l'Evêque d'Orléans, (& le refus de Sacremens fait à la Dame Dupleix :) *in*-4. 9 pages.

33325. ☞ Itératives Remontrances du 17 Août 1731, (sur le même objet; avec la Réponse du Roi :) *in*-4. 4 pages.]

33326. ☞ Remontrances du Parlement (de Paris,) du 4 Septembre 1731, (au sujet de l'Arrêt du Conseil du 30 Juillet, concernant le Mémoire de M. de Vintimille, Archevêque de Paris, contre un Mémoire de XL. Avocats;) & la Réponse du Roi: *in*-4. 6 pages.

Ces trois Remontrances ont été aussi imprimées *in*-12. la dernière à la tête.]

33327. ☞ Remontrances du Parlement de Paris, du 2 Août 1732, (au sujet de l'*Arrêt du Conseil du 16 Juin*, & pour se justifier & demander le rappel des Exilés;) avec la Déclaration du 18 Août 1732, accompagnée d'Observations, & les Arrêtés du 20 Août & du 4 Septembre : *in*-4. 14 pages.

Cet Imprimé finit par une Observation sur l'exil de MM. des Enquêtes & Requêtes, au nombre de plus de 140, le 6 Septembre.

On publia dans le même temps : 1.° « Procès-verbal de ce qui s'est passé au Lit de Justice tenu par le » Roi au Château de Versailles, le 3 Septembre 1732 : » Paris, Imprimerie Royale, *in*-4. 24 pages ». On y trouve *pag.* 9, un Discours de M. le Président LE PELLETIER. 2.° « Liste des Présidens & Conseillers Prisonniers & Exilés : *in*-4. 3 pages ». Le Roi rappella les Exilés à la fin de Novembre; & après la Députation que le Parlement lui fit le 3 Décembre, & il consentit que la Déclaration du 18 Août n'eût point d'exécution : *Journal de Louis XV. pag.* 124.]

33328. ☞ Arrêté du Parlement de Paris du 6 Mai 1733, avec les Remontrances du 15 du même mois, (sur un Arrêt du Conseil du 1 Mai, & sur des refus de Sacremens,

= Réponse du Roi, & Arrêté du 19 : *in*-4. 10 pages.]

33329. ☞ Remontrances du Parlement de Paris du 6 Avril 1737, (au sujet de l'Arrêt du Conseil du 6 Mai 1735, concernant l'Instruction Pastorale de M. l'Archevêque de Cambray, une Thèse de Sorbonne, &c.) *in*-4. 18 pages.

Elles sont aussi imprimées plus exactement, *pag.* 260 de la II. Partie de la *Dissertation sur les Bulles contre Baius : Utrecht,* 1737, *in*-8. Ces Remontrances furent retardées près d'un an, principalement à cause de la maladie & de la mort de M. le premier Président Portail.]

33330. ☞ Remontrances du même Parlement, du 6 Septembre 1737, sur la Réponse de M. le Chancelier aux Remontrances du 6 Avril.

On les trouve *pag.* 302 de la *Dissertation* dont on vient de parler.]

33331. ☞ Remontrances verbales (ou) Discours de M. le premier Président (Louis LE PELLETIER,) au Roi, le 4 Juin 1738, au sujet du refus de la Communion fait à M. de Montgeron, Conseiller au Parlement, à Viviers : *in*-4. 2 pages.]

33332. ☞ Remontrances du Parlement de Paris, du 28 Juin 1738, (sur le même sujet, & sur deux Arrêts du Conseil :) *in*-4. 6 pages.]

33333. ☞ Remontrances du même, du 11 Avril 1739, (sur les Affaires de la Congrégation du Calvaire, & de l'Université de Paris :) *in*-4. 4 pages.]

33334. ☞ Mss. Remontrances du même, en Septembre 1741, sur la Dixième.]

33335. ☞ Mss. Discours de M. le premier Président (LE PELLETIER,) au Roi, du 22 Février 1747, sur un Arrêt du Conseil, qui cassoit l'Arrêté du Parlement, du 17 de ce mois.]

33336. ☞ Mss. Remontrances du Parlement de Paris, du 18 Mai 1749, sur l'établissement du Vingtième.

Ces trois Pièces sont conservées dans la Bibliothèque de M. le Paige, Bailli du Temple.]

33337. ☞ Remontrances du Parlement de Provence, dressées en Juin 1749, (sur le même sujet :) *in*-12. 15 pages.

Ces Remontrances ont été imprimées en 1756, avec deux autres Remontrances de cette année, du même Parlement, sur un second Vingtième & autres Droits.]

33338. ☞ Remontrances de la Cour Souveraine de Lorraine (ou de Nancy, sur le Vingtième,) du 17 Janvier 1750 : *in*-4. 8 pages.]

33339. ☞ Mss. Remontrances du Parlement de Douai, sur le même sujet, en 1750.]

33340. ☞ Mss. Remontrances du Parlement (de Paris,) du 7 Juin 1750, au sujet de la prorogation des 4 sols pour livre, &c.

Ces Remontrances & les précédentes sont conservées dans la Bibliothèque de M. le Paige.]

33341. ☞ Remontrances du Parlement de Paris, du 4 Mars 1751, (sur le refus des Sacremens fait à M. Coffin, Conseiller au Châtelet, par le Sieur Bouettin, & sur les Billets de Confession :) *in*-4. 10 pages, & *in*-12. 39 pages.

Il parut dans le même temps une petite Pièce badine, mais pleine d'esprit, dressée par quelques Avocats, & intitulée : « Requête des Sous-Fermiers des Domaines » du Roi, pour demander que les Billets de Confession » soient assujetties au Contrôle » : *in*-4. & *in*-12.]

33342. ☞ Mss. Discours de M. le premier Président (René-Charles DE MAUPEOU,) au Roi, du 18 Juin 1751, en conséquence de l'Arrêté du 29 Mai, au sujet d'un Edit de création de rentes viagères, du mois de Mai 1751.

Ce Discours est conservé dans la Bibliothèque de M. le Paige, Bailli du Temple.]

33343. ☞ Discours du même, le 10 Août 1751, au sujet de l'Affaire de l'Hôpital Général.

Remontrances du Parlement (de Paris,) du 30 Août, (sur la même Affaire).

Discours du premier Président (DE MAUPEOU,) au Roi, du 12 Décembre, sur le même sujet.

Ces trois Pièces sont imprimées dans les Feuilles des *Nouvelles Ecclésiastiques,* des 13 & 20 Novembre 1751, & du 16 Janvier 1752.]

33344. ☞ Discours de M. le premier Président au Roi, du 26 Mars 1752, (sur le refus des Sacremens à l'Abbé le Merre par le Sieur Bouettin.)

Autre Discours du même, sur la même Affaire, du 9 Avril.

Ces deux Discours se trouvent dans les Feuilles des *Nouvelles Ecclésiastiques,* des 7 & 14 Mai 1752.]

33345. ☞ Remontrances du Parlement (de Paris, au sujet du Sieur Bouettin,) du 15 Avril 1752 ; avec la Réponse du Roi, & l'Arrêt de Réglement du 18 Avril : *in*-4. 8 pages, & *in*-12. 21 pages.]

33346. ☞ Discours de M. le premier Président (DE MAUPEOU,) au Roi, du 14 Mai 1752, (en lui présentant l'Arrêté du 5, sur le Schisme :) *in*-4.

Ce Discours est imprimé dans la Feuille des *Nouvelles Ecclésiastiques,* du 30 Juillet 1752.]

33347. ☞ Remontrances du Parlement de Toulouse, du 17 Juillet 1752, (sur un Arrêt du Conseil, qui évoquoit une Procédure au sujet d'un refus de Sacremens fait à Susanne Vanneau :) *in*-4. 8 pages ; *in*-8. 11 pages ; *in*-12. 22 pages.]

33348. ☞ Représentations du Châtelet de Paris, à M. le Chancelier, du 7 Décembre

1752; (sur un refus de Sacremens, &c. pendant les Vacations du Parlement:) *in*-4. & *in*-12.]

33349. ☞ Discours de M. le premier Président (DE MAUPEOU,) au Roi, du 20 Décembre 1752, (sur les refus de Sacremens faits par M l'Archevêque de Paris, & sur la défense faite par le Roi de convoquer les Pairs :) *in*-4. 3 pages.]

33350. ☞ Discours du même (sur la même Affaire,) du 3 Janvier 1753 : *in*-4. 4 pages.]

33351. Remontrances du Parlement (de Paris,) du 9 Avril 1753 : *in*-4. 56 pages; *in*-12. 132 pages.]

Elles traitent de l'Autorité du Roi sur les Ecclésiastiques, & du Schisme. On les a déja indiquées sur le premier objet, ci-devant, Tome I. N.° 7371. Elles ont été encore imprimées, en caractères fins, avec diverses Pièces, qui parurent peu après séparément ; & le tout forme un volume *in*-12. de 468 pages. Ces Pièces sont, « 1.° Tradition des Faits qui manifestent le système » d'indépendance... & la nécessité de laisser agir les Juges » séculiers, » &c. (On a donné dans la suite un) « Supplément à la Tradition des faits, qui prouve l'indépendance des Rois de France vis à vis du Pape & des » Evêques de son Royaume » : *in*-12. 46 pages.) = 2.° « Monumens précieux de la sagesse de nos Rois, » concernant les Evocations, » &c. (auxquels on a ajouté depuis,) « Edit du Roi Charles VI. du 14 Avril 1302, » & Activité des Loix, ou Recueil d'Arrêts rendus en » conformité des Ordonnances, » . *in*-12. 117 pages. = 3.° « Les Dispositions des Capitulaires sur l'administration des derniers Sacremens. = 4.° « Collection de » différens Arrêts, Arrêtés du Parlement de Paris, & des » *Discours* de M. le premier Préfident au Roi, depuis » le 16 Décembre 1752, jusqu'à l'exil de MM. des Enquêtes & Requêtes, le 9 Mai 1753. = « Déclaration » du Roi qui transfère à Pontoise le Parlement de Paris, (ou la Grand'Chambre) du 11 Mai 1753 ».

Ces Remontrances ont donné lieu à plusieurs autres Ecrits ; & d'abord les Adversaires des Parlemens firent paroître :

1. (Six) Lettres de M. l'Evêque de *** à M. l'Evêque de ***, sur les Remontrances....... en Juillet & Août : *in*-12. 24 pages.

2. Lettres sur les Remontrances : *in*-12. 236 pages. (On y répondit par les quatre Ecrits suivans :)

3. Observations sur les faits historiques cités par l'Auteur des Lettres : *in*-12. 14 pages.

4. Réponse à M***, sur le jugement qu'il a porté des Observations (précédentes :) *in*-12. 24 pages.

5. Lettre à un ami, où l'on réfute les cinq Lettres contre les Remontrances : *in*-12. 125 pages.

6. L'Ecrivain du Clergé convaincu d'imposture, ou Réponse aux Lettres sur les Remontrances : *in*-12. (Ce sont IV. Lettres ; la I.re de 60 pages, les II. & III. de 112 pages, la IV. de 100 pages.)

7. Observations sur le refus que fait le Châtelet de reconnoître la Chambre Royale, (par Dom Louis-Bernard LATASTE, Bénédictin, & Evêque de Bethléem, & par le Père PATOUILLET, Jésuite :) *in*-4. 254 pages. (Cet Ecrit, qui parut en 1754, attaque principalement le Parlement & ses Remontrances : on y opposa les trois Ouvrages qui suivent :)

8. (3) Mémoires au sujet d'un nouvel Ecrit contre le Parlement, intitulé : *Observations*, &c. *in*-12. 412 pages ; (par Louis-Adrien LE PAIGE, Avocat & Bailli du Temple.)

9. Le véritable Portrait des Cardinaux de Richelieu & Mazarin, pour servir de Supplément aux Mémoires contre les Observations : *in*-12. 96 pages.

10. Examen des principes de Gouvernement qu'a voulu établir l'Auteur des Observations : *in*-12. 168 pages.

11. Défense des Observations contre les Mémoires, où l'on prétend réfuter cet Ouvrage : *in*-4. 54 pages.

12. Quatrième Mémoire au sujet de l'Ecrit intitulé : *Défense*, &c. On y montre que cet Ecrit ne justifie les Observations sur aucun point : *in*-12. 88 pages.

Les amis du Parlement ont encore publié dans le même temps plusieurs Ouvrages, dont quelques-uns purement historiques, ont été indiqués ci-devant, aux endroits qui nous ont paru convenir le mieux.

1. Lettres historiques sur les fonctions essentielles du Parlement, &c. (ci-devant, N.° 32844 :) *in*-4. = Première Partie, 110 pages, *in*-12. 326 pages. = Seconde Partie, *in*-4. 159 pages, *in*-12. 380 pages. (Il en devoit paroître une troisième Partie ; mais elle n'a pas été publiée.)

2. Histoire abrégée du Parlement, durant les troubles du commencement du Règne de Louis XIV. *in*-12. 276 pages. (Ci-devant, N.° 23743.)

3. Lettre à M. l'Abbé Velly, sur les Tomes III. & IV. de son Histoire de France, au sujet de l'autorité des Etats, & du droit des Parlemens de vérifier les Edits : *in*-12. 23 pages. (Ci-devant, N.° 15809.)

4. Lettre à un Seigneur de la Cour sur la cessation du Service (ordinaire) arrêtée par le Parlement, le 5 Mai 1753 ; *in*-12. 18 pages.

5. Lettre à une personne de très-haute considération, au sujet de la cessation du Service ordinaire...... pour vacquer sans discontinuation aux Affaires du Schisme : *in*-4. 40 pages; *in*-12. 117 pages.

6. Lettre d'un Gentilhomme de Province, contenant l'Extrait d'un Journal de la Chambre Royale: 3 Février 1754, *in*-12. 27 pages.

7. Lettre à MM. de la Chambre Royale : *in*-12. 141 pages.

8. Additions importantes à la Lettre (précédente :) *in*-12. 36 pages.

9. Lettre à un Duc & Pair : *in*-4. 19 pages; *in*-12. 60 pages.

10. Lettre apologétique, critique & politique, écrite par un Seigneur de la Cour, à un Maréchal de France, sur l'Affaire du Parlement : *in*-12. 163 pages.

11. Recueil de (7) Mémoires intéressans pour servir de Suite aux Remontrances du Parlement, du 9 Avril 1753 : *Utrecht*, *in*-4. 33 pages.

12. Indication sommaire des principes & des faits qui prouvent la compétence de la puissance séculière, pour punir les Evêques coupables de crimes publics, & pour les contenir dans l'obéissance qu'ils doivent aux Loix, & dans la soumission qu'ils doivent au Roi : *in*-12. 86 pages.

13. Histoire de la détention du Cardinal de Retz, & de ses suites, pour montrer combien il est essentiel de prendre les voies régulières de l'ordre judiciaire pour la punition des délits commis par les Evêques, & dans quels défilés on se jette, quand on ne suit que les voies d'une autorité arbitraire : *in*-12. 72 pages. (Ci-devant, N.° 23734.)

14. Lettres sur les Droits du Roi envers la personne des Ecclésiastiques, le temporel du Clergé, & sa vigilance sur la Discipline de l'Eglise Gallicane : *in*-12. Lettre I. 68 pages, II. 108, III. 84, IV. 142 pages.

15. Maximes sur le devoir des Rois, & le bon usage de leur autorité : *En France*, 1754, *in*-12. Part. I. 112 pages, Part. II. 124 pages.

16. Manuel des Souverains : 1754, *in*-12. 208 pages. (On y a donné en 1755 ce nouveau titre : « Principes sur le Gouvernement Monarchique.... dédié à

Remontrances des Parlemens, &c. 263

» M. le Prince de C...,» mais c'est le même Ouvrage & la même Edition, à laquelle on a mis un Titre nouveau, & une Epître dédicatoire de 8 pages.)

17. Juste idée d'un bon Gouvernement, selon les principes de M. Bossuet : *in*-12. 76 pages.

18. Lettre écrite de Paris, à un ami de Province, sur l'éducation des Jeunes gens dans les Collèges des Jésuites, (où l'on montre que cette mauvaise éducation est la source véritable des maux de l'Eglise & de l'Etat :) *in*-12. 46 pages.

19. Démonstration de la cause des Divisions qui règnent en France : *Avignon*, 1754 (& 1755, *in*-12. 192 pages, (déjà indiquée N.° 14401.) A la tête de cet Ecrit est un Discours préliminaire, qu'on a donné ensuite sous ce titre : « Discours important sur la véri- »table cause des maux, » &c. *in*-12. 23 pages.

20. Discours sur l'origine des troubles, &c. 1754, *in*-4. 210 pages; *in*-12. 660 pages. A la suite est une « Dissertation sur les règles des Jugemens de l'Eglise » : *in*-4. 46 pages; *in*-12. 145 pages.

Les Adversaires du Parlement & autres, publièrent encore de leur côté quelques Ecrits, que nous croyons devoir indiquer avec les Réponses.

1. (Trois) Lettres d'un Docteur en Théologie, à un jeune Magistrat, au sujet des Affaires (du Parlement) : *in*-4. 57 pages. (On a donné cinq Lettres opposées à celles-ci : « Lettres à M. l'Evêque de ***, sur l'Affaire »présente du Parlement » : *in*-12. Quelques Exemplaires portent Ire II. III. IV. Ve Lettre : d'autres ne le portent point.)

2. Conduite du Clergé justifiée par les principes & les faits établis dans les dernières Remontrances du Parlement : *in*-4. 13 pages. (On y a opposé : « Paral- »lèle de la conduite du Clergé, du Parlement, &c. au »sujet des refus de Sacremens, &c. considérée seule- »ment depuis le 23 Mars 1752, jusqu'à l'exil du Par- »lement : *in*-4. 341 pages.

3. Le Parlement justifié dans sa conduite : *in*-12. 15 pages. (On auroit mieux fait d'intituler cette petite Pièce : *Le Parlement calomnié*. On y opposa, « Ré- »ponse au Libelle intitulé : Le Parlement justifié » : *in*-12. 16 pages.)

4. Dissertation sur l'origine, les droits & les prérogatives des Pairs de France : 1753, *in*-12. 90 pages.

5. Dissertation historique & critique pour servir à l'Histoire des premiers temps de la Monarchie Françoise, I. & II. Partie : *Colmar*, 1754, *in*-12. 160 pages.

6. Lettre sur l'autorité du Roi, du Conseil d'Etat, du Chancelier de France; & sur la dépendance des Parlemens à leur égard : 1754, *in*-12. 86 pages.

7. Question importante qui est agitée aujourd'hui avec chaleur, &c. *in*-12. (On y a répondu par des « Ob- »servations sur un Ecrit qui a pour titre : *Question im- »portante* » : *in*-12. 59 pages.)

8. (XII.) Lettres d'un homme du monde, au sujet des Billets de Confession : *in*-12. 136 pages pour les XI. premières, & 14 pages pour la XIIe. (On y a opposé : « Réflexions sur les onze Lettres d'un homme »du monde » : *in*-12. 48 pages.)

9. Le Conciliateur, ou Lettres d'un Ecclésiastique à un Magistrat, sur les Affaires présentes : 1754, *in*-8. (On y a répondu par « Le Conciliateur redressé, ou »Réponse aux Lettres, &c. » *in*-8. 80 pages.)

33352. ☞ Remontrances du Parlement de Rouen, sur l'évocation du Procès du Curé de Saint-Godard, en Mai 1753 : *in*-12. 40 pages.

On les a réimprimées en Hollande, dans un « Re- »cueil de plusieurs Pièces concernant le Parlement de »Normandie, &c. ou Faits inouïs : *Amsterdam*, 1755, *in*-4. 86 pages.]

33353. ☞ Lettre du Parlement de Provence au Roi, du 26 Juin 1753, sur le refus des derniers Sacremens au Sieur Eymard, Lieutenant-Général de Forcalquier : *in*-4. 20 pages; *in*-12. 50 pages.

Il y a eu quelques Ecrits sur ces Remontrances : 1. Observations sur la Lettre, &c. *in*-12. 15 pages. = 2. Réponse à l'Auteur de l'Ecrit intitulé : *Lettre*, &c. *in*-12. 72 pag. = Réponse de M. à un de ses amis : *in*-12. 118 pages. Ces deux derniers Ecrits sont pour les refus des Sacremens, &c. Le premier concerne un point particulier sous lequel le Parlement de Provence envisageoit la Bulle *Unigenitus* dans sa Lettre.]

33354. ☞ Remontrances du Parlement de Rouen, du 14 Août 1753, (sur des refus de Sacremens faits à Verneuil :) *in*-4. 18 pages; *in*-12. 68 pages.

On a publié contre cette Pièce : « Examen des Re- »montrances, » &c. *in*-12. 104 pages; & le Parlement fit ensuite divers Arrêtés, que le Marquis de Fougères vint faire rayer par ordre du Roi, le 1 Août.]

33355. ☞ Itératives Remontrances du même Parlement de Normandie, ou de Rouen, du 6 Novembre 1753 : *in*-4. 24 pages; *in*-12. 65 pages.]

33356. ☞ Remontrances du Parlement de Provence, (au sujet du refus de Sacremens fait au Sieur Eymard, Lieutenant-Général de Forcalquier,) du 21 Janvier 1754 : *in*-12. 108 pages. Autre Ed. 78.]

33357. ☞ Lettre du même, au Roi, en Janvier, (sur la conduite du Sieur de Saint-Michel, Lieutenant de la Sénéchaussée de Marseille, & sur l'ordre donné à M. de Monclar, Procureur-Général, de se rendre à Versailles.)

Elle est imprimée dans un petit Recueil sur l'Affaire du Sieur de Saint-Michel, commençant par « Arrêt du »Parlement de Provence, du 2 Octobre 1755 » : *in*-12. 36 pages.]

33358. ☞ Remontrances du même Parlement de Provence ou d'Aix, du 27 Avril 1754, (sur la même Affaire :) *in*-12. 22 pages.

On publia dans le même temps : « Mémoire concer- »nant le détail des Evénemens qui ont donné occasion »aux dernières Remontrances du Parlement d'Aix du » 27 Avril », (signé de deux Avocats-Généraux :) *in*-12. Première Edition, 11 pages : IIe 14 pages, avec quelque Addition au titre.]

33359. ☞ Secondes Remontrances du même Parlement d'Aix, du 28 Juin, (encore sur l'Affaire du Sieur de Saint-Michel :) *in*-12. 43 pages.]

33360. ☞ Lettre du même Parlement, du 28 Juin 1754, (sur le même sujet, & sur les plaintes de M. l'Archevêque d'Aix :) *in*-12. 43 pages.

On a publié sur cette Affaire : « Relations des refus de Sacremens faits à M. Garnier & à Madame de Char- »leval, en la Ville d'Aix, contenant un récit exact des »vexations inouïes qu'ont essuyé ces deux Person- »nes, &c. », avec les Pièces : *in*-12. 101 pages pour la première Relation, & 75 pour la seconde.]

Liv. III. Histoire Politique de France.

33361. ☞ Lettre du Parlement de Rouen au Roi, du 20 Mars 1754, au sujet de M. du Fossé, Conseiller de ce Parlement, qui avoit reçu ordre de se rendre à Versailles.

Elle est imprimée *pag.* 241 de la « Relation de ce qui » a été fait au Bailliage de Verneuil & au Parlement » de Rouen, au sujet des refus de Sacremens faits en la » Ville de Verneuil, avec les Pièces justificatives » : *in*-12. 244 pages. Cette Relation finit au 24 Mars 1754, & elle devoit avoir une Suite qui n'a pas été publiée.]

33362. ☞ Remontrances du Parlement de Rouen, du 27 Juillet 1754, (sur la suite de l'Affaire de Verneuil, & sur le droit des Parlemens d'avoir un accès immédiat auprès du Roi :) *in*-12. 17 pages. Seconde Édition, 14 pages.]

33363. ☞ Autres Remontrances du même, (sans date, mais de 1754, sur le Bailliage de Bayeux :) *in*-12. 24 pages.]

33364. ☞ Discours de M. le premier Président du Parlement (de Paris, M. DE MAUPEOU,) au Roi, lors de la Députation du 7 Septembre 1754 : *in*-4. 2 pages, & *in*-12. 6 pages.

Il se trouve aussi à la fin de « l'Addition contenant » ce qui s'est passé au Parlement, depuis le 11 Mai 1753, » jusqu'à sa réunion en Septembre 1754 » : *in*-12. C'est la Suite de la *Collection* dont il a été parlé ci-devant, N.° 33351 (4.°)

Cette nouvelle Collection renferme : = Déclaration du Roi qui transfère le Parlement de Paris dans la Ville de Pontoise, du 11 Mai. = Discours de l'Université à MM. du Parlement, le 21 Mai. = Lettres-Patentes du Roi, en forme de Commission, portant établissement d'une Chambre des Vacations dans le Couvent des Grands-Augustins, du 18 Septembre. = Autres du 11 Novembre, portant établissement d'une Chambre Royale. = Discours de M. Feydeau de Brou, Avocat-Général de la Chambre Royale, lorsque M. le Chancelier y est venu pour faire enregistrer la Déclaration qui supprime cette Chambre, du 2 Septembre 1754. = Lettres-Patentes du Roi, portant suppression de la Chambre Royale, du 30 Août 1754. = Discours de M. d'Ormesson, Avocat-Général du Parlement, du 4 Septembre 1754. = Déclaration du Roi du 2 Septembre. = Arrêté du 5. = Complimens du Greffier en chef de la Chambre des Comptes, & des Officiers du Châtelet, du 6. = Discours de M. le premier Président au Roi, lors de la Députation du 7. = Réponse du Roi, & divers Complimens à MM. du Parlement.

Il faut y joindre : « Recueil de Pièces concernant la » Commission établie pour servir de Chambre des Va- » cations, & ensuite celle qu'on a appellée Chambre » Royale, où se trouve ce qui regarde les suites qu'elles » ont eues au Châtelet de Paris, &c. *in*-4.

Voici ce qu'on trouve sur la fin de cette grande Affaire dans le *Journal historique de Louis XV*. (imprimé chez Prault, 1766,) 2 part. *pag.* 95. « Le 4 Septembre » 1754, Suppression de la Chambre Royale, & réta- » blissement du Parlement de Paris dans ses fonctions. » Il enregistre le 5 la fameuse Déclaration du 2 Septem- » bre, ouvrage de la sagesse du Roi, qui impose un » silence absolu sur les disputes de Religion, & charge » le Parlement d'y tenir la main ». Ce même Journal avoit parlé de ses Remontrances & des suites, *p.* 87, &c.]

33365. ☞ Remontrances du Parlement de Provence, du 18 Décembre 1754, (sur le refus de Sacremens fait à M. de Joannis, ancien Militaire, Chevalier de S. Louis :) *in*-12. 40 pages, avec les Arrêts & Pièces.]

33366. ☞ Remontrances de la Cour Souveraine (de Nancy,) du 2 Janvier 1755, au Roi Stanislas, Duc de Lorraine, (au sujet d'une Ordonnance de M. Drouas, Evêque de Toul :) *in*-12. 123 pages.]

33367. ☞ Remontrances de la même Cour, sur les Troubles du Diocèse de Toul, & sur la compétence de l'autorité Royale pour en connoître, du 22 Mars 1755 : *in*-12. 66 pages.

Il y a eu sur cette Affaire un Écrit intitulé : « Lettres » contenant une Relation des Troubles que le nouvel » Evêque de Toul a excités en Lorraine, avec les Piè- » ces » : *in*-12. 197 pages.]

33368. ☞ Discours de M. le premier Président du Parlement (de Paris, DE MAUPEOU,) au Roi, du 3 Février 1755, (sur la conduite de M. l'Archevêque de Paris,) & Réponse du Roi : *in*-4. 4 pages.

Cet imprimé commence : « Du Mardi 4 Février 1755, du matin..... M. le premier Président a dit....»]

33369. ☞ Discours du même, au Roi, du 23 Mars, & Réponse du Roi, du 7 Avril : *in*-4. 4 pages.

En une Feuille qui commence : *Arrêté du 21 Mars*, &c.]

33370. ☞ Discours du même, au Roi, du 19 Avril, sur la Réponse du 7 ; (nouvelle) Réponse du Roi : *in*-4. 4 pages.]

33371. ☞ Lettre écrite au Roi, par le Parlement de Provence, (au sujet de M. l'Evêque de Marseille,) en Mars 1755 : *in*-12. 12 pages.

Elle est dans un Recueil sur l'Affaire de la Sénéchaussée de Marseille, qui avoit supprimé, le 21 Février 1755, une Lettre imprimée de cet Evêque : ledit Recueil commence : « Extrait des Registres du Parlement » (d'Aix,) du 26 Février 1755 » : *in*-12. 32 pages.]

33372. ☞ Remontrances du Parlement de Rouen, au sujet d'une Evocation générale pour M. le Maréchal de Belle-Isle, (en 1755 :) *in*-12. 23 pages.]

33373. ☞ Remontrances du Parlement de Paris, du 27 Novembre 1755, (sur les Entreprises du Grand-Conseil.]

== Remontrances du Parlement de Toulouse, du 19 Décembre 1755, (sur le même objet.)

Elles sont déja indiquées ci-devant, N.° 32781, (8 & 34.) La même Affaire a encore donné lieu à d'autres Remontrances, l'année suivante.]

33374. ☞ Discours de M. (DE MAUPEOU,) premier Président du Parlement (de Paris,) au Roi, du 18 Décembre 1755, (au sujet de la Lettre circulaire de l'Assemblée du Clergé aux Evêques de France :) *in*-4. 4 pages.]

33375. ☞ Remontrances du Parlement de Bordeaux, en Décembre 1755, (au sujet des Lettres-Patentes du 15 Août 1752, qui commettent

commettent le Bureau des Finances de la-dite Ville pour renouveller le Terrier : *in*-4. 12 pages.

Les mêmes ont été imprimées *pag.* 119 du *Recueil in-*12. dont on parle ci-après, N.° 33380.]

33376. ☞ Remontrances du Parlement de Rouen, du 12 Février 1756, (au sujet du Bailliage de Bayeux:) *in*-12. 24 pages.

On a publié ensuite, sur la fin de cette Affaire : « Extrait des Registres du Parlement de Rouen, du 9 » Avril 1756 » : *in*-12. 12 pages.]

33377. ☞ Remontrances de la Cour Souveraine de Nancy, du 13 Février, (sur la Maréchaussée :) *in*-12. 51 pages.

Autres, de la même Cour, (sur le même sujet :) *in*-4. 36 pages.]

33378. ☞ Remontrances du Parlement de Toulouse, du 23 Février 1756, (au sujet des Evêques de Saint-Pons & de Montpellier :) *in*-12. 22 pages.

Autres, du même jour, (sur l'exil du Sieur Euzet, qui avoit administré à Montpellier la Dame de Moustelon :) *in*-12. 22 pages.

On a publié sur cette dernière Affaire :
1. Recueil de Pièces ou Actes de Sommation concernant l'Affaire de Madame de Moustelon avec M. l'Evêque de Montpellier, sur le refus des Sacremens : 1755, *in*-4. 52 pages.
2. Requête de cette Dame au Parlement de Toulouse, & Arrêt du 21 Avril 1755 : *in*-4. 8 pages.
3. (IV.) Lettres écrites au sujet des refus de Sacremens faits à la Dame de Moustelon : 1755, *in*-12. 48 pages.]

33379. ☞ Remontrances de la Cour des Aydes de Montauban, en Mars 1756, (au sujet des Impôts, &c.) *in*-12. 47 pages.

On avoit publié peu auparavant :
Lettre de M. LE FRANC, premier Président de la Cour des Aydes de Montauban à M. le Chancelier, au sujet de l'exil du Président de Pouzargues & du Procureur-Général, &c. *in*-4. 12 pages, & *in*-12.

On donna ensuite :
Charges du Procès de M. l'Escalopier, Intendant de Montauban : *in*-12. 259 pages. (& quelques années après :) Suite des Charges du Procès de M. l'Escalopier, (alors Intendant de Tours,) ou Extrait des Registres de la Cour des Aydes de Paris, du 29 Août 1763 : *in*-12. 14 pages.]

═ Remontrances de divers Parlemens au sujet du Grand-Conseil, sçavoir, = de Bordeaux, 12 Mars 1756, = de Provence, même temps, = de Grenoble, 10 Avril, = de Rouen, 12 Février, & 26 Juin 1756.

Voyez ci devant, N.° 32781, (40, 41, 43, 45 & 48.)

33380. ☞ Remontrances du Parlement de Bordeaux, du 21 Juillet 1756, (au sujet du Bureau des Finances & du Terrier :) *in*-4. 20 pages, *in*-12. 60 pages.

On publia dans le même temps, & ensuite :
1. Recueil de Mémoires, Arrêts, *Remontrances*, & autres Pièces, concernant l'Affaire du Parlement de Bordeaux : 1756, *in*-12. 190 pages, & 35 pour un Avertissement historique. (Ce Recueil va depuis le 15 Août 1752, jusqu'au 21 Juillet 1756, finissant à l'Arrêté concernant les Remontrances que l'on vient d'indiquer.)

Tome III.

2. Extrait des Registres du (même) Parlement du 9 Avril 1756, & *Représentations* au Roi : *in*-12. 12 pages.
3. Lettre du Parlement de Bordeaux, au Parlement de Paris, du 15 Novembre 1756, & la Réponse de celui-ci, du 25 Novembre : *in*-4. 4 pages.]

33381. ☞ Remontrances du Parlement de Paris, du 4 Août 1756, (au sujet des Disgraces des Parlemens de Rouen & de Bordeaux :) *in*-4. 10 pages; *in*-12. 22 pages.

Le *Journal historique de Louis XV.* après en avoir parlé (II. Part. *pag.* 118,) ajoute : « Elles furent écoutées du Roi avec bonté, & Sa Majesté y eut égard (en » rappellant les Exilés.]

☞ Peu après se tint un Lit de Justice, au sujet des Déclarations pour le second Vingtième & autres Droits, dont « Procès-verbal de ce qui s'est passé au Lit de Justice tenu à Versailles le 21 Août 1756 : *Paris*, Imprimerie Royale, *in*-4.

Il parut dans le même temps :
1. Lettre, ou Mémoire, sur les Lits de Justice : *in*-4. 15 pages; *in*-12. 46. (Ci-devant, Tome II. N.° 16668.)
2. Observations sur la vérification des Loix Bursales : *in*-12.]

33382. ☞ Remontrances de la Cour des Aydes de Paris, du 18 Septembre 1756, (sur les nouveaux Impôts.)

Le *Journal historique de Louis XV.* dit *pag.* 120, (II. Part.) qu'elles rouloient « sur l'incertitude de la » durée de ces Impôts, & que Sa Majesté voulut bien » consentir que l'époque de la suppression courut du » jour de la cessation des hostilités, au lieu de celles de » la conclusion de la Paix ».]

33383. ☞ Remontrances du Parlement de Toulouse, du 27 Septembre, (sur les mêmes sujets :) *in*-4. 11 pages; *in*-12. 24 pag.

Elles sont encore imprimées avec celles du 17 Septembre 1757, sur le même objet, & celles de la Cour des Comptes & Aydes de Montpellier, du mois de Novembre 1757, dans un Recueil de Remontrances : *in*-8. 167 pages. On dit dans l'Avertissement que les premières Remontrances (de 1756), ont été imprimées *trente fois* : n'est-ce pas une faute d'impression ?]

33384. ☞ Remontrances du Parlement de Navarre (ou de Pau,) du 27 Septembre (sur les nouveaux Impôts :) *in*-4. 4 pages; *in*-12. 11 pages.]

33385. ☞ Remontrances du Parlement de Provence (ou d'Aix,) du 5 Novembre, (sur le même sujet.)

Elles sont imprimées *pag.* 17-96, après celles de 1749, dont il a été parlé ci-devant, N.° 33337.]

33386. ☞ Remontrances de la Cour des Comptes & Aydes de Provence, du 18 Novembre, (sur les mêmes objets :) *in*-12. 26 pages.]

33387. ☞ Remontrances du Parlement de Bretagne (ou de Rennes) du 13 Décembre, (sur le même sujet :) *in*-4. 8 pages; *in*-12. 14 pages.

Il parut dans le même temps, « Remontrances des » Etats de Bretagne » : *in*-4. 4 pages.]

33388. ☞ Remontrances de la Cour des Comptes, Aydes, &c. du Comté de Bourgogne, (séante à Dole,) du 22 Décembre,

(sur les nouveaux Impôts :) *in*-4. 7 pages.

Elles ont été aussi imprimées *in*-12. avec les « Observations sur la vérification des Loix Bursales ».]

33389. ☞ Remontrances du Parlement de Franche-Comté, ou de Besançon, du 24 Décembre, (sur le même sujet.)

Elles sont imprimées avec un « Extrait des Registres » du Parlement de Franche-Comté, du 24 Décembre » 1756 » : *in*-4. 12 pages.]

33390. ☞ Lettre de la Cour des Aydes de Guyenne, au Roi, du 29 Décembre, (sur des Abus dans la levée des Tailles :) *in*-12. 78 pages.]

33391. ☞ Arrêtés & Représentations du Parlement de Paris, (au sujet de M. l'Evêque de Troyes, &c.) des 1, 5 & 10 Décembre 1756 : *in*-4. 15 pages.

Cet Ecrit commence « Du 12 Novembre 1756 ». On trouve encore ces Représentations dans un autre Cahier *in*-4. de 8 pages, intitulé : « Réponses du Roi » au Parlement depuis sa Déclaration du 2 Septembre » 1754 », (jusqu'au Lit de Justice du 13 Décembre 1756, qui donna lieu à la démission de MM. des Enquêtes & Requêtes, & d'une partie de la Grand Chambre.]

33392. ☞ Lettre de M. le Président Dubois, Doyen de MM. des Enquêtes & Requêtes, (écrite au nom de tous ces Messieurs,) avec les Réponses ; du 6 Janvier 1757 : *in*-4. 4 pages.

C'est à l'occasion de l'Attentat de Damiens, du 5 Janvier.

Il parut dans le même temps sur la démarche de ces Messieurs, « Lettre d'un Conseiller au Parlement à un » de ses amis, du 17 Janvier » : *in*-4. 8 pages.]

33393. ☞ Lettre du Parlement de Bordeaux, au Roi, (sur l'Attentat....) 15 Janvier 1757 : *in*-4. 1 page.]

33394. ☞ Lettre de la Chambre des Comptes de Franche-Comté, au Roi, (sur le même sujet ;) le 24 Janvier : *in*-12. 5 pages, avec les Réponses de M. le Chancelier & du Ministre.]

33395. ☞ Fragment sur l'Attentat, arrêté par le Parlement de Toulouse, mais qui n'a pas été envoyé par un retard : *in*-12. 4 pages.

Il se trouve dans un « Recueil de Remontrances de Toulouse & de Montauban, sur le second Vingtième, de 1756 : *in*-12. 167 pages.]

33396. ☞ Objets de Représentations arrêtées être faites par la Grand'Chambre (de Paris,) & présentées le 19 Janvier 1757, avec la Réponse du Roi : *in*-4. 4 pages. = Représentations & Réponse : *in*-4. 6 pag.

On a ensuite publié : « Arrêté de MM. de Grand' » Chambre qui n'ont pas donné leur démission, au su- » jet de l'exil de 15 Membres des Enquêtes & Requê- » tes, & d'un de la Grand'Chambre ; Réponse du Roi, » 1 Février 1757 : *in*-4. 4 pages.]

33397. ☞ Remontrances du Parlement de Navarre, du 14 Février 1757, (sur le Vingtième, &c.) *in*-4. 12 pages ; *in*-12. 35 pages.]

33398. ☞ Arrêts, Arrêtés & Objets de Remontrances du Parlement de Bretagne, du 17 Février, (sur l'enlèvement de deux de ses Membres, &c.) *in*-4. 4 pages.

Parmi les Arrêtés qui y sont relatifs, il y en a deux qui concernent l'Attentat.]

33399. ☞ Arrêtés & Objets de Remontrances du Parlement de Rouen, en Février 1757, (sur l'état du Parlement de Paris :) *in*-4. 3 pages ; *in*-12. 4 pages.

Ces Remontrances sont celles du 8 Août, ci-après.]

33400. ☞ Arrêtés & Objets de Remontrances du Parlement de Bordeaux, du 25 Mai 1757, (sur la réunion des Membres du Parlement de Paris, & sur celui de Bretagne :) *in*-12. 41 pages.]

33401. ☞ Remontrances de la Cour des Comptes & Aydes de Provence, en Mai 1757, (sur divers Abus en fait de Tailles :) *in*-12. 251 pages.]

33402. ☞ Lettres du Parlement de Provence, au Roi, du 20 Juin 1757, (au sujet du Parlement de Paris :) *in*-12. 24 pages.]

33403. ☞ Remontrances du Parlement de Normandie, du 8 Août 1757, (sur l'état du Parlement de Paris :) *in*-12. 68 pages.]

33404. ☞ Remontrances du Parlement de Bretagne, du 8 Août 1757, (sur le même sujet :) *in*-12. 24 pages.]

33405. ☞ Troisièmes Représentations de MM. de Grand'Chambre (de Paris,) du 21 Août 1757, pour le rappel & la réunion des Magistrats du Parlement. Réponse du Roi du 29 Août. Discours du Roi, les 1 & 3 Septembre, aux Magistrats réunis.

Dans les *Nouvelles Ecclésiastiques* des 2 & 23 Octobre 1757, & aussi en une Feuille *in*-4. 4 pages, qui commence ainsi : « Du 1 Septembre 1757, à laquelle il faut joindre : « Arrêtés du Parlement du 5 Septembre, » & Réponse du Roi » : *in*-4. 4 pages.]

33406. ☞ Remontrances du Parlement de Bordeaux, du 7 Septembre 1757, (au sujet de la dissipation des Finances :) *in*-12. 66 pages.]

33407. ☞ Itératives Remontrances du Parlement de Toulouse, du 17 Septembre 1757, (sur la réunion du Parlement de Paris, & sur le second Vingtième :) *in*-8. 37 pages ; *in*-12. 63 pages.]

33408. ☞ Remontrances du Parlement de Rennes, du 16 Novembre 1757, (pour le retour de deux des Magistrats enlevés :) *in*-12. 3 pages.]

33409. ☞ Remontrances de la Cour Souveraine de Lorraine (ou de Nancy,) du 14 Décembre 1757, (au sujet du second Vingtième, &c.)

Elles sont imprimées à la suite des *Eclaircissemens* du 4 Février 1758, sur ces Remontrances : *in*-4. 28 pages.]

33410. ☞ Autres de la même Cour, du 28 Avril 1758, (sur les mêmes sujets :) *in*-4.

Remontrances des Parlemens, &c.

2 pages. = Itératives Remontrances, du 30 Avril : *in*-4. 2 pages.]

33411. ☞ Remontrances du Parlement de Bordeaux, du 10 Mai 1758, (sur la caffation de ses procédures au sujet des malversations concernant les Tailles :) *in*-12. 53 pages.]

33412. ☞ Arrêtés & Remontrances du Parlement de Dauphiné, du 20 Juin 1758, (sur la distraction des Habitans de la Province du Ressort de leurs Juges naturels:) *in*-12. 23 pages.]

33413. ☞ Remontrances du Parlement de Franche-Comté (ou de Besançon) du 26 Juin 1758, (au sujet de l'exil du Marquis de Grammont, Chevalier d'honneur de cette Compagnie:) *in*-8. 16 pages.

Le titre est : « Extrait des Registres du 20 Juin.]

33414. ☞ Remontrances de la Cour Souveraine de Nancy, du 27 Juin 1758, (sur un enregistrement illégal & la destitution de trois Magistrats :) *in*-4.

Elles ont été suivies d'un Ecrit dressé par la même Cour, & envoyé à M. le Contrôleur-Général : il est intitulé : « Mémoire servant d'Eclaircissement & de Supplément aux Remontrances de la Cour Souveraine de Lorraine, (au sujet de M. de la Galaizière, Intendant;) du 3 Août 1758 » : *in*-4. 96 pages.]

33415. ☞ Arrêtés, Objets & Remontrances du Parlement de Besançon, des 8 Juin & 9 Août 1758, au sujet de l'abonnement des Impôts (& de la situation de la Franche-Comté :) *in*-8.

Il y a 6 pages pour les Objets, & 48 pour les Remontrances, &c.

Cela fut suivi des « Séances & Procès-verbaux du » (même) Parlement, depuis le 23 Novembre 1758, » jusqu'au 8 Janvier 1759. = Lettres & Ordres du Roi » : *in*-12. Ces Pièces se trouvent avec les Remontrances dans le Recueil indiqué après l'Article suivant.]

33416. ☞ Remontrances du même Parlement, du 23 Janvier 1759, (au sujet de l'état & du service du Parlement, suivies d'un *Précis des faits* concernant ce Parlement:) *in*-12. 67 pages.

La *Suite du Précis* a été donnée à part, aussi *in*-12. 25 pages. Alors la moitié de ce Parlement fut exilé. Ensuite parut : 1°. Edit du Roi, portant suppression de la Chambre des Requêtes du Palais, à Besançon, & de 20 Offices de Conseillers Laïques, du mois de Mai 1759 : *in*-4. 4 pages. 2°. Examen de cet Edit : *in*-8. 24 pages.]

33417. ☞ Recueil de Pièces servant à l'Histoire du Parlement de Besançon, pour les années 1758, 1759, 1760 & 1761, (contenant tous les Arrêtés & les *Remontrances* des différens *Parlemens*, sur son Affaire :) *in*-12. (2 vol. ou) 786 pages, sans la Table qui en a onze.

Voici les titres des Pièces principales, selon l'ordre Chronologique :

1. Arrêtés & Remontrances du Parlement de Besançon, des 8 Juin & 9 Août 1758, & 23 Janvier 1759, &c. (dont on vient de parler.)

2. Remontrances au Roi, par les Officiers du Parlement restés à Besançon, du 17 Mai 1759, (pour demander le rappel des Exilés : elles avoient été imprimées à part : *in*-8. 8 pages.) = Lettres & Arrêtés en conséquence.

3. Remontrances du Parlement de Dijon, (sur le même sujet,) du 15 Mars 1759.

4. Remontrances du Parlement de Paris, du 27 Mars, (imprimées d'abord *in*-8. 14 pages.) Il y eut une longue Réponse du Roi, (par M. le Chancelier,) du 8 Avril, imprimée dans la *Gazette de France*, du 11 Avril 1759, lorsque le Parlement étoit en Vacations : elle a été aussi imprimée *in*-8.

5. Objets des Remontrances du Parlement de Grenoble, du 30 Mars.

6. Remontrances de la Cour des Comptes & Aydes de (Franche-Comté, ou de) Dole, du 28 Mars. (Elles avoient déja paru à part : *in*-8. 16 pages.)

7. Remontrances du Parlement de Rouen, du 19 Avril. (Elles avoient déja été imprimées avec la Réponse du Roi : *in*-8. 30 pages.)

8. Remontrances du Parlement d'Aix, du 1 Juin 1759.

9. (Itératives) Remontrances du Parlement de Paris, du 3 Juillet 1759, (imprimées d'abord *in*-8. 14 pages.) = Représentations du même, du 18 Août 1759. Autres des 3 & 23 Juillet 1760, & du 20 Août de la même année, lesquelles se trouvent toutes quatre avec les Réponses du Roi, dans le *Journal* indiqué ci-après, N.º 33419.

10. Remontrances du Parlement de Bordeaux, du 21 Mai 1760. (Elles avoient été imprimées à part, *in*-8. 60 pages.)

11. (Itératives) Remontrances du Parlement de Rouen, du 4 Juillet. (Elles avoient d'abord été imprimées *in*-8. 31 pages.)

12. Remontrances du Parlement de Toulouse, du 9 Août 1760. (Déja imprimées à part *in*-8. 23 pages.)

13. Remontrances du Parlement de Rennes, du 22 Août. (Elles avoient d'abord été imprimées *in*-8. 7 pages.)

14. (Itératives) Remontrances du Parlement de Toulouse, du 20 Décembre 1760. (Déja imprimées à part *in*-8. 15 pages.)

15. (Troisièmes) Remontrances du Parlement de Rouen, du 8 Janvier 1761. (Elles avoient déja été publiées [comme de 1760, par faute d'impression,] *in*-8. 40 pages, précédées d'une Lettre de M. le Chancelier sur les Remontrances du 4 Juillet, & des Représentations faites le 14 Août.)

16. Lettres, Arrêtés & Remontrances, pour le rétablissement du Parlement de Besançon, depuis le 24 Avril 1761.

17. Lettres-Patentes du 4 Décembre 1761, qui rétablissent le Parlement de Besançon, dans l'état où il étoit à la Saint-Martin de 1758.

18. Arrêtés, Délibérations & Lettres de ce Parlement, au sujet de son rétablissement.]

33418. ☞ Recueil d'Arrêtés, Articles & Remontrances de différentes Classes du Parlement, au sujet de ce qui s'est passé au Parlement séant à Besançon : 1759, *in*-8.

Ce Recueil concerne les Parlemens de Rouen, Paris, Aix, Bordeaux, Grenoble & Rennes.]

33419. ☞ Journal de tout ce qui s'est passé au Parlement de Paris, au sujet de l'exil des 30 Magistrats de Besançon : *in*-12. 39 pages.

Il s'étend depuis le 12 Février 1759 jusqu'au 28 Novembre 1760. On se contente d'indiquer les Pièces qui avoient déja été imprimées, & l'on y donne celles qui ne l'avoient pas été.

Il faut y joindre l'Arrêté du 9 Janvier 1761, suivi des Lettres de M. le Prince DE CONTI & de M. le Comte DE LA MARCHE, & imprimé à la fin d'un Cahier *in-*8. 16 pages, publié cette année 1761, & commençant par « Réclamation présentée au Roi le 20 Février 1756, » par M. le Duc D'ORLÉANS, au nom des Princes & des » Pairs, au sujet de la défense qui leur avoit été faite » par Sa Majesté, de se rendre à l'invitation qu'ils avoient » reçue d'aller prendre leur séance au Parlement ».]

On a encore publié successivement, par rapport à l'Affaire de Besançon, divers Ecrits, dont voici les principaux :

1. Journal de ce qui s'est passé au Parlement de Besançon, & de ce qui a donné lieu à la dispersion de 30 des 63 Membres qui le composent : en 1758 & 1759, *in-*12. 62 pages pour la première Partie : (la seconde n'a pas été publiée.)

M. Fevret de Fontette, Conseiller au Parlement de Dijon, a dans sa Bibliothèque une « Relation [Manus» crite *in-fol.*] de ce qui s'est passé au Parlement de Be» sançon, avec les Objets des Remontrances au Roi ».

2. Relation des Troubles actuels du Parlement de Franche-Comté : 1759, *in-*4. 40 pages; *in-*12. 81 pages, (Cette Relation n'est pas favorable aux Exilés.)

3. Réflexions sur la Relation des Troubles, &c. *in-*12. 11 pages.

4. Lettre d'un Francomtois, à un de ses amis à Paris : *in-*12. 21 pages.

5. Réponse à la Lettre d'un Francomtois : *in-*12. 30 pages.

6. Observations succinctes sur la position des Exilés de Besançon : *in-*12.

7. Arrêtés des Membres restans du Parlement séant à Besançon : *in-*8. (Ils furent brûlés à Rouen par Arrêt du Parlement, du 20 Août 1760 : *in-*4. 4 pages.) = Actes des Membres restans du Parlement séant à Besançon : *in-*8. 16 pages.

8. Lettre d'un Conseiller du Parlement de Besançon, à l'un de ses Confrères exilés; du 20 Août 1760 : *in-*4. 15 pages.

9. Juste idée de l'Affaire du Parlement de Besançon, ou Justification complette des 30 Exilés, contre les Sophismes & les imputations contenues dans la Lettre d'un Conseiller : 1761, *in-*12. 70 pages.

10. Nouveau point de vue sur l'Affaire du Parlement de Besançon, (en 1761:) *in-*8. 10 pages.

Il faut joindre à ces Ecrits :

1.° Recueil de Pièces concernant la rentrée du Parlement de Besançon, en Novembre 1761 : *in-*8. 54 pag.

2.° Lettres d'un Négociant de Besançon, contenant un détail des Fêtes que le retour des Exilés de Besançon & la retraite de M. de Boynes (Intendant,) ont occasionnées dans la Ville de Besançon (& autres lieux de la Province de Franche-Comté :) *Lyon*, (*Besançon*,) 1762, *in-*12.

Il y a 92 pages pour Besançon; 16 pages pour Vesoul; 96 pour le reste de la Province; outre 51 pages pour un Recueil de Chansons.]

Nous avons jugé à propos de mettre tout de suite ce qui concerne cette Affaire ; ainsi l'on va reprendre quelques Articles, relatifs à ce qui s'est passé sur d'autres sujets dans l'intervalle.]

33420. ☞ Objets des Remontrances arrêtés par le Parlement (de Paris,) le 3 Septembre 1759, (au sujet de 7 Edits Bursaux :) *in-*4. 4 pages; *in-*12. 16 pages.

La Réponse du Roi du 4 Septembre a été imprimée *in-*12. 19 pages.]

33421. ☞ Objets des Remontrances du (même) Parlement, du 15 Septembre, (sur le même sujet :) *in-*12. 29 pages.

On a publié ensuite, 1.° « Extrait des Registres du » (même) Parlement, du 19 Septembre, sur le Lit de Justice indiqué : *in-*12. 5 pages. = 2.° Lit de Justice, le 20 Septembre : *Paris*, Imprimerie Royale, *in-*4. 42 pages.]

33422. ☞ Récit de ce qui s'est passé (sur le même sujet,) à la Cour des Aydes de Paris, Arrêtés & Remontrances : *in-*12. 22 pages. = Arrêtés du 17 Novembre, & Réponse du Roi, du 15 Février 1760, *in-*12. 47 pages.]

33423. ☞ Arrêtés & Objets de Remontrances du Parlement de Toulouse, du 13 Novembre 1759 & 5 Janvier 1760 : *in-*12. 42 pages.

C'est au sujet de l'Edit de la Subvention générale, & de la vérification préalable de tous Edits Bursaux.]

33424. ☞ Extrait des Regiſtres du Parlement (de Paris,) du 28 Novembre 1759, (au sujet des Edits publiés au Lit de Justice du 20 Septembre précédent,) & Objets des Remontrances du 2 Janvier 1760 : *in-*12. 29 pages.

On a publié ensuite, « Réponse du Roi & Arrêtés » du Parlement, depuis le 13 Février jusqu'au 1 Mars : *in-*12. 12 pages.]

33425. ☞ Objets des Remontrances du Parlement de Rouen, du 15 Décembre 1759, (sur l'Edit de Subvention, &c.) *in-*12. 14 pages.]

33426. ☞ Remontrances de la Cour des Comptes, Aydes & Finances de Normandie, (sur les Lettres-Patentes concernant les Toiles peintes :) *in-*12. 11 pages, (sans date, mais de 1759 ou 1760.)

33427. ☞ Remontrances de la Chambre des Comptes de Paris, du 19 Décembre 1759, sur la multiplicité des Impôts & la misère des Peuples : *in-*12. 16 pages.]

33428. ☞ Arrêtés & Objets des Remontrances du Parlement de Toulouse, du 5 Janvier 1760, (sur l'Edit de Subvention, &c.) *in-*12. 42 pages.]

33429. ☞ Remontrances du même, du 11° Février, (sur le même sujet :) *in-*12. 29 pag.]

33430. ☞ Remontrances du Parlement de Provence, du 14 Janvier 1760, (sur l'Edit du mois d'Août concernant les Cuirs :) *in-*12. 36 pages.]

33431. ☞ Recueil de ce qui s'est passé à la Cour des Aydes de Paris, contenant le Procès-verbal, les Arrêtés, Objets de *Remontrances*, & la Réponse du Roi : *in-*12. 47 pages.

Ce Recueil va depuis le 21 Septembre 1759, jusqu'au 16 Février 1760.]

33432. ☞ Remontrances de la Cour des Comptes, Aydes & Finances de Provence, du 23 Février 1760, (sur l'Edit de Septembre, pour la Subvention:) *in-*12. 28 pages.]

33433. ☞ Remontrances du Parlement de Provence, du 23 Février 1760, (au sujet du même Edit:) *in-*12. 39 pages.]

33434. ☞ Autres Remontrances du même, du 28 Mars 1760, (sur l'Edit du mois d'Août 1758, &c.) *in-*12. 24 pages.]

33435. ☞ Remontrances du Parlement de Rennes, du 4 Mai 1760, (sur les Impôts, & sur l'Edit de Février, au sujet d'un troisième Vingtième, &c.) = Autres du même, du 12 Juin, (sur les Dons gratuits): *in-*12. 20 pages pour les deux.]

33436. ☞ Remontrances du Parlement de Rouen, du 10 Mai 1760, (sur le même Edit:) *in-*12. 42 pages.]

33437. ☞ Remontrances du Parlement d'Aix, (ou de Provence,) du 13 Mai 1760, (sur le même sujet:) *in-*12. 35 pages.]

33438. ☞ Remontrances du Parlement de Dijon, du 28 Juin 1760, (au sujet du troisième Vingtième:) *in-*12. 35 pages.]

33439. ☞ Itératives Remontrances du Parlement de Provence, du 30 Juin 1760: *in-*12. 19 pages.]

33440. ☞ Itératives Remontrances du Parlement de Bretagne, (ou de Rennes,) du 18 Juillet 1760, (sur le nouveau Vingtième, & les Lettres-Patentes du 5 Juin:) *in-*12. 14 pages.]

33441. ☞ Remontrances de la Cour des Comptes, Aydes & Finances de Normandie : *in-*12. 16 pages. = Itératives Remontrances de la même, du 26 Juillet 1760, (sur les Impôts:) *in-*12. 36 pages. = Autres de la même Cour, du 8 Août 1760, (sur l'exécution de ses Arrêts:) *in-*12. 12 pages.]

33442. ☞ Remontrances du Parlement de Normandie, du 4 Juillet 1760, *in-*12. 31 pages. = Itératives Remontrances, du 4 Juillet.

Ces dernières sont imprimées dans un Recueil *in-*12. de 44 pages, intitulé : « Réponses du Roi, Lettres de » Jussion & de Cachet, Arrêtés & Itératives Remon- » trances ». Ce petit Recueil va depuis le 10 Mai 1760, jusqu'au 6 Août, que M. le Duc de Luxembourg, Gouverneur, vint faire enregistrer, par ordre du Roi, l'Edit & la Déclaration dont il étoit question.]

33443. ☞ Remontrances du Parlement de Grenoble, en Juillet 1760, (sur les Impôts:) *in-*12. 30 pages. = Deuxièmes & Troisièmes Itératives Remontrances du même Parlement, des 18 Septembre & 15 Octobre 1760 : *in-*12. 23 pages. = Remontrances du même, sur ce qui s'est passé au Parlement de la part de M. de Marcieu, le 20 Novembre 1760.

Ces dernières Remontrances sont dans un petit Recueil *in-*12. de 58 pages, intitulé : « Récit de l'Affaire « du Parlement de Dauphiné, sur la conduite de M. de » Marcieu, chargé des ordres du Roi, & Remontran- » ces sur ce qui s'est passé, &c. au Parlement ». On y trouve ensuite, Lettre du Roi, qui désapprouve M. de Marcieu, du 13 Décembre 1760, & l'Arrêt d'enregistrement du 20.]

33444. ☞ Nouvelles Remontrances du Parlement de Normandie, du 22 Août 1760: *in-*12. 44 pages. Autre Ed. 23 pages.

C'est au sujet de l'enregistrement forcé, &c. fait par M. le Duc de Luxembourg, le 6 Août.

Vers ce temps on publia, 1.° Journal de ce qui s'est fait à Rouen : *in-*12. 70 pages. = 2.° Recueil de tous les Actes concernant les Affaires du Parlement de Rouen, pendant les années 1759 & 1760, avec le Récit exact & circonstancié de tout ce qui les a occasionnés : *in-*12. = Lettre de M. de Fontette, Intendant de Caen, du 18 Août 1760 : *in*12. 40 pages.]

33445. ☞ Remontrances de la Chambre des Comptes de Franche-Comté, du 8 Octobre 1760, (sur les Impôts:) *in-*8.]

33446. ☞ Remontrances de la Chambre des Comptes de Lorraine, du 21 Janvier 1761, (sur le troisième Vingtième:) *in-*4. 47 pages.]

33447. ☞ Remontrances de la Cour Souveraine de Nancy, du 24 Janvier, (sur le même sujet:) *in-*4. 52 pages.]

33448. ☞ Remontrances de la Cour des Comptes, Aydes & Finances de Montpellier, du 25 Février 1761, (au sujet d'un Arrêt du Conseil, du 14 Mars 1760:) *in-*12. 46 pages.]

== ☞ Autres Remontrances de la même Cour, & du même jour, au sujet de son Démêlé avec le Parlement de Toulouse : *in-*12. 136 pages.

Ce Parlement a publié de son côté, outre ses Arrêts des 12 & 24 Mars 1760, 17 & 14 Janvier 1761 : « Extrait des Registres..... concernant les Démarches de la » Chambre des Comptes de Montpellier : *in-*12. = Arrêt du 22 Juin 1761, avec un grand Réquisitoire : *in-*4. & *in-*12. 146 pages. *Voyez* ci-devant, N.° 33023.]

33449. ☞ Remontrances de la Chambre des Comptes de Rouen, du 12 Mars 1761, (pour justifier son Arrêt du 15 Juillet 1760, & demander le retour de son Procureur-Général:) *in-*12. 22 pages.

On y a joint *pag.* 21 l'Arrêt du Conseil du 8 Mars, arrivé le 18 à Rouen, qui rétablit ce Procureur-Général, M. de Boissemont.]

33450. ☞ Objets de Remontrances arrêtés par la Cour des Aydes de Paris, du 8 Mai 1761, (sur la Déclaration du 13 Avril 1761, l'imposition arbitraire & autres abus:) *in-*12. 30 pages.

Remontrances de ladite Cour (à ce sujet, sans date:) *in-*12. 48 pages.]

33451. ☞ Arrêtés du 31 Juillet, &c. avec les Remontrances de la Chambre des Comptes de Paris, du 11 Septembre 1761, (au sujet du troisième Vingtième, &c.) *in-*12. 27 pages.]

On a ensuite publié divers Arrêtés sous ces titres :

(1.) « Extraits des Regiſtres de la Chambre des Comp-
» tes » : *in*-12. 12 pages. On y trouve *pag*. 3, la Réponſe du Roi aux Remontrances précédentes : (2.) « Ex-
» trait des Regiſtres, &c. du 19 Décembre 1761 » :
in-12. 6 pages. (3.) Recueil de 70 pages *in*-12.) commençant par « Déclaration du 17 Mars 1762 », ſuivie
des Arrêtés de ladite Chambre, depuis le 14 Mars, juſqu'au 22 Mai ; après quoi ſont (*pag*. 31,) les Remontrances qui ſuivent.]

33452. ☞ Remontrances de la (même)
Chambre des Comptes de Paris, du 22 Mai,
au ſujet de la Déclaration précédente, pour
ſupplier le Roi de ne rien changer à ſes uſages.]

== ☞ (Deux) Remontrances du Parlement de Dijon, des 16 Mars & 7 Juillet
1762, (ſur l'Affaire des Elus Généraux des
Etats de Bourgogne.)

Voyez ci-devant, N.° 33059, (2 & 4.)

33453. ☞ Remontrances de la Chambre
des Comptes de Paris, du 12 Mai 1762,
(ſur la Déclaration du 17 Mai, portant Réglement au ſujet des Préſidens de cette
Chambre.)

Elles ſont imprimées *pag*. 30-70 du Recueil (3) dont
on vient de parler, avant le N.° 33452.]

33454. ☞ Extrait des Regiſtres de la même
Chambre, du 24 Mai 1762, & Diſcours au
Roi : *in*-12. 24 pages.]

33455. ☞ Remontrances du Parlement de
Toulouſe, du 26 Janvier 1763, (au ſujet
de deux Profeſſeurs du nouveau Collége :)
in-12. 6 pages.]

33456. ☞ Remontrances de la Cour des
Comptes & Aydes de Normandie, du 18
Avril 1763, (ſur les impoſitions au ſujet des
Milices Gardes-Côtes, ſans enregiſtrement :)
in-12. 15 pages.]

33457. ☞ Articles de Repréſentations du
Parlement de Rennes, du 20 Avril 1763,
(ſur l'Edit de Février pour les Colléges :)
in-12. 16 pages.]

33458. ☞ Lettre du Parlement de Beſançon, au Roi, (au ſujet de l'Abbé d'Olivet de
Chamole,) du 15 Avril 1763.

Elle eſt imprimée *pag*. 5 d'un Cahier commençant
par *Extrait des Regiſtres*, &c. du 11 *Avril : in*-12.
8 pages.]

33459. ☞ Objets de Remontrances arrêtés au Parlement de Paris, le 19 Mai 1763,
(ſur les Edit & Déclaration du mois d'A-
vril, pour la prorogation du ſecond Vingtième & autres droits :) *in*-12. 22 pages.]

33460. ☞ Autres du même, du 18 Juin,
(au ſujet du Lit de Juſtice tenu le 31 Mai,
& des Edit & Déclaration qui y ont été publiés :) *in*-12. 38 pages.]

33461. ☞ Objets de Remontrances de la
Cour des Aydes (de Paris, ſur les Edit &
Déclaration publiés le 6 Juin 1763, en préſence de M. le Prince de Condé :) *in*-12.
24 pages.]

33462. ☞ Remontrances de la Chambre
des Comptes de Nantes, du 13 Juin 1763,
(au ſujet d'une entrepriſe de la part des Députés des Etats de Bretagne :) *in*-4. 17 pag.]

33463. ☞ Remontrances de la Cour des
Comptes, Aydes & Finances de Provence,
du 20 Juin 1763, (& Pièces relatives au ſujet de ſes Conteſtations avec le Parlement
d'Aix :) *in*-12. 268 pages.]

33464. ☞ Lettre du Parlement de Beſançon, au Roi, du 20 Juin 1763, (au ſujet de
ſon Procureur-Général.)

Elle eſt imprimée *pag*. 8-17, d'une Pièce *in*-12. de
22 pages, intitulée : « Suite de l'Arrêté du Parlement
» de Beſançon, du 22 Avril 1763 ».

Cet Arrêté, avec diverſes Lettres du même Parlement, à M. le Chancelier, M. le Garde des Sceaux &
M. le Duc de Choiſeul, avoit été publié *in*-12. 20 pag.]

== Remontrances de la Cour des Aydes (de
Paris,) du 23 Juillet 1763, (au ſujet du Sieur
de Varenne, & du Démêlé entre les Elus-
Généraux de Bourgogne & le Parlement de
Dijon.)

Elle eſt déja indiquée ci-devant, N.° 33059, (6).

33465. ☞ Arrêté & Objets de Remontrances du Parlement de Rouen, du 16 Juillet
1763, (au ſujet des Edit & Déclaration du
mois d'Avril :) *in*-12. 23 pages. Autre Edition, 19 pages.]

33466. ☞ Remontrances de la Cour des
Comptes, Aydes & Finances de Normandie)
du 30 Juillet 1763,) ſur le même ſujet :,
in-12. 23 pages.]

33467. ☞ Remontrances de la Cour des
Comptes, Aydes & Finances de Montpellier, (ſur le même ſujet, ſans date :) *in*-12.
15 pages.]

33468. ☞ Remontrances du Parlement de
Rouen, du 5 Août 1763, (ſur le même ſujet :) *in*-12. 24 pages.

Lettre de M. le Chancelier ſur ces Remontrances : *in*-12. 6 pages.

On publia quelque temps après, (1.°) « Relation de ce
» qui s'eſt paſſé au Parlement de Rouen, (& à la Cham-
» bre des Comptes de cette Ville,) au ſujet des Edit &
» Déclaration du mois d'Avril 1763 » : *in*-12. 40 pages.
Cette Relation commence par un Arrêté du 4 Août
1763, & finit au 13 Septembre. (2.°) Arrêt & Arrêtés
Rouen, des 14, 15 & 16 Novembre 1763, au ſujet
des Tranſcriptions faites par autorité ſur ſes Regiſtres :
in-12. 24 pages. On y trouve le Procès-verbal de la Ra-
diation de ces Arrêtés, faite par autorité le 19 Novembre, & l'Acte du même jour, par lequel 80 Magiſtrats
de ce Parlement donnent leur démiſſion. Peu de temps
après il parut pour la juſtifier, « Lettre de M. D. Avo-
» cat au Parlement de Paris, à M. A. Avocat au Parle-
» ment de Rouen » : *in*-12. 24 pages.]

33469. ☞ Itératives Remontrances du Parlement de (Paris,) du 8 Août, (ſur les Edit
& Déclaration du mois d'Avril.) Réponſe &
Objets de Repréſentations, du 27 Août :
in-12. 77 pages.]

33470. ☞ Lettre de M. le Chancelier, en
Réponſe aux Remontrances du Parlement

de Dijon, du 8 Août 1763. = Arrêtés dudit Parlement, du 10 Août, sur l'enregistrement forcé de l'Edit & Déclaration du mois d'Avril. = Arrêt qui le déclare nul : *in-*12.]

33471. ☞ Objets de Remontrances du Conseil Souverain de Roussillon, du 16 Août 1763, (au sujet des mêmes Edit & Déclaration:) *in-*12. 16 pages.]

33472. ☞ Remontrances du Parlement de Pau, du 17 Août 1763, (sur le même objet:) *in-*12.

Elle est imprimée au commencement & jusqu'à la *pag.* 17 du « Journal de ce qui s'est passé au Parlement » de Pau, à l'occasion de la Transcription forcée faite » sur ses Registres, des Edit & Déclaration : » : *in-*12. 22 pages.]

33473. ☞ Remontrances du Parlement de Dauphiné, du 17 Août 1763, (sur les Edit & Déclaration du mois d'Avril:) *in-*12. 40 pages.

A la *pag.* 33 commence la « Relation de ce qui s'est » passé au Parlement de Grenoble, depuis le 6 jusqu'au » 10 Septembre 1763, au sujet de la Publication forcée » des Edit & Déclaration, qui a été faite par M. Du- » mesnil, Commandant du Dauphiné ».

On a donné la *Suite de la Relation* précédente : *in-*12. 23 pages. = *Seconde Suite* : *in-*12. 36 pages. = *Troisième Suite* : *in-*12. 12 pages. Le tout va jusqu'au 14 Décembre 1763.

Il a paru à part, « Arrêtés, Procès-verbal & Arrêt du » Parlement de Grenoble, concernant le Décret de prise » de corps contre M. Dumesnil » : Octobre 1763, *in-*12. 28 pages.]

33474. ☞ Lettre du Parlement de Dauphiné au Roi, pour se plaindre de la conduite de M. Dumesnil, & justifier le Décret de prise de corps décerné contre lui.

Elle est imprimée dans la *Seconde Suite de la Relation* dont on vient de parler, *pag.* 13-19.]

33475. ☞ Remontrances de la Cour des Comptes, Aydes & Finances de Normandie, du 18 Août 1763, (sur les Lettres-Patentes du 10 Août 1762, qui valident certaines Impositions:) *in-*12. 15 pages.]

33476. ☞ Extrait des Registres du Parlement de Bordeaux, du 19 Août 1763, contenant des Objets de Remontrances (sur les Edit & Déclaration du mois d'Avril:) *in-*12. 15 pages.

On a publié ensuite : « Réponse de M. le Chancelier » à ces Objets : *in-*12. 15 pages. = Relation de ce qui » s'est passé le 7 Septembre 1763, au Parlement de » Bordeaux, au sujet de la transcription forcée faite sur » ses Registres, des Edit & Déclaration du mois d'A- » vril » : *in-*12. 8 pages. = « Extraits des Registres, &c. » du 14 Novembre : 12 pages. = « Arrêté du 15 No- » vembre & 20 Février 1764 : *in-*12. 7 pages.]

33477. ☞ Objets de Remontrances du Parlement de Franche-Comté, (ou de Besançon,) du 31 Août, (sur le même sujet;) les Remontrances (mêmes) & divers Arrêtés, sur la Transcription illégale : *in-*12. 52 pages. = Autres Arrêtés & Arrêt, jusqu'au 22 Novembre 1763; y compris les Objets de nouvelles Remontrances : *in-*12. 16 pag.

On a publié aussi cette année, « Journal de ce qui » s'est passé au Parlement de Besançon, au sujet de l'E- » dit du mois d'Avril & de la Déclaration du 24 dudit » mois : *in-*8.]

33478. ☞ Lettre du Parlement de Provence, au Roi, du 5 Octobre 1763, (pour se plaindre de l'ordre donné à M. de Galliffet, Conseiller Député de cette Cour auprès de Sa Majesté, de partir dans 24 heures, & de s'en retourner à Aix:) *in-*12. 10 pages.]

33479. ☞ Remontrances de la Cour des Aydes de Clermont-Ferrand, du 13 Septembre 1763, (au sujet des Edit & Déclaration du mois d'Avril:) *in-*12. 16 pages.]

33480. ☞ Lettre de M. le premier Président du Parlement de Rouen, (DE MIROMESNIL,) au Roi, du 19 Novembre 1763: *in-*12. 2 pages.

C'est au sujet de la Démission dont il a été parlé ci-devant, N.° 33468.]

33481. ☞ Remontrances du Parlement de Provence, du 21 Novembre 1763, (sur l'Edit d'Avril, & sur les vexations exercées contre divers Parlemens, sçavoir ceux de Toulouse, Rouen & Grenoble:) *in-*12. 70 pages.

L'Imprimé porte 76; mais il y en a six à la fin, pour un Arrêté & un Arrêt.]

33482. ☞ Motifs addressés au Roi, des Arrêts du Parlement d'Aix (ou de Provence,) contre les Jésuites, en Novembre 1763 : *in-*12. 96 pages.]

33483. ☞ Remontrances de la Cour des Comptes, Aydes, &c. séante à Dole, du 29 Novembre 1763, (sur les Edit & Déclaration du mois d'Avril:) *in-*12. 23 pages.]

33484. ☞ Remontrances du Conseil Souverain de Roussillon, sur les attentats, oppressions & vexations contre la Magistrature en général, & notamment le Parlement séant à Toulouse, en conséquence de l'Arrêté du 3 Décembre 1763 : *in-*12. 6 pages.]

33485. ☞ Itératives Remontrances du Parlement de Franche-Comté, du 13 Décembre 1763, (sur l'Edit d'Avril, & sur l'oppression des Parlemens de Toulouse, Rouen & Grenoble:) *in-*12. 18 pages.]

33486. ☞ Objets de Remontrances du Parlement de Dijon, du 15 Décembre 1763, (au sujet des Edit & Déclaration du mois d'Avril).

Ils ont été imprimés à la suite d'un *Arrêt* de ce Parlement, qui déclare nulle la Transcription qui en a été faite : *in-*12. 7 pages. Il avoit été précédé d'*Arrêtés* des 22 & 23 Août, 11 pages; & d'une Lettre de M. le Chancelier, 8 pages.]

33487. ☞ Objets des Remontrances du Parlement (de Paris), arrêtés le 17 Décembre, au sujet des Transcriptions & Radiations faites par voies de fait, sur les Regiſtres de pluſieurs Claſſes du Parlement, & des violences exercées contre les Magiſtrats : *in*-12. 16 pages.]

33488. ☞ Lettre de M. DE MIROMESNIL, premier Préſident du Parlement de Rouen, au Roi : du 16 Décembre 1763.

Elle eſt imprimée *pag.* 36 du « Journal des Opérations du Parlement de Normandie, depuis le renvoi » des Démiſſions », (ou le 14 Mars 1764 :) *in*-12. 156 pages. Ce *Journal* a une Suite, depuis le 30 Mars 1764, juſqu'au 22 Juin de la même année : *in*-12. 97 pages.]

33489. ☞ Remontrances du Parlement de Toulouſe, du 22 Décembre 1763, au ſujet des Tranſcriptions illégales des Edit & Déclaration du mois d'Avril, & de pluſieurs Arrêts du Conſeil : *in*-8. & *in*-12.

L'Edition la plus correcte eſt *in*-12. 60 pages, y compris 8 pages pour Arrêtés & Arrêt.

On a encore ſur cette Affaire :

1. Journal (& Pièces) ſur ce qui s'eſt paſſé au Parlement de Toulouſe, au ſujet de la Tranſcription des Edit & Déclaration du mois d'Avril 1763, faite ſur les Regiſtres du Parlement, par M. le Duc de Fitz-James, le 15 Septembre : *in*-12. 48 pages. = Suite du Journal.... *in*-12. 87 pages. = Seconde Suite, 36 pages.

2. Lettre de M. le Marquis de ***, à M. de ***, Préſident au Parlement de Paris.

3. Lettre d'un Avocat au Parlement de Toulouſe, au ſujet de l'Arrêt par lequel le Parlement a prorogé la Séance : *in*-12. 8 pages, (datée du 12 Octobre).

4. Recueil d'Arrêts, Arrêtés, Procès-verbaux, &c. extraits des Regiſtres, contenant les entrepriſes & attentats du Duc de Fitz-James, & Mercuriale ouverte contre M. Baſtard, premier Préſident : *in*-12. Edition complette & exacte, 132 pages. (La première étoit de 121.) Ce Recueil commence par un *Arrêté* du 9 Septembre 1763, & finit par un *Arrêt* du 6 Janvier 1764, contre une Ordonnance de M. de Fitz-James ; & enſuite l'on trouve quelques Pièces anciennes ſur les Lieutenans de Roi, & les Gouverneurs de Provinces.

5. Suite des Arrêts, Arrêtés & *Remontrances* du Parlement de Toulouſe, concernant les entrepriſes & attentats de M. le Duc de Fitz-James : Extrait des Regiſtres dudit Parlement : *in*-12. Cette *Suite* commence *pag.* 123, par un Extrait du 23 Janvier 1764, & finit *pag.* 143, par l'Arrêt du 24 Mars, qui enregiſtre les Lettres-Patentes du 25 Janvier, leſquelles mettent fin à toute l'Affaire, à la ſatisfaction dudit Parlement.]

33490. ☞ Remontrances de la Cour des Comptes, Aydes, &c. de Normandie, du 23 Décembre 1763, (ſur les Tranſcriptions forcées, & ſur le refus d'entendre leurs Remontrances :) *in*-12. 24 pages.]

33491. ☞ Arrêtés & Remontrances du Parlement de Bretagne, du 30 Décembre 1763, & 10 Janvier 1764, (au ſujet des violences exercées par M. de Fitz-James, contre le Parlement de Toulouſe :) *in*-12. 10 pages.]

33492. ☞ Repréſentations du Parlement de Bordeaux, du 7 Janvier 1764, (au ſujet des Impôts & de la Déclaration du 21 Novembre 1763 :) *in*-12. 15 pages.]

33493. ☞ Remontrances du Parlement de Provence, du 9 Janvier 1764 : *in*-12. 16 pag.

Elles furent faites lors de l'enregiſtrement de l'Edit du mois d'Avril 1763, concernant les Dons gratuits, & la Déclaration du 21 Novembre ſuivant.]

33494. ☞ Remontrances du Parlement de Beſançon, du 12 Janvier 1765, (ſur l'Edit de Novembre 1764, portant extinction des Jéſuites :) *in*-4. 16 pages.]

33495. ☞ Remontrances du Parlement de Toulouſe, du 14 Janvier 1764, (au ſujet des violences exercées par M. Dumeſnil, contre les Magiſtrats du Parlement de Dauphiné, & de leur exil ; avec des Lettres à divers Parlemens :) *in*-12. 16 pages.]

33496. ☞ Objets de Remontrances arrêtés au Parlement (de Paris,) ſuffiſamment garni de Pairs, le 16 Janvier 1764, au ſujet des vexations exercées contre pluſieurs Claſſes du Parlement, notamment contre celle du Parlement de Toulouſe par le Duc de Fitz-James : *in*-12. 24 pages.

Il y en a une Edition en 28 pages, avec la Déclaration du 20 Janvier, qui impoſe ſilence.

Sa Majeſté, en réponſe, déclare au Parlement, « qu'Elle n'a point d'autre intention que de régner ſe- » lon les loix & les formes ſagement établies, & de » conſerver à ceux qui en ſont les Dépoſitaires & les » Miniſtres, la liberté des fonctions qu'Elle leur aſſure, » & lui en remet une Déclaration en forme authenti- » que, par laquelle il ordonne l'exécution de ſa Décla- » ration du 21 Novembre précédent, impoſe un ſilence » abſolu ſur ce qui s'eſt paſſé, relativement aux objets » qui y ont donné lieu ; & défend à ſes Procureurs Gé- » néraux dans ſes Cours d'en faire aucunes pourſuites ». *Journal hiſtorique de Louis XV.* Part. II. p. 195.]

33497. ☞ Remontrances du Parlement de Dijon, du 19 Janvier 1764, (au ſujet de la Déclaration du 21 Novembre 1763 :) *in*-12. 58 pages]

33498. ☞ Arrêtés & Objets de Repréſentations du Parlement de Bordeaux, du 21 Janvier 1764, (pour demander la punition des attentats commis contre les Parlemens de Toulouſe, Grenoble & Rouen :) *in*-12. 12 pages.]

33499. ☞ Remontrances du Parlement de Bretagne, du 1 Février 1764, (ſur l'Affaire de Toulouſe, & autres :) *in*-12.]

33500. ☞ Objets de Remontrances de la Cour des Comptes & Aydes de Montpellier, du 9 Février 1764, (pour la ſuppreſſion de la Commiſſion de Valence :) *in*-12. 15 pages.]

33501. ☞ Remontrances du Parlement de Dijon, du 14 Février 1764, (ſur les mauvais traitemens faits à ceux de Toulouſe, Grenoble & Rouen :) *in*-12. 15 pages.]

33502. ☞ Diſcours au Roi, de M. le Préſident NIQUET, Chef de la Députation du Parlement de Toulouſe, du 25 Février 1764.

Il eſt imprimé *pag.* 125 de la *Suite des Arrêts, Arrêtés*,

rêtés, &c. de ce Parlement, indiquée ci-devant à la Note du N.° 33489 (5.)]

33503. ☞ Remontrances du Parlement (de Paris,) du 29 Février 1764, la Cour suffisamment garnie de Pairs, au sujet de la conduite de M. l'Archevêque de Paris sur les refus de Sacremens, &c. Réponse du Roi : *in*-4. 39 pages ; *in*-12. 103 pages.]

33504. ☞ Remontrances de la Cour des Aydes de Montauban, du 3 Mars 1764, (au sujet de la Déclaration du 21 Novembre 1763 :) *in*-12. 16 pages.]

33505. ☞ Arrêtés & Remontrances du Parlement de Besançon, du 15 Mars 1764, (sur le même sujet :) *in*-12.

Le Roi fit alors publier, « Lettres-Patentes (du 8 » Mars 1764,) qui ordonnent que ce qui s'est passé re-» lativement aux objets qui ont donné lieu à la Décla-» tion du 21 Novembre, & les Arrêts du Conseil des 24 » Août & 17 Novembre dernier, seront regardés com-» me non avenus, & impose un silence absolu sur lesdits Objets : *in*-4. & *in*-12.]

33506. ☞ Remontrances du Parlement de Rouen, en Mars 1764.

Elles sont imprimées dans une petite Pièce *in*-12. intitulée: « Précis de ce qui s'est passé au Parlement de » Rouen depuis le 24 Mars 1764 ».

Voici ce qu'on lit à ce sujet dans le *Journal historique de Louis XV.* au 10 Mars, (Part. II. pag. 197. « Le Roi donne audience aux Députés du Parlement » de Rouen, reçoit leurs Remontrances, & par sa Ré-» ponse, ordonne au Parlement, qui s'étoit démis de » les fonctions au mois de Novembre précédent, de les » reprendre : Sa Majesté déclarant qu'Elle veut que » les deux Arrêts du Conseil, qui avoient été transcrits » sur les Registres, en vertu des ordres donnés au Duc » d'Harcourt, soient annullés, &c. ».]

33507. ☞ Représentations du même Parlement, du 15 Avril 1764.

Elles sont imprimées pag. 47-65, de la *Suite du Journal* dont il a été parlé à la Note du N.° 33488.]

33508. ☞ Discours au Roi, de M. DE MIROMESNIL, premier Président du Parlement de Rouen, le 29 Avril 1764.

Il est imprimé pag. 75, de la *Suite du Journal* que l'on vient d'indiquer.]

33509. ☞ Remontrances du Parlement de Dijon, au sujet de la Déclaration du 28 Mars, qui fait défense d'imprimer aucuns Ecrits ou Projets concernant la réforme ou administration des Finances : *in*-12. 8 pag.]

33510. ☞ Remontrances du Parlement de Rouen, avec les Pièces qui les ont occasionnées, concernant l'exécution de l'Article I. de la Déclaration du 21 Novembre 1763 : *in*-12. 40 pages.]

33511. ☞ Mémoire sur la libération de l'Etat & le soulagement des Peuples, présenté par le Parlement de Bordeaux : 1764, *in*-4.]

33512. ☞ Remontrances du Parlement de Toulouse, du 4 Août 1764, (au sujet de
Tome III.

M. de Fitz-James ;) & divers Arrêtés : *in*-12. 21 pages.]

33513. ☞ Remontrances du Parlement de Rennes, du 11 Août 1764, sur les atteintes portées aux Franchises de la Bretagne, avec Pièces préalables & Objets de nouvelles Remontrances du 4 Septembre : *in*-12. 48 pag.]

33514. ☞ Lettre du Parlement de Toulouse, du 11 Août 1764, (au sujet de l'Edit de Juillet, qui permet le libre commerce des Grains :) *in*-12. 6 pages.]

33515. ☞ Remontrances du Parlement de Rouen, du 29 Août 1764, au sujet des Lettres-Patentes du 16 Août, portant cassation de l'Arrêt du Parlement du 9, qui établit un Bureau de Commissaires du Parlement, pour la recherche de tous abus & malversations, notamment en matière de Finances : *in*-12. 21 pages.]

33516. ☞ Autres du même, dudit jour, sur les Lettres-Patentes du 12 Juillet, avec les Arrêtés relatifs : *in*-12. 40 pages.]

33517. ☞ Représentations du même Parlement, du mois d'Août, au sujet de la liberté de circulation dans le Royaume, & de l'exportation des Eaux-de-vie de Cidre & Poiré : *in*-12. 52 pages.

Il y en avoit déja eu au mois d'Avril précédent, sur le même sujet, lors du remerciement sur le retour : elles ne paroissent pas avoir été imprimées.]

33518. ☞ Lettre du même, du 7 Septembre 1764, (sur l'Edit de Juillet, concernant la liberté des Grains :) *in*-12. 7 pages.]

33519. ☞ Remontrances du Parlement (de Navarre ou) de Pau, du 20 Septembre 1764, (au sujet de son Démêlé avec le premier Président, sur la vérification des Registres :) *in*-12. 20 pages.]

33520. ☞ Objets de Remontrances du même, du 3 Décembre.

Dans un Recueil de Pièces sur ce Parlement : *in*-12. 38 pages.]

33521. ☞ Remontrances de la Cour des Comptes, Aydes, &c. de Normandie, du 5 Décembre 1764, (sur la liberté de la circulation du Cidre, &c.) *in*-12. 24 pages.]

33522. ☞ Lettre (du Parlement de Bretagne au Roi,) pour le Parlement de Pau : Extrait des Registres dudit Parlement : 1765; *in*-12. 4 pages.]

33523. ☞ Remontrances de la Chambre des Comptes (de Paris,) du 8 Février 1765, sur l'Edit d'Août 1764, concernant l'administration des principales Villes & Bourgs du Royaume : *in*-12. 72 pages.]

33524. ☞ Remontrances de la même Chambre, du 11 Février 1765, sur l'Edit de Décembre 1764, concernant la libération des Dettes de l'Etat : *in*-12. 60 pages, y com-
M m

pris la Réponse du Roi, & quelques autres Pièces.]

33525. ☞ Lettre du Parlement de Rouen, au Roi, du 16 Février 1765, sur l'état actuel du Parlement de Rennes, ou de Bretagne.

Elle est imprimée après l'*Arrêté* du même jour : *in*-12. 12 pages, & *pag*. 37 du Recueil ci-après, N.° 33543.]

33526. ☞ Remontrances du Parlement de Pau, du 11 Mars 1765, (au sujet de l'Arrêt du Conseil du 22 Décembre, qui casse plusieurs Arrêtés de ce Parlement, & sur la Déclaration de 1747 :) *in*-12. 44 pages.

On a publié ensuite :

1.° Recueil de Pièces concernant le Parlement de Navarre (ou de Pau,) depuis l'arrivée des Sieurs de Marville & de Bacquencourt, Commissaires députés par Sa Majesté à Pau : *in*-4. 47 pages.

2.° Lettres-Patentes & Pièces sur la Députation (précédente :) *Paris*, Imprimerie Royale, 1765, *in*-4. 34 pages.

3.° Suite du Recueil de Pièces : *Ibid.* Impr. Royale, 10 pages.

4.° Seconde Suite : *Ibid.* 16 pages.]

33527. ☞ Remontrances du Parlement de Bretagne, du 18 Mars 1765.

Elles sont imprimées *pag*. 23-72, de l'Ecrit intitulé : « Recueil des Arrêts, Arrêtés, Remontrances, & autres Pièces qui sont émanées contradictoirement dans » l'Affaire du Parlement de Bretagne » : *in*-12. 106 pages. On a donné ensuite un Supplément de 32 pages. Ce Recueil va depuis le 16 Octobre 1764, jusqu'au 7 Juin 1765. La plus grande partie des Magistrats de ce Parlement souscrivirent, le 22 Mai, l'Acte de Démission de leurs Charges.]

33528. ☞ Itératives Remontrances de la Chambre des Comptes (de Paris,) du 1 Avril 1765, (au sujet de la libération des Dettes de l'Etat :) *in*-12. 23 pages.

Autre Edition, avec Réponse du Roi, diverses Pièces, & nouvelles *Représentations*, Réponse, &c. *in*-12. 42 pages.]

33529. ☞ Lettre du Parlement de Dijon, ou de Bourgogne, au Roi, du 4 Mai 1765, en faveur du Parlement de Rennes, ou de Bretagne.

Elle est imprimée *pag*. 3-12 du Recueil indiqué ci-après, N.° 33543.]

33530. ☞ Lettre du même Parlement, au Roi, du 7 Mai, sur le Parlement de Pau ou de Navarre.

Dans le même Recueil, *pag*. 28-33.]

33531. ☞ Extrait des Registres du Parlement de Toulouse, du 11 Mai 1765, & ses Remontrances, (au sujet du Parlement de Rennes ou de Bretagne :) *in*-12. 11 pages.

Elles sont aussi imprimées *pag*. 3-10 du même Recueil.]

33532. ☞ Remontrances du Parlement de Metz, au sujet de ce qui s'est passé en Bretagne, du 15 Mai 1765 : *in*-12. 7 pages.]

33533. ☞ Arrêtés, Remontrances, Lettres au Roi, & Objets de Remontrances du Parlement séant à Toulouse, Dijon, Rouen & Bordeaux, sur l'état actuel des Classes du Parlement séantes à Rennes & à Pau : *in*-12. 42 pages.

Ce Recueil commence au 11 Mai 1765, & va jusqu'au 4 Juin.]

33534. ☞ Lettre du Parlement de Pau, (ou de la plus grande partie,) au Roi, du 17 Mai, en lui envoyant sa démission.

Elle est *pag*. 34 du Recueil précédent.]

33535. ☞ Remontrances du Parlement de Toulouse, du 4 Juin 1765, au sujet du Parlement de Navarre (ou de Pau :) *in*-12. 18 pages.

Elles se trouvent aussi *pag*. 14-28 du Recueil précédent.]

33536. ☞ Lettre du même Parlement, au Roi, du 4 Juin 1765, (au sujet du Parlement & des Affaires de Bretagne :) *in*-12. 4 pages.

Elle se trouve aussi *pag*. 11-14 du Recueil indiqué ci-dessus, N.° 33533.]

33537. ☞ Remontrances du Parlement de Besançon, du 17 Juin, (sur le même sujet :) *in*-12. 27 pages.]

33538. ☞ Arrêté & Lettre du Parlement de Provence au Roi, du 30 Juin 1765, au sujet des Classes de Rennes & de Pau.

On les trouve *pag*. 20-22, du Recueil indiqué ci-après, N.° 33543.]

33539. ☞ Remontrances du Parlement de Rouen, du 23 Juillet 1765, concernant les Affaires de Bretagne : *in*-12. 16 pages.]

33540. ☞ Lettre du Parlement de Dijon au Roi, en faveur du Parlement de Rennes & de Pau : du 23 Juillet 1765.

Elle est imprimée *pag*. 12-19, du Recueil indiqué ci-après, N.° 33543.]

33541. ☞ Remontrances du même Parlement, du 29 Juillet 1765, au sujet de la situation actuelle du Parlement de Pau : *in*-12. 16 pages. Autre Edition, 21 pages.

Le Parlement de Rouen fit le 22 Août un grand Arrêté sur l'état du Parlement séant à Rennes & à Pau, imprimé à part, *in*-12. 9 pages, & *pag*. 32 du Recueil dont on vient de parler, N.° 33543.]

33542. ☞ Arrêté & Objets de Remontrances du Parlement de Grenoble, du 30 Juillet 1765, concernant les Affaires de Pau : *in*-12. 5 pages.]

33543. ☞ Arrêtés & Lettres au Roi, des Classes du Parlement séantes à Dijon, Aix, Toulouse & Rouen, en faveur de celles séantes à Rennes & à Pau : 1765, *in*-12. 37 pages.

Ce Recueil va depuis le 4 Mai 1765, jusqu'au 22 Août ; mais les *Remontrances* ne s'y trouvent pas ; il n'y a que les *Lettres* que nous avons indiquées.]

33544. ☞ Lettre du Parlement de Touloufe au Roi, du 9 Août, en faveur des Parlemens de Rennes & de Pau.

Elle se trouve *pag.* 30-32 du Recueil précédent.]

33545. ☞ Remontrances du Parlement de Bordeaux, du 31 Juillet 1765, au sujet du Parlement de (Pau ou de) Navarre : *in-*12. 10 pages.]

33546. ☞ Remontrances du Parlement (de Paris,) du 21 Août 1765, au sujet du Parlement de Pau : *in-*12. 24 pages.]

33547. ☞ Remontrances du même, du 3 Septembre 1765, sur l'état de la Province & du Parlement de Bretagne.

Elles sont imprimées après douze pages de *Délibérations préliminaires,* dans le Recueil suivant.]

33548. ☞ Recueil des Délibérations, Arrêtés, Remontrances & Représentations du Parlement (de Paris,) sur les Affaires de Bretagne, (depuis le 12 Mars 1765, jusqu'au 12 Mai 1767 :) *in-*12. 278 pages.

On trouve de plus en tête, douze pages en petit caractère, pour les « Délibérations préliminaires aux Remontrances du 3 Septembre ». A la fin sont les « Témoignages des différens Ordres de la Province de » Bretagne, sur la nécessité de rétablir le Parlement de » Rennes dans son universalité, tel qu'il étoit avant l'E-» dit du mois de Novembre 1765 ». Ces *Témoignages* avoient déjà été imprimés à part, *in-*12. 83 pages.]

33549. ☞ Représentations du Parlement (de Paris,) du 8 Décembre 1765, = du 30 Janvier 1766, = du 11 Février, = Remontrances du 13, même mois, = Représentations du 20 Février. (Toutes au sujet du Parlement de Rennes).

Elles sont imprimées dans le *Recueil* précédent, *p.* 50-104.

Réponse faite par le Roi, tenant son Parlement à Paris, le 3 Mars 1766, aux Remontrances précédentes, &c. sur ce qui s'est passé à Pau & en Bretagne : *Paris,* Imprimerie Royale, *in-*4. 7 pages.

Elle se trouve aussi *pag.* 109 du *Recueil* dont on vient de parler.

Il avoit été expédié la veille, 2 Mars, un « Arrêt du » Conseil, qui casse l'Arrêté pris (au Parlement de Paris,) » le 11 Février, sur ce qui s'est passé en Bretagne : *Paris,* Imprimerie Royale, *in-*4. 4 pages.]

On publia dans le même temps, « Journal des Evé-» nemens qui ont suivi l'Acte de Démissions des Offi-» ciers du Parlement de Bretagne, souscrit le 22 Mai » 1765 » : *in-*12. 84 pages. (Ce Journal finit au 17 Février 1766.) On donna après, « Suite du Journal, &c. *» pag.* 85-156, & un *Supplément* de 31 pages, conte-» nant diverses Pièces, depuis Novembre 1765, jus-» qu'en Août 1766.]

33550. ☞ Représentations du Parlement (de Paris,) ou Discours du premier Président au Roi, du 8 Mars, (sur ce qui s'étoit passé le 3.)

Dans le même Recueil, *pag.* 120.]

33551. ☞ Lettre du Parlement de Rouen au Roi, du 10 Février 1766, au sujet de la Commission de Saint-Malo, contre les six Magistrats de Bretagne.

Elle est imprimée dans un Cahier *in-*12, de 16 pages, & qui a pour titre : « Arrêtés du Parlement séant à » Rouen : Actes de Protestation d'icelui : ensemble, » Acte de Protestation du Parlement séant à Paris ».]

33552. ☞ Itératives Représentations du Parlement de Rouen, sur les Affaires de Rennes & de Pau, du 24 Février 1766 : *in-*12. 24 pages.]

33553. ☞ Lettre du Parlement de Toulouse au Roi, du 10 Mars, au sujet du Parlement de Rennes.

Elle se trouve dans un petit Cahier *in-*12. de 36 pages, intitulé : *Recueil sur la Bretagne,* imprimé en 1769, comme *Supplément au Procès de M. de la Chalotais,* Procureur-Général du Parlement de Rennes.]

33554. ☞ Représentations du Parlement (de Paris,) du 11 Avril 1766, (sur l'enlèvement de Pièces du Greffe concernant les Affaires de Bretagne.) = Réponse du Roi. = Remontrances du 27 Mai sur le même sujet.

Elles sont imprimées *pag.* 150 *& suiv.* du Recueil indiqué ci-dessus, N.° 33548.]

33555. ☞ Remontrances du Parlement de Besançon, sur les Affaires de Pau & de Rennes.

Il en est fait mention dans un Arrêt du Conseil du 14 Juin, qui casse deux Arrêtés de ce Parlement : peut-être n'ont-elles pas été imprimées.]

33556. ☞ Représentations du Parlement (de Paris,) du 24 Juillet 1766, (au sujet des Lettres-Patentes du 6, qui disjoignent le Procès de M. de la Chalotais, de celui des cinq autres Magistrats accusés.)

Elles se trouvent *pag.* 203-213 du *Recueil des Délibérations,* &c. indiqué ci-dessus, N.° 33548.]

33557. ☞ Remontrances du même Parlement, du 13 Août, (au sujet de la Réponse du Roi aux Représentations précédentes.)

Dans le même Recueil, *pag.* 216-222.]

33558. ☞ Remontrances du Parlement de Paris, du 30 Août 1766, (au sujet des Actes de l'Assemblée du Clergé, &c.) *in-*12. 176 pages.]

33559. ☞ Lettre du Parlement de Rouen, au Roi, du 15 Novembre 1766, au sujet des Affaires de Bretagne.

Elle est imprimée *pag.* 4 du « Recueil des Arrêtés, » Lettres & Remontrances au Roi, du Parlement de » Normandie, depuis le 13 Novembre 1766, jusqu'au » 3 Septembre 1767 » : *in-*12. 72 pages.]

33560. ☞ Remontrances du Parlement (de Paris,) du 8 Décembre 1766, (sur un Arrêt du Conseil d'Etat, du 22 Novembre, qui évoque au Conseil des Parties l'Affaire des Magistrats de Bretagne.)

Elles sont imprimées *pag.* 228-245 du *Recueil des Délibérations,* &c. indiqué ci-dessus, N.° 33548.]

33561. ☞ Objets de Représentations arrêtés au Parlement (de Paris,) le 19 Décembre 1766, (& présentées le 21,) au sujet de la Réponse faite par le Roi le 14 aux Remontrances du 8, contre l'Arrêt du Conseil du 22 Novembre; (& nouvelle Réponse du Roi, &c.) *in*-12. 11 pages.

Elles sont aussi imprimées *pag.* 252-260 du *Recueil des Délibérations*, ci-dessus, N.° 33548.

Le Roi, dans sa Réponse du 21, annonce les « Lettres-Patentes du 22, qui éteignent le Procès des six » Magistrats de Bretagne. On peut voir aussi *pag.* 252 » & *suiv.* du *Recueil des Délibérations*, &c. (ci-devant, N.° 33548.]

33562. ☞ Remontrances du Parlement de Rouen, du 18 Février 1767, sur les Affaires de Bretagne.

Elles sont imprimées *pag.* 12-26 du « Recueil des » Arrêts, Lettres, &c. du Parlement de Normandie, » (à ce sujet »:) *in*-12. 1767, 72 pages.]

33563. ☞ Représentations du Parlement (de Paris,) faites au Roi le 11 Mai 1767, (sur les Affaires de Bretagne).

Elles sont imprimées *pag.* 269-278 du *Recueil des Délibérations*, & c'en est la dernière Pièce.]

33564 ☞ Remontrances du même Parlement, du 1 Juin 1767, au sujet des usurpations du Conseil des Parties: *in*-12. 147 pag.]

33565. ☞ Remontrances du Parlement de Rouen, du 5 Juin 1767, sur les Affaires de Bretagne.

Lettre du même au Roi, du 3 Septembre, (sur le même sujet).

Ces deux Pièces sont imprimées *pag.* 30 & 42 du *Recueil* cité N.° 33562.]

33566. ☞ Remontrances de la Chambre des Comptes de Bretagne, du 10 Novembre 1767, (au sujet d'un Réglement nouveau pour les Etats de Bretagne): *in*-12. 42 pages.

Les Magistrats qui étoient restés au Parlement de Rennes, avoient fait le 1 Juillet des *Remontrances* sur cet objet; mais elles n'ont point été imprimées.]

33567. ☞ Représentations du Parlement de Paris, du 22 Décembre 1767, (au sujet du Sieur de Chanvalon, dont le Procès étoit mis en Commission:) *in*-12. 3 pages.]

33568. ☞ Remontrances du Parlement (de Paris,) du 18 Mars 1768, au sujet des Affaires de Bretagne: *in*-12. 27 pages.]

== ☞ Remontrances du même du 19 Mars.

== ☞ Représentations du même.

== ☞ Autres Représentations, du 7 Juillet. .

Ces trois Pièces, qui regardent les Entreprises du Grand-Conseil, sont déja indiquées ci-devant, avec d'autres, N.° 32782, (3, 7, 15.]

33569. ☞ Remontrances de la Cour des Aydes de Paris, du 9 Juillet 1768, (sur les Impôts, & sur la Déclaration du 7 Février, avec différentes Pièces:) *in*-12. 118 pages.

A la fin, & depuis la *pag.* 101, se trouvent « Obser-» vations de la même Cour des Aydes, présentées au » Roi le 2 Juin 1768, au sujet des Abus sur la percep-» tion des Tailles, &c.]

33570. ☞ Arrêté du Parlement de Dauphiné, (ou de Grenoble,) du 12 Juillet 1768, contenant les Objets d'une Lettre au Roi, sur la liberté des Grains : *in*-12. 23 pages.]

33571. ☞ Lettre du Parlement de Rouen au Roi, du 19 Août 1768, (au sujet des Affaires de Bretagne:) *in*-12. 15 pages.]

33572. ☞ Réponse du Roi aux Remontrances de la Cour des Aydes de Paris, (du 9 Juillet,) Lettres-Patentes de Jussion, & Itératives Remontrances de ladite Cour, du 2 Septembre ; Réponse du Roi, &c. *in*-12. 51 pages.]

33573. ☞ Lettre de la Chambre des Vacations du Parlement de Rouen, au Roi, du 15 Octobre 1768, (sur la cherté des Grains:) *in*-12. 11 pages. = Remontrances de la même, du 29, (sur le même sujet:) *in*-12. 20 pages.

On y a joint une Lettre de M. BERTIN, Ministre & Secrétaire d'Etat, du 23 Octobre.]

33574. ☞ Objets de Remontrances au Roi, arrêtés par la Chambre des Vacations du Parlement (de Paris,) le 20 Octobre 1768, (sur le même sujet:) Réponse du Roi, du 23 : *in*-12. 10 pages.]

33575. ☞ Représentations du Parlement de Bretagne, du 16 Novembre 1768, (pour le rappel de ses Membres exilés:) *in*-12. 21 pages.

Ces Représentations sont accompagnées de Notes de l'Editeur.]

33576. ☞ Lettre du même Parlement au Roi, pour supplier Sa Majesté de l'honorer d'une Réponse à ses Représentations: *in*-12. 4 pages.]

33577. ☞ Représentations du Parlement de Paris, des 18 Novembre & 2 Décembre 1768, (sur le Commerce des Grains.)

Elles sont imprimées *pag.* 84 & 252, de l'Ecrit intitulé : « Recueil des principales Loix relatives au Com-» merce des Grains, avec les Arrêts, Arrêtés & Remon-» trances du Parlement sur cet objet, & le Procès-ver-» bal de l'Assemblée générale de Police tenue à Paris, » (en Parlement) le 28 Novembre 1768 : *en France, in*-12. 271 pages.],

33578. ☞ Lettre du Parlement de Provence, au Roi, présentée le 18 Décembre 1768, (sur le Commerce des Bleds:) *in*-12. 12 pages.

Il y a eu dans le même temps de « Très-humbles » & très-respectueuses *Supplications* des Etats de la » Province de *Languedoc*, au Roi, (sur le même sujet,) » Décembre 1768 : *in*-12. 12 pages.]

33579. ☞ Lettre du Parlement de Bourgogne au Roi, en Décembre 1768, (pour solliciter le rappel des Exilés de celui de Bretagne :) *in*-12. 8 pages.]

Procès Criminels. 277

33580. ☞ Arrêtés & Remontrances du Parlement (de Paris,) du 20 Décembre 1768, (au sujet de la prorogation du second Vingtième, &c.) Réponse du Roi : *in-12.* 40 pages.]

33581. ☞ Itératives Remontrances du même, du 5 Janvier 1769.

Elles sont imprimées à la suite des précédentes, *p.* 29-37, & ensuite se trouvent la Réponse du Roi & divers Arrêts.]

33582. ☞ Remontrances du Parlement de Rouen, du 25 Janvier 1769, (sur les Grains:) *in-12.* 33 pages.]

33583. ☞ Représentations du Parlement de Bretagne, du 23 Janvier 1769, (pour le retour de ses Membres exilés:) *in-12.* 7 pag.

Elles ont été suivies de deux *Lettres de la Noblesse des Etats de Bourgogne au Roi,* sur le même sujet : *in-12.*]

33584. ☞ Arrêtés du Parlement de Bretagne, & Lettres au Roi, avec une Lettre de la Chambre des Comptes de Nantes, au Roi, (sur le même objet,) en Février 1769 : *in-12.* 15 pages.]

33585. ☞ Représentations du Conseil Souverain du Port-au-Prince, sur les Milices, du 7 Mars 1769 : *in-12.* 94 pages.]

33586. ☞ Remontrances du même Conseil, du 24 Avril 1769.

Cette Pièce est dans un petit Recueil *in-12.* de 24 pages, commençant par « Procès-verbal de l'enlèvement »du Conseil Souverain de Saint-Domingue, (par ordre »du Chevalier de Rohan, Gouverneur.)

33587. ☞ Lettre du Parlement de Bordeaux au Roi, (au sujet des Magistrats du Conseil Souverain de Saint-Domingue, prisonniers au Château Trompette de Bordeaux.)

Elle se trouve *pag.* 22-24 du petit Recueil dont on vient de parler.]

33588. ☞ Lettre du Parlement de Toulouse, du 2 Septembre 1769, (sur le même sujet:) *in-12.* 10 pages.]

33589. ☞ Lettres du Parlement de Rennes au Roi & à M. le Chancelier, du 15 Juillet 1769, (sur son rétablissement.)

Elles sont imprimées après « l'Arrêt d'enregistrement »de l'Edit de Juillet, qui rétablit, &c. » . *in-12.* 6 pages.

On a publié ensuite « Recueil de Pièces, Actes, Lettres de félicitation, sur le rappel du Parlement de Rennes » : 1770, *in-12.* 380 pages.]

33590. ☞ Remontrances de la Cour des Comptes, Aydes & Finances de Normandie, du 28 Juillet 1769, au sujet du Droit de Trop-bu, (& sur divers abus des Fermiers:) *in-12.* 22 pages.]

33591. ☞ Remontrances du Parlement de Franche-Comté, (ou de Besançon,) du 13 Août 1769, (sur le Tribunal connu sous le nom de Bureau des Fermes :) *in-12.*]

33592. ☞ Remontrances du Conseil Supérieur d'Alsace, du 2 Décembre 1769, (au sujet du Grand-Conseil.)

Elles sont imprimées *pag.* 13-41 d'un petit Ecrit intitulé : « Recueil intéressant sur les Entreprises du Grand-»Conseil » : *in-12.* 46 pages. = On y a fait ensuite une *Addition* de 12 pages commençant par une « Lettre »de M. le Chancelier au Conseil d'Alsace, du 30 Jan-»vier 1770.]

33593. ☞ Recueil des Remontrances & Arrêtés du Parlement de Bretagne, en 1769 & 1770, concernant l'Affaire des six Magistrats : *in-8.* 61 pages.

Ce Recueil va depuis le 13 Décembre 1769, (& même le 15 Novembre) jusqu'au 7 Mars 1770. On y trouve deux *Remontrances :* les premières du 14 Décembre 1769, au sujet des Lettres-Patentes du 12 Août, & les secondes du 1 Mars 1770, au sujet de la Réponse du Roi aux Remontrances précédentes, sur MM. de la Chalotais & de Caradeuc son fils, dont ce Parlement a reçu les Requêtes, lesquelles ont été imprimées en 1770 : *in-8.* 27 pages.]

33594. ☞ Représentations du Parlement de Paris, du 2 Juillet 1770, sur les Lettres-Patentes enregistrées au Lit de Justice tenu à Versailles le 27 Juin : *in-4.* 7 pages, *in-12.* 27 pages; avec quelques Pièces relatives.

Ces Lettres-Patentes éteignent le Procès commencé en la Cour des Pairs, présidé par le Roi, au sujet de M. le Duc d'Aiguillon; & il y a eu ensuite pour la même Affaire : « Séance du Roi en son Parlement de Paris, du » Lundi 3 Septembre 1770, du matin » : *Paris,* 1770, Imprimerie Royale, *in-4.* 7 pages.]

33595. ☞ Représentations de la Cour des Aydes de Paris, sur les Affaires du Parlement de Bretagne, en Septembre 1770.

Elles ont été imprimées dans les *Gazettes d'Amsterdam* du 5 & 9 Octobre de la même année. Ce qui y a donné occasion, c'est la confraternité qu'il y a entre la Cour des Aydes de Paris & le Parlement de Bretagne, qui est en même-temps Cour des Aydes pour cette Province.]

V. Procès Criminels de lèze-Majesté [& autres] jugés au Parlement de Paris, [dans les autres Parlemens, &c.]

Je place ici ces Procès criminels, parcequ'ils sont portés presque toujours au Parlement de Paris, & que l'exécution de ses Arrêts en est ordinairement la conclusion.

33596. Mf. Procès criminels & divers Arrêts donnés contre aucuns Princes & grands Seigneurs criminels de lèze-Majesté & quelques Abolitions, depuis l'an 1313 jusqu'en 1589 : *in-fol.*

Ce Recueil est conservé entre les Manuscrits de M. Dupuy, num. 38.

33597. Mf. Procès criminels de lèze-Majesté, depuis l'an 1456, jusqu'en 1593 : *in-fol.*

Ce Recueil [étoit] dans la Bibliothèque de M. le premier Président de Mesme.

33598. Mf. Procès criminels de lèze-Majesté, depuis l'an 1315 jusqu'en 1623 : *in-fol.*

Ce Recueil est [dans la Bibliothèque du Roi,] entre les Manuscrits de M. de Brienne, num. 186-189.

33599. ☞ Mſ. Procès criminels faits pour crime de lèze Majesté à divers Grands, ou Sommaire des Procès faits aux Grands pour crime de lèze-Majesté, sous les trois Races, finissant en 1627; par Pierre DUPUY. = Que c'est crime de lèze-Majesté d'attenter à la vie des Ministres des Rois & autres Princes Souverains. = Touchant la confiscation de lèze-Majesté. = Que le Procès fut fait au Prince de Condé par Commissaires, sans y appeller les Pairs, de quoi le Parlement ne fit aucune plainte, l'an 1560. = Et pour montrer que les accusés du crime de lèze-Majesté ne peuvent recuser les Juges nommés par le Roi.

Ce Manuscrit est indiqué num. 3957, du Catalogue de M. l'Abbé de Rothelin.]

33600. Mſ. Procès criminels de lèze-Majesté, depuis l'an 1331 jusqu'en 1633 : *in-fol.*

33601. Mſ. Procès criminels de lèze-Majesté, depuis l'an 1331 jusqu'en 1635 : *in-fol.*

Ces deux derniers Recueils sont conservés entre les Manuscrits de M. Dupuy, num. 380 & 481.

33602. Mſ. Procès criminels, depuis les Rois de la première Lignée, extraits des Registres des Conseils des Parlemens du Royaume, & autres Actes publics : *in-fol.*

Ce Recueil est conservé à Dijon, dans la Bibliothèque de M. le Président Boubier : B. 38.

33603. ☞ Procès criminels faits à divers Grands en France, depuis la première Lignée de nos Rois, jusqu'à MM. de Cinq-Mars & de Thou, en 1642 : *in-fol.* 3 tomes en 1 vol.

Il est dans la Bibliothèque de la Ville de Paris, num. 247.]

33604. Mſ. Procès criminels de lèze-Majesté, depuis l'an 976 : *in-fol.* 10 vol.

Ce Recueil [étoit] dans la Bibliothèque de M. Godefroy.

☞ Il est aujourd'hui dans celle de la Ville de Paris, faisant 14 volumes, y compris les Procès contre des Evêques, num. 109-122.]

33605. Mſ. Procès criminels faits à divers Seigneurs & Princes : *in-fol.*

Ce Recueil [étoit] dans la Bibliothèque de M. le Chancelier Seguier, num. 420, [aujourd'hui à S. Germain des Prés;] & dans celle de M. le Président de Lamoignon.

33606. ☞ Mſ. Plusieurs Arrêts contre divers Princes, Seigneurs & autres Criminels de lèze-Majesté, depuis l'an 619 jusqu'en 1634 : *in-fol.*

Ce Recueil est indiqué au Catalogue de M. le Blanc, num. 3253.]

33607. Mſ. Procès criminels pour crime de lèze-Majesté : *in fol.* 2 vol.

Ce Recueil [étoit] dans la Bibliothèque de M. le Chancelier Seguier, num. 412, [aujourd'hui à S. Germain des Prés.]

☞ Il y en a aussi un Recueil dans la Bibliothèque de la Ville de Paris, en 7 vol. *in-fol.* num. 247-253, (outre celui de M. Godefroy, ci-dessus, N.° 33604.]

33608. ☞ Mſ. Procès criminels, Arrêts, Sentences données tant contre des Ecclésiastiques qu'autres accusés de crime de lèze-Majesté : *in-fol.*

Ce Recueil est indiqué num. 2180 du Catalogue de M. Bernard.]

33609. Mſ. Crimes de lèze-Majesté, Rébellions, Abolitions : *in-fol.*

33610. Mſ. Procès criminels & Abolitions : *in-fol.*

33611. Mſ. Emprisonnemens, Informations & Abolitions : *in-fol.*

33612. Mſ. Recueil de Procès criminels : *in-fol.*

Ces quatre derniers Articles [étoient] dans la Bibliothèque de M. le Chancelier Seguier, n. 413, 414, 415 & 416. [Ils sont aujourd'hui à S. Germain des Prés.]

33613. ☞ Mſ. Procès d'Etat & historiques, depuis 1378 jusqu'à 1752, en 120 Pièces, dont plusieurs sont des Copies du temps : *in-fol.* en un gros Porte-feuille.

Il est conservé à Dijon, dans la Bibliothèque de M. Fevret de Fontette : il vient en partie de M. Philibert de la Mare.]

33614. ☞ Crimes de lèze-Majesté en France, Angleterre, Espagne & Venise : *in-fol.*

Il est conservé dans la Bibliothèque de la Ville de Paris, num. 249.]

33615. ☞ Recueil Sommaire des Procédures contre des Evêques, pour crime de lèze-Majesté, & autres cas privilégiés : *in-fol.*

Il est indiqué au Catalogue de M. le Blanc, n. 3250.]

33616. ☞ Procédures criminelles faites contre des Evêques & autres Prélats Ecclésiastiques, depuis l'an 884 jusqu'en 1500; extraites du Trésor des Chartes du Roi, des Registres des Parlemens, des Conciles & des Histoires : *in-fol.*

Au même Catalogue, num. 3251.]

== ☞ Recueil sur le même sujet.

Dans la Bibliothèque de la Ville de Paris : ci-dessus, N.° 33604.]

33617. ☞ Mſ. Procédures & Jugemens contre des Evêques, pour crime de lèze-Majesté & autres cas privilégiés; & comme pour ce regard l'on a eu souventefois recours à l'autorité du Pape, & quelquefois l'on a seulement employé l'autorité Royale, depuis l'an 991 jusqu'en 1633. Comment ils ont été jugés du commencement par les Conciles Nationaux & Provinciaux, & de-

Procès Criminels.

puis par les Juges Royaux ou par les délégués du Pape.

Ce Recueil est indiqué au Catalogue de l'Abbé de Rothelin, num. 3964.]

33618. ☞ Procédure contre les Evêques criminels de lèze-Majesté ; par M. DUPUY : *in-fol.*

Il est conservé dans la Bibliothèque de la Ville de Paris, num. 251.]

33619. ☞ Procès criminels, par ordre alphabétique : *in-4.*

C'est ce qui est contenu dans six Porte-feuilles, num. 660-665, du grand Recueil de M. de Fontanieu, à la Bibliothèque du Roi.]

33620. ☞ Mſ. Procès criminels touchant la prise du Duc Jean, ceux de la Maison de Penthièvre, la mort du Sieur de Beaumanoir, contre le Duc d'Alençon, contre Guillaume Chauvot, contre le Maréchal de Retz : *in-fol.*

Ce Manuscrit a été cité par M. Lancelot.]

33621. ☞ Pièces concernant le Procès de Robert, Comte de Flandres, en 1315.

Elles sont imprimées au tom. II. de l'*Histoire généalogique de France*, par le Père Anselme, &c. Edition de 1726, &c. pag. 811-822.]

33622. Mſ. Procès criminel fait aux Templiers par ordre du Pape Clément V. en 1317 : *in-fol.*

Ce Procès [étoit] dans la Bibliothèque de M. le premier Président de Mesme. C'est ce même Procès qui est imprimé dans le Traité de M. Dupuy, concernant la *Condamnation des Templiers*: Paris, 1654, *in-4.*

33623. Mſ. Processus contra Fr. Bernardum Delitiosi, Ordinis Fratrum Minorum, accusatum de nece Benedicti Papæ XI. & de Rebellione adversùs Regem Francorum, & Inquisitores hæreticæ pravitatis in Gallia Narbonensi, anno 1319 : *in-fol.*

Ce Procès [étoit] dans la Bibliothèque de M. Baluze, num. 280, [& est aujourd'hui dans celle du Roi.]

33624. Mſ. Procès criminel fait à Robert d'Artois, Comte de Beaumont, Pair de France, en 1340 ; avec plusieurs autres Actes touchant ledit Procès : *in-fol.*

Ce Procès est conservé entre les Manuscrits de M. Dupuy, num. 483, de M. de Brienne, num. 178, dans la Bibliothèque [du Roi, entre les Manuscrits] de M. le Chancelier Seguier, num. 419, [aujourd'hui à S. Germain des Prés ; & enfin à S. Victor.]

33625. ☞ Pièces concernant le Procès de Robert d'Artois, en 1331, &c.

Elles sont imprimées pag. 8 & *suiv*. du tom. III. de l'*Histoire généalogique de France*, par le P. Anselme, &c. Edition de 1726, &c.]

33626. ☞ Justification de la conduite de Philippe de Valois, dans le Procès de Robert d'Artois; par Antoine LANCELOT. *Mém. de l'Acad. des Inscript. & Belles-Lettres*; tom. *VIII*. pag. 669.

On y fait voir, par un simple narré du fait, combien c'est à tort que certains Historiens accusent ce Roi d'a-

voir poussé à bout Robert d'Artois, & que sa dureté fut la cause pour laquelle ce Prince passa en Angleterre, d'où il fit bien du mal à la France. La conduite de ce Prince est détaillée dans ce Mémoire avec une exactitude & une clarté qui ne laissent rien à désirer soit pour l'intelligence de cette Affaire, soit pour les suites fâcheuses qu'elle a eues.

On trouve un Abrégé de ce Mémoire, dans la nouvelle Edition de l'Histoire du Père Daniel, donnée par le Père GRIFFET, pag. 419 & *suiv*. du Tome V.]

33627. ☞ Rémission, Abolition, au fils du Roi Jean, au Roi de Navarre son gendre, & autres Grands Seigneurs, comme Criminels de lèze-Majesté, en 1335 : (*Paris*,) 1616, *in-8.*]

33628. Mſ. Procès criminel fait à Charles II. Roi de Navarre & Comte d'Evreux, en 1378 : *in-fol.*

Ce Procès est conservé [dans la Bibliothèque du Roi,] entre les Manuscrits de M. de Brienne, num. 179 ; dans celle de M. le Chancelier Seguier, [à S. Germain des Prés,] dans celle de M. le Président de Lamoignon, & dans celle de MM. des Missions Etrangères.

33629. ☞ Mémoire sur le Procès criminel fait vers l'an 1389, à Audouin Chauveron, Prevôt de Paris, & Prevôt des Marchands de cette Ville ; par M. (Denys-François) SECOUSSE. *Mém. de l'Acad. des Inscriptions & Belles-Lettres*, tom. *XX*. pag. 490.]

33630. ☞ Mſ. Concilium Parisiense supra morte Ducis Aurelianensis à Duce Burgundiæ perpetratâ, anno 1407.

Il s'en trouve trois Exemplaires à la Bibliothèque de S. Germain des Prés.]

33631. ☞ Arrêt du Parlement de Paris, contre Charles II. Duc de Lorraine & autres Complices, du 1 Août 1412, &c. *Paris*, Villery, 1634, *in-4.*

On voit dans les Preuves de l'*Histoire généalogique de Lorraine*, du Père Vignier : (*Paris*,) 1649, *in-fol.* p. 180, &c. la Rémission que le Roi Charles VI. donna à Charles de Lorraine & ses Complices, selon cet Arrêt. Elle est datée du mois de Février 1411.]

== Mſ. Procès criminel fait à Jeanne d'Arc, native de Vaucouleur, dite la *Pucelle d'Orléans*, en 1430 & 1431.

Voyez ci-devant, [Tome II. pag. 183 & *suiv*.]

33632. Mſ. Procès criminel fait à Gilles de Rais, Maréchal de France : *in-fol.*

Ce Procès est conservé entre les Manuscrits de M. Dupuy, num. 242, & dans la Bibliothèque de MM. des Missions Etrangères ; dans celle des Minimes de Paris, num. 69 ; dans celle de M. le Chancelier d'Aguesseau, [& à S. Victor.]

33633. ☞ Mſ. Enquête si le Sieur de Rais & ses gens ont tué de jeunes enfans pour en avoir le sang, le cœur & le foye, pour faire sacrifice au Diable & autres maléfices, avec l'Arrêt & exécution à Nantes, l'an 1440 : *in-fol.* de 61 pages.

Ce Manuscrit, d'une Copie très-ancienne & du temps, est à Dijon, dans la Bibliothèque de M. Fevret de Fontette.]

33634. Mſ. Procès criminel fait à Jacques

Cœur, Argentier du Roi Charles VIII. en 1451, & de ce qui s'en est suivi en 1453: *in-fol.*

Ce Procès [étoit] dans la Bibliothèque de M. Godefroy, & dans celles de M. le premier Président de Mesme & de M. le Président de Lamoignon. [Il est encore] dans celle de MM. des Missions Etrangères. Ce Procès est aussi imprimé dans le *Recueil de Pièces* publié par Jean de Lannel: *Paris,* 1622, *in-8.*

☞ Il y en a un Exemplaire Manuscrit *in-fol.* dans la Bibliothèque de la Ville de Paris, num. 252, outre celui de M. Godefroy, num. 126. A la fin est l'Extrait des Registres du Parlement, du 20 Mai 1462, pour Révision dudit Procès.

Jacques Cœur étoit accusé d'avoir empoisonné la belle Agnès Sorel, & de plusieurs concussions & malversations; & pour ce il fut condamné à quatre cens mille écus, somme immense pour un particulier de ce temps-là.

On peut voir les deux Mémoires de M. BONAMY, sur Jacques Cœur, & les suites de son Procès, que nous avons indiqués ci-devant, N.° 32452.]

33635. Mſ. Procès criminel fait à Jean, Duc d'Alençon, en 1458 & 1474: *in-fol.*

Ce Procès [étoit] dans la Bibliothèque de M. le Chancelier Seguier, [aujourd'hui à S. Germain des Prés;] & entre les Manuscrits de M. Dupuy, num. 552. Il est imprimé dans son *Recueil concernant l'Histoire de France*: *Paris,* 1651, *in-4.* [& dans l'*Histoire d'Alençon*, de Gilles Bry de la Clergerie: *Paris,* 1621, *in-4.*]

33636. Mſ. Procès criminel fait à Pierre, Evêque de Beauvais, en 1465: *in-fol.*

Ce Procès [étoit] dans la Bibliothèque de M. Pelletier le Ministre, num. 169. [On le trouve dans les Recueils contre les Evêques, indiqués ci-dessus.]

33637. ☞ Procès fait à Charles de Melun, condamné à mort pour plusieurs conspirations contre le Roi & le Royaume, en 1468: *in-fol.*

Il est indiqué num. 2185 du Catalogue de M. Bernard.]

33638. ☞ Mſ. Procès criminels des Comtes de Provence, Forcalquier & autres: *in-fol.*

Il est indiqué num. 2179 du même Catalogue.]

33639. ☞ Mſ. Procès de Pierre, Duc de Bourbonnois, & d'Anne de France, fille de Louis XI. pour raison du Comte de Provence: *in-fol.*

Ce Procès indiqué au num. 16758 du Catalogue de M. le Maréchal d'Estrées.]

33640. Mſ. Procès criminel fait à Jean V. Comte d'Armagnac, en 1470: *in-fol.*

Ce Procès est conservé dans les Bibliothèques des Minimes de Paris, num. 69, de M. le Président de Lamoignon & de M. le Chancelier d'Aguesseau.

33641. Mſ. Procès criminel fait à Louis de Luxembourg, Comte de Saint-Paul, Connétable de France, en 1475: *in-fol.*

Ce Procès est conservé entre les Manuscrits de M. Dupuy, num. 531, & ceux de M. de Brienne, n. 182, dans la Bibliothèque du Roi, num. 8451, & dans celle des Minimes, num. 69. [Il y en a une partie imprimée entre les Preuves des Mémoires de Philippe de Comines.]

33642. ☞ Procès criminel fait à Jacques d'Armagnac, Duc de Nemours en 1476: *in-fol.* 3 vol.]

33643. ☞ Interrogatoires faits à Charles de Martigny, Evêque d'Elne, Ambassadeur de Louis XI. en Angleterre, en 1480.

Ces deux Articles sont indiqués au Catalogue de M. le Blanc, num. 3258 & 3259.]

33644. Mſ. Procès criminel fait à René, Duc d'Alençon, Comte de Perche, en 1481 & 1482: *in-fol.*

Ce Procès est conservé entre les Manuscrits de M. Dupuy, num. 524, ceux de M. de Brienne, num. 183, dans la Bibliothèque du Roi, num. 8431², & dans celle des Minimes, num. 69.

Son Interrogatoire & le Déclinatoire par lui proposé, avec l'Arrêt de la Cour de Parlement sur ce Déclinatoire, sont imprimés dans l'Addition aux *Recherches d'Alençon & du Perche,* par Gilles Bry de la Clergerie, pag. 24: *Paris,* 1621, *in-4.*

33645. Mſ. Procès criminel fait à Pierre de Rohan, Maréchal de Gié, en 1504: *in fol.*

Ce Procès est conservé dans la Bibliothèque du Roi, num. 8357¹² au Tome XI. des Registres de divers Actes & Mémoires de Bretagne.

33646. Mſ. Procès criminel fait à Charles de Bourbon, Connétable de France, en 1523: *in-fol.*

Ce Procès est conservé entre les Manuscrits de M. Dupuy, num. 484, & ceux de M. de Brienne, n. 184. Il est aussi imprimé dans le Recueil de M. Dupuy, concernant l'*Histoire de France*: *Paris,* 1651, *in-4.*

☞ Il y en a aussi un Exemplaire Manuscrit *in-fol.* 4 vol. indiqué num. 2188, du Catalogue de M. Bernard.]

33647. ☞ Mſ. Procès criminel du Connétable de Bourbon & ses Complices; avec les Pièces concernant les différends des Intéressés en la succession de Bourbon, depuis 1525 jusqu'en 1569: *in-fol.* 3 vol.

Ce Manuscrit est indiqué num. 3960 du Catalogue de M. l'Abbé de Rothelin.

33648. ☞ Procès-verbal de l'exécution des Arrêts donnés contre Charles de Bourbon, Connétable de France, en 1527, dressé par François TANEL, Conseiller au Parlement: *in-fol.*

Ce Procès-verbal est conservé entre les Manuscrits de M. Dupuy, num. 485, & ceux de M. de Brienne, n. 85, & [étoit] dans la Bibliothèque de M. Colbert, n. 2594, [aujourd'hui dans celle du Roi.]

33649. ☞ Mſ. Regiſtrum Proceſsûs criminalis contra Carolum de Borbonio, factum per Nicolaum Malon, Notarium & Secretarium Regis & Parlamenti Curiæ Graphiarium criminalem: *in-fol.*

Ce Registre est indiqué num. 16729 du Catalogue de M. le Maréchal d'Estrées.]

33650. ☞ Procès criminel fait contre Messire Charles de Bourbon, Chevalier de l'Ordre du Roi, Prince & Connétable de France, & Messire Jean de Poictiers, aussi Chevalier

Procès Criminels. 281

valier dudit Ordre, Sieur de Saint-Vallier.

Cette Pièce est imprimée dans le *Recueil* de Lannel: *Paris*, 1623, *in*-4. Elle consiste en Dépositions, & notamment celle du Sieur de Saint-Vallier, qui, par Arrêt du 16 Janvier, fut condamné à perdre la tête, ce qui fut commué en une prison perpétuelle. On trouve à la suite l'ordre du Lit de Justice, où le Roi séant, le Connétable, qui s'étoit retiré de France, fut condamné comme criminel de lèze-Majesté, à perdre son nom, & ses biens confisqués.]

33651. ☞ Observations sur le Connétable de Bourbon; par Estienne PASQUIER.

Elles se trouvent aux Chapitres XI. & XII. du Livre VI. de ses *Recherches*.]

33652. ☞ Histoire du Connétable de Bourbon, jugé comme Rébelle au Roi & à l'Etat.

Elle se trouve dans le tom. XI. des *Causes célèbres*, pag. 1.]

33653. Ms. Procès criminel fait à Jean de Poitiers, Sieur de Saint-Vallier, en 1524: *in-fol.*

Ce Procès [étoit] dans la Bibliothèque de M. de Caumartin, [mort Evêque de Blois en 1733.]

33654. ☞ Ms. Procès criminel fait à Jacques de Beaune, Seigneur de Samblançay, Général des Finances du Roi François I. pour raison du crime de péculat, en 1524 & années suivantes: *in-fol.*

Il est indiqué au Catalogue de M. le Blanc, n. 3261.]

33655. ☞ Ms. Les Charges imposées au Seigneur de Samblançay par son Procès, & ses Réponses & Justification, en 1527, (sur velin.) *in-*8.

Ce Manuscrit est indiqué num. 3961 du Catalogue de M. l'Abbé de Rothelin.]

33656. ☞ Ms. Procès contre Pierre Laydet, Conseiller au Parlement, en 1528, & contre le Comte de Montécuculli, en 1536. La Rémission donnée à René de Bellangek, par l'Empereur Charles V. passant par la France, le 16 Octobre 1540.

Ce Recueil est indiqué num. 3957 du même Catalogue.]

33657. ☞ Arrêt de mort donné contre le Comte de Sébastiane de Montécuculli, atteint & convaincu d'avoir empoisonné Monsieur François, Dauphin de Viennois, Duc propriétaire de Bretagne, & fils du Roi de France: 1536.

Cet Arrêt est imprimé au tom. IV. des *Mémoires d'Etat*, à la suite de ceux de Villeroy.]

33658. Ms. Procès criminel fait à Guillaume Poyet, Chancelier de France, en 1543 & 1544: *in-fol.*

Ce Procès est conservé entre les Manuscrits de M. Dupuy, num. 509, & ceux de M. de Brienne, n. 247, dans la Bibliothèque du Roi, num. 8431 ², & dans celle des Minimes de Paris, num. 64.

☞ Il y en a aussi deux Exemplaires dans la Bibliothèque de la Ville de Paris, num. 253. L'un des deux est d'écriture ancienne.]

Tome III.

33659. Du Procès extraordinaire, fait premièrement à Philippe Chabot, Amiral de France, puis à Guillaume Poyet, Chancelier de France; décrit par Estienne PASQUIER.

Cette Description est imprimée au Chapitre IX. du Livre VI. de ses *Recherches de la France*.

33660. ☞ Ms. Arrest contre l'Admiral Chabot, 8 Février 1540: *in-fol.*

Il est cité entre les Pièces du num. 3301* du Catalogue de M. le Blanc.]

33661. ☞ Ms. Pièces originales du temps, concernant le Procès fait au Sieur Baron de la Garde, depuis 1543 jusqu'en 1553.

Elles sont conservées à Dijon, dans la Bibliothèque de M. Fevret de Fontette.]

33662. Procès criminel fait à Oudart du Biez, Maréchal de France, & à Jacques de Coucy, Seigneur de Vervins, son gendre, en 1549 & 1551.

Ce Procès est imprimé dans le Recueil de M. Dupuy, concernant l'*Histoire de France*: *Paris*, 1654, *in*-4.

☞ La mémoire de ces deux Seigneurs fut rétablie en 1575, avec grande pompe. M. de Thou en parle dans son Histoire, Livre VI.

Voyez ci-devant, N.° 31585.]

33663. ☞ Ms. Extrait des Actes de Rétablissement de la mémoire, bonne fame & honneur des Maréchal du Biez & Seigneur de Vervins: 1575, *in-fol.*

Cet Extrait est indiqué entre les Pièces du n. 3301.* du Catalogue de M. le Blanc.]

33664. ☞ Conclusions de M. du Mesnil, contre M. François Allamant, Président en la Chambre des Comptes, (accusé de concussions).

Elles sont imprimées dans les *Opuscules* de Loysel: (*Paris*, 1656, *in*-4.) pag. 710. Le Président Allamant fut jugé en 1564 ou 1565.]

33665. Arrêt de la Cour de Parlement contre Gaspard de Coligny, qui fut Amiral de France, mis en huit Langues, (en François, Latin, Italien, Espagnol, Allemand, Flamand, Anglois & Ecossois,) du 28 Septembre 1569: *Paris*, Dallier, 1569, *in*-12.

☞ Cet Arrêt condamne l'Amiral de Coligny à être pendu, ses Armoiries traînées à la queue d'un Cheval, ses Biens confisqués; déclare ses Enfans ignobles & roturiers, & met sa tête au prix de cinquante mille écus d'or. Il fut prononcé & exécuté le 13 Septembre 1569, & réitéré le 28 du même mois.]

33666. ☞ Ms. Diverses Pièces pour & contre l'Amiral de Coligny, sur le fait de la mort de M. de Guise, depuis 1562 jusqu'en 1572.

Ces Pièces sont indiquées num. 3957 du Catalogue de M. l'Abbé de Rothelin.]

33667. ☞ Ms. Procès criminel de Thomas Hawart, Duc de Norsfolk, Pair d'Angleterre, prétendant épouser Marie Stuart, Reine d'Ecosse, en 1573, traduit de l'Anglois.

Indiqué au num. 3255 du Catalogue de M. le Blanc.]

N n

33668. Procès criminel fait à Boniface la Mole, Gentilhomme Provençal, au Comte de Conconas, Piémontois, & à Toutray: en 1574.

Ce Procès est imprimé à la *pag.* 151 du tom. des *Mémoires d'Etat sous Charles IX*. *Middelbourg*, 1578, *in-*8. Ils furent décapités à Paris en 1574, au sujet de l'évasion du Duc d'Alençon, frère de Charles IX. & de celle du Roi de Navarre. On y voit fort au long les Interrogatoires, Dépositions, &c.

33669. Mſ. Procès criminel fait à François, Duc d'Alençon, frère du Roi Charles IX. *in-fol.*

Ce Procès est conservé entre les Manuscrits de M. de Brienne, num. 358, [à la Bibliothèque du Roi, & dans celle de S. Germain des Prés,] num. 425, des Manuscrits de M. le Chancelier Seguier.

33670. Mſ. Lettres & Arrêts concernant le même Procès: *in-fol.*

Ce Recueil est conservé entre les Manuscrits de M. de Brienne, num. 145, [dans la Bibliothèque du Roi.]

33671. ☞ Mſ. Conspiration du Duc d'Alençon, contre le Roi Charles IX. & Henri III. ses frères; & quelle en fut l'issue; par Théodore GODEFROY.

Cette Histoire est indiquée num. 3957, du Catalogue de M. l'Abbé de Rothelin.]

33672. Mſ. Procès criminel fait à Pierre [ou Nicolas] Salcedo, en 1582: *in-fol.*

Ce Procès est conservé dans la Bibliothèque du Roi & dans celle des Minimes de Paris, num. 68.

33673. ☞ Discours tragique & véritable de Nicolas Salcède, sur l'empoisonnement par lui entrepris en la personne de M. le Duc d'Anjou & d'Alençon, frère du Roi, 1582; & autres Pièces du Procès.

On les trouve imprimées dans le tom. III. du *Journal de Henri III*. 1744, *in-*8.
Nicolas Salcède avoit été de tout temps un mauvais sujet. Il fut condamné à Rouen par Arrêt du 22 Décembre 1581, à être étouffé dans l'eau chaude, pour fausse Monnoie, ce qu'il évita par sa fuite en Espagne. En étant revenu, il s'insinua chez le Duc d'Anjou, qui venoit d'être fait Duc de Brabant, fut arrêté le 21 Juillet, & enfin condamné par Arrêt du Parlement, du 25 Octobre 1582, comme traître & criminel de lèze-Majesté à être tiré à quatre chevaux. Il chargea dans ses dépositions tout ce qu'il y avoit de plus distingué à la Cour; croyant par-là se procurer l'impunité; mais quand il vit qu'il n'y avoit plus rien à espérer, il se rétracta dans son Testament de mort.]

33674. Procès criminel fait à François de Rosières; Archidiacre de Toul, en 1583: *in-fol.*

Ce Procès [étoit] conservé dans la Bibliothèque de [feu] M. l'Evêque de Séez.

☞ Ce Procès fut fait à Rosières, au sujet d'une Histoire généalogique de Lorraine pleine de calomnies & de fausses Pièces, &c.
Voyez ci-devant, tom. II. *pag.* 699, N.° 25903.]

33675. ☞ Mſ. Extrait d'un Manuscrit d'Histoire de la main du feu Sieur de Rosières, Archidiacre de Toul, fait par lui en l'année 1589, contenant les Articles calomnieux contre la France, extraits de son Livre intitulé: *Stemmata Lotharingiæ*, &c. ses Réponses sur lesdits Articles, & les Procédures contre lui faites à ce sujet; le tout faisant la première Partie dudit Manuscrit du Sieur de Rosières, lequel est intitulé: *Histoire mémorable des troubles advenus à cause des hérésies de notre temps*, divisée en onze Parties, dont la Table ou l'Abrégé se trouve ici: *in-fol.*

Cet Extrait est indiqué entre les Pièces du n. 3301.ᵉ du Catalogue de M. le Blanc.]

33676. ☞ Mſ. Deux Abolitions pour le Maréchal de Montluc, en 1572 & 1583.]

33677. ☞ Mſ. Lettre du Roi de Navarre à M. de Segur, touchant la mort du Prince de Condé, & d'un assassin suborné pour le tuer: en 1588.

Ces deux Articles sont indiqués au num. 3957 du Catalogue de M. l'Abbé de Rothelin.]

33678. Mſ. Informations faites pour fait de la mort du Duc & Cardinal de Guise, & autres Pièces & Actes concernant cette matière, ès années 1589 & 1590: *in-fol.*

Ce Recueil est conservé entre les Manuscrits de M. de Brienne, num. 185, dans la Bibliothèque de M. le Chancelier Seguier, n. 421, [à S. Germain des Prés, & étoit] dans celle de M. de Caumartin, [mort Evêque de Blois en 1733.]

33679. ☞ Mſ. Lettres du Cardinal de Joyeuse & de Claude d'Angennes, Evêque du Mans, au Roi Henri III. touchant la mort du Cardinal de Guise, écrites de Rome en 1589.

Elles sont indiquées au num. 3957 du Catalogue de M. l'Abbé de Rothelin.]

33680. ☞ Procès criminel fait au Cadavre de Jacques Clément, Jacobin, son Jugement, & celui de Jean le Roi en 1589.

Ils sont imprimés au tom. II. des *Curiosités historiques: Amsterdam*, 1759, *in-*12.]

33681. Mſ. Procès criminel fait à Pierre Barrière, en 1593: *in-fol.*

Ce Procès [étoit] dans la Bibliothèque de M. le premier Président de Mesme.

33682. Mſ. Procès criminel fait à Jean Chaftel, en 1594: *in-fol.*

Mſ. Abrégé de ce Procès: *in-fol.*

Ce Procès & l'Abrégé sont conservés dans la Bibliothèque du Roi, num. 9033, 9658.

☞ L'Abbé Lenglet en a publié les Pièces principales dans le tom. VI. des *Mémoires de Condé* : *in-*4.]

33683. Procédures faites contre le même, & Arrêt donné contre ce Parricide: *Paris*, 1594, *in-*8.

Ces Procédures sont aussi imprimées à la *pag.* 249 du tom. VI. des *Mémoires de la Ligue*: 1598, *in-*8.

33684. * Censura in Arestum Parlamenti Curiæ Criminalis Parisiensis, pronuntiatum 29 Novemb. 1594, contra Joannem Castellum & RR. Patres Societatis Jesu: auctore

Procès Criminels.

Francisco PEÑA, Arragonensi : *Romæ*, Mutii, 1595, *in-*4.

33685. Mf. Interrogatoire & Arrêt contre un nommé Charretier, Criminel de lèze-Majesté, en 1597. Plusieurs Mémoires sur ce sujet, de M. MIRON, Commissaire Député pour faire ce Procès.

Ces Pièces sont indiquées à la *pag.* 479 du Catalogue de M. de Thou.

33686. Mf. Procès criminel fait à Charles Gontault de Biron, Maréchal de France, en 1602 : *in-fol.*

Ce Procès est conservé entre les Manuscrits de M. Dupuy, num. 308 & ceux de M. de Brienne, n. 188, [dans la Bibliothèque du Roi;] dans celle de M. le Chancelier Seguier, num. 427, [aujourd'hui dans celle de S. Germain des Prés;] dans la Bibliothèque de M. le Chancelier d'Aguesseau, [& dans celle de la Ville de Paris, num. 250.]

33687. Récit du Procès fait à ce Maréchal, composé par Jacques DE LA GUESLE, Procureur-Général.

Ce Récit est imprimé à la fin du tom. I. des *Mémoires* de Philippe Canaye, Sieur du Fresne : *Paris*, 1635, *in-fol.*

33688. ☞ Recueil mémorable de tout ce qui s'est passé pour le fait du Maréchal de Biron : *Langres*, 1603, *in-*8.]

33689. ☞ Mf. La Conspiration, Prison, Jugement & Mort du Duc de Biron : *in-fol.*

Ce Manuscrit du temps est conservé dans la Bibliothèque du Roi, entre ceux de M. de Cangé.]

33690. Conspiration, Jugement & Mort de ce Maréchal : *Paris*, 1607, *in-*8.

33691. ☞ Arrêt de la Cour de Parlement donné contre M. le Duc de Biron, &c. le 29 Juillet 1602 ; ensemble une Lettre envoyée à M. de Vicq, Gouverneur de Calais.

Il est imprimé au tom. IV. du *Journal de Henri IV.* La Haye, 1741, *in-*8.]

33692. ☞ Mf. Recueil de ce qui s'est passé à la prononciation de l'Arrêt du Maréchal de Biron, en exécution d'icelui, en 1602: *in-fol.*

Ce Recueil est entre les Pièces du num. 3301*. du Catalogue de M. le Blanc.]

== ☞ Apologie Royale (pour Henri IV. sur la condamnation & la mort de M. de Biron;) par M. J. L. D. 1604, *in-*12.

On a déja indiqué cette Pièce au Règne de Henri IV. ci-devant, tom. II. *pag.* 371, N.° 19806.]

33693. ☞ Lettre à M. de Bongars, Ambassadeur en Allemagne, sur les faux bruits contre l'honneur du Président Ossat, de Langres, (accusé de complicité avec le Maréchal de Biron : *Paris*,) 1603, *in-*12. de 56 pages.]

33694. Mf. Lettres, Mémoires, Informations faites contre Henri, Duc de Bouillon, Maréchal de France, depuis l'an 1602 jusqu'en 1605 : *in-fol.*

Ce Recueil est conservé entre les Manuscrits de M. Dupuy, num. 140, & ceux de M. de Brienne, n. 190, [à la Bibliothèque du Roi; & il étoit] dans celle de M. de Caumartin, [mort Evêque de Blois en 1733.])

== ☞ Mf. Lettre du Duc de Bouillon au Roi, sur la complicité du Maréchal de Biron : 1604: *in-fol.*

Cette Lettre est indiquée entre les Pièces du n. 3301* du Catalogue de M. le Blanc, & il y a apparence que c'est la même que l'on a indiquée ci-devant, au tom. II. *pag.* 371, N.° 19805, comme imprimée au tom. IV. des *Mémoires de Villeroy.*]

33695. Mf. Procès criminel fait à Louis de Lagonia, Sieur de Merargues, en 1605 : *in-fol.*

Ce Manuscrit est conservé entre les Manuscrits de M. de Brienne, num. 192, [dans la Bibliothèque du Roi;] dans celle de M. le Chancelier d'Aguesseau, & [il étoit] dans celle de M. de Caumartin, [mort Evêque de Blois en 1733.]

33696. Mf. Procès criminel fait au Comte d'Auvergne, à M. d'Antragues, à la Marquise de Verneuil & à Thomas Morgan, Anglois, en 1604 & 1605 : *in-fol.*

Ce Procès est conservé entre les Manuscrits de M. Dupuy, num. 52, & ceux de M. de Brienne, num. 191, & dans la Bibliothèque de M. Colbert, [aujourd'hui dans celle du Roi. Elle étoit encore] dans celle de M. de Caumartin, [mort Evêque de Blois en 1733.] Charles de Valois, Comte d'Auvergne, depuis Duc d'Angoulême, fils naturel de Charles IX. est mort en 1650.

33697. Mf. Interrogatoire & Procès-verbal de question & d'exécution de Ravaillac, & l'Arrêt de condamnation, en 1610 : *in-fol.*

Ces Pièces sont conservées entre les Manuscrits de M. Dupuy, num. 89, & dans la Bibliothèque de M. le premier Président de Mesme, dans celle de M. le Chancelier d'Aguesseau, & [elles étoient] dans celle de M. de Caumartin, [mort Evêque de Blois en 1733.]

33698. ☞ Procès fait à Ravaillac : 1610.

Ce Procès est imprimé au tom. I. du *Mercure François* : *in-*8.]

33699. * Procès, Examen, Confessions & Négations du méchant & exécrable parricide François Ravaillac, sur la mort de Henri le Grand : *Paris*, 1610, *in-*8.

☞ Il falloit que les fureurs de la Ligue, & les Libelles séditieux des Ecrivains du temps eussent terriblement échauffé les esprits, puisque ni les cruels tourmens qu'on fit endurer aux Barrière, Chastel & Ravaillac, ni les vertus d'un aussi bon Roi que Henri IV. ne purent mettre ce Prince à couvert des attentats de ces Parricides. On sçait qu'il fut assassiné en allant à la Bastille, le 14 Mai 1610, par François Ravaillac, natif d'Angoulême. Cette Pièce contient un Précis de cet assassinat, & de ce qui s'ensuivit pour la Régence & le Lit de Justice. On y trouve les cinq Interrogatoires de Ravaillac. L'Arrêt rendu contre lui se trouve dans la Pièce suivante.]

33700. ☞ Arrêt de la Cour contre François Ravaillac.

33701. ☞ Arrêt de la Cour, ensemble la Censure de la Sorbonne, contre le Livre de Jean Mariana, intitulé : *De Rege & Regis institutione.*

Ces deux Arrêts sont imprimés au tom. VI. des *Mémoires de Condé* : *La Haye*, (*Paris*,) 1743, *in-*4.]

33702. Mſ. Procès criminel fait à Balthazar Flotte, Comte de Roche, en 1615 : *in-fol.*

Ce Procès [étoit] dans la Bibliothèque de M. Colbert, [aujourd'hui dans celle du Roi. Il étoit auſſi] dans celle de M. de Caumartin, [mort Evêque de Blois en 1733.]

33703. Mſ. Procès criminel fait au Maréchal d'Ancre, en 1617 : *in-fol.*

Ce Procès [étoit] dans la Bibliothèque de M. Colbert, [& est aujourd'hui dans celle du Roi.]

33704. ☞ Mſ. Discuſſion des Biens du Maréchal d'Ancre.

Cette Pièce est indiquée au Catalogue de M. de Cangé, *pag.* 441.]

33705. ☞ Récit de la mort du Baron d'Heurtevan; décapité à la Croix du Tiroir (ou Trahoir:) *Lyon,* 1617, *in-8.*]

33706. Procès criminel fait au Baron d'Argilemont, en 1620 : *Bourdeaux, Paris,* 1620, *in-8.*

33707. ☞ Bref du Pape au Garde des Sceaux de Châteauneuf, pour juger toutes sortes de Procès criminels tant qu'il sera Garde des Sceaux, quoiqu'il fût Sous-Diacre : 1622.]

33708. ☞ Arrêt de la Cour de Parlement contre les nommés Boutteville, Comte de Pontgibaut, le Baron de Chantail & de Salles, pour la contravention aux Edits des Duels, par eux faite le jour de Pâques 1624.
= Placet préſenté au Roi contre le nommé Alard Desplans, Contadin, qui avoit enfraint les Edits contre les Duels.

Cet Arrêt & le Placet se trouvent dans le *Recueil* E; *in-12.*

33709. ☞ Mſ. Arrêt & Détention de M. de Vendôme, depuis 1626 juſqu'en 1632. = Lettre du Roi au Parlement sur la Détention du Duc de Beaufort, du 11 Septembre 1643.

Ces deux Pièces ſont indiquées au num. 3960 du Catalogue de M. l'Abbé de Rothelin.]

33710. Commiſſion du Roi, contenant la création d'une Chambre de Juſtice criminelle pour la recherche du Procès du Sieur de Chalais, Criminel de lèze-Majeſté & de ſes Adhérans : *Paris,* 1626, *in-8.*

33711. Commiſſion du Roi donnée aux Commiſſaires députés par Sa Majeſté à Noſſeigneurs du Parlement de Rênnes, pour faire le Procès au Comte de Chalais, & à tous autres Criminels de lèze-Majeſté : *Paris,* 1626, *in-4.*

33712. Lettre de Madame DE CHALAIS (Montluc) la mère, au Roi; avec la Réponſe du Roi : 1626, *in-8.*

33713. Récit véritable de tout ce qui s'eſt paſſé au Procès de Henri de Talleran, Comte de Chalais, fait en la Chambre de Juſtice de Nantes, en 1626.

Ce Récit eſt imprimé *pag.* 125 des *Mémoires d'un Favori de Monſieur : Leyde,* 1667, &c. *in-12.*

33714. Récit véritable de l'exécution du Comte de Chalais, ſa priſe, les cauſes de ſon empriſonnement, la ſuite des Procédures, la teneur de l'Arrêt, & ce qui s'eſt paſſé de plus mémorable à ſa mort : *Paris,* Bacot, 1626, *in-8.*

33715. ☞ Relation de ce qui s'eſt paſſé au Procès criminel fait au Comte de Chalais, en la Chambre de Juſtice de Nantes, en 1626.

Cette Relation eſt imprimée *pag.* 283 du tom. I. des *Mémoires pour l'Hiſtoire du Cardinal de Richelieu;* par Aubery ; *Paris,* 1660, *in-fol.*]

33716. ☞ Détail de l'Affaire (& du Procès) de (Henri de Tallerand,) Comte de Chalais; par l'Abbé D'ARTIGNY.

Dans ſes *Mémoires d'Hiſtoire, de Critique & de Littérature, tom.* VI, *pag.* 203 : *Paris,* Debure, 1753, *in-12.*]

33717. Mſ. Procès criminel fait à Charles le Venier, Sieur de la Groſſetiere, en 1628 : *in-fol.*

Ce Procès eſt conſervé entre les Manuſcrits de M. de Brienne, num. 288, 359, [qui ſont dans la Bibliothèque du Roi. Il étoit auſſi] dans la Bibliothèque de M. de Caumartin, [mort Evêque de Blois en 1733.]

33718. Mſ. Lettres, Requêtes, Arrêts & autres Actes, intervenus en faiſant le Procès criminel à Louis de Marillac, Maréchal de France, ès années 1630, 1631 & 1632, avec l'Inventaire & divers Diſcours ſervant à ſa juſtification : *in-fol.* 2 vol.

Ce Recueil eſt auſſi conſervé entre les Manuſcrits de M. de Brienne, num. 193, 194, & [étoit également] dans la Bibliothèque de M. de Caumartin, [mort Evêque de Blois en 1733.]

33719. Récit de ce Procès criminel.

Cette Pièce eſt imprimée à la ſuite du *Journal* & des *Mémoires du Cardinal de Richelieu.*
Voyez ci-devant, [Tome II. N.° 21740.]

33720. Relation véritable de ce qui s'eſt paſſé au Procès de ce Maréchal, en 1632: *in-4.*

☞ Cette Relation eſt auſſi imprimée *pag.* 7 du tom. II. du même *Journal,* & dans un Recueil intitulé, *Pièces curieuſes,* 1644, enſuite de celles de l'Abbé de S. Germain, *in-4.* & *in-fol.*
Voyez ce qu'en dit Lenglet, *Méth. hiſt. in-4. t.* IV. *pag.* 127.]

33721. ☞ L'Eſprit bienheureux du Maréchal de Marillac, avec l'Eſprit malheureux du Cardinal de Richelieu.

Cette Pièce eſt imprimée dans le Recueil de *Pièces curieuſes* dont on vient de parler.]

33722. ☞ Factum du Procès du Maréchal de Marillac, à MM. les Commiſſaires députés par le Roi ; (pour ſa juſtification avant ſon exécution :) 1632, *in-4.*]

33723. Diſcours de droit ſur le Procès de ce Maréchal : [*Paris,* 1631,] *in-4.*

☞ C'eſt la Réponſe au Factum du Maréchal.]

== Obſervations ſur la Vie & la Condamna-

tion de ce Maréchal, & fur un Libelle intitulé : *Relation de ce qui s'est passé au Jugement de ce Procès.*

Voyez ci-devant, [Tome II. N.° 21788.]

☞ On peut consulter le *Diction.* de Bayle, = l'*Hist.*
du P. Daniel, *nouv. Edit. tom. XIV. pag.* 237.]

33724. ☞ Mf. Liasse de douze Pièces,
sorties du Greffe du Parlement, & cotées de
la main du Greffier, concernant le Procès
fait au Duc de Bellegarde : en 1631.

Ces Pièces font conservées à Dijon, dans la Bibliothèque de M. Fevret de Fontette.]

33725. Mf. Procès criminel fait à Henri de
Montmorency, Duc & Pair de France, l'an
1632 : *in-fol.*

Ce Procès est conservé entre les Manuscrits de M.
Dupuy, num. 378, & ceux de M. de Brienne, n. 195,
dans la Bibliothèque de MM. des Missions Etrangères,
& [étoit] dans celle de M. de Caumartin, [mort Evêque de Blois en 1733.]

33726. ☞ Instruction du Procès de ce Maréchal : 1649, *in-12.*]

33727. Relation véritable de ce qui s'est
passé à ce Procès.

Cette Relation est imprimée ensuite du *Journal* &
des *Mémoires du Cardinal de Richelieu.*
Voyez ci-devant, [Tome II. N.° 21763.]

33728. ☞ Histoire du Procès & de la mort
de M. de Montmorency.

Elle est imprimée dans le *Recueil D. in-12.*]

33729. ☞ Lettres de don des Biens de
feu M. de Montmorency, avec des Lettres-
Patentes & des Arrêts du Conseil, concernant sa succession : *Paris,* 1633, *in-*8.]

33730. Mf. Registre contenant les Procès
faits & parfaits dans les Parlemens de Paris, de Toulouse & de Dijon, aux Ducs &
Pairs & Grands du Royaume, ayant suivi
M. le Duc d'Orléans hors le Royaume, ès
années 1631 & 1632 : *in-fol.*

Ce Registre est conservé à Dijon, dans la Bibliothèque de M. le Président Bouhier.

33731. ☞ Mf. Recueil de quelques Libelles reconnus par Experts avoir été écrits par
des Cortels, Baron de S. Roman, pour lesquels il fut condamné aux Galères perpé-
tuelles, en 1633. Copie de 16 pages.

Mf. Arrêt contre des Cortels, Baron de Saint-
Roman & autres, pour avoir suivi le parti
du Duc d'Orléans. Original de 7 pages.

Ces Pièces sont à Dijon, dans la Bibliothèque de
M. Fevret de Fontette.]

33732. ☞ Extrait du Procès criminel d'Alphefton.

Cet Extrait est imprimé au tom. XIX. du *Mercure
François.*

François d'Elphinston, autrement nommé Alphes-
ton, étoit de Chaalons en Champagne : d'autres le disent fils du Lieutenant-Criminel au Présidial de Vitry.
Il partit de Bruxelles à la sollicitation du Père de Chanteloupe, confident du Duc d'Orléans, accompagné de
deux autres Soldats pour attenter à la personne du Cardinal de Richelieu; il fut arrêté à Metz le 13 Septembre 1633, & ayant été convaincu tant par sa propre
confession que par témoins, il fut condamné à être
rompu vif par Arrêt du Parlement de Metz, du 23 Septembre. On trouve dans la Pièce indiquée, les Dépositions des témoins, & les aveux d'Alphefton à la tor-
ture.]

33733. ☞ Suite du Procès d'Alphefton,
contenant ce qui regarde Chavagnac, le
Père de Chanteloupe, la Roche & Garnier,
condamnés à mort.

Cette Pièce est imprimée au tom. XX. du *Mercure
François.*

Chavagnac fut condamné à être pendu par Arrêt du
Parlement de Metz, du 10 Mai. Les autres furent jugés
par contumace ; le Père de Chanteloupe, (qui avoit été
Oratorien) & la Roche, à être rompus vifs par Arrêt
du 7 Juillet ; le Père Adrien Bouchard & Nicolas Gar-
gan furent condamnés, comme Magiciens, à être pen-
dus, leurs Corps & Livres brûlés, & les cendres jettées
au vent.]

33734. ☞ Mf. Arrêt du Conseil d'Etat
donné à Chantilly en 1634, contre les Complices du Duc d'Espernon, sur le sujet du
Différend entre lui & l'Archevêque de Bordeaux.

Il est indiqué au Catalogue de M. l'Abbé de Rothelin, num. 3957.]

33735. ☞ Arrêt du Conseil de Guerre contre le Sieur Deschapelles, ci-devant Gouverneur de la Ville & Château de Cirk, en
1635.

Il est imprimé dans les *Mémoires* d'Aubery, pour
l'*Histoire du Cardinal de Richelieu, tom. IV. in-*12.
pag. 310.]

33736. Mf. Procès criminel fait au Duc de
la Valette, ès années 1638 & 1639 : *in-fol.*

Ce Procès est conservé dans la Bibliothèque des Minimes de Paris, num. 68, & dans celle de M. le Chancelier d'Aguesseau.

☞ Il y en a un Exemplaire à la Bibliothèque du
Roi, parmi les Manuscrits de M. de Fontanieu.]

33737. ☞ Relation de ce Procès.

Elle est imprimée *pag.* 260 du tom. II. des *Mémoires
de Montrésor.*]

33738. ☞ Relation du Siège de Fontara-
bie, & de la levée d'icelui ; (par le Duc DE
LA VALETTE.)

☞ Réponse de M. le Prince (DE CONDÉ,)
à la Relation du Duc de la Valette touchant
ce Siége.

Le Cardinal de Richelieu, qui n'aimoit pas le Duc
de la Valette, s'en prit à lui de la levée de ce Siége, &
lui fit faire son Procès. Il fut condamné à avoir la tête
tranchée.]

33739. ☞ Mf. Procès criminel fait au Duc
de la Valette, en 1638 & 1639, & son retour en 1643.

33740. ☞ Mf. Procès fait au Chevalier de
Jars, ou Extrait d'une Lettre écrite de Troyes
sur son Procès.

33741. ☞ Mf. Procès fait au Comte de

Soissons, & aux Ducs de Guise & de Bouillon, en 1641 & 1642, & leur pardon.

Ces trois Pièces sont indiquées au Catalogue de l'Abbé de Rothelin, num. 3957.]

33742. Mſ. Procès criminel (de Henri de Coiffier, dit Ruzé,) Marquis de Cinq-Mars, & de (M. François-Auguste) de Thou, en 1642, avec les Pièces qui le concernent : *in-fol.* 2 vol.

Ce Procès est conservé dans la Bibliothèque du Roi, num. 9276-9277. Ce même Procès, sans les Pièces, est imprimé à la suite du *Journal* & des *Mémoires du Cardinal de Richelieu.*

Voyez ci-devant, [Tome II. N.° 22081.]

33743. ☞ Rapport de ce Procès; par M. LAUBARDEMONT.

Lettre de M. DE MARCA, l'un des Juges.

Journal de ce qui s'est passé à Lyon durant l'Instruction de ce Procès.

Ces trois Pièces sont imprimées *pag.* 228 du tom. I. des *Mémoires de Montrésor*, & aux *pag.* 228 & 234 du tom. II.]

33744. ☞ Pièces originales concernant le Procès de MM. de Bouillon, Cinq-Mars & de Thou.

Dans les *Mémoires de l'Abbé d'Artigny, tom. IV. pag.* 49. On y trouve non-seulement plusieurs Pièces qui n'avoient pas encore été imprimées, mais aussi un Etat général de toutes celles qui le sont, concernant cette Affaire.]

33745. Mſ. Mémoires & Instructions pour servir à la justification de l'innocence de François-Auguste de Thou, Conseiller d'Etat; par Pierre DUPUY : *in-fol.*

Ces Mémoires [étoient] conservés entre les Manuscrits de l'Auteur, dans la Bibliothèque de M. Foucault, & dans celle du Collège des Jésuites de Paris, n. 65 : 2.

☞ Ils ont été imprimés Tome VII. de l'Edition Latine de l'*Histoire de M. de Thou : Londini*, 1733, *in-fol.*]

33746. ☞ Particularités remarquées en la mort de MM. de Cinq-Mars & de Thou, à Lyon le Vendredi 12 Septembre 1642.

Elles sont imprimées dans le *Recueil de Pièces* publié par du Chastelet : 1635, *in-fol.*]

33747. Histoire de ce qui s'est passé à Lyon en la mort de MM. de Cinq-Mars & de Thou, en 1642 : [*Paris,*] 1642, *in-4.*

33748. Culpa y pena y conspiracion y Sententia de los Señores de Cinq-Mars & de Thou, traducidos de Francese por Justo de Alas : *en Barcelona,* 1643, *in-4.*

33749. ☞ Mſ. Recueil de Pièces historiques depuis l'année 1627 jusqu'en 1642 : *in-4.*

Il est conservé à Dijon dans la Bibliothèque de M. Fevret de Fontette. On y trouve :

1. Ce qui s'est passé à la mort de MM. de Boutteville & Comte Deschapelles : 1627.

C'est une Relation de la manière chrétienne & résignée avec laquelle ces deux Seigneurs se disposèrent à la mort, & la subirent pour expier leurs crimes.

2. Le détail du Procès & de l'Affaire du Maréchal Duc de Montmorency, exécuté à Toulouse en 1632.

On y trouve les dépositions des Témoins, Confrontations & Interrogatoires dudit Seigneur Duc, & quatre Relations différentes de sa mort, dont la dernière est en tout conforme aux Relations imprimées dont on a parlé ci-dessus.

3. Affaire du Maréchal de Marillac : 1632.

Ce ne sont que quelques Pièces sans suite, qui ont rapport à cette Affaire.

4. Procès du Duc de la Valette : 1638 & 1639.

Cette Affaire est singulière, en ce qu'on voit un Roi assis au rang des Juges d'un de ses Sujets, leur imposer presque la nécessité de le condamner à mort. On y trouve le détail de tout ce qui se passa à Saint-Germain sur ce sujet, & les diverses opinions des Juges.

5. Procès de M. de Cinq-Mars : 1642.

Cette Pièce est très-courte, aussi ne faut-il pas y chercher une Relation suivie de ce Procès.]

33750. Procès criminel fait au Sieur de Saint-Preuil, Commandant dans Amiens, en 1640.

Ce Procès est imprimé à la suite du *Journal* & des *Mémoires du Cardinal de Richelieu.*

33751. Récit véritable de l'Arrêt du Sieur de Saint-Preuil jusqu'à sa mort : (imprimé en) 1649, *in-12.*

☞ Il fut accusé de Concussion, & condamné à avoir la tête tranchée : ce qui fut exécuté le 9 Novembre 1641.]

33752. ☞ Diverses Pièces concernant le Marquis de la Vieuville, (Charles.)

Elles sont imprimées dans le *Recueil K. in-12.* & voici leurs titres :

1. Lettre de Louis XIV. à Charles, Marquis de la Vieuville, Conseiller en ses Conseils, son Lieutenant-Général au Gouvernement de Champagne, &c. 1643. (Elle contient Permission & Passeport pour revenir à Paris.)

2. Extrait des Registres du Parlement, du 14 Juillet 1643, portant l'entérinement des Lettres-Patentes du 11 Juin de ladite année, qui cassent l'Arrêt rendu le 6 Janvier 1632, par les Commissaires de la Chambre de Justice; ensemble la Condamnation de mort prononcée contre le Marquis de la Vieuville, avec la teneur desdites Patentes entérinées malgré les oppositions qui y furent faites alors.

3. Brevet du 19 Septembre 1651, qui rétablit le Marquis de la Vieuville en la Charge de Surintendant des Finances, qu'il a exercée jusqu'à sa mort, arrivée en 1653, le 2 Janvier.

4. Lettres de Ministre d'Etat données par le Roi le 9 Novembre 1651, au Marquis de la Vieuville.

5. Lettres-Patentes par lesquelles le Roi nomme Duc & Pair de France ledit Charles, Marquis de la Vieuville, en Décembre 1651.]

33753. Mſ. Procès criminel fait à Louis de Bourbon, Prince de Condé, en 1654.

Ce Procès [étoit] conservé *in-fol.* 3 vol. dans la Bibliothèque de M. le Chancelier Seguier, [& est aujourd'hui à S. Germain des Prés; est] dans la Bibliothèque de MM. des Missions Etrangères; & [étoit] dans celles de M. Foucault, & de M. le Président de Lamoignon.

33754. ☞ Recueil de Pièces, Déclarations, Arrêts, Procédures, &c. faites & instruites au Parlement de Paris, contre Louis

Histoires des Chambres des Comptes. 287

de Bourbon, Prince de Condé, & contre ceux qui ont suivi son parti, depuis la Déclaration du 8 Octobre 1651 jusqu'en 1655, presque toutes Manuscrites : *in-4*.

Le détail de toutes ces Pièces se trouve à la tête du Volume, qui est conservé à Dijon dans la Bibliothèque de M. Fevret de Fontette.]

33755. Ms. Procès criminel fait à M. Vallée, Seigneur de Chenailles, Conseiller au Parlement; en 1655 : *in-fol.*

33756. Ms. Extraits du Procès de Nicolas Fouquet, Contrôleur-Général des Finances, en 1661 : *in-fol.* 10 vol.

Ce Procès & ces Extraits [étoient] dans la Bibliothèque de M. le Président de Lamoignon.

33757. ☞ Procédure faite à la Chambre de Justice, contre Nicolas Fouquet, Surintendant des Finances : *in-fol.*]

33758. ☞ Ms. Recueil de Pièces secrettes communiquées au Sieur Fouquet, pour sa défense : *in-fol.*

Ce Recueil est indiqué num. 2197 du Catalogue de M. Bernard.]

33759. ☞ Lettres de Madame DE SÉVIGNÉ à M. de Pomponne, au sujet de M. Fouquet, &c.

Voyez aux *Lettres historiques*, sous l'année 1690. Sur ce Procès de M. Fouquet, *voyez* encore aux *Ministres d'État*, &c. N.os 32573 & *suiv.*]

33760. ☞ Abrégé du Procès criminel fait aux Juifs de Metz, avec trois Arrêts du Parlement qui les déclarent convaincus de plusieurs Crimes, & particulièrement Raphaël Lévi, d'avoir enlevé sur le grand chemin de Metz à Boulay, un enfant Chrétien âgé de trois ans; pour réparation de quoi il a été brûlé vif, le 17 Janvier 1670 : *Paris*, Léonard, 1670, *in-12.* de 96 pages.

Le corps de l'enfant fut retrouvé ensuite, & le Père Simon, Ex-Oratorien, prit ensuite la défense des Juifs. *Voyez* à ce sujet l'*Histoire des Juifs* de M. Basnage, Edition de 1716, tom. IX. pag. 614.]

33761. Ms. Procès criminel fait au Chevalier de Rohan, en 1674 : *in-fol.*

Ce Procès [étoit] conservé dans la Bibliothèque de M. Colbert, [& est aujourd'hui dans celle du Roi.] Il en est fait mention dans les *Mémoires du Marquis de Beauvau*, pag. 407 : *Cologne*, 1688, *in-12.*

33762. ☞ Ms. Procès criminel fait au Sieur Haudicquer de Blancourt, pour fabrication de faux Titres, en 1700 : *in-fol.* 3 vol.

Voyez ci-après son *Nobiliaire de Picardie*, aux *Généalogies des Familles*.

33763. ☞ Ms. Procès criminel fait au Sieur Mérigot de Bauz & autres Complices, pour fabrication de faux Titres, en 1701 & 1702 : *in-fol.* 2 vol.

Ces deux Articles sont indiqués au Catalogue de M. le Blanc, num. 3273 & 3274.]

33764. Ms. ☞ Procès criminel de Jean-Pierre de Bar, depuis 1700 jusqu'en 1703 : *in-fol.* 2 vol.

Ce Procès se trouve indiqué num. 16748 du Catalogue de M. d'Estrées.]

33765. ☞ Ms. Procès criminel fait à Philippe de Beaujou, & Antoine-Joseph Gaujon de la Martinière, pour fabrication de faux Titres, en 1706 : *in-fol.* 4 vol.

Ce Procès est indiqué num. 3275 du Catalogue de M. le Blanc.]

33766. ☞ Arrêt du Parlement de Bourdeaux, contre 140 Personnes convaincues de crime de lèze Majesté.

Il est indiqué au Catalogue de M. de Cangé, p.450.]

33767. Ms. Recueil de Pièces sur les Faussaires & les faussetés : *in-fol.*

Ce Recueil est conservé dans la Bibliothèque du Roi, entre les Manuscrits de M. de Gaignières.

== ☞ Histoire de la Vie & du Procès de Louis-Dominique Cartouche, & de plusieurs de ses Complices, (Voleurs:) *la Haye*, 1722, *in-12.*

On en a déja fait mention, Tome II. N.° 24578.]

33768. ☞ Vie de Mandrin, (autre fameux Voleur;) par M. l'Abbé REGLEY : *Paris*, 1755, *in-12.*]

33769. ☞ Vie du même; (par M. Joseph TERRIER DE CLERON, Président de la Chambre des Comptes de Dole:) 1755, *in-12.*

La même, traduite en Italien; par l'Abbé Chiati : *Venise*, 1757, *in-8.*]

== Procès à Robert-François d'Amiens : en 1757.

Voyez ci-devant, [Tome II. au *Règne de Louis XV*. N.os 24755 & *suiv.*]

— Divers Procès historiques & singuliers en Bourgogne.

Ils sont particularisés au §. VII. de l'*Inventaire sommaire*, &c. qui est ci-après, à la fin des *Histoires de Bourgogne*, Liv. IV. Art. VII. du Chap. I.

§. IV.

Histoires des Chambres des Comptes de France, [& Vies de quelques-uns de leurs Officiers.]

33770. Ms. TRAITÉ contenant l'Etablissement de la Chambre des Comptes de Paris, nombre des Officiers d'icelle, leurs Fonctions, &c. *in-fol.*

Ce Traité est conservé dans la Bibliothèque de M. le Chancelier d'Aguesseau.

33771. ☞ Ms. Traité concernant la Chambre des Comptes, ses Officiers, & les matières dont elle connoît, composé en 1699 : *in-fol.*

Il est indiqué num. 2163 du Catalogue de M. Bernard.]

33772. ☞ De la Chambre des Comptes de Paris ; par M. (Ant. Gaspard) Boucher d'Argis, Avocat au Parlement.

Dans l'*Encyclopédie*.]

33773. ☞ Recueil d'Edits & Lettres concernant les Priviléges & Exemptions dont jouissent les Officiers de la Chambre des Comptes de Paris : *Paris*, Mariette, 1726, *in-*4.]

33774. ☞ Ordonnances, Edits, Déclarations, Arrêts & Lettres Patentes concernant l'Autorité & la Jurisdiction de la Chambre des Comptes de Paris, & Réglement pour les Finances & les Officiers comptables : *Paris*, 1728, *in-*4. 2 vol.]

33775. ☞ Supplément de ces Ordonnances concernant la Jurisdiction de la même Chambre. *Ibid. in* 4.]

33776. ☞ Table alphabétique des Matières contenues dans les trois Volumes d'Ordonnances sur la même Chambre ; avec un nouveau Supplément, & la Table de ce Supplément : *in*-4.

Ce Recueil a été réuni en 3 volumes *in* 4. *Paris*, Mariette, 1738. On le doit aux soins de M. Gosset, Auditeur en la Chambre des Comptes de Paris, neveu, par sa femme, du Poëte Santeul.]

33777. ☞ Recueil d'Edits, Déclarations & Arrêts concernant le Droit de serment des Offices au Marc d'Or, & les Quittances de Finances : *Paris*, 1729, *in*-4.]

33778. ☞ Recueil de différens Mémoires, Factums, &c. de la Chambre des Comptes & Cour des Aydes de Paris, touchant la Jurisdiction contentieuse de ladite Chambre, avec la Déclaration du Roi portant Réglement sur ce sujet, du 7 Janvier 1727, & l'Arrêt du Conseil du 7 Mars suivant : *in*-4.]

33779. Ms. Instructions sur la Chambre des Comptes : *in-fol.*

Ces Instructions sont conservées dans la Bibliothèque de M. le Chancelier d'Aguesseau.

33780. Ms. Recueil de l'Annoblissement de la Chambre des Comptes de Paris, de l'an 1300 : *in-*4.

Ce Recueil [étoit] dans la Bibliothèque de M. Foucault, [qui a été distraite après sa mort.]

33781. De l'ancienneté & progrès de la Chambre des Comptes de Paris ; par Etienne Pasquier.

Ce Discours est imprimé au Chapitre V. du Livre II. de ses *Recherches de la France*.

33782. ☞ Dissertation historique & critique sur la Chambre des Comptes en général, & sur l'origine, l'état & les fonctions de ses différens Officiers ; servant de réfutation d'une opinion de Pasquier, adoptée par plusieurs Auteurs ; (par M. Michel le Chanteur, Auditeur des Comptes :) *Paris*, Lambert, 1765, *in*-4. 384 pages.]

33783. Traité des Offices de la Chambre des Comptes.

Ce Traité est imprimé avec un *Recueil de Réglemens, Edits & Ordonnances sur les Finances : Paris*, 1600, *in*-4.

33784. Traité de la Chambre des Comptes ; par Jean Lescuyer.

Ce Traité est imprimé avec le *Style de la Chancellerie de France : Paris*, 1622, *in-*8.

33785. Traité de la Chambre des Comptes de Paris, contenant son Etablissement, le nombre de ses Officiers, leurs Fonctions, la forme de leur Serment, les Affaires qui s'y traitent, son Enclos & Ressort, &c. par Claude de Beaune, Praticien : *Paris*, 1647, *in-*8.

☞ La première Partie de cet Ouvrage concerne l'Etablissement de la Chambre des Comptes de Paris, le nombre de ses Officiers, leurs Fonctions, & l'étendue de son Ressort.

La seconde traite des Fonctions & Jurisdiction des Trésoriers de France.

On trouve à la fin deux petits Traités, l'un des Aubains, & l'autre du Droit des Francs-Fiefs.]

33786. Traité de la Chambre des Comptes (de Paris,) de ses Officiers & des Matières dont elle connoît : *Paris*, Morel, 1702, *in-*8.

Ce Traité est de Jean Loffroy, Greffier du Plumitif de cette Chambre, mort en 1693.

✱ M. de Villiers, Maître des Comptes, petit-fils de l'Auteur, [avoit] l'Ouvrage de Loffroy, Manuscrit, plus ample que l'Imprimé. Plusieurs Officiers de cette Chambre en ont des copies.

33787. ☞ La Chambre des Comptes de Paris : *Paris*, 1717, *in*-4.]

33788. ☞ Mémoires des Conseillers Auditeurs : *in*-4. 16 pages.

C'est au sujet de la Déclaration du 2 Novembre 1733.]

33789. Ms. Titres concernant la Chambre des Comptes de Paris : *in-fol.*

Ces Titres sont conservés dans la Bibliothèque du Roi, entre les Manuscrits de M. de Gaignières.

33790. Ms. Table des Mémoriaux de la Chambre des Comptes : *in-fol.*

33791. Ms. Mémoires tirés des Mémoriaux de la Chambre des Comptes.

Cette Table & ces Mémoires sont conservés dans la Bibliothèque de M. le Chancelier d'Aguesseau.

33792. Ms. Ordre qui s'observe dans la Chambre des Comptes de Paris, par les Officiers d'icelle : *in-fol.*

Ce Volume est conservé dans la Bibliothèque de MM. des Missions Etrangères.

33793. Ms. Les Réglemens de la Chambre des Comptes : *in-fol.*

Ces Réglemens [étoient] dans la Bibliothèque de M. Colbert, num. 1127, [& sont aujourd'hui dans celle du Roi.]

33794. ☞ Ms. Recueil des Réglemens & Ordonnances

Histoires des Chambres des Comptes.

Ordonnances de la Chambre des Comptes, depuis 1538 jusqu'en 1690 : *in-fol.* 2 vol.

Il est conservé dans la Bibliothèque de la Ville de Paris, num. 211 & 212.]

33795. Ordonnances & Réglemens pour les Chambres des Comptes : *Montpellier*, 1687, *in-12.*

33796. ☞ Mf. Recueil de tous les Officiers des Comptes de Paris, par filiation de Charges : *in-fol.*

Ce Recueil est dans la Bibliothèque de la Ville de Paris, num. 188.]

33797. ☞ Histoire de tous les premiers Présidens de la Chambre des Comptes de Paris, lorsqu'elle étoit unique dans le Royaume.

Ce Livre est annoncé dans le *Journal de Verdun*, 1711, Février.]

33798. Eloge de Guillaume Bailly, Président en la Chambre des Comptes ; par Claude JOLY, Avocat au Parlement.

Cet Eloge de Bailly, mort en 1581, est imprimé avec les *Opuscules* de Loysel : *Paris*, 1652, *in-4.*

33799. Oraison funèbre de Henri de Fourcy, Président en la Chambre des Comptes ; par Charles DE TITREVILLE : *Paris*, 1639, *in-8.*

33800. De Vita Dionysii Salvagnii Boessii, Curiæ Delphinatûs Præsidis, Liber unus ; auctore Nicolao CHORIER, Viennensi, Jurisconsulto.

Cette Vie est imprimée avec celle de Pierre Boissat : *Gratianopoli*, 1680, *in-12.* Denys Salvaing de Boissieu est mort en 1683.

33801. ☞ Ejusdem & Isabellæ Deagentæ Epithalamium ; auctore Scipione GUILLETO. = Salvagniorum illustrium Epitaphia.

Ces Pièces sont imprimées à la suite de l'Ouvrage de Salvaing de Boissieu, intitulé : *Sylvæ quatuor*, &c. *Gratianopoli*, 1638, *in-4.*]

33802. ☞ Mémoire sur la Vie & les Ouvrages du Président de Boissieu ; par M. (Antoine) LANCELOT. *Hist. de l'Acad. des Inscriptions & Belles-Lettres*, tom. XII. pag. 316.]

33803. ☞ Histoire de la Vie de Denys Salvaing de Boissieu ; par le P. NICERON.

Dans ses *Mémoires*, &c. tom. XXIII. pag. 334.]

33804. Mf. De l'origine, excellence, progrès de l'Etat & Office de Maître des Comptes ; par Jean GAUTIER, Angevin, Maître des Comptes en Bretagne.

Ce Traité est cité par la Croix du Maine, dans sa *Bibliothèque Françoise*. Jean Gautier fleurissoit en 1584.

33805. Eloge historique d'Antoine Rossignol, Maître des Comptes ; par Charles PERRAULT, de l'Académie Françoise.

Cet Eloge est imprimé p. 57 du tom. I. de ses *Hommes illustres* : *Paris*, 1698, *in-fol.*

33806. Etablissement, Fonctions & Prérogatives des Conseillers, Auditeurs des Comptes : *Paris*, [après 1650,] *in-4.*

Tome III.

33807. L'Auditeur des Comptes ; par une personne qui a exercé cette Charge : *Paris*, *in-8.*

Cet Auditeur se nommoit François HUBERT ; il est mort en 1674. Il traite de l'origine & institution de cette Charge, contre ce qu'en a écrit Estienne Pasquier dans ses *Recherches de la France*.

33808. Mf. Mémoire concernant les Offices des Auditeurs des Comptes.

Ce Mémoire est conservé dans la Bibliothèque du Roi, num. 9560, pag. 16,

33809. ☞ Fonctions & Prérogatives des Conseillers Correcteurs en la Chambre des Comptes de Paris : *in-4.*]

33810. Requête présentée au Roi par les Correcteurs & Auditeurs de la Chambre des Comptes de Paris, contre les Maîtres des Comptes, touchant plusieurs de leurs Droits ; par (Louis) DE SACY, Avocat au Parlement & aux Conseils du Roi, de l'Académie Françoise : *Paris*, Moreau, 1701, *in-fol.*

33811. Requête des Auditeurs, pour la même Affaire : *Paris*, 1701, *in-fol.*

33812. Eloge d'Antoine Vion, Seigneur d'Hérouval, Auditeur de la Chambre des Comptes de Paris.

Cet Eloge de M. d'Hérouval, mort en 1689, est imprimé dans le dix-neuvième *Journal des Sçavans*, de l'année 1689.

== Histoire abrégée de la Conversion d'Antoine Chanteau, Auditeur des Comptes de Paris ; par (Nicolas) FEUILLET, Chanoine de Saint-Cloud, (mort en 1693 :) *Paris*, Coignard, 1703, *in-12.*

☞ On l'a deja indiquée au tom. I. pag. 316, parmi les *Vies des Personnes de piété*.]

33813. ☞ Pièces concernant un Démêlé entre la Chambre des Comptes de Paris & le Parlement de Paris, au sujet de la suppression des Livres, &c. *in-4.*

Ces Pièces, qui renferment des choses curieuses sur la Chambre des Comptes, indépendamment du sujet de la Contestation, sont :

1. Arrêt de la Chambre des Comptes (de Paris,) du 23 Novembre 1768, (qui supprime le Livre intitulé : *Mélanges historiques* :) *Paris*, 1768, *in-4.* 8 pages.

2. Extrait des Registres du Parlement (de Paris,) du 3 Février 1769 : *Paris*, Simon, *in-4.* 36 pages. (Il supprime le même Ouvrage, déclare l'Arrêt de la Chambre des Comptes rendu sans pouvoir ni Jurisdiction. On y trouve un grand Réquisitoire de Me Antoine-Louis SEGUIER, Avocat-Général, sur ces deux objets.)

3. Extrait des Registres de la Chambre des Comptes, du 22 Février 1769, sur l'Extrait précédent : *Paris*, Cellot, *in-4.* 7 pages.

4. Extrait des Registres du Parlement, du 23 Février 1769 : *Paris*, Simon, *in-4.* 8 pages.

5. Extrait des Registres de la Chambre des Comptes, du 28 Février 1769 : *Paris*, Cellot, *in-4.* 8 pag.

6. Autre de la même, du 6 Avril : *Paris*, Cellot, *in-4.* 4 pages.

7. Autre, du 8 Mai, (avec un grand Réquisitoire

de M. Angélique-Pierre PERROT, Avocat-Général de ladite Chambre des Comptes, sur ses [prétendus] droits :) *Paris*, Cellot, 1769, *in-*4. 136 pages, (336, par erreur.)

8. Observations de la Chambre des Comptes sur les Arrêts du Parlement, des 6 Septembre 1766, 3 & 23 Février 1769, concernant la Jurisdiction des deux Cours, (par M. CLÉMENT DE BOISSI, Maître des Comptes ;) par ordre de Nosseigneurs de la Chambre des Comptes : *Paris*, Cellot, 1769, *in-*4. 149 pages.

9. Précis sur les prétentions élevées contre la Chambre des Comptes, par les Arrêts du Parlement des 6 Septembre 1766, 3 & 23 Février 1769, (par M. le premier Président DE NICOLAI ;) par ordre de Nosseigneurs de la Chambre : *Paris*, Cellot, 1769, *in-*4. 47 pages.

Le Roi mit fin à cette contestation en déclarant, le 17 Septembre 1769, aux Députés de la Chambre des Comptes, que les Ordonnances ne lui avoient pas confié l'exercice de la Police, ni le droit de poursuivre les Auteurs & Imprimeurs de Livres qui peuvent mériter la censure publique.]

33814. ☞ Mémoire historique concernant le haut & souverain Empire de Galilée, établi en la Chambre des Comptes de Paris ; (par M. BOUCHER D'ARGIS.) *Mercure*, 1739, Décembre, Vol. I. pag. 2744 ; & *Variétés historiques*, tom. III. pag. 1.

Ce Mémoire est curieux. Le titre d'*Empire de Galilée*, tout fastueux qu'il paroisse, n'a rien que de fort naturel. Il y avoit autrefois dans le Royaume plusieurs Chefs qui se disoient Rois, comme le Roi des Merciers, le Roi des Violons, le Roi de la Bazoche, &c. Les Clercs des Procureurs de la Chambre des Comptes qui ne voulurent pas paroître inférieurs aux Clercs des Procureurs du Parlement, donnèrent à leur Chef le nom d'Empereur. Celui de Galilée donné à cet Empire, se tire du nom de la rue où ils tenoient leurs séances, à côté de la Chambre des Comptes. Ce titre d'Empereur & de Roi fut supprimé par Henri III. à cause des abus qu'il entraînoit ; & depuis ce temps on n'en a plus parlé, quoique la Communauté ait toujours subsisté avec tous ses Privilèges, dont l'Auteur du Mémoire fait l'énumération.]

33815. ☞ Observation adressée à M***, sur l'origine qu'il a donnée dans le Mercure de Décembre, au nom de l'Empire de Galilée usité à la Chambre des Comptes de Paris ; par M. l'Abbé *** (LEBEUF.) *Merc.* 1740, *Mars*, *pag.* 476.

L'Abbé Lebeuf croit qu'il est moins probable que le nom de la rue de Galilée ait fait naître celui de l'Empire, qu'il ne l'est que ce soit la chose appellée *Galilée* qui ait communiqué à la rue en question, & à la Communauté des Clercs de la Chambre des Comptes. Il se fonde sur M. du Cange. *Galilea*, dans les bas siècles, signifioit une Galerie, qu'on nommoit quelquefois une Galilée : apparemment que ce lieu où s'assembloient ces Clercs étoit une de ces Galeries ; & voilà l'origine trouvée.]

33816. ☞ Lettre (de M. BOUCHER D'ARGIS,) à M. l'Abbé Lebeuf, au sujet de l'Empire de Galilée, &c. *Mercure* 1741, *Mai*, *pag*. 928.

Dans l'*Encyclopédie*, au mot *Empire de Galilée*, on trouve ce sujet traité plus au long, par le même.]

33817. Traité de la Chambre des Comptes de Dijon, son Antiquité, son Etablissement, ses Honneurs, Privilèges & Prérogatives, enrichi d'Histoires & de curieuses Observations, justifié par les Chartres, &c. avec les noms de tous les Gouverneurs de Bourgogne & des premiers Présidens du Parlement & de la Chambre des Comptes de Dijon ; par Hector JOLY, Maître en ladite Chambre des Comptes : *Paris*, 1640, *in-*4.

Le même Traité, seconde Edition, fort augmentée : *Dijon*, Paillot, 1653, *in-fol.*

※ « Il n'y a guères d'Ouvrage plus sec & plus insipide que celui-ci. A peine y apprend-on la fondation » de la Chambre des Comptes de Dijon, & quelques-» unes de ses Privilèges : nul détail, aucunes recherches ». M. Papillon, *Mémoires manuscrits*.

L'Auteur [H. Joly] est mort en 1660.

33818. ☞ Ms. Prérogatives de la Chambre des Comptes de Dijon ; par Etienne PERARD.

Cet Ecrit se trouve num. 274 des Manuscrits de la Chambre des Comptes de Dijon.]

33819. ☞ Ms. Extrait des anciens Comptes rendus sous les Ducs de Bourgogne de la première & seconde Race, & sous les Rois Louis XI. Charles VIII. Louis XII. & François I. par les Financiers & les Bailliages de la Province ; par Etienne PERARD : *in-*4. 4 vol.

Il est conservé à Dijon, dans la Bibliothèque de M. le Président Bouhier.]

33820. ☞ Arrêt du Conseil d'Etat du Roi, portant Règlement entre la Chambre des Comptes & les Trésoriers de France de Bourgogne, sur plusieurs chefs des fonctions de leurs Charges, du 1 Juin 1658.]

— ☞ Ms. Diverses Pièces concernant la Chambre des Comptes de Dijon.

Elles sont particularisées ci-après, dans l'*Inventaire Sommaire* qui est à la fin des *Hist. de Bourgogne*.]

33821. Catalogue des Officiers de la Chambre des Comptes de Bretagne.

Ce Catalogue [devoit] être imprimé dans le tom. III. de l'*Histoire de Bretagne* de Dom Lobineau.]

33822. ☞ Recueil des Edits, Ordonnances & Réglemens concernant les Fonctions ordinaires de la Chambre des Comptes de Bretagne ; par Jean-Artur DE LA GIBONAYS : *Nantes*, veuve Querro, 1721, *in-fol.* 2 vol.]

33823. ☞ Ms. Arrêt du Conseil d'Etat, touchant la préséance entre les Officiers de la Chambre des Comptes de Bretagne & ceux du Présidial de Nantes : 1621. Copie du temps, 2 pages.

Elle est à Dijon, dans la Bibliothèque de M. Fevret de Fontette.]

== Résumé des Mémoires du Parlement de Toulouse contre la Chambre des Comptes de Montpellier : 1761.

Voyez ci-devant, N.° 33022.

33824. Instruction & Mémoire pour faire voir clairement que la Chambre des Comptes, Cours des Aydes & Finances en Provence, ne peuvent être distraites de la Ville d'Aix, pour les transporter en une autre

Histoires des Chambres des Comptes. 291

Ville de la Province ; par Jean-Charles Bonnet, Sieur de Chatignon, & DE MEAUX, Avocat au Parlement de Provence : 1627, *in-4.*

33825. Mſ. Regiſtres de la Chambre des Comptes de Paris, depuis l'an 1137 juſqu'en 1574 : *in-fol.* 12 vol.

Ces Regiſtres [qui étoient] dans la Bibliothèque de M. Colbert, [ſont dans celle du Roi : ils étoient] en dix volumes dans celle de M. Foucault. Le plus ancien Regiſtre de la Chambre des Comptes de Paris ſe nomme de Saint-Juſt ; il commence en 1137.

33826. Mſ. Regiſtres de la même Chambre, depuis l'an 1222 juſqu'en 1592 : *in-fol.* 12 vol.

Ces Regiſtres ſont conſervés à Dijon, dans la Bibliothèque de M. le Préſident Bouhier.

33827. Mſ. Autre Exemplaire, depuis l'an 1254 juſqu'en 1596, fait par Théodore GODEFROY : *in-fol.* 14 vol.

Cet Exemplaire eſt conſervé dans la Bibliothèque du Roi, n. 9402-9415, & [étoit] dans celle de M. l'Abbé de Camps, & dans la Bibliothèque de M. le Prince Eugène de Savoye, [aujourd'hui dans celle de l'Empereur.]

Mſ. Autre Exemplaire, juſqu'en 1599 : *in-fol.* 18 vol.

Il [étoit] dans la Bibliothèque de M. de Caumartin, [mort Evêque de Blois en 1733.]

* Mſ. Autre Exemplaire : *in-fol.* 22 vol.

Il eſt conſervé dans la Bibliothèque de M. Joly de Fleury, Procureur-Général au Parlement de Paris, num. 712-733.]

33828. ☞ Mſ. Regiſtres de la Chambre des Comptes appellés de Saint-Juſt, depuis 1254 juſqu'en 1599 : *in-fol.* 20 vol.

Ils ſont indiqués num. 2164 du Catalogue de M. Bernard.]

33829. Mſ. Répertoire de la Chambre des Comptes de Paris, intitulé : *Repertorium Libri Petri Amori, Regis Clerici*, écrit en 1370 : *in-fol.*

33830. ☞ Mſ. Copie du Livre de la Chambre des Comptes, vulgairement appellé *Turnus Brutius*, depuis 1574 : *in-fol.*

Cette Copie eſt indiquée au num. 16763 du Catalogue de M. le Duc d'Eſtrées.

33831. Mſ. Inventaire & Répertoire de la Chambre des Comptes : *in-fol.*

Ce Répertoire & cet Inventaire [étoient] dans la Bibliothèque de M. Pelletier le Miniſtre, n. 135-136.

33832. ☞ Mſ. Premier, ſecond, troiſième & quatrième Alphabet du Répertoire doré étant en la Chambre des Comptes à Paris : *in-fol.*

Ce Manuſcrit a paſſé de la Bibliothèque de M. de Cangé dans celle du Roi.]

33833. ☞ Mſ. Inventaire des Titres de la Chambre des Comptes de Paris ; par Théodore GODEFROY : *in-fol.* 2 vol.

Cet Inventaire eſt marqué num. 253 des Manuſcrits du Catalogue de M. Godefroy.]

33834. Mſ. Inventaire de la Chambre des Comptes de Paris : *in-fol.*

Cet Inventaire [étoit] dans la Bibliothèque de M. Colbert, num. 1127, [& eſt aujourd'hui dans celle du Roi.]

33835. Mſ. Regiſtre du Plumitif de la Chambre des Comptes, depuis le 26 Août 1574 juſqu'à la fin de l'année 1593 : *in-fol.* 2 vol.

Ce Regiſtre [étoit] dans la Bibliothèque de M. Foucault, [qui a été diſtraite.]

33836. ☞ Mſ. Extrait du Livre de la Chambre des Comptes, coté † premier des Regiſtres du Greffe, commençant en 1223 & finiſſant en 1337 : *in-fol.*

Cet Extrait eſt marqué num. 254 des Manuſcrits du Catalogue de M. Godefroy.]

33837. Mſ. Répertoire de pluſieurs choſes étant au Greffe de la Chambre des Comptes, tant des Mémoriaux, Chartres, qu'autres Regiſtres : *in-fol.*

Ce Répertoire eſt conſervé entre les Manuſcrits de M. Dupuy, num. 236.

33838. Mſ. Extraits des Regiſtres & Mémoriaux de la Chambre des Comptes, depuis l'an 1286, par ordre alphabétique : *in-fol.* 2 vol.

33839. Mſ. Autre, par ordre alphabétique 2 *in-fol.*

Ces Extraits [étoient] dans la Bibliothèque de M. de Lamoignon.

33840. Mſ. Recueil de Pièces tirées des Mémoriaux de la Chambre des Comptes, depuis l'an 1555 juſqu'en 1574 : *in-fol.*

Ce Recueil eſt conſervé dans la Bibliothèque de M. le Chancelier d'Agueſſeau.

33841. Mſ. Extraits des Regiſtres de la Chancellerie des Comptes de Paris, recueillis en 1648, 1649 & 1650 ; par Nicolas-Charles DE SAINTE-MARTHE : *in-fol.* 2 vol.

Cet Auteur eſt mort en 1662. Ses Extraits ſont dans la Bibliothèque de S. Magloire, [à Paris.]

33842. Mſ. Recueil tiré des Regiſtres de la Chambre des Comptes, contenant les Remontrances faites au Roi & aux Princes du Sang, allant à ladite Chambre en diverſes occaſions ; avec Arrêts, Réglemens & autres choſes, depuis l'an 1625 juſqu'en 1655 : *in-fol.*

Ce Recueil [étoit] dans la Bibliothèque de M. l'Abbé de Caumartin, [mort Evêque de Blois en 1733.]

33843. ☞ Mſ. Extraits des Regiſtres de la Chambre des Comptes de Paris ; par M. MENANT, Maître des Comptes, de tous les Titres concernant le Domaine de la Couronne : *in-4.* 5 vol.

Parmi les Manuſcrits de M. de Fontanieu, num. 795-799, à la Bibliothèque du Roi.]

33844. ☞ Mſ. Extraits des Regiſtres de la Chambre des Comptes de Paris : *in-4.*

C'eſt ce qui eſt contenu dans les Porte-feuilles 804 & 805 des mêmes Manuſcrits de M. de Fontanieu.]

33845. ☞ Mſ. Extrait du premier Regiſtre du Greffe de la Chambre des Comptes, commençant en 1223 & finiſſant en 1237: *in-fol.*

Mſ. Extrait du Regiſtre, depuis 1574 juſqu'en 1629: *in-fol.*

Mſ. Autre, depuis 1633 juſqu'en 1669: *in-fol.*

Mſ. Autre, depuis 1670 juſqu'en 1702: *in-fol.*

Ces quatre Volumes ſont conſervés dans la Bibliothèque de la Ville de Paris, num. 184-187.]

33846. ☞ Mſ. Publications des Edits à la Chambre des Comptes & Cour des Aydes de Paris: *in-fol.*

Ce Recueil eſt indiqué num. 3236 du Catalogue de M. le Blanc.]

33847. ☞ Mſ. Extrait par ordre alphabétique des Layettes & Matières contenues en l'Inventaire des Titres de la Chambre des Comptes de Blois: *in-4.*

Ce Manuſcrit, indiqué *pag.* 312 du Catalogue de M. de Cangé, eſt à préſent dans la Bibliothèque du Roi.]

33848. Mſ. Regiſtres de la Chambre des Comptes de Dijon, contenant ce qui y eſt de plus remarquable, depuis l'an 1386 juſqu'en 1596: *in-fol.*

Ce Regiſtre eſt conſervé à Dijon, dans la Bibliothèque de M. le Préſident Bouhier, A. 57.

33849. Mſ. Recueil de Journaux de la même Chambre, depuis l'an 1559 juſqu'en 1690: *in-fol.*

Ce Recueil [étoit] dans la Bibliothèque de M. Maſſol, Avocat-Général de la Chambre des Comptes de Paris.

33850. Mſ. Inventaire des Titres qui ſont au Tréſor de la Chambre des Comptes de Dijon, contenant les Contrats de Mariage, Teſtamens, Traités de Paix, & autres choſes faites par les Ducs de Bourgogne, tant de la première que de la ſeconde Race: *in-fol.*

Cet Inventaire [étoit] dans la même Bibliothèque.

33851. ☞ Mſ. Recueil des anciens Comptes rendus en la Chambre des Comptes de Dijon, tant ſous les Ducs de Bourgogne de la première & de la ſeconde Race, que ſous les Rois Louis XI. Charles VIII. Louis XII. & François I. & auſſi des Recettes du Comté de Bourgogne de pluſieurs années; par Etienne Pérard, Doyen de la Chambre des Comptes de Dijon: *in-fol.*

Ce Recueil eſt conſervé à Dijon, dans la Bibliothèque de M. le Préſident Bouhier, ou de M. de Bourbonne.

Voyez encore ci-devant, N.° 33819.]

33852. ☞ Mſ. Extraits de pluſieurs Titres de la Chambre des Comptes de Dole: *in-4.* 2 vol.

Ce Manuſcrit eſt entre les mains de M. Balland, à Dole.]

33853. ☞ Mſ. Inventaire général des Titres de la Chambre des Comptes & de l'Hôtel de Ville de Dole: *in-fol.* 3 vol.

Les Originaux ſe trouvent dans leſdites Archives, & une Copie entre les mains du Père Joſeph-Marie Dunand, Capucin.]

33854. ☞ Mſ. Eloge hiſtorique de M. Loys, Greffier en Chef de la Chambre des Comptes de Dole; par feu M. le Marquis de Clévans, Conſeiller honoraire de Beſançon, & Secrétaire perpétuel de l'Académie de cette Ville.]

Dans les Regiſtres de cette Académie.]

33855. ☞ Remontrances prononcées aux Ouvertures de la Chambre des Comptes de Bretagne; par Aufray de Lenouet: *Paris,* 1620, *in-8.*]

33856. Mſ. Inventaire général de ſoixante-dix-ſept Regiſtres de la Tour des Chartres de la Chambre des Comptes de Lille: *in-fol.* 3 vol.

Cet Inventaire [étoit] dans la Bibliothèque de M. Colbert, [& eſt aujourd'hui dans celle du Roi.]

33857. ☞ Mſ. Inventaire des Titres de la Chambre des Comptes de Lille, fait par M. Godefroy, en 1697: *in-fol.*

Il eſt indiqué au num. 2293 du Catalogue de M. Pelletier.]

33858. ☞ Inſtructions pour les Officiers comptables de la Chambre des Comptes du Roi à Lille: 1633, *in-4.*]

33859. Mſ. Inventaire des Titres de la Chambre des Comptes de Montpellier: *in-4.* 2 vol.

Cet Inventaire eſt conſervé au Château d'Aubais, près de Niſmes, dans la Bibliothèque de M. le Marquis d'Aubais.]

33860. ☞ Mſ. Eloge de Hyacinthe Aſtier, Ecuyer, Auditeur en la Chambre des Comptes de Montpellier, mort en 1759; par M. Foulquier, ancien Prieur de Murviel.

Il eſt conſervé dans les Regiſtres de l'Académie de Béſiers.]

33861. ☞ Mſ. Recueil de diverſes Pièces: *in-4.*

Ces Pièces, indiquées num. 5661 du Catalogue de M. Secouſſe, ſont:

1. Avis de M. d'Aguesseau, Intendant du Languedoc, ſur les conteſtations mues entre la Chambre des Comptes de Montpellier & les Tréſoriers de France.

2. Arrêt du Conſeil du Roi, du 15 Septembre 1685, portant Réglement ſur ces conteſtations.

3. Avis de M. de Lamoignon de Basville, ſur les conteſtations mues entre les différentes Juriſdictions de la Province de Languedoc.]

§. V.

Traités des Cours des Aydes de France, & Elections, [avec les Vies de quelques-uns de leurs Officiers.]

33862. ☞ Des Cours des Aydes & des Elections ; par M. (Ant. Gaspard) Boucher d'Argis, Avocat au Parlement.

Dans l'*Encyclopédie*.]

33863. Etat de la Cour des Aydes (de Paris;) en une feuille gravée ; par Jacques Chevillard, Généalogiste du Roi : *Paris*, chez l'Auteur, *in-fol.*

33864. Edits & Ordonnances Royaux sur l'Etablissement & Jurisdiction des Cours des Aydes de Paris, Montpellier, Montferrand. Ensemble des Trésoriers de France, Elus, Contrôleurs, Greneriers à Sel & autres Officiers créés sur le fait des Aydes, Taille & Gabelle & autres Finances, tant ordinaires qu'extraordinaires de France : *Paris*, Houze, 1612, *in-4.*

33865. Recueil des Edits & Déclarations du Roi concernant la Jurisdiction de la Cour des Aydes ; par Jacques Corbin : *Paris*, 1623, *in-4.*

33866. Edits & Ordonnances du Roi, concernant l'autorité & Jurisdiction touchant le Réglement des Aydes & autres Finances, particulièrement pour le Pays de Languedoc, Querci, Guyenne ; recueillis par Jean Philippi ; avec un Recueil des Arrêts de ladite Cour : *Genève*, 1629, *in-4.*

☞ Il y a une Edition : *Montpellier*, 1597, *in-fol.*]

33867. ☞ Edits, Déclarations, &c. concernant la Jurisdiction de la Cour des Aydes & Finances de Montauban : *Montauban*, 1752, *in-4.*]

33868. Recueil d'Edits, Réglemens, &c. concernant l'autorité, compétence, &c. de la Cour des Aydes de Normandie : *Rouen*, Viret, 1676, *in-12.*

33869. Des Tailles, Impositions & Tributs, & de la première imposition des Tailles en France.

Ce Discours est imprimé dans Bouchel, *pag.* 618 & 631, du tom. III. de sa *Bibliothèque du Droit François* : *Paris*, 1667, *in-fol.*

33870. Traité des Tailles & autres Charges & Subsides tant ordinaires qu'extraordinaires qui se lèvent en France, & des Offices & Etats touchant le maniement des Finances de ce Royaume, avec leur Institution & Origine ; par Jean Combes, Avocat du Roi au Présidial de Riom : *Paris*, 1576, *in-8.* Seconde Edition, 1584, *in-8. Poitiers*, 1585, *in-16.*

☞ L'Auteur, après avoir fait voir l'origine des Tributs & des Tailles en France, qui n'ont d'abord été levées que pour quelques nécessités urgentes, & qui ont été rendues fixes sous Charles VIII. traite de l'Institution & des Offices des Finances ; des gens qui sont exempts de payer la Taille ; du Taillon, des Aydes & Gabelles, & autres Impôts qui se lèvent sur le Peuple.]

33871. Traité des Aydes, Tailles & Gabelles, auquel sont spécifiés tous les Droits du Domaine du Roi, & Impositions sur le Vin ; leur Origine, Revenus & Sommaires de leurs Baux à Ferme, &c. Ensemble l'Etat des Ventes du Sel dans tous les Greniers de France ; par Lazare du Crot : *Paris*, 1627, *in-8.* Le même, augmenté : *Paris*, 1633, 1636, *in-8.*

33872. Supplément au Traité des Aydes, contenant l'Etat des Généralités, Elections, Doyennés, Prévôtés, Justices, Seigneuries, Collectes, Diocèses & Paroisses de France : *Paris*, Besoigne, 1643, *in-8.*

33873. ☞ Dictionnaire des Aydes, où les dispositions tant des Ordonnances de 1680 & 1681, que des Réglemens & Interprétations, sont distribuées dans un ordre alphabétique : nouvelle Edition, revue, corrigée & augmentée de près de 900 Articles ; par le Sieur Pierre Brunet de Grandmaison, employé dans les Aydes : *Paris*, 1730, *in-12.* 2 vol.

Le Tome I. contient le Dictionnaire.

Le Tome II. renferme nouvelles Instructions sur les droits d'Aydes, divisées en quatre parties. La première contient le précis des Ordonnances de 1680 & 1681. La seconde, l'explication de tous les droits par demandes & par réponses. La troisième, les questions à faire à tous les Directeurs, Receveurs, Contrôleurs, Employés, &c. avec les Réponses. La quatrième, le nouveau style général des Employés, ou Modèle des Procès-verbaux à faire, &c.

On trouve encore à la fin, = Réglemens sur les Eaux-de-Vie. = Mémoire instructif au sujet des Contraventions sur les Papiers & Parchemins timbrés : Août 1728. = Catalogue des Livres nécessaires aux Fermiers & Commis des Aydes, avec les prix arrêtés.]

33874. ☞ Traité général des Droits d'Aydes ; par M. Le Febvre de la Bellande : *Paris*, 1759, *in-4.* 2 vol.]

33875. ☞ Traité des Elections ; par de Vulson : *Grenoble*, 1623, *in-8.*]

33876. ☞ Recueil des Ordonnances, Edits, &c. concernant l'origine & création des Elus ; par Ch. du Lys : *Paris*, 1635, *in-8.*]

33877. ☞ Nouveau Traité des Elections ; par Pierre Vieville : *Paris*, 1739, *in-8.*]

33878. Traité des Tailles & autres Impositions ; par Antoine d'Espesse, Avocat en Parlement : *Grenoble*, Nicolas, 1657, *in-4.*

Ce même Traité est imprimé au tom. III. de ses *Œuvres* : *Lyon*, Huguetan, 1660, *in-fol.*

33879. Nouveau Traité des Aydes, Tailles & Gabelles ; par François des Maisons, Avocat en Parlement : *Paris*, 1666, *in-8.*

33880. Décisions sur les Ordonnances des

Tailles & de la Jurisdiction des Elus ; par BAGEREAU : *Paris*, 1624, *in*-8.

33881. Réglemens pour les Droits du Pied-fourchu : *Paris*, 1670, *in*-4.

33882. Tarif général du Droit d'Entrée & Sortie du Royaume : *Paris*, 1672, *in*-4.

33883. Ordonnance de Louis XIV. sur le fait des Gabelles & des Aydes : *Paris*, 1680, *in*-4. & *in*-12.

33884. Commentaire sur le fait des Aydes : *Paris*, Saugrain, *in*-4.

33885. Tarif des Droits des Aydes pour les Généralités de France : *Paris*, 1681, *in*-4. 8 vol.

33886. Réglemens pour les Droits d'Entrée & de Sortie, & Tarif pour le Droit de Barrage de Paris : *Paris*, 1687, *in*-4.

33887. ☞ Commentaire sur les Tarifs du Contrôle : *Avignon*, 1746, *in*-8.]

33888. Brief Recueil des principaux points de la vie de Pierre de la Place, en son vivant Président en la Cour des Aydes à Paris ; par P. DE FARNAU.

Ce Président & l'Auteur de ce Recueil étoient de la Religion Prétendue Réformée. Il est imprimé au-devant d'un Traité de Pierre de la Place, intitulé : *De l'excellence de l'Homme Chrétien*. Ce Président fut tué en 1572, dans la Journée de la Saint-Barthélemi.

33889. ☞ Mf. Mémoires de la Vie de Jean CHANDON, Président en la Cour des Aydes de Paris, mort le 15 Juin 1610, âgé de 76 ans.

Ces Mémoires ont été dressés par M. de Chandon lui-même : ils étoient à Mâcon chez M. Chesnard, Lieutenant-Général au Présidial de cette Ville.]

== Abrégé de la Vie de Claude Héliot, Conseiller en la Cour des Aydes, (mort en 1686 ;) par Jean CRASSET, Jésuite.

Cet Abrégé [déja indiqué tom. I. parmi les *Vies des Personnes de Piété*,] est au-devant des *Œuvres spirituelles* de M. Héliot : *Paris*, Coignard, 1710, *in*-8.

33890. ☞ Histoire de la Vie & des Ouvrages d'Emeri Bigot, Doyen de la Cour des Aydes de Normandie ; par le P. NICERON.

Dans ses *Mémoires, &c.* tom. *VIII. pag.* 86-90, & tom. *X. part. I. pag.* 178. M. Bigot est mort en 1689. On trouve encore son Eloge dans le *Journal des Sçavans*, Janvier 1690.]

33891. ☞ Mort de M. Fugère, Conseiller à la Cour des Aydes de Paris ; par M. FRÉRON.

Dans l'*Année Littéraire*, tom. *IV. pag.* 283.]

33892. ☞ Eloge d'Alexandre Conrard Fugère.

Il est imprimé dans les *Mémoires de Trévoux*, 1758, *Juillet*, vol. I.]

33893. ☞ Autre du même.

Dans le *Journal des Sçavans*, 1758.]

33894. ☞ Mf. Diverses Copies & Extraits sur la Cour des Aydes de Paris.

C'est ce qui est contenu dans les six Articles qui suivent, indiqués au Catalogue de M. Bernard, n. 2165-2170.

1. Ancien Livre de la Cour des Aydes, commençant sous le Roi Jean, (en 1360,) jusqu'en 1539, avec les Notes de M. Ch. DU LYS, Avocat-Général de la même Cour. = Registres secrets de la Cour des Aydes, depuis le 21 Septembre 1569 jusqu'en 1717 : *in-fol.* 20 vol.

2. Mémoires de ce qui s'est passé en la Cour des Aydes, depuis le 15 Juillet 1610 jusqu'au 6 Avril 1686 : *in-fol.* 2 vol.

3. Délibérations secrettes de la Cour des Aydes, depuis le 28 Août 1606 jusqu'au 18 Février 1719 : *in-fol.*

4. Table Chronologique des Registres secrets de la Cour des Aydes, depuis 1360 jusqu'en 1717 : *in-fol.*

5. Mémoires, Arrêts & Réglemens concernant les différends d'entre les Cours des Aydes, Chambre des Comptes, Présidiaux, Trésoriers de France, & Sénéchaussées de Montpellier, depuis 1557 jusqu'en 1618 : *in-fol.*

6. Mémoires concernant les Cours des Aydes de Provence, Dijon, Guyenne, Rouen & Chambre des Comptes de Nantes : *in-fol.*]

33895. ☞ Registres secrets de la Cour des Aydes, depuis 1360 jusqu'en 1588 : *in-fol.* 2 vol.

Il manque depuis 1500 jusqu'en 1578.

☞ Mémoires sur ce qui s'est passé à la Cour des Aydes, depuis 1609 jusqu'en 1686 ; par MM. QUATREHOMMES, père & fils, Conseillers en ladite Chambre : *in-fol.*

Ces deux Articles sont dans la Bibliothèque de la Ville de Paris, num. 213-215.]

§. VI.

Histoires & Traités [des Monnoies, Poids & Mesures ;] des Cours des Monnoies de France, [& Vies de quelques-uns de leurs Officiers.]

33896. ☞ De la Monnoie des Germains & des François.

Ce Morceau se trouve aux *Annales Ecclésiastiques* du P. le Cointe, tom. *III. pag.* 56 & 88.]

33897. Mf. Varia de Monetis Francorum & Sigillis Regum Franciæ, cum iconibus & eorum valore : *in-fol.* 8 vol.

Ce Recueil est conservé dans la Bibliothèque du Vatican, parmi les Manuscrits de la Reine Christine, num. 713-720.

33898. Mf. Tarif de diverses Monnoies anciennes de nos Rois sous la première Race, évaluées sur la prisée de la Monnoie d'aujourd'hui : (le sou d'or valant alors huit livres cinq sols de notre Monnoie ;) par François DE CAMPS, Abbé de Signy : *in-fol.*

Ce Tarif [étoit] dans la Bibliothèque de l'Auteur, [& a passé dans celle de M. de Béringhen.]

33899. Mf. Explication de la Monnoie de Clovis, Roi Très-Chrétien des François, où sont représentées les différentes manières des Couronnes des Rois de France, des trois

Histoires des Cours des Monnoies.

Races, leurs Sceptres & marques d'honneur; par Pierre CARREAU, Historiographe de la Province de Touraine.

Cet Auteur est mort en 1708. Son Ouvrage [étoit] entre les mains de son fils, Curé de Nogent-sur-Marne.

33900. Mf. Dissertation sur les Monnoies d'or des Rois de France de la première Race, & l'Explication d'une Monnoie, ou Lettre d'un Charles, Roi de France; par Gabriel DANIEL, Jésuite. = Autre Explication; par Claude GROS DE BOZE, Secrétaire perpétuel de l'Académie Royale des Inscriptions.

Ces trois Pièces sont conservées dans les Registres de cette Académie, de l'année 1706. Les deux premières y furent apportées par le R. P. de la Chaize, Confesseur du Roi, Académicien Honoraire.

33901. Figures des Monnoies de France: *Paris*, 1619, *in*-4.

Ces Figures ont été recueillies par Philippe DE LAUTIER, Ambrunois, Général des Monnoies de France, l'an 1559, & données au Public par Jean-Baptiste Haultin, Conseiller au Châtelet de Paris.

☞ « On connoît depuis long-temps dans la République des Lettres la grande rareté de cet Ouvrage, » dont il existe peu d'Exemplaires. Il renferme les Em» preintes de toutes les Monnoies de diverses espèces » & de différens aloys, qui ont été frappées en France » depuis le commencement de la Monarchie jusqu'au » Règne de Henri II. & l'exactitude avec laquelle elles » ont été exécutées, est un mérite particulier qui leur » est propre, & qui le rendra toujours recommanda» bles. Les Planches qui renferment les Empreintes, » ont été gravées en bois & imprimées seulement au » retto des feuillets. Il est encore à remarquer que l'Au» teur de ce Livre n'a fait imprimer aucune Disserta» tion historique qui donnât un détail plus particulier » des Monnoies qu'il renferme, de manière que son » Ouvrage n'est, à proprement parler, qu'un Recueil » de Figures qui représentent purement & simplement » la forme des Monnoies & leurs Légendes ». *Bibliographie* de Debure, *Hist.* num. 5453 *.]

33902. ☞ Mémoire sur une Collection des Monnoies de France, (faite par les soins de M. le Garde des Sceaux, de Machault.) *Journal de Verdun*, 1754, *Mai.*]

33903. ☞ Dissertation sur les (anciens) Moules à couler Monnoies, nouvellement découverts à Tours; par M. le M. Archiviste de Saint-Martin de Tours. *Journal de Verdun*, 1754, *Juin.*]

33904. ☞ Mf. Recueil d'Empreintes des Monnoies de diverses Nations, avec leur dénomination, leur valeur; & les Explications: *in-fol.*

Ce Recueil est indiqué num. 4935 du Catalogue de M. le Duc d'Estrées.]

33905. ☞ Recherches sur les Monnoies de France, &c.

Elles se trouvent dans les Préfaces des Tomes III. & suivans, du *Recueil des Ordonnances de la troisième Race*, compilé par M. SECOUSSE.]

33906. Traité des Monnoies; par Henri POULLAIN, Conseiller en la Cour des Monnoies: *Paris*, 1617, 1621, *in* 8.

Cet Auteur étoit sans contredit un des plus entendus de son temps sur le fait des Monnoies, dit M. le Blanc, dans la Préface de son Traité.

33907. ☞ Traités des Monnoies; par Henri POULAIN, Conseiller en la Cour des Monnoies; réimprimés (par l'ordre de M. Desmaretz, Contrôleur-Général des Finances,) & augmentés de quelques autres Traités, qui n'avoient pas encore paru; avec une Préface & une Table fort amples; (par les soins de M. le Verrier:) *Paris*, Léonard, 1709, *in*-12.

Les Traités contenus dans ce Volume, outre celui de Poullain, sont:

De la science & connoissance que doit avoir un Conseiller d'Etat au fait des Monnoies.

Avertissement sur le Placet présenté au Roi par Pierre-Antoine Rascas DE BAGARIS, pour avoir la permission de fabriquer des espèces de bas billon.

Second Avis de Denys GODEFROY, pour réduire le prix de l'écu surhaussé, à sa juste valeur, avec la Réponse de M. POULLAIN.

Avis sur la Proposition douzième de l'or & de l'argent en œuvre, & en exécution de l'Ordonnance de 1602.

Relation de l'épreuve de certains Instrumens, proposée par Nicolas BRIOT, pour fabriquer les espèces.

Mémoire du désordre où étoit la Monnoie d'Espagne en 1612, à cause de la Monnoie du billon.

La forme des délivrances de l'emboîté des Deniers, clôture & ouverture des Boîtes, calcul du papier des Délivrances, jugement des Boîtes, &c.

Glossaire des Monnoies, des Métaux d'or, d'argent, de billon & de cuivre; & l'Edit des Monnoies de Henri IV. de 1609, lequel Edit fut dressé sur les Remontrances faites à ce Prince.

On peut voir sur ce Recueil la *Méth. histor.* de Lenglet, *in*. 4. *tom. IV. pag.* 275.]

33908. ☞ Mf. Moyens faciles pour rendre à l'avenir les Monnoies de poids juste & égal, sans rien changer des façons que les Ouvriers & Monnoyeurs donnent à la fabrication des Monnoies au marteau; avec un Glossaire des Vocables de Monnoies contenus en ce Discours; par Henri POULLAIN: *in-fol.*

Ce Manuscrit, qui est indiqué num. 737* du Catalogue de M. Bellanger, *pag.* 116, n'a pas été connu de l'Editeur du Recueil précédent; le Glossaire qui se trouve dans ce Manuscrit n'est pas le même que celui de ce Recueil.]

33909. ☞ Le Cri des Monnoies nouvellement publié à Paris, en 1506, (en Vers:) *in*-4.]

33910. ☞ Evaluation de l'or & argent, & nouveau pied de Monnoie: *Paris*, 1609, *in*-8.]

33911. ☞ Articles à résoudre sur le Réglement des Monnoies: *in*-8.]

33912. ☞ Ordonnances sur le fait des Monnoies: *in*-8. 7 vol.]

33913. ☞ Arrêt de la Cour des Monnoies,

portant défense de fabriquer des Ecus, & commandement de fabriquer des Louis de 15 & de 5 sols, du 5 Septembre 1653 : *in-8.*]

33914. ☞ Méthode nouvelle pour réduire la Monnoie de France en Monnoie Etrangère, & toutes les Monnoies de l'Europe en celle de France ; par BENET : *Rouen,* 1745, *in-8.*]

33915. ☞ Comparaison de la valeur hominale des Espèces d'or & d'argent en Angleterre & en France, & de leur influence sur les Manufactures & le Commerce de chacun de ces deux Royaumes : *Londres,* Burd, 1760, *in-8.* (en Anglois.)]

33916. ☞ Essai sur la qualité des Monnoies Etrangères & sur leurs différens rapports avec les Monnoies de France, &c. par M. MACÉ DE RICHEBOURG : *Paris,* Imprimerie Royale, 1764, *in-fol.*]

33917. Mf. Les Cours, Loys, Poids & Coins des Monnoies des Barons & Prélats de France, qui avoient pouvoir anciennement de faire battre Monnoie dans le Royaume : *in-4.*

Ce Volume [étoit] dans la Bibliothèque de M. le Baron d'Hoendorff, [& est aujourd'hui à Vienne dans celle de l'Empereur.]

33918. Registre contenant quels Princes, Barons & Prélats se disent (ou se sont dits) avoir le droit de faire battre Monnoie, &c. avec leurs Empreintes, & plusieurs autres Pièces concernant les Monnoies de France.

Ce Registre est conservé dans la Bibliothèque de M. le Chancelier d'Aguesseau.

33919. ☞ Mémoires & Recueil des Nombres, Poids, Mesures & Monnoies anciennes & modernes des Nations plus renommées, rapport & conférence des unes aux autres, avec une réduction aux Monnoies de la France, qui sont en usage en la Ville de Paris ; par François GARRAULT, Sieur de S. Georges, Conseiller du Roi, Trésorier de France, & Général des Finances en Champagne, & ci-devant Général en la Cour des Monnoies : *Paris,* 1595, *in-12.*

La première Edition étoit de 1576 : *in-8.*

Ce sont des recherches assez curieuses sur les Poids, &c. des anciens Grecs, Romains, Gaulois, &c. & leur comparaison avec ceux qui sont actuellement en usage parmi nous.]

33920. ☞ Réflexions sur l'Evaluation de nos Monnoies & de nos Mesures ; par M. BONAMY. *Mém. de l'Acad. des Inscript. & Belles-Lettres, tom. XXXII. pag.* 787.]

33921. ☞ Des moyens de transmettre à la postérité la connoissance exacte de nos Poids & de nos Mesures ; par M. DUPUY : 1758. *Mém. de l'Académie des Inscript. & Belles-Lettres, tom. XXIX. pag.* 312.]

33922. ☞ Essai sur le Rapport des Poids Etrangers avec le Marc de France ; par M. TILLET, de Bordeaux, Directeur de la Monnoie à Troyes : 1766, *in-4.*]

33923. ☞ Le Rapport des Poids & Monnoies des anciens aux nôtres ; par L'HULLIER : *Orléans,* 1585, *in-8.*]

33924. ☞ De mutatione Monetarum, auctore Nicolao ORESMIO.

Cet Ouvrage d'Oresme, qui avoit été Précepteur du Roi Charles V. est au tom. IX. de la *Bibliothèque des Pères.* Il y en a eu une Traduction Françoise ; mais elle n'a pas paru : il en est parlé dans le *Codicille d'or, pag.* 8 & 22.]

33925. ☞ Ordonnance du Roi sur le fait & réglement général de ses Monnoies, donné à Poitiers en 1577 : ensuivent les Pourtraicts des Espèces d'or & d'argent ayant cours par le présent Edit, avec les poids & prix de chacune, évaluée sur l'écu sol : *Paris,* Dallier, 1577, *in-8.*]

33926. Sommaires des Edits & Ordonnances Royaux, concernant la Cour des Monnoies & Officiers particuliers d'icelle ; par François GARRAULT, Sieur de Saint-Georges : *Paris,* Bessin, 1632, *in-8.*

33927. ☞ Remontrances faites au Parlement de Dijon le 10 Septembre 1573, où sont déduites les bonnes & justes considérations pour lesquelles le Roi a décrié les espèces de billon Etrangères ; par Thomas TURQUAIN : *Paris,* Dallier, 1573, *in-8.*]

33928. ☞ Advis donné par Thomas TURQUAIN en une Assemblée à Paris, pour délibérer sur les Mémoires présentés au Roi, à fin d'abolir le compte à sols & livrés, & faire obligation à Escus : *Paris,* 1578, *in-8.*]

33929. ☞ Les Paradoxes du Seigneur DE MALESTROIT, Conseiller du Roi & Maître ordinaire de ses Comptes, sur le fait des Monnoies, présentés à Sa Majesté au mois de Mars 1566 ; avec la Réponse de Jean BODIN auxdits Paradoxes : 1578, *in-8.*

Le premier Paradoxe est que rien n'est enchéri depuis 300 ans ; le second, qu'il y a beaucoup à perdre sur un Ecu ou autre Monnoie d'or ou argent, encore qu'on la mette pour le même prix qu'on la reçoit. Ces Pièces regardent principalement le surhaussement des Monnoies.]

33930. ☞ Discours de Jean BODIN, sur le rehaussement des Monnoies, tant d'or que d'argent, & le moyen d'y remédier, & Réponse aux Paradoxes de M. de Malestroit ; plus, un Recueil des principaux Avis donnés en l'Assemblée de S. Germain des Prés, au mois d'Août dernier ; avec les Paradoxes sur le fait des Monnoies ; par François GARRAULT, Seigneur de S. Georges, Conseiller du Roi, & Général en sa Cour des Monnoies : 1578, *in-8.*

Il y a dans ce Recueil beaucoup de recherches curieuses au sujet des Monnoies. M. Bodin fait voir sur les Paradoxes de M. de Malestroit, que tout ce qu'il avance est faux.]

Histoires des Cours des Monnoies. 297

33931. ☞ Abrégé de la Tariffe sur le débordement & surhaussement des Monnoies advenu en ce Pays de Provence..... durant les années 1591, 1592 & 1593, pour lesquelles la Cour a déclaré être dû suplément pour les sommes payées pendant lesdites années : *in-*8.]

33932. ☞ Traité & Avis sur les désordres des Monnoies, & diversité des moyens d'y remédier ; par L. F. B. Avocat-Général en la Cour des Monnoies : *Paris*, veuve Roffet, 1600, *in-*8.]

33933. ☞ Discours de la perte que les François reçoivent en la permission d'exposer les Monnoies Etrangères, & l'unique moyen pour empêcher que les bonnes Monnoies ne puissent être falsifiées, rognées, surhaussées ni transportées ; par Nicolas DE COCQUEREL, Conseiller de la Cour des Monnoies : *Paris*, Jacquin, 1618, 1619, *in-*8.]

33934. ☞ Raisons pour montrer que l'Edit nouvellement fait pour les Monnoies est juste, & qu'il est au soulagement du Peuple ; par Louis DE CHABANS, Sieur du Mayne, Gentilhomme ordinaire de la Chambre du Roi ; avec l'Arrêt du Conseil, qui ordonne l'impression de ce présent Traité, & fait mainlevée de la saisie que la Cour des Monnoies en avoit faite : *Paris*, veuve Roffet, 1609, *in-*8.]

33935. ☞ Suite des Rencontres de Maître Guillaume dans l'autre monde, (attribuées à quelques Officiers de la Cour des Monnoies :) *Paris*, 1609, *in-*8.
L'Auteur est le Sieur DE LESTANG, Maître des Monnoies.]

33936. ☞ Avertissement pour servir de Réponse au Discours précédent ; (par N. ROLLAND, Sieur du Plessis :) *Paris*, Buon, 1609, *in-*8.
L'Auteur avoit été Général des Monnoies, & défend l'Edit de 1577 en tout ce qu'il contient : il avoit assisté aux Assemblées, & eu part à l'exécution.]

33937. ☞ Apologie du (même) Edit sur les Monnoies, ou réfutation des erreurs de Maître Guillaume & de ses Adhérans ; (par Louis DE CHABANS, Sieur du Mayne :) *Paris*, veuve Roffet, 1610, *in-*8.]

33938. ☞ Réponse à l'Apologie dernière sur le fait des Monnoies ; par ROLLAND : *Paris*, 1610, *in-*8.]

33939. ☞ Véritable Rapport des Conférences tenues à Paris & à Fontainebleau, pour remédier au désordre des Monnoies, & que les Espèces d'or & d'argent introduites par l'Edit du Roi sont meilleures que les anciennes Monnoies ; ensemble la Réponse aux Contredisans d'icelui Edit ; par M. Nicolas DE COCQUEREL, Conseiller du Roi, Général de la Cour des Monnoies : *Paris*, Millot, 1610, *in-*8.]

33940. ☞ Avis à la Reine, pour réduire les Monnoies à leur juste prix & valeur, & empêcher le surhaussement & empirance d'icelles ; par Denys GODEFROY, Avocat, ci-devant Procureur du Roi aux Monnoies : *Paris*, Chevalier, 1611, *in-*8.]

33941. ☞ Les causes principales du surhaussement des Monnoies de France, & la manière d'y remédier ; présenté à la Reine par N. D. C. (Nicolas DE COCQUEREL :) *Paris*, veuve Roffet, 1612, *in-*8.]

33942. ☞ Moyen proposé au Roi pour conserver les Richesses de ses Sujets, & bannir les faux Monnoyeurs ; par le même : *Paris*, 1614, *in-*8.]

33943. ☞ Réponse à l'Advis de M. Denys Godefroy, tendant à empêcher le surhaussement de prix de notre Ecu, & le réduire à sa juste valeur ; par M. (Henri) POULLAIN, ancien Général des Monnoies : *Paris*, 1613, *in-*8.]

33944. ☞ Avertissement au Roi & à son Conseil, pour remédier aux désordres & confusions d'aprésent, sur le fait des Monnoies, pour procéder à une nouvelle fabrication d'Espèces ; avec les Evaluations de toutes sortes de Monnoies, selon leur valeur & bonté intérieure en poids & loi, avec l'évaluation des poids & trebuchets ; par Marin LE BLANC, Sieur DE LA MOTHE : *Paris*, 1615, *in-*8.]

33945. ☞ Raisons & moyens proposés au Roi ; par Nicolas BRIOT, Tailleur & Graveur général des Monnoies de France, pour faire toutes les Monnoies de ce Royaume à l'avenir uniformes, & faire cesser toutes falsifications, &c. 1615.]

33946. ☞ Sommaire des propositions & offres du même, concernant la fabrication des Monnoies, & pour les mettre en Ferme Générale : *in-*8.]

33947. ☞ Examen du même Avis : *in-*8.]

33948. ☞ Remontrances faites par la Cour des Monnoies au Conseil d'Etat du Roi, contre la nouvelle invention d'une Presse pour fabriquer les Monnoies proposée par Nicolas Briot, & la Réponse des Monnoyers & Ouvriers à ses excusés : *in-*8.]

33949. ☞ Factum pour les mêmes Monnoyers contre Briot : *in-*8.]

33950. ☞ Examen des moyens de Briot.]

33951. ☞ Réponse faite par Nicolas BRIOT, Tailleur & Graveur des Monnoies, aux Remontrances de la Cour, & des Officiers & Ouvriers des Monnoies, pour justifier l'utilité & nécessité des propositions dudit Briot : *Paris*, Bourriquant, 1617, *in-*4.]

33952. ☞ Procès-verbal de l'Epreuve faite par Briot, de ses nouveaux Instrumens, & Machines sur la prétendue uniformité des Monnoies, &c.]

Tome III. Pp

33953. ☞ Relation de Henri POULLAIN, de l'Epreuve de fabrication des Espèces sur certains nouveaux Instrumens proposés par Briot : 1615.]

33954. ☞ Mémoires de Nicolas Rolland, sur les mêmes propositions.]

33955. ☞ Mémoires particuliers pour justifier la proposition de Briot sur le fait des Monnoies.]

33956. Mf. Projet de Réglement pour les Maîtres des Monnoies & Conducteurs des Angins desdites Monnoies.]

33957. ☞ Mf. Arrêt du Conseil de 1623, par lequel il est d'avis de délivrer à Briot la Ferme de la Monnoie de Paris, pour un an, pour y fabriquer Especes de Monnoies par forme d'Epreuve sur la Machine.]

33958. ☞ Mf. Procès-verbal des Commissaires établis pour assister à l'Epreuve de la Machine de Briot, pour fabriquer les Monnoies de France : 1624.]

Les 14 Pièces précédentes, depuis le N.° 33945, sont indiquées au Catalogue de M. Secousse, n. 3549.]

33959. ☞ Le denier Royal : Traité curieux de l'or & de l'argent ; par Scipion DE GRAMONT, Sieur DE S. GERMAIN : *Paris*, 1620, *in-8.*]

33960. * Traité des espèces de Monnoies, de leur forme, figure & usage ; par le Sieur DE LA BARRE, Président en l'Election de Rouen : *Rouen*, Osmont, 1622, *in-8.*

33961. ☞ Trésor des Monnoies, contenant plusieurs secrets touchant les alliages & les essais ; par Marc-Antoine DE GOURGUES : *Bordeaux*, 1624, *in-8.*]

33962. ☞ Avis au Roi, pour ôter le moyen de contrefaire ses Monnoies, & de rogner & diminuer les bonnes ; avec un Discours à MM. du Conseil sur le même sujet ; par Jean DROUET, Sieur de Rompcroissant : *Paris*, Laquehay, 1634, *in-8.*]

33963. ☞ Discours au Roi sur le surhaussement des Monnoies, du mois de Mars 1636 ; par le même : *Paris*, Brunet, 1636, *in-8.*]

33964. ☞ Continuation des Mémoires précédens sur les Monnoies ; par le même : *Paris*, Brunet, 1639, *in-8.*]

33965. ☞ Remontrance générale sur la grande utilité publique de l'augmentation du prix des Monnoies : *Paris*, Brunet, 1636, *in-8.*]

33966. ☞ Remontrances faites au Roi en son Conseil, par la Cour des Monnoies, sur le sujet des désordres qui se rencontrent en la police des Monnoies, (& particulièrement au sujet de l'Arrêt du Parlement, qui a ordonné une assemblée de Bourgeois sur le fait des Monnoies :) *Paris*, 1651, *in-8.*]

33967. ☞ Remarques sur les Remontrances de MM. de la Cour des Monnoies, contre l'Assemblée des Bourgeois ordonnée par le Parlement, sur le fait des Monnoies : *Paris*, Vitré, 1652, *in-4.* Troisième Edition, 1658.]

33968. ☞ Remontrances de la Cour des Monnoies faites au Roi, sur l'Edit du mois de Décembre 1655 : *in-4.*]

33969. ☞ La Vérité découverte sur le sujet de la nouvelle Monnoie : 1656, *in-fol.*]

33970. ☞ Divers Traités d'Antoine DE LA PIERRE, sur le fait des Monnoies : *in-4.*

Ils ont été imprimés depuis 1651 jusqu'en 1657. En voici les Tittes :

De la nécessité du Pésement ordonné pour les Especes de Monnoie d'or & d'argent.

La Clef du Cabinet de la nature, fermé au Major Putling, ou le Décri de son étain qu'il débite sous le faux titre d'un nouveau métal.

Réponse contre le Traité prétendu des Liards de cuivre.

Traité des Monnoies usées, de leur cours & de leur pésement.

Réponse aux propositions faites au Roi en 1653, sur une Fabrication de nouvelles Monnoies d'or & d'argent fin.

Réplique à la Réponse que le Traitant de la nouvelle Monnoie (des Lys) fait publier sous le faux titre de *la Vérité découverte*, contre les moyens d'opposition présentés au Parlement par les six Corps des Marchands, sur la vérification de l'Edit du mois de Décembre 1655.

Calcul du revenant bon au profit du Traitant, sur une nouvelle Fabrication de Monnoies : 1655.

Recherche des causes qui produisent les contestations sur le cours des Quarts d'Ecus à vingt-un sols.

De la nécessité qu'il y a de péser les Monnoies d'or & d'argent, & des abus & fraudes qui se commettent aux pésemens des Monnoies & autres matières d'or & d'argent.

Examen d'un Avis proposé sur le cours des Quarts d'Ecus.]

33971. ☞ Recueil d'Ordonnances, Déclarations, Edits & autres Traités sur les Monnoies : *in-8.* 2 vol.]

33972. ☞ Mf. La cause qui a fait rompre les Ordonnances faites en France sur le prix de l'or & de l'argent ; la perte qui en est advenue, avec le moyen de l'éviter ; par Jacques COLAS, Garde de la Monnoie de Paris, en 1568 : *in-4.*

Ce Manuscrit du temps est conservé dans la Bibliothèque du Roi, parmi ceux de M. de Cangé.]

33973. ☞ Mf. Jurisdiction de la Cour des Monnoies : *in-fol.*

Ce Manuscrit est conservé dans la Bibliothèque de la Ville de Paris, num. 216.]

33974. ☞ Mf. Abrégé historique des Monnoies : *in-4.*

Dans la même Bibliothèque, num. 243.]

33975. Traité de la Cour des Monnoies (de Paris,) & de l'étendue de sa Jurisdiction, [divisé en cinq parties : le tout justifié par Chartes, Edits, Ordonnances & Déclarations de nos Rois, & Arrêts de leur Conseil,

Histoires des Cours des Monnoies. 299

recueillis & rédigés en ordre Chronologique; ensemble la Liste des Officiers de ladite Cour;] par M. Germain CONSTANT, [Avocat en Parlement, Juge-Garde de la Monnoie de Toulouse:] *Paris*, Sébastien Cramoisy, 1658, *in-fol.*

Ce Livre est excellent.

☞ *Voyez* Lenglet, *Méth. histor.* in-4. *tom. IV. pag.* 275.]

33976. ☞ De la Cour des Monnoies; par M. BOUCHER D'ARGIS.

Dans l'*Encyclopédie.*]

33977. ☞ Traité des Monnoies & de la Jurisdiction de la Cour des Monnoies; par M. ABOT DE BAZINGHEN, Conseiller en la Cour des Monnoies de Paris : 1764, *in-4.* 2 vol.]

33978. Recherches curieuses des Monnoies de France, tome premier; avec des Observations, des Preuves, & les Figures des Monnoies; par Claude BOUTEROUE: *Paris,* 1666, *in-fol.*

Cet Ouvrage est profond & plein de sçavantes recherches sur l'Histoire des Monnoies de la première Race de nos Rois, qui sembloient avoir négligé de faire écrire l'Histoire de leur Règne, & s'être contenté de faire graver les événemens les plus remarquables sur leurs Monnoies. Personne n'avoit encore donné au Public un Recueil de ces Monnoies; cela manquoit à la perfection de notre Histoire. L'Auteur devoit donner trois autres Volumes, qui auroient contenu les Monnoies de la seconde & de la troisième Race de nos Rois.

☞ *Voyez* sur ce Livre, *Journal des Sçav. Juillet,* 1666. = Lenglet, *Méth. hist. in-4. tom. IV. pag.* 275. = *Nouvelle Bibliothèque* de Barat, tom. II. pag. 133. = *Bibliothèque du Richelet,* par M. le Clerc, au mot *Bouteroue,* pag. 38.

» C'est un Ouvrage fort recherché, dont les Exem-
» plaires sont devenus rares, sur-tout en grand papier.
» Il est divisé en deux parties, qui renferment une In-
» troduction, un Traité général des Monnoies, un au-
» tre Traité des Monnoies Juives, dont les Explications
» sont du sçavant M. BOCHART, de Caën; un Traité des
» Monnoies Gauloises, fabriquées avant que les Romains
» eussent fait la Conquête de la Gaule; un Traité des
» Monnoies Romaines; enfin un Traité des Monnoies
» de France, fabriquées sous la première Race.

» L'Auteur avoit dessein de faire succéder à ce pre-
» mier Volume que nous indiquons, trois autres To-
» mes, qui devoient contenir les Monnoies de la se-
» conde & troisième Race, avec celles des Prélats, Ba-
» rons, Communautés & autres qui en ont fabriqué,
» soit par concession ou par usurpation; la Police obser-
» vée dans leur Fabrication, les Poids & les Machines
» dont ils se sont servis, les Officiers qu'ils ont employés,
» les Ordonnances & les Réglemens qui ont été faits,
» & les Arrêts & Avis qui ont été donnés de temps en
» temps; les changemens, les affoiblissemens, & leurs
» causes : le tout tiré des Chartes & autres Pièces les
» plus authentiques, avec un Glossaire pour servir d'ex-
» plications aux mots les plus difficiles; mais on ignore
» encore actuellement ce que peut être devenu le Ma-
» nuscrit original de ces trois Tomes, supposé toute-
» fois que l'Auteur ait mis la dernière main à son Ou-
» vrage.

» Nous ferons observer encore que cet Auteur, par
» une remarque particulière que l'on trouve dans un
» Avis qui précède le texte de son Ouvrage, déclare

Tome III.

» n'avoit pas traité à fond la matière qui forme la pre-
» mière Partie de ce premier Volume; qu'il donne au
» Public, & que pour le completter, il faut y joindre
» le Traité que Charles Patin, Docteur en Médecine,
» a fait imprimer sous le titre d'*Introduction à l'Histoire*
» *par la connoissance des Médailles,* parcequ'on y trou-
» vera ce qui manque à la sienne; ainsi, pour avoir ce
» premier Tome bien complet pour le fond de la ma-
» tière qui y est traitée; il paroît nécessaire d'y annexer
» ce Traité particulier de Charles Patin, que l'on pour-
» roit faire encadrer sur le même format. *Bibliographie* de Debure, *Histoire,* num. 5454*.

On trouve la Note suivante à la tête d'un Exemplaire qui est à Dijon, dans la Bibliothèque de M. Fevret de Fontette.

« Claude Bouteroue, Parisien, fut reçu en 1654
» Conseiller en la Cour des Monnoies. On voit par
» l'*Etat de la France* de 1674, qu'il étoit encore vi-
» vant; mais son nom n'est point dans celui de 1680;
» & conséquemment il étoit mort avant cette année.
» Nous n'avons de lui que ce Volume imprimé; mais
» il avoit laissé cinq autres Volumes manuscrits. Le
» premier contenoit la seconde Race. Les quatre autres
» depuis Philippe-le-Bel jusqu'à Louis XIV. Après la
» mort de M. Bouteroue, Mademoiselle sa fille les con-
» fia à M. le Blanc sur sa Charge; quelques années après
» elle les lui redemanda, dans le dessein de les commu-
» niquer au Père du Moulinet, & les donner ensuite au
» Public : mais il ne voulut jamais les rendre, disant
» pour toute raison que M. Bouteroue lui devoit une
» somme de six cens livres ».]

33979. ☞ Ms. Traité des Monnoies de France, depuis Philippe jusqu'au Roi Louis XI. *in-fol.*

Ce Traité est indiqué au num. 16766 du Catalogue de M. le Duc d'Estrées.]

33980. Traité historique des Monnoies de France, depuis le commencement de la Monarchie jusqu'à présent; par (François) LE BLANC, avec les figures gravées en taille douce : *Paris,* Boudot, 1690, *in-4.* [*Amsterdam,* Mortier, 1691, *in-4.*]

Ce Volume ne contient que les Monnoies des Rois de France; la seconde partie en Manuscrit, qui [étoit] entre les mains de M. Ribou, Libraire de Paris, contient les Monnoies des Seigneurs. Elle peut faire deux Volumes *in-quarto.*

« Les Monnoies sont une partie de l'Histoire. M. le
» Blanc a épuisé tout ce qui regarde celles de France,
» & la renfermé dans un volume médiocre, en s'éloi-
» gnant de la méthode de M. Bouteroue, qui étoit de
» donner les titres entiers & les Monnoies séparées les
» unes des autres. M. le Blanc n'a rien avancé qu'il n'ait
» appuyé sur des Pièces authentiques. Tout ce qu'il a
» dit des Monnoies de la première & de la seconde
» Race, a été pris dans les Livres imprimés, ne restant
» plus de Titres manuscrits sur cette matière au-delà du
» Règne de Philippe-Auguste. Pour les Monnoies de
» la troisième Race, il s'est servi des Registres de la
» Cour des Monnoies, qui ne commencent qu'au Rè-
» gne de Philippe-le-Bel, & de plusieurs Volumes ma-
» nuscrits d'Ordonnances sur le fait des Monnoies »,
Journal des Sçavans, du 17 Avril 1690.

☞ Cet Ouvrage est précédé d'une Introduction qui contient en abrégé l'évaluation des différentes espèces de Monnoies d'or, d'argent & de billon, dans différens temps. Le corps du Livre contient une suite historique des Monnoies depuis Clovis, Règne par Règne, jusqu'en 1690, avec les Empreintes gravées. Sous chaque Roi sont rapportés les changemens qu'il y a faits, soit par l'alliage, en altérant plus ou moins le titre du métal, soit par le surhaussement ou abaisse-

Pp 2

ment de la valeur, soit enfin par la différence des Empreintes ; ce qui est suivi d'une Table contenant année par année, le prix du Marc d'or & d'argent depuis l'an 1144, le nom des Espèces, leur Poids & leur Valeur.

Ce Livre est assez connu pour se dispenser d'en faire l'éloge. Il est écrit d'un style tel que le demandoit une pareille Histoire, avec beaucoup de méthode, avec science & profondeur. Il a fallu bien des recherches pour tirer cette Histoire de l'obscurité où elle étoit jusqu'au Règne de Philippe-le-Bel. Ce n'est que sous ce Prince, & la huitième année, c'est-à-dire, l'an 1293, que commencent les Registres de la Cour des Monnoies. M. le Blanc a travaillé après MM. Bouteroue, Poullain, Constant, Petau & Peiresc, qui lui ont été d'un grand secours, ainsi qu'il l'avoue dans sa Préface.

Voyez *Hist. des Ouvrages des Sçavans, Juin* 1690. = *Bibl.* de Clément, *tom. IV. pag.* 277. = Lenglet, *tom. IV. pag.* 275. = *Journal des Sçavans, Avril*, 1690, = *Journ. de Leips. Supplément* 3, *pag.* 183.

Il faut joindre à cet Ouvrage de M. le Blanc, sa *Dissertation historique de quelques Monnoies de Charlemagne,* (rapportée ci-devant, Tome II. N.° 28783 ; Article des *Droits* sur l'Empire,) imprimée à *Paris*, 1689, *in*-4.

« Nous avons de ces deux Ouvrages une Edition » assez belle, exécutée à *Amsterdam*, (chez Pierre Mortier,) 1692, *in*-4. Quoique cette réimpression soit » moins estimée que l'Edition originale, elle est ce- » pendant assez considérable parcequ'on y trouve la Dis- » sertation historique, qui fait corps dans le même Vo- » lume ». *Bibliographie* de Debure, *Hist.* n. 5456 *.]

33981. Discours de Gabriel DANIEL , Jésuite, sur les Médailles & Monnoies de Théodebert, premier Roi de la France Austrasienne, & petit-fils de Clovis. Dissertation du même sur les Médailles de Childebert I. & sur celles de Clotaire I.

Ces Discours sont imprimés aux *pag.* 444 & 494. du Tome I. de son *Histoire de France : Paris*, 1713, *in-fol.* [& dans les nouvelles Editions.]

33982. ☞ Dissertation sur la valeur du Denier d'argent du temps de Charlemagne ; par M. DUPRÉ. *Mém. de l'Ac. des Inscript. & Belles-Lettres, tom. XXVIII.* p.754, Supplément : *Ibid. pag.* 781.]

33983. ☞ Joannis Georgii ECCARDI, de Imaginibus Caroli Magni & Carolomanni Regum in gemma & nummo Judaico repertis, Disquisitio : *Luneburgi*, 1719, *in*-4.

Cette Dissertation est curieuse & sçavante.]

33984. ☞ Dissertation où l'on examine s'il est vrai qu'il ait été frappé pendant la vie de Louis I. Prince de Condé, une Monnoie sur laquelle on lui ait donné le titre de Roi de France ; par M. SECOUSSE. *Mém. de l'Acad. des Inscriptions & Belles-Lettres, tom. XVII. pag.* 607.

L'Auteur prouve par les Historiens du temps & par plusieurs argumens, qu'il est absolument faux que cette Monnoie ait existé, ou ait été frappée du vivant du Prince de Condé.

M. le Blanc, dans son *Traité des Monnoies, pag.* 270, parle cependant si affirmativement de cette Monnoie pour l'avoir vue, qu'il est bien difficile de révoquer en doute son existence : voici ce qu'il en dit : « On ne doit » pas oublier les Monnoies que le Prince de Condé fit » frapper, sur lesquelles il prenoit le titre de Premier » Roi Chrétien des François. Brantôme en fait men-

» tion ; Sponde en parle aussi. J'ai vu, étant à Londres, » entre les mains d'un Orfèvre, un Ecu d'or qui avoit » d'un côté la tête de ce Prince, & de l'autre l'Ecu de » France, avec l'Inscription : *Ludovicus XIII. Dei gra- » tiâ Francorum Rex, primus Christianus.* Cet Anglois » faisoit un si grand cas de cette Pièce, que je ne pus » jamais l'obliger à s'en défaire, quoique je lui offrisse » une somme considérable pour cela ».

Brantôme, dans ses *Vies des grands Capitaines François, tom. III. pag.* 215, parle positivement de cette Monnoie : « Laquelle Monnoie, (dit-il,) M. le Conné- » table, retenant toujours de cette bonne paste ancienne, » tout en colère représenta à une Assemblée générale, » qui fut faite au Conseil du Roi l'an 1567, le 7 d'Oc- » tobre après midi, au Louvre ; on en détesta fort la » Monnoie & l'Inscription. Je ne sçais s'il est vrai, mais » il s'en disoit prou en la Chambre du Roi & de la » Reine, voire en la basse Cour ».

Un grand nombre d'Auteurs ont parlé encore de cette Monnoie, & en dernier M. Prosper Marchand, qui dans son *Dictionnaire*, au mot *Bourbon*, Note A, fait une longue & curieuse Dissertation sur cette Monnoie, & cherche à excuser le Prince de Condé du blâme de l'avoir fait frapper, & à le rejetter sur ses Ennemis, qui avoient intention de le perdre. Il assure cependant l'existence de cette Monnoie.]

33985. Traité des Monnoies, de leurs circonstances & dépendances ; par Jean BOIZARD : *Paris*, 1692, 1696, 1710, *in*-12. [Nouvelle Edition, augmentée : *Paris*, 1714, 1723.]

L'Auteur chargé de commission pour les Monnoies de la part de la Cour, consulta d'habiles Gens ; & sur les Mémoires qui lui furent communiqués, il rédigea ce Traité, qui est divisé en trois parties. La première contient l'explication des termes des Monnoies, l'ordre observé pour la fabrication des espèces ; la manière de faire les essais, les affinages & les alliages des matières d'or & d'argent ; & celle de faire les lavures ; les circonstances à observer dans une nouvelle fabrication d'espèces d'or & d'argent & de billon. On trouve dans la seconde partie l'Origine des Généraux, Maîtres des Monnoies ; le temps de l'Etablissement de la Chambre des Monnoies ; celui de son érection en Cour souveraine, telle qu'elle est à présent ; le nombre des Officiers dont elle est composée ; sa Jurisdiction ; l'Origine de ses Officiers subalternes ; et les peines établies par les Loix contre les faux Monnoyeurs. Il explique dans la troisième partie, la qualité, le poids, la taille, le titre & les remèdes des poids & de loi des espèces d'or & d'argent ; la Jurisprudence ordinaire de la Cour, dans les Instruction & Jugemens des Monnoies ; & les Maximes établies à ce sujet par les Ordonnances & les Réglemens. Ce Traité est fort estimé.

☞ Les Editions de 1714 & 1723, sont augmentées d'un Dictionnaire des termes usités dans les Monnoies, & d'un Traité pour l'instruction des Monnoyeurs & des Négocians en matières d'or & d'argent.]

33986. ☞ Traité des Monnoies ; par M. DE BETTANGE : *Paris*, 1760, *in*-12. 2 vol.]

33987. ☞ MS. Projet d'une Ordonnance générale sur le fait des Monnoies, avec les preuves tirées des Ordonnances, Edits, Déclarations, & Arrêts du Conseil & de la Cour des Monnoies ; par M. DE NOINTEL, revu & corrigé par M. d'Aguesseau, Procureur-Général au Parlement : *in-fol.*

Ce Manuscrit est indiqué num. 1912 du Catalogue de M. Bernard.]

33988. ☞ Diverses Ordonnances des Rois

Histoires des Cours des Monnoies.

de France, depuis 1559 jusqu'en 1641, & Arrêts sur le fait des Monnoies, avec les Portraits d'icelles gravés en bois : *in-8.* 4 vol.]

33989. ☞ Tables où l'on voit année par année le prix du marc d'or en œuvre & en billon, le nom des espèces, leur loi, taille & valeur.

Ces Tables sont imprimées à la tête des Tomes III. & suiv. du *Recueil des Ordonnances*, rédigé par MM. de Laurière, Secousse, &c. *in-fol.* indiqué ci-devant, Tome II. N.° 27659.]

33990. Mf. Monnoies des Rois Jean, Henri VI. d'Angleterre, Charles VII. Charles IV. & Philippe VI. Philippe IV. Louis X. & Philippe V. Charles V. Charles VI. Louis XI. Charles VIII. & Louis XII. François I. Philippe II. Louis VIII & IX. Philippe III. & leur valeur : *in-fol.* 9 vol.

Ce Recueil est conservé au Vatican, parmi les Manuscrits de la Reine de Suède, num. 954-962.]

33991. Histoire de divers changemens & mutations des Monnoies de France, depuis l'an 1666 jusqu'à présent ; par Guillaume-Amable VALEYRE, ancien Professeur de Philosophie à Paris : *Paris,* 1705, *in-12.*

33992. ☞ Evaluation & Tarif des Espèces, Vaisselles & Matières d'or & d'argent, en 1700 : *Lyon,* Juilleron, 1700, *in-8.*]

33993. ☞ Prix des Monnoies de France & des Matières d'or & d'argent, depuis la Déclaration de 1640 : *Rouen,* 1736, *in-4.*]

33994. ☞ Recueil d'Edits, Déclarations & Arrêts concernant les Monnoies, depuis 1429 jusqu'en 1716 : *in-4.* 8 vol. & 1 vol. *in-fol.*

Ce Recueil est indiqué au num. 3808 du Catalogue de M. d'Estrées.]

33995. ☞ De Monetarum augmento, variatione, & diminutione Tractatus varii : *Augusto-Taurinorum,* 1609, *in-4.*]

33996. ☞ Mémoire sur l'usage des Monnoies ; par M. de Forbonnais.

Ce Mémoire est imprimé dans ses *Recherches & Considérations sur les Finances,* tom. II. *Basle,* 1758, *in-4.*]

33997. ☞ Essai sur les Monnoies, ou Réflexions sur le Rapport entre l'argent & les denrées ; par M. (Nicolas-François) DUPRÉ DE S. MAUR, (Maître des Comptes,) & de l'Académie Françoise : *Paris,* 1746, *in-4.*

La seconde Partie de cet Ouvrage contient une suite des Variations arrivées dans le prix de diverses choses, depuis l'an 1202 jusqu'à nos jours.]

33998. ☞ Recherches sur la valeur des Monnoies & sur le prix des Grains, avant & après le Concile de Francfort ; (par le même :) *Paris,* Nyon, 1762, *in-12.*]

33999. ☞ Conférence des Monnoies de France à celles d'Espagne & d'Angleterre ; par Nicolas DE COCQUEREL : *Paris,* 1619, *in-8.*]

34000. ☞ Mf. Pièces, Edits & Mémoires concernant les Monnoies tant du Royaume que des Pays Etrangers : *in-fol.*

Ce Recueil est conservé dans la Bibliothèque de la Ville de Paris, num. 528.]

34001. ☞ Carte ou Liste contenant le prix de chacun Marc, once, &c. de toutes les Espèces d'or & d'argent selon l'Ordonnance des Maîtres Généraux des Monnoies, en 1619, avec les figures des Monnoies : *Anvers,* 1620, *in-4.*]

34002. ☞ Prix des Monnoies de France, depuis le mois de Décembre 1689 : *Nantes,* 1732, *in-4.*]

34003. ☞ Mf. De la Refonte générale des Monnoies, depuis 1709 jusqu'en 1715 : *in-fol.*

Ce Manuscrit est dans la Bibliothèque de la Ville de Paris, num. 217.]

34004. ☞ Conjectures sur quelques difficultés touchant la Valeur des Monnoies du VIII. IX. XII. XIII & XIVme Siècles, & les Evaluations coutumières ; adressées à M*** par P. A. M. L. A. *Mercure,* 1758, *Juillet,* Vol. II.]

34005. ☞ Explication des Monnoies anciennes de Provence.

Elle se trouve à la fin de l'*Histoire de la Noblesse de Provence,* par Meynier : 1719, *pag.* 288.]

34006. ☞ Dissertation sur les Monnoies de Bretagne, par un Prêtre du Diocèse de Nantes, (M. TRAVERS,) sans date ni lieu d'impression : (*Nantes,*) *in-8.*]

34007. ☞ Lettre écrite par M*** (Daniel POLLUCHE,) sur les Monnoies fabriquées à Orléans. *Mercure,* 1726, *Avril.*]

34008. ☞ Traité de la Monnoie de Metz, avec un Tarif de sa Réduction en Monnoie de France ; par (Eustache) LE NOBLE : *Paris,* Rocolet, 1675, *in-16.*]

34009. ☞ Lettre de M. l'Abbé BELLET, à à M. N. sur la Légende d'une Monnoie de Philippe-Auguste & une autre de S. Louis. *Mercure,* 1730, *Mai, pag.* 920.]

34010. ☞ Explication d'une Médaille de Philippe-Auguste ; par le Père HARDOUIN, Jésuite. *Mém. de Trévoux,* 1707, *Octobre, pag.* 1838, & *Janvier* 1708, *pag.* 164.

Défense de cette Explication ; par le même. *Mém. de Trévoux,* 1729, *Avril, pag.* 589.]

34011. ☞ De l'ancienne Monnoie du Mans, & Réflexions sur les Diplômes de Thierri III. & de Louis le Débonnaire ; (par D. Jean LIRON.)

Dans ses *Singularités historiques, pag.* 145-152 du tom. I. *Paris,* 1734, *in-12.*]

34012. ☞ Question (de M. LA FRENAIS,) sur la valeur d'une Monnoie nommée *Mançais. Journal de Verdun,* 1752, *Septembre, pag.* 198.

Réponſe de M. Dreux du Radier à cette Queſtion. *Ibid.* 1752, *Novemb. pag.* 369. Correction de cette Réponſe, par l'Auteur. *Ibid.* 1753, *Février, pag.* 129.]

34013. ☞ Lettre à M. Rémond de Sainte-Albine, ſur une Monnoie ſingulière, (d'une empreinte de Charles II. Duc de Mantoue : 1656.)]

34014. ☞ Explication d'un ancien Jetton (ou Monnoie) de cuivre qui a pour Légende *Ave Maria gratiâ*; par le Père Matthieu Texte, Dominicain.

Lettre de M. Pelissier de Feligonde, écrite de Clermont en Auvergne, le 13 Juillet 1739, au Père Texte, au ſujet de l'Explication d'un Jetton, & de l'origine des trois Fleurs de Lys, aux Armes de France. *Merc.* 1740, *Juin.*]

34015. ☞ Diſſertation hiſtorique ſur les Monnoies que les Anglois ont frappées en Aquitaine, & dans d'autres Provinces de France; par M. l'Abbé Venuti.

C'eſt la ſixième de ſes *Diſſertations, &c. Bordeaux*, Chappuis, 1754, *in* 4. pag. 145-199, avec fig. L'Auteur après un abrégé de ce qui concerne les anciennes Monnoies de France, parle de celles qui y ont été frappées depuis Guillaume le Conquérant, (Duc de Normandie, lequel, par conquête, devint Roi d'Angleterre,) juſqu'à Henri VI. ſur qui notre Roi Charles VII. reprit la Guyenne, & même juſqu'à Charles, frère du Roi Louis XI.]

34016. ☞ Empreintes & Explications des Monnoies & Médailles de Lorraine; par Dom Auguſtin Calmet.

Elles ſont imprimées au commencement du tom. II. de ſon *Hiſtoire de Lorraine : Nancy*, Cuſſon, 1728, *in-fol.*]

34017. ☞ Eloge du Préſident Fauchet; par M. de Sainte-Marthe.

Dans ſes *Eloges*, Liv. V. Ce Préſident eſt mort en 1601.]

34018. ☞ Hiſtoire de la Vie & des Ouvrages de Claude Fauchet, premier Préſident de la Cour des Monnoies; par le Père Niceron.

Dans ſes *Mémoires, &c. tom. XXV.* p. 312-329.]

34019. Mſ. Eloge hiſtorique de Louis Couſin, Préſident de la Cour des Monnoies de Paris, (mort en 1707.)

Cet Eloge [étoit] à Paris, dans le Cabinet de M. l'Abbé Boſquillon.

34020. ☞ Vie (abrégée) de Louis Couſin.

Dans l'*Hiſt. critique des Journaux : Amſterdam*, 1734, *in-12. tom. II. pag.* 27.]

34021. ☞ Hiſtoire de la Vie & des Ouvrages du même; par le P. Niceron.

Dans ſes *Mémoires, &c. tom. XVIII. pag.* 187, & *tom. XX. pag.* 139.]

== Le bon & libéral Officier en la vie & en la mort de (Jean) du Bois, Conſeiller en la Cour des Monnoies de Saint-Lô; par Michel de Saint-Martin, Docteur en Théologie : *Caën*, 1655, 1658, *in-12.*

☞ On a déja indiqué cette Vie Tome I. parmi celles des *Perſonnes de Piété.* L'Auteur eſt mort en 1687.]

34022. ☞ Teſtament de feu M. Jacques Moyron, au profit des Pauvres de l'aumône générale de Lyon : enſemble l'Oraiſon funèbre faite à ſa mémoire : *Lyon*, 1656, *in-4.*]

34023. ☞ Chartres, Ordonnances, Lettres-Patentes, Jugemens & Sentences, contenant les Privilèges des Ajuſteurs, Monoyeurs & Tailleresſes du Serment de France : *Rouen*, le Boullenger, 1761, *in-12.*]

§. VII.

Traités des Prevôts de l'Hôtel, des Tréſoriers de France, de la Connétablie & Maréchauſſée, [du Châtelet de Paris, & des Bailliages ou des Juriſdictions inférieures.]

34024. Le Prevôt de l'Hôtel & Grand-Prévôt de Paris; par Pierre de Miraulmont : *Paris*, Chevalier, 1610, *in-*8.

34025. Juriſdiction & Privilèges de la Prevôté de l'Hôtel du Roi, Grande-Prevôté de France, qui eſt la ſuite du Grand-Prevôt de l'Hôtel; par le même : *Paris*, 1651, *in-*4.

34026. ☞ Eclairciſſemens ſur la Charge du Roi des Ribauds; par M. Gouye de Longuemare.

Il ſe trouve à la ſuite, (& *pag.* 168) de ſa *Diſſertation ſur la Chronologie des Rois Mérovingiens : Paris*, Chaubert, 1748, *in-12.*

Le Roi des Ribauds n'exerçoit point l'Office du Prevôt de l'Hôtel, comme l'ont cru quelques Auteurs : ſes fonctions & celles de ſes Sergens ſe réduiſoient à celles de nos Huiſſiets.

Les Recherches dont M. de Longuemare appuie ſon ſentiment, avoient déja été employées quelques années auparavant, mais ſous une forme différente, dans une Requête qu'il préſenta au Conſeil, pour le ſoutien des droits du Prevôt de l'Hôtel.]

34027. ☞ Lettre de M. l'Abbé Lebeuf, ſur le Roi des Ribauds, (pour confirmer le ſentiment de M. de Longuemare.) *Journal de Verdun*, 1751, Novembre, *p.* 359 *& ſuiv.*

L'Auteur du *Journal*, (M. Bonamy,) à joint à cette Lettre une remarque intéreſſante ſur les Ribauds mêmes.]

34028. ☞ Lettre ſur le Roi des Ribauds de la Ville de Laon. *Journal de Verdun*, 1752, *Avril, pag.* 285.

34029. ☞ Lettre de M. de Bonnevie, ſur le même ſujet. *Ibid. pag.* 290.

Ces Lettres ſont aſſez curieuſes. M. Lebeuf & le Sçavant qui s'eſt caché ſous le nom *de Bonnevie*, penſent que cet Officier étoit un Officier de force qui pourroit

Traités des Jurisdictions inférieures.

bien répondre à celui que nous nommons l'Exécuteur des hautes œuvres ou le Bourreau.]

34030. ☞ Des Requêtes de l'Hôtel ; par M. Boucher d'Argis.

Dans l'*Encyclopédie*.]

34031. ☞ Trésors des Rois de France.

Ce Morceau est imprimé à la suite des *Mém. histor. sur les Amours des Rois de France* : *Paris*, 1739, *in-12*.]

34032. Des Trésoriers Généraux de France ; par Estienne Pasquier.

Ce Discours est imprimé au Chapitre VIII. du Liv. II. de ses *Recherches de la France*.

34033. L'Etablissement de la Jurisdiction de la Chambre du Trésor.

Ce Discours se trouve dans les *Œuvres* de Jean Bacquet, *sur le Domaine*, ci-dev. [Tome II. N.° 27668.]

34034. Mf. Titres originaux des Trésoriers Généraux des Finances & autres Officiers, en 1440, & depuis : *in-fol*.

34035. Mf. Recueil de Pièces concernant les Trésoriers de France : *in-fol*.

Ces deux Volumes sont conservés dans la Bibliothèque du Roi, entre les Manuscrits de M. de Gaignières.

34036. Traité sommaire de l'origine & progrès des Offices, tant des Trésoriers de France que des Généraux des Finances, fait en Octobre 1618 ; de l'union & multiplication d'iceux : *Paris*, 1618, *in-4*.

Charles du Lys, Avocat-Général en la Cour des Aydes, est l'Auteur de ce Traité.

☞ Il étoit parent de la Pucelle d'Orléans, & il travailla à l'éclaircissement de son Histoire, comme on l'a vu ; au Tome II. *pag*. 186.

Il prouve dans le Traité dont nous venons de parler que les Trésoriers de France sont inférieurs à la Cour de Parlement & à celle des Aydes.]

34037. ☞ Recueil de plusieurs Edits, Lettres-Patentes, & autres Pièces & Titres concernant le pouvoir & la Jurisdiction de la Chambre du Trésor ; (par le Procureur du Roi de ladite Chambre :) *Paris*, Métayer, 1617, *in-4*.]

34038. ☞ Recueil d'Edits, Arrêts, Déclarations & Mémoires, concernant la Direction & la Jurisdiction que les Trésoriers de France exercent en matière de Domaine & de Voierie : *Paris*, Desprez, 1760, *in-4*.]

34039. ☞ Traité de la Noblesse & Dignité des Charges & Offices des Trésoriers de France, &c. *Lille*, 1736, *in-4*.]

34040. Recueil général des Titres concernant les Fonctions, Rangs, Dignités, Séances & Privilèges des Charges de Présidens, Trésoriers de France, Généraux des Finances, & Grands-Voyers des Généralités du Royaume ; par Simon Fournival, Commis au Secrétariat de l'Assemblée générale des Trésoriers de France : *Paris*, Couqueulx, 1655, *in-fol*.

☞ Cet Ouvrage est divisé en quatre Chapitres. Le premier traite de l'Institution des Trésoriers de France, & de plusieurs droits & avantages de leurs Charges ; le second, de leurs privilèges & exemptions ; le troisième, des honneurs, rangs, gages, épices & fonctions de leurs Charges ; & le quatrième, de leur séance & convocation aux Etats-Généraux du Royaume. Ce qui rend cette Collection intéressante est un très-grand nombre d'Arrêts, Edits & Déclarations, relatifs aux objets qu'elle embrasse. On peut voir à son sujet la *Bibliographie* de Debure, *Histoire*, num. 5453.]

34041. ☞ Mémoires sur les Privilèges & Fonctions des Trésoriers de France ; par M. (Jean-Léon) du Bourgneuf, Trésorier à Orléans ; avec un Supplément : *Orléans*, 1745, *in-4*. 2 vol.

C'est une Suite & un Supplément du Recueil de Fournival.]

34042. ☞ Table générale & Chronologique des Ordonnances, Edits, &c. concernant les Privilèges & Fonctions des Trésoriers de France ; par le même : *in-4*.]

34043. ☞ Mémoire pour la Voierie, (en faveur des Trésoriers de France ;) par Fleury : 1632, *in-4*.]

— ☞ Mf. Diverses Pièces sur les Trésoriers de France de Dijon.

Elles sont particularisées ci-après, §. VI. de l'*Inventaire Sommaire* qui est à la fin des *Histoires de Bourgogne*.]

34044. ☞ Mémoire pour les Trésoriers de France de Montpellier, contre les Officiers de la Cour des Comptes, Aydes & Finances de cette Ville : *in-4*.]

34045. ☞ Mf. Mémoire venu de Montpellier, touchant les Trésoriers de France ; Original en 3 pages.

Il est à Dijon, dans la Bibliothèque de M. Fevret de Fontette.]

34046. ☞ Recueil d'Edits, Arrêts, Déclarations & Mémoires, concernant la Direction & la Jurisdiction que les Trésoriers de France exercent en matière de Domaine & de Voierie : 1760, *in-4*. 143 pages.

C'est au sujet d'un Démêlé qui a commencé en 1755, entre les Trésoriers de France de Toulouse, & le Parlement qui avoit ordonné que les Appels de leurs Jugemens ne pourroient être portés qu'en la Cour de Parlement.]

34047. Vie de Scévole de Sainte-Marthe, Président des Trésoriers de France à Poitiers ; par Gabriel Michel de la Rochemaillet, Avocat au Parlement.

Cette Vie de Scévole de Sainte-Marthe, mort en 1623, est au-devant de ses *Œuvres* : *Paris*, 1632, *in-4*.

Eadem, Latinè reddita à Joanne Vigilio [Magiro.]

Cette Version est imprimée *pag*. 349 du *Recueil des Vies choisies*, publié par Guillaume Bates : *Londini*, 1682, *in-4*.

34048. ☞ Viri Clari Scævolæ Sammarthani Tumulus, Elogia, Vita, Oratio funebris : *Parisiis*, Villery, 1633, *in-4*.]

34049. Oraison funèbre du même; par Urbain GRANDIER, Curé de Sainte-Croix de Loudun: *Paris*, 1623, *in*-4.

☞ *Voyez* à ce sujet la *Bibliothèque de Poitou*, par M. du Radier, *tom. III. pag.* 350.]

34050. Autre du même; par Théophraste RENAUDOT, Médecin, [prononcée au Palais de Loudun, le 5 Avril 1623:] *Paris*, 1623, *in*-4.

☞ Cette Oraison funèbre & celle de Grandier ont été imprimées aussi à la tête des Œuvres de M. de Sainte-Marthe: *Paris*, 1632, *in*-4. On a encore à son sujet plusieurs Eloges Latins, par Claude Pontanus, Charles Combaldus, Pierre d'Aulteroche, Nicolas Maquin, Pierre Valens, & M. d'Hozier, sans compter les Vers de beaucoup de Poëtes, à la tête de ses Œuvres.]

34051. Autre Oraison funèbre du même; par Jean CASUET: *Saumur*, 1623, *in*-4.

34052. Eloge historique du même; par Charles PERRAULT, de l'Académie Françoise.

Cet Eloge est imprimé *pag.* 49 du tom. I. de ses *Hommes illustres: Paris*, 1698, *in-fol.*

34053. ☞ Histoire de la Vie & des Ouvrages du même; par le P. NICERON.

Dans ses *Mémoires*, &c. tom. *VIII. pag.* 12.]

34054. Mf. Vie de Louis Chantereau le Fevre, Président des Trésoriers de France à Soissons.

Ce Président est mort en 1658. Dans le *Dictionnaire* de Moréri, de l'Edition de 1712, on marque qu'on doit mettre cette Vie au-devant de la Chronologie de cet Auteur, qui est dans la Bibliothèque du Roi, & qu'on a dessein de rendre publique.

34055. Eloge historique de Charles du Fresne, Sieur du Cange, Trésorier de France à Amiens.

Cet Eloge est imprimé dans le *Journal des Sçavans*, de 1688, Il est mort cette année-là.

☞ M. du Cange étoit né à Amiens le 18 Décembre 1610; & il est mort à Paris le 28 Octobre 1688.]

34056. ☞ Histoire de la Vie & des Ouvrages du même; par le P. NICERON.

Dans ses *Mémoires*, &c. tom. *VIII. pag.* 69.]

34057. Epistola Stephani BALUZII ad Eusebium Renaudotum, de vita & morte ejusdem: *Parisiis*, 1688, *in*-12.

Cette même Lettre est aussi imprimée au-devant du *Chronicon Paschale: Parisiis*, 1688, *in-fol.*

34058. Eloge du même; par Charles PERRAULT, de l'Académie Françoise.

Cet Eloge est imprimé *pag.* 65 du tom. I. de ses *Hommes illustres: Paris*, 1698, *in-fol.*

34059. ☞ Mémoire historique pour servir à l'Eloge de Charles du Fresne du Cange; par M. Jean-Charles du Fresne D'AUBIGNY, Surintendant des Etudes de l'Ecole Royale Militaire: (*Paris*,) 1766, *in*-4.

L'Auteur est mort le 26 Avril 1767.]

34060. ☞ Mémoire historique sur les Manuscrits de M. du Cange; (par le même M. D'AUBIGNY:) 1752, *in*-4.]

34061. ☞ Mémoire historique sur M. du Cange: *in*-8.]

34062. ☞ Eloge de M. du Cange, avec une Notice de ses Ouvrages: Discours couronné par l'Académie d'Amiens en 1764; par M. LE SAGE DE SAMINE: *Amiens*, Godard, *in*-12.]

34063. ☞ Mf. Eloge du même, qui a le plus approché de celui de l'Auteur couronné; par M. Prosper HERISSANT.

Il est conservé dans les Registres de l'Académie d'Amiens, & entre les mains de M. son frère, Avocat au Parlement de Paris.]

34064. ☞ Mf. Autres Eloges du même, par d'autres Auteurs, dans l'un desquels ayant pour Epigraphe, *Vires acquirit eundo*, on trouve beaucoup de particularités très-intéressantes sur ce grand homme.

Dans les Registres de la même Académie.]

34065. Vie de Pierre Taissand, Trésorier de France à Dijon: *Dijon*, Augé, 1715, *in*-4.

Pierre Taissand est mort en 1715. Sa Vie a été écrite par Dom Claude TAISSAND son fils, Religieux de Citeaux.

☞ Elle se trouve encore réimprimée avec des Additions à la tête des *Vies des plus célèbres Jurisconsultes*, faites par Pierre Taissand, & publiées en 1721, par Claude Taissand. Celui-ci auroit dû se contenter des faussetés qu'il avoit avancées dans la première Edition de la Vie de son père; on les auroit excusées en faveur de la piété filiale; mais il a de beaucoup enchéri dans cette seconde Edition.]

34066. ☞ Vie du même; par M. le Président BOUHIER.

Elle est dans son *Commentaire sur la Coutume de Bourgogne:* 1717, *in*-4. à la fin des autres Commentateurs.]

34067. Le Pécheur converti, ou l'Idée d'un véritable Pénitent, en la vie & en la mort de François Jogues de Bouland, Président à l'Election d'Orléans, (mort en 1695:) *Orléans*, Boyer, 1696, *in*-12.

☞ L'Auteur de cette Vie est M. JOUSSET, Curé de Saint-Mesmin d'Orléans.]

34068. * De la Jurisdiction des Prevôts des Maréchaux; par Claude LE BRUN.

Ce Traité est imprimé à la fin du *Procès Civil & Criminel* du même Auteur: *Lyon*, Rigaud, 1618, *in*-4. & autres Editions.

34069. ☞ Mf. Traité de la Jurisdiction des Prevôts des Maréchaux, & de leur origine & institution; ensemble le Réglement d'entre lesdits Prevôts & les Juges des Sièges Présidiaux; par François SIMON, Procureur Fiscal de Mereville: *Paris*, Rousset, 1624, *in*-8.]

34070. Recueil des Edits, Arrêts, Réglemens, concernant les Charges des Prevôts, Vice-Baillifs, Vice-Sénéchaux des Connétables

Traités des Jurisdictions inférieures.

tables & Maréchaux de France, & autres Officiers de leur Compagnie, traitant de l'origine desdits Connétables & Maréchaux; par Jacques BOURSIER, Prévôt Provincial de la Connétablie : *Paris*, 1628, *in*-8.

34071. ☞ Le Pouvoir & la Jurisdiction de MM. les Connétables & Maréchaux de France : *Paris*, Foucault, 1668, *in*-4.

L'Epitre dédicatoire au Roi est signée par Claude TRABIT, Greffier de la Connétablie.]

34072. ☞ Recueil de quelques Edits, Déclarations & Arrêts pour la Jurisdiction des Connétables & Maréchaux de France, ou leurs Lieutenans au Siège général de la Table de Marbre de Paris, sur les Prevôts desdits Seigneurs, Vice-Baillifs, Vice-Sénéchaux, leurs Lieutenans & tous autres Officiers de leur Compagnie, &c. *Paris*, Collet, 1635, *in*-4.]

34073. Le Prévôt des Maréchaux, ou Recueil des Edits, Arrêts & Réglemens concernant les Charges de Prevôts, Vice-Baillifs, Vice-Senéchaux, le Siège de la Connétablie & la Maréchauffée de France & Officiers d'icelle; par J. B. (Jacques BOURSIER,) Ecuyer, Sieur DE MONTARLOT, Prevôt Provincial des Maréchaux à Sens : *Paris*, Collet, 1639, *in*-8.

34074. De la Connétablie & Maréchauffée de France, ou Recueil des Ordonnances, Edits & Déclarations sur le pouvoir des Connétables & Maréchaux de France, en la Justice Royale exercée par Lieutenans en la Table de Marbre du Palais; par Jean PINSSON DE LA MARTINIERE : *Paris*, Rocollet, 1661, *in-fol.*

34075. ☞ De la Connétablie; par M. BOUCHER D'ARGIS, Avocat au Parlement.

Dans l'*Encyclopédie*.]

34076. La Maréchauffée de France, ou Recueil des Edits, Déclarations, Lettres-Patentes, Arrêts, Réglemens & autres Pièces, concernant la Création, Etablissement, Fonctions, Rangs, Séances, Prééminences, Droits, Prérogatives, Privilèges de tous les Officiers & Archers de Maréchauffée : *Paris*, Saugrain, 1697, *in*-4.

Guillaume SAUGRAIN, Libraire, aidé, comme il le dit dans son Epitre dédicatoire, par un ancien Officier du Corps de la Maréchauffée, a composé ce Recueil.

34077. ☞ Dictionnaire Universel, Historique, Chronologique, Géographique & de Jurisprudence Civile, Criminelle & de Police, des Maréchauffées de France : *Paris*, Quillau, 1747, *in*-4. 4 vol.

34078. ☞ Dictionnaire des Maréchauffées de France; par M. (Gabriel-Henri) DE BAUCLAS, Procureur du Roi de la Maîtrise des Eaux & Forêts de Bar-le-Duc : 1748, & 1750, *in*-4. 2 vol.]

34079. Vie de Guillaume Joly, Lieutenant-Général de la Connétablie & Maréchauffée de France; par Claude JOLY son fils, Avocat en Parlement.

Guillaume Joly est mort en 1613, & Claude est mort Chantre de Notre-Dame de Paris en 1700. Cette Vie est imprimée *pag.* 612 des *Opuscules de Loisel : Paris*, 1652, *in*-4.

34080. ☞ Dissertation sur les Bailliages Royaux; par M. BERTIN. *Mém. de l'Acad. des Inscript. & Belles-Lettres*, tom. XXIV. *pag.* 737.]

34081. ☞ Remontrance faite au Conseil du Roi par Me François MIRON, &c. pour la révocation de l'Edit des Lieutenans-Généraux alternatifs.

Cette Pièce, & la suivante, se trouvent au tom. XIII. du *Mercure François*.

En 1598 Henri IV. fit un Edit portant création des Lieutenans-Généraux alternatifs, qui fut révoqué sur la Remontrance de M. Miron : il en avoit déduit tous les inconvéniens, & avoit offert ensuite pour la révocation de l'Edit, six-vingt mille écus.]

34082. ☞ Remontrance faite au Roi, au nom des Présidens des Présidiaux, Lieutenans généraux & autres Officiers de Judicature des Provinces de France; prononcée par Me Guillaume FREMIN, Président au Siège Présidial de Meaux, assisté de grand nombre desdits Officiers; le 19 Mai 1627.

C'est encore au sujet de l'Edit précédent, que le Roi Louis XIII. vouloit être établi, & qui fut révoqué sur cette Remontrance.]

34083. ☞ Porte-feuille contenant toutes les Pièces du Procès du Prevôt de Paris, contre le Lieutenant-Civil : *in-fol.*

Ce Recueil est indiqué *pag.* 308 du Catalogue de M. de Cangé.]

== Histoires des Prevôts & Lieutenans-Civils de Paris; par Jean LE FERON.

Voyez ci-devant, [N.os 31337 & 31342.]

34084. ☞ Du Châtelet de Paris; par M. (Ant. Gaspard) BOUCHER D'ARGIS, Avocat.

Dans l'*Encyclopédie*.]

34085. ☞ Mémoire pour justifier le Droit du Sceau du Châtelet de Paris, attributif de Jurisdiction par tout le Royaume : *Paris*, Léonard, *in*-4.

Il se trouve aussi imprimé dans le *Recueil de Factums* fait à Lyon, *tom. II.*)

34086. ☞ Mémoires pour les Officiers du Châtelet de Paris, touchant les entreprises du Sieur Lieutenant général du Bailliage du Palais, sur leur Jurisdiction dans les Lieux que l'on nomme improprement Cour & Salles neuves du Palais : 1711, *in-fol.* &

34087. Second Mémoire pour les Officiers du Châtelet, contre les Officiers du Bailliage du Palais : *Paris*, Lambert, 1712, *in-fol.*

☞ Le Père le Long n'avoit indiqué que celui-là.]

34088. ☞ Recueil de Pièces touchant la

Charge de Prevôt de Paris : *Paris*, 1723, *in*-4.]

34089. ☞ Mémoire des Officiers du Châtelet, servant de Réponse à ceux du Prevôt de Paris : *Paris*, 1725, *in*-4.]

34090. ☞ Réponse du Prevôt de Paris, au précédent Mémoire : *in*-4.]

34091. ☞ Réponse des Officiers du Châtelet, à celle que le Prevôt de Paris a faite à leur premier Mémoire : *in-fol.*]

34092. ☞ Recueil des Titres & Pièces qui établissent le Droit de Prévention des Officiers du Châtelet ; par (Guill. Boniface) Dupré, ancien Commissaire au Châtelet, & premier Commis de la Police : *Paris*, 1740, *in*-4.

L'Auteur, qui avoit fait une Collection très-considérable sur la Police, &c. (dont nous avons parlé , Tom. II. N.° 27662,) est mort le 27 Décembre 1764.]

34093. ☞ Recueil des Ordonnances, Déclarations, Arrêts, &c. qui établissent en faveur du Châtelet de Paris, la Police générale, &c. de la Ville de Paris ; par le même : *Paris*, Chardon, 1740, *in*-4.

On trouvera ci-après, Article de l'*Isle de France & de Paris*, diverses Pièces concernant les Commissaires, Notaires & Huissiers du Châtelet.]

34094. ☞ Le Récit & les Preuves données au Roi des complots, suppositions & pillages faits par les Sieurs de Riants, Procureurs de Sa Majesté au Châtelet de Paris, & Bouton de Fénières ; par les Sieur & Dame de Bellegarde : 1673, *in*-12.]

34095. ☞ Factum pour Me Nicolas Petitpied, Docteur de Sorbonne, Curé de Saint-Martial, Conseiller Clerc au Siège Présidial du Châtelet de Paris, Demandeur en Réglement , contre les Sieurs Conseillers Laïcs dudit Siège posterieurs en réception audit Sieur Petitpied, Défendeurs : (1682, *in-fol.* de 20 pages.]

34096. ☞ Traité des Droits & Prérogatives des Ecclésiastiques dans l'administration de la Justice Séculière ; par Nicolas Petitpied, Conseiller-Clerc au Châtelet de Paris : *Paris*, Muguet, 1705, *in*-4.

Le but principal de ce Traité, comme du Mémoire précédent, est de prouver que les Conseillers-Clercs sont en droit de décaniser & de présider en l'absence des Lieutenans au Châtelet. Cela fut ainsi décidé en sa faveur, par Arrêt du Parlement, le 17 Mars 1682.]

34097. ☞ Mémoire pour les Lieutenans, Guidon, Exempts & Archers de la Compagnie du Sieur Lieutenant-Criminel de Robecourte du Châtelet, Ville, Prevôté & Vicomté de Paris, Gendarmerie & Maréchaussée de France ; contre le Sieur le Roi de Rocquemont, Commandant le Guet à pied & à cheval, &c. par Me Boucher d'Argis, Avocat au Parlement : *Paris*, le Breton, 1764, *in*-4. de 132 pages.

Il est aussi question dans ce Mémoire des Sergens du Châtelet , des Inspecteurs de Police, & du Guet de Nuit & de Jour.]

34098. ☞ Mss. Histoires du Guet de Nuit & du Guet de Jour ; par le même.

Ces Histoires sont entre les mains de l'Auteur, en un même Volume : la première a 169 pages, & la seconde 158.]

== Idée d'un bon Magistrat en la vie & en la mort de M. de Cordes, Conseiller au Châtelet ; (par Antoine Godeau :) *Paris*, 1645, *in*-12.

☞ On l'a déja indiqué Tome I. N.° 4749.]

34099. Histoire générale de la Justice Criminelle de France ; par Jean Bouchel, Avocat en Parlement : *Paris*, 1622, *in fol.*

Cet Avocat est mort en 1630.

☞ Ce Livre de Bouchel n'a pas plus de rapport à l'Histoire de France que tous les Recueils d'Arrêts rendus en matière Criminelle, quoiqu'il cite beaucoup d'exemples tirés de notre Histoire. En tout cas, l'Article , par rapport au titre & à la forme du Livre, doit être corrigé ainsi :

La Justice Criminelle de France, signalée des Exemples les plus notables depuis l'établissement de cette Monarchie jusqu'à présent ; par Me Laurent Bouchel, Avocat en Parlement : *Paris*, Petitpas, 1622, *in*-4.]

34100. ☞ Démarches du Châtelet de *Paris*, tant à l'occasion des Lettres-Patentes portant établissement d'une Chambre des Vacations (du 18 Septembre 1753,) que pour réprimer les actes de Schisme en l'absence du Parlement. = Autres du même, au sujet de la Chambre Royale, &c.

On trouvera les différentes Pièces publiées à ce sujet dans les temps, recueillies en un corps, *pag.* 723-733, & *pag.* 754-775 du Tome III. vol. IV. du grand Recueil de M. l'Abbé Nivelle, indiqué ci-devant, (Tome I.) N.° 5654.]

== ☞ Recueil concernant la Jurisdiction des Consuls.

Voyez ci-devant, Tome II. N.° 28157.]

== ☞ Les Ordonnances Royaux sur le fait & Jurisdiction de la Prevôté des Marchands & Eschevinage de la Ville de Paris, &c. avec le Catalogue des Prevôts & Eschevins : *Paris*, Morel, 1620, *in-fol.* & 1664, *in-fol.* 3 vol. = Ordonnance de Mars 1669 : *in-fol.*

On trouvera ces Recueils indiqués plus au long parmi les Histoires de Paris, ci - après, Art. *Isle de France*, avec plusieurs autres. Dans l'*Histoire de Paris*, par Dom Félibien, &c. (*Paris*, 1724, *in-fol.* à la fin du *tom. II.*) est un Catalogue des Prevôts des Marchands, &c. poussé jusqu'en 1721. Nous en faisons ici mention à cause de la Jurisdiction qu'ils exercent sur les Ports & Rivières affluentes à Paris, pour fait de Marchandises, &c.]

== ☞ Etats & Listes de diverses Jurisdictions ; & Lieux régis par différentes Coutumes.

Voyez ci-devant, Tome I. *pag.* 114 & *suiv.*]

34101. ☞ Actes des Bailliages & Sénéchaussées du Ressort (du Parlement de Paris, en 1753,) tant au sujet des Lettres Pa-

Traités des Jurisdictions inférieures.

tentes portant établissement d'une Chambre des Vacations.... que pour réprimer les actes de Schisme en l'absence du Parlement. = Autres des mêmes, au sujet de la Chambre Royale.

On les trouve imprimés *pag.* 733-751, & *pag.* 776-790, du tom. III. ou vol. IV. du grand Recueil de l'Abbé Nivelle, indiqué ci-devant, (Tome I.) N.° 5654.]

34102. ☞ Eloge de M. Boullanger de Rivery, Lieutenant Particulier Civil au Bailliage & Siège Présidial d'*Amiens*, (mort le 24 Décembre 1758;) par M. FRERON.

Dans l'*Année Littéraire*, 1759, tom. II. pag. 289.]

34103. ☞ Mf. Traité de la Jurisdiction du Présidial d'*Angers*; par Pierre EVEILLARD.

Il est cité par l'Abbé (Gilles) Ménage, dans son *Histoire de Sablé.*]

34104. Vita Petri Ærodii, Quæstoris Regii Andegavensis ; ab Ægidio MENAGIO, ex ejus filiâ nepote, scripta cum Notis : *Parisiis*, Journel, 1675, *in-4.*

Pierre Ayrault est mort en 1601.

☞ Ces Notes ou Remarques sont fort amples, & il s'y trouve beaucoup de recherches sur la Noblesse d'Anjou.

34105. Vie du même, Pierre Ayrault; par Pierre BAYLE.

Elle est imprimée dans son *Dictionnaire historique & critique.*

34106. ☞ Histoire de la Vie & des Ouvrages du même; par le P. NICERON.

Dans ses *Mémoires*, &c. tom. *XVII.* pag. 327.]

34107. ☞ Histoire de la Vie & des Ouvrages de Pierre le Loyer, Conseiller au Présidial d'Angers ; par le Père NICERON.

Dans ses *Mémoires*, &c. tom. *XXVI.* pag. 317.]

34108. Vita Guillelmi Menagii, Advocati Regii Andegavensis : scriptore Ægidio MENAGIO, cum ejus Notis.

Cette Vie de Guillaume Ménage est imprimée avec celle de Pierre Ayrault, [ci-dessus, N.° 34104.]

☞ Ces deux Vies sont accompagnées de très-longues Remarques Françoises, remplies de recherches historiques & littéraires, de Généalogies suivies, & de diverses Pièces qui n'avoient point encore paru. Cet Ouvrage, qui est devenu rare, mérite beaucoup d'estime.]

34109. ☞ Histoire de la Vie & des Ouvrages de François Grimaudet, Conseiller au Présidial d'Angers; par le P. NICERON.

Dans les *Mémoires*, &c. tom. *XLI.* pag. 229.]

34110. Mf. Joannis Lacurnæ, Rerum Capitalium Atneto-Ducensi Præfecturæ Quæstoris, Vitæ Breviarium ; scriptore Jac. Augusto CHEVANEO.

Cet Abrégé est cité *pag.* 70 du *Conspectus Historicorum Burgund.* de M. de la Mare.

34111. ☞ Mf. Eloges de plusieurs Officiers de la Sénéchaussée & Siège Présidial de *Béziers*.

Ces Eloges sont conservés dans les Registres de l'Académie de cette Ville : ce sont les suivans :

1. Eloge de M. Gabriel de le Noir, Conseiller du Roi, Lieutenant-Général, Juge-Mage & premier Président en la Sénéchaussée & Siège Présidial de Béziers, mort en 1733 ; par M. BASSET, Avocat.

2. Eloge de M. Philippe Berti de Christini, Doyen des Conseillers du Roi au Présidial de Béziers, mort en 1734; par M. MAINI, Avocat.

3. Eloge de Robert-Marc-Antoine Barbier, Président au Présidial de Béziers, mort en 1745 ; par M. RACOLIS, Avocat.]

34112. Eloge de Nicolas Catherinot, Avocat du Roi & Conseiller à *Bourges*.

Cet Eloge de Catherinot, mort en 1688, est dans le XIVe *Journal des Sçavans*, [ou du 30 Août] 1688.

34113. ☞ Ouvrages imprimés & à imprimer du Sieur Catherinot.

Dans les *Pièces fugitives* d'Archimbaud, Article V. *Voyez* encore ci-après, *Hist. du grand Gouv. Orléanois*, §. *Berry.*]

34114. ☞ Histoire de la Vie & des Ouvrages du même; par le P. NICERON.

Dans ses *Mémoires*, &c. tom. *XXX.* pag. 191.]

34115. ☞ Chronologie historique des Baillis & des Gouverneurs de *Caen*, avec un Discours préliminaire sur l'institution des Baillis de Normandie ; (par M. BEZIERS, Chanoine du Saint-Sépulchre, & de l'Académie Royale des Belles-Lettres de Caen : *Caen*, le Roy, 1769, *in-12.* de 153 pag.]

34116. ☞ Essai historique sur les grands Baillis de Normandie ; par le même, (alors) Curé de Saint-André de Bayeux. *Journal de Verdun*, 1767, *Mars, pag.* 202-211.]

34117. ☞ Harangue funèbre faite sur le Trépas de M. (Etienne) Bernard, (Lieutenant-Général du Bailliage de *Châlon* sur Saone ;) prononcée dans l'Eglise des PP. Minimes de Châlon, l'an 1609, par le Père CROCHARD, Minime : *in-4.*]

34118. ☞ Tombeau de feu M. François Chouayne, Ecuyer, Sieur de Chamblay, &c. Président, Lieutenant-Général au Bailliage & Présidial de *Chartres* : *Chartres*, Cottereau, 1616, *in-4.*

Ce n'est qu'un Recueil de Vers, en 57 pages. Ce Président est mort le 19 Mai 1616.]

— ☞ Vie de Jean Savaron, Président & Lieutenant-Général de la Sénéchaussée de *Clermont* en Auvergne.

Voyez ci-après, l'Article des *Jurisconsultes François.*]

34119. ☞ Mf. Vie d'Antoine Baissey, Bailli de *Dijon*; par Michel LANTIGEOIS : *in-fol.*

Cette Vie est conservée dans la Bibliothèque de M. le Président Bouhier, ou de M. le Président de Bourbonne, à Dijon : A. 101.]

34120. Joannis Besly, in *Fonteniacensi* Regiâ Pictonum Præfecturâ Advocati Fisci, Elogium : auctore Nicolao MARQUINO, Fonteniacensi Juridico.

Cet Eloge de Besly, mort en 1642, est au-devant de son *Histoire des Comtes de Poitou*, &c. Paris, 1647, *in-fol.*

34121. ☞ Histoire de la Vie & des Ouvrages du même; par le P. NICERON.

Dans ses *Mémoires*, &c. tom. *XLI*. pag. 217.]

34122. Sommaire de l'Histoire de Jean Bodin, d'Angers, Procureur du Roi au Siège Présidial de *Laon*; par Gilles MÉNAGE.

Ce Sommaire de la Vie de Bodin, mort en 1596, est imprimé dans les Remarques de Ménage, sur la Vie de Pierre Ayrault, ci-dessus, [N.° 34104.]

☞ *Voyez* aussi dans le *Dictionnaire* de Bayle.]

34123. ☞ Histoire de la Vie & des Ouvrages du même ; par le P. NICERON.

Dans ses *Mémoires*, &c. tom. *XVII*. pag. 245.]

34124. ☞ Recherches sur les Baillis de *Meaux*; par M. (Charles-Joseph) THOMÉ. *Journal de Verdun*, 1763, *Février*, p. 121.]

34125. ☞ Copie d'un Arrêt du Parlement de Paris, qui condamne un Bailli de Meaux à faire mener une effigie de bois dans une Charrette, à la Justice de Meaux, du 23 Août 1379. *Journal de Verdun*, 1763, *Mars*, pag. 212.]

34126. ☞ Portrait de M. de la Fons, ancien Prevôt & Lieutenant Général de Police d'*Orléans*, avec son Epitaphe; par un de ses parens : *Orléans*, 1724, *in*-4.

M. PERDOULX de la Perriere, Auteur de ce Portrait, y a fait l'éloge d'un des bons Magistrats que la Ville d'Orleans ait eus.]

34127. ☞ Histoire de la Vie & des Ouvrages de Germain Audebert, Elu à Orléans; par le P. NICERON.

Dans ses *Mémoires*, &c. tom. *XXIV*. pag. 84.]

34128. ☞ Histoire de la Vie & des Ouvrages d'Adam Blacvod, Ecossois, Conseiller au Présidial de *Poitiers*; par le P. NICERON.

Dans ses *Mémoires*, &c. tom. *XXII*. pag. 44-48. Blacvod est mort en 1613.]

34129. ☞ Eloge de M. Rogier du Moulin, Président du Présidial de *Reims*; par M. DE POUILLY, Lieutenant-Général du même Présidial : *Reims*, Jeune-homme, 1765, *in*-8. 12 pages.]

34130. ☞ Eloge de Louis Chaduc, Conseiller au Présidial de *Riom*.

Dans les *Mémoires de Trévoux*, 1727, *Mars*.]

34131. ☞ In laudem Præsidis & Senatorum insignis Curiæ Præsidialis *Suessionensis*; à Carolo DU TOUR, Advocato : *Parisiis*, 1635, *in*-8.]

34132. Les derniers sentimens, paroles & actions de Jean [Baptiste le Gras,] Lieutenant-Général au Présidial de Soissons, par M. [BRILLIART,] Curé de [Vausaillon:] *Soissons*, 1666, *in*-12.

34133. ☞ Recueil des Edits, Déclarations, Arrêts, Réglemens, concernant les créations, établissemens, droits, privilèges & fonctions des Receveurs des Consignations du Royaume : *Paris*, Saugrain, 1701, *in*-8.

☞ ON trouvera encore plusieurs Traités sur des Jurisdictions particulières, ci-après, avec les *Histoires des Provinces*.]

Fin du troisième Livre.

BIBLIOTHEQUE
HISTORIQUE
DE LA FRANCE,
CONTENANT

Le Catalogue de tous les Ouvrages qui traitent de l'Histoire de ce Royaume, ou qui y ont rapport.

LIVRE QUATRIÈME.
Histoire Civile de France.

CE [quatrième] Livre comprend l'Histoire Civile du Royaume, [& même celle des Provinces qui en dépendoient autrefois, selon l'étendue de l'ancienne Gaule.] Il est divisé en [trois] Chapitres. Dans les deux premiers, je rapporte les Histoires des Provinces & des Villes ; dans le troisième, celles des Familles illustres *.

Les Gaules, en les prenant dans toute leur étendue, c'est-à-dire, bornées par les Mers Océane & Méditerranée, par les Montagnes des Pyrénées & des Alpes, & par le cours du Rhin, peuvent être partagées en deux [ou trois] sortes de Provinces. Les unes composent les douze Gouvernemens Généraux établis par les Etats du Royaume, [dont les derniers ont été] tenus en 1614; les autres [qui dépendoient autrefois de la France, lui ont été réunies par les derniers Rois, après en avoir été long-temps séparées : enfin il y en a] qui ne font point [actuellement] partie du Royaume. Je place les Histoires des [deux] premières dans le premier Chapitre [divisé en deux Sections,] de ce Livre, & les [dernières] dans le second Chapitre.

Des douze Gouvernemens Généraux, quatre sont situés *en-deçà de la Loire* ; la *Picardie*, la *Champagne*, l'*Isle de France*, la *Normandie* : quatre *aux environs* de cette Rivière ; la *Bretagne*, l'*Orléanois*, la *Bourgogne*, le *Lyonnois* : & quatre sont *au-delà*; la *Guyenne* [avec la] *Gascogne*, le *Languedoc*, le *Dauphiné* & la

---

* ☞ Le Père le Long indiquoit ici, & à la fin de cet Avertissement, pour un Chapitre IV. les Histoires des Universités & des Académies, avec les Vies des François célèbres dans les Sciences & dans les Beaux-Arts ; & enfin pour un Chapitre V. les Vies & Eloges des Dames Sçavantes & illustres. Avec les augmentations considérables que nous avons à faire pour ces deux Chapitres, nous avons cru en devoir composer un *Livre* particulier, qui sera le Cinquième & dernier ; nous l'intitulerons : *Histoire Littéraire de France*.]

Provence. Les cinq premiers & l'avant-dernier ne comprennent chacun que la Province dont ils portent le nom; les six autres, outre la Province dont ils portent le nom, en renferment plusieurs autres, [qui seront indiquées à la tête de chaque Article. Je commence par la *Picardie*, comme [celui des] Gouvernemens [anciens] qui est le plus au Septentrion; je parcours de proche en proche tous les autres. Je joins à la Provence le Comté de *Nice* [qui en dépendoit autrefois,] le Comté *Venaissin* avec celui d'*Avignon*, & la Principauté d'*Orange*, qui y sont enclavés.

Dans le Chapitre II. je suis le cours du Rhin depuis sa source jusqu'à ses embouchures, ne rapportant les Histoires que des Provinces & des Villes situées en deçà de cette Rivière, [où se terminoit la Gaule.] Je place d'abord celles du Pays des *Suisses*, par où César commença ses Conquêtes dans les Gaules; j'y joints l'Evêché de *Basle*, l'Etat de la République de *Genève* & le Comté de *Neufchâtel* qui sont Alliés des Suisses. Si je ne fais point mention des Histoires de la *Savoye*, qui faisoit autrefois partie du Royaume de *Bourgogne*; c'est qu'il n'y en a point du temps que ce Pays a été sous la domination des François ou des Bourguignons, & que si les François s'en sont rendus les maîtres sous les [quatre] derniers Règnes, leurs Conquêtes n'ont été que d'une fort courte durée, & ne peuvent être considérées que comme une espèce de séquestre pendant les Guerres que la France a eues avec les Ducs de Savoye. Ou voit ensuite les Histoires..... * .... des Electorats Ecclésiastiques, *Mayence*, *Cologne* & *Trèves*, & des Suffragans de Mayence, *Vormes* & *Spire*, les Duchés de *Clèves* & de *Juliers*, & enfin [les Histoires] des Provinces des *Pays-Bas*. Je finis ce Chapitre par les *Colonies* que les François ont établies dans l'*Amérique*, sur-tout en *Canada* ou dans la *Nouvelle France*; [aussi bien qu'en *Afrique* & en *Asie*, ou dans les Indes Orientales.]

Je renferme dans le Chapitre III. les Histoires généalogiques ou les simples Généalogies des Maisons illustres du Royaume. J'ai deja rapporté dans le Livre précédent celles des Familles Royales, [*Tome II.* de cette nouvelle Edition.] Je fais précéder en forme de préliminaires les Traités de la Noblesse, des Fiefs, du Franc-Alleu, des Armoiries & Blazons, composés par des Auteurs François, qui y font souvent des applications à notre Histoire. On trouvera ensuite les Histoires des Ordres Militaires établis dans le Royaume. Je divise ce que je rapporte de Généalogie, en deux Classes: je mets dans la première les Recueils des Généalogies de diverses Familles; & dans la seconde, les Généalogies particulières de chaque Famille. Je range les uns & les autres selon l'ordre alphabétique, le moins sujet à contestation.

---

* ☞ Le Père le Long mettoit ici parmi les Provinces qui *ne font point partie* du Royaume, la *Franche-Comté*, l'*Alsace*, les *trois Evêchés*, ou le Domaine de *Metz*, *Toul* & *Verdun*, les Duchés de *Lorraine* & de *Bar*, sans faire mention nulle part des *Pays-Bas François*. Ce qui a pu l'engager à cela, c'est que ces Provinces n'étoient plus à la France, lors de sa division en douze Gouvernemens. Nous avons cru devoir mettre dans une seconde Section du même Chapitre I. les Histoires de toutes ces *Provinces réunies*, sans oublier celles du *Roussillon* & du Comté de *Barcelone*, que le P. le Long s'étoit avisé de joindre à la *Provence*, parceque pendant un siècle ou deux elles ont été gouvernées par les mêmes Princes, comme on le verra à la tête de son Article.]

CHAPITRE PREMIER.

Histoires Civiles des Provinces du Royaume de France.

☞ ON peut consulter sur le général des Provinces, les Traités Géographiques, & Historiques indiqués dans le *Tome I.* en particulier ceux d'Audiffret, N.° 7 ; de l'Abbé de Longuerue, N.° 8 ; de Du Chesne, N.° 2106 ; de l'Atlas de Blaeu (2ᵉ Edition,) N. 786 ; de Boulainvilliers, N.° 2085 ; de Piganiol, N.° 818.]

34134. ☞ Nouvelles Recherches sur la France, ou Recueil de Mémoires historiques sur quelques Provinces, Villes & Bourgs du Royaume : Ouvrage qui peut servir de Supplément à l'Etat de la France de M. DE BOULAINVILLIERS, & à la Description du Royaume par M. PIGANIOL : *Paris*, Hérissant, 1766, *in*-12. 2 vol.]

34135. ☞ Mſ. Porte-feuilles & Volumes contenant nombre de Pièces sur les Provinces de France ; recueillies par MM. GODEFROY : *in-fol.*

Elles sont dans la Bibliothèque de la Ville de Paris, num. 324-378.]

34136. ☞ Mſ. Pièces & Mémoires sur les Provinces : *in-* 4. 22 vol.

C'est ce qui est contenu dans les Porte-feuilles 730-751, du grand Recueil de M. de Fontanieu, à la Bibliothèque du Roi.]

34137. ☞ Mſ. Recueil de Pièces concernant l'Histoire des Provinces, Villes, Eglises, Monastères du Royaume, au nombre de près de deux cens, dont une partie originales, rangées par ordre alphabétique, 2 gros Porte-feuilles *in-fol.*

Ce Recueil est conservé dans la Bibliothèque de M. Fevret de Fontette, Conseiller au Parlement de Dijon ; & vient en partie de Philibert de la Mare. Les principales sont indiquées ici, à la place qui leur convient.]

SECTION PREMIÈRE.

Histoires des douze anciens grands Gouvernemens.

ARTICLE PREMIER.

Histoires du Gouvernement de Picardie.

CETTE Province est divisée en haute & basse Picardie : la haute renferme le Vermandois & la Tiérache, le Comté d'Amiens & le Pays de Santerre ; & la basse, le Vimeux, le Ponthieu, le Boulonnois & le Pays reconquis ou de Calais, avec les Comtés de Guisne & d'Oye.

☞ Le *Boulonnois*, &c. forme depuis le règne de Louis XV. un Gouvernement à part, distingué de la Picardie, & également sur le pied de Gouvernement de Province. On en trouvera les Histoires dans cet Article.

Le *Noyonnois*, le *Laonnois*, le *Soiſſonnois* & le *Beauvoiſis* dépendoient autrefois de la Picardie ; mais depuis plus de cent ans, ces Pays sont du *Gouvernement de l'Iſle de France* : ainsi leurs Histoires seront indiquées dans l'*Article III.* sur la fin.]

34138. ☞ Lettre à l'Auteur du Mercure, sur l'origine du nom de Picardie ; par M. DE LA CHAPELLE, Membre de la Société de Clermont Ferrand. *Mercure* 1752, *Décembre*, Vol. II.

L'Auteur prétend que l'origine de ce nom est Celtique, & qu'il vient de l'usage des piques dont ces Peuples se servoient à la guerre, même du temps des Romains. Il se conserva, dit-il, plus particulièrement en Angleterre, d'où il passa au commencement du XIIIᵉ siècle en France, pour désigner le Pays & les Peuples qui le portent depuis ce temps-là.]

34139. ☞ Essai sur l'Histoire générale de Picardie, les Mœurs, les Usages, le Commerce & l'Esprit de ses Habitans, jusqu'au Règne de Louis XIV. *Abbeville*, veuve de Verité, 1770, *in*-12. 2 vol.

Cet Ouvrage, qui est assez curieux, a pour Auteur Louis-Alexandre DE VERITÉ, Avocat en Parlement. *Voyez* le *Journ. de Verdun,* 1770, *Nov. pag.* 337.]

== ☞ Prise du Château de Richecourt, en 1617, & bref Narré de ce qui s'est passé en Picardie, dans la Guerre des Princes.

Voyez ci-devant, Tome II. N.° 20534.]

== ☞ Ce qui s'est passé en Picardie, depuis l'entrée des Espagnols jusqu'en 1653.

Ibid. N.° 23760.]

34140. Mſ. Historia Picardiæ ; auctore Nicolao RUMET DE BUSCAMP : *in-fol.*

Cette Histoire [étoit] dans la Bibliothèque de M. le Chancelier Seguier, num. 644, [& est aujourd'hui à St. Germain des Prés, num. 1086.]

34141. * Mſ. Histoire de Picardie, contenant ce qui s'y est passé de plus remarquable avec l'Histoire des Evêques & grands Hommes originaires de cette Province ; & l'Histoire de chaque Ville en particulier ; par M. DE ROUSSEVILLE : *in-fol.* 2 vol.

Cette Histoire [étoit] conservée dans le Cabinet de l'Auteur, [& doit se trouver à Amiens.]

34143. ☞ Mſ. Mémoires de M. Caron

DE L'EPERON, Procureur du Roi au Bailliage de Montdidier, fur l'Hiftoire de Picardie: *in-*4. 16 vol. & *in-*8. 4 vol.

Ils font aujourd'hui entre les mains des Bénédictins, qui travaillent à l'Hiftoire de Picardie. Il y avoit 18 vol. *in-*4. mais les deux premiers manquent: ils concernent le Diocèfe d'Amiens. Le P. Daire, *pag.* 131 de fon *Hift. de Montdidier,* (indiquée ci-après,) donne une Notice des Mémoires de M. de l'Eperon, qui eft mort en 1731. Il a fourni d'excellentes Remarques à M. Delifle, le Géographe, pour faire fa Carte de Picardie.]

34143. ☞ Mſ. Mémoires pour fervir à l'Hiftoire Eccléfiaftique, Civile & Littéraire de la Province de Picardie; par M. D'HANGEST, Théologal d'Amiens, & de l'Académie de cette Ville.

Ils font conſervés dans les Regiftres de cette Académie.]

34144. ☞ Mſ. Divers Mémoires fur la Picardie.

Ils font entre les mains des Bénédictins qui travaillent à l'Hiftoire de cette Province, Dom CAFFIAUX & Dom GRENIER.

Ils ont donné un *Avis* fur cette Hiftoire à *la Province de Picardie,* imprimé à *Amiens, in-*4.

34145. ☞ Mémoires hiftoriques (fur la Picardie;) par M. DU BELLOY, Citoyen de Calais: *Paris,* 1770, *in-*8.

Ces Mémoires font, « fur la Maifon de Coucy, encore exiftante: 2.° fur Euftache de S. Pierre, que l'on défend contre des imputations flétriffantes: 3.° fur la Dame de Faïel & le Châtelain de Coucy ».]

34146. ☞ Mſ. Mémoire fur l'efprit & les facultés des Habitans de Picardie, fur l'induftrie & l'agriculture; par M. SELLIER, Profeffeur des Arts, & de l'Académie des Sciences d'Amiens.

Ce Mémoire eft conſervé dans les Regiftres de cette Académie.]

☞ On trouve dans le *Tableau de la Picardie,* par le Père Daire, (*Paris,* 1768, *in-*12.) dont l'objet principal eft l'Hiftoire Littéraire, quelques Articles fur l'Hiftoire Militaire de Picardie, les Arts & le Commerce.]

34147. ☞ Conjectures fur l'ufage des Souterrains qui fe trouvent en grand nombre en Picardie; par M. l'Abbé (Jean) LEBEUF. *Mém. de l'Acad. des Infcript. & Belles-Lettres, tom.* XXVII. *pag.* 179.

On a vu ci-devant, (au Tome I.) divers Morceaux fur les Antiquités de cette Province, particulièrement fur des Camps Romains.]

34148. Antiquités & chofes plus remarquables de la Ville d'*Amiens*; par Adrien DE LA MORLIERE, Chanoine de l'Eglife Cathédrale d'Amiens: *Amiens,* Hubault, 1621, *in-*8.

Seconde Edition, fous ce titre: Bref Etat des Antiquités d'Amiens: *Amiens,* Hubault, 1622 [& 1624,] *in-*8.

Troifième Edition, fous ce titre: Antiquités & chofes remarquables de la Ville d'Amiens: *Amiens,* 1627, *in-*4.

☞ *Voyez* Lenglet, *Méth. hiftor. in-*4. *tom.* IV. *pag.* 190.]

Les mêmes, avec un Recueil de plufieurs Maifons illuftres, [vivantes & éteintes dans] l'étendue du Diocèfe d'Amiens; par le même: *Paris,* Cramoify, 1642, *in-fol.*

Ce Recueil de plufieurs Maifons avoit déja été imprimé en 1630: *in-*4.

34149. Mſ. Hiftoire de l'Etat & de la Ville d'Amiens & de fes Comtes; avec un Recueil de plufieurs Titres concernant l'Hiftoire de cette Ville, qui n'ont pas encore été publiés; par Charles DU FRESNE DU CANGE, d'Amiens, Tréforier de France à Amiens: *in-fol.* 2 vol.

Cette Hiftoire de Charles du Cange, mort en 1688, eft achevée.

☞ L'Original eft aujourd'hui à la Bibliothèque du Roi; & il y en a une Copie dans celle de l'Abbaye de S. Riquier, qui lui a été léguée par M. Maſclef, Chanoine d'Amiens.]

34150. ☞ Mſ. Mémoires chronologiques qui peuvent fervir à l'Hiftoire Eccléfiaftique & Civile de la Ville d'Amiens, extraits de plufieurs Auteurs & d'anciens manufcrits; par Jean-Joſeph DE COURT, Confeiller du Roi & Contrôleur-Général des Finances de la Généralité d'Amiens: *in-fol.* 2 vol.

Ces Manufcrits fe trouvent dans les mains de la veuve de l'Auteur, qui les a compofés fur les Mémoires de M. de Vauchelles.]

34151. ☞ Mſ. Le Roman d'Abladane, ou d'Amiens; par Richard DE FOURNIVAL: 1258, *in-fol.* de 21 pages.

M. de Beaucoufin, Avocat au Parlement de Paris, a l'Exemplaire de M. du Cange, figné & annoté de fa propre main, dans un Volume qui contient plufieurs de fes Extraits hiftoriques & généalogiques. Cet Ouvrage de Fournival eft un amas de fictions fur l'origine de la Ville d'Amiens.]

34152. ☞ Hiftoire de la Ville & du Diocèfe d'Amiens, depuis fon origine jufqu'à préfent, Ouvrage enrichi de Cartes, de Plans, & de différentes Gravures; par le Père DAIRE, Céleftin: *Paris,* 1757, *in-*4. 2 vol.

Le Tome I. contient l'Hiftoire Civile jufqu'en 1751, une Notice des endroits de la Ville mentionnée dans les Titres & Archives, un Catalogue des Gouverneurs & Lieutenans, & les Pièces Juftificatives.

Le Tome II. renferme l'Hiftoire Eccléfiaftique, & les Preuves.

On parle de cet Ouvrage dans le *Journal des Sçavans,* de Novembre 1757, & on y reprend diverfes fautes échappées à l'Auteur.]

34153. ☞ Mſ. Mémoires pour fervir à l'Hiftoire de l'Amiénois & du Beauvaifis; par M. BUCQUET, de l'Académie d'Amiens, (Procureur du Roi à Beauvais) & par deux Affociés, (M. l'Abbé DANSE, Chanoine, & M. BOREL, Lieutenant-Général.)

Ces Mémoires font conſervés dans les Regiftres de l'Académie d'Amiens.]

34154. * Mſ. Hiftoire des Majeurs d'Amiens,

Histoires de Picardie.

miens, avec leurs Armes; par M. DE ROUSSEVILLE : *in-fol.*

34155. ☞ Mf. Chronologie de la plupart des Seigneurs des Villages du Diocèse d'Amiens, depuis l'an 1200; par le même : *in-fol.*

Ces Manuscrits [étoient] entre les mains de l'Auteur. *Voyez* ci-devant, N.° 34141.]

34156. Mf. Factum pour l'Echevinage d'Amiens, & contre plusieurs Echevins de ladite Ville : 1652, *in*-4. = Requête du même temps, sur le même sujet : *in*-4.

34157. ☞ Mf. Histoire de la surprise d'Amiens par les Espagnols, & de sa reprise par Henri IV. lue par M. DE GOMICOURT, à l'Académie d'Amiens.

Elle se trouve dans les Registres de cette Académie.

Voyez ci-devant, Tome II. N.ºs 19691-19696, quelques Relations imprimées à ce sujet.]

34158. ☞ Remontrance présentée au Roi par les Habitans de la Province de Picardie, sur le fait de la Citadelle d'Amiens, en Mai 1616 : *in*-8]

34159. ☞ Remontrance pour induire le Roi à faire raser la Citadelle d'Amiens : 1616.

Cette Remontrance est imprimée au tom. IV. du *Mercure François*.

Les motifs qu'on y donne sont que cette Citadelle est inutile, dangereuse & dispendieuse. On y observe que celle de Bourg-en-Bresse a été rasée pour des raisons moins décisives.]

34160. Privilèges & Ordonnances de la Ville d'Amiens : *Amiens*, [Hubault,] 1653, *in*-4.

34161. ☞ Recueil d'Ordonnances & Réglemens pour la Ville d'Amiens : *in*-4.]

34162. ☞ Réglement de l'état de la Sayeterie en la Ville d'Amiens : *Paris*, 1571, *in*-4.]

34163. ☞ Essai sur la nécessité & les moyens d'établir des Fontaines dans la Ville d'Amiens; par M. DE SACHY DE CAROUJES, ancien Maire de la Ville d'Amiens, & de l'Académie des Sciences de cette Ville : *Amiens*, Godard, 1749, *in*-4.]

34164. ☞ Mémoire sur l'établissement des Fontaines publiques dans la Ville d'Amiens; par le Père FERRY, Minime : *Amiens*, 1749, *in* 4.

Ces Fontaines ont été faites peu après.]

34165. ☞ Histoire des Villes & Doyennés de *Doullens* & de *Vignacourt*, en Picardie : *Amiens*, Godard, *in*-12.]

34166. ☞ Du Duché de *Croy-Havré*, érigé en 1598, mais non enregistré.

Dans l'*Histoire Généalogique* du Père Simplicien, tom. V. pag. 631.]

34167. ☞ De la Duché-Pairie de *Poix-Créquy*, (près d'Aumale, dans l'Election d'Amiens,) érigée en 1652.

Dans l'*Hist. Généalogique* du P. Simplicien, tom. IV. pag. 689. La Pairie est éteinte, & cette Terre de Poix a repris son ancien titre de *Principauté*; elle est aujourd'hui à la Maison de Noailles.]

== Obsidio *Corbeiensis* ; ab Antonio DE VILLE; (ou Reprise de Corbie sur les Espagnols, en 1636.)

Voyez ci-devant, [Tome II. N.ºs 21887 & 21888.]

☞ Il y a dans la Bibliothèque de S. Germain des Prés, à Paris, deux Histoires manuscrites de l'Abbaye de Corbie, qui peuvent servir à l'Histoire de Picardie. L'une est intitulée : *Chronicon Corbeiense à Joanne* DE CAULINCOURT, *Monacho hujus Monasterii, ab anno 661, ad annum 1529, in-fol.* La seconde a pour titre : *Historia Corbeiensis; auctore D.* DE BONNEFOND : *in-fol.* 2 vol.]

34168. ☞ Histoire Civile, Ecclésiastique & Littéraire de la Ville & du Doyenné de *Montdidier*, avec les Pièces Justificatives; par le Père DAIRE, Célestin, de l'Académie de Rouen : *Amiens*, 1762, 1765, *in*-12.]

34169. ☞ Mf. Histoire de la Ville de Montdidier, par un Bénédictin du Prieuré de Notre-Dame de cette Ville : *in*-4.

Le Manuscrit original a passé de la Bibliothèque de M. de l'Eperon, en celle des Bénédictins qui travaillent à l'Histoire de Picardie.]

34170. ☞ Mf. Mémoires pour l'Histoire de la même Ville; par M. DE LA MORLIERE.

Dom Grenier, qui nous a donné ces nouvelles Notices, ne nous dit point où se trouvent ces Mémoires, & si ce la Morliere est celui qui a donné autrefois les Antiquités d'Amiens.]

34171. ☞ Mf. Histoire de la même Ville de Montdidier; par M. SCELLIER.

Elle est entre les mains de l'Auteur, & doit faire plusieurs Volumes.]

34172. ☞ Mf. Mémoires pour l'Histoire de la même Ville.

Ils sont entre les mains de M. de la Villette, Lieutenant-Criminel à Montdidier.]

34173. ☞ Remarques historiques sur la Ville de *Roye*.

Elles se trouvent dans le Recueil intitulé : *Nouvelles Recherches sur la France* : *Paris*, 1766, *in*-12. tom. II. pag. 113-122.]

34174. Les Privilèges, Franchises & Libertés donnés par le Roi aux Bourgeois de *Péronne* : *Paris*, 1636, *in*-8.

34175. ☞ Relation du Siège mémorable de la Ville de Péronne; par le Père Pierre FENIER, Minime : *Paris*, Muguet, 1682, *in*-12. de 70 pages; avec les Prières pour la Procession qui se fait en mémoire de ce Siège.

Cette Ville fut assiégée en vain en 1536, par le Prince de Nassau, depuis le 12 Août jusqu'au 11 Septembre.]

== ☞ Discours sur ce qui s'est passé à Péronne, en 1616.

Voyez ci-devant, Tome II. N.ºs 20449 & 20451.]

Tome III.

34176. ☞ De la Duché-Pairie de *Chaulnes*, érigée en 1621.

Dans l'*Hist. Généalogique* du P. Simplicien, *tom. IV.* *pag.* 336.

Nouvelle érection, en 1721. *Ibid. tom. V.* *pag.* 204.]

34177. ☞ De la Duché-Pairie d'*Hallwin*, (ou Maigneletz,) érigée en 1587, 1611 & 1620.

Dans la même *Hist. Généal. tom. III. pag.* 900, & *tom. IV. pag.* 240 & 330. Cette Pairie est éteinte il y a plus de 100 ans.]

34178. Histoire de *Saint-Quentin*, contenant plusieurs raretés de la Ville & du Pays; par Claude DE LA FONS.

Cette Histoire est imprimée avec la Vie de S. Quentin: *Saint-Quentin*, 1627, [1629,] *in*-8. Saint-Quentin est la Capitale du Vermandois.

☞ Sur *Augusta Veromanduorum*, que l'on croit être Saint-Quentin, *voyez* ci-devant, Tome I. *pag.* 20, N.ᵒˢ 109 & *suiv.*]

34179. Antiquitates Urbis Sancti Quintini, Veromanduensiumque Comitum Series, &c. auctore Claudio HEMERÆO.

Ces Antiquités sont imprimées dans l'Ouvrage du même Auteur, intitulé: *Augusta Veromanduensium vindicata & illustrata: Parisiis*, 1643, *in*-4.]

== La Défense des Prérogatives de la Ville de Saint-Quentin, pour prouver que cette Ville est l'ancienne Auguste des Vermandois; par Claude BENDIER.

Voyez ci-devant, [Tome I. N.ᵒ 5499.]

34180. ☞ Mémoire sur la Ville & les Environs de Saint-Quentin; par M. l'Abbé PEITAVI, Chanoine de cette Ville, & de la Société d'Agriculture du Soissonnois.

Ce Mémoire se trouve dans le Recueil intitulé: *Nouvelles Recherches sur la France: Paris*, 1766, *in*-12. *tom. II. pag.* 157-242.]

== Siège & Prise de Saint-Quentin par les Espagnols, &c. en 1557.

Voyez ci-devant, [Tome II. N.ᵒ 17688 & *suiv.*]

34181. ☞ Chronologie historique des Comtes de Vermandois.

Dans la seconde Edition de l'*Art de vérifier les Dates: Paris*, Desprez, 1770, *in-fol. pag.* 651. Leur Généalogie a été aussi donnée par le Père Anselme, &c. ci-devant, *tom.* II. N.ᵒˢ 15265 & 25300.]

34182. ☞ Mss. Mémoires sur l'Histoire du Vermandois; par M. COLLIETE, Curé de Gricour, près Saint-Quentin.

Ce Curé travaille depuis plusieurs années à l'Histoire de ce Pays.]

34183. ☞ De la Duché-Pairie de *Saint-Simon*, (en Vermandois,) érigée l'an 1635.

Dans l'*Hist. Généalogique* du P. Simplicien, *tom. IV.* *pag.* 389. La Pairie est éteinte depuis 1755.]

== Prise du *Ham*, &c. par Henri IV. en 1595.

Voyez ci-devant, Tome II. N.ᵒ 19646.]

== ☞ Prise de *la Capelle*, en 1656.

Ibid. N.ᵒ 23807.]

== ☞ De Expugnatione urbis Capellæ.

Ibid. N.ᵒ 21658.]

34184. La Fère ou Chartre de la Paix, contenant les Droits & Privilèges accordés aux Majeurs, Jurés & Hommes de *la Fère*, par Enguerrand de Coucy, l'an 1207, (en Latin & en François, mis en lumière par Sébastien Rouillard:) *in*-4.

☞ Les Histoires de *Coucy*, (réputé de Picardie,) se trouveront ci-après, avec celles du *Laonois*, à la fin de l'Article III.]

34185. ☞ Prise de la Fère, par le Marquis de Pienne, en 1589.

Voyez Tome II. N.ᵒ 19025.]

== Du Siège de la Fère, en 1596.

Ibid. [N.ᵒ 19679.]

== ☞ Le Triomphe de la Ville de *Guise*; par le Père VERDUN.

Voyez ci-devant, Tome II. N.ᵒ 23142.] Elle sert à l'Histoire de cette Ville.]

34186. ☞ De la Duché-Pairie de Guise, érigée en 1527.

Dans l'*Hist. Généalogique* du P. Simplicien, *tom. III.* *pag.* 476.

Nouvelle érection, en 1704. *Ibid. tom. V.* *pag.* 52.

== ☞ Siège de Guise, par les Espagnols, & sa levée, en 1650.

Voyez ci-devant, Tome II. N.ᵒˢ 23141-23143.]

== ☞ De la Paix faite à *Vervins*, en 1598.

Ibid. N.ᵒ 29359.

On a imprimé en 1769 & 1770, à Paris, *in*-4. chez Herissant, un *Plaidoyé* & un *Mémoire* pour les Officiers du Bailliage de Vermandois & Laon, contre ceux de Guise, où l'on trouve de faits historiques.]

34187. Mss. Chronique du Pays & Comté de *Ponthieu*, tirée des Histoires & Mémoires de Nicolas RUMET, Sieur DE BUSCAMP, Maître des Requêtes; & augmentée par François RUMET, Sieur de Beaucourroy, son fils, [ancien Majeur d'Abbeville, qui vivoit encore en 1599.]

Cette Chronique [étoit] dans la Bibliothèque de M. le Chancelier Seguier, num. 57, [& est aujourd'hui à S. Germain des Prés.] On en trouve un Extrait dans le dix-huitième volume des Manuscrits de du Chesne, *pag.* 122, qui sont dans la Bibliothèque du Roi.

Le Sieur de Buscamp fut d'abord Lieutenant général de Montreuil-sur-Mer, ensuite commis par le Roi pour recevoir les Requêtes qui devoient être présentées à l'Amiral de Coligny. Il fleurissoit en 1560, & est mort à Abbeville. Sa Chronique a été continuée jusqu'en 1594.

== Britannia, ou Recherches d'*Abbeville*; par Nicolas SANSON.

Voyez ci-devant, [Tome I. N.ᵒ 241.]

== ☞ Les véritables Antiquités d'Abbeville; par Philippe LABBE.

Ibid. N.ᵒ 242.]

Histoires de Picardie.

34188. * Description d'Abbeville; par Pierre BAYLE.

Dans son *Dictionnaire*. Il y rapporte les Démêlés du Père Labbe & de Sanson; & il se déclare en faveur du premier.

34189. Histoire généalogique des Comtes de Ponthieu & des Majeurs d'Abbeville, où sont rapportés les Privilèges que les Rois leur ont donnés, leurs Actions héroïques, leurs Armoiries, & ce qui s'est passé de plus remarquable durant leur Magistrature dans le Pays de Ponthieu & de Vimeux, tant dans l'Etat Ecclésiastique qu'en l'Etat Politique, depuis l'an 1083 jusqu'en 1657, avec les Hommes illustres qui y sont nés & qui y sont morts; par I. D. J. M. C. D. *Paris*, Cloufier, 1657, *in-fol.*]

Ces lettres initiales signifient IGNACE de Jesus Maria, Carme Déchaussé, qui s'appelloit dans le monde Jacques SANSON; il étoit neveu de Nicolas Sanson, célèbre Géographe. Cet Auteur se fait connoître lui-même à la *pag.* 830 de son Histoire, qu'il appelle généalogique, parcequ'il y a inséré quelques Généalogies; mais qu'il eût plûtôt dû intituler: *Histoire chronologique*; car il y suit l'ordre des temps.

34190. Mf. Histoire de Ponthieu; par DE RUNAS, Avocat d'Abbeville.

Cette Histoire [étoit] entre les mains de M. Masclef, Chanoine de l'Eglise d'Amiens, [qui a légué ses Manuscrits à l'Abbaye de S. Riquier.]

34191. * Mf. Histoire Chronologique des Comtes de Ponthieu; par M. DE ROUSSEVILLE: *in-fol.*

Elle [étoit] dans le Cabinet de l'Auteur.
Voyez ci-devant, N.° 34141.]

34192. ☞ Mémoire historique & topographique sur le Comté de Ponthieu; par M. GODART DE BEAULIEU, ancien Maire d'Abbeville. *Mercure*, 1740, *Novembre.*]

34193. ☞ Observations sur Abbeville & le Ponthieu. *Journal de Verdun*, 1759, *Septembre, pag.* 185.]

34194. ☞ Histoire des anciens Comtes de Ponthieu; par M. FORMENTIN, Avocat: *Abbeville*, 1746, *in-fol.*

C'est un Livre chimérique, annoncé dans le *Journal de Verdun*, d'Avril 1747, & désavoué en Juin.
Voyez sur le même sujet, l'*Histoire Généalogique* du P. Simplicien, *tom. III. pag.* 295.]

34195. ☞ Histoire du Comté de Ponthieu, de Montreuil & de la Ville d'Abbeville, sa Capitale, avec la Notice de leurs Hommes dignes de mémoire; (par Louis-Alexandre DE VÉRITÉ, Avocat à Abbeville:) *Londres*, & (*Abbeville*,) 1767, *in-12.* 2 vol.]

══ ☞ Mémoire de ce qui est arrivé à Abbeville en 1594.
Voyez ci-devant, Tome II. N.° 19594.]

34196. Mf. Chronique abrégée des Comtes de *Boulogne*, contenant la Généalogie & Descente des Comtes de Boulogne, depuis *Tome III.*

puis le temps de l'érection dudit Comté de Boulogne jusques vers l'an 1477, que Bertrand de la Tour a succédé audit Comté de Boulogne & au Comté d'Auvergne par le trépas de Jeanne, Comtesse desdits Comtés, & Duchesse de Berry & d'Auvergne; tirée de l'Abbaye de S. Omer: *in-fol.*

Cette Chronique est conservée entre les Manuscrits de M. Dupuy, num. 606. Il y a un Fragment Latin de cette Chronique, à la *pag.* 5 des *Preuves de l'Histoire généalogique des Guines*, composée par du Chesne.

34197. ☞ Mf. Preuves de l'Histoire des Comtes de Boulogne, Auvergne & Lauragais.

Dans la Bibliothèque de M. le Marquis d'Aubais, num. 76.]

34198. Mf. Histoire de Boulogne, Civile & Ecclésiastique; par FERAMUS.

Cette Histoire [étoit] entre les mains de M. François Abot, Chanoine & Trésorier de l'Eglise Cathédrale de Boulogne.

34199. Abrégé des Comtes de Boulogne & d'Auvergne; par Jean NESTOR, Médecin.

Il est imprimé *pag.* 121 de son *Abrégé des Hommes illustres de la Maison de Médicis* : *Paris*, 1644, *in-4.*

34200. ☞ Abrégé de l'Histoire de la Ville de Boulogne-sur-mer, & de ses Comtes; par Michel LE QUIEN, Jacobin, natif de Boulogne.

Il se trouve à la tête des *Coutumes générales du Boulonnois*, commentées par Antoine le ROI de Lozembrune, tom. II. du *Grand Coutumier de Picardie* : *Paris*, 1726; & dans la *Continuation des Mémoires de Littérature*, par le Père Des-Molets : (*Paris*, Simart,) tom. X.
Voyez le *Journal des Sçavans*, 1726, *Décembre.*]

34201. ☞ Mf. Histoire du Boulonnois, composée sur les Mémoires du P. le Quien; par M. LUTTO, Curé d'Alquine en Boulonnois.

Elle est entre les mains du frère de l'Auteur, & son successeur dans la Cure d'Alquine. On croit cette Histoire en état d'être imprimée.]

34202. Mf. Journal du Siège de Boulogne, fait par les Anglois en 1543, composé en vieilles rimes; par Antoine MORIN, Prêtre.

Ce Journal [étoit] entre les mains du P. le Quien, Jacobin de la rue S. Honoré à Paris, [& qui y est mort en 1733.]

34203. ☞ Factum contenant en abrégé les privilèges & franchises de Boulogne-sur-mer, Pays & Comté de Boulenois, recueillis & rédigés par J. Scotté VELINGHEN : 1661, *in-4.*]

34204. ☞ De la Duché-Pairie de *Bournonville*, en 1600 & 1652, mais non enregistrée.

Dans l'*Hist. Généalogique* du P. Simplicien, *tom. V. pag.* 806 & 914.]

Rr 2

34205. ☞ Calais; Port Iccien, & ses Antiquités; par Georges L'APOSTRE : *in-12.*

Voyez sur ce Port *Iccius,* nombre d'Ouvrages, au tom. I. N.os 295 & *suiv.*]

34206. ★ Les Annales de la Ville de *Calais* & du Pays reconquis; par le Sieur BERNARD : *Saint-Omer,* 1715, *in-4.*

☞ *Voyez* Lenglet, *Méth. hist. in-4.* tom. *IV.* pag. 193. « Cet Ouvrage, quoique peu considérable, » a été cependant recherché, parcequ'il a été long-temps » le seul Traité particulier que l'on eût sur l'Histoire de » cette Ville. Les Exemplaires, dont on a tiré un fort » petit nombre, en sont devenus même assez rares ». *Bibliographie* de Debure, *Hist.* num. 5336.]

34207. ☞ Histoire générale & particulière de la Ville de Calais & du Calaisis, ou Pays reconquis, précédée de l'Histoire des Morins, ses plus anciens Habitans; par M. LE FEBVRE, Prêtre de la Doctrine Chrétienne; avec des Cartes & des Figures : *Paris,* 1766, *in-4.* 2 vol.

« Cette nouvelle Histoire est beaucoup plus considé- » rable que la précédente; & l'empressement avec le- » quel elle a été reçue de la Province, en assure le suc- » cès, & donne lieu de croire qu'elle y a mérité l'estime » générale. Elle renferme beaucoup de particularités » historiques, qui ont exigé de la part de l'Auteur les » plus grandes recherches, & le zèle infatigable qui l'a » porté à les faire, est la preuve la plus sensible du véri- » table attachement dont il est pénétré pour sa patrie ». *Bibliographie* de Debure, num. 5337.

══ ☞ Siège & Prise de Calais par les Anglois, &c. en 1347.

Voyez ci-devant, Tome II. Nos 17014 & *suiv.* M. du Belloy vient encore de prendre la défense d'Eustache de S. Pierre, dans ses *Mémoires* indiqués au N° 34145.]

══ ☞ Reprise de la Ville de Calais, &c. en 1558.

Voyez ci-devant, Tome II. Nos 17014 & *suiv.*]

══ ☞ Entreprise des Anglois sur Calais, en 1628.

Ibid. N.° 21449.]

34208. Petit Traité, extrait par Estienne PREVOST, touchant le Royaume de France, les Comtés & Villes de Calais & de *Guisnes,* &c. *Chartres,* 1658, *in-8.*

34209. ☞ Mf. LAMBERTI Ardensis Opera; super Ghisnensium historiam, & super Arnoldum de Ghisnis : petit *in-fol.*

La Société Littéraire d'Arras en possède une Copie écrite par M. Fort, Curé d'Ardres, en 1745.

Dans la Bibliothèque du Vatican, parmi les Manuscrits de la Reine de Suède, num. 696. Il y a, *Lamberti Ardensis Ecclesiæ Presbyteri Ghisnensis Historia,* ad *Arnoldum Principem Ghisnensem : in-4.* Seroit-ce un Ouvrage différent?

34210. ☞ Mf. Petit Mémoire sur la Ville d'*Ardres.*

Dans la Bibliothèque de M. Fevret de Fontette, à Dijon.]

══ ☞ Siège d'Ardres, en 1657.

Voyez ci-devant, Tome II. N.° 23816.]

ARTICLE II.

Histoires du Gouvernement de Champagne.

LA Province de Champagne se divise en haute & basse. La haute comprend le Rémois, le Rhételois, le Chaalonnois, le Pertois, l'Argonne & le Territoire de Sédan. On trouve dans la basse Champagne, le Comté de Troyes, ou la Champagne particulière, le Sénonois, le Vallage & le Bassigni. On joint la Brie à la Champagne, [quoiqu'il y en ait une partie qui dépende du Gouvernement de l'Isle de France.]

34211. ☞ Recueil des Elections de Champagne, avec les noms des Villes, Bourgs, Villages & Hameaux qui les composent : *Chaalons,* Seneuze, 1688, *in-8.*]

34212. ☞ Réponses du Maréchal Duc de Vivonne, Gouverneur de Champagne & Brie, aux prétentions du Marquis de Cœuvres, Gouverneur de l'Isle de France, sur quelques Villes de la Province de Brie, (Montereau, Brie-Comte-Robert, Lagny, Rosoy, Colommiers, Crecy & Pont-sur-Yonne :) *in-fol.*

Cette Pièce est indiquée au Catalogue de M. Lancelot, num. 391.]

34213. ☞ Mf. Mémoire sur l'état actuel de la Généralité de Champagne : 1744, *in-4.*

Ce Mémoire est entre les mains de M. FRADET, Avocat au Parlement, à Chaalons-sur-Marne.]

34214. ☞ Projet d'une Histoire générale de Champagne & de Brie, par les PP. Bénédictins; (Dom Charles TAILLANDIER en est l'Auteur :) *Reims,* 1738, *in-4.*

Voyez Observ. sur les Ecrits mod. Lettr. 214.]

34215. Premier Livre des Mémoires des Comtes de Champagne & de Brie : auquel est traité de l'origine des Ducs, Comtes, Palatins, Pairs, Sénéchaux, Advoués, Vidames & autres choses que ce sujet a de commun avec le général de la France : *Paris,* Estienne, 1572, *Ibid.* Patisson, 1581, *in-4.*

Cette Histoire, qui est de Pierre PITHOU, Sieur de Savoye, Avocat en Parlement, mort en 1596, & auquel sont joints divers Traités touchant la Champagne, se trouve aussi avec ses *Opuscules Latins : Parisiis,* 1609, *in-4.* & avec ses *Commentaires sur la Coutume de Trayes :* Troyes, [1609,] 1628, [1630.] *in-4.*

☞ *Voyez* la *Vie de Pierre Pithou,* tom. I. p. 126 & 134.]

34216. Des Comtes de Champagne; par Jean BERNIER, Médecin de Blois.

Ce Discours des Comtes de Champagne est inséré à la *pag.* 278 de son *Histoire de la Ville de Blois : Paris,* 1682, *in-4.*

34217. ☞ Mémoire sur l'Union de la Champagne & de la Brie, à la Couronne de France; par M. SECOUSSE. *Mém. de l' A-*

Histoires de Champagne.

cadémie des Inscriptions & Belles-Lettres, tom. XVII. pag. 295.]

34218. Mſ. Champagne, Affaires générales & Villes particulières de cette Province: *in-fol.* 2 vol.

Ce Recueil [étoit] dans la Bibliothèque de M. Bouthillier, ancien Evêque de Troyes : R. 1. S. 1.

34219. ☞ Mémoires historiques de la Province de Champagne, contenant son état avant & depuis l'établissement de la Monarchie Françoise ; les Vies des Ducs qui l'ont gouvernée ; des Comtes qui en ont été souverains & héréditaires, & des personnes illustres qui y sont nées ; la Description des Villes, Châteaux & Terres titrées, des Eglises distinguées, des Abbayes, Couvents, Communautés & Hôpitaux ; des Domaines du Roi ; du Commerce de cette Province, & des différens Tribunaux, &c. par M. BAUGIER, Seigneur de Beuvery, Conseiller du Roi, Doyen du Présidial de Châlons, ancien Lieutenant de Roi de la Ville, premier Echevin, Juge criminel & de Police : *Châlons,* Cl. Bouchard, 1721, *in-*8. 2 vol.

Les Mémoires de Baugier sont farcis de contes miraculeux & de superstitions puériles. Ils sont d'ailleurs intéressans pour l'Histoire de la Province.

☞ *Voyez* Lenglet, Supplément à la *Méth. hist. in-*4. *pag.* 173. = *Journal des Sçavans, Mai, Juin, Août, Septembre,* 1721. = *Journal de Verdun, Mai, Juin, Juillet, Novembre* 1721.]

34220. ☞ Remarques critiques sur les Mémoires historiques de la Province de Champagne, adressées à un Conseiller D. P. *Mercure,* 1722, *Avril, pag.* 74-80.]

34221. ☞ Réponse de M. Baugier aux Remarques précédentes. *Ibid. Juillet.*]

34222. ☞ Mſ. Histoire des Comtes héréditaires de Champagne ; par M ✶ ✶ ✶, de Troyes.

Dans le *Mercure* de 1723, *Mai, pag.* 1054, on lit ce qui suit. « On nous écrit de Troyes que la mort de » l'Auteur a retardé l'impression de cet Ouvrage, quoi-» qu'il soit entièrement achevé dès l'année 1710. Le » Manuscrit est entre les mains du principal héritier, » lequel étant homme de Lettres ne différera pas long-» temps de donner cette production au Public. On nous » mande aussi qu'un Auteur du même pays a écrit pos-» térieurement sur la même matière. »

On ne sçait ce qu'est devenue cette Histoire.]

34223. ☞ De l'ancienne Comté-Pairie de Champagne, & Pièces qui la concernent.

Dans l'*Hist. Généalogique* du P. Simplicien, *tom. II. pag.* 835.]

34224. ☞ Histoire des Comtes de Champagne & de Brie : *Paris,* Huart, 1752, *in-*12. 2 vol.

Le véritable Auteur est Robert-Martin LE PELLETIER, Chanoine Régulier de Sainte-Geneviève, mort à Sainte-Honorine de Graville, le 15 Février 1748. On l'attribue mal à propos, dans la *France Littéraire,* à M. LEVESQUE DE LA RAVALIERE. Il est vrai que l'Auteur, qui en étoit ami, lui envoya son Manuscrit, & que M. de la Ravaliere en publiant cette Histoire, y a ajouté le *Discours préliminaire.*

Elle s'étend depuis Thibaud I. dit le *Tricheur,* environ l'an 950 jusqu'en 1361 , c'est-à-dire jusqu'à la Réunion de la Champagne à la Couronne.]

34225. ☞ Chronologie historique des Comtes de Champagne de la Maison de Vermandois, & de celle de Blois.

Dans la seconde Edition de l'*Art de vérifier les Dates : Paris,* Desprez, 1770, *in-fol. pag.* 653.]

34226. ☞ Lettre de M. LEBEUF, Capitaine de Milice Bourgeoise à Joigny, adressée à M. Levesque de la Ravaliere, au sujet des Pairs de Champagne. *Mercure,* 1739, *Décembre,* Vol. I.

M. Lebeuf prétend, dans cet Ecrit, qu'avant la Réunion du Comté de Champagne à la Couronne de France, le Comte de Joigny étoit, comme il est encore, le premier & le Doyen des sept Comtes ou Pairs qui se trouvoient en cette Province.] .

34227. ☞ Remarques sur Thibault, Comte de Champagne.

Elles sont au tom. IV. de l'Edition de l'*Histoire de France* du Père Daniel, donnée par le Père Griffet.]

34228. ☞ Traité des Processions, contenant ce qui s'est passé dans la Champagne depuis le 22 Juillet jusqu'au 25 Octobre 1583 ; par H. MEURIER, 1584, *in-*12.]

== ☞ Récit véritable de ce qui s'est passé en Champagne, l'an 1622.

Voyez Tome II. N.os 21119 & 21120.]

34229. Portrait de la Ville, Cité & Université de *Reims : Reims,* 1622, *in-*8.

34230. Le Dessein de l'Histoire & Antiquités de Reims, avec diverses curieuses Remarques touchant l'établissement des Peuples & la Fondation des Villes de France ; par feu Nicolas BERGIER, Avocat au Présidial de Reims : *Reims,* Bernard, 1635, *in-*4.

Nicolas Bergier est mort en 1623. Jean son fils a fait imprimer les deux premiers Livres de l'Ouvrage de son père, qui étoit composé de seize Livres, dont le Sommaire est imprimé à la fin de ce volume, & en fait regretter la perte. Ces deux premiers Livres devoient servir de préliminaires à cet Ouvrage ; l'Auteur traite dans le premier de l'antiquité & de la différence des Peuples de la Gaule Belgique ; & dans le second, de l'antiquité de la Ville de Reims, & particulièrement de ses anciens Noms, de sa Fondation & de ses Auteurs.

☞ *Voyez* Lenglet , *Méth. histor. in-*4. *tom. IV.* = Le P. Niceron, *tom. VI. pag.* 393. = Anquetil, *Hist. de Reims, Discours préliminaire, pag.* 36.]

Le même Auteur (Bergier) a aussi donné quelques Observations sur la Ville de Reims, dans son Discours de l'Entrée du Roi Louis XIII. dans cette Ville.

Voyez ci-devant , [Tome II. N.° 26085.]

== Chronicon Remense brevissimum , ab anno 830, ad annum 999.

Ibid. [N.° 16615.]

== Chronicon breve Remense, à Christo nato, ad annum 1120.

Ibid. [N.° 16636.]

== Aliud, à Christo nato ad annum 1200.

Ibid. [N.° 16718.]

34231. Mſ. Faits de la Ville de Reims pendant vingt ans; par Jean FOULQUART, Procureur-Syndic des Habitans de la Ville de Reims : *in-4.*

Ces faits ſont contenus dans un gros volume, qui [étoit] dans le Cabinet de M. Jérôme Leſpagnol, Elu à Reims. Entre un grand nombre d'inutilités, on trouve dans ce Livre pluſieurs traits curieux. Foulquart, qui n'écrivoit que pour ſoulager ſa mémoire, a dreſſé cette eſpèce de Journal, dans lequel il a inſéré tant ſes affaires propres que celles de la Ville de Reims, depuis l'an 1479 juſqu'en 1499. Tout ce qu'il rapporte a un caractère de vérité, qui ne permet pas de douter de ſa bonne foi. C'eſt de M. Lacourt, Chanoine de l'Egliſe de Reims, que je tiens ces circonſtances.

34232. Mſ. Commentaria Rerum Remenſium, ab anno 966, ad annum 1584, ab Antonio COLARDO, Canonico Remenſi, collecta : *in-fol.*

Ces Mémoires [étoient] dans la Bibliothèque de M. Colbert, [aujourd'hui dans celle du Roi,] entre les Manuſcrits de du Cheſne, qui en rapporte un Fragment *pag.* 123 des *Preuves de l'Hiſtoire des Cardinaux François* : Paris, 1660, *in-fol.* Du Bouchet, en donne un autre, *pag.* 77 de la *Maiſon de Courtenay* : Paris, 1661, *in-fol.*

34233. Mſ. Mémoires contenant les Affaires de la Ligue pendant les années 1590 & 1591 : *in-fol.*

Ces Mémoires, qui ne ſont compoſés que des Lettres de Henri DE LORRAINE, Duc de Mayenne, mort en 1621, ſe trouvent dans le Cabinet de quelques curieux de la Ville de Reims.

34234. ☞ Mſ. Articles accordés entre les Députés du Conſeil des Villes de Reims & Chaalons, & les nommés d'entre le Clergé, la Nobleſſe & le Tiers-Etat aſſemblés au Bourg d'Avenay en 1593.

Ces Articles ſont cités entre les Pièces du num. 3301ᵏ du Catalogue de M. le Blanc.]

34235. Mſ. Mémoires du progrès & de l'avancement de la Ligue dans la Ville de Reims, depuis l'an 1585 juſqu'en 1594, avec les Chanſons contre les Ligueurs de Reims.

Ces Mémoires [étoient] conſervés dans le Cabinet de M. Lacourt, Chanoine de l'Egliſe de Reims ; ils contiennent ce qui s'eſt paſſé de plus important dans cette Ville pendant les troubles.

☞ *Voyez* l'*Hiſt. de Reims,* par M. Anquetil, (plus bas,) *pag.* 42 de la Préface, & *pag.* 48.]

34236. Mſ. Mémoires des choſes plus notables advenues en la Province de Champagne, principalement entre les Rivières de Marne & Meuſe, depuis le commencement des Guerres de la Ligue de la Maiſon de Guiſe, juſqu'à la fin d'icelles : *in-4.*

Ces Mémoires [étoient] auſſi dans le même Cabinet. Ils ſont écrits avec beaucoup d'exactitude. On y trouve des particularités intéreſſantes ſur les mouvemens de la Ligue, tant dans Reims que dans les Villes voiſines. La mort du Comte de Saint-Paul, Maréchal de la ſainte Union, tué par le Duc de Guiſe le 25 Avril 1594, ne ſe rencontre point ailleurs avec un détail auſſi curieux.

== Réduction de la Ville de *Reims,* & autres de Champagne, à l'obéiſſance du Roi Henri IV. en 1594.

Voyez ci-devant, [Tome II. N.ᵒˢ 19581 & 19582.]

== Le Sacre & Couronnement de Louis XIII.

Voyez ci-devant, [N.° 26081 *& ſuiv.*]

== Le Sacre & Couronnement de Louis XIV. en 1654.

Voyez ci-devant, [Tome II. N.° 26096.]

== Le Voyage du Roi Louis XV. à Reims & ſon Sacre en 1722.

Voyez ci-devant, [Tome II. N.° 24573.]

34237. Mſ. Mémoires de Jean ROGIER, contenant pluſieurs Chartes concernant l'Hiſtoire de Reims : *in-fol.*

Cet Auteur eſt mort en 1637. Ces Mémoires, qui ne contiennent que des Chartes, [étoient] dans la Bibliothèque de M. Colbert, [aujourd'hui dans celle du Roi,] entre les Manuſcrits de du Cheſne.

Mſ. Les Mémoires du même, contenant des narrations hiſtoriques, avec les Chartes qui ſervent de preuves.

Ces Mémoires [étoient] entre les mains de M. Jacques Bergier, petit-fils de l'Auteur, de M. Lacourt, Chanoine de l'Egliſe de Reims, de M. Chambly, &c. C'eſt, ſelon M. Lacourt, un des meilleurs Recueils que nous ayons pour l'Hiſtoire du Pays. Rien n'y eſt avancé qu'il n'y ſoit établi ſur les Chartes & les Actes publics. L'Auteur, qui étoit d'une Famille diſtinguée dans la Ville de Reims, écrit en Citoyen zèlé pour l'honneur & l'intérêt de ſa patrie ; d'une manière ſimple & ſans art, mais judicieuſe & ſenſée. Il avoit été appellé aux fonctions publiques de la Ville, & avoit rempli la Charge de Prévôt de l'Echevinage, depuis l'an 1605 juſqu'en 1636. La néceſſité des Affaires l'ayant obligé de recourir aux Chartes anciennes de l'Hôtel de Ville, il les mit dans un meilleur ordre & fit un choix des plus curieuſes, qu'il inſéra dans ſon Recueil.

L'Ouvrage eſt diviſé en onze Titres. Le premier traite de la Juriſdiction de l'Echevinage, & des conteſtations ſurvenues à ce ſujet, entre les Archevêques & les Habitans. Le ſecond, de l'origine des ſervitudes ſur les Héritages ſitués dans la Juriſdiction de l'Archevêque de Reims, & de la répartition des frais qui ſe font dans la Ville pour le Sacre des Rois. Le troiſième traite de l'établiſſement de la Foire de Pâque, dite Foire de Couture. On examine ſuccinctement dans le quatrième, la Fondation de l'Univerſité de Reims par le Cardinal Charles de Lorraine. Le cinquième eſt un Recueil des Lettres-Patentes des Rois touchant l'Aide qu'ils demandoient anciennement aux Peuples, & les Privilèges des Habitans qu'ils confirmoient à meſure qu'ils avoient beſoin de leur ſecours. On recherche dans le ſixième, quelle étoit autrefois l'étendue de la Ville de Reims, & en quel temps elle prit la forme qu'elle a préſentement. Le ſeptième, eſt du Gouvernement de la Ville depuis le douzième ſiècle. Le huitième renferme des particularités conſidérables ſur ce qui ſe paſſa à Reims lorſque les Anglois y mirent le Siège pendant la priſon du Roi Jean. Le neuvième apprend ce qui s'eſt paſſé ſous les Rois Charles VI. & Charles VII. Le dixième eſt une continuation du même ſujet ſous Louis XI. Le onzième contient pluſieurs faits détachés, qui n'ont pu avoir place dans les Chapitres précédens.

Voyez ſur ces Mémoires la Préface de l'*Hiſtoire de Reims*, par M. Anquetil, *pag.* 45.]

34238. ☞ Pièces concernant la Ville de Reims : 3 Porte-feuilles *in-fol.*

Ce Recueil de Pièces, tant imprimées que Manuſcrites, se trouve à Reims, chez M. Raullin, Docteur en Médecine. On en trouvera le détail à la fin de cet Article.]

34239. ☞ Mſ. Introduction à l'Histoire de Reims, ou Abrégé de l'Histoire de Reims; par M. le Feron, Curé de Saint-Léonard : *in*-4.

Ce Manuscrit est conservé dans les Archives de l'Hôtel de Ville de Reims. M. le Curé de Saint-Léonard est mort depuis dix ou douze ans. Son Histoire est tirée, pour la plus grande partie, de César, de Flodoard, de Bergier, de Cocquault, de Marlot, de Chesneaul, &c. Dans sa Préface, l'Auteur donne une Notice de tous ces Historiens. L'Ouvrage est divisé en cinq Parties. La première traite de l'état civil de Reims : la seconde donne une notion du spirituel, ainsi que du Sacre & Couronnement de nos Rois : la troisième traite des Archevêques : la quatrième de la suite des Archevêques : la cinquième de l'Eglise Métropolitaine. Ce Manuscrit a 263 pages, compris une Table des matières.]

34240. ☞ De l'ancien Duché-Pairie de Reims, & Pièces qui la concernent.

Dans l'*Hist. Généalogique* du P. Simplicien, *tom. II.* 1726, *pag.* 95 *.

En 940 Louis IV. dit d'*Outremer,* donna le Comté de Reims à l'Archevêque Artaud, & depuis ses successeurs furent Seigneurs de la Ville de Reims & du Pays Rémois. Quelques Historiens prétendent que le 1 Novembre 1179 le même jour que Guillaume sacra Philippe-Auguste, le Roi Louis VII. son père, érigea le Duché de Reims en Pairie, & c'est la première en rang.]

34241. ☞ Ordonnances des Droits de la Vicomté de Reims, accordés entre l'Archevêque de Reims, Abbé de Saint-Remy, & les Habitans de la Ville : *Reims,* 1600, *Ibid.* 1724, *in*-8.]

34242. ☞ Lettres-Patentes de Sa Majesté, (du 26 Mars 1606,) pour l'établissement du Collège de la Compagnie de Jesus, en la Ville de Reims : *in*-8.

L'Histoire de l'établissement de ce Collège, qui est curieuse, se voit dans les Requêtes des Universités, ci-devant, Tome I. N.º 14385.]

34243. ☞ Statuts & Réglemens de l'Hôpital Général de Reims: *Reims,* 1686, *in*-12.]

34244. ☞ Lettre écrite de Reims au R. P. de Montfaucon, le 5 Janvier 1739; par le R. P. Taillandier, de l'Abbaye de Saint-Nicaise, sur un ancien Monument découvert dans cette Ville. *Mercure,* 1739, *Février.*]

34245. Panegyricus Remorum habitus à Stephano Macheret, è Societate Jesu: *Remis,* Bernard, 1654, *in*-16.

Cet Auteur est mort en 1694.

34246. ☞ Discours de l'antiquité de l'Echevinage de la Ville de Reims, pour servir de Factum au Procès qu'ont les Echevins contre M. l'Archevêque de Reims & les Officiers de son Bailliage : *Reims,* de Foigny, 1628, 1654, *in*-8. *Ibid.* 1668, *in*-4.

Ce Discours pourroit bien être de Jean Rogier, Echevin de la Ville de Reims en 1628.

34247. ☞ Le Roi triomphant, ou la Statue équestre de Louis XIII. posée sur le front de l'Hôtel de Ville de Reims en 1636, avec d'autres Pièces sur le même sujet ; par René de la Cheze: *Reims,* Bernard, 1637, *in*-4.]

34248. ☞ Arc de Triomphe trouvé dans les Remparts de la Ville de Reims, quand & par qui ce Monument a été élevé. Explications des Bas-reliefs qui se voient dans la voûte de chaque Arcade. *Journal* 19 *des Sçavans, de* 1678, *pag.* 223.]

34249. ☞ Dissertation sur les Arcs de Triomphe de la Ville de Reims; par l'Abbé Carbon: *Reims,* 1739, *in*-12.]

34250. ☞ Monument de la Ville de Reims; par Michel-François d'André-Bardon, Professeur de l'Académie Royale de Peinture & de Sculpture : 1765, *in*-12.]

34251. ☞ Parentalia à Collegio Remensi Francisco Bruharto Abbati, ejusdem Collegii fundatori : *Remis,* 1631, *in*-4.]

34252. ☞ Histoire Civile & Politique de la Ville de Reims; par M. (Louis-Pierre) Anquetil, Chanoine Régulier de Sainte-Geneviève, de la Congrégation de France : *Reims,* Godet, 1756 & 1757, *in*-12. 3 vol.

M. de la Sale, Auteur en partie de cette Histoire, publiée par M. Anquetil, a laissé ses papiers & Mémoires à la Ville, & les a donnés en conséquence à l'Abbaye de Saint-Denys de Reims, pour qu'on put y avoir recours. On en trouvera une Notice à la fin de cette Histoire.

Le Tome I. de cette Histoire contient un Discours préliminaire, & les deux premiers Livres qui s'étendent depuis Jules-César jusqu'à l'an 1219, & à la mort d'Alberic de Humbert, Archevêque de Reims.

Le Tome II. renferme le Livre III. qui s'étend depuis Guillaume de Joinville, Archevêque en 1219, jusqu'à la mort de Renaud de Chartres, en 1443.

Le Tome III. contient le Livre IV. depuis Jacques Juvénal des Ursins, en 1444, & finit en 1657, le Siège vacant par le Mariage de Henri de Savoye, Archevêque, qui n'avoit point reçu les Ordres sacrés.

Cet Ouvrage, dont l'Auteur promet encore une suite, est bien écrit & fait avec soin. Il a cependant essuyé quelques critiques, & l'on trouve à la fin du Tome III. une Lettre adressée à l'Auteur en 1757.

Voyez l'*Année Littér.* 1756, *tom. VII. pag.* 289. = *Mercure* de 1757, *Février.*

« La grandeur ancienne de cette Ville y est bien re-
» présentée; pour une nouvelle Edition que cette bonne
» Histoire mérite, la Description de la Gaule Belgique
» du Père Wastelain pourroit être utile ». *Mém. de Trévoux, Octobre,* 1761, *pag.* 2418.

L'Auteur a promis un quatrième Volume; mais des tracasseries qu'il a essuyées de la part de quelques particuliers de la Ville, touchant leurs Familles, dont il avoit parlé dans son Histoire, ont empêché qu'il n'en donnât la suite.]

34253. ☞ Deux Mémoires pour Nicolas-Pierre de Laistre-Godet, (Libraire à Reims,) contre le Sieur Anquetil, (Chanoine Régulier:) 1758 & 1759, *in*-4.

Il s'agit d'une discussion d'intérêts au sujet de l'Histoire de Reims de M. Anquetil, du débit de laquelle le Sieur de Laistre étoit chargé : il a perdu son procès.]

34254. ☞ Mſ. Diſſertation hiſtorique-critique ſur l'ancienneté, les Privilèges & les Juriſdictions de l'Echevinage de la Ville de Reims; avec un Recueil de plus de quatre cens Pièces juſtificatives dont pluſieurs n'ont pas encore été rendues publiques; par M. BIDET: 1751, *in-fol*.

Ce Manuſcrit eſt conſervé dans les Archives de l'Hôtel de Ville de Reims. La Diſſertation eſt diviſée en trois Parties. La première traite de l'ancienneté des Privilèges & des Juriſdictions de l'Echevinage de Reims; la ſeconde, de la Juriſdiction de l'Echevinage, dite de la Pierre au Change; la troiſième de la Juriſdiction de l'Echevinage, dite du Buffet.

Après cette Diſſertation ſe trouve une Addition qui contient 1.° la Suite chronologique & hiſtorique des Archevêques de Reims, tirée entièrement de Marlot; 2.° la Suite chronologique & hiſtorique des Capitaines pour le Roi en la Ville de Reims, & des Lieutenans deſdits Capitaines, dits depuis Lieutenans des Habitans de ladite Ville. Après ce détail ſe trouvent les Pièces juſtificatives, qui ne forment qu'un Inventaire raiſonné. Ce Manuſcrit eſt en tout de 810 pages.]

34255. ☞ Réglemens de Police, pour la Ville de Reims: *Reims*, 1727, *in*-16.]

34256. ☞ Tranſaction entre l'Archevêque & les Maire, &c. de la Ville de Reims, ſur différens droits, en 1702, *Reims*, 1704, *in*-8.]

34257. ☞ Diſſertation ſur le Projet qu'on forme de donner des Eaux à la Ville de Reims; (par le Père FERRY, Minime:) *Reims*, 1747, *in*-4. avec le Plan gravé.

Ode au Père FERRY, ſur le Projet des Fontaines exécuté à Reims ſous ſa direction; par Simon CLICQUOT Blervache: *Reims*, 1748, *in*-4.

Diſcours prononcé (à ce ſujet) le 6 Mars 1748; par (feu) M. Leveſque DE POUILLY, alors Lieutenant des Habitans de Reims, (& frère de M. de Burigny, de l'Académie des Inſcriptions & Belles-Lettres:) *Paris*, 1748, *in*-4.]

34258. ☞ Mſ. Mémoires de COCQUAULT, ſur divers Etabliſſemens & Réglemens faits dans la Ville de Reims: *in*-8.

Ces Mémoires ſont à la Bibliothèque de la Cathédrale de Reims, num. C. 109.]

34259. ☞ Almanachs de Reims: *Reims*, 1752-1758, *in*-24.

On y trouve des Remarques hiſtoriques ſur la Champagne & ſur la Ville de Reims. Le dernier qui ait été publié eſt de 1758, & ſon Auteur eſt DE LAISTRE-GODET, Libraire. Ceux de 1752 & 1753 ſont de l'Abbé REIGLET, celui de 1754 de M. ANQUETIL, ceux de 1755 & 1756 de M. DE LA SALLE, ancien Garde du Roi, & celui de 1757 eſt de M. DESTABLE, Avocat.]

34260. Mſ. Ordonnance des Compagnons du noble Jeu de l'Arbaleſtre: *in*-4.

Ce Manuſcrit [étoit] entre les mains de M. Lacourt, Chanoine de Reims. Cet exercice étoit autrefois en ſi grande réputation, que les Archevêques de Reims entroient dans cette Compagnie. Voici ce qu'on lit de Jean Juvenal des Urſins dans l'ancien Regiſtre. « Au-» jourd'hui Vendredi 23 Juillet 1473, fut dit & célébré » en l'Egliſe de Reims la Meſſe & Service pour notre » Révérend Père en Dieu Meſſire Jean Juvenal des Ur-» ſins, Archevêque, Duc de Reims, notre Frère & Com-» pagnon, en ſon vivant Chevalier de l'Arbaleſtre de la » Commune de Reims, trépaſſé le quatorzième jour de » ce préſent mois de Juillet..... A la fin duquel Service » fut requêtée l'Arbaleſtre dudit feu notre Frère & » Ami, à Nous être baillée & délivrée.... qui a été par » Nous faite armoiriée des Armes d'icelui ». Je tiens ce récit de M. Lacourt.

34261. ☞ Mſ. Hiſtoire de la Ville de *Mouzon*, Dioceſe de Reims, avec le Journal du dernier Siège de cette Ville, par un Officier qui avoit ſervi audit Siège.

Il manque à l'Hiſtoire pluſieurs Cahiers de peu d'importance; du reſte on peut y trouver quelque choſe de bon ſur les anciens droits des Archevêques de Reims en cette Ville. Cette Hiſtoire eſt écrite par D. N. CHRETIEN, Religieux de l'Abbaye de Mouzon. Le Journal du Siège eſt plus intéreſſant; il renferme le plan de cette Place avant qu'elle fût démantelée.]

☞ Le Père FULGENCE, Capucin à Mouzon, travaille actuellement à un Mémoire Chronologique de la Ville & Pays de Mouzon, qui ſera fort étendu & occupera un Volume *in*-4.]

34262. Les Villes & Villages du Comté de *Rethel* ſujets & réglés par la Coutume de Vitry-le-François.

Ce Catalogue eſt imprimé avec les *Commentaires de Saligny ſur cette Coutume*: *Chaalons*, 1676, *in*-4.

34263. ☞ Mſ. Recueil de tout ce qui eſt arrivé au Duché de Mazarin, auparavant Comté de Rethel, & aux Seigneurs qui l'ont poſſédé depuis Clodion, ſecond Roi de France.

Ce Recueil, aſſez curieux, a été fait par M. Pierre GAMART, Procureur-Général du Duché, & par les ordres de Charles de Gonzague en 1614, d'après les Dénombremens du Duché, ſur les Chartes & Titres d'icelui, dont les doubles ont été remis en la Chambre des Comptes en 1625, & les autres ſont aux Archives du Duché.]

34264. ☞ Mſ. Hiſtoire de Château-Portien & de Rethel; par François MASSET: *in*-fol.

M. Fradet, Avocat au Parlement, à Chaalons ſur Marne, a une Copie de cette Hiſtoire.]

34265. ☞ Mſ. Mémoires de Dom GANNERON, Chartreux: *in*-fol.

« Ils ſont conſervés dans la Chartreuſe du Mont-» Dieu, Dioceſe de Reims. Ce Manuſcrit eſt aſſez inté-» reſſant, non par la façon dont il eſt écrit, mais par les » recherches que l'Auteur a faites dans les Provinces où » il y a des Maiſons de ſon Ordre, & dans leſquelles » il a demeuré. Il y parle des *Eſſuens*, Peuple dont il eſt » queſtion dans les *Commentaires de Céſar*, & dont, » juſqu'à préſent, la demeure a paru aſſez incertaine. Il » prétend, d'après d'anciens Manuſcrits qu'il cite, que » la *Tiérache* ou *Tiéraſſe*, en faiſoit une partie. (Ce Pays » s'étend, comme l'on ſçait, en Champagne comme en » Picardie.) D. Ganneron conclud, d'après les Manuſ-» crits dont il fait uſage, que *Tiéraſſe* s'explique par » *Terra Eſſuorum*. Il décrit l'intérieur du Pays, & en-» ſuite les bornes; enfin il conduit l'Hiſtoire des Eſſuens » depuis l'an 1. de J. C. juſqu'à l'an 1640. On trouve » dans ce Manuſcrit la fondation des Abbayes, la ſuc-
» ceſſion

Histoires de Champagne.

» cession de leurs Abbés, l'origine de plusieurs Villes &
» Villages, la succession des Comtes de *Rethel*, & de la
» plupart des autres Seigneurs des Terres titrées, qui se
» trouvent enclavées dans son Pays des Essuens.
  » Suit dans son Manuscrit une Histoire Tripartite des
» Archevêques, du Diocèse & de la Province de *Reims*,
» tirée de différents Auteurs, & spécialement de quel-
» ques anciens Manuscrits. La succession des Evêques
» paroît assez soignée. Mais pour les faits, il est rare que
» l'Auteur cite des garans. Il donne d'abord un précis
» de la Vie de chaque Evêque; ensuite celui des Grands-
» Hommes, ou des Saints qui ont vécu dans le Diocèse.
» Il en fait autant pour la Province de Reims : ce qui
» forme des colonnes. De plus, il donne un Martyro-
» loge de l'Eglise de Reims, dans lequel sont placé par
» ordre des mois & des jours, les Saints & Bienheureux
» que l'Eglise honore, jusqu'aux temps où il écrivoit,
» c'est-à-dire en 1640. On trouve encore dans ce Manus-
» crit, un Recueil ou Catalogue de toutes les Reliques,
» & des endroits de piété du même Diocèse. Enfin l'on
» y voit différentes Vies des Saints particuliers à la
» Champagne, & autres Personnages illustres de cette
» Province ». Cette Notice a été envoyée par D. Vincent, Bibliothécaire de l'Abbaye de S. Remi de Reims.]

34266. ☞ Mf. Livre d'hommages & ad-
veus rendus à Henri de Foix, Seigneur de
Lautrec & Comte de Rethelois, par les
Seigneurs ses Vassaux en 1533. Item, pour
la Vicomté de S. Florentin en Champagne :
in-4. avec belles miniatures.

Ce Manuscrit est à la Bibliothèque du Roi, & vient
de M. Lancelot.]

34267. ☞ Réduction & évaluation des mesures & poids anciens du Duché de Rethelois, à mesures & poids Royaux ; par François GARRAULT : *Paris*, 1585, *in-4*.]

34268. ☞ Lettres, Déclarations, & Arrêts
concernant l'érection ancienne de la Terre
de Rethel en Pairie, l'union de la Baronie
de Rozoy au Comté de Rethel, l'érection
de la même Terre en Duché, &c. *Paris*,
Vitré, 1664, *in-4*.]

34269. ☞ Du Comté-Pairie de Rethelois,
érigé en 1347 & 1405.

Dans l'*Histoire Généalogique* du Père Simplicien,
tom. III. pag. 193 & 249.

☞ Duché-Pairie du Rethelois, en 1573.
Ibid. pag. 862. = Nouvelle érection, sous
le nom de Rhetel-Mazarin, en 1663. *Ibid*.
tom. *IV*. pag. 627.]

== ☞ Prise de Rhetel, en 1617, pendant
la Guerre des Princes.

Voyez ci-devant, Tome II. N.° 20566.]

== ☞ Prise & Bataille de Rethel, en 1650.
Ibid. N.os 13205 & 23220.]

== ☞ Prise de Château-Porcien, &c. en
1617, pendant la Guerre des Princes.
Ibid. N.° 20693.]

== ☞ Prise de Rocroy, par le Duc de
Guise, en 1587.

Voyez ci-devant, Tome II. N.° 18579.]

== ☞ Bataille & Campagne de Rocroy,
Tome III.

en 1643 ; par le Duc d'Enghien, ou le Prince de Condé.

Voyez ci-devant, Tome II. N.os 22182-22185.]

34270. ☞ Mf. Mémoire historique sur les
Châteaux, Citadelles, Forts & Villes de
Mezières, *Charleville*, & le Mont-Olympe :
in-fol. de 84 pages.

Ce Mémoire est conservé à Dijon, dans la Bibliothèque de M. Fevret de Fontette. Il vient de M. GAILLI,
Greffier & Secrétaire de l'Hôtel de Ville de Charleville.]

== ☞ Du Mariage du Roi Charles IX.
avec Elisabeth d'Autriche, célébré à Me-
zières-sur-Meuse.

Voyez ci-devant, Tome II. N.° 18096.]

34271. ☞ Notice sur l'Histoire de la Ville
de *Sainte-Menehould*; (par M. Claude DE
LIEGE, Président aux Traites foraines de
cette Ville.)

Elle se trouve pag. 135-145 du tom. II. du Recueil
intitulé : *Nouvelles Recherches sur la France* : *Paris*,
1766, *in-12*.]

34272. ☞ Mf. La Fondation de Chaalons,
Eclogue ; par J. DE MEULES, Sieur du Rosier : 1627, *in-4*.

Ce Manuscrit a passé de la Bibliothèque de M. de
Cangé dans celle du Roi.]

34273. ☞ De l'ancienne Comté-Pairie de
Chaalons, & Pièces qui la concernent.

Dans l'*Hist. Généalogique* du P. Simplicien, tom. II.
1726, *pag*. 311.]

== ☞ Mémoire de ce qui a été arrêté à
Chaalons par les Ligueurs, en 1588.

Voyez ci-devant, Tome II. N.° 18700.]

34274. ☞ Tablettes Historiques, Topographiques & Physiques, à l'usage de la
Ville & du Diocèse de Chaalons-sur-Marne,
pour l'année 1757 : *Chaalons*, veuve Bouchard, *in-24*.]

34275. Catalogue alphabétique des Lieux
dépendans du Bailliage de *Chaalons* en
Champagne.

Ce Catalogue est imprimé à la fin de la *Coutume de
Chaalons* : *Chaalons*, Seneuse, 1677, *in-12*.]

34276. ☞ Mf. Histoire de la Ville d'E-
pernay; par M. BERTIN DU ROCHERET, Lieutenant-Criminel au Bailliage de cette Ville:
in-fol.

L'Original de cette Histoire est entre les mains de
M. d'Aubigny, Auditeur des Comptes. M. Fradet, Avo-
cat au Parlement, à Chaalons sur Marne, en a une
Copie.]

== ☞ Siège & Prise d'Epernay, en 1592.

Voyez ci-devant, Tome II. N.° 19388.]

34277. ☞ Mf. Description de quelques
Monumens qui peuvent servir de preuves,
que l'Eglise de *Vert*, située dans le Comté
de Vertus, Diocèse de Chaalons sur Marne,
a été anciennement un Temple consacré à
l'honneur d'Osiris & d'Isis ; lue dans l'Assemblée publique de la Société Littéraire de

S f

Chaalons sur Marne, le 17 Mars 1757; par le même.

Cette Description est aussi conservée dans les Registres de la Société.]

34278. ☞ Ms. Mémoires pour servir à l'Histoire du Pays & Comté de *Vertus*; par M. CULOTEAU DE VELYE, Avocat du Roi au Présidial & Bailliage de Chaalons sur Marne.

Ces Mémoires, lus dans différentes Séances de la Société Littéraire de Chaalons, sont conservés dans les Registres de cette Société.]

34279. Description & origine de la Ville de *Vitry* en Pertois; par Charles DE SALIGNY, Avocat au Parlement. = Observations sur les Priviléges de cette Ville. = Table & Déclaration des Villes, Bourgs, Villages, Hameaux, Censes & Lieux du Ressort du Bailliage de Vitry-le-François.

Ces trois Ecrits sont imprimés avec le *Commentaire sur la Coutume de cette Ville : Chaalons*, 1676, in-4.

34280. ☞ Ms. Chronologie des faits concernant la Ville & les Principautés de *Sedan*, Raucourt, Saint-Menges, & quelques autres Lieux circonvoisins; par le Père NORBERT, Capucin : *in-4*.

Ce Manuscrit est dans la Bibliothèque des Capucins de Sedan, & le Sieur François, Procureur à Sedan, en a une Copie.]

34281. ☞ Ms. Antiquité de Sedan & Villes frontières de la Meuse.

Ce Mémoire est un Précis de ce qu'ont fait les Romains dans ces Contrées. On y discute l'étymologie des différens noms des Villes & autres Lieux du Pays, à dessein d'en montrer l'origine. On y entre ensuite dans le détail de quelques particularités de la Ville de Sedan. Ce Manuscrit est aussi dans la Bibliothèque des Capucins de Sedan. Le Sieur Husson de Donzy en a une Copie corrigée.]

34282. ☞ Mémoire très-curieux concernant la Ville de Sedan; avec l'explication de tout ce qui s'est passé depuis son établissement, &c. *Sedan*, Thesin, *in-4*. (vers 1745, par ordre de M. le Comte de Belle-Isle.)

C'est un Abrégé des Mémoires qui suivent.]

34283. ☞ Ms. Antiquités de Sedan & des autres Villes frontières de la Meuse : *in-fol*. de 116 pages.

L'Auteur est M. LANNOY, Lieutenant particulier des Eaux & Forêts, mort à Sedan en 1754. Ce Manuscrit est entre les mains de M. Lannoy le cadet, qui jouit de la même charge. On y examine Sedan depuis son commencement, ses progrès, ses révolutions, jusqu'en 1678; les différens Maîtres de cette Ville, les causes de la cession qui en fut faite au Roi en 1642; les droits des Maisons de la Marck & de la Tour, sur le Duché de Bouillon, contre les prétentions des Evêques & du Chapitre de Liège. On y parle aussi de la plupart des Lieux voisins de Sedan. L'Imprimé (indiqué au N.° précédent) est l'abrégé d'une partie de ces Mémoires.]

☞ On trouve sur cette Ville un Manuscrit à la Bibliothèque du Roi, intitulé *Sedan*, qui forme le numéro 135 des Manuscrits de Brienne, (indiqué ci-devant à l'article du Domaine :) il renferme des Pièces intéressantes sur l'Histoire de cette Ville. On peut aussi consulter l'Ouvrage de MARLOT, sur la Métropole de Reims, qui contient plusieurs choses au sujet de Sedan, qui étoit anciennement un Fief de l'Eglise de Mouzon, & un Arrière-Fief de celle de Reims.

Les *Mémoires du Maréchal de Fleuranges*, Seigneur de Sedan, qui sont au Tome VII. des *Mémoires de du Bellay*, publiés en 1753, par l'Abbé Lambert, (ci-devant, Tome II. N.° 17623,) font connoître l'origine des Princes de la Maison de la Marck, comment ils quittèrent Charles-Quint pour s'attacher à la France, & les suites que ce changement a eues relativement à la Ville de Sedan.]

34284. ☞ Ms. Copie de plusieurs Edits & Ordonnances rendues par les Princes de Sedan & leur Conseil Souverain, depuis 1558 jusqu'en 1641 : *in-4*. 2 vol.

Ils sont conservés chez le Sieur Dumont, Greffier du Bailliage-Présidial de Sedan. On y trouve bien des faits qui ne sont point rapportés ailleurs, & de quoi corriger plusieurs erreurs des Historiens.

Les anciens Registres du Conseil Souverain de Sedan, ont été transportés à Metz, & se trouvent aux Archives du Parlement.]

34285. ☞ Ms. Histoire de la Ville de Sedan, commençant au temps que le Calvinisme s'y est introduit: *in-4*.

Cette Histoire, qui n'est pas achevée, a environ 100 pages : elle est entre les mains de M. Lamequin, Contrôleur du Bureau des Traites à Torcy, près Sedan. Elle développe l'origine, les droits, les priviléges & les loix du Commerce, & les Manufactures. On y trouve encore des Anecdotes intéressantes touchant la Jurisdiction & quelques établissemens remarquables.]

== ☞ Reddition de Sedan, au Roi Henri IV. en 1606.

Voyez ci-devant, Tome II. N.os 19861-19864.]

== ☞ Guerre de Sedan, Bataille de *la Marfée*, (aux environs,) en 1641; & Prise de Sedan, en 1642.

Voyez ci-devant, Tome II. N.os 22042-22048.]

☞ On trouvera dans la *Vie de Henri de la Tour*, *Duc de Bouillon*, par Marsollier : (*Paris*, Barrois, 1719, *in-12*. 3 vol.) beaucoup de choses par rapport à la Principauté de Sedan; ce Prince ayant embrassé le Calvinisme & l'ayant établi dans cette Ville, qui devint le refuge des Sectaires & une autre la Rochelle. On peut aussi consulter la Vie de Frédéric-Maurice, Prince de Sedan après son père, & celle du Maréchal de Turenne.]

34286. ☞ Ms. Recueil de diverses Ordonnances du Maréchal DE FABERT, pour maintenir dans la Ville de Sedan les droits de la Religion Catholique, & les loix du bon ordre, Civil & Militaire : *in-fol*.

Ce Recueil est au Greffe du Bailliage de Sedan. On y voit entr'autres l'Ordonnance du 23 Février 1643, publiée par ordre du Roi, pour l'entier rétablissement du Culte Catholique à Sedan, après une suppression de 80 ans : époque mémorable que les Sédanois ont consacrée depuis par une Fête solemnelle,) dont nous avons parlé Tome I. N.° 5064.)

☞ On peut consulter la *Vie du Maréchal de Fabert*, par M. Barre, Chanoine-Régulier : (*Paris*, 1752, *in-12*. 2 vol.) On y trouvera beaucoup de choses sur Sedan, dont ce Maréchal fut le premier Gouverneur pour le

Roi ; il engagea les Sédanois à fortifier eux - mêmes leur Ville, comme Louis XIV. le reconnut par son Edit de 1658.]

34287. ☞ Mf. Registres du Greffe, depuis 1642 jusqu'en 1690 : *in-fol.*

On y trouve plusieurs Pièces intéressantes.]

34288. ☞ Lettre sur la Ville & la Forteresse de Sedan : *in-4*.

C'est la Xe de celles qui ont été imprimées : *Amsterdam*, 1694, chez Daniel la Feuille, sous le titre de *Lettres sur l'état présent de l'Europe*. On y décrit les propriétés de son Territoire, l'industrie & la valeur guerrière de ses habitans. Il s'y trouve des raisonnemens politiques sur la cause des révolutions de Sedan en 1641.]

34289. ☞ Mf. Divers Mémoires historiques, & Recueils de Pièces sur Sedan.

On les trouve à Sedan, dans le Cabinet de M. Doyré, & ils ont été composés & recueillis par M. Doyré, Maréchal des Camps & Directeur du Génie, mort en 1754. La *Coutume de Sedan*, réimprimée en 1717 chez Thelin, avec des additions & augmentations, renferme des faits qui concernent l'Histoire de cette Ville.

Tout ce que l'on vient de voir, depuis le N.° 34280, est tiré d'un Mémoire qui nous a été envoyé par M. Duchesne de Ruville, Commissaire Provincial des Guerres au Département de Sedan, & faisant les fonctions de Subdélégué en cette Ville.]

34290. Privilèges de la Souveraineté de Sedan : *Sedan*, 1669, 1690, *in-4*.

Ce Recueil contient les Privilèges & Franchises de Sedan accordés par les Rois de France, prédécesseurs du Roi Louis XIV. avec la confirmation de ce Prince.

34291. ☞ Les mêmes : *Sedan*, Thelin, 1721, *in 4.*]

34292. ☞ Mémoire des Maire, Echevins & autres Officiers Municipaux de la Ville de Sedan, pour répondre à un Mémoire de M. l'Intendant de la Généralité de Metz, envoyé auxdits Maire & Echevins, le 10 Avril 1764 : *in-fol.*

« L'Auteur est Jean-Charles François, Conseiller
» Garde-Scel de la Chancellerie Présidiale de Sedan, &
» ce Mémoire est parmi les Archives de l'Hôtel de
» Ville. L'objet est un exposé des raisons qui
» doivent rendre sacrés & intacts les Privilèges de la
» Ville & Principauté de Sedan ; des services rendus à
» la France, lors même que cette Ville ne reconnoissoit
» d'autres Maîtres que ses Princes : services que nos
» Rois, qui les ont reconnus de tout temps, ont ré-
» compensés par ces Privilèges. On parle aussi dans ce
» Mémoire des Privilèges de presque tous les Chefs-
» lieux de la Subdélégation de Sedan, & de plusieurs
» faits historiques qui la concernent ». Extrait du *Mémoire* de M. Duchesne de Ruville.]

34293. ☞ Mf. Réduction des Privilèges de la Souveraineté de Sedan, &c. & autres Lieux.

On rapporte dans ce Mémoire les Privilèges accordés à différens Pays, & notamment à celui de Sedan, par ordre d'objets : on y joint les Arrêts qui restraignent, confirment ou étendent les franchises & immunités sur chacun de ces objets : on y a inséré enfin plusieurs faits historiques relatifs au Pays de Sedan. Ce Mémoire est entre les mains de M. Lamequin, Contrôleur du Bureau de Torcy, qui en est l'Auteur. Il a encore

composé un autre Ouvrage Manuscrit sur l'origine, la régie & perfection du Droit de Marck. Ce dernier Mémoire est entre les mains de M. Gigault de Crisenoir, Fermier-Général & Président des Traites à Paris.]

34294. ☞ Disciplina Scholæ Sedanensis : *Sedani*, 1630, *in-8*.

Il s'agit là de l'espèce d'Académie que les Calvinistes avoient érigée à Sedan.]

34295. ☞ Mf. Deux Registres du Conseil des Modérateurs de l'Université & Académie de Sedan : *in-fol.* 2 vol.

Le premier, qui commence en 1602 & finit en 1638, est au Greffe du Domaine ; & le second, qui va depuis 1638 jusqu'à la suppression de cette Université en 1681, est au Greffe du Bailliage. On y voit l'enlèvement & la déprédation des biens Ecclésiastiques dans la Principauté, l'oppression sous laquelle gémissoit alors la Religion Catholique, & l'empire du Calvinisme. M. Duchesne de Ruville.]

34296. ☞ Ordonnances de M. le Duc de Bouillon, (Henri-Robert de la Marck,) pour le réglement de la Justice de ses Terres & Seigneuries Souveraines de *Bouillon*, Sedan, Jamets, Raucourt, Florenge, Floranville, Meslaucourt, Longnes, & le Saulcy ; avec les Coutumes générales desdites Terres & Seigneuries : *Paris*, Rob. Etienne, 1568, *in-fol.*]

34297. ☞ Recueil de Pièces concernant le Duché de Bouillon, Vicomté de Turenne & Souveraineté de Sedan : (*Sedan*, 1762,) *in-4.*

Le Catalogue de toutes les Pièces de ce Recueil se trouve au commencement. Ce Volume en contient de très-rares.]

34298. ☞ Requête présentée au Roi par Henri-Robert de la Marck, sur l'usurpation faite sur sa Maison de la Souveraineté de Sedan, contre François de la Tour, Vicomte de Turenne : 1644, *in-fol.*

34299. ☞ Notice de la Ville de *Donchery* sur Meuse.

Elle se trouve dans le Recueil intitulé : *Nouvelles Recherches sur la France : Paris*, 1766, *in-12. tom. I.* pag. 353.]

34300. Mf. Les Louanges ou Histoires de *Troyes* & des Troyens ; par Jean Passerat, de Troyes, Lecteur du Roi en l'Université de Paris.

Cet Auteur est mort en 1602. Son Histoire n'étoit pas encore imprimée en 1584, selon la Croix du Maine. Passerat en parle dans son *Chant d'Allégresse pour l'Entrée de Charles IX. dans la Ville de Troyes*, imprimé en 1564.

== Mf. Histoire séculière de la Ville de Troyes ; par Nicolas Pithou.

Voyez ci-devant, [Tome I. N.° 565.]

34301. ☞ Mf. Annales de la Ville de Troyes ; par M. Jean Hugot, Chanoine de l'Eglise Royale de Saint-Etienne de la même Ville, & Chapelain de Madame la Dauphine, Marie-Victoire-Eléonore de Bavière.

Ces Annales Manuscrites sont conservées à Troyes,

dans la Famille de l'Auteur : quelques Particularités en ont des Copies. Elles ont été composées vers la fin du dernier siècle, & elles finissent à l'année 1704. Elles contiennent des détails particuliers sur la Collégiale de Saint-Etienne, dont M. Hugot étoit Chanoine.]

34302. ☞ Mſ. Annales de la même Ville; par M. BREYER.

L'Auteur, qui fut d'abord Chanoine de la Collégiale Papale de Saint-Urbain, y a fait entrer plusieurs particularités relatives à cette Collégiale. Elles vont jusqu'à l'année 1740. M. Monineau, l'un des héritiers de l'Auteur, les a en sa possession.]

34303. ☞ Lettre de M. BAUGIER, Lieutenant du Roi de la Ville de Chaalons en Champagne, écrite à M. Gouault, Maire de la Ville de Troyes, à l'occasion du Sacre du Roi, sur la capitalité de la Ville de Troyes. *Mercure*, 1723, *Février*.

Réponse de M. GOUAULT à M. Baugier. *Ibid. Mai*.

Lettre de M. Baugier, Lieutenant de Roi en la Ville de Chaâlons, à M. Gouault, du 25 Novembre 1723. *Journ. de Verdun*, 1724, *Février*.

Lettre de M. Gouault, du 16 Février 1724, pour répondre à celle de M. Baugier. *Ibid. Avril*.

Lettre de M. Baugier à MM. de Troyes, du 6 Avril 1725. *Ibid.* 1725, *Juin*.

Réponse de M. ROLLIN, Maire de Troyes, à M. Baugier de Chaalons. *Ibid.* 1725, *Août*.

Lettre de M. Baugier à M. Rollin. *Ibid. Décembre*.

Il s'agit dans ces sept Lettres de sçavoir laquelle de ces deux Villes doit passer pour la Capitale de la Province de Champagne. Baugier vouloit que ce fût Chaalons, & les autres, Troyes. Le véritable Auteur des Lettres du Maire Gouault, est M. LE FEVRE, Chanoine Régulier de Sainte-Geneviève, & Prieur de Saint Nicolas de Troyes.]

34304. ☞ Mémoire où l'on prouve que la Ville de Troyes en Champagne est la Capitale de la Province; (par Remy BREYER:) *Troyes*, 1723, *in-4.* de 51 pages.]

34305. ☞ Projet d'un Ouvrage concernant la Ville de Troyes; par M MOREL, Lieutenant-Général du Bailliage de la même Ville : (*Troyes*, 1736,) *in-4.* de 11 pages.

Cet Ouvrage a pour titre : *Annales & Titres de la Ville de Troyes*. On en voit le Plan & les Divisions au *Mercure* de 1736, *Juin, pag*. 1401 & *suiv*.]

34306. ☞ Extrait d'une Lettre de M. SO-GIREL DE TORECY, au sujet de la Ville de Troyes. *Mercure*, 1738, *Février*.]

34307. ☞ Vie de MM. Pithou ; par M. GROSLEY : *Paris*, 1756, *in-12.* 2 vol.

Elle est utile à consulter pour l'Histoire de la Ville de Troyes.]

34308. Mſ. Titres pour la Ville de Troyes, Privilèges d'icelles & des Artisans, Fondations des Eglises de cette Ville : *in-fol*.

Ces Titres sont conservés entre les Manuscrits de M. Dupuy, num. 228.

== ☞ Promptuarium sacrarum Antiquitatum Tricassinæ Diœceseos : collectore Nicolao CAMUSAT.

Voyez ci-devant, [Tome I. N.° 10082.]

34309. Lettres de CHARLES VII. Roi de France, sur la réduction de sa Ville de Troyes.

Cette Lettre est imprimée dans les *Mélanges historiques* de Nicolas Camusat : *Troyes*, 1619, *in-8*.

== ☞ Affaires de Troyes, au temps de la Ligue, en 1589.

Voyez ci-devant, Tome II. N.° 18967.]

== ☞ Entreprise sur la Ville de Troyes, en 1590 = Sa Réduction à l'obéïssance du Roi Henri IV. en 1594.

Voyez ci-devant, Tome II. N.° 19290, 19291, & 19292.]

34310. ☞ L'Octroi fait par le Roi aux Habitans de la Ville & Cité de Troyes, d'une Foire franche à toujours au mois de Mai : 1510, *in* 16. Gothique.

Ces Foires [étoient] ordinairement tenues dans la Ville de Lyon. On trouve aussi cette Pièce sous le titre d'*Etablissement*, &c. *pag*. 524 des Observations sur l'*Histoire de Charles VIII*. par Godefroy, 1684, (ci-devant, Tome.I. N.° 17395.]

34311. Mémoire chronologique des Foires de Champagne & de Brie, établies en la Ville de Troyes; par François DESMAREZ, Seigneur de Paris, Avocat au Parlement, Echevin de la Ville de Troyes : 1687, *in-4*.

34312. La Mairie & Echevinage, avec les Privilèges de ladite Ville : *Troyes*, 1679, *in-8*.

34313. ☞ Remontrance faite en l'Assemblée des Maire, Echevins, &c. de la Ville de Troyes, tenue pour l'élection de quatre Echevins; par M. Pierre LE NOBLE, Président & Lieutenant-Général au Bailliage de Troyes, le 21 Avril 1615 : *Troyes*, Chevillot, 1615, *in-8*.]

34314. ☞ Ephémérides Troyennes, 1757-1768; (par M. GROSLEY :) *Troyes*, *in-32*. 12 vol.

On y trouve une suite de l'Histoire de la Ville de Troyes, de ses Antiquités, Curiosités, &c. Celles de 1768 contiennent une Table de tous les Morceaux historiques renfermés dans ces douze années.]

34315. ☞ La Ramponide, ou Critique des Ephémérides Troyennes; par M. DE MONT-ROGER, Ingénieur à Troyes : 1762, *in-12.*]

34316. ☞ Observations sur la Critique des Ephémérides Troyennes : 1762, *in-12*.]

34317. ☞ De la Duché-Pairie d'*Aumont*, (à *Isle*, près de Troyes,) érigée en 1665.

Dans l'*Histoire Généalogique* du Père Simplicien, *tom. IV. pag*. 865.]

Histoires de Champagne.

== ☞ Prise de la Ville de *Méry*-sur Seine, en 1615.

Voyez ci-devant, Tome II. N.° 20384.]

34318. ☞ De la Duché-Pairie de *Piney-Luxembourg*, érigée en 1587, 1620 & 1661.

Dans l'*Histoire Généalogique* du Père Simplicien, tom. III. pag. 868, & tom. IV. pag. 327 & 578.]

34319. ☞ De la Duché-Pairie de *Beaufort*, érigée en 1597 & 1598.

Dans l'*Histoire Généalogique* du Père Simplicien, tom. IV. pag. 84.]

Le même, sous le nom de *Beaufort-Montmorency*, mais simple Duché, érigée en 1688. *Ibid. tom. V. pag.* 708.]

34320. ☞ De la Duché-Pairie de *Rosnay*, érigée en 1651, mais non enregistrée. *Ibid. pag.* 902.]

== ☞ Histoires de *Clairvaux*.

Voyez ci-devant, Tome II. N.ᵒˢ 13039 & *suiv.*

Les Histoires de cette Abbaye, qui a donné lieu à une petite Ville, peuvent servir à l'Histoire de la Province de Champagne.

== ☞ Des choses mémorables arrivées à *Châteauvillain* & aux environs, depuis l'an 1589 jusqu'en 1593.

Voyez ci-devant, Tome II. N.° 19499.]

34321. ☞ De la Duché-Pairie de *Châteauvillain*, érigée en 1703.

Dans l'*Histoire Généalogique* du Père Simplicien, tom. V. pag. 114.]

Cette Pairie avoit déja été érigée en 1650, mais non enregistrée. *Voyez ibid. pag.* 866.]

34322. ☞ De la Duché-Pairie de *Brienne*, en 1587, mais non enregistrée.

Dans l'*Histoire Généalogique* du Père Simplicien, tom. V. pag. 803.]

34323. ☞ Du Duché-Pairie de *Villemor*, en 1650, mais non enregistré.

Dans l'*Histoire Généalogique* du Père Simplicien, tom. V. pag. 863.

La Baronie de Villemor fut érigée en Duché par M. Seguier, Chancelier de France.]

== Histoire du *Senonois*; par Guillaume MORIN.

Elle se trouve avec celle *du Gastinois*, du même Auteur: *Paris*, 1630, *in*-4. [*pag.* 598-682.]

34324. Mf. Antiquités de la Ville de *Sens*; par Jean DRIOT, Chanoine de l'Eglise de Sens: *in*-8.

Cet Auteur est mort en 1673. Ses Mémoires, qui sont fort curieux, [étoient] dans le Cabinet de M. Fenel, Doyen de l'Eglise de Sens.

34325. ☞ Lettre de M. l'Abbé LEBEUF, à M. l'Abbé Fenel, Chanoine de Sens, touchant l'origine du Proverbe *li Chanteor de Sens*. *Mercure*, 1734, *Février*.]

34326. ☞ Lettre sur d'anciens Livres manuscrits de Sens, d'Auxerre & du Pays Boulonnois; écrite par M. L. Chanoine d'Auxerre, à M. Fenel. *Mercure*, 1735, *Juin*.]

34327. ☞ Lettre sur une Inscription nouvellement découverte à Sens. *Merc.* 1735, *Décembre*.

Lettre sur le même sujet. *Mercure*, 1736, *Février*.]

34328. Mf. Histoire de la Ville de Sens; par Jacques ROUSSEAU, Curé de Saint-Romain de Sens: *in*-4.

Cette Histoire, écrite en l'an 1682, & suivantes, est entre les mains des Héritiers de l'Auteur, qui est mort en 1713. Il l'a terminée à la mort de M. de Gondrin, en 1674; cet Auteur n'a ni style ni critique; mais il rapporte un grand nombre de Chartes qu'il a ramassées avec beaucoup de soin. C'est ce que m'a appris M. Fenel, Doyen de l'Eglise de Sens.

34329. Mf. Antiquités de la Ville de Sens, ou l'Inventaire des Titres, Chartes & autres Pièces appartenantes à la Ville de Sens, contenant les Libertés, Privilèges & Franchises des Habitans, fait & redigé par écrit par ordre des Maire & Echevins de la Ville de Sens; par Balthasar TAVEAU, Procureur au Bailliage & Siège Présidial de Sens, & Greffier de la Chambre de Ville.

Cet Auteur est mort en 1586. Son Ouvrage est conservé dans les Archives de la Ville de Sens; il a été fait avec soin, & il est fort curieux.

34330. ☞ Mf. Notice du Fief & Seigneurie de *Palteau*; par M. SILVESTRE DE SAINT-ABEL, Membre de la Société Littéraire d'Auxerre.

Cette Notice, qui est conservée dans le Dépôt de cette Société, quoique courte, est curieuse & intéressante. Elle a été rédigée d'après les Titres. Les plus anciens écrivoient *Palleteau*, qui est un Hameau dépendant de la Paroisse d'Armeau, à une lieue & demie de Villeneuve-le-Roi, Sud-Est. Ce Hameau dépendoit autrefois de la Châtellenie de Maslay, nommé *Massolacum*, *Mansolacum*, *Mausolagum*, où il y avoit un Château Royal sous nos Rois de la première Race : (ci-devant, Tome I. N.° 522.) Cette Châtellenie, qui étoit considérable, fut démembrée en huit portions en 1545, & les Domaine, Fief & Seigneurie de Palleteau furent la septième portion. M. l'Abbé Lebeuf avoit eu communication de ses Titres, & en a extrait ce qu'il a écrit sur l'Histoire de Maslay.

Voyez son *Recueil* imprimé en 1738: *Paris*, Barois, & le *Mercure* 1725, *Janvier*.]

34331. ☞ Mf. Histoire de la Ville & des Comtes de *Joigny*; par M. DAVIER, Avocat au Parlement & Greffier de l'Election de Joigny: 4 vol. dont 1 *in-fol.* & 3 *in-*4.

Edme-Louis Davier, né à Joigny le 12 Juillet 1665, y est mort le 16 Août 1746, âgé de 81 ans. Il a laissé 40000 livres pour fonder un Collège dans sa patrie. Son Manuscrit autographe est entre les mains de M. Bourdois de la Motte, Conseiller en l'Election de Joigny, & Docteur en Médecine. Quoiqu'il ne soit pas exempt de fautes de chronologie & de diction, il ne laisse pas cependant d'être très-curieux. On y trouve,
1.° la suite & l'Histoire des Comtes de Joigny, depuis Renard le vieux, Comte de Sens, qui bâtit en 999 une Maison de chasse au lieu où est aujourd'hui le Château, jusqu'à M. le Duc de Villeroy, vivant présentement.
2.° l'Histoire des trois Paroisses, des autres Eglises &

des Couvens : 3.° celle des Evénemens arrivés dans cette Ville, depuis six à sept cens ans ; 4.° le détail des revenus de la Ville, & des changemens qu'ils ont essuyés. *Extrait d'une Lettre de M. de la Brulerie, Mestre de Camp de Cavalerie, demeurant à Joigny.*]

34332. ☞ Mss. Histoire de la Ville & des Comtes de Joigny ; par M. BOURDOIS, Procureur-Fiscal de cette Ville : *in-fol.*

M. Pasumot, qui en parle dans ses *Mémoires Géographiques de la Gaule*, dit que ce n'est qu'un Cahier de 36 pages, mais d'une écriture très-menue, avec des Additions en marge ; qu'il est entre les mains de M. Bourdois de la Motte, fils de l'Auteur, qui est Bailli & Prevôt de Joigny.]

34333. ☞ Statuts & Réglemens de l'exercice des Chevaliers du Jeu de l'Arquebuse de la Ville de Joigny : *Paris*, Rondet, 1720, *in-12.*]

34334. ☞ Remarques sur une Inscription découverte en Champagne, (à deux lieues de *Joinville*;) par M. MOREAU DE MAUTOUR. *Hist. de l'Acad. des Inscriptions & Belles-Lettres, tom.* IX. *pag.* 170.]

34335. Description de l'ancienne & nouvelle Ville de *Tonnerre*; par (Robert) LUYT, Chanoine de Tonnerre.

Cette Description est imprimée dans sa *Vie de Saint Micomer* : *Sens*, 1657, *in-8.*

☞ L'Auteur y dit avoir écrit un Livre plus ample & plus en détail de l'Histoire de Tonnerre.]

34336. Chartes & Titres anciens des Habitans de Tonnerre, imprimés à la diligence des Echevins de la Ville, en 1630 ; recueillis par David ANDRY : (*Tonnerre*,) de l'Imprimerie de Claude Villiers, *in-8.*

Les mêmes : *Auxerre*, 1630, *in-8.*

☞ Il y a un Ecclésiastique de Tonnerre qui a fait une bonne Histoire de cette Ville, sur les Chartes, &c.]

34337. ☞ Articles de Réglement pour le Bailliage de Tonnerre ; par M. Pierre PITHOU.

Ils se trouvent dans les *Opuscules* de Loysel : *Paris*, 1656, *in-4. pag.* 403.]

34338. Mss. Traité de la situation du Pays de *Langres*, de ses grands Chemins, Fontaines, Rivières qui y naissent & qui y passent ; des Fiefs, Seigneuries & anciennes Familles nobles du Détroit du Présidial de Langres, avec leurs Armoiries.

34339. Mss. Recueil d'Inscriptions & de Monumens anciens de la Ville de Langres & Lieux circonvoisins ; par Jacques VIGNIER, Jésuite.

Cet Auteur est mort en 1669.
Ces deux Manuscrits sont conservés à Dijon, dans la Bibliothèque de M. de la Mare. Il les indique *pag.* 59 de son *Plan des Historiens de Bourgogne.*

34340. ☞ Mss. Mémoires sur le Pays de Langres : *in-4.*

M. Fradet, Avocat en Parlement, à Chaalons sur Marne, possède ces Mémoires, où l'on trouve des éclaircissemens sur plusieurs familles du Pays de Langres.]

34341. ☞ Explication de quelques Inscriptions singulières trouvées à Langres pendant les deux derniers siècles ; par M. MAHUDEL. *Hist. de l'Acad. des Inscriptions & Belles-Lettres, tom.* IX. *pag.* 137.]

34342. ☞ Sur quelques Monumens trouvés à Langres. *Antiquités* de M. de Caylus, *tom.* IV. *pag.* 396.]

34343. Joannis THOMASSINI Panegyricus de Civitate Lingonum : *Parisiis*, Wechel, 1551, *in-8.*

34344. Mss. Recherches & Antiquités de la Ville de Langres & des environs ; par Jean ROUSSAT, Président au Bailliage de Langres.

La Croix du Maine fait mention de cet Ouvrage.
L'Auteur est mort en 1603. *1610*

34345. ☞ Mss. Histoire de Langres : *in-fol.* 2 vol.

Elle est indiquée au Catalogue de M. Secousse, num. 5328.]

34346. Mss. Petri BERTII de Lingonensibus Epistola ad Nicolaum Claudium Peirescium.

☞ Elle n'a que quatre pages.]

34347. Mss. Histoire de Langres faite en 1602 ; par Odon JAUVERNANT, Avocat à Langres : *in-4.*

34348. Mss. Les trois premiers Livres de la Décade historique du Diocèse & Pays de Langres ; par Jacques VIGNIER, Jésuite.

Ce trois derniers Manuscrits [étoient] dans la Bibliothèque du Collége des Jésuites de Dijon.
☞ Le premier, ou la Lettre de Bertius, se trouve aussi dans la Bibliothèque de M. Fevret de Fontette.]

34349. ☞ Décade historique du Diocèse de Langres, divisée en trois parties : *in-fol.* (sans nom d'Auteur, de Ville & d'Imprimeur, & sans année.)

Cette Brochure est le projet d'une Histoire générale du Diocèse de Langres, par Jacques VIGNIER, Jésuite.]

34350. Chronicon Lingonense ex probationibus Decadis historicæ contextum ; eodem auctore : *Lingonis*, 1665, *in-8.*

Cet Auteur s'étoit proposé de mettre en lumière l'Histoire de Langres avec ses preuves, dont il devoit composer une Décade. Les trois premiers Livres sont rapportés [au N.° 34349,] & celui-ci n'en contient que l'Abrégé, dans lequel il raconte ce qui est arrivé de plus remarquable dans ce Pays, depuis le temps de Jules-César jusqu'à présent. Et comme le Comté de Langres faisoit autrefois partie du Duché de Bourgogne, il y rapporte beaucoup de choses qui concernent son Histoire. Il s'attache sur-tout à l'Histoire Ecclésiastique, & remarque avec soin la Fondation des principales Eglises du Diocèse. François du Moulinet de Rolei, premier Président au Bailliage de Langres, a procuré cette Edition.

☞ *Voyez* Lenglet, *Méth. histor. in-4. tom.* IV. *pag.* 197.= *Journ. des Sçavans*, 1666, Août.]

34351. L'Anastase de Lengres tiré du Tombeau de son Antiquité, ou Lengre Payenne & Chrétienne ; par Denys GAULTEROT,

Histoires de Champagne.

Docteur ès Droits: *Lengres*, Boudrot, 1641, *in-*4.

☞ Dans l'Exemplaire qui est à Dijon, dans la Bibliothèque de M. Fevret de Fontette, on trouve à la fin de la première Partie une grande quantité d'Additions, d'Inscriptions, Figures, &c. manuscrites & dessinées à la plume.]

34352. De l'ancienne Duché-Pairie de Langres, & Pièces qui la concernent.

Dans l'*Histoire Généalogique* du Père Simplicien, *tom. II.* 1726, *pag.* 143.]

== ☞ Comment la Ville de Langres, avec ses environs, resta fidelle au Roi pendant la Ligue.

Voyez ci-devant, Tome II. N.° 19589.]

34353. ☞ Récit de ce qui s'est passé à Langres au sujet de la Paix: 1660, *in-*4.]

34354. ☞ De la Duché-Pairie de *Grancey*, en 1611, mais non enregistrée.

Dans l'*Histoire Généalogique* du Père Simplicien, *tom. V. pag.* 852.]

34355. ☞ Mf. Mémoire concernant la Ville de *Chaumont* en Bassigny, dressé par M. Angiboire, Subdélégué en 1765; avec quatre Pièces sur les Eglises & Abbayes de cette Election.

L'Original de 21 pages est à Dijon, dans la Bibliothèque de M. Fevret de Fontette.]

34356. ☞ Mf. Rôle de tous les Sièges Royaux & non Royaux, Paroisses, Abbayes, &c. qui sont dans l'étendue du Bailliage de Chaumont en Bassigny: de 221 pag. Manuscrit ancien.

34357. ☞ Mf. Privilèges pour ceux de Chaumont en Bassigny, l'an 1292 & 1338, de 5 pages: Extrait collationné.

Ces deux Articles sont à Dijon, dans la Bibliothèque de M. Fevret de Fontette.

Voyez Chenu, en son *Recueil des Privilèges*, &c. *pag.* 371.]

34358. ☞ Le Tableau poëtique de *Rebais*, proche de Chaumont; par Jean Poret: *Paris*, Hulpeau, 1622, *in-*8.]

== ☞ Du Massacre de *Vassy*.

Voyez ci-devant, Tome II. N.os 17843 & *suiv.*

Vassy est un Village de l'Election de Chaumont, devenu fameux par le Massacre que les gens du Duc de Guise y firent des Huguenots, en 1562, ce qui donna occasion aux Guerres civiles que ceux-ci commencèrent alors en France.]

34359. ☞ Lettre écrite de Braine; par M. Jardel, sur quelques Antiquités trouvées près de *la Fère* en Tardenois, le 3 Décembre 1765. *Mercure*, 1766, *pag.* 74-85.

On trouve à la fin une petite Notice de la Fère, qui est pour le Spirituel de Soissons, & pour le Civil de Champagne, Election de Château-Thierry.]

34360. De la Duché-Pairie de Château-Thierry, en 1400.

Dans l'*Histoire Généalogique* du Père Simplicien, *tom. III. pag.* 238.

Nouvelle érection, en 1652.

Ibid. tom. IV. pag. 505.]

== ☞ Offres & protestations faites au Roi, par les Habitans de Château-Thierry, &c. en 1615.

Voyez ci-devant, Tome II. N.os 20350 & 20353.]

34361. ☞ De la Duché-Pairie de *la Vieuville*, (sur la Baronie de Nogent l'Artaut,) érigée en 1650, mais non enregistrée.

Dans l'*Histoire Généalogique* du Père Simplicien, *tom. V. pag.* 867.]

== ☞ Mf. Mémoires historiques pour la Ville & Evêché de *Meaux*: un gros vol. *in*-4.

Voyez ci-devant, Tome I. N.° 9390.

Ces Mémoires, composés en forme d'Annales ou de Journal, ont été dressés par Jean Lenfant, Procureur à Meaux, en l'année 1613, & sont conservés dans l'Abbaye de Saint-Faron de Meaux. Ils sont bons pour ce qui regarde l'antiquité & les différens états de cette Ville.

Voyez la Préface de l'*Histoire de l'Eglise de Meaux*, par Dom du Plessis, où il dit que ces Mémoires sont de Nicolas Lenfant, mort en 1607.]

== ☞ Mf. Recueil de différentes Pièces sur l'Histoire de la Ville & du Diocèse de Meaux; par Pierre Janvier, Curé de Saint-Thibaut: *in-fol.* 7 vol.

Voyez ci-devant, Tome I. N.° 9391. C'est un fatras énorme de bonnes & de mauvaises choses. *Voyez* Préface de Dom du Plessis, sur l'*Histoire de l'Eglise de Meaux.* Ce Recueil est conservé dans l'Abbaye de Saint-Faron.]

== Histoire de l'Eglise de Meaux; par Dom Toussaint du Plessis, Bénédictin.

Voyez ci-devant, Tome I. *pag.* 618, N.° 9395, & ensuite diverses Critiques de cette Histoire. On y trouve bien des faits concernant l'Histoire Civile.]

34362. ☞ Mf. Remarques en forme de Lettre adressée à D. du Plessis, par un Curé du Diocèse de Meaux.

Ce Manuscrit, qui est entre les mains de M. Thomé, Chanoine de Meaux, renferme d'excellentes choses sur les Antiquités de cette Ville: on y trouve sur-tout un détail sur le Canal que fit faire Thibaud VI. Comte de Champagne, que l'Auteur soutient n'avoir point fait changer le lit de la Marne. Au reste, cet Auteur ne paroît pas avoir achevé son Ouvrage. M. Thomé se propose d'en faire un Abrégé avec des Notes, comme de retoucher la Liste des Vicomtes de Meaux, des Lieutenans-Généraux, &c. publiée par D. du Plessis. Ce même Chanoine a donné dans le *Journal de Verdun* 1763, *Février*, une Liste exacte des Baillis de Meaux.]

== ☞ Déclaration de la Ville de Meaux, aux Parisiens, pour les engager à reconnoître Henri IV. en 1593.

Voyez ci-devant, Tome II. N.os 19507 & 19524.]

34363. ☞ Recueil d'anciens Titres & Pièces concernant la Communauté des Habitans de la Ville de Meaux, imprimé par l'ordre de MM. Durel, Conseiller du Roi, Lieutenant particulier, Assesseur Criminel & premier Conseiller au Bailliage & Siège Présidial, Raulin, Conseiller du Roi en l'Election, Lanés & Lescuyer, Marchands Bourgeois, tous Echevins Gouverneurs de la Ville de Meaux : *Meaux*, Alart, 1739, *in-*4.

Philippe-Pierre DUREL, Auteur de ce Recueil, naquit à Versailles le 23 Novembre 1682, & est mort à Meaux le 27 Décembre 1765.]

34364. ☞ Recueil des Lettres-Patentes & autres Actes concernant les différends des Officiers de la Capitainerie de *Monceaux*, avec les Seigneurs voisins, & notamment avec l'Evêché de *Meaux* : *Meaux*, Alart, 1732, *in-*4.]

34365. ☞ Mf. Recueil de différentes Pièces tant imprimées que manuscrites, concernant la Ville de Meaux, l'Abbaye de Jouarre & autres lieux circonvoisins, & de S. Fursy de Péronne : *in-fol*.

Ce Recueil est indiqué au num. 16078 du Catalogue de M. d'Estrées.]

34366. ☞ L'Affection de la Ville de Meaux au service du Roi, sur le sujet de la lecture faite au Siège de Meaux, des Lettres de la Charge de M. de Vitry, Lieutenant pour le Roi au Gouvernement de Brie; par Antoine PINET, Avocat au Bailliage & Siège Présidial de Meaux : *Paris*, Pierrot, 1614, *in-*8.]

34367. ☞ Recueil des Titres & Pièces concernant la Communauté des Habitans de la Ville de Meaux : *Meaux*, 1739, *in-*4.]

34368. ☞ Explication & Recueil de Pièces concernant le Prix general rendu à Meaux, & tiré le 29 Août 1717 : *Paris*, Huquier, 1717, *in-*4.]

34369. ☞ De la Duché-Pairie de *Tresmes*, (à quatre lieues au Nord de Meaux,) érigée en 1648.

Dans l'*Histoire Généalogique* du Père Simplicien, *tom. IV. pag.* 758.]

34370. ☞ Mf. Mémoires sur *Coulommiers*; par M. HEBERT, Avocat au Parlement, & Officier de Madame la Dauphine.

Ils sont entre les mains de M. Huvier, son gendre, qui est Bailli de Coulommiers.

M. AUBERT DE FLEGNY, Chevalier de S. Louis, & Maire de cette Ville, a rassemblé aussi divers Mémoires historiques sur le Pays & les environs.]

34371. ☞ De la Duché-Pairie de Coulommiers, en 1656, mais non enregistrée.

Dans l'*Histoire Généalogique* du Père Simplicien, *tom. V. pag.* 900.]

34372. ☞ Mf. Mémoires sur les Antiquités de *Tournan* en Brie, & ses dépendances; par Damien DE CALANDIERS, Curé de Liverdis en Brie.

L'Auteur, qui étoit de Tournan, est mort en 1733, âgé de 82 ans. Ses Mémoires sont entre les mains d'un de ses neveux, Procureur au Village de Sognoles. C'est ce que nous apprend l'Abbé Lebeuf, dans son *Histoire du Diocèse de Paris, tom. XIV. pag.* 220.]

34373. ☞ Mf. Recueil de l'Histoire particulière de plusieurs cas advenus en notre temps au Royaume de France, & principalement en la Ville de *Provins* & Bailliage d'icelle, desquels l'Auteur a eu connoissance, selon les temps & saisons qui seront déduits ci-après, depuis 1543 jusqu'en 1586 : *in-fol*. 6 vol.

Ce Recueil est de Claude HATTON, Prêtre-Curé de Meriot, à deux lieues de Provins, du côté de Nogent-sur-Seine : il a écrit avec une grande exactitude tout ce qui s'est passé de son temps.

Louis Ruffier, Apothicaire, & depuis Maire de Provins, a donné la plus grande partie de cet Ouvrage, (4 vol.) à M. Menats, Intendant en la Généralité de Paris, qui l'avoit réuni à la Bibliothèque de M. de Thou, qu'il avoit achetée, [& qui est aujourd'hui à l'Hôtel de Soubise.] M. Nivert, Conseiller à Provins, en [avoit] deux Volumes.

== ☞ Discours de la Capitulation faite par Henri IV. avec ceux de Provins, en 1589.

Voyez ci-devant, Tome II, N.° 19211.]

34374. ☞ Mémoire historique sur la Ville de *Sézanne*; par M. BRULLEY DE MORNAY, Doyen des Conseillers du Bailliage.

Il se trouve dans le Recueil intitulé : *Nouvelles Recherches sur la France* : *Paris*, 1766, *in-*12. *tom. II. pag.* 274-309.]

34375. ☞ Embrasement de Sézanne en Brie : *Paris*, 1632, *in-*8.]

34376. ☞ Sezaniæ urbis Incendium, anno 1632; per J. BACHOT, (Poëma :) *Parisiis*, 1633, *in-*4.]

34377. ☞ Lettre de M. CHEVRE à M. de la Ravalière, sur le fort de *Montaimé* ou *Edmé*, en Champagne, & la Réponse. *Mercure*, 1749, *Janvier*.

Cette Place forte, qui étoit du Comté de Vertus, & qui appartenoit au Comte, fut ruinée dans le XV.ᵉ siècle, durant les Guerres des Anglois.]

34378. ☞ Extrait de l'Histoire de la Baronie de *Chacenay*; par M. D. DE M. Conseiller au Parlement de Paris.

Il se trouve dans le Recueil intitulé : *Nouvelles Recherches sur la France* : *Paris*, 1766, *in-*12. *tom. I. pag.* 144-159.]

☞ JE crois pouvoir placer ici deux Listes de Manuscrits concernant la Champagne, & principalement la Ville de Reims, telles qu'on me les a envoyées. La première vient de M. Mercier, Bibliothécaire de Sainte-Geneviève de Paris, la seconde de Dom Vincent, Bibliothécaire de Saint-Remi de Reims.]

34379. ☞ Liste des Manuscrits déposés dans l'Abbaye des Chanoines Réguliers de Saint-Denys à Reims, l'an 1757, en exécution des dernières volontés de M. Jean-Felix de la Salle, Ecuyer, ancien Officier de la Maison du Roi.

A. L'Histoire de la Métropole de Reims par Marlot, avec des Notes manuscrites, en Original, Additions & Corrections; par M. LACOURT, (Chanoine de Reims.)

B. Mémoires de Jean ROGIER, sur l'Histoire de Reims.

C. Manuscrit

Histoires de Champagne.

C. Manuscrit Original de Jehan PIESSOT, sur les choses arrivées à Reims de son temps, commencé en 1575.

D. Extrait de COQUAULT; par M. de la Salle: 48 Cahiers. = Fragmens de M. LACOURT, sur les Archevêques de Reims: 353 Cahiers.

E. Mémoires sur l'Histoire des Archevêques de Reims de la Maison de Lorraine, & Continuation de Marlot; par M. LACOURT: 244 Cahiers. = Acta selecta Remensem Historiam illustrantia, & confirmantia: 176 Cahiers. = Varia selecta Remensia, à D. COQUEBERT: 34 Cahiers.

F. Jurisdiction de l'Echevinage, & Capitaine de Ville: 17 Cahiers. = Foires, Privilèges & Franchises de la Ville de Reims: 19 Cahiers. = Corps des Marchands, Métiers, & Juifs: 26 Cahiers. = Fortifications, Portes, Enceinte, Milice: 4 Cahiers.

G. Présidial, Bailliage Royal, Maréchaussée, Elections, Subdélégations, Consulat: 17 Cahiers. = Impositions, Octrois & autres Charges publiques: 16 Cahiers. = Familles distinguées de Reims & des Environs: 8 Cahiers. = Monumens & Etablissemens anciens & nouveaux: 18 Cahiers. = Abrégés & Mémoires particuliers sur l'Histoire de Reims: 6 Cahiers.

H. Hôtel-Dieu, & Peste: 38 Cahiers. = Les Magnenses, S. Marcoul: 5 Cahiers. = Hôpital de S. Anotine: 18 Cahiers. = Hôpital des Orphelins: 1 Cahier.

I. Reims Métropole, Gouvernement du Diocèse, Dispenses, Vicaires-Généraux: 25 Cahiers. = Biens & Droits de l'Archevêché: 15 Cahiers. = Prevôté, Vicomté, Monnoie, Duché, Comté, Fiefs, Affranchissement, Lots & Ventes: 19 Cahiers. = Police & Bailliage Ducal: 7 Cahiers. = Six Pouillés du Diocèse, & Sacre des Rois: 19 Cahiers. = Union du Chapitre de Reims, avec plusieurs autres Affaires communes, Certificats à ce sujet, Assemblées Provinciales: 34 Cahiers.

K. Conclusions & Statuts du Chapitre de Reims: 14 Cahiers. = Jurisdictions & Privilèges du Chapitre, Droits d'inhumation, Doyen & Promoteur: 33 Cahiers. = Biens du Chapitre: 18 Cahiers. = Droits du Chapitre le Siège vacant: 9 Cahiers. = Prevôt, Chantre, Pénitencier, Sénéchaux, Ecolâtre, Vidame, Archidiacre, Théologal & Chanoines: 21 Cahiers. = Office Divin, Assistance des Chanoines & Chapelains, Suisse, Sonneurs & Bas-Officiers: 16 Cahiers.

L. Collation de Bénéfices, Places au Séminaire, Réduction des Chapelles Vicariales: 8 Cahiers. = Fondations de l'Eglise de Reims, Messes, Obits, Saluts, &c. 22 Cahiers. = Missels, Obituaires, Rites, Usages & Cérémonies: 24 Cahiers. = Trésor, Reliquaires, Ornemens, Frais d'Eglise, Trésorier & Coûtres: 26 Cahiers. = Bibliothèque du Chapitre: 5 Cahiers. = Chapelle due à l'Eglise de Reims par les Evêques Suffragans: 15 Cahiers. = Clergé de la Ville & du Diocèse, Saint-Symphorien & 13 Cahiers. = Curés de la Ville, Saint-Symphorien & Saint-Maurice: 15 Cahiers.

M. Manuscrit Original de Jean GODART, Chanoine de Reims, en 1512; contenant un Pouillé, les Statuts de Saint-Timothée, & plusieurs autres Pièces du même genre: Relié.

N. Recueil de Pièces, où se trouvent plusieurs Chartes anciennes, d'anciens Réglemens sur l'Office Divin à la Cathédrale, les Officiers du Chœur, Coûtres, &c. les Dignités & la Jurisdiction du Chapitre, & d'anciens Statuts: Relié.

O. Recueil de Pièces relatives à la Jurisdiction du Chapitre, son indépendance des Archevêques, ses Exemptions, Privilèges, & Autorité le Siège vacant & non vacant: Relié.

P. Q. Trois Recueils de Pièces sur la Constitution dans Reims, MM. le Tellier & Desmarets, & toutes les Pièces relatives au Sacre de Louis XV. (Ces trois Recueils) reliés.

R. Abrégé de l'Histoire de Marlot; par M. MAILLEFER: 2 vol.

S. Maisons Religieuses de Reims: 18 Cahiers. = Chapitres, Abbayes, Villes, Châteaux du Diocèse & de la Métropole: 17 Cahiers. = Hommes illustres, Sçavans de Reims, & leurs Ecrits: 38 Cahiers.

T. Statuts de l'Université, Réglemens généraux, Chancelier, Recteurs: 6 Cahiers. = Fondations, Droits & Privilèges de l'Université: 13 Cahiers. = Administration du Collège: 9 Cahiers. = Faculté de Droit: 18 Cahiers. = Faculté de Théologie & de Médecine: 18 Cahiers. = Statuta Universitatis Remensis: Relié.

U. Pièces pour servir à l'Histoire de la Constitution dans Reims: 42 Cahiers. = Thèmes, Programmes, Vers, Ecrits, relatifs à Reims.

X. Pièces pour servir à l'Histoire des RR. PP. Jésuites dans Reims: 42 Cahiers. = Procès des RR. PP. Jésuites avec l'Université de Reims: 39 Cahiers.

Y. Affaires des Roussel de Reims, avec les RR. PP. Jésuites de Reims, & les Carmélites de Pont-à-Mousson. = Histoire du R. P. Roche.

Z. Différentes Pièces manuscrites & imprimées concernant les RR. PP. Jésuites, en deux Cartons.

AA. - LL. Recueil de Pièces pour servir à l'Histoire de France, depuis l'an 1550 jusqu'à présent, (vers 1750:) 11 Porte-feuilles.

[MM. regarde l'Histoire Etrangère; & les autres jusqu'à ZZ. n'ont point de rapport à l'objet qui nous occupe, si ce n'est le suivant.

PP. Généralité de Champagne.]

34380. ☞ Liste des Pièces concernant la Ville de Reims, qui se trouvent dans trois Porte-feuilles de M. Raussin, Docteur en Médecine de cette Ville.

PORTE-FEUILLE I.
Officiers Municipaux.

1. Réglement du 12 Février 1633, fait par le Roi, pour être gardé & observé en l'élection tant des Echevins que du Lieutenant, Gens du Conseil & autres Officiers de la Ville de Reims; avec l'Arrêt d'enregistrement du Conseil d'Etat, du 26 Janvier 1636: *Reims*, Pottier, 1719, *in*-4.

2. Arrêt du Conseil & Lettres-Patentes portant suppression de l'Office de Maire de la Ville de Reims, avec union de ses fonctions au Corps de Ville, & pareille union des Offices d'Assesseurs créés par Edit du mois d'Août 1692, avec pouvoir à ladite Ville de les désunir..... Extrait de l'Arrêt du Conseil d'Etat, du 14 Octobre 1692..... Lettres-Patentes du mois de Novembre 1692...... Extrait des Registres du Conseil d'Etat, qui enjoint aux Gens de l'Hôtel de Ville de Reims de procéder à l'élection du Maire, &c. en la manière accoutumée & ordonnée par le Réglement de 1636.

3. Arrêt du 20 Septembre 1723, concernant le rétablissement des Officiers municipaux dans la Ville de Reims.

4. Lettres-Patentes du Roi, du 14 Mars 1766, portant Réglement pour la Ville de Reims, au sujet de la Jurisdiction du Corps Municipal.

5. Arrêt de la Cour de Parlement, du 12 Mai 1767, pour l'exécution des Edits d'Août 1764, & Mai 1765, à l'occasion & en faveur de la Requête des Officiers Royaux de Reims, Beauvais, &c. contre les Officiers Municipaux desdites Villes..... Arrêt du Conseil d'Etat du Roi, du 13 Juin 1767, qui casse celui du Parlement.

6. Mémoire pour les Officiers du Bailliage & Siège Présidial de Reims; (par M. DE POUILLY, Lieutenant-général du Bailliage:) *in*-12. sans nom d'Imprimeur; & *Reims*, Jeune-homme, 1766, *in*-4.

7. Arrêts de la Cour de Parlement, des 5 Décembre 1541, des 12 Mars 1546, & 23 Décembre 1655, donnés au profit des Echevins & Habitans de la Ville de Reims, contre les Officiers de l'Archevêché de ladite Ville.

8. Extrait des Registres du Parlement. Transaction des Officiers de la Ville de Reims, avec M. l'Archevêque, pour raison de l'Echevinage, le 11 Mars 1670.

9. Déclaration du Roi, du mois de Mars 1621, qui casse & annulle les Provisions données au Sieur Boron du Tour, pour la Charge de Gouverneur Particulier en sa Ville de Reims.

10. Extrait des Registres du Parlement, du 5 Mars 1579, (qui donne droit aux Officiers de l'Archevêque d'exercer toute Justice, civile & criminelle, dans toute l'étendue du Ban de la Duché-Pairie, sans que les Juges Royaux puissent en connoître, & provisionnellement jusqu'à ce que le Procès principal, appointé au Conseil, soit jugé.

11. Requête au Roi des Lieutenant, &c. de la Ville de Reims, (contre celle de l'Archevêque, & le dessein qu'il a formé de donner à l'ancien Gouvernement populaire de cette Ville, une forme nouvelle:) 1717.

12. Arrêt du Conseil d'Etat du Roi, du 31 Octobre 1718, qui ordonne aux Maire & Echevins de Reims de tenir un Registre pour y transcrire les Délibérations qui seront prises dans l'Assemblée de l'Hôtel de Ville.

13. Le Nouseronisme renversé, ou Lettre écrite à un Conseiller au Présidial d'Angers, augmentée de plusieurs faits considérables; avec un projet de Réglement à poursuivre au Conseil pour l'élection des Officiers de l'Hôtel de Ville de Reims, par lequel le Nouseronisme sera détruit entièrement, & pour toujours: à Reims le 30 Mars 1702, (imprimé:) Nancy, chez Q. B. T. I. D. S. A.

Les Chefs de certaines Familles de Marchands sont appellés, (dit cet Ecrit, *pag.* 2,) les *Nous-serons*, parceque dans certains temps ils s'accordent entr'eux, en disant: *Nous serons un tel Lieutenant de Ville*, &c.

14. Copie d'une Lettre écrite à M. Noblet, Lieutenant des habitans de la Ville de Reims; à Flavigny, le 30 Avril 1702, (imprimée:) *in-*4. sans nom, &c. (Cette Pièce est une Satyre des Magistrats de Reims, où elle paroît avoir été imprimée.)

15. Mémoire addressé à MM. les Bourgeois nés, natifs & originaires de la Ville de Reims; du mois de Février 1716.

Ce Mémoire est contre les prétentions de J. B. Carbon, qui n'étoit point, disoit-on, originaire de Reims, & qu'on vouloit élire Receveur de la Ville.

16. Consultations de MM. Macé & Arnault, anciens Avocats au Parlement de Paris, du 16 Février 1716, par lesquelles il est décidé que M. J. B. Carbon est originaire de Reims, &c.

17. Réflexions sur ces deux Consultations.

18. Arrêt du Conseil d'Etat du Roi, du 2 Juillet 1557, portant Réglement entre le Capitaine de la Ville de Reims, & les Lieutenant & Gens du Conseil de ladite Ville; & l'Arrêt du Conseil du 28 Août 1654, rendu sur la Requête dudit Capitaine...... Ensemble la Requête en réponse desdits Lieutenant & Gens du Conseil, & l'Arrêt du Conseil d'Etat, du 28 Janvier 1655, qui ordonne que le Réglement du mois de Juillet 1557, concernant le Capitaine de ladite Ville, sera exécuté selon sa forme & teneur, (imprimé:) Paris, G. Lamesle, 1748, *in-*4.

19. Edit du Roi, du mois de Mars 1694, portant création d'Offices de Colonels, Majors, Capitaines & Lieutenans des Bourgeoisies, &c..... Extrait des Registres du Conseil d'Etat, & Lettres-Patentes pour la réunion des Offices de Colonels, Majors, &c. de la Ville de Reims, au Corps de ladite Ville.

20. Le Capitaine de la Ville, sa réception. = Liste chronologique des Capitaines de la Ville de Reims. = Le Lieutenant des Habitans, sa réception & élection, ses droits & fonctions.; cérémonies qui s'observent à sa mort. = Liste chronologique de MM. les Lieutenans des Habitans, avec leurs Blazons. = Le Procureur Syndic de l'Echevinage, son élection, ses droits, &c.

Voyez ci-après, num. 72, l'Interrogatoire du Capitaine Raulin.

21 Discours prononcé par M. DE POUILLY, Lieutenant des Habitans de la Ville de Reims, à la rénovation des Officiers, le 22 Février 1747: *Reims*, Multeau.

22. Autre, prononcé le 6 Mars 1748: *Paris*, David.

23. Autre, prononcé le 17 Février 1750: *Reims*, Florentain.

Foires, Octrois, &c.

24. Lettres-Patentes du mois d'Août 1617, pour la confirmation des privilèges des Foires franches de la Ville de Reims; ensemble les Arrêts & Réglemens de la Cour des Aydes, en 1684, sur la franchise & privilèges desdites Foires. (Imprimé:) *Reims*, Pottier, *in-*4.

25. Extrait des Registres du Conseil d'Etat, du 9 Juin 1663, (concernant les Octrois de la Ville de Reims.)

26. Extrait des Registres du Conseil d'Etat, du 14 Juillet 1663, qui attribue aux Lieutenant & Gens de la Ville de Reims, privativement aux Officiers de l'Election, &c. la connoissance des affaires concernant l'impôt de la farine.)

27. Extrait des Registres du Conseil d'Etat, du 15 Janvier 1671, (pour la continuation des Octrois.)

28. Edits & Arrêts du Conseil d'Etat du Roi, concernant les Offices des Courtiers & Commissaires de vins, cidres, eaux-de-vie & liqueurs, appartenans à la Ville de Reims, (Imprimé:) *Reims*, Pottier, 1694, *in-*4.

29. Tarif des Droits d'Aydes, &c. sur les vins de Reims. (Imprimé:) *Reims*, Pottier.

30. Extrait des Registres du Conseil d'Etat, du 8 Avril 1684, (qui fait défense aux Sous-Fermiers des Aydes de Guise, de percevoir aucun Droit de gros & augmentation pour les vins vendus pendant les quatre Foires de Reims.

31. Arrêt du Conseil d'Etat du Roi, du 7 Octobre 1710, (pour l'Octroi du Droit de quatrième *sur le vin* & la bierre qui se vendent en détail dans la Ville de Reims.)

32. Arrêt du Conseil d'Etat du Roi, du 6 Juillet 1723, qui ordonne que les Habitans de la Ville de Reims seront maintenus & gardés dans l'usage de distiller des eaux-de-vie de mar de raisins, & permet aux Lieutenant, &c. de ladite Ville, de lever pendant six années trois livres de droit par pièce d'eau-de-vie provenant dudit mar de raisin.

33. Arrêt du Conseil d'Etat, du 2 Juillet 1680, contenant la vérification & liquidation des dettes de la Ville de Reims, & pour le paiement d'icelles. (Imprimé:) *Reims*, Pottier, *in-*4.

(Il y a eu bien d'autres Arrêts, &c. rendus au sujet de la Ville de Reims, &c. qui doivent se trouver à l'Hôtel de Ville de Reims.)

Fêtes, &c.

34. Le Triomphe d'Hyménée élevé devant l'Hôtel de Ville de Reims, pour le feu de Joie du Mariage du Roi (Louis XIII.) *Reims*, veuve Bernard, *in-*4.

35. Feu pour la Naissance du grand Dauphin, à Reims.

36. Le Triomphe du Soleil, ou Feu de Joie fait à Reims, pour la paix générale de l'année 1679: *Reims*,

Histoires de Champagne.

Pottier.... Celui de la Compagnie de l'Arquebuse, pour le même sujet.

57. Le Triomphe de Bacchus, Fête donnée par les Chevaliers de l'Arquebuse de Reims, le jour de leur Réjouissance de l'an 1681, dit le Jour de la Tarte : *Reims*, le Lorrain, *in-4*.

38. Explication des Emblêmes héroïques inventés par M. le Chevalier DAUDET, pour la décoration des Arcs de Triomphe érigés aux Portes de Reims lors de la Cérémonie du Sacre de Louis XV, Roi de France & de Navarre : *Reims*, Pottier, 1722, *in-4*.

39. Le Mariage du Roi avec la Princesse Royale de Pologne. Ode accompagnée d'Inscriptions pour les Arcs de Triomphe érigés par MM. les Lieutenant, &c. de la Ville de Chaalons en Champagne, lors du passage & séjour de la Reine en la même Ville : *Chaalons*, Cl. Bouchard, 1725, *in-4*.

40. Jeux pastoraux, &c. Ouvrage mêlé de vers & de prose..... pour le passage de la Reine à Chaalons en Champagne ; par M. le Chevalier DE LA TOUCHE-LOISY : *Chaalons*, Seneuze, 1725, *in-4*.

41. Le Triomphe de l'Hyménée, ou le Feu de joie élevé par les soins de MM. les Lieutenant, Gens du Conseil & Echevins de la Ville de Reims...... pour le Mariage du Roi, le Dimanche 30 Septembre 1725 : *Reims*, Multeau, 1725, *in-4*.

42. Divers Emblêmes, Inscriptions, &c. à ce sujet, par différens Corps.

43. Le double Triomphe de l'Hyménée, ou feu de joie, élevé par les soins de MM. les Lieutenant, &c. de Reims.... pour la Naissance des Princesses, en Septembre 1727, avec Emblêmes, Devises, &c. *Reims*, Multeau, 1727, *in-4*.

44. La Gloire de l'Hyménée, ou le Feu de joie élevé par les soins de MM. les Lieutenant, &c. de la Ville de Reims..... pour la Naissance de M. le Dauphin, le Dimanche 1 Octobre 1729, avec Emblêmes, Devises, &c. *Reims*, Multeau, 1729, *in-4*.

45. Relation de ce qui s'est passé de plus intéressant à Reims au Passage du Roi allant de Flandre en Allemagne...... Explication des Emblêmes & Devises héroïques inventées & mises en vers par M. DE SAULX, Chanoine de l'Eglise de Reims, pour la décoration des Arcs de Triomphe, &c. au sujet de ce Passage : *Reims*, Multeau, 1744, *in-4*.

46. Explication des Emblêmes & Devises, inventées & mises en vers par M. DE SAULX, pour la décoration du Feu d'artifice, &c. en réjouissance du rétablissement de la santé du Roi. = Explication des Emblêmes & Devises, &c. par M. DE SAULX, pour la décoration des Arcs de Triomphe érigés au Passage de la Reine, à son retour de Metz, le 10 Octobre : *Reims*, Multeau, 1744, *in-4*.

47. Le Triomphe de la Paix, ou Feu de joie élevé par MM. les Lieutenant, &c. de la Ville de Reims, pour la publication de la Paix, le Jeudi 13 Mars 1749, avec Devises, &c. *Reims*, Multeau, 1749, *in-4*.

48. Le Temple de la félicité publique, figurée par les feux de joie élevés par les soins de MM. les Lieutenant, &c. de la Ville de Reims pour la Naissance de M. le Duc de Bourgogne, le Lundi 18 Octobre 1751, avec Devises, &c. *Reims*, Florentain, 1751, *in-4*.

49. Le Triomphe de la Paix, feu de joie, &c. pour la publication de la Paix, le Mercredi 27 Juillet 1763 : *Reims*, Multeau, 1763, *in-4*.

50. Description de la Fête & du Feu d'artifice ordonnés par MM. les Capitaine & Chevaliers de l'Arquebuse de Reims, en réjouissance de la Paix, exécutés le 7 Août 1763 : *Reims*, Jeune-homme, 1763, *in-4*.

51. Description de la Décoration de la Porte de Vesle, &c. pour l'Entrée de M. de la Roche-Aymon, Archevêque Duc de Reims, lorsqu'il vint prendre possession de son Archevêché : *Reims*, Multeau, 1763, *in-4*.

52. Monument de la Ville de Reims : *Paris*, Desaint, 1765, *in-12*.

53. Description des Fêtes données à Reims pour l'inauguration de la Statue du Roi, au mois d'Août 1765 : *Reims*, J. B. Jeune-homme, *in-4*.

Cette Description est de M. DE SAULX, Chanoine de l'Eglise de Reims.

54. Le Temple de la reconnoissance, Feu d'artifice, élevé par les soins de MM. les Lieutenant, &c. de la Ville de Reims, pour la Cérémonie de l'Inauguration de la Statue du Roi, le Lundi 26 Août 1765, (par le même :) *Reims*, J. B. Jeune-homme, *in-4*.

55. Description d'un monument découvert dans la Ville de Reims, en 1738, par M. LEVESQUE DE POUILLY : *Reims*, Gabriel Dessain, 1749, *in-12*.

Corps de Métiers, Manufactures.

56. Arrêt & Réglement pour les Imprimeurs, Libraires, &c. de la Ville de Reims : *Reims*, Constant, 1626, *in-8*.

57. Les Statuts & Réglemens donnés & octroyés par le Roi aux Maîtres Saucissiers & Chaircuitiers de la Ville de Reims, par Lettres-Patentes du 17 Février 1685 : *Reims*, le Lorrain, 1685, *in-4*.

58. Réglement pour la Jurisdiction des procès & différends concernant les Manufactures, vérifié en Parlement le 13 Août 1669 : *Reims*, Multeau, *in-4*.

59. Réglement qui fixe les droits & salaires des Jurés-Crieurs d'Enterremens, nommés Semoneurs, en la Ville de Reims ; Pottier, *in-4*.

Hôpitaux, Séminaires, &c.

60. Titres de la Fondation de l'Hôpital de S. Antoine de Reims, l'an 1203 ; (imprimé sans nom :) *in-4*.

61. Titres de l'Etat & des Charges de l'Hôpital de Sainte-Catherine de Reims : *in-4*. (sans nom.)

62. Lettres pour l'établissement d'un Séminaire de pauvres filles en cette Ville de Reims : *Reims*, Bernard, 1640, *in-4*.

63. Lettres-Patentes du Roi, pour l'établissement de la Maison de la Charité en la Ville de Reims : *Reims*, Bernard, 1650, *in-4*.

64. Lettres-Patentes du Roi, pour l'établissement de l'Hôpital des Incurables de Saint-Marcoul : *Reims*, le Lorrain, 1684, *in-4*.

65. Contrat de donation & fondation de deux mille livres de rentes au principal de quatre-vingt mille livres pour l'éducation de deux Ecoliers nés à Reims, pour étudier à Paris ; du 25 Avril 1730.

66. Lettre écrite de Reims (le 10 Février 1766,) au sujet de la translation de l'Hôpital général dans la Maison des Jésuites : *in-12*.

67. Réponse de M. D***, à la Lettre précédente.

68. Ms. Réglemens & Constitutions pour l'Hôtel-Dieu de Reims.

69. Les Merveilles de la vie, des combats & victoires d'Ermine, citoyenne de Reims, par Fr. Jacques DE FOIGNY, Rémois, Docteur en Théologie, Chanoine Régulier de S. Augustin, Prieur-Curé de Cormicy : *Reims*, Jean de Foigny, 1648, *in-4*.

70. Description de la Pompe funèbre qui s'est faite dans la Chapelle du Collège des Bons-Enfans de l'Université de Reims, le jour du Service.... de Me Nicolas Frémyn, Docteur & Doyen de la Faculté de Théologie, Fondateur des Prix : *Reims*, Multeau, 1746.

71. Lettre circulaire des Prieure & Religieuses de S. Pierre de Reims, sur la mort de Marthe-Charlotte de Roye de la Rochefoucault, Abbesse.

72. Ms. Interrogatoire de Raulin Cochinait, soi

Tome III.

disant Capitaine de Reims, par les trois Commissaires nommés : 1 Avril 1483. (Cette Pièce est curieuse.)

PORTE-FEUILLE II.

Archevêché.

73. Ordonnances & Réglemens que M. l'Archevêque de Reims, Léonor d'Estampes de Valançay,.... veut être gardés & observés en tout son Diocèse : *Reims*, Bernard, 1648, *in-*12.

74. Arrêt du Conseil d'Etat, portant réunion de la Charge de Lieutenant de Police de la Ville & Fauxbourgs de Reims, & des autres Officiers créés pour ladite Ville & Faux-bourgs, par les Edits des mois d'Octobre & Novembre précédens, à la Justice de l'Archevêché, Duché & Pairie de Reims, avec les Lettres-Patentes expédiées sur cet Arrêt : *Paris*, Impr. Royale, 1700, *in*-4.

75. Arrêt du Parlement, qui maintient les Officiers du Bailliage de l'Archevêché-Duché de Reims, première Pairie de France, & Police y réunie, dans leurs fonctions pendant la Vacance de l'Archevêché, (pour les exercer au nom du Roi, en vertu du présent Arrêt.)

76. Signification faite à la requête de M. l'Archevêque de Reims à la Communauté des Procureurs du Bailliage de l'Archevêché de Reims, & autres Jurisdictions en dépendantes, du 17 Novembre 1711, (& autres Pièces relatives :) *in fol.*

77. Acte d'une Fondation faite par M. l'Archevêque de Reims, en faveur des Curés séculiers de son Diocèse, qui deviendront par leurs infirmités ou par leur vieillesse incapables de desservir leurs Paroisses, du 5 Mai 1704 : *in*-4.

Clergé, Chapitres.

78. Mss. Déclaration des Villages auxquels MM. du Chapitre de l'Eglise Métropolitaine de Reims sont décimateurs, &c. quels sont les autres décimateurs.

79. Pouillé ou Table des Bénéfices, Dignités, Canonicats, Cures, Chapelles, &c. dont la nomination, présentation.... appartient tant au Chapitre.... de Reims en Corps, qu'au Chanoine tournaire *ad beneficia conferenda*; par Jean Herman WEYEN, Chanoine de Reims : *Reims*, Jeune-homme, 1725, *in*-4. (Dans ce Recueil il y a beaucoup de Factums, Mémoires, &c. qui concernent les droits, les dixmes, &c. du Chapitre; imprimés & manuscrits.)

80. Arrêt pour la distribution du prix de la Terre de Meudon, sur laquelle étoit assignée la somme de quatre-vingt mille livres, pour le fonds de la fondation de M. le Cardinal de Lorraine : *in*-4.

81. Arrêt du Parlement en faveur de l'Ecolâtre de l'Eglise de Reims, qui le maintient au droit & possession d'instituer & de destituer les Maîtres & Maîtresses d'école du Diocèse.

82. Requête (à M. l'Archevêque) pour la réduction des Chapelles de Notre-Dame : 1752.

83. Arrêt du Conseil d'Etat en faveur du Clergé du Diocèse de Reims, touchant les Offices de Conseillers économes séquestres, &c. (1693.)

84. Mémoire que le Clergé de la Ville de Reims présente au Roi, pour justifier ce qu'il a avancé dans la Requête du 8 Septembre 1664.

85. Mss. Capituli Ecclesiæ Collegiatæ S. Balsamiæ statuta, an. 1629.

86. Requête à M. l'Archevêque de Reims, présentée par les Doyen, Chanoines & Chapitre de S. Symphorien, contre les prétentions des Chapelains de l'ancienne Congrégation de l'Eglise de Reims : Novembre 1693, *in*-4.

87. Autre Requête des mêmes, au même.

88. Réponse aux Apostilles faites par MM. du Chapitre de la Métropole, au dernier Mémoire du Chapitre de S. Symphorien : *in*-4.

89. Mémoire présenté à M. l'Archevêque de Reims, sur le différend soumis à l'arbitrage de son Excellence, entre les Chapelains de l'ancienne Congrégation de son Eglise, & le Chapitre de l'Eglise Collégiale de S. Symphorien : *in*-4.

90. Mss. Carta Willelmi Archiepiscopi Remensis, de Prebendis S. Symphoriani, & fructibus percipiendis : 1185.

91. Mss. Etat des Fondations & du revenu d'icelles, comme il a été représenté dans le Réglement de réduction du 19 Août 1693, & quelques autres Pièces manuscrites.

92. Sentence de Réglement rendue par M. l'Archevêque de Reims, le 8 Août 1643, entre les Chanoines & Chapitre de l'Eglise de S. Symphorien de Reims, & Me Nicolas Thullier, Prêtre, &c. de ladite Eglise : *Reims*, Bernard, 1644, *in*-4.

93. Factum pour le Chapitre de S. Symphorien de Reims, contre Me J. Clocquet, Prêtre de la même Eglise, & Antoine Fremin.

94. Autre, pour les mêmes, contre Me Jean Galichet, Prêtre-Chanoine de ladite Eglise.

95. Autre, pour Me Gratien Batteux, Chanoine de S. Symphorien, contre M. Gaspard Alexandre de Colligny, Abbé Commendataire de Saint-Denys de Reims, Factum pour M. de Colligny, contre Gratien Batteux : *in*-4.

PORTE-FEUILLE III.

Présidial.

96. Arrêt de Réglement pour la Police générale, obtenu par les Officiers du Présidial de Reims : *Reims*, Constant, 1626, *in*-4.

97. Articles concernant la Police générale de la Ville de Reims, extrait des Registres du Greffe Civil du Bailliage de Vermandois, Siège Royal & Présidial de Reims : *Reims*, Pottier, 1630, *in*-4.

98. Arrêt du Grand-Conseil du Roi, portant Réglement entre les Officiers du Siège Présidial de Reims, du 7 Juillet 1643 : *Reims*, Jeune-homme, *in*-4.

99. Factum, Arrêt du Conseil d'Etat du Roi, &c. pour la préséance du Lieutenant général au Bailliage de Vermandois, Siège Royal & Présidial de Reims, aux Assemblées.

100. Cinq Pièces concernant les Officiers du Bailliage de Vermandois, Siège Royal & Présidial de Reims : Inventaire des moyens, &c. contre les Marchands Epiciers, & M. Charles-Maurice le Tellier, Archevêque de Reims : *in-fol.*

101. Requête au Roi, & à Nosseigneurs de son Conseil : 1717.

102. Quatorze Pièces concernant MM. du Présidial de Reims, & les Rhételois.

Sacre des Rois.

103. Le Sacre & Couronnement de Louis XIV. dans l'Eglise de Reims, le 7 Juin 1654, où toutes les Cérémonies, Prières, &c. sont fidèlement décrites, par l'ordre d'un Chapitre de l'Eglise Métropolitaine de Reims : *Reims*, Bernard, 1654, *in*-12.

104. Mandement de M. l'Archevêque de Reims, (Armand-Jule de Rohan, au sujet du Sacre de Louis XV.)

105. Relation de la Cérémonie du Sacre & Couronnement du Roi, faite en l'Eglise Métropolitaine de Reims, le Dimanche 25 Octobre 1722 : *Reims*, Multeau, 1722, *in*-4.

106. Sermon sur le Sacre de Louis XV. prêché à Reims le 4 Octobre, par Me Nicolas CABRISSEAU, Chanoine Théologal de Reims : *Paris*, Lottin, 1724, *in*-4.

Arquebufe.

107. Recueil de Pièces qui fe font faites pour le Prix général rendu à Reims, & tiré le 15 Juin de l'an 1687 : *Reims*, le Lorrain, *in-4*.

108. Ordonnance & Réglement de M. le Prince de Rohan, rendus en faveur des Arquebufiers de la Ville de Reims, le 5 Décembre 1715.

109. Recueil de Pièces qui fe font faites pour le Prix général rendu à Laon, & tiré le 20 Juin 1700 : *Laon*, Renneffon, *in-4*.

Article III.

Hiftoires du Gouvernement de l'Ifle de France, [& *de celui de Paris.*]

La Ville de *Paris*, Capitale du Royaume, eft fituée [ou enclavée] dans le Gouvernement de l'Ifle de France ; elle en faifoit anciennement partie ; mais depuis long-temps cette Ville eft un Gouvernement à part, au rang des Provinces, & même elle en eft le premier, par Ordonnance du Roi Louis XIII.] Le Gouvernement de l'Ifle de France, outre la Prevôté & Vicomté de Paris qui n'en dépend pas, comprend le Vexin François, le Hurepoix, le Gâtinois, la Brie Françoife, le Comté de Senlis, le Valois, le Soiffonnois, le Laonnois, le Noyonnois & le Beauvaifis.

§. I. *Traités & Hiftoires de Paris.*

☞ Après ces Hiftoires & avant celles des Environs de Paris & du refte de l'Ifle de France, nous avons fait un Paragraphe particulier des Statuts & autres Traités des Corps de Marchands & des Communautés d'Arts & Métiers de Paris, que nous avons cru devoir diftinguer des Hiftoires, &c.]

⸺ Catalogue des Lieux, Villes & Villages dépendans du Reffort de la Prevôté & Vicomté de Paris.

☞ On l'a déja indiqué Tome I. de cette Bibliothèque, *pag.* 118. N.° 2246, comme étant à la tête de la *Coutume de Paris*.

On trouvera dans le même Volume, *pag*. 117, d'autres Ouvrages fur la Géographie de l'Ifle de France ; & par rapport à Paris, tout ce qui regarde les Eglifes, Hôpitaux, &c. y eft indiqué, *pag.* 342, N.os 5144 & *fuiv.*]

34381. ☞ Differtation fur la Banlieue de Paris. *Mercure*, 1742, *Avril.*]

34382. Petri PETITI, Monluciani, Regiis arcibus Præfecti, Differtatio de latitudine Parifienfi, eaque in Urbe magnetica declinatione ; quæ, ut dicitur, excerpta eft ex Epiftola ad Henricum Sauvallam, & Operi quod de Lutecia Novantiqua edere parabat, annexa.

Cette Differtation eft imprimée à la fin de l'*Aftronomie Phyfique* de Jean-Baptifte du Hamel : *Parifiis*, 1659, *in-4*.

34383. ☞ Obfervation fur la hauteur du Pole de l'Obfervatoire de Paris ; par M. CASSINI DE THURY. *Mém. de l'Acad. des Sciences*, année 1744, *pag.* 365.]

34384. ☞ Conftruction d'un Obélifque à l'extrémité feptentrionale de la Méridienne de l'Eglife de Saint-Sulpice ; par M. LE MONNIER fils. *Mém. de l'Acad. des Sciences*, année 1743, *pag.* 361.]

34385. ☞ La Mefure d'un Dégré du Méridien entre Paris & Amiens, déterminée par M. PICART, avec les Obfervations de MM. DE MAUPERTUIS, CLAIRAUT, CAMUS & LE MONNIER : *Paris*, 1740, *in-8*.

Opérations faites par ordre de l'Académie des Sciences, pour la vérification du (même) Dégré ; par MM. BOUGUER, CAMUS, CASSINI & PINGRÉ : *Paris*, 1757, *in-8.*]

34386. La Fleur des Antiquités & Singularités de Paris ; par Gilles CORROZET : *Paris*, Corrozet, 1532, *in-8.* [*Paris*, de Roffozel, 1533, *in-16.*]

Corrozet, Parifien, Imprimeur, eft mort en 1558.

34387. Les Antiquités, Chroniques & Singularités de Paris ; par le même : *Paris*, 1550, 1561, *in-8.*

34388. Les mêmes, augmentées par Nicolas BONFONS, Libraire : *Paris*, 1581, [& 1586,] *in-16.*

☞ *Voyez* Lenglet, *Méth. hiftor. in-4. tom. IV. pag.* 172.]

34389. Les mêmes, recueillies par Jean ROBEL, Peintre : *Paris*, Bonfons, 1588, *in-8*.

34390. ☞ Remarques d'Etienne PASQUIER fur des Antiquités, Privilèges, &c. de Paris.

On les trouve dans le tom. I. de fes *Lettres*, Edition de 1619, *pag.* 645.]

34391. Les Faftes, Antiquités & chofes les plus remarquables de Paris ; recueillies par Pierre BONFONS, & augmentés par Jacques DU BREUL, Religieux de S. Germain des Prés : *Paris*, Bonfons, 1605, 1608, *in-8*.

☞ *Voyez* Lenglet, *Méth. hiftor. in-4. tom. IV. pag.* 172.]

34392. Le Théâtre des Antiquités de Paris, où il eft traité de la Fondation des Eglifes & des Chapelles de la Cité, Univerfité, Ville & Diocèfe de Paris ; comme auffi de l'Inftitution du Parlement, Fondation de l'Univerfité, Collèges & autres chofes remarquables ; par Jacques DU BREUL, Religieux de S. Germain des Prés : *Paris*, 1612, 1618, [Edition augmentée du *Supplément* ci-deffous,] 1639, *in-4*.

Cet Auteur eft mort en 1614.

La première Edition de fon *Théâtre*, qui eft un bon Ouvrage ; eft la meilleure.

☞ « Du Breul l'a emporté fur fes prédéceffeurs ; » & par la réputation qu'il s'eft acquife, il les a fait ou» blier : cependant, à la réferve de quelques traits » d'Hiftoire auxquels il s'eft arrêté en particulier, il a » paffé légèrement fur tous les autres ». Préface des *Antiquités*, par Sauval. On peut encore voir Lenglet, *Méth. hiftor. in-4. tom. IV. pag.* 172.]

Supplementum Antiquitatum Parifienfium : eodem Auctore.

Voyez ci-devant, [Tome I. N.° 12495.]

34393. Supplément des Antiquités de Paris, avec tout ce qui s'y est passé, depuis l'an 1610 jusqu'à présent; par D. H. J. Avocat en Parlement: *Paris*, 1639, *in*-4.

34394. ☞ Discours sur les Monumens antiques, sur ceux de la Ville de Paris & sur une Inscription trouvée au Bois de Vincennes, qui prouve que du temps de l'Empereur Marc-Aurèle il y avoit à Paris, de même qu'à Rome, un Collège du Dieu Silvain; par le P. DE MONTFAUCON. *Mém. de l'Acad. des Inscript. & Belles-Lettres, tom. XIII. pag.* 429.]

34395. ☞ Remarques sur quelques Singularités de la Ville de Paris; par M. MOREAU DE MAUTOUR. *Hist. de l'Acad. des Inscript. & Belles-Lettres, tom. III. pag.* 296.]

34396. ☞ Remarques sur quelques Monumens antiques trouvés dans les murs de la Cathédrale de Paris, avec quelques Réflexions sur le Fondateur de cette Église; par MM. BAUDELOT, MOREAU DE MAUTOUR & l'Abbé DE VERTOT. *Hist. de l'Acad. des Inscript. & Belles-Lettres, tom. III. p.* 242.

Voyez encore à la tête du Tome I. de l'*Hist. de Paris*, par D. Félibien, indiquée ci-après.]

34397. ☞ Mémoire sur l'ancien Édifice découvert à Montmartre en 1737, avec quelques Remarques sur [l'ancien] usage du Bain, même par les Ecclésiastiques.

C'est une des Dissertations sur l'*Histoire Ecclésiastique de Paris*, par l'Abbé Lebeuf, *tom. I. Paris*, 1739, *in*-12.]

34398. De la Ville de Paris, & pourquoi les Rois l'ont choisie pour leur Capitale: Traité de Claude FAUCHET, Président de la Cour des Monnoies: *Paris*, 1590, 1607, 1610, *in*-4.

34399. ☞ Deux Discours sur la Ville de Paris.

Ils se trouvent au tom. II. *pag.* 256, & au tom. III. *pag.* 194 des *Mémoires de Marolles, Édition de* 1755, *in*-12.]

34400. ☞ Cérémonie singulière qui se fait tous les ans à Paris rue aux Ours.

Cette Relation se trouve dans les *Variétés historiques*, &c. Il s'agit d'un feu d'artifice qui se fait par les Bourgeois de cette rue, en réparation de l'outrage fait par un Soldat à l'Image de la Sainte Vierge.]

34401. ☞ Sur l'Assemblée générale qui sous le nom de l'*Indict*, & depuis du *Landit*, s'est tenue pendant plusieurs siècles dans la Plaine de S. Denys; par l'Abbé LEBEUF. *Hist. de l'Acad. des Inscript. & Belles-Lettres, tom. XXI. pag.* 167.]

34402. Antiquités de la Ville de Paris, contenant les Recherches nouvelles des Fondations & Etablissemens des Églises & Chapelles, Monumens, Hôpitaux, Quays, Ponts, Fontaines, &c. la Chronologie des premiers Présidens, Avocats & Procureurs Généraux du Parlement; des Prevôts de Paris; des Prevôts des Marchands & Echevins, avec les Privilèges des Bourgeois & Ordonnances de la Ville; des Juges & Consuls des Marchands: le tout extrait des Titres, Archives & Registres publics & particuliers; par Claude MALINGRE de Saint-Lazare, Historiographe du Roi: *Paris*, Rocolet, 1640, *in-fol.*

Cet Ouvrage de Claude Malingre est le même que celui du Père Jacques du Breul, ci-devant, [N.º 34392.] mais il est augmenté; ces augmentations contiennent beaucoup d'erreurs.

☞ *Voyez* Lenglet, *Méth. histor. in*-4. *tom. IV. pag.* 173. = *Avertissement des Annales de Paris*, par D. Toussaints du Plessis: *Paris*, 1753, *in*-4.]

34403. Abregé des Annales & Antiquités de Paris: *Paris*, Pepingué, 1664, *in*-12. 2 vol.

François COLLETET, fils de Guillaume, est l'Auteur de cet Ouvrage.

☞ *Voyez* Lenglet, *Méth. histor. in*-4. *tom. IV. pag.* 173.]

34404. Antiquités de la Ville de Paris; par François DU CHESNE, Historiographe du Roi.

Ces Antiquités font une bonne partie de ses *Antiquités des Villes de France: Paris*, 1668, [&c.] *in*-12, 2 vol.

☞ *Voyez* ci-devant, Tome I. N.º 2106.]

34405. Nouvelle Découverte d'une des plus singulières & des plus curieuses Antiquités de Paris.

Cette Découverte de Claude DU MOULINET, Chanoine Régulier de la Congrégation de France, est imprimée dans le vingt-huitième *Journal des Sçavans* de 1681, & dans son *Cabinet de Sainte-Geneviève: Paris*, 1692, *in-fol.*

34406. Ms. Description de quelques Monumens anciens de la Ville de Paris; par Jean-François FELIBIEN, de l'Académie Royale des Inscriptions.

Cette Description est conservée dans les Registres de cette Académie, de l'année 1706.

34407. ☞ Lettre de M. N. à M. l'Abbé Lebeuf, sur quelques Antiquités de Paris. *Merc.* 1740, Octobre, Vol. II.]

34408. ☞ Observations critiques & historiques sur quelques Singularités de la Ville de Paris; par Philibert-Bernard MOREAU DE MAUTOUR.

Dans la *Continuation des Mémoires de Littérature* du P. Des-Molets, *tom. V.* L'Auteur prétend que la Statue colossale de pierre qu'on voyoit à l'entrée du Parvis de Notre-Dame, & qu'on croyoit communément être celle du Dieu Esculape, représentoit Erchambaud, Ancien Maire du Palais de nos Rois dans le VIIe Siècle.]

34409. ☞ Sur une ancienne Statue récemment ôtée du Parvis de l'Église Cathédrale de Paris; par M. l'Abbé LEBEUF. *Hist. de l'Acad. des Inscript. & Belles-Lettres, tom. XXI. pag.* 182.]

34410. ☞ Lettre de M. le Président HENAULT, au sujet de la Dissertation de M. de Saint-Foix, sur la Statue équestre qui est à

Notre-Dame de Paris, le 16 Février 1763.
Elle se trouve au *Mercure, Avril 1763.*
M. de Saint-Foix y a répondu dans une Addition à la dernière Edition de ses *Essais historiques sur Paris,* 1766, tom. IV. pag. 193 & 213.]

34411. ☞ Suite des Observations sur quelques Singularités de Paris; par M. MOREAU DE MAUTOUR.

Dans les *Mémoires de Littérature* du P. Des-Molets, tom. VI. La première Observation regarde la Figure équestre qu'on voit dans l'Eglise de Paris. M. de Mautour soutient que c'est un *Ex-voto* du Roi Philippe-le-Bel, après la victoire qu'il gagna sur les Flamands. La seconde Observation regarde la prétendue Figure de Cérès, posée au haut du pignon de l'Eglise des Carmélites du Fauxbourg S. Jacques, qu'il croit être un Saint-Michel. Il traite ensuite de quelques autres Traditions & Curiosités de Paris.]

34412. Description des Bas-reliefs trouvés depuis peu dans l'Eglise Cathédrale de Paris: *Paris*, Cot, 1711, *in*-4.

Cette Description est de Charles-César BAUDELOT D'AIRVAL, de l'Académie Royale des Inscriptions.
☞ *Voyez* les *Mém. de Trévoux,* 1712, *Janvier.*
= Lenglet, *Méth. hist. in*-4. *tom.* IV. *pag.* 176.]

34413. ☞ Lettre de Dom DU PLESSIS à M. Bonamy, au sujet de deux anciennes Eglises de Paris. *Mercure,* 1749, *Janvier.*]

34414. ☞ Diverses Antiquités de Paris; par M. le Comte DE CAYLUS.

Dans le *Recueil de ses Antiquités,* tom. II. pag. 367-393.]

34415. ☞ Lettre de M. J. B. Ph. à M. P. Docteur de Sorbonne, au sujet des Cryptes ou Chapelles souterraines qu'on voit dans la plupart des Eglises de Paris. *Mercure,* 1738, *Septembre.*]

34416. ☞ Lettre de M. l'Abbé LEBEUF, sur une ancienne *Inscription,* (*L. Gravillius,* &c.) trouvée proche Paris. *Journal de Verdun,* 1752, *Septembre.*]

34417. ☞ Découverte d'une Inscription ancienne (faite à Paris dans le Fauxbourg Saint-Marceau, *Domine conjugi,* &c.) communiquée à M. LEBEUF. *Journal de Verdun,* 1753, *Mai.*]

34418. ☞ Sépultures anciennes découvertes à Paris en 1753; par M. l'Abbé LEBEUF, *Hist. de l'Acad. des Inscriptions & Belles-Lettres,* tom. XXV. pag. 151.]

34419. ☞ Lettre écrite par M. LEBEUF à M. Fenel, au sujet d'une Antiquité reconnue depuis peu à Montmartre. *Merc.* 1738, *Janvier.*]

34420. ☞ Lettre de M. l'Abbé LEBEUF, pour réponse à celle d'un Anonyme, écrite de Lyon le 24 Février 1738, touchant l'Explication du nom *Bue,* usité parmi le vulgaire de Montmartre. *Merc.* 1738, *Mai.*]

34421. Ms. Etablissemens des Rois de France, concernant Paris & Orléans.

Ce Volume est conservé dans la Bibliothèque du Vatican, entre les Manuscrits de la Reine Christine, num. 849.

34422. ☞ Ms. Anciennes Ordonnances de la Ville de Paris & de la Prevôté de l'Eau. Décisions du Parloir aux Bourgeois: *in-fol.*

Ce Manuscrit, sur vélin, du commencement du XIVᵉ Siècle, est dans la Bibliothèque du Roi, & vient de M. Lancelot.]

34423. Ms. Recueil de Pièces concernant Paris & les Hôtels de Paris: *in-fol.*

Ce Recueil est conservé dans la Bibliothèque du Roi, entre les Manuscrits de M. de Gaignières.

34424. Ms. Mémoires de Paris sous Charles VI. & Charles VII. commençant à la Guerre de Liège, décrite en Vers, l'an 1408 & finissant en 1449, en forme de Journal; par un Bourgeois de Paris, demeurant au Collège de Navarre: *in-fol.*

Ces Mémoires sont conservés dans la Bibliothèque des Minimes de Paris, num. 59, & dans celle de M. le Chancelier d'Aguesseau.

34425. ☞ Discours de la chûte des Ponts au Change & Saint-Michel, le 20 Janvier 1616: *in-8.*]

34426. ☞ Récit de l'embrasement de la Grand'Salle du Palais de Paris, le 7 Mars 1618: *in-8.*]

34427. Ms. Histoire des Antiquités de la Ville de Paris; par Henri SAUVAL: *in-fol.* 9 vol.

Ces Mémoires de Sauval, mort en 1669 ou 1670, sont conservés dans la Bibliothèque de M. le Chancelier d'Aguesseau. Henri Sauval avoit obtenu dès l'année 1654 un Privilège pour l'impression de son Ouvrage, qu'il avoit intitulé: *Paris ancien & moderne, contenant une Description exacte & particulière de la Ville de Paris.* Cependant il n'a point encore été imprimé: [il l'a été en 1724, comme on le dira ci-après.] L'Original se trouve à Paris entre les mains de quelques Curieux.

« Sauval, (dit Costar, dans un *Mémoire manuscrit,*
» conservé dans la Bibliothèque de Saint Magloire,) est
» un Ecrivain d'un grand travail, & qui ne réussit pas
» mal dans celui qu'il a entrepris des Antiquités de Pa-
» ris, dans lequel il étale mille Antiquités, qui sans sa
» constante activité seroient demeurées enterrées; il n'a
» pas un style formé ».

☞ Le Mémoire ajoute: « Par fois il l'enfle (son
» style) pour l'orner, en des lieux où la simplicité du
» style est requise. Ainsi il y a encore quelque distance
» de lui à un Ecrivain parfait, quelque chose qu'il en
» croye ». Ce Mémoire de Costar est imprimé au tom. II. de la *Continuation des Mémoires de Littérature* du Père Des-Molets, qui l'attribue à Chapelain.]

M. Brossette, dans ses Notes sur les *Œuvres* de Boileau Despréaux, *tom. I. pag.* 119, dit « que Sauval
» avoit travaillé sur d'assez bons Mémoires; mais qu'il
» avoit gâté tout par son style, chargé d'expressions
» empoulées & de figures extravagantes.
» Il y a ici, (dit Guy Patin, dans sa *Lettre* CVII.
» écrite à Charles Patin le 16 Novembre 1655,) un
» jeune homme, nommé M. Sauval, Parisien, qui tra-
» vaille avec beaucoup de soin & de peine à nous faire
» une pleine Histoire de la Ville de Paris. Vous sçavez
» que cet abrégé du monde est divisé en Ville, Cité &
» Université. Il fait une Recherche de toutes les Fon-
» dations des Eglises, des Monastères, des Hôtels &
» Maisons des Princes; & en a obtenu de très-bons Mé-

» moires. Il espère de commencer à Pâques l'Edition du premier Tome, qui sera bien-tôt après suivi du second. Ces deux premiers contiendront toute l'Histoire de la Ville. Il viendra ensuite à l'Université & à la Cité, lesquels auront chacun leur volume. Il y a là dedans quantité d'Eloges de plusieurs sçavans Hommes, qui sont enterrés à Paris. Tous les Colléges & les Communautés y seront décrites, selon les Registres de leur fondation ».

☞ Histoire & Recherches des Antiquités de la Ville de Paris ; par M. Henri SAUVAL, Avocat au Parlement : *Paris*, 1724, *in-fol.* 3 vol.

Le Tome I. contient un Avant-propos touchant l'ancien Paris & les premiers Parisiens, & ensuite les six premiers Livres où il est traité de la situation, des différens Noms, & des Religion & mœurs anciennes de Paris, de ses Aggrandissemens, Limites & Portes, Rues, Rivières, Fontaines, Ponts, Ports & Quais ; des Eglises, Monastères, Hôpitaux, Couvens & Communautés ; des Places, Boucheries, Halles, Marchés & Foires ; des Remparts & Cours de promenade.

Le Tome II. renferme sept Livres, où il est parlé des Palais, Hôtels & autres Edifices publics, avec des Remarques & Recherches historiques & curieuses ; des Monumens antiques & modernes de Paris ; de l'Université & des Colléges ; de la Justice & des Cours Souveraines & autres Jurisdictions ; des Fiefs, Domaines & Redevances ; des six Corps des Marchands ; de l'Hôtel de Ville ; des Assemblées, Conciles, Etats, & Assemblées du Clergé ; des Académies & des Manufactures ; des Juifs & des Hérétiques ; des Prodiges, des Jugemens superstitieux ; des Sermens, des Duels & des Supplices ; des Coutumes & des Cérémonies ; des Spectacles ; des Entrées & Mariages des Rois ; des Tournois, Ballets, Comédies & Divertissemens ; des Croisades, des Ordres de Chevalerie créés à Paris, & des anciennes Enseignes & Etendarts de France.

Le Tome III. contient le Livre XIV. où il est traité des Curiosités de divers endroits de Paris, & de l'Histoire des Tontines, Lotteries & Banque Royale ; les Preuves des Antiquités de Paris ; les Comptes ordinaires de la Ville, qui renferment tout ce qui regarde les comptes de la Prevôté de Paris, le Domaine muable, les Rentes & Cens, les Œuvres & Réparations publiques, les Recettes & Dépenses communes, &c. Enfin une Table générale des Matières, des Antiquités & des Preuves, avec une Table des Matières des Comptes.

Il y a une partie séparée qui doit être jointe au Tome III. & qui y manque souvent, laquelle contient un Supplément où il est traité des Amours des Rois de France sous plusieurs Races, & d'autres Remarques de choses scandaleuses & critiques.

Voyez sur cet Ouvrage, la *Méth. histor.* de Lenglet, *in-*4. *tom. IV. pag.* 173. = *Journ. des Sçavans*, 1724, Novembre.]

34428. ☞ Essais historiques sur Paris ; par M. (Germain-François Poulain) DE SAINT-FOIX : *Londres*, (*Paris*,) 1754 *& suiv. in-*12. 5 Parties 2 vol.

Autre Edition, revue, corrigée & fort augmentée : *Paris*, 1759, *in-*12. 3 vol.

Troisième Edition : *Paris*, Duchesne, 1763, *in-*12. 4 vol. & un Supplément pour la seconde Edition, imprimé au même endroit, en 1765.

Quatrième Edition : *Paris*, veuve Duchesne, 1766, *in-*12. 5 vol.

Les mêmes, traduits en Danois : *Copenhague*, 1758, *in-*8. 3 vol.

Cet Ouvrage ne traite pas seulement de Paris, mais aussi des Mœurs & Usages des François : on y trouve même une Histoire des anciennes Guerres des Anglois.

Voyez le *Mercure*, 1755, *Mars*. = *Mém. de Trev.* 1754, *Avril.*]

34429. ☞ Requête présentée à M. le Lieutenant-Criminel, par l'Auteur des *Essais historiques sur Paris*, (contre l'Auteur du *Journal Chrétien*, qui l'avoit taxé d'irréligion :) *Paris*, Ballard, 1760, *in-*12.]

34430. ☞ Remarques sur l'antiquité des Enceintes de Paris, & sur la situation de ses premières Portes ; par M. l'Abbé LEBEUF. *Dissertations sur l'Histoire de Paris, tom. I. Paris*, 1739, *in-*12.

L'Auteur prétend montrer que Paris s'est aggrandi plutôt du côté du Nord que du Midi, & cela dès le IIIe Siècle.]

34431. ☞ Observations sur les différentes Enceintes de Paris, faites en divers temps ; par M. le Comte DE CAYLUS.

Dans ses *Antiquités, tom. II. pag.* 370, avec une Carte.]

34432. ☞ Mémoire sur les Accroissemens de Paris, ses Rues, &c. (avec les Promenades autour de cette Ville ;) par M. ROBERT DE VAUGONDY : *Paris*, Boudet, 1760, *in-*8.

L'Analyse de ce Mémoire, donné dans le *Journal de Verdun*, 1760, *Décembre*, renferme quelques Remarques critiques.]

34433. ☞ Lettre à M***, sur quelques restes de l'Enceinte de Paris faite par ordre de Philippe-Auguste. *Mercure*, 1760, *Février, pag.* 119.]

34434. ☞ Recherches sur la célébrité de Paris, avant les Ravages des Normands ; par M. BONAMY. *Mémoires de l'Acad. des Inscript. & Belles-Lettres, tom. XV. p.* 656. 691.]

34435. ☞ Histoire journalière de Paris 1716, & depuis Janvier 1717 jusqu'en Juin de la même année ; par le Sieur D. B. D. S. G. (DU BOIS DE S¹. GELAIS :) *Paris*, Ganeau, 1717, *in-*12. 2 vol.]

34436. ☞ Dissertation sur l'origine de l'Hôtel de Ville de Paris ; par M. (Pierre) LE ROY : 1725, *in-fol.*]

34437. ☞ Sur les différens Parloüers aux Bourgeois ou Hôtels de Ville de Paris ; par M. BONAMY. *Hist. de l'Acad. des Inscript. & Belles-Lettres, tom. XXI. pag.* 178.

« Les Marchands de Paris s'assembloient pour les affaires de Commerce dans ces Parloirs. Leurs Assem» blées se tenoient, sous la première Race, où sont ac» tuellement les Jacobins de la rue S. Jacques : sous les » derniers descendans de Charlemagne, cette partie de » la Ville ayant été détruite par les Normands, le Par» loir fut transféré dans une Maison près le Grand-Châ» telet, où l'on continua de s'assembler jusqu'aux der» nières années du Roi Jean. Ce fut pendant la prison » de ce Prince que Marcel, Prevôt des Marchands de » Paris,

Histoires de Paris & de l'Isle de France.

« Paris, & les Echevins, firent l'acquisition d'une Maison située dans la Place de Grève, appellée la *Maison aux pilliers*, & c'est où est bâti l'Hôtel de Ville d'aujourd'hui ». *Dictionnaire des Mœurs, Usages, &c. des François*, tom. I. au mot *Commerce*.]

34438. ☞ Les principaux points de la Remontrance faite au Roi sur le rachapt des Rentes de l'Hôtel de Ville : 1605.

On les trouve imprimées au tom. I. du *Mercure François, in-8.* Le Roi ayant voulu décharger ses Finances de deux millions six cens mille écus, nomma des Commissaires pour procéder au rachapt des Rentes de l'Hôtel de Ville. Il y eut une Députation à ce sujet ; & dans la Remontrance qu'on fit au Roi, on le supplia de bien considérer cette affaire, qui intéressoit tout le peuple, & d'y procéder avec justice & miséricorde. Sa Majesté répondit qu'Elle ne vouloit point faire de bien par force, & que puisqu'on n'avoit pas goûté les moyens qu'il avoit proposés, il laisseroit les choses en l'état où elles étoient.]

34439. Mémoire concernant les Rentes de l'Hôtel de Ville : *Paris*, le Mercier, 1717, *in-12*.

M. LE ROY, Contrôleur des Rentes, a traité ce sujet non-seulement d'une manière utile, mais encore intéressante. Tout l'Ouvrage est divisé en quatre parties ; dans la première, l'Auteur parle de l'origine des Rentes sur l'Hôtel de Ville, & de la création des Contrôleurs ; dans la seconde, il traite des Prérogatives, des Droits & de la Réception de ces Officiers ; dans la troisième ; de leurs Fonctions ; dans la quatrième, de la Compagnie des Contrôleurs des Rentes, & de la Discipline qui y est observée.

☞ Pierre le Roy, Auteur de ce Mémoire, étoit non-seulement Contrôleur des Rentes de l'Hôtel de Ville de Paris, mais aussi ancien Consul, & ancien Garde du Corps de l'Orfévrerie-Joyallerie : il est mort à Paris le 19 Janvier 1759, sur la Paroisse de S. Etienne du-Mont, âgé de près de 85 ans. Il est Auteur de plusieurs Ouvrages pleins de recherches.]

34440. Mf. Extraits des Registres de l'Hôtel de Ville de Paris : *in-fol*.

34441. Mf. Table des Registres de l'Hôtel de Ville de Paris : *in-fol*.

Ces Extraits & cette Table [étoient] dans la Bibliothèque de M. Colbert, [& sont aujourd'hui dans celle du Roi.]

34442. Mf. Extraits des mêmes Registres, contenant l'abrégé de plusieurs Chartres, Lettres-Patentes concernant la Ville de Paris. Extrait d'un Registre des Délibérations de la Ville de Paris, depuis le 25 Octobre 1499 jusqu'au 16 Septembre 1607, contenant en abrégé toutes les Affaires de la Ville : *in-fol*.

Ces Extraits [étoient] dans la Bibliothèque de M. l'Abbé d'Estrées, [qu'il a léguée à S. Germain des Prés.]

34443. ☞ Diverses Pièces sur l'Hôtel de Paris, & quelques autres du Royaume : *in-fol*. 3 Porte-feuilles.

Dans la Bibliothèque de cette Ville, num. 190-192.]

34444. Mf. Division de la Ville de Paris en ses Quartiers, sous la Prevôté de M. de Foursy : *in-4*.

Ce Cahier [étoit] dans la Bibliothèque de M. l'Abbé Bosquillon.

Tome III.

34445. Mf. Les divers Quartiers de la Ville de Paris ; par CUVIÉ : *in-fol*. 10 vol.

Ces Manuscrits [étoient] dans la Bibliothèque de M. le Chancelier Seguier, num. 806, [& sont aujourd'hui à S. Germain des Prés.]

34446. ☞ Liasse de Pièces, Réglemens & Arrêts concernant les bornes & limites de la Ville de Paris, depuis 1638 jusqu'en 1674 : *in-4*.

Ce Recueil de Pièces, tant imprimées que manuscrites, est indiqué num. 3321 du Catalogue de M. le Blanc.]

34447. ☞ Traité fait par le Roi avec P. Pidoux, pour la clôture des Fauxbourgs S. Honoré, &c. *Paris*, 1632, *in-4*.]

34448. ☞ Articles & Conditions accordées par le Roi pour le parachévement de la clôture des Fauxbourgs S. Honoré, &c. *Paris*, 1634, *in-4*.]

34449. ☞ Considérations sur le dessein de la Place & du Quai proposés à faire vers la Tour de Nesle : *in-4*.)

34450. ☞ Etat ou Tableau de la Ville de Paris, considérée relativement au nécessaire, à l'utile, à l'agréable & à l'administration ; (par M. JEZE, Avocat :) *Paris*, 1759, *in-12*. & 1760, *in-4*.

Nouvelle Edition, revue & corrigée ; (par M. PESSELIER ;)*Paris*, 1761, 1762, *in-8*.]

34451. ☞ Traité des Poids & Mesures, &c. qui sont en usage dans la Ville de Paris.

Cet Ouvrage se trouve dans le *Traité des Poids & Mesures* de GARRAULT : 1595, *in-12*.]

34452. Mf. Pièces diverses touchant la Police de Paris : *in-fol*. 2 vol.

Ce Recueil [étoit] dans la Bibliothèque de M. le Chancelier Seguier, num. 806, [& est aujourd'hui à S. Germain des Prés.]

34453. Mf. Ordonnance pour la Police de Paris, faite en 1496 ; par Guillaume DE TIGNONVILLE, Garde de la Prevôté de Paris : *in-fol*.

34454. Mf. Relation de l'inondation du Fauxbourg Saint-Marceau, en 1479 : *in-fol*.

Cette Ordonnance & cette Relation [étoient] dans la Bibliothèque de M. Colbert, num. 4021 & 6484, [& sont aujourd'hui dans celle du Roi.]

34455. ☞ Discours touchant les remèdes qu'on peut apporter à l'inondation de la Rivière de Seine, fait à l'Assemblée de l'Hôtel de Ville en 1658 ; avec une Carte par PETIT : *Paris*, 1658, *in-4*.]

34456. ☞ Mémoire sur les Aqueducs de Paris, comparés à ceux de l'ancienne Rome ; par M. BONAMY, 1754. *Mém. de l'Ac. des Inscript. & Belles-Lettres*, tom. XXX. pag. 729.]

34457. ☞ Ordonnances de la Prevôté des Marchands de Paris : 1500, *in-4*.]

V v

34458. ☞ Traité de la Police, où l'on trouvera l'Histoire de son établissement, les fonctions & les prérogatives de ses Magistrats, toutes les Loix & tous les Réglemens qui la concernent. On y a joint une Description historique & topographique de Paris, & huit Plans gravés, qui représentent son ancien état & ses divers accroissemens ; avec un Recueil de tous les Statuts & Réglemens des six Corps des Marchands, & de toutes les Communautés des Arts & Métiers ; par Nicolas DE LA MARE : *Paris*, 1705 *& suiv. in-fol.* 4 vol.

Les trois premiers ont été donnés par l'Auteur, qui étoit Commissaire au Châtelet de Paris, & le quatrième par M. LE CLERC DU BRILLET. Ce dernier n'a été publié qu'en 1738, & avec cela l'Ouvrage n'est pas complet & conforme au titre. Il devoit contenir douze livres, & il n'y en a encore que six d'exécutés.

Le Tome I. renferme une Préface qui traite de la division de l'Ouvrage, & quatre Livres. Dans le premier, on trouve une Description historique & topographique, à laquelle sont joints huit plans des différens accroissemens de Paris ; 1.° du temps des Gaulois & de César ; 2.° sous Clovis ; 3.° sous le règne de Louis le Jeune ; 4.° sous Philippe-Auguste ; 5.° sous Charles V. & Charles VI. 6.° depuis Charles VII. jusqu'à la fin de Henri III. 7.° sous Henri IV. & Louis XIII. 8.° sous Louis XIV. en 1705. Ensuite est l'Histoire des Magistrats & des Loix de Paris. = Le Livre II. traite de la Religion & de tout ce qui y a rapport. = Le Livre III. des Mœurs. = Le Livre IV. de la Santé & de tout ce qui la concerne.

Les Tomes II. & III. contiennent le Livre V. qui traite de la Police des vivres & denrées, & de tout ce qui y a rapport.

Le Tome IV. intitulé : *Continuation du Traité de la Police*, &c. *Paris*, 1738, contient l'*Eloge de M. de la Mare*, né en 1639, mort en 1723. = Le Livre VI. qui traite de la Voyerie, & qui comprend les bâtimens, incendies, pavés, nétoyemens des rues, inondations, rues, embellissement & décorations des Villes, particulièrement de celle de Paris ; avec une suite de la Description historique & topographique. Il y est aussi question des voitures, grands chemins, ponts & chaussées ; des postes & messageries, & de la jurisdiction de la Voyerie. On y a joint un IX.e Plan de Paris & de ses accroissemens, sous le Règne de Louis XV. levé par M. l'Abbé DE LA GRIVE, & un X.e Plan concernant les Fontaines de la Ville & Fauxbourgs de Paris, leurs différentes conduites, Puits, &c. levé par le même Abbé DE LA GRIVE, en 1737.

Les six derniers Livres qui entroient dans le Plan de M. de la Mare, & qui ne sont point encore donnés, devoient traiter, le VII.e de la Sûreté publique ; le VIII.e des Sciences & Arts libéraux ; le IX.e du Commerce ; le X.e des Manufactures & Arts méchaniques ; le XI.e des Serviteurs, Domestiques & Manouvriers ; le XII.e des Pauvres.

Voyez sur cet Ouvrage, Lenglet, *Supplément à la Méth. hist. in-4. pag.* 179. = *Journal de Verdun, Avril* 1711. = *Mém. de Trévoux, Nov.* 1707 : *Octob. & Nov.* 1724. *Février* 1715 : *Décembre* 1742. = *Journal du Scav. Avril* 1706 : *Avril* 1710 : *Janvier* 1720 : *Janvier* 1739. = *Biblioth. raison. tom. IV. pag.* 5. = *Siècle de Louis XIV. tom. II. pag.* 392. = *Républ. des Lettres de Bernard, Juillet, Août* 1706. = *Biblioth. Françoise de du Sauzet, tom. II. pag.* 303. = *Réflex. sur les Ouvr. de Littér. tom. VI. pag.* 213. = *Mercure, Janv. Juillet* 1739.

34459. ☞ Etat contenant la quantité des bleds, farines, grains & autres denrées entrées dans Paris, la consommation qui en a été faite, pendant les années 1725 & suivantes, jusqu'en 1733 : *Paris*, Simon, 1725, *& suiv. in-fol.* 9 vol.]

34460. ☞ Arrêt de la Cour de Parlement, portant Réglement général pour le nétoyement de la Ville & Fauxbourgs de Paris, du 30 Avril 1663 : *Paris*, 1663, *in-*4.]

34461. ☞ Arrêt du Parlement, touchant le pain des Prisonniers des Grand & Petit Châtelet de Paris : 1662, *in-*4.]

34462. ☞ Contrat de l'Hôtel-Dieu en faveur des Malades des Grand & Petit Châtelet & Fort-l'Evêque : 1654, *in-*4.]

34463. ☞ Trois Arrêts, deux du Parlement, donnés en 1649 & 1650, & un du Conseil d'Etat donné en 1668, touchant le nétoyement des rues de Paris : *in-*4.]

34464. ☞ Ordonnance du Lieutenant de Police, touchant les Cheminées : 1672, *in-*4.]

34465. ☞ Arrêt du Parlement, touchant les Loyers des Maisons : *Paris*, 1652, *in-*4.]

34466. ☞ Arrêt du Parlement, par lequel il est ordonné aux Marchands & Artisans d'ouvrir les Boutiques : 1649, *in-*4.]

34467. ☞ Ordonnance du Lieutenant de Police touchant les Domestiques : 1669, *in-*4.]

34468. ☞ Arrêt du Conseil d'Etat, portant défenses de mettre garnison dans les Maisons des Officiers, Bourgeois & Habitans de Paris : 1658, *in-*4.]

34469. ☞ Arrêt du Conseil d'Etat, qui ordonne que la Foire de S. Laurent sera remise à cause des maladies contagieuses : 1668, *in-*4.]

34470. ☞ Ordonnance du Lieutenant de Police, contre les Auteurs du faux bruit de l'enlèvement des Enfans : 1675, *in-*4.]

34471. ☞ Ordonnance du Lieutenant Criminel, contre les Bohémiens : en 1658 *in-*4.]

34472. ☞ Arrêt du Conseil d'Etat, touchant les Boutiques du Palais, Halles, Grand Châtelet & Cimetière S. Jean : 1638, *in-*4.]

34473. ☞ Contrat pour la continuation des bâtimens des Ponts, Quais & revêtemens des Isles Notre-Dame : 1623, *in-*4.]

34474. ☞ Nouvelle manière d'éteindre les Incendies, avec plusieurs autres inventions utiles à la Ville de Paris ; par MAITREL D'ELEMENT : *Paris*, 1725, *in-*8.]

34475. ☞ Principes d'hydraulique & de méchanique, suivis d'une Dissertation sur les nouvelles Pompes de la Samaritaine ; par M. DE LA JONCHÈRE : 1719, *in-*12.]

Histoires de Paris & de l'Isle de France.

34476. ☞ Lieux où sont déposées les Pompes du Roi pour les Incendies.
On les trouve indiqués à la fin de la *Liste des Maçons, Charpentiers,* &c. *Paris,* Mariette, 1735, *in-*12.]

34477. ☞ Factum pour les Propriétaires des Boucheries de l'Apport-de-Paris & du Cimetière S. Jean, contre Marie Meusnier, &c. *in-fol.*]

34478. ☞ Remarques sur la Boucherie de l'Apport-Paris, qui appartient présentement aux deux Familles de Saint-Yon & Ladehors *Merc.* 1739, *Mars*; & *Variétés historiques,* tom. *I.* pag. 170.
Lettre au sujet des Remarques précédentes. *Merc.* 1739, *Mai.*]

34479. ☞ Factum & Arrêts, pour les Propriétaires des grandes Halles, Loges couvertes, & Préau de la Foire S. Germain; contre M. le Cardinal de Furstemberg, Abbé de S. Germain des Prés.
Dans le *Recueil des Factums de Lyon,....* tom. *II.*]

34480. ☞ Mémoire historique sur la Foire S. Germain, addressé à Madame M✱✱✱; par M. DE L. R. *Merc.* 1740, *Mars* & *Mai.*]

34481. ☞ Etat général des Baptêmes, Mariages & Mortuaires des Paroisses de Paris, avec les Observations sur les maladies qui ont eu cours dans cette Ville depuis 1670 jusqu'en 1681 : *in-fol.*]

34482. Itinéraire de la Ville de Paris; par Jean BOISSEAU : *Paris,* 1643; *in-*12.

34483. La Guide de Paris, contenant le nom & l'adresse de toutes les Rues de cette Ville & Fauxbourgs, les tenans & les aboutissans; par Georges DE CHUYES : *Paris,* Brunet, 1646, *in-*8.

34484. La Ville de Paris, contenant les noms des Rues, Fauxbourgs, Eglises, &c. par (François) COLLETET : *Paris,* 1677, 1683, [1699,] *in-*12.
Ce Livre fait partie de son *Abrégé de l'Histoire de la Ville de Paris.*

34485. ☞ Mémorial de Paris & de ses Environs, à l'usage des Voyageurs; par M. l'Abbé ANTONINI : *Paris,* Musier, 1732, 1744, *in-*12. Troisième Edition, 1749, *in-*12. 2 vol.]

34486. ☞ Tablettes Parisiennes qui contiennent le Plan de la Ville & des Fauxbourgs de Paris; avec une Dissertation (ou Mémoire) sur ses aggrandissemens, & une Table alphabétique (où se trouvent les anciens noms des Rues, &c.) par M. Robert DE VAUGONDY, Géographe du Roi, de Sa Majesté Polonoise, Duc de Lorraine & de Bar, & de la Société Royale de Nancy : *Paris,* 1760, *in-*8.
Le Plan de Paris est celui indiqué ci-devant, N.° 1789, mais partagé dans ce Livre en neuf parties, précédé du petit Plan général, N.° 1790, & suivi du Plan de l'Hôtel Royal de l'Ecole Militaire, tel qu'il doit être bâti.]

34487. ☞ Postillon Parisien, ou Conducteur fidèle de la Ville, Fauxbourgs & Environs de Paris; par L. DENYS & L. MONDHAR : *Paris,* 1762, *in-*12.
Il a aussi paru sous le titre de *Guide de Paris.*]

34488. ☞ Rues de Paris en Vers anciens.
A la fin du tom. II. de l'*Histoire de la Ville & du Diocèse de Paris,* par l'Abbé Lebeuf, ci-après.]

34489. ☞ Les Rues de Paris : *Paris,* 1722, *in-*12.]

34490. ☞ Lettre (de M. BOUCHER D'ARGIS) à M. Lebeuf, sur son troisième Tome de Dissertations, où il est parlé de la Rue Galande. *Merc.* 1740, Vol. II. pag. 2794.]

☞ On trouve diverses Pièces curieuses sur plusieurs Quartiers de Paris, tels qu'ils étoient il y a trois ou quatre cens ans, dans l'*Histoire de Nicolas Flamel : Paris,* 1761, *in-*12.]

34491. Les Addresses de la Ville de Paris; par Abraham DE PRADEL : *Paris,* [Nyon,] 1691, *in-*8.

34492. ☞ Les Cris de Paris, avec la Chanson : *Paris,* Proust, & *Troyes, in-*16. *Paris, in-*12.]

34493. ☞ L'Agenda du Voyageur, pour l'année 1727; par M. S. DE VALHEBERT : *Paris,* des Hayes, 1727, 1731, 1732, 1736, *in-*12.]

34494. Joannis Francisci Quinctiani STOÆ, Brixiani, Poetæ, de Parisiorum Urbis laudibus Sylva, cui titulus, Cleopolis : *Parisiis,* 1514, *in-*4.

34495. ☞ Jacobi CAPPELLI, Parrhisiensis, in Parrhisiensium laudem Oratio, Pictavis habita : *Parisiis,* Petit, *in-*4. (vers 1520.)
Voyez ce qui en est dit dans les *Singularités historiques* de Dom Liron, tom. *III.* (*Paris,* 1739, *in-*12.) *pag.* 450.]

34496. Lutetiæ Parisiorum Descriptio; auctore Eustatio A KNOBELDORF, Pruteno : *Parisiis,* 1543, *in-*8.

Eadem, cum Rodolphi BOTEREÏI Lutetia (Versibus descripta :) *Parisiis,* 1611 [& 1615,] *in-*8.

34497. ✱ Simonis OVERII Lutetia : *Duaci,* 1591, *in-*8.

34498. ☞ Pauli THOMÆ, Engolismensis, Lutetiados libri V. inter Poemata quæ edita sunt tertiò : *Engolismæ,* Cl. Rezé, 1640, *in-*8.]

34499. ☞ Urbis Parisiorum Encomium, ad Fr. Galterium, Strena Jo. MORELLI, anno 1627, *in-*4.]

34500. La Ville de Paris en Vers burlesques; par BERTHAULD : *Paris,* 1654, *in-*4. 1661, *in-*12.

34501. ☞ La Ville de Paris en Vers burlesques, contenant les Galanteries du Palais, la Chicane des Plaideurs, les Filouteries du Pont-neuf, l'Eloquence des Haren-

Tome III. Vv 2

340 Liv. IV. *Histoire Civile de France.*

gères de la Halle, &c. par le Sieur Berthauld, dernière Edition, augmentée d'une seconde Partie par François Colletet, intitulée le *Tracas de Paris*, & encore de la *Foire S. Germain*, aussi en Vers burlesques; par Paul Scarron : *Paris*, 1665 & 1666, *in*-12. 2 vol.

Je ne parle point ici du Libelle intitulé : *La Chronique scandaleuse*, ou *Paris ridicule*, par Petit, imprimé en 1668. Ce n'est qu'une mauvaise Satyre.

☞ Elle se trouve parmi ses *Œuvres poétiques*, & à la fin du Livre intitulé : *Tableau de la Vie des Cardinaux de Richelieu & Mazarin : Cologne*, 1693, *in*-12.]

34502. ☞ Description de la Ville de Paris, en Vers; par Michel de Marolles : 1677.]

34503. ☞ La Cour & Paris, en Vers : *in*-4.

Cette Pièce est indiquée num. 2756 du Catalogue de M. Godefroy.]

34504. ☞ Mſ. Ancienne fondation & description de la Ville de Paris; par Raoul de Presles.

On en trouve au moins une partie dans ses *Notes sur la Cité de Dieu de S. Augustin*, traduite par le même de Presles, & imprimée : *Abbeville*, 1486, *in*-fol. 2 vol.]

34505. Tratado de las cosas mas notables que se veen en la grand Ciudad de Paris, y algunas del Reyno de Francia; compuesto por Ambrosio de Salazar, Secretario Interprete Español de su Magestad Christianissima : *en Paris*, [Besson,] 1616, *in*-12.

34506. Paris ancien & nouveau, avec une Description de tout ce qu'il y a de plus remarquable dans toutes les Eglises, Communautés, Palais, Maisons, Rues, Places, &c. par C. le Maire : *Paris*, Girard, 1685, *in*-12. 3 vol.

Ce Livre est presque tout copié des Antiquités du Père du Breul.

☞ *Voyez* le *Journal de Léipsick*, 1686, *pag.* 76. = Lenglet, *Méth. hist. in*-4. *tom. IV. pag.* 171.]

34507. Description nouvelle de Paris, & Recherches des Singularités les plus remarquables qui s'y trouvent à présent ; par Germain Brice, Parisien : *Paris*, le Gras, 1684; *la Haye*, 1685, *in*-12. 2 vol. Seconde Edition: *Paris*, 1687, *in*-12. 2 vol.

La même, augmentée : *Paris*, 1698, *in*-12. 2 vol.

Cinquième Edition, augmentée & enrichie : *Paris*, 1706, *in*-12. 2 vol.

Sixième Edition, revue & augmentée par l'Auteur : *Paris*, Fournier, 1713, *in*-12. 3 vol.

Septième Edition, revue & augmentée par l'Auteur; avec de nouvelles Figures : *Paris*, Fournier, 1717, *in*-12. 3 vol.

☞ M. Bossuet y est dit *Cardinal*, par erreur : on a voulu parler de M. de Bissi, son successeur.]

34508. ☞ Nouvelle Description de la Ville de Paris, & de tout ce qu'elle contient de plus remarquable ; par Germain Brice, enrichie d'un nouveau Plan & de nouvelles Figures dessinées & gravées correctement ; Edition, revue & augmentée de nouveau : *Paris*, Gandouin, 1725, *in*-12. 4 vol.

Germain Brice est mort à Paris le 18 Novembre 1727, âgé de 75 ans.]

☞ Autre Edition encore augmentée : *Paris*, 1752, *in*-12. 4 vol.

Les trois premiers ont été revus par M. Mariette, & le quatrième par M. l'Abbé Perau, qui de plus a fait la Préface, où l'on trouve diverses corrections importantes pour les premiers Volumes.]

Ce Livre est utile pour connoître l'état présent de cette grande Ville.

☞ *Voyez* Lenglet, *Méth. histor. in*-4. *tom. IV. pag.* 171. = *Répub. des Lettres, Mai*, 1684, *Juin*, 1685. = *Journ. des Sçavans, Mai*, 1684, *Avril*, 1698, *Mai*, 1707, *Décemb.* 1713. = *Mém. de Trévoux, Décemb.* 1714, &c.]

34509. ☞ Mſ. Tombeaux des Personnes illustres inhumées dans les Eglises de Paris : *in*-fol. 3 vol.

Ce Recueil est à la Bibliothèque de la Ville de Paris, num. 377-379. Beaucoup de ces Tombeaux ne subsistent plus, les Eglises ayant été renouvellées, & ce Recueil en est plus curieux.]

34510. ☞ Journal du Citoyen, (pour la Ville de Paris :) *la Haye*, (*Paris*, Jombert,) 1754, *in*-12.

C'est une espèce d'Almanach, réimprimé depuis, avec des augmentations considérables, sous le nom d'*Etat*, ou *Tableau de Paris*, &c.

On y donne des idées assez détaillées du Gouvernement de cette Ville, un Tableau des Juridictions, une Description de l'Etat Ecclésiastique. On y indique les institutions qui ont rapport à l'éducation, ce qui concerne la Finance, le commerce intérieur de la Ville, les Voitures publiques, &c.]

34511. ☞ Plan topographique & raisonné de Paris : Ouvrage utile au Citoyen & à l'Etranger, dédié à M. le Duc de Chevreuse, Gouverneur de Paris ; par les *Sieurs* Pasquier & Denys, Graveurs : *Paris*, Pasquier, 1758, *in*-12. de 126 pages.]

34512. Description historique & topographique de la Ville de Paris, considérée dans tous les différens états dans lesquels elle a passé jusqu'à présent.

Cette Description de Nicolas de la Mare, est imprimée à la *pag.* 67 du tom. I. de son *Traité de la Police : Paris*, 1705, *in*-fol.

☞ *Voyez* Lenglet, *Méth. histor. in*-4. *tom. IV. pag.* 171.]

34513. ☞ Description de Paris, Versailles, Marly, Meudon, Saint-Cloud, Fontainebleau, & de toutes les autres belles Maisons & Châteaux des Environs de Paris ; par M. Piganiol de la Force : *Paris*, 1736. Nouvelle Edition : *Ibid.* l'Archer, 1742, *in*-12. 8 vol. Autre Edition, considérablement augmentée ; par M. l'Abbé Perau, avec figures : *Ibid.* 1765, *in*-12. 19 vol.

Jean Aymar Piganiol de la Force, mort au mois de Février 1753, âgé de 80 ans, étoit d'Auvergne, &

Histoires de Paris & de l'Isle de France.

avoit été Sous-Précepteur des Pages du Comte de Toulouse. On peut voir sur cet Ouvrage, (qui originairement faisoit partie de sa Description de la France, mais étoit beaucoup moins ample,) les *Observations sur les Ecrits modernes*, Lettre 397, 400, 412, 413, 418. = *Journal de Verdun*, 1742, Mars. = *Mercure*, 1742, Avril & Juillet.]

34514. ☞ Remarque adressée à M. le Bibliothécaire de Sorbonne, au sujet d'un endroit de la Description de Paris publiée par M. Piganiol. *Mercure*, 1749, *Mai*.

Piganiol avoit écrit une Lettre, qui se trouve au *Mercure*, 1748, *Juillet*, & dans laquelle il soutient que ce n'est pas Robert de Sorbon, mais Robert de Douay, qui a fondé la Sorbonne. M. LADVOCAT, Bibliothécaire de Sorbonne, lui répondit par une Lettre insérée au *Mercure* de la même année, au mois d'*Octobre*, où il prouve sans réplique que c'est Robert de Sorbon qui est Fondateur de la Sorbonne.]

34515. ☞ Remarque adressée à M. le Principal du Collège de Reims, fondé à Paris, au sujet d'un endroit de la Description de cette Capitale par M. Piganiol. *Ibid. Juin*, Vol. II.

Dans l'Edition de cette Description, donnée en 1736, tom. I. pag. 399, M. Piganiol avançoit que le lieu où est le Collège de Reims étoit autrefois l'Hôtel de Bourgogne, que Philippe, Comte de Nevers, & depuis Duc de Bourgogne, vendit le 12 Mai 1412. Dans le Mercure de Juin 1749, dont il est ici question, il est prouvé que le Comte de Nevers n'a point été Duc de Bourgogne. M. Piganiol a corrigé cette faute dans l'Edition de 1742.]

☞ On croit devoir ajouter ici une autre Remarque. C'est que pag. 8, du tom. I. Piganiol cite Boëce, comme attestant que César a fait bâtir une nouvelle Ville de Lutèce sur les ruines de l'ancienne ; & il a pris ce témoignage dans le *Traité de la Police* de M. de la Mare. Mais Boëce n'a point dit ce qu'on lui fait dire. Le fait est dans un Ouvrage intitulé : *Liber de disciplinâ Scholarium*, que Vincent de Beauvais a mal-à-propos attribué à Boëce. *Voyez* la *Bibliothèque Latine* de Jean-Albert Fabricius, & les *Mém. de l'Acad. des Inscript. & Belles-Lettres*, tom. XV. pag. 673.]

34516. *Almanach Parisien*, contenant ce qu'il y a de plus curieux dans cette Ville & ses Environs ; par M. (Pons-Augustin) ALLETZ, Avocat : 1762.]

34517. ☞ *Coup-d'œil sur l'Univers*, avec un Calendrier, &c. enrichi des Singularités de Paris, &c. par M. RAOUL : *Paris*, 1627, *in*-12.]

34518. *Les Lieux les plus remarquables de Paris* ; gravés par Daniel SILVESTRE : *Paris*, *in*-4. oblong.

34519. ☞ *Les Délices de Paris & de ses Environs*, ou Recueil des Vues perspectives des plus beaux Monumens de Paris, & des Maisons de plaisance situées aux Environs de cette Ville ; gravées par PERELLE : *Paris*, 1753, *in-fol.*]

34520. *Le Voyage de Paris*, en 1698 ; par Martin LISTER, Docteur en Médecine, Membre de la Société Royale de Londres, (en Anglois,) avec figures : *London*, Tomson, 1699, *in*-8.

Ce Livre contient la Description de la Ville de Paris.

☞ On y trouve un détail des Curiosités littéraires, naturelles, &c. que cette Ville renferme. *Voyez* les *Actes de Léipsick*, 1699, *pag.* 459. Suivant le *Dictionnaire de Moreri*, cette Edition de 1699 est la troisième. Les *Actes de Léipsick* semblent insinuer que c'est la première.].

34521. ☞ *Séjour de Paris* ; par J. C. NEMEITZ : *Leide*, 1727, *in*-8. 8 vol.]

34522. ☞ *Voyage pittoresque de Paris*, ou Indication de ce qu'il y a de plus beau dans cette Ville, en Peinture, Sculpture & Architecture ; par M. D*** (DEZALLIER D'ARGENVILLE, fils :) *Paris*, Debure, 1749, 1752, 1755, 1757, 1765, 1770, *in*-12. fig.

Les dernières Editions sont corrigées & augmentées. On trouve à la fin une Table alphabétique des Artistes, qui indique le temps où ils ont vécu, & le genre dans lequel ils se sont distingués.

On peut voir sur cet Ouvrage, *Journ. de Verdun*, 1749, *Juillet* ; 1752, *Avril* & *Mai* ; 1755, *Avril*. = *Mém. de Trévoux*, 1749, *Juillet* ; 1752, *Mai*, & 1753, *Juillet*. = *Mercure*, 1755, *Avril*. = *Journ. des Sçavans*, 1749, *Juillet* ; 1755, *Juin*.

== ☞ *Voyage pittoresque des Environs de Paris*, par le même : *Paris*, Debure, 1755, 1762, (1770,) *in*-12.

On l'a déjà indiqué au Tome I. N.° 2368.]

34523. ☞ *Dictionnaire pittoresque & historique, ou Description d'Architecture, Peinture, Sculpture, Gravure, Histoire naturelle, Antiquités & dattes des Etablissemens & Monumens de Paris, Versailles, Marly, Trianon, Saint-Cloud, Fontainebleau, Compiègne, autres Maisons Royales & Châteaux à environ 15 lieues autour de la Capitale, & Discours sur les quatre Arts, avec le Catalogue des plus célèbres Artistes anciens & modernes, & leurs Vies* ; par M. HEBERT : *Paris*, Cl. Hérissant, 1766, *in*-12. 2 vol.

Cet Ouvrage est en grande partie tiré des deux précédens. L'Auteur en avoit donné en 1762 un petit Abrégé sous ce titre : *Almanach des Beaux-Arts*, &c. (avec les) dattes des Etablissemens de Paris.]

34524. *Description de la Ville & Fauxbourgs de Paris*, en vingt-quatre Planches, dont chacune représente un des vingt-quatre Quartiers, suivant la division faite en 1702, avec un détail exact de toutes les Abbayes, Eglises, &c. données par ordre de M. d'Argenson, Lieutenant de Police de la Ville de Paris : *Paris*, 1714, *in-fol*.

Ces Planches ont été gravées par Scotin le jeune, & publiées par les soins de Jean DE LA CAILLE, ancien Libraire.

☞ *Voyez* pour les différens Plans de la Ville de Paris & des Environs, le Tome I. de cette Bibliothèque, N.° 1733 & *suiv*.]

34525. ☞ Mf. *Longueur de toutes les Rues de la Ville & Fauxbourgs de Paris*.

Ce Toisé est conservé dans la Bibliothèque de M. le Président de Bourbonne, à Dijon, num. C. 123.

34526. *Le Voyage fidèle, ou le Guide des Etrangers dans la Ville de Paris*, [qui enseigne, &c.] avec une Relation des plus belles

Maisons qui sont aux Environs de cette Ville; par L. Liger : *Paris*, Ribou, [1715, & 1717,] *in*-12.

34527. Les Curiosités de Paris, de Versailles, de Marly, de Vincennes, de Saint-Cloud & des Environs, avec figures; par M. L. R. *Paris*, Saugrain, 1716, *in*-12.

☞ C'est le premier Ouvrage dédié au Roi Louis XV.]

Claude SAUGRAIN, Libraire, est l'Auteur de ce Livre; il y exécute d'une manière succincte ce qu'il promet dans son titre, au jugement des Auteurs du *Journal des Sçavans*, du 6 Avril 1716.

☞ *Voyez* Lenglet, *Méth. histor. in*-4. tom. *IV*, pag. 172. = *Journ. de Verdun*, 1716, *Avril.* = *Mém. de Trévoux*, 1716, *Juin.*]

☞ Les mêmes, nouvelle Edition; par PIGANIOL DE LA FORCE & Claude SAUGRAIN, Libraire : *Paris*, 1723, *in*-12. 2 vol. fig.]

34528. Les Annales de la Ville de Paris, depuis sa Fondation jusqu'en 1640, le tout par ordre des années & des Règnes de nos Rois; par Claude MALINGRE, de Saint Lazare, Sénonois, Historiographe de France : *Paris*, Rocolet, 1640, *in-fol.*

Ce Livre commence à l'an 498 avant Jesus-Christ. L'Auteur est peu exact, & il écrit d'un style languissant.

34529. ☞ Journal des Avis & des Affaires de Paris, contenant ce qui s'y passe tous les jours de plus considérable pour le bien public; par le Sieur François COLLETET : *Paris*, du Bureau des Journaux, des Avis & Affaires publiques, 1676, *in*-4.

Depuis quelques années on exécute la même chose par des Feuilles périodiques, qui paroissent toutes les semaines, & qui sont intitulées : *Affiches de Paris*. Il y a aussi des *Affiches des Provinces*.

34530. ☞ Histoire de la Ville de Paris, composée par Dom Michel FELIBIEN, revue, augmentée & mise au jour par Dom Guy-Alexis LOBINEAU, tous deux Prêtres, Religieux Bénédictins de la Congrégation de Saint Maur; justifiée par des Preuves authentiques, & enrichi de Plans & de Figures, & d'une Carte Topographique : *Paris*, 1725, *in-fol.* 5 vol.

Dom Michel Félibien [avoit] entrepris cette Histoire par ordre de M. Bignon, Prevôt des Marchands & des Echevins de la Ville de Paris; le Projet en a été publié en 1712. Cette Histoire [a été] faite sur de bons Mémoires & avec beaucoup de soin. [Dom Felibien est mort en 1719.]

☞ Le Tome I. contient, Dissertation sur l'origine de l'Hôtel de Ville de Paris; (par Pierre LE ROY : elle avoit déja paru en 1722, comme on l'a indiquée ci-devant. = Recueil de Chartes, &c. pour servir de Preuves à la Dissertation précédente. = Dissertation sur les Antiquités Celtiques, ou Observations sur les restes d'un ancien Monument trouvé dans le Chœur de l'Eglise de Notre-Dame de Paris, le 16 Mai 1711; (par M. MOREAU DE MAUTOUR.) = Discours préliminaire de l'Histoire de Paris. = Plan de cette Ville, avec une Table pour trouver facilement les Rues. = Histoire de la Ville de Paris, ou les 13 premiers Livres. (Ils s'étendent depuis la venue de César dans les Gaules, jusqu'à l'an 1374.)

Le Tome II. renferme les dix-sept derniers Livres (qui s'étendent depuis 1374 jusqu'en 1721.) = Suite Chronologique des Rois de France. = Suite Chronologique des premiers Présidens du Parlement, & de la Chambre des Comptes. = Suite des Gouverneurs & Commandans. = Suite des Prevôts des Marchands & Echevins de Paris, depuis l'an 1411.

Le Tome III. contient les Pièces justificatives jusqu'en 1593. = On trouve à la tête de ce Volume :

Table Chronologique des Actes & principaux faits contenus dans les trois Volumes de Pièces justificatives. = Glossaire, ou Explication des mots Latins hors d'usage, ou de la Langue vulgaire, latinisés. = Glossaire François.

La première partie des Pièces justificatives commence par une Dissertation de M. MOREAU DE MAUTOUR, sur Isis & sur Cybèle, au sujet du nom de la Ville de Paris.

Le Tome IV. renferme des Pièces justificatives depuis 1594 jusqu'en 1722. = Extraits des différens Registres du Parlement, depuis 1260 jusqu'en 1574.

Le Tome V. contient la suite des Extraits des Registres du Parlement, depuis 1574 jusqu'en 1699. = Extraits des Registres des Ordonnances, depuis 1251 jusqu'en 1616. = Extraits des Registres de l'Hôtel de Ville de Paris, depuis 1339 jusqu'en 1632. = Supplément pour le Recueil des Pièces justificatives, sur l'Histoire de Paris, depuis 1118 jusqu'en 1720.

Voyez sur cet Ouvrage, Lenglet, *Méth. histor. in*-4. tom. *IV*. pag. 173. = *Journ. des Sçavans*, Sept. 1725; *Janv. Févr.* 1726. = *Observ. sur les Ecrits mod. Lett.* 10 & 14. = *Mercure, Mai*, 1735. = *Journ. de Verdun, Nov.* 1722; *Juillet,* 1735; *Mai,* 1753. = *Mém. de Trévoux, Nov.* 1716; *Févr.* 1736. = Le P. Niceron, *t. XXVIII. pag.* 331. = *Journ. de Leips.* 1729, *pag.* 429. = *Bibliographie* de Debure, *Hist.* num. 5322.]

34531. ☞ Pièces servant de Preuves à la même Histoire de Paris, dont la plus grande partie a été supprimée : *in-fol.*

Ce Recueil est très-rare.]

34532. ☞ Histoire (abrégée) de la Ville de Paris (jusqu'en 1730,) avec les Privilèges accordés aux Bourgeois de cette Ville, sa Description, ses Rues, Fontaines, &c. *Paris*, Desprez, 1735, *in*-12. 5 vol.

Cet Abrégé de l'Histoire donnée par les Bénédictins, est de Louis-François-Joseph DE LA BARRE, de l'Académie des Inscriptions & Belles-Lettres, excepté le cinquième Volume, qui a été fait par l'Abbé DES FONTAINES. C'est ce que m'a écrit l'Abbé Goujet; mais dans le Moréri on n'attribue que le dernier Volume à M. de la Barre, & plusieurs personnes prétendent que les premiers sont de M. D'AUVIGNY, sous la direction de l'Abbé des Fontaines. Une partie du quatrième Volume est remplie par des Chartes de Privilèges des Bourgeois de Paris, qui n'avoient point encore été imprimées, & par une Table alphabétique des Rues, Places, &c. Dans le Cinquième Volume on s'est servi des Pièces justificatives, qui remplissent les trois derniers Volumes *in-fol.* de l'Ouvrage des Bénédictins, pour donner comme une nouvelle Histoire de Paris dans un autre ordre.

Cet Abrégé est mieux fait & en général plus exact, que le grand Ouvrage précédent : on l'a augmenté de faits importans qui ne se trouvoient pas dans l'autre.

Voyez le *Mercure, Novemb.* 1736. = *Journ. des Sçav. Septemb.* 1735. = Lenglet, *Supplément à la Méth. hist. in*-4. *pag.* 170. = *Journal de Verdun, Juillet,* 1735.]

34533. ☞ Projet d'une Histoire de la Ville de Paris, sur un Plan nouveau; (par le Sieur COSTE de Toulouse :) 1739, *in*-12.

Histoires de Paris & de l'Isle de France.

Lettre de l'Auteur du (même) Projet, à l'Auteur des Observations sur les Ecrits modernes : *Harlem*, (*Paris*,) 1739, *in-12.*]

34534. ☞ Abrégé Chronologique de l'Histoire de la Ville de Paris, contenant ce qui s'est passé de plus considérable dans son Enceinte ou aux Environs ; par M. Poncet de la Grave, Avocat au Parlement.

Dans le *Mercure de 1755, Septembre, Octobre & Novembre.*]

34535. ☞ La nouvelle Athènes, Paris, le séjour des Muses, divisée en deux Parties : la première contenant l'origine & l'établissement des Belles-Lettres, des Sciences & des Beaux-Arts à Paris : la seconde, la Bibliographie ; par Antoine-Martial Lefevre, Prêtre : *Paris*, 1759, *in-12.*]

34536. ☞ La Capitale des Gaules, (*Paris*,) ou la nouvelle Babylone, par M. de Montbron : 1759, *in-12.*

La même, traduite en Allemand : *Ulm*, 1761, *in-8.*]

34537. ☞ L'Anti-Babylone, ou Réponse à l'Auteur de la Capitale des Gaules ; par le Chevalier Ange Goudard : 1759, *in-12.*]

34538. ☞ Projet des Embellissemens de la Ville & Fauxbourgs de Paris ; par M. Poncet de la Grave : *Paris*, 1756, *in-12.*]

34539. ☞ Le Citoyen désintéressé, ou diverses Idées Patriotiques, concernant quelques établissemens & embellissemens utiles à la Ville de Paris ; par M. Maille Dussaussoy : 1767, *in-8.*]

34540. ☞ Traité pour la clôture de Paris, en 1631.]

34541. ☞ Recueil de Pièces sur Paris : *in-4.*

Il est indiqué *pag.* 448 du Catalogue de M. de Cangé, & il contient les Pièces suivantes :

1. Mémoires de Bouteville, pour l'embellissement de l'Isle du Palais.

2. Histoire de l'Incendie & embrasement du Palais ; par Boutray : *Paris*, 1618.

3. Incendie du Palais, arrivé le 7 Mars 1718 : *Paris*, 1618.

4. Arrêt de la Cour de Parlement, au sujet de cet Incendie.

5. Dialogue d'un Turc & d'un François, sur la Statue de Henri IV. en Vers ; par Petit de Béfiers : *Paris*.

6. Discours sur l'Inondation du Fauxbourg S. Marcel, par la Rivière de Bièvre : *Paris*, 1625.

34542. ☞ Mémoires sur le Louvre, sur l'Opéra, sur la Place de Louis XV. sur les Salles des Spectacles, & sur la Bibliothèque du Roi ; par M. (Louis Petit) de Bachaumont :) *Paris*, 1750, *in-12.* 1752, *in-8.*]

34543. ☞ Chanson sur la Colonade du Louvre, par le même : 1755, *in-12.* (sans nom de Ville, &c.]

34544. ☞ Description du Monument érigé à la gloire du Roi (Louis XIV.) par M. le Maréchal Duc de la Feuillade, avec les Inscriptions de tout l'Ouvrage ; par l'Abbé François-Seraphin Regnier Desmarais : *Paris*, Seb. Mabre-Cramoisy, 1686, *in-4.*]

34545. ☞ Donation & substitution, faites par très-haut & très-puissant Seigneur, Monseigneur François, Vicomte d'Aubusson, de la Feuillade, Duc, Pair & Maréchal de France, Colonel des Gardes Françoises, Gouverneur du Dauphiné ; le 29 Juin 1687, par Lettres-Patentes en forme d'Edit, du mois de Juillet 1687, enregistrées au Parlement le 4 dudit mois de Juillet 1687 : *Paris*, Lambin, 1687, *in-4.* de 26 pages.

Cette Donation que fait le Maréchal de la Feuillade à Louis d'Aubusson de la Feuillade, son fils unique, des biens considérables qui y sont désignés & évalués, & la substitution graduelle & perpétuelle dont il les grève en faveur de tous les descendans mâles tant de sa branche que de celle de Jean d'Aubusson, Marquis de Miremont en Périgord, sont faites à la charge par le Donataire & ses successeurs, à perpétuité, d'entretenir dans toute sa beauté & dans son entier, avec tous ses ornemens, tant la Place des Victoires de la Ville de Paris, que la Statue qu'il y a érigée en l'honneur du Roi, & les Fanaux établis pour éclairer ladite Place. Nous en mettrons ici les Articles principaux.

Art. VII. Qu'ils soient tenus de faire redorer à leurs frais tous les vingt-cinq ans, ladite Statue, Fanaux & Ornemens qui se trouvent dorés au temps de la donation.

Art. VIII. D'entretenir à leurs frais, dans les quatre Fanaux, des lumières suffisantes pour éclairer la Place des Victoires pendant la nuit, dans toutes les saisons de l'année. [Ces Fanaux ne subsistent plus : le Ministère les a fait ôter à cause de divers inconvéniens.]

Art. IX. De payer les gages d'une personne qui sera par eux préposée pour faire allumer lesdites lumières, &c. & veiller à la conservation de tous lesdits Ouvrages.

Le Donateur désire & demande, (Art. XI.) que de cinq ans en cinq ans, & le 5 du mois de Septembre, lesdits Ouvrages soient vus & visités par MM. les Prevôt des Marchands & Echevins de la Ville de Paris, afin de reconnoître & constater les réparations à y faire aux frais du Donataire ; & (Art. XIII.) que pour l'honoraire des visites, le Donataire délivrera à chacun de mesdits Sieurs Prevôt des Marchands & Echevins, une Médaille d'argent, dont le type est gravé à la fin de cet Article. [C'est la sixième de la Planche XXIII. des Médailles de Louis XIV. du Recueil du Père Menestrier.] Cette Donation, contenant 22 Articles, est suivie des Lettres en forme d'Edit, qui autorisent ladite Donation, & de l'Arrêt d'enregistrement en la Cour de Parlement, en datte du 4 Juillet 1687.]

34546. ☞ Description de ce qui a été pratiqué pour fondre en bronze, d'un seul jet, la Figure Equestre de Louis XIV. élevée par la Ville de Paris, dans la Place de Louis le Grand, en 1699 ; par Germain Boffrand ; avec figures gravées en taille-douce : *Paris*, Cavelier, 1743, *in-fol.*]

34547. ☞ Devises & Inscriptions pour la Décoration des quatre façades de la Statue Equestre que la Ville de Paris se propose d'ériger à Sa Majesté (Louis XV.) par M. Ant. Jos. Louis de Gardein de Villemaire : 1760, *in-4.*]

34548. ☞ Lettre au sujet de la Place destinée pour la Statue du Roi ; par M. YON, Avocat à Paris : *in*-4.]

34549. ☞ Lettre fur le Projet d'une Place pour la Statue du Roi ; par M. DE SAINTE-PALAYE : 1745, *in*-12.]

34550. ☞ Deux Lettres à l'Auteur de celle inférée dans le Mercure de Juillet 1748, fur le Projet d'une Place pour la Statue du Roi. *Mercure*, 1748, *Octobre & Novemb*.]

34551. ☞ Projet d'une Place pour la Statue du Roi, & Plan joint. *Ibid. Décembre*, Vol. I. = Lettre écrite à M***, pour fervir d'Addition au Projet précédent, (&) Remarques fur le (même) Projet. *Mercure*, 1749, *Février & Mars*.]

34552. ☞ Projet d'une nouvelle Place & de divers Bâtimens à faire dans l'Iſle du Palais, avec les Plans ; par Robert PITROU, Inſpecteur-général des Ponts & Chauſſées.

Dans le Recueil poſthume de ſes Œuvres : *Paris*, 1759, grand *in-fol.*

L'Auteur eſt mort en Janvier 1750.]

34553. ☞ Plan du Centre de la Cité, & Projet d'une Place de LOUIS XV. par M. CROIZET : 1756, *in*-8.]

34554. ☞ Mſ. Projet pour la conſtruction de Galleries Patriotiques dans la Place de LOUIS XV. à Paris, pour y placer les noms & l'image des grands Hommes de France en tout genre ; par M. le Marquis DU TERRAIL ; lu à l'Académie de Dijon, le 18 Mars 1763.

Ce Mémoire eſt conſervé dans les Regiſtres de cette Académie.]

34555. ☞ Deſcription de la nouvelle Place de Mars, à bâtir au Carrefour & Place de Buſſi, fur les Plans & Elévations du Sieur DE LANGRENÉ le père, Architecte, préſentés au Roi le 26 Septembre 1747, & ſuivant leſdits Plans, Elévations & Modèle en relief qu'il en a fait depuis, dans le courant de l'année 1748. *Mercure*, 1748, *Avril*.]

34556. ☞ Mémoire ſur l'achévement du Louvre. *Ibid.* 1749, *Mai*.]

34557. ☞ Lettre de M***, à M. le Comte de Ch. fur le Louvre. *Ibid.* 1755, *Juin*, Vol. II.]

34558. ☞ Lettre à M***, ſur le Projet de bâtir un nouvel Hôpital pour les Malades. *Mercure*, 1749, *Février*.]

34559. ☞ Lettre d'un Militaire pour ſervir de Réponſe à celle de M***, du mois de Février. *Ibid. Juin*.]

34560. ☞ A M. D... au ſujet de la conſtruction d'un nouvel Hôtel-Dieu dans l'Iſle des Cignes ; (par M. LE JEUNE :) *Mercure*, 1749, *Mai*.]

34561. ☞ Obſervations à M. le Jeune, Auteur du Projet pour l'établiſſement d'un nouvel Hôtel-Dieu dans l'Iſle des Cignes ; par M. F. CARRÉ. *Mercure*, 1750, *Avril*.]

34562. ☞ Lettre ſur la Fontaine de la rue de Grenelle ; par M. Pierre-Jean MARIETTE, Secrétaire du Roi : *in*-8.]

34563. ☞ Contrat fait entre les Commiſſaires du Roi, Madame la Ducheſſe d'Orléans, Mademoiſelle de Montpenſier & les Tuteurs de Mademoiſelle d'Alençon, pour raiſon du Palais d'Orléans, & autres droits ; du 19 Septembre 1665 : *Paris*, 1673, *in*-4.]

34564. ☞ Deſcription des Tableaux du Palais Royal, avec la Vie des Peintres ; par DU BOIS DE S. GELAIS : *Paris*, 1727, *in*-12.]

34565. ☞ Deſcription hiſtorique & topographique de l'Hôtel de Soiſſons. *Mém. de l'Acad. des Inſcriptions & Belles-Lettres*, tom. XXIII. pag. 262.]

34566. ☞ Pièces concernant l'Hôtel de Soiſſons : *in-fol.*

Elles ſont indiquées au Catalogue de M. Secouſſe, num. 4388.]

34567. ☞ Mémoire ſur la Colonne de la Halle au bled, (ci-devant Hôtel de Soiſſons,) & ſur le Cadran cylindrique, &c. par A. G. PINGRÉ, Chanoine Régulier de Sainte-Geneviève, &c. *Paris*, Barois, 1764, *in*-8.]

34568. ☞ Mémoire ſur l'achévement du grand Portail de l'Egliſe de S. Sulpice ; par M. Pierre PATTE, Architecte du Prince Palatin de Deux-Ponts : *Paris*, 1767, *in*-4.]

34569. ☞ Les Figures hiéroglifiques de Nicolas Flammel, miſes par lui à la quatrième Arche qu'il a bâtie au Cimetière des Innocens à Paris ; par Pierre Arnauld, Sieur DE LA CHEVALERIE : *Paris*, 1612, *in*-4.]

34570. ☞ Les Vertus & les Arts peints dans la Galerie du Préſident de Bretonvilliers, Iſle Notre-Dame ; par Sébaſtien BOURDON, & gravés par FRIQUET : *in-fol.*]

34571. ☞ Les Peintures de Charles LE BRUN & d'Euſtache LE SUEUR, qui ſont dans l'Hôtel du Châtelet, ci-devant la Maiſon du Préſident Lambert, deſſinées par Bernard PICARD, avec la Deſcription de cette Maiſon : *Paris*, 1740, *in-fol.*]

== Deſcriptions de l'Hôtel Royal des Invalides.

Voyez ci-devant, [Tome I. N° 5248 *& ſuiv.*]

34572. ☞ Edit du mois du 22 Janvier 1751 pour l'Ecole Royale Militaire, (& autres....) *in*-4.]

34573. ☞ Lettre au ſujet des Embelliſſemens faits dans l'Egliſe de S. Roch, avec la Deſcription de ces Ouvrages. *Mercure*, 1760, *Décembre*, pag. 142.]

34574. ☞ Le Militaire Citoyen, ou l'Emploi des Hommes ; par M. JACQUET DE MALZET :

Histoires de Paris & de l'Isle de France.

DE MALZET: *Paris*, Duchesne, 1760, *in-*12. de 207 pages.

Ce Livre roule principalement sur un changement de destination de l'Hôtel Royal des Invalides & de celui de l'Ecole Militaire.]

34575. ☞ Nouvelles Annales de Paris, jusqu'au Règne de Hugues-Capet. On y a joint le Poëme d'ABBON, sur le fameux Siège de Paris par les Normands, en 885 & 886, beaucoup plus correct que dans aucune des Editions précédentes, avec des Notes pour l'intelligence du Texte; par D. Toussaints DU PLESSIS, Bénédictin de la Congrégation de S. Maur: *Paris*, 1753, *in*-4.

Voyez le *Journ. des Sçav. Décemb.* 1753. = *Mém. de Trévoux, Août,* 1753.
Ce même Poëme Latin d'Abbon, se trouve dans la *Collection* de du Chesne, *tom. II. pag.* 499, dans l'*Origine de la Maison de France* de du Bouchet, *p.* 266 des *Preuves*, dans l'Edition d'Aimoin, par du Breuil, *p.* 404, dans les *Historiens de Normandie* de du Chesne, & dans la *Collection* de D. Bouquet. Mais l'Edition de Dom du Plessis est sans contredit la meilleure, comme on l'a déjà observé ci-devant, Tome II. *pag.* 119, N.° 16452.]

== ☞ Journal de Paris pendant les Règnes des Rois Charles VI. & Charles VII.

Voyez ci-devant, Tome II. N.°s 17255 & 17256.]

== ☞ Relations des Barricades de Paris, en 1588.

Ibid. N.°s 18664 & *suiv.*]

== ☞ Journal de ce qui s'est passé à Paris en 1588 & 1589.

Ibid. N.°s 18910 & 18987.]

== ☞ Du Siège de Paris par Henri IV. en 1590, & misère de cette Ville.

Ibid. N.°s 19276 & *suiv.* 19310 & 19335.]

== ☞ Réduction de Paris sous l'obéissance de Henri IV. en 1594.

Ibid. N.°s 19542 & *suiv.* 19566 & *suiv.*]

34576. ☞ Hieronymi SEGUERII, Præsidis Consistoriani, Lutetia liberata · *Parisiis*, 1603, *in*-4.

34577. ☞ Description de la Cérémonie qui se fait (à Paris le 22 Mars,) en mémoire de la Réduction de cette Ville sous Henri IV. & de celle qui se faisoit pour l'expulsion des Anglois sous Charles VI. (par M. Ant. Gaspard BOUCHER D'ARGIS.) *Mercure*, 1738, *Avril, pag.* 798.]

== Mouvemens & Guerres de Paris, depuis l'an 1649 jusqu'en 1652.

Voyez ci-devant, [Tome II. N.°s 22198 & *suiv.*]

— ☞ Histoire de la Ville & du Diocèse de Paris; par M. l'Abbé (Jean) LEBEUF: *Paris*, 1754, &c. *in*-12. 15 vol.

Comme il n'y a que les deux premiers Volumes qui regardent la Ville de Paris, nous remettrons à parler plus au long de cet Ouvrage au commencement du §. III. de cet Article.]

34578. ☞ Le Géographe Parisien, ou le *Tome III.*

Conducteur Chronologique, &c. *Paris*, Costard, 1770, *in*-8. 2 vol. avec Cartes & Planches.]

34579. ☞ Recherches critiques, historiques & topographiques de la Ville de Paris, depuis ses commencemens connus jusqu'à présent; par M. Jean-Baptiste-Michel Renou de Chauvigné JAILLOT, Géographe ordinaire du Roi.

Cet Ouvrage, qui est fait sur les Titres originaux & autres Pièces authentiques, doit être bien-tôt imprimé par parties, *in*-8. L'Auteur se propose de donner successivement la description des différens Quartiers de Paris, & ensuite il publiera des Plans qui y seront relatifs. Il indique par lettres alphabétiques toutes les Rues, &c. de chaque Quartier; il en rapporte les tenans et les aboutissans, les différens noms & leur étymologie, les faits historiques qui s'y sont passés, les Monumens sacrés & profanes qui y ont existé, & ceux qui y subsistent actuellement. Il observe les dattes des événemens, l'époque des établissemens & les différentes opinions des Auteurs. Il a fait pour cela les plus grandes recherches, & les plus assurées; ainsi son Ouvrage ne peut qu'être bien accueilli.]

34580. ☞ Ordonnances de Louis XIV. pour la Ville de Paris: *Paris*, 1676, *in-fol.*]

34581. ☞ Deux Réglemens du Bureau de l'Hôtel de Ville de Paris, des 22 Février 1729, & 31 Décembre 1729, sur les dépenses communes de l'Hôtel de Ville: *in*-12.]

34582. ☞ Ms. Fontaines & Regards de la Ville de Paris & de la Campagne: 1730, *in*-12.

Ce Manuscrit est dans la Bibliothèque de cette Ville, num. 126.]

34583. ☞ Contrat fait par le Roi à Christophe Marie, lui donnant pouvoir de faire construire à ses dépens le Pont depuis appellé le Pont de la Tournelle, moyennant le délaissement en fonds & propriété à perpétuité que lui fait Sa Majesté, des deux Isles de Notre-Dame, avec l'Arrêt du Conseil d'Etat donné contre MM. du Chapitre de l'Eglise de Paris, opposans: *Paris*, Hulpeau, 1616, *in*-4.]

34584. ☞ Contrat entre le Roi & Jean de la Grange, pour la continuation du bâtiment des Ponts, Quais & revêtement des Isles Notre-Dame de Paris, en 1623 & 1627: *in*-4.]

34585. ☞ Remontrance des Doyen, Chanoines & Chapitre de l'Eglise de Paris, pour empêcher la construction, le rehaussement & revêtissement des Isles de Notre-Dame: *in*-4.]

34586. ☞ Recueil des principaux Titres concernant l'acquisition (faite le 30 Août 1548,) de la propriété de la Place où a été bâtie l'Hôtel de Bourgogne, faite par les Doyen, Maîtres & Gouverneurs de la Confrairie de la Passion & Résurrection de Notre Seigneur, au profit de ladite Confrairie, contre les calomnies des Comédiens soi-disans de l'Elite Royale : *Paris*, 1632, *in-4.* de 88 pages.

Il y en avoit eu une première Edition en 1629, & ensuite une Addition qui se trouve dans cette seconde Edition.]

34587. ☞ Factum pour les Comédiens de la seule Troupe Royale entretenue par le Roi, représentans en l'Hôtel de Bourgogne, Appellans d'une Sentence rendue contre eux par le Prevôt de Paris, le 13 Août 1658, contre les Maîtres Gouverneurs de la Confrairie de la Passion, soi-disans propriétaires dudit Hôtel de Bourgogne, intimés : *in-fol.*]

34588. ☞ Lettres-Patentes du Roi portant union des biens & revenus de la Confrairie de la Passion & Résurrection de Notre Seigneur, à l'Hôpital Général, avec l'extinction de ladite Confrairie, pour être employés à la nourriture & entretien des Pauvres de l'Hôpital des Enfans Trouvés : *Paris*, le Prest, 1677, *in-4.*]

34589. ☞ L'Inquisition Françoise, ou l'Histoire de la Bastille ; par M. Constantin DE RENNEVILLE : *Amsterdam*, 1724, *in-12.* 5 vol.

On attribue cet Ouvrage, qui est un Roman horrible, à Gatien DE COURTILZ, qui fut enfermé à la Bastille depuis 1702 jusqu'en 1711. Il est mort l'année suivante.]

34590. Recueil des Gouverneurs & Lieutenans-Généraux de l'Isle de France : *Paris*, 1591, *in-8.*

☞ On en trouve une Liste plus étendue dans l'*Histoire de Paris*, ci-devant, N.° 34530. comme nous l'avons observé.]

34591. ☞ Gouverneurs, Lieutenans de Roi, Prevôts des Marchands, Echevins, Procureurs & Avocats du Roi, Greffiers, Receveurs, Conseillers & Quarteniers de la Ville de Paris, depuis l'an 1345, jusques & compris 1740, avec leurs Armes gravées en taille-douce, de même que leurs noms & surnoms, & diverses Notes historiques : *in-fol.*]

34592. ☞ Les Ordonnances Royaux sur le Fait & Jurisdiction de la Prevôté des Marchands & Echevinage de la Ville de Paris, corrigés sur les Registres de l'Hôtel de Ville, & augmentés de plusieurs anciennes Ordonnances concernant les péages : *Paris*, Merlin, 1556, *in-4.*

Les mêmes, revus & augmentés avec les Privilèges concédés par les Rois de France aux Prevôts des Marchands, Echevins, Officiers & Bourgeois de ladite Ville, & le Catalogue des Prevôts & Echevins, depuis 1411 jusqu'en 1620 : *Paris*, Morel, 1620, *in-fol.*]

34593. ☞ Ordonnances Royaux sur la Jurisdiction de la Prevôté des Marchands de Paris : *Paris*, 1664, *in-fol.* 3 vol.]

34594. ☞ Ordonnance de Louis XIV. du mois de Mars 1669, concernant la Jurisdiction des Prevôts des Marchands & Echevins de Paris : *Paris*, Léonard, 1676, *in-fol.*]

34595. ☞ Mémoire pour les Prevôts des Marchands & Echevins de la Ville de Paris ; par M. TASCHET : 1759, *in-4.*]

34596. La Chronologie des Prevôts des Marchands & Echevins de Paris ; par Claude MALINGRE.

Cette Chronologie est imprimée avec ses *Annales de la Ville de Paris* : *Paris*, 1640, *in-fol.*

34597. Les Prevôts des Marchands & Echevins de la Ville de Paris, en deux Cartes gravées ; par Jacques CHEVILLARD, Généalogiste du Roi : *Paris*, chez l'Auteur, *in-fol.*

34598. Privilèges octroyés à la Ville de Paris, avec le Catalogue des Prevôts des Marchands ; par Jean CHENU : *Paris*, Buon, 1621, *in-4.*

Les mêmes Privilèges sont imprimés avec les *Ordonnances de la Ville de Paris*, pag. 331 : *Paris*, 1676, *in-fol.*

34599. Oraison funèbre de François Miron, Prevôt des Marchands ; par Claude DE MORENNE, Evêque de Séez.

François Miron est mort en 1608. Son Oraison funèbre est imprimée avec les *Tombeaux funèbres* de Morenne : *Paris*, *in-8.*

34600. Elogium ejusdem ; auctore Papirio MASSONO.

Cet Eloge est imprimé pag. 396 du tom. II. du *Recueil de ses Eloges*, publié par Ballesdens : *Parisiis*, 1656, *in-8.* Claude Joly, pag. 591 de ses *Opuscules* de Loysel, soutient que cet Eloge a été composé par Guy PATIN, Médecin, mort en 1672.

34601. ☞ Præfectura Bosiana, sive felicitas Urbis, clarissimo viro Claudii Bosc du Bois, Prætore & Præfecturam Mercantium obtinente ; auctore Petro FAYDIT : *Parisiis*, 1697, *in-4.*]

34602. Eloge de Nicolas du Bosc, ancien Prevôt des Marchands ; par Jacques LEULLIER, Curé de Saint-Louis dans l'Isle : *Paris*, Muguet, 1715, *in-12.*

34603. ☞ Mémoire pour les Prevôts des Marchands & Echevins de la Ville de Paris, dans lequel on prouve que les Magistrats Municipaux de cette Ville, ont toujours joui de la Noblesse, & que les Edits de Novembre 1706 & Juin 1716, n'ont fait que les confirmer dans ce Privilége : *Paris*, Lottin l'aîné, 1770, *in-4.* (de 276 pages,) avec un Recueil de Pièces justificatives de 143 pages.

Cet Ouvrage, intéressant, est signé, M.e BOUCHER D'ARGIS, qui en est l'Auteur.]

34604. Recueil des Chartes, Créations, Confirmations des Colonels, Capitaines, Officiers & trois cens Archers de la Ville de

Histoires de Paris & de l'Isle de France. 347

Paris, avec les Arrêts, Sentences, &c. concernant leurs Privilèges ; par François DROUART leur Colonel : *Paris*, 1658, *in*-4.

Les mêmes, revus & augmentés de Pièces jusqu'en 1666 ; par le même : *Paris*, [Bauldry,] 1667, *in*-4.

☞ *Voyez* Lenglet, *Méth. histor. in*-4. *tom. IV*. *pag.* 173.

34605. ☞ Des Quartiniers de la Ville de Paris ; par M. BOUCHER D'ARGIS.

Dans l'*Encyclopédie*.]

34606. Articles, Réglemens, Statuts, Ordonnances & Privilèges des Cinquanteniers & Dixainiers de la Ville & Fauxbourgs de Paris, portés ès Lettres-Patentes de Sa Majesté, du mois de Mars 1667 : *Paris*, 1674, *in*-4.

34607. ☞ Extrait des Edits & Déclarations, Arrêts & Réglemens pour l'établissement des Officiers Contrôleurs - Commissaires, Gardes de nuit : *Paris*, 1706, *in*-12.]

34608. ☞ Edit de création de 49 Offices de Commissaires-Contrôleurs-Jurés-Mouleurs de Bois, en 1644, avec quelques autres Déclarations, Arrêts, &c. *Paris*, Mazuel, 1671, *in*-12. 1673, *in*-4.]

34609. ☞ Statuts des Officiers Chargeurs de Bois : *Paris*, 1699, *in*-4.]

34610. ☞ Arrêts concernant les Droits des Mouleurs, Compteurs & Mesureurs de Bois : *Paris*, 1625, *in*-8.]

34611. ☞ Création & Liste générale des 160 Mouleurs de Bois, &c. *Paris*, Vincent, 1707, *in*-12.]

== ☞ Du Châtelet de Paris.

Voyez ci-devant, aux *Jurisdictions inférieures*, N.os 34083 & *suiv*.]

34612. Le Catalogue des noms & surnoms des Prevôts & Gardes de la Prevôté de Paris, depuis l'an 1269 jusqu'en 1555 ; par Jean LE FERON, Avocat en Parlement.

Ce Catalogue est imprimé avec celui des Connétables, &c. *Paris*, 1555, *in-fol*. Le même, augmenté par Guillaume Morel : *Paris*, 1628, *in-fol*. Le même, augmenté par Denys Godefroy : *Paris*, 1658, *in-fol*.

34613. ☞ Mémoire historique sur la Montre des Officiers du Châtelet de Paris ; (par M. BOUCHER D'ARGIS.) *Mercure*, 1739, *Septembre*, Vol. II. *pag.* 2140, & dans les *Variétés historiques*.

Cette Cavalcade se fait tous les ans le premier Lundi après le Dimanche de la Trinité. On trouve ici quelques recherches sur son origine, & sur celle des Officiers qui la composent.]

== ☞ Recueil des Ordonnances, &c. qui établissent en faveur du Châtelet de Paris la Police générale ; &c. de la Ville de Paris ; par Guill. Boniface DUPRÉ.

Voyez ci-devant, N.° 34093.]

34614. ☞ Recueil des Privilèges des Commissaires du Châtelet de Paris : *Paris*, 1589, *in*-4.]

34615. ☞ Traité des Fonctions, Droits & Privilèges des Commissaires du Châtelet de Paris ; par Me SALLÉ, Avocat au Parlement, de l'Académie Royale des Sciences & Belles-Lettres de Berlin : *Paris*, 1760, *in*-4. 2 vol.]

34616. ☞ Exposé de l'Affaire d'entre le Tribunal du Châtelet de Paris & la Communauté des Commissaires, contenant des Recherches sur ce Tribunal & cette Communauté : 1761, *in*-4.]

34617. ☞ Mémoire pour les Conseillers du Roi, Commissaires au Châtelet de Paris ; par M. (Jacob-Nicolas) MOREAU, Avocat au Parlement de Paris : 1762, *in*-4.]

34618. ☞ Recueil des Privilèges, Octrois, Concessions & Réglemens des Commissaires Enquêteurs & Examinateurs du Châtelet de Paris : *Paris*, Métayer, 1589, *in*-4.]

34619. Chartres, Lettres, Titres & Arrêts de l'antiquité de la Chapelle, Droits, Fonctions, Pouvoirs, Exemptions & Privilèges des Notaires & Gardenotes du Roi au Châtelet de Paris ; recueillis par Guillaume LEVESQUE, Notaire audit Châtelet, ancien Syndic : *Paris*, 1663, *in*-4.

Il y a au commencement de ce Recueil, un Discours de l'établissement & ancienneté des Notaires & de leurs Fonctions.

34620. ☞ Edits & Déclarations du Roi & Arrêts du Conseil concernant les Offices de Conseillers-Notaires, Gardenotes de Sa Majesté : *Paris*, le Petit, 1674, *in*-8.]

34621. ☞ Recueil des Edits, &c. concernant la suppression des Offices de Garde-Sceels, & Création de 20 Offices de Notaires, &c. 1698, *in*-4.]

34622. ☞ Articles concernant la Bourse commune des Notaires, &c. *Paris*, Muguet, 1693, *in*-4.]

34623. ☞ Statuts & Réglemens de la Communauté des Conseillers du Roi, Notaires Garde-Nores au Châtelet de Paris, & les articles de la Bourse commune ; avec les annotations, changemens & augmentations : *Paris*, Muguet, 1687, *in*-4.]

34624. ☞ Discours pour montrer qu'un Gentilhomme ne déroge point à sa Noblesse par la Charge de Notaire au Châtelet de Paris ; (par le Sieur PAGEAU, vers 1650.?) *in*-4.]

34625. ☞ Traité des Droits, Privilèges & Fonctions des Notaires au Châtelet de Paris ; avec un Recueil de leurs Chartes & Titres ; par Simon-François LANGLOIS : *Paris*, Coignard, 1738, *in*-4.]

Tome III. Xx 2

34626. ☞ Recueil des Statuts, Edits, &c. pour les Huissiers-Sergens à cheval au Châtelet de Paris : *Paris*, 1638, *in-12*.]

34627. ☞ Liste des Huissiers-Priseurs, avec quelques Réglemens pour cette Communauté : *Paris*, 1718, *in-18*.]

34628. ☞ Recueil des Lettres-Patentes, Edits, Déclarations, Arrêts, Sentences & Réglemens concernant l'exercice & fonctions des Sergens à verge du Roi au Châtelet, seuls Jurés-Priseurs, vendeurs de biens-meubles, &c. *Paris*, Baudouin, 1669, *in-4*.]

34629. ☞ Statuts & Réglemens du Collège des Conseillers du Roi Expéditionnaires de Cours de Rome & Légations : *Paris*, 1699, *in-8*.]

34630. ☞ Des Expéditionnaires en Cour de Rome ; par M. BOUCHER D'ARGIS.

Dans l'*Encyclopédie*.]

34631. ☞ Tableau de l'humanité & de la bienfaisance, ou Précis historique des Charités qui se font dans Paris, contenant les divers Etablissemens en faveur des Pauvres, & de toutes les personnes qui ont besoin de secours : *Paris*, Musier, 1769, *in-12*.

« C'est une connoissance utile à tous ceux qui sont dans l'intention de faire quelque fondation, ou autres œuvres pies ; afin que voyant l'objet de chaque Etablissement, & ses besoins, ils se déterminent plus facilement pour l'œuvre de charité qu'ils se proposent ».

A la fin est un Projet d'Etablissement dont on auroit besoin dans Paris : c'est pour des Pauvres Honteux nés dans les classes honorables des Citoyens, qui ont un certain bien, mais insuffisant pour les faire vivre en leur particulier.]

=== Recueil concernant la Jurisdiction des Consuls, (avec le Rôle de ceux qui ont été Juges & Consuls :) *Paris*, [1645, 1652, 1660, *in-4*.] *Ibid.* Ballard, 1668 ; *ibid.* Thierry, 1705, *in-4*. 2 vol. [& Additions données depuis.]

☞ *Voyez* ci-devant, Tome II. p. 830, N.º 28157 & *suiv*.]

§. II.

Traités, Histoires, Statuts & Réglemens des Corps de Marchands, & des Arts & Métiers de la Ville de Paris.

34632. ☞ Ms. LIVRE des Mestiers, ou Etablissemens des Mestiers de Paris ; par Estienne BOYLESVE, Prevôt de Paris sous S. Louis, & mort en 1269.

On connoît trois ou quatre Exemplaires de ce Livre, qui renferme les premiers Réglemens de Police. Le plus ancien Exemplaire, qui est du temps même de Boylesve, est conservé dans la Bibliothèque de Sorbonne ; il y en a un au Châtelet de Paris, & un troisième étoit entre les mains du Commissaire Lamare, qui en parle Tome I. de son *Traité de la Police*. L'Original a péri dans l'Incendie de la Chambre des Comptes en 1737. M. Dupré en ayant conféré les Exemplaires & observé les Variantes, se proposoit de le faire imprimer : son Exemplaire est parmi ses Manuscrits, dont on a parlé (au Tome II.) N.º 27662.]

34633. ☞ Histoire abrégée des Corps de Marchands, & des Communautés d'Arts & Métiers exerçans dans Paris & dans le Royaume, par ordre alphabétique, avec un Abrégé de leurs Statuts.

Cette Histoire, précédée d'une *Introduction*, est imprimée pag. 1-29, 152-489, de la *Guide des Corps des Marchands*, &c. *Paris*, veuve Duchesne, 1766, *in-12*. Cet Ouvrage avoit commencé à paroître en 1753, sous le titre d'*Almanach des Corps des Marchands*, &c.]

34634. ☞ Almanach général des six Corps, Arts & Métiers, ou l'Indicateur universel, &c. par M. ROZE DE CHANTOISEAU : *Paris*, veuve Duchesne, 1768, *in-8*.]

34635. ☞ Du Commerce de Paris, de ses Marchands, Négocians, Fabriquans, Magasiniers, Commissionnaires, par ordre alphabétique. = Indication, par ordre alphabétique, des Marchandises par espèces, & les Adresses des Marchands qui en font commerce, ou qui les fabriquent dans la Ville de Paris.

On trouvera ces deux Listes p. 145-256 & 303-355, avec un Supplément *pag.* 450 de l'*Almanach des Marchands, Négotians & Commerçans de la France & du reste de l'Europe*, par M. THOMAS : *Paris*, Valade, 1770, *in-8*.]

34636. ☞ Dictionnaire des Arts & Métiers : *Paris*, Lacombe, 1766, *in-8*. 2 vol.]

☞ C'EST une partie des mieux travaillée de l'*Encyclopédie*, & pour le plus grand nombre il y a des figures sur les outils, travaux, &c. dans les derniers Volumes. L'Abbé PLUCHE, dans son *Spectacle de la Nature*, s'étend aussi sur les Arts les plus nécessaires & les plus curieux. Enfin il faut voir ceux que l'Académie des Sciences publie de temps en temps, depuis quelques années, *in-fol.* d'après les Mémoires recueillis par M. DE REAUMUR & autres.]

34637. ☞ Recueil des Edits, Déclarations, Arrêts & Réglemens concernant les Arts & Métiers de Paris, & des autres Villes du Royaume : *Paris*, Saugrain, 1701, *in-8*.

Il s'en faut bien que ce Recueil contienne tout ce qu'il devoit présenter selon son titre : On peut y suppléer abondamment par les Ouvrages suivans, de la plupart desquels nous devons la connoissance à la communication que M. de Sartine, Lieutenant-Général de la Police de Paris, a bien voulu nous faire du Recueil complet qu'il a dans sa Bibliothèque, sur les Marchands & Artisans de Paris.]

—— ☞ Des *Aiguilliers*.

Voyez ci-après, *Eguilletiers*.]

34638. ☞ Statuts & Réglemens de la Communauté des Maîtres *Amidoniers* Cretonniers ; enregistrés le 12 Janvier 1746 : *Paris*, d'Houry, 1746, *in-4*.]

—— ☞ Des *Apothicaires*.

Voyez ci-après, *Epiciers*, avec lesquels ils ne font qu'un Corps.]

—— ☞ Des *Armuriers*, Heaumiers.

Ils sont maintenant unis à ceux qui suivent.]

Statuts des Corps des Marchands, &c.

34839. ☞ Mſ. Titres de la Confrairie & Communauté des *Arbaleſtriers* & *Arquebuſiers* de la Ville de Paris, rue S. Denys : *in-fol.*

Le plus ancien Titre eſt de 1390. Ce Recueil eſt conſervé dans la Bibliothèque du Roi, entre les Manuſcrits de M. Baluze, num. 9549².]

34640. ☞ Statuts, Réglemens & Lettres-Patentes pour les Maîtres Arquebuſiers, Arciers, Artilliers, Arbaleſtriers & Artificiers; regiſtrés en Parlement le 23 Mars 1577, & 15 Juillet 1634 : *Paris*, Valleyre, 1735, *in-4.*

Les mêmes (augmentés :) *Paris*, Prault, 1764, *in-4.*]

34641. ☞ Mſ. Statuts & Ordonnances des *Balanciers*, (dreſſés en 1510, & tirés du Livre Rouge du Châtelet de Paris, *fol.* 201) *in-4.* de 28 pages.

Ils ſont dans la Bibliothèque de M. de Sartine, Lieutenant-Général de la Police de Paris.]

— ☞ Statuts des *Barbiers.*

Voyez ci-après, aux *Perruquiers.*]

34642. ☞ Statuts & Réglemens des *Batteurs d'or*, tirés des Réglemens d'Etienne Boileau (ou Boyſleve,) inſtitué Prevôt de Paris en 1258; (avec une Addition faite en 1519:) *in-4.* de 14 pages.

Dans la Bibliothèque de M. de Sartine.]

34643. ☞ Mſ. Statuts des Lanterniers; Souffletiers & *Boiſſeliers*, enregiſtrés en 1608, *in-4.* de 30 pages.

Dans la Bibliothèque de M. de Sartine.]

34644. ☞ Recueil des principaux Statuts, Arrêts & Réglemens du Corps de la *Bonneterie*, (diſpoſé en) 1760, *in-4.*

C'eſt une Collection de diverſes Pièces imprimées en différens temps, & chacune à part. Elle ſe trouve dans la Bibliothèque de M. de Sartine, num. 7.

La première de ces Pièces eſt un Arrêt du Parlement, du 20 Août 1575, portant Réglement entre les Marchands Bonnetiers, & les Merciers. ⁓ La ſeconde contient les Statuts du Corps de la Bonneterie, de 1608 : *in-4.* de 12 pages, imprimés après 1620.]

34645. ☞ Recueil des anciens & nouveaux Réglemens pour la Communauté des Maîtres & Marchands Fabriquans en bas & au métier, à Paris : *Paris*, Mergé, 1722, *in-4.*

Ils ont été réunis au Corps de la Bonneterie, par Arrêt du Conſeil du 12 Avril 1723, qui ſe trouve dans le Recueil précédent.]

34646. ☞ Statuts & Réglemens de la Communauté des Maîtres & Marchands *Bouchers.* Lettres-Patentes confirmatives, & Arrêt d'enregiſtrement, &c. *Paris*, veuve de la Tour, 1744, *in-8.*

On y a joint un « Recueil rangé par ordre de matières & de dates, (par abrégé,) de tous les Edits, Déclarations, Ordonnances, Arrêts & Réglemens rendus en faveur des Marchands Bouchers, & au ſujet du Commerce de Boucherie ».

On peut voir dans le *Traité de la Police* du Commiſſaire de la Mare, *Tom. II. Liv.* 5, les anciens Statuts des Bouchers, & pluſieurs Pièces qui les concernent.]

34647. ☞ Mſ. Statuts & Réglemens des Patenôtriers *Bouchonniers*, du 24 Novembre 1614, avec divers Arrêts & Jugemens donnés juſqu'en 1747 : *in-4.*

Dans la Bibliothèque de M. de Sartine.]

34648. ☞ Statuts & Lettres-Patentes pour les *Boulangers* : *Paris*, 1721, *in-4.*]

34649. ☞ Statuts, Privilèges, Ordonnances & Réglemens de la Communauté des Maîtres Boulangers : *Paris*, Moreau, 1766, *in-12.*]

34650. ☞ Statuts des Maîtreſſes *Bouquetières* & Marchandes Chapelières en Fleurs : *Paris*, Gonichon, 1748, petit *in-12.*]

34651. ☞ Arrêt du Parlement, du 25 Janvier 1741, pour la Communauté des Maîtres *Bourreliers*, Baſtiers, Hongroyeurs, contre la Communauté des Maîtres Selliers, Lormiers, Caroſſiers. ⚌ Les Statuts deſdits Bourreliers, renouvellés en 1734. ⚌ Sentences du Châtelet, & Arrêt du Conſeil, du 13 Mars 1742, qui confirme ledit Arrêt du Parlement : *Paris*, Montalant, 1742, *in-4.*]

34652. ☞ Statuts, Titres, Edits, Déclarations, Sentences & Réglemens des Maîtres Bourreliers : Chartres & autres Titres de la Confrairie de Notre-Dame des Vertus, Patrone de la Communauté : *Paris*, Lameſle, 1764, *in-4.*]

34653. ☞ Statuts & Réglemens des Maîtres *Bourſiers*, Colletiers, Calottiers, Cullottiers, Caleçoniers, &c. tirés des anciennes Ordonnances, depuis 1342, &c. renouvellés par Louis XV. en 1750, & regiſtrés au Parlement en 1756 : *Paris*, Deſprez, 1756, *in-4.*]

34654. ☞ Mſ. Extraits des Regiſtres du Parlement, & Statuts, Articles & Réglemens des (*Boyaudiers*, ou) Maîtres faiſeurs de toutes ſortes de Cordes à Boyau, du 11 Janvier 1659 : *in-4.*

Dans la Bibliothèque de M. de Sartine.]

34655. ☞ Articles concernans les Statuts & Ordonnances des Maîtres Jurés *Braſſeurs de Bierre* : *Paris*, veuve Knapen, 1740, *in-4.*]

34656. ☞ Statuts pour les *Brodeurs*, &c. *Paris*, 1619, *in-4.*]

34657. ☞ Statuts (renouvellés) & Ordonnances des Maîtres Brodeurs, Découpeurs, Egratigneurs, Chaſubliers; donnés au Conſeil d'Etat le 4 Août 1704, enregiſtrés au Parlement le 30 Juin 1718 : *Paris*, Valleyre, 1758, *in-8.*]

34658. ☞ Articles, Statuts, Ordonnances & Réglemens de la Communauté des Vergetiers, Racquetiers, *Broſſiers*, tirés des anciens Statuts de 1485 : *Paris*, veuve Grou, 1754, *in-4.*]

34659. ☞ Confirmation des Statuts des

Maîtres & Marchands *Cardeurs*, Peigneurs, Arsonneurs de laine & coton, Drapiers-drapans, Coupeurs de poil, Fileurs de laine, coton & lumignon, suivant l'Arrêt du Conseil du mois de Septembre 1688 : *Paris*, Grangé, 1754, *in*-8.]

— ☞ Statuts des *Cartiers*.

Voyez ci-après, aux *Papetiers*.]

34660. ☞ Mſ. Statuts & Ordonnances pour les Maîtres *Ceinturiers*, (de l'an 1597:) *Paris*, Lamesle, *in*-4.]

34661. ☞ Mſ. Statuts des *Chaînetiers* : Renvoi au Prevôt de Paris : Avis des Officiers du Châtelet : Lettres-Patentes confirmatives desdits Statuts : Requête, Ordonnance, &c. concernant iceux : 1571, *in*-4.

Dans la Bibliothèque de M. de Sartine. Les *Epingliers* leur sont unis.]

34662. ☞ Nouveaux Statuts des Maîtres & Marchands *Chaircutiers*, avec la Conférence des Réglemens & Autorités relatifs à chacun des Titres & Articles desdits Statuts ; ensemble, un Recueil Chronologique des anciens Statuts, à commencer par ceux de 1475, jusques & y compris les derniers : *Paris*, (veuve Delatour,) 1755, *in*-4.]

34663. ☞ Recueil des Statuts, Arrêts & Sentences, servant de Réglement à la Communauté des Maîtres *Chandeliers* & des Maîtres *Huiliers* : *Paris*, Chardon, 1760, *in*-4.]

34664. ☞ Articles, Statuts & Réglemens des *Chapeliers*, tirés des anciens Statuts accordés par le Roi Henri III. en 1578, (& autres ;) enregistrés en Parlement le 3 Juillet 1658 : *Paris*, Lottin, 1755, *in*-12.]

34665. ☞ Statuts, Articles & Ordonnances des Jurés du Roi ès œuvres de Charpenterie, & des Maîtres *Charpentiers*, (avec divers Arrêts :) *Paris*, Thiboust, 1739, *in*-4.

Les mêmes, (augmentés de quelques Pièces :) *Paris*, veuve Thiboust, 1763, *in*-4.]

34666. ☞ Ordonnances, Statuts & Réglemens pour les Maîtres *Charrons*, Carossiers, faiseurs & entrepreneurs de Carosses, Coches, Chariots, Litières, &c. *Paris*, Bouillerot, 1668, *in*-4. Vaugon, 1689, *in*-12.]

34667. ☞ Recueil des Statuts des Maîtres & Marchands *Chaudronniers*, Batteurs & Dinandiers ; Lettres-Patentes, Edits & Déclarations du Roi, Arrêts du Conseil & du Parlement, Sentences de Police & d'autres Juges ; recueillis & mis en ordre par Toussaints-Joseph CHARLOT, l'un des Jurés & Gardes en Charge : *Paris*, 1750, *in* 8.

Ce Recueil paroît fait avec intelligence. La partie I. renferme les Statuts, Déclarations & Arrêts servant de Réglemens, depuis 1410. La II. les Arrêts entre les Chaudronniers & le Corps de la Mercerie. La III. contre les Marchands Fripiers. La IV. contre les Fondeurs, Bossetiers, Sonnetiers, Graveurs & Mouleurs. La V. contre les Taillandiers-Ferblantiers. La VI. contre les Ouvriers Chaudronniers du Pays d'Auvergne, sans qualité, Revendeurs, Revendeuses, Brocanteurs, &c. La VII. Arrêts & Sentences en faveur desdits Chaudronniers, & contre les Féraillleurs, Crieurs de vieux fers, Tapissiers & Privilégiés de la Prevôté de l'Hôtel, de S. Jean de Latran, &c.

Le Collecteur a ajouté une VIIIe Partie, qui paroîtra, (dit-il) peut-être étrangère à ce Recueil, mais qui ne peut qu'être utile. Elle contient un Recueil d'Arrêts, &c. qui ont rapport aux Corps & Communautés d'Arts & Métiers, & concernent les Privilèges des Hôpitaux par rappot auxdits Corps & Communautés ; sçavoir, la Trinité, la Salpêtrière, les Cent-Filles, &c. avec l'attribution de Juridiction à M. le Lieutenant-Général de Police, privativement à tous autres Juges, sur les contestations entre les Corps des Marchands, Arts & Métiers, &c.]

34668. ☞ Statuts pour la Communauté des Maîtres *Chirurgiens* Jurés de Paris : *Paris*, Colin, 1701, *in*-4. *Ibid*. 1730, 1743, *in*-4.

Ces Statuts n'ont plus lieu dans toutes leurs parties ; il n'est plus question d'apprentissages, & le Corps des Chirurgiens, n'est plus une Communauté. Pour être Maître en Chirurgie, il faut sçavoir le Latin, passer Maître ès Arts, subir des Examens & soutenir des Thèses en Latin. Ce Corps intéressant a été érigé en une Académie Royale de Chirurgie, par Lettres-Patentes du 8 Juillet 1748 : il donne des Leçons & Démonstrations publiques.]

34669. ☞ Statuts des Maîtres en Chirurgie de Paris, (de 1699,) Ordonnances, &c. *Paris*, le Prieur, 1765, *in*-4.]

34670. ☞ Explication de l'Estampe qui représente le profil de l'Amphithéâtre anatomique que la Compagnie des Maîtres Chirurgiens de Paris a fait construire : *Paris*, d'Houry, 1694, *in*-4.]

34671. ☞ Mſ. Statuts des *Cloutiers*, & Ordonnance (ou Lettres-Patentes) pour les Cloutiers-Lormiers-Etameurs & Ferandiniers, du mois de Décembre 1676 : *in*-4.

Dans la Bibliothèque de M. de Sartine.]

34672. ☞ Ordonnances & Statuts des *Coffretiers* Maltiers, dressés & enregistrés en 1596 & 1597 : *in*-8.]

34673. ☞ Statuts & Réglemens des Maîtres *Cordiers* Criniers : *Paris*, Moreau, 1743, *in*-8.

On y trouve leurs plus anciens Statuts, qui sont de l'an 1467 & de 1484.]

34674. ☞ Recueil des Statuts, (de 1573,) pour les Maîtres *Cordonniers*, Lettres-Patentes ou Déclarations du Roi, Arrêts, Sentences, &c. *Paris*, Montalant, 1752, *in*-4.]

— ☞ Statuts des *Corroyeurs*.

Voyez ci-après, aux *Tanneurs*.]

34675. ☞ Statuts & Ordonnances pour les Maîtres Fèvres *Couteliers*, Graveurs & Doreurs sur Fer & Acier, trempé & non trempé, (de 1565, & autres Pièces :) *Paris*, Jorry, 1748, *in*-4.]

34676. ☞ Statuts, Ordonnance & Déclaration du Roi, confirmative d'iceux, pour la Communauté des *Couturières* ; vérifié en Parlement le 7 Octobre 1675 : *Paris*, veuve Lottin, 1734, *in*-4.]

34677. ☞ Statuts & Ordonnances des Maîtres *Couvreurs*, (en 1566, avec d'autres Pièces : nouveau Réglement en 1704, &c.) *Paris*, Chardon, 1747, *in*-4.

Arrêt du Parlement, du 27 Août 1755, (& autres, pour les Couvreurs :) *Paris*, Chardon, 1756, *in*-4.]

34678. ☞ Anciens & nouveaux Statuts, Ordonnances & Réglemens des Maîtres (*Crieurs de vieux fer*,) Férailleurs, seuls Dépeceurs de Carosses ; renouvellés au mois de Novembre 1750 : *Paris*, Grangé, 1757, *in*-8.]

— ☞ Des *Cuisiniers-Queux*.

Voyez ci-après, aux *Traiteurs*.]

34679. ☞ Mf. Statuts des *Découpeurs*, Egratigneurs & Gauffreurs, (de 1604 & 1605,) avec divers Arrêts :) *in*-4.

Dans la Bibliothèque de M. de Sartine.]

34680. ☞ Nouveau Recueil des Statuts & Réglemens des Maîtres *Distillateurs*, (Limonadiers :) *Paris*, Chardon, 1754, *in*-4.]

34681. ☞ Statuts, Ordonnances & Réglemens des Maîtres & Marchands Ciseleurs, *Doreurs*, Argenteurs, Damasquineurs & Enjoliveurs sur fer, fonte, cuivre & laiton : *Paris*, Delormel, 1757 ; Grangé, 1763, *in*-8.]

34682. ☞ Statuts, Réglemens & Privilèges de la Marchandise de *Draperie* de Paris, confirmés par le Roi Charles IX. en Février 1573 : *Paris*, (vers 1630,) *in*-4.

Statuts & Réglemens pour les Marchands Drapiers : *Paris*, Osmont, 1743, *in*-4]

34683. ☞ Arrêts du Conseil d'Etat du Roi, servans de Réglemens entre les Marchands Drapiers & les Marchands Merciers : *Paris*, Osmont, 1738, *in*-4.]

34684. ☞ Réglemens & Statuts généraux pour les longueurs, largeurs, qualités & teintures de Draps & Etoffes de laine & de fil ; & pour la Jurifdiction des Procès attribuée aux Maires & Echevins des Villes : *Paris*, Bouillerot, 1669, *in*-4.

Les mêmes, imprimés par les soins des Gardes de la Draperie, aussi en 1669, *in*-4.

Cette Edition est d'un plus beau caractère que la précédente ; mais il y manque la Signification de ces Réglemens faite aux Gardes de la Mercerie.]

34685. ☞ Statuts & Réglemens des Maîtres Experts Jurés *Ecrivains*, Expéditionnaires & Arithméticiens, Teneurs de Livres de Comptes, de 1727, regiftrés en 1728 : *Paris*, Prault, 1733, 1754, *in*-4.]

34686. ☞ Mf. Statuts des *Eguilletiers*, (de 1608 :) *in* 4.

Dans la Bibliothèque de M. de Sartine.]

34687. ☞ Statuts & Ordonnances pour les Marchands *Epiciers* & les *Apothicaires*-Epiciers de Paris : *Paris*, veuve Ribot, 1635, 1649. *Ibid*. Coignard, 1720, *in*-4.

Les mêmes, dernière Edition : *Paris*, Prault, 1755, *in*-4.

Ces Statuts font de 1638.]

== ☞ Statuts des *Epingliers*.

Voyez ci devant, N.° 34661, aux *Chaînetiers* : ce font les mêmes Statuts pour les deux, qui ont été unis en 1595.]

34688. ☞ Ordonnances & Statuts des *Espronniers* (ou Eperoniers,) de 1577 : *in*-4.

C'est une ancienne Edition, sans année ni nom d'Imprimeur. Ces Statuts font au reste les mêmes que ceux des *Selliers*, avec qui les Eperoniers n'ont fait qu'une Communauté jufqu'en 1678 qu'ils s'en font séparés.]

34689. ☞ Lettres, Statuts & Arrêts de la Cour de Parlement, en faveur des Maîtres *Eventaillistes*, (de 1678, &c.) *Paris*, Langlois, 1739, *in*-4.

On y a ajouté depuis, 16 pages d'autres Sentences, Arrêts, &c.]

34690. ☞ Statuts, Ordonnances & Réglemens, donnés, concédés & octroyés aux Maîtres & Marchands *Fabriquans* en Draps d'or, d'argent & foye, & autres *Etoffes* mélangées d'établissement Royal ; avec l'Arrêt du Conseil & les Lettres-Patentes qui en ordonnent l'exécution, du mois de Juillet 1667 : *Paris*, 1667. *Ibid*. Barbou, (nouvelle Edition augmentée de quelques Pièces,) 1755, *in*-4.]

34691. ☞ Réglemens des Manufactures de Draps d'or, d'argent & de foye, établies en la Ville de Paris ; & le Réglement général pour toutes fortes de Teintures de foye, laine & fil qui s'emploient auxdites Manufactures, tapisseries & autres étoffes & ouvrages : *Paris*, 1669, *in*-4.]

34692. ☞ Lettres de création du Métier de *Faifeur d'Instrumens* de Mufique en Maîtrise, & de leurs Privilèges & Statuts, de 1589, (sans nom d'Imprimeur ni année :) *in*-12. de 11 pages.]

34693. ☞ Articles, Statuts, (de 1659,) Ordonnances & Réglemens des Marchands Verriers (& *Fayanciers*,) Maîtres Couvreurs de Flaccons & Bouteilles en osier, &c. *Paris*, Simon, 1742, *in*-4.]

34694. ☞ Articles, Statuts (de 1573,) Ordonnances & Privilèges des *Fondeurs*, Mouleurs, en terre, fable, & Bossetiers ; avec les Sentences & Arrêts, &c. 1743, *in*-8.]

34695. ☞ Statuts des Maîtres *Foulons*, Aplaigneurs, Epoutilleurs de Draps, Drapiers-drapans, Peigneurs, Cardeurs & Arçonneurs: *Paris*, 1742, *in*-12.

On avance à la tête de ces Statuts, qui ont été confirmés & approuvés pat Louis XI. en 1467, que cette Communauté est très-ancienne, puisque sous Clovis II. en 650, elle a fait bâtir l'Eglise de S. Paul à Paris.]

34696. ☞ Articles, Statuts (de 1627,) Ordonnances & Réglemens pour les *Fourbisseurs*, cités des anciens Statuts, &c. *Paris*, Valleyre, 1765, *in*-4.]

34697. ☞ Statuts (de 1664,) Ordonnances & Réglemens des Marchands *Fripiers*: *Paris*, Dumesnil, 1751, *in*-4.]

34698. ☞ Statuts des Maîtres *Gaîniers*, en 1560, avec divers Arrêts & Sentences:) *in*-4.]

34699. ☞ Statuts, Privilèges, Déclarations, Ordonnances & Arrêts servans de Réglemens pour la Communauté des Maîtres & Gardes de la Marchandise de *Ganterie* & Parfums de la Ville de Paris: *Paris*, (vers 1668,) *in*-12. *Ibid*. de Bats, 1717, *in*-4. Nouvelle Edition, plus ample: *Ibid*. veuve Grou, 1748, *in*-4.]

34700. ☞ Mémoires sur la Manufacture des *Glaces*, par (M. DE FORBONNAIS, sous le nom de) LE CLERC: *Paris*, 1756, *in*-12.]

34701. ☞ Statuts des Maîtres & Marchands *Grainiers* & des *Grainières*, avec les Edits, Déclarations, & autres Réglemens, (depuis 1595,) &c. *Paris*, Lamesle, 1750, *in*-8.]

34702. ☞ Anciens & nouveaux Statuts des Maîtres Tailleurs, Cizeleurs, *Graveurs sur Bijoux*, or & argent, &c. avec (divers) Arrêts: *Paris*, veuve Knapen, 1753, *in*-4.

Nota. Les Graveurs en Géographie & en Lettres ne font point Corps de Communauté; leur Art est libre. En plusieurs choses, ils sont assujettis aux Statuts de la Librairie. *Voyez* à la Table du *Code*, ci-après, N.° 34708.]

34703. ☞ Extraits des principaux Articles des Statuts des Maîtres *Horlogers*, des années 1544-1719, registrées en Parlement; avec le Précis des Edits, Ordonnances, Arrêts, &c. Recueillis par Claude RAILLARD, ancien Garde de sa Communauté: 1752, *in*-4.]

34704. ☞ Anciens Statuts (de 1473,) Ordonnances, Réglemens, Arrêts du Conseil, Lettres-Patentes & Arrêts du Parlement, pour la Communauté des Maîtres *Jardiniers* de la Ville, Fauxbourgs & Banlieue de Paris, avec la Réunion au profit de ladite Communauté des Charges de Jurés-héréditaires d'icelle, & des Offices d'Auditeurs & Examinateurs des Comptes: *Paris*, Nego, 1697, *in*-4.

Nouvelle Edition, augmentée: *Paris*, Grangé, 1765, *in*-4.]

— ☞ Des *Imprimeurs* de Livres.

Voyez ci-après le *Code de la Librairie*, N.° 34708, & les Histoires des Libraires, à la fin de cette Bibliothèque.]

34705. ☞ Statuts & Réglemens des *Imprimeurs en Taille douce*, de 1692 & 1694; avec le Précis des Edits, Ordonnances, Arrêts, &c. recueillis & mis en ordre par Philip. Nic. TRAHAN, Procureur au Châtelet: *Paris*, 1754, *in*-8.]

34706. ☞ Statuts & Réglemens des Maîtres & Marchands *Lapidaires*, Diamantaires, Joailliers, (de 1290:) *Paris*, veuve Knapen, 1737, *in*-4.]

34707. ☞ Statuts & Ordonnances politiques, ci-devant concédés & octroyés aux Maîtres Jurés *Layetiers*, Escreniers, (en 1527, & autres ajoutés depuis:) *Paris*, Gonichon, 1748, *in*-8.]

34708. ☞ Code de la *Librairie* & *Imprimerie* de Paris, ou Conférence du Réglement arrêté au Conseil d'Etat du Roi, le 28 Février 1723, & rendu commun par tout le Royaume, par Arrêt du Conseil d'Etat, du 24 Mars 1744: *Paris*, aux dépens de la Communauté, 1744, *in*-12.

On y trouve « les anciennes Ordonnances, Edits, » Déclarations, Arrêts, Réglemens & Jugemens rendus » au sujet de la Librairie & de l'Imprimerie, depuis » l'an 1332 jusqu'à présent (1744) ».

On est redevable de cette Collection, qui est très-bien faite, à Claude-Marin SAUGRAIN père, alors Syndic. Les Pièces principales avoient été imprimées à part dans leurs temps, 1620, 1650, 1688, 1703, 1704, 1723, *in*-4.]

== ☞ Des *Limonadiers*.

Voyez ci-devant, aux *Distillateurs*, N.° 34680.]

34709. ☞ Statuts, Ordonnances & Articles que les Marchandes & Maîtresses Toilières, *Lingères*, requèrent être augmentés; confirmés & approuvés par le Roi, (1645) &c. (Arrêts & Sentences:) *Paris*, Dumesnil, 1756, *in*-4.]

34710. ☞ Mf. Statuts des *Linières* & Filassières, (de 1666): *in*-4.

Dans la Bibliothèque de M. de Sartine.]

34711. ☞ Ordonnances, Statuts, (de 1317,) Réglemens & Arrêts concernant le Métier des Maîtres *Maçons*, Tailleurs de pierres, Plâtriers, Mortelliers, & la Justice que le Maître général des œuvres & bâtimens du Roi a sur lesdits Maîtres Maçons, & autres Ouvriers dépendans de l'Art de Maçonnerie; ensemble sur les Chaufourniers, Carriers, Jardiniers, Préauliers & Pionniers de France; confirmés par plusieurs Arrêts de la Cour du Parlement: *Paris*, Thiboust, 1721, *in*-4.]

34712. ☞ Recueil de Pièces contenans divers objets de Réglemens pour l'administration de la Communauté des Maîtres Maçons, Entrepreneurs de Bâtimens, & pour

la

la réception des Maîtres de ladite Communauté, suivant les Lettres-Patentes du 18 Avril 1762, enregistrées le 15 Juillet : *Paris*, Didot, 1762, *in*-4.]

34713. ☞ Statuts & Réglemens des Maîtres de *Danse* & *Joueurs d'Instrumens*, tant hauts que bas, pour toutes les Villes du Royaume ; registrés en Parlement le 22 Août 1659, &c. (réimprimés :) *Paris*, d'Houry, 1753, *in*-4.]

34714. ☞ Statuts & Réglemens faits pour les *Maîtres en Faits-d'Armes*, (de 1643,) pour le maintien de leurs Privilèges, octroyés par nos Rois, & vérifiés par Nosseigneurs du Conseil : *Paris*, Lamesle, 1759, *in*-4.

Arrêt du Parlement, rendu en faveur des Maîtres en Faits-d'Armes des Académies du Roi, du 18 Décembre 1759 : *in-fol.* Placart.]

34715. ☞ Arrêt & Réglement pour les *Maîtrises du Bailliage du Palais* : 1608, *in*-4.]

34716. ☞ Ordonnances, Statuts & Réglemens des *Marchands de Vin : Paris*, Bouillerot, 1659, Vincent, 1732, *in*-4.]

34717. ☞ Opposition à l'enregistrement des Lettres-Patentes obtenues par les Marchands de Vin, &c. pour être appellés aux Assemblées & Cérémonies publiques, avec les six Corps des Marchands, &c. par J. Jobert, 1687, *in*-12.

Les Marchands de Vins sont néanmoins associés aux six Corps de Marchands, aussi-bien que les Libraires, dans le Consulat, ou pour être élus *Juges-Consuls*. Nous ajouterons ici, par rapport aux Etrangers, que ce qu'on appelle à Paris les *six Corps*, sont les plus considérables & les plus anciennes des Communautés de Marchands, qui ont entr'elles une union intime ; & ce sont les Drapiers, les Epiciers, les Merciers, les Pelletiers, les Orfévres & les Bonnetiers.]

34718. ☞ Lettres-Patentes enregistrées au Parlement, le 12 Mars 1760, portant confirmation des Statuts des Marchands de Vin, (avec plusieurs Délibérations & Arrêts sur les Caves : *Paris*, Vincent, sans année,) *in*-4.]

34719. ☞ Statuts & Ordonnances, tant anciens que nouveaux, des Maîtres Fevres *Mareschaux* de la Ville, Fauxbourgs & Banlieue de Paris : *Paris*, Chenault, 1688, veuve Grou, 1756, *in*-8.]

34720. ☞ Statuts pour les Maîtres & Marchands *Mégissiers*, accordés par le Roi François I. (en 1517,) & par Charles IX. confirmés par Henri IV. & Louis-le-Grand : *Paris*, Dumesnil, 1743, *in*-4.]

34721. ☞ Statuts, Privilèges, Ordonnances & Réglemens des Maîtres *Menuisiers* & Ebénistes : *Paris*, Chardon, 1751, *in*-12.]

34722. ☞ Statuts, Ordonnances & Réglemens du Corps des Marchands *Merciers*, Grossiers, Jouailliers : *Paris*, (vers 1650,) *in*-4.

Il y a vingt Classes de Marchands Merciers. *Voyez* pag. 350 de l'*Hist. Abrégée*, &c. indiquée ci-dessus, N.° 34633.]

34723. ☞ Ordonnance de Louis XIII. servant de Statuts aux Marchands Merciers, Grossiers, Jouailliers de Paris, en 1613, & celle de Louis XIV. pour les mêmes, en 1645, avec un Arrêt du Conseil en 1671 : *in*-4.]

34724. ☞ Statuts, Ordonnances & Réglemens du Corps des Marchands Merciers, Grossiers, Jouailliers de Paris : *Paris*, Desprez, 1730, *in*-4.]

34725. ☞ Recueil d'Ordonnances, Statuts & Réglemens concernant le Corps de la Mercerie, (depuis 1407,) avec deux Tables, l'une par ordre de date des Pièces avec le Sommaire de leurs principales dispositions, & l'autre des Matières, par ordre alphabétique : *Paris*, Chardon, 1752, *in*-4.]

34726. ☞ Mémoire des Maîtres & Gardes de la Marchandise de Mercerie, Grosserie & Jouaillerie de Paris, opposans avec les six Corps de Marchands de ladite Ville, à la vérification de la Déclaration du Roi du 14 Août 1632, pour la nouvelle réappréciation, ou nouvelle imposition des Marchandises entrantes ou sortantes du Royaume, Douane de Lyon, &c. *in*-4.]

34727. ☞ Recueil des Statuts & Réglemens, Edits & Déclarations rendus en faveur des Maîtres *Miroitiers*, Lunetiers, Bimblotiers ; & des *Doreurs sur cuir*, Garnisseurs & Enjoliveurs : (1722,) *in*-4.

Ces deux Communautés, qui ont chacune leurs Statuts de l'an 1594, ont été unies ensemble en 1680, & le Roi en 1722 leur donna en commun de nouveaux Statuts, qui se trouvent à la fin du Recueil. On y a ajouté depuis :

Arrêts du Parlement, portant homologation de sept (nouveaux) Articles de Réglement pour maintenir le bon ordre dans la Communauté des Maîtres Miroitiers, &c. *Paris*, Gissey, 1759, *in*-4.]

34728. ☞ Raisons qui prouvent que les Compositeurs de Musique, ou *Musiciens*, qui se servent de Clavecins, Luths & autres Instrumens d'harmonie, n'ont jamais été dans la Communauté des anciens Jongleurs & Ménestriers, qui ont pris le titre de Violons, Maîtres à Danser & Joueurs d'Instrumens, tant hauts que bas : *in*-4.]

34729. ☞ Mf. Statuts des *Nattiers*, de 1604: *in*-4.

Dans la Bibliothèque de M. de Sartine.]

34730. ☞ Recueil des Statuts, Ordonnances, Réglemens & Privilèges accordés en faveur des Marchands *Orfèvres* Jouailliers de la Ville de Paris, depuis 1345 jufqu'en 1688, avec les Arrêts & Sentences les concernant: *Paris*, Roulland, 1688, *in-4.*]

34731. ☞ Livres d'allois en or & en argent, pour les Maîtres Orfévres de Paris, & des Eloges en Vers à S. Eloy: *in-4.*]

34732. ☞ Réglement général fur le fait de l'Orfévrerie, & fur le Commerce d'or & d'argent, du 30 Décembre 1679: *Lyon*, Bailly, 1679, *in-4.*]

34733. ☞ Lifte des Noms des Gardes de l'Orfévrerie de Paris, depuis 1552 jufqu'en 1658, extraite des Regiftres par Robert de Berquen, auffi Orfévre: *in-4.*]

34734. ☞ Lifte générale des Noms & furnoms des Marchands Maîtres Orfévres de Paris, reçus depuis 1555 jufqu'en l'année 1656, extraite des Regiftres, par le même: *in-4.*]

34735. ☞ Traité fommaire de l'Inftitution du Corps & Communauté des Marchands Orfévres, fous (le Roi) Philippe de Valois; des avantages de l'Orfévrerie, des Privilèges & prérogatives des Marchands Orfévres Jouailliers, &c. de la fonction de Maître & Garde des carats & denier de fin; avec un Recueil des Ordonnances & Réglemens concernant l'Orfévrerie & les Orfévres; par P. D. R. (Pierre de Rosnel:) *Paris*, 1662, *in-4.*]

34736. ☞ Statuts & Privilèges du Corps des Marchands Orfévres - Jouailliers de la Ville de Paris, recueillis des textes des Edits, Ordonnances, Lettres-Patentes, Arrêts, Réglemens, Titres, &c. avec de courtes Obfervations fur l'origine, les motifs & l'efprit de chaque difpofition; par Pierre le Roy, Grand-Garde du Corps de l'Orfévrerie, &c. *Paris*, Dumefnil, 1734, *in-4.*

Cet ouvrage eft rempli de recherches curieufes.]

34737. ☞ Recueil de différentes Pièces fur les Orfévres de Paris, (fçavoir, Edits, Arrêts, Sentences, Requêtes, Mémoires & Factums concernant l'Orfévrerie:) *in-4.*]

34738. ☞ Lettres-Patentes de 1698, Statuts & Réglemens des Maîtres *Oyfeleurs*, (avec quelques Arrêts:) *Paris*, Simon, 1747, *in-4.*]

34739. ☞ Statuts des Maîtres & Marchands *Papetiers*, (de 1599, avec divers Arrêts:) *in-4.*]

34740. ☞ Statuts & Réglemens pour les Cartiers, Maîtres *Papetiers*, Faifeurs de Cartes, Tarots, Feuillets & Cartons, (de 1594, avec diverfes Pièces jufqu'en 1740,) réimprimés: *Paris*, Prault, 1755, *in-4.*

Les mêmes, avec de nouvelles Pièces: *Paris*, Delormel, 1764, *in-4.*]

34741. ☞ Statuts des Maîtres & Marchands *Parcheminiers*, (de 1731.) Arrêts & Réglemens en conféquence: *Paris*, 1758, *in-4.*]

== ☞ Des *Parfumeurs*.

Voyez ci-devant, aux *Gantiers*, N.° 34690.]

34742. ☞ Statuts, Ordonnances & Réglemens des Maîtres & Marchands *Paffementiers-Boutonniers*; confirmés fur les anciens Statuts du 23 Mars 1558: *Paris*, Lameffe, 1733; Moreau, 1761, *in-4.*]

34743. ☞ Statuts accordés aux Maîtres *Pâtiffiers-Oublayers*, de 1566, &c. *Paris*, Delormel, 1757, *in-8.*]

34744. ☞ Statuts de MM. les *Pâtiffiers de Pain-d'Epices*, de 1596: *Paris*, Giffey, 1746, *in-4.*]

34745. ☞ Nouveaux Statuts & Réglemens des Maîtres *Paveurs*, enregiftrés en 1742: *Paris*, Grou, 1742, *in-4.*]

34746. ☞ Statuts & Réglemens des Maîtres *Paulmiers* Raquetiers, (de 1726:) *Paris*, Delormel: 1727, 1739, *in-12.*]

34747. ☞ Statuts, Ordonnances, Lettres & Arrêts des Maîtres *Peauffiers*, Teinturiers en Cuirs, & Caleçonniers; le tout obtenu & renouvellé en 1664 & 1665: *Paris*, Lambert, 1760, *in-4.*

Leurs Statuts étoient originairement de l'an 1357.]

== ☞ Des *Peigniers*.

Voyez ci-après, aux *Tablettiers*, N.° 34764.]

34748. ☞ Statuts, Ordonnances & Réglemens de la Communauté des Maîtres de l'Art de *Peinture & Sculpture*, Gravure & Enluminure de la Ville de Paris, avec les Sentences & Arrêts donnés en conféquence: *Paris*, Bouillerot, 1672, *in-4.* Chenault, 1682, *in-8.* Colin, 1698, *in-8.*

Cette Communauté entretient ce qu'on appelle à Paris l'*Académie de S. Luc*, qui eft une Ecole publique. Il ne faut pas la confondre avec l'Académie Royale de Peinture, Sculpture & Gravure, inftituée par le Roi en 1648, & dont on a imprimé l'Etabliffement & les Lettres-Patentes en 1693 & 1698: *Paris*, *in-4.*]

34749. ☞ Lettres-Patentes du Roi (Louis XV.) qui approuvent & confirment les nouveaux Statuts de la Communauté & Académie de S. Luc de Peinture-Sculpture; avec les Sentences, Arrêts & Réglemens concernant ladite Communauté: *Paris*, d'Houry, 1753, *in-4.*]

34750. ☞ Statuts & Ordonnances des Marchands *Pelletiers*, Groffiers, Haubaniers, Fourreurs, tant anciens (de 1346,) que nouveaux; & les Lettres-Patentes, Arrêts, &c. *Paris*, d'Houry, 1748, *in-4.*]

34751. ☞ Difcours traitant de l'antiquité, utilité, excellences & prérogatives de la Pelleterie & Fourrures; par le Sieur Charrier: *Paris*, Billaine, 1634, *in-8.*]

34752. ☞ Statuts & Réglemens pour la Communauté des Barbiers, *Perruquiers*,

Statuts des Corps des Marchands, &c. 355

Baigneurs & Etuviftes ; regiftrés en Parlement le 7 Septembre 1718 : *Paris*, Joffe, 1718; *Reims*, 1730; *Paris*, Valleyre, 1749, *in*-12.]

34753. ☞ Statuts, Articles, Ordonnances & Privilèges des Maîtres *Plombiers*, Fontainiers; confirmés par Louis XIV. en 1648; réimprimés : *Paris*, Chardon, 1735; *in*-8.]

34754. ☞ Articles, Statuts, Ordonnances & Réglemens des Marchands & Maîtres *Plumaffiers*, Panachers, &c. (tirés des anciens Statuts accordés par Henri IV. en 1599:) *Paris*, Chouqueux, 1767, *in*-4.]

34755. ☞ Statuts, Ordonnances & Privilèges des Maîtres *Potiers d'étaim*, vérifié au Parlement en 1615 : *Paris*, Gonichon, 1639, *in*-8.]

34756. ☞ Statuts anciens & nouveaux, (de 1456 & 1605) Arrêts, Sentences & Réglemens des Maîtres *Potiers de terre*, Carleurs : *Paris*, Prault, 1752, *in*-8.]

34757. ☞ Edit du Roi (Louis XIV.) pour le Réglement des *Relieurs* & Doreurs de Livres ; du 7 Septembre 1686 : *in*-4.]

34758. ☞ Statuts & Réglemens pour la Communauté des Maîtres Relieurs & Doreurs de Livres de Paris, (enregiftrés en 1750:) *Paris*, le Mercier, 1750, *in*-12.]

34759. ☞ Statuts, Ordonnances & Réglemens de la Communauté des Maîtres *Rôtiffeurs*, regiftrés en Parlement le 19 Janvier 1747 : *Paris*, Delatour, 1747, *in*-4.]

— ☞ Des *Rubaniers*.

Voyez ci-après, aux *Tiffutiers*, N.° 34775.]

34760. ☞ Statuts, Articles, Ordonnances & Réglemens de la Communauté des *Savetiers*, Bobelineurs, Carreleurs de Souliers ; vérifiés en Parlement le 26 Mars 1659. Tirés des anciens Statuts de 1443, &c. *Paris*, Valleyre, 1766, *in*-12.]

34761. ☞ Recueil d'Arrêts du Parlement, Sentences du Châtelet, Actes paffés par-devant Notaires, &c. concernant la Communauté des Maîtres Savetiers : (*Paris*,) 1737, *in*-4.]

34762. ☞ Statuts & Ordonnances des Maîtres *Selliers*, Lormiers, Caroffiers , (de 1677, &c.) *Paris*, d'Houry, 1748, *in*-12.]

34763. ☞ Statuts, Ordonnances & Privilèges des Maîtres en l'Art de la *Serrurerie* : *Paris*, Ballard, 1707, 1714, *in*-12. Ibid. Prault, 1761, *in*-8.

Les Statuts font de l'an 1650. A la fin eft une Table chronologique des Pièces contenues en ce Livre.]

34764. ☞ Statuts, Arrêts, Sentences & Réglemens des Maîtres & Marchands Peigniers, *Tablettiers*, Tourneurs, &c. *Paris*, 1760, *in*-8.

Leurs Statuts font de 1511.]
Tome III.

34765. ☞ Statuts, Réglemens, Arrêts & Sentences des Marchands *Taillandiers*, Ferblantiers : *Paris*, Gonichon, 1754.

La plus ancienne Pièce qui s'y trouve eft de 1579, & cependant leurs Statuts ne font que de 1664.]

34766. ☞ Statuts & Ordonnances que les Maîtres Jurés & Gardes de l'Art, Métier & Marchandife des Marchands & Maîtres *Tailleurs d'habits* & Pourpointiers de la Ville de Paris, ont réfolu d'obferver entre eux, fous le bon plaifir du Roi & de Noffeigneurs du Parlement, & de M. le Prevôt de Paris, fon Lieutenant-Civil & le Procureur du Roi au Châtelet de Paris, leurs protecteurs, conformément aux anciens Statuts & Ordonnances des Maîtres Tailleurs d'habits & des Maîtres Marchands Pourpointiers de cette Ville, unis & incorporés en un feul Corps, en l'année 1655, (imprimés après 1660:) *in*-4.

Les mêmes : *Paris*, 1714, 1718, 1746, *in* 12.]

34767. ☞ Réglemens des Frères-Tailleurs, établis à Paris en 1647 : *Paris*, 1727, *in*-4.

Un d'eux doit être Maître Tailleur, & ils vivent unis & dans la piété. Il y a auffi de la même efpèce deux Communautés ou Sociétés de Frères *Cordonniers*. *Voyez* la Vie de leur Inftituteur, Tome I. N.° 4753.]

== ☞ Des *Tailleurs-Graveurs en Métaux*.

Voyez ci-devant, aux *Graveurs*, N.° 34702.]

34768. ☞ Ordonnances, Statuts & Réglemens, donnés par Philippe VI. dit de Valois, aux Maîtres *Tanneurs*, Corroyeurs, Baudoyeurs, Cordonniers & Sueurs ; du 6 Août 1345 : *Paris*, Chardon, 1754, *in*-4.]

34769. ☞ Statuts & Réglemens des Maîtres & Marchands *Tapiffiers* : *Paris*, 1724, *in-fol.*]

34770. ☞ Nouveau Recueil des Statuts & Réglemens des Maîtres Marchands Tapiffiers Hautelicièrs, Sarrazinois, Rentrayeurs, Courtepointiers, Couverturiers, Coutiers-Sergiers; enfemble, plufieurs Arrêts & Sentences, avec une Préface qui contient l'Hiftoire des fix (anciennes) Communautés dont ce Corps a été formé (en 1636,) & celle de leurs Statuts & Privilèges, &c. *Paris*, Giffey, 1756, *in*-4.]

34771. ☞ Statuts des Maîtres *Teinturiers* : *Paris*, 1669, *in*-4.]

34772. ☞ Statuts & Réglement général pour les Teintures en grand & bon Teint des Draps, Serges & Etoffes de Laine, qui fe manufacturent dans le Royaume de France; vérifiés en Parlement le 13 Août 1669 : *Paris*, Knapen, 1732; Prault, 1760, *in*-4.]

34773. ☞ Statuts (de 1551,) pour les Maîtres *Tireurs*, Ecacheurs & *Fileurs d'or & d'argent* : *Paris*, 1692, *in*-4.

Les mêmes, avec les Lettres-Patentes & les
Y y 2

Arrêts de la Cour du Parlement & de la Cour des Monnoies: *Paris*, Huguier, 1720, *in-4.*]

34774. ☞ Statuts & Ordonnances pour les Maîtres Jurés & Ouvriers du Métier de *Tisseran* en Toile & Canevas, (de 1505;) réimprimés en 1736: *in-4.*]

34775. ☞ Ordonnances du Roi Henri III. (en 1565 & 1586,) confirmés par Henri IV. & Louis XIII. contenant les Statuts des Maîtres *Tissutiers-Rubanniers*, Ouvriers en Draps d'or, d'argent & soie, tissus, rubans & passemens d'or, &c. filozelle, laine, fil & coton, &c. *Paris*, 1609, *in-8. Ibid.* Gonichon, 1650, & Fournot, 1683, *in-12. Ibid.* 1713, *in-8.*

Nouveaux Statuts de la Communauté des Maîtres & Marchands Tissutiers-Rubanniers, Frangers, Ouvriers en Draps d'or, argent & soie: *Paris*, Lambert, 1768, *in-12.*]

34776. ☞ Recueil des Réglemens pour la Communauté des Maîtres & Marchands Tissutiers-Rubanniers, Ouvriers en Draps d'or, d'argent & de soie; concernant les Compagnons, Ouvriers, &c. avec le Tarif des prix qui (leur) seront payés par chacun des Maîtres: *Paris*, Lambert, 1763, *in-4.*]

34777. ☞ Mss. Lettres qui confirment le Réglement fait par le Prévôt de Paris, pour les *Tondeurs de Draps*, (de 1384:) *in-4.*

Dans la Bibliothèque de M. de Sartine.]

34778. ☞ Mss. Statuts & Ordonnances des Maîtres *Tonneliers*, (de 1566:) *in-4.*

Dans la Bibliothèque du même Magistrat.]

34779. ☞ Statuts & Ordonnances des Maîtres *Tourneurs*, (de 1573 & 1601:) *Paris*, Grou, 1742, *in-12.*]

34780. ☞ Articles, Statuts, Ordonnances & Réglemens des Jurés, anciens Bacheliers & Maîtres Queulx, Cuisiniers, Porte-chappes & *Traiteurs* de Paris: *Paris*, le Mercier, 1706, 1714, *in-4.* 1741, *in-12.*

Cette dernière Edition est différente des précédentes, & la suivante est encore plus complette.]

34781. ☞ Recueil d'Arrêts, Ordonnances, Statuts & Réglemens, concernant les Maîtres Queulx, Cuisiniers-Traiteurs: *Paris*, le Breton, 1761, *in-4.*

Il y a en tête une Table des Pièces contenues dans ce Recueil, avec le Sommaire de leurs principales dispositions, arrangées (après les Réglemens généraux, en faveur de la Communauté des Maîtres Traiteurs;) suivant les (autres) Communautés contre lesquels les Jugemens & Réglemens sont intervenus; & ces Communautés sont, (selon les titres des Articles,) le Corps des Marchands de vin, les Rôtisseurs, les Chaircutiers, les Pâtissiers.

Lettres-Patentes du Roi Henri IV. portant Etablissement des Maîtres Cuisiniers-Traiteurs en Communauté, & leurs Statuts: *Paris*, le Breton, 1765, *in-4.*]

34782. ☞ Statuts, Ordonnances & Réglemens des Maîtres *Vanniers*, Quincailliers: *Paris*, Grangé, 1767, *in-12.*

Leurs Statuts sont de 1467.]

34783. ☞ Recueil des Statuts, Déclarations, Arrêts, &c. des Maîtres *Vinaigriers*, Verjutiers, Moutardiers, &c. *Paris*, Gissey, 1744, *in-4.*

Leurs plus anciens Statuts sont de 1349.]

34784. ☞ Statuts, Ordonnances, Priviléges & Réglemens des Maîtres *Vitriers*, Peintres sur Verre, tirés des anciens Statuts de 1466. Vérifiés en Parlement le 19. Avril 1666: *Paris*, veuve Grou, 1752, *in-12.*]

§. III.

Histoires de différentes Villes & autres Lieux de l'Isle de France.

== LA Généralité de Paris, divisée en ses vingt-deux Elections, ou Description de tout ce qui est contenu dans ladite Généralité; par le Sieur D. (DANGOSSE:) *Paris*, Charpentier, 1710, *in-12.*

☞ On a déja indiqué ce Livre, Tome I. *pag.* 117 de cette Bibliothèque, avec quelques-uns plus nouveaux. Mais il est bon d'observer ici que la Généralité de Paris, du côté du Nord, ne contient pas toute l'Isle de France, (qu'elle partage avec la Généralité de Soissons,) & que du côté du Midi elle s'étend assez loin dans les Provinces voisines. On peut voir sur cela le Livre intitulé: *Dénombrement du Royaume*, (ci-devant, Tome I. N.° 2087.)

34785. ☞ Histoire de la Ville & de tout le Diocèse de Paris; par M. l'Abbé (Jean) LEBEUF, de l'Académie des Inscriptions & Belles-Lettres: *Paris*, 1754, &c. *in-12.* 15 vol.

On a déja parlé de cet Ouvrage au Tome I. de cette Bibliothèque, *pag.* 342, N.° 5144, pour la partie Ecclésiastique; mais on a observé qu'il n'étoit pas moins utile pour l'Histoire Civile: c'est pourquoi on le met encore ici, avec quelque détail, sur-tout par rapport aux dehors de Paris.

Les Tomes I & II. contiennent l'Histoire des Eglises de Paris, distribuées les unes selon l'antiquité de leur fondation, & les autres sous celles dont elles ont dépendu ou dépendent encore; avec un détail circonstancié de leur Territoire, & diverses Remarques sur le Temporel. A la fin du Tome II. sont, avec des Notes de l'Editeur, les Rues de Paris, mises en Vers anciens, extraites d'un Volume *in-fol.* Manuscrit, de caractères du XIV.° Siècle, contenant les Poésies de divers Auteurs du même temps, entr'autres de Guyot de Paris, qui a vécu sur la fin du XIII.° Siècle. Ce Manuscrit a été trouvé à Dijon, en 1751.

Le Tome III. renferme l'Histoire de la Banlieue de Paris, & d'une partie du Doyenné de Montmorency, c'est-à-dire des environs de Saint-Denys, avec des Remarques sur l'Histoire du Landit de la Plaine Saint-Denys, &c.

Le Tome IV. contient la Suite des Paroisses du Doyenné de Montmorency, toujours avec l'Histoire du Temporel de chaque Lieu.

Histoires de l'Isle de France.

Le Tome V, renferme la fin des Paroisses du même Doyenné, & le commencement de celui de Chelles.
Le Tome VI, la Suite de ce dernier Doyenné.
Les Tomes VII, VIII. & IX. contiennent les Paroisses & Terres du Doyenné de Châteaufort. On trouve à la fin du Tome IX. Réponse aux Réflexions de Dom Toussaint du Plessis, insérées dans le *Mercure de Juin, Juillet, Août & Septembre* 1756, contre cette Histoire de la Ville & Diocèse de Paris.
Les Tomes X, XI. & partie du XII. renferment le Doyenné de Montlhery : la fin du XII. contient partie du Doyenné du Vieux Corbeil.
Le Tome XIII. & partie du XIV. donne la suite de ce dernier Doyenné, & partie de celui Lagni.
Le Tome XV. contient la suite du Doyenné de Lagni & celui de Champeaux ; avec des Observations (de l'Abbé CARLIER, Editeur des derniers Volumes, (pour servir de Conclusion à l'Histoire du Diocèse de Paris, & de Réponse à une Lettre sur Lusarche : enfin , une Table générale des Paroisses, Villes, Eglises, Hôpitaux, Châteaux, Fiefs, &c. de tout l'Ouvrage.
Il est plein de recherches curieuses : c'est dommage qu'il soit mal écrit & mal digéré. On peut voir ce qui en est dit, *Mercure, Avril* 1754. = *Année Littér.* 1754, tom. II. pag. 15 : 1756 , tom. II. pag. 249 : 1757, tom. I. pag. 46 : 1758 , tom. IV. pag. 241. = *Mém. de Trévoux,* 1754, Juillet & Septembre : 1756 , Juillet. = *Journ. des Sçavans,* 1754 , *Juillet,* & 1756 , *Juin.* = *Journal de Verdun,* 1754, *Août.* L'Abbé Lebeuf est mort en 1762.]

== ☞ Voyage Pittoresque des Environs de Paris.

Voyez ci-devant, N.° 34522.]

34786. ☞ Encomium *Issiaci* pagi, heroico carmine expressum, à Daniele PERIERIO : *Parisiis,* Jacquin, 1614, *in*-8. 8 pages.]

34787. ☞ Le petit Olympe d'*Issy,* à la Royne Marguerite , Duchesse de Valois , en Vers ; par M. BOUTEROUE : 1609, *in*-8. de 16 pages.]

34788. ☞ De la Duché-Pairie de *Saint-Cloud,* érigée en 1674, en faveur des Archevêques de Paris.

Dans l'*Histoire Généalogique* du Père Simplicien, *tom. V. pag.* 36.]

34789. ☞ Description du Château de Saint-Cloud, qui appartient à M. le Duc d'Orléans.

Elle se trouve dans le dernier Tome de la *Description de Paris & des Environs,* par Piganiol, indiquée ci-devant, Tome I. N.° 34513.]

34790. ☞ San-Cloviani fontes, ad Serenis. Aureliæ Ducem, versibus lyricis expressi, à Joan. COMMIRIO, Soc. Jesu : 12 pages *in*-8.
= Traduction de ces Vers en Prose Françoise : 10 pages *in*-8.]

34791. ☞ Description des Cascades de Saint-Cloud ; par Harcourt DE LONGEVILLE, Avocat au Parlement : *Paris,* 1706, *in*-12.]

34792. ☞ Recitus veritabilis super terribili esmeutâ Paysanorum de *Ruellio* : (auctore N. FREY.)

Cette Histoire, en style macaronique, est citée dans le *Ducatiana, pag.* 48.]

== ☞ Conférences tenues à Ruel, en 1649, pour la Paix de la Guerre de Paris, au sujet du Cardinal Mazarin.

Voyez ci-devant , Tome II. N.°s 22792 - 22798, 22804, 22811, 22855 - 22857, 22889, 22905.]

== ☞ Conférence de *Suresne,* entre les Députés du Roi Henri IV. & ceux des Parisiens, en 1693.

Voyez ci-devant , Tome II. N.°s 19463, 19464 & 19467.]

34793. ☞ Dissertation sur l'antiquité de *Chaillot : Paris,* Prault, 1736, *in*-12.

C'est une petite Pièce badine, attribuée à M. DE LA COSTE, de Toulouse.]

34794. ☞ Remarques sur l'étymologie du nom de *Vincennes;* (par M. BOUCHER D'ARGIS.) *Merc.* 1740, Octobre, *p.* 2191.]

== ☞ Remarques historiques sur Vincennes ; par l'Abbé LEBEUF.

Voyez ci-devant, Tome II. N.° 26993. On peut encore voir N.° 27032.]

34795. ☞ Description historique du Bourg de *Charenton,* près Paris, & de quelques-uns de ses Environs.

Elle est imprimée dans le Recueil intitulé : *Nouvelles Recherches sur la France : Paris,* 1766, *in*-12. *tom. I. pag.* 173-237. Cette Pièce est de M. Louis-Théodore HÉRISSANT, Avocat au Parlement, Editeur de ce Recueil.]

== ☞ Prise de Charenton par les Troupes du Roi, du temps de la première Guerre des Princes sous Louis XIV. en 1649, &c.

Voyez ci-devant , Tome II. N.°s 22705 - 22707 & 22721.]

34796. ☞ Requêtes & Mémoires de M. Guy-Michel BILLARD DE LORIÈRE, contre M. Charles de Malon, Seigneur de Bercy & autres lieux ; & de M. de Bercy, contre M. de Lorière : *in*-fol.

Il y a huit ou dix Pièces avec cinq ou six Plans gravés de Charenton , de Bercy & des Environs. M. de Lorière, étoit Conseiller au Grand-Conseil ; il a composé lui-même ses Mémoires, dont le dernier est de 1744.]

34797. ☞ Descriptio Domûs quæ *Conflans,* vulgò appellatur in conspectu urbis Parisiorum : auctore Joan. Bapt. MASSONO, Forezio : *Lutetiæ,* 1609, *in*-4.]

== ☞ Descriptions de *Versailles* & des Environs.

Voyez ci-devant, Tome II. N.°s 17005-27027.]

== ☞ Description du Château Royal de Marly.

Voyez ci-devant, Tome II. N.°s 17018 & 27029. On la trouve encore dans les Ouvrages qui concernent Versailles & ses Environs, N.° 34513.]

== ☞ Description de *Meudon.*

Voyez ci-devant, Tome II. N.°s 17030 & 27031, aussi-bien que 34513.]

358   Liv. IV. *Hiſtoire Civile de France.*

34798. ☞ Deſcription de *Saint-Germain* en Laye.

On la trouve dans le dernier Volume de la *Deſcription de Paris & de ſes Environs*, par Piganiol, N.° 34513. Le Château de Saint-Germain a été ci-devant le ſéjour de la Cour pendant long-temps.]

== ☞ Des Etats-Généraux tenus à Saint-Germain, en 1561.

Voyez ci-devant, Tome II. N.ᵒˢ 27455 & 27456.]

34799. ☞ Mſ. Etat préſent de la Foreſt Royale de Laye, dépendante de Saint-Germain, faite en 1686, avec le Plan : *in-fol.*

Ce Manuſcrit eſt indiqué num. 2175 du Catalogue de M. Pelletier.]

34800. Antiquités de la Ville de *Poiſſy*, par Sébaſtien ROUILLIARD.

Elles ſe trouvent *pag.* 260 de ſa *Parthénie, ou Hiſtoire de l'Egliſe de Chartres : Paris*, 1609, *in-*8.]

34801. ☞ Villæ ſalubrioris (*Triellenſis*) Deſcriptio, à Franciſco GUEROULTIO, (Poema :) *Pariſiis*, Sara, 1634, *in*-4.]

34802. L'Antiquité de *Pontoiſe* ; par Noël TAILLEPIED, de l'Ordre de Saint-François : *Rouen*, Leſclet, 1587, *in*-8.

Cet Auteur eſt mort en 1589. Pontoiſe eſt dans le Vexin François.

34803. ☞ Abrégé des Antiquités de la Ville de Pontoiſe, & Perſonnes illuſtres de ladite Ville : *Rouen*, Cabut, 1720, *in-*8.]

34804. ☞ Abrégé hiſtorique de l'Egliſe de Notre-Dame de Pontoiſe, appellée la Santé aux Malades : *Rouen*, 1703, 1718, *in-*8]

== ☞ Du Siège de Pontoiſe, en 1589.

Voyez ci-devant, Tome II. N.° 19020.]

== ☞ Etats-Généraux tenus à Pontoiſe, en 1561.

Dans le même Volume, ci-devant, N.ᵒˢ 27418 (4), & 27457.]

== ☞ Tranſlation du Parlement de Paris à Pontoiſe, en 1652.

Dans le même Tome II. N.° 23614-23622, 23688, 23695 & 23710. Le Parlement y fut encore transféré, ou exilé, en 1720, & la Grand'Chambre en 1753.]

34805. ☞ De la Duché-Pairie de la *Rocheguyon*, érigé en 1621 & 1643, réduite en Duché ſimple, en 1679.

Dans l'*Hiſt. Généalogique* du P. Simplicien, *tom. IV. pag.* 738, & *tom. V. pag.* 705 & 856.]

34806. Mſ. Antiquités de la Ville de *Mante*; par Jean DE CHEVREMONT, Curé de Ver : *in*-4.

Ce Volume [étoit] dans la Bibliothèque de M. l'Abbé de Caumartin, [mort Evêque de Blois, en 1733.]

34807. ☞ Remarques hiſtoriques ſur la Ville de Mante, & pluſieurs lieux de ſes Environs.

Elles ſont imprimées dans le Recueil intitulé : *Nouvelles Recherches ſur la France : Paris*, 1766, *in*-12. *pag.* 435-466 , du Tome I. & elles ont été rédigées par M. HÉRISSANT, Avocat, Editeur de ce Recueil.]

34808. ☞ De la Comté-Pairie de Mante, érigée en 1353.

Dans l'*Hiſt. Généalogique* du P. Simplicien, *tom. III. pag.* 201.]

34809. Mſ. Antiquités & Deſcription de la Ville de *Dreux* : *in-fol.*

Ce Livre eſt conſervé dans la Bibliothèque du Roi, num. 9860.

== ☞ Mſ. L'Antiquité & ancienne Deſcription de la ſituation & fondation de Dreux, & puis après de *Brayne*; par Mathieu HERBELIN : *in-*4.

Ce Traité eſt conſervé au Vatican, parmi les Manuſcrits de la Reine de Suède, num. 830. Il paroît que c'eſt la copie de l'Original où ſe trouvent les Généalogies, & que nous avons indiqué (Tome II.) N.° 25307.]

34810. ☞ Les Chartres où ſont contenus les Droits & Privilèges octroyés par les Comtes & Comteſſes de Dreux, aux Maire, Pairs & Commune dudit lieu ; enſemble, les Chartres des compoſitions qu'iceux Maire, Pairs & Commune ont tant des Seigneurs de Saint-Etienne de Dreux, que de l'Abbaye de Colombs, & autres ayant Droits de dixmes au vignon dudit lieu, touchant les payemens des dixmes dudit vignon ; le 31 Janvier 1626 : *in-*4.]

== ☞ De la Bataille de Dreux, en 1562.

Voyez ci-devant, Tome II. N.ᵒˢ 17906 & *ſuiv.*]

34811. ☞ Extrait d'une Lettre écrite de Dreux, au ſujet d'une expreſſion Proverbiale dont il eſt parlé dans le Mercure d'Octobre 1727. (*A gauche le chemin de Dreux,*) & ſur une Pétrification. *Mercure,* 1729, *Décembre.*]

34812. ☞ Les Flambards, Cérémonie anniverſaire, ou Extrait d'une Lettre écrite de Dreux. *Mercure*, 1740, *Février.*];

34813. ☞ Extrait d'une Lettre écrite à M. L. de l'Académie Royale des Belles-Lettres; par M. J. LE JEUNE, ſur les Flambards. *Mercure*, 1740, *Avril.*]

34814. Tarif du Comté de *Ponchartrain*, (Election de Montfort :) *Paris*, 1614, *in-*12.]

34815. ☞ De la Duché-Pairie de *Rambouillet*, érigée en 1711, avec les Pièces qui la concernent.

Dans l'*Hiſtoire Généalogique* du Père Simplicien, *tom. V. pag.* 197.]

34816. ☞ De la Duché-Pairie de *Chevreuſe*, érigée en 1612.

Dans l'*Hiſtoire Généalogique* du Père Simplicien, *tom. IV. pag.* 341. Cette Pairie ayant été éteinte ; la Terre de Chevreuſe a été érigée en Duché ſimple en 1645, & renouvellée en 1667. En 1692 le titre de Duché de Chevreuſe a été transféré à *Montfort-l'Amaury*, le Roi ayant acquis la Terre de Chevreuſe, & l'ayant donnée aux Dames de Saint-Cyr.]

34817. Mſ. Traité du Pays du *Hurepois*; par

Histoires de l'Isle de France.

Simon DE LA MOTTE, Religieux Célestin.

Cet Auteur est mort en 1682. Son Traité est conservé dans la Bibliothèque des Célestins de Marcoussi.

34818. Histoire générale du Pays du Hurepois, contenant les Antiquités des Villes, Bourgs, &c. par Guillaume MORIN, Grand-Prieur de l'Abbaye de Ferrières.

Cette Histoire fait partie de son *Histoire générale du Pays de Gâtinois, Senonois & Hurepois : Paris*, 1630, *in-4*.

== ☞ Relation (Mf.) de ce qui s'est passé dans le Hurepois, en 1668.

Voyez ci-devant, Tome II. N.° 23937.]

34819. Antiquités de la Ville, Comté & Châtellenie de *Corbeil*, de la recherche de Jean DE LA BARRE, ci-devant Prévôt de Corbeil : *Paris*, de la Coste, 1647, *in-4*.

C'est, sans doute, le même Ouvrage qui se trouve entre les Manuscrits de M. Dupuy, num. 248, sous ce titre : *Mémoires de la Ville, Comté & Châtellenie de Corbeil*, faits par Jean DE LA BARRE : *in-fol*.

☞ Mf. Antiquités de Corbeil ; par LA BARRE : *in-fol*.

Ce Manuscrit, qui est à la Bibliothèque du Roi, & qui vient de M. Lancelot, est différent en plusieurs endroits de l'Imprimé. Une des plus considérables de ces différences, est la Liste des Prévôts de Corbeil, qui se trouve à la fin de ce Manuscrit.

34820. ☞ De la Duché-Pairie de *Villeroy*, (près Corbeil,) érigée en 1651.

Dans l'*Histoire Généalogique* du Père Simplicien, 1716, *tom. IV. pag*. 633.]

34821. Histoire de la Ville de *Melun*, contenant plusieurs raretés notables & non découvertes en l'Histoire générale de France. Plus la Vie de Bouchard, Comte de Melun, sous le Règne de Hugues-Capet, traduit du Latin d'un Auteur du temps ; ensemble, la Vie de Jacques Amiot, Evêque d'Auxerre, Grand-Aumônier de France ; avec le Catalogue des Seigneurs & Dames de la Maison de Melun, recueilli de diverses Chroniques & Chartes manuscrites ; par Sébastien ROUILLIARD, de Melun, Avocat en Parlement : *Paris*, Loison, 1628, *in-4*.

Cet Avocat est mort en 1639. Son Histoire est pleine d'Observations historiques qui sont très-curieuses.
☞ *Voyez* Lenglet, *Méth. hist. in-4. tom. IV. pag*. 188. = *Biblioth. Chartr*. de Dom Liron, *pag*. 233. = Le Père Niceron, *tom. XXVII. pag*. 260.]

34822. ☞ De la Duché-Pairie de *Villars*, (sur Melun, &c.) érigée en 1709.

Dans l'*Histoire Généalogique* du Père Simplicien, *tom. V. pag*. 95.]

34823. Mémoires de la Ville de *Dourdan*; recueillis par Jacques DE LESCORNAY, Avocat en Parlement : *Paris*, 1608, *in-8*.

☞ Les mêmes : *Paris*, 1624, *in-8*.]

== ☞ Descriptions de *Fontainebleau*.

Voyez ci-devant, Tome II. N.°s 26994-26700 ; & ci-dessus, 34513.]

34824. Recherches de l'antiquité de la Ville & Bailliage de *Château-Landon*, servant de défense contre les Officiers du Bailliage de Nemours, réduites en forme de Factum : *Paris*, Charpentier, 1662, *in-4*.

☞ « Ce Factum, qui contient en tout 148 pages,
» est peu considérable par lui-même. Il n'a été fait que
» pour défendre les Officiers du Bailliage de Château-
» Landon contre les entreprises de ceux du Bailliage de
» Nemours, qui avoient dessein de faire réunir les deux
» Jurisdictions. Les Exemplaires en sont devenus rares ;
» & comme ce Factum est le seul Ouvrage où il soit
» traité des Antiquités de la Ville de Château-Landon,
» il devient une Pièce absolument nécessaire pour com-
» pletter la suite de l'Histoire des Provinces de France ».
Bibliographie de de Bure, *Hist*. num. 4328.
Voyez le Supplément à la *Méth. hist. in-4*. de Lenglet, *pag*. 174.]

34825. ☞ Mémoire historique sur la Ville de *Nemours*; par M. A. D. E. D. (M. ANSON, Docteur en Droit.)

Ce Mémoire est imprimé dans le Recueil intitulé : *Nouvelles Recherches sur la France : Paris*, 1766, *tom. II. pag*. 472-500.]

34826. ☞ De la Duché-Pairie de Nemours, érigée en 1404, 1461, 1505, 1515, 1524, 1528.

Dans l'*Histoire Généalogique* du Père Simplicien, *tom. III. pag*. 247, 397, 453, 472, 476, & *tom. V. pag*. 538, 548.

Nouvelle érection, en 1672.

Ibid. tom. V. pag. 29.]

== ☞ Prise de *Montereau*, par les Ligueurs, en 1589.

Voyez ci-devant, Tome II. N.° 19031.

34827. ☞ Mémoire historique sur la Ville, Comté, Prévôté & Châtellenie de *Monthléry*; (par M. Antoine-Gaspard BOUCHER D'ARGIS, Avocat au Parlement de Paris.) *Mercure*, 1737, *Juillet, pag*. 1493-1540, & *Août, pag*. 1683-1702.]

34828. Recueil de plusieurs Titres, Mémoires & Antiquités de la Châtellenie de *Marcoussi*, de la Prévôté de *Mont-le-Héry*, du Chapitre de Saint-Merry de *Linas*, & des Fiefs & Seigneuries de Roue, de Bellejambe, Guillerville, Beauregard & autres Lieux : *Paris*, 1689, *in-8*.

L'Auteur ne fit tirer que vingt-sept Exemplaires de ce Recueil, pour les distribuer à ses amis.

34829. L'Anastase de Marcoussi, ou Recueil de plusieurs Titres, Mémoires & Antiquités de la Châtellenie dudit lieu & autres circonvoisins ; par le Sieur P. *Paris*, la Caille, 1694, *in-12*.

PERRON, de Langres, est l'Auteur de cet Ouvrage, & sans doute du précédent, dont celui-ci ne paroît être qu'une seconde Edition.

34830. ☞ Mémoires historiques sur la Seigneurie de Marcoussi, (& le Prieuré des Célestins qui est dans le même lieu ; par M. BOUCHER D'ARGIS.) *Mercure*, 1742, *Juin*, Vol. I.]

34831. ☞ Lettre de M. M. au sujet de la Devise de Jean de Montagu, qui est au Château de Marcoussi. *Mercure*, 1743, Janvier, pag. 78.]

34832. ☞ Mémoire historique sur *Bretigny* sous Montlhéry; par M. B. D. A. *Mercure*, Janvier, 1737, pag. 142.

Les lettres initiales signifient M. BOUCHER D'ARGIS. Cet Auteur a depuis revu & augmenté ce Mémoire, qui est ainsi beaucoup plus ample. Il le conserve en cet état dans sa Bibliothèque.]

34833. ☞ Supplément au Mémoire précédent, (tel qu'il a paru imprimé;) par M. l'Abbé LEBEUF. *Mercure*, 1737, Mars, pag. 472.]

34834. ☞ Mémoire historique sur la Seigneurie de *Sainte-Geneviève-Bois*; (par M. BOUCHER D'ARGIS.) *Mercure*, 1737, Décembre, Vol. II. pag. 2823.]

34835. ☞ De la Duché-Pairie d'*Arpajon* (à *Chastres*,) érigée en 1650, mais non enregistrée.

Dans l'*Histoire Généalogique* du Père Simplicien, tom. V. pag. 878. Cette Terre, en titre de Marquisat, est aujourd'hui dans la Maison de Noailles.]

== ☞ Prise de *Brie-Comte-Robert*, en 1649.

Voyez ci-devant, Tome II. N.° 22772.]

34836. ☞ *Chessiacum*, ad D. Henricum de Fourcy, supremæ Ratiociniorum Curiæ Præsidem; per Carolum DE TITREVILLE, (Versibus:) *Parisiis*, 1637, in 4.]

34837. ☞ *Anetum*, Villa Henrici Feydeau ad Matronam posita; Carmen, à J. Car. TARDY: *Parisiis*, 1709, in-8. & in 4.]

34838. ☞ Ms. Observations sur un usage singulier (du Bourg de *Mitry* près de Lagni;) par M. SILVESTRE DE S. ABEL, de la Société Littéraire d'Auxerre.

Cet usage est, que si une femme ou fille, de quelque âge que ce soit, est rencontrée par un homme dans les champs, dans le chemin ou dans le Village même, de nuit ou à la brune, seule & sans lumière, celui qui la rencontre est autorisé à la meurtrir de coups, même lui ôter la vie, & à en faire parade ensuite. Il est étonnant que l'autorité publique n'interpose pas son ministère pour abolir les barbaries que cet usage autorise, & qui a causé la mort à nombre de personnes. Ce Mémoire est dans les Registres de la Société Littéraire d'Auxerre.]

== ☞ Siège d'*Aubervilliers*, en 1649.

Voyez ci-devant, Tome II. N.° 22919.]

34839. ☞ Histoire de la Ville de *Saint-Denys*.

Elle se trouve avec celle de l'Abbaye, rapportée ci-devant, Tome I. pag. 770, N.° 12415. Les Religieux sont Seigneurs de la Ville.]

34840. ☞ De la Duché-Pairie de *Montmorency*, érigée en 1551 & 1633.

Dans l'*Histoire Généalogique* du Père Simplicien, tom. III. pag. 551, & tom. IV. pag. 382. En 1689 le Roi donna des Lettres pour faire changer le nom de Montmorency en celui d'*Anguien*.]

== ☞ Prise de *Lusarche*, en 1619.

Voyez ci-devant, Tome II. N.° 20766.]

Histoires du Valois.

34841. ☞ Recherches sur le Valois; par Charles DE BOVELLES.

Ces Recherches font partie de son Ouvrage intitulé: *De Differentia Linguarum*, imprimé en 1513. Ce ne sont guères que des Étymologies.]

34842. Le Valois Royal, ou Discours panégyrique des singularités du Pays de Valois, extrait des Mémoires de Nicolas BERGERON, Avocat en Parlement; par Charles BEYS: *Paris*, Beys, 1583, in-8.

Bergeron étoit natif du Duché de Valois, & avoit composé l'Histoire Valésienne, touchant la louange & l'illustration tant du Pays que de la Maison Royale de Valois. C'est de cette Histoire que le Discours précédent a été tiré.

☞ C'est un Eloge de ce Pays, dans lequel l'Auteur traite de l'étymologie de son nom, de sa situation, de ses Villes, de ses jurisdictions. Il fait voir en passant quant & comment il a été acquis & réuni à la Couronne, & quels ont été les différens Seigneurs qui l'ont possédé.]

34843. ☞ Description historique du Valois; par Damien TEMPLEUX.

Elle est imprimée en dix-sept colonnes dans le grand *Atlas François* de Blaeu: *Amsterdam*, 1660, in-fol. tom. VII. p. 139. On peut voir l'estime qu'en fait l'Abbé Carlier, tom. III. pag. 90 & 433, de sa grande *Histoire de Valois*, que nous allons indiquer. Damien de Templeux étoit contemporain de Bouchel, qui suit.

34844. Ms. Histoire du Valois; par Laurent BOUCHEL, de Crespy en Valois, Avocat au Parlement.

Cet Auteur est mort en 1630. Son Histoire est citée par de la Croix du Maine.

☞ Cette Histoire n'est autre chose que le Discours de Bergeron, placé à la tête du Commentaire de Bouchel, sur les trois Coutumes de Senlis, Clermont & Valois, auquel on a ajouté quelques corrections & quelques Extraits des Registres du Parlement de Paris.]

34845. Le Valois Royal, [amplifié de plusieurs Pièces curieuses, &c.] par Antoine MULDRAC, Prieur de Longpons: *Bonnefontaine*, 1662, in-4.

☞ Je croyois, pour l'avoir vu quelque part, que cet Ouvrage n'étoit qu'une seconde Edition très-augmentée de celui de Bergeron. Après les avoir comparé, il m'a paru que Muldrac avoit suivi Bergeron dans bien des choses, mais que la disposition en étoit absolument différente. *Voyez* aussi l'*Histoire du Valois*, par Carlier, tom. III. pag. 92.]

34846. ☞ Ms. Essai de Mémoire historique sur le Valois; par feu M. MINET, Président premier au Présidial de Valois: *in-4*.

C'est une espèce de Supplément au *Valois Royal* de Bergeron & de Muldrac. L'Auteur y traite des principales Jurisdictions de la Province, de ses Marchés, de son Commerce. L'Original forme 36 pages in-4. d'une écriture très-menue. Préface de l'Abbé Carlier.]

34847. ☞ Ms. Traités du Valois; par le même.

C'est un Recueil de Mémoires d'environ 500 pages; tous

Histoires de l'Isle de France.

tous ne sont pas également intéressans ; il n'en est point cependant où l'on ne trouve quelques faits dignes de remarque. *Préface de l'Abbé Carlier.*]¡

34848. ☞ Histoire du Duché de Valois, ornée de Cartes & de Gravures, contenant ce qui est arrivé dans ce Pays depuis le temps des Gaulois, & depuis l'origine de la Monarchie Françoise jusqu'en 1703 ; par M. l'Abbé CARLIER, Prieur d'Andresy : *Paris*, Guillyn, 1764, *in*-4. 3 vol.]

34849. ☞ Des Comté & Duché-Pairies du Valois, érigée en 1344, 1386, 1406, 1498 & 1516.

Dans l'*Histoire Généalogique* du Père Simplicien, *tom. III. pag.* 235, 250 & 430.

Autres érections, en 1630 & 1661.

Ibid. tom. IV. pag. 352 & 578.]

34850. ☞ Ms. Registre des Titres & Terrier des Terres de *Bées*, Betz, ou Vées, en Valois, &c. *in-fol.*

Ce Manuscrit, fait vers l'an 1490, est dans la Bibliothèque du Roi, & vient de M. Lancelot.]

34851. ☞ Remarques sur les Bourgs de *Dammartin* & de *Villers-Cotterets. Mercure*, 1722, Novembre, pag. 17 & 45.

Crépy étoit ci-devant le Chef-lieu du Valois : c'est aujourd'hui Villers-Cotterets.]

34852. ☞ Ms. Histoire des Villes de *Senlis* & de *Crépy*; par M. DU RUEL, Curé de Sarcelles : *in-fol.*

Les matières que contient ce Manuscrit pourroient à peine, dit M. l'Abbé Carlier, former un Volume *in*-12. L'Auteur se répand beaucoup en digression, & ne dit rien qui ne se trouve dans les Histoires communes du Valois.]

34853. ☞ Histoire chronologique de la Ville de *Pont-Sainte-Maxence*, sur Oise : *Paris*, Butard, 1764, petit *in*-12.

Ce n'est qu'une Brochure de 70 pages. *Voyez* ce qui en est dit dans les *Mém. de Trévoux*, 1754, Septembre.]

34854. ☞ Mémoire pour M. le Duc d'Orléans, Duc de Valois, contre M. Lallemand, Maître des Requêtes, (au sujet de la Terre de *Levignen* dans le Valois, aliénée en 1440;) par Me SAVIN DU MONY : *Paris*, d'Houry, 1765, *in*-4.]

== ☞ Mémoire de ce qui s'est passé à *Creil*, en 1615.

Voyez ci-devant, Tome II. N.º 10422.]

34855. ☞ De la Duché-Pairie de *Verneuil*, au Comté de Senlis, érigée en 1652, avec les Pièces qui la concernent.

Dans l'*Histoire Généalogique* du Père Simplicien, *tom. IV. pag.* 588. Cette Pairie est éteinte, & la Terre est aujourd'hui possédée par la Maison de Bourbon-Condé.]

34856. Ms. L'Histoire Civile, Ecclésiastique & Monastique de *Compiègne*; par D. Placide BERTHAULD, Religieux Bénédictin de la Congrégation de S. Maur.

Tome III.

34857. Ms. Histoire des Antiquités de la Ville de Compiègne ; par D. Bonaventure GILLESON, Religieux de la même Congrégation.

Ces deux Manuscrits sont conservés dans la Bibliothèque de S. Germain des Prés.]

== ☞ Le Séjour Royal de Compiègne ; par Antoine CHARPENTIER. = L'illustre Compiègne ; par Fleuri DE FREMICOURT.

☞ *Voyez* ci-devant, sur ces deux Ouvrages, Tome II. pag. 755, N.ᵒˢ 17001 & 17002.]

34858. ☞ Journal du Camp de *Coudun*, près de Compiègne, en 1698.

Voyez même Volume, N.º 24381.]

== ☞ Du premier Voyage de Louis XV. à Compiègne, en 1729.

Ibid. N.º 2459.]

34859. ☞ État de la Forêt de *Cuise*, dite de *Compiègne*, avec ses Routes, Carrefours, &c. & une Carte de la même Forêt ; par le Sieur MANS : *Paris*, Colombat, 1736, *in*-12.

Le même : *Paris*, 1739, 1749, 1763, *in*-8.]

34860. ☞ Ms. Antiquités du Palais de *Verberie* ; par Frère FRANÇOIS, Hermite : *in*-4. de 22 pages.

Ce Manuscrit est cité par l'Abbé Carlier, Tome II. pag. 127 de son *Histoire du Valois*, ci-devant.]

34861. ☞ Description du Château de *Chantilly*.

Elle se trouve dans le dernier Tome de la Description de Paris & de ses Environs, par Piganiol.]

34862. ☞ État des Forêts de *Chantilly*, de *Hallatte* & d'*Ermenonville*, & l'arpentage du tout, fait en 1733 : *in*-8.]

34863. ☞ Mémoires pour M. le Duc (de Bourbon) contre les Seigneurs propriétaires des Terres enclavées dans la Capitainerie Royale de *Hallatte*; avec les Preuves: *in*-4.]

Histoires du Soissonnois.

34864. Ms. Le Livre des Antiquités de la Ville & Pays de Soissons, commencé par Nicolas BERLETTE, en 1552, depuis corrigé par Jean du Chesne, augmenté & mis en huit Livres par Michel BERTIN, Prieur de Saint-Jean-des-Vignes, Curé de Chaudun : *in-fol.*

Ce Livre [étoit] dans la Bibliothèque de M. Colbert, num. 2194, [& est aujourd'hui dans celle du Roi.]

☞ Le même est *in*-4. dans celle de Saint-Jean-des-Vignes, & chez M. Jardel à Braine; mais avec un titre un peu différent, & où il n'est point fait mention des corrections du du Chesne. Nicolas Berlette, Citoyen de Soissons, est mort en 1582, âgé de 75 ans.]

34865. ☞ Ms. Histoire de Soissons: *in-fol.* 4 vol.

Elle est conservée chez M. Messier, à Abbeville.

Zz

Liv. IV. Histoire Civile de France.

34866. ☞ Mſ. Divers Mémoires historiques ſur Soiſſons.

Ils ſont entre les mains de M. Petit, Procureur du Roi pour la Police à Soiſſons.]

34867. ☞ Autres, de M. Rouſſeau.

Ils étoient chez M. Cartyer, Lieutenant de Soiſſons, décédé depuis quelques années.]

34868. Abrégé de l'Histoire de l'ancienne Ville de Soiſſons, contenant une ſommaire déduction généalogique des Comtes dudit lieu : extrait de Melchior REGNAULT, Conſeiller au Préſidial de Soiſſons, avec les Preuves : *Paris*, Menard, 1633, *in*-8.

☞ *Voyez* Lenglet, *Méth. hiſtor. in*-4. *tom. IV. pag.* 188. L'Abrégé de Regnault « eſt une Pièce aſſez » ſolide, & dont j'ai reçu beaucoup d'éclairciſſemens » & de ſecours ». Dormay, *Hiſtoire de Soiſſons, tom. I. Avis au Lecteur.*]

34869. Mſ. Annales de l'ancienne & noble Ville de Soiſſons; par Bonaventure GILLESON, Religieux Bénédictin de la Congrégation de Saint-Maur : *in-fol.*

34870. Mſ. Mémoires des Antiquités de Soiſſons; par le même : *in-fol.* 4 vol.

Ces Annales, achevées en 1661, & les Mémoires recueillis en 1664, ſont conſervés dans l'Abbaye de Saint-Germain des Prés.

34871. ☞ Monument Romain qui ſe voit à Soiſſons. *Antiquités de Caylus, tom. IV. pag.* 386.]

34872. ☞ Diſſertation ſur deux Tombeaux antiques qui ſe voyent dans l'Egliſe de l'Abbaye de Notre-Dame de Soiſſons; par le R. P. Spiridion POUPART, Picpus : *Paris*, Cot, 1710, *in*-12.]

34873. Histoire de la Ville de Soiſſons & de ſes Rois, Comtes & Gouverneurs, & une ſuite de ſes Evêques & des Recherches ſur les Vicomtes & Maiſons illuſtres du Soiſſonnois; par Claude DORMAY, Chanoine Régulier de Saint-Jean-des-Vignes : *Soiſſons*, Aſſeline, 1663-1664, *in*-4. 2 vol.

☞ *C'eſt ſur l'Ouvrage Manuſcrit de Berlette & Bertin, indiqué ci-deſſus, que Dormay a compoſé ſon Hiſtoire, & il en a preſque tout tiré.*]

== Siège de Soiſſons, en 1617; par FABRY.

Voyez ci-devant, [Tome II. N.° 20571.]

34874. ☞ Mſ. Mémoires ſur les troubles arrivés à Soiſſons au ſujet de la Mairie de cette Ville, qui fut accablée de Garniſon & Gens de Guerre, par les mécontentemens qu'on donna au Maréchal d'Eſtrées, qui en étoit Gouverneur; du 17 Mars 1666 : *in*-4.

Ces Mémoires ſont conſervés dans la Bibliothèque de M. Jardel, à Braine, près de Soiſſons.]

34875. Eloge de la Ville de Soiſſons, en Vers; par Louiſe-Hélène DE BAZIN, fille du Baron de Bazin, Grand-Bailli de Soiſſons : *Soiſſons*, de Levy, 1712, *in*-4.

Extrait & augmentation de cet Eloge; par le même Auteur : *Paris*, Seveſtre, 1713, *in*-4.

34876. ☞ Description galante de la Ville de Soiſſons, avec un Recueil de Pièces fugitives : *la Haye*, 1729, *in*-12.

C'eſt l'Hiſtoire de l'Ouverture du Congrès aſſemblé dans cette Ville en 1728.]

== ☞ Diſſertation ſur l'ancien état des Habitans de Soiſſons; (par M. l'Abbé Jean LEBEUF,) & différentes Lettres au ſujet de cette Diſſertation & de la Ville de *Noviodunum*, conſidérée comme Soiſſons.

Voyez ci-devant, Tome I. N.os 327, 345, 377 & *ſuiv.*]

== ☞ Autres Diſſertations de MM. BIET, LEBEUF, & DE ROCHEFORT.

Elles ſont indiquées à l'Article où il eſt queſtion de l'établiſſement fixe des François, c'eſt-à-dire, Tome II. N.° 15920.]

== ☞ Diſſertations de MM. LEBEUF, PERRET & DE ROCHEFORT, ſur l'époque de la Religion Chrétienne dans le Soiſſonnois, &c.

Voyez le Tome I. N.os 4070, 4071 & 4072. *On y trouve des Remarques ſur l'Hiſtoire ancienne de Soiſſons, ainſi que dans les ſuivantes.*]

== ☞ Diſſertations de MM. LEBEUF, FENEL, & GOUYE DE LONGUEMARE, en 1741, 1743, 1745.

Voyez ci-devant, Tome II. N.os 16034, 16060, 16061 & 16062.

M. le Préſident de Bennes, Secrétaire de l'Académie de Soiſſons, a un grand nombres d'autres Diſſertations ſur les premières origines de Soiſſons.]

34877. ☞ Histoire des Antiquités de Soiſſons; par M. LE MOINE : *Paris*, Desventes, 1771, *in*-12. 2 vol.

Cet Ouvrage eſt compoſé en partie ſur les Mémoires précédens, &c. Il va juſqu'au IXe ſiècle.]

34878. ☞ De la Comté-Pairie de Soiſſons, érigée en 1404 & 1505.

Dans l'Hiſtoire Généalogique du Père Simplicien, tom. III. pag. 241 & 453.]

34879. ☞ Requête de M. D'AGUESSEAU, (alors Procureur-Général au Parlement de Paris,) ſur la Mouvance du Comté de Soiſſons.

Cette Pièce auſſi curieuſe qu'importante, eſt imprimée dans le grand Recueil des Œuvres de M. le Chancelier d'Agueſſeau, tom. VI. (Paris, 1769, in-4.) pag. 1-306. On y trouve non-ſeulement l'Hiſtoire du Comté de Soiſſons dès ſon origine, mais encore beaucoup de recherches ſur la Pairie, ſes conditions primitives, & les altérations qu'elle éprouva vers le milieu du XVe ſiècle.]

== ☞ Procession (ou Fête) à Soiſſons, pour la délivrance du Roi François I.

Voyez ci-devant, Tome II. N.° 17545.]

== ☞ Défaite de la Garniſon de Soiſſons; par l'armée du Roi Henri IV. en 1595.

Ibid. N.° 19645.]

== ☞ Siège de Soiſſons, en 1617, pendant la Guerre des Princes.

Ibid. N.os 20567 & 20571.]

Histoires de l'Isle de France.

== ☞ Congrès à Soissons, en 1728.

Ibid. N.° 24594.]

34880. ☞ Lettre de M. JARDEL, résident à *Braine*, contenant des Remarques sur cette Ville du Soissonnois.

Elle est imprimée dans le Recueil intitulé : *Nouvelles Recherches sur la France* : Paris, 1766, *in-12.* tom. I. *pag.* 134-143.]

34881. ☞ Arrêt du Parlement sur la saisie du Comté de Braine & Baronie de Pontarcy, entre le Comte de la Marck & Madame de Saveuse, &c. du 4 Septembre 1681 : *in-fol.*

Cet Arrêt fut rendu sur des Contestations entre plusieurs héritiers & créanciers.]

34882. ☞ De la Duché-Pairie d'*Estrées* (à *Cœuvres*,) érigée en 1648.

Dans l'*Hist. Généalogique* du P. Simplicien, *tom. IV.* pag. 592. La Pairie est éteinte, & la Terre a passé dans la Maison de Louvois, Courtenvaux, avec titre de Comté.]

Histoires du Laonnois.

34883. Abrégé de l'Histoire de *Laon* ; par (Jean) LAURENT, Avocat en Parlement & au Présidial de Laon : Paris, Bechet, 1645, *in-8.*

Ce n'est qu'une Brochure de six feuilles. L'Histoire entière de Laon, écrite par cet Auteur, commence à la Fondation de la Ville & finit en 1646. Elle est en deux volumes *in-fol.* Manuscrits.

34884. ☞ Mf. Extrait de quelques Chapitres du Dessein de l'Histoire de Laon ; par Jean LAURENT, Avocat : 1646.

Cet Extrait est conservé parmi les Pièces d'un Recueil de la Bibliothèque du Roi, num. 5766¹. Il y a beaucoup de choses sur *Bibrax* & *Bibracte*, ancienne Ville de ces Cantons.

Voyez ci-devant, Tome I. N.ᵒˢ 227 *& suiv.*]

34885. ☞ Anonymi Versus de præconio urbis Laudunensis.

Cette Pièce se trouve au tom. IX. de la *Collection des Historiens de France* de D. Bouquet, *p.* 105.]

34886. ☞ Mf. Mémoires pour servir à l'Histoire de la Ville de Laon & du Pays Laonnois, (depuis l'an 304 jusqu'en 1722;) par Claude LELEU, Docteur de Sorbonne, Chanoine & Archidiacre de l'Eglise de Laon : *in-fol.* 2 vol.

L'Original de ces Mémoires est dans le Cabinet de M. Leleu, (neveu de l'Auteur,) Lieutenant particulier au Présidial de Laon. M. l'Abbé Leleu est mort à Paris le 9 Décembre 1726. Il étoit Archidiacre de Thiérache dans l'Eglise de Laon, & il avoit été long-temps Vicaire-Général du Diocèse. Dom Bugnâtre, Bénédictin, qui a eu pendant plusieurs années une pension des Officiers municipaux pour écrire l'Histoire de Laon, est, (dit-on) convenu, en voyant les Mémoires de M. Leleu, que ses propres recherches s'étendoient beaucoup moins loin que celles de cet Ecclésiastique. Ces Mémoires sont annoncés comme prêts à être imprimés & proposés par souscription dans l'*Avant-Coureur*, du 3 Octobre 1768, num. 46.]

34887. ☞ Mf. Histoire du Laonnois ; par D. Gédéon BUGNATRE, Bénédictin : *in-fol.*

Elle est entre les mains de l'Auteur, qui y a travaillé pendant vingt ans. On en a proposé l'impression par souscription en 1768, sous le titre de *Mémoires* 4 vol. *in-4.* On peut voir à ce sujet l'*Histoire Littéraire de la Congrégation de S. Maur* : (Bruxelles, & Paris, 1770, *in-4.*) pag. 79 & 98.]

34888. ☞ De l'ancien Duché-Pairie de Laon, & Pièces qui le concernent.

Dans l'*Histoire Généalogique* du Père Simplicien, *tom. II.* 1726, *pag.* 95.]

34889. Mf. Mémoires de ce qui s'est passé à Laon, depuis les dernières Guerres civiles jusqu'en l'année 1596 ; par Antoine RICHART, Contrôleur [du Grenier à Sel] de Laon : *in-fol.* 2 vol.

☞ Ces Mémoires, assez bien faits & curieux, sont dans le Cabinet de M. Leleu de Servenay, Conseiller au Présidial de Laon. L'Auteur est mort au commencement du dernier siècle.]

== ☞ Prise de Laon, par Henri IV. en 1597.

Voyez ci-devant, Tome II. N.ᵒˢ 19696 & 19697.]

34890. ☞ Traité de la peste, fait en faveur de la Ville de Laon ; par Jean COTTIN : Paris, 1722, *in-12.*]

34891. ☞ Mf. Affaire du Collège de la Ville de Laon, (usurpé par les Jésuites,) 1735, 1736, contenant cent trente Pièces, (Lettres des Magistrats de Laon aux Ministres, Réponses des Ministres, Lettres de l'Intendant de Soissons, de l'Evêque de Laon (la Fare ;) Mémoires, Observations, Notes, &c.) Copie faite sur une autre de la main de M. JAMET le cadet, composée sur les Pièces originales.

Ce Recueil est dans la Bibliothèque du Roi, & vient de M. Lancelot.]

== ☞ Sur le Roi des Ribauds de la Ville de Laon.

Voyez ci-dessus, l'Article des *Prévôts de l'Hôtel*, N.° 34208.]

Histoires du Noyonnois.

34892. ☞ Mf. Mémoires & nombre de Pièces sur l'Histoire de *Noyon* & du Noyonnois.

Entre les mains de M. DE BEAUCOUSIN, Avocat à Paris, qui travaille à une Histoire de ce Pays. On peut voir en attendant celles du Diocèse, indiquées ci-devant, au Tome I. N.ᵒˢ 9728 *& suiv.*]

34893. ☞ De l'ancien Comté-Pairie de Noyon, & Pièces qui le concernent.

Dans l'*Histoire Généalogique* du Père Simplicien, *tom. II.* 1729, *pag.* 389.]

== ☞ Siège & prise de Noyon, en 1591.

Voyez ci-devant, Tome II. N.° 19344.]

34894. ☞ Relation de ce qui s'est passé dans l'incursion des Ennemis à Noyon, en 1651 : *in-4.*]

34895. Antiquités de la Ville de *Chaulny*; par Louis [DE VREVIN,] Avocat en Parlement.

Ces Antiquités sont imprimées avec son *Commentaire sur la Coutume de Chaulny* : *Paris*, 1641, *in-4.*

☞ Il est le seul qui ait commenté cette Coutume. Le Père le Long l'appelloit *Bremonos*, & dans sa Table, *Bremond*.]

34896. ☞ Histoire de la Ville & des Seigneurs de Coucy, avec des Notes ou Dissertations, & des Pièces justificatives; par Dom Toussaints DU PLESSIS, Bénédictin de la Congrégation de Saint-Maur : *Paris*, 1728, *in-4.*

« On trouve dans cette Histoire plusieurs contradictions, oublis, anachronismes ». *Biblioth. Militaire*, &c. du Baron de Zur-Lauben, *tom. II. pag.* 182.

On peut voir encore sur les Seigneurs de Coucy, le N.° 34145, ci-devant, à la *Picardie*.]

Histoires du Beauvaisis.

☞ Nous n'avons point mis dans notre titre *Histoire du Comté de Beauvais* ; mais nous nous sommes servi d'une expression plus générale, 1.° parce qu'elle convient mieux à un Recueil où l'on ne doit pas seulement trouver l'Histoire des Comtes & du Comté, qui ne remonte pas au-delà du X° Siècle : 2.° parce qu'il s'en faut beaucoup que ce qu'on appelle *le Comté de Beauvais*, comprenne tout le Beauvaisis, ni même toute la Ville ; l'Evêque & Comte n'étant Seigneur que d'environ la moitié, ou du tiers de la Ville, & de moins d'une dixième partie du Beauvaisis : 3.° parce que Beauvais est une Ville Royale, & que sa Commune est Royale.]

== La Description du Beauvaisis, [en Vers;] par Jacques GREVIN : *Paris*, 1558, *in-8.*

On l'a déja indiquée ci-devant, Tome I. N.° 2188. L'Auteur, né à Clermont en Beauvaisis, & Docteur en Médecine, est mort en 1570.

== Mémoires des Pays, Villes, Comté & Comtes, Evêché & Evêques, Pairie, Commune & Personnes de renom de Beauvais & Beauvaisis ; par M.e Antoine LOYSEL, Avocat en Parlement : *Paris, Petit*, 1617, *in-4.*

Cet Ouvrage est le même qui a déja été rapporté ci-devant, Tome I. N.° 9668, en traitant de l'Histoire Ecclésiastique de l'Evêché de Beauvais.

Antoine Loysel, né à Beauvais en Février 1536, & mort à Paris le 29 Avril 1617, fut un Jurisconsulte célèbre & un Littérateur éclairé. Il étoit en correspondance avec un grand nombre de Sçavans ; & il fut lui-même Auteur de beaucoup d'Ouvrages en différens genres. Il étoit à Paris l'Avocat & le Conseil des Evêques de Beauvais ; aussi soutint-il leurs droits avec chaleur. On prétend que ses Mémoires du Beauvaisis se ressentent de cette partialité, qu'on conçoit naturellement pour ses cliens.

Un de ses descendans, M. Borel, à présent Lieutenant-Général de Beauvais, travaille avec M. Bucquet, Procureur du Roi au Présidial de cette Ville, & M. Danse, Chanoine, à une Histoire générale du Beauvaisis, où les Mémoires de Loysel, trisaïeul de M. Borel, seront confondus, & où l'on s'étudiera, sur-tout, à rétablir les Chartes & Actes dont quelques uns ne sont point copiés avec toute l'exactitude possible dans les Mémoires de Loysel, soit par omission, fautes d'impression, ou autrement.

Loysel fut aidé dans son travail par Raoul ADRIEN, célèbre Avocat de Beauvais, mort en cette Ville en Février 1626, à l'âge de 65 ans. Ce dernier est Auteur de 4 volumes *in-fol.* manuscrits, contenant des Mémoires importans sur la Coutume de Senlis, qui sont en la possession de M. Bucquet, dont il vient d'être parlé. C'est à lui & à ses Associés que nous sommes redevables des Observations ajoutées à cet Article du Beauvaisis.]

34897. Histoire [de la Ville & Cité de Beauvais,] & Antiquités du Pays de Beauvaisis, [Livre premier ; par [M.e] Pierre LOUVET, Avocat [en Parlement & au Bailliage & Siège Présidial de] Beauvais : *Paris*, 1609, [*Rouen*, 1614,] *Beauvais*, Valet, 1631, *in-8.*

Cet Avocat, [né à Verderel, à deux lieues de Beauvais en 1569,] est mort [à Beauvais le 23 Décembre] 1646. Après quelques Remarques sur les anciens noms du Pays, cet Auteur ne parle, dans cette Histoire, que des Fondations & Privilèges des Eglises & de la Jurisdiction spirituelle, de la Pairie, de la Commune & des Personnes de renom.

☞ L'Edition de 1631 est plus étendue.]

Histoire de la Ville & Cité de Beauvais, & des Antiquités du Pays de Beauvaisis ; par le même, (lors) Maître des Requêtes de la Reine Marguerite : *Rouen*, de Préaulx, 1614, [*Beauvais*, veuve Valet, 1635,] *in-8.*

Cette *seconde Partie* traite de ce qui concerne les Privilèges, les Jurisdictions civiles & temporelles, & les Personnes vertueuses de la Noblesse & du Tiers-Etat. Le même Auteur a publié l'Histoire & Antiquités de l'Eglise de Beauvais.

☞ C'est ce même Ouvrage que nous avons déja indiqué pour la partie Ecclésiastique, Tome I. N.° 3669. Il n'est guères recommandable que par les Titres qu'il renferme.

Lorsqu'il commença à paroître, Loysel se plaignit qu'on lui avoit dérobé ses Mémoires, qu'il ne donna au Public qu'en 1617. Outre les Ouvrages de Louvet, ci-dessus indiqués, il fit imprimer en 1615 une Conférence des Coutumes de Senlis, Amiens, Clermont & Montdidier, avec celle de Paris, sous ce titre : *Coutumes de divers Bailliages observées en Beauvaisis* : *Beauvais*, Vallet, 1615, petit *in-4.* Il faut être fort en garde contre les réductions de Mesures que l'Auteur fait *pag.* 237 *& suiv.* de ce Livre : elles sont pleines de fautes, & ont induit dans des erreurs qui ont été très-préjudiciables depuis. (C'est ce qui a sans doute engagé M. Borel à dresser le Mémoire dont nous parlerons ci-après, N.° 34908.) Louvet a encore publié un autre petit Ouvrage intitulé : *Histoire de la virginité de sainte Marie de Betheuse*. Il ne faut pas le confondre avec un autre Pierre Louvet de Beauvais, mais Médecin, qui a publié diverses Histoires de Guyenne, Languedoc, Provence, &c.]

34898. Ancienne Remarque de la Noblesse Beauvaisienne, & de plusieurs Familles de France ; par M. P. LOUVET, Avocat en Parlement. Premier Livre : *Beauvais*, veuve Vallet, 1640, petit *in-8.*

☞ Le Père le Long l'indiquoit aux *Généalogies*; mais nous avons cru devoir en faire mention encore ici, comme ayant particulièrement rapport à l'Histoire de Beauvaisis. Ce Livre ne va communément que jusqu'au mot *Kail* ; mais il y a quelques Exemplaires très-rares, où l'on trouve la lettre L. & le commencement de la lettre M.]

34899. ☞ Ms. Additions au Nobiliaire de Beauvais ; par M. DU CAURROY, Prêtre &

Chanoine de Saint-Barthélemi de Beauvais : *in-fol.*

Ce Manuscrit est en la possession de M. du Cautroy, Docteur en Médecine à Beauvais. L'Auteur étoit très-sçavant : il est mort le 12 Juillet 1701.]

== Supplément à l'Histoire du Beauvaisis ; par Denys SIMON, [Conseiller au Présidial de Beauvais, & Assesseur en la Maréchaussée de la même Ville : *Beauvais*, Courtois, 1700 ;] *Paris*, Cavelier, 1704, *in-12.*

☞ Nous avons déja indiqué cet Ouvrage pour la partie Ecclésiastique, (Tome I. N.° 9670.) On trouve à la fin
1. Le Nobiliaire de vertu du Beauvaisis.
2. Fondations des principaux Chapitres, Abbayes & Prieurés.
3. Beauvaisins illustres dans les Arts, Doyens, Archidiacres, Trésoriers, Chantres, Sou-Chantres, Chanoines illustres, Officiaux, Chanceliers, Maires & Echevins.
4. Corrections de plusieurs Chartes du Beauvaisis.
5. Familles Nobles établies par Alliances.
6. Additions aux Réductions des Mesures.
7. Limites du Bailliage & Siège Présidial.
8. De l'Edifice de la Cathédrale.

Additions (du même) à l'Histoire du Beauvaisis : *Paris*, 1706, *in-12.*

Cet Ouvrage de Simon est, comme l'annonce l'Auteur, un Supplément aux Mémoires de Louvet & de Loysel : il a été successivement grossi , par des corrections & augmentations. Simon avoit encore rassemblé des matériaux pour une troisième Edition , dans laquelle il se proposoit d'insérer une Déclaration par lui faite au Greffe du Présidial de Beauvais, le 31 Décembre 1704, concernant plusieurs Pièces qui intéressent l'Histoire du Beauvaisis, comme l'on trouve une pareille Déclaration à la tête de l'Edition de 1704.

34900. ☞ Mf. Extrait des Registres de l'Hôtel de Ville de Beauvais, depuis l'an 1402, jusqu'en 1756.

On y trouve nombre de Délibérations très-intéressantes, sur-tout du temps de la Ligue ; où la Ville de Beauvais a joué un assez grand rôle. Cette Collection est le fruit du travail de M. LE MARESCHAL, Avocat du Roi à Beauvais, & Magistrat d'un rare mérite. Elle est aujourd'hui en la possession de M. Bucquet, Procureur du Roi, son Gendre.]

34901. ☞ Recueil de Pièces pour servir à l'Histoire de Beauvais : *in-8.*

Ce Recueil est indiqué *pag.* 344 du Catalogue de M. de Cangé.]

34902. ☞ De l'ancienne Comté-Pairie de Beauvais, & Pièces qui la concernent.

Dans l'*Histoire Généalogique* du Père Simplicien, *tom. II.* 1725, *pag.* 259.]

34903. ☞ Discours du Siège de Beauvais, par Charles, Duc de Bourgogne, en l'an 1472 : *Beauvais*, Vallet, 1622, *in-8.*

On l'a déja indiqué au Règne de Louis XI. Tome II. pag. 196, N.° 17308 ; mais on n'y a pas parlé de l'Edition suivante.

La même, sous ce titre : Histoire du Siège de Beauvais, fait & levé par Charles, Duc de Bourgogne, en 1472, avec plusieurs autres Pièces concernant la même Ville : *Beauvais*, Desjardins, 1762, *in-8.*

Les Pièces comprises dans cette nouvelle Edition, sont :
1. La Description en Vers du Beauvaisis ; par Jacques GREVIN, indiquée ci-dessus.
2. Lettre de Louis XI. aux Maire, Pairs & Habitans de Beauvais.
3. Lettres-Patentes du mois de Juin 1473, qui établissent à perpétuité Procession, Messe & Sermon en mémoire de cette délivrance : auxquelles Procession & Offrande de ladite Messe, les femmes doivent précéder les hommes : & permis aux femmes & filles, le jour de leurs nôces, & en tout autre temps, de s'orner & vêtir de tels vêtemens, atours, paremens, joyaux & ornemens que bon leur semblera. (Elles s'étoient fort distinguées dans la défense de la Ville.)
4. Autres Lettres-Patentes du 22 Février 1473, portant exemption de Tailles à Jeanne Laisné, qui avoit gagné & retiré un Etendart sur les Bourguignons, & à Colin Pillon, son Accordé.]

== ☞ Réduction de *Beauvais* & de *Neufchâtel*, par Henri IV. en 1597.

Voyez ci-devant, Tome II. N.° 19699.]

== Mf. Histoire Civile & Ecclésiastique de la Ville & Diocèse de Beauvais, avec les Titres & Pièces justificatives ; par Godefroy HERMANT, Docteur en Théologie de la Maison & Société de Sorbonne, Chanoine de Beauvais : *in-fol.* 2 vol.

Cet Ouvrage est le même qui a déja été indiqué ci-devant, pour la partie Ecclésiastique, en deux endroits du Tome I. N.os 5469 & 9672.

M. Hermant étoit né à Beauvais le 6 Février 1617, & il est mort à Paris le 11 Juillet 1690. On peut voir l'Histoire de sa Vie & de ses Ouvrages, dans les *Mémoires du Père Niceron* , *tom. III. pag.* 195 *& suiv.*

Il y a deux Exemplaires ou Copies de cette Histoire manuscrite de Beauvais. L'une étoit conservée dans la Bibliothèque de M. de Lamoignon ; elle n'y est plus, & on la croit dans les Archives de l'Evêché de Beauvais. L'autre a été long-temps chez les Sieurs Leuillier, Avocats à Beauvais, héritiers de M. Hermant ; mais le Sieur Toussaints Leuillier, Procureur Fiscal de la Justice de l'Evêché, en a fait présent à M. de Gesvres, Evêque de Beauvais, ensorte que les deux Exemplaires doivent être ensemble dans les Archives de cet Evêché.

MM. Danse, Borel & Bucquet, en possèdent divers Extraits fort amples, entr'autres un fait par M. GAUDOUIN, Chanoine de l'Eglise Collégiale de Saint-Michel de Beauvais, mort le 31 Mars 1745 ; (c'étoit un homme très-érudit ;) & un autre par M. Henri-François DE MALINGUEHEN, Chanoine de la Cathédrale, mort le 6 Septembre 1751. Celui-ci est recommandable pour l'exactitude des citations.]

34904. ☞ Mf. Mémoires sur l'Histoire Ecclésiastique & Civile de la Ville & du Diocèse de Beauvais ; par Etienne DE NULLY, Chanoine de l'Eglise Cathédrale.

Ces Mémoires sont fort étendus & intéressans. Messieurs Danse, Borel & Bucquet, en sont dépositaires, ainsi que de beaucoup de Lettres de Dom Mabillon, Dom Ruinart, & autres Sçavans, avec qui M. Denully étoit en correspondance. Ce Chanoine, à qui son épitaphe donne l'épithète très-bien méritée de *scientificus*, est mort le 19 Avril 1699.]

34905. ☞ Mf. Histoire du Beauvaisis, avec

Liv. IV. Histoire Civile de France.

des Notes historiques & critiques : *in-fol.* gr. papier.

Cette Histoire, commencée il y a quelques années par MM. DANSE, Docteur de Sorbonne & Chanoine de l'Eglise de Beauvais, BOREL, Président du Présidial & Lieutenant-Général civil & criminel du Bailliage de Beauvais, & BUCQUET, Procureur du Roi au même Siège, comprend l'Histoire Civile & l'Histoire Ecclésiastique de Beauvais & du Beauvaisis. Les deux premiers Livres, qui sont entièrement achevés, s'étendent jusqu'au milieu du XIe Siècle. Les Auteurs se proposent de la continuer jusqu'à nos jours, autant que leurs occupations le leur permettront.

Nous mettrons ici deux Morceaux particuliers dressés par ces Messieurs, & qui auroient été placés au premier Volume, dans l'Article de la *Géographie,* si nous en avions eu connoissance plutôt.]

34906. ☞ Mf. Eclaircissemens sur les Mesures Itinéraires des Gaulois, sur le Mille des Romains dont parle César, sur le Mille Italique, sur le Stade & sur la Lieue; par MM. BOREL, DANSE & BUCQUET.]

34907. ☞ Mf. Dissertation où l'on essaye de prouver que *Litanobriga* de l'Itinéraire d'Antonin, n'est autre que Pont-Saint-Maxence, que *Curmiliaca* est Cormeilles, entre Beauvais & Amiens, & que *Petromantalum* est la petite Ville de Magni en Vexin; par les mêmes.

Ces deux Pièces sont entre les mains de ces Messieurs.]

34908. ☞ Mf. Réduction de toutes les Mesures & Poids de Beauvais, à ceux & celles de Paris; par M. BOREL, Président au Présidial de Beauvais, &c. Membre de la Société d'Agriculture de la Généralité de Paris, au Bureau de Beauvais.

Ce Mémoire a été lu dans ladite Société, & est entre les mains de l'Auteur.

Il y traite:
1. De toutes les Mesures à Grains de Beauvais & du Beauvaisis, réduites au Septier & au Boisseau de Paris.
2. De toutes les Mesures à Vin & autres liquides de Beauvais, à la Pinte de Paris.
3. De tous les Arpens, Journaux, Mines & Verges de terres de Beauvais, à l'Arpent & à la Verge, Pied & Pouce de Paris.
4. De tous les Poids de Beauvais, à la Livre & à l'Once de Paris, ou au Poids de marc.

En général on y fixe toutes les Mesures à grains & à liquides, tant de Paris que de Beauvais, en Pouces cubes, de toutes les Surfaces en Pieds & Pouces quarrés, & de toutes les Longueurs en Pieds, Pouces & Lignes.

34909. ☞ Remarques curieuses sur le Beauvaisis, datées d'Auxerre; (par l'Abbé Jean LEBEUF.) *Mercure,* 1733, *Janvier.*]

34910. ☞ Essai sur la Souveraineté & sur le Droit de Justice qui y est attaché, ou Mémoire pour les Officiers du Bailliage & Siège Présidial de Beauvais : arrêté par lesdits Officiers le 3 Février 1767 : *Paris,* Simon, 1767, *in-8.*]

34911. ☞ Lettre d'un Avocat au Parlement, à un Avocat de R***, au sujet de l'Administration Municipale : *in-8.*

C'est une espèce de Mémoire pour l'Evêque de Beauvais, contre le précédent.]

34912. ☞ Supplément au Mémoire des Officiers du Bailliage & Siège Présidial de Beauvais, sur la Souveraineté, &c. pour servir de Réponse à la Lettre d'un Avocat, sur l'Administration Municipale; avec des Pièces justificatives concernant la Commune Royale de Beauvais : arrêté par lesdits Officiers le 15 Avril 1767 : *Beauvais,* Desjardin, Impr. du Roi, *in-8.*]

34913. ☞ Mémoire pour les Officiers du Bailliage & Siège Présidial de Beauvais, sur la Justice patrimoniale de la Ville; arrêté par lesdits Officiers le 19 Mai 1770, *in-8.*]

34914. ☞ Privilèges de la Ville de Beauvais : *in-4.*

Ce Livre est indiqué dans le Catalogue de M. le Chancelier Seguier, *pag.* 119.]

34915. ☞ Forme de l'élection des Maires & Pairs de Beauvais.

Voyez le Recueil de Chenu, des Privilèges, &c. *pag.* 341.]

34916. ☞ Recueil de ce qui s'est fait pour l'établissement du Bureau des Pauvres de Beauvais; (par Louis BOREL, Grand-Archidiacre & Administrateur de l'Hôpital:) *Beauvais,* 1732, *in-*12.]

34917. ☞ Recueil de Réglemens, faits en différens temps, pour le bon ordre & la discipline de l'Hôpital général de Beauvais; (par le même :) *Beauvais,* 1733, *in-12.*]

34918. ☞ Constitutions & Réglemens pour les Religieuses de l'Hôtel-Dieu de Beauvais, revus & corrigés de l'autorité de M. le Cardinal de Janson-Forbin, Evêque de Beauvais : 1693, *in-8.*]

34919. ☞ Réglemens pour la Charité des pauvres malades établis à Beauvais, le 11 Novembre 1630 : *Beauvais,* Vallet, 1669, *petit in-8.*]

34920. ☞ Recueil d'Instructions & de Récettes à l'usage des Habitans de la Campagne, spécialement de Beauvaisis.

Il en a paru en 1763, & années suivantes, jusqu'à 1768, par les soins de MM. les Membres de la Société d'Agriculture de la Généralité de Paris, au Bureau de Beauvais.]

34921. ☞ Histoire du Château & [de la] Ville de *Gerberoy,* de siècle en siècle; par Jean PILLET, Chanoine de Gerberoy : *Rouen,* Viret, & *Beauvais,* 1679, *in-4.*

☞ On trouve, à la fin, un Traité de plusieurs Vidames de France, & les Preuves de l'Histoire de Gerberoy.]

== ☞ Du Siège de *Clermont* en Beauvaisis, en 1654.

Voyez ci-devant, [Tome II. N°. 23761.]

34922. ☞ Mf. Nobiliaire du Comté de Clermont en Beauvaisis; par M. BOSQUILLON, Président en l'Election de cette Ville : *petit in-fol.*

L'Auteur étoit un homme habile & laborieux : il est

mort en 1754. Son Manuscrit est entre les mains de M. Bucquet, Procureur du Roi à Beauvais.]

34923. ☞ De la Duché-Pairie d'*Humières* (à *Mouchy*,) érigée en 1665 & 1690.

Dans l'*Histoire Généalogique* du Père Simplicien, tom. IV. pag. 880, & tom. V. pag. 759. Cette Pairie fut éteinte en 1694, & la Terre a passé dans la Maison de Gramont.]

34924. ☞ De la Duché-Pairie de *Boufflers* (à *Cagni*,) érigée en 1708.

Dans l'*Histoire Généalogique* du Père Simplicien, tom. V. pag. 69. Cette Pairie a été éteinte en 1751.]

34925. ☞ De la Duché-Pairie de *Fitz-James* (à *Warti*,) érigée en 1710.

Dans le même Livre, tom. V. pag. 162.]

Article IV.
Histoires du Gouvernement de Normandie.

ON ne peut sçavoir exactement l'Histoire de la Normandie, sans le secours de celle d'Angleterre; car il y a eu beaucoup de liaison entre les Peuples de ces Contrées, depuis que Guillaume le Bâtard, Duc de Normandie, fit la conquête d'Angleterre en 1066. Les Anglois furent aussi maîtres de l'Aquitaine par le mariage d'Aliénor, Duchesse d'Aquitaine, fait en 1152, avec Henri, Comte d'Anjou, qui devint Roi d'Angleterre. Ses successeurs possédèrent cette Province, avec l'Anjou & la Normandie jusqu'en 1202, que Jean sans Terre, Roi d'Angleterre, fut dépouillé de tous les biens qu'il possédoit en France sous le Règne de Philippe-Auguste. S. Louis abandonna en 1259, aux Anglois, une partie de l'Aquitaine, sous le titre de Duché de Guyenne, qui leur fut confisqué du temps de Philippe-le-Bel. On la leur céda encore depuis, & ils en jouirent, comme aussi de la Normandie, dont ils avoient fait la conquête sous Charles VI. jusqu'en 1453; qu'ils furent chassés de France; en sorte qu'ils n'y possédèrent plus que la Ville de Calais, qui leur fut enlevée en 1557. Une si longue possession de plusieurs Provinces de France, occupées par les Anglois, rend nécessaire aux François la connoissance de l'Histoire d'Angleterre; c'est ce qui m'a engagé à rapporter ici tout ce que j'en ai pu découvrir depuis l'an 1066 jusqu'en 1453.

La Normandie se divise en haute & basse: la haute comprend le Rouannois, où est situé Rouen, Capitale de la Province; le Pays de Caux; le Vexin Normand; la véritable Normandie, c'est-à-dire, les Evêchés d'Evreux & de Lisieux, & le Pays d'Ouche. La basse Normandie renferme le Pays d'Auge, le Bessin, le Cotentin & l'Avranchin.

== Description du Pays & Duché de Normandie, appellé anciennement Neustrie; de son Origine & des Limites d'icelui: Extrait de la Chronique de Normandie, non encore imprimée; faite par Jean NAGEREL, Chanoine & Archidiacre de Rouen: *Rouen*, 1578; Ibid. le Megissier, 1610, *in-8*.

☞ On l'a déja indiquée au Tome I. N.° 2238.]

34926. ☞ Observations sur deux antiquités, l'une de Normandie, (une Inscription;) l'autre de Lorraine, (un Tombeau.) *Mercure*, 1729, Juin.]

34927. ☞ Remarques sur un Monument trouvé dans l'Abbaye de Fescamp; par M. l'Abbé DE VERTOT. *Hist. de l'Acad. des Belles-Lettres*, tom. III. pag. 276.

Il y est question de plusieurs Ducs de Normandie.]

34928. ☞ De Normannorum quivitatione quam Haro appellant, Liber; auctore TANIGIO SORINO, Cessæo, Juris utriusque Doctore: *Cadomi*, 1567, *in-4*.]

34929. ☞ Lettre & suite de la Lettre de M. CLÉROT, Avocat au Parlement de Rouen, sur les avantages des gens mariés en Normandie, &c. *Mercure*, 1733, Septembre.]

34930. Les Recherches & Antiquités de la Province de Neustrie, à présent Duché de Normandie, comme des Villes remarquables d'icelle, & spécialement de la Ville & Université de Caen; par Charles DE BOURGUEVILLE, Sieur du Lieu, du Bras & de Brues: *Caen*, le Fevre, 1588, *in-4*.

☞ La première partie contient un Abrégé de l'Histoire & Description de la Normandie, Westrie ou Neustrie, c'est-à-dire, Terre Occidentale. C'étoit une partie du Royaume, dont Paris étoit la Capitale, en 841 & 901, lorsque Hastenq & Rou sortirent de leur Pays de Dannemarck pour venir s'établir avec leurs Pirates en Neustrie. On les appella *Normans*, c'est-à-dire, hommes venus du Nord, ce qui a donné le nom à la Normandie. L'Auteur commence l'Histoire de ses Souverains à Aubert, premier Duc ou Gouverneur sous Pepin, en 751.

La seconde Partie, qui est la plus étendue, traite de l'origine, création, antiquité; histoire & description de la Ville de Caen. L'Auteur rapporte plusieurs étymologies du nom *Cadomus*, parmi lesquelles il préfère celle de *Caii domus*, parceque, selon lui, Caius Julius César au retour de son expédition de la Grande-Bretagne, y fit un long séjour. L'Auteur étend l'Histoire de cette Ville jusqu'en 1588.

La troisième Partie contient l'Histoire abrégée de l'Université de Caen & de ses Privilèges, précédée d'un Discours sur les Universités, Académies & Gymnasies chez les Anciens. Les premières Lettres de l'établissement de celle de Caen sont données à Rouen en 1431, par Henri VI. Roi d'Angleterre, se disant Roi de France: elles ont été confirmées par Charles VII. en 1452.]

Cet Auteur est mort Lieutenant-Général de Caen, en 1593. Comme son Histoire étoit devenue rare, des Libraires de Rouen l'ont réimprimée en 1705, sur l'ancienne Edition, dont ils ont gardé l'année & le lieu, & la vendent comme si c'étoit la même Edition.

« Ce Livre, tout défectueux qu'il est, est un trésor » qui nous a conservé la connoissance d'une infinité de » choses curieuses de ce Pays, qui sans ce travail se- » roient demeurées dans l'oubli. Cet Ouvrage auroit eu » besoin d'un peu plus de sel, pour corriger quelques » naïvetés dans lesquelles l'Auteur est tombé, par le » défaut de son grand âge; car il couroit sa quatre- » vingt cinquième année ». Daniel Huet, à la page 545, de ses *Antiquités de Caen*.

☞ *Voyez* Lenglet, *Méth. histor. in-4. tom. IV.* pag. 203. = *Bibl.* de Clément, tom. V. pag. 167.]

== ☞ Description géographique & historique de la haute Normandie, divisée en deux parties: la première comprend le Pays de Caux; & la seconde, le Vexin. On y a joint un Dictionnaire Géographique complet, & les Cartes Géographiques de ces deux Provinces ; par le Père D. Touſſaints DU PLESSIS, (Bénédictin :) *Paris,* 1740, *in-*4. 2 vol.

On l'a déja indiquée (en abrégé,) ci-devant, Tome I. N.° 2239. On peut voir à ſon ſujet, = *Journ. des Sçav. Octobre,* 1740. = *Merc. Décembre,* 1740. = *Obſerv. ſur les Ecrits modernes,* Lettr. 347, 359. = *Journ. de Verdun, Avril,* 1641. = *Mém. de Trévoux, Février & Mai,* 1741.]

34931. ☞ Obſervations de l'Auteur de la Deſcription de la haute Normandie, (Dom DU PLESSIS,) ſur deux Articles des Mémoires de Trévoux. *Mercure,* 1741, *Mars.*]

34932. ☞ Examen de deux Lettres des Obſervations ſur les Ecrits modernes, au ſujet de la Deſcription de la haute Normandie ; (par Dom DU PLESSIS.) *Mercure,* 1741, *Mai.*]

34933. ☞ Réponſe à un Article de la 359ᵉ Lettre des mêmes Obſervations. *Ibid. Juillet.*]

34934. ☞ Extrait d'une Lettre de M. CLÉROT, Avocat au Parlement de Rouen, au ſujet de la Deſcription de la haute Normandie. *Mercure,* 1741, *Octobre.*

Remarques ſur cette Lettre. *Ibid. Décembre,* Vol. I.

Réponſe à la Lettre de M. Clérot, &c. *Merc.* 1744, *Septembre.*]

34935. ☞ Lettre ſur la Queſtion de la haute Normandie, &c. *Mercure,* 1744, *Février.*

Réponſe à cette Lettre. *Ibid. Mars.*

Cette Réponſe, qui eſt de Dom DU PLESSIS, eſt diviſée en deux Parties. Dans la première, l'Auteur répond aux différentes critiques qu'on a faites de ſon Ouvrage, au ſujet de quelques étymologies & autres points peu importans ; dans la ſeconde, il confirme que nul Concile n'avoit défendu aux Moines de ſe charger de la conduite d'une Egliſe.]

34936. Mſ. Titres originaux concernant la Normandie : *in-fol.*

Ces Titres ſont conſervés dans la Bibliothèque du Roi, entre les Manuſcrits de M. de Gaignières.]

34937. Mſ. De Normannis, Libri quatuor : *in-fol.*

Ce Volume [étoit] dans la Bibliothèque de l'Egliſe Cathédrale de Paris, I. 4, [& eſt aujourd'hui dans celle du Roi.]

34938. ☞ De Normannorum gente.

Ce Morceau ſe trouve dans la *Collection des Hiſtoriens de France* de du Cheſne, *tom. I. pag.* 132.]

34939. ☞ Adversùs invidos Normannorum cenſores Oratio ; (auctore N. DU PARC, è Soc. Jeſu :) 1744, *in-*8.]

34940. ☞ Mſ. Diſcours ſur l'origine des Normans, dans lequel on établit qu'elle fut plus noble que celle des Romains, auſſi illuſtre que celle des Francs & des Bourguignons, & qu'ils ne cherchoient qu'un établiſſement ; lu le 9 Janvier 1755, dans l'Académie de Caen ; par M. CREVEL, Avocat & Profeſſeur en Droit François.

Ce Diſcours eſt entre les mains de l'Auteur : on en trouve un Extrait dans les *Mémoires* imprimés de cette Académie.]

34941. ☞ Mſ. Diſſertation ſur l'Ingermanie, à l'occaſion de la patrie originaire des Normans ; par M. DU BOULLAY, Secrétaire de l'Académie des Belles-Lettres de Rouen : 14 Février 1754.

Cette Diſſertation eſt conſervée dans les Regiſtres de cette Académie.]

34942. ☞ Geſta Normannorum.

Cette Hiſtoire de leurs ravages en France eſt partagée dans la *Collection* de Dom Bouquet, au Tome VI. pag. 204. = Tome VII. pag. 152. = Tome VIII. pag. 94. » Ce dernier Fragment eſt copié des *Annales de Saint-* » *Waſt,* & par conſéquent l'Auteur n'a écrit qu'après » l'an 900 ». *Avert.* du Tome XI. de l'*Hiſtoire Littéraire de la France.*]

34943. ☞ Des Normans & de leur établiſſement en Normandie. *Mercure,* 1745, *Septembre.*

C'eſt un Morceau copié & tiré de l'*Eſſai ſur l'Hiſtoire univerſelle* de M. DE VOLTAIRE.]

34944. ☞ Lettre ſur les Normans. *Mercure,* 1748, *Août.*]

34945. ☞ Guillelmi LATERANI, vel de Latere, Vernonii, de Inſtitutione Conceptionis Marianæ & Normannorum Laudibus, Oratio ; necnon Neuſtriorum Chronicorum abbreviatio, habita Pictavii in Cœnobio Fratrum Minorum, ſexto Idus Decembris anno 1518 : *Pariſiis,* de Marnef, *in-*4.]

34946. ☞ Mſ. Mémoire ſur la néceſſité de travailler à l'Hiſtoire (de Normandie) & Plan de cette Hiſtoire ; par M. DU BOULLAY, Secrétaire de l'Académie des Belles-Lettres de Rouen : 18 Janvier 1753.

Dans les Regiſtres de cette Académie.]

34947. ☞ Mémoire relatif au Projet d'une Hiſtoire générale de la Province de Normandie ; par des Religieux Bénédictins, (Dom LE NOIR, &c.) *Rouen,* Lallemant, 1760, *in-*4. de 14 pages.]

34948. ☞ Mſ. L'Eſtoire de Normandie : *in-*4.

Cette Hiſtoire eſt conſervée au Vatican, parmi les Manuſcrits de la Reine de Suède, num. 781.]

34949. Mſ. Hiſtoire de Normandie : *in-fol.*

34950. Mſ. Partie de l'Hiſtoire de Normandie : *in-fol.*

Ces deux derniers Manuſcrits [étoient] dans la Bibliothèque de M. le Chancelier Seguier ; le premier, num. 649, 650, le ſecond, num. 654. [Ils ſont aujourd'hui à S. Germain des Prés.]

34951. Mſ. Hiſtoire de France & de Normandie : *in-fol.*

Histoires de Normandie.

34952. Mſ. Histoire de France & d'Angleterre : *in-fol.*

34953. Mſ. Histoire de Normandie ; par J. B. MACHAULT, Jéſuite : *in-fol.* 2 vol.

Ces trois Histoires [étoient] dans la Bibliothèque du Collège des Jéſuites de Paris ; la première, num. 14, la ſeconde, num. 15, la troiſième, num. 3, 4.

34954. Historiæ Normannorum Scriptores antiqui. Res ab illis per Galliam, Angliam, Apuliam, Capuæ Principatum, Siciliam & Orientem geſtas explicantes ; ab anno Chriſti 838, ad annum 1220. Inſertæ ſunt Monaſteriorum Fundationes variæ : Series Epiſcoporum & Abbatum : Genealogiæ Regum, Ducum, Comitum & Nobilium : plurima denique alia vetera, tam ad profanam quàm ad ſacram illorum temporum Hiſtoriam pertinentia : ex manuſcriptis Codicibus omnia ferè nunc primùm edidit And. DUCHENIUS Turonenſis : *Pariſiis*, Fouet, 1619, *in-fol.*

Ce Recueil finit à la mort de Jean ſans Terre, Roi d'Angleterre & Duc de Normandie. Du Cheſne devoit publier trois Volumes de ces Historiens ; mais il n'a paru que celui-ci, qui fait un des tomes de la grande Collection des *Historiens de France.* Je rapporte en détail dans la ſuite les Auteurs compris dans ce Volume.

☞ *Voyez* Lenglet, *Méth. hiſtor. in-4. tom. IV. pag.* 198. = *Bibl. Harley. tom. II. pag.* 561. = Le Père Niceron, *tom. VII. pag.* 324. = *Bibliogr.* de Debure, *Hiſt.* num. 5141.]

Les Courſes des Peuples, appellés Normans, dans diverſes parties de la France, ſont rapportées parmi les *Histoires des Rois de France*, ci-devant, [Tome II. depuis la page 114.]

☞ On en peut voir le Tableau général dans l'Ouvrage d'Albert Krantzius, *Chronica Regnorum Aquilon: (Argentorati)*, 1546, *in fol.* &c.) *pag.* 628 & *ſeq.*]

34955. Chronicon incerti Auctoris, de Rebus Normannorum.

Cette Chronique eſt imprimée dans du Cheſne, à la page 32 de la *Collection des Historiens de Normandie.* Elle commence en 840, l'année que mourut Louis le Débonnaire, & elle finit à la mort de Rollon, Duc de Normandie, arrivée en 920.

34956. ☞ Genealogia Rollonis primi Ducis Normanniæ.

Cette Généalogie ſe trouve au *Spicilège* de D'Achery, *tom. II. pag.* 494.]

34957. Rollon Conquérant : Poëme héroïque de Jean-François SARASIN.

Ce Poëme de Saraſin, mort en 1654, [ou 1655,] eſt imprimé dans le Recueil de ſes nouvelles *Œuvres : Paris*, Barbin, 1675, *in-12.* 2 vol.

« Il eſt imité tant de divers Livres de l'Enéide de
» Virgile, que du Chant XVI. de la Jéruſalem du Taſſe.
» Eſſai où règne d'un bout à l'autre une narration cou-
» lante, un ſublime ſans enflure, un air de paroître ori-
» ginal en copiant ; Eſſai, en un mot, qu'à l'exception
» du Lutrin & de la Défaite des bouts rimés, je préfé-
» rerois à preſque tout ce que depuis ſix lustres de ſoixante
» ans on nous a donné dans le genre Épique ». C'eſt
ainſi que s'explique l'Auteur du Mémoire pour la Vie
& les Ouvrages de Saraſin ; c'eſt-à-dire, M. Péliſſon.
[Dans la Vie des Poëtes, à la fin, le P. le Long attribue
ce Mémoire à M. de la Monnoye.]

34958. DUDONIS, ſuper Congregationem ſancti Quintini Decani, de moribus & actis primorum Normanniæ Ducum, Libri tres, ex veteri Codice manuſcripto nunc primùm in lucem emiſſi.

Cet Ouvrage eſt imprimé dans du Cheſne, *pag.* 49 de ſa *Collection des Historiens de Normanuie.* Dudon, dans ſon Epître dédicatoire à Adalbéron, qui fut fait Evêque de Laon en 977, & a vécu juſqu'en 996, dit qu'il compoſa ſon Hiſtoire à l'inſtante prière du Duc Richard, qui le combla de bienfaits. Elle comprend l'Hiſtoire des Ducs de Normandie, depuis Haſting, Roi des Danois, qui précéda Rollon, & finit à la mort de Richard I. en 996, ſelon Guillaume de Jumièges & Oudry Vital, qui louent beaucoup ce Doyen de Saint-Quentin, à cauſe de ſa capacité, de ſon travail & de ſon élégance ; mais, comme le remarque Voſſius, au Liv. II. des *Historiens Latins*, *Chap. XLI. pag.* 356 ; ſon ſtyle convient mieux à un Poëme qu'à une Hiſtoire ; tant il a mêlé de fables dans ſa narration.

☞ *Voyez* le Gendre, *tom. II. p.* 27. = *Hiſt. Littér. de France*, *tom. VII. pag.* 236.]

34959. De Emmæ, Anglorum Reginæ, Richardi I. Ducis Normannorum filiæ, Encomio, Libri duo, ipſi Emmæ adhuc viventi nuncupati, incerto Auctore, ſed coætaneo.

Ces Livres ſont imprimés dans le même Recueil, *pag.* 161. Du Cheſne dit que cet Auteur anonyme & contemporain, qui vivoit l'an 1004, étoit Moine de Saint-Bertin.

== Chronicon ſancti Michaëlis de Monte in finibus Normannorum, ab anno Chriſti 421, ad annum 1056.

Voyez ci-devant, [Tome I. N.° 12212.]

34960. Le Roman le Rou & les Vies des Ducs de Normandie, faites en Vers l'an 1160 ; par M. WACE, Clerc de Caen, natif de l'Iſle de Gerſey, ancien Poëte, contemporain de Guillaume le Conquérant & de ſes Enfans : *in-fol.*

Ce Roman, ou Hiſtoire écrite en Vers, & en Langue Romance, eſt conſervé dans la Bibliothèque du Roi, num. 7567*, dans celle de M. Colbert, entre les Manuſcrits du Cheſne, & [étoit] dans celle de M. Foucault, [aujourd'hui diſtraite :] dans ce dernier Exemplaire, l'Auteur eſt nommé GACE ; mais le double W. & le G. ſe prennent l'un pour l'autre, comme il paroît dans Wilhelmus & Guillelmus. Gilles-André de la Roque cite de longs Fragmens de ce Roman, dans les deux volumes des Preuves de ſon *Hiſtoire généalogique de la Maiſon d'Harcourt* ; & le ſr Labbe en rapporte un fort long, dans ſon Recueil de Pièces anciennes, imprimé à la fin du tom. I. de ſon *Abrégé de l'Alliance chronologique*, &c. *Paris*, 1664, *in-4.* Le Rou & Rollon eſt le même nom.

« Robert Waice écrivit en Vers François le Roman
» de Rou & des Normands, & le dédia à Henri II.
» Roi d'Angleterre, dont il étoit Clerc de Chapelle.
» Il fleuriſſoit vers le milieu du douzième ſiècle »,
Daniel Huet, à la page 412 des *Antiquités de Caen.*
[Waice, ou Wace, étoit Chanoine de Bayeux.]

34961. ☞ Lettre à M. l'Abbé de Vertot, touchant un Manuſcrit juſqu'ici inconnu de l'Abbaye de Saint-Victor de Paris, qui contient l'Hiſtoire des premiers Ducs de Normandie ; par Guillaume, Moine de Jumièges, ſans aucune des interpolations ou Additions qui ſe trouvent dans les Editions que Camden & du Cheſne ont données de cette Hiſtoire. *Mercure*, 1723, Décembre, Vol. II.]

34962. Rollo - Northmanno - Britannicus: auctore Roberto DENIALDO, Juris utriusque Doctore, Ecclesiæ Urbis Gisortianæ Decano; *Rothomagi*, le Boullanger, 1660, *in-fol.*

Ce premier Tome contient l'Histoire de sept Ducs de Normandie, jusqu'à Guillaume le Conquérant ; le second Tome que l'Auteur a intitulé : *Vindiciæ Normanniæ*, dans lequel il traite de la valeur des Normans, & répond aux calomnies de leurs adversaires, n'a pas été imprimé.

34963. ☞ MS. L'Histoire de Raoul, premier Duc de Normandie ; lue le 14 Novembre 1754, dans l'Académie de Caen ; par M. D'URVILLE, ancien Avocat du Roi.]

34964. ☞ MS. Histoire de Guillaume Longue-épée, second Duc ; lue par le même, le 19 Janvier 1758.

Ces deux Histoires sont entre les mains de l'Auteur, & ont été imprimées par extrait dans les Mémoires de l'Académie de Caen.]

34965. ☞ MS. Histoire de Richard I. troisième Duc de Normandie ; lue par le même dans l'Académie de Caen, le 5 Avril 1764.

Entre les mains de l'Auteur.]

34966. ETHELREDI, Abbatis Rievallensis, Fragmentum de Genealogia Regum Anglorum : quomodo Rex Wilhelmus succedit Haraldo.

Ce Fragment d'Ethelrede, mort en 1166, est imprimé dans Twysden, à la page 366 de sa *Collection des Historiens d'Angleterre* : *Londini*, 1652, *in-fol.*

34967. MS. GUIDONIS, Ambianensis Episcopi, de Conquæstu Angliæ per Guillelmum Normannorum Ducem, Opus heroïco carmine exaratum.

Ce Poëme de Guy, Evêque d'Amiens, qui fleurissoit en 1074, est cité par Oudry Vital, au Livre III. de son Histoire, où il dit, que cet Auteur a fait un Poëme de la Guerre des Normans, dans lequel, à l'exemple de Virgile & de Stace, il chante les grandes actions de ces Héros : il y blâme & condamne Harold ; mais il loue & relève beaucoup Guillaume le Conquérant. Du Chesne cite cet Ouvrage comme manuscrit, *pag.* 193 de sa *Collection des Historiens de France* ; mais il ne marque pas où il se trouve.

34968. MS. BALDERICI, Burguliensis Abbatis, Versus de conquæstu Angliæ per Guillelmum Normannorum Ducem, ex majore Poëmate nuncupato ad Adelam Comitissam.

Ce Fragment de Baudri, Abbé de Bourgueil en 1089, nommé à l'Evêché de Dol en 1114, & mort en 1131, est conservé dans la Bibliothèque du Roi, entre les Manuscrits de du Chesne, volume dix-neuvième, *pag.* 537.

34969. ☞ MS. La Conquête de l'Angleterre : Poëme qui a remporté le Prix de l'Académie de Rouen en 1758 ; par M. DE MESLE.

Dans les Registres de cette Académie.]

34970. Histoire de la Conquête d'Angleterre par Guillaume, Duc de Normandie : *Paris*, Beugné, 1701, *in-12.*

Cette Histoire a été composée par Nicolas BAUDOT DE JUILLY.

34971. ☞ De Guillelmi Conquæstoris in Angliam jure : auctore Jo. Dan. SCHOEPFLINO.

Cette Pièce se trouve pag. 395 de ses *Commentationes historicæ* : *Basileæ*, 1741, *in* 4.]

34972. ☞ Essai sur l'Histoire de Normandie, depuis l'établissement du premier Duc Rollon ou Robert I. jusqu'à la Bataille d'Hasting (1066) inclusivement, précédé d'un Discours préliminaire sur les Exploits des anciens Normans avant Rollon ; par un Page du Roi : *Amsterdam*, (Paris,) 1766, *in-12.*]

34973. Argumentum Anti-Normannicum, ou Preuves contre les Normands, dans lesquelles on démontre par les Histoires & les anciens Monumens que Guillaume, Duc de Normandie, n'a pas conquis par la voie des Armes toute l'Angleterre, comme le rapportent les Historiens modernes. : *London*, Barby, 1682, *in-8.* (en Anglois.)

Les Anglois mettent assez souvent le commencement du titre de leurs Livres en Latin, quoiqu'ils soient écrits en Langue vulgaire.

34974. Apologie pour la défense de Guillaume le Conquérant, Duc de Normandie, Fondateur de deux Abbayes de Caën ; par Matthieu DE LA DANGIE DE RAUCHIE, Célerier de l'Abbaye de S. Estienne de Caën : *Caën*, Massienne, *in-8.*

Cet Auteur est mort en 1657. Il a entrepris dans cette Apologie de réfuter la fable qui attribue à Guillaume le Conquérant l'excès d'avoir fait traîner par les cheveux, à la queue d'un cheval, la Comtesse Mathilde son épouse, depuis le lieu où est aujourd'hui l'Abbaye de Saint-Etienne, jusqu'au lieu où est celle de la Trinité, comme le rapporte la *Chronique de Normandie*, & que pour réparer son crime, il avoit fondé ces deux Abbayes.

34975. MS. Synodale Decretum de Pace, quæ vulgò Trevia Dei dicitur, constitutum à Guillelmo Seniore, Rege Anglorum & Duce Normannorum, & Episcopis Normanniæ.

Du Chesne cite ce Décret pag. 151 de son *Plan des Historiens de France.*

34976. MS. Historia de Hastingo, de Rollone, de Wilhelmo, Ducibus Normanniæ.

Cette Histoire est conservée dans la Bibliothèque du Monastère de Dunes, selon Sanderus, p. 185 du tom. I. de la *Bibliothèque des Manuscrits Belgiques.*

34977. Fragmentum ex antiquo Libro Monasterii S. Stephani Cadomensis, de Guilielmo Conquæstore.

Ce Fragment est imprimé dans Cambden, pag. 19 de son Recueil des *Historiens d'Angleterre* : *Francofurti*, 1602, *in-fol.*

34978. Mf. Vita & Gesta Guillelmi Normanni, Angliæ Conquæstoris.

Cette Vie est conservée à Oxford, dans la Bibliothèque de Bodley, num. 3632.

34979. Gesta Guillelmi Ducis Normannorum & Regis Anglorum, à GUILLELMO Pictaviensi, Lexoviorum Archidiacono, contemporaneo, scripta.

Cette Histoire, qui va jusqu'à l'an 1070, est imprimée dans du Chesne, pag. 178 de la *Collection des Historiens de Normandie*. Guillaume de Jumièges, au Chapitre III. du Livre VI. des *Gestes des Normans*, renvoye à cette Histoire de Guillaume de Poitiers, ceux qui veulent connoître plus à fond les actions de Guillaume le Conquérant; il ajoute, qu'il l'a composée avec autant d'étendue que d'éloquence. Guillaume de Poitiers est ainsi appellé, parcequ'il avoit étudié dans cette Ville; il étoit né au Village de Préaux en Normandie, proche de la Ville de Pont-Audemer. Son Histoire commence en 1066. Ce qui précède manquoit dans l'Exemplaire de la Bibliothèque du Chevalier Cotton, qui au sentiment de tout le monde, est l'Original même de l'Auteur. Il avoit servi dans les Troupes; il fut ensuite Chapelain du Roi Guillaume, & enfin Archidiacre de Lisieux.

※ « Entre ceux qui ont écrit l'Histoire de cette Conquête, Guillaume de Poitiers est le plus étendu, & quoiqu'étranger & attaché, en quelque façon, aux intérêts du Roi, il a écrit avec tant de candeur & de sincérité, qu'il a mérité l'estime de la plupart de nos Historiens ». *Nicholson*, pag. 76.

34980. Histoire excellente & héroïque de Guillaume le Bâtard, jadis Roi d'Angleterre & Duc de Normandie; par François D'EUDEMARE, Chanoine de l'Eglise de Rouen: *Rouen*, [veuve Orange,] 1626, *in-12*. Seconde Edition, revue & augmentée: Ibid. [Augy,] 1629, *in-12*.

34981. Histoire du même; par un Auteur Anonyme, publiée par Silas Taylor: *London*, 1663, *in-fol*. (en Anglois.)

34982. Histoire de la vie & de la mort de Guillaume le Conquérant; par Samuël CLARKE: *London*, 1669, *in-4*. (en Anglois.)

34983. ⁕ Vie du même; par N. DE CLAVIGNY de Sainte-Honorine, Chanoine de l'Eglise de Bayeux: *Bayeux*, 1675, *in-12*.

34984. Histoire du même; par A. BOYER: *London*, 1702, *in-8*. (en Anglois.)

34985. ⁕ Abrégé de l'Histoire de Guillaume le Conquérant; par Guillaume TEMPLE.

Dans son *Introduction à l'Histoire d'Angleterre*: *London*, 1695, *in-8*. (en Anglois.)

« Ce que nous avons de meilleur & de plus judicieux sur l'Histoire de ce Prince, nous vient du Sieur Guillaume Temple, qui nous a donné la Description de son Gouvernement & de sa Politique, des anciennes Loix qu'il a conservées, des nouvelles qu'il a publiées, de la conduite & des succès qu'il a eus dans les guerres qu'il a faites, tant en Angleterre qu'en France, de différens exemples de clémence & de sagesse qu'il a donnés, &c. Le tout mêlé de réflexions dignes d'un aussi grand politique, & d'un homme aussi versé dans le maniement des affaires publiques que l'a été cet Auteur ». *Nicholson*.

34986. ☞ Histoire de Guillaume le Conquérant, Duc de Normandie & Roi d'Angleterre; par l'Abbé PREVOST: *Paris*, Prault, 1742, *in-12*. 4 vol.]

34987. ☞ Poëme sur Guillaume le Conquérant, (sujet proposé par l'Académie de Rouen, pour le Prix de la Poésie, en 1758;) par M. D'IFS: 1758, *in-12*.]

34988. ☞ Autre Poëme, sur le même sujet, qui a remporté le Prix; par M. LE MESLE le jeune, Négociant à Rouen: *Paris*, Prault, 1759, *in-12*.]

34989. ☞ Explication d'un Monument de Guillaume le Conquérant; par Antoine LANCELOT. *Mém. de l'Acad. des Inscript. & Bell. Lettr.* tom. VI. p. 739, & tom. VIII. pag. 602.]

34990. ☞ Mf. Discours sur la Translation faite le 15 Décembre 1742, d'un Ossement de Guillaume le Conquérant, du milieu du Chœur de l'Abbaye de Saint-Etienne de Caen, dans le Sanctuaire de la même Eglise; lu le 18 Juin 1744, dans l'Académie de Caen; par M. CREVEL, Avocat & Professeur en Droit.

Imprimé dans une feuille périodique intitulée: *Nouvelles Littéraires de Caen*, dont M. l'Abbé Porée, (neveu du Jésuite,) a été le premier rédacteur.]

34991. ☞ Chronicon breve Northmannicum, ab anno 1041, ad annum 1085; auctore Anonymo.

Cette Chronique se trouve dans le Recueil des *Historiens d'Italie* de MURATORI, tom. V.]

34992. De Gestis Anglorum Fragmentum à Wilhelmo Conquæstore ad Wilhelmum ejus filium; auctore Anonymo.

Ce Fragment d'un Auteur anonyme, qui vivoit vers l'an 1087, commence au Chapitre X. du Livre III. de cette Histoire, en 1066, & finit en 1087. Il est imprimé dans Commelin, à la page 330 de son Recueil des *Historiens d'Angleterre*: *Heidelberga*, 1587, *in-fol*.

34993. GUILLELMI, Apuliensis, Rerum in Italia ac Regno Neapolitano Normannicarum, Libri quinque Versibus heroïcis scripti, editi studio Joannis Tiremæi Haurenoti, Fisci in Rotomagensi Provincia Advocati: *Rotomagi*, le Megissier, 1582, *in-4*.

Le même Poëme est imprimé dans Leibnitz, pag. 578 de sa *Collection des Historiens de Brunswic*: *Hanovera*, 1707, *in-fol*. Guillaume de la Pouille est mort en 1101. Son Poëme commence en 1018, & finit en 1088. Il paroît qu'il a été composé pour faire plaisir au Pape Urbain II. créé en 1087, & mort en 1099, & au Comte Roger, frère de Robert Guiscard, Comte de Sicile, qui mourut en 1101. L'Auteur mérite d'autant plus de créance, qu'il a été témoin oculaire de tout ce qu'il raconte.

☞ Le même, avec les Notes de Tiremæus & de Leibnitz, se trouve au tom. V. du Recueil des *Historiens d'Italie*, par Muratori, & dans le Recueil des *Historiens de Sicile* de Carusius.

Voyez Lenglet, *Méth. hist. in-4*. tom. IV. p. 203.]

34994. Roberti Viscardi, Calabriæ & Siciliæ Ducis, & Rogerii ejus Fratris, Calabriæ & Siciliæ Ducis, Principum Normannorum & eorum Fratrum, Rerum in Campania, Apulia, Brutiis, Calabris & in Sicilia gestarum, Libri quatuor; auctore Gaufrido MALATERRA, Monacho sancti Benedicti, Rogerii ipsius hortatu, & editi studio Hieronymi Sutitæ : *Cæsar-Augustæ, de Portona*, 1588, *in-fol.*

Cette Histoire de Robert Guiscard, mort en 1085, & de Roger son frère, mort en 1101, composée par Malaterra, Auteur contemporain, est aussi imprimée au tom. III. de l'*Espagne illustrée*, ou de la Collection des *Historiens d'Espagne : Francofurti*, 1613, *in-fol.* Elle entre aussi dans la Collection des *Historiens de Sicile*, que doit publier Michel del Giudice, de Palerme. Au jugement de Vossius, Malaterra est très-exact dans la supputation des temps.

☞ Là même se trouve du tom. V. du Recueil des *Histor. d'Italie*, par Muratori, *ex Editione Joan. Bapt. Carusii*, & au tom. X. du *Thesaurus Scriptorum Italiæ* de Grævius, & dans le Recueil des *Historiens de Sicile* de Carusius.

[*Voyez* Lenglet, *Méth. hist. in-*4. *tom. IV. pag.* 203.]

34995. Ms. Traduction en vieil Roman François de l'Histoire de li Normant, ou des Normans, qui conquirent la Pouille, divisée en dix Livres, & compilée par un Moine du Mont Cassin, dédiée à Desidere, Abbé de ce Monastère, & la traduction de l'Histoire de Robert Guiscard: *in-fol.*

Ce Manuscrit [étoit] dans la Bibliothèque de M. Colbert, entre ceux de M. du Chesne, [& est aujourd'hui dans celle du Roi.]

34996. ☞ Ms. Histoire de Robert Guiscard, Duc de Calabre; par ROBERT LE POITEVIN, Moine de Cluny.

Elle est citée par l'Abbé Ménage, dans son *Histoire de Sablé.*]

34997. Rogerii, Siciliæ Ducis, Rerum gestarum, quibus Siciliæ Regnum in Campania, Calabris, Brutiis & Apulia usque ad Ecclesiasticæ Ditionis fines constituit, Libri quatuor; auctore ALEXANDRO, Cœnobii sancti Salvatoris Celesinæ Abbatis, qui & exhortatione Mathildis, ejusdem Rogerii Sororis, Historiam scripsit.

Cette Histoire est imprimée avec celle de Malaterra dans les [Recueils d'Espagne.] Alexandre écrivit son Histoire aussi-tôt après la mort de Roger, arrivée en 1101. Il est peu exact dans les dates des faits qu'il rapporte, dont il trouble l'ordre; il est en cela d'autant moins excusable, qu'il n'y avoit pas long-temps qu'ils étoient arrivés, & qu'il en marque même de son temps, & auxquels il avoit eu part; selon Vossius, Chapitre LIII. du Livre II. de ses *Historiens Latins.*

☞ La même Histoire se trouve au tom. V. du Recueil des *Historiens d'Italie*, par Muratori, au tom. X. du *Thesaurus Italiæ* de GRÆVIUS, & dans le Recueil des *Historiens de Sicile* de Carusius.]

34998. * Ms. Historia Comitis Rogerii in Sicilia; auctore Nicolao MAUGERIO, Siculo.

Cet Auteur a fleuri en 1404. Son Histoire est conservée à Palerme dans le Cabinet du Prince de Melitelli, selon Mongitor, dans sa Bibliothèque de Sicile.

34999. Le Comte Roger, Souverain de Calabre: nouvelle historique. *Paris, in-*12.

35000. Il Rogerio in Sicilia, Poëma heroïco di Mario Reitani SPATAFORA: *in Ancona*, 1698, *in-*12.

35001. Les Conquêtes & les Trophées des Normans François aux Royaumes de Naples & de Sicile; aux Duchés de Calabre, d'Antioche, de Galilée & autres Principautés d'Italie & d'Orient; par Gabriel DU MOULIN, Bernayen, Curé de Maneval: *Rouen*, Berthelin, 1658, *in-fol.*

Cette Histoire commence en l'année 1003, & finit en 1112.

35002. INGULPHI Londinensis, Abbatis Croylandensis, Historia usque ad annum 1089.

Cette Histoire d'Ingulphe, mort en 1109, est imprimée dans Fell, *pag.* 69 du tom. I. de la Collection des *Historiens d'Angleterre : Oxoniæ*, 1684, *in-fol.*

Je n'indique cette Histoire & plusieurs suivantes, que depuis l'an 1066, que Guillaume le Bâtard conquit l'Angleterre. Il paroit que Vossius n'a pas connu cette partie de l'Histoire d'Ingulphe; car il dit au Chapitre XLVII. du Livre III. de ses *Historiens Latins*, qu'elle finit en 1066.

*« Cette Histoire ne traite que par occasion celle » de nos Rois. La parenté dont il étoit lié avec le Roi » Guillaume, est ce qui l'a porté à dire tant de mal de » Harold ». *Nicholson.*

35003. PETRI Blesensis, Auctoris coætanei Archidiaconi Bathoniensis, deinde Cantuariensis Archiepiscopi, Continuatio ad Historiam Britonum, ab anno 1100, ad annum 1118.

Cette Continuation a été publiée sous ce titre : *Appendix incerti Auctoris ad Historiam Ingulphi*, dans Savill, *pag.* 519 de sa Collection des *Historiens d'Angleterre : Londini*, 1596, *in-fol. Francofurti*, 1601, & à la *pag.* 108 dans celle de Fell : *Oxoniæ*, 1684, *in-fol.* C'est Brian Twinus qui a fait connoître dans le Livre I. de l'*Antiquité de l'Université d'Oxford*, que Pierre de Blois étoit l'Auteur de cette Continuation.

Ms. Idem Chronicon INGULPHI, cum Continuatione usque ad annum 1226.

Cette Chronique est conservée à Londres, dans la Bibliothèque du Chevalier Cotton, Vitellius, E. XIII. 1.

35004. FLORENTII, Vigorensis Monachi, Chronicon ex Chronicis ad annum 1118, deductum. Accessit Continuatio usque ad annum 1141, per Anonymum ejusdem Cœnobii: primum editum curâ Guillelmi Houvardi, Nobilis Angli: *Londini*, 1592, *in-*4.

Gautier de Conventri, Ranulfe Higden & Jean Rosse louent & suivent cet Auteur. Il suit lui-même particulièrement la Chronique de Marianus Scotus.

☞ Je ne sçai (dit Nicholson) si on doit l'appeler » l'abbréviateur ou le copiste de Marianus. Il semble » lui-même prendre cette dernière qualité, (ad ann. » 1043;) quoiqu'on doive reconnoître qu'il a assuré » avec beaucoup de soin & de jugement, plusieurs cho- » ses tirées tant de la Chronique Saxonne, que d'autres » Ecrivains. Son Histoire se termine avec sa Vie, à l'an » 1119. Mais un autre Moine du même Monastère de » Worcester l'a continuée cinquante années au-delà. Florent s'attache si scrupuleusement aux Auteurs qu'il a » consultés, qu'il retient quelquefois jusqu'à leurs er- » reurs. Mais on lui doit cette justice, de ne le pas croire » coupable de toutes les contradictions dont on l'ac- » cuse.]

35005. Historia novorum sive Rerum sui se-

Histoires de Normandie. 373

culi : Auctore EADMERO, Anglo, Archiepiscopo sancti Andreæ in Scotia; cum Notis & Spicilegiis Joannis Seldeni : *Londini*, Stanesbii, 1623, *in-fol.*

Cette Histoire d'Eadmer, qui fleurissoit en 1120, est aussi imprimée dans le Recueil de Pièces imprimées ensuite des Œuvres de S. Anselme : *Parisiis*, 1675, *in-fol.* Selden, dans sa Préface, parle ainsi de cet Ouvrage. « La manière d'écrire d'Eadmer est si belle, que lors- » qu'on examine avec soin tous les Auteurs, qui ont » écrit l'Histoire d'Angleterre , il n'y en a aucun » qu'on lui puisse comparer. En effet, son style est égal, » grave & aussi digne d'un Historien qu'il le pouvoit » être pour son temps : sa diction est presque toujours » pure. Les autres Historiens anciens & modernes ont » quelque chose de barbare en comparaison d'Eadmer ; » on ne peut même les supporter, tant il se trouve de » fautes dans leur style. Si Guillaume de Malmesbury » l'emporte en cela sur lui, il lui est inférieur dans tout » le reste ».

Selon Nicholson, *pag.* 151 de sa première partie des *Jugemens sur les Historiens Anglois :* « L'Ouvrage » d'Eadmer contient l'Histoire des deux Guillaume & » du Roi Henri I. depuis l'an 1066 jusqu'en 1122. C'est » un Ouvrage d'un grand poids & d'une grande auto- » rité : il ne donne pas dans la multitude des miracles, » qui se trouvent en si grand nombre dans les Ecrits des » autres Moines ».

Cet Auteur s'étend beaucoup sur l'Histoire de S. Anselme, dans ses quatre premiers Livres ; il fait son Apologie dans le cinquième.

35006. WILHELMI, Malmesburiensis Cœnobii Monachi, de rebus gestis Anglorum, scilicet de Wilhelmo I. & II. Libri tres.

Cette Histoire de Guillaume, Moine & Bibliothécaire de Malmesbury, mort en 1193, finit en 1127. Elle est imprimée dans Savill, *pag.* 53 de sa Collection des *Historiens d'Angleterre : Londini*, 1596 ; *Francofurti*, 1601, *in-fol.*

« Cet Auteur a reçu tous les Eloges imaginables de » nos Critiques les plus habiles dans l'Histoire d'Angle- » terre. Jean Leland l'appelle un Historien élégant, sin- » cère & fidèle. Savill, dans sa Préface, dit qu'il est le » seul de son temps qui ait donné tant de preuves de la » bonne-foi qu'on attend d'une personne qui écrit l'His- » toire ; & que la fidélité de sa narration & la maturité » de son jugement lui ont mérité le premier rang entre » les Historiens d'Angleterre. Ce qui nous regarde à » présent, c'est sa Relation de *Gestis Regum Anglorum*, » avec un Appendice, intitulé : *Historia novella*. Il ra- » masse avec jugement, dans cet Ouvrage, tout ce qu'il » a trouvé dans les Registres & autres monumens de » l'Histoire d'Angleterre, depuis la première arrivée des » Saxons, & il finit en 1143, avec le Règne du Roi » Etienne, dont il s'est montré autant l'ennemi que Ro- » bert, Comte de Glocester, son protecteur, auroit pu » l'être ». Nicholson, *pag.* 152 de la première partie de ses *Jugemens sur les Historiens d'Angleterre.*

35007. ☞ Nicolai TRIVETI, Dominicani, Annales sex Regum Angliæ, quos ex Codice Glastoniensi emendatè edidit Antonius Hall : *Oxonii*, è Theatro Sheldoniano, 1719, *in-8. majore.*

Trivet a continué Guillaume de Malmesbury, depuis le Roi Etienne jusqu'à la mort d'Edouard IV. sous lequel il vivoit, c'est-à-dire, depuis 1136 jusqu'à 1307. Son Ouvrage est bien écrit & estimé.

On a donné encore en 1722, *Oxonii*, une Continuation des Annales de Trivet, *in-8.* On y a joint *Chronicon ADAMI Murimuthensis*, & quelques autres Morceaux.]

35008. SIMEONIS, Dunelmensis Monachi & Præcentoris, Historiæ Fragmentum ; de Gestis Regum Anglorum, ad annum 1130, seu ad extrema Henrici I. tempora.

Ce Fragment de Siméon de Durtham, qui fleurissoit l'an 1130, commence en 1066. Il est imprimé dans Twysden, *pag.* 129 de sa Collection des *Historiens d'Angleterre : Londini*, 1652, *in-fol.* Selon Cave, Hogerius Hoveden a presque tout pris de Siméon de Durtham, dont l'Ouvrage n'est qu'un Recueil mal digéré de différens Mémoires tirés de Florent de Worchester.

☞ « On peut regarder Siméon de Durham, avec » justice, comme le plus sçavant homme de son siècle. » (*Jo. Seldenus, præf. ad X. script. pag.* 1.) Mais ses deux » Livres *de Gestis Anglorum*, ne sont pas son chef-d'œu- » vre, n'étant qu'un léger Recueil mal digéré & extrait » principalement de Florent de Worchester, dont il co- » pie souvent jusqu'aux paroles ». Nicholson, *pag.* 58.]

35009. Continuatio, per JOANNEM, Priorem (Hagustadensi sive) Augustalis Ecclesiæ, ab anno 1130, ad annum 1154.

Cette Continuation de Jean de Hexam, qui a fleuri en 1160, est imprimée *pag.* 257 du Volume précédent de Twysden.

35010. Additamentum ad Historiam Normannorum sub Henrico I. Rege.

Cette Addition est imprimée dans du Chesne, *p.* 315 de sa Collection des *Historiens de Normandie.*

35011. Ms. Histoire des Rois de France & des Ducs de Normandie, jusqu'à la mort de Henri I. Roi d'Angleterre.

Ce Roi est mort en 1135. Cette Histoire étoit dans la Bibliothèque du Collège des Jésuites de Paris, num. 91.

35012. Les Vies des trois Rois d'Angleterre, qui étoient Normans, Guillaume I. Guillaume II. & Henri I. par Jean HAYWARD : *London*, 1623, *in-4.* (en Anglois.)

« Cet Auteur a écrit ces Vies à la sollicitation du » Prince Henri. Il leur donne, avec raison, le nom de » Descriptions plutôt que celui d'Histoires ; en effet, ce » ne sont que des portraits fort abrégés, & écrits d'un » style si badin & si fantasque, qu'ils semblent avoir été » moins destinés pour instruire ce Prince que pour le » divertir ». Nicholson.

35013. Wilhelmi CALCULI, Gemeticensis Monachi, Historiæ Normannorum, Libri septem.

Cette Histoire de Guillaume de Jumièges, appellé *Calculus*, est imprimée dans Camden, *pag.* 603 de sa Collection des *Historiens d'Angleterre : Francofurti*, 1602, *in-fol.* & dans du Chesne, *pag.* 215 de son Recueil des *Historiens de Normandie.* Cette dernière Edition est plus entière & plus correcte que la première. Elle commence à Hasting, Chef des Normands, qui ravagea la Normandie en 912, avant l'arrivée de Rollon, & elle finit en 1135. L'Auteur, qui fleurissoit sous Guillaume le Conquérant, lui a dédié ce qu'il en a composé.

« Il a pris ses trois premiers Livres de Dudon, Doyen » de Saint-Quentin, comme il le dit dans sa Préface ; où » il assure qu'il a tiré de cet Auteur le commencement » de son Histoire jusqu'à Richard II. Aussi y trouve- » t-on bien des fables dans ce qu'il rapporte des Nor- » mans ; & c'est ce qu'avoueront tous ceux qui se don- » neront la peine de conférer cette Histoire avec celle » de Flodoard, qui a écrit ce qui se passoit de son temps. Vossius, Chapitre XLIX. du Livre II. de ses *Historiens Latins, pag.* 405.

☞ « Vossius a copié en cet endroit le jugement

qu'André du Chesne avoit porté de cet Auteur, *pag.* 3 de sa Préface, sur les *Historiæ Normannorum Scriptores antiqui*, imprimés: *Parisiis*, 1619, *in-fol.*]

« Les reproches [que l'on vient de voir] ne regardent que les trois premiers Livres, où Guillaume de Jumièges n'a fait que copier le Doyen de Saint-Quentin; il n'en est pas de même des suivans. Selon Oudri » Vital, *pag.* 618 de son Histoire, il n'alloit que jusqu'à » la Bataille de Senlac, ou la Conquête d'Angleterre, » en 1066. Ainsi tout ce qui est postérieur y a été » ajouté, d'abord jusqu'en 1087, que mourut le Roi » Guillaume, ensuite jusqu'à la proclamation d'Etienne, » Successeur de Henri, en 1135, par un autre Moine. » Chifflet attribue à un Moine du Bec le huitième Livre; du Bouchet, à la page 212 de l'*Origine de deux Lignées de France*, semble en convenir. En effet on » y trouve plusieurs choses, qui sont tirées de la Chronique du Bec; & c'est apparemment le même Auteur » qui a inseré dans les autres Livres tant d'autres faits, » qui ne sont pas du temps de Guillaume de Jumièges ». Ceci est tiré d'un Mémoire communiqué par M. des Thuilleries.

❋ Outre les Additions, il y a aussi plusieurs interpolations, dans le Texte même de cet Auteur.

☞ *Voyez* à son sujet le Gendre, *tom. II. pag.* 44.]

35014. ☞ Ms. Histoire de Normandie

Ce Manuscrit est conservé dans la Bibliothèque Britannique, parmi ceux de la Bibliothèque Cottoniene, *Claudius, A. XII.*

« Les Notes manuscrites du Catalogue de cette Bibliothèque attribuent ce Manuscrit au XIe siècle; mais » je le croibis postérieur. Cette Histoire commence » comme celle de Guillaume de Jumièges, *Totius nam-* » *que molis orbe descripto*, &c. mais la suite est différente en beaucoup de choses, quoiqu'on y trouve » souvent des morceaux entiers de cet Ecrivain. Elle » n'est point partagée par Livres, ni par Chapitres; & » elle finit à la mort du Duc Richard, en 996 ». Cette Notice a été fournie par M. de Brequigny.]

35015. ☞ Ms. Chronicon Normanniæ.

Cette Chronique est conservée dans l'Abbaye de Saint-Evroul, au Diocèse de Lisieux. On prétend qu'elle égale l'Ouvrage de Guillaume de Jumièges.]

35016. RICHARDI Northumbrii, Cœnobii Hagustaldensis Prioris, Historia de Gestis Regis Stephani & de Bello Standardii, ab anno 1135, ad annum 1139.

Cette Histoire de Richard de Northombrie, mort en 1190, est imprimée dans Twysden, *pag.* 285 de sa Collection des *Historiens d'Angleterre: Londini*, 1652, *in-fol.*

35017. ORDERICI Vitalis, Angligenæ, Cœnobii Uticensis Monachi, Historiæ Ecclesiasticæ, Libri tredecim, in tres partes divisi. Pars prima, in qua res à Christo nato ad annum 1140, gestæ describuntur. Pars secunda, quâ Bellici Normannorum eventus in Francia, Apulia, Monasteriorum Fundationes, Episcoporum & Abbatum totius penè Neustriæ Series & Gesta, plurimæque aliæ res memoratu dignæ sub Guillelmo II. Duce exponuntur. Pars tertia, in qua de morte Guillelmi Regis, & tribus filiis, plura referuntur; ac Iter Hierosolymitanum, eventusque varii, qui temporibus illis contigerunt, adjiciuntur.

Cette Histoire d'Oudry Vital, Moine de Saint-Evroul, est imprimée dans du Chesne, *pag.* 320 de sa Collection des *Historiens de Normandie*. Il a écrit son Histoire Ecclesiastique, pour obéir à Roger, Abbé de Saint-Evroul, mort en 1176, & il l'a dédiée à Guérin, son Successeur. Elle commence à la naissance de Jesus-Christ, & finit en 1141. L'Auteur dit, que lorsqu'il fut arrivé dans le Monastére de Saint-Evroul, il fut appellé Vital, au lieu d'Oudry, qui étoit un nom Anglois, qui ne plaisoit pas aux Normans.

« Je ne sçai personne, (dit M. l'Abbé le Gendre » dans ses *Jugemens sur les Historiens de France*,) qui » ait mieux écrit & qui ait rapporté plus de circonstances sur le Règne de Guillaume le Bâtard & celui de » son Fils. Cet Historien le pouvoit faire d'autant plus » aisément, que Henri I. Roi d'Angleterre, le cadet » des Fils de Guillaume, se plaisoit fort à Saint-Evroul, » pour chasser dans les environs ».

❋ Quelques Sçavans doutent de ce fait; car Oudry Vital dit seulement que Henri célébra la Fête de la Purification de l'an 1113, dans ce Monastére.

35018. WILHELMI Malmesburiensis, Historiæ novellæ, Libri duo, ab anno 26. Henrici Regis Anglorum.

Cette Histoire, qui commence l'an 1126 & finit en 1143, est imprimée dans Savill, *pag.* 99 de sa Collection des *Historiens d'Angleterre: Londini*, 1596, *Francofurti*, 1601, *in-fol. Voyez* ci-devant, la Note après le N.° [35006.]

Cette Histoire commence en 1126, où finit celle que l'on vient d'indiquer: c'est un Appendice que l'Auteur a continué jusqu'en 1143. « Cet Auteur, dit Nicholson, a donné lui-même une assez juste idée de son » travail, en disant, (*in Prologo ad Lib. V. de Gest. Angl.*) *Privatim ipse mihi sub ope Christi gratulor,* » *quòd continuam Anglorum Historiam ordinaverim,* » *post Bedam, vel solus, vel primus..... Ego enim veram* » *legem secutus Historiæ, nihil unquam posui, nisi quod* » *à fidelibus relatoribus vel scriptoribus addidici.*

35019. JOANNIS, Monachi Majoris-Monasterii, qui Rege Ludovico Juniore vixit, Historiæ Gauffredi, Ducis Normannorum & Comitis Andegavorum, Turonum & Cenomanorum, Libri duo, quorum postremus res ab eo in Normannia gestas continet; ex Bibliotheca Laurentii Bochelli: *Parisiis*, Chevalier, 1610, *in*-8.

Geoffroy est mort en l'an 1151, & Jean, Moine de Marmoutier, a fleuri vers ce temps-là.

35020. Gesta Stephani, Regis Anglorum & Ducis Normannorum: incerto Auctore, sed contemporaneo.

Le Roi Etienne est mort en 1154. Son Histoire est imprimée dans du Chesne, *pag.* 927 de sa Collection des *Historiens de Normandie*. Elle n'est pas entière, à cause que le Manuscrit, sur lequel elle a été imprimée, étoit défectueux & fort imparfait, sur-tout à la fin. Il paroit en plusieurs endroits que l'Auteur étoit fort attaché au Prince dont il a écrit l'Histoire.

35021. Chronicon sancti Michaëlis de Monte, ab anno 994, ad annum 1164.

Cette Chronique est imprimée dans le Père Labbe, *pag.* 147 du tom. I. de sa *Nouvelle Bibliothèque des Manuscrits: Parisiis*, 1656, *in-fol.*

35022. HENRICI; Archidiaconi Huntintoniensis, Historiarum Regum Anglorum, Libri octo.

Cette Histoire est imprimée dans Savill, *pag.* 211 de sa Collection des *Historiens d'Angleterre: Londini*, 1596; *Francofurti*, 1601, *in-fol.* Il n'y a que les deux

Histoires de Normandie.

premiers Livres qui regardent la Normandie : ils commencent en 1066, & finissent en 1154. Cette Histoire est continuée jusqu'en 1275, dans un Manuscrit de la Bibliothèque de Bodley, num. 1112. Polydore Virgile appelle cet Auteur un excellent Historien ; Leland le qualifie d'Auteur approuvé ; Savill, dans sa Préface, parlant de lui & d'Hovéden, leur donne le titre de bons Auteurs, qui sont exacts & qui font bien connoître les Historiens des temps passés, dit Vossius, Chapitre LI. du Livre II. de ses *Historiens Latins*, pag. 416.

« Cet Historien, qui étoit sage & aimoit la vérité, » (dit l'Abbé le Gendre,) a fait une Histoire curieuse, » & qui peut servir à la nôtre, depuis l'an 1066, sous » le Règne de Guillaume le Bâtard, jusqu'à la fin du » Règne d'Etienne, lesquels il décrit fort exactement ».

✱ Il y a dans le tom. VIII. du *Spicilège in-4.* de d'Achery, une excellente Lettre du même Auteur, *de contemptu mundi*, qui est toute remplie d'Exemples historiques de son temps.

35023. Chronicon Saxonicum usque ad tempora Henrici II. Auctore teste oculato Monacho forsan Petroburgensi.

Cette Chronique, dont il n'appartient à notre Histoire que depuis le Règne de Guillaume I. Roi d'Angleterre, est d'un Moine qui fleurissoit en 1186, il la finit à l'an 1160. Abraham Wheloc l'a publiée à la suite de l'*Histoire Ecclésiastique du Vénérable Bede : Londini,* 1643, *in-fol.*

Idem Chronicon correctius ex Codicibus manuscriptis : studio Edmundi Gibson, Saxonicè & Latinè : *Oxonii,* è Theatro Sheldoniano, 1692, *in-4.*

35024. Brevis Historia liberationis Messanæ à Saracenorum dominatu per Comitem Rogerium facta, (anno 1160) à Messanensibus vocatum.

Cette Histoire est imprimée dans les *Miscellanea de Baluze,* à la *pag.* 174 du *tom. VI.*

☞ Elle se trouve encore au tom. VI. du Recueil des *Historiens d'Italia,* par Muratori, & au tom. X. du *Thesaurus Italiæ* de Grævius.]

35025. Historia de rebus gestis in Siciliæ Regno, ab anno 1085, ad annum 1169; Auctore Hugone FALCANDO, Siculo ; cum GERVASII Tornacensis Præfatione : studio & beneficio Matthæi Longogæi Suessionum Pontificis : *Parisiis,* Dupuis, 1550, *in-4.*

Falcand, que quelques-uns croient Normand, fleurissoit au temps où il finit son Histoire ; c'est-à-dire, en 1169. Elle est aussi imprimée dans la Collection des *Historiens de Sicile : Francofurti,* 1579, *in-fol.* & au tom. IV. de l'*Espagne illustrée,* ou du Recueil des *Historiens d'Espagne : Francofurti,* 1608, *in-fol.*

« Cet Auteur, contemporain de Barberousse, a écrit » l'Histoire des calamités que la Sicile a souffertes pen- » dant vingt-trois ans sous les Règnes de Guillaume I. » & II. Rois de Sicile, & l'a dédiée en 1166 à Pierre, » Trésorier de l'Eglise de Palerme. Il la commença (en » 1085,) à Roger, Comte de Sicile, & à Robert Guis- » card, Comte de la Pouille. Il mérite d'autant plus de » créance, qu'il rapporte ce qui s'est passé à ses yeux.... » Fazellus, au Chapitre IV. du Livre VIII. de son *His- » toire de Sicile,* marque qu'elle n'est pas tant de Fal- » cand, que de Guiscard ; car il la cite comme de ce- » lui-ci, ajoutant qu'elle a été imprimée à Paris sous le » nom de Falcand ». Vossius, au Chapitre VII. du Livre III. de ses *Historiens Latins,* pag. 781.

✱ Matthieu de Longuejoue, premier Editeur, fut sacré Evêque de Soissons en 1534.

☞ La même, *ex Editione Joannis-Baptistæ Ca*rusii, se trouve au tom. VII. du Recueil des *Historiens d'Italie,* par Muratori, & dans le *Thesaurus Italiæ* de Grævius, *tom.* X.]

✱ La même Histoire, traduite en Italien ; par Antonio Filoteo DE HOMODEIS : *in-4.*

Cette Traduction est conservée à Palerme, dans le Cabinet de Vincent Perrin, selon Mongitor, dans sa *Bibliothèque de Sicile*.

35026. ROMUALDI, Archiepiscopi Salernitani, Chronica solemnis, quæres præcipuas à Normannis in Apulia, Sicilia & Calabria gestas continet usque ad annum 1178.

Cette Chronique de Romuald II. Archevêque de Salerne, mort en 1180, traite des Gestes de Roger & de Guillaume I. Rois de Sicile. Elle est imprimée dans le Recueil des *Historiens de Sicile,* publié par Michel del Giudice, de Palerme. Il y [avoit] dans la Bibliothèque de M. Baluze, un Fragment de cette Chronique, depuis l'an 985 jusqu'en 1078, [qui doit être dans la Bibliotheque du Roi.] Contelorius l'appelle une très-belle Chronique.

35027. Mss. BENEDICTI, Abbatis Petroburgensis, Ordinis sancti Benedicti, Liber de Vita Henrici II. Regis Anglorum, ab anno 1170, usque ad annum 1177, ex quo multa exscripserunt Joannes Bromptonus & Rogerus Hovedenus : *in-fol.*

Ce Livre est conservé à Londres, dans la Bibliothèque du Chevalier Cotton, *Julius,* A. V. 4.

35028. Mss. Chronica Anglorum, seu de eventibus, ab adventu Normannorum in Angliam ad annum 1179, per quemdam Monachum Osneyensis Monasterii.

Cette Chronique est conservée dans la même Bibliothèque, *Vitellius,* E. XX. 1.

35029. Mss. Chronica Regum Angliæ, à Bruto ad Regem Henricum II. *in-fol.*

Cette Chronique est conservée dans la même Bibliothèque, *Titus,* D. XIII. 2.

35030. Mss. De præliis quæ inter Henricum II. Regem Anglorum & Ducem Aquitanorum, ac filios ejus in Lemovicis gesta sunt, & de Henrici Junioris, Anglorum Regis, obitu, (ann. 1189.)

Cette Narration est citée par du Chesne, à la page 190 de son *Plan des Historiens de France*.

35031. Mss. Chronique de Normandie, depuis Rou le Danois jusqu'à la mort de Henri (II.) Roi d'Angleterre, enrichie de miniatures : *in-fol.*

Cette Chronique [étoit] conservée dans la Bibliothèque de M. l'Abbé de Camps, [d'où elle a passé dans celle de M. de Beringhen.]

35032. Mss. Historia Normannorum usque ad Richardum I. *in-fol.*

Cette Chronique est conservée en Normandie, dans la Bibliothèque du Monastère de Saint-Evroul, en Ouche.

⇒ Itinerarium Richardi I. Regis Angliæ, & aliorum in Terram Hierosolymitanam ; auctore Gaufredo VINESAUF.

Voyez ci-devant, [Tome II. N.° 16707.]

35033. Mſ. Itinerarium, ſeu Geſta ejuſdem in Judæa ; per RICHARDUM, Canonicum S. Trinitatis Londinenſis.

Cet Itinéraire rapporte ce qui s'eſt paſſé en 1190. Il eſt conſervé à Londres, dans la Bibliothèque du Chevalier Cotton, *Fauſtina*, A. VIII. 1.

35034. Mſ. Chronicon RICHARDI Diviſenſis, Monachi Wintonienſis, de rebus Regis Angliæ, Richardi I. & de geſtis ipſius in Palæſtina.

Cet Auteur fleuriſſoit en 1190. Sa Chronique eſt conſervée dans la même Bibliothèque, *Domitianus*, A. XIII. 2.

35035. Mſ. Chronicon Radulphi NIGRI, ab orbe condito ad captionem Richardi I. Regis Angliæ, de peregrinatione redeuntis.

Ce Roi fut fait priſonnier en 1192. Cette Chronique de Niger, Moine de S. Germer de Flaix dans le Diocèſe de Beauvais, qui fleuriſſoit en 1157, eſt conſervée dans la même Bibliothèque, *Cloopatra*, C. X. 1.

35036. Mſ. Hiſtoire de la priſe de Richard, Roi d'Angleterre, du temps de Benoît XII. écrite en Vers par CRETON : *in-fol.*

Cette Hiſtoire eſt conſervée à Paris, dans la Bibliothèque de Saint-Victor, num. 839.

35037. * Mſ. Hiſtoire du Roi d'Angleterre Richard, traitant particulièrement de la rébellion de ſes Sujets, priſe de ſa perſonne, &c. Compoſée par un Gentilhomme François de marque, qui fut à la ſuite dudit Roi, avec permiſſion du Roi de France.

Ce Manuſcrit eſt conſervé dans la Bibliothèque de Milord Harley.

35038. Mſ. Anglorum Gentis atque Populi res præclarè geſtæ in Gallia, aliiſque regionibus tranſmarinis.

Cette Hiſtoire eſt conſervée dans la Tour de Londres, Cod. 2. num. 5776 du Catalogue imprimé.

35039. Rerum Anglicanarum, Libri quinque ; auctore GUILLELMO Neubrigenſi, Canonico Regulari ſancti Auguſtini, recèns in lucem editi, curâ Gulielmi Sylvii : *Antverpiæ*, 1567, *in-8.*

Cette Hiſtoire de Guillaume *Litle*, ou le Petit, mort en 1208, eſt défectueuſe d'onze Chapitres dans cette première Edition. Elle eſt auſſi imprimée [de même] dans Commelin, *pag.* 353 de ſon Recueil des *Hiſtoriens d'Angleterre : Heildelberga*, 1587, *in-fol.*

Iidem Libri multis periodis & integris Capitellis auctiores, cum Notis Joannis Picardi : *Pariſiis*, Seveſtre, 1610, *in-8.*

* Iidem multò emendatiores, ope Manuſcriptorum, & ſtudio Thomæ Hearne : *Oxonii*, 1719, *in-8.*

« Guillaume Litle, ou le Petit, ou de Neubourg, du » nom d'un Monaſtère dont il étoit Chanoine Régu» lier, eſt appellé un Hiſtorien ſincère par Polydore » Virgile, un Auteur qui dit vrai ; mais Jean Leland le » reprend, avec raiſon, de ce qu'il ne garde aucune » meſure, lorſqu'il accuſe Geoffroy de Montmouth ; & » quoique ce dernier rapporte bien des fables, il n'en » a pas néanmoins autant que Guillaume de Neubourg » le voudroit faire croire. Il eſt d'autant plus injuſte » dans ſon accuſation, qu'il a rempli lui-même ſon Hiſ» toire de beaucoup de fables. Il faut pourtant avouer » qu'il paroit plus de choix dans l'Hiſtoire de celui-ci » que dans celle de Geoffroy de Montmouth », *Voſſius*, Chapitre LV. du Livre II. de ſes *Hiſtoriens Latins*, *pag.* 453.

« Guillaume Litle a écrit l'Hiſtoire depuis l'an 1066 » juſqu'en 1197 ; mais il a paſſé très-légèrement ſur » tout ce qui précède l'année 1135, qui eſt celle de ſa » naiſſance ; il a traité le reſte avec plus de ſoin & d'é» tendue ». Philippe Labbe, dans ſa *Diſſertation ſur les Ecrivains Eccleſiaſtiques*.

« Le Docteur Wats, dans ſa Préface ſur l'*Hiſtoire de » Matthieu Paris*, préfère le ſtyle de Guillaume de » Neubourg à celui de Matthieu Paris, & l'eſtime au» tant que celui d'Eadmer & de Guillaume de Mal» meſbury ». Nicholſon, *pag.* 59.

35040. Fragmentum abbreviationum Chronicorum, ab anno 1066, ad annum 1197; auctore RADULPHO de Diceto, Londinenſis Eccleſiæ ad Ædem ſancti Pauli Decano.

Ce Fragment de Raoul de Dicet, qui fleuriſſoit en 1172, eſt imprimé dans Twysden, *pag.* 479 de ſa Collection des *Hiſtoriens d'Angleterre* : *Londini*, 1652, *in-fol.* Selden, dans ſa Préface ſur Eadmer, a obſervé que Raoul de Dicet en a copié pluſieurs pages. Il y a dans la Bibliothèque du Chevalier Cotton, à Londres, un Manuſcrit marqué *Claudius*, E. III. 6, qui contient cette Hiſtoire, & qui va juſqu'en 1272.

35041. Mſ. Chronicon Normanniæ, ab anno Chriſti 96, ad annum 1213.

Cette Chronique eſt conſervée au tom. II. de la *Collection d'anciennes Pièces*, par D. Durand, dans l'Abbaye de S. Germain des Prés. Cette Chronique eſt différente de celle de Rouen, imprimée dans Labbe, au tom. I. de ſa *Nouvelle Bibliothèque des Manuſcrits*, *pag.* 364. Mais ce pourroit bien être la même que celle qui eſt indiquée ci-devant, [Tome II. N.° 16749.]

35042. Mſ. Les Faits & Hiſtoires des Ducs de Normandie mis en forme de Chronique, finiſſant en 1217 : *in-fol.*

Cette Hiſtoire, qui eſt d'une écriture fort ancienne, [étoit] dans la Bibliothèque de M. le Prince Eugène de Savoye, [& eſt aujourd'hui dans celle de l'Empereur.]

35043. Antiqui Chronologi quatuor ; HEREMPERTUS Longobardus, LUPUS Protoſpata Apulus, Anonymus Caſſinenſis, & FALCO Beneventanus, à quibus variæ exterarum Gentium in Regnum Neapolitanum irruptiones deſcribuntur, cum Appendicibus hiſtoricis : nunc primùm editi ab ANTONIO CARACCIOLO, qui Nomenclaturam nominum & Scholia ad inſtar Commentariorum adjecit : *Neapoli*, Carlinus, 1626, *in-4.*

Herempertus, Moine du Mont-Caſſin, a écrit après l'an 956 l'Hiſtoire des Princes de Bénévent, depuis la priſe du Roi Didier par Charlemagne en 785 juſqu'en 880. Camille Peregrino l'a donnée plus ample, c'eſt-à-dire, juſqu'à l'année 888, avec l'*Hiſtoire des Princes Lombards* : *Neapoli*, 1643, *in-4.* Lupus Protoſpata a fait une petite Chronique de ce qui eſt arrivé dans le Royaume de Naples, depuis 860 juſqu'en 1102. L'Anonyme du Mont-Caſſin a compoſé une autre Chronique, qui contient ce qui s'eſt paſſé dans ce Royaume depuis l'an 1060 juſqu'en 1202 ; & Falcon, Notaire du ſacré Palais, a écrit ce qui s'y eſt fait depuis 1102 juſqu'en 1250. Les Additions hiſtoriques vont juſqu'en 1519.

« Falcon a décrit les Affaires de Naples avec tant » d'exactitude,

Histoires de Normandie.

» d'exactitude, qu'en les lisant, il semble qu'on y soit
» présent ; mais son style barbare la rend presque insup-
» portable ; il écrivoit selon le génie de son temps. Ba-
» ronius dans ses *Annales*, & Gordon, dans sa *Chrono-*
» *logie*, louent cet Auteur ». Le Mire, dans les *Addi-*
» *tions à sa Bibliothèque des Ecrivains Ecclésiastiques*,
cap. 330.

☞ Les mêmes ont été réimprimées dans le Recueil
des *Historiens d'Italie* de Muratori, *tom. V.* avec les
Additions & Corrections de PEREGRINO.]

35044. RICHARDI à sancto Germano, Chronicon, ab excessu Wilhelmi ad annum
1253.

Cette Chronique [a été] imprimée par les soins de
Michel del Giudice, au *tom. II.* de son Recueil des
Historiens de Sicile.

35045. Anonymi Chronicon breve rerum
in Sicilia gestarum, ab anno 1027, ad annum 1277.

Cette Chronique [est] au *tom. III.* de la Collection
précédente.

35046. Chroniques abrégées des très-excel-
lens Princes les Comtes de Normandie, qui
par leurs reluisantes prouesses furent les premiers Rois du Royaume de Sicile ; par Antoine DE LA SALE.

Cette Chronique est imprimée dans l'Ouvrage qu'il
a intitulé, *La Salade : Paris*, le Noir, 1521, [petit
in-fol.]

35047. Histoire du Royaume de Sicile ; par
Symphorien CHAMPIER.

Elle est imprimée dans son *Recueil* ou *Chronique des*
Histoires du Royaume d'Austrasie, &c. Lyon, 1509,
in-fol.

35048. Histoire du Royaume de Naples &
de Sicile, depuis Roger Guiscard, premier
Conquérant de Naples, en 1018 jusqu'en
1559, sous Henri II. par Matthieu TURPIN,
[Chevalier, Sieur de Longchamp :] *Paris*,
[Hulpeau,] 1630, *in-fol*.

35049. Historia della Citta e Regno di Napoli, detto di Sicilia dache pervenne sotto
il dominio de i Rè : Parte prima, da Ro-
giero I. sin alla morte di Costanza Impera-
trice, ultima del legnaggio de Normanni
(nell'anno 1198;) per Francesco CAPECE-
LATRO, Napolitano, Equite di San-Gia-
como : *in Milano*, Beltrano, 1640, *in*-4.

35050. Histoire de l'Origine du Royaume
de Sicile & de Naples, contenant les Avantures & les Conquêtes des Princes Normands, qui l'ont établi : *Paris*, Anisson,
1700, *in*-12.

Claude BUFFIER, Jésuite, est l'Auteur de cette Histoire : [il est mort en 1737.]

La medesima tradotta nella nostra volgar fa-
vella, da Francesco di Rosa, Giesuita : *in*
Napoli, 1707, *in*-12.

On peut consulter pour l'Histoire de ce Pays, depuis l'an 1018 jusqu'en 1198, la *Sicile sacrée* de Pyrrhus
Rocca ; les *Tomes* VI. VII. VIII. & IX. de l'*Italie sacrée*
de l'Abbé Ughelli, dans laquelle il y a quantité d'Actes
des Rois de Naples & de Sicile.

☞ Il est bon de voir encore l'*Abrégé Chronologi-*
Tome III.

que de l'Histoire d'Italie, par M. de Saint-Marc : (*Pa-*
ris, Hérissant, 1761 & *suiv. in*-8.) *tom. III. pag.* 145-
353, col. 1, & *tom. V. pag.* 2-56, col. 3. On y trouve
des discussions intéressantes. *Voyez* aussi l'*Histoire de*
Naples de Giannone.

35051. Fragmentum Chronici Joan. BROMP-
TON, Abbatis Jornalensis in Agro Ebora-
censi, ab anno 1066, ad annum 1198.

Cette Chronique, qui finit à l'année dans laquelle
l'Auteur fleurissoit, est imprimée *pag.* 961 de la
Collection des *Historiens d'Angleterre*, par Twysden :
Londini, 1652, *in-fol*. Selden, dans sa Dissertation préliminaire, qui est au commencement de cette Collection, conjecture que Brompton n'est pas Auteur de
cette Chronique, mais qu'elle a été copiée d'ailleurs
pour l'usage de son Monastère.

✱ On y suit particulièrement Roger de Hoveden,
ci-dessous, [N.º 35062.]

35052. Ms. Histoire de la mort de Richard,
Roi d'Angleterre, en 1199.

Du Cange cite cette Histoire *pag.* 191 de l'*Indice*
des Auteurs dont il s'est servi pour son Glossaire Latin.

35053. Ms. Historia Normannorum ad mortem Richardi I. Ducis.

Cette Histoire est conservée dans la Bibliothèque du
Chevalier Cotton, *Claudius* XII. Elle est plus étendue
que celle de Guillaume de Jumièges.

35054. GERVASII, Dorobernensis Monachi,
Ordinis sancti Benedicti, Chronica de tempore Regum Anglorum Stephani, Henrici II. & Richardi I. ab anno 1122, ad annum 1199.

Cette Chronique de Gervais de Cantorbéry, qui fleurissoit l'an 1200, est imprimée dans Twysden, *p.* 1338
de sa Collection des *Historiens d'Angleterre* : *Londini*,
1652, *in-fol*. Cet Auteur est très-versé dans la connoissance de l'Histoire de son Pays, selon Vossius, au
Chapitre LVI. du Livre II. de ses *Historiens Latins*,
pag. 452.

« On regarde Gervais, Moine de Cantorbéry, com-
» me un judicieux Antiquaire, un Historien méthodi-
» que, & l'Auteur d'un excellent Recueil d'Histoires
» Bretonnes & Angloises, depuis l'arrivée des Troyens
» dans cette Isle jusqu'à l'an 1200. Il seroit à souhaiter
» qu'on découvrît ce qui n'a pas été publié de cet Au-
» teur ; car l'Histoire des Règnes de trois de nos Rois,
» qui sont la seule partie de ses Ouvrages qu'on ait im-
» primée, est écrite avec beaucoup de jugement ». Nicholson.

35055. Ms. Continuatio ejusdem Chronici
usque ad tempora Richardi II. (seu ad annum 1377,) per JOANNEM de Londino.

Cette Continuation est conservée dans la Bibliothèque du Collége de la Trinité à Cambrige, *Cod.* 19,
num. 159 du Catalogue imprimé des Manuscrits.

35056. Histoire de Richard, Roi d'Angleterre ; par Georges BUCK, Ecuyer : *London*,
1646, *in-fol*. (en Anglois.)

35057. Histoire de Richard, surnommé
Cœur de Lyon : *London*, 1528, *in*-4. (en
Vers Anglois.)

35058. ☞ Ms. Histoire de Richard, Cœur
de Lyon ; par M. DU BOULLAY, Secrétaire
de l'Académie des Belles-Lettres de Rouen.

Dans les Registres de cette Académie, 4 Août 1755.]

Bbb

35059. Mſ. Chronique de Normandie, continuée juſqu'à Jean, Frère de Richard, en 1199: *in-fol.*

Cette Chronique [étoit] dans la Bibliothèque de M. Colbert, num. 997, [& eſt aujourd'hui dans celle du Roi.]

35060. Mſ. Chronica brevis præcipuè Angliæ & Ducum Normanniæ, ab anno 1100, ad annum 1200.

Cette Chronique eſt conſervée dans la Bibliothèque du Vatican, entre les Manuſcrits de la Reine Chriſtine, num. 152.

35061. Mſ. Guerres du Roi Jean d'Angleterre en France, juſqu'en 1200: *in-fol.*

Ce Manuſcrit eſt conſervé dans la Bibliothèque du Roi, num. 10508.

35062. Rogeri DE HOVEDEN, Annales uſque ad annum 1202.

Les Annales de cet Auteur, qui a été Domeſtique du Roi Henri II. d'Angleterre, & qui a été enſuite premier Profeſſeur en Théologie à Oxford, en 1198, ſont imprimées dans Savill, *pag.* 257 de ſon Recueil des *Hiſtoriens d'Angleterre*: *Londini*, 1596; *Francofurti*, 1601, *in-fol.*

Savill, dans ſa Préface, l'appelle un Auteur diligent, un juge très-véritable de ce qui s'eſt paſſé dans les temps précédens. Guillaume Cave, ſous l'année 1130, dans ſon *Hiſtoire littéraire*, dit que Roger a preſque tiré toute ſon Hiſtoire de celle de Siméon de Durrham. Au reſte ſon Hiſtoire eſt fort ample, parcequ'il y inſere tous les Actes qui ont du rapport avec ce qu'il raconte; auſſi il n'y a point d'Hiſtoire de ce temps là, qui ſoit plus remplie de détails. Il y favoriſe les Anglois.

« Hovéden, après la mort de Henri II. s'appliqua » tout entier à l'Hiſtoire; ſi l'on a égard dans ſon travail » à la connoiſſance qu'il fait paroître de l'antiquité & à » ſa bonne-foi, il l'emporte non-ſeulement ſur ceux » qui l'ont précédé; mais il s'eſt auſſi ſurpaſſé lui-mê- » me ». Jean Léland, Chapitre 203 de la première partie de ſes *Jugemens des Ecrivains Anglois*.

35063. Normannorum Res geſtæ in Francia, Anglia & Italia, uſque ad annum 1202; auctore Alberto KRANTZIO, Hamburgenſi: *Argentorati*, 1546, *in-fol.*

Cet Auteur eſt mort en 1517.

== ROBERTI de Monte Chronicon, ſive Appendix ad Sigebertum.

Voyez ci-devant, [Tome II. N.º 16743.]

Cet Auteur traite particulièrement des Affaires d'Angleterre & de Normandie, depuis l'an 1112 juſqu'en 1210.

35064. Mſ. Chronique de Normandie finiſſant en 1213; par Gilles GASSION, contemporain du Roi Philippe Auguſte: *in-fol.*

Cette Chronique eſt conſervée dans la Bibliothèque du Roi, num. 9481.

35065. Mſ. Chronicon Normanniæ, à Chriſto nato ad annum 1214; auctore anonymo, Monacho Gemeticenſi.

Cette Chronique eſt conſervée dans la Bibliothèque de Jumiège. Elle eſt différente en divers endroits de celle que le Père Labbe a donnée au Tome I. de ſa *Nouvelle Bibliothèque des Manuſcrits*. J'ai indiqué une autre Chronique, [N.º 16749, Tome II.] qui contient le même eſpace de temps, mais qui a été écrite par un Moine de Saint-Etienne de Caen.

35066. ☞ Mſ. Chroniques d'Angleterre & de Normandie, depuis le temps de Brutus, neveu d'Aſcanius, juſqu'à la mort du Roi Jehan d'Angleterre, qui régnoit en 1217: *in-fol.*

Ces Chroniques ſont conſervées parmi les Manuſcrits de S. Germain des Prés, num. 153.]

35067. ☞ Mſ. Hiſtoire de Jean Sans-Terre, Succeſſeur de Richard, Cœur de Lyon; par M. DU BOULLAY.

Dans les Regiſtres de l'Académie de Rouen, 1 Juillet 1761.]

35068. Mſ. Chronique de Normandie, commençant à Aubert I. Duc de ce nom, & finiſſant à Jean, Roi d'Angleterre, mort en 1217: *in-fol.*

Cette Chronique eſt conſervée dans la Bibliothèque du Roi, num. ancien 528, & [étoit] dans celle de M. le Baron d'Hoendorff, [qui fait aujourd'hui partie de celle] de l'Empereur.

✱ La plupart de ces Chroniques de Normandie commencent au prétendu Duc Aubert: les Manuſcrits ſont plus remplis de fables que celle qui a été imprimée en 1610.

35069. Mſ. Chronique de Normandie, depuis Rou juſqu'en 1220, écrite par BERRY, Hérault d'Armes du Roi Charles VII, *in-fol.*

Cette Chronique de Berry, nommé Jacques BOUVIER, [étoit] dans la Bibliothèque de M. Colbert, entre les Manuſcrits de du Cheſne, volume 6, [aujourd'hui dans celle du Roi.]

35070. ☞ Mſ. Le Livre du recouvrement de la Duché de Normandie & d'une partie de Guyenne; faict par BERRY, Hérault du Roi notre Sire, esleu Roi d'Armes des François.

Ce Manuſcrit eſt cité dans les Additions manuſcrites que David Blondel, qui étoit ſi ſçavant dans notre Hiſtoire, a faites dans un Exemplaire de la Bibliothèque des Auteurs de l'Hiſtoire de France, par André du Cheſne; lequel Exemplaire nous a été communiqué par M. Rémond. Ce Manuſcrit eſt à la Bibliothèque du Roi, &c. ci-devant, Tome II. N.º 17250.]

35071. Mſ. Hiſtoire de Normandie, depuis Rollon, le premier des Ducs Normands, juſqu'au temps du Roi Henri III. d'Angleterre; recueillie de Dudon & de Guillaume de Jumièges: *in-fol.*

Cette Hiſtoire eſt conſervée dans la Bibliothèque du Chevalier Cotton, *Vitellius*, F. XVI. 1.

35072. ☞ Mſ. Les Chroniques de Normandie, depuis Pepin, Roi de France, juſqu'à la mort de Jean, Roi d'Angleterre, & le commencement du Règne de Henri III. ſon fils: *in-fol.*

Ce Manuſcrit, que l'on eſtime de 200 ans, eſt à Paris, dans la Bibliothèque de Sainte-Geneviève.

35073. Mſ. Chronique de Normandie juſqu'au Roi Henri III. d'Angleterre: *in-fol.*

Cette Chronique [étoit] dans la Bibliothèque de M. Colbert, num. 434. 838, [& eſt aujourd'hui dans celle du Roi.]

Histoires de Normandie. 379

35074. Mf. Historia Normanniæ ufque ad annum 1230 ; auctore Michaële BLAMPAINO, Anglo.

Jean Pits cite cette Histoire *pag.* 322 de fa *Bibliothèque des Auteurs Anglois.*

35075. Annales de Margan, five Chronica abbreviata, ab anno 1066, ad annum 1232.

Ces Annales font imprimées dans Thomas Gale, *pag.* 1. du tom. II. de fon Recueil des *Hiftoriens d'Angleterre : Oxonii,* 1687, *in-fol.* Gale dit dans fa Préface, « que l'Auteur de ces Annales rapporte peu de » chofes ; mais à peine trouvera-t-on ce qu'il rapporte » dans les Chroniques les plus étenduës.

35076. Mf. Chronicon Thomæ RUDBORN, Monachi Ecclefiæ Wintonienfis, à Bruto ad annum 18 Henrici III.

Cette Chronique de Rudborn, qui écrivoit en 1232, où il la finit, eft confervée dans la Bibliothèque du Chevalier Cotton, *Nero,* A. XVII.

35077. Mf. Chronica ROGERI de Wendover, Monachi fancti Albani, Prioris Cellæ de Bellovifu in pago Lincolnienfi ; à Chrifto nato ad annum 1234, in qua Res Ecclefiafticæ & Civiles fecundùm ordinem temporum fufè exponuntur.

Cette Chronique eft confervée dans la Bibliothèque précédente, *Otho,* B. V. L'Auteur, qui étoit Moine de Saint-Alban, Prieur de la Celle de Beauvoir, dans le territoire de Lincoln, eft mort en 1237.

35078. Mf. Annales à Chrifto nato ad annum 1255, in quibus multa de rebus Angliæ annotantur, præfertim poft adventum Normannorum in Angliam.

Ces Annales font confervées dans la même Bibliothèque, *Otho,* B. III. 1.

35079. MATTHÆI Paris, Angli, Monachi Albanenfis, Congregationis Cluniacenfis, Hiftoria Major, five Rerum Anglicanarum Hiftoria, à Guillelmi Conquæftoris adventu ad annum 43. Hentrici III. Angliæ Regis : edita ftudio Matthæi PARKERI, Archiepifcopi Cantuarienfis : *Londini,* 1571 ; *Tiguri,* 1589, 1606, *in-fol.*

Eadem, cum additamentis edita : curâ Guillelmi WATSI : *Londini,* 1640 ; *Parifiis,* 1644 ; *Londini,* 1684, *in-fol.* 2 vol.

☞ Dans cette Edition, le Docteur Wats l'a fait réimprimer mot à mot, en corrigeant feulement les fautes d'impreffion, & y joignant en même temps les différentes leçons, des Additions de l'Auteur, les Vies des Abbés de S. Alban, & un Gloffaire de fa façon.

Guillaume Cave, dans fon *Hiftoire littéraire,* fous l'année 1140, dit que la première Edition de Londres eft la meilleure. Il ajoute : « que Matthieu Paris a copié » mot à mot la Chronique de Roger de Wendover ce » qu'il rapporte jufqu'à l'année 1235, qu'il en a re-» tranché peu de chofes ; mais qu'il y a fait quelques » additions. L'Appendice qui fuit commence en 1260 » & finit en 1273. Elle eft de Guillaume DE RISHAN-» GER, Moine de Saint-Alban, & Hiftoriographe du » Roi Edouard ». Matthieu Paris eft mort en 1259, où finit fon Hiftoire, qu'il a commencée à l'an 1066.

Bernard Twyn, dans fon Livre III. des *Antiquités de l'Univerfité d'Oxford, pag.* 283, foupçonne que « dans

Tome III.

» l'Edition de Matthieu Parker il y a quelques endroits » fufpects, fur lefquels il ne veut pas cependant prononcer jufqu'à ce qu'il les ait confrontés avec les Manufcrits ».

« On connoîtra aifément ; (dit Baronius dans fes » *Annales Eccléfiaftiques,* fous l'année 996,) par la » feule lecture de cette Hiftoire, que l'Auteur eft in-» jufte envers le Saint Siège, fuppofé néanmoins que les » injures ne foient point aioutées par celui qui a fait » imprimer cette Hiftoire. Si on les en retranche, elle » peut paffer pour un ouvrage excellent, parcequ'elle » a été compofée avec foin fur les Monumens publics, » dont l'Auteur a même employé les termes ».

☞ Plufieurs Auteurs n'ont pas penfé comme Baronius, & ont eftimé l'Ouvrage de Matthieu Paris particulièrement pour fa grande vérité, & pour la liberté avec laquelle il parle des différentes entreprifes des Papes fur le Royaume d'Angleterre.]

☞ « Matthieu PARIS a encore fait un Abrégé de fa » grande Hiftoire, à laqueile il a donné le nom de » *Chronique,* & que Guillaume Lombard a le premier » appellée *Hiftoria minor.* Elle commence comme l'au-» tre à Guillaume le Conquérant, & finit à l'an 1250. » On y trouve différentes particularités de conféquence, » qui ne font point dans fa grande Hiftoire. La meil-» leure Copie de cet Ouvrage, que l'on fuppofe avoir » été écrite de la propre main de l'Auteur, eft à Saint-» James, dans la Bibliothèque du Roi (d'Angleterre ».) Nicholfon.

35080. Chronica Normanniæ, continens multa ad Francos & Gallos pertinentia, ab anno Chrifti 1139, ad annum 1259.

Cette Chronique eft imprimée dans du Chefne, *pag.* 977 de fa Collection des *Hiftoriens de Normandie.* « L'Auteur inconnu de cette Chronique tombe perpé-» tuellement dans des Anachronifmes, que je n'ai pas » voulu corriger, dit du Chefne dans fa Préface, ni » même y rien changer ; mais afin qu'on les puiffe plus » aifément remarquer, j'ai fait imprimer enfuite fur un » Manufcrit du Monaftère de Caen une autre Chroni-» que plus courte & plus affurée ».

35081. Mf. Hiftoire de Normandie ; par le Père Marin PROUVERE BRICHETAUX, Dominicain : *in-fol.* de 1550 pages.

Elle eft dans le Couvent des Dominicains d'Argentan, felon la *Biblioth. Script. Ord. Præd. pag.* 478. L'Auteur de cet Ouvrage étoit né à Argentan. Il contient l'Hiftoire de la Province, depuis l'an 911 jufqu'en 1259. Le Père Artus du Moutier, Recollet, en a fait imprimer quelques Morceaux dans fon Ouvrage intitulé : *Neuftria pia.* Autant que l'on en peut juger par ces Extraits ; l'Ouvrage de Marin Prouvère eft un monument précieux pour l'Hiftoire de Normandie.]

35082. Annales Monafterii Buttonenfis in agro Staffordienfi, ab anno 1004, ad annum 1263 ; auctore anonymo, Monacho Burtonenfi.

Ces Annales font imprimées dans Thomas Gale, *pag.* 246 du tom. I. de fon Recueil des *Hiftoriens d'Angleterre : Oxonii,* 1692, *in-fol.* Cet Auteur anonyme vivoit du temps de Matthieu-Paris : ainfi ils fe donnent mutuellement du jour ; & la fidélité de l'un confirme celle de l'autre, au jugement de Gale dans fa Préface.

35083. Mf. Petite Chronique, depuis Brutus jufqu'à la mort du Roi Henri III. d'Angleterre.

Il eft mort l'an 1270. Cette Chronique eft confervée à Londres dans la Bibliothèque du Chevalier Cotton, *Vefpafianus,* E. 16.

Bbb 2

35084. Mſ. Historia Anglicana, ab anno circiter 1078, usque ad mortem Henrici III. scripta à quodam Anglo post Britanniam distractam à corpore Ecclesiæ Catholicæ: *in-fol.*

Cette Histoire [étoit] dans la Bibliothèque de M. Colbert, num. 1612, [& est aujourd'hui dans celle du Roi.]

35085. Chronica Monasterii de Mailros inchoata per Abbatem Dundrainaud, ab anno 735, & continuata per varios usque ad annum 1270.

Cette Chronique est imprimée dans Thomas Gale, *pag.* 135 du tom. III. de son Recueil des *Historiens d'Angleterre: Oxonii,* 1692, *in-fol.*

⁂ « On croit que le premier Compilateur de cet Ouvrage a été un Abbé ou un Prieur de Dundrainand, » dans la Province de Galloway, qui étoit une filiation » de Mailros. Mais cette Chronique a été ensuite continuée par différentes mains, jusqu'en 1270. Il y a » fort peu de chose concernant l'Histoire Septentrionale » de ce Royaume, avant l'an 1142, qui a été le temps » de la fondation du petit Monastère de Dundrainand, » excepté ce qui est tiré de Florent de Worcester & de » Matthieu de Westminster. Le Continuateur, depuis » l'an 1262, quel qu'il puisse être, est aussi ennuyeux & » aussi bisarre qu'aucun Moine puisse l'être ». Nicholson, *pag.* 62.

35086. Histoire générale d'Angleterre, Eccléſiaſtique & Civile ; par Jacques Tyrell: London, 1698, *in-fol.* 3 vol. (en Anglois.)

Le Tome II. commence à l'an 1066, & le troisième finit en 1272.

35087. Mſ. Chronica quædam, cum Continuatione Raynaldi seu Reginaldi, Archidiaconi sancti Mauricii Andegavensis.

Cette Chronique est attribuée à Frodoard, Moine de Saint-Alban, qui l'a finie à l'année 996, & la Continuation de Reinauld va jusqu'en 1277. Elles sont conservées dans la Bibliothèque du Vatican, entre les Manuscrits de la Reine Christine, num. 264, & la Continuation est conservée à Londres dans la Bibliothèque du Chevalier Cotton, *Otho,* B. III. 4.

35088. Mſ. Chronicon de gestis ac nominibus Regum Angliæ usque ad annum 1278.

Cette Chronique est conservée dans la même Bibliothèque, *Nero,* IX. 3.

35089. Mſ. Chronica paucorum, ab origine Mundi ad annum Christi 1286. Inseritur Veridicum Regis Franciæ pro Rege Angliæ contra Barones.

Cette Chronique est conservée dans la même Bibliothèque, *Julius,* D. V. 2.

35090. Mſ. Liber Chronicarum, ab anno 43. Regis Henrici III. ad annum 22. Regis Eduardi IV.

Cette Chronique, qui commence en 1250 & finit en 1293, est conservée dans la même Bibliothèque, *Claudius,* D.

35091. Mſ. Gualteri Conventriensis, Historia Regum Angliæ, à tempore Regis Elwaldradi ad tempora Regis Eduardi IV.

La Chronique de cet Auteur, qui vivoit sous les Rois Jean & Henri III. d'Angleterre, se conserve dans la même Bibliothèque, *Vitellius,* V. I.

⁂ « Ses trois Livres des Chroniques ou Annales qui » se trouvent au Collège de Bennet, n'ont rien de particulier, n'étant que des Collections de Geoffroy de » Montmorency, de Roger Hoveden, & de Henri Huntington. Il a peu de choses importantes qui ne se » trouve dans quelques-uns de ces Auteurs. On dit qu'il » a vécu à Coventri, l'an 1217 ». Nicholson, *pag.* 61.

35092. Mſ. Annales Monasterii Waverlaïensis, ab anno 1066, ad annum 1291.

Ces Annales sont imprimées dans Thomas Gale, *pag.* 129 du tom. II. de son Recueil des *Historiens d'Angleterre: Oxonii,* 1687, *in-fol.* « Cet Auteur les » a écrites avec tant d'exactitude, sur-tout dans ce qui » concerne ce Monastère, qu'on ne peut douter qu'il » n'en fût Moine ; mais tout grossier & impoli qu'il est, » il a été copié par plusieurs Auteurs, comme par Guillaume de Malmesburi, Robert du Mont, Henri Huntington, les deux Rogers, celui de Wendover & celui » d'Hovéden, & par plusieurs autres qui lui sont redevables ». *Gale,* dans sa Préface.

35093. Annalis Historia brevis in Monasterii sancti Stephani Cadomensis conscripta.

Voyez ci-devant, [Tome II. N.° 12447.]

35094. Mſ. Chronicon sancti Taurini Ebroïcensis, ab anno 1138, ad annum 1296.

Cette Chronique étoit entre les Manuscrits de du Chesne.

35095. Mſ. Chronica Regis Anglorum, Henrici III. ab anno Regni sui 43, ad annum 25 Regis Eduardi IV. (hoc est ab anno Chr. 1259-1297.)

Cette Chronique est conservée dans la Bibliothèque du Chevalier Cotton, E. III. 2.

35096. Mſ. Liber de gestis Regum Britonum, à Bruto ad annum 1298.

Ce Livre est conservé dans la même Bibliothèque, *Cleopatra,* A. I. 1.

35097. Mſ. Chronica de Regibus Angliæ, à Bruto usque ad annum 1301, quo claruit Auctor Petrus de Icham, Monachus Cantuariensis.

Cette Chronique est conservée dans la même Bibliothèque, *Vespasianus,* A. III. 1.

35098. Thomæ Wickes, Canonici Regularis sancti Augustini, (Osneïensis propè Cantuariam,) Chronicon Angliæ; aliter Chronicon Salisberiensis Monasterii, ab anno 1066, ad annum 1304.

La Chronique de cet Auteur, qui vivoit en l'an 1304, est imprimée dans Thomas Gale, *p.* 21 du tom. II. de sa Collection des *Hist. d'Angleterre: Oxonii,* 1687, *in-fol.* L'Exemplaire manuscrit de la Bibliothèque du Chevalier Cotton, *Tiberius,* A. IX. 6, va jusqu'en 1347.

35099. Mſ. Chronicon, ab orbe condito ad obitum Regis Eduardi IV. hoc est ad annum Christi 1307, à quodam Monacho Roffensi conscriptum.

Cette Chronique est conservée dans la même Bibliothèque, *Nero,* D. IV. 1, & au nombre suivant il y a une Continuation de Chronique jusqu'en 1377.

35100. La Vie des Rois Jean, Henri III. & Edouard I. (ou IV.) dans laquelle on établit & on défend le pouvoir suprême de ces

Rois par des Actes & des Regiſtres tirés de la Tour de Londres; par Guillaume PRYNNE: *London*, 1670, *in-fol.* (en Anglois.)

L'Auteur ſe rendit fameux du temps de Cromvel.

35101. Hiſtoire d'Edouard I. Roi d'Angleterre; par Guillaume HABINTONS, Chevalier: *London*, 1640, *in-fol.* (en Anglois.)

35102. Flores Hiſtoriarum collecti per MATTHÆUM Weſtmonaſterienſem, (ab anno 1066, ad annum 1307,) ſtudio Matthæi Parkeri: *Londini*, Marſhius, 1570, *in-fol.*

L'Hiſtoire de Matthieu de Weſtminſter, Moine de l'Ordre de S. Benoît, qui a fleuri en 1376, commence en 1066, & finit en 1307. Elle eſt auſſi imprimée dans Commelin, *pag.* 430 de ſa Collection des *Hiſtoriens d'Angleterre: Heidelbergæ*, 1587, *in-fol.*

« Cet Auteur eſt ainſi nommé, parcequ'il étoit Moine » de Weſtminſter; il porte le ſurnom de Florilège, à » cauſe de cet Ouvrage, qui eſt le principal. Il s'eſt fort » diſtingué en écrivant l'Hiſtoire de ſon Pays, & eſt » très-exact ſur-tout dans les dates. Après avoir conſulté » tous les Hiſtoriens d'Angleterre, & avoir remarqué » qu'ils ne s'accordoient point dans leurs calculs, (ce » qui jette dans un grand embarras;) pour y remédier, » il compoſa, avec beaucoup de ſoin, des Annales, depuis la naiſſance de Jeſus-Chriſt juſqu'à l'an 1307, » qui ont été continuées juſqu'en 1377, & il y marqua » le commencement & la fin du Règne de chaque Roi, » & de l'Epiſcopat du Métropolitain ». *Balée*, dans ſa *Bibliothèque des Ecrivains Anglois, pag.* 472.

✠ « Son Auteur favori eſt Matthieu Paris, qu'il » tranſcrit ſi exactement, qu'il ne peut ſe réſoudre à » l'abandonner, lors même qu'il traite des particularités » de ſon Monaſtère de S. Alban. Il renvoye quelquefois » dans les propres paroles de Matthieu Paris, aux Additions de cet Auteur, comme à ſon propre Ouvrage. » Quelques-uns ont conclu delà que tout l'Ouvrage, & » même ce qui précéde la Conquête, vient de la même » main. Mais j'ai peine à le croire, puiſqu'on voit régner » dans l'une & dans l'autre partie une certaine négligence, dans la manière d'écrire, très-oppoſée à l'exactitude de Matthieu Paris. Il eſt plus vraiſemblable que » Roger de Wendover eſt le père commun de l'Ouvrage attribué aux deux Matthieu, & que la plus » grande partie de ce qui a été publié ſous leur nom, » vient de la même main. La première Edition eſt étrangement corrompue & défigurée, ſur-tout dans ce qui » ſuit l'an 1245 ». *Nicholſon, pag.* 66.

35103. Chronicon Nicolai TREVETH, Angli, Dominicani; ſeu Annales Regum Angliæ, qui à Comitibus Andegavenſibus ſuam traxerunt originem ſecundùm lineam maſculinam.

Cette Chronique de Treveth, mort en 1328, eſt imprimée dans d'Acheri, tom. VIII. de ſon *Spicilège, pag.* 411. « Elle contient l'Hiſtoire de ce qui eſt arrivé » de remarquable dans l'Europe, depuis l'an 1156 juſqu'en 1307, & principalement de ce qui s'eſt paſſé » en Angleterre ſous le Règne des Princes de la Maiſon » d'Anjou. Quoiqu'elle ſoit ſuccincte, elle eſt aſſez exacte; » & l'on y trouve beaucoup de choſes dont les autres » Auteurs n'ont point parlé ». *Journal des Sçavans*, du 15 d'Octobre 1668.

35104. Mſ. GUALTERI, Hemingsfordii Gyſburnenſis Cœnobii, Canonici Regularis, Hiſtoria de Regibus Angliæ, à Guillelmo Baſtardo ad Eduardi II. Regis tempora.

Cette Chronique de Gautier de Gyſburne, mort en 1347, eſt conſervée dans la Bibliothèque du Chevalier Cotton, *Tiberius*, A. IV. 4. Thomas Gale en a fait imprimer la première partie, *pag.* 455, du tom. I. de ſa Collection des *Hiſtoriens d'Angleterre*.

35105. Mſ. Chronicon Monaſterii de Hales, continens geſta Britannorum, à Bruto uſque ad annum 1314.

Cette Chronique eſt conſervée dans la même Bibliothèque, *Cleopatra*, D. III. 1.

35106. Mſ. Breve Chronicon per annos digeſtum, à Rege Guillelmo I. ad annum 1314.

Cette Chronique eſt conſervée dans la même Bibliothèque, *Cleopatra*, D. IX. 7.

35107. Mſ. Annales, ab incarnato Chriſto ad annum 1325; per Monachum quemdam Monaſterii ſancti Auguſtini Cantuarienſis.

Ces Annales ſont conſervées dans la même Bibliothèque, *Vitellius*, X. 1.

35108. Vita & mors Eduardi II. Regis Angliæ: conſcripta à Thoma DE LA MOOR, Equite Aurato, & ejuſdem Regis famulo, ab anno 1307, ad annum 1326, Canonico Oſneïenſi.

Cette Hiſtoire, écrite en François par l'Auteur, & traduite, à ſa prière, en Latin par Gautier Barker, eſt imprimée dans Cambden, *pag.* 593 de ſa Collection des *Hiſtoriens d'Angleterre: Francofurti*, 1602, *in-fol.*

35109. Mſ. Brevis Hiſtoria Regum Anglorum, hoc eſt à Bruto ad depoſitionem Eduardi II. partim Gallicè, partim Latinè.

Cette Hiſtoire eſt conſervée dans la Bibliothèque du Chevalier Cotton, *Domitianus*, II.

35110. Hiſtoire déplorable de la vie & de la mort d'Edouard II. & de la chûte de ſes Miniſtres Gaveſton & Spencer; par François HUBERT: *London*, 1628, *in-*8. (en Anglois.)

35111. Hiſtoire de la Vie, du Règne & de la mort du même; par Edmond FELS: *London*, 1680, *in fol.* (en Anglois.)

35112. La Vie du Prince inforcuné Edouard II. Roi d'Angleterre, avec des remarques politiques ſur ſon Règne, & la fortune de Gaveſton & de Spencer; par Jean CARRY, Vicomte de Faulkland: *London*, 1680, *in-*8. (en Anglois.)

35113. Hiſtoires civiles d'Angleterre, tirées des Auteurs Anglois; par (Jean-Baptiſte) DE ROSEMOND: *Amſterdam*, Deſbordes, 1690, *in-*12. 2 vol.

Cette Hiſtoire eſt diviſée en deux parties, dont la première contient une Relation ſuivie de ce qui s'eſt paſſé ſous le Règne d'Edouard II. depuis l'an 1307 juſqu'en 1326. La ſeconde raconte les Guerres des Maiſons d'Yorck & de Lancaſtre.

35114. Mſ. Hiſtoire d'Edouard II. avec un commencement de celle d'Edouard III.

35115. Mſ. Chronica bona & copioſa, à Noë uſque ad hunc diem; hoc eſt ad Coronationem Regis Richardi II. anno 1333.

35116. Mſ. Liber Annalium Regum Anglorum, ab adventu Guillelmi Conquæstoris ad Richardum II. hoc est ab anno 1066, ad annum 1336, per quemdam Monachum de Bruiton.

35117. Mſ. Additamenta Chronicorum Prosperi Aquitanici, præsertim de rebus Anglicis, ab anno Christi 466, ad annum 1339; per Gulielmum LAMBARDUM, Armigerum, transcripta anno 1566.

35118. Mſ. Suppletio Historiæ Regum Angliæ quantùm ad Reges Saxonum, Danorum & Normannorum; extracta per Joannem PIKE, usque ad annum 1310, quo decollatus est Dux Lancastriæ apud Pontem fractum.

Ces cinq Manuscrits sont conservés dans la Bibliothèque du Chevalier Cotton, *Julius*, A. 4. *Nero*, D. VI. 11. *Otho*, A. IV. 1. *Titus*, A. XIII. 2. *Julius*, D. V. 1.

35119. Edouard, Roi d'Angleterre: nouvelle historique: *Paris*, Barbin, 1696, *in-12.* 2 vol.

Ces Volumes ne contiennent l'Histoire du Roi Edouard III. que jusqu'à la mort du Comte d'Artois, en 1343. Il y a plusieurs circonstances véritables mêlées avec des événemens singuliers qui sentent le Roman.

35120. Mſ. Chronicon, à Bruto ad annum Christi 1346.

Cette Chronique est conservée dans la Bibliothèque du Chevalier Cotton, *Cleopatra*, D. II. 1.

35121. Mſ. Histoire d'Angleterre, depuis Brutus jusqu'à l'année 1356.

Cette Histoire est conservée à Cambrige, dans le Collége de la Trinité, num. 3.

35122. Radulphi HIGDENI, Cestriensis Monachi Benedictini, Polychronici Libri septem, ex Anglico in Latinum conversi à Joanne Trevisa, Sacerdote, & edita curâ Gulielmi Caxtoni: *Londini*, 1482, *in-fol.*

« Cet Auteur a composé son Histoire de longs Frag-
» mens tirés d'autres Histoires dont il cite les Auteurs;
» en sorte qu'il n'a mis du sien que dans le dernier Li-
» vre. Il a fait néanmoins si heureusement sa compila-
» tion, qu'il y a peu de nos Historiens, (dit Thomas
» Warthon dans son Addition à l'*Histoire Littéraire de*
» *Guillaume Cave*, sous l'année 1357,) qu'on lui puisse
» comparer pour sa bonne-foi, sa gravité & son juge-
» ment. Les cinq premiers Livres contiennent l'Histoire,
» depuis le commencement du Monde jusqu'à l'irrup-
» tion des Danois en Angleterre: le sixième commence
» à la Conquête des Normands, en 1066, & le sep-
» tième finit à l'année 1357 ». Raoul de Higden est mort en 1363.

35123. Histoire générale de Normandie, contenant les choses mémorables advenues depuis les premières Courses des Normands Payens, tant en France qu'aux autres Pays Etrangers, de ceux qui s'emparèrent de la Neustrie sous Charles le Simple; avec l'Histoire de leurs Ducs, de leur Généalogie, & leurs Conquêtes tant en France, Italie, Angleterre, qu'en l'Orient, jusqu'à la réunion de la Normandie à la Couronne de France; par Gabriel DU MOULIN, Curé de Maneval: *Rouen*, Osmont, 1631, *in-fol.*

Cette Histoire commence à l'an 800 de Jesus-Christ; & finit en 1361.

☞ On trouve au commencement: = Discours de la Normandie. = De l'ancienne Normandie & furent des Normands exercées en France avant la venue du Prince Rhou (ou Rol.)

On trouve à la fin: = Catalogue des Seigneurs de Normandie & autres Princes de France, qui furent en la Conquête de Hiérusalem sous Robert Courte-Haye, Duc de Normandie, & Godefroy de Bouillon, Duc de Lorraine, avec la curieuse Remarque de toutes les Armes & Armoiries. = Catalogue des Seigneurs renommés en Normandie, depuis Guillaume le Conquérant jusqu'en l'an 1212, sous Philippe-Auguste, Roi de France, qui conquesta le Duché de Normandie. = Noms de 119 Gentilshommes qui défendoient si bien le Mont Saint-Michel, l'an 1433, que les Anglois ne purent le prendre.

Dans l'Exemplaire qui est à Dijon, dans la Bibliothèque de M. Fevret de Fontette, il y a plusieurs Additions Manuscrites.]

35124. Mſ. Chronica Angliæ, ubi de gestis Anglorum, Gallorum & Scotorum bellis infinitis & miseriis.

Cette Chronique, qui finit en 1367, est conservée à Oxford, dans la Bibliothèque de Bodley, num. 1948.

35125. Mſ. Chronicon, à Bruto ad annum Christi 1367.

35126. M. Annales præcipuè de Rebus Anglicanis, ab anno 1066, ad annum 1374; per Wilhelmum DE SCHEPSEVED, Monachum Abbatiæ de Crokysden, in Comitatu Staffordiensi.

Ces deux Manuscrits sont conservés dans la Bibliothèque du Chevalier Cotton, *Julius*, B. III. 9, & *Faustina*, D. VI. 6.

35127. Mſ. Chronica Angliæ, à Bruto ad Regem Eduardum III.

Mſ. Chronica de Gente Anglorum, à Bruto ad Eduardum III.

Mſ. Chronique d'Angleterre, depuis Brutus jusqu'à Edouard III.

Ces trois Manuscrits sont conservés dans la même Bibliothèque, *Titus*, A. XII. 1. *Domitianus*, A. XII. 1. *Cleopatra*, D. III. 3. C'est, sans doute, la même Chronique, dont il y a quelque changement dans le titre; & l'on peut croire que toutes celles qui sont anonymes sont les mêmes, continuées de temps en temps.

35128. Mſ. Chronica compendiosa de Regibus Angliæ tantùm, à Noe ad annum Christi 1377.

Cette Chronique est conservée dans la même Bibliothèque, *Claudius*, D. X.

35129. Mſ. Histoire d'Edouard III. Roi d'Angleterre; par ROBERT d'Evesburi.

Ce Roi est mort en 1377. Son Histoire est conservée à Cambrige, dans la Bibliothèque du Collège de la Trinité, num. 3.

35130. Mſ. Gesta Eduardi III. ea fusè complectentia quæ contra Regem Galliæ acta funt, & alia Opuscula.

Cette Histoire est conservée à Oxford, dans la Bibliothèque de Bodley, num. 2454.

35131. Mf. Fragmenta quædam de rebus Eduardi II. & Eduardi III. Regum Angliæ.

Ces Fragmens sont conservés, dans la Bibliothèque du Chevalier Cotton, *Cleopatra*, I. 2.

35132. Histoire d'Angleterre, depuis le commencement de la Nation jusqu'à Edouard III. par Samuel DANIEL: *London*, 1602, 1618, 1621, *in-fol.* (en Anglois.)

La même, avec la Continuation, jusqu'en 1484; par Jean TRUSSEL: *London*, 1638, 1650, 1685, *in-fol.* (en Anglois.)

※ « Cette Histoire ne vient que jusqu'à la fin du » Règne d'Edouard III. mais elle est écrite d'un style » si exact & si riche qu'elle attache beaucoup : aussi » a-t-elle été reçue avec tant d'empressement, » qu'en peu de temps on en a fait plusieurs impressions. » Elle a été continuée par Trussel; mais cet Auteur n'a » pas eu le même applaudissement que Daniel ». *Nicholson*, pag. 72.

35133. Histoire d'Edouard III. par Josué BARNES: *Cambrige*, 1688, *in-fol.* (en Anglois.)

35134. Mf. Chronicon rerum Anglicanarum, ab anno 1066, ad annum 1390.

Cette Chronique est conservée à Oxford, dans la Bibliothèque de Bodley, num. 1510.

35135. Chronicon Guillelmi THORNE, Monachi sancti Augustini Cantuariensis, de rebus gestis Abbatum ejus Monasterii, ab anno 1066, ad annum 1397.

Cette Chronique de Guillaume Thorne, qui fleurissoit en 1380, est imprimée dans Twysden, p. 1585, de sa Collection des *Historiens d'Angleterre*: *Londini*, 1652, *in-fol.*

« Cet Auteur fait paroître en toutes occasions sa » bonne-foi & son exactitude. Il a emprunté de Tho- » mas Sporte la première partie de sa Chronique jus- » qu'à l'an 1272, dont il n'a retranché que très-peu de » choses ». *Wartbon*, dans son Addition à l'*Histoire Littéraire* de Guillaume Cave, sous l'année 1378.

35136. Mf. Histoire de Richard II. Roi d'Angleterre: *in-fol.*

Ce Roi est mort en 1399. Son Histoire [étoit] dans la Bibliothèque de M. Colbert, num. 5541, [& est aujourd'hui dans celle du Roi.]

35137. Mf. Chronique de Richard II. Roi d'Angleterre; par Jean LE BAUD, Chanoine de Saint-Lambert de Liège, Conseiller de Jean, Comte de Haynault: *in-fol.*

Cet Auteur a fleuri l'an 1390. Sa Chronique est conservée dans la Bibliothèque précédente, num. 1051, 1960. Froissard avoue qu'il s'en est beaucoup servi.

35138. Historia Vitæ & Regni Richardi II. Regis Angliæ scripta à Monacho quodam de Evesham [consignata, &c. *Oxonii*, 1729, *in-8.*]

Cette Histoire est conservée [en Manuscrit] dans la Bibliothèque du Chevalier Cotton, *Claudius*, B. IX. 1.
☞ Elle a été imprimée par les soins de Thomas Hearne.]

35139. Henrici KNIGHTON, Canonici Regularis Leycestriensis, Chronici Libri quinque, ab anno circiter 930, ad mortem Richardi II.

Cette Chronique de Knighton, qui fleurissoit en 1399, où il l'a finie, est imprimée dans Twysden, pag. 2391 de sa Collection des *Historiens d'Angleterre*: *Londini*, 1652, *in-fol.*

« Cet Historien, qui est des meilleurs, a rapporté » avec beaucoup de soin & de fidélité les Affaires d'An- » gleterre. Il abrége fort, dans le premier Livre, ce » qui s'est passé sous les Rois Saxons jusqu'en 1066. » Dans les trois suivans, qui vont jusqu'en 1378, il ne » fait qu'extraire presque de mot à mot la Chronique » de Ranulfe de Higden ». *Warthon*, dans les *Additions à l'Histoire Littéraire* de Guillaume Cave, sous l'année 1395.

35140. ☞ Mf. Henrici KNITTHON, de Eventibus Angliæ: *in-4.*

Ce Manuscrit de 236 feuillets en parchemin, & d'une écriture du temps de l'Auteur, se trouve dans la Bibliothèque Britannique, à Londres, parmi les Manuscrits de la Bibliothèque Cottonienne, *Tiberius*, C. 7. M. de Brequigny m'a envoyé à son sujet la Note suivante.

« C'est le Manuscrit même qui a servi à l'Edition de » cet Ouvrage, dans le Recueil des *Historiens d'An- » gleterre*, donné à Londres en 1652. Quelques-uns » ont cru qu'il étoit écrit de la main de l'Auteur même » mais les preuves qu'ils en donnent ne me paroissent » pas suffisantes. Une singularité remarquable dans ce » Manuscrit, est que la Lettre initiale de chacun des » Chapitres des trois premiers Livres de cet Ouvrage » forment, à diverses reprises, le nom de l'Ecrivain » Henricus Cnitthon. Il contient l'Histoire d'Angle- » terre, depuis l'expulsion d'Edwin & le Règne d'Ed- » gar son frère, jusqu'à l'an 1395. On y trouve la la- » cune de 10 ans, qui se rencontre dans l'imprimé : on » comptoit, sans doute, la remplir; car en cet endroit » on a laissé deux feuillets blancs. Ce Manuscrit a un » peu souffert du feu qui en a crispé les feuillets, mais » sans endommager l'écriture. Il y a dans la même Bi- » bliothèque un autre Manuscrit copié sur celui-ci ».]

35141. La Vie & le Règne de Richard II. par un Gentilhomme: *London*, 1681, *in-8.* (en Anglois.)

35142. Mf. Annales Regum Angliæ, à Bruto ad tempora Regis Henrici IV. hoc est ad annum Christi 1399; per Thomam DE ELHAM, Priorem Monasterii sanctæ Trinitatis Lantoniæ.

Ces Annales sont conservées dans la Bibliothèque du Chevalier Cotton, *Claudius*, E. IV. 1.

35143. Mf. Chronicon Angliæ per Guillelmum RISHANGER, Monachum Albanensem, ab anno 1259, ad annum tantùm 1304; (deficientibus quinquaginta sex annorum Annalibus usque ad annum 1360,) & deindè continuata ad depositionem Regis Richardi II. & Coronationem Regis Henrici IV. anno 1399.

La Chronique de cet Auteur, qui fleurissoit en 1360, est conservée dans la même Bibliothèque, *Justina*, D. IX. 1.

══ Les Guerres des François avec les Anglois, depuis l'an 1326 jusqu'en 1400; par Jean FROISSART.

Voyez ci-devant, [Tome II. N.º 17100.]

35144. Mſ. Flores Hiſtoriatum, cujus Libri pars tertia continet res geſtas in Angliâ, ab adventu Normannorum uſque ad finem operis; per Joannem DE ROCHFORT, Militem.

Cet Auteur fleuriſſoit en 1406. Son Hiſtoire eſt conſervée à Oxford, dans la Bibliothèque du Collège des Ames, num. 1412.

35145. Mſ. Chronica excerpta de medullâ diverſorum Chronicorum, præcipuè Radulphi Monachi: ſcripta per Henricum DE MARLEBURG, Vicarium de Baliſchadan, uſque ad annum 1406.

Cette Chronique eſt conſervée dans la Bibliothèque du Chevalier Cotton, *Vitellius*, E. V. 33.

35146. Hiſtoria brevis Thomæ WALSINGHAM, Norfolcienſis, Monachi ad ſancti Albani Fanum, ab Eduardo I. ad Henricum V: [*Londini*, 1574, *in-fol.*]

Cet Auteur fleuriſſoit l'an 1417, où il finit ſon Hiſtoire qui eſt [auſſi] imprimée dans Cambden, *pag.* 37 de ſa Collection des *Hiſtoriens d'Angleterre*: *Francofurti*, 1602, *in-fol.*

« Ce que rapporte Walſingham eſt ſi mal digéré, & » les dates y ſont ſi mal obſervées, qu'on n'y peut preſ- » que point faire aucun fond: pour un Moine du quin- » zième ſiècle, c'eſt pourtant un aſſez habile homme ». *Larroque*, à la *pag.* 47 de la *Critique de Varillas*.

✻ Le ſçavant Nicholſon en porte un jugement plus favorable, *pag.* 68. « Cette Hiſtoire commence à » la fin du Règne de Henri III. où Matthieu Paris finit » la ſienne; en ſorte qu'on peut le regarder comme un » des Continuateurs de cet Auteur. Son ſtyle répond » fort bien à ſa matière. On peut ſe contenter de la » connoiſſance qu'il donne des choſes dont il parle, & » nous lui ſommes redevables de pluſieurs faits que les » autres Ecrivains n'ont pas remarqués. Son Hiſtoire du » Règne d'Edouard II. eſt toute empruntée de Thomas » de la Mour ».

35147. Ejuſdem, Ypodigma Neuſtriæ ſeu Normanniæ, ab irruptione Normannorum uſque ad annum ſextum Henrici V. Regis Angliæ: edita ſtudio Matthæi Parkeri: *Londini*, 1574, *in-fol.*

Le même Ouvrage, qui finit en 1418, eſt auſſi imprimé dans Cambden, *pag.* 409 de ſa *Collection des Hiſtoriens d'Angleterre*: *Francofurti*, 1602, *in-fol.*

✻ « Cet Ouvrage a plus de rapport que le précédent » aux Affaires de Normandie. L'Auteur nous y donne » une Deſcription aſſez étendue de ce Duché, depuis » que Rollon, avec ſes Danois, en devint maître, » juſqu'à la ſixième année de Henri V. (ou de J. C. » 1418.) Le Lecteur y trouvera pluſieurs Evénemens » qu'il n'aura pas remarqués ailleurs ». *Nicholſon, p.* 68.

35148. Mſ. Le Siège de Rouen par Henri V. Roi d'Angleterre, en 1419, (en Anglois.)

Cette Deſcription eſt conſervée dans la Bibliothèque de Bodley, num. 3562.

35149. Mſ. Collectanea de Actis Regis Anglorum, Henrici V. in Gallia.

Ce Recueil eſt conſervé dans la Bibliothèque du Chevalier Cotton, *Tiberius*, B. 6.

35150. Mſ. Chronica Henrici V. Regis Angliæ, ab anno 1413, ad annum 1422.

Cette Chronique [étoit] dans la Bibliothèque de M. Baluze, num. 685, [& eſt aujourd'hui dans celle du Roi.]

35151. Mſ. Chronique de Normandie juſqu'en 1422.

Cette Chronique eſt conſervée dans la Bibliothèque du Vatican, entre les Manuſcrits de la Reine Chriſtine, num. 687.

35152. ✻ Titi LIVII, Forojulienſis, Vita Henrici V. ſtudio Thomæ Hearne edita: *Oxonii*, 1716, *in-8.*

L'Auteur, qui étoit contemporain, & Italien de naiſſance, s'eſt caché ſous le nom de Tite-Live, dont il a imité la fidélité dans ſa narration; mais il n'a pas imité l'élégance de ſon ſtyle. Etant en Angleterre, il écrivit cette Hiſtoire à la prière de Humfroy, Duc de Gloceſter, frère du Roi.

35153. Hiſtoire du Règne de Henri V. Roi d'Angleterre; par Thomas GOODWIN: *London*, Sprint, 1704, *in-fol.* (en Anglois.)

Ce Roi eſt mort en 1422.

35154. Mſ. Chronicon Angliæ, à Bruto ad Regem Henricum VI.

Mſ. Aliud Chronicon, quod inſcribitur: Geſta vel Chronica diverſorum Regum & Principum, à Bruto ad Henricum VI. appellatur quoque initio: Breviarium Regum Anglorum.

Ces Chroniques ſont conſervées dans la Bibliothèque du Chevalier Cotton, *Domitianus*, A. IV. 2.

35155. Mſ. Chronique de Normandie juſqu'en 1213, continuée juſqu'en 1427: *in-fol.*

35156. Mſ. Chronique de Normandie, depuis l'an 1181 juſqu'en 1430.

35157. Mſ. Ancienne Chronique de Normandie, depuis le temps de Philippe I. Roi de France, juſqu'à l'an 1433.

Ces trois Chroniques [étoient] dans la Bibliothèque de M. Colbert, num. 986 & 1424, [& ſont aujourd'hui dans celle du Roi.]

35158. Mſ. Ancienne Chronique d'Angleterre & de Normandie: *in-fol.*

Cette Chronique [étoit] dans la Bibliothèque de M. le Chancelier Seguier, num. 170, [aujourd'hui à S. Germain des Prés.]

35159. Mſ. Brevis Hiſtoria Regum Angliæ, à Rege Guillelmo I. ad tempora Regis Henrici VI. hoc eſt ad annum 1447.

Cette Hiſtoire eſt conſervée dans la Bibliothèque du Chevalier Cotton, *Titus*, D. XV. 2.

═ Du Recouvrement du Duché de Normandie, & du reſte de la Guyenne, en 1448.

Voyez ci-devant, [Tome II. N.ºs 17149-17252.]

35160. Les Chroniques & excellens faits des Ducs, Princes, Barons & Seigneurs de la noble Duché de Normandie. Et avec les Guerres & Diſſentions qui ont été entre les François, Normands & Anglois: *Paris*, Jean de Saint-Denis, 1535, *in-4.*

35161. L'Hiſtoire & Chronique de Normandie;

Histoires de Normandie.

mandie, contenant les Faits & Gestes des Ducs & Princes dudit Pays, depuis Aubert, premier Duc, l'an de Jesus-Christ 751, jusqu'à la derniere réduction d'icelle, (en 1450:) vieille Edition, *in-8*.

La même, revue, continuée & augmentée : *Rouen*, 1558, 1578, 1581, 1589, 1610, 1640, *in-8*.

35162. Ms. Histoire chronologique d'Angleterre, depuis Brutus jusqu'au Roi Henri VI. par Guillaume DE REGIBUS : (en Anglois.)

Cette Histoire est conservée dans la Bibliothèque de Bodley, num. 7430, 7433.

35163. ☞ Ms. Les anciennes Chroniques du Pays de Normandie, sur papier, en lettres Gothiques, vers l'an 1460 : *in-fol*.

C'est le num. 3155 du Catalogue de M. Gaignat.]

35164. Ms. Chronique d'Angleterre, depuis Brutus jusqu'en 1465.

Cette Chronique est conservée dans la Bibliothèque du Chevalier Cotton, *Galba*, E. V.

== Chronicon Beccensis Abbatiæ, ab ipsa Fundatione ad annum 1467.

Voyez ci-devant, [Tome I. N.º 11692.]

35165. Ms. Chronique en Vers Anglois, depuis l'an 1066 jusqu'en 1470; par Jean HARDING.

Cet Auteur vivoit en 1470. Sa Chronique est conservée dans la Bibliothèque de Bodley, n. 3366.

35166. Ms. Joannis ROSSI, Warvicensis, Historia, à Bruto ad tempora Henrici VII. seu ad annum Christi 1486.

Cette Histoire est conservée dans la Bibliothèque du Chevalier Cotton, *Vespasianus*, A. XII.

35167. Ms. Ancienne Chronique de Normandie : *in-fol*.

Cette Chronique [étoit] dans la Bibliothèque de M. Colbert, num. 848, 907, 986, [& est aujourd'hui dans celle du Roi.]

35168. Chronique de Normandie : 1487, *in-fol*.

Daniel Huet, dans ses *Origines de Caën*, pag. 12, dit que l'ancienne Chronique de Normandie a été écrite en l'année 1487, par Guillaume LE TALLEUR, de Rouen.

✻ Ce sçavant a voulu dire, sans doute, continuée jusqu'à cette année; car il y en a plusieurs qui finissent au Règne de Philippe-Auguste, & d'autres depuis.

☞ Ce Livre est intitulé : *Les Chroniques de Normandie*, par Guillaume LE TALLEUR, & imprimé dans son Hôtel à Rouen, en l'année 1487, en lettres Gothiques.]

35169. ☞ Observations des Antiquités Anglo-Normandes, dans un Voyage au travers d'une partie de la Normandie; par le Docteur DU CAREL : *Londres*, 1766, *in-fol*. (en Anglois.)

35170. ☞ Ms. Chroniques d'Angleterre : *in-fol*. 14 vol.

Ce Recueil est parmi les Manuscrits de MM. Godefroy, dans la Bibliothèque de la Ville de Paris, n. 498-511.]

35171. Polydori VIRGILII, Urbinatis, Wellensis Archidiaconi, Historiæ Anglicanæ, Libri XXVI. quam Henrico VIII. dedicavit anno 1533 : *Basileæ*, 1534, *in-fol*.

✻ Eadem, multis in locis ab Autore recognita : *Basileæ*, 1536, *in-fol*.

Eadem, à Simone Grynæo recognita : *Basileæ*, 1556, 1570, *in-fol*.

Eadem, ex recensione Antonii Thysii : *Lugduni-Batavorum*, 1649, *in-8*.

La même, traduite en François par Gabriel de Collange, de Tours en Auvergne.

Ce Traducteur fleurissoit en 1561. Son Ouvrage est cité par de la Croix du Maine.

« Paul Jove révoque en doute la bonne-foi de Po-
» lydore Virgile ; car il lui fait un reproche de ce que
» contre le sentiment des Ecossois & des François, il a
» inséré en faveur des Anglois bien des choses dans son
» Histoire, suivant plutôt le jugement des autres que
» le sien propre ; & de ce qu'en rapportant les noms
» des particuliers, il s'est trop étendu sur leurs louan-
» ges pour les flatter dans leur ambition. Son Ouvrage
» n'a pas été plus agréable aux Sçavans d'Angleterre.
» Savill en parle ainsi dans la Préface de sa *Collection
» des Historiens d'Angleterre*. Polydore Virgile, dit-il,
» étoit un Italien, fort ignorant dans nos affaires : mais
» ce qui mérite le plus d'attention, c'est qu'il ne sçavoit
» point du tout les intérêts de l'Etat ; il avoit d'ailleurs
» aussi peu de génie que de jugement. Il ne faisoit que
» des extraits des Livres plus étendus, & prenoit sou-
» vent le mensonge pour la vérité : ainsi il nous a laissé
» une Histoire pleine de fautes, & qui est écrite d'une
» manière séche & décharnée ». *Vossius*, Chapitre XII.
du Livre III. des *Historiens Latins*, pag. 678.

✻ « Polydore Virgile est, pour l'élégance & la clarté
» de son style, l'écrivain le plus accompli que ce siècle
» ait fourni. Ses ennemis les plus déclarés lui ont re-
» proché son amour pour le merveilleux & le ro-
» manesque, & c'est sur ce fondement que quelques-uns l'ont re-
» levé d'une manière excessive. Mais il possédoit si peu
» les autres qualités nécessaires à un Historien , qu'il
» sont l'amour de la vérité & une manière d'écrire hon-
» nête, qu'il a été justement condamné par nos Criti-
» ques. Brian-Tuke a écrit une Chronique où il se pro-
» pose uniquement de venger l'honneur de la Nation
» Angloise des accusations dont Polydore Virgile l'a-
» voit chargée dans son Histoire. Savill en parle encore
» avec plus de chaleur ; mais sa Critique a paru si peu
» outrée , que plusieurs de nos derniers Ecrivains ont
» pensé de même ; & que Humfroy Lhuyd, son con-
» temporain, a encore enchéri sur le jugement de Sa-
» vill ». *Nicholson*, pag. 70.

35172. ☞ Joannis PRISCI Historia Britannicæ Defensio : *Londini*, 1513, *in-4*. cui addita Humfredi LHUYD, de Monâ Druidum Insulâ Epistola.

Cet Ouvrage est une réfutation de l'Histoire de Polydore Virgile.]

35173. L'Histoire & la Vie des Rois d'Angleterre, depuis Guillaume le Conquérant jusqu'à la fin du Règne de Henri VIII. par Guillaume MARTYNS : *London*, 1615, 1628, *in-fol*. (en Anglois.)

35174. Ms. Chronique d'Angleterre, depuis Brutus jusqu'en 1565.

Cette Chronique est conservée dans la Bibliothèque du Chevalier Cotton, *Galba*, E. V.

35175. Discours des plus mémorables faits des Rois & grands Seigneurs d'Angleterre, depuis cinq cens ans; avec les Généalogies des Reines d'Angleterre & d'Ecosse; par Jean BERNARD, Secrétaire de la Chambre du Roi: *Paris*, 1579, *in-8*.

Le Père Labbe, *pag.* 282 de sa *Nouvelle Bibliothèque des Manuscrits*, rapporte une Chronique d'Angleterre, finissant en 1566, composée par Jean BESNARD, qu'il dit être dans la Bibliothèque du Roi, num. 831.

35176. Inventaire de l'Histoire de Normandie, depuis Jules-César jusqu'au Règne de Henri IV, Roi de France & de Navarre; par EUSTACHE, Sieur d'Anneville, Avocat au Parlement de Rouen: *Rouen*, Osmont, 1646, *in-4*.

Le même, sous ce titre: Abrégé de l'Histoire de Normandie: *Rouen*, 1665, *in-8*.

Ce seroit, selon l'Auteur du *Journal des Sçavans* de 1665, la meilleure Histoire de Normandie, si ce Livre n'étoit pas si court, & qu'il n'omît pas un grand ombre de faits importans.

35177. Histoire des Guerres, Traités, Mariages, &c. depuis Guillaume le Conquérant jusqu'au Roi Jacques I. par Edouard AISCU: *London*, 1607, *in-4*. (en Anglois.)

35178. Le Théâtre de la Grande-Bretagne, ou de la Conquête des Romains, des Saxons, des Danois & des Normands, depuis Jules-César jusqu'à Jacques I. Roi de la Grande-Bretagne, avec des Médailles & des Sceaux; par Jean SPEED: *London*, 1614, 1661, *in-fol*. (en Anglois.)

Idem Theatrum, nunc à Philemone Hollando latinitate donatum: *Amstelodami*, 1616, *in-fol*.

Ce Livre est fait avec beaucoup de soin & d'exactitude.

35179. Lamberti SYLVII, Florus Anglicus, à Guillelmo Conquæstore ad mortem Caroli I. Regis Angliæ: *Amstelodami*, 1651, *in-12*.

Le même: *London*, Miller, 1657, *in-8*. (en Anglois.)

L'Auteur s'appelle WOOD en langue vulgaire.

35180. Histoire d'Angleterre, d'Ecosse & d'Irlande; par André DU CHESNE, Géographe du Roi (de France:) *Paris*, 1614, *in-fol*.

La même, augmentée: *Paris*, 1634, *in-fol*.

La même, continuée jusqu'en 1640: *Paris*, 1657, *in-fol*. 2 vol.

35181. Histoire d'Angleterre, depuis les Romains jusqu'à la mort de Charles I. par Richard BAKER: *London*, 1641, 1670, *in-fol*. (en Anglois.)

La même, continuée par Edouard Philips: *London*, 1696, *in-fol*. (en Anglois.)

La même: *Amsterdam*, 1679, *in-fol*. (en Flamand.)

35182. ☞ Histoire des Révolutions d'Angleterre; par le P. (Pierre-Joseph) D'ORLÉANS, Jésuite: *Paris*, 1692-1694, *in-4*. 3 vol. 1724, *in-12*. 4 vol. *La Haye*, 1719, 1723, *in-12*. 3 vol.

Cette Histoire est estimée même par les Anglois. L'Auteur est mort en 1698.]

35183. Histoire d'Angleterre, depuis la Conquête de Guillaume, Duc de Normandie: *Rotterdam*, Leers, [1697, 1698,] 1707, [1713,] *in-fol*. [4 vol.]

Isaac LARREY, Gentilhomme du Pays de Caux, Historiographe des Etats-Généraux de Hollande, retiré à Berlin, [où il est mort en 1719,] est l'Auteur de cette Histoire. Elle n'avoit d'abord que deux Volumes, [qu'il donna en 1697 & 1698.] Il en a ajouté un autre [en 1707,] qui contient l'Histoire des Anglois jusqu'à cette Conquête, & un quatrième [en 1713;] où se trouve la Vie de Guillaume [III.] de Nassau, Roi d'Angleterre, [& Stathouder des Provinces-Unies.]

☞ Cette Histoire n'est pas tout-à-fait impartiale, & l'Auteur y fait voir le mécontentement qu'il avoit conçu contre sa patrie. Il ne s'accorde pas d'ailleurs avec lui-même dans l'*Histoire* qu'il a donné ensuite de *Louis XIV.* ci-devant, Tome II. N.° 24491.]

35184. Histoire d'Angleterre, jusqu'à la mort du Roi Jacques I. par Laurent ECHARD: *London*, 1707, *in-fol*. (en Anglois.)

35185. ☞ Histoire d'Angleterre; par M. (Paul) RAPIN DE TOYRAS, avec la Continuation: *La Haye*, 1727-1736, *in-4*; 13 vol.

Remarques sur cette Histoire; par TINDAL: *La Haye*, 1733, *in-4*. 2 vol.

La même, nouvelle Edition, augmentée par M. de S. M. (Saint-Marc:) *La Haye*, (*Paris*,) 1749. *in-4*. 16 vol.

Paul Rapin de Toyras étoit de Castres, & Calviniste. Après la révocation de l'Edit de Nantes, en 1685, il se retira en Angleterre, d'où il passa dans la suite en Hollande. Il est mort, en 1725, à Wesel, dans le Pays de Clèves. Son Histoire d'Angleterre a fait tomber celle de Larrey. M. de Saint-Foix, qui s'est proposé de répondre aux reproches qu'il fait à nos Rois & à notre Nation, dans la Partie III. de ses *Essais historiques sur Paris*, en parle ainsi, *pag.* 85, Edition de 1766.

« On lira toujours avec plaisir l'Histoire de Rapin
» de Toyras. Son style, quoique peu châtié, est agréa-
» ble; l'ordre, la netteté de sa narration & d'heureuses
» transitions entraînent & attachent sans cesse le Lec-
» teur. Il égale les meilleurs Historiens de l'antiquité,
» par la façon de préparer, d'arranger, de présenter les
» évènemens & d'en faire voir les causes. Mais il étoit
» né François; la révocation de l'Edit de Nantes l'o-
» bligea de sortir de sa patrie; il la haïssoit, peut-être
» parcequ'il la regrettoit. On remarque fréquemment
» son animosité contre elle, & la partialité la plus mar-
» quée pour la Nation dont il écrivoit l'Histoire. »

35186. ☞ Histoire véritable, & secrette des Vies & des Règnes de tous les Rois & Reines d'Angleterre, depuis Guillaume le Conquérant jusqu'à la fin du Règne de la Reine Anne, où l'on a joint un Abrégé de l'Histoire générale de chaque Règne, tiré des Manuscrits originaux & Histoires authentiques, traduite de l'Anglois en François:

Amsterdam, Westeins & Smith, 1729, *in-12*. 3 vol.]

35187. ☞ Histoire de la Maison de Plantagenêt sur le Trône d'Angleterre, (précédée de l'Histoire depuis) l'invasion de Jules-César; par M. David HUME; traduite de l'Anglois par Madame B. *Amsterdam*, (*Paris*,) 1765, *in-4*. 2 vol.

Cette Traduction, comme la suivante, est de Madame Belot, aujourd'hui Madame la Présidente de Meinières.

Histoire de la Maison de Tudor, (depuis Henri VII. jusqu'à la mort d'Elisabeth;) par M. HUME, traduite de l'Anglois par Madame B. *Amsterdam*, (*Paris*,) 1763, *in-4*. 2 vol.

Histoire de la Maison de Stuart, (depuis Jacques I. jusqu'à la révolution de 1688, ou l'évasion de Jacques II.) par M. HUME, traduite de l'Anglois par l'Abbé Prévost : *Londres*, (*Paris*,) 1756, *in-4*. 3 vol.

A la fin du dernier Volume est un Appendix du Traducteur, qui contient diverses Observations sur Charles II. & Jacques II.

Ces trois Histoires, que M. Huine a publiées en différens temps, & en commençant par les dernières, forment un corps complet de l'Histoire d'Angleterre. On y trouve, (dit-on,) l'Histoire des Hommes, jointe à la relation des faits.]

35188. ☞ De l'ancienne Duché-Pairie de Normandie, & Pièces qui la concernent.

Dans l'*Histoire Généalogique* du Père Simplicien, tom. II. 1726, pag. 462.]

Nouvelle érection en 1465. *Tom. III. p. 435.*]

35189. ☞ Chronologie historique des Ducs de Normandie.

Dans la seconde Edition de l'*Art de vérifier les Dates* : (*Paris*, Desprez, 1770, *in-fol.*) pag. 679.]

35190. Ms. Recherches de la Normandie; par Jean LE PREVOST, Chanoine de l'Eglise Cathédrale de Rouen.

Ces Recherches sont citées par Gilles-André de la Roque, au Chapitre XXXIX. de son *Traité de la Noblesse*, pag. 155, de l'Edition de 1678.

35191. ☞ Articles & Remontrances faites aux Etats tenus à Rouen, le 15 Novembre 1567, par les Députés; avec les Réponses & Ordonnances sur ce faites : *Rouen*, 1568. = Articles envoyés au Roi par les Commissaires tenans lesdits Etats : *Rouen*, 1568. = Articles & Réponses des Commissaires aux Etats de Rouen, en 1570, 1576, 1584, 1598, 1600, 1601, 1604, 1605, 1606, 1607, 1608, 1611 & 1612 : *in-4*.]

35192. Discours de ce qui s'est passé aux Etats Provinciaux de Normandie, en 1578 : *Rouen*, 1578, *in-8*.

= ☞ Séditions de Normandie : 1639 & 1640.

Voyez ci-devant, [Tome II. N.os 21978-21981.]

35193. ☞ Ms. Négociation de MM. d'O

Tome III.

& Séguier, pour les Tailles de Normandie: *in-fol.*

Ce Manuscrit étoit dans la Bibliothèque de M. Séguier, & doit être à S. Germain des Prés.]

35194. ☞ Défenses pour les Particuliers qui possèdent des Bois dans la Province de Normandie, contre la prétention des droits du tiers & danger; par M. GERARD, Avocat au Parlement de Rouen : *in-4*. (imprimé en 1673).]

35195. Histoire sommaire de Normandie, finissant en 1700, avec des Remarques; par l'Abbé DE MASSEVILLE : *Rouen*, 1698 & 1704, *in-12*. 6 vol.

☞ *Voyez* le *Journal des Sçavans, Août* 1688, Juillet 1691, Février 1705. = *Hist. des Ouvr. des Sçav. Mai* 1689. = *Merc. Août* 1688, *Mars* 1691. = *Journ. de Leipsick*, Supplément I, pag. 202, Supplément III, pag. 117.]

35196. Dissertation touchant quelques points de l'Histoire de Normandie, sur lesquels le nouvel Historien de Bretagne, [Dom Lobineau] s'est mépris.

Cette Dissertation de Claude du Moulinet, Sieur DES THUILLERIES, est imprimée avec celles qu'il a faites sur la *Mouvance de Bretagne* : *Paris*, 1711, *in-12*.

35197. ☞ De l'origine des noms de plusieurs Lieux de Normandie.

C'est ce qui se trouve dans les Chapitres XXI. XXII. & XXIII. des *Origines de la Ville de Caen*, par M. Huet : *Rouen*, 1702, 1706, *in-8*.]

35198. Les Beautés de la Normandie, avec l'Origine de la Ville de *Rouen*; par Jean OURSEL, Libraire : *Rouen*, 1700, *in-12*.

35199. ☞ Mémoire sur la hauteur du Pole à Rouen; par M. LE CAT; lu en l'Assemblée de l'Académie de Rouen, le 11 Novembre 1750.]

35200. ☞ Flambeau Astronomique : *Rouen*, Cabut, 1713-1745, *in-12*.

Cet Ouvrage se publioit chaque année, & on y mettoit divers Articles sur la Normandie, & en particulier sur la Ville de Rouen.]

35201. ☞ Calendrier Royal calculé pour le Méridien de Rouen, pour 1732, 1733 & 1739 : *Rouen*, *in-12*. 3 vol.]

35202. ☞ Urbis Rothomagi & Normanniæ Elogia, carmine Latino & Gallico, à variis Poetis scripta, cum Symbolis Regum & Epitaphiis Ducum Aurelianensium : *Rothomagi*, 1668, *in-8*.]

35203. ☞ Ms. De vetusta Northmannie Urbisque Rothomagensis nuncupatione Opusculum; auctore Baptista CANDELARIO, Consiliario Regis : anno 1528, *in fol.*

Ce Traité est conservé à Rome, dans la Bibliothèque de M. le Cardinal Ottoboni, cote P. & A. C. S. E. I. 10.]

== Chronicon Rothomagense, à Christo nato ad annum 1344.

Voyez ci-devant, [Tome II. N.° 17013.]

Ccc 2

35204. Mſ. Chronique de la Ville de Rouen, depuis l'an 1363 juſqu'en 1424 : *in-fol.*

35205. Mſ. Chronique de la Ville de Rouen juſqu'en 1514 : *in-fol.*

Ces deux Chroniques [étoient] dans la Bibliothèque de M. Colbert, num. 1424, 2552, [& ſont aujourd'hui dans celle du Roi.]

35206. Chronica inclitæ Urbis Rotomagenſis; per Magiſtrum DE LA MARRE, Advocatum in Parlamento.

Cette Chronique, qui commence à l'an de Jeſus-Chriſt 94, & finit en 1555, eſt imprimée à la fin de l'*Hiſtoire des Conquêtes des Normands*, compoſée par Gabriel du Moulin : *Rouen*, 1658, *in-fol.*

35207. Mſ. Hiſtoire de la Ville & Mairie de Rouen : *in-fol.*

Cette Hiſtoire [étoit] dans la Bibliothèque de M. Colbert, [& eſt aujourd'hui dans celle du Roi.]

35208. ☞ Mſ. Mémoire ſur la Ville de Rouen ; par M. l'Abbé YART, de l'Académie de cette Ville.

Dans les Regiſtres de cette Académie, 25 Juillet 1752.]

== ☞ Diſcours du Siége de la Ville de Rouen, en 1563.

Voyez ci-devant, [Tome II. N.° 17929.]

35209. Recueil des Antiquités & Singularités de la Ville de Rouen, avec le progrès des choſes admirables y advenues ; par Noël TAILLEPIED, Cordelier : *Rouen*, 1587, [1589,] 1610, *in-8.*

35210. ☞ Notice des Manuſcrits de la Bibliothèque de l'Egliſe Métropolitaine de Rouen, Primatiale de Normandie : *Rouen*, Boulenger, 1746, *in-12.*

Cette Notice a été publiée par M. l'Abbé SAAS.]

35211. ☞ La Notice des Manuſcrits de l'Egliſe Métropolitaine de Rouen ; par M. l'Abbé Saas, revue & corrigée par un Religieux Bénédictin de la Congrégation de S. Maur, (Dom TASSIN :) *Rouen*, Beſongne, 1747, *in-12.*

Ce n'eſt pas proprement la Notice revue & corrigée, mais une Critique de cette Notice.]

35212. ☞ Réfutation de l'Ecrit du Révérend Père Taſſin, Bénédictin de S. Ouen, ſur la Notice des Manuſcrits de l'Egliſe Métropolitaine de Rouen ; (par M. l'Abbé SAAS :) *Rouen*, Boulenger, 1747, *in-12.*

== ☞ Réduction de la Ville de Rouen à l'Union (ou la Ligue :) en 1588.

Voyez ci-devant, Tome II. N.° 18934.]

== Diſcours du Siége de la Ville de Rouen, en 1591.

== Le Siége de Rouen, en 1595.

Ces Relations ont été indiquées ci-devant, [Tome II. N.ᵒˢ 19358, 19385, 19979 & 19642.]

== ☞ Aſſemblées des Notables à Rouen, en 1596 & 1629.

Ibid. N.ᵒˢ 27554, 27957 & 27575.]

== ☞ Récit de ce qui s'eſt paſſé à Rouen, & dans la Province de Normandie, à l'arrivée du Roi Louis XIII. en 1620.

Ibid. N.° 20879.]

35213. Herculis GRISELII, Presbyterii, Faſti Rotomagenſes, ſeu Deſcriptio omnium rerum viſu dignarum in Urbe Rotomagenſi : *Rotomagi*, 1631, *in-4.* 2 vol.

L'Auteur de ces Faſtes, qui étoit un Prêtre de la Paroiſſe de Saint-Maclou de Rouen, fit imprimer ſon Ouvrage à ſes dépens. Il eſt écrit en Vers hexamètres, & eſt en douze Livres, portant chacun le nom d'un mois de l'année. Il y décrit les Fêtes, Proceſſions, Ouvertures du Parlement, Ouvertures des Claſſes, la Délivrance du Priſonnier qui lève la Fierte de Saint-Romain, & autres choſes qui ſe font chaque mois à Rouen. Il fait auſſi la Deſcription des Bâtimens, Antiquités & Curioſités qui ſont dans cette Ville ; avec des Notes miſes en marge, qui ſont fort curieuſes. L'Auteur eſt mort vers l'an 1677.

☞ *Voyez* Lenglet, *Méth. hiſtor. in-4. tom. IV. pag.* 200.]

☞ ON trouve pluſieurs Pièces qui ſervent à l'Hiſtoire de la Ville de Rouen, dans les *Preuves de la Vie du Cardinal d'Amboiſe*, par le Gendre, tom. *II. Rouen*, 1724, *in-12.*]

35214. Hiſtoire de la Ville de Rouen, contenant ſa Fondation, ſes Privilèges, l'Origine des Egliſes & Monaſtères, & la Recherche des Familles ; par François FARIN, Prieur de Notre-Dame du Val : *Rouen*, [1659, 1 vol.] *Ibid.* Herault, 1668, *in-12.* 3 vol.

Nouvelle Edition, augmentée, avec une Table : *Rouen*, 1710, *in-12.* 3 vol.

☞ *Voyez* le *Journ. des Sçav. Mai*, 1710. = Lenglet, Supplément à la *Méth. hiſt. in-4. pag.* 173.

La nouvelle Edition, 1.° au lieu d'avoir une Table alphabétique à chaque Volume, n'en a point, & celle de Farin en a une. 2.° Le fond de cette Hiſtoire eſt bien de Farin, mais gâté par Jean LE LORRAIN, Chapelain de l'Egliſe Métropolitaine de Rouen, mort en 1710.

Voyez le Supplément de Moréri de 1735.]

35215. ☞ Hiſtoire de la Ville de Rouen ; par M. François FARIN, Prieur du Val, troiſième (ou quatrième) Edition, revue, augmentée & corrigée, ſuivant les Mémoires fournis par la Nobleſſe : *Rouen*, 1738, *in-12.* 6 vol.

Le Tome I. ou la Partie 1. contient la Deſcription de cette Ville , l'état où elle étoit autrefois, & ce qu'elle eſt à préſent, avec un Abrégé des Ducs de Normandie. On trouve à la tête un Plan de la Ville de Rouen.

Le Tome II. ou la Partie 2. comprend la Nobleſſe, les Cours de Judicature, les Juriſdictions ſubalternes & les Grands-Hommes.

Le Tome III. ou la Partie 3. contient ce qui regarde la Cathédrale, les Dignités de ſon Chapitre, & ce qui eſt arrivé de plus mémorable ſous le Gouvernement des Archevêques.

Histoires de Normandie.

Le Tome IV. ou la Partie 4. traite des Conciles qui se sont tenus à Rouen, & ce qui regarde les Eglises Paroissiales qui sont dans l'enceinte de cette Ville.

Le Tome V. ou la Partie 5. contient les Paroisses des Fauxbourgs, les Chapelles, les Hôpitaux, les Sépultures de la Campagne, les Abbayes & une partie des Prieutés.

Le Tome VI. ou la Partie 6. comprend la Suite des Prieutés, & toutes les autres Communautés Religieuses.]

35216. ☞ Histoire de la Ville de Rouen, divisée en six parties; (par Dom IGNACE, Chartreux de Rouen, retiré à Utrecht, & revue par le Libraire du Souillet:) *Rouen, du Souillet, 1731*, 2 vol. *in-4*. & 6 vol. *in-12*.

Cette Histoire est mal rangée, & mal compilée de Farin.]

35217. ☞ Le grand Calendrier, ou Journal historique de la Ville & Diocèse de Rouen; Ouvrage dans lequel on voit quantité de fragmens de l'Histoire qui concernent la Ville & Diocèse de Rouen, comme aussi les années de la mort des Rois de France, Ducs de Normandie & Archevêques de Rouen; & le temps de l'établissement des Eglises, Jurisdictions, Bâtimens, Places, Fontaines & autres Ouvrages publics de ladite Ville : le tout distribué par chaque jour de l'année; avec les Fêtes du Bréviaire de Rouen ; par un Curé du Diocèse : *Rouen, 1698*, *in-12*.

L'Auteur se nommoit PEUFFIER, & il étoit Curé de S. Sever, Fauxbourg de Rouen.]

35218. ☞ Histoire de la Ville de Rouen ; par J. AMIOT : *Rouen, 1710.*]

35219. ☞ Abrégé de l'Histoire Ecclésiastique, Civile & Politique de la Ville de Rouen, avec son origine & ses accroissemens, jusqu'à nos jours : *Rouen, Oursel, 1759*, *in-12*.

Cet Abrégé a pour Auteur M. Pierre-François LE COQ DE VILLERAY, qui va donner une Histoire des Hommes célèbres de Normandie.]

35220. ☞ Recueil des Plans, Coupes & Elévations du nouvel Hôtel de Ville de Rouen, en six Planches ; avec une Epître dédicatoire & une Exposition succincte des Projets d'établissemens pour la Ville de Rouen; par M. LE CARPENTIER, Architecte du Roi: *Paris, Jombert, 1758, in-fol.*]

35221. ☞ Mf. Mémoire historique sur le Fort Sainte-Catherine ; par M. RONDEAU, de l'Académie de Rouen.

Ce Mémoire est conservé dans les Registres de cette Académie, 18 Juillet 1759.]

35222. ☞ Mf. Ordonnance du Bailli de Rouen, sur le Métier de Broderie, en 1477: *in-4*. sur velin.

Ce Manuscrit se trouve dans la Bibliothèque du Roi, & vient de celle de M. Falconet, num. 1409 de son Catalogue.]

35223. ☞ Statuts anciens & nouveaux, Ordonnances & Réglemens de la Communauté des Marchands Merciers, Drapiers de Rouen : *Rouen, 1732, 1749, in-4.*]

35224. ☞ Statuts, Ordonnances & Réglemens pour la Communauté des Marchands & Marchandes privilégiés de Grains de la Ville de Rouen : *Rouen, 1732, in-4.*]

35225. ☞ Recueil des Statuts des Marchands Bonnetiers de la Ville de Rouen : *Rouen, 1736, in-4.*]

35226. ☞ Statuts & Réglemens des Marchands Apothicaires-Epiciers, & des Marchands Epiciers, Ciriers, Droguistes & Confiseurs de Rouen : *Rouen, 1742, in-4.*]

35227. ☞ Statuts & Réglemens pour la Communauté des Maîtres Ecrivains de Rouen : *Rouen, 1742, in-8.*]

35228. ☞ Statuts, Ordonnances, Arrêts & Réglemens des Chandeliers de la Ville de Rouen : *Rouen, 1745, in-4.*]

35229. ☞ Statuts de la Communauté des Perruquiers de Rouen : *Rouen, 1753, in-4.*]

35230. ☞ Mf. Mémoire sur les Manufactures de Fayance établies dans la Ville de Rouen ; par M. BULLIOU, Supérieur des Chanoines Réguliers de S. Antoine à Rouen ; lu à l'Académie de Lyon le 19 Avril 1747.

Il est conservé dans les Registres de cette Académie.]

35231. ☞ Edits du Roi sur la création & établissement d'une Place commune & Jurisdiction des Prieurs & Consuls des Marchands en la Ville de Rouen: *Rouen, 1619, in-8.*]

35232. ☞ Recueil des Edits, Déclarations & Réglemens du Roi, concernant la Jurisdiction Consulaire, les Lettres, Billets de Change, &c. *Rouen, Besongne, 1718, in-12*.

Quoique le titre ne l'annonce pas, ce Recueil a été fait particulièrement pour la Jurisdiction Consulaire de la Ville de Rouen, & commence par l'Edit du Roi sur la création & l'établissement d'une Place commune, & Jurisdiction des Prieurs & Consuls des Marchands de la Ville de Rouen, du mois de Mars 1556.]

35233. ☞ Déclarations & Arrêts donnés en conséquence des Emotions arrivées en la Ville de Rouen : *Paris, 1640, in-8.*]

35234. ☞ Déclarations du Roi, portant interdiction des Cours de Parlement, des Aydes, Bureau des Finances, Lieutenant-Général, & du Corps de la Ville de Rouen : 1640, *in-4.*]

35235. ☞ J. TOURNET, Advocati Parisiensis : *Gallio, Parisiis, Julliot, 1649, in-8*.

C'est une Description en Vers hendécasyllabes, de la Maison de Campagne des Archevêques de Rouen, située à Gaillon.]

35236. ☞ Solatium Musarum ad Acade-

*micos Rothomagenses, Pastoris Gallio, Eclo-
ga : Rothomagi,* typis Archiepisc. 1632,
*in-*4. de 11 pages.

C'est une Eclogue qui contient une Description de
Gaillon, faite par François de Harlay, Archevêque
de Rouen.]

35237. ☞ Mss. Mémoires de M. Rondeau, Maître des Comptes à Rouen, & de
l'Académie de cette Ville, sur les Tombeaux qui se trouvent dans la Paroisse
d'*Oissel*; = sur ses Antiquités & celles de
Saint-Etienne de *Rouveray*; = sur le Château de Robert le Diable, près Moulineaux.

Ces trois Mémoires sont dans les Registres de l'Académie. L'Auteur s'est proposé de faire d'autres Mémoires sur les Paroisses voisines de Rouen.]

== ☞ Prise de *Gournay*, en Normandie,
par le Duc de Mayenne, en 1589.

Voyez ci-devant, Tome II. N.° 19163.]

35238. ☞ Des anciens Châtelains de *Gisors*, que l'on croit issus de l'ancienne Maison de Montmorency.

Dans l'*Histoire Généalogique* du Père Simplicien,
tom. III. pag. 660. Gisors a été érigé en Duché-Pairie,
l'an 1748, en faveur de Louis Ch. Aug. Fouquet de
Belle-Isle; mais cette Pairie a été éteinte à sa mort, arrivée en 1761.

== ☞ Dissertation de M. Clerot, sur l'o-
rigine des Peuples du Pays de Caux.

Voyez ci-devant, Tome I. N.° 3927.]

35239. Mss. Histoire de la Ville de Dieppe,
depuis sa naissance, l'an 1080, qu'elle a
commencé à se former, jusqu'à présent;
par David Asseline, de Dieppe, Prêtre de
la Paroisse de S. Jacques de cette Ville:
in-fol.

L'Original [étoit] dans la Bibliothèque de M. Foucault, [qui a été dissipée.] L'Auteur est mort vers l'an
1694. Cette Histoire est assez exacte, & contient bien
des choses curieuses; elle n'est pas écrite d'un style poli
& travaillé. L'Auteur y parle de l'antiquité de la Ville
& de tous les établissemens qui s'y sont faits, de l'Hôtel
de Ville & de ses Officiers, du Commerce. Feu M. Simon vouloit la réduire à un volume *in-*12. en y retranchant ce qui n'étoit pas fort intéressant, & y ajoutant les
Vies des Hommes illustres de cette Ville; ce qu'il n'a pas
exécuté. *Ce Mss. est aujourd'hui entre les mains de M.
Houard, Conseiller-Echevin de la Ville de Dieppe.*

35240. ☞ Recueil général des Edits, Déclarations, Lettres-Patentes & Arrêts du
Conseil d'Etat, donnés en faveur des Habitans de la Ville de Dieppe, concernant
les Privilèges, Franchises & Exemptions de
ladite Ville : *Dieppe,* 1700, *in-fol.*

Voyez Lenglet, *Supplément à la Méth. hist. in-*4.
pag. 173.]

== ☞ Du Voyage de Henri IV. à *Dieppe*, &c.

Voyez ci-devant, Tome II. N.° 19236.]

35241. Mss. Relation du Bombardement de
la Ville de Dieppe & de l'Incendie de ladite
Ville, en 1694; par François Chretien,
Marchand Droguiste de Dieppe.

L'Original de cette Histoire est à Dieppe, entre les
mains des Héritiers de l'Auteur.

35242. ☞ Observations pour les Habitans
de Dieppe, sur un Mémoire en forme d'A-
vis, du 18 Mai 1737, donné aux Fermiers-
Généraux: 1737, *in-*4.]

35243. ☞ Instauratæ Musarum Deppen-
sium Sedes, fundatumque verissimo Jovi de-
lubrum : *Deppæ,* du Buc, 1648, *in-*4.]

35244. ☞ Remarques sur des Antiquités de
Côte-côte, près Dieppe; par M. Pasumot.
Mercure, Février, 1761.]

== ☞ Bataille d'*Arques*, en 1589.

Voyez ci-devant, Tome II. N.os 19210 & 19211.]

35245. ☞ Réformation générale de la Maîtrise des Eaux & Forêts d'Arques, Département de Rouen, avec le Jugement rendu
contre le Maître, le Procureur du Roi &
autres Officiers de ladite Forêt : *Rouen,
Besongne,* 1734, *in-*4.]

35246. ☞ Du Duché de *Longueville*, érigé
en 1505.

Dans l'*Histoire Généalogique* du Père Simplicien,
tom. V. pag. 532. Ce Duché a été réuni à la Couronne
en 1694.]

35247. ☞ Du Duché d'*Estouteville*, érigé
en 1534.

Dans l'Ouvrage que l'on vient de citer, *tom. V.
pag.* 549. La Maison de Matignon possède cette Terre
depuis l'an 1707.]

== ☞ Histoires de l'Abbaye de Fescan.

Elles sont utiles pour l'Histoire Civile de Normandie.
Voyez ci-devant, Tome II. N.° 11910 *& suiv.*]

35248. ☞ Mémoires sur l'importance du
Havre-de-Grace; par J. B. Montigny, Sieur
de la Montagne : *in-*8.]

35249. ☞ Mss. Portrait du Havre-de-Grace;
par Godefroy de Nipiville : *in-*4.

Cette Pièce est indiquée au Catalogue de M. de
Cangé, *pag.* 397.]

35250. ☞ Histoire, Antiquités & Descrip-
tion de la Ville & du Port du Havre-de-
Grace, avec un Traité de son Commerce &
une Notice des Lieux circonvoisins de cette
Place; par M. l'Abbé Pleuvry : *Paris,
Chenault,* 1765, *in-*12.]

35251. ☞ Mémoires sur le Port, la Navigation & le Commerce du Havre-de-Grace,
& sur quelques singularités de l'Histoire naturelle des environs (par M. du Bocage de
Bléville :) au *Havre-de-Grace, Fort,* 1753,
*in-*12.

On trouve dans ce Volume une Lettre du P. Chan-
seaume, Jésuite, sur la végétation des Corayloides.]

35252. ☞ Mss. Plans & Cartes concernant
le Havre-de-Grace, avec des Instructions relatives, communiqués à la Direction des
Fortifications de haute Normandie; par M.
l'Abbé Dicquemare : *in-fol.*

Ce Recueil est au Bureau de la Direction du Havre-
de-Grace. Il y a dix Plans ou Cartes, dont le plus ancien est avant l'an 1516, quatre ans avant que François I, commença à construire la Ville du Havre.]

== ☞ Réduction du Havre-de-Grace, au service du Roi, en 1563.

Voyez ci-devant, Tome II. N.os 17925 & 19926. Le Chancelier de l'Hôpital, pour chasser les Anglois qui s'étoient emparés du Havre, ménagea la Paix avec les Huguenots, & les fit aller ensuite avec les troupes du Roi pour reprendre cette Ville. On peut voir sa Vie : *Paris*, Debure, 1764, *in*-12. *pag.* 292 & *suiv.*]

35253. ☞ Antiquités de la Ville de Harfleur, recherchées par le Sieur DE LA MOTTE, Echevin de ladite Ville, avec quelques Discours qui ont été prononcés à M. le Duc de Saint-Aignan au Havre-de-Grace : 1676, *in*-8.

Cet Ouvrage contient l'Histoire de Harfleur, depuis les temps les plus reculés, où cette Ville, dont on ignore les commencemens, a été connue, jusqu'en 1648. On y trouve ses Privilèges & Chartes, sur-tout celle donnée par le Roi Charles VIII. en 1492.

Cette Ville est (selon l'Auteur,) une des plus anciennes du Royaume : on ne voit dans aucune Histoire l'année qu'elle fut bâtie, ni qui en jetta les premiers fondemens. On prétend qu'elle étoit déja considérable du temps de César, qui des démolitions de Callet, fit construire une chaussée de neuf lieues d'étendue, qui conduisoit de Harfleur à Caudebec. Quelques-uns ont tiré l'étymologie de Harfleur de *Har* ou *Hare*, en Langue Teutonique, veut dire Cœur, & du mot François *Fleur*, comme qui diroit Cœur-Fleury ; parceque le Plan de cette Ville a la forme d'un cœur. D'autres la tirent de deux mots Latins, *Arcens fluctus*, qui arrête les flots, parceque la mer refluoit jusqu'aux pieds de ses murailles. Ce sont autant d'imaginations.]

== ☞ Prise de Harfleur, en 1590.

Voyez ci-devant, Tome II. N.° 19211.]

== Titres du Royaume d'Yvetot.

Voyez ci-devant, [Tome II. N.° 10048.]

Nicole Gilles est le premier qui ait parlé de ce Royaume, & non pas Gaguin, comme l'assure Etienne Pasquier dans ses *Recherches de la France* ; car les Chroniques du premier parurent en 1492. & celles de l'autre en 1497. Gilles André de la Roque au commencement du Chapitre VI. de son Traité de la *Noblesse* : [*Paris*, 1678, *Rouen*, 1709, *in*-4.] rapporte tous les Auteurs qui tiennent pour constant que le Seigneur d'Yvetot a eu le titre de Roi avec une autorité souveraine.

35254. Traité du Royaume d'Yvetot ; par Claude MALINGRE.

Ce Traité est imprimé avec celui qu'il a publié de la *Loi Salique : Paris*, 1614, *in*-8.

☞ *Voyez* Lenglet, *Méth. histor. in-*4*. tom. IV. pag.* 202. = *Perroniana*, *pag.* 483.]

35255. De Falsa Regni Yvetoti narratione: ex majoribus Commentariis Fragmentum: *Parisiis*, Martin, 1615, *in-*8.

Antoine MORNAC, célèbre Jurisconsulte, qui est mort en 1619, a composé ces Mémoires.

☞ Ce n'est qu'une Brochure de 24 pages.]

35256. Mf. Traité contre les prétendus Droits du Royaume d'Yvetot.

Claude Joly, *pag.* 590 des *Opuscules* de Loisel : *Paris*, 1652, *in*-4. attribue ce Traité à Denys BOUTHILLIER, Avocat au Parlement, qui a tiré ses preuves des *Mémoires du Cardinal du Perron*. Il ajoute que Jean Ruault a écrit contre.

35257. Preuves de l'Histoire du Royaume d'Yvetot, avec un Examen ou Réfutation des Instances & Moyens de faux de l'Auteur anonyme & d'autres Ecrivains modernes contre la même Histoire ; par Jean RUAULT, Professeur [du Roi] en Eloquence : *Paris*, 1631, *in*-4.

35258. Mf. Relation de la Principauté d'Yvetot ; par Jean PINSSON DE LA MARTINIERE, Procureur du Roi en la Connétablie & Maréchaussée de France.

Cette Relation est citée par Gilles-André de la Roque, au Chapitre VI. de son *Traité de la Noblesse : Paris*, 1678 ; Rouen, 1709, *in*-4.

35259. Dissertation sur l'origine du Royaume d'Yvetot; par René d'Auber DE VERTOT, de l'Académie Royale des Inscriptions : 1714.

Cette Description est [imprimée dans les *Mémoires* de cette Académie, *tom. IV. pag.* 728.]

☞ M. de Vertot, après avoir réfuté la fable dont Gaguin (ou Nicole Gilles) a été le premier inventeur, après avoir montré qu'il est impossible que Clotaire I. ait érigé en Royaume la Terre d'Yvetot, prétend que l'établissement de cette Seigneurie en Royaume ou Principauté, n'est au plus que de la fin du XIVe Siècle.]

35260. ☞ Mémoire sur le Royaume d'Yvetot. *Mercure*, 1725, *Septembre*, Vol. I.

Robert Gaguin, Robert Cenalis, Baptiste Fulgose, de Gènes, Nicole Gilles, du Haillan, le Cardinal Baronius, Sponde, Gabriel du Moulin, Charles de Bourgueville, Chassanée, Chopin, &c. parlent de l'érection du Royaume d'Yvetot. On convient que plusieurs en doutent, parcequ'on n'a ni le titre d'érection, ni d'autorité équivalente. Mais les Anglois ont emporté beaucoup de titres de la Province de Normandie.

On assure qu'on a une suite d'Actes accordés par les Rois depuis Charles VII. pour la confirmation des Droits de cette Principauté. On date celles de Charles VII. de l'an 1401, le 18 Mai ; (mais apparemment c'est 1461.) Elles étoient en faveur de Pierre de Villaine, dit *le Bègue*. Celles de Louis XI. de 1464, pour Guillaume Chenu, Seigneur & Prince d'Yvetot, en Octobre. Celles de François I. en Juillet 1544, en faveur du Seigneur & de la Dame du Bellay, Prince & Princesse d'Yvetot. Autres de Henri II. en Avril 1551, pour les mêmes. Autres du même, le 14 Mars 1557. Autres de François II. en faveur d'Isabeau Chenu, veuve de Martin du Bellay, en Novembre 1559. Autres de Charles IX. en faveur de la même, du 10 Mai 1559. (Charles ne régna que le 5 Décembre 1560 ; il faut peut-être lire 1569.) Autres de Henri III. pour la même, en Décembre 1577. Autres du même, le 12 Février 1579. Autres de Henri IV. du mois de Février 1596, pour René du Bellay. Autres des 7 & 22 Juin 1599 ; & 11 Décembre 1600. Arrêt de la Cour Souveraine, du 8 de Mai 1642. Plusieurs Sentences & Arrêts confirmatifs, en faveur des Habitans d'Yvetot. Un du 30 Juillet 1668, en faveur de Bonaventure-Claude de Crevant, Prince d'Yvetot. Arrêt du Conseil, du 3 Juin 1687, en faveur du Maréchal d'Humières, Tuteur des Demoiselles Princesses d'Yvetot. Autre du 31 Décembre 1689, pour le Marquis d'Albon, Prince d'Yvetot. Deux autres des 14 Août & 25 Septembre 1696. Autre du 12 Septembre 1711. Ordonnance de M. de Gasville, Intendant de Rouen, du 5 Août 1720. Un Arrêt du Conseil du 19 Juin 1725, pour le Marquis d'Albon. *Voyez* le *Mercure* de Juin de cette année, Vol. II.

On dit que les Lettres de Louis XI. portent que cette Terre a été vulgairement appellée Royaume ; qu'elle a été de tout temps exempte de tous droits en vers les Rois de France; que les Seigneurs Princes d'Yvetot ont Justice haute, moyenne & basse, & hauts jours où les matieres prennent fin, sans ressortir ailleurs; qu'ils ont Foires & Marchés; qu'ils sont exempts de Tailles, Foi & Hommages; que leurs Hommes & Sujets sont aussi francs & exempts d'impositions, quatriemes, gabelles, sels, emprunts, tailles, fouages & autres subventions quelconques, mises & à mettre. L'Intendant de Rouen a dressé un Procès-verbal de tous les Titres, dont la Minute est déposée dans son Bureau, & la Grosse en a été déposée dans le Bureau des Domaines de France.]

35261. ☞ Nouveau Mémoire sur le Royaume d'Yvetot. *Mercure*, 1726, *Janvier*.

L'Auteur de ce Mémoire prétend que la Terre d'Yvetot a conservé son indépendance, non par l'érection en Royaume ou en Principauté, mais en se maintenant dans une franchise qu'elle tenoit de son origine, & à laquelle on n'a encore donné aucune atteinte. Il la compare à plusieurs Principautés de Flandres, de même nature, dont est le Royaume des Estimaux, dans la Châtellenie de Lille, qui n'est qu'une simple Justice Vicomtière; à la Souveraineté de Haut-Bourdin, près la même Ville, aussi réduite en Vicomté; au Royaume de Maude, près de Tournay. On suppose qu'Yvetot étoit seulement enclavé dans la Normandie, & que ses Seigneurs n'avoient jamais voulu rendre aucuns devoirs aux Ducs de Normandie; que pour se maintenir en leurs franchises, ils ont eu recours à la protection de nos Rois: ce qui a fait dire qu'ils n'étoient pas du Duché, mais du Royaume, & que par une maniere de parler, qui étoit autrefois en usage, on a dit, Royaume d'Yvetot, au lieu de dire, Yvetot du Royaume; comme on dit encore Caen en France. Au reste, les prétendus Royaumes dont on vient de parler, n'étoient que des Francs-alleux.

Cependant on peut alléguer, contre ce systême, que Guillaume le Conquérant a confirmé ou donné à l'Abbaye de Saint Wandrille, *apud Yvetot unum mansum*, pag. 167 de la *Neustria pia*, que Robert de Yvetot, *debet dimidium militis in honore Montis-fortis. Histor. Normann. Chesnii, pag.* 1040.]

35262. ☞ Remarques sur le Royaume d'Yvetot. *Journal de Verdun*, 1741, *Septembre*.

On y voudroit persuader contre les Observations des Abbés de Vertot & des Thuilleries, que le récit de Gaguin ou de Nicole Gilles, qui ont les premiers parlé de l'érection ce Royaume, est vrai & n'a rien qui répugne aux circonstances & à l'Histoire.]

35263. ☞ De l'origine & des priviléges du Royaume d'Yvetot.

Ce Morceau est imprimé dans les *Variétés historiques*, &c. tom. I. pag. 194. L'Auteur, après avoir réfuté la fable que Gaguin rapporte, prétend qu'on ne peut guère placer l'érection de la Terre d'Yvetot en Royaume ou Principauté, que vers la fin du XIVᵉ siècle, & que depuis ce temps elle a toujours été maintenue dans son indépendance & ses franchises, par des Lettres-Patentes ou des Arrêts.]

35264. ☞ Dissertation sur la Fable du Royaume d'Yvetot; par Dom Toussaints DU PLESSIS, Bénédictin.

Elle se trouve dans sa *Description de la Haute Normandie*: (Paris, 1740, *in*-4.) tom. I. pag. 173.]

35265. ☞ Origine du Royaume d'Yvetot; par M. DE LA RIVIERE.

Cette Piece est à la fin de l'*Eloge des Normands*: Paris, 1748, *in*-12.]

35266. ☞ Ms. Histoire du Royaume d'Yvetot : *in-fol*.

Ce Manuscrit est indiqué au Catalogue de M. Secousse, num. 4849.]

35267. ☞ Essai historique sur l'antiquité du Comté d'*Eu*; par N. CAPPERON, Curé de S. Maxent, & Doyen de Mons en Vimeux.

Cet Essai est imprimé dans l'article LXII. des *Mémoires de Trévoux*, 1716, *Mai*. On marque, au même endroit, que cet Auteur, qui a écrit l'Histoire du Comté d'Eu, a voulu pressentir le jugement du public, en faisant paroître son Essai, qui donne une idée avantageuse de l'Ouvrage. Un Sçavant a fait la Critique de l'origine du nom d'Eu, qui se trouve dans les Mémoires suivans de Trévoux.

☞ *Voyez* les *Mémoires de Trévoux*, 1716, *Mai* & *Septembre*.]

35268. ☞ Remarques sur l'Histoire Naturelle, l'Histoire Civile & Ecclésiastique du Comté d'Eu; par M. CAPPERON, ancien Doyen de Saint-Maxent. *Mercure*, 1730, *Juillet* & *Août*.]

35269. ☞ Mémoires historiques sur les personnes originaires du Comté d'Eu, qui se sont distinguées par leur vertu, par leur science, par leur valeur, &c. par M. CAPPERON. *Ibid.* 1730, *Avril*, & 1731, *Mai*.]

35270. ☞ Lettre écrite à M...... sur l'Histoire du Comté d'Eu. *Mercure*, 1749, *Novembre*.]

35271. ☞ Des anciens Comtes d'*Eu*, issus des Ducs de Normandie.

Dans l'*Histoire Généalogique* du Pere Simplicien, tom. II. pag. 493.]

35272. ☞ De la Comté-Pairie d'Eu, érigée en 1458.

Dans le même Ouvrage, *tom. III. pag.* 325.

Nouvelle érection, en 1694.

Ibid. tom. V. pag. 43.]

== ☞ Prise de la Ville d'Eu, par le Duc de Mayenne, en 1589.

Voyez ci-devant, [Tome II. N° 19029.]

35273. ☞ Plaidoyé pour M. de Guise, pour montrer que le droit de Garde doit être préféré au droit de Viduité; (par Antoine ARNAUD, Avocat,) dans lequel il est prouvé qu'il n'y a point de droit de Viduité dans la Coutume-Locale du Comté d'Eu: 1612, *in*-4.]

35274. ☞ Mémoires concernant la Comté-Pairie d'Eu, & ses usages prétendus Locaux; avec les Arrêts du Parlement de Paris qui les ont condamnés; par Mᵉ Louis FROLAND: *Paris*, veuve Charpentier, 1722, *in*-4.

Voyez le Journ. des Sçav. 1722, *Juin*.]

35275. ☞ Lettres au sujet de deux anciens Tableaux découverts en la Ville d'Eu; par M. CAPPERON. *Mercure*, 1722, *Mai*.]

35276. ☞ Défense de l'étymologie du nom de

Histoires de Normandie.

de la Ville d'Eu, donnée par M. Huet. *Ibid. Juin.*

Cette Piéce est de l'Abbé Claude du Moullinet DES THUILLERIES, qui avoit déjà fait insérer quelque chose à ce sujet dans les *Mémoires de Trévoux*, en 1716.]

35277. ☞ Réponse de M. CAPPERON. *Mercure*, 1722, *Août*.]

35278. ☞ Des Comtes d'*Aumale*, sortis des Comtes de Champagne.

Voyez dans l'*Histoire Généalogique* du Père Simplicien, tom. II. pag. 875.]

35279. ☞ De la Duché-Pairie d'Aumale, érigée en 1547 & en 1631.

Ibid. tom. III. pag. 547, & *tom. V. pag.* 857.]

Nouvelle érection, en 1695.

Ibid. tom. V. pag. 43.]

== ☞ Prise de Quillebeuf, en 1649.

Voyez ci-devant, Tome II. N.° 22743.]

35280. ☞ Sommaire de ce qu'il y a de remarquable dedans & autour de la Ville de *Vernon*; par Jean THEROUDE.

Ce Sommaire est imprimé dans la *Vie de S. Adjuteur*: *Paris*, 1638, *in-8.*

== ☞ Translation à Vernon, du Parlement de Rouen, en 1649.

Voyez ci-devant, Tome II. N.ºs 21779 & 22780.]

35281. ☞ Etat historique abrégé des Paroisses de *Bardouville*, d'*Aubourville*, de *Berville*, d'*Anneville*, de *Ville*, & de la Baronie & haute Justice de *Mauny*; avec les Piéces justificatives : 1717, *in-12.*]

35282. ☞ Instruction sommaire pour les Propriétaires & les Habitans de la Paroisse d'*Anneville* sur Seine, (de l'Election de Pont-Audemer :)' *in-12.*]

35283. ☞ Lettre aux Auteurs du Mercure, sur un point d'Histoire & de Géographie de la Province de Normandie. *Merc.* 1726, *Mai.*

L'Auteur prétend que la Ville de *Pont-de-l'Arche* est celle de *Pistes*, où Charles-le-Chauve bâtit un Palais, assembla des Conciles & les Grands du Royaume, & construisit le Pont qui lui a donné son nom. On peut voir encore sur ce sujet les *Mémoires sur Oscelle*, de M. Bonamy, ci-devant, Tome I. p. 44, N.ºs 528 & 529.]

== ☞ Réduction du Pont-de-l'Arche, & Relation de ce qui s'est passé en Normandie l'an 1650.

Voyez ci-devant, Tome II. N.° 23190.]

35284. ☞ De la Duché-Pairie d'Elbeuf, érigée en 1581.

Dans l'*Histoire Généalogique* du Père Simplicien, *tom. III. pag.* 877.]

35285. ✱ Lettres de M. Jacques MOSANT de Brieux, à M. Turgot de S. Clair, Conseiller d'Etat, sur l'Histoire ou les Antiquités de Caen.

On trouve ces Lettres [à la fin du Tome II.] de ses *Opera poetica* : *Cadomi*, 1669, *in-16.* L'Auteur est mort en 1674.

== Recherches & Antiquités de la Ville de Caen; par Charles DE BOURGUEVILLE.

On les a déjà indiquées ci-devant, [parmi les *Histoires générales de Normandie*; N.° 34930.]

35286. Origines de la Ville de Caen & des Lieux circonvoisins ; par Pierre Daniel HUET, ancien Evêque d'Avranches : *Rouen*, Mauroy, 1702, *in-8.*

Le même Ouvrage, revu & augmenté : *Rouen*, 1706, *in-8.*

☞ L'Auteur s'est attaché principalement à l'Histoire topographique de la Ville de Caen, à l'origine de ses Eglises, ses principaux Bâtimens, &c. enfin à l'Histoire des Hommes illustres que cette Ville a produits, dont il a fait un dernier Chapitre très-étendu. Il a aussi recherché l'origine des noms de différens Lieux de Normandie ; qu'il tire des Langues Saxone, Gauloise & Latine.

Il nous apprend que l'ancien nom de Caen est Cathom ou Catheim, & il le prouve par une Charte de 1026, donnée par Richard III. Duc de Normandie. Cathein ou Cathom, la même chose que Cadhom, vient, (selon M. Huet) du mot *Cadetes*, Peuples célébrés par César, & situés dans le voisinage de Caen : Cadhom : Hom ou Heim, mot d'origine Allemande, signifie Demeure; ainsi Cadhom est la demeure des Cadetes. Ces Cadetes, Peuples Gaulois, peuvent bien avoir pris leur nom de *Cad*, mot Gaulois, qui signifie guerre, tellement que Cadetes veut dire Hommes belliqueux. (*Voyez* une *Dissertation sur les Cadetes*, rapportée ci-devant, Tome I. N.° 243.)

Il soutient que l'*Otlingua Saxonia*, dont il est parlé dans les Capitulaires de Charles-le-Chauve, n'est point la Ville de Caen, mais le Pays qui est entre les Riviéres d'Orne & de la Dive, du côté de la Mer. Il est fort incertain si Caen étoit déjà une Ville du temps des Romains, ou si elle a commencé sous les premiers Normands.

Au reste, cet Ouvrage est plein d'une infinité de recherches curieuses ; & il n'en pouvoit venir que de bonnes d'une aussi excellente main.

Voyez Lenglet, *Méth. hist. in-4. tom. IV. pag.* 203. = *Journ. des Sçav. Novemb.* 1702, & *Décemb.* 1706. = *Mém. de Trévoux, Décemb.* 1702. = Le P. Niceron, *tom. I. pag.* 49. = *Journ. de Leipsick*, 1704; *pag.* 183.]

== ☞ Réduction de Caen, en 1620.

Voyez ci-devant, Tome II. N.° 20869.]

== ☞ Récit de ce qui s'est passé à Caen, en 1684, lors de l'érection d'une Statue de Louis XIV.

Voyez ci-devant, N.° 24218.]

35287. Mss. Titres originaux concernant la Ville de Caen; depuis l'an 1308 : *in-fol.* 3 vol.

Ces Titres sont conservés dans la Bibliothéque du Roi, entre les Manuscrits de M. de Gaignières.

35288. ☞ Chronologie historique des Baillis & des Gouverneurs de Caen, avec un Discours préliminaire sur l'institution des Baillis en Normandie ; par M. BEZIERS : *Caen*, 1769, *in-12.* de 166 pages.]

35289. ☞ Discours sur la suppression des Vicomtés de Caen & d'Evrecy, prononcé au Bailliage de Caen, le 15 Novembre 1741 ; par M. DE JEAN, Avocat du Roi au

Bailliage de ladite Ville : *Caen*, Cavelier, 1741, *in-*4.

Voyez le *Mercure de Février* 1742.]

== ☞ Observations sur les Viducassiens, anciens Peuples du Diocèse de Bayeux.

Voyez ci-devant, Tome I. N.° 364.]

35290. ☞ Antiquités de *Bayeux*; par M. l'Abbé LEBEUF. *Mém. de l'Académie des Inscriptions & Belles-Lettres, tom. XXI. pag.* 489.]

35291. ☞ Mſ. Remarques sur l'Inscription d'un Marbre trouvé à *Thorigny*, Diocèse de Bayeux ; par M. l'Abbé DE LONGUERUE.

Elles sont indiquées parmi les Ouvrages manuscrits de ce Sçavant, dans l'Avertissement du *Recueil de Pièces intéressantes* : *Genève*, 1769, *in-*12.]

35292. ☞ Du Duché-Pairie de *Harcourt* (à *Thury*,) érigé en 1710.

Dans l'*Histoire Généalogique* du Père Simplicien, tom. *V. pag.* 114.]

35293. ☞ Mémoire historique & critique sur le Bessin, avec des Anecdotes sur Bayeux sa Capitale; par M. BEZIERS, Curé de Saint-André de Bayeux.

Ce Mémoire est imprimé dans le Recueil intitulé : *Nouvelles Recherches sur la France* : (*Paris*, Hériſſant, 1766,) tom. *II. pag.* 381-432.]

35294. ☞ Mémoire (du même) sur la Châtellenie & les Seigneurs de *Molley-Bacon*, près Bayeux.

Il se trouve dans le même Recueil, tom. I. *pag.* 507, & au *Journal de Verdun*, 1762, *Mars*, *pag.* 203.]

35295. ☞ Recueil de Pièces concernant les Terres de *Coulombieres*, *Briqueville* & *Bernesq*, (dans le Bailliage de Bayeux :) 1724, *in-*4.]

== La Chronique d'*Alençon*, écrite par PERCEVAL de Caigny.

Voyez ci-devant, [Tome II. N.° 25392.]

== Mſ. La Chronique des Comtes & Ducs d'Alençon jusqu'en 1473.

Voyez ci-devant, [Tome II. N.° 25393.]

35296. ☞ Origine des Ducs d'Alençon. *Mercure*, 1713, *Avril*.]

35297. ☞ Arrêt du Conseil, concernant les Droits d'anciens & nouveaux cinq sols, subvention, jauge & courtage dans la Généralité d'Alençon; ensemble l'état des Lieux sujets auxdits Droits : *Paris*, Prault, 1733, *in-*4.]

35298. Histoire des Pays & Comté de Perche & Duché d'Alençon ; où est traité des anciens Seigneurs de Bellesme, Comtes de Perche, Alençon, Domfront, Sonnois, Séez, Ponthierry & des Rotrous, Vicomtes de Châteaudun & Comtes de Mortagne & dudit Perche ; ensemble des Princes de la Maison Royale, qui ont tenu lesdites Provinces, depuis S. Louis jusqu'à présent ; par Gilles BRY, Sieur DE LA CLERGERIE, Avocat en Parlement : *Paris*, le Mur, 1620, *in-*4.

Il y a beaucoup de recherches dans cette Histoire.

35299. ☞ Additions aux Recherches d'Alençon & du Perche ; esquelles sont insérées plusieurs Lettres & Déclarations du Roi, pour Jean & René, Ducs d'Alençon, & desdits Jean & René au Roi ; le Procès criminel fait audit René, contenant ses Interrogatoires & Déclinatoire par lui proposé, & l'Arrêt de la Cour de Parlement sur ledit Déclinatoire & Procès. Ensemble, quelques Titres servans aux fondations des Abbayes de Thiron & d'Arcisses, & Maison-Dieu de Nogent-le-Rotrou, & délivrance du Comté de Biscaye & Seigneurie de Lagte : le tout recueilli par M. Gilles BRY, Sieur DE LA CLERGERIE, Avocat en la Cour de Parlement : *Paris*, le Mur, 1621, *in-*4.

Ces Additions données, comme l'on voit, après coup, n'ont que 78 pages, & elles sont ordinairement jointes au Volume précédent, sur lequel on peut voir le Gendre, tom. *II. pag.* 39.]

☞ Mſ. La même Histoire de BRY DE LA CLERGERIE, beaucoup augmentée.

Cet Exemplaire a appartenu au Collège de Navarre ; mais on ne sçait ce qu'il est devenu. On prétend qu'il est plus ample de près du double que l'Imprimé. C'est ce que nous apprend M. Odolant Desnos, Médecin à Alençon, à qui nous sommes redevables des Articles d'Alençon & voisinage, qui sont après les deux qui suivent.]

35300. ☞ Chronologie historique des Comtes d'Alençon.

Dans la seconde Edition de l'*Art de vérifier les Dates* : (*Paris*, Desprez, 1770, *in-fol.*) *pag.* 680.]

35301. ☞ De la Duché-Pairie d'Alençon, érigée en 1414, & de ses anciens Comtes.

Voyez dans l'*Histoire Généalogique* du P. Simplicien, tom. *III. pag.* 255.]

☞ Nouvelle érection en 1710.

Ibid. tom. *V. pag.* 108.]

== ☞ Prise d'Alençon par le Duc de Mayenne, Chef des Ligueurs, en 1589.

Voyez ci-devant, Tome II. N.° 18997.]

35302. Mſ. Etat sommaire de la Généralité d'Alençon, contenant le Comté de Perche & le Duché d'Alençon.

Cet Etat, qui fait peut-être un des Volumes des *Mémoires des Généralités de France*, [étoit] dans la Bibliothèque de l'Evêque de Séez.

☞ On a peine à croire qu'il s'agisse ici du Mémoire rédigé vers 1698, dans la Généralité d'Alençon, pour M. le Duc de Bourgogne, que l'on a vu, (*tom. I. p.* 108,) porter le nom de M. *de Pinon*, Intendant, & dont M. le Comte de Boulainvilliers a fait l'Abrégé dans son *Etat de la France*, tom. *V.* (de l'Ed. *in-*12.) *pag.* 136-190.]

35303. ☞ Mſ. Mémoire sur les Provinces d'Alençon & du Perche.

C'est le Mémoire qui fut rédigé dans la Généralité

Histoires de Normandie.

d'Alençon, pour M. le Duc de Bourgogne. « Cet Ouvrage est certainement de deux mains différentes. La partie qui concerne le Perche, est beaucoup mieux traitée que celle d'Alençon. L'Auteur y suit, pour la partie historique, Bar, (dont on a des Manuscrits sur les Antiquités du Perche :) il auroit mieux fait de s'attacher à Bry ». M. Odolant Desnos.]

35304. ☞ Ms. Recueil de Chartes & autres Pièces pour servir à l'Histoire du Duché d'Alençon & du Comté du Perche, recueillies par O. D. D. M. *in-4.* 3 vol. de Pièces imprimées, & 5 de manuscrites.

Elles sont conservées dans le Cabinet de M. Odolant Desnos, Docteur Médecin, à Alençon : c'est ce que signifient les lettres initiales.]

35305. ☞ Ms. Mémoire historique sur l'Echiquier d'Alençon; par O. D. (M. ODOLANT DESNOS :) *in-4.*

Cet Ouvrage contient l'origine & l'Histoire de ce Tribunal Souverain, qui a subsisté à Alençon jusqu'en 1584. Le Manuscrit est dans le Cabinet de l'Auteur.]

35306. ☞ Ms. Regître du Contrôle du Domaine de la Vicomté d'Alençon : *in-fol.* 6 vol.

L'Auteur de cet Ouvrage est Quentin VAVASSEUR, qui étoit Ancien de l'Eglise Prétendue-Réformée d'Alençon. Ce laborieux Ecrivain a recueilli avec un soin extrême dans son Ouvrage, un très-grand nombre de Chartes, d'Aveux & d'autres Pièces, tant Latines que Françoises. Quoiqu'il ne sçût pas le Latin, il l'a copié avec beaucoup d'exactitude, & il en donne ordinairement la Traduction qu'il faisoit faire. Le Tome V. est une Continuation d'un nommé PELLETIER, & il est de beaucoup inférieur aux autres. Vavasseur, dans son Ouvrage, a tenu une espèce de Journal des Evénemens arrivés à Alençon depuis les premières années de l'autre Siècle, jusqu'au milieu. Il avoit composé un Journal particulier des Evénemens arrivés dans le Pays. Comme il ne laissa qu'une fille, dont la Famille Caget a hérité, ce Journal y a dû passer, & ne doit pas être moins intéressant que son Contrôle, où on ne s'imagineroit pas d'abord devoir trouver la meilleure partie des Chartes du Pays.]

35307. ☞ Ms. Histoire de la Ville d'Alençon, avec la Généalogie de ses Seigneurs & la Vie de Marguerite de Lorraine ; enrichie de Pièces pour servir de preuves ; par M. MALART, Sieur de Malarville, ancien Recteur de S. Philibert des Autieux : *in-4.* 2 vol.

L'Auteur de cet Ouvrage, qui est mort à la fin de 1766, y a travaillé une grande partie de sa vie : cependant il n'a pas puisé dans les Originaux qu'il auroit dû consulter. Il y en a eu deux feuilles imprimées chez Simon, Imprimeur du Roi à Paris, mais cette impression n'a pas eu de suite, sans qu'on en sache les raisons. Le Manuscrit a passé à MM. de la Varande, héritiers de l'Auteur.]

35308. ☞ Antiquaire de la Ville d'Alençon : *Alençon, in-12.* de 56 pages.

L'Auteur de ce petit Ouvrage est le Sr CHANFAILLY, qui a hasardé beaucoup de faits, & prétendu prouver que l'Eglise de S. Léonard d'Alençon étoit anciennement Paroisse. Ses preuves ne sont pas des plus solides. On trouve ensuite un Extrait du Chartrier du Monastère de Sainte-Claire d'Alençon. L'Auteur avertit qu'il n'a point voulu changer la façon de parler du temps où il a été composé ; cependant je l'ai vérifié sur l'Original (dit M. Odolant Desnos,) & j'ai trouvé la plus grande partie des noms défigurés dans l'Imprimé. C'est une description des maux que les Religieuses de cette Maison eurent à souffrir des Calvinistes en 1562, & non 1560, comme le dit l'Imprimé, *pag.* 32.]

35309. ☞ Ms. Inventaire des Titres, Papiers & Enseignemens concernant la Cure d'Alençon, avec un Mémoire précis de toutes choses, en 1720 ; par Messire Pierre BELARD, Prêtre, Docteur de Sorbonne & Curé d'Alençon : *in-fol.*

L'Auteur de cet Ouvrage recueillit, sur ce qui restoit alors de Titres, tant aux Trésors des Eglises d'Alençon, qu'au Chartrier du Presbytère de Notre-Dame, ces Mémoires, qui sont assez amples, & forment un Volume considérable. On prétend qu'il ne s'y trouve rien concernant d'anciennes fondations qui ne s'exécutent plus, & même depuis la mort de l'Auteur on en a déchiré plusieurs feuillets. L'Original, conservé chez le Curé d'Alençon, est aujourd'hui invisible ; mais M. Odolant Desnos en a un Exemplaire où il manque deux feuillets.]

35310. ☞ Ms. Mémoires de la Maison d'Alençon, & des choses mémorables de la Ville d'*Argentan*; par M. MAUNOURY DE PERTEVILLE, Avocat du Roi d'Argentan : *in-4.*

Ce Manuscrit est chez M. Deshameaux. J'ai vu (dit M. Odolant) un autre Exemplaire très-incomplet de cet Ouvrage, qui dit fort peu de chose. Peut-être l'Exemplaire de M. Deshameaux est-il plus complet.]

35311. ☞ Ms. Mémoires de l'Election d'Argentan ; par André HYVER.

« Ces Mémoires ne me sont connus que pour en avoir ouï parler : je n'ai pu jusqu'ici les voir ». M. Odolant Desnos.]

35312. ☞ Ms. Mémoires & Description de la Ville d'Argentan, & des Bourgs & Paroisses de son Election, en l'état que ces Lieux sont, en 1745 ; par François LAUTOUR de Monfort : *in-fol.* avec nombre de figures.

« Cet Ouvrage, qui est très-bien fait, quoiqu'un peu prolixe, est maintenant entre les mains de M. Clément de Batville, Avocat-Général de la Cour des Aydes de Paris, à qui l'Auteur l'a vendu, depuis que ce Magistrat a acquis le Comté de Montgommery. L'Auteur, très-âgé & infirme, qui s'est retiré à Orbec, ne se trouvoit pas en état de faire la dépense nécessaire pour l'impression de son Ouvrage, auquel il a travaillé une grande partie de sa vie. Si on vouloit le publier avec tous les ornemens qui se trouvent dans le Manuscrit original, les frais de gravure seroient très-considérables. Le Frontispice est orné de la figure de l'Impératrice Mathilde, (mère de Henri II. Roi d'Angleterre,) qui donna à la Ville d'Argentan ses Armoiries. On trouve ensuite une Carte très-exacte de l'Election d'Argentan. L'Auteur commence son Ouvrage par la Description de cette Ville, & il traite en autant de Chapitres, ce qui regarde les Eglises, Jurisdictions, &c. Il finit par la Suite Chronologique des Intendans de la Généralité d'Alençon, & telle des Evêques de Séez ; à quoi il ajoute la Suite Généalogique des Seigneurs qui ont possédé Montgommery. Dans une seconde Partie, il traite de chaque Paroisse de l'Election, en donnant une Notice fort étendue, réduite en Colonnes. L'Ouvrage est terminé par un petit nombre de Pièces que l'Auteur a jugé à propos d'y joindre pour servir de preuves.

« Ce Manuscrit est orné d'un grand nombre de Des-

Liv. IV. *Histoire Civile de France.*

» fins : tous les monumens de la Ville d'Argentan y sont
» parfaitement lavés à l'encre de la Chine. Les Ecuſſons
» des Armoiries de chaque Seigneur, ſont en tête de la
» Paroiſſe dont il eſt Seigneur. L'Ouvrage eſt digne de
» l'impreſſion, quoiqu'il ne ſoit peut-être pas exempt
» de quelques légères méprifes, entr'autres à l'Article
» de Montgommery ». M. Odolant Deſnos.]

35313. ☞ Mſ. Hiſtoire de *l'Aigle*, des Seigneurs de ce Lieu, & de tous les Evénemens auxquels ils ont eu part; par Louis D'APRÈS, Curé de S. Martin de l'Aigle : *in-4*.

Ce Manuſcrit eſt entre les mains de M. d'Après, neveu & digne ſucceſſeur de l'Auteur. L'Ouvrage paroît très-bien exécuté. Madame du Bois de la Pierre a fait beaucoup de recherches pour l'Auteur, avec lequel elle étoit fort liée ; & c'eſt ce qui a donné lieu d'attribuer à cette Dame un Ouvrage à-peu-près ſous le même titre, comme on le voit dans ſon Article au Moréri de 1759. M. Odolant Deſnos.]

== ☞ Le Siège de *Domfront*, en 1574.]

Voyez ci-devant, Tome II. N. 18221.]

35314. ☞ Hiſtoire Civile & Eccléſiaſtique du Comté d'*Evreux*, où l'on voit tout ce qui s'eſt paſſé depuis la Monarchie, tant par rapport aux Rois de France, qu'aux anciens Ducs de Normandie & aux Rois d'Angleterre ; (par Philippe LE BRASSEUR :) *Paris*, Barrois, 1722, *in-4*.

On trouve à la fin, Examen de ce qui eſt dit de la Charge du Connétable de Normandie, dans la Diſſertation ſur les dignités héréditaires atttachées aux terres nobles ; & dans le Mémoire pour ſervir de Supplément à cette Diſſertation, qui ſont dans les *Mercures de Septembre* 1720, & *Février* 1721 ; comme auſſi de ce qui y eſt remarqué touchant quelques autres Offices, & les prérogatives des Pairies. = Actes & preuves pour ſervir d'Eclairciſſemens à l'Hiſtoire Civile & Eccléſiaſtique du Comté d'Evreux.

L'Auteur étoit Aumônier du Conſeil & Bibliothécaire de M. le Chancelier d'Agueſſeau, auquel il a dédié ſon Livre. On peut voir ce qui en eſt dit, = *Mém. hiſtor. & critiq. Août* 1722. = *Biblioth. Françoiſe* de du Sauzet, *tom. III. pag.* 34, où ſe trouve une Lettre dans laquelle cette Hiſtoire & ſon Auteur ſont aſſez mal accommodés.]

35315. ☞ Chronologie hiſtorique des Comtes d'Evreux.

Dans la ſeconde Edition de *l'Art de vérifier les Dates* : (*Paris*, Deſprez, 1770, *in-fol.*) *pag.* 680.]

35316. ☞ De la Comté-Pairie, érigée en 1316.

Dans l'*Hiſtoire Généalogique* du Père Simplicien, *tom. III. pag.* 93. On y trouve auſſi *tom. II. pag.* 477, les anciens Comtes iſſus des Ducs de Normandie, & *tom. I. pag.* 279, ceux de la Maiſon de France.]

35317. ☞ Extrait d'une Lettre de M. DE BOIS-LAMBERT, Curé du Vieil-Evreux, contenant des Remarques ſur la poſition de ce Lieu, & les Antiquités que l'on y trouve.

Dans les *Nouvelles Recherches ſur la France* : *Paris*, 1766, *tom. II. pag.* 274-280.]

35318. ☞ Lettre écrite d'Evreux le 6 Janvier 1726 ; par M. L. A. M. A. ſur une ancienne & ſingulière cérémonie de cette Ville. *Mercure*, 1726, *Avril.*]

35319. ☞ Extrait d'une Lettre écrite d'Evreux, ſur une Médaille d'or d'Edouard, Roi d'Angleterre, trouvée en cette Ville. *Mercure*, 1724, *Juin.*]

35320. ☞ Lettre écrite d'Evreux ; par M. A. C. D. S. T. ſur un Droit honorifique ſingulier. *Mercure*, 1735, *Février.*]

35321. ☞ Mémoire ſur le Droit d'Atrier, établi à Evreux ; par M. JOBEY, Avocat au Bailliage d'Orbec. *Journ. de Verdun*, 1761, *Novembre, pag.* 363.

Lettre de M. DURAND, Profeſſeur à Evreux ; ſur le même droit. *Ibid. pag.* 373.

On appelle *Droit d'Atrier* le Droit où ſont quelques Seigneuries mouvantes du Comté d'Evreux, d'exercer leur Juſtice dans une Chambre, Cuiſine, ou autre lieu particulier de la Ville.]

35322. ☞ Mémoires contenant quelques détails ſur *Illiers*, Bourg du Diocèſe d'Evreux ; par M. DURAND, Profeſſeur au Collège d'Evreux.

Il eſt imprimé dans le Recueil intitulé : *Nouvelles Recherches ſur la France* : *Paris*, 1766, *in-*12, *tom. I. pag.* 390-400.]

== ☞ Diſcours de la Bataille d'*Ivry*, en 1590.

Voyez ci-devant, Tome II. N.os 19240 & *ſuiv.*]

== ☞ Priſe de *Neuf-Bourg*, en 1649.

Ibid. N.° 22825.]

35323. ☞ De la Comté-Pairie de *Beaumont-le-Roger*, en 1328.

Dans l'*Hiſtoire Généalogique* du Père Simplicien, *tom. III. pag.* 163.]

35324. ☞ De la Duché-Pairie de *Damville*, érigée en 1610.

Dans l'*Hiſtoire Généalogique* du Père Simplicien, *tom. IV. pag.* 253.

Autre érection en 1648, mais non enregiſtrée.

Ibid. tom. V. pag. 860.

Nouvelle érection, en 1694.

Ibid. tom. V. pag. 43.]

35325. ☞ Diſſertations préliminaires ſur l'Hiſtoire Civile & Eccléſiaſtique du Diocèſe de Sais, (*Séez* ;) par M. l'Abbé ESNAULT : *Paris*, 1746, *in-*12.

Il y a trois Diſſertations. La première eſt ſur les *Oſiſmiens*, que l'Auteur prétend avoir demeuré autrefois dans ce Pays. (*Voyez* ci-devant, *tom. I.* N.° 329.) La ſeconde Diſſertation eſt ſur le Lieu où le Siège Epiſcopal de Sais a été établi d'abord, & ſur les Villes d'Hyémer & de Sais. La troiſième Diſſertation roule ſur l'établiſſement de la Foi dans les Gaules en général, & en particulier dans la Normandie.

On peut voir à ce ſujet, *Mém. de Trévoux, Octob.* 1746. = *Journ. des Sçav. Janv.* 1748. = *Mercure, Mai, 1746.*]

35326. * Le Droit du Roi de pouvoir donner un Gouverneur à la Ville de Séez; par Messire Charles D'ANGENNES, Seigneur de Fontaineriant, pourvu par Sa Majesté du Gouvernement de ladite Ville; contre Messire Jean Forcoal, Evêque de Séez, se disant Maire & Gouverneur de ladite Ville dès le Pape S. Clément: *in-4.*

Suite de la Défense du Droit du Roi, &c. *in-4.*

Ces deux Pièces sont de Jean LE NOIR, Théologal de Séez, [Auteur de *l'Evêque de Cour* & autres Ouvrages.]

35327. ☞ Le Droit du Roi mal entendu, mal expliqué & mal défendu par M. d'Angennes, pour servir de Réponse aux deux (Pièces ci-dessus;) par Messire Jean FORCOAL, Evêque de Séez: *in-fol.*

Il y a eu encore plusieurs autres Ecrits imprimés sur cette importante affaire.

M. Forcoal trouva le moyen d'y faire entrer celle du Jansénisme, sur ce que M. d'Angennes se servoit contre lui de la plume mordante du fameux Jean le Noir, à qui, d'ailleurs, la mère de M. d'Angennes étoit fort attachée. Le Prélat disoit qu'il y avoit déja long-temps qu'il étoit en haine à ce parti, & qu'il alloit être plus que jamais en but à ses calomnies & à ses diffamations, comme on le voyoit déja assez par les libelles du sieur d'Angennes. Enfin, après plusieurs années d'une Procédure fort vive, le Roi, par Arrêt du 17 Juillet 1679, déclara que le Gouvernement de Séez n'étoit point attaché au Siège Episcopal de l'Eglise de Séez, & néanmoins ordonna au sieur d'Angennes de remettre dans un mois les Provisions de ce Gouvernement entre les mains du Marquis de Châteauneuf, Secrétaire d'Etat, voulant au surplus que les termes injurieux de leurs Factums fussent réciproquement supprimés. Ceci est tiré d'un Mémoire de l'Abbé des Thuilleries.]

35328. ☞ Le Pont-l'Evêque: Poëme; par M. LE CORDIER: *Paris*, 1662, *in-4.*]

35329. Mf. Mémoire pour servir à l'Histoire de *Vire* & des Paroisses qui en dépendent; par LE COCQ, Lieutenant-Particulier du Bailliage de Vire: *in fol.*

Ces Mémoires [étoient] en original dans la Bibliothèque de M. Foucault, [qui a été distraite;] & il y en a une Copie dans la Bibliothèque du Roi, entre les Manuscrits de M. de Gaignières.

35330. ☞ Mémoire sur le Bourg de *Condé-sur-Noireau*; par M. BEZIERS, Curé de S. André de Bayeux.

Ce Mémoire est imprimé dans le Recueil intitulé: *Nouvelles Recherches sur la France: Paris,* 1766, *in-12. tom. I. pag.* 238-250.]

35331. ☞ Mémoire sur le Bourg & les Seigneurs de *Creuilly*; par le même.

Il se trouve à la suite du précédent.]

35332. ☞ Mémoire historique de la Ville & Domaine de *Domfront*; par M. THÉBAULT DE CHAMPUSSAIS, Subdélégué & Maire de la Ville.

Il est imprimé à la suite du précédent.]

== ☞ Prise de la Ville de Saint-Lo, en 1574, sur les Huguenots.

Voyez ci-devant, [Tome II. N.° 18316.]

35333. ☞ Lettre sur une découverte faite à Saint-Lo, au sujet de trois têtes de morts trouvées dans l'Eglise de l'Abbaye. *Journal de Verdun,* 1747, *Juillet.*]

35334. ☞ Mémoire historique sur la Châtellenie & les Antiquités de S. Pierre de *Semilly*, (à une lieue de Saint-Lo;) par M. BEZIERS, Curé de S. André de Bayeux. *Journ. de Verdun,* 1762, *Août.*

Il a été réimprimé dans les *Nouvelles Recherches, tom. II. pag.* 255-273.]

== ☞ Entreprise des Huguenots sur la Ville d'*Avranches*, en 1587.

☞ *Voyez* ci-devant, Tome II. N.° 18641.]

== ☞ Reddition de *Carentan* au Roi Henri IV. en 1594.

Ibid. N.° 19600.]

35335. ☞ De la Duché-Pairie de *Mortain*, érigée en 1317 & 1407.

Dans l'*Histoire Généalogique* du Père Simplicien, *tom. III. pag.* 103 & 254.

Nouvelle érection, en 1465.

Ibid. pag. 435.]

== ☞ Histoires du Mont *Saint-Michel*.

Voyez ci-devant, les *Hist. de son Abbaye, tom. I.* N.ᵒˢ 12210 & *suiv.*]

== ☞ Prise du Mont Saint-Michel, & son recouvrement sur les Huguenots, en 1574.

Voyez ci-devant, Tome II. N.° 18310.]

35336. ☞ Description topographique & historique du Pays de *Côtentin*; par M. FRIGOT. *Mercure,* 1743, *Février, Mars, Juin & Août.*]

35337. ☞ Mf. Mémoires pour servir à l'Histoire du Côtentin: *in-fol.*

Ces Mémoires, qui sont à Londres, dans la Bibliothèque Britannique, parmi les Manuscrits Harleyens, num. 4391, sont fort détaillés. On y rapporte en preuves beaucoup de Titres originaux, mais sans authenticité, & dont la plupart n'intéressent que des Particuliers. Ce Manuscrit est du XVII.ᵉ Siècle, sur papier.]

35338. ☞ Description de l'ancien Aqueduc de Coutances; par l'Abbé DE FONTENU. *Mém. de l'Acad. des Inscript. & Belles-Lettres, tom. XVI. pag.* 110.]

35339. ☞ Mémoire historique sur *Valogne*, & ses Antiquités; (par M. HERVIEUX, Greffier de la Cour des Aydes.)

Ce Mémoire est imprimé dans le Recueil intitulé: *Nouvelles Recherches sur la France,* &c. 1766, *tom. II. pag.* 329-373.]

35340. ☞ Histoire de la Ville de *Cherbourg* & de ses Antiquités, qui découvre des faits très-importans sur l'Histoire de Normandie; par Madame RETEAU DU FRESNE: *Paris,* Ballard, 1760, *in-12.*

Voyez les *Mém. de Trévoux,* 1760, *Juin, p.* 1512-1516.]

35341. ☞ Observations Géographiques & Historiques concernant la Ville de Cherbourg; par M. DE FONCEMAGNE. *Mém. de l'Académie des Inscript. & Belles-Lettres, tom. XVI. pag. 133.*]

35342. ☞ Mémoire pour servir à l'Histoire de Graville. *Journal de Verdun*, 1750, *Mars.*]

35343. ☞ Histoire détaillée des Isles de Jersey & Guernesey, traduite de l'Anglois; par M. LE ROUGE: *Paris*, 1757, *in-12.*

C'est ce qui est resté aux Anglois de la Succession de Guillaume, Duc de Normandie.]

ARTICLE V.

Histoires du Gouvernement de Bretagne.

CETTE Province, qui se divise en haute & basse Bretagne, est subdivisée en neuf Evêchés. Il y en a cinq dans la première, Rennes, Saint-Brieu, Saint-Malo, Dol & Nantes; & quatre dans la seconde, Vennes, Quimper, Saint-Paul-de-Léon & Tréguier.

35344. Dissertation sur le nom de Bretagne; par Gabriel DANIEL, Jésuite.

Cette Dissertation est imprimée à la page 498 du tom. I. de son *Histoire de France*, [première Edition:] *Paris*, 1696, *in-4.*

35345. ☞ Histoire critique de l'établissement des Bretons dans les Gaules, & de leur dépendance des Rois de France & des Ducs de Normandie; par M. l'Abbé DE VERTOT, de l'Académie Royale des Inscriptions & Belles-Lettres: *Paris*, Barrois, 1720, *in-12.* 2 vol.

On trouve à la tête du premier, un Discours préliminaire au sujet des Historiens de la Province de Bretagne.

Voyez sur cet Ouvrage, *Hist. critiq. des Journaux, pag.* 235. = *Journal des Sçavans, Janvier & Fév.* 1721. = *Observ. sur la Littér. modern. tom. II. pag.* 190. = *Journ. de Léipsick*, 1721, *pag.* 115.]

35346. ☞ Remarques sur les Etrennes Bretonnes, *Journ. de Verdun*, 1752, *Mai.*]

35347. Mf. Mémoires & Recherches touchant les Antiquités & Singularités de la Bretagne Armorique; par Jean DE MORIN, Sieur de la Soriniere, Gentilhomme Breton, Président en la Chambre des Comptes de Bretagne.

Les Mémoires de cet Auteur, qui fleurissoit en 1584, sont cités par La Croix du Maine, dans sa *Bibliothèque Françoise*; [mais on ne sçait ce qu'ils sont devenus.]

35348. ☞ Projet d'une Description Géographique, Economique & Historique de la Province de Bretagne, présenté aux Etats de Bretagne tenus à Rennes au mois de Décembre 1746, par un Membre de l'Assemblée, de l'Ordre de la Noblesse, (M. DE KERMADEC.) *Mercure*, 1748, *Décembre*, Vol. II.]

== ☞ Recherches historiques sur les Pierres extraordinaires, & quelques Camps des anciens Romains, qui se remarquent dans la Province de Bretagne; par M. DE LA SAUVAGERE.

Voyez ci-devant, Tome I. à la *Géographie des Gaules*, N.° 100. M. de la Sauvagere, vient de les donner de nouveau, revues, dans son *Recueil d'Antiquités*: *Paris*, Hérissant, 1770, *in-4.*]

35349. ☞ Explication historique & littérale des trois Inscriptions Romaines que l'on voit à Nantes, à Rennes & à S. Meloir, en Bretagne.

Dans les *Mémoires de Littérature* de Des-Molets, *tom. V.*]

35350. ☞ L'Histoire de Conan de Mériadec, qui fait la première partie de l'Histoire générale de la Bretagne Armorique; avec la première partie des Recherches générales de cette Province; par TOUSSAINT DE SAINT-LUC, Carme Réformé: *Paris*, Calleville, 1664, *in-8.*

Cet Auteur est mort en 1694.

☞ *Voyez Biblioth. Carmelit. tom. II. pag.* 850.]

35351. Dissertation touchant les Rois de la petite Bretagne; par Gabriel DANIEL, Jésuite.

Cette Dissertation est imprimée à la page 503 du Tome I. de son *Histoire de France*, [première Edition:] *Paris*, 1696, *in-4.*

35352. ☞ Catalogue Généalogique & Chronologique des Rois & Ducs de Bretagne: *in-4.*

Il est indiqué au num. 8927, du Catalogue de la Bibliothèque de M. Colbert. On ne sçait s'il est imprimé ou manuscrit.

35353. ☞ Succession Chronologique des Ducs de Bretagne, avec quelques Observations & Faits principaux; par M. DE LA GIBONAIS: *Nantes*, 1723, *in-8.*]

35354. Mf. Mémoires pour servir à l'Histoire de Bretagne, des quatre, cinq, six & septième siècle; par Jacques GALLET, de Saint-Brieu, Supérieur du Séminaire de S. Louis à Paris, [puis Curé de Compans, au Diocèse de Meaux.]

Ces Mémoires [ont été publiés dans l'Histoire donnée par D. Morice, qui se voit ci-après.]

35355. ☞ Mf. Abrégé de l'Histoire ancienne de la Bretagne, avec les vues des principales positions des Villes, & des Monumens qui subsistent ou qu'on en a tirés: *Première Partie.* = Histoire Moderne & détaillée par les Evêchés de la Province: *Seconde Partie.* = Histoire Naturelle de Bretagne, examinée dans tous ses objets: *Troisième Partie*; par M. DE ROBIEN, Président du Parlement de Bretagne, de l'Académie des Sciences & Belles-Lettres de Berlin.

Ce Manuscrit est entre les mains de M. de Robien fils, actuellement Président du même Parlement. M. le

Histoires de Bretagne.

35356. ☞ Mf. La Conquête de Bretaigne Armorique, fait par le preux Charlemaigne, sur un Payen nommé Aquin, qui l'avoit usurpé, fors Rennes, Vennes & Dol, & s'étoit fait couronner Roi à Nantes, & en jouit l'espace de trente ans, & fut secouru par ledit Empereur, environ le douzième an de son Empire : duquel Roi Aquin est fait mention au second Livre de la Chronique de Bretaigne, au Chapitre de la Sépulture des Chevaliers qui furent occis à Roncevaux : & est cette présente Chronique en telle forme & langage qu'elle a été trouvée sans rien changer.

Ce Roman étoit parmi les Manuscrits de M. Colbert, num. 5232, & est aujourd'hui à la Bibliothèque du Roi. Après le titre que l'on vient de voir, on y lit ce qui suit :

« Ce Manuscrit, qui est unique, & qui ne se trouve
» à la Bibliothèque du Roi ni ailleurs, a été trouvé sous
» les ruines du Monastère des Récolets de l'Isle de Cezambre, près le Fort de la Conchée, à trois lieues de
» Saint-Malo, que les Anglois brûlèrent & démolirent,
» lorsqu'ils descendirent dans le temps du Bombardement de Saint-Malo. Il y a près de trois mille Vers,
» sans commencement ni fin ».]

35357. De Bello Britannico inter Rainaldum Caroli Calvi Regis Ducem, & Lambertum Comitem, & de direptione Urbis Nanneticæ per Normannos, anno Christi 843. Fragmentum ex Chronico sancti Sergii Andegavensis.

Ce Fragment est imprimé dans du Chesne, à la page 586 du tom. II. de son *Recueil des Historiens de France*.

35358. Fragmentum Historiæ Britannicæ Atemoricæ, ab anno 843, ad mortem Salomonis Regis ; auctore anonymo seculi duodecimi.

Salomon est mort en 875. Ce Fragment est imprimé dans Martenne, tom. III. de son *Nouveau Trésor de Pièces anecdotes*, pag. 830. L'Auteur y rapporte l'origine & la cause des démêlés touchant l'Evêché de Dol contre les Droits de la Métropole de Tours.

35359. De Salomone Rege, Martyre in Britannia Aremorica, Commentarius historicus Conradi Janningi, Societatis Jesu.

Ces Mémoires sont imprimés dans le *Recueil des Saints* de Bollandus, tom. VI. de Juin, pag. 248.

35360. Breve Chronicon Normannicum seu Britannicum, ab anno 830, ad annum 1025.

Cette Chronique est imprimée dans Martenne, tom. III. de son *Nouveau Trésor des Pièces anecdotes*, pag. 1448.

35361. Chronicon Nannetense restitutum auxilio Fragmentorum ejusdem, à Petro le Baud laudatorum, quæ in Chronico Briocensi reperta sunt, & veteris Collectionis manuscriptæ, quæ in Ecclesia Nannetensi servatur.

Cette Chronique, qui commence à l'année 841 de Jesus-Christ, & finit en 950, est imprimée dans le Père Lobineau, pag. 35 du tom. II. de son *Histoire de Bretagne*.

35362. Histoire du vaillant Chevalier Artus, fils du Duc de Bretagne : 1521, in-4. en Gothique.

C'est, sans doute, l'Histoire d'Artus I. qui fut tué, à ce qu'on croit, en 1202, & dont on a fait un Roman.

35363. ☞ Mf. Galfredi Monomethensis Historia Britannica : in-fol.

Ce Manuscrit, qui est sur velin, écrit vers l'an 1200, se trouve à la Bibliothèque du Roi, parmi ceux de M. Lancelot.

Mf. Autre Exemplaire du même, écrit vers l'an 1400, avec Lettres enluminées : in-fol.

Il se trouve au même endroit.]

35364. Mf. Historia Britonum Versibus compilata ; per Alexandrum Nuques, & ab eo dicata Cadiaco Episcopo Venetensi.

Cet Evêque est mort en 1154. Il y a à la fin du Volume (conservé dans la Bibliothèque de Vicogne, à Valencienne,) une Généalogie des Rois de France, qui finit au Baptême de Philippe-Auguste. Dom Martene, part. 2, de son *Voyage littéraire*, pag. 213.

35365. ☞ Du Comté-Pairie de Bretagne, en 1297.

Dans l'*Histoire Généalogique* du Père Simplicien, tom. III. pag. 37.]

35366. Mf. Ecritures & autres Actes intervenus au Procès pour le Duché de Bretagne, entre Charles de Blois, à cause de Jeanne de Penthièvre sa femme, & Jean de Bretagne, Comte de Montfort, en 1341 : in-fol.

Ce Recueil est conservé dans la Bibliothèque du Roi, entre les Manuscrits de M. de Brienne, num. 301.

35367. Mf. Histoires des Guerres faites entre Charles de Blois & Jean, Comte de Montfort, pour le Duché de Bretagne.

Du Chesne, pag. 207 de sa *Bibliothèque des Historiens de France*, cite cette Histoire.

35368. Mf. Procès-verbal de la Vie & des Miracles de Charles de Blois, Duc de Bretagne, fait l'an 1371, par l'autorité & commission du Pape Grégoire XI. in-fol. 2 vol.

Ce Procès-verbal [étoit] dans la Bibliothèque de M. Baluze, num. 5 & 6, [& est aujourd'hui dans celle du Roi.]

35369. Mf. Plusieurs Pièces qui regardent la Canonisation de Charles de Blois.

Le Père Lobineau avoit promis de donner ces Pièces dans le tom. III. de son *Histoire de Bretagne*.

== ☞ Mf. Vers de Guillaume de S. André, sur la Guerre de Bretagne, en 1352 : in-fol.

Ces Vers sont conservés dans la Bibliothèque du Roi, num. 7650. Ils sont aussi imprimés dans le Tome II. de l'*Histoire de Bretagne*, par le Père Lobineau : Preuves, pag. 691, sous ce titre : *Histoire de Jean IV. dit le Conquérant, ou le Vaillant, depuis 1341 jusqu'en 1381, &c.*

Voyez ci-devant, Tome II. N.° 25313.]

400　　　Liv. IV. *Histoire Civile de France.*

35370. Chronicon Britannicum, ab anno 211, ad annum 1356, ex veteri Collectione manuscripta.

Cette Chronique est imprimée dans le P. Lobineau, *pag.* 30 du tom. II. de son *Histoire de Bretagne*.

35371. Histoire des Guerres d'Italie par les Bretons, sous le Pontificat de Grégoire XI. l'an 1378, décrites en vers; par Guillaume DE LA PERENE, qui y étoit présent.

Cette Histoire est imprimée dans Martenne, tom. III. de son *Nouveau Recueil de Pièces anecdotes*, p. 1457.

35372. Histoire de Jean IV. Duc de Bretagne, dit *le Conquérant*, depuis l'an 1341 jusqu'en 1381, écrite en Vers; par Guillaume DE SAINT-ANDRÉ, Scholastique de Dol, Secrétaire & Ambassadeur du même Duc.

Cette Histoire est imprimée dans le Père Lobineau, *pag.* 691 du tom. II. de son *Histoire de Bretagne*.

35373. Mf. Collectio vetus variorum Monumentorum historicorum undequaque excerptorum : *in*-4.

Ce Recueil est conservé dans les Archives de l'Eglise de Nantes. Pierre le Baud le cite sous le titre de *Chroniques Annaux*. Il est composé de toutes sortes de Chroniques anciennes, extraites des Chartes, des Légendes & des Historiens; il a été fait l'an 1467, dit le Père Lobineau, dans un Mémoire manuscrit communiqué.

35374. Mf. Histoire des Seigneurs de la petite Bretagne, en Vers François; par MAUHUGEON : *in-fol.*

Cette Histoire [étoit] dans la Bibliothèque de M. Colbert, num. 4819, [& est aujourd'hui dans celle du Roi.]

35375. ☞ Succession Chronologique des Ducs de Bretagne : *Nantes*, 1723, *in-fol.*]

35376. Mf. Histoire des Ducs de Bretagne, en Vers François : *in*-4.

Cette Histoire [étoit] dans la Bibliothèque de M. le Chancelier Séguier, num. 96, [aujourd'hui à S. Germain des Prés.]

35377. Mf. Recueil de Lettres & Arrêts en faveur des Ducs de Bretagne : *in-fol.*

Ce Recueil [étoit] dans la Bibliothèque de M. Colbert, num. 2201, [aujourd'hui dans celle du Roi.]

35378. Mf. Chronicon Brioceñse de rebus gestis Britonum Aremoricorum : *in-fol.*

Cette Chronique, qui commence à l'an 366 de Jesus-Christ & finit en 1415, en laquelle l'Auteur fleurissoit, [étoit] dans la Bibliothèque de M. Colbert, num. 1823, [& est aujourd'hui dans celle du Roi.] L'Original [étoit] entre les mains de Dom Guy Lobineau, qui en a fait imprimer un Extrait, depuis l'an 1364 jusqu'à la fin, dans le Tome II. de son *Histoire de Bretagne*, pag. 833 & 892. Il dit dans des Mémoires manuscrits, qui m'ont été communiqués, que «l'Auteur de cette » Chronique n'a fait qu'un Recueil de vieilles Chroni-» ques mauvaises, qu'il interpole à son gré de » Légendes des Saints, & d'Actes originaux, dont il y » en a quelques-uns de faux. Il n'est pas sûr de se fier » à lui au-dessus de son temps, ayant compilé sans » choix, & donné pour bon ce qui ne l'étoit guères ».

35379. ☞ Mf. Recueil concernant la Bretagne : *in*-4.

Il est conservé dans la Bibliothèque Britannique, parmi les Manuscrits de la Bibliothèque Cottonienne, *Julius*, B. VI. On y a rassemblé quantité de Titres, depuis la trente-neuvième année du Règne d'Edouard III. (1364 ou 1365,) jusqu'au Règne de Henri VII. inclusivement (en 1483.) Ces Pièces sont quelquefois des Originaux, la plupart en parchemin : ils remplissent environ les deux tiers du Volume. Le reste consiste en Copies sur papier de diverses mains, & pour la plupart anciennes. Cette Notice m'a été donnée par M. de Brequigny, qui en a tiré une Copie collationnée, laquelle se trouve à Paris au Dépôt des Chartes.]

35380. Les Actions héroïques de la Comtesse de Montfort, Nouvelle historique : *Paris*, 1697, *in*-12.

Jeanne, fille de Louis de Flandres, Comte de Nevers, & femme de Jean IV. Duc de Bretagne & de Montfort, se signala par plusieurs avantages qu'elle remporta, après la mort de son mari, sur Pierre de Blois, & assura la Bretagne à sa Maison, l'an 1365. Cet Ouvrage tient du Roman.

☞ On peut voir à son sujet, la *Bibliothèque des Romans*, tom. II. pag. 78.]

35381. Mf. Narré historique délivré par deux Notaires au Sieur de Culant & à Guillaume Cousinot, Ambassadeurs de France, de ce qui se passa entre eux & les Ambassadeurs d'Angleterre au Port Saint-Ouen, le 20 Juin 1449 : *in*-4.

Ce curieux Manuscrit est conservé dans la Chambre des Comptes de Paris.

35382. Petite Chronique de Bretagne, depuis l'an 1341 jusqu'en 1450.

Cette Chronique est imprimée dans le Père Lobineau, *pag.* 752, du tom. II. de son *Histoire de Bretagne*.

35383. Mf. Chronique d'Artus III. extrait de la Lignée de Bretagne, Comte de Richemont, Connétable de France, & enfin Duc de Bretagne : *in-fol.*

Cette Chronique [étoit] dans la Bibliothèque de M. le Chancelier Séguier, num. 468, [aujourd'hui à S. Germain des Prés;] & dans celle de l'Eglise Cathédrale de Tournai, selon Sanderus, *pag.* 215 du tom. I. de sa *Bibliothèque des Manuscrits Belgiques*.

== Histoire du même, depuis l'an 1413 jusqu'en 1457.

☞ *Voyez* ci-devant, N.° 31426.]

35384. Histoire lamentable de Gilles, Seigneur de Châteaubriant & de Chantocé, Prince du Sang de France & de Bretagne; étranglé en prison par les Ministres d'un Favori, le 24 Avril 1450 : 1651, *in*-4.

35385. ☞ Mf. Compillacion des Croniques & Ystoires des Bretons, jusqu'en 1457; par Pierre LE BAULT : *in-fol.*

Ces Chroniques sont indiquées ainsi, num. 16177, du Catalogue de M. le Maréchal d'Estrées.

☞ Mf. Chroniques des Rois, Ducs & Princes de Bretagne Armoricaine; par P. LE BAUD : en parchemin, *grand in*-4.

Ce Manuscrit, du XV.e Siècle, est très-beau. On voit
sur

Histoires de Bretagne.

sur le premier feuillet les Armes de Bretagne. L'Ouvrage est dédié à Anne de Bretagne, Reine de France : il contient 54 Chapitres, & s'étend jusqu'à François de Bretagne, neveu du Duc Arthur. Il se trouve à Londres, dans la Bibliothèque Britannique, parmi les Manuscrits de la Bibliothèque Harleyenne, num. 9371.]

35386. Histoire de Bretagne jusqu'en 1458, avec les Chroniques des Maisons de Vitré & de Laval; par Pierre LE BAUD, Aumônier de la Reine Anne, Doyen de Saint-Tugal de Laval. Le Bréviaire des Bretons, ou leur Histoire abrégée en Vers; par le même. Ensemble, quelques autres Traités servans à la même Histoire; & l'Armorial des Maisons de Bretagne. Le tout tiré de la Bibliothèque du Marquis de Molac, & mis en lumière par Pierre D'HOZIER, Gentilhomme ordinaire de la Maison du Roi : *Paris*, Alliot, 1638, *in-fol.*

« Pierre le Baud avoit déja composé la même Histoire, pour obéir à Jean de Châteaugirond, Seigneur de Derval, dont il étoit parent par bâtardise. L'Original de cette première Histoire est entre les mains de M. Piré. Elle est beaucoup plus étendue que la seconde qui a été imprimée sur un autre Manuscrit ». Lobineau, au tom. I. de son *Histoire de Bretagne*, *pag.* 822.

Le même, dans sa Préface, dit « qu'Alain Bouchard a paru le premier, quoiqu'il ait écrit depuis Pierre le Baud. Il y a plus de recherches dans celui-ci, & beaucoup plus de discernement. Il seroit à souhaiter que son style eût plus d'élévation, & que cet Auteur eût pu se défaire de quelques erreurs & de certains préjugés du Pays ».

Le Père Lobineau dit encore, *p.* 822 de son Tome I. parlant du second Ouvrage de Pierre le Baud, « que la Reine Anne de Bretagne lui donna ordre de composer une Histoire générale & exacte du Pays; & que pour lui procurer tous les moyens nécessaires pour en venir à bout d'une manière qui pût satisfaire le public, elle lui fit expédier, le 4 d'Octobre, des Lettres pour avoir communication de tous les Titres des Chapitres & Abbayes, des Communautés & des Archives du Pays. Pierre le Baud s'acquitta de cette Commission avec tout le soin possible, & l'on a encore son Ouvrage, qui mérite d'être estimé des Sçavans ».

«Cependant cet Auteur, si estimable, n'est (selon l'Abbé de Vertot) qu'un Copiste servile, qui a ramassé sans choix & sans discernement toutes les fables qu'il a trouvées dans Geoffroy de Montmouth, dans l'Histoire du Roi Artus, dans la Vie de Charlemagne, dans la Chronique de Landevenec, dans celle des Rois Bretons, dans une autre qui porte le nom du Prêtre Ingomar, enfin dans celle de Saint-Brieu & dans une grand nombre de Légendaires: toutes Pièces aussi fabuleuses les unes que les autres, & dont quelques-unes même ne se trouvent plus, ou ne se trouvent qu'en extrait dans cet Auteur ». L'Abbé de Vertot, dans la Préface de sa Réponse au Père Lobineau.

☞ On trouve au commencement de l'Histoire de le Baud : = Blasons des seize Quartiers, de M. le Marquis de Molac.

Et à la fin : = le Bréviaire des Bretons; = la Généalogie de très-haute, très-puissante, très-excellente & très-Chrétienne Princesse & notre Souveraine Dame Anne, très-illustre Reine de France & Duchesse de Bretagne; & les Noms des Rois & Princes ses Prédécesseurs en droite ligne, depuis la Création d'Adam jusqu'à présent: compilée & extraite de plusieurs Livres & Chroniques anciennes par Disavoez Pengueru, natif de Cornouaille, en l'honneur & louange de ladite Dame.]

== Mémoires servans à l'Histoire de Bretagne.

☞ Le Manuscrit de feu M. le Marquis de Molac, paraphé de la main du fameux d'Argentré, comme Autographe, étoit entre les mains de M. Gérard Mellier, Conseiller du Roi, Trésorier de France, Chevalier des Ordres de Notre-Dame du Mont-Carmel & de S. Lazare, Maire & Colonel de la Milice Bourgeoise de Nantes.

Voyez sur cet Ouvrage, Lenglet, *Méth. Hist. in-4.* *tom. II*. *pag.* 204, & Préface du *tom. I.* de l'*Histoire de Bretagne*, par Dom Lobineau.]

35387. Mf. De Origine ac Rebus gestis Aremoricæ Britanniæ Regum, Ducum & Principum, Historia, ab excessu Conani Meriadeci ad Francisci usque postremi Ducis & Annæ ejus filiæ tempora, cujus matrimonio in Francorum regiam Domum Ducatus concessit; à nobili Viro Bertrando d'Argentré, Redonensis Provinciæ Præside, ex Gallico idiomate Petri LE BAUD, in Latinum conversa : *in-fol.*

Cette Histoire [étoit] dans la Bibliothèque de M. Colbert, num. 1828 [& est aujourd'hui dans celle du Roi.] On lit à la fin de ce Volume, & dans l'original de l'Auteur, les mots Latins, dont voici la traduction : « Ce Volume de l'Histoire de Bretagne a été mis en lumière par noble Homme Bertrand d'Argentré, fils de Pierre d'Argentré, qui l'a écrit de sa main, & l'a achevé le premier de Novembre 1541, âgé de vingt-trois ans. Ainsi cette Histoire (dit le Père Lobineau, dans un Mémoire manuscrit communiqué,) est antérieure de trente-cinq ans à celle que l'Auteur a donnée au public en 1582, à la prière des Etats de Bretagne. Il mourut trois ans après, en 1585. L'Histoire Latine est plus abrégée que la Françoise, & d'un bon style, pareil à celui des *Commentaires sur la Coutume de Bretagne*. Il parle de quelques anciennes fables de la Nation en homme éclairé; mais il en a conservé beaucoup trop.

Il semble que le Père Lobineau considère cette Histoire comme l'Ouvrage de d'Argentré, qui n'a fait que la traduire en Latin. André du Chesne devoit la publier dans le Tome V. de sa *Collection des Histoires des Provinces de France*, comme n'étant qu'une traduction Latine de l'*Histoire de Pierre le Baud*, faite par Bertrand d'Argentré, sur le Manuscrit de l'Auteur, qui étoit conservé dans la Bibliothèque de M. de la Meschinière : c'est ce que rapporte du Chesne *pag.* 183 & 184, de son *Plan des Historiens de France*.

35388. Mf. Liber de rebus Britanniæ minoris in Gallia quatenùs ad Angliam spectant, à tempore Regis Eduardi III. usque ad Eduardum IV. in quo multæ originales Chartæ & Litteræ inseruntur.

Ce Livre, qui commence vers l'an 1330 & finit en 1460, est conservé en Angleterre dans la Bibliothèque du Chevalier Cotton, *Julius*, B. 6.

35389. Mf. Histoire des Ducs de Bretagne : l'Hommage dû au Roi.

Cette Histoire, écrite l'an 1460, [étoit] dans la Bibliothèque de M. le premier Président de Harlay, [aujourd'hui à S. Germain des Prés.]

35390. Chronicon Britannicum ex variis Chronicorum Fragmentis in veteri Manuscriptorum collectione Ecclesiæ Nannetensis repertis.

Cette Chronique, qui commence à l'an 593 & finit en 1463, est imprimée dans Lobineau, *pag.* 351 du tom. II. de son *Histoire de Bretagne*.

35391. Les grandes Chroniques de Bretaigne, parlant des très-pieux, nobles & très-belliqueux Rois, Ducs, Princes, Barons & autres Gens nobles, tant de la Grande Bretaigne, dite à présent Angleterre, & de celle à présent érigée en Duché ; & aussi depuis la Conquête de Conan Mériadec, Breton, qui pour lors étoit appellé le Royaume Armorique, jusqu'au temps & trépas de François, Duc de Bretaigne, dernier trépassé : (vieille Edition) : *Paris*, 1514, *in-fol.*

Les mêmes, avec des Additions, depuis le Roi Charles VIII. jusqu'en l'an 1532 : 1532, *in-fol.*

Ces Editions sont sans nom d'Auteur ; mais on l'a marqué dans les Editions [suivantes] de 1531 & de 1541, & l'on a fait quelques autres changemens dans le titre.

Les mêmes, sous ce titre : Les Chroniques annales des Pays d'Angleterre & de Bretagne, contenant les Faits & Gestes des Rois & Princes qui ont régné audit Pays, & choses dignes de mémoire advenues durant leurs Règnes, depuis Brutus jusqu'au trépas du feu duc de Bretaigne, François II. du nom, dernier décédé : faites & rédigées par noble Homme & sage Maître Alain BOUCHARD, en son vivant Avocat en la Cour de Parlement, & depuis augmentées & continuées jusqu'en l'an 1531 : *Paris*, du Pré, 1531, *in-fol.* Ibid. 1541, *in-4.*

☞ L'Edition de 1532 a ce titre, (qui explique davantage son contenu :) Les grandes Chroniques de Bretaigne, parlant des très-pieux, nobles & très-belliqueux Rois, Ducs, Princes, Barons & autres Gens Nobles, tant de la Grande-Bretaigne, dite à présent, Angleterre, que de notre Bretagne de présent érigée en Duché, & aussi depuis la conquête de Conan Mériadec, Bréton, qui lors étoit appellé le Royaume d'Armorique, jusqu'au temps & trépas de François, Duc de Bretaigne, dernier trépassé ; esquelles Chroniques est fait mention d'aucuns notables faits advenus ès Royaumes de France, d'Angleterre, d'Espaigne, d'Escosse, d'Arragon & de Navarre ; ès Italie & Lombardie, en Tartarie, en Jérusalem ; & des Papes, de leur élection & Etats ;(par Alain Bouchard, & les additions par Jean DE SAINTRÉ.) Additions depuis le Roi Charles VIII. jusqu'en l'an 1532. En cette présente est adjouté le *Voyage de delà les Monts*, avec la *Journée de Fornoue*, faite par le feu Roi Charles VIII. lequel avoit épousé Madame Anne, Duchesse de Bretaigne, & des merveilleux Faits qu'il fit audit Voyage. Item, comme après le décès dudit Charles, Louis XII. succéda à la Couronne de France & Duché de Bretaigne par les Espousailles & Accords faits entre ledit Roi Louis & ladite Anne, lequel Louis déclara en son temps, le Privilège des Libraires, & comme les Livres sont francs, quittes & exempts de touts tributs & péages. Item, y est contenu les Funérailles, Obsèques desdits Louis & Anne, & comme très-magnanime & très-puissant Roi François I. de ce nom, épousa très-noble Dame, Madame Claude, première Fille naturelle & légitime de France. Item, finablement, est contenu la Nativité & Baptême du Dauphin de France, & la mort & Trépas de ladite Dame Claude, en son vivant Reine de France, & toutes les choses advenues jusqu'en l'an 1532. Le tout revu & corrigé depuis la dernière impression : 1532, *in-fol.* Lettre Gothique, (sans nom de lieu ni d'Imprimeur.)

Au Catalogue de la Bibliothèque d'Anet, *pag.* 27, on trouve : *Les grandes Chroniques de Bretaigne, depuis le Roi Brutus, jusqu'à Cadvaladrus, dernier Roi Breton : Caen*, 1518, *in-fol.* (C'est une Histoire de la Grande-Bretagne) mais on lit aux Additions dudit Catalogue, *p.*7 : *Les grandes Chroniques de Bretagne* : 1517, *in-fol.* qui peuvent bien regarder notre Bretagne.

« Sous un titre magnifique l'Auteur (dit le Père Lo» bineau,) ne renferme guère que des tables grossiè» res, tirées de Geoffroy de Montmouth, de l'Histoire » du Roi Artus, du Roman attribué à l'Archevêque » Turpin. Bouchard prétend qu'il n'a rien tiré des an» ciennes Histoires & Chroniques, des vieux Volumes » & Registres cachés, qu'il n'ait, dit-il, quis & recher» ché ès Livres où l'on a coutume de garder Lettres » de perpétuelle mémoire. C'est dommage que tant de » soins n'aient abouti qu'à nous donner un Ouvrage, » dans lequel cet Ecrivain passe si légèrement sur les faits » véritables, & s'arrête beaucoup aux faux ; & ce qu'il » y a de bon & de vrai est si peu de chose, qu'il ne » donne qu'une connoissance très-impartiale de l'His» toire qu'il a voulu traiter ». Lobineau, dans sa Préface de *l'Histoire de Bretagne*. François, dernier Duc de Bretagne, est mort en 1488.

35392. Mf. Histoire de Bretagne ; par Estienne GOURMELAN, de Cornouaille.

Cette Histoire est citée par la Croix du Maine, dans sa *Bibliothèque Françoise*.

35393. ☞ Mf. Histoire de Bretagne ; par Noël DU FAIL, Seigneur de la Hérissaye, Conseiller au Parlement de Rennes, Auteur des *Propos rustiques ou Ruses de Ragot*.

Il en est fait mention dans la Croix du Maine.]

35394. Mf. Histoire de Bretagne ; par Jacques BRYDON, Sieur de Laubardiere.

Cette Histoire est citée par Albert le Grand, dans la Vie de S. Félix, *pag.* 196 de son *Histoire généalogique de Bretagne* : *Paris*, 1620, *in-fol.*

35395. Histoire de Bretagne, des Rois, Ducs, Comtes & Princes d'icelle ; l'établissement du Royaume, mutation de ce titre en Duché ; continuée jusqu'au temps de Madame Anne, dernière Duchesse, & depuis Royne de France, par le mariage de laquelle passa la Duché en la Maison de France ; avec la Carte géographique dudit Pays, & la Table de la Généalogie des Ducs & Princes d'icelui : mise par écrit par noble Homme Bertrand D'ARGENTRÉ, Sieur des Gosnes, &c. Conseiller du Roi & Président au Siège de Rennes : *Rennes*, 1582 ; *Paris*, du Puis, 1588, *in-fol.*

La même, augmentée par Charles D'ARGENTRÉ, Sieur de la Boissière : *Paris*, Buon, 1612, *in-fol.* Troisième Edition : *Paris*, Buon, 1618, *in-fol.* *Rennes*, Vatar, 1668, *in-fol.*

Nicolas Vignier écrivit son *Traité de la petite Bretagne*, indiqué ci-devant, [Tom. II. N° 27814,] contre la première Edition de cette Histoire, & cette Edition est très-rare. Vignier réfute les fables & les calomnies avancées par d'Argentré, qui est mort en 1585. Son Histoire commence en l'an de Jesus-Christ 383, & finit en 1532.

« Quoique (selon le Père Lobineau, dans la Préface de son *Histoire de Bretagne*,) d'Argentré eût Pierre le

Histoires de Bretagne.

» Baud pour guide, qu'il l'ait assez fidèlement copié
» partout, & qu'il se soit quelquefois égaré avec lui ; il
» n'a pas laissé de l'abandonner en quelques endroits
» pour s'égarer encore davantage ».

Ce fut à la sollicitation des trois Etats de la Province,
qu'il forma le dessein de cette Histoire, qui au jugement de M. l'Abbé le Gendre, « n'est point exacte :
» elle a peu d'ordre, & l'Auteur y fait paroître trop de
» partialité pour sa patrie, trop d'aigreur contre quel-
» ques Familles, & trop de prévention pour d'autres ».

☞ *Voyez* Lenglet, *Méth. hist.* in-4. tom. *IV.*
pag. 105. = Le Gendre, tom. *II.* pag. 18. = Biblioth.
Harley. tom. *II.* pag. 540. = Bibl. de Clément, tom. *II.*
pag. 51. = Préface du tom. *I.* de l'*Histoire de Bretagne*,
de Dom Lobineau.]

35396. Abrégé de l'Histoire de Bretagne
de Bertrand d'Argentré : *Paris*, Cellier,
1685, *in-12.*

L'Auteur de cet Abrégé est un Breton, nommé
Lesconvel, qui a écrit plusieurs autres Ouvrages, tous
assez superficiels, selon le Père Lobineau. Il ne s'est pas
mis en peine de corriger les fautes de son Auteur, ni de
suppléer à ce qui pouvoit y manquer.

35397. * Ms. Histoire de Bretagne, depuis
les temps fabuleux, jusqu'au Règne de Henri II. Roi de France ; rédigée par Henri DE
CONIAC, Chevalier, Seigneur de Toulemain, Doyen du Parlement de Bretagne :
in-fol.

Cette Histoire est conservée dans la Bibliothèque de
M. de Coniac son fils, Conseiller au même Parlement.

35398. Histoire de Bretagne, composée sur
les Actes & Auteurs Originaux ; par Guy-
Alexis LOBINEAU, bénédictin de la Congrégation de S. Maur ; enrichie de Portraits,
de Tombeaux & de Sceaux gravés en taille-
douce ; avec les Preuves & les Pièces justificatives : *Paris*, Muguet, 1707, *in-fol.*
2 vol.

☞ Le Tome I. contient l'Histoire divisée en XXII.
Livres.

On trouve au commencement : = Table Généalogique des Ducs de Bretagne.

Le Tome II. comprend les Preuves & Pièces justificatives ; & à la fin est un Glossaire contenant l'Explication des mots Bretons, Anglois, Espagnols, Basques,
Gaulois, ceux de la Basse-Latinité & autres, difficiles ou
hors d'usage, qui se rencontrent dans ce Volume de
Pièces justificatives.]

Cet Auteur a entrepris son Histoire par l'ordre des
Etats de Bretagne, & a eu accès dans toutes les Archives du Pays ; elle a été imprimée aux dépens de la Province. Il a cependant trouvé des Inventaires sur la Mouvance de la Bretagne, soit par rapport au Royaume,
soit par rapport à la Normandie. On peut voir ci-devant
[Tome II. N.ºs 27817] & *suiv.* de cette Bibliothèque
historique.

Le même Auteur fit imprimer en 1707, une Lettre
dédiée à MM. les Etats de Bretagne au sujet d'un troisième Volume de cette Histoire, qui [devoit] contenir
des Pièces qui regardent l'Histoire de cette Province,
depuis l'an 1010 jusqu'en 1551, & autres Pièces historiques. Il y [devoit] ajouter encore un quatrième Tome,
contenant un Supplément de Pièces justificatives de son
Histoire. [Mais ces Volumes n'ont pas été publiés par
l'Auteur, qui est mort en 1727. Son Histoire] commence à l'an de Jesus-Christ 458, & finit en 1532.

☞ On n'estime que le second Volume, qui contient les Titres principaux de cette Province.

Voyez Lenglet, *Méth. hist.* in-4. tom. *I.* pag. 397, &

Tome *III.*

tom. *IV.* pag. 106. *Journ. des Sçavans*, Décemb. 1707,
Janv. 1708. Mém. de Trévoux, Avril & Juillet 1708.]

== ☞ Les Vies des Saints de Bretagne &
des personnes de Piété, avec une Addition
à l'Histoire de Bretagne ; par Dom Guy-
Alexis LOBINEAU : *Rennes*, 1724, *in-fol.*

Ce Recueil est utile pour l'Histoire de cette Province : on l'a déjà indiqué, Tome I. N.° 4251.]

35399. ☞ Histoire des Ducs de Bretagne,
& des différentes Révolutions arrivées dans
cette Province ; (par l'Abbé Pierre François
Guyot DES FONTAINES :) *Paris*, Rollin,
1739, *in-12.* 6 vol.

Les deux premiers contiennent l'Histoire des Souverains de Bretagne depuis Conan, qui commença à régner sur les Bretons environ l'an 383 de J. C. jusqu'à
l'an 1602, sous Henri IV. Les Tomes III. & IV. comprennent l'Histoire particulière de la Ligue en Bretagne,
depuis 1584 jusqu'en 1598. Les V. & VI. contiennent
une Dissertation historique sur l'Origine des Bretons,
sur leur établissement dans l'Armorique, & sur leurs premiers Rois. Ainsi cette Histoire est composée de trois
différens Ouvrages réunis.

On peut voir à son sujet, = le *Supplément à la Méth.*
hist. de Lenglet, in 4. pag. 173 = Bibl. Franc. de Du
Sauzet, tom. *XXX.* pag. 67, tom. *XXXI.* pag. 45,
tom. *XXXII.* pag. 290. = Obs. sur les Ecr. mod. Lett.
141, 158, 192. = Journ. des Sçav. 1739, Sept. &
Novemb. = Reflex. sur les Ouvr. de Littér. tom. *VIII.*
pag. 352.]

35400. ☞ Mémoires pour servir de Preuves à l'Histoire Ecclésiastique & Civile de
Bretagne, tirés des Archives de cette Province, de celles de France & d'Angleterre,
des Recueils de plusieurs Sçavans Antiquaires, & mis en ordre par Dom Hyacinthe
MORICE, Prêtre, Religieux Bénédictin de la
Congrégation de S. Maur : *Paris*, 1742,
in-fol. 3 vol.

Le Tome I. contient = une ample Préface historique,
= une Table ou Inventaire des Extraits, Pièces, &c. contenus dans ce Volume, qui s'étendent jusqu'à l'an 1370,
= les Empreintes de 25 Sceaux, = les Pièces, = une Table
alphabétique des Matieres, des Noms propres & des
Sceaux.

Le Tome II. comprend une Préface historique sur les
Barons de Bretagne, = un Inventaire des Pièces contenues dans ce Volume, qui s'étendent jusqu'en 1462,
= les Empreintes de 285 Sceaux, = les Pièces, = des
Tables alphabétiques, &c.

Le Tome III. contient, = une Préface Historique sur
les Etats de Bretagne, = un Inventaire des Pièces contenues dans ce Volume depuis 1462, = les Pièces,
= une Table alphabétique, = un Glossaire, contenant
l'explication des mots Anglois, Basques, Bretons, Espagnols, Gaulois, de la Basse-Latinité, des Villes & des
Lieux qui se trouvent dans ce Recueil.

Voyez sur cet Ouvrage, le *Journ. des Sçav.* 1742,
Novembre, & 1745, Janvier.]

35401. ☞ Histoire Ecclésiastique & Civile
de Bretagne ; par Dom Pierre-Hyacinthe
MORICE, & Dom Louis-Charles TAILLANDIER, Bénédictins de la Congrégation de
S. Maur : *Paris*, 1750 & 1756, *in-fol.*
2 vol.

Dom Morice ayant été chargé de donner une Histoire
de cette Province plus étendue & plus exacte que celle

404   Liv. IV. *Histoire Civile de France.*

de Dom Lobineau, a commencé par publier les trois Volumes d'Actes & de Titres (indiqués au N.° précédent,) après quoi il a travaillé à rédiger l'Histoire même, conformément à ces Pièces authentiques : il n'en a donné qu'un Volume, & est mort en 1750. Dom Taillandier a continué cette Histoire, & est depuis sorti de la Congrégation de S. Maur.]

35402. ☞ Remarques sur deux endroits de la Nouvelle Histoire de Bretagne. *Journal de Verdun,* 1753, *Mai, pag.* 371.]

35403. ☞ Chronologie historique des Rois, Comtes & Ducs de Bretagne ; par D. CLEMENT.

Dans la seconde Edition de l'*Art de vérifier les Dates* : (*Paris,* Desprez, 1770, *in-fol.*) *pag.* 692.]

35404. ☞ Histoire de la Réunion de la Bretagne à la France, où l'on trouve des Anecdotes sur la Princesse Anne, fille de François II. Duc de Bretagne, &c par M. l'Abbé IRAIL : *Paris,* Durand, 1764, *in-*12. 2 vol.

35405. ☞ Mf. Inventaire des Lettres, Titres & Chartes de Bretagne, étant en la Cour neuve du Château de Nantes : *in-fol.*

35406. ☞ Mf. Table alphabétique de tous les Titres de Bretagne & des Pièces contenues en l'Inventaire, par armoires & cassettes séparées : *in fol.*

35407. ☞ Mf. Recueil de Pièces sur les Communautés de Bretagne : *in-fol.*

35408. ☞ Mf. Edits, Lettres, Arrêts & autres Actes touchant l'Amirauté de Bretagne, & Droits appartenans à icelle : *in-fol.*

Ces quatre Recueils sont indiqués au num. 16204, 16205, 16209 & 16212, du Catalogue de M. le Maréchal d'Estrées.]

35409. ☞ Requête au Roi, pour servir de Réponse aux Mémoires des Commissaires des Etats de Bretagne, touchant les Droits de l'Amirauté de cette Province : *Paris,* 1699, *in-fol.*] -

35410. ☞ Mémoires pour servir à la connoissance des Fois & Hommages de Bretagne ; par Gérard MELLIER : *Paris,* 1615, *in-*12.]

35411. ☞ Mf. Histoire du Barronage de Bretagne : *in-fol.*

Cette Histoire est indiquée num. 16186 du Catalogue de M. le Maréchal d'Estrées.]

35412. ☞ Contrats faits par le Roi avec la Province de Bretagne ; *in-*4.

Ce Recueil est indiqué *pag.* 284 du Catalogue de M. de Cangé, & doit être à la Bibliothèque du Roi.]

35413. ☞ Mf. La Bataille de 30 Anglois & de 30 Bretons, en Vers.

Elle est conservée parmi les Manuscrits de la Bibliothèque du Roi, num. 7595 ², & finit ainsi : Cy finit la Bataille. . . . . . qui fu faite en Bretagne, l'an de grace 1350, le Samedi devant *Letare Jherusalem.*

« La Nation Bretonne fut couverte de gloire par le »fameux Combat des Trente. Le Seigneur de Beauma»noir, un des Chefs du parti de la Comtesse de Blois, » traitoit avec Richard Pembroc, Commandant des An- »glois, qui soutenoient le parti de la Comtesse de Mont»fort. Pendant la Conférence, ils se ménagèrent assez »peu sur la bravoure de leur Nation. Beaumanoir pro»posa d'en faire l'essai, tel qu'il plairoit à Bembroc. Ils »convinrent que trente Bretons se battroient contre » trente Anglois ; le jour & le lieu furent choisis aussi»tôt. Beaumanoir remplit sans peine le nombre de » Champions qui devoient l'accompagner. Bembroc ne »trouva que vingt Anglois ; & prit, pour completer »son nombre, six Allemands, avec quatre Bretons du » parti de Montfort. Le Combat fut aussi opiniâtre que » le premier choc avoit été terrible. Deux fois on se »sépara pour reprendre haleine, & deux fois on re»vint à la charge avec une nouvelle ardeur. Beauma»noir, épuisé de sang & de fatigue, demanda à boire ; » un des Combattans lui répondit : Beaumanoir, bois »ton sang ; ta soif passera ; il faut aller jusqu'au bout. »» Les Anglois perdirent leur Chef ; Montauban en aba»tit sept à ses pieds. Accablés sous les coups des Bre»tons, ils leur abandonnèrent le Champ de Bataille & » toute la gloire du Combat ». *Dictionaire des Mœurs & Coutumes des François, tome I.* au mot *Combat.*]

35414. Mf. Relation de ce qui s'est passé à l'Entrée & Couronnement de François III. du nom, Dauphin de France, dans la Ville de Rennes, lorsqu'il y fut couronné Duc de Bretagne, en 1532 : *in-fol.*

Cette Relation de l'Entrée du Dauphin, qui étoit le fils aîné du Roi François I. est conservée dans la Bibliothèque du Roi, num. 8575.

☞ Cette Relation est imprimée dans le Livre d'Hilarion de Coste, intitulé : *Eloges de nos Rois,* &c. (*Paris,* 1643, *in-*4. *pag.* 408.]

35415. Mf. Journal de ce qui s'est passé à *Saint-Malo,* depuis le 30 Avril 1578 jusqu'au 20 Mai de l'an 1591, avec le détail de la prise du Château par les Malouins, & de ce qu'ils firent ensuite pour s'y maintenir contre le Duc de Mercœur, quoiqu'ils fussent censés du parti de la Ligue ; par Nicolas FROTET, Sieur de la Landelle, fils de Josselin, l'un des principaux du Conseil établi pour le Gouvernement de la Ville : *in-fol.*

M. de Nointel [possédoit] l'Original de cette Pièce. » L'Auteur a enflé son style de quelques Antiquités assez » inutiles au sujet de son Histoire, qui n'est pas finie ; ce » qu'il y en a de fait, est curieux & utile ». Lobineau, dans un Mémoire communiqué.

== ☞ De la Prise du Château de *Saint-Malo,* &c. en 1590-1592.

Voyez ci devant, Tome II. N.° 19238 & 19400.]

35416. Mf. Mémoires du Gouverneur de *Dinan,* touchant l'Etat de la Bretagne & de cette Place en particulier pendant la Ligue.

Le Père Lobineau [avoit] promis de publier ces Mémoires dans le Tome III. de son *Histoire de Bretagne.*

35417. Mf. Journal de Jérôme D'ARADON, Seigneur de Quinipilis, Gouverneur d'*Hennebont,* depuis le 18 de Juin 1589, jusqu'au 25 Août 1593.

Pièce promise par le Père Lobineau. L'Auteur étoit fort attaché au parti de la Ligue, d'ailleurs fort brave.

35418. Mf. Relation du Siège de *Vitré,* fait par le Duc de Mercœur ; par DE LA MERAIE.

Pièce encore promise par Dom Lobineau.

Histoires de Bretagne. 405

35419. Mf. Histoire de ce qui s'est passé en Basse-Bretagne pendant les Troubles de Religion ; par George d'Aradon, Evêque de Vennes.

Pièce promise par le Père Lobineau. Cet Evêque est mort en 1596.

35420. Mf. Journal de ce qui s'est passé à Rennes & aux environs pendant la Ligue, depuis l'an 1589 jusqu'en 1598 ; par Pierre Pichart, Notaire Royal & Procureur au Parlement de Rennes : *in-fol.*

Ce Journal est entre les mains de M. Cormier, Procureur au Présidial de Rennes. « L'Auteur [étoit] du » parti du Roi ; son style est tel qu'on le doit attendre » d'un homme de chicane ; mais il rapporte bien des » faits curieux ». Lobineau, Mémoires communiqués.

== ☞ La Ville de Rennes entre les mains des Ligueurs, en 1589.

Voyez ci-devant, Tome II. N.° 19036.]

35421. Mf. Histoire de Bretagne ; par Moreau, Chanoine de Cornouaille, Conseiller au Présidial de Quimper : *in-fol.*

« Cette Histoire est en la possession de M. Terazien, » Sénéchal des Regaires de Quimper. Elle contient ce » qui s'est passé en Bretagne pendant les troubles, depuis » l'an 1589 jusqu'en 1598. L'Auteur étoit Ligueur, & » parle avec assez de passion de son parti. Il y a beaucoup » de faits curieux qui ne sont pas connus des Historiens » François ». Lobineau, Mémoires communiqués.

== Mf. Mémoires de (Jean) Montmartin, des Guerres de Bretagne, depuis l'an 1589 jusqu'en 1598.

Voyez ci-devant, [Tome II. N.° 19718.]

35422. ☞ Remontrances faites en la Cour de Parlement, & Assemblée des Etats de Bretagne ; par M. Carpentier, Président en ladite Cour : *Nantes, 1596, in-8.*]

== ☞ Discours sur ce qui s'est passé en Bretagne en 1598.

Voyez ci-devant, Tome II. N.os 19709 & 19717.]

35423. ☞ Polyarchie, ou de la domination tyrannique, & de l'autorité de commander, usurpées par plusieurs, pendant les troubles, en forme de Remontrances au Roi Henri IV, où sont représentées les misères de la Province de Bretagne, la cause d'icelles, & le remède que Sa Majesté y a apporté par le moyen de la Paix ; par le Sieur de la Grée Belordeau : deuxième Edition : *Paris*, Buon, 1617, *in-4.*

Peut-être est-ce la même chose que l'Ouvrage suivant, ajouté ici par le Père le Long dans son Exemplaire, & dont nous avons parlé Tome II. N.° 19711.]

35424. * Remontrance au Roi, contenant un bref Discours des misères de la Province de Bretagne, de la cause d'icelles, & du remède que Sa Majesté y a apporté par le moyen de la Paix ; par P. B. A. *Lyon*, 1598, *in-8.*

== Libre Discours sur la délivrance de la Bretagne : 1598, *in-8.*

Ce Discours est aussi imprimé dans le *Recueil d'excellens & libres Discours* : 1606, *in-12.*
☞ Nous en avons déja parlé, Tome II. N.° 19712. L'Auteur est Antoine Arnaud, Avocat. Il fit ce Discours après la prise d'Amiens, contre le Duc de Mercœur, qui soutenoit les restes de la Ligue en Bretagne. Il finit par une Exhortation au Roi pour achever la Conquête de son Royaume.]

35425. Mf. Assises des Etats de Bretagne, depuis l'an 1567 jusqu'en 1714 : *in-fol.* 46 vol.

Ce Recueil [étoit] dans la Bibliothèque de M. de Valincourt, Secrétaire général de la Marine.
☞ Cette précieuse Bibliothèque a été consumée avec sa Maison de S. Cloud, la nuit du 14 au 15 Janvier 1725.]

35426. ☞ Mf. Etats de Bretagne, depuis & compris l'année 1573, jusques & compris l'année 1736, avec les Blasons : *in-fol.* 14 vol.

Ils sont indiqués dans le Catalogue de la Bibliothèque du Maréchal d'Estrées, num. 16208.]

35427. ☞ Harangues prononcées par M. le Maréchal de Brissac à l'ouverture des Etats de Bretagne, depuis 1596 jusqu'en 1618, en l'année 1596, 1597, 1598, 1599, 1601, 1602, 1603, 1604, 1605, 1606, 1607, 1608, 1610, 1611, 1612, 1613, 1614, 1616, 1617 & 1618.

Elles sont imprimées dans le *Recueil de plusieurs Harangues* : *Paris*, 1622, *in-8.*
Dans les deux premières, il demande des subsides pour ruiner les restes de la Ligue en Bretagne. Dans les suivantes, il fait l'éloge du Roi, de sa bonté envers ses Peuples, & notamment ceux de la Bretagne. Dans celle de 1610, il donne un récit pathétique de la mort de ce Prince, & les invite à rester fidèles & soumis à son fils, à l'exemple de tous les Grands & de la Cour. Les autres roulent sur les louanges, des invitations à garder l'obéissance due au Souverain, & des protestations de services.]

35428. Mf. Procès-verbal de la tenue de l'Assemblée des Etats de Bretagne en la Ville de Vitré, l'an 1655. Lettres de Guillaume de Lamoignon, Député par le Roi à cette Assemblée, écrite aux Ministres. Journal du même, touchant ce qui s'y est passé ; avec plusieurs autres Pièces sur le même sujet : *in-fol.*

Ce Recueil est conservé dans la Bibliothèque de M. le Président de Lamoignon.

35429. Lettre d'Olivier Patru, Avocat au Parlement, sur la contestation pour la préséance aux Etats de Bretagne, entre le Duc de Rohan & le Duc de la Trimouille ; avec la Sentence du Duc Pierre.

Cette Lettre est imprimée *pag.* 296 des Œuvres de Patru : *Paris*, 1681, *in-8.*

35430. ☞ Apologie pour la Communauté de Nantes & autres de Bretagne, contre la préséance prétendue par celle de Rennes, à la tenue des Etats de la Province ; par de Chamballan & des Perrines-Boutin : *Nantes*, 1619, *in-8.*]

Liv. IV. *Histoire Civile de France.*

35431. ☞ Traité des moyens dont la Communauté de Rennes a usé pour usurper la Présidence au Tiers-Ordre des Etats-Généraux de Bretagne, & des raisons de l'opposition du Corps desdits Etats ; par Gilles Chesneau, Procureur Fiscal de Vitré, l'un des Députés à ces Etats : 1620, *in-*4.]

35432. ☞ Pièces pour & contre le Droit de la Ville de Rennes, pour présider au Tiers-Ordre des Etats de Bretagne : *in-*4.]

35433. ☞ Considérations sommaires pour la preuve du Droit de M. le Duc de la Trémouille, comme Baron de Vitré, de présider la Noblesse aux Etats de la Province, contre la prétention que M. le Duc de Rohan dit avoir de la même Présidence, comme Baron de Léon : *in-fol.*

35434. Lettres-Patentes du Roi, données sur les Remontrances des Gens des trois Etats du Pays & Duché de Bretagne, du 9 Septembre 1614 : *Rennes,* 1614. Jouxte la Copie à Rennes, 1614, *in-*8.

On a mis à la fin les Remontrances & les Réponses de Sa Majesté sur icelles.

35435. ☞ Requête au Roi & à Nosseigneurs de son Conseil, pour les Etats de Bretagne, contre les Fermiers-Généraux, au sujet des Droits de Traites, Ports & Havres, Entrées & Sorties de la Province de Bretagne : *Paris,* 1730, *in-fol.*]

35436. Privilèges & Franchises des Habitans de la Province & Duché de Bretagne ; recueillis par Bertrand d'Argentré.

Ces Privilèges sont imprimés avec ses *Commentaires sur la Coutume de Bretagne : Paris,* 1628, *in-fol.*

35437. ☞ Ordonnance de Louis XIV. touchant la Marine des Côtes de la Bretagne : *Rennes,* 1685, *in-*4.]

35438. ☞ Table des Arrêts du Conseil de liquidation des Dettes des Communautés de la Province de Bretagne : *in-*4.]

35439. ☞ Apologie de la Noblesse & du Parlement de Bretagne : 1720, *in-*4. (sans nom d'Auteur ni d'Imprimeur.)

Le *Jugement de la Chambre Royale de Nantes,* du 10 Février 1720, qui supprime cet Imprimé, se voit dans le *Mercure de Février 1720, pag.* 115.]

35440. ✱ Recueil d'Arrêts rendus par la Chambre Royale de Nantes, avec plusieurs Harangues & autres Pièces, depuis le 7 d'Octobre 1719, jusqu'au 19 Avril 1720 : *Nantes,* (1720,) *in-*8.

☞ C'est au sujet de plusieurs Gentilshommes impliqués dans la Conjuration du Prince de Cellamare, Ambassadeur d'Espagne.]

35441. ☞ Divers Mémoires sur le différend entre le Parlement de Bretagne & la Chambre des Comptes, les Etats de Bretagne & les Fermiers-Généraux, & les Droits de l'Amiral : *in-fol.*

Cette Collection est indiquée num. 2190 du Catalogue de la Bibliothèque de M. Pelletier.]

35442. ☞ Remontrances du Parlement de Bretagne en 1718.

C'est au sujet des Lettres-Patentes qui ordonnoient la séparation des Etats de cette Province, & sur les Troupes qui y furent envoyées.]

35443. ☞ Remontrances de la Province de Bretagne.

Au sujet des Troupes qui entrèrent dans cette Province, sous prétexte que ses Etats avoient refusé le don gratuit.]

35444. ☞ Mémoire historique, critique & politique, sur les Droits de Souveraineté, relativement aux Droits de Traite qui se perçoivent en Bretagne : 1765, *in-*8. 116 pages, (sans nom d'Auteur ni d'Imprimeur.)

35445. ☞ Preuves de la pleine Souveraineté du Roi sur la Province de Bretagne : *Paris,* 1765, *in-*8. 166 pages.

Ce sont trois Lettres raisonnées de M. le Contrôleur-Général (de l'Averdy,) à M. d'Amilly, premier Président du Parlement de Bretagne, & deux Mémoires d'Observations envoyés par ce Président à M. le Contrôleur-Général, sur ses deux premières Lettres.]

35446. ☞ Diverses Pièces manuscrites & imprimées, Mémoires, &c. sur les Affaires des Etats & du Parlement de Bretagne, depuis 1764 jusqu'en 1770.

Les Pièces principales de cette Collection, rassemblée par divers Curieux, sont, outre diverses Remontrances dudit Parlement & de plusieurs autres à son sujet, indiquées ci-devant, *pag.* 274 & *suiv.*

1. Déclaration du 21 Novembre 1763, avec l'Enregistrement, Modifications & Supplications du Parlement de Bretagne ou de Rennes. (C'est cet Enregistrement qui a été la cause de tout ce qui s'est ensuivi.)

2. MS. Mémoire du Parlement, pour M. le Contrôleur-général (de l'Averdy.)

3. MS. Observations de M. le Duc d'Aiguillon sur plusieurs Articles des Remontrances du Parlement de Rennes, du 4 Septembre 1764.

4. MS. Remontrances présentées au Roi par les Députés des Etats de Bretagne, le 5 Novembre 1764.

5. Arrêts du Conseil, des 8 & 26 Novembre 1764, & Arrêts du Parlement de Bretagne des 21 & 22 Novembre, au sujet de la suppression des Remontrances.

6. Lettre d'un des Membres de la Commission des Grands Chemins, du 29 Décembre 1764.

7. MS. Copie de l'Ordre du Roi aux Etats, du 17 Janvier 1765.

8. Objets de Remontrances du Parlement, arrêtées le 28 Janvier 1765.

9. MS. Lettre de l'Ordre de la Noblesse de Bretagne au Roi, du 12 Février 1765.

10. MS. Réflexions sommaires qui ont servi de Motifs à MM. de la Noblesse, pour refuser les 2 sols pour livres.

11. Arrêt du Conseil d'Etat du 3 Mai 1765.

12. Lettre de M.... à M...... Conseiller au Parlement de Paris, au sujet de l'affaire du Parlement de Bretagne : 1765.

13. MS. Acte de Démission des Officiers du Parlement de Rennes, du 22 Mai 1765.

Histoires de Bretagne.

14. Déclaration du Roi à ce sujet, du 8 Novembre 1765.

15. Edit de Novembre 1765.

16. Lettres-Patentes du 9 Janvier 1766, portant continuation du Parlement de Bretagne par les Officiers de ladite Cour, & Lettres du même jour portant rappel des Conseillers d'Etat & Maîtres des Requêtes.

17. Lettre à une personne de distinction, du 14 Août 1765. (On voit par la Procédure instruite contre MM. de la Chalotais, de la Gascherie, de la Colinière, &c. que l'on attribuoit cette Lettre, qui a couru Manuscrite, à M. DE LA COLINIERE, qui l'a avouée. Il n'y a eu de fait que la première partie : elle a été réimprimée à la fin du Tome II. du *Procès de M. de la Chalotais*, &c. ci-après, num. 35451.)

18. Arrêt du Parlement de Bretagne du 28 Février 1766, qui supprime un Manuscrit intitulé : *Troisièmes Remontrances du Parlement de Paris*, du 8 Février 1766.

19. Ms. Lettre du Parlement de Dijon au Roi, au sujet du Parlement de Bretagne.

20. Ms. Mes Remontrances aux uns & aux autres.

21. Lettres-Patentes du 20 Janvier 1766, pour Etablissement d'une Commission du Conseil pour tenir une Chambre Criminelle à Saint-Malo.

22. Lettres-Patentes pour l'admission au Parlement de Bretagne, de plusieurs des anciens Officiers de cette Cour, du 12 Février 1766.

23. Lettres-Patentes du 14 Février 1766, portant Cessation des pouvoirs de la Commission de Saint-Malo ; & autres, du même jour, portant ordre de continuer la procédure Criminelle.

24. Etats du Parlement de Bretagne, au 17 Février 1766, & auparavant.

25. Réponse apportée par le Roi à son Parlement de Paris, le 3 Mars 1766, & Arrêt du Conseil du 2.

26. Arrêtés du Parlement à ce sujet, du 20 Mars.

27. Bulletin de Versailles, & Réponse du Roi au Parlement de Rouen, du 4 Mars 1766.

28. Arrêt du Parlement de Bretagne du 13 Mars 1766, qui supprime les Remontrances du Parlement de Rouen, du 24 Février 1766.

29. Lettres-Patentes du 14 Mars 1766, pour admettre dans le Parlement de Rennes plusieurs Officiers d'icelui.

30. Arrêt dudit Parlement, qui ordonne qu'un Libelle intitulé : *Journal*, &c. sera lacéré & brûlé : 20 Mars 1766. (Ce Journal sera indiqué ci-après, N.º 35448).

31. Arrêt du Conseil d'Etat du 19 Mai 1766, qui pourvoit au remboursement des Charges supprimées.

32. Ms. Projet d'Articles pour former un Réglement concernant le Service du Parlement de Rennes : Juin 1766.

33. Bulletin de Versailles & Réponse du Roi aux Députés du Parlement de Besançon : 14 Juin 1766.

34. Cédule évocatoire signifiée (le 26 Juin 1766, présentée au Roi par MM. DE LA CHALOTAIS & DE CARADEUC) & Consultations d'Avocats au Parlement de Paris (5 Juillet) & de Bretagne (2 Juillet :) *Paris*, Simon, *in-*4. 62 pages.

35. Lettres-Patentes du 5 Juillet, adressées au Parlement actuel de Bretagne, & enregistrées le 9.

36. Ms. Observations sur le renvoi du Procès-Criminel au Parlement.

37. Ms. Mémoire où l'on prouve que toute la procédure renvoyée au Parlement de Bretagne, a été validement & compétemment instruite.

38. Ms. Réponse à ce Mémoire.

39. Ms. Arrêtés du Parlement de Paris du 24 Juillet 1766, & Réponse du Roi du 31.

40. Mémoire à consulter & Consultation de huit Avocats de Paris, du 26 Juillet 1766, sur l'autorité de la preuve résultante de la comparaison d'Ecritures : *Paris*, Simon, 1766, *in-*4. de 28 pages.

41. Mémoire à consulter & Consultation des Avocats de Rennes, pour M. de la Chalotais, du 4 Août 1766, *Rennes*, Vatar, *in-*4.

42. Mémoire à consulter & Consultation du 26 Août, sur le Traité de Valain, par rapport aux comparaisons d'Ecritures : *Paris*, Simon, 1766, de 36 pag.

43. Mémoire & Consultation des Avocats de Rennes (sur le même sujet) : *Rennes*, Vatar, 1766, de 86 pages.

44. Première Requête au Roi, par MM. de la Chalotais & Caradeuc, de Montreuil, de la Gascherie, de la Colinière & de Kersalaun : du 11 Août 1766, (pour demander que les Lettres-Patentes du 7 Juillet soient retirées). = Seconde Requête du 26 Août 1766, avec une Consultation de huit Avocats : *Paris*, Simon, 1766, *in-*4. 77 pages.

45. Ms. Requête au Parlement de Bretagne ; présentée par le Chevalier de la Chalotais & la Dame de la Fueglaye, &c. = Arrêt du 21 Août 1766.

46. Mémoire présenté au Roi par M. DE CALONNE, Maître des Requêtes, & Réponse du Roi du 1 Septembre 1766 : *Paris*, Imprimerie Royale, *in-*4.

47. Tableau Chronologique des Lettres de Cachet & Actes violens exécutés en Bretagne depuis le 22 Mai 1765. (Imprimé de 8 pages).

48. Premier & second Mémoire de M. DE LA CHALOTAIS ; le premier daté du Château de Saint-Malo, le 15 Janvier 1766, le second, du même endroit, le 17 Février 1766. = Addition au second Mémoire.

49. Lettre de M. DE LA CHALOTAIS à M. de Saint-Florentin, écrite du Château de Saint-Malo, le 18 Juin 1766, & Lettres au Roi imprimées ensemble.

50. Mémoire de M. DE LA CHALOTAIS ; (avec cet épigraphe :) *Quid labor aut benefacta juvant?*

51. Requête au Roi de MM. de la Chalotais, de Montreuil, &c. 12 Décembre 1766, avec Consultation d'Avocats : *Paris*, Simon, *in-*4.

52. Autre, du 8 Avril 1767, avec Consultation : *Paris*, Simon, 1767, *in-*4.

53. Mémoire au Roi, de M. de Montreuil, avec Consultation, du 13 Avril 1767 : *Paris*, Simon, *in-*4.

54. Exposé justificatif pour MM. de la Chalotais, 2 Mai 1767 : *Paris*, Simon, *in-*4. 73 pages.

55. Mémoire au Roi pour M. de Kersalaun, & Consultation du 2 Mai 1767 : *Paris*, Simon, *in-*4.

56. Requête au Roi pour M. de Bégalion, & Consultation du 7 Mai 1767 : *Paris*, Simon, *in-*4.

57. Arrêt du Conseil du 17 Mai 1767, qui supprime les 6 Requêtes & le Mémoire ci-dessus.

58. Mémoire pour Louis Charette de la Gascherie, Conseiller au Parlement de Bretagne : *in-*4.

59. Mémoire au Roi pour Louis-François de la Colinière, Conseiller au Parlement de Bretagne : *in-*4.

60. Ms. Réponse du Roi aux Mémoires du 14 Décembre 1766. = Autre, du 24 Décembre, & Arrêtés du Parlement de Paris à ce sujet.

61. Examen de la Réclamation que quelques Membres de la Noblesse en l'assemblée des Etats de Bretagne ont faite contre l'Edit du mois de Novembre 1765. (Imprimé de 4 pages).

62. Protestation des Commissaires de l'ordre de la Noblesse, du 17 Février 1767. = Lettre de M. de la Trimouille au Roi, = & Mémoire sur cette Protestation, du 23 Mai 1667.

63. Lettres-Patentes sur le Réglement ordonné par S. M. (le 10 Mai 1767,) pour les Assemblées des Etats de son Pays & Duché de Bretagne, régistrées le 24 Juillet 1767 : *Rennes*, 1767, *in-*4.

64. Témoignage des différens Ordres de la Province de Bretagne sur la nécessité de rétablir le Parlement de Rennes dans son universalité. = Arrêt du 3 Juillet 1767, qui le supprime : *in*-4.

65. Lettre de M.... à M.... écrite de Rennes le 24 Juillet 1767. (Imprimée en 24 pages).

66. Trois Entretiens sur l'Assemblée des Etats de Bretagne de 1766. (Imprimés *in*-12. de 77 pages.) = Arrêt du Parlement de Paris, du 9 Février 1768, qui le supprime : *in*-4.

67. Liste de Nosseigneurs du Parlement de Bretagne, commençant à la Saint-Martin 1767, jusqu'à Pâques 1768 ; avec le Commentaire. (Pièce très-satyrique & très-rare. Imprimé *in*-12. de 18 pages).

68. Extrait d'une Lettre de Rennes du 18 Mai 1768, sur l'administration de la Justice en Bretagne. (Imprimée.)

69. Le Royaume des Femmes. = Les Avantures du Vicomte de ***. = Arrêt du Parlement de Bretagne du 29 Mars 1768, qui ordonne que ces deux Pièces seront lacérées & brûlées : *in*-4.

70. De l'Affaire générale de Bretagne. = Arrêt du 22 Mars 1768, qui condamne ce Libelle : *in*-4.

71. Représentations de l'Ordre de la Noblesse, ou Additions faites par elle aux Représentations arrêtées par les trois Ordres des Etats assemblés à Saint-Brieux en 1768. (Imprimées en 59 pages.) = Arrêt du 14 Juillet 1768, qui supprime cet Imprimé : *in*-4.

72. MS. Procès-verbal dressé par M. le Président OGIER, le 1 Avril 1768.

73. Six Mémoires imprimés, Requêtes ou Observations dans l'Affaire des Moreau, des Fourneaux, Clémenceau, &c.

74. Arrêt du 4 Juin 1768, qui bannit Moreau.

75. Table des Assemblées secretes & fréquentes des Jésuites & leurs affiliés à Rennes : imprimé. = Arrêt du 5 Mai 1768, qui ordonne qu'il sera lacéré & brûlé.

76. Edit de Juillet 1769, qui rétablit le Parlement de Bretagne. = Enregistrement & Lettre au Roi du 15 Juillet 1769. = Procès-verbal, &c.

77. Extrait de l'Information faite en exécution de l'Arrêt du Parlement (de Rennes) rendu, toutes les Chambres assemblées, le 3 Mars 1770, &c. *in*-4. 17 pages ; suite, 19 pages.

78. Mémoire à consulter & Consultation (du 18 Mai 1770) pour M. le Duc d'Aiguillon : *Paris*, le Breton, *in*-4. 5 pages.

79. Mémoire à consulter & Consultation (du 16 Juin) pour M. le Duc d'Aiguillon, Pair de France : *Paris*, Quillau, *in*-4. 53 pages.

80. Mémoire à consulter & Consultation, pour M. de la Chalotais & M. de Caradeuc, Procureurs-Généraux au Parlement de Bretagne : *Paris*, Cellot, 1770, *in*-4. 51 pages.

81. Consultation servant de Réponse à la Consultation donnée pour MM. de la Chalotais & de Caradeuc ; (du 23 Juin 1770,) pour M. le Duc d'Aiguillon : *Paris*, Quillau 1770, *in*-4. 26 pages.

82. Mémoire pour M. le Duc d'Aiguillon, (par M. LINGUET) : *Paris*, Quillau, 1770, *in*-4.

83. Procès-verbal de ce qui s'est passé au Lit de Justice tenu par le Roi au Château de Versailles, le Mercredi 27 Juin 1770 : *Paris*, Imprimerie Royale, 1770, *in*-4.

84. Lettres-Patentes enregistrées le 27 Juin, (& en parallèle) Discours de M. le Chancelier du 4 Avril, à la première Séance de la Cour des Pairs, le Roi y présidant, & Extraits du Procès-verbal des Conférences pour l'Ordonnance Criminelle de 1670.

85. Extrait des Registres (ou Arrêt) du Parlement (de Paris) du 2 Juillet 1770.

86. Arrêt du Conseil du 3 Juillet (qui casse le précédent Arrêt).

87. Le susdit Arrêt du Conseil & sa signification au Greffier du Parlement. = Autre Arrêt du 15 Juillet 1770, également signifié. = Réponses du Roi aux Représentations. = Arrêté du 31 Juillet. = Extrait des Registres du Parlement, depuis 1511, contre pareilles significations, dont il a été fait satisfaction au Parlement : *in*-4. 10 pag. pet. caractères.

88. Représentations du Parlement au Roi, du 2 Juillet : *in*-4. 7 pages.

Les mêmes ont été imprimées avec quelques Pièces : *in*-12. 27 pages.

89. Séance du Roi en son Parlement de Paris, du Lundi 3 Septembre 1770 : *Paris*, de l'Imprimerie Royale, *in*-4. 7 pages.

35447. ☞ Journal de ce qui s'est passé en Bretagne, depuis l'envoi de la Déclaration du 21 Novembre 1763, jusqu'au 13 Novembre 1765, *in*-12.]

35448. ☞ Journal des Evénemens qui ont suivi l'acte des Démissions des Officiers du Parlement de Bretagne, souscrit le 22 Mai 1765, avec les suites & Supplément : 1766, *in*-12.

Il s'étend jusqu'au 1 Septembre 1766.]

35449. ☞ Trois Lettres d'un Gentilhomme Breton, à un Noble Espagnol, (sur) les vrais Auteurs des troubles qui affligent la Bretagne, &c. 1768, *in*-8.

Il y en a eu deux Editions : la seconde est corrigée & augmentée considérablement.]

35450. ☞ Des Commissions extraordinaires en matière criminelle : 1766, *in*-12. de 106 pages.]

35451. ☞ Procès instruit extraordinairement contre MM. de Caradeuc de la Chalotais & de Caradeuc, Procureurs Généraux ; Charette de la Gascherie, Piquet de Montereuil, Euzenou de Kersalaun, du Bourgblanc, Charette de la Colinière, Conseillers au Parlement de Bretagne ; le Marquis du Poulpry, de Bégasson, de Labelangerais, &c. 1768, *in*-12. 3 vol.

C'est un Recueil complet de toutes les Pièces du Procès, Procédures, &c.]

35452. Petit Traité de l'Antiquité & Singularité de la Bretagne Armorique ; par Roch LE BAILLIF, Edelphe, Médecin, natif de Falaise : *Rennes*, 1587, *in*-4.

☞ Peut-être ceci n'est qu'une partie réimprimée de l'Ouvrage suivant du même Auteur.]

35453. ☞ Le Démostérion, ou Œuvre Démostéric, de Roch LE BAILLIF, Edelphe de Falaise, Médecin Spargiric, & autres Ouvrages du même Auteur, avec un Sommaire de l'Antiquité, Noblesse & Singularités de la Bretagne Armorique, des Bains de la Province, & de l'origine de la Langue du Pays : *Rennes*, 1578, *in*-4.]

35454. ☞ Remarques sur l'Inscription trouvée en démolissant la Tour de l'ancienne Eglise Abbatiale de Saint-Mélaine près Rennes,

Histoires de Bretagne.

nes, en 1672; par P. H. *Rennes*, Petitgarnier, *in*-4.]

35455. Episemasie, ou Relation d'Aletin le Martyr, concernant l'origine, antiquité, noblesse & sainteté [de la Bretagne Armorique, & particulièrement] des Villes de *Nantes* & *Rennes*, [avec l'Explication d'une Epigraphe ou Inscription en l'honneur de Volianus, gravée sur une Pierre de marbre blanc, trouvée dans les vieux fossés de l'enceinte dudit Nantes, l'an 1580; où sont contenues plusieurs Recherches rares & curieuses, contenant les vieilles fondations des Gaulois & Brétons, & quelques Remarques utiles des fautes & erreurs des Chymiques de ce temps;] (par Pierre BIRÉ:) *Nantes*, de Hucqueville, 1637, *in*-4.

☞ Une Inscription trouvée en 1580, dans les fossés de la Ville de Nantes, a donné lieu à cette Dissettation, aussi sçavante qu'elle est extravagante. L'Auteur prétend que le nom *Volianus* signifie *vieux Janus*, & que cette Divinité n'est autre que le Patriarche Noé, lequel aborda par l'embouchure de la Loire dans la Bretagne Armorique, & dans l'endroit où est située la Ville de Nantes, qu'il fonda; qu'ensuite il y établit les Druides, & que c'est de cette première Peuplade que la Celtique entière a été peuplée. Pour le prouver, il a recours à différentes étymologies. Il passe ensuite au détail de plusieurs Antiquités de la Bretagne Armorique, & particulièrement de la Ville de Nantes. Le véritable Auteur de cette Dissertation est le Sieur de la Doucinière Biré, Avocat du Roi au Siège Présidial de Nantes, qui paroît plusieurs fois dans cette Pièce en qualité d'Interlocuteur.]

35456. ☞ Mf. Recueil concernant l'Incendie de *Rennes*, en 1720.

Indiqué au Catalogue de M. le Maréchal d'Estrées, num. 16187.]

35457. ☞ Etablissement d'une Société d'Agriculture, de Commerce & des Arts dans la Province de Bretagne, par délibérations des Etats: *Rennes*, 1757, *in*-12. de 26 pag.]

35458. Mf. Histoire de la Ville de *Nantes*. = Histoire de la Chambre des Comptes de Bretagne. = Traité historique des Droits Seigneuriaux de Bretagne. = Traité des Barons de cette Province; par Guy LOBINEAU, Religieux Bénédictin.

Cet Auteur a communiqué ces Ouvrages à diverses personnes qui pourront bien un jour les rendre publics.

35459. ☞ Catalogue des Princes & Comtes, Seigneurs de Nantes, depuis les Romains jusqu'en 1750; avec la date de l'entrée de plusieurs de ces Princes dans ladite Ville de Nantes; par M. Nicolas TRAVERS: *Nantes*, Verger, 1750, *in*-12.

On trouve à la fin de ce Catalogue la Liste des Gouverneurs de Bretagne jusqu'en 1750, & de ceux de Nantes, depuis l'an 560 jusqu'à la même année 1750.]

35460. ☞ Mf. Histoire de la Ville de Nantes; par le même.

La Ville de Nantes a acheté ce Manuscrit des Héritiers de M. Travers, & elle l'a mis dans ses Archives,

après en avoir fait faire une Copie, qui forme 3 vol. *in-fol.* M. Travers, ancien Curé, est mort à Nantes au mois d'Octobre 1750, âgé de 78 ans.]

35461. ☞ Mf. Essai sur l'Histoire de Nantes, ou Histoire du Comté de Nantes: *in*-4.

Ce Manuscrit est entre les mains de M. l'Abbé Saas: Chanoine & Bibliothécaire de la Cathédrale de Rouen. La Lettre qui est à la tête est adressée à M. de Tressan, Evêque de Nantes, & datée du 10 Avril 1719. Elle est signée de M. MELLIER, Général des Finances & Subdélégué de l'Intendance. Il paroît qu'il est l'Auteur du Manuscrit, ou que l'Ouvrage a été composé sous sa direction. Il dit dans sa Lettre, « qu'on connoîtra par ce Manuscrit que nos Rois, entr'autres de la première Race, » ont été les maîtres immédiats du Pays, & qu'il y a » des Observations qui résultent de ce sujet, dont on » peut faire l'application en différentes occasions ». Ce Manuscrit commence par une Description de la Ville de Nantes & des principaux Lieux des Environs. Suit l'Histoire de ce Comté, depuis l'an de Rome 696 (avant J.C. 58) sous le Gouvernement des Gaules par Jules-César, jusqu'à l'an de J. C. 1695. Extrait d'une Lettre de M. l'Abbé Saas.]

35462. ☞ Police générale de la Ville, Fauxbourgs, Banlieue & Comté de Nantes: *Nantes*, Verger, 1721, *in*-8.]

35463. ☞ Recueil d'Ordonnances de la Police de Nantes, (publié par le Sieur Maréchal:) *Nantes*, 1723, *in*-4.]

35464. ☞ Extrait de l'Explication historique d'une Inscription antique conservée dans la Ville de Nantes; par M. MOREAU DE MAUTOUR: *Nantes*, Verger, 1722, *in*-12.]

35465. ☞ Ouverture & Description du Tombeau de François II. Duc de Bretagne, dans l'Eglise des Carmes de Nantes; par M. MELLIER: *Nantes*, Verger, 1727, *in*-8.]

35466. Le Livre doré de l'Hôtel-de-Ville de Nantes, ou Catalogue des Maires, Echevins, Syndics & Greffiers de cette Ville, depuis l'an 1559 jusqu'à présent: *Nantes*, Maréchal, 1696, [1725,] *in*-8.

35467. ☞ Arrêts, Ordonnances, Réglemens & Délibérations expédiées sur les principales Affaires de la Ville & Communauté de Nantes, pendant la Mairie de M. Mellier, depuis l'année 1720 jusqu'en 1728, inclusivement: *Nantes*, 1723 & *suiv.* *in*-12. 7 vol.]

35468. ☞ Pancarte des Droits de la Prévôté de Nantes: 1702, *in*-4.]

35469. ☞ Instruction, Tarifs & Pancartes concernant le Commerce, où l'on trouvera par détail les Droits que paient toutes sortes de Marchandises dans les Ports de la Province de Bretagne, & particulièrement dans la Ville de Nantes; avec des Tables de correspondances de tous poids & mesures en général, & les Charges des principales Places de l'Europe: *Nantes*, 1729, *in*-12.]

35470. Privilèges accordés par les Rois aux

Maires, Echevins & Habitans de la Ville de Nantes : *Nantes*, 1696, [1734,] *in*-8.

35471. ☞ Statuts & Réglemens des Corps d'Arts & Métiers de la Ville & Fauxbourgs de Nantes : *Nantes*, 1723, *in*-4.]

35472. ☞ Etrennes Nantoises, Ecclésiastiques, Civiles & Nautiques : *Nantes*, Vatar, 1767, &c. *in*-16.]

35473. ☞ De la Duché-Pairie de *Retz*, érigée en 1581 & 1634.

Dans l'*Hist. Généalogique* du P. Simplicien, *tom. III. pag.* 882, & *tom. IV. pag.* 383.]

35474. ☞ De la Duché-Pairie de *Coislin*, (Diocèle de Nantes;) érigé en 1663.

Dans l'*Hist. Généalogique* du P. Simplicien, *tom. IV. pag.* 795. Cette Pairie est éteinte.]

35475. ☞ Recherches sur les Antiquités des Environs de Vannes, à la côte du Sud de la Bretagne , ou Description historique des Pierres extraordinaires & de quelques Camps des anciens Romains, qui se remarquent dans le Pays des anciens Venetes, jusqu'à Belle-Isle ; par M. DE LA SAUVAGÈRE.

Dans son *Recueil des Antiquités de la Gaule* : Paris, Hérissant fils, 1770, *in*-4. avec figures. *Voyez* ci-devant, (Tome I. N.° 100, les premières Editions de ces *Recherches*.]

== ☞ Observations de M. le Comte DE CAYLUS, sur le même sujet , & sur d'autres Antiquités de Bretagne.

Voyez Tome I. N.os 99, 256, 3852 & 3855.]

== ☞ De la Prise & Reprise du *Concq*, (près de Vannes,) en 1577.

Voyez ci-devant, Tome II. N.° 18377.]

35476. ☞ Rôle des Officiers, Mariniers & Matelots des Evêchés de Saint-Malo, Dol & Saint-Brieux : *Avranches*, 1680, *in-fol.*

35477. ☞ Rôle général des Officiers, Mariniers & Matelots de Saint-Malo, &c. *Saint-Malo*, 1682, *in-fol.*]

35478. ☞ De l'antiquité de la Ville & Cité d'Aleth, ou Quidalet ; ensemble de la Ville de Saint-Malo ; par Thomas DE QUERCY : *Saint-Malo*, la Biche, 1628, *in*-12. de 100 pages.]

35479. ☞ Recueil des Edits, Déclarations du Roi, Lettres-Patentes, Arrêts du Conseil d'Etat du Roi, & Arrêts de la Cour du Parlement de Bretagne, rendus en faveur de la Communauté des Habitans de la Ville de Saint-Malo : *Saint-Malo*, le Conte, 1732, *in*-4.]

35480. ☞ Edits & Déclarations de la Reine Anne, entre les Evêques & Chapitres de Saint-Malo, & les Bourgeois de ladite Ville : *Saint-Malo*, *in*-8.]

35481. ☞ Mf. Mémoire concernant le Droit des Frères Prêcheurs de *Morlaix*, de donner leur voix dans les Assemblées de la Commune ; par le Père TROTEL, Prieur, en 1765.

Un Original de 14 pages, signé, est conservé à Dijon, dans la Bibliothèque de M. Fevret de Fontette.]

35482. ☞ Des anciens Comtes de *Penthièvre*.

Dans l'*Histoire Généalogique* du Père Simplicien, *tom. II. pag.* 56.]

35483. ☞ De la Duché-Pairie de Penthièvre, érigée en 1569.

Dans l'*Hist. Généalogique* du P. Simplicien, *tom. III. pag.* 715.

Nouvelles érections, en 1668, & en 1697.

Ibid. tom. V. pag. 28, *tom. V. p.* 49.]

35484. ☞ De la Duché-Pairie de *Rohan*, en 1603.

Dans l'*Histoire Généalogique* du Père Simplicien, *tom. IV. pag.* 202.

Nouvelle érection pour Rohan-Chabot, en 1648.

Ibid. pag. 550.]

35485. ☞ Du Duché de *Quintin-Lorges*, enregistré l'an 1691, comme Duché-simple, héréditaire, en faveur d'une branche de la Maison de Durfort.

Dans l'*Histoire Généalogique* du Père Simplicien, *tom. V. pag.* 772.]

35486. ☞ Lettre sur une Cérémonie singulière (qu'on fait à *Quimpercorentin*, en mémoire de Grallon, prétendu Roi de Bretagne ;) par M. DESFORGES MAILLARD: *Journal de Verdun*, 1752, *Août, p.* 132.]

35487. Mf. Extrait de la Chronique de *Lamballe.*

Le Père Lobineau [avoit] promis de publier cet Extrait dans le tom. III. de son *Histoire de Bretagne.*

== ☞ Prise de *Brest*, & l'ordre tenu en la Province de Bretagne : 1626.

Voyez ci-devant, N.° 21382.]

35488. ☞ Divers Mémoires au sujet du Séminaire Royal de la Marine établi à Brest: *in-fol.*

Au num. 2193 du Catalogue de M. Pelletier.]

35489. ☞ Requêtes & Répliques des Maire, Echevins & Bourgeois de Brest, & des Jésuites établis audit lieu : *Brest*, 1720, *in*-12.

On trouve une Histoire de ce différend dans un volume *in*-12. imprimé en Hollande , sous le titre de *Suite des Causes célèbres*.]

35490. ☞ Description des trois Formes (ou Ecluses) du Port de Brest, bâties, dessinées & gravées en 1757 ; par M. CHOQUET, Ingénieur ordinaire de la Marine : *Brest*, 1759, grand *in-fol.*

On en peut voir un Extrait dans l'*Année Littéraire*, 1759, *tom. II. Lettr. XII.*]

35491. ☞ Edit du Roi pour la construction d'une Ville en Bretagne, au lieu maintenant appellé *Port-Louis*, & ci-devant *Blavet : Paris, in-8.* de 8 pages.

Cet Edit est du 17 Juillet 1618.]

35492. ☞ Recherches sur l'ancien *Blabia* des Romains, Forteresse de la Gaule, où l'on prouve qu'elle n'étoit pas située où est le *Port-Louis* en Bretagne, (mais à *Blaye en Guyenne*,) avec quelques détails historiques sur cette (derniere) Ville & ses Environs ; par M. DE LA SAUVAGÈRE.

Dans son *Recueil des Antiquités de la Gaule : Paris*, Hérissant fils, 1770, *in-*4. avec figures. Il en avoit déja paru une premiere Edition : *Mercure*, 1752, *Mars.*]

35493. ☞ Lettre de M. DE LA SAUVAGÈRE, Chevalier de S. Louis, de l'Académie des Belles-Lettres de la Rochelle, sur l'Isle de Belle-Isle. *Année Littéraire*, 1761, *p.* 349.

On y fait quelques réflexions sur le nom de cette Isle, nommée *Calonesus* dans le *Dictionnaire Celtique* de M. Bullet, & sur les révolutions qu'elle a éprouvées. L'Auteur a retravaillé depuis cette Piéce, qui est restée manuscrite.]

== ☞ Siége de Belle-Isle par les Anglois, en 1761.

Voyez ci-devant, Tome II. N.° 24785.]

35494. ☞ Mémoire sur Belle-Isle ; (par M. de N.) *Mercure*, 1763, *Octobre*, *p.* 15]

35495. ☞ Recueil de Piéces concernant l'Echange fait entre le Roi & M. le Comte de Belle-Isle, de la Terre & Marquisat de Belle-Isle : *Paris*, veuve Saugrain, 1719, *in*-4.]

35496. ☞ Récit véritable de la venue d'une Canne Sauvage en la Ville de *Montfort*, Comté de la Province de Bretagne : *Rennes*, 1652, *in*-8.]

35497. ☞ Mf. Compte des revenus de la Terre de *Rochefort, Rieux,* &c. en Bretagne : 1661, *in fol.*

Ce Manuscrit est à la Bibliothèque du Roi, & vient de M. Lancelot.]

35498. ☞ Extrait d'une Lettre au sujet des Antiquités de *Corseuil* en Bretagne. *Mercure* 1743, *Juillet.*]

35499. ☞ Lettre écrite à M. L. L. B. au sujet du Canton de *Landevenec* en Bretagne. *Mercure*, 1741, *Décembre*, Vol. II.]

35500 ☞ Nouvelle Médaille Consulaire, (trouvée près du Croisic, en Bretagne.) *Journal de Verdun*, 1753, *Mars.*]

ARTICLE VI.

Histoires du [grand] Gouvernement général de l'Orléanois.

Sous le nom de ce Gouvernement général on comprenoit [autrefois] treize Provinces [ou Pays,] sçavoir : cinq en-deçà de la Loire, le Maine, le Perche, la Beauce, le Gâtinois, le Nivernois ; quatre dessus la Loire, l'Orléanois, le Blésois, la Touraine & l'Anjou ; & quatre

au-delà de la Loire, le Poitou, l'Aunis, l'Angoumois & le Berry.

☞ Le Gouvernement Orléanois actuel, ne contient que l'Orléanois propre, partie du Gâtinois & du Perche, la Beauce & le Blaisois.]

§. I. *Histoires du Maine.*

35501. Mf. Recherches des Antiquités de la Ville du Mans ; par Gabriel TAMOT, Avocat au Mans.

35502. Mf. Mémoires & Recherches des Antiquités du Maine ; par Jean ORRY, Avocat au Mans.

Tamot fleurissoit en 1541, & Orry en 1544. Leurs Mémoires sont cités par de la Croix du Maine, dans sa *Bibliothèque Françoise*.

35503. Mf. Remarques sur l'Histoire des Seigneurs du Duché de Mayenne ; par LE GOVE, Lieutenant Général de Mayenne.

Ces Remarques sont citées par Ménage, *pag.* 182 de son *Histoire de Sablé.*

35504. Mf. Mémoires du Pays du Maine : *in-*4.

Ces Mémoires sont conservés à Dijon, dans la Bibliothèque de M. de la Mare.

35505. Les Antiquités du Pays du Maine ; par Julien BODREAU, Avocat en la Sénéchaussée & Siége Présidial du Mans.

Ces Antiquités se trouvent imprimées dans la Préface de son *Commentaire sur la Coutume du Mans : au Mans*, 1645, *in-fol.* L'Auteur est mort en 1615.

35506. ☞ Discours de l'Origine des Manceaux ; par Jean LE MASLE.

Ce Discours est imprimé avec ses *Nouvelles Récréations : Paris*, 1580, *in-*12.

35507. Mémoires des Comtes du Maine, & Annales & Chroniques du Maine ; par Jean DE BOURDIGNÉ.

Ces Chroniques font partie de son *Histoire aggrégative d'Anjou*, &c. *Angers*, 1529, *in-fol.*

35508. ☞ De la Comté-Pairie du Maine, (érigée vers 1340 &) 1424, avec la suite de ses anciens Comtes.

Dans l'*Histoire Généalogique* du Père Simplicien, tom. III. pag. 165 & 322.]

35509. Mémoires des Comtes du Maine jusqu'en 1620 ; par Pierre TROUILLARD, Seigneur de Montteré, Avocat au Mans : *au Mans*, Olivier, 1643, *in*-4. [de 197 pages :] *Paris*, Libert, 1643, *in-*12.

Nota. Quelques Catalogues, entr'autres celui de M. Bigot, num. 7503, des *in*-8. & celui des principaux Historiens, qui fait le second volume de la Méthode d'étudier l'Histoire [1.Ed.] mettent au nombre des Historiens de cette Province celui-ci : *De Orobiorum seu Cenomanorum Origine, Libri tres : Auctore Joanne Chrysostomo* ZANCHIO : *Venetiis*, 1581, *in*-8. qui est aussi imprimé dans le *Recueil des Historiens d'Italie*, *p.* 113 : *Francofurti*, 1600, *in-fol.* Mais ces Peuples ne sont point [des Habitans] de la Province du Mans ; ils peuvent tout au plus en tirer leur origine. Voici comme en parle Zanchius, à la page 171 du troisième Livre. »Les Cénomans, que nous appellons aussi Orobiens, » sont des Peuples de la Gaule Cisalpine, qui est au-delà » du Pô, entre le Duché de Milan & les Vénitiens ».

35510. ☞ Chronologie historique des Comtes du Maine; par Dom François Clement.

Dans la seconde Edition de l'*Art de vérifier les Dates* : (Paris, Desprez, 1770, in-fol.) pag. 679. Le Maine, ayant été réuni à la Couronne, après ses premiers Comtes, fut donné aux Princes des deux Maisons Royales d'Anjou, après lesquels il fut réuni de nouveau, & n'a plus été qu'un simple appanage de quelques Princes.]

══ ☞ Invasion de la Ville du Mans par les Religionnaires, &c. en 1562, & années suivantes.

Voyez ci-devant, Tome II. N.os 17881, 17882 & 17979.]

35511. ☞ Remontrance envoyée au Roi par la Noblesse du Maine, avec un Avertissement de tout ce qui s'est passé de plus remarquable audit Pays, depuis l'an 1564 jusqu'au mois de Mai 1565; par Gervais le Barbier, Manceau, Chevalier du Roi de Navarre : *Orléans*, 1565, in-8.

Cet Auteur fut tué en 1572.

☞ Cette Pièce est indiquée dans le Catalogue de M. Secousse, num. 2366, sous le titre suivant, qui est un peu différent de celui que rapporte le P. le Long.

Remontrance envoyée au Roi par la Noblesse du Pays du Maine, sur les Assassinats, Pilleries, &c. commis depuis la publication de l'Edit de pacification dans ledit Pays, présentée au Roi à Roussillon, (en Dauphiné;) avec un Avertissement des crimes exécrables advenus dans ledit Pays, depuis Juillet 1564 jusqu'en Mai 1565, envoyée au Maréchal de Vieilleville : *au Mans*, 1565, in-12.

Peut-être est-ce une première Edition, dont on aura ensuite adouci le titre, dans l'Edition d'Orléans.]

══ ☞ Dégats du *Maine*, par M. d'Espernon, en 1588.

Voyez ci-devant, Tome II. N°. 18702.]

35512. ☞ Dialogue des trois Vignerons du Pays du Maine, sur les misères de ce temps; par J. Sournar, Sieur de la Nichiliere : *in-*8.]

35513. ☞ Préface historique pour servir à la Conférence de la Coutume du Maine avec la Coutume de Paris; par Michel Rippier : *Paris*, Josse, 1704, in-4.]

35514. Privilèges de la Ville du *Mans*; recueillis par Julien Bodreau.

Ces Privilèges sont imprimés avec son *Commentaire sur la Coutume du Mans* : *Paris*, Alliot, 1645, in-fol.

35515. ☞ Arrêts de Réglemens entre les Juges du Présidial & les Juges de la Prévôté Royale du Mans, & les Jurisdictions du Chapitre, &c. *au Mans*, in-8.]

── ☞ Copie d'anciens Titres, &c. du Mans.

Voyez ci-après, N.° 35540.]

35516. ☞ Almanach Manceau, pour l'année 1728, dans lequel on trouvera le Calendrier, &c. avec un Abrégé de ce qui peut servir à l'Histoire Littéraire & Ecclésiastique de la Province du Maine : *au Mans*, 1728, in-12.

On y trouve un Catalogue des Auteurs & grands Hommes, une Suite des Evêques & des Comtes du Maine.]

35517. ☞ Relation de l'administration de la charité publique dans la Ville du Mans, années 1738 & 1739, in-4. 28 pages.]

35518. ☞ De la Duché-Pairie de *Mayenne*, en 1573.

Dans l'*Histoire Généalogique* du Père Simplicien, tom. III. pag. 779.]

35519. Mf. Discours sur l'origine & antiquité de la Ville de *Laval*; par Pierre le Baud, Chantre & Chanoine de l'Eglise Collégiale de Notre-Dame de Laval.

Ce Discours est cité par la Croix du Maine, dans sa *Bibliothèque Françoise*, où il dit que ce Manuscrit est entre ses mains. Ne seroit-ce point la Chronique de Vitré & de Laval, indiquée ci-dessus, au N.° [35386.]

35520. Mf. Annales & Chroniques en Vers du Pays & Comté de Laval & des Pays circonvoisins, depuis l'an 1423 jusqu'en 1537.

Ces Annales sont conservées en Cahiers, dans la Bibliothèque du Roi.

35521. ☞ Recherches historiques sur la Ville & Comté de Laval, au Maine; par M. G. Y. D. B. E. D.

Elles sont imprimées dans le Recueil intitulé : *Nouvelles Recherches sur la France* : *Paris*, Hérissant, 1766, in-12. tom. I. pag. 401-434.]

35522. ☞ Recherches historiques sur un Canton considérable de la Province du Maine, qu'on appelle *la Charnie*.

Elles se trouvent au même Recueil, tom. II. p. 433-450.]

35523. ☞ Du Duché de *Beaumont* (au Maine,) enregistré l'an 1543.

Dans l'*Histoire Généalogique* du Père Simplicien, tom. V. pag. 577.]

§. II. *Histoires du Perche.*

☞ La plus grande partie du Perche est aujourd'hui annexée au Gouvernement du Maine : la plus petite, qu'on appelle le Petit Perche ou le *Perche Gouet*, dépend du Gouvernement Orléanois actuel; & une troisième partie, que l'on nomme le *Thimerais*, est du Gouvernement de l'Isle de France.]

══ Histoire des Pays du Perche & du Duché d'Alençon, &c. par Gilles Bry, Sieur de la Clergerie.

☞ *Voyez* ci-devant, N.os 35298 & *suiv*.]

35524. ☞ Chronologie historique des Comtes du Perche; par D. Clement.

Dans la seconde Edition de l'*Art de vérifier les Dates* : (Paris, Desprez, 1770, in-fol.) pag. 680. Ces Comtes ont formé deux Branches ; dont l'une avoit Bellême avec partie du Perche & Alençon en Normandie, & l'autre avoit Mortagne & les environs, dans le Perche.]

Histoires du grand Gouvernement Orléanois. 413

35525. ☞ Mſ. Histoire du Perche & de ſes Antiquités; par R. COURTIN, Avocat du Roi à Bellême : 1611, *in-fol.*

« On n'en connoît dans le Pays qu'un Exemplaire, possédé par M. Cardel-Dunoyer, ancien Gendarme de la Garde. L'Auteur de cet Ouvrage mourut avant d'y avoir mis la dernière main. Il devoit y donner la Généalogie ſuivie de tous ceux qui ont possédé des Fiefs conſidérables dans le Perche : cette partie n'a pas été exécutée. On trouve, au reſte, dans ce Manuſcrit beaucoup de Chartes, non-ſeulement celles qui ſont dans Bry, mais encore nombre d'autres. Bry paroît avoir beaucoup tiré de cet Ecrivain ; mais il eſt plus exact pour l'Histoire des Comtes du Perche ». M. Odolant Deſnos, à Alençon.]

35526. ☞ Mſ. Recueil des Antiquités du Perche, Comtes & Seigneurs du Pays, Fondations & Bâtimens des Monaſtères, & choſes mémorables du Pays; par le Sieur (Léonard) BAR des Boulais : 1613, *in-4.*

« L'Original eſt entre les mains de M. de la Coudreile, Marquis de Puiſaye, Grand-Bailli du Perche & Gouverneur de Mortagne. Léonard Bar, que M. d'Expilly (dans ſon *Dictionnaire de la France*,) a écrit mal *Bas*, à l'Article que je lui ai fourni ſur Mortagne, étoit Notaire de cette Ville. Il avoit examiné avec grand ſoin les Titres de toutes les Maiſons Religieuſes du Perche, & il en donne une Notice étendue. Il rapporte auſſi fort au long les maux qui déſolèrent le Perche pendant les troubles du Calviniſme & ceux de la Ligue, en ayant été témoin oculaire ».

« Outre l'Exemplaire de M. de la Coudrelle, Dom Montfaucon nous apprend (*Bibliot. Bibl.*) qu'il y en a un dans la Bibliothèque du Vatican, parmi les Manuſcrits de la Reine de Suède, num. 950. Il y en a un troiſième chez M. Monfort de Latour, à Orbec; & un quatrième à Alençon, chez M. Odolant Deſnos, revu ſur l'Exemplaire original de M. de la Coudrelle ». Le même M. Odolant Deſnos.]

== ☞ Mſ. Mémoire ſur le Perche.

Voyez ci-devant, N.° 35305.]

35527. ☞ Diſcours ſur la Queſtion qui eſt entre les Villes de *Mortagne* & de *Bellesme*, ſçavoir, laquelle des deux eſt la Capitale de la Province & Comté du Perche : (1656,) *in-12.* de 87 pages.

« Cet Ecrit eſt attribué à M. LE FORESTIER, Curé de S. Jean de Mortagne. Il prétend que Mortagne eſt le premier & principal Siège de Bailliage du Perche, & par conſéquent la Capitale, où l'on doit convoquer les Etats & Aſſemblées générales du Perche. J'en ai un Exemplaire Manuſcrit ». M. Odolant Deſnos.]

35528. ☞ De la Comté-Pairie de *Mortagne*, érigée en 1406.

Dans l'*Histoire Généalogique* du Père Simplicien, tom. III. *pag.* 253.]

35529. ☞ Mſ. Unellographie, ou Deſcription poétique de la Fondation de *Bellesme*; par Jean DE MEULES : *in-8.*

Ce Manuſcrit indiqué *pag.* 61 du Catalogue de M. de Cangé, eſt maintenant dans la Bibliothèque du Roi.]

35530. ☞ Des anciens Seigneurs de Belleſme.

Dans l'*Histoire Généalogique* du Père Simplicien, tom. III. *pag.* 283.]

35531. ☞ Remarques ſur deux Inſcriptions trouvées dans la Forêt de Belleſme. *Hist. de l'Acad. des Inscript. & Bell. Lettr.* tom. III. *pag.* 232.

== ☞ Lettre de M. l'Abbé (Jean) LEBEUF, ſur *Montmirail* en Perche.

Voyez ci-devant, [Tome I. N°. 524.]

§. III. *Histoires de la Beauce.*

35532. Mſ. Histoire de *Chartres* : *in-fol.* 3 vol.

Cette Histoire eſt conſervée dans la Bibliothèque du Roi, entre les Manuſcrits de M. de Gaignières. Chartres eſt la Capitale de la Beauce.

Gilles Bry de la Clergerie, dans ſon *Histoire d'Alençon & du Perche*, *pag.* 345, dit, que LAISNÉ, Prieur de Modonville, a travaillé avec beaucoup de peine & d'induſtrie aux recherches de Chartres & du Pays Chartrain.

35533. ☞ Mſ. Histoire Chartraine; par le Sieur DU PARC: *in-fol.*

Ce Manuſcrit eſt auſſi dans la Bibliothèque du Roi, & il vient de M. Lancelot.]

35534. Histoire de ce qui s'eſt paſſé de plus mémorable ou fait de la Seigneurie de la Ville & Pays Chartrain ; par Sébaſtien ROULLIARD, Avocat en Parlement.

Cette Histoire fait partie de celle qu'il a intitulée : *Parthénie*, &c. Paris, 1609, *in-8.* La première partie eſt remplie de fables. Cet Auteur eſt mort en 1639.

35535. ☞ Histoire de la Vie & des Ouvrages d'Eſtienne, Comte de Chartres & de Blois.

Dans l'*Histoire Littéraire de la France*, tom. IX. *pag.* 265-273. Ce Comte eſt mort en 1102.]

35536. ☞ De la Duché Pairie de Chartres, érigée en 1661, pour M. le Duc d'Orléans, frère de Louis XIV.

Dans l'*Histoire Généalogique* du Père Simplicien, tom. IV. *pag.* 578. Ce Duché eſt le titre du fils aîné de M. le Duc d'Orléans.]

35537. Urbis, Gentiſque Carnutum Historia : à Rodolpho BOTEREIO : *Pariſiis*, Beſſin, 1624, *in-8.*

35538. ☞ De antiquitate Urbis Carnutum : *in-8.*]

35539. Panégyrique de la Ville de Chartres; par Charles CHALINE, Avocat du Roi à Chartres : *Paris*, 1642, *in-4.*

35540. ☞ Mſ. Copie d'anciens Titres & Arrêts concernant les Villes de Chartres & du Mans : *in-fol.*

Dans la Bibliothèque du Roi, parmi les Manuſcrits de M. Lancelot.]

35541. ☞ Mſ. Ce eſt la Chartre de la Franchiſe de la Cité de Chartres : *in-fol.*

Cet ancien Manuſcrit, ſur vélin, eſt indiqué *p.* 369 du Catalogue de M. de Cangé, & doit être dans la Bibliothèque du Roi, qui a eu ſes Manuſcrits.]

35542. ☞ Mſ. Cens & Appartenances de la

Prévôté de Chartres, faits en l'année 1302 : *in-fol.*

Ce Manuscrit est indiqué au Catalogue de M. Secousse, num. 5044.]

35543. ☞ Règlement & Police des Pauvres de la Ville de Chartres : *Chartres*, 1716, *in-4*.]

35544. ☞ Mf. Journal des choses plus mémorables advenues à *Chartres* & ès environs, (sur-tout par rapport à la Ligue,) depuis l'an 1579 jusqu'en 1592 : *in-8*.

C'est l'Ouvrage d'un Bourgeois de Chartres, zélé Ligueur, qui paroît être mort en 1592, son Manuscrit finissant au mois de Février ou de Mars, & y ayant ensuite une douzaine de feuillets blancs. Les premières années sont fort peu de choses, mais ensuite il y a un grand détail sur les affaires de la Ligue : on y trouve aussi bien des choses concernant diverses Familles de Chartres. Cet Original a été trouvé à Chartres, chez un vieux Notaire, nommé de la Roche, & il a été transporté à Cambray, d'où il a enfin passé dans la Bibliothèque de M. Fevret de Fontette, Conseiller au Parlement de Dijon, par le don que lui en a fait M. Mutte, Doyen de la Cathédrale de Cambray.]

== ☞ Sacre du Roi Henri IV. à Chartres, en 1594.

Voyez ci-devant, Tome II. N.ᵒˢ 26073 & *suiv.*]

== ☞ Magnificences préparées à Chartres en 1619, au sujet de la réconciliation du Roi Louis XIII. avec sa mère.

Ibid. N.ᵒ 10779.]

35545. La Beauce desséchée, ou Discours sur la Procession & Antiquités de la Ville de Chartres ; par Jacques ANGUETIN, Greffier de cette Ville : *Chartres*, 1681, *in-4*.

35546. ☞ Mf. Histoire de Chartres ; par le Chevalier DE ROSTAING, avec une très-curieuse Dissertation sur la Religion des Druides.

Le *Journal de Verdun*, 1750, Novembre, a annoncé que l'Auteur *travailloit à cette Histoire.*]

== ☞ De la Duché-Pairie d'*Espernon*, en 1581.

Dans l'*Histoire Généalogique* du Père Simplicien, *tom. III. pag.* 846.]

§. IV. *Histoires du Gâtinois.*

35547. Histoire générale du Pays de Gâtinois, Sénonois & Hurepois, contenant les Antiquités des Villes, Bourgs, Abbayes, Eglises & Maisons nobles ; avec les Généalogies des Seigneurs & des Villes ; par Guillaume MORIN, Grand-Prieur de l'Abbaye de Ferrières (en Gâtinois :) *Paris*, Chevalier, 1630, *in-4*.

☞ *Voyez* sur cette Histoire, la *Bibliographie* de Debure, tom. II. num. 5363.]

35548. ☞ Mémoire sur la Ville de *Montargis.*

Il est imprimé dans le Recueil intitulé : *Nouvelles Recherches sur la France* : *Paris*, Hérissant, 1766, *in-12. tom. II. pag.* 176.]

35549. ☞ Mf. Journal fait par Gilles DE MONTMELIER, qui comprend une suite d'évènemens concernant Montargis, depuis l'année 1607 jusqu'en 1679.

Il est conservé dans cette Ville, & il en est fait mention *pag.* 42 de la Pièce précédente.]

35550. Les Privilèges, Franchises & Libertés des Bourgeois & Habitans de la Ville de Montargis-le-Franc : *Paris*, 1608, *in-8*.

35551. ☞ Lettre de M. MAILLART, Avocat au Parlement, pour soutenir la vérité du fond de l'Histoire du Chien de Montargis. *Mercure*, 1734, *Novembre*, & *Choix des Mercures, tom. XXXIII. pag.* 59.]

Cette Lettre répond à une Critique du *Journal Littéraire de la Haye*, tom. XIX. part. 1, pag. 259. Il s'agit d'un Chien qui est représenté dans le Château de Montargis, combattant contre un homme que l'on croit avoir tué son Maître.]

35552. ☞ Réflexions sur le même sujet. *Mercure*, 1734, *Décembre*, & *Choix des Mercures, tom. XXXIII. pag.* 71.

Ces Réflexions roulent sur quelques endroits de la Lettre précédente, dont on confirme le sentiment.]

35553. ☞ De la Principauté de *Courtenay.*

Voyez les *Histoires de ses Princes*, Tome II. N.ᵒˢ 25317 & *suiv.*]

35554. ☞ De la Duché-Pairie de *Saint-Fargeau*, érigée en 1575.

Dans l'*Histoire Généalogique* du Père Simplicien, *tom. III. pag.* 797. Cette Pairie est éteinte.]

35555. ☞ Du Duché de *Chastillon* (sur Loin,) sous le nom de *Coligny*, en 1648.

Dans le même Ouvrage, *tom. V. pag.* 861.

Nouvelle érection, en 1696.

Ibid. tom. V. pag. 784. On l'appelle *de Bouteville*, depuis 1736.]

35556. ☞ Lettre sur un Amphithéâtre du Gâtinois ; par M. l'Abbé LEBEUF. *Mercure*, 1727, *Juillet.*]

35557. ☞ Les Antiquités de la Ville d'*Estampes*, avec l'Histoire de l'Abbaye de Morigny, & plusieurs remarques considérables, qui regardent l'Histoire générale de France ; par Basile FLEUREAU, Barnabite : *Paris*, 1683, *in-4*.

Voyez Lenglet, *Méth. histor.* in-4. *tom. IV. pag.* 210. = *Bibliogr.* de Debure, *Hist.* num. 5365.]

== ☞ Discours sur ce qui s'est passé à Estampes & aux environs, en 1587.

Voyez ci-devant, Tome II. N.ᵒ 18599.]

35558. ☞ De la Comté-Pairie d'*Estampes*, érigée en 1327.

Dans l'*Histoire Généalogique* du Père Simplicien, *tom. III. pag.* 129.]

35559. ☞ Du Duché d'*Estampes*, enregistré en 1536.

Ibid. tom. V. pag. 567. Il a été éteint par la mort de M. de Vendôme, en 1712.]

Histoires du grand Gouvernement Orléanois. 415

35560. ☞ Lettre sur la Ville de *Milly* en Gâtinois ; par M. A. D. E. D.

Elle se trouve dans le Recueil intitulé : *Nouvelles Recherches sur la France*, tom. I. p. 492-506. M. ANSON, Docteur en Droit, en est l'Auteur.]

§. V. *Histoires du Nivernois.*

35561. Origo & brevis Historia Nivernensium Comitum usque ad annum 1160 : Auctore HUGONE Pictaviensi, Monacho Vezeliacensi.

Cette Histoire de Hugues de Poitiers, qui fleurissoit vers l'an 1160, ou, selon d'autres, d'un Anonyme, qui fleurissoit du temps de Louis-le-Jeune, est imprimée dans Labbe, *pag.* 399 du Tome II. de sa *Nouvelle Bibliothèque des Manuscrits.* : *Parisiis*, 1656, *in-fol.*

35562. Ms. Historia Nivernensis.

Cette Histoire [étoit] conservée dans la Bibliothèque de M. le Premier Président de Harlay. Cet Exemplaire a été écrit il y a près de trois cens ans.

== Historia Comitum Nivernensium : Auctore Henrico BETORT.

Voyez ci-devant, [Tome I. N.° 10174.]

35563. ☞ Chronologie historique des Comtes & Ducs de Nevers ; par D. CLEMENT.

Dans la seconde Edition de l'*Art de vérifier les Dates : Paris*, Desprez, 1770, *in-fol. pag.* 665.]

35564. ☞ Herveri A BERNA Panegyricon Comitum Druydarum Autivallensium & Nivernensium : *Parisiis*, 1543, *in-8.*]

35565. Histoire du très-noble Prince Gérard, Comte de Nevers & de Rethel, & de la Princesse Euriane de Savoye sa mye : *Paris*, le Noir, 1526, *in-8.* Lyon, 1586, *in-4.*

☞ La même ; enrichie de Notes ; par M. GUEULETTE : *Paris*, Ravenel, 1728, *in-12.*]

Je n'ai point trouvé de Comte de Nevers & de Rethel qui se nommât Gérard ; mais comme le Comté de Rethel ne fut uni à celui de Nevers qu'en 1290, s'il y a eu un Comte de Nevers de ce nom, il n'a vécu que depuis ce temps-là.

35566. Ms. Antiquités de la Ville de Nevers & du Nivernois : *in-fol.*

Cette Histoire [étoit] dans la Bibliothèque de M. Colbert, num. 22, 50, [& est dans celle du Roi.]

35567. Ms. Diverses Pièces concernant les Seigneurs & la Ville de Nevers, Saint-Pierre-le-Moutier, Clamecy, & l'Evêché de Bethléhem : *in-fol.* 2 vol.

Ce Recueil est conservé dans la même Bibliothèque, num. 2135-2136, [des Manuscrits de M. Colbert.]

== ☞ Fondation faite par les Ducs de Nevers, pour marier par chacun an dans leurs Terres & Seigneuries soixante pauvres Filles ; avec les Arrêts en confirmation : 1663 (ou 1664,) *in-4.*

Déja indiquée ci-devant, Tome I. N.° 5414. Il y a eu des Arrêts de confirmation jusqu'en 1725. On a de cette Pièce une première Edition de 1588, & elle se trouve encore au tom. II. des *Mémoires de Nevers*.]

35568. ☞ Instruction extraite de la Fondation faite par le Duc & la Duchesse de Nevers, pour le Mariage de 60 Filles : *Paris*, 1722, *in-4.*]

35569. Histoire du Pays & Duché de Nivernois ; par Guy COQUILLE, Sieur de Romenay : *Paris*, Langelier, 1612, *in-4.*

La même Histoire est imprimée au Tome I. de ses *Œuvres* : *Paris*, 1665, *Bordeaux*, 1703, *in-fol.* Ce Livre a été achevé l'an 1595, & revu en 1602, & l'Auteur est mort en 1603. Il a été publié par Antoine Loisel. Il est écrit d'une manière exacte & fidèle. L'Auteur y traite de la Ville de Nevers, de l'Etat de l'Eglise, des Evêques, des Comtes & Ducs de Nevers, de leurs Alliances, Droits, &c.

☞ *Voyez* Lenglet, *Méth. histor. in-4. tom. IV.* pag. 210. = *Bibl. Harley. tom. II. pag.* 542. = *Journal des Sçav. Août*, 1666. = Le P. Niceron, *tom. XXXV. pag.* 17.]

35570. Ms. Histoire [ou plutôt Mémoires] de la Province de Nivernois ; par Claude-Louis DOLET, Religieux Bénédictin de la Réforme de Clugni.

☞ « Ses Manuscrits ont été dispersés après sa mort ; & il y en a quelques Morceaux à S. Martin des Champs, à Paris. Il avoit bien amassé des matériaux ; mais il paroît qu'il n'avoit rien rédigé. J'ai vu de ses Extraits en plusieurs endroits ; mais son Histoire (dont parloit le P. le Long) n'est nulle part ». M. Parmentier, Assesseur de la Maréchaussée de Nivernois.]

35571. ☞ Six Lettres de M. Pierre DE FRASNAY, contenant un Essai sur l'Histoire du Nivernois. *Mercure*, 1738, *Septembre*, & 1739, *Janvier, Février, Avril*, Vol. I. & II.

Ces Lettres regardent particulièrement l'Histoire Ecclésiastique de cette Ville & la succession Chronologique de ses Evêques. M. de Frasnay croit que le premier fut Saint Evotius, qui assista au Concile d'Arles en 314. Il poursuit cette Histoire jusqu'à Hervé, cinquantième Evêque de Nevers, en 1104.

35572. ☞ Lettre du Révérend Père Dom Jacques DU VAL, Bénédictin, sur le même sujet. *Mercure*, 1739, *Septembre*, Vol. II.

Réponse à la Lettre précédente. *Ibid.* 1740, *Février.*

Lettre du Père DU VAL à M. de Frasnay. *Ibid.* 1740, *Avril.*]

35573. ☞ Lettre écrite au Père du Val ; par M. l'Abbé LEBEUF, au sujet de l'antiquité prétendue de la Ville de Nevers. *Mercure*, 1740, *Mai.*]

35574. ☞ Lettre écrite de Nevers sur une Inscription qui s'y trouve, *Au. de Camillas*, &c. *Mercure*, 1748, *Septembre.*]

35575. ☞ Lettre de M. l'Abbé LEBEUF, Chanoine d'Auxerre, à un Chanoine Régulier, à l'occasion d'un Ecrit où il est parlé de lui dans le *Mercure* de Septembre 1748. *Mercure*, 1748, *Décembre.*]

35576. ☞ Mémoires pour servir à l'Histoire du Nivernois & du Donziois ; par M. J. B. NÉE, de la Rochelle, Avocat en

Parlement, (demeurant à Clamecy:) *Paris*, Moreau, 1747, *in*-12.

Ces Mémoires sont malheureusement remplis de fautes, même essentielles. On trouve à la fin quatre Dissertations sur différens sujets, principalement par rapport aux usages de la Province. L'Auteur est connu pour avoir publié les Romans du Czar Démétrius & du Maréchal de Boucicaut. Le *Journ. des Sçavans*, 1747, *Décembre*, parle de ces Mémoires.]

35577. ☞ Trois Lettres de Dom R***, Bénédictin de Clugny, contenant des Remarques sur les Mémoires (précédens.) *Mercure*, 1749, *Juin*, Vol. II. *Octobre* & *Mars* 1750.

On relève bien des fautes dans les Mémoires de M. Née, & on critique même quelques endroits de l'Histoire de Coquille.]

35578. ☞ Histoire abrégée de la Province de Nivernois, contenant les Evénemens particuliers à cette Province, depuis la Guerre de César dans les Gaules, jusqu'à présent; avec les Chartes & Pièces justificatives; par Antoine-Charles PARMENTIER, Avocat en Parlement, Assesseur de la Maréchaussée de Nivernois, & Membre de la Société Littéraire d'Auxerre : *Nevers*, le Fevre, 1765, *in*-4. TOME I.

Il doit y avoir quatre Volumes, qui contiendront les faits les plus remarquables, les différens Etablissemens, &c. du Nivernois, l'Auteur a environ 1600 Chartes à y insérer.]

35579. ☞ De la Comté-Pairie de Nivernois, érigée en 1347 & 1449.

Dans l'*Histoire Généalogique* du Père Simplicien, *tom. III. pag.* 193, 395 & 442.

Duché-Pairie en 1566.

Ibid. pag. 712.

Nouvelle érection en 1720.

Ibid. tom. V. pag. 426.]

== ☞ Du Siège de *la Charité*, en 1577.

Voyez ci-devant, Tome II. N.° 18376.]

35580. ☞ Remarques sur *Château-Chinon*. *Mercure*, 1726, *Septembre*.]

35581. ☞ Mf. Mémoires & Recherches concernant la Terre, Château & Ville de Château-Chinon, & les Seigneurs qui en ont été possesseurs : 1713.

Ce Manuscrit, qui est entre les mains de M. Parmentier, a été (y est-il dit) extrait des Mémoires de M. Claude RICHOU, Conseiller du Roi, Elu en l'Election de cette Ville. D. Louis Dollet y avoit fait quelques Notes.]

== ☞ Prise de *Clamecy*, & autres lieux du Nivernois, pendant la Guerre des Princes, en 1617.

Voyez ci-devant, Tome II. N.° 20553.]

35582. ☞ Mémoire sur la Ville de *Saint-Saulge*; par M. Jérôme DE PARIS, Curé de cette Ville : 1718.

Ce Manuscrit, qui n'est pas bien intéressant, est entre les mains de M. Parmentier.]

35583. ☞ Mf. Histoire de la Châtellenie & Comté de *Marcy*, Province de Nivernois; mais au Diocèse, Coutume & Ressort d'Auxerre; par M. PARMENTIER, Avocat en Parlement & Assesseur en la Maréchaussée de Nivernois.

Cette Histoire, faite en 1763, est entre les mains de l'Auteur. C'est un grand *in*-4. de 220 pages, en velin.]

35584. ☞ Mf. Histoire de la Terre & Seigneurie de *Cougny*; par M. PARMENTIER, Avocat en Parlement, & Assesseur en la Maréchaussée de Nivernois.

Cet Ouvrage, fait en 1757, est un *in*-4. de 500 pages. Il est entre les mains M. le Comte de Marcy, Gentilhomme de Nivernois & Seigneur de cette Terre.]

§. V I. *Histoires de l'Orléanois proprement dit.*

35585. ☞ Mf. Mémoires sur la Généralité d'Orléans, contenant des Eclaircissemens touchant les Grains, le Commerce & les Manufactures qu'il y a dans chaque Election.

Ce Manuscrit est indiqué au num. 2195 du Catalogue de M. Pelletier.]

35586. ☞ Mf. Bibliographie Orléannoise, ou Notice des Ouvrages concernant l'Histoire d'Orléans; par M. LE COINCE fils, Conseiller au Présidial de cette Ville : *in-fol.*

Un Original, de 130 pages, est conservé à Dijon, dans la Bibliothèque de M. Fevret de Fontette. Cet Ouvrage est très-bien fait, & il a été d'un grand secours pour ce Paragraphe, & quelques autres endroits.]

35587. ☞ Les Antiquités de la Ville & Duché d'Orléans, fidèlement recueillies des Cosmographes & Historiographes qui en ont écrit; par Léon TRIPPAULT, Avocat au Siège Présidial d'Orléans : *Orléans*, [Gibier,] 1573, *in*-8. *Ibid.* Boynard, 1606, *in*-12.

Les mêmes sont imprimées avec l'*Histoire du Siège d'Orléans* : *Orléans*, 1576, 1611, 1620, *in*-8.

☞ Avant d'avoir vu cet Ouvrage, on se figure y trouver un corps complet d'Histoire. En effet, le titre imposant dont il est décoré, (Antiquités fidèlement recueillies,) fait croire qu'il forme un Livre intéressant. On en est d'autant plus persuadé que les Auteurs des Catalogues historiques, (le Long, Lenglet, &c.) trompés, sans doute, par l'inspection du titre de l'Ouvrage, dont le fond leur étoit inconnu, lui avoient donné rang dans leurs Catalogues, préférablement à d'autres Livres plus utiles & plus étendus; mais quelle est la surprise, lorsque l'on voit que ce prétendu Volume d'Antiquités se borne à cinq ou six pages; qu'au milieu de plusieurs fautes dont il est rempli, il ne contient que quelques Faits ou Evénemens historiques des plus communs & des plus connus ! C'est pourquoi il est bon de prévenir que ce Livre ne sçauroit être d'aucun usage, & ne mérite pas d'entrer dans la Classe de nos Ouvrages historiques; son peu d'étendue le rend inutile. Le meilleur Ouvrage historique de Léon Trippault, est son Histoire du Siège d'Orléans par les Anglois en 1418, dont nous parlerons ci-dessous. On y trouve ces prétendues Antiquités, qui sont également insérées dans l'Edition de l'ancienne Coutume de 1570.

Cette Note est tirée des Mémoires communiqués par MM. Jousse & de Coince, ainsi que plusieurs autres qui suivent sur l'Histoire d'Orléans.]

35588.

Histoires du grand Gouvernement Orléanois.

35588. ☞ Mf. Origine de la Ville d'Orléans; par François LE MAIRE.

[Cet Ouvrage est indiqué dans le Catalogue des Livres de feu M. de Beauharnois, Lieutenant-Général & premier Président, *pag.* 162 : *Aurelia*, Borde, *in-*4. On ne sçait ce qu'il est devenu. Mais le Maire en a fait usage pour composer son Histoire, (indiquée ci-dessous;) & il nous en a donné la substance au commencement de cet Ouvrage. Ainsi il n'y a pas grande perte.]

35589. Sylvulæ Antiquitatum Aurelianensium; Lugdo TRIPUTIO, in Aurelianensi Præsidiatu Consiliario Auctore : *Aureliis*, Gibierii, 1573, *in-*8.

[☞ Ce Livre est peu intéressant & peu nécessaire. Il contient un récit très-succinct des Événemens les plus mémorables arrivés à Orléans, propres à faire connoître la grandeur de cette Ville, & à relever sa gloire. Mais ce sont de ces faits qui se trouvent par-tout, & dont les personnes même les moins versées dans notre Histoire, sont instruites.]

== ☞ Diverses Pièces sur l'Histoire ancienne d'*Orléans*, que l'on croit être le *Genabum* de César.

Voyez ci-devant, Tome I. N.ᵒˢ 281 & *suiv.*]

== ☞ Dissertation sur l'établissement de la Religion Chrétienne à Orléans.

Ibid. N.° 4077.]

== ☞ Siège d'Orléans par Attila, vers l'an 450.

Voyez ci-devant, Tome I. N.° 503 & *suiv.*]

== ☞ Siège d'Orléans par les Anglois, en 1418, & sa Délivrance par la Pucelle.

Voyez ci-devant, Tome II. N.ᵒˢ 17175 & *suiv.*]

== ☞ Etats-Généraux tenus à Orléans, en 1560.

Ibid. N.ᵒˢ 27438-27454.]

== ☞ Assassinat du Duc de Guise assiégeant Orléans, en 1563.

Ibid. N.ᵒˢ 17913 & *suiv.*]

== ☞ Prise d'Orléans par les Huguenots, en 1567.

Ibid. N. 18004.]

== ☞ Sièges d'Orléans en 1588 & années suivantes. == Sa réduction à l'obéissance de Henri IV.

Ibid. N.ᵒˢ 18878, 19176, 19177, 19308, 19434, 19489, 19540, 19577 & 19578.]

35590. Panegyricus Aureliæ, Galliæ Urbis clarissimæ: Auctore Joanne Pyrrho ENGLEBERMÆO, Doctore Aurelianensi : *Aurelia*, 1510; *Parisiis*, 1529, *in-*4.

Ce même Panégyrique est imprimé à la fin de ses *Commentaires sur la Coutume d'Orléans* : Paris, 1543, *in-*4.

[☞ L'Ouvrage (dit M. de Coincé) répond parfaitement bien à son titre; c'est assurément le Panégyrique le plus complet qui se soit jamais fait, & qui puisse même se faire d'une Ville & de ses Habitans. Nos Ancêtres ont dû sçavoir gré du travail à l'Auteur; qui a bien rempli son objet. Au reste, cet Ouvrage est peu historique;

& encore dans ce peu, n'est-il pas exact. On le lit cependant avec plaisir, & l'on y remarque de l'imagination & de la fécondité.]

35591. ☞ Pæan Aurelianus, id est Hymnus in laudem Apollinis, seu de laudibus salubritatis cœli, & soli Aureliani, atque consessûs Collegii Medicorum : Carmen, auctore Raymundo MASSACO, Doctore Medico : 1594, *in-*4.

Cet Ouvrage, de Massac, est de plus de 500 Vers. Dans les 100 premiers, l'Auteur y célèbre l'heureuse température du climat Orléanois, la pureté de l'air qu'on y respire, la fertilité de son sol, la salubrité de ses productions, & divers avantages naturels qui rendent ses Habitans d'une complexion saine & robuste, qui leur procurent une santé vigoureuse, & les fait parvenir à une heureuse vieillesse : vieillesse qui atteint quelquefois jusqu'à six vingt ans, suivant le témoignage de l'Auteur.

Qui centum videre hyemes, cognovimus, & qui centum & viginti jam videre Kalendas.

Le reste est l'Eloge du Collège de Médecine, & des Membres qui s'y sont distingués par leur science & leurs talents.]

35592. Rodolphi BOTEREII, Aurelia, seu veterum recentiumque Scriptorum de augusta Aurelia & Ligeri & Tractu suburbano & vicino, Elogia : *Parisiis*, 1615, *in-*8.

[☞ Symphorien Guyon a assez bien rencontré dans le jugement qu'il porte de Raoul BOUTRAYS & de son Ouvrage. « Je ne m'étonne pas (dit-il dans un endroit » où il le réfute,) du mécompte de cet Ecrivain, qui s'est » aussi trompé en plusieurs autres endroits, vu qu'il ne » faisoit pas profession d'Historien, mais de Poëte, en » quoi certes il a excellé, chantant par ses beaux Vers les » excellences de la Ville d'Orléans. »

Deux Parties composent cet Ouvrage. La première (de 40 pages) renferme des Extraits & Morceaux de ce que différens Auteurs, tant Historiens que Poëtes, & autres Ecrivains, ont écrit sur la Ville d'Orléans, & à sa louange. La seconde (de 27 pages) contient le Poëme même de Boutrais, qui a intitulé *Aurelia*, & c'est la seule Pièce que le Maire a insérée dans son *Recueil de Panégyriques*, ainsi cette Edition (qui suit ici) est préférable, comme plus complette. Le Poëme de Boutrais a près de 800 Vers, & contient un Eloge fort étendu & très-détaillé de la Ville d'Orléans, & de tout ce qui peut l'illustrer. Les avantages qu'elle procure, la fertilité de son terroir, les grands hommes qu'elle a produits, les monumens dont elle est décorée, forment autant d'objets que notre Poëte célèbre avec appareil. Il y a quelques faits historiques, mais nul ordre dans ces faits, nulle observation des temps, nulle exactitude. L'Auteur y adopte servilement toutes les fables que l'ignorance & la crédulité avoient accréditées. Les Vers en sont bons, & se font lire; c'est-là, en partie, le principal mérite de l'Ouvrage.]

35593. ☞ L'Hercule Guespin, à M. Descures; par Simon ROUZEAU, d'Orléans.

C'est une espèce de Poëme François, de plus de 700 Vers à la louange du vin Orléanois, qui se trouve dans le Recueil publié par le Maire, en 1646, & indiqué ci-après. L'Ouvrage est maussadement écrit, sans sel & sans enjoûment : on y apperçoit quelques boutades de génie, mais d'un génie grossier & peu naturel. L'Auteur prend la vigne dès son origine, c'est-à-dire, depuis Noé; & après avoir passé en revue tous les vins, non-seulement de France & d'Europe, mais encore des autres parties du monde, il adjuge la préférence au vin Orléanois, dont il relève grandement le mérite. Il y expose la nature des différens Cantons du Vignoble d'Orléans, & les qualités particulières à chacun ; il entre dans un détail assez long, néanmoins peu instructif, des propriétés & des vertus du vin Orléanois, & finit par exhorter à en avoir grand soin. Il recommande le choix de bons Celliers, celui de Sommeliers exacts & diligents; celui de bons Tonneaux, où le vin puisse se conserver sans accident. Il s'élève contre ceux qui, par négligence, pourroient en laisser perdre, ainsi que contre ceux qui en altèrent la bonté & la qualité par leurs mélanges, & qui en corromproient la pureté par l'eau qu'ils y mêleroient.

D'après cet Exposé, on voit que la plupart des Ouvrages dont on vient de parler, ne sçauroient être d'un grand secours pour l'éclaircissement de l'Histoire d'Orléans. Ils entrent plutôt dans la Classe des Ouvrages de pure curiosité, que de ceux desquels on peut espérer quelques lumières & quelque utilité.

35594. Les mêmes Panégyriques, en François, sous ce titre : Recueil de Poëmes & de Panégyriques de la Ville d'Orléans ; faits par Léon TRIPPAULT, Pyrrhus D'ENGLEBERME, Raymond MASSAC & Raoul BOUTRAYS : *Orléans*, 1640, *in-*4.

☞ Autre Recueil, publié par le Maire : 1646, *in-*4. & *in-*8.]

35595. ☞ Mémoire pour servir à l'Histoire d'Orléans, ou Remarques sur l'Explication historique & topographique d'Orléans, de l'Abbé de Vayrac, imprimée dans le Mercure d'Avril 1722 : *Orléans*, 1722, *in-*8.

Il en est parlé au *Journal des Sçav.* 1723, *Février*. Ces Remarques de M. PERDOUX DE LA PERRIERE, sont exactes & instructives. Voici ce qui y donna lieu. M. de Vayrac entreprit, en 1722, de faire des Recherches historiques, sur tous les Lieux par où l'Infante d'Espagne avoit passé en 1721. Comme la Ville d'Orléans étoit de ce nombre, cet Auteur fit insérer dans les Mercures du temps les recherches qu'il avoit faites sur cette Ville. Comme elles n'étoient pas fort exactes, cela donna lieu à la publication de ce Mémoire.]

35596. Histoire de la Ville & Duché d'Orléans ; avec la Vie de ses Rois, Ducs, Comtes, de la Fondation de l'Université, Vies des Evêques, &c. par François LE MAIRE, Conseiller au Présidial d'Orléans : *Orléans, Maria-Paris*, 1645, *in-*4.

La même Histoire, augmentée des Généalogies des nobles, illustres & doctes Orléannois. Ensemble le tome Ecclésiastique, contenant la Fondation des Eglises & des Monastères, Histoires & Vies des Evêques d'Orléans ; par le même : *Orléans, Borde*, 1648, *in-fol.* 2 vol.

Cet Auteur est mort en 1654. « On ne peut guère » lire son Histoire sans être rebuté du langage & du » mauvais arrangement des choses ; mais ce qui choque » le plus, c'est qu'on y remarque par-tout le mauvais » goût de l'Auteur pour les fables, & combien il étoit » rempli de préjugés en faveur de sa patrie. Outre ces » défauts, son Histoire est pleine de digressions en» nuyeuses, de bévues grossières, de fréquens anachro» nismes. L'Auteur a pourtant inséré quelques bonnes » Piéces ; mais il y en a plus dans la première que dans » la seconde Edition. » C'est le jugement que m'en a communiqué une personne fort versée dans cette Histoire.

☞ Ce jugement est vrai : le mauvais langage, défaut de méthode, des bévues sans nombre, des erreurs grossières & multipliées caractérisent cette Histoire. Cependant, malgré tous ces défauts, elle est encore celle dont on peut retirer le plus de lumières pour l'Histoire Civile d'Orléans ; elle renferme bien des faits qu'on ne trouveroit pas ailleurs. Ils sont, à la vérité, très-défigurés & présentés sous un si mauvais jour, qu'il faudroit du travail pour les mettre à profit ; en un mot, ce ne sont, en quelque sorte, que des Mémoires informes. Quant au Tome Ecclésiastique, ce n'est qu'un abrégé mot pour mot, & médiocrement fait, des *Annales de la Saussaye* (ci-devant, Tome I. N.° 9434.)

Il est bon d'avoir les deux Editions de le Maire, à cause des différences qui se trouvent entr'elles. Cependant, s'il falloit choisir, on préféreroit l'Edition *in-*4. qui renferme diverses Piéces & Morceaux historiques qui ne se trouvent pas dans l'*in-folio*. Ce dernier contient à la vérité l'Histoire des Châtellenies & des Familles ; mais ces deux objets sont assez défectueux par la manière dont ils sont traités. Au reste, *voyez* Lenglet, *Méth. hist. in-*4. *tom. IV. pag.* 208.]

35597. ☞ Ms. Remarques historiques & critiques sur le Chapitre XXXIII. de le Maire, où il parle des Rois qui se sont fait sacrer à Orléans ; par M. POLLUCHE.

Ces Remarques étoient entre les mains de l'Auteur & de quelques autres personnes d'Orléans. Daniel Polluche, dont on a un grand nombre de petits Ouvrages, est mort en 1770, dans un âge fort avancé.

35598. ☞ Notes critiques sur quelques points de l'Histoire d'Orléans ; par le même. *Journal de Verdun*, 1749, *Octobre*.

Autres. *Mercure*, 1735, *Mai*.]

35599. ☞ Ms. Remarques critiques sur l'Histoire d'Orléans par le Maire, Edition de 1645 : *in-fol.*

Ce Manuscrit est indiqué au Catalogue de M. Secousse, num. 499.]

== Histoire de la Ville d'Orléans ; par Symphorien GUYON.

Voyez ci-devant, [Tome I. N.° 9438, où elle est indiquée pour l'Histoire Ecclésiastique, qui y domine.]

35600. ☞ Mémoire pour servir à l'Histoire d'Orléans ; (par M. PERDOUX DE LA PERRIERE :) *Orléans, Borde*, 1722, *in-*12. de 24 pages.]

35601. ☞ Essai d'un Abrégé critique & chronologique de l'Histoire d'Orléans : 1746, *in-*12. de 16 pages.

Cet Essai du même Auteur. Il est adressé à l'Académie naissante d'Orléans, par une Lettre signée *Liphard le Comeux*. L'Auteur y indique l'Histoire depuis César jusqu'aux Enfans de Clovis.]

35602. ☞ Mémoire pour servir à l'Histoire d'Orléans ; par M. A. B. *Mercure*, 1753, *Juillet*.

L'Auteur est Antoine BRETON, Professeur en Droit à Orléans.]

35603. ☞ Histoire de l'Orléanois, depuis l'an 703 de la Fondation de Rome, jusqu'à nos jours ; par M. le Marquis DE LUCHET : *Amsterdam*, (*Paris*,) 1766, *in-*4.

Ce n'est que le Tome I. qui finit en 1428. On trouve

Histoires du grand Gouvernement Orléanois.

à la tête une Description topographique de la Province, & à la fin diverses Pièces. Il n'y a pas d'apparence que la suite soit publiée.]

35604. ☞ Lettre d'un Orléanois sur la nouvelle Histoire de l'Orléanois, (la précédente:) *Paris*, Debure, 1766, *in-*12.

Cette Lettre est de M. Jousse le fils, Conseiller au Présidial d'Orléans, qui est mort en 1769. C'étoit un jeune homme de grande espérance.]

35605. ☞ Détail historique de la Ville d'Orléans, qui contient une Description abrégée de cette Ville, l'Etat exact de ses différens Chapitres, Communautés, Corps, Jurisdictions & autres Etablissemens, la Compétence des différens Tribunaux, un Mémoire sur les Mesures qui sont en usage dans la Province; l'état des Foires, Marchés; & où l'on trouve aussi plusieurs choses dont la connoissance est nécessaire pour l'usage ordinaire de la vie: *Orléans*, Jacob, 1752, *in-*12. (de près de 200 pages.)

Cet Ouvrage est fait avec exactitude: il avoit déja paru pour la première fois en 1736, sous le même titre. Il fut réimprimé en 1743, & intitulé : *Etat présent de la Ville d'Orléans & de ses dépendances, pour l'année* 1743. Enfin il a été donné pour la troisième fois en 1752, avec de nouvelles augmentations & plusieurs corrections. Son titre annonce les objets. Il en est parlé dans le *Journ. de Verdun* 1752, *Mai.*]

35606. ☞ Description de la Ville & des Environs d'Orléans, avec des Remarques historiques : *Orléans*, 1736, *in-*8.

Cette Description est l'Ouvrage de Dom Toussaints du Plessis, Religieux Bénédictin, & les Remarques historiques sont de M. Daniel Polluche, connu par plusieurs bons Ouvrages qu'il a faits sur l'Histoire de sa Patrie. Cette Description étoit destinée pour mettre à la tête d'une Histoire générale d'Orléans, à laquelle Dom du Plessis avoit commencé à travailler. Mais son projet n'ayant pas eu son entière exécution, M. Polluche accompagna cette Description de plusieurs Notes historiques, pour servir d'éclaircissemens aux objets annoncés sommairement dans l'Ouvrage de D. du Plessis, & subvenir, en quelque sorte, à la sécheresse du sujet. (Avertissement préliminaire.)

35607. ☞ Ms. Anciennes Coutumes d'Orléans, en vélin, de l'année 1260 ou environ.

Ce Manuscrit, qui est conservé dans la Bibliothèque de M. Jousse, Conseiller au Présidial d'Orléans, renferme, 1.° plusieurs Chartres de Louis-le-Gros, Louis-le Jeune & Philippe-Auguste, sur les Privilèges & Franchises de la Ville d'Orléans : 2.° les peines qui se prononçoient dans le Duché d'Orléans, suivant les différens crimes & délits : 3.° les Coutumes (ou Impôts,) qui se payoient à l'Evêque, au Chapitre à S. Ladre, pour toutes les denrées & marchandises qui étoient amenées à Orléans, ou qui en sortoient.]

35608. Les Privilèges, Franchises, Libertés des Bourgeois & Habitans de la Ville & Fauxbourg d'Orléans, contenus ès Chartres de Charles VII. Louis XI. & Charles VIII. & confirmés par leurs Successeurs : *Paris*, Courbé, 1636, *in-*4.

☞ Ce Recueil renferme les Privilèges accordés aux Habitans d'Orléans, depuis Charles VII. jusqu'à Louis XIII. inclusivement. Louis XIV. & Louis XV. ont également confirmé les mêmes Privilèges ; le premier au mois de Juin 1643, & registrés au Parlement & Cout des Aydes, même année ; Louis XV. au mois d'Avril 1718, aussi registrés même année. Les Habitans d'Orléans ont aussi obtenu, en différens temps, des Arrêts du Conseil qui les ont maintenus & conservés lorsqu'ils ont été troublés.]

35609. ☞ Ms. Recueil de Pièces sur la Ville d'Orléans : *in-fol.* 2 vol.

Cette Collection étoit dans la Bibliothèque de M. de Beauharnois, comme on le voit par le Catalogue imprimé de ses Manuscrits.]

35610. ☞ Lettre écrite d'Orléans ; (par M. Polluche,) le 12 Avril 1732, sur le nom de Guespin, qu'on donne aux Orléannois. *Mercure*, 1732, *Mai*.

Lettre écrite de Marseille le 3 Septembre, sur le même sujet. *Ibid. Octobre.*

Réponse à deux Articles du Mercure d'Octobre ; (par M. Polluche.) *Ibid.* 1733, *Janvier.*

Lettre de M. D. P. (M. Daniel Polluche,) à M***, sur ce qu'on appelle les Orléannois *Chiens d'Orléans. Mercure*, 1735, *Mai.*

Toutes ces Pièces sont assez curieuses. Selon M. Polluche, Guespins & Chiens ont la même origine, qui remonte au XIII.ᵉ Siècle, & signifient altiers & peu endurans.]

35611. ☞ De la Duché-Pairie d'Orléans, érigée en 1344.

Dans l'*Histoire Généalogique* du Père Simplicien, *tom. III. pag.* 175.

Nouvelles érections, en 1626 & 1661.

Ibid. tom. IV. pag. 340 & 578.]

35612. ☞ Réglemens pour l'exercice de la Justice & Police de la Ville d'Orléans : *Orléans*, 1689, *in-*4.]

35613. ☞ Recueil d'Edits pour les Marchands fréquentans la Loire à Orléans : *Orléans*, 1609, 1630, *in-*8.]

35614. ☞ Recueil des Edits, Arrêts, &c. concernant la Jurisdiction Consulaire d'Orléans : *in-*12.]

35615. ☞ Calendrier spirituel, chronologique & historique, pour la Ville d'Orléans : *Orléans*, 1731, *in-*12.]

35616. ☞ Lettre écrite d'Orléans, au sujet d'une Inscription qu'on voyoit ci-devant au Portail de Sainte-Croix de cette Ville; par D. P. (Daniel Polluche.) *Mercure*, 1732, *Juin.*

Remarques envoyées d'Auxerre par M. Lebeuf, sur cette Inscription. *Ibid. Septemb.*]

35617. ☞ Ordre de la Procession du 8 Mai, à Orléans, pour la délivrance de la Ville du Siège des Anglois, &c. *Orléans*, 1718, *in-*8.]

35618. ☞ Actes concernant la Bibliothèque publique d'Orléans, avec le Catalogue de cette Bibliothèque : *in-*4.]

35619. ☞ Les Portraits parlans, ou Tableaux animés du Sieur CHEVILLARD, en Vers, (presque tous concernans des Orléanois :) *Orléans*, Verjon, 1646, *in-*8.]

35620. ☞ Procès-verbal de la Banlieue de la Ville d'Orléans, du 21 Février 1595 : *in-*4. de 22 pages.]

35621. ☞ Mſ. Notice du Comté & de la Ville de *Gien* ; par M. SYLVESTRE DE S. ABEL, de la Société Littéraire d'Auxerre.

Ce Manuscrit est conservé dans les Registres de cette Société. On y trouve l'Histoire abrégée de Gien, & des faits assez intéressans. L'Auteur adopte la fausse opinion que Gien est l'ancien *Genabum*, & il s'étend sur cet Article. Il fait mention de quelques Edifices antiques, dont on a trouvé des restes dans l'emplacement de l'ancienne Ville de Gien, & spécialement d'un Souterrain dans lequel il y avoit des instrumens propres à frapper une Monnoye antique, & des Pièces de cette Monnoye en cuivre & en cuir, sur lesquelles on lisoit, *Octa* ; *auth. cap*. Cette courte Histoire est terminée par la Liste des Comtes de Gien, à commencer par Etienne, Comte de Vermandois en 900, jusqu'à M. Feydeau de Marville, Conseiller d'Etat, actuellement vivant.]

35622. ☞ Mſ. Mémoire où l'on examine en quel temps les Evêques d'Orléans sont devenus Seigneurs de Meun-sur-Loire ; par M. Daniel POLLUCHE.

Dans la famille de l'Auteur, & chez quelques autres personnes d'Orléans.]

35623. ☞ Mſ. Mémoire sur un passage de Nicole Gilles, qui marque que Louis-le-Gros donna la Seigneurie de Meun-sur-Loire à Philippe son fils, bâtard.

35624. ☞ Mſ. Dialogue sur les Antiquités de la Ville de Meun-sur-Loire ; par Jean BINET : *in*-4.

Ces deux Manuscrits sont indiqués au Catalogue de M. Secousse, num. 4985. Jean Binet étoit Chantre & Chanoine de l'Eglise de Meun sa patrie. Trippault l'appelle dans son *Celthellenisme, pag.* 5, homme très-docte & de très-bonne vie.]

35625. Mſ. Trois Dialogues sur l'Antiquité de Meun-sur-Loire ; par Jean BINET : *in-fol*.

Ces Dialogues sont conservés à Dijon, dans la Bibliothèque de M. de la Mare. C'est probablement le même Ouvrage que le précédent, & peut-être plus ample.]

35626. ☞ Mſ. Histoire des Seigneurs de *Beaugency* sur-Loire ; dédiée à Monsieur, frère unique du Roi ; par Claude DU MOLINET, Chanoine Régulier : *in*-4.

L'Original est conservé dans la Bibliothèque de Sainte-Geneviève, à Paris.]

35627. ☞ De la Duché-Pairie de *la Ferté Senneterre*, érigée en 1665.

Voyez dans l'*Histoire Généalogique* du P. Simplicien, tom. *IV. pag.* 881. Cette Pairie a été éteinte en 1703.]

§. VII. *Histoires du Blésois.*

35628. ☞ Antiquitates Urbis & Comitatûs Blesensis ; Auctore Dionysio PONTANO, Blesensi, Advocato.

Ces Antiquités sont imprimées avec son *Commen-* taire Latin sur la *Coutume de Blois, art.* 9, *tit.* 3, §. LX. *pag.* 136-140 : *Blesis*, Langelier, 1556 ; *Parisiis*, Billaine, 1677, *in-fol.*

✱ Denys Dupont est mort en 1555.

35629. Mſ. Annales des Comtes de Blois ; *in-fol.*

Ces Annales sont conservées entre les Manuscrits de M. Dupuy, num. 564, & [elles étoient] dans la Bibliothèque du Collège des Jésuites de Paris, num. 97.

35630. ☞ Mſ. Histoire abrégée des Comtes de Blois ; par ALBERT, Greffier de la Chambre des Comptes de Blois, (au milieu du XVIe Siècle).

Bernier, dans son Histoire (qui suit) en parle assez mal : mais Albert n'avoit pas eu dessein de faire un Roman ; il croyoit en tout rapporter des faits véritables, & il en rapporte un grand nombre.]

35631. Histoire de Blois, contenant les Antiquités & Singularités du Comté de Blois, les Eloges de ses Comtes, & les Vies des Hommes illustres ; par Jean BERNIER, Médecin : *Paris*, Muguet, 1682, *in*-4.

Cet Auteur est mort en 1698. Son Histoire est curieuse & assez bien écrite.

☞ *Voyez* Lenglet, *Méth. histor. in-*4. tom. *IV. pag.* 209. = *Bibl. Harley.* tom. *II. pag.* 735. = Journal des Sçav. Juin, 1682. = Le P. Niceron, tom. *XXIII. pag.* 371.]

35632. ✱ Histoire de la Ville de Blois ; par M. GUERET, Maître des Comptes de Blois.

Elle doit être entre les mains de ses descendans.

35633. ☞ Comtes de Blois & de Chartres, issus des Comtes de Champagne.

Dans l'*Histoire Généalogique* du Père Simplicien, tom. *II. pag.* 845.]

35634. ☞ Chronologie historique des Comtes de Blois ; par D. Fr. CLEMENT.

Dans la seconde Edition de l'*Art de vérifier les Dates* : (*Paris*, Desprez, 1770, *in-fol.*) *pag.* 653.]

35635. ☞ Lettres écrites aux Auteurs du Mercure, au sujet de Guillaume, fils d'Etienne, Comte de Blois. *Mercure*, 1722, *Mai*, Vol. I. & II.

Réponse de M. l'Abbé DE VAYRAC, au sujet de la Lettre (précédente). *Ibid. Juin.*

Remarques sur (cette) Réponse. *Ibid. Août.*]

== ☞ Remarques sur une Inscription du grand Cloître de la Chartreuse de Paris.

Elles sont déjà indiquées, Tome II. N.° 25380. Il y est question de Jeanne de Châtillon, fille unique de Jean de Châtillon, Comte de Blois, & femme de Pierre de France, cinquième fils de S. Louis, morte le 29 Janvier 1291.]

== ☞ Des Etats-Généraux tenus à Blois.

Voyez ci-devant, Tome II. N.os 18795 *& suiv.* 27459 *& suiv.*]

== ☞ Lettre sur ce qui s'est passé à Blois, en 1652.

Voyez ci-devant, Tome II. N.° 23440.]

35636. ☞ Information faite par l'ordre du

Histoires du grand Gouvernement Orléanois.

Marquis de Sourdis, Gouverneur de Blois, touchant l'état misérable où sont réduits les Peuples de ce Gouvernement : 1662, *in*-4.]

35637. ☞ Mſ. Avis important de la Supérieure des Carmélites de Blois, écrit à une Dame de Paris, lequel contient une Relation terrible de la famine qu'on a soufferte en cette Ville en 1662, avec une invitation pour remettre les charités & aumônes entre les mains de Mesdames les Présidentes Fouquet, rue de Richelieu; de Herſe, rue Pavée ; ou bien à Mesdemoiselles de Lamoignon, Cour du Palais; ou Viole, rue de la Harpe : *in*-4.

Ce Manuscrit est conservé dans la Bibliothèque de M. Jardel, à Braine.].

== ☞ Description du Château de *Chambor*.

Voyez ci-devant, Tome II. N.° 27033.]

35638. ☞ De la Duché-Pairie de *Vendôme*, en 1514.

Dans l'*Histoire Généalogique* du Père Simplicien, tom. III. pag. 466.

Nouvelle érection, en 1598.

Ibid. tom. IV. pag. 89.]

§. VIII. *Histoires du Dunois.*

35639. Nympha Vivaria, ſeu Caſtellodunenſis Agri Deſcriptio; Auctore Cæsare Auguſtino COTTA, Caſtellodunenſi : *Pariſiis*, Mettayer, 1614, *in*-8.

== ☞ Histoires des Comtes de Dunois, (depuis Ducs de Longueville.

Voyez ci-devant, Tome II. N.° 25533.]

35640. Caſtellodunum, ſeu primariæ Urbis Dunenſis Comitatûs Descriptio, scripta Versibus à Rodolpho BOTEREIO : *Pariſiis*, Beſſin, 1627, *in*-8.

35641. ☞ De la Duché-Pairie de Dunois, érigée en 1525, mais non enregistrée.

Dans l'*Histoire Généalogique* du Père Simplicien, tom. V. pag. 796.]

35642. ☞ Mémoires pour M. le Duc de Chevreuse, contre M. de Saint-Michel; par Mᵉ GERBIER : *Paris*, Cellot, 1767, *in*-4. = Exposé de propriété & de possession patrimoniale du Comté de Dunois, pour M. le Duc de Chevreuſe; par Mᵉ ESTIENNE. *Ibid.* Chenault, 1767, *in*-4. = Mémoires pour M. de Saint-Michel; par Mᵉ LE GOUVÉ : *Paris*, Cellot, 1767, *in*-4.

Il est question dans ces Mémoires & autres Pièces, de ſçavoir ſi le Comté de Dunois a dû le réunir au Domaine du Roi; & à ce sujet on en développe l'Histoire. M. de Chevreuſe a été maintenu dans ſa poſſeſſion.]

35643. ☞ Description des Figures qui ſont ſur la façade de l'Egliſe de l'Abbaye Royale de la Magdeleine de Chaſteaudun, (& de l'antiquité de cette Ville ;) par Antoine

LANCELOT. Histoire de *l'Acad. des Belles-Lettres*, tom. IX. pag. 181.

On y examine la tradition du Pays, que cette Eglise a été fondée par Charlemagne; & l'on croit y reconnoître ſa figure & celles de Louis-le-Débonnaire & de Charles-le-Chauve.]

§. IX. *Histoires de la Touraine.*

35644. Description du Pays de Touraine, des Antiquités de la Ville & Cité de Tours, des Seigneurs qui y ont commandé, & de ſes Evêques : *Tours*, Bouguereau, 1592, *in*-8.

== Topographie du Pays & Duché de Touraine, avec quelques Remarques ſur les Antiquités de cette Province; par Isaac François, Sieur DE LA GIRARDIE, Grand-Voyer de Touraine : *Tours*, Bouguereau, 1592.

Cet Auteur est mort en 1650. [Son Ouvrage est déja indiqué dans notre Tome I. à la *Géographie*.]

== De Commendatione Turonicæ Provinciæ.

Voyez ci-devant, [Tome I. N.° 10263.]

35645. La Décoration du Pays & Duché de Touraine, de la Fondation d'icelle & autres Antiquités dignes de louanges & de mémoire ; avec plusieurs singularités étant en ladite Ville ; nouvellement traduite par Thibault le Pleigney, Citoyen de ladite Ville, le dernier Août 1541 : *in*-8.

35646. Le Paradis délicieux de la Touraine, traitant des raretés & singularités, diviſé en quatre parties ; par Martin MARTEAU de Saint-Gaiſſen, Carme. *Paris*, du Foſſé, 1661, *in*-4.

35647. ☞ Recherches ſur quelques Antiquités des Environs de *Tours*, & ſur la ſituation de *Cæſarodunum*, Capitale des *Turones*, ſous les premiers Empereurs Romains. = Recherches ſur la Pile de Saint-Mars ; par M. DE LA SAUVAGÈRE.

Ces deux Pièces, qui concernent le même Canton, c'eſt-à-dire celui de *Luynes*, ſont imprimées pag. 131 & 158-179, de ſon *Recueil d'Antiquités dans les Gaules* : *Paris*, Hériſſant fils, 1770, *in*-4. avec figures.]

35648. ☞ Observations (de M. LE MOINE, Archiviſte de l'Egliſe de Tours,) ſur la Pile de Saint-Mars, à quatre lieues au-deſſous de Tours, ſur le bord de la Loire. *Journal de Verdun*, 1757, Janvier, pag. 39.]

== Mſ. Chronicon Turonenſe, ab anno 677, ad annum 1137.

Voyez ci-devant, [Tome II. N.° 16643.]

35649. Mſ. Chronicon Turonenſe; Auctore JOANNE, Monacho Majoris Monasterii : *in*-fol.

Cette Chronique de Jean, Moine de Marmoutier, qui fleuriſſoit en 1150, eſt conſervée dans la Bibliothèque du Roi, num. 9353. Il y [avoit] ſelon la Bibliothèque des Manuſcrits du Père Labbe, au Collège des Jéſuites de Paris, un Exemplaire de cette Chronique, qui commence à la naissance de Jesus-Christ, & finit en 1227, & il ajoûte que cette Chronique paroît être d'un Chanoine de Tours.

35650. Mf. Chronicon breve Turonense, ab anno 956, ad annum 1199, ex veteri Cartulario Ecclesiæ sancti Martini Turonensis.

Cette Chronique étoit autrefois conservée entre les Manuscrits de du Chesne.

== Chronicon breve Turonense, ab anno 534, ad annum 1223.

Voyez ci-devant, Tome II. N.º 16770.]

== Chronicon Turonense, usque ad annum 1226.

☞ Dans le même Volume, N.º 16789.]

35651. Mf. Extraits des Titres & Mémoires de Touraine : *in-fol.*

Ces Extraits sont conservés dans la Bibliothèque du Roi, entre les Manuscrits de M. de Gaignières.

35652. ☞ Almanach historique de Touraine, pour l'année 1755, imprimé pour cette Province : *Tours*, Lambert, *in-16.*]

35653. Mf. Histoire du Pays & Duché de Touraine ; par Pierre CARREAU, Sieur de la Perée, Procureur du Roi en l'Election de Tours, Historiographe de la Province.

Cette Histoire de Pierre Carreau, mort en 1708, [étoit du temps du P. le Long,] entre les mains du Sieur Carreau son fils, Curé de Nogent-sur-Marne, avec les Preuves. L'Auteur publia il y a trente ans le projet de son Histoire, qui devoit être en deux volumes *in-folio*. Le premier auroit dû comprendre l'Histoire Civile & l'Histoire Ecclésiastique de la Touraine, avec la suite des Comtes & Ducs héréditaires, les Evénemens les plus mémorables arrivés sous leur Gouvernement; les Antiquités de toutes les Villes, leurs Seigneurs & Gouverneurs, les Sénéchaux des trois Provinces de Touraine, d'Anjou & du Maine, les Lieutenans de Roi & autres principaux Officiers; les Antiquités des Abbayes, & des Prieurés du Diocèse; les Antiquités des Eglises Collégiales avec l'établissement des Paroisses de la Ville de Tours, les Hôpitaux & les Maladeries, les Couvens de Religieux & de Religieuses.

Le second volume devoit contenir trois parties, la première comprenoit les Eloges des Saints & des plus célèbres Personnages de la Touraine, qui ont paru dans les Sciences, dans les Belles-Lettres, dans les Arts : dans la seconde, il devoit y avoir des Notes & des Dissertations historiques sur les endroits les plus difficiles de cette histoire ; & la troisième étoit un Recueil des principales Preuves & Pièces justificatives de tout l'Ouvrage, qui n'ont point encore été données au public.

Cette Histoire est composée avec beaucoup de soin sur les Chartes du Roi, les Registres de la Chambre des Comptes, & sur les Titres de la Province, & les Chartes des Abbayes & les Titres particuliers des Familles, que l'Auteur a examinés avec beaucoup de soin & de travail, ayant été assez heureux pour les manier presque tous. Ainsi cet Ouvrage ne peut être que très-agréable & fort utile au public.

35654. ☞ De la Duché-Pairie de Touraine, en 1360.

Dans l'*Histoire Généalogique* du Père Simplicien, *tom. III. pag. 229.*

Nouvelle érection, en 1416.

Ibid. pag. 25.]

== ☞ Des Entreprises du Duc de Mayenne, Chef de la Ligue, en 1589, contre le Roi Henri III. & la Ville de Tours.

Voyez ci-devant, Tome II. N.ºs 19991 & *suiv.*]

== ☞ Mouvemens à Tours, entre les Catholiques & les Huguenots, en 1621.

Voyez ibid. N.º 20988.]

35655. ☞ Des Etats-Généraux tenus à Tours, en 1467, 1483 & 1506.

Voyez ci-devant, Tome II. N.ºs 17428-17436.]

35656. Privilèges de la Ville de Tours ; par Jean CHENU : *Paris*, Buon, 1620, *in-4.*

35657. Les Titres de l'Etablissement du Corps de Ville, avec les Privilèges des Maires, Echevins & Habitans de la Ville de Tours : *Tours*, de la Tour, 1661, *in-4.*

35658. ☞ Recueil de tous les noms des Maires & Echevins de la Ville de Tours, depuis l'an 1461 jusqu'en 1679 : *Tours*, 1679, *in-4.*]

35659. ☞ Francisci FLORII, Florentini, Epistola ad Jacobum Tarlatum, de commendatione Urbis Turonicæ.

Cette Lettre a été citée par Jean Maan, dans son *Histoire des Archevêques de Tours*. Elle étoit dans la Bibliothèque de Pierre Ménard : *Singularités historiques de D. Liron*, tom. III. pag. 391. Et pag. 392, on trouve l'Observation suivante : « Le P. le Long n'a » pas parlé d'une Lettre de Jean BRECHE, Jurisconsulte très-sçavant, Avocat au Parlement de Paris & » au Siège Présidial de Tours sa patrie, adressée à André » Tiraquaud, où il fait mention de la plupart des Sçavans qui vivoient à Tours de son temps ».]

35660. ☞ De la Duché-Pairie de *Luynes*, érigée en 1619.

Dans l'*Histoire Généalogique* du Père Simplicien, *tom. IV. pag. 252.*]

35661. ☞ Observations sur une Pierre appellée le Tombeau de Turnus ; par M. LE MOINE, Archiviste de S. Martin de Tours. *Journal de Verdun*, 1755, *Septembre.*]

35662. Agri Turonensis & *Ambasianæ* Arcis Amoenitates, Auctore Jacobo SCHOTTERO, Collegii Ambasiensis Gymnasiarcha: *Parisiis*, Buray, 1615, *in-4.*

35663. ☞ Mf. Mémoires pour servir à l'Histoire de la Ville de *Chinon* en Touraine ; recueillis par M. DE LA SAUVAGÈRE, Gentilhomme de Chinon : *in-4.* 4 vol.

Ces Mémoires sont entre les mains de l'Auteur, qui a fait de très-belles recherches & a ramassé nombre d'Actes & de Généalogies des Familles de la Province.]

35664. ☞ Recherches sur des Antiquités Egyptiennes, ou Description de deux Caisses qui se voyent en parade dans une Niche au Château d'*Ussé*, situé en Touraine, à deux lieues de Chinon ; par M. DE LA SAUVAGÈRE, avec une Lettre de M. COURT DE GEBELIN, (servant d'explication.)

Dans le *Recueil des Antiquités de la Gaule*, par

Histoires du grand Gouvernement Orléanois.

M. de la Sauvagère : *Paris*, Hériffant fils, 1770, *in-4.* avec figures.]

35665. Mſ. Chronique d'*Amboiſe* : *in-fol.*

Cette Chronique [étoit] dans la Bibliothèque de M. le Chancelier Seguier, num. 163, [& eſt aujourd'hui à S. Germain des Prés.]

35666. Liber de compoſitione Caſtri Ambaſiæ & ipſius Dominorum geſtis.

Ce Livre eſt imprimé dans d'Acheri, *pag.* 511 du tom. X. de ſon *Spicilège*.

L'Hiſtoire de la Conſtruction d'Amboiſe & des actions mémorables de ceux qui l'ont poſſédée : traduite du Latin (en 1666 ;) par Michel de Marolles, Abbé de Villeloin.

Cette Traduction eſt imprimée avec celle de l'*Hiſtoire des anciens Comtes d'Anjou* : *Paris*, 1681, *in-4.*

35667. Mſ. Hiſtoire d'Amboiſe, miſe en Vers, intitulée : La Lignée des Seigneurs d'Amboiſe, & depuis quel temps, & par quels Seigneurs & quels mérites ils furent reçus en icelle ; par Hervé DE LA QUEUE, de l'Ordre & Couvent des Frères Prêcheurs de Paris ; à la Requête de Jeanne d'Amboiſe, Dame de Revel & de Thiffauges.

C'eſt une eſpèce de Traduction de l'Ouvrage précédent : elle eſt citée par du Cheſne, à la page 199 de ſa *Bibliothèque des Hiſtoriens de France*, & elle [étoit] *in-4.* parmi les Manuſcrits de M. Foucault, [qui ont été diſperſés.]

☞ Il y en a un Exemplaire à Dijon, dans la Bibliothèque de M. le Préſident Bouhier, D. 10, ſous ce titre : *Chronique des Comtes d'Amboiſe, avec la Généalogie des Seigneurs d'Amboiſe.*]

* La même Hiſtoire, ſous ce titre : Chroniques des Seigneurs d'Amboiſe.

Elle eſt conſervée dans la Bibliothèque du Roi, parmi les Manuſcrits de M. Colbert, num. 802.

== ☞ Du Tumulte (& de la Conjuration) d'Amboiſe, en 1560.

Voyez ci-devant, Tome II. N.ᵒˢ 17760 & *ſuiv.*]

35668. Mſ. Hiſtoire Lochoiſe des Antiquités des Villes d'Amboiſe, Loches, Beaulieu, Blois, Montrichard, & incidemment des premiers Comtes d'Anjou, par-phraſée en François, par [Hervé DE LA QUEUE] : extraits la plupart du Latin de Thomas PACCIO, Prieur de l'Egliſe Collégiale de Loches : *in-fol.*

Cette Hiſtoire [étoit] dans la Bibliothèque de M. Baluze, num. 454, [& eſt aujourd'hui dans celle du Roi.]

35669. ☞ Privilèges de la Ville d'Amboiſe : *in-4.*]

35670. La Deſcription du beau Château d'Amboiſe ; par Jean FROTIER : *Paris, in-16.*

35671. Le Comte d'Amboiſe, Nouvelle hiſtorique : *Paris*, Brunet, 1706, *in-12.* 2 vol.

Cette Nouvelle eſt de Catherine BERNARD, de Rouen, morte en 1712.

* Elle y fait paroître beaucoup d'eſprit, & une grande délicateſſe dans ſon ſtyle. Elle a fait auſſi une autre Nouvelle hiſtorique, intitulée : *Eléonore d'Yvrée*. [Ses liaiſons avec M. de Fontenelle ſont aſſez connues.]

§. X. Hiſtoires d'*Anjou*.

35672. ☞ Panégyrique des Angevins, à M. (Urbain de Laval, Seigneur) de Bois-Dauphin, Maréchal de France, Lieutenant & Gouverneur pour Sa Majeſté au Pays d'Anjou : *Angers*, *in-4.*

Ce Maréchal eſt mort en 1629. Il eſt parlé dans ce Panégyrique de la Maiſon de Laval.

35673. Les Antiquités d'Anjou ; par Jean HIRETIUS, Angevin, Docteur en Théologie : *Angers*, Herault, 1609, *in-12.*

Les mêmes, augmentées : *Ibid.* 1618, *in-8.*

☞ On peut voir ſur ce Livre la *Bibliographie* de Debure, *Hiſt.* num. 5368.]

35674. ☞ Edom, ou les Colonies Iduméanes & Phéniciennes ; par Pierre LE LOYER : *Paris*, 1620, *in-8.*

L'Auteur prétend prouver, dans cet Ouvrage, que les Angevins tirent leur origine d'Eſaü, que non-ſeulement les noms des Villes de France, mais encore ceux des Villages d'Anjou, des Hameaux, des Maiſons, des Pièces de terre de la Paroiſſe d'Huilé, lieu de ſa naiſſance, venoient de la Langue Hébraïque & Chaldaïque. Le P. Niceron (*tom. XXVI. pag.* 324.) en rapporte un Fragment. *Voyez* Bayle, *Dictionnaire Critique*, Article *le Loyer*, Remarque C.]

== Qualiter Normanni Urbem Andegavenſem cœperunt, & ab ea per Carolum Calvum Regem expulſi ſunt, anno 872. Ex Chronico ſancti Sergii Andegavenſis.

Le Fragment de cette Chronique eſt imprimé dans du Cheſne, *pag.* 400, du tom. II. de ſa *Collection des Hiſtoriens de France.*

☞ On l'a déja indiqué au *Règne de Charles-le-Chauve*, ci-devant, Tome II. N.ᵒ 16406.]

== Chronicon Andegavenſe, ab anno 678, ad annum 1057.

Voyez ci-devant, [Tome II. N.ᵒ 16553.]

35675. Hiſtoria Comitum Andegavenſium & Turonenſium ; Auctore FULCONE, Andegavenſi Comite.

Foulque IV. Comte d'Anjou, Auteur de cette Hiſtoire, l'a écrite d'un ſtyle net & agréable. Elle eſt imprimée dans d'Acheri, *pag.* 392 du tom. X. de ſon *Spicilège.* Foulque IV. eſt mort en 1109.

35676. Geſta Conſulum Andegavenſium & Dominorum Ambaſienſium ; Auctore Monacho Benedictino Majoris-Monaſterii, ad Henricum Angliæ Regem.

Ce Moine anonyme vivoit en 1140. Son Hiſtoire eſt imprimée *pag.* 399 du même Volume X. du *Spicilège.* Dom Luc d'Acheri n'a donné qu'un Fragment de cette Hiſtoire, tirée de la Bibliothèque d'Alexandre Petau : il eſt fâcheux qu'on ne l'ait pas entière ; elle ſerviroit beaucoup à l'Hiſtoire d'Anjou.

La même Hiſtoire, traduite du Latin & commentée par Michel DE MAROLLES, a publiée ſous ce titre : *Les Hiſtoires des anciens Comtes d'Anjou, & de la Conſtruction d'Amboiſe, avec des Remarques* : *Paris*, Langlois, 1681, *in-4.*

Il y a dans ce Volume des Généalogies de pluſieurs Maiſons illuſtres d'Anjo.

☞ *Voyez* le *Journ. des Sçav.* Juillet, 1681.]

Goussainville, dans ses Notes sur Pierre de Blois, pag. 702, dit, qu'il y a un Manuscrit de l'Abbaye de Villeloin, qui nomme JEAN cet Auteur. Il produit au même endroit un long Fragment de ces Gestes, touchant Geoffroy Plantegenest, qui ne se trouve pas dans l'Edition de Dom Luc d'Acheri. Cette Histoire contient des choses particulières des Règnes de nos Rois, depuis Charles-le-Chauve jusqu'à la mort de Louis-le-Gros ; mais elle est pleine de fables, & l'Auteur y confond souvent des actions tout-à-fait différentes. Dom Luc d'Acheri avoit cru d'abord que cette Histoire étoit du Moine Jean, qui a écrit l'Histoire de Geoffroy, Comte d'Anjou ; mais après l'avoir lue, il en a trouvé le style fort différent.

== Historia Gauffredi Normannorum Ducis & Comitis Andegavorum : Auctore JOANNE, Monacho Majoris-Monasterii.

Voyez ci-devant, [N.° 35019.]

35677. Mſ. Fragmentum Chronici, in quo nonnulla de Comitibus Andegavensibus, ab anno 1067, ad annum 1153.

Ce Fragment est conservé dans la Bibliothèque du Vatican, entre les Manuscrits de la Reine Christine.

35678. Mſ. Historia brevis de Comitum Andegavensium gestis usque ad Henricum II. Anglorum Regem Gauffredi filium, Ducem Normanniæ & Aquitaniæ, Comitem Andegaviæ, Pictaviæ, &c.

Cette Histoire [étoit] dans la Bibliothèque de M. Colbert, [& est aujourd'hui dans celle du Roi,] entre les Manuscrits de Du Chesne. Elle finit en l'année 1154, que fut couronné Henri II. Roi d'Angleterre.

35679. Mſ. Gesta Comitum Andegavensium, ab anno 843, ad annum 1169 : Auctore Thoma PACTIO, Lochiensi.

Ce Prieur de Loches a fleuri en 1169. Son Histoire est conservée dans la Bibliothèque de Saint-Victor, num. 893.

« Thomas Pactius ou Paccius, Prieur de Loches, » a fait une Chronique Latine des Comtes d'Anjou. » Quelques Sçavans ont cru que c'étoit la même que la » précédente (*Gesta Consulum Andeg*.) mais ce que » rapporte Besly de cette Chronique, dans son Histoire » de Poitou, est fort différent de l'autre. On lit dans » la Préface de l'Imprimé, que l'Auteur avoit pris beau- » coup de choses de Thomas de Loches, qui les avoit » recueillies de la Chronique abrégée de saint Odon, » & qu'il y avoit aussi ajouté beaucoup de choses qu'il » avoit apprises de la renommée. » C'est ce que dit Carreau, dans son Histoire manuscrite de la Touraine. Besly, *pag.* 295, 302, 493, de son *Histoire des Comtes de Poitou*, rapporte des Fragmens de cette Histoire.

35680. Breve Chronicon Andegavense, ab anno 881, ad annum 1192.

Cette Chronique est imprimée dans Martene, au Tome III. de son *Nouveau Trésor de Pièces anecdotes*, *pag.* 1379. Il y a un vuide de quarante-cinq ans, sçavoir, depuis l'an 1080 jusqu'en 1126 ; ce qui suit est écrit d'une autre main. Le Père Martene a omis de cette Chronique, depuis l'an 1127 jusqu'en 1173, parceque cette partie étoit déja imprimée dans Labbe, au Tom. II. de sa *Nouvelle Bibliothèque des Manuscrits*, *pag.* 275.

35681. Mſ. Chronicon breve, ab anno 678, ad annum 1248, in Monasterio quodam Vindocinensi scriptum, quod multa ad res Andegavenses pertinentia continet.

Cette Chronique [étoit] dans la Bibliothèque de M. Colbert, [& est aujourd'hui dans celle du Roi,] entre les Manuscrits de Du Chesne. Le Père Labbe, *pag.* 5 de sa *Nouvelle Bibliothèque des Manuscrits*, marque ainsi le titre : *Chronicon Andegavense amplissimum quod Vindocinense à nonnullis dicitur, ab anno 678, ad annum 1250, descriptum ex Codice manuscripto ejusdem Abbatiæ*.

☞ C'est, en effet, la même que la Chronique d'Anjou. *Voyez*, ci-devant, (Tome II. *p.* 129) N.° 16553.]

35682. ☞ De la Comté & Duché - Pairie d'Anjou, en 1297 & 1360.

Dans l'*Histoire Généalogique* du Père Simplicien, *tom.* III. 1728, *pag.* 1.

Nouvelle érection, en 1424.

Ibid. pag. 322.]

35683. ☞ Suite Chronologique des Comtes & Ducs d'Anjou ; par D. CLEMENT.

Dans l'*Art de vérifier les Dates*, seconde Edition, *in-fol. pag.* 679. L'Anjou, après avoir été possédé par les Rois d'Angleterre, fut réuni à la Couronne de France, & au commencement de ses Comtes de la Maison Royale, il fut érigé en Duché, l'an 1360.

35684. ☞ Histoire de la Vie & des Ecrits de Foulques Rechin, Comte d'Anjou ; par Antoine RIVET, Bénédictin.

Dans l'*Histoire Littéraire de la France*, *tom.* IX. *pag.* 391-398. Ce Comte est mort en 1109.]

== Descriptio Victoriæ Caroli Regis Siciliæ, Ducis Andegavensis, anno 1621.

== Histoire de Sicile & de Naples de la Maison d'Anjou ; par Nicolas PETRINEAU DES NOULIS.

== Raguagli historici del Vespro Siciliano; nell'anno 1282.

Ces trois Ouvrages sont rapportés ci-devant, [T. II. N.ᵒˢ 25355, 25361 & 25366.]

35685. ☞ Histoire des Rois de Naples de la Maison de France, (ou des deux Maisons d'Anjou ;) par Charles-Philippe de Monthenault D'EGLY : *Paris*, 1741, *in-12.* 4 vol.]

35686. ☞ Histoire du Royaume de Sicile ; (& de Naples ;) par M. DE BURIGNY : *la Haye*, 1745, *in-4.* 2 vol.]

35687. ☞ Chronologie historique des Rois (François) de Sicile & de Naples, de la première & de la seconde Maison d'Anjou.

Dans la seconde Edition de l'*Art de vérifier les Dates* : (*Paris*, Desprez, 1770, *in-fol.*) *pag.* 898.]

35688. Joannis Joviani PONTANI, Regii Scrinii Magistri apud Ferdinandum Regem, Belli quod Ferdinandus Senior, Neapolitanus Rex, contra Joannem Andegavensium Ducem gessit, Historiarum Libri sex : *Florentiæ*, 1520, *Haganoæ*, 1539, *Dordraci*, 1618, *in-8*.

Cette Histoire de Pontanus, mort en 1503, qui commence en 1458, & finit en 1468, est aussi imprimée dans ses *Œuvres* : *Basiliæ*, 1538, *in-fol.*

« Cet Auteur a été mis au nombre des premiers » Historiens, Poëtes & Orateurs de son temps : son style » est très-élégant, mais aussi très-piquant, ce qui lui » attira

Histoires du grand Gouvernement Orléanois.

» attira l'envie & la haine de bien des gens ». War-
» thon, dans ses *Additions à l'Histoire littéraire de
Guillaume Cave*, sous l'année 1400.

35689. Histoire aggrégative des Annales & Chroniques d'Anjou & du Maine, contenant le commencement & origine, avec partie des chevaleureux & martiaux gestes des magnanimes Princes, Consuls, Comtes & Ducs d'Anjou ; recueillie & mise en forme par Jean DE BOURDIGNÉ, Prêtre, Docteur ès Droits ; & depuis revue & additionnée par le Viateur : *Angiers*, de Boingne, 1529 ; *Paris*, Coutereau, 1529, *in-fol.*

Ce n'est qu'une même Edition de Jean de Bourdigné, qui fleurissoit en 1514.

35690. Mf. Sommaire de l'Histoire d'Anjou ; par François BALDUIN, Jurisconsulte : *in-fol.*

Ce Sommaire est conservé dans la Bibliothèque du Roi, num. 9864. Du Chesne, *pag*. 104 de sa *Bibliothèque des Historiens de France*, cite, sous le nom de cet Auteur, un Traité de la grandeur & excellence de la Maison d'Anjou, conservé dans la Bibliothèque du Roi, entre les Manuscrits de du Chesne, num. 2. François Baudouin est mort en 1573.

35691. Mf. Propositions d'erreurs sur les Mémoires d'Anjou de François Balduin.

Ces Propositions sont conservées entre les Manuscrits de M. Dupuy, num. 512.

35692. * Mf. BRUNELLI, Advocati, Historia rerum Andegavensium.

Cette Histoire est citée par Ménage, *pag*. 498 de ses *Remarques sur la Vie de Pierre Ayrault* : *Paris*, 1675, *in-4*.

35693. Histoire sommaire des Comtes & Ducs d'Anjou, de Bourbonnois & d'Auvergne, depuis Geoffroy Grisegonnelle jusqu'en Monseigneur, Fils & Frère de Rois de France ; par Bernard de Girard, Seigneur DU HAILLAN, Secrétaire de Henri, Duc d'Anjou : [*Paris*, 1571, *in-8*.] *Ibid.* [Chevalier,] 1572, *in-4*. *Ibid.* 1573, *in-16*. *Ibid.* 1580, *in-8*.

☞ Ce Monseigneur, Duc d'Anjou, Fils & Frère de Rois de France, est le Prince qui fut depuis Roi sous le nom de Henri III.]

35694. Brief Discours sur l'excellence, grandeur & antiquité du Pays d'Anjou & des Princes qui y ont commandé & en sont sortis ; avec la Généalogie de la Maison de Brie entrée dans celle des Sires de Serrant ; par Pascal DU FAUZ ROBIN, Gentilhomme Angevin : *Paris*, Richard, 1582, *in-8*.

Ce Livre, selon la Croix du Maine, n'est que les préliminaires de son Histoire & Chronique d'Anjou ; avec un Recueil de Généalogies des plus illustres Maisons dudit Pays & autres voisins d'Anjou.

35695. Mf. Recueil des choses plus mémorables advenues au Pays & Duché d'Anjou, depuis l'an 1559 jusqu'en 1584.

Ce Recueil est cité par la Croix du Maine.

35696. Remarques d'Adrien DE VALOIS, Tome III.

Historiographe de France, sur les Comtes d'Anjou.

Ces Remarques sont imprimées *pag*. 143 du *Valesiana* : *Paris*, 1694 ; *in-12*.

35697. Mf. Historia Andegavensis : Auctore Claudio MENARD, Procuratore Andegavensi.

L'Histoire de cet Auteur, qui est mort Prêtre en 1650, est citée par Gilles Ménage, *pag*. 115, 117, &c. de ses *Remarques sur la Vie de Pierre Ayrault* : *Paris*, 1675, *in-4*. Le même, *pag*. 86 de son *Histoire de Sablé*, appelle cet Auteur le Père de l'Histoire d'Anjou, Un titre si glorieux devroit bien engager ceux qui possèdent ce Manuscrit, d'en faire part au public.

☞ On trouve quelque chose sur cette Histoire dans une Lettre du P. le Cointe à M. de Ruffi, qui est à la tête de la seconde Edition de son *Histoire de Marseille* : 1696. « M. Ménard [est] l'un des plus sçavans » hommes de nôtre Siècle, en ce qui concerne l'His- » toire, comme vous avez pu voir par les Ecrits & par » les éloges que lui ont donnés MM. de Sainte-Marthe, » du Chesne, Besly & toutes les meilleures plumes de » notre temps. Il est prêt de mettre sous la presse l'His- » toire d'Anjou en 4 Volumes.]

35698. ☞ Projet de l'Histoire d'Anjou, proposé au Public : *in-4*. de 11 pages.

Il a pour Auteur Nicolas Petrineau DES NOULIS, Président de l'Election d'Angers, & Secrétaire de l'Académie de cette Ville. Il est mort en 1709, après avoir publié en 1707 une Histoire des Rois de Sicile & de Naples, de la Maison d'Anjou, ci-devant, N.° 25361.]

35699. ☞ Mf. Discours historique sur les Maisons Souveraines qui ont gouverné & possédé l'Anjou.

Ce Discours a été lu, le 27 Avril 1754, à l'Académie Royale des Sciences & Belles-Lettres d'Angers ; par M. l'Abbé RANGEARD, l'un de ses Membres.]

35700. ☞ Almanach ou Calendrier d'Anjou, pour 1758, augmenté d'une suite chronologique des Comtes d'Anjou : *Angers*, Jahier, 1758.]

35701. ☞ Recueil des Privilèges de la Ville & Mairie d'Angers ; par M. ROBERT : *Angers*, 1748, *in-4*.]

35702. ☞ Création de la Mairie d'Angers : *Angers*, 1732, *in-4*.]

35703. ☞ Arrêts touchant le rang du Juge & Lieutenant de la Prévôté d'Angers, contre les Conseillers du Présidial : 1628, *in-4*.]

35704. ☞ Lettre de M. DE LA SORINIERE, au sujet de la Ville d'Angers. *Merc*. 1744, Janvier.]

== ☞ Doléances des vrais Catholiques (ou Ligueurs) de la Ville d'Angers, en 1589.

Voyez ci-devant, Tome II. N.° 18998.]

== ☞ Paix faite à Angers l'an 1620, entre le Roi Louis XIII. & sa mère Marie de Médicis.

Ibid. N.° 20884.]

35705. ☞ Discours de divers Prodiges arrivés en la Ville d'Angers : *Paris*, 1609, *in-8*.]

35706. ☞ Procès des véritables Habitans d'Angers contre l'Evêque : 1652, *in-4.*

Il y a apparence que cet Ecrit fut un de ceux qui fut fait au milieu des contestations que l'Evêque d'Angers, (Henri Arnauld,) eut avec les Réguliers de son Diocèse, dont il a été question ci-devant, T. I. N.° 10414 & suivans.]

35707. ☞ Disquisitio novantiqua Amphitheatri Andegavensis Groannii : Auctore Claudio MENARD. [Latinè & Gallicè :] *Andegavi*, 1638, *in-4.*

== ☞ L'Ami des Peuples, ou Mémoire intéressant pour l'Eglise, & pour l'Etat, au sujet de l'administration & des droits des Pasteurs de Province ; avec une Dissertation sur l'antiquité de S. Pierre d'Angers, & des Remarques curieuses sur le Camp de César au canton d'Empyré & de Frémur, &c. par Claude ROBIN, Prêtre & Curé de ladite Paroisse de S. Pierre : *Saumur*, veuve Goux, 1764, *in-12.*

On a déja indiqué cette Brochure, mais moins au long, Tome I. N.° 97.]

== ☞ Rendition de la Ville & du Château de *Saumur*, au Roi Louis XIII. & Voyage de Sa Majesté pour y mettre l'ordre, &c. en 1622.

Voyez ci-devant, Tome II. N.°s 21084 & 21087.]

== ☞ Réduction du Château de Saumur : 1650.

Ibid. N.° 23302.]

== ☞ Prise du *Pont-de-Cé*, & autres Lieux voisins, en 1620.

Ibid. N.°s 20865 & 20866.]

35708. ☞ Du Duché de *Beaupréau*, enregistré l'an 1562.

Dans l'*Histoire Généalogique* du Père Simplicien, tom. V. pag. 599. Cette Pairie est éteinte, & la Terre est aujourd'hui au Duc de Villeroi.]

35709. ☞ De la Duché-Pairie de *Brissac*, en 1611.

Ibid. tom. IV. pag. 310.]

35710. ☞ De la Duché-Pairie de *la Vallière*, (ou *Vaujour*,) érigée en 1667.

Ibid. tom. V. pag. 25.

Nouvelle érection, en 1723.

Ibid. pag. 489.]

35711. ☞ De la Duché-Pairie du *Lude*, érigée en 1675, mais non enregistrée.

Ibid. pag. 916.]

35712. ☞ Mf. Adveu & Dénombrement des Terres de *Vallemer, Launay, la Touche, Myrecul* & *la Vallinière*, en Anjou, rendu à noble Jean Pinet, en 1538, &c. *in-fol.*

Cette Expédition originale, en parchemin, est à la Bibliothèque du Roi, & vient de M. Lancelot.]

§. XI. *Histoires du Poitou.*

— Mémoires sur l'origine des Poitevins, [attribués à] Jean DE LA HAYE.

Voyez ci-après, aux *Histoires de Guyenne*.

35713. ☞ Traité de la nature des Marches séparantes les Provinces de Poitou, Bretagne & Anjou ; par Gabriel HULLIN : *Paris*, 1616, *in-8.*]

== ☞ Conjectures sur l'origine du nom de *Pictones, Pictavi, Pictavienses, Pictavenses, Pictavini, Picti*, & en François *Poitevins* ; par M. DREUX DU RADIER.

On a déja indiqué cette Pièce, Tome I. N.° 330.]

== ☞ Lettre sur l'étymologie du nom de Poitevins ; par Louis BOTTU.

Voyez ci-devant, Tome I. N.° 331.]

35714. ☞ Lettre de M. DREUX DU RADIER, sur l'origine des Langues Espagnoles & Italiennes, ou Essai sur le langage Poitevin. *Mercure*, 1758, *Février.*] *fi. 113 Journal de Verdun.*

35715. ☞ Fragmenta Chronicorum Comitum Pictaviæ, Ducum Aquitaniæ : Auctore, ut videtur, Monacho sancti Maxentii.

Ces Fragmens se trouvent dans la *Collectio veterum scriptorum*, de DD. Martenne & Durand, tom. V. pag. 1147.]

35716. ☞ Chronologie historique des Comtes de Poitiers, (depuis) Ducs de Guyenne, ou d'Aquitaine (Occidentale.)

Dans la seconde Edition de l'*Art de vérifier les Dates* : (*Paris*, Desprez, 1770, *in-fol.*) pag. 710.]

35717. Vita sancti Guillelmi, Confessoris, Comitis Pictavorum & Eremitæ : Auctore THEOBALDO, Episcopo.

Cette Vie de saint Guillaume, mort en 1137, est imprimée dans le *Recueil des Vies des Saints* de Surius, au 10 de Février ; & avec un long Commentaire de Godefroy Henschénius, dans le *Recueil de Bollandus*, au même jour. C'est la Vie de S. Guillaume, Ermite de Maleval, que Thibault, qui est mort en 1161, a eu dessein d'écrire. Henschenius, qui la trouve mauvaise par-tout, estime que la seconde partie l'est moins que la première, qui regarde plutôt Guillaume, Duc de Guyenne, que le Saint Ermite de Maleval. C'est aussi le jugement d'Adrien Bailler.

Mf. La même, translatée du Latin par Geoffroy Desnez, en 1316 : *in-fol.*

Cette Version [étoit] dans la Bibliothèque de M. Colbert, num. 4740, [& est aujourd'hui dans celle du Roi.]

35718. Vita ejusdem : Auctore ALBERTO, ejus Discipulo.

Cette Vie est dans le Recueil de Bollandus, au même jour.

Eadem, cum explanatione uberiori ; per Guillelmum DE VAHA, Societatis Jesu : *Leodii*, 1633, *in-12.*

35719. ☞ La Penitenza triomphante nella vita di san Guillelmo Eremita, Duca d'Ac-

Histoires du grand Gouvernement Orléanois.

quitama, è Conte di Poitier : Autore R. Joachimo a Monte Falisco Capucino Provinciæ Romanæ : *Romæ*, 1700, *in-*4.]

35720. ☞ De veritate Vitæ & Ordinis divi Guillelmi quondam Aquitanorum & Pictonum Principis, Fr. Samsonis Haji, Guillelmitæ Liber, ad Patres Guillelmitas: *in-*8.

☞ Mſ. L'Histoire dévote de la Vie & très-austère pénitence de très-noble, très-puissant & très-vertueux Prince, M. S. Guillaume, jadis Duc d'Acquitaine & Comte de Poitou; par Fr. Sanson de la Haye : *in-*4.

Elle se trouve au Catalogue de Cangé, *pag*. 374. C'est probablement la Traduction ou l'Original.]

35721. Histoire de la Vie du même; composée en Italien par Guillaume Cavalcanti, traduite en François par Roger Girard, Religieux Augustin : *Paris*, 1606, *in-*12.

L'Original a été imprimé à Florence en 1605.

35722. Vie du même ; par François Giry, Minime.

Dans son *Recueil des Vies des Saints*, au 10 de Février.

35723. Vie du même ; par Adrien Baillet.

Dans son *Recueil des Vies des Saints*, au même jour.

35724. Histoire des Comtes de Poitou & des Ducs de Guyenne, contenant ce qui s'est passé de plus mémorable en France, depuis l'an 811 jusqu'au Roi Louis-le-Jeune, vérifiée par Titres & anciennes Histoires : ensemble divers Traités historiques ; par Jean Besly, Avocat au Siège de Fontenay-le-Comte : *Paris*, Bertault, 1647, *in-fol.*

Cet Auteur est mort en [1644.] Son Histoire a été imprimée par les soins de son fils, après avoir été revue par Pierre Dupuy, comme il est marqué dans la Préface. Besly est un Historien exact, profond & judicieux ; il a composé son Histoire sur des Titres anciens & examinés avec soin, & y a travaillé pendant quarante ans. Colomiers dit, *pag*. 181 de sa *Bibliothèque choisie*, qu'il étoit extraordinairement versé dans les Antiquités de France, & que cette grande connoissance de nos Antiquités, éclate principalement dans son *Histoire des Comtes de Poitou.*

☞ On trouve à la tête = Joan. Besly Elogium : Auctore Nicolao Maquino.

Et à la suite = Preuves de l'Histoire des Comtes de Poitou & Ducs de Guyenne, tirées des Chartes de diverses Eglises & Monastères, Titres, Histoires & Chronologies, tant imprimées que non imprimées ; avec des Observations sur aucuns de ces Titres.

On trouve à la fin :

= Ducs de Guyenne, sous la première Lignée des Rois de France, avec les Preuves.

= Rois de Guyenne, depuis l'an 778.

= Du Duc Hugues, dit *l'Abbé*, fils de Charlemagne.

= La vraie Origine de Hugues, Roi d'Italie, contre Gaspard Scioppius.

= Traité par lequel il est prouvé de quelle Lorraine Charles, fils du Roi Louis d'Outremer, étoit Duc.

= De Philippe I. Roi de France, & de son Mariage avec Bertrade de Montfort ; comme il fut excommunié pour adultère, & absous avec conditions.

Tome III.

= Deux Traités de la Clause *Regnante Christo*, qui se trouve en date de plusieurs Titres, avec les Preuves.

= Remarques sur les Mémoires & Recherches de la France & de la Gaule Aquitanique, qu'on attribue faussement au Sieur de la Haye.

= Extrait d'une Lettre à M. Dupuy du Fau, du 25 Juillet, 1632, sur le mot de *Podium Fagi*.

Voyez sur cet Ouvrage, Lenglet, *Méth. hiſtor. in-*4. *tom*. IV. *pag*. 114. = *Bibl. Harley. tom*.II. *pag*. 544. = *Bibl.* de Clément, *tom*. III. *pag*. 244. = *Bibl.* de Colomiés, *pag*. 250. = Le P. Niceron, *tom*. XLI. *pag*.219. = *Bibl. hiſt. du Poitou, tom*. III. *pag*.433.]

35725. Mſ. Preuves de cette Histoire recueillies par le même : *in-fol.* 2 vol.

Ces Preuves sont conservées dans la Bibliothèque du Roi, num. 9610-9611.

☞ Il en est parlé dans les *Origines de la Langue Françoiſe*, par Ménage, *pag*. 314, 381 & 660.]

35726. L'Histoire du Poitou & de ses Dépendances ; par Jacques Barrault.

Cette Histoire est imprimée dans la Préface de ses *Annotations sur la Coutume de Poitou* : *Poitiers*, 1625, *in-*4.

== Histoire de la Province de Poitou ; par Armand Maichin.

☞ C'est une portion de son *Histoire de Saintonge*, &c. que l'on trouvera ci-après, parmi celles de Guyenne.]

35727. ☞ De la Comté-Pairie de Poitou, en 1297, 1315, 1357 & 1369, avec les Pièces qui la concernent.

Dans *l'Histoire Généalogique* du Père Simplicien, *tom*. III. *pag*. 61, & 233.]

== ☞ Relation des choses advenues en Poitou, en 1588 & 1589.

Voyez ci-devant, Tome II. N.º 18964.]

== ☞ Relation de ce qui s'est passé en Poitou, l'an 1651.

Ibid. N.ᵒˢ 23349 & 23412.]

35728. Mſ. Mémoire concernant l'Etat de Poitou, sçavoir l'Etat Ecclésiastique, le Gouvernement Militaire de la Généralité de Poitou : Mémoire touchant le fait de la Justice de Poitou : dressé par (Charles) Colbert, Marquis de Croissy, suivant l'ordre du Roi : *in-fol.*

Ce Mémoire [étoit] num. 165 de la Bibliothèque de M. Colbert de Croissy, Evêque de Montpellier, [mort en 1738.]

35729. ☞ Lettre de M. Dreux du Radier, sur un ancien Edifice Romain découvert à Poitiers, & sur l'Inscription *Cl. Mareuilla*, &c. *Journ. de Verdun*, 1750, Décembre.

Réflexions du même à ce sujet, & Lettre de M. l'Abbé Lebeuf, avec des Notes de M. Dreux du Radier. *Ibid*. 1751, Janvier.

Observations sur le même sujet. *Ibid*. 1751, Mai.

Nouvelle Lettre de M. Dreux du Radier. *Ibid*. 1752, Février.]

428   Liv. IV. *Histoire Civile de France.*

☞ Recherches fur la manière d'inhumer les Anciens, à l'occasion des Tombeaux de *Civaux* en Poitou.

Voyez ci-devant, Tome I. N.ᵒˢ 3820, 3821, 3822 & 3823.]

35730. La Louange de la Ville de *Poitiers*; par Scévole DE SAINTE-MARTHE : *Poitiers*, 1573, *in*-8.

Cet Auteur est mort en 1623.

35731. ☞ Louange de la Ville de Poitiers; par Jean BOUCHET : *Poitiers*, 1527, *in*-4.]

== Urbis Pictaviensis Tumultus, anno 1562; auctore Joanne BROUCHORSTIO.

Voyez ci-devant, Tome II. N.º 17897.]

== Le Siège de Poitiers, en 1569; par Martin LIBERGE, [LA HAYE, & autres.]

Ibid. Nᵒˢ [18065 & *suiv.*]

== ☞ Mouvemens à Poitiers, en 1614.

Ibid. N.ᵒˢ 20128 & *suiv.*]

== ☞ Arrivée de Louis XIII. à Poitiers, & de ce qui s'y est passé pendant son séjour.

Ibid. N.º 23150.]

35732. ☞ Procès-verbal de la Révolte faite par MM. de Poitiers à leur Gouverneur, M. de Rohannès, & autres Pièces concernant Poitiers : 1614, *in*-8.]

35733. ☞ Relation de ce qui s'est passé à l'érection de la Statue de Louis XIV. dans Poitiers, le 25 Août 1668 : *Poitiers*, *in*·4.]

== ☞ Relation de ce qui s'est passé à Poitiers, lors de l'érection de la Statue du Roi, en 1687.

Voyez ci-devant, Tome II. N.º 24236.]

35734. ☞ Privilèges accordés à la Ville de Poitiers : ensemble l'Ordre des Maires de ladite Ville.

Ces deux Pièces font imprimées à la suite des *Privilèges de la Ville de Bourges*, &c. par Jean CHENU, Partie II. *pag.* 482.]

35735. ☞ Recueil de Déclarations du Roi & Arrêts sur les Grands-Jours de Poitiers, en 1634 : *Poitiers*, 1634, *in*-4.]

35736. Traité de l'Université de Poitiers. Titres des Eglises de Sainte-Radegonde, Sainte-Croix, Saint-Hilaire & de Saint-Pierre de Poitiers : Intendans de la Ville de Poitiers : Séances des Grands-Jours de Poitiers, en 1634. Liste des Officiers du Siège Présidial de Poitiers jusqu'en 1644. Preuves historiques des Litanies de Sainte-Radegonde, &c. par Jean FILLEAU, Avocat au Siège Présidial de Poitiers : *Poitiers*, Mounin, 1644, *in*-4.

L'Auteur est mort en 1682.

35737. ☞ Arrêt du Conseil, pour la préséance des Marchands qui exercent ou qui ont exercé les Charges de Juges & de Consuls à Poitiers, sur les Procureurs au Bailliage de cette Ville : *Poitiers*, 1761, *in*-4.]

== ☞ Prise de *Fontenai-le-Comte* sur les Huguenots, en 1574.

Voyez ci-devant, Tome II. N.º 18317.]

== ☞ Siège de *la Garnache* & de *Montaigu*, en Poitou, l'an 1588.

Ibid. N.ᵒˢ 18790 & 18791.]

35738. ☞ De la Duché-Pairie de *Noirmoustier*, érigée en 1650 & 1657, mais non enregistrée.

Dans l'*Histoire Généalogique* du Père Simplicien, tom. *V*. *pag.* 866.]

== Antiquitates Urbis *Lucionensis*; per Joannem BOUNIN.

Voyez ci-devant, [Tome I. N.º 5503.]

35739. Trésor des Titres justificatifs des Privilèges [& Immunités, Droits & Revenus] de la Ville de *Nyort*; [ensemble, la Liste de ceux qui ont été Maires de ladite Ville, & celle des Maire, Echevins & Pairs d'à présent. Le tout recherché & imprimé] par les soins de Maistre Christophle AUGIER, [Sieur de la Terraudière, Advocat en la Cour, à présent] Maire, [Capitaine & l'un des Eschevins] de ladite Ville de Nyort : *Nyort*, Faultré, 1675, *in*-12.

☞ On peut voir sur cet Ouvrage & sur son Auteur, la *Bibliothèque historique du Poitou*, par M. DREUX du Radier, *tom. IV. pag.* 135.]

== ☞ Cruautés des Hérétiques (Calvinistes,) à Nyort.

Voyez ci-devant, Tome II. N.º 18999.]

35740. ☞ Des anciens Seigneurs de *Lezignem* ou *Lusignan*.

Dans l'*Histoire Généalogique* du Père Simplicien, tom. *III*. *pag.* 75.]

== ☞ Du Siège de *Lusignan*, en 1574.

Voyez ci-devant, Tome II. N.ᵒˢ 18226, 18323 & 18324.]

35741. ☞ De la Duché-Pairie de *Montbason*, érigée en 1588 & 1594.

Dans l'*Histoire Généalogique* du Père Simplicien; tom. *III*. *pag.* 920, & tom. *IV*. *pag.* 45.]

35742. ☞ De la Duché-Pairie de la *Meilleraye*, érigée en 1663.

Dans l'*Histoire Généalogique* du Père Simplicien, tom. *IV*. *pag.* 619. Cette Pairie est éteinte, & la Terre est aujourd'hui dans la Maison d'Aumont.]

35743. ☞ Des anciens Vicomtes de *Thouars*, & de sa Duché-Pairie, érigée en 1599.

Dans l'*Histoire Généalogique* du Père Simplicien, tom. *IV*. *pag.* 145 & *suiv.* Cette ancienne Vicomté est possédée par la Famille de la Trémoille, en faveur de laquelle le Roi l'a érigée en Duché.]

35744. De la Ville & Château de *Loudun*, du Pays de Loudunois, & des Habitans de la Ville & du Pays; par François LE PROUST, Sieur de Ronday, Avocat au Parlement.

Ce Discours est imprimé au-devant des *Commentai-*

res de Pierre le Prouſt, Sieur de Beaulieu, frère de l'Auteur, ſur la *Coutume du Loudunois* : *Saumur*, Porteau, 1612, *in-4*.

☞ On peut voir ſur ce petit Ouvrage & ſon Auteur, la *Bibliotheque hiſtorique de Poitou*, tom. III. p. 39.]

== ☞ De ce qui ſe paſſa à *Loudun*, en 1616, &c.

Voyez ci-devant, Tome II. N.os 20856 & *ſuiv*.]

35745. ☞ Du Duché de Loudun, enregiſtré l'an 1579.

Dans l'*Hiſtoire Généalogique* du Père Simplicien, tom. V. pag. 627.]

35746. ☞ Du Duché-Pairie de *Richelieu*, en 1631.

Dans le même Ouvrage, tom. IV. pag. 353.]

35747. ☞ Privilèges, Exemptions & Franchiſes accordées par le Roi aux Habitans de la Ville de Richelieu : *Paris*, Cramoiſy, 1633, *in-4*.

35748. Le Château de Richelieu; par VIGNIER : *Saumur*, Deſbordes, 1676, *in-8*.

☞ Le véritable titre, au moins dans la troiſième Edition, eſt :

Le Château de Richelieu, ou l'Hiſtoire des Dieux & des Héros de l'Antiquité, avec des Réflexions morales : Troiſième Edition : *Saumur*, 1684, *in-8*.

Cet Ouvrage eſt en Vers.]

35749. ☞ De la Duché-Pairie de *Châtellerault*, érigée en 1514.

Dans l'*Hiſtoire Généalogique* du Père Simplicien, tom. III. pag. 469.

Du Duché (ſimple) de Châtellerault, enregiſtré les années 1548 & 1563.

Dans le même Ouvrage, tom. V. pag. 586 & 602.]

35750. ☞ De la Duché-Pairie de *Mortemart*, érigée en 1650 & enregiſtrée en 1663.

Dans l'*Hiſtoire Généalogique* du Père Simplicien, tom. IV. pag. 645. Cette Pairie eſt dans la Maiſon de Rochechouart.]

§. XII. *Hiſtoires de l'Aunis.*

— Hiſtoire d'Aunis & d'Angoumois ; par Armand MAICHIN.

Voyez ci-après, aux *Hiſt. de Guyenne*.

35751. ☞ Mſ. Hiſtoire de la Rochelle ; par BAUDOUIN : *in-fol*. 2 vol.

L'Original eſt dans la Bibliothèque des Pères de l'Oratoire de cette Ville. Le Tome I. commence à l'an 1190, & finit en 1449 incluſivement, & le II. continue juſqu'en 1589.]

35752. Mſ. Hiſtoire de la Rochelle, [ou plutôt] Inventaire des Titres, Chartres & Privilèges d'icelle & du Pays d'Aunis, depuis l'établiſſement du Corps de Ville, avec les illuſtres Maiſons qui ont tiré leur origine de la Mairie de ladite Ville ; par Amos BARBOT : *in-fol*. 2 vol.

Cette Hiſtoire, &c. [étoit] dans la Bibliothèque de M. Colbert, num. 379, 380, [& eſt aujourd'hui dans celle du Roi ; & il y en a un Extrait] dans la Bibliothèque de la Maiſon de l'Oratoire de la rue Saint-Honoré.

☞ « Le Manuſcrit d'Amos Barbot, Rochellois, » Baillif du Grand-Fief d'Aulnis, eſt un Inventaire des » Titres & Papiers de la Ville de la Rochelle, dreſſé » ſelon l'ordre Chronologique, auquel l'Auteur a fau-» ſilé des Evénemens particuliers qu'il a tirés des Ar-» chives, & quelques faits qu'il a pris dans Nicole Gilles » & dans Belleforeſt.

« Il n'eſt pas poſſible que cet Ouvrage ait été com-» poſé en 1574, comme le [diſoit] le Père le Long, » puiſque l'Auteur, qui étoit Avocat en 1589, n'avoit » pas alors l'âge requis pour être Juge. Il paroît même » par ce qu'il avance *pag*. 32 de ſon *Inventaire*, qu'il » ne l'a compoſé qu'après l'an 1613. D'ailleurs, le ti-» tre, tel qu'il eſt rapporté par le Père le Long, n'eſt » pas exactement conforme à l'Autographe, dans le-» quel on lit ce qui ſuit : *Inventaire des Titres, Chartes* » *& Privilèges de la Rochelle & du Pays d'Aulnis, de*-» *puis l'Etabliſſemen du Corps de Ville*, *avec les il-*» *luſtres Maiſons qui ont tiré leur origine de la Mairie* » *de la Rochelle*, *juſqu'en* 1574. On ne trouve pas » dans ce titre, les mots ſuivans : *Hiſtoire de la Ro*-» *chelle faite en* 1574.

« L'Original de ce Manuſcrit a été donné à la Bi-» bliothèque de l'Abbaye de S. Germain des Près, » par M. de Coiſlin, Evêque de Metz, avec ſes au-» tres Manuſcrits. L'Exemplaire de M. Colbert, qui a » paſſé à la Bibliothèque du Roi, n'eſt qu'une Copie. » Il y en a un troiſième dans la Maiſon de l'Oratoire » de la Rochelle, qui a été copié ſur le ſecond & col-» lationné ſur l'Original. Quant à celui qui eſt dans la » Bibliothèque de l'Oratoire de Paris, ce n'eſt qu'un » Extrait informe ». *Hiſtoire de la Rochelle* du Père Arcère, tom. I. Note 1, pag. 569, & ſur Barbot, tom. II. pag. 366.]

35753. Diſcours ſur l'Etat de la Ville de la Rochelle, & touchant ſes Privilèges : *Paris*, 1626, *in-4*.

35754. Diſcours au Roi ſur la naiſſance, ancien eſtat, progrez & accroiſſement de la Ville de la Rochelle, pour monſtrer que ladicte Ville eſt naturellement ſoumiſe à la Souveraineté du Royaume ; [que la propriété d'icelle & tous droits qui en dépendent appartiennent aux Rois à titre légitime ; & que les prérogatives & privilèges accordez aux Habitans, ſont conceſſions gratuites & bienfaits ; pour en outre convaincre de menſonge] le Maniſeſte publié ſous le nom de la Rochelle, [en ce qu'il ſuppoſe le Roi Louis XI. avoir par ſerment confirmé leſdits Privilèges, & à genoux devant le Maire de la Rochelle :] *Paris*, Richer, 1629, *in-8*. [de 160 pages.]

Ce Diſcours d'Auguſte GALLAND, eſt auſſi imprimé à la fin du tom. XIII. du *Mercure François*.

☞ On peut voir encore au *Mercure François*, tom. XI. pag. 311, un « Diſcours ſur l'origine & Pri-» vilèges de la Rochelle, ſervant de Réponſe au Mani-» feſte de M. de Soubiſe, en 1625.]

35755. ☞ Mſ. Annales de Raphaël COLLIN, Conſeiller au Préſidial de la Rochelle, depuis l'an 1560 juſqu'en 1643 : *in-4*.

M. Arcère en parle *pag*. 378 de ſon *Hiſtoire de la Rochelle*, ci-après. Ces Annales ſont en Original à la Rochelle, chez les Héritiers de M. Maudet ; & il y en a une Copie dans la Bibliothèque des PP. de l'Oratoire de la même Ville.

Mſ. Continuation deſdites Annales ; par MM. MAUDET, père & fils.

[Le premier a été juſqu'en 1707, & le ſecond juſqu'en 1718. Leurs Manuſcrits ſont conſervés avec les Annales dont elles ſont la Suite.]

35756. ☞ Premier Diſcours brief & véritable de ce qui s'eſt paſſé en la Ville & Gouvernement de la Rochelle, depuis l'an 1567 juſqu'en l'année 1568 : imprimé nouvellement, 1575.

Second Diſcours...... depuis l'année 1568 juſqu'en 1570 : imprimé nouvellement, 1575.

[Ces deux Relations ſont ſans nom d'Auteur ni d'Imprimeur, ni de Ville, & les pages ne ſont pas numérotées. M. Arcère a prouvé qu'elles ſont du Sieur LA HAIZE, Avocat de la Rochelle.]

35757. ☞ Mſ. Journal ou Recueil chronologique des Evénemens mémorables qui ſe ſont paſſés à la Rochelle, & dont l'Auteur, (Jacques MERLIN, Miniſtre de cette Ville,) a été témoin : *in-fol.*

[Le véritable titre de cet Ouvrage, qui eſt conſervé dans la Bibliothèque de l'Oratoire de la Rochelle, eſt : » Diaire (ou Journal) qui commence en l'an 1607.... » Ce Diaire, comprend ce qui s'eſt paſſé de mémora- » ble, *Eccleſiaſtica, Politica, Œconomica*, & toutes » choſes par ordre conſécutif, le temps & le loiſir ne » me permettant pas d'y apporter plus de diſtinction ». Ce Journal finit au 20 Juillet 1630 α. Il m'a été fort » utile pour mon Hiſtoire : les Evénemens locaux y » ſont bien détaillés. Le Miniſtre Merlin jouit d'une » grande réputation ». *M. Arcère*.]

== Hiſtoire du Siège de la Rochelle, en 1573.

Voyez ci-devant, [Tome II. N.ᵒˢ 18105 & *ſuiv.*]

== ☞ Ce qui s'eſt paſſé à la Rochelle, le 11 Janvier 1613.

Ibid. N.ᵒˢ 10106.]

== ☞ Attaques & Siège de la Rochelle, en 1621.

Ibid. N.ᵒˢ 21014, 21017 & *ſuiv.* 21099, 21101, 21112.]

35758. ☞ Les auguſtes & fidèles Amours du haut & puiſſant Cavalier le Fort-Louis, filleul du Roi, avec la belle, riche & noble Rochelle ; enſemble les Articles portant convention de mariage : *Fontenay*, Petitjean, 1625, *in-12.* de 113 pages.

Suite des Amours du brave Cavalier le Fort-Louis, & de la belle Dame Rochelle : *Nyort*, 1628, *in-12.* de 252 pages.

[Ces deux Ouvrages ſont une Allégorie hiſtorique des troubles occaſionnés à la Rochelle au ſujet du Fort-Louis, bâti par Pierre Arnaud, & dont les Rochellois demandoient la démolition à Louis XIII.]

== Hiſtoire du Siège de la Rochelle, en 1628.

Voyez ci-devant, [Tome II. N.ᵒ 21450 & *ſuiv.* où l'on trouve quantité de petites Pièces qui le concernent.]

35759. ☞ Pauli THOMÆ, Engoliſmenſis,

Rupellaidos ſive de rebus geſtis Ludovici XIII. Libri VI. *Pariſiis*, Morel, 1630, *in-4.*

[Thomas étoit Conſeiller au Siège Préſidial d'Angoulême.]

35760. ☞ Mſ. Collections hiſtoriques concernant la Ville de la Rochelle ; par Pierre MERVAULT.

[Il y en a une copie en deux volumes *in-fol.* dans la Bibliothèque de l'Oratoire de la Rochelle ; c'eſt le même dont on a une *Relation du Siège* de cette Ville en 1628, imprimée pluſieurs fois.]

35761. Abrégé hiſtorique & chronologique de la Ville de la Rochelle ; par J. B. B.

[Cet Abrégé eſt imprimé à la fin du Livre intitulé : *De la Colique bilieuſe du Poitou : la Rochelle*, Gouy, 1673, *in-8.* Les lettres initiales ſignifient Jean BOUCHER-BEAUVAL.]

35762. ☞ Diſcours ſur la Ville de la Rochelle : 1728, *in-4.*]

== Surpriſes & repriſes de *Marans*, depuis 1585 juſqu'en 1588.

Voyez ci-devant, [Tome II. N.ᵒ 18639 & 18704.]

== Tranſlation faite à Marans, du Siège Préſidial & autres Juriſdictions de la Rochelle révoltée, en 1621.

Ibid. [N.ᵒ 21012.]

== Priſe de l'Iſle de *Ré*, & ſa repriſe ſubite par les Rochellois, en 1574.

Ibid. [N.ᵒ 18314.]

== Expéditions dans l'Iſle de Ré, en 1622, 1625 & 1628.

Ibid. [N.ᵒˢ 21116, 21313, 21451 & 21465.]

35763. ☞ Hiſtoire de la Ville de la Rochelle & du Pays d'Aunis, compoſée d'après les Auteurs & les Titres originaux, enrichie de divers Plans ; par M. (Louis-Etienne) ARCÈRE, de l'Oratoire, & de l'Académie Royale des Belles-Lettres de cette Ville : *La Rochelle*, 1756 & 1757, *in-4.* 2 vol.

[Le Tome I. contient, = la Préface, les Sommaires & une Table des Auteurs cités. = Une très-belle Carte du Pays d'Aulnis & des Iſles de Ré & d'Oléron, levée par M. Claude MASSE, Ingénieur ordinaire du Roi, mort à Mézières en 1737, gravée en 1756, (par les ſoins de M. Buache, premier Géographe du Roi.) = Diſcours préliminaire ſur le Pays d'Aulnis. = Deſcription chorographique de ce Pays. = Hiſtoire de la Rochelle & Pays d'Aulnis, depuis l'an 1010 juſqu'en 1574. = Plan de cette Ville dans l'état où elle étoit en 1573. = Notes ſur cette Hiſtoire. = Table Géographique & Table des Matières de ce premier Volume.

Le Tome II. contient, = Table des Auteurs cités. = Suite de l'Hiſtoire, depuis 1575 juſqu'en 1685. = Journal hiſtorique depuis 1670 juſqu'en 1757. = Notice ou Abrégé des Vies de quelques Hommes illuſtres, particulièrement dans la République des Lettres. = Réflexions ſur le commerce de la Rochelle. = Détail hiſtorique des Etabliſſemens Eccléſiaſtiques, Chapitres, Egliſes, Hôpitaux, &c. des Etabliſſemens ſéculiers, Maires, Echevins, Officiers de Juſtice, Police & Finances, Académies, Edifices publics. = Notes relatives à l'Hiſtoire de cette Ville. = Pièces ſervant de preuves aux deux Volumes. = Catalogue des noms anciens des Lieux du

Histoires du grand Gouvernement Orléanois.

Pays d'Aulnis. = Deux Plans de la Rochelle, l'un relatif au Siége de cette Ville en 1628 : l'autre en 1758. = Additions, Corrections & Tables.

On peut voir sur cette Histoire, les *Mém. de Trevoux*, 1757 *Mai*, & 1760 *Septembre*.]

35763. ☞ Tentative des Anglois sur la Côte de l'Aulnis, en 1757; par M. Arcère de la Rochelle.

Voyez ci-devant, Tome II. N.° 24762.]

35764. ☞ Mf. Observations sur quelques points d'Histoire, de Géographie & d'antiquité concernant la Ville de la Rochelle; par M. Arcère, de l'Académie des Belles-Lettres de la Rochelle.

Ces Observations, lues à la Séance publique de l'Académie, le 8 Mai 1765, sont dans les Registres de cette Académie. On en trouve un Extrait, *Mercure*, 1765, *Juillet*, *pag.* 125.]

35765. ☞ Déclaration du Roi servant de Réglement pour l'Hôtel de Ville de la Rochelle, du 5 Février 1718 : *Paris*, Muguet, 1718; *la Rochelle*, Mesnier, *in-4*.]

35766. ☞ Défense de la Noblesse des Maires & Echevins de la Ville de la Rochelle, contre les prétentions & le Libelle ou Factum de Thomas Bousseau, sur le Droit de Commune, Mairie & Echevinage de la même Ville ; (par Gabriel Bernardeau, Avocat à la Rochelle :) 1663, *in-4*.]

35767. ☞ Raisons & Moyens des Habitans Catholiques de la Ville de la Rochelle, contre l'Arrêt surpris au Conseil par les Habitans faisant profession de la Religion Prétendue-Réformée, le 19 Janvier 1650 : *in-4*.]

35768. ☞ Arrêt du Conseil du 14 Janvier 1698, pour l'acceptation des offres faites par Jean Guerain, pour l'acquisition des Offices de Jurés-Priseurs, &c. créés par Edit du mois d'Octobre 1696, & de ceux des Contrôleurs des Bans de Mariage, créés par autre Edit de Septembre dernier, des Généralités de Limoges & de la Rochelle : *in-4*.]

35769. ☞ Déclaration du Roi obtenue par Maître Nicolas Baudouyn, Juge ordinaire, Prévôt & Chastellain de la Ville, Banlieue & Chastellenie de la Rochelle ; portant attribution des causes civiles à lui appartenant en premiere instance, & dont les Maire & Eschevins de ladite Ville prétendoient de connoître : *Poictiers*, Blanchet, 1596, *in-12*. de 34 pages.

C'est une Collection de divers Actes émanés du Roi & du Parlement, au sujet des débats que l'Edit de Moulins avoit occasionnés entre le Juge ordinaire, le Corps de Ville & le Présidial nouvellement établi.]

35770. ☞ Mf. Copie de Lettres concernant les affaires de la Rochelle, pour l'année 1611.

Ce Manuscrit se trouve dans la Bibliothèque des Pères de l'Oratoire de cette Ville.]

35771. ☞ Mf. Cayer des affaires qui se font faites en la Maison commune de cette Ville de la Rochelle, en la Mairie d'André Toupet, commencée le Vendredi 19 Avril 1614.

Dans la même Bibliothèque.]

35772. ☞ Ordonnance de M. Colbert de Brion, Intendant de la Justice en Brouage, Aunix, Ville & Gouvernement de la Rochelle, pour l'exécution de la Déclaration du feu Roi, du mois de Novembre 1628, faite sur la réduction de la Ville en son obéissance : *la Rochelle*, Blanchet, 1661, *in-12*. de 24 pages.]

35773. ☞ Arrêt du Conseil d'Etat du Roi, portant Réglement pour l'établissement d'une Chambre de Commerce dans la Ville de la Rochelle ; du 15 Juillet 1719 : *la Rochelle*, Mesnier, 1728, *in-4*. de 9 pag.]

35774. ☞ Edit pour un Juge & douze Consuls des Marchands établis en la Ville de la Rochelle ; avec Réglement pour ce qui concerne les Greffiers, Sergens & autres de ladite Election : *la Rochelle*, Mesnier, 1725.

Cet Edit est de Charles IX. & fut donné à Châteaubriant, en Novembre 1565.]

35775. Mf. Privilèges accordés aux Maires, Echevins, Conseillers, Pairs & Habitans de la Ville de la Rochelle. Ensemble plusieurs Déclarations & Mémoires concernant la forme du Gouvernement de ladite Ville. Titres touchant l'Isle de Ré : *in-fol.* 2 vol.

Ces Privilèges sont conservés entre les Manuscrits de M. Dupuy, num. 147, 148, & entre ceux de M. de Brienne, num. 317, 318, [dans la Bibliothèque du Roi.]

35776. ☞ Mf. Livre de la Poterne ou de Conain : *in-fol.*

L'Original est à la Rochelle, chez les Héritiers de M. Moreau, Secrétaire de la Ville, & il y en a une Copie dans la Bibliothèque de l'Oratoire de la Rochelle. Ce Manuscrit finit en 1604. Il contient les Pièces suivantes : 1. Du Corps & Collège de la Maison de Ville de la Rochelle, par M. Bruneau, Conseiller au Présidial. 2. La Liste des Maires. 3. L'Histoire abrégée de la Ville, par M. Masse. 4. Antiquité des Fontaines de la Rochelle.]

35777. ☞ Mf. Privilèges de la Rochelle : *in-fol.*

Ce Manuscrit qui est conservé dans la Bibliothèque des PP. de l'Oratoire de cette Ville, commence ainsi : « Ce » Papier des Privilèges a été fait par Joel de Laur- » riere, Pair de la Rochelle, pendant les Députa- » tions, & y est compris divers Arrêts, partie obte- » nus en faveur des Bourgeois, à l'encontre des Malco- » tiers & mal affectionnés à la patrie ». C'est une Collection faite vers 1610, d'après les titres de la Ville.]

35778. ☞ Mf. Mémoire pour la Ville de la Rochelle, servant de Réponse à celui de Saint-Malo, au sujet de la franchise de son Port; par M. J. B. Gastumeau, Procureur

432 Liv. IV. *Histoire Civile de France.*

du Roi aux Traites, Secrétaire perpétuel de l'Académie de la Rochelle : *in*-4.

Voyez l'*Histoire de la Rochelle*, par M. Arcère, tom. II. pag. 432.]

35779. ☞ Réponse des Rochellois au Discours véritable de ce qui s'est passé à Rochefort & Surgères : 1616.

Elle est imprimée au tom. IV. du *Mercure François*. C'est un simple narré de tout le différend de M. d'Epernon avec les Rochellois, au sujet des Châteaux de ces deux Places ; il fut terminé par le commandement réitéré du Roi ; M. d'Epernon quitta Surgères, & Rochefort fut démoli.]

35780. ☞ Almanach des Armateurs de la Rochelle, ou Etrennes Rochelloises, pour l'an de Grace 1764, 1765, &c. *in*-24.]

35781. ☞ Histoire de *Rochefort*, contenant l'établissement de cette Ville, de son Port & Arsenal de Marine, & les Antiquités de son Château ; (par le P. Théodore de Blois, Capucin :) *Blois* & *Paris*, 1733, *in*-4. Nouvelle Edition : *Paris*, Briasson, 1757, *in*-4.

Voyez Lenglet, *Supplément*, pag. 175. = *Journal des Sçav. Mars*, 1734. = *Journal historique*, Septemb. 1733. = *Mém. de Trévoux*, Juillet, Octobre, 1733.]

35782. ☞ Déclaration du Roi pour l'établissement d'un Hôtel de Ville à Rochefort, du 5 Mars 1718 : *Paris*, Muguet, 1718, *in*-4.]

35783. Ms. Inventaire des Titres & Privilèges de *l'Isle de Ré*, accordés en faveur des Habitans de ladite Isle, par nos Rois prédécesseurs, jusqu'au Règne de Louis XV. heureusement régnant : *la Rochelle*, Mesnier, 1728, *in*-4. de 59 pages.]

§. XIII. *Histoires de l'Angoumois.*

— Histoire de l'Angoumois, &c. par Maichin.

Voyez ci-après, aux *Histoires de Guyenne*.

== Chronicon Engolismense, ab anno 814; ad annum 991.

== ☞ Chronicon Ademari Chabanensis, ad annum 1029.

Ces deux Chroniques sont indiquées ci-devant, [Tome II. N.os 16513 & 16523.]

35784. Recueil en forme d'Histoire de tout ce qui se trouve par écrit de la Ville & des Comtes d'Engoulême, parti en trois Livres; par François Corlieu, Procureur du Roi à Engoulême : *Engoulême*, [Minière, 1566.] *Ibid.* le Paige, 1576, *in*-4.

Le même Recueil, seconde Edition, augmentée des Privilèges de cette Ville & de plusieurs Mémoires; par Gabriel de la Charlonie, Juge-Prévôt d'icelle : *Engoulême*, 1629, [& 1631,] *in*-4.

35785. ☞ Chronologie historique des (anciens) Comtes d'Angoulême.

Dans la seconde Edition de l'*Art de vérifier les Dates*; (par Dom Clément : *Paris*, Desprez, 1770, *in-fol.*) pag. 710.]

== Vie de Jean, Comte d'Angoulême.

Voyez ci-devant, [Tome II. N.º 25491.]

35786. ☞ De la Comté-Pairie d'Angoulême, érigée en 1317.

Dans l'*Histoire Généalogique* du Père Simplicien, tom. III. pag. 103.

Duché-Pairie érigée en 1514. *Ibid.* pag. 465. Renouvellée en 1710. *Tom. V.* pag. 108.

Duché simple, en 1582 & 1619.

Ibid. tom. V. pag. 631 & 662.]

35787. Recherches de l'Antiquité d'Angoulême : *Poitiers*, Marnes, 1567, *in*-4.

Pierre Ginet a recueilli ces Antiquités.

35788. De nonnullis Engolismæ Antiquitatibus : Auctore Victore Tuartio.

Ces Antiquités sont imprimées avec son *Apologia pour la France Gauloise : Parisiis*, 1610, [Engolisme, 1631,] *in*-8.

☞ Le Père le Long ne connoissoit pas le Livre intitulé : *Apologia Victoris Tuartii, pro Franco-Gallis*, &c. On parle dans ce Livre des Peuples de l'Angoumois; mais il n'y est parlé des Antiquités en aucune façon. = *Voyez* sur cette Apologie, & à quelle occasion elle a été faite, ce qui en a été dit au Règne de Henri IV. où elle se trouve, parmi les Pièces faites à l'occasion de sa mort en 1610, ci-devant, Tome II. p. 384, N.º 19951.]

35789. ☞ Les Privilèges, Franchises, &c. de la Ville & Banlieue d'Angoulême, confirmés par les Rois & vérifiés par les Cours Souveraines : *Angoulême*, le Paige, 1629, *in*-4.]

35790. Le nom & l'ordre des Maires, Echevins & Consuls d'Angoulême ; par Jean Sanson : *Angoulême*, Mauclaire, 1652, *in*-4.

35791. ☞ Plaidoyé fait en 1576, pour la Ville d'Angoulême ; par Etienne Pasquier.

Il se trouve dans ses *Lettres*, Edition de 1619, tom. I. pag. 321.]

== ☞ Discours sur ce qui s'est passé à Angoulême en 1588.

Voyez ci-devant, Tome II. N.os 18735, 18736 & 18749.]

35792. ☞ Privilèges de la Ville de *Cognac*, en Angoumois : *in*-4.]

== ☞ Siège de Cognac, &c. en 1651.

Voyez ci-devant, Tome II. N.os 23353 & *suiv.*]

35793. ☞ De la Duché-Pairie de la *Valette*, érigée en 1622.

Dans l'*Histoire Généalogique* du Père Simplicien, tom. IV. pag. 378. Cette Pairie est éteinte.]

35794.

Histoires du grand Gouvernement Orléanois.

35794. ☞ De la Duché-Pairie de la Rochefoucaud, érigée en 1622.

Dans le même Ouvrage, tom. IV. pag. 414.]

35795. ☞ De la Duché-Pairie de Montausier, érigée en 1664.

Dans le même Ouvrage, tom. V. pag. 1. Cette Pairie fut éteinte par la mort de Charles de Sainte-Maure, en 1690.]

§. XIV. Histoires du Berry.

== Ms. Description générale & particulière du Pays & Duché de Berry ; avec les Cartes géographiques ; par Nicolas NICOLAY.

☞ Elle est déja indiquée ci-devant, Tome I. p. 114, N.° 2189.]

35796. ☞ Réflexions de M. MARCANDIER, de la Société d'Agriculture de Bourges, sur la prospérité du Berry.

Dans le Journal Œconomique 1768, Septembre, pag. 385. On peut voir encore diverses particularités historiques touchant le Berry, dans le Journal d'Octobre, pag. 440, dont l'objet principal est le projet d'un Canal en cette Province, pour lui faciliter l'exportation de ses abondantes denrées.]

35797. ☞ Lettre écrite d'Auxerre à un curieux de la Ville de Bourges, touchant quelques usages des Peuples du Berry. *Mercure, 1735, Mars.]*

35798. Histoire de Berry, contenant l'Origine, l'Antiquité, Gestes, Prouesses, Priviléges, Libertés des Berroyers ; avec particulière Description du Pays : le tout recueilli par Jean CHAUMEAU, Seigneur de Lassai, Avocat au Présidial de Bourges : *Lyon*, Gryphius, 1566, *in-fol.*

35799. Histoire du Berry abrégée, dans l'Eloge panégyrique de la Ville de Bourges, Capitale dudit Pays, présenté à Monseigneur le Prince ; par le P. Philippe L'ABBE, de la Compagnie de Jesus : *Paris*, Meturas, 1647, *in-12.*

On trouve à la fin du Volume :

Blazons des Armoiries de plusieurs Familles Nobles de la Ville de Bourges, & Duché de Berry.

Appendix 1. Quis fuerit Marculphus, Formularum Editor, an Abbas sancti Austregisili de Castro propè Biturigas, &c.

Appendix 2. Excerpta quædam ex Poëmate Bartholomæi ANULI Biturigis, cui titulus : Jurisprudentiæ à primo & divino suo ortu ad florentem Biturigum Academiam deductæ Exegesis Epidictica.

Appendix 3. Veteres Chartæ, nunc primùm editæ, in quibus multa habentur quæ pertinent ad Vice-Comites Bituricenses, aliaque hactenus incomperta.

Appendix 4. Doverensis Monachi in Castrum Virsionense translati an. 926, ex scriniis Patriarchalis Ecclesiæ, & Cartulario Abbatiæ sancti Petri Virsionensis.

Appendix 5. Restauratio Monasterii sancti Ambrosii Bituricensis à Gausfrido Vice-Comite.

Appendix 6. Decretum Regis de sternendis saxo plateis Civitatis, &c. ex Tabulario Ecclesiæ sancti Stephani.

Appendix 7. Raymundum non fuisse comitem Regis Philippi-Augusti in Peregrinatione Hierosolymitanâ ; quemadmodum Robertus, Frizonus aliique passim scripserunt.

Appendix 8. Series Genealogica Dominorum Dolensium & Castri Radulphi, ex veteri manuscripto Codice.

Il faut joindre à ce Volume, le Programme de l'Ouvrage, & la Table des Chapitres qui devoient composer l'Histoire détaillée. On peut voir ce qu'en a dit le P. Niceron, *tom. XXV. pag. 26.]*

35800. Histoire de Berry ; par Gaspar THAUMAS DE LA THAUMASIERE, Ecuyer, Sieur de Puy-Ferrand, Avocat au Parlement : *Bourges*, Toubeau, 1689, *in-fol.*

Cet Auteur est mort en 1712. Il assure dans sa Préface, qu'il a tâché de s'instruire par la lecture de quantité d'anciens Titres de Donations, de Fondations, de Cartulaires & d'autres Pièces originales qui servent de preuves à ce qu'il avance dans le corps de cet Ouvrage. Il le divise en douze Livres, dont le premier contient l'Histoire de l'antiquité de Bourges, de ses Rois, Vicomtes, Ducs & Duchesses, les Malheurs, les Sièges, les Maladies, les Incendies qu'elle a soufferts ; ce qui regarde son Université & les Hommes célèbres en Doctrine. Le second Livre comprend la Description de l'ancienne & nouvelle Cité de Bourges. Le troisième, les Privilèges des Maires, Echevins & des Bourgeois ; & ce qui s'est passé de plus considérable de leur temps. Le quatrième, ce qui regarde le Patriarchat de l'Eglise Cathédrale, sa Primatie sur les deux Aquitaines, & rapporte les Eloges des Prélats de cette Eglise, depuis saint Ursin jusqu'en 1689. Le cinquième renferme tout ce qui touche les cinq Villes Royales de Berry ; sçavoir, Yssoudun, Dun-le-Roi, Mehun, Vierzon & Concressault ; avec la Généalogie de ses Seigneurs. Le sixième contient ce qui regarde la Ville de Sancerre & la Généalogie de ses Seigneurs. Le septième rapporte ce qui concerne la Principauté Déoloise ou du bas Berry, & la Baronnie, Comté & Duché de Château-Roux, avec la Généalogie des Princes du bas Berry. Le huitième rapporte ce qui touche les Baronnies de Graçay, de Boussac, de Linieres, de Saint-Agnan, avec les Généalogies de ceux qui les ont possédées. Le neuvième contient le récit des choses qui touchent les Baronnies & Châtellenies d'Aubigny, de Culant, de Lary & autres. Le dixième renferme l'Histoire des Abbayes du Diocèse. Le onzième & le douzième comprennent le Nobiliaire de la Province.

☞ *Voyez* Lenglet, Meth. histor. in-4. tom. IV. pag. 215. = *Journ. des Sçavans, Avril*, 1689. = *Journal de Leipsick, Supplément, III. pag. 33.]*

35801. ☞ Suite chronologique & historique des Comtes & Vicomtes de Berry.

Dans la seconde Edition de l'Art de vérifier les Dates : (Paris, 1770, in-fol.) pag. 709. Elle commence à l'an 778, & va jusqu'à 1100 ou 1101, que le Roi Philippe I. acquit le Vicomté de Bourges.]

35802. ☞ De la Duché-Pairie de Berry, en 1360 & 1416, avec ses anciens Comtes.

Dans l'Histoire Généalogique du Père Simplicien, tom. III. pag. 208.

Nouvelle érection, en 1461.

Ibid. pag. 396.]

== ☞ Du Siège de *Bourges*, en 1562 & 1569.

Voyez ci-devant, Tome II. N.os 17898, 17899 & 18062.]

== ☞ Discours véritable (au sujet du Berry) en 1589.

Ibid. N.° 19026.]

☞ Journal de ce qui s'est passé en Berry, aux années 1650 & 1651.

Ibid. N.ᵒˢ 23148, 23149 & 23335.]

35803. ☞ Opuscules de Nicolas CATHE-RINOT, c'est-à-dire, Recueil de différentes Pièces détachées, parmi lesquelles il s'en trouve un grand nombre qui concernent l'Histoire du Berry, imprimées à *Bourges*, dans le XVIIᵉ Siècle, & publiées en diverses années : *in-*4.

« Le Recueil de ces différens Opuscules [est] très-
» difficile à trouver complet, parcequ'ils ne sont com-
» posés que de Pièces fugitives très-peu connues dans
» le Public, & qui traitent de différens sujets, mais dont
» la majeure partie concerne cependant l'Histoire du
» Berry. Toutes ces Pièces particulières ont été impri-
» mées séparément aux dépens de leur Auteur, & pu-
» bliées dans le cours de plusieurs années. Le Recueil
» en est actuellement devenu très-rare, quand il peut se
» trouver entier, attendu que la plupart de ces Pièces
» n'ont point été, à ce que l'on prétend, imprimées
» pour être vendues, & qu'il ne nous en est resté qu'un
» petit nombre d'Exemplaires, dont l'Auteur avoit fait
» des présens à ses amis. La difficulté qu'il y a à trouver
» ces Pièces réunies a empêché, jusqu'à présent, de con-
» noître exactement le détail de ces petits Opuscules ».
M. de Bure qui s'exprime ainsi dans sa *Bibliographie*, *tom. II. de l'Histoire*, num. 5375, donne ensuite la Liste de ces Pièces selon le Recueil le plus complet qui lui ait passé par les mains. Nous avions dessein d'abord de ne mettre ici que les Pièces de Catherinot qui regardent l'Histoire du Berry ou celle de France ; mais étant en état de donner une Liste plus complette ou plus ample que celle de M. de Bure, nous avons cru qu'on ne seroit pas fâché de la trouver ici. Les Recueils du Roi, celui de M. de la Vallière & celui de M. de Sainte-Palaye sont les plus complets que l'on connoisse, & cependant ils ne vont pas au-delà de 110, ou 112 Pièces. La Liste que nous allons donner va jusqu'à environ 130. Les Opuscules qui regardent le Berry, ou même l'Histoire de France, sont précédés d'une *. Pour éviter la répétition du format *in-*4. de la plus grande partie de ces Pièces, nous le supposons partout où il doit être, & nous ne marquerons que les autres formats.

Détail des Opuscules de Catherinot.

A

L'Abonnement de Poincy : 1681, 4 pages.

* Les Alliances de Berry, le 16 Décembre 1684 : 4 pages.

Animadversiones ad Basilica : 1688, 4 pages.

* Annales Académiques de Bourges, le 13 Septembre 1684 : 4 pages.

* Annales Ecclésiastiques de Berry, le 3 Septembre 1684 : 4 pages.

* Annales Thémistiques de Berry, le 9 Août 1684 : 4 pages.

* Annales Typographiques de Bourges, le 23 Juillet 1683 : 4 pages.

Ante-Diluviani, le 13 Novembre 1686 : 4 pages.

Les Anti-Communaux : Ecrit pour le Sieur de Coulons sur Auron : 1663.

* Les Antiquités Romaines du Berry, le 28 Juillet 1681 : 8 pages.

Appel sans grief : 1678, 4 pages.

Appellans injustes.

* Les Archevêques de Bourges, le 27 Mars 1683 : 8 pages.

* Arrêt du Parlement, pour le Sieur Catherinot, contre le Clergé d'Orléans.

L'Art d'Imprimer, le 10 Mars 1685 : 12 pages.

L'Avantage, sans avantage : 1679, 4 pages.

* Le vrai Avaric (ou l'ancien Bourges,) le 17 Août 1683 : 12 pages.

De Auctore Actorum Sanctarum Perpetuæ & Felicitatis.

Les Avocats du Roi Conseillers ; Dissertation : 1674, 8 pages.

* Les Axiômes du Droit François, le 14 Août 1683 : 8 pages.

B

Benigno Lectori Nicolaus Catherinus, 6 Août 1660 : *in-*12. 2 pages.

* Billet suspect.

(*Voyez* ci-après, *Manifeste de l'Hôpital Général de Bourges*.)

La Bonne-foi du Sieur Catherinot : 4 pages.

* Bourges souterrain, le 18 Juin 1685 : 8 pages.

* Le Bullaire de Berry, le 4 de Septembre 1683 : 4 pages.

C

* Calendrier historique de Bourges, des années 1656 & 1657.

* Le Calvinisme de Berry, le 15 Novembre 1684 : 4 pages.

Castigationes ad hymnos Ecclesiæ : 1681, 8 pages.

La Charge suit la chose : 1671.

Chronicon Juris Sacri, le 9 Septembre 1686 : 4 pag.

* La Chronographie de Berry, le 18 Décembre 1682 : 8 pages.

Codex Testamentorum, le 4 Octobre 1686 : 4 pag.

Commission pour le Sieur Catherinot, le 4 Juillet 1685 : 4 pages.

* Coutumes générales de Berry, avec un Traité des Coutumes : *Bourges*, 1663, *in-*16.

* Coutumes manuscriptes du Berry : 1664 ; (imprimées seulement en partie).

Le Créancier plus que payé.

D

La Date mal contestée : 4 pages.

Le Décret de Maron, le 7 Décembre 1682 : 12 pag.

Le Décret supposé : 1669.

Le Décret volontaire : 1677.

Dépens refusés.

(*Voyez* ci-après, *Factum pour Denis Catherinot, contre Salas*.)

* Les Diocèses de Bourges, le 1 Septembre 1683 : 8 pages.

* Le Diplomataire de Berry, le 20 Septembre 1683 : 4 pages.

* Dissertations du Droit François : 1662, 24 pag.

* Dissertation sur le Parquet de Bourges.

(*Voyez* ci-après, *Que le parquet, &c.*)

* Distiques (Latins) sur le Louvre, au Roi : *Bourges*, 1670, *in-*8. intitulés : *Disticha de Luparâ centum* : 15 pages.

* Les Dominateurs de Berry, le 25 Novembre 1684 : 4 pages.

Les Doublets de la Langue, le 15 Septembre 1683 : 12 pages.

Histoires du grand Gouvernement Orléanois.

* Douze Réglemens du Palais Royal de Bourges : 1667.
* Le Droit de Berry, 15 Juin 1682 : 12 pages.
* Ducs & Duchesses de Berry : 1686.

E

* Les Eglises de Bourges, le 15 Mars 1683 : 12 pag.
Epigrammatum Libri octo : 1660, 1661 & 1664.
* Ecu d'alliance, avec deux feuilles d'Armoiries : 10 pages.
* Extrait tiré de la Vie de M. le Président de Thou, sur la Généalogie de Broé : 6 pages.

F

Factum de l'Office de Receveur des Décimes : in-4.
Factum pour M. Denys Catherinot, &c. contre M. Michel Salas, ci-devant Commis à la recette des Décimes au Diocèse d'Orléans : 1672. (Ce Factum est aussi sous le titre des *Dépens refusés*.)
Factum pour M. Nicolas Catherinot, Sieur de Coulons, contre M. René Dorsanne, Seigneur de Tisay, &c. 1680. (Ce Factum est aussi sous le titre de *Partage inégal*.)
Factum pour Denis Catherinot, Sieur de Champroy, contre M. le Procureur-Général de la Cour des Aydes : 1665, in-fol. 2 pages. (Ce Factum est aussi sous le titre du *Noble mal taxé*.)
Second Factum de Noblesse, pour Denys Catherinot, Sieur de Champroy : 1665, 4 pages.
Factum pour Dorquin.
* Les Fastes Consulaires de Bourges, le 27 Septembre 1684.
* Les Fondateurs du Berry, le 2 Janvier 1686 : 8 pages.
* Fori Bituricensis inscriptio. Biturigibus, 1675 : 44 pages.
* Le Franc-aleu de Berry, pour le Sieur de Tisay : 1661.

G

* La Gaule Grecque, le 25 Août 1683 : 8 pag.
* Généalogie de MM. Dorsanne : 1673, 8 pages.
Gratianus recensitus, le 2 Septembre 1686 : 4 pag.
Les Griefs du Sieur Parassay, contre le Sieur d'Aurilly.

H

Huitième Denier.
(*Voyez* ci-après, *Manifeste pour le Sieur de Coulons*.)

I

* Les Illustres du Berry, le 12 Septembre 1682 : 12 pages.
Imperium Romanum, le 25 Septembre 1686 : 4 pages.
Les Intimés calomniés : 4 pages.
(C'est un Factum composé après l'an 1686.)
* Le Journal du Parlement à M. de Gueret, le 1 Août 1685 : 4 pages.
Jurisconsulti exotici; le 4 Février 1687 : 4 pages.

L

Le Légataire héritier : 1678, 4 pages.
* Lettre circulaire aux Curés : 1680.
Lettre aux Avocats de France.
Tome III.

M

La Main de Scévola, le 8 Juillet 1682 : *in*-4. 12 pag.
(*Voyez* ci-après, la *Réponse*.)
Le Mal assigné, pour le Sieur de Sauzay : 1681, 4 pages.
Manifeste pour le Sieur de Coulons sur Auron : 1677, 8 pages.
(Ce Manifeste, ci-devant, sous le titre de *Huitième Denier*.)
* Manifeste de l'Hôpital général de Bourges : 1674, 7 pages.
(Ce Manifeste ci-devant, sous le titre de *Billet suspect*.)
* Manuel de l'Hôpital général de Bourges 1672 : 27 pages.

N

* Le Nécrologe de Berry, le 1 Juin 1682 : 8 pag.
* Le Nobiliaire de Berry, le 30 Juin 1681 : 8 pag.
Noble mal-taxé.
(*Voyez* ci-devant, *Factum pour Denys Catherinot*, &c.)
Notæ ad altercationes Adriani Imperatoris : *Avarici Biturigum*, 1660, *in*-12. de 56 pages.
Notæ ad Symposii ænigmata. Octobre, 1661 : *in*-12. 52 pages.
* Notæ ad testamentum Pithœanum : *Biturigis*, 1660, *in*-12. 20 pages.
Les Novales de Venême : 1679.

O

Observationum & Conjecturarum Juris Libri IV. 1660, 1661, *in*-12.
Oppositions de la Dame de Champroy, à l'Ordre de Maron.
Les Opposans au Décret de Maron.

P

* Les Parallèles de la Noblesse, le 2 Janvier 1688 : 11 pages.
Partage inégal.
(*Voyez* ci-devant, *Factum pour M. Nicolas Catherinot*, &c.)
Pasquinades anciennes.
* Le Patriarchat de Bourges, le 1 Janvier 1681 : 20 pages.
* Les Patronages de Berry, le 1 Mars 1683 : 8 pag.
Le Petit Villebœuf : 1685, 4 pages.
* Les Philippes de Berry, le 26 Février 1687 : 8 pages.
La Plaideuse : 1682, 4 pages.
Positiones novo-Canonicæ : 1688.
* Le Pouillé de Bourges, le 5 Août 1683 : 16 pag.
Le Prest gratuit : *Bourges*, 1679, 92 pages.
La Prévention, le 28 Novembre 1682 : 8 pag.
Propempticum ad G. Lamonium Proto-Præsidem.
Le Propre prétendu.

Q

* Que le Parquet de Bourges est du Corps de l'Université : *Bourges*, 1672, *in*-4. 20 pages, (sans compter une Lettre à M. Gougnon & sa Réponse, qui sont de 9 pages.)

* Que les Coûtumes ne sont point de droit étroit : 1676, in-4. 19 pages.

Question d'une rente amortie : 1678, 4 pages.

(Cette Question ci-après, sous le titre de *la Rente négligée*.)

R

* Les Recherches de Berry, le 1 Juillet 1683 : 8 pages.

* La Régale universelle, le 13 Novembre 1683 : 10 pages.

* Réglement du Palais Royal de Bourges : 1667, in-4.

* La Religion unique, le 12 Février 1688, 12 pag.

* Remarques sur le Testament de M. Cujas, le 2 Janvier 1685 : 4 pages.

La Rente de Seris, le 20 Janvier 1683 : 4 pages.

La Rente négligée.

(*Voyez* ci-devant, *Question d'une Rente amortie*.)

Rente non épave.

Réponse à la Main de Scévola.

Repotia Catharinica : 1677, 4 pages.

Requête pour Factum à Nosseigneurs du Parlement : 1676, 4 pages.

(*Voyez* ci-après, *Supplément*, &c.)

* Les Romains Berruyers, le 25 Janvier 1685 : 4 pages.

S

* Le Sanctuaire du Berry : *Bourges*, 1680, 36 pag.
* Scholarum Bituricarum Inscriptio : 1672, 12 pag.
* Le Siège de Bourges, le 13 Octobre 1684 : 4 pag.

Sommaire du Procès de René Dorsanne, Sieur du Souchet, contre S. A. S. Monseigneur le Prince, au Bureau des Finances, à Bourges : 4 pages.

Supplément à la Requête pour Factum, à Nosseigneurs du Parlement.

T

* Testament de René Dorsanne, Président & Lieutenant-Général d'Yssoudun, le 14 Juin 1659 : 8 pag.
* Tombeau généalogique : 1674, 40 pages.
* Tombeaux Domestiques : 1685, 4 pages.

Traité de l'Architecture, le 10 Mars 1688 : 24 pag.
Traité de l'Artillerie, le 25 Mars 1685 : 16 pag.
Traité de la Marine, le 20 Octobre, 1685 : 17 pag.
Traité des Martyrologes, le 2 Août 1687 : 24 pag.
Traité de la Peinture, le 18 Octobre 1687 : 24 pag.

* Les Tribunaux de Bourges, le 10 Octobre 1684 : 4 pages.

V

* Vie de Mademoiselle de Cujas, le 10 Décembre 1684 : de 4 pages.

Toutes ces Pièces ne sont [comme on vient de le voir] que d'une, deux ou au plus de trois feuilles d'impression ». Nicolas Catherinot, Conseiller & Avocat du Roi à Bourges (mort en 1688,) étoit un » homme d'une lecture prodigieuse. Il a fait imprimer » à ses dépens une grande quantité d'Opuscules, où il » suivoit les différentes saillies de son esprit. ». Denys Simon, *pag.* 73 du Tome I. de sa *Bibliothèque historique des Auteurs du Droit.*

M. de Valois, *pag.* 122 de son *Valesiana*, n'en parle pas si avantageusement ; car après avoir dit « que » c'étoit un honnête homme, & qui aimoit les Sçavans »,

il ajoute : « pour lui, c'étoit un Sçavant du plus bas étage. » Dans toutes ses paperasses qu'il a mises au jour, il y a, » à la vérité, quelques bons endroits, mais en petit » nombre, & le reste n'est que du fatras ».

☞ *Voyez* Lenglet, *Méth. histor.* in-4. tom. *IV.* pag. 216. = *Journal des Sçav.* Août, 1688. = *Ménagiana*, tom. I. pag. 180. = Le P. Niceron, tom. XXX. pag. 201.]

35804. ☞ Mss. Mémoires de M. Cholet, Avocat en Parlement.

Il est parlé de ces Mémoires dans la Préface de l'*Histoire de Berry*, de la Thaumassière, qui dit qu'ils lui ont été communiqués par M. Cholet, Receveur des Consignations. L'Auteur étoit fort sçavant dans les Antiquités du Berry.]

35805. Recueil des Antiquités & Privilèges de la Ville de Bourges, & autres Villes Capitales du Royaume ; par Jean Chenu, de Bourges, Avocat en Parlement : *Paris*, Buon, 1621, *in*-4.

Cet Auteur est mort en 1627.

☞ Les Privilèges de la Ville de Bourges sont de l'an 1181. Chenu y a ajouté des Notes. Il en avoit donné une première Edition à la suite du Livre intitulé : *Stylus Jurisdictionis Ecclesiæ Archiepiscopalis Bituricensis : Parisiis*, Buon, 1603, *in*-8.]

35806. Recueil des Privilèges de la Ville de Bourges ; par Jean Toubeau, ancien Prévôt des Marchands de cette Ville : *Paris*, 1643, *in*-4.

35807. Privilèges de la Ville de Bourges, avec la confirmation d'iceux : *Bourges*, Chaudière, 1660, *in*-4.

Il y a au commencement de ce Recueil un Abrégé de l'Antiquité & Noblesse de la Ville de Bourges, & à la fin on trouve une Liste chronologique des Maires & Echevins de Bourges, depuis l'an 1419 jusqu'en 1659, avec le Blazon de leurs Armoiries.

☞ Dans ces Privilèges on renvoie, pour plus grand éclaircissement, aux Ouvrages suivans, qui appartiennent sont Manuscrits. = L'Histoire des Princes du bas Berry, par Frère Jean de la Gogue, Prieur de S. Gildas. = Les Privilèges de l'Eglise de S. Etienne ; par le Sieur de Boisrouvray. = Les Privilèges des Maire & Echevins de Bourges par les Sieurs Hodeau & le Tendre. = L'Histoire du Sieur Fourchier de Boismartin.]

35808. ☞ Mémoire des Maire & Echevins de la Ville de Bourges, pour le rétablissement des Foires dans leur Ville ; (par Jean Toubeau.)

35809. ☞ Mémoire pour faire connoître l'utilité, la facilité & la nécessité qu'il y a de rétablir le Commerce de la Ville de Bourges, dressé par le Sieur Toubeau, Echevin & Prévôt des Marchands, suivant l'ordre qu'il en a reçu.

Ces deux Mémoires, qui ont dû, dans le temps auquel ils ont été composés, être publiés séparément, se trouvent, le premier à la *pag.* 387, & le second à la pag. 395 du Tome II. des *Institutes du Droit Consulaire*, par Jean Toubeau, ancien Prévôt des Marchands & Echevins de la *Ville de Bourges*, seconde Edition, imprimée en 1700, *in*-4. 2 vol. à *Bourges*, & qui s'est vendue à *Paris*, chez Jacques Morel.

Il est dit dans la Table qui termine cet Ouvrage,

Histoires du Gouvernement de Bourgogne, &c. 437

que Jean Toubeau est aussi l'Auteur du premier de ces Mémoires. Les *Instituts* que l'on vient de citer de ce sçavant Auteur, peuvent aussi être consultées utilement sur l'Historique des Jurisdictions de Commerce, & leurs Démêlés avec les autres Tribunaux du Pays.]

35810. ☞ Mss. Remarques sur la Ville de Bourges.

Elles sont conservées à Braine, près Soissons, dans la Bibliothèque de M. Jardel. L'Auteur est un de ses parens qui a demeuré dans cette Ville : elles contiennent des choses curieuses.]

35811. ☞ Recueil de Pièces concernant la Ville de Bourges : *in-4*.

Ces Pièces sont :

1. Recueil sur la Jurisdiction Consulaire de cette Ville.

2. Ordre chronologique des Officiers du Bailliage & Siège Présidial du Berry : *Bourges, 1691*.

3. Avantages du Relief de Noblesse.

4. Pièces & Arrêts concernant la préséance des Trésoriers de France de Bourges, sur les Officiers du Bailliage.

5. Lettres sur M. Neraud, Chanoine de Bourges.

6. Arrêts du Parlement, pour le Chapitre de l'Eglise de Bourges, & pour la conservation de la Justice du Cloître de cette Eglise.

7. Etat des Aumônes générales faites par an dans l'Eglise (Métropolitaine) de S. Sulpice de Bourges.

Ce Recueil est indiqué au Catalogue de M. Secousse, num. 5155.]

35812. ☞ La Draperie de Bourges : *Bourges, 1621, in-4*.]

35813. ☞ Lettre au sujet du Proverbe : Les Armes de Bourges, un âne en chaire. *Mercure, 1746, Août : 1747, Mars*.

Nouveau Mémoire sur les ânes de Bourges, adressé aux Auteurs du Mercure. *Ibid.* 1748, Vol. I.]

== Chronicon Virzionense, ab anno 843, ad annum 1221.

Voyez ci-devant, [Tome II. N.° 16767.]

35814. ☞ Comtes de *Sancerre*, issus des Comtes de Champagne.

Dans l'*Histoire Généalogique* du Père Simplicien, *tom. II. pag.* 847.]

35815. ☞ Suite chronologique & historique des Comtes de Sancerre ; par D. CLEMENT.

Dans la seconde Edition de l'*Art de vérifier les Dates* : (Paris, Desprez, 1770, in-fol.) *pag.* 555.]

== ☞ Vie d'Etienne I. Comte de Sancerre, avec des Eclaircissemens, &c. par M. LEVESQUE DE LA RAVALIERE.

Voyez ci-devant, Tome II. N.° 32064.]

== Histoire mémorable de la Ville de Sancerre, contenant le Siège de cette Ville, en 1573.

Voyez ci-devant, [Tome II. N.os 18197 & *suiv*.]

== ☞ Manifeste de ce qui s'est passé à Sancerre, en 1616.

Ibid. N.° 20510.]

== ☞ Prise de Sancerre, en 1621, sur les Huguenots.

Ibid. N.° 20996 & 21875.]

35816. ☞ Series Genealogica Dominorum Dolensium (*Deol*,) & Castri Radulphi (*Châteauroux*.)

Cette Pièce est imprimée dans la *Biblioth. Manuscript.* du P. Labbe, *tom. II. pag.* 740, & aussi à la fin de son *Hist. du Berry*, ci-devant. N.° 35799.]

35817. ☞ De la Duché-Pairie de Châteauroux, en 1616.

Dans l'*Histoire Généalogique* du Père Simplicien, *tom. IV. pag.* 244.]

== ☞ Réduction du Château & Forteresse de *Montrond*, en 1652.

Voyez ci-devant, Tome II. N.° 13669.]

35818. ☞ Seigneurs de *Sully*, issus des Comtes de Champagne.

Dans l'*Histoire Généalogique* du Père Simplicien, *tom. II. pag.* 853.

Anciens Seigneurs de Sully.

Ibid. 880.]

35819. ☞ De la Duché-Pairie de Sully, en 1606.

Dans l'*Histoire Généalogique* du Père Simplicien, *tom. IV. pag.* 206.]

35820. ☞ De la Duché-Pairie de Béthune Charost, érigée en 1672.

Dans l'*Histoire Généalogique* du Père Simplicien, *tom. V. pag.* 30.]

35821. ☞ De la Duché-Pairie de *Saint-Aignan*, érigée en 1663.

Ibid. tom. IV. pag. 693.]

35822. ☞ De la Duché Pairie d'*Aubigny-Richemont*, en 1684, mais non enregistrée.

Ibid. tom. V. pag. 919.]

ARTICLE VII.

Histoires du Gouvernement, [des Royaumes & du Duché] de Bourgogne.

CE Gouvernement peut se diviser en Bourgogne Duché & Pays adjacens. La Bourgogne Duché comprend la Bourgogne, le Châlonois, le Mâconnois, l'Auxois & le Pays de Montagne : & les Pays adjacens sont le Charollois, l'Auxerrois, la Bresse, le Bugey & Valromey, le Bailliage de Gex.

35823. Historicorum Burgundiæ Conspectus : ex Bibliotheca Philiberti DE LA MARE, Regii Ordinis Militis, Senatoris Divionensis : *Divione*, Ressayre, 1689, *in-4*.

Ce Conseiller est mort en 1687. Il étoit sçavant dans les Antiquités ; & comme il s'étoit proposé d'écrire l'Histoire de Bourgogne, il avoit fait une exacte recherche de plusieurs Pièces manuscrites & imprimées qui pouvoient servir à son dessein, dont il a composé ce Catalogue. Il a été publié par les soins de son fils, qui [possédoit] la plupart des Pièces qui y sont indiquées.

✱ L'Auteur a omis plusieurs Livres imprimés, &

n'a point marqué le format de ceux dont il rapporte le titre, ni quelquefois le nom des Auteurs. Il auroit dû ajouter un jugement sur les Pièces qu'il avoit entre les mains.

☞ On peut voir ce qui est dit de cet Ouvrage dans Lenglet, *Méth. hist. in-4. tom. IV. pag.* 217. = *Bibliot. Harley. tom. II. pag.* 545. = *Journ. des Sçavans, Avril,* 1690. = *Hist. des Ouvr. des Sçavans, Novemb.* 1690. = *Bibl. des Auteurs de Bourgogne, tom. II. pag.* 26. = *Mél.* de Vigneul-Marville, *tom. II. pag.* 355.

Ce Recueil de Pièces, dont parle le Père le Long, a passé en partie dans la Bibliothèque du Roi, l'autre partie est à Dijon, dans celle de M. Fevret de Fontette, & compose le N.° suivant.]

35824. ☞ Mf. Recueil de Pièces & Lettres concernant l'Histoire de la Province de Bourgogne, depuis 1364 jusqu'en 1712, au nombre de plus de 700, presque toutes Originales, en 6 gros porte-feuilles *in-fol.*

Il est, comme on vient de le dire, à Dijon, chez M. Fevret de Fontette. Le détail de ces Pièces, ou des principales, se trouvera ci-après, (à la fin de cet Article,) parmi celles de l'Histoire de Bourgogne, qui sont dans la même Bibliothèque.]

35825. ☞ Introduction à l'Histoire générale & particulière de Bourgogne ; par M. MILLE, fils d'un Conseiller au Parlement de Dijon :) *Dijon,* Causse, 1769, *in-*4. 11 pag.

C'est une espèce de Prospectus ou de Préface, précédée d'une Epître dédicatoire à Monseigneur le Prince de Condé. On avertit que les deux premiers Volumes de cette *Histoire Ecclésiastique, Civile & Littéraire de Bourgogne,* paroîtront incessamment. Nous en avons eu un en 1770 ; c'est comme un Abrégé Chronologique raisonné.]

35826. Mf. Table chorographique de Bourgogne, avec l'Histoire des Bourguignons ; par Pierre TURREL, Philosophe & Astrologue Dijonnois.

Cette Table [étoit] conservée dans la Bibliothèque de Philibert de la Mare, comme il le dit *pag.* 3 de son *Conspectus.*

35827. ☞ Mf. Minutes de l'état général du Gouvernement de Bourgogne, ou Carte générale & alphabétique des Villes, Bourgs, Paroisses & Villages du Duché de Bourgogne & dépendances, Bresse, Bugey, Valromey & Gex ; avec des Observations à chacun article sur les Justices, ressorts, dépendances, résidances des Maréchaussées, foires, marchés, grandes routes, chemins de traverse, bois, rivières, situations, passages dangereux, accidens arrivés, & les moyens d'y remédier ; fait & présenté à S. A. S. Monseigneur le Duc ; par Nicolas-Bénigne FEVRET, Ecuyer, Seigneur de Daix, l'an 1731 : Original, *in-*4.

Il est conservé à Dijon, dans la Bibliothèque de M. Fevret de Fontette.]

== Description du Gouvernement de Bourgogne, &c. avec un Abrégé de l'Histoire de la Province ; par le Sieur GARREAU : *Dijon,* de Fay, 1717. Seconde Edition considérablement augmentée : *Ibid.* de Fay, 1734, *in-*8.

☞ On l'a déja indiquée à la *Géographie, tom. I.* N.° 2196.

A la fin de la seconde Edition se trouve :

« Abrégé de l'Histoire de Bresse, Bugey & Gex, » pour servir à la parfaite connoissance des mêmes » Pays ; par M. DE MONTMOUZ, Conseiller au Présidial » de Bourg en Bresse ».

Voyez sur cet Ouvrage, *Journal de Verdun, Nov.* 1735. = *Bibliothèque des Auteurs de Bourgogne, tom. I. pag.* 242.]

35828. ☞ Tablettes historiques, topographiques & physiques de Bourgogne, pour l'année 1753 & suivantes : *Dijon,* des Ventes, *in-*24.

Voyez le *Journal de Verdun, Février & Décembre,* 1753.

Ces Tablettes, ou Almanachs historiques, ont paru chaque année depuis 1753 jusqu'en 1760. Elles contiennent successivement plusieurs choses utiles à l'Histoire de Bourgogne. L'Auteur est M. l'Abbé RICHARD.]

35829. ☞ (Prospectus d'une) Description du Gouvernement de Bourgogne ; par M. MICHAULT, Avocat au Parlement de Bourgogne : 1747, *in-*4. de 4 pages.

L'Auteur a recueilli des Mémoires ; mais sa mauvaise santé ne lui a pas permis d'exécuter son projet.]

35830. ☞ Lettre adressée à M. de la Bruere, au sujet de la Description de Bourgogne, annoncée par M. Michault. *Mercure,* 1748, *Février & Septembre.*]

== Traité des Limites du Duché & du Comté de Bourgogne.

☞ On a déja indiqué cet Ouvrage, Tome I. à la *Géographie,* N.° 2198.]

35831. De Origine Burgundionum Liber ; Auctore GERVASIO Tilberiensi, Anglo, Regni Arelatensis Mareschallo.

Ce Livre de Gervais de Tilbéri, qui a fleuri l'an 1210, fait partie de son Ouvrage, qu'il a intitulé : *Otia Imperialia.* Il est imprimé dans Leibnitz, à la fin du Tome I. des *Historiens de Brunswic :* Hanovere, 1708, *in-fol.*

☞ J'ai examiné avec attention plusieurs Exemplaires du *Recueil des Historiens de Brunswic* de Leibnitz : le Traité intitulé, *Otia Imperialia,* se trouve effectivement à la fin du Tome I. mais on n'y trouve pas le morceau annoncé par le Père le Long.]

35832. De Migrationibus Burgundionum & aliorum Populorum, qui à Gothis deflexerunt ; Auctore Wolfgango LAZIO, Medico Viennensi & Historico Regio.

Cet Ouvrage de Lazius, mort en 1565, fait un des onze Livres de son Ouvrage, *De aliquot Gentium Migrationibus :* Basileæ, 1564, Francofurti, 1600, *in-fol.*

✴ Cet Auteur doit être lu avec discernement ; car il n'est point exact, & il mêle quantité de fables à sa narration.

35833. De Burgundionibus, qui & Burgundii & Burgundi ; Auctore Philippo CLUVERIO.

Ce Traité fait le Chapitre XXXVI. du Livre III. de l'*Ancienne Germanie :* Lugduni - Batavorum, 1616, *in-fol.*

35834. ☞ De Burgundionibus.

Cette Pièce se trouve dans la *Collection des Historiens de France* de Du Chesne, *tom. I. pag.* 131.]

Histoires du Gouvernement de Bourgogne, &c.

35835. ☞ De re Burgundicâ & Burgundionibus.

Il se trouve dans le Livre intitulé : *Historia rerum Gallicarum*, de Robert Cœnalis ou Ceneau, fol. 49 verso & 99.]

☞ Le Livre intitulé, *Le Réveil de Chindonax*, (Tome I. N.° 3817,) peut servir aussi pour l'Histoire ancienne des Bourguignons.

Il est parlé du Duché de Bourgogne & des Bourguignons, *pag.* 236 du Livre intitulé : *Narrations historiques des Couvens de l'Ordre de S. François*, par Jacques FODÉRÉ, (ci-devant, Tome I. N.° 13855, où l'Auteur est mal nommé FONDERÉ;) & plus loin dans le même Livre, il parle des Villes de Dijon, Autun, Châlon, Beaune, Mâcon, Seure, Auxonne, Châtillon.]

35836. De l'Origine des Bourguignons & Antiquités des Etats de Bourgogne, deux Livres. Des Antiquités d'Autun, un Livre. Des Antiquités de Châlon, trois Livres. Des Antiquités de Mâcon, trois Livres. Des Antiquités de l'Abbaye & de la Ville de Tournus, un Livre; par Pierre DE SAINT-JULIEN, de la Maison de Balleurre, Doyen de Châlon: *Paris*, Chesneau, 1581, *in-fol.*

L'Auteur ne traite dans les deux premiers Livres que des Antiquités de Bourgogne, depuis que les Bourguignons abandonnèrent les Gaules jusqu'à leur retour dans ce Pays; [car il croit qu'ils en étoient sortis avec Segovése.] Cet Ouvrage n'est pas estimé. De Saint-Julien est mort en 1593. Le Père Louis Jacob, *pag.* 50 de son Traité *De claris Cabilonensibus*, dit qu'il avoit aussi écrit en Latin l'Histoire de Bourgogne.

☞ Le Père Jacob s'en explique ainsi : *P. San-Julianus Baleurræus scripserat de Burgundionum infantiâ & adolescentiâ Librum Manuscriptum : item Historiam Burgundionum Manuscriptam, Latinè.*

« Saint Julien est un de ces Auteurs qui croient qu'il » suffit d'avoir de l'esprit & une belle imagination pour » écrire l'Histoire. Une étymologie un peu tirée, une res- » semblance de nom lui fournit de quoi faire un Livre. » Son *Traité sur l'Origine des Bourguignons* n'est fon- » dé que là-dessus. Un Ruisseau appellé Ogne, & quel- » ques Tombeaux, peu anciens, trouvés dans le voisi- » nage, voilà de quoi faire un système. Le Village bâti » proche de ce Ruisseau sera un Bourg, *Bourg d'O- » gne*, d'où *Bourgogne, Bourguignons, Bourguignons.* » Jamais le fameux Ménage n'a donné d'étymologie plus » heureuse. Les mots se trouvent tout faits, il n'y a qu'à » les joindre. Personne néanmoins n'a profité de ces » belles découvertes. On s'en est toujours tenu à l'an- » cienne tradition, qui nous apprend que les Bourgui- » gnons tirent leur nom & leur origine des Peuples » anciens de Germanie, que Pline & d'autres appellent » *Burgundiones*, & qui, en 406, firent une irruption » dans les Gaules ». *M. Papillon, Mémoires communi- qués* [au P. le Long.]

J'ai vu, dit l'Abbé Papillon, dans sa *Bibliothèque des Auteurs de Bourgogne*, (aux Additions & corrections, de la seconde Partie, *pag.* 13,) un Exemplaire du Livre de Saint-Julien, à la tête duquel on lit une Note manuscrite d'une main qui m'est inconnue : il est dit dans cette Note, que S. Julien étoit de très-mauvaises mœurs; qu'il n'entreprit cet Ouvrage que pour se louer lui-même & ses Ancêtres ou sa Maison, & pour se faire valoir de son vivant, & généralement acquérir la faveur de ceux parmi lesquels il vit libertinement : il loue infinis qui ne méritent d'être loués; & par envie ou malice, il ne parle de plusieurs qui le méritent plus ou pour le moins autant que ceux desquels il parle. Il est de la société & conjuration factieuse que l'on appelle Ligue des Catholiques unis, & grand ennemi des Fidèles & de la Religion Réformée. L'Auteur de cette Note ajoute que Saint-Julien entreprit son Histoire en faveur de la profession & haine directe contre les Réformés; il n'y a page où il ne tâche de faire digressions contr'eux, sans occasion, & pour se faire valoir & mettre en estime d'avoir été quelque habile homme, ennemi des Doctes de son temps, & bon François, Anti-Royaliste, &c.]

☞ On trouve aussi dans les *Mélanges de Saint-Julien*, (ci-devant, Tom. II. N.° 15583,) plusieurs Morceaux servans à l'Histoire de Bourgogne.

Voyez à son sujet le Père Niceron, tom. *XXVII.* pag. 177. = Lenglet, *Méth. hist.* in-4. tom. *IV.* p. 217. = Bibl. des Auteurs de Bourgogne, tom. *II.* pag. 224.]

35837. ☞ Mf. *De certissima nominis Burgundionum ratione : Elegia.*

Elle est citée par le Père Jacob, *pag.* 51 de son Traité *De claris Cabilonensibus*; & il l'attribue à Philibert DE REPLONGES.

35838. Mf. Philiberti MONETI, è Societate Jesu, Burgundionica : *in-4.*

35839. Mf. Discours Historique de la vraie origine des Bourguignons, de leur vrai nom & conversion à la Foi Chrétienne & Catholique; avec le vrai Catalogue de leurs premiers Rois; par François DE LA VIE, Jésuite.

Ces deux Manuscrits [étoient] conservés à Dijon, dans la Bibliothèque de M. de la Mare, comme il le dit *pag.* 3 de son *Plan des Historiens de Bourgogne.*

35840. ☞ Mf. Commentarium fidele de Burgundiæ imperio : Autore Cl. Enochio VIREY.

Ce Manuscrit est cité dans la *Bibliothèque des Auteurs de Bourgogne*, Art. *Virey.*]

35841. ☞ Mf. Abrégé Chronologique de l'Histoire Ecclésiastique, Civile & Littéraire de Bourgogne, depuis l'Etablissement des Bourguignons dans les Gaules, jusqu'à l'année 1772; par M. MILLE. Tome I. *Dijon*, Causse, 1770, *in-8.*

Ce Volume doit être suivi de deux autres. M. Mille, fils d'un Conseiller au Parlement de Dijon, a pris pour modèle l'Abrégé de M. le Président Hénault; son Ouvrage est méthodique, & accompagné de Notes & de Citations qui ont exigé un grand travail.]

35842. ☞ Précis analytique du premier Volume de l'Histoire de Bourgogne de M. Mille; par M. B***, Avocat au Parlement, de la Société Royale de Metz, de l'Académie de Caen, &c. *Dijon* 1771, *in-8.* brochure de 40 pages.

M. BEGUILLET, Auteur de ce Précis, est connu par plusieurs Ouvrages qu'il a donnés sur l'Agriculture & l'Economie des grains, &c.]

35843. ☞ Essai sur l'Histoire des premiers Rois de Bourgogne & sur l'origine des Bourguignons; (par M. LE GOUX DE JANSINI, ancien Grand-Bailli d'épée du Dijonnois:) *Dijon*, Frantin, 1770, *in-4.* de 144 pages.

Cet Essai est l'Ouvrage d'un homme d'esprit & d'un zélé Citoyen. Il en paroîtra bientôt un autre du même Auteur, sur les origines & antiquités de la Ville de Dijon.]

35844. ☞ Chronologie historique des premiers Rois de Bourgogne ; par D. Clément.

Dans la seconde Edition de l'*Art de vérifier les Dates* : Paris, Desprez, 1770, *in-fol. pag.* 659.]

35845. ☞ Histoire des mêmes Rois ; par F. I. Dunod.

Dans son *Hist. des Sequanois*, &c. tom. I. Dijon, 1735, *in-*4. p. 211 & s. Voyez aussi l'*Hist. de Bourgogne*, de D. Plancher, ci-après.]

35846. Vitæ Compendium sancti Sigismundi Ducis Burgundionum : Auctore Gregorio, Turonensi Episcopo.

Cette Vie de Saint Sigismond, tué en 524, est imprimée dans le Livre III. de son *Histoire des François*, *Chap. VI & VII.* La même est imprimée avec le *Commentaire* de Godefroy Henschenius, dans le Recueil de Bollandus, au premier de Mars.

35847. Alia Vita ejusdem.

Cette autre Vie est imprimée dans le même Recueil, au même jour. Ces Actes ne sont pas originaux ; ils ont peu d'autorité, lorsqu'ils ne s'accordent pas avec Grégoire de Tours. Adrien de Valois, dans la Préface du Livre II. de son *Histoire de France*, dit qu'il a vu un Manuscrit du Martyre de Saint Sigismond, Duc de Bourgogne, écrit par un Auteur grave, & qui paroit du temps de ce Saint, & qu'il croit Moine d'Agaune, dans lequel il rapporte ce qui s'est passé après la défaite de Sigismond par les François en Bourgogne, où l'on trouve plusieurs choses dont les autres Historiens n'ont point parlé.

35848. Ms. Vita ejusdem Regis, Fundatoris Cœnobii Agaunensis : Auctore Joanne Jodoco Quarterio, ejusdem Cœnobii Abbate.

Cette Vie, écrite par Quartier, qui a fleuri l'an 1660, est conservée dans la Bibliothèque de Sainte-Geneviève, à Paris.

35849. Vie du même ; par Modeste de Saint-Amable.

Cette Vie est imprimée p. 117 du Tome I. de sa *Monarchie sainte* : [Paris, 1670, Clermont, 1677, *in-fol.*]

35850. Vie du même ; par François Giry, Minime.

Cette Vie est imprimée dans son *Recueil des Vies des Saints*, au premier de Mai.

35851. Vie du même ; par Adrien Baillet.

Cette Vie est imprimée dans son *Recueil des Vies des Saints*, au même jour.

35852. ☞ Lettre de M. Maillart à M. J. Fr. Dunod, Avocat au Parlement de Besançon, sur S. Sigismond, Roi de Bourgogne : *Mercure*, 1736, *Décembre*, Vol. II.]

35853. De antiquo Statu Burgundiæ, Liber ; per Guillelmum Paradinum : *Lugduni*, Doleti, 1542, *in-*4. *Basileæ*, Oporini, 1542, 1550, *in-*8.

☞ On trouve à la fin :

« Reliqua hoc libello contenta. = Philiberti à Chalon
» illustris Aurengiorum Principis rerum gestarum Com-
» mentariolus, Dominico Malquisitio auctore. = In
» ejusdem obitu Oratio funebris, per Ludovicum Pel-
» leterium. = Petri Terralli Bayardi Vita, una cum
» Panegyticis, Epitaphiis & aliis. = D. Nicolai Perre-
» noti à Granvilla Oratio, Christophori Preiss, Pan-
» nonii ; ad eumdem Elegia. = Oratio funebris in Exe-
» quiis Illustriss. Margaretæ Austriæ Principis, Broaci
» sepultæ, Ant. Saxone autore.]

35854. Conradi Samuelis Schurtzfleischii Historia veteris Regni Populique Burgundionum : *Witteberga*, Hinckelii, 1679, *in-*4.

☞ Cet Ouvrage, dont le Texte n'est pas fort étendu, mais qui a d'amples Notes, est divisé en six Chapitres. Les trois premiers traitent des anciens Bourguignons, & les trois derniers de leurs Affaires, depuis qu'ils ont été soumis à la France & aux Rois de la première & seconde Race, jusqu'à Charles-le-Chauve.

Les Bourguignons faisoient partie des Vandales, Nation Germanique. Ils habitèrent d'abord les bords de la mer Baltique : delà ils se répandirent dans l'intérieur de la Germanie, où ils s'arrêtèrent en Bohême, Pays occupé alors par les Marcomans ; ensuite dans le Pays des Allemans ; avec lesquels étant entrés en dispute pour des Salines, l'Empereur Valentinien I. prit leur parti, & se les associa pour faire la guerre aux Allemans ; mais cet Empereur leur ayant manqué de parole, ils s'avancèrent jusques sur les bords du Rhin, & s'étendirent entre ce Fleuve & le Mein. L'Empereur Honorius fut obligé de leur accorder un établissement dans la première Germanie, ce qui arriva environ l'an 413. Ils ne s'y tinrent pas tranquilles ; & ayant voulu inquiéter les Belges leurs voisins, Aetius, Préfet de la Milice Romaine, mécontent, excita contr'eux les Francs & les Huns, & les ayant défaits, ainsi que leur Roi Gondicaire, il les chassa de la Germanie & les envoya en Savoye, d'où ils s'avancèrent jusques sur les bords du Rhône & de la Saone. Enfin, ils s'établirent, du consentement de l'Empereur Valentinien III. dans les Pays des Séquanois & des Eduens, auxquels ils donnèrent le nom de Bourgogne.

Cet Ouvrage n'est pas écrit avec ordre & netteté : il règne beaucoup de confusion dans les Notes, qui, au surplus, sont assez sçavantes.]

35855. ☞ Dissertatio historica de Burgundiâ Cis & Trans-Juranâ ; Auctore Joanne Daniele Schœpflino, Historiæ & Eloquentiæ Professore publico Argentoratensi, Regiæ Inscriptionum in Galliâ Academiæ, itemque Regiæ in Angliâ Societatis ad scripto : *Argentorati*, 1731, *in-*4. de 76 pages.

Cet Ouvrage, (réimprimé avec les *Commentationes* du même, (*Basileæ*, 1741, *in-*4.) est divisé en trois Chapitres. Le premier traite des Bourguignons & de leurs Rois, jusqu'au temps auquel ils tombèrent (en 534) sous la domination des Rois de France. Le second, de ce qui regarde depuis ce temps jusqu'à la fin de la première Race. Le troisième Chapitre contient leur Histoire sous la seconde Race, jusqu'à l'an 988.

Les Bourguignons étoient Vandales, peuples de nation Germanique, & habitoient autrefois la Prusse ou la Pologne. Ils en sortirent sous l'Empire de Probus, pour s'approcher du Rhin, & s'arrêtèrent d'abord dans le Pays des Cattes, voisin de celui des Allemans, qui quittèrent leur pays pour s'avancer dans la Suisse & dans la Rhétie. Les Bourguignons occupèrent la Contrée qu'ils venoient de quitter, où ils menèrent, pendant quelque temps, une vie assez tranquille, s'occupant principalement aux Forges. Mais quittant ensuite ce pays, ils passèrent le Rhin & vinrent dans cette partie des Gaules que l'on appelloit, du temps d'Auguste, Germanie première ou supérieure ; ce qui arriva environ l'an 413 ou 414. Gondicaire étant pour lors leur Roi. Ils y restèrent tranquilles plus de vingt ans, au bout desquels Gondicaire voulant étendre ses Etats, attaqua les Belges, ce qui ayant déplu à Aetius, Général de l'Empereur Valentinien III. il leur fit la guerre, & les réduisit à lui demander la paix en suppliant ; mais ils furent

Histoires du Gouvernement de Bourgogne, &c.

furent encore plus maltraités par les Huns; & Gondicaire perdit la vie dans un Combat, avec une bonne partie de ses Sujets; le reste fut obligé de se retirer en Savoye, où Valentinien leur accorda un asyle, environ l'an 442 ou 443. Ce fut pendant les incursions des Huns que les Bourguignons embrassèrent le Christianisme. Peu de temps après être entrés en Savoye, ils s'étendirent dans le Pays des Séquanois, des Eduens & des Ségusiens, leurs voisins, qu'ils soumirent, & lui donnèrent le nom de Bourgogne.

Cet Ouvrage est plus étendu, plus clair, & fait avec beaucoup plus d'ordre que le précédent de Schutzfleisch : il est aussi accompagné de beaucoup de Notes & de Citations.

Voyez à son sujet Lenglet, *Supplément à la Méth. hist. in-4. pag. 175.* = *Journal des Sçavans, Mai, 1731.* = *Mém. de Trévoux, Juillet, 1732.* = *Le Nouvelliste du Parnasse, Lettre 21.*]

35856. Petit Livre du Royaume des Allobroges, dit depuis de Bourgogne ou Viennois; par Symphorien CHAMPIER : *Lyon, 1529, in-8.*

35857. Alphonsi DEL-BENE, Florentini, Episcopi Albiensis, de Regno Burgundiæ Transjuranæ & Arelatis, in quibus plerâque res gestæ vicinarum gentium brevissimè continentur Libris tribus : *Lugduni,* Roussin, *1602, in 4.*

Cet Auteur a fini son Ouvrage à l'année 1031. Le Royaume de Bourgogne & d'Arles a commencé à Boson, qui en a été le premier Roi dans le IX.e Siècle. Cet Evêque est mort en 1608. « Il a traité (dit Samuel Gui» chenon dans sa Préface de l'*Histoire Généalogique de* » *la Maison Royale de Savoye*) de l'Origine de cette » Maison & les principaux Gestes de Hugues, Marquis » d'Italie, de Berold & d'Humbert aux Blanches-mains, » où il a débité beaucoup de choses apocryphes. Aussi ne » cite-t-il aucun Historien, d'où il ait pu tirer ces am» ples Relations qu'il nous a données. C'est pourquoi » Besly, au Traité Latin qu'il a fait de la vraie Origine » d'Hugues, Roi d'Italie, contre Gaspar Schioppius, lui » a donné ce sanglant brocard : *Solem fallit Delbe*» *nius, in cujus Libris vix quidquam veri inveneris nisi* » *à Vignerio sit furatus* ».

☞ *Voyez* Lenglet, *Méth. histor. in-4. tom. IV. pag. 225.*]

35858. Ms. Chronique des Rois de Bourgogne & Fondateurs d'iceux.

Cette Chronique est citée par M. de la Mare, dans son *Plan des Historiens de Bourgogne, pag. 3.*

35859. Ms. Extraits des Chroniques du Royaume de Bourgogne : *in-fol.*

Ces Extraits sont conservés dans la Bibliothèque du Roi, num. 983.

35860. Ms. Recueil des Chroniques des saints Rois & Comtes de Bourgogne : *in-4.*

Ce Recueil est conservé dans la Bibliothèque de S. Vincent de Besançon.

35861. Ms. Chroniques & Antiquités des Rois & Ducs de Bourgogne.

Cette Chronique est citée dans le *Plan des Historiens de Bourgogne, pag. 3.*

35862. ☞ Ms. Mémoire historique sur le premier Royaume de Bourgogne; par Dom BERTHOD, Bénédictin, Bibliothécaire de l'Abbaye de S. Vincent de Besançon.

Ce Mémoire, présenté à l'Académie de cette Ville, est entre les mains de l'Auteur.]

Tome III.

== ☞ Ms. Mémoires de l'Histoire de Bourgogne ; par Prosper BAUYN, Maître de la Chambre des Comptes de Bourgogne : *in-fol.*

Ils sont conservés dans la Bibliothèque de la Ville de Paris, num. 372. Ce sont sans doute les mêmes Mémoires que ceux dont il est parlé ci-devant, Tome II. N.º 25441.]

35863. ☞ Ms. Dissertation sur le nombre des Rois Bourguignons qui ont précédé Gondebaud ; par M. SEGUIN DE JALLERANGE, Professeur en Droit de l'Université de Besançon, & Membre de l'Académie de cette Ville.

Cette Dissertation est conservée dans les Registres de cette Académie.]

35864. ☞ Ms. Dissertation sur le véritable Auteur des anciennes Loix des Bourguignons ; par M. SEGUIN DE JALLERANGE, Professeur en Droit de l'Université de Besançon, & Membre de l'Académie de cette Ville.

Dans les Registres de cette Académie.]

35865. ☞ Ms. Histoire des anciens Rois, Ducs & Comtes de Bourgogne, jusqu'à l'année 965 ; par Gaspard QUARRÉ D'ALIGNY, Avocat-Général du Parlement de Dijon.

Cette Histoire est dans la Bibliothèque de M. le Président Bouhier, lettre D. num. 710. L'Auteur est mort en 1659.]

35866. Ms. Mémoire de la Vie & Origine de Othe Guillaume, Duc & Comte de Bourgogne ; par Philibert DE LA MARE.

Ce Mémoire est conservé dans la Bibliothèque de l'Auteur, comme il le dit *pag.* 6 de son *Plan.*

35867. Histoire & ancienne Chronique, ou Roman de Gérard d'Euphrate, Comte de Roussillon, Duc de Bourgogne : *Paris,* Grolleau, *1545, in-fol. Lyon,* Rigaud, *1580, in-12.*

L'Auteur fait la Généalogie de ce Duc, suivant l'opinion du Révérendissime Archevêque de Reims Turpin, dans son *Epître au Lecteur* : « Me mis, dit-il, » trente ans y a & plus, à traduire en notre vulgaire un » Poëme Walon, traitant des Guerres d'un grand Sei» gneur, appellé Gerard d'Euphrate, fils légitime de l'il» lustre Dootin de Mayence, & adoptif de Gérard de » Roussillon, Duc de Bourgogne ». Ce Duc est mort l'an 890, selon son Epitaphe, rapportée par Martene, partie première de son *Voyage littéraire, p.* 105. Honoré Bouche dit, que ce Gérard étoit Gouverneur de Provence en 845, sous le Règne de Charles-le-Chauve ; & qu'Hincmar, Archevêque de Reims, lui a écrit & à sa femme Berthe, fille de Pepin.

☞ La plus ancienne Edition que nous connoissions de ce Roman, est la suivante.

Le premier Livre de l'Histoire & ancienne Chronique de Gérard d'Euphrate, Duc de Bourgogne, traitant de son origine, jeunesse, amours, & chevaleureux faits d'armes, mis de nouveau en notre vulgaire François : *Paris,* Sartenas, *1549, in-fol.*]

35868. Histoire des Rois, Ducs & Comtes de Bourgogne [& d'Arles], depuis l'an de

K k k

Jesus-Christ; 408 jusqu'en 1350, extraite de diverses Chartres & Chroniques anciennes, avec plusieurs Tables généalogiques; par André DU CHESNE : *Paris*, Cramoisy, 1619, *in*-4. 2 vol.

☞ *Voyez* Lenglet, *Méth. histor. in*-4. *tom. IV. pag.* 439. = *Bibl. Harley. tom. II. pag.* 545. = Le Père Niceron, *tom. VII. pag.* 329.]

35869. ☞ Extraits d'aucuns Registres & autres Enseignemens trouvés en la Trésorerie de Poligny & ailleurs, touchant les Rois & Princes & autres saints Personnages, issus de la très noble & très-ancienne Maison de Bourgogne; par Gabriel POMAR Hispaniol : *Genève*, 1535, *in*-8.

Ce Livret est cité dans l'*Histoire Sainte de Châtillon-sur-Seine*, par le Grand, *part. I, pag.* 5.]

35870. Recueil de plusieurs Pièces [curieuses] servant à l'Histoire de Bourgogne, [choisies parmi les Titres plus anciens de la Chambre des Comptes de Dijon, des Abbayes & autres Eglises considérables, & des Archives des Villes & Communautés de la Province; pour justifier l'origine des Familles les plus illustres, & pour instruire des anciennes loix, coutumes & privilèges des Villes de la Bourgogne;] par feu Me Etienne PÉRARD, Conseiller du Roi en ses Conseils, & Doyen de sa Chambre des Comptes de Dijon : *Paris*, Cramoisy, 1654, *in-fol.*

Cet Auteur est mort en 1663.

« Comme Pérard avoit une grande connoissance » de l'Histoire de Bourgogne & des Titres qui la regar- » dent, dont la plupart sont dans la Chambre des Comp- » tes de Dijon, il eût été avantageux qu'il les eût fait » imprimer sous ses yeux, & qu'il y eût joint des Notes. » Ces Titres seroient plus corrects qu'ils ne sont dans » cette Edition. » M. Papillon, *Mém. manuscrits*.

☞ *Voyez* sa *Bibliothèque des Auteurs de Bourgogne, tom. II. pag.* 133.]

35871. Commentarii Regum Burgundicarum, à primis Burgundiæ Regibus usque ad Carolum Ducem, qui apud Nancium occisus est, anno 1476, [vel 1477.] Auctore Joanne Agno BEGATIO, in Senatu Burgundiæ Præside.

Cet Auteur est mort en 1572. Ses Mémoires sont imprimés au-devant de la *Coutume de Bourgogne : Châlon*, 1665, *in-*4. Il lui est échappé quelques Anachronismes.

« Ces Mémoires ne contiennent que 10 pages. On » n'y reconnoît point l'exactitude judicieuse de M. Be- » gat ; il passe trop légèrement sur les Princes dont il » parle; il cite Sabellicus & Pierre Aurelius, deux Ita- » liens, pour établir des faits arrivés dans les Gaules, » mille ans avant ces Auteurs ». M. Papillon, *Mém. manuscrits*.

☞ *Voyez* Lenglet, *Méth. histor. in-*4. *tom. IV. pag.* 218. = Le P. Niceron, *tom. VI. pag.* 180.]

35872. Mf. Histoire de Bourgogne; par Jacques LE CLERC.

Cette Histoire est citée par Gilles-André de la Roque, dans son *Traité de la Noblesse*, chap. 105, *pag.* 368, de l'Edition de 1678. C'est peut-être celle de Jacques de Clercq, qui est indiquée ci-devant, [Tome II. N.º 17297.]

35873. Mf. Instructions & autres Pièces concernant les Ducs de Bourgogne, depuis l'an 1460, jusqu'en 1477 : *in-fol.*

Ce Recueil [étoit] dans la Bibliothèque de M. Colbert, num. 1922, & dans celle de M. Baluze, num. 165, [& est aujourd'hui dans celle du Roi.]

35874. ☞ Mf. Abbatis Cisterciensis (Joannis DE CYREY) Chronicon earum rerum quæ in Burgundiâ gestæ sunt per annos 1473 & sequentes, usque ad 1480.

Dans la Bibliothèque de M. le Président Bouhier, lettre C. num. 73.]

35875. ☞ Mf. Sommaire des choses arrivées en France, & particulièrement en Bourgogne, depuis 1570 jusqu'en 1591 inclusivement; par François DE THESEU.

Ce Sommaire se trouve au même endroit, lettre P. num. 14.]

35876. Mf. Mélanges de diverses Pièces servant à l'Histoire de Bourgogne.

Ces Mélanges [étoient] conservés à Dijon, dans la Bibliothèque de M. de la Mare, [& sont partie de celles qui seront rapportées à la fin de cet Article, lesquelles sont actuellement dans la Bibliothèque de M. Fevret de Fontette, à Dijon.]

35877. Annales de Bourgogne; par Guillaume PARADIN de Cuyseau: *Lyon*, Gryphius, 1566, *in-fol.*

Ces Annales commencent en l'année de Jesus-Christ 378, & finissent en 1482. Cet Auteur les a composées sur les Mémoires de M. Prévost, Lieutenant-Général au Bailliage de Dijon, qui étoit très-versé dans l'Histoire de cette Province. C'est ce que nous apprend Louis Jacob, *pag.* 125 de son *Traité des Hommes illustres de Châlon*.

« Pierre de S. Julien, *pag.* 304 de ses *Mélanges*, dit que Paradin, dans le temps de la mort de Prévost, étoit Instituteur de ses enfans, & qu'il profita de ses Mémoires pour en composer des Annales de Bourgogne.

« Paradin avoit du talent pour écrire l'Histoire, & » l'on estime assez ce qu'il en a écrit. On ne sçauroit lui » reprocher que les défauts de son siècle. Il avoit un » peu trop de crédulité, & point assez de critique : il » met en œuvre tout ce qu'il trouve en son chemin. » Au reste, il dit ce qu'il sçait; il ne dissimule rien : » sa franchise lui doit tenir lieu de quelque chose. On » le lit avec plaisir, parce qu'on voit par-tout sa sincé- » rité & l'envie qu'il a de découvrir la vérité. » M. Papillon, *Mém. manuscrits*.

☞ *Voyez* ce que le même Abbé Papillon dit encore dans la *Bibliothèque des Auteurs de Bourgogne, Part. I, pag.* 319. Il parle d'une Critique manuscrite & presque complete des Annales de Paradin, composée par M. Prosper BAUYN; & Partie 2, *pag.* 135 des Notes manuscrites d'Etienne PÉRARD, sur le même Ouvrage de Paradin.

Voyez Lenglet, *Méth. hist. in-*4. *tom. IV. pag.* 218. = Jacob, *de Cl. script. Cabill. pag.* 115.]

35878. ☞ Histoire générale & particulière de Bourgogne, avec des Notes, des Dissertations & les Preuves justificatives, composée sur les Auteurs, les Titres originaux, les Registres publics, les Cartulaires des Eglises Cathédrales ou Collégiales, des Abbayes, des Monastères & autres anciens Monumens; & enrichie de Vignettes, de Cartes géographi-

Histoires du Gouvernement de Bourgogne, &c.

ques, de divers Plans, de plusieurs figures, de portiques, tombeaux & sceaux, tant des Ducs que des grandes Maisons, &c. par un Religieux Bénédictin, (Dom Urbain PLANCHER,) de l'Abbaye de S. Bénigne de Dijon, & de la Congrégation de S. Maur : *Dijon*, de Fay, 1739-1748, *in-fol.* 3 vol.

Le premier contient une Carte de la Germanie, occupée par les anciens Bourguignons. = Une Dissertation préliminaire sur le Nom, l'Origine, les Mœurs, le Gouvernement, &c. des Bourguignons avant leur entrée dans les Gaules. = L'Histoire de Bourgogne, depuis 407, jusqu'à la mort d'Eudes III. Duc de Bourgogne, en 1218.

On trouve à la fin du Volume : = Révolutions de l'Abbaye de Rougemont. = Translation de l'Abbaye du Puits d'Orlée. = Relation de ce que l'on a trouvé concernant l'Abbaye de Tart, depuis la fin du XIIe Siècle, jusqu'à nos jours. = Notes (ou Observations) sur l'Histoire de Bourgogne. 1. Si Clovis est venu une seconde fois en Bourgogne contre le Roi Gondebaud. 2. Si Sigismond, fils de Gondebaud, a été reconnu Roi du vivant de son père. 3. Quelle étoit la signification du mot de Concubine, au VIe Siècle, du temps du Roi Gontran. 4. Si Gislebert a été Duc de la Bourgogne Transjurane. 5. Si une Chartre du Duc Eudes, datée de l'an 1113, dans le *Recueil* de Pérard & dans les *Annales* de D. Mabillon, doit être rapportée à l'an 1143. 6. Si le Duc Eudes III. du nom a été Fondateur du Val-des-Choux. = Dissertations sur l'Histoire de Bourgogne. 1. Sur les Rois de l'ancien Royaume de Bourgogne, & sur le Recueil que l'on a des anciennes Loix des Bourguignons. 2. Sur l'étendue du second Royaume de Bourgogne ou de Provence, dit le *Royaume de Boson*, formé des débris de l'ancien Royaume de Bourgogne. 3. De la prérogative du Duché & des Ducs de Bourgogne, sur les autres Duchés & Ducs du Royaume. 4. Sur les anciennes Eglises de S. Bénigne de Dijon, & sur l'antiquité de la Rotonde & du grand Portail de l'Eglise, qui subsistent encore aujourd'hui, avec figures & planches. 5. Si la Ville & le Château d'Auxonne sont du Duché de Bourgogne. = Preuves de l'Histoire de Bourgogne.

Le Tome II. contient l'Histoire depuis Hugues IV. Duc de Bourgogne en 1218, jusqu'en 1364, à l'installation du Duc Philippe-le-Hardi.

On trouve à la fin : = Officiers des Ducs de la première Race. = Notes ou Observations sur l'Histoire de Bourgogne. 1. Détail des Fiefs, Fonds, &c. que le Duc Hugues IV. assigna par son Testament à Robert son fils, pour son partage. 2. Noms des Nobles qui firent hommage au Duc Robert. 3. Si Isabeau, fille de Hugues IV. a été mariée au Roi des Romains. 4. Détail des Domaines & Fiefs que le Duc Robert veut que le Duc Hugues son fils retienne & garde sans les transporter ni céder à personne. 5. Si le Duc Robert II. est mort en 1305, ou le 9 Octobre 1309. 6. Ce que l'on doit entendre par *livrées & foudées de terre*. 7. Noms des principaux Seigneurs des deux Bourgognes, venus avec leurs Gens d'Armes, en 1358, au secours du Duc Philippe, dit *de Rouvre*. 8. Noms de ceux de l'an 1359. 9. Si après la mort de Philippe de Rouvre, dernier Duc de Bourgogne de la première Race, ce Duché est passé à Jean, Roi de France, par droit de succession, comme plus proche parent, ou par droit de retour à la Couronne, comme Appanage. 10 & suiv. Des Maisons de Montréal, = Marigny, = Mont-Saint-Jean, = Grancey, = Pommard, = Vergy, = Frolois, = Beaufremont, = Menans, = Courcelles, = Thil, = Montjeu, = Blaisy, = Chugny, = Choiseul, = Dublé, = Jussey, = Estrabonne, = Sombernon, = Granson, = Rabutin, = Couches, = Château-neuf, = Espinasse, = Antigny, = Sennecey, = Salins, = Châlons, = Vienne, = Rye, = Sémur en Brionnois, = Saux.

Le même Tome III. finit par = Note sur les Tombes

Tome III.

& Tombeaux en général. = Notes sur les Sceaux des Ducs de Bourgogne de la première Race & autres, avec l'empreinte desdits Sceaux. = Preuves de l'Histoire de ce Volume.

Le Tome III. comprend la suite de l'Histoire, depuis Philippe-le-Hardi, en 1363, jusqu'à la mort de Jean-Sans-Peur, en 1419.

On trouve à la fin : = Notes sur l'Histoire de Bourgogne, au nombre de trente-neuf, contenant différentes Montres ou Listes des Seigneurs qui accompagnèrent les Ducs de Bourgogne dans différentes Expéditions, Listes de Domestiques ou Officiers de leur Maison. = Preuves de ce Volume.

Dom Urbain Plancher est mort en 1750.

Voyez sur son Ouvrage, *Journal des Sçavans*, Sept. 1750, *Juin*, 1751. = *Observ. sur les Ecrits modernes*, lettr. 202, 302, 314. = *Journ. histor.* Sept. 1738, *Mai*, 1740, *Août*, 1741. = *Réflexions sur les Ouvr. de litter.* tom. VI. pag. 117.

Dom Alexis SALAZAR, Religieux de S. Bénigne de Dijon, a continué cette Histoire, & est mort en 1766, après avoir composé un quatrième Volume, qui est resté en Manuscrit. On n'a pas cru devoir le livrer à l'impression, & les Bénédictins se proposent de refondre ce Volume, & même les trois premiers, dans une nouvelle Histoire de Bourgogne.]

35879. Mf.   Histoire de Bourgogne; par Pierre TUREAU, de Dijon.

Pierre de Saint-Julien en fait mention dans son *Histoire des Bourguignons*, pag. 13 & 14.

35880.   Rerum Burgundionum Chronicon : in quo etiam rerum Gallicarum tempora accuratè demonstrantur; permulta autem pro utriusque Historiæ, necnon etiam Germanicæ notitia dubia confirmantur, obscura illustrantur & ab aliis aut non animadversa, aut non comperta enucleantur, non pauca verò, quorum memoria penitùs interciderat, ex probatissimorum Auctorum Libris numquam anteà editis & veteribus monimentis exhibentur. Ex Bibliotheca historica Nicolai VIGNERII, Barrensis ad Sequanam : *Basileæ*, Guarini, 1575, *in-*4.

Cet Auteur est mort en 1596, [après avoir fait un grand nombre d'Ouvrages.]

35881. ☞ Rerum Burgundicarum Libri VI. Authore DELPHIO : *Antverpiæ*, 1584, *in-fol*.

L'Auteur y traite de cette partie des Gaules à laquelle les Bourguignons (*Burgundiones*) donnèrent leur nom; il en décrit les divers changemens, sous nos Rois, sous les Ducs, &c.]

== Rerum Burgundicarum Libri sex, in quibus describuntur res gestæ Ducum, Comitumque utriusque Burgundiæ, qui è Valesia Francorum Regum Familia apud Burgundos imperarunt; Auctore Ponto HEUTERO.

Voyez ci-devant, [Tome II. N°. 25437.]

☞ L'Auteur étoit Hollandois, & est mort en 1602.]

== Histoires des quatre derniers Ducs de Bourgogne.

Voyez là même, [N.ºs 25438 *& suiv.*]

☞ *Nota*. Il faut recourir encore, pour l'Histoire des Ducs de Bourgogne de la première & de la seconde Race, aux Articles du même Tome II. qui regardent les *Histoires généalogiques de la Maison Royale*, N.ºs 15283 *& suiv.* 25426 *& suiv.*]

35882. ☞ De l'ancienne Duché-Pairie de Bourgogne, & Pièces qui le concernent.

Dans l'*Histoire Généalogique* du Père Simplicien, tom. II. 1726, pag. 459.

Nouvelle érection, du même, en 1363.

Ibid. tom. III. pag. 232.]

35883. ☞ Chronologie historique des Ducs de Bourgogne.

Dans la seconde Edition de l'*Art de vérifier les Dates* : (Paris, Desprez, 1770, *in-fol.*) pag. 663.

Avant cet Article, se trouve l'Histoire de l'ancien Royaume de Bourgogne, & de ceux qui furent formés de ses débris, en Provence, Dauphiné, &c.]

35884. ☞ Mf. Lettres-Patentes de Philippe I. Duc de Bourgogne, de la seconde Race, données à Dijon le 11 Juillet 1371, pour ordonner aux Elus nommés, la levée d'un impôt pour le payement de huit-vingt payes de Gendarmes, accordées au Roi de France par les Etats.

Il y en a une Copie collationnée à Dijon, dans la Bibliothèque de M. le Président de Ruffey.]

35885. ☞ Mf. Exposition de l'Ordonnance Militaire de Charles-le-Guerrier, (ou le Hardi,) dernier Duc de Bourgogne; par M. GELOT, de l'Académie de Dijon.

Elle a été lue à cette Académie, le 18 Juin 1762, & est conservée dans ses Registres.]

35886. Mf. Diverses Pièces détachées, soit sur l'Histoire ancienne de Bourgogne, avant la Réunion à la Couronne, en 1477, soit depuis.

Elles sont particularisées ci-après, §. I & II. de l'*Inventaire sommaire*, qui est à la fin de l'Article présent des *Histoires de Bourgogne*.]

== * Remontrance des Etats de Bourgogne au Roi Charles IX. en 1564, avec leur Réponse à l'Apologie de l'Edit du Roi.

Voyez ci-devant, [Tome II. N.os 17946 & 17948.]

35887. Mf. Antiquités de Bourgogne; par François MANGEARD, dédiées à M. de Ruffey: *in-fol.*

Ces Antiquités sont conservées dans la Bibliothèque du Roi, entre les Manuscrits de M. de Gaignières.

35888. Mf. Inscriptiones antiquæ quaquaversùm per Burgundiam sparsæ.

35889. Mf. Recueil des Epitaphes des Ducs & Duchesses de Bourgogne, & de leurs Enfans, qui furent leurs Sépultures & dans les Caveaux de la Chartreuse Royale de Dijon, avec le Titre de la Fondation par Philippe-le-Hardi, Duc de Bourgogne.

Ces Inscriptions & Epitaphes [étoient] conservées à Dijon dans la Bibliothèque de M. de la Mare, comme il le dit, *pag.* 67 de son *Plan des Historiens de Bourgogne*, [& sont aujourd'hui dans la Bibliothèque du Roi.]

35890. Mf. Traités, Contrats de Mariage & Testamens des Ducs de Bourgogne, & autres Titres concernant le Duché de Bourgogne, depuis l'an 586 jusqu'en 1525: *in-fol.*

Ce Recueil est conservé entre les Manuscrits de M. de Brienne, num. 311.

35891. Mf. Mémoires de la Généralité de Bourgogne.

Mf. Mémoires de Bourgogne : 9 vol.

Mf. Recueil de Lettres sur la Bourgogne.

Ces trois Manuscrits *in-fol.* [étoient dans la Bibliothèque de M. Colbert, & sont aujourd'hui dans celle du Roi.]

— ☞ Mf. Diverses Pièces contenant des Remarques sur les Limites de la Bourgogne, ses productions, son commerce, Privilèges & intérêts de ses habitans, ses Collèges.

Ces Pièces sont particularisées ci-après dans le §. III. de l'*Inventaire sommaire*, &c. qui se trouve à la fin de cet Article des *Histoires de Bourgogne*.]

35892. ☞ Mf. Réponses faites aux Instructions envoyées par Sa Majesté au Sieur Bouchu, Conseiller du Roi en ses Conseils, Maître des Requêtes ordinaire de son Hôtel, Intendant de Justice, Police & Finances, & Commissaire départi pour l'exécution de ses ordres en Bourgogne & Bresse, sur l'état desdites Provinces : *in-fol.* 11 vol.

C'est l'Original, qui est conservé à Dijon, dans la Bibliothèque de M. Fevret de Fontette. Les Questions sont imprimées, & les Réponses Manuscrites. Il y a un pareil Recueil dans les Archives du Bureau des Finances de Dijon.

Le Tome I. contient les Bailliages de Dijon, d'Auxonne, & de Saint-Jean-de-Lône.

Le Tome II. Les Bailliages de Beaune & de Nuys.

Le Tome III. Le Bailliage de Châlon.

Le Tome IV. Les Bailliages d'Autun, de Montcénis, de Bourbon-Lancy, de Sémur en Brionnois, & de Charolles.

Le Tome V. Le Bailliage de Sémur en Auxois.

Le Tome VI. Les Bailliages d'Arnay-le-Duc, & d'Avalon.

Le Tome VII. Le Bailliage de Châtillon.

Le Tome VIII. Les Bailliages d'Auxerre, de Mâcon & de Bar-sur-Seine.

Les Tomes IX. & X. La Bresse, le Bugey, le Valtromey, & Gex.

Le Tome XI. comprend la Table alphabétique pour la Bourgogne, & une autre pour la Bresse, &c.]

35893. ☞ Mf. Recueil de près de 200 Pièces, concernant l'Histoire des Bailliages, Villes, Eglises, Monastères, &c. des Provinces de Bourgogne, Bresse, Bugey, &c. rangées par ordre alphabétique, pour la plus grande partie Originales : *in-fol.* 2 Portefeuilles.

Ce Recueil est dans la Bibliothèque de M. Fevret de Fontette, Conseiller au Parlement de Dijon, & vient de M. Philibert de la Mare. Le Détail de ces Pièces se trouvera à la fin de cet Article.]

35894. Mélanges historiques, & Recueil de diverses Matières, [la plupart paradoxales & néanmoins vraies;] par Pierre DE SAINT-JULIEN, de la Maison de Balleurre, Doyen de Châlon: *Lyon*, Rigaud, 1589, *in-8.*

Ces Matières paradoxes concernent l'Histoire de France, & en particulier celle de Bourgogne. Il y a dans ce Livre des Généalogies de quelques Maisons anciennes de cette Province.

Histoires du Gouvernement de Bourgogne, &c.

» « Ces Mélanges font curieux & estimés : c'est le
» meilleur Ouvrage de l'Auteur. Les Généalogies de plu-
» sieurs anciennes Familles de Bourgogne se trouvent
» depuis la page 298, jusqu'à la page 702. Comme
» Pierre de S. Julien aimoit à parler de la sienne, il ne
» s'est pas oublié ici, & il en a fait deux Articles très-
» étendus ». M. Papillon, Mem. manuscrits.

☞ Nous avons donné le détail de ces *Mélanges*, ci-devant, Tome II. N.° 15588.]

35895. Ms. Histoire de Bourgogne & de Flandres, depuis la Fondation du Royaume de Bourgogne jusqu'en 1639 : *in-fol.*

Cette Histoire, qui a été composée en 1659, est conservée dans la Bibliothèque du Roi num. 10352.

35896. ☞ M. Recueil de quelques Arrêts, avec un Sommaire des choses arrivées en France & particulièrement en Bourgogne, depuis 1570, jusqu'à la fin de 1591 ; par François DE THESEU, Avocat au Parlement de Dijon : *in-fol.*

Ce Recueil est dans la Bibliothèque de M. le Président Bouhier, sous la lettre B.]

35897. ☞ Ms. Journal contenant ce qui s'est passé de plus intéressant à Dijon, depuis 1571 jusqu'en 1601 ; par le Sieur PEPIN, Chanoine musical de la Sainte-Chapelle de Dijon : *in-4.*

Ce Journal est conservé dans la Bibliothèque de M. le Président Bouhier.]

35898. ☞ Avis pour MM. les Gens des trois Etats du Pays & Duché de Bourgogne, sur le sujet de leur Assemblée du mois de Mai 1605 ; par Me Jean DE SOUVERT, Avocat au Parlement de Dijon, Conseil desdits Etats.

L'Auteur de cette Pièce, qui est estimée, commence par montrer la nécessité & l'utilité des Etats-Généraux : il descend ensuite à celle des Etats particuliers de quelques Provinces ; & notamment de ceux de la Bourgogne, qui doivent, au défaut d'une Assemblée des Etats-Généraux, représenter à Sa Majesté les maux présens du Royaume, & conserver la prérogative qu'ils ont toujours eue, de donner le branle aux différens Membres de cette Monarchie. Pour cela il faut que les propositions & les opinions soient libres, & qu'un des Corps des Etats n'entreprenne rien au préjudice des autres. Pour remédier aux maux dont on se plaint, il faut en rechercher les causes, la qualité & les effets. L'Auteur exhorte ensuite tous les Ordres, de faire de très-humbles Remontrances au Roi sur ce qu'ils croiront leur être le plus profitable, & à refuser constamment, mais respectueusement, plusieurs nouvelles taxes qu'on voudroit imposer. La vénalité des Charges, la multitude des Praticiens, les patentés & alliances qui font entre Messieurs des Cours Souveraines, la distraction hors du ressort, & plusieurs autres abus, doivent aussi réveiller leur attention. Il y a nombre de nouveaux Edits prêts à paroître, s'ils ne s'y opposent ; & ils ne doivent pas craindre de le faire sous un Roi aussi juste & aussi bon que Henri IV.]

35899. ☞ Ms. Journal des choses les plus remarquables arrivées en Bourgogne, & particulièrement à Dijon, depuis 1588 jusqu'en 1619 ; par Claude SULLOT, Procureur au Parlement de Dijon : *in-4.*

Ce Manuscrit est dans la Bibliothèque du Président Bouhier, parmi les *in-4*. D.]

35900. Ms. Mémoires servant à l'Histoire des choses qui se sont passées en Bourgogne pendant la première & seconde Guerre civile, au temps de la détention des Princes, & après leur liberté ; & Apologie pour la Franche-Comté ; par Antoine MILLOTET, Avocat-Général au Parlement de Dijon : *in-fol.*

Cet Auteur est mort en 1688. Ses Mémoires, qui regardent les Guerres de 1649, 1650 & 1651, [étoient] entre les mains de Madame la Comtesse de Gissey, petite-fille de l'Auteur, [en Original ; mais il y a des Extraits, & une Continuation par le fils de l'Auteur, jusqu'en 1668, dans la Bibliothèque de M. le Président Bouhier, à Dijon.]

35901. ☞ Ms. Anecdotes concernant différens sujets, pendant les années 1650-1658 ; par Claude MALETÊTE, Conseiller au Parlement de Dijon : *in-4.*

Ce Manuscrit est conservé dans la Bibliothèque de M. le Président Bouhier.]

35902. Ms. Histoire des Chanceliers de Bourgogne sous la première & seconde Race des Rois de France ; par Pierre PALLIOT.

Cet Auteur est mort en 1698. Son Histoire est citée, dans le *Dictionnaire de Moréri*, de 1712, sous le nom de Dijon.

☞ Il est douteux que Palliot ait jamais achevé cette Histoire, & M. de la Mare qui en parle dans son *Conspectus*, ou Plan des Hist. de Bourgogne, pag. 27, ne dit pas où elle est.]

35903. ☞ Ms. Mémoire sur la Vie de Nicolas Rolin, Chancelier de Bourgogne ; par Pierre PALLIOT : *in-fol.*

Il est conservé à Dijon, dans la Bibliothèque de M. le Président Bouhier, & dans celle de M. Fevret de Fontette, avec quelques autres Pièces qui concernent ce fameux Chancelier, qui est mort en 1461.]

— ☞ Ms. Diverses Pièces sur les Etats de la Province de Bourgogne, la Chambre des Elus généraux desdits Etats & leur Administration.

Elles sont particularisées ci-après, §. IV. de l'*Inventaire sommaire* qui est à la fin de cet Article des Hist. de Bourgogne.]

== Histoire du Parlement de Bourgogne ; par Pierre PALLIOT, & François PETITOT.

☞ *Voyez* ci-dessus, N.os 33038 & 33039.]

== Histoire de la Chambre des Comptes de Bourgogne ; par Hector JOLY.

☞ *Voyez* ci-dessus, N.° 33817.]

35904. ☞ Ms. Relation des Cérémonies faites en Bourgogne aux Princes de Condé, Gouverneurs de cette Province, lors de la tenue des Etats ; par Philippe DANCOURT : *in-fol.* 3 vol.

Cette Relation est dans la Bibliothèque du Château de M. le Marquis d'Aubais.]

35905. Antiquitates quarumdam Civitatum Burgundiæ : Auctore Bartholomæo CHASSANÆO, Parlamenti Provinciæ Præside.

De Chasseneuz est mort en 1544. Ses Antiquités

font imprimées avec son *Commentaire fur les Coutumes du Duché de Bourgogne : Paris*, 1547, *in-fol*.

35906. ☞ Jacobi, Joannis, Andreæ & Hugonis fratrum GUIONIORUM Opera varia ex Bibliothecâ Philiberti de la Mare, Senatoris Divionenfis : *Divione*, 1658, *in-4*.

Ce Recueil peut fervir à l'Hiftoire de Bourgogne, particulièrement à celle des Perfonnes illuftres de cette Province.]

35907. ☞ Mſ. Difcours où l'on recherche les caufes phyfiques, morales & politiques qui infpirent aux Habitans de Dijon, l'amour des fciences; par M. PERRET, de l'Académie de Dijon : *in-4*.

Ce Difcours a été lu dans la Séance publique de cette Académie, le 14 Décembre 1763, & eft confervé dans fes Regiftres.]

35908. Defcription de la Ville de *Dijon*; par Edouard BREDIN, Géometre & Peintre : *Dijon*, 1574, *in-8*.

✻ Sa Carte de Dijon eft dans les Antiquités de Pierre de Saint-Julien.

35909. Joannis RICHARDI, Antiquitatum Divionenfium & de Statuis Divione repertis in Collegio Grodaniorum, Liber; ad Joan. Patouilletum. Adjecti funt ad calcem, Hendecafyllabæ de fortuna reduce, & alii aliquot fere ad eafdem antiquitates ejufdem Auctoris fpectantes verfus imprimis funebres :] *Parifiis*, Linocerii, 1585, *in-8*.

☞ Cette petite Pièce, (qui a 96 pages,) fut faite à l'occafion des Statues & des Infcriptions qu'on trouva en creufant les fondations du Collège des Jéfuites de Dijon. Elle roule prefque toute fur la manière dont on doit lire & expliquer ces Infcriptions. Delà l'Auteur infère qu'il y avoit en cet endroit un Temple érigé *Fortunæ reduci*. Ce n'eft qu'en paffant qu'il prétend que Dijon étoit déja célèbre du temps de Domitien, & que cette Ville fut bâtie par une Colonie, fortie du *Divitenfe munimentum*, qu'il place auprès du Rhin.]

Les Pièces de Vers qui font à la fin, & qui font du même Auteur, regardent la mort de fon père, Claude Richard, & d'autres perfonnes.]

✻ On a du même Jean Richard, *De antiquâ Francorum origine Fragmentum, ex Scholiis ejus*, joint à fon *Pétrone : Parifiis*, 1611, *in-8. pag*. 32.

35910. Antiquités de la Ville de Dijon & Peuples de Bourgogne; par Jean GUENEBAUD.

Ces Antiquités font imprimées dans l'Ouvrage qu'il a intitulé : *Le Réveil de Chyndonax : Dijon*, 1621, 1623, *in-4*.

35911. ☞ Mſ. Cartulaire de la Ville de Dijon, contenant les Privilèges, Droits & Coutumes de cette Ville : *in-12*. Autres Chartres & Privilèges.

Ces Manufcrits font confervés dans la Bibliothèque de M. le Préfident Bouhier, (aujourd'hui du Préfident de Bourbonne,) à Dijon : Lettre A. num. 61. D. num. A-q. F. num. 42.]

35912. ☞ Mſ. Remarques fur la date de l'établiffement de la Commune de Dijon; (par M. l'Abbé BOULEMIER, Chapelain de la Madelaine, à Dijon, & Bibliothécaire du Collège, de l'Académie de cette Ville :) en 1765. = Mémoire fur la Charte de la Commune de Dijon ; (par M. GELOT, Procureur du Roi de la Chambre du Tréfor.) = Nouvelles Remarques, &c. par M. l'Abbé BOULEMIER : 1769.

Ces trois Pièces font confervées dans les Regiftres de l'Académie de Dijon.]

35913. ☞ Mſ. Defcription de la Ville de Dijon, en Vers; par Pierre GROSNET : *in-4*.

Dans la même Bibliothèque.]

35914. Divio & Belna; Auctore Claudio ROBERTO.

Robert a publié les Antiquités de ces deux Villes dans fa *Gaule Chrétienne, p*. 55 : *Parifiis*, 1626, *in-fol*.

35915. Mſ. Edmundi FRANCELET, è Societate Jefu, Divio Sancta, Armata, Togata & Docta.

Cette Hiftoire [étoit] confervée dans la Bibliothèque du Collège des Jéfuites de Dijon. L'Auteur n'a achevé que l'Hiftoire Eccléfiaftique.

35916. Recueil de Pièces pour fervir à l'Hiftoire de Dijon; (par Philibert BOULIER, Chanoine de la Sainte-Chapelle de Dijon :) *Dijon*, 1649, *in-8*.

35917. Differtation fur (l'antiquité &) la Fondation de la Ville de Dijon; par Claude FIOT; Abbé de Saint-Eftienne de Dijon.

Cette Differtation eft imprimée au-devant de fon *Hiftoire de cette Abbaye : Dijon*, 1696, *in-fol*.

☞ C'eft ce qu'on a de meilleur, de plus exact & de plus étendu fur l'Hiftoire de cette Ville.]

✻ L'Auteur [étoit] d'une piété fingulière, & il s'eft diftingué par les dépenfes qu'il a faites pour la reftauration & l'embelliffement de l'Eglife & de fon Abbaye.

35918. Mémoire pour fervir à l'Hiftoire de Dijon ; par Philibert Bernard MOREAU DE MAUTOUR, de Dijon, de l'Académie Royale des Infcriptions.

Ce Mémoire forme l'Article de la Ville de Dijon, dans le tom. II. du *Dictionnaire géographique de Thomas Corneille : Paris*, 1709, *in-fol*.

35919. ☞ Mſ. Varia, ou chofes diverfes concernant l'Hiftoire de la Ville de Dijon.

Elles fe trouvent dans la Bibliothèque de M. le Préfident Bouhier, Lettre A. num. 94, Lettre D. num. 90, 91, 115, & Lettre K. num. 7 & 8.]

35920. ☞ Mſ. Recueil de diverfes Pièces & Mémoires concernant l'Hiftoire de la Ville de Dijon.

Dans la même Bibliothèque, Lettre C. num. 90, 91, & 92.]

35921. ☞ Mſ. Recueil de Pièces fur la même Ville, fes Privilèges, fes Maires, la Police, fes Eglifes & Monaftères; au nombre de 140 Pièces, prefque toutes Originales : *in-fol*. 2 gros Porte-feuilles.

Dans la Bibliothèque de M. Fevret de Fontette, Confeiller au Parlement de Dijon. Le détail de ces Pièces, qui viennent de M. Philibert de la Mare, fe trouvera à la fin de cet Article.]

Histoires du Gouvernement de Bourgogne, &c.

35922. * Lettre (de François BAUDOT,) sur l'antiquité de la Ville de Dijon & d'Autun : *Dijon*, Ressayre, 1708 & 1710, *in-12*. 2 vol.

35923. ☞ Lettre écrite aux Auteurs du Mercure, contenant quelques Remarques sur la Ville de Dijon, &c. *Mercure*, 1724, *Décembre*, Vol. I.

[C'est peu de chose que ces Remarques, qui ne contiennent qu'environ trois pages. On y relève quelques erreurs du Nouveau Voyage de la France, par M. Piganiol de la Force.]

— ☞ Mſ. Diverses Pièces sur la Ville de Dijon : Histoire Civile, Privilèges, Hôtel de Ville, Commune, Police, &c. Récits d'Evénemens arrivés dans cette Ville. = Sur son Histoire Eccléſiaſtique, ſes Eglises, Monaſtères, Hôpitaux.

[C'est ce qui ſe trouve particularisé dans les §. X & XI. de l'*Inventaire ſommaire*, &c. qui est à la fin de cet Article des *Hiſt. de Bourgogne*.]

35924. ☞ Mſ. Mémoire sur les anciennes & nouvelles Armoiries de la Ville de Dijon ; par M. l'Abbé BOULEMIER.

[Ce Mémoire est conservé dans les Registres de l'Académie de Dijon.]

== ☞ Mſ. Journal du Siège de Dijon par les Suisses, en 1513 ; par Pierre TABOUROT, Maire de cette Ville.

[Ce Journal est cité par la Croix du Maine. Il s'en trouve un Exemplaire à Dijon, chez M. Fevret de Fontette, comme on l'a dit ci-devant, Tome II. N.º 17465, & aussi dans la Bibliothèque de M. le Président Bouhier : *in*-4. D.]

35925. ☞ Mſ. Essai historique sur le Siège de Dijon, fait par les Suisses, en 1513 ; par M. le Président DE RUFFEY.

[Ce Mémoire a été lu à l'Académie de Dijon, dans la Séance publique du 9 Janvier 1761, & est conservé dans ses Archives.]

*— ☞ Réduction des Villes de *Dijon* & de *Nuitz*, à l'obéissance du Roi Henri IV. en 1595.

[*Voyez* ci-devant, Tome II. N.º 19653.]

== ☞ Histoire de la Sédition arrivée à Dijon, en 1630.

[*Ibid.* N.ᵒˢ 21617, 21618.]

== ☞ Relation de ce qui s'est passé pendant le séjour du Roi Louis XIII. à Dijon, en 1631.

[*Ibid.* N.º 21671.]

== ☞ Réception du Roi à Dijon, en 1650.

[*Ibid.* N.ᵒˢ 23097, 23098.]

== ☞ Siège du Château de Dijon, &c. en 1651.

[*Ibid.* N.ᵒˢ 23358, 23359, 23361, & 23605.]

35926. ☞ Mſ. Observations sur les Meſures de Dijon & des Environs. = Sur celles de Beaune. = Sur celles de Troyes & Lieux circonvoiſins ; par M. DE BARDONNENCHE, Prêtre de l'Oratoire, Membre de la Société Littéraire d'Auxerre.

[Ces Mémoires ſont conservés dans les Dépôts de cette Société.]

35927. ☞ De la Duché-Pairie de *Choiſeul*, érigée (ſur *Poliſy*, près Dijon,) en 1665.

[Dans l'*Histoire Généalogique* du Père Simplicien ; *tom. IV.* pag. 811. Cette Pairie a été éteinte à la mort de Céſar de Choiſeul du Pleſſis-Praſlin, arrivée en 1675. La nouvelle Duché-Pairie de Choiſeul, érigée en 1759, est ſur *Stainville* en Barrois.]

== ☞ Siège de *Montbard*, en 1590.

[*Voyez* ci-devant, Tome II. N.º 19214.]

35928. Mſ. Antiquités de la Ville d'*Autun* : *in-fol*.

[Ces Antiquités ſont conſervées entre les Manuscrits de M. Dupuy, num. 667.

☞ *Voyez* Tome I. pag. 21, ſur *Bibracte*.]

35929. Mſ. Mémoires servant à l'Histoire de la Ville d'Autun ; par Martin DU PIN, Doyen de l'Eglise d'Avalon.

35930. Mſ. Recueil de divers Mémoires pour servir à l'Histoire de la Ville d'Autun, par Antoine DE CHARVOT, Chantre & Chanoine, puis Doyen de l'Eglise d'Autun.

[Ces deux Manuscrits ſont cités par Philibert de la Mare, *pag.* 39 & 40 de ſon *Plan des Hiſtoriens de Bourgogne*. Il ajoute qu'ils ſe trouvent quelque part, ſans marquer l'endroit. Martin du Pin est mort en 1572.]

35931. * Merveilles découvertes près de la Ville d'Autun ; par Nicole DE GOULTHIERES : [*Paris* &] *Rouen*, 1581, [1587,] *in*-8.

[☞ *Voyez* la Bibliothèque des Auteurs de Bourgogne, *pag.* 264.]

== Un Livre des Antiquités de la Ville d'Autun ; par Pierre DE SAINT-JULIEN.

[*Voyez* ci-devant, N.º 35838.]

35932. ☞ Mſ. Histoire d'Autun (attribuée au Sieur DE SAINT-JULIEN, Doyen de l'Eglise de Châlon-ſur-Saone :) *in*-4.

[Elle est dans la Bibliothèque du Roi, & vient de M. Lancelot.]

35933. ☞ Le Portrait de la vie humaine, ou naïvement est dépeinte la corruption, la misère & le bien souverain de l'homme, en trois Centuries de Sonnets, dédiés au RR. Evêque d'Autun, avec les Antiquités de pluſieurs Cités mémorables, nommément d'Autun, jadis la plus superbe des Gaules, exemple évident de l'inévitable mutation des choſes, au Seigneur de Chevenon ; François PERRIN, Autunois : *Paris*, 1574 ; *in*-12.

[C'est un Recueil de trois cens mauvais Sonnets, ſuivis d'une petite Pièce en Vers, aussi mauvaiſe, ſur l'antiquité d'Autun.]

35934. ☞ Mſ. Histoire d'Autun ; (par François PERRIN, Chanoine de la Cathédrale d'Autun, mort vers le commencement du XVIIe Siècle :) *in-*4.

Elle est dans la Bibliothèque du Roi, & vient de M. Lancelot.]

35935. ☞ Mſ. Véritables Recherches de l'Antiquité de la Cité d'Autun; par François PERRIN.]

35936. ☞ Mſ. Regrets sur les ruines de la Cité d'Autun; par le même.

Il faut voir sur ces deux Manuscrits la *Bibliothèque des Auteurs de Bourgogne*, part. 2, pag. 143.]

35937. Histoire de l'antique Cité d'Autun, depuis sa Fondation jusqu'à S. Amateur, Evêque d'Autun; par [Edme THOMAS, Chantre de l'Eglise Cathédrale d'Autun :] *in-fol.*

Il n'y a eu d'imprimé de cette Histoire que le premier Livre & partie du second, que j'ai vu entre les mains de Dom Bernard de Montfaucon. Il contient plusieurs choses curieuses. Philibert de la Mare, *pag.* 39 de son *Plan des Historiens de Bourgogne*, dit que ce Manuscrit est conservé chez les Héritiers de M. Artault, à Autun.

☞ *Voyez* le *Mercure*, 1746, Février, pag. 14. = *Biblioth. des Auteurs de Bourgogne*, part. 2, p. 320. = Lenglet, *Méth. hist.* in-4. tom. *IV*. pag. 220. = *Bibl.* de Clément, *tom. II*. pag. 187. = *Recueil d'Ecr. pour l'Histoire de France*, *tom. I*. pag. 319.

On avoit imprimé un *Prospectus* de l'Ouvrage, sous le titre suivant :

Dessein de l'Histoire de l'antique Cité d'Autun, divisée en deux Parties : la première enrichie de la représentation des Monumens anciens qui restent, & des raretés qui ont été trouvées dans ses ruines; & la seconde justifiée par Titres, Chartres, Donations, Testamens & Histoires manuscrites; par M. Edme THOMAS, ancien Chantre & Chanoine en l'Eglise Cathédrale d'Autun, Official de l'Evêché, & Syndic du Clergé : *Autun*, Blaise Simonot, Imprimeur de la Ville : *in-*4. de 8 pages.

Une partie de l'Histoire dont il est question, fut imprimée à Lyon, *in-fol.* chez Guillaume Barbier, en 1660. L'Abbé Papillon, dans sa *Bibliothèque des Auteurs de Bourgogne*, Article *Thomas*, rapporte les raisons pour lesquelles cet Ouvrage ne fut pas continué. Quelques Curieux ont fait copier le reste de la première Partie, qui finit au Chap. VII. du Livre III. L'Auteur avoit conservé deux différens Exemplaires de son Manuscrit, dont le plus ancien a passé dans la Bibliothèque de M. Michault, Censeur Royal, & Académicien honoraire de Dijon, demeurant en cette Ville. Ce Manuscrit est plus ample que celui sur lequel on a imprimé cette Histoire à Lyon, puisque la première Partie contient cinq Livres. C'est dans le IVe où l'Auteur a répandu le plus d'érudition : il a pour sujet & pour titre : *Parallèles & Rapports de la Religion & des Mœurs des anciens Druydes Autunois avec celles des Hébreux*. Ce Livre est composé de cinq Chapitres. Dans le Livre V. divisé en six Chapitres, l'Auteur traite des causes naturelles & des raisons de la singulière salubrité de la Cité d'Autun, par sa situation, son air & ses vents.

M. de Salins, qui dans sa Lettre à un ami, imprimée en 1708, attribuoit cette Histoire à M. l'Avocat Nicolas de Chevanes, s'est trompé ; mais il est vrai que le fils de celui-ci, Jacques-Auguste de Chevanes, avoit chargé de sçavantes notes historiques l'Exemplaire manuscrit que possède M. Michault. Au reste, on peut voir ce que ce dernier dit dans ses *Mélanges* sur M. Thomas & son Ouvrage, comme d'autres Histoires manuscrites d'Autun : *Mélanges*, &c. *Paris*, Tilliard, 1754, *in-*12. tom. *II*. pag. 80 & *suiv*.]

35938. Augustoduni Æduorum Antiquitates : Auctore Stephano LADONÆO, Augustodunensi : *Augustoduni*, Simonot, 1640, *in-*8.

✳ Jean de Ladone, frère de l'Auteur & Chanoine d'Autun, a publié cet Ouvrage, qui a les défauts des Œuvres posthumes.

== ☞ La mort d'Ambiorixène, &c. par NAULT, ou Traité (romanesque) du Siége d'Autun par César.

Voyez ci-devant, Tome I. N.º 3895.]

35939. Dissertation sur divers Tombeaux antiques qu'on voit à Autun & aux environs.

Cette Dissertation est de Jacques LEMPEREUR, Jésuite. Elle est imprimée avec ses *Dissertations sur divers sujets d'Antiquités* : *Paris*, 1706, *in-*12.

35940. Histoire ancienne, moderne & Ecclésiastique de la Ville d'Autun, ornée des Monumens & Antiquités qui restent, & enrichie de plusieurs Chartres & Titres pris sur les Originaux : *Lugduni*, subest Typis Hæredum Guillelmi Barbier, *in-*4.

Ce Titre se trouve dans le *Plan des Historiens de Bourgogne*, [ou *Conspectus*, &c.] de Philibert de la Mare, *pag.* 40, mais cette Histoire, à ce que m'a assuré M. Papillon de Dijon, n'est autre chose que les Mémoires suivans.

☞ Il s'est trompé ; car M. le Président Bouhier, dans le Catalogue de sa Bibliothèque rapporte cet Ouvrage imprimé *in-fol.* à Lyon, Barbier, 1660, & l'attribue à Edme THOMAS, & c'est la même Histoire que celle dont on vient de parler, N.º 35937.]

35941. Recherches & Mémoires servant à l'Histoire de l'ancienne Ville & Cité d'Autun ; par feu Jean MUNIER, Conseiller & Avocat du Roi au Bailliage Autunois, revus & donnés au Public par Claude Thiroux, Avocat à Autun : *Dijon*, Chavance, 1660, *in-*4.

Munier est mort en 1630, & Thiroux en 1687. C'est celui-ci qui a mis ces Mémoires en ordre, & qui y a ajouté l'Epître dédicatoire & la Préface. Ils contiennent l'État & la République des anciens Autunois, la suite de ses anciens Comtes, & les Eloges des Hommes illustres de la Ville d'Autun.

☞ Thiroux a fait une partie de ces Eloges. *Voyez* sur cette Histoire, *Bibliothèque des Auteurs de Bourgogne*, tom. *II*. p. 103. = *Caract. des Ouvr. histor.* par Menestrier, *pag.* 25.]

35942. Mſ. Recherches des anciens Comtes d'Autun, d'où sont descendus les premiers Ducs de Bourgogne, divisées en deux parties, où est compris un Traité de la Vie de Rodolphe, Roi de France, tiré de tous les

les bons Auteurs ; par Jean MUNIER : *in-fol.*

Ces Recherches [étoient] conservées à Dijon, dans la Bibliothèque de M. de la Mare.

== ☞ Prise d'*Autun*, pour le Roi Henri IV. en 1595.

Voyez ci-devant, Tome II. N.° 19660.]

35943. ☞ Discours qui contient un jugement sur les Historiens d'Autun ; par un Chanoine de l'Eglise de la même Ville, (M. l'Abbé GERMAIN). *Mercure*, 1746, *Février, pag.* 1.]

35944. Joannis GUIJONII, Fisci Regii Procuratoris, Dissertatio de Magistratibus Augustodunensis Fori.

Cette Dissertation est imprimée *pag.* 346 des *Œuvres des Guijons : Divione*, Chavannes, 1658, *in*-4.

35945. De antiquis Bibractes, seu Augustoduni Monumentis Libellus anonymi ; editus è Musæo Edmundi Thomæ, Cantoris & Officialis Ecclesiæ Augustodunensis : *Lugduni*, Barbier, 1650, *in*-4.

☞ On attribue ordinairement ce Livre à Jacques LÉAUTÉ, Médecin d'Autun, (*Leotius*) mort environ l'an 1582. Cependant Edme Thomas, Chanoine de la même Ville & Editeur de l'Ouvrage, semble en douter dans son Avis au Lecteur. Quelques-uns l'ont même donné en entier à ce dernier, ce qui ne paroit nullement probable. L'Auteur prétend que Bribracte n'est autre qu'Autun ; qu'elle a été bâtie très-long-temps avant Rome, & qu'il est fort probable que ce fut peu de temps après le Déluge. Il fait l'éloge de cette Ville, de son climat, de ses eaux & de ses Habitans. En parlant des Gaulois, il les fait descendre d'Hercule, qui eut (dit-on) pour fils, Celtes, qui donna son nom aux Celtes. Il décrit ensuite les principaux Monumens qui restent à Autun. Il en donne la forme & la figure.

On voit à Dijon, (dans la Bibliothèque de M. Fevret de Fontette) un Exemplaire de ce Livre, lequel a appartenu à M. l'Abbé Papillon, qui y a fait quantité de Notes Manuscrites. Il reproche à Léauté, qu'il assure en être l'Auteur, que ses figures ne sont pas exactes, & qu'elles ne marquent point les proportions des portiques de la Porte d'Arroux, ni celles de la Porte de S. André ; & il les marque lui-même sur les supputations faites sur les lieux par M. Thomassin, Ingénieur du Roi, en 1722.]

35946. Histoire de l'ancienne Bibracte, appellée Autun : *Autun*, de la Mothetort, 1688, *in*-12.

Nicolas NAULT, Juge de Lusy dans le Nivernois, en est l'Auteur, il promet à la page 15 de l'Avis au Lecteur, un second Volume sur les différens états où s'est trouvé cette Ville depuis sa première désolation jusqu'à présent, avec des remarques sur le premier tome ; mais ce second n'a pas paru. L'Auteur est mort en 1707.

✱ Son Ouvrage mériteroit d'être placé parmi les Romans. L'imagination étoit le fort de l'Auteur, qui n'avoit nul goût pour la Critique.

☞ *Voyez* sur cette Histoire, Lenglet, *Méth. hist. in*-4. *tom. IV. pag.* 220.]

== ☞ Lettre de M. BAUDOT.

☞ *Voyez* ci-dessus, N.° 35922.]

☞ SUR l'ancienne *Bibracte*, que plusieurs Sçavans ont en vain soutenu n'être pas Autun. *Voyez* divers Ouvrages ci-devant, Tome I. à *la Géographie ancienne des Gaules*, N.os 217-230.]

Tome III.

== Mf. Histoire des anciens Eduens ; par le P. Jacques LEMPEREUR, Jésuite.

☞ On a prétendu, sans raison, que cette Histoire qui n'étoit pas achevée, avoit été continuée par le Père Oudin. *Voyez* ci-devant, Tome I. N.° 3926.]

35947. ☞ Mf. Mémoires de Pierre-Bénigne Germain Théologal d'Autun, sur l'Histoire de cette Ville.

Il en est parlé au tom. II. des *Mélanges* de M. Michault : (*Paris*, Tilliard, 1754, *in*-12.) *pag.* 160 & *s.* où l'on trouve aussi diverses Remarques sur *Bibracte* & Autun.]

35948. ☞ Description de la Colonne antique de *Cussy*, en Bourgogne (près de Beaune;) par M. (MOREAU) DE MAUTOUR, de l'Académie des Inscriptions & Belles-Lettres, en 1723.

Cette Colonne est placée dans le Bailliage de Beaune, à trois lieues de cette Ville, & à une petite demi-lieue du Village d'Ivry, sur la Route de la Diligence de Paris à Lyon.]

35949. ☞ Lettre en forme de Dissertation de M. THOMASSIN, (Ingénieur) écrite à un de ses amis, sur la découverte de la Colonne de Cussy, & sur d'autres sujets d'Antiquité de Bourgogne, du 18 Février 1725. Première & seconde Edition corrigée & augmentée par l'Auteur : *Dijon*, Augé, 1725, 1726, *in*-8. de 29 pages.]

35950. ☞ Observations sur la Colonne de *Cussy* ; par M. (MOREAU) DE MAUTOUR : *Mercure*, 1726, *Juin*, II. vol. *pag.* 1374-1385.

On y voit la figure que l'Auteur dit avoir communiquée au P. de Montfaucon, qui l'a donnée avec une courte explication, *pag.* 214 du *tom. II.* de son Supplément à l'*Antiquité expliquée* : *Paris*, 1724. Le Père MARTIN s'est plus étendu à son sujet, dans la *Religion des Gaulois* : (*Paris* 1727, *in*-4.) *tom. II. pag.* 44*-44. M. de Mautour croit que cette Colonne fut élevée en l'honneur de Tetticus, pour quelque victoire qu'il aura remportée en cet endroit, lors de la prise d'Autun, l'an 269. Au reste, cet Auteur se donne au commencement de ses Observations, comme en ayant fait la découverte, & il s'étonne que personne n'ait jamais parlé de cet ancien Monument. Mais M. l'Abbé Fypilly le relève sur ce point, dans son *Dictionnaire de la France*, au mot *Cussy*, & cite plusieurs Ecrivains qui en ont fait mention avant lui. *Voyez* encore ce que le P. Lempereur a dit de cette Colonne, qu'il croit avoir été élevée en mémoire de quelque Prince Gaulois, *pag.* 27-29, de ses *Dissertations sur divers sujets d'antiquité* : *Paris*, 1706, *in*-12.

On a parlé ci-devant, Tome II. N.° 15559, art. 8, de quelques Pièces Manuscrites à ce sujet, & M. Pasumot, de l'Académie d'Auxerre, dans son second Volume sur les *Antiquités des Gaules*, se propose de donner avec la Description de cette Colonne, une nouvelle Explication : sa Dissertation, que nous avons vue, est très-curieuse, ainsi que les Pièces qui doivent composer ce Volume, dont le premier a été indiqué ci-devant, (Tome I. N.° 183). Une des Pièces du second, concerne les Antiquités d'Autun.]

35951. Antiquités de *Beaune*; par Estienne BOUCHIN, Procureur du Roi audit Beaune.

Ces Antiquités sont imprimées dans le quatrième de ses *Plaidoyés* : *Paris*, Morel, 1610, *in*-8.

✱ L'Auteur y parle avec trop d'emphase, pour être exact.

Lll

35952. Joannis HENRICI, Sacerdotis Aremorici, Macloviensis, Humaniorum Litterarum in Collegio Belnensi Professoris, de Belnâ Carmen [Encomiasticon:] *Divione*, 1623, *in-*4.

35953. Belna : Auctore Claudio ROBERTO.

Voyez ci-dessus, [N.° 35914.]

35954. Bibractæ seu Belnæ antiqua monumenta.

Ces Monumens sont imprimés avec les *Offices* de l'Eglise Collégiale de Notre-Dame de Beaune: *Divione*, 1628, *in*-8. [Mais c'est à tort que l'on a fait de Beaune l'ancienne *Bibracte*.]

35955. ☞ Ms. Mémoires sur l'Histoire de Beaune; par M. GANDELOT, Prêtre.

Ils sont conservés dans cette Ville.]

== ☞ Prise de Beaune, pour Henri IV. en 1595.

Voyez ci-devant, Tome II. N.os 19648-19651.]

== ☞ Capitulation de Beaune, en 1650.

Ibid. N.° 23301.]

35956. ☞ Histoire de Beaune, depuis les plus anciens temps jusqu'à présent : *in*-12.

Cette Histoire s'imprime, (dit-on) à Dijon, (en 1771.]

35957. ☞ Ms. Chartres & Privilèges de la Ville de Beaune.

Dans la Bibliothèque de M. le Président Bouhier (ou de Bourbonne:) A. 62, & C. 139.]

35958. ☞ Recueil d'Ordonnances, Arrêts, &c. Délibération de l'Hôtel de Ville de Beaune, au fait des Commissionnaires & Marchands de vin de cette Ville : *Beaune*, 1732, *in*-12. de 118 pages.]

35959. ☞ Mémoire historique sur la Ville de *Nuys*.

Dans le Recueil intitulé : *Nouvelles Recherches sur la France : Paris*, 1766, *in*-12. tom. II. pag. 83-105.]

== ☞ Lettre sur le Siège de *Saint-Jean-de-Lône*, en 1636.

Voyez ci-devant, Tome II. N.° 21879.]

35960. ☞ Lettre sur un fait historique de l'année 1630, concernant la Ville de Saint-Jean-de-Lône, en Bourgogne. *Mercure*, 1765, Mars, *pag.* 82.

Les Mémoires de M. Clermont, Marquis de Monglat, & ceux de la Minorité de Louis XIV. mettent la Ville de Saint-Jean-de-Lône parmi les Places qui suivirent le parti du Prince de Condé, contre celui du Roi. L'Auteur de cette Lettre oppose à ces Mémoires l'autorité d'autres Ouvrages plus accrédités, & sur-tout des Registres de l'Hôtel de Ville de Saint-Jean-de-Lône, qui prouvent le contraire.]

35961. Ms. Traité du Comté d'*Auffonne*, & du Ressort de Saint Laurens-lès-Châlon, avec la Généalogie; par Pierre DUPUY.

35962. Ms. Discours sommaire des choses advenues en la Ville d'Auffonne, en 1585.

35963. Ms. Registres de plusieurs Lettres & autres Expéditions concernant les Affaires publiques de la Ville d'Auffonne, en 1589.

Ces trois Manuscrits [étoient] à Dijon dans la Bibliothèque de M. de la Mare, selon son *Plan des Historiens de Bourgogne*, pag. 48 & 38.

35964. Histoire des Antiquités & Prérogatives de la Ville & Comté d'Auffonne : contenant plusieurs belles Remarques du Duché & Comté de Bourgogne; par Claude JURAIN, Avocat & Majeur d'Auffonne : *Dijon*, Guyot, 1611, *in*-8.

☞ Auffonne fut vraisemblablement bâtie, selon cet Auteur, depuis l'arrivée des Bourguignons dans les Gaules, environ l'an 400 de Jesus Christ, (406 ou 407). Il donne l'étymologie de son nom, & décrit sa situation & les limites de son Territoire. Il rapporte les noms, les alliances, & la suite des différens Princes & Seigneurs qui ont possédé ce Vicomté, lequel a toujours fait comme un état séparé entre le Duché & le Comté de Bourgogne. D'un grand nombre de Priviléges qu'il a, le principal est celui de battre Monnoye : c'est Philippe-le-Hardi, Duc de Bourgogne, qui lui a donné ses Armes, telles qu'on les voit encore. Le Comté d'Auffonne a eu aussi son Parlement & ses Etats-Généraux. Il contient près de 25 lieues en longueur, & environ 6 de largeur en quelques endroits. Sa fidélité à ses Princes a été si grande, que quoiqu'il eût été cédé à l'Espagne par le Traité de Madrid, il ne voulut jamais consentir à être démembré de la Couronne de France. Au reste, cet Ouvrage de Jurain est une compilation très-imparfaite, & en style Gaulois, de quelques faits particuliers rapportés dans l'Histoire de Golut. L'Auteur n'a rien omis de ce qui pouvoit donner du lustre à sa Patrie.]

== ☞ Siège de *Bellegarde*, en 1653.

Voyez ci-devant, Tome II. N.° 23758.]

35965. ☞ De la Duché-Pairie de Bellegarde, érigée en 1619.

Dans l'*Histoire Généalogique* du Père Simplicien, *tom.* IV. *pag.* 295.]

35966. ☞ Ms. Description du Territoire de *Châlon*-sur-Saône; par Claude-Enoch VIREY.

Elle est citée dans la *Bibliothèque des Auteurs de Bourgogne*, Article *Virey*. Voici ce qu'en dit le Père Jacob, dans ses *Clar. Script. Cabil.* pag. 84. « Claudius » Enoch Virey, Secretarius Regius, scripserat Cabilo- » nensis Territorii Descriptionem : manuscriptus asser- » vabatur apud Joannem Christophorum Virey filium » ejus : Item, Commentarium fidele de Burgundiæ » imperio, manuscriptum apud eundem ».]

35967. Histoire Civile & Ecclésiastique, ancienne & moderne de la Ville de Châlon-sur-Saône; par Claude PERRY, Jésuite : *Châlon*, 1659, *in-fol.*

☞ *Voyez* la *Bibliothèque des Auteurs de Bourgogne*, tom. II. p. 143. = Jacob, *Declar. Script. Cabillon.* pag. 116.]

35968. ☞ Histoire de la Ville de Châlon-sur-Saône : *Lyon*, 1662, *in*-4.

Elle doit être différente des précédentes, à moins que ce ne soit un Abrégé.]

35969. L'illustre Orbandale, ou l'Histoire ancienne & moderne de la Ville & Cité de Châlon-sur Saône, enrichie de plusieurs Re-

Histoires du Gouvernement de Bourgogne, &c.

cherches curieuses, & divisée en Éloges : *Châlon*, Cusset, 1662, *in*-4. 2 vol.

Cette Histoire a été recueillie par Leonard BERTAUD, Religieux Minime, natif d'Autun, qui est mort en 1662. Il a été aidé par Pierre CUSSET, Imprimeur de Châlon. Orbandale est, selon l'Auteur, l'ancien nom de cette Ville.

Le Tome I. contient :

1. De l'antiquité de la Ville & Cité de Châlon-sur-Saône : premier Éloge historique.
2. De la diversité des noms de Châlons : second Éloge historique.
3. Châlon, considérable aux Romains, pour la subsistance de leurs Armées : troisième Éloge historique.
4. Châlon, après ses diverses Ruines & Incendies, renaît de ses cendres, comme le Phénix : quatrième Éloge historique.
5. Explication de diverses Antiques trouvées à Châlon, & dans son voisinage : cinquième Éloge historique.
6. Établissement des Maîtres du Palais dans la Province de Bourgogne, & leur possession, avec les disgraces arrivées à Flaocate & Vuillebaud, dans la Ville de Châlon : sixième Éloge historique.
7. De l'origine & établissement des Comtes en général.
8. Des Comtes héréditaires de Châlon.
9. Relation historique des choses plus mémorables arrivées en la Ville de Châlon, & aux lieux de son voisinage.
10. Privilèges octroyés aux Maires, Echevins, Bourgeois & Habitans de la Ville & Cité de Chalon-sur-Saône, par les anciens Rois de France & Ducs de Bourgogne, confirmés par leurs Successeurs & vérifiés ès Cours Souveraines, conférés avec plusieurs Privilèges des autres Villes du Pays & Duché de Bourgogne, & enrichis de Notes & Remarques tirées, tant des Droits Canon & Civil, que des Arrêts desdites Cours, & la Défense pour la préséance de ladite Ville en l'Assemblée des Etats du Duché de Bourgogne & Comtés adjacens, par feu M. Bernard DURAND.
11. Éloge historique & funèbre de très-haut & très-puissant Seigneur, Louis Châlon du Blé, Marquis d'Uxelles, Comte de Tenartre, Gouverneur de la Ville & Citadelle de Châlon, Mestre de Camp de deux Régimens entretenus, Lieutenant de Roi en Bourgogne, Capitaine Général de ses Armées, désigné Maréchal de France, & Chevalier de ses Ordres, composé par le R. P. GUERIN, Prédicateur Minime, Châlonnois.
12. Éloge de M. Etienne Bernard, Conseiller du Roi & Lieutenant-Général au Bailliage de Châlon.
13. Éloge de M. de Germigny, Baron de Germoles, Conseiller du Roi & son Ambassadeur à la Porte du Grand-Seigneur.
14. Recueil des Pièces choisies, extraites sur les Originaux, de la Négociation de M. de Germigny, de Châlon-sur-Saône, Baron de Germoles, Conseiller du Roi & son Ambassadeur à la Porte du Grand-Seigneur.
15. Discours sur l'Alliance qu'a le Roi avec le Grand-Seigneur, & de l'utilité qu'elle apporte à la Chrétienté.
16. Catalogue de tous les Sièges Royaux & Jurisdictions du ressort du Bailliage de Châlon-sur-Saône : ensemble, les noms des Villes, Villages, Paroisses & Hameaux dudit Bailliage, ressortissans par appel à la Cour du Parlement de Bourgogne.
17. Etat moderne de la Ville de Châlon, de sa situation, de ses Rivières, de l'étendue & ressort de son Bailliage & de ses Justices.
18. Abrégé des choses plus mémorables arrivées pendant les Guerres Civiles, sous les Règnes de François II. Charles IX. Henri III. & Henri IV. particulièrement de celles qui regardent Châlon, & quelques autres Villes de la Province de Bourgogne, tirées des Armoiries de M. de Tavanes, de Davila & de plusieurs Manuscrits.

Le Tome II. comprend l'Histoire Ecclésiastique de la Ville & Cité de Châlon, justifiée par plusieurs Titres, Actes, Donations, Chartres, Testamens, Lettres, Arrêts, Conciles, Statuts Synodaux & du Chapitre; où l'on voit l'Etablissement des Communautés Ecclésiastiques & Religieuses; l'Extrait des Conciles tenus à Châlon; des Abbayes séparées de la Ville, & situées dans ce Diocèse. Les Éloges historiques des Evêques de Châlon, depuis l'an 346 jusqu'en 1660. De la Jurisdiction de l'Evêque de Châlon, de sa Dignité & de ses Prérogatives. Traité fait par Jean DE BEAUDRICOURT, Maréchal de France & Gouverneur de Bourgogne, sur les différends qui étoient entre André de Poupet, Evêque de Châlon, & les Echevins & Habitans d'icelle, en l'année 1494. Vies de quelques Saints de Châlon, extraites sur les Originaux. Éloge de Pierre Abelard, Religieux Bénédictin. Pollié des Bénéfices du Diocèse de Chalon-sur-Saône; & les Preuves pour l'Histoire de cette Ville, contenant un Recueil de Pièces, depuis l'an 579 jusqu'en 1180.

☞ Châlon est appellé *Orbandale*, à cause des trois cercles de brique dorée, desquels les murailles étoient bandées comme d'une ceinture, & qui se montrent encore ès ruines des anciens murs que le vulgaire nomme *Ouvrage Sarrazin*, principalement près des Carmes, &c. C'est ce que l'on lit dans *l'Illustre Orbandale, tom. I.* pag. 12.

Voyez sur ce Livre, la *Bibliothèque des Auteurs de Bourgogne, tom. I.* pag. 44 & 163.]

35970. Privilèges octroyés aux Maires, Echevins, Bourgeois & Habitans de la Ville & Cité de Châlon-sur-Saône, par les Rois de France & les Ducs de Bourgogne : *Châlon*, des Prez, 1604, *in*-4.

Ces Privilèges, qui ont été recueillis par Bernard DURAND, Avocat au Parlement de Bourgogne, mort en 1621, sont aussi imprimés au tom. I. de l'*Illustre Orbandale*, [comme on vient de le voir.]

35971. Défense pour la Préséance de la Ville de Châlon en l'Assemblée des Etats de Bourgogne & Comtés Adjacens; par le même : *Lyon*, Pillehote, 1602, *in*-4.

Ce Discours est aussi imprimé dans le même Livre.

35972. Msc. Joannis (seu potius Francisci) FUSTAILLERII, advocati Matisconensis, de Urbe & antiquitatibus Matisconensibus, Opus excerptum ex Monumentis & Diplomatibus antiquis.

Cet Ouvrage est cité par Saint-Julien, dans les *Antiquités de Mâcon*.

Guichenon, dans la Préface de son *Histoire de Bresse*, dit que Fustaillier est loué de ses recherches, de sa fidélité & de son style. Dans le Catalogue des Manuscrits & des Archives dont il s'est servi, il le nomme Jean; mais on doit plutôt s'en rapporter à Bugnyon, son parent, qui l'appelle François.

35973. Chronicon Urbis Matiscanæ : Philibertus BUGNONIUS, Jurisconsultus, concinnavit : *Lugduni*, Tornæsii, 1559, *in*-8.

La même Chronique traduite en François, par Nicolas Edoart, Libraire : *Lyon*, Edoart, 1560, *in*-8.

✳ Bugnyon a travaillé sur les Mémoires de Fustaillier : il n'a fait que les ranger selon l'ordre des temps, comme il l'avoue dans son Epitre dédicatoire à Guillaume Paradin. Sa Chronique finit en 1255. Cet Ouvrage est sans Preuves, & assez négligé : cependant on le recherche.

☞ M. l'Abbé Papillon avoit écrit à la tête de son Exemplaire : *Opus rarissimum & auro contra carum.* *Voyez* ce qu'il en dit dans sa *Bibliothèque des Auteurs de Bourgogne*, aux mots François, *Fustaillier*, & *Philibert Bugnyon.*]

== Trois Livres de l'antiquité de Mâcon; par Pierre DE SAINT-JULIEN.

Voyez ci-devant, [N.° 35836.]

== ☞ Réduction de la Ville de Mâcon, à l'obéissance du Roi Henri IV. en 1594.

Voyez ci-devant, Tome II. N.° 19576.]

35974. ☞ L'Arc-en-ciel de la Ville de Mâcon, représentant par l'éclat de ses couleurs les rares perfections de Henri le Grand, (Prince de Condé) premier Prince du Sang, Gouverneur de Bourgogne, en son entrée à Mâcon le 4 Décembre 1632 : *Bourg-en-Bresse*, Jean Tainturier, 1632, *in*-4.

C'est le Père Gaspard MACONNAY, Jésuite, qui est Auteur de cette Pièce.]

35975. ☞ Ms. Histoire de Mâcon, divisée en deux Parties. La première contient l'Histoire ancienne & moderne : la seconde contient les Généalogies & les Preuves ; par Claude BERNARD, Lieutenant-Particulier au Présidial de Mâcon.

Ce Manuscrit doit être entre les mains des Héritiers de l'Auteur.]

35976. ☞ Ms. Notes sur les Antiquités de la Ville de Mâcon & du Mâconnois; par M. le Marquis DE LA GUICHE, avec un Extrait des Mémoires historiques sur les Etats du Mâconnois ; par le même : *in-fol.* de 33 pages.

Ces Manuscrits sont dans la Bibliothèque de M. Michault, à Dijon.]

35977. ☞ Ms. Histoire Ecclésiastique, Civile & Naturelle de l'Abbaye & Bourg de *Cluni* : *in-fol.* de 149 pages.

Cette Histoire est conservée dans la même Bibliothèque.

Voyez encore ci-devant, Tome I. *pag.* 735 & *suiv*]

35978. ☞ De la Comté-Pairie de Mâcon, érigée en 1359.

Dans l'*Histoire Généalogique* du Père Simplicien, *tom. III. pag.* 204.

Nouvelle érection, en 1435.

Ibid. pag. 324.]

35979. ☞ Harangues de Bauderon, Seigneur DE SENECEY. *Mâcon*, 1645, *in*-4.

Il y a plusieurs choses qui concernent l'Histoire de la Ville de Mâcon.]

== ☞ Nouvelle Histoire de Tournus, & Généalogies des Comtes de Châlon & de Mâcon, & des Sires de Baugé; par Pierre JUENIN.

Voyez ci-devant, Tome I. N.° 12910.]

35980. Trois Livres des Antiquités de la Ville de Tournus; par Pierre DE SAINT-JULIEN.

Ces Livres sont imprimés avec ses *Antiquités des Bourguignons* : *Paris*, 1581, *in-fol.*

== Histoire de la Ville de Tournus ; par Pierre François CHIFFLET, Jésuite.

Voyez ci-devant, [Tome I. N.° 12909.]

35981. ☞ Mémoire servant de réponse à la Dissertation sur la fondation de la Ville de *Sémur* (en *Auxois*,) sur ses Antiquités, & l'origine de la Paroisse dans l'Eglise Notre-Dame, donnée au Public au mois d'Août 1727; par le Sieur François VORSENET, Maire de Sémur en Auxois : *Dijon*, 1728, *in-fol.*

Ce Mémoire & la Dissertation font partie des Mémoires sur la contestation entre la Ville de Sémur & le Prieur Morel, qui seront rapportés ci-après.]

35982. Harangue pour la préséance & le rang que doit tenir la Ville de Sémur, Capitale d'Auxois, aux Etats Généraux du Duché de Bourgogne ; par Louis LEMULIER, Avocat au Parlement de Dijon : 1688, *in*-4. sans nom d'Imprimeur.]

35983. ☞ Conjectures sur un grand nombre de Tombeaux qui se trouvent dans un lieu particulier de l'Auxois en Bourgogne; par M. MOREAU DE MAUTOUR. *Hist. de l'Acad. des Inscript. tom. III. pag.* 273.]

35984. Ms. Recueil de divers Mémoires servant à la Ville de *Noyers*, dans l'Auxois.

Ce Manuscrit [étoit] dans la Bibliothèque de M. de la Mare, *pag.* 45, de son *Plan des Hist. de Bourgogne.*]

35985. ☞ Ms. Requête pour M. le Chevalier de Soissons, contre les Fermiers du Domaine, où sont renfermées plusieurs maximes concernant l'Antiquité de Noyers ; à M. de Harlay, Conseiller de Sa Majesté en ses Conseils, Maître des Requêtes, Commissaire départi en la Généralité de Bourgogne & Bresse : *in-fol.* de 35 pages.

Cette Requête est conservée dans la Bibliothèque de M. Michault, à Dijon.]

35986. ☞ Notice sur la Ville d'*Avalon.*

Elle est imprimée dans le Recueil intitulé : *Nouvelles Recherches sur la France* : *Paris*, 1766, *in-*12. *tom. I. pag.* 44-50.]

35987. ☞ Ms. Mémoires sur l'Histoire d'Avalon, en quelques Feuilles ; par Lazare-André BOCQUILLOT, Chanoine.

Notice du Chapitre & de la Ville d'Avalon ; par le même.

M. l'Abbé Papillon indique ces deux Manuscrits dans sa *Bibliothèque des Auteurs de Bourgogne*.]

35988. ☞ Dissertation sur les Tombeaux de *Quarrée*, Village du Duché de Bourgogne, dans le ressort du Bailliage Royal d'Avalon, qui est une Paroisse & Archiprêtré du Diocèse d'Autun ; (par M. BOCQUILLOT :) *Lyon*, 1724, *in*-8.

Voyez le *Journal de Verdun*, Juillet, 1724. = Le Père

Histoires du Gouvernement de Bourgogne, &c.

Niceron, *tom. VIII. pag.* 407. = *Journ. des Sçavans*, *Nov.* 1724. = *Mercure*, 1725, *Févr.* = *Abrégé de l'Hist. Eccl.* de Racine, *tom. XII. in-12. pag.* 440.]

35989. ☞ Réponse à la Critique de M. Thomassin sur quelques endroits de la Dissertation précédente; (par M. BOCQUILLOT:) Lyon, 1726, *in-8*.

Cette Critique de M. Thomassin fait partie de sa Lettre sur des sujets d'Antiquités de Bourgogne. *Voyez* ci-dessus, N.° 35949.]

35990. ☞ Lettre à M. l'Abbé de ★★★, écrite par M. ★★★ (LEBEUF,) en faveur de M. Bocquillot, Chanoine d'Avalon, sur les Tombeaux du Village de Quarrée.

Dans la *Continuation des Mémoires de Littérature* du Père Des-Molets, *tom. II*.
L'Auteur confirme, par plusieurs raisons, ce que M. Bocquillot avoit avancé sur les Tombeaux en question; sçavoir, que c'étoit un Magazin ou Entrepôt de Tombes ou Cercueils tout creusés, qui étoit en cet endroit comme en plusieurs autres de la France, où l'on s'en fournissoit au besoin.]

35991. Ms. Cuiselli Lincasiorum, Brannovicum Oppidi Historia: Scriptore Antonio ARVISETO, Burgundiæ Quæstore.

☞ *Cuiseaux* est une petite Ville située dans la Bresse Châlonnoise.]

35992. Ms. Mémoires servant à l'Histoire de *Saint-Gengoux*; par Louis DE PONCELET, Lieutenant de Saint-Gengoux.

35993. Ms. Mémoires pour l'Histoire de *Sémur en Brionnois*; par DUPUY, Lieutenant au Bailliage de Sémur.

35994. ☞ Ms. Mémoires servant à l'Histoire de *Bourbon-Lancy*.]

35995. Ms. Mémoires servant à l'Histoire de *Saulieu* (dans le Morvant;) par MERLE, Doyen de l'Eglise de Saulieu.

Ces cinq Manuscrits [étoient] conservés dans la Bibliothèque de M. de la Mare, à Dijon, comme il le dit *pag.* 53, 6, 48, 47 & 44, du *Plan des Historiens de Bourgogne*.

35996. ☞ Mémoire sur la Ville de Saulieu; par M. MERLE, Subdélégué: en 1765.

Il se trouve dans les *Nouvelles Recherches sur la France: Paris*, 1766, *in-12. tom. II. pag.* 243-254.]

== Origine & Antiquités de la Ville de *Châtillon-sur-Seine*; par Estienne LE GRAND, Jésuite.

Voyez ci-devant, [Tome I. N.° 4992.]

35997. ☞ Ms. Historia de Castellione ad Sequanam, & Historica Descriptio Abbatialis Ecclesiæ Beatæ Mariæ de Castellione ad Sequanam, ex antiquis Cartulariis: *in-4*.

Ce Manuscrit est conservé dans cette Abbaye. L'Auteur est François HOZMELLE, Chanoine de cette Abbaye, qui l'a composé en 1723. Il étoit passager en cette Ville, peu versé dans l'Histoire du Pays & dans celle de la Bourgogne: aussi tombe-t-il quelquefois dans des erreurs, & quelquefois il s'écarte des anciens Titres, ou il les réfute lorsqu'il auroit dû seulement les expliquer, ou les restituer lorsqu'ils étoient défigurés par les Copistes. En général il n'a pas fait de grandes recherches sur

Châtillon; & il lui arrive quelquefois de rapporter les choses à l'avantage de l'Abbaye, sans s'attacher scrupuleusement à la vérité. Cette Histoire contient 118 pages, & le Recueil de Chartres qui est à la suite, en contient 314.]

35998. ☞ Histoire ample des Peuples habitans des trois Bourgs de *Ricey*; par M. Pierre DU BREUIL, Bachelier de Sorbonne: *Paris*, 1654, *in-12*. (sans nom d'Imprimeur.)

On trouve à la suite: Description de la Terre & Baronnie de Ricey, située en Bourgogne; par Nicolas DE LA BROSSE.]

35999. ☞ Ms. Mémoire pour servir à l'Histoire de la Ville de *Montbard*; par M.° Jean NADAULT, Avocat Général honoraire en la Chambre des Comptes de Dijon.

Elle est entre les mains de l'Auteur, résidant à Montbard.]

36000. ☞ Ms. Description de la Ville de *Flavigny*: *in-fol*. de 252 pages.

Ce Manuscrit se trouve dans la Bibliothèque de M. Michault, à Dijon.]

36001. Ms. Recherches de la Ville & Comté de *Bar-sur-Seine*; par Jean DE LAUSSEROIS, Procureur du Roi à Bar-sur-Seine.

Il en est parlé dans l'Ouvrage de M. de la Mare, sur les *Hist.* de *Bourgogne, pag.* 63.]

36002. Ms. Antiquités, Recherches, Curiosités historiques de la Ville & Comté de Bar-sur-Seine; par Jacques VICNIER, Jésuite.

Ce Manuscrit est cité dans le même Ouvrage, *p.* 64.

36003. ☞ Histoire abrégée de la Ville de Bar-sur-Seine; par M. ROUGET, Maire de cette Ville: en 1765.

Elle est imprimée dans le Recueil intitulé: *Nouvelles Recherches sur la France: Paris*, 1766, *in-12. tom. I. pag.* 64-83.]

36004. Traité [de la Jurisdiction Royale, & des cas Royaux & Privilégiés d'icelle, principalement pour le Comté de *Charolois*;] par Emmanuel-Philibert DE RYMON, Lieutenant-Général ès Bailliage du Charolois: *Paris*, Richer, 1619, *in-8*.

36005. Ms. Preuves de l'Histoire des Comtes de Charolois; recueillies par François DE CAMPS, Abbé de Signy.

Ces Preuves [étoient] dans la Bibliothèque de l'Auteur, [d'où elles ont passé chez M. de Beringhen.]

36006. ☞ Ms. Notice des Auteurs & Monumens qui peuvent servir à l'Histoire d'*Auxerre*, avec des Observations critiques; par MM. MIGNOT & POTEL, de la Société des Sciences, Belles-Lettres & Arts de cette Ville.

Dans le Dépôt de cette Société. On trouve dans ce Mémoire un Cannevas pour écrire l'Histoire Ecclésiastique & Civile d'Auxerre, en la puisant dans les Auteurs originaux, qui tous sont indiqués, & dont le mérite est justement apprécié.
Jean-André Mignot, Grand-Chantre, est mort en 1770.]

454 Liv. IV. *Histoire Civile de France.*

36007. ☞ Mſ. Proſpectus pour ſervir de Préface à la Notice de la Ville, de l'Evêché, du Bailliage & du Comté d'Auxerre; par M. Robinet de la Coudre, de la même Société.

Dans le Dépôt de cette Société Littéraire.]

36008. ☞ Mſ. Notice des Villes, Bourgs, Villages & Hameaux, qui compoſent le Comté d'Auxerre, par ordre alphabétique, faite en 1751; par M. Robinet de Pontagny, Membre de la Société Littéraire d'Auxerre: grand *in-fol.* de 56 pages.

Cette Notice eſt conſervée dans le Dépôt de la Société. Chaque Article contient le détail ſuivant:

A quelle diſtance d'Auxerre chaque lieu eſt ſitué. = Le nombre de Feux de chaque lieu. = L'étendue du Territoire de chaque endroit. = La nature du terrein. = L'eſpèce de Culture, vignes, froment, ſeigle, orge ou avoine. = Le prix de chaque Denrée, année commune. = La qualité ordinaire des Denrées; c'eſt-à-dire, ſi elles ſont réputées être de bonne, médiocre ou commune qualité. = Le poids & la meſure de chaque lieu. = La quantité d'Arpens de Bois ou de Prés de chaque Territoire. = Le genre de travail auquel les Habitans ſont le plus addonés. = Qui eſt le Seigneur de chaque lieu.=Enfin, la quantité du produit des Terres par chaque Arpent.]

36009. ☞ Mſ. Du nombre des Habitans, anciens & modernes; par le même.

Ces deux Mſſ. ſont dans le Dépôt de la Société.]

== Chronicon Autiſſiodorenſe, ab anno 1022, ad annum 1187.

Voyez ci-devant, [Tome II. N.° 16746.]

36010. Abrégé des Antiquités d'Auxerre; par Hilaire Coqui, Gardien des Cordeliers d'Auxerre.

Cet Auteur fit imprimer ſon Livre, ſelon que le rapporte Louis-Noël d'Amy, Chanoine d'Auxerre.

☞ On conſerve dans le Couvent un Nécrologe curieux de ce Gardien, qui eſt mort en 1577.]

36011. ☞ Lettre de M. l'Abbé (Jean) Lebeuf, au ſujet des Mémoires hiſtoriques ſur les Evêques & les Comtes d'Auxerre, qu'il ſe diſpoſe à donner au Public. *Mercure,* 1739, *Décembre,* Vol. I.]

36012. ☞ Mémoires concernant l'Hiſtoire Eccléſiaſtique & Civile d'Auxerre; par M. l'Abbé (Jean) Lebeuf, Chanoine & Sous-Chantre de l'Egliſe Cathédrale de la même Ville, de l'Académie des Inſcriptions & Belles-Lettres: *Paris,* 1743, *in-4.* 2 vol.

Nous avons déja indiqué cet Ouvrage (Tome II. N.° 10114) pour la partie Eccléſiaſtique.]

Le Tome I. contient l'Hiſtoire des Evêques d'Auxerre, depuis S. Pélerin, premier Evêque & Apôtre d'Auxerre, en 258 juſqu'en 1676, que mourut Nicolas Colbert, ſon 101.me Evêque. On trouve à la fin de ce Volume la ſuite des Dignités de l'Egliſe Cathédrale, & l'Hiſtoire abrégée de quelques Egliſes aſſociées à celle d'Auxerre.

Le Tome II. comprend l'Hiſtoire Civile, les Antiquités d'Auxerre, la ſuite de ſes Comtes, depuis Ermenold, premier connu, dans le VIII.e Siècle, juſqu'à Jean de Châlon IV. qui vendit ce Comté au Roi Charles V. en 1370. L'Hiſtoire eſt continuée enſuite ſous les Rois de France & les Ducs de Bourgogne, juſqu'en 1610. L'Auteur ne s'étend que peu dans les premiers Chapitres de ce Volume, ſur l'antiquité d'Auxerre, & il renvoie à une Diſſertation particulière publiée en 1738, (ci-devant, Tome I. N.° 361.) où il prétend avoir prouvé que cette Ville étoit l'ancienne *Autricum* des Romains. On trouve à la ſuite de l'Hiſtoire Civile trois Catalogues aſſez détaillés; 1.° des plus anciennes Dignités ſéculières; 2.° des Auteurs; 3.° des perſonnes illuſtres du Diocèſe: enfin, une quantité conſidérable de Pièces juſtificatives pour les deux Volumes.

Voyez ſur cet Ouvrage, les *Mém.* de *Trévoux,* 1744, *Mai,* & 1745, *Mars.* = *Journ. des Sçav.* 1744, *Janvier.*=*Merc.* 1744, *Janv.*=*Journ. de Verdun,*1744, *Mars.* L'Auteur eſt mort en 1760.]

36013. ☞ De la Comté-Pairie d'Auxerre, érigée en 1435.

Dans l'*Hiſtoire Généalogique* du Père Simplicien, tom. III. *pag.* 324.]

36014. ☞ Mſ. Mémoire ſur l'Horloge public de la Ville d'Auxerre; par M. Potel, Chanoine de la Société Littéraire de cette Ville.

Il eſt conſervé dans le Dépôt de cette Société. Une fauſſe tradition avoit établi que cet Horloge étoit un Ouvrage des Anglois: l'Auteur fait voir au contraire que c'eſt un Monument de la fin du XV.e ſiècle.]

== Hiſtoire de la priſe d'Auxerre par les Huguenots, & de la délivrance de la même Ville, ès années 1567 & 1568, avec un Récit de ce qui a précédé & de ce qui a ſuivi, & des Ravages commis en divers lieux du Dioceſe d'Auxerre: le tout précédé d'une ample Préface ſur les Antiquités de cette Ville; par un Chanoine de la Cathédrale d'Auxerre, (l'Abbé Jean Lebeuf:) Auxerre, 1723, *in-8.*

On l'a déja indiquée ci-devant, Tome I. N.° 5816. *Voyez* ſur cette Hiſtoire, = *Journal des Sçav.* 1715, *Février.*= *Mercure,* 1723, *Septembre.* = *Bibliot. Franç.* de Duſauzet, *tom. IV. pag.* 170.]

36015. ☞ Mſ. Obſervations de l'amplitude au temps de l'Equinoxe & des Solſtices pour la Méridienne d'Auxerre; par M. (Mathurin) le Pere, Secrétaire de la Société Littéraire d'Auxerre.

L'Auteur eſt mort en 1761. Son Mémoire & les ſuivans, juſques & compris le N.° 36020, ſont conſervés dans le Dépôt de cette Société.]

36016. ☞ Mſ. Mémoire ſur la conſtruction & l'obſervation du Baromètre, par lequel il eſt conclu qu'Auxerre étoit élevé de 400 pieds au-deſſus du niveau de la Mer; par M. Berryat, Médecin, Membre de la Société Littéraire de cette Ville.]

36017. ☞ Mſ. Mémoire ſur l'Hiſtoire d'Auxerre; par M. l'Abbé Précy, de la Société Littéraire de cette Ville.]

36018. ☞ Mſ. Traité de l'ancien Comté d'Auxerre; par M. Moreau, Chanoine de la Cathédrale, & Membre de la Société Littéraire.]

36019. ☞ Lettre de M. l'Abbé Lebeuf; à un Chanoine d'Auxerre, touchant une Date de l'Hiſtoire d'Auxerre, relativement à la priſe que les Anglois firent de cette Ville, sous le Règne du Roi Jean. *Mercure*, 1748, Décembre, Vol. II.]

36020. ☞ Mſ. Evaluation en Monnoye actuelle du prix que coûta au Roi Charles V. l'achat de la Ville & Comté d'Auxerre; par M. (Mathurin) LE PÈRE, Secrétaire de la Société Littéraire d'Auxerre.

En 1370 Charles V. acheta de Jean de Challon la Ville & le Comté d'Auxerre moyennant 31 mille francs d'or. L'évaluation de cette ſomme monte à 717315 l. de notre Monnoie, ſi par francs d'or on entend les francs de compte en eſpèces réelles d'or. Si on les prend pour eſpèces d'argent, cela ne feroit que 594769 liv. parce que dans ce temps-là le rapport de l'or à l'argent étoit comme de 12 à 1, c'eſt-à-dire qu'il falloit 12 livres peſant d'argent pour valoir une livre peſant d'or.]

36021. Chartres, Immunités, Libertés, Privilèges & Franchiſes donnés & octroyés par les Comtes d'Auxerre, & depuis confirmés & approuvés par pluſieurs Rois de France : Des Privilèges des Francs-Bourgeois, Manans & Habitans de la Ville, Cité & Banlieue d'Auxerre : *Auxerre*, Vatard, *in-*12.

Ce Recueil eſt compoſé de cinq Chartres, des années 1213, 1223, 1320, 1345 & 1476.

36022. ☞ Diſcours préliminaire ſur l'origine du Droit, celle des Coutumes, leur autorité, l'établiſſement du Bailliage d'Auxerre, l'Antiquité de cette Ville, & ſes premiers Seigneurs.

Ce Diſcours eſt à la tête des *Commentaires ſur la Coutume du Bailliage & Comté d'Auxerre*, &c. par M. NÉE, de la Rochelle : *Paris*, Bauche, 1749, *in-*4.]

36023. ☞ Mémoire ſur le Commerce ancien & actuel d'Auxerre, & les moyens de le rétablir; par M. MOREAU, Chanoine de la Cathédrale.

Il eſt conſervé dans le Dépôt de la Société Littéraire de cette Ville.]

36024. ☞ Mſ. Obſervations ſur quelques Monumens qui exiſtent dans l'Auxerrois, & principalement ſur une Tombe tirée des ruines de S. Marien; par M. CHAPPOTIN DE S. LAURENT, Membre de la Société Littéraire d'Auxerre.

Ce Mémoire, qui eſt conſervé dans les Regiſtres de cette Société, a pour objet d'expliquer l'inſcription de la Tombe d'un Abbé de S. Marien, mort en 1300, & de faire remarquer qu'il y a dans l'Egliſe Paroiſſiale de S. Loup très habilement; & que dans le Bois de S. Cyr, peu éloigné d'Irancy & de Vermanton, il y a des ruines d'un vieux Château, connues ſous le nom de *Tours du Nois*, ſur leſquelles on ne ſçait rien davantage. A la fin eſt, en forme d'Epiſode, un Eloge, abrégé mais bien écrit, de M. l'Abbé Lebeuf qui venoit de mourir, en 1760.]

36025. ☞ Conjectures de M. l'Abbé LEBEUF, ſur les anneaux & bandes de fer trouvées en terre, avec un Squelette humain ſur le grand chemin de Paris dans la Paroiſſe d'*Époigny*, proche Auxerre, où eſt ſitué le Château de Régennes. *Journal de Verdun*, 1752, Août.]

36026. ☞ Lettre à M. l'Abbé Lebeuf, ſur des Médailles trouvées à *Lucy* ſur Cure, proche Auxerre. *Mercure*, 1725, Décembre, Vol. II.]

36027. ☞ Lettre de M. l'Abbé LEBEUF, écrite à M. de la Roque, au ſujet de quelques Uſages de l'Egliſe d'Auxerre, vérifiés par des Médailles dont il eſt parlé dans la Lettre précédente. *Merc.* 1726, Janvier.]

36028. ☞ Extrait d'une Lettre écrite d'Auxerre, (par le même) au ſujet de la Ville de *Briennon-l'Archevêque*, (à 5 lieues d'Auxerre,) & ſur une nouvelle découverte de Médailles. *Mercure*, 1729, Janvier.]

== ☞ Deſcription des Grottes d'*Arcy*, (dans le Comté d'Auxerre.)

Voyez les Ouvrages indiqués à ce ſujet dans l'Article *Hiſtoire naturelle de la France*, ci-devant, Tome I. N.os 2786 *& ſuiv*. Il faut y ajouter, un *Mémoire* très-curieux avec des Plans, par M. PASUMOT, qui compte l'inſérer dans ſon 1e Vol. d'*Antiquités*, dont on a parlé ci-deſſus, au N.° 35950.]

36029. ☞ Almanach d'Auxerre : *Auxerre*, 1752, *& ann. ſuiv. in-*24.

On y trouve juſqu'en 1760 divers *Précis hiſtoriques* ſur la Ville & autres Lieux ; tirés principalement des Ouvrages de M. Lebeuf.]

Hiſtoires de la Breſſe, du Bugey & du Pays de Gex.

== ☞ Lettre du P. MENESTRIER, ſur les anciens Peuples de Breſſe, ou les Sébuſiens; & Réponſe de Philibert COLLET.

Voyez ci-devant, Tome I. N.os 341 & 342.]

36030. ☞ Mſ. Mémoire ſur l'uſage de pluſieurs Tours antiques & des Pyramides de terres appellées *Tombes*, dans les Pays-Bas, & *Poittes* ou *Poeppes* en Breſſe ; par M. le Marquis DE MONTRICHARD, Aſſocié de l'Académie de Beſançon.

Dans les Regiſtres de cette Académie.]

36031. Hiſtoire de Breſſe & de Bugey, Gex & Valromey, contenant ce qui s'eſt paſſé de mémorable ſous les Romains, Rois de Bourgogne & d'Arles, Empereurs, Sires de Baugé, Comtes & Ducs de Savoye, & Rois Très-Chrétiens, juſqu'à l'échange du Marquiſat de Saluces; avec la Fondation des Abbayes, Prieurés, Chartreuſes & Egliſes Collégiales; Origine des Villes, Châteaux, Seigneuries, Fiefs; & Généalogies de toutes les Familles nobles, juſtifiées par Preuves authentiques; par Samuel GUICHENON, Hiſtoriographe du Roi : *Lyon*, Huguetan, 1650, *in-fol.*

Cet Auteur a ramaſſé partie des Preuves de cette Hiſtoire dans un *in-quarto*, imprimé à Lyon en 1660, qu'il a intitulé : *Bibliotheca Sebuſiana*, que j'ai rapporté parmi les Recueils de Chartres. Il y a un Original de cette Hiſtoire, où ſe trouvent pluſieurs choſes anecdotes qui concernent les Familles, & qui ne ſont pas dans l'Exemplaire imprimé.

☞ Le Père le Long diſoit qu'il étoit chez les Auguſtins du Fauxbourg de la Guillotière à Lyon; mais il eſt ſûr qu'il n'eſt point chez les Religieux de ce Fauxbourg, qui ſont des Picpus. Il pourroit être chez les Auguſtins Réformés du Fauxbourg de la Croix-Rouſſe, où Guichenon avoit un frère, qui y a vécu long-temps.

La Partie I. de cet Ouvrage contient l'Hiſtoire de Breſſe & de Bugey.

La Partie II. renferme les fondations des Abbayes, Prieurés, Chartreuſes, Egliſes Collégiales; & les Origines des Villes, Châteaux, Seigneuries & principaux Fiefs.

La Partie III. contient les *Généalogies des Familles nobles de Breſſe & de Bugey*.

On trouve à la fin, deux Tables des Généalogies, & un Indice armorial des Familles.

La Partie IV. donne les Preuves.

Voyez ſur ce Livre Lenglet, *Méth. hiſt. in-4. tom. IV.* pag. 221, 440. = Le P. Niceron, *tom. XXXI. pag.* 364. = *Eſſais de Littérature*, 1702, *pag.* 167. = *Bibliographie* de Debure, *Hiſt.* num. 5387.

Samuel Guichenon naquit à Châtillon-lès-Dombes, & non pas à Mâcon comme le dit Bayle. Son père étoit Chirurgien, & on dit que lui-même le fut dans ſa jeuneſſe; il fut enſuite Avocat. Il étoit né dans le Calviniſme, qu'il abjura. Il fut marié trois fois, & mourut le 8 Septembre 1664. Il eſt enterré à Bourg en Breſſe dans l'Egliſe des Dominicains. M. l'Abbé Papillon, dans ſa *Bibliothèque des Auteurs de Bourgogne*, dit que » Guichenon ne s'attache qu'au moderne, que ſa prin- » cipale attention a été de faire des Nobles, & que l'on » dit qu'il étoit payé pour cela ».

Il donna en 1660, l'*Hiſtoire Généalogique de la Maiſon de Savoye*. Ayant préſenté le *Proſpectus* de cette Hiſtoire à Chriſtine de France, Ducheſſe de Savoye, il reçut de cette Princeſſe un Diamant eſtimé 5000 livres. Elle le fit de plus Chevalier de S. Maurice, & le décora du titre de Comte Palatin. On lit dans Bayle, que cette Hiſtoire Généalogique eſt copiée ſur l'Hiſtoire Italienne du Provéditeur Nani. Guichenon reçut encore mille écus de Mademoiſelle de Montpenſier, pour ſon *Hiſtoire de Dombes*, dont il ſera parlé plus bas.]

36032. ☞ Mſ. Actes, Titres, Mémoires & Notes, ſur leſquelles Guichenon a compoſé ſon Hiſtoire de Breſſe & celle de Savoye : *in-fol. & in-*4. 33 vol.

Ce Recueil eſt chez M. de la Valette, Baron de Maubec, dans la Famille duquel ce Recueil a paſſé peu après la mort de l'Auteur, il y a environs 100 ans. C'eſt ce qu'on appelle *les Manuſcrits de Guichenon*. M. de la Valette les a fait tranſporter de Lyon, dans ſon Château de Thorigny, près de Sens.]

36033. Mſ. Critique de l'Hiſtoire de Breſſe & de Bugey, de Samuel Guichenon; par Philibert COLLET.

Cet Ouvrage [étoit] entre les mains de l'Auteur; il n'a pas été imprimé à cauſe qu'il dégrade bien des Nobles.

☞ Dans cet Ouvrage, Collet a repris beaucoup de fautes que Guichenon avoit faites dans ſon Hiſtoire de Breſſe, ſur-tout par rapport à la Géographie & à l'Hiſtoire ancienne, les fonctions & les droits des différentes Charges que les Officiers des Ducs de Savoye avoient en Breſſe, les Généalogies des Maiſons particulières de Gentilshommes dont Guichenon avoit été plutôt le Panégyriſte que l'Hiſtorien. Cette Hiſtoire critique eſt d'autant plus intéreſſante, que c'eſt la ſeule qui ait traité un peu au long ce qui concerne le *Pays de Gex*, que les différens Hiſtoriens nous avoient laiſſé ignorer.

Cette Critique Manuſcrite eſt entre les mains de M. Monnier l'aîné, Avocat à Bourg en Breſſe. Il y en a une Copie dans la Bibliothèque de M. Fevret de Fontette, à Dijon. Collet eſt mort le 31 Mars 1718. *Voyez* ce qu'en dit le Père Niceron, *tom. III. pag.* 262.

« L'Auteur (dit l'Abbé Papillon,) m'en donna l'O- » riginal en 1714, à Bourg. En travaillant ſur les Statuts » de ſon Pays, il avoit parcouru les Regiſtres du Parle- » ment: cela lui a fait découvrir pluſieurs choſes de Gui- » chenon, qui donne une Nobleſſe ancienne à quantité » de perſonnes dont les Lettres ne ſont enregiſtrées que » depuis quelques années. L'envie de critiquer cet Hiſ- » torien a ſouvent ſervi de guide à Collet; & dans ces » matières il a tout agir titres en main, & tout prouvé » par des Actes reconnus bons & authentiques. Collet » avoit envie de dégrader pluſieurs perſonnes qui de- » voient leur Nobleſſe à l'Hiſtorien moderne du Pays. » Quelques-uns menacèrent Collet de charger ſes épau- » les des dépouilles de leur Nobleſſe : malgré cela l'Au- » teur m'avoit donné la commiſſion de faire imprimer » l'Ouvrage à Dijon; mais je ne le jugeai pas à pro- » pos. M. l'Avocat Michon a une copie de cette Cri- » tique, un peu plus ample que la mienne ». *Tom. III. de la Continuation des Mém. de Littérature*, du P. Des-Molets, *pag.* 159.]

36034. Hiſtoire de Breſſe; par Germain GUICHENON, Religieux Auguſtin : Lyon, 1709, *in*-8.

C'eſt un Abrégé de celle de Samuel Guichenon.

36035. ☞ Mſ. Récit hiſtorique de la Province de Breſſe.

Il eſt conſervé chez M. Monnier l'aîné, Avocat, à Bourg en Breſſe. Cet Ouvrage eſt curieux en ce qu'il entre dans un grand détail ſur ce qui concerne le Commerce & les Productions du Pays, les Mœurs des Habitans des différentes Villes, l'ordre qui s'obſerve dans les Aſſemblées des trois Ordres du Pays, l'énumération des Terres & Seigneuries, ſur-tout des Terres titrées. On y voit encore un Etat de tous les Gentilshommes qui étoient au ſervice lorſque l'Ouvrage a été compoſé, il y a environ 50 à 60 ans. L'Auteur eſt inconnu.

M. Monnier a ramaſſé dans ſon Cabinet pluſieurs Morceaux curieux en tout genre, concernant l'Hiſtoire de Breſſe.]

== ☞ Hiſtoire de la Conquête de la Breſſe & de la Savoye, en 1601.

Voyez ci-devant, Tome II. N.os 19790 & 19793.]

36036. ☞ Etrennes hiſtoriques de la Province de Breſſe, pour l'année Biſſextile 1756, dans leſquelles on trouve les Evénemens remarquables de l'Hiſtoire de cette Province, ſon état actuel, ſa Juriſprudence, & une Deſcription des principales Villes qui s'y trouvent; (par Joſeph-Jérôme le François DE LA LANDE, de Bourg en Breſſe, de l'Académie Royale des Sciences & de celle de Berlin :) *Paris*, Jombert & Vincent, 1756, *in*-24.]

36037. ☞ Mſ. Recueil d'Ouvrages pour l'Hiſtoire de Breſſe & Bugey.

Ce Recueil, qui eſt en entier de M. l'Abbé DE VEYLE, eſt entre les mains de M. Choſſat de Montburon, à Bourg en Breſſe, & il y en a une Copie dans la Bibliothèque de M. Fevret de Fontette, à Dijon. Il contient ce qui ſuit :

1. Deſcription du Pays de Breſſe : Remarques ſur la Nobleſſe, & Etat des Gentilshommes de ce Pays. Deſcription de ſes Villes principales, particulièrement de celle de Bourg, & de l'Egliſe de Notre-Dame de Brou.

2. Deſcription

2. Description du Bugey : Etat de ses Gentilshommes, & de ses Villes.

3. Description du Pays & Bailliage de Gex : Etat de ses Gentilshommes.

4. Corrections de l'Histoire de Bresse & de Bugey, de Me Samuel Guichenon, par COLLET.

5. Additions aux Remarques sur l'Histoire de Bresse, (concernant le Nobiliaire de ces Provinces, & Pays de Gex;) par le même.

6. Procès-verbal concernant les Limites de la Bresse & de la Dombes, dressé par Guillaume DE MONTHOLON, le 24 Mai 1612.

7. Avis aux Communautés de Bresse, donné par Rollin GROJEAN, Collecteur des Tailles de Dauphiné, au Village de Monthieu, le premier Février 1616.

8. Requête des Taillables de Bresse, à Monseigneur le Duc d'Orléans, Régent, & formule de Déclaration, conforme à ladite Requête.

9. Epitre dédicatoire de l'Histoire de Bresse, &c. addressée à M. le Comte de Montaisand, premier Président de Dombes; (par le Sieur Abbé DE VEYLE,) laquelle sert de Préface historique.

10. Plan général d'une nouvelle Histoire des Pays de Bresse, Bugey, Valromey & Gex.

11. Dissertations préliminaires sur l'Histoire de Bresse, &c. = 1. Si la Bresse avant la venue de César a porté le nom d'Isle, & si Annibal a passé par la Bresse pour entrer en Italie. = 2. Sur les Peuples qui habitoient la Bresse, &c. dans le temps que César vint dans les Gaules. = 3. Sur les Sébusiens & Séguliens; si ce sont deux Peuples différens, quel Pays ils habitoient & quelle en est l'étendue. = 4. Sur les Peuples du Bugey, ou les Séquanois, Habitans du Bugey, & sur l'étendue de leur Pays, aux environs de la Saône & du Rhône. = 5. Sur les anciens Habitans de la Bresse, sur l'origine de son nom, & sur le Mur qu'on croit que César bâtit.

12. Explication des Antiquités Romaines, qui se trouvent dans le Pays de Bresse, Bugey, Valromey & Gex, avec les figures desdites Antiquités, dessinées à la plume.

13. Remarques de COLLET, sur l'Histoire des Révolutions de Bresse, (par Germain Guichenon,) imprimée en 1709, à Chambéry, (pour ce qui regarde les Familles seulement.)

14. Autres Remarques servant à l'Histoire de Bresse, &c. concernant la Noblesse, l'Histoire, les Limites avec le Comté de Bourgogne & la Savoye, les Antiquités & Hommes illustres, les choses particulières aux Villes, Villages, &c. par ordre Alphabétique, & Mélanges sur l'Histoire de Bresse, Bugey, &c. tirées des Manuscrits de M. DE VEYLE.

15. Deux Chapitres du même Manuscrit de M. DE VEYLE, que, selon toutes les apparences, il n'a pas poussé plus loin, concernant la situation & l'étendue de la Bresse, Bugey, &c. & ses limites.

Claude de Veyle, Prêtre, est mort le 9 Mars 1723, dans sa 51ᵐᵉ année. Il a donné ses Manuscrits à M. Claude Bernard, Lieutenant-Particulier au Présidial de Mâcon, duquel ils ont passé à M. de Montburon, son petit-fils. M. de Veyle avoit de la lecture, du goût & de la pénétration : c'est dommage qu'une poitrine foible & épuisée ne lui ait pas permis de fournir une carrière qui lui auroit fait honneur. Son dessein étoit de dédier l'Ouvrage à feu M. le Duc, Gouverneur de Bourgogne & Bresse. L'Epitre est faite. Voyez les Mélanges historiques, de M. Michault, tom. II. pag. 398 & suiv.]

36038. ☞ Récit (en Vers) de l'arrivée de Madame la Duchesse de Nemours, & de Mesdames les Princesses ses filles, en leurs Terres de Bugey; (par DONZY:) Bourg en Tome III.

Bresse, Veuve Teinturier, 1660, in-8. 29 pages. = Suite : Ibid. 28 pages.

Ces deux Pièces, en Vers de 4 pieds, dans un style familier, sont signées Donzy, sans autre qualification.]

36039. ☞ Ms. Les Franchises & autres Titres concernant Gex.

Ce Manuscrit vient de Samuel Guichenon, & est conservé à Dijon, dans la Bibliothèque de M. Fevret de Fontette.]

36040. ☞ Mémoire sur le Pays de Gex.

Il est imprimé dans le Recueil intitulé : Nouvelles Recherches sur la France : Paris, 1766, in-12. tom. I. pag. 357-371.]

Nota. Il est aussi parlé des Villes de Bourg, Pontdevaux, & Belley, dans le Livre intitulé : Narration historique des Couvens de l'Ordre de S. François, par Jacques FODERÉ : Lyon, 1619, in-4.]

36041. ☞ Du Duché de Pontevaux, (ou Pontdevaux) enregistré l'an 1623.

Dans l'Histoire Généalogique du Père Simplicien, tom. V. pag. 662.]

☞ ON trouve au Tome II. des Mémoires de M. le Duc de Nevers : (Paris, 1655, in-fol.) pag. 765 des Pièces qui concernent la Bresse & l'échange que la Savoye en fit en 1601, contre le Marquisat de Saluces.]

36042. ☞ Histoire Généalogique de la Royale Maison de Savoye, divisée en VI. Livres, avec les Preuves; par Samuel GUI-CHENON : Lyon, 1660, 2 vol. in-fol.

Ce Livre est très-utile pour l'Histoire de Bresse & du Bugey, qui ont été possédés par la Maison de Savoye jusqu'en 1601.

« On a toujours fait le plus grand cas de cet Ou-
» vrage, qui est encore généralement estimé; mais il
» est actuellement difficile d'en trouver des Exemplai-
» res, & le prix en augmente de jour en jour dans le
» commerce, ainsi que la rareté. On les trouve quelque-
» fois reliés en trois Volumes; mais il est plus ordi-
» naire de les voir en deux. Le second Tome ne con-
» tient alors que les Preuves, qui forment à elles seules
» le sixième Livre de cette Histoire ». Bibliographie de M. Debure, Hist. num. 5683.]

36043. ☞ Chronologie historique des Comtes de Maurienne, ensuite Comtes, puis Ducs de Savoye, & enfin Rois de Sardaigne.

Dans la seconde Edition de l'Art de vérifier les Dates : Paris, Desprez, 1770, in-fol. pag. 833. Il est bon de voir sur l'origine obscure de la Maison de Savoye, l'Abrégé Chronologique de l'Histoire d'Italie; par M. de S. Marc : (Paris, Hérissant, 1761, in-8.) tom. II. pag. 1047 & suiv.]

36044. ☞ Ms. Examen de deux anciens Monumens exposés à l'Académie de Besançon; par M. le Marquis DE MONTRICHARD, Associé de la même Académie.

Ce Mémoire est conservé dans les Registres de cette Académie. L'un de ces deux Monumens est un Ouvrage de la fin du XIVᵉ Siècle, contenant un Abrégé de l'Histoire Universelle qui aboutit au Règne de Charles VI. Il est écrit en François sur un rouleau de parchemin de la longueur d'environ quinze aulnes : il n'a rien de remarquable pour l'imitation de l'ancien usage des Romains dans la manière de faire des Livres. L'autre Monument est une Inscription Latine, trouvée en 1761,

Près d'Ifernore, dans le Bugey ; ce qui prouve de plus en plus l'antiquité de ce Lieu.]

36045. ☞ Mémoire pour le Sieur Charles Reneux, contre M. le Duc d'Orléans ; signé par Mᵉ Boucher d'Argis : *Paris*, le Breton, 1761, *in fol.*

Mémoire pour M. le Duc d'Orléans, contre le Sieur Reneux ; par Mᵉ du Verne : *Paris*, veuve d'Houry, (1761,) *in-4*.

Réponse pour le Sieur Reneux ; par Mᵉ Boucher d'Argis : *Paris*, le Breton, 1761, *in-fol.*

Il est question dans ces Mémoires, au moins en partie, de l'*Histoire & de la Succession des Sires de Baugé, de Thoiré & de Villars* (en Bresse,) & *des Seigneurs de Dombes & de Beaujolois*.]

☞ *Nota.* ON trouvera dans le §. XII. de l'*Inventaire* qui est après les Histoires suivantes, nombre de petites *Pièces Manuscrites*, qui concernent des Villes & autres Lieux de Bourgogne & de Bresse.]

Histoires de Dombes.

☞ Ce Pays, qui est enclavé dans la Bresse, étoit ci-devant une Principauté Souveraine. En 1762, le Roi l'a acquis de M. le Comte d'Eu, en échange du Duché de Gilors & autres Terres. Il est présentement uni au Gouvernement de Bourgogne & de Bresse. Le Père le Long avoit joint le peu d'Histoires qu'il avoit à indiquer, au grand Gouvernement *Lyonnois*, apparemment parce que ce Pays est du Diocèse de Lyon.]

36046. ☞ Détail de la Principauté de Dombes.

C'est un Dictionnaire Géographique & Historique de ce petit Pays, qui se trouve à la fin du Tome III. du *Dictionnaire Universel de la France* : *Paris*, Saugrain, 1726, *in-fol.* 3 vol.]

36047. ☞ Table Généalogique des anciens Seigneurs de Dombes ; par André du Chesne.

Dans son *Histoire des Ducs de Bourgogne* : *Paris*, 1619, *in-4*.]

36048. Mſ. Histoire de la Souveraineté de Dombes, [divisée en VIII. Livres, justifiée par Titres, Fondations, anciens Manuscrits, Monumens & autres authentiques Preuves ;] par Samuel Guichenon : *in-fol.* 2 vol.

Elle est conservée à Lyon, chez M. Pianelli de la Valette.

☞ Cet Exemplaire n'est qu'une Copie : l'Original est entre les mains de M. de Borsat, Gentilhomme de Bresse. On trouve à la tête la Note suivante, écrite de la main de Guichenon.

« Cette Histoire a été entreprise par commandement de S. A. R. Mademoiselle (de Montpensier,) » Souveraine de Dombes. Mais ayant été vue & examinée tant par elle que par ceux qu'elle a députés, Sadite » A. R. n'a pas jugé à propos de la faire imprimer par » raison d'Estat, à cause que cette Souveraineté ne se » trouve pas dépendante immédiatement de l'Empire » ou de la Couronne de France, mais bien de celle » de Savoye, outre qu'il y a plusieurs Terres de cette » Principauté mouvantes de Cluny, de l'Eglise de Lyon, » & des Comtes de Foretz : laquelle mouvance cette » Princesse ne veut pas avouer. Si j'eusse consenti que » ces véritez fussent dissimulées ou déguisées, l'Ouvrage » eût été imprimé ; mais j'ai mieux aimé que S. A. R. » retirât de moi la Minute escrite de ma main, & tous » les Titres, Papiers & Mémoires dont je me suis servi, » que de faire cette lâcheté indigne d'un homme qui » fait profession d'honneur & d'être Historien. De sorte » que pour empêcher qu'un jour ce Livre tombant » entre les mains de quelqu'autre, ne fût châtré & imprimé sous un autre nom que le mien, j'en ai fait » faire cette Copie, de diverses mains, pour servir de » mémoire aux miens, tant seulement. A Bourg, ce 15 » du mois de Mars 1663. (Signé) Guichenon ».

Le Livre I. contient la Description générale & les Singularités du Pays, quels Peuples l'ont autrefois habité, & quels en ont été les Seigneurs, jusqu'à ce qu'il fût soumis à l'Empire (avec les autres parties du Royaume d'Arles, ou second Royaume de Bourgogne.)

Le Livre II. La Description topographique du Pays de Dombes.

Le Livre III. L'Histoire de cette Souveraineté, sous les Sires de Baugé, de Beaujeu, de Thoiré & de Villars, Comtes & Ducs de Savoye, Ducs de Bourbon & de Montpensier.

Le Livre IV. La Généalogie des Sires de Beaujeu, de la première & de la seconde Lignée.

Le Livre V. L'Institution du Parlement, & Liste de ses principaux Officiers ; les Gouverneurs & Baillis de Dombes ; création du Bailliage & de la Monnoie de Trévoux, & autres Officiers du Bailliage de Dombes, & les Privilèges du Pays.

Le Livre VI. Les Généalogies des Familles Nobles.

Le Livre VII. L'Armorial.

Le Livre VIII. contient les Preuves & Pièces justificatives.

Il est bon d'observer ici, que Guichenon avoit parlé du Pays de Dombes, dans son *Histoire de Bresse*, ci-devant N.º 36031.]

36049. * Histoire de la Principauté de Dombes ; par Pierre Louvet, Médecin, Historiographe de S. A. R. Mademoiselle, Souveraine de Dombes.

Elle [étoit] entre les mains de Jean-Pierre Louvet, fils de l'Auteur, demeurant à Sisteron.

36050. Abrégé de l'Histoire de la Souveraineté de Dombes, [où dans des Dissertations historiques on fait voir l'origine, la situation & l'étendue de cette Souveraineté, les droits de ses Souverains, le temps de leurs Règnes, leurs actions plus mémorables, jusqu'à Louis-Auguste I. Duc du Maine, en 1695, & la Création du Parlement de Dombes, avec un Traité particulier contre les Historiens Modernes qui ont contesté la Souveraineté de Dombes ;] dont les Propositions seront soutenues par Claude [Cachet] de Garnerans, [dans la Salle du Collège de S. A. S. Monseigneur le Prince Souverain de Dombes, à Thoissey, le...... Novembre 1696 ; Mᵉ Charles de Neuveglise, Professeur aggrégé au Collège de Thoissey, y présidera : *Thoissey*, le Blanc, [1696,] *in-fol.*

☞ On trouve à la fin de cette espèce de Thèse, une grande Carte de la Souveraineté de Dombes.]

36051. * Lettres (de Philibert Collet, natif de Châtillon-lès-Dombes) contenant

Histoires du Gouvernement de Bourgogne, &c.

une Critique de l'Histoire précédente : *Lyon*, *in*-4. (sans date.)

Elles sont aussi imprimées à la tête des *Statuts*, &c. *de Bresse*, expliqués par le même Collet : *Lyon*, 1698, *in-fol*. L'Auteur explique dans ces Lettres la situation du Pays de Bresse, & prétend que les Ségusiens & les Sébusiens sont un même Peuple. Il y explique assez bien quelques endroits des Commentaires de César.

36052. Réponse de Charles DE NEUVEGLISE, à la Critique de M *** (Collet) & à la Lettre du P. Menestrier, contre l'Histoire de Dombes : *Trévoux*, 1698, *in*-12.

La Lettre du Père Menestrier fut imprimée dans le *Journal des Sçavans*, *Août*, 1697. [On en a parlé Tome I. N.° 462.]

36053. ☞ Mémoire pour la défense de la Souveraineté de Dombes; contre Catherine Carrel : *in*-4. de 71 pages (sans date ni nom d'Imprimeur.)

Il paroît avoir été imprimé en 1679, selon M. Boucher d'Argis, qui en a vu un Exemplaire aux Archives de l'Hôtel du Maine.

M. de Beaucousin en a un exemplaire, où après la page 71, il y a une *Addition* de 16 pages, intitulée : « Interprétation des paroles, *sauf la bouche & les mains tant seulement*, contenues en la Transaction de l'année » 1560, lors de la restitution faite par le Roi François II, à M. le Duc de Montpensier de la Souveraineté de Dombes ».

Ces deux Ecrits ont été faits pour *Mademoiselle* (Anne-Marie-Louise d'Orléans, fille de Gaston, morte en 1693,) à l'occasion d'une Demande formée au Conseil d'Etat en cassation d'un Arrêt du Parlement de Dombes. Le style de ces Factums est d'un assez vieux François; mais ils sont très-curieux pour l'Histoire de Dombes.]

36054. ☞ Ms. Histoire de la Souveraineté de Dombes; par M. DE POLEINS, Procureur-Général du Parlement de Dombes : 1702, *in*-4.

Dans la Bibliothèque de M. Boucher d'Argis.]

36055. ☞ Ms. Histoire de Dombes; par Philibert COLLET.

✻ Elle [étoit] entre les mains de sa fille.

36056. ☞ Ms. Abrégé de l'Histoire de Dombes, Description topographique & Armorial des Familles : *in-fol*.

Ms. Mémoires concernant la Souveraineté & le Parlement de Dombes : *in-fol*.

Ces deux Manuscrits sont conservés à Dijon, dans la Bibliothèque de M. Fevret de Fontette.]

36057. ☞ Mémoire sur la Principauté de Dombes : *Mercure*, 1750, *Juin*, Vol. I.]

36058. ☞ Histoire abrégée de la Souveraineté de Dombes; par M. Antoine Gaspard BOUCHER D'ARGIS, Avocat au Parlement de Paris & Conseiller au Conseil Souverain de Dombes : *in-fol*.

Cet Article, de deux feuilles, est inséré dans le Dictionnaire de Moréri, Edition de 1759, à la suite de la Lettre D. par forme de Supplément, (*tom. IV. p.* 319.]

36059. ☞ Ms. Mémoire historique sur Dombes, où l'on établit la Souveraineté de cette Principauté; par M. BOUCHER D'ARGIS.

Il est conservé dans la Bibliothèque de l'Auteur, Avocat au Parlement de Paris, aussi bien que les Manuscrits qui suivent, jusques & y compris le N.° 36068.]

36060. ☞ Ms. Collection de divers Mémoires historiques concernant la Principauté Souveraine de Dombes, tirés de divers Auteurs; par M. BOUCHER D'ARGIS.]

36061. ☞ Ms. Copie d'un Inventaire des Terriers de Beaujolois & de Dombes, commençant en 1432, & finissant en 1523: *in*-4.

Cet Inventaire, dont l'Original est au Greffe du Bailliage de Moulins, énonce divers Actes qui ont rapport à l'Histoire de la Dombes.]

36062. ☞ Ms. Extrait de l'Etat ou Inventaire des Titres & Papiers qui sont au Greffe du Conseil Souverain de Dombes.

Cet Etat, en Original, a été dressé par M. LIMANTON, Secrétaire-Greffier en chef dudit Conseil, & étoit conservé au Greffe de ce Conseil, en 2 vol. *in-fol*. Il contient plusieurs Pièces historiques concernant la Dombes, & l'extrait des Actes & Minutes de la grande Chancellerie de cette Principauté, & des Arrêts & Jugemens du Conseil Souverain.]

36063. ☞ Ms. Recueil des Ordonnances, Edits & Déclarations des Princes Souverains de Dombes : *in*-4. 6 vol. = Recueil des Ordonnances, Edits & Déclarations des Rois de France, concernant la Souveraineté de Dombes : *in*-4.]

36064. ☞ Ms. Recueil historique concernant le Conseil Souverain de Dombes, son institution, ses fonctions, la Noblesse, & autres Prérogatives; par M. BOUCHER D'ARGIS : *in-fol*.]

36065. ☞ Ms. Catalogue des Chanceliers, Gardes des Sceaux, Conseillers & autres Officiers du Conseil Souverain de Dombes; par le même : petit *in-fol*.

On peut voir dans l'*Encyclopédie*, les Articles de ce Conseil Souverain, & du Chancelier, dressés par le même M. BOUCHER D'ARGIS.]

36066. ☞ Ms. Mémoires & Pièces justificatives concernant le Droit de Noblesse, transmissible au premier dégré, dont les Officiers au Conseil Souverain de Dombes ont toujours joui, tant en France qu'en Dombes; avec les Arrêts d'Etat du Roi, & autres Jugemens qui les ont maintenus dans ce Droit : *in*-4.

Les principaux de ces Arrêts sont : = un Arrêt du Conseil d'Etat du Roi, du 8 Décembre 1714, qui rappelle les Titres sur lesquels ce Droit est fondé : imprimé à *Trévoux*, 1725, de l'Imprimerie de S. A. S. = Deux autres Arrêts du Conseil du Roi, des 14 Février & 19 Décembre 1758, & une Sentence de l'Election du 26 Avril 1760; imprimés à *Paris*, chez le Breton, le premier en 1758, le second en 1759, & la Sentence en 1760. = Enfin un Arrêt manuscrit de la Chambre des Comptes de Bar, du 14 Septembre 1761.]

36067. ☞ Ms. Coutumes de Dombes, de

l'an 1324, ou 1325. = Privilèges de la Ville de Lent, de l'an 1269. = Privilèges de la Ville de Trévoux, de l'an 1300. = Privilèges de la Ville de Marlieu, du mois de Juin 1308. = Privilèges & Franchises de la Ville de Thoissey, en 1310.

Les *Coutumes de Dombes* sont une Pièce uniquement historique ; car elles n'ont jamais été autorisées par les Souverains. Ce fut seulement une Convention faite par les Nobles du Pays, pendant que Guichard V. leur Souverain étoit prisonnier chez le Dauphin de Viennois.]

36068. ☞ Ms. Projet d'Ordonnance Civile, fait pour la Principauté de Dombes, à l'instar de l'Ordonnance de Louis XIV. du mois d'Avril 1667 ; (par M. AUBRET, Conseiller au Parlement de Dombes :) 1739.

Cette Pièce, quoiqu'elle soit demeurée dans les termes d'un simple projet, peut servir à faire voir quel étoit l'état de la Dombes & ses Usages.

Le même M. Aubret a laissé des *Mémoires historiques sur la Dombes*, que M. d'Argis cite dans son *Histoire abrégée*, (ci-devant, N.° 36058.)

Le Projet d'Ordonnance que l'on vient d'indiquer & les Articles précédens sont conservés dans la Bibliothèque de M. Boucher d'Argis, Avocat à Paris, & ancien Conseiller au Conseil Souverain de Dombes.]

36069. ☞ Recueil des Droits & Privilèges du Parlement de Dombes : 1741, *in-*4. (sans nom d'Imprimeur, ni de lieu.)

Ce Recueil renferme principalement les preuves de la Noblesse transmissible au premier degré, dont les Officiers du Parlement de Dombes ont toujours joui, tant en Dombes qu'en France, de même que ceux du Conseil Souverain de Dombes. Il paroît avoir été fait à l'occasion d'une Ordonnance de M. Poultier, Intendant de Lyon, du 18 Février 1739, qui maintient les enfans d'un Conseiller au Parlement de Dombes dans la Jouissance du titre & des privilèges de la Noblesse en France.]

== ☞ Portrait du Duc du Maine, Prince de Dombes.

Voyez ci-devant, Tome II. N.° 25733.

Mademoiselle de Montpensier, fille de Gaston, Duc d'Orléans, qui étoit par sa mère Souveraine de Dombes, donna cette Principauté en 1680, à Louis-Auguste de Bourbon, Duc du Maine, avec réserve de l'usufruit sa vie durant. Cette Princesse étant morte en 1693, le Duc du Maine entra alors en possession de la Dombes, & la posséda jusqu'à sa mort arrivée le 14 Mai 1736.]

36070. ☞ Déclaration de M. le Prince Souverain de Dombes, (Louis-Auguste II.) sur son avènement à la Souveraineté, du 17 Mai 1736, avec le Testament & le Codicille de feu M. le Duc du Maine, Prince Souverain de Dombes, (des 29 Octobre 1735, & 21 Février 1736,) qui règlent à perpétuité l'ordre de la succession à la Souveraineté ; registrés, publiés & insinués, &c. *Trévoux*, 1736, *in-*4.]

== ☞ Oraisons funèbres du Prince de Dombes, Louis-Auguste II. en 1756.

Voyez ci-devant, Tome II. N.°ˢ 25734 & 25735.]

36071. ☞ Ms. Mémoires ; avec Pièces, concernant l'Union de la Principauté Souveraine de Dombes, à la Couronne de France, faite par Contrat d'échange & Lettres de ratification du mois de Mars 1762 ; (faits & recueillis par M. BOUCHER D'ARGIS :) *in-*4.

Ce Recueil est dans la Bibliothèque de cet Avocat, à Paris.]

36072. ☞ Rolindeus, seu Castilio restituta ; (auctore Philiberto COLLET :) *in-*4. de 25 pages.

C'est un Poëme de 700 Vers Latins, dédié à M. de Rolinde, Secrétaire des Commandemens de Mademoiselle de Montpensier. La versification en est assez bonne, & on y trouve du génie. Il a été composé à l'occasion de l'incendie & du rétablissement de la Ville de Châtillon-lès-Dombes, en 1670. C'est la seule Pièce que l'on ait sur l'Histoire de cette Ville.]

Inventaire sommaire des Manuscrits & Pièces détachées qui se trouvent dans la Bibliothèque de M. Fevret de Fontette, Conseiller au Parlement de Dijon, concernant l'Histoire de la Province de Bourgogne.

☞ J'AI hésité avant de placer ici les Pièces qui suivent. Je me suis dit qu'on pourroit désapprouver ce détail, & l'étendue que je ne pouvois me dispenser de lui donner. J'ai senti aussi qu'on pourroit me reprocher de n'en avoir pas usé de même pour les autres Provinces. Mais diverses considérations m'ont enfin déterminé.

L'Histoire particulière des Provinces & Villes de la France, est une partie intéressante de son Histoire : c'est, comme je l'ai déja dit dans ma Préface, celle que le Père de Long avoit la plus négligée. Il n'est pas possible d'en avoir une connoissance exacte, sans rassembler sur chacune les différens morceaux de détail qui doivent contribuer à la former. Ils se trouvent dispersés dans les Archives des Villes, des Eglises, des Monastères & des différens Tribunaux, dans les Bibliothèques publiques & dans les Cabinets de divers Particuliers.

Je m'étois flatté de pouvoir les réunir, si ce n'est pour le tout, au moins pour une grande partie, par le moyen de la Lettre Circulaire écrite par M. le Contrôleur-Général, de l'ordre de Sa Majesté, à MM. les Intendans, le 18 Décembre 1764. Elle étoit accompagnée d'un Mémoire imprimé, qui contenoit une Indication de tous les Objets sur lesquels je demandois des Notices, & ce Mémoire a été distribué dans chaque Généralité. Mais cette précaution n'a pas eu l'effet que j'en attendois, sur tout pour cette partie que je desirois avec empressement : c'étoit cependant l'unique façon de me la procurer, & par moi au Public.

Le R. P. DOM VINCENT, Bénédictin, pour la Ville de Reims (comme je l'ai déja dit à la fin de l'Article des Histoires de Champagne,) & M˟ DROZ, pour l'Histoire de la Franche-Comté ou du Comté de Bourgogne, sont les seuls qui m'aient fourni quelque chose. S'il m'en fût venu autant de toutes parts, il eût été difficile que ce Recueil immense eût pu trouver place dans cette *Bibliothèque historique*, dont elle eût considérablement augmenté le Volume. J'aurois pris alors le parti d'en former une Collection séparée. Mais n'ayant que ces deux ou trois Recueils, j'ai cru pouvoir les y placer. Je compte par-là exciter le zèle de ceux qui voudront travailler à cette recherche & leur donner un échantillon des Recueils qu'il faudroit faire sur chaque Province & Ville du Royaume. A l'égard du détail que l'on pourroit me reprocher, je l'ai évité autant qu'il m'a été possible, sur-tout pour les Morceaux les moins intéressans, & qui pouvoient se raccourcir.

Quant à ce qui concerne la Province de Bourgogne,

Histoires du Gouvernement de Bourgogne, &c.

Je me suis borné à ceux que j'ai réunis dans mon Cabinet, desquels j'ai même retranché ceux que j'ai déjà placés dans les différens Chapitres de cette *Bibliothèque historique*. Quelques recherches que j'aie faites, & quelques peines que je me sois données pour en découvrir d'autres, quoique je sois très-à-portée, j'ai été obligé de me borner à ce que je donne. Je ne doute cependant pas, qu'il n'existe encore beaucoup de Pièces historiques dans cette Province; mais elles me sont inconnues. Je n'ai pu, jusqu'à présent, avoir la Notice que de quelques-unes, & je les ai placées ci-devant.

J'ai divisé cet Inventaire en XII. Articles. = Le I. concerne l'Histoire ancienne de la Bourgogne, & des Ducs, avant la Réunion de cette Province à la Couronne. = Le II. l'Histoire de Bourgogne depuis sa Réunion, en 1477. = Le III. présente diverses Remarques sur cette Province, ses Limites, ses Productions, son Commerce, Privilèges & intérêts de ses Habitans, ses Collèges. = Le IV. concerne les Etats du Duché de Bourgogne, la Chambre des Elus desdits Etats, & leur Administration. = Le V. le Parlement de Dijon. = Le VI. la Chambre des Comptes de Dijon, les Trésoriers & le Bureau des Finances, & les autres Tribunaux de la Province de Bourgogne. Le VII. Procès historiques & singuliers de cette Province. = Le VIII. des Fiefs & du Domaine du Roi en Bourgogne. = Le IX. concerne l'Histoire de la Noblesse de la Province, & plusieurs Généalogies particulières. = Le X. Pièces sur la Ville de Dijon : Histoire Civile, Privilèges, Hôtel de Ville & Commune, Police, &c. Récits d'Evénemens arrivés à Dijon. = Le XI. suite de la Ville de Dijon : Histoire Ecclésiastique , Eglises , Monastères, Hôpitaux : Abbayes de Cîteaux, de Notre-Dame de Tart. Le XII. Autres Villes, Bourgs & Lieux de Bourgogne, Bresse, Bugey, Gex; Eglises, Monastères, &c. rangées par ordre Alphabétique.

I. Histoire ancienne de la Bourgogne & des Ducs, avant la Réunion de cette Province à la Couronne.

☞ Il faut supposer des mains & des crochets à tous les Articles qui suivent, comme étant ajoutés au Père le Long.]

36073. Catalogus Auroum utriusque Burgundiæ : (Mf. ancien, de 4 pages.)

36074. Chroniques des Rois de Bourgogne & des Fondations d'iceux. (Elle est très-apocryphe & fort singulière :) Copie non complette, de 4 pages.

36075. Généalogie des Rois de Bourgogne & les Archevêques de Besançon, depuis Saint-Lin : Copie de 8 pages.

36076. Chronique des Rois & Ducs de Bourgogne : Copie ancienne de 5 pages.

36077. Mémoire pour la Bourgogne, avec une brève Généalogie des Ducs : Copie ancienne de 3 pages.

36078. Liste des Ducs de Bourgogne : Copie de 3 pages.

36079. Mémoire de quelques Manuscrits qui regardent l'Histoire des derniers Ducs de Bourgogne, par M. du Cange : Original de 4 pages.

36080. Extraits tirés de la Chambre des Comptes de Dijon, concernant l'Histoire des Ducs Philippe-le-Hardi, Jean-sans-Peur, & Philippe-le-Bon.

36081. Deux Lettres du Duc de Bourgogne, l'une au Seigneur de Talmay, l'autre au Comte de la Guiche, en 1464, pour amener des troupes entre Châtillon & Sémur, avec une Lettre de l'Evêque de Langres au Sieur de Talmay, qui avoit pris & pillé sa Maison de Coublans : Copie de 3 pages.

36082. Transaction passée entre les Ducs de Bourgogne & de Bourbonnois, 1375, au sujet des Limites des deux Provinces : Copie de 13 pages.

36083. Etat de la Maison de Philippe de Bourgogne : 1384, Copie de 10 pages.

36084. Distribution des Joyaux d'or & d'argent de Chapelle, de tapisserie & autres biens-meubles de M. le Duc de Bourgogne, Comte de Nevers, &c. étans en la garde de Franchequin de Blandecke : 1404, Copie de 20 pages.

36085. Conventio Yprensis inter Henricum Angl. regem, & Joannem Burgundiæ Ducem : 1414. Copie de 5 pages.

36086. Conventio Leycestriensis inter eosdem Henticum & Joannem : Copie de 7 pages.

36087. Lettres-Patentes du Duc Jean de Bourgogne, pour faire cesser les maux du Royaume : 1417, Copie de 4 pages.

36088. Déclaration de Marguerite, Duchesse de Bourgogne, pour faire allouer des sommes dont les acquits avoient été perdus, lors de l'assassinat du Duc son mari, à Montereau : 1419, Copie de 6 pages.

36089. Traité du Roi d'Angleterre avec Philippe, Duc de Bourgogne : Copie de 6 pages.

36090. Inventaire des Joyaux advenus au Duc de Bourgogne, par le trépas de Madame Marguerite, Duchesse de Bourgogne, sa mère : 1414, Copie ancienne qui pourroit être originale, 10 pages.

36091. Nic. Albergati, Card. sanctæ Crucis, Epistola ad Philip. Burgundiæ Ducem, de pace tractandâ : 1432, Copie de 2 pages.

36092. Missive du Chancelier Rolin, à M. de la Guiche, pour se transporter à Dijon après la mort du Maréchal de Toulongeon : Copie, 1 page.

36093. Propositio Episcopi Nivernensis facta in Concilio Basileensi, continens prærogativas & nobilitates Philippi Burgundiæ Ducis : 1433. Copie de 11 pages.

36094. Traité d'Arras, intitulé ou commençant : Ci-après est contenu par ordre de Procès tenus à Arras, en la Convention célébrée audit lieu, pour le fait de la paix du Royaume de France ; commençant icelle Convention le quinzième jour du mois de Juillet, l'an de Grace 1435, président en Sainte Eglise & en saint Siège de Rome, Eugène, Pape quart, & séant le saint Concile à Basle.

36095. Recueil de diverses Lettres concernant les Affaires de Bourgogne : 1444 & 1445 : Copie de 11 pages.

36096. Récit d'un Banquet de Philippe le-Bon, fait à l'Isle : en 1453. Copie ancienne de 11 pages.

36097. Articles des Gantois accordés au Duc de Bourgogne, pour obtenir pardon : Copie de 6 pages.

36098. Guillelmi Episcopi Tornacensis ad Pium II. Oratio, nomine Philippi Boni, Burgundiæ Ducis : 1463, Copie de 5 pages.

36099. Copia Litteræ scriptæ per Papam Pium II. Philippo, Duci Burgundiæ : 1463, Copie du temps, de 2 pages.

36100. Bulla Pii II. ad Ducem Burgundiæ : Copie ancienne, 3 pages.

36101. Différens Extraits tirés de la Chambre des Comptes de Dijon, &c. concernant l'Ordre de la Toison d'or, les Chartreux, la Ville de Dijon, les Obsèques du Duc Philippe-le-Bon, en 1464, &c. in-4.

36102. Remarques touchant l'Institution de l'Ordre de la Toison d'or.

36103. Edit du Duc de Bourgogne, donnant pouvoir à la Chambre des Comptes de Dijon de faire les délivrances pour fournir es greniers à sel de Bourgogne : 1465, Extrait original, 16 pages.

36104. Lettre du Comte de Charolois, à la Chambre des Comptes de Dijon : Copie.

36105. Articles de la reddition de Liège au Duc de Bourgogne : 1467, Copie de 1 page.

36106. Défense du Roi aux Sujets du Duc de Bourgogne, d'appeler aux Parlemens du Royaume : 1468, Copie de 2 pages.

36107. Déclaration du Roi qui défend aux Juges du Royaume de juger les Causes du Duché de Bourgogne : Copie de 2 pages.

36108. Défense aux Sujets du Roi d'inquiéter ceux du Duc de Bourgogne : Copie de 2 pages.

36109. Lettres qui confirment au Duc de Bourgogne la Jurisdiction dans ses Terres : Copie de 2 pages.

36110. Défenses de publier ou proférer injures contre le Duc de Bourgogne : Copie de 3 pages.

36111. Lettre du Sieur de Loisey à M. le Président de Bourgogne, contenant la Relation de la prise de Liège par le Duc de Bourgogne : Copie de 3 pages.

36112. Lettre de Clément Bouton à son père, touchant la prise de Liège : Copie de 2 pages.

36113. Lettre touchant la prise de Liège par le Duc de Bourgogne : Copie 1 page.

36114. Lettre de Jean DE MAZILLES, Echanson du Duc de Bourgogne, touchant la prise de Liège : 4 pag.

36115. Extrait d'une Lettre de Robert VION, touchant la paix du Roi & de M. le Duc, & la prise de Liège. Copie 1 page.

36116. Nouvelles de la Comté de Ferrete : 1469, Copie de 3 pages. (Elle contient la Relation d'un repas fait audit Comté dans la prise de possession qu'en firent les Députés du Duc de Bourgogne : c'est une Pièce curieuse.)

36117. Lettre touchant les entreprises du Duc de Warwick : 1470, Copie de 2 pages. (On y voit les plaintes du Duc de Bourgogne, sur ce que le Roi de France a favorisé contre lui le Duc de Warwick, malgré les Traités).

36118. Défense du Duc de Bourgogne d'avoir relation avec le Roi & ses Officiers : Copie 1 page.

36119. Déclaration du Roi pour recevoir à son service tous les Sujets du Duc de Bourgogne qui voudront y venir : Copie 1 page.

36120. Saisie des Duchés de Bourgogne & Mâconnois, sur Charles, Duc de Bourgogne : Copie de 3 pages.

36121. Relation de ce qui s'est passé en Flandre, par Ferry DE CLUGNY : Copie de 2 pages.

36122. Relation de ce qui s'est passé en Flandre : Copie 1 page.

36123. Lettre de CHARLES, Duc de Bourgogne, au Parlement de Bourgogne, pour l'avertir de la Trève faite entre le Roi & lui : Copie 1 page.

36124. Ordre de faire restituer ce que les Ducs de Clarence & Warwick ont butiné sur les Sujets de Charles de Bourgogne : Copie de 3 pages.

36125. Réponse faite par le Duc de Bourgogne, aux Ambassadeurs du Roi, à Saint-Omer : Copie de 32 pages.

36126. Ordonnance de Charles, Duc de Bourgogne, sur le fait de sa Gendarmerie, pour leur faire payer les montres : Copie 1 page.

36127. Défense du Roi de faire aucun Commerce sur les Terres du Duc de Bourgogne : Copie de 3 pages.

36128. Créance donnée par le Duc de Bourgogne à Philippe de Comines, pour aller en Angleterre : 1470. Copie de 3 pages.

36129. Défense de porter des Marchandises de Bourgogne en France : Copie de 4 pages.

36130. Lettre du Duc de Bourgogne aux Maire & Echevins de Dijon, pour leur donner avis de la conspiration que Baudouin, dit *le Bâtard de Bourgogne*, & le Roi de France, avoient tramée contre lui : 1471. Copie de 2 pages.

36131. Défenses faites par Charles, Duc de Bourgogne, à ses Sujets, de plaider aux Tribunaux de France : Copie 1 page.

36132. Avis des Capitaines & Conseillers de Monsieur, assemblés à Dijon, au sujet de l'armée qui doit aller en Brabant : Copie 1 page.

36133. Avis des Gentilhommes de Bourgogne aux Etats de la Province : Copie de 3 pages.

36134. Publication d'Arrière-Ban pour le Duc de Bourgogne : Copie de 3 pages.

36135. Nouvelles de Guerre du Duc de Bourgogne : 1472. Copie de 3 pages.

36136. Relation d'un soupé qui a été fait par les Envoyés de M. le Duc de Bourgogne, dans le Comté de Ferrete.

36137. Dépense journalière faite par M. le Marquis de Vaudeville, allant de Luxembourg à Bruges, &c. 1472.

36138. Remarques sur les infractions du Traité de Péronne, entre Louis XI. & le Duc de Bourgogne : Copie de 3 pages.

36139. Nouvelles de Flandres, par un Officier de M. de Charolois : Copie de 2 pages.

36140. Nouvelles du Camp d'Amiens : Copie de 2 pages.

36141. Ce qui a été répondu aux Ambassadeurs du Roi : Copie de 4 pages.

36142. Lettre du Roi d'Angleterre au Duc de Bourgogne : Copie 1page.

36143. Réponse du Roi aux Requêtes des Envoyés par le Duc de Bourgogne : Copie ancienne de 5 pag.

36144. Lettres pour publier la prorogation de la Trève : 1473. Copie 1 page.

36145. Confirmation du Traité de paix entre l'Empereur & le Duc de Bourgogne, (en Latin :) 1475. Copie de 7 pages.

36146. Articles de paix entre l'Empereur & le Duc de Bourgogne : Copie de 3 pages.

36147. Recueil de Pièces concernant ce qui s'est passé à Noyon, entre les Ambassadeurs de Louis XI. & Charles, Duc de Bourgogne : Copie de 14 pages.

36148. Trèves marchandes pour neuf années, entre le Roi & le Duc de Bourgogne, à Soleute : 1475. Copie de 10 pages.

36149. Etat de la Maison de Jean, Duc de Bourgogne : Copie de 18 pages.

36150. Etat de la Maison de Philippe-le-Bon, Duc de Bourgogne : Copie de 9 pages.

Histoires du Gouvernement de Bourgogne, &c.

36151. Etat de la Maison de Charles-le-Hardi : Copie de 5 pages.

II. Histoires de Bourgogne, depuis sa Réunion.

36152. Instruction des Requêtes à faire au Roi par les Députés des Etats : 1476 (ou 1477.) Copie de 6 pages. (Elle concerne les Privilèges des Etats.)

36153. Convocation des Troupes à Joinville, pour le Duché de Bourgogne : 1478. Copie 1 page.

36154. Ordonnance pour ne point tirer de Bourgogne les Causes & Procès : Copie 1 page.

36155. Déclaration de Louis XI. contre Charles, Duc de Bourgogne : 1478. Copie de 11 pages. (Pour faire procéder à la notoriété des crimes commis par feu Charles, Duc de Bourgogne, & à la confiscation de ses Terres, Biens, Duché, &c. mouvans de la Couronne de France.)

36156. Lettre du Roi Louis XII. à M. d'Aumont, Lieutenant de Roi en Bourgogne : Originale, 8 pag.

36157. Deux Lettres de Madame la Princesse d'Orange, à M. d'Aumont : Copie ancienne de 2 pages.

36158. Lettre de M. de Vergy, au même : Originale, 1 page.

36159. Quatre Lettres de Madame la Princesse d'Orange & de M. de Vergy : Copie ancienne de 2 pag.

36160. Brouillon de Lettre : Original, sans date ni suscription, 1 page.

36161. Lettres de Neutralité pour ceux du Comté de Bourgogne : 1482-1527. Copie ancienne de 11 pages.

36162. Commission pour l'Assemblée des Etats du temps du Président Patarin, sous François I. Copie du temps, 5 pages.

36163. Mémoire à MM. les Syndics de la Cour, pour aller vers M. l'Amiral : (contre les Maire & Echevins de Dijon:) Cop. du temps, peut-être Original.

36164. Avis pour la Discipline des Gens de guerre, en Bourgogne : Original, 6 pages.

36165. Commission de l'Empereur Charles V. au Sieur de Gorrevod, pour recevoir le serment de fidélité de ses Sujets du Duché de Bourgogne, ensuite du Traité de Madrid : 12 Février 1526, Copie de 2 pages.

36166. Commission de Lieutenant & Gouverneur des Duché & Comté de Bourgogne, par l'Empereur Charles V. à M. de Gorrevod, Comte de Pont-de-Vaux : Copie de 3 pages.

36167. Provisions de la Charge de Maréchal du Duché de Bourgogne, données au Sieur de Gorrevod : Copie de 3 pages.

36168. Instructions au Seigneur de la Guiche, pour les remontrer aux Nobles & Tenans-fiefs au Bailliage de Mâcon, au sujet des Enfans du Roi prisonniers en Espagne ; avec des propositions du Roi à l'Assemblée des Nobles, faite à Paris en 1529 : Copie ancienne.

36169. Emeute du Peuple pour la cherté du bled : Lettre originale, 3 pages.

36170. Rôle des Pensions de Bourgogne : 1529 & 1530, 2 Pièces, Cop. du temps.

36171. Lettres de MM. des Comptes, pour publier les Baux du fournissement de Sel à Bourbon, Sémur, &c. 1538 : Originales, 2 pages.

36172. Arrêt du Parlement de Dijon, contre les Livres hérétiques : 1544, Cop. de 2 pages.

36173. Lettre du Parlement de Dôle à M. de Guise, Gouverneur de Bourgogne : 1549, Original, 3 pag.

36174. Neutralité pour trois ans, entre le Duché & le Comté : 1552, Copie du temps, 2 pages.

36175. Lettres de Neutralité entre le Duché & le Comté de Bourgogne, à Bruxelles : 1555, Cop. anc. de 36 pages.

36176. Pensionnaires de Bourgogne : Manuscrit du temps, 2 pages.

36177. Rôle des Lettres du Roi pour assembler les Etats : 1557, Extrait du temps, 12 pages.

36178. Ordonnance pour les Bastions de Dijon : Copie du temps, 1 page.

36179. Commission pour conduire les cinq Enseignes de Lansquenets de Reitemberg : 1558, Copie du temps, 2 pages.

36180. Commission pour emprunter 30000 liv. en Bourgogne : Copie anc. 8 pages.

36181. Commission de Charles IX. pour assembler les Etats de Bourgogne : 1560. Copie du temps, 3 pages.

36182. Serment & Signature de Profession de foi, revêtu de toutes les Signatures : 1561, Original précieux, en parchemin, de 14 pages.

36183. Assemblée du Clergé & de la Mairie, pour les sommes que demandoit M. de Tavannes : 1562-1565, 5 Pièces, dont 3 Originales, 20 pages.

36184. Ordre de vendre les Vaisselles & Argenterie des Eglises, pour subvenir aux frais de la Guerre : 1562 & 1563, Copie du temps, ou peut-être Original, 12 pages.

36185. Commission pour M. de Villervrac, donnée par Gaspard de Saulx, pour se transporter à Bar-sur-Seine, & y désarmer les Huguenots : 1562, Originale, 1 page.

36186. Procès-verbal des Officiers du Roi de Châlon-sur-Saône, auquel est jointe une Copie, au sujet des excès commis par les Religionnaires, aux Carmes de cette Ville : Original de 28 pages.

36187. Lettres-Patentes qui permettent l'exercice de la Religion Prétendue-Réformée à Beaune : Copie du temps, 2 pages.

36188. Traité de Neutralité pour le Comté de Bourgogne : Copie de 12 pages.

36189. Discours des misères du temps, à M. de Tavannes : Copie ancienne de 3 pages.

36190. Remontrances au Roi, après la pacification : Copie du temps, 70 pages.

36191. Requête pour ceux de la Religion Prétendue-Réformée du Bailliage de Dijon : 1563, Original, 1 page.

36192. Neutralité entre le Duché & Comté de Bourgogne : Copie du temps, 6 pages.

36193. Ratification de la Neutralité, par le Roi d'Espagne : Copie du temps, 10 pages.

36194. Ratification de la Neutralité des deux Bourgognes, par Philippe II. Roi d'Espagne : Copie 1 page.

36195. Ordre à M. Bégat, pour faire le Procès-verbal touchant la Neutralité : Copie du temps, 5 pages.

36196. Publication de Neutralité entre le Duché & le Comté, suivant l'ordre de Gaspard de Saulx & François de Vergy : Copie du temps, 5 pages.

36197. Délibérations des Etats pour lever les Dons gratuits : Copie du temps, 2 pages.

36198. Copie du Traité pour les abſens de la Ville de Mâcon : Copie du temps, 6 pages.

36199. Lettres pour l'exercice de la Religion Prétendue-Réformée à la Barre, près d'Autun : 1563, Copie du temps, 1 page.

36200. Remontrances au Roi par les Députés des Etats de Bourgogne : Copie ancienne non complette, 8 pages.

36201. Lettre écrite à M. de Vergy, en Septembre 1563, de Dijon : Copie du temps, 1 page.

36202. Lettre pareille, au même, en Octobre : Copie du temps, 1 page.

36203. Double des Patentes pour transporter de la Barre à Bolleduc le Prêche d'Autun : 1564, Copie du temps, 1 page.

36204. Touchant le lieu de la Barre pour le Prêche d'Autun. (C'eſt un Ordre de Gaſpard de Saulx au Bailli d'Autun, pour transporter le Prêche du Village de la Barre à Bolleduc :) Copie du temps, 1 page.

36205. Requête appointée par M. de Tavannes, avec la Relation du Sergent Goullevaut, au ſujet du Guet de la Ville d'Auxonne : Original, 1 page.

36206. Etat des grains pour les munitions des Villes & Châteaux de Bourgogne, qui doivent être fournis des deniers du Roi, & ceux que doivent fournir les Abbés, Chapitres, Prieurs, &c. 1566, Collationné à l'Original, 13 pages.

36207. Etat de ce qui eſt néceſſaire à faire pour l'Artillerie des Places fortes de Bourgogne : 1567, Copie du temps, 9 pages.

36208. Etat du remontage de l'Artillerie des Places de Bourgogne : Copie du temps, 2 pages.

36209. Trois Ordonnances de Gaſpard DE SAULX, Lieutenant-Général en Bourgogne, aux Bailliages de la Montagne, Auxois & Autun, pour fournir aux Fortifications de Dijon : Copie du temps, 6 pages.

36210. Edit de Paix qui fait des troubles de la Religion, publié à Dijon : 1568, Copie du temps, 14 pag.

36211. Ordre de M. DE VANTOU, de poſer les armes en entrant dans la Ville de Châlon : Original.

36212. Contraventions à l'Edit de paix, de la part des Catholiques, à Châlon-ſur-Saône, ſix Pièces, dont cinq Originales : 35 pages.

36213. Requête préſentée au Roi par ceux de la Religion : Extrait collationné, 8 pages.

36214. Lettres du Parlement de Dijon au Roi : 1558 & 1569. Copie de 3 pages.

36215. Edit de Charles IX. qui diminue le marché du ſel pour les pertes ſoufferies : 1569, Copie collationnée, 6 pages.

36216. Articles répondus par MM. les Commiſſaires aſſiſtans le Maréchal de la Viéville, 1571, pour la pacification de la Ville de Châlon, au ſujet de la Religion Prétendue-Réformée : Copie de 4 pages.

36217. Du Mariage de Cyprien, Miniſtre, avec une Dame de Diénay : 1572, Pièces Originales, 12 pages.

36218. Lettres des Maire & Echevins d'Auxonne : Deux Pièces Originales, 7 pages.

36219. Remontrances faites au Parlement de Dijon, le 10 Septembre 1573, par M. Thomas TURQUAM, Général des Monnoyes, pour l'exécution du débri des eſpèces de billon étrangères qui s'expoſent au Duché de Bourgogne : Paris, 1573, imprimé de 35 pages.

36220. Arrêt du rétabliſſement de la Juriſdiction aux Maire & Echevins d'Auxonne : 1574. Extrait collationné, 1 page.

36221. Cahier du Tiers-Etat du Bailliage de Dijon, pour les Etats de Blois : 1576. Extrait Original de 84 pages.

36222. Articles de l'Aſſociation faite entre les Princes & Seigneurs, &c. du Duché de Bourgogne, aſſemblés par M. le Grand, ſelon le Commandement du Roi : 1577. Copie du temps, 4 pages.

36223. Remontrances au Roi par les Etats, & Réponſe : 1578. Copie du temps, 19 pages.

36224. Propos au Roi par les trois Etats de Bourgogne, ſur la foule des Impôts; l'Abbé de Citeaux porta la parole en la Ville de Rouen, le 16 Juin 1578 : Copie du temps, 12 pages.

36225. Traité de Neutralité entre le Duché & le Comté de Bourgogne : 1580. Copie anc. 23 pages.

36226. Proteſtation faite par M. de Charny, ſur la qualité du Duc de Bourgogne, priſe par le Roi d'Eſpagne, en la ratification de la Neutralité des deux Bourgognes : Copie de 1 page.

36227. Lettre du Duc d'Anjou aux Maire & Echevins de Châlon : 1582. Copie du temps 3 pages.

36228. Copie d'une Requête préſentée au Roi par l'Ambaſſadeur d'Eſpagne, avec deux Lettres du Roi au Parlement de Bourgogne, au ſujet du Charolois : 1585. Originales, 3 pages.

36229. Nomination des Députés de Charolois, pour les Etats : 1588. Extr. Origin. 4 pages.

36230. Edit de l'Union du Roi avec ſes Sujets, pour l'extirpation de l'héréſie : Copie ancienne, 7 pages.

36231. Extrait des Délibérations des Etats : Copie de 2 pages.

36232. Lettre de cachet de Henri III. au Parlement de Dijon, après la mort du Duc de Guiſe : Copie de 2 pages.

36233. Union jurée entre tous les Habitans de Dijon : 1589. Original, 4 pages.

36234. Tranſlation des Sièges de Juſtice : Extrait original, 3 pages. (C'eſt un Arrêt du Parlement réſidant à Flavigny, pour transporter les Juriſdictions de Dijon, Beaune, Nuits, Châlon & Avalon, à Iſſut-Tille, Saint-Jean-de-Lône, Louhans, Aiſey-le-Duc & Montréal.)

36235. Jugement rendu par deux Conſeillers du Conſeil de l'Union, contre quelques Habitans de Châlon, priſonniers : Copie de 2 pages.

36236. Arrêt du Parlement de Dijon, contre Henri de Bourbon, Roi de Navarre : Copie du temps, 2 pages.

36237. Seconde Lettre envoyée à la Nobleſſe de Bourgogne par le Conſeil d'Etat établi à Dijon : Imprimé de 2 pages.

36238. Inſtructions aux Députés des Etats de Bourgogne, pour aller vers M. de Biron, Gouverneur de la Ville & Château d'Auxonne : Copie du temps, 1 page.

36239. Extrait des Lettres du Duc de Mayenne, aux Baillis & Officiers des Bailliages de Bourgogne : 1589. Imprimé de 7 pages.

36240. Deux ſermens d'Aſſociation des Catholiques, contre les Hérétiques : Copie ancienne, 8 pages.

36241. Serment de l'Union des Catholiques de Bourgogne : Copie de 2 pages.

36242. Articles propoſés par M. de Sennecey, pour faire

Histoires du Gouvernement de Bourgogne, &c.

faire poser les armes aux deux Partis : Copie anc. 3 pages.

36243. Pouvoir donné à M. le Duc de Nemours, par M. le Duc de Mayenne, pour commander en Bourgogne, Lyonnois, Dauphiné, Provence, Languedoc & Guyenne : 1589. Copie du temps, 14 p.

36244. Liasse de Pièces, en 42 Cottes, concernant la Ligue, les Affaires de la Religion, & choses qui y ont eu rapport en Bourgogne : 1587, 1588, 1589, toutes Originales.

36245. Trois Arrêts du Parlement de Bourgogne, contre les Gentilshommes qui portent les armes contre le Roi, & qui sont déclarés roturiers : 1590. Copie du temps, 7 pages.

36246. Articles de la Trêve, entre le Roi & le Duc de Mayenne, en Bourgogne : Copie du temps, 3 pages.

36247. Extraits des Edits donnés par le Roi (Henri IV.) étant à son Camp de Saint-Denys, pour la Bourgogne : Copie du temps, 6 pages.

36248. Lettre du Roi au Comte de Tavannes, & Avis du Camp de Saint-Denys : Copie, 3 pages.

36249. Discours fait au Cardinal Cajétan, Légat à latere, à Mâcon, par Edme DE LA CROIX, Abbé de Citeaux : Copie de 4 pages.

36250. Relation au vrai, tirée d'un ancien Manuscrit du Siège d'Autun, tenant pour la Ligue, par l'Armée du Roi Henri IV. sous le commandement du Maréchal d'Aumont, en 1591.

36251. Lettre de M. d'Aumont, du Camp devant Autun : 1591. Copie de 1 page.

36252. Mémoire du Siège d'Autun : Manusf. ancien, 19 pages.

36253. Lettre du Roi & de M. d'Aumont, au Parlement de Bourgogne : 1592. Copie du temps, 2 pag.

36254. Lettres de Jussion du Duc de Mayenne au Parlement de Dijon, du 29 Septembre : Originales, en parchemin.

36255. Commission au Sieur Seguenot, pour la Recette du Bailliage d'Avalon : Extrait original, 1 page.

36256. Ordonnances du Vicomte de Tavannes, pour fournir de l'argent : Deux Pièces originales, 1 page.

36257. Commission du même, pour saisir & vendre les meubles & le revenu des immeubles des Hérétiques : Original, 2 pages.

36258. Mémoire du Siège du Château de Dondain en Charolois : 1593. Copie, 1 page.

36259. Convocation de l'Arrière-ban, du 23 Mai 1594 : Copie de 3 pages.

36260. Extrait des Articles des Habitans d'Avalon, présentés au Roi après la réduction de cette Ville : Copie du temps, 6 pages.

36261. Délibération des Officiers du Bailliage d'Autun, pour la tenue des Cours Royales à Lucenay : Extrait original de 7 pages.

36262. Articles de la part des Réfugiés d'Autun, pour envoyer au Roi : Copie du temps, 5 pages.

36263. Ceux qui se sont réfugiés de la Ville d'Autun : Copie du temps, 4 pages.

36264. Articles des Habitans de Dijon, présentés à la réduction de la Ville : 1595. Copie du temps, 6 pages.

36265. Mémoire de ce qui s'est passé à la réduction de Dijon, à l'obéissance de Henri IV. 1595. Manuscrit du temps & Original, de 7 pages.

36266. Journal de ce qui s'est passé à la réduction de la Ville de Dijon, en l'obéissance du Roi Henri IV. en 1595.

36267. Arrêt pour la reconnoissance de Henri IV. Original, 2 pages.

36268. Extrait des Edits vérifiés au Parlement de Dijon : Copie, 4 pages.

36269. Etat des Dettes de la Ville de Dijon, contractées pour le service de Henri IV. Original de 7 pages.

36270. Discours véritable sur la réduction de la Ville de Beaune à l'obéissance du Roi, avec l'Edit du Roi qui a suivi ; par M. Jean DESLANDES : Manuscrit du temps, 46 pages.

36271. Articles que le Baron de Vitteaux supplie le Roi de lui accorder, en se remettant en l'obéissance de Sa Majesté : Copie de 2 pages.

36272. Procès-Verbal de l'exécution de l'Arrêt qui nomme le Président Fremyot Maire de Dijon, à la place du Sieur Flutelot, décédé : Original, 16 pages.

36273. Arrêt qui ordonne la Neutralité. Extrait Original, de 3 pages.

36274. Lettre du Maréchal de Biron : 1595. Originale, 2 pages.

36275. Ordre de saisir les Meurtriers, Voleurs, &c. sur les frontières de Bourgogne : Copie du temps, 1 page.

36276. Lettre du Roi adressée au Bailly de Châlon, au sujet de l'Arrière-ban : 1594. Copie du temps, 10 pages.

36277. Mémoire contenant plusieurs choses arrivées en Bourgogne pendant la Ligue : 1585-1595.

36278. Relation de ce qui s'est passé à Châlon-sur-Saône pendant la Ligue.

36279. Procès-Verbal pour prêter serment de fidélité au Roi. (C'est celui des Officiers du Bailliage de Châlon, 1596.) Original.

36280. Requête de ceux de Nance & Relans, pour restitution de leurs chevaux pris par les Soldats : Copie du temps, 2 pages.

36281. Information des hostilités commises au Comté par le Capitaine Montillet, de la Garnison du Duché ; & autres Pièces concernant cette Affaire : Originaux, 41 pages.

36282. Désaveu de ce qu'a fait le Sieur de la Fortune contre la Neutralité : Extrait Original, 1 page.

36283. Réponse de l'Archevêque de Besançon & du Parlement de Dôle, à M. le Prince : Copie ancienne 1 page.

36284. Ratification de la Neutralité par Albert Cardinal, Archiduc : Extrait en forme, de 3 pages.

36285. Huit Pièces contenant les Plaintes des-hostilités commises dans le Comté : Copie du temps & Originaux, 12 pages.

36286. Deux Lettres du Parlement de Dôle à M. le Maréchal de Biron, & Conclusions de M. PICARDET, Procureur-Général, à ce sujet : 1596. Deux Pièces, dont la dernière Originale, 6 pages.

36287. Copie de Lettre du Prince de Mansfelt, Gouverneur de Luxembourg, à M. le Comte de Champlitte : 1596, 2 pages.

36288. Copie de Lettre du Maréchal de Biron, au Parlement de Dôle : 1596, 2 pages.

36289. Extrait d'un Article de Lettre du Cardinal Archiduc, Gouverneur du Pays-Bas, au Parlement de Dôle ; 1596. Extrait en forme, 2 pages.

Tome III.

36290. Lettre du Parlement de Dijon à M. le Chancelier : 1597. Originale, 1 page.

36291. Lettre du Roi Henri IV. à M. le Baron de Luz : 1597. Originale, 1 page.

36292. Lettres du Roi d'Espagne, pour garder la Neutralité entre le Comté & le Duché : 1597. Extrait Original, 2 pages.

36293. Quatre Lettres de M. de Clermont, avec la Capitulation de Montfort, envoyée par le Comte de Tonnerre, & encore deux ou trois autres Lettres, toutes au Parlement de Dijon : Originales, en 4 pages.

36294. Articles que le Sieur de la Fortune, Gouverneur de la Ville de Seurre, desire lui être accordés par le Maréchal de Biron : 1599. Copie du temps 5 pages.

36295. Rôle des Dettes contractées pendant les Troubles, & du temps de la Ligue, par les deux partis en Bourgogne; dressé en 1600 : Manuscrit du temps, 36 pages.

36296. Edit de Réunion de la Bresse, Bugey, &c. au Parlement de Bourgogne : 1601. Original, 6 pages.

36297. Traité de Neutralité entre le Duché & le Comté de Bourgogne : 1602. Copie du temps, 4 pages.

36298. Compte de ce qui a été imposé sur la Bourgogne, par les deux partis, pendant les Troubles : Copie du temps, 30 pages.

36299. Arrêt du privé Conseil pour les Habitans d'Autun réfugiés : Copie du temps, 4 pages.

36300. Lettre du Parlement de Dijon au Roi, sur quelques difficultés avec M. de Luz : 1604. Copie du temps, 2 pages.

36301. Acte pour les Habitans de Belley : Requête des Habitans de Bugey, Valromey & Gex, contre les vexations des Commis : 1605. Original, 5 pag.

36302. Lettre écrite par M. de Luz au Roi, le 6 Août 1606 : Copie du temps, 1 page.

36303. Remontrances de M. de Luz, à MM. du Parlement : 1607. Copie du temps, 3 pages.

36304. Commission pour démanteler le Château de Vergy : 1609. Copie du temps, 6 pages.

36305. Acte des Déclarations faites par le Sieur du Gué aux Gens du Roi, pour le fait des Archers du Procureur du Roi : Copie du temps, 7 pages.

36306. Serment de fidélité du Parlement de Dijon, après la mort du Roi Henri IV. 1610 : Copie, 1 page.

36307. Acte de serment de fidélité au Roi, par la Ville de Beaune : 1610. Extrait Original, 1 page.

36308. Acte de prestation de Serment au Roi, par ceux de Pont-de-Vaux. Original, 2 pages.

36309. Articles présentés au Roi, & à la Reine Régente : Original, 2 pages.

36310. Autres Articles demandés à Sa Majesté : Copie de 3 pages. (C'est une Requête du Parlement de Dijon, pour, qu'en l'absence du Gouverneur, le Parlement pourvoie à la sûreté de la Ville; avec le dénombrement des places qu'il convient de démolir.)

36311. Lettres du Roi pour la Neutralité entre le Duché & le Comté de Bourgogne : 1611. Original en parchemin, 1 page.

36312. Ordonnance des Habitans de Gex, pour prendre les armes & se défendre : Original, 2 pages.

36313. Délibérations des Etats de Bourgogne : Copie ancienne de 19 pages.

36314. Acte de prestation de serment de fidélité au Roi, par les Officiers du Bailliage de Charolois : 1619. Original, 1 page.

36315. Procès-Verbal de M. de Villefrançon, touchant les Religieux de S. Pierre, pour leur donner logis : Copie ancienne, 2 pages.

36316. Visite des Villes de Bourgogne de la part du Roi, pour en reconnoître l'état & la police : Copie ancienne, 20 pages.

36317. Remontrances au Roi, par les Habitans du Duché de Bourgogne : Copie ancienne, 15 pages.

36318. Contre-Lettres à la Noblesse de Bourgogne, responsives à certaines Lettres du prétendu Conseil d'Etat établi à Dijon : Copie ancienne, 18 pages.

36319. Requête pour les Réformés d'Auxonne : deux Pièces, Copie ancienne, 2 pages.

36320. Requête des Prétendus-Réformés de Dijon, pour avoir raison des injures à eux faites par les Catholiques : Original non complet, 4 pages.

36321. Prosa Lingonensium, contrà Burgundos : Manuscrit ancien en vers macaroniques, 3 pages.

36322. Etat au vrai de toutes les munitions d'Artillerie qui sont dans les Villes, Châteaux, &c. de Bourgogne : Original, 9 pages.

36323. Mémoire donné à M. le Conseiller Cotenot, pour aller au Charolois : Copie ancienne, 1 page.

36324. Accommodement du Duc d'Epernon, avec le Comte de Montrevel : Copie de 3 pages.

36325. Extrait des choses remarquables concernant la Province de Bourgogne & la Ville de Dijon, tirées d'un Journal Manuscrit fait par Me Claude Sullot, Procureur au Parlement de ladite Ville, sous les Rois Henri III. Henri IV. & Louis XIII. (Il commence à la mort du Duc de Guise en 1588, & finit en Février 1619.)

36326. Entrée du Roi en la Ville de Rouen, envoyée à Dijon pour l'entrée de Louis XIII. 1620 : Copie du temps, 6 pages.

36327. Acte de la Déclaration du Sieur de Chévigné sur la révélation du Conseil : 1624. Original, 2 pages.

36328. Liste des Places fortes du Bailliage de Gex : 1626, deux Pièces Originales, 2 pages.

36329. Délibération de la Ville de Dijon, touchant la nomination des Echevins : 1627. Extrait Original, 4 pages.

36330. Discours de M. Despringles, Procureur-Général en la Chambre des Comptes, établie à Autun : Copie du temps, 12 pages.

36331. Arrêt de révocation de l'Ordonnance du Sieur de Commarin, Lieutenant de Roi, pour empêcher les traites des Bleds : Original, 2 pages.

36332. Quatre Lettres du Parlement de Dôle au Parlement de Dijon : 1602, 1626 & 1627 : Originales.

36333. Liasse de 19 Pièces; sçavoir, Lettres du Parlement de Dôle & autres, & Procédures faites par le Juge de la Traite foraine : 1624 & 1625. Le tout Original, 44 pages.

36334. Procès-Verbal de ce qui s'est passé à Châlon durant le séjour des Commissaires du Parlement de Dijon, pour informer de deux bateaux de Bled qui avoient passé par ordre du Marquis d'Uxelles, Gouverneur de la Citadelle, & que l'Huissier Margotet avoit fait arrêter : 1628. Extrait en forme, 13 pag.

Histoires du Gouvernement de Bourgogne, &c.

36335. Entrée de François I. au Parlement de Paris en 1514, envoyée au sujet de l'entrée de Louis XIII. en la Ville de Dijon : 1629. Copie de 2 pages.

36336. Délibération touchant le changement à l'Election du Vicomte Mayeur : 1630. Original, 3 pag.

36337. Résolution de ce qui s'est passé entre le Roi & Monsieur son frère, depuis le 6 Février jusqu'à présent : ensemble, les Lettres de M. DE BELLEGARDE au Roi, & la Réponse, avec la Lettre de Monsieur, frère du Roi, à Sa Majesté, & Réponse : 1631.

36338. Lettre écrite au Roi par Monsieur, & apportée par le Sieur de Briançon, & la Réponse : 1631.

36339. Prise de corps contre M. de Bellegarde : 1631. Copie du temps, 6 pages.

36340. Mémoire présenté à la Cour par le Procureur-Général, sur la protestation du Duc de Bellegarde : Copie anc. 1 page.

36341. Réglement fait touchant la santé, pendant la peste : Original, 22 pages.

36342. Délibération de nétoyer les rues : Extrait original, 5 pages.

36343. Lettre de Henri de Bourbon au Parlement de Dijon : 1632. Original, 1 page.

36344. Arrêt qui défend à ceux du Comté d'acheter les choses prises par les Gens de guerre : Original, 1 page.

36345. Procès-Verbal du dommage fait au Chevalier de la Berchère, par les Troupes du Duc d'Orléans : Original, 3 pages.

36346. Arrêt touchant les Gens de guerre. (Il fait défenses d'enlever sans commission du Roi, & sans en faire apparoir aux Lieutenans des Bailliages :) Original en parchemin, 1 page.

36347. Lettre du Parlement de Dôle à celui de Dijon : 1633. Originale, 2 pages.

36348. Lettre du même, à M. Brun, Procureur-Général : 1633. Originale, 2 pages.

36349. Lettre de M. BRUN, Procureur-Général, à M. le Prince : 1633. Originale, 3 pages.

36350. Procès-Verbal de Négociation à Dôle, pour la Neutralité : 1635. Brouillon original, 16 pages.

36351. Extrait des Registres du Parlement de Dijon, touchant le Comté : 1636. Copie de 2 pages.

36352. Lettres de l'Archevêque de Besançon & du Parlement de Dôle, au Prince de Condé : Copie de 2 pages.

36353. Le Siège & la Prise de Verdun-sur-Saône : Copie anc. 9 pages.

36354. Prise de Mirebeau : Copie du temps, 17 pag.

36355. Etat des choses à faire pour la fortification de Dijon : Copie du temps, 9 pages.

36356. Résolution des Habitans de Saint-Jean-de-Lône, pendant le Siège : Extr. collationné, 4 pages.

36357. Inscription mise sur la brêche de Saint-Jean-de-Lône : Extrait collationné, 1 page.

36358. Relation du Siège de Saint-Jean-de-Lône : Manuscrit du temps, en plusieurs pièces, 22 pages.

36359. Autres Pièces concernant le Siège de Saint-Jean-de-Lône, par Galas, en 1636.

36360. Délibération de Bresse, pour conserver le Pays : 1638. Extrait original, 8 pages.

36361. Convocation du Ban & Arrière-ban de Charolles : 1639. Extrait original, 22 pages.

36362. Assemblée de Bresse à Montluel : 1640. Extr. original, 14 pages.

36363. Arrêt qui ordonne de reconnoître Louis XIV. pour Roi : 1643. Original, non signé, 3 pages.

36364. Extrait d'Assemblée générale du Tiers-Etat de Bugey : Extr. original, 16 pages.

36365. Ordonnance du Baron de Scey pour la cessation des Courses au Comté de Bourgogne : 1644. Copie, 1 page.

36366. Discours de M. LE GRAND, à l'entrée du Prince de Condé à Dijon : 1648. Copie 4 pages.

36367. Propos du Conseiller DE GAND, porté au Roi & à la Reine Régente, & à M. le Duc d'Orléans, dans Saint-Germain : 1649. Copie du temps, 2 p.

36368. Arrêt contre les Seigneurs qui des Soldats licentiés font des Corps de Troupes : 1650. Extrait original imprimé, 1 page.

36369. Lettre du Maréchal de Turenne à M. Bouchu, Premier Président à Dijon : Copie, 1 page.

36370. Lettre du Roi au Parlement, pour recevoir M. de Vendôme : 1 page.

36371. Lettre de M. de Vendôme au Parlement : 1 page.

36372. Procès-Verbal de la demande de la moitié des Clefs de Saint-Jean-de-Lône, au Capitaine de la Garnison : Copie, 1 page.

36373. Articles de la Reddition de la Ville de Seurre & du Château de Saumur : Copie, 3. pag.

36374. Lettres concernant l'Histoire de Bourgogne, écrites depuis 1528 jusqu'en 1651, presque toutes Originales : un Porte-feuille *in-fol.*

36375. Lettre de Madame DE GOMMERANS, femme du Gouverneur de Saint-Amour, à M. Bouchu, Premier Président de Dijon : 1650. Originale, 2 pages.

36376. Ordre de remettre les Clefs de la Ville de Saint-Jean-de-Lône, au premier Echevin : 1651. Expédition originale, 3 pages.

36377. Arrêt contre le Cardinal Mazarin : Imprimé, 2 pages.

36378. Retenu de l'Assemblée au Palais, pour les munitions de Dijon : Original, 16 pages.

36379. Ordre aux Habitans de Saint-Jean-de-Lône de garder la Tour de la Prison : Extrait en forme, 2 pages.

36380. Déclaration du Commandant du Château de Dijon : Copie du temps, 4 pages. (Elle contient la Visite des Commissaires du Parlement, pour le soupçon qu'on avoit des Provisions que le Gouverneur y rassembloit, & des Constructions qu'il y vouloit faire).

36381. Requête à M. d'Epernon, pour mettre en règle les Troupes : 1652. Copie, 11 pages.

36382. Relation de ce qui s'est passé de jour en jour pendant le Siège de Bellegarde, fait par l'Armée du Roi, commandée par le Duc d'Epernon. Ensemble, la Capitulation : 1653. Imprimé de 34 pages.

36383. Liasse de 58 Lettres écrites au Parlement de Dijon, au sujet de la Neutralité entre le Duché & le Comté de Bourgogne, par le Parlement de Dôle, pour la plus grande partie, M. de Vergy & autres ; depuis 1544 jusqu'à 1658. Toutes Originales.

36384. Liasse de 19 Lettres, écrites la plupart par le Parlement de Dôle, au Parlement de Dijon, pour même sujet, depuis 1549 jusqu'en 1651. Toutes Originales.

== Extrait des Mémoires servant à l'Histoire des choses qui se sont passées en Bourgogne pendant la première & seconde Guerre Civile, au temps de la détention de MM. les Princes & de leur liberté, envoyés à M. l'Archevêque de Toulouse par le Sr MIL-

LOTET, Conseiller du Roi en ses Conseils, & son premier Avocat-Général au Parlement de Bourgogne : Janvier, 1650-1668. (C'est le ci-devant N.° 35900.)

36385. Ludovico Adeodato, suæ Libertatis vindici Burgundia : Copie, 4 pages.

36386. Requête au Roi, contre la Chambre mi-pattie de Grenoble : Copie anc. 2 pages.

36387. Remontrances du Parlement de Dijon au Roi, pour faire cesser les désordres : Copie 4 p.

36388. Lettre au Parlement de Dijon, pour recevoir les Ordres de la Reine pendant que le Roi est aux Pays-Bas : 1667. Copie, 1 page.

38389. Lettre de M. DE POMPONNE, Secrétaire d'Etat, à MM. du Parlement de Dijon, pour les engager à enregistrer l'Edit des Gardiens mobiliaires : 1674. Copie, 2 pages.

36390. Publication de l'Arrière-ban en Bourgogne : Copie, 3 pages.

36391. Extrait des Registres des Délibérations de la Chambre du Conseil de Dijon, touchant les œuvres fortes : 1677. Copie, 1 page.

36392. Mémoires de Philibert DE LA MARE, dont l'Original est en deux Volumes *in-fol.* entre les mains de M. de la Mare, Conseiller au Parlement de Dijon, son petit-fils. (Le Tome I. commence en 1670, le II. en 1676, & finit en 1708. Ces Mémoires sont des Mélanges, ou un Recueil de différens traits d'Histoire de France & de Bourgogne, Vers & Pièces anecdotes, quelques morceaux de Critique & de Littérature. Ils sont curieux, amusans & utiles).

§ II. *Remarques sur la Province de Bourgogne, sur ses Limites, ses Productions, son Commerce, Privilèges & Intérêts de ses Habitans, ses Collèges.*

36393. Système ou Plan de l'Histoire du Duché de Bourgogne, à laquelle M. CHARLET, Chanoine honoraire de Saint-Etienne de Dijon, travaille depuis douze ou quinze ans; présenté à MM. les Elus, le 8 Juin 1706 : Imprimé de 4 pages.

35394. Projet d'un Ouvrage intitulé : Description du Gouvernement de Bourgogne, par M. MICHAULT, Avocat : 1747. Imprimé de 4 pages.

36395. Procès-Verbal des Commissaires députés par le Roi & par les Archiducs, Comtes de Bourgogne, pour traiter & vuider les différens des Limites d'entre les Pays de la Souveraineté de France & le Comté de Bourgogne, & partager les Terres de surséance : en 1611, 1612, 1613.

36396. Liasse de 10 Pièces touchant les Limites du Comté de Bourgogne : Copies &. Mémoires Originaux, 73 pages.

36397. Inventaire des Pièces touchant les Limites de Coligny-le-neuf & Coligny-le-vieux, au Comté de Bourgogne : Original, 7 pages.

36398. Liasse de 40 Pièces concernant Coligny-le-neuf & Coligny-le-Vieil; Limites entre le Comté de Bourgogne & la Bresse. Toutes Originales, 254 pag.

36399. Mémoire & Arrêt sur les Limites de Bourgogne : 1741, deux Pièces, 9 pages.

36400. Inventaire de différentes Layettes & Titres de la Chambre des Comptes de Dijon, concernant affaires mêlées, Villes, Lieux, Maisons, Familles & Limites de la Province de Bourgogne. = Procès-Verbal dressé par M. BOUILLET, Procureur-Général de la Chambre des Comptes, le 8 Mai 1737, de la remise à lui faite à la Chambre des Comptes de Dôle, des Titres y étants & concernans le Duché de Bourgogne.

36401. Sommaire pour le Procureur Syndic des Etats-Généraux de Bourgogne, intervenant en cassation de l'Arrêt rendu par le Grand-Conseil le 14 Septembre 1691, contre M. le Duc de Nevers (au sujet des Droits par lui prétendus sur la Baronnie d'Uchon :) *in-fol.* 4 pages.

36402. Mémoire concernant le Projet du Canal en Bourgogne, par M. Abeille : *Dijon,* 1727.

36403. Sicera, Ode : *Divione,* 1712. Imprimé de 4 pages. (La querelle sur la préférence du vin de Bourgogne & de celui du vin de Champagne, se renouvella en 1713, mais plus poliment, entre deux Poètes, M. Grenan & M. Coffin. *Voyez* le *Journal de Verdun, Novembre* 1713, pour les Pièces qui parurent à ce sujet, & la *Bibliothèque des Auteurs de Bourgogne, pag.* 267. M. de la Monnoye a traduit en Vers François, trois Pièces Latines, l'une sur le vin de Bourgogne, l'autre sur le vin de Champagne; & la troisième sur le Cidre. Ces Traductions ont été imprimées à Paris & à Dijon.)

36404. Mémoire sur la nécessité d'arracher des Vignes en Bourgogne, & Pays adjacents : 6 Mai 1733. Imprimé de 3 pages.

36405. Mémoire sur le Commerce des Vins, en Bourgogne : Manuscrits & Pièces à ce sujet.

36406. Mémoire concernant le Commerce des Fers des Provinces de Bourgogne & de Franche-Comté.

36407. Pièces, Lettres & Mémoires sur les Droits d'Aydes qui se perçoivent sur les Vins de Bourgogne, à leur entrée en Champagne, & sur les Commissionnaires de Vins en Bourgogne.

36408. Inventaire des Privilèges du Duché de Bourgogne : Copie ancienne, 30 pages.

36409. Extrait de l'Inventaire général des Titres, Chartes & Papiers des Etats de Bourgogne, fait en 1674, 1675 & 1676 : *in-fol.*

36410. Privilèges de la Bourgogne : Copie ancienne 12 pages.

36411. Privilèges du Pays de Bourgogne, par le Roi Jean : Copie ancienne & Extrait Original d'une partie, 28 pages.

36412. Articles accordés au Roi Louis XI. par les Etats de Bourgogne après le trépas de Charles-le-Hardy; & Confirmation des Privilèges de Bourgogne, par les Rois Charles VIII. Louis XII. François I. & Henri II.

36413. Mémoire au sujet des Titres translatifs de propriété, relatifs à la Bourgogne : Copie ancienne, 3 pages. (C'est un Mémorial de diverses Mutations & Changemens faits par les Rois & Ducs dans la propriété & les Privilèges du Duché & du Comté de Bourgogne).

36414. Chartres d'amortissement pour les Gens des trois Etats du Duché de Bourgogne : 1521. Imprimé en parchemin, avec Collation ancienne & originale, 7 pages.

36415. Les Privilèges de ceux qui sont exempts des impôts & fouages de Bourgogne : 1460. Extrait ancien, 10 pages.

36416. Edit des Regratiers : Copie, 3 pages.

36417. Articles qui doivent être observés par Marchands fournissans les Greniers à Sel de Bourgogne : 1523. Copie du temps, 26 pages.

36418. Touchant les Privilèges du Pays pour le fournissement des Greniers : Extr. Original, 2 p.

Histoires du Gouvernement de Bourgogne, &c. 469

36419. Bail des fournissemens des Greniers à Sel de Bourgogne : 1586. Extr. Original, 12 p.

36420. Réglement au fait du Sel de Salins, pour les Ecclésiastiques : 1603. Copie du temps, 5 p.

36421. Mémoire des Privilégiés pour le Sel de Salins : Copie anc. 15 p.

36422. Arrêt du Conseil qui révoque l'Edit de crue de Sel : 1648. Copie du temps, 5 p.

36423. Requêtes présentées au Parlement par le Procureur-Syndic des Etats, en 1669 & 1681, contre le Fermier des Gabelles, & Arrêts : 7 Pièces imprimées de 44 pages.

36424. Pièces, Arrêts & Mémoires, tant imprimés que Manuscrits, pour la suppression des Evocations des Ordres Religieux & autres, en Bourgogne ; & Arrêt du Conseil d'Etat, du premier Septembre 1764, qui les supprime.

36425. Arrêté du Parlement de Dijon du 2 Mars 1758, & Remontrances au sujet de l'Arrêt du Conseil du 14 Juin 1755, qui ordonne une Imposition annuelle sur la Province, d'une somme de 20000 liv. au profit du Duc de Saint-Aignan, Gouverneur (par interim) de ladite Province de Bourgogne : Manuscrit de 15 pages.

36426. Commission pour la vérification des Dettes de la Province de Bourgogne, & Pièces qui les concernent : Imprimé de 96 pages.

36427. Réglement fait par M. le Duc & M. de la Brisse, Intendant, au sujet des Dettes des Communautés : 1715. Imprimé de 16 pages.

36428. Différentes Pièces, Mémoires & Projets au sujet de l'envoi en Bourgogne de l'Edit du mois d'Août 1764, & de celui de Mai 1765, concernant l'Administration des Villes & Bourgs du Royaume.

36429. Recueil de Titres, Pièces & Mémoires, Manuscrits & imprimés, concernant les Collèges du ressort du Parlement de Dijon ; sçavoir, à Dijon, Autun, Bourg, Châlon sur-Saône, Châtillon-sur-Seine, Bulley & Ornex, Pont-de-Vaux, Paray & Charolles : 1 Porte-feuille *in-fol*.

IV. Etats du Duché de Bourgogne : Chambre des Elus desdits Etats, & leur Administration.

36430. Extrait des Registres des Privilèges de la Province. Table desdits Privilèges. Table des Décrets des Etats : en 1 gros Porte-feuille *in-fol*.

On y trouve = 1.° Extrait des trois premiers Registres des Lettres & Privilèges obtenus par les Gens des trois Etats de Bourgogne, commençans à la Réunion dudit Duché de Bourgogne à la Couronne de France, du temps du Roi Jean, en 1361, & finissant en 1656. = 2.° Remarques depuis 1657 jusqu'en 1671 ; = 3.° Extrait abrégé, par ordre alphabétique des Matières contenues aux Chartes, Edits, Déclarations, Arrêts & Cahiers des Etats de Bourgogne, transcrits dans les cinq premiers Registres de la Chambre de MM. les Elus de la Province, depuis 1361 jusqu'en 1693. = 4.° Extrait pareil, par ordre alphabétique, des Matières contenues ès Registres des Décrets des Etats, depuis 1549 jusqu'en.1668.

36431. Un gros Porte-feuille intitulé : *Registres des Décrets des Etats.*

Ce Porte-feuille contient un Recueil de ce qui s'est passé aux différentes tenues d'Etats en Bourgogne, depuis le mois de Mai 1549, jusques & y compris 1736. Il a été tiré des Originaux qui sont dans les Archives des Etats.

36432. Requête au Roi, pour obtenir le soulagement des Subsides : Brouillon original, 7 p.

36433. Remontrances au Roi, sur les Commissions obtenues par J. Baudot : 1518. Original, 5 p.

36434. Articles jurés par les Etats de Bourgogne, à la Sainte-Chapelle, de ne point recevoir un Roi hérétique : 1590. Imprimé de 4 p.

36435. Registres des Etats de Bourgogne, commençant aux Etats tenus à Semur en 1590, le 2 Mai, (pendant la Ligue) & Assemblée des Elus, &c. jusqu'au 14 Août 1598 : Manuscrit Original, 352 p.

36436. Assemblée des Etats tenus à Semur en 1590,&c. ou Extrait de l'Article précédent jusqu'au 10 Juin 1593 : Copie, 56 pages.

36437. Harangue de Henri IV. aux Etats-Généraux de Bourgogne.

36438. Articles des Etats-Généraux, sur lesquels il plaira aux Etats de Bourgogne de délibérer (dans le temps de la Ligue :) Copie anc. peut-être Originale, 23 pages.

36439. Demande des Etats de Bourgogne au Roi, sur plusieurs articles : Original, 6 p.

36440. Mémoire pour les Etats de Bourgogne : 1601. Brouillon original, 40 p.

36441. Délibérations des Etats : 1608. Copie du temps, 44 p.

36442. Assemblée des Etats de Bourgogne, en Septembre 1614 : Manuscrit du temps, 27 p.

36443. Deux Délibérations des Etats du Duché de Bourgogne, au sujet de la demande de dix-huit cens mille livres : 1658 & 1659 : Copie du temps, 8 p.

36444. Discours de l'Evêque d'Autun, à l'ouverture des Etats : 1712. Copie, 12 p.

36445. Les Noms des Gouverneurs de Bourgogne : Copie, 2 p.

36446. Etat abrégé & Suite des Gouverneurs, Premiers Présidens, Intendans, Elus, Greffiers, Receveurs, &c. qui ont assisté aux Etats, depuis 1629 jusqu'en 1754.

36447. Requête des Etats au Roi, au sujet des Amortissemens : Imprimé de 8 pages.

36448. Remontrances des Etats du Duché de Bourgogne, sur la Déclaration de Sa Majesté, du mois d'Août 1692, touchant le Franc-aleu, & autres Pièces & Mémoires à ce sujet : Manuscrit, 53 pages.

36449. Commission de l'Emprunt sur les Officiers de S. M. en Bourgogne à 1596 : Extrait en forme, 7 p.

36450. Mémoire pour M. l'Evêque de Châlon, contre M. l'Evêque d'Autun, au sujet de la Présidence des Etats : Imprimé de 8 p.

36451. Factum pour l'Evêque d'Autun, troublé au droit de présider aux Etats de Bourgogne : Imprimé de 24 pages.

36452. Requête au Roi par M. de la Valette, Evêque d'Autun, contre l'Evêque de Dijon, au sujet de la Présidence aux Etats de Bourgogne, & Mémoire du même contre ledit Evêque, sur le même sujet.

36453. Deux Mémoires de M. l'Evêque de Dijon, contre M. l'Evêque d'Autun, pour la préséance aux Etats de Bourgogne.

36454. Réplique de l'Evêque d'Autun, premier Suffragant de la Province de Lyon, Administrateur du spirituel & temporel de l'Archevêché de Lyon, le Siège vacant & Président-né & perpétuel des Etats de Bourgogne ; à la Réponse de M. de Dijon.

36455. Que les Evêques d'Auxerre & de Mâcon n'ont aucun droit passif aux Etats de Bourgogne, &c. Copie, 2 p.

36456. Mémoire au sujet de l'Entrée aux Etats, de l'Abbé de Cîteaux, avec camail & rochet : Manuscrit 2 Pièces, 4 p.

36457. Projet de Mémoire pour la Chambre du Clergé des Etats de Bourgogne, contre Dom Andoche Pernot, Abbé de Cîteaux, (au sujet de son Entrée en rochet & camail :) Imprimé de 15 p.

36458. Réflexions sur la Requête présentée au Roi, contre la Chambre du Clergé des Etats-Généraux de la Province de Bourgogne, par Dom Andoche Pernot, Abbé Général de Cîteaux : *Dijon*, 1733, Imprimé. (C'est au sujet de l'Entrée en camail & rochet prétendue par l'Abbé de Cîteaux).

36459. Requête au Roi pour Benoît Bouhier, Doyen de la Sainte-Chapelle de Dijon, pour la préséance sur les autres Doyens aux Assemblées des Etats : Imprimé de 17 p.

36460. Mémoire de MM. de Saint-Etienne de Dijon, contre MM. de la Sainte-Chapelle, touchant la préséance de leurs Députés aux Etats de la Province, (par Me Antoine de FOURCROY, Avocat de Paris :) 1686.) Imprimé de 34 p.

36461. Réponse de MM. de la Sainte-Chapelle au précédent Mémoire, (attribué à Jacques-Auguste DE CHEVANNES, Avocat à Dijon.) Imprimé de 48 pages.

== Réponse des vénérables Prieurs & Religieux Bénédictins de la Province de Bourgogne, à ce qui a été écrit par les Chanoines Réguliers établis dans la même Province, demandans aux fins de la préséance par eux prétendue dans les Etats sur lesdits Religieux Bénédictins, & sur ceux de l'Ordre de Cîteaux, & autres Défendeurs : Imprimé de 24 pages. (C'est le ci-devant N.° 11634, Tome II.)

36462. Réflexions sur un Ecrit contre les Réguliers : Imprimé de 20 pages.

36463. Différend pour la Séance entre les Députés du Charolois & ceux du Mâconnois & de Bar-sur-Seine : Copie anc. 4 p.

36464. Démêlés entre les Députés des Comtés de Charolois, Mâconnois & Bar-sur-Seine, aux Etats de Blois, au sujet de la séance entr'eux : Copie, 3 p.

36465. Requête à M. le Duc d'Anguien pour le droit de deux Echevins députés aux Etats : 1671. Imprimé de 16 p.

36466. Règlement fait au Conseil d'Etat du Roi, en 1744, au sujet des Séances, Droits & Fonctions de la Chambre des Elus de la Province de Bourgogne.

36467. Remarques des Commissaires Alcades des Etats de Bourgogne, en 1742, avec la Lettre à eux écrites, par M. de S. Florentin, & leur Réponse.

36468. Un Porte-feuille contenant les Instructions données par M. le Contrôleur-Général, au Parlement de Dijon, en exécution de la Déclaration du 21 Novembre 1763, sur l'Administration particulière de la Province de Bourgogne. Pièces, Mémoires à ce sujet, tant imprimées que manuscrites.

36469. Etat des sommes que les Elus imposent sur la Bourgogne : Msf. 6 pages.

36470. Remarques sur la Chambre des Elus de Bourgogne : Copie, 4 p.

36471. Extrait des Registres des Délibérations des Elus des trois Etats de Bourgogne, depuis 1529 jusqu'en 1542, & depuis 1548 jusqu'en 1554 : Copie anc. de 64 pages. (Je crois l'Original perdu.)

36472. Extrait des Registres de la Chambre des Elus de Bourgogne, Mars 1589, & Novembre 1598.

36473. Requête au Roi par les Elus des Etats de Bourgogne, pour être déchargés des Fortifications des Villes & Places de la Province : 1553. Copie collationnée, 10 p.

36474. Mémoire au sujet de l'usage d'intimer le Procureur-Syndic des Etats : Copie, 7 p.

36475. Mémoire pour servir de Réponse à ce qui s'est dit en la Chambre des Elus contre M. de Rabyot de Corlon, Procureur du Roi au Présidial d'Autun.

36476. Délibération des Elus, au sujet de la Milice de 1719 : Imprimé & signé, Original, 8 p.

36477. Observations des Elus à M. de Breteuil, Ministre de la Guerre, au sujet de la Milice de 1726, avec les Réponses : Imprimé de 4 p.

36478. Mémoire pour les Elus de Bourgogne, sur la question de sçavoir où seront portées les Appellations des Taxes d'office qui se font par lesdits Elus, contre MM. les Officiers du Parlement & Cour des Aydes : Manuscrit de 64 p.

36479. Réflexions du Parlement sur le Mémoire précédent : Imprimé de 44 p.

36480. Preuve des faits énoncés dans la Réponse du Parlement à la Requête des Elus de Bourgogne : Imprimé de 42 p.

36481. Réponse du Parlement de Dijon à la Requête présenté à Sa Majesté par les Elus de Bourgogne : Imprimé de 11 p.

V. *Pièces concernant le Parlement de Dijon.*

36482. Edit de création du Parlement par le Roi Louis XI. 1476 ou 1477. Copie, 3 pages.

36483. Succession chronologique de tous les Offices du Parlement de Dijon, depuis son Institution en 1477 jusqu'en 1766.

36484. Instructions pour les Elus de Bourgogne, députés vers le Roi, au sujet de l'abolition du Parlement de Bourgogne : Copie, 3 p.

36485. Lettres qui déclarent les Parlemens du Duché & Comté de Bourgogne exempts de Ban & Arrière-Ban, &c. 1488 : Manuscrit du temps, 18 pages.

36486. Extrait des Registres du Parlement, ou Lettres & Ordonnances de Louis XII. & François I. 1500-1535 : Original en parchemin, 10 p.

36487. Lettres de François I. qui exemptent le Parlement de Bourgogne de tous impôts, subsides, &c. Ban & Arrière-Ban : 1515. Copie, 5 p.

36488. Lettres de François I. touchant le Franc-salé : 1522. Extrait en forme, 5 p.

36489. Edit de création de six Conseillers laïcs, au Parlement de Bourgogne : 1537. Extrait en forme, 15 p.

36490. Don fait par le Roi à Jean Baillet d'un Office de Conseiller de nouvelle création : 1537. Extrait en forme, 3 p.

36491. Registrum Consilii Curiæ Parlamenti postridiè sancti Martini : 1537. Original en parchemin, 5 p.

36492. Registrum Consilii Curiæ Parlamenti, postridiè sancti Martini : 1538. Original en parchemin, 2 p.

36493. Mercuriales de 1539 & 1540 : Minute Originale, 52 p.

36494. Edit de Création des Requêtes du Palais de Dijon : 1543. Copie du temps, 7 p.

36495. Missive du Parlement envoyée à M. le Président Bourgeois : 1544. Copie du temps, 6 p.

Histoires du Gouvernement de Bourgogne, &c.

36496. Edit du Roi François I. en faveur du Parlement & Chambre des Comptes de Dijon, à l'inftar de ceux rendus précédemment pour le Parlement de Rouen qui y font joints, portant exemption d'être impofés avec les autres Habitans de la Ville pour la Cottifation des exempts & non exempts; du 17 Décembre 1545: Extrait Original.

36497. Cérémonies de l'enterrement de Monfieur Patarin, Premier Préfident de Dijon: 1551. Copie 2 p.

36498. Mercuriales de 1554: Minute Originale, 26 p.

36499. Lettres d'Exemption du Ban & Arrière-Ban pour les Gens de la Cour du Parlement: 1554, 2 Copies, dont l'une du temps, 7 p.

36500. Réponfe du Roi aux Articles de fa Cour de Parlement de Dijon: 1555. Copie du temps, 6 p.

36501. Lettres-Patentes par lefquelles le Roi déclare que le Parlement & Chambre des Comptes font exempts de la Cottifation pour le Payement de 50000 hommes: 1555. Extrait Original, 18 p.

36502. Remontrance au Roi, fur une Evocation au Confeil: 1557. Copie du temps, 3 p.

36503. Lettres d'Exemption du Ban & Arrière-Ban pour les Officiers du Parlement de Dijon: 1558. Extrait en forme, 4 p.

36504. Extrait des Regiftres des Délibérations du Parlement de Dijon: 1564. Copie du temps, 10 p.

36505. Remontrances au Roi, fur les Infinuations aux Greffes des Bailliages: 1567. Copie du temps, 10 p.

36506. Mercuriales de 1567: Minute Originale, 9 p.

36507. Edit d'attribution de gages à la Charge de Chevalier d'honneur, Confeiller au Parlement de Bourgogne: 1571. Copie collationnée, 24 p.

36508. Mercuriales de 1575: Minute Originale; 6 p.

36509. Arrêt du Confeil-Privé, qui règle la Séance des Préfidens du Parlement de Dijon: 1578. Copie 4 p.

36510. Déclaration du Roi, au fujet de la Place de Confeiller-né de l'Abbé de Citeaux au Parlement de Dijon: 1578. Copie 8 p.

36511. Remontrances fur l'Arrêt du Confeil qui règle la Séance des Préfidents. Arrêt fur le différend, &c. 1578, 10 Pièces, toutes Originales, 19 p.

36512. Diverfes Pièces concernant les Edits portés par les Rois dans leurs Parlemens: 1581, 1629, 1630. Copie, 4 p.

36513. Lettre de cachet au fujet de la fuppreffion de Charges: 1582. Originale, 2 p.

36514. Procès-Verbal touchant l'achapt de Maifons pour le Bâtiment du Palais: 1586. Original, 8 p.

36515. Extrait des Regiftres du Parlement de tout ce qui s'eft paffé pendant la Ligue, depuis le 31 Décembre 1588 jufqu'au 29 Juillet 1594.

36516. Regiftre particulier des Délibérations des Officiers du Parlement de Dijon, qui pendant la Ligue fe retirèrent d'abord à Flavigny, & enfuite à Sémur, depuis la Saint-Martin 1591 jufqu'à la fin du mois de Juin 1595.

36517. Edit de Révocation du Droit Annuel: 1617. Copie ancienne, 6 p.

36518. Arrêt qui permet à l'Evêque de Langres d'avoit deux Appariteurs pour le Reffort du Parlement: 1620. Original en parchemin, 3 pages.

36519. Propofitions & Avis pour l'Annuel: 1628. Copie du temps, 6 p.

36520. Arrêt du Confeil, qui défend aux Parlemens de connoître des Traites des grains: 1628. Original en parchemin, 9 p.

36521. Edit d'union de la Jurifdiction des Aydes au Parlement: 1630. Imprimé, 12 p.

36522. Erection d'une troifième Chambre du Parlement de Dijon, par Louis XIII. 1630: Copie anc. 3 p.

36523. Contrat du Parlement avec M. Vignier, au nom du Roi, pour avoir la Cour des Aydes en Bourgogne: 1630. Copie du temps, 2 p.

36524. Requête préfentée au Roi, par les anciens Confeillers, au fujet de la nouvelle Chambre des Enquêtes: 1630. Copie du temps, 3 p.

36525. Articles donnés par M. le Prince, touchant les honneurs qui feront faits à fes Entrées au Parlement: 1631. Copie du temps, 2 p.

36526. Edit touchant le doublement du Sceau, Arrêt & Requêtes à ce fujet: 1632. Originaux & Copies collationnées, 4 Pieces, en 13 pag.

36527. Mémoire à M. le Prince, fur la vérification de l'Edit d'augmentation d'Officiers au Parlement de Dijon: 1636. Copie collationnée, 1 p.

36528. Sommation de M. le Prince au Parlement, pour règler quelle part il portera des poudres, fortifications, &c. 1636: Copie du temps, 2 p.

36529. Modifications que le Roi eft fupplié d'accorder fur les Edits vérifiés par M. le Prince: 1636 & 1637. Originaux, 6 p.

36530. Cinq Mémoires de ce qui s'eft paffé en la Députation du Parlement de Bourgogne en Cour, l'an 1637.

36531. Lettres d'interdiction du Parlement fignifiée par un Huiffier de la Chaîne: 1637. Copie, 5 p.

36532. Plaintes de l'interdiction du Parlement de Dijon, prononcée par M. le Prince féant audit Parlement: Copie du temps, 14 p.

36533. Lettres fur le rétabliffement du Parlement de Dijon: Originale, 2 p.

36534. Levée de l'Interdit du Parlement de Bourgogne, & établiffement d'une Cour Souveraine à Bourg: Copie du temps.

36535. Retenu d'une Affemblée du Parlement chez le Premier Préfident, où M. le Prince étoit préfent: 1639. Ecrit (de 5 pag.) de la main du Greffier, qui doit être l'Original, n'étant pas fur les Regiftres.

36536. Règlement du Parlement, par rapport à la Chambre des Enquêtes: 1640. Original, 11 p.

36537. Arrêt du Parlement, qui défend au Préfidial de Breffe de publier aucun Arrêt du Confeil fans la permiffion de la Cour: 1645. Copie du temps, 1 p.

36538. Déclaration du Roi contenant défenfes d'évoquer du Reffort du Parlement, les inftances des Criées: 1648. Imprimé de 6 p.

36539. Pièces au fujet du payement des Gages du Parlement & de la Chambre des Comptes: 1649. Copie du temps, en 6 Pièces, 13 p.

36540. Réponfe de M. de Vendôme fur les plaintes & propofitions faites par les Députés du Parlement: 1650. Copie du temps, 6 p.

36541. Articles de plaintes faites par les Députés du Parlement à M. de Vendôme : 1650. Original, 4 p.

36542. Entrée de M. de Vendôme au Palais, avec l'Extrait de ce qu'il a dit sur diverses choses, même contre le Premier Président : 1650. Copie Originale, 6 p.

36543. Manifeste du Premier Président Bouchu : 1650. Manuscrit du temps, 29 p.

36544. Retenu de ce qui s'est fait au Palais, les Chambres assemblées, depuis le 27 Janvier jusqu'au 7 Mars 1651 : Manuscrit Original, 40 p.

36545. Extrait des Registres des Délibérations du Parlement : 1652. Copie, 8 p.

36546. Lettres-Patentes qui défendent aux Laïcs de posséder les Offices de Conseillers-Clercs : 1653. Copie, 2 p.

36547. Propos portés à M. le Cardinal (Mazarin) en Juin 1653. (C'est une Harangue des Députés du Parlement, au sujet de l'exil & de la prison de plusieurs de ses Membres, & de la désunion de la Bresse & de son Ressort :) 1653. Copie du temps, 1 p.

36548. Interdiction de MM. les Gens du Roi, à cause des propos par eux tenus à l'Audience, & Pièces à ce sujet : 1656. Imprimé, 6 pages, & Copie du temps, 3 Pièces, 7 p.

36549. Arrêt contre le Greffier Joly, pour avoir délivré des Edits non enregistrés : 1658. Extrait collationné, 11 p.

36550. Ordre au Capitaine Beaurepos d'aller au-devant des Députés du Parlement pour les faire retourner en arrière : 1659. Copie collationnée, 3 p.

36551. Remontrances faites au Roi, par M. d'Attichy, Evêque d'Autun, au nom des Etats, lors de l'interdiction du Parlement de Dijon : 1659. Cop. 7 p.

36552. Edit de suppression de la Cour Souveraine de Bourg, & réunion du Ressort de Bresse, &c. au Parlement de Bourgogne : 1661. Imprimé de 16 pag.

36553. Réglement du Roi, touchant les Séances & fonctions des Officiers du Parlement : Imprimé, 12 p.

36554. Copie figurée des Remontrances envoyées au Roi par les Présidens du Parlement, contre le Réglement fait en icelui, le 7 Juin 1661 : Cop. 7 p.

36555. Réglement fait par l'entremise de M. le Prince, entre le Premier Président & les Officiers du Parlement : 1662. Copie du temps, 6 p.

36556. Diverses Pièces touchant la prétention de l'Archevêque de Besançon, de ne pouvoir être obligé par le Parlement de Dijon de nommer un Vicaire-Général au Vicomté d'Auxonne & Ressort de Saint-Laurent : 1666. Copie du temps, 20 p.

36557. Articles accordés entre le Parlement & M. Bouchu, Intendant : 1670. Copie, 3 p.

36558. Lettre écrite par M. de Châteauneuf à M. le Premier Président, au sujet de la Séance de M. d'Amanzé, Lieutenant du Roi : 1674. Copie, 2 p.

36559. Requête à la Cour, des Avocats-Généraux du Parlement de Dijon, contre le Sieur Lenet, Procureur-Général : 1674. Imprimé de 17 p.

36560. Avertissement au Conseil pour les mêmes, contre le Sieur Languet, Procureur-Général : 1678. Imprimé de 91 p.

36561. Second Avertissement pour les mêmes, contre les Substituts du Procureur-Général : 1678. Imprimé de 22 p.

36562. Arrêts du Conseil des 19 Septembre 1594, 12 Octobre 1641, 10 Mars 1644, & 13 Juin 1656, au sujet des fonctions des Avocats & Procureurs-Généraux du Parlement de Dijon : 1678. Imprimé de 9 p.

36563. Arrêt du Parlement, contre le retardement des Réceptions : 1678. Copie, 2 p.

36564. Admonitions faites au Bureau, à MM. de Souvert & Pouffier : 1679. Copie de la main du Greffier, 11 p.

36565. Requête des Avocats du Parlement de Dijon, au Conseil, pour être déchargés d'assister aux Obsèques des Présidens & Conseillers : 1682, Copie 9 pages.

36566. Arrêt du Conseil, qui maintient le Procureur-Général dans ses fonctions ordinaires : 1684. Copie du temps, 3 p.

36567. Réponse des Officiers du Parlement de Dijon, aux Mémoires du Sieur Parisot, Procureur-Général, (Il s'agissoit de quelques prétentions de M. Parisot, relatives à l'intérieur du Palais & aux droits de sa place).

36568. Délibération du Parlement, au sujet de la Déclaration sur le Droit Annuel : 1692. Copie, 4 p.

36569. Mémoire pour MM. les Présidens contre M. le premier Président, au sujet des renvois à huis clos des Causes dont il ne peut connoître. Lettre à ce sujet : 1695. Deux Pièces, dont une Originale, 5 p.

36570. Dix Pièces au sujet de l'opposition formée par M. le Président de Courtivron, à la réception de M. de la Mare, sous prétexte que son père avoit exercé un Office de Président : 1697. Toutes Originales, 32 p.

36571. Copie de trois Mémoires, & une Lettre originale sur les Démêlés entre M. Bouchu, premier Président, & les Présidens du Parlement : 1700, 25 p.

36572. Requête au Conseil, de M. Durand, Avocat-Général, contre Pierre de la Croix, au sujet d'un Conflict de Jurisdiction entre le Parlement de Dijon & le Châtelet de Paris : 1701. Imprimé de 15 p.

36573. Huit Pièces concernant les Devoirs du premier Huissier envers les Présidens : 1706. Toutes Originales.

36574. Trois Pièces concernant la Charge de Conseiller Garde des Sceaux, de M. de la Marche : 1706.

36575. Mémoire au sujet des Edits de nouvelle création de Tiers Référendaires, Greffier, Gardes des Archives, &c. 1708, 16 p.

36576. Pièces & Mémoires au sujet du Démêlé entre M. le premier Président & M. le Président de Migieu, pour l'affaire des Bleds : 1709. Onze Pièces Originales.

36577. Pièces au sujet des Conflicts de Jurisdiction entre les Chambres du Parlement de Dijon, en 1683, 1684 & 1692; avec les acquitemens des Contracts, à la suite : 1712 & 1719. Deux Imprimés, 61 p.

36578. Deux Pièces au sujet de la Distribution des Gages de la Chambre des Vacations : 1714 & 1720. Originales, (concernant MM. les Présidens).

36579. Lettre de M. de Rannetau, Président de Rennes, au sujet de l'Assemblée des Chambres sans prévenir M. le premier Président, & autres Pièces à ce sujet : 1715-1722. Toutes Originales.

36580. Pièces sur cette question : Si les Procès en exécution d'Arrêt sont dévolus de droit aux Rapporteurs desdits Arrêts : 1715-1722. Six Pièces Originales.

36581.

36581. Sur la Contestation entre MM. les Présidens & MM. les Conseillers, au sujet de la Distribution des Procès, Epices, &c. 1715-1722. Sept Pièces Originales.

36582. Sur la Difficulté de M. le Président de Migieu avec MM. les Conseillers & le Greffier Guiton, concernant la Distribution des Epices : 1715-1722. Cinq Pièces Originales.

36583. Sur le Conflit de Jurisdiction entre le Parlement & M. le Duc & l'Intendant, au sujet des affaires criminelles attenantes à la Commission des Dettes des Communautés : 1717. Deux Pièces.

36584. Sur la manière dont les Présidens doivent prendre les voix : 1722. Vingt-quatre Pièces Originales.

36585. Arrêt du Conseil, pour le pas entre le Lieutenant-Général de la Province & le Premier Président : 1724. Imprimé de 3 p.

36586. Pièces au sujet du pas de M. de Tavanes, Lieutenant-Général, dans les Paroisses : 1728. Deux Lettres Originales de Besançon & de Grenoble, avec un Mémoire.

36587. Pièces au sujet des Arrêtés & Retenus des Chambres : 1729-1734. Quatre Lettres Originales.

36588. Qualité de Chevalier, si elle est due aux Présidens à Mortier : 2 Pièces Originales, 1734.

36589. Si les Procès de Vacation peuvent être jugés aux Enquêtes : 1740. Cinq Pièces.

36590. Proposition faite par le Roi au Parlement, s'il prétendoit avoir autorité de modifier les Edits : 1640. Manuscrit ancien, 4 p.

36591. Mémoire sur la prétention des Présidens de remplacer le Premier dans la Direction de l'Université : 1740, 4 p.

36592. Mémoire au sujet de la prétention des Présidens d'être traités de Monseigneur à l'Audience, par les Procureurs : Brouillon Original, 3 p.

36593. Mémoires pour M. Bureau de Livron, Chanoine de S. Vincent de Châlon, & Conseiller-Clerc au Parlement de Bourgogne, contre le Chapitre de ladite Eglise. (Il s'agissoit de sçavoir si un Conseiller-Clerc, Chanoine, doit avoir part aux distributions quotidiennes, quoique non présent, attendu ses occupations à remplir les fonctions de sa Charge.)

36594. Mémoire des Officiers du Parlement de Dijon, au sujet des Vacances : Manuscrit ancien, sans date, 6 p.

36595. Requête de M. Jean-Bénigne Milletot, à M. le Chancelier Séguier, (pour avoir des dispenses d'âge pour une Charge de Conseiller :) Imprimé de 20 p.

36596. Mémoire pour les Présidens, contre les prétentions des Conseillers de présider à l'audience en leur absence : Original.

36597. Mémoire des Présidens, au sujet des honneurs funèbres rendus par les Conseillers à M. de Thésut leur Doyen : Copie 7 p.

36598. Si M. le Premier Président peut renvoyer à huis clos les Audiences du Rôle public dont il ne connoît pas : 2 Pièces. Copie 9 p.

36599. Mémoire au sujet du Carreau prétendu par M. d'Amanzé aux Cérémonies de Te Deum & autres : 4 p.

36600. Porte-feuille contenant un Recueil de Harangues, Complimens, Mercuriales, Rentrées, &c. faites en diverses occasions par Présidens du Parlement de Dijon. La plupart sont des Originaux écrits de leur main.

36601. Une grosse Liasse de Pièces, Mémoires, Arrêts, Déclarations, Lettres, &c. (parmi lesquelles quelques-unes Originales,) au sujet du Démêlé entre la Grand'Chambre & la Tournelle, concernant la Déclaration de 1720, & la prétention de la Tournelle, que les Procès Criminels intentés pour Contraventions aux Réglemens de Police doivent y être portés.

36602. Une Liasse de Pièces, Mémoires, Arrêts, &c. au sujet de la prétention de la Tournelle contre la Grand'Chambre; où l'on voit que la première soutient qu'il lui appartient le droit de faire des Réglemens généraux incidemment aux affaires criminelles.

36603. Une Liasse de Pièces, Mémoires, &c. au sujet d'une Difficulté mue en 17.. entre la Grand'-Chambre & la Tournelle, pour sçavoir à laquelle de ces deux Chambres appartient la connoissance des affaires criminelles qui arrivent dans l'Enclos du Palais.

36604. Extrait des Registres de la Grand'Chambre du 27 Juin 1719, concernant deux Démêlés entre la Grand'Chambre & la Tournelle ; le premier, au sujet d'une Requête dans un Procès d'évocation, dont le Rapporteur étoit à la Tournelle, ladite Requête rapportée à la Grand'Chambre ; le second, au sujet de deux Requêtes concernant la Police rapportée à la Tournelle : Extrait en forme, 18 p.

36605. Quatre Pièces au sujet de la Question, si des Lettres de continuature & autres concernant les Affaires pendantes à la Tournelle, doivent y être présentées & enregistrées : 1734

36606. Permission d'informer incidente au Civil accordée à la Grand'Chambre, appel en distraction de ressort en matière Criminelle, aussi porté en la Grand'Chambre : 1697. Lettre & Mémoire à ce sujet pour la Tournelle. Deux Pièces Originales.

36607. Expédient en matière Criminelle, porté en la Grand'Chambre : 1726. Trois Pièces.

36608. Arrêt qui décide que la Tournelle est compétente pour régler des Droits de Jurisdiction : 1737. Copie.

36609. Mémoire sur la compétence & le Réglement de Juge en matière Criminelle, comme appartenant à la Tournelle : Original.

36610. Prétention de la Tournelle, que le Civil ne peut attirer le Criminel. Quatorze Pièces & Mémoires à ce sujet : en Original.

36611. Si la Tournelle peut connoître des séditions & crimes de lèze-Majesté ? Diverses Pièces & Extraits à ce sujet : Quatorze Pièces.

36612. Liasse de Pièces sur la Question de sçavoir, si les Appellations des Ordonnances de la Chambre du Domaine, en matière Criminelle, doivent être portées en la Grand'Chambre ou en la Tournelle.

36613. Si les Réglemens pour Prisons ou Conciergerie appartiennent à la Tournelle : Trois Pièces à ce sujet.

36614. Liasse de Mémoires, Lettres, Arrêts, &c. concernant deux Questions : la première, si les Procès Criminels des Ecclésiastiques Nobles, &c. qui ont demandé leur renvoi à la Grand'Chambre, doivent y être instruits ou en la Tournelle ; la seconde, si les Appellations comme d'abus à procès pendants en la Tournelle & aux Enquêtes, doivent y être jugées, ou si elles doivent être portées en la Grand'Chambre.

36615. Liasse de Pièces au sujet de la qualité des Procès que l'on appelle Petits-Criminels, & qui doivent être renvoyés par la Tournelle aux Enquêtes.

36616. Exécution d'Arrêt criminel rendu en la Tournelle, si doit suivre le Rapporteur aux Enquêtes : Copie, 3 p.

36617. Si dans un incident purement civil d'un Procès Criminel, il doit passer *in mitiorem*.

36618. Déclaration du Roi François I. touchant l'autorité & jurisdiction de MM. des Comptes de Dijon : 1519. Extrait Original, 11 p.

36619. Récusations données par les Maîtres des Comptes de Dijon, contre des Conseillers de la Cour, & Réponses à icelles, 1535 & 1543 : Copies collationnées du temps.

36620. Réglement entre le Parlement & la Chambre des Comptes de Dijon, donné au Conseil d'Etat, avec quelques Mémoires y joints, & un Double d'icelui : 1604. Copie ancienne & Extrait Original collationé, 5 p.

36621. Concordat entre le Parlement & la Chambre des Comptes, ensuite du Réglement de 1622 : Copie collationnée, 5 p.

36622. Réglemens entre le Parlement & la Chambre des Comptes de Dijon : 1604, 1622. Imprimé, avec paraphe, 16 p.

36623. Arrêt du Conseil entre le Parlement & la Chambre des Comptes de Dijon, 1625 & 1626, au sujet du démêlé pour la réception des Offices du Grenier a Sel ; avec cinq Pièces & Mémoires concernant le même fait. Le tout en Original.

36624. Recueil d'Edits, Déclarations, Arrêts, &c. qui prouvent le droit & la possession du Parlement de Dijon de recevoir & juger les Appellations des jugemens rendus par la Chambre des Comptes, &c. 1625 & 1626. Imprimé de 52 p.

36625. Lettres de continuation d'évocation des Procès de la Cour des Comptes, Aydes & Finances de Bourgogne pour six mois : 1627. Copie du temps, 3 p.

36626. Arrêt sur le jugement de MM. des Comptes avec le jugement de ladite Chambre des Comptes cassé par ledit Arrêt : 1628. Deux Pièces, dont l'une Originale, 7 p.

36627. Réglement du Parlement & Chambre des Comptes à l'instar de Paris : 1630. Original, 9 p.

36628. Arrêt du Conseil d'Etat, touchant le Parlement & la Chambre des Comptes : 1631. Deux Pièces, l'une Originale, l'autre collationnée, 3 p.

36629. Transaction sur les différens entre le Parlement & la Chambre des Comptes : 1633. Copie du temps, 2 p.

36630. Arrêt rendu au Conseil privé pour les Conseillers au Parlement de Dijon, contre les Présidens de la Chambre des Comptes : 1675. Imprimé de 32 p.

36631. Extrait des Délibérations de la Chambre de la Tournelle au sujet du scandale arrivé à la Sainte-Chapelle, aux Obsèques de M. de Candalle : 1688. Extrait Original, 5 p.

36632. Deux Lettres de M. d'Aguesseau, au sujet de la prétention du Parlement de connoître des Combats de Fiefs entre le Roi & les Seigneurs particuliers à l'exclusion de la Chambre des Comptes : 1714. Copie, 3 p.

36633. Mémoire pour les Officiers de la Chambre des Comptes de Bourgogne & Bresse, Demandeurs & Défendeurs, contre les Officiers du Parlement de la même Province, Défendeurs & Demandeurs, Dame Marie Brulard, &c. Messire Guillaume Lanquet Nobelin, Seigneur de Rochefort, &c. & les Présidens-Trésoriers de France au Bureau des Finances de la Ville de Dijon : *in-fol.*

36634. Mémoire pour les Officiers du Parlement de Dijon, contre les Officiers de la Chambre des Comptes de la même Ville ; (par M. le Président BOUHIER :) *in-fol.*

== Mémoire pour les Officiers de la Chambre des Comptes de Dijon, contre les Officiers du Parlement ; (par Me COCHIN, Avocat au Parlement de Paris :) *in-fol.*

36635. Recueil d'Edits, Déclarations & Arrêts concernant la Jurisdiction des Chambres des Comptes, avec quelques Observations pour servir au Procès pendant au Conseil d'Etat du Roi entre le Parlement & la Chambre des Comptes de Dijon ; (par M. BOUHIER.) : *Paris*, 1724, *in-fol.* (On auroit dû indiquer ce Recueil avec la Réponse & l'Arrêt qui suit, dans l'Article des *Chambres des Comptes*, ci-dessus, pag. 292.

Réponse de la Chambre des Comptes de Dijon, à l'Ecrit du Parlement de la même Ville, intitulé : *Recueil d'Edits*, &c. (par Me BOULANGER, Avocat :) *Dijon*, Defay, 1725, *in-fol.*

Arrêt du Conseil d'Etat du Roi au sujet de ces Contestations, portant Réglement entre les deux Compagnies, du 8 Octobre 1727 : *in-fol.*

36636. Deux Lettres pour MM. les Présidens du Parlement, sur la qualité de Chevaliers rayée par la Chambre des Comptes : 1728. Originales, 7 p.

36637. Une Liasse de 14 Pièces, Titres & Mémoires Originaux, au sujet du Réglement de 1742, & de la Contestation entre le Premier Président du Parlement & celui de la Chambre des Comptes, pour le renvoi d'un Gentilhomme à l'arrivée des Gouverneurs de cette Ville : 1742.

36638. Autres Pièces qui servent à la même Affaire, notamment au sujet du pas entre M. le Premier Président de la Chambre des Comptes & MM. les Présidens du Parlement : 1742.

36639. Mémoire servant de Réponse à celui donné à M. le Chancelier par les Présidens de la Chambre des Comptes de Dijon, contre les Conseillers au Parlement : 1687. Deux Pièces, 8 p.

36640. Mémoire envoyé à M. Péricart, contre les Gens des Comptes : Original très-ancien, sans date, 4 p.

== Arrêt d'accommodement du Parlement de Paris, avec la Chambre des Comptes, par François I. 1520. Copie du temps, 9 pages. (On l'a déja indiqué ci-dessus, N°. 32890.)

== Arrêt du Conseil d'Etat pour MM. du Parlement de Grenoble, contre MM. de la Chambre des Comptes : 1625. Extrait collationné, 34 pages. (On l'a aussi indiqué N°. 33143.)

36641. Avis aux Etats de Bourgogne sur l'Edit d'un Sémestre de la Chambre des Comptes : Copie ancienne, sans date, 6 p.

36642. Cinq Pièces concernant les Démêlés entre le Parlement de Dijon & le Bureau des Finances, au sujet de leur Jurisdiction : Originales.

36643. Une Liasse de plusieurs Pièces & Mémoires au sujet des Démêlés de Jurisdiction, entre le Parlement de Dijon & le Présidial de cette Ville, à la suite desquelles se trouvent le Concordat fait entre eux le 18 Mars, & l'Arrêt du Conseil du 11 Mai 1721.

36644. Une Liasse de Pièces, Mémoires, Lettres originales & Arrêts du Conseil : au sujet des Contes-

Histoires du Gouvernement de Bourgogne, &c.

rations entre le Parlement de Dijon & les Présidiaux de son Ressort, touchant les Cas Présidiaux & Prévôtaux: 1721.

36645. Arrêt contradictoire du Grand-Conseil, entre le Prévôt des Maréchaux de Châlon-sur-Saône, Lieutenant-Criminel & Officiers du Bailliage : 21 Juillet 1710. Imprimé de 10 pages.

36646. Arrêt du Conseil-privé, du 25 Décembre 1681, portant Réglement au sujet des Rébellions entre les Officiers du Bailliage de Sémur en Auxois: Copie, 16 p.

36647. Arrêt du Conseil, du 28 Juin 1725, entre la Ville de Dijon & le Présidial : Copie, 6 p.

36648. Harangue ou Remontrance au Roi, par les Lieutenans-Criminels établis au Ressort du Parlement de Bourgogne, pour n'être pas supprimés : 1715. Copie du temps, 6 p.

36649. Quatre Pièces, Lettres ou Mémoires au sujet de la Jurisdiction de la Cour des Monnoyes au fait de la fausse Monnoye : Brouillons originaux.

36650. Un Porte-feuille contenant différentes Pièces manuscrites & imprimées concernant les Maréchaussées & Prévôtés de Bourgogne, Prisons & Maisons de force.

36651. Un Porte-feuille contenant près de 500 Lettres de cachet adressées au Parlement de Dijon, depuis 1540 jusqu'à 1660, & Lettres de Princes, Ministres, &c. adressées au même, depuis 1532 jusqu'à 1683 : presque toutes Originales.

36652. Un Porte-feuille contenant près de 300 Lettres de Princes, Ministres, Chanceliers & Gardes des Sceaux, adressées au Parlement de Dijon, sur différentes questions, depuis 1692 jusqu'à 1744 : presque toutes Originales.

36653. Registre concernant les Affaires de la Cour du Parlement de Dijon, (traitées à la Direction,) commencé le 2 Juillet 1605, & finissant le 16 Novembre 1717 : in-fol.

36654. Trois Porte-feuilles de Pièces tant manuscrites qu'imprimées, Lettres, &c. concernant les Démêlés entre le Parlement de Dijon & la Chambre des Elus des Etats de Bourgogne, au sujet des Cottes d'Office des nouveaux pieds de Taille, des Abbonnemens des impôts avant leur enregistrement : en 1761, 1762, 1763, 1764 & 1765.

36655. Deux Porte-feuilles contenant différentes Affaires concernant le Parlement de Dijon, traitées avec les Ministres, pendant le cours des années 1764 & 1765.

VI. Chambre des Comptes de Dijon, Trésoriers & Bureau des Finances : autres Tribunaux de la Province de Bourgogne.

36656. Registres de la Chambre des Comptes de Dijon : in-fol. 3 vol.

Le premier Volume intitulé : *Ordonnances & Journal de la Chambre des Comptes de Dijon*, contient deux Parties. La première est un Recueil de toutes les Ordonnances concernant la Chambre des Comptes, rangées par ordre Alphabétique des Matières ; la seconde est un Extrait des Registres des Délibérations de ladite Chambre, rangées pareillement par ordre Alphabétique des Matières. Il s'étend de 1559 à 1713. = Le second Volume est un Recueil d'Instructions concernant les fonctions de MM. de la Chambre des Comptes. On trouve à la fin, une Suite des huit Charges de Présidens de ladite Chambre. = Le troisième Volume contient un Recueil des Réglemens de la Chambre des Comptes, depuis 1629 jusqu'en 1719.

36657. Mémoires extraits de plusieurs Comptes de la Chambre des Comptes de Dijon.

36658. Instructions sur les Charges & Fonctions de MM. de la Chambre des Comptes : Copie ancienne, 33 pages.

36659. Instructions & Mémoires sur le fait de l'Autorité & Jurisdiction de la Chambre des Comptes de Dijon, & sur le fait du Domaine, Aydes & Finances de Sa Majesté, reddition des Comptes, &c. Copie ancienne, 27 p.

36660. Réglement projeté par la Chambre des Comptes de Dijon : 1598. Copie ancienne, 6 p.

36661. Privilèges de la Chambre des Comptes de Bourgogne : 1598. Copie du temps.

36662. Registre des Conclusions du Procureur-Général de la Chambre des Comptes de Dijon, en 1577, 1578 & 1579. Copie ancienne & peut-être l'Original, 58 p.

36663. Privilèges des Gens des Comptes. Sept Pièces originales, dont deux en parchemin, 20 pages.

36664. Lettres-Patentes qui donnent la Noblesse aux Officiers de la Chambre des Comptes : 1645. Copie du temps, 3 p.

36665. Devoir des Maîtres des Comptes : Copie ancienne, 2 p.

36666. Requête des Gens des Comptes, concernant leur exemption du guet & garde : 1568. Original, 2 pages.

36667. Extrait du Procès & Pièces de MM. des Comptes de Bourgogne, Demandeurs, contre M. Palamède Gontier, Elu pour le Roi audit Pays, au sujet de la préséance dans la Chambre des Elus : Original curieux, 6 p.

36668. Arrêt du Conseil sur les difficultés entre les Avocats-Généraux & les Officiers de la Chambre des Comptes : 1675 & 1676. Copie, 6 p.

36669. Factum des Officiers de la Chambre des Comptes, contre les Avocats-Généraux de ladite Chambre : Imprimé de 7 p.

36670. Edit de suppression de Sémestre de la Chambre des Comptes : 1597. Copie ancienne, 3 p.

36671. Arrêt du Conseil pour l'entrée de MM. des Comptes en la Chambre des Elus : 1612. Copie ancienne, 1 p.

36672. Lettres d'assignation des Gages de la Cour & Chambre des Comptes : 1561. Extrait original, 7 p.

36673. Edit de création de Garde des Chartres de la Chambre des Comptes : 1612. Copie, 7 p.

36674. Extrait de Délibération de la Chambre au sujet de la part que doivent porter les Auditeurs, d'un emprunt fait par la Chambre, &c. 1627. Copie du temps, 4 p.

36675. Manuscrit intitulé : S'ensuit le Cahier & Extrait de la Chambre des Comptes de Paris, sur la conduite & manière de vivre de ses Officiers & Suppôts que le Roi veut & entend être gardés & observés en la Chambre des Comptes de Dijon, aussi par les Officiers & Suppôts d'icelle. Ledit Extrait délivré le 22 Juin 1530, sur la Requête présentée à la Chambre des Comptes de Paris par celle de Dijon : 1530. Manuscrit du temps, 39 p.

36676. Extrait des Privilèges accordés à la Chambre des Comptes de Dijon, depuis 1490 jusqu'à 1697 : Original tiré des Registres de la Chambre, 36 p.

36677. Mémoires recueillis par le Sieur JURAIN, Auditeur à la Chambre des Comptes de Dijon, touchant les Privilèges de la Chambre, & particulièment des Auditeurs & de ceux de la Chambre des Comptes de Paris : Copie ancienne, 10 pages.

36678. Diverses Pièces concernant le Cérémonial de la Chambre, & Réglemens intérieurs de la Compagnie, Répartition des Epices, &c. Copies & Originaux.

36679. Lettres de Déclaration du Roi du mois de Septembre 1650, par lesquelles le Roi attribue à la Chambre des Comptes de Dijon les Droits & Privilèges y mentionnés : 1650. Imprimé de 12 p.

36680. Edit d'union des Aydes au Parlement de Dijon, & révocation de l'attribution qui en avoit été faite à la Chambre des Comptes : Avril 1630. Imprimé de 17 p.

36681. Deux Mémoires de la Chambre des Comptes, pour se faire attribuer, à l'instar de la Chambre de Dôle, la connoissance en dernier ressort de tout ce qui est de la compétence de la Chambre du Domaine : Copie, 6 p.

36682. Copie du Traité fait entre MM. de la Chambre des Comptes & les Officiers de la Chancellerie de Bourgogne, du 17 Juin 1693, 2 p.

36683. Brouillon original de huit Lettres écrites de la part de la Chambre, à M. de l'Epinand, Commis de M. de Pontchartrain, au sujet des Epices d'enregistrement des Quittances de Finances des Officiers du Bailliage, en 1696.

36684. Lettres de la Chambre des Comptes de Nantes. Mémoire à ce sujet, & Réponse concernant le Démêlé de Jurisdiction avec le Bureau des Finances : 1697. Trois Pièces originales.

36685. Traités faits entre MM. les Elus des Etats-Généraux & MM. de la Chambre des Comptes de Bourgogne, le 26 Août 1679 & 30 Octobre 1694, touchant les Comptes de la Province, & les Epices d'iceux : Deux Pièces, Extraits originaux, 26 p.

36686. Arrêt du Conseil au sujet des Dettes des Communautés, & Ordonnance de M. d'Argouges, Intendant en Bourgogne, à ce sujet : 1689. Copie, 6 p.

36687. Double des Lettres écrites par M. REMOND, Maître des Comptes, Député de ladite Chambre à la Compagnie, au sujet, 1.° d'un Démêlé entre l'Intendant & la Chambre au sujet des Comptes des deniers des Villes de Bresse ; 2.° d'un Démêlé entre le premier Président de la Chambre & les Présidens : 1695. Toutes en original, de la main de M. Remond.

36688. Mémoire présenté à M. le Prince, qui sert pour justifier la conduite des Officiers de la Chambre des Comptes de Dijon, dans l'examen des Comptes de la Province, lesquels n'ont point d'autre but que d'exécuter la transaction de 1679 en tous ses points : 10 p.

36689. Registre des Rapports de MM. les Correcteurs de la Chambre des Comptes de Dijon, contenant 464 feuillets in-fol. (Il s'étend depuis 1563 jusqu'en 1698, & c'est la Minute originale.)

36690. Abrégé des Remontrances des Trésoriers de France de Lyon, au sujet des désordres qui se commettent en l'étendue de leurs Charges, au préjudice du Peuple, sous le nom des Syndics du Pays, se servant du prétexte de la guerre : Copie anc. 17 p.

36691. Séance des Trésoriers députés à l'Assemblée des Etats de Bourgogne : 1656 & 1665. Copie du temps, 4 p.

36692. Arrêt du Conseil pour les Trésoriers, contre la Chambre des Comptes & le Syndic des Etats de Bourgogne, qui enjoint aux Comptables de représenter aux Trésoriers le double de leurs Comptes :

1609, avec trois Pièces au même sujet ; le tout en original.

36693. Offres faites au Roi de 30000 liv. pour ériger une Chambre du Trésor à Dijon : 1612. Copie du temps, 2 pages.

36694. Edit pour les Trésoriers, & attribution de Jurisdiction : 1627. Copie du temps, 12 p.

36695. Edit de rétablissement des Trésoriers de France, à Dijon, au nombre de quatre : 1685. Copie, 7 pag.

36696. Arrêt du Conseil, portant Réglement entre la Chambre des Comptes & les Trésoriers de France, du 1 Juin 1658. Imprimé collationné, de 12 p.

36697. Requête présentée au Conseil le 8 Mai 1765, par les Trésoriers & Bureau des Finances de Dijon, contre la Chambre des Comptes, pour la Séance aux Processions & Cérémonies publiques, & pour la Séance à l'Université ; avec la décision de 1769 à ce sujet.

36698. Arrêt du Conseil, pour les Droits attribués aux Elus de Bourg-en-Bresse, du 28 Décembre 1618 : Copie, 4 p.

36699. Ordonnance des Grands-Maîtres des Eaux & Forêts de Bourgogne : 1644. Copie du temps, 2 p.

36700. Extrait des Registres du Parlement de Paris, depuis 1268 jusqu'en 1484 : Copie, 15 p.

36701. Registres des Edits attributifs de Jurisdiction au Grand-Conseil du Roi. (Il commence en 1527, & la fin manque :) Copie ancienne, 48 p.

36702. Déclaration du Roi en faveur du Parlement de Paris, qui exempte ses Officiers des Droits de Fiefs envers Sa Majesté : 1644. Copie du temps, 7 pages.

36703. Copie très-ancienne & du temps, de la confirmation faite par Charles VIII. des Privilèges des Notaires & Secrétaires de lui & de son Hôtel : 7 p.

== Lettre d'un Conseiller au Parlement de Paris, concernant l'enregistrement des Lettres accordées par le Roi aux Officiers du Parlement de Dombes : 1683. Copie. (Elle a déja été indiquée ci-devant, ainsi que les deux Pièces qui suivent.)

== Mémoire venu de Montpellier, touchant les Trésoriers Généraux de France : Original, 3 p.

== Arrêt du Conseil d'Etat, touchant la préséance entre les Officiers de la Chambre des Comptes de Bretagne, & ceux du Présidial de Nantes : 1621. Copie du temps, 2 p.

VII. *Procès historiques & singuliers en Bourgogne.*

36704. Recours de l'Information des Marchands Fermiers de la Paillou, du Bois & Forêt de Borne, pour l'an 1447, touchant l'intérêt qu'y ont causé les porcs des Chartreux de Beaune ; avec quatre Pièces concernant le même fait : Toutes cinq Originales, 15 p.

36705. Neuf Lettres du Chancelier Rolin, touchant son Procès contre la Dame d'Anthume, en 1470. Toutes originales.

36706. Procès entre Mademoiselle de Marcilly & Antoine Rolin, Sieur d'Anthume : 1484. Manuscrit du temps, 7 pages.

36707. Information pour l'entérinement des Lettres Royaux, touchant les deux Etangs de Sathenay : 1486. Manuscrit du temps, 17 p.

36708. Sentence prononcée par M. le Chancelier, contre Jean Rony & James de Theuvillies, Gentils-

Histoires du Gouvernement de Bourgogne, &c. 477

hommes de l'Hôtel du Roi, sous la charge de M. de Ravel: 1507. Copie du temps, 7 pages.

36709. Information d'un Meurtre commis par trois Soldats du Château de Dijon: 1519. Original, 15 p.

36710. Sentence qui condamne les Habitans de Beyre à 70 liv. pour les épingles de la fille du Seigneur qui se marioit: 1540. Extrait original, 5 p.

36711. Sentence rendue en la Justice des Chartreux de Dijon, qui condamne un Pourceau qui avoit dévoré un enfant en une Maison de Brochon, dans leur Justice, & exécution d'icelui Pourceau: 1540. Copie collationnée à l'original, 3 p.

36712. Procès criminel extraordinairement fait par Lyacre de Monhoy, contre Pierre Bucault, joueur d'épée, condamné à mort: 1557. Minute, 10 p.

36713. Commission de prise de corps, exploits de perquisition, &c. contre les Seigneurs Desclasson de Vernet, &c. 1566. Original, 34 p.

36714. Procès-verbal sur la Saisie des biens de M. de Codignac: 1568. Original, 27 p.

36715. Procédures contre le Capitaine Cléry, pour avoir empêché un Procureur-Fiscal de Dôle de faire ses fonctions: 1577. Minute, 36 p.

36716. Sentence rendue contre plusieurs prisonniers détenus en l'Evêché de Châlon, par Guillaume le Goux & Edme de Champinot, Conseiller au Conseil de l'Union établi à Dijon; lesdits prisonniers accusés d'être ennemis de la sainte Union, &c. 1589. Copie du temps, 4 p.

36717. Le fait du procès aux Sorciers de Lattecey: 1594. Copie du temps, 4 p.

36718. Evocation pour une Prébende de Beaune: 1599. Extrait original, 4 p.

36719. Discours du Procès pendant au Parlement de Grenoble, par évocation entre Marcelline Pivert, veuve de Guillaume Divas, dit la Plante de Dreux, Demanderesse en garde possessoire des biens de la succession d'Eugène Pivert, & M. de Souvert, Conseiller au Parlement de Bourgogne, comme mari de Demoiselle Barbe Monsot: 1604. Imprimé de 156 p.

36720. Procès-verbal contre le Sieur Socionde, qui empêcha les Officiers du Bailliage de Belley de prendre leur place en l'Audience: 1606. Extrait original, 4 pages.

36721. Récit d'un rapt, violement & assassinat d'une fille de Metz, commis par un Capitaine dudit lieu: 1605 & 1606. Copie, 13 p.

36722. Information des injures dites à l'Archevêque de Bourges, Fremyot, Abbé de S. Etienne de Dijon, par quelques Religieux de cette Abbaye: 1607. Minute: 8 p.

36723. Relation de ce qu'un Démon a fait & dit en la Maison de François Perreaud, Ministre à Mâcon, & procédure à ce sujet: 1612. Copie du temps, 42 p.

36724. Information sur le Décèlement de la mort du Lieutenant d'Alençon: 1612. Copie collationnée, 6 p.

36725. Permission du Provincial des Cordeliers, de faire informer des mauvais traitemens faits au Père Piton: 1615. Original, 1 p.

36726. Accommodement entre les Sieurs de Crezilles & Dandelot: 1616. Deux Pièces originales.

36727. Arrêt du Conseil d'Etat, pour M. d'Halincourt, contre la Requête présentée sous le nom supposé de la Noblesse des Pays de Lyonnois, Forêt & Beaujolois: 1617. Copie.

36728. Arrêt du Grand-Conseil, contre le Président Massot: 1618. Copie du temps, 2 p.

36729. Extrait du Procès-criminel fait à Hélène Gillet: 1624 & 1625. Extrait original, 8 pages.

36730. Arrêt du Parlement de Dijon, sur l'Inscription de faux formée contre l'Acte de révocation du Testament de Henri du Plessis de Richelieu, Seigneur de Verneuil, frère du Cardinal de Richelieu: 1624. Copie, 3 p.

36731. Sentence contre Desbordes, Lorrain, accusé de Magie: 1625. Copie du temps, 3 p.

36732. Arrêt d'ajournement personnel contre le Président Puissonnat: 1625. Copie collationnée.

36733. Inventaire des Pièces remises par les Députés du Parlement de Dijon, ès mains de M. de Bullion, contre le Marquis d'Uxelles: 1627 & 1628. Copie du temps, 5 pages. = Arrêt de prise de corps contre le Marquis d'Uxelles: Original, 1 p.

36734. Procès-verbal d'emprisonnement de l'Huissier Maugolet, en la Citadelle de Châlon: Copie collationnée, 2 p.

36735. Arrêt contre M. d'Uxelles, du 13 Février 1628: Copie collationnée, 3 pages. = Arrêt du Parlement de Dijon du dernier Février 1628, qui condamne le Marquis d'Uxelles à avoir la tête tranchée: Extrait original, 8 p.

36736. Mémoire de l'Affaire contre M. le Marquis d'Uxelles, par M. DE SAINTONGE. Original écrit de sa main, & signé de lui, 7 p.

36737. Réponse des Maire & Echevins de Châlon, à M. d'Uxelles: Extrait collationné, 2 p.

36738. Interrogatoire & répétition de Jacques Bollande, accusé d'excès commis en la personne de M. de Bullion, Conseiller au Parlement de Dijon: 1630. deux Pièces en Minute, 9 p.

36739. Requête de M. de Montessut, Gouverneur de Beaune, contre MM. de la Chambre des Comptes, pour le pas, à une Procession: 1630. Original, 8 pages.

36740. Extrait du Procès, & Arrêt contre le Sieur de Moroges, pour avoir participé au Duel d'entre M. de Sayve, Sieur de Fougerette, & M. d'Escorailles, Sieur de la Roche: 1631. Extrait du Rapporteur, en original, 20 p.

36741. Interrogatoire & Réponse de Paris Regnaut, Procureur à Dijon: 1631. Copie du temps, 4 p.

36742. Information contre des Cavaliers qui emmenèrent prisonniers quatre Officiers qui étoient dans un Carrosse retournant de Paris: 1632. Minute, 10 p.

36743. Information contre le Sieur Becherelle, pour avoir parlé avec irrévérence au premier Président: Interrogatoire, &c. 1632. Trois Pièces, en Minute, 12 pages.

36744. Lettres d'Evocation obtenues par les Prêtres de l'Oratoire de Châlon: 1632. Extrait Original, 3 p.

36745. Substitution du Comté de Charny & Seigneurie de Couchey, pour la Dame de Montessut, contre Léonor de Chabot, Sieur de Brion: 1632. Imprimé de 40 p.

36746. Procès-Verbal touchant une Prisonnière qui disoit voir le Diable en forme de Bouc: 1633. Copie, 4 p.

36747. Information & procédure faite à Auxonne, au sujet de quelques Soldats blessés dans le Comté de Bourgogne: 1633. Minute, 44 p.

36748. Extrait en forme d'Information faite au Parlement de Dôle, touchant quelques prises de sel de Salins, & deux Lettres du Parlement de Dôle à celui de Dijon, & deux réponses à ce sujet : 1633. Cinq Pièces Originales, 26 p.

36749. Procès-Verbal de clôture du Parlement de Metz, par les Officiers de la Garnison : 1636. Copie du temps, 2 p.

36750. Arrêt du Parlement de Paris, qui défend à Gabrielle de Sauzofy, de se dire fille & héritière du Comte de Montafilan, Plaidoyé de M. l'Avocat-Général Bignon, & Pièces à ce sujet : 1643. Imprimé de 20 p.

36751. Sommaire des Difficultés mues par Me Claude Morisot, Avocat au Parlement de Bourgogne, contre Pierre Palliot, Imprimeur (en 1644 ou 1645) au sujet de l'impression du Livre intitulé : *Orbis maritimus :*) 1632. Imprimé de 30 p.

36752. Copie des motifs de l'Arrêt contre M. de Nemours : 1650. Copie du temps, 4 p.

36753. Requête de l'Evêque d'Agde au Roi, pour répondre à la Requête calomnieuse des Habitans de Vézelay : 1662. Imprimé de 20 p.

36754. Extrait des Registres de la Cour des Grands Jours, séant à Clermont : 1665. Copie du temps, 10 p.

36755. Procès-Verbal de Réparation d'honneur faite à l'Evêque de Belley, par Charles Paira, avec le Discours dudit Evêque en l'Audience : 1669. Copie du temps, 50 p.

36756. Factum pour le Baron d'Aulnoy, contre M. Antoine de Crux, Seigneur de Corboyer. = Mémoire pour Charles Bonenfant, Sieur de la Moillere, contre ledit d'Aulnoy : 1669. Imprimés, le premier de 7 pages & le second de 9.

36757. Information contre deux Officiers du Baron de Herbe, Colonel, touchant l'Incendie de Messeag : 1671. Minute en Latin, 31 p.

36758. Factum de Thomas Scorbiac, Conseiller à Toulouse, contre les Prétendus-Réformés de Montauban & le Duc de Sully : 1672. Imprimé de 6 p.

36759. Factum au Procès-Criminel poursuivi par Etienne Millière, Conseiller au Parlement de Dijon, Prieur, Demandeur en crime d'assassinat attenté en sa personne par les Religieux du Prieuré d'Espoisse : 1684. Imprimé de 15 p.

36760. Factum pour Noël Brulart, Comte de Rouvre, accusé, contre Charles d'Anglebert, Sieur de Lagny, Accusateur : 1684. Imprimé de 11 p.

36761. Pièces & Mémoire dans l'Affaire du Sieur de la Rivière, contre le Sieur de Bussy-Rabutin (avec l'Arrêt sur cette affaire :) 1684. Imprimé de 14 pages, mais l'Arrêt est en Manuscrit.

36762. Mémoire pour M. de Clugny, Conseiller au Parlement, contre les Jésuites, au sujet de la Maison de retraite fondée par la Dame Gauthier sa tante, & la Réponse : 1712. Deux Pièces, imprimées.

36763. Entérinement des Lettres de grace de Marc-Antoine Millotet de Vignole : 1723. Extrait en forme, 3 p.

36764. Remontrances du Parlement, au sujet des Lettres de grace de M. de Saint-Belin-Malin : 1727. Copie apostillée de la main de M. le Président de la Mare.

36765. Lettres au sujet des dernières dispositions de Madame (Boyvan) de Volaivre, condamnée à mort par Arrêt du Parlement de Dijon, du 16 Mai 1729, (pour avoir fait assassiner M. Boyvan de Volaivre, son mari;) (par M. Jean FABAREL, Chantre de S. Etienne de Dijon :) 1729. Imprimé de 9 p.

36766. Requête à la Cour, de Guillaume Tabourot, Maître des Comptes, pour informer des calomnies à lui imputées par quelques Conseillers : Original ancien, 15 p.

36767. Remontrance par forme d'Instruction pour l'Affaire de Palamède Gontier : Copie très-ancienne, 4 p.

36768. Mémoire & Instruction sur l'Affaire au Grand-Conseil, entre le Sieur de Listenois & le Comte d'Alais : Copie ancienne, 3 p.

36769. Raisons du Département du Duc d'Attie, en faveur de l'Evêque de Riez : Copie ancienne, 3 p.

36770. Mémoire secret de Madame Moriau, femme du Procureur du Roi de la Ville de Paris, contre son mari, fait par elle-même : Manuscrit du temps, 16 p.

36771. Factum pour Dom Georges Bourée, Religieux de Cîteaux, accusé de crime de vénéfice attenté en la personne de M. l'Abbé de Cîteaux : Imprimé de 18 p.

36772. Remarques sur le Factum du Sieur Bouhier, au sujet du Doyenné de la Sainte-Chapelle de Dijon : Imprimé de 3 p.

VIII. *Fiefs & Domaine du Roi, en Bourgogne.*

36773. Inventaire des Terriers, Titres, Papiers & Documens servans pour la conservation des Droits du Roi, étant en la Tour, au-dessous du Trésor des Chartres de la Chambre des Comptes du Roi à Dijon, commencé à faire le Lundi 16 Août 1604.

36774. Inventaire des Titres & Registres de la Chambre des Comptes, concernant les Fiefs & Dénombremens.

36775. Inventaire des Papiers étant en la Tour dessous le Trésor de la Chambre des Comptes. Sçavoir; les Terriers, Reprises de Fiefs, Dénombremens, Amortissemens, Affranchissemens, Légitimations, concernant le Domaine du Roi, & autres Titres concernant diverses Matières ; avec une Table du contenu audit Inventaire. Ledit Inventaire fait (par M. Venot) en 1610 : Original, dont le Double est en ladite Tour de la Chambre des Comptes, en 694 pag.

36776. Inventaire fait en 1698, de quelques Titres trouvés en la Maison de M. Dugay, Premier Président de la Chambre des Comptes, lesdits Titres appartenans à ladite Chambre : Original de 15 p.

36777. Lettres de Charles VIII. pour rechercher les Fiefs en Bourgogne, avec une permission de la Chambre des Comptes de Dijon, à Guillaume Brune de Givry, non Noble, d'acheter la Seigneurie de Vain & Bantanges : 1492. Copie, 3 p.

36778. Edit de l'établissement de la Chambre des Francs-Fiefs pour 20 ans, au Ressort du Parlement de Dijon : 1655. Extrait Original, 22 p.

36779. Seigneuries & Gentilshommes de Bourgogne : Copie ancienne, 10 p.

36780. Etat des Seigneurs de la Province de Bourgogne, des Seigneuries qu'ils y occupent, & du Dixième qu'ils paient au Roi, pour raison d'icelles, en l'année 1746 : 100 pag.

36781. Sommaire des Ecritures de Hugues V. Duc de Bourgogne, contre l'Evêque de Langres, au sujet de Saux-le-Duc : 2 pag.

36782. Fiefs du Bailliage de Dijon, tirés d'un Registre en parchemin, contenant 135 feuillets, où sont les Déclarations de la valeur des Fiefs taxée par Commissaire, ensuite de Lettres du Duc Charles dernier, en 1474, pour servir à la fourniture de l'Arrière-Ban : Manuscrit ancien de 15 pages. (C'est une Pièce curieuse, contenant ce que chaque Fief devoit fournir d'hommes d'armes, quelle étoit la suite de chaque homme, & combien on estimoit sa dépense.)

36783. Arrière-Fiefs du Bailliage de Dijon, déclarés dans le Livre des taxes de l'Arrière-Ban, fait par ordre du Duc (Charles,) en 1474 : Manuscrit ancien de 8 p.

36784. Table dudit Regiftre de 1474 : Manuscrit ancien de 4 p.

36785. Extrait du premier Regiftre des Fiefs, commencé en 1547, contenant Reprifes de Fiefs des Bailliages de Dijon, Châlon, la Montagne & Auxois, lequel ne s'étend pas au-delà de 1572 : Manuscrit ancien de 25 p.

36786. Table des Fiefs du Bailliage de Châlon, tirés du Livre des Reconnoissances faites pardevant le Bailli dudit Lieu, en 1503 : Manuscrit ancien de 6 p.

36787. Table des Arrière-Fiefs du Bailliage de Châlon, compris au même Livre, & de leur mouvance : Manuscrit ancien de 6 p.

36788. Reprises de Fiefs & Dénombremens de la Tour d'en bas, avec la Table à la fin : Manuscrit ancien de 81 p.

36789. Table des Fiefs du second Regiftre : Manuscrit ancien de 14 p.

36790. Extrait des Reprises de Fief contenues au Regiftre verd. (Il comprend les Bailliages de Dijon, Auxois, Châlon, Autun :) Manuscrit ancien de 95 p.

36791. Suite de l'Extrait du Regiftre verd. (Elle contient les Bailliages de la Montagne, Mâcon, Auxerre, Bar-fur-Seine, Charolois, & encore les Fiefs de l'Autunois du Regiftre courant :) Manuscrit ancien de 69 p.

36792. Table dudit Regiftre verd : Manuscrit ancien de 14 p.

36793. Etat des Terres du Bailliage de la Montagne, de leur revenu, & la Suite des Seigneurs qui les ont poffédées, & des Bénéfices qui sont dans ce Bailliage : le tout par ordre Alphabétique. Manuscrit de ce Siècle, 78 p.

36794. Mémoire des Terres & Seigneuries du même Bailliage, relevantes immédiatement de Sa Majefté, les Noms des Seigneurs qui les possèdent, avec le revenu d'icelles : Manuscrit ancien de 11 p.

36795. Pièces concernant des Terres du Bailliage de la Montagne, entr'autres le Pont-Bernard : 9 p.

36796. Mémoire d'une partie des Villages du Bailliage de la Montagne, Seigneurs & revenus d'iceux : Copie ancienne, 4 p.

36797. Etat des Communautés du Bailliage de la Montagne : 19 p.

36798. Table des Terres du même Bailliage, qui relèvent du Roi, non complette.

36799. Détail & Compte des Revenus du Domaine du Roi au Bailliage de Châtillon, en 1587 : Original, 127 p.

36800. Des Droits de Marie, fille de Charles, dernier Duc de Bourgogne : Manuscrit ancien de 100 pages. (C'eft une espèce de Manifefte contenant une Dissertation fur le Droit de cette Princesse aux Etats de son père, contre les prétentions de Louis XI, fait dans le temps, par un Conseiller de la Princesse.)

36801. Pour le Domaine de Bourgogne : 1580. Copie du temps, 3 pages. (C'est un Mémoire des Députés pour la Réunion du Domaine, adressé au Conseil, pour demander un pouvoir plus ample.)

36802. Etat du Domaine en Bourgogne aliéné, qui doit être retiré : 1580. Copie du temps, 14 p.

36803. Etats du Domaine du Roi en Bourgogne, par M. Peyrat, fuivant les Lettres du Roi, du 16 Septembre 1565, transcrits par Bénigne de Frazans, en 1622.

36804. Extrait des Articles de paix, en ce qui concerne le Domaine en Bourgogne : Manuscrit ancien de 318 p.

36805. Etat du Domaine du Roi en Bourgogne, dressé par les Tréforiers de France, enfuite de Lettres du Roi de 1580, & 1581 : Extrait Original, figné, & de 594. p.

36806. Extrait du Regiftre des Reprifes de Fiefs & Dénombremens de Bresse, Bugey, &c. commencé le 12 Novembre 1601 : Extrait collationné, 11 p.

36807. Extrait d'un Regiftre relié en bois, couvert de cuir tanné, avec un fermoir, étant en la Chambre des Comptes à Dijon, contenant des Echanges de Villes, des Privilèges, &c. Copie ancienne de 26 p.

36808. Extrait du Procès-Verbal des Commis à la vente du Domaine en Bourgogne, (bien détaillé :) 1595. Copie ancienne de 42 p.

36809. Factum fervant d'Eclairciffement & d'Ecritures pour Philippe Aubery, Seigneur de Montbard, Défendeur, contre Jacques du Buisson, Adjudicataire des Domaines de France & Droits y joints, Demandeur; où il est traité : 1.° du Domaine de la Couronne, & s'il peut être tenu au Fief-lige d'un Vassal de la Couronne : 2.° des Fiefs-liges, quand ils ont commencé d'avoir cours en France, de leur origine, nature & conditions essentielles : 3.° des partages & appanages accordés aux Enfans de France, 1. en propriété, par qualité & en souveraineté; 2. en propriété, mais non en souveraineté ni par qualité ; 3. sous la clause de retour à défaut d'hoirs indistinctement mâles & femelles; 4. à défaut d'hoirs mâles limitativement & inclusivement pour les femelles : 4.° de l'union tacite au Domaine de la Couronne, si elle a été admife en France auparavant l'Ordonnance de 1566, & fi jufqu'en ce temps nos Rois ont conjointement possédé deux fortes de Domaines diftincts & féparés, l'un propre & particulier, l'autre de la Couronne & de l'Etat : 5.° des Donations faites par nos Rois de leur Domaine, en quel cas & pour quelles causes ils peuvent valablement donner, non-feulement celui qui leur eft propre & particulier, mais encore celui de l'Etat; par Me Martin Husson, Avocat au Parlement de Paris : Paris, 1677.

36810. Replique pour le Prépofé à la Recherche des Domaines usurpés, recelés, ou négligés, par Arrêt du Conseil du 19 Mai 1705, contre les Propriétaires des Terres de Tart-le-haut, Tart-le-bas, Tart-l'Abbaye, Longecourt & Pontangey; au fujet de la Domanialité prétendue de ces Terres.

36811. Confultation fervant de Mémoire contre les Receveurs du Domaine (en Bourgogne) au fujet de l'enfaifinement des Fiefs & Seigneuries non fujettes au Domaine : 1732. = Réplique à la Réponfe des Receveurs du Domaine : in-fol.

36812. Réponfe à la Réplique aux Receveurs des Domaines de Bourgogne, &c. concernant l'enfaifinement des Titres de propriété des Fiefs tenus & mouvans du Roi en cette Province.

IX. *Histoire de la Noblesse de Bourgogne, & Généalogies particulières.*

36813. Dessein ou Idée historique & généalogique du Duché de Bourgogne; par Pierre PALLIOT: 1664. Imprimé de 7 pages.

36814. Noms de ceux du Pays de Bourgogne, faits Chevaliers en la Guerre contre les Liégeois: 1468.

36815. Diverses Pièces (en une Liasse,) concernant le Ban & l'Arrière-Ban en Bourgogne, & servantes à l'Histoire des Familles de cette Province & Fiefs du Bailliage de Dijon: 1551, 1552, 1553. Cent sept Pièces, toutes originales.

36816. Inventaire des Annoblissemens tirés de la Chambre des Comptes de Dijon, depuis 1388 à 1501, 4 p.

36817. Autres Annoblissemens, tirés des Registres du Parlement, depuis 1571 jusqu'en 1686, 8 p.

36818. Extrait de la Revue de la Montre faite à Arnay-le-Duc, des Nobles tenans Fiefs & Arrière-Fiefs au Bailliage de la Montagne, par le Lieutenant-Général dudit Bailliage, le 23 Août 1513, 7 p.

36819. Liste des Nobles du Bailliage de Dijon, pour l'Arrière-Ban, ès années 1695 & 1696, 3 p.

36820. Extrait des Registres de la Chambre des Comptes de Dijon, où sont rapportées plusieurs Lettres d'annoblissemens, de légitimation: Copie ancienne, 46 p.

36821. Mémoires servans à l'Histoire de Bourgogne & aux Généalogies des Familles de cette Province, tirés d'un Extrait fait par M. Pérard, de plusieurs comptes qui sont à la Chambre des Comptes de Dijon.

36822. Extraits concernant les Familles de Bourgogne, tirés des Tables des Registres de la Chambre des Comptes de Dijon, depuis le XXIV. inclusivement, jusqu'au XLIIe, lesquels s'étendent de 1620 à 1686.

36823. Extrait des Registres des Etats, du Parlement, de la Chambre des Comptes, des Paroisses de Dijon, des Recueils manuscrits de Paillot, & différens autres (tirés par D. Plancher, Bénédictin,) concernant les Familles de Bourgogne, depuis le XIIe Siècle, jusqu'en 1715, avec un Supplément, & des Extraits tirés des Archives de la Chambre des Comptes, concernant les Officiers des Ducs de Bourgogne, depuis 1350 jusqu'en 1425. Le tout rangé par ordre Alphabétique, deux gros Porte-feuilles *in-fol.*

36824. Table & Extrait de Pièces contenues dans un Volume *in-fol.* Manuscrit, qui est dans la Bibliothèque de M. le Président Bouhier, intitulé: *Mémoires Généalogiques de diverses Familles du Duché de Bourgogne,* A. 105. Ladite Table de 26 pages.

36825. Généalogies du Duché de Bourgogne, ou Tables Généalogiques de plus de 600 familles de cette Province, rangés par ordre Alphabétique, en deux Porte-feuilles, *in-fol.*

36826. Porte-feuille intitulé: *Procès-verbaux de la Chambre de la Noblesse de Bourgogne.* (C'est une Copie tirée sur les Originaux étant au Greffe des Elus, des Procès-verbaux des Commissaires Députés de la Chambre de la Noblesse, pour la vérification des Titres des Gentilshommes qui y demandent entrée. Elle commence en 1685, qui est la première année où l'on a commencé à en dresser.)

36827. Trois Porte-feuilles intitulés: *Recherches de la Noblesse de Bourgogne,* en 1669.

Ils contiennent des Copies entières, & tirées sur les Minutes qui sont déposées au Greffe de la Chambre du Trésor, des Procès-verbaux & Jugemens rendus par M. Bouchu, Intendant de Bourgogne, ès années 1669, précédentes & suivantes, pour la recherche contre les usurpateurs des titres de Noblesse: le tout rangé par Bailliages.

Le Porte-feuille I. renferme les Bailliages de Dijon, = Auxonne, = S. Jean-de-Lône, = Beaune, = Châlon, = Autun, = Montcenis, = Sémur-en-Brionnois.

Le Porte-feuille II. renferme les Bailliages de Châtillon, = Sémur-en-Auxois, = Arnay-le-Duc, = Avalon, = Mâcon.

Le Porte-feuille III. renferme les Bailliages d'Auxerre, = Bar-sur-Seine, = Bresse, = Bugey, = Valromey & Gex. (Le Bailliage de Charoles manque; mais on trouvera d'autres Pièces à son sujet, ci-après.)

36828. Noms des Usurpateurs de Noblesse en Bourgogne, lors de la recherche de M. Bouchu, en 1665 & années suivantes, 6 p.

36829. Rôle de la Noblesse Châlonnoise: 1639. Extr. original, 17 pages.

36830. Procès-verbal de Recherches de la Noblesse du Charolois, en 1680. (Il contient les Familles suivantes: Carbonnet, = Grand-Champ, = Villars, = Royer, = Maritain½, = Thesve, = Baydigoine, = Fautrière, = Mathieu, = Raguet, = Dubois la Rochette, = La Guiche, = Valleval, = Bridet des Myards).

36831. Rôle du Ban & Arrière-Ban du Charolois: 2 Octobre 1568.

36832. Droits de plusieurs Seigneurs de Bourgogne. (Ce Manuscrit contient les Familles suivantes: Châteauvillain, = Choiseuil, = Mailly, = Bessey, = Mont-Saint-Jean, = Sémur, = Noyers, = Rabutin, = Corgenon, = Damas, = la Guiche).

36833. Catalogue de plusieurs Familles de Lyon, Lyonnois & Provinces voisines, qui viennent de l'Echevinage de Lyon.

36834. Généalogie des Alamartine.

36835. Abrégé de la Maison d'Anstrude.

36836. Généalogie des Barbier.

36837. Inventaire des Titres de la Famille des Baronat.

36838. Généalogie de la Maison de Bataille-Mandelot.

36839. Quatre Mémoires de la cause d'entre les Maire & Echevins de Paray & le Sieur Gilbert Baudinot de la Sale, concernant la Noblesse des Baudinot: Imprimés, 64 p.

36840. Généalogie de Bauffremont.

36841. Mémoire pour M. de Bauffremont, au sujet des honneurs donnés par la Sorbonne à M. l'Abbé de Rohan-Guemené: 1752. Imprimé de 11 p.

36842. Généalogie de la Famille des Bégat: Imprimée.

36843. Mémoire touchant la Famille des Berbis.

36844. Mémoires concernant la Famille des Bernard de la Reinette, à Mâcon; & Bernard de Chantant & de Blancey, à Dijon: 8 pages.

36845. Généalogie de la Maison de Bessey.

36846. Généalogie de la Maison de Blé.

36847. Arbres Généalogiques des le Blond, & des Barres & Moreler, dressés par PAILLOT, & signés de lui: Originaux.

36848. Généalogie de Boctouser, au Comté de Bourgogne: 17 p.

Histoires du Gouvernement de Bourgogne, &c. 481

36849. Inventaire de Titres de la Famille de Brancion, Généalogie, &c. Cinq Pièces, extraites & copiées sur les Originaux, 35 pages.

36850. Renvoi des Bredets des Myards, par M. de la Briffe, Intendant : 1716.

36851. Mémoire Généalogique des le Brun Champignol.

36852. Généalogie des Brunet.

36853. Généalogie des Catin.

36854. Preuves de Malte, pour Bénigne de Champagne : 1681.

36855. Recherches sur la Famille de Chirat de Fredières.

36856. Jugement des Commissaires (du 12 Février 1699,) qui maintient dans la qualité de Noble & Ecuyer, Melchior Cochet, Sieur de S. Vallier.

36857. Titres de la Maison de Coligny.

36858. Titres & Généalogie des Commeau, à Dijon.

36859. Pièces concernant la Noblesse des Conigant.

36860. Arbre Généalogique des Cyrey.

36861. Généalogie de la Maison de Damas.

36862. Généalogie des Des Barres.

36863. Arbre Généalogique de la Famille des Bordes.

36864. Généalogie des Duban de la Feuillée.

36865. Renvoi des Ducret, par M. Ferrand : 1698.

36866. Généalogie des Dupuy.

36867. Preuves de Noblesse du Sieur d'Entragues, pour l'Eglise de Mâcon.

36868. Inventaire des Titres de Noblesse de Jacques de Faveroles, pour la Recherche de Noblesse en Touraine : 1667.

36869. Généalogie des Fontette.

36870. Autre Généalogie des Fontette, en deux grandes Feuilles.

36871. Extrait des Manuscrits de PALLIOT, concernant la Famille de Fontette, 12 pages.

36872. Généalogie des Foudras.

36873. Généalogie de la Famille de Fresne, & deux Mémoires imprimés.

36874. Généalogie des Ganay, en Manuscrit.

36875. Mémoire pour Etienne de Ganay, Seigneur de Bellefonds, contre le Sieur de Buxeil S. Cernain : Imprimé.

36876. Généalogie de Gerbais.

36877. Renvoi du Sieur Guénebaud, par M. Ferrand : 1699.

36878. Pièces concernant la Noblesse de MM. Guyon : Copie, 10 pages.

36879. Requête présentée (en 1715,) à M. de la Briffe, Intendant en Bourgogne, par Gabriel-Guillaume, ancien Subftitut de M. le Procureur-Général du Parlement de Dijon, & Barthélemi-Guillaume son fils, Sieur de Preffigny. (Il y est question de la Noblesse des Sieur Guillaume, & de sçavoir si les Charges de Subftituts la donnent à deux vies, comme celles de Conseillers au Parlement de Dijon).

36880. Généalogie des Hennin-Liétard.

36881. Généalogie de la Famille des Julien, au Duché de Bourgogne, faite & dressée sur Titres, par Pierre PALLIOT : Brouillon original, écrit & signé de la main dudit Palliot, 132 pages.

36882. Généalogie de Leftrades de la Couffe.

36883. Généalogie de la Maison de Laube.

36884. Trois Pièces & une Généalogie des Lecompaffeur : Originales, 13 pages.

36885. Recherche du Sieur de Longueville : 1670.

36886. Reconnoiffance de Nobleffe pour J. B. Macmahon : 27 Mars 1752.

36887. Recueil de Pièces concernant la Généalogie des La Magdeleine : Copie, 42 pages.

36888. Extrait Généalogique de la Famille de Magnien, & leurs Armes : Copie, 6 pages.

36889. Pièces concernant la Famille des Marge.

36890. Onze Pièces concernant la Généalogie du Sieur Maffol de Colonge.

36891. Preuves de Nobleffe de la Famille de Milly, pour entrer dans l'Ordre de Malte.

36892. Généalogie de la Maison de Montconis.

36893. Extrait Généalogique de la Famille de Moncorps.

36894. Généalogie de la Palud.

36895. Mémoire Généalogique des Perraut Montrevoit : Copie, 12 p.

36896. Généalogie de la Maison de Perrenot-Granvelle.

36897. Renvoi pour la Famille de Piétrequin.

36898. Généalogie de la Maison de Pingon.

36899. Généalogie de la Famille des Poueffon : Imprimée.

36900. Arbre Généalogique de la Branche de Quarre de Miglery, dreffé par PALLIOT : Original.

36901. Histoire Généalogique (des Familles d'où est iffu J. B. Raffard, fils de Georges Raffard, Procureur à Châlon, & de Marguerite Louver,) dédié à M. Raffard l'aîné, Bourgeois à Lyon ; (par Jean VAILLANT.) C'est une Pièce en Vers, & assez singulière.

36902. Généalogie de Remond ; par PALLIOT ; avec trois Tables Généalogiques : Mf. in-4.

36903. Autre Généalogie des Remond.

36904. Renvoi, par M. Ferrand, des Remond : le 7 Septembre 1699 : Original.

36905. Précis pour Joseph-François Remond, Ecuyer, Seigneur de Thoyre, Etrochey, Echalot, Malmont, Lieutenant-Général au Bailliage de la Montagne ; contre les Prédicateurs de la Paroiffe de Curcia-Dongalon. (Ce Mémoire contient une Généalogie de la Famille des Remond)

36906. Généalogie des nommés Rivière, du Village de Tenance, proche Joinville.

36907. Titres de Mariage du Sieur de la Rivière & de Dame Louife de Rabutin. = Réponfe du Sieur de la Rivière aux Libelles diffamatoires du Sieur de Buffy : Imprimés.

36908. Recueil de Pièces concernant la Maison de Saint-Belin. Copie, 21 p.

36909. Généalogie des Saive.

36910. Généalogie de la Salle.

36911. Généalogie & Pièces concernant la Famille des Saumaifes.

36912. Généalogie de la Famille de Sercey : Copie, 5 pages.

Tome III.   P p p

36913. Inventaire des Titres de Sercey : Copie, 3 pages.

36914. Généalogie de la Maison de Sercey, depuis l'an 1260, 14 pages.

36915. Généalogie de Symony en Bourgogne, originaire de Lorraine, dressée en 1741, par Guillaume DE SYMONY : Imprimé, 12 p.

36916. Recueil de Pièces concernant la Famille des Stud d'Assay : Copie, 29 p.

36917. Renvoi des Saucière de Tenance, par Arrêt du Conseil d'Etat, du 23 Juillet 1668.

36918. Généalogie de Tenay : 33 p.

36919. Pièces concernant la Famille des Thesur.

36920. Généalogie de la Maison de Tentry Charnot.

36921. Mémoire Généalogique des Villers la Faye.

36922. Renvoi des Violaine : 1668.

36923. Arbre Généalogique des Vion.

X. *Ville de Dijon : Histoire Civile, Privilèges, Hôtel de Ville & Commune ; Police, &c. Récits d'Evénemens arrivés à Dijon.*

36924. Description de la Ville de Dijon.

36925. Différentes Pièces concernant l'Histoire de Dijon.

36926. Extrait d'un ancien Manuscrit de l'an 1570 ou environ, touchant plusieurs particularités de la Ville de Dijon.

36927. Noms & situations des Hôtels des Princes & Seigneurs, & des Monastères qui sont à Dijon : 1672.

36928. Exposition historique de la Chartre de Commune de la Ville de Dijon (en 1187 ;) par M. GELOT. lue à l'Académie de Dijon, à la Séance publique du 11 Décembre 1762, & conservée dans les Registres.

36929. Remarques sur la date de l'établissement de la Commune de Dijon ; par M. l'Abbé BOULEMIER, Associé de l'Académie de Dijon, du 1 Août 1765.

36930. Réponse de M. GELOT à ces Remarques.

36931. Cartulaire des Chartes & Lettres appartenantes à la Ville & Commune de Dijon, tant en Latin comme en François, Manuscrit ancien & fort complet. (Il s'étend depuis la Charte de Hugues, Duc de Bourgogne, en 1187 jusqu'en 1330. On y trouve plusieurs Pièces concernant la Ville de Dijon, ses Franchises, Coutumes, Privilèges & Prérogatives ; sur l'Hôpital du S. Esprit, l'Eglise de S. Etienne, &c. *in-fol.* Il y a en tête une Table de toutes les Pièces qui sont contenues dans le Cartulaire.)

36932. Privilèges, Chartes, Monumens & Instrumens pour la Commune de Dijon, Réglemens, Péages & Coutumes locales de ladite ville : (Manuscrit *in-4.* sur vélin, plus ancien que le précédent, mais moins complet ; cependant il s'y trouve plusieurs Pièces qui ne sont pas dans celui-là. Il y a dans le même Volume en tête, un autre Manuscrit ancien sur papier, qui contient encore quelque chose qui n'est pas dans le Manuscrit sur vélin, ni dans le précédent).

36933. Double de Déclarations, Chartres, Titres, Ordonnances & Coutumes de la Ville de Dijon : Original ancien & signé, en vélin, de 120 pages.

36934. Registres de l'Hôtel de Ville de Dijon. (Les trente-un premiers Feuillets contiennent différentes Remarques historiques sur la Ville de Dijon, par rapport à la Police, la forme des Elections, l'Administration, les Eglises, Couvens, &c. = Les Feuillets suivans, jusqu'au 171, présentent un Extrait des Registres depuis 1342 jusqu'à 1652. = Depuis le Feuillet 172 jusqu'à la fin, l'on trouve des Observations sur les fonctions des Maires, Echevins & autres Officiers de la Ville, sur les Hôpitaux, la Police, &c.)

36935. Suite des Registres de l'Hôtel de Ville, depuis 1652 jusqu'en 1674, & depuis 1690 jusqu'à 1703.

36936. Copie de deux Arrêts du Conseil ; le premier du 20 Avril 1668, qui fixe le nombre des Echevins & des Officiers qui doivent composer le Corps de Ville, la forme de procéder aux Elections, &c. le second, du 19 Août 1747, qui fixe l'emploi des revenus de la Ville, tant par rapport aux grands qu'aux petits Octrois.

36937. Déclaration du Roi au sujet de l'acquittement des Dettes de la Ville de Dijon : 1663. Copie, 6 p.

36938. Des Droits du Maire de Dijon : 1627. Extrait original, 2 pages. (C'est une Délibération de la Chambre de Ville, sur le droit du Maire en la nomination des Echevins).

36939. Les Maires de Dijon, depuis les Privilèges donnés par Hugues, Duc de Bourgogne, en l'an 1187 jusqu'en 1598 : Copie ancienne, 7 p.

36940. Arrêts du Conseil & du Parlement, sur la forme de l'Election du Maire de Dijon : 1612. Copie du temps, 5 p.

36941. Transaction de l'an 1533, par laquelle le Maire & les Echevins de Dijon ne peuvent faire aucune Délibération qu'il n'y ait quelqu'un du Clergé de ladite Ville : Extrait en forme, 11 p.

36942. Extrait des Registres de la Chambre de Ville de Dijon : 1584, 1588. Copie ancienne, 6 p.

36943. La Brigue défaite, à la mémoire de Jacques de Frazans, Vicomte-Mayeur de la Ville & Commune de Dijon, mort en la même Charge le 13 du mois de Janvier 1609, par Louvan GELIOT : *Dijon*, Claude Guyot, 1609, *in-8.* (Cette Pièce en Vers, est de huit pages.)

36944. Mémoire pour le Gouverneur de la Chancellerie du Duché de Bourgogne, contre les Maire & Echevins de Dijon : Imprimé. (Il s'agit de droits de Jurisdiction.)

36945. Sommaire du Procès pendant au Parlement de Dijon, entre Demoiselles Marguerite & Catherine de Gand, Dames de Fontaine-lès-Dijon, & les Maire & Echevins de la Ville de Dijon : Imprimé. (Il s'agissoit de sçavoir, à qui appartient la haute Justice & le droit de Police dans le Lieu de Fontaine.)

36946. Mémoires Manuscrits & imprimés, & Lettres manuscrites, sur l'Affaire entre les Vicomte-Mayeur & Echevins de la Ville & Commune de Dijon, & M. Fyot de la Marche, Premier Président du Parlement de Dijon, sur son projet de la sous-inféodation de Montmusart, la Motte-Saint-Médard, & dépendances, avec attribution de toute Justice, haute, moyenne & basse.

36947. Ordonnance de Jean, Duc de Bourgogne, contre les Ecclésiastiques de Dijon, pour le payement de la quatrième partie des Fortifications : 29 Avril 1413. Copie collationnée, 2 p.

36948. Procès-Verbal des Fortifications de Dijon : 1567. Copie du temps, 7 pages. = Marché des Fortifications de Dijon : 1639. Extrait Original, 11 pag. = Marché des Fortifications de Dijon, pour Rebaudot : 1640. Original, 10 pages. = Lettre au Roi, touchant les Fortifications du Château de Dijon : 1651. Original, 2 p.

Histoires du Gouvernement de Bourgogne, &c. 483

36949. Mémoire pour constater la nécessité & l'utilité de rendre le cours du Suzon perenne (ou continu) & les moyens les plus convenables pour la réussite : dressé en 1767. Imprimé.

36950. Ordonnance de M. le Duc, pour l'établissement d'un Guet perpétuel à Dijon : 1718. Imprimé en une grande Feuille.

36951. Réglement de Police & Ordonnance des Maire & Echevins de Dijon, au sujet de la Garde, & pour prévenir la maladie contagieuse qui règne en Provence : 1720. Imprimé de 14 p.

36952. Extrait des raisons de M. l'Evêque de Langres pour l'exemption des Ecclésiastiques (de Dijon,) du Guet & Garde : Copie.

36953. Pièces concernant la Milice Bourgeoise, & sommation du Sieur Buvée, Capitaine de la Paroisse Saint-Michel, aux Echevins de la Ville, au sujet de la Marche de la sainte Hostie : 1721.

36954. Lettres-Patentes sur le Jeu de l'Arbaleste de Dijon : 1584, & 1596, 5 p.

36955. Titres concernant la Mere-folle de Dijon : Copie, 3 pages. = Discours des Lettres de provisions de la Mere-folle : Copie, 1 p.

36956. Discours de l'Infanterie Dijonnoise, & de ses Privilèges : Copie , 3 pages. = Provisions de l'Office d'Intendant des Finances de l'Infanterie Dijonnoise : Copie, 1 page. = Institution à la Charge d'Ambassadeur de l'Infanterie Dijonnoise : Copie, 3 pages. = Provision d'un Garde de l'Infanterie Dijonnoise, pour Michel Poignie : Copie, 1 p.

36957. Recueil de Pièces Manuscrites & imprimées, concernant la Ville & Police de Dijon.

36958. Délibérations de la Chambre de Police de la Ville de Dijon & Arrêt du Parlement du 29 Juillet 1763. = Délibérations des Elus de la Province au sujet d'une Ordonnance par eux rendue le 27 Juin 1763, attentatoire à la Police & Jurisdiction : ensemble, ladite Ordonnance : quatre Pièces.

36959. Conditions du Bail des Octrois de Dijon : 1755. Imprimé de 31 p.

36960. Mémoire au Parlement sur un Traité d'abonnement que la Ville se propose de faire avec MM. les Elus Généraux, en substituant à la Taille une augmentation d'Octrois sur les vins : 1764.

36961. Toisé général du Pavé de Dijon, dressé par les ordres de M. Joly de Fleury, Intendant, par le Sieur le Jolivet, Architecte & Voyer de la Ville de Dijon : 1752.

36962. Arrêts de Police : 1558, 1573, 1574. Quatre Pièces Originales, 22 pages, (concernant les Meûniers, les Revendeuses, Cabaretiers, Maîtres de Paume, Orfèvres, &c.)

36963. Contrat de vente de l'Eminage de Dijon, & de la Maison de Crux, au Chancelier Rolin : 1441. Extrait collationné, 10 p.

36964. Transaction touchant l'Eminage de Dijon, entre Nicolas Rolin, Chancelier de Bourgogne & la Commune de Dijon : 1451. Copie, 7 p.

36965. Mémoire pour les Propriétaires du droit d'Eminage de Dijon, Défendeurs, contre la Communauté des Maîtres Boulangers, Demanderesse en cassation de l'Arrêt du Parlement de Dijon du 17 Décembre 1767 : Imprimé, in-4. de 85 pages. = Recueil des principaux Titres du Fief & droit d'Eminage de Dijon : Imprimé, in-4. de 69 p.

36966. Mémoire dressé le 20 Juin 1747, par ordre des Elus, sur l'expérience de trois mesures de bled-froment, &c. Imprimé de 16 p.

36967. Réglemens pour le Taux du pain, avec les Boulangers de Dijon : 1667-1669. Imprimés, 8 pag. = Requêtes des Boulangers de Dijon, Réglemens & autres Pièces au sujet du Taux du pain : Imprimées & Manuscrites, 12 p.

36968. Mémoire pour régler la Mesure à laquelle on doit payer la redevance due par les Héritages de Rouvre, vulgairement appellée Matroce : Imprimé de 6 p.

36969. Délibérations de la Chambre du Conseil & de Police de la Ville de Dijon, & Procès-verbaux de Reconnoissance & Etalonage des anciennes & nouvelles Mesures de ladite Ville & de celles de Saint Louis, pour servir au Mesurage des Grains en 1710 & 1711 : Dijon, 1711. Imprimé. (Voyez ci-devant N.° 35926, sur les Mesures de Dijon, un Mémoire Manuscrit de M. Bardonnenche.)

36970. Mémoire du Procès entre Claude Gérard, Ajusteur en la Monnoye de Dijon, & les Habitans de Fontaine-lès-Dijon. (Il s'agit des Privilèges des Ouvriers de Monnoyes.)

36971. Plaidoyé fait au Parlement de Bourgogne, sur le Réglement des Médecins & Apoticaires, touchant l'exercice de leur Art & profession. = Plaidoyé de Bernier, pour les Apoticaires Appellans. = Plaidoyé de Guillaume pour les Médecins intimés. Conclusions de M. de Valpelle, Avocat-Général : Imprimés, 162 p.

36972. Statuts & Règles des Confrères, Architectes & Maîtres Maçons de cette Ville de Dijon, &c. ladite Confrairie établie en 1683.

36973. Réglemens & Statuts des Maîtres Vitriers de la Ville de Dijon de 1677, régistrés au Parlement en 1730 : Imprimés, 8 p.

36974. Requête de MM. les Elus de la Province au Roi, au sujet de l'Université de Dijon : Imprimée, 11 p.

36975. Mémoire pour l'Université de Besançon, présenté à Sa Majesté, contre l'établissement de celle de Dijon : 1722. Imprimé, 10 p.

36976. Remontrances, &c. concernant l'Université de Dijon.

36977. Illustrissimo Burgundici Senatûs Principi Joanni Berbisio, juventutem litteris operantem in Collegio Divio-Godranio Societatis Jesu ad avitam doctrinarum recuperandarum laudem propositis in omne tempus prœmiis excitanti, Gratulatio : Divione, 1739. Imprimé, 12 pages. (Ce Poëme est de François Oudin, Jésuite.)

36978. Bibliotheca illustrissimi Petri Fevreti Senatoris, &c. in Collegio Divio-Godranio Societatis Jesu, Carmen Fr. Oudin, Soc. Jesu : imprimé, 8 p.

36979. Bibliotheca Fevretiana : Carmen Claudii Michel, Rhetoris : Manuscrit, 6 p.

36980. Bibliotheca publica : Ode : Manuscrit, 2 p.

36981. Dispositions de M. Pouffier, Doyen du Parlement de Dijon, en date du 1 Octobre 1725 & suiv. Imprimé, 59 p.

36982. Statuts & Réglemens de l'Académie de Dijon : 1740. Imprimé, 17 p.

36983. Observations sur le Désaveu de l'Académie de Dijon, publié dans le Mercure du mois d'Août (1752) par l'Auteur (M. Le Cat,) de la Réfutation du Discours du Citoyen de Genève, (Jean-Jacques Rousseau :) Imprimé, 16 p.

36984. Poëme par M. L. C. (l'Abbé Le Blanc) sur l'Histoire des Gens de Lettres de Bourgogne, par M. Papillon, & sur l'état florissant de cette Province : 1726.

Liv. IV. Histoire Civile de France.

36985. Ce qui s'observe à la première entrée des Ducs de Bourgogne en la Ville de Dijon : Extrait Original en vélin, 5 p.

36986. Recueil de quelques Pièces concernant la Ville de Dijon, le Siège des Suisses, en 1513, & autres assez anciennes.

36987. Autre Recueil de plusieurs Pièces concernant le Siège mis devant Dijon par les Suisses, en 1513.

36988. Journal de ce qui s'est passé dans la Ville de Dijon, depuis 1548, jusqu'en Novembre 1564, par frère Nicolas Raviet, Religieux de l'Abbaye de S. Etienne de cette Ville : Petit *in*-4.

36989. Journal de M. Pepin, Chanoine Musical de la Sainte-Chapelle de Dijon, depuis le mois de Janvier 1571, jusqu'au mois d'Octobre 1601, copié sur l'Original qui est à Dijon dans la Bibliothèque de M. le Président Bouhier.

36990. Journal de ce qui s'est passé à la Réduction de la Ville de Dijon, en l'absence du Roi Henri IV. en 1595.

36991. Almanach pour 1610, avec ses prédictions, par MM. Guillot le Songe-creux, & Hilaire Raillard, natif de Longvy-lès-Dijon, &c. Imprimé, 30 p.

36992. Avis d'un fol Astrologue, aux Dames, sur le précédent Almanach de 1610.

36993. Relation de la Sédition arrivée en la Ville de Dijon, le 28 Février 1630, & Jugement rendu par le Roi sur icelle (par Charles Fevret, Avocat :) Imprimée : *Dijon*, 1630.

36994. Sédition arrivée à Dijon, le 28 Février 1630, vulgairement appellée *Lanturelu*, &c. & autres Pièces concernant la Ville de Dijon. = Lettre de M. Fleutelot de Beneuvre, au sujet de la Sédition arrivée à Dijon le 28 Février 1630. (Le tout Manuscrit.)

36995. Relation de ce qui s'est passé pendant le Séjour du Roi à Dijon, & depuis qu'il en est parti jusqu'au 8 Avril 1631. (Cette Pièce est attribuée au Cardinal de Richelieu : *Voyez les Eloges de quelques Auteurs François*, par M. l'Abbé Joly, *pag*. 297.)

36996. Minutes du Jugement de la Chambre des Comptes, touchant les Ouvrages du Logis du Roi : 1633. Sept Pièces, dont 3 en parchemin Originales, en tout, 30 p.

36997. Réjouissance de l'Infanterie Dijonnoise pour l'Entrée de Monseigneur le Marquis de Tavannes, Lieutenant pour le Roi au Gouvernement de Bourgogne, le 4 Février 1636, (par Bénigne Pérard, & Etienne Brechillet, Avocats :) Imprimé, *Dijon*, 1636, 23 p.

36998. Réjouissance de l'Infanterie Dijonnoise pour la Venue de Monseigneur le Duc d'Enguien, le 25 Février 1636, (par les mêmes : Imprimé : *Dijon*, 31 pages. (*Voyez* la *Bibliothèque des Auteurs de Bourgogne, Part. II. pag.* 14, qui attribue ces deux Pièces à Pierre Malpoy.)

36999. Récit de ce qui s'est passé en la Ville de Dijon, pour l'heureuse Naissance de Monseigneur le Dauphin, (depuis Louis XIV.) Imprimé, *Dijon*, 1638.

37000. Description du Feu de joie dressé en la Ville de Dijon pour la prise de Thionville, par Monseigneur le Duc d'Enguien, (par Etienne Brechillet, ou Pierre Malpoy :) *Dijon*, 1643. Imprimé, 14 p.

37001. Remarques historiques, commençant à l'année 1650, (le 18 Janvier) particulièrement sur ce qui est arrivé dans Dijon de plus mémorable, depuis ce temps-là jusqu'à présent, (4 Juillet 1669,) par M. Godelet.

37002. Remarques, &c. concernant plusieurs particularités de la Ville de Dijon, entr'autres la fausse Allatme de Dijon en 1673, appellée vulgairement les Anes de Bernard, tirées des Mémoires de M. de la Mare.

37003. Réjouissances faites à Dijon, pour la Naissance de Monseigneur le Duc de Bourgogne, en 1682 ; (par M. Moreau, Avocat-Général de la Chambre des Comptes de Dijon :) Imprimé, 27 pag. (*Voyez* pour une Relation pareille, composée par le Sieur Piron, la *Bibliothèque des Auteurs de Bourgogne, pag.* 184. Peut-être seroit-ce celle-ci.)

37004. Feu de joie tiré à Dijon, le Dimanche 28 Novembre 1688, pour la prise de Philisbourg, par Monseigneur le Dauphin ; (par Etienne Moreau, Avocat-Général de la Chambre des Comptes :) Imprimé, 8 p.

37005. Lettre en forme de Relation du Prix de l'Arquebuse, donné à Dijon le 3 Juin 1715, (par Antoine de Fay, Imprimeur.)

37006. Mémoire concernant la Statue Equestre de bronze de Louis XIV. érigée à la Place Royale de Dijon.

37007. Ludovici Magni equus triumphalis æneus Divione dedicatus : 1725. (Pièce en Vers, avec la Traduction, imprimée, 31 p.)

37008. Relation des Réjouissances au sujet de la Naissance de Monseigneur le Dauphin, 1729 ; (par l'Abbé Paul Petit :) Imprimé de 48 pages, avec des Notes Manuscrites.

37009. Autre Relation des mêmes Réjouissances, (par l'Abbé Godrillet :) 1729. Imprimé de 48 p.

37010. Relation des Réjouissances faites à Dijon dans la rue Vannerie, pour le même sujet ; (par François Plantenar :) *Dijon*, 1729 : Imprimé de 7 p.

37011. Description de la Pompe funèbre faite en la Sainte-Chapelle de Dijon, le 13 Décembre 1740, pour Louis-Henri, Duc de Bourbon, Prince de Condé : Imprimé de 29 p.

37012. Pièces en Vers & en Prose, concernant la Ville de Dijon : Manuscrit en un Vol. *in-fol*.

37013. Collection de Pièces anecdotes en Vers & en Prose : un Porte-feuille *in-fol*.

37014. Recueil de Pièces en Vers Bourguignons : *in*-12. 2 vol.

Ces Pièces, dont quelques-unes sont assez plaisantes, ont rapport à des Evénemens généraux ou particuliers à la Bourgogne.

Tome I.

1. Entretien en forme de Dialogue François & Bourguignon, entre un Vigneron de Dijon & un Soldat, pendant le séjour qu'il fait en sa maison, présenté à Monseigneur le Duc d'Enguien, à son Entrée au Gouvernement ; par C. D. L. (Claude de Launay :) *Dijon*, 1671.

2. Remarciman dé brave Borozai de Dijon, fay par Grégore Gouy au gran Roa Loui Quaitoze, en regueneuïsance d'ai béaâ prezan qu'ij lô zé fay d'ain Duc de Bregogne ; (par François-Jacques Tassinot, Conseiller au Parlement de Metz, Dijonnois, mort le 20 Mai 1730, à 76 ans :) *Dijon*, 1682.

3. Ebaudisseman Dijonnoy sur l'heurôze naissance de Monseigneu le Duc de Bregogne : *Dijon*, 1682.

4. Le chai de nôvelle Dialogue de Plantebode & Rademeigne : *Dijon*, 1689.

5. Rijon révigôtai : *Dijon*, 1690.

6. Le Borguignon contan : *Dijon*, 1690.

7. Complimau ai fon Alteffe Séréniffime, Monfeigneur le Duc de Bourbon, fur fon arrivée ai Dijon : *Dijon*, 1694.

8. Explication de l'Enigme troifième fur la Magie, en Rimes Bourguignones, par Guy Cornille, Vaigneron de Dijon : *Dijon*, 1694.

9. Les Harangon de Dijon ai fon Alteffe Séréniffime, Monfeigneur le Duc : *Dijon*, 1697.

10. Compliman dé Vaigneron de Vougeot ai Monfieu l'Abé de Citéà lôte moitre, fu fon prôçai du foteuil des Età, & Remarciman dé Moines au Roi fu fai bonne Juftice : *Dijon*, 1699.

11. Lai joie Dijonnoife (fur l'Entrée de M. le Duc à Dijon :.) *Dijon*, 1701.

12. Lai Trôpe gaillâde dé Vaigneron de Dijon ai fon Alteffe Séréniffime, Monfeigneur le Duc ; *Dijon*, 1703.

13. Lé feftin des Eta ai fon Alteffe Séréniffime, Monfeigneur le Duc, Gouverneu de lai Province ; (par Aimé PIRON, Apoticaire :) *Dijon*, 1706.

14. Compliman de lai populaice ai lai Séréniffime Alteffe de Monfeigneur le Duc : *Dijon*, 1709.

Tome II.

15. Le Mofolée de Monfeigneur le Daufin dan l'Eglife de Jaicopin, Diâlôgue de Sanfon Grivéà & d'Antone Brenéà : *Dijon*, 1711.

16. Le Mofolée de Monfeigneur le Daufin dans l'Eglife de lai Sainte-Chaipelle : Dialogue, &c. 1711.

17. Bontan de Retor operar Grionche ; (par Aimé PIRON :) Requaite de Jacquemar ai de fai fame ai Meffieu de lai Chambre de Ville de Dijon : *Dijon*, 1714.

18. Joyeufetai Dijonnoife ai S. A. S. Monfeigneur le Duc ; (par Aimé PIRON :) 1715.

19. L'Evaireman de lai Paifte : *Dijon*, 1721.

20. Hairangue dé Barozai (à M. le Duc :) *Dijon*, 1721.

21. La Gâde Dijonnoife ; (par Aimé PIRON :) *Dijon*, 1722.

22. Mônôlôgue Borguignon, por être prenonçai devan S. A. S. Monfeigneur le Duc : 1724.

23. Relation des Réjouiffances faites à Dijon pour la naiffance de Monfeigneur le Dauphin, en patois Bourguignon ; (par François PETITOT, ancien Huiffier au Parlement :) *Dijon*, 1730.

24. Montmeillan Tarbôlai : *Dijon*, 1691.

25. Diâlôgue de Piarrô & Coula, Vaigneron de Dijon, fu lô Porviliege égairai au vô lai Requaite por prefentai au Roi : *Dijon*, fans date.

26. Phelifbor éclaforai, Diâlôgue de Robichon & Renadai : *Dijon*, 1688.

37015. Ebolemen de tailan : 1611. *in*-8. Cette Pièce, & les deux fuivantes, font de Benigne PÉRARD, & d'Etienne BRECHILLET.

37016. Paiffaige des Pouacres : *in*-4.

37017. Retour des Bon-temps, dédié à M. le Prince, Gouverneur de la Bourgogne : *Dijon*, 1632, *in*-4.

XI. *Ville de Dijon : Hiftoire Ecléfiaftique, Eglifes, Monaftères, Hôpitaux, Abbayes de Citeaux & de Notre-Dame de Tart.*

== Recueil de quelques Pièces pour fervir à l'Hiftoire Ecléfiaftique & facrée de la Ville de Dijon ; (par Philibert BOULIER :) Imprimé : *Dijon*, 1649. (Ces Pièces regardent la Sainte-Chapelle & la fainte Hoftie. = Un Miracle arrivé au Village de Marigny, en 1306. = La Vie de S. Bénigne, Apôtre de Dijon.) On a déja indiqué ce Recueil, mais moins au long, au Tome I. N.° 4999.

37018. Relation abrégée de la Miffion que M. Bouhier, premier Evêque de Dijon a procurée à fa Ville Epifcopale, depuis le 16 Juin 1737, jufqu'au 21 Juillet fuivant : *Dijon*. Imprimé, mais avec des Notes Manufcrites de l'Abbé PAPILLON.

== Privilegia indulta Sancto Sacello Divionenfi. (Indiqué ci-devant, Tome I. N.° 4997.)

37019. Lettre du Roi Louis XII. quand il envoya fa Couronne à MM. de la Sainte-Chapelle de Dijon, après fa guérifon.

37020. Bref du Pape Eugène IV. par lequel il envoie au Duc Philippe-le-Bon, la fainte Hoftie qui eft en la Sainte-Chapelle de Dijon.

37021. Inventaire des Reliquaires, Calices, Vaiffeaux d'or & d'argent qui font à la Sainte-Chapelle de Dijon : 1563, & 1565. Original, 14 p.

37022. Lettres de Philippe-le-Hardi, Duc de Bourgogne, entre les Doyens, & Chanoines de la Sainte-Chapelle de Dijon, du 25 Février 1390 : Manufcrit de 1519, collationné en forme, 8 p.

37023. P. Fr. DE RUBEIS, Concluſiones contra Decanum & Canonicos Sanctæ Capellæ Divionenſis petentes facultatem recitandi Officii ſancti Sacramenti omni feriâ quintâ non impedita Feſto 9 lect. Copie, 3 p.

37024. De la Fondation de la Meffe de l'Ordre de la Toifon d'Or à la Sainte-Chapelle de Dijon : Copie, 1 p.

37025. Fondation des quatre Chanoines Muficaux de la Sainte-Chapelle de Dijon : 1431. Copie, 1 p.

== Eclairciffement fur les Lettres-Patentes du mois de Juillet 1651, en faveur de la Sainte-Chapelle de Dijon ; (par Philibert BOULIER :) Imprimé, 37 pages, (déja indiqué ci-devant, au Tome I. N.° 4950.)

37026. Hiftoire de la fainte Hoftie de Dijon, peinte en l'Eglife de Cuifery : Copie, 1 p.

37027. Réparation publique par un Prédicateur Jéfuite le 19 Juin 1672, pour avoir parlé indifferemment de la miraculeufe Hoftie de Dijon : Copie, 1 p.

37028. Mémoire pour les Doyen, Chanoines & Chapitre de la Sainte-Chapelle de Dijon, & autres Pièces, au fujet de la tentative faite en 1761, pour les réunir à la Cathédrale.

37029. Bulle de Clément XII. & Lettres-Patentes de l'érection de l'Evêché de Dijon.

37030. Bulle de fécularifation de Saint-Etienne de Dijon.

37031. Requête au Roi Louis XIV. pour les droits d'offrande, &c. à l'Eglife de S. Etienne, contre la Sainte-Chapelle de Dijon : Imprimée, 14 p.

37032. Pièces fervantes à l'Hiftoire de l'Eglife de S. Etienne de Dijon : Manufcrit ancien, collationné en forme, 45 p.

37033. Titre ancien contre MM. de la Sainte-Chapelle : Copie ancienne, 1 p.

37034. Factums & Mémoires imprimés dans l'affaire des Dignitaires de l'Eglife Cathédrale de S. Etienne de Dijon, contre les Chanoines Prébendés de la même Eglife.

37035. Ecrit pour M. Fyot, Abbé de S. Etienne de Dijon, & pour MM. du Chapitre de la même Eglife, touchant leurs rangs & séances dans l'Assemblée des Etats de Bourgogne : *in*-4. de 66 p.

37036. Mémoire pour MM. de S. Etienne de Dijon, contre MM. de la Sainte-Chapelle, & le Procureur-Syndic des Etats de la Province de Bourgogne : *in*-4. de 34 p.

37037. Maintenue de la Jurisdiction de l'Abbaye de S. Bénigne, dans la Banlieue de Dijon : 1440. Copie, 3 p.

37038. Copies & Reconnoissances de deux Bulles de Jean V. & Sergius I. qui sont au Trésor de l'Abbaye de S. Bénigne de Dijon : Procès-verbal original, en parchemin, 10 p.

37039. Bulle de Pie II. à MM. de S. Bénigne : 1571. Extrait collationné, 4 p.

37040. La Vie de S. Bénigne, Martyr & Apôtre de Bourgogne ; (par Jean GAUDELET :) *Dijon*, 1716. Imprimée, de 37 p.

37041. Donatio Ordini Benedictinorum : Copie ancienne, 2 pages. (Elle contient une Exemption du péage d'Epernay, accordée par Thibaut, Comte Palatin de Champagne, à l'Abbaye du Monastère de Moustier-en-Der).

37042. De l'Erection de l'Abbaye de S. Bénigne de Dijon en l'Eglise Cathédrale, pour y établir un Evêque : Copie ancienne, 7 p.

37043. Sur la réunion de la Chapelotte avec l'Eglise de S. Bénigne de Dijon : Copie ancienne, 11 p.

37044. Contestation pour la Chapelle de Sainte-Croix de Dijon : Extrait original, 3 p.

37045. Indulgences de 120060 jours à ceux qui assistent au Salut de Notre-Dame de Dijon, fondé par Philippe-le-Bon, Duc de Bourgogne : Copie ancienne, 4 p.

37046. Quelques Antiquités de l'Eglise de S. Jean.

37047. Une Liasse considérable de Titres, Fondations, &c. de l'Eglise de S. Jean : tous en Manuscrit, recueillis par M. le Président DE LA MARE, sur les Originaux, avec plusieurs Notes écrites de sa main.

37048. Trois Pièces sur ce qu'il n'y avoit anciennement qu'un seul Baptistaire en chaque Ville, & du mot *Christianitas*. (Elles servent aussi pour l'Eglise de S. Jean-Baptiste de Dijon.)

37049. Arrêt du Parlement, contre les insolences qui se font la veille de S. Jean, dans l'Eglise de S. Jean de Dijon, & des autres Villes : Copie, 1 p.

37050. Contredits de production que mettent par-devant M. l'Evêque de Langres, & M. le Premier Président au Parlement de Bourgogne, Arbitres nommés & convenus, les Chanoines & Chapitre de l'Eglise Collégiale & Paroissiale de S. Jean-Baptiste de Dijon, contre Me Jacques Pérard, Doyen & Curé de ladite Eglise : *in*-4. 80 pages. Imprimé.

37051. Avertissement que mettent pardevant Nosseigneurs du Parlement les Chanoines & Chapitre de ladite Eglise, contre les Bâtonnier, Fabriciens & Associés, & encore contre Me Jacques Pérard, Doyen & Curé : *in*-4. 55 pages. Imprimé.

37052. Etablissement d'une Compagnie de Charité pour le soulagement des Pauvres de la Paroisse de S. Jean de Dijon, le 1 Avril, 1679.

37053. Elogium Carthusiæ sanctæ Trinitatis, propè Divionem.

37054. Pièces concernant la Chartreuse de Dijon.

37055. Extraits, Pièces & Mémoires concernant la Chartreuse de Dijon.

37056. Extrait du compte fait de la dépense pour la construction & fondation de la Chartreuse de Dijon.

37057. Explication des Desseins des Tombeaux des Ducs de Bourgogne, qui sont à la Chartreuse de Dijon, par le Sieur GILQUIN, Peintre. Imprimé de 8 p.

37058. Permission aux Chartreux de Dijon d'élire un Sergent pour leurs Affaires : 1414. Copie très-ancienne, 3 p.

37059. Licentia Legati à latere introducendi mulierem in Carthusiam Divionensem : 1532. Copie, 3 p.

37060. Relation de ce qui s'est passé à la Sortie des Jésuites hors de la Ville de Dijon (en 1595; par un Membre de cette Société.)

37061. Trois Lettres de M. DE MESATS, (ami de la Société,) touchant le rétablissement des Jésuites en France.

37062. Extrait du Nécrologe Manuscrit des Cordeliers de Dijon, composé en 1723; par le P. François LA CHESE, Gardien dudit Couvent.

37063. Arrêt contre les Ursulines de Dijon : 1623. Original en parchemin, 3 p.

37064. Déclaration du Roi François I. qui confie le Gouvernement de l'Hôpital aux Maire & Echevins de Dijon : 1522. Copie, 4 p.

37065. Arrêt de Réglement au sujet de l'Administration des Hôpitaux de Dijon : 1573. Copie, 6 pag. (C'étoit pour mettre sous la main du Roi & distribuer aux pauvres les Revenus de l'Hôpital S. Fiacre, de l'Hôpital de la Chapelle aux riches, de l'Hôpital S. Bénigne, de celui de Notre-Dame, & de celui de S. Jacques.)

37066. Extrait de quelques Articles tirés du Répertoire de l'Hôtel de Ville, concernant l'Intendance de l'Hôpital par les Maire & Echevins de Dijon : Copie, 8 p.

37067. Réponse au Mémoire des Maire & Echevins de Dijon, au sujet des difficultés qu'ils ont avec MM. les autres Intendans des pauvres : Copie, 15 p.

37068. Réplique à la Réponse communiquée à M. le Vicomte-Mayeur : Copie, 9 p.

37069. Fondations faites en l'Hôpital de Dijon : Imprimé en 1737, 108 p.

37070. Mémoire du Bureau d'Administration de l'Hôpital de Dijon, concernant la Bulle accordée par N. S. P. le 17 Février 1763, pour la réunion de l'Ordre du S. Esprit à celui de S. Lazare : Manuscrit.

37071. Requête pour Barthélemi-Bernard Maillard, Seigneur de Marsilly, &c. Copatron de l'Hôpital de Sainte-Anne; contre Messire Jean le Goux, Copatron dudit Hôpital : Imprimée. (Il s'agissoit du droit de patronage de l'Hôpital Sainte-Anne de Dijon.)

37072. Mémoire & Lettre sur le Chapitre général convoqué à Cîteaux, le 5 Mai 1765 : Manuscrit.

37073. Recueil des Mémoires (Imprimés) de deux Contestations entre l'Abbé de Cîteaux & les Abbés des quatre Abbayes Filles de Cîteaux. La première (de ces Contestations,) jugée par Arrêt du Grand-Conseil du 14 Mars 1761 ; la seconde concernant les pouvoirs du Chapitre Général, & du Définitoire, jugée par Arrêt du Parlement de Dijon, en Mars 1766 : *in*-4.

37074. Arrêt du Parlement de Dijon, pour la Garde

Histoires du Gouvernement de Bourgogne, &c. 487

de l'Abbaye de Cîteaux pendant le Chapitre Général : Extrait en forme, 6 p.

37075. Réponse des Religieux de Cîteaux à la Requête présentée au Roi par le Lieutenant-Général du Bailliage de Dijon, au sujet de la Garde de l'Abbaye, le Siège vacant.

37076. Breve Clementis VIII. quo vetat Patriarchis, Archiepiscopis, &c. visitare Monasteria Cisterciensis Ordinis : 1595. Copie, 1 p.

37077. Preuves des faits contenus dans le Mémoire de l'Abbé de Cîteaux, Intimé, contre les Abbés de la Ferté, Pontigny & Clairvaux, Appellans comme d'abus de son Ordonnance du 10 Juillet 1730, pour la Police du Collège de S. Bernard de Toulouse : Imprimé à *Dijon*, 1732, de 56 p.

37078. Décret de l'Abbé de Cîteaux, pour les Religieuses de Coiroux, près Tulle : Copie, 1 p.

37079. Privilège de l'Abbaye de Maubuisson, fille spéciale de Cîteaux : 1244. Imprimé, 1 p.

37080. Bulla Innocentis Papæ, quâ licet Abbatibus Cisterciensibus Monialies rebelles ab unitate Ordinis rescendere : Copie, 1 p.

37081. Memoriale pro Abbate Cisterciensi : Copie, 2 pages. (Ce Mémoire est des Abbés de Pologne.)

37082. Bulla Pauli V. quâ hortatur Abbates Cisterciensses ut Monasteria utriusque sexûs sui Ordinis visitet, reformet, &c. Copie, 4 p.

37083. Retour du Religieux Uladislas à son Monastère de Cîteaux : 1364. Copie, 1 p.

37084. Trente-quatre Lettres écrites à l'Abbé de Cîteaux, par plusieurs Abbés du même Ordre : Toutes originales.

37085. Breve Alexandri VII. pro generali Ordinis Cisterciensis reformatione : Imprimé de 15 pages. = Arrêt du Conseil d'Etat, qui ordonne l'exécution du Bref d'Alexandre VII. Imprimé de 13 p.

37086. Arrêt pour l'Ordre de Cîteaux, 1681, par lequel l'Abbé est maintenu dans sa qualité de Supérieur-Général de l'Ordre : Imprimé de 19 p.

37087. Requête présentée au Roi, par l'Abbé de la Trappe : Imprimé, de 8 p.

37088. Requête présentée au Roi, par les Abbé & Religieux de Cîteaux de l'Etroite Observance : Imprimée de 4 p.

37089. Litteræ Abbatis Cisterciensis ad Abbates congregatos Cisterciensis Ordinis, Castellæ in Hispaniâ : Imprimé de 14 p.

37090. Sentence du Cardinal d'Estrées, sur les différends de Cîteaux, rendue à Rome : 1684. Imprimée de 12 p.

37091. Factum de Charles Louvot, Vicaire-Général de l'Ordre de Cîteaux, contre l'Abbé de cet Ordre : Imprimé de 28 p.

37092. Arrêt du Conseil qui confirme les Institutions & Destitutions des Prieurs & Prieures faites par l'Abbé de Cîteaux : Imprimé de 21 p.

37093. Factum pour les Abbés, Prieurs & Religieux de l'Etroite Observance, Demandeurs en exécution du Bref de 1666, contre les Abbés de Cîteaux & les quatre Filles : Imprimé de 39 p.

37094. L'autorité de l'Abbé de Cîteaux & des quatre de l'Ordre, sur les Monastères de leur dépendance : Imprimé de 8 p.

37095. Mémoire pour le Procès de la Réforme : Imprimé, de 22 p.

37096. Requête de l'Abbé de Cîteaux au Roi : Imprimée de 15 p.

37097. Arrêt du Conseil d'Etat, pour le maintien des Droits de l'Abbé de Cîteaux, sur tous les Monastères d'icelui : Imprimé de 8 p.

37098. Arrêt du Conseil, qui déclare la destitution de Charles Louvet de la Charge de Proviseur-Général bonne & valable : Imprimé de 6 p.

37099. Eclaircissement sur l'état présent de l'Ordre de Cîteaux : Imprimé de 25 p.

37100. Etat sommaire des différends qui troublent l'Ordre de Cîteaux : Imprimé de 3 p.

37101. Sept feuilles séparées, concernant l'Ordre de Cîteaux : Imprimé.

37102. Bulla Benedicti XII. circa Privilegia Ordinis Cisterciensis : 1335. Extrait original, 17 p.

37103. Lettre au Cardinal de Richelieu, sur l'Election de son Eminence pour Abbé de Cîteaux ; (par Jacques LE BELIN, Avocat :) Imprimée.

37104. Lettres-Patentes de Henri II. pour être l'Abbaye de Cîteaux, les quatre Filles & autres dudit Ordre tenues en titre : Copie, 4 p.

37105. Mémoire pour le réachapt des Biens de l'Ordre de Cîteaux : Copie, 2 p.

37106. Arrêt du Conseil, qui ordonne de payer une pension à François Boucherat, Religieux de Cîteaux : Original en parchemin, 1 p.

37107. De l'Election de l'Abbé de Cîteaux : Original, 7 p.

37108. Requête à la Reine d'Espagne, touchant les Abbayes de Cîteaux, en Espagnol : Original, 4 p.

37109. Arrêt du Conseil de 1664, (1 pag.) pour évoquer l'Appel comme d'abus interjetté par l'Abbé de Prières, au sujet de l'Etroite Observance de Cîteaux.

37110. Requête des Religieux de Cîteaux, à M. de Verthamont, Conseiller d'Etat : 1643. Original, 6 p.

37111. Procuration donnée à cinq Religieux de Cîteaux, pour solliciter leurs Affaires à Rome, à Paris & à Dijon : 1643. Trois Pièces, en Original.

37112. Instructio pro Fr. Gandulpho, Plenipotente Nescelliensium : 1615. Copie originale, 9 p.

37113. Demande à la Reine d'Espagne de remettre en règle les Abbayes de S. Bernard dans le Comté de Bourgogne : 1671. Original, 3 p.

37114. Eclaircissement sur les Demandes des quatre premiers Abbés de Cîteaux contre l'Abbé de l'Etoile, Proviseur du Collège des Bernardins : 1678. Imprimé de 6 p.

== Ecrits pour les Chanoines Réguliers, pour la préséance aux Etats de Bourgogne, contre les Moines de S. Benoît & de Cîteaux : Imprimé de 36 pages. (On l'a indiqué ci-devant, au Tome I. N.° 11633, avec les Réponses, & autres.)

37115. Défenses aux Religieuses de Tart d'aliéner leurs fonds : Copie 2 pages. (Ces défenses sont de l'Abbé de Cîteaux.)

37116. Décret du Chapitre général, sur la Translation de l'Abbaye de Tart : Copie, 2 p.

37117. Factum des Religieuses de l'Abbaye de Tart de Dijon, contre le Brevet de la Dame de Bellebat : Imprimé de 23 p.

37118. Ordonnance & Visitation de Pantemont, Diocèse de Beauvais, par l'Abbé de Cîteaux : 1560. Original en parchemin, 1 p.

37119. Brevet du Roi pour la Coadjutorerie de l'Abbaye de Pantemont : 1617. Original, 1 p.

37120. Bref du Pape, aux Abbesse & Religieuses de Tart : 1626. Copie originale, 3 p.

37121. Opposition des Religieuses de Tart à la visite des Religieux de Cîteaux : Copie, 1 p.

37122. Opposition des Religieux de Cîteaux à la Bénédiction de l'Eglise de l'Abbaye de Tart, par l'Evêque de Langres : Copie ancienne, 8 p.

XII. *Autres Villes, Bourgs & Lieux de la Province de Bourgogne, de Bresse, Bugey, Gex; Eglises, Monastères, &c. rangées par ordre alphabétique.*

37123. Extraits tirés de différens Cartulaires, concernant diverses Eglises, Monastères, &c. situés dans la Province de Bourgogne & aux environs : Copie ancienne de 29 pages.

37124. Voyage de M. l'Abbé PAPILLON, (dans la Bourgogne,) adressé à M. Fevret de Saint-Mémin : Manuscrit de 24 pages. (Il y a dans les Mémoires de M. Michault : (*Paris*, Tilliard, 1754,) *tom. II.* pag. 396-405, l'Extrait d'un Voyage de l'Abbé Papillon qui pourroit avoir rapport à cet Article.)

37125. Imposition sur Arnay-le-Duc : 1233. Extrait collationné, 1 page.

37126. Très-humbles Remontrances à l'Evêque d'Autun, par les Curés de l'Archiprêtré d'*Arnay-le-Duc*, au sujet de ses Ordonnances, du 9 Mai 1726 : Imprimé de 4 p.

37127. Articles accordés par le Roi, à la Ville d'*Avalon*, : Copie ancienne, 3 p.

37128. Lettres, &c. au sujet des Reliques de S. Lazare d'*Autun*.

37129. Confirmatio Episcopi Eduensis, per Paschalem Papam : 1100. Copie, 3 pages.

37130. Decreta Synodalia Eduensis Diœcesis : Copie très-ancienne, 35 pages.

37131. Entrée de l'Evêque d'Autun : 1558. Lettre originale de 5 pages.

37132. Comme les Barons de Sully sont obligés d'assister à cette Entrée, sans être pour cela vassaux de l'Evêque.

37133. Ex notis marginalibus Martyrologii manuscripti Ecclesiæ Eduensis : Copie, 3 pages. (Cet Extrait contient plusieurs Fondations, Donations & Morts de personnes mémorables du Pays.)

37134. Plaidoyer, & Arrêt qui conserve le Privilège du Doyen & Chapitre d'Autun, d'avoir seize jours par an toute Jurisdiction dans cette Ville : Copie, 13 pages.

37135. Plainte de la Ville d'Autun au Roi, en Vers, de 8 pages, (contre M. de Roquette, Evêque d'Autun.)

37136. Minuta Decreti electionis Cardinalis Abbatis Eduensis sancti Martini Eduensis ; Copie très-ancienne, 23 pages.

37137. Confirmation de Charlemagne, pour les Seigneuries données à l'Abbaye de S. Martin d'Autun : Copie, 2 pages.

37138. De antiquis Bibractæ monumentis Libellus extractus è Musæo D. Thomæ : *Lugduni*, 1650. Imprimé de 44 pages, avec figures. (On l'a déja indiqué ci-dessus, dans ce Volume, N.° 35945, mais cet Exemplaire a des Notes & des Corrections manuscrites.)

37139. Procès-verbal de l'ouverture du Sépulchre de la Reine Brunehaut (à Autun :) 1632. Extrait original, 2 pages.

37140. Fundatio Ecclesiæ Dominæ nostræ castri Eduensis : Copie, 46 pages.

37141. Lettre du Marquis de MONTREVEL, à l'Evêque d'Autun, sur l'Affaire de Madame de S. Andoche : Copie, 7 pages.

37142. Contredit des Abus prétendus par la Dame Abbesse de S. Andoche : Imprimé de 11 pages.

37143. Extrait d'un ancien Obituaire de S. Andoche d'Autun : Copie, 2 pages.

37144. Provision de Louise Rabutin, pour l'Abbaye de S. Jean d'Autun : 1474. Original, 2 pages.

37145. Sur le peu de Huguenots qu'il y a à Autun : Copie ancienne, 8 pages. = Discours contre Fr. Marcoux, qui disoit en Chaire que tout en étoit plein.

37146. Lettre de l'Evêque d'Autun, contre une Entreprise des Prétendus-Réformés : 1561. Original.

37147. Relation au vrai tirée d'un ancien Manuscrit du Siège d'Autun, tenant pour la Ligue, par l'Armée du Roi Henri IV. sous le commandement du Maréchal d'Aumont : 1591.

37148. Mémoire au vrai du Siège d'Autun, & de ce qui s'est passé pendant icelui : 1591.

37149. Lettre écrite d'Auxerre en l'an 1727, au R. P. ***, demeurant dans l'Abbaye de Corbigny, au Diocèse d'Autun, sur les Tables chronologiques des Evêques d'Autun.

37150. Inscriptio Cerei Paschalis Ecclesiæ *Autissiodorensis* : Copie, 3 pages.

37151. Mémoire sur la Ville & Comté d'*Auxonne*.

37152. Titres de la Ville d'Auxonne, par lesquels on voit que c'est un Pays Souverain & séparé du Comté & Duché de Bourgogne : 1603. Original, 40 pages.

37153. Mémoire pour montrer que la Vicomté d'Auxonne est au Roi : Copie ancienne, 4 pages.

37154. Mémoire pour les Echevins & Habitans d'Auxonne, contre M.e Jean Bretin : Copie ancienne, 8 pages. (Il fut fait lors de la prise du Vicomte de Tavanes.)

37155. L'Ordre du Guet d'Auxonne, pour la garde de la Ville : Copie ancienne, 7 pages.

37156. Ordonnance pour le Guet d'Auxonne : Copie ancienne, 2 pages.

37157. Placet de ceux d'Auxonne à M. de la Trémoille : 1507. Cop. collat. anc. 3 pages.

37158. Procès pour la cotte du Taillon, entre le Comté d'Auxonne & le Duché de Bourgogne : Extrait collationné, 13 pages.

37159. Commencement de l'Inventaire des Titres de la Ville de *Beaune* : 1607. Copie du temps, 22 p.

37160. Inventaire de ce qui est contenu dans un in-fol. en parchemin, tiré des Archives de la Ville de Beaune, cotté 351 : Copie, 1 pages.

37161. Villages du Ressort de Beaune : 1577. Extrait original, 9 pages.

37162. Arrêt du Conseil, entre le Syndic de Beaune & des particuliers, au sujet de l'entrée des vins : 1661. Imprimé, 47 pages.

37163. Recueil d'Ordonnances, Arrêts, &c. au fait des Commissionnaires & Marchands de vin de la Ville de Beaune : Imprimé à *Beaune*, 1722, de 118 pages.

37164. Histoire de la Prise des Ville & Château de Beaune, par M. le Maréchal de Biron, défendus par

Histoires du Gouvernement de Bourgogne, &c. 489

le Capitaine Montmoyen, pour M. le Duc de Mayenne, Chef de la Ligue, le Jour de Pâque-Fleurie : 1595.

37165. Catalogue des Archidiacres de Beaune, depuis 1275, jusqu'en 1629 : Copie, 2 pages.

37166. Bulle de Grégoire XIII. pour le Prieuré de Saint-Etienne de Beaune : Copie ancienne, 1 page.

37167. Fundatio Xenodochii Belnensis : 1443. Trois Pièces, Copie, 19 pages.

37168. Relation de ce qui s'est passé dans la Ville de Beaune, à l'occasion de la Naissance de Monseigneur le Dauphin : Imprimée, à *Beaune*, 1729, de 6 pages.

37169. Abrégé des Réjouissances, &c. ou Lettre critique au sujet de la Relation précédente : Manuscrit de 10 pages.

37170. Mémoire du Procès entre les Maire, Echevins & Habitans de Beaune, Denys Millard, Marchand de vin à Châlon, & les Habitans de la Ville de Châlon, de Givry, Mercurey, &c. & de la Ville de Nuits : Imprimé. (Il s'agit du Privilège qu'a la Ville de Beaune d'empêcher le dépôt, vente & débit dans ladite Ville & Fauxbourgs, de tous vins autres que ceux du cru & revenu des Habitans, & d'avoir une façon particulière de relier ses tonneaux, laquelle ne peut être employée par d'autres.)

37171. Mémoires du Procès entre les Officiers du Bailliage & Chancellerie de Beaune, & Michel Grozelier, Procureur du Roi au même Siège : Imprimé. (Il s'agit des droits de la Charge de Procureur du Roi.)

37172. Factum du Procès entre les Directeurs de l'Hôpital de la Trinité de Beaune, & les Héritiers de Philiberte Parigot. (Il s'agissoit de sçavoir si cet Hôpital étoit capable d'institutions universelles.)

37173. Le Péageur du Pont de *Beauvoisin*, pour trois années : 1537, 1538 & 1539. Copie du temps, 7 pages.

37174. Compte des Revenus des Terres de M. de Bellegarde, en Bourgogne, par le Sieur GUYOT : 1630. Original, 27 pages.

37175. Mémoire des Chanoines-Réguliers de S. Antoine, chargés de la direction du Collège & Séminaire de *Belley*, pour servir de réponse aux représentations de l'Université de Dijon contre les Lettres-Patentes du 10 Janvier 1760, par lesquelles ledit Collège est uni & aggrégé à l'Université de Besançon : Imprimé.

37176. Fondation du Prieuré de Saint-Nazaire & Saint-Celse, Diocèse d'Autun, près de *Bourbonlancy* : Extrait collationné, 1 page.

37177. Mémoire sur la *Bresse*.

37178. Deux Mémoires, l'un sur les Auteurs de la Bresse & du Bugey, l'autre sur la Vie & les Ouvrages de Philibert Collet; par M. MONNIER, Avocat à Bourg en Bresse : Originaux, signés.

37179. Traité pour le Marquisat de Saluces & l'échange de la Bresse : 1600.

37180. Echange du Marquisat de Saluces avec la Bresse, Bugey, &c. 1601 : Copie collationnée.

37181. Arrêt du Conseil, pour la vérification des Dettes des Communautés de Bresse, & Ordonnance de l'Intendant : 1673. Imprimé, collationné en forme.

37182. Du Grenier à Sel de Bresse : 1 page.

37183. Edit portant suppression de la Cour Souveraine de Bourg en Bresse, & Réunion du Ressort des Pays de Bresse, Bugey, Valromey & Gex, au Parlement, Chambre des Comptes, & Bureau des Finances de Dijon : Imprimé de 16 pages, à *Dijon*, Jean Grangier, 1661, in-4.

37184. Etablissement du Présidial de Bourg en Bresse : Copie, 3 pages.

37185. Mémoires & Arrêts concernant les Démêlés du Présidial de Bourg, contre les Seigneurs Hauts-Justiciers de Bresse : Imprimé.

37186. Mémoires du Procès entre la Dame de Montrevel, les Syndics Généraux de la Bresse, & le Bailliage de Bourg : Imprimé. (Il s'agit du Ressort des Appellations du Comté de *Montrevel*.)

37187. Mémoires du Procès entre Dame Marie-Florence du Châtelet, héritière de Messire Melchior-Esprit de la Beaune, Comte de Montrevel, &c. Joseph Perrin, Avocat, & les Officiers du Bailliage & Siège Présidial de Bourg : Imprimé. (Il s'agit de sçavoir si les Juges du Comté de Montrevel & ceux des Terres de marque de la Bresse sont en droit de connoître de l'exécution des Actes passés sous le scel Royal entre les Justiciables desdites Terres.)

37188. Factum concernant les droits de Justice du Comté de S. *Trivier*, contre le Présidial de Bourg en Bresse; par Me ROBERT, Avocat : Imprimé, à *Paris*, 1728. (Il s'agit du second dégré de Juridiction prétendu par le Seigneur de S. Trivier.)

37189. Les anciens Religieux de *Brou*, contre les Pères Déchaussés : Copie, 17 pages.

37190. La Paroisse de *Chagny*, c'est-à-dire, la qualité de l'union de l'Eglise à l'Abbaye de S. Ruf de Valence, par Durandus, Evêque de Châlon, l'an 1220, la Société dès-lors du Prieuré Conventuel avec la Vicairie perpétuelle en la même Eglise de S. Martin : comment le Gouvernement de ladite Paroisse est, il y a long-temps, retourné des Réguliers aux Pasteurs Séculiers. Sujet hiérarchique déduit à la gloire de la Hiérarchie, par M. Antoine THIBAUD, Bachelier, & Curé-Vicaire-perpétuel de Chagny : *Châlon*, 1652. Imprimé.

37191. L'Etat autrefois varié, à présent stable & arrêté de l'Eglise de Chagny, &c. par Antoine THIBAUD : *Châlon*, 1657. Imprimé.

37192. Plan du Bailliage de *Châlon*, fait en 1576 : Copie 10 pages. (C'est un dénombrement du Clergé, des Gentilshommes & des Villages.)

37193. Mémoires & Recherches sur la Ville de Châlon-sur-Saône, dressés par M. PERRAUT, Maire, en Avril 1765 : Original de 23 pages.

37194. Devis & marché pour les Ponts de Châlon & de Chavannes : 1590. Original, 76 pages.

37195. Mandata Synodalia ad usum Cabilonensis Diœcesis : Imprimé ancien de 26 pages.

37196. Bulles des Papes Nicolas V. 1451 & Calixte III. 1456, à l'Evêque de Châlon : Copie collationnée de l'an 1465, 6 pages.

37197. Cabilonenses Episcopi : Copie, 29 pages.

37198. Bref du Pape Nicolas V. pro Cabilonensi & Eduensi Diœcesi. 1458. Copie très-ancienne, 2 p.

37199. Double de la Lettre du Roi au Chapitre de Châlon, qui leur défend de nommer leur Evêque sans l'en avertir : 1511. Copie très-ancienne & du temps, 1 page.

37200. Cabilonenses Decani : Copie originale, 5 p.

37201. Défense au Chapitre de Châlon de pourvoir à la Dignité de Doyen : 1514. Original, 12 pages.

37202. Relation des Réjouissances faites en la Ville de Châlon, à l'occasion de la Naissance de Monsei-

Tome III.

gneur le Dauphin, (attribuée à M. GAUTHIER, Maire de Châlon, & à M. BERTHELOT, Chanoine de cette Ville :) Imprimé, à *Châlon*, 1729 de 22 pages.

37203. De la préféance de ceux de Sainte-Marie & de Saint-Laurent-lès-Châlon : 1578. Original, 16 pages.

37204. Cottifation des Abbés, Prieurs, &c. & des Villages du Châlonnois, pour les Munitions de Châlon : Copie ancienne, 22 pages.

37205. Arrêt du Parlement de Dijon, contre les Choriaux & habitués de S. Vincent de Châlon, qui célébroient la Fête des Innocens avec des insolences, irrisions, &c. Copie collationnée, 1 page.

37206. Mandement des Foires de Châlon : 1462. Copie du temps, 3 pages.

37207. Mémoire au Roi, pour la Démolition de la Citadelle de Châlon : Original, 4 pages.

37208. Relation de ce qui s'est passé à Châlon-sur-Saône pendant la Ligue.

37209. Relation abrégée de la Mission de Châlon-sur-Saône, commencée le 10 Mars 1745, & finie le 25 Avril : Imprimé, non à *Lyon*, comme porte le titre, mais à *Châlon*, 1746, in-4.

37210. Mémoires du Procès entre les Maire & Echevins de Châlon-sur-Saône, & le Clergé de la même Ville : Imprimé. (Il s'agissoit de sçavoir, si ledit Clergé peut s'exempter de monter la Garde à la porte de la Ville, dans le temps de peste).

37211. Répliques des Maire & Echevins de Châlon, à la Réponse de MM. du Clergé de cette Ville : Imprimé. (C'est au sujet du lieu où se doivent tenir les Assemblées générales des Habitans.)

37212. Factum pour les Maire & Echevins de Châlon, contre les Religieux Bénédictins de S. Pierre de cette Ville : Imprimé. (Il s'agit de l'exécution de quelques Fondations à la charge de la Ville de Châlon.)

37213. Mémoires du Procès entre les Officiers de la Châtellenie Royale de Châlon-sur-Saône, & les Officiers du Bailliage de cette Ville : Imprimé. (Il s'agissoit de droits de Jurisdiction, & en particulier des fonctions du Maître des Foires de Châlon.)

37214. Mémoires du Procès entre les Maire & Echevins de Châlon, & le Chapitre de S. Vincent de cette Ville : Imprimé. (Il s'agissoit de la Translation du Marché au Poisson de cette Ville.)

37215. Testament de Sobon, portant restitution & dégnerpissement pour l'Abbaye de *Charlieu* : Copie, 4 pages.

37216. La Franchise des Habitans de *Charoles*, 1301. Copie, 2 pages.

37217. Cession de Charles, Roi d'Espagne, des Comtés de Bourgogne, Charolois, &c. à Marguerite sa tante, Archiduchesse d'Autriche : 1514. Copie collationnée, 12 pages.

37218. Lettre du Roi, pour mettre en possession du Charolois le Roi d'Espagne, ensuite du Traité de Câteau-Cambrésis : 1559.

37219. Lettres de François II. au Parlement de Dijon, pour laisser le Charolois au Roi d'Espagne : 1559.

37220. Comitatûs Cadœlensis (Charolois) Descriptio: autore Antonio *Malatesta* : Copie de 22 pages. (L'Original est chez M. Malteste, Conseiller au Parlement de Dijon.)

37221. Cahier pour les Gens du Tiers-Etat du Bailliage de Charolois : Original, 40 pages, & trois autres Pièces concernant la subsistance des Gens de guerre : Manuscrits originaux.

37222. Copie des Lettres-Patentes de Henri III. du 4 Avril 1578, & Projet d'autres de Henri IV. en 1601, au sujet des Comptes du Receveur du Pays de Charolois. Deux Lettres originales de M. le Duc, Henri de Bourbon, aux Elus du Charolois, en 1636 & 1643. Quatre Pièces, dont trois originales.

37223. Sept Lettres de M. DE GOUVENAIN, Député des Etats du Charolois à Paris, au sujet de la reddition des Comptes du Receveur du Pays : 1601-1611. Originales.

37224. Deux Lettres, l'une du Sieur DE LA NEUFVILLE, pourvu de l'Office d'Avocat du Roi au Bailliage de Charoles, aux Elus du Pays, 1610, l'autre du Sieur DE THÉSUT-LANS, au sujet de la Réunion du Charolois aux Etats de Bourgogne : 1674. Originales.

37225. Rôles & Délibérations de la Chambre de la Noblesse & de celle du Clergé du Charolois, assemblés le 7 Juin 1622. Deux Pièces, Minutes originales, 13 pages.

37226. Lettre de Cachet pour l'Arrière-Ban du Charolois, & Lettre de M. le Prince DE CONDÉ à ce sujet : 1697. Deux Pièces Originales.

37227. Trois Mémoires (joints ensemble) sur la Ville de *Châtillon-sur-Seine*, & Bailliage de la Montagne, = sur le Mont Roussillon, ou Lassois, = sur le Monastère du Val-des-Choux ; dressés par ME DE LA MOTHE, Avocat, en 1765 : Original, signé, en 94 pages.

37228. Cinq Pièces pour servir de Preuves & supplément aux Mémoires précédens, copiées & signées, par le même : 20 pages.

37229. Détail du Bailliage de Châtillon ou de la Montagne : 291 pages.

37230. Vingt & une Pièces, toutes Originales, concernant la Ville & le Bailliage de Châtillon : 3 à 400 pages.

37231. De l'Echevinage de Châtillon : 1423. Copie collationnée, 6 pages.

37232. Etats concernant les Tailles & Contributions du Bailliage de Châtillon : Manuscrit sur papier timbré, non signé, en trois Pièces de 69 pages.

37233. Plan de Trochey & lieux circonvoisins, proche Châtillon, en une feuille.

37234. Relation des Réjouissances qui se sont faites à Châtillon-sur-Seine, pour la réduction de la Ville de Mons ; par M. PYON, Docteur en Théologie, & Principal du Collège : Imprimé à *Châtillon*, 1691, 60 pages.

37235. Entérinement des Lettres d'Etablissement des Feuillans à Châtillon-sur-Seine : Original en parchemin, 1 page.

37236. Mémoire pour les Abbé, Prieur & Chanoines-Réguliers de l'Abbaye Royale de N. D. de Châtillon-sur-Seine, contre les Prêtres habitués de S. Vorle & ceux de S. Nicolas : 1730. Imprimé.

37237. Etat & Copie des Chartres tirées de l'Inventaire des Titres de l'Abbaye de *Cluny* : 62 pages.

37238. Arrêt du Conseil, pour régler les anciens Religieux de S. Benoît, Cluny, Cîteaux & Prémontré : Original, 6 pages.

37239. Statuta Collegii Cluniacensis : Copie, 4 p.

37240. Acte du Seigneur de Beaujeu, allant à Cons-

Histoires du Gouvernement de Bourgogne, &c. 491

tantinople pour avoir sépulture au Chapitre de l'Abbaye de Cluny : Copie, 2 pages.

37241. Fondations faites du temps de S. Odilon à l'Abbaye de Cluny : Copie, 2 pages.

37242. Mandement & Instruction pastorale de l'Evêque de Mâcon au sujet de sa Jurisdiction Episcopale sur la Ville & les Bans de Cluny.

37243. Bulle d'union de la Cure de Cuisery, à la Chapelle Notre-Dame de la même Eglise, par le Cardinal d'Amboise : 1514. Copie, 7 pages.

37244. Antiquitates Monasterii de Firmitate (la Ferté,) Ordinis Cistercienfis : Autore Joan. Brechillet : Copie, 10 pages.

37245. Indultum Eugenii Papæ III. de anno 1145, & autre Titre en faveur de l'Abbaye de la Ferté : Copie, 3 pages.

37246. Catalogus Abbatum Abbatiæ Flaviniacensis : Copie, 1 page.

37247. Transactio inter Agaunenses & Flaviniacenses Abbates : Copie, 4 pages.

== Deo Opt. Max. pro novâ Basilicæ Fontanensis, instauratione Sacrum : (Autore Joanne a sancto Malachia) 2 Editio, Parisiis, 1623, 50 pages. Il est déja indiqué ci-devant, Tome I. N.° 13070.

37248. Gloire & honneur à Dieu & à S. Bernard, sur le sujet de la nouvelle Fondation de l'Eglise & Monastère de Fontaine, lieu natal dudit S. Bernard : Paris, 1610, (traduit du latin du P. Jean de S. Malachie :) 100 pages.

37249. Lettre du Roi pour célébrer la Fête de S. Bernard : Original, 1 page.

37250. Ordonnance pour célébrer la Fête de S. Bernard : Imprimé d'une page.

37251. Bulle du Pape Paul V. pour l'emphytéose de Fontenote, près Til-Châtel, dépendance du grand Prieuré de Champagne : Copie, 1 page.

37252. Lettres-Patentes pour le Monastère des Feuillans, près Dijon : Copie ancienne.

37253. Pro Domino Sandam contra quosdam de Gevreio, in Montagu : Original, 6 pages.

37254. Droits du Roi sur plus du tiers de la Baronnie de Gex, usurpé par la Ville de Genève : in-fol. 11 pages.

37255. Un porte-feuille contenant différentes Pièces, Lettres & Mémoires concernant les aliénations des Biens Ecclésiastiques dans le Pays de Gex.

37256. Défenses de ceux de Gex contre les accusations des Catholiques : 1661. Original, 3 pages.

37257. La vérité de ce qui s'est passé au fait de la Religion Prétendue-Réformée, au Pays de Gex, avec l'Arrêt pour démolir 23 Temples : 1662. Copie, 22 pages.

37258. Fundatio Conventûs Carmelitarum Gaii (Gex) per Hugardum de Joinville : Copie, 6 pages.

37259. Déclaration du Revenu des Priorés de Lonjumeau, de Laon & des Hermites : Original, 9 pages. (C'est un Etat des Titres, ustenfiles, grains, argent & autres choses échues au Prieur des Hermites en la Forêt de Châlon, Ordre du Val des Ecoliers.)

37260. Lettre de Franchise de Lohans, donnée par Henri d'Antigny, Sire de Sainte-Croix : 1269. Copie, 14 pages, (Morceau curieux pour le langage, & qui tient presque du Roman).

37261. Ce que les Ministres de la Religion Prétendue-Réformée, assemblés à leur Synode au Vau de Lugny, en Bourgogne, ont prêché ; avec ce qui a

Tome III.

été prêché par les Religieux qui les ont ouïs, & l'Arrêt rendu par M. Bouchu, Intendant de Bourgogne, Bresse, &c. contre ceux qui ont voulu tuer le Père Duhan, Cordelier & Gardien du Couvent de Vezelay, étant en Chaire : 1668.

37262. Sentence contre les Habitans de Lux, pour le four & autres droits : 1456. Copie, 3 pages.

37263. Catalogue des Prieurs de S. Pierre de Mâcon, avant que ce Prieuré fût sécularisé : Copie, 1 p.

37264. Arrêt notable pour les preuves de Noblesse de Saint-Pierre de Mâcon : 1674. Imprimé de 8 pages.

37265. Procès entre les Chanoines de Mâcon & le Prévôt de la même Eglise : Six Pièces, imprimées.

37266. Lettres-Patentes de Maître des Ports de Mâcon : 1560. Copie collationnée, 5 pages.

37267. Requête des Prévôt, Chanoines & Chapitre Noble de l'Eglise de S. Pierre de Mâcon, contre le Sieur Abbé de Molan : Paris, 1756. Imprimé de 59 pages. = Précis pour les mêmes, contre le même : Imprimé de 12 pages.

37268. Mémoire sur le Bourg de S. Laurent-lès-Mâcon, situé en Bresse : 1768. Imprimé.

37269. Procès-verbal dressé le 14 Octobre 1562, des dégats faits par les Huguenots à Marcigny : Manuscrit de 46 pages.

37270. Donation aux Moines de Molesme, de l'Eglise de Boilogne : Extrait en forme, 3 pages.

37271. Etat du Revenu de la Seigneurie de Montbard, avec les charges : Manuscrit ancien de 5 p.

37272. Lettre du Roi au sujet du Château de Montbard : Original en parchemin, 1 page.

37273. Mémoire & Lettre concernant les Hôpitaux de Montbard. Deux Pièces, 7 pages.

37274. Contrat Latin & François du mépart de Montbard, avec l'approbation du Cardinal de Givry : Réflexions sur son érection & ses Statuts : Demandes de M. Nicolas Lorin, Curé, contre les Mépartistes : Réglement de Monseigneur de Langres, &c. 1713, in-fol. Manuscrit.

37275. Series Abbatum Morimondi, & de Jurisdictione eorumdem : 10 pages.

37276. Fondation du Prieuré de Nantua, Copie, 6 pages.

37277. Lettre au sujet de la Ville de Noyers : Originale.

37278. Mémoire signifié au Conseil, pour Edme Boucher, Seigneur de Nully, Armand Jean de Senneroy, Seigneur de Senneroy , &c. & autres Vassaux du Comté de Noyers, Défendeurs ; contre M. le Duc de Chevreuse, Comte de Noyers, & M. le Duc de Luynes, Demandeurs ; par Me Antoine, Avocat : 1741. (Il s'agit de sçavoir, si les Terres mouvantes du Comté de Noyers, régi par la Coutume de Bourgogne, sont sujettes à des droits de quint & requint & autres droits utiles, ou si ce sont Fiefs de danger simplement. Il étoit question d'un Réglement de Juges.)

37279. Lettres-Patentes pour transférer le Chapitre de S. Denys de Vergy, à Nuits : Copie, 1 page.

37280. Donatio Ecclesiæ sancti Petri de Paredo, (Paray :) Copie, 2 pages.

37281. Ex Tabulariis Patriciaci, Ord. S. Bened. (de Percy en Charollois :) Copie, 3 pages. (Ce Manuscrit fait connoître que Lambert, Comes Allobrogum, a donné à Bernard, usum mansum in Cardini villâ, aliumque in Centilliacâ villâ, en récompense de ce

Qqq 2

Liv. IV. Histoire Civile de France.

que ledit Bernard avoit marché au-devant des Auvergnats qui étoient entrés en Bourgogne pour y faire ravage, & les avoit battus dans le Bourbonnois, *propè Calamossem*, sans perdre plus de quinze hommes des siens, & ce du temps du grand Hugues).

37282. Obelisci *Plomberiani*, Historia : Copie, 15 pages, & cinq Pièces y jointes.

37283. Requête des Prétendus-Réformés de *Pont-de-Veyle*, pour avoir diminution des Tailles : Original, 6 pages.

37284. Diverses Pièces pour les Pères Chartreux de *Portes*, (en Bugey,) contre les Habitans de Villebois : *in-fol.* (Ce Recueil contient plus de 340 pages, & 158 Pièces).

37285. Petit Mémoire sur le Bourg de *Pouilly*, en Auxois.

37286. Vente de la Terre de *Pultières*, en Mâconnois : 1313. Copie, 4 pages.

37287. Mémoires concernant la Terre de la *Roche* & de la Motte-Saint-Jean : Copie, 2 pages.

37288. Copie de la Fondation de quatre Chanoines à *Rouvres* : Copie, 3 pages.

37289. Vidimus du don de Terres en Bourgogne, & échange de Rouvres au Duc de Guise : 1545. Copie du temps, 4 pages.

37290. Mémoires du Procès entre les Habitans de la Communauté de Rouvres, & Michel Pillot, Châtelain de *Rouvres*, (sur la question de sçavoir, si les Capitaines Châtelains doivent jouir de l'exemption de la Taille).

37291. Réponse à la seconde approbation de la prétendue Relique de *Sainte-Reine* d'Alize : Copie, 3 pages.

37292. Récit véritable des Miracles faits à Sainte-Reine & en la Ville de Beaune, &c. à l'égard d'une jeune Demoiselle ; (par le Père François Marmesse, Cordelier, Confesseur de M. de Longueville, mort en 1673 :) *Dijon*, 1649. Imprimé de 46 pages.

37293. Histoire de Sainte Reine, Vierge & Martyre, comprenant sa naissance, sa vie & sa mort, l'élévation & translation de ses Reliques, &c. ensuite un petit Office ; (par Pierre Goujon, Dijonnois, Cordelier, mort en 1673 :) *Châtillon*, 1651. Imprimé de 95 pages.

37294. Mémoire sur la Ville de *Saint-Jean-de-Lône* : Manuscrit, 26 pages. (Il se trouve imprimé en partie dans la *Description de la France de Piganiol*.)

37295. Pièces concernant le Siège de Saint-Jean-de-Lône ; par Galas, en 1636.

37296. Réjouissances faites à Saint-Jean-de-Lône, le 3 Novembre 1736, à l'occasion de l'année séculaire du Siège, mis par les Impériaux devant cette Ville, le 25 Octobre 1636, & le 3 Novembre suivant, avec Pièces y jointes ; (par M. Boisot, Professeur en l'Université de Dijon).

37297. Plan historique du Camp de Saint-Jean-de-Lône, en 1717 : *Lyon*, (*Dijon*, par Jos. Sirot,) 1727. Imprimé de 24 pages, avec deux Cartes.

37298. Supplément en forme de Réponse à la Relation des Réjouissances faites à Saint-Jean-de-Lône, le 3 Novembre 1736 ; (par Cl. Christop. Joliclerc, ancien Maire :) 1737. Imprimé de 54 pages. (C'est une Pièce recherchée, parcequ'elle est devenue rare).

37299. Arrêt du Conseil, entre les Officiers de *Saint-Rambert* & Saint-Sorlin, contre les Officiers du Bailliage de Belley : Manuscrit.

37300. Mémoires du Procès entre M. Trocut, Seigneur de Saint-Rambert, le Sieur Reverdy, Maire de Saint-Rambert, & les Procureurs-Syndics du Tiers-Etat du Pays de Bugey. (Il s'agissoit de sçavoir, si le Maire de Saint-Rambert a le droit de Police dans la Ville de Saint-Rambert, au préjudice des Officiers du Seigneur, de la qualité de Syndics *généraux* que prenoient les Syndics du Bugey, & si les Charges de Maires appartiennent aux Etats du Bugey).

37301. Catalogue des Abbés du Monastère de *Saint-Seine* : Copie, 2 pages.

37302. Huit Lettres du Roi & du Ministre au Procureur-Général du Parlement de Dijon, pour s'opposer à l'élection d'un Abbé de Saint-Seine que les Moines vouloient nommer : 1506. Originales.

37303. Evénement miraculeux (arrivé à Saint-Seine-sur-Vingeanne.) Imprimé de 2 pages.

37304. Ecrit trouvé à côté de la Châsse de *Saint-Vivant* : 1657. Copie collationnée, 1 page.

37305. Arrêt du 19 Février 1462, par lequel le Village de *Sathenay*, sous Gevrey, est déclaré appartenir à l'Abbé de Cluny : Extrait très-ancien & du temps, 28 pages.

37306. Mémoire pour l'Histoire de la Ville de *Saulieu* : Lettre originale, 7 pages.

37307. Liste des Doyens de Saulieu, depuis 1467 jusqu'en 1638 : Lettre originale, 2 pages.

37308. Demandes de l'Evêque de Langres, tant contre le Roi, que contre le Duc de Bourgogne, pour la restitution du Château de *Saulx-le-Duc* : Copie, 10 pages.

37309. Lettre de M. Gueneau, au sujet de la Ville de *Sémur-en-Auxois*, écrite le 4 Avril 1765. Originale.

37310. Mémoires, Pièces, Arrêts, &c. concernant l'érection de l'Eglise de Notre-Dame de Sémur en Collégiale, & le Procès entre le Prieur de Sémur & les Maire & Echevins.

37311. Cinq Pièces ou Mémoires entre les Maire & Echevins de Sémur, & Frère Nicolas Maurel, Prieur de l'Eglise de Notre-Dame de ladite Ville.

37312. Mémoire pour la préséance & le rang que doit avoir la Ville de Sémur-en-Auxois, aux Etats-Généraux de Bourgogne ; par M. Louis Lemulier, &c. Imprimé de 32 pages.

37313. Arrêt provisionnel concernant l'Election du Maire de Sémur : 1589. Copie du temps, 2 pages.

37314. Lettre concernant la Relation des Réjouissances faites à Sémur au sujet du rétablissement de la santé du Roi : Imprimé de 8 pages. (Cette Pièce est assez jolie, & l'*Errata* qui est à la fin est plaisant).

37315. Relation des Réjouissances de la Ville de Sémur, Capitale de l'Auxois, sur la Naissance de Monseigneur le Duc de Bourgogne en 1682 ; (par Ant. Chifflot :) *Dijon*. Imprimé de 23 pages.

37316. Répartition ordonnée sur les Fabriques de l'Auxois, par Gaspard de Saulx, Seigneur de Tavannes, pour frais de la Guerre.

37317. Mémoires du Procès entre les Maire & Echevins de la Ville de Sémur-en-Auxois, & le Lieutenant-Général & Procureur du Roi du Bailliage de Sémur. (Il s'agissoit de l'administration de l'Hôpital de cette Ville).

37318. Mémoires du Procès entre le Sieur Lemulier, Lieutenant-Général en la Chancellerie & Présidial de Sémur-en-Auxois, & le Sieur Thetion, Lieutenant-Particulier au même Siège. (Il s'agissoit des fonctions des Officiers des Jurisdictions Royales de Sémur.)

37319. Mémoires du Procès entre Jacques Baudenet, premier Avocat du Roi & Conseiller au Bailliage & Siège Présidial de Sémur-en-Auxois, contre les Conseillers au même Siège. (Il s'agit des droits de ladite Charge d'Avocat du Roi).

37320. Minute de Commission touchant les Fabriques pour *Sémur-en-Brionnois* : 1562. Copie du temps, 1 page.

37321. Devis du Pont de *Seurre* : 1727. Imprimé de 18 pages.

37322. Donation de la place & matériaux pour bâtir la Chapelle de S. Jean-Baptiste de *Seyssel* : Copie, 2 pages.

37323. Mémoire au Baron de Lux, pour les Habitans de *Spoy* : Copie ancienne, 1 page. (C'est pour demander d'être déchargés de 25 livres de cire qu'ils payent tous les ans au Receveur de *Talant*, pour raison du Guet & Garde qu'ils doivent au Château dudit lieu ; vu que les murailles en sont démolies).

37324. Confirmation des Privilèges de la Ville de *Talant*, (près de Dijon,) 25 Février 1609.

37325. Mémoire sur la Ville de *Tournus* : Copie, 6 p.

37326. Mémoire touchant l'Ordre du *Val-des-Choux* : Manuscrit.

37327. Deux Chartres pour les Habitans de *Véronne*, les grandes & petites (au Bailliage de Dijon :) 1369 & 1371 : Copie de 8 pages. (C'est au sujet de la fortification de l'Eglise & du Cimetière).

37328. Examen des Titres des Chanoines de *Vezelay* : 1 Feuille imprimée.

37329. Catalogus Abbatum Monasterii Vezeliacensis : Copie, 5 pages.

37330. Recherches sur la Ville de *Vitteaux*, en Bourgogne.

37331. Devis des Ouvrages de Charpenterie pour la construction d'un Pont sur la *Vonge*, au bas du Village de Chatrey : 1632. Original, 6 pages.]

Article VIII.

Histoires de l'ancien Gouvernement Lyonnois.

CE Gouvernement [contenoit non-seulement] le Lyonnois [particulier, avec] le Forez & le Beaujolois, [mais encore] l'Auvergne, le Bourbonnois & la Marche.
☞ Aujourd'hui ces trois dernières Provinces sont autant de Gouvernemens.]

§. I. *Histoires du Lyonnois.*

☞ Il est parlé du Lyonnois, du Forez & du Beaujolois, dans le Livre intitulé : *Narration historique des Couvens de l'Ordre de S. François*; par Jacques FODERÉ : (*Lyon*, 1619, *in*-4.) pag. 218, & plus bas des Villes de Lyon, Villefranche & Montbrison.]

☞ Mémoires pour servir à l'Histoire naturelle des Provinces de Lyonnois, Forez & Beaujolois ; par M. ALLEON DU LAC. *Voyez* ci-devant, Tome I. N.° 2426.]

37332. Mf. Générale Description de l'antique & célèbre Cité de Lyon, du Pays Lyonnois & Beaujolois ; par Nicolas NICOLAY, Sieur d'Arteville, premier Géographe du Roi.

Gilles-André de la Roque en cite un Fragment au tom. I. de ses *Preuves de l'Histoire généalogique de la Maison d'Harcourt.*

37333. De Origine & Commendatione Civitatis Lugdunensis : Auctore Symphoriano CHAMPERIO : *Lugduni*, 1507, *in-fol.*

Ce même Discours est imprimé dans le Recueil de ses Œuvres : *Lyon*, 1508, *in-fol.*

Le même Traité, sous ce titre : Galliæ Celticæ & Antiquitatis Civitatis Lugdunensis, quæ est caput Celtarum, Campus : à PIERCHAM ; Equestris Ordinis Viro, apud Carnutes in sancti Martini Prioratu editus : de Origine Lugduni : de Politia Reipublicæ Lugdunensis : de Seditione Lugdunensi, anno 1529. Epitaphia Lugdunensia : *Lugduni*, Treschel, 1537, *in-fol.*

Ce Livre est plein de fables. Symphorien Champier, Médecin & Chevalier de [S. George,] qui en est l'Auteur, a renversé son nom dans le titre de cette dernière Edition. [*Voyez* ci-après, N.° 37356.]

Traité de l'Antiquité, Origine & Noblesse de l'antique Cité de Lyon, & de la Rébellion de ladite Ville à cause des bleds, en 1529, traduit du Latin de Morien PIERCHAM, par Théophraste du Mas : *Paris*, 1519, *in*-8.

Le même, publié sous ce titre : Histoire des Antiquités de la Ville de Lyon, traduite de Latin en François par Morien PIERCHAM. Ensemble la Hiérarchie de l'Eglise de Lyon, extraite de la Description du Seigneur CAMPESE, par le Sieur de la Faverge ; revue & corrigée par Léonard de la Ville : *Lyon*, 1548, 1574, *in*-8.

Piercham, Campese & de la Faverge, sont trois noms que se donne Champier dans ce titre.
☞ *Voyez* Lenglet, *Méth. histor. in*-4. tom. *IV.* pag. 222. = Ménestrier, *Préface de l'Histoire de Lyon*, pag. 3.]

37334. ☞ Symphoriani CHAMPERII, Lugdunensis, de optimis & rectoribus & conservatoribus rerum publicarum ; deque amplissimis laudibus Lugdunensis & urbis & civitatis, ac de optimâ ejus Reipublicæ disciplinâ. In hoc Libro etiam est de justitiæ laudibus : quum de more Lugdunensis Patriæ, die Divi Thomæ, victricia signa & passa vexilla novis Magistratibus publicè commendantur ab iis qui à publico functi sunt munere.

Ce Discours où l'on trouve, comme dans tous les Ouvrages de Champier, beaucoup d'inutilités & de mauvais goût, fait partie de son Livre intitulé : *De triplici Disciplinâ* : *Lugduni*, 1508, *in*-8.]

37335. J. RAINERII, Oratio de rectâ civitatis institutione, deque Reipublicæ tranquillitate & gloriâ servandâ, & de lugdunensis urbis origine, deque ejusdem laudibus, dignitate atque præstantia : habita pro vetere illius inclytæ civitatis more, die festo Divi Thomæ, 1532 : *Lugduni*, Treschel, 1532, *in*-8.]

37336. ☀ De primordiis clarissimæ Urbis Lugduni Commentarius, Christophori MI-

LÆI, Helvetii : *Lugduni*, Gryphius, 1545, *in*-4.

Il y a beaucoup de politesse & de littérature dans cet Ouvrage.

37337. ☞ Mſ. Lugdunum priscum.

C'est un Ouvrage de Messire Claude DE BELLIÈVRE, premier Président au Parlement de Dauphiné, qui le fit aux environs de 1529.

Voyez le Père Ménestrier, *Caractères historiques*, pag. 176, & ci-après, le N.° 37350.]

37338. Mſ. Description de Lyon : *in-fol.*

Cette Description est conservée dans la Bibliothèque du Roi, entre les Manuscrits de M. de Gaignières.

37339. * Ordre de l'antiquité & excellence de la Ville de Lyon ; par Charles FONTAINE, Parisien : *Lyon*, Citoys, 1557, *in*-8.

37340. ☞ Tableau de la Ville de Lyon ; par M. l'Abbé PERNETTI ; (avec un Plan de cette Ville :) *Lyon*, 1760, *in*-8. de 82 pag.

Ce Tableau comprend trois choses : 1.° les Etablissemens faits dans cette Ville : 2.° un Sommaire des Entrées de nos Rois dans cette Ville, depuis Clovis jusqu'à Louis XIV. inclusivement : 3.° les dates des divers malheurs qu'a essuyés la Ville de Lyon, comme inondations, incendies, &c.]

37341. ☞ Almanach Astronomique, &c. de Lyon & des Provinces de Lyonnois, Forez & Beaujolois : *Lyon*, de la Roche, *in*-8.

La première Edition de ce Livre, que l'on continue tous les ans, parut en 1711. L'exécution en fut foible durant plusieurs années : ce n'étoit d'abord qu'un objet de deux ou trois feuilles d'impression. En 1740 il prit de la vigueur, & devint Astronomique & historique. Ces qualités ont crû avec les années. *Mémoires de Trévoux, Avril*, 1754.

Cet Almanach a été considérablement enrichi en 1755, & depuis. La Notice de l'Etat Ecclésiastique est fort circonstanciée. L'historique des trois Provinces qui forment le Gouvernement (actuel,) est aussi plus ample & plus exact. Le tout forme aujourd'hui un Volume de près de 400 pages, & c'est pour Lyon, ce que l'*Almanach Royal* est pour Paris.]

37342. Recherches des Antiquités & Curiosités de la Ville de Lyon, avec un Mémoire des principaux Antiquaires & Curieux de l'Europe ; par Jacob SPON, Médecin : *Lyon*, 1673, *in*-8.

37343. Antiquités de la Ville de Lyon, avec quelques singularités remarquables ; par Dominique DE COLONIA, Jésuite : *Lyon*, Almaury, 1701, *in*-4. Ibid. 1702, *in*-12.

☞ *Voyez* les *Mémoires de Trévoux*, Juillet, 1701. = *Nouvelle Bibliothèque, Avril*, 1739.]

— ☞ De l'Antiquité de la Ville de Lyon, & Singularités d'icelle.

Voyez le sixième des *Reliefs forensés de Rouillard*.]

37344. ☞ Recherches sur les Aqueducs de Lyon, construits par les Romains, lues dans les Séances de l'Académie de Lyon, du 29 Mai & 5 Juin 1759 ; par M. (Guillaume-Marie) DELORME : *Lyon & Paris*, Durand, 1760, *in*-12. de 63 pages.

Voyez les *Mémoires de Trévoux*, 1760, Juillet, Vol. II. pag. 1887-1890.]

37345. ☞ Explication d'une Inscription antique trouvée à Lyon, où sont décrites les particularités des Sacrifices que les Anciens appelloient Tauroboles ; par M. (Claude) DE BOZE : *Paris*, 1705, *in*-8.

M. de Boze, de l'Académie Françoise, & Secrétaire de celle des Inscriptions & Belles-Lettres, naquit à Lyon le 26 Janvier 1680, & mourut à Paris le 10 Septembre 1753.]

37346. ☞ Dissertation sur un Monument antique trouvé à Lyon sur la Montagne de Fourvière, en 1704 : *Lyon*, 1705, *in*-12. avec fig.]

37347. ☞ Remarques de M. l'Abbé LEBEUF, sur une Inscription nouvellement découverte à Lyon. *Mercure*, 1740, Juillet.]

37348. ☞ Dissertation du P. PANEL, de la Compagnie de Jesus, sur une ancienne Médaille frappée à Lyon. *Mém. de Trévoux*, 1738, Juin, Vol. II. pag. 1263.

Cette Médaille offre d'un côté une tête d'Auguste ; sur le revers un Taureau bondissant, & dans l'exergue le mot *Copia* : comm, qui désigne l'abondance, fut donné à Lyon par Auguste, selon le Père Panel, & à cause de la richesse de la situation & de son commerce. L'Auteur parle d'un Ouvrage qu'il méditoit sous ce titre : *Lugdunum vetus nummis & moribus antiquis illustratum*.]

37349. ☞ Mſ. Remarques sur le Temple dédié à Rome & à Auguste, construit à Lyon proche le confluent du Rhône & de la Saône ; & sur le Tombeau des deux Amans : 3 Décembre 1749.

Dans les Registres de cette Académie.]

37350. Mémoire pour l'Histoire de Lyon ; par Guillaume PARADIN, de Cuiseau, Doyen de Beaujeu : ensemble les Inscriptions antiques, Tumules & Epitaphes qui se trouvent en divers endroits de la Ville de Lyon : *Lyon*, Gryphius, 1573, *in-fol.*

Ces mêmes Mémoires, avec les Privilèges de la Ville de Lyon ; recueillis par Claude DE RUBYS : *Lyon*, 1625, *in.fol.*

Ces Mémoires contiennent l'Histoire Civile & Ecclésiastique de la Ville de Lyon jusqu'à la mort du Roi Charles IX. « Paradin, prévenu des idées de Cham» pier ; a rempli son Ouvrage de fables », au jugement du Père Ménestrier.

Le même Auteur, à la page 176 de ses *Caractères historiques*, ou de son *Introduction à l'Histoire de Lyon*, dit que « les Mémoires dont parle Paradin dans son » Epitre dédicatoire, qu'il dit lui avoir été communi» qués par Nicolas de Langes, Lieutenant-Général de » Lyon, sont l'ouvrage de Claude DE BELLIÈVRE, Pré» sident au Parlement de Grenoble, intitulé : *De Lug-* » *duno prisco*, dont Paradin s'est servi sans avoir dit un » mot de ce grand homme, dont il a inséré tout l'ou» vrage dans ses Mémoires, n'ayant fait que traduire ».

☞ *Voyez* le P. Niceron, tom. XXXIII. pag. 167. = *Hist. Littér. de Lyon*, tom. II. pag. 718.

Paradin avoit fait une Histoire Latine de Lyon, qui n'a point été publiée.]

37351. Histoire véritable de la Ville de Lyon, contenant ce qui a été omis par Champier, Paradin & autres qui ont ci-devant écrits sur ce sujet; ensemble, en quoi ils se sont fourvoyés de la vérité de l'Histoire, & plusieurs autres choses notables concernant l'Histoire universelle, tant Ecclésiastique que Profane & particulière de France; avec un sommaire Recueil de l'Administration politique de cette Ville. Le tout recueilli & ramené à l'ordre des temps & à la Chronologie; par Claude DE RUBYS, Conseiller du Roi en la Sénéchaussée & Siége Présidial de Lyon, & Procureur Général de la Communauté de cette Ville : *Lyon*, Nugo, 1604, *in-fol.*

« Le défaut le plus considérable de l'Histoire de
» Rubys, est qu'il l'a remplie d'érudition, de questions
» de Droit & d'Histoires étrangères, qui sont si fort
» entrelassées aux faits & aux événemens qu'il rapporte,
» que le Lecteur en est fatigué, & perd la suite & le
» tissu de ses événemens ». Ménestrier, dans son *Introduction à l'Histoire de Lyon*.

Le même, dans sa Préface de l'*Histoire de Lyon*, composée par de Saint-Aubin, dit que « Champier, Paradin, Rubys & Severt, ont plûtot fait des ébauches
» que des Relations entières de l'Histoire de Lyon, que
» le premier a mêlé beaucoup de fables & un peu de
» vérités qu'il a écrites : que le second n'a guère été
» moins crédule dans ce qui regarde les premiers siè-
» cles, & qu'il n'a frayé le chemin à Rubys que pour
» lui donner lieu d'écrire d'une manière aussi embar-
» rassée que la sienne; qu'enfin Severt, qui avoit eu
» communication des Archives de Saint-Jean, n'en a
» donné que des lambeaux, & ne s'est arrêté qu'à des
» rêveries ».

☞ *Voyez* sur l'Auteur, &c. *Hist. Littér. de Lyon*, tom. II. pag. 728. = *Caract. des Ouvr. histor. Préf. & pag. 57.*]

37352. * Petri BULLIODII Lugdunum Sacro-Prophanum, sive Synopsis Historiæ Lugdunensis : *Lugduni*, Barbier, 1647, *in-4.*

Ce n'est qu'une Brochure de peu de feuilles.

Voyez le P. Ménestrier, *Caract. historiq. pag. 103.*

37353. ☞ Ms. Histoire du Lyonnois; par le P. BULLIOUD, Jésuite.

M. de la Roque la cite dans son *Traité de la Noblesse, pag.* 153. C'est apparemment l'Histoire même dont le numéro précédent étoit l'Abrégé ou le Prospectus. Le Père Bullioud est mort en 1661.

Voyez les *Lyonnois dignes de mémoire*, de Pernetti, tom. I. pag. 235.]

37354. Lyon dans sa splendeur, ou Description de la Ville de Lyon : *Lyon*, 1656, *in-4.*

Samuël CHAPPUZEAU est l'Auteur de ce Discours, qui contient des Eloges de cette Ville.

37355. L'Histoire de la Ville de Lyon, ancienne & moderne; avec les figures de toutes les Vues; par Jean DE SAINT-AUBIN, Jésuite : *Lyon*, Coral, 1666, *in-fol.*

Cet Auteur est mort en 1660. Son Histoire a été publiée par Claude-François Ménestrier, qui a ajouté la Préface, signée C, F. M.

Sotuel se trompe dans sa *Bibliothèque des Ecrivains Jésuites*, lorsqu'il rapporte une Edition de cette Histoire, de l'an 1658. Il est manifeste par la Préface qu'elle n'a été publiée qu'en 1666, le Privilège pour l'imprimer étant daté de 1665. Le Père Ménestrier dit dans la Préface de cette Histoire, « que le Père de
» Saint-Aubin a fait un Panégytique plutôt qu'une His-

» toire, n'ayant pas suivi l'ordre des temps ». Comme il ne pût obtenir qu'on lui ouvrît les Archives de Saint-Jean & de la Ville, il manqua de beaucoup de secours.

37356. Les divers caractères des Ouvrages historiques, avec le Plan d'une nouvelle Histoire de la Ville de Lyon, le Jugement de tous les Auteurs qui en ont écrit, & des Dissertations sur sa fondation & sur son nom; par Claude François MENESTRIER, Jésuite : *Lyon*, 1694, *in-12.*

La première Partie de cet Ouvrage avoit déja été publiée dans l'Eloge suivant, [N.° 37358.] « Plusieurs
» ont entrepris avant moi, (dit cet Auteur dans sa Pré-
» face,) de donner des Histoires de la Ville de Lyon; &
» leurs Ouvrages bien loin de m'être de quelque se-
» cours, n'ont servi la plupart qu'à rendre mon entre-
» prise plus laborieuse; puisqu'au lieu de m'ouvrir les
» voies, ils ne m'ont laissé que de grands embarras à dé-
» mêler. Ils ont rempli ces Ouvrages de fables ; ils ont
» confondu tant de faits, & se sont laissé prévenir de
» tant de fausses idées, que j'ai eu plus d'erreurs à com-
» battre, que je n'ai trouvé de routes à suivre.

« Symphorien Champier est le premier qui a donné
» cours à quelques fables touchant la Ville de Lyon.
» Louis Chantereau le Fèvre a fait une terrible peinture
» de cet Historien, dans ses *Considérations historiques*
» (*sur la Maison de Lorraine.*) Si Champier, dit-il, se
» fût mêlé d'écrire de la Médecine, suivant sa profes-
» sion, sans se mêler de l'Histoire, où il n'entendoit
» rien, il eût mieux pourvu à sa réputation qu'il n'a
» fait. Tout ce qu'il y a de bon en son Histoire, c'est
» qu'elle est courte, & partant l'on ne perd pas tant de
» temps à la lire. Je ne pense pas qu'on puisse jetter les
» yeux sur un Ecrivain plus disgracié que celui-là. Il
» étoit entièrement ignorant de la Chronologie, & n'a-
» voit pris connoissance de l'Histoire que dans de vieux
» Romans ». Ce sont les paroles de Chantereau le Fèvre.

« Je crois (continue le Père Ménestrier,) qu'on peut
» faire un semblable jugement de Paradin, de Severt &
» de Rubys, pour ne rien dire de Saint-Aubin, qui n'a
» fait que les copier, en y ajoutant les Légendes de quel-
» ques Saints, qui ne sont pas des Actes fort sûrs, non
» plus que quelques vieilles Chroniques de certains Mo-
» nastères, &c.

☞ Les Dissertations contenues dans l'Ouvrage du Père Ménestrier sont intéressantes, & au nombre de cinq.

I. Pag. 295, sur la première Origine de la Ville de Lyon.

II. Pag. 388, sur le Passage d'Annibal (à travers les Gaules).

III. Pag. 428, sur les Colonies Romaines établies à Lyon.

IV. Pag. 495, Lyon Municipe & Colonie.

V. Pag. 510, sur des Tables d'airain (trouvées en cette Ville, & gravées par les Romains).

Ensuite le Père Ménestrier donne, *pag.* 543, une Liste des Antiquités sacrées de Lyon; *pag.* 555, des Antiquités & Curiosités profanes; & *pag.* 557, des Curiosités modernes.]

— ☞ Histoire Littéraire de la Ville de Lyon; par le P. (Dominique) DE COLONIA, Jésuite.

Voyez ci-après, l'Article des *Vies des Hommes illustres*.]

37357. ☞ Discours lu dans l'Assemblée publique de l'Académie de Lyon, le 29 Avril

1727; par le Père DE COLONIA, Jésuite, concernant l'Histoire Littéraire de la Ville de Lyon.

Il est imprimé dans le tom. VI. de la *Continuation des Mémoires de Littérature* du Père Des-Molets.]

37358. Eloge historique de la Ville de Lyon; par Claude-François MÉNESTRIER, Jésuite: *Lyon*, 1669, *in*-4.

L'Auteur a mis au-devant une longue Préface, qui fait la première partie de l'Ouvrage. Il comprend dans cet Eloge les principaux événemens de l'Histoire de Lyon, sur-tout l'Histoire particulière du Consulat de cette Ville.

37359. Histoire Civile & Consulaire de la Ville de Lyon, justifiée par Chartres, Titres, Chroniques, Manuscrits, Auteurs anciens & modernes & autres Preuves, avec la Carte de la Ville; par le même: *Lyon*, de Ville, 1696, *in-fol*.

Cette Histoire devoit contenir trois Volumes *in-fol*. l'Auteur n'a donné que le premier, qui va jusqu'au Règne de Charles VII. en 1400, avec des Dissertations [au nombre de six,] sur l'Origine de la Ville de Lyon & autres sujets. Le second devoit contenir l'Histoire des trois siècles suivans; c'est-à-dire jusqu'à présent; & le troisième devoit comprendre l'Histoire de l'Eglise de Lyon. L'Auteur est mort en 1705, lorsqu'il travailloit à ce dernier tome. Il a employé trente années à cet Ouvrage. On trouve dans sa Préface les mêmes jugemens qu'il avoit déjà portés des Historiens de Lyon dans ses autres Ouvrages.

☞ *Voyez* le *Journal des Sçavans, Juillet*, 1695, *Mai*, 1697. = *Lettr.* de Guy Patin, *tom. II. pag.* 409.]

37360. Histoire abrégée, ou Eloge historique de la Ville de Lyon: *Lyon*, Girin, 1711, *in*-4.

Quoique Claude BROSSETTE, Avocat au Siège Présidial de Lyon, semble, dans son Epître dédicatoire, donner cet Ouvrage comme l'ayant composé: il avoue cependant, dans sa Préface, que c'est l'Ouvrage du Père Ménestrier, intitulé: *Eloge historique de Lyon*, mais qu'il paroît sous une forme différente; il a été imprimé aux dépens du Consulat de cette Ville.

☞ *Voyez* Lenglet, *Supplément à la Méth. histor. pag.* 177. = *Journ. de Verdun*, *Mai*, 1710. = *Mém. de Trévoux*, *Avril*, 1713. = *Hist. Littér. de Lyon*, *tom. II. pag.* 731.

Les six Dissertations qui sont en tête de cette Histoire sont, 1.° les quatre premières de l'Ouvrage précédent, auxquelles le Père Ménestrier a joint:

V. Etablissement des Corps de Communautés de Lyon.

VI. Des grands Chemins & des Aqueducs de cette Ville.]

— Histoire de l'Université de Lyon; par Lazare MEYSSONIER.

☞ *Voyez* ci-après, aux *Universités*.]

37361. ☞ Description de la Ville de Lyon, avec des Recherches sur les Hommes célèbres qu'elle a produits; (par M. André CLAVASSON, Avocat): *Lyon*, 1741, *in*-8.

Cette Description est faite à l'instar de celle de Paris, par Germain Brice. Elle est assez bonne; mais elle pourroit avoir plus d'étendue, sur-tout pour ce qui regarde les Arts & les Manufactures, dont l'Auteur n'a pas dit un seul mot.]

37362. ☞ Abrégé Chronologique de l'Histoire de Lyon; par M. POULLIN DE LUMINA: *Paris*, 1767, *in*-4.

Le même a donné en 1770 l'*Histoire de l'Eglise de Lyon*, vol. *in*-4. On y trouve beaucoup de choses concernant l'Histoire politique de cette Ville & du Lyonnois, sur-tout pour le temps où ses Archevêques en ont été Seigneurs temporels, c'est-à-dire, depuis l'an 1032 jusqu'en 1312.]

== Remarques sur l'origine du mot *Lugdunum*; par Claude - Gaspar BACHET DE MEZIRIAC.

Voyez ci-devant, [Tome I. à la *Géographie ancienne*, N.° 317.]

== Epistola historica de ortu & situ primo Lugduni, necnon Dissertatio de Itinere Annibalis, &c. Auctore Petro LABBÉ.

Voyez ci-devant, [Tome I. N.° 318.]

37363. ☞ Petri LABBÉ, Lugduni veteris, usque ad Lugdunum Christianum Historia: *Lugduni*, 1671, *in-fol*.]

37364. ☞ Epître DE SENEQUE à Lucile, (traduite du Latin) concernant le Lieu où étoit anciennement fondé la Ville de Lyon, avec quatre Rondeaux accompagnés de Desseins qui y ont rapport: *in*-8. sur vélin.

Cette Pièce est indiquée *pag.* 383 du Catalogue de M. de Cangé. On ne sçait si elle est manuscrite ou imprimée.]

37365. ☞ Lettres aux Auteurs du Mercure, touchant un endroit considérable de Grégoire de Tours, qui concerne la Ville de Lyon, tiré d'un très-ancien Manuscrit du Diocèse de Mâcon. *Mercure*, 1738, *Juillet*.]

— ☞ Recherches pour servir à l'Histoire de Lyon; par l'Abbé PERNETTI.

Voyez ci-après, l'Article I. des *Vies des Hommes illustres*.]

37366. ☞ Discorso sopra lo stato della Citta di Lione: 15 Settemb. 1582.

Descriptio poëtica Lugduni, per Ludovicum BOLOGNINUM, Oratorem Bononiensem, ad Christianissimum Francorum Regem, (Lud. XII. 100 versibus.).

Ces deux Pièces sont imprimées: *Lyon*, 1582, avec une Histoire de Florence de Jacobo Nardi, que François Junctin y fit imprimer par Thibaud Ancelin.]

== La Prinze de Lyon par les Protestans, en 1562.

Voyez ci-devant, [Tome II. N.os 17883; & *suiv*.]

== Discours des premiers troubles advenus à Lyon en 1562; avec l'Apologie pour la Ville de Lyon; par Gabriel DE SACONAY.

Voyez ci-devant, [*Ibid*. N.° 17887.]

37367. Sommaire Recueil des moyens pour rétablir en splendeur la République Lyonnoise; par Antoine DE MARNES: *Lyon*, [Rigaud,] 1573, *in*-2.

37368. Ms. Mémoires des choses remarquables arrivées à Lyon, depuis l'an 1536 jusqu'en

Histoires de l'ancien Gouvernement Lyonnois. 497

jusqu'en 1629, & plusieurs autres choses curieuses : *in-fol.*

Ces Mémoires sont indiqués dans le Catalogue des Manuscrits de Frère Eloy, Augustin Déchauffé de Lyon, *pag.* 28.

== ☞ Discours sur les mouvemens & la prinze de *Lyon*, &c. Sa Réduction à l'obéissance de Henri IV. 1593 & 1594.

Voyez ci-devant, Tome II. N.os 19509 & *suivans*, 19525, 19575, 19686.]

37369. * Basilica Lugdunensis : Auctore Joanne DE BUSSIÈRES, è Societate Jesu : *Lugduni*, 1641, *in-fol.*

C'est la Description, en Prose & en Vers Latins, de l'Hôtel de Ville de Lyon.

37370. ☞ Lettre sur l'Administration Municipale de Lyon ; par M. Antoine-François PROST DE ROYER, Avocat aux Cours de Lyon : 1765, *in-12.*]

37371. Lyon Marchand : Satyre Françoise sur la comparaison de Paris, Rouen, Orléans, & sur les choses mémorables depuis l'an 1524, [sous allégories & énigmes ; mise en ryme Françoise par personnages mystiques ;] par Barthélemi ANEAU, [& jouée au Collège de la Trinité à Lyon, l'an 1541 :] *Lyon*, Pierre de Tours, 1542, *in-8.*

☞ *Voyez* sur cette Pièce, la *Bibliographie* de Debure, *Histoire*, num. 3267.]

37372. ☞ Relation du grand malheur arrivé à la porte du Rhône à Lyon, le 11 Octobre de l'année 1711, au retour de la promenade de Bron, hors le Fauxbourg de la Guillotière : *Lyon, in-4.*]

37373. ☞ Remarques sur l'origine du Jubilé de Lyon de la présente année ; par M. l'Abbé LEBEUF. *Mercure*, 1734, *Juin.*]

37374. ☞ Discours prononcé par M. DE GERY, Prieur Curé de l'Eglise Collégiale & Paroissiale de S. Irénée de Lyon, le Dimanche 4 Décembre 1768, à l'occasion de l'émeute populaire arrivée dans cette Ville le Dimanche précédent : *Lyon*, de la Roche, 1769, *in-8.*]

37375. ☞ La Ville de Lyon, en Vers Burlesques : *Lyon*, 1683, *in-8.*]

37376. ☞ Epître sur le luxe des Femmes de Lyon : 1685, *in-8.*]

37377. ☞ Les ombres des Partisans de Lyon, &c. *in-8.*]

37378. ☞ Recueil de la Chevauchée faite à Lyon en 1578 : *in-8.*]

== Relation des Entrées solemnelles dans la Ville de Lyon, de nos Rois, Reines, Princes & Princesses, &c. depuis Charles VI. jusqu'à présent : *Lyon*, 1752, *in-4.*

On en a déja fait mention ci-devant, Tome II. N.º 26580.]

37379. ☞ Feux d'artifices pour la Naissance
Tome III.

de Monseigneur le Dauphin, dressés par les Imprimeurs de Lyon, le 20 Novembre 1661 : *in-fol.*]

37380. ☞ Délibération Consulaire pour le changement de nom de la Place de Belle-Cour en celui de Louis-le-Grand : *Lyon*, Laurent, 1714, *in-4.*]

37381. Commentaires & Déclarations sur le texte des Privilèges, Franchises & Immunités octroyés par les Rois de France aux Consuls, Echevins, Manans & Habitans de la Ville de Lyon, & à leur postérité ; par Claude DE RUBYS, Conseiller en la Sénéchauffée & Siège Présidial de Lyon : *Lyon*, Gryphius, 1573, *in-fol.*

Ces mêmes Privilèges ont été réimprimés dans Paradin ; avec ses *Mémoires pour l'Histoire de Lyon* : *Lyon*, 1625, *in-fol.*

37382. Recueil des Privilèges des Echevins & Habitans de la Ville de Lyon : *Lyon*, Barbier, 1649, *in-4.*

Il y a beaucoup de fautes dans ce Recueil.

☞ Il a cependant été imprimé par les ordres de M. de Séve, premier Président au Parlement de Dombes, & au Présidial de Lyon, alors Prévôt des Marchands de cette dernière Ville.]

37383. ☞ Arrêts, Lettres-Patentes & vérifications d'icelles, concernant les Privilèges & Exemptions des Habitans de la Ville de Lyon, pour le fait des Tailles : *Lyon*, Jullieron, 1635, *in-4.*]

37384. * Arrêts concernant la Ville de Lyon, depuis le mois d'Août 1665 jusqu'en 1673 : *in-4.*

37385. ☞ Deux Harangues, l'une pour le plat Pays contre la Ville de Lyon, pour la rendre taillable ; l'autre pour ladite Ville ; en 1577 : *Lyon*, 1578, *in-12.*]

37386. ☞ Information faite par les Sieurs Trésoriers de France, pour les Prévôt des Marchands & Echevins de Lyon, contre les Gardes des Ports, Ponts & Passages.

Elle est citée par le Père Ménestrier, dans ses *Caractères historiques, pag.* 271.]

37387. ☞ Remontrance au Conseil du Roi ; par M. PELLOT, Prévôt des Marchands, pour maintenir le Commerce & Trafic de la Ville de Lyon.

Elle est citée au même endroit.]

37388. ☞ Oraison ou Harangue prononcée par Antoine DE MASSO, dans l'Eglise de Saint-Nizier à Lyon, à la création des Consuls & Echevins d'icelle Ville : *Lyon*, Rouille, 1556, *in-4.*]

37389. ☞ Claudii RICHE, Orationes duæ Comitiis Consularibus Lugduni habitæ anno 1570 : *Lugduni*, 1571, *in-8.*]

37390. * Apologie Françoise pour la Ville de Lyon & autres Villes Franches de France,

R r r

prononcée en 1577 par Olivier DE LA PORTE : *Lyon*, 1578, *in*-4.

Quelques Catalogues l'attribuent au Sieur DU TRONCY : c'est peut-être la même personne sous différens noms.]

37391. ☞ Harangue aux Consuls & Peuple de Lyon, du devoir & obéissance des Sujets envers le Roi ; par Pierre MATTHIEU : *Lyon*, 1594, *in*-8.]

37392. ☞ Le Commerce & les Armes florissans sous Louis XIV. Oraison Panégyrique, prononcée à Lyon en 1666 ; par Henri GUYOT : *Lyon*, Farton, 1666, *in*-4.]

37393. ☞ Discours sur les avantages & la nécessité de l'Union, prononcé à Lyon en 1730 ; par Gaspar BOUCHER D'ARGIS : *Lyon*, Laurent, 1730, *in*-4.

Ces six Discours ont été faits à la Cérémonie annuelle qui a lieu depuis plusieurs Siècles à Lyon, le 21 Décembre, & dont il est question dans la Pièce suivante. Ce sont presque toujours des espèces de Sermons.]

37394. ☞ Cérémonie de la Proclamation des Echevins de Lyon.

C'est le sujet de la Lettre XIII. de l'*Année Littéraire*, 1768, *tom. I. pag.* 289-304. Après l'Histoire de cette Cérémonie, qui n'avoit point encore été écrite, se trouvent des Extraits du Discours que M. Louis-Théodore HÉRISSANT, Avocat de Paris, a prononcé en 1767. Le sujet qu'il avoit choisi étoit, l'*Influence des Loix sur le Commerce*.]

37395. ☞ Edit du Roi, portant union de la Jurisdiction de la Conservation des Privilèges Royaux des Foires de la Ville de Lyon, au Corps Consulaire de la même Ville : *Paris*, Vitré, 1655, *in*-fol.

Le Père Ménestrier après avoir parlé de cette Union, (*Caractères historiques, pag.* 283,) dit que « le Sieur » Nicolas Chorier, Avocat en Parlement, fit imprimer » le *Style & la manière de procéder dans ce Tribunal* ; » & que l'an 1669 Pierre le Petit, Imprimeur & Libraire du Roi à Paris, fit imprimer le *Procès en Réglement*, &c. du 23 Décembre 1668 », dont nous allons parler.]

37396. ☞ Procès en Réglement de Jurisdiction entre les Prévôt des Marchands & Echevins de Lyon, & les Officiers de la Sénéchaussée & Siège Présidial de la même Ville : *Paris*, le Petit, 1669, *in*-4.]

37397. ☞ Recueil de Pièces & Mémoires concernant le Réglement à faire entre la Juridiction de la Conservation de Lyon & les Jurisdictions Consulaires : *Paris*, le Mercier, 1759, *in*-4.]

37398. ☞ Factum pour les Officiers de la Sénéchaussée & Siège Présidial de Lyon, les Prévôt des Marchands & Echevins de la même Ville, contre les Doyen, Chanoines & Chapitres de l'Eglise de S. Jean de Lyon : *Paris*, Vitré, 1648, *in*-4.]

37399. ☞ Défense pour Gaspard de Moncony, pourvu de l'Office de Lieutenant-Criminel en la Sénéchaussée de Lyon ; par Sébastien ROUILLARD : *Paris*, 1620, *in* 4.]

37400. ☞ Ordonnances & Réglement général de la Police de la Ville de Lyon : *Lyon*, Goy, 1662, *in*-4.]

37401. ☞ Réglement fait en l'Hôtel de Ville de Lyon, pour l'administration des deniers publics & Affaires communes de la Ville ; Juin, 1676 : *Lyon*, Jullieron, 1679, *in*-4.]

37402. ☞ Remontrance à MM. les Prévôt des Marchands & Echevins ; par le Sieur de SAINT-JOIRE, Gentilhomme ordinaire de la Chambre de Monseigneur le Prince de Condé.

Elle est citée par le Père Ménestrier, dans ses *Caractères historiques, pag.* 270.]

37403. ☞ Les Forces de Lyon ; contenant le pouvoir & l'étendue de la domination de cette Ville, avec les Armes de tous les Chefs de sa Milice ; par Jean-Baptiste L'HERMITE DE SOLIERS, dit Tristan : *Lyon*, 1658, *in-fol.*]

37404. ☞ Ordonnances & Privilèges des Foires de Lyon, & leur antiquité, avec celle de Brie & de Champagne : *Lyon*, 1560, *in*-8.]

37405. * Privilèges des Foires de Lyon : *Lyon*, 1649, *in*-4.

37406. ☞ Histoire de l'origine de ceux qui habitent le Quartier de Bourchanin : 1647.

Le Père Ménestrier dit dans ses *Caractères historiques, pag.* 236, 237, que des Habitans de ce Quartier de Lyon firent imprimer alors cette Histoire fabuleuse.]

37407. ☞ Recueil des Pièces du Procès en faveur du Présidial de Lyon, contre le Parlement de Grenoble, pour la Jurisdiction de la Guillotière, avec l'Arrêt de 1701, & les Cartes des Lieux ; par Claude BROSSETTE : *Lyon*, 1702, *in*-4.

[a Guillotière est le Fauxbourg de Lyon, du côté du Dauphiné.]

37408. ☞ Discours sur le Trépas de M. Balthasard de Villars, Prévôt des Marchands de Lyon ; par Chérubin DE MARCIGNY : *Lyon*, 1627, *in*-12.]

37409. ☞ Bref Recueil de plusieurs Titres & Actes touchant l'ancienneté & pouvoir de l'Office de Capitaine de Lyon, où il est incidemment parlé de l'établissement fait en 1576, de la Charge d'un Sergent Major en ladite Ville, de l'origine & de la confirmation tant de la Confrairie des Archiers & Arbalestriers, que de celle des Coulœuvriniers, qualifiée du depuis du nom de Compagnie des 200 Arquebusiers d'icelle Ville ; avec des Annotations mises à la fin de la plupart des Chapitres du présent Recueil, pour l'éclaircissement de la matière qui s'y traite ; par V. S. F. *Lyon*, 1623, *in*-4.]

37410. * Actes Consulaires de la Maison & Communauté de la Ville de Lyon, touchant

Histoires de l'ancien Gouvernement Lyonnois.

la Charge de Capitaine des deux cens Arquebusiers de la Ville : *Lyon*, Jullieron, 1627, *in*-4.

Ce Recueil a été rimprimé avec les *Plaidoyers de Gillet* : *Paris*, 1718, *in*-4.

37411. Recueil de toutes les Pièces concernant le Procès des Avocats & des Médecins de Lyon, contre le Traitant de la Recherche des faux Nobles : *Lyon*, Plaignart, 1700, *in*-4.

✵ Ce Recueil est aussi rimprimé avec les *Plaidoyers* de M.º Gillet, Avocat à Paris : *Paris*, 1718, *in*-4. Ceux qui concernent la Ville de Lyon sont de Gillet le Cadet, Avocat à Lyon.

☞ Il faut ajouter à ce Recueil l'Arrêt du Conseil du 4 Janvier 1699, qui décharge lesdits Avocats & Médecins. Les deux Pièces principales, imprimées d'abord, sont : 1.º Requête des Avocats de Lyon au Roi, contre le Traitant de la Recherche des Usurpateurs de Noblesse, pour être maintenus dans la possession de prendre la qualité de Nobles ; par Fr. Pierre GILLET. 2.º Requête des Médecins de Lyon au Roi, tendante à même fin, signée par le Sieur DE LA MONERIE, avec des actes de notoriété qui justifient que la qualité de Nobles n'emporte ni titre ni possession de Noblesse dans la Généralité de Lyon.]

37412. ☞ Statuts & Ordonnances du noble Jeu de l'Arc-en-main, pour les Chevaliers de la Ville de Lyon : *Lyon*, 1699, *in*-8.]

37413. ☞ Arrêt pour les Orfévres, = Réglemens des Ouvriers en Fer-blanc, = de la Voyerie, = des Tailleurs d'habits, &c. *in*-8.]

37414. ☞ Statuts des Passementiers de Lyon : 1682, *in*-8.]

37415. ☞ Statuts concernant le Commerce des Draps, &c. de Lyon : 1679, *in*-8.]

37416. ☞ Ordonnances & Réglement, touchant la Manufacture des Draps d'or, d'argent & de soie, qui se feront en la Ville de Lyon & le Lyonnois : *Lyon*, 1660, *in*-8. 1720, *in*-12.]

37417. ☞ Edit sur la Fabrique d'or & d'argent à Lyon : *Lyon*, 1661, *in*-8.]

37418. ☞ Statuts proposés aux Prévôt des Marchands & Echevins de la Ville de Lyon, par les Teinturiers de soie de ladite Ville, homologués au Conseil, & enregistrés au Parlement : *Lyon*, 1706, *in*-8.]

37419. ☞ Déclaration du Roi, portant Réglement pour les Libraires & Imprimeurs de la Ville de Lyon : *Paris*, Ballard, 1696, *in*-4.]

37420. ☞ Tarif de la Douane de Lyon, pour le Roi : *Lyon*, 1655, *in*-4.]

37421. ☞ Ordonnance du Consulat, sur l'observation d'aucuns Statuts au fait des bâtimens & réparations en la Ville & Faux-bourgs de Lyon, par les Propriétaires, Maçons & Charpentiers : 1604, *in*-4.]

37422. ☞ Recueil des Titres concernant les Priviléges du Franc-Lyonnois, extrait sur les Originaux qui sont dans les Archives de Neufville ; par Hubert DE SAINT-DIDIER : *Lyon*, 1716, *in*-4.]

37423. ☞ Sommaire des preuves des Droits de mutation par échange dûs aux Archevêques & Comtes de Lyon, & autres Seigneurs du Pays de Lyonnois, leurs Vassaux & arrière-Vassaux ; où se voient les causes, origine & raisons des Lods, avec autres Remarques ; par M. le Comte DE FENOYL : *Lyon*, 1687, *in*-4. 22 pages.]

37424. ✻ Domûs Umbrævallis Viniacæ Descriptio, à Basiano ARROY : *Lugduni*, 1661, *in*-4.

Il s'agit dans cette Pièce de la Maison de campagne de l'Archevêque de Lyon.

Histoires du Forez.

37425. Histoire Universelle, Civile & Ecclésiastique du Pays de Forez ; par Jean-Marie DE LA MURE, Docteur en Théologie, Chanoine de Montbrison : *Lyon*, Posuel, 1674, *in*-4.

37426. ☞ Ms. Du Pays de Forez, extrait de la Chambre des Comptes de Paris : *in-fol*.

Ce Manuscrit est indiqué au Catalogue de M. Secousse, num. 5487.]

37427. ☞ Mémoire historique sur la Province de Forez ; par M. DE RHINS, Doyen des Avocats de cette Province. *Mercure*, 1748, *Février*.]

37428. ☞ In Lapide antiquo in Foro Segusianorum (*Feurs*) quod est Oppidum in finibus Lugdunensium, finitimum Arvernis, Inscriptio cum Notis Simonis VALLAMBERT, Doctoris Medici.

Cette Inscription est à la fin d'un Ouvrage de l'Auteur, intitulé : *Historia Ciceronis* : *Parisiis*, Colines, 1545, *in*-8.]

37429. ☞ De la Duché-Pairie de *Rouannois*, en 1519, 1612 & 1667, enregistrée seulement en 1716.

Dans l'*Histoire Généalogique* du Père Simplicien, tom. V. pag. 292, 795 & 855. Cette Pairie fut éteinte en 1725.]

Histoires du Beaujolois.

37430. Projet de l'Histoire du Pays de Beaujolois ; par Pierre LOUVET, Docteur en Médecine & Historiographe : *Villefranche*, 1669, *in*-4.

37431. ✻ Ms. Histoire du Beaujolois ; par le même.

Elle [étoit] entre les mains de son fils, à Sisteron.

37432. ☞ Mémoire sur la Baronnie de Beaujolois ; par M. DE RHINS. *Mercure*, 1748, *Juin*.]

37433. ☞ Mémoires historiques & économiques sur le Beaujolois ; par M. Brisson, de l'Académie de Villefranche, &c. Inspecteur du Commerce & des Manufactures de la Généralité de Lyon : *Avignon* & *Lyon*, Reguilliat, 1770, *in-*8.

Voyez le *Journal de Verdun*, 1770, *Octobre*, p. 274. L'Auteur promet un Ouvrage semblable] sur le Lyonnois, & un autre sur le Forez.]

37434. Mémoires de *Villefranche* en Beaujolois ; par Jean de Bussieres, Jésuite : *Villefranche*, Beaudran, 1671, *in*-4.

37435. Histoire de Villefranche, Capitale du Beaujolois ; par Pierre Louvet, Docteur en Médecine & Historiographe : *Lyon*, Gayet, 1672, *in*-8.

§. II. *Histoires d'Auvergne.*

37436. ☞ Mſ. Procès-Verbal de la Tournée faite par M. Meulan, Receveur-Général des Finances d'Auvergne, en 1740, N.° 488.

Il est conservé dans la Bibliothèque de la Ville de Paris. On y trouve un état détaillé de la Province.]

☞ Il y a diverses Remarques sur l'Auvergne & le Bourbonnois, dans le Livre de Jacques Foderé, intitulé : *Narration historique de l'Ordre de S. François* : (*Lyon*, 1619, *in*-4.) pag. 248 ; & plus bas sur les Villes de Clermont, Montferrand, Riom, Brioude, Moulins & Montluçon.]

37437. ☞ Mſ. Plans de plusieurs Villes d'Auvergne, avec leurs revenus : *in-fol.*

Indiqués dans le Catalogue de M. Secousse, n. 5491.]

37438. Descrittione della Limania ; da Gabriele Simeoni, Fiorentino.

Cette Description est imprimée [en Italien,] avec son *Dialogue pieux & spéculatif*: *in Lione*, 1560, *in*-4.

☞ La même, sous ce titre : Discours ou Description de la Limagne d'Auvergne, avec plusieurs Médailles, Statues, Oracles, Epitaphes, & autres choses mémorables de l'Antiquité, traduite de l'Italien de Gabriel-Simeoni, par Ant. Chappuys : *Lyon*, 1561 ; *in*-4. avec fig.

L'Original Italien est intitulé : « Dialogo pio & spe- »culativo con diverse Sententie Latine & Volgari, de »Gabriele Simeoni : *Lione*, 1560, *in*-4.

Ce Dialogue contient une Description de la Limagne d'Auvergne, de Gergovia, &c. & des Antiquités du Pays. On peut voir à son sujet la *Bibliographie* de Debure, *Hist.* num. 5392.

Voyez encore sur la Limagne d'Auvergne, l'Epître Liminaire de la Paraphrase de Basmaison, sur la Coutume d'Auvergne.]

37439. L'Histoire de ce qu'il y a de plus considérable dans le haut & le bas Auvergne ; par Claude-Ignace Prohet, ancien Avocat au Parlement.

Cette Histoire est imprimée avec les *Coutumes d'Auvergne*, &c. *Paris*, Coignard, 1695, *in*-4.

37440. ☞ Mſ. Histoire d'Auvergne ; par M. Audusier, Chanoine de Clermont : *in*-4. 10 vol.

Elle est conservée dans la Bibliothèque du Roi.]

37441. ☞ Mſ. Histoire d'Auvergne ; par Jean de Sistrieres, Bailli & Lieutenant-Général de Vic-en-Carladès.

Piganiol parle de cet Auteur avec éloge, dans sa *Description de la France, sur l'Auvergne*, *Edit.* de 1754, tom. XI. pag. 205. Il est mort en 1692. Son Histoire, où se trouvent des Recherches très-curieuses sur l'Auvergne, est conservée, en Manuscrit original, à Vic-en-Carladès, dans le Cabinet de son arrière-petit-fils. Elle est suivie du Nobiliaire de cette Province, & d'une Histoire particulière du *Pays de Carladès*.]

37442. ☞ Mſ. Discours sur les différens dégrés de preuve des faits historiques, avec plusieurs règles de critique appliquées à l'Histoire d'Auvergne ; par M. Dufraisse, Avocat-Général de la Cour des Aydes, & de la Société Littéraire de Clermont-Ferrand.

37443. ☞ Mſ. Mémoires sur les différens Auteurs que l'on peut consulter sur l'Histoire d'Auvergne ; par le même.

37444. ☞ Mſ. Mémoire sur l'Histoire d'Auvergne, depuis l'an 481 jusqu'à l'an 511, ce qui comprend tout le Règne de Clovis ; par M. Dufraisse, de la Société Littéraire de Clermont.

37445. ☞ Mſ. Mémoire servant de critique au précédent, par M. de Feligonde, Secrétaire de ladite Société.

Ces quatre Pièces sont conservées dans les Registres de la Société Littéraire de Clermont-Ferrand.]

37446. ☞ Mſ. Mémoire pour servir à l'Histoire d'Auvergne, sous le Règne des Enfans de Clovis ; par M. Dufraisse de Vernines, de la Société Littéraire de Clermont.

La Bataille de Vouglé, près de Poitiers, où les Auvergnats se signalèrent sous la conduite de Sidoine Apollinaire, la Conquête de l'Auvergne par Thierry, fils de Clovis, la Fondation de l'Abbaye de Mauriac, par Théodechilde, fille de Clovis, celle de Beaumont, que plusieurs croient de même date, les Episcopats d'Eufraise, de S. Quintian, de Sidoine Apollinaire, & ensuite de S. Quintian qui y fut rappellé par Thierry ; les tentatives de Childebert, pour s'emparer de l'Auvergne, sur le faux bruit de la mort de Thierry I, la vengeance qu'en tira Thierry, en abandonnant cette Province au pillage des Suèves, sont les principaux objets qui sont traités dans ce Mémoire. Les Châteaux de Volvire & d'Auliergue y sont indiqués comme des Places fortes qui ont résisté long-temps aux attaques de Thierry.]

37447. ☞ Mſ. Mémoire pour servir à l'Histoire d'Auvergne, sous le Règne de Hugues-Capet ; par M. Dufraisse de Vernines le fils, de la Société Littéraire de Clermont ; lu à l'Assemblée publique de l'année 1752.

L'Auvergne ne se soumit pas à Hugues-Capet, aussitôt qu'il fut parvenu à la Couronne ; Charles de Lorraine trouva dans cette Province des partisans, & fut soutenu par les Comtes d'Auvergne, jusqu'à ce qu'il fut fait prisonnier par la trahison d'Ancelin, Evêque de Laon.

Sous le Règne de Huges-Capet, Guy, arrière-petits-fils de Bernard, Comte d'Auvergne, qui avoit été dépouillé de cette dignité par Louis d'Outremer, fut rétabli après la mort de Guillaume III. Comte de Guyenne & de Poitou.

L'Auteur discute la raison pour laquelle on a vu, pendant quelque temps, des Vicomtes d'Auvergne. Il

Histoires de l'ancien Gouvernement Lyonnois. 501

entre aussi dans le détail des Evêques qui ont occupé le Siège de Clermont sous ce Règne, & des Hommes illustres de ce même temps, auxquels l'Auvergne avoit donné le jour.]

37448. ☞ Chronologie historique des Comtes & des Dauphins d'Auvergne ; par Dom François CLEMENT, Bénédictin de la Congrégation de S. Maur.

Dans sa seconde Edition de l'*Art de vérifier les Dates*, &c. (*Paris*, Desprez, 1770, *in-fol.*) *pag.* 710.]

37449. Mf. Histoire des Dauphins d'Auvergne, en deux parties ; par LEQUIEN DE LA NEUVILLE, de l'Académie Royale des Inscriptions.

Cette Histoire est conservée dans les Registres de cette Académie, des années 1712 & 1713.

37450. ☞ Mf. Mémoire sur les Dauphins d'Auvergne ; par M. LE MASSON, Prieur de S. André, Ordre de Prémontré, & de la Société Littéraire de Clermont.

Ce Mémoire est conservé dans les Registres de cette Société. L'Auteur y soutient, 1.° contre l'opinion de Justel, que Guillaume V. Comte d'Auvergne, a été le premier Dauphin d'Auvergne ; 2.° que le père de Béatrix, épouse de Robert IV. Comte d'Auvergne, n'est pas Guigues III. Dauphin de Viennois, lequel vivoit en 995, mais Guigues VIII. qui vivoit en 1120 ; 3.° que Guillaume V. fils de Robert IV. s'est maintenu en possession d'une partie du Comté d'Auvergne, malgré les efforts de Guillaume-le-Vieux, son oncle.]

37451. ☞ De la Duché-Pairie d'Auvergne ; érigée en 1360.

Dans l'*Histoire Généalogique* du Père Simplicien, *tom. III. pag.* 217.]

37452. ☞ Mf. Mémoire envoyé à la Société Littéraire de Clermont ; par M. DE CASSINI, de l'Académie Royale des Sciences, au sujet de la Méridienne de l'Observatoire de Paris, coupée en Auvergne par le Parallèle du quarante-cinquième dégré, & sur le Projet d'un Observatoire à ce point d'intersection ; lu dans l'Assemblée publique de cette Société, le 25 Août 1751.

Il est conservé dans les Registres de ladite Société.]

37453. ☞ Mf. Dissertation sur le tempérament des Auvergnats ; lue par [M. DUVERNIN, dans l'Assemblée publique de la Société Littéraire de Clermont, le 25 Août 1749.

Dans les Registres de cette Société.]

37454. ☞ Discours sur l'origine du partage de l'Auvergne en Pays de Droit Ecrit & en Pays Coutumier ; par M. TIXIER le jeune, Avocat, (& de la Société Littéraire de Clermont:) *Clermont-Ferrand*, Boutaudon, 1748, *in-*8. 16 pages.]

37455. ☞ Mf. Mémoire historique sur la Coutume d'Auvergne ; par M. DUFRAISSE DE VERNINES, de la Société Littéraire de Clermont.

Il a été lu à l'Assemblée publique de l'année 1753, & est conservé dans les Registres de cette Société. On en trouve un Extrait dans le *Mercure* de 1754. L'Auteur prétend que la plus grande partie des Loix de cette Coutume tirent leur origine des anciennes mœurs des Auvergnats.]

37456. ☞ Mf. Mémoire sur les Etats particuliers de la Province d'Auvergne, tenus quelque temps après la Bataille de Poitiers ; par M. GUERRIER, de la Société Littéraire de Clermont.

Ce Mémoire lu à l'Assemblée publique de 1757, est conservé dans les Registres de cette Société. On en trouve un Extrait dans le *Mercure de* 1757.

Ces Etats s'assemblèrent à Clermont le 29 Décembre 1256, au Couvent des Jacobins. L'Auteur rapporte le résultat de cette Assemblée, tiré d'un compte rendu par Robert de Riom, Bourgeois de Clermont, Receveur-Général du Subside accordé pour lesdits Etats, lequel est conservé au Greffe de la Chambre des Comptes de Paris.]

37457. ☞ Antiquités d'Auvergne ; par M. l'Abbé LEBEUF. *Hist. de l'Académie des Inscriptions & Belles-Lettres, tom. XXV. pag.* 139.

Ce Mémoire concerne Gergovie & plusieurs Epitaphes anciennes.

Voyez encore ce qui regarde *Gergovia*, ci-devant, Tome I. N.°ˢ 284 & *suiv.*]

37458. ☞ Mf. Dissertation sur les Familles Sénatoriales des Gaules, & en particulier de l'Auvergne ; lue à la Société de Clermont en Auvergne, en 1762, par M. l'Abbé CORTIGIER, de cette Académie.

Cette Dissertation est conservée dans ses Registres. On en trouve un Extrait dans le *Mercure,* 1762, *Mars, pag.* 130.]

37459. Les Antiquités de la Ville de Clermont en Auvergne ; par Jean VILLEVAUT.

Ces Antiquités sont imprimées dans la *Description du Siège de Gergovie,* fait par César, traduite par Jean Villevaut : *Paris,* 1589, *in-*8.

37460. Origine de Clermont, Ville Capitale d'Auvergne ; par Jean SAVARON, Seigneur de Villars, Conseiller du Roi, Président en la Sénéchaussée d'Auvergne & Siège Présidial de Clermont: [Bertrand] Durand, 1607, *in-*8.

Les mêmes Origines, augmentées de Remarques & de Recherches curieuses, & de la Généalogie de la Maison de Senneƈterre, & autres, avec les Preuves ; par Pierre DURAND : *Paris*, Muguet, 1662, *in fol.*

☞ On trouve à la fin :
1. De sanƈtis Ecclesiis & Monasteriis Claromontii Libri duo, Auƈtoris anonymi ; cum Notis Joan. SAVARONI, Præsidis & Præfecti Arverniæ.
2. Privilèges, Chartes, Concessions & Exemptions accordées par nos Rois, Reines, & par les anciens Comtes d'Auvergne à la Ville & Cité de Clermont.]

37461. ☞ Ode historique ou Stances, à l'honneur de la Ville de Clermont en Auvergne ; par M. B. D. S. V. (M. BOMPART DE S. VICTOR, de la Société Littéraire de cette Ville).

Cette Pièce est accompagnée de Notes historiques, & se trouve dans le *Recueil de Pièces de Littérature,* publié par cette Société : *Clermont-Ferrand,* Boutaudon, 1748, *in-*8.]

37462. ☞ Recueil des Arrêts, Déclarations, Lettres-Patentes du Roi, Réglemens, Ordonnances & Instructions de la Cour des Grands-Jours, tenus à Clermont en Auvergne l'an 1665 : *Clermont*, 1666, *in-*4.]

37463. Dissertation sur la Sénéchaussée de Clermont, & l'origine du mélange de ses Ressorts & des autres Jurisdictions de la Province ; par M. TIXIER.

Elle est conservée dans les Registres de la Société Littéraire de Clermont.]

37464. ☞ Diverses Pièces sur les Jurisdictions d'Auvergne.

Ces Pièces sont :

Mémoire sur le Projet d'arrondissement des Jurisdictions d'Auvergne : *Paris*, veuve Knapen, 1742, *in-fol.*

Mémoire pour les Officiers de la Sénéchaussée d'Auvergne & Siège Présidial de Riom, contre les Officiers du Bailliage de Saint-Flour : *in-fol.*

Requête au Roi pour les mêmes, & Recueil de Pièces : *in-*4.

Réponse pour les Officiers du Présidial de Riom, contre les Officiers du Présidial de Clermont, au sujet de la Justice d'Issoire, contenant des Recherches & Mémoires sur l'Histoire d'Auvergne & de la Ville de Riom ; par M. CHABROL, Avocat honoraire au Présidial de Riom : *Riom*, 1761, *in-*8.

Seconde Réponse des mêmes contre les mêmes ; par le même : *Riom*, Caudere, 1764, *in-*4.]

37465. ☞ Pièces concernant le droit de la Ville de Clermont, pour la tenue des Etats du bas Auvergne : *in-*4.]

37466. ☞ Arverni Municipii Descriptio ; è Bibliotheca Papirii MASSONI, edita à Joanne Fretre : *Parisiis*, Petitpas, 1611, *in-*4.

47467. ☞ Remontrances faites au Roi par les Bourgeois & Consuls de *Montferrand* : 1649, *in-*4.

Il y a apparence, (car je n'ai point vu cette Pièce,) que c'est au sujet de la cession que le Conseil du Roi vouloit faire du Domaine de l'Auvergne au Duc de Bouillon, pour la Principauté de Sedan. Les Villes de cette Province s'y opposèrent, & M. le Duc de Chaulnes, Gouverneur. On peut voir sa Requête dans Piganiol, *Descr. de la France*, tom. XI. pag. 162, Edition de 1754.]

37468. Histoire de *Riom*, Chef d'Auvergne, traduite du Latin en François par Claude-Barthélemi BERNARD, de Riom : *Lyon*, Ogerolles, 1559, *in-*16.

37469. ☞ Recueil contenant l'Edit de création sur l'établissement de la Jurisdiction Consulaire de la Ville de Clermont, principale & Capitale de la Province d'Auvergne, & de celles de Riom & Brioude, créées à l'instar de la Ville de Paris, avec les Déclarations & Arrêts donnés en faveur des Jurisdictions Consulaires, pour autoriser ladite Justice ; comme aussi l'Instruction & l'Ordre observé aux Elections des Juges Consuls. Le tout recueilli & dressé par les soins de M. Cortigier, Conseiller du Roi, Référendaire en la Chancellerie établie près la Cour des Aydes de Clermont-Ferrand, & Juge des Marchands de Clermont l'année 1714, M. Brun, Conseiller du Roi, Chaussecire en ladite Chancellerie, &c. *Paris*, d'Houry, 1722, *in-*4.

A la fin de ce Recueil se trouvent :

Le Catalogue des noms & surnoms des Marchands de Clermont, qui ont été Juges & Consuls en ladite Ville, depuis 1628, les noms de leurs prédécesseurs, &c.

Le Catalogue de MM. les Juges & Consuls de la Ville de *Riom*, depuis 1633 jusques & compris 1721.

L'Etat des Noms de MM. les Juges & Consuls de la Ville de *Brioude*, qui ont passé en charge depuis l'établissement de ladite Jurisdiction, en 1705, jusques & compris 1715.]

37470. ☞ Ms. Mémoire sur l'ancienneté & les dimensions du Pont de Vieille-Brioude, sur la Rivière d'Allier, en Auvergne ; par M. DIJON, Ingénieur des Ponts & Chaussées de la Province d'Auvergne, & Membre de la Société Littéraire de Clermont.

Ce Mémoire, qui a été lu à l'Assemblée publique de 1754. est conservé dans les Registres de cette Société. On en trouve un Extrait dans le Mercure de 1755.

L'espèce de tradition qui attribuoit aux Romains la construction de ce Pont, est tombée par la découverte du prix fait en 1454, avec les Ouvriers qui l'ont bâti. C'est l'Auteur de ce Mémoire qui a découvert ce prix fait. D'ailleurs l'Architecture ne répond pas à celle des Ponts du Gard & du Saint-Esprit, ou des Antiquités de Nîmes. Ce qui le rend néanmoins recommandable, c'est la hardiesse de son Arche, la plus grande du Royaume. Elle a 28 toises 4 pieds de longueur, sur 66 pieds de flèche. Le Pont a 15 pieds 3 pouces, d'une tête à l'autre, & 13 pieds de passage entre les parapets. Ce Mémoire contient des détails intéressans sur les matières de construction qui ont servi à ce Pont.]

== ☞ Du Siège d'*Issoire*, en 1577.

Voyez ci-devant, Tome II. N.os 18374 & 18375.]

== ☞ Prise d'*Issoire*, &c. par M. de Rendan, en 1589.

Ibid. N.os 18971, 19024 & 19156.]

37471. ☞ De la Duché-Pairie de *Montpensier*, érigée en 1538 & 1608.

Dans l'*Histoire Généalogique* du Père Simplicien, tom. III. pag. 516, & tom. IV. pag. 234.

Nouvelle érection, en 1695.

Ibid. tom. V. pag. 47.]

37472. ☞ De la Duché-Pairie de *Mercœur*, érigée en 1569.

Dans le même Ouvrage, tom. III. pag. 787.]

37473. ☞ De la Duché-Pairie de *Randan-Foix*, érigée en 1661.

Dans le même Ouvrage, tom. IV. pag. 735.]

37474. ☞ Dissertation sur les anciens monumens qui se trouvent à *Bains*, Village du Mont-d'Or ; par M. DUFRAISSE DE VERNINES, ancien Avocat-Général de la Cour des Aydes de Clermont, & de la Société Littéraire de cette Ville. *Recueil de Pièces de Littérature* : Clermont-Ferrand, 1748, 10 *pag.* *in*. 8. *fig.*

Le peu qui reste de ces monumens antiques, ou en

bas-reliefs fur des fragmens de colonnes, ou en autres ornemens d'Architecture, joint à une ancienne tradition, annoncent qu'il y avoit au Mont-d'Or un Temple bâti fous le nom de Panthéon. L'Auteur de la Differtation n'en doute pas; il en fixe la conftruction au temps où Agrippa, qui avoît fait bâtir un Panthéon à Rome, a réfidé dans les Gaules, dont Augufte lui avoit donné le Gouvernement. La porte du petit Bain, appellé *Bain de Céfar*, qui eft d'ordre Tofcan, fans infcriptions ni bas-reliefs, eft, au jugement de l'Auteur, d'une époque antérieure aux autres monumens.]

37475. ☞ Mf. Mémoire fur le Temple de Waflo, en Auvergne; par M. DUFRAISSE.

Dans les Regiftres de la Société Littéraire de Clermont.]

37476. ☞ Mf. Differtation fur une Statue trouvée à Clermont (en Auvergne,) & qui a des attributs de Divinité Gauloife; lue par M. DU BOUCHET, dans l'Affemblée publique de la Société Littéraire de Clermont, le 16 Novembre 1750.

Dans les Regiftres de cette Société.]

37477. ☞ Mf. Differtation fur des Armes anciennes, & des trophées de cuivre trouvés à Jenfac en Bourbonnois, fur les confins de l'Auvergne; par M. DE LA CHAPELLE, de la Société Littéraire de Clermont.

Cette Differtation, lue à l'Affemblée publique de 1759, eft conservée dans fes Regiftres. On en trouve un Extrait dans le *Mercure de 1750*.

L'Auteur, qui ne donne fon fentiment que comme une conjecture, augure de la forme de ces épées, qui, quoique faites dans les proportions de celles des Romains, font d'un métal différent de celui dont ils fe fervoient; d'une poulie en cuivre très-bien travaillée, & des autres monumens qui ont été trouvés réunis dans le même lieu, qu'ils ont été faits pour célébrer, par des Trophées, une victoire remportée par les Auvergnats fur leurs ennemis.]

37478. ☞ Mf. Mémoire fur un Vafe antique trouvé aux environs de le Roux, Ville d'Auvergne, à quatre lieues de Clermont; par M. DUFRAISSE DE VERNINES, de la Société Littéraire de Clermont.

Ce Mémoire, lu à l'Affemblée publique de 1762, eft conservé dans les Regiftres de cette Société. On en trouve un Extrait dans le *Mercure de 1763*.

L'Auteur fixe l'ancienneté de ce Monument, aux temps où les Romains établis dans les Gaules y portèrent leurs ufages & leurs mœurs: il prétend que les Vafes de cette efpèce fervoient aux libations dans les Fêtes des Saturnales.

La matière dont eft compofé ce Vafe, & la quantité de Monumens conftruits de la même terre, qu'on trouve dans les environs de le Roux, induifent l'Auteur à conclure qu'il feroit facile & avantageux d'établir dans cette Ville une Manufacture de belle Fayance.]

37479. ☞ Mf. Differtation fur une Infcription fépulchrale, datée de la dix neuvième année du Règne d'Alaric; par M. TEILLARD DE BEAUVESEIX, de la Société Littéraire de Clermont-Ferrand.

Cette Differtation, lue à l'Affemblée publique de 1755, eft conservée dans les Regiftres de cette Société. On en trouve un Extrait dans le *Mercure*, 1756. L'Infcription, fuivant le fentiment de l'Auteur, doit être rapportée au Règne d'Alaric II. qui a dominé vingt-deux ou vingt-trois ans fur la partie des Gaules qui fut cédée aux Goths par les Romains, dans laquelle l'Auvergne étoit comprife.

On obferve dans cette Infcription, l'épithète de *Bonæ memoriæ*, & le titre de *Domini noftri*.

Elle a été trouvée au Village de Coudes en 1755. L'Auteur remarque que cet endroit, où on découvre en fouillant une grande quantité de Tombeaux, & qui eft actuellement peu confidérable, doit avoir été dans les premiers Siècles de la Monarchie un lieu important.]

37480. ☞ Mf. Differtation fur une Infcription fépulchrale, datée du Règne de Théodebert, trouvée au Village de Coudes, fituée fur l'Allier, entre Iffoire & Clermont, l'an 1748; par M. TEILLARD DE BEAUVESEIX, de la Société Littéraire de Clermont.

Elle eft conservée dans les Regiftres de cette Société, où elle a été lue à l'Affemblée publique de 1751.

L'Auteur prétend que c'eft au Règne de Théodebert II. qu'appartient la date de l'Infcription, & il en tire deux conféquences importantes pour l'Hiftoire: 1.° que l'Auvergne a fait dès le temps du Règne de Théodebert, partie du Royaume d'Auftrafie: 2.° que les Rois d'Auftrafie prenoient la qualité de *Domini noftri*, qui étoit donnée aux Empereurs.]

37481. ☞ Réglement des cinq lieues de la Frontière de la Province d'Auvergne, la Marche & Combraille: *Paris, 1673, in-4.*]

§. III. *Hiftoires du Bourbonnois*.

== Mf. Topographie du Duché de Bourbonnois; par Jean FERRAULT: *in-fol*.

Cet Ouvrage, [déja indiqué à la *Géographie, tom. I.*] eft conservé dans la Bibliothèque du Roi, num. 9865.

37482. Antiquités du Pays & Duché de Bourbonnois, & principalement de la Ville de Bourbon; par Jean AUBERT.

Ces Antiquités font imprimées avec fon *Traité des Bains de Bourbon*, &c. *Paris, 1604, in-8*.

37483. Antiquités du Bourbonnois; par Sébaftien MARCAILLE.

Elles font imprimées avec les *Antiquités du Prieuré de Souvigny en Bourbonnois*: *Molins, 1616, in-8*.

== ☞ Lettre de M. P. DE FRASNAY, à M. D. L. au fujet des Boïens.

Voyez ci-devant, à la *Géographie ancienne*, Tome I. N.° 1321.]

37484. Mf. Mémoires de l'Hiftoire du Bourbonnois; par ANDRÉ DE SAINT-NICOLAS, Prieur des Carmes de Moulins.

L'Abbé Ménage, *pag. 75*, de fon *Hiftoire de Sablé*, cite ces Mémoires.

37485. ☞ De la Duché-Pairie de *Bourbon*, érigée en 1327, & de fes anciens Seigneurs.

Dans l'*Hiftoire Généalogique* du Père Simplicien, *tom. III. pag. 135.*]

Nouvelle érection, en 1661.

Ibid. tom. IV. pag. 577.]

== ☞ États-Généraux tenus à *Moulins*, en 1566.

Voyez ci-devant, Tome II. N.° 27458.]

37486. ☞ De la Duché-Pairie de *Levis*, érigée en 1723.

Dans l'*Histoire Généalogique* du Père Simplicien, *tom. V. pag.* 468.]

37487. |Mf. Mémoires servans à l'Histoire de Bourbon-Lancy.

☞ Le Père le Long les mettoit ici, mais *Bourbon-Lancy* étant de la *Bourgogne*, nous avons cru les devoir mettre parmi les Histoires de cette Province, ci-devant, N.° 35994.]

Ils sont cités pag. 47 du *Plan des Historiens de Bourgogne*, par Philibert de la Mare.

§. IV. *Histoires de la Marche*.

37488. ☞ Plan pour servir à l'Histoire du Comté de la Marche; par M. MALBAY DE LA MOTTE, Avocat & Procureur au Siège Royal de Bellac : 1767, *in*-12.]

37489. ☞ Chronologie historique des Comtes de la Marche; par Dom François CLÉMENT, Bénédictin de la Congrégation de S. Maur.

Dans la seconde Edition de l'*Art de vérifier les Dates* : (Paris, Desprez, 1770, *in - fol.*) *pag.* 713. La Marche eut pendant un temps des Comtes dans la Haute comme dans la Basse-Marche.]

37490. ☞ De la Comté-Pairie de la Marche.

Dans l'*Histoire Généalogique* du Père Simplicien, *tom. III. pag.* 65.]

37491. ☞ Mf. Mémoires historiques sur la Province & les Comtes de la Marche; par Jean & Pierre ROBERT, père & fils, Lieutenans-Généraux au Siège Royal & principal de la Basse-Marche, en la Ville du Dorat, au XVIe & XVIIe Siècles.

Ces Mémoires sont conservés chez une des héritières de ces Auteurs, Madame la Gueronnière, dans son Château de Villemart, près le Dorat, Election & Diocèse de Limoges.

Voici l'Etat sommaire de ces Mémoires, tel qu'on nous l'a envoyé.

— **Mémoires de la Haute Marche.**

1. Sur les Rivières de ce Pays.
2. Sur les principales Plantes.
3. Sur les Maladies les plus communes.

(Ces trois Articles ont déja été indiqués, dans notre Tome I. à l'*Histoire Naturelle*, N.° 2427.)

4. En quel Climat, Latitude & Elévation du Pole, est situé le Pays de la Haute Marche.
5. Du naturel des Peuples.
6. Des noms Latins des principales Villes & Bourgs de la Haute Marche.
7. Généalogie des principales Maisons de la Haute Marche.
8. Extrait d'un Livre, Manuscrit de l'Abbaye de Grandmont en la Haute Marche.
9. Mémoire de ce qui s'est passé durant la Ligue, en la Haute & Basse Marche.
10. Titres du Comté de la Marche.

— **Mémoires de la Basse Marche.**

1. Des Rivières de la Basse Marche.
2. Mémoires sur l'Histoire de ce Pays.
3. Mémoires sur l'Histoire de la Ville de *Montmorillon*, comme limitrophe du Pays de la Basse Marche.
4. Des Hommes illustres de la Basse Marche.
5. Comment & en quel temps la Marche fut convertie à la Religion Chrétienne.
6. De la fondation de l'Eglise Royale de S. Pierre du Dorat, Capitale de la Basse Marche.
7. Comment la Ville du Dorat fut bâtie, & comment ses noms primitifs, *Doratorium* & *Coutoison*, furent changés en celui du *Dorat*.
8. Mémoires sur les Comtes de la Marche, leurs Histoires générale & particulière, & leurs Généalogies.
9. Antiquités du Pays de la Basse Marche, & des principales Villes d'icelle.
10. Etablissement des Sièges Royaux du *Dorat* & de *Bellac*, en la Basse Marche, avec droit de Siège principal en celui du Dorat, sur celui de Belac, Siège particulier.
11. Naturel des Habitans de la Basse Marche.
12. Mémoires sur l'Abbaye de *Charoux*, dépendante de la Marche, & Antiquités d'icelle.
13. Mémoires & Généalogies des principales Maisons de la Basse Marche.
14. Mémoires sur les Eaux Minérales d'*Availles*, en la Basse Marche.
15. Découvertes desdites Eaux en 1625, la nature d'icelles, leurs effets, & à quelles Maladies elles sont propres.
16. Construction d'un Château par Aldebert, Comte de la Marche, fils de Boson-le-Vieux, Comte de la Marche, en la Ville du *Dorat*.
17. Rasement dudit Château du Dorat, en l'an 1589, par ordre de Henri IV. Roi de France.
18. Preuves pour montrer que les Comtes de la Marche demeuroient au Dorat, y faisoient battre Monnoie, & y avoient leur Sépulture; on y voit encore ces Inscriptions : *Hìc jacet Comes*.
19. Du Siège de la Ville & Château du Dorat, par les Anglois, qui furent obligés de le lever.
20. Antiquités de l'Eglise Royale & Collégiale de S. Pierre du Dorat, dès l'an 1013.

== ☞ Défaite des Huguenots dans la Haute-Marche, en 1588.

Voyez ci-devant, [Tome II. N°. 18701.]

ARTICLE IX.

Histoires du Gouvernement général de Guyenne & Gascogne.

CE Gouvernement comprend sous la *Guyenne*, la Province particulière de ce nom, [ou le Bourdelois,] la Saintonge, le Périgord, l'Agenois, le Limosin, le Quercy, & le Rouergue; & sous la *Gascogne*, le Bazadois, les Landes, la Gascogne proprement dite, l'Albret, le Condomois, l'Armagnac, le Comminge, le Conserans, le Bigorre, le Béarn, la Basse Navarre & les Basques.

37492. ☞ Almanach historique de la Province de Guyenne; par le Sieur LABOTTIERE; (Libraire à Bordeaux :) 1760, &c. *in*-12.]

37493. ☞ De tribus Aquitanicis Provinciis &

Histoires de Guyenne & Gascogne.

& de Novempopulania : Auctore Carolo LE COINTE.

C'est un Morceau du Tome I. de ses *Annales Ecclésiast. Franc. pag.* 239.]

37494. Aquitanicæ Historiæ Fragmentum : ex Chronico ADEMARI Cabannensis, à Carolo Simplice ad Hugonem Regem.

Ce Fragment est imprimé dans le Recueil de Pithou, *pag.* 416, du Tome II. de ses onze *Historiens de France.*

Idem, recèns emendatum ac plerisque locis auctum, ex vetustissimorum Codicum fide.

Cette Edition se trouve dans du Chesne, *pag.* 637, du tom. II. de sa Collection des *Historiens de France.*

37495. Aliud Fragmentum ejusdem Chronici, à Roberto Rege, Hugonis filio, anno Domini 997, ad annum 1178.

Cet autre Fragment est imprimé dans le Recueil de Pithou, *pag.* 79, & dans du Chesne, *pag.* 80, de son Tome IV. La Chronique d'Ademare a été publiée par le Père Labbe, tom. II. de sa *Bibliothèque des Manuscrits.* Elle contient principalement l'Histoire d'Aquitaine, depuis l'an 829 jusqu'en 1029, auquel temps vivoit l'Auteur qui l'a composée.

37496. Mf. Antiquités de Guyenne : *in-*4.

Cet Ouvrage est cité dans le Catalogue des Manuscrits de M. le Chancelier Seguier.

37497. Explication d'un ancien Monument trouvé en Guyenne dans le Diocèse d'Ausch; par (Claude) NICAISE, de Dijon : *Paris,* Hortemels, 1689, *in-*4.

❊ Cet Auteur n'a point de style, ou du moins le sien est sans liaison. Il voudroit dire de belles choses ; il en dit même quelquefois ; mais il ne s'explique pas assez.

☞ Il est mort en 1701, avec la réputation d'un sçavant, qui étoit en commerce de Lettres avec tous ceux de son temps.

Le Monument dont il est ici question, est un Tombeau de marbre blanc qui fut trouvé dans un Village du bas Armagnac, appellé S. Amand, distant environ d'une lieue de l'ancienne Ville d'Eause, autrefois Capitale de la Novempopulanie. On trouve à la tête de cette Dissertation, une Préface où il est parlé des anciens Tombeaux & de leurs différences, ensuite des premiers Habitans connus du Pays. Cet Ouvrage fut critiqué, aussi-tôt qu'il parut : l'Abbé Nicaise répondit ; mais sa réplique ne fut point imprimée. Il se contenta de l'envoyer manuscrite à M. l'Archevêque d'Auch, à qui il avoit dédié son Ouvrage.

Voyez Lenglet, *Supplément à sa Méth. hist. in-*4. *pag.* 177. = *Bibliothèque des Auteurs de Bourgogne,* Art. *Nicaise.*]

37498. ☞ Extrait d'une Lettre de l'Abbé NICAISE, à M. Cousin, au sujet de la Critique qu'on a faite de l'Ouvrage précédent. *Journal des Sçavans,* 1690, *pag.* 265, *Edit. in-*12.

Voyez la *Bibliothèque des Auteurs de Bourgogne,* part. II. *pag.* 110.]

37499. ☞ Dissertation sur une Inscription trouvée à Eauze, lue à l'Académie de Toulouse ; par M. le Président D'ORBESSAN.

Mémoire du même, sur un Monument antique (trouvé à Eauze, en 1736).

Ces deux Pièces sont imprimées : *pag.* 240 & 279,

Tome III.

du *Tom. II.* des *Mélanges historiques,* &c. de M. le Marquis d'Orbessan, Président à Mortier au Parlement de Toulouse : *Toulouse ;* & *Paris,* Merlin, *in-*8. 4 vol.]

37500. Mf. Sancti GERALDI, Monachi Floriacensis, ut videtur ; Poëma de rebus præclarè gestis à Waltario, quem vocat Regem Aquitanorum, ad Erchambaldum, Archiepiscopum Turonensem.

Cet Archevêque fleurissoit en 986. L'Ouvrage de Gerald [étoit] conservé dans la Bibliothèque de M. Colbert, num. 6388, [& est aujourd'hui dans celle du Roi.]

== Ducs de Guyenne sous la première Lignée des Rois de France, avec les Preuves ; par Jean BESLY. = Rois de Guyenne, depuis l'an 778, avec les Preuves. = Histoire des Ducs de Guyenne jusqu'au Roi Louis-le-Jeune ; par le même.

Voyez ci-devant, [N.º 35724.]

37501. Rerum Aquitanicarum Libri quinque, in quibus vetus Aquitania illustratur ; Auctore Antonio Dadino ALTESERRA, Tolosano, Juris utriusque Doctore : *Tholosæ,* Colomerii, 1648, *in-*4.

Eorumdem Libri quinque, qui sequuntur, quibus continentur gesta Regum & Ducum Aquitaniæ à Clodoveo ad Eleonoram usque ; eodem Auctore : *Tholosæ,* 1657, *in-*4.

D'Auteserre est mort en 1682. Il a fini son Histoire à l'an 1137. Elle contient beaucoup de lecture & de très-grandes recherches.

☞ *Voyez* Lenglet, *Méth. histor. in-*4. *tom. IV. pag.* 127. = *Bibliot.* de Clément, *tom. I. pag.* 221.]

37502. Les Annales d'Aquitaine, Faits & Gestes en Sommaire des Rois de France & d'Angleterre, & des Pays de Naples & de Milan, avec les Antiquités de Poitiers ; par Jean BOUCHET, Procureur à Poitiers : *Poitiers,* Marnef, 1525, *in-fol.*

Ces Annales finissent en 1519.

Les mêmes, revues, corrigées par l'Auteur, & continuées jusqu'en 1535 : *Paris,* du Pré, 1537, [1540, 1557,] *in-fol.*

Les mêmes, continuées jusqu'au Règne de Henri II. *Poitiers,* 1607, *in-fol.*

Les mêmes Annales, augmentées de plusieurs Pièces rares & historiques, extraites des Bibliothèques, & recueillies par Abraham MOUNIN : *Poitiers,* Mounin, 1644, *in-fol.*

Cette Histoire doit être autant considérée comme Histoire générale de France, que comme Histoire d'Aquitaine. La dernière Edition est la plus ample.

L'Auteur suivant, *pag.* 6 & 7, dit que relisant cette Histoire, il l'a trouvée aux principaux faits, si éloignée du vrai de l'Histoire, que cela l'a forcé de mettre la main à la plume, pour rendre à la postérité connoissance des anciens Poitevins, & en écrire succinctement.

☞ *Voyez* la *Bibliot.* de Clément, *tom. V. p.* 146. = *La Croix du Maine, pag.* 208. = Lenglet, *tom. IV. pag.* 227. = *Pithœana, pag.* 498. = Le Père Niceron, *tom. XXVII. pag.* 13. = *Bibl. histor. du Poitou,* par M. du Radier, *tom. II. pag.* 136.]

37503. Les Mémoires & Recherches de France & de la Gaule Aquitanique, de Jean DE LA HAYE, Baron des Coulteaux, Lieutenant-Général en la Sénéchaussée de Poitou & Siège Présidial de Poitiers : contenant tant l'origine des Poitevins, qu'aussi les Faits & Gestes des premiers Rois, Comtes & Ducs ; leurs Généalogies, Alliance & Devise, & Constitutions écrites comme elles ont été trouvées, choses très-rares & remarquables : Ensemble, l'Etat de l'Eglise & Religion de la France, depuis l'an 436 jusqu'à cejourd'hui : *Paris*, Parent, 1581, *in-8*.

On lit dans l'Avertissement, qui est au-devant de ces Mémoires, « qu'un Artisan, nommé Provensal, » qui étoit de l'Entreprise dans laquelle ce Baron fut » tué, y print un sac de cuir ; dedans lequel se trou-» vèrent les présens Mémoires. Et moi (dit l'Auteur de cet Avertissement) « étant Ecolier à Poitiers, je re-» tirai le tout : cependant je n'ai pas voulu laisser » perdre les Observations qui s'ensuivent, auxquelles je » n'ai voulu aucune chose adjouster ni diminuer, en-» core qu'il me semble que l'Auteur n'y eût mis la der-» nière main ».

Ces Mémoires sont aussi imprimés avec les Annales précédentes dans l'Edition de 1644. Le Baron fut tué en 1575. Son Histoire est fort abrégée dans le commencement, & un peu plus étendue sur la fin. L'Auteur y dit des choses particulières ; mais, selon du Chesne, *pag.* 291, de sa *Bibliothèque des Historiens de France*, « ce Livre est plein de titres falsifiés, & » il a été par supposition imprimé sous le nom du » Sieur de la Haye, qui n'en est pas l'Auteur. »

Besly s'étend davantage sur ces Mémoires, dans l'Avant-propos de son Histoire des Comtes de Poitou. » Cet Auteur (dit-il) confond l'ordre des temps par » des anachronismes insupportables, & corrompt la » source & l'origine des Familles. Sa narration, qui est » pleine d'impostures & de fausses Histoires, montre » assez qu'il vouloit tromper le public. De dire que le » Sieur de la Haye ait commis de si grandes fautes, » c'est ce que nous ne voulons pas faire ; aussi nous » serions blâmé de lui attribuer des suppositions faites » par un autre qui a pris son nom pour garant. Il avoit » tant de conscience, & chérissoit son Pays d'un amour » si cordial, qu'il n'eût pas voulu imposer de la sorte » & si souvent, pour acquérir une fausse réputa-» tion ».

37504. Remarques sur le Livre précédent ; par Jean BESLY.

Ces Remarques sont imprimées à la page 171 de son *Histoire des Comtes de Poitou*.

☞ *Voyez* sur Jean de la Haye & sur ses Mémoires, la *Bibliothèque du Poitou*, par M. du Radier, *tom. II. pag.* 334 & 362.]

37505. ☞ Aquitainographie ; par G. DE TERRAUBE : *Paris*, 1568, *in-8*.]

37506. Aquitanographie ; par A. DE LA PERSONNE : *Paris*, 1623, *in-8*.

37507. ☞ Chronologie historique des Ducs de Guyenne, dans l'*Art de vérifier les Dates*.

Voyez ci-devant, à l'*Hist. du Poitou*, N.° 35716.]

37508. Ms. Fragmenta Historiæ Aquitanicæ seu varia & brevia Chronica de rebus Aquitanicis à Monacho Asceteriorum sancti Martialis, sancti Augustini, Solemniaci, sancti Martini, &c. scripta : è manuscriptis Codicibus eruta anno 1675, à Claudio ESTIENNOT, Monacho Benedictino, Congregationis sancti Mauri : *in-fol*. [16] vol.

Ces Ouvrages sont conservés dans la Bibliothèque de S. Germain des Prés. [*Voyez* la *Bibliothèque des Auteurs de Bourgogne*, qui en cite 16 volumes.]

☞ Le Père le Long ne marquoit que trois volumes ; mais dans la *Bibliothèque des Auteurs de Bourgogne*, & dans l'*Histoire Littéraire des Ecrivains de la Congrégation de S. Maur*, il est dit que ce Recueil est en 16 volumes. D. Claude Estiennot est mort à Rome, en 1699.]

37509. ☞ Ms. Recueil de Chartes concernant la Guyenne & la Gascogne, Manuscrit du XVe Siècle, conservé dans la Bibliothèque Britannique, à Londres, parmi les Manuscrits de la Bibliothèque Cottonienne, sous la cotte, *Julius*, E. 1.

Cette Collection, qui est très-précieuse, renferme une fort grande quantité de Titres & de renseignemens historiques sur la Guyenne & la Gascogne. Le Titre le plus ancien est de 1198, & le plus récent de 1325. Le Volume est en parchemin, & contient environ 350 feuillets. On y trouve des Terriers de diverses parties de la Guyenne, des Actes concernant les droits & Privilèges de diverses Villes de cette Province, & quantité d'autres Pièces non moins importantes. J'ai fait copier tout ce Recueil, à la reserve seulement de quelques-unes que Rymer a publiées. *Extrait* de Lettre de M. de Brequigny.]

37510. ☞ De l'ancienne Duché-Pairie de Guyenne, avec les Pièces qui la concernent.

Dans l'*Histoire Généalogique* du Père Simplicien, *tom. II.* 1726, *pag.* 510.

Nouvelle érection, en 1469.

Ibid. pag. 435.]

37511. Traité en forme d'Abrégé de l'Histoire d'Aquitaine, Guyenne & Gascogne, depuis les Romains jusqu'à présent ; par Pierre LOUVET, Docteur en Médecine & Historiographe : *Bordeaux*, de la Court, 1659, *in-4*.

☞ Ce Livre est divisé en deux Parties.

La première traite de l'étendue & ancienne division de l'Aquitaine sous les Romains. Le nom d'Aquitaine vient, selon plusieurs, *ab aquis*, cette Province étant fort abondante en eaux ; & selon d'autres, *ab equis*, par rapport à la quantité de chevaux qu'elle fournissoit : la première étymologie est préférable à tous égards. On prétend que le nom de Guyenne ne fut pas fort en usage avant Saint Louis : il pourroit venir, selon Besly, du mot Aquitaine, dont on a retranché la première Lettre A, & le T, pour en faire *Quiaine* & ensuite *Guyenne*. Les Gascons, selon tous les Auteurs, sont d'Origine Espagnols & de la Province Tarraconnoise ; mais on ne s'accorde pas également sur le temps auquel les Peuples sont venus s'établir dans cette partie de l'Aquitaine, à laquelle ils ont donné leur nom. L'Aquitaine, du temps de César, ou la Gaule Aquitanique, qui formoit la troisième ou la quatrième partie des Gaules, mais la plus petite, étoit resserrée entre la Garonne, les Pyrénées & l'Océan. Auguste l'augmenta, en la faisant s'étendre jusqu'à la Loire ; & il la divisa en deux Aquitaniques : la première dont Bourges étoit la Métropole, & la seconde dont Bordeaux fut la Capitale. L'Empereur Adrien forma une troisième Aqui-

Histoires de Guyenne & Gascogne.

taine, en augmentant la seconde aux dépens de la première, & ensuite tirant de cette seconde Aquitaine, neuf peuples situés entre la Garonne & les Pyrénées; il donna à cette nouvelle Province le nom de Troisième Aquitaine, ou Novempopulanie. C'étoit proprement l'ancienne Aquitaine, du temps de César; qui répond à ce qu'on a appellé ensuite Gascogne; on donna à cette Troisième Aquitaine, pour Métropole Elusa ou Eause, à laquelle a été depuis substituée la Ville d'Auch.

L'Auteur passe ensuite au détail abrégé de ces Provinces, & des différentes Dominations sous lesquelles elles ont passé (jusqu'à la confiscation qu'en fit sur les Anglois Philippe-Auguste;) des Villes principales & des Rivières qui les arrosent.

La seconde Partie traite des Gouverneurs, Lieutenans-Généraux, tant François qu'Anglois, qui ont commandé dans cette Province, depuis Philippe-Auguste jusqu'en 1655, avec un précis de leurs Vies, quelque chose de leur Famille, & ce qui s'est passé de plus considérable sous leur Administration. Le tout est fort en abrégé.]

37512. ☞ Essai historique sur l'Aquitaine; par l'Abbé BOUDOT: 1753, *in*-8. de 32 pag.

Cette Brochure a été faite à l'occasion de la Naissance d'un petit-Fils de Louis XV. nommé Duc d'Aquitaine. On peut voir à ce sujet les *Mémoires de Trévoux*, 1753, Décembre, & le Mercure du même mois. L'Auteur est mort le 6 Septembre 1771.]

37513. ☞ Mémoire sur la Vie de Waïfre, Duc d'Aquitaine, en 745-768, & sur son prétendu Tombeau, appellé la Tombe de Caïfas; par M. l'Abbé VENUTI.

Ce Mémoire se trouve dans les *Dissertations* du même Auteur, *sur les anciens Monumens de la Ville de Bordeaux, sur les Gahets*, &c. Bordeaux, Chappuis, 1754, *in*-4.

Waïfre ou Gaïffre fut vaincu par Pepin, en 768, & l'on voit à Bordeaux, dans l'Eglise du Monastère de Sainte-Croix, un ancien Monument qui paroît se rapporter à cette victoire, & dont l'Abbé Venuti a donné la représentation.]

37514. ☞ Mf. Dissertation sur un Tombeau connu dans Bordeaux, sous le nom de Tombe de Caïphas; dans lequel on examine, 1.° si ce Monument, (qui n'existe plus depuis environ un siècle & demi,) étoit, comme le prétendent la plupart des Historiens de France, qui ont écrit depuis environ deux Siècles, le Tombeau de l'infortuné Waïfre, Duc d'Aquitaine: 2.° si ce Tombeau n'étant point celui de Waïfre, doit être regardé comme une chimère: 3.° ce qu'on peut penser de plus vraisemblable au sujet de ce Monument; par M. l'Abbé BAUREIN, de l'Académie de Bordeaux: 1759.

Ce Mémoire est conservé dans le Dépôt de cette Académie.]

37515. Mf. ☞ Mémoires chronologiques & historiques sur les Gouverneurs, Lieutenans de Roi & Commandans dans la Province de Guyenne, depuis sa réduction sous Charles VII. jusqu'à présent, 1764; par M. l'Abbé BAUREIN, de l'Académie de Bordeaux.

Dans le Dépôt de cette Académie.]

⚏ Mémoires des choses passées en Guyenne *Tome III.*

en 1621 & 1622; par Bertrand DE VIGNOLES LA HIRE.

Voyez ci-devant, [Tome II. N.° 21077.]

§. I. *Histoires de la Guyenne propre, ou du Bourdelois.*

37516. Mf. Historia Fundationis Urbis Burdigalensis & Senebruni Regis Burdigalensis, quæ sic incipit: Imperantibus Tito & Vespasiano Burdigalensis Civitas Nobilis est fundata.

Cette Histoire [étoit] num. 95 de la Bibliothèque de M. Colbert de Croissy, Evêque de Montpellier, [mort en 1738.] On lit à la fin, que cette Histoire a été trouvée par Maître Vital de Saint-Sevère, Chanoine de Saint-Severin de Bordeaux, dans les Chroniques de l'Eglise de Vienne, écrites en François, qu'il a copiées.

37517. ☞ Lettre sur le nom de la Ville de Bordeaux, à M. Ferrachat, Avocat au Parlement. *Mercure*, 1695, *Juillet*.]

37518. ☞ Lettre sur la Ville Capitale de Guyenne; s'il faut l'appeller Bordeaux ou Bourdeaux. *Mercure*, 1733, *Mars*, & *Variétés historiques, tom. I. pag.* 339.

Réponse à la Lettre précédente. *Mercure*, 1733, *Avril*.

La première de ces Lettres est de M. SARRAU, qui veut qu'on prononce Bourdeaux, à cause du génie & de l'origine de notre Langue. La seconde Lettre est de M. LEYDET, Conseiller au Présidial de Bordeaux, qui soutient le contraire. Cette Ville, selon le premier, tire son nom de deux ruisseaux, Bourdes & Jalles, qui n'en sont pas éloignés, d'où s'est formé le mot *Burdigala;* selon le second, elle tire de sa situation sur le bord des eaux. On pourroit aussi le dériver de deux mots Espagnols, *Burgo*, qui signifie Bourg, & *Galla*, qui veut dire propreté & bonne grace, d'où s'est formé *Burdegala*, ou Bourg, dont les Habitans sont de bon air; ce qui convient singulièrement aux femmes de cette Ville.]

37519. ☞ Remarques sur les deux Lettres au sujet du nom & de l'étymologie de Bordeaux ou Bourdeaux.

C'est la même chose, à peu de chose près, que la Lettre à M. Ferrachat. L'Auteur croit que cette Ville tire son nom de deux mots Celtiques, *Burg*, & *Gauls*, qui signifient la Ville des Gaulois; au reste, il est assez porté à s'unir à ceux qui pensent qu'il vient de sa situation.]

⚏ Observations de l'Abbé LEBEUF, Dissertations, &c. de l'Abbé BAUREIN, sur la Ville de Bordeaux & quelques Lieux voisins.

Voyez ci-devant, [Tome I. *pag.* 22, à la *Géographie*, N.°s 235 & *suiv*.]

37520. Mf. Fragmenta Chronicalia de rebus Burdigalensium.

Ces Fragmens sont cités par du Chesne, *pag*. 187, du Plan de sa Collection des *Historiens de France*.

37521. Discours de l'Antiquité de Bourdeaux & de celles de *Bourg-sur-mer*; par Elie VINET, natif de Barbesieux, Principal du Collège d'Aquitaine: *Poitiers*, de Marnef, 1565, *in*-4.

Sss 2

Les mêmes, revues, augmentées & enrichies de plusieurs figures ; par l'Auteur : *Bourdeaux*, Millanges, 1574, *in-*4.

Cet Auteur est mort en 1587.

☞ Il s'occupe uniquement, dans cet Ouvrage, à rechercher l'antiquité de cette Ville & ses fondateurs, ses vieux monumens, & son état jusqu'au Règne de Louis-le-Bègue.

Bourdeaux, selon lui, doit sa naissance aux *Bituriges Vivisci*, ou Berruyers, Peuples du Berry ; & le nom de *Burdigala*, est comme si l'on avoit dit au commencement *Bituragala*, mot tiré de Biturix & Gallus, ou si l'on veut, selon Isidore de Séville, *Burdegalum, quòd Burgos Gallos primos colonos habuerit.*

Ce Livre, au reste, est plein de recherches assez curieuses. Dans la seconde Partie, l'Auteur parle de la Ville de Bourg-sur-mer.

On peut voir ce que dit sur ce Livre M. de Bure, dans sa *Bibliographie*, &c. *Hist.* num. 5396.]

37522. Des Antiquités de la Ville de Bourdeaux, & son Panégyrique ; par Jean DARRERAC, Conseiller au Parlement de Bourdeaux.

Ces Pièces sont imprimées au Chapitre XIX. de ses *Antiquités : Bourdeaux*, de la Court, 1625, *in-*4.

37523. ☞ Mf. Essai historique sur l'ancien état de la Ville de Bordeaux, du temps des Romains, lu à l'Académie de cette Ville, le 10 Janvier 1762 ; par M. l'Abbé BAUREIN, Associé de cette Académie.]

37524. Mf. Description de Bordeaux, ancien & moderne ; lue à l'Académie de Bordeaux en 1727 ; par M. l'Abbé BELLET, Chanoine de Cadillac, & Associé de l'Académie de Bordeaux.

Ces deux Mémoires sont conservés dans le Dépôt de cette Académie.]

37525. ☞ Dissertations sur les anciens Monumens de la Ville de Bordeaux ; par M. l'Abbé VENUTI, Prieur de Livourne en Italie, de l'Académie des Inscriptions & Belles-Lettres de Paris, & de celle des Sciences & Beaux-Arts de Bordeaux.

Ce sont les deux premières Dissertations du Recueil de celles qu'il a données : *Bordeaux*, Chappuis, 1754, *in-*4. Il y revient sur plusieurs Inscriptions antiques, la plupart expliquées déjà par plusieurs Sçavans, & il en donne de nouvelles explications, ou confirme les premières.

Voyez le *Journ. des Sçavans*, 1755, *Février*.]

37526. ☞ L'Amphithéâtre de Bordeaux, vulgairement appellé le Palais Galiène ; par M. le Baron DE LA BASTIE. *Hist. de l'Acad. des Bel. Lettr. tom. XII. pag.* 239.]

37527. ☞ Mf. Dissertation sur l'Epoque de la construction du Palais Galien, à Bordeaux ; lue à l'Académie le 29 Janvier 1759 ; par M. DE LA MONTAIGNE, Conseiller au Parlement, Académicien ordinaire & Secrétaire de l'Académie de Bordeaux.

Dans le Dépôt de cette Académie.]

37528. ☞ Observations sur une Inscription trouvée à Bourdeaux ; par M. BAUDE-LOT. *Hist. de l'Acad. des Belles-Lettres, tom. III. pag.* 260.]

37529. ☞ Mf. Dissertation sur un Bas-relief (qu'on remarque autour d'un Puits dans la rue des Minimes) de la Ville de Bordeaux ; par M. l'Abbé VENUTI : 1744, avec figures.

Dans le Dépôt de l'Académie de Bordeaux.]

37530. ☞ Eclaircissemens sur plusieurs Antiquités trouvées à Bordeaux ; par D. (Jean-Baptiste) DE VIENNE, Bénédictin : 1757, *in-*12.]

37531. Burdigalensium Rerum Chronicon, usque ad annum 1584 : Auctore Gabriele LURBEO, Jurisconsulto, Procuratore & Syndico Burdigalensi : *Burdigalæ*, Millanges, 1589, *in-*4.

Chronique Bourdeloise, traduite en François, & augmentée par l'Auteur jusqu'en 1594 : *Bourdeaux*, Millanges, 1594, *in-*4.

☞ La même, avec deux siens Discours, l'un sur l'apparition des Colombes blanches lors de la Conversion du Roi, & l'autre des Antiquités trouvées hors la Ville ; avec le Supplément de ladite Chronique, continuée jusqu'en 1619 ; par Jean DARNALT, Avocat & Jurat de Bourdeaux. Item, Arrêts & Statuts, &c. avec les Remarques du P. Fronton DU DUC : *Bourdeaux*, Millanges & Mongiraud, 1619 & 1620, *in-*4.

Il y a une autre Edition, 1672, *in-*4. augmentée d'une Suite & des Privilèges de cette Ville.]

C'est un Abrégé qui contient en peu de mots beaucoup de choses Ecclésiastiques & Politiques.

☞ La même, corrigée & augmentée depuis l'année 1671, jusqu'au Passage du Roi d'Espagne (Philippe V.) & Nosseigneurs les Princes ses Frères en cette Ville, l'année 1701 ; par Me TILLET : *Bordeaux*, Boé, 1703, *in-*4.]

37532. ☞ Histoire de la Ville de Bourdeaux ; par M. DE LA COLONIE : 1759, *in-*12. 3 vol.]

37533. ☞ Mf. Mémoire sur les Poids, les Mesures, & les Monnoyes anciennes de la Ville de Bordeaux ; lu à l'Académie le 25 Août 1753 ; par M. DE SECONDAT, ancien Conseiller au Parlement de Bordeaux, Membre des Académies de Bordeaux, de Pau & de Nancy, & de la Société Royale de Londres.]

37534. ☞ Mf. Recherches sur l'ancienne administration de la Justice, dans la Ville de Bordeaux & le Pays Bordelois ; lues à l'Académie le 14 Janvier 1765 ; par M. l'Abbé BAUREIN, de l'Académie de Bordeaux.]

37535. ☞ Mf. Mémoire sur l'esprit & la forme du Gouvernement de la Ville de Bordeaux, pendant le temps qu'elle étoit assujettie aux Rois d'Angleterre ; lu à l'Académie le 25 Août 1762 ; par le même.

Ces trois Mémoires sont conservés dans le Dépôt de l'Académie de Bordeaux.]

Histoires de Guyenne & Gascogne.

37536. Les anciens & nouveaux Statuts de la Ville de Bourdeaux, recueillis par Gabriel DE LURBE; avec des Arrêts & Instructions pour la conservation des Droits de la Ville; par Jean DARNALT; avec des Remarques de Fronton DU DUC, Jésuite, sur la même Histoire: *Bourdeaux*, 1612, *in-4*.

Les mêmes, continués & augmentés par TILLET, Avocat au Parlement de Bourdeaux: *Bourdeaux*, 1700, *in-4*.

37537. ☞ Les Coutumes générales de la Ville de Bourdeaux, Sénéchaussée de Guyenne & Pays de Bourdelois: *Bourdeaux*, 1617, *in-4*.]

37538. ☞ Arrêt de la Cour de Parlement, contenant prohibition à ceux qui ne sont de la Sénéchaussée de Bourdelois, de ne faire les barriques pour mettre les Vins cueillis hors ladite Sénéchaussée en barriques de même jauge, grandeur, &c. *Bourdeaux*, 1619, *in-4*.]

37539. ☞ Autre, sur le Réglement fait en Jurade, le 12 Décembre 1617, sur les droits que les Officiers de la Ville de Bourdeaux doivent prendre: *Bourdeaux*, 1617, *in-4*.]

37540. Louange sommaire de Bourdeaux & de Guyenne; par Antoine LOISEL, Avocat au Parlement de Paris.

Cet Ecrit est imprimé avec ses deux premières Remontrances, [dans le Recueil intitulé: *La Guyenne*:] *Paris*, Langelier, 1605, *in-8*.

37541. Eloge de la Ville de Bourdeaux; par Jean DARNALT.

Cet Eloge est imprimé avec la *Vie de S. Mommolin, Evêque de Noyon*, par le même: *Bourdeaux*, 1618, *in-12*.

37542. * Justus ZINZERLINGIUS, de Burdegala.

Petite Pièce qui se trouve dans l'Ouvrage intitulé: *Jodoci Sinceri Itinerarium Galliæ*, ci-devant, Tome I, N.° 2300.]

37543. ☞ Lettres-Patentes de Juin 1451, contenant les Articles accordés entre les Commissaires de Sa Majesté & les Députés de Bordeaux & de Guyenne: *Paris*, 1650, *in-4*.]

37544. ☞ Manifeste sur la prise du Château Trompette; par G. D. G. P. 25 Novembre 1649: *in-4*.]

37545. ☞ Extrait des Registres de la Cour de Justice, ordonnée dans le Pays de Guyenne, contenant le dire du Sieur Pithou, Procureur-Général, sur les Séances de cette Cour à Agen, Périgueux, &c. du 26 Mai 1583, *in-4*.]

═══ ☞ Du Mariage du Roi Louis XIII. à Bordeaux, Réjouissances, &c. en 1615.

Voyez ci-devant, Tome II. N.°s 20431, 20434 & *suiv.* 20446 & 20451.]

37546. Mémoires de ce qui s'est passé à Bourdeaux, entre MM. du Parlement & le Duc d'Espernon: 1626, *in-8*.

37547. ☞ Mémoire de ce qui s'est passé au Parlement de Bordeaux en l'affaire du Duc d'Epernon avec l'Archevêque (M. de Sourdis:) 1634, *in-8*.]

37548. ☞ Apologie pour l'Archevêque de Bourdeaux & pour l'Evêque de Nantes, touchant l'excommunication déclarée contre Lenangas & ses Complices, Gardes de M. le Duc d'Epernon: 1634, *in-8*.]

37549. ☞ Le Curé Bourdelois portant le vrai avis à M. l'Evêque de Nantes: *Paris*, 1634, *in-8*.]

37550. ☞ Récit de ce qui s'est passé entre M. le Duc d'Epernon & M. l'Archevêque de Bourdeaux.

Il se trouve dans le *Recueil O*, *in-12*. avec l'Hermite de Cordouan.]

37551. ☞ Récit de ce qui s'est passé en la cérémonie de l'Absolution du Duc d'Epernon, dans l'Eglise de Coutras, le 20 Septembre 1634: *Paris*, 1634, *in-8*.]

☞ ON trouvera encore diverses autres Pièces, & quelques Recueils sur cette Affaire, ci-devant, Tome I. N.°s 8251-8260, & Tome II. N.°s 21794 & 21795.]

══ Mouvemens de Bourdeaux & Guerres civiles de Guyenne, depuis 1649 jusqu'en 1653.

Voyez ci-devant, Tome II. N.°s 21998 & *s.* 23030 & *suiv.* 23042 & *suiv.* 23138 & *suiv.* 23181, 23188, 23375, 23746 & *suiv.*]

37552. Privilèges des Bourgeois de la Ville & Cité de Bourdeaux: *Bourdeaux*, 1574; *in-8*. *Paris*, Millot, 1611; *Bourdeaux*, 1667, *in-4*.

37553. ☞ Nouveau Recueil de diverses Lettres-Patentes, Edits, &c. des Rois de France & d'Angleterre; avec divers Arrêts, &c. & autres Titres concernant les principaux Privilèges de la Ville de Bordeaux, &c. *Bourdeaux*, Boudé-boé, 1717, *in-4*.]

37554. ☞ Mémoire pour la Ville de Bordeaux, contre le Syndic Général de la Province de Languedoc, & contre les Communautés de la haute Guyenne.

C'est au sujet du transport des Vins du Languedoc & de la Haute Guyenne, dans le Port de Bordeaux. Cette Ville prétendoit que les premiers ne pouvoient y descendre qu'après le 11 Novembre, & y être vendus qu'après la Saint-André, à l'exception des Anglois, auxquels la vente n'en pouvoit être faite qu'après Noël; & que les vins de la Haute Guyenne, ne pouvoient être descendus qu'après Noël.]

37555. ☞ Turris *Corduana*, ad Garumnæ fauces, in Insula Antro, à tribus olim Regibus extrui cœpta, à Ludovico XIV. omnino ædificata, & à variis Poetis cantata: *Lugduni*, 1664, *in-4*.]

== ☞ Remarques sur la Ville de *Bourg-sur-mer*.

Voyez ci-dessus, N.° 37521.]

37556. ☞ Recherches sur l'ancien *Blavia* des Romains, que l'on fait voir être *Blaye*; par M. DE LA SAUVAGÈRE.

Elles se trouvent *pag.* 293 de son *Recueil d'Antiquités: Paris,* Hérissant fils, 1770, *in-4.*]

37557. Mſ. Mémoire de l'Antiquité de *Caſtel-Geloux,* Ville de Guyenne, & de ce qu'il y a eu de mémorable dans ladite Ville jusqu'en 1580.

Ce Mémoire est conservé dans la Bibliothèque du Roi.

== ☞ Relation de ce qui s'est passé à *Bourg,* en 1650.

Voyez ci-devant, Tome II. N.°s 23161, 23162, 23184, & sur l'*Hiſt. de Bourg,* ci-dessus, N.° 37521.]

37558. ☞ Dissertation sur un Temple octogone, & plusieurs Bas-reliefs trouvés à *Sestas,* (dans l'Election de Bourdeaux;) par M. l'Abbé JAUBERT: *Bourdeaux,* 1743, *in-12.*]

== ☞ Siège de *Blaye,* en 1593.

Voyez ci-devant, Tome II. N.° 19514.]

37559. ☞ De la Duché-Pairie de *Fronſac,* érigée en 1608 & 1634.

Dans l'*Hiſtoire Généalogique* du Père Simplicien, *tom. IV. pag.* 230 & 383.]

§. II. *Hiſtoires de Saintonge.*

37560. Histoire de Saintonge, Poitou, Aunis & Angoumois: contenant ce qui s'est passé de plus remarquable dans la France, l'Italie, l'Allemagne, l'Espagne & l'Angleterre; avec des Observations particulières sur l'état de la Religion & sur l'origine des plus nobles & plus illustres Familles de l'Europe; par Armand MAICHIN, Ecuyer, Seigneur de Maisonneuve, Conseiller du Roi & Lieutenant-Particulier en la Sénéchaussée de Saintonge : *Saint-Jean-d'Angely,* Boisset, 1671, *in-fol.*

Cette Histoire est divisée en deux parties; il n'y a eu que la première d'imprimée. Elle contient la Description de l'ancienne Gaule & des Provinces de Saintonge, de Poitou, d'Aunis & d'Angoumois; des Villes & Terres de ces Provinces, & de ce qui s'y est passé de plus remarquable, depuis la Création du Monde jusqu'à la naissance de Jesus-Christ. Il y a bien des fables dans cette partie, du moins dans la fin; [cependant ce Livre est d'ailleurs assez estimé.] La seconde partie devoit contenir ce qui s'est passé [dans les mêmes Pays,] depuis la naissance de Jesus-Christ jusqu'à l'année 1670.

☞ On peut voir ce qui en est dit dans la *Méth. hiſt.* de Lenglet, *tom. IV. pag.* 229. = *Hiſt. de la Rochelle,* *Préf. pag.* 10.]

37561. De Santonum Regione & illustribus Familiis, brevis nec minus elegans Tractatus Nicolai ALANI, Santonis, Medici: opera Joannis Alani Auctoris filii in lucem editus: *Santonibus,* Audeberti, 1598, *in-4.*

☞ On y trouve aussi un Traité *De factura ſalis.*
Voyez sur cet Ouvrage, la *Bibliographie* de Debure, num. 5400.]

37562. L'Antiquité de *Saintes* & de *Barbéſieux,* recherchée par Elie VINET, natif de Barbéſieux en Saintonge: *Bourdeaux,* 1571, 1584, *in-4.*

☞ On trouve à la fin, *pag.* 55, l'antiquité de Barbéſieux, petite Ville de Saintonge. Elie Vinet étoit natif du Village nommé les Planches, Paroisse de Saint-Médard, dans la Châtellenie de Barbéſieux, comme il nous l'apprend dans cet Ouvrage, *pag.* 54. Il croit que Saintes est la Ville appellée par Strabon & Ptolomée, *Mediolanum Santonum.* Son Ouvrage, qui est fort court, est écrit sensément. Ce Sçavant est mort à Bordeaux, en 1587.]

37563. Recueil des Antiquités de Saintes; par Samuël VEYREL.

Ce Recueil est imprimé avec l'Indice du Cabinet du même Auteur, qui étoit Apoticaire à Saintes: *Saintes,* 1635, *in-4.*

☞ Voici le vrai titre de son Livre :

« Indice du Cabinet de Samuel VEYREL, Apoticaire à Xaintes, avec un Recueil de quelques Antiquités à Xaintes, & Observations sur diverses Médailles: *Bordeaux,* de la Court, 1635, *in-4.*]

37564. ☞ Remarques sur la Ville de Saintes; par Bernard PALISSY.

On les trouve dans un Livre qu'il a donné sous ce titre singulier :

« Recepte véritable par laquelle tous les hommes de la France pourront apprendre à multiplier & augmenter leurs tréſors : Item, ceux qui n'ont jamais eu cognoissance de lettres pourront apprendre une Philosophie nécessaire à tous les Habitans de la Terre : Item, en ce Livre est contenu le dessein d'un Jardin, autant délectable & d'utile invention qu'il en fut onques veu : Item, le dessein & ordonnance d'une Ville de Forteresse la plus imprenable qu'homme ouït jamais parler; composé par Me Bernard PALISSY, Ouvrier de terre & Inventeur des rustiques figulines du Roi & de Monseigneur le Duc de Montmorency, Pair & Connestable de France, demeurant en la Ville de Xaintes : *la Rochelle,* Barthélemy Berton, 1564, *in-4* ».]

37565. ☞ Recherches sur les ruines Romaines de Saintes & des Environs; avec les particularités les plus remarquables sur l'Histoire de cette Ville; par M. DE LA SAUVAGÈRE, Chevalier de S. Louis, de l'Académie de la Rochelle, &c.

C'est la première & la principale Pièce de son *Recueil d'Antiquités dans les Gaules,* &c. *Paris,* Hérissant fils, 1770, *in-4.* avec figures.]

== ☞ Siège de *S. Jean-d'Angely,* en 1569.

Voyez ci-devant, Tome II. N.°s 18075, 18078 *& ſuiv.*]

== ☞ Siège & Prise de *S. Jean-d'Angely,* en 1621.

Ibid. N.°s 20997, 20998, 21002 *& ſuiv.*]

== ☞ Réduction du *Royan* & du Château de *Taillebourg,* en 1622.

Ibid. N.° 21090.]

37566. ☞ Du Duché de *Royan-Noirmoustier*, enregiſtré l'an 1707.

Dans l'*Hiſtoire Généalogique* du Père Simplicien, *tom. V. pag.* 790.]

37567. ☞ De la Duché-Pairie de *Fontenay*, érigée en 1626, mais non enregiſtrée.

Ibid. pag. 856.

Nouvelle érection de la même, ſous le nom de *Rohan-Rohan*, en 1714.

Ibid. pag. 211.]

37568. ☞ Requêtes de M. D'AGUESSEAU, (alors Procureur-Général au Parlement de Paris,) ſur la Mouvance de la Terre (ou Châtellenie de *Saint-Maigrin* (en Saintonge).

Dans le tom. VI. des *Œuvres* de M. le Chancelier d'Agueſſeau : *Paris*, 1769, *in-4. pag.* 397-472.]

== ☞ Sièges de *Brouage*, en 1577 & 1585.

Voyez ci-devant, Tome II. N.os 18390 & 18505.

Brouage & le Brouageais ont été diſtraits de la Saintonge, & joints au Gouvernement de l'Aunis.]

§. III. *Hiſtoires du Périgord.*

37569. Des Antiquités de Périgord ; par François ARNAULT, Sieur de la [Borie,] Périgordin, Chanoine de Saint-Front de Périgueux : (imprimées en) 1577.

☞ On peut voir dans le Supplément de Moréri (& dans le Moréri de 1759,) la Généalogie des Arnault de Périgort.]

37570. ☞ Chronologie hiſtorique des Comtes de Périgord ; par Dom Fr. CLEMENT.

Dans la ſeconde Edition de l'*Art de vérifier les Dates*: (*Paris*, Deſprez, 1770, *in-fol.*) *pag.* 710.]

37571. ☞ De la Comté-Pairie de Périgord, érigée en 1399.

Dans l'*Hiſtoire Généalogique* du Père Simplicien, *tom. III. pag.* 197.]

37572. Mſ. Hiſtoire du Périgord ; par Joſeph CHEVALIER, Seigneur de Cablans & de Saint-Mayme.

Cette Hiſtoire [étoit] entre les mains de Nicolas Chevalier, Seigneur de Cablans, fils de l'Auteur, qui eſt mort vers l'an 1696.

37573. ☞ Antiquités de Périgueux ; par Ant. LOISEL.

Elles ſe trouvent dans ſa *Remontrance* : *Paris*, Langelier, 1605, *in-8.*]

37574. ☞ Mémoire ſur les Antiquités de Périgueux ; par M. l'Abbé LEBEUF. *Hiſt. de l'Acad. des Belles-Lettres, tom.* XXIII. *pag.* 201.]

37575. ☞ Mſ. Deſcription & repréſentation des anciens Monumens de la Ville de Périgueux, & de ceux qu'on a découverts dans ſes Environs ; préſentée à l'Académie de Bordeaux en 1759, 1760, 1761, 1762 & 1764 ; par M. JOURDAIN DE LA FAYARDIE,

Ecuyer, demeurant à Montpont, en Périgord, Correſpondant de l'Académie.

Cette Deſcription eſt conſervée dans le Dépôt de cette Académie. Le travail de M. Jourdain concerne l'Amphithéâtre de Périgueux, les Bains publics qu'on y découvrit en 1758 & 1759, le Puy de Chalus, deux Tours anciennes au lieu de Vernodes, Paroiſſe de Douchat; un Camp de Céſar, & des Médailles trouvées en différens endroits du Périgord.]

37576. Privilèges, Franchiſes, Libertés de la Ville, Cité & Banlieue de Périgueux : *Périgueux*, de Forges, 1662, *in-8.*

== ☞ Siège de *Sarlat*, par les Huguenots, en 1587.

Voyez ci-devant, Tome II. N.° 18586.]

37577. ☞ Statuts & Coutumes de la Ville de *Bragerac* (ou *Bergerac*,) en Latin & en François ; par E. TRELIER : *Bragerac*, 1593, *in-4.*]

☞ Priſe de Bergerac, en 1621.

Voyez ci-devant, Tome II. N.os 21005 & 21900. Ce dernier eſt mal placé, à cauſe de la date de l'impreſſion, en 1637.]

== ☞ Bataille de *Coutras*, en 1587.

Voyez ci-devant, Tome II. N.os 18623 & *ſuiv.*]

37578. ☞ De la Duché-Pairie de *Biron*, érigée en 1598.

Dans l'*Hiſtoire Généalogique* du Père Simplicien, *tom. IV. pag.* 115.

Nouvelle érection, en 1723.

Ibid. tom. V. pag. 426.]

37579. ☞ De la Duché-Pairie de *la Force*, érigée en 1637.

Dans le même Ouvrage, *tom. IV. pag.* 465.]

37580. ☞ Deux Requêtes de M. D'AGUESSEAU, (alors Procureur-Général au Parlement de Paris,) ſur la Mouvance de la Seigneurie de *Bourdeilles*, (à trois lieues de Périgueux).

Dans le tom. VI. des *Œuvres* de M. le Chancelier d'Agueſſeau : *Paris*, 1769, *in-4. pag.* 473-720.]

37581. ☞ Mémoire ſervant de Salvations pour Meſſire Louis le Prêtre de Vauban, Abbé Commendataire de S. Pierre de Brantôme, contre M. le Procureur-Général, les Directeurs des Créanciers de M. de Thou, & le Fermier du Domaine de Guyenne ; par Me CAPON.

Il s'agiſſoit de ſçavoir ſi la Terre de Bourdeilles relève en tout ou en partie du Roi, ou de l'Abbaye de Brantôme.]

37582. ☞ Extrait d'une Lettre ſur le Trou de *Cluſeau*, en Périgord ; par M. D.C.A.D.S. *Mercure*, 1721, *Décembre.*]

§. IV. *Hiſtoires de l'Agenois.*

37583. Remarques ſur les Antiquités de la Ville d'Agen ; par Pierre PITHOU, Procureur Général en la Chambre de Ju...

ordonnée par le Roi en ses Pays & Duché de Guyenne, l'an 1583.

Ces Remarques sont imprimées à la page 886 des *Œuvres* de Pierre Pithou : *Paris*, 1609, *in*-4. Cet Auteur est mort en 1596.

37584. De la Ville & Pays d'Agenois, & des Hommes signalés qui y ont vécu, des Comté & Duché, incidamment des Comtés & Duchés de Tholose, Condom, Lectoure, Armaignac, & autres de la Guyenne, & de l'état d'icelle sur le déclin de l'Empire Romain, &c. par Antoine LOISEL, Avocat en Parlement. [C'est la quatrième Remontrance de son Recueil intitulé, *La Guyenne* :] *Paris*, Langelier, 1605, *in*-8.

37585. Mss. Histoire de la Ville d'Agen ; par Bernard LABENAZIE, Prieur de l'Eglise Collégiale de Saint-Caprais.

Cette Histoire est entre les mains [des Héritiers] de l'Auteur. Dom Martenne [en a parlé] partie troisième de son *Voyage Littéraire*, *pag*. 42.

37586. Les Antiquités de la Ville d'Agen & Pays Agenois, depuis dix-sept cens ans, jusqu'à l'état présent de ladite Ville & Pays ; par Jean DARNAL, Procureur du Roi au Siège Présidial d'Agen.

☙ Ces Antiquités sont imprimées dans le Livre intitulé : *Remontrance ou Harangue solemnelle faite aux Ouvertures des Plaidoyers d'après la S. Luc*, *en la Sénéchaussée d'Agen* : *Paris*, Huby, 1606, *in*-8.

== ☞ Siège de *Sainte-Foy*, par les Troupes de M. le Prince de Condé, en 1615.

Voyez ci-devant, Tome II. N.° 20413.]

== ☞ Prise de *Clérac*, sur les Huguenots, en 1622.

Ibid. N°s 21010 & 21011.]

37587. ☞ De la Duché - Pairie d'*Aiguillon*, en 1599 & 1634.

Dans l'*Histoire Généalogique* du Père Simplicien, *tom. IV. pag.* 199 & 384.]

37588. ☞ De la Duché-Pairie de *Duras*, érigée en 1668, mais non enregistrée.
= Duché simple, enregistré en 1690.

Dans le même Ouvrage, *tom. V. pag.* 915 & 715.]

37589. ☞ Du Duché de *Lauzun*, entegistré l'an 1692.

Dans le même Ouvrage, *tom. V. pag.* 781.]

§. V. *Histoires du Limosin*.

37590. ☞ Mss. Privilegia Urbis Lemovicensis, anno 1269.

M. NADAUD, Curé de Teyjac, Diocèse de Limoges, qui en a une copie, travaille depuis plusieurs années à l'Histoire du Limosin, sur laquelle il a rassemblé un grand nombre de Pièces & de Mémoires.]

37591. ☞ Mss. Chronicon Comodoliacense, seu Comodoliaci ad Vigennam, seu veteris Abbatiæ SS. Juniani & Amandi olim Monachorum, modò Canonicorum Secularium, ab anno 500, ad annum 1316, à Stephano MALEU, Canonico Comodoliacensi contextum & digestum ex ipso Auctoris Autographo.

Cette Chronique est conservée au tom. II. des *Fragmens de l'Histoire d'Aquitaine*, recueillis par Claude Estiennot, *pag*. 330, dans l'Abbaye de S. Germain des Prés.]

== Fragmentum Chronici Lemovicensis, ab anno 834, ad annum 1025.

☞ *Voyez* ci-devant, Tome II. N.° 16521.]

== Breve Chronicon Lemovicense, ab anno 538, ad annum 1037.

☞ *Voyez* ci-devant, N.° 16547.]

== Mss. Chronicon incerti Auctoris, à nonnullis dictum Lemovicense, ab orbe condito ad annum Christi 1271.

☞ *Voyez* ci-devant, N.° 16898.]

37592. Mss. Chroniques de Limoges jusqu'en 1370 : *in-fol*.

Cette Chronique [étoit] dans la Bibliothèque de M. Colbert, num. 2246, & [est aujourd'hui] dans celle du Roi, [avec un autre Exemplaire] entre les Manuscrits de du Chesne.

== Mss. Chronicon Monasterii sancti Martialis Lemovicensis : à Petro CORAL, Abbate hujus loci.

Voyez ci-devant, [Tome I. N.° 12598.]

37593. Mss. Commentaria historica Petri FULCHERII, Canonici sancti Stephani Lemovicensis, de rebus patriis, ab anno 1507, ad annum 1543.

Le Père Estiennot a mis quelques Extraits de ces Mémoires [de Fouchery,] dans le Tome II. de ses *Fragmens de l'Histoire d'Aquitaine*, conservés [à Paris] dans l'Abbaye de S. Germain des Prés.

☞ Ils sont entièrement fondus dans l'Histoire du Limosin du Père Bonaventure de S. Amable, dont on parlera ci-après.]

37594. Remarques & Mémoires pour l'Histoire du Limosin ; par MALDAMMAT : *Lyon*, 1664, *in*-4.

37595. ☞ Table Chronologique & historique, contenant tout ce qui s'est passé de plus remarquable dans la Province de Limosin ; depuis les Romains jusqu'en 1666 ; par J. C. P. C. T. *in-fol.* (Placard de 2 feuilles.)

Les lettres initiales désignent Jean COLLIN, Prêtre, Chanoine Théologal, du Chapitre de S. Junien en Limosin. On voit dans ces deux feuilles collées l'une à l'autre : « 1.° les Evêques ; 2.° les Affaires de l'Eglise ; » 3.° les Seigneurs temporels ; 4.° les Affaires d'Etat ; » 5.° les Hommes illustres en guerre ; 6.° les Illustres » en Science ; 7.° les Illustres en sainteté ; 8.° les cho-» ses remarquables. » Quelque beau que soit ce Plan, il est trop mince dans son exécution, & plein de fautes.]

37596. ☞ Remarques sur la Table (précédente ;) par MALDERRANAT : *Lyon*, 1668, *in*-4.

Le véritable nom de l'Auteur étoit Pierre BENOIST, Seigneur de Compregnac : il est mort en 1677.]

Histoires de Guyenne & Gascogne. 513

37597. Histoire du Limosin, avec une Introduction depuis Jules-César, dans laquelle on traite des principales choses du Limosin, Ecclésiastiques & Civiles, des Saints & des Hommes illustres & autres, depuis S. Martial jusqu'en 1685 ; par BONAVENTURE DE SAINT-AMABLE, Carme Déchaussé d'Aquitaine.

Cette Histoire est imprimée dans le Tome III. de l'*Histoire de Saint-Martial : Limoges*, 1685, *in-fol*.

☞ Ce troisième Volume est intitulé : « Histoire de S. Martial, Apôtre des Gaules & notamment de l'Aquitaine & du Limosin, troisième partie, en laquelle on traite des principales choses du Limosin, Ecclésiastiques & Civiles, des Saints & Hommes illustres & autres choses depuis S. Martial jusqu'à nous. Elle s'étend depuis la Naissance de Jesus-Christ jusqu'en 1682 ». Cette Histoire est précédée d'un Avant-propos ou Introduction concernant l'état des Gaules & du Limosin depuis Jules-César.]

37598. ☞ Msc. Chronique de Limoges.

Justel la cite dans ses *Preuves de la Maison de Turenne*, *pag*. 18.]

37599. ☞ Ephémérides de la Généralité de Limoges, pour l'année 1765 ; (par M. DESMARETS, Inspecteur des Manufactures :) *Limoges*, Barbou, 1765, *in-4*.

On y embrasse les Gouvernemens Ecclésiastique, Militaire & Civil, l'Histoire Naturelle, l'Economie, la Culture & l'Industrie, outre la Description des Villes & de leurs principales curiosités : cependant on a réservé pour l'année suivante certains détails.]

37600. ☞ Edits des Rois Louis XI. Henri II. & Henri III. sur le Réglement des Siéges du Sénéchal du Limosin ou ses Lieutenans, ès Villes de Brives, Usarches & Tulles : *Paris*, 1584, *in-12*.]

== ☞ Comment le Duc d'Epernon s'empara d'*Uzerche*, en 1622.

Voyez ci-devant, Tome II. N.° 21200.]

37601. ☞ De la Duché-Pairie de *Noailles*, érigée en 1663.

Dans l'*Histoire Généalogique* du Père Simplicien, *tom. IV. pag*. 775.]

37602. ☞ De la Duché-Pairie de *Ventadour*, (dont *Ussel* est le chef-lieu,) érigée en 1599.

Dans le même Ouvrage, *tom. IV. pag*. 1.]

37603. Libertés & Franchises de la Vicomté de *Turenne* : *Paris*, Pellé, 1658, *in-4*.

☞ On peut voir un détail intéressant sur cette Principauté, dans la *Description de la France* de Piganiol, 1754, *tom*. XI. *pag*. 409-428. Au reste, cette Principauté a été cédée par le Duc de Bouillon en 1738, au Roi, qui l'a réunie à la Couronne.]

*⁕ Historiæ Tutelensis Libri III. Auctore Stephano BALUZIO : *Parisiis*, 1717, *in-4*.

☞ Cette Histoire de la Ville de *Tulles*, patrie de l'Auteur, est aussi Civile qu'Ecclésiastique : on l'a déja indiquée à l'Evêché de Tulles, Tome I. N.° 8499.]

Tome III.

§. VI. *Histoires du Quercy*.

37604. ☞ Msc. Mémoires des anciens Comtes du Pays de Quercy & Comté de Cahors ; par Marc-Antoine DOMINICY : *in-4*.

Ce Mémoire est indiqué num. 3205 * du Catalogue de M. le Blanc. *Voyez* ci-après, N.° 37616.]

37605. Discours des choses mémorables advenues à Cahors & au Pays de Quercy, en l'an 1428, extrait des Annales Consulaires dudit Cahors ; avec Annotations de François DE ROUALDEZ, Docteur-Régent en l'Université de Cahors : *Cahors*, Rousseau, 1586, *in-8*.

L'Auteur est mort en 1589.

37606. ☞ De Antiquitatibus Cadurcorum ; par M. LE FRANC : 1746, *in-8*.

C'est une Lettre adressée à l'Académie de Cortonne, sur les Antiquités de Cahors. Elle est aussi imprimée à la fin du tom. II. des *Œuvres diverses de M. le Franc* : 1754.]

37607. ☞ Epoque de l'Union des Comtés de Quercy & de Rouergue au Domaine des Comtes de Toulouse. = En quel temps les Comtes de Toulouse ont aliéné les Comtés de Cahors & de Rodez.

Ces sujets sont traités dans les Notes XCIX. du Tome I. & XLII. du Tome II. de l'*Histoire de Languedoc*, par DD. DE VIC & VAISSETE.]

37608. ☞ Arrêt du Conseil-Privé du Roi, portant Réglement entre le Juge ordinaire de la Cour du Pariage, les Officiers du Sénéchal & Présidial, & les Consuls de la Ville de Cahors : *Paris*, Bessin, 1641, *in-4*.

37609. ☞ Priviléges de la Ville de *Cognac* : *in-4*.]

37610. ☞ Flosculi Notitiæ *Figeacensis*, collectore Figeaceno Jo. Matthia SOURDESIO : *Eleutheropoli Ruthenorum*, 1712, *in-8*.]

37611. Fondation de la Ville de *Montauban* ; par Auguste GALAND.

Ce Discours est imprimé avec son *Traité du Franc-Alleu sans titre* : *Paris*, 1629, *in-4*.

37612. Histoire de la Ville de Montauban ; par Henri LE BRET, Prévôt de l'Eglise Cathédrale de Montauban : *Montauban*, du Bois, 1668, *in-4*.

Cette Histoire est partagée en deux Livres : le premier contient plusieurs matières curieuses, touchant la situation, les origines, Eglises & Evêques de cette Ville ; le second renferme un Sommaire de toutes les Guerres de Religion.

== ☞ Le Siège de Montauban, en 1621.

Voyez ci-devant, [Tome II. N.os 21020, 21021, 21027, 21028, 21056 & *suiv.*]

== ☞ Translation à/ *Moissac* des Jurisdictions de Montauban, révolté de nouveau,&c. 1625.

Ibid. N.os 21335, 21418 & *suiv*.]

37613. L'Etat de Montauban, depuis la Descente des Anglois dans l'Isle-de-Ré, le

Ttt

22 Juillet 1622, jusqu'à la reddition de la Rochelle : dédié à M. de Rohan ; par Pierre BERAUD : 1628, *in-*8.

37614. ☞ Récit de ce qu'a été, & de ce qu'est présentement Montauban ; par Henri LEBRET : *Montauban*, 1701, *in-*8.]

§. VII. *Histoires du Rouergue.*

37615. Mſ. Mémoires concernant le Pays de Rouergue ; dreſſés par François DELORT, Avocat du Roi au Préſidial de Montauban : *in-fol.*

Ces Mémoires [étoient] dans la Bibliothèque de M. Foucault, [qui a été distraite.]

37616. Mſ. Mémoires des anciens Comtes du Pays de Rouerge & des Comtes de Cahors : *in-*4.

Ces Mémoires [étoient] dans la Bibliothèque de M. Baluze, num. 684, & dans celle de M. de Caumartin, [mort Evêque de Blois en 1733.]

☞ L'Exemplaire de M. Baluze est aujourd'hui à la Bibliothèque du Roi. Ces Mémoires ſont de Marc-Antoine DOMINICY, Profeſſeur en Droit à Cahors, qui les acheva le 6 Juin 1642, & les dédia à M. de Solminihac, Evêque de Cahors.]

37617. ☞ Conjectures ſur le temps où une partie du Pays appellé aujourd'hui le Rouergue, fut unie & incorporée à la Province Narbonnoiſe ; par M. LE FRANC.

Elles ſe trouvent dans les *Mélanges de Poéſie, de Littérature & d'Histoire*, publiés par l'Académie des Belles-Lettres de Montauban, pour les années 1747, 1748, 1749 & 1750 : *Montauban*, Teulières, 1755, *in-*8.]

37618. Mſ. Histoire de la Comté de Rodez, depuis Charlemagne juſqu'en 1610 ; par Antoine BONAL : *in-fol.* 2 vol.

Cet Auteur est mort en 1628. Son Histoire [étoit] dans la Bibliothèque de M. Colbert, num. 144-145, [& est aujourd'hui dans celle du Roi.]

37619. ☞ Mſ. Remarques ſur les Evêques de Rodez & les Comtes du même Pays, priſes pour la plupart d'un Manuſcrit du feu Sieur BONAL, Juge des Montagnes : *in-*8.

Ces Remarques, écrites vers l'an 1680, ſont dans la Bibliothèque du Roi, & viennent de M. Lancelot.]

37620. Mſ. Histoire du Comté & des Comtes de Rodez, avec quelques Chartes originales : *in-fol.*

Cette Histoire [étoit] dans la Bibliothèque de M. l'Abbé de Camps, [& a paſſé enſuite dans celle de M. de Beringhen.]

37621. ☞ Mſ. Histoire des Comtes de Rodez.

Il y en a trois Copies dans la Bibliothèque de M. le Marquis d'Aubais, num. 45, une *in-fol.* & deux *in-*4.]

37622. Abrégé historique & généalogique des Comtes & Vicomtes de Rouergue & de Rodez, où ſe voit l'origine de Gilbert, Comte de Provence, inconnue juſqu'à préſent : *Rodez*, le Roux, 1682, *in-*4.

37623. ☞ Des Comtes de Rodez.

Dans l'*Histoire Généalogique* du Père Simplicien, tom. II. pag. 694.]

37624. ☞ Chronologie historique des Comtes de Rouergue & de Rodez ; par Dom CLEMENT.

Dans la ſeconde Edition de l'*Art de vérifier les Dates* : (Paris, Deſprez, 1770, *in-fol.*) pag. 737.]

37625. ☞ Instruction pour faire voir que la ſuppreſſion du Préſidial de Rodez, demandée par les Officiers de Villefranche, est injurieuſe à l'autorité du Roi, &c. *in-*4.]

37626. ☞ De la Comté-Pairie de *Villefranche* de Rouergue, érigée l'an 1480.

Dans l'*Histoire Généalogique* du Père Simplicien, tom. III. pag. 436.]

══ ☞ Siège de *Saint-Afrique*, &c. en 1615.

Voyez ci-devant, [Tome II. N.° 20467.]

§. VIII. *Histoires de Gaſcogne.*

37627. Origines des Ducs de Gaſcogne ; par Pierre DE MARCA, Préſident au Parlement de Navarre.

Ces Origines ſont imprimées dans ſon *Histoire de Navarre* : Paris, 1640, *in-fol.*

37628. Fragmenta de incurſu Normannorum in Vaſconiam, & de Provinciæ hujus Ducibus tempore Caroli Calvi, anno Domini 864.

Ces Fragmens ſont imprimés dans du Cheſne, à la *pag.* 400 du tom. II. de la *Collection des Historiens de France.*

37629. Mſ. Chronique abrégée de Gaſcogne, depuis l'an 1253 juſqu'en 1442 : *in-fol.*

Cette Chronique [étoit] dans la Bibliothèque de M. Colbert, num. 1481, [& est aujourd'hui dans celle du Roi.]

37630. Mſ. Historia Vaſconica : Auctore Antonio MONTGAILLARD, Vaſcone, è Societate Jeſu.

Cet Auteur est mort en 1626. Son Histoire est citée par Sotuel, dans ſa *Bibliothèque des Ecrivains Jéſuites*, où l'on ajoute qu'elle n'est pas encore imprimée.

37631. Notitia utriuſque Vaſconiæ tum Ibericæ tum Aquitanicæ, quâ præter ſitum regionis & alia ſcitu digna, Navarræ Regum, Vaſconiæ Principum, cæterarumque in iis inſignium Familiarum ſtemmata ex probatis Authoribus, & vetuſtis Monumentis exhibentur. Accedunt Catalogi Pontificum Vaſconiæ Aquitanicæ hactenùs editis pleniores: Auctore Arnaldo OIHENARTO, Mauleoſolenſi : *Pariſiis*, Cramoiſy, 1638, *in-*4.

Altera editio emendata & aucta : *Pariſiis*, 1656, *in-*4.

Ce n'est que la même Edition que la précédente ; on en a ſeulement changé la date. Cet Auteur, au jugement de Germain la Faille, paſſe pour un des plus éclairés & des plus judicieux de ſon temps.

☞ *Voyez* Lenglet, *Méth. hiſtor. in-*4. *tom. IV.*

Histoires de Guyenne & Gascogne.

pag. 228. = *Biblioth. Harley. tom. II. p.* 547. = *Abrégé de l'Histoire d'Aquitaine*, par Louvet, *Avis au Lecteur.*]

37632. ☞ Ducs électifs de Gascogne : Ducs héréditaires, & Pièces qui concernent cette ancienne grande Duché-Pairie, Comtes de Fezensac, d'Astarac & de Pardiac.

Dans l'*Histoire Généalogique* du Père Simplicien, *tom. II. pag.* 608.]

37633. ☞ Chronologie historique des Ducs de Gascogne ; par D. François CLEMENT.

Dans la seconde Edition de l'*Art de vérifier les Dates* : (*Paris*, Desprez, 1770, *in-fol.*) *pag.* 727. Ce Duché, en 1070, fut réuni au Duché de Guyenne, qui étoit uni au Comté de Poitiers.]

37634. ☞ Chronologie historique des Comtes d'Armagnac.

Dans le même Ouvrage, *pag.* 729.]

37635. ☞ De la Duché-Pairie de *Roquelaure*, érigée en 1652 & 1683, mais non enregistrée.

Dans l'*Histoire Généalogique* du Père Simplicien, *tom. V. pag.* 904 & 919. Cette Pairie est éteinte depuis 1738. La Terre a passé dans la Maison d'elbœuf.]

37636. ☞ De la Duché - Pairie d'*Antin*, érigée en 1711.

Dans le même Volume, *pag.* 167. Cette Pairie a été éteinte en 1757.]

37637. ☞ Chronologie historique des Comtes de Bigorre ; par D. CLEMENT.

Dans la seconde Edition de l'*Art de vérifier les Dates, pag.* 728.]

37638. ☞ Dispute des Evêques de *Tarbes*, sur la prefséance aux Etats : *in-fol.*]

37639. ☞ Réglemens concernant les Forêts du Pays de Bigorre ; par DE FROIDOUR : *Toulouse*, Pech, 1685, *in-*8.]

37640. ☞ De la Duché-Pairie de *Lavedan*, érigée en 1650, mais non enregistrée.

Dans l'*Histoire Généalogique* du Père Simplicien, *tom. V. pag.* 871.]

37641. ☞ Suite des Comtes de Comminges.

Dans l'*Histoire Généalogique* du Père Simplicien, *tom. II. pag.* 629 & 642.]

37642. * Ms. Preuves de l'Histoire des Comtes de Comminges : *in-*4.

Dans la Bibliothèque de M. le Marquis d'Aubais.

37643. ☞ Chronologie historique des Comtes de Comminges ; par D. CLEMENT.

Dans la seconde Edition de l'*Art de vérifier les Dates* : (*Paris*, Desprez, 1770, *in-fol.*) *pag.* 7-8.]

37644. ☞ Remarques sur quelques anciennes Inscriptions du Pays de Comminges ; par M. Antoine LANCELOT. *Hist. de l'Acad. des Inscriptions & Belles-Lettres, tom. V. pag.* 288.]

37645. ☞ Histoire de *Boucou* & *Sauveterre*, de Nébousan : *in-*12.]

Tome III.

37646. ☞ Suite des anciens Vicomtes de Lomagne.

Dans l'*Histoire Généalogique* du Père Simplicien, *tom. II. pag.* 667.]

37647. ☞ Des Seigneurs & Comtes de l'*Isle-Jourdain*.

Dans le même Ouvrage, *tom. II. pag.* 703.]

37648. ☞ Des Seigneurs de l'Isle-Jourdain, & des Vicomtes de Gimoez.

C'est la Note XLII. du Tome III. de l'*Histoire du Languedoc*, par DD. DE VIC & VAISSETE.]

37649. ☞ Remarques sur la Ville de *Mont-de-Marsan*.

Elles sont *pag.* 77 du *tom. II. des Nouvelles Recherches sur la France, &c. Paris*, Hérissant, 1766, *in-*12.]

37650. ☞ Chronologie historique des Sires d'Albret ; par D. François CLEMENT.

Dans la seconde Edition de l'*Art de vérifier les Dates* : (*Paris*, Desprez, 1770, *in-fol.*) *pag.* 729.]

37651. ☞ Du Duché d'Albret, érigé en 1550.

Dans l'*Histoire Généalogique* du Père Simplicien, *tom. V. pag.* 598 & 779.

Nouvelle érection, en 1652.

Ibid. tom. IV. pag. 505.]

== ☞ Prise de *Nérac*, en Basadois, sur les Huguenots, en 1621.

Voyez ci-devant, Tome II. N.ºs 21005 & 21009. Cette Ville de Nérac est le chef-lieu du Duché d'Albret, qui est dans le Pays des Landes.]

== Description des Bailliages & Pays de Labourd ; par SAVARRE.

Cette Description, [déja indiquée à la *Géographie*, Tome I.] est imprimée à la *pag.* 30 du second Discours du Livre I. de l'*Inconstance des Démons* : *Bourdeaux*, *in-*4.

37652. La Chronique de la Ville & Diocèse de *Bayonne* ; par Bertrand DE COMPAIGNE : *Paris*, 1660, *in-*4.

37653. ☞ Relation des Privilèges, Droits & Réglemens de la Ville de Bayonne : *Bayonne*, 1681, *in-*8.]

37654. ☞ Mémoire de la Chambre de Commerce de Bayonne, contenant l'ancien état de cette Ville, &c. *Bayonne*, 1738, *in-fol.*]

== ☞ Recueil des choses notables arrivées à Bayonne, en 1564 & 1565.

Voyez ci-devant, Tome II. N.° 17984.]

37655. ☞ De quelques particularités peu connues du Pays de Labourd (ou de Saint-Jean-de-Luz ;) par M. DESLANDES.

Dans le Tome II. de ses *Traités de Physique*, &c. *pag.* 09 : *Paris*, 1753, *in-*12.]

== ☞ Des Cérémonies faites & observées à *Saint-Jean-de-Luz*, pour l'échange des Infantes de France & d'Espagne, en 1615.

Voyez ci-devant, Tome II. N.° 20440.]

§. IX. *Histoires de Béarn & de Navarre.*

37656. Description du Pays & Souveraineté de Béarn. Etat de la Maison de Foix & d'Armagnac. Déclaration du Roi Henri IV. sur la réunion de son Domaine particulier à celui de la Couronne, & Discours sur cette Déclaration ; par Pierre DE BELLOY, Avocat-Général au Parlement de Tolose : *Tolose*, 1608, *in-*8.

Cet Ouvrage n'est autre chose que le Plaidoyé que fit de Belloy en cette Cour, lorsqu'on y enregistra la Déclaration du Roi Henri IV. Antoine Bonal dit dans son Histoire manuscrite de la Comté de Rodez, que ce Magistrat avoit composé son Plaidoyé sur les Mémoires qu'il lui avoit envoyés : il relève plusieurs fautes qui lui sont échappées, dit-il, pour n'avoir pas suivi exactement mes Mémoires.

☞ On peut voir sur cet Ouvrage, la *Méth. histor.* de Lenglet, *tom. IV. pag.* 232.]

37657. ☞ Chronologie historique des Comtes, Vicomtes & Princes de Béarn ; par D. CLEMENT.

Dans la seconde Edition de l'*Art de vérifier les Dates* : (Paris, Desprez, 1770, *in-fol.*) *pag.* 728.]

37658. ☞ Le Serment solemnel des Seigneurs Souverains de Béarn à leur Avénement à la Seigneurie, avec les Articles du For, (ou des Loix du Pays :) 1618.]

37659. Mf. Mémoire de la Souveraineté de Béarn ; par Pierre DE MARCA, Président au Parlement de Navarre.

Ce Mémoire est conservé dans la Bibliothèque du Roi, entre les Manuscrits de du Chesne.

37660. Histoire de Béarn, contenant l'Origine des Rois de Navarre, des Ducs de Gascogne, des Marquis de Gothie, Princes de Béarn, Comtes de Carcassonne, de Foix, de Bigorre ; avec diverses Observations géographiques & historiques ; par le même : *Paris*, Camusat, 1640, *in-fol.*

37661. ☞ Mf. Examen des Réponses de l'Auteur de l'Histoire de Béarn, au sujet de la Ville de *Benearnum :* de 29 pages.

Ce Manuscrit, d'ancienne écriture, est conservé à Dijon, dans la Bibliothèque de M. Fevret de Fontette.]

== Affaires de Béarn, en 1620, & Voyage de Louis XIII. en ce Pays.

Voyez ci-devant, [Tome II. N.os 20897 & *suiv.* 20919, 20981 & 20982.]

== ☞ Histoire des Troubles de Béarn, au sujet de la Religion, dans le XVIIe siècle, avec des Notes historiques & critiques ; où l'on voit les principes des maux que les Disputes de Religion ont causés à la France ; par le Père Isidore MIRASSON, Barnabite : *Paris*, Humaire, 1768, *in-*12.

On a déja indiqué cet Ouvrage, au Tome II.]

37662. ☞ Almanach de Pau pour 1733, (où est l'état de la Province de Béarn :) *Pau*, Desbaratz, 1733, *in-*12.]

37663. ☞ Compilation d'aucuns Priviléges & Réglemens du Pays de Béarn, faits & octroyés à l'intercession des Etats, avec leur serment de fidélité, &c. *Orthez*, Rovier, 1676, *in-*4.]

37664. ☞ Réglement entre le Gouverneur, le Parlement & les Etats de Béarn, en 1670 : *in-*4.]

37665. Description du Château de Pau & des Jardins d'icelui, [avec la merveilleuse propriété de la Fontaine de Saliés, en Béarn, laquelle produit du Sel aussi blanc que neige,] & la Description de la Ville de Lescar ; par Auger GAILLARD : 1582 [1592.] *in-*8.

37666. ☞ De la Ville & Evêché de *Lescar.*

Dans le Livre de Jean DE BORDENAVE, intitulé : *L'Etat des Eglises Cathédrales & Collégiales, pag.* 64 & *suiv.*]

37667. De Regni Navarræ situ & antiquitate : Auctore Joanne LOPEZIO.

Ce Discours est imprimé avec son Traité intitulé : *De obtentionis, retentionisque Regni Navarræ Justitia : Lugduni,* 1576, *in-fol.*

37668. ☞ Chronologie historique des Rois de Navarre ; par D. François CLEMENT.

Dans la seconde Edition de l'*Art de vérifier les Dates* : (Paris, Desprez, 1770, *in-fol.*) *pag.* 805.]

37669. Guillelmi PIELLET, Turonensis, de Anglorum & Hispanorum ex Navarræ Regno expulsione : *Parisiis*, [Bonnemere, 1512, *in-*4. goth.]

37670. ÆLII ANTONII, Nebrissensis, Hispani, de Bello Navarrensi à Ferdinando Rege contra Joannem Navarræ Regem, anno 1512, gesto, Historiarum Libri duo.

Ces Livres sont imprimés avec ceux du même Auteur, intitulés : *De Rebus à Ferdinando & Elizabetha gestis* ; Granatæ, 1545, *in-fol.* & à la *pag.* 786 du tome premier de la *Collection des Historiens d'Espagne,* intitulée : *Hispania illustrata : Francofurti,* 1623, *in-fol.* Cet Auteur, qui se nommoit Antoine de Lebrixa, du nom du lieu de sa naissance, est mort en 1522.

37671. Conquesta del Reyno de Navarra ; por Luys CORREA : *en Toledo,* Varela, 1513, *in-fol.*

Cet Auteur étoit présent à l'Expédition.

37672. Mf. Considérations sur la situation du Royaume de Navarre, & de son invasion por le Roi Ferdinand, Roi d'Aragon.

Ces Considérations sont conservées dans la Bibliothèque du Roi, num. 9585, *pag.* 18.

37673. Mf. Histoire de Navarre & de Foix : *in-fol.*

Cette Histoire est conservée dans la Bibliothèque de M. le Chancelier d'Aguesseau.

37674. Mf. Histoire de Navarre ; par Laurent BOUCHEL, de Crespy-en-Valois, Avocat au Parlement de Paris.

Cet Auteur est mort en 1630. Son Histoire est citée par la Croix du Maine.

Histoires de Guyenne & Gascogne.

37675. Histoire du Royaume de Navarre, contenant tout ce qui est advenu de remarquable dans son origine, ce qui s'est fait & passé jusques à aujourd'hui par ses Rois légitimes servant aussi d'Abrégé à l'Histoire de ces derniers troubles de France ; par Gabriel CHAPPUYS, Secrétaire, Interprète du Roi : *Paris*, Gilles, 1596, *in-*8.

☞ On trouve à la fin, une Généalogie des Comtes héréditaires de Troyes & Meaux, ou de Champagne & Brie, qui ont été pendant un temps Rois de Navarre.]

37676. Histoire du Royaume de Navarre, depuis l'an de Jesus-Christ 916 jusqu'en 1590 : *Cologne*, 1596, *in-fol.* (en Allemand.) La Continuation jusqu'en 1603 : *Urgel*, 1613, *in-fol.*

37677. Histoire de Navarre, en rimes : *Paris*, 1607, *in-*12.

— Histoire de Navarre ; par Pierre OLHAGARAY, Historiographe du Roi.

☞ *Voyez* ci-après, à l'*Histoire de Foix*, à la fin du Languedoc.]

37678. Histoire de Navarre, contenant l'Origine, les Vies & Conquêtes de ses Rois, depuis leur commencement jusqu'à présent. Ensemble ce qui s'est passé de plus remarquable durant leur Règne en France, en Espagne & ailleurs ; par André FAVYN, Parisien, Avocat en Parlement : *Paris*, Sonnius, 1612, *in-fol.*

37679. Histoire du Royaume de Navarre, depuis le commencement du Monde, continuée de l'Histoire de Pampelune, d'un Evêque de Pampelune, jusqu'au Roi Henri d'Albret ; par le Sieur D. L. P. [en Vers François :] *Paris*, Rousset, 1618, *in-*12.

On attribue cette Histoire à Pierre-Victor Palma CAYET, Docteur en Théologie, mort en 1610.

' ☞ La première Edition de cet Ouvrage est intitulée : « L'Heptameron de la Navarride, ou l'Histoire
» du Royaume de Navarre, depuis le commencement
» du Monde, tirée de l'Espagnol de Don Charles, Infant de Navarre, continuée de l'Histoire de Pampalone, de N. Evêque, jusqu'au Roi Henri d'Albret, & depuis par l'Histoire de France jusqu'au Roi
» Henri IV. le tout fait & traduit par le Sieur de la
» Palme, Lecteur du Roi, (Pièce en Vers :) *Paris*,
» P. Portier, 1602, *in-*12.]

37680. Histoire du Royaume de Navarre, comprise en celle d'Espagne ; par Louis MAYERNE-TURQUET, Lyonnois : *Paris*, Langelier, 1608, *in-fol. Ibid.* Thiboust, 1635, *in-fol.* 2 vol.

✱ L'Auteur est mort en 1655.

⸗ Origine des Rois de Navarre ; par Pierre DE MARCA.

Voyez ci-dessus, [N.° 37660.]

37681. ☞ De successione Regni Navarræ : 1620, *in-*4.]

37682. ☞ Des Droits de la France au Royaume de Navarre, contre les prétentions des Espagnols, avec les Généalogies.

Dans le Traité de M. Dupuy, sur les Droits du Roi, Edition de 1670, *pag.* 111 & *suiv.*]

37683. ☞ Joh. Danielis SCHŒPFLINI, Diatriba de origine, satis & successione Regni Navarræ : *Argentorati*, 1720, *in-*4.

Cette Dissertation est aussi imprimée avec ses *Commentationes Historicæ* : *Basileæ*, 1741, *in-*4. *pag.* 263-319.]

37684. Historia de los Reïes de Navarra ; por Juan BRIZ-MARTINEZ, de Saragoça, de la Orden de san Benito.

Cette Histoire est imprimée avec son *Histoire Espagnole de la Fondation & des Antiquités de S. Jean de la Peña* : *en Saragoça*, 1620, *in-fol.*

37685. Historia apologetica y Descripcion del Reyno de Navarra y de su mucha Antiguedad, Nobleça, Calidades y Reïes, successos hasta en el año 1625 ; por Dom Garcia DE GONGORA y TORREBLANCA, de Navarra : *en Pampelona*, 1628, *in-*4.

37686. Investigaciones historicas de las Antiguedades del Reyno de Navarra ; por Joseph DE MORET, de Navarra, de la Compañia de Jesus : *en Pampelona*, Martinez, 1665, *in-fol.*

37687. Annales del Reyno de Navarra ; por el mismo : *en Pampelona*, [1684-1695,] *in-fol.* 2 vol.

☞ *Voyez* la *Bibliogr.* de Debure, *Hist.* num. 5410, où il est dit que ces deux Ouvrages du Père de Moret sont fort estimés, & qu'ils ne sont pas communs.]

37688. Congressiones apologeticas del Reyno de Navarra : *en Pampelona*, 1678, *in-*4.

37689. ☞ Remontrances du Sieur DE HAU, Avocat-général ès la Chancellerie & Cour Souveraine de Saint-Palais, sur les points & difficultés survenues à l'exécution de l'Edit de l'Union de la Justice Souveraine de Saint-Palais ; avec celle de Pau : 1620.

Ces Remontrances sont imprimées dans le Tome VI. du *Mercure François*. Les Bas-Navarrois s'opposoient à l'union des Justices, 1.° parce qu'elle les réduisoit à aller plaider à Pau ; 2.° parce que quoique Basques, ils étoient obligés de plaider en François ; 3.° parce qu'il leur falloit défendre leurs causes devant un Parlement, où le nombre des Juges de Religion différente, étoit plus grand ; 4.° à cause de l'antipathie qui est entre les Navarrois & les Béarnois. L'Avocat-Général répond à tous ces chefs.]

37690. ☞ Remontrances faites au Roi par le Sieur DU HAU, sur les oppositions des Députés de la Basse Navarre, à l'établissement du Parlement de Navarre à Pau.

Ces Remontrances sont imprimées au Tome X. du *Mercure François*. Le Roi ayant créé par nouvelles Lettres-Patentes du mois de Juin 1624, le Parlement de Pau, le Clergé & la Noblesse, contre l'avis du Tiers-Etat de la Basse Navarre, s'opposèrent à la réunion des Justices, & audit Etablissement. Il avoit déjà été sursis sur pareille opposition, en 1620. L'Auteur des Remontrances soutient qu'ils ne sont pas recevables, 1.° parce qu'ils ne sont pas fondés de pouvoirs suffisans, 2.° parce que toutes les Remontrances dudit Pays ont été déjà ouïes & répondues, & qu'on a pourvu à toutes les difficultés par le dernier Edit, dont il fait voir la nécessité & l'utilité. Cet Edit fut confirmé le 10 Décembre 1624.]

37691. ☞ De la Duché-Pairie de *Gramont*, (en Basse Navarre,) érigée en 1648.

Dans l'*Histoire Généalogique* du Père Simplicien, tom. *IV*. pag. 605.]

ARTICLE X.

Histoires du Gouvernement de Languedoc.

CE Gouvernement est partagé en haut & bas Languedoc, & les Cévennes : le haut Languedoc contient le Toulousain, l'Albigeois, le Lauragais, & le Foix ; dans le bas Languedoc, sont les Quartiers de Narbonne, de Beziers & de Nismes; & le Pays des Cévennes renferme le Gévaudan, le Vélay & le Vivarais.

☞ Le P. le Long joignoit au Languedoc, le Roussillon, parce qu'il en a fait autrefois partie ; mais nous avons cru devoir en parler à part ci-après, (Section II.) parmi les Provinces nouvellement réunies.]

37692. * Ms. Les Curiosités de l'Aquitaine, & particulièrement du Languedoc ; par Pierre PONSSEMOTTE de l'Etoile, Abbé Commendataire de S. Acheul-lès-Amiens, Chanoine Régulier de la Congrégation de France : *in-4.*

Ce Manuscrit est dans la Bibliothèque de S. Acheul.

37693. ☞ Mémoires pour l'Histoire Naturelle de la Province de Languedoc, divisés en trois Parties, ornés de Figures & de Cartes en taille-douce ; (par Jean ASTRUC, Docteur en Médecine des Facultés de Paris & Montpellier, de l'Académie Royale des Sciences, Professeur de Médecine au Collège Royal de France :) *Paris*, Cavelier, 1737, *in-4.*

La Partie I. contient des Mémoires de Géographie, très-utiles pour bien connoître l'ancien état de la Gaule Narbonnoise, avec de sçavantes Observations sur Strabon, Pomponius Méla, Ptolémée, Festus Avienus, l'Itinéraire d'Antonin, l'Anonyme de Ravenne, Théodulphe d'Orléans, Benjamin de Tudèle, &c. La Partie II. renferme des Mémoires de Physique sur toutes les Fontaines du Languedoc, &c. La III. contient des Mémoires de Littérature sur les Langues qu'on a parlé dans le Languedoc, & leurs changemens, sur quelques usages particuliers à cette Province, sur les Fées, &c. l'Histoire des Ports de mer & du Commerce de la même Province ; ses Etangs, ses Poissons, &c.

Voyez les *Observ. sur les Ecr. mod. lettr:* 127, 129, 133. = *Journ. histor.* Août, 1738. = *Mém. de Trévoux*, Décemb. 1737, Janv. 1738. = *Journ. des Sçav.* Août, Sept. 1737. = *Bibl. raisonnée*, tom. XXII. pag. 374, tom. XXIII. pag. 86. = *Réflex. sur les Ouvr. de Litter.* tom. III. pag. 193, 265.]

37694. ☞ Mémoires pour servir à l'Histoire de Languedoc ; par M. DE BASVILLE : *Amsterdam*, (*Marseille*,) 1734, *in-8.*

Ce sont les Mémoires d'Intendance faits en 1698, rapportés ci-devant au Tome I. pag. 108. Ils sont rares, le Ministère en ayant fait supprimer les Exemplaires. On peut voir à leur sujet les *Anecd. secret. sur divers sujets de Littér.* 1734, pag. 573, & la Préface de l'*Etat de la France* de M. de Boulainvilliers, *in-fol.* pag. 12. & *in-12.* 1752, tom. I. pag. lxxix.]

37695. ☞ Ms. Instruction pour le Languedoc : 1740, *in-4.*

Ce Manuscrit est entre les mains de M. Fradet, Avocat au Parlement, à Châalons-sur-Marne.]

37696. ☞ Mémoire sur la Description Géographique & historique du Languedoc ; par Dom François-Nicolas BOUROTTE, Bénédictin : 1759, *in-4.*

C'est ce Religieux qui s'est chargé de continuer la grande Histoire du Languedoc, donnée en 5 Volumes *in-fol.* par ses Confrères, DD. de Vic & Vaissete, & dont nous parlerons ci-après.]

== ☞ Précis des Mémoires de M. DE NICOLAI, pour adjuger le Rhône à la Provence, & non au Languedoc.

== ☞ Mémoire & Consultation pour les Etats de Provence, &c. sur le même objet : 1764, *in-4.* de 140 pages.

== ☞ Recueil d'Arrêts & Décisions, qui établissent d'après les Titres, &c. que le Rhône, (dans son entier appartient au Languedoc ; recueillis par D. François-Nicolas BOUROTTE :) 1765, *in-4.* 116 pag. sans la Table des Sommaires & la Table Chronologique des Titres & Actes visés dans les Arrêts, &c.

Nous avons déja indiqué ces trois Pièces dans notre Tome I. à la *Géographie*, N.os 2274 & *suiv.* En voici d'autres qui ont paru depuis.]

37697. ☞ Récapitulation des Titres concernans la propriété du Rhône, depuis la Durance jusqu'à la Mer, pour les Etats de Provence contre ceux de Languedoc : *Paris*, Chesnault, 1767, *in-4.* 90 pages.]

37698. ☞ Examen des nouveaux Ecrits de la Provence, sur la propriété du Rhône, (dressé en faveur des Etats de Languedoc ;) avec une Consultation d'Avocats : *Paris*, Vincent, 1768, *in-4.* de 330 pages.]

37699. ☞ Réponse pour les Procureurs des Gens des trois Etats du Pays de Provence, au Mémoire de Languedoc, intitulé, *Examen*, &c. *Paris*, Chesnault, 1770, *in-4.* de 186 pages.]

37700. ☞ Précis analytique du Procès intenté à la Province de Languedoc, par les Procureurs des Gens des trois Etats de Provence, au sujet de l'Arrêt du Conseil d'Etat du Roi, du 26 Juin 1724, concernant le Rhône & ses dépendances : *Paris*, Vincent, 1771, *in-4.* de 147 pages.

Cet Ecrit est fait pour les Etats de Languedoc, principalement par Dom BOUROTTE, qui a eu aussi la plus grande part aux autres de la même Province, pour les discussions historiques, &c. On fait voir dans tous l'ancien droit & possession non interrompue de Souveraineté & propriété de Sa Majesté, à raison de sa Couronne, sur le Rhône, ses Isles & Crémens, ressortissants à ses Officiers de Languedoc.]

37701. ☞ Almanach historique & chronologique de Languedoc ; par M. l'Abbé FOREST, Toulousain, 1753 & 1754, *in-8.*

Cet Almanach, qui est curieux, n'a pas été continué.

Histoires du Languedoc.

Le Recueil des Pièces d'Eloquence & de Poésie, présentées à l'Académie des Jeux Floraux en 1754, contient des Remarques critiques de M. DE PONSANS, Membre de cette Académie, sur trois Articles de l'Almanach Historique de Languedoc, qui intéressent l'Académie des Jeux Floraux. M. de Ponsans, bon critique, a en juger par ses Observations, y dit à l'Auteur de l'Almanach de Toulouse, tout ce qu'il auroit dû faire pour éviter de grosses méprises. *Mém. de Trévoux, Janvier,* 1755, *pag.* 48.]

37702. Panégyrique ou Discours sur l'antiquité & excellence du Languedoc; par Jacques DE CASSAN : *Béziers,* 1617, *in-*8.

37703. ☞ De l'Epoque de la désunion de la Septimanie, du Royaume d'Aquitaine; & de son érection en Duché.

C'est le sujet de la Note XCIV. du Tome I. de l'*Histoire du Languedoc,* par DD. DE VIC & VAISSETE.]

⁑ Les Guerres des Albigeois ou du Comte Simon de Montfort, contre les Comtes de Toulouse.

Voyez ci-devant, [Tome I. N.ᵒˢ 5743 & *suiv.*]

37704. ☞ Traduction d'un ancien Manuscrit Latin, contenant plusieurs choses curieuses touchant la Province du Languedoc, avec des Notes; par Henri LE BRET: 1698, *in-*4.

37705. Mſ. Relation touchant les Côtes de Languedoc, celles de Roussillon & de Catalogne; & des avantages qu'a la France sur l'Espagne de ce côté-là; par RENTIERE.

Cette Relation [étoit] dans le Volume cent vingt-neuvième des Manuscrits de M. Colbert de Croissy, Evêque de Montpellier, [mort en 1738.]

37706. ☞ Dictionnaire Languedocien & François; par M. DE SAUVAGES : 1756, *in-*8.]

37707. Mſ. Recueil de toutes les Antiquités qui se trouvent dans la Province du Languedoc, avec des Explications; par Esprit FLÉCHIER, Evêque de Nismes : *in-fol.* 6 vol.

Cet Evêque est mort [le 16 Février 1710.] Son Recueil [étoit] entre les mains de M. l'Abbé Fléchier, son neveu.

37708. Mémoires de l'Histoire de Languedoc, recueillis de divers Auteurs Grecs, Latins, François, Espagnols, & de plusieurs Titres, Chartres, &c. par Guillaume DE CATEL, Conseiller au Parlement de Tolose : *Tolose,* Bosc, 1633, *in fol.*

Cet Auteur est mort en 1626. Ses Mémoires ont été publiés par les soins de son neveu. Ils sont partagés en cinq Livres. Le premier contient les noms anciens & la Description du Languedoc : le second, la Description & les Antiquités des Villes où il y a Evêché : le troisième, l'Histoire fabuleuse de la plupart des Villes, le véritable rapport de ce que les Peuples du Pays ont fait avant d'être subjugués par les Romains ; ce que les Romains, Vandales, Goths, Normands & Anglois y ont fait pendant leur séjour & passage : le quatrième comprend l'Histoire des Comtes de Carcassonne, de Narbonne, de Béziers ; des Seigneurs de Montpellier, des Comtes de Castres, Foix,

Comminges : & le cinquième, celle des Archevêques de Tolose.

☞ *Voyez* le P. Nicéron, *tom. XXV. pag.* 5.= *Histoire générale de Languedoc, tom. I. Préface, pag.* 1.]

☞ ON peut encore consulter, pour l'Histoire ancienne du Languedoc, = l'Histoire critique de la Gaule Narbonnoise de Mandajors, (ci-devant, Tome I. N.ᵒ 3937.) = Les Annales Ecclésiastiques du Père le Cointe, Tome I. *pag.* 373, sur la Septantième. = Le même Ouvrage, *pag.* 376, où il est parlé de la Province de S. Gilles, ou Languedoc, & du Palais des Goths.]

37709. Remarques sur l'Histoire de Languedoc, de ses Princes sous la seconde & troisième Lignée de nos Rois jusqu'à sa réunion à la Couronne (en 1271,) des Etats-Généraux de la Province & des particularités de chaque Diocèse ; par Pierre LOUVET, Docteur en Médecine & Historiographe : *Tholose,* Boude, 1657, *in-*4.

Les mêmes, sous ce titre : Abrégé de l'Histoire du Languedoc & des Princes qui y ont commandé sous la première & seconde Race de France jusqu'à l'entière réunion à la Couronne, sous Philippe-le-Hardi : *Nismes,* Plasses, 1662, *in-*8.

☞ *Voyez* Lenglet, *Méth. histor. in-*4*. tom. IV. pag.* 233.]

37710. ☞ Le Trésor inconnu des grandeurs du Languedoc ; par Pierre LOUVET : *Paris,* 1662, *in-*4.]

37711. ☞ Plan des Œuvres mêlées d'Anne DE RULMAN, Conseiller du Roi, Assesseur Criminel en la Grande Prévôté de Languedoc : *Nismes,* Gilles, 1630, *in-*4.

Cet Auteur avoit divisé ses Œuvres en dix Parties ou Volumes, dont il donne le titre & le précis en presque autant de pages de ce Prospectus.

Le I. comprenoit les Evénemens arrivés en Languedoc, depuis l'an 1562 jusqu'en 1629.

II. Des Médailles antiques.

III. Des Bâtimens anciens de la Gaule Narbonnoise.

IV. Lettres au Roi & aux principaux Officiers de la Couronne.

V. Les Révolutions de Languedoc, depuis les Volsques jusqu'à nos Rois.

VI. Epitaphes & Inscriptions Romaines de Nîmes.

VII. Manifeste aux esprits pacifiques de Languedoc, pour contenir les Peuples dans l'obéissance.

VIII. Révolutions arrivées à Nîmes depuis seize cens ans.

IX. Plaidoyers & Harangues de l'Auteur.

X. De la Langue du Pays.]

37712. ☞ Mſ. Narré des étranges révolutions de Languedoc, depuis les Volsques (ou Volces,) jusqu'à nos Rois ; par Anne DE RULMAN, Conseiller du Roi, &c. *in-*8.

Ce Manuscrit original est dans la Bibliothèque de M. le Marquis d'Aubais.]

37713. Mſ. Chronicon Occitanum partim Lingua Occitana, partim Latina, ad annum 1275.

Cette Chronique est conservée dans le trentième volume des Registres des Archives du Roi.

37714. ★ Mſ. Lettres de Joseph DE LA BAUME, Conſeiller au Préſidial de Niſmes, contenant une Deſcription & des Remarques ſur l'ancienne Hiſtoire de Languedoc: *in-fol.* de 58 pages.

Ce Manuſcrit eſt conſervé au Château d'Aubais, près de Niſmes, dans la Bibliothèque de M. le Marquis d'Aubais.

37715. Hiſtoire du Languedoc, juſqu'en 1610, avec l'Etat des Provinces voiſines; par Pierre ANDOQUE, Conſeiller au Préſidial de Béziers: *Béziers*, 1623, 1648, *in-fol.*

« Andoque auroit mieux fait (ſelon Germain la » Faille, dans ſa Préface de l'*Hiſtoire de Touloufe*,) » de ne ſe pas mêler d'écrire cette Hiſtoire ; on auroit » de la peine à comprendre le nombre des fautes que ce » bonhomme y a faites ».

☞ Il eſt mort en 1664. *Voyez* encore ſur ſon Ouvrage, Lenglet, *Méth. hiſt. in-4. tom. IV. pag.* 233. = *Bibliot.* de Clément, *tom. I. pag.* 297. = *Hiſt. générale du Languedoc, tom. I. pag.* xiij.]

== Chronicon, ab anno 890, ad annum 1332.

Voyez ci-devant, [Tome II. N.º 17005.]

Cette Chronique contient des Mémoires qui concernent le Languedoc, & particulierement la Ville de Narbonne : ce Recueil a été fait par un homme curieux, mais avec confuſion & ſans y garder l'ordre des temps. *Catel*, dans ſa Préface.

37716. Mſ. Annales de la Province de Languedoc, depuis ſon union à la Couronne, avec les Preuves : *in-fol.*

Ces Annales [étoient] conſervées dans la Bibliothèque de M. Foucault, [qui a été diſtraite.] Elles commencent en 1270, & finiſſent en 1296.

Pierre DE CASENEUVE, dit dans la Préface de ces Annales, qu'il les a entrepriſes par ordre des Etats de la Province. Cet Ouvrage, qui ne contient que cinquante pages, eſt peu de choſe : ce ne ſont guère que des Extraits des Auteurs imprimés, qui ont parlé des affaires du Languedoc.

37717. Hiſtoire du Languedoc, tirées des Pièces & Chartes du Tréſor de Sa Majeſté, des Regiſtres de ſa Chambre des Comptés, & autres Titres; publiée par L. S. D. L. R. *Paris*, 1683, *in-4.*

Ces lettres initiales ſignifient le Sieur DE LA ROQUE. Ce n'eſt qu'une brochure, qui contient le projet de cette Hiſtoire.

☞ *Voyez* l'*Hiſtoire critique des Journaux*, part. II. *pag.* 1.]

37718. ☞ Chronologie hiſtorique des Rois Viſigoths, d'Aquitaine & de la Gaule Narbonnoiſe, (comme de l'Eſpagne. = Septimanie ſous les Sarraſins ; par D. CLEMENT.

Dans la ſeconde Edition de l'*Art de vérifier les Dates* : (*Paris*, Deſprez, 1770, *in-fol.*) *pag.* 702-706.

Les Rois Viſigoths furent maîtres de l'Aquitaine depuis l'an 419 juſqu'au temps de Clovis, en 507. Ils conſervèrent leur autorité dans une partie du Languedoc, alors appellée *Septimanie*, juſqu'un peu après l'irruption des Sarraſins, c'eſt-à-dire en 719, & ceux-ci poſſédèrent enſuite ce Pays juſqu'en 759, qu'il fut réuni à la Couronne de France par le Roi Pepin.]

37719. ☞ Chronologie des Rois François de Toulouſe & d'Aquitaine.

Dans le même Ouvrage, *pag.* 707-709.]

37720. ☞ Chronologie des Comtes & Ducs de Toulouſe, des Ducs & Marquis de Septimanie ou Gothie, & des Comtes de la Marche d'Eſpagne ou de Barcelonne.

Dans le même Ouvrage, *pag.* 737-746.]

37721. ☞ De l'Epoque & des circonſtances de l'Union du Marquiſat de Gothie, au Domaine des Comtes de Toulouſe.

C'eſt le ſujet de la Note VII. du Tome II. de l'*Hiſtoire du Languedoc*, par DD. DE VIC & VAISSETE.]

37722. ★ Mſ. Mélanges pour l'Hiſtoire du Languedoc : *in-4.* 8 vol.

Ces Mémoires ſont conſervés au Château d'Aubais, près de Niſmes, dans la Bibliothèque de M. le Marquis d'Aubais, de qui j'ai appris par lettre ce qui ſuit :

« Jean DE RIGNAC, Conſeiller en la Cour des » Aydes de Montpellier, mort dans cette Ville vers » l'an 1660, avoit formé le projet de compoſer une » fort longue Hiſtoire du Languedoc. Il faiſoit l'Hiſ- » toire particuliere de chaque Ville & de tous les Sei- » gneurs de ces Villes, & la Généalogie de leurs Mai- » ſons. Il avoit ramaſſé une grande quantité de Manuſ- » crits ſur ce ſujet ; j'en ai acheté une partie, conſiſtant » en cinquante ſept Volumes *in-fol.* ou grands *in-4.* A » Montpellier le 8 Juillet 1713. » Ces Mélanges ſont du nombre de ces Manuſcrits.]

37723. ☞ Mſ. Journaux de BRUZAND & DE PETROIS.

C'étoient deux Avocats au Parlement de Touloufe. Il eſt parlé de leurs Journaux dans la Préface du Tome II. des *Annales de Touloufe* de la Faille, qui dit qu'il les tenoit du feu Sieur Camuſat, Libraire de cette Ville.]

37724. ☞ Mſ. Mémoires (fort détaillés) ſur les Guerres de la Religion dans la Province de Languedoc, pendant les années 1584, 1585 & 1586; par N... BATAILLER, Religionnaire de Caſtres.

Ce Manuſcrit eſt dans la Bibliothèque de M. le Marquis d'Aubais. *Voyez* la Préface du Tome V. de l'*Hiſtoire générale du Languedoc*, par DD. DE VIC & VAISSETTE, *pag.* v.]

37725. ★ Diſſertation hiſtorialle des choſes advenues en Languedoc (en 1585, 1586 & 1587,) & des Affaires de cette Province conduites par la prudence du Duc de Montmorency, Gouverneur Général pour le Roi en icelle : *in-4.*

Cette Diſſertation eſt conſervée dans la même Bibliothèque, au Château d'Aubais.]

== ☞ Diſcours de la Guerre civile, (en 1590,) dans le Languedoc, particulièrement à *Montpellier*.

Voyez ci-devant, Tome II. N.º 19324.]

== ☞ Des Guerres de Languedoc, en 1592.

Ibid. N.ºˢ 19375, 19376, 19391, 19497.]

== ☞ Hiſtoire des Mouvemens & des Troubles du Languedoc, par les Religionnaires, depuis 1622 juſqu'en 1626.

Ibid. N.ºˢ 21351 & *ſuiv.* 21383.]

37726. Mſ. Recueil de Pièces concernant l'Hiſtoire

Histoires du Languedoc.

l'Histoire du Languedoc ; par DE LA PORTE, Minime.

Ce Recueil est composé de Chartres, Bulles, Lettres, Procès-verbaux, Mémoires, &c. tirés des Bibliothèques & Archives d'Italie & de France. Le Catalogue des Pièces qu'il doit contenir, se trouve dans l'article CXXXIV. des *Mémoires de Trévoux*, du mois d'Octobre 1715.

37727. ☞ Histoire générale de Languedoc, avec des Notes & les Pièces justificatives, composée sur les Auteurs & les Titres originaux, & enrichie de divers Monumens; par deux Religieux Bénédictins de la Congrégation de S. Maur, (Claude DE VIC & Joseph VAISSETE:) *Paris*, Vincent, 1730-1745, *in-fol.* 5 vol.

Dom de Vic est mort en 1734, après la publication du second Volume, & Dom Vaissete en 1756. Cet Ouvrage est exact, sçavant, judicieux & bien écrit. Il est enrichi de Plans, Cartes, Monumens & Inscriptions, de Vignettes & Lettres grises, gravées par Cochin & Tardieu, avec des Notes (ou Dissertations,) des Preuves, & une Table des matières à la fin de chaque Volume. Les Dissertations se trouveront détaillées ci-après.

Cette Histoire est continuée par Dom François-Nicolas BOUROTTE, Religieux de la même Congrégation.

Le Tome I. s'étend, pour l'Histoire, depuis l'an de Rome 163, jusqu'à l'an 877 de Jésus-Christ.

Le Tome II. depuis l'an 877, à la mort de Charles-le-Chauve, jusqu'au commencement des Troubles causés par les Albigeois en 1165.

Le Tome III. depuis le Concile de Lombez en 1165, contre les Albigeois, jusqu'à la Réunion du Comté de Toulouse à la Couronne, en 1271.

Le Tome IV. commence en 1271 & finit en 1443, à la dernière érection du Parlement de Toulouse. On trouve à la tête des Preuves, la Chronique de Guillaume BARDIN, intitulée : « Historia Chronologica Par-
»lamentorum Patriæ Occitanæ, & diversorum Con-
»ventuum trium Ordinum dictæ patriæ, ut & aliarum
»rerum memorabilium in eâdem Provinciâ gestarum,
»scripta per me Guillelmum Bardinum, Consiliarium
»Clericum in Parlamento Tolosæ, filium quondam
»Magistri Petri Bardini etiam in eodem Parlamento
»Consiliarii Clerici, tam verbis meis notisque memo-
»rabilibus quàm aliens desumptis ex Registris Parla-
»mentariis & Senescalliarum, Archiviis Ecclesiarum &
» Civitatum, & Instrumentis notariorum ac diversis no-
»tulis proborum virorum ex Romanico in Latinum
»translatis ».

Cette Chronique s'étend depuis 1032 jusqu'en 1454. On peut voir sur Bardin & sur sa Chronique, l'Avertissement qui est à la tête de ce Volume IV. & la Note ou Dissertation XII. *pag.* 554.

Le Tome V. continue l'Histoire depuis 1443, jusqu'à la mort de Louis XIII. en 1643.

On trouve *pag.* 659 des Additions & Corrections aux Notes des cinq Volumes, huit Planches d'anciens Sceaux des Ecclésiastiques, Nobles, & Communautés du Languedoc, & quelques Monnoies, avec une Explication, & une Table Chronologique, à la tête.

Voici l'Etat des Notes (ou Dissertations) qui sont dans chaque Volume.

Au Tome I.

1. Si les Peuples de la Narbonnoise étoient compris anciennement dans cette troisième partie des Gaules, qu'on appelloit Celtique proprement dite.

2. En quel Pays de la Germanie les Tectosages dont parle César, fixèrent leur demeure. Epoque de leur sortie des Gaules.

3. Epoque de la première irruption des Tectosages dans la Macédoine ; du Siège de Delphes, & de l'entrée de ces Peuples en Asie.

4. Sur quelques circonstances de l'Expédition de Delphes par les Tectosages.

5. Sur l'endroit où Annibal passa le Rhône.

6. En quel temps (ce qu'on appelle aujourd'hui) le Languedoc fut soumis aux Romains.

7. De quelle manière le Languedoc fut soumis à la République Romaine.

8. Sur les Limites de la Gaule Narbonnoise.

9. Sur la Ville d'Illiberis.

10. Sur les Brébices, Peuples de la Narbonnoise.

11. Sur l'étendue du Pays des Volces Arécomiques.

12. Sur la situation du Pays des Peuples appellés Umbranici, & de quelques autres de la Narbonnoise.

13. Sur le Passage du Rhône par les Cimbres & les Teutons. Explication d'un endroit de Plutarque, au sujet de la Ligurie & des Alpes.

14. Sur Lollius & Manilius, Gouverneurs de la Narbonnoise.

15. Expéditions de Pompée dans la Province Romaine ou Gaule Narbonnoise. Restitution d'un passage de Cicéron.

16. Epoque du commencement & de la fin de la Guerre de Sertorius, & du Gouvernement de Fonteius dans la Province.

17. Sur celui qui commandoit dans la Province Narbonnoise, dans le temps que la Conjuration de Catilina fut découverte à Rome.

18. Si les Volces Arécomiques & les Helviens ont jamais été entièrement soumis aux Marseillois.

19. Si les Peuples de la Narbonnoise furent du nombre des soixante Peuples qui se trouvèrent à la Dédicace de l'Autel d'Auguste à Lyon ; & sur les trois Gaules.

20. Quelle part eut la Narbonnoise à la révolte de Julius Vindex.

21. Sur Æmilius Arcanus, Duumvir de Narbonne.

22. Epoque d'une Inscription de Narbonne, qui prouve que la Narbonnoise demeura toujours fidelle à l'Empereur Sévère.

23. Sur l'Epoque de la Mission des premiers Evêques de la Narbonnoise.

24. Premiers Evêques de Nismes.

25. Premiers Evêques de Lodève.

26. Eglise de Maguelonne, (transférée depuis à Montpellier.)

27. Premiers Evêques de Carcassonne.

28. Sur l'Eglise d'Elne (aujourd'hui de Perpignan.)

29. Sur les premiers Evêques de Viviers.

30. Sur l'Eglise de Gévaudan, ou de Mende.

31. Epoque du Martyre de Saint Saturnin, premier Evêque de Toulouse : Authenticité de ses Actes.

32. Sur S. Antonin de Pamiers, & l'origine de cette Ville.

33. Epoque de la division de l'ancienne Narbonnoise en deux Provinces, & de la subdivision des autres parties des Gaules.

34. Sur les cinq & les sept Provinces des Gaules, & leur Vicariat.

35. Si les deux Provinces des Alpes Maritimes & Grecques, ont jamais fait partie de l'ancienne Narbonnoise.

36. Sur les Neveux de Constantin élevés à Narbonne.

37. Sur le Concile de Beziers, où présida Saturnin, Evêque d'Arles.

38. Sur la Préfecture d'Hespère fils d'Ausone.

39. Sur la situation d'*Ebromagus*, lieu de la demeure de S. Paulin.

40. Sur la patrie de Sulpice Sévère.

41. En quel endroit des Gaules, Vigilance divulga ses erreurs.

42. Epoque de l'irruption de Crocus, Roi des Allemans & des Vandales, du Martyre de S. Privat, & de la Translation du Siège Episcopal dans la Ville de Mende.

43. En quel endroit se donna la Bataille entre les Généraux Constance & Edobic.

44. Sur la division de la Gaule en Ultérieure & Citérieure.

45. Epoque de l'entreprise d'Ataulphe sur Marseille, & de la prise de Toulouse par les Barbares.

46. Sur une Inscription en l'honneur d'Ataulphe, & de Placidie son épouse.

47. Si le Monastère de Saint-Castor étoit situé dans Nismes ou aux environs.

48. En quel temps le Siège du Préfet des Gaules fut transféré de Trèves à Arles.

49. Jurisdiction des Evêques d'Arles sur les Provinces des Alpes Maritimes & Grecques.

50. Si les Evêques de Narbonne ont été soumis à celui d'Arles, comme à leur Métropolitain, avant Patrocle.

51. Epoque de la mort de Wallia, Roi des Visigots, & du retour de ces Peuples dans les Gaules.

52. Sur quelques circonstances de la guerre d'Attila, & les années du Règne de Thorismond, Roi des Visigots.

53. Epoque des Expéditions de Théodéric II. Roi des Visigots en Espagne, & de son Retour à Toulouse.

54. Sur la Famille de Magnus Felix.

55. Epoque du Siège d'Arles par Théodéric II. Roi des Visigots.

56. Epoque de la mort de Théodéric II. Roi des Visigots, de la soumission de Narbonne à ce Prince, & de la mort du Comte Gilles.

57. Sur la Septimanie, & l'origine de ce nom.

58. Si Sigismer, Prince François, épousa une fille d'Euric, Roi des Visigots.

59. Eclaircissement sur quelques endroits de la vie d'Euric & sur sa famille.

60. Epoque de l'entrevue de Clovis & d'Alaric.

61. Si S. Eugène fonda un Monastère dans l'Albigeois, & sur les Actes de Sainte Carissime, Vierge.

62. Sur quelques circonstances de la Bataille de Vouglé, & l'Epoque de la mort d'Alaric II. Roi des Visigots.

63. Chronologie du Règne de Gésalic, Roi des Visigots.

64. Epoque de la défaite des François par les Ostrogots, & du Siège d'Arles par les premiers.

65. Sur S. Gilles.

66. Sur le Vicariat d'Espagne, que S. Césaire, Evêque d'Arles, obtint du Pape Symmaque.

67. Sur la mort du Roi Amalaric, l'Epoque de son Règne, & du second Concile de Tolède.

68. Sur les Expéditions de Théodébert dans la Septimanie ou Languedoc; sur le Pays & l'Evêché d'Arsat.

69. Sur les Actes de S. Germier, Evêque de Toulouse.

70. Si les François prirent la Ville de Cette en Languedoc, sur les Visigots, sous le Règne de Childébert.

71. Sort du Languedoc François, par le partage du Royaume entre les quatre fils du Roi Clotaire I.

72. Epoque du Règne & de la mort de Liuva I. Roi des Visigots.

73. Sur l'entrée des Saxons dans la Province, sous le Règne de Gontran, Roi de Bourgogne.

74. Sur Dyname, Gouverneur de Marseille & d'Uzès.

75. Epoque des Expéditions de Reccarède contre les François, sur les Frontières de la Septimanie, de la mort du Roi Lewigilde, & du Martyre de S. Herménégilde.

76. Epoque de la mort du Roi Reccarède, & de la naissance de son fils Liuva.

77. Quels étoient les Châteaux appellés *Caput arietis*, dont le Prince Reccarède se rendit maître sur le Roi Gontran.

78. Sur le commencement & la fin du Règne de Charibert ou Aribert, Roi de Toulouse, & l'étendue de son Royaume.

79. Epoque des Règnes de Suintila, Sisenand, & Chintila, Rois des Visigots.

80. Epoque de la Translation du Siège Episcopal du Vélay dans la Ville du Puy.

81. Si les Visigots prirent quelques Places sur les François à la fin du VIIe Siècle.

82. Epoque de l'entrée des Sarrasins dans la Septimanie, ou la Narbonnoise.

83. Sur Eudes, Duc d'Aquitaine : Généalogie de ce Duc.

84. Epoques de diverses Irruptions des Sarrasins dans les Gaules, sous le Gouvernement de Charles-Martel; circonstances de quelques-unes de ces Irruptions.

85. Epoque de l'Union de la Septimanie ou Narbonnoise première, à la Couronne.

86. Restitution d'une Transposition dans le Continuateur de Frédégaire. Epoque de la Bataille qui se donna entre Pepin & Waifre.

87. Suite des Ducs de Toulouse, d'Aquitaine & de Septimanie; des Marquis de Gothie; des Comtes de Toulouse, de Narbonne, de Barcelonne, de Carcassonne, &c. durant la seconde Race. Généalogie de la Famille de S. Guillaume, Duc de Toulouse ou d'Aquitaine.

88. Si les Archevêques de Narbonne ont été soumis à la Primatie de Bourges.

89. Origine des Abbayes de Caunes, & de S. Chignan.

90. Si Guillaume, premier Porte-enseigne, qui se trouva au Siège de Barcelonne, est le même que S. Guillaume, Duc de Toulouse. Epoque du Siège de cette Place par Louis-le-Débonnaire : Expéditions de ce Prince dans la Marche d'Espagne jusqu'à l'an 814.

91. Epoque de la Fondation de l'Abbaye d'Alet, aujourd'hui Evêché. Généalogie du Comte Béra, fondateur de ce Monastère.

92. Epoque de l'Episcopat d'Aribert, Archevêque de Narbonne.

93. Epoque de la Fondation des Abbayes de Figeac & de Gaillac.

94. Sur l'Epoque de la défunion de la Septimanie du Royaume d'Aquitaine, & de son érection en Duché, & sur l'acte de partage que fit l'an 817, l'Empereur Louis-le-Débonnaire de ses Etats entre ses fils.

95. Sur les Evêques de la Septimanie qui se déclarèrent en faveur de Lothaire, & contribuèrent à la déposition de l'Empereur Louis-le-Débonnaire.

96. Epoque de la mort de Pepin I. Roi d'Aquitaine, & de Bérenger, Duc de Toulouse.

97. Epoque des différens Sièges de Toulouse par Charles-le-Chauve.

Histoires du Languedoc.

98. Epoque de la prise de Toulouse par les Normans.
99. Epoque de l'Union des Comtés de Querci & de Rouergue au Domaine des Comtes de Toulouse.
100. Epoque de la mort de Bernard II. Comte de Toulouse, frère & prédécesseur d'Eudes.

Au Tome II.

1. Sur l'usurpation du Royaume de Provence par Boson, & la Souveraineté de nos Rois sur le Rhône.
2. Sur les Conciles de Port & d'Urgel, assemblés sous S. Théodard, Archevêque de Narbonne.
3. Sur la Translation des Reliques de S. Antonin de Pamiers.
4. Epoque de la Paix entre les Rois Eudes & Charles-le-Simple.
5. Sur Louis l'Aveugle, Roi de Provence & Empereur.
6. Epoque du Règne de Charles-le-Simple dans la Septimanie.
7. Epoque & circonstances de l'Union du Marquisat de Gothie au Domaine des Comtes de Toulouse.
8. Suite des Comtes de Toulouse pendant les IX & X.e Siècles. Généalogie des Comtes de Toulouse.
9. Epoque de l'Episcopat de quelques Evêques d'Albi.
10. Sur les premiers Vicomtes de Polignac.
11. Sur les anciens Vicomtes de Narbonne. Généalogie des premiers Vicomtes de Narbonne.
12. Sur Hugues, Roi d'Italie, & la cession qu'il fit de la Provence aux Rois de Bourgogne.
13. Sur quelques Evêques de Carcassonne.
14. Epoque de l'Union du Marquisat de Provence au Domaine des Comtes de Toulouse : étendue de ce Marquisat. Suite des Comtes héréditaires de Provence, jusqu'au commencement du XII.e Siècle. Généalogie des Comtes héréditaires de Provence de la première Race.
15. Sur le Partage de la Provence fait en 1125, entre Alfonse-Jourdain, Comte de Toulouse, & Raymond Bérenger III. Comte de Barcelonne.
16. Si Raymond-Pons succéda à Acfred, neveu de Guillaume-le-Pieux, dans le Duché d'Aquitaine & le Comté d'Auvergne, & sur l'Epoque de sa mort.
17. Sur les Comtes de Vélai & d'Auvergne.
18. Sur quelques Evêques de Nismes. Epoque du commencement du Règne de quelques-uns de nos Rois de la seconde Race dans la Province; de la mort de Hugues-Capet, & du commencement du Règne de Robert son fils.
19. Suite des Evêques de Toulouse, depuis la fin du IX.e Siècle, jusqu'au commencement du XII.e
20. Sur les anciens Vicomtes de Beziers & d'Agde, & l'Epoque de l'Union de ces deux Vicomtés dans la même Maison.
21. Sur l'origine des Trencavels, Vicomtes d'Albi, de Nismes, &c. Leur Généalogie.
22. Suite & Origine des Comtes héréditaires de Carcassonne & de Rasez de la seconde Race, & des Comtes héréditaires de Comminges, de Conserans & de Foix. Leur Généalogie.
23. Sur l'Epoque & les circonstances de la Fondation des Abbayes de Lezat, & de S. Pierre de la Court ou du Mas-Garnier.
24. Quel étoit le Siège Episcopal de Géraud, qui donna le lieu de S. Saturnin, aujourd'hui le Pont-Saint-Esprit, à l'Abbaye de Cluni.
25. Sur les Comtes & Vicomtes de Lodève.
26. Sur les anciens Comtes & Vicomtes de Gévaudan.
27. Sur Oliba Cabreta, Comte de Besalu, de Cerdagne, de Fenouillédes, &c. & sur ses Successeurs. Généalogie des Comtes de Besalu, de Cerdagne & de Fenouillédes.
28. Sur quelques Evêques du Puy.
29. Si Constance, femme de Robert, Roi de France, étoit fille de Guillaume de Taillefer, Comte de Toulouse, ou de Guillaume I. Comte d'Arles.
30. Epoque du Rétablissement de la Ville & du Siège Episcopal de Maguelonne, & de la Dédicace de la nouvelle Cathédrale de cette Ville.
31. Epoque du Concile de Tulujes; où on établit la Paix & la Trève de Dieu.
32. Sur Pons, Comte de Toulouse, fils de Guillaume Taillefer, & sur Almodis sa femme.
33. Sur les Vicomtes de Toulouse & de Bruniquel.
34. Epoque du Concile de Saint-Gilles, tenu au milieu du XI.e Siècle, & de quelques autres Conciles tenus à Narbonne vers le même temps.
35. Epoque de la Plainte de Bérenger, Vicomte de Narbonne, contre Gaifred, Archevêque de cette Ville.
36. Sur les Comtes héréditaires de Substantion ou de Melgueil. Leur Généalogie.
37. Suite des Seigneurs de Montpellier. Leur Généalogie.
38. Sur l'Origine de la Ville de Beaucaire.
39. Si Frotard, Evêque d'Albi, au XI.e Siècle, fut excommunié & déposé pour cause de Simonie.
40. Sur l'Epoque de la mort de Guillaume IV. Comte de Toulouse, & le droit que Raymond de S. Gilles, son frère, avoit à sa succession.
41. Si Bertrand, fils de Raymond de S. Gilles, étoit bâtard ou légitime; & sur les différentes femmes de ce dernier.
42. En quel temps les Comtes de Toulouse ont aliéné les Comtés de Cahors & de Rhodez.
43. Sur quelques circonstances qui regardent l'Expédition de Raymond de S. Gilles en Orient.
44. Sur l'Epoque & le lieu de la naissance de Guillaume X. Comte de Poitiers & Duc d'Aquitaine.
45. Si le Languedoc a jamais été appellé la Province de S. Gilles.
46. Epoque de la prise de Carcassonne, par Raymond Bérenger III. Comte de Barcelonne, sur le Vicomte Bernard-Aton; & de la reprise de cette Ville par le dernier.
47. Epoque du départ de Bertrand, Comte de Toulouse, pour la Terre-Sainte, de la prise de Tripoli, & de ses autres Expéditions jusqu'à sa mort.
48. Sur S. Raymond, Evêque de Balbastro.
49. Sur l'Epoque du Concile tenu à Toulouse par le Pape Calixte II.
50. Sur Alfonse-Jourdain, Comte de Toulouse.
51. Sur le Concile tenu à Narbonne, sous l'Episcopat d'Arnaud de Levezon.
52. Sur les anciens Seigneurs d'Usez. Leur Généalogie & celle des Seigneurs de Posquières.
53. Epoque du Voyage du Roi Louis-le-Jeune dans la Province, à son Retour de S. Jacques en Galice.
54. Sur l'Epoque du Siège de Toulouse par Henri II. Roi d'Angleterre, & sur quelques circonstances de son Expédition.
55. Sur Gaucelin d'Azillan, Maître des Hospitaliers de Jérusalem, & sur quelques autres Grands-Maîtres de cet Ordre.
56. Apologie de Raymond II. dernier Comte de Tripoli, de la Maison de Toulouse.

Au Tome III.

1. Epoque du Concile de Lombez, tenu contre les Albigeois.

2. Sur l'Epoque & la durée du Divorce entre Raymond V. Comte de Toulouse & Constance sa femme, & sur les enfans qui naquirent de leur mariage.

3. Sur les diverses Expéditions que le Roi Louis-le-Jeune entreprit contre les Vicomtes de Polignac.

4. Sur quelques circonstances du Traité de paix conclu en 1171, entre Alfonse II. Roi d'Arragon, & Raymond V. Comte de Toulouse.

5. Sur la Mission que Pierre, Cardinal de S. Chrysogone, & ses associés entreprirent en 1178, contre les Hérétiques de Toulouse & d'Albigeois.

6. Sur le droit qu'avoient Aymeric de Lara & Pierre son frère, à la Vicomté de Narbonne. Epoque de la démission & de la mort de la Vicomtesse Ermengarde.

7. Sur la déposition de Pons d'Arsac, Archevêque de Narbonne.

8. Si Gui, Fondateur de l'Ordre des Hospitaliers du S. Esprit de Montpellier, & Guillaume Raymond de Maguelonne, étoient de la Maison de Montpellier.

9. Sur l'Expédition que Richard, Duc d'Aquitaine, entreprit en 1188, contre Raymond V. Comte de Toulouse.

10. Sur les Femmes & les Enfans de Raymond VI. dit *le Vieux*, Comte de Toulouse.

11. Sur l'Epitaphe de Pons de Toulouse qui est dans la Cathédrale de Nismes.

12. Sur Hugues II. Comte de Rhodès & ses Descendans.

13. Sur l'origine du nom d'Albigeois, donné aux Hérétiques de la Province au XIIe & au XIIIe Siècle.

14. Sur l'Epoque & les circonstances de la naissance de Jacques I. Roi d'Arragon, Seigneur de Montpellier.

15. Epoque de la Mission de S. Dominique dans la Province, pour la conversion des Hérétiques.

16. Sur quelques Conciles tenus durant la Guerre des Albigeois.

17. Sur quelques circonstances de la Bataille de Muret.

18. Si Baudouin, frère de Raymond VI. Comte de Toulouse, laissa postérité, & si les branches de la Maison de Lautrec qui subsistent encore, descendent de lui.

19. Sur le Siège de Toulouse par Louis, fils du Roi Philippe-Auguste.

20. Sur S. Pierre Nolasque, Fondateur de l'Ordre de la Merci.

21. Epoque de la prise de Castelnaudari par Raymond-le-Jeune, Comte de Toulouse, sur Amauri de Montfort; du Siège de cette Place par le dernier; & de la mort de Gui, Comte de Bigorre, son frère.

22. Epoque de la soustraction de Beziers à la domination de la Maison de Montfort.

23. Sur l'Epoque de la mort de Raymond-Roger, Bernard I. & Roger IV. Comtes de Foix; sur leurs femmes, leurs enfans, &c.

24. Epoque & circonstances du Siège & de la prise d'Avignon par Louis VIII. Roi de France.

25. Sur l'Epoque de la mort de Gui de Montfort, frère de Simon, & celle de quelques autres événemens arrivés depuis l'an 1226 jusqu'en 1229.

26. Sur la Pairie des Comtes de Toulouse.

27. Sur l'Union des Comté & Vicomté des Fenouillèdes à la Couronne, & sur les Comtes & les Vicomtes de ce Pays. Généalogie des Vicomtes de Fenouillèdes & des Seigneurs de Pierre-Pertuse.

28. Sur le Concile tenu à Beziers en 1234.

29. Sur l'Epoque & les circonstances de la restitution du Marquisat de Provence faite par le Pape à Raymond VII. Comte de Toulouse.

30. Sur l'Epoque du Concile qu'on prétend avoir été tenu à Narbonne en 1235.

31. Epoque de l'expulsion de l'Inquisiteur & des Dominicains de Toulouse.

32. Epoque du Voyage que Jacques I. Roi d'Arragon, fit à Montpellier, après la prise de Valence, en Espagne, sur les Maures.

33. Epoque du Mariage d'Alfonse, frère du Roi S. Louis, avec Jeanne, fille de Raymond VII. Comte de Toulouse.

34. Sur quelques circonstances de la Paix conclue en 1242, entre le Roi S. Louis & Raymond VII.

35. Sur les différens Mariages de Raymond VII. Comte de Toulouse.

36. Sur l'Origine de la Ville & du Port d'Aigues-Mortes.

37. Epoque de l'Enquête faite par les Commissaires du Pape Innocent IV. touchant les circonstances de la mort de Raymond VI. Comte de Toulouse.

38. Sur les Actes de S. Géri, Pélerin, natif de Lunel.

39. Sur le Traité de paix conclu en 1258, entre le Roi S. Louis & Jacques I. Roi d'Arragon.

40. Sur une Ordonnance du Roi S. Louis touchant les restitutions qui doivent être faites de ses Domaines dans les Sénéchaussées de Beaucaire & de Carcassonne.

41. Sur Odilon de Mercœur, Evêque de Mende, au milieu du XIIIe Siècle.

42. Sur Bertrand de Lille-Jourdain, Evêque de Toulouse; sur quelques Seigneurs de sa Maison, & sur les anciens Vicomtes de Gimoez. Généalogie des Seigneurs de Lille-Jourdain, Vicomtes de Gimoez, durant le VIIIe Siècle, & des anciens Vicomtes de Gimoez.

43. Sur la Famille du Pape Clément IV.

44. Sur les Seigneurs de Castres de la Maison de Montfort. Généalogie des Seigneurs de Castres de la Maison de Montfort.

45. Sur les Grands Officiers de la Maison des Comtes de Toulouse.

Au Tome IV.

1. Si les Peuples de Languedoc se soumirent à nos Rois sous certaines conditions dans le temps de la Réunion de cette Province à la Couronne. Epoque de la première Institution du Parlement de Toulouse.

2. Sur quelques circonstances de la Guerre que le Roi Philippe-le-Hardi fit au Comte de Foix en 1272.

3. Epoque & circonstances de la Cession que le Roi Philippe-le-Hardi fit du Comté Vénaissin en faveur de l'Eglise Romaine.

4. Généalogie des Vicomtes de Lautrec, qui vivoient à la fin du XIIIe Siècle, & les deux suivans.

5. Epoque & circonstances de l'Entrevue qu'eurent à Toulouse, en 1280, le Roi Philippe-le-Hardi, & Pierre III. Roi d'Arragon.

6. Sur l'origine du nom de Languedoc; l'Epoque où il commença à être en usage, & l'étendue des Pays compris anciennement sous ce nom.

7. Sur l'Epoque & le lieu de la mort du Roi Philippe-le-Hardi, & sur quelques circonstances de son Expédition en Catalogne.

8. Sur Guillaume Duranti, Evêque de Mende, surnommé *Speculator*.

9. Sur l'Erection de l'Abbaye de Pamiers en Evêché, & les premiers Evêques de cette Ville.

10. Epoque de la mort de Roger-Bernard III. Comte de Foix.

Histoires du Languedoc.

11. Sur Guillaume de Nogaret, Chancelier de France.

12. Sur le rétablissement qu'on prétend que le Roi Philippe-le-Bel fit d'un Parlement à Toulouse, au commencement de l'an 1304; & sur la Chronique de Bardin.

13. Sur les divers Voyages que le Pape Clément V. fit à Toulouse.

14. Epoque de quelques circonstances de l'Affaire des Templiers.

15. Sur Arnaud Novelli, Abbé de Fonfroide, & Cardinal.

16. Sur les Comtes de Comminges qui vivoient à la fin du XIIIe Siècle & au commencement du suivant.

17. Sur quelques-uns des Evêchés érigés dans le Languedoc & la Guyenne par le Pape Jean XXII. & leurs premiers Evêques.

18. Epoque de la mort d'Amalric II. Vicomte de Narbonne.

19. Sur l'origine des Jeux Floraux de Toulouse.

20. Epoque d'un Voyage que le Roi Philippe-de-Valois fit dans la Province, & ensuite à Avignon à la Cour du Pape Benoît XII.

21. Epoque & circonstances de l'Expédition de Henri de Lancastre, Comte de Derbi, en Guyenne & en Gascogne, après la rupture de la Trêve entre la France & l'Angleterre.

22. Sur divers Voyages que le Roi Jean fit à Avignon & dans le Bas Languedoc.

23. Sur Guillaume de Laudorre, Evêque de Béziers, au milieu du XIVe Siècle.

24. Sur quelques circonstances des Etats-Généraux de Languedoc tenus à Toulouse, au mois d'Octobre de l'an 1356, après la prison du Roi Jean.

25. Sur la Députation que les Etats de Languedoc firent au Roi Jean, en Angleterre; & sur l'Epoque précise & le lieu où se tint l'Assemblée des trois Etats de la même Province, dans laquelle on accorda au Roi la Gabelle sur le Sel.

26. Epoque de la prise du Pont S. Esprit par les Compagnies.

27. Si Bertrand du Guesclin eut une entrevue à Toulouse, avec le Duc d'Anjou, entrant en Espagne à la tête des Compagnies; & sur quelques circonstances de la vie de ce Capitaine, & de celle de Henri, Comte de Trastamare, Roi de Castille.

28. Sur la Campagne que le Duc d'Anjou, Gouverneur de Languedoc, fit en Guyenne en 1374.

29. Si le Roi Charles V. institua avant sa mort Gaston-Phœbus, Comte de Foix, Gouverneur de Languedoc; sur l'Epoque & le lieu de la Bataille qui fut donnée entre ce Comte & le Duc de Berry, & sur l'Epoque de la paix qu'ils conclurent ensemble.

30. Circonstances de l'Assemblée des Etats de Languedoc tenue à Lyon aux mois d'Août & de Septembre de l'an 1383.

31. Sur le Voyage que le Roi Charles VI. fit en Languedoc en 1389.

32. Circonstances & Epoque de la soumission du Languedoc au parti Bourguignon, & du retour de cette Province à l'obéissance du Dauphin, à la fin du Règne de Charles VI.

33. Si le Roi Charles VII. tint les Etats-Généraux de Languedoc à Montauban, au mois de Janvier de l'an 1442 (ou 1443.)

34. Sur le rétablissement du Parlement de Languedoc sous Charles VII. son ancien ressort, & l'origine de la Cour des Aydes de cette Province.

Au Tome V.

1. Si le Roi Charles VIII. fit un Voyage en Languedoc, l'an 1484.

2. Sur l'entrevue que le Roi François I. eut à Aigues-Mortes avec l'Empereur Charles-Quint.

3. Epoque & circonstances du Voyage que le Roi François I. fit en Languedoc en 1542, pendant & après le Siège de Perpignan.

4. Sur les Emotions excitées à Toulouse au mois de Mai de l'an 1562, par les Religionnaires, & leurs circonstances.

5. Sur diverses circonstances du Passage de l'Armée des Princes de Navarre & de Condé, & de l'Amiral de Coligny, dans le Languedoc, en 1570.

6. Sur le Massacre des Religionnaires de Toulouse, en 1572.

7. Sur l'Entrevue que le Maréchal de Montmorency eut à Mazères, à la fin de l'an 1579, avec le Roi de Navarre.

8. Si Gui du Faur, Sieur de Pibrac, fut amoureux de Marguerite de Valois, Reine de Navarre.

9. Epoque & circonstances de la mort tragique de Jean-Etienne Duranti, Premier Président du Parlement de Toulouse, & de l'Emotion arrivée en cette Ville à l'occasion du Maréchal de Joyeuse.

10. Sur quelques circonstances de l'Expédition d'Antoine-Scipion, Duc de Joyeuse, aux environs de Montauban, du Siège & de la Bataille de Villemur, & de la mort de ce Seigneur.

11. Sur quelques circonstances du Siège de Montauban, par le Roi Louis XIII. en 1621.

12. Sur quelques circonstances de l'Entrée de Gaston, Duc d'Orléans, en Languedoc; de la défection du Duc de Montmorency, & du Combat de Castelnaudari.

Voyez sur cette Histoire, *Journ. des Sçavans, Mai, Juin, Juillet, 1731 : Sept. Décemb. 1734 : Fév. Mars, Avril, Mai, 1738 : Janv. Févr. Mars, Avril, Mai, Sept. 1746 = Le Nouvel. du Parnass. lettr.* 19, 32.! = *Obs. sur les Ecrits mod. lettr.* 273, 286, 423. = *Journal de Verdun, Octob.* 1730 : *Mai,* 1752. = *Mém. de Trévoux, Août,* 1740 : *Juill. Nov. Décemb.* 1746 : *Avril,* 1747. = *Mercure, Nov.* 1730 : *Févr.* 1738 : *Juill.* 1741.]

37728. ☞ Abrégé de l'Histoire de Languedoc; par Dom VAISSETE: *Paris,* 1749, *in-*12. 6 vol.

Voyez les *Mém. de Trév. Juin,* 1750.]

☞ Il faut encore recourir, pour l'Histoire du Languedoc, au Recueil de Pièces fugitives données par M. le Baron d'Aubais, 1759, en 3 vol. *in-*4. dont la plus grande partie concerne cette Province. Ce Recueil est précieux.]

37729. ☞ Ms. Registre de Lettres Royaux, Ordonnances & autres Pièces concernant le Languedoc.

Ce Registre est conservé dans la Bibliothèque du Roi, num. 8409.]

37730. Privilèges de la Province de Languedoc & des Villes de Languedoc; recueillis par Samuel ESCORBIAC.

Ce Recueil est imprimé avec celui des Arrêts publié par le même Auteur : *Paris,* 1620, *in-fol.*

37731. ☞ Discours sur la manière de lever les Tailles en Languedoc; par M. Ant. Samuel BONNIER D'ALCO, Président de la Cour des Aydes de Montpellier : 1746, *in-*8.]

37732. Traité de l'Origine, Antiquité & Privilèges des Etats-Généraux de la Province de Languedoc. Ensemble le Recueil des

LIV. IV. *Histoire Civile de France.*

Chartes & de ses principaux Privilèges, Libertés & Franchises; par Pierre DE CASENEUVE, Prêtre & Prébendier de la Cathédrale de Toulouse.

Cet Ouvrage est imprimé avec son *Traité du Franc-Alleu de la Province de Languedoc* : *Tolosé* Boude, 1645, *in-fol.* Cet Auteur est mort en 1652.

[*Mariotte*]

37733. ☞ Mémoire concernant la forme des Assemblées des Etats de Languedoc; (par M. MARICOTTE, Secrétaire desdits Etats,) avec un Plan de leur Séance : 1704, *in-4.*]

37734. ☞ Observations sur quelques circonstances des Etats-Généraux de Languedoc tenus à Toulouse, au mois d'Octobre 1356, après la Prison du Roi Jean. = Sur leur Députation à ce Prince, en Angleterre, & sur le Lieu où l'on accorda au Roi la Gabelle sur le Sel.

Ce sont les sujets des Notes XXIV. & XXV. du Tome IV. de l'*Histoire de Languedoc*, par DD. DE VIC & VAISSETE.]

37735. ☞ Circonstances de l'Assemblée des Etats de Languedoc, tenue à Lyon aux mois d'Août & de Septembre 1383.

Dans le même Volume, Note XXX.]

37736. ☞ Si le Roi Charles VII. tint les Etats-Généraux de Languedoc à Montauban, au mois de Janvier 1442 (ou 1443).

Dans le même Volume, Note XXXIII.]

37737. ☞ Mf. Procès-verbaux des Etats de Languedoc, commençant en 1501 & finissant en 1736 : *in-4.* 36 vol.

Ils sont conservés dans la Bibliothèque de M. le Marquis d'Aubais.]

37738. ☞ Mf. Affaires traitées aux Etats de Languedoc en 1703.

Dans la même Bibliothèque, N.° 126.]

37739. ☞ Harangue de Monseigneur le Prince, prononcée à l'ouverture des Etats de Languedoc, convoquée en la Ville de Toulouse le 2 Mars 1628 : *in-4.*]

37740. ☞ Réglemens faits au Conseil concernant la levée, administration & reddition des comptes des Deniers extraordinaires de Languedoc & autres Affaires du Pays : 1608, 1609, 1610, *in-4.*]

37741. ☞ Edit du Roi, &c. concernant les Impositions à faire en Languedoc : 1632, *in-4.*]

37742. ☞ Réglemens concernant les Impositions, la Vérification des Dettes & l'Economie des Affaires de la Province de Languedoc : *Montpellier*, 1716, *in-4.*]

37743. ☞ Remontrances aux Etats de Languedoc tenus à Beziers; par Jean DE MONTLUC, Evêque de Valence : 1578, *in-8.*]

37744. ☞ Défense de la Province de Languedoc pour son équivalent : *in-4.*]

37745. ☞ Les véritables Harangues faites au Roi, à la Reine, & à Son Eminence, en la Députation des Etats de Languedoc, en 1638 : *Paris*, Sébastien Cramoisy, 1639, *in-4.*]

37746. ☞ Requête du Syndic général de Languedoc, contre les Fermiers des Droits du Domaine du Roi : *in-fol.* de 69 pages.

Elle se trouve aussi dans l'*Histoire de Toulouse*, par la Faille, tom. II. aux *Preuves.*]

37747. ☞ Armorial des Etats-Généraux de Languedoc; par Jacques BEAUDEAU : *Montpellier*, Pech, 1686, *in-8.*

Cet Ouvrage & le suivant font voir l'état détaillé de ces Etats chacun dans leur temps, & ce qui ne change point.]

37748. ☞ Armorial des Etats de Languedoc; par M. GASTELIER DE LA TOUR : *Paris*, Vincent, 1767, *in-4.* de 246 pages.

L'Auteur travaille depuis nombre d'années à une Histoire Généalogique de la Province.]

37749. ☞ Les Gouverneurs anciens & modernes de la Gaule Narbonnoise, ou de la Province de Languedoc; par Pierre GARIEL, Doyen de l'Eglise Cathédrale de Montpellier : *Montpellier*, Pech, 1669, *in-4.*

37750. Mf. Preuves pour l'Histoire des Lieutenans & Gouverneurs pour le Roi en Languedoc : *in-4.* 4 vol.

Ces Preuves sont conservées au Château d'Aubais, près de Nismes, dans la Bibliothèque de M. le Marquis d'Aubais.]

37751. ☞ Epistola de susceptâ à Duce Errico Joyeusâ, Provinciæ Narbonensis administratione : *Lutetiæ*, 1593, *in-8.*]

37752. Notice & Abrégé historique de vingt-deux Villes, Chefs du Diocèse de la Province de Languedoc; Ouvrage posthume de François GRAVEROL, Avocat & Académicien de Nismes, [& Associé des Ricovrati de Padoue :] *Toulouse*, Colomiers, 1696, *in-fol.*

Cet Auteur est mort [à Nismes le 10 Septembre 1694.]

☞ M. de Graverol de Flogrhevar, son petit-fils, qui a déja donné quelques Dissertations sur des matières d'Antiquités, travaille à une nouvelle Edition des différentes Œuvres de son Aïeul, & il donnera une plus grande étendue à la Notice dont il s'agit ici.]

37753. ☞ Mf. Mélanges historiques pour Narbonne, Montpellier, Sauve, Pezenas, l'Abbaye de Valmagne & Agde : *in-fol.*

Dans la Bibliothèque de M. le Marquis d'Aubais, num. 40.]

37754. Sommaire Recueil de la création & érection de la Comté de Toulouse; ensemble de la vie, faits, vaillances, gestes & trépas des Comtes d'icelle : extrait des Regitres de la Maison de Ville de Toulouse.

Ce Sommaire est imprimé dans l'*Histoire des Comtes de Toulouse*, par de Catel : (*Toulouse*, 1623, *in-fol.*) pag. 23 de ses *Additions.*

Histoires du Languedoc.

37755. ☞ De l'ancien Comté-Pairie de Toulouse, & Pièces qui le concernent. Suite des Comtes.

Dans l'*Histoire Généalogique* du Père Simplicien, *tom. II. 1716, pag. 678.*]

37756. ☞ Remarques sur la Pairie des Comtes de Toulouse.

C'est le sujet de la Note XXVI. du Tome III. de l'*Histoire de Languedoc*, par DD. de Vic & Vaissete.]

37757. Comites Tholosani, Fratris Bernardi GUIDONIS, Ordinis Prædicatorum, Inquisitoris Hæreticæ pravitatis in Regno Franciæ per Apostolicam Sedem deputati; hoc est Genealogia seu Chronicon Comitum Tholosanorum.

Bernard Guidonis ou de la Guionie est mort Evêque de Lodève, en 1331. Son *Histoire des Comtes de Toulouse* est imprimée dans l'*Appendice* de celle de Catel, *pag.* 37 : Paris, 1633, *in-fol.* Il a été suivi par tous ceux qui ont écrit l'Histoire de Toulouse. Il avoue, au commencement, qu'il ne sçait que ce qu'il a appris de Guillaume de Puy-Laurens, & de l'Auteur des Gestes du Comte de Montfort.

37758. ☞ Recueil des Titres concernant les Privilèges de la Ville & Bourgeoisie de Tolose : *Tolose*, 1663, *in-4.*

Le même Recueil, augmenté : *Toulouse*, 1686, *in-4.*]

37759. ☞ Les Us & Coutumes de la Ville de Toulouse ; par LE BRUN : *Toulouse*, 1753, *in-12.*]

37760. Ms. Liber de Annalibus Civitatis Tholosanæ : Auctore Petro DE ROSERGIO, Archiepiscopo Tholosano.

Pierre du Rosier est mort en 1474. Son Livre est cité par l'Auteur suivant, *fol.* 48 *verso.* Catel dit à la *pag.* 18 de son *Histoire des Comtes de Toulouse*, qu'il a cherché inutilement cet Ouvrage.]

37761. ☞ Collectanea Tolosæ : Autore Jacobo DE RABIRIA.

Ce Recueil est cité par Vignier, dans sa *Bibliothèque historiale*, à l'an 1206.

Je ne sçai si c'est le même Auteur qui est indiqué dans la Table alphabétique de l'Ouvrage de Megerlin, intitulé : *Theatrum divini Regiminis.* Voici ce que l'on y lit : REBIRA *de Act. Tolos.*]

37762. Nicolai BERTRANDI, Utriusque Juris Professoris, Parlamentique Tholosæ Advocati, Opus de Tholosanorum Gestis ab urbe condita : *Tholosæ*, 1515, *in-fol.*

Les Gestes des Tholosains & d'autres Nations des environs, premièrement écrits en Langue Latine par Nicolas BERTRANDI, & après translatés en François : *Tholose*, 1517, *in-4.*

Cet Auteur est mort en 1527. Il est fabuleux dans ce qu'il dit des Comtes qui ont vécu avant Raimond, Comte de Saint-Gilles ; pour ce qu'il dit de ceux qui suivent, il l'a emprunté de Guillaume de Puy-Laurens & de Bernard de la Guionie, Evêque de Lodève.]

37763. Histoire des Comtes de Tholose ; par Guillaume DE CATEL, Conseiller au Parlement de Tholose ; avec quelques Traités & Chroniques anciennes concernant le même sujet : *Toulouse*, Bosc, 1623, *in-fol.*

Cet Auteur est mort en 1626. Son Histoire commence en l'an de Jesus-Christ 710, & finit à l'année 1271, lorsque le Comté de Toulouse fut réuni à la Couronne.

☞ Ce ne fut pas en 1271 qu'il fut réuni à la Couronne ; mais alors il passa au Roi par le décès du Comte Alphonse & de Jeanne sa femme, suivant le Traité fait à Paris, au mois d'Avril 1228, entre le Roi S. Louis, & le Comte Raimond le jeune. Le Comté de Toulouse ne fut *réuni à la Couronne* que longtemps après, c'est-à-dire en 1361, par des Lettres-Patentes du Roi Jean, que Catel rapporte, *pag.* 398 de son Ouvrage.]

Les Pièces jointes à cette Histoire sont : = Les Comtes de Toulouse avec leurs Portraits, tirés d'un vieux Manuscrit Gascon = Sommaire Recueil de la création & érection de la Comté de Tolose, ensemble la vie, faits, vaillances, gestes & trépas des Comtes d'icelle = Extraits des Registres de la Maison de Ville de Tolose, & autres Pièces.

« Cet Auteur est le premier qui a donné la méthode de prouver l'Histoire par des Chartres ; & c'est » à lui que l'Histoire de Toulouse & de Languedoc » doivent leurs premiers & leurs plus grands éclaircis- » semens, (selon la Faille, dans la Préface de son *Histoire de Toulouse.*)

Le même, à la *pag.* 54, du Tome I. de cette Histoire, « dit qu'on auroit pu croire, qu'après cette Histoire des Comtes de Toulouse, il n'y auroit plus rien » de nouveau à dire sur ce sujet ; néanmoins M. de » Marca, qui a écrit depuis son Histoire de Béarn, a » prétendu que cet Auteur étoit tombé en beaucoup de » méprises, non-seulement en ce qu'il a omis quelques-uns de ces Comtes ; mais aussi parce qu'il en a » confondu quelques-uns avec les Ducs de Septimanie, » qui n'ont point possédé ce Comté avant Pons I. »

☞ On trouve à la fin de l'Ouvrage de Catel :

Les Comtes de Tolose avec leurs Portraits, tirés d'un vieux Livre Manuscrit Gascon.

Comites Tolosani Fratris Bernardi GUINONIS Ordinis Prædicatorum, Inquisitoris pravitatis hæreticæ in regno Franciæ per Apostolicam Sedem delegati.

Chronicon Magistri GUILLELMI de Podio-Laurentii.

Præclara Francorum Facinora, seu Chronicon ad annum 1311, incerto auctore.

Aliud Chronicon auctoris anonymi, ex veteri Codice Manuscripto.

Chronicon ex veteri Martyrologio manuscripto Ecclesiæ S. Pauli Narbonensis.

Voyez sur cette Histoire, *Méth. histor.* de Lenglet, *in-4. tom.* IV. *pag.* 234. = *Bibl. Harley. tom.* II. *p.* 549. = Le Père Niceron, *tom.* XXV. *pag.* 3. = Le Gendre, *tom.* II. *pag.* 43. = *Caract. des Ouvr. histor. pag.* 60.]

37764. Ms. Fragmentum Chronici Tholosani, ab anno 1194, ad annum 1402.

Ce Fragment est dans Claude Estiennot, au tom. XII. de ses *Fragmens d'Histoire, pag.* 352, conservés dans l'Abbaye de S. Germain des Prés.

37765. * Stephani DOLETI, Aurelianensis, Orationes duæ in Tolosam : *in-8.*

Ces deux Discours, faits en 1528, furent imprimés dix ans après à Lyon par l'Auteur même, avec plusieurs de ses Lettres, quelques Réponses de ses amis ; & plusieurs Vers de sa façon, la plupart contre des personnes de Toulouse. La Faille, au *tom.* II. de ses *Annales*, sous l'année 1528, dit que pour le sujet Dolet fut mis en prison, & que sans le Premier Président qui

Liv. IV. Histoire Civile de France.

aimoit les Gens de Lettres, on lui eût fait son procès. A quoi il ajoute que « ces Ouvrages de prose & » de vers sont assez élégans ; mais que l'Auteur y a » répandu tant de fiel, & s'emporte à des injures si » grossières contre cette Ville, & particulièrement dans » la seconde Pièce, que cela lui ôte toute créance ».

37766. Histoire Tholosaine ou de la Province de Languedoc, depuis son origine jusqu'en 1557 ; par Antoine NOGUIER : *Tholose*, Boudeville, 1556, *in-fol.*

Cet Auteur traite particulièrement des Guerres de Simon, Comte de Montfort, contre les Comtes de Toulouse. « On peut dire sans malignité, que No» guier est un des plus méchans Historiens que nous » ayons, soit pour le choix, soit pour la façon d'écrire. » Il est fabuleux par-tout, & par-tout enflé ». La Faille, au Tome II. de l'*Histoire de Toulouse*, *pag.* 182.

== Hugonæorum hæreticorum Tolosæ conjuratorum profligatio ; à Georgio BOSQUETO.

Voyez ci-devant, [Tome I. N.° 5793.]

== ☞ Avertissement, &c. sur l'émeute arrivée à *Toulouse*, à la mort du premier Président Duranti, &c. en 1588.

Voyez ci-devant, Tome II. N.os 18879, 18903, 18904, 19226 & 19227.]

37767. Ms. Histoire de Toulouse ; par Odon DE GISSEY, Jésuite.

Sotuel, dans la Bibliothèque des Ecrivains de sa Compagnie, dit que cette Histoire n'est pas imprimée.

37768. De Antiquitatibus Urbis Tolosæ Liber : (vieille Edition, sous Louis XI.) *in-8.*

Ce Livre est dédié à Pierre, Cardinal de Foix, par Jean de Ganno, selon MM. de Sainte-Marthe, dans leur *Gaule Chrétienne*, lesquels parlant de Pierre du Rosset, Archidiacre de Toulouse, disent que ce fut par son commandement que ce Livre fut dédié à ce Cardinal. Wadingue, *Bibliothèque des Frères Mineurs*, l'attribue à Estienne DE GANNO, de cet Ordre.

✶ La Faille, Tome I. de ses *Annales de Toulouse*, *pag.* 2, dit que l'Ouvrage de Jean de Ganno, qui vivoit du temps de Charles VIII. est Manuscrit au commencement du Livre Blanc de l'Hôtel de Ville de Toulouse. Il ajoute que « tout ce que Jean de Ganno, » & après lui Nicolas Bertrand & Noguier ont écrit » de l'origine & de la fondation de Toulouse, ne sont » que des chimères, & que cette suite des Rois de » Toulouse qu'ils ont mise à la tête de leurs Histoires, » n'est pas moins fabuleuse. Catel (ajoute-t-il) l'a re» marqué avant moi, & ce qu'il y a de certain est » que l'origine de cette Ville nous est inconnue ».

☞ La Faille s'est trompé, en donnant cet Ouvrage à *Jean* de Ganno : il est d'*Estienne*, comme le dit en dernier lieu M. Raynal.]

37769. ✶ Ms. Annales de l'Hostel de Ville de Thoulouze.

Elles sont dans les Archives de cet Hôtel de Ville.

« C'est ici, dit la Faille, au Tom. I. de ses *Anna*» *les de Toulouse*, sous l'année 1295, que commen» cent ces Registres ou Livres qu'on appelle commu» nément les *Annales de l'Hostel de Ville*. Durant » plus d'un siècle, ces Annales ne contiennent que les » noms des Capitouls & ceux de leurs Officiers ; les an» nées d'après, l'on commence d'y mettre quelques faits » ensuite des Elections ; dans les temps suivans, au lieu » de ces faits historiques, on chargea ces Livres de » tant de Préfaces & de Discours inutiles & mal écrits, » qu'il n'y a point de patience qu'ils ne poussent à » bout. Ce ne fut que sous le Règne de François I. » qu'on commença d'y écrire d'une manière plus ré» glée pour le style & pour les choses ». La Faille avoue ensuite que cet Ouvrage lui a été d'un grand secours.

37770. Mémoire des Antiquités, Singularités & choses plus remarquables de la Ville de Tholose & autres Villes du Ressort du Parlement de cette Ville ; par BERNARD DE LA ROCHE-FLAVIN, premier Président ès Requêtes de Tholose : *in*-4.

Ce n'est qu'une Brochure de douze pages. Cet Auteur fleurissoit en 1584.

37771. ☞ Ms. Dissertation sur l'origine de la Ville de Toulouse ; par M. REBOULIER, de l'Académie des Sciences, Inscriptions & Belles-Lettres de Toulouse, lue le 16 Février 1747.

Elle est conservée dans les Registres de cette Académie.]

37772. ☞ Dissertation sur les origines de Toulouse ; par M. l'Abbé AUDIBERT : *Avignon*, Chambeau ; *Toulouse*, Birosse, 1764, *in*-8. de 71 pages.

Cet Ouvrage est plein de recherches & de critique. L'Auteur pense que Toulouse a été une Colonie Grecque.]

37773. ☞ Ms. Mémoire sur les Murs de l'ancienne Enceinte de la Ville de Toulouse ; par M. BOUSQUET, de l'Académie des Sciences, &c. de Toulouse ; lu le 21 Mars 1748.

Il est conservé dans les Registres de cette Académie.]

37774. Annales de la Ville de Thoulouse : Première partie, depuis la réunion de la Comté de Thoulouse à la Couronne, (en 1271) jusqu'en 1514 ; avec un Abrégé de l'ancienne Histoire de cette Ville, & un Recueil de divers Titres & Actes pour servir de preuves & d'éclaircissemens à ces Annales ; par (Germain) LA FAILLE, ancien Capitoul & Syndic de Toulouse : *Toulouse*, Colomiez, 1687, *in-fol.* Seconde partie, contenant les Annales de la Ville de Toulouse, depuis l'an 1515 jusqu'en 1610, avec les Preuves : *Toulouse*, 1701, *in-fol.*

☞ Le Tome I. contient la première partie, qui s'étend jusqu'en 1514, à laquelle on a ajouté une Dissertation sur l'or de Toulouse, par M. DE LAGNY ; & une Table alphabétique des noms des Capitouls dont les élections sont contenues dans ce Volume.

Le Tome II. renferme la seconde partie, qui s'étend jusqu'en 1610, à laquelle on a ajouté des Additions à la première partie, & plusieurs Pièces importantes concernant les Fiefs nobles & roturiers de la Sénéchaussée de Toulouse & du reste du Languedoc ; & l'exemption de cette Province des Droits d'assise ou assignat & autres ; avec une Table alphabétique des noms des Capitouls dont les élections sont contenues dans ce Volume. Les Vignettes sont de Sébastien le Clerc.]

Germain la Faille est mort en 1711. Il dit dans sa Préface, que « les principaux faits de l'Histoire du » Royaume qu'il rapporte, se lisent la plupart dans les » Annales manuscrites de l'Hôtel de Ville, qui lui ont » servi

Histoires du Languedoc.

»servi comme de fond, & dont les siennes ne sont
»qu'une manière d'amplification. Ces Registres ou
»Annales de l'Hôtel de Ville de Toulouse ont été
»commencées en 1295; mais ce ne fut que sous Fran-
»çois I. qu'on commença d'écrire d'une manière plus
»réglée, comme le dit cet Auteur à la page 20 du
»Tome I. L'Origine de Toulouse est entièrement in-
»connue. Ce que Jean de Ganno, (Wadingue l'ap-
»pelle Estienne) Nicolas Bertrand & Noguier en ont
»écrit, est plein de fables ».

« La Faille décrit avec beaucoup d'exactitude l'ori-
»gine & le progrès de la Religion en ce Pays-là. Il
»s'est servi des Annales manuscrites de l'Hôtel de
»Ville de Toulouse, & de la Chronique de Guillaume
»Bardin indiquée ci-dessus N°. [33015.] pour com-
»poser ses Annales, qui sont remplies d'un grand
»nombre de faits très-curieux ». *Journal des Sçavans,
du 3 Avril 1702.*

« Cet Auteur écrit aisément; son style est vif, mais
»peu correct. Son Abrégé historique est bien fait. Il
»n'y a rien dans ses Ouvrages qui regarde l'Histoire
»générale, depuis la réunion de cette Ville à la Cou-
»ronne, en 1271, jusqu'aux Guerres de Religion ».
M. l'Abbé le Gendre.

☞ *Voyez* Lenglet, *Méth. histor. in-4. tom. IV.
pag.* 234. = *Bibl. Harley. tom. II. pag.* 549. = *Journal
des Sçavans, Avril,* 1688 : *Avril,* 1702. = *Hist. des
Ouvr. des Sçav. Sept.* 1688. = Le P. Niceron, *tom. IV.
pag.* 165. = *Rep. des Lettr.* de Bernard, *Octob.* 1702.
= Le Gendre, *tom. II. pag.* 38.]

37775. ☞ Histoire de la Ville de Toulouse, avec une Notice des Hommes illustres,
une Suite chronologique & historique des
Evêques & Archevêques de cette Ville, &
une Table générale des Capitouls depuis la
Réunion du Comté de Toulouse à la Couronne jusqu'à présent; par M. J. RAYNAL,
Avocat au Parlement, & de l'Académie de
Toulouse : *Toulouse,* 1759, *in·*4.]

37776. ☞ Lettre critique aux Auteurs du
Journal des Sçavans, sur la nouvelle Histoire de Toulouse, de M. Raynal. *Journ.
des Sçavans,* 1760, *Décemb. pag.* 791.]

37777. ☞ Annales de Toulouse, dédiées à
Monseigneur le Dauphin; par M. (DE RO-
SOY,) Veuve Duchesne, Tome I. *Paris,*
1771, *in·*4. (avec quelques Dissertations &
des Preuves.)

Ce Volume finit à l'an 1271. Les suivans, au nombre
de trois, s'impriment.]

37778. ☞ Des différens Sièges de Toulouse
par Charles-le-Chauve; & de sa Prise par
les Normans.

Ce sont les Notes XCVII. & XCVIII. du Tome I.
de l'*Histoire du Languedoc,* par DD. DE VIC & VAIS-
SETE.]

37779. ☞ Epoque du Siège de Toulouse
par Henri II. Roi d'Angleterre, (en 1159)
& sur quelques circonstances de son expédition en Languedoc.

Dans le même Ouvrage, Note LIV. du Tome II.]

37780. ☞ Remarques sur le Siège de Toulouse, par Louis, fils du Roi Philippe-Auguste,] (en 1219.)

Dans le même Ouvrage, Note XIX. du Tome III.]

37781. ☞ Ms. Description de la Ville de
Toulouse & Relation d'un Voyage fait de-
Tome III.

puis icelle jusqu'à Paris, depuis le 27 Juillet
jusqu'au 6 Septembre 1638; par Léon GO-
DEFROY : *in-*4.

Cette Description est indiquée au num. 157 des Manuscrits du Catalogue de M. Godefroy.]

37782. ☞ Lettre d'un Touloufain à M. Piganiol de la Force, (sur la Ville de Toulouse). *Mercure,* 1750, *Juin,* Vol. I.]

37783. ☞ Remarques sur les Emotions excitées à Toulouse au mois de Mai 1562,
par les Religionnaires, & leurs circonstances.

Autres, sur le Massacre des Religionnaires de
Toulouse, 1572.

Ce sont les Notes V. & VI. du Tome V. de l'*Histoire
du Languedoc,* par DD. DE VIC & VAISSETE.]

37784. ☞ Remarques sur l'Emotion arrivée à Toulouse, à l'occasion du Maréchal
de Joyeuse; sur quelques circonstances de
son Expédition aux environs de Montauban, de la Bataille de Villemur & de la
mort de ce Seigneur.

Ce sont les Notes IX. & X. du même Volume.]

37785. ☞ Ms. Arrêts du Parlement de
Toulouse, sur le Traité fait avec le Sieur de
Vic, pour reconnoître le Roi, en 1593 :
in-fol.

Ces Arrêts sont indiqués entre les Pièces du n. 3301*.
du Catalogue de M. le Blanc.]

37786. ☞ Histoire tragique arrivée à Toulouse, de Petrus Arias Burdeus, Augustin,
Docteur en Théologie, d'un Conseiller au
Présidial, d'une Demoiselle & plusieurs autres, exécutés par Arrêt du Parlement, pour
homicide & adultère : *Paris,* Ruelle, 1609,
*in·*8.]

37787. ☞ Préféance des Juges de Tholose contre les Secrétaires du Roi : *Paris,*
1582, *in-*4.]

37788. ☞ Panégyrique ou Remontrance
pour les Sénéchal, Juge-Mage & Criminel de Tolose, contre les Notaires & Secrétaires du Roi de ladite Ville; par P. BEL-
LOY : *Paris,* 1582, *in-*4.]

37789. ☞ Requête verbale pour les Seigneurs & Officiers de Tholose, contenant
une Apologie & Défense à l'Avertissement
publié au nom des Docteurs-Régens de
l'Université de Tholose; par le même :
Paris, 1583, *in·*8.]

37790. ☞ Recueil général des Edits, Déclarations, Lettres-Patentes du Roi, Arrêts
du Conseil & de la Cour du Parlement, en
faveur des Prieurs & Consuls de la Cour de
la Bourse commune des Marchands à Toulouse; ensemble, l'Etablissement de la
Chambre du Commerce, & le nom de tous
les Bourgeois Marchands qui ont été Prieurs
& Consuls depuis 1704 jusqu'en 1753 :
Toulouse, Henault, 1753, *in-*4.]

37791. ☞ Relation de ce qui s'est passé à
la chûte de la Maison du Bon Pasteur de

Toulouse, arrivée le 12 Septembre 1727 : *Paris*, Delespine, 1727, *in*-4.]

37792. Erection du Comté de Castres, avec des Observations d'Auguste GALLAND.

Ce Discours est imprimé avec son *Traité du Franc-Alleu*, pag. 166 & 175 : *Paris*, 1637, *in*-4.

37793. Ms. Mémoires de (Jacques) GACHES, Avocat en la Chambre de l'Edit de Castres, où sont rapportées les choses les plus mémorables qui se sont passées en Languedoc, & particulièrement à Castres & aux environs, depuis l'an 1560 jusqu'en 1610 : *in*-4.

Ces Mémoires sont conservés dans la Bibliothèque de M. le Marquis d'Aubais. La Faille, dans la Préface du tom. II. de l'*Histoire de Toulouse*, dit qu'il s'est servi de cette Histoire ; qu'elle est écrite en forme d'Annales, depuis l'an 1560 jusqu'en 1609, qu'elle n'est pas mal écrite pour ce temps-là ; mais que l'Auteur, qui étoit frère d'un Ministre, est fort partial.

L'Auteur vivoit encore en 1622. Quoiqu'un zélé Huguenot, il est fort exact, & il rapporte un grand nombre de particularités, qu'il seroit difficile de trouver ailleurs.

☞ *Voyez* aussi la pag. 1. de l'Avertissement du Tome V. de l'*Histoire de Languedoc*, de Dom Vaissete. Il y observe que cet Ouvrage lui ayant paru assez désintéressé, il n'a pas fait difficulté de s'en servir pour des faits qui ne se trouvent que là.]

37794. ☞ Ms. Journal de Jean FAURIN, (Chaussetier & ardent Religionnaire de Castres,) qui s'étend depuis l'an 1560 jusqu'en 1601, & qui contient un grand détail de plusieurs Evénemens arrivés dans cette Ville & dans le haut Languedoc.

Ce Manuscrit se trouve au Château d'Aubais, & est cité dans l'Avertissement du Tome V. de l'*Histoire de Languedoc*, de D. Vaissete, pag. iv. On l'a déjà indiqué N.° 19803, Tome II. pag. 371.]

== ☞ Prise de S. Paul-Lamiate, & Faix, en 1625.

Voyez ci-devant, Tome II. N.° 21335.]

== ☞ Castres révolté en 1635, & ses Jurisdictions transférées à *Lautrec*.

Voyez ci-devant, Tome II. N.os 21353 & 21355.]

37795. Traité du Comté de Castres, & Seigneurs & Comtes d'icelui ; des Hommages, Reconnoissances & autres Droits Féodaux & Seigneuriaux que Sa Majesté a coutume de lever ; par David DEFOS, Contrôleur du Domaine des Comtes de Castres : *Tolose*, Colomiers, 1633, *in*-4.

37796. Histoire des Comtes de Castres ; par Pierre BOREL, Docteur en Médecine.

Cette Histoire est imprimée avec [l'Ouvrage suivant.]

37797. ☞ Les Antiquités & choses considérables de la Ville & Comté de Castres, avec l'Histoire de ses Comtes, Evêques, &c. & un Recueil d'Inscriptions Romaines & autres Antiquités de Languedoc & de Provence ; par Pierre BOREL ; avec le Rôle des principaux Cabinets de l'Europe, & le Catalogue des choses rares du Cabinet de l'Auteur : *Castres*, [& *Toulouse*,] 1649, *in*-8.]

37798. ☞ Ms. Mémoire sur la Ville & Diocèse de Narbonne.

Il est conservé à Dijon, dans la Bibliothèque de M. Fevret de Fontette.]

37799. ☞ Ms. Inventaire des Documens de la Ville & Vicomté de Narbonne.

Dans la Bibliothèque de M. le Marquis d'Aubais, num. 60.]

37800. Narbonnensium Votum & aræ Dedicatio, insignia antiquitatis Monumenta, [reperta anno 1566 ;] Auctore Elia VINETO : *Burdigalæ*, [Millangii,] 1572, *in*-8.

37801. ☞ Dissertation sur un Monument antique, trouvé à Narbonne ; adressé à M. Arlaud, Peintre célèbre, à Paris.

Dans les *Mémoires de Littérature* du P. Des-Molets, *tom.* XI.]

37802. Ms. Inscriptions & Bas-reliefs qui sont à Narbonne chez M. Pech, Chanoine de S. Paul : *in*-4.

La Copie de ces Inscriptions [étoit] entre les mains de Dom Bernard de Montfaucon, [& est ainsi à] S. Germain des Prés.

37803. ☞ Ms. Antiquités de la Ville de Narbonne, Inscriptions, Bas-reliefs, &c. dessinés ou transcrits sur les originaux qui existent en divers lieux de la Ville, sur-tout autour des Remparts, dont une partie a été construite avec les débris des anciens Edifices Romains : *in*-4. 3 vol.

Ce Manuscrit existe dans le Cabinet de M. le Chevalier de Viguier, Mousquetaire, qui possède divers autres Mémoires manuscrits concernant l'Histoire du Pays.]

37804. ☞ Ms. Inscriptions antiques de Narbonne, avec les Figures & Desseins des Monumens antiques de cette Ville : *in*-4. 3 vol.

Ce Manuscrit est entre les mains de M. Marcorelle, Avocat au Parlement de Toulouse. Il contient toutes les Inscriptions ci-devant recueillies par Renouard, Garrigues, & la Font, avec les desseins des Bas-reliefs découverts dans la même Ville. M. Séguier, Secrétaire de l'Académie de Nîmes, a une Copie de toutes ces Inscriptions.]

37805. ☞ Ms. Inscriptions antiques, Tumules & Epitaphes qui se trouvent en divers endroits de la Ville de Narbonne, retirées par Pierre GARRIGUES, de la même Ville.

Il y a une Copie de ce Manuscrit dans la Bibliothèque des Pères Doctrinaires de Toulouse. On conserve l'Original à Narbonne. Garrigues & Renouard étoient contemporains. Ils vivoient il y a environ 100 ans ; mais Renouard avoit devancé Garrigues qui le cite.

Le Manuscrit de la Font est à Narbonne entre les mains de ses Héritiers. Il contient une grande quantité de Remarques sur ces Monumens.]

== ☞ Mémoire sur le Château Narbonnois, qui a été l'habitation des Rois Visigoths & des Comtes de Touloufe ; par M. BOUSQUET.

Voyez ci-devant, Tome I. N.° 526.]

== Hiſtoire des Comtes de Caſtres & de ceux de Narbonne ; par Guillaume DE CATEL.

Voyez ci-deſſus, [N.° 37708.]

37806. ☞ Mſ. Mélanges hiſtoriques pour Narbonne, Montpellier, Sauve, &c. *in-fol.*

Ces Mélanges ſont conſervés près de Nîmes, dans la Bibliothèque de M. le Marquis d'Aubais.]

37807. Hiſtoire des Ducs, Marquis & Comtes de Narbonne, autrement appellés Princes des Goths, Ducs de Septimanie, & Marquis de Gothie, avec les preuves ; par Guillaume BESSE : *Paris*, de Sommaville, 1660, *in-4.*

Cette Hiſtoire commence à l'an 767 de Notre Seigneur, & finit en 1507.

☞ L'Auteur s'attache plus particulièrement à l'Hiſtoire des Seigneurs qu'à celle de la Ville de Narbonne. Il ſe contente d'en dire quelque choſe. Cette Ville, extrêmement ancienne, a été (dit-on) fondée par les Alains, Peuples originaires du Pays qui eſt arroſé des eaux du Fleuve Alan, (ou Rivière de Languedoc, qui tire ſa ſource des Monts Pyrénées, & ſe jette dans la Méditerranée.) Il parle enſuite dans les quatre premiers Chapitres, mais brièvement, de l'état de la Province de Narbonne ou Septimanie, ſous les Romains & ſous les Viſigoths ; de la conquête qu'en firent les Rois Pepin & Charlemagne, ſous Eudes, Duc d'Aquitaine. L'Auteur paſſe à l'Hiſtoire ſuivie des Comtes, que ces Princes établirent à Narbonne, depuis l'an 767, ſous Pepin. La Seigneurie de cette Cité étoit partagée entre les Comtes & les Archevêques. Aymeric, autrement appellé Théoderic, fut le premier Duc, Marquis ou Comte de Narbonne, & Daniel, Archevêque de cette Ville, en fut le premier Conſeigneur. Ce fut ſous Bernard, Comte d'Auvergne, onzième Comte de Narbonne que Majol fut établi premier Vicomte ou Lieutenant du Comte, place qui devint héréditaire. Les Comtes de Narbonne finirent en la perſonne de Raymond, dernier Comte de Toulouſe & par la mort de Jeanne ſa fille, les Comtés de Toulouſe, de Narbonne, &c. échurent à Philippe-le-Hardi, en 1271, & le Roi Jean les réunit à la Couronne en 1351. Cette Hiſtoire n'eſt pas exacte, l'Auteur ayant voulu trop faire ſa cour à l'Archevêque de Narbonne, qui n'a jamais été Duc de cette Ville. Il y a cependant de très-bonnes choſes, & l'Auteur étoit ſçavant dans les antiquités du Pays.

On trouve à la fin, les Actes qui ſervent de preuves à cette Hiſtoire.]

☞ ON trouve ci-deſſus, N.° 37610, une ſuite exacte des Ducs, Marquis & Comtes de Narbonne & de Septimanie, avec leur Chronologie hiſtorique : voici celle des Vicomtes, ou de leurs Lieutenans.]

37808. ☞ Chronologie hiſtorique des Vicomtes de Narbonne.

Dans la ſeconde Edition de l'*Art de vérifier les Dates* : (*Paris*, Deſprez, 1770, *in-fol.*) *pag.* 747. Ces Vicomtes n'étoient d'abord que les Vidames & Viguiers (ou Lieutenans) des Marquis de Septimanie, Comtes de Narbonne : ils furent au commencement amovibles, & enſuite héréditaires. On peut voir en-

core à leur ſujet la Note XI. du Tome II. de l'*Hiſtoire du Languedoc*, par DD. de Vic & Vaiſſete.]

== Siège de *Leucate*, en 1637 ; par PAULHAC, &c.

Voyez ci-devant, [Tome II. N.°s 21896, 21926 & 21927.]

== Hiſtoire des Comtes de *Carcaſſonne*, par Guillaume DE CATEL.

Cette Hiſtoire eſt imprimée avec ſes *Mémoires pour l'Hiſtoire de Languedoc* : *Toloſe*, 1633, *in-fol.*

37809. Hiſtoire des mêmes ; par Pierre DE MARCA.

Cette Hiſtoire eſt imprimée dans celle de *Béarn* : *Paris*, 1640, *in-fol.*

37810. Hiſtoire des Comtes de Carcaſſonne, autrement appellés Princes des Goths, Ducs de Septimanie, & Marquis de Gothie ; par Guillaume BESSE, Citoyen de Carcaſſonne : *Béziers*, Eſtradier, 1645, *in-4.*

Cette Hiſtoire eſt peu de choſe.

37811. ☞ Hiſtoire Eccléſiaſtique & Civile de la Ville & Diocèſe de Carcaſſonne ; avec les Pièces Juſtificatives, & une Notice ancienne & moderne de ce Diocèſe ; par le R. P. Thomas BOUGES, Religieux Auguſtin de la Province de Touloufe : *Paris*, 1741, *in-4.*

Elle auroit dû être indiquée au Tome I. pour l'Hiſtoire Eccléſiaſtique, *pag.* 668.

Le Père Bouges eſt mort en 1742. On parle de lui & de ſes Ouvrages, dans le Journal de du Sauzet, intitulé : *Bibliotheque Françoiſe*, &c. tom. *III.* part. *I.* art. 4. & dans la *Bibliothèque ſacrée* du Père le Long. *Voyez* encore Lenglet, *Supplément à la Méth. hiſtor.* pag. 175. = *Journ. des Sçav.* Janv. 1749. = *Journal de Verdun*, Août, 1748. = *Merc.* Juin & Juillet, 1741.]

37812. ☞ Chronologie hiſtorique des Comtes & Vicomtes de Carcaſſonne & de Raſez.

Dans la ſeconde Edition de l'*Art de vérifier les Dates* : (*Paris*, Deſprez, 1770, *in-fol.*) *pag.* 747.]

37813. Antiquitez du Triomphe de *Béziers* : *Béziers*, *in-12.*

☞ Le vrai titre de ce Livre eſt :

L'Antiquité du Triomphe de Béziers, au jour de l'Aſcenſion : *Béziers*, 1628, *in-12.*]

37814. ☞ Hiſtorié de las Caritata de Béziés : 1635, *in-12.*]

37815. ☞ Hiſtoire abrégée de la Ville de Béziers ; par M. DE GUIBAL, de l'Académie de cette Ville.

Extrait des Lettres de M. BOUILLET, Médecin & Secrétaire de l'Académie de Béziers, ſur pluſieurs particularités de l'Hiſtoire Naturelle des Environs de cette Ville.

Ces deux Morceaux ſe trouvent dans le Recueil intitulé : *Nouvelles Recherches ſur la France* : *Paris*, Hériſſant, 1766, *in-12.* tom. *I.* pag. 84,1121.]

== ☞ Journal des Guerres civiles de *Béziers* ; par CHARBONNEAU.

Voyez ci-devant, Tome II. N.° 18546.]

37816. ☞ J. Bevret Portus Cetius, Carmen heroïcum, epipompeuticon: *Nemausi*, (sine anno) *in-*4.

Le Port de *Cette*, (qui est dans le Diocèse d'*Agde*,) a été perfectionné en 1678, sous la direction du Chevalier de Clerville : c'est le seul Port du Languedoc, & où aboutit le fameux Canal Royal.

Voyez ci-devant, Tome I. N.° 901 & les *Mémoires* de M. Astruc, *pag.* 536.]

== ☞ Descente des Ennemis (Anglois) au Port de Cette, en 1710.

Voyez ci-devant, Tome II. N.° 24456.]

37817. ☞ Des anciens Vicomtes de Béziers & d'*Agde*; & de l'Epoque de l'Union de ces deux Vicomtés.

C'est le sujet de la Note XX. du Tome II. de l'*Histoire du Languedoc*, par DD. de Vic & Vaissete.]

37818. ☞ Epoque de la soustraction de Béziers à la domination de la Maison de Montfort.

C'est le sujet de la Note XXV. du Tome III.]

37819. Ms. Chronique & Statuts de la Ville de *Montpellier* : *in-fol.*

Cette Chronique [étoit] dans la Bibliothèque du Collège des Jésuites de Paris, num. 93.

37820. ☞ Ms. Las Costumas è las Franquesas de la Vila de Monspelier.

C'est un Manuscrit du XIIIe Siècle, qui étoit chez M. de Fouillac, Professeur en Droit à Cahors.]

37821. Ms. Chronique de la Ville de Montpellier, depuis l'an 1192 jusqu'en 1390, copiée par Jean Fabry, en 1566.

Cette Chronique est conservée dans la Bibliothèque du Roi, entre les Manuscrits de du Chesne.]

37822. Ms. Sommaire des choses historiales, qui concernent la Ville de Montpellier, jusqu'en 1511 : *in-fol.*

Ce Sommaire, qui contient la Chronique précédente, [étoit] dans la Bibliothèque de M. Colbert, num. 4936, [& est aujourd'hui dans celle du Roi.]

37823. Ms. Chronique de la Ville de Montpellier, depuis 1114 jusqu'en 1581 : *in-*4.

37824. Ms. Preuves de l'Histoire des Seigneurs de Montpellier : *in-*4. 2 vol.

Ces deux Manuscrits sont conservés près de Nismes, dans la Bibliothèque de M. le Marquis d'Aubais, qui m'a marqué, qu'il y avoit dans le premier bien des dates & un grand détail.]

☞ En voici une Notice communiquée de nouveau par M. le Marquis d'Aubais.

☞ Ms. Chronique de la Ville de Montpellier, insérée dans un Registre appellé le *petit Thalamus*, en langage vulgaire ancien, depuis l'an 1114 jusqu'en 1426, traduite en François l'an 1639, avec une Continuation depuis l'an 1502 jusqu'en 1581 : *in-*4. 2 vol.

Ce Manuscrit est dans la Bibliothèque du Château d'Aubais, num. 126. On y trouve encore une Copie de cette Chronique, dans un autre *in-*4. coté du même num. 126, avec le *Catalogus Præsulum Magalonensium* de Verdale.]

☞ Ms. Preuves de l'Histoire des Seigneurs de Montpellier : *in-fol.* 2 vol.

Dans la Bibliothèque du Château d'Aubais, num. 82. Feu M. de Rignac, de qui vient ce Manuscrit comme le précédent, avoit ramassé les Copies de plusieurs Titres, Documens, Généalogies, & autres Actes servans pour l'Histoire des Seigneurs dont il parle.

37825. ☞ Des Seigneurs de Montpellier, & leur Généalogie.

C'est le sujet de la Note XXXVII. du Tome II. de l'*Histoire du Languedoc*, par DD. de Vic & Vaissete.]

37826. ☞ De la Baronie-Pairie de Montpellier, érigée en 1371, avec les Pièces qui la concernent.

Dans l'*Histoire Généalogique* du Père Simplicien, *tom. III. pag.* 234.]

37827. Ms. Histoire de la Guerre civile faite en Languedoc, pour le fait de la Religion, depuis l'an 1560 jusqu'en 1608 : *in-*4.

Ce Manuscrit est l'original de l'Auteur, qui étoit un Protestant : il n'y a rien ici, dit-il, que je n'aye vu ou entendu par fidèle rapport. Il s'attache à rapporter surtout ce qui s'est passé dans ce temps-là dans la Ville de Montpellier. Ce Manuscrit [étoit] num. 295, de la Bibliothèque de M. Colbert de Croissy, Evêque de Montpellier, [mort en 1738.]

☞ *Voyez* la *pag.* iv. de l'Avertissement du Tome V. de l'*Histoire de Languedoc*, de D. Vaissete, qui en avoit une Copie, laquelle doit être à S. Germain des Prés.]

== ☞ Mouvemens & Siège de *Montpellier*, &c. en 1622.

Voyez ci-devant, Tome II. N.ºs 21088, 21091.]

37828. ☞ Almanach historique & chronologique de la Ville de Montpellier; par M. (Dominique) Donat, Avocat : 1759, *in-*12.]

37829. * Ms. Histoire de la Ville de Montpellier; par Pierre Louvet, Médecin : *in-fol.*

Elle [étoit] entre les mains de François Louvet, fils de l'Auteur, Prêtre & Aumônier du Roi sur les Galères.]

37830. ☞ Ms. Histoire de la Ville de Montpellier; par M. Sevres, jusqu'en 1349 : *in-*4. 3 vol.

Cette Histoire, achevée en 1626, est dans la Bibliothèque de M. le Marquis d'Aubais.]

37831. ☞ Histoire abrégée de la Ville de Montpellier; par le Sieur Serres : *Montpellier*, Martel, 1719, *in-*12.]

37832. ☞ Histoire de la Ville de Montpellier, depuis son origine jusqu'à notre temps, avec un Abrégé historique de tout ce qui précéda son établissement; à laquelle on a ajouté l'Histoire particulière des Juridictions anciennes & modernes de cette Ville, avec les Statuts qui lui sont propres; par Charles d'Aigrefeuille, Prêtre, Docteur en Théologie & Chanoine de l'Eglise

Histoires du Languedoc. 533

Cathédrale de S. Pierre de Montpellier: *Montpellier*, 1737, *in-fol.*

Un second Volume, qui a paru en 1739, renferme l'Histoire Ecclésiastique de Montpellier : ci-devant, Tome I. N.° 9217. Dans ce second Volume le nom de l'Auteur est D'EGREFEUILLE.

Voyez sur son Ouvrage le *Journal des Sçavans*, 1744, Juillet & Août.]

37833. Historia Monspeliensis, in qua tum Urbis Monspeliacæ, tum Scholæ ejusdem Descriptio : Vitæ Professorum illustrium, titus & privilegia ; à Joanne Stephano STOLBERGERO, Doctore Medico : [*Norimbergæ*, Wagenmanni, 1625, *in-12.*]

== Histoire des Seigneurs de Montpellier; par Guillaume DE CATEL.

Voyez ci-dessus, [N.° 37708.]

37834. Idée de la Ville de Montpellier, recherchée & présentée aux honnêtes Gens; par Pierre GARIEL, Doyen de l'Eglise Cathédrale de Montpellier : *Montpellier*, Pech, 1665, *in-fol.*

☞ Cet Ouvrage est rare. *Voyez* la *Bibliographie* de M. Debure, *Hist.* num. 5417, où l'on trouve quelque détail sur ce Livre.]

37835. ☞ Description de la Ville de Montpellier, par l'Auteur du Nobiliaire historique de Languedoc, (M. Den. Fr. Gastelier DE LA TOUR :) *Montpellier*, 1764, *in-4.*]

37836. ☞ Remarques sur l'ancien Commerce de Montpellier.

On les trouve *pag.* 540 & *suiv.* des *Mémoires* de M. Astruc, ci-dessus, N.° 37693.]

37837. Mss. Mémoires de la Ville de Montpellier, depuis l'an 1621 jusqu'en 1690 : *in-4.*

37838. Mss. Pour le Palais de la Justice ou la Cour des Aydes de Montpellier : *in-4.* 2 vol.

Ces deux Manuscrits sont conservés près de Nismes, dans la Bibliothèque du Château d'Aubais.

37839. ☞ Lettre écrite à un Ami, au sujet de l'Inscription qu'on va placer, (à Montpellier,) sous la Statue Equestre que la Province de Languedoc a élevée à l'honneur de Louis XIV. *Montpellier*, Pech, 1728, *in-12.* brochure de 14 pages.]

37840. * Mss. Preuves pour l'Histoire des Comtes de *Maguelonne*, *Substantion* & *Melgueil* : *in-4.*

Dans la Bibliothèque de M. le Marquis d'Aubais.]

37841. ☞ Des Comtes héréditaires de Substantion ou de Melgueil, & leur Généalogie.

C'est le sujet de la Note XXXVI. du Tome II. de l'*Histoire du Languedoc*, par DD. DE VIC & VAISSETE.]

37842. ☞ Mss. Etat de la Ville de *Mauguio* (ou *Melgueil*,) mal réduite par les Guerres de la Religion.

Dans la Bibliothèque du Château d'Aubais, n. 126.]

37843. * Mss. Preuves pour l'Histoire des Seigneurs de *Lunel* : *in-4.*

Dans la Bibliothèque de M. le Marquis d'Aubais.

== ☞ Réduction de Lunel à l'obéissance du Roi Louis XIII. en 1622.

Voyez ci-devant, Tome II. N.° 21089.]

37844. ☞ Des Comtes & Vicomtes de *Lodève*.

C'est le sujet de la Note XXV. du Tome II. de l'*Histoire du Languedoc*, par DD. DE VIC & VAISSETE.]

37845. * Transaction passée entre Berenger de Guilhem, Seigneur de *Clermont*, (au Diocèse de Lodève,) & les Habitans de cette Ville : *in-fol.*

Elle est imprimée sans année, &c. en Languedocien & en François.

== Chronicon *Nemausense*, ab anno 815, ad annum 1323.

☞ Cette Chronique de *Nismes* est indiquée ci-devant, Tome II. N.° 16989.]

37846. Discours historial de l'antique & illustre Cité de Nismes en la Gaule Narbonnoise, avec les Portraits des plus antiques & insignes Bâtimens d'icelle, réduits à leur vraie mesure & proportion ; ensemble de l'antique & moderne Ville ; par Jean Poldo D'ALBENAS : *Lyon*, Pouille, 1560, *in-fol.*

☞ Cet Ouvrage est curieux & recherché. *Voyez* le tom. *IV. pag.* 385 de l'*Histoire de Nismes* de Ménard, ci-après, N.° 37851.]

37847. ☞ Histoire abrégée de la Ville de Nismes, où il est parlé de son origine, des beaux Monumens de l'antiquité qui s'y voyent, des Hommes illustres qu'elle a produits, &c. par Jean DE GRAVEROL : *Londres*, Roger, 1703, *in-8.*

L'Auteur est mort à Londres en 1718. Il étoit frère de François de Graverol, célèbre Antiquaire, dont on a parlé ci-dessus.

37848. ☞ Histoire de la Ville de Nismes & de ses Antiquités ; par Hubert GAUTIER, Architecte-Ingénieur & Inspecteur des Ponts & Chaussées du Royaume, avec figures : *Paris*, Cailleau, 1720, 1724, *in-8.* de 76 pages.

Voyez le *Journ. de Verdun*, Mai, 1720. = *Ouvr. des Sçavans*, *Avril*, 1720. Dans les figures les mesures sont assez exactes ; mais les objets sont représentés imparfaitement. Henri Gautier est mort à Nismes en 1737.]

37849. ☞ Sonnets sur les Antiquités de la Ville de Nismes ; par M. l'Abbé DE VALETTE-FAVESSAC, (Prieur de Bernis :) 1748 & 1750, *in-8.*

37850. ☞ Abrégé de l'Histoire de Nismes, par le même : 1758, *in-8.*

Cet Ouvrage, & le précédent, ont été imprimés ensemble, comme quatrième Edition, augmentée : *Avignon*, Chambeau, 1760, *in-8.*]

37851. ☞ Histoire Civile, Ecclésiastique & Littéraire de la Ville de Nismes, avec des Notes & les Preuves, suivie de Dissertations historiques & critiques sur les Antiquités, & de diverses Observations sur son Histoire Naturelle; par M. (Léon) MÉNARD, (Conseiller au Présidial de Nismes, & de l'Académie Royale des Inscriptions & Belles-Lettres:) *Paris*, 1750-1758, *in*-4. 7 vol.

Cette Histoire commence avant Jesus-Christ, & est continuée jusqu'en 1753. Le Tome VII. contient les Antiquités, l'Histoire Naturelle & des Additions.

On peut voir à son sujet, *Journal des Sçavans*, Janvier, 1750, Octobre, 1753, Février, 1754. = *Mém. de Trévoux*, Juillet, 1750, Décembre, 1753. L'Auteur est mort le 1 Octobre 1767.]

37852. ☞ Abrégé de l'Histoire de la Ville de Nismes, avec une Description des Ouvrages anciens & modernes de la Fontaine; par M. DE LA FERRIERE, Chanoine de l'Eglise Cathédrale: *Nismes*, Gaude, 1753, *in*-12.

Ce Chanoine est mort le 29 Septembre 1757.]

37853. ☞ Histoire abrégée de la Ville de Nismes, avec la Description de ses Antiquités; par M. Jean Fr. Dieu-donné MAUCOMBLE: *Amsterdam*, (*Paris*,) 1767, deux parties en 1 vol. *in*-8. fig.]

== ☞ Mémoire sur l'Emotion arrivée en la Ville de Nismes en Languedoc, le 15 Juillet 1613, envoyé par les Sieurs Consuls dudit Nismes aux Députés généraux des Eglises Réformées, &c. *in*-4.

On a déja indiqué cette Pièce au Tome II. N.° 20107. Elle est sans nom de Ville ni d'Imprimeur. On peut voir à ce sujet l'*Histoire de Nismes*, par Ménard, *tom. V. pag.* 356, où il est parlé de cette Emeute.]

37854. ☞ Mss. Relation historique des mouvemens historiques arrivés à Nismes au sujet de l'Election Consulaire de l'année 1658 : *in*-4.

Ce Manuscrit est conservé dans la Bibliothèque de M. le Marquis d'Aubais, num. 132.]

37855. ☞ Mémoire des Officiers de la Sénéchaussée & Siège Présidial de Nismes, sur l'échange passé en 1721, entre Sa Majesté & M. le Duc d'Uzès: *Nismes*, Belle, 1730, *in*-4.]

37856. ☞ Mss. Discours sur l'Origine de Nismes, & sur le Dieu Nemausus, avec les Inscriptions qui s'y rapportent; par le Marquis Alexandre-Henri-Pierre DE ROCHEMARE, de l'Académie de Nismes.

Ce Discours, lu à l'Académie, est entre les mains de l'Auteur.]

37857. ☞ Eclaircissemens des Antiquités de la Ville de Nismes; par Ch. CAUMETTE, Avocat de la même Ville: *Tarascon*, Fuzier, 1746, *in*-8.

Cet Avocat est mort en 1747.]

37858. ☞ Antiquités de Nismes.

Dans les *Antiquités* de M. le Comte de Caylus, *tom. II. pag.* 339-366.]

37859. ☞ Inscriptions antiques de la Ville de Nismes & des environs, dessinées par M. SEGUIER, Secrétaire de l'Académie de Nismes: *in-fol.*

Ce Manuscrit est entre les mains de l'Auteur.]

37860. Mss. Mémoires touchant les Antiquités de Nismes; par J. ROBERT, Juge Criminel.

Ces Mémoires sont cités dans la Bibliothèque de la Croix du Maine.]

37861. Jacobi GRASSERII, Basileensis, Civis Romani, sacri Palatii Comitis, de Antiquitatibus Nemausensibus Dissertatio: *Coloniæ*, 1572, *Parisiis*, 1607, *Coloniæ Mutianæ*, (seu *Basileæ*,) 1614, *in*-8. *Lugduni*, 1616, *in*-12.

Ces mêmes Antiquités sont imprimées dans le *Trésor des Antiquités Romaines*, publié par de Sallengre, pag. 1059: *Haga-Comitis*, 1716, *in-fol.*

37862. Mss. Antiquités Romaines de Nismes; par [Anne] RULMAN, Assesseur Criminel de la grande Prevôté de Languedoc: *in-fol.* 3 vol.

Cet Ouvrage est cité dans le *Plan de ses Œuvres mêlées, Vol. VI. Nismes*, Gillet, 1630, *in-fol.*

Il [étoit] en la possession de M. l'Abbé Fléchier, neveu du fameux Evêque de Nismes.

37863. ☞ Inventaire particulier des Epitaphes & Inscriptions Romaines qui ont été trouvées dans les masures de l'ancien Nismes.

Cet Inventaire se trouve dans le même Volume sixième de Rulman, que l'on vient de citer.]

37864. ☞ Dissertation sur la Maison Quarrée de Nismes.

Elle est imprimée dans le tom. X. de la *Continuation des Mémoires de Littérature* du Père Des-Molets. L'Auteur prétend que c'étoit un Temple que l'Empereur Adrien fit ériger par reconnoissance en l'honneur de Plotine, femme de Trajan, qui avoit fait adopter par cet Empereur, & lui avoit procuré l'Empire. Cet Edifice sert à présent d'Eglise aux Religieux Augustins.]

37865. ☞ Dissertation sur l'ancienne Inscription de la Maison Quarrée de Nismes; par M. SEGUIER, Secrétaire de l'Académie Royale de Nismes: *Paris*, Tilliard, 1759, *in*-8. de 53 pages.]

37866. ☞ Dissertation (du même,) sur l'ancienne Inscription du Temple de Caius & de Lucius Cæsars, petits-fils d'Auguste: *Paris*, Tilliard, *in*-8.]

37867. ☞ Alberti D'AUGIERES, Poema de Amphitheatro Nemausensi.

Cette Pièce se trouve parmi les *Poésies Latines* de cet Auteur: *Lugduni*, 1694, *in*-12.]

37868. ☞ Francisci GRAVEROLII Nemausensis, J. U. D. Miles Missicius: 1674, *in*-12.

C'est une Dissertation sur une Inscription antique de Nismes. Spon l'a réimprimée dans les *Miscellanea Erudit. Autorum Sect. VII. pag.* 239.]

37869. ☞ Ejusdem Votum Deæ Mehelaniæ solutum, ad Joan. Ciampinum Roma-

Histoires du Languedoc.

num Epistola ; de Opere quodam musivo nuper reperto : 1689, *in*-4.

[C'est une figure de l'explication d'une Mosaïque découverte à Nismes, & le tout n'a qu'une Feuille.]

37870. ☞ Ejusdem Epulæ ferales, sive Fragmenti marmoris Nemausini Enodatio.

[Cette Dissertation est imprimée dans les deux Editions du *Sorberiana*.]

37871. Les Antiquités de la Ville de Nismes ; par (Jacques) DEYRON : [*Grenoble*, 1655, de 88 pages. Seconde Edition :] *Nismes*, Plesses, 1663, *in*-4. [de 154 pages.]

☞ La première Edition avoit pour titre : *Des anciens Bâtimens de Nismes*. Cet Ouvrage ne mérite aucune considération. L'Auteur n'avoit pas la plus légère notion de l'Antiquité. Il est mort à Nismes en 1677.]

37872. Galliardi GUIRANI, in Nemausensi Senescha lia Consiliarii, & in suprema Arausiensi Curia Senatoris, Explicatio duorum vetustorum Numismatum Nemausensium ex ære : *Arausioni*, 1655, *in*-4.

Altera Editio auctior & emendatior : *Arausioni*, 1657, *in*-4.

Cette même Explication est imprimée dans le *Trésor des Antiquités Romaines*, publié par de Sallengre, pag. 1009 : *Hagæ-Comitis*, 1716, *in*-fol.

37873. ☞ Ms. Interpretatio Galliardi GUIRANI lapidum repertorum Nemausi, anno 1666, inter rudera murorum antiquorum, nunc in illius ædibus.

M. Séguier, Secrétaire de l'Académie de Nismes, a une Copie de cette Dissertation, qu'on peut regarder comme originale, y ayant des Notes marginales de la main de l'Auteur. Les deux Inscriptions qu'il explique sont rapportées dans le Tome VII. de M. Ménard, pag. 309, num. xxij & xxiij.]

37874. ☞ Ms. Josephi BIMARDI (DE LA BASTIE,) Montis Seleuci apud Vocontios Toparchæ, ad Inscriptiones Nemausenses, à Galliardo Guirano illustratas Adnotatiunculæ.

[Ces Remarques sont entre les mains du même M. Séguier, qui les reçut du Baron de Bimard de la Bastie, auquel il avoit communiqué la Dissertation de Guiran.]

37875. ☞ Ms. Antiquitates & Inscriptiones Nemausenses, operâ & studio Galliardi GUIRANI, apud Arecomicos & Auraicos Senatoris Amplissimi, Libri IIII. Accessit Tractatus elegans de re nummariâ veterum : *Nemausi*, MDCLII. *in*-fol. 2 vol.

Voyez Ménard, *Histoire de Nismes*, tom. VI. p. 252. L'Original de cet Ouvrage est à Vienne, dans la Bibliothèque de l'Empereur, où il a passé avec celle du Baron de Hoendorff, qui l'avoit acheté. Le premier Volume contient l'Histoire de Nismes ; & le second, les Inscriptions antiques de cette Ville & des environs. M. Séguier, Secrétaire de l'Académie de Nismes, a une Copie presque entière du premier Volume, & toutes les Inscriptions du second ; mais il n'a pas les Remarques de ce dernier, qui sont beaucoup travaillées. Gaillard Guiran est mort vers 1680.]

37876. ☞ Description des Antiquités de la Ville de Nismes : 1719, *in*-8.

La même, nouvelle Edition : 1737, *in*-8.

[Elle est augmentée de la Description de la Tour-Magne, & de quelques autres Antiquités.]

37877. ☞ Eclaircissemens des Antiquités de la Ville de Nismes ; par M★★★, Avocat de cette Ville : *Nismes*, Belle, 1743, *in*-8. de 70 pages, avec fig.]

37878. ☞ Observations de M. MÉNARD, sur quelques anciens Monumens qui ont été découverts en creusant la Fontaine de cette Ville ; à M. le Marquis d'Aubais. *Mercure, Juin*, 1739, Vol. II.]

37879. ☞ Autres Observations, du même, à ce sujet. *Ibid. Décembre*, 1739.]

37880. ☞ Plans des anciennes Fondations dont la Fontaine de Nismes étoit environnée.

Dans les *Antiquités* de M. le Comte de Caylus, tom. III. pag. 332.]

37881. ☞ Dissertation sur les Antiquités de Nismes ; par M. le Président D'ORBESSAN.

Elle se trouve pag. 252 du tom. II. de ses *Mélanges historiques*, &c. *Toulouse & Paris*, Merlin, 1768, *in*-8. 4 vol.]

37882. ☞ Mémoire sur un Monument antique trouvé à *Clarensac*, Diocèse de Nismes ; lu à l'Académie des Sciences de Toulouse ; par le même.

Il est imprimé pag. 271 du Volume que l'on vient d'indiquer.]

37883. ☞ Dissertation sur un ancien Monument concernant le Dieu Mithras, trouvé près *Saint-Andéol* ; par le P. GUILLEAUME, Provincial des Barnabites de France. *Mém. de Trévoux*, 1724, *Février*, pag. 297.]

37884. ☞ Dissertation de M. MÉNARD, sur un ancien Monument du Bourg Saint-Andéol, adressée à M. le Cardinal de Polignac. *Mercure, Mars*, 1740.]

37885. ☞ Remarques sur la Ville de *Saint-Gilles*, où il y avoit autrefois un Port célèbre.

Dans les *Mémoires* de M. Astruc, (ci-dessus, N.º 37693,) pag. 532, 538 *& suiv*.]

37886. ☞ Recherches historiques & chronologiques concernant l'Etablissement & la Suite des Sénéchaux de *Beaucaire* & de Nismes ; par Gaillard GUIRAN, Conseiller en la Sénéchaussée de Nismes : 1660, *in*-8.]

37887. ☞ Origine de la Ville de Beaucaire.

[C'est le sujet de la Note XXXVIII. du Tome II. de l'*Histoire du Languedoc*, par DD. DE VIC & VAISSETE.]

37888. ☞ Recherches historiques & chronologiques sur la Ville de Beaucaire, avec le Recueil des Privilèges, des Confirmations & des Dons accordés à ses Habitans, par les Rois Très-Chrétiens, les Comtes de

Toulouse, & autres Princes; (par M. MAIL-LANE, Marquis de Pourçelet:) *Avignon*, Giroud, 1718, *in-*8.]

37889. ☞ Mémoire au Roi & à son Conseil, pour défendre les Privilèges, Franchises & Immunités de la Ville de Beaucaire; par M. D'HERMAND, Avocat ès Conseils du Roi : *Paris*, 1649, *in*-4. de 66 pages.]

37890. ☞ L'Embarras de la Fieiro de Beaucaire ; par Jean MICHEL de Nismes, (en Vers Languedociens:) *in*-8. =Autre Edition, revist & aumentat, embé plusieurs autres Piessos: *Amsterdam*, Pain, 1700, *in*-8.

Le même, en François, ou l'Embarras de la Foire de Beaucaire ; par MICHEL : *in*-12.]

37891. ☞ Traité historique de la Foire de Beaucaire, où l'on voit son Origine, ses Privilèges & Exemptions : *Marseille*, 1734, *in*-4.]

37892. ☞ Relation de ce qui s'est passé entre le Roi & le Comte de Belle-Isle, au sujet de l'Echange de la Ville de Beaucaire, la conduite de cette Ville pour le faire révoquer, sa réunion au Domaine, les Evénemens arrivés pendant la Contagion, les Réjouissances faites entre les Villes d'Arles, Tarascon & Beaucaire, au sujet de la liberté du Commerce ; par M. D'ARBAUD DE RAIGNAC : *Avignon*, Giroud, 1723, *in*-8.]

37893. ☞ Sur l'origine de la Ville & du Port d'*Aigues-mortes*.

C'est le sujet de la Note XXXVI. du Tome III. de l'*Histoire du Languedoc*; par DD. DE VIC & VAISSETE. On peut voir aussi *pag*. 534 *& suiv*. des *Mémoires* de M. Astruc, ci-dessus, N.° 37693.]

== ☞ Observations sur l'Entrevue du Roi François I. avec l'Empereur Charles-Quint, à Aigues-mortes, en 1538.

Voyez ci-devant, Tome II. N.° 17568.]

== ☞ Discours de ce qui s'est passé pour le Gouvernement d'Aigues-mortes : 1615, *in*-8.

Il y a apparence que c'est le même Discours que celui que l'on a indiqué Tome II. N.° 20423.]

== Histoire des Sièges de *Sommières*, en 1572 & 1577.

Voyez ci-devant, [Tome II. N.° 18382.]

== Prise de la Ville de Sommières, en 1625. *Ibid*. [N.ºs 21347 & 21348.]

37894. ✱ Ms. Inventaire ou Suite des Seigneurs, Bailliage & Viguérie de *Sauve*, depuis l'an 1020 jusqu'à présent ; par H. D. V. (Hercule DE VALOBSCURE).

Dans la Bibliothèque de M. le Marquis d'Aubais.

37895. ✱ Ms. Preuves pour l'Histoire des Comtes d'*Alais* : *in*-4.

Dans la même Bibliothèque.

37896. ☞ Ms. Dénombrement des Barons de la Ville d'Alais, jusqu'en 1638; par M. DE RIGNAC : *in*-4.

Dans la même Bibliothèque, num. 34.]

37897. ☞ Ms. Preuves de l'Histoire d'*Uzès*, & autres Pays de Languedoc.

Dans la même Bibliothèque, num. 88.]

37898. ☞ Des anciens Seigneurs d'Uzès; Leur Généalogie, & celle des Seigneurs de Posquières.

C'est le sujet de la Note LII. du Tome II. de l'*Histoire du Languedoc*, par DD. DE VIC & VAISSETE.]

37899. ☞ De la Duché-Pairie d'Uzès, érigée en 1565 & 1572.

Dans l'*Histoire Généalogique* du Père Simplicien, tom. II. *pag*. 739. C'est depuis long-temps la première ou plus ancienne Pairie.]

37900. ☞ Observations sur une ancienne Chronique de l'Eglise d'Uzès, (qui s'étend depuis l'an 743 jusqu'au commencement du IXe Siècle, que Caseneuve a donnée dans son Traité du Franc-alleu de Languedoc;) par M. MÉNARD, 1760. *Hist. de l'Acad. des Inscript. & Belles-Lettres, tom. XXIX. pag*. 287.]

37901. ☞ Mémoire historique sur le Pays de Gévaudan, & sur la Ville de Mende, qui en est la Capitale, pour servir au Dictionnaire universel de la France, recueillis & dressés par le R. P. LOUVRELEUL, Prêtre de la Doctrine Chrétienne, Directeur & Professeur de Théologie morale du Séminaire de Mende : *Mende*, Jacques Roy, 1726, *in*-8.]

37902. ☞ Des anciens Comtes & Vicomtes de Gévaudan.

C'est le sujet de la Note (ou Dissertation) XXVI. du Tome II. de l'*Histoire de Languedoc*, par DD. DE VIC & VAISSETE.]

== ☞ Discours sur la prise de *Mende*, par les Huguenots, en 1563.

Voyez ci-devant, Tome II. N.° 17928.]

37903. ☞ Relation & Dissertation sur la Peste du Gévaudan ; par le Sieur GRIFFON : *Lyon*, 1722, *in*-8.]

37904. ☞ Des Comtes de *Vélai* & d'Auvergne.

C'est le sujet de la Note XVII. du Tome II. de l'*Hist. de Languedoc*, par DD. DE VIC & VAISSETE.]

37905. ☞ Antiquités du *Puy* en Vélai ; par M. l'Abbé (Jean) LEBEUF. *Hist. de l'Acad. des Inscript. & Belles-Lettres, tom. XXV. pag*. 143.

Le Puy fut bâti aux dépens de l'ancien *Russium*, (ancienne Capitale des *Vellavi*,) aujourd'hui S. Paulien, qui en est à deux lieues, mais en Auvergne.]

37906. ☞ Mémoire sur la Ville de *Saint-Paulien* en Vélai, & sur des Monumens antiques trouvés dans le Vélai. *Mercure*, 1727, Décembre, Vol. I.]

37907. ☞ Réfutation du Mémoire précédent. *Ibid*. 1728, *Juillet*.]

37908.

Histoires du Languedoc.

37908. ☞ Observations sur les premiers Vicomtes de *Polignac*.

C'est le sujet de la Note (ou Dissertation) X. du Tome II. de l'*Histoire de Languedoc*, par DD. DE VIC & VAISSETE.]

37909. ☞ Remarques sur les diverses Expéditions que le Roi Louis-le-Jeune entreprit contre les Vicomtes de Polignac.

Dans le même Ouvrage, Tome III. Note III.]

37910. ☞ Monument antique concernant un Oracle d'Apollon, conservé dans le Château de Polignac.

Il en est question dans l'Ouvrage de Siméoni sur la Limagne, dans le premier Tome de Marcel sur les Gaules & la France, enfin dans les *Antiquités* du Père de Montfaucon.]

== ☞ Mémoires sur les Guerres civiles & les Troubles, dans le haut *Vivarais*; par Achilles GAMON, depuis l'an 1558 jusqu'en 1586.

Voyez ci-devant, Tome II. pag. 277, N.° 18360.]

37911. ☞ Mémoire sur la Ville d'*Annonai*, dans le haut Vivarais.

Il se trouve *tom. I. pag.* 1-43 du Recueil intitulé: *Nouvelles Recherches sur la France : Paris*, J. Th. Hérissant, 1766, *in* 12.]

== ☞ Prise du *Cheylar* en Vivarais, sur les Huguenots, en 1621.

Voyez ci-devant, Tome II. N.° 21007.]

== ☞ Mouvemens de *Privas*, en 1621; & Prise de son Fort, en 1629.

Voyez ci-devant, Tome II. N.° 20984. & 21595.]

== ☞ Prise de *Chamerac* en Vivarais, de *Mirabel*, du *Poussin*, &c. sur les Religionnaires, en 1628.

Voyez ci-devant, [Tome II. N.°s 21468, 21469 & 21474.]

== ☞ Relation du Siège de *Poussin*, en 1622; par Pierre DE BOISSAT.

Voyez ci-devant, Tome II. N.° 21081.]

37912. ☞ De la Duché-Pairie de *Joyeuse*, érigée en 1581, & renouvellée en 1714.

Dans l'*Histoire Généalogique* du Père Simplicien, *tom. III. pag.* 801, & *tom. V. pag.* 146. Cette Pairie est éteinte.]

37913. ☞ Mf. Fidèle Relation de ce qui s'est passé en la Ville d'*Aubenas*, pendant les derniers mouvemens du Pays bas du Vivarais : *in*-4.

Elle est conservée dans la Bibliothèque du Marquis d'Aubais, num. 105.]

== ☞ Histoires des Guerres des Cévennes, par les Fanatiques.

Voyez ci-devant, Tome I. N.°s 1669-1675.]

== ☞ Histoires de la Révolte des Cévennes, depuis 1702 jusqu'en 1705.

Voyez ci-devant, Tome II. N.° 24432.]

Tome III.

Histoires du Comté de Foix.

☞ Ce Pays étoit réputé autrefois de Languedoc, dont il dépendoit en grande partie : il tient ses Etats à part, & forme aujourd'hui un Gouvernement particulier de Province.]

37914. Mf. Chronique abrégée des Comtes de Foix & Maison de Navarre : *in-fol*.

Cette Chronique, qui finit en 1487, [étoit] dans la Bibliothèque de M. le premier Président de Mesme, & dans celle de M. Baluze, num. 419. [Ce dernier Exemplaire est aujourd'hui dans la Bibliothèque du Roi.]

== Histoire de Foix, avec un Plaidoyé de DU BELLOY.

Voyez ci-dessus, [N.° 36656.]

37915. Mf. Abrégé de l'Histoire de Foix & de ses Comtes, jusqu'en 1460 : *in*-4.

Cet Abrégé est conservé dans la Bibliothèque du Roi, entre les Manuscrits de du Chesne.]

37916. Mf. Dissertation historique, contenant le Droit des anciens Comtes de Foix sur plusieurs Terres & Seigneuries situées dans les Pyrénées Espagnoles, dans la Catalogne & dans les Royaumes d'Arragon & de Valence ; avec les Pièces servant de preuves; copiées sur les Originaux par François DE CAMPS, Abbé de Signy : *in-fol*.

Cette Dissertation [étoit] dans la Bibliothèque de l'Auteur, [& est aujourd'hui dans celle de M. de Beringhen.]

37917. Bertrandi HELIÆ, Appamiensis Jurisconsulti, Historia Comitum Fuxensium : *Tolosæ*, Vieillardus, 1540, *in*-4.

37918. Les Annales de Foix : joints à icelles les ans & faits dignes de perpétuelle récordation, advenus tant au Pays de Béarn, Comminge, Bigorre, Armaignac, Navarre, que Lieux circonvoisins, depuis le premier Comte de Foix, Bernard, jusqu'au Prince Henri, à présent Comte de Foix & Roi de Navarre, par Guillaume DE LA PERRIERE, Tolosain : *Tolose*, Vieillard, 1539, *in*-4.

« Bertrand Hélie, de Pamiers, a publié depuis cent » ou six-vingts ans l'Histoire Latine des Comtes de Foix; » qu'il a dérobée d'un Arnaud SOUERRER, qui auparavant avoit traité le même argument en Langue du » Pays ; comme aussi Guillaume de la Perriere, qui a » traduit en notre Langue ». C'est ce que dit Besly, *pag*. 128 de son Traité de la Clause, *Regnante Christo*, qui est à la fin de son *Traité des Comtes de Poitou : Paris*, 1647, *in-fol*. La Version Françoise de l'Ouvrage d'Hélie a paru avant l'Original.

☞ *Voyez* sur cet Ouvrage la *Méth. hist.* de Lenglet, *in*-4. *tom. IV. pag*. 233.]

== Origine des Comtes de Foix & de Bigorre ; par Pierre DE MARCA.

Voyez ci-dessus, [N.° 37660.]

37919. ☞ Mf. Abrégé de l'Histoire de Foix & de ses Comtes ; Privilèges du Pays, Droits de péages, &c. *in*-4.

Ce Manuscrit, petit *in*-4. en parchemin, est conservé dans les Archives de la Ville de Foix, avec ce titre, *Laudari*, terme du Pays signifiant Péages. Il s'étend jusqu'environ l'an 1460.]

Yyy

37920. Histoire de Foix, Béarn & Navarre, recueillie tant des précédens Historiens que des Archives desdites Maisons, en laquelle est montré l'Origine, Accroissement, Alliances, Généalogies, Droits & Successions d'icelles jusqu'à Henri IV. Roi de France & de Navarre, Seigneur Souverain de Béarn & Comté de Foix ; par Pierre OLHAGARAY, Historiographe du Roi : *Paris*, 1609, *in*-4.

== Histoire des Comtes de Foix ; par Guillaume DE CATEL.

Voyez ci-dessus, [N.° 37708.]

37921. ☞ Des Comtes de *Foix*, de la première & de la seconde Race.

Dans l'*Histoire Généalogique* du Père Simplicien, *tom. III. pag.* 343 & 367.

37922. ☞ Chronologie historique des Comtes de Foix ; (par Dom Charles CLÉMENT, Religieux Bénédictin.)

Dans la seconde Edition de l'*Art de vérifier les Dates* : (*Paris*, Desprez, 1770, *in-fol.*) *pag.* 748-756 & 820.]

37923. Histoire de Foix ; par LAS CASAS, Vicaire de Foix, puis Curé de Sems : *in*-12.

☞ Par la manière dont le Père le Long indique cet Ouvrage, il y a lieu de croire qu'il ne l'avoit jamais vu, & qu'il a été trompé par quelque Mémoire peu exact. Car ce doit être le même que celui qui suit, & auquel conséquemment nous ne mettrons pas un nouveau chiffre.

Mémorial historique contenant la Narration des Troubles & ce qui est arrivé diversement de plus remarquable dans le Pays de Foix & Diocèse de Pamiez, depuis l'an de grace 1490, jusqu'à l'an 1640 ; par Jean-Jacques DE LESCAZE, Foixien, Prêtre, jadis Curé de Foix, & à présent de Benac, au même Diocèse : *Tolose*, Colomiés, 1644, *in*-8.

Il est écrit en mauvais François, & par un Prêtre Catholique, très-vif & très-emporté, qui employe quantité d'invectives : néanmoins il est curieux par beaucoup de faits qu'il rapporte, & qu'il circonstancie exactement. Son Ouvrage contient des choses très-particulières qui n'ont point été déduites par d'autres, & que l'Auteur raconte comme témoin oculaire.]

37924. ☞ De l'Origine de la Ville de *Pamiers*.

C'est le sujet de la seconde partie de l'[...]on ou Note XXXII. du Tome I. de l'*Hist*[...]uedoc, par DD. DE VIC & VAISSETE.]

== ☞ Prise de Pamiers, en 16[...]

Voyez ci-devant, Tome II. N.° 2147[...]

ARTICLE XI[...]

Histoires du Gouvernement [...] *phiné*.

CETTE Province se divise en [...] trées, qui sont le Grésivaudan, où est situé G[...], la Capitale du Dauphiné, le Viennois, le V[...]is, le Diois, le Gapençois, l'Embrunois & le [...]nnois.

37925. Discours historique touchant l'état général des Gaules, & principalement des Provinces de Dauphiné & de Provence, tant sous la République & Empire Romain, que sous les François & les Bourguignons, & quelques Recherches particulières de certaines Villes qui y sont ; par Aymar DU PERRIER, Sieur de Chameloc : *Lyon*, Ancelin, 1610, *in*-8.

37926. Galliæ, Delphinatúsque Panegyricus, anno 1658, dictus à Claudio LYONNARD, Ordinis Prædicatorum : *Gratianopoli*, [Petit,] 1661, *in*-12.

== Floridorum Liber singularis, de Delphinatûs Provincia, &c. Auctore Stephano CLAVERIO.

Voyez ci-devant, [Tome II. N.° 15413.]

37927. Petit Livre du Royaume des Allobroges, dit depuis de Bourgogne ou Viennois, par Symphorien CHAMPIER : *Lyon*, 1529, *in*-8.

37928. De la prouesse & réputation des anciens Allobroges ; par Pierre DE BOISSAT, (père,) Seigneur de Licieu, Vi-Bailly de Viennois : *Vienne*, Ancelin, 1602 ; *Paris*, 1603, *in*-4.

Les anciens Allobroges font à présent le Bailliage de Viennois, selon cet Auteur ; [mais ils s'étendoient plus en Dauphiné, & même en Savoye.]

☞ Cet Ouvrage est du père du fameux Pierre de Boissat, qui a été de l'Académie Françoise, & à qui quelques Auteurs [...] mal à propos.]

37929. Ms. Histoire séculière & Ecclésiastique de Raymond JUVENIS, Conseiller & Procureur du Roi dans le Gapençois, (ou Mémoires pour l'Histoire du Dauphiné :) *in-fol.* 2 vol.

L'Original de l'Auteur [étoit] dans la Bibliothèque de M. Thomassin de Mazaugues [& doit être aujourd'hui dans celle de la Ville de Carpentras.] Le Tome I. comprend vingt-cinq Livres, & finit à l'an 1000 de Jesus-Christ. Le II. n'a que cinq Livres, & se termine à l'an 1113, la mort de l'Auteur, arrivée en 1703, l'ayant empêché de le continuer. Cet Ouvrage est bon, sçavant, pris d'après les Originaux ; l'Auteur cite ses garans aux marges, & rapporte beaucoup d'Auteurs anciens.

✱ Dom Edmond Martenne, *pag.* 279, de la Part. I. de son *Voyage Littéraire*, en parle sous le titre de *Mémoires pour l'Histoire du Dauphiné*, qu'il dit être conservés dans la Bibliothèque des Cordeliers de la Ville d'Aix, [c'est-à-dire qu'il y en a une Copie.]

37930. Ms. Le Registre Delphinal fait par le commandement du Prince Louis Dauphin ; par Matthieu THOMASSIN, de Lyon, Conseiller du Conseil Delphinal : *in-fol.*

Louis Dauphin a été nommé depuis Louis XI. Roi de France, & Thomassin a été ensuite Président en la Chambre des Comptes de Grenoble. L'Original de ce Registre est conservé dans les Archives de cette Chambre ; mais plusieurs Curieux en ont à Paris des Copies. C'est sans doute le même Livre indiqué au n. 3657, de la Bibliothèque de M. Colbert, [aujourd'hui en celle du Roi,] sous le titre de *Chronique de Dauphiné.*

Ce Registre contient trois parties ; dans la première

Histoires du Dauphiné.

font les Lettres de Commiffion, datées de Romans, le 20 Mai 1456, par lefquelles le Dauphin charge l'Auteur de s'informer diligemment & au vrai de fes anciens Droits, Privilèges, Libertés, Geftes & Faits, & autres chofes touchant fon Pays du Dauphiné. C'eft en vertu de cette Commiffion que Thomaffin a entrepris cet Ouvrage, qui eft fans ordre & rempli d'une érudition mal digérée.

La feconde partie eft intitulée : « Le Bréviaire des » anciens Droits, Honneurs & Prérogatives du Dau-» phin de Viennois, dédié au même Prince par Mat-» thieu THOMASSIN ». Il n'y eft pas plus exact que dans la première partie. Il y traite de tout ce qui concerne cette Province, & il y rapporte la Généalogie de fes Princes & les différentes Souverainetés dont elle eft compofée. Il y fait auffi entrer plufieurs traits de l'Hiftoire univerfelle, tout cela fans choix ; ce qui eft plutôt le défaut du fiècle que de l'Auteur, qui avoit quelque goût. Cette partie eft auffi confervée dans la Bibliothèque du Roi, num. 4880.

La troifième partie porte ce titre : « Sequitur Deductio & Declaratio Dignitatum, Præeminentiarum, » Prærogativarum Dominii, Signoriæ & Jurium parti-» cularium, fpectantium & pertinentium Illuftriffimo » Chriftianiffimi Regis Francorum Primogenito, Del-» phino Viennenfi, &c. per fpectabilem & egregium » Virum Matthæum THOMASSINI, de Lugduno, Con-» filiarium Delphinalem & Commiffarium per dictum » Dominum noftrum deputatum fupradictis Juribus, &c. » laboriosè extracta ex mari magno Decretorum & » Scriptorum in Archivis & Camera Computorum Del-» phinenfium exiftentibus & in quibufdam aliis Scrip-» turis penès Curiam Comitalem repertis ». J'ai eu la Notice de ce Manufcrit de M. Lancelot très-verfé dans ces fortes de Recherches.

☞ On peut voir fur cet Ouvrage ce qui en eft dit *pag.* 450 du *Difcours hiftorique*, de du Perrier, ci-deffus N.° 37925.]

37931. ☞ Mf. Statuta Delphinalia : *in-fol.*

Ces Statuts, écrits vers l'an 1475, font dans la Bibliothèque du Roi, & viennent de M. Lancelot.]

37932. Mf. Aymari RIVALII, Domini Rivaleriæ, &c. Confiliarii Regii, & Parlamenti Delphinatûs Militis, de Allobrogibus, Libri novem : *in-fol.*

Ce Manufcrit [étoit] dans la Bibliothèque de M. Colbert, num. 1607, [& eft en celle du Roi.] Aymar du Rivail, qui a fleuri fous les Rois Charles VII. Louis XI. & Charles VIII. y traite de la fituation du Pays des Allobroges, de leurs Faits fous leurs Rois, fous les Romains, les Bourguignons, les François ; des Allobroges du Dauphiné ; & enfin du tranfport du Dauphiné à la France & des Geftes des Dauphins jufqu'à l'an 1535.

37933. Hiftoire générale du Dauphiné ; par Nicolas CHORIER, (Avocat au Parlement de Grenoble :) *in-fol.* 2 vol. Tome I. *Grenoble*, Charuys, 1661. Tome II. *Lyon*, Thoify, 1672.

☞ Le *Tom. I.* eft divifé en XI. Livres.

Livre I. contenant la Géographie ancienne & moderne, & les Merveilles Naturelles du Dauphiné. (Ces Merveilles ont été examinées & réduites à peu de chofes, par M. Lancelot. *Mém. de l'Acad. des Infc. & Belles-Lettres*, tom. *VI. pag.* 756.)

Livre II. contenant la Politique des Allobroges dans le Dauphiné.

Livre III. contenant les illuftres Révolutions de cette Province, fous les Allobroges, jufqu'à l'an 102 avant Jefus-Chrift.

Tome III.

Livre IV. contenant la Politique des Romains dans le Dauphiné.

Livre V. contenant les Révolutions illuftres de cette Province jufqu'à la mort de Jules-Céfar, 44 ans avant la Naiffance de Jefus-Chrift.

Livre VI. contenant les Révolutions & les Evénemens illuftres du Dauphiné, (faifant alors partie de la Narbonnoife) jufqu'au Règne de Trajan, & à l'an 100 de notre falut.

Livre VII. contenant les Révolutions illuftres depuis l'an 100 de J. C. jufqu'à l'entrée des Bourguignons en cette Province, l'an 428.

Livre VIII. contenant la Politique des deux Royaumes de Bourgogne & des premiers Rois de France dans le Dauphiné.

Livre IX. contenant les Révolutions illuftres de cette Province, depuis l'an 428-742.

Livre X. contenant les illuftres Révolutions de cette Province, depuis l'an 742-1038.

Livre XI. contenant la Politique des Dauphins en cette Province après la ruine du Royaume de Bourgogne.

Le *Tome II.* eft divifé en XX. Livres, qui contiennent la Suite de l'Hiftoire de Dauphiné, depuis l'an 1039, jufqu'à l'année 1601.]

Nicolas Chorier eft mort en 1692, âgé de quatre-vingt-trois ans. C'eft un Auteur fort peu exact, à qui il ne falloit que la connoiffance d'un fait pour bâtir deffus une nouvelle Hiftoire.

☞ Son ftyle eft plus oratoire qu'hiftorique. On peut voir au fujet de fa grande Hiftoire de Dauphiné, la *Méth. hift.* de Lenglet, *in-*4. *Tom. IV. pag.* 148.]

37934. Hiftoire abrégée du Dauphiné ; par le même : *Grenoble*, 1674, *in-*12. 2 vol.

37935. L'Etat politique de cette Province ; [& le Supplément ;] par le même : *Grenoble*, 1671-1672, *in-*12. 4 vol.

☞ Il y a une Edition qui eft datée de 1693, & qui femble ainfi être poftérieure ; mais ce n'eft qu'un faux titre, & c'eft la même Edition de 1671, à laquelle on a mis une nouvelle date. *Voyez* le *Catalog.* Lancelot, num. 3997.]

37936. ☞ Mémoires fur l'état préfent du Dauphiné ; par M. l'Abbé Pierre LE GRAS DU VILLARD, Chanoine de Saint-André de Grenoble : 1753, en 5 Parties.]

37937. Mf. Eclairciffemens fur l'Hiftoire de Dauphiné & de Savoye ; tirés la plupart de Chorier, Allard & Varillas ; par Philibert LE BRUN, Jéfuite.

Ces Eclairciffemens [étoient] dans la Bibliothèque des Jéfuites de Lyon.

37938. ☞ Differtation fur l'origine du nom de Dauphin ; par le P. TEXTE, Dominicain. *Journal de Verdun*, 1745, *Octobre, p.* 251.

L'Auteur fait une Hiftoire abrégée des anciens Dauphins, & fur-tout du dernier ; après quoi il parle de nos Dauphins de France, & d'une Fête qui fe fait à Dreux.]

37939. Viennenfium Delphinorum & Comitum Provinciæ Catalogus : Auctore Ludovico DE SOSIA, Jurifconfulto Salucienfi.

Ce Catalogue eft imprimé avec fon *Hiftoire des Marquis de Saluces : Taurini*, Dofferolii, 1604, *in-*4.

37940. Hiftoire des Dauphins & Vicomtes de Viennois ; par Claude DE RUBYS, Con-

540   Liv. IV. *Histoire Civile de France.*

seiller au Présidial de Lyon : *Lyon*, 1614, *in*-8.

37941. Histoire des Comtes d'Albon & Dauphins de Viennois, justifiée par Titres, Mémoires & autres bonnes Preuves ; par André du Chesne : *Paris*, 1628, *in*-4.

☞ Cette Histoire est imprimée avec celle des Ducs de Bourgogne, par le même, & non à part.]

37942. ☞ Histoire de Dauphiné abrégée, pour Monseigneur le Dauphin : *Grenoble*, Champ, 1700, *in*-12.

On trouve à la fin :

Armorial contenant les Armes & les Devises des Maisons Nobles de Dauphiné, tiré en partie des troisième & quatrième Volumes de l'*Etat politique* de cette Province.]

37943. ☞ Chronologie des Comtes & Dauphins de Viennois ; (par D. Clement.)

Dans la seconde Edition de l'*Art de vérifier les Dates* : (*Paris*, Desprez, 1770, *in-fol.*) *pag.*757.]

37944. Discours sur l'Origine des Dauphins, depuis les premiers Comtes d'Albon jusqu'à Humbert II.

Ce Discours est imprimé dans les Mémoires qui suivent.

37945. ☞ Mémoires du Dauphiné, (publiés par les soins de M. le Marquis de Valbonnais :) *Paris*, des Bats, 1711, *in-fol*.

« Ceux qui ont écrit l'Histoire de Dauphiné, y ont » apporté si peu de discernement (dit l'Auteur de la » Préface de ces Mémoires) qu'on peut regarder leurs » Ouvrages comme un tissu de faits sans ordre & sans » preuves. Mais afin que tout soit exact & appuyé dans » une Histoire, la vie d'un homme y pourroit à peine » suffire, sur-tout si l'on considère quel temps & quels » soins il faut employer à assembler tant de Pièces différentes, & à leur donner l'ordre & la liaison qu'elles » doivent avoir pour ne composer qu'un seul tout. C'est » ce que je n'ai osé entreprendre ».

☞ Le P. le Long donnoit ensuite un long titre d'une seconde Edition de ces Mémoires remaniés par l'Auteur, & qu'il se proposoit de faire imprimer bientôt : la voici telle qu'elle a paru, revue (dit-on) par Antoine Lancelot, de l'Académie Royale des Inscriptions & Belles-Lettres.]

37946. ☞ Histoire de Dauphiné & des Princes qui ont porté le nom de Dauphins, particulièrement de ceux de la troisième Race descendus de la Tour-du-Pin, sous le dernier desquels a été fait le Transport de leurs Etats à la Couronne de France. On y trouve une Suite de Titres disposés selon l'ordre des temps, pour servir de preuves aux Evénemens, & dont on peut tirer divers éclaircissemens sur l'Histoire de France, des Papes d'Avignon, des Etats & Provinces voisines, avec plusieurs Observations sur les Mœurs & Coutumes anciennes, & sur les Familles ; par Jean-Pierre Moret de Bourchenu, Marquis de Valbonnais, Premier Président à la Chambre des Comptes de Dauphiné). Seconde Edition : *Genève*, Fabry & Barillot, 1722, *in-fol*. 2 vol.

L'Auteur étoit aveugle depuis plusieurs années, lorsqu'il donna cet Ouvrage au Public : il est mort en 1730.

On trouve en tête du *Tome I*. = Notitia locorum quæ in Tabula (Geographica) Delphinatûs expressa reperiuntur. = Table des Titres servant de Preuves à l'Histoire du Dauphiné : contenuës au Tome I. = Tabula (Geographica) Delphinatûs & vicinarum Regionum : autore Guill. de l'Isle. (Cette Carte est des plus excellentes.)

Ensuite vient l'Ouvrage même, dont voici les Parties.

1. Discours sur l'origine des Dauphins.

2. Discours de la Justice ; de quelle manière elle étoit exercée dans les Etats du Dauphin. = Preuves de ce second Discours.

3. Discours sur la Guerre. = Preuves de ce Discours.

4. Discours des Finances, ou des fonds publics. = Preuves de ce quatrième Discours.

5. Discours de diverses sortes d'Officiers dans les Terres des Seigneurs, pour les fonctions de la Justice, ou pour la Recette de leurs Droits. = Preuves de ce Discours.

6. Généalogie de la Maison de la Tour-du-Pin, justifiée par Titres.

7. Histoire du Dauphiné sous les Dauphins de la troisième Race. (La première étoit des Comtes d'Albon, & la seconde d'une Branche des Ducs de Bourgogne.)

8. Description des Sceaux tirés de divers Actes, employés dans les Preuves de cette Histoire.

Le *Tome II*. contient :

Recueil de Titres, disposés selon l'ordre des temps pour servir de Preuves à l'Histoire du Dauphiné sous les Dauphins de la troisième Race, avec des Notes sur les endroits qui demandent quelque Eclaircissement ; où l'on trouve plusieurs faits historiques, & diverses particularités, sur les Usages du Pays & sur les Familles.

Voyez sur cette Histoire , le Père Niceron, *tom. XIX. pag.* 41. = *Journ. des Sçavans, Juin*, 1717, *Février, Mars,* 1729.= Lenglet , *Méth. histor. in*-4. *tom. IV. pag.* 149.= *Bibl. anc. & mod. tom.* XII. p. 321. = *Journal de Verdun, Févr. Décemb.* 1710. = *Mém. de Trévoux, Octob.* 1711, *Janv.* 1723.= *Journ. de Léipsig* 1712, *pag.* 491 = 1723, *pag.* 1.= *Mém. hist. & critiq. Novemb.* 1722, *pag.* 35.= *Struvii Isagog. ad Hist. pag.*475.]

37947. ☞ Lettre écrite à M. l'Abbé de Vertot ; par M. de Valbonnais, (au sujet du Dauphin Humbert...)

Elle est imprimée dans la *Continuation des Mémoires de Littérature* par le P. Des-Molets, *tom. VI.*]

37948. Transactions d'Imbert (ou de Humbert), Dauphin de Viennois , Prince de Briançonnois, avec les Syndics & Communautés du Briançonnois, &c. contenans les Franchises desdits Briançonnois, les Transports du Dauphiné aux Rois de France, les confirmations des Rois & Arrêts ensuite obtenus ; recueillis par Claude Desfonts, Procureur du Roi audit Briançon, & Jean-Estienne Rossignol, Député de ladite Province : corrigées par Jean Prat, Louis Cherronier & Gaspard Jallin , Députés : *Grenoble*, [Bureau,] 1644, *in-fol*. [89 pag.]

37949. ☞ Mss. Mémoires de Humbert Pila, Secrétaire du Dauphin Humbert II.

Ces Mémoires qui sont curieux, & qui concernent ce qui est arrivé vers 1440 & 1450, sont conservés à la Chambre des Comptes de Grenoble. On peut voir à ce sujet la *Biblioth. du Dauphiné*, par Allard, *p.* 174.]

Histoires du Dauphiné.

37950. Histoire de Humbert II. Dauphin du Viennois ; par Guy ALLARD : *Grenoble*, Verdier, 1688, *in*-12.

37951. Eloges de nos Rois & Enfans de France, qui ont été Dauphins, avec des Remarques sur le Pays & la Noblesse de Dauphiné, & la Suite des Gouverneurs de Dauphiné ; par Hilarion DE COSTE, de l'Ordre des Minimes : *Paris*, Cramoisy, 1643, *in*-4.

☞ L'Auteur commence ses Eloges à Charles, fils du Roi Charles V. (qu'il a cru avoir été le) premier Dauphin de France, & il finit à la naissance de Louis XIV. On trouve à la fin l'acte de 1343, qui contient le Transport du Dauphiné au Roi de France ; = les Gouverneurs du Dauphiné depuis ce temps ; = Discours sur la valeur & la fidélité de la Noblesse de Dauphiné, avec les Armes, Cris & Devises de quelques Maisons de ce Pays; = quelques Additions & Annotations qui peuvent servir de Preuves, & une Table des Armoiries blazonnées en ce Livre.

Voyez à son sujet le P. Niceron, *tom. XVII. p.* 325. = Lenglet, *Méth. hist. in*-4. *tom. IV. pag.* 249.]

37952. ☞ Mémoire sur l'Origine des premiers Dauphins de France. *Mercure*, 1711, *Avril.*

C'est un Récit de ce qui se passa avant & après l'Acte de Transport que Humbert II. fit du Dauphiné en 1349, à Charles, fils aîné de Jean, Duc de Normandie, & petit-fils du Roi Philippe de Valois ; aussi bien que des Clauses que contenoit cette Donation, & de la manière dont elles furent exécutées ou interprétées. On trouve ensuite une Liste de tous les Princes qui ont eu le Titre de Dauphins jusqu'en 1711.]

37953. ☞ Histoire abrégée de la Donation du Dauphiné, avec la Chronologie des Princes qui ont porté le nom de Dauphin ; (par M. DE VALBONNAIS.)

Cette Histoire est *pag.* 137 & *suiv.* du Recueil de Pièces Intéressantes, &c. Genève (& Paris, le Jay) 1769, *in*-12. Elle finissoit pour la Chronologie des Dauphins en 1711 ; l'Editeur l'a continuée jusqu'en 1768, en la publiant.]

37954. ☞ Histoire des Dauphins de Viennois, d'Auvergne & de France. Ouvrage posthume de M. LE QUIEN DE LA NEUVILLE, de l'Académie des Inscriptions & Belles-Lettres; mis au jour par M. le Quien de la Neuville, petit-fils de l'Auteur, & augmenté par un homme de Lettres, de l'Histoire de Louis IX. du nom, (fils du Roi Louis XV &) XXIVᵉ Dauphin de France : *Paris*, 1760, *in*-12. 2 vol.

Voyez les *Mémoires de Trévoux*, 1760, *Août*, *pag.* 1989-2018. L'Ouvrage avoit été fait en 1711, & le Père le Long l'indiquoit Manuscrit dans les Archives de l'Académie.]

37955. ☞ Conjectures sur un Sceau du moyen Age ; par M. SECOUSSE. *Hist. de l'Ac. des Inscr. tom. XVIII. pag.* 330.

L'Auteur fait voir que ce sceau qui a neuf écussons, fut fait pour une grande Assemblée tenue en 1348 ; & pour une affaire qui concernoit le Dauphiné.]

37956. Mémoires historiques des Dauphins & des Dauphines du Viennois, à l'occasion de la mort de Monseigneur le Dauphin & de Madame la Dauphine, & les Cérémonies de leurs Convois & Obsèques : *Paris*, Valleyre, 1712, *in*-12.

Ces Mémoires contiennent XXII. Dauphins François sortis du Sang de nos Rois, depuis l'union du Dauphiné, en 1343 jusqu'en 1712. L'Epître dédicatoire est signée DU PERRIER, Auteur sans doute de ces Mémoires qui ne composent qu'une Brochure.

☞ *Voyez* à ce sujet, *Mém. de Trév. Juillet*, 1712. = *Journal des Sçavans, Mars*, 1712. = Lenglet, *Méth. hist. in*-4. *tom. IV. pag.* 285.]

37957. ☞ Almanach Dauphin, ou Histoire abrégée des Princes qui ont porté le nom de Dauphin ; par le Sieur C. G. *Paris*, Guillaume, 1750, *in*-8. avec 24 Portraits en taille-douce.]

37958. ☞ Les Ayeules de Madame de Bourgogne, &c. 1697, *in*-12.

Il s'y trouve plusieurs choses touchant le Dauphiné.]

37959. ☞ Mf. Mémoires historiques de ce qui s'est passé en Dauphiné, & particulièrement dans la Ville de *Saint-Antoine*, depuis l'année 1572 jusqu'en 1608, composé en forme de Journal par Eustache PIÉMONT, Notaire : *in-fol.*

Ce Manuscrit, qui concerne l'Histoire des Guerres civiles, n'a jamais été imprimé. Il a été copié en 1742, sur l'Original communiqué par M. Melchior Piémont, petit-fils de l'Auteur, Avocat à Grenoble, où il est mort le 9 Mars 1745, & collationné sur cet Original par le P. Nicolas-Louis Hussenot, Chanoine-Régulier & Archiviste de l'Abbaye de Saint-Antoine. Cette Copie est *in-folio*, & se trouve dans la Bibliothèque de cette Abbaye.]

== ☞ Mémoire sur le Dauphiné, en 1587.

Voyez ci-devant, Tome II. N.° 18634.]

== ☞ Soumission du Dauphiné au Roi Henri IV. &c. en 1590.

Ibid. N.ᵒˢ 19299 & 19301.]

37960. ☞ Mf. Histoire de Dauphiné, & différens Mémoires sur cette Province ; par Gaspard-Moyse DE FONTANIEU, Conseiller d'Etat ordinaire : *in-fol.*

Mf. Preuves de cette Histoire : *in*-4.

Ces deux Manuscrits sont dans la Bibliothèque du Roi. M. de Fontanieu a été Intendant de Dauphiné depuis 1724 jusqu'en 1740. Il est mort à Paris en Décembre 1767.]

37961. ☞ Mf. Opérations de correspondances de l'Intendance de Dauphiné, depuis 1724 jusqu'en 1740, pendant que M. de Fontanieu a été chargé de ladite Intendance. Lettres reçues : Réponses & Mémoires qui les accompagnoient : *in-fol.* 11 vol.

On conserve ces Manuscrits dans la même Bibliothèque.]

37962. Les Gouverneurs & Lieutenans au Gouvernement de Dauphiné : extrait de l'Histoire de cette Province, composée par

Guy Allard : *Grenoble*, Verdier, 1704, in-12.

☞ *Voyez* Lenglet, *Méth. histor.* in-4. tom. *IV.* pag. 249.]

37963. ☞ Natales Urbis Delphinatium, (Gratianopolis,) *Grenoble* : 1639, *in-fol.*]

37964. Les anciennes Inscriptions de la Ville de Grenoble ; recueillies par Guy Allard : *Grenoble*, Verdier, 1683, *in-4.*

Ces Inscriptions, comprises dans une Lettre de l'Auteur à Nicolas Chorier, sont pleines de fautes, soit par la négligence du Collecteur, soit par celle de l'Imprimeur.
☞ *Voyez* la *Républ. des Lettr.* 1684, *Mai.* = *Journ. des Sçav.* 1684, *Mars.* = Lenglet, *Méth. histor.* in-4. tom. *IV.* pag. 250.]

37965. Etat politique de la Ville de Grenoble, pour l'an 1698 ; par le même : 1698, *in-12.*

37966. Libertates per Delphinos Viennenses Delphinatûs subditis concessæ, cum Delphinorum Genealogia : *Gratianopoli*, Pichat, (vieille Edition,) [Gothique :] *in-4.*

37967. ☞ Statuta Delphinalia, hoc est Libertates per Delphinos Viennenses Delphinalibus subditis concessæ : *Gratianopoli*, Charuys, 1619, *in-4.*]

37968. Plaidoyé pour le Tiers-Etat de Dauphiné, contre les deux premiers Ordres du Pays ; [par Rambaud :] *Paris*, 1598, *in-4.*

37969. ☞ Le même, avec une Lettre servant d'Apologie pour le Sieur Rambaud, Auteur dudit Plaidoyé : *Lyon*, Vincent, 1599 ; & *Paris*, le Blanc, 1600, *in-8.*]

37970. ☞ Second Plaidoyé pour le Tiers-Etat du Dauphiné : *Paris*, le Blanc, 1600, *in-8.*]

37971. ☞ La juste Plainte & Remontrance faite au Roi & à Nosseigneurs de son Conseil d'Etat, par le pauvre Peuple de Dauphiné, touchant le Département & pour l'équation des Tailles, contre les prétendues franchises ou exemptions des Nobles, ou autres exempts & privilégiés de ladite Province ; avec la Défense desdits Nobles, & la Réponse du Tiers-Etat & pauvre Peuple à icelle : *Lyon*, 1597, *in-8.*

L'Auteur des Pièces pour le Peuple est Claude de la Grange, comme on le voit à la fin de ces Pièces.]

37972. * Réponse & Salvations des Gens du Tiers-Etat de Dauphiné, aux Contredits baillés par l'Etat des Nobles, pour la contribution aux Charges publiques ; par Cl. de la Grange : *Paris*, Huby, 1599, *in-4.*]

37973. ☞ Réplique du même Tiers-Etat de Dauphiné, à la Défense de la Noblesse du même Pays ; par le même de la Grange : *in-4.*]

37974. ☞ Réplique pour le Tiers-Etat de Dauphiné aux Défenses des deux premiers Ordres ; par Jean Vincent : *Paris*, 1600, *in-8.*]

37975. * Remontrances au Roi, par son Procureur-Général en la Chambre des Comptes de Dauphiné, sur le Procès du Tiers-Etat, contre la Noblesse dudit Pays : *Paris*, 1600, *in-4.*

37976. * Défense des Trésoriers de France & autres Officiers du Dauphiné, contre les poursuites du Tiers-Etat : 1600, *in-4.*

37977. ☞ Défense de la Noblesse du Dauphiné, contre les Demandes du Tiers-Etat de cette Province, & la Réponse à la Réplique ; par Julien du Fos : *Paris*, 1601, *in-4.*]

37978. ☞ Arrêts du Roi donnés pour le soulagement des Communautés Villageoises de la Province de Dauphiné, avec les Mémoires, Instructions, &c. sur lesquelles Sa Majesté veut qu'il soit procédé à vérification de leurs dettes. Ensemble, le Cahier présenté à Sa Majesté, le 5 Août 1606 ; par le Sieur Claude Brosse, Syndic desdites Communautés : *Lyon*, 1607, *in-8.*]

37979. ☞ Arrêt du Roi sur les difficultés intervenues en l'exécution de ses précédens Arrêts, &c. à la poursuite du Sieur Brosse : *Lyon*, 1608, *in-8.*]

37980. ☞ Cahier présenté au Roi par le même Brosse, contenant plusieurs Plaintes desdites Communautés, répondu le 23 Août 1608 : *Lyon*, 1609, *in-8.*]

37981. ☞ Remontrances au Roi par les Gens du Tiers-Etat de Dauphiné, contre les deux Ordres & Officiers de la même Province, à l'occasion des Tailles & des Contributions aux charges publiques, signées, Guerin, Député ; avec l'Arrêt du Conseil portant Réglement entre les Ordres de la même Province, sur la réalité des Tailles, du 31 Mai 1634 : *Paris*, Dugast, 1634, *in-4.*]

37982. ☞ Recueil des Harangues faites par Messire Pierre Scarron, Evêque & Prince de Grenoble, Président perpétuel des Etats de Dauphiné : *Paris*, Targa, 1634, *in-8.*]

37983. ☞ Recueil des Arrêts & Instructions du Conseil & du Parlement de Grenoble, & Ordonnances de M. l'Intendant (François Du Gué,) concernant la Liquidation des Dettes des Communautés de Dauphiné : *Lyon*, Talebard, 1671, *in-4.*]

37984. ☞ Etat des Feux ou portions de Feux auxquels chacune des Communautés de la Province de Dauphiné a été fixée, &c. *Grenoble*, Giroud, 1706, *in-fol.*

37985. Recueil des Edits, Déclarations, Lettres-Patentes & Ordonnances du Roi, Arrêts du Conseil de Sa Majesté & du Parlement de Grenoble, concernant la Province

Histoires du Dauphiné. 543

de Dauphiné : *Grenoble*, Giroud, 1690, *in-4.* 2 vol.

On attribue ce Recueil au Président DE SAINT-ANDRÉ.

☞ Il a été bien augmenté depuis. *Voyez* ci-dessus, aux *Hist. des Parlemens*, N.° 33145.]

== Recueil d'Edits, Déclarations, Arrêts, Réglemens & Concordats, concernant la Jurisdiction, les Privilèges, les Exemptions de Nosseigneurs du Parlement de Dauphiné, imprimés par les ordres de nosdits Seigneurs: *Grenoble*, 1704, [1755] *in-fol.*

☞ On en a fait mention ci-dessus, N.° 33146.]

37986. ☞ Avertissement au sujet des Rentes en Dauphiné ; par Guy ALLARD.

37987. ☞ Dissertation sur les Rentes de Dauphiné, par le même.]

37988. ☞ Très-humbles Remontrances à M. Bouchu, Intendant, par les Débiteurs des Rentes ; par le même : (après 1700.)

37989. ☞ Différentes Lettres & Mémoires de Guy ALLARD, des années 1680, 1683, 1684, 1685, 1687, & entr'autres, la Défense des Elections de Dauphiné, contre la prétendue Supériorité du Bureau des Finances de la même Province : *in-4.*]

37990. ☞ Défense des Avocats Consistoriaux du Parlement de Dauphiné, pour la Noblesse, & les Privilèges de leur Profession : *Paris*, 1668, *in-fol.*

37991. ☞ La même : Ensemble, les Arrêts du Parlement, Cour des Aydes & Chambre des Comptes, portant l'enregistrement du désistement du Commis contre les usurpateurs de Noblesse : *Paris*, Billaine, 1671, *in-fol.*]

37992. Traité de l'Antiquité & Embellissement de la Ville de Grenoble, & de l'Ordre, Rang & Séance du Parlement d'icelle ; par Claude EXPILLY, Président audit Parlement.

Ce Président est mort en 1636. Son Traité est imprimé avec ses *Plaidoyers*, *pag.* 157 : *Paris*, Langelier, 1619, *in-4.*

37993. Mſ. Stephani BARLETII, Allobrogis, Jurisperiti Gratianopolitæ, abscondita rerum antiquarum & mirabilia Gentis suæ Monimenta : *in-fol.*

Ces Antiquités sont conservées dans la Bibliothèque de Saint-Magloire, entre les Manuscrits de MM. de Sainte-Marthe, & dans celle de Sainte-Geneviève.

37994. ☞ De la Duché-Pairie de *Lesdiguières*, érigée en 1611.

Dans l'*Histoire Généalogique* du Père Simplicien, *tom. IV. pag.* 277. Cette Pairie a été éteinte en 1712.]

37995. *Viennæ* Allobrogum sacræ & prophanæ Antiquitates ; collectæ à Joanne A Bosco, Cœlestino.

Ces Antiquités de l'Abbé du Bois, mort en 1626,

sont imprimées à la *pag.* 1. de la troisième partie de sa *Floriacensis Bibliotheca* : *Lugduni*, 1605, *in-8.*

37996. ☞ Mſ. Traité sur Vienne ; par Symphorien CHAMPIS, (peut-être CHAMPIER.)

Ce Traité est cité par le Liévre, *pag.* 59 de l'Ouvrage suivant.]

== Histoire de l'antiquité & sainteté de la Ville de Vienne ; par Jean LE LIEVRE : *Vienne*, Poyet, 1723, *in-8.*

☞ On en a déja fait mention, Tome I. N.° 10684.

L'Auteur, dans les premiers Chapitres, dit quelque chose de la fondation de Vienne, de sa situation & de ses différens accroissemens. Il fixe la Fondation de cette Ville à l'an 850, avant J. C. par un nommé Venerius Africain ou Crétois, lequel la nomma Vienne ou Bienne, parcequ'elle fut, dit-il, construite en l'espace de deux ans ; mais tout cela n'est qu'une fable. Il s'attache ensuite principalement à l'Histoire Ecclésiastique de cette Ville.]

37997. Conspectus diatribæ Clementis DURANDI, Canonici Viennensis, de Primariis Allobrogibus, sive Vindiciæ Viennenses : *Parisiis*, 1654, *in-8.*

37998. Recherches de Nicolas CHORIER, sur les Antiquités de la Ville de Vienne, Métropole des Allobroges : première partie de la Topographie historique des principales Villes du Dauphiné : *Lyon*, Baudran, 1659, *in-12.*

Il y a à la tête de ce Volume trois Dissertations sur l'origine de la Ville de Vienne, qui sont tirées du second & quatrième Livre de l'*Histoire générale du Dauphiné*, du même Auteur.]

37999. ☞. Observations sur une Pyramide de Vienne en Dauphiné. *Antiquités de Caylus*, *tom. III. pag.* 349.]

38000. Eloge de Vienne souterraine, & de la sainte Nappe, en Latin & en François ; par DE MENTES : *Vienne*, 1668, *in-4.*

38001. ☞ Mſ. Registre des Affaires de la Cité de Vienne : 1567.

Ce Registre est dans la Bibliothèque de M. le Marquis d'Aubais.]

== ☞ Prise & réduction de Vienne à l'obéissance du Roi Henri IV. en 1595.

Voyez ci-devant, Tome II. N.° :9661.]

38002. Mſ. Antiquités de *Valence* ; par François ROALDES, Jurisconsulte ; avec plusieurs autres Extraits des mêmes Antiquités.

Cet Auteur est mort en 1589. Son Ouvrage [étoit] à Paris, entre les mains de M. Lancelot, [& a dû passer en la Bibliothèque du Roi.]

☞ MM. de Thou, de Sainte-Marthe, Moréri, &c. font mourir Roaldes à Toulouse, du chagrin qu'il conçut de l'assassinat du Président Duranti, arrivé en 1589. Il est vrai que l'on voit à Cahors, une Epitaphe de François Roaldès, qui porte : *Obiit an.* CIƆ IƆ. XXCVII. IIX. *Kal. Mart.* ce qui signifie le 22 Février 1587 ; mais c'étoit de son cousin, Lieutenant du Présidial.]

38003. ☞ Observations sur une Inscription de *Tain* (ou *Thain*,) en Dauphiné, (à trois lieues de Valence;) par M. Moreau de Mautour. *Hist. de l'Acad. des Inscript. & Bell. Lettr. tom. V. pag. 294.*

Voyez aussi à ce sujet & sur la Voie Romaine qui y passoit, les *Antiquités* de M. le Comte de Caylus, *tom. III. pag. 356.*]

38004. ☞ Arrêt du Conseil en faveur de M. de Cosnac, Evêque de Valence & de Die, contre le Gouverneur de la Ville & Citadelle de Die, du 29 Octobre 1603 : *in-4.*]

38005. ☞ Du Duché de *Valentinois*, enregistré l'an 1498 en faveur de Borgia, & ses descendans.

Dans l'*Histoire Généalogique* du Père Simplicien, *tom. V. pag. 516.*

Nouvelle érection, 1548, pour Diane de Poitiers.

Ibid. pag. 596.]

38006. ☞ De la Duché-Pairie de Valentinois, en 1642, pour les Grimaldi.

Dans le même Ouvrage, *tom. IV. pag. 485.*

Nouvelle érection, 1715, pour les Matignon.

Ibid. tom. V. pag. 366.]

38007. ☞ Divers Mémoires sur la Question, si le Chapitre de S. Bernard de *Romans* a un Droit de propriété sur la Rivière d'Ysere : *in-fol.*

Ce Recueil est indiqué num. 2210 du Catalogue de M. Pelletier.]

38008. Mss. Mémoires de la Ville de *Gap*; par Raymond Juvenis, Procureur du Roi à Gap.

Ces Mémoires sont cités par Nicolas Chorier, dans son *Histoire générale du Dauphiné.* Pitton, *pag.* 71 de ses *Sentimens sur les Historiens de Provence*, dit aussi que cet Auteur a dressé de très-beaux Mémoires pour la Ville de Gap.

38009. ☞ Avertissement pour M. le Procureur-Général au Parlement de Provence, contre M. le Procureur-Général au Parlement de Dauphiné : *in-4.*

C'est au sujet de la Ville de Gap; si elle doit ressortir au Parlement d'Aix, ou à celui de Grenoble. Malgré les prétentions des Provençaux, le Parlement de Dauphiné ou de Grenoble est resté en possession de Gap.]

38010. ☞ Observations sur une Inscription antique appellée le Monument de *Ventavon*, (petit Bourg du Gapençois;) par M. le Président de Valbonnais & M. Lancelot. *Hist. de l'Acad. Royale des Inscr. & Bell. Lettr. tom. VII. pag. 257.*]

38011. ☞ De la Duché-Pairie de *Clermont-Tonnerre*, érigée en 1571 & 1572; mais non enregistrée.

Dans l'*Histoire Généalogique* du Père Simplicien, *tom. V. pag. 802.*]

38012. ☞ Mémoire & Consultation des Avocats aux Parlemens de Paris & de Grenoble, pour M. le Maréchal (Gaspard) de Clermont-Tonnerre, contre Madame la Comtesse de Lannion : *Paris, in-4.*

Il s'agit du Comté de Clermont en Dauphiné, que le Maréchal prétendoit lui appartenir, comme l'aîné mâle de sa Maison. Il se trouve dans ce Mémoire qui a plus de 300 pages, beaucoup de choses par rapport à l'Histoire du Dauphiné, & à celle de la Maison de Tonnerre, dont il y a une Généalogie en tête.]

38013. ☞ De la Duché-Pairie d'*Hostun-Tallard* (à la Baume,) érigée en 1715.

Dans l'*Histoire Généalogique* du Père Simplicien, *tom. V. p. 248.* Cette Pairie est éteinte depuis 1755.]

== ☞ Prise & reprise de *Montelimar*, en 1587.

Voyez ci-devant, Tome II. N.° 18597.]

== ☞ La Cité de Montelimar, ou les trois Prises d'icelle ; par de Pontaymeri.

Ibid. N.° 19362.]

Histoires du Marquisat de Saluces.

☞Nous ajoutons ici ce petit Article, parce que le Marquisat de Saluces, quoiqu'au-delà des Alpes & en Italie, a été long-temps un Fief relevant des Dauphins & des Rois de France. Le Marquis Jean-Louis & Auguste son fils, vendirent ce Marquisat au Roi Charles IX. en 1560, & se retirèrent en France. Le Duc de Savoye, Charles-Emmanuel, s'en empara, pendant nos Guerres Civiles, en 1588; & le Roi Henri IV. céda en 1601 ce Pays au Duc de Savoye, en échange de la Bresse, & autres Pays en-deça du Rhône.]

38014. ☞ De la Bresse, &c. du Marquisat de Saluces ; par M. Dupuy.

Ce Morceau est à la *pag.* 464 de son *Traité des Droits du Roi : Rouen,* (seconde Edition,) Maurry, 1670, *in-fol.*]

38015. ☞ Historia Marchionum Salucensium : Auctore Ludovico de Sosia, Jurisconsulto : *Taurini,* 1604, *in-4.*

On peut consulter sur l'origine des Marquis de Saluces, le *Nouvel Abrégé Chronologique de l'Histoire d'Italie,* par M. de Saint-Marc, *tom. III. pag.* 601-613, & *VI. pag.* 224 & *suiv.*]

38016. ☞ Histoire du Piémont, en Italien ; par Ludovico de la Chiesa, ... 1608, *in-4.*

M. de Saint-Marc en fait usage dans ce qu'il rapporte des Marquis de Montferrat & de Saluces.]

== ☞ Pièces sur le Marquisat de Saluces ; & son échange pour la Bresse, en 1601.

Voyez ci-dessus, N.ᵒˢ 37179 & 37180.]

38017. ☞ Mémoire & Consultation sur la Cession du Marquisat de Saluces à la France, en 1560, (avec des Pièces justificatives;) par Mᵉ Bergon : *Paris,* J. Th. Hérissant, 1770, *in-4.* de 35 pages.

Ce Mémoire curieux, est en faveur de MM. de Lur, descendans d'une petite-fille de Jean-Louis, dernier Marquis de Saluces.]

Article

Article XII.

Histoires du Gouvernement de Provence, [Histoires d'Avignon & du Comté Vénaissin, & celles d'Orange.]

LA Provence se divise en supérieure, moyenne, & inférieure ou maritime. La supérieure renferme les Villes de Sisteron, Digne, Senez, Glandève & le Comté de Forcalquier. Les Villes de la moyenne Provence, sont Aix, Arles, Tarascon, Apt, Riez, Vence, Grasse, Brignole, Pertuis, Salon. La Provence maritime comprend les Villes de Marseille, les Martigues, la Ciouat, Toulon, Hiéres, Fréjus & Antibes. Je commencerai par la partie moyenne, qui est [...] considérable, & je finirai par la supérieure. Je [...] Histoires de cette Province, [non-seulement celles de la Principauté d'Orange qui a été réunie à la France, mais encore] celles d'Avignon & du Comté Vénaissin, qui ont été détachés de la Provence & cédés au Pape.

☞ Le Père le Long y mettoit aussi les Histoires du Comté de Barcelonne ou de Catalogne, parce que pendant un temps les Seigneurs de ce Pays d'Espagne ont possédé la Provence par alliance (depuis 1112 jusqu'en 1245.) Mais nous avons cru qu'il seroit mieux de mettre les Histoires de Barcelonne & de Catalogne, ci-après, avec celles du Roussillon, qui en est voisin : d'ailleurs ces deux Pays ont été long-temps unis, & la même Langue s'y parle encore dans l'un comme dans l'autre.

Comment le Père le Long a-t-il pu dire que le Comté de Barcelone étoit aux premiers Comtes de Provence ? Tous nos Auteurs disent que Bonne, Héritière de Provence, épousa Raymond Bérenger, Comte de Barcelonne, qui possédoit ce Pays par ses ayeux : on ne sçais quelles raisons a eu le P. le Long pour s'éloigner de l'opinion commune.]

38018. Sentimens sur les Historiens de Provence : *Aix*, David, 1682, *in-12*.

Jean Scholastique PITTON, Docteur en Médecine, est l'Auteur de cet Ouvrage ; c'est le meilleur qu'il ait composé : aussi a-t-il été retouché par Joseph Templery, Auditeur de la Chambre des Comptes d'Aix, mort en 1706. L'Auteur le lui dédia, & il le mit en état d'être lu avec plaisir. Pitton est mort en 1690.

☞ *Voyez* Lenglet, *Méth. histor.* *in-4. tom. IV. pag. 137.*]

38019. ☞ Lettre de M. DE CHAIX, sur quelques erreurs de l'Histoire de Provence. *Mercure*, 1745, *Mai.*]

38020. Petri QUIQUERANI, Bellojocani Episcopi Senecensis, de Laudibus Provinciæ, Libri tres ; & de Adventu Annibalis in adversam ripam Arelatensis agri, Hexametri centum : *Parisiis*, Dodu, 1539, *in-fol. Ibid.* 1551 ; *Lugduni*, 1565, *in-4. Ibid.* 1614, *in-8.*

La nouvelle Agriculture, ou la Provence, traduite du Latin de Pierre DE QUIQUERAN, par [François] de Claret, Archidiacre d'Arles : *Arles*, 1613 ; *Tournon*, [1614,] *in-8.*

☞ L'Auteur traite dans les deux premiers Livres de l'Histoire Naturelle, & des Productions de toute espèce de la Provence. Dans le troisième Livre, il parle des Villes, particulièrement de celles de Marseille, & de quelques-uns des grands Hommes qu'elle a produits anciennement. L'Ouvrage est écrit dans un Latin assez pur, & d'un style net.

J'ajouterai trois petites Remarques par rapport à la Traduction. 1.° Le titre qui paroit extraordinaire n'est point dans l'Edition de Tournon, *in-8.* Raynaud, 1614, & non 1616, comme le marquoit le Père le Long. 2.° Le Traducteur signe à la fin de l'Epitre dédicatoire : François (& non Pierre) de Claret, & il est ainsi appellé dans des Vers Espagnols qui sont à la suite. 3.° Il est vrai qu'après ces Vers, il y a un Eloge de Pierre de Quiqueran, fait par F. Nicy de Claret ; mais la différence des signatures me fait croire que c'est un autre que le Traducteur.]

38021. Mf. Provinciæ Galliæ Narbonensis, aliàs Braccatæ, vulgò Provence, exacta & brevis chorographica Descriptio ; studio & labore Joannis DE BURIE, in Provinciæ Senatu supremæ Cancellariæ Audienciarii primi.

Cette Description [étoit] entre les mains de l'Auteur. Pitton dit aux pages 72 & 77, de ses *Sentimens sur les Historiens de Provence*, qu'il y a dans cet Ouvrage de belles Remarques pour les Antiquités de cette Province, & des difficultés bien expliquées.

== Traité juridique & historique pour la défense de l'ancienne limite entre les Provinces de Provence & de Languedoc, au Roi & à Nosseigneurs du Conseil ; par Gilles GAILLARD, d'Aix, Seigneur de la Mothe-Lussan : *Avignon*, 1664, *in-4.*

☞ Cet Ouvrage & plusieurs autres sur la Géographie de la Provence, se trouvent indiqués Tome I. *pag.* 119 & 120.]

== ☞ Mémoires pour la Provence, sur la propriété du Rhône, contre la Province de Languedoc.

Voyez ci-dessus, après Nos. 37696-37700.]

38022. L'Etat de la Provence, concernant ce qu'il y a de plus remarquable dans la Police, dans la Justice, dans l'Eglise & dans la Noblesse de cette Province ; par l'Abbé R. D. B. *Paris*, Clousier, 1693, *in-12.* 3 vol.

Ces lettres initiales signifient (Dominique) ROBERT de Briançon, né dans le Diocèse de Riez. Il avoit été long-temps Jacobin ; il est mort en 1704.

☞ *Voyez* le *Journ. des Sçav.* 1693, *Mars.*]

38023. Nouvel Etat de Provence, de son Gouvernement, ses Compagnies de Justice, sa Noblesse, Université, Assemblée des Etats, &c. *Avignon*, Chatel, *in-4.*]

38024. ☞ Les Illustrations & Singularités de la Comté de Provence.

Cet Ouvrage est indiqué *pag.* 393 du Catalogue de M. de Cangé. Je ne sçais s'il est imprimé ou manuscrit. C'est peut-être le même que le ci-après N.° 38040.]

38025. Mf. L'Histoire du Royaume de Ligurie, qui s'étendoit par toute la Côte de Ligurie jusqu'à l'embouchure du Rhône ; par GALFREDUS, le plus ancien des Ecrivains des Affaires de Provence, vers l'an 879.

Pitton parle de cet Ouvrage à la page 3, de ses *Sentimens sur les Historiens de Provence* ; il dit que cette Histoire rapporte quantité de Faits romanesques & peu vraisemblables, qu'elle a été traduite en Vers

LIV. IV. Histoire Civile de France.

Provençaux par Hugues Trobi, & en Latin par Denys Faucher, Moine de Lérins, mort en 1561.

Ce Roman de Galfredus, supposé qu'il ait existé, ne se trouve nulle part à présent.

== Petri HEINDREICH, Massilia, sive de antiqua Massiliensium Republica.

☞ On a parlé de cet Ouvrage, ci-devant, Tome I. N.° 3932.]

38026. Mss. Rerum antiquarum & nobiliorum Provinciæ Commentarii; in quibus præcipuè de antiquo Statu & Republica Massiliensi, necnon aliarum Civitatum. Accessit Chronicus Catalogus Regum, Imperatorum, Comitum & aliorum, qui rerum Provincialium potiti sunt, ab anno ante Christum natum 593, circiter. Adjunximus quoque pro Nummorum antiquorum intellectu corumdem summam ex Budæo & aliis Classicis Scriptoribus : Julio Raimundo SOLERIO, Pertuensi, Auctore, ad Regem Carolum IX. [1572.]

L'Original de ces Mémoires [étoit] entre les mains de Pierre-Joseph de Haitze. Ils ont été falsifiés & gâtés avant l'an 1648. L'Ouvrage est divisé en huit Livres, dont il n'y a de traduit en françois & d'imprimé que les *Antiquités de Marseille*, contenues dans la première Partie, (& dont on parlera ci-après.) Dans la seconde Partie, il est traité de la Ville d'Arles; dans la troisième, de celle d'Aix. Les deux autres Parties, qui contiennent le reste de l'Ouvrage, sont remplies des Noms des Peuples & des Villes de la Province, & de tout ce qu'on peut y remarquer de curieux pour les Inscriptions, les Eaux & les Animaux, au rapport de Pitton.

☞ Il y a un Exemplaire de ces Mémoires, comme dédiés à Henri III. en 1577, chez M. le Président de S. Vincens à Aix; mais les vingt-cinq premières pages y manquent.]

38027. La Vérité Provençale, Discours contenant l'état de la Provence avant J. C. & après sous les Romains, Empereurs, Rois Goths, &c. & les raisons pour lesquelles le Roi est supplié de laisser vivre ses Sujets dans leurs anciennes Libertés, &c. par L. S. D. N. G. P. Aix, David, 1630, *in-4*.

Quelques-uns conjecturent que ces lettres initiales désignent le Sieur (Jean-Augustin d'Andréa) DE NIBLES, Gentilhomme Provençal, Auteur du Tableau du Gouvernement du Comté d'Alais.

38028. ☞ Exercice de Belles-Lettres sur quelques Auteurs Latins, sur l'Histoire, & entr'autres sur celle de Provence : Aix, Adibert, 1710, *in-4*.]

38029. ☞ Dictionnaire Provençal & François; par le P. André-Sauveur PELLAS, Minime : *Avignon*, Offray, 1723, *in-4*.]

38030. ☞ Discours faits à l'Ouverture des Assemblées des Communautés de Provence; par M. ROUILLÉ DE MELAI, Intendant, aux années 1672 - 1679 : *in-4*.

38031. Diverses Inscriptions du Pays de Provence; recueillies par Gabriel SIMEONI.

Ces Inscriptions sont imprimées avec ses *Illustres Observations antiques* : Lyon, de Tournes, 1558, *in-4*.

38032. ☞ Explication d'une Epitaphe découverte en Provence; par M. DE MAUTOUR. *Mercure*, 1728, *Février*.]

38033. Mss. Roman en vieux Provençal, où l'on trouve ce qui se passa en Provence, lorsque les Maures y étoient, & sur-tout le Siège de la Ville de Fretta.

C'étoit vers l'an de Jesus-Christ 730, que cet événement arriva. On dit que la Ville de Fretta est celle qui est aujourd'hui appellée Saint-Remi. Ce Manuscrit [étoit] dans le Cabinet de M. Pierre de Galaup, Sieur de Chasteuil. Il est parlé dans ce Roman, de Tersin, Sarazin, que Charlemagne vainquit à Arles, & qui se fit ensuite Chrétien; il a formé, à ce qu'on prétend, la tige des Comtes de Toulouse & de Provence. C'est peut-être ce qu'avoit écrit Laufred RUDEL Troubadour : Nostradamus, *Vie des Poëtes Provençaux, p. 17.* Ce Ro● ●ontient autant de faussetés que de mots.

38034. ☞ Alphonsi DEL-BENE, de Regno Arelatis.

Voyez ci-dessus, à l'Article de la *Bourgogne*, N.° 35857.]

38035. ☞ Histoire du troisième & quatrième Royaume de Bourgogne, (ou d'Arles.)

Dans l'*Histoire des Séquanois & de Franche-Comté*, par Dunod, *tom. II.* (Dijon, 1737, *in-4*.) *pag.* 83.]

38036. ☞ Sim. Frid. HAHN, de justis Burgundici novi vel Arelatensis Regni limitibus : *Halæ*, 1716, *in-4*.]

38037. ☞ Chronologie historique des Rois de Provence & d'Arles; (par D. CLEMENT.)

Dans la seconde Edition de l'*Art de vérifier les Dates* : (*Paris*, Desprez, 1770, *in-fol.*) *pag.* 661.]

38038. ☞ Chronologie historique des Comtes de Provence.

Dans le même Ouvrage, *pag.* 757. On peut voir aussi depuis la *pag.* 898 & *suiv.* ceux de ces Princes qui furent Rois de Sicile ou de Naples.]

38039. Brevis Historia Comitum Provinciæ, è Familia Comitum Barcinonensium, à morte Gilberti ad Carolum Andegavorum Comitem & utriusque Siciliæ Regem.

Cette Histoire, qui commence en 1100 de Jesus-Christ, & finit en 1245, est imprimée dans Labbe, *pag.* 353, du tome I. de sa *Nouvelle Bibliothèque des Manuscrits*. Le Père Labbe, où s'est donné bien des libertés en publiant cette Histoire, ou s'est servi d'un Livre bien défectueux. M. Thomassin de Mazaugues en [possédoit] un qui est plus ample & plus correct. [Il est aujourd'hui, avec sa Bibliothèque, dans celle de la Ville de Carpentras.]

38040. ☞ Mss. Les Illustrations & Singularités de la Comté de Provence, avec le Catalogue des principaux Rois & Comtes qui ont régné en Provence, & comment cette Comté est venue en la Maison d'Anjou & de Lorraine, & de ceux auxquels appartient justement la possession dudit Pays; par N. D. L. (Nicolas de Lorraine, fils d'Antoine, Comte de Vaudemont :) *in-8*.

Ce Manuscrit est indiqué dans le Catalogue de M. Boissier, num. 14098.]

Histoires de Provence.

38041. Comitum Provinciæ Catalogus ; Auctore Ludovico DE SOSIA.

Ce Catalogue est imprimé avec celui des *Dauphins du Viennois : Taurini*, 1604, *in-4*.

38042. Discours das troublès que feron en Provenso dau temps de Louys second dau nom, Fils de Louys premier, Rey de Sicillo & Comte de Provenso per aqueou Raymond Rougier dict de Tureno, surnomat le Viscomte de Tureno, & Alienor de Cominges sa maire, en l'anno 1389. C'est à dire, Discours contenant les Guerres de Raymond Roger, Comte de Beaufort & Vicomte de Turenne, en 1389.

Ce Discours [étoit] dans le Cabinet de Pierre de Galaup de Chasteuil. L'Auteur, dont le langage est fort rude, est exact dans les faits. Bouche cite cet Ouvrage dans son Histoire, au Livre III. Section IV. *pag.* 415, & Pitton en rapporte des Fragmens, dans l'*Histoire de la Ville d'Aix*, Chapitre VII. Bouche croit que cette Histoire est d'un Auteur contemporain ; le langage en paroit plus moderne à M. de Mazaugues.
☞ Il y a une Copie de cet Ouvrage dans le Registre 67 de M. de Peyresc, vol. 1.]

38043. Mss. Chronique des Comtes de Provence, depuis l'an 1000 jusqu'en 1400.

Cette Chronique est conservée dans la Bibliothèque du Roi, entre les Manuscrits de du Chesne.

38044. Mss. Divers Mémoires servant à l'ancienne Histoire de Provence : *in-fol.*

Ces Mémoires sont conservés chez M. le Président de Valbelle de Tourves, dans le second Volume du numéro 66 des Manuscrits de M. de Peyresc.

38045. Mss. Chronica Comitum Provinciæ : per Bonifacium SEGUYRANNI, Juris utriusque Doctorem, Dominum de Valveranica ; ex præcepto (Henrici II.) Christianissimi Francorum Regis descripta.

Cette Chronique, qui commence à Gilbert, Comte de Provence, en 1080, & finit à Charles du Maine, dernier Comte de Provence, en 1481, [étoit] dans la Bibliothèque de M. Thomassin de Mazaugues, [aujourd'hui dans celle de la Ville de Carpentras.] L'Auteur étoit fils de Melchior Seguiran, & beau-père de François de Clapiers, qui a beaucoup profité de son travail.

38046. Mss. Annales Provinciæ, Libri quinque : Auctore Dionysio FAUCHERIO, Monacho Lirinensi.

Cet Auteur né à Arles, est mort Abbé de Lérins, en 1561.
☞ C'est une faute : il n'a jamais été Abbé de Lérins, mais seulement Prieur Claustral. *Singul. Hist.* de D. Liron, *tom. III. pag.* 389.]
L'Original de ces Annales est à présent dans la Bibliothèque de M. le Marquis d'Aubais. Il a été corrompu dès le commencement du dix-septième siècle. » L'on convient parmi nos Curieux (dit M. de Ma- » zaugues dans un Mémoire Manuscrit) que l'Original » de ces Annales a été altéré & entièrement défiguré. Il » y a deux opinions là-dessus. Les uns veulent que le » véritable Original a été supprimé, & qu'on en a substi- » tué un autre, auquel on a donné un air de vétusté, » par des ratures & autres marques, & qu'on y a fourré » le nom de certaines familles modernes qu'on y trouve » à toutes les pages. Les autres vont plus loin, & préten- » dent que tout est supposé, & que le Moine Faucher » n'avoit point composé d'Histoire. Ce qui rend ce sen- » timent fort probable, est que dans le Catalogue de » ses Ouvrages, inséré par Baral dans la Chronique de » Lérins, il n'y est fait aucune mention de ses Annales, » qui étoient trop considérables pour y avoir été ou- » bliées ». Pitton parle de ces Annales aux *pag.* 37 & 40, de ses *Jugemens sur les Historiens Provençaux*.
☞ Dans une Copie qui est dans la Bibliothèque de M. de Nicolay, à Arles, il y a des Observations manuscrites de la main de M. TERRIN, Antiquaire de réputation du dernier siècle.]

38047. De Provinciæ Phocensis Comitibus, Francisci DE CLAPIERS, Domini de Vauvenargues, in Judicum summorum Vectigalium Regis summo Auditorio Consiliarii, brevis Historia : *Aquis-Sextiis*, 1584, *in-8. Lugduni*, Masset, 1616, *in-4*.

Cette Histoire Latine est aussi imprimée à la fin de la seconde Edition de l'Ouvrage du même Auteur, intitulé : *Centuriæ Causarum : Lugduni*, 1589, *in-fol.*

La même, traduite en François, & publiée sous ce titre : Généalogie des Comtes de Provence, depuis l'an 577 jusqu'au Règne de Henri IV. *Aix*, Pillehotte, 1598, *in-8*.

Cette Version faite avec peu de fidélité par François du Fort, Angevin, Avocat au Parlement de Provence, est aussi imprimée avec les *Statuts de la Provence : Aix*, 1598 *in-4*.

« François Clapiers, plus sçavant en Droit qu'en » l'Histoire de l'Origine & Généalogie des Comtes de » Provence, n'a fondé ce qu'il en dit que sur l'auto- » rité de Paul Emile, dont lui-même porte ce jugement, » qu'il a donné plus de relief à l'Histoire de France par » son éloquence que par sa fidélité ; qu'il est insuppor- » table dans ses erreurs, pour avoir plus déféré à son » jugement particulier, qu'à une discussion exacte & à » des recherches curieuses. ». C'est ce qu'en pense Honoré Bouche, dans sa Préface de l'*Histoire de Provence*. Pitton dit à la *pag.* 48, des *Sentimens sur les Historiens de Provence*, que « Clapiers a pris la Gé- » néalogie des Comtes de Provence d'un Mémoire qui » se trouve dans un Registre des Archives du Roi, in- » titulé : *De Rosseto* (nom de l'Archivaire, qui vivoit » du temps du Roi [de Naples] René, Comte de Pro- » vence,) & d'un Rouleau de parchemin, où l'abrégé » de la Vie des Comtes est décrite. Cet Auteur a donné » cet Abrégé en Latin, sans presque y rien ajouter » du sien (ce qui ne convient guère avec ce que dit Bouche, qu'il n'a fait que copier Paul-Emile ;) & le » Traducteur François n'a fait qu'augmenter les fautes » de l'Original, en le traduisant peu fidèlement ».
Le même Pitton, au Chapitre XV. du Livre VI. de son *Histoire d'Aix*, dit que « la Chronologie de » Clapiers n'est pas exacte, parce qu'il s'est trop fié au » Registre ». Clapiers est mort en 1585.

38048. Histoire des Comtes de Provence, depuis l'an 934 jusqu'en 1480, enrichie de leurs portraits ; par Antoine DE RUFFI, Conseiller d'Etat : *Aix*, Roize, 1655, *in-fol.*

Cet Auteur est mort en 1689. Louis-Antoine de Ruffi, son fils [avoit] promis dans ses *Dissertations sur l'Origine des Comtes de Provence*, de donner une seconde Edition de cette Histoire, qui seroit retouchée & augmentée, & d'y joindre toutes les preuves requises pour une Histoire Cartulaire parfaitement fidèle.

« Je ne trouve qu'à louer & à estimer dans cette » Histoire (dit Bouche en la Préface de la sienne) & » rien à reprendre, quoique nous soyons tant soit peu » contraires de sentimens sur la Vie de quelques Com- » tes de Provence de la première & de la seconde » Race, & sur quelques-uns de ceux de Forcalquier ».

Tome III.

Il ajoute, mais mal-à-propos, que cet Auteur a travaillé sur les Manuscrits de M. de Peyresc, dont il n'a eu cependant communication que long-temps après l'Edition de son Histoire. Antoine de Ruffi a [formé] la Généalogie des Comtes de Provence, sur [des Titres tirés du] grand Cartulaire de S. Victor de Marseille, [des Archives de Montmajour, de Cluni & autres lieux.]

Samuel Guichenon, dans une de ses Lettres écrite à M. de Ruffi, le 15 Juin 1655, parle avantageusement de cette Histoire. « Je ne puis m'empêcher de » vous dire, lui écrit-il, que votre Histoire est une des » plus excellentes Pièces de notre siècle; la distribu- » tion en est belle, la méthode nouvelle, le langage » très-bon & bien François, & les matières rares & cu- » rieuses; enfin tout y est beau, aussi n'en falloit-il pas » attendre moins de vous ». L'Abbé de Longuerue n'estime que cette Histoire de toutes celles de Provence.

☞ *Voyez* Lenglet, *Méth. hist. in-4. tom. IV. pag.* 238.]

38049. Dissertations historiques & critiques sur l'Origine des Comtes de Provence, de Venaissin, de Forcalquier, & des Vicomtes de Marseille, [au nombre de quatre;] par Louis-Antoine DE RUFFI, [ou le fils] : *Marseille*, Brebion, 1712, *in*-4.

« La manière dont ces Dissertations sont écrites, » fait plaisir au Public. L'Auteur évite les fautes de » ceux qui ont traité ces matières avant lui; car quoi- » que depuis plus d'un siècle divers Historiens ayent » écrit sur l'origine & les actions des premiers Comtes » de Provence, on peut dire que ces Historiens ont » laissé les choses dans une grande confusion. On les » trouvera ici clairement expliquées par le moyen de » diverses nouvelles découvertes. Les titres que l'Au- » teur a heureusement trouvés & les sérieuses réfle- » xions qu'il paroît avoir faites sur tout ce que ces His- » toriens ont dit des Comtes de Provence, de Venais- » sin, de Forcalquier, & des Vicomtes de Marseille, » donnent un grand relief à l'Ouvrage. Comme il sou- » tient de nouvelles opinions & qu'il propose de nou- » veaux systêmes historiques, il a été très-exact à rap- » porter les Extraits des principaux Actes qui servent à » les justifier, & il renvoie les Lecteurs à d'autres Ex- » traits qui se trouvent dans *l'Histoire des Comtes de » Provence*, écrite par M. de Ruffi son père, & par » d'autres Historiens ». *Journal des Sçavans, de Novembre* 1713.

☞ *Voyez* Lenglet, *Méth. hist. in-4. tom. IV. pag.* 238. = Le P. Niceron, *tom. I. pag.* 127.]

38050. ☞ Remarques au sujet de l'Histoire des anciens Comtes de Provence, extrait d'une Lettre de M. GIBERTI, Médecin, du 23 Juin 1734. *Mercure*, 1734, *Août.*]

38051. ☞ Réponse du R. P. PENCHINAT, à la Lettre précédente, au sujet de la Carte historique des Comtes de Provence. *Mercure*, 1734, *Septembre.*]

38052. ☞ Eclaircissement d'un point d'Histoire des Comtes de Provence.

Dans les *Pièces fugitives d'Archimbaud*, *tom. IV. pag.* 120.]

38053. ☞ Dissertations sur l'Histoire de Provence, insérées dans celle de Languedoc; par DD. DE VIC & VAISSETE.

Certaines liaisons entre ces deux Histoires, ont engagé les sçavans Auteurs de celle de Languedoc à donner les Dissertations que nous indiquons ici, & qui se trouvent dans différens volumes de leur Ouvrage, indiqué ci-devant, N.° 37727.

Ces Dissertations sont :

1. De l'usurpation du Royaume de Provence par Boson, & de la Souveraineté de nos Rois sur le Rhône. *Note* (ou *Dissertation*) *I.* du Tome II. de l'*Histoire de Languedoc.*

2. De l'Epoque de l'Union du Marquisat de Provence au Domaine des Comtes de Toulouse : étendue de ce Marquisat, &c. *Note* XIV. du Tome. II.

3. Du Partage de la Provence fait en 1125, entre Alphonse-Jourdain, Comte de Toulouse, & Raymond-Bétenger III. Comte de Barcelonne. *Note* XV. du Tome II.

4. Epoque & circonstances du Siège & de la Prise d'Avignon par Louis VIII. Roi de France. *Note* XXIV. du Tome III.

5. Observations sur l'Epoque & les circonstances de la Restitution du Marquisat de Provence faite par le Pape, à Raymond VII. Comte de Toulouse. *Note* XXIX. du Tome III.

6. Epoque & circonstances de la Cession que le Roi Philippe-le-Hardi fit du Comté Venaissin (l'an 1274,) en faveur de l'Eglise Romaine. *Note* III. du Tome IV.]

38054. Lettre de M. CHOUX, dans laquelle on relève quelques erreurs concernant l'Histoire de Provence, & où il est fait mention des Troubadours. *Merc.* 1745, *Mai.*]

38055. ☞ Histoire abrégée des Rois & Comtes de Provence : *La Haye*, 1756, *in*-8. de 54 pages.

Cette Histoire très-sommaire, qui est dédiée à Monseigneur le Dauphin, a été faite à l'occasion de la naissance de Monseigneur le Comte de Provence. Sa première Partie contient l'état de la Provence sous les Empereurs Romains, sous les Rois Goths, & sous les Rois de France, jusqu'à Charles-le-Chauve. La seconde Partie représente cette Province sous les Bosons, sous les Comtes suivans, & sous les Princes des deux Maisons d'Anjou.

38056. ☞ Chronologie historique des Comtes de Forcalquier; (par Dom François CLEMENT.)

Dans la seconde Edition de l'*Art de vérifier les Dates* : (*Paris*, Desprez, 1770, *in-fol.*) *pag.* 758.]

38057. Ms. Histoire des Comtes de *Forcalquier*; par François DE REMERVILLE, de Saint-Quentin, Gentilhomme Provençal.

Cette Histoire [étoit] entre les mains de l'Auteur, [lorsque le P. le Long écrivoit.]

38058. Historia Guillelmi Junioris Comitis Forcalquieri : Auctore Joanne COLUMBO, è Societate Jesu.

Ce Guillaume-le-Jeune est mort en 1207. Son Histoire est imprimée dans le *Recueil des Opuscules* du même Auteur, *pag.* 74 : *Lugduni*, 1660, *in-fol.*
Columbi est mort en 1678.

38059. ☞ Statuta Provinciæ & Forcalquerii, cum Commentariis Lud. MASSÆ, (& Genealogia Comitum Provinciæ :) *Aquis-Sextiis*, 1598, *in*-4.]

38060. Dissertations de Pierre-Joseph (DE HAITZE,) sur divers points de l'Histoire de Provence : *Anvers*, (*Aix*,) 1704, *in*-12.

Cet Auteur a coutume de se faire connoître par ses seuls noms de Baptême. Il [étoit] nommé ordinairement

Histoires de Provence.

en Provence, de Hache. Ce volume contient douze Dissertations dédiées à l'Evêque de Cavaillon, Ville où l'Auteur est né. Elles sont imprimées à Aix par Adibert. [De Haitze est mort en 1736.]

38061. ☞ Mſ. Mémoire des choses notables de France & de Provence; par Pierre MANNE.

Il se trouve dans le Registre 66, Vol. I. des Manuscrits de Peyresc. Il y en a une Copie à la Bibliothèque du Marquis d'Aubais, num. 132.]

38062. ☞ Mſ. Journal de Jean LE FEVRE, Evêque de Chartres, Chancelier de Louis I. & de Louis II. Rois de Sicile & Comtes de Provence; depuis le 28 Juillet 1381, jusqu'au 13 Juin 1388 : *in-4.*

L'Original, qui est souvent cité avec éloge par M. Baluze, dans ses *Notes sur les Vies des Papes d'Avignon,* a passé de la Bibliothèque de M. Colbert dans celle du Roi. Il y en a des Copies dans les Cabinets de M. le Marquis de Mejanes & de M. de Nicolay, à Arles.]

38063. Mſ. Chronique ou Journal de Bertrand BOISSET, depuis le 4 Juin 1365 jusqu'en 1461, en Provençal : *in-fol.*

Il n'y a que quelques pages de ce Journal écrites en Latin; le reste est en Provençal. Il [étoit] dans la Bibliothèque de M. Gaufridi, Baron de Trest, Avocat Général du Parlement de Provence, & dans celle de M. Thomassin de Mazaugues [aujourd'hui à Carpentras.] Honoré Bouche le cite au tome second de son *Histoire de Provence,* pag. 384, 430, 431, 432 & 434. Voici ce qu'il en dit à la pag. 435. « Je suis » obligé de dire en faveur de la vérité, que mon Ma- » nuscrit est fait en ce temps-là par un Personnage très- » curieux de cette Province, nommé Bertrand Boisset, » très-honorable Citoyen de la Ville d'Arles; Person- » nage qui avoit accompagné le Pape Urbain V. depuis » Avignon jusqu'à Rome, lorsqu'il y alla l'an 1368. Ce » qui le rendit curieux, à son retour en Provence, de » remarquer toutes les choses les plus notables qui arri- » voient en l'Etat Ecclésiastique ».

38064. ✱ Réunion du Comté de Provence à la Couronne, en 1486.

Cette Pièce est parmi les *Observations* [de Godefroy] sur l'Histoire de Charles VIII. pag. 537, ci-devant, [Tome II. N.° 17392.]

38065. ☞ Du Droit du Roi au Royaume de Bourgogne, (ou d'Arles;) par M. DUPUY.

Dans son Traité des *Droits du Roi, Edition de 1670, pag. 211.*]

38066. Mſ. Mémoires de Jean DE NOSTRADAMUS, Procureur au Parlement de Provence, depuis l'an 1080 jusqu'en 1494 : *in-fol.*

Ces Mémoires [étoient] dans la Bibliothèque de M. Thomassin de Mazaugues, [aujourd'hui dans celle de la Ville de Carpentras.] C'est un grand volume retouché de la main de César Nostradamus, neveu de l'Auteur; par où l'on voit que tout le fond de son Histoire de Provence appartient à son oncle; qu'il n'y a mis du sien que quelques liaisons, beaucoup de digressions, & surtout ce qui regarde les Affaires étrangères, & plusieurs Généalogies; c'est aussi ce qu'il y a de moins bon dans cette Histoire.

38067. ✱ Du Voyage (ou de l'Expédition) de l'Empereur Charles V. en Provence; par Guillaume DU BELLAY, Sieur de Langey.

Cette Relation est citée dans l'Avis au Lecteur qui est au-devant de son *Epitome de l'antiquité des Gaules : Paris,* 1587, *in-4.*

38068. Meygra entreprisa Catoliqui Imperatoris, quando de anno Domini 1536, veniebat per Provinciam bene corrosatus in postam prendere Fransam cum Villis de Provensa, &c. per A. (Antonium) ARENAM bastifausata : *Avenione,* 1537, *in-12.*

On lit à la fin de ce Poëme, écrit en Vers Macaroniques : « Scribatum estando cum gallardis Paysanis, » per boscos, montagnos, forestos de Provensa, de » anno 1536, &c. » Livre [ci-devant] très-rare, cité par le seul Nicolas Pavillon, dans ses Notes sur l'*Histoire de Luxembourg,* selon Bouche, au Tome II. de son *Histoire de Provence,* pag. 573, où il dit, « que de » tous ceux qui ont parlé de cette Guerre, il n'y en » a aucun qui en ait remarqué de plus grandes parti- » cularités que cet Auteur, qui y étoit présent. » Bouche en rapporte plusieurs Fragmens dans la Section IX. du Livre X. de son *Hist. de Provence.* Frisius rapporte aussi, sous le nom d'Antoine Aréna, quelques autres Ouvrages de cet Auteur qui concernent l'Histoire de cette Province.

☞ Seconde Edition : *Bruxelles,* (ou plutôt *Avignon,*) J. Van-Wanderen, 1748, *in-8.* de 78 pages.

On lit les quatre Vers suivans, au Frontispice.

» Tu quicumque voles nostram truffare bisognam, » Corrige folliciús, grassé mataude, tuas; » Et tibi si placeo Fransam laudasse per orbem » Tu bon compagnus & mon amicus eris.

Et à la fin de l'Ouvrage, *pag.* 78.

» Scribatum estando cum gailhardis paysanis per bos- » cos, montagnos, forestos de Provensâ, anno mille » CCCCC XXXVI. quando Imperairus d'Espagna, » & tota sua gendarmeria pro fauta de panibus per vi- » gnas roygnabant rasinos, & post veniebant fort bene » acambarú sine cresteris, & candeletis d'apoticaris in » villa de Aquis ».

On trouve à la fin, les *Cités ou Villes, &c. de Provence, &c.* rapportées ci-devant, à la *Géographie,* Tome I. N.° 2253.

☞ Troisième Edition : *Lugduni,* 1760, *in-8.*

On n'en a tiré que 150 Exemplaires.

Les Editeurs de cette Edition, qui est en jolis caractères, annoncent, dans l'Avertissement, la rareté de cet Ouvrage, qu'ils ont, (disent-ils) acheté dans une vente nouvellement faite, (c'est-celle de M. le Comte de Caumont, faite à Lyon, où ils ont effectivement acheté 120 liv. l'Edition de 1537,) pour pouvoir donner cette Pièce au Public. Il est étonnant que gens du métier & voisins d'Avignon, ayent ignoré la seconde Edition faite dans cette Ville douze ans auparavant. Cependant elle existe bien réellement, & j'en ai vu & tenu un Exemplaire qui est aujourd'hui dans la Bibliothèque de M. le Duc de Charost,) ci-devant dans celle de M. l'Abbé Goujet, Chanoine de S. Jacques-de-l'Hôpital, dont le nom est si connu dans la République des Lettres; il a bien voulu me le communiquer, & c'est sur cet Exemplaire qu'a été tiré le titre de cette seconde Edition, tel que je viens de le rapporter.

Voyez sur cet Ouvrage, Lenglet *Méth. hist. in-4. tom. IV. pag.* 240. = *Bibl.* de Clément, *tom. II. pag.* 16.]

38069. ✱ Joannis GERMANI Historia brevissima Caroli V. à Provincialibus Paysanis fugati & desbifati, (Opus macaronicum:) 1536, in-8.

☞ L'Auteur étoit Avocat de Forcalquier. Naudé, dans son *Mascurat*, a parlé de ce Livre; mais il ne connoissoit pas celui d'Antoine de Arena, sur la même matière. Celui-ci, dans son Ouvrage, a parlé de Jean Germain, & il le compte entre les illustres Provençaux qu'il suppose que Charles-Quint avoit donné ordre de marquer pour les emmener prisonniers.]

38070. Ms. Histoire (d'Honoré) DE VAL-BELLE, Gentilhomme Marseillois, contenant ce qui s'est passé de son temps, en Provençal : *in-fol.*

L'Original de ces Mémoires [étoit] dans la Bibliothèque de M. Thomassin de Mazaugues, [& est aujourd'hui dans celle de Carpentras.] M. de Valbelle, Marquis de Tourves, Président à Mortier dans le Parlement de Provence, & M. de Russy, en [avoient] chacun une Copie. Ces Mémoires commencent ainsi : » En aque presen Libre si commençou d'escrioure » plusieurs cavos dignos de memori, las qualos son » avengudos en plusieurs Regions del mondé & Pro-» venças de França, & en especial en la Citad de » Marseilho »; c'est-à-dire, Ce Livre traite de plusieurs choses mémorables arrivées en divers Pays & dans les Provinces de France, & surtout en la Ville de Marseille, depuis le 25 Novembre 1481, jour de la mort de Charles d'Anjou, dernier Comte de Provence, jusqu'en 1539, au mois d'Août. Bouche fait mention de l'Auteur de ces Mémoires, sous les années 1516 & 1539, c'est aux *pag.* 531 & 564, du Tome II. de son *Histoire de Provence*. Il dit même à la *pag.* 531, qu'il y a puisé beaucoup de choses arrivées en Provence pendant le Règne de François I. qui commença en l'année 1515, & finit en 1547.

38071. Discours véritable des Guerres & Troubles advenues en Provence, l'an 1562, envoyé au Comte de Tende ; par N. R. P. *Lyon*, 1564, *in*-8.

Ces lettres initiales signifient Nicolas REGNAULT, Provençal. Ce Discours est aussi imprimé au Tome II. des *Mémoires de M. le Prince de Condé*, [& au Tome III. des mêmes, Edit. *in*-4. de 1743, ainsi que le numéro suivant.]

38072. Discours de la défaite des Provençaux, appellée la Bataille de Saint-Gilles, en Languedoc, en 1562.

Ce Discours est aussi imprimé aux Volumes précédens des *Mémoires de Condé*.

☞ Le Père le Long l'attribuoit à Raymond de Pavie, Sieur de Forquevaulx ; mais c'est l'ouvrage d'un Huguenot, & Forquevaulx étoit un Officier qui servoit dans l'armée Catholique. Sur quoi l'on peut voir l'*Histoire de Thou*, tom. IV. de la Traduction Françoise : *in*-4. *pag.* 401.]

38073. ☞ Lettre écrite à M. le Président de Mazan, étant en Cour en l'année 1548, servant d'avis au Roi & à MM. les Ministres, pour retirer du Pays de Provence une somme notable de deniers, sans élection, ni crue de tailles & Officiers: *in*-8. (sans date, ni lieu d'impression.]

38074. Discours des Guerres du Comté de Venaissin & de Provence, entre les Catholiques & ceux qui se disent Huguenots, depuis l'an 1560 jusqu'en 1562 ; par Loys [PERUSSIS,] Ecuyer, Sieur de Caumont : *Avignon*, [Roux,] 1563, *in* 4. *Anvers*, Tilenus, 1564, *in*-8.

Ce Discours n'est que l'abrégé d'un autre qu'avoit fait cet Auteur. Les deux premières parties contiennent les Guerres & autres événemens, depuis l'an 1560, jusqu'au 7 Février 1564. La troisième, qui [étoit] manuscrite dans la Bibliothèque de M. Thomassin de Mazaugues, n. 81, des Manuscrits de M. de Peyresc, est intitulée : « Troisième Discours & Com-» mentaires, ensemble la Continuation de la Guerre & » Troubles de ce temps-là, depuis l'an 1564 jusqu'en » 1581, tant en la Comté de Venaissin qu'en Langue-» doc, Provence & Dauphiné ; encore touchant la » France, Espagne, Italie, Flandre & Levant : traitant » aussi de plusieurs choses mémorables & dignes de » sçavoir, aussi les moyens pour soy garder d'être enve-» loppés des appas des modernes Hérétiques appellés » Huguenots : plus de la fertilité, situation, descrip-» tion d'Avignon & de ladite Comté de Venaissin, de » la défaite des Albigeois ». C'est un Volume de plus de mille pages, plein de digressions, de moralités, de passages d'anciens Auteurs, de Sentences, de Vers, &c. L'Auteur l'envoya à M. de Peyresc, en 1614. Cet Ouvrage n'est recommandable, que par la singularité des faits qui y sont rapportés.

☞ Tout cet Article du P. le Long manque d'exactitude. Le premier Discours de Perussis (& non Perussis) est imprimé à Avignon, en 110 pages, & contient les faits depuis le commencement des Guerres Civiles dans le Comté Venaissin, jusques vers la fin de 1562. Ce n'est point un abrégé, mais un Ouvrage complet, quoique très-court en comparaison du Discours III. On trouve à la tête une Epître dédicatoire de l'Auteur en prose, & en Langue Italienne, adressée à Fabrice Serbelloni, Général des Troupes de S. S. dans Avignon & dans le Comté Venaissin ; plus une autre Epître en Langue Françoise, adressée aux Dames & Damoiselles d'Avignon & du Comté. A la fin sont trois Huitains, en Italien. Voici le titre du Livre suivant:

38075. Le second Livre des Discours des Guerres de la Comté de Venaissin, & quelques Observations de nostre saincte Eglise; avec autres incidens ; par le Seigneur Loys DE CAUMONT, Subjet & Vassal de Nostre Sainct Père, imprimé en Avignon en 1564.

Ce Livre a donc été imprimé ; aussi Louis de Perussis, à la tête de son troisième Discours manuscrit, parle en ces termes : « Ceux qui auront veu mes deux pre-» miers Livres, premier & second ». L'Edition de ce second Livre est très-rare, & il n'y en a aucun Exemplaire (imprimé) dans la Bibliothèque publique de Carpentras, où il devroit y en avoir. Elle n'a été connue ni par du Verdier, quoique contemporain de Louis de Perussis, ni par le Père le Long : ils font mention tous les deux de l'impression du premier Livre, sans parler de celle du second. Ce second Discours se trouve Manuscrit au commencement du premier des deux Volumes qui sont à la Bibliothèque de Carpentras : il est d'une écriture très-moderne, & d'une main peu sçavante pour l'orthographe. Presque la moitié roule sur des matières de Controverses, & il est aussi court que le premier. Ce sont ces deux Discours ensemble qui s'étendent jusqu'au 7 de Février 1564.

Le troisième, dont on trouve le titre rapporté ci-dessus par le P. le Long, commence au 22 de Février 1564, & continue jusqu'à l'an 1581, & aux temps de l'Assemblée de Manosque. Il contient 1006 feuillets, & ce fut M. Jérôme de Lopis, Seigneur de Mont-de-Vergues, qui le procura à M. de Peyresc en 1614, & non pas l'Auteur, qui étoit mort depuis

Histoires de Provence.

plus de 30 ans. Au reste ce n'est point l'Original, mais une Copie *mise au net, & non corrigée sur l'Original écrit de la main de l'Auteur.* Ce Manuscrit a passé à la Bibliothèque publique de Carpentras, avec le reste de la riche Bibliothèque de M. le Président de Mazaugues, par l'acquisition qu'en fit, il y a quelques années, feu M. Malachie d'Inguimberti, Evêque de Carpentras. Je tiens ces Remarques de M. le Marquis de Perussis.

Dans les Pièces fugitives pour servir à l'Histoire de France, publiées par M. le Baron d'Aubais : *Paris*, 1759, *in-4.* 3 vol. on trouve Tome I. un Extrait du troisième Discours de Louis de Perussis, contenant 235 pages, à la suite duquel sont des Notes historiques sur les personnes dont il est parlé dans cette Histoire. L'Avertissement qui est à la tête ne laisse rien à désirer sur la personne de l'Auteur; sur son style naïf, mais comique, & sur ce Manuscrit.]

38076. ☙ Ms. Discours des Guerres du Comtat Venaissin, depuis l'an 1562 jusqu'en 1570. Seconde & troisième Partie : *in-4.* de 800 pages.

Ces Discours sont dans la Bibliothèque de M. le Marquis d'Aubais.

☞ Cet Article, que le P. le Long a ajouté à la main, dans son Exemplaire, pour une nouvelle Edition de son Ouvrage, (& qui étoit dans son Supplément,) prouve, après ce que l'on vient de voir, que M. d'Aubais n'a qu'une partie de l'Ouvrage de Perussis.]

38077. Lettres écrites de Marseille, contenant au vrai les choses qui s'y sont passées le 8, 9 & 10 d'Avril 1585 : 1585, *in-8.*

38078. Histoire véritable de la prinze de Marseille par ceux de la Ligue, & de la reprinze par les bons Serviteurs du Roi, le 26 Avril 1585, confirmée par Lettres de Sa Majesté, & autres Lettres.

Cette Histoire est imprimée à la *pag.* 83 du tom. I. des *Mémoires de la Ligue* : 1590, *in-8.*

38079. Ms. Mémoires d'Antoine-Honoré de Castellane, Sieur de Besaudun, composés d'une Apologie pour le Duc de Savoye, contenant ce qui est advenu en Provence durant les troubles des années 1589, 1590, 1591 & 1592. Le vrai titre de cette Apologie est : Discours du succès des Guerres de Provence, où est marqué sommairement & au vrai, par le Sieur de Besaudun, les desseins & entreprises tant de l'un que de l'autre parti, depuis l'entrée du Duc de Savoye, (le 14 Octobre 1590,) audit Pays jusqu'à son retour, (le 30 Mars 1592,) & des menées qui étoient faites de sa part pour s'emparer de la Provence par le moyen des meilleures Villes d'icelle, qu'il vouloit faire perdre. = Lettera del Duca di Savoïa à l'Infanta Donna Caterina d'Austria, sua consorte, dove si vede il trattato fatto dalla Contessa de Saulx contro S. Altezza, 1591. = Manifeste & Déclaration de la Noblesse de Provence, contenant les causes qui l'ont mues à prendre les armes contre le Duc d'Espernon, le 7 Janvier 1594. = Lettre au Sieur de Lesdiguières, par le Sieur de Besaudun, en 1594 : *in-fol.*

Ces Mémoires du Sieur de Besaudun, Maréchal de Camps de la Ligue, lequel fut tué en 1594, [étoient] conservés dans la Bibliothèque de M. de Ruffi. On les trouve aussi entre les Manuscrits de M. Dupuy, num. 75.

« La Déclaration de Besaudun, écrite avec tant
» d'art & tant d'éloquence contre le Duc d'Espernon,
» fut cause de sa mort; car ayant été fait prisonnier par
» les Troupes de ce Duc, aussi-tôt qu'il l'eut reconnu,
» il le fit couvrir de feux & de grêles de plomb, dont il
» tomba roide mort ». C'est ce que rapporte Nostradamus, à la *pag.* 970, de son Histoire, où il fait un beau portrait de ce Gentilhomme.

✱ Cette Déclaration a été imprimée en 1595, *in-8.* *Voyez* ci-devant, [Tome II. N.º 19669]

38080. ✱ Relatione de gli progressi che ha fatti il Duca de Savoya in Provenza, dopo la sua partita di Niza, sino all'intrata in Massilia : *in-fol.*

Cette Relation est indiquée num. 191, du Catalogue de la Bibliothèque de Sarraza, imprimé à *Amsterdam*, en 1715.

38081. Les principes & les progrès de la Guerre civile, opposée aux Gouverneurs de Provence; par Honorat Meynier, Provençal : *Paris*, [Guillemot,] 1617, *in-8.*

Ce Livre commence à la mort de François I. en 1547, sous le Comte de Grignan, Gouverneur de cette Province, & va jusqu'en 1592, sous l'Amiral de la Valette.

== Discours de la Vie & Faits héroïques de Bernard de la Valette, Gouverneur de Provence, depuis l'an 1577 jusqu'en 1592.

Voyez ci-dessus, [N.º 31788.]

38082. Ms. Sommaire de ce qui s'est passé en Provence, depuis la mort du Grand-Prieur jusqu'à l'arrivée du Duc de Guise : *in-fol.*

Ce Sommaire est conservé entre les Manuscrits de M. Dupuy, num. 658. Henri de Valois, Comte d'Augoulême, Fils naturel du Roi Henri II. Grand Prieur de France & Gouverneur de Provence, fut tué en 1586. Le Duc de Chevreuse, Prince de Joinville, succéda au Duc d'Espernon dans le Gouvernement de Provence, où il se rendit au mois de Novembre en 1595.

38083. ☞ Ms. Guerres de Provence dès la mort du Grand-Prieur, jusqu'à la venue de M. de Guise, Gouverneur de Provence.

Ce Manuscrit est dans le Registre 66, vol. I. des Manuscrits de Peyresc. Il y en a une Copie dans la Bibliothèque de M. le Marquis d'Aubais, num. 132.]

38084. Ms. Mémoires pour l'Histoire de Provence, du Sieur de Saint-Marc, depuis l'an 1561 jusqu'en 1596 : *in-fol.*

Antoine du Puget, Sieur de Saint-Marc, Gentilhomme de Provence, a servi sous quatre de nos Rois; il est mort en 1625. Ses Mémoires, qui sont écrits dans le goût de ceux de Brantosme, contiennent tout ce qui s'est passé de son temps, soit en Provence soit dans le reste du Royaume. L'Original s'est perdu, & il ne s'en trouve aucune copie. On tient ces circonstances de M. de Chasteuil, petit-fils du Sieur de Saint-Marc, qui avoit lu l'Original.

38085. ☞ Ms. Mémoires de Morillon,

552   Liv. IV. *Histoire Civile de France.*

sur les Troubles de Provence, en 1577 & 1579.

Ils sont conservés dans le Registre 66, Vol. I. des Manuscrits de Peyresc. Il y en a une Copie dans la Bibliothèque de M. le Marquis d'Aubais, num. 132.]

38086. ☞ Mſ. Mémoires de M. DE SAINT-CANNAT, sur les derniers Troubles de Provence, de l'année 1578 à 1588: *in-4.*

Dans la Bibliothèque de M. le Marquis d'Aubais, num. 132.]

38087. Mſ. Mémoires de Nicolas DE BAUSSET, Lieutenant du Sénéchal de Marseille, sur les Troubles de cette Ville, depuis l'an 1585 jusqu'en 1596: *in-fol.*

Ces Mémoires sont conservés entre les Manuscrits de M. Dupuy, num. 658. Cet Exemplaire finit en 1591, mais celui que [possédoit] M. Bausset de Marseille, va jusqu'en 1596. L'Auteur étoit de cette Ville, laquelle en 1596, lui fut redevable de sa liberté; les conseils de ce sçavant Magistrat ayant été aussi funestes au tyran Casaulx, que l'épée de Libertat. Aussi fut-il député par les Habitans de Marseille vers Henri IV. pour lui apporter la nouvelle de leur délivrance. Cet Auteur est mort en 1643.

38088. ☞ Mſ. Narré de ce qui s'est passé au Château du Broc, sur la rivière du Var, en 1589.

Dans le Registre 66, Vol. I. des Manuscrits de Peyresc. Il y en a une Copie à la Bibliothèque du Marquis d'Aubais, num. 132.]

38089. Mſ. Commentaire de Scipion DE VIRAIL, fils de Louis de Virail, Gouverneur de Sisteron, sur les Guerres civiles de Provence, depuis l'an 1587 jusqu'en 1596; avec la Vie de Caius de Virail, composée en 1600; par Artus BERAUD, Avocat à Sisteron, *in-4.*

Scipion de Virail est mort en 1638. Ses Commentaires [étoient] entre les mains de M. de Ruffi. Pierre Louvet, Médecin, en a fait imprimer une partie dans son *Histoire des troubles de Provence*, indiquée ci-après, [N.º 38106.]

38090. ☞ Mſ. Mémoires de Caius DE VIRAIL DE VALÉE, Gentilhomme de Provence, sur des matières concernant les Troubles du Pays, & principalement les Troubles de la Ligue: *in-4.*

Dans la Bibliothèque de M. le Marquis d'Aubais, num. 132.]

38091. Mſ. Mémoires de Jules-Raymond DE SOLIERS, sur les Affaires de Provence, depuis l'an 1588 jusqu'en 1595.

Ces Mémoires sont conservés entre les Manuscrits de M. Dupuy, num. 658.

38092. ☞ Mſ. Mémoires du Sieur André FOURNIER, Procureur du Roi au Siège d'Hierres, depuis 1588 jusqu'en Septembre 1595.

Ils sont dans le Registre 66, Vol. I. des Manuscrits de Peyresc. Il y en a une Copie à la Bibliothèque de M. le Marquis d'Aubais, num. 132.]

38093. ☞ Mſ. Mémoires envoyés à Paris à M. Malherbe, sur les Affaires de Provence, depuis 1588, jusqu'à 1596.

Dans le Registre 66, Vol. I. des Manuscrits de Peyresc.

Il y en a une Copie dans la Bibliothèque de M. le Marquis d'Aubais, num. 132.]

38094. Mſ. Relations particulières de ce qui s'est passé en Provence durant les Règnes de Henri III. & de Henri IV. *in-fol.*

Ces Relations sont conservées dans la Bibliothèque de M. Thomassin de Mazaugues, entre les Manuscrits de M. de Peyresc, num. 66. [aujourd'hui à Carpentras.]

38095. ☞ Mſ. Mémoires de M. DE LA BAURDE, en 1691.

Dans le Registre 66, Vol. I. des Manuscrits de Peyresc. Il y en a une Copie dans la Bibliothèque de M. le Marquis d'Aubais, num. 132.]

38096. Mſ. Mémoires pour l'Histoire de Provence & de la Ville de Marseille, ès années 1593, 1594 & 1596: *in-fol.*

Ces Mémoires sont conservés entre les Manuscrits de M. Dupuy, num. 155.

38097. Discours véritable de ce qui s'est passé à Marseille en 1596: *Paris*, Auvray, 1596, *in-4.*

38098. Discours véritable de la prise & réduction de Marseille: *Paris*, 1596, *in-4.*

Ce Discours est d'Estienne BERNARD, [depuis] Lieutenant Général au Bailliage de Châlon-sur-Saône, qui avoit été député à Marseille, au mois de Décembre 1595, de la part du Duc du Maine (ou Mayenne) pour y présider en la Justice.

※ « On ajoute dans les Instructions du Duc de » Mayenne, comme pour toute autre chose que ledit » Bernard jugera être nécessaire pour retenir les Mar- » seillois au service du Roi & ladite Ville en son obéi- » sance, dont Sa Majesté promet d'avouer ledit Ber- » nard, & d'accomplir tout ce qui aura été par lui » promis à cet effet ... ayant retiré cette affaire de » toute autre main pour la consigner audit Bernard ».

☞ Il n'eut la charge de Lieutenant-Général à Châlon, qu'après cette Commission.]

38099. La Royale Liberté de Marseille, dédiée au Roi; par le Sieur DEIMIER: *Anvers*, 1616, *in-8.*

C'est une Relation de la réduction de Marseille, en 1596, par Libertat.

38100. ※ Remontrance de Guillaume DU VAIR, aux Habitans de Marseille: *Rouen*, 1597, *in-8.*

38101. Mſ. Mémoires de Louis Fabri, Sieur DE FABREGUES, Assesseur & Consul d'Aix, (grand partisan de la Ligue.)

Ces Mémoires ne paroissent plus; mais Pierre Louvet dans la seconde Partie de ses Additions à son *Hist. des Troubles*, &c. (ci-après, N.º 38106.) en a inséré une grande partie tout au long depuis l'année 1581 jusqu'en 1601, *pag.* 130-319. Il paroît par les Fragmens de Fabregues, qu'il étoit habile Négociateur.

38102. Mſ. Histoire des Troubles excités en Provence par la Ligue; par un Auteur du temps.

Cette Histoire [étoit] à Arles dans le Cabinet de M. Raybaud, Avocat.

38103. Mſ. Mémoires pour servir à l'Histoire de Provence, contenant ce qui s'est passé depuis le mois de Mai 1588, jusqu'au

16

Histoires de Provence.

16 Novembre 1597; par Gasp. de Fourbin, Seigneur de Soliers & DE SAINT-CANNAT.

L'Auteur de ces Mémoires, qui [étoient] entre les Manuscrits de M. de Ruffi, étoit Viguier de Marseille, en 1613. César de Nostradamus en a bien profité en composant son Histoire.

☞ C'est apparemment une suite de ceux que nous avons indiqués ci-dessus (N.° 38086,) & que le P. le Long ne connoissoit pas.]

38104. Mf. Histoire Provençale de Gaspar ALFERAN, jusqu'en 1598.

Cet Auteur étoit Notaire à Aix, fort attaché à la Ligue. Son Histoire est conservée entre les Manuscrits de M. Dupuy, num. 655.

38105. Guerra di Provenza; dal Comte Francesco MARTINENGO : *en Bergamo*, 1598, *in-4.*

38106. Histoire des Troubles de Provence, depuis son retour à la Couronne (en 1481) jusqu'à la Paix de Vervins (en 1598;) par Pierre LOUVET, Docteur en Médecine & Historiographe : *Aix*, David, 1679, *in-12.* 2 vol.

38107. * Additions & Illustrations sur l'Histoire précédente; par le même : *Aix*, David, 1680, *in-12.* 2 vol.

☞ Voyez sur cette Histoire la *Méth. histor. in-4.* de Lenglet, tom. IV. in-4. pag. 340.]

38108. Histoire & Chronique de Provence de César DE NOSTRADAMUS, Gentilhomme Provençal, où passent de temps en temps & en bel ordre les anciens Poëtes, Personnages & Familles illustres, qui ont fleuri depuis six cens ans; outre plusieurs Races de France, d'Italie, Espagne, Languedoc, Dauphiné & Piémont y rencontrées, avec celles qui depuis se sont diversement annoblies : comme aussi les plus signalés Combats & remarquables Faits d'armes qui s'y sont passés de temps en temps, jusqu'à la Paix de Vervins : *Lyon*, Rigaud, 1624, *in-fol.*

César, fils de Michel de Nostradamus, est mort en 1629. Il dit dans l'Avis qui est à la fin de son Ouvrage, qu'il s'est servi dans la huitième & dernière partie, des Mémoires de Gaspard de Fourbin, Sieur de Soliers & de S. Cannat; de François du Perrier, Gentilhomme d'Aix ; de Saubol (ou Sobolis,) Procureur à Aix.

38109. Mf. Neuvième partie, ou suite de l'Histoire & Chronique de Provence, depuis le commencement de 1601 jusqu'en 1618; par le même Auteur : *in-fol.*

César DE NOSTRADAMUS envoya en 1629, ce Volume, écrit de sa main, à M. de Peyresc. Il [étoit] à Aix dans la Bibliothèque de M. Thomassin de Mazaugues, [& il est aujourd'hui dans celle de la Ville de Carpentras.]

« Le langage de cet Auteur est ennuyeux, les redi-
» tes superflues, le style poëtique. Il n'observe point
» d'ordre, & rapporte bien des choses inutiles; il ne dit
» rien de vrai des premiers Comtes de Provence, & l'on
» voit par-tout de grandes erreurs en la Géographie &
» en l'Histoire. Ce qu'il y a de meilleur est pris des Mé-
» moires de Jean Nostradamus, son oncle. Sur la fin
» de la septième partie & beaucoup sur la huitième, il

» a fort bien fait au sujet des Guerres & des Troubles
» de la Religion, lesquelles sont presque toutes arri-
» vées de son temps ». Honoré Bouche, dans la Préface de son Histoire.

Pitton parle plus favorablement de cet Historien, au Chapitre XV. du Livre VI. de l'*Histoire de la Ville d'Aix*; il semble même vouloir contredire tout ce que Bouche en avoit dit deux ans auparavant. « Si
» nous retranchons, dit-il, de cette Histoire plusieurs
» Généalogies, auxquelles Nostradamus a trop facile-
» ment cru; on ne trouvera pas de quoi tant blâmer.
» On reconnoîtra sur-tout qu'il est véritable & cir-
» conspect dans l'Histoire de son siècle. S'il a erré
» pour nos Comtes de la première Race, c'est qu'il
» n'avoit pas les secours des Historiens de Bourgogne,
» qui nous ont éclairci l'Histoire de nos Rois d'Arles,
» avec lesquels ils ont un grand rapport. Pour les fau-
» tes commises en la Race des Bérenguiers, il est fort
» excusable; car n'ayant pas eu entrée dans la Tour du
» Trésor, il n'a pu remarquer les erreurs commises
» par ceux qui ont transcrit ces précieuses Chartres ».

38110. Histoire de Provence, depuis son commencement jusqu'en 1599; (par Jean-François DE GAUFRIDY, Conseiller au Parlement de Provence : *Aix*, 1694, [1723,] *in-fol.* 2 vol.

« Cette Histoire est exacte pour les faits, éloignée
» de la médisance & de la flatterie; elle est écrite d'un
» style châtié & noble. La perte de la vue, dont l'Au-
» teur fut privé dans les dernières années de sa vie, &
» sa mort arrivée en 1689, l'empêchèrent de la met-
» tre au jour, & réservèrent ce soin à M. l'Abbé de
» Gaufridy, son fils ». *Journal des Sçavans*, du 19 Janvier 1699.

Quoi qu'en dise l'Auteur du Journal, cette Histoire n'est pas aussi parfaite qu'il le veut faire croire. L'Auteur ne marque aucune citation d'Auteurs dans son Ouvrage; cela n'est pas pardonnable à un Ecrivain aussi moderne. Son style est un peu laconique, ce qui rend la lecture de cette Histoire fatigante. Il a eu le même fort que Nostradamus, pour ce qui regarde les premiers Comtes de Provence; ni l'un ni l'autre n'y voit goutte. Le reste de cette Histoire est bon; les faits y sont exactement rapportés, & il y a des recherches curieuses.

☞ *Voyez* Lenglet, tom. IV. in-4. pag. 238. = *Bibl-Harley*. tom. II. pag. 550.]

38111. Mf. Mémoires de François DU PERRIER, natif d'Aix, Gentilhomme ordinaire de la Chambre du Roi, contenant ce qui s'est passé depuis l'an 1600 jusqu'en 1608.

Ces Mémoires, écrits de la main de César de Nostradamus, qui s'en est servi dans la dernière partie de son Histoire [étoient] dans la Bibliothèque de M. Thomassin de Mazaugues, [& sont aujourd'hui dans celle de Carpentras.]

38112. Discours historique touchant l'état présent de la Provence, (en 1610;) par Aimar DU PERRIER.

Ce Discours fait partie de celui de l'*Etat présent des Gaules*, du même Auteur : *Lyon*, 1610, *in-8.*

38113. Mf. Journal de ce qui s'est passé en Provence, depuis l'an 1562 jusqu'en 1617.

Ce Journal [étoit] dans la Bibliothèque de M. de Gaufridy, Avocat-Général du Parlement de Provence; c'est le volume soixante-onzième des Manuscrits de M. de Peyresc. Ce même Volume contient une Copie du Journal de Foulque SOBOLIS, Procureur au Siège d'Aix, dont l'Original [étoit] dans la Bibliothèque de M. Thomassin de Mazaugues [aujourd'hui à Carpentras.]

✱ Ce dernier Ouvrage est cité par César Nostradamus, sous le titre d'Etat de la Ville d'Aix.

☞ Il y a dans la Bibliothèque de M. le Marquis d'Aubais, une Copie du premier Journal qui ne va que jusqu'en 1607. Y auroit-il faute dans ce qu'a écrit le P. le Long?]

38114. ☞ La Provence au Roi ; par C. B. *Aix*, 1616, *in-*8. de 11 pages.]

38115. ☞ Principe & progrès de la Guerre civile opposée aux Gouverneurs de la Provence, les Comtes de Grignan, de Tende, de Sommerive, &c. par Honorat MEYNIER : *Paris*, 1617, *in-*8.]

38116. Mf. Actes & Mémoires pour l'Histoire de Provence, depuis l'an 1441 jusqu'en 1637 : *in-fol.* 3 vol.

Le Tome III. de ce Recueil étoit dans la Bibliothèque de M. Thomassin de Mazaugues, entre les Manuscrits de M. de Peyresc, num. 65. Il contient ce qui s'est passé depuis l'an 1590 jusqu'en 1637. Les deux premiers volumes ont disparu.

38117. Relation de ce qui s'est passé en la Bataille de Val, en Provence, & au délogement des Troupes entrées dans ladite Province, sans ordre du Roi, le 4 Juillet 1649 : *Aix*, 1649, *in-*4.

38118. ☞ Mf. Plusieurs Lettres & Actes au sujet du différend des Provençaux avec le Comte d'Alais, leur Gouverneur, en 1649, 1650 & 1651 : *in-fol.*

Ces Pièces sont conservées entre les Manuscrits de M. Dupuy, num. 754.

38119. ☞ La Vérité toute nue, au Peuple de Provence : *in-*4. sans date.]

38120. Mf. Affaires & Mouvemens de Provence, depuis l'an 1586 jusqu'en 1655 : *in-fol.* 2 vol.

Ce Recueil [étoit] num. 183, dans la Bibliothèque de M. le Chancelier Seguier, [& aujourd'hui à S. Germain des Prés.]

== ☞ Relations & Pièces diverses sur ce qui s'est passé en Provence, depuis 1649 jusqu'en 1658.

Voyez ci-devant, au Tome II. N.os 22673, 22742, 22998 & 22999, 23009 & *suiv.* 23126-23135, 23683-23685, 23750, 23828 & 23829.]

38121. ☞ Mf. Histoire de Provence, depuis 1628 jusqu'en 1660 ; (par Jacques DE GAUFRIDY.)

Elle doit être, en Original, entre les mains de M. de Gaufridy, Baron de Fretz, son héritier. Il y en a une Copie imparfaite, dans la Bibliothèque de M. de Nicolay, à Arles : elle ne va que jusqu'au commencement de 1649, & il y a même une lacune depuis 1642 jusqu'en 1647. On peut voir sur l'Auteur, ci-dessus N.o 33184.]

38122. La Chorographie ou Description de Provence, & l'Histoire chronologique du même Pays ; par Honoré BOUCHE, Docteur en Théologie, A. P. D. S. J. *Aix*, David, 1664, *in-fol.* 2 vol.

Les Lettres initiales signifient ancien Prévôt de Saint-Jacques, dans le Diocèse de Senez. Bouche quitta ce Bénéfice peu avant sa mort, ayant été fait Prieur de Charvadon, dans le Diocèse de Sisteron ; il est mort en l'an 1671. Son Histoire commence à la création du Monde, & finit à l'année de Jesus-Christ 1661. Il a donné dans sa Préface des *Jugemens sur les Historiens de Provence.*

☞ On a déja indiqué cet Ouvrage pour la Géographie ancienne dans notre Tome I. N.o 162, &c. & pour la Moderne, N.o 2252.

Le Tome I. de Bouche est divisé en deux Parties.

La première contient la Chorographie en IV. Livres : 1.º des choses naturelles de Provence ; 2.º des choses morales ; 3.º des flambeaux & des lumières de l'ancienne Chorographie ; 4.º de la Division de la Provence selon l'Etat Ecclésiastique & le Politique. On trouve à la tête deux Cartes, l'une de la Géographie ancienne, l'autre de la moderne.

La seconde Partie comprend l'Histoire chronologique de Provence sous les diverses dominations, des Liguriens, des Celtes ou Gaulois, des Romains, des premiers Bourguignons, des Wisigoths, des Ostrogoths, des Rois de France, & des Rois d'Arles & de Bourgogne, jusqu'à l'Etablissement de son Comté.

Le Tome II. contient l'Histoire chronologique de Provence depuis l'Etablissement de son Comté sous les premiers Comtes originaires de Provence, & sous les autres Comtes Catalans, Angevins & Rois de France.

On trouve à la fin : Discours & Catalogue des Gouverneurs, des Lieutenans de Roi, & des Grands-Sénéchaux de Provence.]

☞ Additions & Corrections sur l'Histoire de Provence : *in-fol.* (30 pages pour le Tome I. 36 pour le II.)

Elles ont été publiées séparément quelque temps après, & elles ne se trouvent pas dans nombre d'Exemplaires. Elles sont sans nom d'Auteur, & d'Imprimeur, comme sans année.]

Pitton parle ainsi de l'Auteur de cet Ouvrage, *pag.* 55, de ses *Sentimens sur les Historiens de Provence.* « Bouche étoit un homme de bon sens, d'un » tempérament un peu mélancolique, & fort assidu au » travail. Il avoit presque achevé son Histoire en La-» tin ; il fut conseillé de la donner en François ; de sorte » qu'il en est l'Auteur & le Traducteur. Il n'a épargné » ni travail ni dépense pour voir sur les lieux les beaux » restes d'Antiquités que le hazard a sauvés de la fureur » des Barbares ». Quoique Pitton paroisse prévenu en sa faveur, il ne laisse pas de relever quelques-unes de ses fautes.

Cette Histoire fut imprimée aux dépens de la Province, comme il paroît par l'Extrait des Registres des Délibérations des Communautés de Provence, du 5 Août 1661, lequel Extrait est imprimé au commencement du premier Tome. L'Auteur l'ayant voulu commencer par la Chorographie de la Provence, visita avec soin tout le Pays : aussi c'est la Partie la plus travaillée de son Ouvrage. Il rapporte ensuite l'Histoire de la Provence ; mais elle est si mêlée avec l'Histoire Romaine, & celle des Rois de France, & remplie d'une érudition si peu ménagée, qu'il semble qu'elle ne doive être considérée que comme des Mémoires pour l'Histoire de Provence. En fait de Chronologie, il lui est échappé bien des fautes, qu'il n'a pas eu la patience de corriger, sur les avis que lui en a donné le Père Pagi. Ce qu'il dit des sept premiers Comtes de Provence est bien embrouillé, parce qu'il est trop chargé de recherches inutiles. Sa diction est barbare, & le tour de sa phrase est trop Latin, ce qui a fait soupçonner à d'habiles gens qu'il n'avoit fait que mettre en François les Mémoires Latins du Père Jean JACQUES, né à Tou-

Histoires de Provence.

Jouse, Prieur des Augustins de Marseille, qui pendant le long séjour qu'il avoit fait en Provence, avoit recueilli des Mémoires en quatre volumes *in-folio*.

Après la mort de ce Religieux, l'an 1654, Bouche acheta ces Manuscrits du Père Joly, Provincial des Augustins. Mais comme ces Mémoires ont disparu, & que Bouche avoit écrit d'abord son Histoire en Latin, qu'il a depuis traduite en François; la preuve de Plagiat tirée du style ne paroît pas convaincante. Aussi l'on ne doit pas sur de simples soupçons en accuser un Auteur, qui d'ailleurs a de la réputation. On peut dire cependant, que s'il n'a pas copié entièrement ces Mémoires, il s'en est beaucoup servi; & c'est de quoi il ne convient pas, lorsqu'il en fait mention dans son Avertissement.

Quoi qu'il en soit, son Histoire est pleine de bonnes choses : il y a des endroits fort estimés, comme le passage d'Annibal, inséré dans la Section XI. du Livre II. & les deux derniers Livres de cette Histoire. Cet Auteur étoit fort laborieux, & s'étoit donné beaucoup de peine pour s'instruire. Je tiens ces Remarques du R. P. Bougerel, Prêtre de l'Oratoire de Marseille.

L'Auteur du *Journal des Sçavans*, le 22 Mars 1666, après avoir loué cet Ouvrage, dit que tout ce qu'on y trouve à redire, est que l'Auteur n'a pu se résoudre à en retrancher les fables & les contes qui sont à l'avantage de sa patrie.

☞ *Voyez* Lenglet, *Méth. hist. in-4. tom. IV. pag.* 238. = *Bibl. Harley. tom. II. pag.* 550. = *Bibl. de Clément, tom. V. pag.* 143.]

38123. Abrégé de l'Histoire de Provence, contenant plusieurs Mémoires qui ont été inconnus aux Auteurs qui ont écrit l'Histoire de ce Pays; par Pierre LOUVET, de Beauvais, Docteur en Médecine, & Historiographe de son Altesse Royale, Souveraine de Dombes, Tome I. *Aix*, Tetrode, 1676, [*Ibid.* David, 1680,] *in-12.*

Ce premier volume contient un Abrégé de l'*Histoire des Comtes de Provence*, & le second traite de l'*Etat Ecclésiastique de cette Province*. Ce dernier a été indiqué [ci-devant, Tome I. N.° 7851.] Mais tout ce que Louvet a fait sur cette Histoire, est si mal écrit & si peu estimé, que parmi les Sçavans de Provence on n'ose le citer. Cependant cet Auteur, pour faire valoir son Abrégé, dit que les Ouvrages des Sieurs de Nostradamus, de Ruffi, Bouche, Pitton, sont plutôt des Pièces de Cabinet, que Livres à la main, & que pour être d'une trop longue lecture & mal commodes à la mémoire, ils embarrassent l'esprit plus qu'ils ne l'instruisent.

38124. ☞ Lou Pays de Provenco a seys vesins mau avisas : Tablaturo de fidelitat : *Aix*, Tholosan, 1724, *in-12.* de 47 pages.

C'est une Pièce en Vers Provençaux, dont l'objet est de recommander aux Peuples la fidélité envers leur Roi.]

38125. ☞ Deux Contrats de cession de 15000 livres de rente, faite par M. le Président de Saint-Vallier, au Pays de Provence, les 26 Février & 7 Décembre 1736 : *Aix*, 1739 & 1752, *in-4.*]

== ☞ Diverses Pièces sur l'Irruption des Autrichiens en Provence : 1744.

Voyez ci-devant, Tome II. N.ºs 14641 & 14692-14694.]

38126. Recueil des Délibérations des Etats de Provence & des Assemblées des Communautés, depuis l'an [1612] jusqu'en 1717 : *in-4.* imprimé, 7 vol.

☞ Ces Délibérations s'impriment tous les ans : il est rare de trouver ce Recueil complet. Les Délibérations avant 1612 sont Manuscrites, dans les Archives de la Province.]

38127. ☞ Délibérations de l'Assemblée générale des Communautés du Pays de Provence, depuis 1630 jusqu'en 1720 : *Aix*, David, 1630 & *suiv. in-4.* 10 vol.]

38128. ☞ Arrêt du Conseil d'Etat, du 7 Février 1702, servant de Réglement entre la Noblesse & le Tiers-Etat de Provence, au sujet des Tailles : *Aix*, 1702, *in-fol.*]

== ☞ Recueil de Titres & Pièces touchant l'Annexe, qui prouve l'ancienneté de ce droit en Provence, &c. par M. Jean-Louis-Hyacinthe ESMIVI, Seigneur DE MOISSAT, Conseiller au Parlement de Provence : *Aix*, Senez, 1727, *in-fol.*

Ce Droit d'*Annexe* concerne tout ce qui vient de la Cour de Rome. On a parlé ci-devant de cet Ouvrage, qui a été plusieurs années après réimprimé à *Paris : in-12.*]

38129. Tables contenant les Noms des Provençaux illustres par leurs actions illustres & faits militaires, par leur élévation aux grandes Dignités de l'Eglise, colligées de quantité d'Histoires Chrétiennes & Militaires, imprimées ou manuscrites, Chartres d'Eglises, Archives, Greffes, & autres Monumens publics; par Pierre D'HOZIER, Conseiller d'Etat & Juge Général des Noms & Blazons de France : *Aix*, David, 1677, *in-fol.*

M. d'Hozier n'est point l'Auteur de ces Tables, mais LOUIS DE CORMIS, Sieur de Beaurecueil, Président à Mortier au Parlement d'Aix. Elles sont pleines de faussetés & de répétitions inutiles, & d'un grand nombre de Noms étrangers ou de Personnes qui ne se sont rendues illustres en aucune manière.

☞ *Voyez* Lenglet, *Méth. hist. in-4. tom. IV. pag.* 241.]

38130. ☞ Lettre de M. D. L. P. à M. l'Abbé Lebeuf, sur quelques sujets de Littérature; (touchant quelques Usages des Provençaux.) *Mercure*, 1738, *Septembre.*]

38131. ☞ Lettre de M. JOLY, Chanoine de la Chapelle aux Riches de Dijon, à M. de la Roque, sur quelques sujets de Littérature, &c. *Mercure*, 1739, *Juillet.*]

38132. ☞ Etat Chronologique des Noms & Armoiries des Officiers du Parlement de Provence, depuis son établissement jusqu'en 1713; par DE GALLIER : *Aix, in-fol.*

On y trouve aussi, = Etat des Officiers de la Chambre des Comptes, depuis 1348 jusqu'en 1723; par J. DE BŒUF. = Etat des Trésoriers de France, depuis l'an 1443 jusqu'en 1719. = Etat des Consuls d'Aix, & des Procureurs du Pays de Provence depuis 1497. = Carte (ou Généalogie) des Comtes de Provence.]

38133. Les Antiquités les plus curieuses de chaque Ville de Provence; par L. M. D. P.

Ces Antiquités ramassées par un Seigneur Allemand,

Liv. IV. Histoire Civile de France.

sont imprimées avec son *Voyage de Provence*: Paris, 1683, *in-12.* 2 vol.

== ☞ Les Villes, Villages & Châteaux de Provence; par Antoine DE ARENA.

== ☞ Affouagemens (ou Terriers) du Pays & Comté de Provence.

Ces Articles, qui concernent la Géographie, ont déja été indiqués, avec quelque détail, ci-devant, Tome I. N.ºs 2253 & *suiv.*]

38134. ☞ Recueil d'Arrêts & Jugemens féodaux, en faveur des Seigneurs Féodaux de Provence; par REGIHAND: *Aix*, 1739, *in-4.*]

38135. Histoire de la Ville d'*Aix*, Capitale de Provence, contenant tout ce qui s'y est passé de plus remarquable dans son Etat politique, depuis sa Fondation jusqu'en l'année 1665, recueillie des Auteurs Grecs, Latins, &c. sur tout des Chartres tirées des Archives du Roi, de l'Eglise, de la Maison de Ville & des Notaires; par Jean Scholastique PITTON, Docteur en Médecine: *Aix*, David, 1666, *in-fol.*

Pitton est mort vers l'an 1690. Quoique son Histoire renferme une bonne partie de celle de Provence, elle n'en est pas plus estimée; parce qu'elle est mal écrite, qu'il y a peu d'ordre, & que les faits y sont fort peu circonstanciés.

☞ *Voyez* Lenglet, *Méth. hist. in-4. tom. IV. pag.* 241.]

38136. Ms. Histoire de la Ville d'Aix; par Pierre-Joseph DE HAITZE: *in-fol.* 2 vol.

Cet Auteur, né à Cavaillon, a demeuré long-temps à Aix, [où il s'occupoit à mettre] la derniere main à cette Histoire, qu'il [vouloit conduire] jusqu'en 1710. Par les autres Ouvrages qu'il a publiés, on peut juger de son exactitude & de son discernement. Il a aussi entrepris d'écrire l'Histoire de la Ville de Saint-Maximin. [Il est mort en 1736.]

☞ Son Histoire d'Aix est un Ouvrage fort médiocre, dont il y a plusieurs Copies, & dont l'Original est à la Bibliotheque des Minimes de la Ville d'Aix. La partie qui regarde les Troubles survenus pendant le Gouvernement du Comte d'Alais, ne se trouve que dans le Cabinet du Sieur David, Libraire de la même Ville.]

38137. Les Curiosités les plus remarquables de la Ville d'Aix; par P. Jos. DE HAITZE: *Aix*, David, 1679, *in-8.*

Ces Curiosités sont les principaux Bâtimens, Places publiques, Eglises & Chapelles de la Ville & des Fauxbourgs d'Aix.

38138. ☞ Civitatis Aquensis Panegyricus dictus XV. Calendas Novembris, anni 1666: *in-4.*]

38139. Ms. Etat de la Ville d'Aix, & de ce qui est advenu en icelle, depuis l'an 1562 jusqu'en 1607; par Foulques SOBOLIS, Procureur au Siège de cette Ville: *in-fol.*

Selon César de Nostradamus, dans l'Avis qui est à la fin de son *Histoire de Provence*, cet Ouvrage est plus fidèle que bien fait. L'Original [étoit] à Aix, dans la Bibliothèque de M. Thomassin de Mazaugues, [& est aujourd'hui dans celle de Carpentras.]

✱ C'est le même Ouvrage dont on a ci-devant fait mention, en parlant d'un Journal qui finit en 1617 [ou 1607, N.° 38113.]

38140. ☞ Première Remontrance des Ambassadeurs de France aux Magistrats d'Aix: 1611. = Seconde Remontrance, &c.

Elles sont imprimées au tom. II. du *Mercure François*, *in-8*. Il y est question des Différends survenus dans cette Ville entre les Catholiques & les Huguenots, & elles tendent à empêcher que ces brouilleries n'excitent une grande guerre. Quelque temps après les Ambassadeurs de France & de Juliers accommoderent cette Affaire.]

== ☞ Relation de ce qui s'est passé à Aix, en 1651.

Voyez ci-devant, Tome II. N.° 23348.]

38141. Relation des Réjouissances qu'on a faites à l'occasion de la Cérémonie du *Te Deum* chanté dans le Palais du Parlement de Provence, en action de graces du rétablissement de la santé du Roi: *Aix*, David, 1687, *in-4.*

Cette Relation est de Louis THOMASSIN, Seigneur de Mazaugues, Conseiller au Parlement d'Aix, mort en 1712. Tous les Corps de la Ville d'Aix firent aussi des Réjouissances, dont les Relations furent publiées.

38142. Relation générale & véritable des Fêtes de la Ville d'Aix, pour l'heureux retour de la santé de Louis-le-Grand; par Pierre-Joseph DE HAITZE: *Aix*, David, 1687, *in-12.*

38143. ☞ Réglement de Police contre la Peste, extrait du Capucin charitable: *Avignon*, 1720, *in-12.*]

38144. ☞ Dissertation sur le mal contagieux de la Ville d'Aix, en 1720; par Ant. PELEGRIN: *Aix*, (sans date,) *in-8.*]

38145. ☞ Lettre d'un Religieux Bénédictin, (Jean SABBATHIER,) à S. A. R. Madame (d'Orléans,) Abbesse de Chelles, sur ce qui s'est passé de plus édifiant à Aix pendant la Contagion: *Aix*, 1721; *Paris*, 1723, *in-12.* 91 pages.

L'Auteur est mort en 1734. *Hist. Littér. de la Congr. de S. Maur, pag.* 514.]

38146. Catalogue des Consuls & Assesseurs de la Ville d'Aix, avec une Préface: *Aix*, David, 1699, *in-fol.*

Un premier Catalogue fut dressé en 1608, par Louis Fabri, Sieur DE FABREGUES; il commence en 1497, & finit en 1608. [On l'a ensuite] continué [jusqu'en 1666, & il l'est de nouveau dans cette Edition jusqu'en 1698.

✱ Le second Catalogue est imprimé dans les *Tables des illustres Provençaux*, (faussement) attribuées à M. d'Hozier, ci-dessus, N.° 38129.]

38147. ☞ Remontrance de Laophile à MM. d'Aix, (Pièce faite en 1629, du temps des Elus & contre eux:) *in-4.* sans date, 13 pages.]

38148. ☞ Dissertation sur l'état chronologique & héraldique de l'illustre & singulier Consulat de la Ville d'Aix; par M. DE HAITZE: *Aix*, David, 1726, *in-12.*

Histoires de Provence.

38149. Privilèges, Franchises & Immunités concédées par les Rois & Comtes de Provence à la Ville d'Aix & à ses Habitans : *Aix*, 1620, 1683, *in-4*.

38150. ☞ Réglemens faits par les Consuls de la Ville d'Aix, sur la Police de ladite Ville, en 1569 & 1574 : *Aix*, 1672, *in-12*.

Autres : *Ibid.* 1737, *in-12*.]

38151. ☞ Statuts, Réglemens & Police pour la garde du Terroir de la Cité d'Aix & Pays de Provence, & augment des peines municipales : *Aix*, David, 1634, *in-8*.]

38152. ☞ Recueil des Privilèges, Statuts, &c. de la Ville d'Aix : 1741, *in-4*.]

38153. ☞ Mſ. Privilèges du Lieu de *Gardane*, près d'Aix, accordés par René, Comte de Provence & Roi de Sicile : Original en parchemin, de 32 pages.

Dans la Bibliothèque de M. Fevret de Fontette, à Dijon.]

38154. Abrégé historique & chronologique de la Ville de *Pertuis*; par Jean MONIER, Prêtre, Docteur en Théologie : *Aix*, David, 1706, *in-4*.

Cet Auteur est mort en 1717. Son Abrégé ne contient que huit pages.

38155. Discours Panégyrique sur la Ville d'*Arles*; par Jean PRIVAS, Cordelier : *Paris*, Berthaud, 1612, *in-8*.

38156. ☞ Panégyrique de la Ville d'Arles, prononcé le 25 Avril 1743, avec des Remarques historiques servant à l'Histoire de cette Ville; par le P. FABRE, de Tarascon, grand Carme : *Arles*, Mesnier, 1743, *in-8*.]

38157. ☞ Panégyrique de la Ville d'Arles, prononcé le 25 Avril; par M. DE MONTFORT : *Avignon*, 1743, *in-12*.]

38158. ☞ Almanach de la Ville d'Arles, pour l'année 1720; par IMBERT : *Arles*, *in-12*.

Il est rare & assez curieux.]

38159. Mſ. Histoire des Antiquités de la Ville d'Arles; par L. D. R. avec plusieurs Inscriptions : *in-fol*.

Ces lettres initiales signifient Lanthelme DE ROMIEU, Gentilhomme d'Arles, qui a écrit cet Ouvrage en 1574. Il est peu exact, & il donne dans des fables; il n'a observé aucun ordre chronologique; aussi ne fait-il que des Dissertations. L'Original de cette Histoire [étoit] entre les mains de M. le Chevalier de Romieu à Arles.]

38160. ★ Mſ. Histoire des Antiquités d'Arles; par le P. PORCHET, Religieux de l'Ordre de la Trinité : *in-4*.

Elle est citée dans la Préface de l'*Histoire de l'Eglise d'Arles*, par M. du Port, [qui a donné un Abrégé de ces Antiquités, à la tête de son Histoire, ci-devant, N.° 7977.]

38161. Les Antiquités d'Arles traitées en manière d'entretiens & d'itinéraires, où sont décrites plusieurs découvertes; par (Joseph)

SEGUIN, Avocat : *Arles*, Mesnier, 1687, *in-4*.

Cet Auteur, qui étoit de la Ciotat, est mort en 1694.

☞ Son Livre a deux Parties : la première contient les Antiquités qui sont dans la Ville, & a 56 pages; la seconde comprend les Antiquités qui sont hors de la Ville, & elle a 48 pages.]

══ ☞ Lettre sur l'ancienneté de la Ville d'Arles.

On l'a déja indiquée, Tome I.

38162. ☞ Mſ. La Fondation de la Ville & Cité d'Arles par Arulum, avec ses Révolutions; par le Sieur SEVE, de la Ville de Beaucaire : *in-4*.

Ce Manuscrit est conservé dans la Bibliothèque de M. de Nicolay, à Arles.]

38163. Description des Arènes, ou l'Amphithéâtre d'Arles; par Joseph GUIZ, Prêtre de l'Oratoire : *Arles*, Mesnier, 1665, *in-4*.

38164. ☞ Description de l'Amphithéâtre d'Arles; par Fr. PEILHE : 1725, *in-fol*. 1 feuille.]

38165. Nouvelle Découverte du Théâtre dans la Ville d'Arles, sa Description & sa Figure; par (Claude) TERRIN.

Cette Découverte est imprimée dans le *Journal des Sçavans*, du 28 Août 1684. L'Auteur est mort en 1710.

☞ *Voyez* le *Journ. des Sçavans*, 1711, Juin.]

38166. ☞ Description de la Diane d'Arles; par François DE REBATU, Conseiller en la Sénéchaussée de cette Ville : 1659, *in-12*.

La même, seconde Edition, avec ce titre : Le Portrait de la Diane d'Arles; par Noble François DE REBATU, Conseiller du Roi & Doyen au Siège de ladite Ville : *Arles*, Mesnier, (1660,) *in-4*. de 27 pages, avec la figure de la Déesse.

Ce petit Ouvrage a été ensuite traduit en Latin, & imprimé dans le *Novus Thesaurus Antiquitatum*, 1710, *in-fol*. Le sentiment de l'Auteur a été combattu vingt ans après, par M. Terrin, qui a soutenu que la figure de marbre dont il étoit question, & que l'on avoit trouvée à Arles en 1600, étoit une Vénus. C'est une très-belle antique, qui a été envoyée au Roi, & jugée à Versailles être une figure de Vénus. Elle a été placée dans la grande Gallerie, après avoir été réparée par Girardon.]

38167. La Vénus & l'Obélisque d'Arles, [ou Entretien de Musée & de Callisthène;] par (Claude) TERRIN, Conseiller du Roi au Siège de cette Ville : *Arles*, [Gaudion,] 1680, *in-12*. Seconde Edition augmentée, 1697, *in-12*.

38168. ☞ Mſ. Lettre de M. BRUNET, à M. Terrin, sur la Vénus d'Arles : *in-4*.

Elle est conservée dans la Bibliothèque de M. de Nicolay, à Arles.]

38169. ☞ Réflexions sur les sentimens de Callisthène, touchant la Diane d'Arles; par le R. P. Albert D'AUGIERES, Jésuite : *Paris*, 1684, *in-12*.]

38170. ☞ Lettre de Musée à Callisthène, sur les Réflexions d'un Censeur : *in*-12.

C'est une Réponse de M. TERRIN à l'Ouvrage précédent.]

38171. ☞ Dissertation sur la Statue qui étoit autrefois à Arles, & à présent à Versailles : 1685, *in*-4. de 7 pages.

On peut voir sur la Dispute que cette Statue occasionna, les *Mémoires* du Pére Bougerel, de l'Oratoire, sur *plusieurs Hommes illustres de Provence* : Paris, Cl. Hérissant, 1752, *in*-12. *pag.* 309-315.]

38172. ☞ Miriatus Arelatensis ; auctore Francisco DE REBATU, Poema : *Arelate*, (sans date,) *in*-4.]

38173. ☞ Fr. DE REBATU, in tres versus qui Arelate in templo D. Trophimi.... sculpti sunt, Commentatiuncula : *Aquis-Sextiis*, 1644, *in*-4.]

38174. ☞ Mss. Diverses Antiquités d'Arles; par M. DE REBATU, Ecuyer, Conseiller du Roi au Siège Sénéchal de cette Ville : 1655, *in*-8. avec figures à la plume.

Ce Manuscrit est conservé à Dijon, dans la Bibliothèque de M. Fevret de Fontette : il n'est que de 31 pages.]

38175. ☞ Ms. Mémoire envoyé à M. de Louvois, sur le Théâtre d'Arles.

Ms. Explication d'un Monument très-curieux trouvé à Arles, le 2 Juin 1693.

Dissertation sur une Colomne consacrée par les Habitans d'Arles, à Constantin-le-Grand, (imprimée.)

Ms. Explication d'une grande Inscription antique, trouvée à Trinquetaille, Fauxbourg d'Arles, en 1695.

Ces quatre Ouvrages de M. TERRIN, sont cités *pag.* 334 des *Mémoires* du Pére Bougerel, (indiqués ci-dessus,) à la fin de la Vie de François Terrin, très-habile Antiquaire, mort à Arles en 1710.]

38176. P. G. M. in Tabellam marmoream Arelatensem, [inter cineres & sacrificialia nuper erutam,] Divinationes : *Arelate*, [Mesnier,] 1693, *in*-4. 2 feuilles.

Cette Brochure est attribuée à Pierre MARCEL, de Toulouse, mort à Arles en 1709, Commissaire des Classes.

L'Auteur cite à la seconde page un de ses Ouvrages qui porte le nom de P. MARCEL : c'est l'Histoire de l'origine & du progrès de la Monarchie Françoise, dont le P. le Long a parlé ci-devant.

Ainsi on ne peut douter que ces Divinations ne soient de lui. L'Inscription se trouve dans le Recueil de celles que Fabretti a rassemblées, *pag.* 756, *num.* 623. On prétend qu'elle étoit autrefois conservée à Arles, chez M. Amat de Graveson. M. le Marquis de Caumont en avoit aussi donné une Explication qui n'a pas été imprimée, non plus que celle de M. Terrin, que nous venons d'indiquer. M. Seguier, Secrétaire de l'Académie de Nîmes, en a des Copies. Au reste, les habiles Antiquaires regardent ce Monument comme supposé.]

38177. ☞ Porte-feuille du Chevalier de R. (ROMIEU,) premier Cahier, sur ce qu'il y a de remarquable à Arles : *Arles*, 1726, *in*-4.

Le reste de l'Ouvrage est resté Manuscrit.]

38178. ☞ Lettre de M. SEGUIER, (Secrétaire de l'Académie de Nîmes,) à M. le Président d'Orbessan, sur un Monument trouvé à Arles (en 1758.)

Réponse & Dissertation de M. D'ORBESSAN, Membre de l'Académie de Toulouse.

Ces deux Pièces se trouvent *pag.* 180 & *suiv.* du tom. II. des *Mélanges* de M. le Président d'Orbessan : *Toulouse*, & *Paris*, Merlin, 1768, *in*-8. 4 vol.]

38179. Ms. Descriptions de tous les Monumens antiques, des Statues, Bas-reliefs, Tombeaux, Inscriptions sépulchrales & autres qui se trouvent à Arles, sous les Romains & les Rois de France de la première & de la seconde Race ; par Jean RAYBAUD, Avocat, Agent de l'Ordre de Malthe à Arles.

Cet Ouvrage (étoit) entre les mains de l'Auteur, [lorsque le P. le Long écrivoit.]

38180. ☞ Ms. Recueil d'Inscriptions trouvées à Arles : *in-fol.*

Il est conservé dans la Bibliothèque de M. de Nicolay, à Arles.]

38181. ☞ Discours & Rôle des Médailles & autres Antiques du Cabinet du Sieur Antoine AGARD, Orfévre de la Ville d'Arles : *Paris*, 1611, *in*-8.

Ce Discours est dans tous les Cabinets de la Province.]

38182. ☞ En quel temps le Siège du Préfet des Gaules fut transféré de Trèves à Arles.

C'est le sujet de la Note XLVIII. du Tome I. de l'*Histoire du Languedoc*, par DD. DE VIC & VAISSETE.]

38183. Inscriptio de capta Arelate & Saracenis ab ea expulsis, (anno 732,) & de restauratione Montis Majoris per Carolum Magnum, anno 793.

38184. Conventus Mantalensis in quo Regis nomen Bozoni ab Arelatensis Regni Episcopis, Proceribusque delatum est, anno 879.

38185. Conventus Valentinus, in quo Regis nomen Ludovico Bozonis filio ab Arelatensis Regni Episcopis, Proceribusque delatum est, anno 890.

Ces trois Pièces sont imprimées dans du Chesne, au tom. III. de son *Recueil des Historiens de France*, *pag.* 149, 480 & 550.

══ Alphonsi DEL-BENE, de Regno Burgundiæ Transjuranæ & Arelatis, Libri tres.

Voyez ci-dessus, [N.° 35857.]

38186. La Royale Couronne d'Arles, ou l'Histoire de l'ancien Royaume d'Arles ; enrichie de l'Histoire des Empereurs Romains, des Rois des Goths, des Rois de France qui ont résidé dans son Enclos, de l'Etat de la République, de la Sujection aux Comtes de

Provence, & depuis aux Rois Très-Chrétiens ; par Jean-Baptiste BOUYS', Prêtre, natif d'Arles, Bénéficier de Saint-Pierre d'Avignon : *Avignon*, Bramereau, 1641, *in-*4.

☞ La Ville d'Arles passe pour la plus ancienne de la Provence : ses habitants prétendent qu'elle a été bâtie par les Grecs, avant que les Phocéens soient venus d'Asie fonder celle de Marseille, & que les Romains eussent conquis aucune Province deçà les Monts. (Ce dernier point est de toute certitude.) L'Auteur passe ensuite à l'Histoire d'Arles sous les Romains ; à la résidence que firent dans cette Ville les Empereurs Constantin, Constans, Théodose I. & Honorius. Elle fut prise par les Goths environ l'an 470. Childebert I. fils de Clovis, les en chassa environ l'an 525, & cette Ville resta sous la domination des Rois de France jusqu'à l'an 876, que Boson, Comte de Bourgogne, fut couronné Roi d'Arles & de Bourgogne. L'Empereur Charles IV. fut (dit-on) le dernier Roi d'Arles, & mourut en 1372. Dès l'an 1237, Arles avoit, (selon notre Auteur) secoué le joug de l'Empereur Frédéric II. & avoit pris la résolution de vivre en République sous l'autorité de son Podestat ; mais peu de temps après, elle se donna à Raymond-Bérenger IV. Comte de Provence, & à Charles d'Anjou son gendre. Par la mort de Charles III. d'Anjou, Roi de Naples & Comte de Provence, arrivée en 1481, elle passa avec toute la Provence, sous la domination des Rois de France.

On trouve à la fin de ce Livre, plusieurs Remarques sur le Gouvernement politique de la Ville d'Arles.]

« L'Auteur n'a pas traité son sujet selon son mérite. » Il y a ajouté beaucoup de choses superflues, & il n'y » a pas apporté toute la diligence requise, pour empê- » cher qu'il ne s'y glissât quelques erreurs soit en la » date, soit en la qualité des personnes, soit en la mort » de ceux dont il parle ». Bouche, dans la Préface de son *Histoire de Provence.*

« Cet Ouvrage (selon M. Raybaud, Avocat d'Ar- » les) répond mal au titre magnifique de son Livre. Ce » n'est rien moins que l'Histoire des Rois d'Arles, » dont l'Auteur omet les faits les plus importans. Il » s'étend fort sur les Empereurs d'Allemagne, & il copie » l'Histoire Romaine. Au reste, il est plein de fautes de » Chronologie & d'équivoques de noms, outre que le » style est fort grossier & très-barbare ».

☞ *Voyez* Lenglet, *Méth. hist. in-*4. *tom. IV. pag.* 242. = *Bibl.* de Clément, *tom V. pag.* 160.]

38187.   Joannis STRAUCHII, Tractatus de Regno Arelatensi : *Ienæ*, 1674, *in-*4. [& dans ses Opuscules imprimés : *Francof.* & *Lipsiæ*, 1727, *in-*4. Part. 1.]

38188. * Simonis Fred. HAHNII, Dissertatio historica de justis Burgundici novi vel Arelatensis Regni limitibus, & derelictione ejus Rudulpho I. Habsburgico Regi perperam adscripta : *Halæ Magdeb.* 1716, *in-*4.

38189.   Histoire de l'incomparable Administration de Romieu, Grand-Ministre d'Etat de Raymond Bérenguier, Comte de Provence, lorsque cette Province étoit en souveraineté ; par Michel BAUDIER, de Languedoc, Gentilhomme de la Maison du Roi, Historiographe de Sa Majesté : *Paris*, Camusat, 1635, *in-*8.

Ce Livre est mauvais, rempli de fables & de faussetés. Ce Romieu se nommoit le Pellerin ; il fleurissoit l'an 1209.

☞ *Voyez* Lenglet, *Méth. hist. in-*4. *tom. IV. pag.* 249. Romieu, en langage Provençal signifie Pellerin, & signifioit originairement Pellerin de Rome. Ce Romieu fut la tige de la Maison de Villeneufve.]

38190. ☞ Histoire du Romieu de Provence ; par M. DE FONTENELLE. *Mercure*, 1751, *Janvier.*]

38191. ☞ Lettre de D. VAISSETE à M. de Fontenelle, sur le même sujet. *Ibid.* 1751, *Mars.*

On y trouve beaucoup de particularités sur ce Ministre de Raymond-Bérenger IV. Comte de Provence. Il mourut environ l'an 1250. Le Fragment publié par M. de Fontenelle, n'est qu'un Roman.]

38192.   Deux Conventions entre Charles I. & Louis II. anciens Comtes de Provence, & les Citoyens de la Ville d'Arles, des années 1251 & 1385, contenant les Libertés & Réservations desdits Citoyens, avec Annotations : *Lyon*, 1582, *in-*4.

☞ Les mêmes, seconde Edition, (en Latin & en François :) on y a joint les Réglemens & Articles de la Police de la Ville : *Lyon*, 1617, *in-*4.

Ce Recueil a été composé par BONIFACE, d'Avignon.]

38193. Mf. Statuts de la Ville d'Arles, étant encore République ; les anciennes Conventions avec les Comtes de Provence & les Privilèges de la Ville.

Ces Statuts [étoient] à Arles dans le Cabinet de M. Raybaud, Avocat.

38194. ☞ Police de la Ville d'Arles : *Lyon*, 1617, *in-*4.]

38195. ☞ Mf. Annales de la Ville d'Arles, (depuis l'année 1385 :) *in-fol.* 2 vol.

Ils sont conservés dans les Archives de l'Hôtel-Dieu d'Arles.]

38196. ☞ Mf. Mémoires concernant l'Histoire particulière de la Ville d'Arles, qui sont dans la Bibliothèque de M. de Nicolay, de la même Ville.

En voici les titres :

1. Mémoires de Damian NEQUE, depuis 1572 jusqu'en 1580.

2. Recueil des excès commis par le Lieutenant Biord, depuis le 15 d'Août 1591 jusqu'au mois d'Octobre 1595 ; par le Sieur D'ANTHONELLE.

3. Plaidoyer fait par Sieur DU FORT, pour Robert de Quiqueran, Sieur de Beaujeu, & autres Gentilshommes d'Arles, contre P. Biord, Lieutenant-Général, du 5 Décembre 1591, avec l'Arrêt du 14 Décembre suivant.

4. Recueils de Pièces, dont plusieurs Originales, concernant l'Histoire des Troubles arrivés dans la Ville d'Arles, depuis l'an 1574 jusqu'en l'année 1596, 2 vol.

5. Discours de la Réduction de la Ville d'Arles, en Octobre 1595.

6. Mémoires de Jean GERTOUX, depuis 1588 jusqu'en 1596.

7. Histoire des Troubles arrivés dans la Ville d'Arles durant les Guerres civiles de France, depuis l'année 1588 jusqu'en 1596, (par Etienne de CHIAVARY.)

8. Mémoires de Louis ROMANI, depuis 1581 jusqu'en 1621.]

Liv. IV. *Histoire Civile de France.*

38197. Mſ. Diſcours de ce qui s'eſt paſſé à Arles du temps que le Duc de Savoye y a été, en 1591. Recueil des Troubles arrivés à Arles, depuis l'an 1588 juſqu'en 1592.

Ces Pièces ſont conſervées entre les Manuſcrits de M. Dupuy, num. 656.

38198. ☞ Mſ. Recueil des Troubles arrivés en la Ville d'Arles, durant les Guerres civiles du Royaume de France, l'an 1598.

Il ſe trouve dans le Regiſtre 66, Vol. I. des Manuſcrits de Peyreſc. Il y en a une Copie dans la Bibliothèque de M. le Marquis d'Aubais, num. 132.]

38199. ☞ Articles dreſſés par MM. les Conſuls Gouverneurs de la Ville d'Arles, pour la conſtruction d'un Pont à bateaux ſur la Rivière du Rhône, entre ladite Ville & le lieu de Trinquetaille, en ſuite de l'Arrêt de la Cour du 24 Janvier 1648 : *Arles*, 1648, *in-fol.*]

38200. ☞ Diſcours prononcé dans l'Hôtel de Ville d'Arles, au ſujet de l'Election des Conſuls, le 25 Mars 1712 ; par le Père LE ROUX, Religieux Auguſtin : *Arles, in-4.*]

38201. ☞ Diſcours prononcé dans l'Hôtel de Ville d'Arles, pour l'Election des Conſuls en 1715 ; par le Père BAILLY, Cordelier : *Arles*, 1715, *in-4.* 14 pages.]

38202. ☞ Etat de la Ville d'Arles & de ſon Terroir par rapport à la Contagion, depuis le 26 Novembre 1720, juſqu'au 20 Mars 1721 : *in-4.*]

38203. ☞ Relation véritable de ce qui s'eſt paſſé de remarquable dans la Ville d'Arles en Provence, durant le fléau de la Peſte en 1720 ; par un Citoyen témoin oculaire, (Fr. PEILHE:) *Arles,* 1724, *in-4.*]

38204. ☞ Relation de ce qui s'eſt paſſé à la Thèſe de Théologie, dédiée à la Reine, ſoutenue dans l'Egliſe des Révérends Pères Récollets de la Ville d'Arles, le 18 Septembre 1730 : *Arles, in-4.*]

38205. ☞ Relation très-exacte des malheurs que le Débordement du Rhône a cauſés à la Ville d'Arles, le 30 Novembre & le 1 Décembre 1755 ; par le P. T. D. M. C. (le Père THOMAS de Martigues, Capucin:) *Arles*, 1755, *in-4.*

38206. ☞ Rapport de l'Inſcription du Mauſolée de la Ville de *Saint-Remi*, & des diverſes Interprétations de ladite Inſcription, & de la fondation & appellation de la Ville Royale de Saint Remi ; par Jean DE BOMY, Avocat à Grenoble : *Aix*, David, 1633, *in-12.*

38207. ☞ Deſcription des Antiquités de la Ville de Saint-Remi.... par Fr. PEILHE, d'Arles, Antiquaire : 1718, *in-4.* une feuille.

Voyez dans l'Hiſtoire de Bouche, ci-devant, N.° 38122, ce qui eſt dit de *Glanum.*]

== ☞ Siège de *Taraſcon*, en 1652.

Voyez ci-devant, Tome II. N.° 23485.]

38208. ☞ Diſcours ſur les ruines & miſères de la Ville de *Salon*; par Céſar DE NOSTRADAME, Gentilhomme & premier Conſul de cette Ville : *Aix*, Tholoſan, 1598, petit *in-12.* de 24 pages.]

38209. ☞ Diſſertation ſur la Fondation de la Ville de *Marſeille*, ſur l'Hiſtoire des Rois du Boſphore Cimmérien, &c. (par Felix CARY, Académicien de Marſeille, ſa Patrie :) *Paris*, Barois, 1744, *in-12.*

On peut voir ſur ce Livre les *Mémoires de Trévoux*, 1745, *Juin.* = *Mercure*, 1744, *Novembre.* = *Journal des Sçavans*, 1744, *Octobre.*]

38210. ☞ Protis, ou la Fondation de Marſeille : Poëme épique en quatre Chants ; par M. DULARD.

Il ſe trouve dans le Recueil de ſes *Œuvres diverſes* : *Paris*, 1759, *in-12.* 2 vol. On en voit un Extrait dans l'*Année Littéraire*, 1759, *tom. II. Lettr. XII.*]

38211. ☞ Diſſertation de M. l'Abbé AILLAUD, ſur l'ancienneté de Marſeille.]

38212. ☞ Diſcours & Diſſertation hiſtorique ſur la Légiſlation de Marſeille.

Ces deux Pièces ſont dans le *Recueil de Poëſes, Diſcours & Eloges* de l'Académie de cette Ville : *Marſeille*, Brebion, 1764, *in-12.*]

38213. ☞ J. Matthæi TOSCANI, Cryptæ-Maſſilienſis Topographia.

Cette Deſcription des Souterrains de Marſeille ſe trouve à la fin de l'Ouvrage de cet Auteur, intitulé : *Peplus Italiæ*, &c. *Pariſiis*, Morel, 1578, *in-8.*]

38214. ☞ Antiquités de la Ville de Marſeille, où il eſt traité de l'ancienne République des Marſeillois, & des choſes les plus remarquables de leur Etat ; par Jules-Raymond DE SOLIERS, Juriſconſulte, traduit du Latin par Hector de Soliers, ſon fils : *Marſeille*, Coligny, 1615, [*Lyon*, 1632,] *in-8.*

☞ Le nom de *Maſſilia* ou *Maſſalia* vient, dit l'Auteur, de *Maſai*, qui en Grec veut dire lie, ou attache, & de *alieus*, qui veut dire pêcheur. Comme les Phocéens, (ajoute-t-il,) abordoient à la plage où eſt maintenant ſituée Marſeille, un Pêcheur leur cria *Maſai*, attache : ayant pris port en cet endroit, ils y bâtirent une Ville qu'ils nommèrent *Maſſalia*. D'autres attribuent ce nom au prétendu Fondateur de cette Ville, qui s'appelloit *Maſſal*. Il eſt certain que Marſeille fut fondée par les Phocéens venus d'Ionie, en Aſie mineure, vers l'an 600 avant J. C. 150 ans environ après la fondation de Rome. (*Voyez* ci-devant, Tome I. N.°⁵ 3933, & ſuiv.)

Soliers traite enſuite des mœurs & coutumes des Marſeillois, de l'état de leur République ſous les Romains, (ajoute-t-il,) de leurs exploits & des différentes Colonies ſorties d'eux, des grands hommes qu'ils ont produits. Il parle très-ſuccinctement de leurs guerres avec les Comtes de Provence ; du territoire & des productions, enfin de quelques monumens antiques.

Ce Juriſconſulte étoit Calviniſte, & il abandonna Pertuis, qui étoit ſa patrie, en 1562.]

Cet Auteur, qui eſt auſſi nommé SOLERY, fait voir une grande connoiſſance dans l'Antiquité, par la lecture qu'il avoit faite des bons Livres Grecs & Latins, ſelon Bouche, dans la Préface de ſon Hiſtoire : ce n'eſt

qu'une

Histoires de Provence.

qu'une partie des Commentaires de cet Auteur, indiqués au num. 38026. Charles-Annibal Fabrot, Avocat au Parlement de Provence, mort en 1659, est le véritable Auteur de cette Traduction, qu'il fit à la prière de Soliers le fils : ce qui est dit dans l'Edition de 1632.

« Cet Ouvrage (dit Pitton, pag. 40 & 44, de ses *Sentimens sur les Historiens de Provence*,) n'est que la première partie de ce que l'Auteur avoit composé des *Antiquités de Provence* ».

M. de Ruffi dit dans sa Préface, que « de Soliers n'a observé ni l'ordre des temps ni la liaison des succès & des événemens ; aussi a-t-il donné à son Livre le titre d'*Antiquités*, comme n'étant qu'un Recueil de l'ancien Etat Aristocratique des Marseillois, & des choses les plus mémorables qui arrivèrent depuis la Fondation de Marseille jusqu'au temps qu'elle tomba sous la puissance de Jules-César; car tout ce qui vient après, est entièrement détaché & sans aucune liaison ».

☞ *Voyez* Lenglet, *Méth. hist. in-4. tom. IV. pag. 243.* = Le P. Niceron, *tom. XXIX. pag 357.*]

38215. Antiquités & Origines de la Ville de Marseille ; par Nicolas SANSON.

Ces Antiquités sont imprimées avec ses *Recherches des Antiquités d'Abbeville* : *Paris*, 1637, *in-8.*

== Petri HEINDRICH, Massilia sive de Antiqua Massiliensium Republica.

Voyez ci-devant, [Tome I. N.° 3931.]

== ☞ Le Siège de Marseille par Jules-César.

Voyez ci-devant, Tome I. N.° 3897.]

38216. ☞ Lettre à MM. les Echevins & Lieutenans-Généraux de Police de la Ville de Marseille, sur l'Inscription placée à la façade de l'Hôtel de Ville ; (par Joseph BOUGEREL, de l'Oratoire:) *Marseille*, 1726, *in-4.*

Elle est aussi imprimée au tom. II. de la *Continuation des Mémoires de Littérature* du Père Des-Molets. On y explique tous les termes qui entrent dans cette Inscription, dans laquelle l'Auteur, qui est le même que celui de la Lettre, donne un précis de l'origine, de l'ancien & moderne état de cette Ville & de son Commerce.]

38217. ☞ Médailles Grecques de la Ville de Marseille, & Critique d'un endroit du Voyage Littéraire du P. D. Edmond Martenne ; par M. DE LA ROQUE. *Mercure*, 1721, *Août*, & 1722, *Septembre.*]

38218. Mf. Le Siège de la triomphante & victorieuse Cité, noble, puissante & bonne Ville de Marseille, la renommée principale de Provence, & tout ce qui a été fait en Provence par les armes de Terre & de Mer de Charles de Montpensier, dit de Bourbon, & le Marquis de Pescaire, dès le temps qu'ils entrèrent en Provence jusqu'à leur issue ; avec les glorieux Faits d'armes de l'Armée de Mer de France, la prise du Prince d'Orange, la résistance de la terrifique Artillerie de Marseille, furieuse à ses Ennemis ; les escarmouches qui se faisoient pendant ledit Siège & innumérables autres choses dignes de mémoire, à plein contenues au présent Livre, qu'il fait bon voir, &c. composé à Marseille par l'ordre des Consuls, premièrement en Latin par Jean-Thierry DE L'ESTOILLE,

Tome III.

Docteur ès Loix, & puis par lui translaté en François, l'an 1525 : *in-12.*

Ce Manuscrit [étoit] dans le Cabinet de M. de Ruffi.

== Histoire de la prinze de Marseille par ceux de la Ligue, en 1585.

Voyez ci-devant, [Tome II. N.° 18473.]

== Histoire de la prise & réduction de Marseille, en 1596.

Ibid. [N.°s 19680-19683.]

38219. ☞ Mf. Mémoires des Affaires de Marseille ; par Nicolas DE BAUSSET, depuis l'an 1585 jusqu'à 1596.

Ils sont dans le Registre 66, Vol. I. des Manuscrits de Peyresc. Il y en a une Copie dans la Bibliothèque de M. le Marquis d'Aubais, num. 132.]

38220. ☞ Remontrance aux Habitans de Marseille, qu'il n'y a rien de meilleur que de se conserver sous l'autorité de ses Rois naturels ; par M. (Guillaume) DU VAIR, premier Président : à Marseille le 23 Janvier 1597 : *Rouen*, du Petitval, 1597, *in-8.*]

38221. ☞ La Royale Liberté de Marseille ; par le Sieur D. D. *Anvers*, Moret, 1618, *in-8.*]

38222. Histoire de la Ville de Marseille ; contenant ce qui s'y est passé de plus mémorable depuis sa Fondation ; par Antoine DE RUFFI, Conseiller en la Sénéchaussée de Marseille : *Marseille*, Garsin, 1642, *in-fol.*

Seconde Edition revue, augmentée & enrichie de quantité d'Inscriptions, Sceaux, Monnoies ; par Louis-Antoine DE RUFFI, fils de l'Auteur : *Marseille*, Mattel, 1696, *in-fol.* 2 vol.

Antoine de Ruffi est mort en 1689, [& Louis Antoine en 1724. Leur] Histoire de Marseille finit en 1610. Elle est divisée en dix Livres, où sont compris l'ordre & la succession de tous les Evêques de Marseille.

« L'Auteur (selon Bouche, dans la Préface de son *Histoire de Provence*,) a si dignement traité les Antiquités de chaque Siècle, & toutes les choses remarquables de cette Ville, qu'il ne laisse rien à désirer. De sorte que cette Histoire doit passer pour la véritable Histoire de Marseille ; car pour celle de Guesnay (qui suit,) il s'écarte trop souvent de son sujet ».

Il est fait mention dans l'Histoire de M. de Ruffi, des Mémoires de Robert DE RUFFI, bisaïeul de l'Auteur, mort en 1634, & de ce qui s'étoit passé de plus remarquable, depuis l'an 1585 jusqu'en 1596, que la Ville de Marseille fut réduite sous l'obéissance du Roi.

☞ *Voyez* pour cette Histoire, Lenglet, *Méth. hist. in-4. tom. IV. pag. 243.* = *Journal des Sçavans*, 1697, *Avril.* = *Hist. des Ouvr. des Sçav.* 1697, *Juin.*]

38223. Provinciæ Massiliensis & reliquæ Phocensis Annales, seu Massilia Gentilis & Christiana, Libri tres, quibus res à Phocensibus gestæ usque ad nos ab Urbe Massiliâ conditâ, servato temporum ordine, digeruntur : Auctore Joanne Baptistâ GUESNAY, Aquensi, è Soc. Jesu. Accedit Apologia duplex, adversùs Criticos Lipsanomastiges Antidico-Magdalenitas : *Lugduni*, Ceilier, 1659, *in-fol.*

Cet Auteur est mort en 1658. Il a fini son Histoire

à l'année de Jesus-Christ 1625. Comme il a suivi les sentimens de Clapiers & de Nostradamus, il n'est pas, selon Bouche, plus exact que ces Ecrivains.

Pitton, à la *pag.* 65, de ses *Sentimens sur les Historiens de Provence*, parle de cet Auteur en ces termes : « Guesnay, après avoir expliqué ce que les Anciens » ont dit de la Ville de Marseille, prend occasion, en » parlant de ses Evêques, de discourir de plusieurs cho- » ses qui appartiennent à l'Histoire universelle de l'E- » glise, de la France & de la Provence. Il a écrit son » Histoire avec tant de négligence, qu'il aime mieux » errer avec Clapiers & Nostradamus, que de profiter » des éclaircissemens que de Ruffi avoir donnés dans son *Histoire des Comtes de Provence* ».

Les Connoisseurs font fort peu de cas des Annales de Guesnay, qui font en effet très-pitoyables. L'Auteur est un Plagiaire, qui copie souvent d'autres Histoires, sans les citer, sur-tout celle d'Antoine de Ruffi. Jamais homme n'a avancé des faits avec moins de preuves, & néanmoins avec plus de hardiesse ; les conjectures les plus mal fondées sont pour lui des preuves authentiques. Aussi M. Baluze, dans sa Note sur le chapitre trente-troisième du cinquième Livre de M. de Marca, intitulé : *De Concordia Sacerdotii & Imperii*, num. 9, du Sommaire, après en avoir rapporté une de sa façon, ajoute ces mots : *Misera authoris Annalium Massiliensium conjectura*. Son Ouvrage n'est presque qu'une continuelle répétition [des autres Ecrivains.]

☞ On trouve à la fin :

Paralipomena quædam, sive Corollaria Elogiorum ex Massiliæ Christianæ viridariis decerpta, Liber tertius.

Le Triomphe de la Magdeleine, &c. Réponse à une Lettre intitulée : Les *Sentimens de M. Jean de Launoy*, &c. par M. Denys de la Sainte-Baume, Gentilhomme Provençal : *Lyon*, 1657.

Auctuarium Historicum de Magdalenâ Massiliensi advenâ, sive Decretum supremi Senatûs Aquensis, & Universitatis Censura in Libellum qui inscribitur : Disquisitio Disquisitionis de Magdalenâ, &c. cum Scholiis & Observationibus adversùs Libelli auctorem Joannem Launoyum, &c. Opera & studio Petri HERNAY, Provincialis, Artium Magistri, necnon sanctæ Theologiæ Candidati : Editio secunda : *Lugduni*, 1657.

Il y a bien des fables dans ces Annales. *Voyez* la *Méth. hist.* de Lenglet, *in*-4. *tom. IV. pag.* 243.]

38224. ☞ Statuts municipaux & Coutumes anciennes de la Ville de Marseille ; par François D'AIX : *Marseille*, Garcin, 1656, *in*-4.

Il y a dans les Archives de l'Hôtel de Ville, deux Originaux de ces Statuts avec les Chapitres de Paix faits entre Charles d'Anjou & la Ville de Marseille, en 1257 & 1262, écrits sur vélin, l'un vers le milieu du XIIIe Siècle, & l'autre au milieu du XIVe.]

38225. ☞ Le Réglement du Sort, (ou Délibération, Lettres Patentes concernant l'Election pour les Charges de la Ville de Marseille, &c.) *Marseille*, 1652, *in-*4.]

38226. ☞ La forme de procéder à l'Election des Officiers de la Ville de Marseille : *Marseille*, 1654, *in-fol.*]

38227. Ms. Mémoires de ce qui s'est passé de mémorable à Marseille, depuis l'an 1638 jusqu'en 1653 ; par Antoine DE VALBELLE, Seigneur de Montfuron, Conseiller du Roi en ses Conseils : *in*-4.

Ces Mémoires [étoient] entre les mains de M. le Président de Valbelle, & de M. de Ruffi.

== ☞ Relation de ce qui s'est passé à Marseille en 1649.

Voyez ci-devant, Tome II. N.ºs 23019, 23099, 23100.]

38228. La Fidélité de Marseille : *in*-4.

Cet Ecrit, qui est pour justifier les troubles de Marseille, fut composé au mois d'Août 1658.

✻ L'Auteur est Lazare DE CORDIER, Avocat au Parlement.

38229. Relation véritable de tout ce qui s'est passé en la Ville de Marseille, depuis le 13 & le 19 Juillet 1658 jusqu'à présent ; par W. LE ROY : 1658, *in*-4.

Ecrit fait en faveur de la Ville de Marseille.

38230. La Justification [de l'état nouveau] de la Ville de Marseille : au mois d'Août 1658 : *in*-4.

Bouche, *pag.* 1008 du Tome II. de son *Histoire de Provence*, cite cette Pièce sous le nom de *Manifeste*, fait en faveur des Sieurs de Niozelle, la Salle, & autres, qui avoient excité les troubles de Marseille.

38231. Réponse à la Pièce intitulée : *La Justification de la Ville de Marseille* : *in*-4.

Cette Réponse est citée dans la Pièce suivante, & attribuée à Jean-Baptiste DE VALBELLE, Commandeur de l'Ordre de Malthe, Chef d'Escadre, mort en 1681.

38232. Justification de l'innocence calomniée : 1658, *in*-4.

C'est la Réfutation de la Pièce précédente.

☞ L'Auteur est Antoine DE RUFFI. Il y justifie la conduite de Louis de Vento, son Gendre, Consul en 1656 ; & il invective contre le Commandeur de Valbelle.]

38233. ☞ L'immuable fidélité de la Ville de Marseille : *in*-4.

Cet Ecrit a été composé par Louis D'AUDIFFRET, Avocat au Parlement, & père de J. B. d'Audiffret, Auteur de la Géographie ancienne & moderne.]

38234. Ms. Factum pour la Ville de Marseille, adressé au Cardinal Mazarin : *in-fol.*

Les Députés de la Ville de Marseille le lui présentèrent à Lyon, sur la fin de l'année 1658.

38235. ☞ La Réjouissance des Marseillois, ou Récit véritable de tout ce qui s'est passé en Provence, à la nouvelle Election de MM. les Consuls de la Ville de Marseille, en la présente année 1659 : *in*-4.

Lazare DE CORDIER est Auteur de cette Relation.]

38236. ✻ Ms. Relation exacte & fidèle des Troubles arrivés à Marseille, depuis 1655, jusqu'en 1660 : *in-fol.*

Cette Relation [étoit] entre les mains de M. Cormier de Marseille. Elle est fort bien écrite, & l'on y trouve entr'autres choses les raisons qui obligèrent le Roi Louis XIV. à entrer par la brèche dans cette Ville, & tous les changemens faits par Sa Majesté dans son Gouvernement.

38237. Ms. Mémoires de la Ville de Marseille & de la Provence ; par Charles LE COINTE, Prêtre de l'Oratoire : *in-fol.*

Ces Mémoires sont à Marseille [chez les Prêtres de

Histoires de Provence.

l'Oratoire.] L'Auteur, qui est mort en 1681, les avoit entrepris à la prière de Jean-Baptiste Gault, Evêque de Marseille. Il parle dans la première Partie de la Ville de Marseille, & des Peuples voisins, avant qu'ils obéissent aux Romains, & depuis qu'ils leur ont obéi, jusqu'à la destruction de l'Empire dans les Provinces d'Occident. Le Père Bougerel n'a pu trouver les trois autres parties de cet Ouvrage.

☞ Cette première Partie a été déposée par le Père Bougerel, dans la Bibliothèque de la Maison de l'Oratoire de Marseille. Dans une Lettre adressée au P. le Long quelque temps après l'impression de sa Bibliothèque, il lui apprend que la seconde Partie se trouve dans la même Bibliothèque, écrite de la main du Père le Cointe, qu'elle contient 293 pages, qu'elle est divisée en six Traités ; & que ces deux Parties contiennent l'*Histoire de Provence*, depuis la Fondation de Marseille jusqu'au XIe Siècle. Il ajoute que la mort du Bienheureux J. B. Gault, Evêque de Marseille, fut cause que le Père le Cointe ne composa point les troisième & quatrième Parties, comme il l'avoit projetté.]

38238. Mss. Actes & Mémoires touchant la Ville de Marseille & les Seigneurs qui l'ont possédée.

Ce Recueil [étoit] dans la Bibliothèque de M. de Gaufridi, Avocat-Général de Provence ; c'est le Manuscrit soixante-treizième de ceux de M. de Peyresc.

== ☞ Relation de ce qui s'est passé à *Marseille* en 1720, pendant le séjour de Madame la Duchesse de Modène.

Voyez ci-devant, Tome II. N.º 24566.]

== ☞ Relation historique de la Peste de Marseille, en 1720.

On l'a déjà indiquée ci-devant, Tome I. avec quelques autres, N.ᵒˢ 2558-2563.]

38239. ☞ Histoire de la Peste de Marseille, avec plusieurs Aventures arrivées pendant la Contagion ; par Arnoul Martin : *Paris*, 1732, *in*-12.]

38240. ☞ Poëme sur la Peste de Marseille ; par Théodore Lombard, Jésuite : 1722, *in*-12.]

38241. ☞ Marseille délivrée de la Peste : Sujet d'une Médaille du Roi, proposé par M. de la Roque, dans une Lettre écrite à M. Rigord, Subdélégué de M. l'Intendant de Provence, à Marseille. *Mercure*, 1723, Avril.]

38242. ☞ Réglement fait par Sa Majesté, contenant l'ordre & administration de la Communauté de la Ville de Marseille ; donné à Marly, le 15 Novembre 1712 : *Marseille*, Brebion, 1713, *in*-4.]

38243. ☞ Edit du Roi portant Réglement pour la Ville & Communauté de Marseille ; donné à Paris au mois de Mars 1717 : *Marseille*, Penot, *in*-4.]

38244. ☞ Discours prononcé au Sénat de Gènes, le 20 Mars 1656 ; par M. Antoine de Felix, Député de la Ville de Marseille : Mars, 1656, *in*-4.]

38245. Discours sur le Négoce des Gentilshommes de la Ville de Marseille, & sur la qualité de Nobles Marchands qu'ils prenoient il y a cent ans, adressé au Roi ; par François Marchetti, Prêtre de Marseille : *Marseille*, Brebion, 1671, *in*-4.

☞ L'Auteur étoit sorti de la Congrégation de l'Oratoire en 1645. Il est mort en 1688. Ce Discours a 71 pages.]

38246. ☞ Onze Mémoires pour & contre l'admission de la Noblesse à l'Echevinage de Marseille : 1759 & 1760, *in*-4. & *in*-12.]

38247. ☞ Mémoire de la Noblesse de Marseille contre les Négocians de la même Ville, au sujet du rétablissement de la Noblesse dans la première place de l'administration Municipale : *in*-4.]

38248. ☞ Observations des Négocians de Marseille sur un Ecrit intitulé : *Mémoire de la Noblesse*, &c. *Marseille* & *Lyon*, 1760, *in*-12.

Suite des Observations des Négocians de Marseille sur le Mémoire de la Noblesse, dans lesquelles on répond aux Réflexions d'un Bourgeois de Marseille : *Marseille*, Sybié, 1760, *in*-8.]

38249. ☞ Mémoires & Observations en faveur des Négocians de Marseille ; par M. Pierre-Augustin Guys, de l'Académie de Marseille : 1760, en 2 Parties.]

38250. ☞ Mss. Cahier du Commerce de la Ville de Marseille.

Il se trouve en Original au Catalogue de M. de Cangé, p. 441, [& doit être à la Bibliothèque du Roi.]

38251. ☞ Les principales causes de la ruine du Commerce de Marseille, & de la diversion qui s'en fait à Livourne ; par le Sieur Vaccon : *in*-4.

Ce Livre est imprimé. Il se trouve num. 8970, du Catalogue de M. Colbert, & num. 5868, du Catalogue de M. Secousse.]

38252. Explication des Usages & Coutumes des Marseillois, Tome premier, contenant les Coutumes sacrées ; par François Marchetti, Prêtre : *Marseille*, Brebion, 1685, *in*-8.

38253. Très-humble Remontrance de la Ville de Marseille au Roi, sur le sujet de sa Déclaration touchant les Directes : *Marseille*, Brebion, 1677, *in*-4.

38254. Marseille aux pieds du Roi ; par (Pierre-Antoine) Mascaron, Avocat au Parlement de Provence : *Avignon*, Piot, 1637, *in*-4.

Cet Auteur est mort en 1647. Son Ouvrage ne contient qu'une plainte sur la Paix avec Tunis & Alger, [& regarde le Commerce de Marseille.]

38255. ☞ Relation de la Fête des Prudhommes ; du 16 Février 1687 : *Marseille*, Brebion, 1687, *in*-4.

Les Prud'hommes de Marseille sont les Chefs des Pêcheurs, & en quelque sorte leurs Magistrats ; ils ont une Juridiction en première instance, où l'on discute les affaires de la Pêche.]

564 Liv. IV. *Hiſtoire Civile de France.*

38256. Mſ. Hiſtoire de la Ville de *Toulon*; par le Père Isnard, Minime.

Cette Hiſtoire eſt citée par Bouche, au tom. I. de ſon *Hiſtoire de Provence*, pag. 159.

☞ Articles accordés à la Ville de Toulon, en 1652.

Voyez ci-devant, [Tome II. N.° 23682.]

38257. ☞ Mémoires pour l'Hiſtoire de Toulon en Provence. *Mémoires de Trévoux*, 1723, *Novembre*, pag. 2206.]

== Hiſtoire du Siège de Toulon, en 1706; par (Jean d'Auneau, Sieur) DE VIZÉ.

Voyez ci-devant, Tome II. N.° 24441.]

38258. ☞ Relation de la Peſte dont la Ville de Toulon fut affligée en 1721, avec des Obſervations inſtructives pour la poſtérité; par M. D'Antrechaus : *Paris*, 1756, *in*-12.]

== Hiſtoires de la Ville & de l'Egliſe de *Fréjus*, par Anthelmy & Girardin.

Voyez ci-devant, [Tome I. N.°⁵ 7897 & 7898.]

38259. ☞ Arrêt notable du Conſeil d'Etat, par lequel les Gentilshommes & Communauté des terres & lieux du Marquiſat de *Grimaud* ont été reçus à rembourſer le Sieur de Saint-Yvers, nouveau Acquéreur dudit Marquiſat, enſemble les Factums & Défenſes des Parties : *Grenoble*, Verdier, 1656, *in*-4.

Grimaud eſt du Dioceſe de Fréjus.]

38260. ☞ Lettre au ſujet de la Ville de *Riez*, écrite de Riez, à un Prêtre de cette Ville, réſident à Paris. *Merc.* 1748, *Juillet*.]

38261. Mſ. Hiſtoire de la Ville d'*Antibe*; par Jean Arasi, Avocat au Parlement de Provence, premier Conſeiller au Siège de l'Amirauté de Marſeille : *in*-4.

Cette Hiſtoire [étoit] entre les mains de l'Auteur, qui l'a diviſée en deux Parties. Il traite dans la première de l'Etat civil d'Antibe ; il y a ramaſſé beaucoup de faits inconnus ſur l'antiquité de cette Ville, & ſa fidélité envers ſes Princes. Dans la ſeconde Partie, il traite de ſon Etat Eccléſiaſtique ; elle contient la vie des Evêques de cette Ville juſqu'en 1244, que le Siège Epiſcopal fut tranſporté à Graſſe ; il parle auſſi des Evêques de cette derniere Ville.

== ☞ Priſe des Iſles & Forts de *Sainte-Marguerite* & de *Saint-Honorat*, (ſur les Eſpagnols) en 1637.

Voyez ci-devant, Tome II. N.°⁵ 21907, 21912.]

38262. * Mſ. Hiſtoire de la Ville de *Siſteron*; par Pierre Louvet, Médecin : *in-fol.*

Elle [étoit] entre les mains de François Louvet ſon fils, Aumônier du Roi ſur les Galères. L'Auteur a demeuré long-temps à Siſteron.

38263. Mſ. Hiſtoire de la Ville d'*Apt*; par François DE Remerville de Saint-Quentin, natif d'Apt, Gentilhomme Provençal.

Cet Auteur écrit fort bien ; ſon Hiſtoire eſt prête à être imprimée : Martenne, partie I, de ſon *Voyage Littéraire*, pag. 285.

38264. ☞ De la Duché-Pairie de *Villars-Brancas*, érigée en 1716.

Dans l'*Hiſtoire Généalogique* du Père Simplicien, tom. V. pag. 270.]

== Recherches curieuſes du nom ancien de *Brignoles*.

☞ *Voyez* ci-devant, à la *Géographie ancienne*, Tome I. N.° 277.]

38265. ☞ De Manueſca urbe Provinciæ : Auctore Joanne Columbi, è Societate Jeſu.

Cette Hiſtoire eſt imprimée à la fin de ſon *Hiſtoire des Evêques de Valence & de Die* : *Lugduni*, 1638, *in*-4. & à la pag. 428 de ſes *Opuſcules* : *Lugduni*, 1668, *in-fol.* C'eſt une fort jolie & fort élégante Deſcription de la Ville de Manoſque, Patrie de cet Auteur, tant pour la ſituation & fertilité de ſon terroir, que pour la qualité de ſes Seigneurs & Habitans, ſelon Honoré Bouche, dans ſa Préface.

☞ *Voyez* auſſi la *Méth. hiſt.* de Lenglet, *in*-4. tom. IV. pag. 246.]

38266. ☞ Tenor Privilegiorum, franqueſiatum & libertatum Villæ Manuaſcæ in Comitatu Provinciæ & Forcalquerii exiſtentis (à Guilhermo Comite Forcalquerii, anno 1206, conceſſorum :) *Manuaſcæ*, Jutami, 1559, *in*-8.]

38267. ☞ La Mendicité abolie dans la Ville de Manoſque : *Aix*, *in*-8.]

38268. ☞ Titre primitif concédé en faveur de la Communauté, Manans & Habitans de la Ville d'*Entrevaux*, par Henri Dauphin, en récompenſe de leur ſervice & fidélité inviolable : *in*-4. de 28 pages (ſans année.)

Cet Imprimé eſt fort rare en Provence, & on n'en connoît qu'un ſeul Exemplaire.]

38269. ☞ Privilèges, franchiſes & immunités, concédés par les Rois & Comtes de Provence, en faveur de la Ville de *Caſtellane*, &c. *Marſeille*, Garſin, 1657, *in*-4.]

38270. ☞ Mémoire préſenté au Roi (en faveur des Habitans des Vallées de *Barcelonnette*, pour être unies au Comté de Provence, & non pas au Dauphiné :) 1714, *in-fol.*

38271. Mſ. Hiſtoria Alpium Maritimarum : Auctore Petro Joffredo, Abbate ſancti Pontii : *in*-4.

Cette Hiſtoire [étoit] entre les mains de M. Joſfredi, neveu de l'Auteur, Prieur de Villefranche près de Nice. Pierre Joffredi eſt mort en 1692. Il a renfermé dans ſon Hiſtoire tout ce qui s'eſt paſſé de plus conſidérable dans la Province, appellée la quatrième Viennoiſe, dont Embrun eſt la Métropole, & de tous les Pays que les Anciens ont appellé Alpes Maritimes, depuis Savone juſqu'au Fleuve Siagna ; & depuis Mondovi juſqu'à la Mer, ſelon la deſcription qu'en fait l'Auteur dans une Lettre qu'il écrivoit en 1667 ; à M. Antoine de Ruffi.

38272. ☞ Du Droit de la France ſur les Villes & Places de *Nice*, Villefranche & autres, à cauſe du Comté de Provence : Titres & Mémoires à ce ſujet.

Dans le Traité de M. Dupuy ſur les Droits du Roi : Edition de 1670, pag. 34, 38 & ſuiv.]

38273. De Niceæ Civitatis Antiquitatibus; Auctore Petro JOFFREDO.

Ces Antiquités sont imprimées dans son *Histoire sacrée de la Ville de Nice : Augustæ Taurinorum*, 1658, in-fol.

38274. ☞ Mémoire historique sur les Villes de *Nice* & de *Villefranche* : *Mercure*, 1744, *Juin*.]

== ☞ Relation de la Prise de *Nice*, &c. en 1691.

Voyez ci-devant, Tome II. N.° 24307.]

38275. La Liberté glorieuse de *Monaco*, ou Discours historique de la Dignité de ses Princes, de leurs Successions, de leurs Exploits, & sa parfaite Franchise sous la protection du Roi Louis XIII. par Charles DE VENASQUE FARRIOLE : *Paris*, 1643, in-8.

38276. ☞ Mémoire pour le Prince de Monaco contre le Duc de Savoye, touchant les Seigneuries de *Menton* & de *Roquebrune*; (par M.ᵉ ARRAULT : *Paris*, d'Houry, 1712, in-4.]

38277. ☞ Chronologie historique des Princes de Monaco; (par D. François CLÉMENT.)

Dans la seconde Edition de l'*Art de vérifier les Dates*: (*Paris*, Desprez, 1770, in-fol.) pag. 847.]

Histoires d'Orange, ci-devant Principauté.

☞ LE petit Pays d'Orange est enclavé dans la Provence, & les Comtes de cette Province en ont toujours eu la haute Souveraineté; mais Orange ayant été réuni entièrement à la France par le Traité d'Utrecht en 1713, on l'a uni au Gouvernement de Dauphiné, & à l'Election de Montelimar, par Arrêt du Conseil du Roi du 23 Décembre 1714.]

38278. De l'Origine & Antiquité de la Souveraineté d'Orange, Cité & Princes d'icelle : in-fol.

Ce Manuscrit est conservé entre ceux de M. Dupuy, num. 643.

38279. ☞ Mss. Dissertation sur la Principauté d'Orange.

« C'est l'Abrégé d'un Mémoire assez ample que je »fis (dit Antoine LANCELOT,) en 1727, pour M. le »Pelletier des Forts, alors Contrôleur-Général des »Finances, pour prouver que cette Terre est un Fief, »relevant originairement en toute Souveraineté du »Comté de Provence ».
Cette Dissertation est à la Bibliothèque du Roi, & vient de M. Lancelot.]

38280. Tableau de l'Histoire des Princes & Principauté d'Orange, divisé en quatre parties, selon les quatre Races, illustré de ses Généalogies & enrichi de plusieurs belles Antiquités, avec leur taille-douce; par Joseph DE LA PISE : *la Haye*, Maire, 1639, in-fol.

Ces quatre Races sont celles d'Orange, de Baux, de Châlon & de Nassau, qui y ont régné souverainement. « Cet Auteur, à l'âge d'un peu plus de cinquante »ans, composa en François une Histoire assez étendue »de la Principauté d'Orange, sa Patrie, où il avoit pos- »sédé la Charge de Garde des Archives. Son père l'a- »voit commencée; il l'acheva & la fit imprimer, mais »sans en retirer aucun avantage, parce qu'il avoit af- »faire à un Prince qui n'avoit aucun goût pour les Let- »tres. Cependant les travaux immenses que ce sçavant »Auteur, dont le style n'est pas assez châtié, avoit »supporté pour illustrer son Pays, & relever la gloire »de ses Princes, furent inutiles & sans récompense ». C'est ce qui se lit à la pag. 193 du *Sorberiana*.

☞ On trouve à la tête un Mémoire curieux qui a le titre suivant :

De l'Etat & Principauté d'Orange, où est traité de son climat, situation, confins, beautés & aménités de la campagne, denrées, fondations, origines & ancienneté de la Ville d'Orange & antiquité d'icelle, Parlement, Conciles, Evêché & Université.

Voyez sur cette Histoire la *Méth. hist.* de Lenglet, in-4. tom. IV. pag. 147, & le *Sorberiana*, pag. 193.]

38281. ☞ Histoire de la Ville & Principauté d'Orange, divisée en dix Dissertations historiques, chronologiques & critiques, sur leur état ancien & moderne, Politique & Ecclésiastique, contenant plusieurs choses qui peuvent servir à l'Histoire Politique & Ecclésiastique de France & de Provence; par le P. BONAVENTURE de Sisteron, Prédicateur Capucin : *Avignon*, 1741, in-4.

Il n'y a que les cinq premières Dissertations dans ce premier Volume, qui est le seul qu'on ait publié. *Voyez Mém. de Trévoux,* 1741, Décembre. = *Mercure*, 1742, Octobre.]

38282. ☞ Histoire des Princes d'Orange; par AMELOT DE LA HOUSSAYE, augmentée de Notes par M. l'Abbé Pierre-Jacques SEPHER, Docteur de la Maison & Société de Sorbonne, Vice-Chancelier de l'Eglise & Université de Paris, Chefcier & Chanoine de Saint-Etienne-des-Grecs : *Paris*, 1754, in-12. 2 vol.]

38283. ☞ Chronologie historique des Comtes & Princes d'Orange; (par D. CLÉMENT.)

Dans la seconde Edition de l'*Art de vérifier les Dates*: (*Paris*, Desprez, 1770, in-fol.) pag. 758.]

38284. * Commentarius gestorum Philiberti à Châlon, Aurengiorum Principis, à Dominico MELGUITIO, Medico.

Ces Mémoires sur Philibert de Châlon, (mort en 1530,) avec son Oraison funèbre en Latin, sont imprimés dans le Livre de Paradin, intitulé : *De antiquo statu Burgundiæ : Lugduni*, 1542, in-4.

38285. Relation de ce qui s'est passé au rétablissement de la Principauté d'Orange : ensemble les Discours & Harangues qui ont été faits pour le même sujet; par (Jean) DE CHAMBRUN, Ministre d'Orange : *Orange*, Raban, 1666, in-4.

Cet Auteur s'appelloit souvent Mélancton, qui est son nom rendu en Grec.

38286. Très-humbles Remontrances dressées au nom des Ecclésiastiques, Religieux & plusieurs autres Personnes, ayant Directes dans la Principauté d'Orange; par Jacques-

Henri Aymard, Avocat au Parlement d'Orange, sur le sujet de l'Edit de son Altesse Royale, du 16 Janvier 1679, afin d'en obtenir la révocation & la suppression : *in*-4.

38287. Origines & Successiones Principum-Arausionensium, usque ad Guillelmum III. Auctore Gaspare Sagittario : *Ienæ*, 1693, *in*-4.

38288. Fata novissima Principatûs Arausionensis : Auctore Joanne-Petro Ludovici : *Hagæ-Comitis*, 1694, *in*-4.

38289. Traité historique de la Succession à la Principauté d'Orange; ou Sommaire du Droit de la Maison d'Orléans-Longueville sur cette Principauté, contre les prétensions de la Maison de Nassau : *Paris*, 1702, *in*-8.

38290. Commentaires historiques de la vie & de la mort de Christophle, Vicomte de Dhona, Gouverneur d'Orange; par F. S. *Genève*, Chouet, 1639, *in*-4.

Les Lettres initiales signifient Frédéric Spanheim, Ministre de Genève, mort en 1649.

38291. Relation exacte de tout ce qui s'est passé entre le Parlement d'Orange & le Comte de Dhona, Gouverneur de cette Principauté, depuis le mois d'Octobre 1658, jusqu'à présent, dans laquelle sont insérées les Remontrances du Parlement sur les motifs de l'Arrêt de création de la Régence de ladite Principauté en la personne de Madame la Princesse Royale, Mère de son Altesse Royale Monseigneur le Prince d'Orange : 1659, *in*-4.

38292. ☞ Déduction de Droit, ou Réfutation des motifs, argumens & allégations contenus dans l'Ecrit intitulé : *Relation exacte*, &c. publié sous le nom du Parlement d'Orange : *la Haye*, Vlacq, 1659, *in*-4.]

38293. ☞ Réponse à un Ecrit intitulé : *Relation exacte*, &c. en faveur du Comte de Dhona : *la Haye*, Vlacq, 1659, *in*-4.]

38294. ☞ Relation véritable de tout ce qui s'est passé à Orange, entre le Gouverneur Comte de Dhona, & le Parlement; avec les Lettres & autres Pièces : *la Haye*, Vlacq, 1659, *in*-4.]

38295. ☞ Abrégé de l'Histoire ancienne de la Ville d'Orange, adressée à M. le Marquis de ***; par Jean Frédéric Guib, Docteur ès Droits.

Il se trouve pag. 240 du tom. III. de la *Bibliothèque Françoise*, imprimée à *Amsterdam*, chez du Sauzet. Selon l'Auteur, la Ville d'Orange fut fondée en même temps qu'Avignon, par une Colonie de Phocéens; mais on ne peut marquer précisément le temps de leur fondation.]

38296. Les Antiquités de la Ville & Cité d'Orange : *Orange*, Raban, [1656, *Nismes*, 1662, *Orange*, 1674,] 1678, *in*-8.

Edouard Raban, Imprimeur, est l'Auteur de ce Livre.

Les mêmes, revues par C. E. P. C. en l'Eglise Cathédrale d'Orange : *Orange*, Marchy, 1700, *in*-8.

Les lettres initiales signifient Charles Escoffier, Prêtre ; Chanoine.

38297. ☞ Genriviæ Arausiensis Sepulchralis Titulus explicatus à Joanne-Jacobo Chifletio : *Antverpiæ*, 1634, *in*-4.]

38298. ☞ Remarques sur la Principauté d'Orange.

Elles se trouvent au tom. VII. des *Amusemens du cœur & de l'esprit*, de M. Prétot : *Paris*, 1741, *in*-12.]

38299. ☞ Dissertation (de Jean Fréd. Guib,) dans laquelle on examine qui sont ceux qui ont fait construire l'Arc de Triomphe que l'on voit à Orange, adressée à M. Thomassin de Mazaugues.

Elle est dans les *Mémoires de Trévoux*, 1729, Décembre, pag. 2142, & dans la *Bibliothèque Françoise* du Sauzet , tom. II. pag. 210. L'Auteur prétend que ce sont Cneius Domitius Œnobardus & Fabius Maximus qui ont fait construire ce bel Arc de Triomphe après la défaite de Bituitus, Roi des Auvergnats, qui s'étoient joints aux Allobroges, 121 ans avant la Naissance de Jesus-Christ. On avoit jusqu'alors attribué cet Edifice aux Consuls Caius Marius & Catulus Luctatius, après leur victoire sur les Cimbres & sur les Teutons.]

38300. ☞ Remarques sur l'Arc de Triomphe d'Orange ; & la suite de ces Remarques : *Mercure*, 1730, Mars & Avril.

L'Auteur de cette Dissertation prétend montrer dans la première partie, que cet Arc de Triomphe ne peut être attribué ni à Domitius Œnobardus & Fabius Maximus, ni à Caius Marius, comme on le croyoit communément, mais qu'il fut élevé sous le Règne d'Auguste à la gloire de cet Empereur. Dans la seconde Partie, il répond à M. Guib, qui avoit adopté le premier sentiment.]

38301. ☞ Lettres à M. de Valbonnais, où l'on examine la Dissertation (de M. Guib,) sur l'Arc d'Orange. *Mémoires de Trévoux*, 1730, Juillet, pag. 1214, Août, pag. 1373.

La première Lettre est une Réfutation des Conjectures de M. Guib. Dans la seconde, l'Auteur établit son propre sentiment. Ce monument fut élevé, selon lui, en l'honneur des victoires d'Auguste, par la Colonie que ce Prince avoit envoyée à Orange.]

38302. ☞ Observations sur l'Arc d'Orange; par M. l'Abbé Lebeuf. *Mém. de l'Acad. des Inscr. & Belles-Lettres*, tom. XXV. pag. 149.]

38303. ☞ Mémoire critique sur l'Arc de Triomphe de la Ville d'Orange; par M. Menard. *Mém. de l'Acad. des Inscr. & Bell. Lettr.* tom. XXVI. pag. 335.]

38304. Mémoire pour établir la Jurisdiction du Parlement & de la Chambre des Comptes de Dauphiné sur la Principauté d'Orange, avec les Preuves, depuis l'an 1105 jusqu'en 1569 : *Grenoble*, Giroud, 1713, *in-fol.*

Jean-Pierre Moret de Bourchenu, Marquis de Valbonays, Premier Président de la Chambre des Comptes de Dauphiné, est l'Auteur de ce Mémoire.

Histoires d'Avignon.

38305. Privilèges & Libertés de la Ville d'Orange : 1607, *in-*4.

38306. ☞ Ordonnances, Loix & Statuts faits pour le réglement des Procès & soulagement du Peuple de la Principauté d'Orange ; par Excellent Prince Guillaume DE NASSAU, Souverain de ladite Principauté : *Lyon,* (à la Salamandre,) 1567, *in-*4.]

38307. ☞ Statuts & Réglemens des bas Etats de la Claverie d'Orange, dressés & réformés en 1613 & 1656, confirmés en 1665 : *Orange,* Raban, 1684, *in-*4.]

Histoires d'Avignon & du Comté Venaissin.

38308. Mf. Edifice historial & chronique de la Ville d'Avignon : *in-fol.* 2 vol.

L'Original de cet Ouvrage [étoit] dans la Bibliothèque de M. Thomassin de Mazaugues, [& doit être aujourd'hui dans celle de Carpentras.] Il paroît par le Catalogue des Evêques, que l'Auteur vivoit en 1614.

38309. ☞ Mémoire sur quelques anciens Monumens du Comté Venaissin ; par M. MENARD. *Mém. de l'Acad. des Inscr. & Bell. Lettr. tom. XXXII.*]

38310. ☞ Observations sur les Monumens antiques de *Mornas,* & sur ceux d'*Aramon.*

Dans les *Antiquités* du Comte de Caylus, *tom. VI. pag.* 332 & 334.]

38311. Description historique du Comté Venaissin ; par le Chevalier DE BELLEVILLE.

Cette Description est imprimée dans les *Mémoires de Trévoux,* 1712, *Art. CXXXIV. Septembre.*

⚏ Guerre du Comté Venaissin ; par Loys DE PERUSSIS.

Voyez ci-dessus, [N.º 38075.]

38312. Mf. Annales Ecclesiæ, Urbis & Comitatûs Avenionensis ; à Domno Polycarpo DE LA RIVIERE, Carthusiano : *in-fol.* 2 vol.

Ces Annales [étoient] à Arles dans le Cabinet de M. Raybaud. L'Auteur les avoit achevées en 1638. Elles ont été composées sur les Mémoires d'Antoine Maselli, qui les avoit puisées dans les Archives, les Cartulaires, & des Manuscrits qu'il avoit en ses mains.

38313. Lettera a l'Eminentissimo Cardinal Francesco Barberino, scritta da Parigi dal Antonio MASELLI, Canonico di san Agricolo d'Avignione, sopra l'interruptione della Historia della antichità della Chiesa e Citta d'Avignon, e di tutto il Contado Venaissino e Provincie circumvicine, composta da uno Padre Cartosiano : 1639, *in-*4.

Cette Lettre contient un Plan assez étendu de l'Ouvrage du Père Polycarpe de la Rivière, divisé en six Livres.

38314. ☞ Mf. Annales de la Ville d'Avignon & du Comté Venaissin, avec les Pièces Justificatives ; par M. Joseph-Louis-Dominique DE CAMBIS, Marquis DE VELLERON : *in-fol.* 5 vol.

« On y trouve les faits historiques de Provence, » du Languedoc & du Dauphiné, qui ont liaison avec » les autres. Cet Ouvrage n'a pu s'exécuter qu'au moyen » des recherches les plus étendues ». *Catalogue raisonné des Manuscrits* de l'Auteur : (*Avignon,* 1770, *in-*4.) *pag.* 474.]

38315. ☞ Mf. FRANCISCI Lemovicensis, Episcopi Avenionensis, Chronicon Avenionense, ab anno 430 ad 1370.

Cette Chronique est citée dans la *Bibliothèque Germanique, tom. XIX. p.* 34. L'Auteur est nommé dans le *Gallia Christiana,* FAIDITUS *de Agrifolio.*]

38316. ☞ Epoque & circonstances de la Cession que le Roi Philippe-le-Hardi fit du Comté Venaissin en faveur de l'Eglise Romaine.

C'est le sujet de la Note (ou Dissertation) III. du Tome IV. de l'*Histoire du Languedoc,* par D. Vaissete, *pag.* 528.]

38317. Le Caducée François sur la Ville d'Avignon, Comté Venaissin & Principauté d'Orange ; par Esprit SABATIER, Avocat d'Avignon : *Avignon,* [Bramereau,] 1662, *in-*8.

☞ Cette Pièce fut faite à l'occasion de la Prise d'Avignon sur le Pape, par Louis XIV. & pour montrer les Droits que ce Prince avoit sur cette Ville, sur le Comtat Venaissin & sur la Principauté d'Orange. On y trouve les changemens de Maîtres qu'Avignon a éprouvés depuis sa fondation.]

38318. Mf. Etat de la Ville d'Avignon & du Comté Venaissin, avec les Réponses à l'Ouvrage précédent : *in-*4.

Ce Manuscrit [étoit] à Paris dans le Cabinet de M. Pinsson, Avocat.

☞ L'Original *in-*8. est indiqué *pag.* 396 du Catalogue de M. de Cangé, & doit être dans la Bibliothèque du Roi.]

38319. Descriptiuncula Civitatis Avenionensis & Comitatûs Venascini : Auctore Joseph-Maria SUARESIO : *Lugduni,* Barbier, 1658, *in-*4.

Cet Auteur est mort en 1668.

38320. Istoria della Citta d'Avignione e del Contado Venessino, Stato della Sede Apostolica nella Gallia, descritta da Sebastiano FANTONI CASTRUCCI, Carmelitano : *in Venetia,* Hertz, 1678, *in-*4. 2 vol.

38321. * De Avenione Urbe & quatenùs ad Pontificem Romanum pervenit : Exercitatio Historica Magni Petri OLDECORP, Oesilio-Livoni : *Ienæ,* 1691, *in-*4.

38322. ☞ Mf. Histoire de la Ville d'Avignon ; par M. Joseph-Louis-Dominique DE CAMBIS, Marquis DE VELLERON : *in-fol.* de 800 pages.

Cette Histoire, qui est conservée à Avignon dans la Bibliothèque de l'Auteur, « contient tout ce qui s'est » passé de plus mémorable dans la Ville d'Avignon de-» puis sa fondation. L'Auteur tâche de faire bien connoî-» tre Avignon & tout ce qui l'environne, l'antique & le » moderne, la partie Ecclésiastique & la partie Civile, » ses produits, son industrie, ses moyens particuliers » d'exportation actuelle & d'amélioration future ». *Catalogue raisonné de ses Manuscrits, pag.* 476.]

Liv. IV. Histoire Civile de France.

38323. ☞ Projet de l'Histoire de la Ville d'Avignon, en 3 vol. *in-4*. & commencement d'une Dissertation historique sur cette Ville: brochure de 19 pages *in-4*. imprimée en 1760.

Voyez Mém. de Trévoux, 1760, *Févr. pag.* 540.]

38324. ☞ Lettres Historiques sur le Comtat-Venaissin, &c. 1768, *in-8*.

Recherches historiques sur les Droits du Pape. = Réponse, &c. = Défenses des Recherches.

Ces différens Ouvrages ont été rapportés *pag.* 887 du Tome II. Art. des *Droits du Roi*.]

38325. Joannis MONARD de Vautrey, Juris utriusque Doctoris, Orationes tres de inclyta Civitate Avenionensi: *Avenione*, Piot, 1636, *in-8*.

38326. ☞ Bullarium Civitatis Avenionensis, seu Bullæ Constitutiones Apostolicæ summorum Pontificum & diplomata Regum continentia libertates, immunitates, privilegia ac jura inclytæ civitatis ac civium Avenionensium ex unanimi Concilii publici Senatus-Consulto datum: *Lugduni*, Joan. Amatus Candy, 1657, *in-fol. pag.* 178, sans l'Index, &c.]

38327. ☞ Statuta inclitæ Civitatis Avenionensis nuper facta & reformata. Item, Conventio pridèm inter Dominos quondam Comites & Cives ipsius inita; omnia ab Illustrissimo Cardinali Arminiaco Illustriss. ac Reverend. Caroli à Borbonio Legati Avenionis in eadem Legatione Collega, confirmata: *Avenione*, Ruffus, 1570: *Lugduni*, 1612, *in-4*.

On en a une Edition (*Avenione*, 1564,) aussi *in-4*. dont le titre est le même pour le commencement, mais qui finit ainsi.... *Omnia primùm à Reverendo Leontio Firmano, Pro-Legato, ac demùm à Sanctissimo Domino Papa Pio IV. confirmata*.]

38328. ☞ Ms. Statuta & Privilegia Reipublicæ Avenionis: grand *in-fol*. sur vélin.

Ce beau Manuscrit, orné de miniatures, &c. est à Avignon dans la Bibliothèque de M. de Cambis-Velleron; & son *Catalogue* imprimé en donne une Notice très-particularisée, *pag.* 454-471. Ce Manuscrit est composé de trois Recueils, & contient les Statuts de la République d'Avignon de 1243, & généralement tous les Priviléges que plusieurs Souverains ont accordés à la Ville d'Avignon, jusqu'à la fin du XIVe Siècle; ce qui fait conjecturer que le Manuscrit est de ce temps. Le premier Recueil contient 55 Pièces: après les Statuts de 1243, (qui paroissent plus parfaits que les imprimés,) sont les *Conventiones*, &c. ou le Traité fait en 1251, entre Alphonse, Comte de Toulouse, Charles, Comte de Provence, & la Ville d'Avignon; c'est le titre constitutif des Priviléges des Avignonois. Toutes les Pièces de ce premier Recueil sont en Latin, excepté la dernière (ou 55) qui est en Provençal: ce sont des Réglemens que Jeanne I. Comtesse de Provence, & Reine de Naples, fit pour un lieu de débauche en 1347. Ils sont rapportés avec quelques différences en Latin, dans le Traité de M. Astruc, *De morbis venereis*, & dans la *Cacomonade*. Le second Recueil, qui paroît avoir appartenu à la Cour de Naples, & qui est magnifique, ne contient que les Statuts & les Conventions. Le troisième, qui n'est pas écrit comme les précédens à deux colonnes, mais tout du long, renferme sept Pièces, à la tête desquelles sont encore les Statuts de 1243; mais il s'en trouve de nouveaux ajoutés, dont le dernier est de 1329. La septième & dernière Pièce est un Réglement sur les Monnoyes fait par François de Conzié, Légat d'Avignon, le 3 Janvier 1421.]

38329. ☞ Statuta & Privilegia Reipublicæ Avenionis: *in-4*.

Ce Recueil est conservé dans les Archives d'Avignon: il ne contient qu'une partie du premier des Recueils qui précèdent. Il fut transcrit en 1418, la cinquième année du Pontificat de Martin V. par l'ordre des Consuls d'Avignon. *Catalogue raisonné* de M. de Cambis, *pag.* 468.]

38330. ☞ Ms. Recueil de Pièces anciennes sur la Ville d'Avignon: *in-fol*.

Il est assez semblable à celui de M. de Cambis, & il est conservé dans la Bibliothèque de M. l'Abbé Bellonet, à Montpellier. Le Volume assez épais, est écrit sur vélin à deux colonnes, & de la plus belle conservation: il paroît de trois mains différentes, dont la première est constamment du XIIIe Siècle; & la troisième de la fin du XIVe au plus tard. Voici les titres de ce qu'il contient; moyennant quoi on pourra en faire la comparaison avec ce qui se voit dans le Catalogue imprimé de M. de Cambis: *Avignon*, 1770, *in-4*.

1. Statuta Civitatis Avinionis, anni 1243, (en cent cinquante-cinq Chapitres ou Articles.)

2. Conventiones inter Alphonsum Comitem Tholosæ, Carolum Comitem Provinciæ & Comitem Folcalquerii, & Communem ejusdem Civitatis, anni 1251.

3. Charta de Pedagio salis & Lesda ejusdem Civitatis, anni 1215.

Ces trois Pièces sont d'une écriture du XIIIe Siècle. (La troisième est aussi la troisième du Recueil de M. de Cambis. Les deux Collections qui vont suivre, & dont on ne nous a envoyé qu'une indication générale, répondent à la plus grande partie des Pièces que l'on trouve marquées dans le Catalogue de M. de Cambis.)

4. Chartæ & Diplomata 32, quæ ad regimen, privilegia, acquisitiones & jura ejusdem Civitatis spectant, maximè Caroli & Roberti, Comitum Provinciæ & Regum Siciliæ, Raymundi Comitis Tholosæ, Episcoporum & Consulum Avinionensium. (Ecriture du XIVe Siècle.)

5. Instrumenta 20, varii generis, Donationes, Concordata, Inventaria de Bonis & Juribus Civitatis Avinionis, quorum istud: *Inventarium factum per Potestatem Avinionis de omnibus Bonis quod Commune habebat*, anni 1243. (Ecriture du XIVe Siècle.)

(Cet Inventaire, qui est une Pièce curieuse, forme le num. 52, du Recueil de M. de Cambis.)

6. Ordinatio Joannis XXII. pro assignandis Hospitiis Curiæ Romanæ in Civitate Avinionensi, eorumdemque Hospitiorum enumeratio: (de la fin du XIVe Siècle, comme les deux Pièces suivantes.)

7. Commissio ejusdem Pontificis tribus Cardinalibus & tribus Civibus Avinionis facta, pro componendis quibusdam capitulis de bono Statu Curiæ Romanæ & Consulum Avinionensium.

(Ces deux Pièces doivent être les 53 & 54 de M. de Cambis, qui ne paroît point avoir la suivante.)

8. Ordinatio Clementis V. PP. pro conductione Hospitiorum ejusdem Civitatis.]

38331. ☞ Ms. Repertorium Civitatis Avenionis: *in-fol*.

« Ce Manuscrit, sur papier, conservé à Avignon
» dans la Bibliothèque de M. Cambis-Velleron, est divisé en deux Parties. La première contient un Inventaire

Histoires d'Avignon.

» taire de tous les biens & Droits de la Ville d'Avignon, » fait par le Podestat Parceval DORIA. La seconde com- » prend un Inventaire raisonné de tous les Actes, Bul- » les & Privilèges d'Avignon, dressé en 1416, sous la » Légation de François de Conzié, Archevêque de » Narbonne & Légat d'Avignon ». *Catalogue raisonné des Manuscrits* de M. de Cambis-Velleron, pag. 473.]

38332. ☞ Mf. Nomina Potestatum, Syndicorum, Judicum, Consulum & Assessorum Avenionis : *in-fol.*

Cette Liste est enrichie de Notes historiques. On y trouve aussi les Statuts anciens de la République d'Avignon, de 1243. Ce Manuscrit est en cette Ville, dans la Bibliothèque de M. de Cambis : *Catalog.* pag. 475, & où l'on trouve, *pag.* 730, une *Lettre de M. de Massilian*, sur les Podestats d'Avignon.]

38333. Discours du déluge & dégât arrivé au Comtat d'Avignon, le 21 Août 1616, *in-8.*

38334. ☞ Brevis Descriptio Civitatis Avenionensis pestilentiâ laborantis; per F. Jacobum CORENUM, Minoritam : *Avenione*, Bramereau, 1630, *in-8.*]

38335. ☞ Historia Avenionensis contagionis, an. 1629 & 1630, à Laureto DE FRANCHIS descripta : *Avenione*, Bramereau, 1633, *in-4.*]

38336. ☞ Extrait des deux Lettres-Patentes concédées par Louis XIII. au mois de Mars de l'an I. de son Règne, (1610) & par Louis XIV. au mois d'Octobre aussi de l'an I. de son Règne, (1643) en faveur de la Ville d'Avignon & Habitans d'icelle, &c. *Avignon*, 1651, *in-4.*]

38337. ☞ Mf. Mémoires de Messire Richard-Joseph DE CAMBIS, sur les troubles & séditions arrivés dans Avignon, depuis 1661 jusques & inclus l'année 1665 : *in-fol.*

« Ces Mémoires.... intéressans pour Avignon.. sont »écrits par un homme de qualité, distingué par ses »vertus, par son esprit, & témoin oculaire des événe- »mens qu'il rapporte ». *Catalogue raisonné des Manuscrits* de M. de Cambis-Velleron, pag. 474.]

38338. ☞ Mf. Histoire des Révolutions d'Avignon, depuis 1652-1665 : *in-fol.*

Elle est conservée à Avignon, dans la Bibliothèque de M. de Cambis-Velleron. On trouve à la fin de ce Manuscrit, la Procédure faite sur les diverses translations du corps de S. Bénezet, qui a fait bâtir le Pont d'Avignon : *Catalog.* pag. 475.]

== ☞ Vitæ Paparum Avenionensium, &c. per Stephanum BALUZIUM : *Lutetiæ*, 1693, *in-4.*

Ces Vies, qui sont indiquées ci-devant, Tome I. N.º 7761, ont rapport à l'Histoire d'Avignon. Les Papes y tinrent leur Siège depuis Clément V. en 1305, jusqu'à Grégoire X. qui rentra à Rome en 1377. Depuis ce temps ils ont gouverné l'Etat d'Avignon par un Légat ou un Vice-Légat.]

38339. ☞ Mf. Memorie dell' Auditorato generale della Legatione di Avenione, composta dall' Abbate Alessandro CODEBO, nel quinto anno del suo Auditorato : 1709, *in-4.*

« Ce Manuscrit Italien, (qui est à Avignon, dans

» la Bibliothèque de M. de Cambis-Velleron,) con- » tient tous les Droits, Privilèges & Prérogatives de » la Charge d'Auditeur général de la Légation d'Avi- » gnon. Il étoit tenu fort secret; mais le Comte de » Villeneuve, eut l'adresse d'en faire tirer une Copie » qui lui coûta cent écus, & c'est ce même Manuscrit » dont il est ici question ». *Catalogue raisonné des Manuscrits* de M. de Cambis-Velleron, pag. 475.]

38340. ☞ Historia chronologica Rectorum Collegii sancti Martialis Avenionensis : 1688, *in-fol.*]

38341. ☞ Histoire des Recteurs du Collège de Saint-Martial d'Avignon, avec les Preuves.]

38342. ☞ Arrêt du Conseil du 13 Décembre 1645, en faveur de Pierre d'Aymar, Recteur de Saint-Martial : *in-4.*]

38343. ☞ Mémoire pour servir à l'Histoire des Juifs, depuis leur arrivée en Provence jusqu'à leur entière destruction; avec quelque détail des Synagogues qui subsistent encore dans le Comtat Venaissin, & une Lettre de M. l'Abbé Renaudot au R. P. le Long, à l'occasion de cet Ouvrage.

Imprimé dans les *Mémoires de Littérature* du P. Des-Molets, *tom. II.* L'Auteur fixe l'arrivée des Juifs & leur établissement en Provence, environ au commencement du IVᵉ siècle. On trouve dans ce Mémoire beaucoup de recherches sur l'état de ce Peuple, & celui de ses Synagogues dans différentes Villes.]

38344. ☞ Essai d'un Abrégé chronologique de l'Histoire de *Villeneuve-lès-Avignon*, où est décrit tout ce qui s'est passé de plus considérable dans cette Ville (d'Avignon,) principalement pendant les soixante-douze années que les Souverains Pontifes ont siégé à Avignon, & les quarante années du trente & unième Schisme qui fut entièrement éteint au Concile Œcuménique de Constance; (par Joseph VALHEN, Prêtre :) 1743, *in-8.*

Cette Villeneuve, quoique très-voisine d'Avignon, dont elle n'est séparée que par le Pont, est de la Province de Languedoc. Mais nous avons cru devoir mettre ici cet Ouvrage, parce qu'il s'étend sur ce qui concerne Avignon.]

38345. ☞ Mf. Jura Pontis Rhodani : *in-fol.*

Ce Manuscrit, en papier, est à Avignon, dans la Bibliothèque de M. de Cambis-Velleron. « Il contient »une Copie exacte de tous les Droits & Privilèges »accordés par plusieurs Rois & Princes Souverains au »fameux Pont d'Avignon sur le Rhône, appellé com- »munément le *Pont Saint-Bénezet*, parce que ce »Saint (Berger) en fut Fondateur. L'Original de ce »Manuscrit est conservé dans les Archives de l'Hôpi- »tal du Pont Saint-Bénezet ». *Catalogue raisonné des Manuscrits* de M. de Cambis-Velleron, pag. 473.]

38346. ☞ Lettres-Patentes de Sa Majesté portant confirmation du Jugement des Seigneurs-Commissaires du Pape & du Roi, au sujet des Contestations d'entre le Seigneur Marquis d'Oppède & la Communauté de Cavaillon, au Comtat Venaissin, &c. *Aix*, 1733, *in-4.*]

SECTION SECONDE.

Histoires des Provinces réunies à la Couronne par les derniers Rois.

☞ Ces Provinces, qui pendant un assez long-temps ont été séparées de l'Empire François, comme on le dira sur chacune, sont au nombre de six : sçavoir ; 1. le Roussillon ; 2. le Comté de Bourgogne ou la Franche-Comté ; 3. l'Alsace ; 4. les trois Evêchés, ou les Domaines de Metz, Toul & Verdun, avec les Territoires qui leur ont été annexés ; 4. la Lorraine & le Pays de Bar ; 6. les Pays-Bas François.]

ARTICLE PREMIER.

Histoires du Roussillon & du Comté de Barcelone, qui dépendoit autrefois de la France.

☞ Le Roussillon faisoit anciennement partie de la Narbonnoise, & il fut uni à la France avec cette Province, sous Pepin & Charlemagne. On y établit des Comtes, qui s'approprièrent comme les autres, les Droits Régaliens, au milieu ou sur la fin de la seconde Race ; mais en continuant de regarder les Rois de France comme leurs Souverains. En 1178, le Roussillon passa par le Testament du Comte Guirard, aux Rois d'Aragon, qui l'unirent au Comté de Barcelone, ou à la Catalogne, qu'ils possédoient : ils refusèrent en même temps de reconnoître pour ces Provinces la Souveraineté du Roi de France. Le Roi Louis XI. devint maître du Roussillon ; mais son fils Charles VIII. le rendit à Ferdinand, Roi d'Aragon, en 1493, sous une condition que ce Prince ne tint pas. Louis XIII. fit valoir ses Droits sur ce Pays, & s'en empara en 1642. Le Roussillon a été entièrement cédé à la France, par la Paix des Pyrénées, en 1659.

38347. Descriptio geographica & historica-Ruscinonis : Auctore Petro DE MARCA.

Cette Description fait partie de l'Ouvrage qu'il a intitulé : *Marca Hispanica, &c. Parisiis, 1688, in-fol.*

38348. Index Comitum Ruscinonensium : Auctore Joanne SAMBLANCATO, Tolosate : *Tolosæ, d'Estey, 1642, in-8.*

Cette Histoire [abrégée] commence à l'année 981 de Jesus-Christ, & finit en 1503.

☞ On trouve à la fin du Volume, (qui n'a que 128 pages,) deux petits Poëmes Latins, l'un sur la Prise de *Salses*, par le Prince de Condé, (en 1630,) l'autre sur la Prise de *Perpignan*, Capitale du Roussillon, par Louis XIII. en personne, l'an 1642.]

38349. Projet de l'Histoire de Roussillon, compris dans une Lettre de M***, à un de ses Amis : *Paris, 1694, in-12.*

L'Abbé Louis RAGUET, de Namur, Auteur de cette Lettre, a composé aussi l'Histoire de cette Province, en trois volumes *in-fol.* Elle [étoit] entre ses mains, [lorsque le P. le Long écrivoit.]

38350. Ms. Histoire du Roussillon ; par l'Abbé DE FAVERNER & d'Ardenne, Grand-Vicaire de Gironne.

Au rapport de Dom Edmond Martenne, partie seconde de son *Voyage Littéraire, pag.* 59, cet Auteur [travailloit en 1718] à achever cette Histoire de Roussillon.

== ☞ Siège de *Perpignan*, par Louis XIII. en 1642.

Voyez ci-devant, Tome II. N.os 22058, 22071 & 22076.]

38351. ☞ Requête présentée au Roi, par M. l'Evêque d'Elne ou de Perpignan ; (Jean HERVIEU Basan de Flamenville,) pour demander la conservation des Usages & Constitutions qui servent de Loi dans le Roussillon, & se plaindre des infractions qui y sont contraires : 1694, *in-fol.* de 52 pag.]

38352. ☞ Recherches historiques sur la Noblesse des Citoyens honorés de Perpignan & de Barcelone, connus sous le nom de Citoyens Nobles, pour servir de suite au Traité de la Noblesse de la Roque ; par M. l'Abbé XAUPI, Docteur en Théologie, Chanoine & Archidiacre de l'Eglise de Perpignan : *Paris, Nyon, 1763, in-12.*

On trouve à la fin deux Dissertations : la première, sur la clause de Transmission aux descendans dans les Annoblissemens : la seconde, sur la Jurisdiction universelle du Conseil Souverain de Roussillon ; plus un Inventaire des Pièces Justificatives & une Notice des Auteurs & des Dépôts d'où elles sont tirées.]

On peut voir au sujet de cet Ouvrage, les *Mémoires de Trévoux*, 1764, Octobre, Vol. II.]

38353. ☞ Ms. Etat Militaire, Ecclésiastique & Politique du Roussillon : *in-8.* avec Plans & Desseins lavés.

Il est indiqué dans le Catalogue de la Bibliothèque de Madame la Marquise de Pompadour, num. 3059.]

Histoires du Comté de Barcelone, ou de la Catalogne.

☞ La Catalogne ayant été conquise sur les Sarrasins, par Charlemagne & Louis-le-Débonnaire, on mit un Comte à Barcelone, qui dépendit d'abord des Ducs ou Marquis de Gothie ou Septimanie, résidens à Narbonne. En 864, la Marche d'Espagne ou le Comté de Barcelone, commença à faire un Gouvernement particulier. Nos Rois exercèrent dans ce Pays, depuis 821 jusqu'en 988, tous les actes d'Autorité qui constatent une Suprématie véritable. Il est vrai que les Rois, Successeurs de Hugues-Capet, ne paroissent pas les avoir exercés ; mais la réalité des droits de Fief sur ces Provinces, n'en est pas moins certaine.

Raymond-Bérenger IV. mort en 1162, fut le dernier des Comtes de Barcelone, & l'on voit par ses Actes, datés de l'année du Règne de nos Rois, qu'il reconnoissoit leur Souveraineté, comme ses prédécesseurs : il avoit épousé Pétronille, Reine d'Aragon. Alfonse II. leur fils étant monté sur le Thrône, méconnut cette Souveraineté, & engagea le Concile de Tarragone,

Histoires du Roussillon, &c.

en 1180, à ordonner qu'on ne dateroit plus les Actes du Règne des Rois de France. En 1258, S. Louis dégagea le Roussillon & la Catalogne de toute dépendance féodale, & le Roi d'Arragon (Jacques le Conquérant,) renonça à ses droits sur les Comtés de Carcassonne, de Béziers, & autres Terres de Languedoc, aussi-bien qu'à ses prétentions sur la Provence.

La Catalogne se donna en 1641, à Louis XIII. & Louis XIV. fit la conquête d'une grande partie de ce Pays; mais il rendit le tout à l'Espagne, par la Paix des Pyrénées, en 1659, à l'exception du Roussillon.]

38354. ☞ De la Cathalogne, du Comté de Roussillon & de la Principauté de Ceritanie (ou Cerdagne;) par Laurens Turquoys.

Ce Morceau qui paroît l'un des plus travaillés de son *Empire François*, (auquel il n'a pas mis la dernière main,) se trouve pag. 227-255, de cet Ouvrage posthume : *Paris* 1651, *in-fol.*]

38355. Marca Hispanica seu Limes Hispanicus, id est geographica & historica Descriptio Cataluniæ, Ruscinonis & circumjacentium Populorum, ab anno Christi 174, ad ann. 1258. Accesserunt Anonymi Rivipullensis Gesta veterum Comitum Barcinonensium & Regum Arragonensium, ab anno Christi 884, ad annum 1296. Appendix Actorum veterum, ab anno 819, ad annum 1517, ad ejus Historiæ illustrationem ; Auctore Petro DE MARCA, Archiepiscopo Parisiensi, edente Stephano Baluzio, Tutelensi: *Parisiis*, Muguet, 1688, *in-fol.*

☞ On peut voir ce sujet les *Mém.* du P. Niceron, *tom. I. pag.* 199, & *tom. XIII. pag.* 347. = *Hist. des Ouvr. des Sçavans*, 1690, Avril. = *Journal de Leipf. Supplém. I. pag.* 497. = *Hist. de Languedoc*, par DD. de Vic & Vaissete, *tom. I. p.* xii]. *de la Préface*. = Enfin l'Ouvrage de M. l'Abbé Xaupi, (ci-dessus, N.° 38352,) *pag.* 573 & *suiv.*]

38356. De Catalaunia, Liber unus : Auctore Francisco CALZA : *Barcinone*, [Cendrat,] 1588, *in-8*.

Cet Auteur avoit composé quatre Livres, dont il n'y a eu que le premier d'imprimé.

38357. ☞ Idea del Principado de Cataluña; por D. Joseph PELLIZER de Tovar : *Amberes*, Verdus, 1642, *in-8.*]

38358. ☞ Nuova Description de Cataluña, y Rossellon, Cerdaña, Barrades, y Rybagorça, &c. por el R. P. Francisco PORNÈS, de los Frayles Minores, (avec la Traduction d'Espagnol en François;) par le Père René ROCHERAN, du grand Couvent de S. François de Paris:) *Paris*, Cramoisy, 1643, *in-fol.*

38359. ☞ Des Comtes de *Besalu*, de *Cerdagne* & de *Fenouillèdes*.

C'est le sujet de la Note XXVII. du Tome II. de l'*Histoire de Languedoc*, par DD. de Vic & Vaissete.]

38360. ☞ Historia de Cataluña, compuesta por Bernardo DESCLOS, Cavallero Catalan de las empresas hechas en sus tiempos por los Reyes de Aragon, hasta la muerte de Don Pedro el Grande, Tercero deste nombre, &c. Traducida de su antiqua Lingua Catalana en Romance Castellano, por Rapa el Cervera : *en Barcelona*, 1616, *in-4.*]

38361. Mf. Cronica universal de Cataluña, traduzida de Catalan de Geronymo PUJADÈS en Castellano por el mismo, añadida, continuata y [escrivida] de su mano : *in-fol.* 4 vol.

Cette Chronique Manuscrite étoit dans la Bibliothèque de M. Baluze, num. 168-171, [& elle est aujourd'hui dans celle du Roi.] Il n'y a eu d'imprimé en Catalan (*Barcelona*, 1609, *in-fol.*) que le Tome I. qui traite de l'Origine de la Nation, où il y a bien des fables. Il finit à la Conquête des Arabes.

38362. Historia de los antiguos Condes de Barcelona, desde Bera primero Conde, hasta Ramon-Beranguer Quarto, que fue el anno 1162, por Francisco DIAGO, de la Orden de Predicadores : *en Barcelona*, Cormellas, 1603, *in-fol.*

Cet Auteur a composé son Histoire sur les Pièces qui se conservent dans la Chambre des Chartres du Roi [d'Espagne] & de l'Eglise de Barcelone, où il s'est donné beaucoup de peine pour les voir, selon Nicolas Antonio, dans sa *Bibliothèque d'Espagne*.

38363. ☞ Epoque du Siège de Barcelone par Louis-le-Débonnaire, & les Expéditions de ce Prince dans la Marche d'Espagne, jusqu'à l'an 814.

C'est le sujet de la Note XC. du Tome I. de l'*Histoire de Languedoc*, par DD. DE VIC & VAISSETE.]

38364. ☞ Chronologie historique des Comtes de la Marche d'Espagne, ou de Barcelone.

Dans la seconde Edition de l'*Art de vérifier les Dates* : (*Paris*, Desprez, 1770, *in-fol.*) *pag.* 739.]

38365. * Centuria de los famosos Hechos del grand Conde de Barcelona, Don Bernardo Barcino, y Don Zinofre su hijo, y otros Cavalleros de la Provincia de Cataluña sacada a luz; por Estevan BARELLAS : *en Barcelona*, Cormellas, 1600, *in-fol.*

Cette Histoire est pleine de fables, comme le montre Catel, *pag.* 405, & 548, de ses *Mémoires sur le Languedoc*.

== Catalaunia Galliæ vindicata, auctore Nicolao MESPLEDE.

==. Galliæ Dignitas, adversùs præposterum Catalauniæ Assertorem vindicata ; per Joannem NICOLAI.

== La Catalogne Françoise ; par Pierre DE CASENEUVE.

☞ Ces trois Ouvrages sont indiqués ci-devant, Tome II. *pag.* 879. N.°s 28924, 28925, avec d'autres à la même page.

== ☞ Diverses Relations & autres Pièces sur la guerre des François en Catalogne, depuis 1641 jusqu'en 1655.

Voyez ci-devant, Tome II. N.°s 22017 - 22025, 22032 - 22040, 22193, 22205 - 22207, 22230 - 22241, 22283 - 22285, 23770, 23771, 23797.]

== ☞ Autres en 1675, & années suivantes.
Ibid. N.ᵒˢ 14078-14080, 14130, 24138, 24141.]

== ☞ Siège & Prise de Campredon en Catalogne, par les François, en 1689,
Ibid. N.ᵒ 24261.]

== ☞ Expéditions des François contre les Catalans rebelles à Philippe V.

Voyez ci-devant, Tome II. N.ᵒˢ 24482 & 24483.]

38366. Joannis Pauli ZAMMAR Civilis doctrina de Antiquitate, Religione, Privilegiis & Præeminentiis Civitatis Barcinonæ : *Barcinonæ*, Noguès, 1644, *in*-4.

☞ Dans l'Ouvrage de M. l'Abbé *Xaupi*, ci-dessus N.ᵒ 38352, on trouve plusieurs choses intéressantes sur la Ville de Barcelone, aussi-bien que dans la *Notice* qui est à la fin, *pag.* 553, où il est traité des *Archives Royales de Barcelone*; & *pag.* 566, où est l'abrégé des *Constitutions de Catalogne*, &c.]

38367. ☞ Plein pouvoir donné à Urbain de Maillé, Marquis de Brezé, Maréchal de France, &c. Acte du Serment prêté en conséquence à Barcelone par le Maréchal de Brezé, le 23 Février 1642. Traité de Péronne du 18 Septembre 1641, par lequel Louis XIII. reçoit la Catalogne sous son obéissance & s'oblige, &c. (le tout traduit du Latin en François :) *Paris*, 1661, *in*-4. 18 pages.

On en peut voir l'Abrégé dans l'Ouvrage de M. l'Abbé Xaupi, *pag.* 469.]

38368. ☞ Sommaire des Titres d'honneur de Catalogne, Roussillon & Cerdagne; par André BOSCH (en Catalan :) *Barcelona*, Lacalliera, 1628, *in-fol.*

L'Ouvrage est divisé en cinq Parties, dont la dernière traite des prérogatives des Villes, &c.]

ARTICLE II.

Histoires du Comté de Bourgogne, ou de la Franche-Comté.

☞ CE Pays habité anciennement par les Séquanois, fit partie des Etats des Rois Bourguignons, & ceux de France en furent les Maîtres jusques sous les enfans de Louis-le-Débonnaire, ou sous Charles-le-Simple. Ses Comtes furent forcés de faire hommage aux Rois d'Arles, & ensuite aux Empereurs d'Allemagne. Après les Ducs de Bourgogne & Charles-Quint, la Franche-Comté fut possédée par la Branche d'Autriche-Espagne, qui la céda à la France par la Paix de Nimègue en 1678. Louis XIV. l'avoit conquise pour la seconde fois en 1674.]

38369. ☞ Mf. Dissertation historique sur l'Origine du nom de Franche-Comté; par M. CHIFFLET, Président au Parlement de Besançon & Membre de l'Académie de cette Ville.

Dans les Registres de cette Académie.]

38370. Mf. Moyens pour perfectionner l'Histoire du Comté de Bourgogne; par le Père Joseph-Marie DUNAND, Capucin : *in*-4. 100 pages.

Ce Mémoire qui est entre les mains de l'Auteur, traite des moyens pour perfectionner toutes les parties de l'Histoire de cette Province : sçavoir, 1.ᵒ de l'Histoire Civile & Sacrée; 2.ᵒ de l'Histoire Naturelle; 3.ᵒ de l'Agiologie, ou Vie des Saints de droit & de fait du Comté de Bourgogne; 4.ᵒ de la Bibliographie; 5.ᵒ de l'Histoire des Grands-Hommes de cette Province; 6.ᵒ du Nobiliaire; 7.ᵒ du Dictionnaire Topographique.]

38371. ☞ Mf. Mémoires pour servir à l'Histoire de la Franche-Comté; par Dom Vincent DUCHESNE, Bénédictin de la Congrégation de Saint-Vanne.

On les conserve dans l'Abbaye de Faverney, en Franche-Comté. Ils sont divisés en deux Parties. L'Auteur traite dans la première, des Limites de la Province, de ses confins, de ses productions, de ses Rivières & Ponts, des anciens Chemins Romains, &c. La seconde regarde l'Histoire Ecclésiastique, les Abbayes, les Collégiales, les Prieurés, &c. A la fin de l'Ouvrage est une Description exacte de la Glacière située dans le Bailliage de Baume.]

38372. ☞ Dictionnaire Comtois-François; par Madame BRUN, (femme du Subdélégué de l'Intendance de Besançon,) & par M. PETIT-BENOIST : 1753, *in*-8.]

38373. ☞ Almanach historique de Franche-Comté; par J. B. FLEURY, Chanoine de Sainte-Magdeleine de Besançon : 1751, & 1752, *in*-8.

L'Auteur est mort en 1756.]

38374. ☞ Autre Almanach historique: *Besançon*, Charmet, &c. 1764, *in*-8.]

== Brevis & dilucida Burgundiæ Superioris, quæ Comitatûs nomine censetur, Descriptio; per Gilbertum COGNATUM (Cousin).

On l'a déjà indiquée ci-devant, à la *Géographie*, Tome I. N.ᵒ 2215.

== Traité des Limites du Duché & du Comté de Bourgogne.

Voyez ci-dessus, [N.ᵒˢ 2198, 36395 *& suiv.*]

38375. ☞ Mf. Dissertation pour prouver, contre D. Plancher, (Historien de Bourgogne) & contre M. Dupuy, qu'Auxonne & la Vicomté de ce nom étoient du Comté de Bourgogne avant 1237; par le P. Joseph-Marie DUNAND, Capucin.

Elle est entre les mains de l'Auteur.]

38376. ☞ Notice Chronologique des Souverains du Comté de Bourgogne.

Elle est imprimée à la fin de l'Ouvrage intitulé : *Mémoire*, &c. *pour servir à l'Histoire de l'Abbaye de Château-Châlon*, ci-devant, Tome I. N.ᵒ 14863.]

☞ *Voyez* ci-devant, N.ᵒˢ 35844 *& suiv.* les *Histoires des premiers Rois de Bourgogne.*]

38377. Veteres Sequanorum Reguli, seu Superioris Burgundiæ Comitum à Regibus Italis propagata Genesis, ab anno 970, ad annum 1361. Accessit Viennensium, divirumque Cabillonensium inclyta progenies : præ-

Histoires de Franche-Comté.

via item de Regibus, Comitibusque Cisjuranæ & Transjuranæ Burgundiæ, ac primùm de ipsis Castellæ Regibus, Matiscensibus Consulibus, Salmansibus Dynastis, Montis-Aviis Toparchis, aliisque Gentis hujus Burgundiæ agnatis & affinibus, ad calcem subjecta Tractatio; ex publicæ fidei monumentis nunc primùm eruit & vindicavit *Andreas à sancto Nicolao*, Theologiæ Doctore, Carmelitarum in Provincia Narbonensi Provinciali.

Cette Histoire est conservée dans la Bibliothèque du Couvent des Carmes [de Besançon,] où cet Auteur est mort en 1713.

38378. ☞ Mss. Dissertation où l'on examine si le Comté de Bourgogne a fait partie du Royaume de la Bourgogne Transjurane; par M. Dagay de Mutigney, Avocat-Général du Parlement de Besançon, & Membre de l'Académie de cette Ville.]

38379. ☞ Mss. Dissertation sur l'origine de Gerberge, mère d'Otton-Guillaume, l'un des premiers Comtes de Bourgogne, (mort en 1015;) par M. le Président de Courbouzon, Secrétaire perpétuel de l'Académie de Besançon.]

38380. ☞ Mss. Dissertation sur la Maison des Ducs de Méranie, & particulièrement sur la Branche qui a régné en Franche-Comté (depuis 1208 jusqu'en 1279;) par feu M. Dunod de Charnage, Chevalier de l'Ordre de S. Michel, ancien Maire de Besançon, & l'un des fils du célèbre M. Dunod, Historien de Franche-Comté.

Ces trois Pièces sont conservées dans les Registres de cette Académie.]

38381. De sepulchrali Lapide antiquis Burgundo-Sequanorum Comitibus Vesuntione in sancti Joannis Basilica recens posito, Diatriba analytica : auctore Andrea a Sancto Nicolao, Carmelita : *Vesuntione*, Benoît, 1693, *in-8*.

☞ C'est une Dissertation sur les Tombeaux des Comtes de Bourgogne, qui ont été transportés de l'Eglise de Saint-Etienne de Besançon, ruinée par les Guerres, dans l'Eglise Métropolitaine de Saint-Jean. On y trouve ce qui concerne la postérité de ces Princes, & le temps où ils ont vécu, contre le sentiment de Gollut, & en faveur de Jean-Jacques Chifflet. On croit que Jules Chifflet son petit-fils y a eu grande part.]

38382. ☞ Registre (ancien) sur l'Histoire de Bourgogne : *Genève*, 1535.

Nostradamus, dans son *Histoire de Provence*, p. 48, dit qu'on a trouvé dans la Trésorerie de Poligni un Registre & vieille Pancarte sur l'Histoire du Royaume de Bourgogne, & il en cite plusieurs traits, qui prouvent que cette Chronique n'a pas le sens commun. A la *pag.* 50, il en parle ainsi : « Si que le reste de ce » Registre moisi, que j'ai presque tiré mot à mot pour » la liaison qui étoit du Royaume de Bourgogne & » d'Arles, ne tendant qu'à montrer la descente des » Ducs de Bourgogne & de Charles V. Empereur, m'a » semblé superflu & non nécessaire à mon entreprise ». Ce vieux & moisi Registre a été imprimé à Genève par un nommé Gabriel Pomar, Espagnol de Nation, l'an 1535.]

38383. ☞ Mss. Recueil des Chroniques des saints Rois, Ducs & Comtes de Bourgogne. = Déportemens des François, (sous le Règne de Louis XI.) & autres cas dignes de mémoire.

Ce Manuscrit est conservé à Besançon, dans la Bibliothèque de S. Vincent. Tout est fabuleux dans le premier Ouvrage jusqu'au XIIIe Siècle; mais depuis ce temps on y trouve de l'intéressant.]

38384. Les Mémoires historiques de la République Séquanoise & des Princes de la Franche-Comté de Bourgogne ; avec un Sommaire de l'Histoire des Catholiques, Rois de Castille & Portugal de la Maison desdits Princes de Bourgogne; par Louis Gollut, Avocat au Parlement à Dôle : *Dôle*, Dominique, 1592, *in-fol*.

☞ Dans le Catalogue des Livres de M. le Comte de Sainte-Maure, on indique une Edition de ces Mémoires : *Dijon*, 1647, *in-fol*. Il est très-douteux qu'elle ait jamais existé.]

Il y a dans les Mémoires de Gollut, qui finissent en 1558, plusieurs choses qui regardent l'Histoire du Duché de Bourgogne.

38385. ☞ Lettre touchant Béatrix, Comtesse de Châlon; par le P. Pierre-François Chifflet, Jésuite de Besançon ; avec un Recueil de Chartes importantes pour les anciens Comtes de Bourgogne : *Dijon*, Chavance, 1656, *in-4*.]

38386. ☞ Histoire des Séquanois & de la Province Séquanoise, des Bourguignons & du premier Royaume de Bourgogne, de l'Eglise de Besançon, jusque dans le VIe Siècle ; & des Abbayes Nobles du Comté de Bourgogne; par François-Ignace Dunod de Charnage, Professeur Royal en l'Université de Besançon : *Dijon*, 1735, *in-4*.

C'est le Tome I. de la meilleure Histoire, (en 3 vol. *in-4*.) que nous ayons eue jusqu'à présent de la Franche-Comté, depuis les plus anciens temps. L'Auteur est mort en 1752.

(Tome II. ou) Histoire du second Royaume de Bourgogne & du Comté de Bourgogne, sous les Rois Carlovingiens; des troisième & quatrième Royaume de Bourgogne, & des Comtés de Bourgogne, Montbéliard & Neuf-Châtel, avec une Description du Comté de Bourgogne, plusieurs Généalogies, &c. *Dijon*, 1737, *in-4*.

(Tome III. ou) Mémoires pour servir à l'Histoire du Comté de Bourgogne, contenant l'Idée générale de la Noblesse & le Nobiliaire de ce Comté; l'Histoire des Comtes de Bourgogne des Maisons de Valois & d'Autriche; de l'administration de la Justice, de son Parlement, de sa Réunion au Royaume de France, & des faits remarquables jusqu'à présent : *Besançon*, 1740, *in-4*.

On trouve à la fin de ce dernier Volume : = Conquête du Comté de Bourgogne. = Cérémonial de la Cour de Bourgogne, tiré d'un Manuscrit de l'Escurial.

Voyez sur cet Ouvrage, *Journal des Sçavans*, 1735, Septemb. 1737, Octob. & Novemb. 1738, Janvier.

= *Mém. de Trévoux*, 1736, Avril & Octob. 1742, Février. = *Struv. Bibl. hist.* 1740, pag. 476. = *Observat. sur les Ecr. mod.* Lettre 24.

M. Dunod de Charnage a laissé nombre de Manuscrits, Titres, Chartes & autres Pièces qui ont servi à ses Ouvrages, ou dont il auroit pu faire quelqu'autre usage. Ils sont chez M. son fils, Conseiller au Parlement de Besançon.]

== ☞ Lettre de M. l'Abbé (Jean) LEBEUF, à M. Dunod, sur l'ancien Château de *Portus Abucini*, dont il (M. Dunod) a fait la découverte.

Voyez ci-devant, Tome I. N.° 186.]

38387. ☞ Mſ. Abrégé historique & chronologique du Comté de Bourgogne; par D. COQUELIN, Abbé de Faverney.

Cet Abrégé, qui est conservé dans cette Abbaye, en Franche-Comté, renferme la Vie des Souverains de ce Pays, & des principaux Evénemens qui se sont passés sous leur Règne. L'Auteur avoit rassemblé un très-grand nombre de Pièces sur l'Histoire de Franche-Comté, & disposé plusieurs Ouvrages, que l'on conserve avec soin dans cette Abbaye.]

38388. ☞ Chronologie historique des Comtes de Bourgogne; (par D. François CLÉMENT, Bénédictin.)

Dans la seconde Edition de l'*Art de vérifier les Dates*: (Paris, Desprez, 1770,) *in-fol. pag.* 663.]

38389. ☞ Mſ. Dissertation sur un Bœuf antique de Bronze, à trois cornes trouvé en Franche-Comté; par M. BULLET, Professeur en Théologie, &c.

Elle est conservée dans les Registres de l'Académie de Besançon.]

38390. ☞ Essai sur l'Histoire des Bourgeoisies du Roi, des Seigneurs & des Villes, ou Exposition abrégée des changemens survenus dans l'administration de la Justice & de la Police, sous le Gouvernement Municipal & sous le Gouvernement Féodal, depuis les derniers Siècles de la République Romaine jusqu'à l'établissement des Bailliages inclusivement, & relativement à la Franche-Comté; par M. DROZ, (Conseiller au Parlement:) *Besançon*, Daclin, 1760, *in-*8.]

38391. ☞ Mſ. Dissertation sur le Douaire des femmes nobles en Franche-Comté; relativement à une Formule particulière du Rituel du Diocèse de Besançon pour les Mariages; par M. DROZ, Conseiller au Parlement & Associé de l'Académie de Besançon.

38392. ☞ Mſ. Examen d'une Dissertation de M. Droz, sur le Douaire des femmes nobles en Franche-Comté, relativement à une Formule, &c. par M. CHIFFLET, Président au Parlement de Besançon & Membre de l'Académie de cette Ville.

Ces deux Pièces sont conservées dans les Registres de cette Académie.

Cette Formule des Mariages du Rituel de Besançon est telle: *De mon corps je vous honore, de cet anneau je vous épouse, de mes biens je vous doue.*

La première Partie de la Formule a donné lieu à remarquer les usages de différentes Nations qui font sentir la supériorité du mari sur la femme en plusieurs circonstances, & les exceptions qu'on y a apportées. La seconde a fait rechercher les Formules de Mariage dans le moyen âge, & les signes visibles des investitures qui se faisoient pour marquer la tradition, *per baculum, claves, cultellum, herbam, festucam*; les plus ordinaires pour le Mariage étoient *per solidum & denarium, per annulum*, & même quelquefois par un morceau de pain, *confarreatio* des Latins, usage encore conservé dans nos Campagnes. La troisième Partie est plus intéressante; on y trouve l'origine du Douaire qui se promettoit à la face des Autels. Sur cela deux usages en Bourgogne, l'un pour les Nobles, l'autre pour les Roturiers. Les Nobles étoient à la Conquête des Gaules les seuls barbares dont les femmes n'avoient pas de biens suivant les Loix du Nord; & il falloit leur assurer une subsistance en cas de viduité, sur les biens du mari. Voilà pourquoi le Douaire des Nobles se règle à proportion des biens du mari. Les Roturières, au contraire, anciennes habitantes du Pays, réglées par les Loix du Code Théodosien, avoient des biens & succédoient; le Douaire n'étoit donc plus pour celles-ci une subsistance nécessaire, mais un don à cause des Noces, un augment. Voilà pourquoi il étoit réglé à proportion de la dot de la femme-Roturière & au tiers seulement, tandis que celui des femmes Nobles est à moitié des biens du mari.

Ces deux Articles prouvent que la Loi Bourguignonne a subsisté long-temps en concurrence avec la Loi Romaine; la première étoit celle des Nobles & des Conquérans, & la seconde celle des anciens Habitans du Pays.

La Réponse de M. Chifflet tend moins à contredire qu'à expliquer plusieurs choses relatives à la Constitution du Douaire qu'on fait à la porte de l'Eglise : de plus, sur l'article *de mon corps je vous honore*, il pense que la galanterie des anciens Chevaliers donna lieu à cette Formule, dans un temps où l'on tournoit tout en Fief, & les Fiefs en honneur. On voulut faire hommage de sa personne à sa Maîtresse : ce qui sauve la hauteur apparente d'une expression encore usitée actuellement au Comté de Bourgogne.]

38393. ☞ Lettres à MM. de Vergy: *in-fol.* 2 vol.

Ces Lettres, qui sont conservées dans l'Abbaye de S. Vincent de Besançon, commencent à l'an 1511, & finissent à l'an 1622, toutes sont originales, excepté un petit nombre placé à la fin du second Volume; elles ont le mérite d'avoir été écrites par Marguerite, Comtesse de Bourgogne, par l'Archiduc Albert, ou leurs Ministres. On y trouve plusieurs choses intéressantes pour le Comté de Bourgogne, étant adressées à MM. de Vergy qui y avoient les titres de Maréchaux ou Gouverneurs pour l'Espagne.]

38394. Mſ. Traités & autres Actes concernant le Comté de Bourgogne, depuis l'an 1252 jusqu'en 1628 : *in-fol.*

Ce Recueil est conservé entre les Manuscrits de M. Dupuy, num. 113.

== ☞ Guerre des François dans la Franche-Comté.

Voyez ci-devant, Tome II. N.ᵒˢ 21880 &*suiv.*]

38395. ☞ Mſ. Cession de Charles, Roi d'Espagne (appellé depuis Charles-Quint d'Allemagne,) pour les Comtés de Bourgogne, Charolois, &c. à Marguerite sa tante, Archiduchesse d'Autriche : 1514. Copie collationée de 12 pages.

Elle est conservée à Dijon, dans la Bibliothèque de M. Fevret de Fontette.]

38396. ☞ Traité fait (en 1664,) entre son Excellence M. le Marquis de Castel-Rodrigo, comme Plénipotentiaire de Sa Majesté le Roi d'Espagne d'une part, & la Cité de Besançon d'autre : *Besançon*, chez la Veuve Benoit, 1702, *in*-4. de 27 pages (en Langue Espagnole.)

Ce Traité fut fait lorsque Louis XIV. eut rendu aux Espagnols la Franche-Comté, en 1664. Il y a apparence que ce furent les Autrichiens qui le firent imprimer en 1702, lors de la Guerre pour la succession d'Espagne, ayant des vues sur la Franche-Comté.

38397. ☞ Narré fidel & curieux de tout ce qui s'est passé dans l'heureuse Prise de possession de la Cité de Besançon par son Excellence M. le Marquis de Castel-Rodrigo, au nom & comme Plénipotentiaire de Sa Majesté; le 29 Septembre 1664, dressé par Messire Thomas VARIN, Docteur ès Droits, Sieur D'ANDEUL, &c. *Besançon*, Couché, 1664, *in*-4. 41 pages.]

== Commentarius de Bello Burgundico apud Sequanos (anno 1637.) Auctore Philiberto DE LA MARE.

Voyez ci-devant, [Tome II. N°. 21884.]

38398. ☞ La Bourgogne délivrée; par M. DE BEAUCHEMIN, de Dôle : 1637.

Cet Ouvrage est cité par M. Louis Petrey de Champvans, dans ses *Lettres sur la Campagne du Prince de Condé, en 1636, au Comté de Bourgogne*, pag. 60.

Voyez ci-devant, Tome II. N°. 21885.]

38399. ☞ Lettre de l'Empereur Léopold I. aux Gouverneur, Magistrats, &c. présentée à l'Assemblée des quatre Compagnies de la Ville de Besançon : 1660.

Lettre de Philippe IV. Roi d'Espagne, aux mêmes, &c. 1660.

Ces deux Pièces regardent le transport qui fut fait de cette Ville Impériale au Roi d'Espagne.]

== Bellum Sequanicum secundum (anno 1668,) à Joanne MORELETO descriptum.

Voyez ci-devant, [Tome II. N.° 23930.]

38400. ☞ Le bon Bourguignon, ou Réponse à un Livre injurieux à la Maison d'Autriche, intitulé : *Bellum Sequanicum* : *Vergulstadt*, 1672, *in*-12.

On y trouve un court récit de la surprise de la Franche-Comté. On l'a déja indiqué ci-devant, au Tome II.]

38401. Mf. Apologie pour la Franche-Comté de Bourgogne, où sont contenus les véritables sujets de sa reddition sous l'obéissance de Louis XIV. en 1668; par Marc-Antoine MILLOTET, Avocat-Général au Parlement de Dijon.

Cette Apologie est conservée à Dijon dans la Bibliothèque de M. de la Mare, [& Copie dans celle de M. Fevret de Fontette.]

☞ C'est une Pièce ironique contre les Francs-Comtois, le Parlement & la Noblesse, dont aucun membre n'avoit assez de valeur pour se mettre à la tête des Peuples qui vouloient rester fidèles à leur Souverain. L'Auteur paroît être de cette Province, & il attribue cette Conquête au peu de prévoyance, & à la nonchalance des Espagnols.]

38402. ☞ Lettre d'un Franc-comtois écrite à un de ses amis de Bruxelles, par laquelle il fait voir la cause de la perte de la Franche-Comté : *in*-4.

Il prétend qu'il faut l'attribuer à la grande confusion où étoit la Province, au peu d'espérance qu'elle eut d'être secourue, à la trop grande autorité du Parlement, & au peu de pouvoir du Gouverneur. Cette Pièce est fort bien détaillée.]

38403. ☞ Factum pour le Comte de Laubepin, contenant la Relation des services qu'il a rendus à S. M. (Catholique) dans les derniers troubles de ce Pays.]

38404. ☞ Lettres du Marquis D'YENNES au Parlement de Dôle, & Réponses dudit Parlement, depuis le 26 Février 1667, jusqu'à la fin de Janvier 1668 : *in*-4.]

38405. Apologie du Marquis D'YENNES, Gouverneur de Franche-Comté : *in*-4. (sans nom de lieu, ni indication d'année.)

☞ Ce pourroit bien être le même Ouvrage que le précédent.]

Philippe de la Baume, Marquis d'Yennes, Francomtois, est justifié dans cet Ecrit, où l'on prouve qu'on ne peut l'accuser ni d'infidélité, ni de manque de courage & de conduite, dans l'événement qui a produit la perte de cette Province, lorsqu'elle fut réduite au mois de Février 1668, sous l'obéissance du Roi Louis XIV. Il y a dans ce même Volume une Lettre d'un Francomtois écrite à un ami de Bruxelles, par laquelle il fait voir la cause de la perte de la Franche-Comté; avec des Lettres des Gouverneurs de Flandre & de Milan, de MM. du Parlement de Dôle & de l'Abbé de Vatteville : Pièces où on trouve bien des points concernant la Conquête de la Franche-Comté, & l'Etat ou Gouvernement de cette Province.

38406. ☞ Mf. Relation de la Guerre du Comté; par M. DE LA PERRIERE : 1668. Copie de 9 pages.

38407. ☞ Mf. Lettre touchant le changement arrivé au Comté de Bourgogne : Copie de 10 pages.]

38408. ☞ Mf. Points représentés par le Marquis d'Yennes pour la sûreté du Comté : Copie de 7 pages.

38409. ☞ Mf. Manifeste du Marquis d'Yennes : Copie de 5 pages.

38410. ☞ Mf. Autre Manifeste du même, touchant ce qui s'est passé dans le Comté : Copie de 15 pages.

Ces cinq Articles sont dans la Bibliothèque de M. Fevret de Fontette.]

== Discours ou Relation sur le succès des Armes de la France dans le Comté de Bourgogne, en 1668.

Voyez ci-devant, [Tome II. N.° 23929.]

38411. ☞ Les Intérêts de S. M. (Catholique) & de la Bourgogne, dans le choix qui se doit faire de son Gouverneur : 1668, *in*-8.]

38412. ☞ Le Bourguignon intéressé, ou Discours d'un Francomtois au Roi d'Espagne, après la Cession de la Franche-Comté en 1668 : *Cologne*, Egmont, 1670, *in-12*.]

38413. Le Bourguignon désintéressé : *Cologne*, Egmont, *in-12*.

C'est un Discours sur la Conquête de la Franche-Comté par le Roi Louis XIV. en 1668.

☞ Il est d'Etienne BIGEOT, Lieutenant-Général au Bailliage de Pontarlier.

Louis XIV. rendit la Franche-Comté aux Espagnols, la même année 1668, par le Traité d'Aix-la-Chapelle.]

38414. ☞ Mſ. Ordre donné au Baron de Sembourg, & signifié à Madame de Messimieux en 1673 : Copie de 3 pages.

Cette Pièce est dans la Bibliothèque de M. Fevret de Fontette. On y voit la Réponse de cette Dame à l'Ordre qui lui étoit donné de sortir du Comté ; & la réitération de l'Ordre par le Gouverneur.

38415. ☞ Mſ. Défense d'avoir commerce avec les Espagnols, &c. 1673. (Imprimé de 3 pages.]

38416. ☞ Arrêt de prise de corps de la Chambre de Justice de Besançon, contre Cl. Paul de Beauffremont, Marquis de Listenois, du 12 Avril 1673. Manifestes & autres Pièces à ce sujet.

Ces Pièces, dont les cinq premières se trouvent à Dijon, dans la Bibliothèque de M. Fevret de Fontette, sont :

1. Mſ. Manifeste du Marquis de Listenois : 1673. Copie de 2 pages. (C'est au sujet de la prise d'armes pour défendre le Comté sans le consentement du Gouverneur.)

2. Mſ. Desaveu de ce Manifeste par les Chevaliers de S. Georges : Copie de 2 pages.

3. Mſ. Discours sur l'état de Franche-Comté : Copie de 5 pages.

4. Mſ. Second Manifeste du Marquis de Listenois : Copie de 2 pages.

5. Mſ. Arrêt de Prise de corps contre le Marquis de Listenois : Copie de 4 pages.

6. Lettre du Marquis de Listenois aux Magistrats de Salins : *in-4*. (Imprimé de 4 pages.)

7. Résolution prise contre le Marquis de Listenois : *in-4*. (Imprimé d'une page.)

Le Marquis de Listenois, sous prétexte de vexation & d'oppression de la Province, avoit pris les armes & fait plusieurs Assemblées de Noblesse & de gens de guerre. On décerna contre lui une Prise de corps, ensuite de laquelle il publia des Manifestes pour prouver la droiture de ses intentions. Il fut obligé de se retirer en France, & ce fut l'occasion de la seconde Conquête de la Franche-Comté, en 1674.]

38417. ☞ Mſ. Grand nombre de Lettres pour l'Histoire de la Franche-Comté.

Elles y sont conservées dans le Monastère de Faverney ; & ce sont des Lettres écrites par gens en place, & qui renferment la plupart des Evénements arrivés depuis 1635 jusqu'en 1674.]

38418. Abrégé de l'Histoire de Franche-Comté, [de la situation du Pays, & des Seigneurs qui y ont dominé ;] par Pierre LOUVET, Docteur en Médecine.

Cet Abrégé, qui contient la Conquête que le Roi fit de ce Pays en 1674 & 1675, est imprimé au tom. III. de son *Mercure Hollandois* : *Lyon*, Baritel, 1675, *in-12*.

☞ Diverses Relations de la seconde Conquête de la Franche-Comté.

Voyez ci-devant, Tome II. N.ᵒˢ 24030-24036 & 24040.]

38419. ☞ Mſ. Serment de fidélité & d'obéissance fait par tous les Ordres du Comté de Bourgogne à Louis XIV. entre les mains du Gouverneur de ladite Province en 1679 : *in-fol.*

Ce Volume Manuscrit est entre les mains de M. l'Abbé de Raze, à Paris.]

☞ Il est parlé de la Franche-Comté dans le Livre intitulé : *Narration historique des Couvens de l'Ordre de S. François*, par Jacques Foderé, *pag.* 259, & plus bas, des Villes de Besançon, Dôle, Lons-le-Saulnier, Poligny & Nozeroy.]

— Mſ. Dissertation sur le Didattium de Ptolomée, la première Ville des Séquanois, & que *Dôle* est cette Ville.

Voyez ci-devant, [Tome I. N.° 262.]

38420. ☞ Dissertation historique & critique sur l'antiquité de la Ville de Dôle en Franche-Comté ; (par Cl. Joseph NORMAND, Médecin :) *Dôle*, 1744, *in-12*.

Cet Auteur y soutient que Dôle est l'*Amogétobrie* de César, le *Dittatium* de Ptolomée & le *Dubris* de Peutinger. C'est peu de chose, tant pour le fonds que pour le style. L'Auteur est mort en 1762.]

38421. ☞ Lettre sur l'antiquité de la Ville de Dôle, (servant de Réponse à la Dissertation précédente ; par F. I. DUNOD :) *Besançon*, Bogillot, 1745, *in-12*. de 23 pages.

L'Auteur a traité le même sujet, Tome I. de son *Histoire des Séquanois*, *pag.* 96 & 100, où il fait voir que Dôle n'est pas une Ville ancienne.]

38422. ☞ Supplément à la Dissertation historique & critique sur l'antiquité de la Ville de Dôle, servant de Réponse à la Critique d'un Anonyme, (la Lettre précédente ;) par le Sieur C. J. NORMAND, Docteur en Médecine : *Dôle*, Tonnet, 1746, *in-12*. de 151 pages.

Ce second Ouvrage ne diffère pas du premier.]

38423. ☞ Mſ. Réponse historique & critique à la première Dissertation de M. Normand, sur l'antiquité de la Ville de Dôle ; par le P. Joseph-Marie DUNAND, Capucin : *in-12*.]

38424. ☞ Mſ. Réponse historique & critique au Supplément de M. Normand sur l'antiquité de Dôle ; par le même, *in-12*.

Ces deux Manuscrits sont entre les mains de l'Auteur, qui en a fourni la Notice.]

38425. ☞ Mſ. Prise & Réduction de la Ville de Dôle par les François, en 1479, Poëme.

M. de Carlencas, tom. III. de son *Essai sur l'Histoire des*

Histoires de Franche-Comté.

des Belles-Lettres, pag. 271, parle de cette mauvaise Piece.]

☞ **Prises de Dole en 1668 & 1674.**

Ibid. N.ᵒˢ 23928 & 24032.]

== Journal du Siège de Dole, [autrefois] Capitale de Franche-Comté, en 1636; par Jean Boyvin.

☞ *Voyez* ci-devant, Tome II. N.ᵒˢ 21881 & *suiv.*]

38426. ☞ Manifeste ou Discours touchant les affaires & difficultés survenues entre Son Excellence le Prince d'Aremberg & la Ville de Dole : *Dole,* Figuré, 1671, *in-4.* de 47 pages.]

38427. ☞ Mémoire sur l'établissement des Fontaines publiques dans la Ville de Dole; par le P. Fery, Minime : 1750, *in-4.*]

38428. Ms. Recueil de quelques Antiquités de la Cité Impériale de *Besançon,* jusqu'en 1618 : *in-4.*

Ce Recueil est conservé dans la Bibliothèque de Sainte-Geneviève.

☞ On peut voir sur le même sujet, pag. 167 & *suiv.* du Tome I. de l'*Histoire des Séquanois,* &c. par M. Dunod, ci-devant, N.° 38386.]

38429. ☞ Observations sur un Monument antique de *Vesontio,* ou Besançon.

Dans les *Antiquités* du Comte de Caylus, tom. VI. pag. 345.]

38430. Joannis-Jacobi Chiffletii, Patricii Consularis & Archiatri Vesontini, Vesontio, Civitas Imperialis, libera, Sequanorum Metropolis, plurimis necnon vulgaribus sacræ & prophanæ Historiæ monumentis illustrata & in duas partes distincta : *Lugduni,* 1618, *in-4.* Secunda editio auctior, *ibid.* 1650, *in-4.*

☞ Pars I. De Civitatis origine, nomine, formâ, Celticis ac Romanis antiquitatibus, & Statu sub Imperatoribus.

Pars II. De Archiepiscopis Bisuntinis, & aliis Civitatis Bisuntinæ Ecclesiasticis rebus.]

David Blondel, dans sa *Préface Apologétique pour la Généalogie de la Maison de France,* estime cette Histoire; mais il ajoute que les plus habiles croient qu'elle a été faite sur les Mémoires d'Aurivallius, qui s'est distingué dans le Collège de Besançon.

☞ *Voyez* sur cet Ouvrage, Lenglet, *Méth. hist.* in-4. tom. *IV.* pag. 226.=Struvius, *Bibl. hist.* 1740, pag. 477.]

38431. ☞ Ms. Dissertation sur la cause & l'époque du nom de Chrysopolis donné à la Ville de Besançon; par le Père Joseph-Marie Dunand, Capucin.

Cette Pièce est entre les mains de l'Auteur.

M. Dunod la rapporte à Crispe, fils de Constantin, en l'honneur duquel il pense qu'on érigea un Arc de triomphe qui subsiste encore en partie à Besançon : tom. I. de son *Histoire des Séquanois,* &c.]

== ☞ Histoire de l'Eglise, Ville & Diocèse de Besançon; par M. F. I. Dunod.

Voyez ci-devant, Tome I. N.° 8158. On peut voir encore ce que dit le même Sçavant sur l'antiquité de cette Ville, dans son *Histoire des Séquanois,* pag. 83 & 167.]

38432. ☞ Ms. Création de Besançon : *in-fol.*

Ce titre caractérise fort mal ce Recueil, qui est conservé dans la Bibliothèque de l'Abbaye de S. Vincent, à Besançon. On y trouve plusieurs Diplomes des Empereurs Frédéric II. Henri, Roi des Romains son fils, Charles IV. Venceslas, Sigismond, Maximilien & Charles-Quint, en faveur des Archevêques de Besançon & des Gouverneurs; avec plusieurs Ordonnances de ces derniers concernant la Police de la Ville.]

38433. ☞ Ms. Dissertation où l'on développe les anciens droits des Comtes de Bourgogne sur Besançon, l'époque & les motifs qui avoient placé cette Ville sous la protection de l'Empire, & la manière dont elle est rentrée sous la domination de nos Souverains; par M. Dagay de Mutigney, Avocat-Général du Parlement de Besançon, & Membre de l'Académie de cette Ville.

Elle est conservée dans les Registres de cette Académie.]

38434. ☞ Ms. Dissertation sur la Ville de Besançon : 1768.

Dans les Registres de la même Académie.]

== ☞ **Siège & Prise de Besançon, en 1674.**

Voyez ci-devant, [Tome II. N.ᵒˢ 24030 & 24031.]

38435. ☞ Mémorial de la suprême Jurisdiction de Besançon, dédié à M. le Duc de Duras; par Ph. Boudret : 1737, *in-4.*]

38436. * Mémorial que présente à Sa Majesté (Philippe IV. Roi d'Espagne,) la Cité de Besançon, au fait de la suprême Jurisdiction, en Civil, Criminel, Milice & Police : 1661, *in-4.* de 65 pages.

38437. ☞ Ordonnances, Réglemens & Statuts des Arts & Métiers de la Cité Royale de Besançon : *Besançon,* 1689, *in-4.*]

38438. ☞ Histoire allégorique de ce qui s'est passé de plus remarquable à Besançon, depuis l'année 1756; par M. T. D. C. (M. Joseph Terrier de Cleron, Président de la Chambre des Comptes de Dôle :) *Besançon,* 1759, *in-12.*]

38439. ☞ Histoire Généalogique des Sires de *Salins,* au Comté de Bourgogne, avec des Notes historiques & généalogiques sur l'ancienne Noblesse de cette Province; par M. Jean-Baptiste Guillaume, Prêtre, Associé de l'Académie Royale de Besançon : *Besançon,* 1758, *in-4.* 2 vol.

Le Tome I. contient l'Histoire des Sires de Salins, depuis 941 jusqu'en 1267, que cette Seigneurie fut réunie au Comté de Bourgogne; avec les Preuves.

Le Tome II. est intitulé : « Histoire de la Ville de » Salins, avec une Dissertation sur l'indépendance de » la Seigneurie de ce nom, le Nobiliaire de cette Ville, » la Généalogie de ses Vicomtes, & celle de toutes les » Maisons qui ont porté le nom de Salins.]

38440. ☞ Ms. Discours sommaire de l'état

Tome III. Dddd

des Saulnines (ou Salines) de Salins : Copie de 37 pages.

38441. ☞ Mſ. Production de Titres de ceux qui ont droit de percevoir du ſel à Salins, ou des rentes : Copie ancienne de 25 pages.

Ces deux Articles ſont conſervés dans la Bibliothèque de M. Fevret de Fontette.]

38442. ☞ Mſ. Diſſertation ſur la Ville de *Lons-le-Saulnier* : 1768.

Elle eſt conſervée dans les Regiſtres de l'Académie de Beſançon.]

38443. ☞ Deſcriptio Agri qui vulgò Pagnol (vel Pagnoz) à Joanne GILLEYO.

Cette Deſcription eſt imprimée avec un Ouvrage du même Auteur, intitulé : *De Annibalis rebus geſtis Commentariolus : Baſileæ*, 1550, *in-8*.]

38444. ☞ Mſ. Obſervations ſur les Aqueducs du Lac d'Antre & des environs, ſur le Lieu appellé *Tabennac*, dans la Chronique de S. Claude, ſur les Pierres des Fées de *Simandre*, à demi-lieue de Chavannes ; & ſur deux Inſcriptions, dont l'une eſt à l'Egliſe de Saint-Remy ſur Coligny, l'autre au bas de la gorge de Matafelon, au bord du Dain ; par M. DROZ, Conſeiller au Parlement de Beſançon.

Dans les Regiſtres de l'Académie de cette Ville. On peut voir encore M. Dunod, Tome I. de ſon *Hiſtoire des Séquanois*, &c. ſur quelques autres Antiquités de ces Cantons.]

== La Découverte de la Ville (ancienne) d'Antre, en Franche-Comté, (entre Saint-Claude & Moyrans.)

Voyez ſur *Aventicum*, ci-devant, Tome I. N.os 200 & *ſuiv*.]

38445. ☞ Mſ. Mémoire hiſtorique ſur la Ville de *Gray* ; par M. C. (M. CHEVALIER,) Avocat au Parlement de Beſançon : 1765.

Il eſt entre les mains de l'Auteur.]

38446. ☞ Hiſtoire (abrégée) de la Ville de *Poligny* ; par M. F. I. DUNOD.

Elle ſe trouve pag. 338 de ſon *Hiſtoire de l'Egliſe de Beſançon*, ci-devant, Tome II. N.º 81.58.]

38447. ☞ Mémoires hiſtoriques ſur la Ville & Châtellenie de Poligny : avec des Recherches ſur divers points de l'Hiſtoire du Comté de Bourgogne ; par M. (François-Félix) CHEVALIER, Conſeiller Maître en la Chambre des Comptes de Dole, & Aſſocié de l'Académie de Beſançon.

Dans les Regiſtres de cette Académie.]

38448. ☞ Hiſtoire de cette Ville, par le même : *Lons-le-Saulnier*, 1767, *in-4*. 2 vol.

Cet Ouvrage peut être regardé comme un Supplément à ceux de M. Dunod, dont l'Auteur a épouſé une fille. On y trouve une partie conſidérable de l'Hiſtoire de Franche-Comté, dont pluſieurs des Souverains ont habité Poligny.]

38449. ☞ Obſervations ſur d'anciens Monumens Romains trouvés à Poligny, en Franche-Comté.

Dans les *Antiquités* de M. de Caylus, tom. *IV*. pag. 400.

Sur un autre ancien Monument trouvé au même lieu.

Ibid. tom. *VI*. pag. 343.]

38450. ☞ Polinii Panegyricon : auctore J. R. Sebaſt. DE SERENT : *in-4*.]

38451. ☞ Laus *Arboſiana* : ab eodem.]

38452. ☞ Mſ. Pièces & Mémoires pour l'Hiſtoire de la Ville d'*Arbois*.

Entre les mains de M. Droz, Conſeiller au Parlement de Beſançon. Il y a dans l'Hôtel de Ville & à la Familiarité d'Arbois des Cartulaires intéreſſans pour l'Hiſtoire de cette Ville.]

38453. ☞ Mſ. Deux Diſſertations ſur la Ville de *Veſoul* ; par Dom COUDRET, Bénédictin & par M. M. D. M. D. V. en 1768.

Dans les Regiſtres de l'Académie de Beſançon.]

38454. ☞ Mſ. Hiſtoire de *Luxeuil* ; par le Médecin VINET : *in-4*. de 100 pages.

L'Original eſt dans la Bibliothèque de M. Brinet, à Luxeuil. Cette Hiſtoire n'eſt proprement qu'un Abrégé, qui contient l'antiquité de cette Ville & ſon état ſous l'Empire Romain, de même que la fondation du Monaſtère de S. Colomban : tout cela eſt fort précis, mais l'Ouvrage commence à devenir intéreſſant depuis 1258, époque de l'aſſociation de Thibaud, Comté de Champagne, aux revenus de l'Abbaye pour la défendre ; cependant l'Auteur reprend enſuite la Chronologie des Abbés de Luxeuil.

On peut voir ci-devant, Tome I. N.os 12013, & *ſuiv*. les Hiſtoires de cette célèbre & ancienne Abbaye, qui a donné lieu à une Ville bâtie au voiſinage, ainſi que pluſieurs autres Monaſtères.]

38455. ☞ Mémoires pour ſervir à l'Hiſtoire du Bailliage de *Pontarlier*, contenant des Recherches ſur l'emplacement d'*Ariarica* & d'*Abiolica*, la direction de quelques chemins Romains, l'établiſſement des Bourguignons chez les Séquanois, l'origine de Pontarlier, &c. la Nobleſſe des Barons-Bourgeois, &c. l'Hiſtoire Naturelle, avec des Chartes ; par Fr. Nic. Eugène DROZ, Conſeiller au Parlement de Beſançon : *Beſançon*, Daclin, 1760, *in-8*.

L'Auteur, qui eſt actuellement Secrétaire de l'Académie de Beſançon, a pluſieurs Volumes de Manuſcrits ſervant de preuves & d'augmentation à ces Mémoires. On en parlera ci-après.]

38456. ☞ Mſ. Diſſertation ſur une Statue antique renfermée dans une Niche que l'on trouva en 1753, ſur le Territoire de *Mandeure*; par M. J. Bapt. GUILLAUME, Prêtre, de l'Académie de Beſançon.

Dans les Regiſtres de cette Académie.]

38457. ☞ Tables des Répartitions des ſommes impoſées entre les trois baſtis de la Terre de S. Claude ; par Alexis BAYARD, de S. Claude : *Beſançon*, 1672, *in-fol*.]

Histoires de Franche-Comté.

38458. ☞ Mf. Recueil de Differtations fur les Etats de Franche-Comté; lues & confervées dans l'Académie de Befançon.

Il y a quatre Differtations. La première eft de feu M. le Préfident DE COURBOUZON, Sécretaire perpétuel de l'Académie : la feconde, de M. PERUCIOT, Avocat & Maire de Baume-les-Dames : la troifième de Dom LORNET, Bénédictin de S. Vincent; la quatrième eft de Dom COUDRET, Curé de S. Vincent; elle a eu l'*Acceffit*.

Ces Ouvrages font foutenus de Piéces, qui conftatent l'origine, la forme & le pouvoir des Etats de Franche-Comté, avec les Tenues antérieures à l'an 1484. On les affembloit déja plus d'un Siècle auparavant, & fi les Recueils que l'on a de ces Etats, ne commencent qu'en 1484, c'eft que la plupart des Papiers du Comté furent perdus dans les Guerres de Louis XI.

Voyez les *Mémoires* de Gollut, *pag.* 951.]

38459. ☞ Mf. Recueil des Etats du Comté de Bourgogne, depuis 1484, jufqu'à 1668.

Ce Recueil fe trouve à la Bibliothèque des Avocats du Parlement de Befançon : il eft auffi dans la Bibliothèque de M. Chifflet, avec plufieurs Piéces relatives. On en trouve auffi au Chapitre Métropolitain, & dans quelques Archives de la Province. Il y a à la Chambre des Comptes de Dole, un Inventaire féparé d'une partie des Papiers des Etats; on croit que le furplus non inventorié, eft dans les voûtes de l'Eglife de Dole, en mauvais ordre.]

38460. ☞ Mf. Rapport fait par Dom Jean DE VATTEVILLE, aux Députés des trois Etats de Franche-Comté, fur fa Négociation en Suiffe : Copie de 6 pages.

Elle eft confervée à Dijon, dans la Bibliothèque de M. Fevret de Fontette. Il s'agiffoit d'affocier le Comté au Pays des Suiffes : ce qui eût réuffi, fi l'on eût pu leur donner quatre cens mille florins, qu'ils demandoient.]

38461. ☞ Mf. Differtation fur l'origine, les progrès & la décadence du Tribunal de l'Inquifition en Franche-Comté; par M. le Préfident DE COURBOUZON, Secrétaire perpétuel de l'Académie de Befançon.

Dans les Regiftres de cette Académie.]

Hiftoires du Comté de Montbéliard.

Cette Principauté, qui eft dans le terrein des anciens Séquanois, étoit autrefois un Fief de la Franche-Comté : elle eft devenue enfuite dépendante immédiatement de l'Empire ; & Louis XIV. voulut bien reconnoître cette immédiateté, dans le Traité de Rifwyck en 1697, ce qui a été confirmé dans les Traités fuivans. Cependant le Prince de Montbéliard, qui eft le Duc de Wittemberg, eft enfin convenu par un Traité particulier en 1748, que les Seigneuries de *Blamont, Clémont, Héricourt* & *Chatelot,* faifies depuis long-temps, étoient du haut Domaine du Roi de France, & qu'il devoit lui en faire hommage.]

38462. ☞ Abrégé de l'Hiftoire du Comté de Montbéliard; par M. DUNOD de Charnage.

Elle eft imprimée *pag.* 257 du tom. II. de fon *Hiftoire des Séquanois & du Comté de Bourgogne,* indiquée ci-devant, N.° 38386.]

38463. ☞ Mf. Mémoire par lequel on démontre que Montbéliard & fes dépendances relèvent du Comté de Bourgogne.

Ce Mémoire eft confervé à Befançon, dans la Bibliothèque de l'Abbaye de S. Vincent.]

38464. ☞ Mf. Mémoires hiftoriques & politiques fur le Comté de Montbéliard; par M. le Préfident DE COURBOUZON.

Dans les Regiftres de l'Académie de Befançon.]

38465. ☞ Differtatio fiftens Seriem Comitum Montifbeliardenfium, antiquiffimumque eorum cum Imperio Germanico nexum : Authore Leop. Eberhardo DU VERNOY, Montifbeliardenfis : *Argentorati,* 1762, *in*-4.]

38466. ☞ Franchifes & Libertés des Bourgeois de la Ville de Montbéliard : *Bafle,* 1732, *in*-4.]

38467. ☞ Mémoire de *Mandeure.*

Cette petite Ville, enclavée dans le Montbéliard, n'eft qu'en partie dépendante de ce Comté : l'autre eft une Seigneurie annexée à l'Archevêché de Befançon.]

Inventaire fommaire des Manufcrits de la Bibliothèque de M. le Préfident Chifflet, *& de celle de* M. Defnans, &c. *fur l'Hiftoire de la Flandre & des deux Bourgognes, particulièrement fur celle de la Franche-Comté.*

CET Inventaire a été dreffé par M. Droz, Confeiller au Parlement de Befançon, & Secrétaire perpétuel de l'Académie de cette Ville, qui y a ajouté quelques autres Manufcrits dont il poffède, ou qu'il fçait être ailleurs.

J'ai laiffé cet Inventaire dans fon entier, fans en diftinguer même ce qui regarde la *Flandre,* fauf à renvoyer dans fon Article ce qui fe trouve ici par rapport à fon Hiftoire.]

I. *Manufcrits de M. le Préfident Chifflet, dont il a été parlé ci-deffus, (fur la fin de l'Article de Bourgogne.)*

Ce Magiftrat, dont le nom eft connu par la multitude de fçavans Ouvrages que fept ou huit Perfonnes de fa Famille ont donnés au Public, a recueilli & mis en ordre la plupart des Matériaux qui ont fervi à ces Auteurs, foit pour les Livres qu'ils ont fait imprimer, foit pour des Ouvrages projetés ; & le tout forme une Collection de près de 160 Volumes, avec une très-bonne Table en un Volume *in-fol.* Il faudroit la copier pour indiquer tous les Monumens particuliers que les Chifflet ont tirés des différentes Archives de Franche-Comté, de Flandre & d'Efpagne. On peut dire en général, qu'ils avoient vu tout ce qui intéreffoit la Bourgogne, & qu'ils ont copié ou extrait de ce qu'il y avoit de plus important dans les Dépôts publics ou particuliers, Civils ou Eccléfiaftiques ; enforte que la Bibliothèque de M. le Préfident Chifflet eft le vrai tréfor de l'*Hiftoire de Franche-Comté.* On fe bornera à en indiquer les principaux Articles.

Hiftoire générale.

38468. Mf. Hiftoire des Pays-Bas de N........ Burgundicus.

38469. Mf. Guerres de Flandre : grand nombre de

Pièces originales, Lettres des Souverains d'Espagne, &c.

38470. Mſ. Grand nombre de Traités de paix, de partages & autres, entre différens Souverains.

38471. Mſ. Lettre de l'Infant Cardinal ſur le Siège d'Arras, & autres Pièces ſur les Affaires de cette Ville : en 1640.

38472. Mſ. Permiſſion du Roi à l'Archiduc, de percevoir des Aydes accordées par les Sujets d'Artois : en 1508.

38473. Mſ. Réponſe du Duc Philippe-le-Bon aux Ambaſſadeurs de France, ſur le Duché de Luxembourg & ſur la retraite du Dauphin, (appellé depuis le Roi Louis XI.)

38474. Mſ. Teſtament de Jacques de Bourbon, Roi de Naples, enterré aux Cordeliers de Beſançon.

38475. Mſ. Mémoire ſur le Siège de Briſach, en 1638.

38476. Relation (imprimée) de ce qui ſe paſſa de plus remarquable au Siège de Bellegarde, fait par le Duc d'Epernon, Gouverneur de Bourgogne.

38477. Mſ. Recueil de ce qui a été dit par Antoine de Balaincourt, en rapportant au Roi les Manteaux, Livres & Colliers de l'Ordre de S. Michel, renvoyés par Charles-Quint.

38478. Mſ. Vindiciæ Hiſpanici fama deffenſa, en faveur du Livre de Jean-Jacques Chifflet, ſur les prérogatives des Rois d'Eſpagne, avec différentes Lettres originales de pluſieurs Princes & Sçavans, adreſſées à l'Auteur.

38479. Mſ. Mémoire ſur la Priſe de poſſeſſion du Comté de Charolois, par les Députés de Philippe II.

38480. Mſ. Relation de la Priſe de Cambrai : en 1596.

38481. Mſ. Déduction des Droits de l'Archevêque & de ſon Egliſe ſur la Cité de Cambrai & ſur le Comté de Cambreſis, avec pluſieurs Chartes concernant les Fiefs, &c. 1666.

38482. Mſ. Mémoire du Nonce du Rhin (Chigi, depuis Pape Alexandre VII.) ſur l'uſage de la Loi Salique, même en Italie.

38483. Mſ. Tractatus de Lege Salicâ non obſervandâ ; à Joanne Baſilio Sanctoro Hiſpanico.

38484. Mſ. Relation d'un Combat à outrance, fait en 1378, entre Louis de Namur & Pierre de Craon, ſur un diſcours tenu au Roi.

38485. Mſ. Pluſieurs Entrevues de différens Princes, & Entrées ſolemnelles.

38486. Mſ. Ancien Papier contenant les Places & Etats qui relevoient de l'Empire dans les Pays-Bas Belgiques.

38487. Mſ. Diſſertation contre le Droit allégué par Jacques Caſſan, en la Recherche des Droits du Roi, en faveur de Jacques de Bourbon, Roi de Naples.

38488. Mſ. Catalogue des Provinces & Etats du Roi de France & autres voiſins, du temps de Charles, Comte de Charolois.

38489. Mſ. Diſcours d'Etat pour engager Henri IV. à rompre avec l'Eſpagne.

38490. Mſ. Pluſieurs Pièces originales concernant les Traités d'Arras de 1435 & 1482.

38491. Mſ. Matière au vrai de la Guerre entre les Rois de France & d'Angleterre, ſur les prétentions de ceux-ci à la Couronne de France, à la Guyenne & au Poitou.

38492. Mſ. Manifeſte de l'Electeur de Trèves, concernant le Roi de Hongrie & le Duc Philippe de Bourgogne : 1453.

Nobleſſe de Flandre & de Franche-Comté, &c.

38493. Mſ. Pièces curieuſes & intéreſſantes, tant Mémoires que Recueils ſur les Rois ou Hérauts-d'armes, & ſur pluſieurs points relatifs au Blaſon ou à la Nobleſſe, depuis l'an 1390.

38494. Mſ. Cérémonial de la Confrairie de S. Antoine en Hainaut : aſſociation de Nobleſſe.

38495. Déclaration (imprimée) de la Confrairie de S. Georges, au Comté de Bourgogne, touchant les Aſſemblées faites au Bailliage d'Amont par le Marquis de Liſtenois, contre la défenſe de Don Quinonès ; la Confrairie n'y ayant aucune part, non plus qu'au Manifeſte du Marquis, dans lequel il comprend toute la Nobleſſe. (Voyez ci-deſſus, N° 38416.)

38496. Réponſe à la Déclaration précédente, intitulée : Le Divorce de la Bourgogne.

38497. Convocation de l'Arrière-Ban, par Don Quinonès, à Beſançon.

38498. Manifeſte du Marquis de Liſtenois, ſur les Aſſemblées de la Nobleſſe.

38499. Manifeſte du même, ſur l'Ordonnance de Don Quinonès.

38500. Lettre imprimée du même, au Magiſtrat de Salins, où il demande entrée à Salins avec des troupes, pour la défenſe de la Patrie.

38501. Mſ. Liſte des Nobles du Comté créés Chevaliers à la guerre de Liège.

38502. Mſ. Généalogies des Apiani, Seigneurs de Piombino.

38503. Mſ. Généalogie des Comtes de Creſpy (portée par les Bollandiſtes dans la Vie de S. Simon.)

38504. Mſ. Généalogie de la Maiſon de Châlon, avec les Epitaphes qui ſe trouvent à l'Abbaye de Sainte-Marie.

38505. Mſ. Preuves de la Généalogie de la Maiſon d'Oyſelay, iſſue des Comtes de Bourgogne.

38506. Mſ. Pièces ſur la Maiſon de Vienne.

38507. Mſ. Diſſertation ſur les Armoiries & le Blaſon de la Famille des Gérard, Seigneurs de Liévremont, dont eſt ſorti Balthazard Gérard ; par Nicolas Deschamps : en 1590.

38508. Mſ. Mémoire des Honneurs que la Maiſon de la Baume a reçus de la Maiſon d'Autriche.

38509. Mſ. Autres Généalogies, ſçavoir : des Amancé, = de Baſan, = Belvoir, = Boncompain, = Bichet, = Chriſtine de Suède, = Caſenas, = Cothier, = Chaſſignet, = la Ferté, = Grenier, = Gaudot, = Grand, Hugon, = Jacquelin, = Jouffroy, = Lullier, =S. Loup, =Laviron, = Ligne, =S. Moris, =Mareſchaux, = Malarmey, =Munaud, =Nardin, = Pontailler, =Poupet, = Palouſet, = Philibert, = Valimbert, = Varin, = Vormes, = & quelques Notes ſur les Amyot, = Bereut, = les Bœuf, = Pontier, = Robert, = Saliva, = Vandeneſſe, &c.

Parlement de Dole.

38510. Mſ. Voyage & Lit-de-Juſtice de Philippe-le-Beau, au Parlement de Dole : en 1502.

38511. Panégyrique (imprimé) de Jacques Bonvalot, Préſident de Bourgogne, prononcée au Parlement, par Philippe Alix.

38512. Mſ. Articles de la Capitulation du Parlement & de la Ville de Dole : en 1668.

Histoires de Franche-Comté. 581

38513. Mf. Réponse du Parlement de Dole au Marquis de Castel-Rodrigo, sur l'ordre d'envoyer matière pour répondre au Livre du Roi de France, intitulé : *Des Droits de la Reine.*

38514. Mf. Lettre de la Reine Régente au Marquis d'Yenne & au Parlement, sur la cession de la Franche-Comté, par l'Espagne à la France.

38515. Mf. Déclaration de François I. en 1529, sur la compétence prétendue du Parlement de Dole, pour décider les prétentions du Marquis de Rothelin sur le Château de Joux, au lieu duquel il jouissoit de la Seigneurie de Noyers, depuis le Traité de Cambrai de 1508.

38516. Mf. Pièces concernant la Jurisdiction du Parlement & celle de l'Archevêque de Besançon.

38517. Mf. Justification du Parlement ; par le Conseiller JOBELOT, présentée au Prince d'Aremberg.

38518. Mf. Lettre de M. D'ACHEY, à Simon Renard, sur le Parlement.

38519. Mf. Lettre du Parlement au Roi, sur les courses de Tremblecour.

38520. Mf. Plusieurs Lettres du Roi au Parlement, & du Parlement au Roi d'Espagne, sur le Gouvernement du Comté de Bourgogne, les Provisions aux Charges, les Monnoies, &c.

38521. Mf. Plusieurs Pièces sur les Droits & Priviléges du Parlement.

38522. Mf. Mémoire sur la Translation du Parlement à Besançon.

38523. Mf. Réponse de MM. de la Ville de Dole, pour le conserver chez eux.

38524. Mf. Lettres circulaires des Magistrats de Dole, aux autres Villes, sur le rétablissement du Parlement : en 1669. = Réponse de la Ville de Gray.

38525. Mf. Patentes de convocations & confirmations du Parlement.

38526. Mf. Patentes de Présidens, Conseillers, Maîtres des Requêtes, Avocats & Procureurs Généraux.

38527. Mf. Inventaire des Papiers du Parlement, retrouvés en 1606.

38528. Mf. Commission donnée par le Prince de Parme au Parlement, pour gouverner après le décès du Comte de Champlite ; & plusieurs autres Pièces concernant le Parlement en général, ou quelques-uns de ses Membres.

Bénéfices du Comté ; Discipline Ecclésiastique.

38529. Mf. Indults de Philippe II. de Marguerite, &c.

38530. Mf. Lettre de l'Infante au Parlement, & autres Pièces sur le Prieuré de Ruffey.

38531. Mf. Diploma Leopoldi, de acceptando Concordato Germanico ; & Pièces relatives.

38532. Mf. Copia Bullarum Archiep. Bisuntini, &c. ab anno 439, ad 1660.

38533. Mf. Responsa ad Rationes Curiæ Romanæ, de Jure eligendi Archiepiscopum in Capitulo Bisuntino.

38534. Mf. Extrait des Papiers qui sont aux Archives du Parlement, sur le droit que Sa Majesté prétend à la nomination de l'Archevêque ; & plusieurs autres Pièces concernant les Coadjutories, &c.

38535. Mf. Etat des Bénéfices de Nomination Royale au Comté de Bourgogne, dressé en 1598.

38536. Mf. Lettres, Avis & Remontrances sur les Provisions & Bénéfices majeurs du Comté.

38537. Mf. Chartes, Priviléges & Statuts du Chapitre Métropolitain, ses Reliques, ses Prébendes, les Bénéfices qui en dépendent, la qualité des Récipiendaires, leur habillement, les Elections, &c.

38538. Mf. Collection sur plusieurs Bénéfices de la Province.

38539. Mf. Etat du Diocèse de Besançon, envoyé à Rome par l'Archevêque de RYE, suivant la coutume, lorsqu'on député *ad limina Apostolorum.*

38540. Mf. Capellaniæ & Præstimoniæ Sanctæ Mariæ Magdalenæ Bisuntinensis.

38541. Mf. Extrait du Cartulaire de la Magdelaine, & Mémoire sur la Cure de Dole.

38542. Mf. Etat de l'Abbaye de Saint-Claude, sous Don Juan d'Autriche ; sa Police, ses Réglemens, les Prieurés qui en dépendent.

38543. Mf. Décret de Léon X. démontrant que les règles de la Chancellerie avoient lieu en Comté.

38544. Mf. Lettre de Madame la Duchesse de Parme au Parlement, & au Gouverneur du Comté de Bourgogne, sur la Publication du Concile de Trente : 1564.

38545. Mf. Remontrances des Commis au Gouvernement, & du Parlement, sur ladite Publication envoyée à la Duchesse de Parme.

38546. Mf. Acte Original des Gouverneur & Cour de Parlement, lors séant à Gray, à cause de la peste, & des bons Personnages, sur la publication dudit Concile, à laquelle Assemblée l'Archevêque de Besançon n'avoit pu se trouver, à raison d'empêchemens légitimes : 1565.

38547. Mf. Remontrance du Chapitre au Parlement, sur le même fait : 1565.

38548. Mf. Lettre du Cardinal neveu de Pie V. au Cardinal de Grandvelle, sur ladite Remontrance.

38549. Mf. Lettre du Duc d'Albe au Parlement, en 1571, pour la publication du Concile.

38550. Mf Statuta Bisuntinensis Diœcesis ; ab Archiepiscopo QUINTIN : 1489. Alia ; ab Antonio de Vergey : 1532.

Histoire Ecclésiastique du Diocèse de Besançon.

38551. Mf. Catalogue des Archevêques de Besançon, avec un Abrégé de leur Vie.

38552. Mf. Eloge de Claude d'Achey, Archevêque, mort en 1654.

38553. Mf. Inscriptions placées dans le Caveau des Archevêques, en l'Eglise de S. Jean, lors de la démolition de S. Etienne.

38554. Mf. Description de l'Archevêché & du Diocèse de Besançon, en Latin.

38555. Mf. Inventaire de différentes Pièces concernant la Jurisdiction de l'Archevêque, & plusieurs Pièces concernant l'Officialité.

38556. Mf. Pièces concernant le Collège de Bourgogne à Paris.

38557. Mf. Litanies faites du temps de Charlemagne, tirées d'un Manuscrit de S. Paul de Besançon.

38558. Mf. Statuts de la Confrairie de la Croix, érigée aux Cordeliers de Besançon, en 1591.

38559. Mf. Extraits de Testamens tirés de l'Officialité.

38560. Mf. Vita venerabilis Joannis Bassand, Canonici sancti Pauli Bisuntini, posteà Ordinis Cœlestinorum.

38561. Mſ. Vie du Père Marmet, Religieux de Saint Bernard.

38562. Mſ. Remontrances, en Eſpagnol, des Ecoliers Flamands & Bourguignons, ſur leur dévotion à l'Immaculée Conception, avec beaucoup de Pièces ſur cette Dévotion.

38563. Mſ. Dévotion de la Ville de Veſoul, en 1643, lorſque Claude d'Achey prit la Vierge pour Patrone du Diocèſe, ſous le nom d'Immaculée Conception.

38564. Mſ. Hiſtoire abrégée de l'Abbaye de Baume-les-Meſſieurs; par Jean de Oncieux.

38565. Mſ. Mémoire ſur le Prieuré de Sauvement, de l'Ordre de Fontevrault, uni à Beſançon, & pluſieurs Chartes de cette Abbaye.

38566. Mſ. Mémoire ſur les Dames de Baume.

36567. Mſ. Mémoire ſur le Prieuré de Bellefontaine, & ſur celui de Saint-Point.

38568. Mſ. Pièces concernant la Chartreuſe de Bonlieu.

38569. Mſ. Mémoire ſur l'Abbaye de Faverney.

38570. Mſ. Liſte des Abbés de Goailles.

38571. Mſ. Suite des Abbeſſes de Battant à Beſançon.

38572. Mſ. Mémoire ſur le Couvent des Cordeliers de Beſançon, leurs Reliques, &c.

38573. Mſ. Mémoire ſur l'Abbaye de Lure.

38574. Mſ. Quædam notatu digna circà partem Diœceſis Lauſanenſis quæ in Burgundiam excurrit : (4 Villages, Jougue, Hopitaux, Métabief, Longeville).

38575. Mſ. Mémoires ſur les Prieurés dépendans de Luxeuil, & pluſieurs Pièces relatives à l'Abbaye.

38576. Mſ. Statuts de Montbenoît, par le Cardinal de Grandvelle.

38577. Mſ. Catalogue de la Bibliothèque de ce Prélat, tant en Livres imprimés que Manuſcrits.

38578. Mſ. Pièces ſur le Prieuré de Morteau, & ſur celui de la Magdelaine de Salins.

38579. Mſ. Pièces ſur les Cordeliers de Noʒeroy, & ſur cette Ville.

Hiſtoire Civile du Comté de Bourgogne.

Il n'eſt pas poſſible d'indiquer toutes les Pièces en détail, la multitude de Chartes, Monumens, Tombeaux, Inſcriptions, Diſſertations, Notes & Mémoires, Traités, Teſtamens, Généalogies, Deviſes, Portraits, Sceaux & autres Pièces, ne permet pas de les décrire. Il ſuffit d'annoncer aux Curieux qu'ils y trouveront tout ce qu'ils peuvent deſirer ſur les Comtes de Bourgogne, depuis Otton-Guillaume, mort en 1027, juſqu'à Charles-le-Hardi, mort en 1476.

38580. Mſ. Hiſtoire de Philippe-le-Bon, Duc de Bourgogne; par George Chastelain. (Cette Pièce Manuſcrite, indiquée par le P. le Long [ci-deſſus Tome II. N°. 25450,] eſt en Copie chez M. Chifflet.)

38581. Mſ. Chronique des Ducs & Comtes de Bourgogne, tirée de celle de Martin.

38582. Mſ. Cartulaire des Donations faites ſur les Salines par le Comte Jean.

38583. Mſ. Entrevue de l'Empereur Frédéric avec Philippe-le-Bon, à Beſançon : en 1422.

38584. Mſ. Manifeſte de Marie de Bourgogne, contre Louis XI.

38585. Mſ. Déduction des Droits de Louis XI. ſur le Comté de Bourgogne, après le Trépas de Charles-le-Hardi; avec la Répouſe de Jean d'Ossay ou d'Auffay.

38586. Mſ. Diſcours dreſſé en 1480, ſur les Droits de la Maiſon de Bourgogne; par Jean d'Auffay.

38587. Mſ. Inſtruction ſur les différens Droits de la Maiſon de Bourgogne; par Mercurin de Gatinara.

38588. Mſ. Traité de Ceſſation de courſes, entre le Comté de Montbéliard & le Bailliage d'Amont, en 1642.

38589. Mſ. Abîme près du Village d'Areſche.

38590. Mſ. Note ſur l'origine des Armoiries, & leur uſage en Franche-Comté.

38591. Mſ. Etat des Dépenſes faites par le Duc Eudes de Bourgogne à la Guerre du Roi de France, en 1338, avec les noms des Nobles du Comté qui y ont ſervi.

38592. Mſ. Ancienne Poëſie ſur les Geſtes des quatre derniers Ducs de Bourgogne.

38593. Mſ. Eloge Latin des mêmes, & de Marie de Bourgogne; par Puteanus : (imprimé en 1642).

38594. Mſ. Ligues du Comté de Bourgogne avec les Suiſſes, en différens temps.

38595. Mſ. Traités de neutralité entre les deux Bourgognes; Mariages des Comtois & des François, &c. Moyens de conſerver le Comté en paix, &c. depuis 1638 juſqu'en 1653.

38596. Mſ. Relation ſommaire de la Guerre au Comté, après le Siège de Dole (1636;) par Jean Girardot de Beauchemin, Conſeiller au Parlement.

38597. Mſ. Pluſieurs Pièces concernant le Retour du Comté à l'Eſpagne : (en 1668.)

38598. Mſ. Manifeſte du Marquis d'Yenne, ſur la perte de ce Pays. [C'eſt peut-être l'imprimé ci-deſſus, N°. 38405.]

38599. Mſ. Manifeſte de Don Jean de Vatteville.

38600. Requête (imprimée) au nom de la Nobleſſe, contre le choix d'un Gouverneur étranger.

38601. Edit de Don Quinonès, qui ordonne le ſilence ſur le paſſé : 1672.

38602. Déclaration (imprimée) du Baron de Soye, en faveur de Don Quinonès, ſur la paye des Troupes : 1672.

38603. Déclaration (imprimée) de Don Alvéda, ſur la ſubſiſtance des Troupes, &c.

38604. Mſ. Pluſieurs Pièces relatives à la Conquête de 1674.

38605. Mſ. Inventaire des Papiers retrouvés au Château de Gray, à l'avénement du Marquis d'Yenne, Gouverneur du Comté.

38606. Déclaration (imprimée) du Gouverneur des Pays-Bas, ſur la fidélité des Provinces.

38607. Mſ. La Franche-Comté, au Roi d'Eſpagne, Poëme, où l'on exalte ſa fidélité.

38608. La Franche-Comté conquiſe par le Roi très-Chrétien : Relation imprimée de la Conquête de 1668. = Autre Relation du ſuccès des armes de la France dans le Comté : 1668.

38609. Mémoire (imprimé) ſur la conduite du Marquis de Saint-Maurice, Gouverneur du Château de Joux, en 1668; avec la Capitulation de cette Place.

38610. Mémoire (imprimé) de la Ville de Dole, ſur les difficultés ſurvenues entre le Prince d'Aremberg & la même Ville : 1671.

38611. Mſ. Raiſonnement du Comte de Laubépin, adreſſé au Marquis de la Fuente, Ambaſſadeur d'Eſpagne en France, pour prouver que l'Eſpagne ne doit pas céder la Franche-Comté.

Histoires de Franche-Comté.

Université.

38612. Mſ. Pièces concernant l'Erection ou Tranſlation de l'Univerſité à Beſançon : en 1566 & 1617.

38613. Mſ. Remontrances de l'Univerſité & des Magiſtrats de Dole.

38614. Mſ. Recueil de Pièces ſur les droits ſinguliers du Recteur de l'Univerſité de Dole.

Villes.

38615. Mſ. Mémoires ſur la Ville de *Luxeuil*, & ſa réunion au Comté.

38616. Mſ. Mémoires ſur la Ville de *Noʒeroy*.

Histoire particulière de la Ville de Besançon.

38617. Mſ. Fragment du grand Procès pendant au Conſeil Aulique, entre les Archevêques & les Gouverneurs de Beſançon, depuis 1616 juſqu'en 1643, avec des Pièces relatives aux Droits de l'Archevêque & des Citoyens.

38618. Mſ. Monnoye frappée à Beſançon ſous Guillaume-le-Hardi, en 1077.

38619. Mſ. Défenſe de Louis GOLLUT, contre le Décret de la Cité, quand elle fit brûler ſes Mémoires des Bourguignons.

38620. Mſ. Recueil des choſes arrivées à Beſançon, depuis ſa fondation juſqu'à l'an 1613, écrit de la main de Jean Bonnet.

38621. Mſ. Recueil des Titres, Droits & Privilèges de la Cité, Ordonnances, Réglemens, Alliances, Gardienneté, Lettres des Empereurs, Monnoye, Elections, &c.

38622. Déclaration (imprimée) des quatre Compagnies Bourgeoiſes de Beſançon, contre l'Entrepriſe du Marquis de Liſtenois, qui s'étoit mis à la tête des Troupes : 1673.

38623. Relation (imprimée) de ce qui ſe paſſa à Beſançon au ſujet d'une Entrepriſe contre les Droits de la Cité : 1673.

38624. Mſ. Figure circulaire contenant les Frontières de la Cité de Beſançon, à l'imitation du petit Cercle formé par Gérard de Vatteville, pour le Comté : imprimé à Straſbourg.

38625. Mſ. Plan de Beſançon ſans déſignation des nouveaux Ouvrages.

38626. Mſ. Diverſes Pièces relatives aux anciennes Limites de la Cité.

38627. Mſ. Plan de l'ancien & du nouveau Territoire de Beſançon.

38628. Mſ. Lettres de l'Empereur Maximilien II. aux Gouverneurs de Beſançon, pour chaſſer certains Prédicans : 1572.

38629. Mſ. Inventaire des Titres de la Mairie de Beſançon, & Pièces relatives à cette Juriſdiction.

38630. Traité d'Alliance entre le Roi Philippe IV. & la Cité de Beſançon : (imprimé en Eſpagnol, 1655.)

38631. Mémoire (imprimé en Eſpagnol) ſur la Juriſdiction de la Ville, préſentée au Roi d'Eſpagne en 1661.

38632. Placet (imprimé en Eſpagnol) pour les Gouverneurs de Beſançon.

38633. Autre imprimé relatif, auſſi en Eſpagnol.

38634. Mſ. Pièces concernant l'Echange de Beſançon avec Frankendal.

38635. Mſ. Pièces & Mémoires ſur le Saint Suaire de Beſançon.

Histoire de Salins.

38636. Mſ. Hiſtoire des anciens Sites de Salins, avec les Preuves.

38637. Mſ. Etat de la Ville de Salins, lorſqu'elle fut priſe en 1668, avec la Capitulation.

38638. Mſ. Motifs de Droit de l'Avocat DAGAY, pour ladite Ville, concernant la ſomme de cinquante mille francs que les Etats redemandoient, après l'avoir donnée pour les Fortifications.

38639. Mſ. Inventaire Armorial commencé des anciennes Familles Nobles de Salins.

38640. Mſ. Deſcription de la Ville de Salins, & de tout ce qui y eſt recommandable.

38641. Mſ. Mémoires ſur les Cordeliers, les Chapitres de S. Anatoile, S. Michel, S. Mauris, ſur le Prieuré de la Magdelaine, l'Hôpital de Bracon, de S. Bernard ou du Saint-Sépulchre, ſur les Salines : Plan du Fort S. André, &c.

38642. Mſ. Inventaire des Chartes de la Ville de Salins, &c.

Cartulaires, Chartes, &c.

38643. Mſ. Cartulaire du Comte Jean.

38644. Mſ. Cartulaire de Billon, Abbaye, Ordre de Cîteaux.

38645. Mſ. Extrait du Cartulaire de Bithaine, même Ordre.

38646. Mſ. Extrait du Cartulaire du S. Eſprit de Beſançon, avec le Nécrologe.

38647. Mſ. Cartulaire de Balerne, & Chronicon Balernenſe : Ordre de Cîteaux.

38648. Mſ. Extrait du Cartulaire de Goailles : Ordre de S. Auguſtin.

38649. Mſ. Extrait du Cartulaire de Lieucroiſſant.

38650. Mſ. Extrait de l'Inventaire des Titres de la Maiſon de Neufchâtel.

38651. Mſ. Nécrologe de l'Abbaye de la Grace-Dieu.

38652. Mſ. Extrait du Cartulaire de l'Abbaye de Bourgbourg, (Diocèſe de Saint-Omer;) avec un Mémoire portant que Clémence, fille de Guillaume Têtehardie, Comte de Bourgogne, épouſe de Robert de Flandres, au retour de la Conquête de Jéruſalem, fonda une Abbaye pour des filles Nobles, &c.

II. Manuscrits de M. d'Esnans, possédés actuellement par M. l'Abbé d'Esnans son fils, Chanoine de la Métropole de Besançon, (& dont il a été parlé ci-dessus.)

38653. Mſ. Pièces tirées de Bruxelles.

Le Volume I. eſt un extrait d'Inventaires de la Chambre des Comptes de Bruxelles, concernant la Flandre, avec une Note des Traités faits avec les Princes voiſins, depuis l'an 959.

Le II. eſt une Suite. La Table eſt au milieu. Il ſe trouve enſuite des Indications de Pièces concernant *Besançon*, &c.

Le III. est un Recueil succinct de Réflexions, tirées des Avis de Cour, reposant à la Chambre des Comptes de Bruxelles, pour la Flandre, avec une Table.

Le IV. est un Extrait des Mémoires de la même Compagnie, au Souverain, depuis 1639 jusqu'en 1660, avec une Table.

Le V. est l'Extrait des Actes de la seconde Chambre de la Secrétairerie d'Etat & Finances de Bruxelles.

Le VI. est un Répertoire de quinze Registres des Chartes de Bruxelles, depuis 1667 jusqu'en 1743.

Les VIII. & IX. renferment un Inventaire des Dépôts de l'Audience & Secrétariat d'Etat & de Guerre.

Les X. & XI. contiennent une Table générale des Registres de la Chambre des Comptes de Brabant.

Le XII. est la suite pour les affaires particulières.

Les XIII. & XIV. concernent l'Aliénation des Domaines de Brabant, depuis 1306 jusqu'en 1745.

Les XXI. XXXV. & XXXVII. sont intitulés : *Titres & Archives de Bruxelles*.

Les XXIII. XXVI. XLII. & XLIII. indiquent les Placards, Ordonnances, Réglemens, Décrets, Actes, Traités & Privilèges des Pays-Bas, depuis Philippe-le-Bon, vers le milieu du XVe Siècle.

Le XXIV. indique les Pièces du Conseil des Finances.

38654. Ms. Pièces tirées de Lille.

Les Volumes XV. XVI. XVII. XVIII. & XIX. contiennent l'Inventaire des Titres de la Chambre des Comptes de Lille, depuis son Etablissement, l'an 1385. On trouve dans le XVe les Octrois, Amortissemens, Fondations, Légitimations & Annoblissemens, Traités de Paix, Mariages, Dons, &c. Au milieu du Volume XVI. est une Table, & ensuite des Titres qui concernent le *Comté de Bourgogne* : il y en a aussi dans le XVe, fol. 129, & dans le XVIIe, fol. 310.

Le Volume XX. est l'Inventaire des Papiers de Gueldres.

Le XXII. concerne les Acquêts de Luxembourg.

Les XXV. & XXVIII. sont des Extraits des Dépôts de Bruxelles, concernant les Villes de Brabant.

Le XXVII, un Extrait des Chartes de Brabant.

Le XXIX. un Extrait des Titres de la Maison de Ville de Mons.

Le XXX. un Extrait de ceux du Château de Namur.

Le XXXVI. concerne Bruges.

Le XXXVIII. Gand.

Le XXXIX. Luxembourg.

Le XL. Tournay.

Le XLI. Ypres.

Le XXXII. concerne la Noblesse de Lorraine.

Le XXXIII. est un Mélange, dont plusieurs Pièces ont pour objet la *Franche-Comté*, notamment un Inventaire des Papiers du Gouvernement de la Province, retrouvés dans le Cabinet du Secrétariat, au Château de Gray, en 1662, par Etienne Dagay.

Nous parlerons un peu plus au long du Volume XXXIV. des Recueils de Flandres. Il renferme entr'autres, 16 Pièces, collationnées aux Archives de Bruxelles, par les Officiers du Conseil & de la Chambre des Comptes, le Baron de LaJoz, Secrétaire d'Etat de l'Impératrice, & M. d'Esnans, sur la Publication du Concile de Trente en *Franche-Comté*.

Ces Pièces sont :

1. Lettre de M. DE VERGY, Gouverneur du Comté, sur la Publication du Concile de Trente, (cottée 5, dans le Recueil,) & datée du 12 Novembre 1565.

2. Lettre de S. A. Marguerite de Parme, à M. de Vergy, du dernier Novembre 1565 : cottée 14.

3. Première Délibération du Parlement sur la Publication du Concile, la Cour séant à Gray, (à raison de la peste survenue à Dole;) du 17 Novembre 1565, avec les Remontrances des Fiscaux : cottée 12.

(Dans une Pièce dont nous parlerons ci-après, num. 13, il est fait mention d'un Avis donné en 1564, sur les Modifications à apposer, ce qui indiqueroit que la Délibération dont il est ici question n'est pas le premier Acte, ou qu'il y a erreur dans la date.)

4. Remontrances des Fiscaux sur la même Publication, signées Froissard : Cotté 7.

5. Remontrances du Chapitre Métropolitain au Parlement : Cotte 10.

6. Négociation entre le Parlement & l'Archevêque : Cotte 9.

7. Députation de MM. de Beaujeu & Froissard, faites à l'Archevêque, par le Parlement : Cotte 11.

8. Besogne des Sieurs de Baiterans & Froissard de Broissia, devers l'Archevêque : Cotte 15.

9. Lettre de l'Archevêque du 3 Août 1571 : Cotte 16.

10. Instruction de la Duchesse de Parme, à M. de Vergy. On y trouve ces paroles : « L'intention de » Sa Majesté étant que cette Publication se fasse sans » préjudice des hauteurs, droits, prééminence & juris- » diction d'icelle, ses Vassaux & Sujets, lesquels on » entend demeurer en tel état qu'ils ont été jusques » oires, sans rien changer ni innover, même quant à » la Jurisdiction Laïcale, jusques à présent usitée sur » les Ecclésiastiques, aussi le Droit de Patronage Laïcal, » Indult & Droit de nomination, connoissance de » cause en matières possessoires de Bénéfices, Dixmes » possédées ou prétendues, administrations jusques » oires usitées par les Magistrats & autres gens lay sur » Hôpitaux & Fondations pieuses & autres choses sem- » blables, plus amplement exprimées par l'Avis autre- » fois par vous donné : (en 1565) ».

11. Lettre à M. de Vergy, du dernier Mai 1571 : Cotte 6.

12. Lettre de l'Archevêque au Duc d'Alve (ou Albe,) 1 Octobre 1571 : Cotte 3.

13. Lettre du Parlement à son Excellence le Duc d'Alve, du dernier Octobre 1571. « C'est pour in- » former votre Excellence des progrès de ladite Pu- » blication. Nous la voulons bien avertir qu'elle a été » faite au jour expliqué, y assistans les Prélats & autres » du Clergé du Diocèse avec grande tranquillité & » Prédication fort salutaire, par un Senieur de l'Or- » dre des Jésuites, pour ce expressément appelé de » Lyon, » &c. Il est ensuite fait mention d'un Avis donné en 1664, sur les Réserves à apposer à la Publication : Cotte 8.

14. Jussion faite à l'Archevêque de Besançon, le dernier Mai 1571 : Cotte 2.

15. Lettre du Parlement au Duc d'Alve, le 7 Août 1572 : Cotte 13.

16. Instruction donnée à Nimègues, le 1 ou 15 Novembre 1572, au Sieur de Vergy & au Parlement, pour l'exécution du Concile de Trente.

Outre ces Pièces recueillies à Bruxelles, M. d'Esnans a encore copié ou indiqué dans son Recueil; 1.° le Certificat de notoriété donné par le Parlement à M. de Grammont, le 2 Août 1702, sur la Publication dudit Concile, dont l'Original est au Greffe.

2.° Le second des 19 anciens Registres du Parlement, commençans le lendemain de Quasi nodo 1571, & finissant le 15 Avril 1573, où se trouvoient les quatorze Modifications pareilles à celles de l'Instruction de Nimègue.

Nota. Ce Registre est perdu, ce qui rend ce Recueil de M. d'Esnans & les Manuscrits de M. Chifflet, indiqués ci-devant, extrêmement précieux.

3.° Ancien

Histoires de Franché-Comté

5.° Ancien Inventaire des Titres principaux de la Cour de Parlement de Franche-Comté.

4.° Articles envoyés par Philippe II. au Parlement sur le même fait, [apparemment sur le Concile de Trente.]

5.° Lettre de la Duchesse de Parme, au Cardinal de Grandvelle, & plusieurs autres Pièces qui se trouvent à la Bibliothèque de Saint-Vincent de Besançon, Tome XXI. des *Mémoires du Cardinal de Grandvelle.*

38655. Mf. Recueil chronologique des Ordonnances de Franche-Comté, depuis l'an 1422 jusqu'en 1674 : *in-*4. 28 vol.

Ce qui précéde 1573, est tiré pour la plus grande partie des Editions imprimées de 1540 & 1570. Le surplus a été copié des Regîtres du Parlement.

38656. Mf. Pièces originales concernant les Salines de *Salins.*

III. *Chartes de Communes, de Franchises & de Garde des Villes, &c. du Comté de Bourgogne, recueillies par* M. Droz, *Conseiller au Parlement de Besançon, Secrétaire perpétuel de l'Académie.*

Les XIV. Villes dont il va être question sont les principales du Comté, & elles ont un Siège de Jurisdiction Royale, ou à l'instar. Elles sont ici rangées selon l'ordre qu'elles avoient aux Etats ; sauf qu'avant la réunion de Besançon au Comté, Salins disputoit le premier rang à Dole ; mais elle doit être placée après celle-ci.

38657. Mf. Chartes, &c. pour *Besançon* (1). = Diploma Frederici I. de successionibus hominum Archiepiscopi, & Jure Caduci sublato in Civitate Bisuntina, cum alia Carta de eadem re, 1178. = Diploma Henrici VI. quod Sententia Moguntina dicitur de Juribus Civium Bisuntinenfium, 1190. = Diplomata Caroli & Vinceslai, de multis aliis Juribus Civium : 1364 & 1398. = Revocatio præcedentis Privilegii : 1399. = Tractatus dictus Rothomagensis, inter Archiepiscopum & Cives : 1455. = Peculiares aliæ Cartæ, ab anno 1225, ad 1613.

38658. Mf. Chartes, &c. pour *Dole* (2). = Charte de Commune, accordée par la Comtesse Alix de Méranie : 1274. = Charte du Comte Otton pour les Francs & *Marans*, (c'est une rue de Dole :) 1281. = Autre Concession de la Reine Jeanne, Comtesse de Bourgogne : 1329.

38659. Mf. Chartes pour *Salins* (3). = Privilèges du Bourg dessus, par le Comte Jean : 1249. = Privilèges du Bourg dessous, par Philippe-le-Long, Roi de France : 1318.

38660. Mf. Charte, &c. pour *Gray* (4). = Charte de Commune par la Reine Jeanne, Comtesse de Bourgogne : 1324. = Confirmation du Duc Eudes : 1349. = Serment de Catherine de Bourgogne : 1411.

38661. Mf. Pour *Vesoul* (5). = Acte concernant la Mairie : 1242.

38662. Mf. Pour *Arbois* (6). = Coutumes locales d'Arbois, réglées entre le Comte de Bourgogne & le Seigneur de Vaudrey : 1247. = Charte de Commune, accordée par le Comte Otton, & plusieurs autres : 1282, &c. = Privilèges contenus dans un Cartulaire du XIVe Siècle, sous différentes dates.

38663. Mf. Pour *Poligny* (7). = Charte de Commune, donnée par Otton IV. Comte de Bourgogne : 1288, ampliée en 1292.

Tome III.

38664. Mf. Pour *Pontarlier* (8). = Traité entre le Comte Jean & Amaury de Joux, suplée à défaut de Commune : 1246.

38665. Mf. Pour *Lons-le-Saulnier* (9). = Charte du Bourg du Comte, par Renaud de Bourgogne, Comte de Montbéliard : 1293. (On peut voir encore les Franchises de Montbéliard accordées par le même ; ci-après). = Charte du Bourg de Vienne, par Hugues de Vienne : 1295. (On peut voir ci-après les Franchises de la Maison de Vienne, Montmorot, Seurre, Beaurepaire, Louhans, &c.) = Réunion des deux Bourgs de Lons-le-Saulnier, par Tristant de Châlon & Philippe de Vienne, sous certaines conditions : 1364.

38666. Mf. Pour *Orgelet* (10). = Charte de Commune, par le Comte Jean : 1266. (On peut voir aussi celle de Clairvaux & celle de la Maison de Châlon). = Serment du Duc Philippe : 1421.

38667. Mf. Pour *Baume-les-Dames* (11). = Charte concernant les Droits du Vicomte, sans date, mais du XIVe Siècle.

Nota. Sur la Ville d'*Ornans* (12) on peut dire d'Ornans seulement, que les Habitans du Château d'Ornans ont été affranchis par le Comte Hugues & la Comtesse Béatrix, au XIIIe Siècle : que les Franchises de la Ville sont de..., & ont été confirmées par Marguerite de Flandres, en 1363, & par......, en 1389.

Et sur la Ville de *Quingey* (13,) que les Franchises sont du Comte Otton, en 1301.

Ces deux Villes sont les seules dont M. Droz n'a pas encore les anciennes Coutumes & Immunités : cependant elles doivent se trouver à la Chambre des Comptes de Dole.

38668. Mf. Pour *Saint-Claude* (14). = Charte de Commune de l'Abbé Odon : 1310. = Confirmation par l'Abbé Jean : 1330. = Augmentation de Privilèges par l'Abbé Guillaume : 1393.

Franchises de Villes & Bourgs dépendans autrefois du Comté de Bourgogne.

38669. Mf. Sur *Auxonne.* = Coutumes d'Auxonne, par le Comte Etienne, 1229, à rapprocher de celles qui ont été données par les Princes de Châlon ses petits-fils. = Augmentation par le Roi Jean : 1361.

38670. Mf. Sur *Beaurepaire.* = Charte de Commune, par Henri d'Antigny, 1175, à rapprocher de celles de la Maison de Vienne.

38671. Mf. Sur *Coligny.* = Charte de Commune, par Gui de Montluel ; la moitié de ce Bourg est du Comté.

38672. Mf. Sur *Montbéliard.* = Charte de Commune, par Renaud de Bourgogne : 1283, confirmée en 1367, &c. (à rapprocher de celle de Lons-le-Saulnier, donnée par le même), [ci-dessus N.° 38665.]

38673. Mf. Sur *Pontailler.* = Coutumes accordées par Guillaume de Champlitte : 1257. Le Bourg de Champlitte est au Comté. Ses Loix venoient sans doute des mêmes Seigneurs.

38674. Mf. Sur *Seurre.* = Charte de Philippe de Vienne : (à rapprocher de celle de Montmorot, 1278 : Lons-le-Saulnier, &c.)

38675. Mf. Sur *Montréal* (en Bresse). = Preuve qu'il étoit mouvant du Comté : 1207.

38676. Mf. Sur *Louhans.* = Affranchissement par Henri d'Antigny : 1269.

38677. Mf. Chartes de Communes & Franchises accordées à des Villes du second Ordre, ou à d'anciens Bourgs du Comté de Bourgogne.

On a mis en Italique, les Lieux principaux.

Annoire, par Jean de Vienne-Mirebel : 1304.
Arlay, par Jean de Châlon I. fils du Comte Jean de Bourgogne : 1276.
Abbans, par le même : 1297.
Arquel, par Jean de Châlon II. fils du précédent : en 1346.
Bletterans, par Jean de Châlon I. 1286.
Bouclans, par Louis de Neufchâtel, outre. Joux : en 1332.
Belvoye, par Thiébaud de Belvoir : 1314.
Blamont, } par Thiébaud de Neufchâtel, en Comté :
Clémont, } 1338.
Châtelneuf, par Béatrix de Vienne & Gaucher de Commercy : 1295.
Clairvaux, par Hugues de Cuisel : 1304.
Châtelblanc, par Jean de Châlon I. 1303.
Faucogney, par Aymonin de Faucogney : 1275.
Faverney : 1295.
Gy & Bucey, par l'Archevêque Hugues de Vienne : en 1347.
Héricourt, par Thiébaud de Neufchâtel : 1374.
Jonvelle, par Philippe de Joinville : 1354, confirmée par le Roi Jean, en 1364.
Lille sur le Doubs, par Thiébaud de Neufchâtel : 1334.
Luxeuil, par l'Abbé .... : 1291.
Les Fourgs & les Verrieres, par Jeanne de Joux, femme de Vauthier de Vienne : 1368 & 1396.
La Rivière, par Jean de Châlon II. 1349.
Montmahoux, par le même : 1342 & 1367.
Marnay, par le même : 1354.
Montmorot, par Philippe de Vienne : 1387.
Noize, par Hugues de Neublans : 1362, confirmé par le Roi Jean : 1365.
Nozoy, par l'Archevêque : 1360.
Neublans, par Hugues de Neublans : 1256, confirmé par Guy de Rye : 1427.
Neufchâtel en Comté, par Thiébaud de Neufchâtel : en 1311.
Nozeroy, par Jean de Châlon : 1283.
Poupet, par Jean de Salins : 1376.
Pesmes, par Guillaume de Grandson : 1416, confirmé par le Duc Jean.
Rupt, par Jean de Rupt : 1443.

Garde de quelques Eglises & Villes.

38678. Mss. Garde de l'Abbaye & Bourg de *Faverney*: 1295.

38679. Mss. Association de Jean de Châlon aux Revenus de l'Abbaye de Saint-Oyan, présentement Saint-Claude : 1266 ; avec les augmentations, &c. 1301. = Concession de la Garde de Saint-Oyan, à Jean de Châlon I. par l'Empereur Rodolphe : 1291. = Autre Concession de la même Garde, au Dauphin Humbert, par le même Empereur : 1291. = Transaction entre l'Abbé & le Dauphin, sur la Garde de l'Abbaye : 1339.

38680. Mss. Association du Comte de Champagne aux Revenus de *Luxeuil* : 1258. = Révocation du Traité.

38681. Association du Comté de Bourgogne aux Revenus de *Montaigu*.

Cartulaires de Franche-Comté, dont il n'est point fait mention ailleurs.

38682. Mss. Cartulaire de *Rosières*, Ordre de Citeaux, Diocèse de Besançon. Il contient 300 Chartes antérieures à l'an 1200. Il est très-intéressant pour la Noblesse des environs de Salins, Arbois, Poligny & Dole, pour les Maisons de Vaudrey & de Thoire, qui ont, suivant ce Cartulaire, même origine.

38683. Mss. ——De l'Archevêché de Besançon : (c'est un Original. Il est conservé chez M. l'Abbé Bullet, à Besançon.)

38684. Mss. ——Du Chapitre de Saint-Anatoile, à Salins.

38685. Mss. ——Du Saint-Esprit, à Besançon.

38686. Mss. ——De l'Hôpital d'Arbois. (Il y est conservé.)

38687. Mss. —— Des Villes de Dole, Arbois & Poligny. (Dans les Archives desdites Villes.)

38688. Mss. ——Des Seigneurs de Montfaucon. (Dans les Archives de M. de la Rochefoucault, à Besançon.)

38689. Mss. —— Des Seigneurs de Neufchâtel. (Dans les Archives de M. le Maréchal de Lorges, à Besançon.)

38690. Mss. —— Des Comtes de Bourgogne, découverts par M. l'Evêque de Nevers, de l'Académie de Besançon, & remis à M. Tinseau de Gennes son frère, Conseiller au Parlement de Besançon.

38691. Mss. Extrait général des Inventaires des Bénéfices de Franche-Comté, de nomination Royale, fait par M. Droz, pour parvenir à la Collection générale des Chartes qui est dans le Dépôt de l'Académie.

38692. Mss. Inventaire des Titres de la Maison de Châlon. (Il est dans les Archives de M. de la Rochefoucault, ou l'Hôtel de la Vicomté à Besançon, & chez M. Ponthier, Gentilhomme de la Confrairie de S. Georges à Besançon.)

38693. Mss. Mémorial alphabétique & chronologique des Possesseurs de Fiefs dépendans de la Maison de Châlon, au Comté de Bourgogne : *in-fol.* 2 vol.

Il est aussi conservé dans les Archives de M. de la Rochefoucault. Feu M. de Grimont, Notaire à Ornans, est Auteur de cet Ouvrage, qui a exigé un travail immense, nécessaire pour distinguer les biens de la Branche aînée & de la Branche cadette des anciens Souverains de la Franche-Comté, confondus dans des temps de confiscation, & rendus à M. le Prince d'Isenghien, qui a été obligé d'en fournir le dénombrement. Ces Fiefs étoient au nombre de 516. On peut voir comment cesbiens sont venus à M. d'Isenghien, *pag.* 328 *& suiv.* du tom. II. de l'*Hist. des Séquanois & du Comté* ; par M. Dunod.]

Article III.

Histoires de l'Alsace.

Cette Province, qui avoit fait partie des Etats des Rois François d'Austrasie & de Lorraine, fut occupée à la fin du IX.e Siècle par les Rois de Germanie, malgré les efforts des Rois de France. Après avoir été ainsi de l'Empire d'Allemagne, elle redevint soumise à la France sous Louis XIV. à qui elle fut cédée par les Traités de Munster en 1648, de Ryswick en 1679, & par celui de Nimègue en 1697.]

Histoires d'Alsace.

38694. *Descriptio Alsatiæ & Argentorati:* auctore Hieronymo GEBWILLERO.

Cette Description de Gebwiller, qui vivoit en 1541, est imprimée avec son *Panégyrique de Charles-Quint: Argentorati,* [1521,] 1541, *in-4.*

☞ On y trouve des Remarques judicieuses & intéressantes sur l'Alsace. L'Auteur s'étoit proposé d'écrire une *Alsatia illustrata ;* mais son projet n'a pas eu lieu. Je ne crois pas trop dire, en assurant qu'on en a bien été dédommagé par M. Schoepflin.]

38695. Description de l'Alsace & des Confins de la Lorraine vers les Monts Vosges ; par Hélisée ROSLIN : *Strasbourg,* 1593, *in-8.* (en Allemand).

☞ On trouve ci-devant, Tome I. *pag.* 113 & 114, à la *Géographie,* plusieurs autres Ouvrages sur celle d'Alsace.]

38696. ☞ Joan. Georgii ab ECKART, *Dissertatio quâ Colmariæ, Argentorati, aliorumque Alsatiæ & Germaniæ Locorum Antiquitates quædam breviter exponuntur: Virceburgi, in-4.*

On trouvera plus de détail sur ces Antiquités & autres, dans le sçavant Ouvrage de M. Schoepflin, *Alsatia illustrata,* ci-après.]

38697. Ulrici OBRECHTI, Argentoratensis, Prætorii Regii in Alsatia, Alsaticarum rerum Prodromus : *Argentorati,* 1681, *in-4.*

On trouve dans cet Ouvrage beaucoup de choses qui servent à illustrer l'Histoire d'Alsace & de Strasbourg. ☞ *Voyez* Lenglet, *Méth. histor. in-4. tom. IV. pag.* 251.

Cet Essai est écrit avec beaucoup d'érudition & de jugement. L'Auteur l'a publié peu avant que la Ville de Strasbourg passât sous la domination de la France. Son intention est de prouver que l'Alsace faisoit partie du Royaume de Lorraine & de l'Austrasie, & non du Royaume de Bourgogne, comme quelques-uns l'ont avancé.]

38698. ☞ Histoire de la Province d'Alsace, depuis Jules-César jusqu'au Mariage de Louis XV. Roi de France & de Navarre, avec des Figures en taille-douce, des Plans, des Cartes Géographiques, & un Recueil de Pièces qui peuvent servir de preuves aux faits importans ; dédiée au Roi ; par le R. P. Louis LAGUILLE, de la Compagnie de Jésus: *Strasbourg,* Doulssecker, 1727, *in-fol.* 2 vol. *Ibid. in-8.* 7 vol. (sans les Preuves.)

On trouve à la tête du Tome I. une Notice de l'ancienne Alsace, & une Carte moderne de cette Province : à la fin du Tome II. *in-fol.* sont les Preuves.

L'Auteur a travaillé à cette Histoire pendant 9 ans, & il n'a rien oublié pour la rendre intéressante.

Voyez sur cet Ouvrage, = *Journ. de Léipsick,* Supplément X. pag. 1. = *Mém. de Trév.* 1717, *Avril, Août, Novembre.* = *Journ. des Sçav.* 1728, *Janvier & Février.* = *Bibliothèq. Franç. d'Amsterdam, tom. XII. pag.* 251. = Lenglet, *Méth. hist. in-4. tom. II. p.* 486, & *tom. III. pag.* 302.

On a fait en Allemand un Abrégé de cette Histoire, par M. L. F. S. *Francfort,* 1734, *in-8.* L'Auteur est Louis-Frédéric SCHARFFENSTEIN, Maître-ès-Arts.]

38699. ☞ Joan. Danielis SCHOEPFLINI *Alsatia illustrata, Celtica, Romana, Francica :* Tom. I. *Colmariæ,* 1751, *in-fol.* fig.

Tome III.

Ejusdem *Alsatia Germanica, Gallica :* Tom. II. *Colmariæ,* 1762.

C'est un excellent Ouvrage, où sont discutés, par occasion, plusieurs points importans de l'*Histoire des Gaules & de France.*

Voyez ce qui en est dit, = *Mém. de Trév. Septemb.* 1751, *Septembre* 1752, *Janvier & Juin* 1753.]

38700. ☞ Jo. Dan. SCHOEPFLINI, *Alsatia Diplomatica : in-fol.*

☞ Ejusdem *Alsaticarum rerum Scriptores : in-fol.*

Ces deux importans Recueils s'impriment actuellement (1771), par les soins de MM. Koch & un autre sçavant Elève de M. Schoepflin, qui vient de mourir à Strasbourg, le 7 Août 1771.]

38701. Annales Dominicanorum Colmariensium, ab anno 1211, ad annum 1303.]

☞ Chronicon Dominicanorum Colmariensium, ab anno 1218, ad annum 1302.]

Ces [deux Auteurs anonymes,] qui vivoient au Couvent des Dominicains à Colmar, se trouvent dans Urstisius, au Tom. II. de sa *Collection des Historiens d'Allemagne, pag.* 5 & 37. [Ce sont les plus anciens Auteurs qu'on connoisse sur l'*Histoire d'Alsace.* Quoique remplis de fables & de minuties, ils ne laissent pas de rapporter plusieurs choses intéressantes.]

Vossius parle [du premier,] Chap. LX. de ses *Historiens Latins,* & il dit que malgré les défauts, on doit le louer de son exactitude.]

38702. ALBERTI Argentinensis Chronicon, à Rudolpho Habsburgico, ad annum 1378.

Cette Chronique a été publiée par le même Urstisius, dans la *Collection* [que nous venons de citer,] Tome II. [*pag.* 97.] Elle commence en 1270. L'Auteur y rapporte bien des choses qui ne se trouvent point ailleurs.

☞ Le vrai Auteur de cette Chronique est MATTHIAS de Nuwenburg (Neufchâtel,) Chapelain de Berthold, Evêque de Strasbourg, dans le XIVe Siècle. C'est M. Schoepflin qui a découvert le Manuscrit qui porte le vrai nom de l'Auteur, dans la Bibliothèque de Berne, parmi les Manuscrits de Bongars. Il se trouvera avec les Chroniques précédentes, dans les *Scriptores rerum Alsaticarum,* qui doivent bientôt paroître. Ce Chroniqueur est véridique, & a puisé dans de bonnes sources.]

38703. Chronique universelle du Pays d'Alsace & de la Ville de Strasbourg, (en Allemand) ; par Jacques DE KONIGSHOVEN, Prêtre de S. Thomas de Strasbourg ; imprimée pour la première, fois avec des Notes historiques de Jean SCHILTER : *Strasbourg,* 1698, *in-4.*

☞ Konigshoven, qui est mort en 1420, étoit un homme laborieux & de bonne foi. Sa Chronique commence à l'origine du Monde, & ne peut être consultée que depuis le XIIe Siècle : il l'a écrite en Latin comme en Allemand. La Latine, qui n'a jamais été imprimée, paroîtra avec les *Scriptores rerum Alsaticarum* de M. Schoepflin.]

38704. ☞ Jacobi WIMPHELINGII, cis Rhenum Germania : *Argentorati,* 1501, 1648 & 1649, *in-4.*

Ce Livre a été donné en même temps par l'Auteur en Latin & en Allemand. Son but est de prouver que Strasbourg & les autres Villes du Rhin n'ont jamais été soumises à la France ; ce qui est une assertion bien fausse.

Il a été réfuté par Thomas Murner, de l'Ordre des Frères Mineurs, dans un Livre intitulé: *Nova Germania*, imprimé en 1502.]

38705. ☞ Beati Rhenani, Rerum Germanicarum Libri III. *Basileæ*, 1551, *in-fol. Argentorati*, 1670, *in-8.*

Ce sçavant Auteur, né à Schelestat en Alsace, l'an 1485 est mort à Strasbourg en 1547. Il étoit disciple de Wimpheling. L'Ouvrage que nous venons d'indiquer surpasse tous ceux qui avoient été faits jusqu'alors sur les Terres Germaniques. Il s'y arrête principalement aux affaires d'Alsace, qu'il paroit mieux connoitre que tout autre Pays.]

38706. Chronique d'Alsace, ou Description de l'Alsace inférieure auprès du Rhin ; sçavoir, de ses principales Villes, Strasbourg, Schelestad, Haguenau, Vissembourg & les autres Villes, Châteaux, Monastères, &c. avec les Privilèges, les Généalogies, les Origines, &c. ; par Bernard Hertzog : *Strasburg*, Jobin, [1592,] *in-fol.* (en Allemand).

Mf. Historia Alsatiæ : *in-fol.* 4 vol.

Dans la Bibliothèque de M. Colbert.

☞ C'est la traduction de l'Ouvrage d'Hertzog : elle se trouve aujourd'hui dans la Bibliothèque du Roi, parmi les Manuscrits Latins, num. 6018.]

Cette espèce de Chronique n'est pas ancienne; mais elle est écrite avec soin, selon Boecler, dans sa *Bibliothèque critique.*

☞ Elle est méprisée à juste titre ; si l'on en croit le Mémoire pour le Prince de Hesse Darmstadt contre les Représentants de la Comtesse de Nassau, imprimé à Paris, chez Delaguette, 1755, (*pag.* 30.) Mais il paroit de l'intérêt du Prince que cet Ouvrage soit décrié.]

38707. ☞ Mf. Matern Berler, Chronicon Alsatiæ : *in-fol.*

Cet Auteur, natif de Ruffach dans la haute Alsace, étoit disciple de Jérôme Gebwiller. Sa Chronique, qui suit l'ordre des Evêques de Strasbourg, finit en 1526 : elle est remplie de Notices intéressantes, sur-tout pour l'Histoire de la haute Alsace.]

38708. ☞ Mf. Description de la Guerre d'Alsace, en 1610 & 1611 ; par Kugler : *in-4.* (en Allemand.)

C'est une Histoire détaillée de cette Guerre, écrite par un Auteur contemporain, qui étoit Major de la Ville de Strasbourg.

38709. ☞ Mf. Mémoires sur l'Alsace ; par M. Colbert de Croissy, le second Intendant d'Alsace.

Ces Mémoires ne s'étendent pas au-delà de l'Alsace, autrefois Autrichienne.

38710. Mf. Mémoires sur l'Alsace ; par M. de la Grange.

Ces Mémoires, qui sont très-fidèles, ont été rédigés peu avant la Paix de Ryswick, par les soins de M. de la Grange, alors Intendant de la Province.

Ces quatre Manuscrits étoient conservés à Strasbourg, dans la Bibliothèque de M. Schoepflin, qui est devenue celle de la Ville, à qui il l'a cédée.

38711. ☞ Mf. Mémoires de M. de la Houssaye, sur l'Alsace : *in-fol.*

On trouve dans les Mémoires de cet Intendant d'Alsace, vers 1700, sa Correspondance avec la Cour, relativement aux affaires de la Province, & aux droits des Seigneurs. Ce qu'il y a de plus intéressant dans ce Manuscrit, c'est un Mémoire très-détaillé, adressé à M. Voisin, sur les Limites de la Basse Alsace, & les contestations qui peuvent y être formées. Ce Manuscrit se trouve aux Archives de l'Intendance de Strasbourg.

Il est aussi parmi les Recueils des Mémoires sur les Généralités, dressés pour M. le Duc de Bourgogne, dont nous avons parlé ci-devant , Tome I. *pag.* 108.

38712. ☞ Mf. Mémoire concernant l'Etablissement d'une Chambre Souveraine en Alsace, avec plusieurs autres Pièces concernant cette Province : *in-fol.*

Ce Recueil est indiqué num. 3249 du Catalogue de M. le Blanc.]

38713. ☞ Mf. Livre des Fiefs d'Alsace & de Brisgau, mouvants de la Maison d'Autriche, avant le Traité de Munster, & depuis ce Traité, de Sa Majesté ; compilé par les soins de M. Claude-Louis-René le Laboureur, Avocat-Général du Roi au Conseil Souverain d'Alsace, décédé en 1704 : *in-fol.*

Ce Livre de Fiefs, qui est dans la Bibliothèque de la Ville de Strasbourg, est en partie extrait d'un gros Volume en Langue Allemande, qui étoit ci-devant à la Régence d'Ensisheim, & dont MM. de Klinglin, Préteurs Royaux, ont été les Possesseurs. M. le Laboureur, qui est mort en 1704, a continué ce Livre de Fiefs jusqu'à son temps.]

38714. ☞ Nullitas iniquitasque Reunionis Alsaticæ : 1707, *in-4.*

L'Auteur de ce Traité est Frédéric Schrag, Assesseur à la Chambre Impériale, auparavant Professeur à Strasbourg. Il y paroit fort opposé aux Réunions que fit Louis XIV. après la Paix de Nimègue.

On peut voir sur les *Pays réunis*, comme dépendans autrefois des Trois-Evêchés, ce qui en est dit en détail dans la *Géographie historique* de d'Audiffret, *tom. II. pag.* 431. Edit. *in-*12. (après Lorraine & Bar.) Les contestations que cela occasionna furent terminées au Traité de Riswick.]

38715. ☞ Mf. Recueil des Mémoires sur l'Alsace & ses principales Villes : *in-4.*

Il est conservé dans la Bibliothèque de la Ville de Paris, num. 239.]

38716. ☞ Mf. Mémoires sur l'Alsace, provenans de M. de Fontanieu : *in-fol.* 2 vol.

Ils sont dans la Bibliothèque du Roi.]

38717. ☞ Jac. Wenckeri Collectanea Juris publici, quibus res Germanicæ per aliquot secula illustrantur, deprompta ex Actis & Documentis publicis Archivi Argentoratensis, &c. *Argentorati*, 1702, *in-4.*

Ejusdem apparatus & instructus Archivorum, ex usu nostri temporis : *Argentorati*, 1713, *in-4.*

Ejusdem Collecta Archivi & Cancellariæ Jura : *Argentorati*, 1715, *in-4.*

Ces trois Livres sont des Recueils de Titres tirés des Archives de la Ville de Strasbourg, & qui la concernent en grande partie. L'Auteur, qui étoit très-versé dans l'Histoire de sa Patrie, en éclaircit plusieurs points intéressants. Il fut d'abord Archiviste, ensuite Ammeistre de la Ville de Strasbourg.]

Histoires d'Alsace.

38718. Mf. Frederici CLOSNERI, Liber de Rebus Urbis Argentinensis à Rodulpho Haspurgensi ad annum 1362.

Vossius cite cet Auteur, pag. 530 du Chap. I. du Livre III. de ses *Historiens Latins*.

38719. ☞ Mf. Chronique de Strasbourg; par Jean SPACH : *in-fol.* (en Allemand).

L'Auteur, qui finit son Ouvrage à l'année 1477, étoit Sénateur de la Ville de Strasbourg. Il mourut vers l'année 1520. Sa Chronique a été continuée depuis par son petit-fils Ulric Spach, qui parle avec connoissance de cause de la Révolution qui arriva de son temps dans les Affaires de la Religion, les Luthériens étant devenus les maîtres à Strasbourg.]

38720. ☞ Mf. Chronique de la Ville de Strasbourg ; par Daniel SPECKLIN ou (SPECKEL) : *in-fol.* (en Allemand).

Cet Ouvrage, qui est conservé dans les Archives de la Ville, renferme des choses intéressantes, quoique l'Auteur, qui n'étoit pas lettré, y donne quelquefois dans les fables. Il étoit Architecte de la Ville de Strasbourg, & il est mort en 1589.]

38721. ☞ Mf. Description de la Ville de Strasbourg; par Jean-Balthasar RUCHEN : 1588, *in-fol.* (en Allemand).

Cette Histoire, qui est partagée en douze Chapitres, traite avec précision des principales révolutions de la Ville, sur-tout de celles qui y sont arrivées dans le Gouvernement.]

== ☞ Mf. Chronique de Strasbourg; par Balthasar KOGMANN : *in-fol.* 3 vol. (en Allemand).

Cet Auteur commence depuis Jesus-Christ, & finit sa Chronique avec le XVIe Siècle dans lequel il a vécu. Son objet principal est l'Histoire de la Ville & de l'Evêché de Strasbourg ; mais il s'étend aussi sur tout ce qui est arrivé dans le reste de la Province. C'est pourquoi nous le mettons ici de nouveau, quoique nous l'ayons déja indiqué aux *Histoires de l'Evêché de Strasbourg*, tom. I. N.° 9117.]

== ☞ Mf. Chronique de Sébald BUHELER (père & fils) : *in-fol.* 2 vol. (en Allemand.)

Cette Chronique commence au XIVe Siècle, & finit à l'année 1594. Elle s'étend, comme la précédente, sur les Evénemens d'une grande partie de la Province. On l'a déja indiquée, tom. I. N.° 9116. Les deux Auteurs de cette Chronique, père & fils, dont le premier fut Garde de l'Arsenal de la Ville de Strasbourg, & l'autre Peintre, ont vécu dans le courant du XVIe Siècle, & ils sont restés attachés à la Religion Catholique. Le fils expose naïvement la Révolution arrivée dans la Religion du temps de son père.]

38722. ☞ Mf. Chronique de la Ville de Strasbourg ; par Charles MUEG : *in-fol.* (en Allemand).

L'Auteur n'a fait que commencer cette Chronique : elle a été continuée jusqu'à la fin du XVIe Siècle par plusieurs personnes de sa Famille, dont le principal fut Sébastien MUEG, qui a été annobli par l'Empereur, & est mort en 1624. Sébastien a aussi compilé des Diplômes qu'il a tirés des Archives de la Ville.

Tous les Manuscrits que nous venons de citer, depuis le N.° 38719, sont conservés dans la Bibliothèque de la Ville de Strasbourg, ci-devant de M. Schoepflin.]

38723. ☞ Mf. Chronique de Strasbourg; par Osée SCHADÉ : *in-fol.* (en Allemand).

L'Auteur, qui est mort en 1626, étoit un Théologien Protestant, qui s'est appliqué beaucoup à l'*Histoire de la Ville de Strasbourg*. C'est le même qui a donné une Description de la Cathédrale, que nous avons indiquée ci-devant, Tome I. N.° 9126. Sa Chronique est conservée dans les Archives de la Ville.

ZETZNER en a fait l'Abrégé, & son Manuscrit étoit dans la Bibliothèque de M. Schoepflin, aujourd'hui à la Ville de Strasbourg.]

38724. ☞ Chronique de Strasbourg ; par Michel KLEINLAWEL : *Strasburg*, 1625, *in-*4. (en Allemand).

Cet Ouvrage, qui est écrit en Vers Allemands, est peu de chose.]

38725. ☞ Chronique de Strasbourg ; par André GOLDMEYER : *Strasburg*, 1636, *in-*4. (en Allemand).

Cette Chronique Astrologique est aussi de peu de conséquence. Le Père le Long l'a confondue avec la précédente, & n'en a fait qu'une des deux.]

== ☞ Réduction de l'Alsace (en partie), l'an 1634, par les François.

Voyez ci-devant, Tome II. N.os 21812 & 21813.]

== ☞ Journal de ce qui s'est passé en Alsace, l'an 1654.

Ibid. N.° 23766.]

38726. Caroli HANOQUE Nova Francia Orientalis, sive Alsatia exhilarata : *Parisiis*, 1656, *in-*4.

38727. ☞ Mf. Collection des Edifices publics, sacrés & profanes de Strasbourg, (en Allemand); par Philippe-Louis KUNAST : 1708, *in-*4. 2 vol.

Ce Recueil est dans la Bibliothèque de cette Ville. L'Auteur, qui étoit Procureur au Sénat dans les premières années de ce Siècle, est très-exact, & il a tiré la plupart de ses Notices des Archives de la Ville.]

38728. ☞ Alsace Françoise, ou nouveau Recueil de ce qu'il y a de plus curieux dans la Ville de Strasbourg, avec une explication exacte des Planches qui le composent : *Strasburg*, Boucher, 1706, *in-fol.*]

== ☞ Description nouvelle de la Cathédrale de Strasbourg & de sa fameuse Tour; traduite de l'Allemand de François-Joseph BOHM.

Voyez ci-devant, Tome I. N.° 9128.]

38729. ☞ Carmen de Astronomico Horologio Argentoratensi ; scriptum à M. Nicodemo FRISCHLINO, Belingensi, Academiæ Tubingensis Professore ; item , de eodem Schediasma Guil. XYLANDRI, Augustani : *Argentorati*, Wyriot, 1575, *in-*4. fig.]

== ☞ Conradi DASIPODII, Horologii Argentoratensis Descriptio.

Voyez ci-devant , Tome I. N.° 9129.]

== ☞ De l'Origine & de l'Auteur de l'Imprimerie à Strasbourg.

Voyez ci-après, Tome IV. dans le Chap. des *Hommes illustres* & des *Imprimeurs*.]

38730. ☞ Description de l'Alliance des trois louables & Villes libres de Zurich

Liv. IV. *Histoire Civile de France.*

Berne & Strasbourg, renouvellée, confirmée & exécutée (en 1588) : *Strasburg*, 1588, *in-*8. en Allemand.]

38731. ☞ Libertas Argentinensium stylo Rysvicensi non expuncta: 1707, *in-*4.

Ce Traité a pour Auteur Frédéric SCHRAG, qui a écrit sur la nullité des Réunions.]

38732. ☞ Entrée de Louis XIV. dans la Ville de Strasbourg, le 23 Octobre 1681 : *in-*4.]

== ☞ Mariage de la Reine (Marie-Leczinska), à Strasbourg, &c. en 1725.

Voyez ci-devant, Tome II. N.os 26616 & *suiv.*]

38733. ☞ Représentation des Fêtes données par la Ville de Strasbourg, pour la Convalescence du Roi, à l'arrivée & pendant le Séjour de Sa Majesté en cette Ville, en 1744 ; inventé, dessiné & dirigé par F. M. WEIS, Graveur de la Ville de Strasbourg, gravé & imprimé à Paris : grand *in-fol.*]

38734. ☞ Description des (mêmes) Fêtes & Réjouissances : *Strasbourg*, 1744, *in-*4.]

38735. ☞ Desiderii ERASMI, Roterodami, Imago Reipublicæ Argentinensis ; edente Jo. Mich. Moscherosch : *Argentorati*, 1648, *in-*4.]

38736. ☞ La Fleur de la République de Strasbourg ; par Israël MURSCHEL : *Strasburg*, 1653, *in-*4. (en Allemand).

Ce Livre traite, comme le précédent, du Gouvernement de la Ville de Strasbourg.]

38737. ☞ Forma Reipublicæ Argentoratensis, delineata olim à Matthia BERNEGGERO, fusiùs exposita per Joan. Gaspar. BERNEGGERUM, filium : *Argentorati*, 1667, *in-*4.]

Ejusdem, Editio secunda : *Ibid.* 1673, *in·*16.

Cette dernière Edition contient tous les noms des Magistrats, depuis 1333 jusqu'en 1673, ce qui ne se trouve point dans la première : aussi cette Edition de 1673 est fort recherchée.]

38738. ☞ Jo. Martin PASTORIUS Kurze Abhandlungvon den Ammeistern der Statt Strasburg : *Strasburg*, 1761, *in-*8.

Ce Livre Allemand traite de l'origine, de l'élection, de la dignité & du pouvoir des Ammeistres de la Ville de Strasbourg.]

38739. ☞ Jac. Friderici MOLLINGERI, de JureVexilli Argentoratensium : *Argentorati*, 1636, *in-*4.

La Ville de Strasbourg, en accompagnant les Empereurs dans leurs voyages à Rome pour le couronnement Impérial, se servoit d'un grand Etendart, appellé *Carrocium*, qu'elle faisoit conduire sur un chariot, selon l'ancien usage des Villes d'Italie. C'est cet Etendart qui fait le sujet du Traité dont il est ici question. On conserve encore à Strasbourg l'Etendart dont cette Ville se servit au Couronnement de l'Empereur Frédéric III. à Rome, en 1450.]

38740. ☞ Recueil de Factums du Procès entre le Magistrat de Strasbourg & la Noblesse de cette Ville & d'Alsace (au sujet de l'indépendance où celle-ci prétendoit être à l'égard dudit Magistrat.)

Ces Pièces ont été imprimées après l'année 1711.]

38741. ☞ Statuts & Privilèges de la Noblesse d'Alsace : *Strasbourg*, 1713, *in-fol.*]

38742. ☞ Jo. Henrici BOECLERI, Vindiciæ Jurium Civitatis Argentoratensis, contra novas prætensiones Directorii Nobilitatis Alsatiæ Inferioris : *Argentinæ*, 1714, *in-*4.]

38743. ☞ Statuta Civitatis Argentinensis : *in-fol.* 36 vol.

Cette Collection de Statuts, tant manuscrits qu'imprimés, faits par la Ville de Strasbourg, depuis sa fondation jusqu'à nos jours, est conservée dans les Archives de la Ville, & est augmentée tous les ans, à mesure qu'il paroit de nouveaux Réglemens. On garde encore dans les mêmes Archives les Originaux des anciennes Loix & Statuts contenus dans une vingtaine de Volumes, écrits sur parchemin.

C'est de ces Originaux que M. SCHILTER, Avocat-Général à Strasbourg, sur la fin du dernier Siècle, a tiré son *Abrégé de la Législation* de cette Ville, en deux Volumes *in-fol.* Cet Abrégé, qui ne va que jusqu'au XVe Siècle, se trouve pareillement aux Archives de la Ville de Strasbourg.]

38744. ☞ Factum ou Exposition des injustices, &c. commises à Strasbourg par M. Klinglin ; (composé par le Sieur BECK:) *Amsterdam*, 1752, *in-fol.*]

38745. ☞ Mémoire pour François-Christophe-Honoré de Klinglin, Préteur Royal de Strasbourg ; (par Me DE GENNES, Avocat au Parlement de Paris :) *Grenoble*, (& *Paris*,) 1753 : *in-fol.* & *in-*12.]

38746. ☞ MS. Remarques sur l'Histoire de la Basse Alsace ; par Daniel SPECKEL (ou SPECKLIN.)

Elles sont conservées, écrites de sa main, dans les Archives de la Ville de Strasbourg.

Voyez sur l'Auteur, ci-dessus, N.° 38720.]

38747. ☞ Relation abrégée, tirée des Actes publics, sur l'Affaire des dix Villes Impériales d'Alsace : 1670, *in-*4. (en Allemand.)

Ce Traité contient le détail de ce qui s'est passé au sujet du Serment que Louis XIV. a exigé des dix Villes de la Préfecture d'Alsace.

Ces dix Villes, qui dépendoient de la Préfecture de Haguenau, & par rapport auxquelles on contestoit le Droit que le Roi y avoit acquis & par les Conquêtes & par la cession qui lui en avoit été faite à la Paix de Munster ; étoient Haguenau, Colmar, Schelestat, Weissembourg, Landau, Oberenheim, Rosheim, Munster, Kaiserberg & Turingheim.]

38748. ☞ Acta in puncto Juramenti fidelitatis ex capite supremi Dominii Sac. Christianissimæ Regiæ Galliarum Majestati, in Præfecturam Provincialem decem Civitatum Imperialium in Alsatia competentis ; *Ratisponæ*, 1671, *in-*4.]

38749. ☞ MS. Remarques sur la Ville de

Histoires des Trois Evêchés.

Weiſſembourg; par Balthaſar BOELL: *in-fol.* (en Allemand.)

L'Auteur étoit Bourguemaître de la Ville dans le cours de ce Siècle. Comme il connoiſſoit ſa patrie, ſon Manuſcrit contient des choſes intéreſſantes. Il étoit conſervé dans la Bibliothèque de M. Schoepflin, qu'il a laiſſée à la Ville de Strasbourg.]

☞ Siège de *Landau*, en 1702.

Voyez ci-devant, Tome II. N.os 24409, 24411-24414.]

38750. ☞ Titres & autres Documens pour l'Hiſtoire de la Seigneurie & des Seigneurs de *Lichtenberg*, en Baſſe Alſace.

Ils ſont joints aux Pièces ſuivantes, qui peuvent ſervir à l'Hiſtoire d'Alſace.

1. Mémoire touchant la ſituation où ſe trouve la Maiſon de Hanau, après les Traités de Paix de Raſtat & de Bade, &c. (par M. le Baron D'EDELSHEIM :) *Paris*, 1717, *in-fol.*

2. Mémoire pour Louis, Prince héréditaire, Landgrave de Heſſe-Darmſtatt, père & tuteur naturel de Louis, Prince Landgrave de Heſſe-Darmſtatt, ſon fils aîné, contre Claude de Saint-Simon, Evêque de Metz, Comte & Pair de France; par Me COCHIN, Avocat au Parlement: *Paris*, 1740, *in-fol.*

3. Déduction des Droits qui compétent à Sa Majeſté Frédéric-Auguſte, Roi de Pologne & Electeur de Saxe, ſur la Seigneurie de Lichtenberg : *Colmar*, 1750, *in-fol.*

4. Mémoire pour le Prince Héréditaire de Heſſe, contre Sa Majeſté le Roi de Pologne : *Colmar*, 1750, *in-fol.*

5. Mémoire pour le Prince héréditaire, Landgrave de Heſſe-Darmſtatt, contre les Repréſentans de la Comteſſe de Naſſau; par Me DE GENNES, Avocat au Parlement de Paris : *Paris*, 1755, *in-*4.

Bernard HERTZOG, qui étoit au ſervice des Comtes de Hanau, ci-devant Seigneurs de Lichtenberg, s'étend beaucoup ſur ce qui concerne cette Seigneurie, dans ſa *Chronique d'Alſace*, indiquée ci-deſſus, N.° 38706.]

38751. ☞ Le Droit Municipal de *Colmar*: *in-fol.*

Ce Recueil a été publié (vers 1740,) par les ſoins de M. de Corberon le fils, Premier Préſident du Conſeil Souverain d'Alſace, qui eſt en cette Ville.]

38752. ☞ Mſ. Deſcription véritable du Siège & de la Priſe de la Ville de Colmar par les Suédois, en l'année 1632; par Jacques RAPP : *in-*4. (en Allemand.)

L'Auteur de ce Livre, qui étoit Procureur à Colmar, fit un Journal très-circonſtancié du Siège & de la reddition de cette Ville aux Suédois.]

38753. ☞ Apologia Civitatis Imperialis Colmarienſis: *Colmar*, 1645, *in-*4. (en Allemand.)

Cette Apologie, dont l'Auteur eſt Jean-Balthaſar SCHNIDER, Syndic de Colmar, eſt très-bien écrite. L'Auteur y prouve que dans le même temps Colmar étoit en droit de paſſer une Capitulation avec la Suède en 1632, & avec la France en 1635.]

38754. ☞ Mſ. Jo. Jacobi LUCKII, Annales Rupiſpoletani : *in-fol.*

L'Auteur de ces *Annales des Seigneurs de Ribeaupierre* ou *Rappolſtein*, étoit un homme laborieux & fort inſtruit des Généalogies d'Alſace & de celles de toute l'Europe. Du ſervice des Seigneurs de Ribeaupierre, il paſſa dans celui de la Ville de Strasbourg, où il eſt mort en 1653. L'Original de ſes Annales eſt conſervé aux Archives de Ribeaupierre.]

38755. ☞ Caſim. Henr. RADII, de origine, dignitate, juribus & prærogativis quibuſdam illuſtriſſimæ Comitum, Rappoltſteinenſium Domûs : *Argentorati*, 1745, *in-*4.]

38756. ☞ Mſ. Hiſtoire de la Ville de *Mulhauſen*; onze Livres : *in-fol.* (en Allemand).

Cette Hiſtoire eſt de deux Auteurs. Le premier eſt Jacques-Henri PETRI, qui étoit Bourguemaître de Mulhauſen, dans le dernier Siècle. Son Ouvrage, qui compoſe un gros Volume, finit à l'année 1617. Un de ſes ſucceſſeurs, dans la Charge de Bourguemaître, Joſuas FURSTENBERGER, rédigea en Abrégé cette Hiſtoire, & la continua juſqu'en 1723.

Dans la Bibliothèque de Mulhauſen & dans celle de M. Scoepflin.]

☞ Priſe de la Ville de *Bedfort* & de celle d'*Obenheiheim*, en Alſace, l'an 1636.

Voyez ci-devant, [Tome II. N.os 21876 & 21877.]

38757. Chronique de Baſle, où ſont décrites toutes les choſes qui ſe ſont paſſées dans la Germanie ſupérieure, la Ville & le Diocèſe de Baſle, la Bourgogne, l'Alſace, le Briſgaw & les Pays voiſins; par Chreſtien WURTISIUS : *Baſle*, Henric-Petri, 1580, *in-fol.* (en Allemand).

☞ Une partie de la haute Alſace & le Sundgaw ſont du Diocèſe de Baſle.]

☞ ON peut encore conſulter, pour l'Hiſtoire d'Alſace, =Traité de J. Jacq. Chiffler, intitulé : *Alſatia vindicata*, qui ſe trouve au Tome I. de ſes *Œuvres Politiques*, à la fin ; = la *Réponſe* que lui a faite David Blondel, dans la Préface apologétique de l'Ouvrage qui a pour titre : *Genealogia Franciæ plenior Aſſertio*; = le Livre de Coccius, intitulé : *Dagobertus Rex Argentinenſis*, & l'Ouvrage de M. Bérain ſur les trois Dagoberts, ci-devant, Tome I. N.os 9114 & 9125.]

ARTICLE IV.

Hiſtoires de la Province des Trois Evêchés, ou des Domaines de Metz, Toul & Verdun, & celles des Pays qui y ont été annexés.

☞ CETTE Province, dont la figure eſt aſſez irrégulière, faiſoit dans les premiers temps de la Monarchie Françoiſe, partie du Royaume d'Auſtraſie, & la Ville de Metz en étoit la Capitale. Les Rois ou Empereurs d'Allemagne s'étant emparés de la Lorraine, au milieu de laquelle ces Pays ſont enclavés, augmentèrent les biens des Evêques, & les firent Princes de l'Empire : dans le même temps, Metz & Verdun devinrent Villes libres & Impériales. En 1552 le Roi Henri II. ſe rendit maître des Villes de Metz, Toul & Verdun, dont les Rois de France n'eurent d'abord que le titre de Protecteurs. Mais la Souveraineté leur en fut abandonnée par l'Empire & l'Empereur, lors du Traité de Munſter, en 1648. C'eſt depuis ce temps qu'on peut les regarder comme réunies à la Couronne, dont elles étoient ſéparées depuis long-temps. Louis XIV. y joignit enſuite pluſieurs Villes & Territoires, qu'il prit aux Ducs de Lorraine, ou aux Eſpagnols dans le Luxembourg. Ces

Liv. IV. Histoire Civile de France.

dernières Parties sont ce qu'on appelle les Pays annexés de la Province des trois Evêchés.]

38758. ☞ Traité du Département de Metz, dédié à M. de Caumartin, Intendant des trois Evêchés ; par M. STEMER, Secrétaire à l'Intendance : *Metz*, Colignon, 1756, *in-*4. d'environ 500 pages.

Cet Ouvrage, distribué en deux Parties, contient la Description du Département (ou de l'Intendance,) du Gouvernement Militaire de Metz, Verdun & Toul ; (celui-ci fait actuellement un Gouvernement à part.) Il est ensuite question des Manufactures & autres sources du Commerce, du détail des Bailliages & Prévôtés, des Productions de chaque Territoire, des Blazons proprement gravés, des Mesures & Poids, &c. On trouve dans la seconde Partie un état alphabétique des Villes, Bourgs, Villages, Paroisses, Hameaux, Châteaux, Censes, &c. compris dans le Département de l'Intendance de Metz, leurs distances, dépendances des Bailliages, &c. avec une Carte faite avec soin, contenant les Routes des Lieux où passent & séjournent les Troupes par Etapes ; les distances y sont marquées, en sorte qu'on n'a besoin ni d'échelle, ni de compas, & qu'on les trouvera du premier coup d'œil.]

38759. ☞ Journal ou Calendrier de Metz : 1758-1771, *in-*8.

Ce Journal non-seulement fait connoître les différens Etats de Metz, Toul, Verdun, &c. mais encore il renferme diverses Anecdotes historiques sur ces Villes & autres de la même Province.]

38760. ☞ Productions des Titres & Actes publics, pour justifier les Droits du Roi ès trois Evêchés de Metz, Toul & Verdun, comme aussi les Usurpations des Ducs de Lorraine sur lesdits Evêchés ; avec leurs Inventaires. Le tout recueilli par M. (Pierre) DUPUY, Conseiller du Roi, & l'un des Commissaires nommés par Sa Majesté pour la recherche desdits Droits.

Ces Pièces sont imprimées dans ses *Traités des Droits du Roi, pag.* 351-401, *Edition de* 1670 : *in-fol.*]

38761. Remarques sur les Antiquités de la Ville de *Metz* ; par (Abraham) FABERT.

Ces Remarques, [qui ne sont que de quatre ou cinq pages, se trouvent [dans l'Epître dédicatoire] de la *Description du Voyage de Henri IV. à Metz* : *Metz*, 1610, petit *in-fol.* [avec Carte & Fig.]

== ☞ Les Antiquités de Metz, ou Recueil sur l'origine des Médiomatrices ; par D. Jos. CAJOT.

Voyez ci-devant, Tome I. N.° 3936.]

38762. ☞ Plan de la Maison Quarrée de Metz.

Dans les *Antiquités* de M. le Comte de Caylus, *tom. V. pag.* 320.]

38763. ☞ Histoire de Metz, par des Religieux Bénédictins de la Congrégation de S. Maur, Membres de l'Académie Royale des Sciences & des Arts de la même Ville, (Dom Jean FRANÇOIS & Dom Nicolas TABOUILLOT :) *Metz*, 1769, *in-*4.

On n'en a encore que le Tome I. Il est divisé en deux Livres, dont le premier contient l'Histoire de Metz sous les Gaulois, & ses Antiquités Romaines & Gauloises. Le second Livre s'étend sous la première & la seconde Race des Rois de France, jusqu'à l'an 918. On trouve à la fin un grand nombre de Planches qui représentent diverses Antiquités.]

38764. ☞ Mf. Histoire Ecclésiastique. & Civile du Diocèse de Metz ; par le Père BENOIST de Toul, Capucin : *in-fol.* 2 vol.

Ce Manuscrit est conservé dans la Bibliothèque du Séminaire de Saint-Simon. On l'a déjà indiqué Tome I. N.° 10549, pour la partie Ecclésiastique, & l'on a observé que le nouvel Historien de Verdun disoit que cette Histoire de Metz étoit en 3 vol. *in-fol.* chez M. Seron, Grand-Vicaire de Metz. L'Auteur qui se nommoit dans le monde Picard, est mort au mois de Janvier 1720.]

38765. ☞ Mf. Recueil historique de ce qui est arrivé de plus remarquable & de plus certain dans la célèbre Ville de Metz, depuis le temps de Jules-César inclusivement, jusqu'à l'année 1756 ; par Dom Théodore BROCQ, Religieux Bénédictin.

Ce Manuscrit est conservé dans la Bibliothèque de S. Arnoul de Metz. L'Auteur est mort en 1761.]

38766. ☞ Comment la Ville de Metz a passé sous la puissance des Empereurs d'Allemagne, quand obtint-elle précisément le titre de Ville Libre Impériale ? quels changemens ces Révolutions ont-elles opéré dans l'Administration de la Justice ? Mémoire couronné par l'Académie de Metz, le 18 Septembre 1768, & composé par M. GOTSMANN de Thurn, ancien Conseiller ès Conseil Supérieur d'Alsace : *Metz*, 1769, *in-*8. de 64 pages.]

38767. Mf. Des Comtes de Metz, depuis l'an 960 jusqu'en 1216 : *in-fol.*

Ce Manuscrit [étoit] à Paris dans le Cabinet de M. Fouquet, Secrétaire du Roi.

38768. Mf. Chronique de la noble Cité de Metz, depuis sa fondation jusqu'en 1431.

Cette Chronique [étoit] entre les mains du P. Hugo, [Abbé d'Estival en Lorraine,] de l'Ordre des Prémontré, [mort en 1739.]

38769. Chronique ou Annales de Metz, par le Doyen de Saint-Thiébaud de Metz, depuis 1231 jusqu'en 1445.

☞ Le Père le Long la citoit Manuscrite ; mais elle a été depuis imprimée dans le Tome II. de l'*Histoire de Lorraine*, par le Père Calmet, *pag.* 170 des Preuves & Pièces justificatives.

Il y a dans la Bibliothèque du Roi, comme venant de M. de Cangé, un Manuscrit de cette même Chronique, qui est dite composée par le Curé de Saint-Eucaire de Metz ; mais il est bon d'avertir ici que c'est la même personne que le Doyen de Saint-Thiébaud. On peut voir sur cette Chronique & son Auteur, ce qui en est dit *pag.* ix. de la Préface de l'*Histoire de Metz*, par les Bénédictins, ci-dessus, N.° 36763.]

38770. Mf. Les Chroniques de la Ville de Metz, depuis l'an 1416 jusqu'en 1501 : *in-fol.*

Elles sont conservées dans la Bibliothèque de Sainte-Geneviève, à Paris.

38771. Mf. Liste des Echevins de la Ville de Metz jusqu'en 1512 ; avec un Journal de

Histoires des Trois Evêchés.

ce qui s'est passé de mémorable dans le Pays Messin & en Europe, depuis l'Election de l'Empereur Charles IV. (en 1346) jusqu'en 1512 : *in-fol.*

Ce Manuscrit, d'une écriture ancienne, [étoit] dans la Bibliothèque du Prince Eugène, [& est aujourd'hui dans celle de l'Empereur, à Vienne.]

38772. ☞ Mſ. Chronique de Metz, jusqu'à l'an 1524; par Jean LE CHASTELAIN.

Elle est conservée dans la Bibliothèque de M. Pernet, Président au Présidial de Toul; & c'est l'Exemplaire le plus entier de cette Chronique, au jugement de Dom Calmet.]

38773. Mſ. Chroniques de plusieurs choses notoires & admiratives, principalement des Papes de Rome, des Rois de France, & de plusieurs choses advenues à Metz depuis l'an 1113 jusqu'en 1518.

Ces Chroniques [étoient] dans la Bibliothèque de M. Foucault, [qui a été distraite.]

38774. ☞ Mſ. Chroniques qui commencent du temps de S. Bernay, de plusieurs chouses noutoires advenues parmi le monde, &c. & des Maistres Eschevins de la Ville de Metz, & de plusieurs chouses advenues en Metz : *in-fol.*

Cet ancien Manuscrit, indiqué pag. 223, du Catalogue de M. de Cangé, est aujourd'hui dans la Bibliothèque du Roi. Il commence l'an 1113, & finit en 1530. Ces Chroniques pourroient bien être les mêmes que les précédentes, dont nous ignorons le sort.]

38775. ☞ De Meti urbe capta : 1552. Auctore Mich. HOSPITALIO.

C'est l'Epître VIII. du Liv. II. des *Poësies du Chancelier de l'Hospital : Parisiis*, Patisson, 1585, *in-fol.* Il s'y agit de la Prise de Metz par Henri II.]

═ Le Siège de *Metz* (par Charles-Quint,) à la fin de 1552; par (Bertrand) DE SALIGNAC, [& autres.]

Voyez ci-devant, [Tome II. N.os 17662 & *suiv.*]

38776. Mſ. Chronique de Metz, en Vers, jusqu'en 1576 : *in-fol.*

Cette Chronique [étoit] dans la Bibliothèque de M. Colbert, num. 4760, [& est aujourd'hui dans celle du Roi.] Elle a été composée par deux Auteurs : le premier vivoit en l'an 1438, où il a fini; le second, qui l'a continuée jusqu'en l'an 1576, [parle comme témoin] du Siège de Metz par Charles-Quint [en 1552.]

38777. ☞ Mſ. Diverses Chroniques & Journaux concernant la Ville de Metz, qui sont cités dans la Préface de la nouvelle Histoire de Metz, (ci-devant, N.° 36763.)

Ces Ouvrages Manuscrits sont :

1. Chronique des Célestins de Metz; par le Père Nicolas DE LUTTANGE, Prieur.

Ce Manuscrit est conservé dans la Bibliothèque de cette Maison. Il contient; 1.° un Traité des Droits que l'Empereur avoit à Metz, & une Liste des Maîtres Echevins; 2.° un Journal depuis 1396 jusqu'en 1439; 3.° un Recueil d'Anecdotes de différentes mains, jusqu'en 1525. Ces Célestins possèdent encore une petite *Chronique*, qui finit en 1619, & sert de suite à la précédente.

2. Journal de Jean AUBRION, notable Bourgeois de Metz, commençant en 1464, & finissant en 1500. Il entre dans des détails minutieux, & cependant il contient des particularités qu'on chercheroit inutilement ailleurs.

L'original étoit dans la Bibliothèque de M. l'Abbé Lebeuf, Chanoine d'Auxerre.

3. Chronique de Metz; par Philippe DE VIGNEULES, Marchand & Citoyen de Metz; depuis l'an du monde 2659, jusqu'à l'année 1526 de J. C. *in-fol.* 3 vol. Les commencemens de cette Histoire sont entièrement fabuleux; mais depuis le XIVe siècle, elle est intéressante & judicieuse; c'est l'ouvrage dont on fait le plus de cas pour ce qui regarde cette Ville. Le Manuscrit original est conservé dans les Archives de l'Hôtel de Ville.

4. Journal circonstancié de ce qui s'est passé à Metz, depuis 1587 jusqu'au 6 Novembre 1638; par D. Sébastien FLORET, Religieux de S. Arnoul, mort en la même année 1638, âgé de 80 ans. Ce Manuscrit est conservé dans la Bibliothèque de S. Arnoul de Metz.

5. Chronique & Journal de Metz; par Jean BAUCHERT, Greffier au Village de Plappeville : *in-fol.* Ce Manuscrit est chez M. Midart, premier Huissier du Parlement. La première Partie est une Chronique en vers, continuée jusqu'en 1635; la seconde, un Journal en prose, depuis 1635, jusqu'à 1650.

6. Journal de Metz, depuis 1663 jusqu'en 1694; par M. MAILLETE DE BUY. Ce Journal est divisé en quatre Parties, la première des traits historiques; la seconde une Liste des Mariages; la troisième un Registre de Baptêmes; la quatrième un petit Nécrologe.]

38778. La Chronique de la noble Ville & Cité de Metz : *Metz*, 1698, *in-12.*

☞ Cet Ouvrage est de Jean CHATELAIN. C'est une Analyse en mauvais Vers François de la Chronique de Vigneulles, que l'on vient d'indiquer au numéro précédent (num .3). Elle se termine en 1471. Dom Calmet l'a fait imprimer en partie, parmi les Pièces du Tome II. de son *Histoire de Lorraine*; mais elle y est poussée jusqu'en 1550. On en conserve à Metz un Exemplaire Manuscrit qui a été augmenté jusqu'en l'année 1620, & elle y est connue sous le nom de *Chronique de Saint Clément.*

Je ne sçai si cette Chronique en Vers attribuée à Châtelain, est différente de celle qui est indiquée ci-dessus au N.° 38772. Ce sont deux Notices qui nous ont été envoyées par différentes voies.]

38779. ☞ Déclaration du Roi sur l'Arrêt d'Absolution donné en la Cour du Parlement de Paris, le 30 Mars 1602, en faveur de Pierre Joly, son Procureur-Général ès Ville de Metz, Pays Messin, &c. *Paris*, 1602, *in-8.*]

38780. ☞ Avis à MM. des trois Etats de la Ville de Metz, sur l'abus qui se commet en la forme de convoquer & tenir les Assemblées qui se font en leur nom, & de ce qui semble y devoir être observé; par un bon, vrai & naturel Messin, (Pierre JOLY, Procureur-Général :) *Metz*, 1604, *in-4.*]

38781. ☞ Mſ. Remarques & Discours au sujet d'une Entreprise tramée & continuée longuement sur la Ville de Metz, dont suivirent divers emprisonnemens, & procédures des Commissaires du Roi, depuis le 21 Avril 1601, jusqu'à ce que Sa Majesté (Henri IV.) retira ledit Gouvernement le

Tome III.   Ffff

594 LIV. IV. *Histoire Civile de France.*

Sieur de Saubole, Robert de Commenge : *in-fol.*

Ces Remarques sont indiquées entre les Pièces du num. 3301* du Catalogue de M. le Blanc. Elles ont rapport aux Plaintes générales qui se trouvent au commencement de la Relation suivante.

== ☞ Voyage du Roi à Metz, (au mois de Mars 1603,) l'occasion d'icelui : ensemble, les signes de resjouissance faits par ses Habitans, pour honorer l'entrée de Sa Majesté ; par (Abraham) FABERT : 1610, petit *in-fol.* avec fig.

Voyez ci-devant, Tome II. N.° 19909. Il a été ainsi porté trop loin par le P. le Long, l'affaire n'étant pas de 1610 ou environ. A l'Entreprise de l'Archiduc Albert sur Metz, pour la reprendre, doit avoir rapport un autre Ouvrage intitulé : *Discours de Francesquin sur la reprise de la Ville de Metz : Paris*, 1606, *in*-4. que le P. le Long met beaucoup avant le précédent, [dans cette Edition, Tome II. N.° 19866.] Le vrai titre de ce dernier Ouvrage est :

Discours de Bartholomé FRANCESQUIN, dit *Journée,* Ecuyer du feu Prince & Comte de Mansfeldt, touchant le crime à lui imposé d'avoir voulu entreprendre sur la Ville & Citadelle de Metz : *Paris*, 1606, *in*-4.]

== ☞ Récit de ce qui s'est passé à Metz & en Champagne, l'an 1619.

Voyez ci-devant, Tome II. N.° 20777.]

38782. ☞ Discours véritable de ce qui s'est nouvellement passé d'étrange entre les Habitans de la Ville de Metz & les Peuples circonvoisins, avec les meurtres de plusieurs Personnes de part & d'autre, & le sujet pourquoi : *Paris*, 1632, *in*-8.

Le fait est assez singulier. Les Paysans des environs de Metz s'étant imaginé que de grosses pluies continuelles étoient occasionnées par les plantations de Tabac qui étoient autour de Metz, & prétendant qu'il attiroit les eaux du Ciel comme il fait celles du cerveau, s'ameutèrent & vinrent au nombre de plus de quatre mille, tous armés, pour arracher les plantes du Tabac. A eux se joignit une très-grande quantité de la Populace de la Ville, pour détruire entièrement ces Plantations. Les Cultivateurs du Tabac voulurent le défendre, & s'étant fait donner main forte, il y eut une tuerie assez considérable de part & d'autre. Trois ans auparavant la même chose étoit arrivée.]

== ☞ Journal de ce qui s'est fait à Metz, au Passage de la Reine, en 1725, lors de son Mariage avec LOUIS XV.

Voyez ci-devant, Tome II. N.° 24586.]

38783. ☞ Mémorial des Travaux de Saint-Julien lès-Metz, & du Calvaire dit la Belle-Croix : mis en Vers par VA-DE-BON-CŒUR : 1731, *in*-12.]

38784. ☞ Mémoire sur l'état de la Ville de Metz, & les Droits de ses Evêques : *Metz*, 1737, *in*-4. de 14 pages.]

== ☞ Maladie du Roi Louis XV. à Metz, en 1744.

Voyez ci-devant, N.°ˢ 24645-24661.]

38785. ☞ Ordonnances de la Ville de Metz & Pays Messin : *Metz*, 1565, *in*-8.]

☞ ON peut recourir encore pour l'Histoire de Metz aux Ouvrages suivans = Annales Metenses (ci-devant, Tome I. N.° 16467).= Chronicon sancti Vincentii. (*Ibid.* N.° 12835.) = Chronicon Senoniense, (N.° 12883.)= Histoire de Moyen Moustier, (N.° 12168.) Je crois devoir ajouter ici une Notice de quelques Ouvrages historiques Manuscrits, par rapport auxquels je ne puis dire en quel endroit ils sont conservés.]

38786. ☞ Ms. Chronique de Metz ; par Michel PRAILLON, ancien Maître Echevin.

Elle a été continuée par Philippe PRAILLON, son petit-fils, qui vivoit en 1633.]

38787. ☞ Ms. Recueil de ce qui est arrivé dans Metz pendant le temps de Charles SERTORIUS, Maître Echevin en 1606.

Il le présenta à Henri IV. lorsqu'il vint à Metz.]

38788. ☞ Ms. Mémoires pour servir à l'Histoire de Metz, écrits par le Sieur BONTEMPS, Chanoine de Metz, qui vivoit au commencement du dernier Siècle.]

38789. Ms. Histoire de la Ville de Metz ; par Paul FERRY, Ministre de l'Eglise de Metz.

L'Histoire de ce Ministre de la Religion-Prétendue-Réformée, mort en 1660, est citée dans le *Dictionnaire de Moréri*, à son Article.

38790. * Abrégé du Procès fait aux Juifs de Metz, avec trois Arrêts du Parlement contre eux, & principalement contre Raphaël Lévi, condamné à être brûlé : *Paris*, [Léonard,] 1670, *in*-12.

☞ On attribue cet Ecrit à Abraham-Nicolas AMELOT DE LA HOUSSAYE.]

38791. Factum servant de Réponse au Livre intitulé : *Abrégé du Procès*, &c. *Paris*, 1670, *in*-4.

Ce Factum [qui a pour Auteur Richard SIMON, Ex-Oratorien,] fut imprimé au nom des Juifs de Metz. Il se trouve encore dans la Bibliothèque critique de l'Auteur, publiée sous le nom de S. JORE : *Amsterdam*, 1708, *in*-12. tom. I. pag. 109.]

☞ On peut voir dans l'*Histoire des Juifs de Basnage, la Haye*, 1716, *in*-8. tom. IX. pag. 614, ce qui regarde ce Procès & de quelle manière l'innocence de Lévi, &c. ayant été découverte ; le Roi continua d'accorder sa protection aux Juifs de Metz.]

38792. ☞ Ms. Coutumes & Usages des Juifs de Metz, dressés en 1743, & présentés au Parlement.

Ils sont en trente-trois Articles dont on peut voir les titres à la fin de l'Ouvrage intitulé : *Jo. Frid. Fischeri Commentatio de statu & Jurisdictione Judæorum : Argentorati*, 1763, *in*-4.]

38793. ☞ Recherches sur la nature & l'étendue du Briquetage de *Marsal*, avec un Abrégé de l'Histoire de cette Ville, & une Description des Antiquités qui se trouvent à *Tarquinople* ; par M. DE LA SAUVAGÈRE : fig.

Dans son *Recueil des Antiquités des Gaules : Paris*, Hérissant, 1770, *in*-4. pag. 187. Cette Edition est plus complette que celle qui avoit paru en 1740 : *Paris*, Jombert, *in*-8.]

Histoires des Trois Evêchés.

== ☞ Conférences de *Stenay*, en 1651. Prise de cette Ville en 1654.

Voyez ci-devant, Tome II. N.os 13279, 13767 & 13777.]

== ☞ Guerre de Verdun ou du Duc de Lorraine, contre la Ville de *Jametz*, en 1585, &c.

Ibid. N.os 18877 & 19021.]

38794. ☞ Mf. Mémoire sur la Ville de Jametz.

Il est conservé dans la Bibliothèque de M. Fevret de Fontette, à Dijon.]

== ☞ Bataille de *Thionville*, en 1634, & Prise de cette Ville en 1643.

Voyez ci-devant, Tome II. N.os 21797, 22189 & 22190.

Thionville, Ivoix & Montmédy, font du *Luxembourg François*, qui est uni au Gouvernement de Metz.]

== ☞ Prise de *Montmédy*, en 1658.

Ibid. N.° 23817.]

38795. ☞ Du Duché de *Carignan* (à *Ivoix*,) enregistré l'an 1662.

Dans l'*Histoire Généalogique* du Père Simplicien, *Tom. V. pag.* 674.]

38796. ☞ Mf. Mémoire sur le Village d'*Avioth*, près de Montmédy; par le Sieur CARILON, Curé: Original signé, de 16 pages.

Dans la Biblioth. de M. Fevret de Fontette, à Dijon. Avioth, Village du Pays Messin, est du Diocèse de Trèves, mais de la Recette de Carignan.]

38797. Histoire politique de la Ville de *Toul*; par le Père BENOIST de Toul, Capucin.

Elle est imprimée avec l'*Histoire Ecclésiastique de Toul*, par le même : *Toul*, 1707, *in*-4. On peut voir ce qui en est dit ci-devant, [Tome I. N.° 10615.]

38798. ☞ Mf. Mémoires de Jean DU PASQUIER, Syndic de la Ville de Toul.

Ils sont conservés à Toul, dans la Bibliothèque des Doyens de S. Gengoulph. La Préface de ces Mémoires en contient le précis en ces termes : « Ces Mémoires
» sont divisés en quatre parties. La première contient
» l'Etat général de ladite Ville de Toul, & des Pays,
» Terres & Seigneuries dépendantes, tant de l'Evêché
» que du Chapitre de la Cathédrale, que l'on appelle
» toutes les Terres du Gouvernement ; la seconde com-
» prend l'Etat de ladite Ville en particulier ; notam-
» ment en l'an 1616 jusqu'en l'an 1633, que le Par-
» lement de Metz entra au mois d'Août en ladite Ville
» de Metz, y tint la première séance le jour de la
» Saint-Louis, mais en sortit au 1 Avril de l'an 1637,
» pour venir à Toul. La troisième Partie contient ce
» qui s'est passé en ladite Ville de Toul, depuis ladite
» année 1633 jusqu'en l'an 1641, que l'on y établit le
» Bailliage Royal ; & la quatrième Partie, ce qui s'est
» fait à Toul depuis l'an 1641 jusqu'en l'an 1688, au-
» quel an ledit Parlement retourna à Metz le Samedi
» 30 Novembre ».]

38799. ☞ Mf. Annales de la Ville de Toul ; par le Sieur DEMANGE BUSSI, depuis l'année 1620 jusqu'à l'an 1670.

Ce Manuscrit est conservé dans la même Bibliothèque.]

38800. ☞ Mf. Histoire du Siège de Toul, en 1685.

Cette Histoire fut écrite alors par M. BACARETTI, Chanoine de Toul. Le Père Benoît en cite quelques passages, dans son *Histoire de Toul, pag.* 665. On ignore ce qu'est devenu ce Manuscrit.]

38801. ☞ Histoire Civile de *Verdun*, par un Chanoine de cette Ville, (M. ROUSSEL).

Elle se trouve avec l'*Histoire Ecclésiastique de Verdun*, déja indiquée ci-devant, Tome I. N.° 10661. Mais l'Auteur s'étend plus sur celle-ci, que sur la Civile.]

38802. ☞ Mf. Histoire abrégée de la Ville de Verdun, depuis l'an 514 jusqu'en 1633 ; par Matthieu HUSSON.

Elle est conservée dans la Bibliothèque de S. Vanne, & il y en a une Copie chez M. Husson, Conseiller à Verdun.

38803. ☞ Mf. Histoire de Verdun ; par Dom SENOQUE, Bénédictin.

Il en est parlé dans la Préface de l'Histoire du Chanoine Roussel.]

38804. Mf. Divers Discours touchant le Pays de Verdun & le Verdunois : *in-fol.*

Ces Discours sont conservés entre les Manuscrits de M. Dupuy, num. 295.

☞ On peut voir aussi ce qui se trouve à ce sujet, dans son Livre des *Droits du Roi, pag.* 389, Edition de 1670.]

38805. Mf. Ce qui s'est passé lorsque le Roi de Protecteur de la Ville de Verdun, en est devenu le Possesseur.

Ce Manuscrit est conservé dans la Bibliothèque de l'Abbaye de Saint-Vanne.

38806. ☞ Des Pays réunis, comme étant autrefois dans la vassalité des trois Evêchés.

Ce Morceau se trouve dans la Géographie historique de d'Audiffret, *tom. II. pag.* 431-478. La France renonça à cette Affaire, en 1697, par le Traité de Risvick.

☞ *Nota.* Il est parlé amplement des Villes de *Metz, Toul* & *Verdun*, non-seulement dans les *Droits du Roi* de M. Dupuy, (indiqués plus haut) mais encore dans les *Décisions* de LE BRET (qui avoit été nommé avec lui Commissaire au sujet des usurpations du Duc de Lorraine,) *Part. II. Liv. II. Décision* 2. On peut voir encore PARADIN, dans sa *Continuation de l'Histoire de France*, année 1551, *pag.* 18, 30-33, 68 ; 134 & 170 ; mais sur-tout, l'*Histoire de Lorraine* du P. CALMET, presque au commencement de l'Article suivant.]

ARTICLE V.

Histoires de la Lorraine & du Pays de Bar, avec celles de leurs anciens Ducs.

☞ CES Pays faisoient autrefois, comme Metz, &c. partie de l'Empire François. Les Rois de Germanie s'en étant emparé, mirent un Duc en Lorraine ; & il y avoit un Comte à Bar. La France y est rentrée, par la mort de Stanislas, Roi de Pologne, à qui ces Pays avoient été cédés en 1735, à condition que lors de leur réunion à la France, ils resteroient Province particulière, qui ne pourroit être unie à une autre.]

38807. ☞ Nicolai GUIBERTI, Responsio calumniis & conviciis in Lotharingos evomitis.

Cette petite Pièce est imprimée *pag.* 57, d'un Livre de cet Auteur, intitulé : *De interitu Alchymiæ Tractatus aliquot : Tulli*, 1614, *in-*8.]

38808. ☞ De Lotharingiâ.

Dans la Collection des *Historiens de France*, par Duchesne, *tom. I. pag.* 133.]

38809. Mf. Histoire du Pays & Duché de Lorraine, avec le Dénombrement des Villes, Bourgs & Châteaux, Villages & autres Lieux remarquables, & raretés du Pays; par Thierry ALIX, Président de la Chambre des Comptes de Lorraine : 1594, *in-fol.*

Cette Histoire [étoit] dans la Bibliothèque de M. le Chancelier Seguier, num. 738, [avec cette Note en haut : *Ex Bibliothecâ L. Maschon*; & delà vient qu'on l'a lui a attribuée par erreur : aussi le P. le Long, mieux informé, a corrigé ce qu'il en avoit dit, sur son Exemplaire, & a mis ce qu'on vient de lire.]

38810. ☞ Mf. Polium, ou Table alphabétique de tous les noms de Lieux des Duchés de Lorraine & de Bar, fait en 1703, par ordre du Duc de Lorraine par le Sieur BUGNON, Géographe de ce Prince; avec des Remarques, Variantes, Additions de M. JAMET le cadet & de M. LANCELOT, faites en 1739, & prises du Dénombrement général de la Lorraine & du Barrois, rédigé en 1739; par M. JAMET le cadet : *in-fol.* de 252 pages.

Ce Manuscrit est dans la Bibliothèque du Roi, & vient de M. Lancelot.

On a indiqué ci-devant, Tome I. *pag.* 116, l'Ouvrage simple de Bugnon. *Voyez* au même endroit plusieurs autres Traités sur la Géographie de Lorraine : les meilleurs sont ceux de M. Durival & du Père Calmet.]

38811. ☞ Mf. Mémoire de Jean-Jacques CHIFFLET, sur la Lorraine.

Ce Manuscrit est dans la Bibliothèque de M. le Président Chifflet, à Besançon.]

== ☞ De antiquo Coronæ Gallicæ & Carolingorum Franciæ Regum in Regnum Lotharingiæ jure : *Argentorati*, 1748, *in-*4.

C'est une Thèse de Droit Public, avec Notes, que M. LORENZ a soutenue pour avoir ses Dégrés en Droit. On l'a déja indiquée ci-devant, Tome II. *pag.* 885, N.° 29041 ; mais le titre est ici plus exact.

On trouve dans la même page, & dans les précédentes plusieurs Ouvrages qui peuvent servir à l'Histoire de Lorraine.]

38812. Mf. Histoire de Lorraine jusqu'à présent, (1718;) par Louis HUGO, Chanoine Régulier de l'Ordre de Prémontré.

Cette Histoire [étoit] dans le Cabinet de l'Auteur, qui y [mettoit alors] la dernière main.

☞ L'Histoire suivante a arrêté sans doute celle-ci. Le P. Hugo est mort à Estival en Lorraine, dont il étoit Abbé, en 1739.]

38813. ☞ Histoire Ecclésiastique & Civile de Lorraine, qui comprend ce qui s'est passé de plus mémorable dans l'Archevêché de Trèves, & dans les Evéchés de Metz, Toul & Verdun, depuis l'Entrée de Jules-César dans les Gaules, jusqu'à la mort de Charles V. Duc de Lorraine, en 1690; avec les Pièces justificatives, des Cartes Géographiques, Plans, &c. par D. Augustin CALMET, Bénédictin de la Congrégation de Saint-Vannes, & Abbé de S. Léopold : *Nancy*, Cusson, 1728, *in-fol.* 3 vol.

Le *Tome I.* s'étend depuis l'arrivée de César dans les Gaules, jusqu'à l'an de Jesus-Christ 1115.

On trouve à la tête, = Dissertation sur les premiers Evêques de Trèves, Metz, Toul & Verdun, & des Listes Chronologiques, = Catalogue alphabétique des Ecrivains de Lorraine, = Origine & Généalogie de la Maison de Lorraine.

A la fin, sont les Pièces justificatives, & une Table alphabétique des Matières.

Le *Tome II.* renferme l'Histoire depuis l'an 1115 jusqu'à 1608.

On y trouve, = Remarques sur les Sceaux, Monnoyes & Médailles gravées pour cette Histoire, = Preuves & Pièces justificatives, entre lesquelles on doit remarquer, = Chronique de Metz en Vers, qui contient l'Histoire de cette Ville depuis le commencement du Monde, jusqu'en 1583, par un Auteur inconnu, = Chronique ou Annales du Doyen de S. Thiébaud de Metz, depuis 1229 jusqu'en 1445.

Le *Tome III.* s'étend depuis l'année 1608 jusqu'en 1690.

On trouve à la tête, = plusieurs Plans, = Dissertation sur le titre de *Marchis*, que prenoient les Ducs de Lorraine, = sur les Duels, = sur les Salines, = sur les Sceaux, Armoiries, Devises, Cris de guerre, &c. des Ducs de Lorraine, = Liste Chronologique & Abrégé de l'Histoire des principales Abbayes de la Province de Trèves & des Trois Evêchés, = Preuves, parmi lesquelles est une Chronique de Lorraine, depuis l'an 1350, ou environ, jusqu'en 1544. = Enfin, Table alphabétique.

Nouvelle Edition, revue, corrigée & augmentée des Règnes de Léopold I. & de François III. *Nancy*, Leseurre, 1757, *in-fol.* 6 vol.

Cette Edition se présente comme ayant sept volumes; mais il est bon d'avertir que le Libraire, a mis mal à propos au milieu comme *Tome IV.* la *Bibliothèque Lorraine* du P. Calmet, qui fut imprimée dans le même temps que le Tome III. de l'Histoire, laquelle est complette sans cet Ouvrage. L'impression du dernier Volume étoit fort avancée lors de la mort de l'Auteur, arrivée à Senones, dont il étoit alors Abbé, le 25 Octobre 1757. Il étoit âgé de 85 ans.

Voyez sur cette Histoire, *Méth. hist. in-*4. de Lenglet, *tom. II. pag.* 303, & *tom. IV. pag.* 252.=*Observ. sur les Ecr. mod. Lettr.* 484. =*Journal de Verdun*, 1723, Septembre, 1724, Mai, 1746, Août, 1747, Novemb. = *Mém. de Trévoux*, 1724, Septembre, 1743, Mars. = *Journ. de Léips. Supplém. nov. I. pag.* 337. = *Merc.* 1724. Avril. = *Struvii Biblioth. hist.* 1740, *pag.* 378. = *Vie du Père Calmet*, (*Senones*, 1762, *in-*8.) *pag.* 93 & 363.]

38814. ☞ Lettre sur l'Histoire de Lorraine. Mercure, 1747, Septembre.]

38815. ☞ Abrégé de l'Histoire de Lorraine; par D. Augustin CALMET : *Nancy*, 1734, *in-*8.

Ce petit Ouvrage avoit été composé pour l'instruction des jeunes Princes de Lorraine.]

Histoires de Lorraine, &c.

38816. ☞ Histoire abrégée des Ducs de Lorraine, depuis Gérard d'Alsace, jusqu'à François III. par J. B. WILHEM, Jésuite : *Nancy*, 1735, *in-*8.]

38817. ☞ Chronologie historique des Rois & Ducs de Lorraine; par Dom François CLÉMENT, de la Congrégation de S. Maur.

Dans la seconde Edition de l'*Art de vérifier les Dates* : (*Paris*, Desprez, 1770, *in-fol.*) *pag.* 628.]

== ☞ Généalogies des Ducs de Lorraine.

Voyez ci-devant, Tome II. N.os 15900 & *suiv.* Les plus anciennes sont pleines de fables & de faussetés.]

38818. ☞ Essai sur les Duchés de Lorraine & de Bar; par M. (Charles-Léopold) ANDREU DE BILISTEIN : *Amsterdam*, 1762, *in-*12.]

38819. ☞ Mſ. De l'antiquité du Duché de Lorraine, où est démontré qu'il n'a prins origine, ni dénomination, de Lothaire, fils de Louis-le-Débonnaire, ains a commencé dès quarante-huit ans avant la Nativité de Notre Seigneur; par Thierry ALIX, Président en la Chambre des Comptes : dédié au Duc Charles III. de Lorraine : *in-*12.

Cet Ouvrage, qui est sans Critique, & plein de fables, se trouve dans la Bibliothèque de Luxeul. On y voit le nom des Villes, Villages & Rivières de Lorraine, avec le Pouillé du Diocèse de Toul.]

38820. ☞ Mſ. Recueil de différentes Pièces concernant la Lorraine : *in-*8.

Il est dans la Bibliothèque du Roi, & vient de M. Lancelot.]

38821. De quelle Lorraine Charles, fils de Louis d'Outremer, étoit Duc; par Jean BESLY.

Ce Discours est imprimé, *pag.* 83, de ses *Preuves de l'Histoire des Comtes de Poitou*. L'Auteur soutient avec Théodore Godefroy, que ce Prince étoit Duc de la Haute & Basse Lorraine.

☞ Il ne l'étoit que de la Basse, ou du Brabant, &c. comme le pensent aujourd'hui les plus habiles, après que la matière a été bien examinée.]

38822. ☞ Etat de la Lorraine depuis les enfans de Louis-le-Débonnaire, que la Basse fut donnée à Charles de France, &c. par Laurens TURQUOYS.

Ce sont les Chapitres IV-XII. du Livre III. de son *Empire François*, &c. *Orléans*, 1651, *in-fol.*]

38823. Mſ. Miscellanea Francica, seu Historia Franciæ Austrasiæ, Lotharingiæ, &c. Auctore Jacobo VIGNIER, è Societate Jesu : *in-*4.

Ce Mélange est conservé à Dijon, dans la Bibliothèque de M. de la Mare.]

== ☞ Si les Provinces de l'ancien Royaume de Lorraine doivent être appellées Terres de l'Empire; par CHANTEREAU LE FEVRE : *Paris*, Guillemot, 1644, *in-*8.]

38824. ☞ Jo. Jac. MASCOVII, de Regni Lotharingiæ nexu cum Germanorum Imperio : *Lipsiæ*, 1728, *in-*4.]

38825. ☞ De Eminentioribus Ducatûs & Ducum Lotharingiæ prærogativis ; Auctore Jo. Gottlieb. HEINECCIO : *Francofurti ad Viadrum*, 1732, *in-*4.

Cette Pièce est imprimée tom. II. des Œuvres de Heineccius : *Geneva*, 1748, *in-*4. *pag.* 754.]

== Joan. Jacobi CHIFFLETII, Lotharingia masculina, adversùs Anonymum Parisiensem : *Antverpiæ*, 1648.

Ejusdem, Commentarius Lotharienſis : 1649.

Ces Ouvrages, (qui ont été réimprimés au Tome II. des Œuvres de Chifflet,) sont utiles pour l'étude de l'Histoire de la Lorraine : ils ont cependant été réfutés sur plusieurs points, par David Blondel, dans la Préface apologétique de son sçavant Ouvrage, intitulé : *Genealogia Francica plenior Assertio*, &c. *Amstelodami*, Blaeu, 1654, *in-fol.*

Voyez encore sur l'Histoire de Lorraine, les Pièces indiquées ci-devant, Tome II. *pag.* 883, & *suiv.*]

38826. Suite historique des Ducs de la Basse Lorraine, & en passant de l'Histoire généalogique de Godefroy de Bouillon, où se voit l'établissement du Royaume d'Austrasie, son changement de nom en celui de Lorraine ; par DU BOSC DE MONTANDRÉ : *Paris*, Boisset, 1662, *in-*4.

Voyez la Note [ci-devant, Tome II.] N.° [23580.]

☞ Ce Livre parut aussi à la fin de la même année 1662, sous le titre suivant :

L'Intrigue & Trahison de Lorraine, qui a fait perdre cette Couronne de Lorraine à la France, & les prétentions imprescriptibles que la France y peut & doit encore fonder, &c. par le Sieur Bosc DE MONTANDRÉ : *Paris*, Boisset, 1663, *in-*4.]

38827. Mſ. Chronicon Lotharingiæ, ab anno Domini 900, ad annum 1100.

Cette Chronique est citée par Grammaye, dans le Catalogue des Auteurs dont il s'est servi pour composer son *Histoire de Brabant*.]

38828. Mſ. Chronicon Regum & Ducum Austrasiæ, hoc est Lotharingiæ, ac Brabantiæ Principum, cum Romanorum Pontificum, Francorumque Regum, Episcoporum Trevirensium, Coloniensium, Leodiensium, Cameracensium, Comitum item Flandriæ & Hollandiæ Successionibus, Genealogiis & Gubernationibus, à Pipino II. Ansegiſi filio, cognomento Heristalio usque ad Philippum II. Burgundum, Lotharingiæ, Brabantiæ, &c. Ducem, ex acephalo codice completens annos 649 : *in-fol.*

Pepin d'Heristal est mort en 714, & Philippe II. de Bourgogne fut fait Duc en 1363. Ce Manuscrit est cité par Felletus, *pag.* 58, de son premier Trimestre, intitulé : *Monumenta varia inedita* : *Ienæ*, 1714, *in-*4.

38829. ☞ Chronique abrégée, par petits Vers huitains, des Empereurs, Roys & Ducs d'Austrasie, avec le Quinternier & singularités du Parc d'honneur : *Paris, in*-4. Gothique.

Cette Chronique est indiquée num. 1983, du Catalogue de M. de Pontcarré.]

38830. ☞ Mſ. Ancienne Chronique de Lorraine, en Vers, imparfaite à la fin : *in-fol.*

Ce Manuscrit est indiqué au Catalogue de M. Lancelot, num. 5372.]

38831. Mſ. Chronique du temps, sous le Règne de Jean, Duc de Lorraine, vers l'an 1377.

Cette Chronique est conservée dans la Bibliothèque de M. le Duc de Lorraine.

38832. Mſ. Histoire de Lorraine ; par DE SERAUCOURT, Seigneur d'Ourche, Bailli de la Ville & Évêché de Toul.

L'Original de cette Histoire [étoit] entre les mains de M. Marasse, Juge de Saint-Germain-sous-Meuse. Le Père Benoist de Toul, Capucin, dit dans une Lettre missive, qu'il y a bien des fables dans ces deux derniers Manuscrits, & qu'il faut faire beaucoup d'attention pour y démêler le vrai du fabuleux.

38833. Arrêt du Parlement de Paris, rendu à la requête du Procureur Général du Roi Charles VI. contre Charles II. Duc de Lorraine ; & autres Complices & Accusés, du premier Août 1412, avec une Commission de la Cour pour l'exécution dudit Arrêt, & les Remarques qu'y a faites Jean Juvenal DES URSINS ; le tout tiré du Greffe Criminel de la Cour : *Paris*, Villery, 1634, *in*-8.

Toute l'Affaire y est déduite fort au long. Au reste ce Charles II. [à qui le Roi donna des Lettres de grace,] est appellé par les François Charles I. parce qu'ils ne comptent pas entre les Princes de Lorraine, Charles [fils de Louis d'Outremer,] qui fut privé de la Couronne de France dans le dixième siècle.

— Petri DE BLARRORIVO, insigne Nanceidos Opus, de Bello Nanceiano, anno 1476.

Voyez ci-devant, [Tome II. N° 17313.]

38834. ☞ Histoire de la Guerre de René II. Duc de Lorraine, contre Charles-le-Hardi, Duc de Bourgogne, tué devant Nanci ; par le P. Aubert ROLAND, Cordelier : *Luxembourg*, 1742, *in*-8.]

38835. Mſ. Vie de René II. Duc de Lorraine ; par Nicolas FARET, de l'Académie Françoise : *in-fol.*

René est mort en 1508, & Faret en 1646. Cette Vie est citée dans l'article de Faret, au *Dictionnaire historique de Moréri.*

38836. ☞ Mſ. Dispense du Pape Innocent VIII. pour dissoudre le Mariage de René, Duc de Lorraine, avec Jeanne de Harcourt.

Contrat de Mariage du même René, avec la Princesse Philippe de Gueldres, en 1493.

Ces deux Pièces sont en Copie, de 16 pages, dans la Bibliothèque de M. Fevret de Fontette, à Dijon.]

38837. Discours des choses advenues en Lorraine, depuis le décès du Duc Nicolas de Lorraine, en 1473, jusqu'à celui du Duc René, en 1508 ; par Nicolas REMY : *Pont-à-Mousson*, 1605 ; *Espinal*, 1617, *in-*4. *Ibid.* [Hovion,] 1626, *in*-8.

38838. Mſ. Les Opérations des Ducs de Lorraine, depuis Jean I. jusqu'à Antoine.

Ce Manuscrit [étoit] dans le Cabinet du Père Hugo, Prémontré. Il comprend l'Histoire de ce qui s'est passé depuis l'an 1346 jusqu'en 1508. Le Père Benoist de Toul, Capucin, attribue cet Ouvrage à Edmond RICHIER, qui vivoit en 1576 ; mais le Père Hugo le croit d'un Auteur plus ancien, & qui n'écrivoit pas si bien que Richier.

38839. ☞ Mſ. Recueil de Pièces concernant l'Histoire de Lorraine, depuis l'an 1436 jusqu'en 1540.

Ce Recueil est conservé à Dijon, dans la Bibliothèque de M. le Président de Bourbonne ; E. 141.]

38840. Diversa Gesta Lotharingorum, & de situ & singularitatibus Lotharingiæ, Libellus Symphoriani CHAMPIER, Lugdunensis, Equitis Aurati : *in*-8.

38841. Recueil ou Chronique des Histoires du Royaume d'Austrasie, ou France Orientale, dite à présent Lorraine ; de Jérusalem, de Sicile, du Duché de Bar ; ensemble des Saints Comtes & Évêques de Toul, jusqu'en 1510 ; par Symphorien CHAMPIER, premier Médecin d'Antoine, Duc de Lorraine : *Lyon*, 1509 ; *Nancy*, 1510, *in*-4. [Gothique.]

C'est peut-être le même Ouvrage.

☞ *Voyez* Lenglet, *Supplément à la Méth. histor. in*-4. *pag.* 178. = Le Père Niceron, *tom. XXXII. pag.* 250.]

38842. ☞ Mſ. Recueil des Histoires du Royaume d'Austrasie ou Lorraine ; par Symphorien CHAMPIER : *in*-4.

Ce Manuscrit est indiqué au num. 5493 du Catalogue de M. Lancelot.]

== Histoire de la Victoire obtenue sur les Luthériens au Pays d'Aulsays, par Antoine, Duc de Calabre, de Lorraine & de Bar, en 1525 ; par Nicolas DE VOLKIR.

Voyez ci-devant, [Tome II. N.° 17522.]]

38843. Historia & Icones Regum Austrasiæ & Ducum Lotharingiæ, à Theodorico Clodovei filio ad Nicolaum I. (seu ad annum 1533:) *in*-4.

38844. Mſ. Histoire des Ducs de Lorraine, sous le titre de Chronique ; par Jean D'AUCY, Cordelier, Confesseur des Ducs François & Charles : *in-fol.*

Cette Histoire [étoit] dans la Bibliothèque de M. le Chancelier Seguier, num. 643, & dans celle de M. l'Évêque de Toul. De Vassebourg, cite de cet Auteur les Mémoires des Antiquités de Lorraine, qui ne sont peut-être que l'Histoire dont il est ici question.]

38845. Mſ. Histoire des Ducs de Lorraine ; par JAQUEMIN : *in-fol.*

Cette Histoire [étoit] dans la Bibliothèque de M. le

Histoires de Lorraine, &c.

Chancelier Seguier, num. 723, [& elle est apparemment dans celle de S. Germain-des-Prés.]

38846. Mf. De Rebus gestis Antonii Lotharingiæ Ducis, Historia, anno 1543 : *in-fol.*

Cette Histoire est conservée entre les Manuscrits de M. Dupuy, num. 649.

38847. Le Voyage d'Antoine, Duc de Lorraine-Marchis, Duc de Calabre, de Bar & de Gueldres : lequel il fit au mois de Novembre 1543, vers l'Empereur Charles d'Autriche V. de ce nom, étant lors à Valenciennes pour traiter de la Paix entre S. M. & celle du Roi François de Valois I. de ce nom, Roi de France : *Paris,* 1649, *in-*8.

38848. ☞ Mf. Registre des Lettres, Expéditions, &c. des Ducs de Lorraine René, Antoine, &c.

Ce Manuscrit, écrit vers l'an 1540, est dans la Bibliothèque du Roi, & vient de M. Lancelot.]

38849. La Vie & le trépas des deux Princes Antoine I. & François I. Ducs de Lorraine ; les Cérémonies observées à leurs Funérailles & Enterremens ; le Discours des Alliances, & Traités de Mariage en la Maison de Lorraine ; par Edmond DU BOULLAY, Roi d'Armes de Lorraine : *Metz,* 1547, *in-*4.

38850. ☞ Laurentii PILLADII, Rusticiados Libri sex ; in quibus Antonii Ducis Lotharingiæ, victoria de seditionis Alsatiæ Rusticis describitur : *Metis,* 1548, *in-*4.]

38851. Mf. Histoire de Lorraine ; par Edmond DU BOULLAY, lors Hérault d'Armes de Lorraine, depuis Hérault d'Armes en France, au titre de Valois, & Elu en l'Election de Reims.

Cette Histoire est citée par du Chesne, pag. 233 de la *Bibliothèque des Historiens de France.*

38852. Antiquités du Royaume d'Austrasie & de Lorraine, jusqu'à François I. Roi de France ; par Richard DE VASSEBOURG.

Ces Antiquités sont imprimées avec celles de la *Gaule Belgique* du même Auteur : *Paris,* 1549, *in-fol.* 1 vol.

38853. Discours des Histoires de Lorraine & de Flandres ; par Charles ESTIENNE, Docteur en Médecine : *Paris,* 1552, *in-*4. & *in-*8.

L'Auteur est mort en 1564.

38854. Mf. Histoire de Lorraine, ou plutôt Lettres écrites depuis l'an 1547, jusqu'en 1557 : *in-fol.*

Ces Lettres sont conservées dans la Bibliothèque du Roi, entre les Manuscrits de M. de Gaignières.

38855. Ducum Lotharingorum Icones, à Carolo I. ad Carolum III. Auctore Bernardo GIRARDO (Domino DU HAILLAN), Burdigalensi : *Parisiis,* 1559, *in-*4.

38856. Mf. Histoire des Ducs de Lorraine, prouvée par Titres tirés des Archives du Chapitre de Saint-Dié ; par THIERRY, Conseiller de Charles III. Duc de Lorraine : *in-*4.

Cette Histoire est conservée à Toul dans le Chapitre de Saint-Dié, où se trouve un autre Commentaire du même Auteur sur les anciens Titres de cette Eglise, par lesquels il prouve l'origine des Ducs de Lorraine.

38857. Austrasiæ Reges & Lotharingiæ Duces Iconibus & historicis epigrammatibus ad vivum expressi ; Auctore Nicolao CLEMENTE Trellæo, Mosellano : *Coloniæ,* 1593, 1610, [1619], *in-*4.

☞ L'Edition de 1593 ne peut avoir été la première, attendu la Traduction de 1591.]

Les Rois & Ducs d'Austrasie, depuis Thierry, fils de Clovis, jusqu'à Henri II. Duc de Lorraine ; par Nic. Clément ; traduits en Vers François par François GUIBAUDET, [Dijonnois : *Coulon,* 1591,] *Espinal,* 1617, *in-*4.

☞ Les Portraits de l'Edition de 1591 sont plus beaux & mieux gravés que ceux de la seconde.

38858. ☞ Pompa Exequiarum Caroli III. Ducis Lotharingiæ : *Nanceii,* 1608, *in-fol.* fig.]

38859. Discours des Cérémonies & Pompes funèbres, fait à l'Enterrement de Charles III. Duc de Calabre, Lorraine, Bar, Gueldres, Marchis, &c. par Claude DE LA RUELLE, Secrétaire des Commandemens de feu son Altesse : *Clairlieu-lès-Nancy, Savine,* 1609, *in-*4.

38860. Oraisons funèbres sur le trépas de Charles III. Duc de Lorraine, & de Charles, Cardinal de Lorraine, Evêque de Metz & de Strasbourg, son fils ; par Léonard PERIN, Jésuite : *Pont-à-Mousson,* 1608, *in-*8.

Ce Cardinal mourut en 1607, & [le Duc] son père 1608.

38861. ☞ Luctus Juventutis Academiæ Mussipontanæ in Funere Seren. Caroli III. Calabriæ, Lotharingiæ & Barri Ducis : *Mussiponti,* 1608, *in-*8.]

38862. Caroli III. Ducis Lotharingiæ Elogium : *Pontimussi,* 1609, *in-*4.

38863. ☞ Caroli III. Ducis Lotharingiæ Macarismos, seu felicitatis & virtutum Coronæ : *Ponte ad monticulum,* 1609, *in-*4.]

38864. Francisci LESTRÆI, Oratio Caroli III. Lotharingiæ Duci : *Pontimussi, in-*4.

38865. ☞ Mf. Traité & Conventions passées en 1614 & 1615, entre les Evêques de Metz & les Ducs de Lorraine.

Ce Manuscrit est conservé dans la Bibliothèque de la Ville de Paris, num. 78.]

38866. Series egregiorum facinorum in Gallia præstitorum à Principibus Lotharingis, incipiendo à Federico, qui vitam degebat anno 1259, unà cum accessione laudum, affinitatum, temporum, quibus ejus Successores & potissimum Claudius primùm Dux Guisiæ, cum omnibus qui ab eo duxerunt originem, sibi de Religione & de Gallia benè meruerunt ; Auctore Joanne Francisco

DE CHANLECY, S. Sedis Apostolicæ Protonotario: *Parisiis*, Alexandre, 1623, *in-*8.

38867. La Vie & la Mort de Henri II. le Débonnaire, Duc de Lorraine, représentée en trois Discours funèbres; par Jean SAUVAGE, Champenois, de l'Ordre des Minimes: *Paris*, 1626, *in-*8.

38868. ☞ Combat à la Barrière, fait en Cour de Lorraine en 1627; décrit par Henri HUMBERT, avec les Figures de Jacques Callot: *Nancy*, 1627, *in-*4.]

38869. Brevis & succincta Synopsis rerum bello & pace gestarum ab Serenissimis Principibus Lotharingiæ, Brabantiæ & Limburgi Ducibus, ab anno 1267, ad annum 1633; Auctore Huberto LOYENS: *Bruxellis*, Frix, 1672, *in-*4.

== ☞ Lotharingia Capta: 1634.

Prise de Nancy, &c. par Louis XIII.

Voyez ci-devant, Tome II. N.ᵒˢ 21801, 21815-21829.]

38870. ☞ Traité sur les Entreprises des Ducs de Lorraine sur le Domaine du Roi qui joint leurs Etats, sur la Mouvance du Barrois, & que le Roi peut retenir justement la Lorraine; par M. DUPUY.

Dans son *Traité sur les Droits du Roi*, Edit. de 1670, *pag.* 324-336.]

38871. ☞ Mſ. Inquisita Secreta D. d'Achey Archiepiscopi Bisuntini, de Matrimonio Ducis Lotharingiæ 1639, = & plusieurs autres Pièces concernant la Lorraine, notamment sur les Mariages du Duc Charles avec Nicole de Lorraine, & Béatrix de Cusance.

Ces Manuscrits sont conservés dans la Bibliothèque de M. le Président Chifflet, à Besançon.]

38872. ☞ Mémoire pour prouver que Charles IV. (ou III.) est Duc de Lorraine, du chef du Duc de Vaudemont son père & non du chef de Nicole sa femme: *in-*4.]

38873. Le Manifeste du Duc Charles (IV.) touchant la nullité du Mariage du Duc Charles & Madame la Duchesse de Lorraine (Nicole fille de Henri), avec la Réponse de Madame la Duchesse de Lorraine: *Paris*, Targa, 1640, *in-*8.

38874. ☞ Déclaration de la Duchesse de Lorraine (pour la validité de son Mariage): 1640, *in-*4.]

38875. ☞ Réponse de M. de Lorraine.]

38876. ☞ Plaidoyer de l'Avocat-Général, au sujet de la Sentence d'excommunication: Sentence rendue à Rome en faveur de la Duchesse de Lorraine: 23 Mars 1654.]

38877. ☞ Emprisonnement du Duc de Lorraine.]

38878. ☞ Réflexions sur la Déclaration de Nicolas-François de Lorraine (frère du Duc Charles III.) sur le rétablissement de sa Maison: 1654, *in-*4.

Ces cinq Articles sont indiqués sous un seul nombre, *pag.* 404 du Catalogue de M. de Cangé. On ne sçait s'ils sont Manuscrits ou imprimés.]

38879. ☞ Mſ. Mémoires concernant le Mariage du Duc Charles de Lorraine avec Mademoiselle Béatrice de Cusance.

Ce Manuscrit a été donné à la Bibliothèque publique de S. Vincent de Besançon, par M. Pelletier, Intendant de M. de Cusance. Il renferme plusieurs Lettres originales du Duc de Lorraine & de Mademoiselle de Cusance.]

38880. ☞ Mſ. Maximes politiques sur la conduite de Béatrice de Cusance, en son Mariage avec le Duc de Lorraine; par M. PELLETIER.

Cette Pièce, en Vers François, est conservée dans la même Bibliothèque. Il y a encore à Besançon, sur ce Mariage, quelques autres Pièces dans la Bibliothèque du Président Chifflet.]

38881. ☞ Summa capita Deffensionis Nicolaæ Lotharingiæ & Barri Ducissæ, in Ducem maritum ejus: *Parisiis*, 1647, *in-*4.]

38882. Procédures faites en Cour de Rome sur la nullité du Mariage entre Charles, Duc de Lorraine, & la Princesse Nicole, pour Béatrix de Cusance, Princesse de Cantecroix: 1648, *in-fol.*

38883. ☞ Mſ. Question sur la Dissolution du premier Mariage du Duc Charles de Lorraine, & sur la Confirmation du second contracté avec Berthe (Béatrix de Cusance), Veuve du Comte de Cantecroix; avec la Réponse du Pape: *in-fol.*

Cette Question est indiquée entre les Pièces du numéro 3301 * du Catalogue de M. le Blanc.]

38884. De nullitate Matrimonii inter Carolum, Lotharingiæ Ducem, & Nicolaam Ducissam, Jurisconsultorum Responsa: *Romæ*, 1653, *in-fol.*

38885. ☞ Mſ. Narré véritable de ce qui s'est passé sur la fin du Règne de Henri II. Duc de Lorraine & de Bar, & pendant celui de Charles IV. avant sa sortie de ses Etats, touchant la Succession en faveur de la ligne masculine, & la nullité du prétendu Mariage de S. A. & Madame la Duchesse Nicole de Lorraine.

Ce Manuscrit est indiqué dans le Catalogue de M. de Wit, num. 60 des *in-fol.*]

38886. Mſ. Histoire des Ducs de Lorraine, avec des Mémoires pour la Vie de Charles III. & de Charles IV. par le Père DONAT, du Tiers-Ordre de Saint-François, Confesseur de Charles III. Duc de Lorraine.

Cette Histoire est conservée à Nanci, dans la Bibliothèque des Religieux de cet Ordre.

38887. Histoire de l'Emprisonnement de Charles,

Histoires de Lorraine, &c.

Charles (IV), Duc de Lorraine, (en 1654,) détenu par les Espagnols dans le Château de Tolède ; avec ce qui s'est passé dans les Négociations faites pour sa liberté par le Marquis du Chastelet, Maréchal de Lorraine, & Nicolas du Bois, Conseiller d'Etat de ce Prince, Intendant de ses Armées, & son Ambassadeur à la Cour d'Espagne : [*Leyde*, 1687, *in-12. Cologne*, P. Marteau, 1688, *in-12.*]

C'est l'Ouvrage de M. DU BOIS DE RYOCOURT, Conseiller d'Etat du Duc Charles.

38888. ☞ Réponse au Manifeste de l'Archiduc Léopold, qui prétend justifier l'emprisonnement du Duc de Lorraine : *Paris*, 1654, *in-4.*]

38889. ☞ Diverses Pièces concernant l'Histoire de Lorraine.

Elles sont imprimées à la fin de l'*Histoire du Traité de Paix de 1659*; par Gualdo Priorato : *Paris*, 1665, *in-12.*]

38890. ☞ Ms. Mémoires & Intrigues de la Cour de Lorraine : 1662.

Ce Manuscrit étoit chez M. le Marquis de la Vieuville.]

38891. ☞ Annales galantes de Lorraine, en 1668 & 1669 : *Cologne*, 1682, *in-12.*]

38892. ☞ Eclaircissemens sur les Affaires de Lorraine, pour tous les Princes Chrétiens : *Strasbourg*, 1671, *in-12.*]

38893. Ms. Discours Sommaire de l'état & succès des Affaires, depuis Charles I. jusqu'à Charles IV. par le même.

Ce Discours [étoit] dans le Cabinet du Père Hugo, Prémontré, [mort en Lorraine dans son Abbaye d'Estival, en 1729.] L'Auteur appelle Charles I. [& Duc de Lorraine], le fils puisné de Louis IV. dit d'Outremer, Roi de France ; [ce qui n'est pas juste ; mais on l'a cru long-temps en Lorraine.]

38894. Mémoires de M. L. M. D. B. pour servir à l'Histoire de Charles IV. Duc de Lorraine & de Bar : *Metz*, 1686, 1687, *in-12.*

Les mêmes, imprimés sur un Exemplaire plus correct & de meilleur style : *Cologne*, Pierre Marteau, 1689, *in-12.*

Ces Lettres initiales signifient Monsieur le Marquis DE BEAUVAU : il se nommoit Henri, & il est mort en 1684. Ces Mémoires sont reconnus être de lui par ceux de sa Famille. « Ils sont écrits, (dit Bayle dans ses *Nouvelles de la République des Lettres*, Art. VII. Mai, » 1687), par une Personne de qualité, qui étant engagée, » tant par sa naissance que par ses emplois au service de » la Maison de Lorraine, a eu bonne part aux Evéne- » mens qui y sont rapportés...... La sincérité qui paroît » dans cet Ouvrage, & la manière naturelle dont il est » écrit, ne contribue pas peu à le rendre recommanda- » ble ». Cependant il s'y est glissé quelques fautes dans les dates, & même dans des faits connus, comme lorsqu'il y est dit que la Reine Marie de Médicis fut arrêtée à Compiègne. Elle ne fut point alors arrêtée ; mais se voyant observée de près, elle partit brusquement de Compiègne peu après que le Roi l'eut quittée, & se retira d'abord à la Capelle. L'Auteur de ces Mémoires marque la mort de Louis XIII. avant celle du Cardinal de Richelieu, & il dit qu'ils moururent la même année :

Tome III.

ils moururent à la vérité à six mois l'un de l'autre ; mais le Cardinal mourut en Décembre 1642, & le Roi en Mai 1643.

☞ *Voyez* sur cet Ouvrage, = *Bibliot. universelle*, *tom. V. pag.* 473. = Le Gendre, *tom. II. pag.* 51.]

38895. Histoire du Prince Charles de Lorraine : *Cologne*, Reveil, 1676, *in-12.*

Charles III. appellé IV. par les Lorrains, est mort en 1675, [privé de ses Etats.]

38896. ☞ Le Triomphe de Charles IV. Duc de Lorraine ; par D. M. G. P. *Nancy*, Charlot, 1701, *in-fol.* fig.]

38897. Ms. Mémoires du Baron D'HENNEQUIN, pour servir à l'Histoire de Charles IV.

38898. Ms. Mémoires de la Vie de Charles IV. Duc de Lorraine ; par FORGET, son Médecin.

Ces deux Manuscrits [étoient] dans le Cabinet du Père Hugo, Prémontré, [Abbé d'Estival en Lorraine.]

38899. Suite des Mémoires de M. le Marquis de Beauvau, pour servir à l'Histoire de Charles V. Duc de Lorraine & de Bar : *Cologne*, P. Marteau, 1688, *in-12.*

Cette Suite commence en 1675, & finit en 1680.

38900. ☞ Periodus Regni Austrasiæ seu Lotharingiæ, per Dissertationem historicam; ab Henrico VAGEDES : *Rinthelii*, 1682, *in-4.*]

38901. Testament politique de Charles V. Duc de Lorraine & de Bar, déposé entre les mains de l'Empereur Léopold à Presbourg, le 29 Décembre 1687, en faveur du Roi de Hongrie & de ses Successeurs arrivans à l'Empire : *Leipsic*, Weidman, 1696, *in-8.*

« Manifestement c'est une Pièce supposée (dit Bayle, » à la *pag.* 524. de ses *Lettres*, (*Lettre* CXXXVI), & » quelques spéculatifs s'imaginent que M. le Cardinal » de Furstemberg en est l'Auteur ; il pouvoit mieux écrire » en François : ils l'avouent ; mais ils prétendent que » pour mieux se déguiser, il a donné un tour dur & » latinisé à ses périodes ».

Il est attribué à Henri DE STRAATMAN, Conseiller du Conseil Aulique de l'Empereur, par l'Auteur du Mémoire intitulé : *L'Allemagne menacée d'être bientôt réduite en Monarchie absolue.* « Margiette ou Marguerite » de Chevremont, Prêtre habitué à Paris, qui a procuré » l'Edition de ce Livre, n'avoit pas (dit l'Auteur de ce » Mémoire) ni assez de génie, ni assez de connoissance » des Affaires pour composer un tel Ouvrage ; il m'a dit » tant de particularités sur la manière dont ce prétendu » Testament lui étoit tombé entre les mains, que je » n'ai nulle peine à croire, que s'il n'est pas du Prince » dont il porte le nom, il doit être d'un très-habile Mi- » nistre de l'Empereur (en marge, M. de Straatman). » Mais de quelle main qu'il soit parti, on ne peut dis- » convenir qu'il ne contienne toutes les vues secrettes & » toute la politique de la Maison d'Autriche ».

Il n'entre dans cette Bibliothèque historique qu'à cause du grand nom qu'il porte ; car ce n'est que fort indirectement qu'il y est parlé de la France.

38902. Oraison funèbre du Duc Charles de Lorraine ; par (Guillaume) DAUBENTON, Jésuite : *Nancy*, Charlot, 1700, *in-4.*

Ce Duc est mort en 1690.

38903. La Vie de Charles V. Duc de Lorraine & de Bar, Généralissime des Troupes Impériales; par Jean DE LA BRUNE, Pasteur de Schoonhoven: *Amsterdam*, Gatrel, 1691, *in*-12.

Voyez la Bibliothèq. univ. tom. XIX. pag. 524. = *Histoire des Ouvrages des Sçavans*, Octob. 1690.

38904. ☞ Vita di Carlo V. Duca di Lorena; da Casimiro FRESCHOT: *Milano*, 1692, *in*-12.]

38905. Mſ. Mémoires pour l'Histoire de Lorraine; par Alexandre ROYER, Religieux Bénédictin de la Congrégation de Saint-Vannes : *in-fol*.

Cet Auteur est mort en 1696. Ses Mémoires sont conservés dans la Bibliothèque de l'Abbaye de Moyen-moutier, au Diocèse de Toul.

== Histoire des Princes de Lorraine, depuis Gérard, Duc d'Alsace, premier Duc de Lorraine, jusqu'à présent, (en 1704); par BENOIST de Toul, Capucin.

Voyez ci-devant, [Tome II. N.° 25911.]

== Abrégé de l'Histoire des Souverains de la Lorraine jusqu'à présent, (en 1712); par Jean MUSSEY, Curé de Longwic.

☞ *Ibid*. N.° 25916.]

38906. ☞ Vie d'Eléonore-Marie d'Autriche, Reine de Pologne, mère du Duc Léopold I. par Nicolas FRIZON : *Nancy*, 1725, *in*-12.]

38907. Harangues prononcées à la Cour de Lorraine, au sujet du rétablissement du Duc Léopold dans ses Etats: *Paris*, 1700, *in*-12.]

38908. ☞ Dissertation historique sur une Médaille frappée en l'honneur de S. A. R. (Léopold I. Duc de Lorraine); par le R. P. HUGO: *Nancy*, 1706, *in*-12.]

38909. ☞ Les Droits de la Maison de Lorraine sur la Sicile : (vers 1718), *in*-4.]

38910. ☞ De la nature du Duché de Lorraine, de son origine, principalement de sa succession masculine, &c. *in*-4.

On croit que cet Ouvrage est de M. BOURCIER, Premier Président de la Cour Souveraine de Lorraine.]

38911. ☞ Mémoire (de M. BOURCIER), sur la masculinité du Duché de Lorraine : *in* 4.

Ce Mémoire a été supprimé.]

38912. ☞ Relation de la Pompe funèbre de Léopold I. Duc de Lorraine, faite à Nancy le 7 Juin 1729, avec les Oraisons funèbres; par ALLIOT: *Nancy*, Cusson, 1730, *in*-4.]

38913. ☞ Oraison funèbre de Léopold, Duc de Lorraine; par le Père AUBERT, 1730, *in*-4.]

38914. ☞ Autre du même; par Dom OUDENOT : 1729, *in*-4.]

38915. ☞ Recueil des Ordonnances, Déclarations, Traités & Concordats du Règne de Léopold I. Duc de Lorraine : *Nancy*, 1733, *in*-4. 4 vol.]

38916. ☞ Dissertation sur la Suite métallique des Ducs & Duchesses de Lorraine; par le P. CALMET : 1736, *in*-4.

Elle se trouve aussi avec son *Histoire de Lorraine*, ci-dessus, N.° 38813.]

38917. ☞ Mſ. Actes de Cession & de Prise de possession des Duchés de Lorraine & de Bar; avec quelques Pièces qui y ont rapport, &c. & cinq Lettres du Roi STANISLAS à Madame la Duchesse Douairière de Lorraine, au Roi, au Pape, (pour établir la Commande des Bénéfices en Lorraine & Barrois), à M. de la Galaisière, &c. 1736, *in*-4.

Ce Recueil est dans la Bibliothèque du Roi, & vient de M. Lancelot.]

38918. ☞ Mémoire pour établir, en faveur des Princes de Ligne, le droit de succéder aux Etats de Lorraine & de Bar; supposé que la ligne directe de S. A. R. Duc de Lorraine, du Sérénissime Prince Charles son frère, & des Princesses leurs sœurs, vînt à manquer; pour prouver que le même ordre de succession doit être conservé, par rapport au Grand Duché de Toscane, qui, par le Traité de Paix, est subrogé aux Etats de Lorraine & de Bar; avec quantité de Pièces justificatives, & une Table Généalogique qui prouve que le Duché de Lorraine tombe en quenouille, &c. par M^c DELAVERDY, Avocat au Parlement : *Paris*, Osmont, 1739, *in*-4.]

38919. ☞ Histoire de la Lorraine, depuis l'an 511 jusqu'à sa Réunion au Royaume de France; par M. DE GRACE.

C'est le premier Chapitre du Tome II. « de l'Introduction à l'Histoire de l'Univers, commencée par le » Baron de Puffendorf, & augmentée par M. Bruzen de » la Martinière: nouvelle Edition, augmentée & continuée jusqu'en 1751 : *Paris*, Mérigot, &c. 1754». M. de Grace a pris dans ce Chapitre pour guide, D. Calmet : il y a inséré aussi les Etablissemens que le Roi Stanislas a faits en Lorraine.]

38920. ☞ Apothéose de la Maison de Lorraine, précédée de la Nopce champêtre; par M. CALLOT: *Paris*, 1741, *in*-4.]

38921. ☞ Sinastal, Histoire Dumocalienne.: Ouvrage qui a remporté le Prix de Littérature, au jugement de MM. de l'Académie Royale de Nancy, pour l'année 1754; par M. PIERRE, Substitut en la Cour Souveraine de Lorraine & Barrois.

Ce petit Ouvrage, qui est imprimé au Volume I. du *Mercure de Juin* 1754, est un Eloge du Roi Stanislas, dont le mot *Sinaſtal* est l'Anagramme, & des Etablissemens qu'il a faits dans la Lorraine. Le titre d'*Histoire Dumocalienne* fait allusion à un Ouvrage de Politique & de Morale, composé par ce Monarque, & intitulé : *Entretiens d'un Européen avec un Insulaire du Royaume de Dumocala*.]

Histoires de Lorraine, &c.

== ☞ Fondations & Etablissemens faits par le Roi Stanislas, en Lorraine.

Voyez ci-devant, Tome I. N.os 2151, 2153-2155.]

38922. ☞ Oraison funèbre de Stanislas I. Roi de Pologne, Duc de Lorraine & de Bar, prononcée dans l'Eglise Primatiale de Lorraine, le 10 du mois de Mai 1766; par le Père ELISÉE, Carme Déchaussé (de Paris) : *Nancy*, & *Paris*, Lottin, 1766, *in*-4.

Le Roi Stanislas est mort à Lunéville en Lorraine, le 23 Février 1766, âgé de 88 ans.

38923. ☞ Autre, prononcée en l'Eglise Paroissiale de Saint Roch de Nancy, le 26 Mai; par l'Abbé CLÉMENT : *Paris*, Delatour, 1766, *in*-4.]

38924. ☞ Autre, prononcée dans l'Eglise de Paris, le 12 Juin; par Messire Jean-de-Dieu-Raimond de Boisgelin DE CUCÉ, Evêque de Lavaur : *Paris*, J. Th. Hérissant, 1766, *in*-4.]

38925. ☞ Autres, par M. l'Abbé COSTER, M. l'Abbé DOMBASLE, M. l'Abbé GUYOT : *in*-4.]

38926. ☞ Essai de l'Eloge historique de Stanislas I. par M. M*** : *Bruxelles*, & *Paris*, Claude Hérissant, 1766, *in*-4.]

38927. ☞ Eloges historiques du même; par M. Xavier BARAIL, de Nancy; = par M. BOMBART, Vicaire de Saint Barthélemi à Paris; = par M. l'Abbé Jean Suffrain MAURY; = par M. le Chevalier Pierre-Joseph de la Pimpie DE SOLIGNAC, Secrétaire du Cabinet du Roi Stanislas, & Secrétaire perpétuel de l'Académie de Nancy : 1766, *in*-4.]

38928. ☞ Portrait historique de Stanislas *le Bienfaisant*; par Louis-Elisabeth de la Vergne, Comte DE TRESSAN, Lieutenant Général des Armées du Roi, de l'Académie Royale des Sciences & de celle de Nancy : 1767 : *in*-8.]

38929. ☞ La Vie de Stanislas Leszczinski, surnommé *le Bienfaisant*, Roi de Pologne, Duc de Lorraine & de Bar; par M. *** (AUBERT), Avocat aux Conseils du Roi de Pologne, & de la Cour Souveraine de Nancy : *Paris*, Moutard, 1769, *in*-12.]

38930. ☞ Lettre du Roi de Pologne, Stanislas I. où il raconte la manière dont il est sorti de Dantzic : *Paris*, Tilliard, 1758, *in*-12.]

38931. ☞ Code Stanislas (en trois gros Porte-feuilles), contenant en Placards *in-fol*. & *in*-4. les Edits, Déclarations, Lettres-Patentes, Arrêts, Ordonnances, Réglemens, &c. rendus par le Roi de Pologne (Stanislas), depuis son Avénement aux Duchés de Lorraine & de Bar : années 1737-1740.

Dans la Bibliothèque du Roi, provenant de M. Lancelot, à qui M. Jamet le Cadet a donné ce Recueil : on y trouve plusieurs Pièces manuscrites.]

38932. ☞ Essai sur la Ville de *Nancy*; par M. (Charles-Joseph) ANDREU DE BILISTEIN : 1762, *in*-12.]

== ☞ Prise de la Ville de Nancy, par Louis XIII. en 1634.

Voyez ci-devant, Tome II. Nos. 21820, 21822, 21826 & 21827.]

38933. ☞ Plans & Elévations de la Place Royale de Nancy, & des autres Edifices qui l'environnent; bâtis par les ordres du Roi de Pologne, Duc de Lorraine (Stanislas) : *Paris*, François, 1753, gr. *in-fol*.]

38934. ☞ Discours à l'occasion de la Dédicace de la Statue du Roi Louis XV. érigée dans Nancy; par M. (Louis-Elizabeth de la Vergne), Comte DE TRESSAN : *Nancy*, 1755, *in*-4.]

38935. ☞ Mémoire sur la Terre & Seigneurie de *Fenestrange*; par M. DE BERMANN : 1763, *in*-8.]

38936. ☞ Réponse au Mémoire précédent; par M. CHASSEL, Avocat de Nancy : 1763, *in*-8.]

Histoires du Barrois.

38937. ☞ Mémoires alphabétiques, pour servir à l'Histoire, au Pouillé & à la Description du Barrois; par M. Claude DE MAILLET, Maître des Comptes : 1749, *in*-8.]

38938. ☞ Essai Chronologique sur l'Histoire du Barrois; par le même : 1757, *in*-12.]

38939. ☞ Chronologie historique des Comtes & Ducs de Bar; (par D. François CLÉMENT, Bénédictin.)

Dans la seconde Edit. de *l'Art de vérifier les Dates* : (*Paris*, Desprez, 1770, *in-fol*.) pag. 628.]

38940. ☞ Réflexions sur l'Auteur & l'Epoque de l'érection du Comté de Bar en Duché; par M. BONAMY : *Mém. de l'Acad. des Inscr. & Bell. Lett. tom. XX. pag.* 475.

On peut comparer ces Réflexions avec celles du *Dictionnaire de la Martinière*.]

38941. ☞ Du Duché de *Bar*, enregistré l'an 1354, de ses Ducs & de ses anciens Comtes.

Dans l'*Histoire Généalogique* du Père Simplicien, *tom. V. pag.* 498 & *suiv*.]

38942. ☞ Mf. Mémoire historique de la Mouvance du Barrois.

Il est conservé dans la Bibliothèque de M. Vaultrin; Chantre de Saint-Gengoulph à Toul. La Préface contient le Précis du Mémoire; on y fait voir, 1.° que le Bar-

Tome III.   Gggg 2

rois est de temps immémorial de la Souveraineté de la Couronne de France, & mouvant du Comté de Champagne, avant l'hommage fait à Philippe - le - Bel, en 1301 ; 2.° que depuis 1301 jusqu'à présent, il a été de la mouvance de France & de la Couronne ; 3.° que tout le Duché de Bar, tant deçà que delà la Meuse, doit être regardé comme mouvant de la Couronne de France ; 4.° que la distinction du Barrois en mouvant & non-mouvant est chimérique ; 5.° que les Démembremens du Duché de Bar ont été faits par les Ducs de Lorraine, pour les unir à la Lorraine, & les soustraire à la Souveraineté de la France.]

38943. ☞ Concordats du Barrois : *Nancy*, 1731, *in*-12.]

38944. *Pont-à-Mousson*, décrit en Vers ; par VAUBREUIL : *Verdun*, 1540, *in*-4.

38945. ☞ Remarques pour servir à l'Histoire de *Gondrecourt*-le-Château, & ses dépendances ; par M. GENTYT - DE - TILLANCOURT, Subdélégué.

Elles sont imprimées *pag.* 382-389 du Tome I. du Recueil intitulé : *Nouvelles Recherches sur la France*, &c. *Paris*, 1766, *in*-12. 2 vol.]

ARTICLE VI.

Histoires des Pays-Bas François.

☞ LES Pays-Bas pris en général, sont séparés par l'Escaut en deux parties. Celle qui est à l'Orient, & la plus considérable, cessa d'appartenir au Royaume de France vers le milieu du IXe Siècle, en conséquence du partage des petits-fils de Charlemagne, & elle fut dans la suite sous la dépendance des Empereurs d'Allemagne. La partie des Pays-Bas qui est à l'Occident, à la gauche de l'Escaut, & qui comprend les Comtés de Flandre & d'Artois, fut cédée à Charles-Quint par le Roi François I. en 1525, & passa ensuite aux Rois d'Espagne, qui possédèrent ces Pays en toute Souveraineté, au lieu que les Comtes précédens en rendoient hommage aux Rois de France, & étoient leurs Vassaux.

Louis XIII. & Louis XIV. ayant conquis une partie des Pays-Bas, elle fut cédée au dernier par divers Traités, sur-tout par celui des Pyrénées, en 1659, & par celui de Nimègue, en 1678. Il y a eu depuis quelques modifications faites par le Traité d'Utrecht, en 1713, confirmé par ceux qui ont suivi ; & en conséquence les Villes de *Tournay*, *Ypres*, &c. ne sont plus aux François.

Ce que la France possède dans les Pays-Bas comprend : 1.° l'Artois ; 2.° la partie méridionale du Comté de Flandre ; 3.° le Cambresis ; 4.° la partie méridionale du Comté de Hainaut ; 5.° quelques Villes du Duché de Luxembourg. Cette dernière partie ayant été unie au Gouvernement de Metz, on en a déjà parlé dans l'Article des *Trois-Evêchés*, ci-dessus, N.° 38794, *& suiv.* Ainsi il n'en sera point ici question.]

38946. ☞ Remontrances aux Peuples de Flandre, avec les Droits du Roi sur leurs Provinces : *Paris*, 1642, *in*-12.

On peut voir encore ce qui en est rapporté dans le Recueil de M. Dupuy sur les *Droits du Roi* : *Paris*, 1655, & *Rouen*, 1670, *in-fol.*]

38947. ☞ Réglemens pour l'usage des Sels en Artois, Hainaut, Cambresis, & dans le Pays conquis, exempts de Gabelles ; avec les Rôles ou Listes des Paroisses, Hameaux, Censes & Fermes dépendantes desdites Provinces : *Paris*, Impr. Royale, 1732, *in*-4.]

38948. ☞ Calendrier général du Gouvernement de la Flandre, du Hainaut & du Cambresis, contenant la Description des particularités les plus remarquables de toutes les Villes de ces Provinces : *Lille*, Panckoucke, 1760, &c. *in*-16.]

38949. ☞ Traité de Convention avec l'Impétratrice Reine, du 16 Mai 1769, avec Lettres - Patentes confirmatives du Roi, enregistrées en Parlement le 31 Août : *Paris*, Simon, 1769, *in*-4. de 28 pages.

Ce Traité achève de régler, par différens échanges, quelques petites parties de Territoires qui souffroient difficulté depuis le Traité d'Utrecht, lequel a transporté à la Maison d'Autriche les Pays-Bas Espagnols.]

§. I. *Histoires de l'Artois.*

== ☞ Catalogue & Liste des Villages, Hameaux, &c. des différentes Jurisdictions de l'Artois.

On les trouve avec la *Coutume d'Artois*, & on les a déjà indiqués ci-devant, Tome I. N.ºs 2184 & 2185.]

38950. ☞ Notice de l'Etat ancien & moderne de la Province & Comté d'Artois : *Paris*, 1748, *in*-12.

On attribue cet Ouvrage à M. BUTTEL, second Président du Conseil d'Artois. Il seroit à souhaiter qu'on eût sur toutes les Provinces de France quelque Ouvrage aussi exact & aussi bien fait, dit le *Journal des Sçavans*, *Août* 1749.

Voyez aussi *Mém. de Trév.* 1749, *Avril*, & *Journ. de Verdun*, 1749, *Mars.*]

38951. ☞ Remarque adressée à M. Rémond de Sainte-Albine, à l'occasion de la nouvelle Notice d'Artois : *Mercure*, 1749, *Mai.*]

38952. De Gentis Urbisque Atrebatum laudibus, de Duaco & Bethuniâ, Oratio : Auctore Andrea HOIO, [Brugensi, Regio Græc. Litt. apud Duacenses Professore.]

☞ Ce Discours est dans une espèce de Recueil de cet Auteur, intitulé : *Orationes tres*, &c. *Duaci*, Bogard, 1595, 1598, *in*-4.]

38953. ☞ Almanach Historique & Géographique d'Artois, pour les années 1755 & *suiv. Amiens*, Veuve Godart, *in*-24.]

38954. ☞ Ms. Mémoire sur l'Artois : *in*-4.]

Il est conservé dans les Registres de la Société Littéraire d'Arras.]

38955. ☞ Ms. Dissertation sur plusieurs Antiquités de l'Artois, adressée par M. CAUWET, de la Société Littéraire d'Arras, à M. Biet, Abbé de S. Léger, de l'Académie de Soissons.

38956. ☞ Ms. Dissertation sur des Antiquités découvertes en 1752, au Village de Roclencourt, près d'Arras, dont l'époque peut se rapporter à la défaite de Clodion par Aétius, & sur des Médailles trouvées en la même année à Planques, autre Village d'Artois ; par M. Camp, de la Société Littéraire d'Arras.

Ces deux Dissertations ont été lues dans les Séances publiques de cette Société, & sont conservées dans ses Registres.]

38957. ☞ Mf. Histoire d'Artois, depuis le temps de César jusqu'en 1581 : *in-fol.*

Ce Manuscrit est conservé avec les mêmes Registres.]

38958. Mf. De origine Comitatûs Artesiæ & Comitum Genealogica Narratio.

Ce Manuscrit est dans la Bibliothèque de l'Eglise Cathédrale de Tournay, selon Sanderus, tom. I. de sa *Bibliothèque des Auteurs Belgiques*, pag. 116.

38959. Artesiensis Comitatûs origo & progressus : Auctore Ferreolo Locrio, Paulinate.

Cet Ouvrage forme le Tome III. du *Chronicon Belgicum* du même Auteur : *Atrebati, Riverii*, 1616, *in-*4.
☞ On y trouve un Catalogue des Ecrivains d'Artois.]

38960. ☞ De la Comté-Pairie d'Artois, érigée en 1297.

Dans l'*Histoire Généalogique* du Père Simplicien, *tom. III. pag. 3.*]

38961. ☞ Mf. Dissertation sur l'Epoque de l'érection de l'Artois en Comté ; par M. Binot, de la Société Littéraire d'Arras.

38962. ☞ Mf. Dissertation sur une Médaille citée par Mézeray, au sujet de cette érection ; par M. Cauwel, de la Société Littéraire d'Arras.

Ces deux Dissertations ont été lues dans les Séances publiques de cette Société, & sont conservées dans ses Archives.]

38963. Mf. Historia de origine, serie & rebus gestis Comitum Artesiæ ; Auctore Dionysio Bersaquio, Jurisconsulto.

Locre [ci-dessus, N.° 38959,] cite cette Histoire, & avoue qu'il s'en est beaucoup servi.

38964. ☞ Chronologie historique des Comtes d'Artois ; (par Dom François Clément, Bénédictin.)

Dans la seconde Edition de l'*Art de vérifier les Dates*: (Paris, Desprez, 1770, *in-fol.*) pag. 638.]

38965. ☞ Mf. Mémoire pour servir à l'Histoire d'Artois, depuis 1160 jusqu'à Robert I. (premier) Comte de cette Province.]

38966. ☞ Mf. Mémoire sur la Vie de Robert I. Comte d'Artois.]

38967. ☞ Mf. Mémoire sur la Vie de Robert II. (fils & successeur du précédent.)

38968. ☞ Mf. Mémoire pour servir à l'Histoire de Mahaut, Comtesse d'Artois, depuis la mort de Robert II. jusqu'à la mort de cette Princesse (en 1329).

Ces quatre Mémoires sont de M. Cauwet, de la Société Littéraire d'Arras, & sont conservés dans ses Registres.]

38969. Mf. Histoire d'Artois ; par Claude d'Oresmieux, Artésien : en 1628, *in-fol.*

Cette Histoire est conservée dans la Bibliothèque de M. le Chancelier d'Aguesseau.

38970. Historia Comitum Artesiæ ; Auctore Ferdinando de Cardevaque, Artesiensi.

Cet Auteur est mort en 1640 ; son Histoire est citée par Valère André, dans sa *Bibliothèque des Manuscrits Belgiques*.

38971. Mf. Mémoires & Pièces touchant le Comté d'Artois, & nommément la Ville d'Arras.

Ces Mémoires sont dans la Bibliothèque de l'Abbaye de S. Wast d'Arras.

38972. ☞ Mémoires pour servir à l'Histoire de la Province d'Artois, & principalement de la Ville d'Arras, pendant une partie du XVᵉ Siècle, précédés d'une Notice Chronologique des Comtes d'Artois ; par M. Harduin, de la Société Littéraire d'Arras : *Arras*, Eu, 1763, *in-*12.

Ces Mémoires, lus en différentes Séances de cette Société, ont été rédigés en grande partie sur les Registres de la Ville.]

38973. Mf. Journal de plusieurs choses arrivées au Comté d'Artois, depuis le 5 Novembre 1492, jusqu'au 20 de Juillet suivant.

Ce Journal étoit parmi les Mémoires de M. d'Oresmieux d'Arras, selon Sanderus : *Biblioth. Mf. Belg.*

38974. Mf. Chronique des Pays d'Artois & de Flandre, depuis l'an 1482 jusqu'en 1571 ; par Louis Bresin, natif d'Aire : *in-fol.* 2 v.

Cette Histoire est dans la Bibliothèque du Roi, parmi les Manuscrits de M. de Gaignières.

38975. Mf. Sommaire contenant la vérité des troubles advenus en la Ville d'Arras ; décrits par Walerand Obert, Conseiller de la Chambre d'Artois : *in-fol.*

38976. Mf. Les Troubles arrivés à Arras, en 1578, réduits en Histoire ; par Pontus Payen, Seigneur d'Essars : *in-fol.*

Ces deux Manuscrits sont cités par Sanderus, au Tome I. de sa *Bibliothèque des Manuscrits Belgiques*, pag. 190.

38977. Mf. Histoire des Troubles arrivés à Arras, en 1578.

Cette Histoire est conservée dans la Bibliothèque du Roi, num. 9704. C'est peut-être la même que la précédente.

38978. De Atrebatis Urbis liberatione ab injuria & oppressione Sectariorum & Factionum, anno 1578, ac breviter de pace postmodùm cum Philippo Hispaniarum Rege inita ; Auctore Roberto Obritio : *Antverpiæ*, Belleri, 1590, *in-*4.

Cet Auteur est mort en 1584.

38979. ☞ Mf. Mémoires concernant quelques points de l'Histoire d'Artois, rédigés sur des Papiers de feu M. Blondin,

Liv. IV. *Histoire Civile de France.*

Chanoine d'Arras ; par M. DE GRANDVAL, de la Société Littéraire d'Arras.

Ils sont conservés dans les Archives de cette Société.

38980. ☞ Mémoire pour servir à l'Histoire de la Ville d'Arras ; par M. HARDUIN, Avocat. *Mercure,* 1744, *Octobre.*]

38981. ☞ Mémoire concernant un point d'Histoire de la Ville d'Arras. *Mercure,* 1745, *Avril.*]

38982. ☞ Chronique de la Ville d'Arras: Arras, Nicolas, 1767, *in*-4. de 92 pages.

Cette Chronique s'étend depuis Jules-César jusqu'à la fin de l'année 1765.]

38983. ☞ Mf. Recherches sur la Fondation du lieu nommé *Castrum Nobiliacum*, en la Ville d'Arras ; par M. CAMP, de la Société Littéraire de cette Ville.]

38984. ☞ Mf. Mémoire historique sur la Citadelle d'Arras ; par M. le Comte DE MIRABEL, de la même Société.

Ces deux Manuscrits sont dans les Registres de cette Société.]

38985. ☞ Journal de la Paix d'Arras, faite dans l'Abbaye de S. Vaast, entre Charles VII. & Philippe-le-Bon, Duc de Bourgogne ; recueilli par D. Antoine DE LA TAVERNE, publié & enrichi d'Annotations par J. COLLART : *Paris*, Billaine, 1651, *in*-12.]

38986. Traité de réconciliation [fait en la Ville d'Arras, le 17 Mai 1579, avec S. M. par] les Provinces d'Artois : *Douay*, 1579, *in*-8.

38987. Recueil de Lettres & Actes du Comté d'Artois : *Douay*, 1579, *in*-8.

38988. ☞ Mf. Diverses Relations des Siéges d'Arras, de 1640 & 1654.

Dans les Registres de la Société Littéraire de cette Ville.]

== ☞ Siège & Prise d'Arras par les François, en 1640.

Voyez ci-devant, Tome II. N.ᵒˢ 22006-22015.]

38989. Discours abrégé de l'Artois, membre ancien de la Couronne de France, & de ses Possesseurs, depuis le commencement de la Monarchie ; par A. C. *Paris*, 1640, *in*-4.

Ces Lettres initiales signifient AUTEUIL COMBAULT. Charles Combault, Baron d'Auteuil, cite cet Ouvrage sous son nom, *pag.* 606 de son *Histoire des Ministres d'Etat : Paris*, Gosselin, 1642, *in*-fol.

☞ Le corps de l'Ouvrage n'est que de 47 pages. Il est précédé, 1.° d'un Poëme Latin de 100 Vers hexamètres & pentamètres, intitulé : *Classicum ad populum Atrebatensem*, qui est un Eloge du Pays. Cette Pièce est signée A. C. 2.° d'une Dédicace au Cardinal de Richelieu, signée de même, 3.° d'une Table Généalogique de deux Princesses d'Artois, dont l'Auteur fait descendre la Maison du Plessis-Richelieu, 4.° d'une Table Généalogique des Comtes & Seigneurs de l'Artois, depuis la seconde Race des Rois de France. Enfin, l'Ouvrage est suivi de preuves tirées d'anciens Titres & Chartes, contenant 8 pages.

Le but de l'Auteur paroît avoir été une fade adulation pour le Cardinal de Richelieu, qu'il fait descendre par femmes de Louis VIII. & de Robert Comte d'Artois. Un Poëte extravagant, nommé Nicolas de Gronchi, Auteur de la *Béatitude*, en 10 Poëmes dramatiques, & imprimée en 1632, dit (sans doute en conséquence) à la fin de sa première Ode, au Cardinal de Richelieu :

Vous êtes issu d'un de nos Rois,
Louis-le-Gros d'heureuse estime.]

== ☞ Siège d'*Arras* par les Espagnols, & leur défaite, en 1654.

Voyez ci-devant, Tome II. N.ᵒˢ 23765, 23774 & 23821.]

38990. ☞ Extrait d'une Lettre écrite d'Arras, le 26 Mai 1739, au sujet de l'Artois. *Mercure*, 1739, *Juillet.*]

38991. ☞ Lettre écrite à M. Lebœuf, Chanoine d'Auxerre ; par M. D. L. P. de la Société Littéraire d'Arras. *Mercure*, 1739, *Décembre.* Vol. II.]

38992. ☞ Des Droits du Roi sur le Comté d'Artois ; par M. DUPUY.

Dans son *Traité touchant les Droits du Roi Très-Chrétien : seconde Edition, Rouen*, 1670, *pag.* 177.]

38993. ☞ Mf. Discours historique touchant le retour de l'Artois sous la Domination Françoise, composé en 1740 à l'occasion de l'année séculaire de la prise d'Arras ; par M. HARDUIN, de la Société Littéraire d'Arras.

Ce Discours est conservé dans les Registres de cette Société.]

38994. Chronologie historique des Souverains de la Province d'Artois, des Propriétaires du Pays d'Artois, & des Gouverneurs généraux des Pays-Bas, depuis qu'ils ont été possédés par la Maison d'Autriche ; par Adrien MAILLART, d'Amiens, Avocat au Parlement.

Cette Chronologie est imprimée avec les *Coutumes générales d'Artois*, illustrées des Notes du même Auteur : *Paris*, Gosselin, 1704, *in*-4.

☞ *Voyez* Lenglet, *Méthode hist. in*-4. *tom. IV. pag.* 193.]

38995. ☞ Mf. *Chronicon Morinense* (*c'est à dire,* de Terouenne) ; Auctore Balderico, Noviomensi & Tornacensi Episcopo.

Il est parlé de ce Manuscrit dans la Préface de Colvenerius sur la *Chronique de Cambrai*, aussi attribuée à Balderic ; sur quoi l'on peut voir ce qui a été dit cidevant, Tome I. N.° 8523.]

38996. De Morinis & Morinorum Rebus, Sylvis, Paludibus, Oppidis, Comitibus, Episcopis, ab anno Christi 309, ad annum 1553 ; Auctore Jacobo MALBRANCQ, è Societate Jesu : *Tornaci*, 1639-1654, *in*-4. 3 vol.

Adrien Maillart dit à la *pag.* 76 de sa *Chronologie d'Artois*, que « l'Imprimé finit en 1513 ; mais que l'Auteur a continué cette Histoire en cent vingt-neuf » Chapitres, jusqu'en 1553, que Térouenne, Capitale » du Pays des Morins, fut détruite par Charles-Quint. » Cette partie, non imprimée, est conservée dans la » Bibliothèque du Noviciat des Jésuites de Tournay ».

Histoires des Pays-Bas François. 607

☞ M. le Febvre, *pag.* 5 de sa *Nouvelle Histoire de Calais*, nous apprend que cette Suite de l'Imprimé de Malbrancq, étoit en 1737 chez les Jésuites de Lille ; & M. Debure dit, dans sa *Bibliographie*, *num*. 5338 de l'*Histoire*, qu'il est difficile de trouver rassemblés les 3 Volumes de la partie imprimée, & que le troisième est le plus rare.

Voyez Lenglet, *Méth. hist. in-*4. *tom. IV. pag.* 193. = Struvius, *pag.* 479.]

38997. ☞ Jacobi MARCHETI Dialogus de Morini quod Teruanam vocant, atque Hedini expugnatione, deque prælio apud Rentiacum : *Antverpiæ*, 1555, *in-*8.]

38998. Description de la Ville & Pays de Hesdin ; par Antoine DE VILLE.

Elle est imprimée avec le *Siège de Hesdin : Lyon*, 1639, *in-fol*.

38999. ☞ Ms. Histoire de la Révolte des Sieurs de la Rivière & de Farques à Hesdin, par M. PREVOST D'ESSART, Avocat.

Ms. Divers autres Mémoires historiques sur le vieux & le nouvel Hesdin.

Ces Manuscrits sont en Copie dans les Registres de la Société Littéraire d'Arras.]

39000. ☞ *Betunia* & *Ariacum* ; Auctore Joan. Bapt. GRAMMAYE.

On trouve ces petits Traités sur Béthune & Aire, dans ses *Antiquitates Flandriæ : Antverpiæ*, 1611, *in-*4. &c. comme aussi dans la Collection de ses Œuvres : *Bruxelles*, 1708, *in-fol*.]

39001. ☞ Ms. Anciennes Remarques sur la Ville de *Béthune*, tirées des anciennes Chroniques de Flandre & d'Artois.

Ce Manuscrit est conservé dans les Archives de l'Hôtel-de-Ville de Béthune.]

39002. ☞ Ms. Divers Mémoires historiques concernant la Ville de Béthune.

Dans les Registres de la Société Littéraire d'Arras il y en a une Copie.]

39003. ☞ Ms. Mémoire pour servir à l'Histoire de la Ville d'*Aire*.

Il y en a une Copie dans les Registres de la même Société.]

39004. ☞ Ms. Histoire de la Ville d'Aire, avec les Armes des Gouverneurs : p. *in-fol*.

Dans la Bibliothèque de la Société Littér. d'Arras.]

== ☞ Réduction de la Ville d'Aire, en 1641.

Voyez ci-devant, Tome II. N.ᵒˢ 22050-22053.]

39005. ☞ Bellum Septimestre, sive Aria à Gallis obsessa & capta, moxque ab Hispano recuperata, anno 1641 ; Auctore J. HUMETZIO : *Audomari*, 1644, *in-*4.]

== ☞ Prise de la Ville d'Aire, en 1676.

Voyez ci-devant, Tome II. N.° 24099.]

== ☞ Siège d'Aire, de *Béthune* & de *Saint-Venant*, en 1710.

Ibid. N.ᵒˢ 24453 & 24454.]

== ☞ Prise de *Saint-Venant*, en 1658.
Ibid. N.° 23818.]

39006. ☞ Comptes & Eclaircissemens touchant l'Exemption & (les) Privilèges des Citoyens de *Saint-Omer* & de sa Banlieue, de l'entretien des chemins situés dans sa dépendance, &c. présentés à l'Assemblée des Notables de S. Omer, le 23 Mars 1768 ; par M. LE GRAND DE CASTELLE, Avocat : *Saint-Omer*, 1768, *in-*4. de 24 pages.

On y trouve quelques particularités concernant l'Histoire de cette Ville, & des Notes intéressantes.]

== ☞ Siège de Saint-Omer, en 1638.

Voyez ci-devant, Tome II. N.ᵒˢ 21933-21935.]

39007. ☞ Jo. CHIFFLETII, Audomarum obsessum & liberatum, anno 1638 : *Antverpiæ*, Plantin, 1640, *in-*18.]

== Prise de Saint-Omer par les François, en 1677.

Voyez ci-devant, Tome II. N.° 24121.

39008. ☞ Lettre à M. Fréron, sur les Hautponnois. *An. Littér*. 1758, *tom. VI. pag.* 248.

Cette Lettre écrite d'Abbeville est signée D. V. R. T. Les Hautponnois sont les Habitans d'un Fauxbourg de Saint-Omer ; leur langage & leurs mœurs sont particuliers.]

== ☞ Siège & Prise de *Lens*, en 1647. Bataille aux environs, en 1648.

Voyez ci-devant, N.ᵒˢ 22288 & 22289.]

39009. Histoire Chronographique des Comtes, Ville & Pays de *Saint-Paul* en Ternois ; par Ferry DE LOCRES, Pasteur de S. Nicolas à Arras : *Douay*, Hellam, 1613, *in-*4.]

39010. ☞ Comitum Tervanensium, seu Ternensium, modò Sancti Pauli ad Thenam, à primo ad postremùm Annales historici ; ubi eorum Genealogica series, natalitia, genus, ditiones, jura, dignitates, præclara facinora, obitus & encomia, succinctè recensentur, quibus varii eventus, qui arcem, Civitatem, universamque Dynastiam Paulinatem, necnon oppida, vel cœnobia, aliaque loca, seu sacra, seu profana, circumquaque adjacentia spectant, chronologicè interseruntur ; Collectore R. P. Thomâ TURPIN, Paulinate, Ord. FF. Prædicat. Audomarensium : *Duaci*, Derbaix, 1731, *in-*8.]

== Diverses Pièces touchant le Comté de Saint-Paul.

Voyez ci-devant, [Tome II. N.ᵒˢ 27828, 27910, 27937-27946.]

§. II. *Histoires de la Flandre Françoise.*

39011. ☞ De l'ancienne Comté-Pairie de Flandre, & Pièces qui le concernent.

Dans l'*Histoire Généalogique* du Père Simplicien, *tom. II.* 1726, *pag.* 713.]

39012. ☞ Chronologie historique des

Liv. IV. *Histoire Civile de France.*

Comtes de Flandre ; (par Dom François Clément.)

• Dans la seconde Edit. de l'*Art de vérifier les Dates* : (*Paris*, Desprez, 1770, *in-fol.*) *pag.* 628.]

39013. ☞ Des Droits du Roi Très-Chrétien sur le Comté de Flandre, avec les Généalogies ; par M. Dupuy.

Dans son *Traité sur les Droits du Roi, Edition de* 1670, *pag.* 149-170.]

39014. ☞ Des Droits particuliers du Roi sur les Villes de *Lille, Douay* & *Orchies;* par M. Dupuy.

Dans le même Traité, Edition de 1670, *pag.* 183-188.]

39015. ☞ Dictionnaire historique & Géographique de la Châtellenie de *Lille;* par A. J. Panckouke : *Lille*, 1733, *in-12.*]

39016. Les Chastelains de Lille, leur ancien estat, office & famille ; ensemble l'état des anciens Comtes de la République & Empire Romain, des Goths, Lombards, Bourguignons, François & du règne d'iceux, des Forestiers & Comtes anciens de Flandre ; [avec une particulière Description de l'ancien estat de la Ville de Lille, les trois changemens signalés tant de cette Ville que du Pays ;] par Floris Vander-Haer, Trésorier & Chanoine de Saint-Pierre de Lille : *Lille*, Beys, 1611, *in-*4.

L'Auteur est mort en 1634.

☞ Le Livre I. traite des Comtes, & particulièrement de leur état & fonctions ; de l'ancienneté de Lille, que l'Auteur fait remonter jusqu'au temps des Romains, de ses différens changemens, & de l'Office des Châtelains ou Vicomtes. Le Livre II. contient l'Histoire & la Généalogie de ces Châtelains, depuis Savaldes en 1039, jusqu'à Louis XIII.

Cet Ouvrage n'a qu'environ 300 pages ; mais il est accompagné d'un grand nombre de Généalogies, sur des feuillets séparés.]

39017. Remarques sur l'état ancien & moderne de la Ville de Lille, & sur l'origine de ses Châtelains.

Ces Remarques sont imprimées à la fin de la *Campagne Royale de* 1668 : *Paris*, 1668, *in-12.*

39018. ☞ Mf. Histoire des Comtes de Flandre, des Châtelains & Gouverneurs de la Ville & Châtellenie de Lille ; comme aussi l'Histoire abrégée de ladite Ville, avec les Siéges des années 1297, 1667, 1708. De plus ses Antiquités, Mausolés, Epitaphes, &c. Le tout accompagné de Remarques historiques, &c. *in-fol.*

Ce beau Manuscrit est indiqué num. 4976, du Catalogue de la Bibliothèque de M. l'Abbé Favier : *Lille*, Jacquez, 1765, *in-*8.]

39019. ☞ Mf. Mémoires originaux pour servir à l'Histoire de la Ville & Châtellenie de Lille : *in-fol.*

Ce Recueil, qui forme le num. 4978, de la même Bibliothèque, comprend onze Pièces dont la première est intitulée : « Histoire & Généalogie de quelques » Rois de France, par rapport à la Flandre & Ville de » Lille, par Sire Jean Letartiers ». = La sixième : « Anecdotes & preuves généalogiques extraites des » Chartes du Château de Lille, & reposant présente-» ment à la Chambre des Comptes ». = La septième : « Mémoire critique sur le Magistrat de Lille ». = La onzième : « Mémoire historique, Ecclésiastique & » Politique sur les Villes de Lille, *Douay, Orchies*, &c. » avec un Journal de ce qui s'est passé dans ladite Ville » de Lille depuis 1698, jusqu'au mois d'Avril 1713 ».]

39020. ☞ Mf. Inventaire de tout ce qui a rapport à l'Histoire, Instruction & Gouvernance de la Ville & Châtellenie de Lille, contenant l'Extrait des Fondations, Priviléges, Franchises, Siéges, Traités, Accords, Arrêts & Réglemens pour la Police, &c. *in-fol.*

39021. ☞ Mf. Trésor général des Chartes, &c. avec le Sommaire du contenu aux Registres de l'Hôtel de Ville de Lille : le tout accompagné de Notes : *in-fol.* 2 vol.

39022. ☞ Mf. Mémoires historiques ou Annales de la Flandre Gallicane, depuis 999 jusqu'en 1610, &c. les Titres honoraires des Seigneurs de la Châtellenie de Lille, &c. *in-fol.*

Ces trois Articles sont indiqués num. 4987, 4998 & 5002, du Catalogue de M. Favier, qui est fort étendu sur les Pays-Bas. Nous marquerons ci-après aux *Généalogies*, les Manuscrits qui s'y trouvent à ce sujet.]

39023. ☞ Histoire de Lille & de sa Châtellenie, où l'on voit son origine, l'état Ecclésiastique & Séculier, la suite des Souverains, & les principaux Evénemens qui regardent la Flandre Françoise, les Magistrats, &c. le tout tiré des Auteurs du Pays & de plusieurs Manuscrits ; (par le Sieur Thiroux : (*Lille*, Prévost, 1730, *in-12.*)

39024. ☞ Histoire de la Ville de Lille ; par M. D. M. C. D. S. P. (Charles-Antoine le Clerc de Montlinot, Chanoine de Saint-Pierre de Lille, Docteur en Médecine, & Membre de l'Académie d'Arras :) *Lille*, 1764, *in-*12.]

39025. La Flandre illustrée par l'Institution de la Chambre du Roi à Lille, l'an 1385, par Philippe-le-Hardi, Duc de Bourgogne, avec les Ordonnances, Réglemens & Instructions de cette Chambre ; par Jean de Seur, premier Greffier & Commis à la Recette de l'Epargne du Ressort de cette Chambre : *Lille*, 1713, *in-fol.*

== ☞ Siége de *Lille*, en 1667.

Voyez ci-devant, Tome II. N.os 23917, 23918.]

39026. ☞ Articles proposés au Roi par les Députés de Lille & de sa Châtellenie, & par la Chambre des Comptes, le 27 Août 1667 : *Lille*, de Rache, *in-*4.]

== ☞ Campagne de *Lille*, en 1709.

Voyez ci-devant, Tome II. N.° 24445.]

39027. ☞ Arrêt du Conseil d'Etat du Roi, pour la levée des Droits d'amortissement

dans

dans la Province de Flandre, du 12 Juillet 1729 : *Paris*, Saugrain, 1734, *in-4*.]

39028. Mſ. Hiſtoire de Lille, *Dunkerque, Bourbourg* & *Gravelines*, en 1643 : *in-fol.*

Cette Hiſtoire [étoit dans la Bibliothèque de M. le Chancelier Seguier, num. 187, [& doit être à S. Germain-des-Prés.]

☞ Auguſte GALLAND a fait avec ſes *Mém. ſur l'Hiſt. de Navarre*, (ci-devant, Tome II. N.º 18909,) des Mémoires ſur Lille, Dunkerque, Bourbourg & Gravelines, qui pourroient bien être cette Hiſtoire manuſcrite de la Bibliothèque Seguier.]

== ☞ Siège & Priſe de *Gravelines*, en 1644.

Voyez ci-devant, Tome II. N.º 22208.]

== ☞ Priſe de *Bergue*, de *Tournay*, de *Douay*, de *Courtray*, &c. 1667.

Voyez ci-devant, Tome II. N.ᵒˢ 23912-23916.]

39029. ☞ Deſcription hiſtorique de *Dunkerque*; par M. FAULCONNIER : *Bruges*, 1730, *in-fol.*

Pierre Faulconnier eſt mort à Dunkerque ſa patrie, le 16 Septembre 1735. Il étoit Grand-Bailli de cette Ville.]

== ☞ Siège & Priſe de Dunkerque ; Bataille des Dunes : 1658.

Voyez ci-devant, Tome II. N.ᵒˢ 23819-23821.]

== ☞ Priſe de *Mardick*, de *Linck*, de *Bourbourg*, de *Béthune* : 1645.

Ibid. N.ᵒˢ 22225-22228.]

== ☞ Reddition de *Mardyck*, *Dunkerque*, &c. aux Anglois, en 1658.

Ibid. N.ᵒˢ 23825-23827.]

39030. ☞ Diſcours de Dunkerque ; contenant pluſieurs Réflexions touchant ſa dernière reddition faite par les Anglois : *Villefranche*, 1668, *in-12*.]

39031. ☞ Recueil de Pièces, publiées par Richard STEELE, concernant la Démolition de Dunkerque ; traduit de l'Anglois · *Amſterdam*, Mortier, 1714, *in-8*.]

39032. ☞ Réflexions ſur l'importance de Dunkerque & ſur l'état préſent de cette Place ; par Richard STEELE, traduit de l'Anglois, avec les Plans de Dunkerque & de Mardyck : *Londres*, Balduin, 1715, *in-8*.]

39033. ☞ Hiſtoire des Ducs & Ducheſſes de *Douay* ; par le Père Martin L'HERMITE, Jéſuite : *Douay*, Belleri, 1638, *in-4*.]

== ☞ Siège de Douay, en 1710.

Voyez ci-devant, Tome II. N.º 24454.]

39034. ☞ Erection de la Châtellenie de *Mortagne* en Pairie, l'an 1406.

Dans l'*Hiſtoire Généalogique* du Père Simplicien, tom. III. pag. 253. Mortagne eſt dans le *Tournaiſis*, qui appartenoit autrefois au Roi de France. Louis XIV. en cédant Tournai en 1713, a conſervé, dans le Tournaiſis, Mortagne & Saint-Amand.]

Tome III.

§. III. *Hiſtoires du Cambreſis.*

☞ Ce petit Pays eſt du Hainaut, quoiqu'il n'ait jamais fait partie du Comté de ce nom.]

39035. ☞ Du Pays & Comté de Cambreſis : *pag.* 215-230, du ſecond Volume de la *Deſcription générale de la France, tom. VII.* de l'Atlas de Jean Blaeu : *in-fol.*

Cette Deſcription particulière, (que l'on a déja indiquée ci-devant, Tome I. N.º 2200,) eſt précédée d'une Carte du Cambreſis, dédiée à M. Vander-Butch, Archevêque, Duc de Cambrai, qui eſt mort en 1644. « Le diſcours hiſtorique ſemble être l'ébauche & le » canevas de l'Hiſtoire de Cambrai & du Cambreſis, » que Jean le Carpentier publia à Leyde en 1664. Je » ſuis bien trompé ſi ce morceau n'eſt pas de la même » main. Je vois des deux côtés la même emphaſe » dans les louanges données à la Ville de Cambrai, la » même crédulité pour quantité de fables & de tradi- » tions populaires, & le même goût pour des Généa- » logies faites à plaiſir ». *Remarq.* de M. Mutte, Doyen de l'Egliſe Métropolitaine de Cambrai.]

== ☞ Chroniques, &c. de Cambrai.

Elles ont été indiquées ci-devant, Tome I. N.ᵒˢ 8521-8538, pour l'Hiſtoire Eccléſiaſtique.]

39036. ☞ L'Hiſtoire de Cambrai, en Vers ; par Julien DE LINGNE (ou DE LIGNE :) *Arras*, 1602.]

39037. ☞ Mſ. Journal des choſes arrivées à Cambrai, par le même.]

39038. ☞ Mſ. Kalendrier hiſtorial de Cambrai, en François, par le même.

Colvenere le cite dans une Note ſur le chap. 99, du *Chronicon Cameracenſe*, attribué à Balderic, (ci-devant N.º 8523.) Le Manuſcrit de Ligne eſt dans ſa Bibliothèque de M. Mutte, Doyen de l'Egliſe Métropolitaine de Cambrai.

Julien de Ligne, qui étoit Cambréſien, Chapelain & Grand-Vicaire du Chœur de l'Egliſe Métropolitaine, s'eſt beaucoup appliqué à l'Hiſtoire de Cambrai : il eſt mort le 14 Mars 1615. Valère André, dans ſa *Bibliothèque Belgique*, & Grammaye dans ſon *Cameracum*, citent de lui les Ouvrages dont on vient de parler, & quelques autres Manuſcrits, tels qu'un Fragment de Chronologie hiſtorique, = un Recueil ſur les Evêques de Cambrai, cité par l'Auteur de l'Ouvrage intitulé : *Series Epiſcoporum Cameracenſium*, (ci-devant N.º 8519), = l'Hiſtoire de l'Image de Notre-Dame de Grace, donnée à l'Egliſe de Cambrai par Furſy de Bruyce, = un Calendrier des Fondations des Fêtes & Obits dans cette Egliſe, = un Traité de l'érection du Collège de la Compagnie de Jéſus à Cambrai, = un autre, des Béguines de Cambrai, formé d'après leurs Archives, = un troiſième, de l'Hôpital de S. Julien.]

39039. ☞ Cameracum ; Auctore Antonio MEYERO.

Cette petite Pièce eſt imprimée à la fin de ſon Ouvrage en Vers, intitulé : *Comites Flandriæ*, &c. *Antverpiæ*, 1556, *in-8*.]

39040. ☞ Mſ. Hiſtoria Cameracenſium Principum & Epiſcoporum ; Auctore Philippo VIELAN (ſeu WIELANDT.)

Cette Hiſtoire eſt avec celle du Brabant du même Auteur, citée par Voſſius, dans ſes *Hiſtoriens Latins*, *pag.* 639.]

39041. Hiſtoire de Cambrai & du Pays

Hhhh

Cambrefis, contenant ce qui s'y eft paſſé ſous les Empereurs & ſous les Rois de France & d'Eſpagne ; avec les Vies des Evêques & Archevêques de Cambrai, &c. par Jean LE CARPENTIER, Hiſtoriographe : *Leyde*, 1664, *in*-4. 2 vol.

☞ On a déja parlé de cette Hiſtoire, rapporté Tome I. au N.º 8539, pour les Vies des Evêques, & l'on y a même montré aſſez au long le peu de cas que l'on en doit faire pour les Généalogies : quant à l'Hiſtoire générale, elle eſt aſſez eſtimée. Nous croyons devoir mettre ici quelques Obſervations tirées de la *Bibliographie* de M. Debure, *Hiſt.* num. 5339.

« Les Exemplaires de cet Ouvrage complets, ne ſe » trouvent pas communément. Nous obſerverons à ce » ſujet que l'on a cru, mal-à-propos, qu'il y avoit eu » deux Editions différentes de ce Livre ; l'une imprimée en 1664, l'autre exécutée avec des augmentations en 1668. Nous avons comparé enſemble des » Exemplaires de date différente, & nous avons apperçu » que les uns & les autres étoient une ſeule & même » Edition, à la réſerve des Intitulés, qui avoient été » changés. Nous avons remarqué encore que dans les » Exemplaires dont les Frontiſpices portoient la date de » l'année 1668, on avoit inſéré quelques augmentations particulières, qui furent données peu de temps » après que l'Ouvrage eut été répandu dans le Public. » Ces augmentations conſiſtent dans un très-petit nombre d'additions ſéparées, qui continuent la IIIe partie » de ce Livre juſqu'à la page 1110 ; laquelle partie, » dans les premiers Exemplaires, finit à la page 1096. » Ces nouvelles Additions contiennent les Généalogies » de trois Familles, qui n'avoient pas été données en » 1664. On y trouve encore de plus, une grande planche gravée en taille-douce, qui repréſente la tenue » des Etats du Cambreſis, & enfin pluſieurs feuilles » ſéparées qui renferment les Blaſons & les Armoiries » de différentes Familles qui en ont voulu faire particulièrement la dépenſe.

« C'eſt pourquoi, ſans s'arrêter aux Intitulés de cet » Ouvrage, quand on ſe propoſe de l'acquérir, il ſuffit » ſeulement de s'aſſurer ſi les parties de Supplément » que nous venons d'indiquer, s'y trouvent ; parce que » le prix de l'Exemplaire augmente ou diminue, ſelon » qu'il eſt plus ou moins complet.]

39042. ☞ Hiſtoire de Cambrai & du Cambreſis ; (par M. DUPONT, Chanoine Régulier de S. Aubert à Cambrai.)

Elle ſe trouve en ſept Parties dans l'*Almanach* de cette Ville : *Cambrai*, Berthoud, 1759, 1760, 1762-1765 & 1767. On en a déja parlé ci-devant, Tome I. N.º 8545. Mais il a paru depuis une dernière partie qui va depuis 1596, juſqu'à la Priſe de Cambrai par Louis XIV. en 1677.

Ce petit Ouvrage paroît intéreſſant, & il eſt accompagné de pluſieurs Pièces originales, concernant l'Hiſtoire Civile & Eccléſiaſtique. On y relève en pluſieurs endroits le Carpentier, & d'autres Ecrivains plus reſpectables. On trouve auſſi dans l'*Almanach*, diverſes Remarques ſur l'Etat Eccléſiaſtique, Civil & Militaire de Cambrai.

Cependant Meſſieurs les Magiſtrats de Cambrai m'ayant fait paſſer une Délibération au ſujet de cette Hiſtoire, j'ai cru devoir l'inſérer ici.

« Du dix-neuf Avril mil ſept cent ſoixante-cinq. » Meſſieurs du Magiſtrat s'étant fait repréſenter, dans » leur Aſſemblée de ce jour, le Mémoire adreſſé par » la voie de Monſeigneur l'Intendant, ſur une nouvelle » Edition de la *Bibliothèque hiſtorique* du Père le » Long ;

« Ayant mûrement délibéré ſur l'importance de » l'objet, & conſidéré qu'un Ouvrage intitulé : *Hiſtoire*

» *de Cambrai & du Cambreſis*, inſéré par partie dans » l'*Almanach Hiſtorique, Militaire & Civil de la Ville » de Cambrai & Pays de Cambreſis ;* des années 1759, » juſques & compris 1765, pourroit avoir été envoyée » pour être inſérée dans cette Edition :

« Que cet Ouvrage contenoit non-ſeulement des » faits haſardés & non approuvés ni reconnus publiquement dans pluſieurs de ſes parties, mais encore des » plus ſuſpects aux Habitans du Pays, ayant été compoſé ſans l'examen, les vérifications ni les précautions » néceſſaires pour un objet auſſi intéreſſant, par un » Auteur anonyme, dont la clandeſtinité ſeule ſemble » d'un côté annoncer le peu de foi que l'on peut ajouter à cet Ouvrage, & de l'autre le défaut de preuves » & de titres des faits qu'il y haſarde, avec une partialité auſſi marquée pour tout ce qui peut intéreſſer le » Clergé, qu'il y apporte au contraire de l'animoſité » & de l'affectation de rappeller les faits qui peuvent » le plus nuire à la Ville & à ſon adminiſtration, en » commettant une réticence ſenſible ſur ceux qui lui » ſont les plus favorables :

« Conſidérant, au ſurplus, qu'on pourroit à l'avenir » abuſer de cet Ouvrage, pour s'attribuer des privilèges ou former des prétentions au préjudice des Droits » du Roi, de ceux de la Ville & des particuliers, même » entraîner d'autres conſéquences préjudiciables à induire le Public en erreur ; ayant également conſidéré » d'ailleurs, que cet Ouvrage, de toutes façons, peu » réfléchi & imparfait, n'avoit été imprimé ſans avoir » été examiné & approuvé par le Magiſtrat, ſeul Juge » de Police :

« Ont unanimement réſolu de déſavouer & de déſapprouver ledit Ouvrage, & de faire au beſoin des » repréſentations pour empêcher qu'il ſoit inſéré dans » la nouvelle Edition de la *Bibliothèque hiſtorique* du » Père le Long, du moins juſqu'à ce qu'il ait été plus » ſérieuſement examiné, & par eux approuvé dans les » règles uſitées, comme Juges de Police ; & à cet effet » ils ont nommé des Commiſſaires, pour former un » Bureau, & s'appliquer ſans délai à faire les recherches & les Mémoires néceſſaires, pour ſur leur rapport, être ultérieurement délibéré & réſolu ce qu'il » appartiendra :

« Ordonnent en outre, que la préſente Délibération ſera inſcrite ſur le Regiſtre ordinaire, & envoyée » à Monſeigneur l'Intendant, qui ſera ſupplié d'employer ſes bons offices, pour que cette prétendue » Hiſtoire de Cambrai & Cambreſis ne ſoit inſérée » dans la nouvelle Edition de la *Bibliothèque hiſtorique* » du Père le Long, comme avouée & reconnue de » meſdits Sieurs du Magiſtrat.

« Fait & délibéré en pleine Chambre, les jours, » mois & an que deſſus. *Par Ordonnance,* Dechievre.

La *Partie* VIIe de la même Hiſtoire a paru depuis, imprimée à Cambrai avec l'*Almanach* de 1767. L'Auteur s'y faiſant connoître, dit qu'il eſt obligé de finir ſon Hiſtoire à cauſe du mauvais état de ſa ſanté, & il déclare n'avoir écrit ni avec malignité ni avec prévention, mais ſelon la vérité.]

== ☞ Ligue faite à Cambrai, en 1508.

Voyez ci-devant, Tome II. N.º 17437.]

39043. ☞ Articles accordés & conclus de la part de Meſdames les Archiducheſſe d'Autriche & Ducheſſe d'Angoulême, mère du Roi Très-Chrétien (François I.) ſur leur Aſſemblée qui ſe doit prochainement faire en la Cité de Cambrai pour le fait de la Paix ; du 29 Juin 1529.

Cette Pièce eſt imprimée, à la fin de l'*Almanach* & de l'*Hiſtoire de Cambrai*, 1764. On trouve dans cette Hiſtoire, pag. 46, le détail des Conférences qui donnèrent lieu à ce qu'on appella la *Paix des Dames*, qui fut rompue en 1536.]

== ☞ Mémoires historiques sur l'érection de la Citadelle de Cambrai, (par Charles-Quint, en 1543.)

Voyez ci-devant, Tome I. N.° 8548. On les a rapportés dans l'*Histoire Ecclésiastique*, parce que jusqu'à ce temps les Evêques avoient été Souverains du Pays, & que l'érection de cette Citadelle commença à lui faire perdre sa liberté. Il n'en fut plus question après la Prise de Cambrai en 1595, sur Balagny, les Rois d'Espagne s'étant depuis portés pour Souverains de Cambrai.]

39044. ☞ Lettres de Chartre de la protection de Cambrai, données par le Roi Henri IV. à S. Germain-en-Laye, au mois d'Avril 1594, & autres Actes relatifs; imprimés *in-4*. 1595, en 60 pages.]

39045. ☞ Mſ. Relation du Siège de Cambrai, (par les Espagnols,) en 1595.

Elle étoit dans le Cabinet de feu M. de Baralles, Procureur-Général du Parlement de Flandre, & elle doit avoir passé dans celui de M. de Baralles son fils, résidant à Cambrai. Il y en a une Copie ancienne & collationnée, dans la Bibliothèque de M. Mutte, Doyen de l'Eglise de Cambrai.]

39046. ☞ Discours contenant les choses mémorables advenues au Siège des Ville & Citadelle de Cambrai, rendues au mois d'Octobre, au très-illustre Comte de Fuentes, Gouverneur-Lieutenant-Général des Pays-Bas, & Chef de l'Armée de Sa Majesté Catholique, l'an 1595; avec une comparaison & similitude de Regnacarius, Tyran ancien de Cambrai, avec Jean de Montluc, dit *Balagny*, Tyran moderne de ladite Ville : *Arras*, la Rivière, 1596, *in-8.*]

39047. ☞ Discours au vrai de la défaite de la Garnison de Cambrai; par le Chevalier DU PESCHIER, étant en garnison à Guise : *Paris*, de Monstrœil, 1597, *in-8.*]

39048. ☞ Lettres envoyées & présentées au Roi de la part du Comte de Chasteauvillain, (Sieur d'Acquavive Atrye; de Cambrai, le 27 Juillet 1624:) *Douay*, 1624, *in-8.* 30 pages.].

39049. ☞ Lettre du Roi LOUIS XIV. écrite à M. le Duc de Montbazon, sur le sujet du Siège de la Ville de Cambrai : *Paris*, Impr. Royale, *in-4*. de 6 pages.

Cette Lettre est écrite d'Amiens, le 28 Juin 1649.]

== ☞ Mſ. Relation du Siège de Cambrai, entrepris par le Comte de Harcourt, en 1649.

Ce Récit (déja indiqué Tome II. N.° 23022,) est d'Alfonse DE VILLERS AU TERTRE, Chevalier, Seigneur de Ligny & de Manières, Prevôt de la Ville de Cambrai, & qui étoit dans la Place assiégée. Le Manuscrit de l'Auteur est entre les mains de M. Mutte, Doyen de l'Eglise Métropolitaine de Cambrai. Ce peut bien être celui dont on trouve l'abrégé assez étendu dans la Part. VII. de l'Histoire de M. Dupont, *Almanach de Cambrai*, de 1767, *pag.* 105-136.]

39050. ☞ Relation particulière de tout ce

qui s'est passé au Siège de Cambrai, depuis le 24 Juin (1649) jusqu'au 4 Juillet, auquel les François ont été contraints de se retirer, pour le secours que son Altesse Impériale l'Archiduc Léopold y a fait entrer : 1649, *in-4*. de 4 pages.]

== ☞ Cambrai délivré du Siège, par les faveurs de la Très-Sainte Vierge Notre-Dame de Grâce, & par les Armes de S. A. I. l'Archiduc Léopold-Guillaume, le 3 Juillet 1649. Imprimé l'an 1650, *in-4.* de 42 pag.

On l'a déja indiqué, Tome II. N.° 23021. L'Epître dédicatoire à son Altesse Impériale, est signée par Jean *Lalloux*, Prêtre ; mais il présente cette Relation comme à lui « dictée par le Colonel DE BROUK, » qui il sert de Chapelain & de Secrétaire ». Ce Colonel commandoit le secours qui entra dans Cambrai.]

39051. ☞ Cameracum obsidione liberatum, carmine Epico, ad Serenissimum Archiducem Leopoldum Guillelmum : *Antverpiæ*, Plantin, 1650, *in-4*. *Ibid.* 1656, *in-8*. & *Francofurti*.

L'Auteur de ce Poëme est Othon ZYL, Jésuite, mort le 13 Août 1656.]

== ☞ Journal du Siège & de la Prise de Cambrai (par Louis XIV. en personne,) l'an 1677.

Voyez ci-devant, Tome II. N.° 24112. Il en est aussi question N.° 24121. On en trouve un Abrégé dans l'*Histoire* de M. Dupont, *Almanach de Cambrai*, de 1767, *pag.* 152-167. La possession de Cambrai & du Cambresis fut confirmée à la France par le Traité conclu à Nimègue en 1678.]

39052. ☞ Mſ. Chronique du *Câteau-Cambresis* ; par André POTIER, Prieur de l'Abbaye.

Ce Manuscrit, qui s'étend jusques & compris le XVIIᵉ Siècle, est dans l'Abbaye de S. André du Câteau-Cambresis, dont l'Auteur étoit Prieur. On a déja indiqué son *Histoire de Cambrai*, ci-devant, Tome II. N.° 8541. Il pourroit se faire que cette Chronique du Câteau-Cambresis en fit partie.]

§. IV. *Histoires du Hainaut François.*

☞ On ne trouvera ici que les Histoires des Villes qui appartiennent à la France, depuis le Traité des Pyrénées, en 1659, & celui de Nimègue, en 1678. Les Histoires générales du Pays seront indiquées ci-après, au Paragraphe III. de l'Article III.]

39053. ☞ Mſ. Bref Recueil des Antiquités de *Valenciennes*, où est représenté ce qui s'est passé de remarquable en ladite Ville & Seigneurie, depuis sa fondation jusqu'à l'an 1619 ; par Sire Simon LE BOUCQ, Prevôt de cette Ville : *Valenciennes*, Vervliet, 1619, *in-12*.

L'Auteur étoit né le 18 Mai 1591, & est mort le premier Décembre 1657.]

39054. Abrégé de l'Histoire de Valenciennes ; par Simon LE BOUCQ: *Valenciennes*, 1614, *in-4.*

☞ Je ne sçais s'il n'y auroit pas ici quelque erreur du Père le Long, vu l'âge de l'Auteur ; & si ce Livre ne seroit pas le même que le *Bref Recueil*.]

39055. ☞ Autre Abrégé de l'Histoire de Valenciennes: *Lille*, le Franc, 1688, *in-4*.

Le Père le Long le donnoit comme une seconde Edition du précédent ; mais c'est un Abrégé tiré de différens Auteurs, particulièrement de l'Ouvrage (suivant) du Père d'Oultreman. Cet Abrégé est du Sieur Deprés, natif de Valenciennes, qui a continué jusqu'en 1687, ce qu'il a tiré d'Oultreman.]

39056. Histoire de la Ville de Valenciennes, depuis l'an de Jesus-Christ 366, jusqu'en 1598 ; par Pierre d'Oultreman, Jésuite : *Douay*, Wyon, 1640 : *Valenciennes*, Bouchet, 1687, *in-fol*.

C'est la même Edition [avec Frontispice différent.] Henri d'Oultreman, Prévôt de Valenciennes, est l'Auteur [véritable] de cette Histoire. [Il est mort le premier Octobre 1605.] Pierre d'Oultreman [son fils] l'a augmentée & illustrée. [Il est mort le 23 Avril 1656.]

39057. ☞ Mf. Recueil des Antiquités de la Ville de Valenciennes ; par Messire Louis de la Fontaine, dit Wicart, Seigneur de Salmonsart, Chevalier du Saint-Sépulchre de Jérusalem : *in-fol*. 3 vol.

Cet Auteur, né à Valenciennes au mois de Février 1522, est mort à Liège vers l'an 1587. Il écrivoit en 1552, suivant la Note qui se trouve sur l'un de ces Volumes, dont les Originaux sont conservés dans la Bibliothèque de M. Jean-Antoine Tordreau, Ecuyer Seigneur de Belleverge, Avocat en Parlement, & ancien Juré & Echevin à Valenciennes. Cet Ouvrage est orné d'Estampes enluminées, qui représentent les principaux faits rapportés dans ce Recueil.]

39058. ☞ Mf. Mémoires de la Ville de Valenciennes, digérés par années, concernant son état, privilèges & singularités, avec une succinte déclaration de ses Bâtimens & Fondations, de la Vie, faits & Alliances de ses Seigneurs, sous lesquels ont été lesdits Monumens, & choses politiques, obtenues & passées, & des Guerres mémorables qu'ils ont faites ; par M. Jean Cocqueau, Conseiller Pensionnaire de Valenciennes : *in-fol*. 4 vol.

Cet Auteur, natif de Valenciennes, y est mort au mois de Mai 1597. Le quatrième Volume de son Ouvrage est une Addition aux trois premiers. Ils sont conservés dans la Bibliothèque du même M. Tordreau, ainsi que les deux Articles suivans.]

39059. ☞ Mf. Antiquités & Mémoires de la très-renommée & très-fameuse Ville & Comté de Valenciennes, avec les Généalogies, ordre & suite de ses Comtes & Seigneurs ; ensemble, la fondation des Eglises & Lieux pieux de ladite Ville ; par Sire Simon le Boucq, Prévôt de Valenciennes : *in-fol*. 2 vol.]

39060. ☞ Mf. Journaux ramassés en différens Volumes, des Ordonnances, Privilèges & Chartes de la Ville de Valenciennes ; par Sire Simon le Boucq.]

== ☞ Du Siège de Valenciennes, en 1656.
Voyez ci-devant, Tome II. N.os 23805 & 23806.]

39061. ☞ Description véritable des choses plus mémorables arrivées pendant le Siège de la Ville de Valenciennes, fait par l'Armée de France, contenant les causes morales d'icelui ; ensemble, les attaques, défenses & secours Royal de la Place, par l'Armée de Sa Majesté (le Roi d'Espagne), avec leurs circonstances soigneusement recueillies ; par Jacques de Rante, Licentié ès Droits, Advocat, & du Conseil particulier de ladite Ville : *Valenciennes*, Boucher, 1656, *in-4*.]

== ☞ Siège & Prise de Valenciennes, en 1676.

Voyez ci-devant, Tome II. N.os 24109-24111 & 24121.]

39062. ☞ Mf. Dénombrement de tous les Hommes, Femmes, Garçons, Filles, Valets & Servantes du Gouvernement de la Ville de Valenciennes, avec le nombre des Maisons, &c. où l'on voit aussi l'augmentation & la diminution des Peuples ; l'abrégé de ce qu'il y a de plus curieux dans l'Histoire de la Ville ; le Dénombrement de Valenciennes en particulier, avec le Plan de ses Rues, ses Paroisses, Monastères, &c. avec la différence des Mesures du Pays à celles de France, & diverses autres Remarques ; dédié à M. de Magalotti, Lieutenant-Général des Armées du Roi, & Gouverneur de Valenciennes, au mois de Juin 1700 ; par J. E. & T. *in-fol*.

Il s'en trouve une Copie dans les Archives de la Ville de Valenciennes.]

39063. ☞ Etat des Biens patrimoniaux de la Ville de Valenciennes : *Valenciennes*, 1725, *in-fol*.]

39064. ☞ Histoire de la Terre & Vicomté de *Sébourg*, jadis possédée par les Comtes de Flandres & de Hainault, avec leurs faits héroïques & mémorables ; depuis descendue aux très-illustres Maisons de Witthem & Berghe, avec plusieurs belles & remarquables singularités ; composée & divisée en deux Parties ; par le Sieur Pierre le Boucq, Ecuyer, Licentié ès Droits, Valenciennois : *Bruxelles*, Mommart, 1645, *in-4*.

La Terre de Sébourg est de la dépendance de Valenciennes, & n'en est éloignée que de deux lieues.]

== ☞ Siège & Prise de *Condé*, en 1655 & 1676.

Voyez ci-devant, Tome II. N.os 23794 & 24097.]

39065. Histoire de la Ville de *Bouchain* ; recueillie par Philippe Petit, de l'Ordre des Frères Prêcheurs : *Douay*, Wyon, 1659, *in-12*.

== ☞ Siège & Prise de Bouchain, en 1634 & 1676.

Voyez ci-devant, Tome II. N.os 21798 & 24098.

La Ville de Bouchain est la Capitale du petit Pays nommé *Ostrevant* : il étoit anciennement de l'Artois, dont il faisoit la partie Orientale, comme le porte son nom ; il est encore du Diocèse d'Arras. Mais en 1160 il

Histoires des Pays-Bas François.

fut uni au Hainaut, par la vente que Godefroid, son dernier Seigneur en fit à Baudouin le Bâtisseur, Comte de Hainaut : *Gaule Belgique* de Wastelain, *pag.* 369.]

== ☞ Affaire de *Denain*, en 1712.
Ibid. N.os 24465-24467.]

== ☞ Prise du *Quesnoy* & de *Landrecy*, en 1637.
Ibid. N.os 21920-21924.]

== Prise de Landrecy, en 1655.
Ibid. [N.° 23793.]

39066. ☞ Mss. Mémoire sur la Ville de *Bavai* en Hainaut, dressé en 1765 ; par M. NENNET, Subdélégué.

L'Original, en 15 pages, est conservé à Dijon, dans la Bibliothèque de M. Fevret de Fontette.]

39067. ☞ Antiquités de Bavai, & quelques autres de Flandre ; par M. le Comte DE CAYLUS.

Elles se trouvent dans son *Recueil d'Antiq.* tom. II. pag. 394-408, tom. III. pag. 435, & tom. VI. p. 396, 399 & 403.]

39068. ☞ Extrait d'une Lettre contenant quelques particularités sur la Ville & les environs d'*Avesnes* ; par M. FAUSSABU.

Dans le Recueil intitulé : *Nouvelles Recherches sur la France*, &c. Paris, 1766, in-12. tom. I. pag. 51-63.]

39069. ☞ Mémoire concernant la Ville de *Mariembourg*, par M. FRANÇOIS.

Dans le même Recueil, tom. I. pag. 487-491.]

☞ Il nous a paru utile de faire ici mention des Villes & Pays qui ont été cédés à la France dans ces Provinces, par divers Traités de Paix, & dont elle a rendu ensuite une partie. Cela pourra servir à donner une idée des différens accroissemens ou des diminutions du Royaume, du côté du Nord. On y joindra aussi ce qui regarde les Villes & Pays qu'elle a possédés à l'Orient, hors des Limites présentes, fixés par les derniers Traités. (Il n'y a rien à remarquer à l'Occident, où la Mer a toujours borné la France ; ni au Midi, après ce que nous avons dit du *Roussillon* & de la *Catalogne*, (ci-dessus) ci-dessus, *pag.* 570.) Au moyen des deux sortes d'Observations dont on vient de parler, c'est-à-dire de celles du Nord & de l'Orient, on aura une Explication des différentes Cartes de la France qui ont paru depuis 180 ans, & où l'on voit une diversité de Limites que l'on ne peut entendre que par une étude très-réfléchie de l'Histoire de France.

Dans tout ceci, qui est comme un Supplément à ce qui précède, on doit bien croire qu'il ne peut être question des Villes & Pays conquis & possédés, pendant un temps, comme en séquestre, par la France, c'est-à-dire pendant la guerre : il n'y a qu'un Traité qui donne un état fixe, dont la durée tranquille est de quelques années. Nous pourrions commencer par le Règne de *Henri-le-Grand*, qui, après avoir relevé le Royaume, dont il lui fallut conquérir les différentes parties, acquit la Souveraineté de Cambrai, & céda au Duc de Savoye, par le *Traité de Lyon* de 1601, le Marquisat de *Saluces*, pour lequel il eut en échange la *Bresse*, &c. (ci-dessus, *pag.* 544.) Le Règne de *Louis XIII.* fut illustré par des Conquêtes en Pays Etrangers, mais il ne vit point de ces Traités de Paix qui changent les Limites : nos Tables ne commenceront donc qu'au Règne de *Louis XIV*. Alors la France

Par le Traité de Munster, en 1648.	Par le Traité des Pyrénées, en 1659.	Par le Traité d'Aix-la-Chapelle, 1668.
Acquiert	Acquiert	Acquiert
L'Alsace, excepté Strasbourg. Brisach *, & dépendances. Philisbourg *, en protection & pour garnison. Moyenvic, du Bailliage de Nanci. Les Droits de l'Empire sur Metz, Toul & Verdun. Les Droits prétendus sur Pignerol *, que le Duc de Savoye avoit cédé à la France en 1631, & qu'elle rendit en 1696.	L'*Artois*, excepté les Bailliages d'Aire & de Saint-Omer. En *Flandre*, Gravelines, Fort Philippe, l'Ecluse, Haunuin, Bourbourg. En *Hainaut*, Landrecy, le Quesnoy, Avesnes, Philippeville, Mariembourg. En *Luxembourg*, Thionville, Montmedi, Yvoix & Damvillets. Le Roussillon.	Les Droits sur Dunkerque, vendue par les Anglois en 1662, après sa prise sur les Espagnols en 1658. Aussi en *Flandre*, Lille & sa Châtellenie ; Douai & son Bailliage ; la Bassée, Bergue-S. Winox & sa Vicomté ; Armentières, Courtrai * & sa Châtellenie ; Tournai *, Saint-Amand, Mortagne, Oudenarde * & sa Châtellenie ; Furnes * & sa Vicomté. En *Hainaut*, Charleroi *, Binch *, Ath *.

* Villes qui ne sont pas restées à la France, avec leurs Dépendances.

Par le Traité de Nimègue, 1678.	Par le Traité de Ryswick, en 1697.	Par les Traités d'Utrecht & de Bade en 1713 & 1714.
Acquiert	Acquiert	Acquiert
En *Artois*, Aire & S. Omer, avec leurs Dépendances. En *Flandre*, Ypres *, Warwick *, Warneton *, Poperinghen *, Bailleul, Cassel, Menin *. En *Hainaut*, Cambrai, Bouchain, Valenciennes, Condé, Maubeuge, Bavai. En *Namur*, Charlemont. En *Souabe*, Fribourg * & Dépendances. La Franche-Comté.	Plusieurs Villages dépendans d'Ath *, qui ne lui sont pas restés. En *Lorraine*, Saar-Louis & sa Banlieue ; Longwy. Landau & son Territoire. Tous Droits sur Strasbourg, qui s'étoit donné à la France en 1681.	La Vallée de Barcelonette, (comme en échange de celles de Pragelas & d'Oulx.) La Principauté d'Orange. Saarbourg, Phalsbourg, & plusieurs Villages autour de Saar-Louis. Garde Landau. Recouvre Lille & trois autres Villes de Flandre, avec Saint-Amand & Mortagne.

Les Traités d'*Aix-la-Chapelle*, 1748, & de *Paris*, 1763, ont confirmé les précédens. Celui de Turin, 1760, a fait quelques changemens aux Limites le long du Rhône & du Var.]

CHAPITRE SECOND.

Histoires des Pays qui appartenoient à l'ancienne Gaule, & qui ne sont plus du Royaume de France.

☞ Ces Pays sont, 1.° la Suisse & une partie de ses Alliés ; 2.° les Etats de l'Allemagne qui sont en-deçà du Rhin ; sçavoir, les trois Electorats Ecclésiastiques, & celui du Palatinat en partie, les Evêchés de Spire, de Worms, de Liège, & les Duchés de Juliers & de Clèves ; 3.° les Pays Bas.]

ARTICLE PREMIER.

Histoires du Pays des Suisses & de leurs Alliés, l'Evêque de Basle, la Principauté de Neufchâtel, & l'Etat de Genève.

☞ Nous avons cru devoir mettre ici plus d'Ouvrages que le Père le Long, qui s'étoit borné à indiquer ceux qui ne regardent que l'ancienne Histoire de la Suisse. Ce Pays cessa d'être à la France en partie, lors du partage des petits-fils de Charlemagne, en partie lorsque Rodolphe y fut reconnu Roi de la Bourgogne Transjurane, en 988.]

== ☞ De finibus veteris Helvetiæ longiùs quàm vulgò solet protrahendis ; Joannis Conradi SCHWARTZII Epistola ad G. G. Leibnitzium : *Coburgi,* 1710, *in-*4. & dans le *Musæum Helveticum, part. XXV. p.* 90.

On a déja indiqué cette Pièce (avec la réfutation d'une de ses Notes), ci-devant, Tome I. à la *Géographie,* N.os 294 & 295.]

== ☞ Mémoires critiques sur divers points de l'Histoire Ancienne de la Suisse, & sur les Monumens d'Antiquité, avec une Carte de l'ancienne Suisse, par Ch. Guill. LOYS DE BOCHAT : *Lausanne,* 1747 & 1749, *in-*4. 3 vol.

Voyez ci-devant, Tome I. N.° 3931.]

« C'est un excellent Ouvrage, plein de bonnes re-
» cherches. Les Mémoires VII. & VIII. sur-tout, qui
» traitent du *Conventus Helvetiorum,* sont des chefs-
» d'œuvres. L'Auteur s'attache trop, dans le Tome III.
» aux étymologies. Un Tome IV. est resté en Manuscrit
» chez la Veuve de l'Auteur ». *Remarq.* de M. de Haller fils.]

39070. ☞ Itinera Helvetiæ per Alpinas regiones facta, ab anno 1700, ad 1711, pluribus tabulis æneis illustrata ; à Joanne SCHEUTZERO : *Lugduni Batav.* 1725, *in-*4.]

Ouvrage curieux & sçavant.]

39071. ☞ Descriptio Helvetiæ, [cum quatuor Helvetiorum Pagis, versibus complexa] ; Auctore Henrico LORITO, Glareano, Helvetio ex Pago Glaronæ, Patricio Glaronensi, cum Commentario Oswaldi MYCONII : *Basleæ,* Frobenii, 1519, *in-*4. [1554, *in-*8.]

☞ L'Auteur est plus connu sous le nom de son Pays, ou de *Glareanus,* ami d'Erasme : il passoit de son temps pour très-sçavant. Il est mort en 1563.]

La même Description est imprimée dans Schardius, au tom. I. de sa Collection des *Historiens d'Allemagne :* *Basileæ,* 1584, *in-fol.* [& dans le *Thesaurus Hist. Helvetica,* ci-après.]

39072. Description de tous les Cantons, Villes, Bourgs, Villages, & autres particularités du Pays des Suisses, avec une briève forme de leur République : *Paris,* Cramoisy, 1635, *in-*4. oblong, fig.

☞ L'Auteur est Nicolas TASSIN. L'Ouvrage est très-fautif, aussi-bien que la Carte & les Profils. Le P. le Long en cite encore une Edition de 1639, qui me paroît bien douteuse. *Remarq.* de M. de Haller.]

39073. Topographie de la Suisse, des Grisons & du Pays de Vaud, (en Allemand) ; par Martin ZEILLER, avec les Cartes de Matthieu Mérian : *Francfort,* 1642, 1653, *in-fol.* 2 vol.

39074. ☞ Josiæ SIMLERI, Tigurini, de Helvetiorum Republica, Pagis, Fœderatis, Stipendiariis Oppidis, Præfecturis, &c. Libri duo, quibus etiam Helvetiorum res gestæ à Rodolpho ad Caroli V. Imperium exponuntur : *Tiguri,* 1576, *Parisiis,* Dupuy, 1577, *in-*8. *Lugdun. Batav.* 1633, *in-*24. *Tiguri,* 1734, *in-*8.

Le même, traduit en François : *Paris,* 1579, *in-*8.

Le même, en François ; par Gentillet : *Anvers,* 1579, *in-*8.

Le même, quatrième Edition, augmentée : 1598, *in-*8.

On fait cas de cet Ouvrage, qui renferme des choses intéressantes. L'Auteur, qui étoit sçavant, est mort en 1576.]

39075. ☞ Mss. Ejusdem, Antiquitatum Helveticarum Libri III.

Ce Manuscrit est conservé dans la Bibliothèque de Zurich. On promet de publier bientôt cet excellent Ouvrage.]

39076. ☞ Le Tableau de la Suisse & autres Alliés de la France ès hautes Allemagnes, auquel sont décrites les Singularités des Alpes, & rapportées les diverses Alliances des Suisses, particulièrement celles qu'ils ont avec la France ; par Marc LESCARBOT, Advocat : *Paris,* Perier, 1618, *in-*4.]

39077. ☞ Les Délices de la Suisse ; par Gottlieb KYPSELER, (Abraham RUCHAT) : *Leyde,* Vander-Aa, 1714, *in-*12. 4 vol. fig.]

39078. ☞ Etat de la Suisse, traduit de l'Anglois (de Temple STANYAN) : *Amsterdam,* Westein, 1714, *in-*8.

La Partie historique est tirée de Simler & de Plantin.]

Histoires du Pays des Suisses, &c.

39079. ☞ Etat & Délices de la Suisse; par M. ALTMANN: *Amsterdam*, 1730, *in-12*. 4 vol. fig.

On y a réuni les deux Ouvrages de Ruchat & de Stanyan, en y ajoutant quelques circonstances de divers autres Mémoires.]

39080. Francisci GUILLIMANNI, de rebus Helvetiorum sive Antiquitatum Libri V. ex variis Scriptis, Tabulis, Monumentis, Lapidibus, optimis plurium Linguarum Auctoribus: [*Friburgi Aventicor.* 1598] *Amiterni*, 1623, *in-8*.

☞ La dernière Edition est plus ample que la première. Ce Traité a été encore imprimé dans le *Thesaurus Hist. Helvetiæ*, « & dans l'Edition *Aventini Annal. Boiorum*; par Gundlingius, 1710. C'est un des meilleurs Ouvrages faits sur la Suisse ». M. de Haller.

39081. ☞ Dissertation sur les Langues anciennes & modernes de la Suisse, & en particulier du Pays de Vaud; par Elie BERTRAND: *Genève*, 1758, *in-8*.]

39082. Abrégé de l'Histoire des Suisses; par Jean STUMPFF, Ministre de Zurich: *Zurich*, 1554, *in-8*. (en Allemand).

39083. ☞ Chronique du même, depuis la Confédération de ces Peuples: *Zurich*, 1545, *in-fol*.]

39084. Joan. Henrici SUIZERI, Chronologia Helvetica, res gestas Helvetiorum à Gentis origine, ad annum 1607, complectens: *Hanoviæ*, 1607, *in-4*. & dans le *Thesaurus Hist. Helvetiæ*.

39085. ☞ Periphrasis Urbium veterum Helvetiorum, & earum Inscriptionum; Auctore Jac. Russingero, Basileensi: 1628, *in-4*.]

39086. Joannis PLANTINI Helvetia antiqua & nova, sive Opus describens, primò Helvetiorum antiquitatem, originem, nomina, mores, antiquam linguam, Religionem, politiam, virtutem bellicam; secundò, Antiquiora Helvetiæ loca; tertiò, Populos Helvetiæ finitimos: *Bernæ*, 1656, [*Tiguri*, 1737,] *in-8*.

☞ Cet Ouvrage est aussi imprimé dans le *Thesaurus Histor. Helveticæ*. « C'est un très-bon Traité, tiré des » Manuscrits de Simler & de Tschudi, & des Mémoires » d'Emmanuel Hermann, bon Antiquaire, qui n'a rien » publié ». M. de Haller fils.]

39087. Abrégé de l'Histoire de la Suisse, avec une Description particulière de leur Pays; par Jean PLANTIN: *Genève*, 1666, *in-8*.

☞ « Le P. le Long & plusieurs autres Auteurs ont » cru que cet Ouvrage étoit une Traduction du précé» dent; mais c'est un Traité tout différent ». M. de Haller.]

39088. ☞ Politia Helvetiæ triumphalis; hoc est forma regiminis Helvetici ex monarchiâ, aristocratiâ, democratiâ perfectissima, oratoriè deducta, &c. à P. Pontiano SCHYZ, Professore Salisburgensi & Monacho Ottoburano: *Lucernæ*, 1703, *in-fol*.]

39089. ☞ Ms. Histoire générale de la Suisse, depuis l'origine de la Nation jusqu'en 1308; par Abraham RUCHAT, *in 4*. 5 vol.

L'Original est conservé dans la Bibliothèque de Berne. « Cet Ouvrage contient des Recherches immenses sur » les Antiquités & sur le Moyen-âge de la Suisse, sur» tout pour la partie Françoise; il est accompagné d'un » grand nombre de Documens & de Pièces intéressan» tes ». M. de Haller fils.]

== ☞ La principale Clef des Antiquités de Suisse, &c. par Gilles DE SCHUDI: (en Allemand).

Voyez ci-devant, Tome I. N.° 135.]

39090. ☞ Ms. Historia Helvetiæ Allemanicæ, ab anno 563, ad 752; Auctore Ægidio TSCHUDI.

Cette Histoire est conservée avec plusieurs autres Manuscrits de l'Histoire du Moyen-âge, par le même Auteur, en copie, dans l'Abbaye d'Engelberg, au Canton d'Underwald, & en Original dans le Château de Grepland, en 7 vol. *in-fol*. Les trois derniers ne sont que des Pièces ou Lettres des Empereurs, Electeurs, &c. aux Suisses, & leurs Réponses.

M. de Haller parle des principaux de ces Manuscrits, *pag*. 60 & *suiv*. du tom. II. de son *Catalogue critique des Ouvrages sur l'Histoire de la Suisse*: *Berne*, 1759, & *suiv*. 6 vol. en Allemand. Il observe que Tschudi suit exactement les Auteurs contemporains qu'il cite, & qu'il nous a conservé un très-grand nombre de Diplômes & d'Actes; que tout ce qui est de lui, mérite toute l'attention de ceux qui veulent apprendre l'Histoire de la Suisse à fond; qu'il étoit infatigable dans ses Recherches; qu'estimé de tout le monde, on lui communiquoit tout; qu'il est impartial, reprenant ses Compatriotes dans leurs injustices, & ignorant l'art de colorer la vérité, parcequ'il avoit la sincérité digne d'un ancien Suisse, dit M. de Haller, *pag*. 75: qu'au reste ses Histoires ne sont proprement que des Mémoires. Gilles Tschudi est mort en 1572.]

39091. ☞ Epitome Historiæ Helvetiæ antiquæ, duobus Libris comprehensa; Auctore Joan. Conrado FUESLINO.

Cet Abrégé est joint à l'Ouvrage de Simler: *De Republica Helvetiorum*, dans l'Edition de 1734: *Tiguri*, *in-8*. « C'est un très-joli Ouvrage, bien écrit, mais » uniquement compilé de plusieurs Auteurs ». M. de Haller.]

39092. ☞ Thesaurus Historiæ Helveticæ; collectore Jo. Conrado FUESLINO: *Tiguri*, 1735, *in-fol*.

Cette Collection contient les Ouvrages indiqués ci-dessus de Simler, de Guilliman, de Suizer, de Plantin, &c. On y trouve encore entr'autres:

Felicis MALLEOLI, vulgò HEMMERLEIN, Dialogus de Suitensium ortu, nomine, confœderatione, & quibusdam (utinam benè) gestis.

Josiæ SIMLERI, Vallesiæ Descriptio, Libris duobus; Ejusdem Commentarius de Alpibus.

Bilibaldi PIRCKHEIMERI, Historia Bellorum Helveticorum adversùs Carolum Audacem & Maximilianum.

Peregrini SIMPLICII, Amerini, Historia Belli civilis; quæ Waltherio SCHNORF, vel PAPPO, Canonico Constantienfi, attribuda.]

39093. ☞ Ms. Extraits Latins d'une grande quantité de vieux Titres & Actes qui concernent la Suisse & Pays voisins, depuis le commencement du VII° Siècle jusqu'à la

Liv. IV. *Histoire Civile de France.*

fin du XIIIe, rédigés par Gilles Tschudi, qui y a joint des Notes critiques: 100 pag. *in-fol.*

Mſ. Hiſtoire de ce qui s'eſt paſſé de plus remarquable en Allemagne, & particulièrement dans la Suiſſe, depuis l'an 900, juſqu'en 1200: *in-fol.*

Ces deux Manuſcrits, conſervés dans l'Abbaye d'Engelberg, ſont indiqués par M. de Haller, tom. II. de ſon *Catalogue*, pag. 62 & 63.]

39094. ☞ Chronique ou Hiſtoire de Gilles Tschudi, Gentilhomme du Canton de Glaris, Land-Amman, ou Chef de ce même Canton, contenant ce qui s'eſt paſſé de plus remarquable en Suiſſe & en Allemagne, depuis l'an 1000 juſqu'en 1470; publiée avec des Remarques, par Jean-Rodolphe Iselin, Jurisconſulte de Baſle: *Baſle*, Biſchof, 1734 & 1736, *in-fol.* 2 vol. (en Allemand.)

Cet Ouvrage eſt eſtimé, comme tous ceux de Tſchudi, qui ſont tous reſtés long-temps Manuſcrits, & dont pluſieurs Ecrivains ont profité. Il règne dans cette Hiſtoire de la fidélité, de l'exactitude & de la naïveté. On y trouve un grand nombre d'Actes, de Diplômes & de Pièces originales tirées de diverſes Archives & des Monaſtères de Suiſſe. M. de Haller obſerve, *pag.* 86 du tom. II. de ſon *Catalogue critique*; que l'imprimé ne s'accorde pas entièrement avec l'Original qui eſt au Château de Greplang, & en Copie à Engelberg.]

39095. ☞ Chronique de Thiébaut Schilling, Chancelier de la République (de Berne,) qui contient l'Hiſtoire de ſon temps, depuis 1468 juſqu'en 1480: *Berne*, Faſtcherin, 1743, *in-fol.* fig. (en Allemand.)

Cet Auteur raconte particulièrement la Guerre du Duc de Bourgogne, Charles-le-Hardi, dont il fut témoin oculaire. Toutes ſes narrations ont un air de vérité, & ſont ſans art, mais auſſi ſans liaiſons.]

39096. ☞ Chronique de Petterman Etterlin, Chancelier de Lucerne, qui s'étend juſqu'en l'an 1499; publiée par les ſoins du Profeſſeur Spreng: *Baſle*, Eckenſtein, 1752, *in-fol.* (en Allemand.)

Cette Hiſtoire, du temps de l'Auteur, eſt bien détaillée; mais il ne donne aucune Preuve de ce qu'il débite ſur l'*Hiſtoire de l'ancienne Suiſſe.*

Nota. Le ſtyle & le langage des Chroniques dont nous venons de parler, eſt tout différent de l'Allemand moderne, & eſt preſque inintelligible pour qui n'a pas fait une étude de la Langue des Siècles reculés.]

39097. ☞ Livre des Héros Suiſſes, dans lequel ſe trouvent les Faits principaux de la Suiſſe confédérée; par Jean Grasser: *Baſle*, 1624, *in-*4. (en Allemand.)]

39098. ☞ Annales de Michel Stettler, de Berne, contenant ce qui s'eſt paſſé de plus remarquable en Suiſſe, depuis la fondation de Berne en 1191, juſqu'en 1627: *Berne*, 1627, *in-fol.* 2 vol. (en Allemand.)

Les mêmes, depuis l'an 805 juſqu'en 1630: *Berne*, 1631, *in-fol.* 2 vol.]

39099. ☞ Hiſtoire de la Suiſſe de Jacob Lauffer, de Zoffingue, Profeſſeur en Belles-Lettres à Berne, qui s'étend juſqu'en 1657; publiée par les ſoins de J. G. Altman, ſon Succeſſeur: *Zurich*, 1736, &c. *in-*8. 19 vol. (en Allemand.)

Il règne dans cet Ouvrage de la clarté, de l'ordre & même de l'agrément dans le ſtyle; mais on lui a reproché de n'avoir pas cité ſes garants, quoiqu'on n'ait pu l'accuſer de fautes eſſentielles.

On a publié depuis, dans la même Ville de Zurich, pluſieurs Volumes de Preuves ou d'Explications pour cette Hiſtoire de Lauffer.]

39100. ☞ Abrégé de l'Hiſtoire de la Suiſſe, juſqu'en 1690; par Henri Rhann, de Zurich: *Zurich*, Simler, 1690, *in-*8. (en Allemand).

Cet Abrégé eſt fort bon. L'Auteur y cite les Ecrivains & les ſources où il a puiſé.]

39101. ☞ Hiſtoire Helvétique de J. Rodolph de Waldkirch, de Baſle, Profeſſeur en Droit à Berne: *Baſle*, Konig, 1721, *in-*8. 2 vol. (en Allemand).

L'Auteur s'eſt principalement propoſé de faire voir le Droit Public de la Suiſſe: il s'étend juſqu'à l'année 1718. Le Gouvernement du Pays y eſt bien développé, & l'on y fait une mention exacte des Alliances Etrangères, & des Traités réciproques.]

39102. ☞ Hiſtoire des Helvétiens ou des Suiſſes; par M. le Baron (Fr. Joſ. Nicolas) d'Alt de Tieffenthal: *Fribourg*, 1749-1753, *in-*12. 10 vol.

C'eſt la première & la ſeule Hiſtoire univerſelle des Suiſſes qui ait été publiée en François. Tous les Réformés reprochent à l'Auteur ſa partialité en faveur des Catholiques. On y deſireroit auſſi plus de critique, moins de faits étrangers, & un plus grand développement ſur le gouvernement & le local des Cantons.]

39103. ☞ Hiſtoire de la Confédération Helvétique; par M. Alexandre-Louis de Watteville, Bailli du Comté de Nidau: *Berne*, 1754, *in-*8. 2 vol.

Il ſeroit à ſouhaiter que cet habile Ecrivain continuât cette Hiſtoire, dont la ſuite doit être intéreſſante.]

39104. ☞ Hiſtoire de la Réformation de la Suiſſe, depuis 1516 juſqu'en 1556; par Abraham Ruchat: *Genève*, Bouſquet, 1727, *in-*12. 6 vol.

L'Auteur a laiſſé un Supplément Manuſcrit, & une *Hiſtoire Civile de la Suiſſe*, qui ſont conſervés dans la Bibliothèque de Berne.]

39105. ☞ Nouvelle Hiſtoire de la Suiſſe; par Bernard Tscharner: *Zurich*, 1757, &c. *in-*8. ... vol. (en Allemand).

Il n'en a encore paru que 2 vol. qui s'étendent juſqu'en 1481. On en attend la ſuite avec impatience, & l'on ſouhaite que cette Hiſtoire, qui eſt très-eſtimée, ſoit traduite en François: le ſtyle en eſt pur, l'ordre exact, la vérité & la préciſion y règnent. L'Auteur ne commence proprement ſon Hiſtoire qu'à la première Confédération des trois Cantons (en 1308); mais dans une Introduction, il parle des Révolutions de la Suiſſe, ſous les Romains, les Bourguignons, les Francs & les Allemands.]

39106. ☞ Hiſtoire des Révolutions de la haute

haute Allemagne, contenant les Ligues & les Guerres de la Suisse, &c. par M. PHILIBERT: *Zurich*, 1766, *in-*12. 2 vol.]

39107. ☞ Ms. Histoire Helvétique, ou des Suisses & de leurs Alliés, depuis leur Origine, rédigée à Paris en 1743 ; par M. le Brigadier DE ZUR-LAUBEN : *in-fol.*

M. de Haller en parle, *pag.* 39 du tom. II. de son *Catalogue.* Elle est entre les mains de l'Auteur.]

== ☞ Histoire Militaire des Suisses au service de la France ; par M. le Baron DE ZUR-LAUBEN.

Voyez ci-dessus, N.° 32203. On trouve au commencement :

Constitution du Corps Helvétique.

Précis de l'Histoire jusqu'en 1514.

Enumération des Alliances entre la France & le Corps Helvétique.]

39108. ☞ Les Privilèges des Suisses ; ensemble ceux accordés aux Villes Impériales & Anséatiques & aux Habitans de Genève, résidans en France; avec un Traité historique & politique des Alliances entre la France & les Treize-Cantons, depuis Charles VII. jusqu'à présent, & des Observations sur la Justice des Suisses ; par M. VOGEL: *Paris*, 1731, *in-*4.]

39109. ☞ Tableau historique & politique de la Suisse, où sont décrits sa situation, son état ancien & moderne, &c. traduit de l'Anglois : *Paris*, Lottin le jeune, 1766, *in-*12.]

39110. ☞ Ms. Diverses Pièces sur la Suisse, recueillies par MM. Godefroy : *in fol.*

Elles sont avec leurs Manuscrits, dans la Bibliothèque de la Ville de Paris, num. 515.

39111. ☞ Guillaume Tell, Fable Danoise : *Berne*, 1760, *in-*8.

Le silence des Auteurs contemporains, la ressemblance de ce fait avec un autre pareil arrivé en Norwège 350 ans auparavant, & quelques circonstances fabuleuses que l'Auteur croit trouver dans cette Histoire, lui tournissent les sophismes les plus imposans pour son système. Le Canton d'Uri a fait brûler cette Histoire par la main du bourreau, la traitant de détestable & infâme libelle, qui sape les fondemens de la liberté des Suisses : mais il est mieux réfuté par les deux Ouvrages suivans.]

39112. ☞ Défense de Guillaume Tell ; par Félix DE BALTHASAR : *Berne*, 1760, *in-*8.

Le Canton d'Uri a gratifié l'Auteur de deux Médailles d'or.]

39113. ☞ Guillaume Tell, ou Lettre de M. le Baron de ZUR-LAUBEN, sur la Vie de Guillaume Tell : *Paris*, 1767, *in-*12.

L'Auteur a rassemblé tout ce qui est épars en différentes Chroniques de la Suisse, sur ce libérateur de sa Patrie.]

39114. ☞ Speculum *Tigurinum* ; Auctore Joh. Henrico HOTTINGERO : *Tiguri*, Simler, 1665, *in-*12.]

39115. ☞ Relation fidelle & recherchée sur l'antiquité de la Ville de Zurich, & sur une nouvelle découverte d'antiquités remarquables d'une Ville, jusqu'ici inconnue dans la Seigneurie de Knonau ; par J. J. BREITINGER: *Zurich*, 1741, *in-*4. (en Allemand).

Les Antiquités dont il est question ont été trouvées à Lunnern, Village de la Seigneurie de Knonau. M. Breitinger & M. J. George Sulzer les expliquent fort au long dans cet Ouvrage, & dans un Supplément ajouté après coup.]

39116. ☞ Compendium antiquitatum Vitudurensium, operâ & studio Jacobi RUSSENGERI ; ex quibus colligere licet loci istius per Helvetiam satis celebris, tum antiquitatem, tum celebritatem : *Basileæ*, 1623, *in-*4.

Il s'agit ici de *Vinterthur*, Ville du Canton de Zurich.]

39117. ☞ Jacobi RUSSINGERI *Sancti-Galli*, Helvetiorum celebris Oppidi, brevis & accurata Descriptio : *Basileæ*, 1627, *in-*4.]

39118. ☞ Histoire du Canton d'*Appenzel*; par Gabriel WASSER, Pasteur de Spreicher, avec des Cartes Géographiques : *Saint-Gal*, 1740, *in-*8. (en Allemand.)

Tout ce qui regarde le Gouvernement, la Religion & les usages du Pays, y est fort bien exposé; mais l'Auteur ne paroît pas assez instruit de ce qui concerne l'Histoire naturelle, & sur-tout des Fossiles.]

39119. ☞ La Liberté & l'Indépendance d'*Ensidlen*, contre la Cité de Suitz, avec les Pièces qui y ont rapport : 1640, *in-*4. (en Allemand).]

39120. ☞ De Salodoro (*Soleurre*) Urbe Helvetiorum antiquissima , brevis Discursus Jacobi RUSSINGERI : *Basileæ*, 1621, *in-*4.]

39121. ☞ Histoire générale du Monde, & Histoire particulière du Canton de Soleurre; par le Chevalier François HAFFNER, Chancelier de Soleurre: *Soleurre*, Bernard, 1668, *in-*4. 2 vol. (en Allemand,) fig.

On y lit bien des tables qui ne font pas honneur au jugement de l'Auteur ; mais on y trouve une Description exacte de la Ville, des Bailliages, des Eglises & des Couvens.]

39122. ☞ Christiani URSTITII, Mathematum Professoris in Academia Basileensi, Epitome Historiæ *Basileensis*, Urbis primordia, Antiquitates, res memorandas , clarium Civium monumenta & his similia complectens: cui accessit Æneæ SYLVII Basileæ Descriptio: *Basileæ*, Henricpetri, [1569,] 1577, *in-*8.

39123. La Chronique de Basle , jusqu'en 1580 ; par le même : *Basle*, 1580, *in-fol.* (en Allemand.)

39124. ☞ Ecclesiæ & Academiæ Basileensis Luctus, ob calamitatem recens acceptam ; hoc est Epitaphia, seu Elegiæ funebres virorum aliquot qui Basileæ peste interierunt, anno 1564 ; à Paulo CHERLERO : *Basileæ*, 1565, *in-*4.]

39125. ☞ Petri RAMI Basilea : *Parisiis*, 1571, *in*-4.]

39126. ☞ Basileæ Encomium, brevisque Descriptio ; à Paulo CHERLERO, Versibus : *Basileæ*, 1577, *in*-4.]

39127. Basileæ Helvetiorum Ecphrasis ; Auctore Neveletio DOSCHIO : *Francofurti*, 1597, *in*-4.

39128. Basileensium Monumenta Antigrapha ; collecta à Simone GRYNÆO : *Lignitii*, 1602, *in*-8.

39129. ☞ De vetustate Urbis Basileæ, Helvetiæ Rauracorum, & Απογεφα vera & succincta, imaginibus quibusdam illustrata ; à Jac. RUSSINGERO : *Basileæ*, 1620, 1627, 1679, *in*-4.]

39130. Urbis Basileæ Epitaphia & Inscriptiones ; studio Joannis Georgii GROSSII : *Basileæ*, 1622, [1624,] *in*-8.

Eadem, continuata sub hoc Titulo ; Basilea sepulta retecta, &c. [cum Appendice,] Jac. TONIOLÆ : *Basileæ*, Konig, 1661, *in*-4.

39131. Chronique de Basle, par George GROSS : *Basle*, 1624, *in*-8. (en Allemand.)

== ☞ De Rauracis & de Augusta Rauracorum.

Voyez ci-devant, Tome I. N.os 208, 334-336. C'est à cette ancienne Ville que Basle a succedé.]

39132. ☞ Jo: Jacobi SPRENG, breve Commentarium rerum Rauracarum usque ad Basileam conditam : 1746, *in*-4.]

39133. ☞ Scriptores Rerum Basiliensium minores ; recensente Jo. Henrico BRUCKERO : *Basileæ*, 1752, *in*-8.]

☞ *Nota.* Les Histoires de l'*Evêché de Basle*, Principauté de l'Empire, se trouvent ci-devant, Tome I. Nos 8223 & *suiv.* Les Calvinistes ayant chassé, en 1535, leur Evêque (Jean-Philippe de Gundelsheim) de la Ville de Basle, il se retira à Porentru, ou Brondrut. Sa Principauté ne consiste qu'en un petit Territoire de quinze lieues en largeur, & de dix en longueur. La Ville de Potentru n'étoit pas autrefois du Diocèse de Basle ; mais l'Archevêque de Besançon a cédé ses droits spirituels à cet Evêque, sur cette Ville, selon l'Auteur de l'*Histoire Ecclésiast. d'Allemagne : Bruxelles*, Foppens, 1724, tom. II. *pag.* 204. Au reste, on peut prendre une idée des principaux lieux de cette petite Principauté, *pag.* 382 du tom. V. de la *Géographie* d'Hubner, traduite en François : *Basle*, 1746, *in*-8.]

39134. ☞ Les Délices de *Berne : Zurich*, 1732, *in*-12. (en Allemand.)

Cet Ouvrage est tiré des divers Recueils d'un Pasteur du Canton de Berne, homme très-versé dans l'Histoire de sa Patrie.

Le Canton de Berne, qui est fertile, a lui seul plus du tiers de la Suisse. La Ville de Berne ne fut bâtie & achevée qu'en 1191. Comme une partie de son Etat parle Allemand, & que dans l'autre le François y est en usage, elle a deux Tribunaux pour en juger les appellations.]

39135. ☞ Apologie de la Ville de Berne, ou Réfutation du Discours de l'Evêque de Porentru, au sujet du Droit de Forteresse, & le changement de Religion dans la Vallée de Munster, & sur la Ville de Biel : *Berne*, 1615, *in*-4. (en Allemand.)]

39136. Mf. Chronologie du Pays de *Vaud*, jusqu'en 1260 : *in-fol.*

Cette Chronologie est conservée [à la Bibliothèque du Roi] entre les Manuscrits de M. Dupuy, num. 274. « Elle ne paroît être qu'un jeu d'esprit de quelque demi-sçavant des Siècles passés, & elle ne mérite pas qu'on y ajoute beaucoup de foi ». C'est ce qu'en dit Jacob Spon, *pag.* 9 du tom. I. de son *Histoire de Genève*.

39137. Histoire ou Chronologie du Pays de Vaud, tirée du Latin de Laurent DA MONTI BORBONI : *Lyon*, Rigaud, 1614, *in*-8.

Ce Livre n'est qu'un Extrait de la Chronique précédente.

39138. ☞ Abrégé de l'Histoire Ecclésiastique du Pays de Vaud ; par Abraham RUCHAT : *Berne*, 1707, *in*-8.

Il peut servir aussi en quelque chose pour l'Histoire civile.
Voyez ci-devant, Tome I. N.° 8215.]

39139. ☞ Josiæ SIMLERI, Valleſiæ Descriptio ; & de Alpibus Commentarius, &c. De Thermis & fontibus medicatis Vallesianorum Liber Gasp. COLLINI : *Tiguri*, 1574, *in*-8.

La Description du Vallais par Simler a été imprimée aussi dans le Recueil, ci-dessus, N.° 39092, & *Lugduni Batav.* 1633, *in*-24.]

39140. ☞ Jura Episcopatûs Sedunensis, Libellus Urbano VIII. oblatus : *Romæ*, 1628, *in*-4.]

Histoire de la Principauté de Neufchâtel.

39141. Histoire abrégée des Comtes Souverains de Neufchâtel, depuis Rodolphe I. jusqu'à la mort de Marie d'Orléans, Duchesse de Nemours, avec leur Table généalogique ; par DESMOULINS, Avocat au Parlement : *Paris*, Giffart, 1707, *in*-12.

Cette Histoire commence en 1272, & finit en 1707. Le Comté de Neufchâtel a été possédé pendant 200 ans par la Maison de Longueville, depuis Louis d'Orléans, Duc de Longueville, à cause de Jeanne de Châlon, qu'il épousa en 1504, jusqu'à la mort de Marie d'Orléans, Duchesse de Nemours, arrivée en 1707.

39142. * Discours de ce qui s'est passé entre M. le Duc de Longueville, ses Sujets de Neufchâtel, & les Bernois leurs Alliés : *Paris*, 1618, *in*-8.

39143. ☞ Mf. Récit abrégé du Différend de M. de Longueville pour le Fait de Neufchâtel en Suisse, avec Messieurs de Berne ; par le Sieur SARRAZIN : *in-fol.*

Dans la Bibliothèque du Roi, parmi les Manuscrits de Brienne, num. 107.]

39144. ☞ Mf. Briève Description des deux Comtés de Neufchâtel & Vallangin, contenant la suite des Comtes qui les ont possédés, & ce qu'il y a eu de remarquable

Histoires des Pays des Suisses, &c.

en leurs Vies; extraite d'Actes authentiques; par M. STENGLIN, Chancelier de S. A. en ces Comtés, l'an 1652, & par lui écrite en Allemand, fidélement traduite en François: *in-4*. 20 pages.

Ce Manuscrit est dans la Bibliothèque du Roi, num. 9981².]

39145. Description de la nouvelle Ville, nommée Henricopolis, qui se bâtit proche de Neufchâtel en Suisse, avec la Déclaration des Privilèges dont jouiront les Habitans, par faveur & autorité de Henri, Duc de Longueville, Prince de Neufchâtel : *Lyon*, Savari, 1628, *in-8*.

39146. Trois Mémoires & Pièces concernant la contestation pour la Succession de Neufchâtel en Suisse, entre la Duchesse de Longueville & la Duchesse de Nemours, [& les Jugemens rendus en 1672, par les trois Etats de la Souveraineté de Neufchâtel, au profit de la Duchesse de Longueville;] par Jean ISSALI, Avocat au Parlement; *Paris*, *in-4*.

L'Auteur est mort en 1707.

39147. Mémoire instructif touchant la compétence de la Souveraineté de Neufchâtel, où l'on voit ce qui s'est passé sur ce sujet, entre la Duchesse de Nemours & la Duchesse de Longueville; & les Jugemens rendus en 1672, par les trois Etats de la Souveraineté de Neufchâtel, au profit de la Duchesse de Longueville, contre la Duchesse de Nemours: [*Paris*, 1674,] *in-4*.

☞ Ce Mémoire est attribué à M⁰ Gabriel ARGOU, Avocat au Parlement de Paris.]

39148. Réponse à un Ecrit intitulé: Défense des Droits de Madame de Nemours; avec cet Ecrit : *in-4*.

39149. Réponse de Madame de Longueville, à Madame de Nemours : *in-4*.

39150. Relation d'un Voyage de Madame de Nemours en Suisse, en 1675, *in-4*.

C'est une espèce de Manifeste qu'elle fit pour se justifier, au sujet d'un Voyage qu'elle avoit fait en Suisse.

39151. Mémoire pour établir le Droit de Madame la Duchesse de Lesdiguières sur la Souveraineté de Neufchâtel & de Valangin, avec la Généalogie des Comtes de Neufchâtel; par Matthieu TERRASSON, Avocat au Parlement : [*Paris*,] 1707, *in-fol*.

39152. Mémoire pour M. le Marquis d'Alègre, Prince d'Orange, sur la Principauté de Neufchâtel & Valangin; par (Nicolas) GUIOT DE CHESNE, Avocat au Parlement : *Paris*, 1707, *in-fol*.

39153. Mémoire de la Marquise de Neufchâtel & de Valangin, qui demande l'Investiture de la Souveraineté de Neufchâtel & Valangin; par POUHAC DE VALLANS, Avocat de Besançon : *in-fol*.

Tome III.

39154. ☞ Mémoire touchant le Droit de M. le Prince de Conti, sur la Principauté de Neufchâtel; par Mᵉ ARRAULT : *Paris*, 1707, *in-4*.]

39155. ☞ Dissertation sur les Droits de la France, dans l'Affaire de Neufchâtel ; (par Jacques TRIBALET, Avocat à Autun : *in-8*.]

39156. ☞ Neufchâtel de Prusse, ou Preuves des Droits du Roi de Prusse, &c. par Pierre VAN HOHENHARD: 1708, *in-8*. (en Allemand).]

39157. ☞ Actes & Titres concernant le Droit de S. M. le Roi de Prusse, sur les Comtés de Neufchâtel & de Valangin : *in-fol*.]

39158. ☞ Traité Sommaire du Droit do S. M. le Roi de Prusse : *in-fol*.]

39159. ☞ Réponse à quelques Préjugés,&c. *in-fol*.]

39160. ☞ Manifeste de S. M. le Roi de Prusse, pour faire voir que son Droit est soutenu de l'intérêt public, &c. 1707, *in-fol*.

Il a paru dans le même temps quelques autres Ecrits pour le même Prince.]

39161. Mémoires concernant le Droit à la Principauté de Neufchâtel & de Valangin.

Ces Mémoires sont imprimés au tom. IV. des *Actes & Mémoires concernant la Paix d'Utrecht : Utrecht*, 1715, *in-12*. Celui du Comte de *Matignon* est à la page 20. Celui de la Duchesse *de Lesdiguières* à la page 38. Celui du Marquis *d'Alègre* à la page 48. Celui du Marquis *de Viteaux* à la page 92. Celui du Comte *de Barbançon* à la page 100. Enfin, celui du Prince de *Conti* à la page 390.

☞ On peut voir un grand nombre d'autres Ecrits sur Neufchâtel, dans le tom. IV. de la *Biblioth. critiq. de Suisse* de M. de Haller, p. 411 *& suiv. Berne*, 1764, *in-8*. (en Allemand).]

39162. ☞ Histoire abrégée du Comté de Neufchâtel ; par M. DUNOD.

Elle est imprimée, *pag.* 280 du tom. II. de son *Hist. des Séquanois & du Comté de Bourgogne : Dijon*, de Fay, 1737, *in-4*. On voit sur la fin de cette Histoire les raisons des illustres Prétendans à la Succession de ce Comté, après la mort de Madame de Nemours, & comment il a été adjugé au Roi de Prusse.]

39163. ☞ Discours sur l'Histoire du Comté de Neufchâtel ; par J. BERTRAND. *Journal Helvétiq.* 1759, *Juillet*, *pag.* 67-85.]

Histoires de Genève.

☞ Le P. le Long mettoit ici en tête : *Genevensis Senatûs Populique rerum gestarum Historia & Annales: Antverpiæ*, 1579, *in-fol*. Mais cette Histoire ne regarde que la Ville de Gènes (*Genuensis*,) & non pas Genève. Elle a pour Auteur Pierre BIZARO.]

39164. Ms. Chroniques de Genève; par Michel ROSET, Doyen des Conseillers de Genève.

Ces Chroniques sont entre les mains de beaucoup de monde, selon Jacob Spon, dans l'Avis au Lecteur, qui est au-devant du tom. I. de son *Histoire de Genève*.

══ Le Cavalier de Savoye.

LIV. IV. Histoire Civile de France.

☛ Le Citadin de Genève.

Ces deux Ouvrages sont indiqués, ci-devant, [Tom. II. N°ˢ 19847 & *suiv.*]

39165. ☞ De rebus nuper in Bello gestis inter Allobrogum Regulum & Helveticas Regis Galliarum auxiliares Copias: *Augustæ Rauraç.* 1589, *in*-4.]

39166. ☞ Vrai Discours de la miraculeuse délivrance envoyée de Dieu à la Ville de Genève, en 1602 : Imprimé en 1603, *in*-8.]

39167. ☞ Antonii FAYII, Geneva liberata, seu Narratio liberationis illius, quæ divinitùs immissa est Genevæ, &c. *Genevæ*, 1603, *in*-12.]

39168. ☞ Salustii PHARAMUNDI, Carolus Allobrox, sive de adventu Allobrogum in urbem Genevam Historia ; in quâ ingenium Ducis insidum, Pontificis Romani & Hispaniarum Regis consilia deteguntur : 1603, *in*-4.

Il s'agit encore ici de l'Expédition manquée des Savoyards dans l'Escalade de Genève, en 1602.]

39169. Salomonis CERTONIS, Geneva, Carmen heroïcum in Genevæ laudem, quod ejus descriptionem & mores complectitur : *Genevæ*, Aubert, 1618, *in*-4.

39170. Ms. Mémoires touchant l'Etat & la Ville de Genève, jusqu'en 1627 ; par Jacques GODEFROY, Syndic de cette Ville : *in*-4. 3 vol.

Ces Mémoires sont cités par Jacob Spon, *pag.* 241, du Tome II. de son *Histoire de Genève*, où il dit qu'il est redevable en partie de ce qu'il avance aux Mémoires de ce grand homme, qui lui ont été communiqués par Nicolas Chorier. Il avoit dit, *pag.* 214, que Jacques Godefroy ne conduisoit ses Mémoires que jusqu'en 1627.

39171. ☞ Mémoire sur Genève ; par Théodore & Denys GODEFROY : *in-fol.*

Ils sont parmi leurs Manuscrits, dans la Bibliothèque de la Ville de Paris, num. 514.]

39172. Ms. Histoire de Genève ; par Pierre MONOD, Jésuite.

Cette Histoire, qui est restée imparfaite, se conserve à Turin dans les Archives du Duc de Savoye, selon Guichenon, en sa Préface de l'*Histoire Généalogique de la Maison Royale de Savoye*, [ci dessus, N.° 36041.]

39173. Histoire de la Ville & de l'Etat de Genève, depuis les premiers siècles de la Fondation de la Ville jusqu'à présent, tirée fidèlement des Manuscrits ; par Jacob SPON, Docteur Médecin, Aggrégé au Collège de Lyon : *Lyon*, Amaulry, 1680, *in*-12. 2 vol.

Seconde Edition, revue & corrigée : *Lyon*, Amaulry, 1682, *in*-12. 2 vol.

Troisième Edition : *Utrecht*, Halma, 1685, *in*-12.

39174. ☞ Nouvelle Edition de l'Histoire de Genève ; par M. Spon, rectifiée & augmentée d'amples Notes ; par GAUTIER, avec les Actes & autres Pièces servant de preuves à cette Histoire ; (par Firmin ABAUZIT, Bibliothécaire de Genève :) *Genève*, 1730, *in*-4. 2 vol. & *in*-12. 4 vol.

On y trouve les Plans de Genève, ancienne & moderne, avec une Carte exacte des environs du Lac Léman ou de Genève.]

« On n'avoit d'Histoire imprimée de cette Ville » (dit Spon, dans son Avis au Lecteur,) que des Frag- » mens semés dans l'*Histoire de Savoye & de Suisse*, ou » dans le *Cavalier Savoisien*, & le *Citadin de Genève* ; » & même ces points historiques y sont débités avec » tant d'aigreur & de passion, qu'on ne sçait bien sou- » vent ce que l'on doit croire ».

39175. Historia Genevrina, sia Historia della Citta e Republica di Genevra, comminciando dalla sua prima fondatione sino al presente, con tutti i successi, guerre, mutationi di Governi, e di Signorie e interessi tanto esterni che interni, con tutti gli evenimenti piu rigardevoli e curiosi, con un esatta relatione del suo Stato, tanto antico che moderno, e cosi spirituale che temporale, econ tutte le massime piu recondite : scritta da Gregorio LETI, da Luca : *in Amsterdamo*, Van-Someren, 1686, *in*-12. 5 vol.

« Cette Histoire (dit Bayle,) est fort différente de » celle de M. Spon. Le séjour que l'Auteur a fait dans » cette Ville pendant vingt-quatre années, & les bon- » nes habitudes qu'il avoit, ont pu lui fournir les oc- » casions de déterrer les Mémoires les moins connus. » Il a eu en main un Manuscrit du célèbre Godefroy, » & plusieurs matériaux qui avoient été ramassés par » des Magistrats de Genève. Il y a un Manuscrit de » quatre cens ans, composé par un Moine de l'Ordre » de S. Benoist, pour rendre compte à une Reine de » France, (c'étoit la femme de Louis X.) de l'ancien » état de Genève jusqu'à l'an 1200. Ce Moine assure » qu'il a tiré la plus grande partie de sa Relation, des » Ecrits d'un autre Moine qui vivoit du temps de Char- » lemagne, & qui avoit écrit le Voyage de ce Prince » à Genève. Outre cela cet Auteur (Léti) a eu le Ma- » nuscrit d'un Historiographe de Victor-Amédée, Duc » de Savoye, nommé Agostino della Chieza, qui vou- » lant composer une Histoire de Genève, avoit eu » grand soin de rechercher une infinité de Mémoires ». Bayle, *Nouvelles de la République des Lettres*, Mars, 1685, *pag.* 315 & 316.

Le même dit à la *pag.* 328, que « Léti ayant été » obligé de quitter Genève, où il demeuroit depuis » vingt-deux ans ; comme il l'a lui-même narré, ne » perdit pas pour cela l'envie de publier l'Histoire de » cette République. Il avoit recueilli tous les Mémoires » qu'il avoit pu déterrer, & l'Ouvrage étoit déjà bien » avancé, lorsqu'il arriva en Angleterre. Ayant quitté » ce Pays pour s'en revenir à Amsterdam, il songea » tout de bon à publier cet Ouvrage.... On ne manqua » pas de s'imaginer que l'Histoire de Genève venant » d'un Auteur mal satisfait de quelques particuliers de » cette Ville, déplairoit extrêmement aux Génevois. » Il y eut une espèce de Négociation, pour faire que » de gré à gré le Livre fût remis en manuscrit aux Ma- » gistrats de Genève, avec toutes les Pièces recueillies » par l'Auteur, qui consentiroit que l'Ouvrage ne fût » jamais imprimé. Le voici pourtant publié, ces Mes- » sieurs n'ayant pas témoigné qu'ils s'en missent fort » en peine ».

39176. ☞ Epistola del VERGERIO, nelle quale sono descritte molte cose della Citta

Histoires des Electorats Ecclésiastiques, &c.

e della Chiesa di Genevra : *Genevæ*, 1550, *in-*8.]

39177. ☞ Mſ. Relatione di Genevra, nella quale compendiosamente si raggione dello stato di quella Citta, particolarmente dell' anno 1535, che vi su introdotto il Calvinismo & mutato il Governo, fino al giorno presente di 1621; da Andrea CARDOINO, Cavalliere Napolitano, nato in Genevra : *in fol.*

Ce Manuscrit est dans la Bibliothèque du Roi, num. 10091.]

39178. ☞ Mſ. Jacobi BASNAGE, Rothomagensis, tres ad Philibertum de la Mare, regii Ordinis equitem, in Divionensi Parlamento Senatorem, Epistolæ, quibus Historiam Genevensem complexus est : *in-fol.*

Ces trois Lettres sont dans la Bibliothèque du Roi, num. 6019.]

39179. ☞ Lettres écrites à M. de Saint-Usage, Conseiller au Parlement de Dijon; par le Sieur DU PONTU, pour donner une idée générale de l'état, gouvernement, police & exercice de la Religion de la Ville & République de Genève : 1724 & 1725.

Ces Lettres, au nombre de cinq, sont à Dijon, dans la Bibliothèque de M. de Fontette, Conseiller au Parlement de Bourgogne. Il s'y trouve des choses assez curieuses.]

39180. ☞ L'Ombre de Garnier Stoffacher, Suisse : Tragi-Comédie sur l'alliance perpétuelle de la Cité de Genève, avec les deux Cantons de Zurich & Berne ; par Joseph Duchesne, Sieur DE LA VIOLETTE : (*Genève,*) Jean Durant, 1584, *in-*4.]

39181. ☞ L'Embrasement du Pont du Rhône à Genève, arrivé le 18 Janvier 1670; par V. M. G. *Genève, in-*12.]

39182. ☞ Relation des Troubles qui ont régné dans la Ville de Genève pendant l'année 1734 : *Rouen*, 1736, *in-*4.]

39183. ☞ Eclaircissemens sur l'Histoire de Genève ; (par Léonard BAULACRE, Bibliothécaire). *Journal Helvétique*, 1748, *Juin*, p. 528-553. *Ibid*. 1756, *Décemb*. p. 720-735.]

39184. ☞ Remarques diverses sur l'Histoire de Genève. *Journ. Helvétique*, 1762, *Mai*, pag. 501-514.]

39185. ☞ Lettre de Jean-Jacques ROUSSEAU, Citoyen de Genève, à M. d'Alembert, sur son Article *Genève*, dans le septième Volume de l'Encyclopédie, & particulièrement sur le projet d'établir un Théâtre de Comédie en cette Ville : *Amsterdam*, Rey, 1758, *in-*8.]

39186. ☞ Lettres Critiques d'un Voyageur Anglois, sur l'Article *Genève*, du Dictionnaire Encyclopédique ; (par M. Jean VERNET, Professeur de Belles-Lettres à Genève :) 1766, *in-*8. 2 vol.]

39187. ☞ Récit abrégé de l'ancienne Histoire, du Gouvernement présent & des Loix de la République de Genève ; par M. KEATE: *Londres*, 1761, *in-*8. (en Anglois.)]

ARTICLE II.

Histoires des Electorats Ecclésiastiques, Mayence, Cologne, Trèves, des Evêchés de Spire, de Wormes & de Liège, [du Palatinat en-deçà du Rhin,] & des Duchés de Juliers & de Clèves.

LES Histoires des [Archevêques & Evêques dont on vient de parler] sont avec celles des Métropoles, [au Tome I. pag. 581, 602 & 673.] On peut les consulter. Je ne rapporte ici que les autres Histoires de leurs Etats.

39188. Topographia Archiepiscopatûs Moguntini, Coloniensis & Trevirensis; Auctore Martino ZEILLERO, cum Tabulis Matthæi MERIANI : *Francofurti*, 1641, 1654, *in-fol.*

Histoires de l'Electorat de Mayence.

== Rerum Moguntinensium Chronicon, ab anno 1142, ad annum 1251; Auctore CONRADO, Episcopo.

== Chronique de Mayence ; par Jean HEROLDEN, (en Allemand.)

Voyez ces deux Chroniques indiquées ci-devant, [Tome I. N.os 9070 & 9071. La première a été réimprimée plus correctement dans la Collection de *Joannis*, que l'on va indiquer.]

39189. Moguntiacarum rerum ab initio ad annum Christi 1604, Libri V. Auctore Nicolao SERRARIO, è Societate Jesu : *Moguntiæ*, 1604; *Coloniæ*, 1624, *in-*4.

L'Auteur est mort en 1609. Cette Histoire est très-estimée.

☞ Iidem Libri, cum Supplemento (ad nostra usque tempora) & Indicibus; per Georg. Christianum JOANNIS.

Il sera question de cette bonne Edition, après le numéro suivant.

39190. Chronique de Mayence, de l'origine & de la construction de cette Ville, avec la Suite des Archevêques-Electeurs : *Francfort*, 1613, *in-*4. (en Allemand.)

39191. ☞ Collectio Scriptorum Historiæ Moguntinæ, à Georgio-Christiano JOANNIS : *Francofurti*, Jo. Maximiliani à Sande, 1722, 1727, *in-fol.* 3 vol.

Le Tome I. contient une ample & sçavante Préface, & les cinq Livres de l'Histoire de SERRARIUS, rapportés ci-dessus, mais corrigés, accompagnés de Notes, & augmentés des Vies des derniers Archevêques Electeurs.

Le Tome II. renferme les XIII. Pièces suivantes :

1. Excerpta ex Patrum Antverpiensium Actis Sanctorum, necnon Joannis Mabillonii Actis Sanctorum Or-

dinis Benedictini, ad quorumdam Sanctorum & Antistitum Moguntinensium historiam facientes.

2. Anonymi, de cæde Arnoldi, Archiepiscopi Moguntini, Narratio è vernaculo in Latinam Linguam conversa.

3. Conradi sive potiùs CHRISTIANI II. Archiepiscopi Moguntini, Chronicon rerum Moguntiacarum, ab anno 1142, ad annum 1251, cum Notis HELWICHII : (ci-devant, Tome I. N.º 3572.)

4. Georgii HELWICHII, Moguntia devicta, sive de Dissidio Moguntinensi quod fuit inter duos Archiepiscopos, Dietherum Isenburgium & Adolfum Nassovium, de Archiepiscopatu contendentes, Narratio : (ci-devant, N.º 3578.)

5. Jacobi MANLII, Historia Collectæ Cardinalitiæ dignitatis in Albertum Moguntinum.

6. Georgii HELWICHII, Elenchus Nobilitatis Moguntinæ, hoc est omnium Prælatorum ac Canonicorum Ecclesiæ Moguntinæ, à primordio ipsius ad annum 1623, brevis Enumeratio : (ci-devant, N.º 3576.)

7. Syllabus Prælatorum ac Canonicorum Ecclesiæ Moguntinæ Metropolitanæ plenior & accuratior.

8. Elenchus Suffraganeorum Moguntinensium, sive Pontificii muneris in partibus Rheni Diœceseos Moguntinæ Vicariorum.

9. Chronica Ecclesiarum Collegiatarum quæ Moguntiæ sunt, recens concinnata.

10. Georgii HELWICHII, Chronicon Monasterii, jam verò Collegiatæ Equestris, ad sanctum Albanum.

11. Joannis-Antonii WITLICHII Catalogus Abbatum Monasterii divi Jacobi in Monte specioso.

12. Breves Dissertationes de origine, fatis, statuque variorum Cœnobiorum, & Parthenonum extrà & intrà mœnia Moguntina.

13. Additiones ad Helwichii de Dissidio Moguntino libellum; & ejusdem Elenchum, jamque memoratos Catalogos.

Le Tome III. contient :

14. Georgii HELWICHII, Antiquitates Cœnobii Laurishamensis.

15. Joannis Mauricii GUDENI, historia Erfurtensis.

16. Joannis Andreæ SCHMIDII, de Conciliis Moguntinis Dissertatio.

17. Joannis HUTTICHII, Collectanea Antiquitatum in Urbe atque Agro Moguntino repertarum.

18. Monumenta sepulchralia anno 1714, Moguntiæ eruta, cum scholiis Caroli Gustavi HERÆI.

19. Wilhelmi Ernesti TENZELII, Moguntinensium moduli majoris, aliorumque tùm veterum tùm recentiorum Monumentorum brevis Designatio.

20. Nicolai SECLÆNDERI, Sylloge Bracteatorum Moguntinensium.

21. Caroli Gustavi HERÆI, Series Archiepiscoporum Moguntinensium, Monimentis Numismatum Cæsarianorum posteris servata.

22. Theodorici GRESEMONDI, Historia & Carmen, de Sancta Cruce propè Moguntiam violatâ.

23. Joan. Arnoldi BERGELLANI, de Chalcographiæ inventione : Poëma Encomiasticum.

24. Sanctæ sedis Moguntinæ Collegique Metropolitani facies, sub initium anni 1568, ex Ægidio PERIANDRO.

25. Georgii Christiani JOANNIS, de Patriciorum veterum Moguntinensium familiis, discrimine, juribus, contentionibus, fatis, Commentariolum.]

39192. Apographum Monumentorum Moguntinensium, seu præcipuorum Epitaphiorum Descriptio : *Moguntiæ*, 1622, *in-*8.

39193. Joannis HUTTICHII Liber Antiquitatum in Urbe & Agro Moguntino : *Moguntiæ*, 1520, *in-*4. avec figures.

☞ Cet Ouvrage de Huttichius étoit devenu fort rare ; il a été réimprimé dans le Tome III. du *Recueil des Ecrivains de Mayence*, avec quelques autres Morceaux concernant les Antiquités de cette Ville, comme on l'a dit ci-dessus.

== ☞ Siège de Mayence par les François, en 1689.

Voyez ci-devant, Tome II. N.º 24039.]

Histoires de Spire & de Wormes.

39194. La Chronique de la Ville de *Spire*, depuis la naissance de Jesus-Christ jusqu'en 1563 ; par Guillaume EYSENGREIN : *Dillingen*, Mayer, 1564, *in-*8.

La même, augmentée ; par Philippe SIMON : *Fribourg*, 1610, *in-*8.

39195. La Chronique de Spire ; par Christophle LEHMANN : *Francfort*, 1612, *in-fol.* Ibid. 1662, *in-fol.* (en Allemand.)

La même, augmentée ; par Melchior FUSCHIUS : *Francfort*, 1697, *in-fol.*

Ce Livre est plein de recherches des Affaires de l'Empire [& des anciens François,] que l'Auteur traite avec jugement. La première Edition est la plus exacte, & la dernière la plus ample.

✱ On y trouve trois points discutés : 1. l'origine, le progrès, le Gouvernement & les choses mémorables de la Ville de Spire ; 2. l'origine & le Gouvernement de l'Empire Germanique ; 3. l'origine & la suite des Evêques de Spire.

39196. Ms. Monachi cujusdam Kirsgartensis Chronicon Civitatis *Wormatiensis* : *in-fol.*

Cette Chronique est citée à la *pag.* 59 du premier *Trimestre* de Felletus : *Iena*, 1714, *in-*4.

Histoires du Bas Palatinat.

39197. ☞ Martini ZEILLERI, Topographia *Palatinatûs* Rheni, & vicinorum locorum : *Francofurti*, 1645, *in-fol.*

La partie Occidentale du Palatinat, à la gauche du Rhin, est sur le terrein de l'ancienne Gaule, & ainsi regarde cette Bibliothèque.]

39198. ☞ Marquardi FREHERI, Origines Palatinæ : *Heidelbergæ*, 1599, 1613, 1686, *in-fol.*]

39199. ☞ Spicilegium Antiquitatum Palatinarum cis Rhenum : 1623, *in-*4. (sine loci nomine.)

On y trouve la description historique de plusieurs Villes en-deçà du Rhin.]

39200. ☞ Car. Ludovici TOLNERI, Historia Palatina, à principio ad annum 1295 : *Francofurti*, 1700, *in-fol.*

Ejusdem, Additiones : *Heidelbergæ*, 1709, *in-fol.*]

39201. ☞ Miscellanea Historiæ Palatinæ, cùm maximè Bipontinæ inservientia : GU-

Histoires des Electorats Ecclésiastiques, &c.

rante Georgio-Christiano JOANNIS : *Francofurti*, 1725, *in-4*.

On y trouve deux petites Pièces déja imprimées en 1708, sur les erreurs de Tolner.]

== ☞ Violences faites dans le Palatinat, en 1673 & 1674.

Voyez ci-devant, Tome II. N.° 24039.]

Histoires de l'Electorat de Cologne.

39202. ☞ De Urbe *Colonia*; Auctore Carolo LE COINTE. *Annal. Ecclef. Franc. tom. I. pag.* 91.

Le P. le Cointe difcute dans cet Article en quel temps la Ville de Cologne fut ainfi nommée. Ceux qui aiment les fables, dit-il, croyent qu'elle fut bâtie par un certain Colonus, Troyen ; mais il eft sûr que ce fut Agrippine, mère de l'Empereur Néron, qui y envoya une Colonie, d'où elle fut appellée, *Agrippina* & *Colonia Agrippinenfis*. Il croit avec Roricon & l'Auteur des *Geftes des Rois de France*, qu'elle ne fut appellée fimplement *Colonia* qu'après la prife qu'en fit Childéric, l'an 464 de J. C. & le huitième de fon Règne.]

39203. Chronique ancienne de la Ville de Cologne, depuis fa fondation jufqu'à l'an 1496 de J. C. *Cologne*, Koelhoff, 1499, *in-fol*. (en Allemand.)

39204. Excerpta ex Chronico Colonienfi manufcripto, quod affervatur in Bibliotheca Augufta Guelferbytana feu Brunfvicenfi, ab anno 928, ad annum 1160.

Cet Extrait eft imprimé dans Fellerus, *pag.* 2 de fon premier Trimeftre, intitulé : *Monumenta varia inedita* : *Iena*, 1714, *in-4*.

39205. Epideigma feu Specimen Hiftoriæ Civitatis Coloniæ Ubiorum; ex horis fuccifivis Stephani BROELMANNI, Jurifconfulti Agrippinenfis, cum Tabulis ære incifis : *Coloniæ*, Grevenbruck, 1608, *in-fol*.

39206. De admiranda facra & civili magnitudine Coloniæ Agrippinæ, Libri quatuor. I. Ubiorum origo, hiftoria, vetuftas. II. Infignia & ortus Ubiæ & Rhenanæ Nobilitatis. III. Urbis facrarium, feu Fundationis, Monumenta, Viri clari. IV. Sacri & pii Fafti ad Martyrologii formam; Auctore Ægidio GELENIO, fancti Andreæ Canonico : *Coloniæ*, 1645, *in-4*.

39207. ☞ Cartularium Colonienfe.

Ce Cartulaire eft imprimé dans le Recueil intitulé : *Spicilegium Tabularum veterum Georgii Chriftiani Joannis* : *Francofurti*, 1724, *in-8*.]

Histoires de Liège.

39208. Mf. Hiftoria Petri A TIMO, Legifperiti, Thefaurarii & Canonici fanctæ Gudulæ Bruxellenfis, de origine Trevitenfium & Tungrorum, &c. *in-fol*.

Cet Auteur eft mort en 1473. Sa Chronique eft confervée dans la Bibliothèque des Minimes de Paris, n. 26.

== Mf. Hiftoria Principum Tungrenfium.

Voyez ci-devant, [Tome I. N.° 8683.]

L'Hiftoire civile de *Liège* eft fi fort liée avec celle des Evêques de cette Ville, que prefque toutes celles qu'on en a compofées, contiennent l'une & l'autre Hiftoire ; ainfi on peut confulter les *Hiftoires des Evêques de Liège*, ci-devant, [Tome I. *pag.* 584] pour avoir connoiffance de l'Hiftoire de cette Ville.]

== Chronicon Leodienfe, ab anno 400, ad annum 1132, [cum Appendice ad 1184.]

== Chronicon breve Leodienfe, ab anno 529, ad annum 1192.

Ces deux Chroniques font rapportées ci-devant, [Tome II. N.os 16640 & 16710.]

39209. Mf. Chronicon Leodienfe fusè per annos digeftum ufque ad annum 1383.

39210. Mf. Chronicon Leodienfe ufque ad annum 1560, incerto Auctore.

Ces deux autres Chroniques font citées par Gramaye, dans le Catalogue des Auteurs dont il s'eft fervi pour compofer fon *Hiftoire de Flandre*.

39211. Mf. Chronique de la Ville & Cité de Liège, jufqu'en 1575 : *in-fol*.

Cette Chronique [étoit] dans la Bibliothèque de M. Colbert, num. 1426, [& eft maintenant dans celle du Roi.]

39212. Huberti THOMÆ Leodienfis, de Tungris & Eburonibus, aliifque inferioris Germaniæ populis, Commentarius : *Leodii*, 1630, *in-8*.

Ce Commentaire eft imprimé dans le Tome I. du Recueil des *Hiftoriens d'Allemagne*, publié par Schatdius.

☞ Il l'eft aussi avec le Livre intitulé : *Bilibaldi Pirckheimeri Defcriptio Germaniæ utriufque* : *Antverpiæ*, 1585, *in-8*.]

39213. Fafti Magiftrales inclytæ Urbis Leodienfis : Hiftoria ejufdem Civitatis : *Leodii*, 1630, *in-8*.

39214. ☞ Recueil héraldique des Bourgueméftres de la noble Cité de Liège, où l'on voit la Généalogie des Evêques & Princes, de la Nobleffe & des principales Familles de ce Pays, avec leurs Infcriptions & Epitaphes ; par J. G. LOYENS : *Liège*, 1720, *in-fol*.]

39215. ☞ Joan. Erardi FULLONII, Hiftoria Leodienfis, ab origine ad Ferdinandi Bavari tempora : *Leodii*, Kintz, 1735, *in-fol*. 3 vol.]

39216. De Republica Leodienfi Liber : Auctore Marco Zuerio BOXHORNIO : *Amftelodami*, 1632, *in-24*.

39217. Mf. Bella Leodienfia, potiffimùm per Carolum Burgundiæ Ducem gefta & carmine Leonino defcripta à Bartholomeo MACARIO, Tungrenfi, Oppidi ejufdem Commiffario.

Cette Defcription des Guerres de Liège, faite par Barthélemi L'HEUREUX, eft confervée dans la Bibliothèque des Chanoines Réguliers de Tongres à Liège, felon Valère André, dans fa *Bibliothèque Belgique*.

39218. De Leodienfium Diffidio cum Epifcopo fuo Ludovico Borbonio, & de Leodii Civitatis Excidio lamentabili, anno 1468,

Narratio historica, è Jacobi PICOLOMINI, Cardinalis Papiensis, Commentariorum Libro quarto.

Cette Narration est imprimée avec ses *Commentaires : Mediolani*, 1566, *in-fol.* & à la *pag.* 29 du tom. II. de la Collection des *Historiens d'Allemagne* de Fréher : *Francosurti*, 1602, *in-fol.*

39219. Mf. Tractatus de Desolatione Civitatis & Terræ Leodiensis facta à Carolo Audace, anno 1468 ; Auctore Henrico DE MERICA, Orschotano, Canonico Regulari in Bethlehem propè Leodium.

Cet Auteur est mort en 1473. Son Traité est cité par Valère André, dans sa *Bibliothèque Belgique*.

39220. ☞ ANGELI de Curibus Sabinis, Poetæ Laureati, de Excidio Civitatis Leodiensis Libri VI. ex Schedis Clarissimi viri D. Baronis de Crassier.

Cette Histoire est imprimée dans la *Collectio veterum Scriptorum* de D. Martenne, *tom. IV. pag.* 1379.]

39221. Liber Anonymi de Caroli Burgundiæ Ducis victoriis & laudibus, & de Leodiensium clade & dissidio.

Ce Livre est imprimé dans Freher, au tom. III. de sa Collection des *Historiens d'Allemagne*.

39222. Mf. Historia de Cladibus Leodiensium ; Auctore Theoderico PAULI, aliàs FRANCONE, Canonico sancti Vincentii in Gorchem.

Cette Histoire est conservée dans la Bibliothèque de l'Eglise de Tournay, selon Sanderus, au tom. I. *pag.* 210 de la *Bibliothèque des Manuscrits Belgiques*.

39223. ☞ Rerum Leodiensium Historia.

Cette Histoire, qui est imprimée dans la *Collectio veterum Scriptorum* de D. Martenne, *tom. IV. p.* 1199, s'étend depuis 1429 jusqu'en 1482.]

39224. ☞ Ad sacratissimam Cesaream Majestatem inclytæ Civitatis (Leodiensis) delegatio anno 1628, pro tuendis ipsius juribus tanquam Civitatis Imperialis, à Stephano RAUSINO : *Leodii*, 1629, *in-*4.]

39225. Compendium universæ Historiæ Leodiensis, in annos digestum ; Auctore Joanne Matthæo HOVIO : *Leodii*, 1651, *in-fol.*

Editio altera, auctior : *Leodii*, 1655, Typis J. M. Hovii, *in-*16.

Cet Hovius paroît n'avoir fait que l'Epître dédicatoire & la Préface.

39226. ☞ Le Portrait raccourci des factions de la Ville de Liège : *Paris*, 1655, *in-*4.]

39227. Abrégé de l'Histoire de Liège : *Liège*, Hoïoux, 1673, *in-*8.

39228. ☞ Histoire de la Ville & Pays de Liège ; par le P. Théodose BOUILLE, Carme Déchaussé : *Liège*, Barnabé, 1725, 1732, *in-fol.* 3 vol.

Cette Histoire s'étend jusqu'à l'année 1727.]

39229. ☞ Recueil des Edits, Réglemens, Privilèges, Concordats & Traités du Pays de Liège & Comté de Looz, où se trouvent les Edits & Réglemens faits par les Evêques & Princes tant en matière de Police que de Justice ; les Privilèges accordés par les Empereurs au même Pays, & autres Terres dépendantes de l'Eglise de Liège ; les Concordats & Traités faits avec les Puissances voisines, & ceux faits entre l'Evêque & Prince & les Etats ou autres Membres dudit Pays : le tout accompagné de Notes ; par G. DE LOUVREX : *Liège*, Bertrand, 1714, *in-fol.* 3 vol.]

39230. ☞ Les Délices du Pays de Liège ; ou Description des Monumens sacrés & profanes de cet Evêché-Principauté, & de ses Limites ; par Everard KINTS : *Liège*, Kints, 1738, *in-fol.* 3 vol.]

39231. Lamberti DE ULIERDEN Commentatio de duodecim Tribubus opificum Civitatis Leodiensis, deque earum origine : *Leodii*, 1628, *in-*8.

39232. Histoire de la Ville & du Château de *Huy*, par Laurent MELART, Bourguemestre de cette Ville, (en Flamand.)

Cette Histoire est imprimée avec celle des Comtes & Evêques de Liège, du même Auteur : *Liège*, 1641, *in-fol.*

== ☞ Prise de la Ville d'Huy, en 1675.

Voyez ci-devant, Tome II. N.° 24077.]

39233. Joannes MENTELIUS de Hasseleto ; seu Historiæ *Lossensis* Compendium : *Lovanii*, 1663, *in-*4.

Cette Ville est dans le Territoire de Liège.

39234. *Hasbaniæ* illustratæ Libri decem ; Auctore Joanne-Baptista GRAMMAYE : *Coloniæ*, Egmondi, *in-*4.

☞ Le Pays de Hasbaye, qui fait partie de l'Etat de Liège, n'est pas aussi étendu que l'ancienne Hasbanie du Moyen-âge, qui renfermoit une partie du Brabant : *Gaule Belgique* de Wastelain, *pag.* 206 & 207.]

== De la Bataille de *Lavvfeldt*, près de Tongres, en 1747.

Voyez ci-dessus, N.ᵒˢ 24701 & 24702.

En l'année 1746 les François gagnèrent aussi la Bataille de *Raucoux*, près de Liège.]

Histoires de l'Electorat de Trèves.

39235. Gesta *Treverorum*, anno ante conditam Romam 1200, ad annum Christi 1132.

Trithème, dans son Livre II. des *Annales de France*, fait deux fois mention de GOLSCHER, Moine de Saint-Matthias de Trèves, qui fleurissoit l'an 1140. Il dit qu'il a écrit l'Histoire de la Ville de Trèves. Cette Histoire est imprimée tom. I. du Recueil que G. G. Leibnitz a intitulé : *Accessiones historicæ* : Hanoveræ, 1700, *in-*4.

Eadem, ab anno Christi 30, ad annum 1122.

Ce Fragment est imprimé au Tome XII. du *Spicilège* de Dom Luc d'Acheri. Quoique cette Histoire ne parle des François qu'en passant, elle en dit cependant beaucoup de choses. Dom Luc d'Acheri a omis tout ce
qui

qui précède l'année 30 de Jesus-Christ, parce que cette partie est toute remplie de fables. Lambecius cite un Exemplaire qui va jusqu'en 1146. Cet Exemplaire est au numéro 164, des Manuscrits de la Bibliothèque de l'Empereur : Lambecius, Tome II. Chapitre II. pag. 977.

☞ Cette même Histoire de Trèves est imprimée à la tête des Preuves du *tom. I.* de l'*Histoire de Lorraine* de Dom Calmet, ci-devant, N.o 38813.]

39236. Joannis ENEN, Trevirensis Suffraganei, Epitome, aliàs Medulla gestorum Trevirorum, è Teutonico sermone in Latinum versa per Joannem Scheckmannum, sancti Maximini Coenobitam : *Treviris*, 1517, *in-*4.

Cette Version trop littérale, est fort mauvaise; elle n'a ni autorité ni aucune créance auprès de ceux qui sçavent l'Histoire.

39237. Augustæ Treverorum Annales & Commentarii historici, quibus urbis in universo terrarum orbe antiquissimæ Origo & Status, ab anno mundi 1966, usque ad hanc nostram ætatem ; ex ipsis Archivis per Wilhelmum KYRIANDRUM, Jurisconsultum, Syndicum Trevirensem, conscripti, Editio secunda : *Bibonti*, 1603, *in-fol*.

Ce Syndic de Trèves voulant soutenir le peuple de cette Ville dans les démêlés qu'il avoit alors avec son Archevêque, entreprit d'écrire ces Annales, où il fait, à la vérité, l'Histoire des Prélats; mais il l'écrit de manière qu'il se déclare toujours contre eux en faveur du peuple, & fait sur-tout paroître sa haine contre la Religion Catholique. Il fit imprimer en secret son Histoire à Cologne, en 1576; mais l'Imprimeur ayant été découvert, tous les Exemplaires furent supprimés par l'ordre de l'Archevêque Jacques de Eltz. Il s'en fit une seconde Edition en 1603, en 1609 & 1625. Ce n'est sans doute que la même Edition, dont on a changé la date. Cette Histoire finit en 1567. L'Auteur n'est pas fort estimé; il étoit à la vérité très-versé dans les Antiquités du Royaume d'Austrasie; mais il manque quelquefois de jugement, & donne trop aux Droits de la Ville de Trèves; c'est pourquoi son Livre fut confisqué de la part de l'Electeur de Trèves. C'est ce que nous apprend Jean-Baptiste Mencke, dans ses *Additions au Catalogue des Historiens de l'Abbé Lenglet*.

39238. Antiquitates & Annales Trevirensium; Auctore Christophoro BROUWERO, è Societate Jesu : *Coloniæ*, 1626, *in-fol*.

L'Impression de cette Histoire étoit commencée, lorsque l'Auteur mourut en 1617 ; mais l'Ouvrage fut supprimé, parce qu'il y avoit inséré des choses qu'on ne jugeoit pas à propos de rendre publiques. *Voyez* la Note du N.º [10493, ci-devant, Tome II.]

== Antiquitatum & Annalium Trevirensium, Libri viginti quinque ; Auctoribus Christophoro BROUWERO, Geldro-Arnhemensi, & Jacobo MASENIO, Juliaco-Dalensi, quorum ille Proparasceven, cum Libris viginti duo Annalium scripsit; hic præter additamenta, tres reliquos Annalium Libros cum luculentis Indicibus adjecit : *Leodii*, Hovii, 1670, *in-fol*. 2 vol.

Cette Histoire de Trèves, commence en l'année avant Jesus-Christ 270. Brouwerus a fini son vingt-deuxième Livre à l'année de Jesus-Christ 1600, & Masenius a continué l'Histoire jusqu'en 1652.

== ☞ Joan. Nicol. DE HONTHEIM, Historia Trevirensis diplomatica & pragmatica, ab anno 418, ad annum 1745 : *Veithemii*, 1750, *in-fol*. 3 vol. *Augustæ Vindelic*. 1757, *in-fol*. 2 vol.

On a déja indiqué cette Histoire au Tome I. N.º 10498, pour l'Ecclésiastique.]

39239. Jacobi MILÆI Sylva Academica, sive de Antiquitate Urbis & Academiæ Trevirensis : *Treviris*, 1658, *in-*8.

Histoires de Juliers, Clèves, &c.

39240. ☞ Chronique de *Juliers*, jusqu'en 1610 ; par Adelar ERICH : *Leipsick*, 1611, *in-fol*. (en Allemand.)]

39241. Annales Juliæ, Cliviæ, Montium (seu Bergæ,) Marcæ & Ravensburgi, antiquæ & modernæ; Auctore Wernhero TESCHENMACHERO : *Arnhemiæ*, 1638, *in-fol*.

Eorumdem nova Editio, illustrata à Justo Christophoro DITHMARO, Historiæ & Politices in Academia Viadrina Professore ordinario : *Francofurti ad Oderam*, 1710, *in-fol*.

39242. ☞ Joannis-Thomæ BORSII, Juliæ, Cliviæ, Montiumque Annales Comitum, Marchionum & Ducum, à primis primordiis ex Classicis Auctoribus, vetustis Instrumentis Imperatorum, Regumque plurimis Diplomatibus, ad hæc usque tempora deducti ; quos Gener Auctoris Adamus Michael MAPPIUS in ordinem digessit, illorumque defectus supplevit & suis sumptibus luci dedit : *Coloniæ*, 1731, *in-fol*. 3 tom. en 1 vol.

Cet Ouvrage est mal rédigé, & contient plusieurs choses qui se trouvent ailleurs.]

39243. ☞ LUCII VERONENSIS Dissertatio de successione in Jura & Ditiones Juliæ, Cliviæ, Montium, Marchiæ & Ravenspergæ : 1653, *in-fol*.]

39244. ☞ Enodatio Quæstionum & Controversiarum circà Jura & Ditiones Juliæ, Cliviæ, Montium & Ravenspergæ, à H. A. Von. T. 1669, *in-fol*.]

39245. ☞ Ms. Diverses Pièces sur Clèves & Juliers.

Elles sont dans la Bibliothèque de la Ville de Paris, parmi les Manuscrits de MM. Godefroy, num. 492.]

39246. ☞ Histoire de la Succession aux Duchés de Clèves, Berg & Juliers, &c. par ROUSSET : *Amsterdam*, Westein, 1738, *in-*12. 2 vol.]

39247. ☞ Histoire de la Succession de Berg & de Juliers; par M. (Jean-Henri Samuel) FORMEY : *Berlin*, 1739, *in-*12.]

39248. Syntagma Urbis Juliacensis; Auctore Petro STREITHAGEN.

Ce Livre est cité par Jean-Nicolas Snellius, *pag. 47*, de l'Ouvrage qu'il a intitulé : *Vesalia obsequens*.

39249. Animæ illustres Juliæ, Cliviæ, & Montium, seu Vita Sanctorum eorumdem Regionum; à Theodorico editæ: *Neoburgi*, 1663, *in*-4.

39250. La Chronique d'*Aix-la-Chapelle*, dans laquelle on trouve une Description historique des Antiquités & des choses mémorables qui se sont passées dans cette Ville depuis sa Fondation jusqu'en 1630; avec les Statuts & Privilèges accordés à cette Ville; par Jean Noppius: *Cologne*, 1632, *in-fol.* (en Allemand.)

☞ Cette Ville est enclavée dans le Pays de Juliers, mais libre & Impériale.]

== ☞ Description de la Ville d'Aix-la-Chapelle, de ses Eaux minérales, &c. (en Hollandois.)

Voyez ci-devant, Tome I. N.° 2907.]

39251. Petri A Beck, Juliacensis, Imperialium Ecclesiarum in Aquis Beatæ Mariæ Virginis Canonici, Aquisgranum, seu historica Narratio de Civitatis Aquisgranensis origine & progressu, de rebus divi Caroli Magni præclarè gestis, de ritu coronandi Reges Romanorum: *Aquisgrani*, Hultingii, 1622; *Coloniæ*, 1642, *in*-4.

Cette Histoire contient les beaux faits de Charlemagne, à l'occasion de son Couronnement dans cette Ville.

☞ Ce Prince qui l'a fait bâtir magnifiquement, y faisoit ordinairement son séjour, & il y a passé vingt hivers.]

39252. *Embrica*, seu Civitatis Embricæ Descriptio, Libris III. comprehensa; Auctore Ebhardo Watsemburgio, Embricensi: *Clivis*, 1667, *in-fol.*

La Ville d'Emerick est dans le Duché de Clèves.

☞ Cela est vrai, mais dans la partie de ce Duché qui est au-delà du Rhin, & ainsi le Territoire d'Emerick n'étoit point de l'ancienne Gaule. Son Histoire ne peut convenir ici que parce qu'étant fort ample, elle contient celle du Duché de Clèves, & a rapport aux Etats voisins.]

== Prise de *Rhinberg*, d'*Orsoy*, de *Wesel* & *Burick*, en 1672.

Voyez ci-devant, Tome II. N.° 23974.]

39253. Levoldi A Northof, Origines Marcanæ, seu Chronicon Comitum de Marca & Aleuna, à quibus descendunt Duces Juliacenses, Clivienses & Bergenses, ab anno 1080, ad annum 1358; cum Supplemento alterius Auctoris, ad annum 1391, cum Notis Henrici Meibomii: *Hanoveræ*, 1613, *in-fol.*

ARTICLE III.
Histoires des Provinces des Pays-Bas.

Les Pays-Bas faisoient [la plupart] anciennement partie de la Gaule Belgique, & du Royaume d'Austrasie. Ils furent depuis partagés en divers Etats, [dont la partie à l'Orient & au Nord de l'Escaut dépendit de l'Allemagne; & il ne resta sous la France, que les Comtés de Flandre & d'Artois]. Les Ducs de Bourgogne réunirent presque tous les Pays-Bas sous leur domination, & les laissèrent à leurs Héritiers. Les Pays-Bas passèrent enfin dans la Maison d'Autriche, par le Mariage que Maximilien, Archiduc d'Autriche, contracta en 1477, avec Marie de Bourgogne, fille du dernier Duc, Charles-le-Hardi, qui fut tué [l'an 1477] devant Nancy.

L'Empereur Charles-Quint, [ayant obligé en 1525, François I. de renoncer à l'hommage de la Flandre & de l'Artois,] ajouta aux Provinces qu'il possédoit déja, celles d'*Utrecht*, d'*Over-Issel*, de *Gueldre*, de *Frise* & de *Groningue*.

Sous le nom de Pays-Bas, on ne comprend proprement que quatorze Provinces, sur-tout depuis qu'Anvers & Malines sont du Brabant, & que le Comté de Zutphen fait partie du Duché de Gueldre. Comme ces Provinces sont à présent sous la domination de divers Princes, & qu'elles suivent différentes Religions, je les partage en deux. Les sept Provinces Méridionales, plus voisines de la France, appartiennent pour la meilleure partie à la Maison d'Autriche, & le reste est à la France: [ce sont les Pays-Bas Catholiques.] Les autres Provinces plus Septentrionales, forment l'Etat des Provinces-Unies ou de la République de Hollande, [dont la Religion dominante est la Prétendue-Réformée.]

Les Provinces d'*Over-Issel*, de *Groningue* & de *Frise*, étant au-delà du Rhin, sont plutôt censées de la Germanie que des Gaules, suivant la description que j'en ai faite au commencement de ce Quatrième Livre: ainsi il ne sera fait ici aucune mention des Histoires de ces trois Provinces; aussi-bien a-t-il pas d'Histoires des deux premières. Quoique la Frise ait été conquise deux fois par les François; ils n'en sont pas demeurés long-temps les Maîtres: outre que cette Province a presque toujours eu des Rois de la Nation ou des Gouverneurs. Des sept Provinces-Unies, je n'en rapporterai que les Histoires de *Gueldre*, dont [la plus grande] partie est en-deçà [de l'ancien] Rhin, & celles des Provinces d'*Utrecht*, de *Hollande* & de *Zélande*, formées par les diverses branches dans lesquelles le Rhin se partage & se sépare.

Je commence par les Provinces plus voisines de la France, [c'est-à-dire par les Méridionales;] & je les place de suite, selon qu'elles se trouvent les unes auprès des autres. Mais [deux de ces Provinces qui dépendoient de la France, c'est-à-dire la Flandre & l'Artois,] ayant cessé, en [1525, par le Traité de Madrid,] d'être des Fiefs de ce Royaume, par leur union à la Maison d'Autriche, je ne fais état de rapporter leurs Histoires que jusqu'à ce temps-là. Si donc on ne trouve ici peu d'Histoires de ces Provinces & de ce qui s'y est passé depuis l'année 1525, c'est que je me suis borné à ce terme, la plupart de ces Provinces n'ayant plus de rapport avec la France, [si ce n'est par les Conquêtes que nos Rois Louis XIII. & Louis XIV. ont faites dans quelques-unes.]

§. PREMIER.
Histoires générales des Pays-Bas.

☞ « Les Italiens, les François, &c. donnent le nom
» de *Flandre* aux XVII. Provinces des Pays-Bas; delà le
» nom de *Flamands* à tous les Habitans de ces différen-
» tes Provinces. Il n'en est pas de même dans les Pays-
» Bas, où l'acception du mot *Flandre* est beaucoup
» plus bornée, puisqu'il n'y signifie qu'une des XVII.
» Provinces, sçavoir, le Comté de Flandre. Il est né-
» cessaire que les Etrangers sachent quel sens les Belges
» mêmes attachent à ce nom. Le Père le Long, qui
» semble avoir ignoré cette double acception, est tombé

Histoires générales des Pays-Bas.

« dans plusieurs fautes en cet Article. Pour les éviter, il faut prendre garde si la personne qui parle, ou l'Auteur qui écrit, est des Pays-Bas ou non ».

Cette Observation m'a été fournie par M. l'Abbé de la Motte, Chapelain de S. Pierre à Lille, ainsi que plusieurs autres, avec des Additions dont j'ai fait usage dans cet Article, concernant l'Histoire des Pays-Bas, de la Flandre, &c.

Pour rectifier les erreurs où le Père le Long est tombé, en mettant dans ce Paragraphe qui regarde le Pays-Bas en général, des Histoires qui ne concernent que la Flandre; nous aurions pu, sans déranger son ordre, faire une Note à chacun ; mais il nous a paru mieux de transporter au Paragraphe de Flandre, (qui suit) les Articles qui la concernent, afin qu'on y ait toutes ses Histoires. Nous avons cependant cru devoir en conserver l'indication dans ce Paragraphe-ci, d'autant plus que les Comtes de Flandre étant les plus puissans Princes des Pays-Bas, la plûpart de leurs Histoires en font comme une Histoire générale ; & c'est ce qui a pu induire en erreur divers Ecrivains, & après eux le Père le Long.]

39254. Guillelmi ALTARII Encomium Galliæ Belgicæ : *Antverpiæ*, 1599, *in-*8.

39255. Hermanni Comitis NUENARII, de Gallia Belgica Commentarius : *Antverpiæ*, Plantini, 1584, *in-*8.

39256. Descriptio inferioris Germaniæ; Auctore Bilibaldo PIRKHEIMERO.

Cette Description est imprimée avec celle des deux Allemagnes du même Auteur : *Francofurti*, 1532, *Antverpiæ*, 1585, *in-*8. & à la pag. 200, du Recueil de ses *Œuvres* : *Basileæ*, 1574, *in-fol*. Cet Auteur est mort en 1531.

39257. De insignibus oppidis Germaniæ inferioris; Auctore Adriano BARLANDO.

Ce Discours est imprimé avec ses *Dialogues* : *Parisiis*, Wechel, *in-*8. & dans le Recueil de ses *Œuvres* : *Coloniæ Agrippinæ*, 1603, *in-*8. Cet Auteur est mort en 1542.

39258. Germaniæ inferioris Historiæ & loca aliquot declarata; Auctore Gerardo (GELDENHAURIO) Noviomago : *Coloniæ*, 1532; *Francofurti*, 1572; *Antverpiæ*, Plantini, 1584, *in-*8.

Cet Auteur est mort en 1542.

☞ Cet Ouvrage se trouve aussi avec le Livre intitulé : *Bilibaldi Pirkheimeri Descriptio Germaniæ utriusque* : *Antverpiæ*, 1585, *in-*8. &c.]

39259. ☞ Descriptio Belgii à Christophoro CALVETO STELLA: *Antverpiæ*, Nutius, 1552, *in-*8.

Guichardin a pris beaucoup de choses dans cet Ouvrage.

L'Original est en Espagnol, avec le *Viage del Principe Don Philippe*, par Juan Christoval CALVETE DE ESTRELLA : *en Anversa*, Nucio, 1552, *in-fol.*]

39260. Descrittione di Ludovico GUICCIARDINI di tutti Paesi Bassi, altramente detti Germania inferiore : *in Anversa*, 1567, 1588, *in-fol*.

Ludovici GUICCIARDINI, Florentini, Descriptio Germaniæ inferioris ab ipsomet Auctore in duplum aucta, cum Chartis geographicis & Urbium iconibus ad vivum expressis, La-
Tome III.

tinè, Italicè & Gallicè : *Antverpiæ*, Plantini, 1582, *in-fol*.

Belgiographia, seu omnium Belgii Regionum Descriptio, ex idiomate Italico Ludovici GUICCIARDINI in Latinum sermonem conversa, auctiorque facta, per Raynerum VITELLIUM: *Amstelodami*, 1612, 1625, 1646, *Arnhemii*, 1612, *in-fol*.

Eadem, additamentis novis aucta cum Tabulis geographicis æneis : *Amstelodami*, Meursius, 1660, *in-*12. 3 vol.

La Description des Pays-Bas; par Louis GUICCHARDIN, traduite en François par François de Belleforest : *Anvers*, Sylvius, 1567; *Anvers*, Plantin, 1584; *Amsterdam*, Nicolas, 1604, *in-fol*.

La même Version, avec les Additions de Pierre DU MONT : *Amsterdam*, 1612, *in-fol*.

Cette Description de Guicchardin, mort en 1589, est un bon Livre. « L'Auteur demeura long-temps en » ce Pays-là », & prit une peine extrême pour s'informer » de toutes choses; il se porta sur les lieux, autant qu'il » lui fut possible, pour ne rien dire dont il ne fût cer- » tain. Il donna trois Editions de cet Ouvrage, dont la » dernière est de 1587, (ou plutôt de 1588,) & qui » surpasse autant la seconde (qui est de 1582,) que » celle-ci surpasse la première ». Bayle, dans son *Dictionnaire historique & critique*, sous la Note M. de François Guicchardin.

39261. ☞ Sommaire de la Description générale de tous les Pays-Bas de M. L. Guiciardin; par B. ROHAULT, P. W. C. *Arras*, Maudhuy, 1596, *in-*8.]

== De Leone Belgico, ejusque topographica atque historica Descriptio, Liber, &c. Auctore Michaele AITSENGERO : *Coloniæ*, 1583-1587, [&c.] petit *in-fol*.

☞ Ce n'est point une Description des Pays-Bas, mais une Chronologie ou un Journal de ce qui s'est passé dans chaque Ville (avec des Plans,) depuis l'an 1559. On y a fait différentes Additions, jusqu'en 1605. Nous avons indiqué cet Ouvrage, ci-devant, Tome II. N.° 19844, parce qu'il y a beaucoup de choses concernant la France.]

39262. Itinerarium Belgicum: *Coloniæ Agrippinæ*, 1587, *in-*4.

Cet Itinéraire contient une Description des Pays-Bas.

39263. ☞ Joan. Bapt. GRAMMAYE, Peregrinatio Belgica : *Coloniæ*, 1625, *in-*8.

Tout ce qui vient de Grammaye, qui connoissoit bien les Pays-Bas, est précieux.]

39264. Descriptio Urbium inferioris Belgii ; Auctore Joanne LOSSÆO seu CALLIDIO, Canonico Gandensi.

Cet Auteur est mort en 1587. Sa Description est imprimée avec son *Catalogue des Ecrivains d'Allemagne* : *Moguntiæ*, 1587, *in-*8. Ce Catalogue n'est proprement que la Description du lieu de la naissance de ces Auteurs.

— Jacobi MARCHANTII Flandria, &c.

☞ *Voyez* ci-après, au *Comté de Flandre*, Paragraphe suivant.]

39265. Galliæ Belgicæ chorographica Descriptio posthuma; Auctore Carolo CLUSIO; [Edita ex Musæo Joachimi Marsii:] *Leide*, 1619, *in*-8.

Cet Auteur est mort en 1609.

39266. Ponti HEUTERI, Delphii, de veterum & sui seculi Belgio, Libri duo : *Antverpiæ*, Keerbergii, 1600, *in*-4.

Cet Auteur est mort en 1602. Ces Livres sont aussi imprimés dans le Recueil de ses Œuvres : *Lovanii*, 1643, *in-fol.*

39267. Petri KÆRII, Germania inferior [cum Descriptionibus Petri MONTANI :] *Amstelodami*, 1617, 1622, [& 1722,] *in-fol.*

39268. Description de Flandria ; por Emmanuel SUEYRO : *en Anvers*, 1622, *in*-8.

Cet Auteur est mort en 1629, [& il est question dans son Ouvrage de tous les Pays-Bas.]

39269. Valerii ANDREÆ, Jurisconsulti, Topographia Belgica, quâ Belgicæ seu Germaniæ inferioris Provinciæ, Urbesque designantur.

Cette Description de la Flandre par Valère-André, est imprimée à la fin de sa *Bibliothèque des Auteurs* [*Belgiques* :] *Antverpiæ*, 1644, *in*-4.

39270. Theatrum præcipuarum Civitatum totius Belgii seu Germaniæ inferioris : *Amstelodami*, Blaeu, 1649, *in-fol.* 2 vol.

39271. Joannis EYCKII, Antverpiensis, Urbium Belgicarum Centuria : *Antverpiæ*, 1651, *in*-4.

39272. * Guide ou Voyage des Pays-Bas ; par BOUSSINGAULT : *Paris*, Clousier, 1664, *in*-12.

39273. La Topographie des Pays-Bas ou de la Flandre; par Martin ZEILLER, avec les Cartes de Merian : *Francfort*, 1667, *in-fol.* (en Allemand.)

39274. Nouvelle Description des Pays Bas & de toutes les Villes des dix-sept Provinces; avec l'état présent de chaque Place de Flandre : *Paris*, Cochart, 1667, *in*-12.

39275. ☞ Voyage des Pays-Bas ; par A. JOUVIN DE ROCHEFORT.

C'est la dernière Partie du Tome II. de son *Voyageur de l'Europe : Paris*, Billaine, 1672, *in*-12. 6 volumes. (*pag.* 347-697).]

39276. Le Mercure de la Gaule Belgique, ou la Description des dix-sept Provinces des Pays-Bas : *Cologne*, 1682, *in*-12.

39277. ☞ Dictionnaire Géographique des Pays-Bas, du Cambresis & de Liège : *Amsterdam*, Westein, 1695, *in*-12.]

39278. Les Délices des Pays-Bas, ou la Description générale de ses dix-sept Provinces & de ses principales Villes, entichies de Cartes & de Figures en taille-douce : *Bruxelles*, Foppens, 1712, *in*-8. 3 vol. 1720 & 1743, *in*-8. 4 vol.

== ☞ Description de la Gaule Belgique, selon les trois Ages de l'Histoire ; par le P. Charles WASTELAIN, Jésuite : *Lille*, Cramé, 1761, *in*-4.

On a déjà indiqué cet Ouvrage, ci-devant, Tome I. à la *Géographie*, N.° 22. Mais on observera ici que les Pays-Bas sont bien moins étendus que ne l'étoit l'ancienne Gaule Belgique.]

39279. ☞ Mémoires sur la Question : Quels étoient les endroits compris dans l'étendue des Contrées qui composent aujourd'hui les dix-sept Provinces des Pays-Bas & du Pays de Liège, qui pouvoient passer pour Villes avant le VIIe Siècle : (Mémoires) qui ont remporté le Prix & les *Accessit* de la Société Littéraire de Bruxelles, en 1769: *Bruxelles*, Impr. Royale, 1770, *in*-4. d'environ quatre cens pages.

Ce Recueil contient trois Mémoires: 1. de M. J. DESROCHES ; c'est la Pièce couronnée : 2. de M. l'Abbé CAUSSIN, Aumônier de S. A. R. 3. de M. DE HESDIN, Intendant de la Maison de Salm-Kirbourg, à Bruxelles. Cette Brochure est le premier fruit de la Société Littéraire de Bruxelles, fondée, comme celle de Manheim, dans le Palatinat, par les soins de M. Schoepflin, de Strasbourg, mort le 7 Août 1771.]

39280. Mss. Historia rerum Belgicarum ante Christi adventum ; Auctore LUCIO, Tungrensi, vetere historico.

Cette Histoire, remplie de fables, est citée par Amand de Zuyderzée, dans l'Ouvrage qu'il a intitulé : [*Scrutinium* &] *Venatorium veritatis historicæ.*

☞ Ce dernier Ouvrage est une Chronique imprimée : *Antverpiæ*, Cocus, 1534, *in*-8. L'Auteur, qui étoit Religieux Cordelier, est mort cette même année.]

— Recueil des Antiquités de Flandre ; par Philippe WIELAND.

☞ *Voyez* dans le Paragraphe qui suit.]

39281. De Galliæ Belgicæ Antiquitatibus Liber, statum ejus sub Romano Imperio complectens; Auctore Petro DIVÆO, Lovaniensi, Brabantiæ historico : *Antverpiæ*, Plantini, 1566, 1584, *in*-8.

☞ Cet Ouvrage est aussi imprimé avec le Livre intitulé: *Bilibaldi Pirkhemeri Descriptio Germaniæ utriusque: Antverpiæ*, 1585, *in*-8. & au tom. I. *De rebus Germanicis* de Schardius : *Francofurti*, 1556, *in-fol.*]

39282. Mss. De Statu Belgicæ sub Francorum imperio ; eodem Auctore.

Cette Histoire de Divæus, mort en 1591, est citée par Sanderus, au tom. I. de sa *Bibliothèque des Manuscrits Belgiques, pag.* 251.

39283. ☞ Richardi VERSTEGANI, Antiquitates Belgicæ: *Antverpiæ*, 1613, *in*-12.]

39284. ☞ Rerum Belgicarum & Celticarum origines ; ab Adriano SCHRICKIO, Rodornio ; ab origine Mundi usque ad Carolum Magnum : *Ypris Flandrorum*, (post annum 1600,) *in-fol.*]

— Historiæ Comitum Flandriæ, à Julio Cæsare, &c. ad annum Christi 767 ; Auctore Olivario VREDIO.

☞ *Voyez* au Paragraphe suivant.]

Histoires générales des Pays-Bas.

== Ægidii BUCHERII, è Societate Jesu, Belgium Romanum, Ecclesiasticum & Civile, complectens Historiam à fine Commentariorum Cæsaris ad mortem Clodovei I. anno Domini 511, in quâ Francici in Gallia Regni successio continetur : *Leodii, Hovii,* 1655, *in-fol.*

☞ On a déja indiqué cet Ouvrage, Tome I. N.° 3923, parmi les *Histoires des Gaulois.*]

— Mf. Ejusdem Belgium Gallicum, usque ad Carolum Calvum : *in-fol.*

Cette seconde Partie de l'*Histoire* de Bouchier, mort en 1665, est conservée dans la Bibliothèque des Jésuites de Tournay.

— Chroniques des Forestiers & Comtes de Flandre.

— Vies de Baudouin (& autres Comtes.)

☞ *Voyez* au Paragraphe suivant.]

39285. Chronicon Belgicum ac potissimum Hollandiæ, Anonymi Monachi Egmonduni, ab anno Christi 647, ad annum 1205.

Cet Auteur vivoit en 1205. Sa Chronique est imprimée dans la Collection des *Histoires Belgiques,* publiée par Swertius : *Francofurti,* 1620 [& 1680,] *in-fol.* Elle a été imprimée avec peu de soin, & on y a laissé beaucoup de fautes ; on y a omis bien des choses, & l'on a corrompu plusieurs endroits. Au reste, il n'y a point du tout d'ordre. C'est ce que dit Vossius, *Liv. III. chap. IV. pag.* 446 de ses *Historiens Latins.*

== ☞ WILLELMI, Monachi & Procuratoris Egmondani, Chronicon, ab anno 647, ad annum 1333, quo & quæ contigerunt toto terrarum orbe, & sui imprimis temporis historiam prosequitur ; cum Observationibus Antonii MATTHÆI.

Cette Chronique, (qui paroît renfermer la précédente,) est la première Pièce du tom. IV. des *Analecta veteris Ævi,* publiés par Ant. Matthieu : *Lugduni Batav.* 1697, *in-8.* & réimprimés : *Hagæ Comit.* 1738, *in-4.* Nous l'avons déja indiquée, Tome I. N.° 8790, dans l'*Histoire Ecclésiastique d'Utrecht.*

39286. ☞ Anonymi Chronicon diversorum gestorum, ab anno 912, usque ad annum 1364.

Cette Chronique est aussi imprimée au tom. VI. des *Analecta* d'Ant. Matthieu.]

39287. ☞ Ancienne Chronique Belgique, depuis l'an 1285, jusqu'en 1479.=Fragmens de deux autres Chroniques : (le tout en Flamand.)

Elles se trouvent dans le tom. I. des mêmes *Analecta.*]

39288. Les Illustrations de la Gaule Belgique, & les Antiquités, Chroniques & Annales du Pays de Hainaut, & de la grande Cité de Belges, dite à présent Bavay, & de plusieurs Princes qui y ont régné & de plusieurs Villes & Cités audit Pays ; extraites de quelques Auteurs, jusqu'à Philippe-le-Bon ; par Jacques DE GUYSE, de l'Ordre de S. François : [*Paris,* du Pré, 1532 :] *Ibid.* Regnault, 1571, *in-fol.*

Cette Histoire a été traduite du Latin de Jacques de Guyse, natif de Mons, mort en [1398,] & elle ne contient que les trois premiers Livres des six dont elle est composée. [Le Manuscrit entier] étoit dans la Bibliothèque des Cordeliers de Mons, en 1691, lorsque cette Ville fut prise par Louis XIV. [& il est aujourd'hui dans la Bibliothèque du Roi.]

☞ On lit dans Vossius (*De Hist. Lat. pag.* 540,) que Jacques de Guyse est mort en 1348 ; mais c'est une faute sans doute d'impression que le P. le Long avoit suivie. La véritable date de 1398 fait voir qu'il y a eu des Additions d'environ 70 ans, jusqu'à Philippe-le-Bon, qui est mort en 1467.

On peut voir sur l'Auteur & ses Ouvrages, = *Dict.* de Prosper Marchand, Article *Guyse,* où il reprend quelques fautes du P. le Long. = *Bibliographie* de M. de Bure, *Histoire,* num. 5340, où il fait mention d'un Exemplaire sur velin avec miniatures, qui, de la Bibliothèque du Cardinal Dubois, a passé en Hollande.]

— ☞ Mf. Chronique des Comtes de Flandre, finissant à Louis II. dit de Male ; par Jacques DE GUYSE.

Voyez au Paragraphe suivant.]

39289. Magnum Chronicum Belgicum, in quo imprimis Belgicæ res & Familiæ diligenter explicantur ; Auctore vel Collectore Ordinis Sancti Augustini Canonicorum Regularium propè Nuissam Religioso.

La Chronique de cet Auteur, qui florissoit en 1474, finit en cette année-là, commençant à l'année 54 de Jesus-Christ. Elle est imprimée dans Pistorius, *pag.* 1 de sa Collection de six *Historiens d'Allemagne : Francofurti,* 1607, *in-fol.* L'Auteur de cette Chronique dit qu'il suit celle d'Alberic, Moine des Trois-Fontaines.

— Chroniques & Annales de Flandre ; par Pierre D'OUDEGERST.

— Chronicon Flandriæ ; Jacobi MEYERI.

☞ *Voyez* le Paragraphe suivant.]

== Rerum Burgundicarum Libri IV. seu de rebus gestis eorum qui è Valesia Francorum Familiâ apud Burgundos & Belgas imperârunt ; Auctore Ponto HEUTERO.

☞ *Voyez* ci-devant, Tome II. N.° 25437.]

== Mémoires concernant les quatre derniers Ducs de Bourgogne, (Souverains de la plus grande partie des Pays-Bas.) = Historia eorumdem ; Auctore Petro PALLIOT. = Histoire des mêmes, par FABERT. = Histoires particulières de ces Ducs.

☞ *Voyez* ci-devant, Tome II. N.°s 25441, 25442, 25444 & *suiv.*]

39290. De congressu Federici III. Imperatoris & Caroli Burgundiæ Ducis ad Treveros, anno 1474. Historiola perelegans è Gallico translata, Rodulpho Agricola interprete.

Cette petite Histoire est imprimée dans Freher, *pag.* 155 du tom. II. de sa Collection des *Historiens d'Allemagne : Francofurti,* 1602, *in-fol.*

39291. Mf. Chronique des choses arrivées aux Pays-Bas, sous les Ducs de Bourgogne, Philippe-le-Bon & Charles-le-Hardi, depuis 1455 jusqu'en 1475.

Cette Chronique étoit parmi les Mémoires de M. d'Oresmieux d'Arras, selon Sanderus, [dans son *Catalogue des Manuscrits Belgiques.*]

Liv. IV. Histoire Civile de France.

— Annales de Flandes ; por Emmanuel Sueyro.

— La Légende des Flamands, jusqu'en 1498.

☞ *Voyez* ces deux Ouvrages dans le Paragraphe suivant.]

39292. Mſ. Les Chroniques de Jean de Molinet, Historiographe de Charles-le-Hardi, depuis l'an 1474 jusqu'en 1504.

Ces Chroniques sont conservées dans la Bibliothèque de S. Waſt d'Arras, [& dans celle de la Cathédrale de Tournay.] Jean de Molinet étoit Chanoine à Valenciennes, où il est mort en 1507.

☞ Il étoit né à Diſvernes, dans le Boulonnois. Voici ce que m'a écrit sur cet Ouvrage, M. Godefroy, Directeur de la Chambre des Comptes de Lille :

« J'ai un Manuscrit de très-ancienne écriture des » Chroniques de Jean Molinet, beaucoup plus étendu: » il est en 2 vol. *in-fol.* avec un Supplément. Le pre-» mier commence en 1474, & va juſqu'en 1485. Le ſe-» cond depuis 1485 jusqu'en 1492, & le Supplément » finit en 1506. Le second Volume & le Supplément ſont » d'une écriture différente du premier : ils ont été copiés » par François Huuſtert, ſous les yeux d'Auguſtin Mo-» linet, Chanoine de Condé & fils de Jean. Ce Jean » Molinet a été succeſſivement Historiographe de Char-» les-le-Hardi, Duc de Bourgogne, de l'Empereur » Maximilien I. & de Philippe I. Roi de Castille; & il » eſt mort Chanoine de Valenciennes ».]

39293. Les Mémoires d'Olivier DE LA MARCHE, depuis l'an 1435 jusqu'en 1499, mis en lumière par Denys Sauvage : *Lyon*, Rouille, 1562, *in-fol.*

✱ Ces Mémoires sont imprimés à la fin de la *Chronique de Flandre*, que Sauvage a publiée la même année. Olivier de la Marche, natif de Franche-Comté, premier Maître d'Hôtel de l'Archiduc Philippe d'Autriche, Comte de Flandre, &c. est mort en 1501. Bayle, dans ſon *Dictionnaire*, cite, d'après du Chesne, une Edition *in-fol.* de *Lyon*, en 1612, chez Rouille : ils ſe trompent, l'Edition de Rouille eſt de 1562.

Les mêmes Mémoires, avec les Annotations de J. L. D. G. *Gand*, de Salençon, 1567, *in-4.*

Les lettres initiales ſignifient Jean LAUTENS, de Gand. Cet Auteur ſe plaint de ce qu'Olivier de la Marche a été peu équitable envers les Flamands, & que quand il raconte les Guerres & les Diſſentions de Flandre & des Pays voisins, il se déclare plutôt l'ennemi des Flamands que leur Historien.

Les mêmes Mémoires, troisième Edition, augmentée de l'état de la Maison de Charles, Duc de Bourgogne, dit le Hardi, composé par le même Olivier DE LA MARCHE, en 1474 : *Bruxelles*, Velpius, 1616, *in-4.* quatrième Edition: *Louvain*, de Witte, 1645, *in-4.*

Il y a des personnes qui comparent ces Mémoires avec ceux de Philippe de Comines. Ces deux Auteurs étoient contemporains; celui-ci attaché à la Maison de France, & l'autre à celle de Bourgogne; mais quelle différence pour la manière d'écrire! Olivier de la Marche est fort groſſier & peu judicieux ; il a pourtant son mérite ; mais on ne doit croire que ce qu'il dit avoir vu. Ses Mémoires contiennent bien des choses curieuses, non-seulement des derniers Ducs de Bourgogne, mais encore du Règne de Louis XI. qui avoit toujours quelque chose à démêler avec eux.

☞ *Voyez* la *Bibliothèq. des Auteurs de Bourgogne*, *tom. II. pag.* 18. = *Dictionnaire* de Bayle, *la Marche*,

Remarq. C. = Le Gendre, *tom. II. pag.* 80. = Lenglet, *Méth. histor. in-4. tom. III. pag.* 427.]

39294. ☞ Mſ. Les Chroniques de la Noble Maison de Bourgogne, depuis 1464 juſqu'en 1506, dont plusieurs choses ont été certifiées sur les Chroniques de M. Jean Molinet, Chanoine de N. Dame-de la Salle, à Valenciennes ; par Robert MACREAU, (ou MACQUEREAU,) natif de Valenciennes.

L'Original de ce Manuſcrit eſt conservé dans le Cabinet de M. Tordreau de Belleverge, à Valenciennes,[& il y en a une Copie dans la Bibliothèque du Chapitre de Tournai.]

39295. Imperii Belgarum exordium, progreſſus & bella, aliaque memorabilia ad annum 1507; Auctore Joan. RIVIO, Auguſtiniano.

Cette petite Histoire eſt imprimée avec quatre Décades de l'*Histoire de France* du même Auteur : *Bruxellis*, 1651, *in-4.*

39296. ☞ Histoire Belgique, jusqu'au gouvernement de Charles-Quint ; par Marc Zuer BOXHORNIUS : *Lugduni Batavorum*, 1644, *in-4.* (en Hollandois).]

39297. Les Antiquités de la Gaule Belgique, Royaume de France, Auſtrasie & Lorraine, depuis Jules César jusqu'à la mort de François I. avec l'Origine des Duchés & Comtés de Brabant, Tongres, Hainaut, Lorraine, &c. contenus en icelle : extraits des Vies des Evêques de Verdun, ancienne Cité d'icelle Gaule; par Richard DE WASSEBOURG, Archidiacre de l'Eglise de Verdun : *Paris*, Sertenas, 1549, *in-fol.* 2 vol.

Les mêmes Antiquités revues, corrigées & augmentées de plusieurs Pièces, Titres & Actes concernant l'Histoire & l'éclairciſſement des Familles illustres, par [Matthieu] HUSSON, l'Ecoſſois, Conseiller au Préſidial de Verdun : *in-fol.*

Ce dernier exemplaire étoit dans la Bibliothèque de M. l'Abbé de Camps, [qui a paſſé à M. de Beringhen.] Cette Histoire eſt estimée ; elle est considérable, en ce que l'Auteur en a tiré la plus grande partie d'anciens Originaux qui se sont perdus depuis. M. l'Abbé Lenglet en juge autrement : il dit qu'à la vérité cet Ouvrage n'est pas commun, & qu'on le recherche ; mais qu'il n'est pas exact, & qu'il est rempli de faux Titres. Il dit en un autre endroit, que cet Auteur est aſſez curieux, mais crédule & fabuleux. Il rapporte beaucoup de faits concernant l'Histoire de France, qu'on ne trouve point ailleurs.

« On a quelque raison de dire, dans le *Dictionnaire* » *de Moréri*, que cet Ouvrage eſt excellent en ſon » genre. Si l'impreſſion étoit auſſi correcte qu'elle est » belle, on n'y verroit pas tant de noms propres dé-» figurés. Ce n'est pas un petit défaut de jugement, ce » me ſemble, que d'avoir mêlé tant de choses étrange-» res au sujet principal du Livre, sçavoir, à l'*Histoire des* » *Evêques de Verdun*, que l'accessoire engloutit le fond » de l'Ouvrage. L'Auteur eût mieux fait de donner à » part cette Histoire, & de faire servir à un autre Ou-» vrage les Recueils qui se rapportoient aux Antiquités » de la Gaule Belgique. Il n'a conduit cette Histoire » que jusqu'en l'année 1508 ; car pour ce qui est des » Evêques de Verdun, depuis cette année-là jusqu'en » 1549, il n'en dit presque rien ». Bayle, *Réponſe aux* *Questions d'un Provincial, tom. V. chap. X. pag.* 110.

☞ Je ne sçais s'il est vrai que Waſſebourg ait lui-

Histoires générales des Pays-Bas. 631

même traduit ses Antiquités en Latin, comme le dit une Note manuscrite à son Article, dans l'Exemplaire de la Croix du Maine, qui est à la Bibliothèque Mazarine. On y ajoute que cette Traduction est dans l'Etude du Sieur Muffa, très-célèbre Avocat à Saint-Mihiel.

On peut voir sur l'Ouvrage de Wassebourg, = Lenglet, *Méth. hist. in-4. tom. II. pag.* 302. *t. III. pag.* 411. = Preface de l'*Histoire de Verdun,* par Roussel, *pag.* 12. = Bibliogr. de de Bure, *Hist.* num. 5145.]

39298. Annales seu Historiæ rerum Belgicarum à diversis Auctoribus ad hæc nostra usque tempora conscriptæ & deductæ; [editæ à Sigismundo FEYRABENDIO:] *Francofurti,* 1580, *in-fol.*

39299. Rerum Belgicarum Annales, Chronici & Historici, de Bellis, Urbibus, situ & moribus gentis, antiqui recentioresque Scriptores; quorum pars magna hactenùs non edita, pars longè auctior nunc evulgatur; operâ & studio Francisci SWERTII, Antverpiani: *Francofurti,* Aubriorum, 1620, *in-fol.*

☞ Cette Collection est faite par un homme du Pays, habile & intelligent.]

Les Auteurs contenus dans ces deux Recueils, se trouvent répandus dans cette Bibliothèque historique, chacun à la place qui lui convient.

39300. Mercurius Gallo Belgicus, seu Historia rerum memorabilium sub Philippo II. Hispaniarum Rege, ab anno 1566, ad annum 1594; Auctore JACOBO Doccomensi: *Coloniæ,* 1596, *in-8.*

Michel d'Isselt, d'Amesfort, s'est caché sous le nom de Jacques de Doccom; il raconte dans ce volume l'entreprise d'Anvers, & ce qui s'est passé sous le Duc d'Alençon, lorsqu'il alla en Flandre. Cet Auteur est mort en 1597. Plusieurs Auteurs ont continué son Ouvrage sous le même titre.

☞ Ces Continuateurs sont Gothard ARTHUSIUS, Gaspard LORCHANUS & Jean-Philippe ABEL.]

Gothardi ARTHUSII, Mercurius Gallo-Belgicus, sive rerum in Galliâ & Belgio potissimùm, Hispaniâ quoque, Italiâ, Angliâ, Germaniâ, &c. ab anno 1555, usque ad annum 1665, gestarum, historicæ Narrationes: *Francofurti,* 1609-1665, *in 8.* 35 vol.

39301. ☞ Joachimi HOPPERI, Commentarius de Tumultibus Belgicis. = Joan. Bapt. DE TASSIS, Commentaria de iisdem.

Ces deux Histoires, dressées par des Auteurs contemporains & oculaires, sont imprimées dans le tom. IV. des *Analecta Belgica* de Hoynck: Hagæ-Com. 1746, *in-4.*]

39302. ☞ Histoire des Révolutions des Pays-Bas, depuis 1559 jusqu'en 1584: *Paris,* Briasson, 1727, *in-12.* 2 vol.]

39303. Ferreoli LOCRII, Paulinatis, Chronicon Belgicum, ab anno Christi 258, ad annum 1600, continuò productum, Tomi tres, in quorum tertio Artesiensis Comitatûs origo & progressus explicatur: *Atrebati,* Riverii, 1616, *in-4.* 3 vol.

Ferry de Locres est estimé. Il est mort en 1614.

39304. Belgicarum rerum Epitome, à temporibus Carlomanni usque ad annum 1605; Auctore Pantaleone CANDIDO, S. B. *Francofurti,* Richteri, 1606, *in-4.*

Cet Auteur est mort en 1608. Son Histoire commence vers l'an 742 de Jesus-Christ.

39305. Mss. Joannis BOCHII, Bruxellensis, de Belgii principatu, à Romano in ea Provincia imperio ad nostra usque tempora.

Cet Auteur est mort en 1609. Son Histoire est citée par Valère André, dans la *Bibliothèque des Auteurs Belgiques.*

39306. Francisci HARÆI, Batavi, Theologi Lovaniensis, Annales Ducum Brabantiæ totiusque Belgii, tomis tribus universam totius Belgii Historiam facientibus, ab anno 615, ad inducias anni 1609: *Antverpiæ,* Moret, 1623, *in-fol.* 3 vol. fig.

L'Auteur est mort en 1632. Il a pris beaucoup de choses de l'*Histoire [des Ducs] de Bourgogne,* par Pontus Heuterus.

39307. ☞ Histoire générale de la Guerre de Flandre, [&c.] depuis 1559 jusqu'en 1609: *Paris,* Fouet, 1611, *in-4.* 2 vol.]

39308. ☞ Histoire de la même Guerre; par Francesco LANARIO, traduite de l'Italien par Michel Baudier; avec une succinte Histoire de Flandre; par le même (Traducteur:) *Paris,* Chappelet, 1618, *in-4.*]

39309. ☞ Histoire générale des Pays-Bas, depuis l'an 1490 jusqu'en 1627; par Edouard GRIMESTON & Guill. CROSSE: *London,* 1627, *in-fol.* (en Anglois.)]

39310. * Emmanuelis METERANI Historia Belgica, sive de Bellis quæ in his regionibus ab anno 1415, ad annum 1596 acciderunt: *Amstelodami,* 1597, *in fol.*

Eadem, cum continuatione: *Ibid.* 1633-1639, *in-fol.* 2 vol.

La même Histoire: 1610, 1623, *in-fol.* (en Flamand.)

La même, traduite du Flamand en François; par Jean de la Haye: *la Haye,* Wo, 1618; [*Amsterdam,*] Moestein, 1670, *in-fol.* avec figures.

Cette Histoire regarde la France, tout au plus jusqu'en 1525.

☞ Par rapport aux Guerres qui ont donné lieu après la mort de Charles-Quint à la séparation des Pays Bas, & de la République des Provinces-Unies, on peut voir sur-tout l'*Histoire* de Strada du côté des Espagnols, & les *Annales* de Grotius du côté des Hollandois, sans oublier Bentivoglio.]

39311. ☞ Mss. Histoire des Troubles des Pays-Bas; par M. DE FRANCE, Président du Conseil d'Artois & de la Société Littéraire d'Arras.

Ce Manuscrit est conservé dans les Registres de cette Société.]

39312. ☞ Mss. Histoire des Pays-Bas; *in-fol.*

Cette Histoire est avec les mêmes Registres.]

39313. ☞ Mſ. Diſſertation abrégée ſur les Pays-Bas: 1727.

Elle eſt conſervée dans la Bibliothèque du Roi, & vient de M. Lancelot.]

39314. Auberti MIRÆI, Decani Antverpienſis, Annales rerum Belgicarum, à Julio Cæſare uſque ad annum Chriſti 1624: *Bruxellæ*, [Pepermanni,] 1624, *in*-8.

Iidem, aucti & ſub hoc titulo: Rerum Belgicarum Chronicon, à Julii Cæſaris in Galliam adventu, uſque ad annum 1636: *Antverpiæ*, Leſtenei, 1636, *in-fol.*

L'Auteur eſt mort en 1640.

39315. Ejuſdem Faſti Belgici & Burgundici, ſeu Hiſtoria rerum Belgicarum juxtà dies in quibus evenerunt: *Bruxellis*, Pepermanni, 1622, *in*-8.

39316. ☞ Antonii SANDERI Regiæ Domûs Belgicæ, ſive Deſcriptio Palatii Bruxellenſis, aliorumque veterum ac novorum; itemque de variis Belgii Hiſpanici Conſiliis, deque Aulico ſtatu tam veterum quàm recentiorum Belgii Dynaſtarum, à Burgundiæ Ducibus, uſque ad Auſtriacos Principes: *Bruxellis*, Vlengart, 1660, *in-fol.*]

39317. ☞ Belgii & Burgundiæ Gubernatores ſeu Archiſtrategæ, eorum ortus & ſeries, tempora regiminis, connubia, fundationes, tituli, obitus, &c. *Coloniæ*, 1675, *in*-4.]

39318. ☞ Auberti MIRÆI, Diplomata Belgica, Libris II. *Bruxellis*, Pepermanni, 1628, *in*-4.]

Ejuſdem, Codex Donationum piarum, præſertim Belgicarum. *Ibid.* 1624, *in*-4.

Ejuſdem, Donationes Belgicæ, Libris II. *Antverpiæ*, Chnobbari, 1629, *in*-4.

39319. ☞ Aub. MIRÆI, Opera Diplomatica & Hiſtorica, Editio ſecunda, (cum Additionibus multis & Notis) Joan. Franciſci FOPPENS, Metrop. Eccleſiæ Mechlinienſis Canonici: *Bruxellis*, Foppens, 1723-1748, *in-fol.* 4 vol.]

39320. ☞ Veteris Ævi Analecta, quibus continentur Scriptores varii de Rebus præſertim Belgicis; Edente Antonio MATTHÆO, (Juriſconſulto Batavo,) qui & Obſervationes adjecit: *Lugduni Batav.* 1697, &c. *in*-8. 10 vol.]

Eadem, nova Editio, cum Notis (Corn. Pauli HOYNCK van Papendrecht:) *Hagæ-Comitum*, Block, 1738, *in*-4. 5 vol.]

39321. ☞ Corn. Pauli HOYNCK van Papendrecht, Archipreſbyteri Mechlinienſis, Analecta Belgica, cum Notis: *Hagæ-Comit.* 1746, *in*-4. 6 vol.

Ces trois Recueils renferment beaucoup de Pièces ſur l'*Hiſtoire des Pays-Bas*. Nous avons indiqué les principales aux endroits convenables.]

39322. ☞ Collection de pluſieurs Pièces d'Hiſtoire & de Politique, en Hollandois & autres Langues, depuis 1573 juſqu'en 1684: *in*-4. 27 vol.

« Ce Recueil, qui eſt très-curieux, ſe trouve dans la » Bibliothèque du Roi, Article de l'*Hiſtoire des Pays-* » *Bas*, lettre L. num. 2068, &c. » Lenglet, *Supplém. à la Méth. hiſtorique.*]

== ☞ Diverſes Pièces conſervées à Beſançon. *Voyez* ci-devant, N.os 38653 & 38654.]

§. II.

Hiſtoires du Comté de Flandre.

☞ LE Père le Long mettoit ici, avant la *Flandre*, les Hiſtoires d'*Artois*, que nous avons miſes dans la Section précédente, *pag.* 604, parce qu'il eſt maintenant tout entier à la France.]

39323. Mſ. Deſcriptio Comitatûs Flandriæ; Auctore Marco WARNEWICIO, Cive & Patritio Gandenſi. = Ejuſdem Chronicon Flandriæ.

Ces Ouvrages ſont cités par Antoine Sanderus, au Livre III. des *Hommes Sçavans de la Ville de Gand*: [*Antverpiæ*, 1624, *in*-4.]

39324. ☞ Mſ. Le Voyageur Flamand; par C. VAN CASTENOBLE.

Ce Manuſcrit eſt entre les mains de M. l'Abbé de la Motte, Chapelain de S. Pierre à Lille.]

39325. ☞ Judicium panegyricum quadrimembris Pop. Flandriæ, quo laudum genere præſtet Flandria, militiâ, politiâ, opibus, religione: Actiones duæ, ab Eloquentiæ candidatis, in Collegio Soc. Jeſu Brugenſi: *Brugis*, Soetaert, 1605, *in*-4.]

39326. Rerum Flandricarum Primitiæ, ſeu Urbium, Municipiorum, Caſtellaniarum, Dominiorum, aliorumque locorum Flandriæ Illuſtratio, ex Archivis & Monumentis publicis; Auctore Joan. Bapt. GRAMMAYE: *Inſulis*, 1612, *in-fol.*

39327. Flandriæ Comitatûs & Brabantiæ Ducatûs Urbes; Auctore Maximiliano VRENTIO: *Lovanii*, 1614, *in*-8.

Cet Auteur eſt mort en 1614. Il a fait la Deſcription de ces Villes en Vers héroïques.

39328. Gallo-Flandria, Sacra & Profana, in qua urbes, oppida, regiunculæ & pagi præcipuè Gallo-Flandrici Tractûs deſcribuntur, horumque omnium Antiquitates, ſacra Ædificia, piæ Fundationes, Principes, Gubernatores & Magiſtratus proponuntur; deinde Annales rerum geſtarum ab anno Chriſti circiter 273, ad annum 1610, referuntur; Auctore Joanne BUZELINO, è Societate Jeſu: *Duaci*, Wyon, 1625, *in-fol.*

Cet Auteur eſt mort en 1629. Il paſſe pour Sçavant; mais il n'a pas la réputation d'être exact.

39329. Joannis Bapt. GRAMMAYE, Antiquitates Flandriæ, in quibus Gandavi & Cortuciaci Antiquitatum Primitiæ: *Antverpiæ*, Verduſſen, 1611, *in*-4.

Ejuſdem Flandria Francica, Imperialis & Ambrachta,

Histoires du Comté de Flandre.

brachta ; Pentapolis Maritima , Flandria Gallicana , &c. *Insulis*, Deysii, *in-*4.

Ejusdem, Flandria Lysana : *Gandavi*, Fabri, *in-*4.

Ces Histoires de Grammaye ; [& quelques autres que l'on indiquera ci-après,] ont été réimprimées ensemble, sous le titre d'*Antiquitates Belgicæ : Lovanii*, Serstevens, 1708, *in-fol.* [*auctiores*.] « Cet Auteur (dit M. l'Abbé » Lenglet) avoit étudié avec soin tout ce qui regarde les » Pays - Bas , & il avoit eu communication des Chartes » des Eglises , des Monastères & des Villes ».

☞ Il étoit né à Anvers , & il est mort à Lubeck en 1635.]

39330. Flandria illustrata , seu Descriptio Comitatûs Flandriæ, Iconibus & Tabulis æri incisis exornata, ab Antonio SANDERO : *Coloniæ*, ab Egmond, 1641 [& 1644,] *in-fol.* 2 vol. fig.

Cet Auteur, [qui est mort en 1664,] se ruina en faisant imprimer à ses dépens cet Ouvrage , & deux autres sur le Brabant : ces Ouvrages sont cependant très-estimés.

☞ Eadem, nova Editio : *Hagæ Comit.* 1735, *in-fol.* 3 vol. fig.

Voyez le Père Niceron , *tom. XV. pag.* 73. = Bibliographie de Debure, *Hist. num.* 5493 & 5494.]

39331. ☞ Ms. Desseins & Description du Tableau qui se trouve dans la Maison de Ville de Gand, représentant l'Institution du Comté de Flandre, ou les Hommages des Prélats & Nobles de Flandre , avec leurs Armoiries ; le tout enluminé , & collationné par le grand Bailly d'Epée du Présidial de Flandre : 1711, *in-fol.*

Ces Desseins, &c. sont conservés dans la Bibliothèque du Roi, & viennent de M. Lancelot.]

39332. Historiæ Comitum Flandriæ, pars prima , seu Flandria Ethnica, à primo Julii Cæsaris Consulatu ad Clodovæum I. Francorum Regem Christianissimum, per annos quingentos quinquaginta quatuor ; Auctore Olivario VREDIO : *Brugis*, Kerthovius, 1650, *in-fol.*

Historiæ Comitum Flandriæ, pars secunda, seu Flandria Christiana, à Clodovæo I. ad annum Christi 767 , seu Pipini decimum sextum ; eodem Auctore : *Brugis*, 1650, *in-fol.*

Cet Auteur est mort en [1652,] & on lit à la fin du Tome II. que la mort l'a empêché d'achever cette Histoire, qui est pleine de recherches curieuses : aussi étoit-il profond & sçavant. Il y a deux Discours préliminaires ; il traite dans le premier de l'Office de Comte chez les Romains, les Gaulois & les François ; & il prétend montrer dans le second, que l'ancienne Flandre a été la première demeure des François.

☞ Il étoit né à Bruges, & il y est mort. Nul d'entre les Historiens de Flandre n'est plus éloigné des Fables que celui-ci. Il fonde, autant qu'il peut, sa narration sur des témoignages respectables, ou sur des Pièces authentiques. Entraîné cependant par le torrent de son Siècle, il a répandu dans ses Ecrits une trop vaste érudition, presque toujours étrangère à son sujet. Son sentiment sur l'Origine des Francs, & le berceau de la Monarchie Françoise, mérite d'être considéré : il est étayé d'un grand nombre de preuves.]

39333. Ms. Chronique des Règnes, Vies & Postérité des Forestiers de Flandre, Comtes & Comtesses d'icelle.

Cette Chronique est conservée dans la Bibliothèque de l'Eglise Cathédrale de Tournay, selon Sanderus, *p.* 218 du tom. I. de sa *Biblioth. des Manusc. Belgiq.*

39334. Ms. Chronique des Forestiers & Comtes de Flandre ; par Jean DE FEUCY, Abbé du Mont-Saint-Eloy.

La Chronique de cet Abbé, mort en 1541, est conservée dans la Bibliothèque de son Monastère [près d'Arras,] selon Valère André, dans sa *Bibliothèque des Ecrivains Belgiques*.

39335. ☞ Histoire de Lideric, Comte de Flandre ; par M. DE VIGNACOURT : *Paris*, 1737, *in-*12.

C'est un Roman. Plusieurs Ecrivains ont avancé que Lideric avoit été premier Forestier de Flandre, & le grand-père du Comte Baudouin.]

39336. Ms. Histoire de Baudouin , Comte de Flandre : *in-fol.*

Cette Histoire [étoit] conservée dans la Bibliothèque de M. le Premier Président de Mesmes. Il y a eu jusqu'à neuf Comtes de Flandre qui ont porté ce nom.

39337. Histoire & Chronique du vaillant Baudouin , Comte de Flandre, lequel épousa le Diable : *Lyon*, *in-*4. vieille Edition : *Paris*, Bonfons, à l'Eléphant.

Je ne sçais si c'est la même Histoire que la précédente ; mais comme c'est un Roman, il m'a paru inutile de faire cette recherche.

☞ La date de l'Edition est 1515. On trouve dans le Catalogue de la Bibliothèque de M. Sardière la Note suivante sur ce Roman.

« Le Roman de Baudouin fut composé sous le Règne » de Louis XII. le fond en est historique. L'Auteur dé- » crit des faits arrivés sous les Règnes de Philippe- » Auguste, de Louis VIII. de S. Louis & de Philippe- » le-Hardi. Sa narration est courte & remplie de plu- » sieurs incidens. Les événemens cependant y sont con- » trouvés pour la plus grande partie, comme dans les » autres Romans ».]

39338. ☞ Le Livre de Baudouin, Comte de Flandre , & de Ferrant fils au Roi de Portugal , qui après fut Comte de Flandre, contenant aucunes Chroniques du Roi Phélippe de France & de ses quatre fils, & aussi du Roi S. Louis, & de son fils Jehan Tristan : *Lyon*, 1474, *in-fol. Lyon*, sur le Rhosne, Buyer, 1478, *in-fol.*

C'est encore un Roman, peut-être le même que le précédent.]

39339. Vita Caroli Boni, Comitis Flandriæ ; Martyris, Auctore GUALTERO, Archidiacono Ecclesiæ Morinorum, coætaneo ; edita studio Jacobi Sirmondi, è Societate Jesu : *Parisiis*, Cramoisy, 1615, *in-*8.

Son martyre arriva l'an 1127. Cette Vie se trouve aussi dans le *Recueil* de Bollandus, au 2 Mars.

39340. Ejusdem Comitis alia Vita : Auctore GALBERTO, Notario Brugensi, coæquali.

Cette Vie est imprimée dans le *Recueil de Bollandus*, au 2 Mars, avec la précédente. Ces deux Vies sont exactes & sincères, dressées sur de bons Mémoires par des Auteurs contemporains.

39341. Vie du même; par Jean Gregoire, Chanoine de Bruxelles: *Bruxelles*, 1629, *in-4*. (en Flamand.)

Eadem Latinè, ipso Auctore interprete: *Brugis*, 1630, *in-4*.

39342. Anonymus de passione Comitis ejusdem, à Joanne Meursio editus: *Hafniæ*, 1631, *in-4*.

Peut-être cette Vie, qui est imprimée avec celle de S. Canut, père de Charles-le-Bon, est-elle de Chrétien de Pierre, à qui Lyschander attribue une Vie de Saint Charles-le-Bon, selon Sibbern, *Chap. VI. pag.* 163 de sa *Bibliothèque Dano-Norvégienne: Lipsiæ*, 1716, *in-8*.

39343. Vie de Charles-le-Bon, Comte de Flandre; par François Giry.

Cette Vie est imprimée dans son *Recueil des Vies des Saints*, au 2 de Mars.

39344. Vie du même; par Adrien Baillet.

Cette Vie est imprimée dans son *Recueil des Vies des Saints*, au même jour.

39345. Ms. De primis Comitibus Flandriæ usque ad Carolum Bonum, explosâ Forasteriorum fabellâ; Auctore Oliverio Vredio.

Cet Ouvrage est cité par Valère André, dans sa *Bibliothèque des Ecrivains Belgiques*.

39346. Ms. Chronicon Flandriæ usque ad annum 1138; Auctore Jacobo Driesschio, Flandro, Rectore Guillelmitarum Brugensium.

Cet Auteur étoit ami particulier d'Albert Krants, [Historien de Saxe & des Royaumes du Nord,] qui est mort en 1517.

☞ Meyer dit dans son Histoire (indiquée ci-après,) avoir vu l'Ouvrage de Driessch.]

39347. Ms. Chronique de Flandre, depuis l'an 704 jusqu'en 1142.

Cette Chronique est au Tome I. des *Mémoires* de M. d'Oresmieux d'Arras, *pag.* 85.

39348. Gesta Comitum Flandriæ breviter producta, ab anno 792, ad annum 1212, è Manuscripto Monasterii sancti Gislini, producta; Auctore Anonymo.

Cette Histoire est imprimée avec la *Flandre généreuse*, publiée par Georges Galopin: *Montibus Hannoniæ*, Waudræi, 1643, *in-4*.

39349. Descriptio Victoriæ & triumphi Steppensis, anno 1213, contra Henricum I. Comitem Lovaniensem; Auctore Anonymo.

Cette Relation est imprimée dans Chapeauville, au Tome II. des *Historiens des Evêques de Liége: Augustæ-Eburonum*, 1616, *in-4*. Elle est attribuée à Hernand, Archidiacre de Liége.

39350. Ms. Histoire de Flandre, depuis l'an 1186 jusqu'en 1273: *in-fol*.

Cette Histoire [étoit] dans la Bibliothèque de M. Colbert, num. 803, [& est aujourd'hui dans celle du Roi.]

39351. ☞ Ms. Chroniques de Flandre, finissant en 1292: *in fol*.

Parmi les Manuscrits de Baluze, num. 465, dans la Bibliothèque du Roi.]

39352. ☞ Varia de Comitatu Flandriæ; XIII. Ecclesiæ sæculo.

Ces Pièces se trouvent dans le Tome VIII. des *Miscellanea* de Baluze: *Parisiis*, 1715, *in-8. pag.* 249.]

== Chronique ancienne de Flandre, depuis l'an 1285 jusqu'en 1479.

☞ C'est celle qui se trouve ci-dessus, N.° 39187.] L'Auteur Anonyme paroît avoir été Brabançon.

39353. Guidonis, Flandriæ Comitis, Vita; varii successus & tristi tandem exitus; Auctore Lamberto Vander Burchio, ad D. Mariam Ultrajecti Decano: *Ultrajecti*, Borculoi, 1615, *in-8*.

L'Auteur est mort en 1617. Son Histoire va depuis l'an 1279 jusqu'en 1304.

39354. Ms. Chronique de Philippe-le-Bel, Roi de France, & de Guy de Dampierre, Comte de Flandre.

Cette Chronique est citée par Sanderus, au Tome I. de sa *Bibliothèque des Manuscrits Belgiques, pag.* 8.

39355. Ms. Chronique de Guy de Dampierre, Comte de Flandre, mort en 1305.

Cette Chronique [étoit] dans le Cabinet de M. de Vatcant, Chanoine de Tournay.

39356. ☞ Ms. Chronique de Flandre, depuis le temps de Finard jusqu'en 1347: *in-fol*.

Cette Chronique, qui commence par des fables, est indiquée num. 290, du Catalogue des Manuscrits du Roi d'Angleterre: *Londres*, 1734, *in-4*.]

39357. ☞ Genealogia Comitum Flandrensium, ab anno 792, usque ad annum 1347.

Cette Généalogie est imprimée dans le Tome III. du *Thesaurus Anecdotorum* de D. Martenne.]

39358. Ms. Recueil de Titres anciens, concernant l'Histoire de Flandre, depuis l'an 1199 jusqu'en 1364: *in-fol*.

Ce Recueil est entre les Manuscrits de M. Dupuy, num. 95, [dans la Bibliothèque du Roi.]

39359. Ms. Recueil historial contenant diverses choses touchant la Flandre, Villes & Pays circonvoisins.

Ce Recueil est conservé dans la Bibliothèque de l'Abbaye de Saint-Wast d'Arras.

39360. Ms. Chroniques de Flandres, qui finissent à la mort de Louis de Male.

Ces Chroniques sont conservées, selon le Père Labbe, dans la Bibliothèque du Roi, num. 298 : 2. Ce Comte est mort en 1384.

☞ Elles pourroient bien être de Jean de Guise, à qui l'on en attribue qui ont le même titre : ci-après, N.° 39366.]

39361. Ms. Miroir historial de Jean du Nouelle, Abbé de Saint-Vincent de Laon, contenant l'Histoire de Flandre jusqu'en 1380.

Cette Histoire [qui étoit ci-devant] dans la Bibliothèque de M. Colbert, parmi les Manuscrits de du Chesne, [est aujourd'hui dans celle du Roi.]

Histoires du Comté de Flandre.

39362. Mf. Annales de Flandre, depuis Guy de Dampierre jusqu'en 1385 : *in-fol.*

Guy de Dampierre est mort en 1305. Ces Annales [étoient] dans la Bibliothèque de M. Colbert, n. 4405, [& sont aujourd'hui dans celle du Roi.]

39363. ☞ Mf. La Cronicque de la Rébellion de cheulz de Gand & aulcunes Villes de Flandres, contre leur Seigneur & droicturier Prince, qui dura sept ans, & commencha en l'an 1378, jusqu'en 1385; (par Jehan FROISSART:) *in-fol.*

Cette Chronique est conservée parmi les Manuscrits de la Cathédrale de Cambrai, en papier & cottée 344. Ce Manuscrit est imparfait. La narration manque après la Bataille de Rosebecque en 1382. Il commence ainsi, après le Titre que l'on vient de rapporter:

« Je Jehan Froissars, Prestre de la Nation de la » Conté de Haynnau & de la Ville de Valenciennes, » & en ce temps Trésorier & Chanoine de Chimay, qui » du temps passé me suis entremis de traicter & mettre » en prose & en ordonnant les nobles & haultes cho- » ses advenues & grands faits d'armes ». Remarq. de M. Mutte, Doyen de l'Eglise Métropolitaine de Cambrai.]

39364. Le Chevalier sans reproche, Jacques de Lalain; par Jean D'ENNETIERES : *Tournay*, [1633, 1637,] *in-8.*

☞ C'est un Poëme en 16 Chants, avec figures à chacun.]

39365. Histoire du bon Chevalier Jacques de Lalain, de Hainault, Frère & Compagnon de l'Ordre de la Toison d'or, & de tout ce qui s'est passé de son temps jusqu'en 1400, sous Philippe de Bourgogne, & Charles, Comte d'Anjou; par Georges CHASTELAIN, Chevalier & Historiographe de ces deux Comtes, mise en lumière par Jules Chifflet : *Anvers*, Velpius, 1634, *in-*4.

La Croix du Maine attribue cette Vie à Jacques de Lalain, Chevalier de la Toison d'or, comme s'il avoit écrit lui-même sa Vie; elle est de George de Chastelain, qui fleurissoit en 1460.

☞ Il est mort le 20 Mars 1474.]

== Les Illustrations de la Gaule Belgique, &c. par Jacques DE GUYSE.

☞ *Voyez* ci-dessus, N.° 39288.]

39366. ☞ Mf. Chronique des Comtes & Princes de Flandre, commençant par Liédris, premier Comte, & finissant par Louis II. Comte de Flandre, dit *de Male.*

Ce Manuscrit est cité par Prosper Marchand, dans son *Dictionnaire* au mot *Guyse*, comme se trouvant dans le Catalogue des Manuscrits des Petits Augustins de Lyon, avec la Note suivante.

« Ce Manuscrit sur vélin, fut fait l'an 1346, par or- » dre de Marie de Bourgogne. Il est d'un très-beau ca- » ractère, & toutes les Batailles qu'ils ont eues avec les » François tant par mer que par terre, sont représen- » tées en miniatures, d'un goût merveilleux. On voit » au commencement les Armes du Prince (Louis de » Male,) & à la fin la signature originale de la fille du » Comte Louis, nommée Marguerite de Flandre, » femme du Duc Philippe-le-Hardi, oncle du Roi » de France : ce qui fait connoître que ce Livre lui ap- » partenoit. C'est un gros *in-folio.* Jacques de Guyse, » qui a composé ces Chroniques, étoit Cordelier, natif

» de Valenciennes, (ou plutôt de Mons,) dans le » XIVe siècle : il mourut l'an 1348 ». (Il falloit dire 1398.)

☞ On peut voir ci-après, N.° 39369, la Chronique publiée par Sauvage, qui ressemble beaucoup à celle-ci.]

39367. Mf. Chronica Principum Flandriæ tam Forasteriorum quàm Dominorum & Comitum Flandriæ usque ad annum 1423.

Cette Chronique est conservée dans la Bibliothèque du Vatican, entre les Manuscrits de la Reine Christine, num. 1222, & dans la Bibliothèque des Jésuites de Bruges.

== Francisci HARÆI Annales, &c.

Voyez ci-devant, N.° 39306.]

39368. Mf. Chronica Comitum & Reipublicæ Flandriæ, seu Opus congestum, excerptumque ex gestis Flandriæ, ab anno Christi 580, ad annum 1462.

Vossius, *pag.* 565, du Livre III. des *Historiens Latins*, dit qu'il a vu un Manuscrit de cette Chronique, & il ajoute que l'Auteur vivoit en 1462.

39369. Chronique de Flandre, anciennement composée par un Auteur inconnu, depuis Charlemagne jusqu'en 1384, continuée jusqu'en 1435; par Denys SAUVAGE, Sieur de Fontenaille en Brie, & mise par lui-même en lumière, avec ses Annotations : *Lyon*, Rouillé, 1562, *in-fol.*

Denys Sauvage a changé le langage de cette Chronique; il eût plus obligé le Public de la laisser en son langage naturel, telle qu'elle fut d'abord écrite. Ce Livre est pourtant estimé. Cette Chronique commence en 792, à Liderie, dit premier Comte de Flandre. La Continuation n'est qu'un Extrait de Froissart & de Monstrelet. Il y a dans la Bibliothèque du Roi, n. 298, selon le Père Labbe, *pag.* 314, de la *Nouvelle Bibliothèque des Manuscrits*, une Chronique de Flandre, finissant à la mort de Louis de Male, Comte de Flandre, arrivée en 1384. C'est peut-être celle que Denys Sauvage a fait imprimer.

☞ *Voyez* le Gendre, *tom. II. pag.* 27.

M. de Sainte-Palaye a comparé le Manuscrit de la Bibliothèque du Roi (aujourd'hui num. 8380,) avec l'Edition de Sauvage. Il lui a paru que ce n'étoit pas le même Ouvrage; mais il croit que la Chronique donnée par Sauvage est extraite de celle dudit Manuscrit.

Il y a dans la Bibliothèque de S. Pierre à Lille, un autre Manuscrit de cette Chronique, dont le langage est plus intelligible & moins éloigné du moderne que n'étoit celle dont s'est servi Sauvage. Elle ne s'étend que jusqu'à 1342.]

== Magnum Chronicon Belgicum, &c. (usque ad annum 1474.)

☞ *Voyez* ci-devant, N.° 39289.]

39370. Les Chroniques & Annales de Flandre, contenant les héroïques & très-victorieux exploits des Forestiers & Comtes de Flandre, & les singularitez & choses mémorables advenues audit Flandre, depuis l'an de Jesus-Christ 620 jusqu'en 1476; par Pierre D'OUDEGHERST, Docteur ès Loix, natif de Lille : *Anvers*, Plantin, 1571, *in*-4.

Cet Ouvrage est estimé; cependant l'Auteur a quelquefois donné dans des fables. Il vivoit en 1571.

☞ *Voyez* Lenglet, *Méth. histor. in-*4. *tom. III.*

pag. 411. L'Histoire d'Oudegherst, qui est mort à Madrid, va jusqu'à la mort de Charles-le-Hardi, près de Nancy. On prétend qu'il a fait grand usage des Ouvrages manuscrits de Wieland, ci-après, N.° 39378.]

39371. Chronicon Flandriæ, ab anno Christi 445, ad annum 1278; per Jacobum MEYERUM, Balliolanum : *Norimbergæ,* Petreii, 1538, *in-*4.

Idem auctius & ab interitu vindicatum, sub hoc titulo : Commentarii seu Annales rerum Flandricarum à Lyderico Harlebekemo ad Carolum Ducem Burgundiæ, editum studio Antonii Meyeri Jacobi Nepotis : *Antverpiæ,* Steelsii, 1561 ; *Francofurti,* 1580, *in-fol.*

Jacques le Maire [ou plutôt Meyer,] est mort en 1552. Il fait paroître beaucoup de passion dans son Histoire; il étoit ennemi de Philippe de Comines, qu'il traite de malhonnête homme & de traître : son zèle pour ses Princes fait qu'il ne peut presque point dire de bien de nos Rois, sur-tout de ceux qui ont eu des démêlés avec les Ducs de Bourgogne. Au reste, son Histoire est curieuse & des mieux écrites. La seconde Edition finit en 1476.

☞ *Voyez* le Gendre, tom. II. pag. 56.

« L'Ouvrage de Meyer est sans contredit le corps
» d'Histoire le plus considérable qu'ait la Province de
» Flandre. L'Auteur a fait des Voyages & des recherches
» infinies pour donner de la perfection à son Livre ;
» sa diction n'est point aussi pure qu'on pourroit le
» desirer. Cet Ecrivain, que Sanderus appelle le Tite-
» Live de la Flandre, outre son mérite d'Historiogra-
» phe, a été un des Restaurateurs des Etudes & des
» Sciences dans son Pays. Le P. le Long semble lui
» reprocher de ce qu'il a appellé Philippe de Comines
» traître & malhonnête homme. L'épithète que Meyer
» lui donne est celle de *transfuga,* transfuge ou déser-
» teur. Et comment pouvoit-il nommer un homme
» qui a quitté sa patrie & son Prince, pour s'attacher
» à son ennemi ? Il faut observer encore, que cet Au-
» teur ne se nomme pas *le Maire,* mais Meyer. Il étoit
» né à Vleter ou Flettre, situé à une lieue & demie de
» Bailleul : c'est la raison pourquoi on le qualifie de
» *Balliolanus* ». *Remarq.* de M. de la Motte, Chapelain de S. Pierre à Lille.]

39372. Comites Flandriæ, seu Epitome Rerum Flandricarum, ex Annalibus Meyeri; per Antonium MEYERUM, ejusdem ex Henrico fratre nepotem, Versu heroïco. Additum est Cameracum : *Antverpiæ,* Stelesii, 1556, *in-*8.

== Diverses Histoires des derniers Ducs de Bourgogne, Comtes de Flandre.

☞ Elles sont indiquées ci-dessus, après le N.° 39289, & N.° 39290 & 39291.]

39373. Annales de Flandes, de l'año de Christo 458, hasta el de 1477 ; por Emmanuel SUEYRO, Señor de Voorde, Cavallero de l'Habito de Christo : *en Anvers,* 1624, *in-fol.* 2 vol.

L'Auteur est mort en 1629.

39374. Annales Belgici Ægidii DE ROYA, Abbatis Montis Regalis, Ordinis Cisterciensis, Dunis olim in Flandriæ limite conscripti, ab anno Christi 792, usque ad annum 1478, perducti, nunc demùm ex Abbatiâ Dunensi Flandriæ eruti ab Andrea Schorto, Antverpiensi, è Societate Jesu.

Ces Annales sont imprimées dans Swertius, à la fin de son Recueil des *Historiens Belgiques* : *Francofurti,* 1620, [& 1680,] *in-fol.* Brandon, Moine des Dunes en Flandre, mort en 1428, avoit fait une Chronique, qu'il a intitulée : *Chronodromum ab orbe condito usque ad annum Christi* 1414. Elle a été continuée jusqu'en 1431, par Barthélemi de Beca, aussi Religieux des Dunes, mort en 1463. Gilles DE ROYA, décédé en 1478, n'a fait qu'abréger la Chronique de ces deux Auteurs ; & cet Abrégé a été continué jusqu'en 1465, par Adrien BUDT, Religieux du même Monastère, mort en 1488. On a ajouté à cette Continuation son *Histoire des Comtes de Flandre,* jusqu'en 1478.

== Mf. Les Chroniques de Jean DE MOLINET.

☞ *Voyez* ci-dessus, N.° 39292.]

39375. De rebus Flandriæ memorabilibus, ab anno Christi 531, ad annum 1488. Liber singularis Jacobi MARCHANTII ; necnon Flandriæ Principes à Balduino Ferreo ad Philippum Austriacum, carmine descripti per eumdem Marchantium : *Antverpiæ,* Plantini, 1567, *in-*8.

La première partie de cet Ouvrage est écrite en prose, & la seconde, en Vers élégiaques. L'Auteur avoit déja publié cette seconde partie, sous ce titre : *De rebus gestis Flandriæ Comitum, Elegiarum Liber : Lovanii,* 1557, *in-*8.

☞ *Voyez* ci-après, N.° 39379.]

39376. ☞ Die oude Chronicke van Vlaenderen, (ou la vieille Chronique de Flandre, en Flamand :) *in-fol.* Gothique.

Elle commence aux conquêtes de Jules-César, & finit au XVI° Siècle. On croit qu'elle a été composée par Antoine DE ROVERE, & il s'en trouve un Manuscrit dans l'Abbaye d'Anchin, Diocèse d'Arras.]

39377. La Légende des Flamens, Artésiens, ou autrement leur Chronique abrégée, en laquelle est fait succint récit de l'origine des Peuples & Etats de Flandre, Artois, Hainault, Bourgogne, & des Guerres par eux faites à leurs Voisins, depuis Clovis jusqu'en 1498 : *Paris,* 1522, *in-*4. Ibid. 1536, *in-*8. Ibid. du Pré, 1558, *in-*12.

La première Edition, qui est Gothique, est préférable aux autres, quoiqu'elles soient en lettre ronde.

39378. Mf. Recueil des Antiquités de Flandre ; par Philippe WIELANDT, Président du Conseil [de Flandre :] *in-fol.*

Cet Auteur est appellé vulgairement HUYLAND. Son Histoire qui est dans la Bibliothèque de la Cathédrale de Tournai, & ailleurs [étoit] aussi dans celle de M. Godefroy. Cet Auteur prétend que la Flandre n'a commencé à être habitée que l'an 600 de Jesus-Christ.

☞ Son Histoire finit en 1540. L'Exemplaire, qui étoit dans la Bibliothèque de M. (Jean) Godefroy, est aujourd'hui dans celle de la Ville de Paris, avec des Notes de ce Sçavant, num. 22. La remarque de M. P. le Long fait sur le nom de l'Auteur n'est pas juste : il falloit dire que les Flamans prononcent à-peu-près le nom *Wielandt,* comme les François celui de *Houyland.* Cet Auteur est mort Maître des Requêtes à Malines, en 1519, (& conséquemment on a fait quelque

Histoires du Comté de Flandre.

Addition à son Histoire.) Il n'a point été Président du Conseil de Brabant, comme le disoit le P. le Long, mais du Conseil de Flandre.]

39379. Jacobi MARCHANTII, Flandriæ Commentaria Libris IV. descripta, in quibus de Flandriæ Castellanis, Ordinibus, &c. tum etiam de Principum Flandriæ Stemmatibus, civili armatâque vitâ aliisque memorabilibus tractatur : *Antverpiæ*, Moret, 1596, *in-8*.

Cet Auteur est mort en 1609. Son Histoire commence à Baudouin, dit *Bras-de-fer*, en 860, & finit à Philippe II. d'Autriche, en 1559.

☞ Jacques Marchant fit d'abord imprimer séparément deux Ouvrages, le premier intitulé : *De rebus gestis à Flandriæ Comitibus, Liber Elegiarum* : *Lovanii*, 1557, *in-8*. le second intitulé : *De rebus Flandriæ memorabilibus, Liber singularis, oratione solutâ; & de Flandriæ Principibus, Versu elegiaco* : *Antverpiæ*, Plantin, 1567, *in-8*. Ensuite, de ces Ouvrages augmentés il en composa un troisième, qui fut imprimé en 1596, & qui est celui que l'on vient d'indiquer.]

39380. Mf. Plusieurs Mémoires & choses advenues en Flandre; des Guerres des Rois de France contre les Flamans, & plusieurs autres choses.

Ces Mémoires sont conservés dans la Bibliothèque de l'Abbaye de Saint-Waft d'Arras.

39381. Mf. Journal de ce qui s'est passé en Flandre, depuis le 5 Mai 1475, jusqu'au 5 Avril 1511.

Ce Journal étoit parmi les Mémoires de M. Charles d'Oremieux d'Arras, selon Sanderus, [dans son *Catalogue des Manuscrits Belgiques*.]

39382. Mf. Recueil de Pièces concernant l'Histoire de Flandre, depuis l'an 1049 jusqu'en 1514 : *in-fol*.

Ce Recueil est conservé entre les Manuscrits de M. Dupuy, num. 95.

39383. Mf. Rébellions des Peuples de Flandre contre leurs Seigneurs : *in-fol*.

Ce Recueil est dans la Bibliothèque du Roi, entre les Manuscrits de M. de Gaignières.

39384. ☞ Mf. Francisci MODII Collectanea de rebus potissimùm Flandriæ.

Ces Recueils sont conservés dans la Bibliothèque publique de la Ville de Saint-Omer. L'Auteur est mort en 1597.]

39385. Mf. De Antiquitatibus Belgicis; Auctore Francisco DE BAR, Priore Cœnobii Aquicinctini [d'*Anchin*.]

Ces Manuscrits sont cités par Ferry de Locre, dans son *Catalogue des Historiens d'Artois*.

☞ L'Auteur est mort en 1606, & ses Manuscrits sont conservés dans l'Abbaye d'Anchin, en 15 vol. *in-fol*. Par le détail de ces Manuscrits que nous a donné Foppens, dans sa *Bibliothèque Belgique*, (tom. I. pag. 285,) on voit qu'ils roulent principalement sur l'Histoire Ecclésiastique & que plusieurs regardent la Flandre, le Hainaut, &c.

39386. Duces Burgundiæ, item Flandriæ Comites, & res ab eis gestæ; Auctore Cornelio Luminæo A MARCA, Gandensi, Monacho Blandiniano.

Cette Histoire est imprimée avec ses Opuscules : *Lovanii*, Dorvale, 1613, *in-8*.

39387. Mf. Historia Comitum Flandriæ; Auctore Lamberto VANDER-BURCHIO, Decano Ultrajectensi : *in-fol*. 4 vol.

Cet Auteur est mort en 1617. Son Histoire est conservée à Malines, selon Valère-André, dans sa *Bibliothèque des Auteurs Belgiques*.

39388. ☞ Histoire des Forestiers & Comtes de Flandre; par Jean BERTHAULT : *la Haye*, 1631, *in-4*. (en Hollandois).]

39389. ☞ Histoire des Comtes de Flandre, depuis l'établissement de ses Souverains jusqu'à la Paix générale de Ryswick, en 1697 : *la Haye*, Uytwerf, 1698, *in-12*.

Voyez le Journal des Sçavans, 1699, Mai.

La même, nouvelle Edition : *la Haye*, Vandol, 1731, *in-12*.]

39390. ☞ Comtes de Flandre, des différentes Maisons, & leurs descendans.

Dans l'*Histoire Généalogique* du Père Simplicien, tom. II. pag. 713.]

39391. ☞ Chronique de Flandre, qui renferme tous les principaux événemens depuis l'an de J. C. 621 jusqu'en 1725 : *Bruges*, 1729-1737, *in-fol*. 3 vol. (en Flamand).]

39392. ☞ Abrégé chronologique de l'Histoire de Flandre, contenant les traits remarquables des Comtes de Flandre, depuis Baudouin I. dit *Bras-de-fer*, jusqu'à Charles II. Roi d'Espagne; par A. J. PANCKOUCKE : *Dunkerque*, 1762, *in-8*.]

39393. ☞ Chronologie historique des Comtes de Flandre; (par D. François CLÉMENT, Bénédictin de la Congrégation de S. Maur.)

Dans la seconde Edition de l'*Art de vérifier les Dates* : (*Paris*, Desprez, 1770, *in-fol*.) pag. 628.]

39394. Exposition des trois Etats du Pays & Comté de Flandre; sçavoir, du Clergé, de la Noblesse, & des Communes : *Bruxelles*, 1611, *in-8*.

39395. ☞ Justification du Souverain Droit de dernier Ressort compétant à la Chambre Légale du Comté de Flandres : *Gand*, Gruet, 1660, *in-fol*. de 64 pages.

C'est un Mémoire adressé au Conseil d'Espagne par les Bailli, Président, Conseillers & Hommes de Fiefs de la Chambre Légale de Flandre; divisé en 287 Articles, & daté de Gand le 29 Octobre 1660. On y trouve beaucoup de traits historiques relativement à l'état du Comté de Flandre sous les Rois de France.]

39396. ☞ Mf. De Magistratibus Flandriæ, cum Præsidibus Curiæ Provincialis Flandriæ & Consilii sanctioris in Belgio; Auctore Dionysio HARDUINO.

Cet Auteur, qui étoit de Gand, est mort en 1605, & l'on assure que Sanderus & d'autres Ecrivains ont beaucoup profité de ses Manuscrits. *Voyez* la *Bibliothèque Belgique* de Foppens, *tom. I. pag*. 240.]

39397. ☞ De iis qui Jurifdictioni præfunt in Flandriâ

Cette Pièce fe trouve à la fuite du Livre intitulé: *Confuetudines Flandriæ, N. Burgundi: Antverpiæ*, Parys, 1666, *in-12*.]

39398. ☞ Les Coutumes & Loix des Villes & Châtellenies du Comté de Flandre, traduites en François: auxquelles les Notes Latines & Flamandes de Laurent VANDEN-HANE, ci-devant Avocat au Confeil de Flandres, font jointes, avec des Obfervations fur la Traduction; par M. LE GRAND, Avocat au Parlement de Paris & de Flandre: *Cambrai*, Dazilliés, 1719, *in-fol*. 3 vol.

Ce Laurent Vanden-Hane étoit de Gand: fon Ouvrage y fut imprimé en Flamand: 1664, *in-fol*.]

39399. ☞ Lettre de M. DE LA MOTTE-CONFLANS, écrite de Lille, fur l'Efpier, (Droit Seigneurial de la Province de Flandre.) *Journ. de Verdun*, 1749, Juillet.]

39400. Mf. Chronicon de Rebus Gandavenfium, ejufque Urbis Fafti Confulares; Auctore Chriftophoro VAN-HURNE, Juris utriufque Doctore.

Cet Ouvrage eft indiqué par Valère André, dans fa *Bibliothèque des Auteurs Belgiques*.

39401. Gandavum, feu rerum Gandavenfium Libri VI. Auctore Antonio SANDERO, (origine Gandavenfi:) *Bruxellæ*, 1627, *in-4*.

== Gandavi, & *Corturiaci*, Antiquitatum Primitiæ; Auctore Joan. Bapt. GRAMMAYE.

☞ *Voyez* ci-deffus fes *Antiquitates Comit. Flandriæ*, N.° 39329.]

== Cronicque de la Rébellion de cheuz de Gand, en 1378, &c.

☞ *Voyez* ci-deffus, N.° 39363.]

39402. ☞ Les Mémoires de Jean D'HOLLANDER, Chanoine de Sainte-Waudru (à Mons,) fur la Révolte des Ganthois, en l'an 1539, contre Charles-Quint, leur légitime Seigneur, écrits l'an 1597; avec la Sentence de ce Prince (en Flamand) contre les Habitans de Gent (ou Gand,) donnée en 1540.

Ces Mémoires, &c. font imprimés dans le Tome VI. & dernier des *Analecta Belgica* de Hoynck: *Hagæ-Comit*. 1746, *in-4*. La Sentence porte que les Habitans de Gand ont eu la corde au cou.]

39403. ☞ Evénemens ou Chroniques des Troubles & des Héréfies dans la Ville de Gand & fes environs, depuis 1566 jufqu'en 1583; par B. DE JONGHE, confidérablement augmentées par J. L. ROTHAESE: *Gand*, 1752, *in-8*. (en Flamand.]

== Siège de Gand par les François, en 1678.

☞ *Voyez* ci-devant, Tome II. N.° 14134.]

39404. ☞ Articles propofés & accordés par le Roi (Louis XIV.) aux Députés de la Ville & District de Gand, le 9 Mars 1678: *Gand*, Manil, 1678, *in-4*.]

== ☞ Prife de Gand, en 1745.

Voyez ci-devant, [Tome II. N.os 24677 & 24678.]

39405. *Brugæ* Flandrorum; Auctore Joan. Bapt. GRAMMAYE: *Lovanii*, Dormal, *in-4*.

☞ Le Territoire de la Ville a été le premier Pays nommé Flandre, au VII.e Siècle.]

39406. ☞ Annales de la Ville de Bruges, contenant les plus mémorables événemens, foit dans la Ville, foit dans les environs; par C. F. CUSTIS: *Bruges*, 1728, *in-8*. 2 vol. (en Flamand.]

39407. ☞ Jodoci DAMHONDERI, de magnificentiâ Politiæ Civitatis Brugarum & ejus Topographia: *Antverpiæ*, Belleri, 1564, *in-4*.]

39408. ☞ Mf. Recueil & Lifte des Grands-Baillis & Ecoutettes de Bruges, des Bourguemeftres & Echevins de ladite Ville & du Franc; par Marius VOET.

Ce Manufcrit eft conferné dans la Bibliothèque de M. le Comte de Colins, à Bruxelles.]

39409. *Ipretum & Trafiniacum*; Auctore Joan. Bapt. GRAMMAYE: *Bruxellæ*, Velpii, *in-4*.

== ☞ Prife d'Ypres, par les François, en 1648.

Voyez ci-devant, Tome II. N.° 22192.]

== ☞ Malignité inouïe exercée fur la Ville d'*Oudenarde*, en 1684.

Voyez au même Volume, N.° 24213.]

39410. Joannis VAN-VAESBERGE, Gerardimontenfis Jurifconfulti, & Canonici Lilirienfis in Artefiâ, Gerardimontium (*Grandmont*,) feu altera Imperialis Flandriæ Metropolis, ejufque Caftellania: *Bruxellæ*, 1627, *in-4*.

39411. Chronique de Grandmont; par Benoift RUTEAU: *Ath*, 1637, *in-12*.

39412. Davidis LINDANI, Gandavenfis Jurifconfulti, Teneræmondæ Syndici, de Teneræmondanæ Urbis [*Dendermonde*] antiquitate, fitu, nobilitate, Libri III. *Antverpiæ*, Verduffen, 1612, *in-4*.

Cet Ouvrage a été réimprimé à la fin des *Antiquitates Belgicæ* de Grammaye: *Lovanii*, 1708, *in-fol*.

39413. Mf. De antiquitate Urbis *Tornacenfis*; Auctore HENRICO, Tornacenfis Ecclefiæ Canonico, divo Bernardo Clarevallenfi Abbate contemporaneo.

Cet Ouvrage eft conferé dans la Bibliothèque de Saint-Martin de Tournay, felon Sanderus, *pag*. 141 de fa *Bibliothèque des Manufcrits Belgiques*. [Il y en avoit un Exemplaire] à Paris, chez M. Fouquet, Secrétaire du Roi.

39414. Mf. Chronicon de Rebus quæ Tornaci potiffimum atque in Flandria contigerunt, ab anno 1297, ad annum 1339; Auctore Jacobo MUEVIN, Tornaci ad fanctum Martinum Priore Clauftrali.

L'Auteur eft mort en 1367. Sa Chronique eft con-

Hiſtoires du Comté de Hainaut. 639

ſervée à Tournay, écrite de la main même de l'Auteur, ſelon Valère André, dans ſa *Bibliothèque Belgique.*

39415. Mſ. Chronica Tornacenſis, continens Fundationem & partem Hiſtoriæ Urbis Tornacenſis, præcipuè aliquot Epiſcoporum & nonnullorum Monaſteriorum Tornacenſium.

Cette Chronique eſt conſervée dans la Bibliothèque de l'Egliſe Cathédrale de Tournay, ſelon Sanderus, *pag.* 210 de ſa *Bibliothèque des Manuſcrits Belgiques.*

39416. Mſ. Andreæ CATULLI, Presbyt. Juriſc. Archid. & Vic. Gen. Tornacenſis, Tornacum, Civitas, Metropolis & Cathedra Epiſcopalis Nerviorum: *Bruxellæ*, Typis Jo. Monmartii, 1652, *in-4. pag.* 25; (cum Appendice, cui titulus:) Illuſtrium virorum Pondus & Statera, de Civitate ſeu Metropoli, necnon Cathedra Epiſcopali Nerviorum, *pag.* xlvij.

On a déja fait mention de ce petit & dernier Traité, à l'Hiſtoire Eccléſiaſtique, (Tome I. N.° 8615,) mais l'Ouvrage entier, qui traite de l'Hiſtoire Civile, doit trouver ici ſa place, quoiqu'on l'ait déja indiqué (avec d'autres) ſur la Queſtion, ſi Tournay étoit la Capitale des anciens Nerviens, Tome I. N.°s 350-352. Bavay & enſuite Cambray étoient Capitales des Nerviens: Tournay étoit dans le Pays des Ménapiens.]

39417. ☞ Mſ. Hiſtoire de Tournay, ſon Gouvernement, ſes Coutumes, & ce qui eſt du Bailliage de Tournay & Tournaiſis; avec d'autres Remarques touchant leur état: *in-fol.*

Ce Manuſcrit eſt indiqué au Catalogue de M. l'Abbé Favier: *Lille*, Jacquez, 1765, *in-8.* num. 5011.]

39418. ☞ Mſ. Hiſtoire de Tournay, commençant à l'année 133, après la Fondation de Rome, & finiſſant à l'an 1506 de Jeſus-Chriſt: *in-4.*

Mſ. Autre Hiſtoire de Tournay: *in-4.* 3 vol. dont le dernier par J. LE ROUX, Curé de Marc-en-Barœul.

Ces deux Manuſcrits ſont indiqués num. 5070 & 5071, du même Catalogue.]

39419. ☞ Hiſtoire de la Ville & Cité de Tournay, Capitale des Nerviens & premier Siège de la Monarchie Françoiſe; (par le Sieur POULAIN:) *la Haye*, Moetjens, 1750, *in-4.*

39420. ☞ Des Droits de la France ſur les Villes de Tournay & du Tournaiſis, Mortagne - lez - Tournay, & Saint - Amand; par M. (Pierre) DUPUY.

Dans ſon Recueil des *Traités des Droits du Roi*, *pag.* 189, *Edit. de Rouen*, 1670.]

== ☞ Anaſtaſis Childerici I.... ſeu Theſaurus ſepulchralis Tornaci effoſſus....

Voyez ci-devant, Tome II. N.° 16011.

== ☞ Priſe de Tournay, par les François, en 1677.

Ibid. N.° 24111. Cette Ville eſt reſtée à la France juſqu'aux Traités d'Utrecht & de Raſtat: alors elle fut cédée à la Maiſon d'Autriche, avec les Pays-Bas Eſpagnols.]

== ☞ Siège & Priſe de Tournay, par LOUIS XV. en 1745.

Ibid. N.°s 24664, 24675 & 24676. Cette Ville a été rendue à la Maiſon d'Autriche par la Paix d'Aix-la-Chapelle, en 1748.]

☞ ON a indiqué ci-deſſus, *pag.* 608 & 609, à la *Flandre Françoiſe*, les Hiſtoires des Villes de

== *Lille.*   == *Bourbourg.*
== *Douay.*   == *Bergue.*
== *Orchies.*   == *Mardyck.*
== *Dunkerque.*   == *Linck.*
== *Gravelines.*   == *Mortagne.*

§. III.

Hiſtoires du Comté de Hainaut.

39421. DEſcriptio Comitatûs Hannoniæ; ex Deſcriptione Belgii Ludovici GUICCIARDINI: *Antverpiæ*, 1635, *in-12.*

== ☞ Eadem: *Amſtelodami*, 1635, *in-24.* & avec la Deſcription entière des Pays-Bas, du même Guichardin: *in-fol.*

Voyez ci-deſſus, N.° 39260.]

39422. Jacobi LESSABÆI, Marchianenſis, Presbyteri, de Hannoniæ Urbibus, locis nominatioribus & Cœnobiis, Libellus.

Cet Auteur eſt mort en 1557. Son Livret eſt imprimé avec ſes autres Ouvrages: *Antverpiæ*, Hillen, 1534, *in-8.*

39423. Mſ. Chronicon Hannoniæ à temporibus Richildis, filiæ Ragineri, poſtremi Comitis Hannoniæ; Auctore GISLEBERTO, Balduini IV. Flandriæ & Hannoniæ Comitis Cancellario, & ad Sanctum Germanum in Urbe Montenſi Præpoſito.

Cette Chronique eſt conſervée dans l'Abbaye de Sainte-Waudru de Mons, ſelon Valère André, dans ſa *Bibliothèque Belgique.* Sanderus la cite auſſi au tom. II, de ſa *Bibliothèque des Manuſcrits Belgiq. pag.* 161. L'Auteur a écrit en Latin. Voſſius, au chapitre XI. du Liv. III. de ſes *Hiſtoriens Latins*, *pag.* 818, l'appelle Gilbert, & il ajoute qu'il ne ſçait s'il a écrit en Latin ou en François: il paroît qu'il ne l'a connu que par la citation qu'en fait Jacques Meyer, ſous l'année 1071. Le Père de Lewarde en a traduit en François la plus grande partie, & l'a inſérée dans ſa *Nouvelle Hiſtoire du Hainaut.*

❋ Il dit dans ſa Préface, que la première Partie de cette Chronique eſt une ample Généalogie des Comtes de Hainaut, depuis Richilde, & de tous ceux qui ont eu liaiſon avec leur Famille; que la ſeconde Partie eſt une Chronique exacte, depuis 1168 juſqu'à Pâque 1196, ce qui contient la Vie de Baudouin V. dit *le Magnanime*, depuis qu'il a fait Chevalier, juſqu'à ſa mort. Gislebert lui ſurvécut de quelques années.

39424. ☞ Chronicon BALDUINI, Avenenſis, ſeu Hiſtoria Genealogica Comitum Hannoniæ; ſub anno 1285 conſcripta.

Le P. le Long l'avoit miſe ci-après, aux *Généalogies*, *lettre H.* Cette Chronique eſt imprimée dans le tom. III.

du *Spicilège de D. d'Achery*, Edit. de 1723 : *in-fol.* pag. 286.]

39425. Mſ. Les grandes Chroniques de Hainaut, depuis Philippe-le-Conquérant juſqu'à Charles VI. par Jean LE FEVRE, Prevôt de Saint-Waſt d'Arras : *in-fol.* 3 vol.

Ces Chroniques ſont conſervées dans la Bibliothèque du Roi, num. 9658-9660. Jean le Fevre naquit à Douay; il fut Moine & enſuite Prevôt de Saint-Waſt en 1379, puis Evêque de Chartres, & Chancelier de Louis d'Anjou, Roi de Sicile, en 1385. Il eſt mort en 1390.

39426. ☞ Journal du même.

Il étoit parmi les Manuſcrits de la Bibliothèque de M. Colbert, & eſt aujourd'hui dans celle du Roi. Il ne s'étend que depuis l'an 1381, juſqu'en 1388.]

39427. Mſ. Annales Hannoniæ, ſeu Chronica illuſtrium Principum Hannoniæ, ab initio rerum uſque ad annum Chriſti 1390; Auctore Jacobo GUISIO, Ordinis Sancti Franciſci, Doctore Theologo: *in-fol.* 3 vol.

L'Original de ces Annales eſt conſervé dans la Bibliothèque du Roi, num. 8381-8383. Aubert le Mire dit, dans les *Eloges de Flandre*, qu'il a vu ces Annales avec fruit chez les Cordeliers de Mons, & il les juge dignes d'être publiées par le moyen de la faveur de quelque Prince, quoique ce qu'il dit de l'Empire Romain ait beſoin d'être corrigé. Cet Auteur a auſſi adopté ſur les Antiquités de ſon Pays, des traditions fabuleuſes, comme l'origine Troyenne. Il a pris toutes les Pièces bonnes & mauvaiſes qui lui ſont tombées entre les mains. Il y a eu un Abrégé de ſon Ouvrage, traduit en François, & publié ſous ce titre: *Les Illuſtrations de la Gaule Belgique: Paris*, 1531, *in-fol.* [ci-deſſus, N.° 39288.] Voſſius dit que Jacques de Guiſe eſt mort en 1348 : c'eſt ſans doute une faute d'impreſſion; car il eſt mort en 1398.

☞ Il avoit été Gardien des Cordeliers à Valenciennes, & il fut enterré dans leur Egliſe, qui eſt préſentement celle des Récollects: on y voit ſon Epitaphe en vieux François, & Foppens l'a tranſcrite dans ſa *Biblioth. Belgique*. On peut voir à ſon ſujet & ſur ſes Annales, le *Dictionnaire de Proſper Marchand*, au mot *Guyſe*.]

✻ Le P. de Lewarde, dans ſa Préface de l'*Histoire du Hainaut* (ci-après), diſtingue en deux claſſes les Auteurs que Jacques de Guiſe a ſuivis : les uns anciens, véritables & connus, tels que Sigébert, diverſes Vies des Saints, des Chartes & Chroniques des Monaſtères, Giſlebert & autres. La ſeconde claſſe eſt d'Auteurs très-éloignés du temps dont ils écrivent les particularités, fabuleux & romanciers dont le XIIIe & le XIVe Siècle regorgeoient, & qui ſont aujourd'hui auſſi inconnus ou mépriſés qu'ils ont eu de cours autrefois. Le Père de Lewarde nomme enſuite quelques-uns de ces Romanciers.

Mſ. Les Chroniques des Nobles Princes de Hainaut : *in-fol.* 3 vol.

Ces Chroniques ne ſont qu'une traduction Françoiſe des Annales de Jacques de Guyſe. Sanderus, tom. II. de ſa *Bibliothèque des Manuſcrits Belgiques*, *pag.* 4, dit qu'on les conſerve dans le Palais des Ducs de Brabant, à Bruxelles.

Mſ. Les mêmes Chroniques, traduites en François, par le commandement de Philippe Duc de Bourgogne & de Brabant, Comte de Hainaut, l'an 1404, à la prière de Simon Norkart, Clerc : *in-fol.* 2 vol.

Cette Verſion [étoit] conſervée dans le Cabinet de M. Bonaventure du Mont-de-Gache, premier Conſeiller du Conſeil Souverain à Mons.

39428. Mſ. Chronicon Hannoniæ, uſque ad annum 1450; Auctore incerto.

Cette Chronique eſt citée par Grammaye, dans le Catalogue des Hiſtoriens dont il s'eſt ſervi.

== ☞ Illuſtrations, &c. Chroniques & Annales du Hainaut & de la grande Cité de Belges, dite à préſent Bavay, &c. par Jacques DE GUYSE.

Voyez ci-deſſus, N.° 39288.]

39429. Annales de la Province & Comté de Hainaut, où l'on voit la ſuite de ſes Comtes, & les Antiquités du Pays; enſemble, les Evêques de Cambrai, qui y ont commandé, les Fondations pieuſes & deſcentes de la Nobleſſe; par François VINCHANT, Prêtre, avec les Augmentations d'Antoine RUTEAU, Minime: *Mons*, Havari, 1648, *in-fol.*

Le premier Auteur a copié diverſes choſes de Jacques de Guyſe. Il avoit enſuite commencé à retrancher pluſieurs fables de ſon Ouvrage; mais il y en a encore laiſſé. Vinchant eſt mort en 1635, & Ruteau en 1657.

39430. ☞ Hiſtoire générale du Hainaut; comprenant ſes Souverains, depuis la conquête de Jules-Céſar juſqu'aux Princes de l'auguſte Maiſon d'Autriche, les Evêques, tous les Saints de l'ancien Dioceſe de Cambrai, & les choſes les plus remarquables arrivées dans les Pays-Bas, en France, (en Lorraine) & en Allemagne; par le R. P. Michel DE LEWARDE, Prevôt de l'Oratoire du Pays-Walon: *Mons*, Veuve Prud'homme, 1718-1722, *in-12.* 6 vol.

Le P. le Long parloit de cette Hiſtoire comme Manuſcrite. Elle va juſqu'à la mort de l'Infante Iſabelle, arrivée en 1633.

L'Auteur ſuit les Hiſtoriens qui ont écrit avant lui; mais il en retranche ce qu'ils ont dit de fabuleux.]

39431. ☞ Chronologie hiſtorique des Comtes de Hainaut; (par D. CLEMENT, Bénédictin.)

Dans la ſeconde Edit. de l'*Art de vérifier les Dates*: (*Paris*, Deſprez, 1770, *in-fol.*) pag. 628.]

39432. *Mons* Hannoniæ Metropolis, interjectâ Comitum Hannoniæ Chronologiâ brevi, uſque ad Philippum II. Hiſpaniæ Regem; Auctore Nicolao DE GUYSE, Licentiato & Canonico Cameracenſi: *Cameraci*, 1621, *in-4.*

Le même Livre a été imprimé avec les *Antiquitates Belgicæ* de Grammaye: *Lovanii*, 1708, *in-fol.*

39433. ☞ Hiſtoire de la Ville de Mons, ancienne & moderne, contenant tout ce qui s'y eſt paſſé de plus curieux depuis ſon origine juſqu'à préſent, 1725, &c. par M. Gilles-Joſeph DE BOUSSU, Ecuyer, Licentié en Droit: *Mons*, Varret, 1725, *in-4.*

On y trouve « la Chronologie des Comtes de Hainaut, la Liſte des Grands-Baillis, des Conſeillers, des » Prevôts, des Magiſtrats, avec un très-grand nombre » de

Histoires du Comté de Namur, &c.

» de Decrets des Souverains, concernant les Privilèges
» de cette Ville, les attributs des Echevins, & quantité
» d'autres Pièces très-curieuses & utiles, une ample
» Description des Sièges & Judicatures, des Chapitres,
» des Paroisses, des Couvens, des Corps de Ville, des
» Fondations & des principaux Edifices de cette Ville;
» son ancien circuit, son aggrandissement, ses Guerres,
» ses Sièges, ses Blocus, ses ruines, ses rétablissemens,
» ses incendies, ses tremblemens de terre & autres évé-
» nemens surprenans ».]

== ☞ Du Combat de Mons, en 1678.

Voyez ci-devant, Tome II. N.º 24133.]

== ☞ Siège & Prise de Mons par Louis XIV. en 1691.

Ibid. N.ᵒˢ 24305 & 24306.]

== ☞ Bataille de *Malplaquet*, (ou de Mons.)

Ibid. N.ᵒˢ 24447 & 24467.]

39434. Description de la Ville d'*Ath*, en Hainaut ; par Jean ZUALLARD, Chevalier du saint Sépulchre, & Prevôt de cette Ville : *Ath*, Masius, 1610, *in-8.*

39435. ☞ Histoire de la Ville d'Ath, contenant tout ce qui s'y est passé de plus curieux, depuis son origine, c'est-à-dire, depuis l'an 410 jusqu'en 1749, &c. par M. Gilles-Joseph DE BOUSSU, Ecuyer : *Mons*, Varret, 1750, *in-12.*

Elle contient « la Chronologie de ses Seigneurs, la
» Liste des Gouverneurs, des Châtelains, des Bourgue-
» maîtres & Echevins, l'établissement des Paroisses &
» des Couvens; les Fondations, Chapelles, Maisons
» pieuses, les principaux Edifices de cette Ville, ses ag-
» grandissemens, ses Guerres, ses Sièges, ses ruines, ses
» inondations, embrasemens, rétablissemens & autres
» événemens ».]

== ☞ Siège d'Ath, en 1697.

Voyez ci-devant, Tome II. N.º 24374.]

== ☞ Combat de *Leuze*, près d'Ath, en 1691.

Ibid. N.º 24309.]

== ☞ Combat de *Steinkerque*, en 1692, (entre Enghien & Halle.)

Ibid. N.ᵒˢ 24310 & 24311.]

39436. Histoires des choses les plus mémorables advenues en Europe, depuis l'an 1130 jusqu'en notre Siècle, suivant l'ordre qu'ont dominé les Seigneurs de l'ancienne Maison d'*Enghien* ; par Pierre COLINS, Chevalier & Seigneur d'Hettefelde : *Mons*, du Vaudré, 1634 : *Tournay*, Quinqué, 1643, *in-4.*

39437. Mſ. Titres de la Ville & Seigneurie d'Enghien, avec la Généalogie des Seigneurs d'icelle ; par Auguste GALLAND : *in-fol.*

Ces Titres sont conservés dans la Bibliothèque de Messieurs des Missions Etrangères, à Paris.]

== ☞ Bataille de *Fontenoy*, en 1745, (près Tournay, mais à la droite de l'Escaut, & sur les terres du Hainaut.)

Voyez ci-devant, Tome II. N.ᵒˢ 24667. *& suiv.*]

Tome III.

☞ *Nota.* ON a indiqué ci-dessus, *pag.* 609 & 611, au *Hainaut François*, les Histoires des Villes de

== Cambray.   == Denain.
== Câteau-Cambresis. == Le Quesnoy.
== Valenciennes.   == Landrecy.
== Sébourg.   == Avesnes.
== Condé.   == Mariembourg.
== Bouchain.

§. IV.

Histoires du Comté de Namur & des Duchés de Limbourg & de Luxembourg.

Histoires de Namur.

39438. Mſ. GESTA Comitum Namurcensium; Auctore Girardo DE JACEA, Capellano, & Notario Capituli Sancti Albani Namurci.

Cet Auteur a fleuri en 1525. Son Histoire est citée par Valère André, dans sa *Bibliothèque Belgique.*

39439. Mſ. Liber de Comitibus Namurcensibus; Auctore Philippo CRONENDALIO, Assessore Ærarii principalis in Belgio.

Ce Livre est cité par Sanderus, au tom. II. de sa *Bibliothèque des Manuscrits Belgiques, pag.* 159.

39440. Sacrarium Comitatûs Namurcensis; in quo recensentur reliquiæ & religiosa loca quæ in illo sunt; Auctore Ægidio DE MONIN, è Societate Jesu : *Leodii*, 1619, *in-8.*

Cet Auteur est mort en 1624.

39441. Joannis-Baptistæ GRAMMAYE, Namurcum, in quo breviter Comitum series, gesta, decora, ex Archivis Oppidorum & Cœnobiorum, diversisque Codicibus digesta, tomi duo : *Antverpiæ*, Nutius, 1607, *in-4.* 2 vol.

Ejusdem, Tomus III. complectens Antiquitates Namurcenses : *Antverpiæ*, Masius, *in-4.*

Ces trois Tomes sont aussi imprimés avec ses *Antiquitates Belgicæ : Lovanii*, 1708, *in-fol.*

39442. Historia & Respublica Namurcensis; Comitum Namurcensium Inscriptiones : *Amstelodami*, 1635, *in-24.*

☞ Réimprimé avec la *Description du Hainaut*, indiquée ci-dessus, N.º 39421, & avec le *Luxembourg* de Bertelius, rapporté ci-après.] Cet Ouvrage est un Extrait du précédent.

39443. ☞ Histoire du Comté de Namur ; par le Père Jean-Baptiste DE MARNE, de la Compagnie de Jesus : *Liège*, 1754, *in-4.*

Le Comté de Namur n'a eu ses Souverains particuliers que depuis l'an 980 jusqu'à Philippe-le-Bon, Duc de Bourgogne, qui mourut en 1467. Ainsi cette nouvelle Histoire ne comprend que cet espace de temps. Les Evénemens antérieurs qui touchent de plus près le Pays, font la matière d'une Préface historique. Le P. de Marne a joint à son *Histoire* une Table synoptique & chronologique des principaux Evénemens qui intéressent le

M m m m

Comté, depuis la mort de Philippe-le-Bon jusqu'à la Paix d'Aix-la-Chapelle, en 1748.

L'Auteur est mort en 1757.]

== ☞ Bataille de *Fleurus*, (entre Charleroi & Gemblours,) l'an 1690.

Voyez ci-devant, Tome II. N.ºs 24287 & 24288.]

== ☞ Siège & Prise de la Ville de Namur, par Louis XIV. en 1692.

Ibid. N.ºs 24312-24315, 24324, 24346-24349.]

39444. ☞ Siège de Namur, en 1695, par le Prince d'Orange.

Cette Relation se trouve avec celle de la *Campagne de Flandre*, de la même année : *la Haye*, 1696, *in-fol.*]

Histoire du Limbourg.

39445. Limburgenses Fasti, sive Fragmentum Chronici Urbis & Dominorum Limburgentium ad Lohnam, è manuscriptis Codicibus; studio J. Federici FAUSTI ab Aschaffenburgâ: *Heidelbergæ*, 1619, *in-fol.*

== Synopsis rerum gestarum à Limburgi Ducibus usque ad annum 1633; Auctore Huberto LOYENS.

☞ *Voyez* ci-dessus, N.° 38869.]

39446. Prælium Vœringanum Joannis I. Brabantiæ Ducis, anno 1280, quo memorabili partâ victoriâ Ducatûs Limburgi ad Brabantiam accessio æterna mansit obsirmata; Auctore anonymo, edente verò & Annotatore Ericio PUTEANO: *Bruxellæ*, 1641, *in-fol.*

L'Auteur est mort en 1646.

☞ Ce Poëme, dit l'Abbé Lenglet, n'est pas commun, & il est accompagné de quelques Chartes & Diplômes.]

39447. Gasparis BARLÆI, Poemation in Ducatum Limburgicum: *Amstelodami*, 1633, *in-fol.*

Cet Auteur, [qui étoit Hollandois,] est mort en 1648.

☞ Les Hollandois possèdent une partie du Limbourg : *Rolduc, Dalem* & *Fauquemont.* Je ne sçais si le Recueil indiqué ici par le P. le Long contient les Pièces suivantes du même Auteur (VAN-BAERLE,) dont Foppens parle dans sa *Bibliothèque Belgique*, *pag.* 166.

Triumphus Fœderati Belgii super debellatis ad Mosam Urbibus, &c. *Amstelodami*, 1632, *in-fol.*

In Ducatum Limburgicum additum Fœderatorum Imperio. *Ibid.* 1633, *in-fol.*]

Histoire du Luxembourg.

39448. Ms. De Ducibus Luxemburgicis, & Comitibus Namurci.

Cette Pièce est citée par Sanderus, au tom. I. de sa *Bibliothèque des Manuscrits Belgiques*, *pag.* 244.

39449. Ms. Historia Comitatûs Luxemburgensis, ab anno 963, ad annum 1464, extracta ex Diplomatibus & Documentis antiquis; Auctore Joanne BENNINGIO, Amersfortio, Juris utriusque Doctore & Luxemburgico Præside.

Cet Auteur est mort en 1631. Son Histoire est citée par Valère André, dans sa *Bibliothèque des Auteurs Belgiques.*

39450. Ms. Annales de Luxembourg, où est contenu l'origine des Comtes & Ducs dudit Pays; comme aussi les Comtes de Saint-Pol & les Châtelains de Lille.

Ces Annales sont conservées dans la Bibliothèque de l'Eglise Cathédrale de Tournay, selon Sanderus, p. 217 du tom. I. de sa *Bibliothèque des Manuscrits Belgiques.*

39451. Ms. Chronicon Mosellanicum, & Luxemburgi usque ad annum 1550.

Cette Chronique est citée par Grammaye, dans le Catalogue des Auteurs dont il s'est servi.

39452. Histoire de la Maison de Luxembourg, où sont plusieurs occurrences & affaires, tant d'Afrique & d'Asie que d'Europe; par Nicolas VIGNIER, Docteur en Médecine & Historiographe du Roi: *Paris*, Thiboust, 1617, *in-8.*

Vignier avoit entrepris cette Histoire environ l'an 1587; mais il ne l'a pas achevée, étant mort en 1596. André du Chesne l'a continuée depuis l'an 1557 jusqu'en 1616, & l'a publiée avec d'autres Pièces.

39453. Ms. Notes de Pierre DUPUY sur cette Histoire, faites par ordre de Guillaume du Vair, Garde des Sceaux de France, lorsque ce Livre fut arrêté.

Ces Notes [étoient] dans la Bibliothèque de M. le Baron d'Hoendorff, [& sont aujourd'hui dans celle de l'Empereur.]

39454. Histoire de la Maison de Luxembourg, &c. par Nicolas VIGNIER, illustrée de Notes, avec une Continuation jusqu'à présent ; & enfin les Tables généalogiques des Princes de cette illustre Maison & des principales Familles venues par Fils & Filles, avec les Blazons de leurs Armoiries & de leurs Alliés: *Paris*, Blaise, 1619, *in-*4.

Nicolas-George PAVILLON, d'Agen, Avocat au Parlement de Paris, a donné cette Edition avec la Continuation par Filles, la première Branche des mâles étant cessée au degré onzième, & des Tables généalogiques de cette Maison.

☞ Le vrai nom de ce Pavillon étoit POULLAIN, suivant Baillet, en sa Liste des Auteurs déguisés. Struvius, dans sa *Bibliothèque historique*, parle d'une Edition de cette Histoire : *Paris*, 1647, *in-fol.* qu'il dit être très-rare. Je ne sçais s'il se trompe ; mais je ne l'ai vue nulle part.]

39455. Historia Luxemburgensis, seu Commentarius, quo Ducum Luxemburgensium ortus, progressus ac res gestæ accuratè describuntur, simul & totius Provinciæ Luxemburgensis Ducatus, Marchionatus, Baronatus, cæteraque Dominia succinctè perstringuntur. Omnia summo studio à Joanne BERTELIO, Epternacensis Monasterii Abbate, concinnata : *Coloniæ*, 1605, [& 1655,] *in*-4.

Cet Auteur est mort en 1607.

Histoires du Duché de Brabant, &c.

39456. Respublica Luxemburgica & Historia Principum Luxemburgensium : *Amstelodami*, 1635, *in-24*.

Cet Ouvrage est extrait du précédent.

☞ Il a été réimprimé avec des Descriptions semblables de Namur, ci-dessus, N.° 39421, & de Brabant, ci-après.]

39457. ☞ Familia Augusta Luxemburgensis ; Auctore Joanne Davide KOELERO, V. C. *Altorfii*, 1722, *in-4*.

Ce Livre est estimé.]

39458. Mf. Luciliburgensia, seu Luxemburgum Romanum, hoc est Arduennæ veteris situs, populi, loca prisca, ritus, sacra, lingua, viæ Consulares, Castra, Castella, villæ publicæ, jam indè à Cæsarum temporibus, usque ad hæc Urbis Luxemburgensis incrementum investigata atque à fabulis vindicata, monumentorum insuper, præsertim verò Eglensis secundinorum Cisalpinorum principis inscriptionum, simulacrorum, sigillorum, epitrapeziorum, gemmarum & aliarum Antiquitatum quamplurimarum tam Urbi Luxemburgensi importatarum, quàm per totam passim Provinciam sparsarum, Mythologica Romana pleraque prorsùs nova, aut à nemine hactenus explanata, eruditè aut à nemine hactenus explanata, eruditè non minùs quàm operosè eruderata ; à R. P. Alexandro VILTHEMIO, S. J. Opus posthumum : *in-fol.* 2 vol.

Ce Manuscrit est orné de près de 400 Planches fort bien dessinées, & est conservé dans la Bibliothèque de S. Maximin de Trèves. Cet Ouvrage est bon & bien fait : l'Edition en seroit à desirer pour les Amateurs de l'Histoire & des Antiquités.

39459. ☞ Histoire Ecclésiastique & Civile du Duché de Luxembourg & du Comté de Chini ; par Jean BERTHOLET, de la Comp. de Jesus : *Luxembourg*, Chevalier, 1743, *in-4*. 8 vol.

Cet ouvrage est peu estimé. La partie la plus intéressante est le Recueil des Pièces Justificatives, pour servir de preuves. Chaque Tome a le sien, & contient tout ce que l'Auteur a pu voir & rassembler de Titres, Chartes, Diplômes, &c. relativement à son Histoire, où tout ce qu'il y a de bon a été tiré de l'Ouvrage précédent. On y trouve d'ailleurs beaucoup de faits concernant les Duchés de Lorraine & les Trois-Evêchés.

M. SIMON a écrit contre cette Histoire, & y a relevé quantité de fautes considérables.]

== ☞ Entreprise sur la Ville de Luxembourg, par le Maréchal de Créquy, en 1683.

Voyez ci-devant, Tome II. N.° 24173.]

== ☞ Siège & Prise de Luxembourg, en 1684.

Ibid. N.os 24202 & 24203.]

== ☞ Voyage du Roi (Louis XIV.) en cette Ville, en 1687.

Ibid. N.° 24241.]

39460. ☞ Relation de la Trahison tramée contre la Ville de Luxembourg, en 1730 : *la Haye*, 1742, *in-4*.]

39461. ☞ Lettres (du Père J. B. DE MARNE) au R. P. Bonaventure de Luxembourg, Capucin, Auteur d'un Ouvrage intitulé : *La Tradition d'Arlon*, &c. *Liège*, Kints, 1746, *in-12*. de 72 pages.

L'Auteur y réfute l'idée du Capucin, qui prétendoit qu'*Arlon*, (petite Ville du Luxembourg,) se nommoit anciennement *Ara Lunæ*.]

☞ *Nota.* ON a indiqué ci-dessus, *pag.* 595, parmi les Histoires du Gouvernement de Metz, celles de quelques Villes du *Luxembourg François* qui en dépendent ; sçavoir :

== *Montmédy*, = *Thionville*, = *Ivoix* ou *Carignan*.

§. V.

Histoires du Duché de Brabant, [du Marquisat d'Anvers, de la Seigneurie de Malines, & du haut Quartier de Gueldre.]

39462. Mf. DEscriptio Ducatûs Brabantiæ.

Cette Description est citée par Sanderus, au tom. I. de sa *Biblioth. des Manuscrits Belgiques*, *pag.* 244.

== Brabantiæ Comitatûs Urbes (Carmine heroico descriptæ) à Maximiliano VRENTIO.

☞ *Voyez* ci-dessus, avec les Villes de Flandres, N.° 39327.]

== Antonii SANDERI Chorographia sacra Brabantiæ.

☞ *Voyez* ci-devant, Tome I. N.° 5024.]

39463. Topographia historica Gallo-Brabantica, quâ Romanduæ oppida, municipia & dominia illustrantur, & in æs excisa exhibentur ; Auctore Jacobo Barone LE ROY : *Amstelodami*, 1692, *in-fol.* (cum fig.)

☞ *Voyez* les *Act. Lipsienf. Supplem.* tom. II. pag. 258.

« On ne sçauroit desirer un détail plus particulier » de ce qu'on appelle le Brabant Wallon ; & si l'on » avoit une semblable Notice de toute l'Europe, on » auroit (dit Bayle) un magasin inépuisable d'éclaircis » semens & d'instructions ». *Dictionnaire critiq.* au mot *Le Roi.*]

39464. Castella & Prætoria Nobilium Brabantiæ, Cœnobiaque illustriora, ad vivum delineata ; in quatuor Partes divisa, complectentes agrum Lovaniensem & Sylvæducensem, cum brevi eorumdem Descriptione ; ex Musæo Jacobi Baronis LE ROY : *Antverpiæ*, 1696, *in-fol.*

Ce ne sont que des Plans & Profils de Châteaux, Maisons de Campagne & Monastères de Brabant.

39465. ☞ Délices du Brabant & de ses Campagnes, ou Description des Villes, Bourgs & principales Terres Seigneuriales de ce Duché, accompagné des Evénemens les plus remarquables, jusqu'au temps présent ; par M. DE CANTILLON : Ouvrage enrichi de 200 Figures en taille-douce : *Amſterdam*, 1758, *in*-8. 4 vol.]

39466. ☞ Théâtre Sacré du Duché de Brabant : *la Haye*, Vanlom, 1729, *in-fol.* 3 vol. fig.]

39467. ☞ Théâtre profane du Duché de Brabant; par Jacques LE ROY : *la Haye*, Vanlom, 1730, *in-fol.* fig.]

39468. ☞ Les Trophées ſacrés & profanes du Duché de Brabant ; par Chriſtophe BUTKENS, avec figures gravées en taille-douce : *la Haye*, 1724, *in-fol.* 4 vol.]

39469. Monumenta ſepulchralia Brabantiæ; Auctore Franciſco SWERTIO : *Antverpiæ*, Belleri, 1612, *in*-8.

39470. Encomium Brabantiæ; Auctore Joanne-Baptiſta GRAMMAYE, Antverpienſi : *Amſtelodami*, Hondius, *in*-4.

Ce Diſcours eſt réimprimé dans les *Antiquitates Belgicæ* du même Auteur : *Lovanii*, 1708, *in-fol.*

39471. Traité de l'Origine des Ducs & Duché de Brabant, & de ſes Charges Palatines; avec une Réponſe aux Vindices de Ferrand ſur les Fleurs de Lys ; par Jean DE VADERE : *Bruxelles*, Marchand, 1672, *in*-4.

39472. ☞ Mſ. Joannis LATOMI, Decani Collegiatæ Eccleſiæ Sancti Bartholomæi Francofurdienſis, Regum & Ducum Auſtraſiæ, hoc eſt Lotharingiæ & Brabantiæ Principum, à Pipino Heriſtalio ad Philippum II. Burgundum : *in-fol.*

Cette Hiſtoire eſt conſervée à Rome, dans la Bibliothèque du Vatican, parmi les Manuſcrits de la Reine de Suède, num. 508. Le Brabant étoit ſa principale partie de la Baſſe-Lorraine.]

39473. Vie de Saint Pépin (de Landen,) Duc de Brabant.

Cette Vie de Saint Pépin, mort en 640, eſt rapportée par Arnaud d'Andilly, *pag.* 328 de ſon Recueil des *Vies des Saints illuſtres : Paris*, [le Petit,] 1675, *in-fol.*

39474. Vie du même; par François GIRY.

Dans ſon Recueil des *Vies des Saints*, au 23 Février.

39475. Vie du même; par Adrien BAILLET.

Dans ſon Recueil des *Vies des Saints*, au même jour.

39476. Mſ. Chronicon Brabantiæ vetus, uſque ad annum 1267.

Jean-Jacques Chifflet dit , *pag.* du *Faux Childebrand*, que cette Chronique lui eſt tombée entre les mains.]

39477. Mſ. Hiſtoriæ Brabantiæ Libri VII. uſque ad annum 1290.

Cette Hiſtoire eſt citée par Grammaye, dans le Catalogue des Auteurs dont il s'eſt ſervi.

39478. Les Actions les plus ſignalées des Ducs & Princes de Brabant, juſqu'en 1406; par Chriſtophe BUTKENS.

Elles ſe trouvent dans le Tome I. de ſes *Trophées du Brabant*, qu'il a ſeul publié : *Anvers*, Jegher, 1641.

Voyez ci-deſſus, [N.° 38468.]

== Franciſci HARÆI, Annales Ducum Brabantiæ, ad annum 1430.

☞ *Voyez* ci-deſſus, N.° 39306.]

39479. Mſ. Chronique du Brabant, en Vers Flamands ; par Nicolas LE CLERC, Secrétaire de la Ville d'Anvers.

Cette Chronique eſt citée par Valère André, dans ſa *Bibliothèque des Auteurs Belgiques*.

39480. ❋ Chronique du Brabant, avec fig. *Anvers*, 1497, *in*-4. (en Flamand.)

39481. Chronicon Brabantiæ ; Auctore Edmundo DINTERO, Brabanto, Canonico Sancti Petri Lovanienſis: *Francofurti*, 1529, *in*-4.

Cet Auteur, qui a été Secrétaire de quatre Ducs de Bourgogne, eſt mort en 1448.

39482. Mſ. Antiquitatum Brabanticarum, Libri ſeptem, uſque ad annum 1450.

Ces Livres ſont cités par Grammaye, dans le Catalogue des Auteurs dont il s'eſt ſervi.

39483. Mſ. Hiſtoire & Faits des Ducs de Brabant ; par Jacques ANGIAN , Chevalier Seigneur de Caſtergate , dans le Territoire de Bruxelles.

Cet Auteur fleuriſſoit en 1460. Grammaye dit qu'il s'en eſt ſervi : il eſt auſſi cité par Valère André, dans ſa *Bibliothèque des Auteurs Belgiques*.

39484. Mſ. Hiſtoria Brabantiæ ; Auctore Petro A THIMO, Ghierlenſi, Canonico & Theſaurario Bruxellenſi, uſque ad tempora Caroli Ducis Burgundiæ & Brabantiæ.

Cet Auteur, dont le nom vulgaire eſt VAN-DER-HEYDEN, Juriſconſulte, eſt mort en 1473. Son Hiſtoire [étoit] conſervée dans les Archives de la Ville de Bruxelles.

☞ Foppens dit qu'elle a péri lors du Bombardement de cette Ville, ou qu'elle a été volée.]

39485. Mſ. Hiſtoria Brabantiæ ; Auctore Ægidio FABRO, Carmelita.

Cet Auteur fleuriſſoit en 1490. Son Hiſtoire eſt citée par Valère André, dans ſa *Bibliothèque des Auteurs Belgiques*.

39486. Mſ. Hiſtoria Brabantiæ, ac Cameracenſium Principum & Epiſcoporum ; par Philippe WIELANDT, Préſident du Conſeil en Flandre.

Jean-Gérard Voſſius, *pag.* 639 de ſon Livre des *Hiſtoriens Latins*, imprimé à Leyde en 1651, aſſure que Philippe Weilant (ou Wielandt,) Chevalier Seigneur de Landeghem, & Préſident du Conſeil en Flandres, a laiſſé cette Hiſtoire manuſcrite. A en juger par les Mémoires manuſcrits du même Wielandt ſur la Flandre, (ci-deſſus, N.° 39378,) cette autre Hiſtoire de ſa façon n'eſt pas à négliger.

39487. De Actibus noviſſimis Terræ Brabantiæ, anno 1493, quo videlicet pacto Reſpublica Brabantiæ, diu felix & beata, ruere in pejus cœpit poſt Caroli Burgundi miſerandam ac damnoſam cœdem ; Auctore Jacobo ROTARIO , Canonico ad Sanctum Dionyſium Leodii.

Cette Hiſtoire eſt conſervée dans la Bibliothèque de

Histoires du Duché de Brabant, &c.

Saint-Martin de Liège, selon Valère André, dans sa *Bibliothèque des Auteurs Belgiques.*

39488. Mf. Commentaria Gallo-Brabantiæ; Auctore Joanne BLONDEAU.

Ce Livre est souvent cité dans la *Chronique* de Van-Haecht Goidchsenhoven, [indiqués ci-après, N.° 39495.]

39489. Chronique de Brabant, Hollande, Zélande & Frise : *Anvers*, 1512, *in-fol.* (en Flamand.)

39490. Ducum Brabantiæ Chronica Adriani BARLANDI. Item Brabantiados Poëma Melchioris BARLÆI, iconibus nunc primùm illustrata, ære ac studio Joannis-Baptistæ VRIENTII; operâ quoque Antonii DE SUCCA: *Antverpiæ*, Moreti, 1600 : *Francofurti*, 1630: *Bruxellæ*, 1663, *in-fol. Antverpiæ*, 1603, *in-8.* [& avec les *Scriptores rerum Belgic. Francofurti*, 1580, *in-fol.*]

La même Chronique, traduite en François, & enrichie de figures & de pourtraits par la dépense de Jean-Baptiste VRIENT: *Anvers*, Vrient, 1603, [1612,] 1643, *in-fol.*

Barlandus est mort en 1542.

39491. Rerum Brabanticarum Libri novemdecim; Auctore Petro DIVÆO, editi studio Auberti Miræi cum Auctuariolo: *Antverpiæ*, Verdussen, 1610, *in-fol.*

Cet Historiographe du Brabant est mort en 1581. Son Histoire commence à l'origine de la Nation, & vient jusqu'en 1580 de Jesus-Christ. C'est un Auteur exact & sçavant.

39492. Militia sacra Ducum Brabantiæ; Auctore Joanne MOLANO, Theologiæ Doctore, adjectæ sunt Notationes Petri LOUWII: *Antverpiæ*, Moreti, 1592, *in-8.*

Molanus est mort en 1585. Son Livre contient l'Histoire des Guerres que les Ducs de Brabant ont entreprises pour cause de Religion. C'est un des plus curieux & des plus rares Ouvrages de ce Docteur.

39493. Mf. Brabantiæ Chronica, ex Diplomatibus, aliisque vetustis Monumentis adornata à Laurentio CUYPERO, Gerardimontano, Carmelitarum Priore.

Cet Auteur est mort en 1594. Selon Valère André, sa Chronique est conservée à Bruxelles, dans la Bibliothèque des Carmes.

39494. Historia Brabantiæ, de Ducibus Brabantiæ; Auctore Joanne-Baptista GRAMMAYE: *Lovanii*, Masius, 1606, *in-4.*

Cette Histoire, qui finit en 1596, est aussi imprimée dans ses *Antiquitates Belgica: Lovanii*, 1708, *in-fol.*

39495. Chronique des Ducs de Brabant; par Laurent VAN-HAECHT GOIDSCHENHOVEN: *Anvers*, 1606, 1612, *in-fol.* [en Flamand.]

Cet Auteur est mort en 1603.

39496. Mf. Chronicon Ducum Brabantiæ vetus, deductum à Suffrido PETRI usque ad sua tempora.

Cet Auteur est mort en 1597. Sa Chronique est conservée à Leuwarde, selon Valère André, dans sa *Bibliothèque des Auteurs Belgiques.*

== Synopsis rerum bello & pace gestarum à Brabantiæ Ducibus, ab anno Christi 1267, usque ad annum 1633; Auctore Huberto LOYENS.

☞ *Voyez* ci-dessus, N.° 38869.]

39497. ☞ Anonymi sed veteris & fidi Chronicon Ducum Brabantiæ, cum Observationibus Antonii MATTHÆI: *Lugduni Batav.* 1707, *in-4.*]

39498. Brabantia sacra & profana; Auctore Antonio SANDERO: *Antverpiæ*, 1644, *in-fol.*

Le même Auteur a depuis donné en Latin; sçavoir, en 1650, la *Chorographia sacrée de Brabant*; il avoit publié en 1641 la *Flandre illustrée* en deux volumes. Ces Livres, quoique bons, n'ont pas laissé de ruiner cet Auteur, qui avoit fait imprimer à ses dépens.

☞ Il est mort, retiré dans l'Abbaye d'Affligem, en 1664. L'Histoire des Pays-Bas lui doit beaucoup, & quoiqu'il y ait un grand nombre de ses Ouvrages d'imprimés, il en reste encore de Manuscrits. On peut voir ce qui en est rapporté dans la *Bibliothèque Belgique* de Foppens, tom. I. pag. 87 & seq. *Bruxellis*, 1739, *in-4.* 2 vol.]

== Suite historique des Ducs de la Basse-Lorraine, &c. par DU BOSC DE MONTANDRÉ.

☞ *Voyez* ci-dessus, N.° 38826.]

Les Ducs de la Basse-Lorraine sont ceux du Brabant, & si cette Histoire est placée avec celle de Lorraine, c'est à cause qu'il y est parlé du changement du nom d'Austrasie en Lorraine.

39499. Inclyti Brabantiæ Duces Belgici, Burgundici, Austriaci, à Godefrido Barbato Duce ad Carolum II. Hispaniæ Regem, Brabantiæ Ducem, eorumque ortus, connubia, fundationes, epitaphia, elegia, insignia, &c. *Coloniæ*, 1675, *in-4.*

39500. ☞ Chronologie historique des Ducs de Lothier ou Basse-Lorraine, & de Brabant; (par Dom François CLEMENT, Bénédictin de la Congrég. de S. Maur.)

Dans la seconde Edit. de l'*Art de vérifier les Dates*: (*Paris*, Desprez, 1770, *in-fol.*) *pag.* 628.]

39501. ☞ Brevis Animadversio pro parte Limburgensium & Brabantorum contra Leodienses: 1719, *in fol.*]

39502. Joannis-Baptistæ GRAMMAYE, Gallo-Brabantiæ Antiquitates, [in quibus Lovanii, Bruxellæ, Antverpiæ, Silvæ-Ducis, aliorumque Oppidorum, Municipiorum, Cœnobiorum, &c. initia, incrementa, opera, aliaque tractantur:] *Bruxellæ*, 1606, *in-4.*

Cet Ouvrage se trouve aussi avec les *Antiquitates Belgica* du même Auteur : *Lovanii*, 1708, *in-fol.*

39503. Mf. Lovaniensium rerum Libri: Auctore Edmundo DINTERO.

Cette Histoire est citée par Sanderus, *pag.* 251 du tom. I. de sa *Bibliothèque des Manuscrits Belgiques.*

39504. Joannis MOLANI, Doctoris Theologi Lovaniensis, Annales Urbis Lovaniensis: *Lovanii*, 1572, *in-4.*

Cet Auteur est mort en 1585.

39505. Justi LIPSII, Lovanium sive Oppidi & Academiæ Descriptio: *Antverpiæ*, 1605, *in*-8.

Le même Discours est imprimé dans le Recueil de ses Œuvres. Cet Auteur est mort en 1606.

39506. Joannis-Baptistæ GRAMMAYE, Lovanium, Brabantiæ Metropolis, cum suo Territorio: *Bruxellæ*, 1606, *in*-4.

La même Histoire est imprimée avec ses *Antiquitates Belgicæ, Lovanii*, 1708, *in-fol.*

39507. Histoire de la Ville de Louvain; par Nicolas PARIVAL: *Louvain*, 1667, *in*-8.

39508. ☞ Damiani GOIS, Lusitani, Urbis Lovaniensis Obsidio (ann. 1542,) sive de captivitate suâ & de iis quæ ad Lovanium à Longovallio Gallorum Duce acta sunt Narratio: *Olysippone*, 1546, *in*-4. &c.

Cet Ouvrage a été réimprimé parmi les *Historiens d'Allemagne* de Schardius.]

39509. Joannis-Baptistæ GRAMMAYE, *Bruxella* cum suo Comitatu: *Bruxellæ*, 1606, *in*-4.

Cette Histoire est aussi imprimée avec ses *Antiquitates Belgicæ : Lovanii*, 1708, *in-fol.*

39510. Erycii PUTEANI Bruxella Septenaria: *Bruxellæ*, Mommar, 1646, *in-fol.*

Cet Auteur est mort en 1646.

39511. ☞ Trésor des Antiquités de la Ville de Bruxelles: *Bruxelles*, *in-fol.* (en Flamand.)

== ☞ Levée du Siège de *Bruxelles*, en 1708.

Voyez ci-devant, Tome II. N.° 24444.]

== ☞ Prise de *Bruxelles*, en 1746.

Ibid. N.° 24668.]

39512. Joannis-Bapt. GRAMMAYE, Taxandria, in qua antiquitates & decora, initia, incrementa, privilegia, ornamenta, fundationes, monumenta, viri, res notatu dignæ ex Archivis singulorum locorum, ipsiusque Auctoris peregrinatione collecta: *Bruxellæ*, 1610, *in*-4.

Cet Ouvrage est aussi imprimé avec ses *Antiquitates Belgicæ : Lovanii*, 1708, *in-fol.*

== ☞ Sur *Dispargum* (aujourd'hui *Diest*,) où étoit le Palais du Roi Clodion.

Voyez ci-devant, Tome II. N.° 26985.]

== ☞ Prise de *Leuves* (ou *Lewes*, en Brabant:) 1678.

Ibid. N.° 24130.]

== ☞ Victoire de *Nerwinde*, (près de Tirlemont, en Brabant,) l'an 1693.

Ibid. N.° 24327.]

== ☞ Bataille de *Ramilly*, entre Tillemont & Namur, en 1706.

Ibid. N.° 24433.]

39513. *Antverpiani* Emporii Topographia, carmine; Auctore Joanne GOLSCALCO, Antverpiensi: *Antverpiæ*, 1540, *in*-8.

L'Auteur est mort en 1551.

39514. ☞ Dan. ROGERII, Albimontani, de laudibus Antverpiæ, Ode; accedit in eamdem Urbem Hymnus seu laus, Elegia Græca, & Georgii SCHRAGELII Boii Elegia Encomiastica: *Antverpiæ*, 1565, *in*-4.]

39515. Origines Antverpienses, sive Cimmeriorum Beccesselana novem Libros complexa; Auctore Joanne Goropio BECCANO: *Antverpiæ*, Plantin, 1569, *in-fol.*

Cet Auteur est mort en 1572.

39516. Caroli SCRIBANII, è Societate Jesu, Antverpia, de Viris, Civiumque laudibus ac moribus: Origines Antverpiensium; Urbis initia & descriptio: *Antverpiæ*, Moreti, [in officinâ Plantinianâ,] 1610, *in*-4.

L'Auteur est mort en 1629.

39517. Joannis-Baptistæ GRAMMAYE, Antverpiæ antiquitates & oppidorum, municipiorum, pagorum, dominiorum quæ sub ea sunt: *Bruxellæ*, 1610, *in*-4.

Cet Ouvrage est aussi imprimé avec les *Antiquitates Belgicæ* du même Auteur: *Lovanii*, 1708, *in-fol.*

39518. Notitia Marchionatûs S. R. Imperii, hoc est, Urbis & Agri Antverpiensis, Oppidorum, Dominiorum, Monasteriorum, Castellorum sub eo; in qua origines & progressus illorum eruuntur: ex Archivis, Regiis Oppidanis, Monasticis, Sepulchralibus, Monumentis, &c. Auctore Jacobo LE ROY, S. R. I. Libero Barone, Domino de la Tour, cum Tabulis æneis: *Amstelodami*, 1678, *in-fol.*

☞ Struvius l'appelle mal *du Roy*.]

39519. Ms. Annales Antverpienses, ab ipsa Fundatione ad annum 1700; Auctore Daniele PAPEBROCHIO, Societatis Jesu: *in-fol.*

Cet Auteur est mort en 1714. Ses Annales d'Anvers sont conservées dans la Bibliothèque du Collège des Jésuites d'Anvers. On peut voir son Eloge imprimé au commencement du Tome VI. des *Actes des Saints* du mois de Juin.

39520. ☞ Entrée de François de FRANCE, Duc de Brabant & d'Alençon, en sa Ville d'Anvers, en 1582: *Anvers*, Plantin, *in*-4.

« Ce Prince, frère des trois derniers Rois de France, » de la Race des Valois, se comporta fort mal dans les » Pays-Bas (où il avoit été appellé,) & par-là il en » perdit la Souveraineté ». Lenglet, *Supplément à la Méth. histor. in*-4.]

39521. ☞ Senatûs Populique Antverpiensis Nobilitas, sive septem Tribus Patriciæ Antverpienses: *Lugduni Batav.* 1672, *in*-12.]

39522. ☞ Discours des Droits appartenans à la Maison de Nevers (Gonzague,) ès Duché de Brabant & Ville d'Anvers: *Paris*, 1581, *in*-4.]

39523. Joan. Bapt. GRAMMAYE, Historiæ & Antiquitatum Urbis & Provinciæ Mechliniensis, Libri III. *Bruxellæ*, Velpius, 1607.

Ces trois Livres sont aussi imprimés avec ses *Antiquitates Belgicæ* : *Lovanii*, 1708, *in-fol.*

39524. ☞ Historia Sacra & Profana Mechliniensis…. Urbium, Oppidorum, Dominiorum, &c. à Cornelio VAN-GESTEL : *Hagæ Com.* 1725, *in-fol.* 2 vol.

On l'a déja indiquée pour la partie *Ecclésiastique*, ci-devant, Tome I. N.° 9058.]

Histoires du Brabant Hollandois.

39525. Mf. De origine & rebus gestis Trajectensium ad Mosam (*Mastreicht* ;) Auctore Matthæo HERBENO, Mosæ-Trajectino.

Cet Auteur a fleuri l'an 1495. Son Histoire est citée par Valère André, dans sa *Bibliothèque des Auteurs Belgiques.*

== ☞ Siège & Prise de Mastreicht par les François, en 1673.

Voyez ci-devant, Tome II. N.os 24011 & 24014.]

== Autre Siège, en 1676.

Ibid. [N.° 24100.]

== ☞ Campagne de Mastreicht : Siège & Prise de cette Ville, en 1748.

Ibid. N.os 24704, 24705 & 24706.]

39526. Descriptio Urbis Sylvæducensis ; (*Bosleduc* ;) scripta anno 1540 ; Auctore Simone PELEGROMIO, Sylvæducensi, Guillelmita : *Amstelodami*, 1629, *in-4.*

L'Auteur est mort en 1572.

39527. Description de la Ville de Bosleduc ; par Jean OUDENHOVEN : *Amsterdam*, 1649, *in-4.* (en Flamand.)

39528. ☞ Brève Description du fameux Siège de Bosleduc ; par J. PREMPART : *Lewarde*, 1630, *in-fol.* fig.]

39529. ☞ Histoire du Siège de Bosleduc, & de ce qui s'est passé aux Pays-Bas Unis, l'an 1629 , traduite du Latin de Daniel Heinsius : *la Haye*, Elzevir, 1631, *in-fol.* fig.]

== ☞ Siège & Reddition de *Grave*, en 1675.

Voyez ci-devant, Tome II. N.os 24041-24043.]

39530. Joan. Bapt. GRAMMAYE, Antiquitates *Bredanæ.*

Cet Ouvrage se trouve avec ses *Antiquitates Belgicæ* : *Lovanii*, 1708, *in-fol.*]

39531. ☞ Obsidio Bredana ; Auctore Hermanno HUGO : *Antverpiæ*, 1626, *in-fol.* fig.

Le Siège de Breda, traduit du Latin de Herman HUGO ; par P. H. Chifflet : *Anvers*, Plantin, 1631, fig.]

39532. ☞ De Obsidione *Bergopsomii* , Commentarii Jacobi BASELII, filii : *Bergopsomii*, 1603, *in-4.*]

== ☞ Siège & Prise de Bergopsom par les François, en 1747.

Voyez ci-devant, Tome II. N.os 24695-24697.]

== ☞ Histoires des différens Sièges qu'a soutenus Bergopsom.

Ibid. N.° 24695, à la Note.]

Histoire du haut Quartier de Gueldre.

☞ Ce Pays, qui est l'un des quatre Quartiers de la Gueldre, a été uni au Brabant depuis l'établissement de la République des Provinces-Unies, qui possède tout le reste de la Gueldre. C'est l'une des dix Provinces des Pays-Bas Catholiques, & sa possession a conservé aux Espagnols & à la Maison d'Autriche le titre de Duché de Gueldre. Sa Capitale est *Roermunde* ou *Ruremunde*, Evêché. Une partie de ce même Pays est encore possédée par les Hollandois, & l'on en a cédé une autre en 1713 au Roi de Prusse.]

39533. Ruræmunda illustrata ; ab Othone ZILIO, Ultrajectino, è Societate Jesu, nomine Rhetorum Ruræmundanorum : *Lovanii*, 1605, *in-8.*

☞ LES Histoires générales de Gueldre, que l'on trouvera dans l'Article suivant, §. II. peuvent être consultées sur ce Quartier, où se trouve l'ancien Château & la Ville de *Gelre* ou *Gueldre*, aujourd'hui possédée par le Roi de Prusse.]

§. VI.

Histoires des Provinces-Unies.

☞ APRÈS les Histoires générales nous indiquerons seulement celles des Provinces qui étoient autrefois de la Gaule, sans faire mention, comme on l'a dit ci-devant, de l'Overissel, de la Frise & de Groningue, qui sont au-delà du Rhin.]

§. I. Histoires générales.

== Joannis-Isaci PONTANI, de Rheni divortiis atque ostiis, eorumque accolis.

Voyez ci-devant, [Tome I. N.° 159.]

== Mensonis ALTING, Notitia Germaniæ inferioris, sive Descriptio agri Batavi & Frisii.

Dans le [même Volume, N.° 160.]

39534. ☞ Brève énarration de l'inondation très-triste qui est arrivée le 26 Juin 1682, en Hollande, Zélande, Brabant & Flandre ; où l'on parle des principales inondations arrivées depuis le Déluge jusqu'à cette année ; par Henri VANDAM : *Rotterdam*, 1682, *in-8.* (en Hollandois)].

39535. Petri SCRIVERII, Harlemensis, Batavia illustrata, in qua de Batavorum Insula, Hollandia, Zelandia, Frisia, Territorio Trajectensi & Gelria, Scriptores varii : item Chronici Gelriæ Compendium ; Auctore Henrico AQUILIO, cum Scriverii Observationibus : *Lugduni-Batav.* 1609, *in-4.*

☞ *Voyez* sur ce Recueil, *Struvii Bibliothec. Edit.* 1740, *pag.* 541.]

Editio altera, auctior, sub hoc titulo: Petri SCRIVERII Inferioris Germaniæ Provinciarum Unitarum, Antiquitates : *Lugduni-Bat.* 1611, *in-4.*]

39536. La grande Chronique ancienne & moderne de Hollande, Zélande, Westfrise, Utrecht, Frise, Overissel & Groningue, jusqu'en 1600; par Jean-François LE PETIT: *Dordrecht,* [Guillemot,] 1611, *in-fol.*

39537. ☞ Abrégé de la [même] Chronique : *Saint-Gervais,* (fauxbourg de Genève,) Vignon, 1604, *in-*8. 2 vol.]

39538. ☞ Hugonis GROTII, Liber de antiquitate Reipublicæ Batavicæ : *Lugduni-Batav.* 1604, 1610, *in-*4.

Ce petit Traité a été réimprimé plusieurs fois, & il se trouve dans la Collection des Républiques publiées par les Elzeviers : *Lugduni-Batav.* 1630, *in-*14. avec des Notes ou Additions de l'Auteur. Il est fort beau; mais Grotius y a montré trop d'affection pour sa patrie, en voulant prouver que les Comtes de Hollande n'avoient jamais été soumis à l'Empire. Aussi est-il convenu dans la suite, qu'il y avoit des choses peu exactes, entr'autres que les Bataves avoient toujours été libres & n'avoient point été soumis aux anciens François : *Vie de Grotius,* par M. de Burigny : (*Paris,* Debure, 1752, *in-*12.) tom. I. pag. 68.]

39539. Respublica Belgii Confœderati, seu Gelriæ, Hollandiæ, Zelandiæ, Trajecti, Frisiæ, Transisalanæ & Groningæ Descriptio Chorographica & politica : *Lugduni-Batav.* 1630, *in-*24.

☞ Cet Ouvrage a été disposé & fait en partie par Jean DE LAET. C'est un des Volumes de ce Recueil que l'on appelle les *petites Républiques,* & dont on trouve un Catalogue (qu'il étoit nécessaire de donner,) p. 149 de la seconde partie du Tome II. des *Mémoires de Littérature* de Sallengre : *la Haye,* 1715 & 1717, *in-*8. quatre parties en 2 vol.]

39540. Les Délices de la Hollande, contenant la Description exacte du Pays, des mœurs & des Coutumes des Habitans; avec un Abrégé historique depuis l'établissement de la République; par Jean DE PARIVAL : *Leyde,* 1651, *in-*12. [*Paris,* 1665, *in-*12.]

Les mêmes augmentées : *Leyde,* 1697, *in-*12.

Les mêmes, Ouvrage nouveau sur le Plan de l'ancien : *la Haye,* Van; *Dôle,* 1710, *in-*12. 2 vol.]

39541. Theatro Belgico, o verò Ritratti historici, politici, chronologici & geographici delle sette Provincie Unite; da Gregorio LETI, con figure : *in Amsterdam,* 1648, *in-*4.

39542. Histoire abrégée des Provinces-Unies des Pays-Bas, enrichie de figures : *Amsterdam,* 1701, *in-fol.* fig.

☞ L'Abbé Lenglet dit que c'est un mauvais Ouvrage.]

39543. ☞ Etat présent de la République des Provinces-Unies (ou) Description Géographique du Pays, historique & politique de son Gouvernement général, & de celui de chaque Province & de chaque Ville en particulier; ses forces, ses alliances, &c. par F. M. JANIÇON, Agent de S. A. S. Monseigneur le Landgrave de Hesse-Cassel : *la Haye,* 1731, *in-*12. 4 vol.

Troisième Edition, avec des Observations, 1741, *in-*8. 2 vol.

On prétend que cet Ouvrage n'est pas entièrement exact, & l'on s'est proposé d'y suppléer dans le Tome I. de l'*Histoire générale,* qui suit.]

39544. ☞ Histoire générale des Provinces-Unies; par M. D*** (DESJARDINS,) ancien Maître des Requêtes, & M. S***, (SELLIUS,) de l'Académie Impériale (de S. Petersbourg,) & de la Société Royale de Londres : *Paris,* P. G. Simon, 1757-1770, *in-*4. 8 vol. avec Cartes & figures.

Le premier Volume, après une Préface assez intéressante, donne plusieurs espèces de Dissertations; 1.° sur l'origine, les Mœurs, le Gouvernement & les Antiquités des premiers Habitans de la Hollande, c'est-à-dire des Bataves : 2.° sur le Gouvernement des Provinces-Unies, leur grand Commerce dans les différentes parties du Monde, &c. L'Histoire commence au second Volume, & l'on y trouve beaucoup de choses sur les premiers François, tirées d'un Manuscrit de M. Fréret (que nous avons indiqué ci-devant, Tome II. N.° 15451;) sur nos Rois Mérovingiens & Carlovingiens, après quoi l'on entre dans l'Histoire des Comtes de Hollande. Les Troubles qui ont donné occasion à la formation de la République des Provinces-Unies, y sont exposés en détail.]

§. II. *Histoires de la Gueldre.*

39545. Ms. Chronicon Gelriæ; Auctore Gaspare HARTEVELTIO, Canonico Gravensi.

Cette Chronique est citée par Valère André, dans sa *Bibliothèque de Flandre.*

39546. Ms. Compendium Chronicorum Gelriæ, è diversis Chronicis in longum, ut præfatur, protractum; Auctore Guillelmo DE BERCHEM, Geldro, Niellensi Ecclesiæ Pastore.

Cet Auteur a fleuri l'an 1466. Son Abrégé est cité par Valère André, au même endroit.

39547. * Chronicon Geldriæ, versibus; Auctore Conrado ZUTPHIO : 1562, *in-*4.

39548. Compendium Chronici Gelriæ; Auctore Henrico AQUILIO Arnhemensi-Geldro, cum Joannis DORRII, Encomio Ducatûs Gelriæ : *Coloniæ,* 1567, *in-*8.

Cet Abrégé est aussi imprimé avec le *Batavia illustrata* de Scriverius : *Lugduni-Batavorum,* 1609, *in-*12. L'Eloge de Dorrius est en Vers élégiaques.

39549. Ms. De Geldrorum Principum seu Ducum origine & rebus gestis usque ad Carolum V. Imperatorem; Auctore Regnero TEGNAGELLIO, Arnhemio, Juris utriusque Doctore.

Cet Auteur est mort en 1585. Son Histoire est citée par Valère André, dans sa *Bibliothèque Belgique.*

39550.

39550. ☞ Assertio Juris, quòd Imperatoria Majestas ad Gelriæ Ducatum & Zutphaniæ Comitatum habere prætendit; cum defensione contra ejusmodi assertionem : *Selingiaci*, 1543, *in-fol.*]

39551. Wernheri Teschenmacher, Geldria & Zutphania.

Cet Ouvrage est à la suite des *Annales Juliæ*, &c. ci-dessus, [N.° 39241.]

39552. Historiæ Gelricæ Libri XIV. Præcedit Ducatûs Gelriæ & Comitatûs Zutphaniæ chorographica Descriptio ; Auctore Joanne Isacio Pontano, Dano, Hardervici Professore : *Hardervici*, 1639, *in-fol.*

Cet Auteur est mort en 1640.

La même Histoire, traduite en Flamand ; par André Schlichunhort ; [corrigée & augmentée de plusieurs Chapitres & de figures :] *Arnheim*, 1654, *in-fol.*

39553. Historia Ecclesiastica Ducatûs Gelriæ, à Christo nato usque ad annum 1700, à Joanne Knippenbergh, Geldro-Helsensi : *Bruxellis*, Foppens, 1718, *in-4.*

39554. Oppidum Batavorum seu Noviomagus (*Nimégue*,) Joannis Smith Liber singularis ; in quo ostenditur Batavorum Oppidum quod in Cornelio Tacito, Libro Historiarum quinto, capite decimo nono memoratur, esse Noviomagum, eodemque opera plurima traduntur; in quibus Batavorum origines, Historiæ, Respublicæ & Antiquariæ illustrandæ inseruntur : *Amstelodami*, 1645, *in-4.*

39555. Antiquitates Neomagenses, cum figuris : *Neomagi*, 1675, *in-4.*

☞ Struvius dit : 1678. Peut-être y en a-t-il eu deux Editions.]

== ☞ Journée de Nimégue, en 1702.

Voyez ci-devant, Tome II. N.° 24409.]

39556. ☞ Zuederi de Culemburch, cy Dynastis de Culenburch, Origines Culenburgicæ, ab anno 1025, ad annum 1494, (en Flamand.)

Cette espèce de Chronique de la petite Ville de *Culenbourg*, est imprimée au Tome VI. des *Analecta* d'Antoine Matthieu : *Lugd. Batav.* 1697, *in-8.* 1738, *in-4.*]

== *Ruræmunda* illustrata.

☞ *Voyez* ci-dessus, N.° 39553.]

§. III. *Histoire de la Seigneurie d'Utrecht.*

39557. ☞ Gerardi Listrii, Descriptio Ultrajectinæ Regionis.

Cette Description est imprimée dans la Collection intitulée : *Germanicarum Historiarum illustratio* : *Magdeburgi*, 1542, *in-8.* On trouve principalement dans ce Recueil des Descriptions de Villes, &c. mais ces Ouvrages ne paroissent pas assez travaillés.]

39558. Descriptio Urbis Ultrajectinæ, unà cum Tabula geographica ; Auctore Arnoldo Buchelio : *Lovanii*, 1605, *in-8.*

Cet Auteur est mort en 1641.

39559. De Urbis Ultrajectinæ situ, origine, Episcopis, &c. ex Lamberto Hortensi, Ænea Silvio, Raphaële Volaterrano, & Adriano Junio, excerpta à Petro Scriverio.

Ces Extraits sont imprimés dans sa *Batavia illustrata*: *Lugduni-Batavorum*, 1609, *in-4.*

== Chronica de Trajecto & rerum Hollandicarum.

☞ *Voyez* ci-devant, Tome I. N.° 8794.]

39560. De Rebus Ultrajectinis, in primis de Bello cum Coverdensibus, Tarantiis, seu Drentinis gesto, Auctoris incerti Narratio historica, ab anno 1138, ad annum 1233, cum Notis & Additionibus Antonii Matthæi : *Lugduni-Batav.* 1690, *in-4.*

39561. ☞ Chronique de Jean de Beka, Chanoine d'Utrecht, traduite avant la Réformation en Hollandois, par un Anonyme qui y a ajouté beaucoup de choses en différens endroits, & qui a continué depuis l'année (1393,) où Beka étoit resté, jusqu'en 1426.

Cette Chronique, qui commence à Saint-Willebrod, (l'an 690,) est imprimée (en Hollandois) avec des Observations d'Antoine Matthieu, Tome V. de ses *Analecta Veteris Ævi : Lugduni-Bat.* 1697, *in-8.* & *Hagæ-Comit.* 1738, *in-4.* tom. *III.* Nous avons indiqué ci-devant la Chronique même de Beka, Tom. I. N.° 8793.]

39562. ☞ Annales des choses arrivées en Hollande & dans le Diocèse d'Utrecht, en 1481, & les deux années suivantes, (en Hollandois.)

Ces Annales sont imprimées *tom. II.* des mêmes *Analecta* d'Antoine Matthieu : *in-4.* Elles sont intéressantes pour les anciennes Familles d'Utrecht. L'Editeur y a joint l'Extrait d'une Histoire Françoise de Thomas Basin, Archevêque de Césarée, qui parle des mêmes faits, mais qui remonte plus haut & descend plus bas que l'Annaliste précédent. Ce Prélat qui avoit été Evêque de Lisieux, avoit été obligé de se retirer de France à cause de Louis XI.]

39563. ☞ Tractatus habiti super Translationem Patriæ Trajectensis quantùm ad Temporalitatem, in Cæsaream Majestatem : ex Musæo Gilberti Lappii à Waveren, Jurisconsulti Ultrajectini.

Ces Pièces ont été dressées dans les temps, sur la Cession de la Seigneurie d'Utrecht à Charles-Quint, (en 1528,) par l'Evêque Henri de Bavière. Elles sont imprimées dans le Tome V. (ou l'avant-dernier) des *Analecta Belgica* de Hoynck: *Hagæ-Comit.* 1746, *in-4.* On peut en voir aussi une partie dans le *Batavia Sacra* : (*Bruxellis*, 1714, *in-fol. part.* 2, *pag.* 40 & *seq.*]

39564. ☞ Histoire abrégée de la Ville & Province d'Utrecht; par le Sieur Freschot : *Utrecht*, 1713, *in-8.*]

39565. Rerum Amersfortiarum Scriptores duo inediti, alter incertus, alter cui nomen Theodorus Verhoeven ; adjunctis Catalogis

Episcoporum Ultrajectinorum; Auctore Gerardo GELDENHAURIO, Noviomago, studio Antonii Matthæi : *Lugduni-Batav.* 1693, *in-*4.

39566. ☞ Description de la Ville d'Amersfoort, &c. par Abraham VAN BOMMEL : *Utrecht*, 1760, *in-*8. 2 vol. (en Hollandois)].

§. IV. *Histoires du Comté de Hollande.*

39567. De Etymo Hollandiæ, Liber singularis; Auctore Jacobo BRASSICA, Roterodamo : *Harlemi*, 1599, *in-*8.

Ce Livre est aussi imprimé après l'*Histoire de Hollande* de Renier Snoïus, *pag.* 198 : *Francofurti*, 1620, *in-fol.*

39568. Chrysostomi SANCTII, Neapolitani, de situ Olandiæ Epistola, ad Comitem Nagarolum : *Coloniæ*, 1541, *in-*4.

Cette Lettre est aussi imprimée *pag.* 107 de la *Batavia illustrata* de Scriverius : *Lugduni-Batav.* 1609, *in-*4.]

39569. Gerardi GELDENHAURII, Noviomagi, Historia Batavica, cum Appendice de vetustissima nobilitate, Regibus & gestis Batavorum : *Argentorati*, 1530, *in-*4. & 1533, *in-*8. *Coloniæ*, 1541, & *Francofurti*, 1580, *in-*8.

L'Auteur est mort en 1542. Son Histoire est aussi imprimée dans la *Batavia illustrata* de Scriverius.

39570. Hadriani BARLANDI, Hollandiæ, Zelandiæque Descriptio : *Francofurti, in-*8.

L'Auteur est mort en 1542.

39571. Cornelii AURELII, Batavia adversùs Gerardum Noviomagum, Libri duo, seu de antiquo vero ejus Insulæ, quam Rhenus in Hollandia facit, situ, descriptione & laudibus : operâ Bonaventuræ Vulcanii editi : *Antverpiæ*, 1586, *in-*8.

Iidem, & ejus Batavicæ gloriæ Defensio adversùs Noviomagum.

Ces Ouvrages sont imprimés dans la *Batavia illustrata* de Scriverius : ci-dessus.

== Hadriani JUNII, Hornani, Medici, Batavia, in qua præter Gentis & Insulæ antiquitatem, originem, mores, &c. declaratur quæ fuerit vetus Batavia; Item, de genuinis Francorum sedibus : *Antverpiæ*, 1588, *in-*4. *Dordraci*, 1652, *in-*12.

Cet Ouvrage, [que l'on a déja indiqué à la *Géographie*, Tome I. N.° 157,] vient d'une bonne main : l'Auteur est mort en 1575.

39572. Cornelii HAEMRODII, Amstelodamensis, Batavia, totiusque Hollandiæ & Urbium ejus brevis Delineatio, cum Notis Joannis Isacii Pontani : *Amstelodami*, 1611, *in-fol.* *Hardervici*, 1614, *in-*8.

39573. Hollandiæ Descriptio; Auctore Cornelio HAEMRODIO : *Amstelodami*, 1611; *Hardervici*, 1617, *in-*8.

39574. Antiquitatum Batavicarum Tabularium, Hollandiæ, Zelandiæque ac Noviomagi, Ducatûs Gelrici, Inscriptiones, Monumentaque antiqua repræsentans : Accessere varii Scriptores Historiæ Batavicæ, à Petro SCRIVERIO editi & illustrati : *Lugduni-Batav.* 1611, *in-*4.

La dernière partie de cet Ouvrage est la même Collection d'Historiens, que celle qu'il avoit publiée deux ans auparavant, sous ce titre : *Batavia illustrata*.

☞ On peut voir pour ce qui se trouve de plus dans ce Livre que dans le *Batavia illustrata*, la *Bibliothèque historique* de Struvius, Edit. de 1740, *pag.* 541.]

39575. ☞ Respublica Hollandiæ, & Urbes : *Lugduni-Batav.* 1630, *in-*24.

Ce petit Ouvrage, publié par Pierre Scriverius, contient les Ouvrages suivans :

1. Hugonis GROTII, de Antiquitate Reipubl. Batavicæ, cum Notis : (déja imprimé, *in-*4. *Lugd. Bat.* 1610.)
2. Pauli MERULÆ : Diatriba de statu ejusdem Reipublicæ.
3. Decretum Ordinum Hollandiæ & Westfrisiæ, an. 1587, de Majestate ejusdem Reipublicæ.
4. Lud. GUICCIARDINI, Hollandiæ & Zelandiæ Descriptio.
5. Gasp. BARLÆI, Encomia Urbium præcipuarum Hollandiæ.
6. Petri SCRIVERII, Hollandiæ & Zelandiæ Principes.]

39576. Marci Zuerii BOXHORNII Theatrum, seu Comitatûs Hollandiæ nova Descriptio cum Urbium iconismis : *Amstelodami*, 1632, *in-*4.

39577. * Batavorum cum Romanis Bellum, à Cornelio Tacito olim descriptum, nunc figuris expressum, ab Othone VÆNIO : *Antverpiæ*, apud Autorem, 1612, *in-*4. oblong.

39578. ☞ De Frisiâ & Frisiorum Republicâ, Libri aliquot; Auctore Ubbone EMMIO : *Emerici*, 1619, *in-*8.]

Ejusdem, Rerum Frisicarum Historiæ Decades : *Franekeræ*, &c. 1596-1616, *in-*8. 6 vol.

Ces Histoires de Frise sont utiles pour l'ancienne Histoire de Hollande, dont les Habitans au Moyen Age étoient Frisons, & ont été assujettis aux François.]

39579. Annales rerum à primis Hollandiæ Comitibus per trecentos quadraginta sex annos gestarum, in unum metricæ Historiæ corpus Libri X. redacti, à Jano DOUZA filio inchoati; & à Jano DOUZA patre recogniti, & perducti ad annum 1122. Item prosâ oratione : *Hagæ-Comitis*, 1599; *Lugduni-Batav.* 1601, *in-*4.

Iidem, cum Commentario Hugonis GROTII : *Lugduni-Batav.* 1617, *in-*4.

☞ Ces Annales sont écrites avec beaucoup de jugement, & d'un bon style : on y trouve beaucoup d'Antiquités du Moyen Age.]

Douza le fils est mort en 1597, & le père en 1594.

Histoires des Provinces-Unies. 651

39580. Jacobi BRASSICÆ, Responsio ad Objectiones Jani Douzæ : *Lugduni - Batav.* 1601, *in-8.*

39581. Jani Petri PHILODUSI, Philomusi filii, adversùs Petri Cornelii Brokemburgii scriptum pro Jano Dousa, Norvici Domino, Responsio : *Lugduni-Batav.* 1602, *in-fol.*

C'est une Critique assez curieuse des *Annales de Hollande*, faites par Douza.

39582. Ms. Chronique des Comtes de Hollande, depuis l'an 860 jusqu'en 1203.

Cette Chronique [étoit] entre les mains du R. P. de Lewarde, Prêtre de l'Oratoire de Mons, [qui la cite dans son *Histoire de Hainaut* : ci-dessus, N.° 39430.]

== Chronicum Belgicum ac potissimùm Hollandiæ usque ad annum 1205. Anonymi Monachi Egmondani, ab anno Domini 647, ad annum 1205.

Voyez ci-dessus, [N.° 39285.]

39583. Ms. La Chronique des Comtes de Hollande, en Vers Flamands.

Cette Chronique est citée par Valère André, qui dit qu'il croit que Melchior STOCK, Hollandois, est l'Auteur de cette Chronique, & qu'il l'a composée vers le temps de Florent V, mort en 1296.

39584. Joannis GERBRANDI, Leydensis, Carmelitani, Chronicon Hollandiæ Comitum & Episcoporum Ultrajectensium, ac de rebus domi forisque in Belgio præclarè gestis, à Christo nato ad annum usque quò vixit : 1417.

Cette Chronique est imprimée au commencement du *Recueil des Historiens Belgiques* de Swertius : *Francofurti*, 1620, [& 1680] *in-fol.*

39585. Matthæi VOSSII, Dordraceni, Gerardi Joannis filii, Chronicon Hollandiæ, Zelandiæque, partes quatuor, ab anno 859, ad annum 1432 : *Amstelodami*, [1635,] 1641, 1646; *Middelburgi*, 1664, *in-4.* [*Amstelodami*, 1680, *in-4.*]

La même Chronique, traduite en Hollandois; par Nicolas [Borremans :] *Middelburg*, 1677, *in-4.*

☞ Cet Ouvrage est excellent. L'Edition de 1680, qui a été donnée par Antoine Borremans, est augmentée, & l'on y a joint des Sommaires. On peut voir sur ce Livre le *Dictionnaire* de Prosper Marchand, Article *Vossius*, Note A.]

39586. Hadriani BARLANDI, Hollandiæ Comitum Historia & Icones, cum selectis Scholiis ad Lectoris lucem : *Lugduni-Batav.* Plantini, 1584, *in-fol. Francofurti*, Wecheli, 1585, *in-8.*

L'Auteur finit son Histoire à l'an 1477, [& il est mort vers 1542.]

☞ On trouve à la fin de ce Livre quelques autres Morceaux ; comme la Vie de Charles, Duc de Bourgogne, par le même Auteur, &c. Son Histoire des Comtes de Hollande a été réimprimée dans ses *Opuscula* : *Coloniæ*, 1603, *in 8.*]

== Annales des choses arrivées en Hollande.... en 1481, & années suivantes.

☞ *Voyez* ci-dessus, N.° 39562.]

Tome *III*.

39587. ☞ Guillelmi HERMANNI, Goudani, Hollandiæ Gelriæque bellum, quod gestum est circà annum 1507, & deinceps.

Cette Histoire est la XIIe Pièce du Tome I. des *Analecta veteris Ævi*, publiés par Ant. Matthieu, à *Leyde*, 1697, *in-8.* & réimprimés à *la Haye*, 1738, *in-4.* L'Auteur raconte bien des faits qu'on ne trouve point ailleurs.]

39588. Reneri SNOI, Goudani, Archiatri, de rebus Batavicis, Libri XIII. nunquam antehac luce donati, emendati nunc demum & recogniti operâ & studio Jacobi Brassicæ, Roterodami.

Cette Histoire finit en 1519. L'Auteur est mort en 1538. Elle est imprimée dans le *Recueil des Historiens Belgiques* de Swertius : *Francofurti*, 1620 [& 1680,] *in-fol.*

39589. Chronique de Hollande, Zélande & Frise : *Anvers*, 1530; *Dordrecht*, 1593, *in-fol. Leyde*, 1636, *in-fol.* 2 vol. (en Flamand.)

39590. ☞ La grande Chronique ancienne & moderne de Hollande, Zélande, Westfrise, Utrecht, &c. par Jean-François LE PETIT : *Dordrecht*, Cassini, 1601, *in-fol.* 4 vol.

Cette Chronique est estimée, & M. de Thou en a fait usage pour les derniers temps.]

39591. Catalogus, Genealogia & Historia brevis Regulorum Hollandiæ, Zelandiæ & Frisiæ; Auctore Petro Cornelissonio BROCKEMBERGIO, Goudano : *Lugduni-Batav.* 1584, *in-fol.*

Cet Auteur est mort en 1600.

39592. Ejusdem prisci Bataviæ & Frisiæ Reges; cum Historia vetustissimarum Hollandiæ Gentium : *Lugduni-Batav.* 1589, 1592, *in-8.*

39593. Principes Hollandiæ & Zelandiæ; Domini Frisiæ; Auctore Michaele VOSMERO; cum genuinis eorum iconibus : *Antverpiæ*, Plantini, 1578, *in-fol.*

39594. Histoire des Comtes de Hollande; depuis l'an 913 jusqu'en 1583; [par Pierre SCRIVERIUS :] *Amsterdam*, 1662, *in-12.* (en Flamand.)

La même traduite en François : *la Haye*, Vlacq, 1664, *in-12.*

☞ Par l'Avertissement de cette Traduction, il paroit que l'Original est de Pierre Scriverius ; mais il y a de plus une Continuation, & un Etat & Gouvernement de la Hollande, avec diverses Pièces qui sont en Latin dans la *Respublica*, (ci-dessus, N.° 39575) & de plus les premiers Traités de Paix des Provinces-Unies avec les Rois d'Espagne, de France & d'Angleterre.]

39595. Les Vies & Alliances des Comtes de Hollande & de Zélande, Seigneurs de Frise; imitées du Latin de Nicolas-Clément de Trelles, avec leurs Portraits : *Anvers*, Plantin, 1583, *in-fol.*

39596. Principes Hollandiæ & Zelandiæ; per Constantinum PEREGRINUM : *Antverpiæ*, 1632, *in-8.*

Baudouin JUNIUS, appellé vulgairement DE JONGHE;

Nnnn 2

de Dordrecht & de l'Ordre des Frères Mineurs, s'est ici déguisé sous le nom de *Peregrinus* ; il est mort [à Bruxelles] en 1634.

39597. Chronique de Hollande ; par Guillaume VAN GONTHOEVENS : *s'Graven-Hage*, [ou *la Haye*] 1636, *in-fol.* (en Hollandois.)

39598. Antonii THYSII, Compendium Historiæ Batavicæ, à Julio Cæsare ad ejus tempora : *Lugduni-Batav.* 1645, 1649, *in-*24.

☞ L'Auteur est mort à Leyde, en 1640. Foppens en a parlé dans sa *Bibliothèque Belgique*, *pag.* 92, sans faire mention de ses Ouvrages.]

39599. Principes Hollandiæ & Westphrisiæ, ab anno Christi 863, ære incisi ac fideliter descripti : auspiciis Petri SCRIVERII : *Harlemi*, 1650, *in-fol.*

39600. Chronique de Hollande, Zélande, Vrieslande, & d'Utrecht ; par Pierre SCRIVENERE : *Amsterdam*, 1663, *in-*4. (en Hollandois)

39601. Chronique de Hollande ; par Simon VAN LOEUWEN : *s'Graven-Hage*, (la Haye,) 1685, *in-fol.* (en Hollandois.)

39602. Les vrais Portraits des Comtes & Comtesses de Hollande trouvés anciennement dans le Cloître des Carmes de Harlem : 1700, *in-fol.*

39603. ☞ Sigeberti HAVERCAMPII, Introductio in Historiam Patriam, à primis Hollandiæ, &c. Comitibus, usque ad Pacem Ultrajectinam & Radstadtensem, ann. 1714 : *Lugduni-Batav.* Potvliet, 1739, *in-*8.]

39604. ☞ Chronologie historique des Comtes de Hollande, par D. François CLÉMENT, Bénédictin.

Dans la seconde Edit. de l'*Art de vérifier les Dates*: (Paris, Desprez, 1770, *in-fol.*) *pag.* 628.]

39605. Historia Rerum & Urbis *Amstelodamensis*; Auctore Joanne Isacio PONTANO, Dano, Helsingorensi, Historico Regis & Professore Hardervici : *Lugduni - Batav.* 1611, *in fol.*

Cette Histoire n'a pas plu à tout le monde, à cause des digressions de l'Auteur, qui est mort en 1640.

☞ Cet Ecrivain pour s'excuser de ses digressions qui regardent sur-tout les Monastères & les Eglises, fit imprimer l'Ouvrage suivant.]

39606. Apologia Jo. Is. PONTANI pro Historiâ Rerum Amstelodamensium : *Amstelodami*, 1618, 1634, *in-*4.

39607. Description de la Ville d'Amsterdam avec figures ; par Melchior FOKKENS : *Amsterdam*, 1662, *in-*12. (en Flamand.)

39608. ☞ Description de la Ville d'Amsterdam ; par Olfert DAPPER : *Amsterdam*, 1663, *in-fol.* avec figures.]

39609. ☞ Architecture, Peinture & Sculpture de la Maison de Ville d'Amsterdam, en 109 Figures ; avec l'Explication de chaque Figure : *Amsterdam*, Mortier, 1719, *in-fol.*

39610. ☞ Description de la Ville d'Amsterdam, où l'on traite de son origine, de son aggrandissement, de son Histoire, &c. par Jean WAGENAAR : *Amsterdam*, 1760 & 1761, *in-*8. 2 vol.]

39611. ☞ Gasparis COMMELINI, Descriptio Urbis Amstelodamensis : *Amstelodami*, 1694, *in-*4.]

39612. Theodori SCHREVELII, *Harlemum*, seu Urbis Harlemensis Descriptio : *Lugduni-Batav.* 1647, *in-*4.

☞ Nouvelle Edition, augmentée d'un Supplément, jusqu'à l'année 1750 : *Harlem*, 1754, *in-*4. 2 vol. avec figures.

Voyez le *Journal des Sçavans*, 1755, *Mai.*]

39613. Joannis MEURSII, Athenæ Batavæ, hoc est de Urbe *Leidensi* & Academiâ Virisque claris, qui utramque ingenio suo & scriptis illustrarunt : *Lugduni-Batav.* Vlacq, 1625, *in-*4.

L'Auteur est mort en 1639.

39614. Description de la Ville de Leyde ; par Jean Janston ORLER, Bourguemestre de Leyde : *Leyden*, 1641, *in-*4. (en Flamand.)

39615. ☞ Description de la Ville de Leyde ; par Simon VAN LEUWEN *Leyde*, 1672, *in-*12. (en Hollandois).]

39616. ☞ Description de la Ville de *Delft*, avec figures : *Delft*, 1729, *in-fol.* (en Hollandois.)]

39617. Description de la Ville de *Dordrecht*; par Jacq. D'OUDEN-HOVEN : *Haerlem*, 1666, *in-*12.]

39618. ☞ Explication de ce qui est représenté dans les magnifiques vitrages de la grande & belle Eglise de *Goude* (ou *Tergau*;) à laquelle on a ajouté des Vers sur le contenu de chaque Vitrage : *Gouda*, Emdenburch, *in-*8. (sans année.)

Il y a 31 Vitrages qui regardent l'Histoire Sainte, à l'exception de trois qui concernent l'Histoire de Hollande.]

39619. ☞ Chronique de la Ville de *Horn*; par VELIUS : *Horn*, 1617, *in-*4. (en Hollandois.)

39620. JOANNIS GERBRANDI de Leydis (Carmelitæ Leydani,) Annales *Egmondani*, cum Notis & Observationibus Antonii Matthæi : *Lugduni-Batav.* 1692, *in-*4.

☞ L'Abbaye d'Egmond, de l'Ordre de S. Benoît, avoit été fondée par les premiers Comtes de Hollande, qui y avoient leur Sépulture.]

== Ms. Chronicon Egmondanum, ab anno 1205, exorsum usque ad annum 1333;

Histoires des Provinces-Unies.

Auctore GUILLELMO, Procuratore Cœnobii Egmondani.

☞ Cette Chronique a été imprimée depuis l'Ouvrage de Vossius, d'après lequel le Père le Long en a parlé comme étant Manuscrite. Nous l'avons indiquée ci-devant, aux *Histoires générales des Pays-Bas*, après le N.° 39285, & parmi les *Histoires Ecclésiastiques d'Utrecht*, Tome I. N.° 8790.]

39621. Chronique (Flamande) des Seigneurs depuis Comtes d'Egmond; par Antoine HOVÆUS, (Bénédictin) d'Egmond, Abbé d'Epternac: *Alcmaer*, 1630, *in*-8. [*Harlem*, 1664, 1668, *in*-4.]

☞ L'Auteur est mort [à Epternac dans le Luxembourg,] en 1568.]

39622. ☞ De l'origine & des actions des anciens Seigneurs de *Bréderode*; par Jean (GERBRAND) de Leyde, Prieur des Carmes de Harlem: (en Flamand.)

Au Tome II. des *Analecta* d'Antoine Matthieu. L'Auteur fait descendre la Maison de Bréderode des Comtes de Hollande, & ceux-ci de nos Rois Mérovingiens.

Voyez encore ci-après, aux *Généalogies particulières*, les Ouvrages de Brockenberg & de Paul Voet.]

39623. ☞ Anonymi Vitæ & res gestæ Dominorum de *Arkel*.

Cette Histoire, de Seigneurs fameux de Hollande, est imprimée au Tome VIII. des *Analecta* d'Antoine Matthieu.]

39624. ☞ Description de la Ville de *Gorcum* & du Pays d'Arkel, où l'on trouve la Généalogie des Seigneurs de cette Maison, l'origine de Gorcum, ses Statuts, Chartes, &c. par Corneille VAN ZOMEREN: *Gorcum*, 1755, *in-fol*. (en Hollandois.)

§. V. *Histoire du Comté de Zélande*.

39625. Jacobi EYNDII, Delphensis, Chronicon Zelandiæ usque ad annum 1296: *Middelburgi*, 1634, *in*-4.

Cet Auteur est mort en 1614.

39626. Chronique du Comté de Zélande, par Jean REYHERSBERGE de Cotgene, (Ville de Zélande:) *Anvers*, 1551, *in*-4. (en Flamand.)

La même Chronique, avec des Remarques, & une grande augmentation de Marc Zuier BOXHORN: *Middelburg*, 1643, *in*-4. (en Flamand.)

☞ On en trouve d'autres ci-dessus, avec celle de Hollande.]

39627. ☞ Différend entre les Etats de Zélande & le Prince d'Orange, au sujet du Marquisat de Veere & de Flessingue: *Londres*, Harding, 1742, *in*-8.]

§. VI. *Histoires des Pays de la Généralité*.

☞ On appelle de ce nom les Pays conquis sur les Espagnols depuis l'Union des VII. Provinces, & hors de leurs Territoires. Ces Pays sont la *Flandre Hollandoise*, le *Brabant Hollandois*, & le *Limbourg Hollandois*. Nous n'avons trouvé d'Histoires particulières que sur le Brabant Hollandois, ci-dessus, *pag*. 647. Ce qui regarde les deux autres n'est que dans les Histoires générales de Flandre & de Limbourg.]

39628. ☞ Description historique & géographique du Brabant Hollandois & de la Flandre Hollandoise; avec des Cartes Géographiques: *Paris*, 1748, *in*-12.]

CHAPITRE TROISIÈME.

Histoires des Colonies Françoises formées [en Amérique, en Afrique & en Asie, avec ce qui regarde la nouvelle possession de l'Isle de Corse.]

J'ai rapporté dans les deux premiers Chapitres de ce Livre, toutes les Histoires des Provinces qui composoient l'ancienne Gaule ; je vais rapporter toutes les Relations des Colonies faites par les François dans les Indes Occidentales & Orientales, [&c.]

☞ Ce Chapitre sera divisé en trois Articles. Dans le premier, qui traite des Indes Occidentales, on trouvera 1.° les Histoires ou Relations des Colonies Françoises dans l'Amérique Septentrionale, ou de la Nouvelle France, autrement dite le Canada & la Louisiane, qui ne sont plus à la France ; 2.° les Relations qui concernent les Isles Antilles, lesquelles appartiennent encore aux François en partie ; 3°. les Histoires des Colonies de l'Amérique Méridionale, c'est-à-dire, celles de Rio-Janeiro, & de S. Louis-de-Maragnan, qui ne sont plus à la France, & celles de Cayenne ou de la Guyanne Françoise.

L'Article II. contient les Relations ou Histoires des Colonies & Etablissemens en Afrique, & dans les Indes Orientales, ou l'Asie. Nous ajouterons dans l'Article III. ce qui concerne la nouvelle acquisition que la France a faite de l'Isle de Corse, ce qui y a donné lieu, & ce qui s'en est ensuivi.]

Article Premier.
Histoires des Colonies Françoises en Amérique.

39629. ☞ Novus Orbis, seu Descriptionis Indiæ Occidentalis Libri XVIII. Auctore Joanne DE LAET, Antverpiensi, novis Tabulis Geographicis, & variis animantium, plantarum, fructuumque Iconibus illustrati : *Lugduni-Batav.* Elzevir, 1633, *in-fol.*

Le même Ouvrage, traduit en François, avec ce titre : l'Histoire du Nouveau Monde, ou Description des Indes Occidentales, &c. *Leyde,* Bonaventure & Abraham Elseviers, 1640, *in-fol.* avec cartes & figures.

Le même, en Flamand. *Ibid.* en 1630 & 1644.

Ce Livre, où l'on peut voir les plus anciennes connoissances des Terres d'Amérique possédées par les François, est rempli (selon le P. Charlevoix,) d'excellentes Recherches, tant par rapport aux Etablissemens des Européens dans l'Amérique, que pour l'Histoire naturelle, le caractère & les mœurs des Américains. L'Auteur a puisé dans les bonnes sources : il étoit d'ailleurs habile homme, & il fait paroître par-tout un grand discernement & une très-bonne critique, excepté en quelques endroits, où il n'a consulté que des Auteurs Protestans, & s'est trop livré aux préjugés de sa Religion.

« Le merveilleux Ouvrage (disoit l'Abbé de Longue-
» rue,) que la Description des Indes Occidentales par
» Laet ! il l'a fait par ordre de la Compagnie de Hol-
» lande, qui n'y a rien épargné, ni recherches pour
» découvrir la vérité, ni dépenses pour la beauté de la
» gravure ; & l'Auteur, qui étoit Espagnol, y a ajouté
» ce qu'il avoit découvert en particulier ». *Longueruana, part. I. pag.* 41.

Jean de Laet doit être mort vers 1650, en Hollande, car l'on ne voit point d'Ouvrages de lui au-delà de 1649, dans la *Bibliothèque Belgique* de Foppens.

Dans le Livre I. de son *Histoire des Indes Occidentales,* il est question des Isles Antilles, & par conséquent de celles qui sont aujourd'hui Françoises, telles que Hispaniola ou Saint-Domingue en partie, la Martinique, la Guadeloupe, &c.

Le Livre II. en entier traite de la Nouvelle France, du Cap-Breton, du Golfe de S. Laurent, du Canada, de l'Acadie, &c. comme de tout ce qui s'est passé dans ces Pays-là entre les François & les Anglois, jusqu'au temps de Laet, c'est-à-dire, en 1630.

Dans le Livre IV. il est question de la Floride, &c. Dans le Livre XV. chap. 18, & XVI. chap. 18, se trouvent Rio-Janeiro & Maragnan, & dans le Liv. XVII. chap. 10, &c. il est question de Cayenne & de la Guyanne voisine.]

39630. ☞ Traité de la Navigation & des Voyages de découverte, & Conquêtes modernes ; par Pierre BERGERON, Parisien : *Paris,* Soly, 1630, *in-*8.

On y trouve beaucoup de choses, quoiqu'en abrégé, sur les François, parmi lesquelles il y en a qui ne se voient que dans cet Ouvrage. L'Auteur étoit assez curieux & intelligent ; son Ouvrage a été réimprimé à la tête des *Voyages faits principalement en Asie,* &c. *la Haye, Neaulme,* 1735, *in-*4.]

39631. ☞ Mœurs des Sauvages Américains, comparés aux Mœurs des premiers temps ; par le Père Joseph-François LAFITAU, Jésuite : *Paris,* 1724, *in-* 4. 2 vol. *Ibid.* (*Rouen,*) *in-*12. 4 vol. avec. fig.

« On y trouve un grand détail des Mœurs, des Coutumes & de la Religion des Sauvages de l'Amérique,
» sur-tout de ceux du Canada, que l'Auteur avoit vus
» de plus près, ayant été plusieurs années Missionnaire
» parmi les Iroquois : aussi n'avons-nous rien de si exact
» sur ce sujet. Le parallèle des anciens Peuples avec les
» Américains a paru fort ingénieux, & suppose une
» grande connoissance de l'Antiquité ». C'est ce qu'en dit avec raison le Père Charlevoix, son Confrère, dans la Liste des Auteurs qui se trouve à la fin de son *Histoire de la Nouvelle France,* indiquée ci-après.]

39632. ☞ Mémoire présenté à S. A. R. Monseigneur le Duc d'Orléans, Régent du Royaume de France, concernant la précieuse Plante du Gin-Seng de Tartarie, dé-

Histoires des Colonies Françoises en Amérique.

couverte en Canada par le P. Jos. Franc. LAFITAU, de la Compagnie de Jesus, Missionnaire des Iroquois du Sault-Saint-Louis: *Paris*, Mongé, 1718, *in*-12. de 88 pages.

On y trouve plusieurs Observations singulières concernant les Sauvages du Canada, &c. avec les propriétés & la figure de la Plante, que les Chinois appellent *Gin-Seng*, & que les Iroquois nomment *Garent-Oguen*, mots qui signifient dans chaque Langue, *Ressemblance ou cuisses de l'homme*. « Sur la bizarrerie de ce nom, » qui n'a été donné que sur une ressemblance imparfaite, » (dit le P. Lafitau, *pag*. 17,) je ne puis m'empêcher » de conclure que la même signification n'avoit pu être » appliquée au mot Chinois & au mot Iroquois, sans une » communication d'idée, & par conséquent de person- » nes. Par-là je fus confirmé dans l'opinion que j'avois » déja, & qui est fondée sur d'autres préjugés, que l'A- » mérique ne faisoit qu'un même Continent avec l'Asie, » à qui elle s'unit par la Tartarie au Nord de la Chine ».

Ces *préjugés*, que le P. Lafitau a détaillés au commencement de son bel Ouvrage sur les *Mœurs des Sauvages*, où il conjecture que l'Asie est jointe au Nord-Est à l'Amérique, ou en est peu éloignée, & que la population du Nouveau Monde s'est faite par-là; ces préjugés se sont tournés en preuves par les découvertes & les recherches qui ont été faites depuis vingt ou trente ans: c'est ce que l'on voit dans l'Ouvrage suivant, qui contient beaucoup de choses sur la Nouvelle France, qui ne se trouvent point ailleurs.]

39633. ☞ Considérations géographiques & physiques sur les nouvelles Découvertes au Nord de la Grande Mer, appellée vulgairement la Mer du Sud, avec des Cartes qui y sont relatives; par Philippe BUACHE, premier Géographe de Sa Majesté, & de l'Académie des Sciences: *Paris*, 1753, (& 1754,) *in*-4. de 158 pages, (y compris la Table des Matières.)

On voit par l'*Exposé présenté au Roi*, le 2 Septembre 1753, qu'il y est question entr'autres *Découvertes*, de celles qui ont été faites depuis 15 ans « dans la partie la » plus Occidentale de la Nouvelle France ou du Canada, » jusqu'à 300 lieues au-delà du Lac Supérieur ». (*pag*.39, 146 & *suiv*.)

On y trouve aussi (*pag*. 25 & *suiv*.) un « Mémoire » ou Conjectures de Guillaume DELISLE, (qui n'avoit » jamais paru) sur la Mer de l'Ouest, dans la partie » Occidentale de la Nouvelle France », avec une Addition considérable de Philippe Buache, son gendre & son successeur.]

39634. ☞ Histoire (abrégée) des Découvertes & Conquêtes des François & des Hollandois en Amérique ; par Augustin Bruzen DE LA MARTINIÈRE.

Cette petite Histoire est le Chap. IX. du Liv. VIII. de son *Introduction à l'Histoire de l'Univers*, commencée par le Baron de Pufendorff: *Amsterdam*, Châtelain, 1745, *in*-12. tom. *VIII*. pag. 250-311.

Elle a été augmentée & perfectionnée dans l'Edition que M. DE GRACE a donnée de cette Introduction: *Paris*, 1753-1759, *in*-4. 8 vol. où le Morceau indiqué ici se trouve (en deux Articles,) *pag*. 462 - 484 du Tome VIII.]

39635. Ms. Des Colonies & des Droits du Roi dans l'Amérique, dédié à M. le Comte de Toulouse; par le sieur LA BRUNIERE: *in-fol*.

Cet Ecrit [étoit] dans la Bibliothèque de M. de Valincourt, Secrétaire général de la Marine, [laquelle a été consumée avec la Maison de S. Cloud, en 1725.]

39636. ☞ Essai sur les Colonies Françoises; par M. SAINTARD: *Paris*, 1755, *in*-12.]

39637. ☞ Essai sur l'Admission des Navires neutres dans nos Colonies ; par M. DE FORBONNAIS: *Paris*, 1756, *in*-12.]

§. I. Histoires des Colonies Françoises dans l'Amérique Septentrionale.

39638. ☞ Voyage fait par ordre du Roi, en 1750 & 1751, dans l'Amérique Septentrionale, pour rectifier les Cartes des Côtes de l'Acadie, de l'Isle-Royale & de l'Isle de Terre-Neuve, & pour en fixer les principaux points par des Observations Astronomiques; par M. DE CHABERT, Enseigne des Vaisseaux du Roi, Membre de l'Académie de Marine, de celle de Berlin, & de l'Institut de Bologne: *Paris*, Imprimerie Royale, 1753, *in*-4.]

39639. Ms. Description de la Nouvelle France & des Terres Neuves.

Cette Description est conservée dans la Bibliothèque du Roi, num. 10536.

39640. ✱ Discorso sopra la Terra Ferma delle Indie Occidentale li detta dal Lavorador, de los Bacchaleos & delle nuova Francia.

☞ Ce Discours est fort peu de chose ; il se trouve avec les Relations suivantes, dans le Tome III. du *Recueil des Navigations*, publiées par J. Bapt. Ramusio : *in Venetia*, Giunti, 1563 [& 1606,] *in-fol*.]

39641. Relatione di Giovanni DA VERRAZZANO, Fiorentino, della Terra per lui scoperta in nome di sua Maestà Christianissima, scritta da Dieppe a di 8 Luglio 1524.

C'est la découverte des Côtes de la Floride & du Canada.

☞ On n'apprend guère par cette Lettre que la date du premier Voyage de Verrazzani.]

39642. Prima Relatione della Navigatione di Jacq. CARTIER, Piloto di Francia, della Terra nuova, detta la Nuova Francia, trovata nell'anno 1534.

☞ Cette date n'est pas juste (dit le P. Charlevoix,) puisqu'il est certain que le premier Voyage de Verrazzani fut en 1523, & que dès les premières années de ce Siècle-là, les Bretons, les Normands & les Basques, faisoient la pêche sur les Côtes de Terre-Neuve & du Golfe de S. Laurent. Il est pourtant vrai que Cartier est le premier qui ait pénétré dans le Fleuve.]

Secunda Relatione della Navigatione da lui fatta all'Isole di Canada, Hochelaga, Saguenai & altre, al presente dette la Nuova Francia, con particulari costumi & ceremonie de gli Habitanti, nell'anno 1535.

☞ Ce dernier Article se réduit à très-peu de chose, (dit encore le P. Charlevoix.) Cartier n'avoit pas eu le temps de bien connoître des Peuples dont il ignoroit la Langue, & avec qui il avoit eu très-peu de commerce. Il est aussi très-surprenant que ce Navigateur donne le nom d'Isle à un Pays dans lequel il avoit remonté cent quatre-vingt lieues un Fleuve tel que celui (auquel on a depuis donné le nom de) S. Laurent. Cette seconde Relation, dont l'Original devoit être en François, a été

Liv. IV. *Histoire Civile de France.*

ensuite traduite de l'Italien, & publiée à Paris, comme il se voit au N.° suivant.

On trouve le Sommaire [ou l'Abrégé] des trois Relations dont on vient de parler, dans les Livres I. & III. de l'*Histoire du Canada* de Marc Lescarbot, [indiquée ci-après.]

☞ On peut voir aussi l'*Histoire des Voyages*, Edit. de Paris, in-4. tom. XIII. pag. 20-38.]

39643. ☞ Discours du Voyage du Capitaine Jacques CARTIER, aux Terres Neuves de Canada, Norembergue, Hochelage, Labrador & Pays adjacens, dits Nouvelle France, en l'an 1534; écrit en Langue étrangère, & traduit en François: *Paris*, du Petit-Val, 1598, *in-*8.

39644. ☞ Discorso d'un gran Capitano di mare, Francese, del luogo di Dieppa, sopra le Navigationi fatte alla Terra Nuova dell'Indie Occidentali, chiamata la Nuova, Francia, da gradi quaranta, fino a gradi quaranta sette, sotto il Polo Artico, & sopra la Terra del Brasil, Guinea, Isola di san Lorenzo, aquella di Summatra, fino alle quali hanno navigato le caravalle & navi Francese.

Ramusio a publié cette Pièce dans son Tome III. Il fait grand cas de cette Relation, dont il regrette de n'avoir pu connoître l'Auteur.]

39645. ☞ De Gallorum Expeditione in Floridam, & clade ab Hispanis non minus injustâ quàm immaniter ipsis illatâ, anno 1565, brevis Historia.

Cette Relation est tirée en bonne partie d'une Histoire Françoise, qui paroît être d'un nommé Nicolas CHALLUS. On la trouve imprimée à la suite d'un Ouvrage de Jérôme Benzoni, traduit de l'Italien en Latin, par Urbain Cauveton, sous ce titre: *Novæ novi Orbis Historiæ: Geneve*, Vignon, 1578. Elle est suivie d'un *Brief Discours de la Floride*, qui dit à peu près la même chose. On a fait en 1600 une nouvelle Edition de ce Livre à Genève. Cet Article est tiré de la Liste du P. de Charlevoix; mais le P. le Long nous donne dans ses Ad litions manuscrites le même Article, à ce qu'il paroît, mais avec des différences; le voici:

Histoire d'un Voyage fait par les François en la Floride, en 1565; par Urbain CHAUVELON.

Dans l'*Histoire du nouveau Monde*, traduit de l'Italien de Benzoni, par Urbain Chauvelon: *Genève*, Vignon, 1579, *in-*8. L'Histoire de ce Voyage est une suite de l'Histoire de Benzoni.

39646. ✱ Histoire de la Floride, contenant les trois Voyages faits en icelle, par des Capitaines & Pilotes François, en 1562, 1564 & 1565; décrite par le Capitaine LAUDONNIERE: plus un quatrième fait par le Capitaine GOURGUES, mis en lumière par Basanier: *Paris*, Auvray, 1586, *in-*8.

On peut compter sur tout ce que les Sieurs de Laudonnière & Gourgues ont vu par eux-mêmes.

39647. ✱ De Navigatione Gallorum in terram Floridam, deque clade eorum, anno 1565, ab Hispanis acceptâ; Auctore Levino APOLLONIO, Gando-Brugensi: *Antverpiæ*, 1568, *in-*8.

La même Relation, en Allemand: *Basel*, 1565, *in-*8.

39648. ✱ Brevis Narratio eorum quæ in Floridâ Americæ Provinciâ, Gallis acciderunt secundâ in illam Navigatione, duce Renato de Laudonnière, Classi Præfecto, anno 1564: Additæ Figuræ & Incolarum Icones, ibidem ad vivum expressæ; Brevis item Declaratio Religionis, rituum, vivendique rationis ipsorum; Auctore Jacobo LE MOYNE cui cognomen DE MORGUES, Laudonierum in hac Navigatione secuto; nunc primùm Gallico sermone, à Theodoro de Bry, Leodiense, in lucem edita, Latio verò donata à C. C. A.

Libellus, sive Epistola supplicatoria Regi Gallorum Carolo IX. oblata, per viduas, orphanos, cognatos, affines & ipsi Franciæ Occidentalis Regi subditos, quorum Consanguinei per Hispanos in eâ Galliæ Antarcticæ parte, quæ vulgò Floridæ nomen invenit, crudeliter trucidati perierunt anno 1565.

De quarta Gallorum in Floridam Navigatione sub Gaurguesio anno 1567.

Parergon continens quædam quæ ad præcedentis Narrationis elucidationem non erunt forsan inutilia.

Ces quatre Pièces sont imprimées dans la Partie II. de l'*India Occidentalis*, ou *Historia Americæ*; c'est ce qu'on appelle communément les *Grands Voyages*, publiés par Théodore de Bry; & Matthieu Mérian: *Fransfort*, Wechel, 1590-1634, *in-fol*. 13 parties.

On lit dans un Avis qui est à la tête de la *Brevis Narratio*, que Jacques le Moyne de Morgues étoit de Dieppe, Peintre célèbre, qui échappa avec Laudonnière du carnage que les Espagnols firent de ses Compagnons; que par ordre du Roi Charles IX. il avoit écrit la Relation de cette expédition; mais qu'il n'avoit pas voulu la rendre publique; & que ce ne fut qu'après sa mort que Théodore de Bry acheta de sa Veuve la Copie de cet Ouvrage.

Tout ce qui regarde ces expéditions en Floride, a été traité avec plus d'ordre & assez au long sur les mêmes Mémoires, par Lescarbot, & plus en abrégé par Champlain, (dont les Relations sont indiquées ci-après;) mais ces deux Ecrivains n'ont eu garde de donner à la Floride Françoise le nom de France Antarctique, comme l'Auteur de la *Supplique adressée à Charles IX.* semble l'avoir dit. On pourroit croire que ce n'est qu'une faute d'impression, pour France Arctique, qui est encore assez impropre, mais pardonnable pour le temps.

Au reste, il est bon de remarquer que le *Parergon* ne se trouve pas dans une première Edition; mais en place est une autre Pièce, qui dit les mêmes choses à peu près, & qui a pour titre: *Historia luctuosæ Expeditionis Gallorum in Floridam.* Il y a même des Exemplaires où se trouvent les deux Pièces.

39649. ✱ La Reprise de la Floride par le Capitaine Gourgues, Gentilhomme Gascon de la Vicomté de Marsan.

Cette Relation [étoit] entre les Manuscrits de M. Baluze, n. 22, [aujourd'hui à la Bibliothèque du Roi.]

39650. ☞ Récit des Voyages & Etablissemens des François dans la Floride; par l'Abbé PREVOST.

On trouve ce Récit dans l'*Histoire des Voyages*, Edit.
de

Histoires des Colonies Françoises en Amérique.

de Paris, *in-*4. *tom. XIV. pag.* 415-458. C'est l'Abrégé des Relations précédentes.]

39651. Des Sauvages, ou Voyage de (Samuël) CHAMPLAIN, de Brouage, fait en la Nouvelle France, l'an 1603 : *Paris*, 1603, *in-*8.

39652. Voyage des Sieurs de Monts & de Poutrincourt, en la Nouvelle France, en 1604.

Cette Relation, écrite par un Ministre de la Religion Prétendue-Réformée, est imprimée au Livre IV. de l'*Histoire de la Nouvelle France*; par Marc Lescarbot, [indiquée ci-après.]

39653. Nova Francia : Description de la Nouvelle France & du Voyage de Messieurs de Monts, de Pontgravé & de Poutrincourt, en Acadie ; traduit de François en Anglois, par P. Erondell : *London*, 1609, *in-*4.

39654. Histoire de la Nouvelle France, contenant les Navigations, Découvertes & Habitations faites par les François ès Indes Occidentales & Nouvelle France, sous l'aveu & autorité de nos Rois Très-Chrétiens, & les diverses fortunes d'iceux en l'exécution de ces choses, depuis cent ans jusqu'à hui. En quoi est comprise l'Histoire morale, naturelle & géographique de ladite Province, avec figures ; par Marc LESCARBOT, Avocat en Parlement, témoin oculaire d'une partie des choses ici récitées : *Paris*, Millot, 1609, *in-*8.

Seconde Edition revue, corrigée & augmentée par l'Auteur : *Paris*, Millot, 1612. Troisième Edition, 1617, *in-*8.

☙ Cet Ouvrage est assez curieux. L'Auteur y entremêle plusieurs Remarques de Littérature, & commence par la Description du Voyage de Jean Verazzani Florentin, qui fut envoyé en Amérique par François I. l'an 1523.

☞ Lescarbot a ramassé, avec beaucoup de soin, tout ce qui avoit été écrit avant lui, touchant les premières Découvertes des François dans l'Amérique ; tout ce qui s'est passé dans la Floride Françoise, l'Expédition du Chevalier de Villegagnon au Brésil, & le premier Etablissement de l'Acadie par M. de Monts. Il paroît sincère, sensé & impartial. C'est ce qu'on dit le Père de Charlevoix : nous y ajouterons que Lescarbot étoit d'autant mieux instruit, qu'il avoit été un des principaux mobiles des premiers Etablissemens de la Nouvelle France.]

39655. La Conversion des Sauvages qui ont été baptisés dans la Nouvelle France cette année 1610, avec un brief Récit du Sieur de Poutrincourt ; par Marc LESCARBOT : *Paris*, Millot, 1610, *in-*8.

39656. ☞ Relation dernière de ce qui s'est passé au Voyage du Sieur de Poutrincourt en la Nouvelle France, depuis vingt mois en çà ; par Marc LESCARBOT, Avocat en Parlement : 1612, *in-*8.]

39657. ☞ Muses de la Nouvelle France, par le même : *Paris*, 1618, *in-*8.]

39658. Lettre missive touchant la Conversion du grand Sagamos de la Nouvelle France, qui en étoit avant l'arrivée des François, le Chef & le Souverain, en 1610 : *Paris*, Regnoul, 1610, *in-*8.

Cette Lettre est signée BERTRAND.

39659. ☞ De Expeditione quorumdam Societatis Jesu, in Acadiâ : anno 1611.

Cette Relation de la Mission des Jésuites en Acadie & à Pentagoët, se trouve dans la Partie V. de l'Histoire de la Société, par le P. Joseph JOUVENCY, Jésuite. A la fin de son XVe Livre, il donne une Notice du Canada & des Sauvages, tirée des Relations de ses Confrères.]

39660. Lettre de Charles LALLEMANT, Supérieur des Missions des Jésuites du Canada, où sont contenues les mœurs des Sauvages : *Paris*, 1627, *in-*8.

☞ Cette Lettre se trouve aussi dans le *Mercure François* de 1626. Elle est écrite de Québec le 1 Août de cette année. L'Auteur y donne une Notice abrégée & fort exacte du Pays où les Jésuites ne faisoient que de s'établir.]

== ☞ Mémoire de M. DE SAINTE-CATHERINE au Roi, pour faire des Colonies Françoises aux Terres-Neuves.

Voyez ci-devant, Tome II. N.° 28178.]

39661. ☞ Erection d'une nouvelle Compagnie pour le Commerce du Canada, & Révocation des Articles accordés au Sieur de Caen.

Cette Pièce est imprimée dans le *Mercure François* de 1628. C'est ce qu'on appelloit la Compagnie des Cent Associés, qui avoient à leur tête le Cardinal de Richelieu.]

39662. Voyage de la Nouvelle France de Samuel DE CHAMPLAIN, Xaintongeois, Capitaine de Marine : *Paris*, Berjon, 1613, *in-*4. 1617, *in-*8. [Continuation : *Paris*, Collet, 1620, *in-*8.]

Ce même Voyage est imprimé au Tome V. du *Recueil des Voyages du Nord* : *Amsterdam*, 1717 [& 1724.]

Il y a une Edition postérieure, & plus ample, intitulée :

Les Voyages de la Nouvelle France Occidentale, dite Canada, faits par le Sieur DE CHAMPLAIN, Xaintongeois, Capitaine pour le Roi en la Marine du Ponant ; & toutes les Découvertes qu'il a faites en ce Pays, depuis l'an 1603 jusqu'à l'an 1629, où se voit, &c. avec ce qui s'est passé en ladite Nouvelle France en l'année 1631 ; à Monseigneur le Cardinal, Duc de Richelieu : *Paris*, le Mur, 1632, *in-*4.

☞ « M. de Champlain est proprement le Fondateur de l'Etablissement de la Nouvelle France ; c'est
» lui qui a bâti la Ville de Québec (en 1608.) Il a été
» le premier Gouverneur de cette Colonie, pour laquelle il s'est donné des peines infinies. Il étoit habile
» Navigateur, homme de tête & de résolution, désintéressé & plein de zèle pour la Religion & pour l'Etat. On ne peut lui reprocher qu'un peu trop de crédulité pour les contes qu'on lui faisoit, ce qui ne l'a
» pourtant jetté dans aucune erreur importante. D'ailleurs ses Mémoires sont excellens pour le fonds des
» choses, & pour la manière simple & naturelle dont ils
» sont écrits. Il n'a presque rien dit qu'il n'ait vu par
» lui-même, ou que sur des Relations originales de per-

» sonnes sûres, comme ce qu'il a rapporté, d'une ma-
» nière plus abrégée que Lescarbot, des Expéditions de
» MM. de Ribaut, de Laudonnière, & du Chevalier
» de Gourgues, dans la Floride Françoise ». Le Père de
Charlevoix.]

39663. Histoire du Canada & Voyage que
les Récolléts y ont fait pour la Conversion
des Infidèles, en 1615 ; par Gabriel SA-
GARD, Récollect : *Paris*, 1636, *in*-8.

39664. Relation de la Nouvelle France &
du Voyage que les Jésuites y ont fait ; par
Pierre BIARD, de Grenoble, Jésuite : *Lyon*,
1616, *in*-12.

Cet Auteur est mort en 1622.

39665. Avis au Roi sur les Affaires de la
Nouvelle France, en 1620 : *in*-8.

39666. ☞ Briève Relation du Voyage de
la Nouvelle France, fait au mois d'Avril
dernier ; par le Père Paul LE JEUNE, de la
Compagnie de Jesus : *Paris*, Cramoisy,
1632, *in*-8.

C'est la première des Relations que les Jésuites ne dis-
continuèrent pas d'imprimer sur la Nouvelle France, depuis cette année jusqu'en 1672. « Ces Relations, (ajoute
le P. de Charlevoix,) sont une des meilleures sources
dans lesquelles on puisse puiser pour être instruit du progrès
de la Religion parmi les Sauvages, & pour connoître ces Peuples, dont les Jésuites Missionnaires par-
loient toutes les Langues. Le style en est simple, & n'en
est que meilleur ».]

39667. Le grand Voyage du Pays des Hurons, situé en l'Amérique, vers la Mer douce,
ès derniers confins de la Nouvelle France,
dite Canada, où il est traité de tout ce qui
est du Pays & du gouvernement des Sauvages, avec un Dictionnaire de la langue Hu-
rone ; par Gabriel SAGARD, Récollect : *Paris*, 1632, *in*-8.

☞ Il y en a eu une Edition postérieure, & apparemment augmentée, sous ce titre :

Histoire du Canada & Voyages que les Frères
Mineurs Récolléts y ont faits pour la Conversion des Infidèles : où est amplement
traité des choses principales arrivées dans ce
Pays depuis l'an 1615, jusqu'à la prise qui
en a été faite par les Anglois (en 1629,) &c.
fait & composé par le Frère Gabriel SAGARD
THEODAT, Mineur Récollect, de la Province de Paris : *Paris*, Sonnier, 1686,
in-8.

« L'Auteur de cet Ouvrage (dit le P. de Charlevoix,)
» avoit demeuré quelque temps parmi les Hurons, & il
» raconte naïvement tout ce qu'il a vu & ouï-dire sur
» les lieux. Du reste, il apprend peu de choses intéres-
» santes. Le Vocabulaire Huron qu'il nous a laissé prouve
» que ni lui, ni aucun de ceux qu'il a pu consulter, ne
» sçavoient encore bien cette Langue, qui est très-
» difficile » .]

39668. ☞ Relation du Voyage fait en Canada (en 1632,) pour la Prise de possession
du Fort de Québec.

Cette Pièce, qui contient des détails assez intéressans,
est imprimée dans le *Mercure François* de 1632. Les
Anglois rendirent cette année le Canada, dont ils s'é-
toient emparé en 1629.]

39669. ☞ Relation de ce qui s'est passé en
la Nouvelle France, ou Canada.

Relation du Sieur DE CHAMPLAIN, de la Nouvelle France.

Ces deux Pièces sont imprimées dans le *Mercure
François* de 1633.]

39670. Relation (de l'Isle) du Cap-Breton.

39671. Relation du Cap-Breton dans la Nouvelle France ; par Julien PERRAULT, de
Nantes : *Paris*, 1634, *in*-12.

39672. Mercure de la Nouvelle France, ou
Abrégé de tout ce qui s'y est passé depuis
que les François l'ont découverte ; par GOUR-
DIN : *Paris*, *in*-8.

39673. Relation de ce qui s'est passé en la
Nouvelle France, en l'année 1633 : *Paris*,
1634, *in*-8.

39674. * Relation de [ce que les Jésuites
ont fait, &] ce qui s'est passé dans la Nouvelle France, en 1634 & en 1635 ; par Jean
BREBEUF, Jésuite : *Paris*, 1634 & 1635,
in-8. 2 vol.

L'Auteur est mort en 1649.

39675. Relation de ce qui s'est passé au Pays
des Hurons, en 1637 ; par François-Joseph
LE MERCIER, Jésuite : *Rouen*, 1638, *in*-8.

39676. Relations de ce qui s'est passé en la
Nouvelle France, depuis l'an 1634 jusqu'en
1639 ; par Paul LE JEUNE, Jésuite : *Paris*,
Cramoisy, 1635-1640, *in*-8. 7 vol.

Cet Auteur est mort en 1664.

39677. ☞ Les véritables Motifs de Messieurs & Dames de la Société de Notre-
Dame de Montréal, pour la Conversion des
Sauvages de la Nouvelle France : *Paris*,
1643, 1674, *in*-4.

Cette Brochure expose les Motifs qui ont porté plusieurs Personnes de piété à faire à Montréal un Etablissement, qui avoit pour objet principal la Conversion
des Sauvages & la conservation de ceux qui étoient déja
Chrétiens.]

39678. Relations de ce qui s'est passé dans
la Nouvelle France, depuis l'an 1645 jusqu'en 1648 ; par Jérôme LALLEMANT, Jésuite : *Paris*, Cramoisy, 1648, *in*-8. 3 vol.

39679. Relation, depuis l'an 1639 jusqu'en
1649 ; par Barthélemi DE VIMONT, Jésuite :
Paris, Cramoisy, 1641-1649, *in*-8. 4 vol.

Cet Auteur est mort en 1667.

39680. Relation, depuis l'Eté de 1649 jusqu'en l'Eté de 1650 : *Paris*, 1650, *in*-8.

39681. Relation, depuis l'an 1648 jusqu'en
1651 ; par Paul RAGUENEAU, Jésuite : *Paris*,
Cramoisy, 1650-1652, *in*-8. 2 vol.

39682. Relations, depuis l'an 1651 jusqu'en

1653; par le Supérieur des Missions: *Paris*, Cramoisy, 1653-1654, *in*-8. 2 vol.

Ce Supérieur se nommoit François-Joseph LE MERCIER, Jésuite.

39683. Relation de ce qui s'est passé en la Nouvelle France, en 1653 & 1654; par le même : *Paris*, Cramoisy, 1655, *in*-8.

39684. Relatione de gli Missionarii della Compagnia di Giesu, nella Nuova Francia : da Francisco Giuseppe BRESSANI : *in Macerata*, Grisei, 1653, *in*-4.

Cet Auteur est mort en 1672.

☞ « Le Père Bressani, Romain de naissance, (dit le Père de Charlevoix,) fut un des plus illustres Missionnaires du Canada, où il a souffert (parmi les Iroquois,) une rude captivité & des tourmens inouis. Il parle peu de lui dans son Histoire, qui est bien écrite, mais qui ne traite guère que de la Mission des Hurons. Après la destruction presque entière de cette Nation (par les Iroquois,) il retourna en Italie, où il a prêché jusqu'à sa mort, avec d'autant plus de fruit, qu'il portoit dans ses mains mutilées de glorieuses marques de son Apostolat parmi les Infidèles ». Le P. de Charlevoix.]

39685. Relations de ce qui s'est passé dans la Nouvelle France, depuis l'an 1661 jusqu'en 1664; par Jérôme LALLEMANT, Jésuite : *Paris*, Cramoisy, 1663-1666, *in*-12. 3 vol.

L'Auteur est mort en 1673.

39686. Relation des années 1664 & 1665; par François-Joseph LE MERCIER, Jésuite : *Paris*, 1666, *in*-8.

39687. Relation des années 1666 & 1667, par le même : *Paris*, 1668, *in*-8.

39688. Relation des mêmes années; par Jacques BORDIER, Jésuite : *Paris*, 1669, *in*-8.

L'Auteur est mort en 1672.

39689. Relation des années 1667 & 1668; par François-Joseph LE MERCIER : *Paris*, 1669, *in*-8.

39690. Relation des années 1669 & 1670; par Claude D'ABLON, Jésuite : *Paris*, 1672, *in*-8.

39691. Relation des années 1671 & 1672; par le même : *Paris*, Cramoisy, 1673, *in*-8.

☞ Toutes ces Relations des Jésuites formant un Recueil, sont quelquefois citées sous le titre suivant :

Relations de ce qui s'est passé en la Nouvelle France, depuis l'année 1633 jusqu'en 1672, *Paris*, 1634 & *suiv. in*-8. 19 vol.]

☞ Le Père de Charlevoix indique dans sa Liste des Auteurs qui ont travaillé sur l'Histoire de la Nouvelle France, plusieurs Recueils de Vies de Jésuites illustres, où il ne fait mention des ceux qui ont sacrifié leur vie pour le salut des Peuples du Canada. Le Recueil où ces Vies sont plus détaillées, a pour titre : « Mortes illustres & gesta eorum de Societate Jesu qui » in odium fidei.... igne, ferro, aut morte alia necati, » ærumnis, &c. confecti sunt : Auctore Philippo ALE» GAMBE ; extremos aliquot annos , &c. usque ad an» num 1664, adjecit Joannes NADASI, ejusdem Socie» tatis » : *Romæ*, 1667, *in*-fol. Toutes ces Vies, (dit le

Tome III.

Père de Charlevoix,) sont écrites avec beaucoup d'ordre & sur de bons Mémoires.]

39692. Historia Canadensis seu Novæ Franciæ, Libri decem, ab anno 1625, ad annum 1656; Auctore Francisco CREUXIO, Societatis Jesu : *Parisiis*, Cramoisy, 1664, *in*-4.

L'Auteur est mort en 1666.

« Cet Ouvrage, extrêmement diffus, (dit le Père de » Charlevoix,) a été composé presque uniquement sur » les Relations des Jésuites : le Père du Creux n'a pas » fait d'attention que des détails qu'on voit avec plaisir » dans une Lettre, ne sont point supportables dans une » Histoire suivie, sur-tout quand ils ont perdu l'agré» ment de la nouveauté ».]

39693. Histoire véritable & naturelle des mœurs & des productions du Pays de la Nouvelle France, dite Canada; par Pierre BOUCHER : *Paris*, 1664, *in*-12.

☞ L'Auteur de ce petit Ouvrage n'est pas le Père Pierre Boucher, Jésuite, comme l'ont cru le Père le Long & l'Abbé Lenglet; mais le Sieur Boucher, qui a été Gouverneur des Trois Rivières, & l'un des premiers Habitans de la Nouvelle France : il est mort âgé de près de 100 ans. Il avoit été député à la Cour pour représenter les besoins de la Colonie, & ce fut lors de ce Voyage en France, qu'il fit imprimer cette Relation, qui ne comprend qu'une Notice assez superficielle, mais fidèle, du Canada, dit le P. de Charlevoix.]

39694. * Journal de la marche du Marquis de Farcy contre les Iroquois de la Nouvelle France : *Paris*, 1667, *in*-4.

39695. Description géographique & historique des Côtes de l'Amérique Septentrionale, avec l'Histoire naturelle du Pays; par M. (Nicolas) DENYS, (de Tours,) Gouverneur & Lieutenant-Général pour le Roi : *Paris*, Billaine, 1672, *in*-12. 2 vol.

Cette Description est exacte & de main de Maître.

☞ L'Auteur, (dit le Père de Charlevoix,) étoit un homme de mérite, qui eût fait un très-bon établissement dans la Nouvelle France, s'il n'eût point été traversé dans ses entreprises. Il ne dit rien qu'il n'ait vu par lui-même. On trouve dans le Tome I. une Description fort exacte de tout le Pays qui s'étend depuis la Rivière de Pentagoët, en suivant la Côte, jusqu'au Cap des Rosiers, qui est la pointe méridionale de l'embouchure du Fleuve S. Laurent. Le second Volume comprend l'Histoire Naturelle du même Pays, & en particulier tout ce qui regarde la Pêche de la Morue. L'Auteur y traite en peu de mots des Sauvages de ces Cantons, de la nature & des productions du Pays, des Animaux, des Rivières, de la qualité des Bois. Il y ajoute quelques traits historiques touchant les Etablissemens de ceux qui partageoient avec lui la propriété & le Gouvernement de l'Acadie & des Environs.]

39696. ☞ Découverte de quelques Pays & Nations de l'Amérique Septentrionale.

C'est le Journal que fit le Père MARQUETTE, Jésuite, de son Voyage du Missisipi, lorsqu'il découvrit ce grand Fleuve, en 1673, avec le Sieur Joliet. Ce Journal est imprimé dans un Recueil des Voyages publié par Melchisédech Thévenot, & dédié au Roi : *Paris*, Mouette, 1687, *in*-4.]

39697. Description de la Louisiane, nouvellement découverte au Sud-Ouest de la Nouvelle France, avec la Carte du Pays, & les mœurs des Sauvages; par Louis HENNE-PIN, Récollect : *Paris*, [veuve Huré,] 1683; [*Ibid.* Auroy, 1688; *Amsterdam*, 1688,] *in-12*.

39698. La medesima tradotta da Casimiro Freschot : *in Bologna*, 1686, *in-12*.

☞ Le Père Hennepin avoit été fort lié avec M. de la Sale, & l'avoit suivi aux Illinois, d'où ce Voyageur l'envoya avec le Sieur Dacan remonter le Mississipi : c'est ce Voyage qu'il décrit ici. Au reste, le titre que porte cette Relation n'est pas juste; car le Pays que le Père Récollect & le Sieur Dacan découvrirent en remontant le Fleuve, depuis la Rivière des Illinois jusqu'au Sault-Saint-Antoine, n'est pas de la Louisiane, mais du Canada, dit le P. de Charlevoix.]

39699. Etat présent de l'Eglise & de la Colonie Françoise dans la Nouvelle France, contenu dans une Lettre écrite par Messire Jean (de la Croix de Chevriers) DE SAINT-VALLIER, Evêque de Québec : *Paris*, [Pepie,] 1688, *in-8*.

☞ « M. de Saint-Vallier s'embarqua en 1685, pour le Canada. Ce petit Ouvrage est bien écrit, & digne de son Auteur, qui a gouverné plus de 40 ans l'Eglise de Québec, & y a laissé des marques de sa charité & de sa piété, de son désintéressement & de son zèle ». Le P. de Charlevoix.

39700. Premier Etablissement de la Foi dans la Nouvelle France, contenant la publication de l'Evangile, l'Histoire des Colonies Françoises & les fameuses Découvertes, depuis le Fleuve de Saint-Laurent, la Louisiane, le Fleuve Colbert (ou Mississipi,) jusqu'au Golfe de Mexique, sous la conduite de feu M. de la Sale; par Chrétien LE CLERC, Missionnaire Récollect : *Paris*, Aubry, 1691, *in-12*. 2 vol.

☞ « Cet Ouvrage, où l'on a lieu de croire que le Comte de Frontenac (Gouverneur,) a mis la main, est communément assez bien écrit, quoiqu'il y règne un goût de déclamation, qui ne prévient pas en faveur de l'Auteur. Le P. le Clerc n'y traite guère des Affaires de la Religion, qu'autant que les Religieux de son Ordre y ont eu part; de l'Histoire de la Colonie, que par rapport au Comte de Frontenac; & des découvertes, que de celles où ses Confrères avoient accompagné le Sieur de la Sale ». C'est ce qu'en dit le P. de Charlevoix.]

39701. Nouvelle Relation de la Gaspésie, qui contient les mœurs & la Relation des Sauvages Gaspésiens, Portes-Croix, Adorateurs du Soleil & autres Peuples de l'Amérique Septentrionale, dite le Canada; par le même : *Paris*, Auroy, 1692, *in-12*.

☞ « Une Côte déserte, quelques petites Isles & des Havres où l'on fait la pêche, des Sauvages qui vont & viennent de l'Acadie & des environs; voilà ce que c'est que la Gaspésie & les Gaspésiens, que l'Auteur appelle *Portes-Croix*, sur une fausse tradition. Ce n'est pas de quoi remplir un Volume de 600 pages, de choses fort intéressantes ». Le Père de Charlevoix.]

39702. ☞ Lettre du Père Gabriel MAREST, Jésuite, où il décrit le Voyage qu'il a fait en 1694, avec M. d'Iberville, à la Baye de Hudson.

Cette Lettre est imprimée dans le Tome X. des *Lettres édifiantes & curieuses*, écrites par les Missionnaires Jésuites : *Paris*, Barbou, 1712, *in-12*. On y trouve des particularités intéressantes sur les parties Septentrionales du Canada.]

39703. Les dernières Découvertes dans l'Amérique Septentrionale de Cavelier de la Sale, & les Avantures du Chevalier Tonti, Gentilhomme Italien, compagnon de M. de la Sale, depuis 1678 jusqu'en 1690, rédigées & mises au jour par le Sieur TONTI : *Paris*, Guignard, 1697, *in-12*.

☞ Cette Relation de la Louisiane a été réimprimée dans le Tome V. du *Recueil des Voyages au Nord*, *pag*. 37.]

M. de la Sale fut tué en 1687. « J'ai ouï dire à » M. Tonti lui-même, qu'il désavouoit cet Ouvrage, » & qu'il n'y reconnoissoit que son nom qui est à la » tête ». C'est ce que dit le Père Gabriel Marest, Jésuite, dans sa Lettre au R. P. Germon, imprimée *p*. 308 du Recueil X. des *Lettres édifiantes* : *Paris*, 1715, *in-12*.

39704. Nouvelle Description d'un très-grand Pays, situé dans l'Amérique entre le nouveau Mexique & la Mer Glaciale, depuis l'an 1670 jusqu'en 1682, avec des Réflexions sur les entreprises de M. Cavelier de la Sale, & autres choses concernant la Description & l'Histoire de l'Amérique Septentrionale, par Louis HENNEPIN, Récollect : *Utrecht*, 1697, *in-12*.

Le même Ouvrage imprimé sous ce titre : Voyage ou Découverte d'un grand Pays, &c. *Utrecht*, [& *Leyde*,] 1698, *in-12*. 2 vol.

☞ Ce second Ouvrage du P. Hennepin est aussi imprimé dans le Tome [IX.] du *Recueil des Voyages au Nord*, (*pag*. 1-464.) « L'Auteur n'y décharge pas » seulement sa bile sur le Sieur de la Sale, il fait encore retomber sur la France, dont il se croyoit maltraité. Au reste, ses Ouvrages sont écrits d'un style » de déclamation qui choque par son enflure, & révolte par les libertés que se donne l'Auteur, & par » ses invectives indécentes. Pour ce qui est du fond des » choses, le Père Hennepin a cru pouvoir profiter du » privilège des Voyageurs : aussi est-il fort décrié en » Canada, ceux qui l'ont accompagné ayant souvent » protesté qu'il n'étoit rien moins que véritable dans ses » Histoires ». Le P. de Charlevoix.]

39705. ☞ Nouveau Voyage en un Pays plus grand que l'Europe, entre la Mer Glaciale & le Nouveau Mexique; par le Père HENNEPIN : *Amsterdam*, 1698, *in-12*.

C'est la troisième Relation de ce fameux Récollect : elle a été réimprimée dans le Tome V. du *Recueil des Voyages au Nord*, pag. 199-370. On y trouve le dernier Voyage de M. de la Sale & sa mort, d'après les Mémoires du Père Anastase, Récollect, qui l'accompagnoit, & diverses Remarques sur les Sauvages du Canada & de la Louisiane.]

39706. Nouveau Voyage du BARON DE LA HONTAN dans l'Amérique Septentrionale, depuis l'an 1683 jusqu'en 1693, avec des Mémoires qui contiennent la Description du Pays & des Habitans de l'Amérique Septentrionale : *la Haye*, l'Honoré, 1703, *in-12*. 3 vol.

Histoires des Colonies Françoises en Amérique. 661

Nouvelle Edition augmentée : *Amsterdam*, 1705, *in*-12. 2 vol. [1728, 3 vol.]

☞ « L'Auteur, quoiqu'homme de condition, fut
» d'abord Soldat en Canada ; il fût fait ensuite Officier ;
» & ayant été envoyé à Terre-Neuve en qualité de Lieu-
» tenant de Roi de Plaisance, il se brouilla avec le Gou-
» verneur, fut cassé, & se retira d'abord en Portugal, en-
» suite en Danemarck. La grande liberté qu'il a donnée
» à sa plume, a beaucoup contribué à faire lire son Li-
» vre, & l'a fait rechercher avec avidité par-tout où
» l'on n'étoit pas à portée de sçavoir que le vrai y est con-
» fondu avec le faux. Presque tous les noms propres y
» sont estropiés, la plupart des faits y sont défigurés, &
» l'on y trouve des épisodes entières qui sont de pures
» fictions, telle qu'est le *Voyage sur la Rivière Lon-
» gue*. On a retranché dans l'Edition de 1705 le Voyage
» de Portugal & de Danemarck, où le Baron de la
» Hontan se fait voir aussi mauvais François que mau-
» vais Chrétien ; & l'on y a retouché son style em-
» barrassé, & souvent barbare. Il s'en faut pourtant bien
» que ce soit encore un Ouvrage qu'il ait écrit. C'est peut-
» être la conformité de style qu'on y remarque avec celui
» de l'Atlas de Gueudeville, qui a fait juger que c'étoit
» par les mains de ce Moine Apostat qu'il avoit passé. Le
» *Dictionnaire de la Langue du Pays*, comme s'il n'y
» avoit qu'une Langue en Canada, n'est qu'un assez
» méchant Vocabulaire de la Langue Algonquine ; &
» les *Conversations avec le Sauvage Adario*, ne sont
» que des suppositions de l'Auteur, qui a voulu nous
» apprendre ce qu'il pensoit sur la Religion ». Le P. de
Charlevoix.

L'Abbé Prévost fait sur cette Critique une Observation qui ne sera pas ici déplacée. « On ne sçait pas bien,
» dit-il, sur quel fondement (le Père de Charlevoix)
» attaque la bonne-foi de la Hontan, sur-tout dans son
» *Voyage de la Rivière Longue*, qui ne paroît pas
» moins vérifié par le témoignage de ses Soldats que par
» le sien ». *Préface du tom. XIV. de l'Histoire des
Voyages, pag.* v. Ce qui peut avoir engagé l'Abbé
Prévost à parler ainsi, est sans doute une Lettre de
M. (DE LA GRANGE de Chezieux,) en faveur de ce
Voyage de la Rivière Longue, sur quoi l'on peut voir
le *Mercure de Mai* 1754, *pag.* 33.]

« Je laisse à penser, (dit l'Auteur du *Recueil des
» Voyages au Nord, tom. IV*.) si dans les Voyages au
» Canada, que le Baron de la Hontan nous a donnés, il
» n'auroit pas mieux fait de laisser souvent sa propre
» cause à quartier ; & si un style simple & naturel n'au-
» roit pas été préférable au style plaisant qu'il affecte &
» qui lui plaît si fort, pour que pour réussir & être agréable,
» il a emprunté la plume d'un homme dont le caractère
» est suspect à tous égards, & qui même ne s'en cache
» pas. »

L'Auteur, qui parloit ainsi dans l'Avertissement
du Tome IV. des *Voyages au Nord*, première Edit. est
Jean-Frédéric Bernard, Libraire d'Amsterdam. Cela
ne se trouve point dans la seconde Edit. de ce Volume ;
mais dans l'un des Discours qu'il a joints au Tome I. &
pag. CXLVIII. Il y nomme Gueudeville comme Révi-
seur de la Hontan ; & il a encore prétendu parler de
lui, lorsqu'il dit, *pag.* CLVII. « Il est bon d'apprendre
» au Public que le Sauvage *Adario* est un Moine dé-
» froqué & libertin, Auteur de quelques Ouvrages dans
» lesquels on ne trouve qu'un grossier burlesque, &
» beaucoup d'irréligion ».]

39707. ☞ Aventures de C. LE BEAU, ou Voyage curieux & nouveau parmi les Sauvages de l'Amérique Septentrionale : *Amsterdam*, Vyttwerf, *in*-8. 2 vol. avec fig.

C'est un pur Roman.]

39708. ☞ Histoire de l'Amérique Septentrionale, depuis 1534 jusqu'en 1701 ; par le Sieur BACQUEVILLE DE LA POTHERIE : *Paris*, Nyon, 1722, *in*-12. 4 vol. avec fig.

Cet Ouvrage (dit le P. de Charlevoix) renferme des Mémoires assez peu digérés & mal écrits, sur une bonne partie de l'Histoire du Canada. On peut compter sur ce que l'Auteur dit comme témoin oculaire ; il paroît sincère & sans passion ; mais il n'a pas toujours été bien instruit sur le reste.]

39709. Relation du Voyage de Port-Royal, de l'Acadie ou de la Nouvelle France, en Prose mêlée de Vers ; par DIEREVILLE, Officier : *Paris*, 1708 ; [*Rouen*, Besongne, *Amsterdam*, Humbert, 1720,] *in*-12.

39710. Journal historique du dernier Voyage que feu M. de la Sale fit dans le Golphe du Mexique, pour trouver l'embouchure & le cours de la Rivière de Mississipi, qui traverse la Louisiane ; où l'on voit l'Histoire tragique de sa mort, & plusieurs autres choses curieuses du nouveau Monde ; par JOUTEL, l'un des Compagnons de ce Voyage ; rédigé & mis par ordre par le Sieur DE MICHEL, qui a ajouté à la fin un Récit de la Découverte (de l'embouchure) de la Rivière de Mississipi, en 1698, par M. de Iberville ; (où il est parlé de l'entreprise de M. Crosat,) avec la Carte de la Louisiane : *Paris*, Robinot, 1713, *in*-12.

☞ « M. Joutel étoit un fort honnête homme, & le seul de la Troupe de M. de la Sale sur qui ce célèbre Voyageur pût compter : aussi Joutel lui a-t-il rendu d'importans services. Il se plaignoit qu'en retouchant son Ouvrage, on l'avoit un peu altéré ; mais il ne paroît pas qu'on ait fait de changemens essentiels ». Le P. de Charlevoix.]

39711. ☞ Lettre du Père Gabriel MAREST Jésuite, écrite du Pays des Illinois, le 9 No-vembre 1712.

Elle est imprimée dans le Tome XI. des *Lettres édifiantes*, &c. *Paris*, le Clerc, 1715, *in*-12.]

39712. Nouveau Voyage du Canada, ou de la Nouvelle France, & les Guerres des François avec les Anglois & les Originaires du Pays ; par le Sieur LE ROY DE LA POTERIE : *Paris*, 1716, [& *Amsterdam*, (*Rouen*,) 1723,] *in*-12. 4 vol.

39713. ☞ Relation du Détroit & de la Baye de Hudson ; par M. JÉRÉMIE, (dernier Gouverneur François du Fort Bourbon, ou Nelson.)

Cette Relation (qui se trouve au Tome V. des *Voyages au Nord*,) fait connoître les parties Septentrionales du Canada. « J'ai connu l'Auteur, qui étoit un » fort honnête homme & un habile Voyageur, (dit le » P. de Charlevoix.) Ce fut lui qui, après la Paix d'U-
» trecht, remit aux Anglois (en 1714) le Fort Bourbon,
» dans la Baye de Hudson, où il commandoit depuis
» six ans. Sa Relation est fort instructive, & judicieuse-
» ment écrite ».]

39714. ☞ Lettre du Père Sébastien RASLE, écrite de la Mission de Narantsoak, où il y a un détail curieux de ce qui s'est passé entre les Anglois & les Sauvages Abénaquis, au sujet du Traité d'Utrecht.

Cette Lettre est imprimée dans le Tome XVII. des

Lettres édifiantes, &c. Paris, le Mercier, 1726, *in-*12. On y trouve aussi une Lettre du P. DE LA CHASSE, Supérieur général des Missions, écrite de Québec, le 29 Octobre 1724, sur les circonstances de la mort du P. Rasle, qui fut tué par les Anglois.]

Autre Lettre du même P. RASLE, écrite peu de temps avant sa mort, où il rapporte plusieurs Coutumes de différentes Nations Sauvages, parmi lesquelles il avoit vécu.

Dans le Tome XXIII. du même *Recueil*: Paris, le Mercier, 1738, *in-*12.

39715. Ms. Mémoire (historique) sur la Louisiane, pour être présenté avec la nouvelle Carte de ce Pays, au Conseil Souverain de Marine (de France;) par François LE MAIRE, Prêtre, Parisien, & Missionnaire Apostolique, du 28 Mai 1717.

Ce Mémoire [étoit] conservé à Paris, entre les mains du père de l'Auteur. Il contient bien des Observations nouvelles & fort curieuses.

39716. * Relations de la Louisiane & du Fleuve Mississipi, où l'on voit l'état de ce grand Pays, & les avantages qu'il peut produire: *Amsterdam*, Bernard, 1720, *in-*12. 2 vol.

39717. ☞ Relation de la Louisiane & du Mississipi, écrite à une Dame par un Officier de Marine, (vers l'an 1720.)

Elle est imprimée dans le Tome V. du Recueil des *Voyages au Nord*: *Amsterdam*, Bernard, 1724, p. 1-34. « L'Auteur (dit le Père de Charlevoix) étoit un fort honnête homme, qui ne dit guère que ce qu'il a vu & appris sur les lieux; mais il n'a pas eu le temps de s'instruire beaucoup de la nature du Pays, encore moins de l'Histoire de la Colonie ».]

39718. ☞ Description du Mississipi; par le Chevalier DE BONREPOS: *Rouen*, 1720, *in-*12.]

== ☞ Recueil d'Arrêts & autres Pièces pour la Compagnie d'Occident: 1720.

Voyez ci-devant, Tome II. N.° 28271.]

39719. ☞ Relation du Mississipi.

Dans le *Recueil B. in-*12.]

39720. ☞ Voyage du Père LAVAL, Jésuite, en la Louisiane, fait par ordre du Roi, en 1720, dans lequel sont traitées diverses matières de Physique, Astronomie, Géographie & Marine: *Paris*, Mariette, 1728, *in-*4.]

39721. ☞ Lettre du Père LE PETIT, Supérieur des Jésuites de la Louisiane, sur la mort de deux Missionnaires, massacrés avec un grand nombre de François (en 1729,) par les Yasous & les Natchez.

Cette Lettre est imprimée dans le Tome XX. des *Lettres édifiantes*, &c. Paris, le Mercier, 1731, *in-*12. Il faut voir aussi l'*Epître dédicatoire* du Père DU HALDE sur le même sujet. Au reste le Père le Petit donne une Notice assez détaillée de la Nation des Natchez, que les François ont presque exterminée en 1730. Elle demeuroit vers le bas du Mississipi.]

39722. ☞ Histoire & Description générale de la Nouvelle France, avec le Journal historique d'un Voyage fait par ordre du Roi dans l'Amérique Septentrionale; par le Père (Pierre-François-Xavier) DE CHARLEVOIX, Jésuite, *Paris*, Didot, 1744, *in-*4. 3 vol. *in-*12. 6 vol. avec cartes & figures.

L'Histoire commence en 1504, & va jusqu'en 1731. Le Voyage a été fait en 1721 & 1722. On y trouve des détails sur les mœurs, usages, &c. des Peuples Sauvages, & diverses autres particularités que l'Auteur n'a pas jugé à propos d'insérer dans son Histoire. Il donne à part, = Description des Plantes principales de l'Amérique Septentrionale, = Projet d'un Corps d'Histoire du Nouveau Monde, suivi de ses Fastes Chronologiques & des Etablissemens (& Découvertes) que les Européens y ont faits, = Liste (& Jugemens) des Auteurs, consultés pour composer l'Histoire de la Nouvelle France. Le Père de Charlevoix est mort en 1761.]

39723. ☞ Histoire de l'Hôtel-Dieu de Québec; par la Sœur Françoise SUCHEREAU de Saint Ignace: *Montauban*, Legier, 1751, *in-*12.]

39724. ☞ Les Avantures de M. Robert Chevalier DE BEAUCHESNE, Capitaine de Flibustiers dans la Nouvelle France, rédigées par M. le Sage: *Paris*, Ganeau, 1732, *in-*12. 2 vol.

Le Chevalier de Beauchêne fut tué le 11 Décembre 1731, à Tours, où il s'étoit établi. C'est de sa Veuve qu'on a eu ses Mémoires, & M. le Sage en a retouché le style.]

39725. ☞ Mémoires historiques sur la Louisiane, depuis 1687 jusqu'à présent, &c. composés sur les Mémoires de M. DUMONT, par L. L. M. (l'Abbé LE MASCRIER:) *Paris*, Bauche, 1753, *in-*12. 2 vol.

L'Auteur a demeuré 22 ans dans la Louisiane, où il étoit Officier; il a passé ensuite aux Indes Orientales, vers 1752. On a eu tort de le confondre dans quelques Catalogues, (tels que celui de Madame de Pompadour & la France Littéraire,) avec M. Dumont-Butel, qui a été Secrétaire de MM. les Commissaires du Roi pour l'Acadie, &c.]

39726. ☞ Histoire de la Louisiane, contenant la Découverte de ce vaste Pays, sa Description géographique, un Voyage dans les Terres, l'Histoire Naturelle, les Mœurs, Coutumes & Religion des Naturels du Pays, avec leurs Origines; deux Voyages dans le Nord du Nouveau Mexique, dont un jusqu'à la Mer du Sud; par M. LE PAGE DE PRATZ: *Paris*, Bauche, 1758, *in-*12. 3 vol. avec cartes & figures.

L'Auteur paroît un homme instruit, qui rapporte ce qu'il a vu & examiné pendant un séjour de seize ans qu'il a fait dans le Pays. Il avoit déja donné plusieurs parties de cette Histoire dans le *Journal Economique*, en 1751. Les Mémoires précédens en font quelque critique.]

39727. ☞ Lettre de M. DE PARFOUROU, Gentilhomme de Normandie, sur le Canada. *Journal Etranger*, 1756, Mars, pag. 138.

Lettre du même sur cette Lettre. *Ibid.* 1756, Octobre, pag. 230.]

39728. ☞ Voyages & Etablissemens des

Histoires des Colonies Françoises en Amérique.

François dans l'Amérique Septentrionale.

Dans l'*Histoire des Voyages*, Edition de Paris, *in*-4. tom. *XIII. pag.* 20-38, tom. *XIV. pag.* 601-755, & tom. *XV. pag.* 215-230, 624-742.]

39729. ☞ Eclaircissemens sur les différends des François & des Anglois dans l'Amérique Septentrionale.

On les trouve dans le même Ouvrage, tom. *XIV.* pag. 756-763.]

== ☞ Mémoires des Commissaires du Roi, & de ceux de Sa Majesté Britannique, au sujet de l'Acadie, &c.

Ci-dessus, N.° 31169, & dans notre *Supplément*.]

39730. ☞ Discussion Sommaire sur les anciennes Limites de l'Acadie, & sur les Stipulations du Traité d'Utrecht qui y sont relatives : *Basle*, Thourneisan, (*Paris*, Prault fils,) 1755, *in*-12. de 37 pages.

M. le Président Ogier, Ambassadeur de France en Danemarck, y a fait imprimer & distribuer ce petit Ecrit en Langues Françoise & Danoise. On l'a aussi traduit en Suédois & en Allemand. C'est proprement un Abrégé des Mémoires respectifs des Commissaires des deux Nations. Les réflexions que l'Auteur fait à la fin sur la politique des Anglois en général, & sur l'équilibre des Puissances en Amérique, ont été transcrites dans le *Mercure d'Octobre* 1755.]

39731. ☞ Histoire Géographique de la Nouvelle Ecosse (ou Acadie,) contenant le détail de sa situation, de son étendue & de ses limites, ainsi que les differens démêlés entre l'Angleterre & la France, au sujet de la Possession de cette Province, &c. (traduction de l'Anglois :) *Londres*, 1755, *in*-8. de 164 pages.

L'Original de cet Ouvrage n'est pas favorable à la France ; mais les Notes qu'on a jointes à la traduction, ramènent les choses au vrai.]

== ☞ Conduite de la France par rapport à la Nouvelle Ecosse, &c. traduite de l'Anglois, avec les Notes d'un François, &c. *Paris*, Prault fils, 1755, *in*-12.

Le François « disculpe sa Nation des imputations » dont on la charge ; & en réfutant les paralogismes de » l'Auteur Anglois & ses fausses assertions, il établit pé- » remptoirement les droits de la France sur ses possessions » dans l'Amérique Septentrionale ».

On a déja indiqué cet Ouvrage ci-dessus, N.° 31167.]

39732. ☞ La Conduite des François justifiée, ou Observations sur un Ecrit Anglois intitulé : *Conduite des François à l'égard de la Nouvelle Ecosse, depuis son premier Etablissement jusqu'à nos jours*; par le S. D.L.G.D. C. Avocat en Parlement : *Utrecht*, (*Paris*, le Breton,) 1756, *in*-12. de 256 pages.

L'Ouvrage Anglois qu'on réfute dans celui-ci, est la Lettre du Sieur Jefferys, Géographe du Prince de Galles, à un Membre du Parlement d'Angleterre, Ecrit violent & plein de mensonges. L'Apologiste des François, aussi modéré que l'Auteur de la Lettre Angloise est fougueux, répond solidement à tout, & au lieu d'injures il paye de faits & de raisons. Il démontre, 1.° que les Découvertes attribuées aux Cabots sont tout-à-fait chimériques, & n'ont été imaginées que pour combattre la priorité des François ; 2.° que les François ont pris les

premiers possession, & possédé réellement les Pays de l'Amérique Septentrionale qu'on leur conteste. Il fait ensuite un Récit Sommaire des principaux Evénemens qui concernent en particulier l'Acadie, depuis le Traité de Saint-Germain-en-Laye, en 1632, jusqu'à celui d'Utrecht, en 1713. De-là il passe à l'examen de ces deux questions. Qu'est-ce que la Nouvelle Ecosse ? Quelles sont les anciennes Limites de l'Acadie ? En conséquence il fait voir que l'interprétation donnée par les François au Traité d'Utrecht est claire & précise ; qu'elle est relative aux Négociations qui en ont précédé la signature, & parfaitement conforme à l'esprit & à la lettre du Traité. Enfin, il suit l'Ecrivain Anglois dans quelques-uns de ses écarts, & il le redresse sur plusieurs points. *Affiches du* 16 *Juin,*1756. *Merc. de Juill.*1756, *p.* 137.]

39733. ☞ Relation de Terre-Neuve, traduite de l'Anglois DE WHITE, qui y a été en 1709, (avec quelques Remarques sur l'Isle de Cap-Breton.)

Mémoire touchant Terre-Neuve, & le Golfe de Saint-Laurent ; extrait des meilleurs Journaux de Mer ; par l'Auteur de la Relation précédente.

Ces deux Pièces sont imprimées vers la fin du Tom. III. du Recueil des *Voyages au Nord : Amsterdam*, Bernard, 1715, & 1722, *in*-12.

« La Relation est assez instructive pour la Pêche des » Morues, qui fait toute la richesse de l'Isle de Terre- » Neuve. L'Auteur n'est pas bien instruit de ce qui re- » garde le Cap-Breton. Quant au Mémoire, ce n'est » proprement qu'un Routier, où le gissement des Terres » paroît assez exactement marqué ». Le Père de Charlevoix.

L'Isle de Terre-Neuve a été cédée par la France aux Anglois, par le Traité d'Utrecht de 1713, en se réservant le droit de Pêche.]

39734. ☞ Lettres & Mémoires pour servir à l'Histoire Naturelle, Civile & Politique de l'Isle du Cap-Breton, depuis son Etablissement jusqu'à la Reprise de cette Isle par les Anglois: *Londres*, 1760, *in*-12. & *Paris*, 1761, *in*-8.]

☞ON trouve dans l'*Hist. de la Nouvelle France* du P. de Charlevoix, *in*-12. tom. III. p. 129 & *suiv.* l'Abrégé d'un Mémoire très-curieux, dressé en 1713, par MM. RAUDOT, sur l'Isle du Cap-Breton, que les François ont ensuite appelé l'*Isle-Royale*.]

39735. ☞ Mémoire pour M. François Bigot, ci-devant Intendant de Justice, Police, Finance & Marine en Canada, Accusé ; contre M. le Procureur Général du Roi en la Commission, Accusateur ; Partie I. contenant l'Histoire de l'Administration du Sieur Bigot dans la Colonie, & des Réflexions générales sur cette Administration ; (de 303 p.) =Partie II. contenant la discussion & le détail des Chefs d'accusation ; (de 764 pages :) par Me LALOURCÉ, Avocat : *Paris*, le Prieur, 1763, *in*-4.

Ce Mémoire est intéressant, parcequ'il fait connoître le dernier état du Canada sous les François, qui l'ont cédé aux Anglois en 1763, avec la Partie Orientale de la Louisiane. Peu après ils ont cédé aux Espagnols la partie Occidentale de ce dernier Pays.

Il ne leur reste plus dans cette partie de l'Amérique Septentrionale que les deux petites Isles de *S. Pierre* & *de Miquelon*, près de Terre-Neuve, avec le droit de Pêche fur une partie de fes Côtes, & dans le Golfe de S. Laurent, à trois lieues des Côtes du Canada, cédé aux Anglois.]

39736. ☞ Mémoire pour Michel-Jean-Hugues Pean, Capitaine-Aide-Major des Villes & Gouvernement de Québec, &c. par Me AUBRY, Avocat: *Paris*, Defprez, 1763, *in*-4. de 318 pages.

On trouve dans ce Mémoire, comme dans le précédent, quelques détails fur les dernières Opérations Militaires des François dans le Canada.

Pendant le même Procès du Sieur Cadet, Munitionnaire, & de M. Bigot, Intendant, on a imprimé plufieurs autres Mémoires; fçavoir, ceux = de M. le Marquis de Vaudreuil, ci-devant Gouverneur du Canada; = du Sieur de Saint-Blin & du Sieur de Boishebert, Commandans de Forts; = du Sieur Varin, Commiffaire-Ordonnateur, &c.]

39737. ☞ Principales Requêtes du Procureur-Général en la Commiffion établie dans l'Affaire du Canada: *Paris*, Boudet, (1763,) *in*-4. de 51 pages.]

39738. ☞ Jugement rendu fouverainement & en dernier reffort, dans l'Affaire du Canada, par MM. le Lieutenant de Police, Lieutenant Particulier, & Confeillers au Châtelet & Siège Préfidial de Paris, Commiffaires du Roi en cette partie; du 10 Décembre 1763: *Paris*, Boudet, 1763, *in*-4. de 78 pages.

Cadet eft condamné à la reftitution de fix millions, le Sieur Bigot à celle de quinze cens mille livres, Varin de huit cens mille livres, &c. Le Marquis de Vaudreuil, le Sieur de Boishebert, &c. font déchargés de l'accufation; & pour le Sieur Pean plus ample informé.]

§. II. *Hiftoires des Colonies Françoifes dans les Ifles Antilles.*

39739. ☞ Defcription des Ifles Antilles, felon la dernière Édition de la *Méthode de Géographie* de l'Abbé LENGLET, &c.

Elle fe trouve, tom. *VIII*. pag. 473-508: (*Paris*, 1768, *in*-12.) Nous citons de préférence cette Edition, parceque l'on y trouve au jufte l'indication des Ifles que poffedent actuellement les François, felon les derniers Traités, & le Récit abrégé de ce qui a précédé depuis les premières prifes de poffeffion.]

39740. ☞ Hiftoire (abrégée) de l'Etabliffement des François dans les Antilles. *Merc.* 1762, *Janvier*, *pag.* 28.

On peut voir auffi fur le même fujet, le fecond *Mémoire des Commiffaires du Roi, fur l'Ifle de Sainte-Lucie: Paris*, Imprim. Royale, 1755, *in*-4.]

39741. ☞ Droit Public, ou Gouvernement des Colonies Françoifes (dans les Ifles,) d'après les Loix faites pour ces Pays; par M. PETIT, Député des Confeils Supérieurs des Colonies Françoifes: *Paris*, de Lalain, 1771, *in*-8. 2 vol.

Cet Ouvrage commence par l'Hiftoire du Gouvernement des Ifles Françoifes d'Amérique, où il eft queftion de leur découverte & de ce qui y eft arrivé de plus remarquable. Avant & après chaque Loi, &c. on trouve plufieurs Remarques hiftoriques, dont quelques-unes ne font que là; & c'eft une perfonne du Pays très-inftruite qui nous en fait part. Ce Livre eft le Code des Loix faites pour les Ifles Françoifes, jufqu'en Mai 1768.]

39742. ☞ Hiftoire de l'Ifle Efpagnole, ou de Saint-Domingue, avec Cartes & Plans; écrite fur les Mémoires du Père Jean-Bapt. LE PERS; par le Père (Pierre-François-Xavier) DE CHARLEVOIX, Jéfuite: *Paris*, Guerin, 1731, *in*-4. 2 vol.

Cette Hiftoire, qui eft ornée de plufieurs Cartes de M. d'Anville, eft fort détaillée. On fçait que les François partagent cette Ifle avec les Efpagnols, & qu'ils fe font établis dans la partie Occidentale, depuis environ le milieu du dernier Siècle.]

39743. ☞ Hiftoire des Avanturiers Flibuftiers qui fe font fignalés dans les Indes, avec la Vie, les Mœurs, les Coutumes des Habitans de Saint-Domingue & de la Tortue, & une Defcription exacte de ces Lieux, &c. par Alexandre-Olivier OEXMELIN: *Paris*, le Fevre, 1686: (*Hollande*,) 1688, *in*-12. 2 vol. avec fig.]

39744. ☞ Mémoires de M. Jean KER DE KERSLAND, contenant des Réflexions & des particularités intéreffantes fur la puiffance des François dans l'Ifle Hifpaniola, & fur leur Etabliffement dans le Miffiffipi, fur la décadence des Manufactures de laine en Angleterre, &c. *Rotterdam*, 1717, *in*-12. 2 vol.]

39745. ☞ Etabliffement & Progrès des François à Saint-Domingue, Gouvernement, &c.

Dans l'*Hiftoire des Voyages*, Edition de Paris, *in*-4. tom. *XV*. pag. 374 & *fuiv*.]

39746. ☞ Impofition de quatre millions fur la Colonie de Saint-Domingue, en exécution du Mémoire du Roi, du 15 Août 1763, Procès-Verbaux, Arrêts & Réglemens à ce fujet: *au Cap-François*, 1764, *in*-4.]

== ☞ Repréfentations du Confeil Souverain (François) de Saint-Domingue, fur les Milices, en 1769: *in*-12.

Elles renferment des détails fur la partie de l'Ifle qui eft à la France.]

Procès-Verbal de l'enlèvement dudit Confeil Souverain, (par ordre du Gouverneur, le Chevalier de Rohan:) 1769, *in*-12.

On a déja parlé de ces Pièces dans l'Article des *Remontrances*, ci-deffus, N.ºs 33585 & 33586.]

39747. Hiftoire Naturelle & Morale des Ifles Antilles de l'Amérique, [enrichie d'un grand nombre de Figures en taille-douce, des Places & des raretés les plus confidérables qui y font décrites, avec un Vocabulaire Caraïbe;] par le Sieur (Céfar) DE ROCHEFORT: *Rotterdam*, 1665: *Paris*, 1666: *Lyon*, 1667: *Rotterdam*, 1681, *in*-4.

☞ Il ne s'agit ici, comme dans l'Ouvrage fuivant, que de ce qu'on appelle les *Petites Antilles*: Saint-Domingue

Histoires des Colonies Françoises en Amérique.

Domingue est des grandes. Nous avons cru devoir indiquer d'abord ces deux Histoires générales ; les autres sont selon l'ordre des temps.]

39748. Histoire générale des Antilles habitées par les François ; par le P. Jean-Bapt. DU TERTRE, de l'Ordre des Frères Prêcheurs : *Paris*, Jolly, 1667 & 1671, *in*-4. 4. vol.

Le Tome I. contient ce qui s'est passé dans l'établissement des Colonies Françoises ; le Tome II. l'Histoire Naturelle ; les Tomes III & IV. l'établissement & le gouvernement des Indes Occidentales, depuis la Paix de Breda, en 1667.

☞ Cet Ouvrage est excellent. L'Auteur réfute dans le Tome II. l'*Histoire Naturelle des Isles Antilles* de Rochefort ; il la traite de fabuleuse, & l'Auteur de plagiaire. Dans les Tomes III. & IV. il réfute aussi la *Relation* du Sieur de la Barre & de Clodoré son Apologiste, [ci-dessous, N.° 39760.]

39749. ☞ Mf. Relatio Gestorum à primis Ordinis Prædicatorum Missionariis in Insulis Americanis Ditionis Gallicæ, præsertim apud Indos indigenas quos Caraïbes vulgò dicunt, ab anno 1635, ad 1643 ; Auctore R.P. Raimundo BRETON, Dominicano.

On peut voir ce qui en est dit, *pag.* 107 de la *Bibliothèque des Auteurs de Bourgogne*.]

39750. Relation de l'Etablissement des François dans l'Isle de la Martinique, l'une des Antilles, depuis l'an 1635 ; par François BOUTON, Jésuite : *Paris*, Cramoisy, 1640, *in*-8.

L'Auteur est mort en 1658.

39751. Relation véritable des Isles de Saint-Christophe & de la Guadeloupe, dans l'Amérique ; par le Père PACIFIQUE DE PROVINS, Capucin : *Paris*, [Thierry, 1648,] *in*-8.

☞ On croit que cette Relation a été composée en Latin, & après cela traduite en François.]

39752. * Relation de l'Etablissement d'une Colonie Françoise, dans l'Isle de la Guadeloupe, & des Mœurs des Sauvages ; par le P. Matthias DU PUIS, Dominicain : *Caen*, Yvon, 1652, *in*-8.

Ce petit Livre n'est ni bien écrit, ni exempt de préjugés de parti, selon le Père Echard, dans sa *Bibliothèque Dominicaine*.

39753. Voyage des Isles Camercanes en l'Amérique, qui font partie des Indes Occidentales, avec l'Etablissement des Carmes Réformés de la Province de Touraine, esdites Isles ; par MAURILE DE SAINT-MICHEL, Religieux Carme : *au Mans*, Olivier, 1652 ; [*Paris*, la Caille, 1653,] *in*-8.

L'Auteur appelle Isles Camercanes, celles de la Martinique, de la Guadeloupe, de Saint-Christophe, & autres Isles Antilles.

39754. Histoire générale des Isles de Saint-Christophe, de la Guadeloupe, de la Martinique & autres de l'Amérique ; [où l'on verra l'établissement des Colonies Françoises dans ces Isles, &c.] par le P. Jean-Baptiste DU TERTRE, de l'Ordre des Frères Prêcheurs : *Paris*, 1654, *in*-4.

☞ Cet Ouvrage est refondu dans celui qu'il donna douze ou quinze ans après : ci-dessus, N.° 39748.]

39755. Relation des Missions des Jésuites dans les Isles & dans la Terre ferme de l'Amérique Méridionale, depuis l'an 1639 jusqu'en 1655 ; par Pierre PELLEPRAT, Jésuite : *Paris*, Cramoisy, 1655, *in*-8.

Ces Isles sont celles de la Martinique, de Saint-Christophe, &c. L'Auteur est mort en 1667.

39756. Les Desseins du Cardinal de Richelieu pour l'Amérique, & ce qui s'est passé depuis l'établissement des Missions des Dominicains ; par (Jean) CHEVILLARD : *Rennes*, Durand, 1659, *in*-4.

39757. ☞ Dictionnaire Caraïb-François, mêlé de quantité de Remarques historiques pour l'éclaircissement de la Langue ; par le Sieur LE CLERC, Seigneur DE CHASTEAU DU BOIS : *Auxerre*, 1665, *in*-8.

L'Auteur étoit parent du sçavant & pieux Antoine le Clerc d'Auxerre, & du saint Evêque de Babylone, Jean Duval, l'un des Fondateurs du Séminaire des Missions Etrangères, à Paris. *Mém. pour l'Histoire d'Auxerre*, par l'Abbé Lebeuf, *tom. II. pag.* 512.]

39758. Relation de l'Isle Tabago, ou de la nouvelle Oualcre, l'une des Antilles de l'Amérique, avec la Description de sa situation ; par le Capitaine Jean POINTZ : *London*, 1663, *in*-4. (en Anglois.)

39759. Relation de l'Isle Tabago, ou de la nouvelle Oualcre, l'une des Antilles ; par (César) DE ROCHEFORT : *Paris*, 1666, 1684, *in*-12.

== ☞ Prise des Isles d'Antigue, de Saint-Eustache & de Tabago, par les François, sur les Anglois, en 1667.

Voyez ci-devant, Tome II. N.ᵒˢ 23908 & 23909. Tabago & Antigoa sont aujourd'hui possédées par les Anglois, & Saint-Eustache est aux Hollandois.]

39760. Relation de ce qui s'est passé dans les Isles & Terre ferme de l'Amérique pendant la dernière guerre avec l'Angleterre en 1666 & 1667 ; avec un Journal du dernier Voyage de M. de la Barre en l'Isle Cayenne ; accompagnée d'une exacte Description du Pays, mœurs & naturel des Habitans : le tout recueilli des Mémoires des principaux Officiers qui ont commandé en ces Pays ; par J. C. S. D. V. *Paris*, Clousier, 1671, *in*-12. 2 vol.]

☞ L'Auteur se nommoit CLODORÉ, peut-être étoit-il Secrétaire de Vaisseaux.]

☞ Il est question, entr'autres Pays, des Isles Antilles, dans la *Relation* publiée par le Sieur FROGER, du Voyage fait en 1695, 1696 & 1697, par une Escadre commandée par M. de Gennes : *Paris*, le Gras, 1699, *in*-12.]

== ☞ Estræum fulmen in Batavorum Classem : 1677.

Cet Ouvrage a déjà été indiqué, Tome II. N.° 24092.

Il concerne une Expédition du Comte d'Estrées en Amérique, où il reprit Cayenne & Tabago sur les Hollandois.]

39761. ☞ Nouveau Voyage aux Isles de l'Amérique, contenant l'Histoire naturelle de ce Pays, l'origine, les mœurs, la Religion & le Gouvernement des Habitans anciens &.modernes, les guerres & les événemens singuliers qui y sont arrivés pendant le long séjour que l'Auteur y a fait, le commerce & les manufactures qui y sont établies, & les moyens de les augmenter, avec une Description exacte & curieuse de toutes ces Isles ; (par le P. Jean-Baptiste LABAT, Dominicain :) *Paris*, le Gras, 1722, *in*-12. 6 vol. avec figures : 1743 & 1752, 8 vol.

Le Père Labat avoit été dix ans Curé à la Martinique : il est mort à Paris en 1738. *Voyez* sur son Voyage les *Mémoires de Trévoux*, 1722, *Mars & Avril*. On trouve des Reflexions critiques au *Mercure de* 1742, *Octobre*.

Voici le jugement qui est porté de ce même Ouvrage , dans le *second Mémoire des Commissaires du Roi, sur l'Isle de Sainte-Lucie :* (1755, Impr. Royale, *in-4. pag*. 57.) « Les Commissaires du Roi avoient en
» général évité, dans leur premier Mémoire, de citer
» le Père Labat, parce que son Ouvrage est moins une
» Histoire qu'une Relation de Voyage ; qu'il est peu
» exact dans la partie historique ; qu'il a presque tou-
» jours tirée de son Confrère le Père du Tertre, dont
» il a assez souvent copié négligemment les passages, &
» dont quelquefois il s'est écarté sans aucune preuve ;
» parce qu'enfin son autorité est d'un poids médiocre
» pour les choses de son temps, & totalement nulle
» pour celles du temps du Père du Tertre, qui non-
» seulement étoit contemporain des premiers Etablis-
» semens, mais qui souvent administre les preuves de
» ce qu'il rapporte, en produisant les Actes originaux.]

39762. ☞ Histoire des Etablissemens des François aux Isles Antilles.

Dans l'*Hist. des Voyages*, Edition de Paris , *in-4. tom. XV. pag*. 444-642.]

39763. ☞ Mémoires des Commissaires du Roi & de ceux de Sa Majesté Britannique, sur l'Isle de Sainte-Lucie (& autres Antilles :) *Paris*, Imprimerie Royale, 1755, *in*-4.

Ces Mémoires, au nombre de trois, occupent la seconde Partie du Tome I. *in*-4. (seconde Edit. 1755.) des *Mémoires des Commissaires, &c. sur les possessions & les droits respectifs des deux Couronnes en Amérique, avec les Actes publics, & Pièces justificatives*. Il s'agit dans tous ces Mémoires, &c. des Limites de l'Acadie , & du Droit sur l'Isle de Sainte-Lucie : nous n'indiquons ici que ces derniers, & nous ajouterons qu'il y est fait mention, avec un petit détail, (sur-tout dans le second Mémoire des Commissaires François,) de toutes les petites Antilles occupées ou possédées en différens temps par les François. Les *Pièces justificatives* concernant Sainte-Lucie sont dans le Tome III. de la seconde Edition du Recueil *in-*4. de ces Mémoires.]

☞ PAR le Traité de Paix de 1763, l'Isle de *Sainte-Lucie* a été abandonnée à la France par les Anglois, qui lui ont rendu celles de la *Martinique*, de la *Guadeloupe*, de *Marie-Galante* & de la *Désirade*, qu'ils avoient prises pendant la guerre. Ils ont gardé la *Grenade* & les *Grenadins*, *Saint-Vincent* , la *Dominique* & *Tabago*.]

39764. ☞ Essai sur la Colonie de Sainte-Lucie, par M. (Dan. Marc-Ant.) CHARDON, Intendant de la Marine (& depuis Intendant en Corse :) *in*-12.]

39765. ☞ Voyage à la Martinique, contenant diverses Observations sur la Physique, l'Histoire naturelle, l'agriculture, les mœurs, les usages de cette Isle, &c. par M. THIBAULT DE CHANVALLON : *Paris*, Bauche, 1763, *in*-4.]

§. III. *Histoires des Colonies Françoises dans l'Amérique Méridionale.*

39766. ☞ Etablissement des François, à l'embouchure du Rio-Jennero (ou Janeiro,) en 1555, (au Midi du Brésil.)

Dans l'*Histoire du Nouveau Monde* de Laet, Liv. XV. Chap. 18 , Édition Françoise de 1640, *pag*. 517. C'est de cet Etablissement que parlent les Relations suivantes.]

39767. ✶ Navigation du Chevalier DE VILLEGAGNON ès Terres de l'Amérique (Méridionale) en 1555, avec les mœurs des Sauvages du Pays : *Paris*, 1557, *in*-8.

☞ L'Auteur fut pendant un temps attaché aux Calvinistes, qu'il abandonna ensuite : il est mort en 1671, dans la Commanderie de Beauvais , Ordre de Malte, près de Nemours.]

39768. ✶ Les Singularités de la France Antarctique ; par André THEVET : *Paris*, 1558, *in*-4.

☞ Thevet avoit été Cordelier : il voyagea de côté & d'autre, alla en Amérique, & revenu en France, il fit plusieurs Ouvrages peu estimés.]

39769. ✶ Discours de Nicolas BARRÉ, sur la Navigation du Chevalier de Villegagnon en Amérique : *Paris*, le Jeune , 1558 , *in*-8.

== ✶ Histoire du Voyage de Jean DE LERY, en la Terre du Brésil, contenant sa Navigation, le comportement de Villegagnon en ce Pays-là, &c. *la Rochelle*, 1578, *in*-8. Seconde Edition, augmentée : *Genève*, [Choppin,] 1580, 1585, 1593, 1600. Cinquième Edition, revue & encore bien augmentée : *Genève*, Vignon, 1611, *in*-8.

Idem Itinerarium Latinè versum, à C. C. A. *Genevæ*, 1587, 1594, *in*-8. & dans la Part. III. de l'Amériq. de Théodore de Bry: *in-fol.*

La Préface, [qui est assez longue, sur-tout dans l'Edition de 1611,] est contre Thevet & Villegagnon.

☞ Ce Voyage est déja indiqué ci-devant, Tome II. N.° 18412 ; mais il ne se rapporte point à l'an 1580, où on l'a placé : il est de l'an 1556-1558.]

39770. ✶ Anonymi Galli Narratio Navigationis Nicolai Villagagnonis in illam Americæ Provinciam quæ ultrà Æquatorem ad Tropicum usque Capricorni extenditur ; Latinè à C. C. A.

Cette Relation est dans le même Volume de la Collection de Théodore de Bry.

Peut-être cette Narration est-elle cette *Histoire des*

Histoires des Colonies Françoises en Amérique. 667

choses mémorables, &c. que les Prétendus-Réformés firent paroître, en 1561, avec plusieurs autres Libelles satyriques contre Villegagnon, depuis qu'il eut abandonné leur parti.

Voyez ci-devant, [Tome II. N.ᵒˢ 17818 & *suiv.*

Au reste, cet Etablissement des François, qui ne consistoit que dans le Fort de Coligny, bâti dans une Isle, à l'embouchure du Rio-Janeiro, fut détruit par les Portugais, en 1558.]

39771. ☞ Du même Etablissement des François au Brésil.

Dans l'*Histoire des Voyages*, Edition de Paris, *in-*4. tom. XIV. *pag.* 183-205.]

39772. ☞ Etablissement des François, à Maragnan, en 1612, & Description du Pays voisin.

Dans l'*Hist. du Nouveau Monde* de Laet, Liv. XVI. Chap. IX. & *suiv.* Edition Françoise de 1640, *pag.* 546-561. C'est en grande partie l'Extrait du Livre suivant, qui est rare.]

39773. ☞ Histoire de la Navigation & de l'arrivée des Capucins, avec plusieurs Personnes de distinction du Royaume de France, dans l'Isle de Maranga & lieux adjacents; par le Père CLAUDE D'ABBEVILLE, Capucin : *Paris*, 1614, *in-*12.

L'Isle de Maranga ou Maragnan est située au Septentrion du Brésil. Les François s'y établirent en 1612, & y bâtirent Saint-Louis de Maragnan : les Portugais s'en emparèrent en 1614, & en sont encore les Maîtres.

☞ ON peut voir encore sur cet Etablissement des François, l'*Histoire des Voyages*, Edition de Paris, *in-*4. tom. XIV. *pag.* 245-249.]

39774. ☞ Voyage de la France équinoxiale en l'Isle Cayenne, entrepris par les François en 1652, divisé en trois Livres, par Antoine BIET, Prêtre-Curé de Sainte-Geneviève de Senlis, Supérieur des Prêtres qui ont passé dans le Pays: *Paris*, 1654, *in-*4.]

39775. Lettre écrite de Cayenne, contenant ce qui s'est passé en la Descente des François, & de leur Etablissement en l'Amérique : *Paris*, de Luyne, 1653, *in* 4. [14 pag.]

☞ On publia en même temps un *Mémoire* touchant la grande Compagnie d'Amérique : 34 pag.]

39776. Relation du Voyage des François au Cap du Nord en l'Amérique, fait par les soins de la Compagnie établie à Paris, & sous la conduite de M. de Royville leur Général; par Jean DE LAON, Sieur D'AIGREMONT, Ingénieur du Roi & Capitaine dans les Troupes de la France Equinoxiale : *Paris*, Pepingué, 1654, *in-*8.

39777. Relation véritable de ce qui s'est passé au Voyage de M. de Bretigny à l'Amérique Occidentale en 1643; avec la Description des mœurs, &c. par Paul BOYER, Sieur de Petitpuy : *Paris*, Rocolet, 1654, *in-*8.

Le Sieur de Bretigny arriva à Cayenne le 30 Novembre 1643. Il fut assassiné par les Sauvages en 1644, & sa mort fut suivie de la destruction entière de la Colonie. Le Sieur Boyer n'avoit aussi été qu'environ un an à Cayenne.]

Tome III.

39778. Voyage de la France Equinoxiale en l'Isle Cayenne, entrepris par les François en 1652; par Antoine BIET : *Paris*, [Cloufier,] 1664, *in-*4.

39779. Description de la France Equinoctiale, ci-devant appellée la Guyanne, & par les Espagnols El Dorado, nouvellement remise sous l'obéissance du Roi; par le Sieur LE FEVRE DE LA BARRE : *Paris*, Richer, 1666, *in-*4.

== ☞ Journal du Voyage de M. de la Barre en l'Isle Cayenne, (en 1666 & 1667.)

Voyez ci-dessus, N.º 23910.]

☞ *Nota.* L'ESCADRE commandée par le Comte d'Estrées, reprit le 20 Décembre 1675, sur les Hollandois, l'Isle de Cayenne, qui est restée depuis ce temps aux François ; sur quoi l'on peut voir l'*Estræum fulmen*, ci-devant, Tome II. 14091.

Il est encore question de l'Isle de Cayenne, dans la *Relation* publiée par le Sieur FROGER, du *Voyage fait en* 1695, 1696 & 1697, par une Escadre commandée par M. de Gennes : *Paris*, le Gras, 1699, *in-*12.]

39780. ☞ Mf. Histoire de l'Isle Cayenne & Province de Guyanne, ornée de Cartes & de figures; par M. DE MILHAU, Chevalier de l'Ordre de S. Michel, Conseiller au Sénéchal du Présidial de Montpellier : *in-*4. de 176 pages.

Cette Histoire manuscrite, qui est en forme de Lettres, est curieuse & très-intéressante. L'Auteur a demeuré à Cayenne depuis 1724 jusqu'en 1717. Son Manuscrit est conservé à Avignon, chez M. de Cambis-Velleron, selon le Catalogue raisonné de ses Manuscrits, num. 132.

Le Père LABAT, Dominicain, a fait quelque usage de l'Ouvrage de M. de Milhau, dans *la Relation du Voyage de M. le Chevalier des Matchais*, en Guinée & à Cayenne : *Paris*, 1733, *in-*12. 5 vol.]

39781. ☞ Mf. Lettres du R.P. Jean CHRÉTIEN, Missionnaire de la Compagnie de Jésus, à un Père de la même Compagnie, écrites de Cayenne pendant les années 1718 & 1719 : *in-*8. de 230 pages.

Ce Recueil, qui contient quatorze Lettres originales, est le num. 133 des Manuscrits de la Bibliothèque de M. de Cambis. On y trouve tout ce qu'on peut desirer sur les Habitans de l'Isle de Cayenne, sur son climat & ses productions.

A la fin de ce Recueil, est l'Extrait d'une Lettre écrite de Cayenne, par M. DE MILHAU, sur l'Histoire de cette Isle depuis l'Etablissement que les François y ont fait.]

39782. ☞ Mf. Lettre du P. Jean CHRÉTIEN, Jésuite, écrite de Cayenne le 25 Juillet 1725, sur les mœurs & coutumes des Habitans, les Sauvages Galibis, & l'état de la Colonie.

Cette Lettre est entre les mains de M. Seguier, Secrétaire de l'Académie de Nismes. L'Auteur est mort à Avignon vers 1750.]

== ☞ Essai sur l'Histoire Naturelle de la France Equinoctiale, ou de Cayenne; par Pierre BARRERE.

Voyez ci-devant, Tome I. N.º 2414.]

39783. ☞ Nouvelle Relation de la France Equinoctiale; par le même : *Paris*, 1743, *in*-12.]

☞ IL est question de Cayenne à la fin de la Relation d'un *Voyage fait dans l'intérieur de l'Amérique méridionale*, par M. DE LA CONDAMINE, de l'Académie Royale des Sciences : *Paris*, 1745, *in*-8.]

39784. ☞ De la Guyanne & de Cayenne.

Dans l'*Histoire des Voyages*, Edition de Paris, *in*-4. tom. XI. pag. 54-61, & tom. XIV. pag. 380-386.]

39785. ☞ Lettre de l'Isle de Cayenne, touchant les immenses possessions & la conduite des Jésuites dans cette Isle; du 30 Décembre 1762 : *in*-12. de 7 pages.]

== ☞ Maison Rustique à l'usage des Habitans de la France Equinoxiale, connue sous le nom de Cayenne; par M. DE PRÉFONTAINE, ancien Habitant, Chevalier de l'Ordre de S. Louis & Commandant de la partie du Nord de la Guyanne : *Paris*, Bauche, 1763, *in*-8. avec fig.

Cet Ouvrage, utile pour connoître l'Histoire naturelle & l'œconomique de Cayenne, a déja été indiqué ci-devant, Tome I. N°. 2410. « L'Auteur y donne les » moyens les plus sûrs pour y former, entretenir, amé- » liorer & multiplier diverses branches d'industrie & » de Commerce. Ce ne sont point de simples spécula- » tions ou des conjectures hasardées (qu'il) offre; c'est » le fruit de vingt ans de séjour à Cayenne, c'est le ré- » sultat de réflexions & d'épreuves confirmées par » l'expérience ».]

39786. ☞ Dictionnaire Galibi (ou des Indiens voisins de Cayenne,) précédé d'un Essai de Grammaire; par M. D. L. S. *Paris*, Bauche, 1763, *in*-8.]

39787. ☞ Description de la Guyanne (& du Pays de Cayenne) avec des Remarques pour la navigation de ses Côtes, des Cartes & des Plans; par M. BELLIN : *Paris*, 1763, *in*-4.]

ARTICLE II.

Histoires des Colonies Françoises en Afrique & dans les Indes Orientales.

39788. ☞ HISTOIRE de la première Découverte & Conquête des Canaries faites en 1402, par Jean de Béthencourt, Chambellan du Roi Charles VI. (écrite dans le temps même; par un Religieux de S. François & l'Aumônier de Béthencourt.)

Elle est imprimée avec le *Traité de la Navigation* de Pierre Bergeron : *Paris*, Soly, 1630, *in*-8. C'étoit un ancien Manuscrit, *d'un langage rude & naïf*, qui fut communiqué par Galien de Béthencourt, alors Conseiller au Parlement de Rouen, tiré de l'Original bien peint & enluminé, conservé dans sa Bibliothèque. Bergeron y fait un Supplément dans les Chapitres VII. & XXIX-XXXV. de son *Traité des Navigations* qui précède.]

☞ Dès la fin du Siècle précédent, les Dieppois & autres Normands alloient commercer jusqu'en Guinée, & ils y firent quelques établissemens, que les Guerres Civiles de France leur firent abandonner dans le XV. Siècle, comme elles en ont fait périr les Mémoires. De ces Voyages viennent les noms du *petit-Dieppe*, de *Sestro-Paris*, ou grand Sestre, que l'on connoît encore sur les Côtes de Guinée : & le Fort de *la Mina* leur doit son origine. « Il y a quelques années, (dit Dapper vers » 1670,) que les Hollandois (y) relevant une Batterie, » qu'on appelle la Batterie des François, parce que, se- » lon l'opinion commune des Originaires du Pays, les » François en ont été les Maîtres avant les Portugais, » on trouva gravés sur une pierre les *deux premiers* » chiffres du nombre treize cens; mais il fut impossible » de distinguer les deux autres ». *Description de l'Afrique*, Edition Françoise : *Amsterdam*, 1686, *pag.* 280. On peut voir sur le même sujet l'*Histoire Universelle traduite de l'Anglois*, *in*-4. tom. XXV. pag. 394. Le Traducteur a eu raison d'opposer à l'injuste critique des Sçavans Anglois, l'Acte indiqué par le Père Labat, qui prouve que le Commerce des Dieppois aux Côtes d'Afrique étoit établi en 1364, & ce que nous venons de rapporter du Hollandois Dapper, fait voir que ce n'est pas une *imagination* de Robbe, d'avoir pris les *deux derniers* chiffres de l'Inscription pour les deux premiers. Au reste, si de Serres & Mézeray n'ont point parlé de ces anciennes Navigations des Dieppois, cela n'en détruit pas plus l'existence, que leur silence sur celles de Béthencourt & autres : ils étoient plus occupés de l'Histoire des Guerres que de celle du Commerce.]

39789. ☞ Du Bastion de France, au Royaume d'Alger, sur les confins de celui de Tunis.

On peut voir au sujet de cette Place, où les François ont commencé à s'établir en 1560, la *Description de l'Afrique*, par Dapper, (Edition Françoise : (*Amsterdam*, 1686, *in-fol.* pag. 188 := le Parfait Négociant de Savary, à l'avant-dernier Chapitre : = Dictionnaire du Commerce, & celui de la Martinière.]

39790. ☞ Relation de la Nigritie, avec la découverte de la Rivière du Senega : *Paris*, Couterot, 1689, *in*-12.]

39791. ☞ Relation d'un Voyage fait en 1695, 1696 & 1697, aux Côtes d'Afrique, &c. par une Escadre de Vaisseaux du Roi, commandée par M. de Gennes; écrite par le Sieur FROGER, Ingénieur, avec figures : *Paris*, le Gras, 1699, *in*-12.]

== ☞ Lettres-Patentes & Edits pour la Compagnie du Sénégal, &c. 1686-1696.

Voyez ci-devant, Tome II. N.° 28276.]

39792. ☞ Nouvelle Relation de l'Afrique Occidentale, contenant une Description exacte du Sénégal, &c. l'Histoire naturelle de ces Pays, &c. l'état ancien & moderne des Compagnies qui y font le commerce; par le P. Jean-Baptiste LABAT, Dominicain, (d'après divers Mémoires communiqués :) *Paris*, 1728, *in*-12. 5 vol.

Voyez le *Journ. des Scav.* 1728, *Février* & *Mars* = Mém. de Trév. 1729, Janvier & Juillet.]

39793. ☞ Voyage du Chevalier (Renaud) DES MARCHAIS, en Guinée, Isles voisines & à Cayenne, en 1725, 1726 & 1727, contenant une Description très-exacte & très-étendue de ces Pays & du Commerce qui s'y fait; publié par le P. J. B. LABAT : *Paris*, Osmont, 1730, *in*-12. 4 vol.]

Histoires des Colonies Françoises aux Indes. 669

39794. ☞ Des Isles de Saint-Louis, & Gorée, Forts François.

Dans l'*Histoire des Voyages*, Edition de Paris, in-4. tom. II. pag. 428 & suiv. 447 & suiv.]

39795. ☞ Histoire naturelle du Sénégal, Coquillages : (précédée de) la Relation abrégée d'un Voyage fait en ce Pays, pendant les années 1749-1753; par M. ADANSON, (alors) Correspondant de l'Académie Royale, des Sciences, (& depuis Académicien :) *Paris*, Bauche, 1757, *in-*4.]

39796. ☞ Histoire & Description du Pays des Négres & de la Guinée, du Commerce des Européens, des Etablissemens François de Gorée, du Fort-Louis de Sénégal, &c.

C'est ce que l'on trouve dans le tom. XXVI. de l'*Histoire universelle traduite de l'Anglois*, pag. 17-104. On peut voir aussi le tom. XXV. depuis la pag. 332; car les Auteurs procédent du Sud au Nord.]

39797. ☞ Nouvelle Histoire de l'Afrique Françoise ; par M. l'Abbé DEMANET, ci-devant Curé & Aumônier pour le Roi en Afrique : *Paris*, Veuve Duchesne, 1767, *in-*12. 2 vol.

On peut voir dans cet Ouvrage l'Histoire des anciens Etablissemens des François, & de ceux qu'ils ont aujourd'hui, avec la manière d'en rendre le Commerce plus considérable. Depuis le Traité de 1763, le principal Etablissement des François en Guinée, est l'Isle Gorée : ils ont cédé aux Anglois l'Isle Saint-Louis & tout le Fleuve du Sénégal, avec le Commerce de Galam.]

39798. Relation de l'Isle Madagascar ; par François CAUCHE.

Elle est imprimée dans un Recueil publié par Claude-Barthélemi Morisot, de Dijon, sous ce titre : *Relations nouvelles*, &c. *Paris*, Courbé, 1651, *in-*4.

39799. Histoire de la grande Isle de Madagascar ; par Estienne DE FLACOURT, avec une Relation de ce qui s'y est passé entre les François & les Originaires de cette Isle, depuis 1642 jusqu'en 1658 : *Paris*, [Henault, 1658,] Lamy, 1661, *in-*4.

Il est marqué dans cette Relation de quelle manière les François firent un Etablissement dans cette Isle. [On l'a abandonnée, depuis que le Massacre que les Sauvages firent des François qui se trouvoient dans le Fort qu'on y avoit bâti, & qui étoit appellé le Fort-Dauphin.]

39800. ✻ Ms. Avis d'un Particulier au sujet de l'Etablissement d'une Colonie à Madagascar : *in-*4.

Cet Avis [étoit] dans la Bibliothèque de M. Baluze, num. 802, & est aujourd'hui dans celle du Roi, num. 10529', parmi les Manuscrits de Baluze.]

== Relation de l'Etablissement de la Compagnie Françoise pour le Commerce des Indes Orientales en 1664, avec le Recueil des Pièces ; par François CHARPENTIER.

Voyez ci-devant, [Tome II. N.° 28265.]

39801. Relation du premier Voyage de la Compagnie (Françoise) des Indes Orientales en l'Isle de Madagascar, ou Dauphine, en 1665 ; par Urbain Souchu DE RENNEFORT : *Paris*, Cloufier, 1668, *in-*12.

☞ On peut voir encore sur Madagascar, l'*Histoire des Voyages*, Edition de Paris, *in-*4. tom. *VIII. p.* 568-596.]

39802. ☞ Mémoires du Sieur MARCARA, Persan, l'un des premiers Directeurs de la Compagnie Françoise dans les Indes : *Paris, in-*4. (vers 1675.)

Ces Mémoires renferment des faits curieux : on peut voir ce qu'en rapporte l'Abbé Guyon, dans son *Histoire des Indes*: (*Paris*, Butard, 1744, *in-*12.) tom. *III*. pag. 137 & *suiv.*]

39803. ☞ Histoire des Indes Orientales, contenant l'Etablissement d'une Compagnie Françoise des Indes Orientales, ses différens Voyages & tout ce qui s'est passé aux Indes à ce sujet depuis 1664 jusqu'en 1671 ; par Urbain Souchu DE RENNEFORT : *Paris*, Seneuze, 1688, *in-*4.]

39804. Voyages du Sieur DU Bois aux Isles Dauphine ou Madagascar, & Bourbon ou Mascarenne, en 1669, 1670, 1671 & 1672 : *Paris*, Barbin, 1674, *in-*12.

39805. Journal du Voyage des grandes Indes, contenant tout ce qui s'est fait & passé par l'Escadre de Sa Majesté, sous le commandement de M. de la Haye, depuis son départ de la Rochelle, au mois de Mars 1670, avec une Description exacte de toutes les Isles, Villes, Ports, &c. mœurs & Religion des Indiens : Ensemble, la Prise de Saint-Thomé sur le Roi de Golconde, & plusieurs Combats donnés contre les Indiens & Hollandois, jusqu'à sa sortie de ladite Ville, au mois de Septembre 1674 : *Paris*, Pepie, 1698, *in-*12.

« Tout ce qui est contenu dans ce Journal, (dit » l'Avertissement,) est de M. (Jacob) DE LA HAYE, & » du Sieur (François) CARON, alors Directeur-Géné- » ral aux grandes Indes, pour MM. de la Compagnie de » France, qui l'a toujours accompagné depuis Goa jus- » qu'à la Prise de Saint-Thomé ».

☞ Caron fit naufrage dans le Port de Lisbonne, avec toutes les richesses qu'il s'étoit acquises, lorsqu'il venoit apporter en France des nouvelles de son Voyage.]

39806. ☞ Histoire de la Compagnie des Indes, jusqu'en 1737, avec les Pièces justificatives ; par M. du Fresne DE FRANCHEVILLE.

C'est le Tome III. de l'*Histoire des Finances*, indiquée ci-devant, Tome II. N.° 27964. Ouvrage plein de recherches.]

== ☞ Histoire des Etablissemens & du Commerce des François aux Indes ; par l'Abbé GUYON : *in-*12.

On l'a déja indiquée à l'Article du *Commerce*, ci-devant, Tome II. N.° 28269. Cette Histoire va jusqu'en 1742, que M. Dupleix vint succéder à M. Dumas dans le Gouvernement Général de Pondichery.]

== ☞ Mémoire pour le Sieur de la Bourdonnais, & Pièces justificatives : *in-*4. & *in-*12.

Voyez ci-devant, Tome II. N.° 24726, où l'on doit ne pas lire *la Bourdonnaye*. On y trouve beaucoup de faits sur l'Inde Françoise, depuis 1735 jusqu'en 1750.]

Liv. IV. Histoire Civile de France.

☞ Histoire des Etablissemens des François aux Indes, & de leurs Comptoirs.

Elle se trouve dans le tom. XXII. de *l'Histoire universelle traduite de l'Anglois : Amsterdam, in-4*. ci-devant indiquée Tome II. N.º 28270. *Voyez* les pag. 172-184, 226-240, dudit Tome XXII.

On y peut joindre les deux Morceaux suivans :

Histoire de l'Etablissement des François à Siam & de la Révolution qui les en fit sortir, en 1688.

Elle est dans le tom. XIX. de *l'Histoire universelle traduite de l'Anglois*, pag. 416-478. Nous citons cette Histoire de préférence, parce qu'on y trouve réunies diverses Relations. On peut y joindre, 1.º « Histoire » de M. Constance, premier Ministre du Roi de Siam, » par André-François Boureau DES LANDES, Commissaire-Général de la Marine à Brest : *Paris*, 1755, » *in - 12*. ». (L'Auteur , qui étoit né à Pondichery, est mort en 1757. Il ne faut pas confondre son Ouvrage avec un autre qui a le même titre , & que le P. D'ORLÉANS, Jésuite, publia en 1692. Les Historiens Anglois en font une assez ample mention.) « 2.º Histoire civile & naturelle du Royaume de Siam ; par » M. TURPIN, sur les Manuscrits de M. l'Evêque de Ta- » braca, Vicaire Apostolique à Siam : *Paris*,1771,*in-12*. » 2 vol. ». On peut encore voir sur cette Révolution de Siam , l'*Hist. générale des Voyages*, sur-tout le *t. XVII. Supplémens au tom. IX*.]

Histoire de la Guerre des François & des Anglois dans l'Inde, depuis 1744 jusqu'en 1748.

Dans le tom. XXI. de la même *Histoire universelle*, pag. 427-458.]

== ☞ Histoire du Siège de Pondichery, levé par les Anglois en 1748 ; & Relation d'un Voyage aux Indes.

Voyez ci-devant , Tome II. N.º 24708.]

39807. ☞ Mémoire pour le Sieur Dupleix contre la Compagnie des Indes, avec les Pièces justificatives : *Paris*, le Prieur, 1759, *in-4*.

Ce Mémoire est très-intéressant pour l'Histoire des Indes Françoises, M.' Dupleix en ayant été Commandant & Gouverneur pendant 16 ans, & y étant allé dès sa jeunesse. Son Mémoire a 294 pages, & les Pièces justificatives 124. Il y a eu contre lui des Mémoires de la Compagnie des Indes & de M. Godeheu ; mais ils ne renferment point de faits historiques différens. On a fait grand usage du Mémoire de M. Dupleix, dans le *Supplément de l'Histoire des Voyages*.]

39808. ☞ Histoire de la dernière Révolution des Indes Orientales (jusqu'à la fin de 1751,) composée sur les Mémoires originaux & les Pièces les plus authentiques ; par M. L. L. M. (l'Abbé LE MASCRIER :) *Paris*, Delaguette, 1757, *in-12*. 2 vol.]

39809. ☞ Etablissement des François à Pondichery & aux Indes, leur progrès, &c. Etat des François dans l'Inde jusqu'en 1755.

Ce sont différens Morceaux de l'*Histoire générale des Voyages*, Edition de Paris, *in-4*. *tom. IX*. pag. 603-632, & *tom. XVII*. pag. 251-317.]

39810. ☞ Mémoire pour le Comte de Lally, Lieutenant-Général, &c. Commissaire & Commandant en Chef dans l'Inde ; contre M. le Procureur-Général : *Paris*, Desprez, 1766, *in-4*.

Les trois Parties de ce Mémoire forment 726 pages, & les Pièces justificatives en ont 118.]

39811. ☞ Arrêt de la Cour du Parlement, au sujet de Thomas Artur de Lally, du 6 Mai 1766 : *in-4*.

Il prive l'Accusé « de ses états, honneurs & dignités, » & le condamne à avoir la tête tranchée en Place de » Grève, pour avoir trahi les intérêts du Roi, de son » Etat & de la Compagnie des Indes, & pour abus d'au- » torité, exactions & vexations ». Le même Arrêt ordonne que tous les Mémoires dudit de Lally seront supprimés comme contenant des faits faux & calomnieux.]

39812. ☞ Mémoire à consulter & Consultation pour le Sieur de Bussy, Maréchal des Camps & Armées du Roi, au sujet du Mémoire que le Sieur de Lally vient de répandre dans le Public ; avec les Lettres que les Sieurs de Bussy & de Lally se sont écrites dans l'Inde, pour servir de Pièces justificatives : *Paris*, Lambert, 1766, *in-4*.

On trouve dans ce Mémoire , comme dans celui de M. de Lally, & leurs Pièces, diverses particularités sur ce qui a précédé & suivi la prise de Pondichery par les Anglois, le 15 Janvier 1761.]

== ☞ Mémoires du Colonel LAWRENCE, (Anglois,) contenant l'Histoire de la Guerre dans l'Inde, entre les Anglois & les François, depuis 1750 jusqu'en 1761, &c. par Richard OWEN, traduits de l'Anglois, par M. Targe : *Amsterdam*, (*Paris*,) 1766, *in-12*. 2 vol.

On les a déja indiqués ci-devant, Tome II. N.º 24777.]

39813. ☞ Journal d'un Voyage fait aux Indes ; par M. DE LA FLOTTE, Officier François, en 1757 jusqu'en 1761.

Il est imprimé à la tête des *Essais historiques sur l'Inde* , par le même Auteur : *Paris*, Hérissant fils, 1769, *in-12*. On y voit l'Histoire abrégée de la dernière Guerre dans l'Inde, qui a donné lieu à la prise & à la ruine de Pondichery en 1761, (pag. 155.) Le Territoire de cette Ville & les autres Places & Comptoirs qui appartenoient aux François, soit sur la Côte de Coromandel , soit au Bengale, leur ont été rendus par le Traité de 1763.]

39814. ☞ Mémoire pour le Marquis de Bussy, Maréchal des Camps & Armées du Roi, contre les Syndics & Directeurs de la Compagnie des Indes : *Paris*, Cellot, 1767, *in-4*.

Ce Mémoire est intéressant pour les détails qui concernent l'Histoire & les Guerres de la Colonie Françoise aux Indes, ou à Pondichery, depuis environ 1748 ou 1750, jusqu'en 1759. La Compagnie des Indes qui demandoit un Compte au Marquis de Bussy, opposa, 1.º un Mémoire au sien ; 2.º un Supplément & quelques Lettres de lui qui sont assez curieuses. M. de Bussy donna ensuite un *Précis* sur les Demandes qu'il faisoit à la Compagnie des Indes.]

39815. ☞ Etablissemens des François à l'Isle Bourbon & à l'Isle de France, (sur la Côte Orientale d'Afrique).

Dans l'*Histoire universelle traduite de l'Anglois : Amsterdam*, *in-4*. *tom. XXII*. pag. 204 & *suiv*.
On peut voir aussi sur l'Isle Bourbon, l'*Histoire des*

Voyages, Edition de Paris, *in-*4. *tom. VIII. pag.* 574-627; = *tom. IX. pag.* 639-643, & *tom. XI. pag.* 605-608.]

39816. ☞ Lettre du P. Ducros, Jésuite, à M. l'Abbé Raguet, contenant une Description de l'Isle de France.

Dans le tom. XVIII. des *Lettres Edifiantes*, sur quoi l'on peut voir le *Journal des Sçavans*, 1728, *pag.* 385 & *suiv. in-*4.]

☞ On trouve une Description de l'état présent des Isles de France & de Bourbon, dans le *Journal du Voyage* de l'Abbé de la Caille *au Cap de Bonne-Espérance* : *Paris*, Guillyn, 1763, *in-*12.]

39817. ☞ Mémoire à consulter pour les Habitans de l'Isle de France : *Paris*, Pierres, 1769, *in-*4.

C'est au sujet d'une Requête au Roi (qui se trouve à la fin,) & qui a trois Objets : 1.° Obstacles à l'accroissement des Colonies de l'Isle Bourbon & de l'Isle de France : 2.° Causes de l'insolvabilité de ces Colonies : 3.° Désordres dans tous les genres d'administration de ces Colonies depuis 1759.]

39818. ☞ Mémoires sur délibéré, pour les Officiers & Soldats du Régiment de Cambresis, contre les Syndics & Directeurs de la Compagnie des Indes; par Me Dalligrant : *Paris*, P. G. Simon, 1765, *in-*4.

Ces Mémoires renferment diverses particularités historiques sur l'état de l'Isle de France, & même sur celui de la Compagnie des Indes, qui a donné lieu à l'Arrêt du Conseil d'Etat, du 13 Août 1769. *Voyez* ci-devant, Tome II. N.° 28283.]

Article III.

Histoires de l'Isle de Corse, sous la Domination Françoise.

☞ Cette Isle étoit depuis long-temps assujettie à la République de Gènes. Les Naturels du Pays se sont révoltés en 1729; & la République n'ayant pu les réduire, a engagé l'Empereur à y envoyer des Troupes : elle a eu ensuite recours à la France en 1737. Enfin elle lui a cédé la Corse en 1768.

On a déja indiqué quelques Ouvrages sur les premières Guerres des François. *Voyez* ci-devant, Tome II. N.ºs 24623, 24632 & 24633. On y peut joindre le Tome III. de l'*Histoire des Révolutions de Gènes*, (par M. de Brequigny :) *Paris*, 1750, *in-*12.]

39819. ☞ Description de la Corse : *Paris*, Ventes, 1768, *in-*12. de 168 pages.]

39820. ☞ Description Géographique & Historique de l'Isle de Corse; par M. (Nicolas) Bellin, Ingénieur-Géographe de la Marine : *Paris*, 1769, *in-*4. (avec 32 Cartes & Plans.)

☞ Traité conclu à Versailles le 15 Juin 1768, entre Sa Majesté Très-Chrétienne, & l'illustre République de Gènes, touchant l'Isle de Corse, qui est cédée au Roi.

Voyez ci-dessus, N.° 29320]

39821. ☞ Procès-verbal de l'Assemblée de la Consulte générale de la Nation Corse, tenue à Bastia le 15 Septembre 1770, & jours suivans, (en Italien & en François :) *Bastia*, 1771, pet. *in-fol.* de 173 pages.]

39822. ☞ Histoire des Révolutions de Corse, depuis ses premiers Habitans jusqu'à nos jours; par M. l'Abbé de Germanes, Vicaire-Général de Rennes : *Paris*, Hérissant fils, 1771, *in-*12. 2 vol.

L'Auteur se propose de donner un Tome III. où l'on trouvera le détail de la dernière Conquête des François, & de la Cession que la République de Gènes leur a faite de l'Isle de Corse, avec ce qui regarde la partie Ecclésiastique. Il est peu étendu sur l'Histoire ancienne de la Corse, & dès le Tome I. il parle des Guerres que les François y ont faites en 1553, &c. ensuite, de celles qui ont commencé en 1737. Le Tome II. finit pour l'Histoire en 1759, & il est terminé par un Précis de la Législation de Corse, & par des Remarques sur le génie, le caractère & les mœurs de ses Habitans.]

CHAPITRE QUATRIÈME.

Histoires [de la Noblesse] de France & [de ses] Familles illustres.

Article Premier.
Préliminaires de ces Histoires.

Ces Préliminaires contiennent les Traités de la Noblesse, des Fiefs, du Franc-Alleu, du Ban & Arrière-Ban, des Armoiries & du Blazon, composés par des François, [& où il est question des Familles de France;] les Armoriaux de France, & [enfin] les Histoires & Traités des Ordres Militaires & de Chevalerie, établis dans le Royaume.

§. I. *Traités de la Noblesse, des Fiefs, du Franc-Alleu, du Ban & Arrière-Ban.*

39823. De l'Etat & Condition des Personnes de notre France, avec un sommaire Discours des Servitudes très-foncières, qui se trouvent en quelques-unes de nos Provinces; par Estienne Pasquier.

Ce Discours est contenu au Chap. V. du Livre IV. de ses *Recherches de la France.*

39824. Joannis Davezan, Jurisconsulti, Antecessoris Aurelianensis, Servitutum Liber : *Aureliæ,* 1650, *in-*4.

== ☞ Divers Traités (nouveaux) sur les Servitudes.

Voyez ci-devant, Tome II. Nos. 15518-15522.]

39825. ☞ De l'Affranchissement des Serfs en France.

C'est le Chapitre XIX. du *Traité historique de la Souveraineté du Roi,* (ou des *Droits du Souverain en France,*) *in-*4. tom. II. pag. 219-235.]

39826. De Distinctionibus Familiarum apud Gallos olim, & Francos sub unaquaque Stirpe, Dissertatio historica Gerardi du Bois, Congregationis Oratorii Presbyteri.

Cette Dissertation est dans le Chap. I. du Livre XIII. *Hist. Eccles. Paris.* 1690, *in-fol.* [ci-devant, Tome II. N.º 9273.]

39827. Traité de l'origine des Noms & Surnoms, de leur diversité & changement chez les Nations, avec les Noms des Fondateurs d'un grand nombre de Communautés, & plusieurs Questions importantes sur les Noms & sur les Armoiries; par Gilles-André de la Roque : *Paris,* Michallet, 1681, *in-*12.

L'Auteur, [qui étoit très-sçavant dans ces Matières & celles de Généalogie,] est mort en 1686.

☞ *Voyez* sur cet Ouvrage, Lenglet, *Méth. histor. in-*4. tom. IV. pag. 424. = *Mélanges* de Vigneul-Marville, tom. I. pag. 306. = *Act. de Leips.* 1682, pag. 85. Au reste, ce Traité a été réimprimé, avec celui *de la Noblesse* du même Auteur : *Rouen,* le Boucher, 1734, *in-*4.]

39828. ☞ Observations sur les Titres d'honneur qui ont été, ou qui sont encore en usage parmi nous ; par M. de Glatigny : 1725.]

Ce Morceau est parmi les *Œuvres* de ce Magistrat. L'Auteur après avoir fixé l'origine des Noms qui furent pris des Fiefs qu'on possédoit, sous la seconde Race de nos Rois, parcourt les différentes significations & les différens changemens arrivés dans les termes de *Dominus, Senior, Monsieur, Monseigneur, Dame & Sire.* Cette petite Pièce est pleine de recherches.]

39829. ☞ Des Noms & Surnoms; par M. (Denys) de Sallo. Mémoire sur la question qui s'est présentée de sçavoir si l'on doit nommer la Reine, Marie-Thérèse d'Espagne, ou Marie-Thérèse d'Autriche.

Cette Pièce est imprimée dans le tom. III. du *Recueil de Pièces d'Histoire & de Littérature.* C'est un Morceau curieux & intéressant, sur l'origine des Noms & Surnoms, qui n'ont commencé, selon M. de Sallo, qu'avec la Troisième Race de nos Rois. Ils furent d'abord réels, c'est-à-dire, pris des Seigneuries qu'on possédoit, d'où il arrivoit qu'on en changeoit souvent, comme firent les Comtes de Hapsbourg en prenant celui d'Autriche ; mais depuis 500 ans ils sont devenus personnels & caractéristiques d'une même Famille. D'où l'Auteur conclut qu'on doit nommer la Reine, Marie-Thérèse d'Autriche, & qu'il est de l'intérêt du Roi d'empêcher qu'on n'y substitue le nom d'Espagne.]

39830. ☞ Dissertation sur l'origine des Noms de Famille; par Pierre Le Gras du Villard, Chanoine de S. André de Grenoble : 1758, *in-*12.]

39831. Ms. Traité des origines, changemens & révolutions des grandes Seigneuries de France; par Pierre du Moulin, Avocat au Parlement de Paris.

Ce Traité est conservé dans la Bibliothèque de Saint-Magloire, entre les Manuscrits de MM. de Sainte-Marthe.

39832. Traité des Seigneuries; par Charles Loyseau, Avocat au Parlement : *Paris,* Langelier, 1608, *in-*4.

Cet Auteur est mort en 1628.

✱ Le même Traité a été imprimé plusieurs fois avec toutes les *Œuvres* de Loyseau.

39833. Ms. Etat général des Seigneuries du Royaume de France, par ordre des Provinces & Départemens : *in-fol.* 2 vol.

Cet Etat est conservé dans la Bibliothèque du Roi, num. 9439 & 9440.

39834. Ms. Traité de la Noblesse & des comportemens des Nobles : *in-fol.*

Ce Traité [étoit] dans la Bibliothèque de M. Baluze, num. 725, [& est aujourd'hui dans celle du Roi.]

39835.

Histoires de la Noblesse de France. 673

39835. Mf. Traité de la Noblesse : *in-4*.

Ce Traité est conservé dans la Bibliothèque du Roi, entre les Manuscrits de M. de Gaignières.

39836. Mf. ☞ Déclaration de Noblesse, & des choses qui lui appartiennent, & comment on doit faire Blazons.

Ce Manuscrit est conservé dans la Bibliothèque du Roi, num. 7451. M. de Sainte-Palaye soupçonne qu'Antoine DE LA SALLE pourroit être le Compilateur de cet Ouvrage.]

39837. ☞ Mf. Traité de la Noblesse & de ses circonstances : *in-fol*.

Ce Manuscrit est indiqué *pag*. 438 du Catalogue de M. Bellanger.]

39838. De l'ancienneté des Terres tenues tant en Fief qu'en Allaud; des Nobles, Gendarmes, Roturiers; du Ban & Arriere-Ban, & plusieurs autres choses concernant la Noblesse de France; par Estienne PASQUIER.

Ce Discours est contenu dans les Chap. XVI & XVII. du Livre II. de ses *Recherches de la France*.

39839. Traité de la vraie Noblesse: *Paris*, 1524, *in-4*.

39840. Le fondement & origine des Titres de Noblesse & des Etats de tous les Nobles, avec la manière de faire des Rois d'Armes, Hérauts, Poursuivans; le secret de l'Art d'Armoirie & l'instruction de faire des Combats : *Paris*, 1535; *Lyon*, 1537, *in-12*.

Cet Ouvrage est de Symphorien CHAMPIER, Médecin de Lyon.

☞ *Voyez* à son sujet, la *Méth. hist.* de Lenglet, *in-4. tom. IV. pag*. 424.]

39841. Traité de l'origine de la vraie Noblesse & nourriture d'icelle pour les Enfans généreux; par Mathurin MAURICE, Xaintongeois : *Paris*, 1551, *in-8*.

39842. ☞ Mf. Pogius de Nobilitate : *in-4*. Gothique.

Cet Ouvrage est indiqué num. 2905 du Catalogue de M. de Pontcarré.]

39843. ☞ La Nef des Princes & des Batailles de Noblesse; par Robert DE BALSAT: *Lyon*, 1502, *in-4*.]

39844. ☞ Le Trésor de Noblesse; par Octavien DE SAINT-GELAIS, Evêque d'Angoulême : *Paris*, *in-4*. vieille Edition.

Dans la *Bibliographie* de M. de Bure, *Hist*. n. 5566, il est question d'un Exemplaire sur vélin, avec miniatures.]

39845. Andreæ TIRAQUELLI, Regis in Curia Parisiensi Senatoris, Commentarii de Nobilitate & Jure primogenitorum : *Lugduni*, 1574, 1617, 1622, *in-fol*.

Cet Auteur est mort en 1558.

39846. * Consultation de Paris, sur la Noblesse de Picardie : 1564, *in-8*.

Cette Consultation, de Charles DU MOULIN, fut faite

Tome III,

à l'occasion de la promotion de M. de Créquy à l'Evêché d'Amiens, pour prouver que les Nobles avec le Peuple ont le droit de créer l'Evêque.

39847. ☞ Joannis HOLLANDERII, de Nobilitate Liber prodromus: *Antverpiæ*, 1621, *in-4*.]

39848. Le Hérault de la Noblesse de France; par Pierre D'ORIGNY, Sieur de Sainte-Marie : *Reims*, Baquenois, 1559, [ou plutôt 1578 ou 1579, *in-8*.]

☞ Il y a faute dans la date mise par le Père le Long. L'Ouvrage ne peut être de 1559. Il est dédié à Henri III. & l'Epître dédicatoire est datée de 1578. La première Edition est : *Rheims*, Foigny, 1578, *in-8*.]

39849. Dialogue de l'origine de la Noblesse; par Emar DE FROIDEVILLE, de Viers, Juge des Bastilles de Perigort : *Lyon*, Honorat, 1574, *in-16*.

39850. Traité des Nobles & des vertus dont ils sont formés, leur charge, vocation, rang & dégré; des marques, généalogies & espèces d'iceux, de l'origine des Fiefs & des Armoiries; avec une Histoire généalogique de la Maison de Coucy & de ses Alliances; par François L'ALLOUETTE, Bailli du Comté de Vertu, Maître des Requêtes de l'Hôtel du Roi : *Paris*, 1577, *in-4*.

39851. * Le Bréviaire des Nobles; avec deux Discours, de l'origine du Droit & de la Noblesse; par Jean LE MASLE : *Paris*, Bonfons, 1578, *in-8*.

39852. Discours de la Noblesse; par ERNAUD : *Caen*, 1584, *in-8*.

39853. ☞ La vraie Noblesse; par DU SOUHAIT : *Lyon*, 1599, *in-12*.]

39854. Trois Traités de la Noblesse de race, de la Noblesse civile & des Immunités des Ignobles; par Florentin DE THIERRIAT : *Paris*, 1606, *in-8*.

39855. Dionysii GOTHOFREDI, Jurisconsulti, Dissertatio de Nobilitate : *Spiræ*, 1610, *in-4*.

Cet Auteur est mort en 1622.

39856. Discours de la Noblesse; par César DE NOSTRADAMUS, Gentilhomme Provençal.

Ce Discours est imprimé *pag*. 95 de son *Histoire de Provence* : *Lyon*, Rigaud, 1614, *in-fol*.

39857. Le Discours de la vraie Noblesse; par Christophle BONOURS : *Liège*, 1616, *in-8*.

☞ Le titre véritable de cet Ouvrage est :

Eugeniaretilogie ou Discours de la vraie Noblesse; par Christophe BONOURS : *Liège*, Streel, 1616, *in-8*.]

39858. Le Gentilhomme; par Nicolas PASQUIER : *Paris*, 1619, *in-8*.

39859. * Recherches de la Noblesse; par N. DE LA ROQUE, Gentilhomme Béarnois : *Montauban*, 1616, *in-4*.

Qqqq

39860. ☞ Vincentii TURTURETI, de Nobilitate gentilitiâ : *Lugduni*, 1624, *in*-4.]

39861. Le parfait Gentilhomme, ou le Triomphe de la vraie Noblesse; par Claude DE MAROIS, de l'Ordre des Frères Prêcheurs : *Troyes*, 1631, *in*-8.

39862. ☞ Andr. CAMUTIUS, de Nobilitate : *Mediolani*, 1641, *in*-8.]

39863. ☞. Observationes Eugenialogicæ, & heroicæ, sive materiem Nobilitatis gentilitiæ, jus Insignium & heraldicum complectentes : *Coloniæ*, 1678, *in*-4.]

39864. ☞ Antonii MATTHÆI, de Nobilitate, de Principibus, de Ducibus, de Comitibus, de Baronibus, de Militibus, Equitibus, Ministerialibus, Armigeris Barscalcis, Marscalcis, Adescalcis : *Amstelodami*, 1686, *in*-4.]

39865. ☞ Germani HAGEMANNI, de omnigenâ hominis Nobilitate : *Hildesii*, 1693, *in*-4.]

39866. De Nobilitate Galliæ Liber; Auctore Joanne LIMNÆO.

C'est le Livre IV. de sa *Notice du Royaume de France* : *Francofurti*, [& *Argentorati*,] 1655, *in*-4. 2 vol.

39867. Recherches du Privilège des Nobles pour le Jugement de leurs Procès criminels en la Grand'Chambre, &c. par Jean JOBERT : *Paris*, [Villery,] 1663, *in*-8.

☞ On y trouve rapporté tout ce qui s'est passé dans l'instruction du Procès du Marquis de Sauvebeuf.]

39868. ☞ Mémoires sur les Questions de sçavoir, si les Offices du Roi & des Parlemens donnent la Noblesse; par GUICHARDY, de Martigue : *in*-12.]

39869. ☞ Traité de la Noblesse suivant les préjugés rendus par les Commissaires députés pour la vérification des Titres de Noblesse en Provence, avec la Déclaration de Sa Majesté, Arrêts & Réglemens du Conseil sur le fait de ladite vérification ; par Alexandre BELLEGUISE, chargé par Sa Majesté de la vérification des Titres de Noblesse en Provence : 1664, *in*-8. sans nom d'Imprimeur.]

Le même : *Paris*, Morel, 1700, *in*-12.

☞ *Voyez* sur cet Ouvrage, la *Méth. hist.* de Lenglet , *in*-4. *tom. IV. pag.* 425.]

39870. ☞ Lettre Critique sur l'espèce de Noblesse qui étoit exigée pour composer les Compagnies d'Ordonnance, lors de leur institution par Charles VII. relativement à la remarque de M. le Président Hénault sur cette matière, à l'année 1600, de son Abrégé Chronologique de l'Histoire de France.

Cette Lettre est dans l'*Année Littéraire*, 1756, *tom. II. pag.* 219 & *suiv*. Le Journaliste, (M. Fréron,) à qui cette Lettre anonyme est adressée, y a opposé quelques Remarques : *Ibid. pag.* 236.]

39871. Dissertation des Gentilshommes de nom & d'armes; par Charles DU FRESNE DU CANGE.

C'est la Dissertation X. sur l'*Histoire de S. Louis* par Joinville : *Paris*, 1668, *in-fol*.

39872. Traité de la Noblesse & de ses diverses espèces, avec plusieurs questions & maximes concernant la Noblesse, confirmées par Chartres & Titres authentiques; par Gilles-André DE LA ROQUE : *Paris*, Michallet, 1678; *Rouen*, le Boucher, 1709, *in*-4.

Ce Livre est sçavant & curieux.

☞ Le même, Nouvelle Edition, augmentée des Traités du Blazon, des Armoiries de France, de l'Origine des Noms & Surnoms, du Ban & de l'Arrière-Ban; par M. Gilles-André DE LA ROQUE : *Rouen*, le Boucher, 1734, *in*-4.

Voyez sur cet Ouvrage, Journal des Sçavans, 1678, Janvier. = Lenglet, *Méth. hist. in*-4. *tom. IV. pag*. 415 & *pag*. 222. Nous avons rapporté en leur place les autres Ouvrages du même Auteur, joints à l'Edition de 1734, comme rares & recherchés.

== ☞ Recherches historiques sur la Noblesse des Citoyens honorés de Perpignan & de Barcelonne, &c. pour servir de suite au Traité de la Noblesse de la Roque, &c.

Voyez ci-dessus, N.° 38352.]

39873. Traité de la Noblesse, avec deux Discours, l'un de l'origine des Fiefs, l'autre de la Foi & Hommage : *Orléans*, Royer, 1681, *in*-8.

Robert HUBERT, Chantre & Chanoine de l'Eglise Royale de Saint-Aignan, est l'Auteur de ce Traité : il est mort en 1694.

39874. Le Traité de l'origine des quartiers & de leurs usages pour les preuves de la Noblesse ; par Claude-François MENESTRIER, Jésuite.

Ce Traité est imprimé avec les *Tableaux généalogiques* de Jean le Laboureur : *Paris*, 1681, *in-fol*.

39875. Les diverses espèces de Noblesse, & la manière d'en faire les preuves; par le même [Cl. Fr. MENESTRIER :] *Lyon*, Amaulry, 1682, *in*-12.

39876. Le Blazon de la Noblesse, & les preuves de la Noblesse de toutes les Nations de l'Europe; par le même : *Lyon*, 1683.

« Après ce que le Père Ménestrier (dit l'Auteur du » Journal des Sçavans, du 5 *Avril* 1683) nous donna » l'année dernière sur les diverses espèces des Noblesses » de France, il a voulu donner dans celle-ci le caractère » de la Noblesse étrangère, ses Droits & ses Prérogati- » ves, les divers usages de l'établir, particulièrement en » Allemagne ».

Je ne rapporte ici ce second Traité, que parcequ'il y est parlé de la Noblesse des Pays-Bas.

39877. ☞ Ms. Traité Sommaire de plusieurs Questions & Remarques concernant la Noblesse; pour distinguer les véritables Gentilshommes d'avec les Usurpateurs de cette qualité, & pour faciliter l'exécution

Histoires de la Noblesse de France. 675

de la recherche desdits Usurpateurs, rédigé en forme de Table, par ordre alphabétique, pour la commodité du Lecteur : *in-*12.

Ce Manuscrit est conservé dans la Bibliothèque de la Ville de Paris, num. 135.]

39878. Dissertation sur la Noblesse d'extraction & sur l'origine des Fiefs, des Surnoms & des Armoiries: *Paris,* Martin, 1690, *in-*8.

Cette Dissertation est de Joachim, Comte D'ESTAING, mort en 1688.
[*Voyez* Lenglet, *tom. IV. pag.* 425.]

39879. ☞ De la Noblesse & de l'ancienne Chevalerie de France, & des Chevaliers des Ordres du Roi.

C'est le Chapitre XIX. de l'*Histoire de la Pairie* ; par Jean LE LABOUREUR, (& non M. D. B.) *Londres,* 1745, *in-*16.]

39880. ☞ Ms. Dissertation sur la Noblesse Françoise ; par Henri, Comte DE BOULAINVILLIERS : *in-fol.*

Ce Manuscrit est indiqué, *pag.* 568, num. 263 *du Catalogue de M. Bellanger.*]

39881. ☞ Ms. Recherches de l'ancienne Noblesse de France ; par M. le Comte DE BOULAINVILLIERS : *in-fol.* 2 vol.

Ce Manuscrit est au num. 1239 du Catalogue de M. Bernard ; & ce pourroit bien être, comme le précédent, le même Ouvrage que la plus grande partie de l'Imprimé qui suit :]

39882. ☞ Essais sur la Noblesse de France, contenant une Dissertation sur son origine & abaissement ; par feu M. le C. DE BOULAINVILLIERS ; avec des Notes historiques, critiques & politiques, un Projet de Dissertation sur les premiers François & leurs Colonies, & un Supplément aux Notes par forme de Dictionnaire pour la Noblesse : *Heu! fuimus Troës: Amsterdam,* (Rouen,) 1732, *in-*8.

L'Editeur, le Sieur TABARY, Libraire & Auteur des *Additions à la Dissertation* de M. de Boulainvilliers, dit, dans sa *Lettre à la Noblesse de France,* que cette Dissertation est la Préface qui se trouve à la tête des deux Volumes que le Sçavant Comte a fait de l'Histoire de sa Maison, pour l'instruction de ses enfans. M. de Boulainvilliers prétend que la Noblesse Françoise vient des premiers François, Conquérans de la France. Il soutient la même chose dans les Mémoires historiques qui sont à la tête de son *Etat de la France,* & dans ses *Lettres sur les anciens Parlemens ou Etats Généraux.* Les Additions de Tabary à sa Dissertation sont fort peu de chose.

L'Ouvrage de M. de Boulainvilliers avoit déjà été publié en 1730, au commencement du Tome IX. de la *Continuation des Mém. de Littérature.*]

39883. ☞ Lettre d'un Conseiller du Parlement de Rouen, au sujet d'un Ecrit du Comte de Boulainvilliers, sur l'origine & les Droits de la Noblesse, & Preuves de la liberté des Citoyens des Villes de France.

Suite de la Lettre précédente.

Cette Lettre & sa Suite sont imprimées dans la *Continuation des Mémoires de Littérature ;* par le Père des Molets, *tom. IX.* 1. & 2. *Part.* C'est une Dissertation curieuse & pleine de Recherches contre l'Ecrit de M. de

Tome III.

Boulainvilliers sur les Etats Généraux, dans lequel il rehausse avec excès la gloire de la Noblesse, & avilit tout le reste de la Nation. L'Auteur de la Lettre, par des raisons opposées aux préjugés de son Adversaire, prétend prouver, après avoir montré la nature de la Noblesse, que la moyenne est plus utile à l'Etat que la grande ; que l'Annoblissement a eu lieu dans tous les temps, & qu'il ne dépend que de la volonté du Prince ; que le Peuple des Villes de Gaule n'a point été esclave, ni sous les Romains, ni sous les François. L'Auteur finit par traiter de la Noblesse Civile. Les six Chapitres qui composent cette Pièce sont suivis des Preuves de la Liberté des Citoyens des Villes de France.]

39884. ☞ Observations critiques sur le Système du Comte de Boulainvilliers, sur la Noblesse Françoise ; par M. DE MONTESQUIEU.

Ces Observations se trouvent au Liv. XXX. de l'*Esprit des Loix.* L'Auteur rapporte l'origine de notre Noblesse au temps que les François étoient en Germanie.]

39885. ☞ Lettres sur l'origine de la Noblesse Françoise, & sur la manière dont elle s'est conservée jusqu'à nos jours ; (par M. l'Abbé MIGNOT DE BUSSY :) *Lyon,* de Ville, 1763, *in-*12.

On réfute dans cet Ouvrage M. de Boulainvilliers & M. de Montesquieu, & l'on prétend que l'origine de notre Noblesse doit se rapporter à la possession des Fiefs & des grandes Charges. M. le Laboureur pensoit ainsi, ce que l'Auteur paroit n'avoir pas sçû. On peut voir ci-dessus, N.º 39879.]

39886. ☞ Origine de la Noblesse Françoise, depuis l'établissement de la Monarchie, contre le Système des Lettres imprimées à Lyon, en 1763, dédiées à la Noblesse de France ; par M. le Vicomte D. * * * (Pierre - Alexandre , Vicomte D'ALÈS :) *Paris,* Desprez, 1766, *in-*12.]

Cet Ouvrage est sçavant, & a été goûté.]

39887. ☞ Idée de la Noblesse, & de son origine, &c. par M. François - Ignace DUNOD DE CHARNAGE.

Ce Morceau est à la tête du Tome III. de son Histoire du Comté de Bourgogne, intitulé : *Mémoires pour servir à l'Histoire,* &c. *Besançon,* 1740, *in-*4. L'Auteur prétend que l'ancienne Noblesse est venue premièrement du Service Militaire continuellement entretenu, & ensuite de la possession des Fiefs.]

39888. ☞ Dissertation sur la Noblesse ; par Dom PELLETIER, Bénédictin de la Congr. de S. Vannes.

Cette Pièce est à la tête du Tome I. du *Nobiliaire de Lorraine,* &c. *Nancy,* 1758, *in-fol.*]

39889. ☞ Recherches sur la Noblesse utérine de Champagne ; (par M. GROSLEY, Avocat à Troyes.)

Ces Recherches se trouvent à la fin des *Recherches pour servir à l'Histoire du Droit François : Paris,* Estienne, 1752, *in-*12.]

☞ ON peut encore consulter, par rapport à la Noblesse, = la Partie VIII. du *Catalogus gloriæ mundi* de Chasseneus, = les Mélanges de Saint-Julien Baleure, *pag.* 583 ; = le Remerciement des Annoblis de Dauphiné, par Boissat ; = l'Histoire de la Noblesse de Provence, par Meynier, *pag.* 4.]

39890. Ms. Recueil de Lettres d'Annoblis-

Qqqq 2

semens, depuis Philippe-Auguste (en 1180,) jusqu'au Règne de Louis le Grand, tirées du Trésor des Chartes de la Chancellerie & de la Chambre des Comptes; par les soins de François DE CAMPS, Abbé de Signy: *in-fol.* 2 vol.

Ce Recueil [étoit] dans la Bibliothèque de l'Auteur, [& est aujourd'hui dans celle de M. de Beringhen.]

39891. Ms. Extrait des Registres de la Chambre des Comptes, contenant tous les Annoblissemens faits depuis l'an 1350, jusqu'en 1660: *in-fol.*

Cet Extrait [étoit] dans la Bibliothèque de M. Baluze, num. 59. [& est aujourd'hui dans celle du Roi.]

Il a été fait par François DE SOUDÉ, Maître en la Chambre des Comptes de Paris, mort en 1686.

On en a indiqué une Copie, num. 2394 du Catalogue de M. Sardière; mais celui-ci a de plus « un Catalogue des Annoblis de Bretagne, une Table alphabétique des Noms, quelques Epitaphes, &c.]

39892. Ms. Recueil des Annoblissemens accordés par les Rois de France, qui ont été enregistrés dans la Chambre des Comptes de Paris, depuis 1350 jusqu'en 1668 (& 1670:) *in-fol.* 2 vol.

Ce Recueil est conservé à Dijon, dans la Bibliothèque de M. Fevret de Fontette, Conseiller au Parlement de Bourgogne. On trouve à la tête du premier Volume une Table alphabétique qui sert pour les 2 Volumes.

Le Tome II. contient une Suite ou Addition des Lettres de Noblesse, vérifiées sur les Originaux de la Cour des Aydes & de la Chambre des Comptes de Paris, depuis 1360 jusqu'en 1670.

Les premières Lettres de Noblesse furent accordées par Philippe-le-Hardi, en 1271 ou 1272, au nommé Raoul, Orfèvre.]

39893. Ms. Extrait des Lettres de Noblesse accordées à plusieurs Familles: *in-4.*]

Ms. Recueil d'Annoblissemens, tirés des Chambres des Comptes, depuis 1350 jusqu'en 1675; par LE LABOUREUR: *in-4.* 2 vol.

Ces deux Articles sont indiqués num. 2223 & 2224 du Catalogue de M. Bernard.

39894. Ms. Lettres de Noblesse, registrées au Parlement de Besançon, jusqu'en 1714, & aux Chambres des Comptes de Dôle & de Lille, pour la Franche-Comté: *in-fol.*

Ce Recueil est conservé à Besançon, dans la Bibliothèque de M. Chifflet ou de M. Droz.]

39895. Recueil d'Edits, Déclarations & Arrêts concernant la Noblesse, depuis 1566 jusqu'en 1712: *in-4.* 2 vol.]

Ce Recueil est indiqué au num. 3810 du Catalogue de M. d'Estrées.]

39896. * La Précédence de la Noblesse [sur le Tiers-Etat;] par Guillaume de ONCIEU, [Sénateur à Chambéry:] *Lyon*, [Buisson,] 1593, *in-8.*

== Arrêt du Conseil, du 7 Février 1702, servant de Réglement entre la Noblesse & le Tiers-Etat de Provence, au sujet des Tailles.

Déja rapporté ci-dessus, N.° 38128.]

== Discours sur le Négoce des Gentilshommes de Marseille, &c.

Voyez ci-dessus, N.° 38245.]

39897. Moyens de défense pour les Nobles du côté maternel, dans le Comté de Champagne & de Brie, contre les prétentions des Préposés à la recherche de la Noblesse, (pour prouver que le Commerce dans les Provinces ne déroge pas à Noblesse:) *Troyes*, 1667, de 19 pages.]

== La Noblesse Commerçante, & Ouvrages à ce sujet.

Voyez ci-devant, Tome II. N.°⁵ 28211 *& suiv.*]

39898. Requêtes au Roi pour les Avocats & pour les Médecins; & Arrêt en leur faveur, contre le Traitant de la recherche de faux Nobles.]

39899. De Feudis Constitutio CAROLI Crassi, Imperatoris, edita & exposita Commentario Marquardi FREHERI, Guillelmi FORNERII & Antonii CONTII: *Hanoviæ*, 1599, *in-8.* *Francofurti*, 1668, *in-12.*

Marquard Freher est mort en 1614; Guillaume Fournier, Antécesseur d'Orléans, a fleuri l'an 1570, & Antoine le Comte, Jurisconsulte de Noyon, est mort en 1577. Louis Chantereau le Fevre a prétendu que cette Constitution étoit supposée.

39900. Claudii SEYSELLII, Speculum Feudorum: *Basileæ*, 1566, *in-8.*

L'Auteur est mort en 1520.

39901. Francisci DUARENI, Jurisconsulti, Tractatus de Feudis: *Parisiis*, 1558; *Spiræ*, 1595, *in-8.*

Ce même Traité de Duaren, mort en 1559, est imprimé avec ses Œuvres: *Lugduni*, 1559, 1579, *in-fol.*

39902. Petrus REBUFFUS, Jurisconsultus, de Feudis: *Coloniæ*, 1571, *in-8.*

Cet Auteur est mort en 1557.

39903. Des Fiefs, Hommages & Vassaux; par Gilles LE MAÎTRE, Premier Président au Parlement de Paris: *Paris*, 1576, *in-12.*

Ce Traité de Gilles le Maître, mort en 1562, est aussi imprimé avec ses *Décisions notables: Paris*, 1567, *in-4. Paris & Lyon*, 1604, *in-12.* dans le *Recueil de ses Œuvres: Paris*, 1653, 1675, *in-4.* & dans Bouchel, tom. II. de sa *Bibliothèque du Droit François*, *pag.* 47: *Paris*, 1667, *in-fol.* & la Version Latine de ce Traité est imprimée dans le Tome XIII. du grand *Recueil des Traités du Droit: Venetiis*, 1584, *in-fol.*

39904. * Discours pour la Subvention des Affaires du Roi, & rétablissement des Fiefs Nobles de la France en leur première nature: *Paris*, 1562, *in-8.*

39905. Joannes AURELIANUS, de Feudis: *Lugduni*, 1563, *in-8.*

39906. Jacobi CUJACII, Jurisconsulti, Commentarii de Feudis: *Monteregali*, 1563; *Coloniæ*, 1592, *in-8.*

Histoires de la Noblesse de France. 677

39907. Francisci HOTOMANI, Jurisconsulti, de Feudis Commentatio tripartita : *Lugduni*, 1573, *in-fol.*

Cet Auteur est mort en 1590. Son Traité est aussi imprimé avec ses *Œuvres* : *Geneva*, 1599, *in-fol.*

39908. Stephani FORCATULI & Petri DE BELLAPERTICA, Tractatus de Feudis : *Hanoveræ*, 1603, *in-8.*

39909. De l'Origine des Fiefs ; par François L'ALLOUETTE.

Ce Traité est imprimé avec celui *des Nobles : Paris*, 1577, *in-4.*

39910. Sommaire Discours des Fiefs & Arrièrefiefs ; par Jean DE BASMAISON Pougnat, Avocat à Riom : *Paris*, Chaudière, 1579, *in-8.*

39911. Opuscules par contre-opinion, de Clément VAILLANT, de Beauvais, Avocat, où il est traité, que par l'élévation du Vassal à la Dignité Royale, ses Fiefs ne sont point unis au Domaine Royal, &c. *Paris*, 1598, *in-8.*

39912. Traité de la Source du Fief ; par le même : *Paris*, 1604, [*in-*12.]

☞ Le Père le Long ne faisoit qu'un Ouvrage de celui-ci & du suivant.]

39913. De l'Etat ancien de la France, déclaré par le service personnel dû par le Vassal à son Seigneur, & de l'Etat présent de la France ; par le même : *Paris*, [Macard, 1605,] *in-8.*

Cet Ouvrage est divisé en cinq Livres. Les deux premiers traitent du Service Militaire & Personnel, & du devoir des Vassaux & Serfs, auquel ils étoient tenus, tant en guerre publique qu'en guerre privée. Le troisième Livre parle des Jugemens des Pairs, gages de batailles & poursuites de jugement par armes & par duels. Le quatrième, des Comtes Palatins & des formes de procéder par erremens de Cour, voix & parole. Le cinquième, du Service d'honneur, c'est-à-dire, de la foi & hommage dûs par le Vassal à son Seigneur. Cet Ouvrage contient des choses assez curieuses sur ces matières.

39914. ☞ Examen de l'usage des Fiefs en France, pendant les XIe, XIIe, XIIIe & XIVe Siècles ; par Me BRUSSEL : *Paris*, 1727, *in-4.* 2 vol.]

☞ On peut voir à ce sujet le *Journal de Verdun*, 1727, Septembre.]

39915. De l'Origine des Fiefs.

Ce Discours est imprimé dans Bouchel, au Tome II. de sa *Bibliothèque du Droit François, pag.* 30 : *Paris*, 1667, *in-fol.*

39916. Bartholomæi BARATERII, de Feudis Liber singularis : *Parisiis*, 1612, *in-4.*

39917. De Origine & Statu Feudorum pro moribus Galliæ, Liber singularis ; Auctore Antonio Dadino ALTESERRA : *Parisiis*, 1619, *in-4.*

Ce Traité d'Hauteserre, mort en 1682, est aussi imprimé avec son Traité, intitulé : *De Ducibus & Comitibus Provincialibus : Tolosæ*, 1643, *in-4.* & dans Schilter, au Tome III. de sa Collection, intitulée : *De Feudis : Argentorati*, 1695, *in-4.*

39918. ✱ Mſ. Traité de l'Origine des Fiefs & des Droits Seigneuriaux ; par Christophe BALTHAZAR, Avocat du Roi au Bailliage d'Auxerre.

Ce Traité est cité dans le Mémoire manuscrit qui [étoit] dans la Bibliothèque de M. le Chancelier Seguier, num. 113.

39919. Joannis SCHILTERI, Jurisconsulti Germani, Dissertatio de Feudis Juris Francici : *Argentorati*, 1701, *in-4.*

La même Dissertation est imprimée avec son Exposition : *De Paragio & Appanagio : Argentorati*, 1705, *in-4.*

39920. Mſ. Recherches & Preuves des Fiefs ; par Auguste GALLAND : *in-fol.* 13 vol.

Ces Recherches [étoient] conservées dans la Bibliothèque de M. le Chancelier Seguier, num. 729, [& doivent être à S. Germain-des-Prés.] Elles sont encore dans la Bibliothèque de Messieurs des Missions Etrangères.

39921. Mſ. Registre des anciens Fiefs du Roi : *in-fol.*

Ce Registre [étoit] dans la Bibliothèque de M. Colbert, num. 1135, [& est aujourd'hui dans celle du Roi.]

39922. ☞ De majoribus quondam Regni Francici Feudis, & de successione fœminarum in ea ; Auctore Joh. Mich. LORENZO, Argentinensi.

C'est la première Partie de sa *Dissertatio in illustriora Feuda trium Regnorum, Franciæ, Germaniæ, Italiæ : Argentorati*, Paulchinger, 1748, *in-4.* Ces grands Fiefs de France dont il y est parlé, sont : la petite Bretagne, les Comtés de Touraine, d'Anjou & du Mans, du Poitou & de Guyenne, de Toulouse, de Champagne, d'Artois, de Flandre, de Bourgogne, de Normandie.]

== ☞ Abrégé chronologique des Grands Fiefs de la Couronne de France, avec la Chronologie des Princes & Seigneurs qui les ont possédés, jusqu'à leur réunion à la Couronne.

On a déja indiqué cet Ouvrage, ci-dessus, N.° 31212.]

39923. ☞ Lettre de M. DURAND, Professeur au Collège d'Evreux, contenant quelques Observations sur le Livre intitulé : *Abrégé Chronologique des Grands Fiefs*,&c. *Journ. de Verdun*, 1760, *Févr. pag.* 116.]

39924. ☞ Mſ. Mémoires curieux sur les Fiefs de chaque Province de France, composés par Jean DESISTRIERES, Bailli & Lieutenant Général du Pays de Carladès, dans la Haute-Auvergne, demeurant à Vic.

Ce Manuscrit Original est entre les mains de son arrière-Petit-Fils, demeurant aussi à Vic.]

39925. Mſ. Registre des Fiefs des Comtes de Champagne : *in-fol.*

Ce Registre [étoit] dans la Bibliothèque de M. Colbert, num. 1384, [& est aujourd'hui dans celle du Roi.]

39926. Mſ. Registre des Fiefs & Arrière-Fiefs de la Comté de Clermont : *in-fol.*

Ce Registre [étoit] dans la même Bibliothèque,

num. 2779, [& est aujourd'hui dans celle du Roi, où l'on en trouve aussi un autre Exemplaire] entre les Manuscrits de M. de Gaignières.

39927. Mf. Registre des Fiefs de l'Isle de France : *in-fol.*

Ce Registre [étoit] dans la Bibliothèque de M. le Président de Lamoignon.

39928. Mf. Ancien Dénombrement des Fiefs de Normandie : *in-fol.*

Ce Dénombrement [étoit] dans la Bibliothèque de M. Colbert, num. 3243, [& est aujourd'hui dans celle du Roi.]

39929. Mf. Extrait de la Chambre des Comptes de Paris, sur les Fiefs de Normandie, Hommages & Redevances appartenant à la Couronne, avec la Fondation & Noblesse ancienne du Maine : *in-fol.*

39930. Mf. Extraits de la même Chambre sur les Fiefs tenus du Roi en Normandie, Picardie, Champagne, Bourgogne, &c. l'an 1326 : *in-fol.*

39931. Mf. Extraits de la même Chambre, touchant les Fiefs du Pays de Forez : *in-fol.*

Ces trois Volumes d'Extraits [étoient] dans la Bibliothèque de M. l'Abbé de Caumartin, [mort Evêque de Blois, en 1733.]

39932. ☞ Mf. Remarques historiques sur l'Origine des Fiefs de Franche-Comté ; par M. le Président DE COURBOUZON, Secrétaire perpétuel de l'Académie de Besançon.

Dans les Registres de cette Académie.]

39933. ☞ Mémoires pour servir à la connoissance des fois & hommages de la Bretagne ; par Gérard MELLIER : *Paris*, 1715, *in-12.*]

39934. ☞ Mf. Rôle des Fiefs de la Province de Touraine : *in-fol.*

Ce Rôle est cité, *pag.* 367. du Catalogue de Cangé.]

39935. Mf. ☞ Registrum Curiæ Franciæ Domini Regis, de Feudis & negotiis Senescalliarum Carcassonæ, Bellicadri, Tolosanæ, Caturcensis & Rhutenensis, incipiens ab anno 1214, ad 1274 : *in-fol.*

C'est l'Original en lettres Gothiques, sur vélin : il est cité num. 3244 du Catalogue de M. le Blanc, & il étoit auparavant dans la Bibliothèque de M. le Président de Lamoignon.]

39936. Traité des Fiefs & de leur Origine, avec les Preuves tirées des Auteurs & des Actes authentiques ; par Louis CHANTEREAU LE FEVRE : *Paris*, Billaine, 1662, *in-fol.*

Cet Auteur est mort en 1658.

☞ *Voyez* sur son Ouvrage, Lenglet, *Supplément à la Méth. histor. in-4. pag.* 179.]

39937. De l'Usage des Fiefs & autres Droits Seigneuriaux dans le Dauphiné ; par Denis DE SALVAING DE BOISSIEU, Premier Président en la Chambre des Comptes de Dauphiné, seconde Edition : *Grenoble*, 1668, *in-fol.*

Le même : *Grenoble*, 1731, *in-fol.*

Cet Auteur est mort en 1683.

[*Voyez* Lenglet, *Supplément à la Méth. hist. in-4. pag.* 179.]

39938. ☞ Remontrance de la Noblesse de Provence, au Roi, pour la révocation des Arrêts de son Conseil, portant réunion à son Domaine des Terres aliénées & inféodées par les Comtes de Provence, avec les Preuves ; par Noël GAILLARD, Avocat au Parlement, & Syndic de la même Noblesse : *Aix*, Roize, 1669, *in-fol.*

Cet Ouvrage est curieux. Il fut présenté au Roi au mois de Février 1668, en Manuscrit, & ce Prince en conséquence donna, dans le mois de Juin suivant, un Edit qui confirme les Domaines aliénés par les Comtes de Provence. Cet Edit a été réimprimé, *pag.* 221 des *Recherches sur l'Etat d'Avignon*: 1768, *in-8.*]

39939. ☞ Traité de l'hérédité des Fiefs de Provence ; par noble Jacques PEYSSONNEL, Avocat en Parlement : *Aix*, Roize, 1687, *in-8.*

39940. Traité des Fiefs suivant la Coutume de France & l'usage des Provinces du Droit Ecrit ; par Claude de FERRIERE, Avocat au Parlement : *Paris*, Cochart, 1680, *in-4.*

39941. De l'Origine des Fiefs ; par Robert HUBERT, Chanoine de Saint Aignan d'Orléans.

Ce Discours est imprimé avec son *Traité de la Noblesse* : *Orléans*, 1681, *in-4.*

39942. Dissertation sur l'Origine des Fiefs ; par Joachim, Comte D'ESTAING.

Cette Dissertation est imprimée avec celle du même, *sur la Noblesse* : *Paris*, 1690, *in-8.*

39943. ☞ Extrait d'une Lettre de M. (l'Abbé François) DE CAMPS, sur l'Hérédité des Grands Fiefs. *Mercure*, 1722, *Septembre.*

Cette Dissertation est contre le Père Daniel, qui, dans son *Histoire de la Milice Françoise*, soutient sans preuve qu'il y eut un Traité entre Hugues-Capet & les Grands du Royaume, pour l'Hérédité des Grands Fiefs, & qu'il employa ce moyen pour les faire consentir à son élévation sur le Trône. M. l'Abbé de Camps prouve, qu'il est faux que ce Traité ait jamais existé ; & que depuis que Hugues-Capet fut Roi, il disposa, de même que ses Prédécesseurs, des Fiefs, lorsqu'ils furent vaquans par la mort de ceux qui les possédoient. Il conduit ses preuves jusques sous Philippe-Auguste.]

39944. ☞ Dissertation sur les Dignités héréditaires attachées aux Terres titrées.

Elle est imprimée dans les *Variétés historiques*.....]

39945. ☞ Lettre servant de Réponse à un Ecrit touchant le Fief de Haubert : *Paris*, Cramoisy, 1682, *in-4.* de 10 pages.]

39946. ☞ Des Fiefs & de leurs différentes espèces ; par M. (Ant. Gaspard BOUCHER D'ARGIS,) Avocat au Parlement de Paris.

Dans l'*Encyclopédie*.]

☞ ON peut encore consulter sur les Fiefs, = les Mélanges de Saint-Julien Baleure, *pag.* 649, = le Droit Public de France ; par M. Bouquet.]

Histoires de la Noblesse de France. 679

39947. Du Franc-Alleu de la Province de Languedoc, pour la liberté & franchise de ses Héritages, de l'origine de la Noblesse & nourriture d'icelle ; par Mathurin MARRIER : *Paris*, Chrétien, 1554, *in-16*.

39948. Contre le Franc-Alleu sans Titre, prétendu par quelques Provinces du Droit Écrit au préjudice du Roi ; avec le texte des Loix données aux Pays des Albigeois & autres, par Simon, Comte de Montfort, en 1212 : *Paris*, 1629, *in-4*. & *in-12*.

Ce Traité est d'Auguste GALLAND. [La seconde Edition, plus ample, est après le N.° suivant.]

39949. Du Privilège du Franc-Alleu sans Titre, prétendu contre le Roi par la Province de Languedoc ; par David DEFOS.

Ce Discours est imprimé avec son *Traité du Comté de Castres* : *Tolose*, 1633, *in-4*.

39950. Du Franc-Alleu & de l'origine des Droits Seigneuriaux, avec les Loix données au Pays des Albigeois, par Simon, Comte de Montfort, l'an 1212 : *Paris*, Richer, 1637, *in-4*.

C'est la seconde Edition de l'Ouvrage d'Auguste GALLAND, plus ample d'un tiers que la première. Il l'a composée pour détruire les prétentions des Députés de Languedoc, qui soutenoient les Fiefs au Pays de Droit Écrit, libres, francs de Droits Seigneuriaux envers le Roi, & tenus en Franc-Alleu. Les Loix de Simon de Montfort sont en Latin dans la première Edition ; mais dans la seconde on y a joint plusieurs Titres fort rares. Le même Traité est aussi imprimé dans le Recueil de Schilter, intitulé : *De Feudis Imperii Francici* : *Argentorati*, 1701, *in-4*.

☞ *Voyez* sur cet Ouvrage, le *Supplém. à la Méth. histor.* de l'Abbé Lenglet, *in-4. pag. 176*.

Didier Herauld, qui a traité du Franc-Alleu sans titre dans ses *Quæst. Quotidian. cap. XIII. & XIV.* & le Président Salvaing de Boissieu (*Usage des Fiefs, pag. 279*.) disent que l'Ouvrage de Galland n'est autre chose dans la pure vérité que le *Factum* de ceux dont il étoit l'Avocat ; & dernièrement M. Fulgole, (*Traité de la Seigneurie Féodale, pag. 230*) dit que c'est le *Factum* des Traitans qui avoient un intérêt pécuniaire à combattre le Franc-Alleu ; mais qu'il a été réfuté sans réplique par Caseneuve.]

39951. Instructions pour le Franc-Alleu de la Province de Languedoc ; par Pierre DE CASENEUVE : *Tolose*, 1641, *in-4*.

Seconde Edition, publiée sous ce titre : Le Franc-Alleu de la Province de Languedoc, établi & défendu ; deuxième Édition, revue & augmentée d'un second Édition, revue & augmentée d'un second d'un grand nombre de Remarques, à laquelle a été de plus ajouté un Traité de l'Origine, de l'Antiquité & des Privilèges des États Généraux de cette Province ; ensemble, un Recueil de ses principaux Privilèges, Libertés & Franchises : *Tolose*, Boude, 1645, *in-fol*.

Cet Auteur est mort en 1651.

☞ Son Ouvrage est très-sçavant, & Caseneuve avoit une grande connoissance des Chartes & de l'Histoire ancienne.]

39952. Franc-Alleu Noble & Roturier de la Province de Languedoc ; par Auguste GALLAND : *Tolose*, 1641, *in-4*.

39953. De prærogativa Allodiorum in Provinciis, quæ Jure scripto utuntur, Narbonensi, Aquitanica, historica Disquisitio Marci Antonii DOMINICY, Antecessoris Craducensis ; adjectis ad majorem fidem variis antiquitatis monumentis : *Parisiis*, [du Puis,] 1645, *in-4*.

Ce même Traité est imprimé dans Schilter, au tom. III. de son Recueil intitulé : *De Feudis* : *Argentorati*, 1695, *in-4*.

39954. Du Franc-Alleu de la Province de Languedoc, & que cette Province est en possession d'en jouir ; par Jean DE CAMBOLAS, Président de Toulouse.

Ce Traité est imprimé avec ses *Œuvres*, *pag. 725* : *Toulouse*, 1659, *in-fol*.

39955. ☞ Preuves du Franc-Alleu de Roussillon : *in-fol*.

Ce Recueil est marqué comme une Brochure, au Catalogue de M. Lancelot, num. 64.]

39956. Traité du Franc-Alleu de Berry, ou Traité de la liberté des Personnes & des Héritages de Berry ; par Gaspard THAUMAS DE LA THAUMASSIÈRE, Avocat au Parlement : 1667, *in-4*. *Bourges*, 1701, *in-fol*.

Ce Traité est intitulé dans la première Edition : « Traité de la liberté des Personnes & des Héritages de » Berry ». Il est de beaucoup augmenté dans la seconde Edition.

39957. * Mémoire de Jacques LE BELLIN, Conseiller au Parlement de Bourgogne, pour faire voir que le Franc-Alleu Roturier a été établi de tout temps au Duché de Bourgogne.

Ce Mémoire est imprimé *pag. 141* de la *Coutume de Bourgogne* ; par Pierre Taisand : *Dijon*, Ressayre, 1698, *in-fol*.

39958. ☞ Traité de la Seigneurie Féodale universelle, & du Franc-Alleu, (sur-tout par rapport à la Guyenne & au Languedoc ;) par (Jean-Baptiste) FULGOLE, Avocat au Parlement de Toulouse : *Paris*, Hérissant fils, 1767, *in-12*.

Ce Livre s'étend beaucoup plus par rapport à l'Histoire, que par rapport à la Jurisprudence. On y trouve, sous une forme nouvelle, l'Origine des Fiefs ; &, dans la matière du Franc-Alleu, l'Auteur y réfute Galland & Loyseau. Il est mort en 1761.]

39959. * Recueil de plusieurs Pièces (& Mémoires) concernant les Fiefs, tant Nobles que Roturiers, de la Sénéchaussée de Toulouse, & du reste du Languedoc, & l'exemption de cette Province des Droits d'assise ou assignat.

Ce Recueil se trouve à la fin du tom. II. des *Annales de Toulouse* ; par LA FAILLE : *Toulouse*, 1701, *in-fol*.

39960. ☞ Recueil des Loix & autres Pièces relatives au Droit Public & Particulier de la Province de Languedoc, en matière de

Nobilité, ou Rotute des Fonds de Terre ; (par Dom François-Nicolas BOUROTTE, Bénédictin de la Congr. de S. Maur:) *Paris*, Vincent, 1765, *in-4*.

Après un Avertissement qui expose le but de ce Recueil, & la nature des Pièces qu'il contient, l'Editeur a rassemblé à la tête du Volume plusieurs Extraits de diverses Loix Romaines, Visigothiques & Françoises, concernant les Tributs ou Impôts auxquels les Fonds de Terre ont été assujettis de tout temps dans la Province de Languedoc.]

39961. ☞ Traité du Droit commun des Fiefs, contenant les Principes du Droit Féodal, avec la Jurisprudence qui a lieu dans les Pays qui sont régis par le Droit commun des Fiefs, & notamment en Alsace ; par M. GOETSMANN, ancien Conseiller au Conseil Supérieur d'Alsace : *Paris*, des Ventes-de-Ladoué, 1768, *in-12*. 2 vol.

On trouve à la fin ce qui regarde les Domaines du Roi en Alsace, l'état des Juifs, & un Dictionnaire Féodal contenant l'explication d'un grand nombre de termes en usage dans les Livres des Fiefs.]

39962. ☞ Statuts & Privilèges de la Noblesse Franche & immédiate de la Basse Alsace, accordés par les anciens Empereurs, confirmés & augmentés par le Roi : *Strasbourg*, 1713, *in-fol*. (en Allemand & en François).]

39963. ☞ Droits Seigneuriaux sur les Fiefs & Rotures, Francs-Alleux, &c. = Droits des Francs-Fiefs, Explication du Ban & Arrière-Ban, Droits d'Aydes Royaux ; Garde Royale & Seigneuriale.

Ce sont les Chap. XI. & XII. du *Traité historique de la Souveraineté du Roi, ou des Droits du Souverain en France* : *Paris*, 1753, (& 1767,) *in-4*. tom. I. pag. 562-718, & tom. II. pag. 1-66. Les matières y sont bien traitées.]

39964. Ms. Titres originaux sur les Arrière-Bans : *in-fol*.

Ces Titres sont conservés dans la Bibliothèque du Roi, entre les Manuscrits de M. de Gaignières.

39965. Rôle des Bans & Arrière-Bans de la Province de Poitou, Saintonge & Angoumois ; tenus sous le Règne du Roi Louis XI. en 1467, celui de 1491, sous le Règne de Charles VIII. ensemble celui de l'an 1531, sous le Règne de François I. Extrait des Originaux étant pardevers Pierre du Sauzay, Sieur du Bois Ferrand : *Poitiers*, Fleuriau, 1668, *in-4*.

39966. ☞ État du Ban de Xaintonge, convoqué en 1578, *in-12*.

39967. Réglement sur la Convocation de l'Arrière-Ban, que le Roi veut être faite en la présente année 1639 : *Paris*, Cramoisy, 1639, *in-fol*.

39968. Ms. Relation de ce qui s'est passé en la Convocation & Voyage de l'Arrière-Ban de France en Allemagne, en 1674 ; par Claude JOLY, Écuyer, Conseiller à Metz,

l'un des Commissaires de l'Arrière-Ban, *in-fol*.

Cette Relation est conservée à Dijon, dans la Bibliothèque de M. de la Mare. L'Auteur fut tué en 1680, sur le Pont de Metz.

39969. Traité du Ban & de l'Arrière-Ban ; par Jacques DE LA LANDE, Doyen & Docteur-Régent en l'Université d'Orléans : *Orléans*, Hotot, 1675, *in-4*.

Le même Traité est imprimé avec les *Coutumes d'Orléans*, commentées par Jacques de la Lande : *Orléans*, 1704, 1705, *in-fol*. 2 vol.

39970. Traité du Ban & de l'Arrière-Ban, de son Origine & des Convocations anciennes & nouvelles, avec plusieurs Rôles tirés des Archives publics ; par Gilles-André DE LA ROQUE : *Paris*, le Petit, 1676, *in-12*.

☞ *Voyez* sur cet Ouvrage = *Journ. des Sçav*. 1676, Mars. = Lenglet, *Méth. histor. in-4*. tom. IV. pag. 425. = Le Père Niceron, tom. XXI. pag. 222.]

39971. Recueil des Ordonnances pour la Convocation du Ban & de l'Arrière-Ban, & Création d'Officiers à cet effet : *Paris*, 1693, *in-12*.

§. II. *Traités des Armoiries & des Blazons des Familles illustres de France.*

39972. Ms. Traité des Armoiries : Traité des Rois d'Armes & Hérault : *in-fol*.

Ces Traités sont conservés entre les Manuscrits de M. de Brienne, num. 271, [dans la Bibliothèque du Roi.]

39973. Ms. Traité du Comportement des Armes ; par SICILE, Hérault, adressé au Roi Alphonse d'Arragon : Fondation de la Chapelle des Hérauts du Royaume de France, fondée en l'Église de Saint Antoine le Petit, à Paris, en 1306, avec autres Pièces : *in-fol*.

Ce Traité [étoit] dans la Bibliothèque de M. Baluze, num. 7, [& est aujourd'hui dans celle du Roi.]

☞ Il y a apparence que c'est la même chose que le Livre qui est imprimé sous le titre suivant :]

39974. ☞ Le Blazon des Couleurs en Armes, Livrées & Devises ; par SICILE, Hérault d'Alphonse, Roi d'Arragon : *Paris*, le Brodeux, 1527, *in-8*. en lettr. Gothiq.

Il est aussi imprimé en Italien, qui est peut-être l'Original, sous ce titre : « *Trattato de i colori nelle arme, nelle livrée nelle divise, di* SICILLIO *Araldo già del Re Alfonso d'Arragona* : *Venetia*, Spineda, 1599, *in-12*. »

Ils sont tous les deux à Dijon, dans la Bibliothèque de M. le Président Bouhier, qui a passé à M. de Bourbonne, Président au Parlement de Dijon.]

Le même : *Paris*, 1614, *in-8*.]

39975. ☞ Ms. Traité des Armoiries, composé en 1463 ; par Jean DE SAINT-REMY, premier Roi d'Armes de la Toison d'Or.

Le Père Ménestrier, dans son *Traité de l'Origine des Armoiries*, tom. I. pag. 417, dit avoir vu ce Manuscrit à Bruxelles, dans la Bibliothèque de M. Chifflet.]

39976.

Histoires de la Noblesse de France. 681

39976. Traité d'Armoiries tiré d'un ancien Manuscrit anonyme, avec l'explication des termes; par DELAUT MARIOLET.

Ce Traité est imprimé avec les noms, qualités, Charges, &c. des Chevaliers du Saint-Esprit, créés par le Roi Louis XIV. en 1662: *Bourdeaux*, 1666, *in-4.*

39977. ☞ Origine des Armoiries & Surnoms en France. *Mercure*, 1720, *Octobre*.

C'est une Dissertation sçavante, curieuse & pleine de Recherches, sur l'origine des Armoiries & de tout ce qui y a rapport, comme Emaux, Timbres, Supports, ainsi que sur la Noblesse & ses différentes espèces. Selon l'Auteur, les Armoiries n'ont commencé que vers la fin du XIe Siècle, & ne furent rendues héréditaires, aussi-bien que les Surnoms, que depuis l'an 1200.

☞ *Voyez* le *Journ. des Sçavans*, 1721, *Mars*.]

39978. ☞ Mémoires pour établir en France un Réglement sur les abus concernant les Armoiries; par Claude DE VALLES: *Paris*, 1629, *in-4.*]

39979. Mf. Armorial ou Livre du Blazon enluminé : *in-fol.*

Cet Armorial [étoit] dans la Bibliothèque de M. Baluze, num. 187, [& est aujourd'hui dans celle du Roi.]

39980. ☞ Mf. Armorial de M. de Longueil des Chesnais.

Ménage, sur la *Vie de Pierre Ayrault*, pag. 123, dit qu'il étoit dans la Bibliothèque de M. Colbert: ainsi il doit avoir passé dans celle du Roi.]

39981. Mf. Le grand Blazon d'Armoiries, composé l'an 1544; par Jean LE FERON, Avocat en Parlement.

La Croix du Maine, dans sa *Bibliothèque*, cite cet Ouvrage. Jean le Feron a publié en 1555 les Armoiries & Blazons des grands Officiers de la Couronne.

39982. Le Blazon des Armes : *Paris*, Nyverd, *in-12.* (lettre Gothique.)

39983. Les Blazons des couleurs, Livrées & Devises : *Lyon*, *in-12.* (lettre Gothique.)

39984. Le Blazon des Armoiries, auquel est montré la manière de laquelle les Anciens & les Modernes ont usé en icelles; par Hiérosme BARA, Parisien: *Lyon*, Ravot, 1511, *in-4.*

Le même, avec plusieurs Additions: *Lyon*, 1581, 1590, *in-fol.*

39985. ☞ Des Armes & des Tymbres.

Ce Morceau se trouve dans les *Mélanges* de Saint-Julien Baleure, pag. 536.]

39986. De l'Etat & Comportement des Armes, contenant l'Institution des Armoiries & Méthode de dresser les Généalogies; par Jean SCOHIER, Daumontois, Chanoine de Berghes: *Bruxelles*, 1597, *in-fol.* Bruxelles, 1629, *in-4.* Paris, 1630, *in-fol.*

39987. De l'Institution des Armes & Blazons; par André FAVYN.

Ce Discours est conservé dans son *Théâtre d'Honneur & de Chevalerie*, &c. *Paris*, 1620, *in-4.*]

39988. De l'Origine des Armoiries en géneral, & en particulier de celles de nos Rois; par M. DE FONCEMAGNE.

Aux *Mémoires de l'Académie des Inscript. & Belles Lettres*, tom. XX. pag. 579.]

39989. Le Tableau des Armoiries de France, auquel sont représentées les Origines & Maisons des Armoiries, Héraults d'Armes, & les Marques de Noblesse; par Philippe MOREAU, Bourdelois: *Paris*, 1609, *in-8.*

Le même, augmenté: *Paris*, Boutonné, 1630, *in-fol.*

39990. ☞ Mf. Traité des Armes, & comment on les doit blazonner : *in-8.*

Ce Traité, écrit sur vélin, est indiqué au num. 3582 du Catalogue de M. Godefroy.]

39991. ☞ Les Nobles dans les Tribunaux, ou Traité de Droit sur l'Histoire du Blazon; par Herman FRANC, de Malte : *Liège*, 1680, *in-fol.*]

39992. Traité des Armes & Armoiries, & les Alliances de plusieurs Familles de France; par Claude DE MAROIS, de l'Ordre des Frères Prêcheurs.

Ce Traité est imprimé avec son *Parfait Gentilhomme*: *Troyes*, 1631, *in-8.*

39993. ☞ Seb. FESCHIUS, de Insignibus & eorum Jute: *Basileæ*, 1672, *in-8.*]

39994. ☞ Introduction au Blazon des Armoiries en faveur de la Noblesse Françoise, où elle peut apprendre à discourir, comme il faut, des Armoiries, de leurs cimiers, supports, couronnes, timbres, plumes naturelles & panaches, lambrequins; ensemble, des sarillons, mantelets & cordelières, marques d'honneur des femmes, & pareillement des pompes funèbres; avec les Armes de plusieurs Maisons de France & de toutes les Provinces: *Paris*, 1631, *in-4.*]

39995. Origine & Pratique des Armoiries à la Gauloise; par Philibert MONET, Jésuite: *Lyon*, 1631, 1659, *in-4.*

☞ L'Auteur, après avoir donné la définition du mot *Armoiries*, prétend qu'elles furent inconnues aux Anciens avant Auguste, & que depuis cet Empereur elles furent fort communes aux Romains sous le nom de Fargues: c'est d'eux, (selon lui) que les Francs, qui les chassèrent des Gaules, en prirent l'usage, (ce qui n'est que fable ou imagination.) Il définit & explique ensuite quelles étoient les couleurs, les pièces, la figure de l'Ecu, les Devises & les Cris de ces anciens Peuples & des nôtres. Il développe encore davantage ces points dans sa Pratique. Ces deux Ouvrages sont en Latin & en François.

Voyez Lenglet, *Méth. hist. in-4. tom. IV. pag. 425.* = Le P. Niceron, *tom. XXXIV. pag. 201.*]

39996. Introduction au Blazon des Armoiries, en faveur de la Noblesse : *Paris*, Billaine, 1631, *in-4.*

39997. ☞ Mf. Ordonnances touchant l'Office d'Armes, le Blazon & les Héraults : *in-fol.*

Ce Recueil est indiqué dans le Catalogue de M. Secousse, num. 6914.]

Tome III. Rrrr

39998. Le Roi d'Armes, ou l'Art de bien former, charger, briser, timbrer, parer, expliquer & blazonner les Armoiries; par Gilbert DE VARENNES, Jésuite : *Paris*, 1635, *in fol.*

Seconde Edition, revue & augmentée : *Paris*, Buon, 1640, *in-fol.*

L'Auteur est mort en 1660.

39999. La vraie & parfaite science des Armoiries, ou Indice Armorial; par Louvant GÉLIOT, Avocat au Parlement de Bourgogne : *Paris*, Billaine, 1635, *in-fol.*

☞ Géliot est mort en 1641.]

40000. ☞ La vraie & parfaite science des Armoiries, ou l'Indice Armorial de feu Me Louvant GÉLIOT, Avocat au Parlement de Bourgogne, apprenant & expliquant sommairement les mots & figures dont on se sert au Blazon, les Armoiries & l'origine d'icelles; augmenté de nombres de termes, & enrichi de grande multitude d'Exemples des Armes de Familles, tant Françoises qu'Etrangères, des Institutions des Ordres & de leurs Colliers, des marques des Dignités & Charges, des ornemens des Ecus, de l'Office & des Droits de Héraults, des Poursuivans d'Armes, & autres Curiosités dépendantes des Armoiries; par Pierre PALLIOT, Parisien, Imprimeur du Roi, du R. R. Evêque, Duc de Langres, des Etats de Bourgogne & de la Ville de Dijon, Marchand Libraire, Graveur en taille-douce & Me Orfévre à Paris, résident audit Dijon : *Dijon*, P. Palliot, 1660, *in-fol.*

On trouve à la fin : Table des Maisons & Familles dont les Armoiries sont représentées en ce Livre.

Voyez Lenglet, *Méth. hist. in-4. tom. IV. pag.* 426. = *Bibliographie* de de Bure, *Hist.* num. 5668.]

Palliot a augmenté l'Ouvrage de Géliot, de six mille Ecussons.

40001. Sommaire Armorial : *Paris*, 1638, *in-4.*

40002. ☞ Recueil de Blazon; par MACENEY : *in-fol.*]

40003. Recueil de plusieurs pièces & figures d'Armoiries omises par les Auteurs qui ont écrit jusqu'ici de cette Science, avec figures; par Marc VULSON DE LA COLOMBIÈRE : *Paris*, 1639, *in-fol.*

Cet Auteur est mort en 1658.

40004. La Science héroïque, traitant de la Noblesse, de l'Origine des Armes, de l'Art du Blazon, symboles, timbres, bourlets & autres ornemens de l'Ecu, de la Devise, du Cry de Guerre, de l'Ecu pendant, des pas & autres prises des anciens Chevaliers, des formes différentes de leurs Tombeaux, & des marques extérieures de l'Ecu de nos Rois, Roynes & Enfans de France, & Officiers de la Couronne & de la Maison du Roi; par le même : *Paris*, Cramoisy, 1644, *in-fol.*

Seconde Edition, revue & augmentée : *Paris*, 1669, *in-fol.*

Il y a dans la première Edition, la Généalogie de la Maison de Rosmadec, qui ne se trouve pas dans la seconde; mais celle-ci est plus ample, & vaut mieux pour le Blazon.

40005. Abrégé méthodique de la Science héraldique; par J. Claude FAURE : *Chambéry*, 1647, *in-4.*

40006. Le Mercure Armorial; par Charles SEGOIN, Avocat au Parlement & au Conseil : *Paris*, 1648, *in-4.*

Le Trésor héraldique, ou le Mercure Armorial, où sont démontrées toutes les choses nécessaires pour le Blazon; enrichi de figures & du Blazon des Maisons nobles & considérables de France : *Paris*, 1657, *in-fol.*

Le même, retouché par (Jean Royer, Sieur) DE PRADE : *Paris*, 1672, *in-4.*

40007. Discours sur l'origine des Armes : *Lyon*, 1658, *in-4.*

C'est le premier Ouvrage que Claude-François MENESTRIER a publié sur ce sujet. Si l'on en croit cet Auteur : « Il y a peu de bons Livres sur l'Art du Blazon, » au-dessus de quarante ou cinquante ans; (c'est ainsi » qu'il parloit en 1703), *pag.* 81, du Tome I. de sa *Bibliothèque curieuse*,) n'y ayant que des Peintres, des » Graveurs, des Imprimeurs & des Libraires ignorans » qui se fussent avisés d'écrire sur cette matière, ou » quelques vieux Hérauts d'Armes qui s'étoient con= » tenté de barbouiller des Armoiries ».

On voit cependant, par les Traités précédens, d'autres Auteurs que ceux dont parle le Père Ménestrier, qui ont travaillé sur le Blazon, des Avocats au Parlement, & même des Jésuites : aussi ne semble-t-il estimer que ce qu'il en a écrit.

40008. Discours sur l'origine des Armes, contre le Père Ménestrier [& une Epître apologétique de C. L. L. (Claude LE LABOUREUR,) pour le Discours de l'origine des Armes, contre les Lettres de Cl. Fr. Ménestrier : *in-4.*] par Claude LE LABOUREUR, ancien Prévôt de l'Isle-Barbe : *in-4.*

40009. Origine du Blazon : *Lyon*, 1659, *in-4.*

40010. Le Promptuaire Armorial & général divisé en quatre parties; par Jean BOISSEAU, l'un des Enlumineurs du Roi : *Paris*, 1659, *in-fol.*

40011. Le Blazon en plusieurs Tables & Figures, avec un petit Dictionnaire des termes; par Pierre DU VAL, Géographe du Roi : *Paris*, *in-12.*

40012. Le Traité singulier du Blazon; par le Père ANSELME de la Vierge Marie, [Augustin Déchaussé.]

Ce Traité est imprimé à la tête de son *Théâtre d'Honneur* &c. : *Paris*, 1664, *in-4.*

Histoires de la Nobleſſe de France.

40013. Abrégé méthodique des principes Héraldiques, ou du véritable Art du Blazon; par Claude-François MÉNESTRIER, Jéſuite : *Paris*, 1661; *Lyon*, 1663, 1670, *in-*12.

Le même Abrégé, avec une Requête à Monſeigneur le Dauphin, contre (l'Auteur ſuivant,) comme n'ayant fait que le copier : *Lyon*, 1680, *in-*12.

40014. La Méthode Royale & hiſtorique du Blazon, avec l'origine des Armes des plus illuſtres Etats & Familles de l'Europe : *Paris*, 1671, *in-*12.

40015. L'Art héraldique ou Manière d'apprendre le Blazon; par (Jules) BARON, Ecuyer, Avocat au Parlement : *Paris*, 1672, 1678, 1682, *in-*12.

Quatrième Edition, augmentée par l'Auteur : *Paris*, 1688, *in-*12.

Cet Auteur eſt mort en 1691.

Le même Livre, nouvelle Edition augmentée par (Ambroiſe) PLAYGNE, A. E. P. *Paris*, 1697, 1705, *in-*12.

Ces lettres initiales ſignifient Avocat en Parlement (& Profeſſeur Emérite de Rhétorique en l'Univerſité de Paris.)

Le même Livre, nouvelle Edition conſidérablement augmentée : *Paris*, Oſmont, 1717, *in-*12.

Quoique ce Livre porte le même titre que le précédent, il y a cependant tant de changemens que M. Playgne, qui les a faits, a jugé à propos d'en ôter le nom du premier Auteur qui y avoit travaillé.

40016. La Pratique des Armoiries, ou le véritable Art du Blazon, ou de l'uſage des Armoiries; par Claude-François MÉNESTRIER, Jéſuite : *Paris*, 1671; *Lyon*, 1671, 1672; *Paris*, 1673, *in-*12.

40017. Les Recherches du Blazon, ou ſeconde partie de l'uſage des Armoiries; par le même : *Paris*, 1673; *Lyon*, 1680, *in-*12.

40018. ☞ L'Art du Blazon, ou les preuves du véritable Art du Blazon établies par diverſes Autorités, & par pluſieurs Exemples tirés de la pratique univerſelle des Armoiries depuis 600 ans dans toutes les Nations de l'Europe, avec la Méthode abrégée des principes héraldiques; par le même : *Lyon*, 1661, *in-*12.]

40019. L'Art du Blazon juſtifié, ou les Preuves du véritable Art du Blazon; par le même : *Paris*, 1671, *in-*12.

40020. La Méthode Royale du Blazon, ou l'Abrégé de cette Méthode : *Paris*, 1675, *en une feuille*, ou Placard.

40021. ☞ La nouvelle Méthode raiſonnée du Blazon, pour l'apprendre d'une manière aiſée, réduite en Leçons, par Demandes & par Réponſes; par le même : *Lyon*, 1696, *in-*12.]

Tome III.

40022. La Science Héraldique; par le Père ANSELME de la Vierge Marie, Auguſtin Déchauſſé : *Paris*, 1675, *in-*4.

40023. De l'origine des Armoiries & du Blazon; par Claude François MÉNESTRIER, de la Compagnie de Jeſus : *Lyon*, Amaulry, 1679, *in-*12.

Ce Traité eſt le premier des dix parties qui devoient compoſer le grand & fameux Ouvrage que le Père Méneſtrier avoit fait eſpérer depuis ſi long-temps ſur le Blazon, & qui devoit épuiſer cette matière. J'en ai déja rapporté les Traités ci-deſſus.

☞ *Voyez* Lenglet, *Méth. hiſtor. in-*4. tom. *IV*. pag. 427, & *Supplém. in-*4. pag. 235. = Journal des Sçavans, 1683, *Avril & Juillet.* = Le Père Niceton, tom. I. pag. 72.]

40024. Origine des ornemens des Armoiries; par le même, (Cl. MÉNESTRIER :) *Paris*, 1680, *in-*12.

40025. Diſcours de l'origine des Armoiries; par Jean LE LABOUREUR : *Paris*, Couterot, 1684, *in-*4.

40026. ☞ Nouvelle Inſtruction des termes utiles au Blazon, par ordre alphabétique.

Ce Morceau ſe trouve à la fin de l'*Armorial de Bretagne*; par Guy le Borgne : 1681, *in-fol.*]

40027. Elémens de l'Art du Blazon.

Ils ſont imprimés à la fin de l'*Armorial des Etats de Languedoc*, par Baudeau : 1686, *in-*8.]

40028. Nouveau Traité de la Science du Blazon; par Fr. TRUDON, Graveur : *Paris*, 1689, *in-*12.

40029. Tableau de l'Honneur ou Abrégé méthodique de la Science du Blazon; par Jacques CHEVILLARD, Généalogiſte du Roi : *en une feuille gravée*, ou Placard.

40030. Abrégé nouveau & méthodique du Blazon, pour apprendre ce qu'il y a de plus curieux dans cette ſcience : *Lyon*, 1705, *in-*12.

Laurent PIANELLI, Sieur DE LA VALETTE, Préſident des Tréſoriers de France à Lyon, eſt l'Auteur de ce petit Ouvrage.

40031. Les Principes du Blazon : *Paris*, Moreau, 1709, *in-fol.*

Le même Ouvrage augmenté & publié ſous ce titre : Principes du Blazon, où l'on explique toutes les règles & tous les termes de cette ſcience : *Paris*, Simart, 1715, *in-*4.

Cet Ouvrage eſt de Louis de Courcillon DE DANGEAU, Abbé de Fontaine-Daniel, de l'Académie Françoiſe.

40032. ☞ Dictionnaire Héraldique, contenant les Armes & Blazons des Princes, Prélats, grands Officiers de la Couronne & de la Maiſon du Roi, des Officiers d'épée, de la Robe & des Finances, avec celles de pluſieurs Maiſons & Familles du Royaume exiſtantes; par Jacques CHEVILLARD le fils, Généalogiſte; avec figures & Ecuſſons : *Paris*, Ganeau, 1723, *in-*12.]

40033. ☞ Dictionnaire Héraldique (par Louis CHASOT de Nantigny.)

Il est imprimé dans le tom. VI. de ses *Tablettes historiques, généalogiques & historiques* : *Paris*, veuve le Gras, 1753, *in*-24.] L'Auteur est mort à Paris, en 1755.]

40034. ☞ Dictionnaire Généalogique, Héraldique, Chronologique & Historique : *Paris*, Duchesne, 1757, *in*-12. 3 vol. Supplément, 1761, 3 vol. Autre Supplément, 1765, 1 vol. (en tout 7 vol.)

L'Auteur est M. DE LA CHENAYE DES BOIS. Il a ensuite augmenté son Ouvrage, & l'a mis dans un meilleur ordre : c'est le numéro suivant.]

40035. ☞ Dictionanaire de la Noblesse : *Paris*, Veuve Duchesne, 1770, &c........ *in*-4.

Il doit y avoir huit volumes ; mais il n'en a encore paru que trois en Novembre 1771. L'Explication des Armoiries est à la fin de chaque Volume.]

40036. ☞ Traité historique & moral du Blazon : Ouvrage rempli de Recherches curieuses & instructives sur l'origine & les progrès de cet Art ; par M. (Jean-Baptiste) DU PUY DEMPORTES : *Paris*, Jombert, 1754, *in*-12. 2 vol.]

40037. ☞ Traité des Marques Nationales, tant de celles qui servent à la distinction d'une Nation en général, que de celles qui distinguent les rangs des Personnes dont cette Nation est composée, & qui les unes & les autres ont donné origine aux Armoiries, aux habits d'Ordonnance des Militaires, & aux Livrées des Domestiques ; par BENETON de Morange DE PEYRINS : *Paris*, le Mercier, 1739, *in*-8.]

§. III. *Armoriaux ou Recueils des Armoiries des Familles de France.*

40038. Edit du Roi (Louis XIV.) portant création d'une grande Maîtrise générale & souveraine, & Établissement d'un Armorial général à Paris, ou Dépôt public des Armes & Blazons du Royaume ; & création de plusieurs Maîtrises particulières dans les Provinces, du mois de Novembre 1696 : *Paris*, 1696, *in*-4.

40039. Le Blazon de France, ou Notes curieuses sur l'Edit concernant la Police des Armoiries, avec un Dictionnaire des termes du Blazon ; par (Thibault) CADOT, Conseiller en la Cour des Monnoies : *Paris*, de Sercy, 1697, *in*-8.

40040. Mf. Copie d'un ancien Hérault d'Armes, dit BERRY, premier Hérault du Roi Charles VII.

Cette Copie [étoit] dans la Bibliothèque de M. Colbert, [& est aujourd'hui dans celle du Roi.] Le Père Labbe, *pag*. 690, du Tome I. de son *Abrégé de l'Alliance chronologique*, imprimé à Paris en 1664, rapporte un long fragment de cet Ouvrage.]

40041. ☞ Le Blazon des Armes, avec les Armes des Princes & Seigneurs de France : *Lyon*, 1503, *in*-16. Gothiq.]

40042. Armoiries & Blazons des grands Officiers de la Couronne ; par Jean LE FERON.

Ces Armoiries sont rapportées dans le *Catalogue de ces grands Officiers* : *Paris*, 1555, 1580 ; Ibid. 1628, 1658, *in-fol.*

40043. ☞ Mf. Armes & Blazons des Connétables, &c. pour servir de Suite au Livre de Jean le Feron ; par DE VALLES : 1624, *in*-4.

Ce Manuscrit est indiqué num. 3656 du Catalogue de M. Godefroy.]

40044. Mf. Blazon des Amiraux de France, depuis leur Institution jusqu'au Règne de Louis XIII. par (Claude) DE VALLES : *in-fol.*

Ce Blazon [étoit] dans la Bibliothèque de M. le Chancelier Seguier ; num. 253, des miniatures. [Il doit être à S. Germain des Prés.]

40045. Mf. Les Noms, Armes, Blazons des Amiraux de France ; avec les Blazons enluminés : *in-fol.*

Ce Catalogue [étoit] dans la Bibliothèque de M. le Comte de Toulouse, num. 146.

40046. ☞ Armoiries des Ducs & de ceux qui ont les honneurs du Louvre : 1722, *in-fol.*]

40047. Mf. Le Livre des Armes, Montjoye, qui contient les Armes de diverses Familles de France, d'Angleterre, d'Ecosse, &c. *in-fol.*

Ce Livre est conservé à Oxford, dans la Bibliothèque du Chevalier Bodley, num. 3641.

40048. Mf. Livre des Armes des Seigneurs de France, Bretagne, Vermandois, Beauvoisis : *in*-8.

Ce Livre est conservé dans la Bibliothèque du Roi, entre les Manuscrits de M. Bigot, num. 421.

40049. Mf. Deux Recueils de Héraults d'Armes en divers Royaumes ; Ensemble, plusieurs Mémoires & Titres concernant les Armoiries des Princes, Seigneurs & Gentilshommes : *in-fol.*

Ces Recueils sont conservés entre les Manuscrits de M. de Brienne, num. 273, dans la Bibliothèque du Roi, outre un autre Exemplaire entre les Manuscrits de M. de Gaignières.

40050. Mf. Le Blazon d'Armoiries, ou Armorial de la Noblesse de France, avec un enseignement pour apprendre & connoître & blazonner les Armes des Rois, Princes, Seigneurs & autres Nobles : *in-fol.*

Cet Armorial [étoit] dans la Bibliothèque de M. le Président de Lamoignon, & dans celle de M. l'Abbé de Caumartin.]

40051. Mf. Quatre Armoriaux : *in-fol.*

☞ Ces Armoriaux, & les suivans, sont dans la Bibliothèque du Roi.]

Histoires de la Noblesse de France.

40052. Mf. Armorial universel : *in-fol.* 3 volumes; avec la Table : *in-4.*

Mf. Un autre : *in-fol.* 2 vol.

Mf. Table générale de l'Armorial universel : *in-fol.*

40053. Mf. Armorial des Princes, Ducs, &c. *in-fol.*

40054. Mf. Armorial des Officiers de la Maison de Gaston de France : *in-fol.*

40055. Mf. Armorial des Familles de Robe : *in-fol.*

40056. Mf. Armorial d'Hector LE BRETON : *in-4.*

40057. Mf. Quatre Armoriaux : *in-4.*

40058. Mf. Armorial, avec un Traité de la Noblesse : *in-4.*

40059. Mf. Armorial ; par Jean BAYART, Valencenois, en 1657 : *in-fol.*

Tous ces Armoriaux, depuis le numéro 40051 jusqu'à celui-ci, numéro 40059, sont dans la Bibliothèque du Roi, entre les Manuscrits de M. de Gaignières.

40060. ☞ Mf. Recueil des Armoiries des Pairs de France, anciens & nouveaux, & des Princes, Seigneurs & Prélats qui ont assisté aux Sacres de Henri IV. & Louis XIII. *in-fol.*

Ce Recueil a été fait par le Sieur DE VALLES, de Chartres, & il est conservé dans la Bibliothèque du Roi, num. 8358.]

40061. Mf. Armoiries des Familles de France : *in-fol.*

Ce Manuscrit est conservé au Vatican, parmi ceux de la Reine de Suède, num. 1664.]

40062. Mf. Les Noms des Nobles, Chevaliers & Ecuyers tenus dans le Rôle des Montres, depuis l'an 1300 jusqu'à la fin de 1400, avec leurs Armes blazonnées sur des Sceaux, mais non dessinées : *in-fol.*

Ce Catalogue [étoit] dans la Bibliothèque de M. de Caumartin, [mort Evêque de Blois en 1733.]

40063. Recueil des Armoiries de plusieurs nobles Maisons & Familles de France tant Ecclésiastiques que Princes, Marquis & autres ; par Claude MAGNENEY, Graveur : *Paris,* 1633, *in-fol.*

40064. César Armorial, ou Recueil des Noms, Armes & Blazons de toutes les illustres & nobles Maisons de France ; par César DE GRANDPRÉ : *Paris,* 1645, *in-12.* Ibid. 1649, 1654, *in-8.*

40065. ☞ Le Grand Armorial, ou Cartes de Blazon, de Chronologie & d'Histoire ; par Jean CHEVILLARD, père : *Paris, in-fol.*

40066. ☞ Le Miroir Armorial dans lequel se voyent les Armes de beaucoup de Maisons nobles de ce Royaume & des Pays étrangers, avec les ornemens de toutes les Dignités ; le tout en différens Ecus & Cartouches, gravés par Pierre ROLIN : *Paris,* 1650, *in-4.*]

40067. Recueil des Noms & Armes des Hommes plus illustres, qui se sont signalés par quelques actions héroïques sous chaque Règne, depuis Hugues-Capet jusqu'à Louis XIV. *Paris,* 1651, *in-fol.*

40068. Armorial universel, contenant les principales Maisons de l'Europe blazonnées & mises en ordre ; par Charles SEGOIN, Avocat en Parlement : *Paris,* de Sercy, 1654, *in-fol.*

40069. Le nouvel Armorial universel, contenant les Armes & Blazons des Maisons nobles & illustres de France ; par Claude LE CELLIER : *Paris,* 1663, *in-fol.*

40070. ☞ Armorial de France ; par M. D'HOZIER, (père) & par M. D'HOZIER de Serigny (fils :) *Paris,* Collombat, 1738-1768, *in-fol.* 10 Volumes ou 6 Registres.

Cet Ouvrage, depuis le Volume III. ou le Registre II. donne des Généalogies fort étendues, avec l'indication des Preuves, & produit même les principales. Louis-Pierre d'Hozier étoit Juge d'Armes & grand Généalogiste de France, & Antoine-Marie d'Hozier de Serigny son fils, qui avoit eu sa survivance, lui a succédé ; c'est lui qui a donné les cinq derniers Volumes qui ont paru en dernier lieu.

Voyez à leur sujet, *Mém. de Trévoux,* Octob. 1741 : 1742, Octob. & Novemb. 1752. = *Mercure,* Juin & Juillet, 1752, Décembre 1752. = *Réflexions sur les Ouvr. de Litterature,* tom. *V.* pag. 341. = *Journal des Scavans,* Janvier, 1753. = *Observat. sur les Ecr. mod.* Lettr. 163, 190 & 203. = *Journ. de Verdun,* Juillet & Novemb. 1736 : Août & Septemb. 1738 : Févr. 1740 : Août & Octobre 1752 : Avril 1753. = *Année Litt.* 1756, tom. *III.* pag. 31, &c.]

40071. ☞ Mémoire instructif sur l'Ouvrage intitulé : *Armorial général de la France.*

Dans le *Mercure* 1739, Décembre, 1. Vol.]

40072. ☞ Avis sur l'Armorial général de France.

Dans le *Mercure* 1741, Avril.]

40073. ☞ Armorial des principales Maisons & Familles du Royaume, particulièrement de celles de Paris & de l'Isle de France, contenant les Armes des Princes, Seigneurs, grands Officiers de la Couronne, & de la Maison du Roi, celles des Cours Souveraines, &c. avec l'explication de tous les Blazons ; par MM. DU BUISSON & DE LA TOUR : *Paris,* Guerin, 1757 & 1760, *in-12.* 2 vol.]

40074. Mf. Noms & Armoiries de ceux qui se croisèrent pour aller outre mer, l'an 1096 : *in-fol.*

Ce Catalogue [étoit] dans la Bibliothèque de M. Colbert, num. 2236, [& est aujourd'hui dans celle du Roi.]

40075. Mf. Les Armes des Chevaliers aux Croisades ; par Matthieu DE GOUSSANCOURT, Religieux Célestin.

Ce Recueil compose le Tome IX. de ses *Œuvres,*

conservées dans la Bibliothèque des Célestins & dans celle des Minimes de Paris.]

40076. ☞ Mſ. Armorial des Seigneurs tués à la bataille de Poitiers, (en 1356:) *in-fol.*

Cet Armorial est dans le Cabinet de M. Girard de Vilars, Médecin à la Rochelle. Les Armes sont enluminées; mais les noms y manquent.

40077. Mſ. Trésor des Armoiries des diverses Provinces, disposé selon l'ordre de ces Provinces : *in-fol.*

Ce Trésor est conservé entre les Manuscrits de M. Dupuy, num. 259.

40078. ☞ Recueil d'Armoiries coloriées, accordées aux Corps Ecclésiastiques & Séculiers, & à des Particuliers, conformément à l'Ordonnance de 1700, &c. de MM. du Conseil : *in-4.* 2 vol.

Dans la Bibliothèque de la Ville de Paris, num. 272 & 273.]

40079. Mſ. Ancien Armorial de la Maison d'Alegre en Auvergne : *in fol.*

Cet Armorial [étoit] dans la Bibliothèque de M. Baluze, num. 689, [& est aujourd'hui dans celle du Roi.]

40080. * Armorial des Familles du Diocèse d'Amiens & des Environs; par Adrien DE LA MORLIERE, corrigé & augmenté par Charles D'HOZIER.

Cet Armorial est imprimé à la fin du *Recueil de plusieurs nobles & illustres Maisons de ce Diocèse : Paris, 1642, in-fol.*

40081. * Chronologie, Armes & Blazons des Archevêques d'Avignon : *in-fol.*

Cet Ouvrage est cité dans le Catalogue des Manuscrits de Frère Eloy, Augustin Déchaussé de Lyon, *pag. 21.*

40082. Mſ. Ancien Armorial, de la Maison de Belleforiere de Soyecourt : *in-fol.*

Cet Armorial [étoit] dans la Bibliothèque de M. Baluze, num. 458, [& est aujourd'hui dans celle du Roi.]

40083. Le Blazon des Armoiries des Familles nobles de Berry; par Philippe LABBE, Jésuite.

Ce Blazon est imprimé avec son *Abrégé de l'Histoire de Berry : Paris, 1647, in-12.*

40084. Noms & Armoiries des Familles nobles de Blois; par Jean BERNIER.

Ce Blazon est imprimé avec son *Histoire de Blois : Paris, 1682, in-4.*

40085. ☞ L'Armorial de Bourgogne & de Bresse, dédié à Monseigneur le Duc de Bourbon ; par Jacques CHEVILLARD l'aîné : *Paris, 1726, en 8 feuilles, in-fol.*]

40086. ☞ Mſ. Recherches des Armoiries de Bourgogne, en 1698, Original signé D'HOZIER, composé de plus de 600 feuilles & Ecussons illuminés sur vélin, gros *in-4.*

Il est conservé à Dijon, dans la Bibliothèque de M. Feyret de Fontette, Conseiller au Parlement de Bourgogne.]

40087. ☞ Blazon des Gentilshommes de Bourgogne; par Jacques CHEVILLARD : *1726, en huit demi-feuilles, in-4.*]

40088. Mſ. Ancien Armorial de Brabant : *in-fol.*

Cet Armorial [étoit] dans la Bibliothèque de M. Baluze, num. 811, [& est aujourd'hui dans celle du Roi.]

40089. Indice Armorial des Familles de Bresse & de Bugey; par Samuel GUICHENON.

Cet Indice est imprimé dans son *Hist. de Bresse, &c. Lyon, 1650, in-fol.*

40090. Mſ. L'ancien Hérault Breton, contenant les Généalogies des anciens Rois, Ducs & Princes; avec le Blazon de toutes les Familles nobles & anciennes du Pays; par F. DE LONGCHAMP, Généalogiste & Commissaire des Guerres : *in-fol.*

Ce Livre [étoit] dans la Bibliothèque de M. Colbert, num. 3263, [& est aujourd'hui dans celle du Roi.]

40091. Recueil Armorial, contenant par ordre alphabétique les Armes & Blazons des anciennes Maisons de Bretagne; tiré de la Bibliothèque du Comte de Molac; par Pierre D'HOZIER.

Cet Armorial est imprimé avec l'*Histoire de Bretagne* de Pierre le Baud : *Paris, 1638, in-fol.*

40092. Armorial Breton, ou les Noms, Qualités, Blazons de la Noblesse de Bretagne; par Guy LE BORGNE, [Bailly de Laumeur:] *Rennes, 1657, in fol. Ibid. 1667, in-4.*

☞ Armorial de Bretagne, contenant par ordre alphabétique & méthodique les Noms, Qualités, Armes & Blazons des Nobles, Annoblis & Tenants Terres & Fiefs Nobles ès Evêchés de cette Province, avec plusieurs autres Familles externes, tant à raison de leurs Parentés & Alliances, que pour les Terres & Seigneuries qu'elles y possèdent; Ensemble, de plusieurs grandes & illustres Maisons du Royaume, &c. augmenté d'un Abrégé de la Science du Blazon, avec les figures pour bien apprendre l'Art Héraldique ; le tout nouvellement dressé par Ecuyer, G. P. B. (Guy LE BORGNE :) *Rennes, 1681, in-fol.*]

40093. Recueil alphabétique de Noms & des Armes des Gentilshommes de Bretagne; par TOUSSAINT DE SAINT-LUC.

Ce Recueil est imprimé avec ses *Mémoires sur l'Etat de Bretagne : Paris, 1691, in-8.* 2 vol.

40094. ☞ Armorial de Bretagne, principalement du Diocèse de Léon : *Brochure, in-12.*]

40095. Armes & Blazons des Familles de Champagne.

Ces Blazons se trouvent dans le *Procès-verbal de la Recherche de la Noblesse de cette Province : Châlons, 1673, in-8.*

40096. Mſ. Les Armoiries des principales Maisons de Dauphiné; par Guillaume DE

Histoires de la Noblesse de France. 687

TORCHEFELON, avec la Généalogie de sa Famille.

Cet Armorial est cité par le Frère Eloy, Augustin Déchaussé de Lyon, dans son Catalogue des Manuscrits, *pag. 27.*

40097. ☞ Armorial de Dauphiné.

Il se trouve à la fin de l'Abrégé de l'Histoire de cette Province; par CHORIER: *Grenoble,* 1700, *in-12.*]

40098. Ms. France Espagnole, ou Armoiries de plusieurs Personnages illustres d'Espagne: *in-fol.*

Cet Armorial [étoit] à Lyon, dans la Bibliothèque de M. le Président Pianelli.

40099. Ms. Armorial de Flandre: *in-fol.*

Cet Armorial est conservé dans la Bibliothèque du Roi, entre les Manuscrits de M. de Gaignières.

40100. ☞ Ms. Philippi WIELAND, Insignia Nobilium Flandriæ.

Cet Ouvrage est cité par Grammaye, dans ses *Antiquitates Belgicæ.*]

40101. ☞ Les Armes de l'Institution du Comté de Flandre, du temps de Baudouin Bras-de-fer, premier Comte de Flandre: *in-fol.*

Ce Recueil est indiqué num. 3226 du Catalogue de M. le Blanc.]

40102. Le Jardin d'Armoiries, contenant les Armes de plusieurs Royaumes & Maisons nobles (de Flandre ou) des Pays-Bas; par Jean LAUTENS, de Gand, Maître en la Chambre des Comptes de Lille: *Gand,* 1567, *in-12.*

40103. Armoiries des Maisons nobles des Châtellenies de Lille, Douay, Orchies, Ardres, &c.

Ces Armoiries se trouvent avec la *Déclaration des Villages de ces Châtellenies: Lille,* Doué, 1623, *in-12.*

40104. ☞ Ms. Catalogue alphabétique des Noms & Alliances de diverses Maisons & Familles Nobles du Comté de Bourgogne (ou de Franche-Comté,) avec leurs Armoiries enluminées: *in-4.*

Ce Manuscrit est à Besançon, dans la Bibliothèque de M. Chifflet ou de M. Droz.]

40105. ☞ Ms. Armorial de Languedoc: *in-fol.* 2 vol.

Cet Armorial est conservé au Château d'Aubais, près de Nismes.]

40106. Recueils des Titres, Qualités, Blazons & Armes des Seigneurs, Barons & Etats de Languedoc tenus à Montpellier; par J. BEJARD: *Lyon,* 1657, *in-fol.*

☞ Armorial des Etats de Languedoc, enrichi des Elémens du Blazon; [gravé & recueilli par Jacques BAUDEAU, Graveur à Montpellier: *Montpellier,* 1686, *in-4.*

☞ Ce Livre est bien imprimé, & on y trouve un grand nombre d'Ecussons, bien gravés représentans les Armes des Evêques, Barons & Villes qui ont entrée aux Etats, & près de 400 petits Ecussons dans le Traité du Blazon qui est à la fin.]

☞ Armorial des Etats de Languedoc; par Denys-François GASTELIER DE LA TOUR: *Paris,* Vincent, 1767, *in-4.*

Ces deux Armoriaux ont déja été indiqués ci-dessus, aux *Hist. de Languedoc.* Celui de M. de la Tour est très-bien exécuté.]

40107. Ms. Armes de la Noblesse Lyonnoise; par Matthieu DE GOUSSANCOURT, Religieux Célestin: *in-fol.*

Cet Armorial compose le Tome XII. de ses *Œuvres,* conservées dans la Bibliothèque des Célestins & dans celle des Minimes de Paris.

40108. Les forces du Lyon, ou les Armoiries des Capitaines, Lieutenans & Enseignes des Personnages de la Ville de Lyon; par Jean L'HERMITE, dit *Tristan,* imprimées en 1658.

☞ Voici sur ce Livre l'Extrait d'une Lettre de Samuel Guichenon à M. de Ruffy. « J'ai vu le Livre de » l'Hermite à Lyon : bon Dieu ! quelle farrago & quelle » fatrasserie. Le dessein en étoit assez joli, mais il a été » ma ménagé; & pourtant ce méchant Livre se vend » une pistole. L'Auteur passa à Lyon à son retour de » Provence, & le porta de maison en maison, afin d'en » tirer la pièce, dont toutefois il n'eut pas satisfaction. » Je mourrois de faim avant que de faire un si lâche mé- » tier. De Bourg (en Bresse:) 1658 ».]

40109. Ms. Armorial véritable de la Noblesse de Lyon, qui a été approuvé dans la Recherche faite ès années 1667 & 1668, du Pays de Lyonnois, Forez & Beaujolois, sur les ordres du Roi; avec les Armes des Prévôts des Marchands & des Echevins, depuis l'an 1595 jusqu'à présent; par Claudine BRUNAND, fille de Lyon, (qui dessinoit & qui gravoit.)

Cet Armorial finit vers l'an 1668. Il est cité par le Père Ménestrier à la pag. 276 de *les Jugemens sur les Historiens de Lyon.*

☞ Ce pourroit être le Manuscrit du Catalogue de la Bibliothèque de M. André, qui a été vendue en 1760, sous ce titre :

Armorial Consulaire de la Ville de Lyon, contenant les Noms, Surnoms, Qualités & Armoiries blazonées de MM. les Prévôts des Marchands & Echevins de la Ville de Lyon : Manuscrit *in-4.*]

40110. Ms. Armoiries des Trésoriers de France à Lyon: *in-fol.*

Cet Armorial [étoit] à Lyon dans la Bibliothèque de M. Pianelli, Sieur de la Valette, Président des Trésoriers de France de Lyon.

40111. Ms. Deux Armoriaux de Lorraine: *in-4.*

40112. Ms. Armorial & Généalogie de Lorraine: *in-4.*

Ces Armoriaux de Lorraine sont conservés dans la Bibliothèque du Roi, entre les Manuscrits de M. de Gaignières.

40113. Ms. Armorial de Lorraine: *in-fol.*

Cet Armorial est conservé dans la même Bibliothèque, num. 8368.

40114. Mf. Armorial de la Chevalerie de Lorraine : *in-4*.

40115. De infignibus Gentilitiis Ducum Lotharingorum, Julii-Cæfaris BULENGERI: *Pifis*, 1617, *in-4*.

40116. Explication myftique des Aigles facrés de la Maifon de Lorraine ; par Elie GAREL : *Nancy*, 1618, *in-8*.

40117. Recueil des Armes de la Nobleffe de Lorraine ; par Jean CALLOT, Hérault d'Armes de Lorraine : *in-fol*.

40118. ☞ Annoblis des Duchés de Lorraine & de Bar, & le Blazon de leurs Armes, depuis le Règne du Duc René, en 1382, jufqu'au Règne de Staniflas, 1752 ; avec quelques Pièces fur la réunion de la Lorraine ; par M. DE LALLAIN DE MONTIGNY, (ancien Commis aux Archives de Lorraine :) *Nancy*, 1753, *in-8*.]

40119. Mf. Armes des Alliances de Neufville de Villeroy : *in-fol*.

Ces Armes font confervées dans la Bibliothèque du Roi, entre les Manufcrits de M. de Gaignières.

40120. Mf. Ancien Armorial de Normandie, du temps de Philippe-Augufte, enluminé : *in-fol*.

Cet Armorial [étoit] dans la Bibliothèque de M. l'Abbé de Camps, [& eft aujourd'hui dans celle de M. de Beringhen.]

40121. Mf. Armorial de Familles nobles d'Angleterre & de Normandie, depuis Guillaume le Conquérant, jufques & y compris Elizabeth : *in-fol*. 3 vol. [en Anglois & en François.]

Cet Armorial eft confervé dans la Bibliothèque du Roi, entre les Manufcrits de M. Bigot, num. 222.

40122. Mf. Deux différens Armoriaux d'Angleterre : *in-fol*.

Ces Armoriaux font confervés dans la Bibliothèque du Roi, entre les Manufcrits de M. de Gaignières.

40123. L'Union d'Honneur, contenant les Armes & Blazons des Rois, des Marquis, des Seigneurs d'Angleterre ; recueillis par Jacques YORKE : *London*, 1640, *in-fol*. (en Anglois.)

40124. Mf. Les Tombeaux des Perfonnes illuftres, nobles, célèbres & autres, inhumées dans les Eglifes de Paris, avec leurs Armes : *in-fol*. 3 vol.

Ce Recueil [étoit] dans la Bibliothèque de M. de Caumartin, [mort Evêque de Blois en 1733.]

40125. Mf. Armorial des principales Familles de Paris : *in-4*.

Cet Armorial eft confervé dans la Bibliothèque du Roi, entre les Manufcrits de M. de Gaignières.

40126. ☞ Armorial des Gouverneurs, Lieutenants de Roi, Prévôts des Marchands, Echevins, &c. de la Ville de Paris ; gravé par BEAUMONT : *in-fol*.]

40127. ☞ Les Armes, Noms & Qualités des Gouverneurs, Capitaines & Lieutenans-Généraux de la Ville de Paris ; par le Sieur CHEVILLARD l'aîné : *Paris*, 1731, *in-fol*. en une Carte.

40128. ☞ Mf. Recueil des Blazons & Armoiries des Prévôts des Marchands, Echevins, Procureurs du Roi, Greffiers, Receveurs, Confeillers & Quartiniers de la Ville de Paris, mis en ordre chronologique, & publié par Jean CHEVILLARD, depuis l'an 1268 jufqu'en 1729 ; avec une Table alphabétique & Blazons coloriés : *in-4*.

Ce Manufcrit eft indiqué num. 3345 du Catalogue de M. Gaignat.]

40129. ☞ Mf. Armorial des Confeillers d'Etat & Maîtres des Requêtes, depuis 1680 jufqu'en 1717, fur papier, avec des Armoiries & Blazons gravés & enluminés : *in-4*. 3 vol.

C'eft le num. 3342 du Catalogue de la même Bibliothèque.]

40130. ☞ Mf. Armorial des Maîtres des Requêtes de l'Hôtel du Roi, intitulé : Suite des Maîtres des Requêtes donnés par Blanchard, qui finit en 1575 ; c'eft-à-dire, l'Armorial des Maîtres des Requêtes, commençant en 1575 & finiffant en 1715, fur papier, avec Blazons enluminés : *in-4*. 3 vol.

Indiqué auffi au n. 3343 du Catalogue de M. Gaignat.]

40131. ☞ Mf. Armorial de Picardie ; par G. LE FERON : *in-4*.

Cet Armorial eft confervé dans la Bibliothèque du Roi, num. 10385 *c*.]

40132. Mf. Ancien Armorial de Picardie, extrait du Livre Terrier de la Comté de Clermont en Beauvaifis, qui eft en la Chambre des Comptes de Paris : *in-fol*.

Cet Armorial [étoit] dans la Bibliothèque de M. Baluze, num. 730, [& eft aujourd'hui dans celle du Roi.]

40133. Les Blazons généalogiques de Picardie ; par Nicolas JOUVET, Chanoine de Laon : 1680, *in-4*.

Ce n'eft que le plan de l'Ouvrage. L'Auteur eft mort en 1710.

40134. Mf. Catalogue des Maires de Poitiers & leurs Armes, depuis l'an 1333 jufqu'en 1629 : *in-fol*.

Ce Catalogue [étoit] dans la Bibliothèque de M. Colbert, num. 6077, [& eft aujourd'hui dans celle du Roi.]

40135. ☞ Armorial général de la Nobleffe de Provence, par lettre alphabétique, en huit grandes Feuilles que l'on peut joindre enfemble ; par COUSSIN, Graveur à Aix : 1756.]

40136. Armorial & Nobiliaire de l'Evêché de Saint-Paul-de-Léon en Bretagne : *Paris*, *in-12*.

Cet Armorial a été dreffé par le Marquis DE REFUGE, Lieutenant-Général des Armées du Roi, mort en 1713.

40137.

Histoires de la Noblesse de France. 689

40137. Le Cocq Royal, ou le Blazon mystérieux des Armes de M. le Chancelier Boucherat ; par Brice BAUDERON de Senecey : *Mâcon*, 1687, *in*-12.

40138. La Givre mystérieuse, ou Explication des Armes de la Famille de Colbert ; par le même : *Mâcon*, 1680, *in*-8.

§. IV. *Traités des Héraults d'Armes* [*des Duels*] *des Chevaleries, & des Tournois.*

40139. Mf. Histoire de la Création du Roi d'Armes des François, qui fut premièrement nommé Montjoye ; par TOISON, sous Philippe, Duc de Bourgogne : *in*-4.

40140. Mf. Pièces & Titres originaux, concernant les Rois & Héraults d'Armes ; avec plusieurs Rois & Héraults d'Armes & Poursuivans d'Armes : *in fol*.

Ces deux Volumes sont conservés dans la Bibliothèque du Roi, entre les Manuscrits de M. de Gaignières, [& entre ceux] de M. Baluze, num. 621. Le premier Volume est intitulé : « Comment le Roi d'Armes François fut premièrement créé, puis nommé Montjoye ; avec une exacte Description de ce qui appartient à la Profession des Héraults & Rois d'Armes ; par TOISON D'OR, Roi d'Armes des Ducs de Bourgogne : *in fol.*

40141. ☞ Mf. De l'Office du Roi d'Armes, & des Héraults d'Armes : *in*-4.

Ce Manuscrit est conservé dans la Bibliothèque du Roi, num. 7910³.]

40142. ☞ Mf. De l'Office du Roi d'Armes & de son Institution : *in fol*.

Ce Traité est conservé à Rome, dans la Bibliothèque de M. le Cardinal Ottoboni, cotte T. II. 27.]

40143. Statuts & Ordonnances des Rois d'Armes.

Ces Statuts sont imprimés avec l'*Histoire de France* de Robert Gaguin : *Paris*, Verard, *in fol*.

40144. De la primitive Institution des Rois, Héraults & Poursuivans d'Armes ; par Jean LE FERON : *Paris*, Mesnier, 1555, *in*-4.

40145. Mf. Droits & Franchises des Rois, Maréchaux, Héraults & Poursuivans d'Armes : *in fol*.

Ce Livre est conservé dans la Bibliothèque de Saint-Victor, num. 1189.

40146. ☞ Mf. Dispute entre les Héraults de France & ceux d'Angleterre, au sujet de la préséance : *in*-4.

Ce Manuscrit sur vélin est conservé dans la Bibliothèque du Roi, parmi ceux de M. de Cangé.]

40147. Mf. Traité des Droits d'Armes, de la Noblesse, & comme elle s'acquiert des Armoiries : des Rois, Ducs & Pairs ; comment se font les Ducs, Comtes & Bacheliers : qui va devant, le Lieutenant du Roi, le Connétable ou le Maréchal : de l'Ordonnance du Roi, quand il va à l'Armée : manière d'ordonner Bataille : manière de faire champ à outrance : Offices des Rois d'Armes & des Héraults, & de leur Institution : Ordonnance des gages de Bataille selon France : manière de faire Tournois : Solemnités observées aux Obsèques de Girard de Mortagne, Sieur des Piems, en 1491.

Ce Manuscrit est conservé dans la Bibliothèque du Roi, num 818, selon le P. Labbe, *pag*. 321 de sa *Nouvelle Bibliothèque des Manuscrits* : *Paris*, 1653, *in*-4.

40148. L'Arbre des Batailles, où sont traitées diverses Questions héroïques sur le Droit des Armes, sur les Combats & Duels, sur la Noblesse, &c. composé du temps de Charles V. Roi de France ; par Honoré BONNOR, Prieur de Salon : *Paris*, Verard, 1481, *in fol. Lyon*, 1481 ; *Paris*, du Pré, 1495 ; *Ibid.* le Noir, 1510, 1515, *in*-4.

Ce curieux Traité a été composé par ordre du Roi Charles V. pour l'Instruction du Dauphin son fils ; il est presque tout copié, selon M. l'Abbé Lenglet, du *Traité des Armes* de Bartole.

☞ On en trouve onze Exemplaires Manuscrits dans la Bibliothèque du Roi, num. 7439-7449, qui sont en tout conformes.

Ce Traité est divisé en quatre Parties, dont la quatrième seule est considérable. Dans la première, il est parlé des Tribulations de l'Eglise, après l'avènement de Jesus-Christ. La seconde traite de la destruction des quatre grandes Monarchies. La troisième, des Batailles en général ; & la quatrième, qui est très-ample, parle des Batailles particulières & de tout ce qui y a rapport ; comme, ce que c'est que Batailles, à qui il appartient d'en donner ; des différens cas qui peuvent arriver aux Vassaux des Seigneurs, & aux autres Gentilshommes, en guerre ; des Champs & Gages de Batailles, & autres choses intéressantes.

Voyez sur cet Ouvrage, *Mém. de l'Acad. des Inscr.* tom. *XVIII. pag*. 369. = Lenglet, *Méth. hist. in-4.* tom. *IV. pag.* 425. = *Biblioth. des Romans*, tom. *II. pag*. 173. = *Biblioth. de Clément*, tom. *V. pag*. 80.]

40149. ☞ Mf. L'Arbre des Batailles, en Langue Provençale : *in fol.*

Dans la Bibliothèque du Roi, num. 7450. Il paroît, par la fin, qu'il a été écrit en 1429, & ce pourroit être la première forme originale du précédent.]

40150. Mf. Cérémonies anciennes observées ès gages de Batailles, Querelles, Cartels, Duels, Satisfactions, Preuves par le fer chaud, Tournois : *in fol.*

Ce Recueil [étoit] dans la Bibliothèque de M. Baluze, num. 27, [& est aujourd'hui dans celle du Roi.]

40151. ☞ Mf. Serimonies & Ordonnances qui se appartiennent à gaige de Bataille, faict par querelle, selon les Constitutions faites par le bon Roy (Philippe-le-Bel.) Item, comment les Empereurs sont créés, les Rois sont les Barons & les Chevaliers, Ducs, Marquis, Comtes, &c. *in*-4.

Ce Manuscrit, sur papier, écrit vers 1460, se trouve à la Bibliothèque du Roi, parmi ceux de M. Lancelot. Ce pourroit bien être l'Original du ci-après N.° 40237.]

40152. ☞ Mf. Cérémonies des gaiges de Bataille : *in fol.*

Dans la Bibliothèque du Roi, num. 6853².]

40153. Traité des Cérémonies & Ordonnances appartenans à gages de Bataille & Combats en champ clos, selon les Institutions

Tome III. Ssss

de Philippe de France, données au Roi ; par Paul DE MONT-BOURCHER, Sieur de la Rivaudière : *Paris*, Marette, 1608, [& 1612,] *in*-8.

40154. ☞ Mſ. Ordonnances de gages de Batailles ; par Jean DE VILLIERS, de l'Iſle-Adam : *in*-4. de 10 feuillets, en vélin, du XIVᵉ Siècle.

Ce Manuſcrit eſt conſervé dans la Bibliothèque du Roi, num. 7910. Il eſt dédié à Philippe, Duc de Bourgogne, dont l'Auteur ſe dit Conſeiller & Chambellan. Il finit par ces mots : « Les Maréchaux doivent avoir ce » qui eſt demeuré ſur le corps du vaurien dont ils font » la juſtice, & la forfaiture vient au Roi en priſe, com- » me Site : ainſi à chacun ſon droit ».

Voyez à l'occaſion de cet Ouvrage, & du ſuivant, l'Imprimé ci-après, N.° 40169.]

40155. ☞ Mſ. Les Ordonnances pour le gage de Bataille, ou Duel, en Vers : *in*-4.

Dans la Bibliothèque du Roi, num. 8024.]

40156. ☞ Mſ. Avis ſur le gage de Bataille ; par Meſſire Hardouin DE LA JAILLE : en 25 feuilles, *in*-4.

Dans la Bibliothèque du Roi, num. 7910 2.

Ce Manuſcrit commence par, « Mon très-haut & » très-puiſſant Seigneur René, Duc de Lorraine & de » Calabre, votre très-humble & très-obéiſſant ſerviteur » Hardouin de la Jaille, par vous élu à faire l'Office de » Maréchal à l'heure que vous vous trouvâtes conſeillé » octroyer champ de Bataille à Noble Homme Baptiſte » de Roquelaure, Appellant, & à Jehannot de Bidos, » Deffendant, natif les deux de Gaſcogne ». Il finit ainſi : « Ledit de Jaille, qui juſqu'ici en a été l'acteur, accou- » treur & préſenteur, dit & conſeille à toutes perſonnes... » car autre que bien ne lui en peut avenir, & tel eſt ſon » avis ».

J. B. de Roquelaure, qui avoit ſuivi le parti de René d'Anjou, fit ce combat fameux contre Janot de Budos, qu'Hardouin de la Jaille a décrit. Sur quoi l'on peut voir André Ducheſne, dans ſon *Hiſtoire de la Maiſon de Montmorency*, pag. 449.]

40157. ☞ Des Rois & Hérauts d'Armes ; des Jouſtes, Tournois, Duels & Déſis : Hiſtoires de quelques Duels remarquables.

Dans le *Palais d'Honneur* du Père Anſelme, *p*. 78-91. Comme on y parle entr'autres Duels, de celui du Chien contre le Chevalier Macaire, il eſt bon de voir la Lettre de M. Maillart, &c. ci-deſſus, N.ᵒˢ 35551 & 35552.]

☞ ON peut encore conſulter, pour les Gages de Batailles, Jugemens par Armes & par Duels ; = le Livre II. de l'État de la France de Vaillant ; = le Chapitre I. du Livre IV. des Recherches de Paſquier ; = la Partie III. du Roſier hiſtorial, intitulé : *Le Roſier des guerres* ; = Les Annales Eccléſiaſtiques du P. le Cointe, tom. *VIII*. pag. 85 & *ſuiv*. où il eſt parlé du Jugement par l'eau froide.

Dans la Bibliothèque de Struvius, on trouve encore indiqués pluſieurs Ouvrages ſur ce ſujet, *p*. 72, & *ſuiv*.]

40158. ☞ Diſſertation ſur les Duels ; par D. Auguſtin CALMET.

Parmi les Pièces qui ſont au-devant de ſon *Hiſtoire de Lorraine* : 1728, &c. *in-fol*.]

40159. ☞ Traité des Duels ; par BRANTOSME.

C'eſt le Tome X. du Recueil de ſes Œuvres.]

40160. ☞ Apologie des Permiſſions de Duels obtenues du Roi François I.

Cette Apologie eſt imprimée dans les *Mémoires* de Ribier, tom. *I*. pag. 304.]

40161. ☞ Le Livre du Duel & Combat ſingulier, traduit du Latin d'André ALCIAT : *Paris*, André, 1550, *in*-8.]

40162. ☞ Le Combat de Girol. MUTIO Juſtinopolitain, avec les Réponſes Chevalereſſes, traduit d'Italien ; par Antoine Chapuis : *Lyon*, Roville, 1561, *in*-4.]

40163. ☞ Recueil de diverſes Pièces touchant les Duels & Rencontres : *Paris*, 1663, *in*-4.]

40164. ☞ Ant. MASSA, contrà uſum Duelli : *Romæ*, Doricles, 1554, *in*-4.

Idem, *Tubingæ*, Wildius, 1620, *in*-8.

Il medeſimo, trad. dal Latino : *in Venetia*, Trameſino, 1555, *in*-8.]

40165. ☞ SUSIO, della ingiuſticia del Duello, & di coloro che lo permettono : *Vinegia*, 1558, *in*-4.]

40166. ☞ Information du Différend entre Scipion Vimercat, & Ludovic Birague : *Lyon*, de Tournes, 1561, *in*-4.]

40167. ☞ Ant. BERNARDI, Mirandulani, Epiſc. Caſertani, Diſputationes de ſingularis certaminis ſeu Duelli everſione : *Baſileæ*, Henric Petrus, 1562, *in-fol*.]

40168. ☞ Exhortation à la Nobleſſe, pour la diſſuader & détourner des Duels ; par Arnaud SORBIN : *Paris*, Chaudière, 1578, *in*-12.]

40169. * Traité & Avis de quelques Gentilshommes François, ſur les Duels & Gages de Bataille, à ſçavoir, de Mᵉ Olivier DE LA MARCHE, de Mᵉ Jean DE VILLIERS, Sieur de l'Iſle-Adam, de Mᵉ Hardouin DE LA JAILLE, & autres Ecrits ſur le même ſujet, non encore imprimés : *Paris*, 1586, *in*-8.

☞ Ce Traité contient les Avis de trois Gentilshommes adreſſés à Philippe, Archiduc d'Autriche, & à René Duc de Lorraine, ſur le fait des Duels & gages de Batailles ; les cas eſquels ils peuvent être permis, la forme dans laquelle on y doit procéder, & les queſtions à réſoudre ès cas différens qui peuvent s'y rencontrer.]

40170. ☞ Les Loix Militaires touchant le Duel ; par Scipion DUPLEIX : *Paris*, Salis, 1602, *in*-4.

Les mêmes, ſeconde Edition : *Paris*, Gueffier, 1611, *in*-8.]

40171. ☞ Avis ſur la préſentation de l'Edit du Roi, contre la damnable coutume des Duels : *Paris*, Fouet, 1604, *in*-8.]

40172. ☞ Diſcours notable des Duels, de leur origine en France, & du malheur qui en arrive tous les jours ; enſemble, du moyen qu'il y auroit d'y pourvoir ; par Jean

Histoires de la Noblesse de France. 691

DE LA TAILLE, Chevalier, &c. *Paris*, Rigaud, 1607, *in*-12.]

40173. ☞ Le Combat de seul à seul en champ clos; par Marc DE LA BERAUDIERE, Seigneur de Mauvoisin : *Paris*, Langelier, 1608, *in*-4.]

40174. ☞ Advis sur les Duels : 1609, *in*-12.]

40175. ☞ Traité contre les Duels, avec l'Edit de Philippe-le-Bel, de l'an 1306, non encore imprimé; par Jean SAVARON, Sieur de Villars, Conseiller du Roi, Président & Lieutenant Général en la Sénéchaussée d'Auvergne & Siège Présidial de Clermont : *Paris*, 1610, 1614, *in*-12.

Ce Traité a été composé à l'occasion de l'Edit donné en 1609 par le Roi Henri IV. contre les Duels. On avoit fait entr'autres observer à ce Prince, qu'en moins de 20 ans, il y avoit eu près de huit mille Lettres de grace expédiées en Chancellerie, dont l'objet étoit d'accorder le pardon à des Gentilshommes, pour avoir tué en Duel d'autres Gentilshommes.

Savaron recherche dans son *Traité* l'origine des Duels usités parmi les François; il y rassemble une suite d'exemples de pareils Combats, la plupart autorisés par les Souverains, & faits en leur présence. Il finit par faire voir combien cette coutume étoit abusive & contraire à la Nature, au bien de l'Etat & aux Loix de l'Eglise. On trouve dans cet Ouvrage bien des traits curieux. On a placé à la fin l'Edit de Philippe-le-Bel, de l'an 1306, qui permet les Gages de Bataille en quatre cas seulement. Cet Edit fut donné par ce Prince, en interprétation d'un précédent, de l'année 1303, par lequel il avoit défendu indéfiniment tous Duels & Gages de Bataille. L'Edit de 1306 contient plusieurs dispositions sur les cas & la forme du Gage de Bataille.]

40176. ☞ Anti-Duel, ou Discours pour l'abolition des Duels, contenant deux Remontrances, l'une à la Noblesse, recueillie des propos du Sieur de Balagny, & l'autre à Sa Majesté; (par Guillaume JOLY:) *Paris*, 1612, *in*-8. de 128 pages.]

40177. ☞ Conjuration contre les Duels; (par le même:) *Paris*, Chevalier, 1613, *in*-8. de 64 pages.

On peut voir sur ces deux Ouvrages, le *Dictionn.* de Prosper Marchand, au mot *Anti-Duel*.]

40178. ☞ Discours abrégé, avec l'Ordonnance de Saint Louis, contre les Duels; par Jean SAVARON : *Paris*, 1614, *in*-8.]

40179. ☞ Advis sur le fait des Duels : 1615, *in*-8.]

40180. Mf. L'Académiste François, qui propose des moyens pour bannir les Duels : *Paris*, Guillemot, 1615, *in*-8.]

40181. ☞ De Duellis, Controversia; per J. RUALDUM : *Parisiis*, 1615.]

40182. ☞ Advis & Moyens pour empêcher le désordre des Duels; par Louis DE CHABANS, Sieur Dumayre, Gentilhomme ordinaire de la Chambre de Sa Majesté, &c. *Paris*, Langlois, 1615, *in*-8.]

40183. ☞ Le Euphème des François & leur Homonoée, c'est-à-dire, leur Renommée & Concorde, en l'observation de l'Edit du premier d'Octobre 1614, &c. par Jean DE LOYAC, Conseiller au Parlement de Bordeaux : *Bordeaux*, Millanges, 1615, *in*-4.

C'est une fort longue Apologie de l'Edit du Roi, dans laquelle l'Auteur fait entrer l'Eloge de ses protecteurs & de ses amis. Cet Edit, du premier Octobre 1614, confirmoit l'Edit de Nantes, & tous ceux qui avoient ci-devant été faits touchant les Duels, Rencontres, Juremens, Blasphêmes, &c.]

40184. ☞ Remontrance au Roi contre les Duels, = Avis sur le fait des Duels, = Traité des Combats en champ clos, = Avis au Roi touchant le rétablissement du Gage de Bataille : *Paris*, Thierry, 1615, & Marette, 1618, *in*-8.]

40185. ☞ Le vrai & ancien usage des Duels, confirmé par l'exemple des plus illustres Combats & Défis qui se soient faits en la Chrétienté; par le Sieur D'AUDIGUIER : *Paris*, 1617, *in*-8.]

40186. ☞ Discours contre les Duels; par Charles BODIN : *Paris*, du Bray, 1618, *in*-8.]

40187. ☞ Alexander PEREGRINUS, de Duello : *Mediolani*, Pontius, 1619, *in*-4.]

40188. ☞ Remède des Duels, au Roi : *Paris*, 1624, *in*-8.]

40189. ☞ Remontrances au Roi contre les Duels, prononcées à Fontainebleau, au nom de l'Assemblée générale du Clergé de France; par Messire ROLAND, Archevêque de Bourges, le 19 Juin 1625.

Ces Remontrances sont imprimées dans le *Recueil E*, *in*-12.]

40190. ☞ Invective, ou Discours satyrique contre les Duels; par Gassion BERGERÉ : *Paris*, Libert, 1629, *in*-8.]

40191. ☞ Discours des Duels : *Paris*, 1639, *in*-8.]

40192. ☞ La Destruction du Duel, par le Jugement de MM. les Maréchaux de France, sur la Protestation de plusieurs Gentilshommes de marque, avec les Résolutions des Prélats & l'Avis des Docteurs en Théologie; par le Père CYPRIEN : *Paris*, Roger, 1651, *in*-4.]

40193. ☞ La Beauté de la Valeur & la Lâcheté du Duel; par le Comte DE DRUY : *Paris*, Bessin, 1658, *in*-4.

C'est le plus ample Traité que l'on ait fait à ce sujet.]

40194. ☞ Paul VOET, de Duellis : *Ultrajecti*, Waesberge, 1658, *in*-12.]

40195. ☞ Recueil des Edits, Déclarations & Arrêts contre les Duels, publiés depuis 1599 jusqu'à présent : *Paris*, Cramoisy, 1660, *in*-4.]

Le même. *Ibid*. 1669, *in*-12.

Tome III.

Autre Recueil : *Paris*, Léonard, 1689, *in-12*.

40196. ☞ Dissertation historique sur les Duels & les Ordres de Chevalerie ; par M. B. (Basnage:) *Amsterdam*, 1720, *in-8*.

On l'a réimprimée dans l'*Histoire des Ordres Militaires*, &c. *Amsterdam*, 1721, *in-8*. 4 vol.]

La même Dissertation ; avec un Discours Préliminaire, où l'on entreprend de montrer que le Duel fondé sur les maximes du point d'honneur, est une vengeance barbare, injuste & flétrissante ; par Pierre Roques, (Ministre à Basle:) *Basle*, 1740, *in-12*.]

40197. ☞ Discours du Point d'Honneur, touchant les moyens de le bien connoître & pratiquer ; par David Rivault, Sieur de Flurance : *Paris*, Bertault, 1599, *in-12*.

On peut voir sur Rivault, les *Singularités histor.* de Dom Liron, *tom. I. pag.* 283, & les *Mémoires* du Père Niceron, *tom. XXXVII. pag.* 316.]

40198. ☞ Instructions touchant le Point d'Honneur ; par du Tillet : *Paris*, 1610, *in-12*.]

40199. ☞ Essai sur le Point d'Honneur ; par le Chevalier le Blondeau : 1748, *in-12*.]

40200. ☞ Mémoire pour perfectionner la Police contre le Duel ; (par M. l'Abbé de Saint-Pierre :) 1715, *in-4*. & Addition en 1717.]

40201. ☞ Ms. Dissertation sur l'usage de la Preuve du Duel, tel qu'on l'observoit anciennement en Franche-Comté ; par M. J. Bapt. Guillaume, Prêtre, de l'Académie de Besançon.

Dans les Registres de cette Académie.]

40202. ☞ Le Combat des Seigneurs d'Aguerre & de Fendilles, accompli à Sedan, par la permission du Roi, en 1549 : *Sedan*, Raoult, 1621, *in-8*. de 51 pages.]

40203. ☞ Relation du Combat & Duel des Seigneurs de la Chasténeraye & de Jarnac : 1547.

Cette Relation est imprimée, *pag.* 395 - 405 du *tom.* IV. de l'*Histoire de la Monarchie Françoise*, par Guillaume Marcel. Ce Duel a été le dernier que nos Rois aient permis.]

40204. ☞ Ms. Discours du Combat fait le 5 Février 1600, entre le Sieur de Breauté & vingt de ses Compagnons, contre Gérard Abraham & vingt autres, &c. *in-12*.

Ce Discours est indiqué, *pag.* 450 du Catalogue de M. de Cangé.]

40205. ☞ Ms. Le fameux Duel du Chevalier de Guise & du Baron de Luz, en 1613.

Il est indiqué, *pag.* 842 du Catalogue de M. Barré.]

40206. ☞ Æneas Sylvius, de Officio & Origine Heraldorum, cum aliis ejusdem Opusculis : *in-4*. Gothique.]

40207. Le Hérault de la Guerre ; ensemble, son Election, Prééminence, Dignité & Offices parmi les Armées, avec le Devoir du Chef de la Guerre, Colonels, Capitaines, Gentilshommes & Soldats : *Paris*, 1610, *in-12*.

40208. Traité des Hérauts d'Armes & Blazons.

Ce Traité est imprimé dans Bouchel, au Tome II. de sa *Bibliothèque du Droit François*, *pag.* 259 : *Paris*, 1667, *in-fol.*

40209. ☞ Ms. L'Ordre de Chevalerie : *in-4*.

Plusieurs Exemplaires sont conservés dans la Bibliothèque du Roi, num. 7905-7907.]

40210. ☞ Ms. Livre de Végèce de la Chevalerie, traduit en Vers ; par Jehan Priorat : *in-fol.*

Ce Livre de Priorat est conservé dans la Bibliothèque du Roi, num. 7622. On voit dans les Miniatures dont il est orné, des choses curieuses sur la manière de s'armer & de faire la guerre, les Campemens & les Sièges, au temps de ce Manuscrit, qui est du XIII° Siècle.]

40211. Origine des Chevaliers, Armoiries & Hérauts ; recueillie par Claude Fauchet.

Second Livre d'Origine, ou plutôt Mélanges de l'Ordonnance, Armes & Instrumens dont les François ont usé dans leurs Guerres : *Paris*, Perrier, 1600, *in-8*.

Les mêmes Livres sont imprimés avec ses *Œuvres* : *Paris*, 1610 ; *Genève*, 1611, *in-4*.

40212. ☞ L'Instruction de Chevalerie & Exercice de Guerre : *Paris*, Jehannot, *in-8*. Gothique.]

40213. ☞ L'Ordène de Chevalerie ; (par Hue de Tabarie,) avec une Dissertation sur l'Origine de la Langue Françoise, un Essai sur les Etymologies, quelques Contes anciens & un (petit) Glossaire pour en faciliter l'intelligence ; (par M. Barbazan :) *Lauzanne*, (*Paris*, Chaubert & Hérissant,) 1759, *in-12*.

L'Auteur prétend que la Langue Françoise vient de la Latine. On peut voir une *Lettre* sur cet Ouvrage, au *Mercure de Novembre* 1759, *pag.* 107.]

40214. ☞ Observations sur l'Origine de l'ancienne Chevalerie & des anciens Romans ; par M. le Comte de Caylus. *Hist. de l'Ac. des Inscr. & Bell. Lettr. t. XXIII. pag.* 236.]

40215. ☞ Mémoire concernant la lecture des anciens Romans de Chevalerie ; par M. de la Curne de Sainte - Palaye, du 13 Décembre 1743. *Mém. de l'Acad. des Inscr. & Bell. Lettr. tom. XVII. pag.* ....]

40216. ☞ Mémoires sur l'ancienne Chevalerie, considérée comme Etablissement politique & Militaire ; par M. (Jean-Baptiste)

Histoires de la Noblesse de France.

de la Curne DE SAINTE-PALAYE, de l'Académie Françoise, & de celle des Inscr. & Belles-Lettres: *Paris*, 1753, *in*-4. Seconde Edition, *Ibid.* 1759, *in*-12. 2 vol.

Cet Ouvrage, dont l'Auteur est trop connu pour que je parle de lui, est divisé en deux Parties. La première est composée de cinq Mémoires, lus à l'Académie, sur le sujet annoncé par le titre. La seconde, qui est la plus ample, contient des Notes très-étendues, très-sçavantes & très-curieuses, sur les cinq Mémoires. Les plus intéressantes sont distinguées par une étoile ou astérisque.

Dans la seconde Edition il y a de plus que dans la première: 1.° un Mémoire concernant la lecture des anciens Romans; 2.° un Extrait de Poëfies Provençales; 3.° une Pièce intitulée: *Les Honneurs de la Cour*, qui fait connoître les vieux usages des Cours de France & de Bourgogne, composée par Aliénor de Poitiers, Vicomtesse de Furnes.

Ces Mémoires sont aussi dans le Tome XX. du *Recueil de l'Acad. des Inscr. & Bell. Lettr.* mais avec des Notes moins étendues. Dans le premier des Mémoires, M. de Sainte-Palaye examine l'éducation qui préparoit les jeunes gens à la Chevalerie; dans le second, les exercices des Tournois qui les rendoient propres à la Guerre; dans le troisième, l'usage que l'on faisoit dans les Armées, de la valeur, de l'adresse & de l'expérience des Chevaliers. Dans le quatrième Mémoire, l'Auteur recherche les récompenses promises à ceux qui se distinguoient dans les Combats, & les punitions dont ils étoient menacés s'ils manquoient à leur devoir. Dans le cinquième, il est question des causes qui produisirent la décadence & la chûte de l'ancienne Chevalerie, comme des inconvéniens qui pouvoient contrebalancer les avantages de cet Etablissement. On peut voir sur ces Mémoires, les *Lettres* de Clément, *tom. I. pag.* 115.]

40217. ☞ Mf. Mémoire sur l'ancienne Chevalerie; par M. BOUILLET, de l'Académie de Dijon.

Il a été lu à cette Académie, le 16 Décembre 1760, & est conservé dans ses Registres.]

40218. ☞ Mf. Mémoire sur l'origine & le progrès de la Chevalerie Militaire; par M. l'Abbé RICHARD, de l'Académie de Dijon, 1756.

Il est conservé dans ses Registres.]

40219. ☞ De l'Origine des Chevaliers Bannerets.

Cette petite Pièce se trouve à la fin du Livre intitulé: *De l'Origine de quelques Coutumes anciennes*, &c. par le Sieur DE BRIEUX: *Caen*, 1672, *in*-12.]

40220. Art de Chevalerie; par Jacques DE BAUHAUSEN: *Francfort*, 1616, *in*-4. avec figures.

40221. Mf. Recueil touchant les Chevaliers, Ordres de Chevalerie, Querelles, Duels, Accords, Satisfactions, & Enterremens: *in-fol.*

Ce Recueil [étoit] dans la Bibliothèque de M. de Caumartin, [mort Evêque de Blois en 1733.]

40222. Mf. Des Faits d'Armes & de Chevalerie, divisés en quatre Parties: *in-fol.*

Ce Livre est conservé dans la Bibliothèque du Roi, entre les Manuscrits de M. de Gaignières, [n. 7935.]

☞ Il est intitulé: « Le Livre des Faits d'Armes & » de Chevalerie, en quatre Parties, selon l'ordre des » Livres & Ecrits des Nobles Conquérans du Monde ». C'est une Compilation de Végèce, Frontin, & principalement de l'Arbre des Batailles; & à la fin se trouve un autre Ouvrage concernant les Stratagèmes, où il est parlé de celui de Guillaume le Bâtard, « qui pour faire » issir les Anglois de leur palis, fit semblant de fuir ».]

40223. Mf. Des Chevaleries & des Duels: *in-fol.*

Ce Recueil est conservé entre les Manuscrits de M. Dupuy, num. 662.

40224. Mf. Le Livre des Faits d'Armes & de Chevalerie; par Christine DE PISAN: *in-fol.*

Cette Demoiselle fleurissoit en 1404. Son Livre [étoit] dans la Bibliothèque de M. Baluze, num. 505, [& est aujourd'hui dans celle du Roi.]

40225. De l'Institution des Armes & Blazons, Rois, Héraults & Poursuivans d'Armes, Duels, Joustes & Tournois; par André FAVYN.

Ce Discours est imprimé dans son *Théâtre d'Honneur & de Chevalerie*: *Paris*, 1620, *in*-4.

40226. De l'Office des Rois d'Armes, des Héraults & Poursuivans, de leur Antiquité & Privilèges, des Cérémonies où ils sont employés par les Princes, avec les Noms & Armes de la Chrétienté & de leurs Etats; par Marc VULSON DE LA COLOMBIERE: *Paris*, Lamy, 1645, *in*-4.

40227. Le vrai Théâtre d'Honneur & de Chevalerie, ou Miroir historique de la Noblesse, contenant les Combats, les Triomphes, les Tournois, les Joustes, les Armes, les Carrousels, les Courses de bague, les Gages de Bataille, les Cartels, les Duels, les Dégradations de Noblesse & de Chevalerie, & autres choses remarquables sur toutes ces matières; par le même: *Paris*, Courbé, 1648, *in-fol.* 2 vol. avec fig.

☞ Dans le Tome II. Partie II. on trouve les Combats en champ clos, les Gages de Bataille, les Cartels, les Défis, les Querelles, les Appels, les Duels, les Joustes mortelles, les Injures, les Offenses, les Satisfactions, les Accords, les Récompenses d'honneur, les Punitions de crimes, les dégradations de Noblesse & de Chevalerie, les Obsèques, les Pompes funèbres, les Tombeaux des anciens Nobles & Chevaliers, & plusieurs autres choses remarquables par rapport à la Noblesse. Enfin, il y a un Traité du véritable honneur, & en quoi il consiste. Le tout est enrichi de Figures en taille-douce, sur les principales matières.

On peut voir sur cet Ouvrage, = les *Lettres familières* de Conrart, *pag.* 192. = Lenglet *Méth. histor. in*-4. *tom. IV. pag.* 426. = *Bibliothèq. des Romans, tom. II. pag.* 173.]

40228. La haute Chevalerie Françoise: *Paris*, 1660, *in*-4.

40229. De la Chevalerie ancienne & moderne, avec la manière d'en faire les preuves pour toutes sortes de Chevaleries; par Cl. François MENESTRIER, Jésuite: *Paris*, de la Caille, 1683, *in*-12.

☞ *Voyez* le *Journ. des Sçav.* Septembre, 1683.]

Seconde Edition, sous ce titre: Traité de l'Ordre de Chevalerie, de son Origine, de ses Droits, Prérogatives & marques d'Honneur; de ses Preuves, de ses Emplois & de ses diverses Espèces : *Paris*, Michallet, 1689, *in*-12.

40230. ☞ Ms. Dissertation sur les anciens Preux ; par M. le Comte DE ROUSSILLON : en 1766.

Elle est conservée dans les Registres de l'Académie de Besançon.]

40231. ☞ Vues générales sur les Tournois & la Table ronde; par M. DE FONCEMAGNE. *Hist. de l'Acad. des Inscr. & Bell. Lettres*, *tom. XVIII. pag.* 311.]

40232. ☞ Ms. Dissertation sur l'Etymologie des Jeux Militaires, connus sous le nom de Tournois, Joûtes, Béhours & Tapineis; par M. BULLET, Professeur de Théologie, & Doyen de l'Université de Besançon, & Membre de l'Académie de cette Ville.]

Dans les Registres de cette Académie.]

40233. ☞ Ms. La Forme que l'on tenoit aux Tournois & Assemblées que l'on faisoit du temps du Roi Artus, au Royaume de la Grant-Bretaigne; & avec cela Forme des Sermens que tenoient les Chevaliers recevans la haultesse de l'Ourdre de la Table Ronde, le nom des Chevaliers d'icelle & leurs Armes. = Traitié de la Forme des Tournoys que aujourd'hui ont cours ; par RENÉ D'ANJOU, Roi de Jérusalem & de Sicile : *in*-4. avec Miniatures.

Ce Manuscrit est indiqué au Catalogue de M. Sardière, avec la Note suivante :

« Ce num. contient deux Traités de René d'Anjou, » Comte de Provence, (Duc de Lorraine & Roi de » Sicile.) Ce Prince les composa & les envoya à Charles » d'Anjou, Comte du Maine, de Montargis & de » Guise, &c. Dans le Prologue du premier Traité, ce » Roi parle ainsi : « Car je connois très-haut & puissant » Prince & très-chier & honoré frère Prince de Vienne, » que vous l'entendés.... ai fait mettre (à la suite) un » biau Traité de la Forme, &c. » Ce Manuscrit a passé depuis à M. Gaignat, & se trouve indiqué n. 2269 de son Catalogue. L'Histoire du Roi Artus est un Roman ; & c'est même à tort que quelques Auteurs ont cru qu'il y avoit eu un Ordre de Chevalerie du nom de la Table Ronde, institué par ce prétendu Artus, en l'an 516. Dans le vrai, on a donné ce nom à une sorte de Jouste ou Combat singulier, après lequel on soupoit chez celui qui étoit l'auteur de la Jouste à une Table Ronde. Il y avoit cette différence entre les Tournois & les Combats de la Table Ronde, que les premiers se faisoient en Troupes, & les autres étoient des Combats singuliers, dont l'arme propre étoit la Lance.

40234. ☞ Ms. Forme des Tournois du temps du Roi Artus, extraits & recueillis par CATHERINE DE BOURBON; avec le Traité des Tournois modernes, composé par René d'Anjou, la Description du Château de Sandricourt & le Pas-d'Armes. = Description des Tournois faits l'an 1519, à Chambly : *in-fol.*

Ce Manuscrit est indiqué, *pag.* 428 du Catalogue de M. de Cangé, & doit être à la Bibliothèque du Roi.]

40235. ☞ Ms. Lettres & autres Pièces concernant des Joûtes & Tournois.

Ces Lettres, &c. sont conservées dans la Bibliothèque du Roi, num. 8417.]

40236. ☞ Ms. Tournois d'Antoine DE LA SALLE. = Traité des Habits des François & de leurs Joûtes.

Ces deux Manuscrits se trouvent ensemble, n. 4615 de ceux de M. Colbert, dans la Bibliothèque du Roi. La Salle écrivoit du temps de René, Roi de Sicile, vers 1430.]

40237. ☞ Les Sérimonies & Ordonnances qui se appartiennent à Gaige de Bataille, fait par querelle, selon les Constitutions faictes par le bon Roi Philippe de France.

Dans l'Ouvrage d'Antoine DE LA SALLE, intitulé, *La Salade, &c. Paris*, le Noir, 1521, *p. in-fol.* Goth. *p.*59. Nous observerons ici que cet Ouvrage (que nous avons déja cité sur les Comtes d'Anjou, Rois de Sicile,) Tome II. N.° 25358, quoiqu'imprimé en vieux François, n'a cependant pas été donné comme il avoit été écrit par Antoine de la Salle. Il est dit dans le Privilège de 1521, « que Michel le Noir, Libraire-Juré de l'U-» niversité de Paris, naguières l'a fait escripre & trans-» later de vieil & ancien langaige en bon stille, commun » & bon François » ; c'est ce dont on peut juger par cette phrase. Antoine de la Salle avoit été Gouverneur de Jean d'Anjou, Duc de Calabre, fils du Roi René; & il lui dédia cet Ouvrage qu'il avoit fait par son ordre, & qui est un Mélange de Morale, d'Histoire, de Géographie & de Politique, une espéce de Manuel des Princes & Seigneurs. *Voyez* sur ces *Sérimonies*, ci-dessus, N.° 40151.]

40238. ☞ Ms. Description d'un Tournois fait à Tarascon, sous René, Roi de Sicile, en 1449, écrit en Vers; par LOUIS DE BEAUVEAU, Sénéchal d'Anjou & de Provence.

Ce Manuscrit étoit parmi ceux de M. Colbert, num. 4369, & est aujourd'hui dans la Bibliothèque du Roi.]

40239. ☞ Ms. Les Armes & Exercices Militaires, faits & accomplis au Château de Sandricourt, près Pontoise, le 16 Septembre 1493; par ORLEANS, Hérault de Monseigneur le Duc d'Orléans, rédigés & mis en écrit, avec les Œuvres Chevalereuses faites audit Château de Sandricourt : en vélin, avec miniatures, petit *in-fol.*

C'est le num. 1837 du Catalogue de M. Gaignat.]

40240. ☞ Fête d'Armes de Noseroi (en Franche-Comté,) donnée par Philibert de Châlon, Prince d'Orange, en 1519.

Cette Relation se trouve dans le Tome III. de M. Dunod, intitulée : *Mémoires pour servir à l'Histoire du Comté de Bourgogne :* (*Besançon*, 1740, *in*-4.) *p.* 301-314. C'est le dernier Tournois fait en Franche-Comté.]

== Combat à la Barrière, fait à la Cour de Lorraine, en 1627.

Voyez ci-devant, Tome II. N.° 38867.]

40241. Traité des Tournois, Joustes, Carrousels & autres Spectacles; par Claude-François MENESTRIER : *Lyon*, Muguet, 1660, *in*-4. *Paris*, la Caille, 1694, *in*-8.

40242. Les Cottes d'Armes; & par occasion,

Histoires des Chevaliers de France. 695

de l'origine des couleurs & des métaux dans les Armoiries; par Charles DU FRESNE DU CANGE.

C'est la Dissertation I. de son Edition de l'*Histoire de S. Louis*, par Joinville: *Paris*, 1668, *in-fol.*

40243. Du Cry d'Armes & de l'usage du Cry d'Armes; par le même.

Ce sont les XIe & XIIe Dissertations.

40244. De la Commutation des Armoiries accordées par les Princes à d'autres personnes; par le même.

C'est la Dissertation XXVe.

40245. De l'usage des Tournois; par le même.

C'est la Dissertation VIe.

40246. Des Armes à outrances, des Joustes; par le même.

C'est la Dissertation VIIe.

40247. Des adoptions d'honneur & de fils, & par occasion de l'origine de la Chevalerie; par le même.

Ce sont ses Dissertations XXIIe & XXIIIe sur Joinville.

§. V. *Histoires des Ordres Militaires & de Chevalerie de France.*

I. De ces Ordres de Chevalerie en général.

40248. Ms. Ordres de Chevalerie en divers Royaumes; ensemble, plusieurs Mémoires & Titres touchant les Chevaliers & les Chevalières: *in fol.*

Ce Livre est conservé entre les Manuscrits de M. Dupuy, num. 110, & entre ceux de M. de Brienne, num. 274, [dans la Bibliothèque du Roi.]

40249. ☞ Ms. Recueil d'Ordres Militaires de lieux & temps divers: *in-fol.*

Ce Recueil est indiqué num. 13370 du Catalogue de M. d'Estrées.

40250. Ms. Croix, Colliers, & Marques de différens Ordres de Chevalerie, peintes: *in-fol.*

Ce Recueil est conservé dans la Bibliothèque du Roi, entre les Manuscrits de M. de Gaignières.

40251. L'Ordre de Chevalerie, où est contenu la manière de faire les Chevaliers, & l'honneur qui à eux appartient, & la signifiance de leurs Armes & Harnois de Guerre; composé par un Chevalier, lequel dans sa vieillesse fut Hermite: *Lyon*, de Portonariis, 1510, *in-4*.

40252. * BERNARDI de Luxemburgo, Ordinis Prædicatorum, de Ordinibus Militaribus, &c. *Coloniæ*, 1527, *in-8*.

40253. ☞ Ms. Le Livre de la Doctrine de Chevalerie: *in-fol.*

Il est indiqué parmi les Manuscrits de M. le Chancelier Seguier, Inventaire des Miniatures, *pag.* 24, & il peut être à S. Germain-des-Prés.]

40254. De l'Origine & Institution de divers Ordres de Chevalerie, tant Ecclésiastiques que Profanes; par Pierre DE BELLOY, Avocat Général au Parlement de Tolose: *Montauban*, Haultin, 1604, *in-8*. *Paris*, Robinot, 1604 & 1613; [*Toulouse*, Colomiez, 1622,] *in-12.*

40255. Auberti MIRÆI, Canonici Ecclesiæ sanctæ Mariæ Antverpiensis, Origines Equestrium seu Militarium Ordinum, Libri duo: *Antverpiæ*, 1609, *in-8*. *Coloniæ*, Kinch, 1638, *in-12*.

Les mêmes Origines, traduites en François: *Anvers*, Meursius, 1609, *in-8*.

40256. Des Chevaliers.

Ce Discours est imprimé dans Bouchel, au Tome I. de sa *Bibliothèque du Droit François*, *pag.* 502: *Paris*, 1667, *in-fol.*

40257. Deliciæ Equestrium seu Militarium Ordinum, & eorumdem Origines, Statuta, Symbola & Insignia, Iconibus additis; studio Francisci MENNENII, Antverpiensis: *Coloniæ*, Kinch, 1613, *in-8*. *Maceratæ*, Salviati, 1623, & *Coloniæ*, Kinch, 1638, *in-12.*

☞ Cet Ouvrage & celui d'Aubert le Mire, rapporté ci-dessus, ont été encore imprimés ensemble: *Coloniæ*, Kinch, 1638, *in-12.*]

40258. Le Théâtre d'Honneur & de Chevalerie, ou l'Histoire des Ordres Militaires des Rois & Princes de la Chrétienté, & leur Généalogie, & tout ce qui concerne la Chevalerie de l'Ordre, l'Institution des Armes & Blazons, Hérauts, Joustes, Tournois; par André FAVYN, Avocat au Parlement: *Paris*, Fouet, 1620, *in-4*.

☞ Cet Ouvrage est divisé en X. Livres:

Le Ier traite des Armes & Blazons & de leur antiquité, des Ecus, Targes & Boucliers, des Heaumes, Cimiers & Lambrequins, des Rois d'Armes, Hérauts, Poursuivans d'Armes, des Honneurs & récompenses Militaires, Couronnes, Colliers, Ceintures & Anneaux d'Or: enfin, des Cérémonies observées jadis, lorsqu'on donnoit les Armes aux Ecuyers & l'Ordre aux Chevaliers.

Le II. (prétendu) de l'Ordre de la Sainte-Ampoule, institué pour le Sacre des Très Chrétiens Rois de France; & de l'ancienne origine des François, excellence & prééminence des Rois & Royaume de France, par dessus tous ceux de la Chrétienté.

Le III. des Ordres de Chevalerie institués par les Rois de France & Princes de leur Sang.

Le IV. des Ordres de Flandre & des Pays-Bas.

Le V. de ceux d'Angleterre & d'Ecosse.

Le VI. de ceux des Royaumes d'Espagne.

Le VII. de ceux des Royaumes & Seigneurs d'Allemagne.

Le VIII. de ceux des Potentats d'Italie.

Le IX. de ceux de la Terre-Sainte, du Levant, des Indes Orientales & Occidentales, &c.

Le Livre X. contient les Traités des neuf Preux, des Duels & Combats à outrance, des Joustes & Tournois, des Peines Militaires & Dégradations de Noblesse, des Funérailles des Rois, Princes & Chevaliers d'Ordre.]

Selon le Père Ménestrier, *pag.* 81 de sa *Bibliothèque curieuse*, «les Ordres de Chevalerie ont été fort mal

» traités par André Favyn, Mennenius, Palliot & Vulson
» de la Colombière ».

☞ *Voyez* sur l'Ouvrage de Favyn, *la Méth. histor.
de* Lenglet, *in-*4. *tom. IV. pag.* 274.]

40259. Origines de tous les Ordres Militaires & de Chevalerie de toute la Chrétienté, leurs Statuts, Armes & Devises, &c. par le Sieur T. V. Y. A. *Paris,* Jost, 1635, *in-fol.*

Pierre DAVITY a publié sous ces lettres, qui se trouvent dans son nom, les *Etats & Empires du Monde*; ainsi ces Origines pourroient bien être de lui. [Elles y sont jointes dans quelques Editions.]

40260. * Recueil de tous les Ordres de Chevalerie & de leurs Colliers, & du temps de leur Institution, avec un Sommaire de leur Histoire, & des Figures ; par Jean BOISSEAU : *Paris,* chez l'Auteur, 1636, *in-fol.*

40261. Andreas MENDO, è Societate Jesu, de Ordinibus Militaribus : *Lugduni,* 1668, *in-fol.*

40262. L'Institution des Ordres Militaires ; par ANSELME de la Vierge Marie, Augustin Déchaussé.

Ce Discours est imprimé dans la seconde Partie de son *Palais d'Honneur : Paris,* 1664, *in-*4.

40263. * Historie Cronologiche del origine di gli Ordini Militari e di tutte le Religioni Cavalleresche, in fino ad hora institute nel Mondo ; opera dell'Abbate Bernardo GIUSTINIANI : *In Venetia,* 1692, *in-fol.* 2 vol. con figure.]

40264. ☞ Mf. Des Ordres Hospitaliers & Militaires ; par MM. GODEFROY, &c. *in-*4.

C'est ce qui est contenu dans le Porte-feuille 14 de leurs Manuscrits, dans la Bibliothèque de la Ville de Paris.]

40265. ☞ Abrégé Chronologique de tous les Ordres Militaires ; par C. FLORIOT : *Marseille,* 1685, *in-*12.]

40266. Projet de l'Histoire générale des Religions Militaires, & des caractères politiques & séculiers de la Chevalerie ; par Nicolas DE BLEGNY, Médecin ordinaire du Roi, Administrateur général de l'Ordre Hospitalier du Saint-Esprit : *Paris,* Mazuel, 1694, *in-*12. 2 vol.

40267. Histoire des Religieux & des Ordres Militaires de Chevalerie ; par M. HERMANT, Curé de Maltot : *Rouen,* 1698, 1708, *in-*12.

☞ La même, augmentée : *Rouen,* 1725, *in-*12. 4 vol.

40268. Histoire de tous les Ordres Militaires & de Chevalerie, contenant leur Institution, leurs Cérémonies, leurs Pratiques, leurs principales Actions, & la Vie des Grands-Maîtres, avec leurs vêtemens, leurs Armes & leurs Devises ; gravés par Adrien SCHOONEBEEK : *Amsterdam,* 1699, *in-*12. 2 vol. [avec figures, communément enluminées.]

40269. Histoires des Ordres Militaires.

Ces Histoires, ['qui seront particularisées ci-après,] sont du Père Hippolyte HELYOT, du Tiers-Ordre de S. François, dit de Picpus, mort en 1716. Elles se trouvent [dans son] *Histoire des Ordres Monastiques, Religieux & Militaires établis jusqu'à présent*; [avec fig. en taille-douce :] *Paris,* Coignard, 1714 *& suiv. in-*4. [8 vol.]

40270. Dissertations historiques & critiques sur la Chevalerie ancienne & moderne, Séculière & Régulière, avec des Notes ; par le Pere Honoré DE SAINTE-MARIE, Carme Déchaussé, avec fig. en taille-douce, *Paris,* Pepie, 1718, *in-*4.

== ☞ Dissertation sur les Ordres de Chevalerie ; par M. BASNAGE, 1720.

☞ *Voyez* ci-dessus, N.º 40196.]

40271. ☞ Histoire des Ordres Militaires ou des Chevaliers des Milices Séculières & Régulières de l'un & de l'autre Sexe, qui ont été établis jusqu'à présent ; par M. BASNAGE : *Amsterdam,* 1721, *in-*8. 4 vol. fig.]

40272. ☞ Mf. Ordres Religieux & Militaires : *in-*4. 2 vol.

Ce sont les Porte-feuilles 529 & 531 du grand *Recueil* de M. de Fontanieu, qui est dans la Bibliothèque du Roi.]

40273. ☞ Origine & Progrès de la Chevalerie en France.

Dans le *Traité histor. de la Souveraineté du Roi,* (ou *des Droits du Souverain en France :*) *Paris,* Durand, 1753, (ou Rozet, 1767,) *in-*4. *tom. II. p.* 54 *& suiv.*]

40274. Mf. Ordres des Chevaliers institués en France : *in-fol.*

Ce Volume est cité à la page 60 du Catalogue des Manuscrits de M. le Chancelier Seguier, [& peut se trouver à S. Germain-des-Prés.]

40275. ☞ Mf. Dissertation sur les Ordres de Chevalerie de France, par Jean-Louis LE COINTE, Officier au Régiment de l'Isle-de France, & de l'Académie de Nismes.

Cette Dissertation, lue à l'Académie, est entre les mains de l'Auteur, qui nous a déja donné le *Traité des Postes ou des Fortifications de Campagne,* &c.]

II. *Ordre des Hospitaliers de Saint-Jean de Jérusalem,* [*dits ensuite de Rhodes, &*] *à présent de Malthe ; établi en* 1048.

Cet Ordre a été commencé par des François, l'an 1048. Il fut fait Militaire en 1118. Des sept Langues qui le composent, les trois premières sont Françoises ; sçavoir, la Langue de Provence, celle d'Auvergne & celle qui est dite de France. Ainsi une bonne partie de l'Histoire de cet Ordre regarde la France, & peut servir à faire connoître plusieurs Familles illustres du Royaume. Jacques de Vitri, qui a été fait Cardinal en 1230, parlant dans le premier Livre de son *Histoire Orientale, chap. LXIV.* de l'Etablissement des Ordres Militaires des Hospitaliers & des Templiers, rapporte d'abord l'Institution des Hospitaliers & ensuite celle des Templiers.

☞ On compte parmi les Grands-Maîtres de cet Ordre, dont on connoît la Patrie, 36 François.]

40276.

Histoires des Chevaliers de France. 697

40276. Mſ. Exordium Hierosolymitani Hospitalis & Ordinis.

Cette Pièce est conservée dans la Bibliothèque de Saint Victor, C. 139.

40277. * Mſ. Narratio de fundatione Hospitalis Hierosolymitani.

Ce Narré [étoit] dans la Bibliothèque de M. Baluze, num. 634, [& est aujourd'hui dans celle du Roi.]

40278. * Guillelmi CAOURSIN, Vicecancellarii, Stabilimenta Rhodiorum Militum, (imprimé en 1493, &) *Ulmæ*, 1496, *in-fol*.

Les mêmes, traduites en François : [ancienne Edition,] *in-fol*.

On ſçait que les Chevaliers de S. Jean demeurèrent à Rhodes juſqu'en 1522, que les Turcs les en chaſsèrent.

40279. ☞ Deſcriptio originis Xenodochii ſive Hoſpitalis & Religionis Hieroſolymitanæ : *Pariſiis*, 1600, *in-8*.]

40280. ☞ Statuta Hoſpitalis Hieruſalem, necnon Effigies Magiſtrorum Hoſpitalis : *Romæ*, 1584, 1588, *in-fol*.]

40281. ☞ Statuti, Ordinationi, e Privilegii della ſacra Religione di S. Giovanni Geroſolimitano : *Borgonuovo*, del Marcheſato di Rocca forte, 1674, *in-fol*.]

40282. ☞ Statuti della ſacra Religione di S. Giovanni Gieroſolimitano, con le Ordinationi dell' ultimo Capitolo generale, celebrato nell' anno 1631 da grande Maeſ. Fra Antonio de Paolo : *Burgos*, 1676, *in-fol*. 2 vol.]

40283. ☞ Mſ. La Regla de la Maiſo del Hoſpital de Monſeigneur Sant Johan de Jeruſalem : *in-4*. ſur vélin, avec miniatures.

Ce Manuſcrit, qui eſt conſervé à Avignon dans la Bibliothèque de M. le Marquis de Cambis-Velleron, contient les Statuts des Chevaliers de Rhodes, traduits en ancien Provençal. Il y a apparence que la Langue de Provence fit traduire ces Statuts du Latin en Provençal.

On trouve dans ce Manuſcrit les Réglemens faits par tous les Grands-Maîtres, juſqu'à Rogier de Pins, en l'année 1357, preuve inconteſtable de l'âge de ce Manuſcrit. On y voit auſſi l'Eloge & la Relation circonſtanciée des Actions de chaque Grand-Maître, placés à la tête des Réglemens qu'ils ont faits.

On ne trouve rien dans l'Eloge du Grand - Maître Adeodat Gozon, en 1353, qui ait trait à l'affreux Dragon qu'on prétend que ce Chevalier tua. Cette Aventure étoit trop ſingulière & trop remarquable pour être omiſe, ſi elle eût été connue dans le temps que ce Manuſcrit fut fait. Il paroit ſingulier qu'un Auteur contemporain ait ignoré une pareille circonſtance de ſa vie ; ou que l'ayant connue, il n'ait pas daigné en dire un mot. Cette preuve, il eſt vrai, n'eſt que négative ; mais en pareille matière, une preuve de cette eſpèce fondée ſur un Auteur contemporain & Provençal eſt très-forte ; & il n'eſt pas naturel de penſer que cet Auteur ait omis un fait ſublime qui illuſtroit ſon Compatriote. Car il faut obſerver que l'Auteur de ce Manuſcrit rapporte les belles Actions de chaque Grand-Maître, non-ſeulement pendant leur Maîtriſe, mais même lorſqu'ils étoient ſimples Chevaliers. *Extrait d'une Lettre de M. de Cambis-Velleron.*

Voyez encore le *Catalogue* imprimé de ſes Manuſ-

Tome III.

crits : (*Avignon*, 1770, *in-4*.) *pag.* 450 & *ſuiv*. où l'on trouve une Notice étendue de ce rare & beau Manuſcrit, que l'on croit avoir été fait avant l'an 1357. A la fin, ſont d'une écriture différente, des « Réglemens dreſſés à Avignon, le 5 Mars 1366, ſous la » Maîtriſe de Raymond-Béranger.]

40284. ☞ Mſ. Origine, Privilèges & Statuts des Chevaliers de Saint-Jehan de Jéruſalem : *in-8*.

Ce Manuſcrit eſt conſervé au Vatican, parmi ceux de la Reine de Suède, num. 668.]

40285. Mſ. Chroniques de l'Ordre des Chevaliers de Saint Jean de Hieruſalem, écrites à Rhodes : *in-fol*.

Ces Chroniques ſont citées à la *pag.* 60 du *Catalogue des Manuſcrits* de M. le Chancelier Seguier, [& doivent ſe trouver à S. Germain-des-Prés.]

※ Grammaye en cite une écrite par un Chevalier de Rhodes.

40286. Mſ. Preuves & autres Pièces concernant cet Ordre : ſept paquets, *in-fol*.

Ce Recueil eſt conſervé dans la Bibliothèque du Roi, entre les Manuſcrits de M. de Gaignières.

40287. Traité de l'Ordre de Saint Jean de Hieruſalem & de ſes Grands-Maîtres : ancienne Edition : *in-fol*.

40288. Hiſtoria dell'Ordine di ſan Giovanni Gieroſolimitano ; da Giacomo BOSIO, Commendatore del medeſimo Ordine : *In Roma*, nella Stamperia Vaticana , 1594 , *in-fol*. 2 vol. *In Roma*, 1621, 1630, 1632, *in-fol*. 3 vol.

☞ On peut voir ſur cet Ouvrage, la *Bibliographie* de M. de Bure, *Hiſt*. num. 4591. * Il donne aux deux derniers Volumes la date de 1629 & 1684. Il dit cet Ouvrage curieux & intéreſſant ; à quoi il ajoute qu'il eſt difficile d'en trouver des Exemplaires bien complets.]

40289. La Continuatione della medeſima Hiſtoria ſin all'anno 1636 ; per Bartolomeo del Pozzo, Cavaliere del medeſimo Ordine : *in Verona*, 1703, *in-4*.

40290. La Continuatione del medeſimo, ſin all'anno 1688 : *in Verona*, 1717, *in-4*.

40291. Hiſtoire des Chevaliers de l'Ordre de ſaint Jean de Hieruſalem, traduite de l'Italien de BOSIO, par Pierre Boiſſat de Dauphiné : *Lyon*, 1612, *in-4*. 2 vol.

☞ La même , avec les Annotations de Jean BAUDOUIN, & les Statuts du même Ordre : traduits en François, par le même Baudouin, comme encore un Sommaire des Privilèges de cet Ordre ; par Anne DE NABERAT : *Paris*, Soly, 1629, *in-fol*.]

La Traduction de cette Hiſtoire, qui finit en 1571, avoit été commencée par Pierre Boiſſat, & elle a été achevée par Jean Baudouin.

La même Hiſtoire, enrichie de quelques autres Pièces par Naberat : *Paris*, 1643, *in-fol*.

40292. Militaris Ordinis Joannitarum Rhodiorumque aut Melitenſium Equitum, rerum mirabilium terra marique geſtarum pro Re-

Tttt

publica Christiana, in Asia, Africa & Europa, contra Barbaros, Saracenos, Arabes & Turcas, fortiter gestarum, ad præsentem usque 1581 annum, Historia nova Libris duodecim comprehensa ; Auctore Henrico PANTALEONE, Basileensi, Medico Doctore, Historico & Comite Palatino : *Basileæ*, Guarini, 1581, *in-fol.*

Cet Auteur, qui étoit Protestant, est mort en 1595.

40293. ☞ Des Hospitaliers de l'Ordre de S. Jean de Jérusalem, appellés dans la suite Chevaliers de Rhodes, & présentement Chevaliers de Malthe ; par le Père Pierre HELYOT.

Dans son *Hist. des Ordres Religieux & Milit.* &c. tom. *VIII.* (*Paris*, Gosselin & Coignard, 1719, *in-4.*) *pag.* 72-121.]

40294. Primera Parte del Triumfo de la Orden Militar de san Juan, que se llamò de los Hospitales, despues de Rhodas, agora de Malta; por Paulo CLASCAR de Valles: *en Barcelona,* 1619, *in-8.*

40295. Chronica de la illustrissima Militia y Sagrada Religion de san Juan Bautista de Jerusalem; por Juan Augustin DE FUNES, Cavallero de la misma Orden, Commendator de Mallen : Tomo primero, *en Valencia,* 1626 ; Tomo secundo , *en Zaragoça,* 1639, *in-fol.* 2 vol.

40296. Vite di Gran Maestri della sacra Religione di san Giovanni Gierosolimitano ; del Commendatore Fra Geronimo MARULI: *in Napoli,* Beltrano, 1636, *in-fol.*

Il n'y a que la première Partie d'imprimée ; elle finit à la mort de Philippe de Villiers de l'Isle-Adam, en 1534. Cet Auteur se trouve souvent contraire à Jacques Bosio.

40297. ☞ Histoire des trois Ordres Réguliers & Militaires, des Templiers, Teutons & Hospitaliers, ou Chevaliers de Malthe; par M. ROUX, (Docteur en Théologie :) *Paris,* Lottin, 1725, *in-12.* 2 vol.

Cet Ouvrage, dédié à M. le Comte de Clermont, s'étend particulièrement sur les Chevaliers de Malthe; les Histoires des deux autres Ordres n'occupant que la moitié du dernier Volume.]

40298. ☞ Histoire des Chevaliers de Saint Jean de Jérusalem; par René Auber DE VERTOT, avec les Portraits des Grands-Maîtres: *Paris,* Rollin, 1726, *in-4.* 4 vol. 1727, *in-12.* 6 vol. *Ibid.* 1755, *in-12.* 5 vol.]

40299. ☞ Codice Diplomatico del Sacro Militare Ordine Gierosolimitano oggi di Malta, racolto da varii Documenti di quell' Archivio, per servire alla Storia del stesso Ordine in Soria, dopo l'anno 1107, al 1732, e illustrato con una Serie chronologica de' Gran Maëstri che lo governarono in quei tempi, con alcune Notizie Storiche, genealogiche, geografiche, & altre Osservationi; date in luce da Sebastiano Pauli: *in Lucca*, 1733 & 1737: *in-fol.* 2 vol. fig.

Cet Ouvrage, « qui fait découvrir bien des fautes » dans celui de l'Abbé de Vertot, est très-estimé, par rap- » port à la quantité considérable de Diplômes qu'il ren- » ferme & qui le rendent très-utile ; c'est une des meil- » leurs Productions dont on se puisso servir, quand on » a dessein d'avoir une parfaite connoissance de l'Histoire » de l'Ordre de Malthe ». *Bibliographie* de de Bure, *Hist.* num. 4592.]

40300. ☞ Chronologie Historique des Grands-Maîtres de l'Ordre de S. Jean de Jérusalem; (par Dom François CLEMENT, Bénédictin.)

Dans la seconde Edit. de *l'Art de vérifier les Dates* : (*Paris,* Desprez, 1770, *in-fol.*) *pag.* 421.

On y fait état de suivre le *Codice Diplomatico* dont cet Article est comme l'Abrégé. Au reste, on y trouve en tête les preuves que l'Ordre des Chevaliers de Malthe doit sa naissance à l'Ordre de S. Benoît.]

40301. Martyrologe des Chevaliers de Malthe, contenant les Eloges des Chevaliers, leurs Blazons & leur Généalogie ; par Matthieu DE GOUSSANCOURT, Religieux Célestin : *Paris,* 1654, *in-fol.* 2 vol.

Cet Auteur est mort en 1660.

40302. Vie du bienheureux Gérard, premier Directeur de l'Hôpital, & Fondateur de l'Ordre de S. Jean de Jérusalem.

Vie du bienheureux Raymond du Puy, premier Grand-Maître de cet Ordre.

Ces deux Vies sont au commencement du *Recueil des Vies des Saints & des Saintes du même Ordre,* imprimées *in-folio, Paris.* Gérard est mort vers 1120, & Raymond du Puy en 1160.

40303. ☞ Histoire du bienheureux Gérard Tenque (ou Thom) de Martigues ; par M. DE HAITZE : *Aix,* David, 1730, *in-12.*

Ce Fondateur, de l'Ordre de S. Jean à Jérusalem, y mourut vers le commencement du XIIᵉ Siècle; c'est-à-dire, vers 1120.]

40304. ☞ Recherches concernant Raymond du Puy.

Dans les *Mém. de Littérature* du Père des Molets, tom. *VI.*]

40305. ☞ Histoire de la Vie & des Ecrits de Raimond du Puy, Grand-Maître des Hospitaliers de S. Jean de Jérusalem.

Dans l'*Hist. Littér. de la France,* tom. *XII.* pag. 581-585. Il mourut vers l'an 1160.]

40306. ☞ Remarques sur Gaucelin d'Azillan, Maître des Hospitaliers de Jérusalem, & sur quelques autres Grands-Maîtres de cet Ordre.

C'est le sujet de la Note LV. du Tome II. de *l'Hist. de Languedoc,* par DD. de Vic & Vaissete; mais observez que Dom Clément prétend, contre Dom Vaissete, que le Grand-Maître Azillan est le même qu'Assalit; que son Confrère place avant Azillan.

Voyez *l'Art de vérifier les Dates, seconde Edition,* pag. 422.]

Histoires des Chevaliers de France.

== Eloge du Frère Guérin, Chevalier de l'Hôpital de S. Jean de Hiérusalem, Evêque de Senlis, mort en 1228.

☞ *Voyez* ci-devant, [Tome I. N.° 9665.]

40307. Eloge de Hugues de Loubens, Grand-Maître de l'Ordre de S. Jean de Hiérusalem, Cardinal; par Henry Albi, Jésuite.

Cet Eloge est imprimé à la *pag.* 380 de ses *Eloges des Cardinaux François : Paris*, 1644, *in-*4.

☞ Ce Grand-Maître est mort en 1595.]

40308. Rhodiorum Militum Magistri, Petri Daubussoni, de servata Urbe, præsidioque & insigni contra Turcas Victoria, Relatio, anno 1480, ex veteri illius temporis Editione.

Cette Relation est imprimée dans Freher, au Tome II. de son Recueil des *Historiens d'Allemagne*, *fol.* 158 : *Francofurti*, 1602, *in-fol.* Ce Grand-Maître est mort en 1503.

40309. Ms. Histoire du Siège de Rhodes, du temps du Grand-Maître d'Aubusson; par le Chancelier de l'Ordre de S. Jean de Jérusalem : *in-fol.*

Cette Histoire est citée à la page 60 du Catalogue des Manuscrits de M. le Chancelier Seguier, [& doit se trouver à S. Germain-des-Prés.]

40310. Guillelmi (Caoursin,) Rhodiensis, Descriptio Obsidionis Rhodiæ Urbis : *Ulmæ* Reger, 1496 : *in-fol.*

40311. ☞ Jac. Fontanus, de Bello Rhodio, cum Additionibus aliquot : *Parisiis*, 1540, *in-fol.*]

== Histoire du Grand-Maître d'Aubusson; par le Père Bouhours, Jésuite.

☞ *Voyez* ci-dessus, N.^s 31852 & 31853.]

40312. La grande, merveilleuse & très-cruelle oppugnation de Rhodes par Sultan Soliman, Grand Turc; par Jacques, Bastard de Bourbon : *Paris*, 1525, *in-fol.*

40313. Vie de Philippe de Villiers, de l'Isle-Adam, dernier Grand-Maître de Rhodes; par André Thevet.

Cette Vie est imprimée au Tome II. de ses *Vies des Hommes illustres : Paris*, 1575, *in-fol.*

40314. ☞ Liladamus primus Melitensium Equitum magnus Magister, seu Melita, Poëma heroicum, XXV. Libris ; (à Jacobo Maîre, Societ. Jesu:) *Parisiis*, 1685, *in-*8. *Vesontione*, 1693, *in-*4.]

Il y en a eu encore d'autres Editions.]

40315. Nicolai Villegagoni, Equitis Rhodiensis, Commentarii de Bello Melitensi : *Parisiis*, 1553, *in-*4.

40316. Discours de la Guerre de Malthe, traduit du Latin du Chevalier de Villegaignon, par Edoart : *Lyon*, 1553, *in-*8.

40317. * Discours de la Guerre de Malthe, traduit du Latin de Nicolas Edoart : *Lyon*, Temporal, 1553, *in-*8.

Tome III.

40318. La Levée du Siège de Malthe par les Turcs, défendue par le Grand-Maître de la Valette, en 1565 : *Paris*, 1566, *in-*8.

40319. * Véritable Discours contenant le fait entier de la Guerre de Malthe ; par Pierre Gentil, Vendômois : *Paris*, 1566, *in-*8.

40320. * De Bello Melitensi ; Auctore Jo. Antonio Viperano, Messinensi, Episcopo Juvenacensi in Apulia : *Perusiæ*, 1567, *in-*4.

Cet Evêque est mort en 1610.

40321. * Relacion del sucesso de Malta ; el anno 1565, recogida por Francisco Balbi : *en Barcelona*, 1568, *in-*4.

40322. * Ms. Histoire du Siège de Malthe; soutenu par Jean de la Valette, Grand-Maître de l'Ordre, l'an 1565.

Cette Histoire [étoit] dans la Bibliothèque de M. de Mazaugues, entre les Manuscrits de M. de Peyresk, num. 59, [& est aujourd'hui dans la Bibliothèque de la Ville de Carpentras.]

40323. ☞ Equestris Ordinis Sancti Johannis Jerosolymitani, dein Rhodiensis & nunc Melitensis, majores in Francia Priores.

Dans le *Gallia Christiana* des Bénédictins, *tom. VII. pag.* 1062.]

40324. ☞ Histoire de la Vie & des Ouvrages de Guillaume Caoursin, Chevalier de S. Jean.

Dans les *Mémoires* du Père Niceron, *tom.* XV. *pag.* 142-148, & *tom.* XX. *pag.* 81. Le Chevalier Caoursin est mort en 1501.]

40325. ☞ Histoire de la Vie & des Ouvrages de Nicolas Durand de Villegaignon.

Dans les *Mémoires* du Père Niceron, *tom.* XXII. *pag.* 306-325. Le Chevalier de Villegaignon est mort en 1571.]

40326. Vie du Chevalier de la Coste ; par Antoine de Ruffi : *Aix*, David, 1655, *in-*12.

Gaspard de Simiane, Chevalier de la Coste, est mort en 1649, & Antoine de Ruffi en 1689.

40327. Abrégé de la Vie & de la Retraite de Juste de Clermont d'Amboise, Chevalier de Reynel : *Paris*, 1706, *in-*12.

Ce Chevalier est mort en 1701.

☞ Sa Vie a été composée par Henri-François de la Rivière, gendre du Comte de Bussy-Rabutin, & qui est mort en 1738.]

== Vie du Commandeur de la Ferté : *Paris*, de Launay, 1711, *in-*12.

☞ Le Titre de cette Vie, (déja indiquée ci-dessus, N.° 31939), est :

La Vie de Gabriel Dubois de la Ferté, Chevalier de Malthe, Commandeur de Théval, près Laval ; par Joseph Grandet, Curé de Sainte Croix d'Angers : *Paris*, de Launay, 1712, *in-*12.

L'Auteur est mort en 1724.]

40328. Mf. Histoire des Grands Prieurs de Saint Gilles; par Jean RAYBAUD, d'Arles, Avocat, Agent de l'Ordre de Malthe dans cette Ville.

Cette Histoire est achevée, & l'Auteur [a dû] l'envoyer à Malthe au Grand-Maître, à qui il l'a dédiée.

40329. ☞ Malta vetus & nova à Burchardo NIDERSTEDT: *Helmstadii*, 1660, *in-fol.*]

40330. * Gli Privilegi della Religione di san Giov. Gierosolimitano, con Indice di Giacomo BOSIO: *in Roma*, 1589, 1597, *in-4.*

40331. Privilèges accordés à l'Ordre de Saint Jean de Jérusalem: *Paris*, 1619, *in-4.*

40332. Privilèges des Papes & Princes de la Chrétienté accordés à l'Ordre de Malthe; recueillis par le Chevalier LAMBERT: *Paris*, 1626, *in-4.*

40333. ☞ Abrégé des Mémoires donnés au Roi, sur la réunion de l'Ordre & Grande-Maîtrise de S. Jean de Jérusalem à la Couronne, sans porter préjudice à la Noblesse de France, sans démembrer ledit Ordre, ni offenser le S. Siège Apostolique: 1626, *in-4*. [1627, *in* 8.]

40334. * Malthe suppliante aux pieds du Roi, contre un Mémoire pour la réunion de la Grande-Maîtrise à la Couronne; (par Frère Anne DE NABERAT, Conseiller-Aumônier servant la Reine:) 1627, *in-4.*

☞ Cet Imprimé, qui est sans nom de lieu, a 48 pages, sans l'Epître dédicatoire qui en a 7. L'Auteur signe & se qualifie, comme on vient de le voir, au bas de la Dédicace au Roi.]

40335. * Sommaire des Privilèges octroyés à l'Ordre de S. Jean de Jérusalem; par Frère Anne DE NABERAT, avec les Portraits des Grands-Maîtres: *Paris*, 1630, *in-fol.*

Ce Sommaire a été joint à son Edition de l'Histoire par Bosio, (ci-dessus, N.º 40291:) *Paris*, 1643, *in-fol.*

40336. Privilèges des Papes, Empereurs, Rois & Princes de la Chrétienté, accordés en faveur de l'Ordre de S. Jean de Jérusalem; par le Chevalier François d'Hausens D'ESCLUSEAUX : *Paris*, Mulayer, 1649, 1659, *in-4.*

Les mêmes Privilèges; recueillis par le Commandeur D'ESCLUSEAUX: *Paris*, 1700, *in-4.*

40337. Arrêt de la Cour du Parlement, concernant les Privilèges de Malthe, du 6 Septembre 1694: *Paris*, 1695, *in-4.*

40338. Requêtes présentées au Roi, & à Monseigneur le Régent; par les Chevaliers de l'Ordre de S. Jean de Jérusalem, dits de Malthe: 1717, *in-fol.*

C'est au sujet d'un différend entre la Langue de Provence & une Congrégation établie à Rome par le Pape, pour examiner les Preuves de ceux du Comté d'Avignon, qui seroient reçus dans cette Langue. Le Pape a décidé en faveur de celui qui a été la cause de ce différend.

40339. ☞ Requêtes des Chevaliers François de Malthe, contre les prétentions de la Cour de Rome, qui veut juger les Preuves de Noblesse, &c. *Paris*, Guillery, (vers 1720,) *in-12.*]

40340. ☞ Mémoires & Arrêt du Procès entre le Chapitre de S. Vincent de Châlon, & Frère Philibert Jornot, Prêtre, Chapelain, Profès de l'Ordre de S. Jean de Jérusalem.

Il s'agissoit de sçavoir si un Chevalier de Malthe peut posséder un Canonicat de Cathédrale.]

40341. ☞ Déduction des Etats d'Utrecht, où l'on fait voir que les Etats des différentes Provinces-(Unies) ont eu raison de s'adjuger les prétendus Bailliages, Commanderies, Maisons & biens des Chevaliers de S. Jean ou de Malthe, situés dans le ressort & dépendance desdites Provinces: (en Flamand.)

C'est la dernière Pièce du Tome X. des *Analecta* d'Antoine Matthieu: *Lugduni-Batav.* 1697, *in-8.* & *tom. V. Hagæ-Comit.* 1738, *in-4.*]

III. *Ordre des Templiers, l'an* 1118.

Cet Ordre fut établi en 1118; mais il n'eut des Constitutions que dix ans après son Etablissement. Elles furent présentées au Concile de Troyes, en 1128 : ainsi leur Institution est postérieure à celle des Hospitaliers de S. Jean de Jérusalem, comme l'assure Brompton dans sa *Chronique*, sous l'année 1118.

☞ On peut encore observer, que presque tous les Grands-Maîtres de cet Ordre ont été François.]

40342. ☞ Chronologie historique des Grands-Maîtres (des Chevaliers) du Temple; (par D. François CLEMENT.)

Dans la seconde Edit. de l'*Art de vérifier les Dates*: (*Paris*, Desprez, 1770, *in-fol.*) pag. 421.

«On n'a eu, dit en tête D. Clément, aucune Liste
» exacte de ces Grands-Maîtres jusqu'à présent......
» L'examen que nous avons fait de la Liste (donnée par
» du Cange, d'après le Président Boissieu,) nous a con-
» vaincu, que 32 Chefs consécutifs qu'elle donne à
» cette Milice, il y en a *dix* dont il n'est pas possible de
» prouver le Magistériat ». On lit dans le Texte *huit*;
mais à la fin de l'Article on a marqué qu'il falloit lire *dix*.]

40343. Nicolai GURTLERI, Theologiæ Doctoris & Philologiæ in Lycæo Hanoviensi Professoris, Historia Templariorum, Observationibus Ecclesiasticis aucta: *Amstelodami*, Westein, 1691, *in-8.*

Eadem duplo auctior: *Amstelodami*, 1702, *in-8.*

Cette Histoire est aussi imprimée au Tome I. pag. 198 de l'*Histoire de la Condamnation des Templiers*: *Bruxelles*, 1713, *in-8.* Cette Histoire de Gurtler, quoiqu'assez courte, est remplie des témoignages des Auteurs contemporains, ou de ceux qui ont vécu peu après. Il s'y trouve bien des choses qui peuvent servir à la justification des Templiers.

40344. ☞ Des Chevaliers Templiers & de

Histoires des Chevaliers de France.

leur abolition ; par le Père Pierre Helyot, Religieux du Tiers-Ordre.

Dans son *Hist. des Ordres Religieux & Milit.* &c. *Paris, 1714 & 1721, tom. VI. pag. 21-34.*]

40345. ☞ Histoire (abrégée) des Chevaliers Templiers.

Elle est imprimée, *pag.* 305-380 du Tome II. de l'*Histoire des trois Ordres*, &c. ci-dessus, N.° 40297.]

40346. Histoire de Hugues de Pagan, Fondateur & Grand-Maître de l'Ordre des Templiers ; par Blaise-François Comte de Pagan.

Cet Auteur est mort en 1665. L'Histoire de Hugues de Pagan qu'il a écrite, est imprimée avec ses *Œuvres : Paris, 1669, in-12.*

40347. ☞ Apologie de Bernard de Tramelai, Grand-Maître du Temple.

Elle est imprimée, *pag.* 141 du tom. III. de l'*Hist. de Franche-Comté* ; par M. Dunod, lequel est intitulé : *Mémoires pour servir à l'Histoire du Comté de Bourgogne : Besançon, 1740, in-4.* Bernard de Tramelai est mort en 1153 ou 1154.]

40348. ☞ Observations sur Jacques de Molai, (dernier Grand-Maître,) & sur l'Ordre du Temple.

Elles sont *pag.* 70 du même Volume. Jean de Molai, qui étoit du Comté de Bourgogne, fut brûlé le 18 Mars 1314. Son Ordre avoit été supprimé par le Pape Clément V. le 6 Mai 1312.]

40349. Vie de Jacques [de Molai,] Bourguignon, dernier Grand-Maître des Templiers ; par André Thevet.

Cette Vie est imprimée au Tome II. de ses *Vies des Hommes illustres : Paris, 1575, in-fol.*

40350. Traité concernant la Condamnation des Templiers, avec quelques Actes ; par Pierre Dupuy, Conseiller du Roi en ses Conseils, & Garde de sa Bibliothèque.

Ce Traité est imprimé avec ceux du même Auteur concernant l'Histoire de France : *Paris, 1654, in-4. Ibid.* Martin, (*Bruxelles*, Foppens, 1703, *in-8.*

Le même publié sous ce titre : Histoire de la Condamnation des Templiers, &c. par Pierre Dupuy, nouvelle Edition, augmentée de l'Histoire des Templiers de M. Gurtler, & de plusieurs autres Pièces curieuses sur le même sujet : *Bruxelles*, Foppens, 1713, *in-8.* 2 vol.

On trouve dans le Tome I. le Traité de M. Dupuy, un Extrait de l'Inventaire des Chartes du Roi, concernant la Condamnation des Templiers, l'Extrait d'un Registre intitulé : *Processus contra Templarios*, & l'Histoire Latine des Templiers de Gurtler ; & à la fin du Tome II. quatre Pièces touchant les Templiers. On voit que cette dernière Edition est la plus ample : c'est M. Godefroy de Lille qui l'a procurée.

« Le Procès des Templiers avoit été rapporté peu
» fidélement par quelques Auteurs, qui, faute d'instruc-
» tions & de bons Mémoires, ont fait à ce sujet divers
» jugemens peu avantageux à la mémoire de Philippe-
» le-Bel. M. Dupuy rapporte la Procédure qui a été
» faite contre les Templiers, & les Preuves qui ont
» donné lieu à leur Condamnation. Ces Preuves ne
» sçauroient être contestées ; elles sont tirées des Char-
» tes du Roi, dont M. Dupuy lui-même a fait l'Inven-
» taire ». *Journ. des Sçav. du 11 Septembre 1703.*

Le même Traité de M. Dupuy, traduit en Allemand : *Francfort, 1665, in-4.*

☞ Autre Edition de l'Histoire des Templiers, avec des Preuves & des Notes : *Bruxelles, 1751 & 1757, in-4.* avec fig.]

40351. ☞ Christiani Thomasii Dissertatio de Templariorum Equitum Ordine sublato : *Halæ, 1705, in-4.*

Cette Dissertation est opposée au Traité de M. Dupuy.]

40352. Mf. Recueil de Pièces concernant les Templiers : *in-fol.*

Ce Recueil est conservé dans la Bibliothèque du Roi, parmi les Manuscrits de M. de Gaignières.

40353. Acta quædam ad condemnationem Ordinis Templariorum per Clementem V. Papam, Philippo Pulchro, Franciæ Rege, connivente, factam pertinentia.

Ce Recueil contient quatre Actes des années 1307, 1308, 1311 & 1312. Il est imprimé à la page 76 de la Collection publiée par G. G. Leibnitz, qu'il a intitulée : *Mantissa Codicis Juris Gentium Diplomatici : Hanoveræ, 1700, in-fol.*

40354. Natalis Alexandri, Dominicani, Dissertatio de Causa Templariorum.

Cette Dissertation est la Xe sur les principaux points de l'*Histoire Ecclésiastique* des XIIIe & XIVe Siècles : *Parisiis, 1683, in-8. Ibid.* 1699, 1713, *in fol.*

☞ Dans l'Article I. de cette Dissertation, le Père Alexandre rapporte les Informations faites dans plusieurs Royaumes contre les Sujets de l'Ordre des Templiers, particulièrement en France & à Paris. Il conclud de tous les crimes qu'on leur reprochoit, que c'est à bon droit & très-justement que cet Ordre fut supprimé ; enfin il répond aux Objections qu'on a coutume de faire en faveur de tant de malheureux. Dans l'Article II. il prétend faire voir que Philippe-le-Bel ne fut incité à demander la suppression des Templiers, ni dans le dessein de s'attribuer leurs Biens, ni pour quelqu'autre cause, mais seulement par le scandale qu'ils donnoient au Royaume.

Le Père Alexandre naquit à Rouen en 1639, & est mort à Paris le 21 Août 1724.]

40355. De causa Templariorum, inquisitionis in eos, eorumque executionis tota Series ; Auctore Gerardo du Bois, Congregationis Oratorii Sacerdote.

Cette suite est contenue dans le Chapitre V. du Livre XVIII. de l'*Histoire de l'Eglise de Paris, tom. II. Parisiis, 1710, in-fol.*

40356. ☞ Epoque de quelques circonstances de l'Affaire des Templiers.

C'est la Dissertation ou Note XIV. du Tome IV. de l'*Histoire du Languedoc* ; par D. Vaissete.]

40357. ☞ De l'Abolition des Templiers ; par le P. Griffet.

Cette Dissertation est la XXXVIIe de celles que ce Père a insérées dans la nouvelle Edition de l'*Histoire de France* du Père Daniel son Confrère : *Paris, 1755 & suiv.* Elle se trouve *tom. V. pag.* 179-203.]

IV. *Ordre du Mont-Carmel & de S. Lazare.*

☞ Ces deux Ordres sont unis depuis l'an 1607, que le Roi Henri IV. institua celui de N. D. du Mont-Carmel, & y réunit celui de S. Lazare de France, avec la permission du Pape Paul V. L'Ordre de S. Lazare avoit commencé en Palestine, vers le milieu du XIe Siècle, & le Roi Louis le Jeune lui donna, en 1138, la Terre de Boigny, dans l'Orléanois, qui fut depuis ce temps son Chef-lieu. Cet Ordre étant déchu fut supprimé en 1490, & uni à celui des Chevaliers de Saint Jean, ensuite rétabli en 1565, & la Grande-Maîtrise fut donnée en 1573 au Duc de Savoye, par le Pape Grégoire XIII. Mais ces divers arrangemens n'eurent point lieu, par rapport aux Commanderies de France, le Parlement de Paris s'y étant opposé, aussi-bien que le Roi Henri III. Enfin, le Roi Henri IV. établit, comme on l'a dit, le nouvel Ordre du Mont-Carmel & de Saint Lazare, qui ne pouvoit être que pour les François ; ce qui le distinguoit de l'Ordre de S. Lazare de Savoye, qui étoit pour ce Pays, l'Italie, &c. qui même a été uni à l'Ordre de S. Maurice.]

40358. L'Antiquité & les différens Etats de l'Ordre de Notre-Dame du Mont-Carmel, & de Saint Lazare de Jérusalem, &c. *Paris*, 1673, *in-*16.

40359. * Ms. Dissertation de l'origine des Chevaliers de S. Lazare, & si cet Ordre étoit anciennement Militaire, ou simplement Hospitalier ; par René Auber DE VERTOT, de l'Académie Royale des Inscriptions.

Cette Dissertation [étoit] entre les mains de l'Auteur, qui y soutient la négative. [L'Abbé de Vertot est mort en 1735.]

40360. Règles, Statuts, Cérémonies & Privilèges des Ordres Militaires de Notre-Dame du Mont-Carmel & de S. Lazare de Hiérusalem : *Lyon*, 1649, *in-*8.

Celui qui a publié ce Livre s'est déguisé par ces lettres initiales L. P. C. M. D.

40361. Mémoire de l'Institution, Progrès & Privilèges de Notre-Dame du Mont Carmel & de Saint Lazare ; par TOUSSAINS DE SAINT LUC, Carme Réformé des Billettes : *Paris*, 1666, [seconde Edition,] *in-*12.

L'Auteur est mort en 1694.

40362. ☞ Equestris & Hospitalarius Ordo Sancti Lazari in Franciâ, sub Regula Sancti Augustini ; & Series Ordinis Sancti Lazari in Franciâ Summorum Præfectorum.

Dans le *Gallia Christiana* des Bénédictins, *tom. VII. pag.* 1045. Il faut ajouter à ces Grands-Maîtres, depuis 1757, Monseigneur le Duc de Berri, Dauphin de France en 1765. Le Roi, depuis Henri IV. est Souverain Chef, Fondateur & Protecteur de cet Ordre.]

40363. Recueil de Pièces, concernant les Chevaliers de Saint Lazare : *in-fol.* 2 vol.

Ce Recueil est conservé dans la Bibliothèque du Roi, entre les Manuscrits de M. de Gaignières.

40364. Recueil de quelques Titres & Privilèges desdits Ordres, depuis l'an 1668 jusqu'en 1672 : Brochure *in-*4.

40365. * Recueil d'Edits, Déclarations & Arrêts concernant les Hôpitaux & Maladeries de France, & l'Ordre de Saint Lazare : *Paris*, 1675, *in-fol.*

40366. Mémoires & Extraits des Titres qui servent à l'Histoire de l'Ordre des Chevaliers de Notre Dame du Mont-Carmel & de Saint Lazare de Hiérusalem, depuis l'an 1100 jusqu'en 1673, avec les Règles & Privilèges de l'Ordre ; par TOUSSAINS DE SAINT LUC, Carme Réformé : *Paris*, 1681, *in-*8.

40367. ☞ Des Chevaliers du Mont-Carmel & de Saint-Lazare ; par le Père Pierre HELYOT.

Dans son *Hist. des Ordres Religieux & Militaires*, &c. *tom. I. pag.* 386. Il faut aussi voir la Préface du Tome III. où se trouvent à ce sujet des Corrections & Additions.]

40368. ☞ Liste de MM. les Chevaliers-Commandeurs & Officiers de l'Ordre Royal, Militaire & Hospitalier de Notre-Dame du Mont-Carmel & de S. Lazare de Jérusalem: *Paris*, Delatour, 1724, *in-*4. de 54 pages.

On en trouve chaque année un Abrégé dans le *Calendrier de la Cour*, imprimé aujourd'hui par J. Thomas Hérissant, & ci-devant par Collombat.]

40369. Mémoires & Recueil des Bulles, Edits, Déclarations & Arrêts, concernant l'Institution & les Privilèges de l'Ordre des Chevaliers de Notre-Dame du Mont-Carmel, & son union avec celui de S. Lazare de Jérusalem ; par TOUSSAINS DE SAINT-LUC : *Paris*, 1693, *in-*8.

40370. ☞ Recueil de plusieurs Privilèges des Ordres Royaux, Militaires & Hospitaliers de N. D. du Mont-Carmel & de Saint-Lazare de Jérusalem : *Paris*, Simon, 1722 & 1728, *in-*8.]

40371. Déclaration du Roi, portant établissement de cinq grands Prieurés, & de cent-quarante Commanderies de l'Ordre de N.D. de Mont-Carmel & de S. Lazare de Jérusalem ; à laquelle sont attachés, sous le contre-scel de la Chancellerie, les Statuts & Réglemens concernant lesdites Commanderies, du 28 Décembre 1680 : *in-fol.*

40372. Etat des Lieux dont sont composés les grands Prieurés & Commanderies de ces Ordres, avec les Grands-Prieurs & les Commandeurs : *Paris*, Cramoisy, 1680, *in-fol.*

40373. Etat général des unions faites des biens & revenus des Maladeries, Léproseries, Ausmôneries & autres Lieux pieux, aux Hôpitaux des Pauvres malades, en exécution de l'Edit du Roi du mois de Mars, & des Déclarations du 15 du même mois, & du 24 Août 1693, divisé par Diocèses & par ordre alphabétique : *Paris*, Thierry, 1705, *in-*4.

A la fin de ce Volume il y a l'Edit du Roi donné en

faveur defdits Ordres, du mois de Décembre 1672, par lequel tous les biens ci-deffus énoncés font unis audit Ordre; & un autre Edit du Roi, du mois de Mars 1693, portant défunion defdits biens de ces Ordres.

40374. ☞ Factum pour Meffire René le Boults, Aumônier du Roi, Prieur du Prieuré de Suxy, contre les Sieurs Grand-Vicaire & Commandeurs de l'Ordre de N. D. du Mont-Carmel & de S. Lazare de Jérufalem: *in-fol.* 8 pages.]

40375. Eloge de Laurent d'Arvieux, Chevalier de l'Ordre de Notre-Dame de Mont-Carmel & de S. Lazare de Jérufalem; par DE LA ROQUE.

Ce Chevalier eft mort en 1702. Son Eloge fe trouve dans l'Avertiffement qui eft au-devant de fon *Voyage dans la Paleftine*, publié par M. de la Roque: *Paris,* Cailleau, 1717, *in-12.*

V. *Ordre du Saint-Efprit de Montpellier.*

40376. ☞ De l'Ordre & des Chanoines Réguliers du Saint-Efprit à Montpellier; par le Père Pierre HELYOT.

Dans fon *Hift. des Ordr. Relig. & Milit.* &c. tom. II. *pag.* 195 & 204.]

40377. ☞ Libri tres, de Legibus Collegiorum Ordinis Canonicorum Spiritûs fancti: *Parifiis,* 1580, *in-8.*]

40378. ☞ Conftitutions de l'Ordre du Saint-Efprit, faites dans une Affemblée générale de l'Ordre, tenue à Montpellier, en 1302: *in-4.*

Ces Conftitutions font fauffes & fuppofées.]

40379. Difcours de l'Ordre Militaire & Religion du Saint-Efprit, contenant une briève Defcription de l'établiffement dudit Ordre; par Olivier de la Trau, Sieur DE LA TERRADE, Archi-Hofpitalier, Général & Grand-Maître de cet Ordre, fous la Règle de Saint Auguftin; avec un Difcours fur la différence des Croix d'or des deux Ordres du Roi & des Chevaliers Hofpitaliers du Saint-Efprit: *Paris,* 1629, *in-4.*

C'eft aux pourfuites du Sieur de la Terrade que la Commanderie de Montpellier rentra en poffeffion de la Grande-Maîtrife de cet Ordre, que les Italiens avoient ufurpée en 1256, après avoir fait unir à la Commanderie de Rome, par une Bulle du Pape Innocent III. du 19 Juin 1204. Il y a apparence que ce fut à ce fujet que le Sieur de la Terrade s'attira tant d'ennemis, & entre autres le Cardinal de Richelieu & le Cardinal de Lyon fon frère, qui lui firent fouffrir une prifon de treize années & plus, partie au Fort-l'Evêque, partie à la Baftille. Il y a eu une *Requête* imprimée *in-4.* préfentée *au Confeil par Frère Philippe le Bœuf,* Vifiteur & Vicaire Général de l'Ordre, fous le Généraliffime de Rome, dans laquelle le Sieur de la Terrade eft peint avec les plus noires couleurs, & accufé de tous les crimes dont pouvoit l'être un homme de fon état. Quoi qu'il en foit, il vint à bout de fes deffeins, & Urbain VIII. à la follicitation de Louis XIII. remit les chofes comme elles étoient avant 1204, par fa Bulle du mois de Mai 1625.]

40380. Tableau de l'Ordre, Milice & Religion du Saint-Efprit, felon la Règle de Saint Auguftin; par Nicolas GAULTIER, Commandeur & Commiffaire Général dudit Ordre: *Paris,* 1646, *in-8.*

40381. ☞ Mf. Mémoire pour juftifier l'antiquité de l'Ordre Hofpitalier du S. Efprit, fous la Règle de Saint Auguftin, fon utilité, fes Privilèges & Exemptions, tant fpirituelles que temporelles, concédées par les Papes & par nos Rois, qui en font les Fondateurs & Protecteurs; (par Olivier DE LA TERRADE:) *in-4.*

Ce Mémoire, qui eft entre les mains de M. Boullemier, Prêtre de la Magdelaine à Dijon, fut fait en 1645, contre Alphonfe du Pleffis, Cardinal de Lyon, qui prétendoit, en qualité de Grand-Aumônier de France, devoir nommer à toutes les Maladeries, Léproferies, &c. du Royaume. M. de la Terrade, comme Grand-Maître de l'Ordre du S. Efprit, à qui ces Maifons ont été fpécialement affectées, foutient le contraire. Il expofe en conféquence les Privilèges accordés par les Papes & par les Souverains à l'Hôpital du Saint-Efprit de Montpellier, dont il fait remonter l'origine jufqu'à Sainte Marthe, qu'il en dit être la Fondatrice, & le prouve par les Leçons d'un vieil Office de cette Sainte. On trouve encore dans ce Mémoire l'origine de la Commanderie de Rome, la vifion finguliére qui en fut l'occafion, ainfi que de plufieurs autres Etabliffemens, particuliérement en Bourgogne, & les intrigues des Italiens, pour s'emparer à toujours de la Grande-Maîtrife de l'Ordre, qu'ils ont confervée pendant plus de quatre cens ans.]

40382. Petri SAULNIER, Differtatio de Capite facri Ordinis Sancti Spiritûs; in quâ ortus & progreffus Ordinis & fpeciatim Romanæ Domûs amplitudo, præroggativa, jus & œconomia differuntur, cum figuris æneis: *Lugduni,* 1649, *in-4.*

40383. ☞ Abrégé de l'Hiftoire des Frères Hofpitaliers de l'Ordre du Saint-Efprit, qui fait voir, par la confidération des trois différens Etats, combien fon rétabliffement agréé de leurs Majeftés, eft important à l'Eglife & à la France, avec la petite Apologie défignée contre un Livre curieux, qui en traitant *de Capite Ordinis Sancti Spiritûs,* fait une injuftice aux François pour favorifer les Etrangers; par Frère Nicolas GAULTIER, Commandeur du même Ordre: *Paris,* Chamhoudry, 1653, *in-12.*

L'Auteur, *pag.* 119, donne une Lifte des Ouvrages qu'il méditoit de mettre au jour. Il dit entr'autres qu'il a déja fait imprimer à Paris en 1647: *Manifefte fans foupçon, pour le rétabliffement des Hofpitaliers du Saint-Efprit en ce Royaume,* &c. qui depuis fut falfifié à Tolofe en 1648. Cette petite Pièce, à ce qu'il dit, a été la principale occafion du Livre *De Capite Ordinis Sancti Spiritûs.* Il ajoute qu'on a auffi imprimé une autre Pièce de lui, intitulée: *Apologie fans reproche pour les Privilèges donnés à l'Ordre du Saint-Efprit,* &c.

Il fit faire une feconde Edition de fon *Abrégé,* &c. *Pézenas,* Boude, 1656, *in-8.*]

Il y a avec cet Abrégé, une *Apologie* contre le Livre de Saulnier.

40384. ☞ Mémoire charitable contre le Manifefte de Nicolas Gaultier, Capucin, touchant l'Ordre du Saint-Efprit: *Paris,* 1648, *in-4.*]

40385. * Défense du Chef de l'ancien Ordre du Saint-Esprit ; par Nicolas GAULTIER : *Paris*, 1655, *in*-4.

40386. Trattato del sacro Ordine de San Spirito in Saffia di Roma ; di Pietro SAULNIER : *in Roma*, 1662, *in*-4.

40387. Le Bouclier de l'innocence opposé à la Javeline infame de Nicolas Gaultier, ou Réponse à son Abrégé de l'Histoire du Saint-Esprit ; par Nicolas-François DE PLAINEVAUX : *in*-12.

40388. ☞ Factum pour les Sieurs Commandeurs & Religieux de l'Ordre Hospitalier du Saint-Esprit, établis dans le Duché & Comté de Bourgogne, dans l'Alsace & dans la Lorraine, contre les Sieurs Commandeurs & Chevaliers de l'Ordre de Notre-Dame du Mont-Carmel & de S. Lazare de Jérusalem : *in-fol.* 7 pages.]

Mémoire instructif pour l'Ordre Hospitalier du Saint-Esprit, sous la Règle des Chanoines Réguliers de S. Augustin : 1692, *in-fol.* 6 pages.

40389. Projet de l'Histoire de l'Ordre du Saint-Esprit de Montpellier ; par Nicolas DE BLEGNY : *Angers*, 1692, *in*-4.

40390. Remontrance [du même] au Roi & aux Commissaires Députés par Sa Majesté, pour l'exécution de l'Edit du mois de Mars 1693, concernant l'Ordre Hospitalier du Saint-Esprit, (en 1694 :) *in*-4.

40391. Mémoire du Sieur Abbé de Luxembourg, Grand-Maître de l'ancien Ordre Militaire & Archi-Hospitalier des Chevaliers & Religieux du Saint-Esprit de Montpellier, par Brevet du mois d'Août 1693, à MM. les Commissaires nommés par Sa Majesté, pour l'exécution dudit Edit : *in*-4.

40392. ☞ Constitutions de l'Ordre du Saint-Esprit, confirmées & rédigées en CL. Chapitres ; par Bernard CYRILLE, Grand-Maître du Saint-Esprit de Rome, en 1564 : *Toul*, aux frais de la Maison Conventuelle dudit Lieu, 1622.

Il en est fait mention dans le Mémoire manuscrit d'Olivier de la Terrade, ci-dessus, N.° 40381.]

40393. Constitutions de l'Ordre du Saint-Esprit, faites dans une Assemblée générale de l'Ordre tenue à Montpellier : *Paris*, 1631, *in*-4.

40394. ☞ Idée de l'Ordre Régulier des Commandeurs & Chanoines de l'Ordre du Saint-Esprit de Montpellier : *Paris*, 1718, *in*-8.]

40395. ☞ Diplomata Pontificia & Regia, Ordini Regio & Hospitali Sancti Spiritûs Monspeliensis concessa, cum Notis Latinis & Gallicis ; edente Fratre Joanne-Antonio TOUSSART : *Parisiis*, 1723, *in-fol.* 2 vol.]

40396. ☞ Compendio delli Privileggi, Essentioni & Indulgenze concesse all Archi-Hospitale di S. Spirito in Saffia di Roma e suoi membri, &c. *in Viterbo*, 1584, *in*-4.

Idem, en François : *Viterbe*, 1584, *in*-4.]

40397. ☞ Sixti P. P. V. Confirmatio Privilegiorum Archi-Hospitalis Sancti Spiritûs in Saffia de Urbe : *Romæ*, Hæred. Ant. Bladi, 1588, *in*-4.]

40398. ☞ De Fraternitate Sancti Spiritûs historicus Commentarius, institutionem, approbationem & prærogativas complexus ; Scriptore Fratre PETRO SAULNIER, Gallo, Ordinis Sancti Spiritûs Professo Romano, in Ultramontanis Provinciis Commissario : *Cracoviæ*, Cæsarius, 1651, *in*-12.]

40399. ☞ Pouillé des Biens, Hôpitaux, &c. de l'Ordre du Saint-Esprit de Montpellier : *Paris*, *in*-8.]

40400. ☞ Fondation d'un Hôpital de l'Ordre du Saint-Esprit, à Cayenne ; avec une Lettre de M. DE BLEGNY, & un Mémoire sur des Remèdes : 1697, *in*-4.]

40401. ☞ Table historique & chronologique des Généraux dudit Ordre : *in*-4.]

40402. ☞ Requêtes de Nicolas DE BLEGNY ; *in*-4.]

40403. ☞ Arrêts rendus contre ceux qui prennent faussement la qualité de Chevaliers du Saint-Esprit, &c. *in*-4.]

40404. ☞ Réponse au Mémoire imprimé sous le nom de M. de Gourgues, Maître des Requêtes, nommé Procureur Général de la Commission établie par Sa Majesté, pour remettre l'Ordre Militaire Archi-Hospitalier du Saint-Esprit de Montpellier, dans ses Biens, en exécution de l'Edit du mois de Mai 1693 : *Paris*, 1699, *in*-4.]

40405. ☞ Inventaire des Titres & Pièces produites par Messire Charles Hue, Vicaire Général de l'Ordre : *in*-4.]

40406. ☞ Objections contre l'existence & la Milice de l'Ordre du Saint-Esprit de Montpellier, en France : *in*-4.]

40407. ☞ Diverses Pièces concernant l'Ordre des Chevaliers du Saint-Esprit de Montpellier, & celui de Saint-Lazare : *in*-8.

Toutes ces Pièces, (depuis le N.° 40401,) sont indiquées au Catalogue de M. de Cangé, *pag.* 193 & 194 : elles peuvent se trouver dans la Bibliothèque du Roi où sont ses Manuscrits.]

VI. *De l'Ordre de la Toison d'Or,* [*institué en* 1429.]

☞ Cet Ordre, malgré son ancienneté, a toujours conservé son lustre, parcequ'il n'a été rempli que de Princes & de Gentilshommes de la haute Noblesse. Il est encore l'Ordre principal d'Espagne & de la Maison d'Autriche, comme héritière de celle de Bourgogne à laquelle il doit son institution. Il y a toujours eu quelques François qui en ont été revêtus, & même de

nos

Histoires des Chevaliers de France.

nos Princes, comme on peut le voir dans l'Almanach Royal & dans le Calendrier de la Cour.]

40408. ☞ Des Chevaliers de l'Ordre de la Toison d'Or; par le Père Pierre HELYOT.

Dans son *Hist. des Ordres Relig. & Militaires*, &c. tom. *VIII. pag.* 343.]

40409. Statuts & Ordonnances de l'Ordre de la Toison d'Or, institué par Philippe-le-Bon, Duc de Bourgogne, (en 1429:) *Amsterdam*, 1689, *in*-12.

Ces Statuts sont aussi imprimés avec un Livre intitulé : *Christiana Jurisprudentia heroica* : *Bruxellis*, 1668, *in-fol.* & dans le Recueil publié par G. G. Leibnitz, sous ce titre : *Mantissa Codicis Juris Gentium Diplomatici* : *Hanoveræ*, 1700, *in-fol.*

40410. La Toison d'Or, Ordre de Chevalerie, où sont les vertus de magnanimité & de justice appartenant à l'Etat de Noblesse, & où sont contenus les faits, tant des Maisons de France, de Flandre & Bourgogne, que d'autres Rois & Princes; par Guillaume (FILLASTRE,) Evêque de Tournay, Abbé de Saint Bertin, Chancelier dudit Ordre : *Paris*, [Bonnemere,] 1517, 1530 ; *Troyes*, le Rouge, 1530, *in-fol.* 2 vol.

Cet Evêque est mort en 1473. Valère André l'appelle Guillaume de Lattre. [Il avoit été d'abord Evêque de Verdun, & ensuite de Toul.]

☞ Il y a un Manuscrit de cet Ouvrage dans la Bibliothèque de la Ville de Paris, num. 375. Ce Guillaume étoit bâtard ; on ne connoît ni son père ni sa mère. Il a été légitimé par Lettres de Philippe, Duc de Bourgogne, données à Paris le 23 Septembre 1461. Quelques-uns le nomment *de Lattre*, mais *minus rectè*, dit Foppens, dans sa *Bibliothèque Belgique*, *pag.* 402. On l'appelle communément *Fillastre*. Ne seroit-il point fils d'un Sire de Fillastre Anglois, qui, en 1423, descendit dans le Pays de Haynaut, & dont il est parlé dans l'*Histoire de Charles VII. fol.* 12, donnée au Public par Denis Godefroy ?]

40411. Mſ. Historia Ordinis Equitum Aurei Velleris ; Auctore Antonio DE BERGHES, Abbate ad Sanctum Bertinum & ad Sanctum Trudonem.

Cet Auteur est mort en 1531. Son Histoire est citée par Valère André, dans sa *Bibliothèque des Ecrivains Belgiques*.

40412. Alvari GOMESII, de Principis Burgundiæ Militia, quam Velleris Aurei vocant, carmine heroïco, cum Notis Alexii Vanegæ : *Toleti*, 1540, 1580, *in*-8.

L'Auteur est mort en 1580.

40413. Ordine de' Cavalieri del Tosone, overò la Institutione dell'Ordine di Cavalleria del Tosone ; per Francesco SANSOVINO : [nell'Academia,] *in Venetia*, 1558, *in*-4.

40414. Mſ. Livre de la première Erection & Institution de l'Ordre de la Toison d'Or en la Ville de Bruges, le dixième jour de Janvier 1429, jusqu'en 1559, avec les Armes & Blazons des Chevaliers créés en ce temps-là.

Ce Livre est conservé dans la Bibliothèque [Impériale, & vieux] du Baron d'Hoendorff, Colonel de l'Empereur.

40415. ☞ Mſ. Recueil des Noms, Surnoms, Qualités & Armoiries de tous les Chevaliers de la Toison d'Or, depuis la première Institution faite à Bruges, en 1429, présenté à M. Henri de Guénégaud, Secrétaire d'Etat ; par C. SOYER, Enlumineur ordinaire du Roi : *in-fol.* gr. papier, avec les Blazons enluminés.

Ce Manuscrit est indiqué num. 3353 du Catalogue de M. Gaignat.]

40416. Jacobi VIVARII, de Aureo Vellere Carmen : *Antverpiæ*, 1583, *in*-4.

40417. Origine dell'Ordine del Tosone ; da Giovanni Francesco PUGNATORE : *in Palermo*, Francesci, 1590, *in*-4.

40418. ☞ L'Origine de la Toison d'Or : *Paris*, 1701, *in*-12.]

40419. Aloysii MARLIANI, de Ordine Velleris Aurei Oratio.

Ce Discours est imprimé dans Freher, au Tome III. de sa *Collection des Historiens d'Allemagne*, *pag.* 126: *Francofurti*, 1624, *in-fol.*

40420. ☞ Conradi Samuelis SCHURZFLEISCHII, Dissertatio de Velleris Aurei Ordine : 1699, *in*-4.]

40421. ☞ Joannis Guilielmi BERGERI, de origine Ordinis Aurei Velleris Dissertatio : *Wittebergæ*, 1730, *in*-4.]

40422. ☞ Vindiciæ Austriacæ pro Aurei Velleris Ordine ; Auctore Joanne Gasparo L. B. DE PROGRELL : *Halæ Magdeb.* 1724, *in*-4.

L'Auteur prétend y prouver que l'Empereur doit être seul Collateur de cet Ordre.]

40423. Insignia Gentilitia Equitum Ordinis Velleris Aurei, fecialium verbis enunciata : Le Blazon des Armoiries des Chevaliers de l'Ordre de la Toison d'Or, depuis la première Institution jusqu'à présent, Gallicè & Latinè producta ; Auctore Joanne-Jacobo CHIFFLETIO, Archiatro Regis Hispaniæ : *Antverpiæ*, Moreti, 1632, *in*-4.

40424. Godefridi WINDELINI, Atics, sive Aurei Velleris Encomium : *Antverpiæ*, Moreti, 1632, *in*-4.

Cette Pièce se trouve avec le Livre précédent de Jean-Jacques Chifflet.]

40425. Julii CHIFFLETII, Breviarium historicum Ordinis Velleris Aurei : *Antverpiæ*, Moreti, 1652, *in*-4.

40426. ☞ Mſ. Histoire abrégée des Chevaliers de la Toison d'Or & des quatre derniers Ducs de Bourgogne, avec les Vies de ces Ducs & leurs Portraits ; par Jean GODRAN.]

40427. ☞ Mſ. Remarques historiques sur les Armes des Chevaliers, qui sont représentés dans le Chœur de la Sainte-Chapelle de Dijon ; par le même.

On peut voir sur ces deux Manuscrits, la *Bibliothèq. des Auteurs de Bourgogne*, *pag.* 259.]

Tome III.   V u u u

40428. ☞ Mſ. Traité contenant des Remarques hiſtoriques & généalogiques ſur la Toiſon d'Or, & ſur les Chevaliers qui ont aſſiſté aux Chapitres tenus en la Sainte-Chapelle de Dijon, & dont les Ecuſſons ſe voient dans le Chœur de cette Egliſe: *in-*12.

Ce Manuſcrit eſt conſervé dans la Bibliothèque de M. le Préſident de Ruffey, à Dijon.]

40429. ☞ Mſ. Les Eloges & Blazons des Chevaliers de la Toiſon d'Or, dont les Armoiries ſont peintes au haut des Stalles du Chœur de la Sainte-Chapelle de Dijon.

Ce Manuſcrit, qui eſt de Pierre PALLIOT, eſt conſervé dans la Bibliothèque publique du Collège de Dijon. Les Armoiries enluminées ſont de la plus grande beauté, & de la main de Palliot même. Quant aux Eloges, ce n'eſt qu'une Copie faite ſur ſon Original.]

40430. ☞ Mſ. Extraits des Regiſtres de l'Ordre de la Toiſon d'Or; par Barthélemi PETIT, Chanoine de Condé: *in-*4. en parchemin.

Ce Manuſcrit eſt conſervé dans la Bibliothèque de M. le Prince de Croy: il contient près de 200 pages.]

40431. Le Blazon des Armoiries de tous les Chevaliers de l'Ordre de la Toiſon d'Or, depuis ſon Inſtitution juſqu'à préſent, avec les noms, ſurnoms, titres & quartiers; enſemble, les Eloges écrits en bref; le tout recueilli par Jean-Baptiſte MAURICE, Hérault & Roi d'Armes de Sa Majeſté Catholique: *la Haye,* Rammazeyn, 1667, *in-fol.*

40432. ☞ Mſ. Noms, Surnoms & Armoiries des Chevaliers de l'Ordre de la Toiſon d'Or: *in-fol.*

Ce Recueil eſt indiqué au num. 17634 du Catalogue de M. d'Eſtrées.]

40433. ☞ La Toiſon d'Or, ou Recueil des Statuts & Ordonnances du noble Ordre de la Toiſon d'Or, de ſes Cérémonies & Immunités, exemptions, prééminences, honneurs & Bulles Papales, depuis l'Inſtitution, en 1430 juſqu'à préſent, avec des Remarques & un Eloge préliminaire de Philippe-le-Bon, Duc de Bourgogne, Inſtituteur de l'Ordre: *Cologne,* P. Weitzer, 1689, *in-*8.]

40434. Le Mauſolée de la Toiſon d'Or, ou les Tombeaux des Chevaliers du noble Ordre de la Toiſon d'Or, contenant leurs Eloges, Inſcriptions, Deviſes, Epitaphes, Alliances & Cris de Guerre: *Amſterdam,* Deſbordes, 1689, *in-*12.

Voyez le *Journal des Sçavans, Février,* 1690.]

40435. Auguſtus Velleris Aurei Ordo, per Emblemata, Theſes politicas & Hiſtoriam deſcriptus: Auctore Auguſtino ERATH, Eccleſiæ Collegiatæ in Wittenhauſen Canonico Regulari, ſacræ Theologiæ Doctore & Comite Palatino: *Ratisbonæ,* Seidelii, 1717, *in-*8.

☞ C'eſt une eſpèce de Thèſe accompagnée d'Emblêmes.]

== Hiſtoire du bon Chevalier Jacques de Lalain; par George CHASTELAIN.

☞ *Voyez* ci-deſſus, N.° 39365.]

VII. *Ordre du Croiſſant,* [ou *d'Anjou, établi en* 1448.]

40436. ☞ Des Chevaliers de l'Ordre du Croiſſant; par le P. Pierre HELYOT.

Dans ſon *Hiſt. des Ordres Relig. & Militaires,* &c. *tom. VIII. pag.* 282.]

40437. ☞ Mſ. Inſtitution & Statuts de l'Ordre du Croiſſant, établi en 1448, par René, Roi de Sicile, avec les noms des Chevaliers, juſqu'en 1452.

Ce Manuſcrit eſt conſervé à Dijon dans la Bibliothèque de M. le Préſident de Bourbonne.]

40438. ☞ Mſ. L'Erection & les Statuts de l'Ordre des Chevaliers du Croiſſant, érigé par René, Duc d'Anjou & de Lorraine, & Roi de Sicile, en 1448: *in-*4.

Ce Manuſcrit eſt dans la Bibliothèque de Sainte-Geneviève à Paris. Celui à qui ce Livre appartenoit, s'y voit avec ledit Ordre.]

40439. Mſ. Statuts de l'Ordre du Croiſſant, avec les Armes de pluſieurs Chevaliers: *in-*4.

Ces Statuts ſont conſervés dans la Bibliothèque du Roi, entre les Manuſcrits de M. de Gaignières.

40440. L'Erection & Statuts de l'Ordre du Croiſſant.

Ces Statuts ſont imprimés dans la Colombière, au Tome I. de ſon *Théâtre d'Honneur & de Chevalerie, chap. VII. pag.* 107; *Paris,* 1648, *in-fol.*

40441. Mſ. Noms & pluſieurs Titres concernant les Chevaliers de cet Ordre, avec leurs Armes: *in-fol.*

Ce Recueil eſt conſervé dans la Bibliothèque du Roi, entre les Manuſcrits de M. de Gaignières.

40442. Mſ. Les Armoiries de l'Ordre du Croiſſant, inſtitué par le Duc d'Anjou, Roi de Sicile.

Ces Armoiries ſont conſervées dans la Bibliothèque du Roi, num. 1476, ſelon le Père Labbe, *pag.* 331 de ſa *Nouvelle Bibliothèque des Manuſcrits.*

40443. Mſ. Hiſtoire des Chevaliers de l'Ordre du Croiſſant, inſtitué par René, Roi de Sicile, Duc d'Anjou, en 1448, contenant leurs Qualités, Armoiries, Généalogie & autres particularités concernant l'Inſtitution de cet Ordre: *in-fol.*

Cette Hiſtoire eſt conſervée à Paris, dans la Bibliothèque de Saint Magloire, entre les Manuſcrits de MM. de Sainte-Marthe.

40444. ☞ Mſ. L'Ordre du Croiſſant, inſtitué par René, Roi de Naples & de Jéruſalem, Duc de Lorraine & d'Anjou, dans la Ville d'Angers, en 1448, avec les Armes & Généalogies des Chevaliers; par Claude MENARD: *in-*4.

Ce Manuſcrit étoit parmi les Manuſcrits de M. Baluze,

Histoires des Chevaliers de France.

num. 548, & est aujourd'hui dans la Bibliothèque du Roi.]

VIII. Ordre de Saint Michel, [institué en 1469.]

40445. ☞ Des Chevaliers de l'Ordre de Saint Michel; par le P. Pierre HELYOT.

Dans son *Hist. des Ord. Rel. & Milit.* &c. tom. *VIII.* pag. 370.]

40446. ☞ Mf. Livre de l'Ordre de Saint Michel : *in-4.*

Ce Manuscrit, du XVe Siècle, fort bien écrit & relié en velours violet, se trouve dans la Bibliothèque Britannique, parmi les Manuscrits de la Bibliothèque Harleienne, num. 4485. Il contient les Statuts de l'Ordre de Saint Michel, datés du premier Août 1469, & une Ordonnance concernant ces Statuts du 22 Décembre 1476. A la tête est une belle Miniature, représentant le Roi de France assis sur son Trône, & autour de lui les Chevaliers de cet Ordre, au nombre de dix. Cette Notice a été communiquée par M. de Bréquigny, qui a examiné ce Manuscrit en Angleterre.]

40447. ☞ Mf. L'Institution de l'Ordre de Saint Michel, par le Roi Louis XI. à Amboise, le 4 Août 1469, avec les Statuts renouvellés par le Roi Henri II. en un Chapitre général, dont on voit la représentation en une belle Miniature, qui est au commencement du Manuscrit, en vélin : *in-4.*

Il est conservé dans la Bibliothèque de Sainte-Géneviève à Paris.]

40448. ☞ Mf. Constitutions des Chevaliers de Saint Michel, données par Louis XI. leur Fondateur : *in-4.*

Ce Manuscrit est conservé dans la Bibliothèque du Vatican, parmi ceux de la Reine de Suède, num. 626. Cette Princesse l'avoit porté de France à Rome.]

40449. Le Livre des Statuts & Ordonnances des Chevaliers de l'Ordre de Saint Michel, institué par le Roi Louis XI. en 1469 : *Paris,* 1476, *in-4.* Ibid. Eustace, *in-8.* en Gothique, sans date : *Ibid.* 1512, 1561, *in-12. Ibid.* 1661, *in-4.*

40450. ☞ Les Statuts de l'Ordre de Saint Michel, avec diverses Pièces pour servir de Preuves; & une Notice des Officiers & Chevaliers, depuis Louis XI. jusqu'en 1725 : *Paris,* Imprimerie Royale, 1725, gr. *in-4.* avec des Gravures.]

Les mêmes, (sans les Pièces :) 1728.

40451. ☞ Mf. Ordonnances du Roi Louis XI. données au Plessis du Parc-les-Tours, le 20 Décembre 1476, pour la Fondation de l'Ordre de Saint Michel. — Lettres du même, de l'adjonction des Statuts, Ordonnances, Constitutions & Institutions de l'Office de Prevôt, Maître des Sirimonies de l'Ordre, faites après l'Institution dudit Ordre, pour le sûr entretenement d'icelui, données à Amboise, le premier Août 1469 : *in-fol.* avec Miniatures.

Ces Ordonnances, &c. sont indiquées au Catalogue

Tome III.

de M. de Sardière, num. 1472, avec la Note suivante : « Ce Manuscrit est peut-être unique ; on voit à la » tête une Figure qui représente Louis XI. assis sur un » Trône, & les 12 premiers Chevaliers de cet Ordre ».

(*Voyez* ci-dessus, le N.° 40446.) Le Manuscrit de ces Ordonnances a passé ensuite à M. Gaignat, & est indiqué au N.° 3200 de son Catalogue.

Voyez sur l'Ordre de Saint Michel ce qu'en rapporte M. le Laboureur, dans ses *Additions aux Mémoires de Castelnau,* tom. *I.* (Edit. de 1731,) depuis la page 355, jusqu'à la page 371.]

40452. ☞ Mf. La Complainte de l'Ordre Royal de France, en Vers : *in-4.*

Cette Pièce est conservée dans la Bibliothèque du Roi, num. 8052.]

40453. L'Institution & Ordonnance des Chevaliers de l'Ordre de Saint Michel, pour le rétablissement dudit Ordre, avec la Harangue faite au Roi par le Vicomte D'AUTEUIL, comme Doyen, nommé par Sa Majesté, de Messieurs les Chevaliers de cet Ordre : *Paris,* Promé, 1665, *in-4.*

40454. Etat des Chevaliers de l'Ordre de Saint Michel, choisis & retenus par le Roi Louis XIV. Chef & Souverain dudit Ordre : *Paris,* 1665, *in-4.*

40455. Nouvelle Réforme faite par le Roi, en son Ordre de Saint Michel, de plusieurs Particuliers, & Nomination d'autres Personnes qui lui ont été plus agréables pour remplir la place de ceux qu'il a révoqués ; avec la tenue du premier Chapitre dudit Ordre, le 19 Avril 1665 : *Paris,* Cramoisy, 1665, *in-4.*

40456. Mf. Rôles, Lettres & Extraits des Titres des Chevaliers de l'Ordre de Saint Michel, avec plusieurs Monumens : *in-fol.* 2 vol.

40457. Mf. Titres originaux de plusieurs Seigneurs, Chevaliers de l'Ordre de Saint Michel, distribués par ordre alphabétique des surnoms : *in-fol.* 25 vol. non reliés.

Ces Recueils sont conservés dans la Bibliothèque du Roi, entre les Manuscrits de M. de Gaignières.

40458. ☞ Livre de Prières à l'usage de MM. les Chevaliers de l'Ordre de Saint Michel, & des Personnes qui ont de la dévotion pour ce premier de tous les Anges : *Paris,* 1730, *in-12.*]

IX. Ordre du Saint-Esprit, [établi en 1578.]

40459. ☞ Mémoire pour servir à l'Histoire de France du XIVe Siècle, contenant les Statuts de l'Ordre du Saint-Esprit, au Droit Desir ou du Nœud, institué à Naples en 1352 ; par Louis I. Roi de Jérusalem & de Sicile, renouvellé en 1579, par Henri III. sous le titre de l'Institution de l'Ordre du Saint-Esprit ; avec une Notice du Manuscrit original qui renferme ces anciens Statuts, & des Remarques historiques sur cet Ordre ; par (M. l'Abbé LE FEBVRE, Prêtre de la Doctrine Chré-

Vuuu 2

Liv. IV. *Histoire Civile de France.*

tienne:) *Paris*, de Bure, 1764, *in-8*. de 82 pages.]

40460. ☞ Mſ. Les Statuts de l'Ordre du Saint-Eſprit, au Droit Deſir ou du Nœud, inſtitué premièrement par Louis d'Anjou, premier du nom, Roi de Jéruſalem, de Naples & de Sicile, le jour de la Pentecôte, l'an de grace 1352 : (ſur vélin, avec des miniatures.)

« Ce Manuſcrit précieux à tous égards, & que tous
» les curieux regardent comme un des plus beaux Mo-
» numens Littéraires de la Nation Françoiſe, [étoit]
» dans le Cabinet de M. Gaignat....... Dom Bernard
» de Montfaucon préſumant que ce Livre n'exiſtoit
» plus, faiſoit tant de cas de la copie qui ſe trouvoit à
» la Bibliothèque du Roi, que dans la crainte qu'un ac-
» cident imprévu n'en occaſionnât la perte, il jugea à
» propos de la faire imprimer toute entière dans ſes
» *Monumens de la Monarchie Françoiſe*....On rapporte
» que Henri III. revenant de Pologne, & paſſant par
» Veniſe, pour aller prendre poſſeſſion du Trône qui
» lui étoit échu par la mort de Charles IX. la Républi-
» que lui remit, comme le plus beau préſent qu'elle pût
» lui faire, le *Manuſcrit Original des Statuts de l'Or-
» dre du S. Eſprit*, dont nous venons de parler. Hen-
» ri III. fit extraire de ces anciens Statuts, ce qui étoit
» le plus conforme aux uſages de ſon temps, & à ſes vues
» particulières; & après avoir expliqué ſes intentions
» au Chancelier de Chiverny, il lui commanda de brûler
» enſuite le Manuſcrit original qu'il lui remettoit, de
» manière qu'il n'en reſtât pas le moindre veſtige. Ce
» Miniſtre exécuta en partie les ordres de ſon Souve-
» rain,...... mais il ne put ſe réſoudre à priver le Public
» d'un des plus beaux Monumens Littéraires de la Na-
» tion, & que des circonſtances heureuſes & ineſpérées
» avoient conſervé pendant plus de 200 ans pour être
» remis entre ſes mains. Il ſe contenta de dire ſimplement
» à Henri III. en lui remettant le nouveau Manuſcrit
» (des Statuts ci-après,) que ſes ordres étoient exécu-
» tés; & ce Prince n'ayant pas demandé d'autre éclairciſ-
» ſement, le Manuſcrit original fut conſervé ». *Bibliogr.*
de M. de Bure, *Hiſt*. num. 5459 & *ſuiv.*

On peut voir ſur cet ancien *Ordre du S. Eſprit*, le Père Helyot, *Hiſt. des Ordres Religieux & Militaires*, &c. tom. *VIII*. pag. 314 & *ſuiv.*]

40461. Mſ. Ordre du Saint-Eſprit, inſtitué par le Roi Henri III. en 1578, où ſont les Armoiries des premiers Commandeurs & Chevaliers de l'Ordre, avec Portraits, Vignettes & Armes en miniature, faites pour le Roi Henri III. par Martin COURTIGIER, Sieur de la Fontaine, Hérault d'Armes du titre de Provence, & Pourſuivant d'Armes : *in-fol.*

Ce beau & précieux Manuſcrit en vélin, qu'on peut regarder comme la matrice de l'Ordre du Saint-Eſprit, [étoit] à Paris dans le Cabinet de M. Guion de Sardière, qui me l'a montré.

☞ Il ſe trouve effectivement indiqué dans ſon Catalogue, num. 1474, avec la Note ſuivante :

« Ce précieux Manuſcrit, qu'on peut dire unique....
» fut fait par ordre de Henri III. On voit au commen-
» cement une grande Miniature, qui repréſente la diſ-
» poſition de la Chapelle où ce Prince fit la Cérémonie
» de la première Promotion de l'Ordre du Saint-Eſprit.
» Le Roi eſt aſſis dans un fauteuil, & tous les Cheva-
» liers ſont en Cercle : Courtigier, (Hérault & l'Auteur
» du Livre,) eſt derrière le Roi. Le Portrait de Hen-
» ri III. en pied, eſt ſur le ſecond feuillet; & ſur les
» ſuivans on voit les Blazons, les Noms & Qualités des
» Chevaliers des trois premières Promotions. L'écri-
» ture en eſt belle; les Portraits, les Vignettes & les
» Armes en miniatures, ſont bien deſſinées & bien pein-
» tes. Courtigier reçut pour le paiement de ce Manuſ-
» crit cent écus d'or, de M. Nicolas de Neufville, Mar-
» quis de Villeroy, Tréſorier de l'Ordre du Saint-Eſ-
» prit, ſuivant l'ordre de Philippe Hurault, Comte de
» Chiverny, Chancelier & Surintendant des deniers du-
» dit Ordre. Ce Manuſcrit étoit de la Bibliothèque de
» Henri III. & il en fut diſtrait en 1589, lorſque la Li-
» gue, après avoir fait à Paris, l'Inventaire des Meubles
» du Cabinet de Sa Majeſté & de ſes Livres, le vendit à
» l'encan devant l'Hôtel de Ville, avec les autres effets ».

M. de Bure, dans ſa *Bibliographie*, num. 5450 * de l'*Hiſt*. ajoute à ces circonſtances, que M. le Duc de la Vallière ayant acheté toute la Bibliothèque de M. de Sardière, eſt devenu poſſeſſeur de ce beau Manuſcrit, & qu'il l'a enſuite cédé à la Bibliothèque du Roi, où il eſt actuellement.]

40462. ☞ Statuts de l'Ordre du benoiſt Saint-Eſprit : 1578, *in-4*.]

40463. Inſtitution des Chevaliers de l'Ordre & Milice du Saint-Eſprit : *Paris*, 1579, *in-8*.

☞ On peut conſulter ſur cette Inſtitution, les *Additions* de M. le Laboureur aux *Mémoires de Caſtelnau*, tom. *II*. pag. 41-46.]

40464. ☞ Des Chevaliers de l'Ordre du Saint-Eſprit ; par le P. Pierre HELYOT.

Dans ſon *Hiſtoire des Ordres Religieux & Militaires, &c.* tom. *VIII*. pag. 397 & *ſuiv.*]

40465. La Royale Inſtitution de l'Ordre & Milice du Saint-Eſprit, avec la forme du Vœu & Serment fait au Roi : *Paris*, 1633, *in-8*.

40466. Le Livre des Statuts & Ordonnances de l'Ordre du Saint-Eſprit : *Paris*, 1579, 1629, *in-4*.

Le même Livre eſt imprimé dans le Recueil publié par G.G. Leibnitz, intitulé : *Mantiſſa Codicis Juris Gentium Diplomatici* : Hanoveræ, 1700, *in-fol.*

Le même Livre, avec des Additions, contenant les Edits, Déclarations & Arrêts en faveur de l'Ordre, avec des Vignettes : *Paris*, de l'Imprimerie Royale, 1703, *in-4*.

Cette Edition a été faite par ordre du Roi, par les ſoins de Pierre Clairembault, Généalogiſte de cet Ordre.

[*Voyez* ſur l'Avertiſſement, le ci-après N.° 40522.]

☞ Les mêmes Statuts & Additions : *Paris*, de l'Imprimerie Royale, *in-fol.*]

40467. Le Livre des Privilèges, Franchiſes & Immunités, donnés & octroyés par le Roi Henri III. à l'Ordre du Saint-Eſprit, en 1581 : *Paris*, 1594, *in-4*. [*Ibid.* 1620, *in-12*.]

40468. ☞ Edit du Roi qui confirme l'Ordre du Saint-Eſprit dans tous ſes Privilèges, du mois de Mars 1727 : *Paris*, de l'Imprimerie Royale, 1728, *in-4*.]

40469. ☞ Edit du Roi portant confirmation des Privilèges de l'Ordre du Saint-Eſprit, & création de deux Offices de Tréſoriers généraux du Marc d'or, & de deux Contrôleurs, du mois de Janvier 1734 : *Paris*, Simon, 1734, *in-4*.]

Histoires des Chevaliers de France.

40470. ☞ Recueil des Edits, Déclarations, Réglemens, Arrêts du Conseil, concernant les Privilèges & Exemptions des Chevaliers du Saint-Esprit : *Paris*, Prault, 1730, *in-*4.]

40471. ☞ Mf. L'Ordre Militaire du Saint-Esprit, contenant les Statuts (abrégés,) Noms, Qualités, Généalogies, Armoiries (enluminées) de tous les Chevaliers, Prélats & Officiers, Commandeurs, depuis l'Institution jusqu'en 1641 : *in-fol.*

Ce Manuscrit est indiqué au Catalogue de M. de Sardière, num. 1475, avec la Note suivante :

« Ce Livre fut dressé par le Bibliothécaire de M. Char-
» les de l'Aubespine, Abbé de Préaux, Chancelier de
» l'Ordre, & depuis Garde des Sceaux, mort Conseiller
» d'Etat, (en 1653.) L'écriture en est belle ; les Bla-
» zons sont enluminés avec beaucoup de propreté.
» Après les Armes de chaque Chevalier, on trouve leurs
» Généalogies, de trois Races au moins. Ce Recueil est
» plus complet que ceux qui nous ont été donnés par
» Pierre d'Hozier, Boisseau & autres ».

40472. Preuves de Noblesse pour l'Ordre du Saint-Esprit ; par Eugène ROGIER, Comte de Villeneuve : *Paris*, 1660, *in-*4.

40473. Discours sur les Contraventions aux Statuts de l'Ordre du Saint-Esprit, faites par les Officiers dudit Ordre ; ensemble la Protestation du Marquis de Sourdis, Chevalier de l'Ordre, pour tous les Chevaliers, signifiée auxdits Officiers, le 2 Janvier 1657 : 1657, *in-*4.

Charles d'Escoubleau, Marquis de Sourdis, étoit Maréchal des Camps & Armées du Roi.

40474. ☞ Mf. Chapitres de l'Ordre du Saint-Esprit, tenus en 1578 & 1584 : *in-*4.

40475. ☞ Mf. Douzième & treizième Chapitres des Chevaliers de l'Ordre du Saint-Esprit, tenus à Chartres en 1594, & à Paris en 1595 : *in-*4.

Ces deux Recueils sont indiqués au num. 15281 & 15282, du Catalogue de M. d'Estrées.]

40476. Les Cérémonies tenues & observées en l'Ordre & Milice du Saint-Esprit, & les noms des Chevaliers [qui sont entrés en icelui, faites sous le Très-Chrétien] Roi Henri III. [du nom, Roi de France & de Pologne, en l'Eglise des Augustins à Paris :] *Paris*, [d'Ongoys,] 1579, *in-*8.

40477. ☞ L'Ordre des Noms des Chevaliers que Sa Majesté a faits, & qui ont été criés par le Hérault, dans la Salle de Saint-Germain, le 5 Décembre 1619 : *in-*8.]

40478. ☞ L'Alliance Françoise, avec un Discours touchant l'Ordre du Roi, enrichi d'un Emblême : 1619, *in-*8.]

40479. Les Cérémonies Royales qui se doivent faire à la Réception des Chevaliers du Saint-Esprit, en 1620 : *Paris*, 1619, *in-*8.

40480. Les Cérémonies tenues & observées en la création des Chevaliers de l'Ordre du Saint-Esprit, en 1620 : *Paris*, Mesnier, 1620, *in-*8.

40481. ☞ L'Ordre & Description générale de tout ce qui s'est fait & passé aux Augustins à la Cérémonie des Chevaliers, depuis les premières Vépres du Mardi jusqu'aux secondes Vépres du Mercredi, premier jour de l'an 1620 : Ensemble, le nombre des Princes & Seigneurs qui ont reçu l'Ordre, & qui ne l'ont reçu ; la disposition des Théâtres, ordre & rang des Seigneurs & Princesses, richesse incroyable des Paremens de l'Eglise, des habits des Chevaliers, dons & offrandes, & de la somptueuse magnificence du Festin Royal : *Paris*, Moreau, 1620, *in-*8.]

40482. ☞ Récit véritable de ce qui s'est fait & passé aux Cérémonies observées à la réception des Chevaliers de l'Ordre du Saint-Esprit ; avec l'ordre & rang que chacun d'eux a tenu tant dedans que dehors l'Eglise, commençant la veille du jour de l'an 1620, & finissant le lendemain d'icelui après Vêpres : *Paris*, Bourriquant, 1620, *in-*8.]

40483. ☞ Les Privilèges, Franchises & Immunités donnés & octroyés par le Roi, aux Cardinaux, Prélats, Commandeurs & Officiers de l'Ordre & Milice du Benoît Saint-Esprit : 1620, *in-*8.]

40484. ☞ La grande Protestation faite au Roi, par MM. les Princes, Ducs, Pairs & Seigneurs Chevaliers, le jour de leur réception : Ensemble, le Vœu & Serment de fidélité : *Paris*, Moreau, 1620, *in-*8.]

40485. ☞ Subjet des Feux d'artifice pour la réjouissance des Chevaliers de l'Ordre, reçus par Sa Majesté, le premier jour de l'an 1620 : *in-*8.

Il y a une Edition où ce Subjet des Feux d'artifice est joint aux Cérémonies tenues, &c. *in-*8.]

40486. ☞ Arrêt notable donné par le Roi séant au Chapitre de l'Ordre du Saint-Esprit, tenu à Fontainebleau le 5 Mai 1633, contre le Duc d'Elbœuf & Marquis de la Viéville, dégradés des Ordres de Sa Majesté : *Paris*, Métayer, 1633, *in-*8.]

40487. ☞ Reconnoissance Royale dans le choix & élection faite par le Roi, des Chevaliers des Ordres de Sa Majesté ; avec le Rôle ou Liste des Noms & Qualités des nouveaux Chevaliers qui ont été proclamés dans le Chapitre tenu en la Chambre de l'Ovalle à Fontainebleau, le 5 Mai 1633 : Ensemble, les Articles que doivent observer lesdits Chevaliers: *Paris*, Métayer, 1633, *in-*8.]

40488. Relation de toutes les Cérémonies qui s'observent en la création des Chevaliers de l'Ordre du Saint-Esprit, avec les Noms & Qualités des Princes, Prélats & Seigneurs que Sa Majesté a nommés en 1661 : *Paris*, 1662, *in-*4.

40489. Cérémonies observées à la Réception des Commandeurs & Chevaliers de l'Ordre du Saint-Esprit, à Versailles le 31 Décembre 1688, & le premier Janvier 1689: *Paris*, Coignard, 1689, *in*-4.

40490. ☞ Mémoire de ce qu'auront à faire les Cardinaux, Prélats & Chevaliers nommés pour être reçus dans l'Ordre du Saint-Esprit : (1724,) *in*-4.]

40491. ☞ Relation des Cérémonies observées à la Réception des Commandeurs & des Chevaliers de l'Ordre du Saint-Esprit, qui se fit à Versailles le 3 Juin 1724 : *Paris*, au Bureau d'adresse (de la Gazette,) 1724, *in*-4.]

40492. Ms. Discours sur l'Ordre du Saint-Esprit : *in-fol.*

Ce Discours [étoit] dans la Bibliothèque de M. de Caumartin, [mort Evêque de Blois en 1733.]

40493. Ms. Recueil des Armoiries des Chevaliers de l'Ordre du Saint-Esprit jusqu'à la quatrième Création, enluminés : *in-fol.*

Ce Recueil est conservé dans la Bibliothèque du Roi, num. 9739.

40494. Les Noms, Surnoms, Qualités, Armes & Blazons de tous les Chevaliers de l'Ordre du Saint-Esprit, créés par le Roi Henri III. gravés en bois ; avec les Statuts, Ordonnances & Réglemens dudit Ordre : *Paris*, Lamy, 1643, *in-fol.*

☞ Ce Livre a été fait par François LA FLEICHE, comme il paroît par le Livre même.]

40495. Les Armes & Blazons des Chevaliers de l'Ordre du Saint-Esprit, créés par Louis XIII. en 1619 & 1620 ; donnés au public par Jean MORIN de la Masserie : *Paris*, Firens, 1623, *in*-4.

40496. Tables concernant les Chapitres, Qualités, Noms, Surnoms & Armes de tous les Chevaliers de l'Ordre du Saint-Esprit, depuis le jour de leur première Institution jusqu'en 1633 : *Paris*, 1633, *in-fol.*

40497. Les Noms, Surnoms, Armes & Blazons des Chevaliers & Officiers de l'Ordre du Saint-Esprit, créés par le Roi Louis XIII. le 24 Mai 1633 ; recueillis par Pierre D'HOZIER, Sieur de la Garde, Historiographe & Généalogiste de France : *Paris*, Tavernier, 1634, *in-fol.*

40498. Théâtre ou Table, contenant les Noms, Surnoms & Armes de tous les Chevaliers de l'Ordre du Saint-Esprit : *Paris*, Boisseau, 1651, *in-fol.*

Ce Volume, recueilli par Jean BOISSEAU, Enlumineur du Roi, contient les Noms de tous les Chevaliers de l'Ordre, créés par les Rois Henri III. Henri IV. & Louis XIII. jusqu'en 1633.

40499. Ms. Recueil des Noms & Armes des Chevaliers & Officiers de l'Ordre du Saint-Esprit, depuis l'an 1578 jusqu'en 1640 : *in-fol.* 3 vol.

Ce Recueil est conservé dans la Bibliothèque du Roi, num. 8360-8362.

40500. ☞ Ms. Recueil d'Armoiries enluminées des Chevaliers de l'Ordre du Saint-Esprit, depuis son Institution en 1578 jusqu'à la fin du Règne de Louis XIII. avec un Abrégé de leurs Vies : *in-fol.* 2 vol.

Ce Recueil est à la Bibliothèque de la Cathédrale de Reims, parmi les Estampes.]

40501. Armoiries & Blazons de tous les Chevaliers de l'Ordre du Roi du Saint-Esprit, de la Jarretière & de la Toison d'or, depuis le commencement d'iceux jusqu'à présent ; par Charles SOYER, Enlumineur du Roi : *Paris*, 1643, *in-fol.*

40502. Les Noms & Armes des Chevaliers du Saint-Esprit, depuis leur création jusqu'en 1652, & ceux de l'Ordre de la Jarretière ; gravés par Pierre DARET : *Paris*, *in*-4.

40503. Les Noms, Surnoms, Qualités & Blazons, des Chevaliers du Saint-Esprit, créés par Louis XIV. en 1662 : *Paris*, 1662, *in-fol.*

Cet Ouvrage est de Mathurin MARTINEAU, Hérault d'Armes de l'Ordre du Saint-Esprit, comme il paroît par ce Livre.

40504. Les Noms, Qualités, Charges, Blazons & Créations des Chevaliers de l'Ordre du Saint-Esprit, créés par le Roi Louis XIV. à Paris, en 1662. Ensemble, un Traité d'Armoiries tiré d'un Manuscrit ancien anonyme, &c. par DELAUT MARIOLET, Juge en la Comté de Louvigni : *Bourdeaux*, [de la Court,] 1666, *in*-4.

☞ Ce Livre est peu de chose : ce qu'il peut y avoir de remarquable est l'explication de quelques termes particuliers aux Quartiers de Gascogne & Béarn, principalement *pag.* 89, les Seigneurs Cavier, *pag.* 90 & *suiv.* Abbés Séculiers, ou *Domûs Abbatiariæ*, *pag.* 94, la Seigneurie Domengée.]

40505. Le Catalogue des Chevaliers de l'Ordre du Saint-Esprit jusqu'en 1674 ; par le Père ANSELME de la Vierge Marie, Religieux Augustin Déchaussé.

Ce Catalogue est imprimé avec son *Histoire généalogique de la Maison de France*, à la fin du Livre XI. *Paris*, 1674, *in*-4.

☞ On parlera ci-après de son Edition *in-fol.* augmentée par MM. DE CLAIREMBAULT & DU FOURNY, & ensuite par le Père SIMPLICIEN.]

40506. Les Chevaliers du Saint-Esprit, depuis le commencement de l'Ordre jusqu'à présent ; en quatre feuilles gravées, par Jacques CHEVILLARD, Généalogiste du Roi : *Paris*, chez l'Auteur, *in-fol.*

40507. Création des Chevaliers de l'Ordre du Saint-Esprit faite par Louis-le-Grand, ou Armorial historique des Chevaliers de l'Ordre très-exactement retouché, blazonné & orné d'Armes & de Supports ; par François DE LA POINTE, Ingénieur & Géographe du Roi : [1689, *in-fol.*] 1696, *in*-4.

40508. ☞ Chevaliers de l'Ordre du Roi

Histoires des Chevaliers de France. 711

créés par les Rois, depuis l'Institution de l'Ordre en 1578 jusqu'en 1698, avec les Blazons enluminés : *in*-4. 3 vol.

Ce Livre est indiqué au Catalogue de M. Secousse, num. 3775.]

40509. Le Catalogue des Chevaliers de l'Ordre du Saint-Esprit, revu & continué jusqu'en 1712.

Ce Catalogue a été imprimé par les soins de Pierre CLAIREMBAULT, Généalogiste de cet Ordre, à la fin de l'*Histoire généalogique de la Maison de France*, du Père Anselme, revue par Honoré Caille du Fourni : *Paris*, 1713, *in-fol.*

☞ Le même Catalogue, continué jusqu'en 1731 ; par le même & par le P. SIMPLICIEN.

Dans le Tome IX. de la derniere Edition de l'*Histoire généalogique de la Maison de France & des Grands Officiers.*

Pierre Clairembault étoit né à Asnières, Village de Champagne près de Montbard, il est mort à Paris en 1740, âgé de 89 ans. Pendant 70 années, il n'a point cessé de travailler sur les Généalogies, & il en avoit dans son Cabinet une Collection très-nombreuse. Peu avant sa mort il acheva de les mettre en ordre, & d'en faire une Table exacte. Le tout est dans le Dépôt de l'Ordre, depuis la mort de son neveu.]

40510. ☞ Recherches historiques de l'Ordre du Saint-Esprit, avec les Noms, Qualités, Armes & Blazons de tous les Commandeurs, Chevaliers & Officiers, depuis son Institution jusqu'à présent, ceux de leurs peres, meres & femmes, enfans & descendans : Ensemble, les Statuts, Ordonnances & Priviléges du même Ordre ; par M. (François) DUCHESNE, Conseiller du Roi en ses Conseils, Historiographe de France, continuées par M. HAUDIQUER de Blancourt : *Paris*, 1695, *in-12.* 2 vol.

Le Tome I. contient une Préface historique & les Créations depuis l'Institution de l'Ordre par Henri III. en 1578 jusqu'à la fin du Règne de Louis XIII. en 1643, & les Statuts & Priviléges dudit Ordre.

Le Tome II. renferme les Créations du Règne de Louis XIV. jusques & y comprise celle de 1694.

Voyez sur cet Ouvrage la *Méth. histor.* de Lenglet, *in*-4. tom. IV. pag. 274. = *Journal des Sçavans, Avril 1695 ; Juillet 1710.* = *Mém. de Trévoux, Avril 1723, & Janv. 1712.*]

40511. ☞ Abrégé historique & chronologique de l'Ordre du Saint-Esprit : *Paris*, 1734, *in*-16.]

40512. ☞ Prospectus d'une Histoire de l'Ordre du Saint-Esprit ; par M. (Germain-François POULLAIN) DE SAINTFOIX : 1761, *in*-8.

40513. ☞ Histoire de l'Ordre du Saint-Esprit ; par M. (Germain-François Poullain) DE SAINTFOIX : *Paris*, veuve Duchesne, 1767, 1771, &c..... *in*-8.

On n'a encore que deux Volumes de cette nouvelle Histoire, qui est bien faite & digne de son Auteur. Le second Tome finit à la dixième Promotion du 31 Décembre 1587.]

40514. ☞ Lettre du Maréchal Fabert au Roi, au sujet de ce que Sa Majesté l'avoit nommé Chevalier du Saint-Esprit.

Réponse du Roi.

Ces deux Pièces sont imprimées dans le *Recueil* A. *in*-12.]

40515. Ms. Registre du Greffe de l'Ordre du Saint-Esprit, qui contient ce qui a été fait en cet Ordre, depuis son établissement jusqu'en 1633 : *in-fol.*

Ce Registre est conservé entre les Manuscrits de M. Dupuy, num. 572, & dans la Bibliothèque du Roi, entre les Manuscrits de M. de Gaignières.

40516. Ms. Registre du Greffe du même Ordre, depuis le 29 Décembre 1579 jusqu'au 16 Janvier 1641 : *in-fol.*

Ce Registre [étoit] dans le Cabinet de M. l'Abbé de Louvois, n. 92, [& doit être à la Bibliothèque du Roi.]

40517. Ms. Registre de l'Ordre du Saint-Esprit, depuis le 29 Décembre 1579 jusqu'au 10 Février 1662 : *in-fol.*

Ce Registre [étoit] dans la Bibliothèque de M. l'Abbé d'Estrées, & [est aujourd'hui à S. Germain-des-Prés : il étoit aussi] dans la Bibliothèque de M. le Comte de Pontchattrain.

40518. Ms. Les seize Quartiers de l'Ordre du Saint-Esprit, avec les Armes enluminées : *in-fol.* 7 vol.

40519. Ms. Recueil de Pièces concernant les Chevaliers du Saint-Esprit : *in-fol.* 12 Porte-feuilles.

Ces deux Articles sont conservés dans la Bibliothèque du Roi, entre les Manuscrits de M. de Gaignières.

40520. Ms. Recueil pour servir à l'Histoire de l'Ordre du Saint-Esprit & de ses Commandeurs, Chevaliers & Officiers, contenant les Statuts, Priviléges & Délibérations, différens desseins de Cérémonies, Argenterie & Ornemens ; les Portraits, Armes & Preuves ; les seize Quartiers & Généalogies de ses Chevaliers & Officiers, & généralement tout ce qui peut avoir rapport à l'Histoire de cet Ordre ; fait & composé par Pierre CLAIREMBAULT, Généalogiste de l'Ordre : *in-fol.* 140 vol. avec deux autres qui contiennent la Table des Matières.

Ce Recueil [étoit] dans le Cabinet de l'Auteur, [& est aujourd'hui au Dépôt de l'Ordre.]

40521. ☞ Placet des Princes de la Maison de Lorraine.

C'étoit pour avoir la préséance sur les Ducs dans la promotion des Chevaliers de l'Ordre du Saint-Esprit.]

40522. ☞ Observation & Pièces sur la Préséance des Princes étrangers.

Dans la *Réponse* (en faveur de la Maison de Rohan,) à un Ecrit anonyme, &c. *Paris*, le Breton, 1771, *in*-8. *pag.* 172 & *suiv.*]

40523. ☞ L'Office des Chevaliers de l'Ordre du Saint-Esprit : *Paris*, 1703, *in*-12.]

X. *Ordre de Saint-Louis*, [*institué en* 1693.]

40524. Edit du Roi (Louis XIV.) portant Création & Institution d'un Ordre Militaire, sous le titre de Saint-Louis, dont le Roi se déclare le Chef & Grand-Maître, donné à Versailles au mois d'Août 1693 : *Paris*, Michallet, 1693, *in-4*.

40525. Edit en faveur des Grands-Croix, Commandeurs & Chevaliers de l'Ordre de Saint-Louis, donné au mois de Mars 1694 : *Paris*, 1694, *in-4*.

40526. ☞ Discours sur l'Institution de l'Ordre de Saint-Louis : *Paris*, Boudot, 1694, *in-4*.

40527. ☞ Nouveaux Réglemens concernant l'Ordre Militaire de Saint-Louis, par lesquels le Roi augmente le nombre des Grands-Croix & des Commandeurs, & crée de nouveaux Officiers pour cet Ordre, Avril 1719 : *Paris*, 1719, *in-4*.

40528. ☞ Des Chevaliers de l'Ordre de Saint-Louis, par le Père HELYOT.

Dans son *Histoire des Ordres Religieux & Militaires*, &c. tom. *VIII*. pag. 421.]

40529. ☞ L'Office de la Confrairie de Saint-Louis, érigée dans l'Eglise de Notre-Dame de Versailles, pour l'utilité des Chevaliers de Saint-Louis : *Versailles*, 1724, *in-12*.]

XI. *Ordre du Mérite Militaire, établi en* 1759.

☞ Ce nouvel Ordre est de l'Institution de Louis XV. en faveur des Officiers de ses Troupes, qui, nés en Pays Protestans, ne peuvent être admis dans l'Ordre de Saint-Louis à cause de leur Religion.]

40530. ☞ Ordonnance du Roi (Louis XV.) portant création d'un Etablissement sous le titre d'Ordre du Mérite Militaire, du 10 Mars 1759 : *in-4*.

Cette Ordonnance est aussi imprimée dans la nouvelle Edition du *Code Militaire* de M. de Briquet : *Paris*, 1761, *in-12*. 8 vol.]

XII. *De quelques Ordres de Chevalerie, qui n'ont pas eu de suite.*

☞ Ce que l'on sçait de ces Ordres se trouve rassemblé à la fin du Tome VIII. de l'*Histoire des Ordres Religieux & Militaires*, par le Père HELYOT, pag. 276 & *suiv*. Il parle ensuite de quelques autres Ordres Militaires qui n'ont été que projettés, & dont l'un a donné lieu à l'Imprimé qui suit.]

40531. ☞ La Règle & Constitution des Chevaliers de l'Ordre de la Magdelaine ; par DE LA CHAPPERONAYE : *Paris*, du Bray, 1618, *in-8*.

Cet Ordre prit sa naissance & sa fin en la personne de Jean Chesnel de la Chapperonaye, à qui l'idée en étoit venue, & que Louis XIII. revêtit du Cordon de cet Ordre ; mais ce Chevalier voyant qu'il ne prenoit point faveur, se fit Hermite.]

ARTICLE II.

Généalogies des Familles illustres de France.

☞ « LES Généalogies des Familles Nobles d'une » Province, (dit M. Dunod,) entrent naturellement » dans son Histoire, soit parceque la Noblesse étant la » partie la plus brillante de l'Etat, on desire de la con- » noître, soit parceque cette connoissance renferme des » faits qui instruisent des mœurs, de la Police & du Gou- » vernement ancien, & qui font l'Histoire des parties » d'un Pays, par celle des Terres dont il est composé, » laquelle se rencontre toujours dans les Généalogies ». *Mém. pour servir à l'Hist. du Comté de Bourgogne*, ou Tome III. de M. Dunod : (*Besançon*, 1740, *in-4*.) pag. 1.]

§. I. *Recueils des Généalogies de différentes Familles, & Nobiliaires des Provinces & des Chapitres.*

J'ai rapporté dans le Chapitre III. du Livre III. de cette *Bibliothèque historique*, [ci-devant, Tome II. pag. 659 & *suiv*.] les Généalogies de la Maison Royale de France, & je vais indiquer dans cette première Section les Recueils des Généalogies de différentes Familles, réservant pour la suivante les Généalogies particulières de chaque Famille & ses Alliances.

40532. Premier Livre des Etats & Maisons illustres de la Chrétienté : *Paris*, Sertenas, 1549, *in-4*.

Jean de Montiers, sieur DU FRAISSE & de Rochelidoux, Ambassadeur du Roi auprès des Princes d'Allemagne, en 1551 & 1552, à la Diète de Passau, fait Evêque de Bayonne en [1551,] est l'Auteur de cet Ouvrage, selon Messieurs de Sainte-Marthe, au Tome II. de la *France Chrétienne*, [ou *Gallia Christiana*,] pag. 351. La Croix du Maine, dans sa *Bibliothèque Françoise*, l'appelle Jean DE FRESSE.

40533. Theatrum Genealogicum, ostentans omnes omnium ætatum Familias Monarcharum, Regum, Ducum, Marchionum, &c. Auctore Hieronymo HENNINGES : *Magdeburgi*, 1598, *in-fol*. 5 vol.

Le Père Ménestrier dit que ce Livre est de prix pour les Libraires, mais très-impertinent pour les Sçavans, qui en reconnoissent les impostures & les ignorances : on peut dire la même chose de la *France Métallique* de Jacques de Bie.

☞ M. de Bure porte un jugement plus avantageux d'Henninges, & il a raison. Cet Auteur a rapporté en effet des fables, & donné de fausses Armes à certaines Familles ; mais c'est d'après des Ecrivains sans critique, qui n'avoient point encore été relevés, & toutes les bonnes choses qu'il a d'ailleurs rassemblées, doivent lui faire pardonner les erreurs de son temps. M. de Bure donne le détail des quatre Volumes de l'Ouvrage d'Henninges, (*Bibliogr*. n. 5669, de l'*Hist*.) & il avertit qu'on y joint deux autres Morceaux du même Auteur, qui souvent sont en un Volume : c'est ce qui aura engagé le P. le Long à dire qu'il y avoit 5 vol.]

40534. Nicolai RITTERSHUSII Opus ingens Genealogicum, in quo continentur Genealogiæ Imperatorum, Ducum, aliorumque Procerum Orbis totius, deductæ ab anno Christi

Christi 1400, ad annum 1664, cum Supplementis & diversis accessionibus: *Tubingæ*, 1664, & ann. seqq. 7. tom. *in-4*. vol. *in-fol.*

L'Auteur, qui étoit très-sçavant en Histoire & dans les Belles-Lettres, comme en Mathématique, commença à en publier un Volume en 1657. Il en donna une seconde Edition, revue & augmentée, en 1658, & y joignit à la fin de la même année un *Auctarium*. Le tout fut imprimé *Tubingæ*.

L'Edition de 1664, comme le Tome I. que nous annonçons ici, fut publié par l'Auteur, ainsi qu'un Supplément en 1668.

« Cet Ouvrage est très-estimé, dit M. de Bure, (*Bibliographie histor.* num. 5672,) & les Exemplaires
» sont fort recherchés, quand ils renferment toutes les
» Pièces nécessaires qui les rendent parfaitement complets. Nous allons donner ici la Notice de l'Exemplaire le plus ample de tous ceux qui nous ont passé jusqu'à présent par les mains.

» I. Genealogiæ Imperatorum, Regum, Ducum, Comitum, præcipuorumque aliorum Procerum Orbis Christiani ab anno M. CCCC. deductæ & ad annum M. DC. LXIV. continuatæ: *Tubingæ*, 1664, *in-fol.*

» II. Tabulæ Genealogicæ illustrium aliquot Familiarum: *Tubingæ*, 1668, *in-fol.*

» III. Brevis Exegesis historica Genealogiarum præcipuorum Orbis Christiani Procerum: *Tubingæ*, 1674, *in-fol.*

» IV. Spicilegium Rittershusianum, sive Tabulæ Genealogicæ, quibus Stemmata aliquot illustrium in Germania Familiarum, quas Rittershusius in suo Opere prætteriit: *Tubingæ*, 1683, *in-fol.*

» V. S. Rom. Germanici Imperii Procerum, tàm Ecclesiasticorum quàm Sæcularium, Notitia Historico-Heraldico-Genealogica, in Supplementum Operis Rittershusiani: *Tubingæ*, 1684, *in-fol.*

» VI. Spicilegii Rittershusiani pars posterior, sive Tabulæ Genealogicæ xxxx. quas Nicolaus Rittershusius in Opere suo prætteriit, cum Supplemento in nonnullas Tabulas Rittershusianas: *Tubingæ*, 1685, *in-fol.*

» VII. Supplementa & Additiones Jacobi Willhelmi IMHOFF, in Notitiam S. Rom. Germanici Imperii Procerum post primam Operis hujus Editionem: *Tubingæ*, 1688, *in-fol.* »

On voit par ces Titres qu'il y a dans cet Ouvrage plus de Généalogies pour l'Allemagne que pour la France; mais quoi qu'il en soit, il doit toujours être indiqué ici, en avertissant que ce ne sont que des Tables Généalogiques, sans détails historiques. L'Auteur a-t-il bien fait de se borner à commencer au XV⁵ Siècle? Plusieurs Familles, sur-tout les Princes, remontent incontestablement plus haut; mais chacun doit être libre dans ses compositions. Au reste, il est mort en 1670, à Altorf, où il étoit Professeur de Droit Féodal.

40535. ☞ Jac. Wilh. IMHOFF, excellentium Familiarum, Regum, Principum, Ducum, Pariumque in Gallia Genealogiæ, à prima earum origine ad præsens ævum deductæ, & Notis historicis illustratæ: *Noribergæ*, 1687, *in-fol.*

Les Actes de Leipsick en donnent une Analyse, en 1687, *pag.* 302.

Dans les deux Volumes que le même Imhoff a publiés des Généalogies d'Italie & d'Espagne: (*Noribergæ*, 1701 & 1702, *in-fol.*) on en trouve quelques-unes qui regardent l'Histoire de France, telles que celles des Comtes de Bourgogne, de Vienne, de Châlon, &c. & celles des différens Comtes de Catalogne.]

40536. ☞ Généalogies historiques des anciens Patriarches, Rois, Empereurs, & de toutes les Maisons Souveraines, jusqu'à présent, tirées d'Hubner & autres, avec des Remarques; (par M. CHASOT:) *Paris*, Giffart, 1736-1738, *in-4*. 4 vol.

Le Tome I. contient les Généalogies des Patriarches, Rois, Héros de l'antiquité & Empereurs, depuis Jules-César jusqu'à Constantin le Grand, avec celles des plus illustres Romains.

Le Tome II. les Maisons Souveraines d'Italie, avec les Familles Papales, depuis cent cinquante ans. (Ce Volume a paru avant les autres, qui auroient dû suivre le précédent, parcequ'il a été plutôt prêt.)

Le Tome III. les Généalogies historiques de la Maison Royale de France, exposées dans des Cartes Généalogiques & Chronologiques tirées des meilleurs Auteurs, avec des Explications historiques & les Armes différentes de chaque branche.

Le Tome IV. les Généalogies des Rois, Ducs, Comtes, &c. de Bourgogne, exposées dans des Cartes Généalogiques, &c. avec des Explications historiques, & les Armoiries de chaque Famille.

L'Ouvrage n'a pas été achevé, tel que l'Auteur l'avoit proposé d'abord, quoiqu'il ait vécu jusqu'en 1755.]

40537. ☞ Le Palais de l'Honneur, contenant les Généalogies historiques des illustres Maisons de Lorraine & de Savoye, & de plusieurs nobles Familles de France; ensemble, l'origine & explication des Armes, &c. (par le Père ANSELME, [Pierre de Guibours,] Augustin Déchaussé:) *Paris*, Loyson, 1663 & 1668, *in-4*.

« On y trouve aussi les Devises & Tournois, l'Institution des Ordres Militaires, les principales Charges
» & Dignités de la Couronne, les Cérémonies qui s'observent en France aux Sacres des Rois & Reines, leurs
» Entrées solemnelles, les Baptêmes des Fils & Filles de
» France, les Pompes funèbres qui se font faites aux
» Obsèques de nos Rois, avec un Traité fort curieux
» pour apprendre parfaitement la Science du Blazon,
» enrichi des Armes & Figures en taille-douce ».

A la fin est un Indice Armorial des Familles dont les Généalogies sont contenues en ce Livre. L'Auteur en a donné la suite sous ce titre:]

40538. ☞ Le Palais de la Gloire, contenant les Généalogies historiques des illustres Maisons de France, & de plusieurs Nobles Familles de l'Europe, où est compris l'origine, le progrès & la fin de diverses Familles, avec leurs Eloges; (par le même:) *Paris*, Bessin, 1664, *in-4*.

On peut voir sur ces deux Ouvrages, Lenglet, *Méth. histor. in-4.* tom. IV. *pag.* 427.]

40539. Ms. Table des Maisons de France, qui prouvent leurs Généalogies, depuis l'an 900 de Jesus-Christ; par les soins de François DE CAMPS, Abbé de Signi.

Cette Table [étoit] dans la Bibliothèque de M. le Baron d'Hoendorff, Colonel de l'Empereur, [& est aujourd'hui dans la Bibliothèque Impériale à Vienne. L'Original doit être dans celle de M. de Beringhen.]

40540. Le Lignage d'Outremer, représenté en trente Tableaux généalogiques des Rois de Jérusalem, de Chypre, d'Arménie, &c.

Le Lignage d'Outremer, représenté en son

entier, tiré d'un Manuscrit de la Bibliothèque du Vatican.

Ces deux Généalogies sont imprimées dans le Père Labbe, au Tome I. de son *Abrégé de l'Alliance Chronologique de l'Histoire Sacrée & Profane, pag.* 351 & 421 : *Paris*, Meturas, 1664, *in-*4.

« L'Auteur anonyme, dont nous avons tiré (dit le » Père Labbe, *pag.* 347) ces Tableaux généalogiques, » & dont nous avons ensuite rapporté l'Ouvrage en son » entier, vivoit du temps de Philippe-le-Bel, qui a » commencé à régner en 1285, & est mort en 1314. » Il demeuroit dans l'Isle de Chypre, ou dans quelque » Ville voisine, sur les bords de la Palestine ».

☞ Ces Familles des Francs, qui ont régné dans la Syrie, &c. ont été réimprimées d'après le Père Labbe ; mais avec quelques Eclaircissemens tirés des Historiens Arabes, *pag.* 441 *& suiv.* du Tome préliminaire de l'*Histoire des Huns, Turcs, Mogols, Tartares* ; par M. Deguignes : *Paris*, Desaint, 1756, *in*-4. 5 vol. Ce Volume préliminaire donne les Suites raisonnées de tous les Princes connus de l'Asie & de l'Afrique, la plupart tirés des Manuscrits Orientaux de la Bibliothèque du Roi.]

40541. Histoire contenant une sommaire Description des Généalogies, Alliances, Gestes de tous les Princes & Grands Seigneurs, dont la plupart étoient François, qui ont jadis commandé ès Royaumes de Hiérusalem, Chypre, Arménie & Lieux circonvoisins ; composée par Estienne DE LUSIGNAN, de la Maison de Chypre, de l'Ordre des Frères Prêcheurs : *Paris*, Chaudière, 1579, *in*-4.

Il y a beaucoup de fables dans cette Histoire.

☞ M. Jatdel, Officier du Roi demeurant à Braine, près de Soissons, a dans sa curieuse Bibliothèque, un Exemplaire de cet Ouvrage, chargé d'un grand nombre de Remarques & de Corrections faites par MM. DE SAINTE-MARTHE]

40542. Mf. Histoire des Principautés & des Royaumes de Jérusalem, de Chypre & d'Arménie, & des Familles qui les ont possédées ; par Charles DU FRESNE DU CANGE : *in-fol.*

Cette Histoire [étoit] dans la Bibliothèque de M. l'Abbé de Camps, [& est aujourd'hui dans celle de M. de Beringhen.]

☞ On trouvera dans la Bibliothèque du Roi l'Original de M. du Cange, avec ses autres Ouvrages, qui y ont été remis par M. du Fresne d'Aubigné son Parent.]

40543. ☞ Mf. Histoire des Familles Normandes qui ont eu part à la Fondation du Royaume de Sicile ; par le même.

Elle est conservée avec la précédente, dans la Bibliothèque du Roi.]

40544. Tables Généalogiques de plusieurs Familles de France, dont il est fait mention en l'Histoire de Constantinople, sous les Empereurs François ; par le même.

Ces Tables sont imprimées, *pag.* 305 de l'*Histoire de Constantinople* ; par Villehardouin : *Paris*, 1657, *in-fol.*

☞ Tout ce que M. du Cange avoit recueilli pour une nouvelle Edition de cette Histoire, est conservé à la Bibliothèque du Roi, & il doit s'y trouver beaucoup de choses sur ces Généalogies.]

40545. * Mf. Liste des Seigneurs qui suivirent Saint Louis, en son Voyage d'Outremer : *in-fol.*

Elle [étoit] à Dijon, dans la Bibliothèque de M. Jacq. Auguste de Chavannes.

40546. * Abeli SAMMARTHANI Elogia aliquot illustrium Galliæ Familiarum.

Ces Eloges se trouvent parmi ses *Œuvres : Parisiis*, [Villery,] 1632, *in*-4.

40547. ☞ Catalogue des Familles de Normandie, & autres Provinces de France, &c.

Elles sont imprimées à la fin de l'*Hist. de Normandie* du Moulin, & rapportées ci-après aux Nobiliaires de Normandie.

40548. Mf. Généalogies des illustres Maisons de l'Europe & de France ; par Auguste GALLAND : *in-fol.* 8 vol.

Ces Généalogies [étoient] dans la Bibliothèque de M. le Chancelier Seguier, num. 859, & [doivent être à S. Germain-des-Prés : elles sont aussi] dans la Bibliothèque de Messieurs des Missions Etrangères.

40549. Mf. Nobiliaire universel du Royaume de France, contenant les Cartes généalogiques, chronologiques, historiques de toutes les Familles nobles & plus notables du Royaume, rangées selon l'ordre alphabétique de leur nom ; par Dom GABRIEL DE SAINTE ANNE, Religieux Feuillant : *in-fol.* 32 vol. avec les Supplémens en 14 vol.

40550. Mf. Dictionnaire généalogique de toute la Noblesse de France, ou Abrégé du Nobiliaire universel, écrit l'an 1694 ; par le même : *in-fol.* 2 vol.

Mf. Autre Exemplaire écrit par le même, en 1696 : *in-fol.* 2 vol.

Ce Nobiliaire, avec les Dictionnaires généalogiques, sont conservés à Paris dans la Bibliothèque des Feuillans.

40551. Mf. Généalogies de plusieurs Familles de France, avec des Titres pour les Généalogies, &c. recueillis par André DU CHESNE : *in-fol.* 33 vol.

Ces Généalogies sont conservées dans la Bibliothèque du Roi, entre les Manuscrits de M. Duchesne.

40552. Mf. Généalogies des Familles de France, rangées selon l'ordre alphabétique ; recueillies par Messieurs DE SAINTE-MARTHE : *in-fol.* 10 vol.

Ces Généalogies sont conservées à Paris, dans la Bibliothèque de Saint-Magloire, entre les Manuscrits de Messieurs de Sainte-Marthe.

40553. Mf. Mémoires pour servir à un Dictionnaire généalogique de France ; par Benigne LENAIN, Sieur d'Olinville, Frère de M. de Tillemont : *in-*4. 7 vol.

Ces Mémoires [étoient] entre les mains de l'Auteur, qui les a presque tous tirés de Livres imprimés.

40554. Mf. Recueil des Généalogies des Familles de France, rangées selon l'ordre alphabétique : *in-fol.* en 88 Porte-feuilles.

40555. Mf. Généalogies de diverses Familles de France : *in-fol.* 4 vol.

Recueils de Généalogies de France.

40556. Mſ. Extraits de Généalogies, tirées des Livres imprimés, rangés par ordre alphabétique : *in-fol.* 34 vol.

40557. Mſ. Table alphabétique des Noms des Familles contenus en pluſieurs Hiſtoires imprimées : *in-fol.*

40558. Mſ. Titres ou Extraits, Montres, Bans, Arrière-Bans, Acquis ſcellés, &c. pour ſervir aux Généalogies, diſtribués par ordre alphabétique des Surnoms : *in-fol.* 175 vol. ou paquets.

40559. Mſ. Titres originaux concernant les Familles, rangés par ordre alphabétique des Noms des Familles : *in-fol.* 23 vol. ou paq.

Les Articles, depuis le n. 40554 juſqu'au n. 40559, faiſant trois cens volumes *in-fol.* ſont conſervés dans la Bibliothèque du Roi, entre les Manuſcrits de M. de Gaignières.

40560. Mſ. Généalogies des plus illuſtres Maiſons de France ; par Gedeon du Prê-le-Jay, Seigneur DE KAERDANIEL, Gentilhomme Breton : *in-fol.* 2 vol.

Ce Recueil [étoit] dans la Bibliothèque de M. le Prince Eugène de Savoye, [& eſt aujourd'hui dans celle de l'Empereur à Vienne.]

40561. ☞ Mſ. Mémoriaux des Familles anciennes de France ; par Guillaume PARADIN.

La Croix du Maine & du Verdier en font mention dans leurs *Bibliothèques Françoiſes.*

40562. Mſ. Généalogies des principales Familles de France, avec les Titres, rangées par ordre alphabétique ; recueillies par Pierre CLAIREMBAULT, Généalogiſte de l'Ordre du Saint-Eſprit : *in-fol.* 200 vol.

Ces Généalogies [étoient] dans le Cabinet de l'Auteur. Ce Recueil eſt un Ouvrage différent de celui de l'*Hiſtoire de l'Ordre du Saint-Eſprit* par le même Auteur, [ci-devant, N.° 40520, mais celui-ci eſt au même Dépôt.]

40563. Mſ. Généalogies des principales Familles de France, avec beaucoup de Titres ſervant de preuves, rangées par ordre alphabétique ; recueillies par Pierre D'HOZIER, Gentilhomme de Provence, Généalogiſte de France, & Charles D'HOZIER ſon fils, Ecuyer, Conſeiller du Roi, Généalogiſte de ſa Maiſon, Juge d'Armes & Garde de l'Armorial général de France : *in-fol.* 150 v.

Ces Généalogies ſont conſervées dans la Bibliothèque du Roi. Ces deux Auteurs ont travaillé à ce Recueil chacun cinquante ans ; ainſi on peut l'appeller l'Ouvrage d'un Siècle.

40564. Mſ. Nobiliaire hiſtorique de France, depuis l'an 900 de Jeſus-Chriſt, juſqu'à la fin du Règne de François I. diviſé en deux parties. La première comprend les Noms des Papes, des Légats, des Cardinaux, des Nonces, des Evêques & des Abbés qui ſont nommés, & qui ont ſouſcrit dans les Actes & autres Pièces qui ſervent de preuves aux Cartulaires hiſtoriques des Rois de France, indiqués ci-deſſus, [N.ᵒˢ 29498 & ſ.] La ſeconde Partie contient les Noms des Princes, Ducs, Comtes, Vicomtes, Marquis, Barons & autres Nobles qui ſont auſſi nommés, ou qui ont ſouſcrit dans les mêmes Actes, rangés & diſtribués par ordre alphabétique ſous chaque Règne, avec des Obſervations & Notes hiſtoriques de François DE CAMPS, Abbé de Signy : *in-fol.* 12 vol.

Ce Nobiliaire [étoit] dans la Bibliothèque de l'Auteur, [& eſt aujourd'hui dans celle de M. de Béringhen.]

40565. Mſ. Nobiliaire de la plus ancienne & plus illuſtre Nobleſſe de France ; par un Auteur qui travaille depuis vingt années à ce Recueil.

Ce Nobiliaire eſt ainſi annoncé dans les *Mémoires de Trévoux*, Octobre, 1713, *pag.* 1852.

40566. Mſ. De Genealogia Nobilium Francorum & de geſtis eorumdem ad Ludovicum Leodienſium Epiſcopum ; Auctore Huberto LEONARDO, Ordinis Carmelitarum, Epiſcopo Darienſi.

Cet Auteur a fleuri l'an 1490. Valère André cite ſon Ouvrage dans ſa *Bibliothèque Belgique.*

40567. Mſ. Diverſes Généalogies de diverſes Maiſons illuſtres de France : ce Recueil commence par d'anciennes Généalogies tirées des vieux Manuſcrits : *in-fol.*

Ces Généalogies ſont conſervées entre les Manuſcrits de M. Dupuy, num. 513.

40568. ☞ Mſ. Généalogies de quelques anciennes Maiſons de France ; par René DE PROTOVAL, Marquis de Clere & de Panilleuſe : *in-fol.* 2 vol.

[Dans la Bibliothèque de M. le Marquis d'Aubais.]

40569. Mſ. Généalogies de la Maiſon de Longueville, de la Maiſon d'Albert, Mioſſant, des Comtes de Périgord, de la Maiſon d'Amboiſe, des Vicomtes de Limoges, des Seigneurs du Bouchage, de Thouars, de la Maiſon de Thou, de la Maiſon d'Aſpremont : *in-fol.*

Ces Généalogies ſont conſervées entre les Manuſcrits de M. Dupuy, num. 591.

40570. Mſ. Généalogies & Remarques particulières ſur pluſieurs Familles de France : *in-fol.*

Ces Généalogies ſont conſervées entre les Manuſcrits de M. Dupuy, num. 638.

40571. Mſ. Hiſtoire & Généalogies des Maiſons de Nevers, Albret, Clèves, Bourbon, Mantoue & Alençon : *in-fol.*

Cette Hiſtoire Généalogique [étoit] dans la Bibliothèque de M. Colbert, num. 1256, [& aujourd'hui dans celle du Roi.]

40572. Mſ. Généalogies des illuſtres Maiſons de France, ou leurs ſeize Quartiers, avec leurs Blazons : *in-fol.* 2 vol.

Ces Généalogies [étoient] dans la Bibliothèque de M. le Chancelier Seguier, num. 837, [& ſont aujourd'hui à S. Germain-des-Prés.] On les trouve auſſi dans la Bibliothèque de Sainte-Geneviève.

40573. Mſ. Généalogies des grandes Maiſons de France : *in-fol.*

Ces Généalogies ſont conſervées dans la Bibliothèque de M. le Chancelier d'Agueſſeau.

40574. Mſ. Généalogies des Maiſons de France : *in-fol.*

Ces Généalogies [étoient] dans la Bibliothèque de M. Colbert, n. 1458, [aujourd'hui dans celle du Roi.]

40575. Mſ. Généalogies de pluſieurs Perſonnes & Familles de France : *in-fol.*

Elles [étoient] dans la Bibliothèque de M. l'Abbé de Camps, [& aujourd'hui dans celle de M. de Béringhen.]

40576. ☞ Mſ. Généalogies de divers Seigneurs, & Recueil abrégé des principales Maiſons du Royaume : *in-4*. 9 vol.

C'eſt ce qui eſt contenu dans les Porte-feuilles 639-647 du grand Recueil de M. de Fontanieu, à la Bibliothèque du Roi.]

== Généalogies, Armes & Blazons des grands Officiers de la Couronne de France & de la Maiſon du Roi; par le Père ANSELME, Auguſtin Déchauſſé, [& ſes Continuateurs.]

Voyez ci-devant, [Tome II. N.° 24837.]

☞ La troiſième & dernière Edition, qui a commencé à paroître en 1726, & qui a 9 volumes *in-fol.* eſt ornée des Armoiries de chaque Famille.]

== Généalogies de quelques Chanceliers & Gardes des Sceaux; par Denis GODEFROY.

Voyez ci-deſſus, [N.° 31484.]

== Généalogies, Armes & Blazons des Chanceliers & Gardes des Sceaux; par François DU CHESNE.

Ibid. [N.° 31486.]

40577. ☞ Mſ. Nobiliaire de France, ou Mémoires pour ſervir à l'Hiſtoire des grands Fiefs de France, avec un Supplément; par Charles DU FRESNE DU CANGE : *in-fol.* 4 Porte-feuilles.]

Plan d'un Armorial général, avec un Recueil de Blazons; par le même : *in-fol.* 2 vol.

Traité du Droit des Armoiries, de leur origine & de leur uſage; Ouvrage diviſé en quatre Livres : *in-fol.* en un Porte-feuille.

Tous ces Manuſcrits intéreſſans ſont conſervés dans la Bibliothèque du Roi.]

40578. ☞ Mſ. Hiſtoire de toutes les Maiſons principales de France, avec le Blazon de leurs Armoiries; par le Père PROSPER DE RODEZ, Capucin de la Province de Toulouſe : *in-fol.* 2 vol.]

40579. ☞ Mſ. Hiſtoire Généalogique de tous les Ducs & Pairs de France; par le même : *in-fol.*

Ces Manuſcrits ſont dans la Bibliothèque des Capucins de Toulouſe, & dans celle de quelques autres Couvens de la même Province.]

40580. Mſ. Table généalogique des Maiſons des Pairs de France : *in-fol.*

Cette Table [étoit] dans la Bibliothèque de M. le Chancelier Seguier, num. 842, [& doit être à Saint Germain-des-Prés.]

40581. Tableaux généalogiques des ſix Pairs Laïques, Bourgogne, Normandie, Guienne, Toloſe, Flandre & Champagne; avec celui des Comtes de Hainault, à cauſe de l'Alliance étroite avec les Comtes de Champagne; par Philippe LABBE, Jéſuite.

Ces Tableaux ſont imprimés avec ceux de la Maiſon Royale de France : *Paris*, 1652; *la Haye*, 1652; *Paris*, 1664, *in-12.*

40582. Tables généalogiques de pluſieurs Familles de France, particulièrement des Ducs & Pairs & des Maréchaux de France : *Paris*, 1664, *in-fol.*

Ces Tables ont été dreſſées par le Sieur DE SAINT-MARTIN, Chevalier d'Armes, Gentilhomme Provençal, & gravées par François de la Pointe.

== Généalogies des Premiers Préſidens du Parlement de Paris; par Jean-Baptiſte DE L'HERMITE SOULIERS, & François BLANCHARD.

☞ *Voyez* ci-deſſus, N.° 32891.]

== Généalogies des Préſidens à Mortiers du Parlement de Paris; par Fr. BLANCHARD.

☞ *Voyez* ci-deſſus, N.° 32928.]

== Généalogies, Armes & Blazons des Secrétaires d'Etat; par Antoine FAUVELET DU TOC.

☞ *Voyez* ci-deſſus, N.° 32628.]

== Généalogies des Maîtres des Requêtes de l'Hôtel du Roi; par Jean BLANCHARD.

Voyez ci-deſſus, N.° 31747.]

40583. Remarques de Pierre de SAINT-JULIEN, ſur pluſieurs Familles de France.

Ces Remarques ſont imprimées dans le Livre II. de ſes *Mélanges hiſtoriques* : *Paris*, 1589, *in-8.*

40584. Les Familles de la France illuſtrées par les Monumens des Médailles anciennes & modernes; par Jacques DE BIE, Calcographe : *Paris*, 1634, 1636, *in-fol.*

40585. Les Alliances de pluſieurs Familles de France; par Claude DE MAROIS.

Ces Alliances ſe trouvent dans ſon *Parfait Gentilhomme* : *Troyes*, 1631, *in-8.*

40586. ☞ Mſ. Généalogies, Pièces ſur la Nobleſſe du Royaume, Armoiries, Contrats de Mariage, &c. compoſées & recueillies par MM. GODEFROY : *in-fol.* 10 vol. ou Porte-feuilles.

Ils ſont conſervés dans la Bibliothèque de la Ville de Paris, num. 518-521, 526, 544-548.]

40587. ☞ Mſ. Mémoires Généalogiques de la Bibliothèque de M. de Cangé : *in-fol.* 2 Porte-feuilles.

Ils doivent être à la Bibliothèque du Roi, où ſont ſes Manuſcrits. On les trouve indiqués, *pag.* 319 de ſon Catalogue, avec le détail ſuivant : = Le Comte André, Seigneur Souverain de Beuil. = Aſpremont, diverſes Pièces. = Le Bigot, imprimé *in-4.* = Billy-Bougier,

Recueils de Généalogies de France. 717

= De Breil. = Projet de l'Histoire Généalogique de Bretagne ; par Guy Autret : *in-*4. = Castel. = Preuves de la Noblesse de Henri Chabot. = Colbert, diverses Pièces. = Covet. = Courcillon. = Courtenay, divers Mémoires. = Regiæ Damascenorum Stirpis antiquissima insignia : *in-*4. = Dussou. = Egmond, imprimé *in-*4. = Epinoy : *in-fol. max.* = Titres du Comté d'Esteing : *in-*4. = Faret : *in-fol.* = Fangerets, Manusc. = Fiesque, diverses Pièces. = Garges. = Gesvres. = Gondy : *in-*4. = Goulu : *in-fol.* = Guyot. = Guiscard. = La Haye. = Hamilton. = Hermite de Souliers. = Hurault. = Le Jay. = Langlois. = Laval. = Lauzières. = Le Prêtre. = Loger. = Luxembourg. = Luynes : *Paris*, 1618, *in-*12. = Machau. = Mazarin. = Malherbes de S. Agnan : *in-*12. = Marolles. = Melun : *in-fol. max.* = Mydorge. = Montlaur : *in-fol.* = La Mure. = Noailles : *in-fol. max.* La Noue. = D'O. = Pontville-Prévôt. = Quarré. – La Rivière, diverses Pièces. = Robin. = Rochechouart. = Rostaing, 1647 : *in-*4. = Roy. = Saisseval. = Sallo. = Tessé - Tonnerre. = Noblesse des Capitouls de Toulouse, imprimé *in-*4. = Vassé. = Vedeau, diverses Pièces. = Villeroy. = Usez.]

40588. Recueil des Tombeaux des Personnes illustres, dont les Sépultures sont dans les Eglises des Célestins de Paris, avec leurs Eloges, Généalogies, Armes, Blazons & Devises ; par Jean LE LABOUREUR : *Paris*, 1641, *in-*4. *Ibid.* 1642, *in-fol.*

40589. Généalogies de plusieurs Familles de France ; par le même.

Ces Généalogies sont imprimées dans ses *Additions aux Mémoires de Michel de Castelnau* : *Paris*, 1659, *in-fol.* 2 vol. Le Laboureur, dit Costar dans un *Mémoire historique manuscr.* est un très-bon Généalogiste ; il n'écrit pas mal au stile historique.

40590. ☞ Ms. Recueil de Généalogies, Pièces généalogiques, héraldiques, Vies particulières, Erections, Inféodations, Brevets, Epitaphes, rangées par ordre alphabétique : *in-fol.* 4 gros Porte - feuilles.

Ce Recueil est conservé à Dijon, dans la Bibliothèque de M. Fevret de Fontette, Conseiller au Parlement de Bourgogne. Quelques-uns des principaux Morceaux sont indiqués à leur place dans cette *Bibliothèque de l'Histoire de France*.]

40591. ☞ Introduction à l'Histoire des Maisons Souveraines de l'Europe, (& autres illustres ;) par le P. (Claude) BUFFIER, Jésuite, avec des Tables Généalogiques : *Paris*, Coustelier, 1717, *in-*12. 3 vol.]

40592. ☞ Tablettes historiques, Généalogiques & Chronologiques ; par CHASOT de Nantigny : *Paris*, le Gras, &c. 1749-1757, *in-*24. 8 vol.

Le Tome I. contient la Succession des Papes, Empereurs, Rois, tant de l'Histoire ancienne que moderne, & des Souverains d'Allemagne & d'Italie, des Doges de Venise & des Ordres Militaires.

Le Tome II. comprend la Succession des Rois & des Reines de France, des anciens Souverains des différentes Provinces du Royaume, & des Possesseurs des grands Fiefs de la Couronne.

Le Tome III. contient la Succession des Ducs, Princes & Grands d'Espagne François, avec l'état présent de leurs Familles, les Grands Officiers de la Couronne, les Chevaliers & Officiers du Parlement de l'Ordre du S. Esprit, les Papes & Cardinaux François, & les Prévôts de Paris.

Les Tomes IV. - VIII. comprennent les Terres du Royaume & des Pays- Bas, érigées en titre de Marquisat, de Comté, de Vicomté & de Baronnie, (les Généalogies de ceux qui les ont possédées, ou qui les possèdent,) avec deux Tables, l'une des noms de Familles, l'autre des noms de Terres, & un Dictionnaire héraldique.

Cet Ouvrage est bien fait, & a été bien reçu. L'Auteur y avoit fait l'Abrégé de celui qu'il avoit commencé à publier, & que la mort l'a empêché de continuer ; sçavoir, l'Ouvrage indiqué ci-dessus, N.° 40536.]

40593. ☞ Mémorial de Chronologie, généalogique & historique, pour servir de guide dans la lecture de l'Histoire, tant ancienne que moderne ; (par M. l'Abbé Jacq. DESTRÉE :) *Paris*, Ballard, 1752, *in-*24.

On y trouve la Succession des principaux Souverains de l'antiquité & du dernier âge ; ensemble, celle de la Maison Royale de Bourbon & de toutes ses diverses Branches, des Princes & Princesses du Sang, aujourd'hui existans, des Ducs, Pairs ou non Pairs, Chanceliers, Gardes des Sceaux, Secrétaires d'Etat & autres Grands de la Cour de France, avec l'indication des Titres fondamentaux des honneurs dont ils jouissent, & l'état actuel de leurs Familles.

L'Auteur avoit précédemment donné quelques *Almanachs Généalogiques*, qui étoient l'Essai de cet Ouvrage.]

40594. ☞ L'Europe vivante & mourante, ou Tableau annuel des principales Cours de l'Europe ; (par le même :) Suite du *Mémorial*, &c. *année* 1759 : *Bruxelles*, Foppens, (*Paris*, Debure,) *in-*24.

Ces deux derniers Ouvrages, (où il y a beaucoup de Généalogies des Familles aujourd'hui en place,) sont intéressans & curieux. L'Auteur, qui est sçavant, a commencé à en faire imprimer un troisième, sur les Terres titrées du Royaume.]

40595. ☞ Dictionnaire Généalogique, Chronologique & Historique, contenant l'origine & l'état actuel des premières Maisons de France, des Maisons Souveraines & principales de l'Europe ; les Noms des Provinces, Villes, Terres, &c. érigées en Principautés, Duchés, Marquisats, Comtés, Vicomtés & Baronnies, les Maisons éteintes qui les ont possédées, & celles qui par héritage, alliance, achapt ou donation du Souverain, les possèdent aujourd'hui ; les Familles nobles du Royaume, & les Noms & les Armes seulement de celles dont les Généalogies n'ont pas été publiées ; par M. D. L. C. D. B. *Paris*, Duchesne, 1757, *in-*8. 3 vol.

L'Auteur, qui est Prêtre, se nomme Aubert de la Chesnaye des Bois, & c'est ce que désignent les lettres initiales. Il a donné après ces 3 Volumes divers Supplémens, dont on parlera ensuite.

Le Tome I. contient = une Préface, = des Recherches sur les Armoiries, = un Catalogue des Auteurs Généalogistes & de ceux qui ont écrit sur les Armoiries, avec les années de l'impression de leurs Ouvrages, = un Abrégé chronologique & historique des Rois & Reines de France, & des diverses Branches des Princes & Princesses de la Maison Royale de Bourbon. = Enfin, le commencement du Dictionnaire, ou les lettres A.-C.

Le Tome II. comprend la Suite ou les lettres D.-O.

Le Tome III. contient les lettres P.-Z. A la fin sont des Recherches sur les Fleurs de Lys & sur les Villes, les Maisons & les Familles qui portent des Fleurs de Lys

718 Liv. IV. Histoire Civile de France.

dans leurs Armes, rangées par ordre alphabétique, en forme de second Dictionnaire; (par M. DE NOINVILLE.)

☞ Supplément du Dictionnaire Généalogique, &c. *Paris*, Duchesne, 1761, *in-8.* 3 vol.

Le Tome (I. ou) IV. relativement au premier Dictionnaire, contient les Lettres A.-D.

Le Tome V. les Lettres E.-M.

Le Tome VI. N.-Z.

Second Supplément, Tome VII. ou IV. du Supplément : *Paris*, 1765, *in-8.*

On trouve à la tête du dernier Volume (IV. ou VII.) une Table des Familles dont il est parlé dans les six Volumes.]

40596. ☞ Le même, augmenté, &c. sous ce titre : Dictionnaire de la Noblesse, contenant les Généalogies, l'Histoire & la Chronologie des Familles Nobles de France, &c. *Paris*, veuve Duchesne, 1770, &c. *in-*4. .... vol.

Il n'y en a encore que trois de publiés (en Décembre 1771.) Il pourra y en avoir huit. A la fin de chaque Volume, ou de chaque Lettre, on trouve une Table alphabétique des Noms & Armes des Familles Nobles, sur lesquelles on n'a point reçu de Mémoires. Car cet Ouvrage ne renferme pas seulement l'Abrégé des meilleurs Auteurs en Généalogies, mais aussi nombre de Mémoires communiqués par diverses Familles, avec les Pièces qui les concernent, selon ce que dit l'Auteur.]

40597. Généalogies des illustres Maisons de Lorraine, de Savoye & de plusieurs Familles illustres de France; par le Père ANSELME de la Vierge Marie, Augustin Déchaussé.

Ces Généalogies sont imprimées dans la cinquième partie de son *Palais de l'Honneur* : *Paris*, 1663, *in-*4.

Les mêmes, avec des additions & des changemens, publiées sous ce titre : Le Palais de la Gloire, contenant les Généalogies de plusieurs Familles nobles de l'Europe : *Paris*, 1664, *in-*4.

Ce Traité est curieux ; mais l'Auteur n'y est pas toujours exact.

40598. Généalogies de plusieurs Familles de France.

Ces Généalogies sont imprimées dans les Editions du *Dictionnaire de Moréri*, des années 1712, 1718, [1725, 1732, & *Supplémens* : enfin en 1759.]

═ ☞ Généalogies des Familles qui ont eu quelqu'une des grandes Charges.

Dans le grand Ouvrage du Père ANSELME, augmenté par le Père SIMPLICIEN, &c. *in-fol.* 9 vol. sans le *Supplément* qui s'imprime : ci-devant, Tome II. N.° 24837.]

══ ☞ Généalogies de nombre de Familles ; par MM. D'HOZIER, contenues dans l'*Armorial de France*.

Voyez ci-devant, N.° 40070. On a cru devoir les particulariser dans le Paragraphe suivant, qui est par ordre alphabétique, parce qu'elles sont accompagnées de leurs preuves, depuis le Registre II.]

Généalogies des Provinces de France & de quelques Chapitres Nobles.

— ☞ Généalogies d'Alençon.

☞ *Voyez* ci-après, avec celles de *Normandie*.]

40599. ☞ Ms. Jo. Jacobi LUCKII, Genealogiæ Alsaticæ : *in-fol.* 3 vol.

Cet Armorial de la Noblesse d'Alsace, a pour Auteur le même Luckius, qui a écrit les Annales de Ribeaupierre, (ci-dessus, N.° 38754,) & il est conservé dans les Archives de la Ville de Strasbourg. On y garde encore 38 autres Volumes *in-folio* du même Auteur, dont les trois premiers contiennent les Généalogies des Princes, Comtes & Barons d'Allemagne. Les trentecinq autres contiennent les Familles Nobles de l'Allemagne, de la Suisse & des Pays du Nord, avec leurs Armoiries.]

40600. Recueil de plusieurs Nobles & illustres Maisons du Diocèse d'Amiens & des environs ; par Adrien DE LA MORLIÈRE, Chanoine de l'Eglise d'Amiens : *Amiens*, 1630, *in-*4.

Ce Recueil est aussi imprimé à la fin de son *Histoire de la Ville d'Amiens* : *Paris*, 1642, *in-fol.* Cet Auteur est appellé un Généalogiste sûr par l'Abbé Ménage, *pag.* 130 de son *Histoire de Sablé.*

☞ Il y a dans la Bibliothèque du Roi, parmi les Manuscrits de M. du Cange, un Exemplaire de l'Ouvrage de la Morlière, qui a beaucoup d'Additions de la main de M. du Cange, & qui peut-être utile pour les Généalogies de Picardie, que ce sçavant étoit bien en état de connoître, puisque c'étoit sa patrie.]

40601. Généalogies de plusieurs Familles d'Anjou [& Provinces voisines ;] par Gilles MENAGE.

Ces Généalogies sont imprimées dans ses Remarques sur la Vie de Pierre Ayrault, [& de Guillaume Ménage, écrites en Latin, *Vitæ Petri Ærodii*, &c.] *Paris*, [Journel,] 1675, *in-*4.

☞ On indiquera les principales de ces Généalogies, dans le Paragraphe suivant.]

40602. Ms. Généalogies de plusieurs Familles d'Artois.

Ces Généalogies sont citées par Sanderus, au tom. I. de sa *Bibliothèque des Manuscrits Belgiques*, *pag.* 240.

40603. ☞ Nobiliaire d'Auvergne.

Il s'imprime actuellement.]

40604. Anciennes Remarques sur la Noblesse Beauvoisienne, & sur plusieurs Familles de France, Tome I. par Pierre LOUVET, Avocat : *Beauvais*, 1631, 1640, *in-*8.

Il n'y a eu d'imprimé que ce Tome, qui contient les Lettres depuis A. jusqu'à L. inclusivement, & la lettre M. du Tome II. & une feuille de la lettre N.

☞ On peut voir la *Méth. histor.* de Lenglet, *in-*4. tom. IV. pag. 189.]

40605. Le Nobiliaire de Beauvaisis ; par Denys SIMON.

Ce Nobiliaire est imprimé dans son Supplément à l'*Histoire de Beauvaisis* : *Paris*, 1704, *in-*12.]

40606. Tombeaux généalogiques, contenant cent Généalogies du Berry, Orléans, Paris, &c. par Nicolas CATHERINOT : *Bourges*, 1674, *in-*4.

Généalogies des Provinces & Chapitres. 719

Écus d'Alliances, contenant les mêmes Alliances sur nouveaux Mémoires: *Bourges*, 1680, *in-4.*

40607. Le Nécrologe du Berry, depuis l'an 251 de Jesus Christ, jusqu'à l'an 1000; par le même: *Bourges*, 1682, *in-4.*

40608. Le Nobiliaire du Berry; par le même: *Bourges*, 1681, *in-4.*

40609. Les Alliances du Berry; par le même: *Bourges*, 1684, *in-4.*

Ce ne sont que des brochures d'une ou de deux feuilles, [comme tous les autres Ouvrages de Catherinot, dont nous avons cru devoir donner une Liste, ci-dessus, *pag.* 434.]

40610. Généalogies des Seigneurs, qui ont autrefois commandé dans les cinq Villes Royales de Berry, avec l'Inventaire des preuves; par Gaspar Thaumas de la Thaumasiere.

40611. Généalogies des Princes du Bas-Berry, de leurs Alliés & de leurs Vassaux; par le même.

40612. Généalogies des Barons de Grancey, de Bouslac, de Saint-Agnan; par le même.

40613. Le Nobiliare du Berry; par le même.

Les Généalogies du N.° 40610 sont imprimées au Livre V. de l'*Histoire de Berry*, par la Thaumasière: *Bourges*, 1689, *in-fol.* Celles du N.° 40611 le sont au Livre VIII. celles du N.° 40612 le sont au Livre IX. & celles du N.° 40613 sont imprimées aux Livres XI. & XII. de la même Histoire.

40614. Mss. Dionysius Harduinus, de Nobilitate Burgundica, Namurcensi & Leodiensi.

Cet Ouvrage est cité par Valère André, dans sa *Bibliothèque des Ecrivains Belgiques.*

☞ Jean Hollander a publié, sur un Manuscrit d'Harduinus, un Ouvrage sur la Noblesse de Flandre: *Antverpiæ*, 1621, *in-4.* Il y a apparence que c'est celui dont il est ici parlé.]

40615. Généalogies de quelques Maisons de Bourgogne; par Pierre de Saint-Julien.

Ces Généalogies sont imprimées dans ses *Mélanges historiques*: *Lyon*, 1589, *in-8.*

40616. Dessein & idée historique & généalogique de la Duché de Bourgogne; par Pierre Palliot: 1654, *in-16.* [ou plutôt *in-4.*]

C'est le projet du Livre suivant.

☞ Ce Dessein est imprimé *in-4.* & n'est point du tout le projet du Livre suivant, qui n'est qu'un amas d'Extraits, de Titres; Monumens, &c. fait sans ordre & sans méthode, & pour servir seulement de Mémoires à l'Auteur. Le Dessein étoit un plan régulier d'une Histoire généalogique de la Province, mais qui n'a jamais eu d'exécution.]

40617. Mss. Extraits des Titres & Contrats de Fondation, Contrats de Mariage, Testamens, Donations, Tutelles, Partages, Transactions, Accords, Dons, Gratifications, Emplois, Provisions de Charges & Offices; Monumens, Tombeaux, Inscriptions, Registres du Parlement, de la Chambre des Comptes, des Bailliages & Chancelleries, & Protocoles des Notaires; Reprises des Fiefs, Démembremens, Acquisitions & autres Pièces concernant la Duché de Bourgogne; faits & recueillis par Pierre Palliot, Parisien, Imprimeur, Historiographe du Roi & Généalogiste du Duché de Bourgogne, pour l'Histoire généalogique par lui projettée: *in-fol.* 14 vol.

Palliot est mort en 1698. Ce Recueil [étoit] à Dijon en la possession de M. Joly, Marquis de Blaisy, ancien Président du Grand-Conseil.

☞ Ce Recueil, quoique sans ordre, étoit un Manuscrit précieux pour l'Histoire de Bourgogne, sur-tout pour celle des Familles; & au moyen d'une Table alphabétique très-ample, qui formoit le XIVe Volume, on pouvoit rassembler facilement sur chaque chose, tout ce qui se trouvoit épars dans les autres. Mais il y a quelques années qu'il fut malheureusement incendié, pour la plus grande partie, dans le Cabinet de M. de Blaisy, qui n'en a conservé que quelques Volumes, où il n'y a rien de complet.

On a une Copie entière du Tome I. qui est conservée dans la Bibliothèque de M. le Président Bouhier, (aujourd'hui de M. de Bourbonne;) où l'on trouve aussi un Recueil de diverses Epitaphes tirées des quatorze Volumes de Palliot.]

40618. ☞ Catalogue & Armoiries des Gentilshommes qui ont assisté à la tenue des Etats généraux du Duché de Bourgogne, depuis l'an 1548 jusqu'à l'an 1682, tirés des Registres de la Chambre de la Noblesse; (par MM. de Courtivron, de Brosses de Tournay, & de Thézut, Membres de ladite Chambre:) *Dijon*, 1760, gr. *in-fol.*

On trouve à la tête un Discours préliminaire très-ample sur l'Histoire de Bourgogne, & en particulier sur celle de la Noblesse de cette Province; & à la suite, plusieurs Planches gravées, contenant les Armoiries des Gentilshommes qui ont eu entrée dans cette Chambre, depuis 1682 jusqu'en 1757, inclusivement.]

== ☞ Mss. Diverses Pièces sur la Noblesse de Bourgogne, & Généalogies particulières, conservées à Dijon, dans la Bibliothèque de M. Fevret de Fontette.

Voyez ci-devant, N.os 36830, 36832 *& suiv.*]

40619. Trophæa tam sacra quàm prophana Ducatûs Brabantiæ, Libri novem, de Origine & Successione Ducum ac Principum Brabantiæ ac Familiarum illustrium hinc descendentium: Item, Genealogia plurium Familiarum hujus regionis; Auctore Christophoro Butkens, Ordinis Cisterciensis: *Antverpiæ*, Zegeri, 1641, *in-fol.*

Les mêmes Trophées traduits du Latin, Tome I. *Anvers*, 1641, *in-fol.*

Cet Auteur est mort en 1650. Il a fini son Histoire des Ducs de Brabant à l'an 1406. Il est décrié comme un insigne imposteur, & qui a forgé de faux Actes pour appuyer ses mensonges. C'est le jugement qu'en porte Scriverius, dans sa Lettre VIII. imprimée à la *pag.* 558 du Recueil d'Antoine Matthieu, intitulé: *Analecta veteris avi*: *Lugduni-Batavorum*, 1698, *in-8.*

40620. ☞ Trophées du Duché de Brabant; par Christophe Butkens, avec un

Liv. IV. Histoire Civile de France.

Supplément : *la Haye*, Van-Lom, 1724, 1726, *in-fol.* 4 vol. avec fig.]

☞ Autre Supplément aux Trophées sacrés & profanes du Duché de Brabant : *la Haye*, Van-Lom, 1727, *in-fol.*]

40621. Théâtre de la Noblesse du Brabant : *Liège*, 1705, *in-*4.

40622. L'Erection de toutes les Terres, Seigneuries & Familles titrées du Brabant, prouvées par des Extraits de Lettres-Patentes, tirés des Originaux ; par Jacques LE ROY : *Amsterdam*, 1706, *in-fol.*

※ « On devroit donner un semblable Livre sur cha-
» que Province de l'Europe ; ce seroit le moyen de faire
» connoître ceux qui usurpent si hardiment la qualité
» de Marquis ou celle de Comte ». Bayle, *Dictionnaire*,
Art. *Jacques le Roy*, Note B.

40623. Les Généalogies des Familles nobles de Bresse & de Bugey ; par Samuel GUICHENON.

Ces Généalogies sont imprimées dans son *Histoire* de ces Provinces : *Lyon*, 1650, *in-fol.*

40624. Mf. Généalogies des plus anciennes Familles de Bretagne ; par Bertrand D'ARGENTRÉ.

Ces Généalogies sont citées par la Croix du Maine, dans sa *Bibliothèque Françoise*.

40625. Histoire généalogique de plusieurs Maisons illustres de Bretagne, enrichie des Armes & Blazons d'icelles, avec l'Histoire chronologique des Evêques de tous les Diocèses de Bretagne, de diverses Fondations d'Abbayes & de Prieurés, & d'une infinité de recherches grandement utiles pour la connoissance de l'Histoire ; par Augustin DU PAZ, Religieux de l'Ordre des Frères Prêcheurs : *Paris*, Buon, 1620, *in-fol.*

Cet Auteur a omis de grandes & illustres Maisons, & en a rapporté d'autres qui étoient moins considérables.

40626. Histoires généalogiques de plusieurs Maisons de Bretagne ; par Jean LE LABOUREUR.

Ces Histoires sont imprimées avec la *Vie du Maréchal de Guébriant* : *Paris*, 1656, *in-fol.*

40627. Histoire généalogique de Bretagne ancienne & moderne ; par Gedeon du Prè-le-Jay, Seigneur DE KAERDANIEL, Breton : *in-*4.

Ce n'est que le projet de cette Histoire.

40628. Mf. Catalogue général de tous les noms des Nobles de Bretagne, trouvés dans les Titres, depuis l'an 1100 jusqu'en 1532.

Ce Catalogue [devoit être] dans le Tome III. de l'*Histoire de Bretagne* du Père Lobineau, [qui n'a pas paru ;] il est composé de six mille noms.

40629. Mf. Nobiliaire de Bretagne, contenant toutes les Réformations de la Noblesse de cette Province, depuis celle de l'an 1427 jusqu'à celle de 1667.

Le Père Lobineau [devoit] donner au Public ce Nobiliaire.

40630. Mf. Noms, Armes & Généalogies de tous les Gentilshommes de la Province de Bretagne, qui ont été maintenus contradictoirement en la Chambre de la Réformation de la Noblesse, établie par le Roi, depuis le 26 Septembre 1668, jusqu'au 24 Mars 1671 : *in-fol.* 2 vol.

Ces Généalogies [étoient] dans la Bibliothèque de M. le Comte de Pontchartrain, & dans celle de M. de Valincourt, Secrétaire général de la Marine, [laquelle a été consumée par le feu.]

☞ Il y en a un Exemplaire à Dijon, dans la Bibliothèque de M. Fevret de Fontette, Conseiller au Parlement.]

40631. ☞ Etat des Noms de ceux qui ont été déboutés de la qualité de Noble & d'Ecuyer, par Arrêt de la Chambre établie par le Roi pour la Réformation de la Noblesse en Bretagne : *Rennes*, Vatar, (1671,) *in-*4. de 76 pages.]

40632. ☞ Annotations sur les Lettres-Patentes du Roi, pour convoquer le Ban & l'Arrière-Ban de Bretagne, où il est sommairement traité des Priviléges des Nobles de Bretagne, touchant l'Arrière-Ban ; par Mᵉ Guy AUTRET, Chevalier, Sieur de Missirien : *Nantes*, Mauclerc, 1637, *in-*4.]

40633. ☞ Factum sur la Noblesse de Bretagne ; par M. GUICHARDY de Martigue : *in-*8.]

40634. Mémoires sur l'état du Clergé & de la Noblesse de Bretagne ; par le Révérend-Père TOUSSAINT DE SAINT-LUC, Carme de Bretagne : *Paris*, 1691, *in-*8. 2 vol.

☞ Le Tome I. contient la première Partie, Etat du Clergé ; & seconde, Etat de la Noblesse.

Le Tome II. comprend la troisième Partie, contenant un Recueil alphabétique des Noms & des Armes d'un grand nombre de Gentilshommes, suivant les Arrêts tant de la Chambre Royale établie par le Roi à Rennes, que du Conseil-Privé de Sa Majesté ; & des autres Cours Souveraines où les Instances ont été renvoyées par le même Conseil-Privé.

« Cet Ouvrage est recherché, & les exemplaires
» complets sont devenus assez rares dans le commerce.
» Il faut avoir soin de vérifier si les Blazons des Familles
» nobles, tant Ecclésiastiques que Séculières, y ont été
» insérés, parce qu'il y a beaucoup d'exemplaires où on
» ne les trouve pas. Ces Blazons ou Armoiries ont été
» gravées en taille-douce, sur des feuilles séparées ».
Bibliogr. de M. de Bure, *Hist.* num. 5699.]

40635. ☞ Mf. Réformation de la Noblesse de l'Evêché de Nantes, *in-fol.*

40636. ☞ Mf. Réformation de la Noblesse des Evêchés de Rennes & de Dol : *in-fol.*

40637. ☞ Mf. Réformation de la Noblesse des Evêchés de Saint-Brieux & de Quimper : *in-fol.*

40638. ☞ Mf. Réformation de la Noblesse de l'Evêché de Vannes : *in-fol.*

40639. ☞ Mf. Réformation de la Noblesse de l'Evêché de Saint-Malo : *in-fol.*

Ces cinq Recueils sont indiqués aux num. 16188, 16189, 16191, 16196, 16200, du Catalogue de M. d'Estrées.]

Généalogies des Provinces & Chapitres.

40640. Généalogies, Eloges & Armes des Comtes, Ducs, Evêques & Archevêques de Cambray, & de presque quatre cens Familles nobles, tant des dix-sept Provinces que de France, qui y ont possédé des Terres : le tout justifié par des Chartres, Titres, &c. par Jean LE CARPENTIER, Historiographe : *Leyde*, 1664, *in-4*. 2 vol.

Ce Livre est plein de fables, de fausses citations, [& on l'a accusé d'avoir produit] de faux Titres.

40641. Mf. Mémoires concernant plusieurs Maisons de Champagne : *in-fol.*

Ces Mémoires sont conservés dans la Bibliothèque du Roi, entre les Manuscrits de M. du Chesne.

40642. Mf. Recueil des Généalogies de la Province de Champagne : *in-fol.* 3 vol.

40643. Mf. Autre Recueil de ces Généalogies : *in-fol.*

Ces deux Recueils sont conservés dans la Bibliothèque du Roi, entre les Manuscrits de M. de Gaignières.

40644. Procès-verbal de la Recherche de la Noblesse de Champagne, avec les Armes & Blazons de chaque Famille ; par les soins de M. Louis-François le Fevre de Caumartin, Intendant de cette Province : *Chaalons*, 1673, *in-8*.

40645. Recherches de la Noblesse de Champagne, avec le Procès-verbal : *Chaalons*, 1673, *in-fol.* 2 vol.

Ce Nobiliaire a été fait par Charles D'HOZIER, troisième fils de Pierre d'Hozier, employé à ce travail par M. de Caumartin, Conseiller d'Etat.

☞ C'est un grand *in-fol.* forme d'Atlas. *Voyez* la *Bibliographie* de M. de Bure, *Hist.* num. 5695.]

40646. Mf. Mémoires du Prieur DE MONDONVILLE, (Guillaume LAISNÉ,) contenant des Extraits, Titres & Généalogies du Pays Chartrain, Beauffe, Orléannois, Blaisois, &c. *in-fol.* 12 vol.

Ces Mémoires sont conservés dans la Bibliothèque du Roi, entre les Manuscrits de M. de Gaignières.

❦ L'Auteur est mort avant 1655. Il avoit travaillé ces Mémoires avec beaucoup de soin.

40647. ☞ Projet de l'Histoire généalogique des Familles Nobles de Dauphiné ; par Guy ALLARD, Avocat : *Grenoble*, Philippes, 1669, *in-4*. de 14 pages.]

40648. Le Nobiliaire de Dauphiné, ou Discours historique de Familles Nobles de Dauphiné ; avec le Blazon de leurs Armoiries ; par Guy ALLARD : *Grenoble*, 1671, *in-12*.

☞ *Voyez* le *Journ. des Sçav.* 1696, Août.]

40649. Histoires généalogiques des Maisons de Dauphiné ; par Guy ALLARD, Conseiller du Roi, Président en l'Election de Grenoble, & Généalogiste du Dauphiné : *Grenoble*, 1672-1682, *in-4*. 3 ou 4 vol.

Le Tome I. contient l'Histoire généalogique des Familles de Bonne, = Crequy, = Blanchefort, = Agoult, = Vesc, = Montlor, = Maubec, = & Montauban. Le Tome II. celle de = Simiane, = Boffin, = Arces, = Moratd, = Galle, = du Pilhon, = Thiennes, = Mons, = Vaux, = Chandieu. Le Tome III. celle de = Revilasc, = Gandil, = Faffion, = Précomtal, = Saint-Marcel, = Vauferre, = Bardonnenche, = Merindol, = Baudet, = Yse, = Lancellin, la Baume de Suze, = Beaumont. Le Tome IV. peut être composé de l'Histoire généalogique des Familles de = la Croix de Chevrières, = Portier, = Arzac, = Chiffé, = Sayve, = Rouvroy.

Guy Allard a fait outre cela les Généalogies suivantes de la même Province, qui sont imprimées séparément : = Chapenay, = [Flocard,] = Gaste, [1706, = Grolée, 1688,] = Gruel, = Langon, = [de Mainfy,] = du Menon, [1705,] = de Menze [1697,] = Montagu, = Montchenu, [1698,] = Perachon, [1669,] = la Porte-d'Euvrard, [= du Puy-Montbrun & Murinais, 1682,] = Vaydeau de Grandmont, = [Genon & le Brun,] = Veynes.

Quoique cet Auteur, mort en 1715, fort âgé, ait fait beaucoup de Généalogies de la Province du Dauphiné, on ne doit pas beaucoup compter sur ses recherches, parce que presque toutes ses Généalogies ont été dressées sur les Mémoires, & imprimées aux dépens de ceux qui y étoient intéressés.

☞ *Voyez* Lenglet, *Supplément à la Méth. histor. in-4.* pag. 237.]

40650. Mf. Histoire généalogique de cinquante Familles de Dauphiné ; par le même : *in-4*.

Ces Généalogies sont conservées au Château d'Aubais près de Nismes, dans la Bibliothèque de M. le Marquis d'Aubais. Je ne sçai si ces Généalogies sont différentes de celles qui ont été énoncées dans l'article précédent.

40651. Le Nobiliaire de Dauphiné ; par Nicolas CHORIER : *Grenoble*, 1697, *in-12*. 4 vol.

Ce même Ouvrage est aussi intitulé : *Etat politique du Dauphiné*. L'Auteur est mort en 1691.

40652. Remarques sur la Noblesse du Dauphiné ; par Hilarion DE COSTE, Minime.

Ces Remarques sont imprimées avec les *Eloges des Dauphins* du même Auteur : *Paris*, 1643, *in-4*.

40653. ☞ Remerciement au Roi par les Annoblis de Dauphiné, où est touché de la dignité de la Noblesse selon le Droit divin & humain, & de la prouesse & réputation des anciens Allobroges qui sont à présent le Bailliage de Viennois ; par Pierre BOISSAT, Sieur de Sicyeu, Conseiller du Roi, Vi-Bailli de Vienne : *Paris*, 1603, *in-4*.

L'Auteur étoit le père de l'Académicien, nommé aussi *Pierre*.]

40654. ☞ Olivarii VREDII, Genealogia Comitum Flandriæ : *Brugis*, 1642, *in-fol.* fig.

La même Généalogie, en François : *Ibid.* même année.

40655. ☞ Mf. Théâtre Généalogique de la Noblesse de Flandre, contenant les Généalogies historiques des plus illustres Maisons de Flandre, Brabant, Namur, Hainaut, Artois, Ville & Châtellenie de Lille.... les Tournois d'Arras, de Tournay, d'Anchin & autres. Le tout copié d'après l'Original de Mᵉ SCOHIER, Chanoine de Tournay. = Le Provincial de la Noblesse du Comté d'Artois, sous Albert & Isabelle, Archiducs d'Autriche; par ******, grand Oncle du Comte de Gomecourt, en 1606, avec des Notes critiques, hiſtoriques & politiques; copié ſur l'Original repoſant à l'Abbaye de Saint-Vaaſt d'Arras : *in-fol.*

40656. ☞ Mſ. Nobiliaire Généalogique de la Ville & Châtellenie de Lille, contenant l'Extrait abrégé de tous les Annobliſſemens enregiſtrés dans la Chambre des Comptes de la Ville de Lille, depuis 1423 juſqu'en 1625, & les autres juſqu'aujourd'hui; avec les Chevaliers & Terres érigées en Titres, de même que leurs Ecuſſons raiſonnés. Comme auſſi l'Hiſtoire de tous les Seigneurs, Collateurs, Patrons de Cures..... de la Ville & Châtellenie de Lille. Rédigé par ordre alphabétique, avec la Généalogie hiſtorique de chaque Seigneur prouvée par les Extraits, Mauſolées, Epitaphes, &c. avec pluſieurs Anecdotes : *in-fol.* 2 vol.

40657. ☞ Mſ. Tréſor Généalogique des plus diſtinguées & anciennes Familles de la Ville & Châtellenie de Lille, avec pluſieurs autres des Pays circonvoiſins qui leur ſont alliées : *in-4.*

Ces trois Manuſcrits ſont indiqués aux num. 4985, 4986 & 4989, du Catalogue de M. l'Abbé Favier : *Lille*, Jacquez, 1765, *in-8.*]

40658. ☞ Généalogies des Comtes de Flandre, de Hainaut, de Namur, de Louvain, & des Seigneurs iſſus d'eux.

Dans l'Ouvrage du P. Simplicien, *tom. II. pag.* 713 *& ſuiv.*]

40659. Mſ. Généalogies de Flandre & de Hollande : *in-fol.*

40660. Mſ. Quartiers de pluſieurs Maiſons des Pays-Bas : *in-fol.*

Ces Généalogies ſont conſervées dans la Bibliothèque du Roi, entre les Manuſcrits de M. de Gaignières.

== ☞ Mſ. Diverſes Pièces ſur les Généalogies de Flandre & de Franche-Comté.

Voyez ci-devant, N.os 3849 *& ſuiv.*]

40661. Deſcriptio genealogica Familiarum Galliæ & Belgicarum, quas memorat Pontus HEUTERUS in Hiſtoria Rerum Burgundicarum, Libro ſexto : *Antverpiæ*, 1584, *in-fol.*

40662. Recherches des Antiquités & Nobleſſe de Flandre, contenant l'Hiſtoire généalogique des Comtes de Flandre, la ſuite de ſes Gouverneurs & de ſes autres Officiers, & un Recueil de ſes plus illuſtres Familles; par Philippe DE L'ESPINOY, Vicomte de Térouenne : *Douay*, Wyon, 1631, *in-fol.*

« Cet Ouvrage eſt fort eſtimé, & peu commun. On » en a changé les Frontiſpices dans beaucoup d'Exem-» plaires, où l'on trouve alors la date de 1632 ; mais il » eſt bon de ſçavoir que l'Edition en eſt toujours la » même ». *Bibliogr.* de M. de Bure, *Hiſt.* num. 5715.

☞ Philippe de l'Eſpinoy, Vicomte de Térouenne, fils de Charles, étoit né vers l'an 1552, & eſt mort en 1633 ou environ.]

40663. Théâtre de la Nobleſſe de Flandre, d'Artois & autres Provinces de la Flandre Eſpagnole, avec le nom de ceux qui ont été faits Nobles, depuis l'an de Jeſus-Chriſt 1424 juſqu'en 1707 ; par Jean LE ROUX, Procureur Fiſcal du Comté de Flandre : *Lille*, 1708, *in-4.*

Le même Théâtre, augmenté juſqu'en 1714; & publié ſous ce titre : Recueil de la Nobleſſe de Bourgogne, Limbourg, Luxembourg, Gueldres, Flandre, Artois, Hainault, Hollande, Zélande, Namur, Malines & autres Provinces de Sa Majeſté Catholique : *Lille*, 1715, *in-4.*

40664. La Flandre illuſtrée : *Lille*, 1713; *in-8.*

Les deux Éditions de l'Article précédent, & celle de cet Article, ont été faites à Bruxelles.

40665. Les Origines de pluſieurs Maiſons illuſtres de Forez ; par Jean-Marie DE LA MURE.

Ces Origines ſont imprimées dans la ſeconde partie de ſon *Hiſtoire de Forez* : *Lyon*, 1674, *in-4.*]

40666. ☞ Nobiliaire du Comté de Bourgogne, ou de Franche-Comté.

C'eſt la première Pièce du Tome III. de M. DUNOD, intitulé : *Mémoires pour ſervir à l'Hiſtoire du Comté de Bourgogne* : *Beſançon*, 1740, *in-4.* Il ne comprend que les principales Familles, comme l'Auteur le dit dans l'Avertiſſement.]

40667. ☞ Diverſes Généalogies de Franche-Comté, ou des Villes de Salins & de Poligny.

Elles ſe trouvent dans l'*Hiſt. de Salins*, par M. l'Abbé GUILLAUME : *Beſançon*, 1758, *in-4.* 2 vol. & dans les *Mémoires pour ſervir à l'Hiſtoire de Poligny*, par M. CHEVALIER : *Lons-le-Saunier*, 1769, *in-4.* 2 vol.]

40668. Mſ. Nobiliaire de Franche-Comté, contenant les Armes & Alliances des Nobles du Pays, & les Généalogies les plus conſidérables : *in-fol.*

Ce Nobiliaire [étoit] dans la Bibliothèque de M. l'Abbé d'Eſtrées, [& eſt aujourd'hui à S. Germain-des-Prés.]

40669. ☞ Mſ. Nobiliaire de la Franche-Comté : *in-fol.*

Ce Nobiliaire a paſſé de la Bibliothèque de M. de Cangé dans celle du Roi.]

40670. ☞ Mſ. Mémoires pour le Nobiliaire du Comté de Bourgogne : *in-fol.* 5 vol.

Ils ſont conſervés dans la Bibliothèque de S. Vincent de Beſançon. Il y a des Cartulaires où l'on trouve pluſieurs Chartes, Teſtamens, Sentences & autres Pièces qui ſervent à prouver la ſucceſſion des Familles.]

40671. ☞ Mſ. Nobiliaire du Comté de Bourgogne ; par M. Thomas VARIN.

Ce Manuſcrit, (dont M. Dunod a fait uſage, mais en le corrigeant d'après des Pièces authentiques,) eſt entre les mains de D. COQUELIN, Abbé de Faverney, qui a *pluſieurs Recueils* ſur le même objet, parmi ſes Manuſcrits.]

40672. ☞ Mſ. Recueils ſur le Nobiliaire

Généalogies des Provinces & Chapitres.

de Franche-Comté ; par le P. Joseph-Marie DUNAND, Capucin, en 4 ou 5 vol. *in-fol.*

Ils sont entre les mains de l'Auteur, qui se propose d'en faire part au Public.]

40673. ☞ Mſ. Quatre Dissertations ou Mémoires intéressans sur les Princes & Seigneurs de Franche-Comté, qui se sont distingués dans les Croisades.

Ces Dissertations sont conservées dans les Registres de l'Académie de Besançon. Les Auteurs sont Dom SORNET, Bénédictin, M. l'Avocat PERUCIOT & l'Abbé BAROUL, Couronnés ; & Dom CORNET, qui eut l'Accessit à la distribution du Prix de 1766.]

40674. L'Etat de l'illustre Confrérie de Saint-Georges, autrement dite de Rougemont en Franche-Comté de Bourgogne ; avec les Noms, Surnoms, Réceptions, Armes & Blazons d'un chacun des Confrères vivans en la présente année 1663, celles de leurs Lignes de Noblesse sous lesquelles ils ont été reçus en ladite Confrérie : offert & gravé aux frais de Pierre de Loisy : *Besançon*, Couché, 1663, *in-4.*

Cet Etat a été dressé par Thomas VARIN, Sieur d'Andoul. « Les Gentilshommes, pour être admis dans cette » Confrérie, sont preuves de quatre lignées de Noblesse » surmontées chacune de trois ascendans de même qua- » lité ; en sorte que le Prétendant soit le cinquième en » l'augmentation d'icelle ». Gollut, pag. 953 de ses *Mémoires de la Franche-Comté.*

☞ Pierre de Loisy, à qui on est redevable de ce Recueil, étoit Maître Orfévre & Graveur des Monnoies de Besançon.

M. Lancelot a dit avoir vu une Continuation manuscrite de cet Etat jusqu'en 1703. Au reste, on peut voir sur cette Confrérie de S. Georges, ce que M. Dunod en a dit *pag.* 36 & 272, du Tome III. de son Histoire de Franche-Comté, intitulé : *Mémoires pour servir à l'Histoire du Comté de Bourgogne : Besançon*, 1740, *in-4.*]

40675. ☞ Mémoire pour MM. les Chevaliers de Saint-Georges, représentans la Noblesse du Comté de Bourgogne, Demandeurs & Appellans comme d'abus contre M. le Cardinal d'Estrées, Abbé Commendataire de l'Abbaye de Saint Claude, Défendeur & Intimé : *in-fol.*

Il s'agissoit d'appel d'abus de certains Statuts faits par M. le Cardinal d'Estrées, pour une prétendue réforme de Saint-Claude, par le moyen de laquelle la Noblesse semble en être exclue.

Cet Ordre de Saint-Georges a commencé, dit Pierre de Loisy, vers 1390, & selon l'Auteur du Mémoire, un an après l'Ordre de la Toison d'Or. Les Chevaliers de Saint-Georges prêtent serment de maintenir dans la Province la pureté de la Religion Catholique & l'obéissance au Souverain. Ils portent, pour marque de leur Ordre, une Enseigne d'or qui représente Saint-Georges à cheval, tenant un Dragon sous ses pieds. Cet Ordre (ou Confrérie,) est composé ordinairement de 50 à 60 Gentilshommes, & les premières Maisons de la Province se sont toujours fait honneur d'en être.]

40676. Mſ. Recueil de Pièces concernant les Chevaliers de Saint-Georges : *in-fol.*

Ce Recueil est conservé dans la Bibliothèque du Roi, entre les Manuscrits de M. de Gaignières.

40677. ☞ Statuts de l'Ordre de Saint-Georges au Comté de Bourgogne, & la Liste de tous Messieurs les Chevaliers dudit Ordre, depuis 1390 ; par M. Antoine-Honoré DE POUTIER, Seigneur de Gouheland, Capitaine de Dragons ✚ *Besançon*, Charmet, 1768, *in-8.*

La Liste ne commence qu'en 1431, & finit en 1768.]

40678. Mſ. La Chronique de Grancey, autrement la Roue de Fortune, Roman généalogique, contenant un grand nombre de Remarques curieuses servant à l'Histoire du Diocèse de Langres : composée en Latin par un Chanoine de l'Eglise Cathédrale de Langres, en 1320, & traduite en François en 1336, illustrée de Commentaires par Jacques VIGNIER, Jésuite : *in-fol.*

Cette Chronique est à Dijon, dans la Bibliothèque de Philibert de la Mare, Conseiller du Parlement. Grancey est un Bourg du Diocèse de Langres, qui a donné le nom à plusieurs grands Hommes. Cette Chronique est attribuée à Gérard DE HAUT-VÉ ou HAUT-GUÉ, [c'est HAUTE-RIVE,] Grand-Archidiacre & Chanoine de l'Eglise de Langres, & à Jean DE VESURES, Chanoine, Chancelier & Evêque [*in partibus*, de Grèce,] en 1320. Ceci est tiré de ce Manuscrit, & m'a été communiqué par M. Papillon, de Dijon.

40679. ☞ Généalogie curieuse à l'honneur de quantité de Noblesse de Bourgogne & du Bassigny, tirée d'un vieux Manuscrit, que feu M. le Président Godran a laissé à M. de Montmoyen ou de Latrecy, à Dijon, écrite par un nommé Gérard de HAUTE-RIVE, Archidiacre de Langres, & qui montre comme S. François d'Assise est allié de l'ancienne Noblesse de Grancey : *Dijon*, Chavance, 1653, *in-12.*

C'est un Extrait du Manuscrit précédent.]

40680. Maisons nobles, avec les Généalogies des Seigneurs & Familles du Pays de Gâtinois, Sénonois & Hurepois ; par Guillaume MORIN.

Ces Généalogies sont imprimées avec son *Histoire générale de ces Provinces : Paris*, [Chevalier,] 1630, *in-4.*

☞ On trouvera les principales dans l'Article suivant, par ordre alphabétique.]

40681. Descente de la Noblesse de Hainault ; par François VINCHANT.

Cette Descente est imprimée dans ses *Annales de Hainault : Mons*, 1648, *in-fol.*

40682. Le Miroir des Nobles de Hasbaye & des Pays voisins, depuis l'an 1102 jusqu'en 1398, en forme de Chronique ; par Jacques HEMRICOURT, Chevalier de l'Ordre de Saint-Jean de Hiérusalem, où il est traité des Généalogies de l'ancienne Noblesse de Liège ; avec l'Histoire des Guerres civiles dudit Pays, mis du vieux en nouveau langage par de Salbray : *Bruxelles*, 1673, *in-fol.*

Le texte en vieux François est imprimé avec la nouvelle traduction en un François plus intelligible. Il y a dedans plusieurs Généalogies des Familles nobles du Pays de Liège.

— ☞ Preuves de Nobleſſe des anciens Moines de l'Iſle-Barbe, près de Lyon.

Elles occupent la plus grande partie du Tome II. des *Mazures* (ou *Antiquités*) *de l'Iſle-Barbe*, par Cl. LE LABOUREUR : *Paris*, Couterot, 1682, *in-*4. On y trouve les Généalogies de nombre de Familles Nobles du Lyonnois, Forez, Beaujolois, Bourgogne, Dauphiné, Provence, &c. *Voyez* ci-après, N.° 40709.]

40683. Mſ. Tables généalogiques des principales Maiſons de Languedoc : *in-*4.

40684. Mſ. Mélanges généalogiques pour les Familles de Languedoc : *in-*4. 5 vol.

Ces Tables généalogiques & ces Mélanges ſont conſervés au Château d'Aubais près de Niſmes, dans la Bibliothèque de M. le Marquis d'Aubais.

40685. Mſ. Recherches de la Nobleſſe de Languedoc : *in-fol.*

Ces Recherches ſont conſervées dans la Bibliothèque du Roi, entre les Manuſcrits de M. de Gaignières.

40686. ☞ Catalogue général des Gentilshommes de la Province de Languedoc, dont les Titres de Nobleſſe ont été remis devant M. de Bezons, Chevalier, Conſeiller d'Etat ordinaire du Roi, Intendant de Juſtice, Police & Finances du Languedoc ; leſquels Titres de Nobleſſe ont été confirmés par Jugement Souverain dudit Sieur de Bezons, & autres Commiſſaires à ce députés, en vertu de la Commiſſion de Sa Majeſté, pour la Recherche de la Nobleſſe, du mois de Mars 1668, diviſée en deux Généralités ; ſçavoir, Toloſe & Montpellier, chacune d'icelles contenant onze Diocèſes, miſe en ſon rang & ordre ; les Noms de tous les Gentilshommes, avec leurs Armes & Blazons de chacun, par lettres alphabétiques, pour la commodité du Public : le tout par le ſoin & application du Sieur Henri DE CAUX, Habitant de la Ville de Pézenas, qui a été préſent lors deſdits Jugemens de la Nobleſſe : *Pézenas*, Martel, 1676, *in-fol.*]

40687. ☞ Jugemens ſur la Nobleſſe de Languedoc, par M. de Bezons, Intendant de la Province, en 1668, 1669 & 1670, (pour la Généralité de Montpellier.)

Cette Pièce eſt imprimée dans le Tome II. des *Pièces fugitives* de M. le Marquis d'Aubais: *Paris*, 1759, *in-*4. Les noms ſont rangés par ordre alphabétique.]

☞ Jugemens ſur la Nobleſſe de Languedoc, par M. de Bezons, (Généralité de Touloufe.)

C'eſt une ſuite des précédens, qui eſt imprimée au Tome III. des *Pièces fugitives* de M. le Marquis d'Aubais. On y trouve après cela les « Preuves & Quartiers » des Comtes de Lyon, & des Chevaliers de Malthe du » Languedoc, & une Liſte exacte de tous les Comtes de » Lyon, des Recherches ſur les Hameaux du Diocèſe de » Beauvais, ſur les Paroiſſes des Diocèſes de Lombez & » de Mende, le Toiſé du Canal de Languedoc, & enfin » pluſieurs Tables ſynoptiques dans le goût de celles » du Père Coronelli ».

Il y a quelques fautes dans les dates & les noms ; pluſieurs des Généalogies ne remontent pas aſſez haut, parceque lors de la Recherche faite ſous M. de Bezons, la plupart des Gentilshommes ſe contentèrent de ſatisfaire à l'Ordonnance qui n'exigeoit que quatre degrés : c'eſt ce qui a donné lieu en partie à la Critique ſuivante.]

40688. ☞ Lettres ſur les Jugemens........ *Mercure*, 1760, *Avril*, *pag.* 115.]

40689. ☞ Nobiliaire hiſtorique du Languedoc ; par M. Denis-François GASTELIER DE LA TOUR : *in-*4. 3 vol.

Il eſt actuellement ſous preſſe, à Paris....]

40690. Mſ. Les Familles d'outre Loire, c'eſt-à-dire, l'Hiſtoire généalogique de Languedoc, Gaſcogne, Auvergne & Limouſin ; par JEAN-BAPTISTE de Sainte Anne, Religieux Feuillant : *in-fol.*

Cette Hiſtoire, de Dom PRADILLON, qui eſt mort Général de ſa Congrégation en 1701, eſt conſervée dans la Bibliothèque des Feuillans de Paris.

40691. Mſ. Preuves & Quartiers des Chanoines de Liège.

Ces Preuves ſont conſervées dans la Bibliothèque du Roi, entre les Manuſcrits de M. de Gaignières.

40692. ☞ Recueil héraldique des Bourguemeſtres de la noble Cité de Liège, où l'on voit la Généalogie des Evêques & Princes, de la Nobleſſe & des principales Familles de ce Pays, depuis l'an 1200 juſqu'en 1720 ; par J. G. LOYENS : *Liège*, Gramme, 1720, *in-fol.*]

== ☞ Généalogies de la Haſbaye, l'un des principaux Pays de l'Etat de Liège.

Voyez ci-deſſus, N.° 40682.]

40693. * Mſ. Recherche de la Nobleſſe du Limouſin, en 1568.

Ce Manuſcrit étoit parmi ceux de M. Baluze, *pag.* 111. de ſon Catalogue. [Il doit être à la Bibliothèque du Roi.]

40694. ☞ Nobiliaire de la Généralité de Limoges, contenant les Noms & Généalogies des Gentilshommes des Elections de Limoges, Angoulême, Echevinage d'Angoulême, S. Jean-d'Angéli, Echevinage de S. Jean-d'Angéli, Brives, Tulle, Bourganeuf, Saintes, Coignac ; recueilli par Simon DESCOUTURES, Avocat du Roi au Préſidial de Limoges, & Procureur de Sa Majeſté, en la vérification faite en 1666, par M. d'Agueſſeau.

L'Original eſt conſervé à Limoges, chez M. Roger des Eſſards, Lieutenant Général. Il y en a une Copie dans le Cabinet de M. de l'Epine à Limoges. M. Joſeph NADAUD, Curé de Teyjac, en a auſſi une, qu'il a corrigée en quelques fautes aſſez légères, & à laquelle il a fait de grandes Additions, pour quantité de Familles. Son Exemplaire a ainſi un volume *in-fol.* de 900 pag. & la moitié d'un ſecond. L'objet des Additions de M. Nadaud ne regarde que la Nobleſſe du Diocèſe de Limoges.]

40695. Simple Crayon de la Nobleſſe des Duchés de Lorraine & de Bar, & des Trois-Evêchés ; par (Matthieu) HUSSON l'Ecoſſois, Conſeiller au Préſidial de Verdun : 1674, *in-*4.

== ☞ Mſ. Pièces concernant la Nobleſſe de Lorraine : *in-fol.*

C'eſt ce qui forme le Volume XXXII. du grand Re-

Généalogies des Provinces & Chapitres.

cueil de M. d'Efnaux, confervé à Befançon, ci-deffus, pag. 584, col. 1.]

40696. Mf. Quartiers, Titres & Extraits concernant les Familles de la Province de Lorraine : *in-fol.*

40697. Mf. Généalogies des Maifons des Duchés de Lorraine & des lieux circonvoifins, rangées par ordre alphabétique : *in-fol.* 2 vol.

Ces deux Articles font confervés dans la Bibliothèque du Roi entre les Manufcrits de M. de Gaignières.

40698. ☞ Mf. Recueil de la Nobleffe de Lorraine, dite l'ancienne, Chevalerie ; par Ch. SOYER : *in-fol.*

Ce Recueil eft indiqué, num. 16468 du Catalogue de M. d'Eftrées.]

40699. ☞ Differtation hiftorique fur l'ancienne Chevalerie & la Nobleffe de Lorraine ; (par M. DE BERMANN, Avocat :) Nancy, Hœner, 1763, *in-12.*

Cet Ouvrage, rempli de Recherches curieufes, a été couronné par l'Académie de Nancy.]

40700. ☞ Diverfes Généalogies fur les grandes Maifons fubfiftantes ou éteintes de Lorraine.

Elles font imprimées à la tête de plufieurs Volumes de la grande *Hiftoire* du Père Calmet, dernière Edition, ci-deffus, N.° 38813.]

40701. ☞ Mf. Les Annoblis de Lorraine, depuis le Roi René de Sicile, Duc de Lorraine, jufqu'à l'an 1584 : *in-fol.*]

☞ Mf. Continuation des Annoblis de Lorraine ; par Ch. SOYER : *in-fol.* avec Blazons.

Ces deux Recueils font indiqués aux num. 16880 & 16881 du Catalogue de M. d'Eftrées. On peut voir ci-deffus, aux Traités des Armoiries.]

40702. ☞ Nobiliaire ou Armorial général de la Lorraine & du Barrois, en forme de Dictionnaire, où fe trouvent les Armes gravées & environnées de très-beaux Cartouches, & mifes à côté de chacun des Articles qui les concernent ; par Dom Ambroife PELLETIER, Bénédictin, Curé de Senones : *Nancy*, Thomas, 1758, *in-fol. Tom. I.*

Il contient les Annoblis, & l'on trouve à la tête une Differtation fur la Nobleffe, & à la fin un Supplément. Cet Ouvrage devoit être compofé de trois Volumes, dont les deux derniers auroient été pour l'ancienne Nobleffe & la Chevalerie ; mais la mort de l'Auteur & d'autres caufes en ont arrêté l'Impreffion.]

40703. ☞ Mf. Inventaire des Chartes & Titres, trouvés en la Chambre des Comptes de la Fère, touchant les Maifons de Luxembourg, Vendôme, Bourbon & Navarre : *in-fol.*

Ce Recueil eft indiqué au Catalogue de M. Secouffe, num. 3854.]

40704. Tables généalogiques des Comtes de Lyon ; par André DU CHESNE.

Ces Tables font imprimées dans fon *Hiftoire généalogique des Ducs & Comtes de Bourgogne*, &c. Paris, 1628, *in-4.*

40705. Mf. Quartiers des Comtes de Lyon : *in-4.*

40706. Mf. Preuves & Quartiers des Comtes de Lyon : *in-fol.*

Ces deux Manufcrits font confervés dans la Bibliothèque du Roi, entre ceux de M. de Gaignières.
☞ *Voyez* encore le Tome III. des *Pièces fugitives* de M. le Marquis d'Aubais, & la Note du N.° ci-deffus, 40687.]

40707. ☞ Formulaire des Preuves de Nobleffe de MM. les Comtes de Lyon : *in-4.*]

40708. ☞ Mf. Catalogue des Chanoines & Comtes de Lyon, depuis 1361 jufqu'en 1672, dreffé fur les Actes Capitulaires de cette Eglife, & Inventaire des 72 premiers Regiftres defdits Actes Capitulaires.

Ce Manufcrit eft confervé à Dijon, dans la Bibliothèque de M. Fevret de Fontette.]

— ☞ Les Lyonnois dignes de mémoire ; par l'Abbé PERNETTI.

Cet Ouvrage, rapporté ci-après aux *Recueils des Eloges*, *Livre V*. contient plufieurs Généalogies de Familles de Lyon & du Lyonnois.]

40709. Les Généalogies & Preuves de Nobleffe de ceux qui ont été reçus dans l'Abbaye de l'Ifle-Barbe, & qui font fortis des plus illuftres Maifons du Lyonnois, Forez, Beaujolois, Bourgogne, Dauphiné, Provence & autres ; par Claude LE LABOUREUR, ancien Prevôt de l'Ifle-Barbe.

Ces Généalogies font imprimées au Tome II. de fes *Mazures de l'Ifle-Barbe* : Paris, 1682, *in-4.*
☞ On l'a déja indiqué ci-deffus, à caufe des Provinces.]

40710. Mf. Généalogies des Comtes de Mâcon : *in-4.*

Ces Généalogies [étoient] à Dijon, dans la Bibliothèque de M. de la Mare.

40711. Mf. Preuves des Chanoines de Mâcon : *in-fol.*

40712. Mf. Preuves des Chanoineffes de Mons & de Maubeuge : *in-fol.*

Ces Preuves font confervées dans la Bibliothèque du Roi, entre les Manufcrits de M. de Gaignières.

— De la Nobleffe des Evêques de Mets, Toul & Verdun ; par SALEUR.

☞ *Voyez* ci-après, au §. fuivant, Art. *Lorraine*.]

40713. Familiæ Regum, Ducum, Comitum & aliorum Nobilium, qui in Scriptorum veterum Hiftoriæ Normannorum volumine deducuntur.

Ces Catalogues font imprimés dans du Chefne, *pag.* 1069 de la Collection des *Hiftoriens de Normandie* : Paris, 1619, *in-fol.*

40714. Catalogue de plufieurs antiques Familles illuftres de Normandie, recueillies de plufieurs Manufcrits.

Ces Catalogues font imprimés dans Gabriel du Moulin, *pag.* 470 de fes *Conquêtes des Normands* : Rouen, 1658, *in-fol.*

40715. Catalogue des grands Seigneurs Normands qui pafsèrent la Mer & combattirent pour le Duc Guillaume, quand il conquêta l'Angleterre. Extrait d'une Histoire Manuscrite de Normandie [de M. du Chesne, Angevin, & confrontée avec l'Histoire Manuscrite de Normandie de l'Hôtel-de-Ville de Rouen;] par le même du Moulin.

Ce Catalogue est imprimé au fol. verso 110 de la *Chronique de Normandie : Rouen*, 1610, in-8. & pag. 184 de l'*Histoire générale de Normandie* ; par du Moulin : *Rouen*, 1631, in-fol.

✻ On doit faire peu de fond sur ce Catalogue, qui n'a été dressé que long-temps après la Conquête d'Angleterre par les Normands.

40716. Ms. Recueil des principaux Seigneurs qui passèrent la Mer avec Guillaume le Conquéreur d'Angleterre, & de plusieurs autres, qui après le décès dudit Guillaume, se retirèrent en Angleterre, & quels honneurs & états ils ont eus en la Cour des Rois du Pays jusqu'à présent; ensemble, les Gestes, Alliances, Généalogies, Mariages, Armoiries des Ducs, Marquis, Comtes, Vicomtes, Barons, étant de présent en la Cour d'Angleterre; dédié au Duc d'Anjou & de Bourbonnois, l'an 1571 ; par J. BERNARD.

Ce Recueil est cité par du Chesne, *pag.* 188 de sa *Bibliothèque des Historiens de France*.

40717. ☞ Ms. Recueil des principaux Seigneurs qui passèrent la Mer avec Guillaume le Conquérant, avec les fonctions, Alliances généalogiques, Mariages & Armoiries des Seigneurs d'Angleterre, en 1572.

Ce Manuscrit, qui par son titre ressemble au précédent, se trouve dans la Bibliothèque de S. Germain-des-Prés.]

40718. Catalogi varii Nobiliorum Normannorum, qui floruerunt in Anglia tempore Guillelmi Conquæstoris.

Ces Catalogues sont imprimés dans du Chesne, *pag.* 1023 de la Collection des Historiens de Normandie : *Parisiis*, 1619, in-fol.

✻ C'est René LE NORMAND, Sieur de la Forest, qui a dressé ces Catalogues.

40719. Catalogue des Seigneurs de Normandie, & autres Provinces de France, qui furent à la Conquête de Hiérusalem, sous Robert Courtecuisse, Duc de Normandie, & Godefroy de Bouillon, Duc de Lorraine: Extrait du Manuscrit de l'Eglise Cathédrale de Bayeux, intitulé : Anciennes Histoires d'Oultremer.

Ce Catalogue est imprimé à la fin de l'*Histoire* de du Moulin, avec la curieuse Remarque de toutes leurs Armes ou Armoiries. Mais on juge par ces Armoiries que ce Catalogue n'est pas si ancien que du Moulin le suppose ; car ce Catalogue, selon les Connoisseurs, n'est tout au plus que d'environ l'an 1370, & la plupart des Seigneurs qui y sont compris vivoient en ce temps-là.

☞ Du Moulin ne le suppose pas du temps de la Conquête de Jérusalem, puisqu'il dit lui-même, *pag.* 17 de ce Catalogue : « Je sçais que ce Catalogue des François est postérieur d'un long-temps à la Conquête de Jérusalem ».]

40720. ☞ Catalogue des Seigneurs renommés de Normandie, depuis Guillaume le Conquérant, jusqu'en l'an 1212, sous Philippe-Auguste.

40721. ☞ Noms de 119 Gentilshommes qui défendirent si bien le Mont Saint-Michel, l'an 1433, que les Anglois ne purent le prendre.

Ces deux Catalogues se trouvent dans l'*Histoire* de du Moulin, à la suite du précédent.]

40722. Ms. Liber Genealogiarum, ex Archivis, Chartis privatis, aliisque authenticis collectarum summâ fide & diligentiâ ; per Rogerum DORSWORTH, in quo præcipuè series antiquorum Angliæ Baronum tractantur, cum Tabula alphabetica Nominum.

Ce Livre est conservé à Oxford, dans la Bibliothèque du Chevalier Bodley, num. 4144.

40723. Catalogue d'honneur, ou Traité de la vraie Noblesse de la Grand'Bretagne ; par Thomas MILES : *London*, 1610, in-fol. (en Anglois.)

40724. Catalogue & Succession des Rois, Princes, Ducs, Marquis, Comtes & Vicomtes du Royaume d'Angleterre, avec les Armes & Généalogies, depuis Guillaume le Conquérant, jusqu'en 1619 ; par Raoul BROOKE : *London*, Jagour, 1619, in-fol. (en Anglois.)

40725. Découverte des erreurs qui se trouvent dans les deux Editions du Catalogue de la Noblesse d'Angleterre de Raoul Brook; par Augustin VINCENT : *London*, 1622, in-fol. (en Anglois.)

40726. Des Titres d'Honneurs ; par Jean SELDEN : *London*, 1640, in-fol. Troisième Edition : *Ibid.* 1672, in-fol. (en Anglois.)

Tituli Honorum juxta Editionem tertiam Londinensem, anni 1672, cui accessisse dicuntur Seldeni emendationes & additamenta : Latinè vertit, Notasque addidit Simon Joannes ARNOLD, Ecclesiarum Balliviæ Sonnenbergensis Inspector : *Francofurti*, Schrey, 1696, in-4.

Jean Selden est mort en 1654.

40727. Traités des Nobles & Barons d'Angleterre : *London*, 1642, in-8. (en Anglois.)

40728. Le Catalogue de la Noblesse d'Angleterre, d'Ecosse & d'Irlande ; par Richard BLOME : *London*, 1673, in-fol. (en Anglois.)

40729. Le Baronage d'Angleterre, ou l'Histoire de la Vie & Actions de la Noblesse d'Angleterre, depuis les Saxons & les Normands jusqu'à présent ; par Guillaume DUGDALE : *London*, 1675 & 1676, in-fol. 2 vol. (en Anglois.)

« Ceux qui ont écrit de la Noblesse d'Angleterre » sont Selden, dans ses *Titres d'Honneurs*, & Dugdale, » dans son *Baronage d'Angleterre*. Ces deux Auteurs » sont excellens, & méritent la réputation qu'ils se sont » justement acquise ». *Mém. de Trévoux*, Art. 144, Octobre, 1708. Guillaume Dugdale est mort en 1686.

Généalogies des Provinces & Chapitres. 727

40730. ☞ Mſ. Anciennes Familles Françoiſes, tranſportées en Angleterre ; par M. DU CANGE : *in-fol.*

Ces Généalogies ſont conſervées dans la Bibliothèque du Roi, & font partie d'un Recueil en 2 volumes ſur le Blazon.]

40731. ☞ Traité de la Pairie d'Angleterre ; par M. DE G.

Ce petit Traité a été joint à l'*Hiſtoire de la Pairie de France*, &c. par M. le Laboureur : *Londres*, (*Rouen*,) 1745, *in-16.*]

40732. Mſ. Nobiliaire de Normandie ; par D'OSMOND, Seigneur de la Frenaye : en pluſieurs volumes *in-fol.*

Cet Ouvrage [étoit] dans le Cabinet de l'Auteur, [lorſque le Père le Long écrivoit.]

40733. ☞ Le Nobiliaire de Normandie, contenant le Catalogue des Noms, Qualités, Armes & Blazons des Familles Nobles de cette Province ; par Louis CHEVILLARD : grand *in-fol.* gravé.

« Quoique ce Nobiliaire ne renferme que des Blazons, » ſans aucun autre détail plus particulier ſur la Généalo- » gie des Familles Nobles de la Province de Normandie, » il eſt néanmoins aſſez conſidéré, parcequ'il eſt le ſeul » qu'on ait publié dans ce genre ». *Bibliogr.* de M. de Bure. *Hiſt.* num. 5696.]

40734. ☞ Mſ. Généalogies des anciennes Maiſons de Normandie ; par René DE PROTOVAL, Marquis de Clere & de Panilleuſe : *in-fol.*

Ce Recueil eſt conſervé dans la Bibliothèque de M. le Marquis d'Aubais.]

40735. Mſ. Ancienne Recherche des Familles de Normandie : *in-fol.*

40736. Mſ. Montre des Nobles du Bailliage d'Evreux : *in-fol.*

Ces deux Manuſcrits ſont conſervés dans la Bibliothèque du Roi, entre ceux de M. de Gaignières.

40737. Mſ. Recherche de la Nobleſſe de Normandie, ſous Louis XI. par (Rémond) DE MONTFAUT, Général des Monnoies, & Commiſſaire des Nobles en Normandie.

Cette Recherche, faite en l'an 1463, & qui eſt très-eſtimée par les Normands, ſe conſerve dans la Bibliothèque du Roi, entre les Manuſcrits de M. Bigot. Elle n'eſt que de neuf Elections de la baſſe Normandie.

✻ Pluſieurs Familles prétendent que de Montfaut ne leur a pas rendu juſtice.

☞ Un Exemplaire de la Recherche faite par Raymond DE MONTFAUT, dans neuf Elections de Normandie, en 1472, eſt à Alençon dans le Cabinet de M. Odolant Deſnos ; mais il ne s'y trouve que ſept Elections.]

40738. Mſ. Etat des Lettres d'Annobliſſement obtenues par les Particuliers ci-après nommés, dans la Province de Normandie, vérifiées en la Chambre des Comptes de ladite Province, & regiſtrées en la Cour des Aydes, depuis l'année 1598 & 1522, juſqu'en 1661 ; par (Jean) FARIN : *in-fol.*

Cet Etat [étoit] dans la Bibliothèque de M. le Merre, Avocat au Parlement de Paris. C'eſt l'Original même qui eſt dédié à un Seigneur de la Maiſon de Béthune, Chevalier des Ordres du Roi, comme on le voit par les Armes qui y ſont deſſinées

☞ La Bibliothèque de M. le Merre, après la mort de ſon fils, Avocat comme lui du Clergé de France, a paſſé à M. le Roi ſon Neveu, ci-devant Chanoine de S. Marcel à Paris.]

40739. ☞ Mſ. Catalogue des Nobles de Normandie : *in-fol.*

Ce Manuſcrit, cité *pag.* 358 du Catalogue de M. de Cangé, eſt à préſent dans la Bibliothèque du Roi.]

40740. ☞ Mſ. Recherche de la Nobleſſe de la Généralité de Rouen : *in-fol.* 4 vol.

Ils ſont parmi les Manuſcrits de MM. Godefroy, dans la Bibliothèque de la Ville de Paris, num. 514-517.]

40741. Mſ. Recherche de la Nobleſſe des Généralités de Caen & d'Alençon : *in-fol.*

Cette Recherche eſt conſervée dans la Bibliothèque de M. le Chancelier d'Agueſſeau.

40742. Mſ. Recherche des neuf Elections de la Généralité de Caen, faite par M. de Rouſſi, en 1598 & 1599 : *in-fol.*

Cette Recherche [étoit] dans la Bibliothèque de M. Foucault, [qui a été vendue & diſtraite après ſa mort.]

40743. ☞ Nouvelles Anecdotes pour ſervir à l'Hiſtoire (& aux Généalogies) de Normandie ; par M. BEZIERS, Curé de S. André de Bayeux. *Journ. de Verdun*, 1761, *Avril, pag.* 287.

La première Anecdote eſt ſur le Comté d'Andry, accordé en 1146, par Roger, Roi de Sicile, à Richard Lingevre, Chevalier Normand, qui l'avoit aidé à prendre Tripoli en Afrique. Les autres regardent principalement deux Maiſons conſidérables près de Caen : celle de *Mathan* & celle de *Groſparmy*, que l'Auteur rapporte à la même origine.]

40744. ☞ Mémoires généalogiques, contenant les Généalogies de pluſieurs Familles Nobles du Duché d'Alençon & du Comté de Perche, & des principales Familles de la Robe de la Ville d'Alençon : *in-4.* 4 vol. manuſc. chez M. Odolant Deſnos.]

40745. ☞ Mſ. Recherche des Nobles, faite pour le Réglement des Tailles, dans la Généralité d'Alençon, en 1640 & 1641 ; par M. BLANCHOUIN, & autres Tréſoriers de France au Bureau d'Alençon.

Elle eſt conſervée telle qu'elle fut faite, au Bureau des Finances d'Alençon ; & M. Odolant Deſnos, Médecin de cette Ville, en a une Copie dans ſon Cabinet. « Quoique cette Recherche n'ait, dit-il, pas été achevée, » dont on ignore la raiſon, & qu'on ait conſervé avec » peu de ſoin la plupart des Productions faites devant » les Commiſſaires ; cependant ce qui en reſte, qui » pourroit former 2 vol. *in-fol.* ſeroit utile à bien des » Familles. Comme on étoit obligé de juſtifier ſes noms » quatre générations, on y trouve l'indication des No- » taires devant leſquels les Actes furent paſſés, & la » date ».]

40746. ☞ Mſ. Recherche des Uſurpateurs du titre de Nobleſſe ; par M. Hector de Marle, Intendant de la Généralité d'Alençon, & Commiſſaire à cet effet : ladite Recherche faite dans cette Généralité, en 1666 & 1667: *in-fol.*

L'Original [étoit] dans le Cabinet de M. Clairembault: les Copies manuscrites en sont très-multipliées dans le Pays.]

40747. Lettre (de Gilles-André) DE LA ROQUE, Gentilhomme de Normandie, aux Intéressés en l'Histoire des Maisons Nobles de Normandie: 1653: *in-fol.*

Cet Auteur est mort en 1686. Il avoit obtenu en 1653 un Privilège pour son Recueil des Maisons Nobles de nom & d'armes, Nobles de race & annoblies de la Province de Normandie, & en particulier de celle d'Harcourt; même un Armorial général des Maisons nobles & de leurs Alliances, avec un Traité intitulé: *La Science régulière des Armoiries.* De tous ces Ouvrages, il n'y a d'imprimé que ce dernier Traité, l'*Histoire généalogique de la Maison d'Harcourt*, & l'Histoire suivante.

40748. Histoire généalogique des Maisons Nobles de Normandie; par le même, partie du Tome II. contenant les Maisons de *Broffard, du Fay & Touchet: Caen*, 1654, *in-fol.*

40749. Mf. Noblesse de Normandie, en 1639 & 1640: *in-fol.* 2 vol.

Cette Recherche [étoit] dans la Bibliothèque de M. le Chancelier Seguier, num. 762, [& peut être à S. Germain-des-Prés.]

40750. Généalogies des Nobles, Illustres & Doctes Orléanois; par Jean LE MAIRE.

Ces Généalogies sont imprimées dans son *Histoire d'Orléans: Orléans*, 1648, *in-fol.*

☞ Le Père le Long a été trompé par le titre de cette Histoire, qui porte, *plus les Généalogies des Nobles*, &c. car s'il avoit parcouru le Livre, il auroit vu que ce mot *Généalogies* ne signifie autre chose dans cet Auteur que *Suites*, &c. Mais pour des Généalogies véritables, ou Filiations, il n'y en a aucune.]

40751. ☞ Mf. Généalogies de quelques Familles distinguées de la Ville d'Orléans; par M. CASTANET, Chanoine de l'Eglise d'Orléans.

Elles sont conservées dans la Bibliothèque publique des Bénédictins d'Orléans.]

40752. ☞ Mf. Généalogies des Familles distinguées de l'Orléanois; recueillies par M. HUBERT, Auteur des Antiquités de l'Eglise de Saint Aignan d'Orléans: *in-*4. 8 v.

Ces Manuscrits sont entre les mains de M. de la Boissière de Beaugenci.]

40753. Mf. Généalogies des principales Familles de Paris; par Auguste GALLAND: *in-fol.* 2 vol.

Ces Généalogies [étoient] dans la Bibliothèque de M. le Chancelier Seguier, num. 839, [& doivent être à S. Germain-des-Prés. Elles sont encore] dans la Bibliothèque de Messieurs des Missions Etrangères; & en trois vol. *in-fol.* dans celle de l'Abbaye de Marmoutier.

40754. ☞ Mf. Généalogies des principales Familles de Paris, avec les Blazons de leurs Armes, fait en 1648: *in-fol.*

Ces Généalogies sont indiquées au num. 16838 du Catalogue de M. d'Estrées.]

40755. ☞ Mf. Recueil des Généalogies des principales Familles de la Cour & de Paris: *in-fol.* 8 vol.]

40756. ☞ Mf. Extrait des Généalogies des principales Familles de Paris: *in-*4.

Ces deux Articles sont indiqués au num. 2228 & 2229 du Catalogue de M. Bernard.]

40757. ☞ Mf. Principales Familles de Paris, tant anciennes que modernes, où l'on voit leur origine, & ce qu'elles ont été: *in-fol.*

Ce Manuscrit est indiqué au num. 16015 du Catalogue de M. d'Estrées.]

40758. ☞ Mf. Généalogies de diverses Maisons de la Cour & de Paris, tirées du Cabinet de M. Clairembault: *in-fol.*

Elles sont indiquées au num. 2930 du Catalogue de M. de Pontcarré.]

40759. ☞ Mf. Extrait des Généalogies de plusieurs illustres Familles de Paris, (au nombre de 200, depuis l'an 1300 jusqu'en 1500:) *in-*4.

Il est indiqué au Catalogue de M. de Sardière, num. 2433.]

40760. ☞ Extrait des Généalogies des principales Familles de Paris: *in-*4.

Dans la Bibliothèque de la Ville de Paris, n. 274.]

40761. ☞ Mf. Généalogies des Familles de Robe de Paris, avec des Notes sur leur origine: *in-fol.*

Ce Manuscrit étoit dans le Cabinet de M. de Rousseville à Amiens.]

40762. Mf. Epitaphes tirées des Eglises de Paris: *in-fol.* 12 vol.

40763. Mf. Epitaphes diverses tirées des Eglises de Paris: *in-fol.* 4 Porte-feuilles.

Ces Epitaphes sont conservées dans la Bibliothèque du Roi, entre les Manuscrits de M. de Gaignières.

☞ On en trouve aussi plusieurs Volumes dans la Bibliothèque de la Ville de Paris.]

40764. ☞ Mf. Tombeaux des Personnes illustres, Nobles, célèbres & autres, inhumées dans les Eglises de la Ville & Fauxbourgs de Paris: *in-fol.* 3 vol.

Ce Recueil est indiqué num. 2225 du Catalogue de M. Bernard. Il se trouve aussi dans la Bibliothèque de M. le Président de Meynières, & dans celle de M. Fevret de Fontette, Conseiller au Parlement de Dijon, avec une Table alphabétique: il s'étend depuis l'an 1100 jusqu'en 1669.

Ces Recueils sont d'autant plus précieux aujourd'hui, qu'en faisant réparer & orner la plupart de ces Eglises depuis quelques années, on a fait disparoître ces vieilles Epitaphes.]

40765. ☞ Lettre de M. R. P. C. D. H. E. à M. ***, Avocat, au sujet des anciennes Epitaphes qui sont dans les Eglises de Paris. *Mercure*, 1741, *Juillet.*

Autre Lettre, sur le même sujet. *Ibid.* 1741, *Octobre.*]

40766.

40766. Mf. Généalogies de Picardie : in-fol. 2 vol.

[Ces Généalogies font citées dans le Catalogue des Manuscrits de la Bibliothèque de M. le Chancelier Seguier, [& peuvent être à S. Germain-des-Prés, avec ses autres Manuscrits.]

== Nobles & illustres Maisons du Diocèse d'Amiens & des environs; par LA MORLIERE & D'HOZIER.

☞ *Voyez* ci-dessus, N.° 40600.]

40767. Nobiliaire de Picardie, contenant les Généralités d'Amiens, de Soissons, des Pays reconquis, & partie de l'Election de Beauvais : le tout justifié conformément aux Jugemens rendus en faveur de la Province; par HAUDICQUER DE BLANCOURT : *Paris*, de la Caille, 1693, [& ensuite avec Frontispice de 1695,] *in-4*.

Ce qui est de l'Auteur dans cet Ouvrage, est fort suspect ; car il y a mis beaucoup de faussetés, dont il a été repris en Justice; le reste est assez bon.

☞ Aussi la suppression de son Livre ne fut point ordonnée par l'Arrêt qui le condamna aux galères, pour les *faussetés* qu'il y avoit faites. On cite, dans le Catalogue de M. le Blanc, num. 3213, un Recueil manuscrit des Pièces du Procès fait à Haudicquer de Blancourt, en 3 vol. *in-fol.* Il y en a un Abrégé dans un Exemplaire de son Livre, qui est dans la Bibliothèque du Roi, avec beaucoup de Notes critiques, de la main de M. Pierre D'HOZIER, qui en a couvert presque toutes les marges. M. Jardel, Officier du Roi, demeurant à Braine près de Soissons, (que nous avons plusieurs fois cité,) a fait aussi sur ce Nobiliaire plusieurs Notes, qu'il a tirées (dit-il) de bons Mémoires, & qui sont sur l'Exemplaire conservé dans sa Bibliothèque.

On peut voir ce que dit de ce Nobiliaire, lorsqu'il parut, le *Journ. des Sçav.* 1693, Sept. & depuis l'Abbé Lenglet, dans sa *Méth. histor.* in-4. tom. *IV*. pag. 443.

Nous croyons devoir ajouter ici quelques Remarques faites par M. de Bure, dans sa *Bibliographie*, num. 5693 de l'*Histoire*. « L'Ouvrage d'Haudicquer qui a été proscrit (en partie) sur les plaintes qu'il a occasionnées, a néanmoins conservé quelque crédit vis-à-vis les Curieux, parceque les Exemplaires en sont rares. Mais il est bon de sçavoir que parmi le petit nombre de ceux qui nous en sont restés, il en existe peu qui soient entiers, par rapport aux Cartons & aux Retranchemens que ce Livre a soufferts.

» Pour qu'un Exemplaire soit complet, il faut trouver, après la Généalogie de la Famille *Faguet*, *p*. 185, les Généalogies des Familles suivantes : *Failly*, *Famechon*, *Favier*, *Favin*, *Fauvilliers*, *Fay*, *Eustache le Febvre*, *Jean le Febvre*, *François le Febvre*, *la Felonnière* & *Ferault*. Ces Familles ont été supprimées, & ne se trouvent plus dans les Exemplaires imparfaits, qui, de la Famille *Faguet*, passent immédiatement à la Famille *le Féron*. Nous ignorons ce qui aura pu produire dans le temps un Carton ou Retranchement aussi considérable.

» Nous avertirons encore qu'il y a des Exemplaires dont les Frontispices ont été changés par des raisons particulières de Commerce, & qui portent alors la date de l'année 1695; mais l'Intitulé, quel qu'il soit, devient indifférent, puisque l'Edition est toujours la même ».]

40768. Nobiliaire (ou Recherche de la Noblesse) de Picardie : Généralité d'Amiens, contenant l'Extrait des Titres & les Généalogies produites devant M. Bignon, Intendant de cette Généralité, avec les Jugemens par lui rendus, & depuis par M. de Bernage son successeur, jusqu'en 1716, en vertu de la Déclaration du Roi, du 4 Septembre 1696; le tout recueilli par Nicolas DE VILLIERS, Ecuyer, Seigneur dudit Lieu, & par N. DE ROUSSEVILLE, Procureur du Roi en la Commission pour la Recherche de la Noblesse en Picardie : [1717; gr. *in-fol.* forme d'Atlas.]

Ce Volume est composé de quatre cens vingt-sept Feuillets, partagées en trois colonnes : la première contient les Preuves, la seconde la Généalogie, & dans la troisième sont les Jugemens rendus par les Intendans d'Amiens. La Noblesse qui y étoit intéressée, a fait les frais de l'Impression, & de Rousseville, qui l'y avoit engagée, en a pris tout le soin. Les Ecussons vuides sont au haut des pages, [pour que chacun y pût faire blazonner & colorier ses Armes.]

☞ M. de Rousseville étoit neveu du fameux M. du Cange, & père de Madame la Duchesse de Joyeuse. Il avoit fait imprimer à la tête de l'Ouvrage le Frontispice dont le titre a été rapporté par le P. le Long; mais il le supprima, dans la crainte qu'on ne l'obligeât à prendre un Privilège. Ce Livre est rare, y en ayant eu fort peu d'Exemplaires de tirés.

« On croit communément (dit M. de Bure) que cet » Ouvrage a été entrepris par ordre de Louis XIV, sur » les plaintes qui furent portées à ce Souverain, contre » le Livre de Haudicquer de Blancourt, intitulé aussi » *Nobiliaire de Picardie*, imprimé à Paris en 1693, & » dans lequel l'Auteur avoit employé, à ce que l'on » prétend, de faux Actes & de faux Diplômes, à dessein de deshonorer plusieurs Familles, dont il avoit eu » lieu d'être mécontent. Nous ne donnerons aucune » Description de ce grand Ouvrage, dont les Exemplaires bien complets sont fort rares, parcequ'il est composé d'un nombre considérable de feuillets détachés, » qu'il seroit difficile de fixer. Nous dirons seulement » que les Exemplaires que l'on en rencontre dans le » Commerce, sont plus ou moins amples; c'est-à-dire, » qu'ils contiennent un nombre plus ou moins considérable de feuilles. Chaque feuille renferme ordinairement la Généalogie d'une Famille particulière, imprimée sur trois colonnes (comme nous l'avons dit cidessus). Toutes les Familles sont rangées selon l'ordre » alphabétique, & elles sont précédées communément » d'un Ecusson ou d'une place vuide, qui sert à recevoir » leurs Armoiries, lorsqu'on a intention de les faire exécuter en couleurs. L'Impression des premières feuilles » a été commencée à Amiens, en 1708; les dernières » ont été achevées en 1717. Parmi les Personnes qui en » ont collationnées, il s'en est trouvé qui ont fait monter » leur nombre jusqu'à 427; mais nous ne garantissons » rien à ce sujet.

» Nous observerons encore qu'il existe de cet Ouvrage un Exemplaire extrêmement précieux, dans le » Cabinet de M. Gaignat. Cet Exemplaire, partagé en » 4 Tomes, est imprimé sur vélin, & il est d'autant plus » remarquable, qu'il peut en quelque façon tenir lieu » des Titres originaux des Familles, en ce que toutes » les feuilles sont signées de la main même de M. Bignon, & des autres Commissaires nommés par » Louis XIV, pour la Recherche de la Noblesse (de » Picardie ».) *Bibliographie*, tom. *II*. de l'*Histoire*, num. 5692.

Ajoutons encore que l'on peut voir aussi à la Bibliothèque du Roi un Exemplaire de cet Ouvrage en vélin, lequel a appartenu à M. Bignon, l'Intendant, qui fit faire la Recherche en question; cet Exemplaire a été déposé par M. Bignon son neveu, lequel a l'Intendance de cette Bibliothèque vraiment Royale. On y trouve encore un autre Exemplaire en papier, qui a quelques feuilles de plus que celui de M. Bignon, parce qu'apparemment certaines Familles ne purent faire entièrement leurs preuves que tard; par exemple, *Sacquespée*, connue sous le nom de *Théſy*, dont le Chef vient de mourir fort âgé (en Septemb. 1771.) Il n'y a dans l'Exemplaire de M. Bignon qu'une autre Branche de *Sacqueſpée*, ſçavoir, celle *de Beaulieu*, qui ſe dit *originaire de Flandre*, comme eſt la Branche de Théſy, aujourd'hui ſeule ſubſiſtante en Picardie. Il y en a encore une autre Branche connue en Champagne, & que l'on trouve dans ſon beau Nobiliaire imprimé auſſi en grandes feuilles. Toutes viennent des *Sacqueſpées*, autrefois Comtes de Dixmude. C'eſt ce que quelques recherches nous ont donné lieu de découvrir, & c'eſt ſans doute une cauſe ſemblable à celle qui empêcha les Sacqueſpées de Théſy de déterminer leurs preuves avant 1707, ce qui fait que des Exemplaires arrangés avec ſoin dans leur temps, ont cependant moins de feuilles que d'autres.]

40769. Mſ. Hiſtoire généalogique des plus anciennes Maiſons de Picardie, tant éteintes que vivantes; recueillie par M. DE ROUSSEVILLE: *in-fol.*

Cette Hiſtoire eſt en cahiers, qui pourroient former 5 ou 6 vol. *in-fol.* [Ils étoient] conſervés à Amiens, dans le Cabinet de l'Auteur, [& ils peuvent être encore dans cette Ville.]

— ☞ Nobiliaire de Soiſſons.

Voyez ci-après, N.º 40781.]

40770. ☞ Mſ. Recueil de toutes les Epitaphes de Picardie, avec les Armes; en un gros vol. *in-fol.* avec la Table.

Ce Recueil a été fait par M. DE ROUSSEVILLE, & étoit dans ſon Cabinet.]

40771. ☞ Mſ. Nobiliaire de Picardie; par Charles DU FRESNE DU CANGE: *in-4.*

Il eſt conſervé dans la Bibliothèque du Roi. Ce n'eſt pas à la vérité un Ouvrage terminé; mais il eſt très-avancé.]

40772. ☞ Noms des Nobles qui vinrent en la Conqueſte (de Naples & Sicile) avec Charles d'Anjou, Comte de Provence; plus ceux que ce Prince & ſes Succeſſeurs ont fait Seigneurs (dans ce Royaume.)

On les trouve dans l'Ouvrage d'Antoine DE LA SALE, intitulé: *La Salade*, &c. Paris, le Noir, 1521, *in-fol.* Gothiq. *pag.* 56.]

40773. Mſ. Généalogies des Familles de Provence: *in-fol.* 8 vol.

Ces Volumes [étoient] dans la Bibliothèque de M. de Gauffridy, Avocat Général de Provence: ce ſont des Manuſcrits de M. Peyreſc, num. 69, 70 & 71, le troiſième Vol. des num. 69 & 70, & le premier du n. 72 [étoient] à Aix dans la Bibliothèque de M. Thomaſſin de Mazaugues, [qui eſt aujourd'hui dans celle de la Ville de Carpentras.]

40774. Généalogies de Provence; par Céſar DE NOSTRADAMUS.

Ces Généalogies ſont répandues dans ſon *Hiſtoire de Provence* : Lyon, 1614, *in-fol.*

40775. Le Nobiliaire de Provence; par Dominique ROBERT, de Briançon.

Ce Nobiliaire eſt imprimé dans l'Ouvrage du même Auteur, intitulé: L'*Etat de la Provence*, &c. Paris, 1693, *in-*12. 3 vol.

« Cet Ouvrage, (dit un Sçavant de Provence,) ne » doit pas être rejetté en tout ; on peut tirer de cette » ſource bien des faits particuliers & peu connus que » l'Auteur a pris dans les Archives de nos anciennes Familles. Il n'eſt blâmable que d'en avoir relevé de très-» obſcures, dont il avoit pourtant beſoin pour fournir » aux frais de l'impreſſion ».

☞ Ce Nobiliaire eſt rare, & la *Bibliographie* de Bure, (*Hiſt.* num. 5701,) le dit eſtimé.]

40776. Mſ. Critique du Nobiliaire de Provence de l'Abbé Robert, contenant l'épurement de la Nobleſſe du Pays; la différence des Gentilshommes de ſang & d'origine, de nom & d'armes, d'avec les Nobles de Race, des Annoblis, de la Nobleſſe de Robbe, les différences ſur les eſpèces de Nobleſſe; les Notes ſur les Familles Nobles éteintes, dont d'autres ont pris les noms & les armes ; les Obſervations ſur les Uſurpateurs de la Nobleſſe, que l'Auteur du Nobiliaire a employés comme véritables Gentilshommes; les moyens pour éviter les uſurpations & les mélanges de la Nobleſſe, & pour finir une fois pour toujours les Recherches contre les véritables Nobles; avec des Catalogues des Gentilshommes de Sang, d'Origine, de Race, de Robbe, &c. par ordre alphabétique : *in-*4. de 800 pages.

Il y a une fort longue Préface à la tête de cet Ouvrage, qui eſt écrit avec beaucoup de liberté : la critique en eſt extrêmement vive ; on y relève ſans ménagement les taches des Familles ; on y trouve des recherches curieuſes & utiles; & cet Ouvrage auroit un plus grand mérite ſi l'Auteur y eût fait paroître moins de partialité & ne l'eût pas rempli de médiſances & de calomnies. C'eſt ſans doute ce qui l'a empêché de ſe faire connoître, au jugement d'une perſonne ſage, qui m'a communiqué cet Article. Cet Ouvrage ſe conſerve en Provence dans le Cabinet de quelques Curieux.

40777. Mſ. Généalogies de pluſieurs Maiſons de Provence; ſçavoir, d'Agoult, d'Anceſune, de Baſchi, de Blacas, de Gerente, de Glandevez, de Pontevez, de Sabran & de Graſſe ; par Dominique ROBERT, de Briançon : *in-fol.*

Cet Auteur eſt mort en 1704, à Talmont en Poitou. Ces Généalogies ſont conſervées dans la Bibliothèque du Roi, entre les Manuſcrits de M. d'Hozier.

40778. ☞ Hiſtoire de la principale Nobleſſe de Provence, avec les Obſervations des erreurs qui y ont été faites par les précédens Hiſtoriens, tirée des Chartres & anciens Titres, des Archives, Abbayes, Monaſtères & autres lieux ; & un Traité général de la différence de chaque eſpèce de Nobleſſe, de l'origine des Fiefs, des Armoiries, Timbres, Couronnes & autres Ornemens, des Maximes & Réglemens généraux en fait de Nobleſſe, & ſur tout ce qui la concerne; avec une Explication des Monnoies anciennes qui ont eu cours en Provence ſous la domination des Grecs, des Romains, des Goths, des Sarrazins, ſous nos Comtes de Provence & ſous nos Rois; (par B. DE MAYNIER, des anciens Seigneurs de Saint-Marcel :) *Aix*, David, 1719, *in-*4.]

40779. ☞ Hiſtoire héroïque & univerſelle de la Nobleſſe de Provence ; (par M. ARTE-

Généalogies des Provinces & Chapitres.

FEUIL:) *Avignon*, 1757 & 1759, *in-4*. 2 vol.

Voyez sur cet Ouvrage l'*Année Littéraire*, 1759, *tom. IV. Lettre XII.* L'Ouvrage est accompagné de huit grandes feuilles d'Armoiries, gravées par COUSSIN.]

== ☞ D'une espèce de Noblesse de Roussillon & de Catalogne, ou des Bourgeois Nobles de Perpignan & de Barcelonne; par l'Abbé XAUPI.

Voyez ci-dessus, [N.° 38352.]

== ☞ De Santonum illustribus Familiis Tractatus N. ALANI.

Voyez ci-dessus, N.° 37561. Ce n'est au reste qu'un Discours très-abrégé.]

40780. Recherches sur les Vicomtes & Maisons illustres du Soissonnois; par Claude DORMAY.

Ces Recherches sont imprimées dans son *Histoire de la Ville de Soissons*, &c. *Soissons*, 1663 & 1664, *in-4*. 2 vol.

40781. ☞ Ms. Nobiliaire de la Généralité de Soissons: *in-fol.*

Il est conservé à Dijon, dans la Bibliothèque de M. Fevret de Fontette, Conseiller au Parlement. On y trouve les Ordonnances de maintenue & des condamnations rendues par MM. les Intendans de ladite Généralité; = les Rôles dans lesquels aucuns Particuliers ont été employés pour avoir continué de prendre la qualité de Noble, au préjudice des condamnations contr'eux rendues; = les Rôles dans lesquels ont été employés aucuns Particuliers qui ont été confirmés & réhabilités dans leur Noblesse, en conséquence de Lettres d'Annoblissement.]

40782. De Nobilioribus Tolosæ Familiis, aliisque plurimis in ejus Ecclesiâ sepultis; Auctore Joanne-Jacobo PERCIN, Tolosate.

Ce Discours est imprimé avec l'Ouvrage que cet Auteur a intitulé: *Monumenta Conventûs Tolosani*, &c. *Tolosæ*, 1693, *in-fol.*

40783. Traité de la Noblesse des Capitouls de Toulouse; par Germain LA FAILLE, ancien Capitoul de Toulouse: *Toulouse*, 1673, *in-4*.

Troisième Edition, avec des Additions de l'Auteur, & un Catalogue de plusieurs Nobles & anciennes Familles, dont il y a eu des Capitouls, depuis la réunion du Comté de Toulouse à la Couronne: *Toulouse*, 1707, *in-4*.

40784. Ms. Généalogies des Familles nobles de Touraine, & entr'autres celle d'Amboise, de Maillé, de Sainte-Maure, de Beuil, de Crevan, de la Tour-Iforé, de le Blanc de la Baume; par Michel DE MAROLLES, Abbé de Villeloin: *in-fol.* 4 vol.

Cet Auteur fit ces Généalogies en 1636, & il raporte en détail un grand nombre d'autres Familles de Touraine, dont il a fait la Généalogie. C'est ce que l'on trouve indiqué aux *pag*. 7 & 8 du *Catalogue* de ses Ouvrages, qui est à la fin du Tome II. de son *Enéide de Virgile*, en Vers: *Paris*, 1673, *in-4*.

☞ Il en a publié quelques-unes avec ses *Mémoires*: *Paris*, Sommaville, 1656, *in-fol.* Nous les indiquerons dans l'Article suivant.]

Tome III.

40785. Ms. Les Histoires généalogiques de plus de cent Familles éteintes dans la Province de Touraine; par le même.

Ces Histoires sont citées *pag*. 8 du Catalogue dont on vient de parler.

40786. Inventaire de l'Histoire généalogique de la Noblesse de Touraine & Pays circonvoisins, enrichie des Armes de chaque Famille, & de quelques Portraits tirés des Originaux; par le C. DE L. S. [Seconde Edition:] *Paris*, Alliot, 1669, *in-fol.*

☞ Il y a une première Edition: *Paris*, Langlois, 1665, *in-fol.* de 451 pages; mais elle est moins ample & moins estimée que celle de 1669.

Les lettres initiales signifient le Chevalier DE L'HERMITE SOULIERS, qui se nommoit Jean-Baptiste, dit Tristan, Gentilhomme ordinaire de la Chambre du Roi, [& dont les Ouvrages en général ne sont guère recherchés.]

40787. ☞ Histoire de la Noblesse du Comté Vénaissin, d'Avignon, & de la Principauté d'Orange, (& de quelques Provinces voisines;) dressée sur les Preuves, & dédiée au Roi; (par M. l'Abbé PITHON-CURT, de Carpentras, Curé de Boissy, Diocèse de Chartres:) *Paris*, David, 1743-1750, *in-4*. 4 vol.

Le Tome IV. est un Supplément aux trois autres. *Voyez* sur cet Ouvrage les *Observ. sur les Ecrits mod. Lett.* 485. = *Journ. de Verdun*, 1743, *Juin*; 1747, *Mai*; 1750, *Octobre*. = *Mém. de Trévoux*, 1743, *Juin*; 1751, *Janvier*. = *Mercure*, 1753, *Mai*.]

40788. ☞ Avis présenté à la vénérable Langue de Provence, contre les Usurpateurs de Noblesse du Comtat Vénaissin; par le Chevalier de P. B. (DE PUGET-BARBENTANE:) (1708,) *in-4*.

Cet Avis est très-rare.

☞ Lettre (du Chevalier de Puget-Barbentane,) à la même, (sans titre:) *in-4*.]

40789. Toscane Françoise Italienne: *Paris*, 1601, *in-8*.

L'Epître dédicatoire est signée par Claude CHAPPUYS.

40790. La Toscane Françoise, contenant les Eloges historiques & les Généalogies des Princes de Toscane, qui ont été affectionnés à la Couronne de France, avec leurs Armes; par Jean-Baptiste DE L'HERMITE SOULIERS, dit Tristan: *Paris*, Piot, 1661, *in-4*.

☞ Cet Ouvrage paroît par la Lettre de M. Guichenon, dont nous allons donner un Extrait, avoir été publié en 1657, sans nom d'Imprimeur, & ce doit être seulement ici un Frontispice de 1661.]

40791. ☞ La Ligurie Françoise, (ou les Génois affectionnés à la France;) par le même: 1657.

Voici ce que M. Guichenon écrit sur ces deux Ouvrages à M. de Ruffi. « Il y a long-temps que je connois
» l'Hermite de Souliers, dont la plume est vénale s'il en
» fût jamais. Obligez-moi de dire où il a fait im-
» primer ce dernier chef-d'œuvre de la Ligurie Fran-
» çoise & de la Toscane Françoise. Car quoique je pense
» bien, par le jugement que vous en faites & par les

» lumières que j'ai de son génie, que ce ne doit être
» rien qui vaille, toutefois il est bon de voir, pour y
» remarquer les mensonges dont sans doute il est par-
» semé. Dans une République bien ordonnée, on de-
» vroit défendre d'écrire à des gens faits comme cela."

40792. Les Corses François, contenant l'Histoire généalogique des plus illustres Seigneurs, Gentilshommes de l'Isle de Corsegue, qui se sont attachés au service de la France ; par le même (L'HERMITE SOULIERS :) *Paris*, Langlois, 1662, *in*-12.

40793. Naples Françoise, ou les Eloges généalogiques & historiques des Princes du Royaume de Naples, affectionnés à la Couronne de France ; par le même : *Paris*, Martin, 1663, *in*-4.

40794. ☞ Origines chimériques de quelques Familles de France.

Dans les *Singularités historiques* de Dom LIRON, *tom. III. pag.* 109. Il y est question des Familles de Marboeuf, Bénard, Ruzé, &c.]

§. II. *Généalogies particulières de nombre de Familles, & leurs Alliances.*

40795. Ms. Table alphabétique des Familles & Maisons Nobles de France, dont les Généalogies ont été imprimées en tout ou en partie ; [dressée] par les soins de François DE CAMPS, Abbé de Signy : *in-fol.*

Cette Table [étoit] dans la Bibliothèque de l'Auteur, [& est aujourd'hui dans celle de M. de Béringhen.] Quoiqu'elle soit ample, elle pourroit être encore de beaucoup augmentée, & rendue plus exacte.

ON trouve dans le *Mercure Galant*, [appellé ensuite *Mercure de France*,] & dans le *Dictionnaire de Moréri*, plusieurs Généalogies particulières de Maisons ou Familles de France, qui ne sont point imprimées ailleurs. Elles demandent de la capacité & du discernement, afin d'y débrouiller celles qui sont véritables de celles qui sont fausses ou suspectes de fausseté.

☞ Le Père le Long avoit mis cette Note à la fin de cet Article, pour rendre raison de ce que dans la Liste suivante, il n'avoit rien cité de ces Livres. Nous l'avons imité ; mais dans nos Additions nous avons cru devoir citer les Généalogies qui ont un certain nombre de Filiations, & qui se trouvent soit dans l'*Histoire des Grands Officiers*, par le Père Simplicien, soit dans les *Nobiliaires des Provinces* qui ont été publiés, &c. Les *Tablettes* de M. de Chasot, & le *Dictionnaire héraldique*, &c. étant à la portée de tout le monde, nous n'en avons rien extrait.]

A

40796. ☞ Généalogie de la Famille d'*Abeille*.

Dans l'Histoire de la Noblesse de Provence, par Artefeuil, *tom. I. pag.* 1.]

40797. ☞ Généalogie d'*Abon*.

Dans l'Etat de la Provence, par Robert : aux Additions.]

40798. ☞ La même.

Dans l'Histoire de la Noblesse de Provence, par Artefeuil, *tom. I. pag.* 3.]

40799. ☞ Généalogie d'*Aboval*.

Dans la Recherche de la Noblesse de Picardie.]

40800. ☞ Généalogie d'*Abzac*, en Périgord & en Limosin.

Dans le Registre II. de l'Armorial général de M. d'Hozier.]

40801. ☞ Généalogie d'*Acary*.

Dans la Recherche de la Noblesse de Picardie.]

40802. ☞ Généalogie d'*Accary*.

Dans le même Recueil.]

40803. ☞ Ms. Généalogie de la Maison d'*Achay*, en Normandie.

Elle est conservée dans le Trésor de la Roche-Talbot, selon l'Abbé Ménage, dans son Histoire de Sablé.]

40804. ☞ Généalogie des *Achards*.

Dans l'Histoire de la Noblesse du Comtat, &c. par Pithon-Curt, *tom. IV. pag.* 1.]

40805. ☞ Généalogie d'*Aché* de Marbeuf, à Evreux.

Dans le Registre I. de l'Armorial de MM. d'Hozier.]

40806. ☞ Généalogie de la Maison d'*Aché*, dressée sur les Titres originaux : *in*-4. enluminé.

Elle est conservée chez M. Descures, à Alençon.]

40807. ☞ Généalogie d'*Acheu*.

Dans la Recherche de la Noblesse de Picardie.]

40808. ☞ Généalogie d'*Achey*.

Dans le Nobiliaire de la Franche-Comté, ou Tome III, de Dunod, *pag.* 207.]

40809. ☞ Généalogie d'*Acigné*.

Dans l'Histoire Généalogique de Bretagne, par du Paz, *pag.* 583.]

40810. ☞ La même.

Dans l'Histoire de la Noblesse de Touraine, par Souliers, *pag.* 15.]

40811. ☞ Généalogie d'*Adaoust*.

Dans l'Histoire de la Noblesse de Provence, par Artefeuil, *tom. I. pag.* 4.]

40812. ☞ Généalogie d'*Ademar*.

Dans l'Etat de la Provence, par Robert.]

40813. ☞ Généalogie d'*Adhemar*, Monteil & Grignan.

Dans l'Histoire de la Noblesse du Comtat, &c. par Pithon-Curt, *tom. IV. pag.* 7.]

40814. ☞ Généalogie d'*Agar*.

Dans le même Ouvrage, *tom. I. pag.* 1, & *tom. IV. pag.* 80.]

40815. ☞ Généalogie des *Ages*.

Dans l'Histoire du Berry, par de la Thaumassière, *pag.* 1011.]

40816. ☞ Généalogie d'*Agnot*.

Dans les Mazures de l'Isle-Barbe, par Cl. le Laboureur, *tom. II. pag.* 82.]

40817. ☞ Généalogie d'*Agoult*.

Dans les Mazures de l'Isle-Barbe, par Cl. le Laboureur, *tom. II. pag.* 87.]

Généalogies particulières des Familles.

40818. ☞ La même.

Dans les Additions aux Mémoires de Castelnau, par Jean le Laboureur: Edition de 1731, tom. II. pag. 470 & suiv.]

40819. ☞ La même.

Dans l'Histoire de la Noblesse du Comtat, &c. par Pithon-Curt, tom. IV. pag. 93.]

40820. ☞ Généalogie d'*Agoult de S. Michel*, la seule Branche de cette Famille qui subsiste maintenant en Provence.

Dans l'Histoire de la Noblesse de Provence, par Artefeuil, tom. I. pag. 5.]

40821. Mſ. Généalogie de la Maison d'*Agoult* (en Provence,) de laquelle sont descendus les Barons de Sault, de Montfort & de Mizon.

Cette Généalogie est conservée [à Paris,] dans la Bibliothèque de MM. des Missions Etrangères.

40822. ☞ Généalogie d'*Agout*.

Dans l'Histoire générale du Dauphiné, par Allard, tom. I.]

40823. ☞ La même.

Dans l'Etat de la Provence, par Robert.]

40824. ☞ Généalogie d'*Aguenin*.

Dans l'Histoire des Présidens, par Blanchard, p. 55.]

40825. ☞ Généalogie d'*Aguerre*.

Dans la Recherche de la Noblesse de Champagne.]

40826. ☞ Généalogie d'*Aguesseau*, en Saintonge, en Picardie & à Paris.

Dans le Registre I. de l'Armorial de MM. d'Hozier.]

40827. ☞ Généalogie d'*Aguisy*.

Dans la Recherche de la Noblesse de Champagne.]

40828. ☞ Généalogie d'*Ajasson*.

Dans l'Histoire du Berry, par de la Thaumassière, pag. 813.]

• 40829. ☞ Généalogie d'*Aigremont*.

Dans la Recherche de la Noblesse de Champagne.]

40830. ☞ La même.

Dans le Nobiliaire de la Franche-Comté, ou tom. III. de Dunod, pag. 195.]

40831. ☞ Généalogie de l'*Aigue*.

Dans l'Histoire du Berry, par de la Thaumassière, pag. 1012.]

40832. ☞ Généalogie d'*Aigueville*.

Dans la Recherche de la Noblesse de Picardie.]

40833. ☞ Généalogie d'*Ailhaud*, en Provence.

Dans le Registre V. de l'Armorial de MM. d'Hozier.]

40834. ☞ Généalogie de la Famille d'*Ailhaud*, originaire de Picardie, où elle portoit le nom d'*Ailly*.

Dans l'Histoire de la Noblesse de Provence, par Artefeuil, tom. I. pag. 9, & aux Additions, tom. II. pag. 575.]

40835. ☞ Généalogie d'*Ailly*.

Dans le Recueil des Maisons Nobles d'Amiens, par la Morlière, pag. 19.]

40836. ☞ La même, continuée.

Dans l'Histoire de la Ville d'Amiens, par le P. Daire, tom. I. pag. 47.]

40837. ☞ Généalogie d'*Aimar*.

Dans l'Etat de la Provence, par Robert.]

40838. ☞ La même, continuée.

Dans l'Histoire de la Noblesse de Provence, par Artefeuil, tom. I. pag. 12.]

40839. ☞ Généalogie d'*Aimini*.

Dans l'Histoire de la Noblesse du Comtat, &c. par Pithon-Curt, tom. I. pag. 18.]

40840. ☞ La même.

Dans l'Histoire de la Noblesse de Provence, par Artefeuil, tom. I. pag. 15.

MM. d'Hozier l'ont aussi donnée sous le nom d'*Aymini*, dans leur Armorial.

40841. ☞ Généalogie de d'*Ainval*.

Dans la Recherche de la Noblesse de Picardie, & au Supplément.]

40842. ☞ Généalogie d'*Alabat*.

Dans l'Histoire du Berry, par de la Thaumassière, pag. 1016.]

40843. ☞ Généalogie d'*Alagonia*.

Dans l'Etat de la Provence, par Robert.]

40844. * Mſ. Généalogie de la Maison d'*Albert*; par Jean LE LABOUREUR, avec plusieurs Lettres curieuses.

Ce Manuscrit [étoit] dans la Bibliothèque de M. Baluze, pag. 113 de son Catalogue, [& est aujourd'hui dans celle du Roi.]

40845. ☞ Généalogie de la Maison d'Albert, (dont une Branche connue sous le nom de Luynes.)

Elle est imprimée dans le P. Simplicien, tom. IV. pag. 263.]

40846. ☞ La même, augmentée de nouvelles connoissances sur son commencement en France, avec une Carte Généalogique des différentes Branches des Alberti d'Italie.

Dans l'Histoire de la Noblesse du Comtat, &c. par Pithon-Curt, tom. IV. pag. 136. L'Auteur observe, pag. 145, que l'Hermite Souliers s'est trompé dans sa Toscane Françoise, en faisant sortir cette Famille des Comtes Alberti de Florence, qui sont d'une autre Famille.]

40847. ☞ Substitution de mâles en mâles graduelle, perpétuelle & à l'infini dans les deux Branches de la Maison d'Albert, des Duchés-Pairies de Luynes, Chevreuse, Chaulnes, &c. *Paris*, Mesnier, 1734, in-4.

40848. Mémoires pour le Prince de Grimberghen (Louis-Jos. d'Albert de Luynes,) contenant ses prétentions sur la Succession du Sieur Bombarde: *Paris*, 1750, in-4.

Arrêt du Conseil d'Etat, du premier Mai 1750, (sur cette Affaire:) in-4.

40849. ☞ Généalogie d'*Albert de Roquevaux*.]

40850. ☞ Généalogie d'*Albert de Sillans*.]

40851. ☞ Généalogie d'*Albert* ou *Alberty*, de S. Martin, Fos, &c.

Ces Généalogies, de trois Familles différentes, se trouvent dans l'Histoire de la Noblesse de Provence, par Artefeuil, *tom. I. pag.* 17 *& suiv.* Robert les avoit données jusqu'à son temps, dans son Etat de la Provence.]

40852. ☞ Généalogie de la Maison d'*Albert* ou *Aubert*.

Dans le P. Simplicien, *tom. II. pag.* 397.]

40853. ☞ Généalogie d'*Albertas*.

Dans l'Ouvrage intitulé : Naples Françoise ; par l'Hermite-Souliers, *pag.* 1.]

40854. ☞ La même, continuée, &c.

Dans l'Histoire de la Noblesse de Provence ; par Artefeuil, *tom. I. pag.* 23-32.]

40855. ☞ Généalogie d'*Albis*.

Dans l'Etat de la Provence ; par Robert.]

40856. ☞ Généalogie de la Maison d'*Albon*.

Dans les Mazures de l'Isle-Barbe ; par le Laboureur, *tom. II. pag.* 129. On y trouve un Eloge du Maréchal de S. André, qui étoit de cette Maison.]

40857. ☞ La même augmentée.

Dans le Père Simplicien, *tom. VII. pag.* 194.]

40858. Ms. Généalogie de la Maison d'*Albret* & d'*Armagnac* : *in-fol.*

Cette Généalogie [étoit] dans la Bibliothèque de M. le Chancelier Seguier, num. 840.

40859. ☞ Généalogie de la Maison d'Albret ; par le P. Simplicien.

Elle est imprimée *tom. VI. pag.* 206.]

40860. ☞ Remarques critiques sur un Article de l'Histoire généalogique des Grands Officiers de la Couronne, au sujet de la Maison d'Albret. *Mém. de Trévoux,* 1731, *pag.* 1055.]

40861. Ms. Inventaire de la Maison d'Albret : *in-fol.* 2 vol.

Cet Inventaire [étoit] dans la Bibliothèque de M. Foucault, [qui a été distraite.]

40862. Ms. Titres originaux de la Maison d'Albret : *in-fol.*

Ces Titres sont conservés dans la Bibliothèque du Roi, entre les Manuscrits de M. de Gaignières.

40863. Ms. Inventaire des Titres de la Maison d'Albret, de Nérac, Lavardac & autres de Guyenne, gardés au Château de Pau : *in-fol.* 3 vol.

Cet Inventaire est conservé entre les Manuscrits de M. Dupuy, num. 368-370.

40864. Ms. Mémoires de la Maison d'Albret ; colligés par Auguste Galland : *in-fol.*

Ces Mémoires sont conservés entre les Manuscrits de M. Dupuy, num. 387.

40865. Ms. Pièces concernant la Maison d'Albret : *in-fol.*

Ces Pièces [étoient] dans la Bibliothèque de M. Colbert, num. 2135-2137, [& sont aujourd'hui dans celle du Roi.]

40866. ☞ Réplique pour Messire Alain, Sire d'Albret, au sujet de la Succession de Jean, Comte d'Armignac, contre M. le Duc d'Alençon, M. le Procureur Général, la Dame d'Aiz & le Seigneur de Saissel, & Dame Loyse de Lyon, ses Parties : *in-fol.* Gothiq = Salvations pour le même. = Réponse aux Postilles d'Alençon, avec les Testamens de Jean d'Armignac, en 1373, & de Bernard d'Armignac, en 1398.=Factum du même, Sire Alain d'Albret.

Ce Recueil est indiqué au num. 517 du Catalogue de M. Lancelot.]

40867. ☞ Panegyricon illustrissimorum Principum, Comitum Druidarum & Auri-Vallensium & Nivernensium ; Hervero a Berna, Curione Amandino Allifero Auctore : *Parisiis,* Gaultherot, 1543, *in-12.*

C'est un Panégyrique de Jean d'Albret, & de quelques Seigneurs de cette Maison.]

40868. ☞ Ms. Mémoires & Généalogie d'Albret.

Ils ont été recueillis par M. de Fontanieu, & on les conserve dans la Bibliothèque du Roi.]

40869. ☞ Ms. Armorial de la Maison d'Alegre : *in-4.*

Il se trouve num. 10385, A. de la Bibliothèque du Roi, parmi les Manuscrits de M. Baluze.]

40870. ☞ Généalogie de la Maison d'Alegre.

Dans le P. Simplicien, *tom. VII. pag.* 702.]

40871. ☞ Généalogie d'*Aleman*, en Bugey.

Dans l'Histoire de Bresse & Bugey ; par Guichenon : *Contin. de la Part. III. pag.* 1.]

40872. ☞ Histoire généalogique des anciens Comtes d'*Alençon.*

Elle est imprimée dans le P. Simplicien, *tom. III. pag.* 282.]

== Généalogies des Comtes & Ducs d'Alençon.

Voyez ci-devant, [Tome II. N.os 15390 *& suiv.*]

40873. ☞ Généalogie d'*Alenduy.*

Dans la Recherche de la Noblesse de Champagne.]

40874. ☞ Généalogie d'*Alepy de Vaux.*

Dans l'Histoire des Sires de Salins, *tom. II. pag.* 1.]

40875. ☞ Généalogie d'*Alès.*

Dans l'Hist. de la Nobl. de Touraine ; par Souliers.]

40876. ☞ Mémoire critique sur un des plus considérables Articles de l'Armorial général de M. d'Hozier de Serigny, &c. *Mercure,* 1755, *Mars.*

Le sujet de la dispute est le nom d'*Alès de Corbet,* que M. de Serigny appelle *Aluye.*]

40877. ☞ Défi Littéraire ; par M. (d'Hozier) de Serigny. *Mercure,* 1756, *Mars.*]

40878. ☞ Lettre de M. d'Alès de Corbet,

Généalogies particulières des Familles. 735

Prêtre & ancien Chanoine de Blois, à M. d'Hozier de Serigny, au sujet du Défi Littéraire qu'il a signifié dans le Mercure de Mars 1756, au Corps entier de la Littérature, &c. 1756, *in-8*. de 84 pages.

L'Auteur anonyme du Mémoire critique indiqué N.° 40876, avoit aussi répondu au Défi ; mais M. Fréron, à qui il avoit adressé sa Réponse, a refusé de la faire paroître, à cause des traits piquans dont ses raisonnemens étoient assaisonnés.

Voyez l'*Ann. Littér.* 1756, tom. *IV. pag.* 187.]

40879. ☞ Lettre adressée à l'Auteur du Mercure sur la Maison d'Alès de Corbet; par M. D'Hozier : 1756, *in-12*.]

40880. ☞ Généalogie d'*Alès*, en Touraine, Blésois, Dunois & Picardie.

Dans le Registre III. de l'Armorial de MM. d'Hozier.]

40881. ☞ Généalogie d'*Alichamp*.

Dans la Rech. de la Nobl. de Champagne.]

40882. ☞ Généalogie d'*Aligret*.

Dans le même Recueil.]

40883. ☞ Généalogie d'*Allamanon*.

Dans l'Etat de la Provence ; par Robert.]

40884. ☞ La même, continuée.

Dans l'Histoire de la Noblesse de Provence ; par Artefeuil, *tom. I. pag.* 33.]

40885. ☞ Généalogie d'*Allard*, en Dauphiné, Vivarais & Isle de France.

Dans le Registre II. de l'Armorial de MM. d'Hozier.]

40886. ☞ Généalogie d'*Allegrin*.

Dans les Généalogies des Maîtres des Requêtes, *pag.* 217.]

40887. ☞ Généalogie d'*Alleman*.

Dans les Mazures de l'Isle-Barbe ; par Cl. le Laboureur, *tom. II. pag.* 92.]

40888. ☞ La même, continuée.

Dans l'Histoire de la Noblesse du Comtat, &c. par Pithon-Curt, *tom. I. pag.* 26.]

40889. ☞ Eloge des Personnes illustres de la Famille des Allemans, de Magdebourg : *Léipsick*, 1710 ou 1711.

L'Auteur fait descendre de cette Famille les Allemans de France, dont il y a eu un Evêque de Grenoble.]

40890. ☞ Généalogie des *Alleman*, en Touraine.

Dans l'Histoire de la Noblesse de Touraine ; par Souliers, *pag.* 21.]

40891. ☞ Généalogie d'*Alligret*.

Dans l'Histoire de Berry ; par de la Thaumassière, *pag.* 1013.]

40892. ☞ Généalogie d'*Aloigny*, en Poitou & Berry.

Dans le Registre VI. de l'Armorial de MM. d'Hozier.]

40893. ☞ La même.

Dans le P. Simplicien, *tom. VII. pag.* 615.]

40894. ☞ Généalogie d'*Alongny*.

Dans le Palais d'Honn. par le P. Anselme, *p.* 321.]

40895. ☞ Généalogie d'*Alonville*.

Dans la Recherche de la Noblesse de Champagne.]

40896. ☞ Généalogie d'*Alougny*.

Dans l'Hist. de Berry ; par de la Thaumassière, *p.* 837.]

40897. ☞ La même.

Dans l'Hist. de la Nobl. de Touraine ; par Souliers.]

40898. ☞ Généalogie d'*Alphonse*.

Dans l'Histoire de la Noblesse du Comtat, &c. par Pithon-Curt, *tom. I. pag.* 485.]

40899. ☞ Généalogie d'*Alric*.

Dans l'Histoire de la Noblesse du Comtat, &c. par Pithon-Curt, *tom. I. pag.* 39.]

40900. ☞ Généalogie d'*Aluye*, en Anjou & Touraine.

Dans le Reg. III. de l'Armor. de MM. d'Hozier.]

40901. ☞ Lettre de M. D'HOZIER DE SERIGNY, Juge d'Armes de France, adressée à l'Auteur du Mercure, sur la Famille d'Aluye : 1756, *in-12*.

40902. La Généalogie & les Alliances de la Maison d'*Amanzé*, au Comté de Mâconnois, [sur les Titres, Histoires & Registres du Chapitre de l'Eglise Métropolitaine & Primatiale de Saint-Jean de Lyon ;] par Pierre D'HOZIER, avec les Preuves & Additions ; par Pierre PALLIOT : *Dijon*, Palliot, 1659, *in-fol.*

40903. ☞ Supplément à la Généalogie d'Amanzé ; par d'Hozier & Palliot.

Dans les Mazures de l'Isle-Barbe ; par Cl. le Laboureur, *tom. II. pag.* 204.]

40904. Mf. Généalogie de la Maison des *Amats*, & leurs principales Alliances, avec les Armes ; par Pierre PALLIOT : *in-4*.

Cette Généalogie [étoit] dans la Bibliothèque de M. l'Abbé de Caumartin, [mort Evêque de Blois, en 1733.]

40905. ☞ Généalogie d'*Amat*, de Graveson, &c.

Dans l'Histoire de la Noblesse de Provence ; par Artefeuil, *tom. I. pag.* 35.]

40906. ☞ Généalogie d'*Ambly*.

Dans la Rech. de la Nobl. de Champagne.]

40907. Mf. La Lignée des Seigneurs d'*Amboise* ; par Hervé DE LA QUEUE.

Voyez ci-dessus, N.° 35667.]

40908. Mf. Recueil de la Maison d'Amboise ; par Pierre MOURET.

Ce Recueil est cité par la Croix du Maine, dans sa Bibliothèque Françoise.]

40909. Généalogies des Seigneurs d'Amboise, & autres Adhérens.

Ces Généalogies sont imprimées dans les Remarques de Michel DE MAROLLES, sur l'Histoire des anciens Comtes d'Anjou : *Paris*, 1681, *in-4*.

40910. Mſ. Généalogie de la Maiſon d'Amboiſe : *in-fol.*

Cette Généalogie [étoit] dans la Bibliothèque de M. le Premier Préſident de Meſme.

40911. ☞ Généalogie de la Maiſon d'Amboiſe.

Elle eſt imprimée dans le P. Simplicien, *tom. VII. pag.* 421.]

40912. ☞ Généalogie d'*Amerval*.

Dans la Recherche de la Nobleſſe de Picardie.]

40913. ☞ Généalogie d'*Amiens de Monceaux*.

Dans le Recueil des Maiſons Nobles d'Amiens ; par la Morlière, *pag.* 28.]

40914. ☞ Généalogie d'*Ampleman*.

Dans la Recherche de la Nobleſſe de Picardie.]

40915. ☞ Généalogie d'*Ancezune*.

Dans l'Hiſtoire de la Nobleſſe du Comtat, &c. par Pithon-Curt, *tom. I. pag.* 43 ; *tom. IV. pag.* 596.]

40916. ☞ La même, augmentée.

Dans l'Hiſtoire de la Nobleſſe de Provence ; par Arteſeuil, *tom. I. pag.* 37.]

40917. ☞ Généalogie d'*Ancienville*.

Dans la Recherche de la Nobleſſe de Champagne.]

40918. ☞ Généalogie d'*Ancy*.

Dans l'Hiſtoire de la Maiſon des Salles ; par Dom Calmet, aux Preuves, *pag.* 118.]

40919. ☞ Généalogie d'*Andelot*.

Dans le Nobiliaire de la Franche-Comté, ou Tom. III. de Dunod, *pag.* 152.]

40920. ☞ Généalogie d'*Andelot de Preſſia*.

Dans l'Hiſtoire de Breſſe ; par Guichenon : *part. III. pag.* 1.]

40921. ☞ Généalogie d'*Andigné*.

Dans l'Hiſt. de la Nobleſſe de Touraine ; par Souliers, *pag.* 29.]

40922. ☞ La même, augmentée.

Dans le Reg. II. de l'Armor. de MM. d'Hozier.]

40923. ☞ Généalogie d'*André*, en Gévaudan.

Dans le Regiſtre V. du même Armorial.]

40924. ☞ Généalogie d'*André*, en Provence.

Dans l'Hiſtoire de la Nobleſſe de Provence ; par Arteſeuil, *tom. I. pag.* 41, & aux Additions, *tom. II. pag.* 577.]

40925. ☞ Généalogie d'*Andrea*.

Dans le même Ouvrage, *tom. I. pag.* 41.]

40926. ☞ Généalogie d'*Andrée*.

Dans l'Hiſtoire de la Nobleſſe du Comtat, &c. par Pithon-Curt, *tom. I. pag.* 57, & aux Additions, *t. IV. pag.* 597.]

40927. ☞ Généalogie d'*Andrevet*.

Dans l'Hiſtoire de Breſſe ; par Guichenon, *part. III. pag.* 5.]

40928. ☞ Généalogie d'*Andrey*, en Normandie.

Dans le Reg. II. de l'Armor. de MM. d'Hozier.]

40929. ☞ Généalogie d'*Andron*.

Dans l'Etat de la Provence ; par Robert.]

40930. Mſ. Hiſtoire généalogique de la Maiſon d'*Anduſe* ; par M. LE LABOUREUR, ou plutôt par Jean-Baptiſte DE BERMOND, dit l'Abbé du Tremblay : *in-*8.

40931. Mſ. Autre Hiſtoire de la Maiſon d'Anduſe : *in-fol.*

40932. Mſ. Preuves de cette Hiſtoire : *in-*4. 3 vol.

Ces trois Manuſcrits ſont conſervés au Château d'Aubais, près de Niſmes, dans la Bibliothèque de M. le Marquis d'Aubais.

40933. ☞ Lettre de M. l'Abbé DESTRÉE, Prieur de Neuf-Ville, à M. le Chevalier de la Roque, Auteur du Mercure, ſur la Famille d'*Anfrie* de Chaulieu : *Bruxelles*, (*Paris,*) 1745, *in-*12.]

40934. ☞ Généalogie de la Maiſon d'*Angennes*, en Thimérais.

Elle eſt imprimée dans le Père Simplicien, *tom. II. pag.* 421.]

40935. ☞ Généalogie d'*Anger* (ou Auger.)

Dans la Recherche de la Nobleſſe de Champagne.]

40936. ☞ Généalogie d'*Anger du Pleſſis*.

Dans l'Hiſtoire générale de Bretagne ; par du Paz, *pag.* 657.]

40937. ☞ Généalogie d'*Angeville*, en Bugey.

Dans l'Hiſtoire de Breſſe & Bugey ; par Guichenon, Contin. de la part. III. *pag.* 7.]

40938. ☞ Généalogie d'*Anglars*.

Dans l'Hiſtoire de Berry ; par de la Thaumaſſière, *pag.* 1131.]

40939. ☞ Généalogie d'*Anglezi*.

Dans l'Hiſtoire de la Nobleſſe du Comtat ; &c. par Pithon-Curt, *tom. I. pag.* 68.]

40940. ☞ Généalogie de la Maiſon d'*Anglure* : imprimée en Avril 1659, *in-*12.

Voyez encore la Recherche de la Nobleſſe de Champagne, en 1673. Cette Maiſon eſt maintenant éteinte.]

40941. ☞ Hiſtoire généalogique des anciens Comtes d'*Angoulême*.

Elle eſt imprimée dans le Père Simplicien, *tom. III. pag.* 122.]

== Généalogie des Comtes d'Angoulême, depuis Jean d'Orléans.

Voyez ci-devant, [Tome II. N.ᵒˢ 15490 & *ſuiv.*]

== Généalogie des derniers Ducs d'Angoulême, depuis Charles de Valois.

Ibid. N.° 25528.]

40942. ☞ Généalogie d'*Anjorrant*.

Dans l'Hiſtoire de Berry ; par de la Thaumaſſière ; *pag.* 1016.]

40943. ☞ Généalogie des anciens Comtes d'*Anjou*.

Elle eſt imprimée dans le Père Simplicien, *tom. VI. pag.* 3.]

== Généalogie

Généalogies particulières des Familles.

== Généalogie des Comtes d'Anjou.
Voyez ci-devant, [Tome II. N.ᵒˢ 25347 & *suiv.*]

40944. ☞ Généalogie de la Maison d'*Annebaut*.
Elle est imprimée dans le P. Simplicien, *tom. VII. pag.* 178.]

40945. ☞ Généalogie d'*Anselme*.
Dans l'Histoire de la Noblesse du Comtat, &c. par Pithon-Curt, *tom. I. pag.* 497, & aux Additions, *t. IV. pag.* 624.]

40946. ☞ Généalogie d'*Anstrude*, Famille d'Ecosse, établie en Bourgogne.
Dans le Reg. II. de l'Armor. de MM. d'Hozier.]

40947. ☞ Généalogie d'*Antelmi*.
Dans l'Etat de la Provence; par Robert.]

40948. ☞ Généalogie d'*Antoine*.
Dans la Recherche de la Noblesse de Champagne.]

40949. ☞ Généalogie d'*Antoine*, en Provence.
Dans l'Etat de la Provence; par Robert.]

40950. ☞ La même, augmentée.
Dans l'Histoire de la Noblesse de Provence; par Artefeuil, *tom. I. pag.* 42.]

40951. Généalogie des *Anthoines*, originaires de Champagne, faite en 1713: imprimée, *in-fol.* une feuille.

40952. ☞ Généalogie de la Maison d'*Anthonis*.
Elle est imprimée dans le P. Simplicien, *tom. VIII. pag.* 80.]

40953. Mf. Brevis Genealogia Antipolitanorum Comitum (d'*Antibes*.)
Cette Généalogie est conservée au Tome XII. des Fragments d'Histoire; recueillis par Claude Estiennot, *pag.* 162, dans l'Abbaye de S. Germain-des-Prés.

40954. ☞ Généalogie d'*Apchon*.
Dans le Palais d'Honneur, par le P. Anselme, *p.* 326.]

40955. ☞ Généalogie d'*Appelvoisin*.
Dans le même Ouvrage. *pag.* 328.]

40956. ☞ Remontrance au Roi; par Dame Marie de Nogent d'*Aquin*, petite-fille & héritière de Jean Caracciol, Prince de Melphe, & d'Antoine d'Aquin, Prince de Castillon, sur les pertes des biens & états desdits Seigneurs Princes, au service de la Franche-Comté: *in-*8.]

== Généalogie des Rois d'*Aquitaine*, depuis Pépin I.
Voyez ci-devant, [Tome II. N.° 25172.]

40957. ☞ Généalogie d'*Arbaud*.
Dans la Recherche de la Noblesse de Champagne.]

40958. ☞ Généalogie d'*Arbaud*, en Provence.
Dans l'Ouvrage d'Artefeuil, *tom. I. pag.* 46.]

40959. ☞ Généalogie d'*Arbois*.
Dans les Mémoires historiques sur Poligny; par M. Chevalier, *tom. II. pag.* 523.]

40960. ☞ Généalogie d'*Arboussier*, en Languedoc.
Dans le Reg. II. de l'Armorial de MM. d'Hozier.]

40961. ☞ Généalogie d'*Arces*.
Dans l'Hist. généalogiq. de Dauphiné; par Allard, *tom. II.*]

40962. ☞ Généalogie d'*Arcussia*.
Dans l'Histoire de la Noblesse de Provence; par Artefeuil, *tom. I. pag.* 58. Elle avoit déja été donnée moins entière par Robert & Maynier.]

40963. Histoire généalogique de la Maison d'*Ardres*, avec les Preuves; par André du Chesne.
Elle est imprimée avec son Histoire de la Maison de Guines: *Paris*, 1631, *in-fol.*

40964. ☞ Généalogie d'*Arène*.
Dans l'Etat de la Provence; par Robert.]

40965. ☞ La même, augmentée.
Dans l'Histoire de la Noblesse de Provence; par Artefeuil, *tom. I. pag.* 53, *tom. II. pag.* 577.]

— Généalogie des Seigneurs d'*Argenton*.
Voyez ci-après, à *Comines*.

40966. ☞ Généalogie d'*Argentré*.
Dans l'Histoire générale de Bretagne de du Paz, *pag.* 691.]

40967. ☞ Généalogie d'*Argier*.
Dans l'Histoire de Berry; par de la Thaumassière; *pag.* 1132.]

40968 ☞ Généalogie d'*Argillières*.
Dans la Recherche de la Noblesse de Champagne.]

40969. ☞ Généalogie d'*Argoud*, en Dauphiné.
Dans le Reg. V. de l'Armor. de MM. d'Hozier.]

40970. ☞ Généalogie d'*Argouges*.
Dans les Généalogies des Maîtres des Requêtes, *pag.* 209.]

40971. ☞ Généalogie d'*Argy*.
Dans la Recherche de la Noblesse de Champagne.]

40972. ☞ Généalogie d'*Argy*, en Touraine.
Dans l'Histoire de la Noblesse de cette Province, par Souliers, *pag.* 37.]

40973. ☞ Généalogie d'*Arlatan*.
Dans l'Etat de la Provence; par Robert.]

40974. ☞ La même, continuée & augmentée.
Dans l'Histoire de la Noblesse de Provence; par Artefeuil, *tom. I. pag.* 57.]

40975. ☞ Généalogie d'*Arlay*.
Dans les Mémoires historiques sur Poligny; par M. Chevalier, *tom. II. pag.* 264.]

40976. ☞ Généalogie d'*Arlos*, en Bugey.
Dans l'Hist. de Bresse & Bugey; par Guichenon: Contin. de la part. III. *pag.* 9.]

40977. Mf. Titres originaux de la Maison d'*Armagnac*: *in-fol.*
Ces Titres sont conservés dans la Bibliothèque du Roi, entre les Manuscrits de M. de Gaignières.

Tome III.

Liv. IV. *Histoire Civile de France.*

40978. Histoire généalogique des Comtes d'Armagnac.

Elle est imprimée dans le Père Simplicien, *tom. III. pag.* 411.]

40979. ☞ Généalogie de la Famille d'*Armagnac*, de Touraine.

Dans l'Histoire de la Noblesse de cette Province ; par Souliers, *pag.* 47.]

40980. ☞ Généalogie d'*Armand*.

Dans l'Etat de la Provence ; par Robert.]

40981. ☞ La même, augmentée.

Dans l'Histoire de la Noblesse de Provence ; par Artefeuil, *tom. I. pag.* 58.]

40982. ☞ Généalogie des *Armands*.

Dans l'Histoire de la Noblesse du Comtat, &c. par Pithon-Curt, *tom. I. pag.* 75.]

40983. ☞ Généalogie d'*Armand de Châteauvieux*.

Dans le même Volume, *pag.* 91.]

40984. ☞ Généalogie d'*Armes*.

Dans l'Histoire des Présidens de Blanchard, *p.* 109.]

40985. ☞ Généalogie de la Maison des *Armoises*.

Dans la dernière Edit. de l'Histoire de Lorraine ; par D. Calmet, à la tête du Tome V. *pag.* clviij-clxxxvij.]

40986. ☞ Généalogie d'*Arnaud*, en Provence.

Dans l'Histoire de la Noblesse de cette Province ; par Artefeuil, *tom. I. pag.* 60, & aux Additions, *tom. II. pag.* 577. On la trouve aussi, mais moins ample, dans Robert & Maynier.]

40987. ☞ Généalogie des *Arnaud*, d'Auvergne & de Paris.

A la tête des Mémoires pour servir à l'Histoire de l'Abbaye de Port-Royal : *Utrecht*, 1742, *in.*-12. 3 vol.]

40988. ☞ Gentis Arnaldæ Elogium ; Auctore Abele Sammarthano, (patre) : 4 pages.

Cet Eloge, des Arnaud précédens, est imprimé dans les Œuvres d'Abel de Sainte-Matthe : *Parisiis*, Villery, 1633, *in*-4.]

40989. ☞ Généalogie d'Arnaud, en Languedoc & en Picardie.

Dans le Reg. III. de l'Armor. de MM. d'Hozier.]

40990. ☞ Généalogie d'*Arnoult*, en Champagne.

Dans la Rech. de la Noblesse de cette Province.]

40991. ☞ Généalogie d'*Arnoult*, en Picardie.

Dans la Rech. de la Noblesse de cette Province.]

40992. ☞ Généalogie d'*Aros*.

Dans les Mazures de l'Isle-Barbe ; par Cl. le Laboureur, *tom. II. pag.* 212.]

40993. ☞ La même, augmentée.

Dans l'Histoire des Sires de Salins, *tom. I. pag.* 273.]

40994. ☞ Généalogie d'*Aroux*, dans le Bourdelois, le Quercy & le Languedoc.

Dans le Reg. IV. de l'Armor. de MM. d'Hozier.]

40995. ☞ Généalogie de la Maison d'*Arpajon*.

Elle est imprimée dans le Père Simplicien, *tom. V. pag.* 887.]

40996. ☞ Généalogie d'*Arrac*, en Guyenne.

Dans le Reg. IV. de l'Armor. de MM. d'Hozier.]

40997. ☞ Généalogie d'*Arras*.

Dans la Rech. de la Noblesse de Champagne.]

40998. ☞ Généalogie d'*Arreau*.

Dans l'Histoire de Berry ; par de la Thaumassière, *pag.* 1133.]

40999. ☞ Généalogie d'*Arrest*.

Dans la Recherche de la Noblesse de Picardie.]

41000. ☞ Généalogie d'*Artaud*.

Dans l'Etat de la Provence ; par Robert.]

41001. ☞ Généalogie d'*Arthuys*, en Berry.

Dans le Reg. II. de l'Armor. de MM. d'Hozier.]

41002. ☞ Généalogie d'*Artigoity*.

Dans la Recherche de la Noblesse de Champagne.]

41003. ☞ Généalogie d'*Arvieux*.

Dans l'Histoire de la Noblesse de Provence ; par Artefeuil, *tom. I. pag.* 72.]

══ Généalogie des Comtes d'*Artois*, depuis Robert de France.

Voyez ci-devant, [Tome II. N.os 25668 & *suiv.*]

41004. ☞ Généalogie d'*Asard*, en Bugey.

Dans l'Histoire de Bresse & Bugey ; par Guichenon : Contin. *de la part. III. pag.* 13.]

41005. Ms. Généalogie de la Maison d'*Aspremont* : *in-fol.*

Cette Généalogie [étoit] dans la Bibliothèque de M. Baluze, num. 134, & [est ainsi double] dans celle du Roi, [étant aussi] entre les Manuscrits de M. de Gaignières.

41006. Généalogie de la Maison d'Aspremont, dressée par le Sieur d'Archye, il y a sept-vingts ans, à laquelle les Sieurs de Sainte-Marthe ont ajouté les derniers dégrés.

Ce Morceau, qui est imprimé, est fort court, & contient deux Tables généalogiques, joint à un Factum pour Charles d'Aspremont, Demandeur (au Parlement de Paris,) par Requête de Mars 1638.

41007. Ms. Histoire généalogique de la Maison d'Aspremont, en Lorraine, & d'autres Familles qui en sont descendues par femmes, ou qui lui sont alliées, avec les Preuves ; achevée en 1640, par Louis & Scévole de Sainte-Marthe, Frères, Historiographes du Roi : *in-fol.*

Cette Histoire est conservée dans la Bibliothèque de Saint-Magloire, entre les Manuscrits de MM. de Sainte-Marthe.

41008. ☞ Origine & Décadence de la Maison d'Aspremont ; par un Anonyme.

Généalogie de cette Maison.

Dans la dernière Edition de l'Histoire de Lorraine ; par Dom Calmet, à la tête du Tome III. *pag.* 1 & *suiv.*]

☞ On trouve la Généalogie de cette Famille en

Généalogies particulières des Familles.

abrégé, dans le Palais de l'Honneur; par le P. Anselme, *pag.* 287, & dans la Recherche de la Noblesse de Champagne.]

41009. ☞ Observations sur deux Sentences rendues en dernier ressort, en Juin & Juillet 1669, par M. de Bezons, Intendant en Languedoc, contre la Maison d'*Astier*, à la poursuite d'Alexandre de Belleguise, &c.]

41010. ☞ Généalogie d'*Astoaud* ou *Astuard*.

Dans l'Histoire de la Noblesse de Provence; par Artefeuil, *tom. I. pag.* 74.]

41011. ☞ La même.

Dans l'Histoire de la Noblesse du Comtat, &c. par Pithon-Curt, *tom. I. pag.* 96, & *tom. IV. pag.* 598.]

41012. ☞ Généalogie d'*Astres*.

Dans l'Etat de la Provence; par Robert.]

41013. ☞ Généalogie d'*Avannes*.

Dans la Recherche de la Noblesse de Champagne.]

41014. Généalogie du Baron d'*Aubais*, par Jacques DEIRON : 1646, *in-8*. Seconde Edition, *Grenoble*, 1653, *in-8*.

Cet Auteur est mort en 1677. Il avoit été Agent de Louis de Baschi, Baron d'Aubais.

☞ La Famille d'Aubais établie en Languedoc, est une Branche des *Baschis* de Provence. *Voyez* ci-après, au B.]

41015. ☞ Généalogie d'*Aube*.

Dans l'Etat de la Provence; par Robert.]

41016. ☞ Généalogie d'*Aubelin*.

Dans la Recherche de la Noblesse de Champagne.]

41017. ☞ Généalogie d'*Auber*, en Normandie & Agénois.

Dans le Reg. V. de l'Armor. de MM. d'Hozier.]

41018. ☞ Généalogie d'*Aubert*, en Poitou & Touraine.

Dans le même Registre.]

41019. ☞ Généalogie d'*Aubert*, en Beauvaisis.

Dans les Remarq. de Louvet, sur la Noblesse Beauvaisienne, *pag.* 34.]

41020. Généalogie de la Maison d'*Auberti*.

Cette Généalogie est imprimée au-devant de l'Histoire de l'Exécution de Cabrière & de Mérindol, &c. *Paris*, 1645, *in-4*.

41021. ☞ Généalogie d'*Aubery*.

Dans la Recherche de la Noblesse de Picardie.]

41022. ☞ Généalogie de la Maison de l'*Aubespine*.

Dans le P. Simplicien, *tom. VI. pag.* 558.]

41023. ☞ Gentis Albaspineæ Elogium; Auctore Abele SAMMARTHANO (Patre:) 7 pages.

Cet Eloge est imprimé dans les Œuvres d'Abel de Sainte-Marthe : *Parisiis*, Villery, 1632, *in-4*.]

41024. Généalogie de la Maison d'*Aubetere*, (imprimée) *in-4*.

Tome III.

41025. Généalogie de la Maison d'*Aubigné*, en Anjou.

Elle est imprimée dans le Père Simplicien, *tom. II. pag.* 446.]

41026. ☞ Lettre sur l'antiquité de la Maison d'Aubigné; par M. ROI, Chanoine de Nantes. *Journal de Verdun*, 1760, *Avril*, *pag.* 277.]

41027. ☞ Mf. Généalogie de la Maison d'*Aubigny* d'Anjou; par M. l'Abbé D'AUBIGNY, citée par M. Ménage dans son Histoire de Sablé.]

41028. ☞ Généalogie d'*Aubourg*.

Dans les Remarques de Louvet sur la Noblesse Beauvaisienne, *pag.* 505.]

41029. ☞ Généalogie d'*Auboutet*.

Dans l'Histoire de Berry, par de la Thaumassière, *pag.* 1134.]

41030. ☞ Mémoire pour le Sieur Jacques d'*Aubry* de Puy-Morin, Ecuyer, &c. Demandeur en cassation d'un Arrêt de la Cour des Aydes de Bordeaux, du 10 Juillet 1756. = Deux Mémoires pour le même, avec une Généalogie, pour justifier sa Noblesse : *in-4*.]

41031. ☞ Généalogie d'*Aubusson*.

Dans l'Histoire de Berry, par de la Thaumassière, *pag.* 815.]

41032. ☞ Généalogie de la Maison d'*Aubusson*.

Elle est imprimée dans le Père Simplicien, *tom. V. pag.* 318.

Voyez encore ci-après, la *Marche*.]

41033. ☞ Mf. Preuve généalogique pour l'Ordre du Saint-Esprit, de l'Archevêque d'Ambrun, (Georges d'Aubusson, depuis Evêque de Metz :) *in-fol*.

Ce Manuscrit est indiqué au Catalogue de M. Lancelot, num. 517.]

41034. ☞ Généalogie d'*Aucapitaine*.

Dans l'Histoire de Berry, par de la Thaumassière, *pag.* 1015.]

41035. ☞ Généalogie d'*Audibert*.

Dans l'Histoire de la Noblesse de Provence, par Artefeuil, *tom. I. pag.* 77.]

41036. ☞ Généalogie d'*Audifret*.

Dans le même Volume, *pag.* 79.]

41037. ☞ Sommaire de la Généalogie des *Audouin de Danne*.

Dans les Remarques de Gilles Ménage sur la Vie de Pierre Ayrault, &c. *pag.* 460.]

41038. ☞ Sommaire de la Généalogie des *Aveline* de la Garenne, & de celles des *Froger* de Pontlevoy.

Dans les mêmes Remarques, *pag.* 352.]

41039. ☞ Généalogie d'*Avennes*.

Dans la Recherche de la Noblesse de Champagne.]

41040. ☞ Généalogie d'*Averhout*.

Dans le même Recueil.]

LIV. IV. Histoire Civile de France.

41041. ☞ Généalogie d'*Augier*.

Dans l'Histoire de la Noblesse du Comtat, &c. par Pithon Curt, *tom. IV. pag.* 216.]

41042. ☞ Généalogie d'*Augustine*.

Dans l'Histoire de la Noblesse de Provence, par Artefeuil, *tom. I. pag.* 81.]

41043. ☞ Généalogie d'*Aviau*.

Dans l'Histoire de la Noblesse de Touraine, par Souliers, *pag.* 42 & 390.]

41044. ☞ Généalogie d'*Aulgerolles*.

Dans les Mazures de l'Isle-Barbe, par Cl. le Laboureur, *tom. II. pag.* 221.]

41045. ☞ Généalogie d'*Ault*.

Dans la Recherche de la Noblesse de Picardie.]

41046. ☞ Généalogie d'*Aumale*, en Picardie.

Dans la Recherche de la Noblesse de cette Province, & dans le Reg. IV. de l'Armorial de MM. d'Hozier.]

41047. ☞ Généalogie de la Maison d'*Aumont*.

Elle est imprimée dans le Père Simplicien, *tom. IV. pag.* 870.]

41048. ☞ Généalogie de l'*Aumosne*.

Dans la Recherche de la Noblesse de Champagne.]

41049. ☞ Généalogie de l'*Aumosnier*.

Dans le même Recueil.]

41050. ☞ Généalogie d'*Aunay*.

Dans la Recherche de la Noblesse de Champagne.]

41051. ☞ Généalogie de la Maison d'*Aunoy*.

Elle est imprimée dans le Père Simplicien, *tom. VIII. pag.* 881.]

41052. ☞ Généalogie d'*Avogadre*.

Dans la Recherche de la Noblesse de Champagne.]

41053. ☞ Généalogie d'*Aurel*.

Dans l'Histoire de la Noblesse du Comtat, &c. par Pithon Curt, *tom. I. pag.* 114, & *IV. pag.* 600.]

41054. ☞ Généalogie d'*Avrillot*.

Dans la Recherche de la Noblesse de Champagne.]

41055. ☞ Généalogie d'*Autré*.

Dans le même Recueil.]

41056. ☞ Généalogie d'*Autric*.

Dans l'Histoire de la Noblesse de Provence, par Artefeuil, *tom. I. pag.* 83.]

== Généalogie de la Maison d'*Autriche*, prétendue issue de France, [& autres Généalogies plus exactes.]

Voyez ci-devant, [Tome II. N.os 25875 & *suiv*.]

41057. ☞ Tables généalogiques des Augustes Maisons d'Autriche & de Lorraine, & leurs Alliances avec l'Auguste Maison de France; (par M. le Baron DE ZUR-LAUBEN:) *Paris*, Desaint, 1770, *in*-8.]

41058. ☞ Généalogie d'*Autry*.

Dans la Recherche de la Noblesse de Champagne.]

41059. Mf. Histoire des Comtes d'Auvergne & de Boulogne : *in-fol.*

Cette Histoire [étoit] dans la Bibliothèque de M. Baluze, num. 551, [& est aujourd'hui dans celle du Roi.]

41060. Stemma Arvernicum, seu Genealogia Comitum Arverniæ, Ducumque Aquitaniæ primæ, & Comitum Claromontensium ; à Christophoro JUSTEL scriptum : *Parisiis*, 1644, *in-fol.*

Cet Auteur est mort en 1649.

41061. Histoire généalogique de la Maison d'Auvergne, justifiée par Chartes, Titres & Histoires anciennes, enrichie de plusieurs Sceaux & Armoiries, divisée en sept Livres; par Christofle JUSTEL : *Paris*, du Puy, 1645, *in-fol.*

☞ Histoire de la Maison de Turenne, justifiée par Chartes, &c. divisée en deux Livres; par Chr. JUSTEL : *Paris*, du Puy, 1645, *in-fol.*

Ces deux Histoires, données ensemble, sont communément dans un même Volume.

M. de Beaucousin, Avocat au Parlement de Paris, en a un Exemplaire enrichi de beaucoup de corrections & Notes manuscrites, & d'un grand nombre de Copies de Titres très-anciens, avec quelques Dessins d'anciens Sceaux : il y a même un Titre original de 1298.]

41062. * Mf. Critique de tous les Titres employés dans l'Histoire précédente ; par Matthieu MARAIS, Avocat au Conseil : *in-fol.*

Cet Ouvrage [étoit] entre les mains de Madame la Maréchale de Noailles.

41063. Mf. Lettres & Papiers concernant MM. & Dames de Bouillon, & leur Maison, depuis le 5 Mars 1595, jusqu'en 1651.

Ce Recueil [étoit] dans la Bibliothèque de M. Bouthilier, ancien Evêque de Troyes : O. 4.

41064. Généalogies des Comtes d'Auvergne, par différens Auteurs.

Ces Généalogies sont imprimées dans les Remarques de Pierre DURAND, sur les Origines de Clermont, *pag.* 143 : *Paris*, 1662, *in-fol.*

41065. Table généalogique des Comtes héréditaires & bénéficiaires d'Auvergne ; par (Jean) DU BOUCHET : *Paris*, Preuveray, 1665, *in-fol.* en six Feuilles.

Voyez le Journal des Sçavans, 1666, Février.

41066. ☞ Généalogie des anciens Comtes & Vicomtes d'Auvergne.

Elle est imprimée dans le Père Simplicien, *tom. VIII. pag.* 47.]

41067. Procès-verbal contenant l'examen & discussion des deux anciens Cartulaires & Obituaires de Saint Julien de Brioude, concernant la Maison de la Tour d'Auvergne, avec une Lettre (d'Estienne) BALUZE, pour la défense de ces Titres contre des Ecrits anonymes : *Paris*, 1698, *in-fol.*

41068. Mf. Observations historiques & critiques sur les prétendus Droits souverains &

Généalogies particulières des Familles. 741

régaliens; attribués par Juſtel aux Vicomtes de Turenne; par François DE CAMPS, Abbé de Signy.

Ces Obſervations [étoient] au Tome III. des Remarques critiques de l'Auteur ſur quelques-uns de nos Hiſtoriens, dans ſa Bibliothèque, [& ſont aujourd'hui dans celle de M. de Beringhen.]

41069. Mſ. Défenſe des Remarques & Obſervations ſur les Titres montrés à Saint-Germain-des-Prés, touchant la Maiſon de la Tour d'Auvergne, avec la Lettre écrite à M. Baluze, l'an 1698; par le même (Abbé DE CAMPS.)

Cette Défenſe eſt conſervée dans la [même] Bibliothèque.

41070. ☞ Lettre d'Etienne BALUZE, écrite en 1697, pour ſervir de Réponſe à divers Ecrits ſemés dans Paris & à la Cour, contre quelques anciens Titres qui prouvent que MM. de Bouillon d'aujourd'hui deſcendent en ligne directe & maſculine des anciens Ducs de Guyenne & Comtes d'Auvergne; avec le Procès-verbal fait en 1695, par ledit Sieur Baluze & les P.P. Mabillon & Ruinart, de pluſieurs anciens Cartulaires & Titres mentionnés en cette Lettre : (*Paris*,) Muguet, 1698, *in-fol.*]

41071. Procès-verbal contenant l'examen & la diſcuſſion des deux anciens Cartulaires & de l'Obituaire de l'Egliſe de Saint-Julien de Brioude, en Auvergne, de neuf anciens Titres compris en ſept Feuilles de parchemin, & de dix autres anciens Feuillets auſſi en parchemin, contenant des fragmens de deux Tables, l'une par ordre de chiffres & l'autre par alphabet, leſquels ont été détachés d'un ancien Cartulaire de la même Egliſe : le tout pour faire voir que Geraud de la Tour I. du nom, deſcend en droite ligne d'Acfred I. du nom, Duc de Guyenne & Comte d'Auvergne.

☞ On croit communément que les PP. Mabillon & Ruinart, & M. Baluze ont été trompés; & pour avoir reconnu comme vrais de faux Titres, ils eurent la mortification de voir courir contre eux diverſes Satyres. On peut voir *pag.* 439 des Cartons du *tom. IV.* de la *Méth. hiſt.* de l'Abbé Lenglet, imprimée en 1729 *in-4.* & au Supplément, *pag.* 180.]

41072. Pièces pour & contre la Maiſon de Bouillon, avec des Remarques : *Cologne*, 1700, *in-4.*

☞ Il y a eu une première Edition intitulée : « Actes » & Titres de la Maiſon de Bouillon, avec des Remar- » ques, ſur la copie de Paris » : *Cologne*, Marteau, 1698, *in-*12. Ces Remarques ſont au ſujet des Feuilles détachées du Cartulaire de Brioude.]

41073. ☞ Mémoire touchant le Livre pour & contre la Maiſon de Bouillon.]

41074. ☞ Réponſe aux Remarques faites contre les Titres de la Maiſon d'Auvergne : *in-4.*]

41075. Hiſtoire généalogique de la Maiſon d'Auvergne, juſtifiée par Chartes, Titres, anciennes Hiſtoires & autres Preuves authentiques; par (Eſtienne) BALUZE : *Paris*, Dezallier, 1708, *in-fol.* 2 vol.

Cette Hiſtoire fut ſupprimée par Arrêt du Conſeil, du mois de Juin 1710, à cauſe de quelques Actes ſuſpects qui y ſont employés en Preuves.

Ce fut dans ce temps que le Cardinal de Bouillon ſortit du Royaume, & ſe retira chez les Ennemis.

☞ *Voyez* ſur cet Ouvrage le Journ. des Sçavans, Juin, 1709. = Journal de Verdun, Juillet, 1709. = Le P. Niceron, *tom. I. pag.* 200. = Journ. de Léipſ. 1710, *pag.* 179. = Bibliotb. de Clément, *tom. II. pag.* 283. = Mém. de Trévoux, Février, 1710. = Lenglet, Méth. hiſt. *in-4. tom. IV. pag.* 439, & Supplément, *p.* 180.]

41076. ☞ Mémoire de SORIN, Examinateur de l'Hiſtoire compoſée par M. Baluze : *in-4.*]

41077. Mſ. Obſervations critiques ſur l'Hiſtoire publiée par M. Baluze; par François DE CAMPS, Abbé de Signy.

Ces Obſervations [étoient] au Tome III. des Remarques critiques de l'Auteur, ſur quelques Hiſtoriens de France, dans ſa Bibliothèque, [& ſont aujourd'hui dans celle de M. de Béringhen.]

41078. ☞ Généalogie de la Famille d'*Auvergne*.

Dans l'Hiſtoire de Berry, par de la Thaumaſſière, *pag.* 1133.]

41079. Table généalogique des Comtes d'*Auxerre* & de Tonnerre; par André DU CHESNE.

Cette Table ſe trouve dans ſon Hiſtoire des Comtes & Ducs de Bourgogne : *Paris*, 1628, *in-4.*]

41080. ☞ Généalogie de la Maiſon d'*Auxy*.

Dans le Recueil des Maiſons Nobles d'Amiens, par la Morlière, *pag.* 208.]

41081. ☞ La même, augmentée.

Dans le P. Simplicien, *tom. VIII. pag.* 104.]

41082. ☞ Généalogie de la Maiſon d'*Aycelin-Montagu*.

Dans le même, au *tom. VI. pag.* 301.]

41083. ☞ Généalogie de la Maiſon d'*Aydie*.

Dans le même, au *tom. VII. pag.* 859.]

41084. ☞ Généalogie d'*Aymon* de Monteſpin.

Dans l'Hiſt. de Breſſe, par Guichenon, *Part. III. pag.* 8.]

B

41085. ☞ Généalogie de *Babou*.

Dans le P. Simplicien, *tom. VIII. pag.* 181.]

41086. ☞ Généalogie de *Bachelier*.

Dans la Recherche de la Nobleſſe de Champagne.]

41087. ☞ Généalogie de Le *Bachelier*, en Normandie.

Dans le Regiſtre II. de l'Armorial de MM. d'Hozier.]

41088. ☞ Généalogie de *Bachet* de Meyſeria.

Dans l'Hiſt. de Breſſe, par Guichenon, *Part. III. pag.* 15.]

41089. ☞ Généalogie de *Bachod*, en Bugey.

Dans la même Histoire : *Contin. de la Part. III. pag.* 15.]

41090. ☞ Généalogie de Le *Bacle*.

Dans l'Histoire de la Noblesse de Touraine, par Souliers, *pag.* 343.]

41091. ☞ Généalogie de *Badier*.

Dans l'Etat de la Provence, par Robert. = Dans l'Hist. de la Noblesse de Provence, par Artefeuil, *tom. I. pag.* 88.]

41092. ☞ Généalogie de *Bagié* de Bereins.

Dans l'Hist. de Bresse, par Guichenon, *Part. III. pag.* 11.]

41093. ☞ Généalogie de *Baillard*, en Vivarais.

Dans le Registre III. de l'Armorial de MM. d'Hozier.]

41094. ☞ Généalogie de *Baillehache*, en Normandie.

Dans le Registre V. du même Ouvrage.]

41095. ☞ Généalogie de *Baillet*.

Dans les Présidents de Blanchard, *pag.* 121.]

41096. ☞ Généalogie de *Baillet*, en Champagne.

Dans la Recherche de la Noblesse de cette Province.]

41097. ☞ Généalogie de la Maison de *Bailleul*.

Elle est imprimée dans le P. Simplicien, *tom. VIII. pag.* 810.]

41098. ☞ Généalogie de *Baillou*.

Dans l'Hist. de la Noblesse de Touraine, par Souliers, *pag.* 397.]

41099. ☞ Généalogie de *Balarin*.

Dans l'Etat de la Provence, par Robert.]

41100. ☞ Généalogie de *Balathier*, en Champagne.

Dans la Recherche de la Noblesse de cette Province.]

41101. ☞ Généalogie de *Balathier*, en Dauphiné, Champagne & Bourgogne.

Dans le Registre IV. de l'Armorial de MM. d'Hozier.]

41102. ☞ Généalogie de *Balay*, en Franche-Comté.

Dans le Registre II. du même Ouvrage.]

41103. ☞ Généalogie de *Balayne*.

Dans la Recherche de la Noblesse de Champagne.]

41104. ☞ Généalogie de *Baldoni*.

Dans l'Histoire de la Noblesse de Provence, par Artefeuil, *tom. I. pag.* 89.]

41105. ☞ Généalogie de *Baleine*.

Dans la Recherche de la Noblesse de Champagne.]

41106. ☞ Généalogie de *Balidart*.

Dans le même Recueil.]

41107. ☞ Généalogie de la *Balme*, en Bugey.

Dans l'Histoire de Bresse & Bugey, par Guichenon : *Contin. de la Part. III. pag.* 18.]

41108. ☞ Généalogie de *Balmey*, en Bugey.

Dans la même, *pag.* 20.]

41109. ☞ Généalogie de *Balon*.

Dans l'Histoire de la Noblesse de Provence, par Artefeuil, *tom. I. pag.* 90.]

41110. ☞ Généalogie de *Balfac*.

Elle se trouve dans le Palais de l'Honneur du P. Anselme, *pag.* 331. = Dans les Remarques de Louvet sur la Noblesse Beauvaisienne, *pag.* 73, = & (sans doute beaucoup mieux) dans les Additions de le Laboureur aux Mémoires de Castelnau, *tom. II.* Edit. de 1731, *pag.* 603.]

41111. ☞ Mss. Généalogie de la Maison de Balzac ; par M. PERRON, Auteur de l'Anastase de Marcoussis.

Cette Généalogie est citée par M. Ménage, dans son Histoire de Sablé.

Il y a apparence que c'est la Généalogie suivante :

Mss. Généalogie des Maisons de Montaigu, de Mallet de Graville, & de Balzac d'Illiers d'Antragues ; recueillie par le Sieur PERRON, Gouverneur de MM. d'Antragues, vers l'année 1650.

Elle est conservée dans la Bibliothèque de la Ville de Paris, Mss. num. 625.]

41112. ☞ Généalogie de Balzac.

Dans le P. Simplicien, *tom. II. pag.* 405.]

41113. ☞ Généalogie de *Balthazar*.

Dans l'Histoire de la Noblesse du Comtat, &c. par Pithon-Curt, *tom. IV. pag.* 208.]

41114. ☞ Généalogie de *Balue*.

Dans le P. Simplicien, *tom. VIII. pag.* 239.]

41115. ☞ Généalogie de *Bancenel*.

Dans l'Hist. des Sires de Salins, *tom. II. pag.* 8.]

41116. ☞ Généalogie de *Banne*, en Languedoc.

Dans le Reg. II. de l'Armor. de MM. d'Hozier.]

41117. ☞ Généalogie des *Bans*.

Dans l'Hist. de la Nobl. de Touraine ; par Souliers, *pag.* 196.]

== Généalogie des Seigneurs Souverains de *Bar*, en Barrois.

Voyez ci-dessus, [N.ᵒˢ 38938 & *suiv.*]

41118. Généalogie des Comtes & Ducs de Bar, jusqu'à Henri, Duc de Lorraine & de Bar, en 1608 ; recueillie des Titres & Histoires anciennes ; par Théodore GODEFROY : *Paris*, Martin, *in-*4.

Voyez Lenglet, *Méth. hist. in-*4. *tom. III. pag.* 445. = Le P. Niceron, *tom. XVII. pag.* 65.

41119. Histoire généalogique de la Maison de Bar-le-Duc, avec les Preuves ; par André DU CHESNE.

Elle est imprimée avec l'Histoire de la Maison de Dreux, *Paris*, 1632, *in-fol.*

41120. ☞ Généalogie des anciens Comtes & Ducs de Bar-le-Duc.

Dans le P. Simplicien, *tom. V. p.* 505. On en trouve

Généalogies particulières des Familles.

aussi une abrégée dans l'Histoire de Lorraine du Père Calmet, dernière Edition, au-devant du Tome I. *pag.* cclxxxj.]

41121. ☞ Généalogie de *Bar*, en Berry.

Dans l'Histoire de cette Province, par de la Thaumassière, *pag.* 763.]

41122. ☞ Généalogie de *Baradat*, en Champagne.

Dans la Rech. de la Nobl. de cette Province.]

41123. ☞ Généalogie de *Baradat*, en Condomois.

Elle est imprimée dans le Père Simplicien, *tom. II. pag.* 442.]

41124. ☞ Généalogie de *Baraton*.

Dans le même Ouvrage, *tom. VIII. pag.* 583.]

41125. ☞ Généalogie de *Baraton la Romagère*.

Dans l'Histoire de Berry, par de la Thaumassière, *pag.* 1027.]

41126. ☞ Généalogie de *Báraudini*.

Dans l'Hist. de la Nobl. de Touraine, par Souliers, *pag.* 53.]

41127. ☞ Généalogie de *Barbançois*.

Dans l'Histoire de Berry, par de la Thaumassière, *pag.* 599.]

41128. ☞ La même, continuée.

Dans le Reg. II. de l'Armor. de MM. d'Hozier.]

41129. ☞ Généalogie de *Barbeirac*.

Dans l'Histoire de la Noblesse de Provence, par Artefeuil, *tom. I. pag.* 91.]

41130. ☞ Généalogie de *Barbin*.

Dans la Rech. de la Nobl. de Champagne.]

41131. ☞ Généalogie de *Barcilon*.

Dans l'Etat de la Provence, par Robert. = Dans Maynier. = Dans l'Hist. de la Nobl. de Provence, par Artefeuil, *tom. I. pag.* 92.]

41132. ☞ Généalogie de *Bardel*.

Dans l'Etat de la Provence, par Robert.]

41133. ☞ Généalogie de *Bardon*, à Paris & en Vivarais.

Dans le Reg. IV. de l'Armor. de MM. d'Hozier.]

41134. ☞ Généalogie de *Bardonnenche*.

Dans l'Histoire généal. de Dauphiné, par Allard, *tom. I.*]

41135. ☞ Généalogie de la *Barge*.

Dans les Mazures de l'Isle-Barbe, par Cl. le Laboureur, *tom. II. pag.* 227.]

41136. ☞ Généalogie de la *Barge*, en Champagne.

Dans la Rech. de la Nobl. de cette Province.]

41137. ☞ Généalogie de *Bargeton*, en Languedoc.

Dans le Regist. II. de l'Armor. de MM. d'Hozier.]

41138. ☞ Généalogie de *Barjot*.

Dans l'Hist. de la Nobl. de Touraine, par Souliers, *pag.* 56.]

41139. ☞ Généalogie de *Baroncelli*.

Dans l'Histoire de la Noblesse du Comtat, &c. par Pithon-Curt, *tom. I. pag.* 121, & aux Additions, *tom. IV. pag.* 607.]

41140. ☞ Généalogie de la Maison de *Barras*.

Dans l'Etat de la Provence, par Robert. = Dans l'Hist. de la Nobl. de Provence, par Artefeuil, *tom. I. pag.* 96, *tom. II. pag.* 578.]

41141. ☞ Généalogie de la *Barre*, en Berry.

Dans l'Histoire de cette Province, par de la Thaumassière, *pag.* 1020.]

41142. ☞ Généalogie de la *Barre*, en Champagne.

Dans la Rech. de la Nobl. de cette Province.]

41143. ☞ Généalogie de la *Barre*, en Touraine.

Dans l'Histoire de la Nobl. de ce Pays, par Souliers, *pag.* 352.]

41144. ☞ Généalogie de la *Barre la Baraudière*.

Dans le même Livre.]

41145. ☞ Généalogie de la *Barre de la Brosse*.

Dans le même, *pag.* 358.]

41146. ☞ Généalogie de *Barrême*.

Dans l'Histoire de la Noblesse de Provence, par Artefeuil, *tom. I. pag.* 102.]

41147. ☞ Généalogie de *Barrigue*.

Dans l'Histoire de la Noblesse de Provence, par Artefeuil, *tom. I. pag.* 105.]

41148. ☞ Généalogie de la Maison de *Barten de Montbas*.

Dans les Annales de Limoges du Père Bonaventure, *pag.* 713, mais avec des noms tous estropiés, & une mauvaise Chronologie.]

41149. ☞ Généalogie des Seigneurs de la *Barthe*.

Dans le P. Simplicien, *tom. VII. pag.* 208.]

41150. ☞ Généalogie de *Bartélemi*.

Dans l'Etat de la Provence, par Robert.]

41151. ☞ Généalogie de *Barthélemi*.

Dans les Généalogies des Maîtres des Requêtes, *pag.* 298.]

41152. ☞ Généalogie de le *Bas*, à Paris.

Dans le Regist. IV. de l'Armor. de MM. d'Hozier.]

41153. ☞ Généalogie de *Baschi*, ou *Baschis*.

Dans l'Etat de la Provence, par Robert, sous le nom de *Bachis*, & aux Additions: = Dans l'Histoire de la Noblesse de Provence, par Artefeuil, *tom. I. pag.* 86. On n'y trouve point la Branche cadette établie en Languedoc, ou celle d'Aubais, ci-devant, N.° 41014, & dans l'Article suivant.]

41153.* Mf. Histoire généalogique de la Maison de *Baschi*: *in-fol.*

Mf. Preuves de cette Histoire: *in-*4. 3 vol.

Cette Histoire, avec les Preuves, est conservée au Château d'Aubais, près de Nismes, dans la Bibliothèque de M. Charles de Baschi, Marquis d'Aubais.

41154. Origine de la Maison de *Bassompierre*; par François DE BASSOMPIERRE.

Cette Origine est imprimée au Tome I. de ses *Mémoires* : Cologne, 1665, *in-12*.

41155. ☞ Généalogie de la Maison de Bassompierre.

Elle se trouve dans le Père Simplicien, *tom. VII. pag.* 465.]

41156. ☞ Généalogie des *Bastarnay*, Seigneurs de Bouchage, &c. par l'Abbé DE MAROLLES.

Cette Généalogie est imprimée avec ses Comtes d'Anjou : 1681, *in-4*.

41157. ☞ Généalogie de la *Bastie*.

Dans les Mazures de l'Isle-Barbe de Cl. le Laboureur, *tom. II. pag.* 235.]

41158. ☞ Généalogie de le *Bastier*.

Dans la Recherche de la Noblesse de Picardie, & dans les Remarques de Louvet sur la Noblesse Beauvaisienne, *pag.* 83.]

41159. ☞ Généalogie de *Bataille*.

Dans la Rech. de la Nobl. de Champagne.]

41160. ☞ Généalogie de *Baterel*.

Dans la Rech. de la Nobl. de Picardie.]

41161. ☞ Généalogie de *Batut*, en bas Limousin.

Dans le Regist. II. de l'Armor. de MM. d'Hozier.]

41162. ☞ Généalogie de *Batz*, en Gascogne.

Dans le Registre V. du même Ouvrage.]

41163. ☞ Généalogie d'autres de *Batz*, en Condomois.

Dans le même Registre V.]

41164. ☞ Généalogie de *Bauda*.

Dans la Rech. de la Nobl. de Champagne.]

41165. ☞ Généalogie de *Baudet*.

Dans l'Histoire généalog. de Dauphiné, par Allard, *tom. III.*]

41166. ☞ Généalogie de *Baudier*.

Dans le même Recueil.]

41167. ☞ Généalogie de *Baudon*.

Dans l'Etat de la Provence, par Robert.]

41168. ☞ Généalogie de *Baudrand*, en Lyonnois.

Dans le Regist. II. de l'Armor. de MM. d'Hozier.]

41169. ☞ Généalogie de la Maison de *Baudricourt*.

Dans le P. Simplicien, *tom. VII. pag.* 113.]

41170. ☞ Généalogie de la Maison de *Bauffremont*.

Dans l'Histoire de Châlon du P. Perry, *pag.* 431. = Dans les Additions aux Mémoires de Castelnau, par J. le Laboureur, *tom. II. Edition de* 1731, *pag.* 644. Dans l'Histoire des Séquanois & de Franche-Comté de Dunod, *tom. II. pag.* 495.]

41171. ☞ Mf. Histoire généalogique de la Maison de Bauffremont; par M. l'Abbé GUILLAUME : *in-fol.*

Elle est dans cette Maison, & entre les mains de l'Auteur, qui l'a faite il y a peu de temps.]

41172. ☞ Mémoire pour Messire Louis-Bénigne, Marquis de Bauffremont, contre le Sieur Jean Champion, Procureur du Roi au Bailliage & Présidial de Vesoul : *in-fol.* de 15 pages.

Il y est question des prérogatives de la Maison de Bauffremont.]

== ☞ Mf. Histoire des Seigneurs de *Baugency*; par le P. DU MOULINET : *in-4.*

Elle est conservée à Paris, dans la Bibliothèque de Sainte-Geneviève. Il en a déja été question, [ci-dessus, N.° 35626.]

41173. ☞ Généalogie de la *Baume-le-Blanc*.

Elle est imprimée dans le Père Simplicien, *tom. V. pag.* 486.]

41174. Généalogie de la *Baume-Montrevel*, depuis l'an 1362 jusqu'en 1675 : *in-fol.*

41175. ☞ La même, augmentée.

Elle se trouve dans l'Histoire de Bresse, par Guichenon, *part. III. pag.* 12. = Plus ample, dans l'Histoire du Comté de Bourgogne, par Dunod, *tom. II. p.* 530. = Dans l'Histoire de la Noblesse du Comtat, &c. par Pithon-Curt, *tom. III. pag.* 226.
Elle est aussi imprimée dans le P. Simplicien, *tom. VII. pag.* 42.]

41176. ☞ Généalogie de la *Baume-Pluvinel*.

Dans l'Histoire de la Noblesse du Comtat, &c. par Pithon-Curt, *tom. IV. pag.* 221. L'Auteur ne croit point que cette Famille vienne de Bretagne, ni des la Baume-Montrevel de Bresse.]

41177. ☞ Généalogie de la *Baume-Saint-Amour*.

Dans l'Histoire de Bresse & Bugey, par Guichenon : Contin. de la part. III. *pag.* 22.]

41178. ☞ Additions à la précédente Généalogie.

Dans l'Hist. du Comté de Bourgogne, par M. Dunod, *tom. II. pag.* 535.]

41179. ☞ Mémoires du Procès d'entre Philippe-Eléazard de Lévy, Chevalier, Marquis de Châteaumorand, contre Jacques-Philippe de la Baume-Perrenot-de-Granvelle, Comte de Saint-Amour : *in-4.*

Il s'agissoit de l'état de M. le Comte de Saint-Amour, que M. de Châteaumorand prétendoit être né d'un mariage illégitime.]

41180. ☞ Généalogie de la *Baume-Suze*.

Dans l'Histoire du Dauphiné, par Allard, *tom. III.* = Dans l'Histoire de la Noblesse du Comtat, &c. par Pithon-Curt, *tom. I. pag.* 129, & *IV. pag.* 607.]

41181. ☞ Généalogie de *Baure*, en Champagne.

Dans la Rech. de la Nobl. de cette Province.]

41182. ☞ Généalogie de *Baure*, en Picardie.

Dans la Rech. de la Nobl. de cette Province.]

41183.

Généalogies particulières des Familles. 745

41183. ☞ Généalogie de *Bauffancour*.

Dans la Rech. de la Nobl. de Champagne.]

41184. ☞ Généalogie de la Maison de *Bauffet*.

Dans l'Etat de la Provence, par Robert. = Dans l'Hift. de la Nobleffe de Provence, par Artefeuil, *tom. I. pag. 108.*]

41185. ☞ Généalogie de *Bauvaulier*.

Dans l'Hiftoire de la Nobleffe de Touraine, par Souliers, *pag. 61.*]

41186. ☞ Généalogie des différentes Branches de la Maison de *Baux*.

Dans l'Hift. de la Nobl. du Comtat, &c. par Pithon-Curt, *tom. IV. pag. 252.*]

41187. ☞ Généalogie de *Baygnan*.

Dans l'Hift. de la Nobl. de Touraine, par Souliers, *pag. 59.*

41188. ☞ Généalogie de *Baynaft*.

Dans la Rech. de la Nobl. de Picardie.]

41189. ☞ Généalogie de *Bazin*.

Dans la Rech. de la Nobl. de Champagne.]

41190. ☞ Généalogie de *Bazin de Bezons*.

Dans le Pere Simplicien, *tom. VII. pag. 682.*]

41191. ☞ Généalogie de *Bazoge*.

Dans l'Hiftoire de Berry, par de la Thaumaffière, *pag. 1138.*]

41192. ☞ Généalogie de la Maison de *Beaufort*.

Dans le Père Simplicien, *tom. VI. pag. 315.*]

41193. ☞ Généalogie de *Beaufort*, en Champagne.

Dans la Rech. de la Nobl. de cette Province.]

41194. ☞ Généalogie de *Beaufort-Launay*.

Dans le même Recueil.]

41195. ☞ Généalogie de *Beauharnois*, dans l'Orléanois & à Paris.

Dans le Regift. V. de l'Armor. de MM. d'Hozier.]

41196. Mf. Chronique de la Maison de *Beaujeu*.

Cette Chronique eft confervée dans la Bibliothèque du Roi, num. 2301, felon le Père Labbe, *pag. 307* de fa Nouvelle Bibliothèque de Manufcrits.

41197. Table généalogique des anciens Comtes de Beaujeu ; par André DU CHESNE.

Cette Table eft imprimée dans fon Hiftoire des Ducs de Bourgogne : *Paris, 1628, in-4.*

41198. ☞ Généalogie de *Beaujeu*, en Champagne.

Dans la Rech. de la Nobl. de cette Province.]

41199. ☞ Généalogie de *Beaulieu*, en Champagne.

Dans le même Recueil.]

41200. ☞ Généalogie de *Beaulieu*, en Provence.

Dans l'Etat de la Provence, par Robert. = Dans l'Hift. de la Nobleffe de cette Province, par Artefeuil, *tom. I. pag. 115.*]

41201. ☞ Généalogie de *Beaumanoir*.

Dans l'Hiftoire généal. de Bretagne, par du Paz, *pag. 97.*]

La même, augmentée.

Dans les Additions aux Mémoires de Caftelnau, *tom. II. Edit. de 1731, pag. 581.*

41202. ☞ Généalogie des Maifons de *Beaumanoir*, de Clermont-Gallerande & de Mefme ; par Jacques-Guillaume IMHOF, en 4 feuilles : *Nuremberg, 1688, in-fol.*

Cette Généalogie (qui a été au même temps publiée en Latin) fut compofée à l'occafion de trois illuftres Miniftres du Roi, dont on parloit beaucoup alors ; fçavoir, M. le Marquis de Lavardin (de Beaumanoir,) & les Comtes de Clermont-Gallerande, & d'Avaux, (de Mefme.)

Voyez le Journ. des Sçav. 1708, du lundi 14 *Mai.*]

41203. ☞ Généalogie de la Maison de Beaumanoir.

Elle eft imprimée dans le Père Simplicien, *tom. VII. pag. 379.*]

41204. ☞ Généalogie des anciens *Comtes de Beaumont*.

Dans le P. Simplicien, *tom. V. pag. 581.*]

41205. ☞ Généalogie des anciens *Comtes de Beaumont fur Oyfe*.

Dans le même, *tom. VIII. pag. 396.*]

41206. ☞ Extrait de l'Hiftoire généalogique de la Maifon de *Beaumont : Paris, in-4.*

Il a été mis prefque en entier dans le Moréri de 1759.]

41207. ☞ Généalogie de *Beaumont*.

Dans l'Hift. généalog. de Dauphiné, par Allard, *tom. III.* = Dans les Mazures de l'Ifle-Barbe, par Cl. le Laboureur, *tom. II. pag. 238.*]

41208. ☞ Généalogie de *Beaumont*, en Champagne.

Dans la Rech. de la Nobl. de cette Province.]

41209. ☞ Généalogie de *Beaumont*, en Provence.

Dans l'Etat de cette Province, par Robert.]

41210. ☞ Généalogie de *Beaune*.

Elle eft imprimée dans le P. Simplicien, *tom. VIII. pag. 285.*]

41211. ☞ Hiftoire généalogique de la Maifon de Saint-Aulaire, du nom de *Beaupoil*, en Limofin ; par Meffire Antoine de Saint-Aulaire : *Paris, Seveftre, 1652, in-fol.*]

41212. ☞ La même.

Dans les Annales de Limoges, par le Père Bonaventure, *pag. 654.*]

« On écrit mal *Saint-Aulaire* : la Patrone de cette » Paroiffe du Limofin eft Sainte Eulalie, Martyre, ho- » norée le 10 Décembre. On l'a appellée par corrup- » tion Aulaire ; ce n'eft donc pas un Saint ». M. Nadaud, Curé de Tayjac, au Diocèle de Limoges.]

Tome III.

41213. ☞ Généalogie de Beaupoil de S. Aulaire, augmentée.

Dans le P. Simplicien, *tom. VIII. pag. 587.*]

41214. ☞ Généalogie de *Beaupoil*, en Périgord.

Dans le Regist. V. de l'Armor. de MM. d'Hozier.]

41215. ☞ Généalogie de *Beaurepaire.*

Dans la Rech. de la Nobl. de Champagne.]

41216. ☞ Mſ. Généalogie de la Maiſon de Beaurepaire.

Elle eſt entre les mains du P. Joſeph-Marie Dunand, Capucin..]

41217. ☞ Généalogie de *Beauvais.*

Dans la Rech. de la Nobl. de Champagne.]

41218. ☞ Généalogie de *Beauvarlet.*

Dans la Rech. de la Nobl. de Picardie.]

41219. Hiſtoire généalogique de la Maiſon de *Beauvau*, juſtifiée par Titres, Hiſtoires & autres bonnes Preuves; par Scévole & Louis de Sainte-Marthe, Frères, Hiſtoriographes de France: *Paris*, Laguehay, 1626, *in-fol.*

41220. Mſ. Hiſtoire généalogique de la Maiſon de Beauvau, avec les Quartiers des Femmes, les Armoiries & Blazons; plus les Deſcendances d'Iſabeau de Beauvau, avec les Blazons; par Jacques Chevillard, Généalogiſte du Roi.

Cette Hiſtoire, en un Volume *in-fol.* & deux pour les Deſcendances, [étoit] dans le Cabinet de l'Auteur.]

41221. ☞ Mémoire ſur la Maiſon de Beauvau: *Journ. de Verdun*, 1759, *Mai.*

L'Auteur redreſſe dans ce Mémoire les Nouvelles Littéraires de Hollande, qui, en faiſant la Critique de l'Hiſtoire des Maiſons Souveraines de l'Europe du Père Buſſier, avoient avancé quelques particularités ſur la Maiſon de Beauvau.]

41222. ☞ Preuves de la nobleſſe du Marquis de Riveau, de la Maiſon de Beauvau: *in-4.*]

41223. ☞ Généalogie de *Beauvau*, en Champagne.

Dans la Rech. de la Nobl. de cette Province.]

41224. ☞ Généalogie de *Beauvau*, en Touraine.

Dans l'Hiſtoire de la Nobl. de cette Province, par Souliers, *pag. 65.*]

41225. ☞ Généalogie de la Maiſon de *Beauvillier.*

Elle eſt imprimée dans le P. Simplicien, *tom. IV. pag. 701.*]

41226. ☞ Généalogie de *Beauvilliers.*

Dans l'Hiſtoire de Berry, par de la Thaumaſſière, *pag. 679.*]

41227. ☞ Généalogie de *Beauvoir.*

Dans le P. Simplicien, *tom. VII. pag. 3.*]

41228. ☞ Généalogie de la Maiſon du *Bec.*

Dans le même Ouvrage, *tom. II. pag. 85.*]

41229. Mſ. Généalogie de la Maiſon du *Bec-Vardes*, en Normandie.

Cette Généalogie [étoit] dans la Bibliothèque de M. le Baron d'Hoendorff, [& eſt aujourd'hui dans celle de l'Empereur.]

41230. ☞ Généalogie de *Becarie* de Pavie, en Languedoc.

Dans le Regiſt. II. de l'Armor. de MM. d'Hozier.]

41231. ☞ Généalogie de *Becariis.*

Dans l'Etat de la Provence, par Robert.]

41232. ☞ Généalogie de *Becel.*

Dans la Rech. de la Nobl. de Picardie.]

41233. ☞ Généalogie de *Becerel.*

Dans l'Hiſtoire de Breſſe, par Guichenon: *part. III. pag. 60.*]

41234. ☞ Généalogie de *Becu.*

Dans la Rech. de la Nobl. de Champagne.]

41235. ☞ Généalogie de *Bedorède.*

Dans la Rech. de la Nobleſſe de Picardie, au Supplément.]

41236. ☞ Généalogie de *Beffroi.*

Dans la Rech. de la Nobl. de Champagne.]

41237. ☞ Généalogie de *Begaſſon*, en Bretagne.

Dans le Regiſt. II. de l'Armor. de MM. d'Hozier.]

41238. ☞ Généalogie de le *Begat.*

Dans la Rech. de la Nobl. de Champagne.]

41239. ☞ Généalogie de le *Begue.*

Dans l'Hiſtoire de Berry, par de la Thaumaſſière, *pag. 1028.*]

41240. ☞ Généalogie de *Beguin*, en Champagne.

Dans le Regiſt. VI. de l'Armor. de MM. d'Hozier.]

41241. ☞ Généalogie de *Beivière.*

Dans l'Hiſtoire de Breſſe, par Guichenon: *part. III. pag. 91.*]

41242. ☞ Généalogie de le *Bel.*

Dans la Rech. de la Nobl. de Champagne.]

41243. ☞ Généalogie de *Belanger.*

Dans le même Recueil.]

41244. Mſ. Hiſtoire généalogique de la Maiſon du *Bellay*; par Louis Trincant, Procureur du Roi au Siège Préſidial de Loudun.

Cette Hiſtoire eſt citée par Ménage, *pag. 348* de ſon *Hiſtoire de Sablé.*

41245. ☞ Antiquités de la Maiſon du Bellay; tirées des Mémoires de M. de Savigni; par Louis Texier, Prieur d'Allonne.

Ces Antiquités ſont imprimées avec la *Vie de Saint Francaire: Saumur*, 1642, *in-8.*

41246. ☞ Généalogie de du *Bellay*, en Champagne.

Dans la Rech. de la Nobl. de cette Province.]

41247. ☞ Généalogie de *Belledame.*

Dans la Rech. de la Nobleſſe de Picardie, au Supplément.]

Généalogies particulières des Familles.

41248. Mf. Généalogie de *Belleforière-Soyecourt*, en Artois.

Cette Généalogie [étoit] dans la Bibliothèque de M. le Baron d'Hoendorff, [& est aujourd'hui dans celle de l'Empereur.]

41249. ☞ Généalogie de la Maison de *Bellefourière*.

Elle est imprimée dans le Père Simplicien, *tom. VIII. pag.* 734.]

41250. ☞ Généalogies des Sieur & Dame de *Bellegarde*.

Elles se trouvent à la fin d'une espèce de Requête : intitulée : « Le Récit & les Preuves données au Roi, » des complots, suppositions & pillages faits par les » Seigneurs de Riantz & Bouton de Ferrières, par les » Sieur & Dame de Bellegarde » : 1673, *in*-8.]

41251. Mf. Genealogia brevis Comitum Bellismensium, (de *Bellesme*.)

Cette Généalogie est imprimée dans Labbe, au tom. I. de sa Nouv. Bibliothèque des Manuscrits, *pag.* 661.

41252. Généalogie des Comtes de Bellesme; par Gilles BRY de la Clergerie.

Cette Généalogie est imprimée dans son *Histoire des Comtes de Perche : Paris*, 1621, *in*-4.

41253. ☞ Généalogie de *Belleval*.

Dans la Rech. de la Nobl. de Picardie.]

41254. ☞ Généalogie de *Belli*, en Bugey.

Dans l'Histoire de Bresse & Bugey, par Guichenon : *Continuation de la part. III. pag.* 42.]

41255. ☞ Généalogies de différentes Familles de *Belli*, dans le Comtat.

Dans l'Hist. de la Nobl. de ce Pays, par Pithon-Curt, *tom. IV. pag.* 370.]

41256. ☞ Gentis Bellevreæ (de *Bellièvre*) Elogium ; Auctore Abele SAMMARTHANO (patre :) 8 pag.

Cet Eloge est dans les Œuvres d'Abel de Sainte-Marthe : *Paris*, Villery, 1632, *in*-4.]

41257. Eloges de la Maison de Bellièvre ; par Gilles-André DE LA ROQUE : 1653, *in-fol.*

41258. ☞ Généalogie de Bellièvre.

Elle est imprimée dans le Père Simplicien, *tom. VI. pag.* 521.]

41259. ☞ Généalogie de *Bellon*.

Dans l'Hist. de la Nobl. de Provence, par Artefeuil, *tom. I. pag.* 119.]

41260. ☞ Généalogie de *Belloy*, en Champagne.

Dans la Rech. de la Nobl. de cette Province.]

41261. ☞ Généalogie de *Belloy*, en Picardie.

Dans les Remarques de Louvet, sur la Noblesse Beauvaisienne, & dans la Rech. de la Nobl. de Picardie.]

41262. ☞ Généalogie de la Maison du *Belloy*, dressée sur Titres originaux, sur d'anciennes Montres, Acquits ou Quittances de Service Militaire, Rolles des Compagnies d'Ordonnances & Comptes anciens des Trésoriers des Guerres de nos Rois, sur des Manuscrits de la Bibliothèque du Roi, sur divers Auteurs de l'Histoire de France, sur des Arrêts, &c. *Paris*, Thiboust, 1747, *in*-4.

L'Auteur principal de cette Généalogie est Claude-François Marie, Marquis titulaire DU BELLOY.

41263. ☞ Généalogie de *Bellujon*.

Dans l'Hist. de la Nobl. du Comtat, &c. par Pithon-Curt, *tom. IV. pag.* 367.]

41264. ☞ Généalogie de *Belot*, en Blaisois.

Dans le Regist. II. de l'Armor. de MM. d'Hozier.]

41265. ☞ Généalogie de *Benaist*.

Dans la Rech. de la Nobl. de Champagne.]

41266. ☞ Généalogie de *Benaud*.

Dans l'Etat de la Provence, par Robert.]

41267. ☞ Généalogie de la Maison de *Benaut*.

Dans l'Hist. de la Nobl. de Provence, par Artefeuil, *tom. I. pag.* 122.]

41268. ☞ Généalogie de *Bengy*.

Dans l'Histoire de Berry, par de la Thaumassière, *pag.* 1021.]

41269. ☞ Généalogie de *Beon*.

Dans l'Histoire de la Maison de Faudoas, *pag.* 188 & 221.]

41270. ☞ Généalogie de *Berard*, en Provence.

Dans l'Hist. de la Noblesse de cette Province, par Artefeuil, *tom. I. pag.* 125.]

41271. ☞ Généalogie de *Berard*, en Touraine.

Dans l'Hist. de la Noblesse de ce Pays, par Souliers, *pag.* 62.]

41272. ☞ Mf. Généalogie de la Maison de la *Berchère : in-fol.*

Elle [étoit] dans la Bibliothèque de M. le Chancelier Seguier, num. 848, [& est peut-être à Saint Germain-des-Prés.]

41273. ☞ Généalogie de *Beraud*, en Languedoc & dans l'Isle-de-France.

Dans le Regist. II. de l'Armor. de MM. d'Hozier.]

41274. ☞ Généalogie de *Berenger*.

Dans l'Hist. de la Nobl. de Provence, par Artefeuil, *tom. I. pag.* 126.]

41275. ☞ Généalogie de *Berenguier*.

Dans le même Ouvrage, *tom. I. pag.* 127.]

41276. ☞ Généalogie de *Berey*.

Dans la Rech. de la Nobl. de Champagne.]

41277. ☞ Généalogie de *Bergues* Saint-Vinox.

Elle est imprimée dans le P. Simplicien, *tom. VIII. pag.* 695.]

41278. ☞ Généalogie de *Berles*.

Dans la Rech. de la Nobl. de Champagne.]

41279. ☞ Généalogie de *Berliet*.

Dans l'Histoire de Bresse, par Guichenon : *part. III. pag.* 68.]

Tome III. Bbbbb 2

41280. ☞ Généalogie de *Bermand.*

Dans la Rech. de la Nobl. de Champagne.]

41281. ☞ Généalogie de *Bermond.*

Dans l'Hist. de la Nobl. de Provence, par Artefeuil, *tom. I. pag.* 129.]

41282. ☞ Généalogie de *Bermondes.*

Dans la Rech. de la Nobl. de Champagne.]

41283. De pernobili & militari genere Sancti Bernardi Epistolica Observatio Pauli-Ferdinandi CHIFFLETII, Bruxellensis, Religiosi Villariensis: 1643, *in-*4.

41284. Sancti Bernardi, Clarevallensis Abbatis, Genus illustre assertum ; Diatriba Petri-Francisci CHIFFLETII, Soc. Jesu, cum Probationibus & Appendicibus: *Divione,* Chavance, 1660, *in-*4.

☞ On trouve dans ce Livre :

1. ODONIS de Ogilo, de Ludovici VII. Francorum Regis, cognomento Junioris, Profectione in Orientem, Opus septem Libellis distinctum : 1146-1148.

2. Chronicon Clarevallense, ab anno 1147, ad 1192, Auctore Anonymo, Clarevallensi Monacho.

3. Illustrium aliquot Virorum Epitaphia, ex Manuscripto Codice Monasterii Caritatis, Dioecesis Bisuntinæ.

4. Vita Sancti Bernardi, &c. Auctore Joanne BREMITA, ex manuscripto Codice Claravallis.

5. Vita Sancti Petri, Prioris Juliacensis Puellarum Monasterii, & Monachi Molismensis (de Molesme.)

6. Herberti Turrium Sardiniæ Archiepiscopi, de Miraculis Libri tres.

7. Diatriba de illustri Genere Sancti Bernardi ; (Auct. Pet. Franc. CHIFFLETIO.)

8. Probationes & illustrationes eorum quæ in Diatribâ asseruntur vel proponuntur.

9. Appendix ad Diatribam, &c. in quâ Charta Fontenetensis vulgò dicta excutitur, & Baltheus argenti & coccini ductu gemino tesseratus, quâ ratione ad Sanctum Bernardum pertineat, ostenditur ; & de totâ ejus consanguinitate atque affinitate accuratiùs disputatur.]

41285. ☞ Mf. Généalogie de la Famille des *Bernard,* à Dijon, faite & dressée sur Titres, Registres du Parlement & Histoires ; par Pierre PALLIOT, en 1676, & augmentée en 1684 : *in-*4.

C'est le mis-au-net Original, dont les Notes marginales sont de la main dudit Palliot. Il est conservé à Dijon, dans la Bibliothèque de M. Fevret de Fontette.]

41286. ☞ Généalogie de *Bernard,* Famille d'Anjou, établie dans le Blaisois & en Bretagne.

Elle se trouve dans le Registre II. de l'Armorial de MM. d'Hozier.]

41287. ☞ Généalogie de *Bernard,* en Picardie.

Dans la Rech. de la Nobl. de cette Province.]

41288. ☞ Généalogie de *Bernard de S. Andiol.*

Dans l'Hist. de la Nobl. du Comtat, &c. par Pithon-Curt, *tom. I. pag.* 137, & *IV. pag.* 608.]

41289. ☞ Généalogie de *Bernardi.*

Dans l'Histoire de la Noblesse de Provence, par Artefeuil, *tom. I. pag.* 132.]

41290. ☞ Généalogie de *Bernardy.*

Dans le même Ouvrage, *tom. I. pag.* 130, & *tom. II. pag.* 579.]

41291. ☞ Généalogie des Seigneurs de *Bernay,* près de Rozoy en Brie, dressée sur Titres, en 1717 : *in-*4.]

41292. ☞ Généalogie de *Bernes.*

Dans la Rech. de la Noblesse de Picardie.]

41293. ☞ Généalogie de *Bernier.*

Dans l'Hist. de la Nobl. de Provence, par Artefeuil, *tom. I. pag.* 136.]

41294. ☞ Généalogie de la *Berquerie.*

Dans la Rech. de la Nobl. de Champagne.]

41295. ☞ Généalogie de *Berre.*

Dans l'Hist. de la Nobl. de Provence, par Artefeuil, *tom. I. pag.* 138.]

41296. ☞ Généalogie de *Berre S. Julien,* & de *Berre-Colongne.*

Dans l'Etat de la Provence, par Robert.]

41297. ☞ Généalogie de *Berruyer,* en Champagne.

Dans la Rech. de la Nobl. de cette Province.]

41298. ☞ Généalogie de *Berruyer,* en Touraine.

Dans l'Hist. de la Nobl. de ce Pays, par Souliers, *pag.* 81.]

41299. ☞ Généalogie de *Bertatis.*

Dans l'Etat de la Provence, par Robert.]

41300. ☞ Généalogie de *Bertet,* en Mâconnois.

Dans le Regist. II. de l'Armor. de MM. d'Hozier.]

41301. ☞ Généalogie de *Bertet.*

Dans l'Etat de la Provence, par Robert. = Dans l'Hist. de la Nobl. de Provence, par Artefeuil, *tom. I. pag.* 139.]

41302. Mf. Généalogie de la Maison de *Berthelot,* en Touraine.

Elle [étoit] dans la Bibliothèque de M. le Chancelier Seguier, num. 845, [& elle peut être à S. Germain-des-Prés.]

41303. ☞ Généalogie de *Bertin,* en Champagne & à Paris.

Dans le Regist. V. de l'Armor. de MM. d'Hozier.]

41304. ☞ Généalogie de la Maison de *Berton.*

Dans l'Hist. de la Nobl. de Provence, par Artefeuil, *tom. I. pag.* 141.]

41305. ☞ Généalogie de *Berton-Crillon.*

Dans l'Hist. de la Nobl. du Comtat, &c. par Pithon-Curt, *tom. I. pag.* 141, & *IV. pag.* 609.]

41306. ☞ Généalogie de Berton.

Dans la Vie de Crillon : *Paris,* 1757, à la fin du Tome II.

41307. ☞ Généalogie de *Bertrand.*

Elle est imprimée dans le Père Simplicien, *tom. VI. pag.* 487.]

Généalogies particulières des Familles. 749

41308. ☞ Généalogie de *Bertrand*, en Berry.

Dans l'Hist. de cette Province, par de la Thaumassière, *pag. 622.*]

41309. ☞ Généalogies de plusieurs Familles de *Bertrand*, dans le Comtat.

Dans l'Hist. de la Nobl. de ce Pays, par Pithon-Curt, *tom. IV. pag. 382.*]

41310. ☞ Généalogie de *Bertrier*.

Dans l'Histoire de Bresse, par Guichenon : *part. III. pag. 69.*]

41311. ☞ Généalogie de *Bérulle*.

Dans les Additions aux Mémoires de Castelnau, *t. III. Edition de 1731, pag. 245.*]

41312. ☞ Généalogie de *Bery*.

Dans la Rech. de la Nobl. de Champagne.]

41313. ☞ Généalogie de *Bery*, en Picardie.

Dans la Rech. de la Nobl. de cette Province.]

41314. ☞ Généalogie de *Berziau*.

Dans l'Hist. de la Nobl. de Touraine, par Souliers, *pag. 453.*]

41315. ☞ Généalogie de *Berziaux*.

Dans la Rech. de la Nobl. de Champagne.]

41316. ☞ Ms. Généalogie de la Maison de *Bessey*.

Elle est entre les mains du P. Joseph-Marie Dunand, Capucin.

41317. Généalogie de la Maison de *Bethencourt* ; par Galien DE BETHENCOURT.

Elle est imprimée avec le Traité de la Navigation, par Pierre Bergeron : *Paris, 1619, in-8.*

☞ Il y en a une seconde Edition, *in-4. la Haye*, Neaulme, 1735, avec le Recueil des Voyages curieux en Asie, Afrique, &c. aux XIII. & XIVe Siècles, &c.]

41318. ☞ Généalogie de *Béthisy*.

Dans la Rech. de la Nobl. de Picardie.]

41319. ☞ Généalogie de *Bethoulat*.

Dans la Rech. de la Nobl. de Champagne.]

41320. Ms. Mémoires de divers Titres anciens, concernant la Généalogie de la Maison de *Béthune : in-fol.*

Ces Mémoires sont conservés dans la Bibliothèque du Roi, entre les Manuscrits de M. du Chesne.

41321. Histoire généalogique de la Maison de Béthune, justifiée par Chartres de diverses Eglises & Abbayes, Arrêts du Parlement, Titres particuliers, Epitaphes, &c. par André DU CHESNE, Historiographe du Roi: *Paris, Cramoisy, 1639, in-fol.*

Du Chesne dit dans sa Préface qu'il a ajouté à son Histoire les Preuves justificatives, sans lesquelles (ajoute-t-il) les plus judicieux n'estiment pas tel genre d'écrire devoir mériter aucune créance. C'est ce qu'il a pratiqué dans toutes ses Histoires généalogiques.

41322. ☞ Ms. Généalogie de la Maison de *Béthune : in-fol.*

Ce Manuscrit, différent de la Généalogie qui précède, est dans la Bibliothèque du Roi, entre les Manuscrits de M. de Cangé.]

41323. ☞ Généalogie de la Maison de *Béthune*.

Elle est imprimée dans le Père Simplicien, *tom. IV. pag. 210.*]

41324. ☞ Lettre de M. DE LA ROQUE, écrite à M. A. C. D. V. au sujet du Marquis de Rosny, depuis Duc de Sully [de la Maison de Béthune,] contenant quelques Remarques historiques : *Merc. 1732, Juillet*.

Seconde Lettre, sur le même sujet. *Ibid. 1732, Décembre.* 1 vol.

Troisième Lettre. *Ibid. 1733, Juin.* 1 vol.

41325. ☞ Mémoire sur la Maison de Béthune ; par M. DU BUISSON : *Paris, Prault, 1739, in-4.* de 23 pages.

Il y a une seconde Edition, différente, indiquée dans le Catalogue de M. Secousse, num. 6030. *Voyez le Mercure, 1739, Mai & Juin.*]

41326. ☞ Réponse de M. le Duc DE SULLY, à une Lettre & à un Mémoire historique & généalogique qui lui ont été écrits & envoyés par le Sieur du Buisson, Clerc du Sieur le Verrier, Notaire, rue de la Monnoye. *Mercure, 1739, Mars.*]

41327. ☞ Lettre de M. DU BUISSON, au sujet du Mémoire sur la Généalogie de la Maison de Béthune. *Merc. 1739, Avril.*]

41328. ☞ Généalogie de *Bétoulat*.

Dans l'Histoire de Berry, par de la Thaumassière, *pag. 1026.*]

41329. ☞ Généalogie de *Betz*.

Dans l'Hist. de la Nobl. de Touraine, par Souliers, *pag. 401.*]

41330. ☞ Généalogie de *Beugre*.

Dans les Mémoires historiques sur Poligny, *tom. II. pag. 281.*]

41331. ☞ Généalogie de *Beyviers*.

Dans l'Histoire de Bresse, par Guichenon : *part. II. pag. 73.*]

41332. ☞ Généalogie de *Bezannes*.

Dans la Rech. de la Nobl. de Champagne.]

41333. La même, augmentée.

Dans le Regist. IV. de l'Armor. de MM. d'Hozier.]

41334. ☞ Généalogie de *Biet*.

Dans l'Histoire de Berry, par de la Thaumassière, *pag. 884.*

41335. ☞ Généalogie de du *Biez*.

Elle est imprimée dans le P. Simplicien, *tom. VIII. pag. 180.*]

41336. ☞ Généalogie de *Bigant*.

Dans la Rech. de la Nobl. de Picardie.

Voyez encore les Remarq. de Louvet sur la Noblesse Beauvaisienne.]

41337. ☞ Généalogie de *Bignon*.

Dans les Remarques de l'Abbé Ménage, sur la Vie de Pierre Ayrault, &c. *pag. 300.*]

41338. ☞ Généalogie de *Bigny*.
Dans l'Histoire de Berry, par de la Thaumassière, *pag.* 846.]

41339. ☞ La même, augmentée.
Dans le P. Simplicien, *tom. VIII. pag.* 490.]

41340. ☞ Généalogie de *Bigos*, en Guyenne,
Dans le Regist. V. de l'Armor. de MM. d'Hozier.]

41341. ☞ Généalogie de *Bigot*.
Dans l'Histoire de Berry, par de la Thaumassière, *pag.* 1030.]

41342. ☞ Généalogie de Bigot ; par Jean le Laboureur.
Dans ses Additions aux Mém. de Castelnau, *tom. I. Edit. de* 1731, *pag.* 841.]

41343. ☞ Généalogie de *Bigot*, en Berry, Bretagne, &c.
Dans le Regist. V. de l'Armor. de MM. d'Hozier.]

41344. ☞ Généalogie d'autre *Bigot*, en Touraine & Vendômois.
Dans le même Registre.]

41345. ☞ Généalogie de la Maison de *Bildestein*.
Dans la dernière Edition de l'Histoire de Lorraine, par D. Calmet, à la tête du Tome II. *pag.* xliij.]

41346. ☞ Généalogie de *Billard*.
Dans l'Hist. des Sites de *Salins*, *tom. II. pag.* 20.]

41347. ☞ Généalogie de *Billault*, en Picardie & à Bar-le-Duc.
Dans le Regist. VI. de l'Armor. de MM. d'Hozier.]

41348. ☞ Généalogie de *Billet*, en Champagne.
Dans le Registre III. du même Ouvrage.]

41349. ☞ Généalogie de *Billi*, dans l'Isle-de-France.
Elle se trouve dans le Registre II. de l'Armorial de MM. d'Hozier.]

41350. ☞ Généalogie de *Billy* ; par Jean le Laboureur.
Dans ses Additions aux Mémoires de Castelnau, *tom. II. Edit. de* 1731, *pag.* 639.]

41351. ☞ Généalogie de la Maison de Billy.
Dans le P. Simplicien, *tom. II. pag.* 117.]

41352. ☞ Généalogie de Billy, en Bourgogne & Lyonnois.
Dans le Regist. III. de l'Armor. de MM. d'Hozier.]

41353. ☞ Généalogie de *Bimard*.
Dans l'Hist. de la Nobl. du Comtat, &c, par Pithon-Curt, *tom. I. pag.* 152.]

41354. ☞ Généalogie de *Binet*.
Dans l'Hist. de la Nobl. de Touraine, par Souliers, *pag.* 91 & 404.]

41355. ☞ Généalogie de *Bionneau*.
Dans l'Etat de la Provence, par Robert.]

41356. ☞ Généalogie de *Biord*.
Dans l'Etat de la Provence, par Robert. = Dans l'Hist. de la Nobl. de Provence, par Artefeuil, *tom. I. pag.* 147.]

41357. ☞ Généalogie de *Biottière*.
Dans l'Histoire de Berry, par de la Thaumassière, *pag.* 1040.]

41358. ☞ Généalogie de la Maison de *Birague*.
Dans le P. Simplicien, *tom. VI. pag.* 493.]

— ☞ Généalogie de *Bissy*.
Voyez ci-après, *Thiard*.]

41359. ☞ Généalogie de la Maison de *Blacas*.
Dans l'Etat de la Provence, par Robert. = Dans l'Hist. de la Nobl. de Provence, par Artefeuil, *tom. I. pag.* 149.]

41360. ☞ Généalogie des du *Blaisel*.
Dans la Rech. de la Nobl. de Picardie.]

41361. ☞ Généalogie des du *Blaisel Saint-Aubin*.
Dans le même Recueil.]

41362. ☞ Liste généalogique des Comtes de *Blamont*.
Dans la dernière Edit. de l'Hist. de Lorraine, par D. Calmet, à la tête du Tome III. *pag.* xc.]

41363. ☞ Généalogie des du *Blanc*.
Dans l'Hist. de la Nobl. du Comtat, &c. par Pithon-Curt, *tom. IV. pag.* 389.*]

41364. ☞ Généalogie des le *Blanc*.
Dans le même Ouvrage, *tom. I. pag.* 159.]

41365. ☞ Généalogie des le *Blanc*.
Dans l'Hist. de la Nobl. de Provence, par Artefeuil, *tom. I. pag.* 152.]

41366. ☞ Généalogie des le *Blanc*, en Champagne.
Dans la Rech. de la Nobl. de cette Province.]

41367. ☞ Généalogie de le *Blanc* de la Baume, en Touraine.
Dans l'Hist. de la Nobl. de ce Pays, par Souliers, *pag.* 347.]

41368. ☞ Généalogie de *Blanchard*, en Normandie & Bretagne, & à Paris.
Dans le Regist. VI. de l'Armor. de MM. d'Hozier.]

41369. ☞ Généalogie de *Blanchefort*.
Dans l'Histoire de Berry, par de la Thaumassière, *pag.* 838.]

41370. ☞ Généalogie de Blanchefort, en Dauphiné.
Dans l'Histoire généalogiq. de cette Province, par Allard, *tom. I.*]

41371. ☞ Généalogie de *Blanchet*.
Dans la Rech. de la Nobl. de Picardie.]

41372. ☞ Généalogie de la Maison du *Blé*.
Dans le P. Simplicien, *tom. VII. pag.* 662.]

41373. Preuves de la Généalogie de la Maison de *Bleré* : *in-fol*.

41374. ☞ Généalogie de *Blicterswik*.
Dans le Nobiliaire de la Franche-Comté, ou Tome III. de Dunod : *pag.* 197.]

Généalogies particulières des Familles. 751

41375. Mf. Généalogie des Comtes de *Blois*, & les Tombeaux & Epitaphes de plusieurs Princes & Seigneurs enterrés dans l'Eglise de Valenciennes. L'Histoire de la Vente du Comté de Blois, par Louis de Blois, au Duc de Touraine, frère de Charles VI. & autres Traités historiques: *in-fol.*

Ce Manuscrit [étoit] dans la Bibliothèque du Prince Eugène de Savoye, [& est aujourd'hui dans celle de l'Empereur.]

41376. Mf. Genealogia Comitum Blesensium & Normannorum.

Cette Généalogie est conservée dans la Bibliothèque de Leyde, entre les Manuscrits d'Isaac Vossius, n. 48.

41377. Mf. Généalogie des Comtes de Blois & de Chartres; par André DU CHESNE.

Elle est imprimée avec l'Histoire de la Maison de Chastillon : *Paris, 1621, in-fol.*

41378. ☞ Généalogie de la Famille de *Blois*.

Dans la Rech. de la Nobl. de Champagne.]

41379. ☞ Généalogie de *Blondeau*.

Dans la Rech. de la Nobl. de Champagne.]

41380. ☞ Généalogie de *Blottefière*.

Dans la Rech. de la Nobl. de Picardie.]

41381. ☞ Généalogie de *Bochart*.

Dans les Premiers Présidens de Blanchard, *pag.* 87. On peut voir pour la suite, l'Edit. de Moréri de 1759.]

41382. ☞ Généalogie de *Boche*.

Dans l'Etat de la Provence, par Robert.]

41383. Généalogie de la Maison des *Bochetels*; par Jean LE LABOUREUR.

Elle est imprimée au Tome II. de ses Additions aux Mémoires de Castelnau : *Paris, 1659, &c. in-fol.* [*tom. III. Edit. de 1731, pag. 141.*]

41384. ☞ Généalogie de *Bodart*.

Dans la Recherche de la Noblesse de Picardie, au Supplément.]

41385. ☞ Généalogie de *Boffin*.

Dans l'Histoire généalog. de Dauphiné, par Allard, *tom. II.*]

41386. ☞ Généalogie de *Bohan*.

Dans la Rech. de la Nobl. de Champagne.]

41387. ☞ Généalogie de *Bohier*.

Dans le même Recueil, & dans les Généalogies des Maîtres des Requêtes, *pag.* 228.]

41388. ☞ Généalogie de *Boileau*.

Dans les Remarq. de Louvet sur la Noblesse Beauvaisienne, *pag.* 155.]

41389. ☞ Généalogie des du *Bois*, en Picardie.

Dans la Recherche de la Noblesse de cette Province, au Supplément.]

41390. ☞ Généalogies des du *Bois de Cognet*, de *Corchamps* & d'*Escordal*.

Dans la Rech. de la Nobl. de Champagne.]

41391. * Généalogie de la Maison du *Bois de Fontaines*, (en Anjou;) par Gilles MÉNAGE.

Dans ses Remarq. sur la Vie de Pierre Ayrault, &c. *pag.* 360.]

41392. ☞ Généalogie des du *Bois*, dit de *Hoves*, en Flandre & Artois.

Dans le Regist. V. de l'Armor. de MM. d'Hozier.]

41393. ☞ Généalogie des du *Bois*, en Touraine.

Dans l'Hist. de la Nobl. de ce Pays, par Souliers, *pag.* 204.]

41394. ☞ Généalogie de *Boisé*.

Dans le même Ouvrage, *pag.* 615.]

41395. ☞ Généalogie de *Boisgelin*, en Bretagne.

Dans le Regist. II. de l'Armor. de MM. d'Hozier.]

41396. ☞ Lettre de M. l'Abbé GOUJET, au P. Berthier, sur la Généalogie de Messieurs de *Boislesve* d'Angers: *1750, in-12.*

L'Abbé Ménage avoit déja observé (dans ses Remarques sur la Vie de Pierre Ayrault, &c. *pag.* 233,) qu'ils prétendoient descendre du fameux Boylesve, qui vivoit du temps de S. Louis ; & il avoit produit quelques Pièces à ce sujet.]

41397. ☞ Généalogie des du *Bois-Linards*, en Berry.

Dans l'Histoire de cette Province, par de la Thaumassière, *pag.* 1026.]

41398. ☞ Généalogie de *Boisselet*.

Dans l'Histoire de Berry, par de la Thaumassière, *pag.* 1139.]

41399. Généalogie de la Famille des [*Eoissi*,] Fondateurs du Collège de Boissi. *Paris, 1682, in-4.*

☞ La même, avec un Abrégé chronologique de la Fondation du Collège de Boissi, (à Paris,) &c. 15 Tables généalogiques : *Paris, 1734, in-fol.*

« Le Collège de Boissi ; situé dans la rue du Cime-
» tière de Saint André-des-Arts, a cela de particulier
» par dessus tous les autres Collèges de Paris, que c'est
» le seul qui ait été établi par ceux de la Famille des
» Fondateurs, qui sont, Godefroy, Jacques & Pierre
» de Boissi, décédé le 20 Août 1359, & Etienne Vide
» de Boissi-le-Sec, Chanoine de Laon, son neveu. Cette
» Famille est partagée en cinq Branches; de la quatrième
» est M. CHASSEBRAS DE BREAU; lequel, avec M. (Jac-
» ques) CHASSEBRAS DE CREMAILLE son frère, a dressé
» cette Généalogie ». *Journ. des Sçavans, du 7 Juillet 1681.*]

41400. ☞ Généalogie de *Boïfrot*.

Dans l'Histoire de Berry, par de la Thaumassière, *pag.* 1137.]

41401. ☞ Généalogie de *Boisson*.

Dans l'Etat de la Provence, par Robert. = Dans l'Hist. de la Nobl. de Provence, par Artefeuil, *tom. I. pag.* 157.]

41402. ☞ Généalogie de *Boistel*.

Dans la Rech. de la Nobl. de Picardie.]

41403. ☞ Généalogie de *Bollioud*, en Forez.

Dans le Regist. IV. de l'Armor. de MM. d'Hozier.]

41404. ☞ Généalogie de *Bologne*, en Champagne.

Dans la Rech. de la Nobl. de cette Province.]

41405. ☞ Généalogie de *Bologne*, en Comtat.

Dans l'Hist. de la Nobl. de ce Pays, par Pithon-Curt, tom. I. pag. 163.]

41406. ☞ Généalogie de *Bolomier*, en Bugey.

Dans l'Histoire de Bresse & Bugey, par Guichenon: Contin. de la part. III. pag. 45.]

41407. ☞ Généalogie de *Bompar*.

Dans l'Etat de la Provence, par Robert.]

41408. ☞ Généalogie des le *Bon*.

Dans la Rech. de la Nobl. de Picardie.]

41409. ☞ Généalogie de *Bonadona*.

Dans l'Hist. de la Nobl. du Comtat, &c. par Pithon-Curt, tom. I. pag. 167, & IV. pag. 610.]

41410. ☞ Généalogie de *Bonafau*.

Dans la Rech. de la Nobl. de Picardie.]

41411. ☞ Généalogie de *Bonaud*.

Dans l'Etat de la Provence, par Robert.]

41412. ☞ Généalogie de *Bonchamp*, en Anjou.

Dans le Regist. II. de l'Armor. de MM. d'Hozier.]

41413. ☞ Généalogie de *Bongards d'Arsilly*.

Dans l'Histoire de Berry, par de la Thaumassière, pag. 1040.]

41414. ☞ Généalogie de *Boniface*, en Comtat.

Dans l'Hist. de la Nobl. de ce Pays, par Pithon-Curt, tom. IV. pag. 389.]

41415. ☞ Généalogie de *Boniface*, en Provence.

Dans l'Etat de la Provence, par Robert. = Dans Maynier. = Dans l'Histoire de la Noblesse de Provence, par Artefeuil, tom. I. pag. 165.]

41416. ☞ Généalogie de *Bonijol*.

Dans le même Ouvrage, tom. I. pag. 166, & II. pag. 579.]

41417. ☞ Généalogie de *Bonin*, en Berry & Nivernois.

Dans le Regist. III. de l'Armor. de MM. d'Hozier.]

41418. ☞ Généalogie de *Bonin du Corpoy*.

Dans l'Histoire de Berry, par de la Thaumassière, pag. 1037.]

41419. ☞ Généalogie de *Bonju*.

Dans les Conseillers de Blanchard, pag. 13.]

41420. ☞ Généalogie de *Bonnaire*.

Dans la Recherche de la Noblesse de Picardie.]

41421. ☞ Généalogie de *Bonnard*.

Dans l'Histoire de la Noblesse de Touraine, par Souliers, pag. 105.]

41422. ☞ Généalogie de la Maison de *Bonne*.

Dans l'Histoire généalogique de Dauphiné, par Allard, tom. I.]

41423. ☞ La même, augmentée.

Dans le P. Simplicien, tom. IV. pag. 282.]

41424. ☞ Ms. Généalogie de Messieurs *Bonneau*, depuis 1500 jusqu'en 1725; (par Edme LE SEURE:) *in*-4.

Elle est conservée dans la Bibliothèque de la Ville de Paris, num. 275.]

41425. ☞ Généalogie de *Bonnille*.

Dans la Recherche de la Noblesse de Champagne.]

41426. ☞ Généalogie de *Bonot*, en Languedoc.

Dans le Registre II. de l'Armorial de MM. d'Hozier.]

41427. ☞ Généalogie de *Bony de la Vergne*.

Dans la Recherche de la Noblesse de Picardie.]

41428. ☞ Généalogie des *Bordes*, en Bresse.

Dans le Reg. V. de l'Armorial de MM. d'Hozier.]

41429. ☞ Généalogie de *Borselle*.

Dans le P. Simplicien, tom. VII. pag. 104.]

41430. ☞ Généalogie de du *Bos*.

Dans la Recherche de la Noblesse de Picardie.]

41431. ☞ Généalogie de du *Bosc*, en Normandie.

Dans le P. Simplicien, tom. VI. pag. 353.]

41432. ☞ Généalogie de du *Bosc d'Esmendreville*; par Jean LE LABOUREUR.

Dans ses Additions aux Mémoires de Castelnau, tom. I. Ed. de 1731, pag. 836.]

41433. ☞ Généalogie de *Bosse*.

Dans l'Etat de la Provence, par Robert.]

41434. ☞ Généalogie de *Bossuet*.

Dans l'Histoire de l'Eglise de Meaux, par Dom du Plessis, tom. I. pag. 748.]

41435. ☞ Généalogie de *Bouan*.

Dans la Généalogie de MM. de Nyau: 1681, *in*-16. pag. 134.]

41436. ☞ Généalogies de *Boubers*.

Dans la Recherche de la Noblesse de Champagne, & dans celle de Picardie.]

41437. ☞ Généalogie de *Boucard*.

Dans l'Histoire de Berry, par de la Thaumassière, pag. 842.]

41438. ☞ Généalogie de *Boucher*, en Barrois.

Dans le Registre VI. de l'Armorial de MM. d'Hozier.]

41439. ☞ Généalogie de *Boucher*, en Bourgogne & Champagne, & à Paris.

Dans le Registre III. du même Ouvrage.

On trouve d'autres Généalogies de *Boucher*, dans celles des Maîtres des Requêtes, pag. 103, & des Conseillers, pag. 71, par Blanchard; & dans la Recherche de la Noblesse de Champagne, celles de *Boucher de Palis*, de *Boucher du Plessis*, & de *Boucher de Richebourg*.]

41440. ☞ Généalogie des le *Boucher*, en Picardie.

Dans la Recherche de la Noblesse de cette Province.]

41441.

Généalogies particulières des Familles. 753

41441. ☞ Généalogie de *Boucherat*.

Dans le P. Simplicien, tom. VI. pag. 584.]

41442. ☞ Généalogie de *Boucherat*, en Champagne.

Dans la Recherche de la Noblesse de cette Province.]

41443. ☞ Généalogie de *Boudet*.

Dans l'Histoire de Berry, par de la Thaumassière, pag. 1021.]

41444. ☞ Généalogie de *Bouer*.

Dans la même Histoire, pag. 1140.]

41445. ☞ Généalogie de *Bouet*.

Dans l'Histoire de la Noblesse de Touraine, par Souliers, pag. 545.]

41446. ☞ Généalogie de *Bouet*, en Poitou & Saintonge.

Dans le Registre III. de l'Armor. de MM. d'Hozier.]

41447. ☞ Généalogie de *Bouffet*.

Dans l'Histoire de Berry, par la Thaumassière, pag. 1142.]

41448. ☞ Généalogie de *Boufflers*.

Dans le Recueil des Maisons Nobles d'Amiens; par la Morlière, pag. 219. = Dans les Remarques de Louvet, sur la Noblesse Beauvaisienne, pag. 169. = Dans la Recherche de la Noblesse de Picardie.]

41449. Généalogie de la Maison de Boufflers; (par un Allemand :) *Hambourg*, 1696, *in-*4.

41450. ☞ Généalogie de la même Maison, augmentée.

Dans le P. Simplicien, tom. V. pag. 77.]

41451. ☞ Généalogie de la Maison de *Bougues*.

Elle est jointe à « l'Oraison funèbre de Dame Eléo-
» nore de Sainte-Colombe, veuve de Gabriel de Bou-
» gues ; par le P. Hiérosme » : *Dijon*, Michard, 1679, *in*-4.]

41452. ☞ Histoire généalogique de la Maison de *Bouillé*; par M. QUATREBARBES de la Rongère.

Elle est citée par Ménage, dans ses Remarques sur la Vie de Pierre Ayrault, &c. pag. 119.]

41453. Généalogie & nobles Faits d'Armes de Godefroy de *Bouillon* : *Lyon*, [Arnoulet,] 1580, *in*-8.

41454. Histoire généalogique de Godefroy de Bouillon; par DU BOSC DE MONTANDRÉ.

Cette Histoire est imprimée avec sa « Suite histori-
» que des Ducs de la Basse-Lorraine : *Paris*, 1661, *in*-4.

== Généalogie de la Maison de *Bouillon*.

Voyez ci-dessus, N.ᵒˢ 4106 3 & suiv. à la Maison d'*Auvergne*.

41455. Discours du Duché de Bouillon, & du rang des Ducs de Bouillon en France; par Christofle JUSTEL, Secrétaire du Roi : 1633, *in*-4

41456. Discours des Droits & Prétensions de Frédéric-Maurice de la Tour, Duc de Bouillon, Prince de Sédan, contre l'Evêque, le Chapitre & les Etats de Liège, au sujet du Duché de Bouillon : 1636, *in*-4.

41457. ☞ Mémoires du Procès entre M. le Duc de Bouillon, & M. le Duc d'Albret son fils.

Il s'agit de la Substitution prétendue apposée dans le Testament de Henri, Duc de Bouillon, du 17 Mai 1613.]

41458. ☞ Généalogie de *Boulainviller*.

Dans les Remarques de Louvet, sur la Noblesse Beauvaisienne, pag. 191.]

41459. ☞ Généalogie de la Famille de *Boulainvilliers*.

Elle se trouve dans l'*Histoire du Gastinois*, par Guillaume Morin, pag. 685.]

41460. Mf. Histoire généalogique des Comtes de Boulainvilliers ; par Henri, Comte DE BOULAINVILLIERS : *in-fol*.

Cette Histoire [étoit] entre les mains de l'Auteur. Il a marqué dans la Préface, l'usage que la Noblesse doit faire de sa propre Généalogie.

☞ C'est apparemment le même Ouvrage, qui est indiqué num. 2260, du Catalogue de M. Bernard, sous ce titre :

Mémoires de la Maison de Boulainvilliers, avec les Armoiries; par M. le Comte DE BOULAINVILLIERS.]

41461. Mf. Généalogie de la Maison de *Boulogne*, écrite l'an 1531 : *in*-4.

Cette Généalogie est conservée dans la Bibliothèque de M. le Chancelier d'Aguesseau.

41462. Mf. Généalogie des Comtes de Boulogne : *in-fol*.

Elle est dans la Bibliothèque du Roi, num. 9488.

== ☞ Généalogie des Comtes de Boulogne & de Saint-Paul.

Ci-devant, au *Domaine*, [Tome II. N.ᵒ 27945.]

41463. Mf. Inventaire des Titres de la Maison de Bologne, avec ses Armoiries, qui sont au Château de Vic, en Auvergne.

Cet Inventaire est conservé dans la Bibliothèque du Roi, num. 951, selon le P. Labbe, pag. 301 de sa Nouvelle Bibliothèque des Manuscrits.

== Mf. Généalogie & Descente des Comtes de Boulogne, depuis l'érection de ce Comté jusqu'en 1477.

Cette Généalogie est avec la Chronique abrégée des Comtes de Boulogne : ci-dessus, [N.ᵒ 34196.]

41464. Généalogie des Comtes de Boulogne : *Paris*, Perrier, 1564, *in*-4.

41465. ☞ Généalogie de *Bouquier*.

Dans l'Histoire de la Noblesse de Provence ; par Artefeuil, tom. I. pag. 171, & tom. II. pag. 580.]

41466. ☞ Généalogie des anciens Seigneurs de *Bourbon* l'Archembaud.

Dans l'Histoire de Berry ; par de la Thaumassière, pag. 774.]

Tome III. Ccccc

41467. ☞ Généalogie des anciens Seigneurs de Bourbon.

Dans le P. Simplicien, *tom. III. pag. 149.*]

== Généalogie des *Ducs de Bourbon*, depuis Robert de France.

Ci-devant, [Tome II. N.º 25565.]

41468. ☞ Généalogie de *Bourcé*.

Dans la Recherche de la Noblesse de Picardie.]

41469. ☞ Généalogie de *Bourdeille*.

Elle se trouve au tom. XI. des Œuvres de Brantôme, Sieur de Bourdeille, Edition de la Haye : (*Rouen,*) 1743, *in-*12, 15 vol.]

41470. ☞ Pièces, Mémoires, Arrêts, &c. du Procès de Substitution de Bourdeille, entre le Comte de Bourdeille, le Comte de Jumilhac, le Comte de Sainte-Maure, & autres (imprimés :) *in-fol.*]

41471. ☞ Généalogie de *Bourdin*, par Jean LE LABOUREUR.

Dans ses Additions aux Mémoires de Castelnau, *tom. III.* Ed. de 1731, *pag.* 199.]

41472. ☞ Généalogie de *Bourdin*, en Picardie.

Dans la Recherche de la Noblesse de cette Province, au Supplément.]

41473. ☞ Généalogie de *Bourdon*.

Dans l'Etat de la Provence, par Robert.]

41474. ☞ Généalogie de du *Bourg*.

Dans le P. Simplicien, *tom. VI. pag.* 460.]

41475. ☞ Généalogie de du *Bourg*, en Champagne.

Dans la Recherche de la Noblesse de cette Province.]

41476. ☞ Généalogie de du *Bourg*, en Provence.

Dans l'Etat de cette Province, par Robert, & aux Additions.]

41477. ☞ Généalogie de *Bourgarel*.

Dans l'Etat de la Provence ; par Robert. = Dans l'Histoire de la Noblesse de Provence ; par Artefeuil, *tom. I. pag.* 174.]

41478. ☞ Généalogie de *Bourgeois*.

Dans la Rech. de la Nobl. de Champagne.]

41479. ☞ Généalogie de *Bourgevin*.

Dans les Reg. V. & VI. de l'Armor. de MM. d'Hozier.]

== Généalogie des *Ducs de Bourgogne*, depuis Robert de France.

Ci-devant, [Tome II. N.ᵒˢ 25283 & *suiv*.]

== Généalogie des *Ducs de Bourgogne*, depuis Philippe de France.

Ibid. [Tome II. N.ᵒˢ 25426 & *suiv*.]

41480. ☞ Généalogie de *Bourguignon*.

Dans l'Etat de la Provence ; par Robert. = Dans l'Histoire de la Noblesse de Provence ; par Artefeuil, *tom. I. pag.* 176, & *tom. II. pag.* 580.]

41481. ☞ Généalogie de *Bournel*.

Dans le Recueil des Maisons Nobles d'Amiens, par la Morlière, *pag.* 147, & dans les Remarques de Louvet, sur la Noblesse Beauvaisienne, *pag.* 213.]

41482. ☞ La même, augmentée.

Dans le Père Simplicien, *tom. VIII. pag.* 152.]

41483. ☞ Généalogies de *Bournonville*.

Dans la Recherche de la Noblesse de Picardie, & dans celle de Champagne.]

41484. Généalogie de la Maison de Bournonville ; par Pierre D'HOZIER : *Paris*, Martin, 1657, une Feuille, *in-fol*.

41485. Arbor genealogico historico de la Casa y Familia de los Duques de Bournonville ; por el Doctor Estevan CASELLES : *en Barcelona*, 1680, *in-fol*.

41486. ☞ Généalogie de la Maison de Bournonville.

Dans le Père Simplicien, *tom. V. pag.* 824.]

41487. Apologie d'Alexandre, Duc de Bournonville, Comte de Hennin Liétard : 1636, *in-*4.

41488. ☞ Défense apologétique pour Alexandre de Bournonville, contre Ambroise son frère, pour le Duché de Bournonville, &c. *in-fol.*]

41489. ☞ Généalogie de *Bousquet*.

Dans l'Etat de la Provence, par Robert.]

41490. ☞ Généalogie de *Boussicaud-le-Meingre*.

Dans le même Ouvrage.]

41491. ☞ Généalogie de *Boutechoux*.

Dans l'Hist. des Sires de Salins, *tom. II. pag.* 46.]

41492. ☞ Elogium Gentis Buthelleriæ (des *Bouthilliers*;) auctore Abele SAMMARTHANO (patre).

Cet Eloge est imprimé dans les Œuvres d'Abel de Sainte-Marthe : *Paris*, Valery, 1632, *in-*4.]

41493. Mf. Généalogie de la Maison des *Bouthilliers de Senlis*, Seigneurs de Chantilly ; par André DU CHESNE, en 1636, *in-fol*.

L'Original [étoit] dans le Cabinet de M. l'Abbé de Rothelin. Il y en a des Copies dans la Bibliothèque des Minimes de Paris, num. 70, dans celle de M. l'Abbé de Camps, [aujourd'hui de M. de Béringhen ;] & il y [en avoit aussi une] dans celle de M. l'Abbé de Caumartin, [mort Evêque de Blois en 1733.]

41494. ☞ Généalogie de *Boutillac*.

Dans la Recherche de la Noblesse de Champagne.]

41495. ☞ Généalogie de *Boutin*.

Dans l'Histoire de la Noblesse du Comtat, &c. par Pithon-Curt, *tom. I. pag.* 177, & *tom. IV. pag.* 611.]

41496. Mf. Histoire généalogique des Comtes de Chamilly de la Maison de *Bouton*, au Duché de Bourgogne, dans le Bailliage de Châlon, issue de celle de Jauche du Duché de Brabant, justifiée par divers Titres particuliers, d'Eglises, Tombeaux, Epitaphes, Registres du Parlement & de la Chambre des Comptes de Dijon, Histoires

Généalogies particulières des Familles.

imprimées, & autres bonnes preuves ; par Pierre PALLIOT, Parisien, Historiographe du Roi, & Généalogiste dudit Duché : *Dijon*, chez l'Auteur, & *Paris*, Hélie Joffet, 1671, *in-fol.* 336 pages.

Dans le même Volume se trouve :

Preuves de l'Histoire généalogique de la Maison de Bouton, &c.... par le même : *Dijon*, chez l'Auteur, 1665, *in-fol.* 212 pages, (y compris les Additions, & sans compter la Table des Matières).

Il se trouve à la Bibliothèque du Roi un Exemplaire de cet Ouvrage, chargé de Notes critiques de la main de Pierre d'Hozier, qui rejette comme fausse & ridicule la Descendance des Boutons de la Maison de Jauche en Brabant, observant que les Preuves fournies à Palliot au-dessus de 1350, lui ont été données par P. Albert de Launay, insigne faussaire, pendu à Tournay pour des fabrications de Titres. Mais quoi qu'il en soit de la remarque de Pierre d'Hozier, l'ancienneté de cette Maison est néanmoins respectable & illustre, suivant les Preuves authentiques que Palliot en a personnellement recueillies avec fidélité.

M. Beaucousin, Avocat au Parlement, demeurant à Paris, possède le Manuscrit original de Palliot, qui, avec quelques légers changemens dans le style, contient plusieurs Desseins, tant à la plume que lavés & enluminés, qui ne sont pas dans l'imprimé.

De plus, on trouve à la fin de ce Manuscrit des *Observations critiques* communiquées à l'Auteur sur sa Dédicace (à M. le Comte de Chamilly,) & sur sa Préface, avec une *Réponse* de sa part, le tout contenant neuf pages *in-fol.* La Réponse de Palliot est précédée par ces Vers, dont la naïveté ne déplaît pas :

> Critique injuste & trop sévère,
> Modérez un peu votre ardeur ;
> Votre censure est sans pudeur :
> Quelque passion vous altère.
> Vous blasmez ce qu'il ne faut pas :
> Rose, Bouton, Graces, Appas,
> Tout vous desplaît, tout vous chagrine.
> Ne me tenez point pour suspect ;
> Ce Bouton n'est pas sans espine ;
> N'y touchez plus qu'avec respect.

Le bon Palliot aimoit fort à jouer sur le mot de *Boutons*, & l'on voit, par son Manuscrit, qu'il avoit d'abord intitulé son Ouvrage, *Les Boutons épanouis* ; il n'a pas voulu perdre cette pensée, qui se trouve dans sa Dédicace.]

41497. ☞ Généalogie de la Maison de Bouton.

Elle est imprimée dans le Père Simplicien, *tom. VII. pag.* 640.
Voyez encore ci-après, à *Chamilly.*]

41498. ☞ Généalogie de *Bouvard*.
Dans le même Ouvrage, *tom. I. pag.* 175.]

41499. ☞ Généalogie de *Bouvens*, en Bugey.
Dans l'Histoire de Bresse & Bugey, par Guichenon : *Contin. de la Part. III. pag.* 49.]

41500. ☞ Généalogie de *Bouvier*, en Orléanois.
Dans le Registre V. de l'Armorial de MM. d'Hozier.]

41501. ☞ Généalogie de *Bouzet*.
Dans l'Histoire de la Maison de Faudoas, *pag.* 197 & 223.]

Tome III.

41502. ☞ Généalogie de *Bouzonville*.
Dans la Recherche de la Noblesse de Champagne.]

41503. ☞ Généalogie de *Boy*.
Dans le même Recueil.]

41504. ☞ Généalogie de *Boyau*.
Dans l'Histoire de Berry ; par la de la Thaumassière ; *pag.* 1024.]

41505. ☞ Généalogie de la Maison de *Boyer*.
Dans l'Etat de la Provence, par Robert. = Dans Maynier. = Dans l'Histoire de la Noblesse de Provence, par Artefeuil, *tom. I. pag.* 180.]

41506. ☞ Généalogie de du *Boys*.
Dans l'Histoire de Bresse, par Guichenon : *Part. III. pag.* 76.]

== Généalogie des Ducs de *Brabant*, depuis l'an 1406.
Ci-dessus, [N.ºs 39468 & *suiv.*]

41507. ☞ Généalogie de la Famille de *Brabant*, en Champagne.
Dans la Recherche de la Noblesse de cette Province.]

41508. ☞ Généalogie de *Brachet*.
Dans les Conseillers de Blanchard, *pag.* 66.]

41509. Discours généalogique, Origine & Généalogie de la Maison de *Brágelogne* : *Paris*, 1689, *in-12*.
Pierre DE BRAGELOGNE, Président au Parlement de Paris, est l'Auteur de ce Discours.

41510. ☞ Généalogie de *Brancas*.
Dans la Naples Françoise, par l'Hermite Souliers, *pag.* 62.]

41511. ☞ La même.*
Dans l'Etat de la Provence ; par Robert.]

41512. ☞ La même, plus exacte.
Dans l'Histoire de la Noblesse du Comtat, &c. par Pithon-Curt, *tom. I. pag.* 194, & *tom. IV. p.* 611.]

41513. ☞ Généalogie de la Maison de Brancas.
Dans le Père Simplicien, *tom. V. pag.* 277.]

41514. ☞ Généalogie de la Maison de Brancas.
Dans l'Histoire de la Noblesse de Provence, par Artefeuil, *tom. I. pag.* 186.]

41515. ☞ Généalogie de *Brancion*.
Dans l'Histoire des Sires de Salins, *tom. I. p.* 254.]

41516. ☞ La même.
Dans les Mémoires historiques sur Poligny, *tom. II. pag.* 296.]

41517. Observations sur les Titres de la Maison de Braque : *Paris*, Guillery, 1685, *in-4*.

☞ Le vrai titre de cet Ouvrage est :

Extraits des Titres qui sont demeurés ès mains de M. de *Braque*, Chevalier, Comte de Loches, Seigneur de Piscop, &c. Chef du Conseil & Surintendant de la Maison de feue S. A. R. Madame Douairière, Duchesse d'Orléans ; avec un petit Discours préliminaire intitulé : Observations sur les Titres de la Maison de Braque : *Paris*, Guillery, 1685, *in-4*.]

41518. ☞ Généalogie de la Maison de Braque, à Paris, en Normandie, Touraine, &c.

Dans le Registre III. de l'Armorial de MM. d'Hozier.]

41519. ☞ Généalogie de la Maison de *Braquemont*.

Dans le P. Simplicien, *tom. VII. pag.* 817.]

41520. ☞ Généalogie des de *Braffier*.

Dans l'Histoire de la Noblesse du Comtat, &c. par Pithon-Curt, *pag.* 185.]

41521. ☞ Généalogie de *Braux*.

Dans la Recherche de la Noblesse de Champagne.]

41522. Mf. Histoire de la Maison de *Breauté* ; par Pierre D'HOZIER, Gentilhomme de la Maison du Roi.

Gilles-André de la Roque, *pag.* 1969, du *tom. II*. des Preuves de son Histoire généalogique de la Maison d'Harcourt, en rapporte un Fragment.

41523. ☞ Généalogie de *Breda*, à Paris & dans l'Isle de France.

Dans le Reg. II. de l'Armor. de MM. d'Hozier.]

41524. Historia genealogica *Brederodiorum*; auctore Petro Cornelissonio BROCKENBERGIO : *Lugd. Batav.* 1587, *in-8*.

41525. Origines, Progrès & Gestes mémorables des Seigneurs de Brederode ; par Paul VOET ; traduit du Flamand en François, par B. Pailhat : *Amsterdam*, 1663, *in-4*.

41526. ☞ Généalogie de *Brehant*.

Dans l'Histoire de la Maison de Savonières, par Trincant, *pag.* 109.]

41527. ☞ Généalogie de du *Breil*.

Dans l'Histoire généal. de Bretagne, par du Paz, *pag.* 768.]

41528. ☞ Généalogie de *Bresdoul*.

Dans la Recherche de la Noblesse de Picardie.]

41529. ☞ Généalogie de *Breslay*, en Anjou.

Dans les Remarques de l'Abbé Ménage, sur la Vie de Pierre Ayrault, &c. *pag.* 472.]

41530. ☞ Généalogie de *Bressoles*.

Dans l'Histoire de Berry ; par de la Thaumassière, *pag.* 843.]

41531. ☞ Généalogie des Rois & Ducs de *Bretagne*; par Albert LE GRAND, de Morlaix, de l'Ordre des Frères Prêcheurs.

Cette Généalogie est imprimée avec ses Vies des Saints de Bretagne : *Nantes*, 1637, *in-4*.

41532. Mf. Genealogia Comitum & Ducum *Britanniæ*, à Conano usque ad Franciscum Ducem, qui in Ducatum successit anno 1458.

Du Chesne cite cette Généalogie, *pag.* 183, de son Plan des Historiens de France.

41533. Dessein & Projet de l'Histoire généalogique des Rois, Ducs, Comtes & Princes de Bretagne ; par Guy AUTRET, Chevalier des Ordres du Roi, Sieur de Missirien : 1642, *in-4*.

☞ Ce Projet n'a pas eu de suite, & l'Auteur ne s'en seroit pas acquitté aussi-bien que l'ont fait les deux Ecrivains qui suivent.]

41534. Généalogie des Ducs de Bretagne ; par Guy LOBINEAU, Religieux Bénédictin.

Cette Généalogie est imprimée au Tome I. de son Histoire de Bretagne : *Paris*, 1707, *in-fol*.

41535. Généalogie des Ducs de Bretagne, depuis Pierre de Dreux.

Ci-devant, [Tome II. N°s 25,310 & *suiv*.]

41536. ☞ Histoire généalogique des anciens Comtes de Bretagne.

Elle est imprimée dans le P. Simplicien, *tom. III. pag.* 45.]

41537. ☞ Généalogie de *Bretel*.

Dans la Recherche de la Noblesse de Champagne.]

41538. ☞ Généalogie de Le *Breton*.

Dans l'Hist. de la Nobl. de Touraine, par Souliers, *pag.* 368.]

41539. ☞ Généalogie de Le Breton, anciennement Envrich, en Touraine & à Paris.

Dans le Registre II. de l'Armorial général de MM. d'Hozier.]

41540. ☞ Généalogie de La *Bretonnière*.

Dans le Père Simplicien, *tom. VIII. pag.* 905.]

41541. ☞ Généalogie de la Maison de *Bretteville*.]

41542. ☞ Généalogie de du *Breuil*, dans la Marche & en Bourbonnois.

Dans le Registre V. de l'Armorial général de MM. d'Hozier.]

41543. ☞ Généalogie de du *Breuil*, en Touraine.

Dans l'Histoire de la Noblesse de ce Pays, par Souliers, *pag.* 209.]

41544. ☞ Généalogie de du *Breuil de Bost*.

Dans l'Histoire de Berry, par de la Thaumassière, *pag.* 1027.]

41545. ☞ Généalogie de du *Breuil de l'Isle*, en Bugey.

Dans l'Histoire de Bresse & Bugey, par Guichenon : Contin. de la Part. III. *pag.* 54.]

41546. ☞ Mf. Généalogie de la Maison de *Brezé*.

Dans le Père Simplicien, *tom. VIII. pag.* 269.]

41547. ☞ Généalogie de *Bricard*.

Dans l'Etat de la Provence, par Robert.]

41548. ☞ Généalogie des Seigneurs de *Brichanteau*.

Dans le P. Simplicien, *tom. VII. pag.* 888.

On la trouve aussi, (mais moins ample,) dans l'Histoire de Berry, par de la Thaumassière, *pag.* 724.]

Généalogies particulières des Familles. 757

41549. Histoire généalogique de la Maison des *Briçonnet*, représentant les plus héroïques actions des Personnages d'icelle ; par Guy Bretonneau, Chanoine de S. Laurent de Plancy : *Paris*, Daumale, 1621, *in-4*.

41550. ☞ Généalogie de *Briçonnet*.
Elle est imprimée dans le P. Simplicien, *tom. VI. pag.* 427.]

41551. ☞ Généalogie de *Bridiers*.
Dans l'Histoire de Berry, par de la Thaumassière, *pag.* 848.]

41552. ☞ Généalogie de *Bridieu*, en Limosin.
Dans les Mémoires de l'Abbé de Marolles, *in-fol. pag.* 397.]

41553. ☞ Généalogie de *Bridot*.
Dans la Rech. de la Noblesse de Champagne.]

== Généalogie des Comtes de *Brie* & de Champagne ; par Pierre Pithou.
Ci-dessus, [N.ᵒˢ 34215 & *suiv.*]

== Généalogie des mêmes ; par Jean le Royer.
Elle est imprimée avec la Vie de S. Thibault : *Provins*, 1679, *in-*12.

41554. Généalogie de la Maison de *Brie* (d'Anjou,) entrée en celle des Sires de Serrant, par Pascal de Fauz-Robin, Gentilhomme Angevin.
Cette Généalogie est imprimée avec son *Discours sur l'Antiquité du Pays d'Anjou* : *Paris*, 1582, *in-*8.

== Sommaire de la même Généalogie.
Dans les Remarques de l'Abbé Ménage, sur la Vie de Pierre Ayrault, &c. *pag.* 307, [& aux Additions, *pag.* 504.]

41555. ☞ Généalogie de la Famille de *Brie*, en Champagne.
Dans la Rech. de la Noblesse de cette Province.]

41556. ☞ Généalogie de *Brie de la Bochardière*.
Dans l'Histoire de Bresse ; par Guichenon, *pag.* 79.]

41557. ☞ Généalogie de la Maison de *Brienne*.
Dans le Père Simplicien, *tom. VI. pag.* 126.]

41558. ☞ Généalogie de *Briet*.
Dans la Recherche de la Noblesse de Picardie, & au Supplément.]

41559. ☞ Généalogie de *Brillet*, en Bretagne & en Anjou.
Dans le Reg. III. de l'Armorial de MM. d'Hozier.]

41560. ★ Généalogie de *Brinon* ; par du Rosset : *Paris*, 1657, *in-fol.*

41561. ☞ Généalogie de *Briord*, en Bugey.
Dans l'Histoire de Bresse & Bugey, par Guichenon : *Contin. de la Part. III. pag.* 59.]

41562. ☞ Supplément à la même.
Dans les Mazures de l'Isle-Barbe, par Cl. le Laboureur, *tom. II. pag.* 256.]

41563. ☞ Généalogie de *Briquemault*.
Dans la Recherche de la Noblesse de Champagne.]

41564. ☞ Généalogie de la Maison de *Briqueville*, en Normandie.
Dans le Reg. II. de l'Armor. de MM. d'Hozier.]

41565. ☞ Généalogie de *Briseur*.
Dans la Rech. de la Nobl. de Champagne.]

41566. ☞ Généalogie de *Britaut*.
Dans le Père Simplicien, *tom. VIII. pag.* 605.]

41567. ☞ Généalogie de *Broc*.
Dans l'Histoire de la Maison de Savonières, par Trincant, *pag.* 112.]

41568. ☞ Généalogie de *Brodeau*.
Dans l'Histoire de la Noblesse de Touraine, par Souliers, *pag.* 119.]

41569. ☞ Généalogie de *Broé*.
Dans les Conseillers de Blanchard, *pag.* 109.]

41570. Ms. Généalogie de la Maison de *Broglia*.
Dans l'Histoire de la Noblesse de Provence ; par Artefeuil, *tom. I. pag.* 193.]

41571. ☞ Généalogie de la Maison de *Broglio*.
Dans le P. Simplicien, *tom. VII. pag.* 686.]

41572. ☞ Généalogie de *Brossard*, en Normandie.
Dans l'Histoire des Maisons Nobles de cette Province, par la Roque.]

41573. ☞ Généalogie de Brossard, en Picardie.
Dans la Rech. de la Noblesse de cette Province.]

41574. ☞ Tableau généalogique & historique de la Maison de *Brossard*; par Jacques du Frementel, Prêtre, Chanoine & Prévôt d'Anjou, en l'Eglise de S. Martin de Tours, &c. 1765, *in-*4.

41575. ☞ Généalogie des de *Brosse*.
Dans l'Histoire de Berry, par de la Thaumassière, *pag.* 650.]

41576. ☞ Généalogie des Seigneurs de *Brosse*.
Elle est imprimée dans le Père Simplicien, *tom. V. pag.* 568.]

41577. ☞ Généalogie des de *Brosse de Sainte-Sevère* ; par Jean le Laboureur.
Dans ses Additions aux Mémoires de Castelnau, *tom. III.* Edition de 1731, *pag.* 258.]

41578. ☞ Généalogie de la *Brosse*.
Dans le P. Simplicien, *tom. IV. pag.* 801.]

41579. ☞ Généalogie de *Brossin*.
Dans l'Hist. de la Nobl. de Touraine, par Souliers, *pag.* 109.]

41580. Histoire généalogique de *Broye* & de Châteauvilain ; par André du Chesne.
Elle est imprimée avec son Histoire de la Maison de Dreux : *Paris*, 1632, *in fol.*

41581. ☞ Généalogie des Seigneurs de Broye & de Châteauvilain.

Dans le Père Simplicien, *tom. II. pag.* 338.]

41582. ☞ Généalogie de la Famille de *Broyes.*

Dans la Recherche de la Noblesse de Picardie, au Supplément.]

41583. ☞ Généalogie des de *Bruet*, en Agénois.

Dans le Regist. II. de l'Armor. de MM. d'Hozier.]

41584. ☞ Généalogie des de *Brueys*, en Languedoc.

Dans le Registre V. du même Ouvrage.]

41585. ☞ Généalogies de *Brulart*.

Dans la Recherche de la Noblesse de Champagne. = Dans l'Histoire des Secrétaires d'Etat, par du Toc, *pag.* 152 & 206. = Dans les Présidens de Blanchard, *pag.* 359.

41586. ☞ Mf. Extrait de la Généalogie des Brulart : *in-*4. de 8 pages.

Il est conservé dans la Bibliothèque de M. Fevret de Fontette.]

41587. ☞ Généalogie de Brulart.

Elle est imprimée dans le Père Simplicien, *tom. VI. pag.* 625.]

41588. ☞ Généalogie des de *Brun*, en Franche-Comté.

Dans les Mémoires historiques sur Poligny, *tom. II. pag.* 300.]

41589. ☞ Généalogie des de *Brun*, en Provence.

Dans l'Histoire de la Noblesse de cette Province, par Artefeuil, *tom. I. pag.* 195.]

41590. ☞ Généalogie de *Brun de Castellane*.

Dans l'Etat de la Provence, par Robert.]

41591. ☞ Généalogie de *Brunaulieu*.

Dans les Remarques de Louvet, sur la Noblesse Beauvaisienne, *pag.* 253.]

41592. ☞ Généalogie de *Brune*.

Dans la Recherche de la Noblesse de Champagne.]

41593. ☞ Généalogie des de *Brunes de Montlouet*, en Bretagne.

Dans le Registre V. de l'Armorial de MM. d'Hozier.]

41594. ☞ Généalogie de *Brunelli*.

Dans l'Histoire de la Noblesse du Comtat, &c. par Pithon-Curt, *tom. I. pag.* 191.]

41595. ☞ Généalogie de *Brunet*.

Dans l'Etat de la Provence, par Robert. = Dans l'Hist. de la Nobl. de Provence, par Artefeuil, *tom. I. pag.* 199.]

41596. ☞ Généalogie de *Bruni*.

Dans l'Histoire de la Noblesse du Comtat, &c. par Pithon-Curt, *tom. IV. pag.* 409.]

41597. ☞ Généalogie de la *Bruyère*.

Dans la Recherche de la Noblesse de Champagne.]

41598. ☞ Généalogie de *Bruyset*, en Bugey.

Dans l'Histoire de Bresse & Bugey, par Guichenon : Contin. de la Part. III. *pag.* 43.]

41599. ☞ Généalogie de *Bry*.

Dans la Recherche de la Noblesse de Picardie, au Supplément.]

41600. ☞ Généalogie de *Buade*.

Dans l'Hist. de la Nobl. de Touraine, par Souliers, *pag.* 123.]

41601. ☞ Généalogie de *Buchepot*.

Dans l'Histoire de Berry, par de la Thaumassière, *pag.* 618.]

41602. ☞ Généalogie de *Bucy*.

Dans la Recherche de la Noblesse de Picardie.]

41603. Mf. Généalogie de *Budé*.

Dans les Généalogies des Maîtres des Requêtes, *pag.* 167.]

41604. ☞ Généalogie de Budé, en Champagne.

Dans la Recherche de la Noblesse de cette Province.]

41605. Histoire généalogique de la Maison des *Budes*, avec les Eloges de ceux qui en sont issus, où sont traités par occasion beaucoup de Familles illustres qui y sont alliées, ou qui en sont descendues par Femmes, curieusement recherchée & justifiée par Titres, Histoires & Preuves authentiques ; par Jean LE LABOUREUR : *Paris,* 1656, *in-fol.*

Cette Histoire est jointe à la Vie du Maréchal de Guébriant, par le même.]

41606. ☞ Généalogie de la Maison de Budes.

Elle est imprimée dans le Père Simplicien, *tom. VII. pag.* 523.]

41607. ☞ Généalogie de *Bueil*.

Dans le même, *tom. VI. pag.* 148.]

41608. ☞ Généalogie de *Bueil de Sancerre*.

Dans l'Hist. de la Nobl. de Touraine, par Souliers, *p.* 105. = Dans l'Hist. de Berry, par de la Thaumassière, *pag.* 436.]

41609. ☞ Généalogie de *Buene*.

Dans l'Histoire de Bresse, par Guichenon : Part. III. *pag.* 80.]

41610. ☞ Généalogie de *Buffevant*.

Dans l'Histoire de Berry, par de la Thaumassière, *pag.* 1139.]

41611. ☞ Généalogie de *Buigny*.

Dans la Rech. de la Nobl. de Picardie.]

41612. ☞ Généalogie de *Buiffy*, en Artois & en Picardie.

Dans le Regist. V. de l'Armor. de MM. d'Hozier.]

41613. ☞ Généalogie de *Bullion* & *Bullioud*.

Dans l'Histoire de Bresse, par Guichenon : Part. III. *pag.* 82.]

Généalogies particulières des Familles. 759

41614. ☞ Généalogie de *Bureau*.

Dans l'Histoire de Charles VII. par Godefroy, 1661, *pag.* 877.]

41615. ☞ La même, augmentée.

Dans le P. Simplicien, *tom. VIII. pag.* 136.]

41616. ☞ Généalogie de *Bures*.

Dans la Recherche de la Noblesse de Picardie, au Supplément.]

41617. ☞ Généalogie de *Burges*.

Dans l'Hist. de Bresse, par Guichenon : *Part. III. pag.* 84.]

41618. ☞ Généalogie de *Burle*.

Dans l'Etat de la Provence, par Robert, & aux Additions. = Dans l'Hist. de la Nobl. de Provence, par Artefeuil, *tom. I. pag.* 202.]

41619. ☞ Généalogie de *Burrel*.

Dans la Recherche de la Noblesse de Champagne.]

41620. ☞ Généalogie de *Bus*, en Picardie.

Dans la Rech. de la Nobl. de cette Province.]

41621. ☞ Généalogie de Bus, à Avignon, &c.

Dans l'Histoire de la Noblesse du Comtat, &c. par Pithon-Curt, *tom. I. pag.* 218.]

41622. ☞ Généalogie de *Busserade*.

Dans le P. Simplicien, *tom. VIII. pag.* 174.]

41623. ☞ Généalogie de *Bussy d'Erya*, en Bugey.

Dans l'Histoire de Bresse & Bugey, par Guichenon : Contin. de la Part. III. pag. 64.]

41624. ☞ Généalogie de *Bussy d'Oigny*.

Dans la Recherche de la Noblesse de Champagne.]

41625. ☞ Généalogie de *Butor*.

Dans la Recherche de la Noblesse de la même Province.]

C

41626. ☞ Généalogie de *Cabanes*.

Dans l'Etat de la Provence, par Robert, & aux Additions. = Dans l'Histoire de la Noblesse de Provence, par Artefeuil, *tom. I. pag.* 205.]

41627. ☞ Généalogie de *Cabassole*.

Dans l'Histoire de la Noblesse du Comtat, &c. par Pithon-Curt, *tom. I. pag.* 226.]

41628. ☞ Généalogie de *Caboche*.

Dans la Recherche de la Noblesse de Picardie, & au Supplément.]

41629. ☞ Généalogie de *Cabre*.

Dans l'Etat de la Provence, par Robert. = Dans l'Histoire de la Noblesse de Provence, par Artefeuil, *tom. I. pag.* 107.]

41630. ☞ Généalogie de *Cacheleu*.

Dans la Recherche de la Noblesse de Picardie, & au Supplément.]

41631. ☞ Généalogie de *Cadenet*, en Bresse.

Dans l'Histoire de cette Province, par Guichenon : *Part. III. pag.* 85.]

41632. ☞ Généalogie de *Cadenet*, en Provence.

Dans l'Etat de cette Province, par Robert. = Dans l'Histoire de la Noblesse de Provence, par Artefeuil, *tom. I. pag.* 210.]

41633. ☞ Généalogie de *Cahier*.

Dans la Rech. de la Nobl. de Champagne.]

41634. ☞ Généalogie de *Caignet*.

Dans la Recherche de la Noblesse de Picardie.]

41635. ☞ Généalogie de *Cajot*.

Dans l'Histoire de Bresse, par Guichenon : *Part. III. pag.* 88.]

41636. ☞ Généalogie de *Calabre*, en Champagne & à Paris.

Dans le Reg. V. de l'Armor. de MM. d'Hozier.]

41637. ☞ Généalogie de *Calonne*.

Dans la Recherche de la Noblesse de Picardie, & au Supplément.]

41638. ☞ Généalogie de *Calvière*.

Dans l'Histoire de la Noblesse du Comtat, &c. par Pithon-Curt, *tom. IV. pag.* 418 & 651.]

41639. ☞ Généalogie de la Maison de *Calvisson*.

Elle se trouve dans un Mémoire du Marquis de Calvisson, contre le Marquis de Sade : *in-fol.*]

41640. ☞ Généalogie de *Cambe*.

Dans l'Etat de la Provence, par Robert.]

41641. ☞ Généalogie de le *Cambier*.

Dans la Recherche de la Noblesse de Picardie.]

41642. ☞ Généalogie de *Cambis*.

Dans l'Histoire de la Noblesse du Comtat, &c. par Pithon-Curt, *tom. I. pag.* 137, & *tom. IV. pag.* 613.]

41643. ☞ Généalogie de la Maison de *Cambout*.

Elle est imprimée dans le Père Simplicien, *tom. IV. pag.* 801.]

41644. ☞ Généalogie de *Cambray*, en Berry.

Dans l'Histoire de cette Province, par de la Thaumassière, *pag.* 1041.]

41645. ☞ Généalogie de *Cambray*, en Picardie.

Dans la Recherche de la Noblesse de cette Province.]

41646. ☞ Généalogie de *Cambray*, en Provence.

Dans l'Histoire de sa Noblesse, par Artefeuil, *tom.II. pag.* 547.]

41647. ☞ Généalogie de *Camoisson*.

41648. ☞ Généalogie de *Campagne*.

41649. ☞ Généalogie de *Campe*.

Ces trois Généalogies se trouvent dans la Recherche de la Noblesse de Picardie.]

41650. ☞ Ms. Généalogie de la Famille de l'Abbé de *Camps*.

Elle étoit dans la Bibliothèque de l'Abbé Goujet, Chanoine de S. Jacques de l'Hôpital, qui a passé à M. le

Duc de Charoſt; & elle ſe trouve en Original dans celle de M. de Béringhen, qui a eu les Manuſcrits de M. l'Abbé de Camps.]

41651. ☞ Généalogie de Le *Camus*.

Dans l'Etat de la Provence, par Robert.]

41652. ☞ Généalogie de *Cancer*.

Dans la Recherche de la Nobleſſe de Picardie.]

41653. Mſ. Chronique de l'illuſtre Maiſon de *Candale*.

Elle eſt conſervée entre les Manuſcrits de M. Dupuy, num. 655.

— Généalogie de cette Maiſon.

Ci-après, à *Lomagne*.

41654. ☞ Généalogie de *Candie*.

Dans l'Hiſtoire de Breſſe, par Guichenon : *Part. III.* pag. 89.]

41655. ☞ Généalogie de la Maiſon de *Candolle*.

Dans l'Etat de la Provence, par Robert. = Dans l'Hiſtoire de la Nobleſſe de Provence, par Artefeuil, *tom. I.* pag. 216.]

41656. ☞ Généalogie de *Canneſſon*.

Dans la Recherche de la Nobleſſe de Picardie.]

41657. ☞ Généalogie de *Capelli*.

Dans l'Hiſtoire de la Nobleſſe du Comtat, &c. par Pithon-Curt, *tom. I.* pag. 150.]

41658. ☞ Généalogie des *Cappel*.

Elle ſe trouve dans les *Singularités hiſtoriques* de Dom Liron, *tom. III.* pag. 445, à l'Article qui a pour titre : » Supplément de l'Hiſtoire de la Maiſon des Cappels, » écrite autrefois par Louis Cappel, &c.]

41659. ☞ Généalogie de *Cappy*, en Champagne.

Dans le Reg. V. de l'Armor. de MM. d'Hozier.]

41660. ☞ Généalogie de la Maiſon de *Capris*.

Dans l'Hiſtoire de la Nobleſſe de Provence, par Artefeuil, *tom. I.* pag. 221, & *tom. II.* pag. 581.]

41661. ☞ Généalogie de *Caradet*.

Dans l'Etat de la Provence, par Robert.]

41662. ☞ Généalogie de *Carbonnel*.

Dans la Recherche de la Nobleſſe de Picardie, au Supplément.]

41663. Mſ. Vies des Comtes de *Carcès*.

Ces Vies [étoient] conſervées [à Aix,] dans la Bibliothèque de M. de Gauffridi, Avocat-Général du Parlement de Provence.

41664. Généalogie de la Maiſon de *Cardaillac*, [Comtes de Bioule, de Saint-Cirq, de la Capelle-Marival, de Thémines, &c. juſtifiée par Chartes & Titres :] *Paris*, Martin, 1654, *in-fol.*

C'eſt l'Ouvrage du Marquis DE LA CHAPELLE, cadet de cette Maiſon : il ne contient qu'un Abrégé de ce qu'il avoit promis.

41665. ☞ Généalogie de la même.

Dans l'Hiſtoire de Faudoas, par Sequainville, 1688, pag. 32.]

41666. ☞ Généalogie de *Cardebas*.

Dans l'Hiſtoire de la Nobleſſe du Comtat, &c. par Pithon-Curt, *tom. I.* pag. 263.]

41667. ☞ Généalogie de *Carendeffez*.

Dans la Recherche de la Nobleſſe de Champagne.]

41668. ☞ Généalogie de *Carion*.

Dans l'Hiſtoire de Breſſe, par Guichenon : *Part. III.* pag. 91.]

41669. ☞ Généalogie de *Caritat* de Condorcet.

Dans l'Hiſtoire de la Nobleſſe du Comtat, &c. par Pithon-Curt, *tom. I.* pag. 272, & *tom. IV.* pag. 616.]

41670. ☞ Généalogie de le *Carlier*.

Dans la Rech. de la Nobl. de Picardie.]

41671. ☞ Généalogie de le Carlier, en Cambréſis & en Picardie.

Dans le Reg. V. de l'Armor. de MM. d'Hozier.]

41672. ☞ Généalogie de Le *Caron*.

Dans la Recherche de la Nobleſſe de Picardie.]

41673. ☞ Généalogie de *Carondelet*.

Dans le Nobiliaire de la Franche-Comté, ou Tome III. de Dunod, pag. 159.]

41674. ☞ Autre, de la même Famille.

Dans les Mémoires hiſtoriques ſur Poligny, *tom. II.* pag. 305.]

41675. ☞ Généalogie de *Carpentin*.

Dans la Rech. de la Nobl. de Picardie.]

41676. ☞ Sommaire du Factum Latin de Nicolas Cevoli, Marquis del Carretto, Patricien Romain, naturaliſé François, (contenant un Abrégé de la Généalogie des Carretto :) *in-4.*]

41677. ☞ Généalogie de la Maiſon de Carretto.

Elle eſt imprimée dans le Père Simplicien, *tom. II.* pag. 49.]

41678. ☞ Généalogie de *Carrion*, en Languedoc.

Dans le Regiſt. II. de l'Armor. de MM. d'Hozier.]

41679. ☞ Généalogie de *Carron*, en Bugey.

Dans l'Hiſt. de Breſſe, &c. par Guichenon : *Contin. de la Part. III.* pag. 69.]

41680. ☞ Généalogie de *Carvoiſin*.

Dans les Remarques de Louvet ſur la Nobleſſe Beauvaiſienne, pag. 284.]

41681. ☞ Généalogie de *Caſenove*.

Dans les Corſes François, par Souliers, pag. 158.]

41682. ☞ Généalogie de *Caſtelan*.

Dans l'Hiſtoire de la Nobleſſe de Provence, par Artefeuil, *tom. I.* pag. 239.]

41683. ☞ Généalogie de la Maiſon de *Caſtellane*.

Dans le même Volume, pag. 226.]

41684. Mſ. Extrait des Mémoires pour la Généalogie

Généalogies particulières des Familles.

Généalogie de la Maison de *Castellane*, recueillis par Charles DE CASTELLANE, Seigneur d'Auzat & de Greasque : *in-fol.*

Cet Auteur est mort en 1716. Son Extrait [étoit] à Aix dans la Bibliothèque de M. Thomassin de Mazaugues, [qui fait aujourd'hui partie de celle de la Ville de Carpentras.] Ce n'est que l'Abrégé d'un plus grand Ouvrage que l'Auteur avoit projetté sur la Généalogie de sa Famille, qui, avec les Preuves, devoit faire un Volume *in-fol.* Ses Mémoires sont restés au pouvoir de sa Veuve. L'Abrégé est bien fait & bien écrit.

41685. Histoire généalogique de la Maison de *Castelnau*, & de plusieurs Familles alliées à cette Maison ; par Jean LE LABOUREUR.

Cette Histoire est imprimée dans ses Additions aux Mémoires de Castelnau, tom. *II.* Paris, 1659, *in-fol.*

☞ Souliers a donné une Généalogie de Castelnau, *pag.* 175 de son Histoire de la Noblesse de Touraine.]

41686. ☞ Généalogie de la même Maison.

Dans le P. Simplicien, tom. *VII.* pag. 586.]

41687. ☞ Généalogie de Castelnau-Clermont-Lodève.

Dans le même, tom. *I.* pag. 468.]

41688. ☞ Généalogie de *Castillon*, en Condomois.

Dans le Reg. IV. de l'Armorial de MM. d'Hozier.]

41689. ☞ Généalogie de *Castillon*, en Provence.

Dans l'Etat de cette Province, par Robert. = Dans l'Histoire de sa Noblesse, par Artefeuil, tom. *I.* p. 241.]

41690. ☞ Généalogie de *Cassinel*.

Dans le P. Simplicien, tom. *II.* pag. 39.]

41691. ☞ Généalogie de *Castres-de-Vaux*.

Dans la Recherche de la Noblesse de Champagne.]

41692. ☞ Généalogie de le *Cat*.

Dans les Remarques de Louvet, sur la Noblesse Beauvaisienne, *pag.* 286.]

41693. ☞ Généalogie de *Catinat*.

Dans le P. Simplicien, tom. *VII.* pag. 636.]

41694. Généalogie de la Maison des *Cavaillons*; par DE CAVAILLON de Melijac : *in-8.*]

41695. ☞ Généalogie de Cavaillon.

Dans l'Histoire de la Noblesse du Comtat, &c. par Pithon-Curt, tom. *I.* pag. 289, & *IV.* pag. 617.]

41696. ☞ Généalogie de *Cavalier*.

Dans la Rech. de la Nobl. de Picardie.]

41697. ☞ Généalogie de *Cauchon*.

Dans la Recherche de la Noblesse de Champagne.]

41698. ☞ Généalogie de *Caulaincourt*.

Dans la Recherche de la Noblesse de Picardie.]

41699. ☞ Généalogie de la Maison de *Caumont*, (ou de la *Force*.)

Dans le Père Simplicien, tom. *IV.* pag. 467.]

41700. ☞ Généalogie de Bertrand de *Caumont de Beauvillard*, qui prouve qu'il est héritier du Duc de la Force : *Paris*, d'Houry, 1757, *in*-4.]

41701. ☞ Généalogie de *Caumont de Mutry*.

Dans la Rech. de la Nobl. de Champagne.]

41702. ☞ Généalogie de du *Cauroy*.

Dans les Remarques de Louvet, sur la Noblesse Beauvaisienne, *pag.* 295.]

41703. ☞ Généalogie de *Caury*.

Dans la Recherche de la Noblesse de Picardie.]

41704. ☞ Généalogie de la Maison du *Caylar*.

Dans le P. Simplicien, tom. *VII.* pag. 482.]

41705. ☞ Généalogie de Caylar, en Provence & Languedoc.

Dans le Registre VI. de l'Armor. de MM. d'Hozier.]

41706. ☞ Généalogie de la Maison de *Cays*.

Dans l'Etat de la Provence, par Robert. = Dans l'Histoire de la Noblesse de Provence, par Artefeuil, tom. *I.* pag. 244.]

41707. ☞ Généalogie de la Maison de *Caze*.

Dans le même Volume d'Artefeuil, *pag.* 246.]

41708. ☞ Généalogie de Caze, en Languedoc & Provence, & à Paris.

Dans le Reg. V. de l'Armor. de MM. d'Hozier.]

41709. ☞ Généalogie de *Cecile*, en Franche-Comté.

Dans les Mémoires historiques sur Poligny, tom. *II.* pag. 311.]

41710. ☞ Généalogie de la *Cepede*.

Dans l'Histoire de la Noblesse du Comtat, &c. par Pithon-Curt, tom. *I.* pag. 305.]

41711. ☞ Généalogie de *Ceps*.

Dans le même Ouvrage, tom. *I.* pag. 310, & *IV.* pag. 618.]

41712. ☞ Généalogie de le *Cerf*.

Dans la Recherche de la Noblesse de Champagne.]

41713. ☞ Généalogie de *Chabanes*, en Berry.

Dans l'Histoire de cette Province, par de la Thaumassière, *pag.* 758.]

41714. ☞ Généalogie de la Maison de *Chabannes*.

Dans le P. Simplicien, tom. *VII.* pag. 130.]

41715. ☞ Mémoires sur la Maison de Chabannes : *Paris*, Guérin, 1759, *in*-8. de 142 pages.

Ce Mémoire est partagé en deux Parties. Dans la première, on détaille la filiation suivie & non interrompue de la Maison depuis Equivat de Chabannes, en 1170, jusqu'à Robert de Chabannes, père des deux Grands-Maîtres de France, & tué à la Journée d'Azincourt en 1415. La seconde Partie contient un abrégé de la Vie du Maréchal de Chabannes, tué à la Bataille de Pavie en 1524.]

41716. ☞ Mémoire sur la Maison de Chabannes : 1759, in-8. de 22 pages.

On n'examine qu'un point dans ce second Mémoire, à sçavoir si les Seigneurs de Chabannes qui subsistent encore dans les Branches de Curton, de Saignes, du Verger & de Pieussac, sont de la même Maison que les anciens Comtes de Bigorre, du même nom de Chabannes.

Voyez les Mém. de Trévoux, 1759, Juin, p. 1396-1424.]

41717. ☞ Généalogie de *Chabenat.*

Dans l'Histoire de Berry, par de la Thaumassière, pag. 1044.]

41718. ☞ Généalogie de *Chabert.*

Dans l'Etat de la Provence, par Robert.]

41719. ☞ Généalogie de *Chabestan.*

Dans l'Histoire de la Noblesse du Comtat, &c. par Pithon-Curt, tom. I. pag. 313, & IV. pag. 618.]

41720. ☞ Généalogie de *Chabeu.*

Dans l'Hist. de Bresse, par Guichenon, Part. III. pag. 92.]

41721. ☞ Généalogie de la Maison de *Chabot.*

Elle est imprimée dans le Père Simplicien, tom. IV. pag. 556.]

41722. ☞ Généalogie de la Famille de *Chabot*, en Picardie.

Dans la Recherche de la Noblesse de cette Province.]

41723. ☞ Généalogie de *Chabot*, dans la Beausse & l'Orléanois.

Dans le Registre IV. de l'Armorial de MM. d'Hozier.]

41724. ☞ Généalogie de *Chacipol.*

Dans l'Hist. de Bresse, par Guichenon, Part. III. pag. 96.]

41725. ☞ Généalogie de *Chailan.*

Dans l'Etat de la Provence, par Robert.= Dans l'Hist. de la Noblesse de Provence, par Artefeuil, tom. I. pag. 250.]

41726. ☞ Généalogie de *Chalant*, en Bugey.

Dans l'Hist. de Bresse, &c. par Guichenon : Contin. de la Part. III. pag. 70.]

41727. ☞ Généalogie de *Challemaison.*

Dans la Recherche de la Noblesse de Champagne.]

41728. ☞ Généalogie de *Challudet.*

Dans les Présidents de Blanchard, pag. 429.]

41729. Table généalogique des anciens Comtes de *Châlon* sur Saône; par André DU CHESNE.

Cette Table est imprimée dans son *Histoire de Bourgogne*, &c. Paris, 1628, in-4.

41730. Généalogie des Comtes de Châlon sur Saône.

Elle se trouve au tom. I. de l'*Illustre Orbandale*, &c. Lyon, 1662, in-4.

41731. Lettre touchant Béatrix, Comtesse de Châlon, laquelle déclare quel fut son mari, quels ses Enfans, ses Ancêtres & ses Armes, avec une Carte généalogique, & des Preuves; par Pierre-François CHIFFLET, Jésuite : *Dijon*, Chavance, 1656, in-4.

L'Auteur fait descendre cette Princesse, aussi-bien que son mari, du Comte Lambert. Béatrix est morte en 1227.

☞ Cette Pièce est curieuse, & l'on en trouve peu communément des Exemplaires. Bibliogr. de M. de Bure, Hist. num. 5384.]

41732. ☞ Animadversioni Chiffletianæ Animadversio repensa cum fœnore; ab Armando VALETTA, (seu Responsio adversùs Ferrandum redivivum & Epistolam de Beatrice Comitissa:) Item, Marii WOENNELOKI, Belgæ, Epistola ad Alexandrum Gambacurtam, (de eodem Ferrando, &c.) *Divione*, Palliot, 1662, in-4.]

41733. ☞ Généalogie de *Chalot.*

Dans l'Etat de la Provence, par Robert. = Dans l'Histoire de la Noblesse de Provence, par Artefeuil, tom. I. pag. 252.]

41734. ☞ Généalogie de *Chalvet* de Rochemonteix, en Auvergne, & de Chalvet, en Languedoc.

Dans le Regist. V. de l'Armor. de MM. d'Hozier.]

41735. ☞ Généalogie de *Chalup*, en Périgord.

Dans le même Registre V.]

41736. ☞ Généalogie de *Chambellan.*

Dans l'Histoire de Berry, par de la Thaumassière, pag. 1052.]

41737. ☞ Généalogie de *Chambes.*

Dans le Palais de l'Honneur du P. Anselme, p. 365.]

41738. ☞ Généalogie de *Chamborant.*

Dans l'Histoire de Berry, par de la Thaumassière, pag. 878.]

41739. ☞ Généalogie de *Chamborant*, en Touraine.

Dans l'Hist. de la Nobl. de cette Province, par Souliers, pag. 134.]

41740. ☞ Généalogie de *Chamborant*, en Poitou, Limosin, &c.

Dans le Registre III. de l'Armorial de MM. d'Hozier.]

41741. ☞ Remarques historiques sur la Maison de *Chambray.*

Dans le *Mercure*, 1727, Mai.]

41742. ☞ Généalogie de *Chambre*, à Tartas.

Dans le Reg. V. de l'Armor. de MM. d'Hozier.]

41743. ☞ Généalogie de la *Chambre.*

Dans l'Histoire de Bresse, par Guichenon : Part. III. pag. 237.]

41744. ☞ Généalogie de la *Chambre.*

Dans l'Histoire de la Maison de Savoye, par le même, tom. I. pag. 1197.]

41745. ☞ Généalogie de *Chamillot.*

Dans la Recherche de la Noblesse de Champagne.]

41746. Histoire généalogique des Comtes de *Chamilly*, de la Maison de Bouton, au Duché de Bourgogne, issue de celle de Jauche en Brabant; par Pierre PALLIOT, Historiographe du Roi, Généalogiste du Duché de Bourgogne: *Dijon*, Palliot, 1671, *in-fol.*

☞ *Voyez* Lenglet, *Méth. histor. in-4. tom. IV. pag.* 440, & ce que l'on a remarqué ci-dessus, à la Famille de Bouton, N.° 41496.

Il y a dans la Bibliothèque du Roi un Exemplaire de cet Ouvrage, avec des Notes Manuscrites & Critiques de Pierre d'Hozier. Il commence par observer que la descendance de cette Maison de celle de Jauche en Brabant, est fausse & ridicule, & qu'elle a été fournie par un certain de Launay, Généalogiste Flamand, qui a été convaincu d'avoir forgé nombre de faux Titres, & pendu en conséquence à Gand. Pierre d'Hozier croit que cette Généalogie est en preuves depuis environ 1345.]

41747. ☞ Généalogie de *Chambut*.

Dans l'Histoire de Bresse, par Guichenon: *Part. III. pag.* 100.]

41748. Généalogie des Comtes de *Champagne*, de Troyes, de Meaux & de Brie; par Pierre PITHOU: *Paris*, 1672, *in-4.*

La même Généalogie est imprimée dans le Recueil de ses Œuvres mêlées: *Parisiis*, 1609, *in-4.* & avec ses Annotations sur la Coutume de Troyes: *Troyes*, 1628, *in-4.*

41749. Campaniæ Comitum Genealogia & brevis Historia, ex variis Chronologis, Chartis, Titulisque authenticis, Claudii MOISSANT, Ecclesiæ D. Petri Pruvinienfis Parochi, sedulitate collecta, Pruviniensium præcipuè Ecclesiarum, aut Fundationum aut reparationum Acta compendiosè complectens: *Parisiis*, le Clerc, 1607, *in-8.*

☞ Le principal dessein de Cl. Moissant, Curé de Provins en Brie, & c'est l'unique chose dans laquelle il a réussi, étoit d'écrire l'origine des Eglises de Provins. Il existoit une Traduction Françoise de cet Ouvrage dans le Cabinet du P. le Pelletier, Chanoine-Régulier de Provins; mais on ne sçait ce qu'elle est devenue.]

41750. Abrégé chronologique de la Maison de Champagne; par François DE LA POINTE: *in-fol.* quatre Feuilles.

41751. Mf. Généalogie de la Maison de Champagne: *in-4.*

Elle [étoit] dans la Bibliothèque de M. le Chancelier Seguier, num. 844.

41752. ☞ Généalogie des Comtes de Champagne, Pairs de France.

Elle est imprimée dans le Père Simplicien, *tom. II. pag.* 855.]

41753. ☞ Généalogie de la Famille de *Champagne*, en Champagne.

Dans le Reg. V. de l'Armor. de MM. d'Hozier.]

41754. ☞ Généalogie de *Champagne-Morsains*.

Dans la Recherche de la Noblesse de Champagne.]

41755. ☞ Généalogie de la Maison de *Champagne-la-Suse*; par le Marquis DU PIÉ DU FOU.

Elle est citée par Gilles Ménage, dans son Histoire de Sablé, & elle lui avoit été communiquée par les Religieux de Perré-neuf.]

41756. ☞ Autre, de la même Maison.

Dans les Additions aux Mémoires de Castelnau, par Jean le Laboureur, *tom. II.* Ed. de 1731, *pag.* 477.]

41757. ☞ Généalogie de *Champier*, en Bugey.

Dans l'Histoire de Bresse & Bugey, par Guichenon: Contin. de la Part. III. pag. 78.]

41758. ☞ La même.

Dans les Mazures de l'Isle-Barbe, par Cl. le Laboureur, *tom. II. pag.* 271.]

41759. ☞ Généalogie de *Champigny*.

Dans la Recherche de la Noblesse de Champagne.]

41760. ☞ Généalogie de des *Champs-Marcilly*.

41761. ☞ Généalogie de des *Champs de Riel-dessus*.

Ces deux Généalogies sont dans la Recherche de la Noblesse de Champagne.]

41762. ☞ Généalogie de des *Champs*, en Normandie.

Dans le Reg. V. de l'Armor. de MM. d'Hozier.]

41763. ☞ Généalogie de *Chancel*, en Périgord.

Dans le Registre III. du même Ouvrage.]

41764. ☞ Généalogie de *Chandée*.

Dans l'Histoire de Bresse, par Guichenon: *Part. III. pag.* 104.]

41765. ☞ Généalogie de *Chandieu*.

Elle est imprimée dans l'Etat politique du Dauphiné, par Chorier, au Supplément. — Dans l'Histoire généalogique de cette Province, par Allard, *tom. II.* & autres.]

41766. ☞ Généalogie de *Chandon*.

Dans la Recherche de la Noblesse de Champagne.]

41767. ☞ Généalogie de *Chantelou*.

Dans la Recherche de la Noblesse de Champagne.]

41768. ☞ Généalogie de *Chantemerle*.

Dans la Généalogie d'Amanzé, par Palliot, *p.* 20.]

41769. ☞ Généalogie de la *Chapelle-Launay*.

Dans l'Histoire de Berry, par la Thaumassière, *pag.* 1048.]

41770. ☞ Généalogie de la *Chapelle-Pierrefite*.

Dans la même Histoire, *pag.* 1049.]

41771. ☞ Généalogie de la Chapelle, en Berry, (jusqu'à notre temps.)

Dans le Reg. III. de l'Armorial de MM. d'Hozier.]

41772. ☞ Mf. Généalogie de la Maison de *Chapelle-Rainfouin*; par M. QUATREBARBES de la Rongère.

Elle est citée par Gilles Ménage, dans ses Remarques sur la Vie de Pierre Ayrault, &c. *pag.* 371.]

41773. ☞ Généalogie de *Chapellier*.

Dans l'Histoire de Bresse, par Guichenon: *Part. III. pag.* 115.]

41774. ☞ Histoire généalogique de la Famille de *Chaponay*, &c. par Guy Allard : 1694, *in-4*.

Epitaphes qui sont dans la Ville de Lyon, & en plusieurs endroits de la Province de Dauphiné, de ceux de la Famille de Chaponay.]

41775. ☞ Généalogie de *Chapponey*.

Dans les Mazures de l'Isle-Barbe, par Cl. le Laboureur, *tom. II. pag.* 275.]

41776. ☞ Généalogie des *Chappuis*, en Forez & Lyonnois.

Dans le Reg. V. de l'Armor. de MM. d'Hozier.]

41777. ☞ Généalogie de *Chappuis*, en Franche-Comté.

Dans les Mémoires historiques sur Poligny, *tom. II. pag.* 314.]

41778. ☞ Généalogie de *Chapt de Rastignac*, en Limousin & Périgord.

Dans le Reg. III. de l'Armorial de MM. d'Hozier.]

41779. ☞ Généalogie de *Chapus*.

Dans l'Etat de la Provence, par Robert. = Dans l'Histoire de la Noblesse de Provence, par Artefeuil, *tom. I. pag.* 255.]

41780. ☞ Généalogie de *Charbonnier* de Grangeac.

Dans l'Hist. de Bresse, par Guichenon, *Part. III. pag.* 114.]

41781. ☞ Généalogie de *Charlemagne*, en Berry.

Dans l'Histoire de cette Province, par de la Thaumassière, *pag.* 1144.]

41782. ☞ Ms. Généalogie de la Famille de *Charnières*; par M. Quatrebarbes de la Rongère.

Elle est citée par Gilles Ménage, dans ses Remarques sur la Vie de Pierre Ayrault, &c. *pag.* 200.]

41783. ☞ Généalogie des anciens Seigneurs de *Charny*.

Dans le P. Simplicien, *tom. VIII. pag.* 202.]

41784. ☞ Généalogie des anciens Seigneurs de *Charost*.

Dans l'Histoire de Berry, par de la Thaumassière, *pag.* 728. Cette Terre est aujourd'hui un Duché possédé par une Branche d'Albert de Luynes.]

41785. Recueil de Lettres de Noblesse de MM. *Charrier*, de Lyon, & des Titres, Actes & Procédures faites sur les Preuves des faits y contenus, & énoncés ès Lettres de vérification d'icelles, recherchés à la diligence d'Aymé Charrier, l'un desdits Sieurs, qui a les Originaux : (*Lyon,*) *in-4*.

Les Actes les plus modernes de ce Recueil sont de 1657.

☞ Cette Famille des Chartier de Lyon, originaire d'Issoire en Auvergne, où la Branche aînée continue de subsister, est une des plus considérables Familles de Lyon. On peut voir ce qui en est dit *p.* 100 & *suiv.* du *tom. I.* des *Recherches*, &c. ou des *Lyonnois dignes de Mémoires* : Lyon, 1757, *in-8*.]

41786. ☞ Généalogie de *Charry*.

Dans les Additions aux Mémoires de Castelnau, *tom. II. Edit. de* 1731, *pag.* 628.]

41787. ☞ Généalogie de *Chartongne*.

Dans la Recherche de la Noblesse de Champagne.]

41788. Généalogie de la Maison de *Chartres*; par André du Chesne.

Elle est imprimée avec son *Histoire de la Maison de Chastillon* : *Paris*, 1621, *in-fol.*

41789. ☞ Généalogie de Chartres.

Dans le P. Simplicien, *tom. VI. pag.* 400.]

41790. ☞ Généalogie de *Chassy*.

Dans l'Histoire de Berry, par de la Thaumassière, *pag.* 870.]

41791. ☞ Généalogie des Seigneurs des Roches-Baritaut, du nom de *Chasteau-Briant*.

Dans le P. Simplicien, *tom. VIII. pag.* 705.]

41792. ☞ Généalogie de la Famille de *Château-Châlon*.

Dans l'Hist. de la Nobl. de Touraine, par Souliers, *pag.* 508.]

41793. Histoire généalogique des Vicomtes de *Châteaudun*; par André du Chesne.

Elle est imprimée avec son *Histoire de la Maison de Dreux*, &c. *Paris*, 1632, *in-fol.*

41794. ☞ Généalogie de *Château-Giron*.

Dans l'Histoire généal. de Bretagne, par du Paz, *pag.* 243.]

41795. ☞ Généalogie de la Maison de *Château-Gontier*.

Dans l'Histoire de Sablé, par Gilles Ménage, *pag.* 48.

41796. ☞ Généalogie de *Châteauneuf*, en Provence.

Dans l'Etat de cette Province, par Robert.]

41797. ☞ Abrégé de la Généalogie de *Châteauneuf de Randon*; par Denys-François Gastelier de la Tour : *Paris*, 1760, *in-4*.

Cette Généalogie est tirée du Nobiliaire historique de Languedoc, que l'Auteur doit publier dans peu.]

41798. ☞ Généalogie de la Maison de *Châteauneuf de Rochebonne*, en Forez.

Dans le P. Simplicien, *tom. II. pag.* 466.]

41799. Généalogie de la Maison de *Châteauroux*; par Gaspard Thaumas de la Thaumassière.

Elle est imprimée au Livre VII. de son *Histoire de Berry* : *Bourges*, 1689, *in-fol.*

41800. Histoire généalogique de la Maison de *Châteauvillain*; par André du Chesne.

Elle est imprimée avec son *Histoire de la Maison de Dreux* : *Paris*, 1632, *in-fol.*

41801. ☞ Généalogie des Seigneurs de Châteauvillain.

Dans le P. Simplicien, *tom. II. p.* 338, & *tom. VIII. pag.* 427.]

Généalogies particulières des Familles.

41802. ☞ Généalogie de la Maison du *Chaftel*, en Bretagne.

Dans le P. Simplicien, tom. *VIII.* pag. 357.]

41803. ☞ Histoire généalogique de la Maison des *Châteigniers*, Sieurs de la Châteigneraye, avec les Preuves; par André DU CHESNE: *Paris*, 1634, *in-fol.*

41804. ☞ Lettre de l'Auteur du Dictionnaire Héraldique, &c. à l'Auteur du Mercure, sur la Maison du Chaftel. *Mercure*, 1757, Décembre, (& à part,) *in*-12. de 8 pages.

Cet Auteur est M. DE LA CHENAYE DES BOIS. *Voyez* ci-dessus, N.° 40595. Il corrige dans cette Lettre ce qu'il avoit dit de cette Maison du Chaftel comme éteinte, quoiqu'elle subsiste. On y trouve un *Mémoire* sur cette Maison, ou sa Généalogie.]

41805. ☞ Généalogie de *Chaftelard*, anciennement *Hauterive*, en Dauphiné.

Dans le Regist. V. de l'Armor. de MM. d'Hozier.]

41806. ☞ Histoire généalogique de la même Famille; par M. D'HOZIER fils: *Paris*, 1756, *in-fol.*]

41807. ☞ Généalogie de du *Chaftelard-Saint-Oyen*.

Dans l'Histoire de Bresse, par Guichenon: *Part. III.* pag. 115.]

41808. ☞ Généalogie de du *Chaftelet*.

Dans la Recherche de la Noblesse de Picardie.]

41809. ☞ Généalogie de *Chaftellier* du Milieu, & de celle du Mesnil, qui a passé du Dauphiné à Besançon.

Dans l'Histoire de la Noblesse du Comtat, &c. par Pithon-Curt, tom. *IV.* pag. 601.]

41810. ☞ Généalogie de Chaftellier du Mesnil, en Dauphiné.

Dans le Reg. VI. de l'Armor. de MM. d'Hozier.]

41811. ☞ Généalogie de *Chaftenai-Briçon*.

Dans la Recherche de la Noblesse de Champagne.]

41812. ☞ Généalogie de la Maison de *Chaftillon-fur-Loing*.

Dans l'Hist. du Gâtinois, par Guill. Morin, *p.* 215.]

41813. Mf. Histoire de la Maison de Chaftillon & de Luxembourg: *in-fol.*

Cette Histoire [étoit] dans la Bibliothèque de M. le Chancelier Seguier, num. 639.

41814. Histoire généalogique de la Maison de *Chaftillon-fur-Marne*, justifiée par Titres & bonnes Preuves; avec les Généalogies & les Armes des illustres Familles de France & des Pays-Bas, lesquelles ont été alliées à celle de Chaftillon; par André DU CHESNE: *Paris*, Cramoisy, 1621, *in fol.*

41815. ☞ Généalogie de la Maison de Chaftillon.

Elle est imprimée dans le Père Simplicien, tom. *VI.* pag. 91.]

41816. ☞ Généalogie de la Famille de *Chaftillon-Chemilla*.

Dans l'Hist. de Bresse, par Guichenon: *Part.III.p.* 119.]

41817. ☞ Généalogie de *Chaftillon-lès-Dombes*.

Dans la même Histoire: *Part. III.* pag. 117.]

41818. ☞ Généalogie de *Chaftillon*, en Forez.

Dans les Mémoires de l'Abbé de Marolles: *in-fol.* pag. 360.]

41819. ☞ Généalogie de *Chaftillon de Michaille*, en Bugey.

Dans l'Histoire de Bresse & Bugey, par Guichenon: Contin. de la Part. III. pag. 80.]

41820. ☞ Généalogie de la *Chaftre*.

Dans l'Histoire du Gâtinois, &c. par Morin, *p.* 561 & 567.]

41821. ☞ Autres.

Dans l'Histoire de la Noblesse de Touraine, par Souliers. = Dans l'Histoire de Berry, par de la Thaumassière, *pag.* 851.]

41822. Mf. Plusieurs Mémoires de la Maison de la Chaftre: *in-fol.*

Ces Mémoires sont conservés entre les Manuscrits de M. Dupuy, num. 633.

41823. ☞ Généalogie de la Maison de la Chaftre.

Dans le P. Simplicien, tom. *VII.* pag. 364.]

41824. ☞ Généalogie de la *Chat*.

Dans la Recherche de la Noblesse de Champagne.]

41825. ☞ Histoire généalogique de la Maison du *Chatelet*, Branche puînée de la Maison de Lorraine, justifiée par les Titres les plus authentiques, la plupart tirés des Chartes de Lorraine, Tombeaux, Sceaux, Monnoyes & autres anciens Monumens; par Dom Augustin CALMET, Abbé de Senones: *Nancy*, 1741, *in-fol.*

On peut voir sur cet Ouvrage, = *Obs. sur les Ecr. mod.* Lett. 68. = Mercure, 1741, Juin. = Bibliot. Franç. de Du Sauzet, tom. *XXXIII.* pag. 370.]

41826. ☞ Généalogie de la même Maison de Chatelet.

Dans le Tome III. de l'Histoire du Comté de Bourgogne, ou le Nobiliaire de Franche-Comté, par M. Dunod, *p.* 551 & *suiv.*]

41827. ☞ Généalogie de *Chavagnac*.

Elle est imprimée dans la Recherche de la Noblesse de Champagne.]

41828. ☞ Généalogie de *Chavagnac*, en Auvergne.

Dans le Registre II. de l'Armorial général de MM. d'Hozier.]

41829. ☞ Généalogie de *Chavannes*.

Dans l'Histoire de Bresse, par Guichenon: *Part. III.* pag. 121.]

41830. Mf. Titres originaux de la Maison de *Chaugy*: *in-fol.*

Ces Titres sont conservés dans la Bibliothèque du Roi, entre les Manuscrits de M. de Gaignières.]

41831. ☞ Généalogie de Chavirey.

Dans l'Histoire des Sires de Salins, tom. II. pag. 83.]

== ☞ Généalogie de Chaulieu.

Voyez ci-dessus, Anfrie, N.° 40933.]

41832. ☞ Généalogie de Chaumejan.

Dans l'Hist. de la Nobl. de Touraine, par Souliers, pag. 407.]

41833. Mſ. Histoire de la Famille de Chaumont au Vexin; par Claude DE MAROIS, Docteur en Théologie, de l'Ordre des Frères Prêcheurs.

Cette Histoire est citée par Gilles-André de la Roque, pag. 1967 du tom. II. de ses Preuves de l'Histoire de la Maison d'Harcourt.

41834. ☞ Généalogie de Chaumont.

Elle est imprimée dans le Père Simplicien, tom. VI. pag. 42.]

41835. ☞ Généalogie de Chaumont.

Dans les Remarques de Louvet sur la Noblesse Beauvaisienne, pag. 306.]

41836. ☞ Généalogie de Chaumont, en Champagne.

Dans la Rech. de la Nobl. de cette Province.]

41837. ☞ Généalogie de Chauveron.

Dans l'Histoire de la Noblesse de Touraine, par Souliers, pag. 142. = Dans l'Histoire de Berry, par de la Thaumassière, pag. 512.]

41838. ☞ Généalogie de Chauviré.

Dans le Nobiliaire de la Franche-Comté, ou Tome III. de Dunod : pag. 131.]

41839. ☞ Généalogie de Chazeron.

Dans l'Histoire de Berry, par de la Thaumassière, pag. 735.]

41840. ☞ Généalogie de Cheilus.

Dans l'Histoire de la Noblesse du Comtat, &c. par Pithon-Curt, tom. I. pag. 322, & tom. IV. pag. 618.]

41841. ☞ Généalogie de Cheisolme.

Dans la même Histoire, tom. I. pag. 334.]

41842. ☞ Généalogie de du Chemin, en Normandie.

Dans le Regist. II. de l'Armor. de MM. d'Hozier.]

41843. ☞ Généalogie de Chenu.

Dans l'Histoire de Berry, par de la Thaumassière, pag. 1050.]

41844. ☞ Généalogie de du Cher.

Dans la même Histoire, pag. 881.]

41845. ☞ Généalogie de Cherie.

Dans la Recherche de la Noblesse de Picardie, au Supplément.]

41846. ☞ Généalogie de Chertemps.

Dans la Rech. de la Nobl. de Champagne.]

41847. ☞ Généalogie de du Chesne.

Dans l'Histoire de la Noblesse de Touraine, par Souliers, pag. 533.]

41848. ☞ Généalogie de du Chesneau.

Dans la même Histoire, pag. 529.]

41849. ☞ Généalogie de Chevalier, en Provence.

Dans l'Etat de cette Province, par Robert.]

41850. ☞ Généalogie de Chevalier-Malpierre.

Dans l'Histoire de la Maison des Salles, par le P. Calmet, aux Preuves, pag. 79.]

41851. ☞ Généalogie de Chevalier du Vignau.

Dans l'Histoire de Charles VII. par Godefroy : 1661, pag. 881.]

41852. ☞ Généalogie de la Chevardière.

Dans la Rech. de la Nobl. de Champagne.]

41853. ☞ Généalogie de Cheverue, en Anjou & en Normandie.

Dans le Regist. V. de l'Armor. de MM. d'Hozier.]

41854. ☞ Généalogie de la Maison de Chiavari.

Dans l'Etat de la Provence, par Robert. = Dans l'Hist. de la Nobl. de Provence, par Artefeuil, tom. I. pag. 257.]

41855. ☞ Généalogie du Chic, en Armagnac, Condomois & Agenois.

Dans le Regist. VI. de l'Armor. de MM. d'Hozier.]

41856. ☞ Généalogie de Chiel, en Bugey.

Dans l'Histoire de Bresse & Bugey, par Guichenon : Continuation de la Part. III. pag. 85.]

41857. ☞ Généalogie de Chieusses, en Provence.

Dans le Regist. V. de l'Armor. de MM. d'Hozier.]

41858. ☞ Généalogie de Chinoir.

Dans la Recherche de la Noblesse de Champagne.]

41859. ☞ Généalogie de Chinot.

Dans la Rech. de la Nobl. de Picardie.]

41860. ☞ Généalogie des Comtes de Chiny, en Luxembourg.

Dans la dernière Edition de l'Histoire de Lorraine, par D. Calmet, à la tête du tom. V. pag. cxlvij.]

41861. ☞ Généalogie de la Maison de Choart.

Dans le P. Simplicien, tom. II. pag. 305.]

41862. ☞ Généalogie de Choiseul, en Champagne.

Dans la Recherche de la Noblesse de cette Province.]

41863. ☞ Généalogie de la Maison de Choiseul, (& de ses différentes Branches.)

Dans le P. Simplicien, tom. IV. pag. 817.]

41864. ☞ Généalogie de Choisy.

Dans la Recherche de la Noblesse de Champagne.]

41865. ☞ Généalogie de Cholé.

Dans l'Hist. de la Noblesse de Touraine, par Souliers, pag. 147.]

41866. ☞ Généalogie de Cholet.

Dans le P. Simplicien, tom. VIII. pag. 158.]

41867. ☞ Généalogie de Chollé.

Dans l'Histoire de Berry, par de la Thaumassière,

Généalogies particulières des Familles. 767

pag. 1050. C'eſt apparemment la même que celle du N.° 41865.]

41868. ☞ Généalogie de *Choppin*.
Dans la même Hiſtoire, *pag.* 996.]

41869. ☞ Généalogie de la Maiſon de *Chouly*, en Limoſin.
Elle eſt entre les mains de M. Nadaud, Curé de Teyjac, Diocèſe de Limoges. On a déja obſervé que ce Curé travailloit à l'Hiſtoire de ce Pays, & avoit ramaſſé beaucoup de Mémoires.]

41870. ☞ Généalogie de *Ciceri*.
Dans l'Hiſt. de la Nobl. du Comtat, &c. par Pithon-Curt, *tom. I. pag.* 340.]

41871. ☞ Généalogie de *Cicon*.
Dans l'Hiſt. des Sires de Salins, *tom. I. pag.* 114.]

41872. ☞ Généalogie de *Cipières*.
Dans l'Etat de la Provence, par Robert. = Dans l'Hiſt. de la Nobl. de Provence, par Artefeuil, *tom. I. pag.* 259.]

41873. ☞ Généalogie de *Cipriani*.
Dans la même Hiſtoire d'Artefeuil, *tom. I. pag.* 260.]

41874. Généalogie de *Clairembauld* : *in-fol.*

41875. ☞ Généalogie de la Maiſon de *Clairembaut*.
Dans le P. Simplicien, *tom. VII. pag.* 582.]

41876. ☞ Généalogie de *Clairon*.
Dans la Nobleſſe de la Franche-Comté, ou Tome III. de Dunod, *pag.* 202.]

41877. ☞ Généalogie de *Clapiers*.
Dans l'Etat de la Provence, par Robert, & aux Additions. = Dans l'Hiſt. de la Nobleſſe de Provence, par Artefeuil, *tom. I. pag.* 261, & *tom. II. pag.* 581.]

41878. ☞ Généalogie de *Claret*.
Dans l'Hiſtoire de la Nobleſſe du Comtat, &c. par Pithon-Curt, *tom. IV. pag.* 430 & 651.]

41879. ☞ Généalogie de *Clari de Pontevez*.
Dans l'Etat de la Provence, par Robert.]

41880. ☞ Généalogie de *Claris*, en Languedoc.
Dans le Regiſt. V. de l'Armor. de MM. d'Hozier.]

41881. ☞ Généalogie de *Clauſſe*.
Dans le P. Simplicien, *tom. VIII. pag.* 945.]

41882. ☞ Généalogie de *Clemens*.
Dans l'Etat de la Provence, par Robert. = Dans l'Hiſt. de la Nobl. de Provence, par Artefeuil, *tom. I. pag.* 169.]

41883. ☞ Généalogie de *Clément*.
Dans les Remarques de Louvet, ſur la Nobleſſe Beauvaiſienne, *pag.* 343.]

41884. ☞ Généalogie de *Clément*.
Dans le P. Simplicien, *tom. VI. pag.* 619.]

41885. ☞ Généalogie de le *Clerc*.
Dans la Rech. de la Nobl. de Picardie.]

41886. ☞ Généalogie de le *Clerc*, en Provence.
Dans l'Hiſtoire de ſa Nobleſſe, par Artefeuil, *tom. I.* & *tom. II. pag.* 555.]

41887. ☞ Généalogie de le *Clerc*, en Touraine.
Dans l'Hiſt. de la Nobl. de ce Pays, par Souliers, *pag.* 520.]

41888. ☞ Généalogie de le *Clerc de Fleurigny*.
Dans le Père Simplicien, *tom. VI. pag.* 619.]

41889. Mſ. Généalogie de le *Clerc du Tremblay*.
Dans les Généalogies des Maîtres des Requêtes, *pag.* 323, & dans celle de Larbour-Gombauld, par d'Hozier, *pag.* 151.]

41890. ☞ Généalogie de *Cléré*, en partie.
Elle ſe trouve à la fin de l'Oraiſon funèbre de Jacques de Cléré, par LE MAISTRE : *Rouen*, 1619, *in-4.*]

41891. Mſ. Mémoires de la Famille de *Cléré* ; recueillis par le R. P. LE MAISTRE : Prieur des Dominicains de Rouen : *in-fol.* 3 vol.
Ces Mémoires ſont conſervés dans la Bibliothèque du Roi, entre les Manuſcrits de du Cheſne, num. 3, 4 & 21, & dans la même Bibliothèque, num. 9591.

== ☞ Généalogie des Comtes de *Clermont*, depuis l'an 1270.
Ci-devant, [Tome II. N.° 25363.]

41892. ☞ Généalogie des Comtes de Clermont.
Dans le P. Simplicien, *tom. VI. pag.* 45.]

41893. ☞ Généalogie de la Famille de *Clermont*.
Dans la Naples Françoiſe de Soliers, *pag.* 147.]

41894. ☞ Généalogie de *Clermont* d'Anjou, ou d'*Amboiſe*.
Dans le Palais de l'Honneur, par le Père Anſelme, *pag.* 367. = Dans la Recherche de la Nobleſſe de Champagne.]

41895. ☞ La même, augmentée.
Dans les Additions aux Mémoires de Caſtelnau, par Jean le Laboureur, *Edit. de* 1731, *tom. II. pag.* 495.]

41896. Mſ. Généalogie de la Maiſon de *Clermont*, en Dauphiné, avec des Titres & Extraits de Titres : *in-fol.* 7 vol.
Ces Pièces ſont conſervées dans la Bibliothèque du Roi, entre les Manuſcrits de M. de Gaignières.

41897. ☞ Généalogie de Clermont.
Dans l'Hiſtoire de la Maiſon de Savoye, par Guichenon, *tom. I. pag.* 1293.]

41898. Mſ. Généalogie de la Maiſon de Clermont, en Dauphiné ; par Robert LE VUST : *Troyes*, *in-*12.

41899. ☞ La même, augmentée.
Dans le P. Simplicien, *tom. VIII. pag.* 907.]

== ☞ Généalogie de *Clermont-Gallerande*.
Ci-deſſus, avec *Beaumanoir*, N°. 41202.]

41900. Hiſtoire chronologique des anciens Guilhems, Seigneurs & Comtes de *Clermont-Lodève* : *in-fol.*
Le Père Eſtiennot, Religieux Bénédictin, attribue

cette Histoire, qu'il avoit vue, à Henri de Caux, Auteur du Catalogue des Gentilshommes de Languedoc.

41901. ☞ Généalogie de *Clermont-Tallard*.

Dans les Additions de Jean le Laboureur, aux Mémoires de Castelnau, Edit. de 1731, *tom. II. pag.* 725.]

41902. ☞ Mémoire & Consultations des Avocats au Parlement de Paris & de Grenoble, pour M. le Maréchal de *Clermont-Tonnerre*, contre Madame la Comtesse de Lannion : *Paris, 1767, in-4.*

Le Mémoire est de Mᵉ Aved de Lozerolles, Avocat au Parlement de Paris. Il concerne la Substitution du Comté de Clermont, & la Succession de ses Fiefs en Dauphiné. On trouve à la tête une *Généalogie de la Maison de Clermont.*]

41903. ☞ Généalogie de *Clèves du Rosoy*.

Dans l'Histoire de Berry, par de la Thaumassière, *pag.* 111. Cette Famille vient d'un Fils Naturel de la Maison de Clèves-Nevers.]

41904. ☞ Généalogie des Seigneurs de *Clichy*.

Elle est imprimée dans le Père Simplicien, *tom. VI. pag.* 658.]

41905. ☞ Généalogie des Sires de *Clisson*.

Dans le même, *tom. VI. pag.* 202.]

41906. ☞ Généalogie de du *Clos de Lestoile*, en Auvergne & en Bourgogne.

Dans le Regist. VI. de l'Armor. de MM. d'Hozier.]

41907. ☞ Généalogie de *Clugny*.

Dans les Recherches d'Autun, par Munier : 1660, *in-4.* à la fin.]

41908. ☞ Généalogie de la Maison de *Clugny;* par M. Desautour : *Amsterdam*, le Cène, 1724, *in-fol.*]

41909. ☞ Mémoire pour M. Desautour, contre M. le Conseiller de Clugny : *in-fol.*]

41910. ☞ Généalogie de la Maison de Clugny, prouvée contradictoirement sur la foi des Auteurs & des Titres : *Dijon*, Michard, *in-fol.*]

41911. ☞ Généalogie de la Famille de M. le Conseiller de Clugny, rapportée suivant ses Preuves & les Contredits qu'on y donne; & plusieurs Mémoires du Procès; (par Mᵉ Juillet, Avocat au Parlement de Dijon.)

41912. ☞ Généalogie de la Famille de Clugny, dressée sur les Titres originaux, pour servir de Réponse aux Généalogies & autres Ecrits donnés au Public, par François de Clugny, Seigneur de Theniffey : *Dijon*, Defay, (1737,) *in-fol.*

On trouve à la fin : « Preuves de la Généalogie de la » Famille de Clugny ».]

41913. ☞ Généalogie de *Coatarel*, en Bretagne.

Dans le Registre IV. de l'Armor. de MM. d'Hozier.]

41914. ☞ Généalogie de *Cochet*.

Dans la Rech. de la Nobl. de Champagne.]

41915. ☞ Généalogie de le *Cocq*.

Dans celles des Maîtres des Requêtes, *pag.* 251.]

41916. Ms. Généalogie de la Maison de le *Cocq*, en Brie.

Dans le P. Simplicien, *tom. II. pag.* 105.]

41917. ☞ Généalogie de la Maison de *Coeffier*.

Dans le même, *tom. VII. pag.* 492.]

41918. ☞ Gentis Ruzeæ & Coifferiæ Effiateæ Elogium : Auctore Abele Sammarthano (patre,) *in-4.* 7 pages.

Cet Eloge est imprimé dans les Œuvres d'Abel de Sainte-Matthe : *Parisiis*, Villery, 1632, *in-4.*]

41919. ☞ Généalogie de la Maison de *Coetivy*.

Dans le Père Simplicien, *tom. VII. pag.* 843.]

41920. ☞ Généalogie de la Maison de *Coetlogon*.

Dans le même, *tom. VII. pag.* 717.]

41921. ☞ Généalogie de *Cœuret*.

Dans les Remarques de Louvet, sur la Noblesse Beauvaisienne, *pag.* 407.]

41922. ☞ Généalogie de la Famille de *Cohen*, issue de la Maison de Bergues Saint-Vinox.

Dans le P. Simplicien, *tom. VIII. pag.* 695.]

41923. ☞ Généalogie de *Cohorne*.

Dans l'Histoire de la Noblesse du Comtat, &c. par Pithon-Curt, *tom. I. pag.* 351, & *IV. pag.* 619.]

41924. ☞ Généalogie de *Coiffart*.

Dans la Rech. de la Nobl. de Champagne.]

41925. ☞ Généalogie de *Coigne*.

Dans l'Histoire de la Noblesse de Touraine, par Souliers, *pag.* 161. ⇒ Dans l'Histoire de Berry, par de la Thaumassière, *pag.* 1052.]

41926. ☞ Généalogie des du *Coing*.

Dans la même Histoire, *pag.* 1045.]

41927. ☞ Généalogie de *Cokborgne*.

Dans la Rech. de la Nobl. de Champagne.]

41928. ☞ Généalogie de la Maison des *Colbert*, venus d'Ecosse.

L'Arbre généalogique se trouve à la fin du Recueil des Titres de la Maison d'Estouteville, imprimé en 1741 : *in-4.*]

41929. ☞ Généalogie de la Branche des *Colbert*, de Provence.

Dans l'Histoire de la Noblesse de cette Province, par Artefeuil, *tom. I. pag.* 272.]

41930. ☞ Généalogie de *Colet*.

Dans la Rech. de la Nobl. de Champagne.]

41931. Généalogie de la Maison de *Coligny*, en Bresse : *Paris*, 1565, *in-8.*

41932. Autre.

Elle est imprimée avec la Vie de Gaspard de Coligny, Amiral : *Amsterdam*, 1643, *in-4.*

41933.

Généalogies particulières des Familles.

41933. ☞ La même.
Dans la Généalogie d'Amanzé, par Palliot, pag. 34.]

41934. Preuves de l'Histoire généalogique de la Maison de *Coligny*, tirées des Chartes, Titres & Mémoires, &c. où sont plusieurs Actes authentiques & Mémoires secrets touchant la Ligue & les Guerres civiles pour la Religion : *Paris*, Dupuis, 1662, *in-fol.*

Jean DU BOUCHET, Chevalier de l'Ordre du Roi, & Maître d'Hôtel ordinaire de Sa Majesté, qui est mort en 1684, avoit composé ce Recueil, qu'il a fait imprimer sans nom d'Auteur. (*f...*)
☞ *Voyez* Lenglet, *Méth. histor. in-*4. *tom. IV. pag.* 441.]

41935. ☞ Généalogie de la Maison de Coligny.
Elle est imprimée dans le Père Simplicien, *tom. VII. pag.* 144.]

41936. ☞ Généalogie de *Coligny de Crecia*.
Dans la Recherche de la Noblesse de Champagne.]

41937. ☞ Généalogie de *Colignon*.
Dans le même Recueil.]

41938. ☞ Généalogie de *Colin*, en Provence.
Dans l'Etat de cette Province, par Robert.]

41939. ☞ Généalogie de *Colin*, en Comtat.
Dans l'Hist. de la Nobl. de ce Pays, par Pithon-Curt, *tom. I. pag.* 346, & *IV. pag.* 619.]

41940. ☞ Généalogie de *Colin*, en Franche-Comté.
Dans l'Histoire des Sires de Salins, *tom. II. pag.* 90.]

41941. ☞ Généalogie de *Colla*.
Dans l'Hist. de la Nobl. de Provence, par Artefeuil, *tom. I. pag.* 271.]

41942. ☞ Généalogie de *Collemont*.
Dans la Rech. de la Nobl. de Picardie.]

41943. ☞ Généalogie de *Collin*, en Champagne.
Dans le Regist. II. de l'Armor. de MM. d'Hozier.]

41944. ☞ Généalogie de *Collongue*.
Dans l'Hist. de la Nobl. de Provence, par Artefeuil, *tom. I. pag.* 474, & *II. pag.* 548.]

41945. ☞ Généalogie de *Colnet*.
Dans le Reg. V. de l'Armorial de MM. d'Hozier.]

41946. ☞ Généalogie de *Colomb-la-Sale*.
Dans l'Histoire de Bresse, par Guichenon : *Part. III. pag.* 125.]

41947. ☞ Généalogie de *Colombet*.
Dans l'Hist. des Sires de Salins, *tom. II. pag.* 94.]

— Généalogie de la Maison de *Combault*.
Ci-après, à Larbour.

41948. ☞ Généalogie de *Combles*, en Lorraine, Champagne & Bretagne.
Dans le Registre V. de l'Armorial de MM. d'Hozier.]

41949. ☞ Généalogie de *Combys*, en Provence.
Dans le même Registre V.]

Tome III.

41950. Généalogie de Philippe de *Comines*, Seigneur d'Argenton ; par Denys GODEFROY.
Cette Généalogie est imprimée avec les Mémoires de Philippe de Comines, par les soins de Denys Godefroy : *Paris*, 1649, &c. *in-fol.* [*in*-8. & dans l'*in* 4. de Lenglet, ci-devant, Tome II. N.° 17392.]

41951. ☞ Mf. Généalogie de la Maison de *Cominge*, justifiée par Titres, Histoires & bonnes preuves ; par D'HOZIER, en 1634 : *in-fol.*
Cette Pièce, en Original, est conservée dans la Bibliothèque de M. Jardel, à Braine. Elle est écrite magnifiquement sur vélin, avec tous les Blasons peints en or & en couleurs.]

41952. ☞ Généalogie de *Comitin*.
Dans la Rech. de la Nobl. de Champagne.]

41953. ☞ Généalogie de *Commendaire*.
Dans l'Histoire de la Noblesse de Provence, par Artefeuil, *tom. I. pag.* 277 & *II. pag.* 581.]

41954. ☞ Généalogie des Seigneurs de *Commercy*.
Dans la dernière Edition de l'Histoire de Lorraine, par D. Calmet, à la tête du *tom. VII. pag.* cxlvij.]

41955. ☞ Généalogie de le *Compasseur*, en Bourgogne.
Dans le Regist. V. de l'Armor. de MM. d'Hozier.]

41956. ☞ Généalogie de *Compian*.
Dans les Remarques de Louvet, sur la Noblesse Beauvaisienne, *pag.* 413.]

41957. ☞ Généalogie de *Conceil*.
Dans l'Hist. de la Nobl. du Comtat, &c. par Pithon-Curt, *tom. I. pag.* 371, & *IV.* à l'Errata.]

== Généalogie des Princes de *Condé*, depuis Louis de Bourbon.
Ci-devant, [Tome II. N.°⁵ 25783 & *suiv.*]

41958. ☞ Généalogie de *Condé-Coëmy*.
Dans la Rech. de la Nobl. de Champagne.]

41959. ☞ Généalogie de *Conflans*.
Dans le même Recueil.]

41960. Généalogie de la Maison de Conflans ; par Charles D'HOZIER, Généalogiste du Roi : *Chaalons*, Seneuze, en 4 Feuilles *in-fol.*

41961. ☞ Généalogie de *Conighan*.
Dans l'Hist. de la Nobl. de Touraine, par Souliers, *pag.* 161.]

41962. ☞ Généalogie de le *Conte* de *Nonant*.
Dans l'Hist. généal. de *Bouton*, par Palliot, *pag.* 259, (ci-devant, N.° 41496.)

41963. ☞ Généalogie de *Contet*.
Dans la Rech. de la Nobl. de Champagne.]

41964. ☞ Généalogie de *Contremoret*.
Dans l'Histoire de Berry, par de la Thaumassière, *pag.* 872.]

== Généalogie des Princes de *Conty*, depuis Armand de Bourbon.
Ci-devant, [Tome II. N.° 25847 & *suiv.*]

Eeeee

41965. ☞ Généalogie de la Famille de Conty.
Dans la Rech. de la Noblesse de Picardie.]

41966. ☞ Généalogie de *Constant*, en Berry.
Dans l'Histoire de cette Province, par de la Thaumassière, *pag.* 1047.]

41967. ☞ Généalogie de *Constant*, en Champagne.
Dans la Rech. de la Nobl. de cette Province.]

41968. ☞ Généalogie de *Constantin*, en Anjou & Bretagne.
Dans le Regiftre II. de l'Armorial de MM. d'Hozier.]

41969. ☞ Généalogie de *Constantin*, en Provence.
Dans l'Etat de cette Province, par Robert.]

41970. ☞ Généalogie de *Conzié*, en Bugey.
Dans l'Histoire de Bresse & Bugey, par Guichenon : Contin. de la Part. III. pag. 87.]

41971. ☞ Généalogie de *Coppequesne*.
Dans la Rech. de la Noblesse de Picardie, au Supplément.]

41972. ☞ Généalogie de le *Coq*.
Dans la Généalogie de Larbour de Gombauld, par d'Hozier, *pag.* 141.]

41973. ☞ Généalogie de *Coqueborne*.
Dans l'Histoire de Berry, par de la Thaumassière, *pag.* 1041.]

41974. ☞ Généalogie de *Coquelin* Germigney.
Dans l'Hist. des Sires de Salins, *tom. II. pag.* 97.]

41975. ☞ Généalogie de *Coquet*, en Guyenne.
Dans le Regist. V. de l'Armor. de MM. d'Hozier.]

41976. ☞ Généalogie de la Maison des Coquilles; par Guy COQUILLE : *in-4*.
Elle est aussi imprimée au *tom. I.* de ses Œuvres : *Paris*, 1665, & *Bourdeaux*, 1703, *in-fol.*

41977. ☞ Généalogie de *Corbie*.
Dans l'Histoire des Présidens de Blanchard, *p.* 100.]

41978. ☞ La même, plus ample.
Dans le P. Simplicien, *tom. VI. pag.* 347.]

41979. ☞ Généalogie de *Corbin*.
Dans l'Histoire de Berry, par de la Thaumassière, *pag.* 1047.]

41980. Généalogie de la Maison de Cordelier, & de ses Alliances : 1630, *in-4*.

41981. ☞ Généalogie de Cordelier.
Dans les Généal. des Maîtres des Requêtes, *pag.* 61.]

41982. ☞ Généalogie de le *Cordelier*.
Dans la Recherche de la Noblesse de Champagne.]

41983. ☞ Généalogie de *Cordes*.
Dans l'Etat de la Provence, par Robert. = Dans l'Hist. de la Nobl. de Provence, par Artefeuil, *tom. I. pag.* 280.]

41984. ☞ Généalogie de *Cordon*, en Champagne.
Dans la Rech. de la Nobl. de Champagne.]

41985. ☞ Généalogie de *Cordon*, en Bugey.
Dans l'Histoire de Bresse & Bugey, par Guichenon : Contin. de la Part. III. pag. 91.]

41986. ☞ Généalogie de *Corent*, en Bresse.
Dans la même Histoire : *Part. III. pag.* 127.]

41987. ☞ Généalogie de *Corgenon*.
Dans la même Histoire : *Part. III. pag.* 129.]

41988. ☞ Généalogie de la Maison de *Coriolis*.
Dans l'Etat de la Provence, par Robert. = Dans l'Hist. de la Noblesse de Provence, par Maynier. = Dans celle d'Artefeuil, *tom. I. pag.* 282, & *II. pag.* 581.]

41989. ☞ Généalogie de *Cormis*.
Dans l'Etat de Robert, & dans l'Hist. de Maynier.]

41990. ☞ Généalogie de *Cornalou*.
Dans l'Histoire de Bresse, par Guichenon : *Part. III. pag.* 132.]

41991. ☞ Lettre à M. l'Abbé Trublet, contenant la Généalogie de *Corneille* ; par M. DREUX DU RADIER : 1757, *in-12*.]

41992. ☞ Généalogie de *Cornu*.
Dans la Rech. de la Nobl. de Picardie.]

41993. ☞ Généalogie de le *Cornu*.
Dans l'Histoire de la Maison de Savonières, par Trincant, *pag.* 83.]

41994. ☞ Généalogie de *Corsant*.
Dans l'Histoire de Bresse, par Guichenon : *Part. III. pag.* 133.]

41995. ☞ Généalogie de le *Correur*.
Dans la Recherche de la Noblesse de Picardie, au Supplément.]

41996. Ms. Généalogie de *Cosker*, dite de la *Vieuville*, originaire de Basse-Bretagne.

41997. Ms. Généalogie de la Maison de *Cossé*, originaire du Maine.
Ces deux Généalogies [étoient] dans la Bibliothèque de M. le Baron d'Hoendorff, [& sont aujourd'hui dans celle de l'Empereur.]

41998. ☞ Généalogie de *Cossé*.
Dans Naples Françoise, par Souliers, *pag.* 180.]

41999. ☞ Généalogie de la Maison de Cossé-Brissac.
Dans le P. Simplicien, *tom. IV. pag.* 320.]

42000. ☞ Généalogie de *Cossette*.
Dans la Recherche de la Noblesse de Picardie, au Supplément.]

42001. ☞ Généalogie de *Costantin*.
Dans le P. Simplicien, *tom. VII. pag.* 628.]

42002. ☞ Généalogie de *Cotereau*.
Dans l'Hist. de la Nobl. de Touraine, par Souliers, *pag.* 466.]

42003. ☞ Généalogie de *Cothonnier*.
Dans la Rech. de la Nobl. de Champagne.]

Généalogies particulières des Familles. 771

42004. ☞ Généalogie de *Cottin*, en Picardie & à Paris.

Dans le Regist. VJ. de l'Armor. de MM. d'Hozier.]

42005. Histoire généalogique de la Maison de *Couche*; par André DU CHESNE.

Elle est imprimée avec son Histoire des Ducs de Bourgogne : *Paris*, 1628, *in*-4.

42006. Ms. Le Linage de Coucy & de Dreux, tiré de la Généalogie de BAUDOIN d'Avesne, par l'ordre d'Enguerrand le Grand, Seigneur de Coucy & de Dreux.

Cette Généalogie est conservée dans la Bibliothèque du Roi, entre les Manuscrits de du Chesne, num. 2. L'Auteur a écrit le Linage de Coucy l'an 1303, selon du Chesne, qui en rapporte un Fragment à la page 89 de ses Preuves de l'Histoire généalogique de la Maison de Chastillon, & selon du Bouchet, qui en rapporte aussi des Fragmens aux pages 24 & 38 des Preuves généalogiques de la Maison de Courtenai.

== Histoire & Description généalogique de la Maison de Coucy & de Vervins en Picardie ; par François L'ALLOUETTE, Bailli du Comté de Vertu.

Cette Histoire, imprimée à la fin de son Traité des Nobles, &c. *Paris*, 1557, *in*-4. [a déjà été indiquée ci-dessus, N.° 39850.]

42007. Histoire généalogique de la Maison de Coucy; par André DU CHESNE.

Elle est imprimée avec ses Histoires des Maisons de Guisnes, de Gand, &c. *Paris*, Cramoisy, 1631, *in-fol.*

42008. Histoire des Seigneurs de Coucy; par M. (Nicolas) JOUVET, Chanoine de Laon : *Laon*, Revesson, 1682, *in*-16.

L'Auteur est mort en 1710.

42009. ☞ Ms. Remarques sur les Sépultures des Seigneurs de Coucy.

Ces Remarques sont conservées à Braine, dans la Bibliothèque de M. Jardel.]

42010. ☞ Généalogie de l'ancienne Maison de Coucy ; par M. D'HOZIER.

Elle est à la suite de celle de *Cominges*, ci-dessus, N.° 41951.]

42011. ☞ Généalogie des seconds Sires de Coucy.

Dans le P. Simplicien, *tom. VIII. pag.* 542.

ON peut voir encore l'Histoire de la Ville & des Seigneurs de Coucy, ci-dessus, N.° 34896.]

42012. ☞ Généalogie de *Coucy*, en Champagne.

Dans le Regist. V. de l'Armor. de MM. d'Hozier.]

42013. ☞ Généalogie de *Coucy-Châteauvieux*.

Dans l'Histoire de Bresse, par Guichenon : *Part. III. pag.* 139.]

42014. ☞ Généalogie de *Covet - Marignane*.

Dans l'Etat de la Provence, par Robert.]

42015. ☞ Ms. Abrégé de la Généalogie *Tome III.*

de la Maison de *Cougnac* ou *Cugnac*, en Périgord.

Cet Abrégé étoit dans la Bibliothèque du Collége des Jésuites de Paris, num. 64. On peut voir ce qui est dit de cette Maison dans les Tablettes de M. de Chasot, *in*-24. *tom. IV. pag.* 401.]

42016. ☞ Généalogie de *Couhé*.

Dans l'Histoire de la Noblesse de Touraine, par Souliers, *pag.* 165.]

42017. ☞ Généalogie de *Coullet*.

Dans l'Etat de la Provence, par Robert.]

42018. ☞ Généalogie de *Courault*.

Dans l'Histoire de la Noblesse de Touraine, par Souliers, *pag.* 186.]

42019. ☞ Généalogie de *Couraus - Chevilly*.

Dans l'Histoire de Berry, par la Thaumassière, *pag.* 874.]

42020. ☞ Généalogie des Seigneurs de *Courcelles-la-Garenne*.

Dans le P. Simplicien, *tom. VI. pag.* 658.]

== Généalogie des Seigneurs de *Courtenai*, depuis Pierre de France.

Ci-devant, [Tome II. N.ᵒˢ 25317 & *suiv.*]

42021. ☞ Ms. Extrait de plusieurs Chroniques anciennes, tant de France que des Pays-Etrangers, contenant les Faits & Gestes de plusieurs Personnages illustres de la Maison de Courtenay, à commencer à Assaillant, Comte de Dampmartin, jusques & y compris Jehan de Chabane, Comte de Coucy, Seigneur de Saint-Fargeau, Courtenay, Charmy, avec leur Généalogie; le tout composé par Nicole HOUSSEMAYNE : *in-fol.*

Ce Manuscrit, sur vélin & avec Miniatures, est indiqué dans le Catalogue de M. le Duc de la Vallière; num. 5627.]

42022. ☞ Généalogie de *Courteville*.

Dans la Rech. de la Nobl. de Picardie.]

42023. ☞ Généalogie des *Courtils*.

Dans les Remarques de Louvet, sur la Noblesse Beauvaisienne, *pag.* 435.]

42024. ☞ Généalogie de *Courtin*.

Dans l'Histoire de la Noblesse de Touraine, par Souliers, *pag.* 435.]

42025. ☞ Généalogie de le *Courtois*.

Dans la Rech. de la Nobl. de Champagne.]

42026. ☞ Généalogie de *Courvaisier*.

Dans les Mémoires historiques sur Poligny, *tom. II. pag.* 336.]

42027. ☞ Ms. Généalogie de la Famille des le *Coussin*, à Dijon, faite & dressée sur Titres, Registres du Parlement & Chambre des Comptes de Bourgogne, & autres Preuves ; par Pierre PALLIOT, Parisien, Historiographe du Roi, & Généalogiste du Duché de Bourgogne : 1677, *in*-4.

Cet Original, écrit de la main dudit Palliot, est con-

Eeeee 2

servé dans la Bibliothèque de M. Fevret de Fontette, Conseiller au Parlement de Dijon.]

42028. ☞ Généalogie de *Coussy*.
Dans la Rech. de la Nobl. de Champagne.]

42029. ☞ Généalogie de *Coutance*.
Dans l'Histoire de la Noblesse de Touraine, par Souliers, *pag. 503.*]

42030. ☞ Généalogie de *Coutel*.
Dans les Généal. des Maîtres des Requêtes, *p. 273.*]

42031. ☞ Généalogie de *Covet*.
Dans l'Histoire de la Noblesse de Provence, par Artefeuil, *tom. I. pag. 293.*]

42032. ☞ Généalogie de le *Couvreur*.
Dans la Recherche de la Noblesse de Picardie, au Supplément.]

42033. ☞ Généalogie de *Coysia*.
Dans l'Histoire de Bresse, par Guichenon : *Part. III. pag. 155.*]

42034. ☞ Remarques sur la Maison de *Cramejet*.
Dans le Journal de Verdun, 1748, Novembre & Décembre.]

42035. ☞ Mſ. Généalogie de la Maison de *Craon*; par Pierre le Loyer, Conseiller au Présidial d'Angers.
Elle est citée par M. Ménage, dans son Histoire de Sablé.]

42036. ☞ Généalogie de la Maison de *Craon*.
Elle est imprimée dans le P. Simplicien, *tom. VIII. pag. 567.*]

42037. ☞ Généalogie de *Crendalle*.
Dans la Rech. de la Nobl. de Picardie.]

42038. ☞ Généalogie de *Creny*.
Dans le même Recueil.]

42039. ☞ Généalogie de *Crequy*.
Dans le Recueil des Maisons Nobles d'Amiens, par la Morlière, *pag. 96.* = Dans l'Histoire généal. de Dauphiné, par Allard, *tom. I.*]

42040. ☞ Généalogie de la Maison de Crequy.
Dans le P. Simplicien, *tom. VI. pag. 777.*]

42041. ☞ Arrêt portant condamnation contre l'Attentat sacrilège commis dans l'Eglise de l'Abbaye de Moreuil, par la profanation des Sépulchres & Tombeaux des anciens Seigneurs de la Maison de Crequy, (sur la Requête du Duc de l'Esdiguières, & de la Maréchale de Crequy, du 10 Février 1711 : *in-4.*]

42042. ☞ Généalogie de *Crespin*, en Anjou & dans l'Orléanois.
Dans le Regist. III. de l'Armor. de MM. d'Hozier.]

42043. ☞ Généalogie de Crespin.
Elle est imprimée dans le P. Simplicien, *tom. VI. pag. 632.*]

42044. De Nobili Crispinorum genere : ex compendio Vitæ sancti Lethardi, Abbatis Beccensis.
Cette Généalogie est imprimée *pag. 52* de l'Appendice des Œuvres de Lanfranc : *Parisiis*, 1648, *in-fol.* & *pag. 273* des Preuves de l'Histoire des Cardinaux François, recueillis par François du Chesne : *Paris*, 1666, *in-fol.*

42045. ☞ Sommaire du Procès d'entre le Procureur-Général en la Cour des Aydes, contre Pierre *Crespin*, Sieur de la *Chaboslaye*, (qui se prétendoit Noble, comme descendu d'Echevins d'Angers, de Conseillers, &c.) vers Juin 1659.]

42046. ☞ Généalogie de *Cresson*.
Dans le P. Simplicien, *tom. II. pag. 263.*]

42047. ☞ Généalogie de *Creton*.
Dans la Rech. de la Nobl. de Picardie.]

42048. ☞ Généalogie de *Crevant*.
Dans l'Histoire de la Noblesse de Touraine, par Souliers, *pag. 189.* = Dans l'Histoire de Berry, par de la Thaumassière, *pag. 876.*]

42049. ☞ La même, augmentée.
Dans le Père Simplicien, *tom. V. pag. 762.*]

42050. ☞ Généalogie de *Crevecœur*.
Dans le Recueil des Maisons Nobles d'Amiens, par la Morlière, *pag. 51.*]

42051. ☞ La même, augmentée.
Dans le Pere Simplicien, *tom. VII. pag. 109.*]

42052. ☞ Généalogie du *Crocq*.
Dans la Rech. de la Nobl. de Picardie.]

42053. ☞ Généalogie de la *Croix*, en Bourgogne, à Paris & à Metz.
Dans le Regist. IV. de l'Armor. de MM. d'Hozier.]

42054. ☞ Généalogie de la *Croix*, en Champagne.
Dans la Rech. de la Nobl. de cette Province.]

42055. ☞ Généalogie de la *Croix*, en Languedoc, en Limousin & à Paris.
Dans le Regist. V. de l'Armor. de MM. d'Hozier.]

42056. ☞ Généalogie de la *Croix*, dans le Comtat.
Dans l'Histoire de la Nobl. de ce Pays, par Pithon-Curt, *tom. I. pag. 379*, & *IV. pag. 620.*]

42057. ☞ Généalogie de *Cromot*, en Bourgogne.
Dans le Regist. V. de l'Armor. de MM. d'Hozier.]

42058. ☞ Généalogie des de *Crose*.
Dans l'Etat de la Provence, par Robert. = Dans l'Hist. de la Noblesse de Provence, par Artefeuil, *tom. I. pag. 296* & *298.* Car celui-ci observe qu'il y a deux Familles différentes de ce nom.]

42059. Généalogie de la Maison de *Croy* : *in-fol.*
Elle étoit dans la Bibliothèque de M. Baluze, n. 679, [& est aujourd'hui dans celle du Roi, ainsi qu'un autre Exemplaire] entre les Manuscrits de M. de Gaignières.

42060. Traité ou brief Discours de l'origine

Généalogies particulières des Familles. 773

& defcente de la Maifon de Crouy ou de Croy, en Picardie, Ducs d'Arfcot; par Ifaac DE MALMEDI : *Paris, 1566, in-8.*

42061. La Généalogie & Defcente de la Maifon de Croy, avec les Blazons & Armoiries; par Jean SCOHIER, Chaumontois: *Douay*, Bofcan, 1589, *in-fol.*

42062. ☞ Mf. Hiftoire des Seigneurs de Croy, depuis l'an 1105 jufqu'à préfent, avec les Alliances & les Armes, tirées fur les Titres originaux; où l'on fait voir l'erreur de Scohier, qui a écrit l'Hiftoire de cette Maifon, fans Preuves : *in-fol.*

Cette Hiftoire [étoit] à Amiens, dans le Cabinet de M. de Rouffeville.]

42063. ☞ Deux Généalogies de la Maifon de Croy, dont la feconde par VOET.

Dans la Bibliothèque de la Ville de Paris, num. 519 & 529.]

42064. Généalogie & Defcente de la Maifon de Croy, avec les Portraits en pied des principaux de cette Maifon; gravés par Jacques de BRIE : *Anvers, in-fol.*

42065. Mf. Hiftoire généalogique de la Maifon de Crouy, avec les Blazons & les Quartiers; par Jacques CHEVILLARD, Généalogifte du Roi : *in-fol.*

Cette Hiftoire [étoit] dans le Cabinet de l'Auteur.]

42066. ☞ Généalogie de la Maifon de Croy.

Elle eft imprimée dans le Père Simplicien, *tom. V. pag. 634.*]

42067. ☞ Généalogie de la Maifon de Croy.

Dans la Généalogie de Mailly, (imprimée en 1757,) *pag. 191.*]

42068. ☞ Généalogie de *Crues.*

Dans l'Hiftoire de Breffe, par Guichenon : *Part. III. pag. 56.*]

42069. ☞ Généalogie de *Crugy*, en Rouergue, Quercy, Poitou, &c.

Dans les Regiftres II. & V. de l'Armorial de MM. d'Hozier.]

42070. ☞ Généalogie des Seigneurs de *Cruffol.*

Dans le Père Simplicien, *tom. III. pag. 762.*]

42071. ☞ Généalogie de *Cruffol.*

Dans les Généalogies des Maîtres des Requêtes, *pag. 183.*]

42072. ☞ Généalogie de *Cuers.*

Dans l'Etat de la Provence, par Robert. = Dans l'Hiftoire de la Nobleffe de Provence, par Artefeuil, *tom. I. pag. 299.*]

== Généalogie de *Cugnac.*

Ci-deffus, à *Cougnac*, N.° 42015.

42073. ☞ Généalogie de *Cugnon.*

Dans la Rech. de la Nobl. de Champagne.]

42074. ☞ Généalogie de *Cuiffotte.*

Dans le même Recueil.]

42075. ☞ Généalogie de *Culant.*

Dans l'Hiftoire de Berry, par de la Thaumaffière, *pag. 701.*]

42076. ☞ Mf. Hiftoire généalogique de la Maifon de *Culant*, en Brie : *in-fol.*

Cette Hiftoire, dont l'Auteur n'eft pas connu, étoit entre les mains de M. Nivert, de la Ville de Provins.]

42077. ☞ Généalogie de *Culant.*

Dans la Rech. de la Nobl. de Champagne.]

42078. ☞ Généalogie de la Maifon de *Culant.*

Dans le P. Simplicien, *tom. VII. pag. 78.*]

42079. ☞ Généalogie des *Culant*, Barons de *Cyré*, en Aulnis.

Dans l'Hiftoire de la Rochelle, par M. Arcère, *tom. I. pag. 581.*]

42080. ☞ Mémoire généalogique pour Meffire René-Alexandre, Marquis de Culant, contre le Sieur de la Chenaye des Bois, Auteur du Dictionnaire héraldique, généalogique & hiftorique : *Paris*, 1765, *in-4.* de 51 pages.

M. de Culant a obtenu, contre cet Auteur, une Sentence du Prévôt de la Ville, Prévôté & Vicomté de Paris, le 12 Juin 1765.]

42081. ☞ Généalogie de *Cufance.*

Dans l'Hiftoire de Breffe, par Guichenon : *Part. III. pag. 220.* = Dans le Nobiliaire de la Franche-Comté, ou Tom. III. de Dunod, *pag. 116.*]

42082. ☞ Généalogie de *Cuffigny.*

Dans la Rech. de la Nobl. de Champagne.]

D

42083. ☞ Généalogie de *Dagay.*

Dans les Mémoires hiftoriques fur Poligny, *tom. II. pag. 340.*]

42084. ☞ Généalogie de *Daillon.*

Dans les Additions aux Mémoires de Caftelnau, *tom. II. Edit. de 1731, pag. 699.*]

42085. ☞ Généalogie de la Maifon de Daillon.

Dans le P. Simplicien, *tom. VIII. pag. 189.*]

42086. ☞ Généalogie de *Dainville.*

Dans la Rech. de la Nobl. de Champagne.]

42087. ☞ Généalogie de *Dalle.*

Dans le même Recueil.]

42088. ☞ Généalogie de *Damas.*

Dans le P. Simplicien, *tom. VIII. pag. 317.*]

42089. ☞ Généalogie de *Damas-Thianges.*

Dans la Rech. de la Nobl. de Champagne.]

42090. ☞ Généalogie de *Damien.*

Dans l'Etat de la Provence, par Robert. = Dans l'Hift. de la Nobleffe de cette Province, par Artefeuil, *tom. I. pag. 302.*]

42091. ☞ Généalogie de *Damoiseau.*
Dans la Rech. de la Nobl. de Champagne.]

42092. ☞ Généalogie de *Dampierre.*
Dans la Recherche de la Noblesse de Picardie & de Champagne.]

42093. ☞ Généalogie des anciens Comtes de *Dampmartin.*
Elle est imprimée dans le Père Simplicien, *tom. VIII. pag.* 401.]

42094. ☞ Généalogie en Vers François, des anciens Seigneurs de Dampmartin, d'après la Copie extraite d'un ancien Manuscrit en parchemin, où sont les Portraits des Rois de France, jusqu'à Charles V. inclusivement, & des anciens Seigneurs de Dampmartin, appartenant autrefois à la Maison de Rambures; avec des Observations sur le Texte; par M. DREUX DU RADIER.
Cette Pièce est imprimée dans le Conservateur, 1757, Juillet, *pag.* 99 & 128.]

42095. ☞ Généalogie de *Danès.*
Dans Naples Françoise, par l'Hermite Soliers, *p.*204.]

42096. ☞ Généalogie de *Danglos.*
Dans la Rech. de la Nobl. de Picardie.]

42097. ☞ Généalogie de *Danguy*, à Nantes.
Dans le Regist. V. de l'Armor. de MM. d'Hozier.]

42098. ☞ Généalogie de *Danois.*
Dans la Rech. de la Nobl. de Champagne.]

42099. ☞ Généalogie de *Danvin.*
Dans la Recherche de la Noblesse de Picardie.]

42100. ☞ Généalogie de *Danzel.*
Dans le même Recueil.]

42101. ☞ Généalogie de *Dassier*, en Angoumois.
Dans le Regist. V. de l'Armor. de MM. d'Hozier.]

42102. ☞ Généalogie de *David.*
Dans l'Hist. des Sires de Salins, *tom. II. pag.* 103.]

== Généalogie des *Dauphins* de Viennois.
Ci-dessus, [N.os 37941 & *suiv.*]

42103. Genealogia Delphinensium Comitum : *Gratianopoli, in-fol.*

42104. ☞ Généalogie de *Daussy.*
Dans le P. Simplicien, *tom. VIII. pag.* 231.]

42105. ☞ Généalogie de *Dauthier.*
Dans l'Histoire de la Noblesse de Provence, par Artefeuil, *tom. I. pag.* 305.]

42106. ☞ Généalogies de *Dauvet.*
Dans les Remarq. de Louvet, sur la Noblesse Beauvaisienne, *pag.* 507.=Dans les premiers Présidens de Blanchard, *pag.* 41.]

42107. ☞ Généalogie de *Dauvet.*
Dans le P. Simplicien, *tom. VIII. pag.* 774.]

42108. ☞ Généalogie de *Davy.*
Dans la Rech. de la Nobl. de Champagne.]

42109. ☞ Généalogie de la Maison de *Dedons.*
Dans l'Etat de la Provence, par Robert. = Dans l'Histoire de la Noblesse de Provence, par Artefeuil, *tom. I. pag.* 307.]

42110. ☞ Généalogie de *Deduit.*
Dans la Rech. de la Nobl. de Champagne.]

42111. ☞ Généalogie de la Maison *Delbene.*
Dans la Toscane Françoise, par J. B. l'Hermite-Soliers : *Paris, 1662, in-*4.]

42112. ☞ Généalogie de *Demandols.*
Dans l'Etat de la Provence, par Robert. = Dans l'Histoire de la Noblesse de Provence, par Artefeuil, *tom. I. pag.* 311.]

42113. ☞ Généalogies de *Denys de Chateau-brulé*, & de *Denys de Pargny.*
Dans la Rech. de la Nobl. de Champagne.]

42114. ☞ Généalogie de *Denyse.*
Dans le même Recueil.]

42115. Mf. Généalogie de *Déols* & de Chateauroux en Berry, jusqu'en 1422; par Jean DE LA GOGUE, Prieur de S. Gildas : *in* 4.
Ce Prieur fleurissoit au XVe Siècle. Son Histoire [étoit] à Paris dans le Cabinet de Mr Pinson, Avocat au Parlement, mort en 1718.

== Series genealogica DD. Dolensium & Castri - Rodulphi, cum nominibus Abbatum sanctæ Mariæ Burgidolensis.
On a déjà indiqué cette Généalogie : elle est imprimée dans l'Appendice de l'Histoire de Bourges, par le P. Labbe : *Paris, 1647, in-*12. *pag.* 740, du Tome I. de sa Nouvelle Bibliothèque des Manuscrits.

42116. ☞ Généalogie de *Descajeul.*
Dans la Rech. de la Nobl. de Picardie.]

42117. ☞ Généalogie de *Descolard.*
Dans l'Histoire de Berry, par de la Thaumassière, *pag.* 1145.]

42118. ☞ Généalogie de *Descaut.*
Dans la Recherche de la Noblesse de Picardie.]

42119. ☞ Généalogie de *Desfriches.*
Dans le même Recueil.]

42120. ☞ Généalogie de la Famille des *Desguès* ou *Desguez*, au Maine.
On la trouve, en une grande Feuille, à la fin d'un Mémoire de M. Restaut, Avocat aux Conseils, pour Charles - Hébert de Champozou, ancien Garde du Roi, &c. *Paris, 1760, in-*4.]

42121. ☞ Généalogie de *Desidery.*
Dans l'Etat de la Provence, par Robert. = Dans l'Hist. de la Nobl. de Provence, par Artefeuil, *tom. I. pag.* 316.]

42122. ☞ Généalogie de *Despousses.*
Dans la Recherche de la Noblesse de Picardie.]

42123. ☞ Généalogie de *Destrech.*
Dans l'Etat de la Provence, par Robert.]

42124. ☞ Mémoire sur la Maison de *Deuilly*, en Lorraine.
Dans la dernière Edition de l'Histoire de Lorraine, par Dom Calmet, à la tête du *tom. II. pag.* xiv.]

Généalogies particulières des Familles.

42125. ☞ Généalogie des le *Devin*, de Sablé.

Dans les Remarques de l'Abbé Ménage, sur la Vie de Ayrault, &c. *pag.* 315, & aux Additions.]

42126. ☞ Généalogie de *Didier*.

Dans la Recherche de la Noblesse de Champagne.]

42127. ☞ Généalogie de *Dieudé*.

Dans l'Hist. de la Nobl. de Provence, par Artefeuil, *tom. I. pag.* 319.]

42128. ☞ Généalogie de la Maison de *Dinant*.

Dans le Père Simplicien, *tom. VIII. pag.* 577.]

42129. ☞ Généalogie des Seigneurs de *Dinteville*.

Dans le même, *tom. VIII. pag.* 715.]

42130. ☞ Suite généalogique de la Maison de *Dinteville-Potify*.

Cette Suite est imprimée dans les Mélanges de Nic. Camusat : 1644, *tom. II. pag.* 211.]

42131. Histoire généalogique des Comtes de *Diois*, par André DU CHESNE.

Elle est imprimée dans son Histoire des Ducs de Bourgogne : *Paris*, 1628, *in-*4.

42132. ☞ Généalogie de *Dippre*.

Dans la Recherche de la Noblesse de Picardie.]

42133. ☞ Généalogie de *Disquemue*.

Dans le même Recueil.]

42134. ☞ Généalogie de *Dodieu*.

Dans les Mazures de l'Isle-Barbe ; par Cl. le Laboureur, *tom. II. pag.* 289.]

42135. Table généalogique des anciens Seigneurs de *Dombes* ; par André DU CHESNE.

Cette Table est imprimée avec son Histoire des Ducs de Bourgogne : *Paris*, 1628, *in-*4.

42136. ☞ Généalogie de *Doncœur*.

Dans la Recherche de la Noblesse de Picardie.]

42137. ☞ Généalogie de *Doni*.

Dans l'Etat de la Provence, par Robert. = Dans l'Histoire de la Noblesse du Comtat, &c. par Pithon-Curt, *tom. I. pag.* 385, & *IV. pag.* 621.]

42138. ☞ Généalogie de *Donis*.

Dans l'Histoire de la Noblesse de Provence, par Artefeuil, *tom. I. pag.* 320.]

42139. ☞ Généalogie de *Donodei*.

Dans l'Histoire de la Noblesse du Comtat, &c. par Pithon-Curt, *tom. I. pag.* 391.]

42140. ☞ La même, augmentée.

Dans l'Hist. de la Nobl. de Provence, par Artefeuil, *tom. I. pag.* 323.]

42141. ☞ Généalogie de *Dorat*, à Paris.

Dans le Regist. II. de l'Armor. de MM. d'Hozier.]

42142. ☞ Généalogie de *Doria*.

Dans l'Etat de la Provence, par Robert.]

42143. ☞ Généalogie de *Dormans*.

Dans les Généalogies des Maîtres des Requêtes, *pag.* 190.]

42144. ☞ La même, augmentée.

Dans le P. Simplicien, *tom. VII. pag.* 333.]

42145. ☞ Généalogie de *Dornant*, en Normandie.

Dans le Registre VI. de l'Armorial de MM. d'Hozier.]

42146. ☞ Généalogie de *Doroz*.

Dans les Mémoires historiques sur Poligny, *tom. II. pag.* 348.]

42147. Généalogie de *Dorsanne* ; par Nicolas CATHERINOT : *Paris*, 1673, *in-*4.

42148. ☞ La même, augmentée ; par DE LA THAUMASSIÈRE.

Dans son Histoire de Berry, *pag.* 1057.]

42149. ☞ Généalogie de *Dortans*, en Bugey.

Dans l'Histoire de Bresse & Bugey, par Guichenon : Contin. de la Part. III. *pag.* 98.]

== Histoire des Ducs & Duchesses de *Douay* ; par Martin L'HERMITE.

Ci-dessus, [N.° 39033.]

42150. ☞ Généalogie de *Doucet*.

Dans la Recherche de la Noblesse de Champagne.]

42151. ☞ Généalogie de la Maison de *Douglas*.

Dans le P. Simplicien, *tom. IX. pag.* 399.]

42152. ☞ Généalogie de le *Doulcet*, en Normandie.

Dans le Registre IV. de l'Armorial de MM. d'Hozier.]

42153. ☞ Généalogie de le *Doullé*.

Dans l'Histoire de Berry, par de la Thaumassière, *pag.* 1056.]

42154. ☞ Généalogie de du *Drac*.

Dans les Présidens de Blanchard, *pag.* 38.]

== Généalogie des Comtes de *Dreux* & de Braine, depuis Robert de France.

Ci-devant, [Tome II. N.° 25303.]

42155. Mf. Généalogie des Maisons de Dreux, de Braine, de Roucy, de la Mark, de Sarrebruck, Damoiseau de Commercy, de Rostaing, des Comtes d'Eu : *in-fol.*

Cette Généalogie des différens Comtes de Braine, est conservée entre les Manuscrits de M. Dupuy, n. 387.

== ☞ Déduction généalogique, en abrégé, de la Branche y mentionnée de la Maison de Dreux, suivant les Preuves : 1665, *in-fol.*

☞ Il s'agit, dans cette Pièce, du Marquis de Pranzac, qui prétendoit descendre de la Maison de Dreux. Le P. le Long l'a déja citée comme imprimée en 1658. (Ci-devant, Tome II. N.° 25309.) Si cette première Edition est réelle, celle-ci seroit une seconde.]

42156. Requête présentée au Roi, par Hercule, Seigneur Châtelain de Folsay [ou Fossoy,] &c. Henri, Seigneur de Rambeville, & Alexandre, Marquis de Pranzac, & autres Souverains d'Argiliers : *in-fol.*

42157. ☞ Remarques sur la Déduction généalogique, en abrégé, de la Branche de Dreux, d'où prétend être descendu M. le Marquis de Pranzac : 1666, *in-fol.*]

42158. ☞ Placet présenté au Roi, le 13 Septembre 1667, par M. le Marquis de Pranzac, (au sujet de cette prétention :) 1667, *in-fol.*]

42159. ☞ Réponse à la Requête de M. de Pranzac, Prince du Sang imaginaire ; par DU BOUCHET : *Paris*, 1667, *in-fol.*

M. de Pranzac voulant se faire de la Maison de Dreux, avoit forgé une Branche de Rhédon, d'où il prétendoit venir ; mais M. du Bouchet en prouva la fausseté, & fit voir qu'il étoit petit-fils d'un Cabaretier des Fauxbourgs d'Angoulême. Il y a dans la Bibliothèque de M. Jardel, à Braine, un Exemplaire de toutes ces Pièces, (depuis la *Déduction*, &c.) chargées de beaucoup de Notes de la main de MM. de Sainte-Marthe.]

42160. ☞ Factum d'Alexandre Rhédon, Marquis de Pranzac, contre M. le Procureur-Général : 1669, *in-4.*

Le même, augmenté, avec des Réflexions sur la Réponse du Sieur du Bouchet, & une Requête du Sieur de Pranzac : 1674, *in-4.*]

42161. ☞ Arrêt du Parlement, du 7 Février 1670, qui condamne ledit Alexandre Rhédon : *in-4.*]

42162. ☞ Généalogie de *Drouart*.

Dans la Recherche de la Noblesse de Champagne.]

42163. ☞ Généalogie de *Droulin*, en Normandie.

Dans le Regist. II. de l'Armor. de MM. d'Hozier.]

42164. ☞ Généalogie de *Druays*.

Dans l'Histoire de Bresse, par Guichenon : *Part. III. pag.* 158.]

42165. ☞ Généalogie de *Duban*.

Dans l'Histoire de Berry, par de la Thaumassière, *pag.* 1059.]

42166. ☞ Généalogie de *Dubreiul*.

Dans l'Histoire de la Noblesse de Touraine, par Souliers, *pag.* 209.]

42167. ☞ Généalogie de *Dubrueil*.

Dans l'Etat de la Provence, par Robert.]

42168. Généalogie des Seigneurs de la *Dufferie*, sortis de la Maison des Baglioni, Seigneurs Souverains de Perouse, en Italie ; par Pierre D'HOZIER : *Paris*, Cramoisy, 1622, *in-fol.*

☞ L'Abbé Ménage, dans ses Remarques sur la Vie de Guillaume Ménage son père, (qui suivent celles sur Pierre Ayrault,) *pag.* 433, nous apprend que l'Auteur de la Généalogie de la Dufferie, imprimée, dit-il, en 1662, & qui porte le nom du Sieur d'Hozier, est de l'Abbé (Jean) le Laboureur. Ils peuvent y avoir travaillé tous deux.]

42169. Généalogie de *Dulaurens*, originaire de Naples ; par J. B. L'HERMITE DE SOULIERS, Chevalier de l'Ordre du Roi, & l'un des Gentilshommes servant Sa Majesté : *Arles*, Mesnier, 1656, *in-4.*

Cette Maison a produit un Archevêque d'Arles, un autre d'Embrun, & un fameux Médecin.

42170. ☞ Généalogie de *Duprat*.

Dans les Généalogies des Maîtres des Requêtes, *pag.* 237.]

42171. ☞ Généalogie de *Duprel*.

Dans l'Histoire des Sires de Salins, *tom. II. p.* 106.]

42172. ☞ Généalogie de *Dupuy*.

Dans les Mémoires de l'Abbé de Marolles, *in-fol. pag.* 404.]

42173. ☞ Généalogie de *Durand*, en Bourgogne.

Dans le Regist. VI. de l'Armor. de MM. d'Hozier.]

42174. ☞ Généalogie de *Durant-Bonrecueil*, & de *Durant de Fuveau*.

Dans l'Etat de la Provence, par Robert, & dans les Généalogies de Maynier.]

42175. ☞ Généalogie de *Durant de Sartoux*, en Provence.

Dans l'Hist. de la Noblesse de cette Province, par Artefeuil, *tom. I. pag.* 328.]

42176. ☞ Généalogie de la Maison de *Duranty*.

Dans le même Ouvrage, *tom. I. pag.* 330.]

42177. Mf. Antiquités de la Maison de *Duras* : *in-fol.*

Ces Antiquités [étoient] dans la Bibliothèque de M. le premier Président de Mesme.

— ☞ Généalogie de la Maison des Ducs de Duras.

C'est la même que celle de *Durfort*, ci-après.]

42178. ☞ Généalogie de *Durat*, en Bourbonnois & Pays de Combrailles.

Dans le Registre V. de l'Armor. de MM. d'Hozier.]

42179. ☞ Généalogie de la Maison de *Durfort*.

Dans le Père Simplicien, *tom. V. pag.* 720.]

42180. ☞ Généalogie de la même : *Paris*, J. Th. Hérissant, 1771, *in-4.*]

42181. ☞ Généalogie de *Dyo-Palatin*.

Dans l'Origine des Bourguignons, &c. par Saint-Julien-Baleure, *pag.* 344.]

42182. ☞ La même, augmentée.

Dans les Mazures de l'Isle-Barbe, par Cl. le Laboureur, *tom. II. pag.* 478.]

42183. ☞ La même, augmentée.

Dans l'Histoire de la Maison des Salles, par D. Calmet, *pag.* 39.]

∫ E

42184. Historia & Genealogia Comitum *Egmondanorum*; Auctore Petro Cornelisionio BROCKEMBERGIO : *Lugduni-Batav*. 1589, *in-8.*

42185. Abrégé historique de la Maison d'Egmont : *in-4.* (imprimé depuis 1707.)

Cet Abrégé a été composé par le Sieur LE COCQ la Magdelaine,

Généalogies particulières des Familles.

Magdelaine, Lieutenant-Colonel du Régiment d'Egmont.

42186. ☞ Généalogie d'*Eguéfier*.
Dans l'Histoire de la Noblesse de Provence, par Artefeuil, *tom. I. pag.* 334.]

42187. ☞ Généalogie d'*Eltouf-Pradines*.
Dans la Recherche de la Noblesse de Champagne.]

42188. ☞ Généalogie d'*Emenjaud*.
Dans l'Etat de la Provence, par Robert.]

42189. ☞ Généalogie de la Famille l'*Empereur*, en Champagne & dans la Brie.
Dans le Regift. II. de l'Armor. de MM. d'Hozier.]

42190. Histoire généalogique des Seigneurs d'*Enghien*, de la Maison de Luxembourg & de Bourbon; par Pierre COLINE, Chevalier & Seigneur de Hettefelde.
Cette Histoire généalogique est imprimée avec son Histoire des choses plus memorables arrivées en Europe, &c. *Mons*, 1634; *Tournay*, 1643, *in-*4.

== ☞ Généalogie d'*Entragues*.
Ci-dessus, à *Balzac*, N.° 41111.]

42191. ☞ Généalogie d'*Entraigues*, en Languedoc.
Dans le Reg. III. de l'Armor. de MM. d'Hozier.]

42192. Mf. Généalogie d'*Erian-Villebranche*, en Touraine.
Dans les Mémoires de l'Abbé de Marolles, *in-fol. pag.* 365.]

42193. ☞ Généalogie d'*Ernecourt*.
Dans la Recherche de la Noblesse de Champagne.]

42194. ☞ Généalogie d'*Esaivelles*.
Dans la Recherche de la Noblesse de Champagne.]

42195. ☞ Généalogie d'*Escalis*.
Dans l'Etat de la Provence, par Robert.]

42196. ☞ Généalogie d'*Escamin*.

42197. ☞ Généalogie d'*Escannevelle-Coucy*.

42198. ☞ Généalogie d'*Escannevelle-Rocan*.
Ces trois Généalogies se trouvent dans la Recherche de la Noblesse de Champagne.]

42199. ☞ Généalogie de la Maison d'*Escars*.
Dans le P. Simplicien, *tom. II. pag.* 228.]

42200. ☞ Généalogie d'*Escars-Péruffe*.
Dans la Généalogie d'*Amanzé*, par Palliot, *pag.* 44.]

42201. ☞ Généalogie d'*Eschallard*.
Dans le Palais de l'Honneur du P. Anselme, *p.* 377.]

42202. ☞ Généalogie d'*Escoubleau*.
Dans l'Hift. de la Nobl. de Touraine, par Souliers, *pag.* 231.]

42203. ☞ Généalogie d'*Esmivy*.
Dans l'Etat de la Provence, par Robert.= Dans l'Histoire de la Noblesse de Provence, par Artefeuil, *tom. I. pag.* 339, & *tom. II. pag.* 582.]

Tome III.

42204. ☞ Généalogie d'*Espagnet*.
Dans l'Etat de la Provence, par Robert.]

42205. ☞ Généalogie des Aux *Espaules*.
Dans l'Histoire des Maisons Nobles de Normandie, par de la Roque.]

42206. ☞ Généalogie de la Maison d'*Esparbez*.
Dans le P. Simplicien, *tom. VII. pag.* 448.]

42207. Mf. Recherches de la Maison de M. d'*Espernon*, Jean-Louis de Nogaret, Pair de France; par Bernard DE LA ROCHE, Préfident aux Requêtes de Tolofe.
Ces Recherches font citées par la Croix du Maine, dans sa Bibliothèque Françoise.

42208. ☞ Généalogie d'*Espie*, à Toulouse & en Portugal.
Dans le Registre IV. de l'Armorial général de MM. d'Hozier.]

42209. ☞ Généalogie d'*Espinaffy*.
Dans l'Etat de la Provence, par Robert. = Dans l'Histoire de la Noblesse de Provence, par Artefeuil, *tom. I. pag.* 342, & *II. pag.* 582.]

42210. ☞ Généalogie d'*Espinay*.
Dans l'Histoire généal. de Bretagne, par du Paz, *pag.* 263.]

42211. ☞ Abrégé généalogique de la Maison d'*Espinay*, contenant sa directe & les 512 Quartiers de feu M. le Marquis d'Espinay; par M. KAERDANIEL.]

42212. ☞ Généalogie de l'*Espinay*.
Dans les Remarq. de Louvet sur la Noblesse Beauvaisienne, *pag.* 616.]

42213. ☞ Généalogie de l'*Espine*.
Dans l'Histoire de la Noblesse du Comtat, &c. par Pithon-Curt, *tom. II. pag.* 397, & *tom. IV. p.* 621.]

42214. ☞ Généalogie d'*Espinoy*.

42215. ☞ Généalogie d'*Essaux*.
Ces deux Généalogies sont dans la Recherche de la Noblesse de Champagne.]

42216. ☞ Généalogie des *Essarts*.
Dans la Recherche de la Noblesse de Picardie.]

42217. ☞ La même, augmentée.
Dans le P. Simplicien, *tom. VIII. pag.* 555.]

42218. ☞ Généalogie d'*Estaing*.
Dans la Recherche de la Noblesse de Champagne.]

42219. ☞ Généalogie de la Maison d'*Estampes*.
Dans le P. Simplicien, *tom. VII. pag.* 540.]

42220. ☞ Généalogie d'*Estampes-Valencey*.
Dans les Généalogies des Maîtres des Requêtes, *pag.* 160.]

42221. ☞ Généalogie de la Maison de l'*Estang*.
Dans l'Etat de la Provence, par Robert.=Dans l'Histoire de la Noblesse de Provence, par Artefeuil, *tom. I. pag.* 344.]

Fffff

Liv. IV. Histoire Civile de France.

42222. ☞ Généalogie du Cardinal d'*Esteing* : *in*-4.]

42223. ☞ Généalogie d'*Estelle*, en Provence.

Dans le Registre V. de l'Armor. de MM. d'Hozier.]

42224. ☞ La même, augmentée, &c.

Dans l'Histoire de la Noblesse de Provence, par Artefeuil, *tom. I. pag.* 346, & *II. pag.* 584.]

42225. ☞ Généalogie d'*Esterno*.

Dans l'Histoire des Sires de Salins, *tom. II. p.* 112.]

42226. ☞ Généalogies de différentes Familles d'*Estienne*.

Dans l'Etat de la Provence, par Robert. = Dans les Généalogies de Maynier. = Dans l'Histoire de la Noblesse de Provence, par Artefeuil, *tom. I. pag.* 349, 352, 354, & *tom. II. pag.* 584. = Dans l'Histoire de la Noblesse du Comtat, &c. par Pithon-Curt, *tom. I. pag.* 409.]

42227. ☞ Généalogie d'*Estiévre*, en Normandie.

Dans le Registre V. de l'Armor. de MM. d'Hozier.]

42228. ☞ Généalogie d'*Estivaux*.

Dans la Recherche de la Noblesse de Champagne.]

42229. ☞ Généalogie d'*Estoquois*.

Dans la Recherche de la Noblesse de Champagne.]

42230. ☞ Généalogie d'*Estournel*.

Dans le Recueil des Maisons Nobles d'Amiens, par la Morlière, *pag.* 181.]

42231. ☞ Généalogie de la Maison d'*Estouteville*.

Elle est imprimée dans le Père Simplicien, *tom. VIII. pag.* 88.]

42232. ☞ Recueil des Titres de la Maison d'Estouteville : *Paris*, Montalant, 1741, *in* 4.

Ce Recueil contient un grand nombre de Pièces généalogiques, Mémoires, Arrêts, au sujet de la Prétention de M. Paul-Edouard Colbert, fils de J. B. Colbert, Marquis de Seignelay, & de Thérèse de Matignon, de porter le titre du Duché d'Estouteville, du chef de sadite mère, contre M. le Duc de Valentinois. Contestation qui s'est élevée en 1731.]

42233. Trois Mémoires de Georges LE ROY, Avocat au Parlement sur le Duché d'Estouteville, pour Jacques de Matignon, Comte de Torigny, contre Henri Légitimé de Bourbon, Chevalier de Soissons: *Paris*, Lambin, 1710, *in-fol.*

42234. ☞ Généalogie d'*Estrac*.

Dans la Recherche de la Noblesse de Champagne.]

42235. Généalogie de la Maison d'*Estrade*, en Agénois; par Scipion DUPLEIX : *Bourdeaux*, Millanges, 1655, *in*-4.

42236. ☞ Autre Généalogie d'Estrade.

Dans le Père Simplicien, *tom. VII. pag.* 600.]

42237. Factum pour la Généalogie de la Maison d'*Estrées*, & de la gloire qu'elle a tirée de l'Alliance des Princes de Vendôme: *Paris*, 1678, *in*-12.

Ce Factum est signé DE BONAIR. Antoine VARILLAS s'est caché sous ce nom, dont il s'étoit déja servi dans la première édition de sa Politique de la Maison d'Autriche.

☞ Varillas s'est avisé de prendre ce nom, parce qu'il y avoit déja eu un Livre imprimé sous ce titre : » Factum pour Henri de Bonair Stuart, Historiographe » du Roi, & l'un des vingt-cinq Gentilshommes de sa » Garde Ecossoise, sur la bravoure & la conduite du » Chevalier de Vendôme, & sur les avantages des En-» fans Naturels de nos Rois & leurs Descendans : 22 Août » 1676, *in*-8. »

Le vrai de Bonair est un pitoyable Ecrivain.]

42238. ☞ Généalogie de la Maison d'Estrées.

Dans le P. Simplicien, *tom. IV. pag.* 596.]

42239. ☞ Généalogie d'*Estresses*, anciennement de *Roquet*, en Limousin & en Rouergue.

Dans le Registre II. de l'Armor. de MM. d'Hozier.]

42240. ☞ Généalogie d'*Etampes*.

Dans l'Histoire de Berry, par de la Thaumassière, *pag.* 885.]

42241. ☞ Généalogie de l'*Etouf*.

Dans les Mémoires du Baron de Sirot : 1683, à la fin du *tom. II.*]

42242. Mf. Les Noms des Comtes d'*Eu*, des Comtesses leurs Femmes & de leurs Enfans, depuis le temps que l'Abbaye de Toularmont fut fondée par les Seigneurs susdits, jusqu'à l'an de Jesus-Christ 1340.

Ce Catalogue est conservé dans la Bibliothèque du Roi, entre les Manuscrits de M. du Chesne, num. 2.

42243. Chronique de la Maison d'Eu, de laquelle est sortie celle de Nevers, depuis l'an 1302 jusqu'en 1550 : *in-fol.*

Cette Chronique est conservée dans la Bibliothèque du Roi, entre les Manuscrits de M. du Chesne, num. 2, [& entre ceux] de M. Colbert, num. 1292.

42244. Mf. Historia Comitum Eusei in Normannia, fundatorum Monasterii Fulcardi Montis; Auctore Religioso anonymo hujus Monasterii.

Cette Histoire est citée par Charles de Vich, *p.* 116, de sa Bibliothèque de l'Ordre de Cîteaux.

42245. ☞ Généalogie de l'*Evêque*.

Dans l'Etat de la Provence, par Robert.]

42246. ☞ Généalogie de l'*Evesque*.

Dans l'Histoire de la Noblesse de Provence; par Artefeuil, *tom. I. pag.* 356.]

42247. ☞ Généalogie d'*Evrard*.

Dans les Remarques de Louvet, sur la Noblesse Beauvaisienne, *pag.* 642.]

== Généalogie des Comtes d'*Evreux*, depuis l'an 1325.

Ci-devant, [Tome II. N.° 35381 *& suiv.*]

42248. Mf. Généalogie des six Comtes d'E-

Généalogies particulières des Familles. 779

vreux, issus des Ducs de Normandie ; par D'AVIRON.

Cette Généalogie est conservée entre les Manuscrits de M. Dupuy, num. 690.

42249. ☞ Généalogie d'*Eyssautier*, ou *Eissautier*.

Dans l'Etat de la Provence, par Robert. = Dans l'Histoire de la Noblesse de Provence, par Artefeuil, tom. I. pag. 336.]

F

42250. ☞ Généalogie de *Fabre*.

Dans l'Histoire de la Noblesse de Provence, par Artefeuil, tom. I. pag. 359, & tom. II. pag. 585.
Robert avoit donné les Généalogies de *Fabre* de Marseille, & de *Fabre-Maxan*.]

42251. ☞ Généalogie de *Fabry*.

Dans le même Ouvrage, tom. I. pag. 361.]

42252. ☞ Généalogie de *Fabri de Rians*, & de *Fabri de Fabregues*.

Dans l'Etat de la Provence, par Robert.]

42253. ☞ Généalogie de *Faguet*, en Beauvaisis & Picardie.

Dans les Remarques de Louvet, sur la Noblesse de ce Pays, pag. 648, & dans la Recherche de celle de Picardie.]

42254. ☞ Généalogie de *Failly*.

Dans la Recherche de la Noblesse de Champagne.]

42255. ☞ Généalogie de *Falantin*, dans le Pays de Foix.

Dans le Regist. V. de l'Armor. de MM. d'Hozier.]

42256. ☞ Mss. Actes qui regardent la Maison de *Falconi*, de Cavaillon, recueillis par M. de Rignac.

Ils sont conservés dans la Bibliothèque de M. le Marquis d'Aubais, num. 47.]

42257. ☞ Généalogie de *Faletans*.

Dans l'Histoire des Sires de Salins, tom. II. p. 137.]

42258. ☞ Généalogie de *Famechon*.

Dans la Rech. de la Nobl. de Picardie.]

42259. ☞ Généalogie de *Farci*, en Normandie, Bretagne, Maine & Picardie.

Dans le Reg. II. de l'Armor. de MM. d'Hozier.]

42260. Généalogie de la Maison de la *Fare*; par Charles D'HOZIER : Montpellier, 1695, *in-fol*.

42261. ☞ Généalogie de la Fare.

Dans le Père Simplicien, tom. II. pag. 134.]

42262. ☞ Généalogie de la Maison de la Fare; par le P. Pierre ALEXIS (Caquet), Augustin, (Successeur du P. Simplicien, &c.) 1766, *in-8*.]

42263. ☞ Généalogie de *Farges* ou *Fargis*.

Dans l'Etat de la Provence, par Robert. = Dans Maynier. = Dans l'Histoire de la Noblesse de Provence, par Artefeuil, tom. I. pag. 363.]

42264. ☞ Généalogie de *Fassion*.

Dans l'Hist. généalogiq. de Dauphiné, par Allard, tom. III.]

42265. ☞ Généalogie de *Faucher*.

Dans l'Etat de la Provence, par Robert.]

42266. Généalogie de la Maison de *Faudoas*; par l'Abbé DE SEQUAINVILLE : Paris, 1688, *in-4*.

42267. ☞ Histoire généalogique de la Maison de *Faudoas* ; par l'Abbé de Faudoas, Prévôt de Montauban : 1724, *in-4*.]

42268. ☞ Lettre de l'Auteur du Calendrier des Princes & de la Noblesse de France, (M. de la Chenaye des Bois,) en réponse à celle insérée dans le Mercure de Juin, sur les Maisons de Faudoas & de Rochechouart. *Mercure*, 1762, *Juillet*, pag. 104.]

42269. ☞ Généalogie de *Faudran*.

Dans l'Etat de la Provence, par Robert. = Dans l'Histoire de la Noblesse de Provence, par Artefeuil, tom. I. pag. 371, & II. pag. 386.]

42270. ☞ Généalogie de *Faverges* & de *Rebé*.

Dans les Mazures de l'Isle-Barbe, par Cl. le Laboureur, tom. II. pag. 301 & 314.]

42271. ☞ Généalogie de *Faverolles*.

Dans l'Histoire de la Noblesse de Touraine, par Souliers, pag. 233.]

42272. ☞ Généalogie de *Favier*.

Dans la Recherche de la Noblesse de Picardie.]

42273. ☞ Généalogie de *Faulong*, en Guyenne.

Dans le Reg. VI. de l'Armor. de MM. d'Hozier.]

42274. ☞ Généalogie de du *Faur*.

Dans les Présidens de Blanchard, pag. 283.]

42275. Généalogie de la Maison du Faur, divisée en trois Branches ou trois chefs de familles, avec quelques réflexions sur le droit qu'a cette Maison de se dire la première longue Robe de France ; le tout tiré des Actes publics : *Toulouse*, Boule, 1659, *in-fol*.

On lit, dans l'Avertissement au Lecteur, que cette Généalogie a été écrite à Paris il y a quelque temps, par un Auteur plein d'honneur & de mérite ; qui faute de Mémoires pris du Pays ou de ceux de la Maison, a omis beaucoup de choses, & s'est mépris en d'autres. Celui qui a eu soin de cette Edition, supplée à ces défauts, & les corrige.

☞ *Voyez* le *Dictionnaire de Moréri*. = Lenglet Méth. hist. in-4. tom. IV. pag. 441.]

42276. ☞ Généalogie de du *Faur-S... nt... Jorry*.

Dans les Généal. des Maîtres des Requêtes, pag. 270.]

42277. ☞ Généalogie de *Favre de Peroges*.

Dans l'Histoire de Bresse, par Guichenon : Part. III. pag. 160.]

42278. ☞ Généalogie de F... ris.

Dans l'Etat de la Provence, par P... rt.]

Tome III. Ffff

42279. Généalogie de la Maison de du *Fay*, en Normandie; par Gilles-André DE LA ROQUE.

Cette Généalogie est imprimée avec le Factum pour François-Emmanuel de Créquy, Duc de Lesdiguieres; contre Charles-Estienne du Fay : 1654, *in-fol.*

42280. ☞ Généalogie de du Fay.

Dans les Maisons Nobles de Normandie, par de la Roque.]

42281. ☞ Généalogie de *Fay*, en Picardie.

Dans la Rech. de la Noblesse de cette Province.]

42282. ☞ Généalogie de *Fay-d'Athies*.

Dans la Rech. de la Noblesse de Champagne.]

42283. ☞ Généalogie de *Fay-de-Villiers*, en Dauphiné.

Dans le Reg. V. de l'Armor. de MM. d'Hozier.]

42284. ☞ Généalogie de la Maison de Fay; par M. (Denys-François) GASTELIER de la Tour : 1762, *in-4*.]

42285. ☞ Généalogie de Faye d'Espeisses.

Dans les Présidens de Blanchard, *pag.* 321.]

42286. ☞ Généalogie de la *Fayette*.

Dans le Palais de l'Honneur du P. Anselme, *p.* 392.]

42287. ☞ Généalogie de *Fayet*, au Diocèse de Mende.

Dans le Regist. V. de l'Armor. de MM. d'Hozier.]

42288. ☞ Généalogie de le *Febvre-la-Planche*.

Dans la Rech. de la Nobl. de Champagne.]

42289. ☞ Généalogie de *Feillens de Montiernos*.

Dans l'Histoire de Bresse, par Guichenon : Part. III. *pag.* 167.]

42290. ☞ Généalogie de *Feligny*.

Dans le même Recueil.]

42291. ☞ Généalogie de *Felix*.

Dans l'Etat de la Provence, par Robert. = Dans l'Histoire de la Noblesse de Provence, par Artefeuil, *tom. I. pag.* 373; & *tom. II. pag.* 588.]

42292. ☞ Généalogie de *Fenis*, en Limousin.

Dans le Regist. II. de l'Armor. de MM. d'Hozier.]

42293. Généalogie de Jean *Fenoyl* Turcy. Le Comte imaginaire démasqué ; de la véritable origine de la Famille des Fenoyl de Lyon : *in-fol.*

42294. ☞ Généalogie de *Feret*.

Dans la Recherche de la Noblesse de Champagne.]

42295. ☞ Généalogie de *Fergeol*, en Normandie, & originairement en Berry.

Dans le Reg. VI. de l'Armorial de MM. d'Hozier.]

42296. ☞ Généalogie de *Ferlay*.

Dans l'Histoire de Bresse, par Guichenon : Part. III. *pag.* 174.]

42297. ☞ Supplément à la précédente.

Dans les Mazures de l'Isle-Barbe, par Cl. le Laboureur, *tom. II. pag.* 331.]

42298. ☞ Généalogie de *Fermont*.

Dans la Rech. de la Nobl. de Champagne.]

— ☞ Généalogie de *Ferrary*.

Ci-après, à *Jacob.*]

42299. ☞ Généalogie de *Ferre* ou *Ferry*.

Dans l'Histoire de la Noblesse de Provence, par Artefeuil, *tom. I. pag.* 379.]

42300. ☞ Généalogie de *Ferrier*.

Dans le même Volume, *pag.* 384.]

42301. ☞ Généalogie de la Maison de *Ferrières*, en Limosin.

Dans les Annales de Limoges, par le P. Bonaventure, *pag.* 443.]

42302. ☞ Généalogie de le *Fessier*, en Normandie.

Dans le Registre II. de l'Armor. de MM. d'Hozier.]

42303. ☞ Généalogie de *Festart*.

Dans la Recherche de la Noblesse de Picardie.]

42304. ☞ Généalogie de *Fetans*.

Dans l'Histoire de Bresse, par Guichenon : Part. III. *pag.* 176.]

42305. ☞ Généalogie de *Feugères* ou *Fougères*.

Dans les Mazures de l'Isle Barbe, par Cl. le Laboureur, *tom. II. pag.* 343.]

42306. ☞ Généalogie de *Feugré*.

Dans la Recherche de la Noblesse de Champagne.]

42307. ☞ Généalogie de *Feuquières*.

Dans les Remarques de Louvet sur la Noblesse Beauvaisienne, *pag.* 663.]

42308. ☞ Généalogie de le *Fevre*.

Dans la Recherche de la Noblesse de Picardie.]

42309. ☞ Mf. Généalogie de MM. le *Fevre* d'Eaubonne d'Ormesson ; par le P. SAFFRON, Supérieur des Minimes.

Elle est citée au Mercure, 1748, *pag.* 208. Le Dictionnaire de Moréri en rapporte les Dégrés depuis Olivier le Fevre, Seigneur d'Ormesson & d'Eaubonne, Président en la Chambre des Comptes & Intendant des Finances.]

42310. ☞ Anecdotes sur la Famille de le Fevre, de la Branche d'Ormesson. *Journal Encyclopédiq.* 1770, *Part. II. p.* 260-272.

Ces Anecdotes vraiment curieuses ont été fournies à l'Auteur du Journal, par M. ANSON, Docteur en Droit; qui est attaché à M. d'Ormesson, l'Intendant des Finances.]

42311. ☞ Généalogie de le *Fevre de Cormont*.

Dans la Rech. de la Nobl. de Champagne.]

42312. ☞ Mf. Généalogie de la Famille des *Fevret*, Manuscrit original, avec Vignettes, Cartouche, Ecussons, &c. *in-fol.*

Cette Généalogie est dans la Bibliothèque de M. Fevret de Fontette, Conseiller au Parlement de Dijon.

On trouve à la tête quelques Portraits de cette famille détachés.]

42313. ☞ Généalogie de *Feydeau*.

Dans les Conseillers de Blanchard, *pag.* 91.]

42314. ☞ Généalogie de *Ficquelmont*.

Dans l'Histoire de la Maison des Salles, par Dom Calmet, aux Preuves, *pag.* 143.]

42315. Généalogie des Seigneurs de *Fiennes*, de la Maison de Luxembourg; par Nicolas VIGNIER.

Cette Généalogie est imprimée dans son Histoire de la Maison de Luxembourg: *Paris*, 1617, *in-*8.

42316. ☞ Généalogie de la Maison de Fiennes.

Dans le P. Simplicien, *tom*. VI. *pag.* 167.]

42317. ☞ Généalogie de *Fiennes-la-Planche*.

Dans la Recherche de la Noblesse de Picardie.]

42318. ☞ Généalogie de *Fillette*.

42319. ☞ Généalogie de la *Fitte*.

Ces deux Généalogies sont dans la Recherche de la Noblesse de Champagne.]

42320. ☞ Généalogie de *Flachat*.

Dans les Mazures de l'Isle-Barbe, par Cl. le Laboureur, *tom*. II. *pag.* 338.]

42321. ☞ Généalogie de *Flahault*.

Dans la Recherche de la Noblesse de Picardie.]

42322. ☞ Généalogie de *Flamme*.

Dans le P. Simplicien, *tom*. VI. *pag.* 637.]

42323. Genealogia Forestariorum Flandriæ; Auctore Marco CORNELIO: *Antverpiæ, in-*8.

Les Forestiers de Flandre étoient les Lieutenans des Rois de France, qui leur donnoient les Provinces à gouverner; & les Comtes sont les Descendans de Baudouin, [que l'on prétend descendre des Forestiers, mais certainement] Gendre de Charles-le-Chauve, qui érigea vers l'an 860, en sa faveur, la Flandre en titre de Comté.

☞ Leurs Histoires se trouvent ci-dessus, *pag.* 633 & *suiv.* de ce Volume.]

42324. Généalogie des Forestiers & Comtes de Flandre, avec un Abrégé de leur Vie; par Charles MARTINIUS: *Anvers, in-fol.* avec figures.]

42325. Mf. Genealogia Comitum Flandriæ, usque ad annum 1120.

Genealogia Flandrensium Comitum & gesta eorumdem breviter descripta usque ad annum 1142.

Ces deux Généalogies sont citées par du Chesne, *pag.* 199 de son Plan des Historiens de France.

42326. Mf. Historia & Genealogia Comitum Flandrensium, à Balduino Ferreo usque ad necem Caroli Boni, (sive ad annum 1127,) conscripta ab ejus temporis contemporaneo.

Cette Histoire généalogique est conservée dans la Bibliothèque du Monastère d'Altembourg, dit Sanderus, *tom*. I. de sa Bibliothèque des Manuscrits Belgiques, *pag.* 224.

42327. Flandria generosa, seu compendiosa Series Genealogiæ Comitum Flandriæ cum eorumdem gestis heroïcis ab anno 792, ad annum 1212, ex Manuscriptis Monasterii sancti Gisleni collecta, studio Georgii GALOPINI : [in calce Elenchus illustrium Aulicorum ac Feudalium vivorum Balduini Imperatoris Constantinopolis:] *Montibus,* [Vaudrici,] 1643, *in-*4.

42328. Mf. Généalogie de la Maison des Comtes de Flandre.

Cette Généalogie est conservée dans la Bibliothèque de l'Eglise Cathédrale de Tournay, selon Sanderus, *tom*. I. de sa Bibliothèque des Manuscrits Belgiques, *pag.* 213.

42329. ☞ Mf. Histoire généalogique de la Maison de Flandre & de Hainaut, &c. divisée en sept Livres, & justifiée par les Chartes de diverses Eglises, &c. par Marius VOET.

Elle est conservée dans la Bibliothèque de M. le Comte de Colins, à Bruxelles. L'Auteur est mort en 1685.]

42330. Genealogiæ Comitum Flandriæ, ex Chronicis Hannoniensibus; per BALDUINUM de Avennis, sub anno 1287.

Ces Généalogies sont imprimées au *tom*. VII. du Spicilège de Dom Luc d'Acheri, *pag.* 524, *in-*4.

42331. ☞ Histoire généalogique des Comtes de Flandre, (& des différentes Branches de leurs Maisons.)

Dans le Père Simplicien, *tom*. II. *pag.* 713.]

42332. Généalogie de Guillaume, Comte de Flandre, & d'Alix de Clermont, Dame de Nesle, avec les Armoiries: *in-*8.

Cette Généalogie [étoit] dans la Bibliothèque de M. Foucault, [qui a été distraite.]

42333. Genealogia Comitum Flandriæ, ab anno Domini 792.

Cette Généalogie est imprimée dans Martenne, au *tom*. III. de son Nouveau Trésor de Pièces anecdotes, *pag.* 578. Le Collecteur dit que trois Auteurs ont travaillé à cette Généalogie, comme on le reconnoît par la diversité du style & des caractères du Manuscrit sur lequel elle est imprimée. Le premier finit en 1172, le second en 1328; celui-ci entre dans un grand détail des Affaires, qu'on ne trouve pas aisément ailleurs; & le dernier, dont le caractère, n'est pas si ancien, va jusqu'à la fin du mois de Septembre 1346.

42334. Mf. Généalogie des Comtes & Comtesses de Flandre : *in-*4.

Cette Généalogie est citée dans le Catalogue des Manuscrits de M. le Chancelier Seguier.

42335. Flandricarum rerum Tomi decem, de Origine, Antiquitate, Nobilitate, ac Genealogia Comitum Flandriæ; Auctore Jacobo MEYERO: *Brugis*, 1531, *in-*4. & *in-*8.

L'Auteur est mort en 1552.

42336. Les Généalogies & anciennes Descentes des Forestiers & Comtes de Flandre, avec une briève Description de leurs Vies & Gestes; le tout recueilli des Chr iques

& Annales; par Corneille Martin, Zélandois, avec leurs Portraits & Figures trouvés ès plus anciens Tombeaux, gravés par Pierre Balthasar : *Anvers*, 1598, 1612, *in-fol.*

== Généalogie des Comtes de Flandre; par Philippe de l'Espinoy.

Ci-dessus, [N.º 40662.]

42337. Stemmata Principum Belgii, ex Diplomatibus & Tabulis publicis potissimùm concinnata; studio Auberti Miræi : *Bruxellæ*, 1626, *in-*8.

☞ Le Recueil des Œuvres de ce sçavant Flamand est indiqué ci-dessus, N.º 39919.]

42338. Genealogia Comitum Flandriæ à Balduino Ferreo, usque ad Philippum IV. Hispaniæ Regem, variis Sigillorum figuris repræsentata, Probationibus ac Diplomatibus illustrata; Auctore Olivario Vredio, Jurisconsulto Brugensi : *Brugis*, 1642 & 1643, *in-fol.* 2 vol.

☞ Cet Ouvrage a été traduit en François.]

42339. Sigilla Comitum Flandriæ, ac Inscriptiones Diplomatum; eodem Auctore : *Brugis*, 1639, *in-fol.*

Le même Ouvrage, traduit en François, & publié sous ce titre : La Maison de Flandre ou l'Histoire généalogique des Comtes de Flandre, avec les Preuves généalogiques & les Sceaux desdits Comtes; par Olivier de Vrée : *Bruges*, 1641 & 1643, *in-fol.* 3 vol.

Ce Livre est d'un grand secours pour la connoissance des Familles Nobles des Pays-Bas.

☞ M. de Bure observe dans sa *Bibliographie*, num. 5713 de l'*Hist.* que l'on préfère l'Edition Latine de cet Ouvrage, ainsi que du précédent, parce qu'elles sont plus exactes.]

42340. ☞ Généalogie de *Flavigny*, en Champagne.

Dans la Rech. de la Nobl. de cette Province.]

42341. ☞ Généalogie de *Flavigny*, dans le Soissonnois & le Laonnois.

Dans le Reg. VI. de l'Armor. de MM. d'Hozier.]

42342. ☞ Généalogie de *Flecelles*.

Dans le Registre V. du même Ouvrage.]

42343. ☞ Généalogie de *Fleuriau*.

Dans le Père Simplicien, *tom. VI. pag.* 605.]

42344. ☞ Généalogie de *Fleurigny-le-Clerc*.

Dans les Généalogies des Maîtres des Requêtes, *pag.* 93.]

42345. ☞ Généalogie de *Fleury*, en Barrois, Lorraine, Champagne, & à Paris.

Dans le Registre V. de l'Armor. de MM. d'Hozier.]

42346. ☞ Généalogie de *Florans*.

Dans l'Hist. de la Nobl. du Comtat, &c. par Pithon-Curt, *tom. I. pag.* 418, & aux Additions du même Volume.]

42347. ☞ Généalogie des Seigneurs de *Florenges*, de la Maison de Lorraine.

Dans la dernière Edition de l'Histoire de Lorraine, par D. Calmet, à la tête du *tom. II. pag.* xxxiv.]

42348. ☞ Généalogie de *Florent*.

Dans l'Histoire de la Noblesse de Provence, par Artefeuil, *tom. I. pag.* 387.]

42349. ☞ Généalogie de *Florinier*.

Dans la Rech. de la Nobl. de Champagne.]

42350. ☞ Généalogie de la Maison de *Flotte*.

Dans l'Etat de la Provence, par Robert. = Dans Maynier, & plus entièrement dans l'Histoire de la Noblesse de Provence, par Artefeuil, *tom. I. pag.* 389.]

42351. ☞ Généalogie de *Focrand*.

Dans l'Histoire de Bresse, par Guichenon : *Part. III. pag.* 178.]

42352. ☞ Généalogie de *Foillard*.

Dans l'Etat de la Provence, par Robert.]

== Généalogie des Comtes de *Foix*.

Ci-devant, [Tome II. N.º 37918 & *suiv.*]

42353. Ms. Histoire généalogique de la première Maison de Foix, contenant les Branches des Comtes de Foix & Vicomtes de Castelbon, du Comte de Rabac & des Vicomtes de Conserans : *in-fol.*

Cette Histoire [étoit] dans la Bibliothèque de M. le Baron d'Hoendorff, [& est à présent dans celle de l'Empereur.]

42354. Ms. Titres de la Maison de Foix : *in-fol.*

Ces Titres sont conservés dans la Bibliothèque du Roi, entre les Manuscrits de M. de Gaignières.]

42355. Ms. La Chronique de la Maison de Foix, l'an 1406. A la fin sont les Châtellenies qui composent le Comté de Foix, écrites en 1502 : *in-fol.*

Cette Chronique [étoit] dans la Bibliothèque de M. le Pelletier le Ministre, num. 196.

42356. Véritable origine de la Maison de Foix : *Toulouse*, 1666, en une feuille *in-fol.*

42357. ☞ Histoire généalogique des Comtes de Foix.

Dans le P. Simplicien, *tom. III. pag.* 343.]

42358. ☞ Table ou Suite généalogique de la Maison de Foix, *Grailly*, pour faire voir comment en est sorti le Comte de Guison du Fleix; par Martin, 1649.]

42359. ☞ Dissertation sur la Branche de *Candale*, de la Maison de Foix.

Cette Dissertation se trouve à la suite de la Généalogie de Lomagne, (rapportée ci-après:) *Paris*, 1757, *in-*12.]

42360. ☞ Généalogie de *Folleville*.

Dans la Recherche de la Noblesse de Picardie.]

42361. ☞ Généalogie de *Folye*.

Dans la Recherche de la Noblesse de Champagne.]

Généalogies particulières des Familles. 783

42362. ☞ Généalogie de la *Fons*.
Dans la Recherche de la Nobleffe de Picardie.]

42363. ☞ Généalogie de *Fontaine*.
Dans le même Recueil.]

42364. Généalogie de la Maison de *Fontaine-Soliers*, iſſue de la Caſe Solaré, Souveraine d'Aſte en Piémont : 1680, *in-*4.

42365. ☞ Généalogie de la *Fontaine*.
Dans la Rech. de la Nobleffe de Picardie.]

42366. ☞ Généalogie de la Fontaine.
Dans le Père Simplicien, *tom. VIII. pag.* 849.]

42367. ☞ Généalogie de la *Fontaine-Neuviſy*.
Dans la Rech. de la Nobleffe de Champagne.]

42368. ☞ Généalogie de *Fontaines*.
Dans le Recueil des Maiſons Nobles d'Amiens, par la Morlière, *pag.* 327. = Dans l'Hiſt. gén. des Comtes de Ponthieu, *pag.* 60. = Dans la Recherche de la Nobleſſe de Picardie, & au Supplément.]

42369. ☞ Généalogie de *Fontenay*.
Dans l'Hiſtoire de Berry, par de la Thaumaſſière, *pag.* 742.]

42370. ☞ Généalogie de *Fontanges*, en Limouſin, Auvergne & Quercy.
Dans le Reg. II. de l'Armor. de MM. d'Hozier.]

42371. ☞ Généalogie de la Maiſon de *Forbin*, (ou *Fourbin*.)
Dans le P. Simplicien, *tom. VIII. pag.* 294.]

42372. ☞ Généalogie de la même Maiſon.
Dans l'Etat de la Provence, par Robert. = Dans Maynier. = Dans l'Hiſtoire de la Nobleſſe de Provence, par Artefeuil, *tom. I. pag.* 400. = Dans celle du Comtat, &c. par Pithon-Curt, *tom. I. pag.* 426, & *tom. IV. pag.* 622.]

42373. Mſ. Généalogie & Titres pour la Maiſon de Fourbin : *in-fol*.
Cette Généalogie eſt conſervée dans le ſoixante-ſixième Volume des Manuſcrits de M. de Peyreſc, qui [étoit] dans la Bibliothèque de M. Gauſſridi, Avocat-Général du Parlement de Provence.

42374. ☞ Généalogie de *Forceville*.
Dans la Recherche de la Nobleſſe de Picardie, & au Supplément.]

42375. ☞ Généalogie de *Foreſta*.
Dans l'Etat de la Provence, par Robert. = Dans l'Hiſtoire de la Nobleſſe de Provence, par Artefeuil, *tom. I. pag.* 412.]

42376. ☞ Généalogie de la *Foreſtie*.
Dans l'Hiſtoire de la Nobleſſe du Comtat, &c. par Pithon-Curt, *tom. I. pag.* 423.]

42377. Table généalogique des Comtes de *Forez* ; par André du Chesne.
Elle eſt avec ſon Hiſtoire des Ducs de Bourgogne : Paris, 1628, *in*-4.

42378. Généalogie des mêmes : *in*-4.

42379. ☞ Généalogie de *Forges*.
Dans l'Hiſtoire de Berry, par de la Thaumaſſière, *pag.* 1064.]

42380. ☞ Généalogie de des *Forges*.
Dans la Recherche de la Nobleſſe de Champagne.]

42381. ☞ Généalogie de *Forget*.
Dans les Préſidents de Blanchard, *pag.* 328.]

42382. ☞ Généalogie de *Formé*.
Dans la Recherche de la Nobleſſe de Picardie.]

42383. ☞ Généalogie de *Fornier*.
Dans l'Hiſt. de la Nobl. de Touraine, par Souliers, *pag.* 239.]

42384. ☞ Généalogie de le *Fort*.
Dans l'Hiſtoire de Berry, par de la Thaumaſſière, *pag.* 1063.]

42385. ☞ Généalogie de *Fortia*.
Dans l'Etat de la Provence, par Robert. = Dans l'Hiſt. de la Nobl. du Comtat, &c. par Pithon-Curt, *tom. I. pag.* 453, & *II. pag.* 622.]

42386. ☞ Généalogie de la même Famille.
Dans l'Hiſtoire de la Nobleſſe de Provence, par Artefeuil, *tom. I. pag.* 417.]

42387. ☞ Généalogie de *Fortis*.
Dans le même Volume, *pag.* 421 ; & dans l'Etat de la Provence, par Robert.]

42388. ☞ Généalogie de des *Foſſés*.
Dans la Rech. de la Nobl. de Picardie.]

42389. ☞ Généalogie de *Foucault*, en Berry.
Dans l'Hiſtoire de cette Province, par de la Thaumaſſière, *pag.* 1061.]

42390. ☞ Généalogie de *Foucault*, en Picardie.
Dans la Recherche de la Nobl. de cette Province.]

42391. ☞ Généalogie de la Maiſon de Foucault.
Dans le P. Simplicien, *tom. VII. pag.* 577.]

42392. ☞ Généalogie de *Fouchier de Salles*.
Dans l'Hiſtoire de Berry, par de la Thaumaſſière, *pag.* 1060.]

42393. ☞ Généalogie de *Foucques*, en Picardie.
Dans le Reg. III. de l'Armor. de MM. d'Hozier.]

42394. ☞ Généalogie de *Fougaſſe*.
Dans l'Hiſt. de la Nobl. du Comtat, &c. par Pithon-Curt, *tom. I. pag.* 473, & *II. pag.* 623.]

42395. ☞ Généalogie de *Fougère*.
Dans la Recherche de la Nobleſſe de Champagne.]

42396. ☞ Généalogie de *Fougères*.
Dans l'Hiſtoire de Berry ; par de la Thaumaſſière, *pag.* 1146.]

42397. ☞ Généalogie de *Fougeret*.
Dans le Regiſt. V. de l'Armor. de MM. d'Hozier.]

42398. ☞ Généalogie de *Fouqueſolle*.
Dans la Recherche de la Nobleſſe de Picardie.]

42399. ☞ Généalogie de *Fouquet-Richecourt*.
Dans la Rech. de la Nobl. de Champagne.]

Liv. IV. Histoire Civile de France.

42400. ☞ Généalogie de *Fourateau*.
Dans l'Hist. de la Nobl. de Touraine, par Souliers, *pag. 237*.]

42401. ☞ Généalogie de *Fourault*.
Dans la Recherche de la Noblesse de Champagne.]

42402. ☞ Généalogie de *Fournas*, en Lyonnois, Languedoc, Dauphiné & Bretagne.
Dans le Reg. VI. de l'Armor. de MM. d'Hozier.]

42403. ☞ Généalogie de *Fournel*.
Dans la Rech. de la Nobl. de Picardie.]

42404. ☞ Généalogie de *Fournier*.
Dans l'Histoire de la Noblesse du Comtat, &c. par Pithon-Curt, *tom. IV. pag. 434*, & aux Additions, *pag. 651*.]

42405. ☞ Généalogie de le *Fournier*.
Dans la Recherche de la Noblesse de Picardie.]

42406. ☞ Généalogie des *Foussier de la Cassinerie*, en Anjou.
Dans les Remarques de l'Abbé Ménage, sur la Vie de Pierre Ayrault, &c. *pag. 447*.]

42407. ☞ Généalogie de *Fousteau*, en Normandie & dans le Perche.
Dans le Regist. V. de l'Armor. de MM. d'Hozier.]

42408. ☞ Généalogie de *Fradet*.
Dans l'Histoire de Berry, par de la Thaumassière, *pag. 1146*.]

42409. ☞ Généalogie de *Frain*, à Angers.
Dans les Remarques de l'Abbé Ménage, sur la Vie de Pierre Ayrault, &c. *pag. 485*.]

42410. ☞ Généalogie de du *Fraisse*.
Dans la Recherche de la Noblesse de Picardie.]

42411. ☞ Généalogie de le *Franc*, en Quercy & Languedoc.
Dans le Reg. VI. de l'Armor. de MM. d'Hozier.]

42412. ☞ Généalogie de du *Franc*.
Dans la Rech. de la Noblesse de Picardie.]

42413. ☞ Généalogie de *France-la-Montagne*.
Dans la Rech. de la Nobl. de Champagne.]

42414. ☞ Généalogie de *Francesqui*.
Dans l'Histoire de la Noblesse de Provence, par Artefeuil, *tom. II. pag. 548*.]

42415. ☞ Généalogie de *François*.
Dans l'Hist. de la Nobl. de Touraine, par Souliers; *pag. 245*.]

42416. Généalogie des Neveux & Nièces du Bienheureux *François de Paule*, parmi lesquelles sont plusieurs Généalogies de Familles de Paris : *in-fol*.
Cette Généalogie [étoit] dans la Bibliothèque de M. le Chancelier Séguier, num. 839.

42417. Defensio contrà Epistolam Apologeticam Claudii du Vivier, quâ sanctum Franciscum de Paula Sororem habuisse probatur & Nepotes, & rationes in oppositum refelluntur, in favorem Nepotum prænunciati Sancti ; Auctore Joanne Chappot, ex Ordine Minimorum : *Parisiis*, 1628, *in-4*.

42418. ☞ Généalogie de *Franssure*.
Dans la Recherche de la Noblesse de Picardie, & au Supplément.]

42419. ☞ Généalogie de *Fremyn*, en Champagne.
Dans le Regist. V. de l'Armor. de MM. d'Hozier.]

42420. ☞ Généalogie de *Fresne*.
Dans la Rech. de la Nobl. de Champagne.]

42421. ☞ Généalogie de du *Fresne*.
Dans la Recherche de la Noblesse de Picardie.]

42422. ☞ Généalogie de *Fresneau*.
Dans la Rech. de la Nobl. de Champagne.]

42423. ☞ Généalogie de *Fresnoye*.

42424. ☞ Généalogie de la *Fresnoye*.
Ces deux Généalogies sont dans la Recherche de la Noblesse de Picardie.]

42425. ☞ Généalogie de *Frevol*, en Languedoc.
Dans le Registre VI. de l'Armor. de MM. d'Hozier.]

42426. Généalogie de *Frezeau de la Frezelière* ; par Gougnon, de Bourges : une Feuille, *in-fol*.

42427. ☞ Généalogie de *Frieucourt*.
Dans la Recherche de la Noblesse de Picardie, au Supplément.]

42428. ☞ Généalogie de *Froissard*.
Dans les Mémoires historiques sur Poligny, *tom. II. pag. 361*.]

42429. ☞ Généalogie de *Frolois*.
Dans l'Histoire de Bourgogne, par Dom Planchet, *tom. II. pag. 339*.]

42430. ☞ Généalogie de *Frotier*.
Dans l'Histoire de Berry ; par de la Thaumassière, *pag. 893*.]

42431. ☞ Généalogie de *Frottier*.
Dans le Père Simplicien, *tom. VIII. pag. 480*.]

42432. ☞ Généalogie de *Froulay*.
Dans le même, *tom. VII. pag. 668*.]

42433. ☞ Généalogie de *Fuma*.
Dans le même, *tom. VI. pag. 420*.]

42434. ☞ Généalogie de *Fumée*.
Dans l'Histoire de la Noblesse de Touraine ; par Souliers, *pag. 252, 550*.]

42435. ☞ Généalogie de *Fumel*.
Dans l'Histoire généal. de Dauphiné, *tom. II*.]

42436. ☞ Autre Généalogie de *Fumel*.
Dans les Pièces fugitives du Baron d'Aubais, *tom. III*. à la fin, *pag. 203*.]

42437. ☞ Généalogie de *Fust*.
Dans la Rech. de la Nobl. de Champagne.]

Généalogies particulières des Familles. 785
G

42438. ☞ Généalogie de *Gaalon*.
Dans la Rech. de la Nobl. de Champagne.]

42439. ☞ Généalogie de *Gabrielli*.
Dans l'Histoire de la Noblesse du Comtat, &c. par Pithon-Curt, tom. II. pag. 2, & aux Additions du même Volume.]

42440. ☞ Généalogie de *Gachon*.
Dans la Recherche de la Noblesse de Picardie.]

42441. ☞ Généalogie de *Gadouot*.
Dans la Rech. de la Nobl. de Champagne.]

42442. ☞ Généalogie de *Gailhac*, en Languedoc.
Dans le Regist. IV. de l'Armor. de MM. d'Hozier.]

42443. Généalogie de la Maison de *Gaillard*.
Dans les Additions aux Mémoires de Castelnau, par Jean le Laboureur, 1659, in-fol. [tom. III. Ed. de 1731, pag. 171.]

42444. ☞ Généalogie de *Gaillard*.
Dans la Recherche de la Noblesse de Picardie.]

42445. ☞ Généalogie de Gaillard, en Picardie.
Dans le Regiftre III. de l'Armorial de MM. d'Hozier.]

42446. ☞ Généalogie de la Maison de *Gaillard*, en Provence.
Dans l'Histoire de la Noblesse de cette Province, par Artefeuil, tom. I. pag. 429.]

42447. ☞ Généalogies d'autres *Gaillard*, aussi en Provence.
Dans le même Volume, pag. 435.]

42448. ☞ Généalogie de *Gajot*.
Dans l'Histoire de la Noblesse de Provence, par Artefeuil, tom. I. pag. 437.]

42449. ☞ Généalogie de *Galaudot*.
Dans la Recherche de la Noblesse de Champagne.]

42450. ☞ Généalogie de *Galaup-Chasteuil*.
Dans la Contin. des Mém. de Littérat. par le P. Desmolets, tom. VIII. pag. 198. On la trouve encore dans les Généalogies de la Provence, publiées par Robert & par Maynier.]

42451. ☞ Généalogie de *Galice*.

42452. ☞ Généalogie de *Galien*.
Ces deux Généalogies sont dans l'Etat de la Provence, par Robert.]

42453. ☞ Généalogie de *Galien*, ou *Galean*.
Dans l'Hist. de la Nobl. du Comtat, &c. par Pithon-Curt, tom. II. p. 73 & aux Additions, tom. IV. p. 614.]

42454. ☞ Abrégé de la Généalogie de Galieni ou Galean.
Dans l'Hist. de la Nobl. de Provence, par Artefeuil, tom. I. pag. 440, & tom. II. pag. 589.]

42455. ☞ Généalogie de *Galle*.
Dans l'Hist. généalog. de Dauphiné, par Allard, tom. II.]

42456. ☞ La Famille de *Gallemants*; par le P. Charles-Placide GALLEMANT, Récollect: Paris, 1651, in-8.]

42457. ☞ Généalogie de *Gallifet*.
Dans l'Histoire de la Noblesse du Comtat, &c. par Pithon-Curt, tom. II. pag. 19, & tom. IV. pag. 625.]

42458. ☞ Généalogie de Gallifet, en Dauphiné, Provence, &c. à Paris.
Dans le Regist. V. de l'Armor. de MM. d'Hozier.]

42459. ☞ La même.
Dans l'Histoire de la Noblesse de Provence, par Artefeuil, tom. I. pag. 443.]

42460. ☞ Généalogie de *Gamaches*.
Dans l'Histoire de Berry, par de la Thaumassière, pag. 897.]

42461. ☞ La même, augmentée.
Dans le P. Simplicien, tom. VIII. pag. 690.]

42462. ☞ Généalogie de *Ganay*.
Dans le même, tom. VI. pag. 442.]

42463. ☞ Généalogie de *Gandil*.
Dans l'Histoire généal. de Dauphiné, par Allard, tom. III.]

42464. ☞ Généalogie de *Gannes*.
Dans l'Histoire de la Noblesse de Touraine, par Souliers, pag. 259.]

42465. ☞ Généalogie de *Gantès*, en Provence & Artois.
Dans le Regist. V. de l'Armor. de MM. d'Hozier.]

42466. ☞ La même.
Dans l'Hist. de la Noblesse de Provence, par Artefeuil, tom. I. pag. 447, & tom. II. pag. 594.]

— ☞ Généalogie de *Gardouch*, en Languedoc.
Ci-après, à *Varagne*.]

42467. ☞ Généalogie des Seigneurs de *Garlande*.
Dans le P. Simplicien, tom. VI. pag. 31.]

42468. ☞ Généalogies de *Garnier*, Familles différentes.
Dans l'Hist. de la Noblesse de Provence, par Artefeuil, tom. I. pag. 452 & 454. On peut voir aussi Robert & Maynier.]

42469. ☞ Généalogie de *Garreau*, en Limousin & en Périgord.
Dans le Reg. V. de l'Armor. de MM. d'Hozier.]

42470. ☞ Généalogie de *Garret*.
Dans l'Etat de la Provence, par Robert.]

42471. ☞ Généalogie de *Garrigue*, en Languedoc.
Dans le Regist. III. de l'Armor. de MM. d'Hozier.]

42472. ☞ Généalogie de *Gaspari*.
Dans les Corses François, par Souliers, 1667, p. 186. = Dans l'Etat de la Provence, par Robert.]

42473. ☞ Généalogie de *Gasqui*.
Dans l'Etat de la Provence, par Robert.]

42474. ☞ Généalogie de *Gassendy*.

Dans l'Ouvrage de Robert, & dans l'Hist. de la Noblesse de Provence, par Artefeuil, *tom. I. pag.* 458.]

42475. ☞ Généalogie de *Gassion*.

Dans le P. Simplicien, *tom. VII. pag.* 537.]

42476. ☞ Généalogie de *Gassot* de Deffens.

Dans l'Histoire de Berry, par de la Thaumassière, *pag.* 1066.]

42477. ☞ Généalogie de *Gaucourt*.

Dans l'Histoire de Berry, par de la Thaumassière, *pag.* 583.]

42478. ☞ La même, augmentée.

Dans le P. Simplicien, *tom. VIII. pag.* 368.]

42479. ☞ Généalogie de *Gaude*.

Dans la Recherche de la Noblesse de Picardie.]

42480. Histoire généalogique de la Maison de *Gaufridy* : *in*-4.

Elle a été composée par Jean-François GAUFRIDY, Conseiller au Parlement de Provence, mort en 1689.

42481. ☞ Généalogie de *Gaufridy*.

Dans l'Etat de la Provence, par Robert. = Dans l'Histoire de la Noblesse de Provence, par Artefeuil, *tom. I. pag.* 460.]

42482. ☞ Généalogie de *Gaugy*, en Normandie.

Dans le Regist. II. de l'Armor. de MM. d'Hozier.]

42483. ☞ Généalogie de *Gaulmyn*.

Dans le Registre V. du même Ouvrage.]

42484. ☞ Généalogie de la *Gauterie*.

Dans la Recherche de la Noblesse de Picardie.]

42485. ☞ Généalogie de *Gautier*.

Dans l'Hist. de la Nobl. de Provence, par Artefeuil, *pag.* 462.]

42486. ☞ Généalogies d'autres *Gautier*.

Dans le même Volume, *pag.* 465 & 467. On peut voir encore sur ces différens Gautier, l'Etat de la Provence, par Robert, & les Généalogies de Maynier.]

42487. ☞ Généalogie de *Gautier-Girenton*.

Dans l'Histoire de la Noblesse du Comtat, &c. par Pithon-Curt, *tom. II. pag.* 33, & *IV. pag.* 625.]

42488. ☞ Généalogie de *Gay*, en Franche-Comté.

Dans l'Hist. des Sires de Salins, *tom. II. pag.* 153. = Dans les Mémoires historiques sur Poligny, *tom. II. pag.* 369.]

42489. ☞ Généalogie de *Gay*, dans le Comtat.

Dans l'Hist. de la Nobl. de ce Pays, par Pithon-Curt, *tom. II. pag.* 37.]

42490. ☞ Généalogie de *Gay*, en Provence.

Dans l'Hist. de la Nobl. de cette Province, par Artefeuil, *tom. I. pag.* 427. Elle se trouve aussi, mais moins ample, dans l'Etat de la Provence, par Robert.]

42491. ☞ Généalogie de *Gayardon*, en Lyonnois.

Dans le Reg. II. de l'Armor. de MM. d'Hozier.]

42492. ☞ Généalogie de *Gayon*, en Languedoc.

Dans le Registre VI. du même Armorial.]

42493. ☞ Généalogie de *Gazeau*, en Poitou.

Dans le Registre II. du même Ouvrage.]

42494. ☞ Généalogie de *Gebert*.

Dans l'Histoire de la Noblesse de Touraine, par Souliers, *pag.* 261 & 551.]

42495. ☞ Généalogie de *Gedoyn*.

Dans la Recherche de la Noblesse de Picardie.]

42496. ☞ Généalogie de *Gelée*.

Dans la Recherche de la Noblesse de Champagne.]

42497. ☞ Généalogie de la *Gelière*.

Dans l'Hist. de Bresse, par Guichenon : *Part. III. pag.* 181.]

42498. Généalogie de la Maison de *Gemasses* : 1610, *in*-8.

42499. ☞ Généalogie de la Maison de *Genas*, originaire de Dauphiné ; (par M. DE BASCHI, Marquis d'Aubais;) Avril, 1713, *in-fol.*]

42500. Autre Généalogie de Genas.

Dans l'Hist. de la Nobl. du Comtat, &c. par Pithon-Curt, *tom. II. pag.* 448.]

42501. ☞ Généalogie des Comtes de *Genève*.

Dans le P. Simplicien, *tom. II. pag.* 156.]

42502. ☞ Généalogie de le *Genevois*.

Dans la Recherche de la Noblesse de Champagne.]

42503. ☞ Généalogie des *Genevois-Blaigny*, en Champagne.

Dans le Père Simplicien, *tom. II. pag.* 433.]

42504. ☞ Généalogie de *Genost*.

Dans l'Histoire de Bresse, par Guichenon : *Part. III. pag.* 186.]

42505. ☞ Généalogie de *Genton*.

Dans l'Histoire de Berry, par de la Thaumassière, *pag.* 1065.]

42506. ☞ Généalogie de *Geoffroy*, en Provence.

Dans le Registre V. de l'Armorial de MM. d'Hozier. On trouve dans l'Etat de la Provence, par Robert, la Généalogie de *Geoffroy de la Tour*.]

42507. ☞ Généalogie de *Georges*.

Dans l'Histoire de Berry, par de la Thaumassière, *pag.* 1069.]

42508. ☞ Généalogie des de *Georges d'Ollières*.

Dans l'Etat de la Provence, par Robert. = Dans l'Histoire de la Noblesse de Provence, par Artefeuil, *tom. I. pag.*471.]

42509. ☞ Généalogie de *Geps*.

Dans la Recherche de la Noblesse de Champagne.]

Généalogies particulières des Familles. 787

42510. ☞ Généalogie de *Gerard.*

Dans l'Histoire de la Noblesse du Comtat, &c. par Pithon-Curt, *tom. II. pag.* 42.]

42511. ☞ Généalogie de la Maison de *Gerente* ou *Jarente.*

Dans l'Etat de la Provence, par Robert. = Dans Maynier. = Dans l'Hist. de la Nobl. de Provence, par Artefeuil, *tom. I. pag.* 473.]

42512. ☞ Généalogie de *Gerenton.*

Dans Artefeuil, au même Volume, *pag.* 479.]

42513. ☞ Généalogie de *Gerin,* en Provence.

Dans le Regist. III. de l'Armor. de MM. d'Hozier.]

42514. ☞ Généalogie de la Maison de *Germini : in-fol.*]

42515. ☞ Généalogie de *Gervais,* en Bretagne.

Dans le Reg. II. de l'Armor. de MM. d'Hozier.]

42516. ☞ Généalogie de *Gervasi.*

Dans l'Hist. de la Nobl. de Provence, par Artefeuil, *tom. I. pag.* 483.]

42517. ☞ Généalogie de *Gestard,* à Paris & en Normandie.

Dans le Reg. IV. de l'Armor. de MM. d'Hozier.]

42518. ☞ Généalogie de *Ghistelle.*

Dans les Remarques de Louvet sur la Noblesse Beauvaisienne, *pag.* 702.]

42519. ☞ Généalogie de *Giac.*

Dans le P. Simplicien, *tom. VI. pag.* 344.]

42520. ☞ Généalogie de *Giffart.*

Dans la Généalogie de Larbour Gombauld, par d'Hozier, *pag.* 147.]

42521. ☞ Généalogie de *Gigost.*

Dans l'Hist. de la Nobl. de Touraine, par Souliers, *pag.* 264.]

42522. ☞ Généalogie des de *Gilles.*

Dans l'Hist. de la Noblesse de Provence, par Artefeuil, *tom. I. pag.* 485.]

42523. ☞ Généalogie de *Gillet.*

Dans la Recherche de la Noblesse de Champagne.]

42524. ☞ Généalogie de *Gilley.*

Dans l'Hist. des Sires de Salins, *tom. II. pag.* 158.]

42525. Généalogie de *Gilliers;* par Pierre D'HOZIER : *Paris,* 1652, *in-fol.*

42526. ☞ Généalogie de *Gillon.*

Dans la Recherche de la Noblesse de Picardie, au Supplément.]

42527. ☞ Généalogie de *Ginestas.*

Dans l'Hist. de la Noblesse de Provence, par Artefeuil, *tom. I. pag.* 488.]

42528. ☞ Généalogie de *Girard des Bergeries.*

Dans l'Histoire de Berry, par de la Thaumassière, *pag.* 1071.]

42529. ☞ Généalogie de *Girard de Languade,* en Périgord.

Dans le Reg. VI. de l'Armor. de MM. d'Hozier.]

Tome III.

42530. ☞ Généalogie de *Giraud,* en Provence.

Dans l'Etat de la Provence, par Robert.]

42531. ☞ Généalogie de *Giraud,* en Amérique & à Rochefort.

Dans le Reg. II. de l'Arm. de MM. d'Hozier.]

42532. ☞ Généalogie de *Girault.*

Dans la Rech. de la Nobl. de Champagne.]

42533. ☞ Généalogie de *Gironde.*

Dans le P. Simplicien, *tom. VIII. pag.* 596.]

42534. ☞ Généalogie de *Givès,* en Orléanois.

Dans le Regist. II. de l'Armor. de MM. d'Hozier.]

42535. ☞ Généalogie de *Glaleul.*

Dans l'Hist. de la Noblesse de Touraine, par Souliers, *pag.* 278.]

42536. ☞ Généalogie de la Maison de *Glandevès.*

Dans l'Etat de la Provence, par Robert. = Dans Maynier. = Dans l'Hist. de la Nobl. de Provence, par Artefeuil, *tom. I. pag.* 492.]

42537. ☞ Généalogie de *Godet.*

Dans la Recherche de la Noblesse de Champagne.]

42538. ☞ Requête d'Yves de *Goesbriant,* Marquis dudit lieu, contre Louis-Vincent de Goesbriant, son second fils : *Paris,* Huguier, *in-fol.*]

42539. ☞ Généalogie de *Gogué.*

Dans la Recherche de la Noblesse de Champagne.]

42540. ☞ Généalogie de *Goguetta.*

Dans la Rech. de la Nobl. de Picardie.]

42541. ☞ Généalogie de *Gombert.*

Dans l'Etat de la Provence, par Robert. = Dans l'Hist. de la Nobl. de Provence, par Artefeuil, *tom. I. pag.* 500.]

42542. ☞ Généalogie de *Gomer.*

Dans la Recherche de la Noblesse de Picardie.]

42543. ☞ Généalogie de *Gonard.*

Dans l'Hist. de Bresse, par Guichenon, *Part. III. pag.* 189.]

42544. Remarques sommaires sur la Généalogie de la Maison de *Gondi;* par Pierre D'HOZIER : *Paris,* 1652, *in-fol.*

42545. Histoire généalogique de la Maison de Gondi, enrichie de Tables généalogiques, de Portraits, de Figures en taille-douce, avec les Preuves : *Paris,* Coignard, 1705, *in-*4. 2 vol.

Antoine PEZAY, Peintre & Hérault d'Armes, est l'Auteur de cette Histoire, que quelques-uns ont attribuée mal-à-propos à Corbinelli, qui se disoit de cette Maison.

☞ *Voyez* Lenglet, *Méth. histor. in-*4. *tom. IV. pag.* 441.]

42546. ☞ Généalogie de la Maison de Gondi, & des Ducs de Retz.

Dans le P. Simplicien, *tom. III. pag.* 890.]

Ggggg 2

42547. ☞ Généalogie de *Gondrecourt*.

Dans la Recherche de la Noblesse de Champagne.]

42548. Mſ. Généalogie de la Maison de *Gondrin* & de *Montespan*, dressée sur les Titres & Chartres, avant l'an 1644 ; par Pierre DE CAPDEVILLE, Prêtre Prébendier de la Ville de Mourrejen de Rivière.

Cette Généalogie est citée par Hilarion de Coste, dans son Histoire des Dauphins.

42549. ☞ Généalogie de *Gonge de Charpaignes*.

Dans le P. Simplicien, *tom. VI. pag.* 398.]

42550. ☞ Généalogie de *Gonin*.

Dans l'Etat de la Provence, par Robert.]

42551. ☞ Généalogie de la Maison de *Gontault*.

Dans le P. Simplicien, *tom. IV. pag.* 120, & *VII. pag.* 296.]

42552. ☞ Généalogie des *Gonzagues*, Ducs de Nevers.

Dans la Partie III. des Mémoires de l'Abbé de Marolles : *Paris*, 1656, *in-fol.*]

42553. ☞ Généalogie de *Gorras*, en Bugey.

Dans l'Hist. de Bresse, par Guichenon : *Contin. de la Part. III. pag.* 109.]

42554. ☞ Généalogie de *Gorrevod*.

Dans la même Histoire, mais à la *Part. III. p.* 190.]

42555. ☞ Additions à la Généalogie de Gorrevod, donnée par Guichenon.

Dans l'Hist. du Comté de Bourgogne, par Dunod, Tome II. *pag.* 540.]

42556. ☞ Généalogie de la Maison de Gorrevod.

Dans le P. Simplicien, *tom. V. pag.* 664.]

42557. ☞ Généalogie de *Gorron*.

Dans la Recherche de la Nobl. de Champagne.]

42558. ☞ Généalogie de *Gosselin*, en Normandie.

Dans le Reg. III. de l'Armorial de MM. d'Hozier.]

42559. ☞ Généalogie de la Maison de *Goth*.

Dans le P. Simplicien, *tom. II. pag.* 170.]

42560. ☞ Généalogie de *Gotho*.

Dans l'Hist. de la Noblesse de Provence, par Artefeuil, *tom. II. pag.* 503.]

42561. ☞ Généalogie de *Gouffier*.

Dans le Recueil des Maisons Nobles d'Amiens, par la Morlière, *pag.* 63.]

42562. ☞ Généalogie de la Maison de Gouffier.

Dans le P. Simplicien, *tom. V. pag.* 605.]

42563. ☞ Généalogie de *Gougnon*.

Dans l'Histoire de Berry, par de la Thaumassière, *pag.* 900.]

42564. ☞ Généalogie de *Goujon*, (& de Thuisy.)

Dans la Recherche de la Nobl. de Champagne.]

42565. ☞ Généalogie de *Goulaine*.

Dans l'Histoire généal. de Bretagne, par du Paz, *pag.* 713.]

42566. ☞ Généalogie de *Goulaines*.

Dans les Additions aux Mémoires de Castelnau, par Jean le Laboureur, *Edit. de* 1731, *tom. II. pag.* 631.]

42567. ☞ Généalogie de *Gourlay*.

Dans le Recueil des Maisons Nobles d'Amiens, par la Morlière, *pag.* 159.]

42568. ☞ Généalogie de la Maison de *Gournay* ou *Gronaix*.

Dans la dernière Edition de l'Histoire de Lorraine, par D. Calmet, à la tête du *tom. V. pag.* cxcix.]

42569. ☞ Généalogie de *Goussencourt*.

Dans la Rech. de la Noblesse de Picardie. = Dans les Remarques de Louvet, sur la Noblesse Beauvaisienne, *pag.* 738.]

42570. ☞ Mſ. Généalogie de la Maison de *Goyet*; par M. l'Abbé DE GOYET.

Elle est citée par l'Abbé Ménage, dans son Histoire de Sablé.]

42571. ☞ Généalogie de *Goyet*.

Dans l'Hist. de la Nobl. de Touraine, par Souliers, *pag.* 269.]

— ☞ Généalogie de *Goyon*.

Ci-après, à *Matignon*.]

42572. ☞ Généalogie de *Graçay*.

Dans l'Histoire de Berry, par de la Thaumassière, *pag.* 641.]

42573. ☞ Généalogie de *Graffeuil*.

Dans la Rech. de la Noblesse de Champagne.]

42574. ☞ Généalogie de *Grailly* & de *Chalette*.

Elle se trouve dans l'Histoire du Gâtinois, par Guillaume Morin, *p.* 94.]

42575. ☞ Mſ. Généalogie de Jean-Baptiste le *Grain*, Maître des Requêtes, Historien de France, dressée par lui-même & écrite de sa main.

Cette Généalogie étoit dans la Bibliothèque de M. l'Abbé Goujet, (& est aujourd'hui dans celle de M. le Duc de Charost.]

42576. ☞ Généalogie de la Maison de *Gramont*, (en Gascogne.)

Elle est imprimée dans le Père Simplicien, *tom. IV. pag.* 610.]

42577. ☞ Généalogie de *Grammont*, en Franche-Comté.

Dans l'Hist. du Comté de Bourgogne, par Dunod, *tom. II. pag.* 418.]

42578. ☞ Mſ. Généalogie de la Maison de *Grancey*.

Elle est entre les mains du R. P. Joseph-Marie Dunand, Capucin.]

== ☞ Généalogie curieuse...... qui montre comme S. François d'Assise est allié de l'ancienne Noblesse de Grancey.

Ci-dessus, [N.os 40678 & 40679.]

Généalogies particulières des Familles. 789

42579. ☞ Généalogie de *Grand*, en Champagne.
Dans la Recherche de la Noblesse de cette Province.]

42580. ☞ Observations, Sommaires & Factum, pour Nicolas de Grand, Ecuyer, Seigneur de Roocourt, Lieutenant-Particulier, &c. au Présidial de Chaumont, en Bassigny, &c. contre M. le Procureur-Général, au sujet de sa Noblesse : Imprimé de 12 pages, *in*-4.]

42581. ☞ Généalogie de *Grand*, en Touraine.
Dans l'Hist. de la Nobl. de ce Pays, par Souliers, *pag.* 281.]

42582. ☞ Généalogie de le *Grand*.
Dans la Recherche de la Nobl. de Champagne.]

42583. ☞ Généalogie de la Maison de la *Grandière*, en Anjou.
Dans les Remarq. de l'Abbé Ménage, sur la Vie de Pierre Ayrault, &c. *pag.* 417.]

42584. ☞ Généalogie des Comtes de *Grand-pré*.
Elle est imprimée dans le Père Simplicien, *tom. II. pag.* 315.]

42585. ☞ Généalogie de la *Grange*, en Berry.
Dans l'Histoire de ce Pays, par de la Thaumassière, *pag.* 469.]

42586. ☞ Généalogie de la *Grange*, en Limousin.
Dans le Reg. V. de l'Armor. de MM. d'Hozier.]

42587. ☞ Généalogie de la *Grange-Billemont*.
Dans la Rech. de la Noblesse de Champagne.]

42588. ☞ Généalogie de la *Grange-Surgères*.
Dans l'Histoire général. de Surgères, par Vialart, *pag.* 105.]

42589. ☞ Généalogie de la *Grange-Villedonné*.
Dans la Rech. de la Noblesse de Champagne.]

42590. ☞ Généalogie de la *Grange*.
Dans le P. Simplicien, *tom. VII. pag.* 424.]

42591. ☞ Généalogie de *Granget*.
Dans l'Histoire de Bresse, par Guichenon : *Part. III. pag.* 201.]

42592. ☞ Généalogie de *Granollasc*, Famille éteinte d'Avignon.
Dans l'Histoire de la Noblesse du Comtat, &c. par Pithon-Curt, *tom. IV. pag.* 465.]

42593. ☞ Généalogie de *Gras*.
Dans l'Etat de la Provence, par Robert. = Dans l'Hist. de la Noblesse de Provence, par Artefeuil, *tom. I. pag.* 506.]

42594. ☞ Généalogie de le *Gras*.
Dans la Rech. de la Noblesse de Champagne.]

42595. ☞ Généalogie de la Maison de *Grasse*.
Dans l'Etat de la Provence, par Robert. = Dans l'Hist. de sa Nobl. par Artefeuil, *tom. I. pag.* 508.]

42596. ☞ Généalogie de *Gratian*.
Dans le même Volume d'Artefeuil, *pag.* 522, & dans l'Etat de la Provence, par Robert.]

42597. ☞ Généalogie de *Gray*.
Dans l'Hist. de la Nobl. de Touraine, par Souliers, *pag.* 284.]

42598. Mf. Histoire de la Maison de *Graville*.
Cette Histoire est citée par Gilles-André de la Roque, *pag.* 146, de son Traité du Blazon.

42599. ☞ Généalogie de *Greffin*.
Dans la Recherche de la Noblesse de Picardie.]

42600. ☞ Généalogie de *Grenaud*, en Bugey.
Dans l'Hist. de la Bresse, par Guichenon : *Contin. de la Part. III. pag.* 111.]

42601. ☞ Généalogie de *Grenier*, en Normandie.
Dans le Reg. VI. de l'Armor. de MM. d'Hozier.]

42602. ☞ Généalogie de du *Gretz*.
Dans la Rech. de la Noblesse de Champagne.]

42603. ☞ Généalogie de la *Griffonnière*.
Dans l'Hist. de Bresse, par Guichenon : *Part. III. pag.* 203.]

42604. ☞ Généalogie de *Grignan*.
Dans l'Etat de la Provence, par Robert, & dans l'Hist. de sa Noblesse, par Artefeuil, *tom. I. pag.* 522.]

42605. ☞ Généalogie de la Maison de *Grille*.
Dans le même Volume d'Artefeuil, *pag.* 524, & dans l'Etat de la Provence, par Robert.]

42606. ☞ Généalogie de *Grillet*, en Bresse.
Dans l'Hist. de ce Pays, par Guichenon : *Part. III. pag.* 205.]

42607. ☞ Généalogie de *Grillet*, dans le Comtat.
Dans l'Histoire de la Noblesse de ce Pays, par Pithon-Curt, *tom. II. pag.* 45, & *IV. pag.* 628.]

42608. Caroli DE VENASQUE (Fariole) Juris utriusque Doctoris, genealogica & historica *Grimaldæ* Gentis Arbor : *Parisiis*, 1647, *in-fol.*
Les [anciens] Princes de Monaco, [dont la race masculine a été éteinte en 1731, étoient de cette Famille.] L'Ouvrage de Venasque lui a coûté, dit-il, vingt années de travail. Il parle, dans son Avis au Lecteur, de diverses Personnes de cette Famille, qui avoient travaillé à cette Généalogie, entr'autres d'un Nicolas Grimaldi, qui en avoit composé une en 1430, laquelle est conservée dans les Archives de Monaco. Venasque la cite souvent.
☞ Voyez *pag.* 847 l'*Art de vérifier les Dates*, 2. Ed.]

42609. Mf. Généalogie de *Grimaldi*.
Elle étoit dans la Bibliothèque de l'Abbé Goujet, & elle est aujourd'hui dans celle de M. le Duc de Charost.]

42610. ☞ Généalogie de la Maison de *Grimaldi*.
Dans le P. Simplicien, *tom. VIII. pag.* 141.]

42611. ☞ Généalogie de la Maison de *Grimaldy*.
Dans l'Hist. de la Noblesse de Provence, par Artefeuil, *tom. I. pag.* 529.]

Liv. IV. Histoire Civile de France.

42612. ☞ Généalogie de *Gripière*, en Normandie.

Dans le Registre IV. de l'Armorial de MM. d'Hozier.]

42613. ☞ Généalogie de *Grivel*.

Dans l'Histoire de Berry, par de la Thaumassière, *pag*. 908.]

42614. ☞ Généalogie de le *Groing*.

Dans la même Histoire, *pag*. 909.]

42615. ☞ La même, augmentée.

Dans le P. Simplicien, *tom. VIII. pag.* 141.]

42616. ☞ Généalogie de *Grolée*, en Bugey.

Dans l'Hist. de Bresse, &c. par Guichenon : *Contin. de la Part. III. pag.* 112.]

42617. ☞ Généalogie de des *Groseliers*.

Dans la Recherche de la Noblesse de Picardie.]

42618. ☞ Généalogie de la Maison de *Grossolles*.

Dans le P. Simplicien, *tom. IX. pag.* 384.]

42619. ☞ Généalogie de *Grouches*.

Dans la Recherche de la Noblesse de Picardie.]

42620. ☞ Généalogie de *Groulart*.

42621. ☞ Généalogie de *Gruthus*.

42622. ☞ Généalogie de *Gruy*.

Ces trois Généalogies se trouvent dans la Recherche de la Noblesse de Champagne.]

42623. ☞ Généalogie de *Gualteri*.

Dans l'Histoire de la Noblesse du Comtat, &c. par Pithon-Curt, *tom. IV. pag.* 469.]

42624. ☞ Généalogie de *Gualy*, en Rouergue.

Dans le Registre V. de l'Armorial de MM. d'Hozier.]

42625. ☞ Généalogie de *Guast*.

Dans l'Histoire de la Noblesse du Comtat, &c. par Pithon Curt, *tom. II. pag.* 60.]

42626. ☞ Généalogie de *Guenan*, en Berry.

Dans l'Histoire de cette Province, par de la Thaumassière, *pag*. 1069.]

42627. ☞ Généalogie de *Guenan*, en Touraine.

Dans l'Hist. de la Nobl. de ce Pays, par Souliers, *pag*. 288 & 552.]

42628. ☞ Généalogie de *Guenichon-Suzancourt*.

Dans la Recherche de la Noblesse de Champagne.]

42629. ☞ Généalogie de *Guerin*, en Champagne.

Dans le même Recueil.]

42630. ☞ Généalogie de Guerin, en Champagne & dans l'Isle de France.

Dans le Registre II. de l'Armorial de MM. d'Hozier.]

42631. ☞ Généalogie de *Guerin*, en Picardie.

Dans la Rech. de la Noblesse de cette Province.]

42632. ☞ Généalogie de *Guerin*, en Provence.

Dans l'Etat de Robert, & dans l'Histoire de la Noblesse de cette Province, par Artefeuil, *tom. II. p.* 1.]

42633. ☞ Généalogie de *Guerry*, dans le Blaisois.

Dans le Reg. II. de l'Armorial de MM. d'Hozier.]

42634. ☞ Généalogie de *Guers-Castelnau*.

Dans les Pièces fugitives du Baron d'Aubais, *tom. I. pag.* 288.]

42635. Généalogie de *Guesbriant*.

Ci-dessus, à celle de *Budes*, [N.° 41605.]

42636. ☞ Généalogie de du *Guesclin*.

Dans l'Histoire généal. de Bretagne, par du Paz, *pag.* 391.]

42637. Ms. Généalogie de la Maison de Guesclin.

Dans le P. Simplicien, *tom. VI. pag.* 187.]

42638. ☞ Généalogie de *Guespin*.

Dans l'Etat de la Provence, par Robert.]

42639. ☞ Lettre de M. MAIRE, Chanoine de Maintenon, sur une Découverte faite près de cette Ville, de Corps des Seigneurs de Soreau, de la Famille de la *Gueste*.

Dans le Journal de Verdun, 1748, Octobre.]

42640. ☞ Généalogie de du *Guet*.

Dans la Recherche de la Noblesse de Champagne.]

42641. ☞ Généalogie de *Gueulluy*.

Dans la Rech. de la Nobl. de Picardie.]

42642. ☞ Généalogie de *Guichard*.

Dans l'Etat de la Provence, par Robert.]

42643. ☞ Généalogie de la *Guiche*.

Dans l'Origine des Bourguignons, par Saint-Julien Baleure, *pag.* 331.]

42644. ☞ Généalogie de la Maison de la Guiche.

Dans le P. Simplicien, *tom. VII. pag.* 441.]

== ☞ Généalogie des Ducs de *Guienne*.

Dans le Père Simplicien, *tom. II. pag.* 510. On l'a déja indiquée ci-dessus, N.° 37510, avec d'autres.]

42645. ☞ Généalogie de *Guigne*.

Dans la Rech. de la Nobl. de Champagne.]

42646. ☞ Généalogie de *Guilhen*.

Dans l'Histoire de la Noblesse du Comtat, &c. par Pithon-Curt, *tom. II. pag.* 73.]

42647. ☞ Généalogie de *Guillard*.

Dans les Présidens de Blanchard, *pag.* 156.]

42648. ☞ Généalogie de *Guillart*.

Dans les Généal. des Maîtres des Requêtes, *p.* 281.]

42649. ☞ Généalogie de *Guillaume*, en Champagne.

Dans la Recherche de la Nobl. de cette Province.]

Généalogies particulières des Familles. 791

42650. ☞ Généalogie de *Guillaume*, dans l'Orléanois & le Limousin.

Dans le Reg. VI. de l'Armor. de MM. d'Hozier.]

42651. ☞ Généalogie de *Guillaumot*.

Dans l'Histoire de la Noblesse du Comtat, &c. par Pithon-Curt, tom. *II. pag. 69.*]

42652. ☞ Généalogie de *Guillebon*.

Dans la Rech. de la Nobl. de Picardie.]

42653. ☞ Généalogie de *Guillen*.

Dans l'Etat de la Provence, par Robert.]

42654. ☞ Généalogie de *Guillier*, en Bourgogne.

Dans le Reg. III. de l'Armorial de MM. d'Hozier.]

42655. ☞ Généalogie de *Guillod*.

Dans l'Histoire de Bresse, par Guichenon : *Part. III. pag. 213.*]

42656. ☞ Généalogie de *Guin*.

Dans l'Etat de la Provence, par Robert, & dans l'Hist. de sa Nobl. par Artefeuil, *tom. II. pag. 3.*]

== Mſ. Historia Comitum *Guinensium*, ac Dominorum Ardensium ; Auctore LAMBERTO, Ecclesiæ Ardensis Pastore : *in-fol.*

Cette Histoire est conservée dans la Bibliothèque [du Roi, entre les Manuscrits] de M. Colbert, & entre ceux de M. de Gaignières.

☞ C'est la même Histoire que celle indiquée ci-dessus, N.° 34209.]

42657. Mſ. Collectanea ex eadem Historia.

Ce Recueil [étoit] dans la Bibliothèque de M. Colbert, num. 292, [& est aujourd'hui dans celle du Roi.] Du Chesne rapporte un grand nombre de Fragmens de cette Histoire, dans la suivante.

42658. Histoire généalogique des Maisons de Guine, d'Ardre, de Gand, & de Coucy, & de quelques autres Familles qui y sont alliées ; par André DU CHESNE : *Paris*, Cramoisy, 1631, *in-fol.*

☞ *Voyez* la *Bibliographie* de M. de Bure, *Hist.* num. 5691.]

42659. ☞ Généalogie de *Guiot*.

Dans l'Histoire de Berry, par de la Thaumassière, *pag. 914.*]

42660. ☞ Généalogie de *Guiramand*.

Dans l'Etat de la Provence, par Robert.]

42661. ☞ Généalogie de *Guiramand*, dans le Comtat.

Dans l'Histoire de la Noblesse de ce Pays, par Pithon-Curt, *tom. I. pag. 129, & tom. IV. pag. 629.*]

42662. ☞ Généalogie de Guiramand, en Provence.

Dans l'Histoire de la Nobl. de cette Province, par Artefeuil, *tom. II. pag. 4.*]

42663. ☞ Généalogie de *Guiran*.

Dans le même Ouvrage, dans les Généalogies de Maynier, & dans l'Hist. de la Nobl. de Provence, par Artefeuil, *tom. II. pag. 6.*]

42664. ☞ Généalogie de *Guiry*.

Dans les Remarques de Louvet, sur la Noblesse Beauvaisienne, *pag. 756.*]

42665. ☞ Généalogie de *Guiscard*, en Quercy.

Dans le Registre IV. de l'Armorial de MM. d'Hozier.]

42666. ☞ Généalogie de *Guisclin*.

Dans la Recherche de la Noblesse de Picardie, & au Supplément.]

42667. Mſ. Histoire généalogique de la Maison de *Guise*, où se voit la vérité de l'Histoire de France, depuis l'an 1305 ; par Pierre-Paul FORNIER, Avocat au Parlement : *in-8.*

Cette Histoire est dans la Bibliothèque de M. le Chancelier d'Aguesseau. Varillas, qui avoit eu le Manuscrit de cette Histoire de feue Mademoiselle de Guise, dit à la fin de son Avertissement sur l'Histoire de Henri II. qu'il y a trouvé des incidens qui concernent les Ducs François & Henri de Guise, & qui avoient échappé à la connoissance des Auteurs du siècle passé.

42668. ☞ Mſ. Généalogie de la Maison de Guise-Lorraine.

Elle est sur une Feuille dédiée à Henri de Lorraine, Duc de Guise : on la conserve dans la Bibliothèque de la Cathédrale de Reims.]

42669. ☞ Généalogie des Ducs de Guise, de la Maison de Lorraine.

Dans le Père Simplicien, *tom. III. pag. 485.*]

42670. ☞ Généalogie de la Maison de Guise, issue de celle de Lorraine, avec ses différentes Branches, & ses Alliances.

Elle se trouve *pag. 268 & suiv.* des Tables généalogiques des Augustes Maisons d'Autriche & de Lorraine ; (par M. le Baron de Zur-Lauben :) *Paris*, Desaint, 1770, *in-8.*]

42671. Mſ. Extraits de la Chambre des Comptes de la Terre & Seigneurie de Guise, depuis l'an 1275 jusqu'en 1408 : *in-fol.* 2 vol.

Ces Extraits [étoient] dans la Bibliothèque de M. de Caumartin, [mort Evêque de Blois en 1733.]

42672. ☞ Titres justificatifs du Droit de Charlotte-Christine de Lorraine, Marquise d'Assy, à la succession de Guise : *in-4.*]

42673. ☞ Généalogie de *Guislain*, en Flandre & en Vermandois.

Dans le Regist. V. de l'Armor. de MM. d'Hozier.]

42674. ☞ Généalogie de *Gumery*.

42675. ☞ Généalogie de *Guy*.

Ces deux Généalogies sont dans la Recherche de la Noblesse de Champagne.]

42676. ☞ Généalogie de *Guyard*.

Dans l'Hist. de la Nobl. du Comtat, &c. par Pithon-Curt, *tom. II. pag. 465.*]

42677. ☞ Généalogie de *Guyot*.

Dans l'Histoire de Berry, par de la Thaumassière, *pag. 1151.*]

42678. ☞ Généalogie de *Guyot-la-Garde*.

Dans l'Histoire de Bresse, par Guichenon : *Part. III. pag. 215.*]

H

42679. Chronicon Balduini Avennensis, seu Historia genealogica Comitum Hannoniæ, aliorumque Procerum, sub anno 1285, conscripta ; Notis illustrata à Jacobo Le Roy : *Antverpiæ*, 1693, *in-fol.*

☞ On a déja cité une Edition de cette Chronique des Princes de *Hainaut*, qui se trouve dans le Spicilège de D. Luc d'Achery, ci-dessus, N.° 39424.]

42680. Ms. La Chronique de Baudoin d'Avesnes, en François : *in-fol.*

Cette Chronique [étoit] dans la Bibliothèque de M. Baluze, num. 242, [& est aujourd'hui dans celle du Roi.] Elle est très estimée. Valère André dit [dans sa Bibliothèque Belgique,] qu'on la trouve en Latin & en François, mais qu'elle est plus ample en cette dernière Langue ; de sorte qu'il est douteux en laquelle des deux elle a été composée.

42681. ☞ Généalogie de *Huincq*, en Touraine & à Paris.

Dans le Reg. V. de l'Armor. de MM. d'Hozier.]

41682. ☞ Généalogie d'*Halencourt*.

Dans les Remarques de Louvet, sur la Noblesse Beauvaisienne, *pag.* 769.]

42683. ☞ Généalogie de *Haligre*.

Dans le P. Simplicien, *tom. VI. pag.* 550.]

42684. ☞ Généalogie de la Maison de *Halluin*.

Dans le Recueil des Maisons Nobles d'Amiens, par la Morlière, *pag.* 71. = Dans les Remarques de Louvet, sur la Noblesse Beauvaisienne. = Dans la Recherche de la Noblesse de Picardie.]

42685. ☞ La même Généalogie, augmentée.

Dans le P. Simplicien, *tom. III. pag.* 904.]

42686. ☞ Généalogie de du *Hamel*, en Champagne.

Dans la Rech. de la Nobl. de cette Province.]

42687. ☞ Généalogie de du *Hamel*, en Picardie.

Dans la Rech. de la Noblesse de ce Pays.]

42688. ☞ Généalogie de *Hames*.

Dans la Recherche de la Noblesse de Champagne.]

42689. ☞ Généalogie de la Maison de *Hamilton*.

Dans le Père Simplicien, *tom. V. pag.* 592.]

42690. ☞ Généalogie de du *Han*.

Dans la Recherche de la Noblesse de Champagne.]

42691. ☞ Généalogie de *Handresson*.

Dans le même Recueil.]

42692. ☞ Généalogie de la Maison de *Hangest*.

Dans le P. Simplicien, *tom. VI. pag.* 737.]

42693. ☞ Généalogie de *Hannicque*.

Dans la Rech. de la Noblesse de Picardie.]

42694. ☞ Généalogie des *Harambures*.

Dans l'Histoire de Berry, par de la Thaumassière, *pag.* 1073.]

42695. Ms. Histoire généalogique de la Maison d'*Harcourt* ; par Jean Le Feron, Avocat en Parlement.

42696. Ms. Généalogie de la Maison d'Harcourt ; par Jacques d'Auzoles, Sieur de la Peyre.

42697. Ms. Histoire d'Harcourt ; par Guillaume Lucas.

Gilles-André de la Roque, dans l'Histoire suivante, cite plusieurs Extraits de ces Ouvrages.

42698. Ms. Histoire généalogique de la Maison d'Harcourt, enrichie d'un grand nombre d'Armoiries, Alliances, Généalogie, Matières & Recherches concernant non-seulement les rangs & les intérêts de cette Maison, mais encore l'Histoire générale, justifiée par Titres, Chartres, Arrêts, &c. par Gilles-André de la Roque, Sieur de la Lontière : *Paris*, Cramoisy, 1662, *in-fol.* 4 vol.

Cet Auteur est mort en 1686. Les deux premiers Volumes contiennent l'Histoire de cette Maison, & les deux derniers fournissent les Preuves de cette Histoire. On trouve au-devant de ces Preuves, des Remarques sommaires sur les Rangs, Honneurs, Dignités, Charges & Qualités de la Maison d'Harcourt, publiées par le même Auteur, pour l'éclaircissement de l'Histoire de cette Maison. Il est fâcheux qu'il y ait fort peu d'ordre dans ces Preuves.

M. Huet, *pag.* 401 & 402, de la seconde Edition de ses *Origines de Caen*, dit, « que la connoissance des » Généalogies & des Armoiries fit la principale étude de » cet Auteur, & particulièrement des Généalogies de » son Pays. Il avoit apporté à cette Recherche une mé- » moire prodigieuse. Il connoissoit tous les défauts des » Familles, & il sembloit prendre plaisir à les publier. » Son principal Ouvrage est l'Histoire de la Maison » d'Harcourt. Il avoit dessein d'écrire un Nobiliaire de » Normandie, & même une Histoire générale de cette » Province ».

☞ On peut voir ce qui est dit de cette Histoire de la Maison d'Harcourt, dans Lenglet, *Méth. histor. in-4. tom. IV. pag.* 441. = Niceron, *tom. XXII. pag.* 221. = Le Ménagiana, *tom. II. pag.* 404.]

42699. ☞ Généalogie de la Maison d'Harcourt.

Dans le P. Simplicien, *tom. V. pag.* 424.]

42700. ☞ Généalogie de *Hardi*, en Brie.

Dans le Registre II. de l'Armor. de MM. d'Hozier.]

42701. ☞ Généalogie de la Maison de *Harlay*.

Dans le Père Simplicien, *tom. VIII. pag.* 797.

☞ *Voyez* encore l'Histoire du Gâtinois, &c. par Guill. Morin, *pag.* 393.]

42702. ☞ Généalogie de *Harlus*.

42703. ☞ Généalogie d'*Harzillemont*.

42704. ☞ Généalogie de *Haudouin*.

Ces trois Généalogies sont dans la Recherche de la Noblesse de Champagne.]

42705. ☞ Généalogie d'*Haussonville*.

Dans l'Hist. de la Maison des Salles, par D. Calmet, aux Preuves, *pag.* xxj.]

42706.

Généalogies particulières des Familles. 793

42706. ☞ Généalogie de *Hautefort*.
Dans l'Hist. de la Nobl. de Provence, par Artefeuil, *tom. II. pag.* 10.& 597.]

42707. ☞ Généalogie de *Hautemer*.
Dans le Père Simplicien, *tom. VII. pag.* 394.]

42708. ☞ Généalogie de la Maison de *Hauterive* de Chaftelard, vûe & fignée par M. d'Hozier de Serigny, en 1756: *in-fol.*]

42709. ☞ Généalogie de du *Hauttoy*.
Dans l'Hist. de la Maison des Salles, par D. Calmet, aux Preuves, *pag.* xxxiv.]

42710. ☞ Généalogie de *Hay*.
Dans l'Histoire généal. de Bretagne, par du Paz, *pag.* 795.]

42711. ☞ Généalogie de la *Haye*, en Normandie & à Paris.
Dans le Reg. VI. de l'Armor. de MM. d'Hozier.]

42712. ☞ Généalogie de la *Haye*, en Picardie.
Dans la Rech. de la Nob. de cette Province.]

42713. ☞ Généalogie de la Maison des *Hayes d'Espinay*.
Dans le P. Simplicien, *tom. VII. pag.* 472.]

42714. ☞ Généalogie de *Hebrail*.
Dans les Pièces fugitives du Baron d'Aubais, *tom. III.* à la fin, *pag.* 107.]

42715. ☞ Généalogie de *Hedouville*.
Dans la Recherche de la Noblesse de Champagne.]

42716. ☞ Généalogie de *Heilly*.
Dans le Recueil des Maisons Nobles d'Amiens, par la Morlière, *pag.* 110.]

42717. ☞ Généalogie d'*Hemard*.
Dans l'Histoire des Secrétaires d'Etat, par du Toc *pag.* 98.]

42718. ☞ Généalogie d'*Hemond*.
Dans la Recherche de la Nobl. de Picardie.]

42719. ☞ Généalogie d'*Hennequin*.
Dans les Remarques de Louvet, sur la Noblesse Beauvaisienne, *pag.* 803. = Dans les Présidents de Blanchard, *pag.* 256.]

42720. ☞ La même, augmentée.
Dans le Regist. V. de l'Armor. de MM. d'Hozier.]

42721. ☞ Mf. Généalogie de MM. *Hennequin* : *in-fol.*
Ce Manuscrit est indiqué *pag.* 843, dans le Catalogue de M. Barré.]

42722. ☞ Généalogie de *Henault*.
Dans la Recherche de la Noblesse de Champagne.]

42723. ☞ Généalogie de *Hennault*.
Dans la Rech. de la Nobl. de Picardie.]

42724. Mf. Généalogie, avec les Armes de la Maison de *Hennin* : *in-fol.*
Cette Généalogie est dans la Bibliothèque du Roi, entre les Manuscrits de M. de Gaignières.]

Tome III.

42725. ☞ Généalogie de *Hennin-Liétard*.
Dans l'Hist. de Châlon du P. Perry, *pag.* 452. = Dans la Recherche de la Noblesse de Champagne.]

42726. ☞ Généalogie de *Henry*.
Dans les Mazures de l'Isle-Barbe, par Cl. le Laboureur, *tom. II. pag.* 366.]

42727. ☞ Généalogie de *Herault*, en Champagne.
Dans la Rech. de la Nobl. de cette Province.]

42728. ☞ Généalogie de *Herault*, en Normandie & Bretagne, à Paris & en Picardie.
Dans le Regist. II. de l'Armor. de MM. d'Hozier.]

42729. ☞ Généalogie de *Heriffon*.

42730. ☞ Généalogie de *Hermant*.
Ces deux Généalogies sont dans la Recherche de la Noblesse de Champagne.]

42731. ☞ Généalogie de l'*Hermite*.
Dans la Recherche de la Noblesse de Picardie.]

42732. ☞ Généalogie de l'*Hermite*.
Dans le P. Simplicien, *tom. VIII. pag.* 155.
On trouve encore une Généalogie de l'*Hermite-Souliers*, à la suite de la Vie de Pierre l'Hermite, imprimée en 1645, (ci-dessus, Tome II. N.º 16941. Mais cette Généalogie est fausse en tous points.]

42733. ☞ Généalogie de *Herpin* du Coudray.
Dans l'Histoire de Berry, par de la Thaumassière, *pag.* 918.]

42734. ☞ Généalogie de *Herte*.
Dans la Recherche de la Noblesse de Picardie.]

42735. ☞ Généalogie de *Hesecques*.
Dans la Recherche de la Noblesse de Champagne.]

42736. ☞ Mf. Généalogie de la Maison de *Heu*, avec l'horoscope de Nicolas de Heu, & la façon de les dresser ; par Laurent Frisius, en Latin, avec des figures représentant tous les Seigneurs de cette Maison, jusqu'à Nicolas de Heu, qui naquit en 1494: *in-4.*
Cette Généalogie est indiquée au Catalogue de M. de Sardière, num. 2423, avec la Note qui suit. « Les Miniatures de ce Manuscrit, qui est du XVIe Siècle, sont » assez bien dessinées : les Portraits servent à nous faire » connoître les modes des deux sexes, & la manière » dont on s'habilloit pendant l'espace de plus de 400 » ans. La Famille de Heu étoit des environs de la Ville » de Liège, & alla s'établir dans la Lorraine. Le premier » Seigneur de cette Famille vivoit en 1086, & les deux » derniers Portraits représentent Nicolas de Heu, Sei- » gneur de Hennery, & Anne du Tailly, son épouse. » Nicolas naquit en 1494, & mourut en 1547 ». Ce Manuscrit a passé ensuite dans la Bibliothèque de M. de Gaignat, & c'est le num. 1256 de son Catalogue.]

42737. ☞ Généalogie de *Heudé*.
Dans la Rech. de la Nobl. de Champagne.]

42738. ☞ Généalogie de *Heurtault*, en Normandie.
Dans le Regist. IV. de l'Armor. de MM. d'Hozier.]

42739. ☞ Généalogie de la *Heuse*.
Dans le P. Simplicien, *tom. VII. pag.* 755.]

Hhhhh

42740. ☞ Généalogie de *Heuzé*.
Dans la Recherche de la Noblesse de Picardie.]

42741. ☞ Généalogie de *Hoccart* & *Hocquart*, en Champagne & à Paris.
Dans le Regist. V. de l'Armor. de MM. d'Hozier.]

42742. ☞ Généalogie de *Hodeneau*, en Nivernois.
Dans le Registre II. du même Armorial.]

42743. ☞ Généalogie de *Hondis*.
Dans l'Etat de la Provence, par Robert.]

42744. ☞ Généalogie de *Honorat*.
Dans le même Ouvrage.]

42745. ☞ Mémoire apologétique sur la Branche aînée de la Maison de *Horne*, &c. Paris, Huguier, 1722, *in*-8.]

42746. ☞ Généalogie de l'*Hospital*, (tombée en quenouille.)
Dans l'Histoire de Berry, par de la Thaumassière, pag. 1085.]

42747. ☞ Généalogie de l'*Hospital-Galuccio*.
Dans la Naples Françoise, par l'Hermite-Soliers, (ou Souliers,) pag. 273.]

42748. ☞ Généalogie de l'*Hospital-Vitry*.
Dans la même Histoire, pag. 915. = Dans celle du Gastinois, &c. par Guil. Morin, pag. 133.]

42749. ☞ Généalogie de la Maison de l'*Hospital*.
Dans le P. Simplicien, *tom. VII. pag.* 432.]

42750. ☞ Lettre présentée au Roi de la part du Sieur Diaceto Aquaviva, Comte de Château-Villain, contre le Maréchal de Vitry: *Douay*, 1624.
Il y est parlé des Familles de Diaceto, Aquaviva, l'Hôpital, &c.]

42751. ☞ Généalogie de l'*Hospital du Castel*.
Dans la Rech. de la Nobl. de Champagne.]

42752. ☞ Généalogie d'*Hostager*.
Dans l'Etat de la Provence, par Robert. = Dans l'Hist. de sa Noblesse, par Artefeuil, *tom. II. pag.* 13.]

42753. ☞ Généalogie de l'*Hoste*.
Dans la Rech. de la Nobl. de Champagne.]

42754. ☞ Généalogie de la Maison d'*Hostun*.
Dans le Père Simplicien, *tom. V. pag.* 259.]

42755. ☞ Généalogie de la *Houssoye*.
Dans la Rech. de la Nobl. de Picardie.]

42756. ☞ Généalogie de la Maison de *Houdetot*.
Dans le P. Simplicien, *tom. VIII. pag.* 16.]

42757. ☞ Généalogie de *Houdreville*.

42758. ☞ Généalogie de du *Houx*.
Ces deux Généalogies sont dans la Recherche de la Noblesse de Champagne.]

42759. ☞ Généalogie de d'*Hozier*, en Provence & à Paris.
Dans l'Etat de la Provence, par Robert. = Dans le Registre III. de l'Armorial de MM. d'Hozier.]

42760. ☞ La même, par le Sieur ARTEFEUIL.
Dans l'Hist. de la Nobl. de Provence, *tom. II. p.* 16.]

42761. ☞ Généalogie de d'*Hucy*.
Dans la Rech. de la Nobl. de Champagne.]

42762. ☞ Généalogie d'*Hugo*, en Lorraine.
Dans le Regist. IV. de l'Armor. de MM. d'Hozier.]

42763. ☞ Généalogie d'*Hugues*, en Languedoc, Dauphiné & Provence.
Dans le Registre II. du même Armorial.]

42764. ☞ La même, par ARTEFEUIL.
Dans son Hist. de la Noblesse de Provence, *tom. II. pag.* 24.]

42765. ☞ Généalogie de *Humbelot*.
Dans la Rech. de la Nobl. de Champagne.]

42766. ☞ Généalogie d'*Humières*.
Dans le P. Simplicien, *tom. VIII. pag.* 174.]

42767. ☞ Ms. Histoire abrégée de la Maison d'Humières, avec la Descente généalogique de Madame Alix de France, fille aînée du Roi Robert, surnommé le *Dévotieux*; dédiée à M. le Marquis d'Humières, Gouverneur de Compiègne, Chef de cette Maison, en 1652; par Antoine CHARPENTIER, Avocat à Compiègne.
Le Manuscrit autographe de cet Ouvrage est dans la Bibliothèque de M. Jardel, à Braine, près Soissons : il le tient de M. Charpentier d'Audron, Seigneur de Couvrel, près de Braine, & petit-neveu de l'Auteur. Ce Manuscrit contient des particularités sur la Pucelle d'Orléans, la Ville de Compiègne & les différens Siéges qu'elle a soutenus. L'Auteur est mort vers l'an 1670.]

42768. ☞ Généalogie de *Huot*.
Dans la Rech. de la Nobl. de Champagne.]

42769. Généalogie de la Maison des *Hurault*.
Elle est imprimée avec les Mémoires du Chancelier de Chiverni : [Paris, 1636, *in*-4.]
☞ On peut voir encore l'Histoire de la Noblesse de Touraine, par Souliers, *pag.* 524.]

42770. ☞ Généalogie de *Hurault*.
Dans le P. Simplicien, *tom. VI. pag.* 501.]

I

42771. ☞ Généalogie de *Jacob la Cottière*.
Dans l'Histoire de Bresse, par Guichenon : Part. III. *pag.* 219.]

42772. ☞ Requête présentée au Lieutenant-Général de la Bresse; par le Sieur JACOB de la Cottière, contre le Sieur de Ferrary, Seigneur de Romans : 1761, (Imprimée en 28 pages.)
Elle contient les Généalogies des Jacob & des Ferrary. Cette Pièce n'est pas commune.]

Généalogies particulières des Familles. 795

42773. ☞ Généalogie de la *Jaille*.

Dans l'Histoire de la Noblesse de Touraine, par Souliers, *pag.* 315 & 551.]

42774. ☞ Généalogie de *Jambon*, en Normandie.

Dans le Regiftre II. de l'Armorial de MM. d'Hozier.]

42775. ☞ Généalogie de *Jambourg*.

Dans la Rech. de la Nobleffe de Picardie.]

42776. ☞ Généalogie de *Jacquemet*, en Franche-Comté.

Dans les Mémoires hiftoriques fur Poligny, *tom. II. pag.* 381.]

42777. ☞ Généalogie de la *Jardine*.

Dans l'Hift. de la Nobl. du Comtat, &c. par Pithon-Curt, *tom. II. pag.* 139.]

42778. ☞ Généalogie de *Jarente*.

Dans la même Hiftoire, *tom. II. pag.* 142, & *IV. pag.* 630.]

42779. ☞ Généalogie de *Jaffaud*.

Dans l'Hiftoire de la Nobleffe de Provence, par Artefeuil, *tom. II. pag.* 27.]

42780. ☞ Généalogie de *Jaubert*, en Quercy.

Dans le Regift. V. de l'Armor. de MM. d'Hozier.]

42781. ☞ Généalogie de *Jaucourt*.

Dans l'Hiftoire de Berry, par de la Thaumaffière, *pag.* 919.]

42782. ☞ Généalogie de *Jaupitre*.

Dans la même Hiftoire, *pag.* 1075.]

42783. ☞ Généalogie de *Jauffelin* de Braffay, en Guyenne.

Dans le Regift. VI. de l'Armor. de MM. d'Hozier.]

42784. ☞ Généalogie de le *Jeune de Crequy*, en Artois & en Anjou.

Dans le Regift. V. de l'Armor. de MM. d'Hozier.]

42785. ☞ Généalogie de le *Jeune de Malherbe*.

Dans l'Hift. de la Nobl. de Touraine, par Souliers, *pag.* 580.]

42786. ☞ Généalogie d'*Illiers*.

Dans le Palais de l'Honneur, par le Père Anfelme, *pag.* 419.]

42787. ☞ Généalogie d'*Imbleval*.

Dans la Rech. de la Nobl. de Picardie.]

42788. ☞ Généalogie d'*Inguimbert*.

Dans l'Etat de la Provence, par Robert. = Dans l'Hift. de fa Nobleffe, par Artefeuil, *tom. II. pag.* 31. = Dans celle du Comtat, par Pithon-Curt, *tom. IV. pag.* 472.]

42789. ☞ Généalogie de *Joannis*.

Dans l'Etat de la Provence, par Robert.= Dans l'Hift. de fa Nobl. par Artefeuil, *tom. II. pag.* 38.]

42790. Hiftoire des Comtes de *Joigny* : *Paris*, Pralard, 1697, *in-*4.

42791. Table généalogique de la Maifon de *Joinville*; par Pierre de Sainte-Catherine-de-Sienne, Feuillant.

Ce Religieux qui fe nommoit dans le monde Maffon, eft mort en 1672.]

42792. Généalogie de la Maifon de Joinville, l'une des plus illuftres de Champagne; par Charles du Frefne Du Cange.

Elle eft imprimée *pag.* 1. de fon Edition de l'Hiftoire de S. Louis, par Joinville : *Paris*, 1668, *in-fol.*

42793. ☞ Généalogie des Sires de Joinville.

Dans le P. Simplicien, *tom. VI. pag.* 631.]

42794. ☞ Mf. La Généalogie de la Famille des *Joly*, à Dijon, faite & dreffee fur Titres, &c. par Pierre Palliot, &c. en 1675, augmentée en l'année 1693. Manufcrit original, écrit de la main dudit Palliot: *in-*4.

Ce Manufcrit eft confervé dans la Bibliothèque de M. Fevret de Fontette , Confeiller au Parlement de Dijon.]

42795. ☞ Généalogie des *Joly de Chouin*.

Dans l'Hift. de la Breffe, par Guichenon : *Part. III. pag.* 220.]

42796. ☞ Généalogie des du *Jon*.

Dans l'Hiftoire de Berry, par de la Thaumaffière, *pag.* 1074.]

42797. ☞ Généalogie de *Joffaud*.

Dans l'Etat de la Provence, par Robert.]

42798. ☞ Généalogie de *Jouffrey*.

Dans le même Etat. = Dans l'Hift. de la Nobleffe de Provence de Maynier. = En dernier lieu dans celle d'Artefeuil, *tom. II. pag.* 43.]

== ☞ Généalogie de *Jouvenel* des Urfins.

Ci-après, au mot *Urfins*.]

42799. Remarques de la Maifon de *Jouyes*, iffue de Bénévent : *in-*12.

42800. Généalogie de la Maifon de *Joyeufe*; par (Antoine) Aubery, Avocat au Confeil.

Elle eft imprimée avec la Vie du Cardinal de Joyeufe, par le même Auteur : *Paris*, 1654, *in-*4.

42801. ☞ Généalogie de la Maifon de Joyeufe.

Dans le P. Simplicien, *tom. III. pag.* 808.]

42802. ☞ Généalogie des *Joyeufe* de Champagne.

Dans la Rech. de la Nobl. de cette Province.]

== ☞ Généalogie d'*Ife*.

Ci-après, fous le nom d'*Yfe*.]

42803. ☞ Mf. Copie de Patentes concernant anciennes Charges & Titres de ceux de la Maifon des Comtes d'*Ifenghien* modernes & de leurs Ancêtres.

Ce Manufcrit eft indiqué au Catalogue de M. Lancelot, num. 549. Il peut fe trouver dans la Bibliothèque du Roi, où font aujourd'hui la plupart des Manufcrits de ce Sçavant.]

42804. ☞ Détail du Procès de M. . . . .

Tome III. Hhhhh 2

796   Liv. IV. *Histoire Civile de France.*

d'Isenghien, au sujet d'une partie de la succession de la Maison de Châlon, qui lui a été enfin adjugée en 1731.

Dans le Tome II. de l'Hist. du Comté de Bourgogne, par Dunod, *pag.* 325-335.]

42805. ☞ Généalogie d'*Isnard*.

Dans l'Hist. de la Nobl. de Provence, par Maynier. = Dans celle d'Artefeuil, *tom. II. pag.* 44. = Dans celle du Comtat, &c. par Pithon-Curt, *tom. II. pag.* 165, & *IV. pag.* 631.]

42806. ☞ Généalogie d'*Isoard*.

Dans l'Etat de la Provence, par Robert: = Dans l'Hist. de la Nobl. de cette Province, par Artefeuil, *tom. II. pag.* 46, où il commence par observer qu'il y a trois Familles Nobles de ce nom en Provence. Il a jugé à propos de ne donner la Généalogie que des Seigneurs de *Chenerilles*, n'ayant pas vu les Titres des deux autres, qui sont Seigneurs de *Fontienne* & de *Torame*. Cela prouve l'exactitude avec laquelle cet Auteur a travaillé.]

42807. ☞ Généalogie d'*Isque*.

Dans la Rech. de la Nobl. de Picardie.]

42808. ☞ Généalogie de *Juglart*.

Dans l'Hist. de la Nobl. de Touraine, par Souliers, *pag.* 212.]

42809. ☞ Généalogie de *Julianis*.

Dans l'Etat de la Provence, par Robert. = Dans l'Hist. de sa Noblesse, par Artefeuil. = Dans le Reg. V. de l'Armor. de MM. d'Hozier.]

42810. ☞ Généalogie de la Maison de la *Jumelière*, ancienne Maison d'Anjou, qui est éteinte.

Cette Généalogie est citée par l'Abbé Ménage, dans son Histoire de Sablé.]

42811. ☞ Généalogie de *Junet*.

Dans l'Histoire des Sires de Salins, *tom. II. pag.* 164.]

42812. ☞ Généalogie de *Juigné*.

42813. ☞ Généalogie d'*Ivory*.

Ces deux Généalogies sont dans la Rech. de la Nobl. de Champagne.]

42814. ☞ Généalogie de *Jussac*.

Dans l'Histoire de Berry, par de la Thaumassière, *pag.* 1076. = Dans l'Hist. de la Nobl. de Touraine, par Souliers, *pag.* 293.]

K

42815. ☞ Généalogie des ô *Kéeffe*, en Irlande & dans l'Isle de France.

Elle est imprimée dans le Registre II. de l'Armorial de MM. d'Hozier.]

L

42816. ☞ Généalogie de *Labbe*.

Dans l'Histoire de Berry, par de la Thaumassière, *pag.* 1082.]

42817. ☞ Généalogie de *Labbé*.

Dans la même Histoire, *pag.* 1086.]

42818. ☞ Généalogie de *Lage*.

Dans le P. Simplicien, *tom. IV. pag.* 386.]

42819. ☞ Généalogie de *Lagrené*.

Dans la Rech. de la Nobl. de Picardie.]

42820. ☞ Généalogie de *Laidet*.

Dans l'Etat de la Provence, par Robert. = Dans l'Hist. de la Noblesse de cette Province, par Artefeuil, *tom. II. pag.* 149.]

42821. ☞ Généalogie de *Laigle* de la Montagne.

Dans la Rech. de la Nobl. de Champagne.]

42822. ☞ Généalogie de *Laincel*.

Dans l'Etat de la Provence, par Robert.]

42823. ☞ Généalogie de des *Laires*.

Dans la Recherche de la Noblesse de Champagne.]

42824. ☞ Généalogie de *Laisné*, dans l'Isle de France.

Elle est imprimée dans le Reg. II. de l'Armorial de MM. d'Hozier.]

42825. ☞ Généalogie de *Laistre*.

Dans la Recherche de la Noblesse de Champagne.]

42826. ☞ Généalogie de *Laleuf*.

Dans l'Histoire de Berry, par de la Thaumassière, *pag.* 1084.]

42827. ☞ Généalogie de *Lalemant*.

Dans la même Histoire, *pag.* 1077.]

42828. ☞ Généalogie de *Lallemant* de *Lestrée*.

Dans la Rech. de la Nobl. de Champagne.]

42829. ☞ Généalogie de *Lallier*.

Dans la Rech. de la Noblesse de Picardie.]

42830. ☞ Généalogie de *Lambert*, en Angoumois, Bourgogne & Périgord.

Dans le Regist. II. de l'Armor. de MM. d'Hozier.]

42831. ☞ Généalogie de *Lambertye*.

Dans l'Histoire de la Maison des Salles, par D. Calmet, aux Preuves, *pag.* 144.]

42832. ☞ Généalogie de *Lambilli*, en Bretagne.

Dans le Regist. II. de l'Armor. de MM. d'Hozier.]

42833. ☞ Généalogie de *Lamet*.

Dans le Recueil des Maisons Nobles d'Amiens, par la Morlière, *pag.* 302. = Dans le Palais de l'Honneur, par le P. Anselme, *pag.* 454, & dans son Palais de la Gloire, *pag.* 457.]

42834. Ms. Généalogie de la Maison de *Lamet* : *in-fol*.

Celle-ci (étoit) dans la Bibliothèque de M. de Caumartin, (Evêque de Blois, laquelle a été vendue à sa mort, arrivée en 1733.]

42835. ☞ Généalogie de *Lamirault*, dans l'Orléanois & le Soissonnois.

Dans le Regist. IV. de l'Armor. de MM. d'Hozier.]

42836. ☞ Généalogie de *Lamiré*.

Dans l'Hist. généal. des Comtes de Ponthieu, *p.* 644. = Dans la Rech. de la Nobl. de Picardie.]

42837. ☞ Généalogie de *Lamoignon*.

Dans les Présidens de Blanchard, *pag.* 426.]

42838. Table généalogique de la Maison de

Généalogies particulières des Familles. 797

Lamoignon, depuis l'an 1280 jusqu'à présent, avec le Blazon : une Feuille *in-fol.*

42839. ☞ Généalogie de *Lancellin.*

Dans l'Histoire généalogique de Dauphiné, par Allard, *tom. III.*]

42840. ☞ Généalogie de *Lancelon.*

Dans l'Histoire de la Noblesse de Touraine, par Souliers, *pag.* 319.]

42841. ☞ Généalogie de *Lanci*, dans l'Isle de France.

Dans le Registre II. de l'Armor. de MM. d'Hozier.]

42842. ☞ Généalogie de *Lancry.*

Dans la Rech. de la Nobl. de Picardie.]

42843. ☞ Généalogie de *Landes.*

Dans les Conseillers de Blanchard, *pag.* 88.]

42844. Table généalogique de la Maison des *Landes*, alliée avec celle de Lamoignon : une Feuille *in-fol.*

42845. ☞ Généalogie de *Langault.*

Dans la Rech. de la Nobl. de Champagne.]

42846. ☞ Généalogie de *Langes.*

Dans l'Histoire de la Noblesse du Comtat, &c. par Pithon-Curt, *tom. IV. pag.* 494.]

42847. ☞ Généalogie de *Langle*, en Normandie.

Dans le Regist. II. de l'Armor. de MM. d'Hozier.]

42848. ☞ Généalogie de *Langlois*, en Champagne.

Dans la Rech. de la Nobl. de cette Province.]

42849. ☞ Généalogie de *Langlois*, en Picardie.

Dans la Recherche de la Noblesse de cette Province, au Supplément.]

42850. Histoire généalogique de la Maison de *Langon;* par Guy ALLARD : *Grenoble, in-4.*

42851. ☞ Généalogie de *Languet*, en Bourgogne.

Dans le Reg. II. de l'Armor. de MM. d'Hozier.]

42852. ☞ Généalogie de *Lannoy.*

Dans le Recueil des Maisons Nobles d'Amiens, par la Morlière, *pag.* 191.]

42853. Généalogie de la Maison de Lannoy : *Paris,* 1667, *in-fol.*

42854. ☞ Autre Généalogie de la même, historique.

Dans le Père Simplicien, *tom. VIII. pag.* 73.]

42855. ☞ Généalogie de *Lantage.*

Dans la Rech. de la Nobl. de Champagne.]

42856. Historia genealogica de la Casa de *Lara;* por Luis DE SALAZAR Y CASTRO, Commendator de Zurita y Fiscal de la Orden de Calatrava, de la Camera de S. M. y su Chronista Mayor : *en Madrid,* 1697, *in-fol.* 4 vol.

La Maison de Lara a possédé le Vicomté de Narbonne dès avant l'an 1200, jusqu'en 1424, & a formé plusieurs Branches en Languedoc, dont la dernière a été éteinte en 1705. Je tiens cette Remarque de M. le Marquis d'Aubais.

42857. Généalogie & Alliance de la Maison des Sieurs de *Larbour*, dits depuis de *Combaud*, sortie autrefois puisnée de la première Race de Bourbon, non Royale, dès avant l'an 1200, en après rendue aînée d'icelle, par la chûte en femmes de deux Branches aînées, & aujourd'hui par l'extinction de toutes les autres seule restée de la ligne masculine; justifiée par Histoires manuscrites & imprimées, Chartes d'Eglise, Titres publics & particuliers, & par autres bonnes Preuves, dont la plupart est énoncée dans l'Arrêt de la Cour des Aydes de Paris, donné en légitime contradiction, pour la confirmation & maintenue de la Noblesse de cette Famille; inféré en la seconde partie du Livre; par Pierre D'HOZIER, Chevalier des Ordres du Roi, Seigneur de la Garde, &c. *Paris,* Henault, 1629, *in-*4.

☞ M. Ménage, *pag.* 411 de la Partie I. de son Histoire de Sablé, assure que l'Auteur de la Généalogie de la Maison de Larbour de Combaud, est le Baron d'Auteuil, du nom de Combaud, quoiqu'elle soit imprimée sous le nom de M. d'Hozier le père. J'ai vu cependant des personnes qui, malgré le témoignage de M. Ménage, sont persuadées que cette Généalogie est de celui sous le nom duquel elle a été publiée, & M. d'Hozier son fils n'en est pas disconvenu. Il y a de l'apparence qu'ils y ont travaillé tous deux.]

42858. ☞ Généalogie de *Larcher.*

Dans la Recherche de la Noblesse de Champagne.]

42859. ☞ Généalogie de *Lardier.*

Dans la Recherche de la Noblesse de Picardie.]

42860. ☞ Généalogie de *Largentier.*

Dans la Recherche de la Noblesse de Champagne.]

42861. ☞ Généalogie de *Larrard*, anciennement de *Larralde*, en Guyenne.

Dans le Registre VI. de l'Armorial de MM. d'Hozier.]

42862. ☞ Généalogie de *Larrey*, en Normandie & en Allemagne.

Dans le Registre III. du même Armorial.]

42863. Mf. Généalogie de la Maison de *Lascaris;* par le P. ASTRIA, Jésuite : *in-fol.*

Cette Généalogie est conservée dans la Bibliothèque du Roi, entre les Manuscrits de M. de Gaignières.]

42864. ☞ Généalogie des de *Lastre.*

Dans la Recherche de la Noblesse de Picardie.]

42865. ☞ Généalogie de *Latil.*

Dans l'Hist. de la Nobl. de Provence, par Artefeuil, *tom. II. pag.* 53.]

42866. Histoire généalogique de la Maison de *Laval;* par Pierre LE BAUD, Chantre & Chanoine de Notre-Dame de Laval.

Cette Histoire est imprimée avec celle de Bretagne, du même Auteur : *Paris,* 1638, *in-fol.*

42867. Mf. Histoire des Comtes de Laval;

Liv. IV. *Histoire Civile de France.*

depuis Guy I. jusqu'à Guy X. fils du Seigneur Andelot de Coligny; par Louis DE MEAUNE.

Cette Histoire est conservée dans les Archives de cette Maison, selon Charles de Vich, Angevin, Religieux du Monastère de Clermont, dans le Diocèse du Mans, *pag.* 234 de sa Bibliothèque de Citeaux. Louis de Meaune avoit achevé son Histoire l'an 1581.

☞ Il y a ici une négligence de l'Imprimeur, qui a fait une transposition de deux lignes: car c'est Louis de Meaune qui étoit Angevin & Religieux du Monastère de Clermont, dans le Maine. C'est ce qu'on peut voir dans la Bibliothèque des Ecrivains de l'Ordre de Citeaux, publiée par Dom Charles de Vich, Cistercien Flamand.]

42868. Histoire généalogique des Maisons de Laval; par André DU CHESNE.

Cette Histoire est imprimée avec son Histoire de la Maison de Montmorency: *Paris*, 1624, *in-fol.*

42869. Table généalogique de la Maison de Laval; par Gilles MÉNAGE.

Cette Table est imprimée *pag.* 350 de son Histoire de Sablé: *Paris*, 1686, *in-fol.*

42870. ☞ Mss. Jacobi PUBLITII, Panegyricus Domûs Dominorum Civitatis Lavallensis: *in-fol.*

Ce Discours est indiqué dans la Bibliothèque de M. de Thou, Part. II. *pag.* 446, entre les Manuscrits.

42871. Titres du Comté de Laval & de ses Privilèges: *Paris*, des Hayes, 1657, *in-4.*

42872. ☞ Requête de Guy André, Comte de Laval, pour la confirmation des honneurs accordés au Chef du nom de Laval: 1716.]

42873. ☞ Panégyric des Angevins, pour Estrennes de l'an 1613, à M. du Bois-Dauphin, Maréchal de France, Gouverneur d'Anjou: *Angers*, Hennault.

C'est un Eloge de ce Maréchal, & de ses Ancêtres, de Laval.]

42874. Extrait des Descendans & Ascendans d'André de *Laval*, Chevalier de Chastillon en Vendelays; recueilli par Jacques BROSSIN, Vicomte de Massans & de Meré, Chevalier de l'Ordre de Saint-Jean de Jérusalem, Commandeur de Fretay, en 1627: *in-4.*

42875. ☞ Généalogie des de *Lavaur*, en Quercy.

Dans le Reg. III. de l'Armorial de MM. d'Hozier.]

42876. ☞ Généalogie de *Laugier*.

Dans l'Etat de la Provence, par Robert. = Dans l'Histoire de sa Noblesse, par Maynier. = Dans celle d'Artefeuil, *tom. II. pag.* 54 & 597.]

42877. ☞ Généalogie de *Lavier*, en Franche-Comté.

Dans le Regist. II. de l'Armor. de MM. d'Hozier.]

46878. ☞ Généalogie de *Launay*.

Dans l'Histoire de Berry, par de la Thaumassière, *pag.* 923.]

42879. ☞ Généalogie de *Launoy*.

Dans la Rech. de la Nobl. de Champagne.]

42880. ☞ Généalogie des de la *Laurencie*, en Angoumois, Poitou & Saintonge.

Dans le Registre II. de l'Armorial de MM. d'Hozier.]

42881. ☞ Généalogie des de *Laurens*.

Dans l'Hist. de la Nobl. de Provence, par Artefeuil, *tom. II. pag.* 64 & 67. Car il y a deux Familles de ce nom.]

42882. ☞ Généalogie des de *Laurent*.

Dans l'Histoire de Berry, par de la Thaumassière, *pag.* 1081.]

42883. ☞ Généalogie de des *Laurents*.

Dans l'Hist. de la Nobl. du Comtat, &c. par Pithon-Curt, *tom. II. pag.* 177, & *IV. pag.* 493.]

42884. ☞ Autre, des mêmes des Laurents, dans le Comtat & à Paris.

Dans le Regist. V. de l'Armor. de MM. d'Hozier.]

42885. ☞ Généalogie des de *Laurès*, en Agénois.

Dans le même Registre.]

42886. ☞ Généalogie des de *Lauris*.

Dans l'Etat de la Provence, par Robert. = Dans l'Histoire de la Noblesse du Comtat, &c. par Pithon-Curt, *tom. II. pag.* 185, & *tom. III. pag.* 495. = Dans celle de Provence, par Artefeuil, *tom. II. pag.* 69.]

42887. ☞ Autre, de la même.

Dans le Registre VI. de l'Armor. de MM. d'Hozier.]

42888. Mss. Titres de la Maison de *Lautrec*.

Ils [étoient] dans la Bibliothèque de M. le Chancelier Seguier. [& ils peuvent se trouver avec ses autres Manuscrits, à S. Germain des Prés.]

42889. ☞ Généalogie de la Maison de Lautrec.

Dans le Père Simplicien, *tom. II. pag.* 349.]

42890. ☞ Observations où l'on examine si les Branches de la Maison de Lautrec qui subsistent encore, descendent de Baudouin, frère de Raymond VI. Comte de Toulouse; & sur les Comtes de Lautrec.

C'est ce qui forme la Note XVIII. du Tome III. & la Note IV. du Tome IV. de l'Histoire générale du Languedoc, par Dom VAISSETE.]

42891. ☞ Généalogie de *Law*, en Ecosse & à Paris.

Dans le Reg. VI. de l'Armor. de MM. d'Hozier.]

42892. ☞ Généalogie de la Maison de *Lauzières*.

Dans le P. Simplicien, *tom. VII. pag.* 411.]

42893. ☞ Généalogie de *Laye*.

Dans les Mazures de l'Isle-Barbe, par Cl. le Laboureur, *tom. II. pag.* 400.]

42894. ☞ Généalogie de *Laye-d'Uxelles*.

Dans le P. Simplicien, *tom. VII. pag.* 662.]

42895. ☞ Généalogie de *Leautaud* ou *Leotaud*.

Dans l'Etat de la Provence, par Robert. = Dans l'Hist. de la Nobl. de Provence, par Artefeuil, *tom. II. pag.* 71 & 598.]

42896. ☞ Mss. La Descente de la très-auguste Lignée de *Lebret*, &c. par François

Généalogies particulières des Familles. 799

LE MAIRE, Docteur en Théologie & Supérieur des Frères Mineurs de Chaftel-Jaloufe.

Ce Manuscrit sur vélin, qui est du XIVe Siècle, est conservé dans la Bibliothèque de M. Fevret de Fontette, Conseiller au Parlement de Dijon.]

42897. ☞ Idée généalogique de la Maison de Leczinski.

Dans les Variétés historiques.]

42898. ☞ Généalogie de *Leffe*.

Dans l'Histoire de Berry, par de la Thaumassière, *pag.* 1076.]

42899. ☞ Généalogie de *Leignier*.

Dans la Rech. de la Nobl. de Champagne.]

42900. ☞ Généalogie de *Lenglentier*.

Dans la Rech. de la Nobl. de Picardie.]

42901. ☞ Généalogie de *Lenharé*.

Dans la Rech. de la Nobl. de Champagne.]

42902. Généalogie de *Lenoncourt*; par Georges AULBERY.

Elle est imprimée avec la Vie de S. Sigibert, Roi d'Auftrasie: *Nancy*, 1616, *in-*8.

42903. ☞ Autre, plus ample, &c.

Dans le Père Simplicien, *tom. II. pag.* 52.]

42904. ☞ Généalogie de *Lens*.

Dans le même, *tom. VIII. pag.* 28.]

42905. Mf. Histoire généalogique de la Maison de *Leon*; par Augustin DU PAZ: *in-fol.*

Cette Histoire [étoit] entre les mains de Dom Guy Lobineau, [comme il le dit dans son Histoire de Bretagne.]

42906. ☞ Généalogie de *Leonze*.

Dans l'Etat de la Provence, par Robert.]

42907. ☞ Généalogie de *Leriget*, en Angoumois, en Dauphiné & à Paris.

Dans le Reg. II. de l'Armorial de MM. d'Hozier.]

42908. ☞ Généalogie de *Lefcarnelot*.

42909. ☞ Généalogie de *Lefcuyer*.

Ces deux Généalogies sont dans la Recherche de la Noblesse de Champagne.]

42910. ☞ Généalogie des Ducs de *Lefdiguières*.

Dans le P. Simplicien, *tom. IV. pag.* 288.]

42911. ☞ Généalogie de *Leshenaut*, en Anjou.

Dans le Registre II. de l'Armor. de MM. d'Hozier.]

42912. ☞ Généalogie de *Lefpault*.

Dans la Recherche de la Noblesse de Picardie.]

42913. ☞ Généalogie de *Lefperon*.

Dans le même Recueil.]

42914. ☞ Généalogie de *Lefpinay*, en Touraine.

Dans l'Histoire de la Noblesse de ce Pays, par Souliers, *pag.* 375.]

42915. ☞ Généalogie de *Lefpinay*, en Bretagne, Beauvaisis & Soissonnois.

Dans le Regist. II. de l'Armor. de MM. d'Hozier.]

42916. ☞ Généalogie d'autres de *Lefpinay*, en Bretagne & Poitou.

Dans le Registre IV. du même Recueil.]

42917. ☞ Généalogie de *Lefquevin*.

Dans la Recherche de la Noblesse de Picardie, au Supplément.]

42918. ☞ Généalogie de *Leftang*, en Berry.

Dans le Reg. III. de l'Armorial de MM. d'Hozier.]

42919. Discours généalogique de la Maison de Leftang, dressé & composé par moi Jacques DE LESTANG, & adressé à Guillaume & Joseph de Leftang, mes Enfans, l'an 1655: [*Aix*, sans date, *in-*12.]

C'est une Famille d'Arles, établie à présent dans le Parlement d'Aix.]

42920. ☞ Généalogie de *Leftenou*.

Dans l'Histoire de la Noblesse de Touraine, par Souliers, *pag.* 370.]

42921. ☞ Généalogie de *Leftoille*, en Picardie.

Dans la Recherche de la Nobl. de cette Province.]

42922. ☞ Généalogie de Leftoille, à Paris.

Dans les Présidens de Blanchard, *pag.* 168.]

42923. ☞ Généalogie de *Leftocq*.

Dans la Recherche de la Noblesse de Picardie, au Supplément.]

42924. Généalogie de la Maison de *Letouf*, dite des Pradins.

Elle est imprimée avec les Mémoires de Claude de Letouf, Baron de Sirot: *Paris*, 1683, *in-*12.]

42925. ☞ Généalogie de *Lettes - Montpezat*.

Dans le Père Simplicien, *tom. VII. pag.* 185.]

42926. ☞ Généalogie de *Leuctre*.

Dans l'Hist. de la Nobl. de Provence, par Artefeuil, *tom. II. pag.* 73 & 600.]

42927. ☞ Généalogie de *Levis*.

Dans les Mazures de l'Isle-Barbe, par Cl. le Laboureur, *tom. II. pag.* 410.]

42928. ☞ Généalogie de Levis, en Hurepoix.

Dans le P. Simplicien, *tom. IV. pag.* 11.]

42929. ☞ Généalogie de *Liatod*.

Dans l'Histoire de Bresse, par Guichenon: *Part. III. pag.* 227.]

42930. ☞ Généalogie de *Libaudière*.

Dans la Recherche de la Noblesse de Champagne.]

42931. ☞ Généalogie de *Libertat*.

Dans l'Etat de la Provence, par Robert. = Dans les Corses François, par Souliers, *pag.* 171. = Dans l'Hist. de la Noblesse de Provence, par Artefeuil, *tom. II. pag.* 75.]

42932. ☞ Généalogie de *Liégart*.

Dans la Rech. de la Nobl. de Picardie.]

42933. ☞ Généalogie de le *Lieur*.

Dans la Recherche de la Noblesse de Champagne.]

42934. ☞ Généalogie de la Maison de *Ligne*.

Dans le Père Simplicien, tom. *VIII. pag.* 30.]

42935. ☞ Mſ. Histoire de la Maison de Ligne ; par M. DE LA RIVIÈRE.

M. de la Rivière, dit l'Editeur de ſes Lettres, « n'é-
» toit pas aſſez verſé dans l'Hiſtoire, ſur-tout dans celle
« des Pays-Bas, pour traiter heureuſement un pareil ſu-
» jet ; ainſi nous devons être ravis qu'elle n'ait pas été
» imprimée ».]

42936. ☞ Généalogie des *Ligneris*.

Dans les Préſidens de Blanchard, *pag.* 211.]

42937. ☞ Généalogie de *Ligny*.

Dans la Rech. de la Nobl. de Champagne.]

42938. ☞ Généalogie de *Ligondaix*.

Dans l'Hiſtoire de Berry, par de la Thaumaſſière, *pag.* 1082.]

42939. ☞ Généalogie de *Ligot*.

Dans la Rech. de la Nobl. de Champagne.]

42940. ☞ Généalogie de *Lile* ou *Lyle*.

Dans l'Hiſtoire de la Nobleſſe de Provence, par Arteſeuil, *tom. II. pag.* 77 & 600.]

42941. ☞ Généalogie de *Limojon*.

Dans l'Hiſt. de la Nobl. du Comtat, &c. par Pithon-
Curt, *tom. II. pag.* 191.]

42942. ☞ Généalogie de *Limoſin*, en Brabant & Luxembourg.

Dans le Regiſtre VI. de l'Armor. de MM. d'Hozier.]

42943. ☞ Généalogie de *Linage*.

Dans la Rech. de la Nobl. de Champagne.]

42944. Annales Genealogici Familiæ de *Linden* ; Auctore Chriſtophoro BUTKENS, Antverpienſi, Ordinis Ciſtercienſis : *Antverpiæ*, 1626. *in-fol*.

On peut voir la Note qui concerne cet Auteur, rapportée ci-deſſus, [N.° 40619.]

42945. ☞ Généalogie de *Linières*.

Dans l'Hiſtoire de Berry, par de la Thaumaſſière, *pag.* 661.]

42946. ☞ Généalogie de la Maison de Linières.

Dans le P. Simplicien, *tom. VIII. pag.* 834.]

42947. ☞ Généalogie de la Maison de *Liſle*.

Dans le même, *tom. VIII. pag.* 788.]

42948. ☞ Généalogie de *Liſle*, en Ecoſſe & en Provence.

Dans le Regiſt. V. de l'Armor. de MM. d'Hozier.]

42949. Mſ. Titres & Extraits de la Maison de *Liſle-Jourdain* : *in-fol*.

Ils ſont conſervés dans la Bibliothèque du Roi, entre les Manuſcrits de M. de Gaignières.

42950. ☞ Généalogie de *Liſques*.

Dans la Rech. de la Nobl. de Picardie.]

42951. ☞ Généalogie de *Liſſalde*, au Pays de Navarre & en Condomois.

Dans le Reg. III. de l'Armor. de MM. d'Hozier.]

42952. ☞ Généalogie de *Livron*.

Dans la Rech. de la Nobl. de Champagne.]

42953. ☞ Généalogie de la Maison de *Livron*, en Limoſin.

Dans les Annales de Limoges, par le P. Bonaventure, *pag.* 527.]

42954. Mſ. Titres & Extraits de la Maison de Livron.

Ils ſont conſervés dans la Bibliothèque du Roi, parmi les Manuſcrits de M. de Gaignières.

42955. ☞ Généalogie de *Locart*.

Dans la Rech. de la Nobl. de Champagne.]

42956. ☞ Généalogie de la *Loë*.

Dans l'Hiſtoire de Berry, par de la Thaumaſſière, *pag.* 1077.]

42957. ☞ Généalogie de la *Loëre*, en Bourbonnois & à Paris.

Dans les Regiſtres III. & V. de l'Armorial de MM. d'Hozier.]

42958. ☞ Généalogie de *Loir*, en Normandie.

Dans le Reg. II. de l'Armor. de MM. d'Hozier.]

42959. ☞ Généalogie de *Loiſſon*, en Champagne & à Paris.

Dans le Regiſtre V. du même Recueil.]

42960. ☞ Abrégé de la Généalogie des Vicomtes de *Lomagne*, diviſée en trois Races, avec une Diſſertation ſur la Branche de Candale, de la Maiſon de Foix ; (par Louis CHASOT de Nantigny :) *Paris*, Ballard, 1757, *in*-12. de 70 pages.]

42961. ☞ Généalogie de *Lombard*.

Dans l'Etat de la Provence, par Robert. = Dans l'Hiſt. de la Nobleſſe de Provence, par Arteſeuil, *tom. II. pag.* 81 & 600.]

42962. ☞ Généalogie de *Longboſts*.

Dans l'Hiſtoire de Berry, par de la Thaumaſſière, *pag.* 1083.]

42963. ☞ Généalogie de *Longecombe*, en Bugey.

Dans l'Hiſt. de Breſſe, &c. par Guichenon : *Contin. de la Part. III. pag.* 131.]

42964. ☞ Généalogie de *Longueau*.

Dans la Rech. de la Nobl. de Champagne.]

42965. ☞ Généalogie de *Longueil*.

Dans les Préſidens de Blanchard, *pag.* 456.]

42966. ☞ Généalogie de *Longuejoue*.

Dans le P. Simplicien, *tom. VI. pag.* 465.]

42967. ☞ Généalogie de *Longueval*, en Picardie.

Dans le Recueil des Maiſons Nobles d'Amiens, par la Morlière, *pag.* 85.]

42968. ☞ Généalogie de *Longueval*, en Périgord.

Dans le Reg. II. de l'Armor. de MM. d'Hozier.]

Généalogies particulières des Familles.

42969. ☞ Généalogie de *Longueil*.

Dans le Palais de la Gloire, par le P. Anselme, *p*. 478.]

== Généalogie de la Maison de *Longueville*, depuis Jean, Comte de Dunois.

Ci-devant, [Tome II. N.ºs 25533 & *suiv*.]

42970. ☞ Généalogie de la Maison de *Longvy*.

Dans le P. Simplicien, *tom. II. pag.* 224.]

42971. ☞ Généalogie de *Lopès* ou *Lopis*.

Dans l'Histoire de la Nobl. du Comtat, &c. par Pithon-Curt, *tom. II. pag.* 99, & *IV. pag.* 633.]

42972. ☞ Généalogie de *Loques*.

Dans l'Etat de la Provence, par Robert.]

42973. ☞ Généalogie de *Lorgeril*.

Dans l'Histoire Généal. de Bretagne, par du Paz, *pag.* 469.]

42974. ☞ La même, augmentée.

Dans le Reg. V. de l'Armor. de MM. d'Hozier.]

42975. ☞ Généalogie de *Loriol*.

Dans l'Histoire de Bresse, par Guichenon : *Part. III. pag.* 223.]

== Généalogies des Ducs de *Lorraine*, descendus de Charles de France, [& autres Généalogies plus véritables.]

Ci-devant, [Tome II. N.ºs 25900 & *suiv*. On peut voir encore les « Tables Généalogiques des Augustes » Maisons d'Autriche & de Lorraine, & leurs Alliances » avec l'Auguste Maison de France; (par M. le Baron » de Zur-Lauben » :) *Paris*, Desaint, 1770, *in*-8.

42976. Mf. Généalogie de Lorraine : *in-fol*.

Cette Généalogie est conservée dans la Bibliothèque du Roi, num. 8367.

42977. Mf. Histoire de l'ancienneté, grandeur & Alliances de la Maison de Lorraine : *in-fol*. & *in*-4.

Cette Histoire [étoit] dans la Bibliothèque du Chancelier Seguier, num. 753 & 261 des Miniatures. [Elle est peut-être avec ses autres Manuscrits, à S. Germain des Prés.]

42978. Mf. Alliances & Généalogies des Ducs de Lorraine & de Bar : *in-fol*.

Ces Généalogies [étoient] dans la Bibliothèque de M. Colbert, num. 114, [aujourd'hui dans celle du Roi;] & dans celle du Collège des Jésuites de Paris, num. 97.

☞ Elles se trouvent aussi dans celle de la Cathédrale de Reims, num. 57.]

42979. Mf. Généalogie & Chronique des Ducs de Lorraine, depuis Magius, Roi des Cimbres, jusqu'à François I. Duc de Lorraine, mort en 1544.

Cette Généalogie [étoit] dans le Cabinet du P. Hugo, Prémontré de Nancy, [mort Abbé d'Estival & Evêque de Ptolémaïde, en 1739.]

42980. Généalogie des Ducs d'Austrasie, dite Lorraine, depuis Adam jusqu'au Prince Charles de Lorraine, fils de François, Duc de Lorraine; par Edmond DU BOULLAY, premier Hérault & Roi d'Armes du Duc de Lorraine.

Cette Généalogie est imprimée à la suite de son *Tome III.*

» Dialogue des trois Etats de Lorraine, sur la Nativité » du Duc Charles : *Strasbourg*, 1543, *in-fol*. » (rapporté ci-devant, Tome II. N.° 25900.)

42981. Les Généalogies des Princes les Ducs de Lorraine Marchis, avec le Discours des Alliances & Traités de Mariage en icelle Maison de Lorraine, jusqu'au Duc François, dernier décédé; par Edmond DU BOULLAY : *Metz*, Pallier, 1547, *in*-4. *Paris*, Corozet, 1549, *in*-8.

Il y a dans la première Edition plusieurs autres Traités du même, touchant le Duc Antoine.

42982. Mf. Alliances de Lorraine, par le même, dédiées à Charles de Lorraine, Archevêque de Reims, l'an 1560 : *in-fol*.

Ces Alliances [étoient] à Paris, dans le Cabinet de M. Moreau de Mautour.

42983. Mf. Partie de la Généalogie des Maison de Lorraine, de Luxembourg, d'Estouteville, avec les Gestes de Louis de Brezé, Grand-Sénéchal : *in-fol*.

Dans la Bibliothèque du Roi, num. 9891.

42984. Discours (en Vers) de la très-noble, très-illustre & très-ancienne Maison de Lorraine; par BRUAN, natif de Nancy, & Curé de Mousson : *Lyon*, 1591, *in*-8.

42985. Alliances généalogiques de la Maison de Lorraine; par Nicolas BIRE, 1593 : *in-fol*.

== Généalogie des Ducs de Lorraine; par Théodore GODEFROY.

Ci-devant, [Tome II. N.° 25907.]

42986. Mémoires sur l'Origine des Maisons & Duché de Lorraine & de Bar-le-Duc, première Partie, contenant des Considérations sur la Généalogie de la Maison de Lorraine; par Louis CHANTEREAU LE FEVRE, ci-devant Intendant des Finances ès Duchés de Lorraine & de Bar : *Paris*, Bessin, 1642, *in-fol*.

Ces Mémoires sont accompagnés de Preuves justificatives. L'Auteur assure qu'en cette première Partie, son principal but a été de purger cette illustre Généalogie de plusieurs fables que des Ecrivains ignorans ou malicieux y avoient insérées. Il en est parlé ainsi au commencement de son Discours historique sur le prétendu Mariage d'Ansbert & de Blithilde, [ci-devant, Tome II. N.° 24879.] Chantereau le Fevre est mort en 1658.

☞ Le reste de ses Mémoires est encore en Manuscrit à la Bibliothèque du Roi.]

== La véritable origine de Lorraine; par Hiérosme VIGNIER.

Ci-devant, [Tome II. N.° 25883.]

42987. La Clef Ducale de la Maison de Lorraine, laquelle donne une ample ouverture à l'antiquité, dignité, excellence & générosité de la Noblesse, des Alliances, Emplois, Actions héroïques & Princes du Sang Lorrain; par Jacques SALEUR, Mineur Observantin : *Nancy*, Charlot, 1663, *in-fol*.

42988. Mf. Les seize Quartiers des Maisons

de Lorraine & de Bar, avec les Armes; par (Matthieu) Husson, l'Ecoſlois, Conſeiller au Préſidial de Verdun : *in-fol.*

Ces Généalogies [étoient] dans la Bibliothèque de M. de Caumartin, [mort Evêque de Blois, en 1733.]

42989. Simple Crayon utile & curieux de la Nobleſſe des Ducs de Lorraine & de Bar, & des Evêques de Metz, Toul & Verdun; par Jacques SALEUR : 1674, *in-4.*

42990. Mſ. Hiſtoire généalogique de la Maiſon de Lorraine, avec les Blazons & les Quartiers; par Jacques CHEVILLARD, Généalogiſte du Roi : *in-fol.*

Cette Hiſtoire [étoit] dans le Cabinet de l'Auteur.

☞ Origine & Généalogie de la Maiſon de Lorraine; par D. Auguſtin CALMET.

Ci-devant, Tome II. N.° 25920.]

42991. Mſ. Recueil de Pièces concernant la Maiſon de Lorraine, depuis Thibault de Lorraine : *in-fol.* neuf Porte-feuilles.

42992. Mſ. Généalogie de la Maiſon de Lorraine : *in-fol.* 2 vol.

42993. Mſ. Recueil de Pièces concernant la Maiſon de Lorraine : *in-fol.* 13 Porte-feuilles.

Ces trois Articles ſont conſervés dans la Bibliothèque du Roi, entre les Manuſcrits de M. de Gaignières.

42994. Mſ. Recueil de Pièces concernant les Princes de la Maiſon de Lorraine : *in-fol.* 3 vol.

Ce Recueil eſt conſervé dans la Bibliothèque des Minimes de Paris, num. 96-98.

42995. ☞ Généalogie des Comtes de *Los.*

Dans le Père Simplicien, tom. II. pag. 325.]

42996. ☞ Généalogie de *Loubes.*

Dans l'Hiſtoire de Berry, par de la Thaumaſſière, pag. 924.]

42997. Mſ. Le Livre des Alliances de la Maiſon de *Loudon*, depuis l'an 1180 juſqu'au Règne de Henri II. par Jacques MORIN, Sieur de Loudon, Conſeiller au Parlement de Paris.

Ce Livre eſt cité par la Croix du Maine, dans ſa Bibliothèque Françoiſe.

42998. ☞ Réponſes à griefs de Guillaume Loüet, Ecuyer, Sieur de la Motte-Dorval, fils aîné & principal héritier de Charles Louet, Conſeiller du Roi, en ſes Conſeils d'Etat & Privé, contre Nicolas & Magdelaine Louet : 1666, *in-4.*

Cet Ecrit contient des faits importans ſur la Famille des Louet, & les ſervices qu'elle a rendus à l'Etat.]

42999. ☞ Sommaire de la Généalogie des Louet de la Ville d'Angers.

Dans les Remarques de Gilles Ménage, ſur la Vie de Pierre Ayrault, &c. pag. 369.]

43000. ☞ Généalogie de *Loule.*

Dans l'Etat de la Provence, par Robert.]

43001. ☞ Généalogie de le *Loup.*

Dans le Palais de l'Honneur du P. Anſelme, p. 463.]

43002. ☞ Généalogie de du *Louvat*, en Bugey.

Dans l'Hiſt. de Breſſe, &c. par Guichenon : Contin. de la Part. III. pag. 136.]

43003. ☞ Généalogie de *Louvel.*

Dans la Rech. de la Nobl. de Picardie.]

43004. ☞ Généalogie de *Louverval.*

Dans le même Recueil.]

43005. ☞ Généalogie de *Louviers.*

Dans l'Hiſt. de la Maiſon des Salles, par D. Calmet, pag. 51.]

43006. ☞ Généalogie de *Loyac*, en Limouſin.

Dans le Regiſt. II. de l'Armor. de MM. d'Hozier.]

43007. ☞ Généalogie de MM. de *Lucas*; par Etienne DE LA LEIGUNE : Paris, 1667, *in-fol.*]

43008. ☞ Généalogie de *Lucinge*, en Bugey.

Dans l'Hiſt. de Breſſe, &c. par Guichenon : Contin. de la Part. III. pag. 138.]

43009. ☞ Généalogie de *Lucy.*

Dans l'Hiſt. de la Maiſon des Salles, par D. Calmet, aux Preuves, pag. 38.]

43010. ☞ Généalogie de *Ludres-Frolois.*

Dans le même Ouvrage, auſſi dans les Preuves, p. 110.]

43011. ☞ Généalogie de *Luillier.*

Dans la Recherche de la Nobleſſe de Champagne.]

43012. Généalogie de la Maiſon de *Luilliers* : *in-4.*

43013. Hiſtoire de *Luſignan*, ou l'Hiſtoire de Méluſine, fille du Roi d'Albanie & de Madame Preſſine; faite par le commandement de Jean, fils du Roi de France, Duc de Berry & d'Auvergne; par JEAN D'ARRAS, en 1387 : Paris, Petit; Lyon, Octuin, (vers l'an 1500, *in-fol.*

☞ La plus ancienne Edition eſt à Lyon, chez Matthieu Huſz, avec figures, *in-fol.* Gothique : elle eſt indiquée dans le Catalogue de M. Sardière. Il y en a encore une ancienne Edition *in-4.* Gothique : (Paris,) le Noir. On peut voir ſur ce Roman, la Méth. hiſtorique de Lenglet, *in-4.* tom. IV. pag. 442, = la Biblioth. de Clément, tom. II. pag. 135.]

La même Hiſtoire, revue & miſe en meilleur ordre : Paris, Bonfons, 1584; Troyes, 1639, *in-4.*

La même; par L. M. D. M. Paris, 1637, *in-8*; Lyon, Huguetan, 1644, *in-4.*

La même, tirée des Chroniques de Poitou, & qui ſert d'origine à la Maiſon de Luſignan; par François NODOT, Commiſſaire des Vivres en Piémont : Paris, 1698, *in-12.*

☞ Voyez la République des Lettres, par Bernard, 1699, Juin.]

Généalogies particulières des Familles. 803

La même, traduite en Allemand : *Augsburg*, 1539, *in*-4. *Strasburg*, 1624, *in*-8.

☞ La Croix du Maine attribue ce Roman à Jean d'Arras, sous le titre d'Histoire de Lusignan. On lit dans le *Dictionnaire de Moréri*, que « Jean d'Arras a écrit l'Histoire » de Luzignan, ou plutôt un Roman, sous le nom de » Mélusine, & qu'il y rapporte toutes les fables que » plusieurs Seigneurs de la Maison de Luzignan ont de- » puis fait valoir, parce qu'ils les croyoient comme des » vérités. Dès qu'Estienne de Luzignan eut publié son » Histoire de Luzignan, (sous le titre d'*Histoire gé-* » *néalogique des Rois de Jérusalem*, &c. [ci-dessus, » N.° 40541,] qu'un docte Ecrivain du temps appelle » des blasphêmes historiques, on ajouta encore plus de » foi à ces fables. [Il faut remarquer à ce sujet que Mé- » lusine, Mélissene & Mélissendis est un même nom, » qui a été porté par plusieurs Dames, principalement » d'Outremer, où il a été fort en usage. Mais si l'Auteur » du Roman a eu quelqu'une de ces Femmes en vue, il » faut que c'ait été Melisende, fille d'Aimeri I. de Lu- » zignan, Roi de Jérusalem & de Chypre. Elle fut ma- » riée à Raimond de Poitiers, Prince d'Antioche & » Comte de Tripoli. Les Sçavans ont remarqué que la » Branche de Luzignan en France n'a point eu de Mé- » lusine, &c. »] Moréri, sous le nom de *Luzignan*, VIII.° Edition, [& aussi dans la dernière de 1759, *Tom. VI. Part. II. pag.* 526.]

☞ J'ai vu plusieurs Exemplaires Manuscrits de l'Ouvrage de Jean d'Arras. Il y en a trois dans la Bibliothèque du Roi. L'Auteur dit dans celui qui se trouve au num. 7555, qu'il a recueilli cette Histoire des Chroniques du Comte de Salbery & autres Livres, par ordre de Jean, Duc de Berry, & de sa sœur Marie, Duchesse de Bar, qu'il l'a commencée en 1407; & il se nomme à la fin Jean d'Arras, Auteur de cette Histoire de Lusignan. Il y a un autre Exemplaire au num. 7556, dont le langage est un peu plus moderne.]

43014. Histoire de Mélusine, Princesse de Lusignan, & de ses fils; sçavoir Guy, Roi de Jérusalem & de Chypre; Ultian, Roi d'Arménie; Renaud, Roi de Bohême; Antoine, Duc de Luxembourg; Voden, Comte de la Marche; desquels l'illustre Maison de Lusignan tire son origine; avec la Suite qui contient l'Histoire de Geoffroy, surnommé à la Grand'dent, sixième fils de Mélusine, Prince de Lusignan; le tout par François NODOT : *Paris*, 1700, *in*-12. 2 vol.

43015. ☞ Ms. Roman de Lusignan ou de Parthenay, en Vers, écriture du XV.° Siècle.

Il est parmi les Manuscrits de la Bibliothèque du Roi, num. 7541. Ce Roman est différent de celui de Jean d'Arras. L'Auteur dit que le Seigneur de Parthenay lui donna un Livre où il étoit parlé de la construction du Château de Lusignan, & que lui Auteur lui apprit que c'étoit la Fée Mélusine, dont la Lignée de Parthenay descendoit, & que sur ce que ce Seigneur le pria de mettre cette Histoire en rime, lui répondit qu'elle avoit déja été rimée, mais qu'il la rimeroit encore; qu'on avoit trouvé deux Livres Latins à Maubrigon, (c'est Monbrison) qu'on les avoit traduits, & qu'ils avoient été trouvés conformes avec un autre que le Comte de Salburi avoit.

Ce Roman est en Vers de 4 pieds; il commence ainsi :

Le Philosophe fut moult sage,
Qui dit en sa première paige
De sa noble Métaphisique,
Que l'humain entendement s'aplique
Naturelment à concevoir,
Et à apprendre & à sçavoir,....

Il finit ainsi :

Et l'Auteur demandoit comment
Notre Roman appelleray
C'est le Roman de Parthenay?
Ainsi sur l'appellerez lez
Ou le Roman de Lusignan,
Prenés lequel vous voudérés
Nommer comme il vous plaira
Sitôt que COULDRUITE se taira.....

On pourroit croire que COULDRUITE est le nom de l'Auteur ou l'anagramme de son nom. Ce Roman paroît être le même que le suivant.]

43016. ☞ Ms. Histoire de Mélusine, en Vers avec Mignatures, sur vélin : *in fol.*

Cette Histoire est indiquée au Catalogue de M. de Sardière, avec la note suivante, *Eclaircissemens, p.* x.

« Jean de France, Duc de Berry, fils du Roi Jean, » & frère de Charles V. ordonna à Jean d'Arras, un de » ses Secrétaires, de rassembler tout ce qui se disoit de » Mélusine & de ses enfans. (L'Auteur en a tiré beau- » coup de son imagination.) La conclusion de ce Ro- » man est du Règne de Charles VII. L'Ecriture & les » Miniatures paroissent être du même temps. Cette His- » toire finit par une Oraison, qui est précédée du nom » de l'Auteur, ou pour mieux dire du Restaura- » teur; il s'appelle la Coudrette. Il dit qu'il le com- » posa par le commandement de Jean de Parthenay, dit » l'Archevêque, son Seigneur & Maître, & prétend que » ce Jean descendoit en droite ligne de Mélusine, » par Thierry de Lusignan. En conséquence on peut, » dit-il, donner à mon Livre le nom de Roman de Lu- » signan ou de Parthenay. Ce Manuscrit peut être re- » gardé comme original; car il diffère en beaucoup d'en- » droits de ceux qui portent le nom de la Fée Mé- » lusine. »

43017. ☞ Les Conquêtes de Geoffroy à la Grand'dent, Seigneur de Lusignan, sixième fils de Mélusine : *Paris*, Bonfons, *in*-4.]

43018. ☞ Observations de Jean LE LABOUREUR, sur l'origine de la fable de Mélusine.

Elles sont dans ses Additions aux Mémoires de Castelnau, Edition de 1731, *tom. II. pag.* 647 & 741.]

43019. ☞ Dissertation sur la fable de Mélusine; par M. BULLET, Professeur en Théologie, Doyen de l'Université de Besançon, & Membre de l'Académie de cette Ville.

Elle est conservée dans les Registres de cette Académie.

43020. ☞ Généalogie de la Maison de Lusignan; par Etienne de Cypre, Religieux Dominicain : *Paris*, le Noir, 1586, *in*-4.

On en trouve une plus véritable dans les Annales d'Aquitaine, par Jean du Bouchet, insérée dans le Moréri.]

43021. ☞ Histoire des Rois de Chypre de la Maison de Lusignan, traduite de l'Italien de Giblet : *Paris*, 1732, *in*-12. 2 vol.

On peut voir encore sur le même sujet, l'Histoire donnée par le Chevalier Dominique de Jauna, ci devant, Tome II. N.° 16951, & la Chronologie historique des Rois de Chypre de l'Art de vérifier les Dates, seconde Edition; par D. François Clément : (*Paris*, Desprez, 1770, *in*-fol.) *pag.* 384.]

43022. ☞ Généalogie de *Luſtrac*, en Périgord, Condomois & Agenois.

Dans le Reg. VI. de l'Armor. de MM. d'Hozier.]

43023. Mſ. Hiſtoire & Généalogie de la
Maiſon de *Luxembourg*.

Cette Hiſtoire eſt conſervée dans la Bibliotheque de
l'Egliſe Cathédrale de Tournay, ſelon Sanderus, au
Tome I. de ſa Bibliotheque des Manuſcrits Belgiques,
pag. 216.

43024. Mſ. Généalogie de la Maiſon du
Luxembourg, & de quelques autres Familles
qui y ſont alliées; miſe par écrit l'an 1470,
par Clément DE SAINGHIN: *in-fol*.

Cette Généalogie [étoit] dans la Bibliotheque de
M. Colbert, num. 1361, [& eſt aujourd'hui dans celle
du Roi.]

== Tables généalogiques de la Maiſon de
Luxembourg; par Nicolas-Georges PAVIL-
LON.

Ci-deſſus, [N.° 39954.]

43025. Généalogie de la Maiſon de Luxembourg; par Floris VANDER-HAER.

Cette Généalogie eſt imprimée avec ſes Châtelains de
Lille, *pag.* 263: *Lille*, 1611, *in-*4.

43026. Hiſtoire généalogique de la Maiſon
de Luxembourg & de Lunebourg, avec les
Preuves; par André DU CHESNE.

Cette Hiſtoire eſt imprimée avec ſon Hiſtoire de la
Maiſon de Dreux: *Paris*, 1631, *in-fol*.

43027. ☞ Généalogie des Comtes & Ducs
de *Luxembourg*.

Dans la derniere Edition de l'Hiſtoire de Lorraine,
par D. Calmet, à la tête du *tom. V. pag.* cxliij.]

43028. Diſcours des Princes les plus illuſtres
de la Maiſon de Luxembourg, & de leurs
Alliances généalogiques, &c. par Raoul LE
MAISTRE, de l'Ordre des Freres Prêcheurs.

Ce Diſcours ſe trouve dans l'Ouvrage qu'il a donné
ſous ce titre:

Origine des Troubles, &c. *Nantes*, 1595,
*in-*4.

43029. ☞ Généalogie d'une partie de la
Maiſon de *Luxembourg*, établie en France.

Elle eſt imprimée dans le Pere Simplicien, *tom. III.
pag.* 721.]

43030. Généalogie de la Maiſon de *Lu-
xembourg-Beon*, avec un Mémoire pour
Charles de Luxembourg-Beon, Chef du
Nom & des Armes de Luxembourg, de-
mandant en ouverture de Subſtitution des
Comtés de Ligny & de Piney, contre Char-
les-François-Fédéric de Montmorency, Duc
& Pair de France; par Benoît L'USURIER
DE BOUCHEVRET, Avocat au Parlement:
Paris, Quillau, 1714, *in-fol*.

☞ On y trouve une Généalogie de cette Famille,
depuis Louis de Luxembourg, Connétable de France,
décapité en 1476.]

43031. ☞ Mſ. La Généalogie de Charles
de Luxembourg, Comte de Roucy, ſur vélin, avec des Blazons: *in-fol*.

Elle eſt indiquée dans le Catalogue de la Bibliotheque
de M. Danet, *pag.* 10.]

43032. ☞ Généalogie de *Luyrieux*, en
Bugey.

Dans l'Hiſt. de Breſſe, &c. par Guichenon: *Contin.
de la Part. III. pag.* 142.]

43033. ☞ Généalogie de *Lyarens*, en Bugey.

Dans la même Hiſtoire, *ibid. pag.* 237. = Dans les
Mazures de l'Iſle-Barbe, par Cl. le Laboureur, *tom. II.
pag.* 417.]

43034. ☞ Généalogie de *Lyobard*, en
Bugey.

Dans l'Hiſtoire de Breſſe, par Guichenon: *Contin.
de la Part. III. pag.* 153.]

43035. ☞ Généalogie de du *Lyon*.

Dans la Rech. de la Nobleſſe de Champagne.]

43036. ☞ Recueil de Factums & Mémoires concernant la Famille de *Lyonne*:
in-fol.]

M

43037. ☞ Généalogie de *Macé*.

Dans l'Hiſtoire de Berry, par de la Thaumaſſiere,
pag. 1091.]

43038. ☞ Généalogie de *Macé*, en Normandie & en Provence.

Dans le Regiſt. V. de l'Armor. de MM. d'Hozier.]

43039. ☞ Généalogie de *Macée*.

Dans l'Hiſtoire de Berry, par de la Thaumaſſiere,
pag. 1090.]

43040. ☞ Généalogie de *Macet*.

Dans l'Hiſtoire de Breſſe, par Guichenon: *Part. III.
pag.* 229.]

43041. ☞ Généalogie de *Machault*.

Dans les Préſidens de Blanchard, *pag.* 34.]

43042. ☞ Généalogie de *Magnin*.

Dans l'Hiſt. de la Nobl. du Comtat, &c. par Pithon-
Curt, *tom. IV. pag.* 526.]

43043. ☞ Généalogie de *Maignac*.

Dans l'Hiſtoire de Berry; par de la Thaumaſſiere;
pag. 1090.]

43044. ☞ Généalogie de *Maillans*, en
Bugey.

Dans l'Hiſt. de Breſſe, &c. par Guichenon: *Contin.
de la Part. III. pag.* 157.]

43045. ☞ Généalogie de *Maillart*.

Dans la Rech. de la Nobl. de Champagne.]

43046. ☞ Généalogie de la Maiſon de
Maillé.

Dans le Pere Simplicien, *tom. VII. pag.* 497.]

43047. ☞ Généalogie de *Maillé-la-Tour-
Landry*.

Dans l'Hiſtoire de Berry; par de la Thaumaſſiere,
pag. 358.]

Généalogies particulieres des Familles.

43048. ☞ Généalogie de *Mailloc.*
Dans la Recherche de la Nobleffe de Picardie.]

43049. ☞ Généalogie de la Maifon de *Mailly.*
Dans le Recueil des Maifons Nobles d'Amiens, par la Morliere, *pag.* 230.]

43050. ☞ La même.
Dans la Recherche de la Nobleffe de Picardie.]

43051. ☞ Autre, plus ample.
Dans le P. Simplicien, *tom. VIII. pag.* 625.]

43052. ☞ Donation & Subftitution Mafculine à l'infini, en faveur des aînés de la Maifon de Mailly de Neelle, en 1700; avec les Lettres-Patentes du Roi, & l'Arrêt d'enregiftrement, pour la perpétuité de la Subftitution, & les publications, enregiftremens & informations faites aux Bailliages, Sénéchauffées & Prévôtés, où les Biens donnés font fitués : *Paris,* veuve Muguet, 1704, *in*-4.]

43053. ☞ Extrait de la Généalogie de la Maifon de Mailly, fuivie de l'Hiftoire de la Branche des Comtes de Mailly, Marquis d'Haucourt, & de celle des Marquis de Quefnay; dreffé fur les Titres originaux, fous les yeux de M. de Clairembault, Généalogifte des Ordres du Roi, & pour l'Hiftoire; par M*** ; *Paris,* Ballard, 1757, *in-fol.*
Cet Ouvrage eft magnifique, tant pour la beauté de l'Edition, que pour la quantité de Planches, Vignettes, &c. C'eft peut-être fon plus grand mérite. Il ne s'eft point vendu, la Maifon de Mailly ayant retiré les Exemplaires pour les diftribuer. On croit qu'il eft du Père Simplicien. *Voyez* le *Journal de Verdun,* 1753, *Octobre.*]

43054. ☞ Généalogie de *Mailly-Briauté.*
Dans la Rech. de la Nobl. de Champagne.]

43055. ☞ Généalogie des anciens Comtes du *Maine.*
Dans le Père Simplicien, *tom. III. pag.* 169.]

== Généalogie des derniers *Ducs du Maine,* [ou] de Louis-Augufte de Bourbon.
Ci-devant, [Tome II. N.° 25732.]

43056. ☞ Généalogie de la Maifon du *Maine.*
Dans le P. Simplicien, *tom. VII. pag.* 698.]

43057. ☞ Généalogie des *Mainiers,* d'*Oppede,* de *Lambert* & de *Saint-Marcel.*
Dans l'Etat de la Provence, par Robert.]

43058. ☞ Généalogie de Mainier d'Oppede.
Dans l'Hift. de la Nobl. du Comtat, &c. par Pithon-Curt, *tom. II. pag.* 133, & aux Additions du même Volume.]

43059. ☞ Généalogie de *Maifniel.*

43060. ☞ Généalogie de *Maifnil.*
Ces deux Généalogies fe trouvent dans la Recherche de la Nobleffe de Picardie.]

43061. ☞ Généalogie de le *Maître.*
Elle eft dans la Bibliotheque de l'Abbé Goujet, qui a paffé à M. le Duc de Charoft.]

43062. ☞ Généalogie de le *Maiftre,* à Paris.
Dans les Préfidens de Blanchard, *pag.* 339.]

43063. ☞ Généalogie de le *Maiftre des Broffes.*
Dans l'Etat de la Provence, par Robert.]

43064. ☞ Généalogie de le Maiftre, à Paris & en Provence.
Dans l'Hiftoire de la Nobleffe de Provence, par Artefeuil, *tom. II. pag.* 92.]

43065. ☞ Généalogie de *Maizières.*
Dans la Recherche de la Nobleffe de Champagne.]

43066. ☞ Généalogie de *Maladière.*
Dans les Mazures de l'Ifle-Barbe, par Cl. le Laboureur, *tom. II. pag.* 422.]

43067. ☞ Mf. Mémoire généalogique de la Maifon des *Malarts* & des Familles qui y font alliées, dreffé par M. Malart de Normandel, en 1636 : *in*-4.
Ce Manufcrit eft confervé chez MM. de la Varande. M. Malart, Seigneur de Malarville, fe préparoit à faire imprimer cet Ouvrage, lorfque la mort l'a enlevé en 1766, à Alençon.

43068. ☞ Généalogie de *Malart,* en Normandie.
Dans le Regiftre IV. de l'Armor. de MM. d'Hozier.]

43069. ☞ Généalogie de *Malbofc,* en Languedoc & Gevaudan.
Dans le Regiftre III. du même Armorial.]

43070. ☞ Généalogie de *Malclerc.*
Dans la Rech. de la Nobl. de Champagne.]

43071. ☞ Généalogie de *Malefpine.*
Dans l'Etat de la Provence, par Robert.]

43072. ☞ Généalogie de la Maifon de *Malemort.*
Dans les Annales de Limoges, par le P. Bonaventure, *pag.* 509.]

43073. ☞ Généalogie de *Maleffet.*
Dans l'Hiftoire de Berry, par de la Thaumaffière, *pag.* 927.]

43074. ☞ Généalogie de *Maleftroit.*
Dans l'Hiftoire généalogique de Bretagne, par du Paz, *pag.* 177.]

43075. ☞ Généalogie de *Malet.*
Dans le Père Simplicien, *tom. VII. pag.* 866.]

43076. ☞ Généalogie de *Maliverni.*
Dans l'Etat de la Provence, par Robert.]

43077. ☞ Généalogie de *Malval.*
Dans la Rech. de la Nobl. de Champagne.]

43078. ☞ Généalogie de *Malvin,* en Albret, en Agénois & en Languedoc.
Dans le Regift. V. de l'Armor. de MM. d'Hozier.]

Liv. IV. Histoire Civile de France.

43079. ☞ Généalogie de *Malyvert*.

Dans l'Histoire de Bresse, par Guichenon: *Part. III. pag.* 221.]

43080. ☞ Généalogie de *Mance*.

Dans la Recherche de la Noblesse de Champagne.]

43081. ☞ Discours historique & généalogique sur l'illustre & ancienne Maison de *Mancini*, l'Arbre généalogique de cette Famille, & ses plus proches Alliances; par Jean-Baptiste l'Hermite DE SOLIERS, dit Tristan : *Paris*, Martin, 1661.]

43082. ☞ Généalogie de la Maison de *Mancini*.

Dans le Père Simplicien, *tom. V. pag.* 462.]

43083. ☞ Généalogie de *Mandon*.

Dans l'Etat de la Provence, par Robert. = Dans l'Histoire de la Noblesse de cette Province, par Artefeuil, *tom. II. pag.* 97.]

43084. ☞ Généalogie de *Manessier*.

Dans l'Hist. généal. des Comtes de Ponthieu, *p.* 580, 772 & 807. = Dans la Rech. de la Nobl. de Picardie.]

43085. ☞ Généalogie de *Mangot*.

Dans le Père Simplicien, *tom. VI. pag.* 536.]

43086. ☞ Généalogie de *Manissi*.

Dans l'Histoire de la Noblesse du Comtat, &c. par Pithon-Curt, *tom. II. pag.* 225, & *IV. pag.* 635.]

43087. ☞ Généalogie de *Mannay*.

Dans la Recherche de la Noblesse de Picardie.]

43088. ☞ Généalogie de *Manquenchy*.

Dans le P. Simplicien, *tom. VI. pag.* 757.]

43089. ☞ Généalogie de *Manssel*.

Dans le même Recueil.]

43090. ☞ Généalogie de *Mantin*.

Dans l'Etat de la Provence, par Robert. = Dans l'Histoire de la Noblesse du Comtat, &c. par Pithon-Curt, *tom. II. pag.* 229.]

43091. ☞ Généalogie de *Marafin*.

Dans le P. Simplicien, *tom. II. pag.* 417.]

43092. ☞ Généalogie de *Marc*, en Champagne.

Dans la Rech. de la Noblesse de cette Province.]

43093. ☞ Généalogie de *Marc*, en Provence.

Dans l'Etat de la Provence, par Robert.]

43094. ☞ Généalogie de la *Marcé*.

Dans la Recherche de la Noblesse de Champagne.]

43095. ☞ Généalogie de *Marcel*.

Dans l'Hist. de la Nobl. du Comtat, &c. par Pithon-Curt, *tom. II. pag.* 236, & *IV. pag.* 636.]

43096. ☞ Généalogie de *Marceret*.

Dans les Mémoires historiques sur Poligny, *tom. II. pag.* 404.]

43097. ☞ Généalogie de *Marchand*.

Dans la Rech. de la Noblesse de Picardie.]

43098. ☞ Acte de notoriété donné par douze Gentilshommes de la Province de Normandie, à MM. le *Marchant de Caligny*, le 3 Juin 1767 : *Paris*, (1768,) de l'Imprimerie de Jean-Thomas Hérissant père, Imprimeur du Cabinet du Roi : *in*-8.

On y voit les Alliances des le Marchant de Caligny; avec les Maisons de *Vauquelin*, de *Durfort*, de *Montgommeri*, dont on déduit les Généalogies, ainsi que de celles de la Rochefoucault & de Thiard de Bissy.]

43099. ☞ Généalogie de *Marchant*, en Franche-Comté.

Dans l'Hist. des Sires de Salins, *tom. II. pag.* 175.]

43100. ☞ Généalogie des anciens Comtes de la *Marche*.

Elle est imprimée dans le Père Simplicien, *tom. III. pag.* 69.]

== Généalogies des Comtes de la Marche, depuis Jacques de Bourbon.

43101. Table généalogique & historique des anciens Comtes de la Marche, Seigneurs d'Aubusson, & ensuite de toutes les Branches qui en sont sorties en ligne directe & masculine, & qui subsistent à présent, depuis l'an 960, dressées sur Titres & Preuves dignes de foi; par Jean DU BOUCHET : *Paris*, Martin, 1682, *in-fol*.

43102. ☞ Généalogie de la *Marche de Paix-Guillon*.

Dans l'Histoire de Berry, par de la Thaumassière; *pag.* 1092.]

43103. ☞ Généalogie de *Marches*, en Gascogne.

Dans le Reg. II. de l'Armor. de MM. d'Hozier.]

43104. ☞ Généalogie de *Marcheville*.

Dans la Recherche de la Noblesse de Champagne.]

43105. ☞ Généalogie de *Marcillac*.

Dans les premiers Présidens de Blanchard, *pag.* 64. = Dans la Rech. de la Nobl. de Picardie.]

43106. ☞ Généalogie de *Maréchal*.

Dans l'Histoire de Berry, par de la Thaumassière; *pag.* 1088.]

43107. ☞ Généalogie de *Mareschal*, en Champagne & l'Isle de S. Domingue.

Dans le Reg. III. de l'Armor. de MM. d'Hozier.]

43108. ☞ Généalogie de *Mareschal de Meximieux*.

Dans l'Histoire de Bresse, par Guichenon: *Part. III. pag.* 234.]

43109. ☞ Généalogies de *Mareschal de Loese* & *de Montsymond*.

Dans la même Histoire: *Part. III. pag.* 243 & 244.]

43110. ☞ Généalogie de *Mareuil*.

Dans la Recherche de la Noblesse de Picardie.]

43111. ☞ Généalogie de *Margalet*.

Dans l'Etat de la Provence, par Robert.]

43112. ☞ Généalogie de *Margat*, en Berry.

Dans le Reg. II. de l'Armor. de MM. d'Hozier.]

Généalogies particulières des Familles. 807

43113. ☞ Généalogie de *Marguenat*.
Dans la Rech. de la Nobl. de Champagne.]

43114. ☞ Généalogie de *Marguerit*, en Normandie.
Dans le Reg. IV. de l'Armor. de MM. d'Hozier.]

43115. ☞ Généalogie des Seigneurs de *Marigny*.
Dans le P. Simplicien, tom. VI. pag. 311.]

43116. ☞ Généalogie de *Marillac*.
Dans le même, tom. VI. pag. 554.]

43117. ☞ Généalogie des *Marin*, de *Carranrais*, de *Sartous*, de *Saint-Michel*.
Dans l'Etat de la Provence, par Robert.]

43118. ☞ Généalogie de *Marin* ou *Marini*.
Dans l'Histoire de la Noblesse de Provence, par Artefeuil, tom. II. pag. 401.]

43119. ☞ Généalogie de *Marin*, en Provence.
Dans le Reg. VI. de l'Armorial de MM. d'Hozier.]

43120. ☞ Généalogie de *Marify*.
Dans la Rech. de la Nobl. de Champagne.]

43121. Généalogie de la Maison de la *Mark*, en Allemagne, de laquelle est issu le Comte de Maulevrier, Chevalier des Ordres du Roi ; par François L'ALLOUETTE : *Paris*, le Jeune, 1584, *in-fol*.

43122. ☞ Généalogie des Comtes de la *Marck*.
Dans le P. Simplicien, tom. VII. pag. 165.]

43123. ☞ Généalogie de *Marle*.
Dans les Présidens de Blanchard, pag. 89. = Dans les Généalogies des Maîtres des Requêtes, pag. 180.]

43124. ☞ La même, augmentée.
Dans le P. Simplicien, tom. VI. pag. 381.]

43125. ☞ Généalogie de *Marliave*, en Languedoc.
Dans le Registre III. de l'Armor. de MM. d'Hozier.]

43126. ☞ Généalogie de *Marmet*.
Dans l'Etat de la Provence, par Robert.]

43127. ☞ Généalogie de *Marmont*.
Dans l'Histoire de Bresse, par Guichenon : Part. III. pag. 247.]

43128. ☞ Généalogie de *Marolles*, en Touraine.
Dans les Mémoires de l'Abbé de Marolles, in-fol. pag. 289. On la peut voir aussi, (mais avec précaution) dans la Naples Françoise de l'Hermite Soliers (ou Souliers,) pag. 307; & dans le Palais de l'Honneur du Père Anselme, pag. 475.]

43129. ☞ Généalogie de *Marquet*, en Armagnac & à Paris.
Dans le Regist. V. de l'Armor. de MM. d'Hozier.]

43130. ☞ Généalogie de des *Marquets*.
Dans l'Histoire de Berry, par de la Thaumassière, pag. 1152.]

43131. ☞ Généalogie de la *Marre*.
Dans la Recherche de la Noblesse de Champagne.]

43132. ☞ Généalogie de *Martel*.
Dans le P. Simplicien, tom. VIII. pag. 209.]

43133. ☞ Généalogie de *Martelli*.
Dans l'Etat de la Provence, par Robert.]

43134. ☞ Généalogie de la *Martellière*, en Perche & à Paris.
Dans le Reg. V. de l'Armor. de MM. d'Hozier.]

43135. ☞ Description de la Généalogie de la Maison de *Martigné l'Effrière*; par DE CHATELIER, Gentilhomme Angevin : *la Fleche*, Laboë, 1649, *in-4*.]

43136. Généalogie de la Maison de *Martigue*; par Jacques LOYER : *la Fleche*, 1657, *in-fol*.
☞ Ménage, dans ses Remarques sur la Vie de Pierre Ayrault, pag. 446, dit que ce Livre fut imprimé en 1654.]

43137. ☞ Généalogie de *Martin de Choisey*.
Dans la Recherche de la Noblesse de Champagne.]

43138. ☞ Généalogie de des *Martins*.
Dans l'Histoire de la Noblesse de Provence, par Artefeuil, tom. II. pag. 112.]
On trouve dans l'Etat de la Provence par Robert, les Généalogies de *Martin*, de *Martin de Marseille* & de *Martin de Gars*.]

43139. ☞ Généalogie de *Marzé*.
Dans les Mazures de l'Isle Barbe, par Cl. le Laboureur, tom. II. pag. 427.]

43140. ☞ Généalogie de la *Marzelière*.
Dans l'Histoire généal. de Bretagne, par du Paz, pag 675.]

43141. ☞ Généalogie de du *Mas*.
Dans l'Etat de la Provence, par Robert.]

43142. ☞ Généalogie de *Masargues*.
Dans le même Ouvrage.]

43143. ☞ Généalogie de *Mascarene*, en Languedoc & en Bretagne.
Dans le Reg. V. de l'Armor. de MM. d'Hozier.]

43144. Mf. Généalogie de la Maison de *Mascon*.
Cette Généalogie [étoit] à Dijon, dans la Bibliothèque de Philibert de la Mare.

43145. Table généalogique des Comtes de Mascon ; par André DU CHESNE.
Cette Table est imprimée avec son Histoire des Ducs de Bourgogne : *Paris*, 1628, *in-4*.

43146. ☞ Généalogie de *Masparault*.
Dans les Généalogies des Maîtres des Requêtes, pag. 307.]

43147. ☞ Généalogie de *Masse*.
Dans l'Etat de la Provence, par Robert.]

43148. ☞ Généalogie de *Masson*.
Dans les Mémoires historiques sur Poligny, tom. II. pag. 419.]

43149. ☞ Généalogie de *Matafelon* ou *Mathefelon*.

Dans l'Histoire de Bresse, par Guichenon : *Contin. de la Part. III. pag.* 159. = Dans l'Hist. généal. de la Maison de Savonières, par Trincant, *pag.* 88.]

43150. ☞ Généalogie de *Materon*.

Dans l'Etat de la Provence, par Robert, & aux Additions.]

43151. ☞ Généalogie de *Matieu*.

Dans le même Ouvrage.]

43152. ☞ Généalogie de *Matiffas*.

Dans la Recherche de la Noblesse de Picardie.]

43153. ☞ Généalogie de la Maison de *Matignon*.

Dans le P. Simplicien, *tom. V. pag.* 374.]

43154. ☞ Généalogie de *Maubec*.

Dans l'Histoire généal. de Dauphiné, par Allard, *tom. I.*]

43155. ☞ Généalogie de *Maubeuge*.

Dans la Rech. de la Noblesse de Champagne.]

43156. ☞ Généalogie de *Maubruny*.

Dans l'Histoire de Berry, par de la Thaumassière, *pag.* 1089.]

43157. ☞ Généalogie de *Maugiron*.

Dans le Palais de l'Honneur, par le Père Anselme, *pag.* 179, & dans son Palais de la Gloire, *pag.* 494.]

43158. ☞ Généalogie de *Maujon*.

Dans la Rech. de la Nobl. de Champagne.]

43159. ☞ Généalogie de *Maulde*.

Dans la Rech. de la Nobl. de Picardie.]

43160. ☞ Généalogie de *Mauleon*.

Dans l'Hist. de la Maison des Salles, par D. Calmet, aux Preuves.]

43161. ☞ Généalogie de *Maure*.

Dans l'Histoire généal. de Bretagne, par du Paz, *pag.* 631.]

43162. ☞ Généalogie de *Maurel*.

Dans l'Etat de la Provence, par Robert.]

43163. ☞ Généalogie de *Mauvoisin*.

Dans l'Histoire de Berry, par de la Thaumassière; *pag.* 932.]

43164. ☞ Généalogie de *May*.

Dans la Rech. de la Nobl. de Picardie.]

43165. Généalogie de la Maison de *Mayenne*; par Gilles MÉNAGE.

Cette Généalogie est imprimée *pag.* 182 de son Histoire de Sablé : *Paris*, 1686, *in-fol.*

43166. ☞ Ms. Remarques sur l'Histoire des Seigneurs du Duché de Mayenne; par M. LE GOUÉ, Lieutenant-Général de Mayenne, communiquées par M. Hoyau, Procureur du Roi de la Prévôté du Mans.

Ces Remarques sont citées par M. Ménage, dans son Histoire de Sablé.]

43167. ☞ Généalogie de *Maynier*.

Dans l'Histoire de la Noblesse de Provence, par Maynier.]

43168. ☞ Généalogie de *Mayol*.

Dans l'Histoire de la Noblesse de Provence, par Artefeuil, *tom. I. pag.* 124.]

43169. ☞ Généalogie de du *Maz*.

Dans les Additions aux Mémoires de Castelnau, par Jean le Laboureur, Ed. de 1731, *tom. II. pag.* 585.]

43170. ☞ Généalogie de *Mazade*, à Paris & à Montpellier.

Dans le Regist. II. de l'Armor. de MM. d'Hozier.]

43171. ☞ Lettres obtenues par le Duc *Mazarini*, pour le changement de son nom & de ses Armes : 1661, *in-*4.]

43172. ☞ Généalogie de *Meaux-Boisboudran*.

Dans l'Histoire de Berry, par de la Thaumassière, *pag.* 929.]

43173. ☞ Généalogie de *Medard*.

Dans la Recherche de la Noblesse de Champagne.]

43174. Discours de l'ancienne Noblesse de la Maison illustre de *Médicis* de Florence; par Claude RUBYS.

Ce Discours est imprimé à la fin de son Histoire de la Vile de Lyon : *Lyon*, 1604, *in-fol.*

43175. ☞ Ms. Généalogie de Marie de Médicis, Reine de France, & mère de Louis XIII. dessinée à Florence en 1625, & expliquée en Italien; par Scipion AMIRATO.

Cette Généalogie, dessinée sur un satin rouge, est conservée dans une boëte à la Bibliothèque de la Cathédrale de Reims.]

══ Le Brillant de la Reine, ou Histoire généalogique de la Maison de Médicis; par Pierre DE BOISSAT (père :) *Lyon*, 1620, [ou plutôt 1613, *in-*8.]

☞ Le véritable titre du Livre est :

Le Brillant de la Reine, ou les Vies des hommes illustres du nom de Médicis, &c.

Il est déja indiqué [au Tome II. N.º 25143.]

43176. ☞ Généalogie de *Meiel*.

Dans la Recherche de la Noblesse de Champagne.]

43177. ☞ Généalogie de *Meigret*.

Dans les Présidens de Blanchard, *pag.* 205.]

43178. ☞ Généalogie des Ducs de la *Meïlleraye*.

Dans le P. Simplicien, *tom. IV. pag.* 624.]

43179. ☞ Généalogie de *Meiran*.

Dans l'Etat de la Provence, par Robert.]

43180. ☞ Généalogie de *Melet*, en Condomois & en Guyenne.

Dans le Reg. V. de l'Armor. de MM. d'Hozier.]

43181. ☞ Généalogie de *Melin*.

Dans la Recherche de la Noblesse de Champagne.]

43182. ☞ Généalogie de la Maison de *Mello*.

Dans le P. Simplicien, *tom. VI. pag.* 58.]

43183. Dénombrement ou Catalogue de plusieurs

Généalogies particulières des Familles. 809

plusieurs Seigneurs & Dames illustres de la Maison de *Melun*; par Sébastien ROUILLARD.

Ce Catalogue est imprimé dans son Histoire de Melun : *Paris*, 1628, *in-*4.

43184. ☞ Généalogie de Melun.

Dans l'Hist. du Gâtinois, &c. par Guillaume Morin, *pag.* 832.]

43185. ☞ Généalogie de la Maison de Melun.

Dans le Père Simplicien, *tom. V. pag.* 221.]

43186. ☞ Généalogie de *Mengin*, en Lorraine, Picardie, Flandre & Guyenne.

Dans le Reg. VI. de l'Armor. de MM. d'Hozier.]

43187. ☞ Généalogie de *Menou*, au Perche.

Dans les Mémoires de l'Abbé de Marolles, *in-fol. pag.* 376.]

43188. ☞ Généalogie de *Menou-Dumée*.

Dans l'Histoire de Berry, par de la Thaumassière, *pag.* 930.]

43189. ☞ Généalogie de *Menthon*.

Dans l'Histoire de Bresse, par Guichenon : *Part. III. pag.* 249.]

43190. ☞ Généalogie de *Merceret*.

Dans l'Histoire des Sires de Salins, *tom. II. p.* 182.]

43191. ☞ Généalogie des Ducs de Mercœur, de la Maison de Lorraine.

Dans le P. Simplicien, *tom. III. pag.* 793.

On peut voir encore *pag.* 260 des Tables généalogiques de M. de Zur-Lauben, indiquées ci-dessus, N.° 41057.]

43192. ☞ Généalogie de *Mercurin*.

Dans l'Hist. de la Nobl. de Provence, par Artefeuil, *tom. II. pag.* 606.]

43193. ☞ Généalogie de *Méri*.

Dans la même Histoire, *tom. II. pag.* 127.]

43194. ☞ Généalogie de *Merindol*.

Dans l'Histoire généal. de Dauphiné, par Allard, *tom. III.*]

43195. ☞ Généalogie de du Merle.

Dans le P. Simplicien, *tom. VI. pag.* 641.]

43196. ☞ Généalogie de du *Merle*, en Normandie.

Dans le Reg. II. de l'Armor. de MM. d'Hozier.]

43197. ☞ Généalogie de Merle de Rebé.

Dans les Mazures de l'Isle-Barbe, par Cl. le Laboureur, *tom. II. pag.* 302.]

43198. ☞ Généalogie de Merles.

Dans l'Histoire de la Noblesse du Comtat, &c. par Pithon-Curt, *tom. II. pag.* 249, & *IV. pag.* 636.]

43199. ☞ Généalogie de *Mesgrigny*.

Dans la Rech. de la Nobl. de Champagne.]

43200. ☞ Généalogie de *Mesmes*.

Dans les Présidens de Blanchard, *pag.* 389.

Voyez ci-dessus, à *Beaumanoir*, &c. N.° 41202.]

Tome III.

43201. ☞ Généalogie de *Mesnager*.

Dans la Recherche de la Noblesse de Picardie.]

43202. ☞ Généalogie de du *Mesnil*, en Champagne.

Dans la Rech. de la Nobl. de cette Province.]

43203. ☞ Généalogie de du *Mesnil*, en Picardie.

Dans la Rech. de sa Noblesse.]

43204. ☞ Généalogie de la Maison de du *Mesnil-Simon*.

Dans l'Histoire de Berry, par de la Thaumassière, *pag.* 483.]

43205. ☞ Généalogie de *Mertrus*.

Dans la Recherche de la Noblesse de Champagne.]

43206. ☞ Généalogie de *Meulh*, en Guyenne.

Dans le Reg. VI. de l'Armor. de MM. d'Hozier.]

43207. ☞ Généalogie des Comtes de *Meullent*.

Dans le P. Simplicien, *tom. II. pag.* 403.]

43208. ☞ Généalogie de *Meyronnet*.

Dans l'Histoire de la Noblesse de Provence, par Artefeuil, *tom. II. pag.* 133.]

43209. ☞ Généalogie de *Micaelis*.

Dans l'Etat de la Provence, par Robert. = Dans l'Hist. de sa Nobl. par Artefeuil, *tom. II. pag.* 135.]

43210. ☞ Généalogie de *Michels*, en Provence.

Dans le Registre III. de l'Armorial de MM. d'Hozier. = Dans l'Hist. de la Nobl. de Provence, par Artefeuil, *tom. II. pag.* 137.]

43211. ☞ Généalogie de la *Miere*, en Normandie.

Dans le Registre III. de l'Armor. de MM. d'Hozier.]

43212. ☞ Généalogie de *Migieu*, en Bugey.

Dans l'Hist. de Bresse, &c. par Guichenon : *Contin. de la Part. III. pag.* 162.]

43213. ☞ Généalogie de *Milan*.

Dans l'Etat de la Provence, par Robert.]

43214. ☞ Généalogie de *Milet*.

Dans le même Livre.]

43215. ☞ Généalogie de *Minette*.

Dans la Recherche de la Noblesse de Champagne.]

43216. ☞ Généalogie de le *Mire*.

Dans le même Recueil.]

43217. ☞ Généalogie de *Miremont*.

Dans le même Recueil.]

43218. ☞ Mss. Généalogie de la Maison de Miremont, & des Seigneurs de Berzieux en Laonnois, Mauregny, Montaigut, Couci-les-Eptes, &c. Branche sortie d'Auvergne depuis près de trois Siècles : *in-*4.

Cette Pièce est conservée dans la Bibliothèque de M. Jardel, à Braine, près de Soissons.]

43219. ☞ Généalogie de *Miserac*.

Dans la Rech. de la Nobl. de Champagne.]

Kkkkk

Liv. IV. Histoire Civile de France.

43220. ☞ Généalogie de *Mistral.*
Dans l'Histoire de la Noblesse du Comtat, &c. par Pithon-Curt, *tom. II. pag. 259, & tom. IV. p. 637.*]

43221. ☞ Généalogie de *Mitte-Chevrières.*
Dans la Généalogie d'Amanzé, par Palliot, *pag. 25.*]

43222. ☞ Généalogie de *Moët.*
Dans la Recherche de la Noblesse de Champagne.]

43223. ☞ Généalogie de le *Moictier.*
Dans la Recherche de la Noblesse de Picardie.]

43224. ☞ Généalogie de le *Moine.*
Dans le même Recueil.]

43225. Généalogie de la Maison de *Molac*; par Augustin DU PAZ, Jacobin : *Rennes,* 1629, *in-4.*

43226. Les seize Quartiers du Baron de Molac; par Pierre D'HOZIER.
Ces seize Quartiers sont imprimés avec l'Histoire de Bretagne de Pierre LE BAUD : *Paris,* 1638, *in-fol.*

43227. ☞ Généalogie de *Molan.*
Dans l'Histoire de Bresse, par Guichenon : *Part. III. pag. 258.*]

43228. ☞ Généalogie de le *Molard.*
Dans la même Histoire : *Part. III. pag. 259.*]

43229. ☞ Généalogie de *Molé.*
Dans les Présidens de Blanchard, *pag. 372.* = Dans la Rech. de la Noblesse de Champagne.]

43230. ☞ Généalogie de *Molières,* en Quercy.
Dans le Registre VI. de l'Armor. de MM. d'Hozier.]

43231. ☞ Généalogie de *Molon.*
Dans l'Histoire de Bresse, par Guichenon : *Part. III. pag. 261.*]

43232. ☞ Généalogie de la Maison de *Monaco.*
On peut voir au sujet de cette Famille, (devenue en quelque sorte Françoise par les possessions qu'elle a eues en France,) sa Chronologie historique, dans l'*Art de vérifier les Dates,* seconde Edition, *in-fol. pag. 847.* La Famille de *Matignon* a été son héritière.]

43233. ☞ Généalogie de *Monard.*
Dans la Rech. de la Noblesse de Champagne.]

43234. ☞ Généalogie de du *Monceau.*
Dans le même Recueil.]

43235. ☞ Généalogie de *Monchy.*
Dans le Recueil des Maisons Nobles d'Amiens, par la Morlière, *pag. 79.* = Dans la Recherche de la Nobl. de Picardie.]

43236. ☞ La même, augmentée.
Dans le Père Simplicien, *tom. VII. pag. 554.*]

43237. ☞ Généalogie de *Moncrif.*
Dans la Recherche de la Noblesse de Champagne.]

43238. Mf. Généalogie de *Mondesir.*
Dans l'Histoire de la Noblesse de Provence, par Artefeuil, *tom. II. pag. 145.*]

43239. ☞ Généalogie de *Monestay.*
Dans l'Histoire de Berry, par de la Thaumassière; *pag. 925.*]

43240. ☞ Généalogie de *Monet.*
Dans la Recherche de la Noblesse de Picardie, au Supplément.]

43241. ☞ Généalogie de *Mongeot*, en Champagne.
Dans le Registre II. de l'Armor. de MM. d'Hozier.]

43242. ☞ Généalogies des *Monier.*
Dans l'Hist. de la Noblesse de Provence, par Artefeuil, *pag. 147, 151 & 154;* car il y a trois Familles de ce nom.]

43243. ☞ Généalogie de *Mons*, en Picardie.
Dans la Recherche de la Nobl. de cette Province.]

43244. ☞ Généalogie de *Mons*, en Dauphiné.
Dans l'Histoire généal. de Dauphiné, par Allard, *tom. III.*]

43245. ☞ Généalogie de *Mons*, en Languedoc.
Dans le Registre III. de l'Armor. de MM. d'Hozier.]

43246. ☞ Généalogie de *Monspey.*
Dans l'Histoire de Bresse, par Guichenon : *Part. III. pag. 263.*]

43247. ☞ Généalogie de *Monsure.*
Dans la Recherche de la Noblesse de Picardie.]

Généalogie de la Maison de *Monsure,* avec les Preuves : (*Amiens,* 1693,) une Feuille, *in-fol.*

43248. ☞ Généalogie de *Montagu.*
Dans le P. Simplicien, *tom. VI. pag. 377.*]

43249. * Mf. Histoire généalogique de la Maison de *Montagu,* & de ses descendans; écrite en 1656; par Guillaume PIJAN, Célestin : *in-fol.* 2 vol.
Ce Manuscrit est conservé dans la Bibliothèque des Célestins de Marcoussi. L'Auteur s'y étend beaucoup sur la fondation de ce Monastère, où il demeuroit, & qu'il étoit bien aise de faire connoître à l'occasion de l'Histoire de la Famille de ses Bienfaiteurs.

43250. ☞ Généalogie de *Montaigny.*
Dans les Mazures de l'Isle-Barbe, par Cl. le Laboureur, *tom. II. pag. 440.*]

43251. ☞ Généalogie de *Montainard.*
Dans l'Hist. de la Nobl. du Comtat, &c. par Pithon-Curt, *tom. IV. pag. 535.*]

43252. ☞ Généalogie de *Montangon.*
Dans la Recherche de la Noblesse de Champagne.]

43253. ☞ Généalogie de *Montarby.*
Dans le même Recueil.]

43254. ☞ Généalogie de *Montauban,* en Bretagne.
Dans l'Hist. généal. de cette Province, par du Paz, *pag. 537.*]

43255. ☞ Généalogie de *Montauban,* en Dauphiné.
Dans l'Hist. généal. de ce Pays, par Allard, *tom. I.*]

Généalogies particulières des Familles. 811

43256. ☞ Généalogie de la Maison de Montault-Benac.

Dans le Père Simplicien, *tom. VII. pag. 603.*]

43257. Généalogie de la Maison de Montbason; par Michel DE MAROLLES.

Cette Généalogie est imprimée avec ses Comtes d'Anjou : *Paris, 1681, in-4.*

43258. ☞ Tables généalogiques de la Maison de Montbason, & de ses Alliances : *in-fol.*]

43259. ☞ Généalogie de *Montbel*, en Bugey.

Dans l'Hist. de Bresse, &c. par Guichenon : *Contin. de la Part. III. pag. 164.*]

43260. ☞ Généalogie de la Maison de Montbel, en Savoye, Limousin, Touraine, Poitou & Bourbonnois.

Dans le Reg. V. de l'Armor. de MM. d'Hozier.]

43261. ☞ Généalogie de la Maison de Montberon.

Dans le P. Simplicien, *tom. VII. pag. 16.*]

43262. ☞ Généalogie de *Montbeton*.

Dans la Recherche de la Noblesse de Picardie.]

43263. ☞ Généalogie de la Maison de Montcalm.

Dans l'Histoire de la Noblesse de Provence; par Artefeuil, *tom. II. pag. 156.*]

43264. Généalogie de la Maison de Montchenu; par Guy ALLARD : *Grenoble*, Verdier, *1698, in-4.*

43265. ☞ Généalogie de *Montcornet.*

Dans la Recherche de la Noblesse de Picardie.]

43266. ☞ Généalogie de *Montdor.*

Dans les Mazures de l'Isle-Barbe, par Cl. le Laboureur, *tom. II. pag. 448.*]

43267. ☞ Généalogie de Montdor; en Orléanois & Lyonnois.

Dans le Reg. III. de l'Armor. de MM. d'Hozier.]

43268. ☞ Généalogie de *Montdragon.*

Dans l'Hist. de la Nobl. du Comtat, &c. par Pithon-Curt, *tom. II. pag. 275.*

Voyez encore l'Article d'*Albert* du même.]

43269. ☞ Généalogie de *Montecler.*

Dans l'Hist. général. de la Maison de Savonnières, par Trincant, *pag. 115.*]

43270. ☞ Généalogie de *Montejan.*

Dans le P. Simplicien, *tom. VII. pag. 174.*]

43271. ☞ Généalogie de *Montesquiou.*

Dans le même, *tom. VII. pag. 262.*]

43272. ☞ Généalogie de *MonteWis.*

Dans la Recherche de la Noblesse de Picardie.]

43273. ☞ Généalogie de *Montfalcon*, en Bugey.

Dans l'Hist. de Bresse, &c. par Guichenon : *Contin. de la Part. III. pag. 174.*]

Tome III.

43274. ☞ Généalogie de *Montferrand*, en Bugey.

Dans la même Histoire : *Contin. de la Part. III. pag. 176.*]

43275. ☞ Généalogie de *Montfort*, en Bretagne.

Dans le P. Simplicien, *tom. VII. pag. 73.*]

43276. ☞ Généalogie de *Montfort*, anciennement de *Marie*, en Normandie, puis en Champagne.

Dans le Reg. II. de l'Armorial de MM. d'Hozier.]

43277. ☞ Généalogie de *Montfort*, en Provence.

Dans l'Etat de cette Province, par Robert.]

43278. ☞ Généalogie de *Montfort d'Aviau.*

Dans l'Hist. de la Nobl. de Touraine, par Souliers, *pag. 390.*]

43279. ☞ Généalogie de *Montfort-l'Amaury.*

Dans le P. Simplicien, *tom. VI. pag. 77.*]

43280. Mss. Généalogie des Comtes de Montgommery : *in-fol.*

Elle est conservée dans la Bibliothèque du Roi, *num. 9891.*

43281. ☞ Généalogie de *Montgrand.*

Dans l'Hist. de la Noblesse de Provence, par Artefeuil, *tom. II. pag. 163.*]

43282. ☞ Généalogie de *Montguyon.*

Dans la Recherche de la Nobl. de Champagne.]

43283. ☞ Généalogie de *Montguyot.*

Dans la Recherche de la Noblesse de Picardie.]

43284. ☞ Généalogie de *Monthelon* ou *Montholon.*

Dans les Recherches d'Autun, par Munier, *1660, in-4. à la fin.*]

43285. ☞ La même; par le P. SENAULT, Prêtre de l'Oratoire.

Dans sa Vie de M. de Monthelon, à la tête.]

43286. ☞ Autre, par BLANCHARD.

Dans son Histoire des Présidens, *pag. 166.*]

43287. ☞ Généalogie de Montholon, plus ample.

Dans le P. Simplicien, *tom. VI. pag. 472.*]

43288. ☞ Généalogie de *Montigny*, en Champagne & à Paris.

Dans le Reg. V. de l'Armor. de MM. d'Hozier.]

On peut voir encore la Recherche sur la Noblesse de Champagne, où se trouvent les Généalogies de Montigny d'Atricourt, & de Montigny-Cramoisel.]

43289. ☞ Généalogie de *Montigny-le-Boulanger.*

Dans les Premiers Présidens de Blanchard, *pag. 41.*]

43290. ☞ Généalogie de *Montillet*, en Savoye, Bugey & Dauphiné.

Dans les Registres II. & V. de l'Armorial de MM. d'Hozier.]

Kkkkk 2

43291. ☞ Généalogie de *Montjouvent*.

Dans l'Histoire de Bresse, par Guichenon : *Part. III.* pag. 269.]

43292. Généalogie de la Maison de *Montlaur*.

Cette Généalogie est imprimée avec un « Mémoire » pour Louis-Scipion de Montlaur, Baron de Maubec, » Lieutenant-Général des Armées du Roi : 1716, *in-fol.*

43293. ☞ Généalogie de *Montlezun*.

Dans la Recherche de la Noblesse de Picardie, au Supplément.]

43294. ☞ Généalogie de *Montlor*.

Dans l'Histoire généal. de Dauphiné, par Allard, *tom. I.*]

43295. ☞ Généalogie de *Montluel*.

Dans l'Histoire de Bresse, par Guichenon : *Part. III.* pag. 273.]

43296. Mf. Titres de *Montmorency* : *in-fol.*

Ces Titres [étoient] dans la Bibliothèque de M. le Chancelier Seguier, num. 690, [& sont peut-être avec ses autres Manuscrits, à S. Germain des Prés.]

43297. Mf. Petri BERTII de Antiquitate Gentis Montismorantiacæ Disquisitio, cui accedit Descriptio Victoriæ Aquitanicæ : *in-4.*

Cette Disquisition est conservée dans la Bibliothèque de M. le Prince de Condé, num. 235, & dans la Bibliothèque du Roi, entre les Manuscrits de du Chesne.

43298. Le Montmorency Gaulois, ou Antiquités mémorables de la très-noble Maison de Montmorency, avec la dignité & prouesse d'icelle ; par Estienne FORCADEL, de Béziers, Jurisconsulte : *Lyon*, de Tournes, 1571, *in-4.*

43299. Traité sur les Généalogies, Alliances & Faits illustres de la très-ancienne Maison de Montmorency ; par Françoise ROSE, Parisienne, [ou par Jean de la GESSIE ou GERSÉE :] *Paris*, Chevillot, 1579, *in-8.*

43300. Généalogie de la Maison de Montmorency, comprise en la Représentation des Lettres d'Office de M. le Connétable, fait au Parlement le 21 Novembre 1595 : *Paris*, 1595, *in-8.*

43301. ☞ Inventaire servant de Plaidoyer pour le Duc de Montmorency, en la cause de Château-Briant : 1604.]

43302. ☞ Factum pour M. le Connétable & Consors, contre Madame de Guise & M. de Nevers, 1606 : *in-4.* de 88 pag.]

43303. Histoire généalogique de la Maison de Montmorency & de Laval, justifiée par Titres & bonnes Preuves, avec figures ; par André DU CHESNE, Géographe du Roi : *Paris*, Cramoisy, [1624,] 1629.

43304. ☞ Généalogie de la Maison de Montmorency.

Dans le P. Simplicien, *tom. III. pag.* 566.]

43305. ☞ Mémoire sur l'Article de l'Histoire généalogique du P. Simplicien ; qui parle de la Branche de MM. de *Montmorency-Château-Brun* : *in-4.* de 19 pages.]

43306. ☞ Généalogie de la Maison de Montmorency ; par M. (Louis) DESORMEAUX, Avocat, (aujourd'hui de l'Académie Royale des Inscriptions & Belles-Lettres.)

Cette Généalogie est dans le Tome I. de son Histoire de la Maison de Montmorency : *Paris*, 1764, *in-12.* 5 vol.]

43307. Mf. Titres & Mémoires de la Maison de Montmorency ; recueillis par André DU CHESNE : *in-fol.*

Ces Titres sont conservés dans la Bibliothèque du Roi, entre les Manuscrits de du Chesne, num. 6.

43308. ☞ Généalogie de *Montmoret*.

Dans l'Hist. des Sires de Salins, *tom. I. pag.* 172.]

43309. ☞ Généalogie de la Maison de *Montmorin*.

Dans le P. Simplicien, *tom. VIII. pag.* 814.]

43310. ☞ Généalogie de *Montol...*

Dans l'État de la Provence, par Robert, = dans l'Histoire de sa Nobl. par Artefeuil, *tom. II. pag.* 165.]

== Généalogie des Comtes de *Montpensier*, depuis Louis de Bourbon.

Ci devant, [Tome II. N.° 25568.]

== Généalogie des Ducs de Montpensier, depuis Louis de Bourbon, Prince de la Roche-sur-Yon.

Ci-devant, [*ibid.* N.° 25866.]

43311. Généalogie des Comtes de *Montrésor* ; par Michel DE MAROLLES.

Cette Généalogie est imprimée avec son Histoire des anciens Comtes d'Anjou : *Paris*, 1681, *in-4.*

43312. ☞ Généalogie de *Montrond*, en Vivarais & en Dauphiné.

Dans le Registre II. de l'Armorial de MM. d'Hozier.]

43313. ☞ Généalogie de *Montsaulnin.*

Dans l'Histoire de Berry, par de la Thaumassière, *pag.* 747.]

43314. Recueil généalogique de la Maison de *Monty*, autrefois *Crociany*, tiré des Actes & Titres de la Maison établie en France, depuis sept-vingts ans : *Nantes*, Queiro, 1684, *in-fol.*

Le Sieur BRIANVILLE est Auteur de ce Recueil.

43315. ☞ Généalogie de *Morard*.

Dans l'Histoire généal. de Dauphiné, par Allard, *tom. II.*]

43316. ☞ Généalogie de *Moreau du Tremblay*.

Dans l'Histoire de Berry, par de la Thaumassière, *pag.* 278.]

43317. ☞ Généalogie de *Morel*, en Picardie.

Dans la Rech. de la Noblesse de cette Province.]

Généalogies particulières des Familles. 813

43318. ☞ Généalogie de *Morel*, en Provence.

Dans l'Hist. de la Noblesse de ce Pays, par Artefeuil, *tom. II. pag. 167.*]

43319. ☞ Généalogie de la Maison de *Moreuil*.

Dans le P. Simplicien, *tom. VI. pag. 715.*]

43320. ☞ Généalogie de *Moricaud*.

Dans l'Histoire de la Noblesse de Provence, par Artefeuil, *tom. II. pag. 169.*]

43321. ☞ Généalogie de *Morier* ou *Mouriès*.

Dans la même Histoire, *pag. 170.*]

43322. ☞ Généalogie de *Morillon*.

Dans la Recherche de la Nobl. de Champagne.]

43323. Vies de plusieurs Seigneurs de la Maison de *Mornay*, avec leur Généalogie ; première Partie : *Paris*, Coignard, 1689, *in-4*.

43324. ☞ Généalogie de la Maison de *Mornay*.

Elle est imprimée dans le Père Simplicien, *tom. VI. pag. 279.*]

43325. Généalogie de la Maison de *Morogues*; par Jean LE LABOUREUR.

Cette Généalogie est imprimée aux Additions du Tome II. des Mémoires de Castelnau : *Paris*, 1659, *in-fol.* [*tom. III. pag. 197*, Edit. de 1731.]

43326. Généalogie des Comtes de *Mortagne* & de Perche ; par Gilles BRY DE LA CLERGERIE.

Cette Généalogie est imprimée dans son Histoire du Pays du Perche, &c. *Paris*, 1621, *in-4*.

43327. Ms. Histoire du Comté de *Mortain*, en Normandie ; par DE SAINT-JEAN, Gentilhomme Normand.

Cette Histoire est citée par Ménage, à la *pag. 248* du Tome I. de l'Anti-Baillet.

43328. Recueil Sommaire & Généalogique des Maisons de *Mortemar*, de Saulx, & leurs Alliances; par Adam DE SYCHAR, Secrétaire de Madame de Mortemar : *Paris*, Mesnier, 1622, *in-fol*.

43329. Généalogie de la Maison de *Morvilliers*; par Jean LE LABOUREUR.

Cette Généalogie est imprimée aux Additions du Tome II. des Mémoires de Castelnau : *Paris*, 1659, *in-fol.* [*tom. II. pag. 161*, Edit. de 1731.]

43330. ☞ Généalogie de Morvilliers.

Dans le P. Simplicien, *tom. VI. pag. 491.*]

43331. ☞ Généalogie de *Mosseron*.

Dans la Rech. de la Noblesse de Champagne.]

43332. ☞ Généalogie de la *Mothe-Houdancourt*.

Dans le P. Simplicien, *tom. VII. pag. 531.*]

43333. ☞ Généalogie de *Motier-la-Fayette*.

Dans le même, *tom. VII. pag. 57.*]

43334. ☞ Généalogie de la *Motte*, en Champagne.

Dans la Recherche de la Noblesse de cette Province.]

43335. ☞ Généalogie de la *Motte*, en Touraine.

Dans l'Hist. de la Noblesse de ce Pays, par Souliers, *pag. 323.*]

43336. ☞ Généalogie de la *Motte-d'Houé*.

Dans l'Histoire de Berry, par de la Thaumassière, *pag. 932.*]

43337. ☞ Généalogie de la *Motte-de-Villers*.

Dans la Recherche de la Noblesse de Picardie.]

43338. ☞ Généalogie de *Mottet*.

Dans l'Etat de la Provence, par Robert.]

43339. ☞ Généalogie de *Mouchet*, en Franche-Comté.

Dans les Mémoires historiques sur Poligny ; *tom. II. pag. 434.*]

43340. ☞ Généalogie de *Mouchet*, dans le Perche & Pays Chartrain.

Dans le Reg. III. de l'Armorial de MM. d'Hozier.]

43341. ☞ Généalogie de *Mouchet*, en Picardie.

Dans la Rech. de la Nobl. de cette Province.]

43342. ☞ Généalogie de *Moucy*.

Dans les Conseillers de Blanchard, *pag. 99.*]

43343. ☞ Généalogie de *Moulins*.

Dans le P. Simplicien, *tom. VIII. pag. 253.*]

43344. ☞ Généalogie de Moulins, en Poitou & dans le Blésois.

Dans le Registre III. de l'Armorial de MM. d'Hozier.]

43345. ☞ Généalogie de *Moullart*.

Dans la Recherche de la Noblesse de Picardie.]

43346. ☞ Généalogie de *Moullart*, en Picardie.

Dans le Reg. II. de l'Armor. de MM. d'Hozier.]

43347. ☞ Généalogie de *Mourier*.

Dans l'Etat de la Provence, par Robert.]

43348. ☞ Généalogie de *Mourmoiron*.

Dans l'Histoire de la Noblesse du Comtat, &c. par Pithon-Curt, *tom. II. pag. 283.* Cet Article est augmenté dans ceux de *Raimond-Modène* & de *Venasque*, au *tom. III.*]

43349. ☞ Généalogie de *Moustier*.

Dans l'Histoire des Sires de Salins, *tom. I. p. 231.*]

43350. ☞ Généalogie de *Mouton*.

Dans l'Hist. de Bresse, par Guichenon : Part. III. *pag. 280.*]

43351. ☞ Généalogie de *Moyria-Chastillon*, en Bugey.

Dans la même Histoire : Contin. de la Part. III. *pag. 182.*]

43352. ☞ Généalogie de *Muire*.

Dans la Recherche de la Noblesse de Champagne.]

43353. ☞ Généalogie de la *Mure*.

Dans les Mazures de l'Isle-Barbe, par Cl. le Laboureur, *tom. II. pag.* 463.]

43354. ☞ Généalogie de *Musnier*.

Dans la Rech. de la Nobl. de Picardie.]

43355. ☞ Généalogie de *Mussan*.

Dans la Rech. de la Nobl. de Champagne.]

43356. ☞ Généalogie de *Myon*.

Dans la Recherche de la Noblesse de Champagne.]

43357. ☞ Autre.

Dans l'Histoire de la Maison des Salles, par Dom Calmet, aux Preuves.]

43358. ☞ Généalogie de la *Myre*, en Languedoc.

Dans les Registres I. & V. de l'Armorial de MM. d'Hozier.]

43359. ☞ Généalogie de la *Myre*, en Picardie.

Dans la Recherche de la Nobl. de cette Province.]

N

43360. ☞ Généalogie de *Nadal*.[1]

Dans l'Etat de la Provence, par Robert. = Dans l'Hist. de sa Noblesse, par Artefeuil, *tom. II. pag.* 175.]

43361. ☞ Généalogie de *Nagu*.

Dans l'Hist. de Challon, par le P. Perry, *pag.* 451.]

43362. ☞ Généalogie de *Naillac*.

Dans l'Histoire de Berry, par de la Thaumassière, *pag.* 575.]

43363. ☞ Généalogie de la Maison de *Naillac*.

Dans le P. Simplicien, *tom. VIII. pag.* 665.]

43364. ☞ Généalogie de *Namy-la-Forest*.

Dans les Mazures de l'Isle-Barbe, par Cl. le Laboureur, *tom. II. pag.* 467.]

43365. ☞ Généalogie de *Nangis*.

Dans le P. Simplicien, *tom. VII. pag.* 888.]

43366. ☞ Généalogie des Seigneurs de *Nanteuil*.

Dans le même, *tom. II. pag.* 265.]

43367. ☞ Généalogie de *Nanton*.

Dans l'Histoire de la Noblesse du Comtat, &c. par Pithon-Curt, *tom. II. pag.* 288, & *IV. pag.* 638.]

== Généalogie des Rois de *Naples* & de Sicile, de la seconde Branche d'Anjou.

Ci-devant, [Tome II. N.° 25411 & *suiv.*]

43368. ☞ Généalogie des Vicomtes de *Narbonne*.

Dans le P. Simplicien, *tom. VII. pag.* 760.]

43369. ☞ Abrégé généalogique de la Maison de *Narbonne-Pelet*, avec l'Explication de ses Armes; (par M. DE BASCHI, Marquis d'Aubais:) *in-4.*

43370. ☞ Généalogie de *Nas*.

Dans l'Etat de la Provence, par Robert. = Dans l'Hist. de sa Noblesse, par Artefeuil, *tom. II. pag.* 176.]

43371. La Généalogie des Comtes de *Nassau*, avec les Lauriers de Nassau; par Jean ORIERS: *Leyde*, 1615, *in-fol.*

43372. Genealogia Comitum Nassoviæ, in qua Origo, incrementa, & res gestæ, ab anno 682, ad annum 1616, cum Effigiebus: collecta ex variis Manuscriptis ab eodem: *Lugduni-Batav.* 1616, *in-fol.*

== Généalogie des Rois de *Navarre*, depuis Louis de France.

Ci-devant, [Tome II. N.° 25382 & *suiv.*]

43373. Ms. Traité de la Maison de Navarre: *in-fol.*

Ce Traité [étoit] dans la Bibliothèque de M. Colbert, num. 3864, [& est aujourd'hui dans celle du Roi.]

43374. ☞ Généalogie de *Navier*, en Picardie & en Lorraine.

Dans le Regist. V. de l'Armor. de MM. d'Hozier.]

43375. Ms. Titres & Mémoires concernant la Maison de *Nemours*, depuis l'an 1386 jusqu'en 1638 : *in-fol.*

Ces Titres sont conservés entre les Manuscrits de M. Dupuy, num. 554.

43376. ☞ Ms. Procédures du prétendu Mariage d'entre Jacques de Savoye, Duc de Nemours, & Mademoiselle Françoise de Rohan, depuis l'an 1558 jusqu'en 1580, avec la promesse de Mariage de ladite Demoiselle, avec François le Felle, Seigneur du Guébriant, en 1586 : *in-fol.*

Ce Manuscrit est indiqué au num. 3162 du Catalogue de M. le Blanc.]

43377. ☞ Généalogie des Seigneurs de *Nemours*.

Dans le P. Simplicien, *tom. VI. pag.* 625.]

== Généalogie des Comtes de *Neufchastel*, en Suisse.

Ci-dessus, [N.° 39141 & *suiv.*]

43378. ☞ Généalogie de la Maison de *Neufchastel*.

Dans le P. Simplicien, *tom. VIII. pag.* 347.]

43379. Table généalogique des Comtes de *Nevers*; par André DU CHESNE.

Cette Table est imprimée dans son Histoire des Ducs de Bourgogne: *Paris*, 1628, *in-4.*

43380. ☞ Histoire généalogique des anciens Comtes de Nevers.

Dans le Père Simplicien, *tom. III. pag.* 195.

On peut voir ci-dessus, N.° 35561, l'Ouvrage intitulé : Origo & Historia Comitum Nivernensium; Auctore HUGONE Pictaviensi, Monacho Vizeliacensi.]

43381. ☞ Généalogie des Comtes de Nevers de la Maison de Clèves.

Dans le même, *tom. III. pag.* 449.]

43382. ☞ Ms. Généalogie de la Maison de Nevers; dressée par Guy COQUILLE, Avocat général du Duché de Nevers, & envoyée le 1 Octobre 1572.

Cette Généalogie, qui est suivie d'une Description

Généalogies particulières des Familles. 815

historique & géographique de la Ville de Nevers & du Nivernois, principalement sous les Romains, [étoit] dans le Cabinet de M. Musnier, Auditeur des Comptes à Paris.]

43383. ☞ Briève Narration de la Généalogie des Princes de la Maison de Gonzague, & de la succession du Duc de Nevers aux Etats de Mantoue & Montferrat; par Nicolas BAILLOT, Avocat: *Troyes*, Devilliers, 1629, *in-12*.]

43384. Généalogie de Louis de Gonzague, Duc de Nevers, ou briève Histoire de la Maison de Nevers, laquelle, depuis huit cens ans, a passé par diverses Familles illustres; par Michel DE MAROLLES, Abbé de Villeloin.

Cette Généalogie est imprimée dans les Mémoires du Duc de Nevers : *Paris*, 1665, *in-fol*. L'Abbé de Marolles en fait mention à la *pag*. 6 du Catalogue de ses Ouvrages, qui se trouve à la fin du Tome II. de son Enéide en Vers : *Paris*, 1673, *in-4*.

☞ Les Gonzingues ou Gonzagues tirent, dit-on, leur origine d'Agelmont, Roi des Lombards. Le premier Marquis de Mantoue fut Walterius Gonzague, par Charte de l'Empereur Othon, en Novembre 962. La première Branche de cette Maison finit en la personne de la Duchesse Mathilde, l'an 1115. Le Duché de Nevers entra dans cette Maison par le Mariage de Henriette de Clèves, qui épousa Ludovic de Gonzague, troisième fils de Frédéric II. de Gonzague, Duc de Mantoue.]

43385. Mf. Actes, Titres & Papiers de M. le Duc de Nevers : *in-fol*. 57 vol.

Ce Recueil est conservé dans la Bibliothèque du Roi, num. 9496-9552. Ils viennent de M. le Comte de Béthune. « Dans ce Recueil sont entrés les Extraits des » Titres de la Maison de Nevers, au nombre de 22000, » recueillis en six gros Volumes, avec les Tables, par » l'Abbé de Marolles, qui y employa toute l'année » 1638, avec M. Brunet, Prieur Claustral de l'Abbaye » de Beaugerais ». C'est ce que dit M. de Marolles, *pag*. 12 du Catalogue de ses Ouvrages.

☞ Cet Inventaire général des Titres de la Maison de Nevers, ne contient au vrai que 19167 Pièces, en cinq Volumes *in-fol*. celui des Tables compris; & parmi ces Pièces, il y en a bien un quart qui ne regardent pas le Nivernois. M. Parmentier, Avocat en Parlement & Assesseur en la Maréchaussée de Nevers, a entre ses mains un double de cet Inventaire, copié en 1642, par Dom Matthieu Brunet, Religieux & Célérier de Villeloin. Ce double appartient à M. le Duc de Nivernois, à qui il a été remis par M. de Sainte-Palaye, qui l'avoit trouvé dans une vente. *Extrait d'un Mémoire envoyé par M. Parmentier*.]

43386. ☞ Mf. Factum pour le Duc de Mantoue, contre les Princesses de Nevers ses Tantes, en Latin : *in-fol*. 2 vol.

Ce Factum est indiqué au Catalogue de M. le Blanc, *pag*. 290.]

43387. ☞ Table généalogique de la Maison de Nevers ; par S. H. Médecin du Roi.

Cette Table est imprimée avec un Discours sur les Droits de la Maison de Nevers sur le Brabant : *Paris*, 1581, *in-4*.

43388. ☞ Généalogie de *Nettancourt*.
Dans la Recherche de la Nobl. de Champagne.]

43389. ☞ Généalogie de le *Neuf*, en Normandie.
Dans le Reg. V. de l'Arm. de MM. d'Hozier.]

43390. Parenté de la Maison de *Neufbourg*, alliée aux illustres Maisons de France, avec le Blazon de leurs Armes: *in-fol*. 2 Feuilles.

== ☞ Généalogie de la Maison de *Neufville-Villeroy*.
Ci-après, à *Villeroy*.

43391. ☞ Généalogie de *Neufville-de-Brugniobois*.
Dans la Recherche de la Noblesse de Picardie, & au Supplément.]

43392. ☞ Généalogie de *Nieul*.
Dans l'Histoire de Berry, par la Thaumassière; *pag*. 1101.]

43393. ☞ Généalogie de *Nicolaï*, en Provence.
Dans l'Etat de la Provence, par Robert.]

43394. ☞ Généalogies de *Nicolaï*, à Paris.
Dans les Généalogies des Maîtres des Requêtes, *pag*. 141. = Dans les Conseillers de Blanchard, *pag*. 95.]

43395. ☞ Généalogie de *Nicolay*, en Languedoc & à Paris.
Dans le Reg. IV. de l'Armor. de MM. d'Hozier.]

43396. ☞ Généalogie de *Nicolas*, dans la Vicomté de Turenne : Famille originaire du Périgord.
Dans le Reg. II. de l'Armor. de MM. d'Hozier.]

43397. ☞ Généalogie de *Nicolau*, en Languedoc & à Lyon.
Dans le Reg. IV. du même Armorial.]

43398. ☞ Généalogie de *Nicquet*.
Dans l'Histoire de Berry, par la Thaumassière ; *pag*. 1102.]

43399. ☞ Généalogie de *Niger*.
Dans la Rech. de la Noblesse de Champagne.]

43400. ☞ Généalogie de la Maison de *Noailles*.
Dans les Annales de Limoges, par le P. Bonaventure, *pag*. 444.]

43401. ☞ Généalogie de la même : *Paris, in-fol*.
L'Abbé Faydit ; *pag*. 224 de ses Remarques sur Virgile, *Paris*, 1705, en parle comme paroissant depuis peu de temps.]

43402. ☞ Généalogie de la Maison de Noailles.
Dans le Père Simplicien, *tom. IV. pag*. 782.]

43403. ☞ Noaillia Familia an armata fortior, an infulata sanctior; Oratio P. M. Soc. Jesu : *Catalauni*, Bouchard, 1696, *in-12*.]

43404. ☞ Généalogie de *Noblens*.
Dans l'Hist. de Bresse, par Guichenon, *Part. III. pag*. 282.]

43405. ☞ Généalogie de *Noblet*, en Mâconnois.
Dans le Regist. II. de l'Armor. de MM. d'Hozier.]

816   LIV. IV. *Histoire Civile de France.*

43406. ☞ Généalogie de *Nod*, en Franche-Comté.

Dans le même Regiſtre.]

43407. ☞ Généalogie de la Maiſon de *Nogaret*, Seigneurs de la Valette, & Ducs d'Eſpernon.

Dans le Père Simplicien, tom. *III*. pag. 853.]

43408. ☞ Généalogie de *Nogent*.

Dans la Rech. de la Nobleſſe de Champagne.]

43409. ☞ Généalogie de *Noir*.

Dans les Mazures de l'Iſle-Barbe, par Cl. le Laboureur, *tom. II.* pag. 470.]

43410. ☞ Généalogie de le *Noir*.

Dans la Recherche de la Nobleſſe de Picardie.]

43411. ☞ Généalogie de *Noirefontaine*.

Dans la Recherche de la Nobleſſe de Picardie.]

43412. ☞ Généalogie de *Nompère*, en Forès.

Dans le Reg. II. de l'Armor. de MM. d'Hozier.]

43413. ☞ Généalogie des Ducs-Pairs de *Normandie*.

Dans le P. Simplicien, *tom. II.* pag 462.]

43414. Genealogia Rollonis Ducis Normaniæ.

Cette Généalogie eſt imprimée tom. II. du Spicilège de Dom Luc d'Achery, *pag.* 806.

43415. Mſ. Brevis Relatio de Wilhelmo, nobiliſſimo Comite Normannorum, & unde originem ducat.

Cette Relation eſt conſervée à Oxford, dans la Bibliothèque Bodleïenne.

43416. Guillelmi Baſtardi & quorumdam aliorum Magnorum Genealogia.

Cette Généalogie eſt imprimée dans Baluze, tom. IV. de ſes Miſcellanea, *pag.* 469.

43417. Genealogia Roberti Viſcardi, Ducis Normannorum, & Principum qui Siciliæ Regnum adepti ſunt; ex BARTHOLOMÆI Lucenſis Epiſcopi Torſellenſis Annalibus deſcripta: *Cæſar-Auguſtæ*, 1578, *in-fol*.

L'Auteur a fleuri en 1348. Cette Généalogie eſt auſſi imprimée au tom. III. de la Collection des Hiſtoriens d'Eſpagne, intitulée : *Hiſpania illuſtrata*, &c. *Francofurti*, 1613, *in-fol.*

43418. ☞ Généalogie de le *Normant*.

Dans l'Hiſtoire de Berry, par de la Thaumaſſière, *pag.* 1093.]

43419. ☞ Généalogie de *Novarin*.

Dans l'Hiſtoire de la Nobleſſe du Comtat, &c. par Pithon-Curt, *tom. II.* pag. 297.]

43420. ☞ Généalogie de *Noue*.

43421. ☞ Généalogie de la *Noue*.

43422. ☞ Généalogie de *Novion*.

Ces trois Généalogies ſont dans la Recherche de la Nobleſſe de Champagne.]

43423. Mſ. Généalogie de la Maiſon de *Noyers*.

Cette Généalogie [étoit] conſervée à Dijon, dans la Bibliothèque de Philibert de la Mare, [ſelon ſon *Conſpectus*,] pag. 45.

43424. ☞ Généalogie de la Maiſon de *Noyers*.

Elle eſt imprimée dans le Père Simplicien, *tom. VI.* pag. 650.]

43425. ☞ Généalogie de des *Noyers*.

Dans la Rech. de la Nobleſſe de Champagne.]

43426. ☞ Généalogie & Alliances de MM. de *Nyau*, Comtes de Châteaubourg; compoſées par un Gentilhomme, ſur les Titres de cette Maiſon : *Paris*, Muguet, 1685, *in-16*.

Cette Famille eſt originaire de Navarre; elle s'eſt établie en Bretagne. Charles de Nyau, Comte de Châteaubourg & Seigneur de Changé, étoit en 1681, Conſeiller au Parlement de Bretagne : c'eſt apparemment lui qui a fait imprimer cette Généalogie.

O

43427. ☞ Généalogie d'*Odart*.

Dans le P. Simplicien, *tom. VIII.* pag. 671.]

43428. ☞ Généalogie d'*Offemont* de Neſle : *in-fol.*

Cette Généalogie [étoit] dans la Bibliothèque de M. Colbert, num. 2235, [& elle eſt aujourd'hui dans celle du Roi.]

43429. ☞ Généalogie d'*Ohier*.

Dans la Rech. de la Nobl. de Picardie.]

43430. ☞ Généalogie d'*Oiron*.

Dans l'Hiſtoire de Berry, par de la Thaumaſſière; *pag.* 1103.]

43431. ☞ Généalogie d'*Olivari* ou *Olivier*.

Dans l'Hiſt. de la Nobl. de Provence, par Artefeuil, *tom. II.* pag. 183.]

43432. ☞ Généalogie d'*Olivier*.

Dans les Préſidens de Blanchard, *pag.* 60.]

43433. ☞ Généalogie d'*Olivier*.

Dans le P. Simplicien, *tom. VI.* pag. 483.]

43434. ☞ Généalogie d'*Olivier*.

Dans la Rech. de la Nobl. de Picardie.]

43435. ☞ Généalogie d'*Olivier*, à Paris & en Nivernois.

Dans les Regiſtres I. & IV. de l'Armorial de MM. d'Hozier.]

43436. ☞ Généalogie d'*Olymant*, en Bretagne.

Dans le Reg. IV. du même Armorial.]

43437. ☞ Généalogie d'*Oncieux*, en Bugey.

Dans l'Hiſt. de Breſſe, &c. par Guichenon : *Contin. de la Part. III.* pag. 190.]

43438. ☞ Généalogie d'*Ongnies*.

Dans le Recueil des Maiſons Nobles d'Amiens, par la Morlière, *pag.* 46.]

43439. ☞ Généalogie d'*Oraiſon*.

Dans l'Etat de la Provence, par Robert. = Dans l'Hiſt. de ſa Nobl. par Artefeuil, *tom. II.* pag. 185.]

43440.

Généalogies particulières des Familles. 817

43440. ☞ Stemma Guillelmi Principis *Arausiensis* (d'*Orange*,) à Carolo-Magno deductum, &c. *Hagæ-Comitis*, Schelt, *in-fol.*

43441. Généalogie des Princes d'Orange; par Joseph DE LA PISE.
Cette Généalogie est imprimée avec son Tableau de l'Histoire d'Orange: *la Haye*, 1639, *in-fol.*

43442. ☞ Généalogie d'*Orcy*.

43443. ☞ Généalogie d'*Orge*.
Ces deux Généalogies sont dans la Recherche de la Noblesse de Champagne.]

43444. ☞ Généalogies d'*Orgemont*.
Dans les Premiers Présidens de Blanchard, *pag.* 15. = Dans les Généal. des Maîtres des Requêtes, *p.* 28.]

43445. ☞ Généalogie d'*Orjault*.
Dans la Recherche de la Noblesse de Champagne.]

43446. ☞ Généalogie d'*Origny*.
Dans le même Recueil.]

43447. ☞ Mémoire sur la Famille des d'Origny, établie à Reims vers le commencement du XVIe Siècle; par le Chevalier D'ORIGNY: (&) Lettre du même, à M. Anquetil, Chanoine Régulier, Auteur de l'Histoire de Reims: 1757, *in-12.*]

43448. ☞ Généalogie d'*Oriocourt*.
Dans la Recherche de la Noblesse de Champagne.]]

== Généalogie des Ducs d'*Orléans*, depuis Louis de France.
Ci-devant, [Tome II. N.° 25482.]

== Généalogie des derniers Ducs d'*Orléans*, depuis Philippe de France.
Ci-devant, [*ibid.* N.° 25651.]

43449. ☞ Généalogie d'*Orléans*, en Berry.
Dans l'Histoire de cette Province, par de la Thaumassière, *pag.* 934.]

43450. ☞ Généalogie d'*Orléans*, en Orléanois, Beauce & Berry.
Dans le Registre III. de l'Armorial de MM. d'Hozier.]

43451. ☞ Généalogie d'*Orléans-Bedouin*.
Dans l'Histoire de la Noblesse du Comtat, &c. par Pithon-Curt, *tom. III. pag.* 303.]

43452. Généalogie de la Maison d'*Orléans-de-Rère*, & d'*Orléans-Cressy-la-Vasserie*, tirée des Mémoires d'Aimon PROUST de Chambourg, Docteur & Professeur ès Droits: *Orléans*, *in-4.*

43453. ☞ Généalogie d'*Ornano*.
Dans le P. Simplicien, *tom. VII. pag.* 391.]

43454. ☞ Généalogie d'*Ornesan*.
Dans l'Etat de la Provence, par Robert.]

43455. ☞ Généalogie de la Maison d'*Ornesan*.
Dans le P. Simplicien, *tom. VII. pag.* 924.]

43456. ☞ Généalogie d'*Orthe*.
Dans la Recherche de la Noblesse de Champagne.]
Tome III.

43457. ☞ Généalogie d'*Ortigues*.
Dans l'Histoire de la Noblesse de Provence, par Artefeuil, *tom. II. pag.* 191.]

43458. ☞ Généalogie d'*Osmont*, en Normandie.
Dans les Registres I. & II. de l'Armor. de MM. d'Hozier.]

43459. ☞ Généalogie d'*Otane*.
Dans l'Hist. de la Noblesse de Provence, par Artefeuil, *tom. II. pag.* 193.]

43460. ☞ Généalogie de *Oudan*.
Dans la Recherche de la Noblesse de Champagne.]

43461. ☞ Généalogie de *Oudet*, Famille de Lorraine établie en Champagne.
Dans le Regist. IV. de l'Armor. de MM. d'Hozier.]

43462. ☞ Etat du Procès par devant les Commissaires de Lorraine, entre M. d'Ourèles & M. de Vidampierre: *in-4.*]

P

43463. ☞ Armes de la Maison de *Pagan*: *Paris*, 1669, *in-12.*]

43464. ☞ Généalogie de Pagan.
Dans l'Hist. de la Nobl. du Comtat, &c. par Pithon-Curt, *tom. II. p.* 310.]

43465. ☞ Généalogie de le *Page*.
Dans la Recherche de la Noblesse de Picardie.]

43466. ☞ Généalogie de *Pagès*, en Roussillon & dans le Pays d'Aunis.
Dans le Regist. VI. de l'Armor. de MM. d'Hozier.]

43467. ☞ Sommaire de la Généalogie de *Pagi*.
Dans l'Histoire de la Noblesse de Provence, par Artefeuil, *tom. II. pag.* 195 & 600.]

43468. ☞ Généalogie de *Paillette*.
Dans la Rech. de la Nobl. de Champagne.]

43469. ☞ Généalogie de *Palhasse*, en Quercy.
Dans le Regist. V. de l'Armor. de MM. d'Hozier.]

43470. ☞ Généalogie de la *Palu*.
Dans l'Histoire de Bresse, par Guichenon: *Part. III. pag.* 283.]

43471. ☞ Généalogie de *Paluat*.
Dans la même Histoire, *ibid. pag.* 306.]

43472. Généalogie de la Maison de *Palluau*; par Michel DE MAROLLES.
Elle est imprimée avec son Histoire des anciens Comtes d'Anjou: *Paris*, 1681, *in-4.*]

43473. ☞ Généalogie de *Palluau*, en Champagne.

43474. ☞ Généalogie de *Pampelune*.
Ces deux Généalogies sont dans la Recherche de la Noblesse de Champagne.]

43475. ☞ Généalogie de *Panisse*.
Dans l'Etat de la Provence, par Robert. = Dans

l'Histoire de la Noblesse du Comtat, &c. par Pithon-Curt, *tom. II. pag.* 319.]

43476. ☞ Généalogie de *Paparin.*

43477. ☞ Généalogie de *Pape.*

Ces deux Généalogies sont dans l'Etat de la Provence, par Robert.]

43478. ☞ Généalogie de *Papin.*

Dans la Recherche de la Noblesse de Picardie.]

43479. ☞ Généalogie de *Parchappe.*

Dans la Recherche de la Noblesse de Champagne.]

43480. ☞ Généalogie de Parchappe, en Champagne.

Dans le Regist. III. de l'Armor. de MM. d'Hozier.]

43481. ☞ Généalogie de la Maison de *Pardaillan.*

Dans le P. Simplicien, *tom. IV. pag.* 174.]

43482. ☞ Généalogie de *Parent.*

Dans la Recherche de la Noblesse de Picardie, au Supplément.]

43483. ☞ Généalogie de *Parisot,* en Champagne.

Dans le Reg. V. de l'Armor. de MM. d'Hozier.]

43484. ☞ Généalogie de *Parpaille.*

Dans l'Histoire de la Noblesse du Comtat, &c. par Pithon-Curt, *tom. IV. pag.* 550.]

43485. ☞ Généalogie de *Parpillon,* en Bugey.

Dans l'Hist. de Bresse, &c. par Guichenon: *Contin. de la Part. III. pag.* 194.]

43486. ☞ Justification du Sieur *Parseval* de la Brosse, Colonel de Dragons, &c. contre les fausses imputations de quatre Gazettes de Hollande: 1733, *in-fol.* de 27 pages.]

43487. ☞ Généalogie de *Partenay.*

Dans la Rech. de la Noblesse de Picardie.]

43488. ☞ Généalogie de *Partenay-Faucourt.*

Dans l'Histoire de Bresse, par Guichenon: *Part. III. pag.* 308.]

43489. ☞ Table généalogique de la Maison de *Pas-Feuquières : in-fol.*]

43490. ☞ Généalogie de *Pasquier,* en Champagne.

Dans la Rech. de la Nobl. de cette Province.]

43491. ☞ Généalogie de *Pasquier,* dans l'Isle de France & en Berry.

Dans le Reg. II. de l'Armor. de MM. d'Hozier.]

43492. Mf. Titres originaux de la Maison de *Passac : in-fol.*

Ces Titres sont conservés dans la Bibliothèque du Roi, entre les Manuscrits de M. de Gaignières.]

43493. ☞ Généalogie de *Pasté.*

Dans le P. Simplicien, *tom. VI. pag.* 622.]

43494. ☞ Généalogie de *Pasture.*

Dans la Rech. de la Nobl. de Picardie.]

43495. ☞ Généalogie de *Patofleau.*

Dans l'Histoire de Berry, par de la Thaumassière, *pag.* 947.]

43496. ☞ Généalogie de *Patornay.*

Dans l'Histoire des Sires de Salins, *tom. II. p.* 190.]

43497. ☞ Généalogie de *Patras.*

Dans la Rech. de la Nobl. de Picardie.]

43498. ☞ Généalogie des de *Paul.*

Dans l'Hist. de la Noblesse de Provence, par Artefeuil, *tom. II. pag.* 196 & 198. Il y a deux Familles de ce nom.]

43499. ☞ Généalogie de *Paule.*

Dans l'Etat de la Provence, par Robert.]

43500. ☞ Généalogie de *Pauli* ou *Poli.*

Dans l'Histoire de la Noblesse du Comtat, &c. par Pithon-Curt, *tom. II. pag.* 332.]

43501. ☞ Généalogie de *Pavant.*

Dans la Rech. de la Nobl. de Champagne.]

43502. ☞ Généalogie de *Payan,* dans le Comtat & en Dauphiné.

Dans le Regist. V. de l'Armor. de MM. d'Hozier.]

43503. ☞ Généalogie de *Payen.*

Dans la Recherche de la Noblesse de Champagne.]

43504. ☞ Généalogie de *Pazzi.*

Dans l'Histoire de la Nobl. du Comtat, &c. par Pithon-Curt, *tom. II. pag.* 341, & *IV. pag.* 639.]

43505. ☞ Généalogie del *Peirou,* en Limousin.

Dans le Regitre II. de l'Armor. de MM. d'Hozier.]

43506. ☞ Généalogie de *Pelapussins.*

Dans l'Histoire de Bresse, par Guichenon: *Part. III. pag.* 309.]

43507. ☞ Sommaire de la Généalogie de *Pelé,* en Anjou.

Dans les Remarques de l'Abbé Ménage, sur la Vie de Pierre Ayrault, &c. *pag.* 453.]

43508. ☞ Généalogie de *Pelet,* en Artois.

Dans le Regist. V. de l'Armor. de MM. d'Hozier.]

43509. ☞ Généalogie de *Pelet,* en Languedoc.

Dans le Reg. II. du même Armorial.]

43510. ☞ Généalogie de la Famille des le *Peletier* de S. Denys, en Anjou.

Dans les Remarques de l'Abbé Ménage, sur la Vie de Pierre Ayrault, &c. *pag.* 177, 329 & *suiv.*]

43511. ☞ Généalogie de *Pelicot.*

Dans l'Etat de la Provence, par Robert.]

43512. ☞ Généalogie de *Pelissier.*

Dans l'Hist. de la Nobl. de Provence, par Maynier. = Dans celle donnée par Artefeuil, *tom. II. pag.* 202. *Voyez* ci-après, *Pellissier.*]

43513. Mf. Extraits des Titres de la Noblesse des Sieurs de *Pelisson.*

Cet Extrait [étoit] dans la Bibliothèque de M. le Président de Lamoignon.]

Généalogies particulières des Familles. 819

43514. ☞ Généalogie de *Pellart*.
Dans la Rech. de la Nobl. de Champagne.]

43515. ☞ Généalogie de *Pellas*, en Provence.
Dans le Reg. II. de l'Armor. de MM. d'Hozier.]

43516. ☞ Généalogie de la Maison de *Pellevé*.
Dans le P. Simplicien, *tom. II. pag.* 176.]
Voyez ci-après, *Pelvé*.]

43517. ☞ Généalogie de *Pelletier - Gigondas*.
Dans l'Histoire de la Noblesse du Comtat, &c. par Pithon-Curt, *tom. II. pag.* 363, & *IV. pag.* 640.]

43518. ☞ Généalogie de *Pellissier*.
Dans la même Histoire, *tom. II. pag.* 669, & *IV. pag.* 640.]

43519. ☞ Généalogie de *Pellorde*.
Dans l'Histoire de Berry, par de la Thaumassière, *pag.* 944.]

43520. ☞ Généalogie de *Pelvé*.
Dans les Additions aux Mémoires de Castelnau, *tom. I. Edit. de* 1731, *pag.* 424.]

43521. ☞ Généalogie de *Penancoët*.
Dans le Père Simplicien, *tom. V. pag.* 926.]

43522. ☞ Généalogie de *Pene*, en Provence & en Normandie.
Dans le Reg. III. de l'Armorial de MM. d'Hozier.]

43523. Généalogie des Comtes de *Perche*; par Gilles Bry de la Clergerie.
✶ Cette Généalogie est la même que celle des Comtes de *Mortagne*.
Ci-dessus, [N.° 43326.]

43524. ☞ Généalogie de *Perenno*, en Bretagne.
Dans le Regist. II. de l'Armor. de MM. d'Hozier.]

43525. ☞ Généalogie de *Perier*.
Dans l'Etat de la Provence, par Robert.]

43526. ☞ Généalogie de du *Perier*.
Dans le même. = Dans l'Hist. de la Noblesse de Provence, par Artefeuil, *tom. II. pag.* 104.]

43527. ☞ Généalogie de du *Peroux*.
Dans l'Histoire de Berry, par de la Thaumassière, *pag.* 1104.]

43528. ☞ Généalogie de *Perreau*.
Dans les Additions aux Mémoires de Castelnau, *Edit. de* 1731, *tom. III. pag.* 200.]

43529. ☞ Généalogie de *Perret*.

43530. ☞ Généalogie de le *Perry*.
Ces deux Généalogies sont dans la Recherche de la Noblesse de Champagne.]

43531. ☞ Généalogie de *Pertuis*.
Dans le Regist. II. de l'Armor. de MM. d'Hozier.]

43532. ☞ Généalogie de *Peruzzi* ou *Perussis*.
Dans l'Hist. de la Nobl. du Comtat, &c. par Pithon-Curt, *tom. II. pag.* 376, & *IV. pag.* 643. On peut voir

Tome III.

aussi Robert, dans son Etat de la Provence, aux Additions.]

43533. ☞ Généalogie de *Petit*, en Champagne.
Dans la Rech. de la Noblesse de cette Province.]

43534. ☞ Généalogie de *Petit*, en Franche-Comté & à Paris.
Dans le Registre II. de l'Armorial de MM. d'Hozier.]

43535. ☞ Généalogie de *Petri*.
Dans l'Histoire de la Noblesse du Comtat, &c. par Pithon-Curt, *tom. II. pag.* 400, & *IV. pag.* 644.]

43536. ☞ Généalogie de *Peuille*.
Dans l'Histoire de Berry, par de la Thaumassière, *pag.* 1103.]

43537. ☞ Généalogie de *Peyssonel*.
Dans l'Hist. de la Nobl. de Provence, par Artefeuil, *tom. II. pag.* 210.]

43538. ☞ Généalogie de la Maison de *Phelypeaux*, & de ses Branches, les Seigneurs d'*Herbault*, les Marquis de la *Vrillière*, les Comtes de *Pontchartrain*, & les Seigneurs du *Verger*.
Dans le Moréri de 1759, *tom. VIII. pag.* 258.]

43539. Ms. Mémorial de la noble & ancienne Maison des *Picart* de Paris, de leurs Alliances, & de plusieurs autres Familles : *in-fol.*
Ce Mémorial [étoit] à Dijon, dans la Bibliothèque de M. de la Mare.]

43540. ☞ Généalogie de *Picart*.

43541. ☞ Généalogie de le *Picart*.

43542. ☞ Généalogie de *Picot*.
Ces trois Généalogies sont dans la Recherche de la Noblesse de Champagne.]

43543. ☞ Généalogie de *Picot*, en Bretagne.
Dans le Regist. II. de l'Armor. de MM. d'Hozier.]

43544. ☞ Généalogie de *Picquet*.
Dans la Recherche de la Noblesse de Picardie.]

43545. ☞ Généalogie de *Piédefer*.
Dans les Présidens de Blanchard, *pag.* 71.]

43546. ☞ Généalogie de *Piédefer*, en Champagne.
Dans la Rech. de la Nobl. de cette Province.]

43547. ☞ Généalogie de la Maison de *Pierrebuffière*.
Dans les Annales de Limoges, par le P. Bonaventure, *pag.* 442.]

43548. ☞ Généalogie de du *Pilhon*, en Dauphiné.
Dans l'Hist. généalog. de cette Province, par Allard, *tom. II.*]

43549. ☞ Généalogie de du *Pilhon*, dans le Comtat.
Dans l'Hist. de la Nobl. de ce Pays, par Pithon-Curt, *tom. II. pag.* 412.]

Lllll 2

43550. ☞ Généalogie de *Pilloys*.

43551. ☞ Généalogie de du *Pin*.

Ces deux Généalogies sont dans la Recherche de la Noblesse de Champagne.]

43552. ☞ Généalogie de *Pina*.

Dans l'Hist. de la Bresse, par Guichenon : *Part. III. pag.* 311.]

43553. ☞ Généalogie de *Pingré*.

Dans la Rech. de la Nobl. de Picardie.]

43554. ☞ Généalogie de *Pinguenet*.

Dans la Recherche de la Noblesse de Champagne.]

43555. ☞ Généalogie de *Pinon*.

Dans les Conseillers de Blanchard, *pag.* 100.]

43556. ☞ Généalogie de *Pinteville*.

Dans la Recherche de la Noblesse de Champagne.]

43557. ☞ Généalogie de *Piolenc*.

Dans l'Etat de la Provence, par Robert. = Dans l'Hist. de sa Nobl. par Maynier. = Dans celle du Comtat, &c. par Pithon-Curt, *tom. II. pag.* 419. = Dans celle de Provence, par Artefeuil, *tom. II. pag.* 213.]

43558. ☞ Généalogie de *Piquet*.

Dans l'Etat de la Provence, par Robert. = Dans l'Histoire de sa Noblesse, par Artefeuil, *tom. II. pag.* 218.]

43559. ☞ Généalogie de *Pisseleu*.

Dans le Père Simplicien, *tom. VIII. pag.* 745.]

43560. ☞ Généalogie de *Pithou*.

Dans la Rech. de la Nobl. de Champagne.]

43561. ☞ Généalogie de *Pitois*, en Bourgogne & Nivernois.

Dans le Registre III. de l'Armor. de MM. d'Hozier.]

43562. ☞ Généalogie de la *Pivardière*, en Berry.

Dans le Reg. V. du même Armorial.]

43563. ☞ Généalogie de la *Place*.

Dans la Recherche de la Noblesse de Champagne.]

43564. ☞ Généalogie de *Plaine*.

Dans les Mémoires historiques sur Poligny, *tom. II. pag.* 450.]

43565. ☞ Généalogie de la *Planche*, en Beauce & Gâtinois.

Dans le Regist. II. de l'Armor. de MM. d'Hozier.]

43566. ☞ Généalogie de *Planchette*.

Dans l'Hist. de la Noblesse du Comtat, &c. par Pithon-Curt, *tom. II. pag.* 437.]

43567. ☞ Généalogie de la *Plane*.

Dans la même Histoire, *tom. II. pag.* 440.]

43568. ☞ Généalogie de du *Planet*.

Dans l'Histoire de Bresse, par Guichenon : *Part. III. pag.* 313.]

43569. ☞ Généalogie de la *Planque*.

Dans la Recherche de la Noblesse de Champagne.]

43570. ☞ Généalogie de du *Plantey*.

Dans l'Hist. de Bresse, par Guichenon : *Part. III. pag.* 315.]

43571. ☞ Généalogie de du *Plastre*, en Bugey.

Dans la même Histoire : *Contin. de la Part. III. pag.* 196.]

43572. ☞ Généalogie de la *Plastrière*.

Dans le P. Simplicien, *tom. VII. pag.* 220.]

43573. ☞ Généalogie de du *Plessier*.

Dans la Recherche de la Noblesse de Picardie, & au Supplément.]

43574. ☞ Généalogie de du *Plessis*.

Dans l'Hist. de la Nobl. de Touraine, par Souliers, *pag.* 217 & 219.]

43575. ☞ Généalogie de du *Plessis*, en Vendômois.

Dans le P. Simplicien, *tom. IV. pag.* 744.]

— ☞ Généalogie de du *Plessis-Richelieu*. Ci-après, à *Richelieu*.]

43576. ☞ Généalogie de *Plusbel*, en Champagne.

Dans le Regist. II. de l'Armor. de MM. d'Hozier.]

43577. ☞ Généalogie de *Pluvié*, en Bretagne.

Dans le même Registre.]

43578. ☞ Généalogie de de *Pointes*.

43579. ☞ Généalogie de *Poirresson*.

Ces deux Généalogies sont dans la Recherche de la Noblesse de Champagne.]

43580. Ms. Généalogie de la Maison de *Poitiers* & de Boulogne : *in-fol.*

Cette Généalogie est conservée dans la Bibliothèque du Roi, num. 9490.

43581. Ms. Généalogie des Comtes de *Poitou*; par Jean BESLY : *Paris*, Langelier, 1647, une Feuille *in-fol.*

43582. Ms. Généalogie de la Maison de *Poitou* : *in-fol.*

Cette Généalogie est conservée dans la Bibliothèque du Roi, num. 9420.

43583. Ms. Titres concernant la Maison de *Poitiers de Saint-Vallier* : *in-fol.*

Ces Titres sont conservés dans la même Bibliothèque, entre les Manuscrits de M. de Gaignières.]

43584. ☞ Généalogie de la Maison de Poitiers, Comtes de Valentinois & Seigneurs de Saint-Vallier.

Dans le P. Simplicien, *tom. II. pag.* 186.]

43585. ☞ De la Maison de Poitiers.

Dans l'Hist. du Comté de Bourgogne, ou Tome II. de Dunod, *pag.* 523.]

43586. ☞ Ms. Testaments de la Maison de Poitiers; depuis l'an 1403 jusqu'au dernier Siècle : en un Porte-feuille, *in-fol.*

Ces Testamens sont conservés dans la Bibliothèque de M. Jardel, à Braine, près de Soissons.]

43587. ☞ Généalogie de *Poix*.

Dans l'Histoire de Berry, par de la Thaumassière, *pag.* 1105.]

Généalogies particulières des Familles. 821

43588. ☞ Généalogie de la Maison de *Pole-Suffolk*.

Dans le P. Simplicien, *tom. VII. pag.* 836.]

43589. ☞ Généalogie de *Poleins*.

Dans l'Hist. de Bresse, par Guichenon : *Part. III. pag.* 316.]

43590. ☞ Généalogie de *Polhoy*.

Dans la Rech. de la Nobl. de Picardie.]

43591. ☞ Généalogie de la Maison de *Pole-Suffolk*.

Elle est imprimée dans le P. Simplicien, *tom. VII. pag.* 836.]

43592. Mf. Histoire de la Maison de *Polignac*; par Gaspard CHABRON, Docteur & Avocat en la Sénéchaussée & Siège Présidial d'Auvergne à Riom, & Juge de la Vicomté de Polignac : *in-fol.*

Justel, aux pages 141 & 154 de ses Preuves de l'Histoire d'Auvergne, en cite des Fragmens. Elle est conservée au Château d'Aubais, près de Nismes, dans la Bibliothèque de M. le Marquis d'Aubais.

43593. ☞ Généalogie de *Poligny*.

Dans les Mémoires historiques sur Poligny, *tom. II. pag.* 252.]

43594. ☞ Généalogie de *Poly*.

Dans l'Hist. des Sires de Salins, *tom. II. pag.* 96.]

43595. ☞ Généalogie de la Maison de *Pompadour*.

Dans les Annales de Limoges, par le P. Bonaventure, *pag.* 463.]

43596. ☞ Autre, augmentée.

Dans le P. Simplicien, *tom. VIII. pag.* 242.]

43597. ☞ Généalogie de *Ponceton*.

Dans l'Histoire de Bresse, par Guichenon : *Part. III. pag.* 319.]

43598. ☞ Généalogie de *Poncher*.

Dans le P. Simplicien, *tom. VI. pag.* 449.]

43599. Mf. Titres concernant la Maison de *Pons : in-fol.*

Ces Titres sont conservés dans la Bibliothèque du Roi, entre les Manuscrits de M. de Gaignières.

43600. Généalogie de la Maison de Pons; par Armand MAICHIN.

Dans son Hist. de Saintonge, *pag.* 140. S. Jean-d'Angély, 1671, *in-fol.*

43601. ☞ Généalogie de *Pons*, dans le Comtat.

Dans l'Hist. de la Nobl. de ce Pays, par Pithon Curt, *tom. IV. pag.* 554.]

43602. ☞ Généalogie de *Pons*, en Dauphiné.

Dans le Reg. III. de l'Armorial de MM. d'Hozier.]

43603. ☞ Généalogie de *Pont-d'Avaucourt*.

Dans la Recherche de la Noblesse de Picardie, au Supplément.]

43604. ☞ Généalogie de du *Pont*, en Berry.

Dans l'Hist. de ce Pays, par la Thaumassière, *pag.* 1105.]

43605. ☞ Généalogie de du *Pont*, en Champagne.

Dans la Rech. de la Nobl. de cette Province.]

43606. ☞ Généalogie de la Maison de *Pontevès*.

Dans l'Etat de la Provence, par Robert. = Dans l'Hist. de sa Nobl. par Artefeuil, *tom. II. pag.* 222.]

43607. Généalogie des Comtes de *Ponthieu* & des Majeurs d'Abbeville.

Dans l'Hist. de Ponthieu, par Ignace de Jesus-Marie, Carme Déchaussé : Paris, 1657, *in-fol.*

43608. ☞ Généalogie de *Pontis*.

Dans l'Etat de la Provence, par Robert.]

43609. ☞ Généalogie de *Ponts-Rennepont*.

Dans la Recherche de la Noblesse de Champagne.]

43610. ☞ Généalogie de la Maison de *Pontville-Rochechouard*.

Dans les Annales de Limoges, par le P. Bonaventure, *pag.* 589.]

43611. Mf. Præ nobilis *Porcellorum* Familiæ Stemma; per J. P. M. L. M.

Cette Généalogie est citée par du Chesne, *pag.* 307 de sa Bibliothèque.

43612. ☞ Theobaldi DES VOUEZ Litteræ & Arma Porcelleti generis clarissimi : *Parisiis*, 1615, *in-8.*]

43613. Titres & Mémoires pour la Famille des Pourcellets : *in-fol.* 2 vol.

Ce Recueil [étoit] dans la Bibliothèque de M. Gaufridi, Avocat-Général de Provence. C'est un des Manuscrits de M. de Peyresc, num. 68.

43614. ☞ Généalogie des *Porcelets*.

Dans l'Etat de la Provence, par Robert.= Dans l'Hist. de sa Noblesse, par Artefeuil, *tom. II. pag.* 239.]

43615. ☞ Généalogie de *Porchier*.

Dans la Recherche de la Noblesse de Champagne.]

43616. ☞ Généalogie de le *Porcq*.

Dans la Recherche de la Noblesse de Picardie, au Supplément.]

43617. ☞ Généalogie de *Porrade*.

Dans l'Etat de la Provence, par Robert.]

43618. ☞ Généalogie des du *Port*, en Bugey.

Dans l'Histoire de la Bresse, &c. par Guichenon : *Part. III. pag.* 196.]

43619. ☞ Généalogie des du *Port*, en Provence.

Dans l'Etat de Robert. = Dans l'Hist. de la Noblesse de Provence, par Artefeuil, *tom. II. pag.* 254.]

43620. ☞ Généalogie de *la Porte*.

Dans les Mazures de l'Isle-Barbe, *tom. II. pag.* 488.]

43621. ☞ Généalogie de la *Porte*, en Berry.
Dans l'Histoire de cette Province, par de la Thaumassière, *pag. 938.*]

43622. ☞ Généalogie de la *Porte*, en Limousin.
Dans le Regist. II. de l'Armor. de MM. d'Hozier.]

43623. ☞ Généalogie de la *Porte-de-Waux*.
Dans la Rech. de la Nobl. de Picardie.]

43624. ☞ Généalogie de *Portebize*.
Dans la Rech. de la Nobl. de Champagne.]

43625. ☞ Généalogie de *Portier de Frolois*.
Dans l'Hist. des Sires de Salins, *tom. II. pag. 201.*]

43626. ☞ Généalogie de *Postel*.
Dans la Rech. de la Nobl. de Picardie.]

43627. ☞ Généalogie de *Pot*.
Dans l'Histoire de Berry, par de la Thaumassière, *pag. 632.*]

43628. Plaidoyers faits au Parlement de Paris, au mois de Mars 1638, en la cause de l'Etat de Damoiselle Louise-Elizabeth *Pot-de-Rodes* : *in-4.*]

43629. ☞ Généalogie de *Poterat*, en Champagne & à Paris.
Dans le Registre de l'Armor. de MM. d'Hozier.]

43630. ☞ Généalogie de *Potier*.
Dans les Présidens de Blanchard, *pag. 307.*]

43631. ☞ Généalogie de la Maison de *Potier*.
Dans le P. Simplicien, *tom. IV. pag. 763.*]|

43632. ☞ Généalogie de *Poucques*.
Dans la Rech. de la Noblesse de Picardie.]

43633. ☞ Généalogie de *Pouilly*.
Dans la Rech. de la Nobl. de Champagne.]

43634. ☞ Généalogie de *Poupet*.
Dans l'Histoire des Sires de Salins, *tom. II. pag. 208.* = Dans les Mémoires historiques sur Poligny, *tom. II. pag. 456.*

43635. ☞ Généalogie de *Poussemothe*, en Béarn & Bretagne, & à Paris.
Dans le Regist. II. de l'Armor. de MM. d'Hozier.]

43636. ☞ Généalogie de *Poussepin*.
Dans la Rech. de la Nobl. de Picardie, au Supp.]

43637. ☞ Généalogie de *Poyet*.
Dans le Père Simplicien, *tom. VI. pag. 470.*]

43638. ☞ Généalogie de la *Poype*.
Dans l'Hist. de la Bresse, par Guichenon : *Part. III. pag. 321.*]

43639. ☞ Généalogie de *Pra*: *in-4.*
Elle a été imprimée vers 1705. sans nom d'Auteur, ni de lieu, &c. Elle est assez exacte.]

43640. ☞ Généalogie de *Pracomtal*.
Dans l'Histoire généalog. du Dauphiné, par Allard, *tom. III.*]

43641. ☞ Généalogie de *Pracomtal*, en Dauphiné, Nivernois & Bourgogne.
Dans le Reg. de l'Armorial de MM. d'Hozier.]

43642. ☞ Généalogie de du *Prat*.
Dans les Premiers Présidens de Blanchard, *pag. 56.*]

43643. ☞ Généalogie du *Prat*.
Dans le P. Simplicien, *tom. VI. pag. 453.*]

43644. ☞ Généalogie de du *Pré*.
Dans l'Etat de la Provence, par Robert.]

43645. Mf. Généalogie de la Maison de *Préaulx*, en Touraine, jusqu'en 1563.
Elle est conservée à Paris, dans la Bibliothèque de S. Magloire, entre les Manuscrits de MM. de Sainte-Marthe.]

43646. ☞ Généalogie de *Préaux*.
Dans l'Histoire de Berry, par de la Thaumassière, *pag. 943.*]

43647. ☞ Généalogie de la Maison de *Preissac* (d'Esclignac,) tirée du Nobiliaire historique de la Province de Languedoc, & dressée sur les Titres originaux ; par Denys-François GASTELIER DE LA TOUR : *Paris*, P. G. Simon, 1770, *in-4.* de 96 pages.]

43648. Généalogie de la Maison de le *Prestre*: (1667,) *in-4.*

43649. ☞ Autre, de la même Maison.
Dans le P. Simplicien, *tom. VII. pag. 654.*]

43650. ☞ Généalogie de *Prévost*.
Dans les Présidents de Blanchard, *pag. 246.*]

43651. ☞ Généalogie de *Prévost*, à Paris & en Bretagne.
Dans le Regist. V. de l'Armor. de MM. d'Hozier.]

43652. ☞ Généalogie de le *Prévost*.
Dans la Rech. de la Nobl. de Picardie.]

43653. ☞ Généalogie de de *Prez*.
Dans la Rech. de la Nobl. de Champagne.]

43654. ☞ Généalogie des *Prez*.
Dans le P. Simplicien, *tom. VII. pag. 185.*]

43655. ☞ Généalogie de *Prie*.
Dans l'Histoire de Berry, par de la Thaumassière, *pag. 941.*]

43656. ☞ Généalogie de la Maison de Prie.
Dans le P. Simplicien, *tom. VIII. pag. 109.*]

43657. ☞ Généalogie de *Privat*.
Dans l'Etat de la Provence, par Robert.]

43658. ☞ Généalogie de *Prospe*.
Dans la Recherche de la Noblesse de Champagne.]

43659. ☞ Généalogie de *Prost*, en Lyonnois.
Dans le Regist. III. de l'Armor. de MM. d'Hozier.]

43660. Mf. Généalogie des Comtes de *Provence*, avec les Preuves: *in-fol.*
Cette Généalogie [étoit] dans la Bibliothèque de M. le Chancelier Seguier, num. 841.

Généalogies particulières des Familles.

43661. Mſ. Traités Généalogiques pour l'Hiſtoire des Comtes de Provence : *in-fol.*

Ces Traités ſe trouvent dans le Volume 67 des Manuſcrits de M. de Peyreſc : il [étoit] dans la Bibliothèque de M. Gaufridi, Avocat Général du Parlement de Provence.

43662. ☞ Généalogie des Comtes de Provence, tirée du Livre Latin de feu Mᵉ F. de CLAPPIERS, Sieur de Vauvenargues, Conſeiller du Roi en la Cour des Aides de Provence.

Elle ſe trouve à la ſuite des *Statuta Provinciæ Forcalquerumque Comitum : Aquis-Sextiis,* Pillehote, 1598, *in-*4.]

43663. ☞ Généalogie de *Provenſal.*

Dans l'Etat de la Provence, par Robert.

43664. ☞ Généalogie de la Maiſon de *Prulli*, en Touraine, par l'Abbé DE MAROLLES.

Elle ſe trouve avec ſon Hiſt. des Comtes d'Anjou : 1681, *in-*4.]

43665. ☞ Généalogie de *Prunier*, en Dauphiné.

Dans le Regiſtre II. de l'Armorial de MM. d'Hozier.]

43666. ☞ Généalogie de la Maiſon de *Puget.*

Dans l'Etat de la Provence, par Robert. = Dans l'Hiſt. de ſa Nobl. par Arteſeuil, *tom. II. pag.* 258.]

43667. ☞ Généalogie de *Puget*, en Picardie.

Dans la Rech. de la Nobl. de cette Province.]

43668. ☞ Généalogie de le *Pujet-la-Rue.*

Dans l'Hiſt. de Breſſe, par Guichenon : *Part. III. pag.* 328.]

43669. ☞ Mſ. Généalogie du *Pujet.*

Elle étoit dans la Bibliothèque de l'Abbé Goujet, & eſt aujourd'hui dans celle de M. le Duc de Charoſt.]

43670. ☞ Généalogie du *Puis*, en Hainaut.

Dans le Regiſtre IV. de l'Armor. de MM. d'Hozier.]

43671. ☞ Généalogie de du *Puis de Creſſonville.*

43672. ☞ Généalogie de du *Puis de Hangeſt.*

Ces deux Généalogies ſont dans la Recherche de la Nobleſſe de Picardie.]

43673. ☞ Généalogie de du *Puis d'Oniſeux.*

43674. ☞ Généalogie de du *Puis-Valſargues.*

Ces deux Généalogies ſont dans la Rech. de la Nobl. de Champagne.]

43675. Mſ. Mémoires de la Maiſon de du *Puy*, en Forez.

Ces Mémoires ſont conſervés entre les Manuſcrits de M. Dupuy, num. 636.

43676. ☞ Généalogie de la Maiſon du *Puy.*

Elle eſt imprimée dans le P. Simplicien, *tom. VIII. pag.* 901.]

43677. ☞ Généalogie du *Puy du Coudray.*

Dans l'Hiſtoire de Berry, par de la Thaumaſſière, *pag.* 749.]

43678. Table Généalogique de la Maiſon du *Puy du Fou*, dreſſée ſur les Titres & Mémoires de cette Maiſon & ſur d'autres Preuves, avec les Blazons, [& les Lettres d'érection du Marquiſat de Combronde :] *in-fol.*

43679. Hiſtoire généalogique des Familles de du *Puy-Montbrun* & de *Murinais* ; par Guy ALLARD: *Grenoble,* Gilibert, 1682, *in-*4.]

43680. ☞ Abrégé de la Généalogie de l'ancienne Maiſon de du *Puy-Nancy* : 1724, *in-*4. 1732, *in-*8.]

Q

== ☞ Généalogie de *Quanteal.*

Dans la Rech. de la Nobl. de Champagne.]

43681. ☞ Généalogie de *Quarré*, en Bourgogne.

Dans le Reg. IV. de l'Armor. de MM. d'Hozier.]

43682. ☞ Mſ. Généalogie de *Quatre-Barbes* ; par M. de QUATRE-BARBES de la Rongères.

Elle eſt citée par l'Abbé Ménage, dans ſon Hiſt. de Sablé.]

43683. ☞ Abrégé hiſtorique de la Maiſon de *Quelen* ; Bourdeaux, 1727, *in-fol.*

C'eſt celle de M. Antoine-Paul-Jacques de Quelen-Stuer de Cauſſade, créé Duc & Pair de la Vauguyon en 1758, & qui vient de mourir, le 4 Février 1772.]

43684. ☞ Généalogie de *Quelque.*

Dans la Rech. de la Nobleſſe de Picardie.]

43685. ☞ Généalogie de du *Queſnoy.*

Dans le même Recueil.]

43686. ☞ Généalogie de du *Queſnoy*, dans le Roumois & en baſſe Normandie.

Dans le Regiſtre IV. de l'Armor. de MM. d'Hozier.]

43687. ☞ Généalogie de le *Quien*, à Paris & à Bordeaux.

Dans le Regiſtre V. du même Recueil.]

43688. ☞ Généalogie de *Quieret.*

Dans la Recherche de la Nobl. de Picardie.]

43689. ☞ Autre, plus ample.

Dans le P. Simplicien, *tom. VII. pag.* 745.]

43690. ☞ Généalogie de *Quinot.*

Dans la Recherche de la Nobleſſe de Champagne.]

43691. ☞ Généalogie de *Quinſon.*

Dans l'Hiſtoire de Breſſe, par Guichenon : *Part. III. pag.* 252.]

43692. ☞ Généalogie de *Quiqueran.*

Dans l'Etat de la Provence, par Robert. = Dans l'Hiſt. de la Nobleſſe du Comtat, &c. par Pithon-Curt, *tom. II. pag.* 449. & *IV. pag.* 644. = Dans l'Hiſt. de la Nobl. de Provence, par Arteſeuil, *tom. II. pag.* 267.]

R

43693. ☞ Généalogie de *Rabasse.*
Dans l'Etat de la Provence, par Robert. = Dans l'Hist. de sa Nobl. par Maynier.=Dans celle d'Artefeuil, *tom. II. pag.* 275.]

43694. Généalogie de *Rabat :* (imprimée.):
✱ Elle se trouve aussi à la fin du tome II. de l'Hist. des Albigeois, par le P. Benoist, Jacobin, avec quelques autres: *Paris*, 1691, *in-12.*

43695. ☞ Généalogie de *Rabeau.*
Dans l'Histoire de Berry, par de la Thaumassière, *pag.* 948.]

43696. ☞ Généalogie de *Rabiers.*
Dans l'Hist. de la Nobl. de Provence, par Artefeuil, *tom. II. pag.* 277. Elle est aussi dans celle de Maynier.]

43697. ☞ Généalogie de *Rabot.*
Dans les Généalogies des Maîtres des Requêtes, *pag.* 225.]

43698. ☞ Généalogie de *Rabutin.*
Dans le Palais de l'Honneur, par le Père Anselme, *pag.* 547. = Dans la Recherche de la Noblesse de Champagne.]

43699. ☞ Généalogie de *Racine.*
Dans la Recherche de la Noblesse de Champagne.]

43700. ☞ Généalogie de *Rafelli.*
Dans l'Hist. de la Nobl. du Comtat, &c. par Pithon-Curt, *tom. IV. pag.* 558.]

43701. ☞ Généalogie de *Raffelis.*
Dans l'Etat de la Provence, par Robert.= Dans l'Hist. de sa Nobl. par Artefeuil, *tom. II. pag.* 279.]

43702. ☞ Généalogie de *Raffin.*
Dans les Mazures de l'Isle-Barbe, par Cl. le Laboureur, *tom. II. pag.* 418.]

43703. ☞ Généalogie de *Ragueau.*
Dans l'Histoire de Berry, par de la Thaumassière, *pag.* 1107.]

43704. ☞ Généalogie de *Raguier.*
Dans les Généalogies des Maîtres des Requêtes, *pag.* 252. = Dans la Rech. de la Nobl. de Champagne.]

43705. ☞ Généalogie de *Raigecourt.*
Dans l'Hist. de la Maison des Salles, par D. Calmet, aux Preuves, *pag.* 64.]

43706. ☞ Généalogie de *Raimond.*
Dans l'Hist. de la Nobl. du Comtat, &c. par Pithon-Curt, *tom. III. pag.* 1. & *IV. pag.* 645.]

43707. ☞ Généalogie de *Raimond de Chantemerle.*
Dans l'Etat de la Provence, par Robert.]

43708. ☞ Généalogie de *Raimond-d'Eoux,* ou *Eaux.*
Dans l'Etat de la Provence, par Robert. = Dans l'Hist. de sa Noblesse, par Artefeuil, *tom. II. pag.* 286.]

43709. ☞ Généalogie de *Raimond-Modène.*
Dans l'Ouvrage de Robert. = Dans celui d'Artefeuil, *tom. II. pag.* 283.]

43710. ☞ Généalogie de *Raincheval.*
Dans la Rech. de la Nobl. de Picardie.]

43711. ☞ Généalogie de *Raincour.*
Dans l'Hist. des Sires de Salins, *tom. I. pag.* 320.]

43712. ☞ Généalogie de *Raincourt.*
Dans la Rech. de la Nobl. de Champagne.]

43713. ☞ Généalogie de la Maison de *Raineval.*
Dans le P. Simplicien, *tom. VIII. pag.* 614.]

43714. Généalogie des Seigneurs de *Rais du Breuil*; par André DU CHESNE : *Paris,* 1621, *in-4.*

43715. ☞ Généalogie de la *Rama.*
Dans la Rech. de la Nobl. de Champagne.]

43716. ☞ Généalogie de *Ramade,* en Limousin.
Dans le Registre III. de l'Armorial de MM. d'Hozier.]

43717. ☞ Généalogie de *Rambures.*
Dans le Recueil des Maisons Nobles d'Amiens, par la Morlière, *pag.* 126. = Dans la Rech. de la Nobl. de Picardie.]

43718. ☞ Généalogie de la Maison de Rambures.
Dans le Père Simplicien, *tom. VIII. pag.* 165.]

43719. ☞ Généalogie de *Ramey,* en Forez, Champagne & à Metz.
Dans le Reg. VI. de l'Armor. de MM. d'Hozier.]

43720. ☞ Généalogie de *Raoult.*
Dans la Rech. de la Nobl. de Picardie, & au Supplément.]

43721. ☞ Généalogie de *Raoux* & *Raousset.*
Dans l'Etat de la Provence, par Robert. = Dans l'Hist. de sa Nobl. par Artefeuil, *tom. II. pag.* 290.]

43722. ☞ Généalogie de *Raqueneau.*
Dans les Généalogies des Maîtres des Requêtes ; *pag.* 255.]

43723. ☞ Généalogie de la Maison de *Rascas.*
Dans l'Etat de la Provence, par Robert. = Dans Artefeuil, *tom. II. pag.* 292.]

43724. ☞ Généalogie de *Rasque.*
Dans l'Histoire de la Noblesse de Provence, par Artefeuil, *tom. II. pag.* 295.]

43725. ☞ Généalogie de *Rastel,* dans le Comtat.
Dans l'Hist. de la Nobl. de ce Pays, par Pithon-Curt, *tom. III. pag.* 338.]

43726. ☞ Généalogie de *Rastel,* en Dauphiné.
Dans le Regist. IV. de l'Armor. de MM. d'Hozier.]

43727. ☞ Généalogie de *Ravault.*
Dans la Rech. de la Nobl. de Champagne.]

43728. ☞ Généalogie des *Ravel.*
Dans l'Histoire de la Noblesse de Provence, par Artefeuil, *tom. II. pag.* 295 & 297. Il y a deux Familles différentes de ce nom.]

43729. ☞ Généalogie de *Ravenel,* en Champagne.
Dans la Rech. de la Nobl. de cette Province.]

43730.

Généalogies particulières des Familles. 825

43730. ☞ Généalogie de *Ravenel*, en Picardie & Bretagne.
Dans le Regiſtre III. de l'Armorial de MM. d'Hozier.]

43731. ☞ Généalogie de *Ravignan*.
Dans la Rech. de la Nobl. de Champagne.]

43732. ☞ Généalogie de *Raulers*.
Dans la Rech. de la Nobl. de Picardie.]

43733. ☞ Généalogie de *Raulet*.
Dans la Rech. de la Nobl. de Champagne.]

43734. ☞ Généalogie de *Raxi*.
Dans l'Hiſt. de la Nobl. du Comtat, &c. par Pithon-Curt, *tom. III. pag. 16.*]

43735. ☞ Généalogie de *Ray*, dans le Comtat.
Dans la même Hiſtoire, *tom. III. pag. 31.*]

43736. ☞ Généalogie de *Ray* & de la *Roche*, en Franche-Comté.
Dans le Nobiliaire de cette Province, ou le Tome III. de Dunod ; *pag.* 102. = Dans l'Hiſt. des Sires de Salins, *tom. I. pag. 70.*]

43737. ☞ Généalogie de la Maiſon de *Razez*, en Limoſin.
Dans les Annales de Limoges, par le P. Bonaventure, *pag. 440.*]

43738. ☞ Généalogie de *Reance*.

43739. ☞ Généalogie de *Reaux*.
Ces deux Généalogies ſont dans la Rech. de la Nobl. de Champagne.]

43740. ☞ Généalogie de *Rebé*.
Ci-devant à *Faverges*, N.° 42170, & à le *Merle*, N.° 43197.]

43741. ☞ Généalogie de *Rebours*.
Dans les Conſeillers de Blanchard, *pag.* 89.]

43742. ☞ Généalogie de *Rechignevoiſin*, en Berry.
Dans l'Hiſt. de cette Province, par de la Thaumaſſière, *pag.* 963.]

43743. ☞ Généalogie de *Rechignevoiſin*, en Touraine.
Dans le Regiſtre IV. de l'Armorial de MM. d'Hozier.]

43744. ☞ Généalogie de la Maiſon de *Recourt*.
Dans le P. Simplicien, *tom. VII. pag.* 826.]

43745. ☞ Généalogie de *Reculot*.
Dans les Mém. hiſtoriques ſur Poligny, *tom. II. pag.* 467.]

43746. ☞ Généalogie de *Redon*, en Condomois & Agénois.
Dans le Regiſt. V. de l'Armor. de MM. d'Hozier.]

43747. ☞ Généalogie de *Refuge*.
Dans l'Hiſtoire de Berry, par de la Thaumaſſière, *pag.* 1111.]

43748. Mſ. Titres & Généalogies de la Maiſon de Refuge.
Ces Titres ſont conſervés dans la Bibliothèque du Roi, entre les Manuſcrits de M. de Gaignières.]

Tome III.

43749. ☞ Généalogie de *Regina*.
Dans l'Etat de la Provence, par Robert. = Dans l'Hiſt. de ſa Nobleſſe, par Artefeuil, *tom. II. pag.* 299.]

43750. ☞ Généalogie de *Regis*.
Dans l'Etat de la Provence, par Robert. = Dans l'Hiſt. de ſa Nobl. par Artefeuil, *tom. II. pag.* 301.]

43751. ☞ Généalogie de *Regnier*.
Dans la Recherche de la Nobleſſe de Picardie.]

43752. ☞ Généalogie de *Reines*, en Languedoc.
Dans le Regiſt. V. de l'Armor. de MM. d'Hozier.]

43753. ☞ Généalogie de *Rely*.
Dans le Recueil des Maiſons Nobles d'Amiens, par la Morlière, *pag.* 312. = Dans la Rech. de la Nobl. de Picardie.]

43754. ☞ Généalogie de *Remerville*.
Dans l'Etat de la Provence, par Robert. = Dans l'Hiſt. de ſa Nobl. par Artefeuil, *tom. II. p.* 303.]

43755. ☞ Généalogie de *Remeſan-Croiſet*.
Dans l'Etat de la Provence, par Robert.]

43756. ☞ Généalogie de *Remond*, en Bourgogne & Champagne, & à Paris.
Dans le Regiſtre V. de l'Armorial de MM. d'Hozier.]

43757. ☞ Généalogie de *Remont*.
Dans la Rech. de la Nobl. de Champagne.]

43758. ☞ Généalogie de *Renart de Fuſchamberg*.
Dans la Rech. de la Nobl. de Champagne.]

43759. ☞ Généalogie de la Maiſon de *Renaud*.
Dans l'Hiſt. de la Nobl. de Provence, par Artefeuil, *tom. II. pag.* 306.]

43760. ☞ Généalogie de *Renaudot*.
Dans les Mém. hiſtoriques ſur Poligny, *tom. II. pag.* 470.]

43761. ☞ Généalogie de *Renaut-des-Landes*.
Dans la Rech. de la Nobl. de Champagne.]

43762. ☞ Généalogie de *Rentières*.
Dans la Rech. de la Nobl. de Picardie.]

43763. ☞ Généalogie de *Renty*.
Dans la Rech. de la Nobl. de Champagne.]

43764. ☞ Généalogie de *Requiſton*.
Dans l'Etat de la Provence, par Robert. = Dans l'Hiſt. de ſa Nobl. par Artefeuil, *tom. II. pag.* 309.]

43765. ☞ Généalogie des Ducs de *Rets*.
Dans le Père Simplicien, *tom. III. pag.* 890.]

43766. ☞ Généalogie de *Reugny*.
Dans l'Hiſtoire de Berry, par de la Thaumaſſière, *pag.* 957.]

43767. ☞ Généalogie de *Revilaſc*.
Dans l'Hiſtoire Généalog. de Dauphiné, par Allard, *tom. III.*]

43768. ☞ Généalogie de *Revilliaſc*, en Dauphiné.
Dans le Reg. V. de l'Armor. de MM. d'Hozier.]

M m m m m

43769. ☞ Généalogie de *Reynaud-de-Mons*, en Auvergne.

[Dans le Regist. V. de l'Armor. de MM. d'Hozier.]

43770. ☞ Généalogie de *Rhodes*.

[Dans l'Histoire de la Noblesse du Comtat, &c. par Pithon-Curt, tom. III. pag. 93 ; & IV. pag. 645.]

43771. ☞ Généalogie de *Riant-Villeray*.

[Dans les Présidens de Blanchard, pag. 248.]

43772. ☞ Généalogie de la Maison de *Rianz*.

[Dans l'Histoire de la Noblesse de Provence, par Artefeuil, tom. II. pag. 313.]

43773. ☞ Dissertatio de origine, dignitate, juribus, &c. Domûs Comitum Rappolsteinensium (de *Ribeaupierre*, en Alsace ;) A RADIO : *Argentinæ*, 1745, *in-4*.

43774. ☞ Généalogie de *Ricard*.

[Dans l'Etat de la Provence, par Robert.]

43775. ☞ Généalogie de *Richard*.

[Dans l'Histoire de Berry, par de la Thaumassière, pag. 1153.]

43776. ☞ Généalogie de *Richard-la-Barre*.

[Dans la même Histoire, pag. 1154.]

43777. ☞ Généalogie de *Richardot*.

[Dans le Nobiliaire de Franche-Comté, ou Tome III. de Dunod, pag. 177.]

43778. ☞ Généalogie de *Richaud*.

[Dans l'Etat de la Provence, par Robert.]

43779. ☞ Généalogie de *Richebourg*.

43780. ☞ Généalogie de *Richelet*.

Ces deux Généalogies sont dans la Recherche de la Noblesse de Champagne.]

43781. Lettre sur la Généalogie du Cardinal de *Richelieu*, de (Fornier,) Sieur DE CLEAUX : *Paris*, Jacquin, 1627, *in-8*.

43782. Ms. Recueil de Pièces concernant le Cardinal de Richelieu, qui commence par un Ecrit sur la Généalogie de Richelieu : *in-fol*.

Ce Recueil est conservé [dans la Bibliothèque du Roi,] entre les Manuscrits de M. Dupuy, num. 625.

43783. Histoire généalogique de la Maison du Plessis-Richelieu, avec ses Preuves ; par André DU CHESNE.

Cette Histoire est imprimée avec celle de la Maison de Dreux : *Paris*, 1632, *in-fol*.

☞ Il y flatte beaucoup le Cardinal de Richelieu. On peut voir ce qu'en dit l'Hermite-Soliers, ou Souliers, dans l'Hist. de la Nobl. de Touraine, à *Du Chesne*.

COMBAULT d'Auteuil, dans son Epître dédicatoire du Discours abrégé de l'Artois, (ci-dessus, N.° 38989,) adressée au Cardinal de Richelieu, lui dit qu'il *descend tant de fois par ses illustres Ayeules de l'Auguste Race de Hugues Capet*; & à la suite est une Table généalogique de deux Princesses de la Royale Branche d'Artois, dont la Maison de du Plessis-Richelieu est issue.

Un Nicolas DE GROUCHY, Poëte extravagant, Auteur de la *Béatitude*, en dix Poëmes Dramatiques, &c. imprimé en 1632, dit à la fin de l'Ode I. au Cardinal de Richelieu :

Vous êtes issu d'un de nos Roys,
Louis-le-Gros, d'heureuse estime.]

43784. ☞ Illustrissimæ Gentis Plessiæ-Richeliæ Elogium ; Auctore Abele SAMMARTHANO (patre?) 12 pages.

Cet Eloge est dans ses Œuvres : *Paris*, Villery, 1632, *in-4*.]

43785. Epitome Genealogico del Eminentissimo Cardinal, Duque de Richelieu, y discursos politicos sobre algunas acciones de su Vida : por M.F. (Manuel Fernand) VILLAREAL, Portuguese : *en Pampelona*, 1641, *in-4*.

Cet Auteur a été brûlé à Lisbonne, à cause du Judaïsme : il a copié du Chesne.]

※ Il a faussement avancé que le Cardinal de Richelieu descendoit du Mariage de Guyonne de Laval avec François du Plessis, & par conséquent des Rois de Castille & de Portugal.

43786. Ms. Extraits des Preuves sommaires justificatives que la Maison de Richelieu est issue par Femmes de cinq Rois de France; dédiés au Cardinal de Richelieu ; *in-fol*.

Ces Extraits [étoient] dans la Bibliothèque de M. le Président de Lamoignon.

43787. ☞ Généalogie de la Maison de Richelieu.

[Dans l'Hist. de la Noblesse de Touraine, par Souliers, pag. 217.]

43788. ☞ Généalogie de la Maison du Plessis-Richelieu.

[Dans le P. Simplicien, tom. IV. pag. 361.]

43789. ☞ Généalogie de *Richery*.

[Dans l'Histoire de la Noblesse de Provence, par Artefeuil, tom. II. pag. 316.]

43790. ☞ Généalogie de *Richieud*.

[Dans l'Etat de la Provence, par Robert.]

43791. ☞ Généalogie de *Ridouet*, en Anjou.

[Dans le Regist. V. de l'Armor. de MM. d'Hozier.]

43792. ☞ Généalogie de *Riencourt*, en Picardie.

[Dans le Recueil des Maisons Nobles d'Amiens, par la Morlière, *pag*. 175. = Dans la Recherche de la Nobl. de Picardie.]

43793. Ms. Généalogie de *Riencourt*, en Normandie & Picardie.

[Dans le Reg. V. de l'Armor. de MM. d'Hozier.]

43794. ☞ Généalogie de *Rieu*, en Rouergue, Languedoc & Agénois.

Dans le même Registre.]

43795. Mémoires de René, Sieur de R**ieux**, Prince de la Maison de Bretagne, Marquis d'Ouessant, présenté au Roi le 20 Septembre 1710, touchant la Généalogie de sa Maison : *Paris*, Muguet, (1713,) *in-4*.

※ Ces Mémoires sont de Matthieu MARAIS, Avocat au Conseil.

Généalogies particulières des Familles. 827

43796. ☞ Généalogie de la Maison de Rieux.
Elle est imprimée dans le Père Simplicien, *tom. VI. pag.* 763.]

43797. ☞ Mſ. Contract de Mariage de Claude de Rieux & de Catherine de Laval : *in-fol.*
Ce Manuscrit, cité *pag.* 237 du Catalogue de Cangé, est à présent dans la Bibliothèque du Roi.]

43798. ☞ Généalogie de *Rigaud de Vaudreuil*, en Languedoc.
Dans le Regist. VI. de l'Armor. de MM. d'Hozier.]

43799. ☞ Généalogie de *Rigault*.
Dans l'Histoire de Berry, par de la Thaumassière, *pag.* 1106.]

43800. ☞ Généalogie de *Riglet*.
Dans la même Histoire, *pag.* 1111.]

43801. ☞ Généalogie de *Rignac*.
Dans l'Histoire de la Noblesse de Provence, par Artefeuil, *tom. II. pag.* 558.]

43802. ☞ Généalogie de *Rigollot*, en Champagne.
Dans le Reg. VI. de l'Armor. de MM. d'Hozier.]

43803. ☞ Généalogie de *Rimbert*, en Champagne.
Dans la Rech. de la Nobl. de cette Province.]

43804. ☞ Généalogie de *Rimbert*, en Picardie.
Dans la Rech. de la Noblesse de cette Province.]

43805. ☞ Généalogie de *Riom de Prolhiac*, en Auvergne.
Dans le Reg. VI. de l'Armor. de MM. d'Hozier.]

43806. ☞ Généalogie de *Ripert*.
Dans l'Hist. de la Nobl. du Comtat, par Pithon-Curt, *tom. III. pag.* 34.]

43807. ☞ Généalogie de deux Familles de *Ripert*, en Provence.
Dans l'Hist. de sa Noblesse, par Artefeuil, *tom. II. pag.* 319. Robert a donné la Généalogie de *Ripert de Baudouin*, dans son Etat de la Provence.]

43808. ☞ Généalogie de *Riquety*.
Dans l'Etat de la Provence, par Robert. = Dans l'Hist. de sa Nobl. par Artefeuil, *tom. II. pag.* 322.]

43809. ☞ Généalogie de Riquety, en Provence & à Paris.
Dans le Reg. V. de l'Armor. de MM. d'Hozier.]

43810. ☞ Généalogie de *Riſſé*.
Dans l'Histoire de Bresse, par Guichenon : *Part. III. pag.* 331.]

43811. ☞ Liste des Seigneurs de la Maison de *Riſte*.
Dans la dernière Edition de l'Histoire de Lorraine, par Dom Calmet, à la tête du *tom. VII. pag.* cxl.]

43812. ☞ Généalogie de la *Rivière*, en Berry.
Dans l'Hist. de cette Province, par de la Thaumassière, *pag.* 1114.]

Tome III.

43813. ☞ Généalogie de *Rivière*, en Comtat.
Dans l'Hist. de la Noblesse de ce Pays, par Pithon-Curt, *tom. III. pag.* 63.]

43814. ☞ Généalogie de la *Rivière*.
Dans la Généalogie de Mailly, imprimée en 1757, *pag.* 65.]

43815. ☞ Généalogie de la *Rivière de Valcontant*.
Dans la Rech. de la Nobl. de Champagne.]

43816. ☞ Généalogie de la *Rivière*, en Touraine.
Dans l'Hist. de la Nobl. de ce Pays, par Souliers, *pag.* 328.]

43817. ☞ Généalogie de *Robert*, en Champagne.
Dans la Rech. de la Noblesse de cette Province.]

43818. ☞ Généalogie de *Robert*, en Orléanois & à Paris.
Dans le Reg. III. de l'Armorial de MM. d'Hozier.]

43819. ☞ Généalogie de *Robert de Brianſon*.

43820. ☞ Généalogie de *Robert d'Eſcragnolle*.
Ces deux Généalogies sont dans l'Etat de la Provence, par Robert.]

43821. ☞ Généalogie de *Robin*, dans le Comtat.
Dans l'Hist. de la Nobl. de ce Pays, par Pithon-Curt, *tom. III. pag.* 84.]

43822. ☞ Généalogie de *Robin*, en Provence.
Dans l'Etat de cette Province, par Robert. = Dans l'Hist. de sa Nobl. par Artefeuil, *tom. II. pag.* 328.]

43823. ☞ Généalogie de *Robinot*.
Dans le même Tome d'Artefeuil, *pag.* 331.]

43824. ☞ Généalogie de la *Roche* sur Ognon, & de la *Roche* en Montagne.
Dans l'Hist. des Sires de Salins, *tom. I. pag.* 63 & 86.]

43825. ☞ Généalogie de la *Roche-Aymon* de Bois-Bertrand.
Dans l'Histoire de Berry, par de la Thaumassière, *pag.* 1109.]

43826. ☞ Généalogie de *Rochebaron*.
Dans les Mazures de l'Isle-Barbe, *tom. II. pag.* 506.]

43827. ☞ Généalogie de la Maison de *Rochechouart*.
Dans les Annales de Limoges, par le P. Bonaventure, *pag.* 584.]

43828. ☞ Autre.
Dans l'Histoire de Berry, par *de la Thaumassière*; *pag.* 488.]

43829. ☞ Généalogie de la Maison de *Rochechouart*.
Dans l'Hist. généal. de la Maison de Faudoas, *p.* 106.]

43830. Généalogie de la Maison de Rochechouart ; par Jean LE LABOUREUR.
Cette Généalogie est imprimée au Tome II. des Mé-

Mmmmm 2

moires de Castelnau, *pag.* 75 de la Généalogie de Castelnau : *Paris*, 1659, *in-fol.*[& dans le *tom. III.* de l'Edition de 1731, *pag.* 214.]

43831. ☞ Généalogie de la Maison de Rochechouart.

Dans le P. Simplicien, *tom. IV. pag.* 649.]

43832. ☞ Généalogie de la *Roche-Daen.*

Dans l'Hist. de la Nobl. de Touraine, par Souliers, *pag.* 361.]

43833. ☞ Généalogie de *Rochefort.*

Dans l'Histoire de Berry, par de la Thaumassière, *pag.* 953.]

43834. ☞ Généalogie des Seigneurs de *Rochefort.*

Dans le P. Simplicien, *tom. VI. pag.* 413.]

43835. ☞ Généalogie de *Rochefort-la-Valette.*

Dans les Mazures de l'Isle-Barbe, *tom. II.* p. 513.]

43836. ☞ Généalogie de *Rochefort-Pluveau.*

Dans le Palais de l'Honneur, par le P. Anselme, *p.* 585.]

43837. ☞ Généalogie de la *Rochefoucaut.*

Dans l'Histoire de la Noblesse de Touraine, par Souliers, *pag.* 333.]

43838. Généalogie de la Maison de la *Rochefoucault*, dressée sur les Chartres, Titres & Histoires les plus fidèles ; par André DU CHESNE : *Paris*, Martin, 1622, une Feuille *in-fol.*

☞ C'est une Carte Généalogique.]

43839. Généalogie de la même Maison ; par (Michel-Martin) DE LA MORINIÈRE.

Cette Généalogie est imprimée avec la Vie du Cardinal de la Rochefoucault : *Paris*, 1646, *in-4.*

43840. Généalogie de la Maison de la Rochefoucault ; par DU ROISSAC : *in-4.*

43841. ☞ Généalogie de la Maison de la Rochefoucault ; par Pierre D'HOZIER : *Paris*, 1654, *in-4.*]

43842. ☞ Généalogie de la Maison de la Rochefoucault.

Dans le P. Simplicien, *tom. IV. pag.* 418.]

43843. Ms. Généalogie de la Maison de la *Roche-Guyon* : *in-fol.*

Cette Généalogie [étoit] dans la Bibliothèque de M. Baluze, num. 729, [& elle est aujourd'hui dans celle du Roi.]

43844. ☞ Généalogie de la Maison de la Roche-Guyon.

Dans le P. Simplicien, *tom. VIII. pag.* 620.]

43845. ☞ Généalogie de *Rochemore.*

Dans l'Histoire de la Noblesse de Provence, par Artefeuil, *tom. II. pag.* 560.]

43846. ☞ Généalogie de *Rochereau.*

Dans la Recherche de la Noblesse de Champagne.]

43847. ☞ Généalogie de des *Roches.*

Dans l'Histoire de Berry, par de la Thaumassière, *pag.* 961.]

43848. ☞ Généalogie des *Roches-Baritaut.*

Dans le P. Simplicien, *tom. VIII. pag.* 705.]

43849. ☞ Généalogie de la *Rochette.*

Dans la Recherche de la Noblesse de Champagne.]

43850. ☞ Généalogie de *Rocquigny.*

43851. ☞ Généalogie de *Rodes.*

Ces deux Généalogies sont dans la Recherche de la Noblesse de Picardie, au Supplément.]

43852. ☞ Généalogie de *Rodulf.*

Dans l'Etat de la Provence, par Robert. = Dans l'Histoire de la Noblesse du Comtat, &c. par Pithon-Curt, *tom. III. pag.* 98.]

43853. ☞ Généalogie de *Rogemont*, en Bugey.

Dans l'Hist. de Bresse, &c. par Guichenon : *Contin. de la Part. III. pag.* 200.]

43854. ☞ Généalogie de *Rogier.*

Dans l'Etat de la Provence, par Robert.]

43855. ☞ Les Preuves de Noblesse d'Eugène *Rogier*, Comte de Villeneuve, Commandeur, Maître des Cérémonies & Grand-Prévôt des Ordres du Roi : *Paris*, Cellier, 1660.]

43856. Ms. Table généalogique de la Maison de *Rohan.*

Cette Table [étoit] dans la Bibliothèque de M. le Baron d'Hoendorff, [& est aujourd'hui dans celle de l'Empereur.]

43857. Ms. Histoire de la Maison de Rohan ; par DE LA COUDRAYE, père & fils, Sénéchaux d'Hennebont & Alloués de Vennes.

Cette Histoire est citée par Albert le Grand de Morlaix, à la *pag.* 349 de ses Vies des Saints de Bretagne, (Vie de S. Maurice :) *Nantes*, 1637, *in-4.*

43858. Généalogie de la Maison de Rohan ; par André MAICHIN.

Cette Généalogie est imprimée à la *pag.* 164 de son Histoire de Saintonge : *Saint-Jean-d'Angely*, 1671, *in-fol.*

43859. ☞ Généalogie de la Maison de Rohan.

Dans le Père Simplicien, *tom. IV. pag.* 51.]

43860. Le Rang & Prérogatives de la Maison de Rohan : *Paris*, 1660, *in-fol.*

De la Roque dit au commencement de ses Preuves sur l'Histoire généalogique de la Maison d'Harcourt, que l'on a publié ce Livre en attendant l'Histoire entière de la Maison qui contient toutes les anciennes Familles de Bretagne.

== Lettre d'Olivier PATRU, Avocat au Parlement, sur la Contestation pour la Préséance aux Etats de Bretagne, entre le Duc de Rohan & le Duc de la Trimouille.

Cette Lettre déja citée [N.° 35429,] est imprimée

Généalogies particulières des Familles. 829

dans les Œuvres de Patru, *pag.* 296 : *Paris*, 1681, *in-*8.

43861. ☞ Titres & Rangs de la Maison de Rohan à la Cour des Ducs de Bretagne ; par Henri GRIFFET.

C'est le dernier Chapitre de son « Traité des diffé- » rentes sortes de preuves qui servent à établir la vé- » rité de l'Histoire: *Liège*, Bassompierre, 1769, *in*-12.]

43862. ☞ Réponse à un Ecrit anonyme, intitulé : *Mémoire sur les Rangs*, &c. par M. l'Abbé GEORGEL : *Paris*, le Breton, 1771, *in-*8.

L'Anonyme avoit attaqué le P. Griffet, sur ce qu'il avoit dit de la Maison de Rohan : on le justifie ici, & l'on présente en détail les preuves des droits de la Maison de Rohan, comme issue des anciens Souverains de Bretagne. Cette illustre Maison a adopté cet Ouvrage, & a demandé au Roi des Examinateurs, pour certifier la vérité & l'exactitude des passages qui prouvent sa descendance & son titre de Prince. On a mis à la fin le Certificat de ces Examinateurs, qui sont au nombre de cinq.

A la *pag.* 181 & *suiv.* se trouvent : « Alliances de la » Maison de Rohan avec la Maison de Bretagne & celles » de France, de Navarre, d'Arragon, d'Angleterre, » d'Ecosse, &c. (Ensuite :) Sommaire des Titres, des » Preuves & des témoignages cités dans cette Ré- » ponse ».]

43863. ☞ Mf. Histoire généalogique des Maisons de Porrhoet & de Rohan ; par Dom MORICE, avec les Preuves : *in-fol.* 2 vol.

43864. ☞ Mf. Table généalogique de la Maison de Rohan, dressée le 18 Février 1757 ; par M. CLAIREMBAULT.

Ces deux Ouvrages sont cités dans la Réponse indiquée auparavant, & ils doivent être à la Bibliothèque de Soubise.]

43865. ☞ Mf. Essai sur le point précis de l'origine de la Maison de Rohan ; par M. GUEHENEUC.

Voici ce que m'a écrit à ce sujet M. Arèere, Prêtre de l'Oratoire de la Rochelle, & Bibliothécaire. « L'Au- » teur est Breton, ami de M. de Meilhans, notre In- » tendant, & vit avec lui : il m'a permis de copier son » Manuscrit. Il y discute d'abord les diverses opinions » touchant l'origine de la Maison de Rohan, & les ré- » fute. Il établit ensuite son sentiment, & fait descen- » dre cette Maison de la Branche aînée des Comtes de » Cornouailles, Souverains de Bretagne ; Guethenoé, » Chef de la Maison de Porrhoet, tige assurée de Ro- » han, étant frère puîné d'Alain Caignard, & l'un & » l'autre fils de Budic, Comte de Cornouailles. Cet » Ouvrage me paroît bien fait ; il y a des recherches & » de l'ordre dans la marche des preuves : si tout n'est pas » également démontré, il y règne au moins un grand » air de vérité.]

43866. ☞ Requête au Roi pour François de Rohan, Prince de Soubise, contre le Duc de Rohan ; par Georges LE ROY, Avocat au Parlement : *Paris*, Lambin, 1702, *in-fol.*

Cette Requête fut présentée à l'effet de faire reprendre le nom de Chabot au Duc de Rohan, & lui faire quitter celui de Rohan.

43867. Mémoire du même, sur le même sujet : 1704, *in-fol.*

43868. ☞ Recueil de Mémoires de MM. de Guimené & de Soubise, & de M. de Rohan-Chabot, sur le Procès qui étoit entre eux, sur le titre de Duc de Rohan, prétendu par ce dernier : *in-fol.*]

43869. ☞ Requêtes & Mémoires pour Louis de Rohan-Chabot, Duc de Rohan, contre MM. les Princes de Guimené & de Soubise, touchant le Nom & les Armes de Rohan.]

43870. ☞ Histoire de Tancrède de Rohan, avec quelques autres Pièces concernant l'Histoire de France : *Liège*, 1767, *in*-12.]

43871. ☞ Généalogie de *Roland*, en Berry.

Dans l'Histoire de cette Province, par de la Thaumassière, *pag.* 1109.]

43872. ☞ Généalogie de *Roland*, dans le Comtat & en Provence.

Dans l'Etat de la Provence, par Robert. = Dans l'Hist. de la Nobl. du Comtat, &c. par Pithon-Curt, *tom. III. pag.* 115, & *IV. pag.* 647. = Dans l'Histoire de la Noblesse de Provence, par Artefeuil, *tom. II. pag.* 332.]

43873. ☞ Généalogie de *Rolin*, en Autunois.

Dans les Recherches d'Autun, par Munier : 1660, *in*-4. à la fin.]

43874. ☞ Généalogie de *Rolin*, en Franche-Comté.

Dans les Mémoires historiques sur Poligny, *tom. II. pag.* 475.]

══ Genealogia *Rollonis*.

Ci-dessus, [N.° 34956.]

43875. ☞ Généalogie de *Romegas*.

Dans l'Hist. de la Nobl. de Provence, par Artefeuil, *tom. II. pag.* 337.]

43876. ☞ Généalogie de *Romieu*.

Dans l'Etat de la Provence, par Robert.]

43877. ☞ Généalogie de *Rommecourt*.

Dans la Recherche de la Noblesse de Champagne.]

43878. Généalogie de la Maison de Rommecourt, anciennement nommée de *Raummecurt*, originaire d'Allemagne : *Paris*, Grou, 1701, *in-*8.

Louis-Marie, Comte DE ROMMECOURT, Abbé de Beaulieu en Argonne, a dressé cette Généalogie.

43879. Mf. ☞ Généalogie de *Roncheroles*.

Elle étoit dans la Bibliothèque de l'Abbé Goujet, & est aujourd'hui dans celle de M. le Duc de Charost.]

43880. ☞ Lettres-Patentes portant confirmation du droit & prérogative de Conseiller d'honneur-né au Parlement de Rouen, pour MM. de Roncheroles, Marquis de Pont-Saint-Pierre : *in-*4.]

43881. ☞ Généalogie de *Roncheval*.

Dans les Mazures de l'Isle-Barbe, *tom. II. p.* 518.]

43882. ☞ Généalogie de *Ronty*.
Dans la Recherche de la Noblesse de Picardie.]

43883. ☞ Généalogie de *Roquart*.
Dans l'Hist. de la Nobl. du Comtat, &c. par Pithon-Curt, *tom. III. pag.* 125.]

43884. ☞ Généalogie de la *Roque*, en Armagnac.
Dans le Reg. III. de l'Armor. de MM. d'Hozier.]

43885. ☞ Mf. Histoire généalogique de la Maison de *Roquelaure* : *in-fol.*
Elle est indiquée au Catalogue de M. Secousse, num. 6096.]

43886. ☞ Généalogie de la Maison de Roquelaure.
Elle est imprimée dans le P. Simplicien, *tom. VII. pag.* 402.]

== Généalogie de *Roquet*.
Ci-devant, à *Estresses*, [N.° 42239.]

43887. Mf. Généalogie de *Rosel*, faite en 1669; par Jacques DEYRON : *in-4.*
Cette Généalogie est conservée au Château d'Aubais, près de Nismes.

43888. Généalogie de *Rosmadec*.
Dans l'Hist. généal. de Bretagne, par le Baud : 1638, *in-fol.* à la tête.

43889. Généalogie de la Maison de Rosmadec.
Elle est imprimée dans [la première Edition de] la Science héroïque, par la Colombière : *Paris*, 1644, *in-fol.* Elle n'est point dans l'Edition de 1669.

43890. ☞ Généalogie de *Rosset*.
Dans les Mazures de l'Isle-Barbe, *tom. II. pag.* 521.
= Dans l'Histoire de la Noblesse de Provence, par Artefeuil, *tom. II. pag.* 339.]

43891. Titres & Extraits du nom de *Rossignac* : *in-fol.*
Ces Titres sont conservés dans la Bibliothèque du Roi, entre les Manuscrits de M. de Gaignières.

43892. ☞ Généalogie de *Rossillon*, en Bugey.
Dans l'Hist. de Bresse, &c. par Guichenon : *Contin. de la Part. III. pag.* 208.]

43893. ☞ Généalogie de *Rostagni*.
Dans l'Histoire de la Nobl. du Comtat, &c. par Pithon-Curt, *tom. III. pag.* 136.]

43894. ☞ Généalogie de *Rostain*.
Dans les Mazures de l'Isle-Barbe, *tom. II. p.* 523.]

43895. ☞ Généalogie de *Rostaing*.
Dans le P. Simplicien, *tom. VIII. pag.* 941.]

43896. Trophées métalliques des Seigneurs de Rostaing ; par Henri CHESNEAU : *Paris*, 1661, *in-fol.*

43897. ☞ Porte-feuille contenant les Epitaphes que Charles, Marquis & Comte de Rostaing, a fait poser dans la Chapelle de l'Annonciation de Notre-Dame de Saint-Germain de l'Auxerrois : 1647, *in-fol.*
Ce Porte-feuille est indiqué au Catalogue de M. Secousse, num. 6098.]

43898. Recueil contenant l'érection de la Terre de Bury en Comté, sous le nom de Rostaing : *in-4.*

☞ Le véritable titre est :
Recueil des Fondations de Charles, Marquis de Rostaing, & Anne Hurault son Epouse, & du changement du Château de Bury en Comté de Rostaing : *Paris*, 1642, 1656, *in-4.*]

43899. ☞ Mf. Discours généalogique de la Maison de *Rouault* : *in-4.*
Ce Discours est indiqué au num. 19011 du Catalogue de M. le Maréchal d'Estrées.]

43900. ☞ Généalogie de la Maison de Rouault.
Dans le P. Simplicien, *tom. VII. pag.* 97.]

43901. ☞ Généalogie de *Roucy*.
Dans la Rech. de la Nobl. de Champagne.]

43902. Histoire généalogique de la Maison de Roucy & de Roye : *Paris*, Coustelier, 1675, *in-12.*
Pierre MORET DE LA FAYOLE est l'Auteur de cette Histoire.

☞ On peut voir à son sujet la Bibliothèque historique de Poitou, *tom. IV. pag.* 166.]

43903. Table généalogique de la Maison de Roye & Comtes de Roucy ; par David BLONDEL, en six Feuilles : *in-fol.*

43904. ☞ Généalogie des Comtes de Roucy.
Dans le P. Simplicien, *tom. VIII. pag.* 861.]

43905. ☞ Généalogie de la *Rouëre*.
Dans la Rech. de la Nobl. de Champagne.]

43906. Abrégé historique & généalogique des Comtes & Vicomtes de *Rouergue* & de Rodez, où se voit l'origine de Gilbert, Comte de Provence, inconnue jusqu'à présent : *Rodez*, le Roux, 1682, *in-4.*

43907. ☞ Généalogie de *Rougemont*.
Dans l'Hist. des Sires de Salins, *tom. I. pag.* 114.]

43908. ☞ Généalogie de *Rougemont-Chazeul*.
Dans la Recherche de la Noblesse de Champagne.]

43909. ☞ Généalogie de *Rouhault*.
Dans le Recueil des Maisons Nobles d'Amiens, par la Morlière, *pag.* 152.]

43910. ☞ Généalogie de *Rouil*.
Dans l'Hist. de la Nobl. du Comtat, &c. par Pithon-Curt, *tom. III. pag.* 151.]

43911. ☞ Généalogie de *Rovorée*.
Dans l'Histoire de Bresse, par Guichenon : *Part. III. pag.* 332.]

43912. ☞ Généalogie de *Roussé*.
Dans la Recherche de la Noblesse de Picardie, au Supplément.]

43913. ☞ Généalogie de *Roussel*.
Dans la Recherche de la Noblesse de Picardie, au Supplément.]

Généalogies particulières des Familles. 831

43914. ☞ Généalogie de *Roussel de Goderville*, en Normandie.
Dans le Reg. IV. de l'Armor. de MM. d'Hozier.]

43915. ☞ Généalogie de *Rousselet*.
Dans le Père Simplicien, *tom. VII. pag.* 650.]

43916. ☞ Généalogie de *Rousset*.
Dans l'Hist. de la Noblesse du Comtat, par Pithon-Curt, *tom. III. pag.* 147.]

43917. ☞ Généalogie de *Routier*.
Dans la Recherche de la Noblesse de Picardie, au Supplément.]

43918. ☞ Généalogie de *Rouvillasc*.
Dans l'Histoire de la Noblesse du Comtat, &c. par Pithon-Curt, *tom. III. pag.* 154.]

43919. ☞ Généalogie des Seigneurs de *Rouville*.
Dans le Père Simplicien, *tom. VIII. pag.* 709.]

43920. ☞ Généalogie de *Rouvroy-Saint-Simon*.
Dans le Recueil des Maisons Nobles d'Amiens, par la Morlière, *pag.* 196.]

43921. Généalogie de la Maison de Rouvroy; par Pierre d'Hozier : *Paris, in fol.*

43922. ☞ Généalogie de Rouvroy-Saint-Simon.
Dans le Père Simplicien, *tom. IV. pag.* 395.]

43923. ☞ Généalogie de *Rouvoire*.
Dans la Rech. de la Noblesse de Champagne.]

43924. ☞ Généalogie de *Roux*, & des Seigneurs de Sigy.
Dans l'Hist. du Gâtinois, &c. par Guillaume Morin, *pag.* 119.]

43925. ☞ Généalogie de la Maison de *Roux*, en Provence.
Dans l'Etat de la Provence, par Robert, sous les noms des différentes Branches. = Dans l'Histoire de la Noblesse de Provence, par Maynier. = Dans celle d'Artefeuil, *tom. II. pag.* 341.]

43926. Explication de l'Epitaphe de Claude le *Roux de Chambremont*, Vidame d'Enneval, Conseiller au Parlement de Rouen, où sont justifiées sa Descente & ses Alliances généalogiques : 1689, *in-4.*
☞ Cette Généalogie de la Famille de M. d'Enneval, Vidame de Normandie, a été dressée par M. Bulteau de Préville.]

43927. ☞ Généalogie de *Roux de Gaubert*, en Provence.
Dans le Reg. II. de l'Armor. de MM. d'Hozier.]

43928. ☞ Généalogie de *Roux de Sainte-Croix*, en Provence.
Dans le Registre III. du même Armorial.]

43929. ☞ Généalogie de le *Roux*, en Artois.
Dans le Registre VI. du même Armorial.]

43930. ☞ Généalogie de le *Roux de Kerninon*, en Bretagne.
Dans le Registre VI. du même Armorial.]

43931. ☞ Généalogie de du *Roux*, en Berry.
Dans l'Histoire de cette Province, par de la Thaumassière, *pag.* 1153.]

43932. Généalogie de *Rouxel-Medavy*; par Jean le Laboureur.
Au Tome II. des Mémoires de Castelnau, *pag.* 67 de la Généalogie de Castelnau : *Paris*, 1659, *in fol.* [& *tom. III.* de l'Ed. de 1731, *pag.* 106.]

43933. ☞ Généalogie de la Maison de Rouxel-Medavy.
Dans le Père Simplicien, *tom. VII. pag.* 569.]

43934. ☞ Ms. Généalogie de la même Maison; par M. Lautour de Montfort : *in-4.*
Elle est conservée à Orbec, près d'Alençon, chez M. Lautour.]

43935. ☞ Généalogie de *Roze*.
Dans la Recherche de la Noblesse de Picardie.]

43936. ☞ Généalogie de du *Rozel*.
Dans l'Hist. de la Nobl. de Touraine, par Souliers, *pag.* 222.]

43937. ☞ Généalogie de *Rozet*, en Quercy.
Dans le Reg. VI. de l'Armorial de MM. d'Hozier.]

43938. Généalogie de Claude le *Roy*, Conseiller au Parlement de Rouen : *Paris*, 1693, *in-4.*

43939. ☞ Généalogie de la Maison de le *Roy*.
Dans le P. Simplicien, *tom. VIII. pag.* 249.]

43940. ☞ Généalogie de le *Roy-d'Antecourt*.

43941. ☞ Généalogie de le *Roy-de-Jumelles*.
Ces deux Généalogies sont dans la Recherche de la Noblesse de Picardie, au Supplément.]

43942. ☞ Généalogie de le *Roy-de-Longeville*.
Dans la Recherche de la Noblesse de Champagne.]

43943. ☞ Généalogie de le *Roy-de-Macey*, en Normandie.
Dans le Reg. V. de l'Armor. de MM. d'Hozier.]

43944. ☞ Généalogie de le *Roy-Moyenneville*.

43945. ☞ Généalogie de le *Roy-du-Quesnel*.
Ces deux Généalogies sont dans la Rech. de la Nobl. de Picardie.]

43946. ☞ Généalogie de le *Roy-Saint-Florent*.
Dans l'Histoire de Berry, par de la Thaumassière, *pag.* 687.]

43947. ☞ Généalogie de le *Roy-Saint-Lau*.
Dans la Recherche de la Noblesse de Picardie.]

43948. ☞ Généalogie de la Maison de *Roye*.
Dans le Recueil des Maisons Nobles d'Amiens, par la Morlière, *pag.* 117.]

43949. ☞ Généalogie de Roye.
Dans le P. Simplicien, tom. VIII. pag. 7.]
On peut encore voir ci-dessus à Roucy, N.os 43901 & suiv.]

43950. ☞ Généalogie de Ruaux, en Angoumois.
Dans le Registre II. de l'Armor. de MM. d'Hozier.]

43951. ☞ Généalogie de Rue, en Champagne.
Dans la Recherche de la Nobl. de cette Province.]

43952. ☞ Généalogie de Rue, en Picardie.
Dans la Recherche de la Noblesse de cette Province, & au Supplément.]

43953. ☞ Généalogie de Ruel, en Normandie & en Bretagne.
Dans le Reg. III. de l'Armor. de MM. d'Hozier.]

43954. ☞ Généalogie de Ruffi.
Dans l'Etat de la Provence, par Robert. = Dans l'Hist. de sa Noblesse, par Artefeuil, tom. II. pag. 349.]

43955. ☞ Généalogie de Rumet.
Dans l'Hist. généal. des Comtes de Ponthieu, p. 801. = Dans la Rech. de la Nobl. de Picardie.]

43956. ☞ Généalogie de Rune.
Dans le même Recueil.]

43957. ☞ Généalogie de Rupt.
Dans l'Histoire des Sires de Salins, tom. I. pag. 346.]

43958. ☞ Généalogie de Russan.
Dans l'Etat de la Provence, par Robert.]

43959. ☞ Généalogie de Ruthye.
Dans le P. Simplicien, tom. VIII. pag. 267.]

43960. Traité de la Maison de Rye; par Jules CHIFFLET, Prieur de Dampierre, Chancelier de l'Ordre de la Toison d'Or: (Imprimé.)

☞ Le Père Niceron, dans son tom. XXV. art. de Jul. Chifflet, dit que ce Traité fut imprimé in-fol. en 1644, & Guichenon, (Histoire de Bresse, Part. III. pag. 502,) dit que cet Auteur promettoit une Histoire généalogique de la Maison de Rye, dont il avoit donné un échantillon par un fort beau Traité de cette Maison, imprimé à Bruxelles en 1646. J'ignore lequel des deux a raison, ou s'il y a eu deux Editions. Ce qu'il y a de sûr est que si Jules Chifflet fait venir cette Maison d'Angleterre, comme Dunod & d'autres, il se trompe; c'étoit une Branche de la Maison de Neublans, en Franche-Comté, qui avoit tiré son nom du Village de Rye, dans le Bailliage de Châlon, & autrefois du Comté de Bourgogne. Cette Observation m'a été communiquée par le Père Dunand, Capucin.]

43961. ☞ Généalogie de Rye.
Dans le Nobiliaire de Franche-Comté, ou le Tome III. de Dunod, pag. 79.]

43962. ☞ Généalogie de la même Maison.
Elle est imprimée au tom. II. de l'Histoire de Bourgogne, par D. Plancher, pag. 383.]

S

43963. ☞ Généalogie de Sabateris.

43964. ☞ Généalogie de Sabatier.
Ces deux Généalogies sont dans l'Etat de la Provence, par Robert.]

43965. Histoire de Sablé, contenant les Seigneurs de la Ville de Sablé jusqu'à Louis I. Duc d'Anjou & Roi de Sicile: première Partie, qui comprend les Généalogies des Maisons de Sablé & de Craon, avec des Remarques & des Preuves; par Gilles MENAGE, d'Angers, Aumônier du Roi: Paris, Petit, 1686, in-fol.

L'Auteur est mort en 1692. L'Original de la seconde Partie de cette Histoire est entre les mains des Héritiers de M. l'Abbé Ménage. Il y en avoit une Copie dans le Cabinet de feu M. Pinson, Avocat. On trouve à la fin de la première Partie, les Généalogies des Maisons de Beaumont-le-Vicomte, de Châteaudun, de Château-Gontier, de Craon, des Roches, de Mayenne, de Matignon, de Nevers, des Comtes de Thouars & de Vendôme.

« M. Ménage a ramassé dans cette Histoire tant de » particularités de cette Histoire est entre les mains des Héritiers » ne, des anciens Ducs d'Anjou, Comtes du Maine, » Rois de Naples & de Sicile, des anciens Evêques » d'Angers & du Mans, & d'un si grand nombre de » Fondations, d'Abbayes, de Prieutés, d'Hôpitaux, » dans les Provinces d'Anjou & du Maine; de Généa-» logies des premières Maisons de ces Provinces; d'E-» loges des Personnes illustres dans les Lettres & dans » la Guerre; de Remarques géographiques, &c. qu'on » peut regarder cet Ouvrage comme un Abrégé de » l'Histoire d'Anjou & du Maine ». Journ. des Scav. du 2 Décembre 1686.

❊ On peut ajouter que cet Auteur n'est pas toujours fort exact.

☞ Voyez la Biblioth. universelle & historique, tom. V. pag. 397. = Le P. Niceron, tom. I. pag. 323.]

43966. ☞ Critique d'un endroit de l'Histoire de Sablé de M. Ménage; par le Père Etienne SOUCIET, Jésuite. Mém. de Trév. 1720, Janvier, pag. 95-104.]

43967. ☞ Généalogie de Saboulin.
Dans l'Etat de la Provence, par Robert.]

43968. ☞ Généalogie de Sabran.
Dans l'Etat de la Provence, par Robert. = Dans l'Hist. de sa Nobl. par Maynier. = Dans celle d'Artefeuil, tom. II. pag. 352.]

43969. ☞ Généalogie de Sacé.
Dans l'Histoire généal. de la Maison de Savonnières, par Trincant, pag. 34.]

43970. ☞ Généalogie de Sachins.
Dans l'Histoire de Bresse, par Guichenon: Part. III. pag. 337.]

43971. ☞ Généalogie de Sacco.
Dans l'Etat de la Provence, par Robert.]

43972. ☞ Généalogie de Saconay.
Dans l'Hist. de Bresse, &c. par Guichenon: Contin. de la Part. III. pag. 248.]

43973. ☞ Généalogie de Sacquespée, originaire de Flandre.

43974. ☞ Généalogie de Sacquespée-(Thésy.)

Ces deux Généalogies sont dans la Recherche de Picardie, la seconde au Supplément. La Branche de Thésy est la seule qui subsiste aujourd'hui en Picardie, & l'on peut voir ce que nous avons observé à son sujet, ci-dessus, à la fin du N.° 40768.]

43975.

Généalogies particulières des Familles.

43975. ☞ Généalogie de *Sacquespée*, (en Champagne,) originaire de Picardie.

Dans la Rech. de la Noblesse de Picardie. Celle-ci remonte plus haut que les précédentes, & donne quelques-uns de leurs Ayeux.]

43976. ☞ Généalogie de *Sade*.

Dans l'Etat de la Provence, par Robert. = Dans l'Histoire de la Noblesse du Comtat, &c. par Pithon-Curt, *tom. III. pag.* 160. = Dans celle publiée en dernier lieu par Artefeuil, *tom. II. pag.* 361.]

43977. ☞ Généalogie de *Safulin*.

Dans l'Etat de la Provence, par Robert.]

43978. ☞ Généalogie de *Sagnet*.

Dans l'Hist. de la Noblesse du Comtat, par Pithon-Curt, *tom. III. pag.* 205.]

43979. ☞ Généalogie de *Saguez*, en Champagne.

Dans le Regist. VI. de l'Armor. de MM. d'Hozier.]

43980. ☞ Généalogie de *Sahuguet*.

Dans la Recherche de la Noblesse de Champagne.]

43981. ☞ Généalogie de *Saillans*, en Bresse.

Dans l'Hist. de ce Pays, par Guichenon : *Part. III. pag.* 341.]

43982. ☞ Généalogie de *Saillans*, en Champagne.

Dans la Rech. de la Nobl. de cette Province.]

43983. ☞ Généalogie de *Saint-André-Montbrun*.

Dans la Généalogie de Larbour-Gombaud, par d'Hozier, *pag.* 148.]

43984. ☞ Généalogie de *Saint-Avit*.

Dans l'Histoire de Berry, par de la Thaumassière, *pag.* 983.]

== ☞ Généalogie de *Saint-Aulaire*.

Ci-dessus, au nom de *Beaupoil*, N.° 41211.]

43985. * Histoire généalogique de la Maison de Saint-Aulaire ; par Antoine de SAINT-AULAIRE : *Paris*, 1652, *in-fol.*

43986. ☞ Généalogie de *Saint-Avy*.

Dans la Recherche de la Noblesse de Champagne.]

43987. ☞ Généalogie de *Saint-Belin-Vaudremont*.

Dans le même Recueil.]

43988. ☞ Généalogie de *Saint-Blaise*.

Dans le même Recueil.]

43989. ☞ Généalogie de *Saint-Blimond*.

Dans la Rech. de la Nobl. de Picardie.]

43990. ☞ Généalogie de *Saint-Chamas*.

Dans l'Etat de la Provence, par Robert. = Dans l'Hist. de sa Noblesse, par Artefeuil, *tom. II. pag.* 373.]

43991. Mf. Titres & Extraits concernant la Maison de *Saint-Chamont* : *in-fol.*

Ces Titres sont conservés dans la Bibliotheque du Roi, entre les Manuscrits de M. de Gaignières.]

43992. Histoire généalogique de Sainte-Colombe & autres Maisons alliées ; par Clau-Tome III.

de LE LABOUREUR, ancien Prévôt de l'Isle-Barbe : *Lyon*, 1673, *in-8.*

43993. ☞ Généalogie de *Saint-Denys* du Plessis-Hugon & du Breuil, en Normandie & en Beauce.

Dans le Regist. II. de l'Armor. de MM. d'Hozier.]

43994. ☞ Généalogie de *Saint-Gelais-Lusignan*.

Dans l'Histoire de Berry ; par de la Thaumassière ; *pag.* 964.]

43995. ☞ Recueil de Factums pour la Comtesse de *Saint-Geran*, contre la Duchesse de Ventadour, avec les Réponses ; par MM. BILLAIN & LANGLOIS : *Paris*, Billaine, 1663, *in-4.*]

43996. ☞ Généalogie de *Saint-Germain*.

Dans l'Hist. de Bresse, par Guichenon : *Part. III. pag.* 343.]

43997. ☞ Généalogie de *Saint-Jacques*.

Dans l'Histoire de la Noblesse de Provence, par Artefeuil, *tom. II. pag.* 374.]

43998. ☞ Généalogie de *Saint-Julien*, & de *Saint-Julien-Veniers*.

Dans l'Histoire de Berry, par de la Thaumassière, *pag.* 972 & 977.]

43999. ☞ Généalogie de *Saint-Just*, dans le Comté de Guines, en Picardie.

Dans le Regist. III. de l'Armor. de MM. d'Hozier.]

44000. ☞ Généalogie de la Maison de *Saint-Lary*.

Dans le P. Simplicien, *tom. IV. pag.* 303.]

44001. ☞ Généalogie de *Saint-Marc*.

Dans le même Volume, *pag.* 373. = Dans l'Etat de la Provence, par Robert.]

44002. ☞ Généalogie de *Saint-Marcel*.

Dans l'Histoire généal. de Dauphiné, par Allard, *tom. III.*]

44003. ☞ Généalogie de *Sainte-Marthe*.

Dans la Biblioth. historiq. du Poitou, par M. Dreux du Radier, *tom. V. pag.* 82 & *suiv. & pag.* 438.]

44004. ☞ Mf. Mémoires contenant les Titres de la Famille de MM. de Sainte-Marthe.

Ils sont conservés dans la Bibliotheque de la Ville de Paris, num. 530.]

44005. ☞ Généalogie de *Saint-Martin*.

Dans la Recherche de la Noblesse de Picardie, & au Supplément.]

44006. ☞ Généalogie de la Maison de *Sainte-Maure-Montausier* ; par l'Abbé DE MAROLLES.

Elle se trouve avec son Histoire des Comtes d'Anjou : 1681, *in-4.*]

44007. ☞ Autre Généalogie de la même.

Dans le Père Simplicien, *tom. V. pag.* 6.]

44008. ☞ Généalogie de *Saint-Mauris*.

Dans le Nobiliaire de Franche-Comté, ou Tome III. de Dunod, *pag.* 203.]

44009. Mſ. Histoire de la Maison de *Saint-Omer*.

Cette Histoire est citée par du Chesne, *pag.* 185 de son Histoire de la Maison de Béthune : *Paris*, 1639, *in-fol.*

44010. ☞ Généalogie de *Saint-Priest*.

Dans les Mazures de l'Isle-Barbe, *tom. II. p.* 374.]

44011. Généalogie des anciens Comtes de *Saint-Paul*; par André DU CHESNE.

Elle se trouve avec celle de la Maison de Chastillon : *Paris*, 1621, *in-fol.*

44012. ☞ Généalogie de *Saint-Privé*.

Dans la Rech. de la Nobl. de Champagne.]

44013. ☞ Généalogie de *Saint-Quentin*, en Berry.

Dans l'Histoire de cette Province, par de la Thaumassière, *pag.* 984.]

44014. ☞ Généalogie de *Saint-Quentin*, de Besançon.

Dans le Nobiliaire de Franche-Comté, ou Tome III. de Dunod, *pag.* 180.]

44015. ☞ Généalogie de *Saint-Quentin*, en Champagne.

Dans la Rech. de la Noblesse de cette Province.]

44016. ☞ Généalogie de *Saint-Sauflieu*.

Dans l'Hist. de la Nobl. du Comtat, &c. par Pithon-Curt, *tom. III. pag.* 334.]

44017. ☞ Généalogie de *Saint-Severin*.

Dans Naples Françoise, par Soliers (ou Souliers,) *pag.* 369*.]

44018. Table généalogique pour faire voir que la Maison de *Saint-Simon* descend par femmes de la Maison de France, justifiée par Titres & Preuves; par Pierre D'HOZIER : *Paris*, 1632, *in-fol.*

❈ Honoré Caille du Fourny, dans son Edition de l'Histoire des Grands-Officiers du P. Anselme, (1712,) a prouvé aussi cette Descente.

== Généalogie des Ducs de Saint-Simon:
Ci-dessus, au nom de *Rouvroy*, [N.° 43920.]

44019. ☞ Généalogie de *Saint-Sixte*.

Dans l'Hist. de la Nobl. du Comtat, &c. par Pithon-Curt, *tom. III. pag.* 334.]

44020. ☞ Généalogie de *Saint-Sulpis*.

Dans l'Hist. de Bresse, par Guichenon : *Part. III. pag.* 345.]

44021. ☞ Généalogie de *Saint-Suplix*.

Dans la Recherche de la Noblesse de Picardie.]

44022. Histoire généalogique de la Maison de *Saint-Valier*, de la Maison de Porcher; par André DU CHESNE.

Elle est imprimée avec son Histoire des Ducs de Bourgogne : *Paris*, 1698, *in-*4.

44023. ☞ Généalogie de *Saint-Vincent*.

44024. ☞ Généalogie de *Saint-Vincent* de *Lestannes*.

Ces deux Généalogies sont dans la Recherche de la Nobl. de Champagne.]

44025. ☞ Verbal contenant la Noblesse & ancienneté de la Maison de *Saint-Yon* : *in*-4.]

44026. ☞ Généalogie de *Saisseval*.

Dans la Rech. de la Nobl. de Picardie.]

44027. ☞ Généalogie de *Saix*.

Dans l'Histoire de Bresse, par Guichenon : *Part. III. pag.* 348.]

44028. ☞ Généalogie de *Salagnac*.

Dans l'Histoire de Berry, par de la Thaumassière, *pag.* 980.]

44029. ☞ Généalogie de *Salaignac*.

Dans les Annales de Limoges, par le P. Bonaventure, *pag.* 54.]

44030. ☞ Généalogie de *Salart*.

Dans le Père Simplicien, *tom. VIII. pag.* 752.]

44031. ☞ Généalogie de *Salemard*.

Dans les Mazures de l'Isle-Barbe, *tom. II. pag.* 338.]

44032. Mſ. Titres & Extraits pour la Généalogie de la Maison de *Salignac* : *in-fol.* 2 vol.

Ces Titres sont conservés dans la Bibliothèque du Roi, entre les Manuscrits de M. de Gaignières.]

== ☞ Histoire généalogique des Sires de *Salins*, avec des Notes historiques & généalogiques; par M. Jean-Baptiste GUILLAUME.

Ci-dessus, parmi les Histoires de Franche-Comté, N.° 38439.]

44033. ☞ Généalogie de *Salins-la-Bonde*.

Dans l'Histoire des Sires de Salins, *tom. II. part.* 2, *pag.* 77.]

44034. ☞ Généalogie de *Salins-la-Tour*.

Dans la même Histoire, *tom. II. part.* 2, *pag.* 47.]

44035. ☞ Généalogie de *Salins-Vincelles*.

Dans la même Histoire, même partie, *pag.* 92.]

44036. ☞ Généalogie de la *Salle*.

Dans l'Histoire du Comtat, &c. par Pithon-Curt, *tom. III. pag.* 215.]

44037. ☞ Généalogie de la *Salle*, en Guyenne.

Dans le Regist. II. de l'Armor. de MM. d'Hozier.]

44038. ☞ Généalogie de des *Salles*, en Champagne.

Dans la Rech. de la Noblesse de cette Province.]

44039. Histoire de la Maison des *Salles* (de Lorraine,) originaire de Béarn, avec les Preuves généalogiques; par Dom Augustin CALMET : *Nancy*, Cusson, 1716, *in-fol.*

Cette Généalogie commence à l'an 1476, lorsque cette Famille fut transportée en Lorraine.]

44040. Histoire de la Maison de S. François de *Salles*; par M. DE HAUTEVILLE : *Clermont*, 1669, *in*-4.

44041. ☞ Généalogie des Comtes de *Salm*, en Vosges.

Dans la dernière Edition de l'Histoire de Lorraine, par D. Calmet, à la tête du Tome VII. *pag.* clxxix.]

Généalogies particulières des Familles.

44042. ☞ Généalogie de *Salmon*, en Vendômois, dans le Maine & la Touraine.

Dans le Regiftre IV. de l'Armor. de MM. d'Hozier.]

44043. ☞ Généalogie de *Salornay*.

Dans les Mazures de l'Ifle-Barbe, *tom. II. pag.* 546.]

44044. ☞ Généalogie de *Salfe*.

Dans la Rech. de la Nobl. de Champagne.]

44045. ☞ Généalogie de *Salvador*.

Dans l'Hiftoire de la Nobleffe du Comtat, &c. par Pithon-Curt, *tom. III. pag.* 221, & *IV. pag.* 647.]

44046. Généalogie de la Maifon des *Salvaing* : Grenoble, 1683, *in-*12.

Elle a été dreffée par Denys SALVAING, Seigneur de Boiflieu.

44047. ☞ Elogia illuftrium aliquot Virorum de Gente Salvagnia.

Ces Eloges font à la fin d'un Ouvrage de Denys SALVAING, intitulé, *Mifcella,* &c. Lugduni, Aniffon, 1661, *in-*8.]

44048. ⁕ Généalogie de *Salvan-Ifoard*.

Dans l'Etat de la Provence, par Robert.]

44049. ☞ Généalogie de *Saluce*.

Dans la Rech. de la Nobleffe de Champagne.]

44050. ☞ Généalogie de *Salve*.

Dans l'Etat de la Provence, par Robert. = Dans l'Hift. de fa Nobl. par Artefeuil, *tom. II. pag.* 377.]

44051. Généalogie de la Maifon de *Sancerre*, en Berry, & de plufieurs de leurs Vaffaux; par Gafpard THAUMAS DE LA THAUMASSIÈRE.

Cette Généalogie eft au Livre VI. de fon Hiftoire de Berry : *Bourges*, 1689, *in-fol.*

44052. ☞ Généalogie de *Sandras*.

44053. ☞ Généalogie de *Sanglier*.

Ces deux Généalogies font dans la Recherche de la Nobleffe de Champagne.]

44054. ☞ Généalogie de *Sanguin*.

Dans le P. Simplicien, *tom. VIII. pag.* 263.]

44055. Généalogie de la Maifon de *Sanfay*, en Poitou; par Jean DE LA HAYE.

Elle eft imprimée avec fes Mémoires & Recherches de la France : *Paris*, 1581, *in-*8.

44056. Mf. Généalogie de la Maifon de Sanfay, Vicomtes héréditaires de Poitou; par Pierre RONSARD, Gentilhomme Vendômois : *in-fol.*

Cette Généalogie [étoit] dans la Bibliothèque de M. l'Abbé de Caumartin, [qui a été diftraite après fa mort arrivée en 1733.]

44057. ☞ Généalogie de *Sanfon*.

Dans l'Hift. des Comtes de Ponthieu, *pag.* 829.]

44058. ☞ Généalogie de *Sanfon-de-Brie*.

Dans l'Hiftoire de Berry, par la Thaumaffière, *pag.* 1119.]

44059. ☞ Généalogie de *Sanffé*.

Dans la Rech. de la Nobl. de Picardie.]

Tome III.

44060. ☞ Généalogie de *Saporta*, ou *Saporte*, en Provence & dans le Comtat.

Dans le Regiftre II. de l'Armor. de MM. d'Hozier. = Dans l'Hift. de la Nobl. de Provence, par Artefeuil, *tom. II. pag.* 379.]

44061. ☞ Généalogie de *Saqui*.

Dans l'Etat de la Provence, par Robert. = Dans l'Hift. de fa Nobl. par Artefeuil, *tom. II. pag.* 381.]

44062. ☞ Généalogie de *Sarcus*.

Dans le Recueil des Maifons Nobles d'Amiens, par la Morlière, *pag.* 161. = Dans la Rech. de la Nobl. de Picardie.]

44063. ☞ Généalogie de *Sardé*.

Dans l'Hiftoire de Berry, par la Thaumaffière, *pag.* 1118.]

44064. ☞ Généalogie de *Sarrau*.

Dans la Recherche de la Nobleffe de Picardie.]

44065. ☞ Généalogie de *Sarrafin*.

Dans l'Etat de la Provence, par Robert.]

44066. ☞ Généalogie de *Sarrebource*.

Dans l'Hiftoire de Berry, par de la Thaumaffière, *pag.* 1120.]

44067. ☞ Généalogie de la Maifon de *Sarrebruche*.

Dans le P. Simplicien, *tom. VIII. pag.* 530.]

44068. ☞ Généalogie de du *Sart*.

Dans la Recherche de la Nobleffe de Champagne.]

44069. Hiftoire de la Maifon de *Saffenage*, Branche des anciens Comtes de Lyon & de Forez, par Nicolas CHORIER : *Grenoble*, Nicolas, 1669, [*in-*4.] *Lyon*, 1672, *in-fol.*

Cette Hiftoire eft [auffi] imprimée au Tome II. de fon Hiftoire de Dauphiné : *Lyon*, 1672, *in-fol.* Guy Allard, dans fa Bibliothèque de Dauphiné, attribue cette Généalogie au Préfident DE BOISSIEU.

44070. ☞ Généalogie de *Saffy*.

Dans l'Hift. de la Nobleffe de Provence, par Artefeuil, *tom. II. pag.* 383.]

44071. ☞ Généalogie de *Sathenat*.

Dans l'Hiftoire de Berry, par la Thaumaffière, *pag.* 982.]

44072. ☞ Généalogie de *Savary*.

Dans la même Hiftoire, *pag.* 978.]

44073. ☞ Généalogie de *Saucières*.

Dans la Rech. de la Nobl. de Champagne.]

44074. ☞ Généalogie de *Saveufe*.

Dans le Palais de l'Honneur, par le Père Anfelme, *pag.* 675. = Dans le Recueil des Maifons Nobles d'Amiens, par la Morlière, *pag.* 165.]

44075. ☞ Généalogie de *Savignon*.

Dans l'Hiftoire de la Nobleffe de Provence, par Artefeuil, *tom. II. pag.* 568.]

44076. ☞ Généalogie de *Savigny*.

44077. ☞ Généalogie de *Savigny d'Angiure*.

Ces deux Généalogies font dans la Recherche de la Nobleffe de Champagne.]

44078. ☞ Généalogie de *Saulieu*, en Bourbonnois & Nivernois.

Dans le Reg. V. de l'Armor. de MM. d'Hozier.]

44079. Généalogie de la Maison de *Saulx*; par Adrian SYCHAR.

Cette Généalogie est imprimée avec celle de Mortemar : *Paris*, 1622, *in-fol.*

44080. ☞ Généalogie de la Maison de Saulx.

Dans le Père Simplicien, *tom. VII. pag.* 239.]

44081. ☞ Généalogie des Seigneurs de Saulx, au Duché de Bourgogne, auxquels fut ajouté le nom de *Tavannes*, en 1522 : 1633, *in-*8.]

44082. ☞ Généalogie de la Maison de Saulx.

Dans le *tom. II.* de l'Histoire de Bourgogne, par D. Plancher, *pag.* 409.]

44083. ☞ Généalogie de *Savoisy*.

Dans le Père Simplicien, *tom. VIII. pag.* 548.]

44084. Histoire généalogique de la Maison de *Savonnière*, en Anjou; où la plupart des Généalogies & des Alliances sont représentées avec les Blazons des Armes; par Louis TRINCANT, ci-devant Procureur du Roi au Bailliage de Loudun : *Poitiers*, Thorcant, 1638, *in*-4.

☞ On peut voir à son sujet la Bibliothèque historique du Poitou, *tom. III. pag.* 446.]

44085. ☞ Généalogie de *Savournin*.

Dans l'Histoire de la Noblesse de Provence, par Artefeuil, *tom. II. pag.* 384.]

44086. ☞ Généalogie de *Saurin*.

Dans l'Hist. de la Nobl. de Provence, par Meynier. = Dans celle d'Artefeuil, *tom. II. pag.* 385.]

44087. ☞ Généalogie de *Saux*.

Dans la Rech. de la Nobl. de Champagne.]

44088. ☞ Généalogie de *Sauzay*.

Dans l'Histoire de Berry, par de la Thaumassière, *pag.* 1115.]

44089. ☞ Généalogie de la Maison de *Scepeaux*.

Dans le P. Simplicien, *tom. VII. pag.* 233.]

44090. ☞ Généalogie de *Scey* ou *Ceys*.

Dans le Nobiliaire de Franche-Comté, ou Tome III. de Dunod, *pag.* 211. = Dans l'Histoire des Sires de Salins, *tom. I. pag.* 179.]

44091. ☞ Généalogie de *Schomberg*.

Dans le P. Simplicien, *tom. IV. pag.* 333.]

44092. ☞ Elogium illustrissimæ Gentis Schombergiæ ; Auctore Abele SAMMARTHANO, (patre).

Cet Eloge est imprimé dans ses Œuvres : *Parisiis*, Villery, *in*-4.]

44093. ☞ Généalogie de *Schulemberg*.

Dans le P. Simplicien, *tom. VII. pag.* 590.]

44094. ☞ Généalogie de *Schulemberg*, en Champagne.

Dans la Recherche de la Nobl. de cette Province.]

44095. Généalogie de la Maison de *Scouraille*, ou de Madame la Duchesse de *Fontanges*; par (Jean) DU BOUCHET : une Feuille *in-fol.*

44096. ☞ Généalogie de *Scourion*.

Dans la Recherche de la Noblesse de Picardie.]

44097. ☞ Généalogie de *Scudery*.

Dans Naples-Françoise, par Soliers (ou Souliers,) *pag.* 378.]

== Histoire de la Terre & Vicomté de *Sebourg*.

Ci-dessus, parmi les *Hist. de Hainaut*, [N.° 39064.]

44098. ☞ Généalogie de le *Secq*.

Dans la Recherche de la Noblesse de Picardie.]

44099. Généalogie des Comtes de *Séez* ; par Gilles Bry DE LA CLERGERIE.

Dans son Hist. du Perche : *Paris*, 1626, *in*-4.]

✻ Ces Comtes sont les mêmes que les Comtes d'Alençon, qui étoient quelquefois Comtes de Séez.

44100. ☞ Généalogie de *Seguier*.

Dans les Présidens de Blanchard, *pag.* 221. = Dans les Chanceliers du P. Simplicien, *tom. VI. pag.* 564.]

44101. Ms. Généalogie de la Maison de Seguier, issue de celle de Béthune, Carency, Alost & Gand; par D'ARNALDI : *in-fol.*

Cette Généalogie [étoit] dans la Bibliothèque de M. le Chancelier Seguier, num. 815, & dans le Cabinet de M. Fouquet, Secrétaire du Roi. [Elle peut être à S. Germain-des-Prés, où est la plus grande partie des Manuscrits de M. Seguier.]

44102. ☞ P. D'AULBEROCHE Elogium Seguierorum Familiæ : *Parisiis*, 1636, *in*-4.

Cet Ouvrage est en Prose & en Vers Latins. L'Auteur étoit Professeur de Rhétorique au Collège des Grassins.]

44103. Ms. Decus Occitanicum ex origine & antiqua Nobilitate illustrissimæ Gentis Seguerrianæ; per Joannem DE RIGNAC, in suprema Computorum subsidiorum fiscique Regii Curia in Urbe Montepessulana Senatore & Decano : *in-fol.*

Cette Généalogie [étoit] dans le Cabinet de M. Fouquet, Secrétaire du Roi.

44104. ☞ Généalogie de *Seguier*, en Provence.

Dans l'Etat de cette Province, par Robert.]

44105. ☞ Généalogie des *Seguins*.

Dans l'Histoire de la Noblesse du Comtat, &c. par Pithon-Curt, *tom. III. pag.* 228, & *IV. pag.* 647.]

44106. ✻ Ms. De antiquissima Seguinorum Gente : Autographum Petri MORELII opus.

44107. ☞ Généalogie de *Seguiran*.

Dans l'Etat de la Provence, par Robert. = Dans l'Hist. de la Noblesse, par Maynier. = Dans celle d'Artefeuil, *tom. II. pag.* 391.]

Généalogies particulières des Familles. 837

44108. ☞ Généalogie de *Seigneuret.*

Dans l'Etat de la Provence, par Robert. = Dans l'Hift. de fa Nobl. par Artefeuil, *tom. II. pag.* 392.]

44109. ☞ Généalogie de *Seillans.*

Dans l'Etat de la Provence, par Robert.]

44110. ☞ Généalogie de *Seitres,* ou *Seytres.*

Dans l'Etat de la Provence, par Robert. = Dans l'Hift. de la Nobl. du Comtat, &c. par Pithon-Curt, *tom. III. pag.* 270. = Dans l'Hift. de la Nobl. de Provence, par Artefeuil, *tom. II. pag.* 394.]

44111. ☞ Généalogie de *Selle.*

Dans l'Hift. de la Nobl. de Provence, par Artefeuil, *tom. II. pag.* 398.]

44112. ☞ Généalogie de *Sellier.*

Dans la Rech. de la Nobl. de Picardie.]

44113. ☞ Généalogie de *Selve.*

Dans les Premiers Préfidens de Blanchard, *pag.* 63.]

44114. ☞ Généalogie de *Semin,* en Bourbonnois.

Dans le Reg. II. de l'Armorial de MM. d'Hozier.]

44115. ☞ Généalogie de *Semur.*

Dans la Généalogie de la Maifon d'Amanzé, par Palliot, *pag.* 14.]

44116. ☞ Généalogie de la Maifon de *Semur,* en Brionois.

Dans le *tom. II.* de l'Hift. de Bourgogne, par Dom Plancher, *pag.* 398.]

44117. ☞ Généalogies de *Senefchal* de Kercade, en Bretagne.

Dans les Regiftres I. & II. de l'Armorial de MM. d'Hozier.]

44118. ☞ Généalogie de *Seneterre,* en Bretagne.

Dans l'Hift. de cette Province, par de la Thaumaffière, *pag.* 988.]

44119. Généalogie de la Maifon de *Senneterre,* originaire de la Province d'Auvergne; par Pierre DURAND.

Cette Généalogie eft imprimée à la *pag.* 297 de fes Remarques fur les Origines de Clermont: *Paris*, 1662, *in-fol.*

44120. ☞ Généalogie de la Maifon de *Senneterre*; par FAYON : *in-fol.*]

44121. ☞ Autre de la même.

Elle eft imprimée dans le P. Simplicien, *tom. IV. pag.* 887.]

44122. Table généalogique des Comtes de *Sens*; par André DU CHESNE.

Elle eft imprimée avec fon Hiftoire des Ducs de Bourgogne : *Paris*, 1628, *in-4.*

44123. ☞ Généalogie de *Sentis,* dans le Diocèfe de Commenges & la Sénéchauffée de Touloufe.

Dans le Reg. VI. de l'Armor. de MM. d'Hozier.]

44124. ☞ Généalogie de *Serayne.*

Dans la Recherche de la Nobleffe de Picardie.]

44125. ☞ Généalogie de *Sericourt.*

Dans la Généalogie de Mailly, (imprimée en 1757,) *pag.* 175.]

44126. ☞ Généalogie de *Serocourt.*

Dans la Recherche de la Nobleffe de Champagne. = Dans l'Hift. de la Maifon des Salles, par D. Calmet, aux Preuves, *pag.* 124.]

44127. ☞ Généalogie de *Serpes.*

Dans la Rech. de la Nobl. de Champagne.]

44128. ☞ Généalogie de *Serre-Saint-Romain,* en Languedoc & à Paris.

Dans le Reg. V. de l'Arm. de MM. d'Hozier.]

44129. ☞ Généalogie de la *Serre,* en Limoufin.

Dans le Reg. VI. du même Armorial.]

44130. ☞ Généalogie de du *Serre.*

Dans l'Etat de la Provence, par Robert.]

44131. ☞ Généalogie de *Serres-la-Marine.*

Dans l'Hiftoire de la Nobleffe du Comtat, &c. par Pithon-Curt, *tom. III. pag.* 264, & *tom. IV. p.* 648.]

44132. ☞ Généalogie de *Seve.*

Dans l'Hift. de la Nobl. de Provence, par Meynier.]

44132.* ☞ Généalogie de *Severac.*

Dans le P. Simplicien, *tom. VII. pag.* 69.]

44133. ☞ Généalogie de la Maifon de *Seuly,* ou *Sully.*

Dans l'Hiftoire de Berry, par de la Thaumaffière, *pag.* 450, 478 & 597.]

44134. ☞ Généalogie de *Seurrat.*

Dans la même Hiftoire, *pag.* 1119.]

44135. ☞ Généalogie de le *Seurre,* en Champagne & à Paris.

Dans le Regift. V. de l'Armor. de MM. d'Hozier.]

44136. ☞ Abrégé hiftorique & généalogique de la Maifon de *Seyffel*; par BOUDIER DE VILLEMORT, Avocat : *Paris*, Valleyre, 1739, *in-4.*]

== ☞ Généalogie de *Seytres.*

Ci-deffus, au mot *Seitres*, N.° 44110.]

44137. ☞ Généalogie de *Seyturier.*

Dans l'Hiftoire de Breffe, par Guichenon: *Part. III. pag.* 336.]

44138. ☞ Généalogie de *Sibert,* en Languedoc.

Dans le Regift. V. de l'Armor. de MM. d'Hozier.]

44139. ☞ Généalogie de *Sicart,* en Poitou.

Dans le même Regiftre.]

== Généalogie des Rois de *Sicile* & de Jérufalem, de la première Branche d'Anjou.

Ci-devant, au Tome II. N.°s 25348, 25358, &c.]

44140. ☞ Généalogie de *Sicole.*

Dans l'Etat de la Provence, par Robert.]

44141. ☞ Généalogie de *Signier.*

Dans l'Etat de la Provence, par Robert. = Dans l'Hift. de fa Nobl. par Artefeuil, *tom. II. pag.* 399.]

44142. Généalogie de la Maison de *Signy*; par les Sieurs MÉNAGE & PROUST.

Dans ses Remarq. sur la Vie de Pierre Ayrault, &c. *pag. 398.*]

44143. ☞ Généalogie de *Silhouette*, à Bayonne & à Paris.

Dans le Regist. II. de l'Armor. de MM. d'Hozier.]

44144. ☞ Généalogie de *Silly*.

Dans le P. Simplicien, *tom. VIII. pag. 169.*]

44145. ☞ Panegyricus *Silleriana* Familiæ, dictus in Collegio Remensi Societatis Jesu, VIII. Id. Aprilis 1707; Auctore Petro Colignon, ex eadem Societate : *Remis, in* 8.

On trouve à la fin : « Relation de ce qui s'est passé à » Reims, pour célébrer l'année Séculaire de la Fonda- » tion du Collège des Jésuites, faite par M. François » Brulart de Sillery, Abbé de Valleroy, en 1606 ».]

44146. ☞ Généalogie de *Sillol*.

Dans l'Etat de la Provence, par Robert.]

44147. De *Simianea* Gente, Libri quatuor; Auctore Joanne COLUMBI, è Societate Jesu.

Ces Livres sont imprimés *pag. 575*, de ses Opuscules: *Lugduni*, 1668, *in-fol.*

44148. Généalogie de la Maison de *Simiane*; par DE SAINT-MARTIN D'ARENNES, Généalogiste de France : *Paris*, 1669, *in-fol.* une Feuille.

44149. Généalogie de la Maison de *Simiane*; par Guy ALLARD : *Grenoble*, Gilibert, 1672, *in-*4.

Cette Généalogie a été composée sur les Actes d'un Manuscrit en vélin, contenant cent vingt-huit Chartres, depuis l'an 802 jusqu'en 1122, qui appartenoit à M. Grossi, homme fort curieux. L'Auteur parle des trois Généalogies précédentes de la Maison de Simiane, & d'une quatrième du Sieur de SIREJANI, de Cavaillon, Théologal d'Aix.

44150. Histoire généalogique de la Maison de Simiane; par Dominique ROBERT, de Briançon : *Lyon*, Canier, 1680, *in-*12.

44151. ☞ Traité généalogique de la Maison de Simiane, divisé en deux Parties, & justifié par Titres, Chroniques, Auteurs anciens, Manuscrits & autres Preuves : *in-*4. sans année.

L'Auteur est le Marquis DE PIANESSE, Charles-Emanuel Hyacinthe de Simiane.]

44152. ☞ Généalogie de la même.

Dans le P. Simplicien, *tom. II. pag. 238.*]

44153. ☞ Autres Généalogies de Simiane.

Dans l'Hist. de la Nobl. du Comtat, &c. par Pithon-Curt, *tom. III. pag. 284.* = Dans l'Histoire de la Nobl. de Provence, par Artefeuil, *tom. II. pag. 404.*]

44154. ☞ Généalogie de *Simon*.

Dans le Reg. V. de l'Armor. de MM. d'Hozier.]

44155. ☞ Généalogie de *Simony*.

Dans la Rech. de la Noblesse de Champagne.]

44156. ☞ Généalogie de *Sinety*.

Dans l'Histoire de la Noblesse de Provence, par Artefeuil, *tom. II. pag. 421.*]

44157. La véritable origine de la Maison de *Sohier*; par J. C. D. D. *Leyden*, 1661, *in-fol.*

== Sommaire Déduction généalogique des Comtes de *Soissons* ; par Melchior REGNAULT.

Ci-dessus, aux Hist. de *Soissons*, [N.° 34868.]

== Généalogie des Comtes de Soissons, depuis Charles de Bourbon.

Ci-devant, Tome II. N.° 25860.]

44158. ☞ Généalogie de *Soissons-d'Ormery*.

Dans la Recherche de la Noblesse de Champagne.]

44159. ☞ Généalogie de *Soissy*.

Dans le même Recueil.]

44160. ☞ Généalogie de *Soisy*.

Dans l'Histoire de Berry, par de la Thaumassière, *pag. 981.*]

44161. ☞ Généalogie de *Solages*, anciennement d'Arjac, en Rouergue.

Dans les Reg. I. & II. de l'Ar. de MM. d'Hozier.]

44162. ☞ Généalogie de *Sommati*.

Dans l'Etat de la Provence, par Robert.]

44163. ☞ Généalogie de *Someire*.

Dans l'Etat de la Provence , par Robert. = Dans l'Hist. de sa Nobl. par Artefeuil, *tom. II. pag. 424.*]

44164. ☞ Généalogie de *Somievre*.

44165. ☞ Généalogie de *Sompsois*.

44166. ☞ Généalogie de *Sons*.

Ces trois Généalogies sont dans la Recherche de la Noblesse de Champagne.]

44167. ☞ Généalogie de *Sorbiers*.

Dans l'Histoire de Berry, par de la Thaumassière, *pag. 979.*]

44168. ☞ Généalogie de *Soreau*.

Dans le P. Simplicien, *tom. VIII. pag. 701.*]

44169. ☞ La solitude & l'amour philosophique de Cléomède ; par Charles SOREL, dans lequel il est parlé de la Généalogie d'Agnès *Sorel* & de celle de l'Auteur : *Paris*, 1640, *in-*4.

Sorel dit *pag.* 374 de sa Bibliothèque, qu'on a eu depuis plus de lumière sur cette Genéalogie.]

44170. ☞ Généalogie de *Sorny*.

Dans la Rech. de la Nobl. de Champagne.]

44171. ☞ Généalogie de *Soubirats*.

Dans l'Histoire de la Noblesse du Comtat, &c. par Pithon-Curt, *tom. III. pag. 343, & IV. p. 505 & 507.*]

44172. ☞ Généalogie de *Souchon*.

Dans l'Hist. de la Nobl. de Provence, par Artefeuil, *tom. II. pag. 416.*]

44173. ☞ Généalogie de *Soufflier*.

44174. ☞ Généalogie de *Soulain*.

Ces deux Généalogies sont dans la Recherche de la Noblesse de Champagne.]

44175. Histoire généalogique de la Maison

Généalogies particulières des Familles. 839

de *Souvré*; par Jean-Baptiste L'Hermite-Souliers : *Paris*, 1665, *in-4*.

44176. ☞ Généalogie de la Maison de Souvré.

Dans le Père Simplicien, *tom. VII. pag.* 398.]

44177. ☞ Généalogie de la Maison de *Soyecourt*.

Dans le Recueil des Maisons Nobles d'Amiens, par la Morlière, *pag.* 294.]

44178. ☞ Généalogie de la même, augmentée.

Dans le P. Simplicien, *tom. VIII. pag.* 522.]

44179. ☞ Généalogie de *Soyres*, au Pays d'Albret.

Dans le Reg. V. de l'Armor. de MM. d'Hozier.]

44180. ☞ Généalogie de *Stuart-Aubigny*.

Dans l'Histoire de Berry, par de la Thaumassière, *pag.* 696.]

44181. ☞ Généalogie de *Sublet*.

Dans le P. Simplicien, *tom. VIII. pag.* 823.]

44182. ☞ Généalogie de *Suffren*.

Dans l'Etat de la Provence, par Robert. = Dans l'Histoire de sa Nobl. par Artefeuil, *tom. II. pag.* 427.]

44183. ☞ Généalogie de *Sugny*.

Dans la Recherche de la Noblesse de Champagne.]

44184. ☞ Généalogie de *Suarez*.

Dans l'Hist de la Nobl. du Comtat, par Pithon-Curt, *tom. III. pag.* 351.]

44185. Histoire généalogique de la Maison de *Surgères* en Poitou; dressée sur plusieurs Titres & Mémoires; par Louis Vialart, Prieur de Montoumois en Poitou : *Paris*, Chardon, 1717, *in-fol*.

On attribue cette Histoire à François de Granges de Surgères, Marquis de Puyguion, Lieutenant-Général des Armées du Roi, quoique le Discours préliminaire soit d'une autre main.

T

44186. Ms. Tables généalogiques des *Tabourot*.

Elles sont conservées à Dijon, dans la Bibliothèque de M. Fevret de Fontette.]

44187. ☞ Généalogie de *Talamer*.

Dans l'Etat de la Provence, par Robert.]

44188. ☞ Généalogie de *Talaru*.

Dans l'Histoire de Bresse, par Guichenon : *Part. III. pag.* 357. = Dans les Mazures de l'Isle-Barbe, par Cl. le Laboureur, *tom. II. pag.* 560.]

44189. ☞ Généalogie de *Talbot*.

Dans le P. Simplicien, *tom. VII. pag.* 86.]

44190. ☞ Généalogie de *Tamissier*.

Dans l'Hist. de la Nobl. de Provence, par Artefeuil, *tom. II. pag.* 431.]

44191. ☞ Généalogie de *Tance*.

Dans la Rech. de la Noblesse de Champagne.]

44192. ☞ Généalogie de *Tarlet*.

Dans l'Histoire de Bresse, par Guichenon : *Part. III. pag.* 373.]

44193. ☞ Généalogie du *Tartre*.

Dans les Mémoires historiques sur Poligny, *tom. II. pag.* 490.]

44194. Les Marques d'honneur de la Maison de *Tassis*; par Jules Chifflet : *Anvers*, Moret, 1645, *in-fol*.

44195. Généalogie de la Maison de la *Tour-Tassis*; recueillie par Flaclhio, Hérault d'Armes : *Bruxelles*, 1709, 3 vol. *in-fol*.

44196. Mémoire du Lieu d'où sont sortis les de *Taix*, Seigneurs de Fresnay; par Guillaume de Taix.

Ce Mémoire est imprimé dans les Mélanges historiques de Camusat : *Troyes*, 1644, *in-8*.

44197. ☞ Généalogie de Taix.

Dans le P. Simplicien, *tom. VIII. pag.* 177.]

44198. ☞ Généalogie de *Tassart*.

Dans la Rech. de la Nobl. de Champagne.]

44199. ☞ Généalogie de *Tassin*.

Dans la Rech. de la Noblesse de Champagne.]

44200. ☞ Généalogie de *Taulignan*.

Dans l'Histoire de la Noblesse du Comtat, &c. par Pithon-Curt, *tom. III. pag.* 367, & *IV. p.* 648.]

44201. ☞ Généalogie du *Teil*.

Dans la Rech. de la Nobl. de Champagne.]

44202. ☞ Généalogie de le *Tellier*.

Dans le P. Simplicien, *tom. VI. pag.* 578.]

44203. ☞ Généalogie de *Templeri*.

Dans l'Etat de la Provence, par Robert.]

44204. ☞ Généalogie de *Tende*.

Dans l'Histoire de la Noblesse de Provence, par Artefeuil, *tom. II. pag.* 435.]

44205. ☞ Généalogie de *Ternisien*.

Dans la Recherche de la Noblesse de Picardie.]

44206. ☞ Généalogie de *Terrail & Bayard*.

Dans les Mazures de l'Isle-Barbe, par Cl. le Laboureur, *tom. II. pag.* 591.]

44207. ☞ Généalogie de *Terras*.

Dans l'Hist. de la Nobl. de Provence, par Artefeuil, *tom. II. pag.* 570.]

44208. ☞ Mémoire sur les Sçavans de la Famille de *Terrasson*; par M. l'Abbé C. (de Cursay :) *Trévoux*, (*Paris*,) 1761, *in-12*.]

44209. ☞ Généalogie de *Teruvelles*.

Dans la Recherche de la Noblesse de Champagne.]

44210. ☞ Généalogie de *Teyssier*, en Limousin & à Paris.

Dans le Registre III. de l'Armor. de MM. d'Hozier.]

44211. ☞ Généalogie de la *Teyfonière*.

Dans l'Histoire de Bresse, par Guichenon : *Part. III. pag.* 375.]

44212. ☞ Généalogie de *Thannois*.

Dans la Recherche de la Noblesse de Champagne.]

44213. ☞ Généalogie de *Thaumas de la Thaumassière*.

Dans l'Histoire de Berry, par Thaumas de la Thaumassière, *pag.* 992.]

44214. ☞ Généalogie de *Theas*.

Dans l'Histoire de la Nobl. de Provence, *tom. II. pag.* 432.]

44215. ☞ Généalogie de *Thelin*.

Dans la Rech. de la Noblesse de Champagne.]

44216. ☞ Généalogie de *Thelis*.

Dans les Mazures de l'Isle-Barbe, par Cl. le Laboureur, *tom. II. pag.* 581.]

44217. ☞ Généalogie de *Thesart*.

Dans le P. Simplicien, *tom. II. pag.* 34.]

44218. ☞ Généalogie de *Thexan*.

Dans l'Hist. de la Nobl. du Comtat, &c. par Pithon-Curt, *tom. III. pag.* 380.]

44219. ☞ Généalogie de *Thierry*, en Champagne.

Dans le Reg. VI. de l'Armor. de MM. d'Hozier.]

44220. Généalogie de la Maison de *Thibault*, Seigneurs de *Beaureins*: 1654, *in*-4.

44221. ☞ Généalogie de la Maison des Thibault, par Jean Royer de Prade: 1654, *in*-4.]

44222. ☞ Généalogie des Thibault.

Dans les Conseillers de Blanchard, *pag.* 59.]

44223. ☞ Fragment de la Généalogie de la Maison de Thibault, au sujet de la Branche du Seigneur de Vacoquier.]

44224. ☞ Généalogie de *Thibault de la Carte*.

Dans le Registre II. de l'Armor. de MM. d'Hozier.]

44225. ☞ Pièces concernant la Généalogie des *Thibault*; sçavoir, = Mémoire sommaire pour le Sieur Hébert, Garde-Marteau à Bayeux, contre les Sieurs Thibault: 1756, Imprimé de 11 pages *in-fol.* = Pieces contre les mêmes : Imprimé de 15 pages. = Second Mémoire signifié, pour les Sieurs Thibault, contre le Sieur Hébert : Imprimé de 28 pages. = Généalogie des Sieurs Thibault, en une très-grande Feuille.]

44226. ☞ Généalogie de *Thibault de Bailly*.

Dans les Présidens de Blanchard, *pag.* 129.]

44227. ☞ Généalogie de *Thiennes*.

Dans l'Histoire généalogique du Dauphiné, par Allard, *tom. II.* = Dans Naples Françoise, par l'Hermite Soliers ou Souliers, *pag.* 385.]

44228. ☞ Généalogie de *Thienges*.

Dans l'Histoire de Berry, par de la Thaumassière, *pag.* 1125.]

44229. ☞ Généalogie de *Thil*.

Dans le P. Simplicien, *tom. VIII. pag.* 427.]

44230. ☞ Généalogie de *Thoire*, en Bugey.

Dans l'Hist. de la Bresse, &c. par Guichenon : *Contin. de la Part. III. pag.* 213.]

44231. ☞ Généalogie des de *Thomas*.

Dans l'Histoire de la Noblesse de Provence; par Artefeuil, *tom. II. pag.* 438.]

44232. ☞ Généalogie de *Thomas-du-Val*.

Dans la Recherche de la Noblesse de Champagne.]

44233. ☞ Généalogie de *Thomassin*.

Dans l'Hist. de la Nobl. de Provence, par Maynier. = Dans celle d'Attefeuil, *tom. II. pag.* 245.]

44234. ☞ Généalogie de *Thomassin-Fresdeau*.

Dans la Recherche de la Nobl. de Champagne.]

44235. ☞ Généalogie de *Thonier*.

Dans le Regist. V. de l'Armor. de MM. d'Hozier.]

44236. ☞ Généalogie de *Thornon*.

Dans l'Etat de la Provence, par Robert, aux Additions.]

44237. ☞ Généalogie des de *Thou*.

Dans les Présidens de Blanchard, *pag.* 351.]

44238. ☞ Généalogie de *Thubeauville*.

44239. ☞ Généalogie de le *Thueur*.

Ces deux Généalogies sont dans la Recherche de la Noblesse de Picardie.]

44240. ☞ Généalogie de du *Thysac*.

Dans la Recherche de la Noblesse de Champagne.]

44241. ☞ Généalogie de *Tibaud*.

Dans l'Etat de la Provence, par Robert.]

44242. ☞ Généalogie de *Tiercelin*.

Dans l'Histoire de Berry, par de la Thaumassière, *pag.* 989.]

44243. ☞ Généalogie de *Tierstin*.

Dans le Recueil des Maisons Nobles d'Amiens, par la Morlière, *pag.* 156.]

44244. ☞ Généalogie de du *Tillet*, en Angoûmois, en Brie & à Paris.

Dans les Registres I. & II. de l'Armor. de MM. d'Hozier.]

44245. ☞ Généalogie de *Tillia*.

Dans l'Histoire de la Noblesse du Comtat, &c. par Pithon-Curt, *tom. III. pag.* 404, & *IV. pag.* 648.]

44246. ☞ Généalogie de la Maison de *Tocy*.

Dans le P. Simplicien, *tom. VII. pag.* 734.]

44247. La Généalogie de la Maison de *Toiras*; par Michel Baudier.

Cette Généalogie est imprimée avec son Histoire du Maréchal de Toiras : *Paris*, 1644, *in-fol.*

44248. ☞ Généalogie de *Tolede*, Duc d'*Albe*.

Dans le P. Simplicien, *tom. I. pag.* 293.]

44249. ☞ Généalogie de *Tollet*.

Dans l'Histoire de Berry, par de la Thaumassière, *pag.* 1155.]

Généalogies particulières des Familles. 841

44250. ☞ Généalogie de *Tolon*.

Dans l'Hist. de la Noblesse du Comtat, &c. par Pithon-Curt, *tom. III. pag.* 414.]

44251. ☞ Généalogie de *Tomas*.

44252. ☞ Généalogie de *Tomassin*.

Ces deux Généalogies sont dans l'Etat de la Provence, par Robert.]

44253. ☞ Généalogie de *Tonduti*.

Dans l'Hist. de la Nobl. du Comtat, &c. par Pithon-Curt, *tom. III. pag.* 428.]

44254. Ms. Généalogie des Comtes de Tonnerre, depuis Huë Capet, Roi de France, jusqu'en 1610.

Cette Généalogie est indiquée par du Chesne, *p.* 213 de sa Bibliothèque des Historiens de France.

== Titres pour servir de preuves à la Généalogie des Comtes de Tonnerre.

Ils sont avec le Recueil de Chartres, &c. indiqué ci-dessus, aux *Hist. de Tonnerre*, ci-dessus, N.° 34336.]

44255. ☞ Généalogie de *Toron*.

Dans l'Etat de la Provence, par Robert. = Dans l'Histoire de sa Noblesse, par Artefeuil, *tom. II. pag.* 452 *& suiv*. Il y a deux Familles de ce nom.]

44256. ☞ Généalogie de *Toron d'Artignosc*.

Dans l'Etat de la Provence, par Robert.]

44257. ☞ Généalogie de la Maison de *Torotte*.

Dans le P. Simplicien, *tom. II. pag.* 149.]

44258. ☞ Généalogie de *Torsay*.

Dans le même, *tom. VIII. pag.* 70.]

44259. ☞ Généalogie de *Touchet*.

Dans l'Hist. des Maisons Nobles de Normandie, par la Roque.]

44260. ☞ Généalogie de *Toulonjon*.

Dans le Nobiliaire de Franche-Comté, ou Tome III. de Dunod, *pag.* 230.]

== ☞ Titres & Mémoires de la Maison de Toulonjon.

Ci-dessus, aux *Hist. de Franche-Comté*.]

44261. Alphonsi DEL-BENE, Episcopi Albiensis, Tractatus de Gente & Familia Marchionum Gothiæ, qui posteà Comites sancti Aegidii & *Tholosates*, dicti sunt: *Lugduni*, 1607, *in*-8.

44262. Ms. Chronique & Généalogie des Comtes de *Toulouse*.

Cette Généalogie est conservée dans la Bibliothèque de M. le Chancelier d'Aguesseau.

44263. * Ms. Remarques de René PIHAN, sur l'origine de Théodoric, Comte de Toulouse, père de S. Guillaume du Désert, aïeul de Bernard, Duc de Septimanie.

Ces Remarques [étoient] entre les mains de M. le Comte de Souillac.

44264. ☞ Histoire généalogique des Comtes de Toulouse.

Dans le Père Simplicien, *tom. II. pag.* 678.]
Tome III.

== Généalogie de la Maison de la *Tour d'Auvergne*.

Ci-dessus, au mot *Auvergne*, [N.° 41060 *& suiv.*]

44265. Ms. La Tour, Auvergne, Turenne, Bouillon, Sedan, &c. *in-fol.* 3 vol.

Ce Recueil [étoit] dans la Bibliothèque de M. le Chancelier Seguier, num. 693.

44266. Ms. Procès de la Tour, par les Commissaires de la Chambre de l'Arsenal, en 1704: *in-fol.*

44267. ☞ Généalogie de la Maison de la *Tour*.

Dans le P. Simplicien, *tom. IV. pag.* 524.]

44268. ☞ Généalogie de la *Tour* de Besançon.

Dans le Nobiliaire de Franche-Comté, ou Tome III. de Dunod, *pag.* 180.]

44269. ☞ Généalogie de la *Tour*, en Provence.

Dans l'Hist. de sa Noblesse, par Artefeuil, *tom. II. pag.* 456.]

== Généalogie de la Maison de la *Tour du Pin*, justifiée par Titres.

Cette Généalogie, avec les Preuves, est imprimée sous le Titre de Mémoire pour servir à l'Histoire de Dauphiné, par les soins de M. le Président de Valbonnais: *Paris*, 1717, *in-fol.*

☞ M. de Valbonnais n'a donné à la Maison de la Tour du Pin d'antiquité, que le temps de Berlion ou Berilon, Seigneur de la Tour du Pin, qui vivoit en 1107. M. Baluze lui en donnoit une plus reculée, sur la foi d'un Titre qu'il tenoit de Chorier, Avocat de Dauphiné. M. de Valbonnais exposa pour lors, dans une Lettre assez étendue, les raisons qui lui rendoient suspect le Titre de Chorier, & dont une des plus fortes se tiroit de cette circonstance, que certaines Pièces employées par M. Baluze perdroient leur autorité, si ce prétendu Titre conservoit celle qui lui étoit attribuée. M. Baluze, par sa réponse à M. de Valbonnais, parut n'être pas encore bien guéri de sa prévention pour le Titre de Chorier. M. de Valbonnais a mis ces trois Lettres à la tête de la Généalogie de la Maison de la Tour du Pin, qui précède l'Histoire de Dauphiné: *Genève*, 1722, *in-fol.* dans le Tome I.]

44270. ☞ Généalogie de la *Tour-Dupin*, en Provence.

Dans la même Histoire, *tom. II. pag.* 454.]

44271. ☞ Généalogie de la *Tour-Gouvernet* & la *Charce*.

Dans l'Etat de la Provence, par Robert.]

44272. ☞ Ms. Généalogie de la *Tour-Landry de Maillé*.

Elle est citée dans l'Histoire de Sablé, de M. l'Abbé Ménage.

44273. ☞ Généalogie de la *Tour-Romoules*.

Dans l'Etat de la Provence, par Robert.]

44274. ☞ Généalogie de la *Tour de Vinay*.

Dans le P. Simplicien, *tom. II. pag.* 13.]

44275. Ms. Titres & Extraits de la Maison de *Tournebu*, [avec le Procès, &c. *in-fol.*]

Ce Procès & ces Tittes sont conservés dans la Biblio-

O o o o

thèque du Roi, entre les Manuscrits de M. de Gaignières.

✱ Les Tournebu sont de Normandie, & la Terre dont ils tirent leur nom est dans le Diocèse de Bayeux.

44276. ☞ Généalogie de *Tournebulle*.

Dans la Recherche de la Noblesse de Champagne.]

44277. ☞ Généalogie de *Tournemine*.

Dans l'Histoire généal. de Bretagne, par du Paz, *pag.* 145.]

44278. ☞ Généalogie de *Tournier*.

Dans l'Etat de la Provence, par Robert. = Dans l'Hist. de sa Nobl. par Artefeuil, *tom. II. pag.* 459.]

44279. Symphoriani CHAMPIER, de Antiquitate Domûs *Turnonensis* : *Lugduni*, 1527, *in-fol.*

44280. Poëme historial touchant l'origine, l'antiquité & excellence de la Maison de *Tournon* ; par François DE BELLEFOREST : *Paris*, Huby, 1568, *in-8.*

44281. Histoire généalogique de la Maison de Tournon ; par RICHETTE.

Cette Histoire est renfermée dans son Epître liminaire de l'Histoire généalogique des Dieux des Anciens : *Lyon*, Treslou, 1623, *in-8.*

44282. ☞ Généalogie de Tournon.

Dans les Mazures de l'Isle-Barbe, par Cl. le Laboureur : 1682, *tom. II. pag.* 599.]

44283. ☞ Salvations de Madame la Duchesse de Ventadour, héritière de la Maison de Tournon ; par Mᵉ Jacques CHAMPERON, Avocat au Parlement : *in-fol.*]

44284. ☞ Généalogie de *Tournon-Rossillon*, en Bugey.

Dans l'Hist. de Bresse, &c. par Guichenon : *Contin. de la Part. III. pag.* 117.]

44285. ☞ Généalogie de la Maison de las *Tours*.

Dans les Annales de Limoges, par le P. Bonaventure, *pag.* 394.]

44286. ☞ Généalogie de la *Touvière*, en Bugey.

Dans l'Hist. de Bresse, &c. par Guichenon : *Contin. de la Part. III. pag.* 240.]

44287. ☞ Généalogie de la *Tranchée*.

Dans la Recherche de la Noblesse de Champagne.]

44288. ☞ Généalogie des Seigneurs de *Trasignies*.

Dans le Père Simplicien, *tom. VI. pag.* 88.]

44289. ☞ Généalogie de *Tremolet*.

Dans l'Histoire de la Noblesse du Comtat, &c. par Pithon-Curt, *tom. IV, pag.* 579.]

44290. ☞ Généalogie des le *Tresor*, en Normandie.

Dans le Reg. IV. de l'Armor. de MM. d'Hozier.]

44291. ☞ Généalogie de *Tressemanes*.

Dans l'Etat de la Provence, par Robert. = Dans l'Hist. de sa Nobl. par Maynier. = Dans celle d'Artefeuil, (la plus nouvelle,) *tom. II. pag.* 461.]

44292. ☞ Généalogie de *Trestoudan*.

Dans la Rech. de la Noblesse de Champagne.]

44293. ☞ Généalogie de *Tributis*.

Dans l'Etat de la Provence, par Robert.]

44294. ☞ Généalogie de la Maison de *Trie*.

Dans le P. Simplicien, *tom. VI. pag.* 661.]

44295. ☞ Généalogie de *Trimond*.

Dans l'Hist. de la Nobl. de Provence, par Artefeuil, *tom. II. pag.* 465.]

44296. Mss. Pièces & Titres concernant la Maison de la *Trimouille* : *in-fol.*

Ce Recueil [étoit] dans la Bibliothèque de M. le Chancelier Seguier, num. 574, [aujourd'hui à S. Germain des Prés;] & est aussi dans celle de MM. des Missions Etrangères.

44297. Mss. Affaires de la Maison de la Trimouille, depuis l'an 1109 jusqu'en 1644 : *in-fol.*

Ce Recueil est conservé dans la Bibliothèque de MM. des Missions Etrangères.

44298. Généalogie de la Maison de la Trimouille ; par Jean BOUCHET.

Cette Généalogie est imprimée avec le Panégyrique du Chevalier Sans-reproche : *Poitiers*, 1527, *in-4.*

44299. Généalogie de la Maison de la Trimouille ; par Joseph TEXERA, Portugais : *Paris*, 1596, *in-8.*

44300. Origine, Généalogie, Alliances, Droits & Prérogatives de la Maison de la Trimouille & de Laval ; par Gilles CHESNEAU, Sieur de la Motte, Angevin.

Cette Généalogie est imprimée avec l'Action de réjouissance faite en la Naissance du Prince de Talmond : *Rennes*, 1621, *in-8.*

44301. Généalogie & Alliances de la Maison de la Trimouille, avec les Armes des Ducs, Comtes & Barons d'Angleterre ; par Abraham DE VILLE-D'ARCIE : (1625,) *in-4.*

44302. Les Alliances de la Maison de la Trimouille, Prince de Tarente ; par Charles SOYER, Généalogiste & Enlumineur du Roi : *Paris*, 1647, *in-fol.*

44303. ☞ Parenté & Affinité des Seigneurs de la Trimouille, avec les Rois de France, Navarre, Castille, &c. Ducs de Savoye, Lorraine, &c. *in-fol.*

Cet Ouvrage est indiqué au Catalogue de M. Lancelot, num. 518, & il peut être à la Bibliothèque du Roi.]

44304. Table généalogique pour montrer que M. de la Trimouille descend en ligne directe des Comtes de Laval.

Cette Table est imprimée avec les Titres du Comté de Laval : *Paris*, 1657, *in-4.*

44305. ☞ Généalogie de la Trimouille.

Cette Généalogie est imprimée avec les Prétentions de cette Maison à la succession de Frédéric, Roi d'Arragon, de Sicile, de Naples & de Jérusalem : *Paris*, 1659, *in-4.*

Généalogies particulières des Familles.

44306. Traité du Droit héréditaire appartenant au Duc de la Trimouille, au Royaume de Naples: *Paris*, Des-Hayes, 1648, *in*-4.

44307. De Regni Neapolitani jure pro Tremollio Duce, cum variis ejusdem causæ Firmamentis: *Parisiis*, 1648, *in*-fol.

✱ Cet Écrit est attribué à David BLONDEL, selon Placcius, de Anonymis, *pag*. 966.

44308. Histoire généalogique de la Maison de la Trimouille, tirée d'un Manuscrit de MM. DE SAINTE-MARTHE, Historiographe de France: *Paris*, Piget, 1668, *in*-12.

« Scévole & Louis de Sainte-Marthe ayant entrepris
» une Histoire généalogique de cette Maison, en avoient
» il y a déja long-temps composé un gros Volume:
» Pierre-Scévole de Sainte-Marthe, fils d'un de ces Auteurs, en donne un abrégé dans ce Livre, où l'on trouvera plusieurs choses particulières, non-seulement de
» cette Maison, mais encore de plusieurs autres avec
» lesquelles elle est alliée ». *Journ. des Sçav. du 26 Septembre 1668.*

☞ *Voyez* le P. Niceron, *tom. VIII. p.* 29. = *Journ. des Sçav. Décembre 1667.*]

44309. Généalogie de la Maison de la Trimouille; par Armand MAICHIN.

Cette Généalogie est imprimée *pag.* 153 de son Histoire de Saintonge: *Saint-Jean-d'Angely*, 1671, *in*-fol.

44310. ☞ Généalogie de la Maison de la Trimouille.

Dans le P. Simplicien, *tom. IV. pag.* 160.]

44311. ☞ Remarques sur la Maison de la Trimouille.

Elles sont dans la Préface historique des Mémoires de Henri-Charles de la Trimouille: *Liège*, 1767, *in*-12.]

44312. ☞ Généalogie de *Tristan*, en Beauvaisis.

Dans le Reg. II. de l'Armor. de MM. d'Hozier.]

44313. ☞ Généalogie de *Tristan*, en Champagne.

Dans la Rech. de la Noblesse de cette Province.]

44314. ☞ Généalogie de *Trivulce*.

Dans le Père Simplicien, *tom. VII. pag.* 115.]

44315. ☞ Mf. Les seize Quartiers, Alliances, Parentés, Armes & Blazons de MM. *Tronson*, dressés en 1648: *in*-fol.

Ce Manuscrit est indiqué dans le Catalogue de M. Godefroy, num. 3679.]

44316. ☞ Généalogie de *Troterel*, en Normandie.

Dans le Reg. V. de l'Armor. de MM. d'Hozier.]

44317. ☞ Généalogie de *Trougnon*.

Dans l'État de la Provence, par Robert.]

44318. ☞ Généalogie de *Troussebois*.

Dans l'Histoire de Berry, par la Thaumassière, *pag.* 998.]

44319. ☞ Généalogie de *Troussét*.

Dans la Recherche de la Noblesse de Champagne.]

44320. Généalogie [héréditaire] de *Troyes*

[& Meaux, ou de Champagne & de Brie, revue & augmentée, & suivie de ses Preuves;] par Pierre PITHOU.

Elle est imprimée [*pag.* 760 des Coutumes du Bailliage de Troyes en Champagne, par Pierre Pithou: *Paris*, 1628, 1629, 1630. La première Édition, moins ample, étoit] avec celle des Comtes de Champagne: *Paris*, 1572, *in*-4.

44321. ☞ Généalogie de *Truchier*.

Dans l'État de la Provence, par Robert.]

44322. ☞ Généalogie de *Trudaine*.

Dans la Recherche de la Noblesse de Picardie.]

44323. ☞ Généalogie de *True*.

Dans la Recherche de la Noblesse de Champagne.]

44324. ☞ Généalogie de *Truffier*.

Dans la Recherche de la Noblesse de Picardie.]

44325. ☞ Généalogie de *Tudert*, à Paris.

Dans les Conseillers de Blanchard, *pag.* 14.]

44326. ☞ Généalogie de la Maison de Tudert, en Poitou.

Dans le P. Simplicien, *tom. II. pag.* 375.]

44327. ☞ Généalogie de *Tulle*.

Dans l'Histoire de la Noblesse du Comtat, &c. par Pithon-Curt, *tom. III. pag.* 449.]

44328. ☞ Généalogie de *Tullier*.

Dans l'Histoire de Berry, par de la Thaumassière, *pag.* 1004.]

44329. ☞ Généalogie de *Tullières*, dans le Dunois.

Dans le Registre III. de l'Armor. de MM. d'Hozier.]

== Histoire généalogique de la Maison de *Turenne*, avec les Preuves; par Christophe JUSTEL: *Paris*, 1645, *in*-fol.

Ci-dessus, avec la Maison d'*Auvergne*, [N.° 41061.]

44330. ☞ Généalogie de *Turpin*.

44331. ☞ Généalogie de *Turpin-Vauvredon*.

Dans la Recherche de la Nobl. de Champagne.]

44332. ☞ Généalogie de le *Turquier*.

Dans le Reg. IV. de l'Armor. de MM. d'Hozier.]

44333. ☞ Généalogie de *Tutel de Guesmy*, en Picardie.

Dans la Rech. de la Nobl. de cette Province.]

44334. ☞ Généalogie de *Tutel d'Ostove*, en Provence.

Dans l'État de ce Pays, par Robert.]

44335. ☞ Généalogie de *Tuzel*.

Dans le même Ouvrage.]

44336. ☞ Généalogie de *Tyard-Bissy*.

Dans l'Hist. de Châlon, par le P. Perry, *pag.* 436.]

44337. ☞ La même, augmentée.

Dans l'Hist. de l'Église de Meaux, par D. du Plessis, *tom. I. pag.* 750.]

44338. ☞ Généalogie de la Maison de *Tyrel*.

Dans le P. Simplicien, *tom. VII. pag.* 820.]

V

44339. ☞ Généalogie de le *Vacher*, en Anjou.
Dans les Regiſtres I. & IV. de l'Armorial de MM. d'Hozier.]

44340. ☞ Généalogie de *Vaeſc*.
Dans l'Hiſt. de la Nobl. du Comtat, &c. par Pithon-Curt, *tom. III. pag. 456.*]

44341. ☞ Généalogie de *Vaillant*, en Normandie.
Dans le Regiſt. VI. de l'Armor. de MM. d'Hozier.]

44342. ☞ Généalogie de *Vaillant*, en Picardie.
Dans la Recherche de la Nobleſſe de cette Province, & au Supplément.]

44343. ☞ La même, augmentée.
Dans le Regiſt. V. de l'Armor. de MM. d'Hozier.]

44344. ☞ Généalogie de *Vaillant*, en Touraine.
Dans l'Hiſtoire de la Nobleſſe de cette Province, par Souliers, *pag. 383.*]

44345. ☞ Généalogie de *Vaivre*.
Dans la Rech. de la Nobl. de Champagne.]

44346. ☞ Généalogie de du *Val-Dampierre*.

44347. ☞ Généalogie de du *Val-Mornay*.

44348. ☞ Généalogie de du *Val-Recoude*.
Ces trois Généalogies ſont dans la Recherche de la Nobleſſe de Champagne.]

44349. ☞ Généalogie de *Valavoire*.
Dans l'Etat de la Provence, par Robert. = Dans l'Hiſt. de ſa Nobl. par Artefeuil, *tom. II. pag. 471.*]

44350. ☞ Generatien de *Valbella*, extracho de l'Hiſtori Jornaliero de Meſſiro Nouvat de Valbella;" (vers 1510:) *Aix*, 1649, *in-4.*]

44351. ☞ Généalogie de *Valbelle*.
Dans l'Etat de la Provence, par Robert. = Dans l'Hiſt. de ſa Nobl. par Maynier.]

44352. ☞ Mſ. Généalogie de la Maiſon de *Valcaux*; par M. Quatre-Barbes, de la Rongères.
Elle eſt citée par l'Abbé Ménage, dans ſes Remarques ſur la Vie de Pierre Ayrault, &c. *pag. 394.*]

44353. ☞ Généalogie de *Valenciennes*.
Dans l'Hiſtoire de Berry, par de la Thaumaſſière, *pag. 1129.*]

44354. Hiſtoire généalogique des Comtes de *Valentinois* & de *Diois*; par André du Chesne.
Elle eſt imprimée avec ſon Hiſtoire des Ducs de Bourgogne: *Paris*, 1628, *in-4.*

44355. Mſ. Contracts & Traités concernant les Comtes de Valence & de Die, depuis l'an 1277 juſqu'en 1419 : *in-fol.*
Ces Pièces [étoient] dans la Bibliothèque de M. Baluze, num. 26, [& ſont aujourd'hui dans celle du Roi.]

44356. Origo prima Comitum Valentinenſium, ex Pictavienſibus; Auctore Petro-Franciſco Chiffletio.
Cette Origine, des Comtes de Valentinois, eſt imprimée avec les Opuſcules: *Paris*, 1676, *in-4.*

44357. Généalogie de la *Valette-Nogaret*, tirée des anciens Titres; par Bernard Gelede, Prieur de Notre-Dame de Gimont: *Toloſe*, 1633, *in-fol.*

44358. ☞ Mſ. Généalogie de la même Maiſon.
Elle eſt indiquée num. 2437 du Catalogue de M. Godefroy.]

44359. Mſ. Généalogie de *Valier*, en Guyenne.
Dans le Reg. V. de l'Armorial de MM. d'Hozier.]

44360. ☞ Généalogie de *Vallerot*.
Dans l'Hiſt. de la Maiſon des Salles, par D. Calmet, aux Preuves, *pag. 134.*]

44361. ☞ Généalogie de *Vallier*.
Dans les Mazures de l'Iſle-Barbe, par Cl. le Laboureur, *tom. II. pag. 610.*]

44362. ☞ Généalogie de *Vanel*, en Languedoc.
Dans le Regiſtre II. de l'Armor. de MM. d'Hozier.]

44363. ☞ Généalogie de *Vanel*, dans le Comtat.
Dans l'Hiſt. de la Nobl. de ce Pays, par Pithon-Curt, *tom. III. pag. 482.*]

44364. ☞ Généalogie de *Vanolles*, originairement *Van-holt*, en Gueldres & en France.
Dans le Reg. IV. de l'Armorial de MM. d'Hozier.]

44365. ☞ Généalogie de *Varadier*.
Dans l'Etat de la Provence, par Robert. = Dans l'Hiſt. de ſa Nobl. par Artefeuil, *tom. II. pag. 475.*]

44366. ☞ Généalogie de *Varange*, en Bourgogne, Breſſe & Barrois.
Dans le Reg. VI. de l'Armor. de MM. d'Hozier.]

44367. ☞ Généalogie de *Varax*.
Dans l'Hiſt. de la Breſſe, par Guichenon: *Part. III. pag. 379.*]

44368. ☞ Généalogie de *Varenne*.
Dans les Mazures de l'Iſle-Barbe, par Cl. le Laboureur, *tom. II. pag. 616.*]

44369. ☞ Généalogie de *Varie*.
Dans l'Hiſtoire de Berry, par de la Thaumaſſière, *pag. 1126.*]

44370. ☞ Généalogie de *Variſque*.
Dans la Rech. de la Nobl. de Champagne.]

44371. ☞ Généalogie de *Vaſſadel*.
Dans l'Hiſt. de la Nobl. du Comtat, &c. par Pithon-Curt, *tom. III. pag. 490.*]

44372. ☞ Généalogie de *Vaſſan*.
Dans la Recherche de la Nobleſſe de Champagne.]

44373. ☞ Généalogie de *Vaſſart*, à Bar-le-Duc.
Dans le Reg. III. de l'Armor. de MM. d'Hozier.]

Généalogies particulières des Familles. 845

44374. ☞ Généalogie de le *Vaſſeur*, en Picardie.

Dans la Rech. de la Nobl. de cette Province.]

44375. ☞ Généalogie de le *Vaſſeur*, en Touraine.

Dans l'Hiſt. de la Nobleſſe de ce Pays, par Souliers, pag. 385.]

44376. Généalogie de la Maiſon de *Vaſſy*, ſervant à l'Hiſtoire de Normandie.

Elle eſt imprimée pag. 115 du tom. III. des Mélanges d'Hiſtoire & de Littérature par Vigneul-Marville : Paris, 1696, in-12.

✳ Cet Auteur fait deſcendre ceux de cette Maiſon de Richard I. Duc de Normandie, par Robert, Archevêque de Rouen, ſon ſecond fils, qui, comme Comte d'Evreux, ſe crut en droit d'avoir une femme, dont il eut Richard, Comte d'Evreux, père de Guillaume, auſſi Comte d'Evreux & Seigneur de Gaſſey, qui eſt du Dioceſe de Bayeux, & non pas de Vaſſy, Terre du Dioceſe de Liſieux. Ce qui a jetté ceux de cette Maiſon dans cette mépriſe, c'eſt que Gaſſey s'exprime en Latin par *Waccium*, *Gaccium*, *Gaceium*, & ils ſe ſont imaginé que Vaſſy étoit *Waccium* ; mais Vaſſy eſt nommé dans les anciens Titres *Waacium* ou *Vedacium*. Ce qui fait voir la fauſſeté de cette Généalogie, eſt que l'Auteur aſſure que Guillaume, Comte d'Evreux, donna la Terre de Vaſſy à ſon fils Auvrai, & il eſt certain que ce Guillaume, Comte d'Evreux, mourut ſans enfans. Extrait d'un Mémoire Manuſcrit de M. l'Abbé des Thuilleries.

44377. ☞ Généalogie de la Maiſon de *Varagne de Gardouch*, en Languedoc, tirée du Nobiliaire hiſtorique de cette Province, & dreſſée ſur les Titres originaux ; par M. (Denys-François) GASTELIER DE LA TOUR : Paris, Vincent, 1769, in-4. de 43 pages.]

44378. ☞ Généalogie de la Maiſon de *Vatteville*.

Dans l'Hiſt. du Comté de Bourgogne, par M. Dunod, tom. II. pag. 543.]

44379. ☞ Liſte généalogique des Comtes de *Vaudemont*.

Dans la dernière Edition de l'Hiſtoire de Lorraine, par D. Calmet, à la tête du tom. II. pag. 1.]

44380. ☞ Généalogie de *Vaucel*, en Normandie.

Dans le Reg. II. de l'Armor. de MM. d'Hozier.]

44381. ☞ Généalogie de *Vaucelles*, en Loudunois & au Maine.

Dans les Reg. I. & V. du même Armorial.]

44382. ☞ Généalogie de *Vaucenné*, au Maine & en Anjou.

Dans le Reg. II. du même Recueil.]

44383. ☞ Généalogie de *Vauclerois*.

Dans la Recherche de la Nobleſſe de Champagne.]

44384. ☞ Généalogie de *Vaudetar*.

Dans la Généalogie de Larbour-Gombauld, par d'Hozier, pag. 155. = Dans les Préſidens de Blanchard, pag. 143.]

44385. ☞ Généalogie de *Vaudrey*.

Dans le Nobiliaire de Franche-Comté, ou Tome III. de Dunod, pag. 221.]

44386. ☞ Généalogie de *Vaudrey-Saint-Phalle*.

Dans la Rech. de la Nobl. de Champagne.]

44387. ☞ Généalogie de *Vaudricourt*.

Dans la Rech. de la Nobl. de Picardie.]

44388. ☞ Généalogie de *Vaugrigneuſe*.

Dans l'Hiſt. de Breſſe, par Guichenon : Part. III. pag. 384.]

44389. ☞ Généalogie de *Vaulchier*.

Dans les Mémoires hiſtoriques ſur Poligny, tom. II. pag. 505.]

44390. ☞ Généalogie de *Vauſelles*, en Beaujollois.

Dans les Mazures de l'Iſle-Barbe, par Cl. le Laboureur, tom. II. pag. 635.]

44391. ☞ Généalogie de *Vauſſerre*.

Dans l'Hiſtoire généal. de Dauphiné, par Allard, tom. III.]

44392. ☞ Généalogie de *Vaux*.

Dans l'Hiſtoire généal. de Dauphiné, par Allard, tom. II.]

44393. ☞ Généalogie d'*Udreſſier*.

Dans l'Hiſtoire des Sires de Salins, tom. II. p. 218.]

44394. ☞ Généalogie de la *Vefve*.

44395. ☞ Généalogie de *Veillart*.

Ces deux Généalogies ſont dans la Recherche de la Nobleſſe de Champagne.]

44396. ☞ Généalogie de *Velieres*.

Dans l'Hiſtoire de Breſſe, par Guichenon : Part. III. pag. 389.]

44397. ☞ Généalogie de *Venaſque*.

Dans l'Hiſt. de la Nobl. du Comtat, &c. par Pithon-Curt, tom. III. pag. 501.]

44398. ☞ Généalogie de *Vendeuil*.

Dans la Recherche de la Nobleſſe de Picardie.]

== Origo Comitum Vindocinenſium.

Cette Origine, des Comtes de *Vendôme*, eſt dans Labbe, tom. I. de ſa nouvelle Bibliothèque des Manuſcrits, pag. 661. On l'a déja indiquée ci-deſſus.]

== Généalogie des Comtes de Vendôme, depuis Louis de Bourbon.

Ci-devant, [Tome II. N.° 25783.]

== Généalogie des derniers Ducs de Vendôme, depuis Céſar de Vendôme.

Ci-devant, [Tome II. N.° 25624.]

44399. ☞ Généalogie de *Venel*.

Dans l'Etat de la Provence, par Robert. = Dans l'Hiſt. de ſa Nobl. par Artefeuil, tom. II. pag. 479.]

44400. ☞ Autre Généalogie de Venel.

Dans le Reg. V. de l'Armor. de MM. d'Hozier.]

44401. ☞ Généalogie de *Veneroſi*.

Dans l'Etat de la Provence, par Robert.]

44402. ☞ Généalogie de la Maiſon de le *Veneur*.

Dans le P. Simplicien, tom. VIII. pag. 256.]

44403. ☞ Généalogie de *Vénois.*
Dans la Rech. de la Nobl. de Champagne.]

44404. ☞ Généalogie de la Maison de *Ventadour.*
Dans les Annales de Limoges, par le P. Bonaventure, *pag.* 377.]

44405. ☞ Généalogie de *Vento.*
Dans l'Etat de la Provence, par Robert.= Dans l'Hist. de sa Noblesse, par Artefeuil, *tom. II. pag.* 484.]

44406. ☞ Généalogie de le *Ver.*
Dans la Recherche de la Noblesse de Picardie.]

44407. ☞ Généalogie de *Verdier*, en Berry.
Dans l'Histoire de cette Province, par de la Thaumassière, *pag.* 1007.]

44408. ☞ Généalogie de du *Verdier*, en Provence.
Dans l'Etat de cette Province, par Robert.]

44409. ☞ Généalogie des du *Verdier*, en Touraine.
Dans l'Hist. de la Noblesse de ce Pays, par Souliers, *pag.* 226 & 229. Il y a deux Familles différentes de ce nom.]

44410. ☞ Généalogie de *Verdillon.*
Dans l'Etat de la Provence, par Robert. = Dans l'Hist. de sa Nobl. par Artefeuil, *tom. II. pag.* 491.]

44411. ☞ Généalogie de *Verfey.*
Dans l'Hist. de Bresse, par Guichenon, *Part. III. pag.* 391.]

44412. ☞ Généalogie de *Vergeur.*
Dans la Recherche de la Noblesse de Champagne.]

44413. ☞ Généalogie de *Vergnette*, en Rouergue & en Normandie.
Dans le Regist. V. de l'Armor. de MM. d'Hozier.]

44414. Histoire généalogique de la Maison de *Vergy*, avec ses Preuves ; par André DU CHESNE : *Paris*, Cramoisy, 1625, *in-fol.*
☞ Voyez la Bibliographie de M. de Bure, *Hist.* num. 5691.]

44415. ☞ Généalogie de la Maison de *Vergy.*
Dans le P. Simplicien, *tom. VII. pag.* 31.]

44416. ☞ Généalogie de *Veri.*
Dans l'Histoire de la Noblesse du Comtat, &c. par Pithon-Curt, *tom. III. pag.* 514.]

== Généalogie des anciens Comtes de *Vermandois*, depuis Pepin, Roi d'Italie.
Ci-devant, [Tome II. N.° 25265.]

== Généalogie des Comtes de Vermandois, depuis Hugues de France.
Ci-devant, [Tome II. N.° 25299 & *suiv.*]

44417. ☞ Généalogie de *Vernée.*
Dans l'Histoire de Bresse, par Guichenon : *Part. III. pag.* 393.]

44418. ☞ Généalogie de *Vernet-la-Garde.*
Dans les Mazures de l'Isle-Barbe, *tom. II. p.* 352.]

44419. ☞ Généalogie de *Verneuil.*
Dans la Rech. de la Nobl. de Champagne.]

44420. ☞ Généalogie de *Vernier.*
Dans l'Histoire des Sires de Salins, *tom. II. p.* 224.]

44421. ☞ Généalogie de *Vernon.*
Dans le P. Simplicien, *tom. VIII. pag.* 755.]

44422. ☞ Généalogie de *Verot.*
Dans l'Hist. de la Nobl. du Comtat, &c. par Pithon-Curt, *tom. III. pag.* 536.]

44423. ☞ Généalogie de *Verrières.*

44424. ☞ Généalogie de *Verrines.*
Ces deux Généalogies sont dans la Recherche de la Noblesse de Champagne.]

44425. ☞ Généalogie de *Versoris.*
Dans les Conseillers de Blanchard, *pag.* 112.]

44426. ☞ Généalogie de *Verthamont.*
Dans le même Ouvrage, *pag.* 104.]

44427. Histoire généalogique de la Maison de *Vervins* ; par François L'ALLOUETTE.
Cette Histoire est imprimée avec son Traité des Nobles : *Paris*, 1577, *in-*4.

44428. ☞ Généalogie de *Vesc.*
Dans l'Hist. généal. de Dauphiné, par Allard, *tom. I.*]

44429. ☞ Généalogie de *Vesoul.*
Dans l'Hist. des Sires de Salins, *tom. I. pag.* 106.]

44430. ☞ Généalogie de *Veteris du Revest.*
Dans l'Etat de la Provence, par Robert.]

44431. ☞ Généalogie de *Veyne.*
Dans la Rech. de la Nobl. de Champagne.]

44432. ☞ Généalogie de la Maison de *Vialard.*
Dans le P. Simplicien, *tom. II. pag.* 383.]

44433. ☞ Généalogie de *Viarron.*
Dans l'Hist. de la Nobl. du Comtat, &c. par Pithon-Curt, *tom. III. pag.* 541.]

44434. ☞ Généalogie de *Viart*, en Blaisois, Poitou, Champagne, & à Etampes.
Dans les Registres I. & VI. de l'Armor. de MM. d'Hozier.]

44435. ☞ Généalogie de *Vias.*
Dans l'Etat de la Provence, par Robert.]

44436. ☞ Généalogie de *Vic.*
Dans le P. Simplicien, *tom. VI. pag.* 539.]

44437. ☞ Généalogie de *Vidard.*
Dans la Recherche de la Noblesse de Picardie, au Supplément.]

44438. ☞ Généalogie de *Vieilschastel.*
Dans la Recherche de la Noblesse de Picardie.]

44439. ☞ Généalogie de *Vieilsmaisons.*
Dans la Rech. de la Nobl. de Champagne.]

44440. Ms. Mémoires de la Maison de *Vienne*, dressés par GUINEMAUD, Docteur en Médecine à Vauvillard, en Comté, corrigés & augmentés par Samuel GUICHENON.

44441. Ms. Généalogie de la Maison de

Généalogies particulières des Familles. 847

Vienne, par Prosper BAUYN, avec les Preuves tirées de la Chambre des Comtes de Dijon, & des Archives de Pagny.

Ces Mémoires & cette Généalogie [étoient] conservées à Dijon, dans la Bibliothèque de M. Philibert de la Mare, selon son Plan des Historiens, *pag.* 6.]

44442. ☞ Généalogie de la Maison de Vienne.

Dans le Père Simplicien, *tom. VII. pag.* 794.]

44443. ☞ Autre Généalogie de la même; par D. Urbain PLANCHER.

Elle est au Tome II. de son Histoire de Bourgogne: ci-dessus, N.° 35878.]

44444. ☞ Généalogie de la *Vienne*.

44445. ☞ Généalogie de *Vienne - Girofdot*.

Ces deux Généalogies sont dans la Recherche de la Noblesse de Champagne.]

44446. ☞ Généalogie de la Famille de *Viennois*.

Elle étoit dans la Bibliothèque de l'Abbé Goujet, & elle est aujourd'hui dans celle de M. le Duc de Charost.]

44447. ☞ Généalogie de la Maison de la *Vieuville*, en Bretagne.

Dans le Père Simplicien, *tom. VIII. pag.* 758.]

44448. ☞ Généalogie de *Vignancourt*.

Dans la Recherche de la Noblesse de Champagne.]

44449. Généalogie de la Maison de *Vignier*; par Nicolas DE LA BROSSE.

Cette Généalogie est imprimée avec la Description de la Terre de Ricey : *Paris*, 1654, *in-12.*

44450. ☞ Généalogie de Vignier, en Champagne.

Dans la Rech. de la Nobl. de cette Province.]

44451. ☞ Généalogie de *Vignod*, en Bugey.

Dans l'Hist. de Bresse, &c. par Guichenon : *Contin. de la Part. III. pag.* 243.]

44452. ☞ Généalogie de *Vignoles*.

Dans l'Histoire de Berry, par de la Thaumassière, *pag.*]

44453. ☞ Généalogie de *Vignolles*.

Dans la Rech. de la Nobl. de Champagne.]

44454. ☞ Généalogie de *Vignolles*, en Languedoc.

Dans le Reg. II. de l'Armor. de MM. d'Hozier.]

44455. ☞ Généalogie de *Viguier*.

Dans l'État de la Provence, par Robert.= Dans l'Hist. de sa Nobl. par Artefeuil, *tom. II. pag.* 495.]

44456. ☞ Généalogie de la Maison de *Villages*.

Dans l'État de la Provence, par Robert. = Dans l'Hist. de sa Nobl. par Artefeuil, *tom. II. pag.* 497 & 602.]

44457. ☞ Généalogie de *Villaines*, en Bourbonnois & Berry.

Dans le Registre II. de l'Armor. de MM. d'Hozier.]

44458. ☞ Généalogie de *Villardy*.

Dans l'Hist. de la Noblesse de Provence, par Artefeuil, *tom. II. pag.* 499.]

44459. ☞ Généalogie de la Maison de *Villars*.

Dans le P. Simplicien, *tom. V. pag.* 101.]

44460. ☞ Généalogie de la même.

Dans l'Hist. de la Noblesse de Provence, par Artefeuil, *tom. II. pag.* 502. Cette Maison est éteinte par la mort du fils du Maréchal Duc de Villars, qui n'a laissé qu'une fille, Religieuse.]

44461. Généalogie de la Maison de *Villehardouin*; par Charles DU FRESNE DU CANGE.

Cette Généalogie est imprimée avec son Histoire de Constantinople : *Paris*, 1657, *in-fol.*

44462. ☞ Généalogie de *Villele*.

Dans l'Histoire de la Noblesse du Comtat, &c. par Pithon-Curt, *tom. III. pag.* 543. = Dans celle de Provence, par Artefeuil, *tom. II. pag.* 504.]

44463. ☞ Généalogie de *Villelongue*.

Dans la Rech. de la Nobl. de Champagne.]

44464. ☞ Généalogie de *Villelume*.

Dans l'Histoire de Berry, par de la Thaumassière, *pag.* 1010.]

44465. ☞ Généalogie de *Villemor*.

Dans la Rech. de la Noblesse de Champagne.]

44466. ☞ Généalogie de *Villemur*.

Dans l'Histoire généal. de Faudoas, par Sequainville : 1688, *pag.* 29.]

44467. ☞ Généalogie de *Villeneufve*.

Dans la Recherche de la Noblesse de Picardie.]

44468. ☞ Généalogie de *Villeneufve de Jou*.

Dans les Mazures de l'Isle-Barbe, par Cl. le Laboureur, *tom. II. pag.* 641.]

44469. ☞ Généalogie de la Maison de *Villeneuve*.

Dans l'État de la Provence, par Robert. = Dans l'Hist. de sa Noblesse, par Artefeuil, *tom. II. pag.* 507.]

44470. ☞ Généalogie de la Famille de *Villeneuve*, (différente de celle qui précède.)

Dans l'Histoire de la Noblesse de Provence, par Artefeuil, *tom. II. pag.* 523.]

44471. Généalogie de la Maison de *Villeneuve* d'Anjou; par Gilles MÉNAGE.

Dans ses Remarques sur la Vie de Pierre Ayrault, &c. *pag.* 401.]

44472. ☞ Généalogie de *Villepoix*.

Dans la Recherche de la Noblesse de Picardie.]

44473. ☞ Généalogie de *Villeprouvé*.

Dans la Recherche de la Noblesse de Champagne.]

44474. ☞ Généalogie de la Maison de Neufville *Villeroy*.

Dans le Père Simplicien, *tom. IV. pag.* 639.]

44475. ☞ Généalogie de *Villers de Liercourt*.

Dans la Recherche de la Noblesse de Picardie.]

44476. ☞ Généalogie de *Villette*.

Dans les Mazures de l'Isle-Barbe, par Cl. le Laboureur, *tom. II. pag. 647.*]

44477. ☞ Généalogie de *Villette*, en Normandie & à Paris.

Dans le Reg. V. de l'Armor. de MM. d'Hozier.]

44478. ☞ Généalogie de *Villette de la Cou*, en Bugey.

Dans l'Hist. de Bresse, &c. par Guichenon : *Contin. de la Part. III. pag. 246.*]

44479. ☞ Généalogie de *Villiers*.

Dans l'Histoire du Gâtinois, &c. par Guill. Morin, *pag. 573.*]

44480. ☞ Généalogie de *Villiers-de-Bailla*.

44481. ☞ Généalogie de *Villiers-de-Barbaise*.

44482. ☞ Généalogie de *Villiers-Galilée*.

Ces trois Généalogies sont dans la Recherche de la Noblesse de Champagne.]

44483. ☞ Généalogie de *Villiers-l'Isle-Adam*.

Dans le P. Simplicien, *tom. VII. pag. 11.*]

44484. ☞ Généalogie de *Villiers -Villiers*.

Dans la Recherche de la Noblesse de Champagne.]

44485. ☞ Généalogie de *Vimeur*, Famille de Touraine, établie dans le Vendômois.

Dans le Regist. II. de l'Armor. de MM. d'Hozier.]

44486. ☞ Généalogie de *Vincens*.

Dans l'Histoire de la Noblesse du Comtat, &c. par Pithon-Curt, *tom. III. pag. 549.*]

44487. ☞ Généalogie de *Vincent*.

Dans la Recherche de la Noblesse de Picardie, au Supplément.]

44488. ☞ Généalogie de *Vins*.

Dans l'Etat de la Provence, par Robert. = Dans l'Hist. de sa Nobl. par Maynier.]

44489. ☞ Généalogie de *Vins*, en Champagne.

Dans la Recherche de la Nobl. de cette Province.]

44490. Histoire généalogique de la Maison de *Vintimille;* par Dominique ROBERT, de Briançon : *Villefranche*, 1681, *in-4*.

☞ Le Père Jacob dans ses Ecrivains de Châlon, *p. 32*, fait mention d'un Jacques de Vintimille, Doyen de Châlon, qui avoit écrit en François une Généalogie des Vintimilles, des Paléologues & des Lascaris, aussi-bien que l'Histoire de sa Vie.]

44491. * Mf. Histoire de la Maison des Comtes de Vintimille ; par Jean-Baptiste BOUROT, Prêtre Bénéficier de l'Eglise Cathédrale de Marseille.

Ce Manuscrit [étoit] entre les mains de M. le Comte du Luc, ci-devant Ambassadeur pour le Roi en Allemagne. L'Auteur étoit de Nice ; il est mort depuis 1718.

Cette Histoire est générale. Elle comprend toutes les Branches de la Maison de Vintimille, qui se sont répandues en diverses parties de l'Europe, & personne ne les avoit encore jointes ensemble, ni n'en avoit traité aussi au long que fait l'Auteur.

Il divise cette Histoire en quatre Parties. La première comprend tout ce qui a du rapport aux anciens Comtes Souverains de Vintimille, comme leur origine, leur domaine, leurs guerres, leurs dégrés généalogiques & leur séparation en trois Branches principales.

Dans la seconde, il traite des Comtes de Vintimille, surnommés Lascaris, Comtes de Tende, & de leur postérité. C'est la première des trois Branches.

Dans la troisième Partie, il fait voir comment & par qui la seconde Branche des Comtes de Vintimille s'est établie en Sicile. Quelques-uns de cette Branche ont continué de demeurer en Ligurie & dans le Diocèse d'Albenga, où ils ont possédé des Terres de l'ancien Comté de Vintimille, jusqu'à ces derniers temps.

La quatrième Partie contient divers Traités des Comtes de Vintimille, avec Charles d'Anjou, Comte de Provence ; c'est à l'occasion de ces Traités que ces Comtes s'habituèrent en Provence, & furent Seigneurs de la Verdière & de plusieurs autres Terres.

Tout ceci est tiré de l'Avertissement que l'Auteur a mis à la tête de son Ouvrage.]

44492. ☞ Généalogie de la Maison de Vintimille.

Dans le P. Simplicien, *tom. II. pag. 285.*]

44493. ☞ Généalogie de la même.

Dans l'Histoire de la Noblesse de Provence, par Artefeuil, *tom. II. pag. 556.*]

44494. ☞ Généalogie des *Violes*.

Elle se trouve dans l'Histoire du Gâtinois, de Guillaume Morin, *pag. 461.*]

44495. Mf. Généalogie de la Maison des Violes ; par Pierre D'HOZIER.

Cette Généalogie est conservée dans la Bibliothèque de S. Germain-des-Prés, num. 763, & dans celle de M. le Chancelier d'Aguesseau.

44496. ☞ Généalogie de *Virail*.

Dans l'Etat de la Provence, par Robert. = Dans l'Hist. de sa Nobl. par Artefeuil, *tom. II. pag. 528.*]

44497. ☞ Généalogie de *Virgille*.

Dans la Recherche de la Noblesse de Picardie, au Supplément.]

44498. ☞ Généalogie de *Virieu*, en Dauphiné.

Dans le Registre III. de l'Armorial de MM. d'Hozier.]

44499. ☞ Généalogie de *Virieu - Beauvoir*.

Dans les Mazures de l'Isle-Barbe, par Cl. le Laboureur, *tom. II. pag. 649.*]

44500. ☞ Généalogie de *Visemal*.

Dans les Mémoires historiques sur Poligny, *tom. II. pag. 536.*]

44501. ☞ Généalogie des Seigneurs de *Vissac*.

Dans le P. Simplicien, *tom. VI. pag. 325.*]

44502. ☞ Généalogie de le *Viste*.

Dans les Mazures de l'Isle-Barbe, par Cl. le Laboureur, *tom. II. pag. 657.*]

44503. ☞ Généalogie de *Vitalis*, anciennement *Vitally*.

Dans l'Etat de la Provence, par Robert. = Dans l'Histoire

Généalogies particulières des Familles.

l'Histoire de la Noblesse de Provence, par Artefeuil, *tom. II. pag.* 572.]

44504. ☞ Généalogie de *Vitel*.
Dans la Recherche de la Noblesse de Champagne.]

44505. Chroniques des Maisons de *Vitré* & de *Laval*; par Pierre LE BAUD.
Elles sont imprimées avec son Histoire de Bretagne: Paris, 1638, *in-fol.*

44506. Addition à ces Chroniques; par Jean GESLAND, Avocat Fiscal & Procureur de la Chambre des Comtes de Laval.
Cette Addition se trouve *pag.* 82 du Volume précédent.

44507. ☞ Généalogie de *Vitry*.
Dans la Rech. de la Nobl. de Picardie.]

44508. Origine des illustres Seigneurs du *Vivier*, au Diocèse d'Alet en Languedoc, confirmée par plusieurs endroits de l'Histoire de l'Empire & de France, seconde Edition: 1704, *in-12.*
M. DU VIVIER, Baron de Saint-Ferriol, mort en 1708, est l'Auteur de cet Ouvrage, que m'a montré Dom Bernard de Montfaucon, sçavant Bénédictin de S. Germain des Prés, qui est cousin-germain de l'Auteur. On fait descendre la Maison du Vivier des Ducs de Narbonne de la première Race. Cette Origine, si elle étoit bien prouvée, seroit glorieuse à cette Famille.

44509. ☞ Généalogie de la Maison de *Vivonne*.
Dans le Père Simplicien, *tom. VIII. pag.* 762.]

44510. ☞ Généalogie de *Voisin*.
Dans le même, *tom. VI. pag.* 588.]

44511. ☞ Généalogie de *Voisins*.
Dans le Père Simplicien, *tom. IX. pag.* 394.]

44512. ☞ Généalogie de la Maison de *Voisins*.
Elle est imprimée dans le Tome III. des Pièces fugitives du Baron d'Aubais: Paris, 1759, *in-4.*]

44513. ☞ Généalogie de *Voisins-d'Ambres*.
Dans les Pièces fugitives du Baron d'Aubais, *tom. III. pag.* 49, après les Mémoires du Baron d'Ambres.]

44514. ☞ Généalogie de *Voland*.
Dans l'Etat de la Provence, par Robert. = Dans l'Hist. de sa Nobl. par Artefeuil, *tom. II. pag.* 531.]

44515. ☞ Généalogie de *Vordelhan*, en Languedoc & en Bourbonnois.
Dans le Regist. V. de l'Armor. de MM. d'Hozier.]

44516. ☞ Généalogie de *Voyer de Paulmy*.
Dans Naples Françoise, par Souliers, *pag.* 389.]

44517. ☞ Généalogie de la Maison de Voyer de Paulmy d'Argenson.
Dans le P. Simplicien, *tom. VI. pag.* 593.]

44518. ☞ Autre Généalogie de la même Famille, en Touraine & à Paris.
Dans le Regist. I. de l'Armor. de MM. d'Hozier.]

44519. Ms. Généalogie d'*Urfé*, ou de la Maison des Urses, anciennement dite Altorfs, puis Vulphes, Guelphes, Ulfé, & maintenant *Urfé*, tirée de divers Auteurs, entr'autres de Reynerus & de Ramutius.
Cette Généalogie [étoit] dans la Bibliothèque de M. le Baron d'Hoendorff, [& est aujourd'hui dans celle de l'Empereur.]

44520. Généalogie de la Maison d'Urfé; par Pierre-Daniel HUET.
Cette Généalogie est imprimée dans la XIIe Dissertation sur diverses matières: Paris, Fournier, 1711, *in-12.*

44521. ☞ Lettre sur l'ancienneté de la Maison d'Urfé. *Merc.* 1683, *Juin, p.* 139, & *Choix des Mercures, tom. II. pag.* 57.]

44522. ☞ Généalogie de la Maison d'Urfé.
Dans le P. Simplicien, *tom. VIII. pag.* 497.]

44523. ☞ Généalogie d'*Urre*, en Picardie.
Dans la Rech. de la Nobl. de cette Province.]

44524. ☞ Généalogie de *Urre*, dans le Comtat.
Dans la Rech. de la Nobl. de ce Pays, par Pithon-Curt, *tom. III. pag.* 574.]

44525. ☞ Généalogie de Jean Juvenal des *Ursins*; par Denys GODEFROY.
Elle est imprimée avec son Histoire de Charles VI. Paris, 1653, *in-fol.*

44526. ☞ Généalogie de Jouvencel des Ursins.
Dans le Père Simplicien, *tom. VI. pag.* 403.]

44527. ☞ Généalogie de *Vuarigny*.
Dans la Recherche de la Noblesse de Champagne.]

44528. ☞ Généalogie de *Vulcob*.
Dans l'Histoire de Berry, par la Thaumassière, *pag.* 1155.]

44529. Généalogie des Ducs d'*Uzès*; par André MAICHIN.
Elle est imprimée *pag.* 92 de son Histoire de Saintonge: S. Jean-d'Angely, 1671, *in-fol.*

44530. ☞ Autre Généalogie des mêmes.
Dans le P. Simplicien, *tom. III. pag.* 740]

W

44531. La Noblesse Sainte & Royale de S. *Walbert* & de Sainte Bertille, Ducs de Lorraine & Comtes de Haynault, père & mère de Sainte Wautrude & de Sainte Aldegonde; par N. POTTIER, Prêtre: *Mons*, Wautret, 1644 & 1648, *in-*8.

44532. ☞ Requête du Sieur Balthazard-François *Wale*, Chevalier, Seigneur de Memes, ancien Lieutenant au Régiment des Gardes Françoises, & Gouverneur de Ham en Picardie, pour faire reconnoître sa Noblesse; le Précis de la Requête & l'Arrêt intervenu le 12 Mai 1747, conforme à la demande de M. Wale: *in-fol.*
L'Abbé Destrées, Rémois, a eu beaucoup de part à cette Requête & à la Généalogie qui l'accompagne.

Ppppp

Lettres-Patentes portant reconnoissance de la Noblesse du Sieur Wale : *in-fol.*

On prononce son nom en François, *Ouale.*]

44533. ☞ Généalogie de *Waurans.*
Dans la Rech. de la Noblesse de Picardie.]

44534. ☞ Généalogie de *Waurin.*
Dans le Père Simplicien, *tom. VI. pag.* 703.]

44535. ☞ Généalogie de *Wiere.*
Dans la Recherche de la Nobl. de Picardie.]

44536. ☞ Généalogie de *Willecot.*
Dans le même Recueil, & au Supplément.]

44537. ☞ Généalogie de *Witasse.*

44538. ☞ Généalogie de *Wllart.*
Ces deux Généalogies sont dans la Rech. de la Nobl. de Picardie.]

Y

44539. ☞ Généalogie d'*Y de Seboncourt.*
Dans la Rech. de la Nobl. de Picardie.]

44540. ☞ Généalogie d'*Y de Seraucourt.*
Dans la Rech. de la Nobl. de Champagne.]

44541. ☞ Généalogie d'*Yse*, en Dauphiné.
Dans l'Histoire généalogique de cette Province, par Allard, *tom. III.*]

44542. ☞ Généalogie d'*Yse*, en Provence.
Dans l'Etat de la Provence, par Robert. = Dans l'Hist. de sa Nobl. par Artefeuil, *tom. II. pag.* 534.]

44543. ☞ Généalogie d'*Ysoré.*
Dans le Palais de l'Honneur, du P. Anselme, *p.* 704.]

44544. ☞ Généalogie d'*Yver*, en Normandie.
Dans le Reg. III. de l'Armorial de MM. d'Hozier.]

44545. ☞ Généalogie de l'*Yver*, en Picardie.
Dans la Rech. de la Nobl. de cette Province.]

44546. ☞ Généalogie d'*Yversen*, en Albigeois.
Dans le Registre III. de l'Armor. de MM. d'Hozier.]

Z

44547. ☞ Généalogie de *Zbonski de Passebon.*
Dans l'Histoire de la Noblesse de Provence, par Artefeuil, *tom. II. pag.* 539.]

www.ingramcontent.com/pod-product-compliance
Lightning Source LLC
Chambersburg PA
CBHW071224300426
44116CB00008B/907